Marcelo Hugo da Rocha
coordenação

PASSE NA OAB 1ª Fase FGV

QUESTÕES COMENTADAS

www.editorasaraiva.com.br/direito
Visite nossa página

Marcelo Hugo da Rocha
coordenação

PASSE NA OAB 1ª Fase FGV

QUESTÕES COMENTADAS

12ª edição

- Adriano Marteleto Godinho • Biela Jr.
- Bruno Amaro • Isabelli Gravatá • Leandro Antunes de Oliveira
- Leonardo Castro • Marcelo Hugo da Rocha
- Mauro Godoy Prudente • Tatiana Marcello

✔ Todas as disciplinas da 1ª Fase
✔ Todas as provas em 10 anos de OAB/FGV
✔ Questões classificadas por disciplina e temas
✔ Quadros temáticos por disciplina
✔ Somente questões impressas e válidas para OAB
✔ Bônus: dicas teóricas e estratégicas

saraiva jur

saraiva EDUCAÇÃO | saraiva jur

Av. Paulista, 901, 3º andar
Bela Vista – São Paulo – SP – CEP: 01311-100

SAC | sac.sets@somoseducacao.com.br

Direção executiva Flávia Alves Bravin
Direção editorial Renata Pascual Müller
Gerência de projetos e produção editorial Fernando Penteado

Planejamento Josiane de Araujo Rodrigues

Novos projetos Sérgio Lopes de Carvalho
Dalila Costa de Oliveira

Edição Clarissa Boraschi Maria (coord.)
Liana Ganiko Brito

Produção editorial Daniele Debora de Souza (coord.)
Rosana Peroni Fazolari

Arte e digital Mônica Landi (coord.)
Camilla Felix Cianelli Chaves
Claudirene de Moura Santos Silva
Deborah Mattos
Guilherme H. M. Salvador
Tiago Dela Rosa

Projetos e serviços editoriais Daniela Maria Chaves Carvalho
Kelli Priscila Pinto
Laura Paraíso Buldrini Filogônio
Marília Cordeiro
Nicoly Wasconcelos Razuk

Diagramação e revisão Know-How Editorial
Capa Tiago Dela Rosa
Produção gráfica Marli Rampim
Sergio Luiz Pereira Lopes
Impressão e acabamento Gráfica Paym

DADOS INTERNACIONAIS DE CATALOGAÇÃO NA PUBLICAÇÃO (CIP)
ANGÉLICA ILACQUA CRB-8/7057

Adriano Marteleto Godinho et al.
Passe na OAB – 1ª fase FGV – questões comentadas / coord. Marcelo Hugo da Rocha. – 12. ed. – São Paulo: Saraiva Educação, 2021.
888 p.

Bibliografia
ISBN 978-65-5559-459-1 (impresso)

1. Advogados – Estatuto legal, leis etc. – Brasil. 2. Ordem dos Advogados do Brasil – Estatuto legal, leis etc. I. Título. II. Godinho, Adriano Marteleto. III. Rocha, Marcelo Hugo da.

CDD 340.4
20-0762 CDU 347.965.8(81)(094.56)

Índice para catálogo sistemático:

1. Ordem dos Advogados do Brasil : Exames de Ordem : Direito

Data de fechamento da edição: 5-1-2021

Dúvidas? Acesse www.editorasaraiva.com.br/direito

CL 606988 CAE 752077

Dedicamos nossos estudos àqueles para
quem o verbo *desistir* está ausente
do dicionário.

Insista como nós insistimos.

Sumário

Nota do Coordenador

Alcançamos a 12ª edição, realmente, um feito e tanto para um mercado editorial tão competitivo e marcado por muitas cópias piratas. A 1ª edição é de 2010 e foi o primeiro livro de questões comentadas da FGV para OAB, logo quando foi anunciada esta banca para organizar o Exame de Ordem. Este livro evoluiu acompanhando a própria história da FGV como organizadora. Fomos adaptando esta ferramenta de grande prestígio entre os *examinandos* ao gosto do leitor e hoje podemos afirmar que a obra tem muito das sugestões que recebemos de vocês.

A nova edição tem 99% de questões da FGV, pois mantivemos as questões do Iº Exame Unificado aplicadas pela CESPE para efeitos históricos. No entanto, 100% das questões foram retiradas do Exame de Ordem, sendo a única obra que traz todas as 30 primeiras edições, de 2010 a 2019, além das reaplicações. As provas reaplicadas são: VI Exame (Duque de Caxias/RJ), IX Exame (Ipatinga/MG) e XX Exame (Salvador/BA). Lembre-se: resolver questões é um dos melhores métodos de estudos, segundo a ciência.

Todos os outros diferenciais mantivemos na obra, como o **quadro de questões** em cada disciplina, o nosso modo direto de comentar as questões, a divisão por temas ou assunto e a equipe de colaboradores; enfim, uma nova edição que deixará sua aprovação **mais próxima** de ser concretizada! Por fim, incluímos **dicas estratégicas e certeiras** das disciplinas para ajudá-los a **alcançar o maior número de acertos possíveis** e, por que não, gabaritar muitas delas!

Esperamos que gostem.

Bons estudos a todos!

Para outras dicas, acesse o meu *blog*: www.passenaoab.com.br.

Marcelo Hugo da Rocha

Nota dos Editores

Devido à dinâmica do Exame Unificado da OAB, sob a organização da FGV, o bacharel deve adotar a estratégia de acompanhar as questões mais recentes que são exigidas na prova. Podemos afirmar que um dos requisitos – aliás, indispensável – para ser aprovado é estar atento às tendências da banca examinadora.

A fim de manter os leitores sempre em contato com esse cenário, assumimos o compromisso de lançar no mercado edições devidamente atualizadas com os últimos exames da Ordem.

Entendemos, por isso, que, ao serem divulgados os gabaritos oficiais das atuais questões, devemos lançar os respectivos comentários. Para atender a essa necessidade premente e legítima dos bacharéis, destacamos que a 12ª edição recebeu acréscimos decorrentes dos últimos exames, com dicas para o Exame da Ordem.

Esperamos que a grata notícia de sua inscrição na OAB se confirme no próximo exame. E que a carreira do futuro advogado seja um verdadeiro sucesso! São nossos votos.

Autores e disciplinas comentadas

AUTORES	DISCIPLINAS COMENTADAS
ADRIANO MARTELETO GODINHO Professor de Direito Civil na Universidade Federal da Paraíba – UFPB. Doutor em Ciências Jurídicas pela Universidade de Lisboa. Mestre em Direito Civil pela Faculdade de Direito da Universidade Federal de Minas Gerais – UFMG. Possui diversos artigos científicos e capítulos de livros publicados no Brasil e no exterior. Palestrante e conferencista em eventos realizados no Brasil e no exterior. Membro do Instituto Brasileiro de Direito Civil – IBDCivil. Diretor do Instituto Brasileiro de Direito Civil na Paraíba. Parecerista de revistas jurídicas editadas no Brasil e no exterior. Instagram: professoradrianogodinho.	Direito Civil
BIELA JR. Advogado e professor de Direito Civil e Ética Profissional na Uninove e UniSantaRita. Relator da XVIII Turma Disciplinar do TED da OAB/SP 2012/2015/2018. Mestre em Direito pela Universidade Metropolitana de Santos na área de concentração Responsabilidade Civil Ambiental. Pós-graduado *lato sensu* em Responsabilidade Civil pela FAAP e em Direito Processual Civil pelo Mackenzie. Possui MBA em Gestão de Negócios Imobiliários pela FMU. Autor de grandes obras jurídicas. Nas redes sociais: @bielajr; Facebook: Professor Biela Jr.; Canal no YouTube com dicas de ética: Biela Jr.	Ética e Legislação Profissional da OAB
BRUNO AMARO ALVES DE ALMEIDA Pós-graduado em Contratos Públicos/Direito Administrativo pela Universidade de Salamanca (Espanha). Pós-graduado em Direito Penal pela Escola Superior do Ministério Público de São Paulo. Professor de Direito Constitucional e Direito Administrativo de cursos preparatórios para concursos. Autor de diversas obras jurídicas. Ex-Assessor jurídico do Secretário Adjunto da Secretaria de Transportes do Município de São Paulo. Ex-Procurador Estatal concursado da CPOS/SP. Ex-Procurador Estatal concursado da DERSA/SP. Ex-*Legal Counsel* da EMBRAER S.A. – Área de Defesa e Segurança. Advogado e consultor jurídico. Facebook: Professor Bruno Amaro; *e-mail*: professorbrunoamaro@hotmail.com.	Direito Constitucional
ISABELLI GRAVATÁ Advogada. Doutoranda em Direito Político e Econômico na Universidade Presbiteriana Mackenzie (SP). Mestre em Direito Público pela UNESA (RJ). Especialista em Direito Empresarial pela Faculdade Cândido Mendes (RJ). Especialista em Direito e Processo do Trabalho pela Universidade Cândido Mendes (UCAM). Ex-residente jurídica da área Trabalhista da Universidade do Estado do Rio de Janeiro (UERJ). Professora desde 2002 da Faculdade Presbiteriana Mackenzie Rio. Professora de cursos preparatórios para concursos públicos – área jurídica e área fiscal. Autora de livros jurídicos.	Direito do Trabalho

LEANDRO ANTUNES DE OLIVEIRA Advogado, professor e palestrante. Doutorando e Mestre em Direito. Coordenador técnico da Pós-graduação em Direito e Processo do Trabalho do Ibmec/RJ. Presidente da Comissão de Estudos de Direito Material e Processual do Trabalho da OAB/RJ. Pós-graduado em Direito e Processo do Trabalho pela Universidade Presbiteriana Mackenzie. Pós-graduado em Direito Eleitoral pela Universidade Cândido Mendes. Professor universitário e de diversos cursos preparatórios para concursos públicos e pós-graduação.	Direito Processual do Trabalho
LEONARDO CASTRO Professor de Direito Penal. Especialista em Direito Penal. Coautor dos livros *Comentários ao Novo Código Penal*; *Manual de Dicas – Carreiras Fiscais*; *Passe na OAB – 5.251 Questões Comentadas*; *Completaço – TRE/TRT*; *Passe na OAB – Questões Comentadas*; e *Completaço – Carreiras Policiais*. *Site*: www.cadernodeprova.com.br.	Direito Penal Direito Processual Penal
MARCELO HUGO DA ROCHA Especialista em Direito Empresarial (PUCRS) e mestre em Direito (PUCRS). Pós-graduado em Psicologia Positiva e *Coaching* (Faculdade Unyleya). *Coach jurídico* do preparatório CEISC. Advogado. Coordenador, autor e coautor de mais de 60 obras para Exame da OAB e concursos públicos. Destaque para as coleções Completaço® Passe na OAB e Completaço® Passe em Concursos Públicos, ambas publicadas pela Editora Saraiva. Palestrante motivacional. Editor do *blog Passe na OAB*: www.passenaoab.com.br. Instagram: @profmarcelohugo.	Direito Ambiental Direito Civil Direito Empresarial Direito Internacional Direito Processual Civil Direito Tributário Estatuto da Criança e do Adolescente
MAURO GODOY PRUDENTE Bacharel em Ciências Sociais e Filosofia pela UFRGS. Pós-graduado em Sociologia pela PUCRS. Mestre e Doutor em Filosofia pela PUCRS. Professor Universitário. Professor do curso A Casa do Concurseiro.	Direitos Humanos Filosofia do Direito
TATIANA MARCELLO Advogada. Especialista em Processo Civil pela UCB. Especialista em Direito Civil pela Esade. Professora no programa de pós-graduação da PUCRS e da UOL Educação. Professora no curso preparatório CEISC e na A Casa do Concurseiro. Coautora das obras *Passe na OAB 1ª Fase – Completaço®*; *Manual Passe na OAB 1ª Fase – Teoria Sistematizada*; *Passe na OAB 1ª Fase – Questões Comentadas*; *Manual de Dicas – 1ª Fase OAB*; *Coleção Passe em Concursos – Completaço® – TRT* e *TRE*; *Coleção Passe em Concursos Públicos – 11 Mil Questões Comentadas*; *Coleção Passe em Concursos Públicos – Questões Comentadas – volumes: Advocacia Pública 1* e *2*, *Defensoria Pública*, *Analistas de Tribunais*; *Manual de Dicas – volumes: Advocacia Pública*, *Defensoria Pública*, *Delegado de Polícia*, *Nível Médio*, todas da Editora Saraiva, e de outros livros jurídicos.	Direito Administrativo Direito do Consumidor

DISCIPLINAS	Nº DE QUESTÕES
Ética e Legislação Profissional da OAB	336
Filosofia do Direito	45
Direito Constitucional	218
Direitos Humanos	87
Direito Internacional	66
Direito Tributário	159
Direito Administrativo	200
Direito Ambiental	63
Direito Civil	232
Estatuto da Criança e do Adolescente	69
Direito do Consumidor	68
Direito Empresarial	154
Direito Processual Civil	207
Direito Penal	191
Direito Processual Penal	171
Direito do Trabalho	193
Direito Processual do Trabalho	177
TOTAL	**2636**

Abreviaturas

ADI – Ação Direta de Inconstitucionalidade
ADPF – Arguição de Descumprimento de Preceito Fundamental
AgI – Agravo de Instrumento
AgRg – Agravo Regimental
CC – Código Civil
CDC – Código de Defesa do Consumidor
CED – Código de Ética e Disciplina
CF ou CF/88 – Constituição Federal
CLT – Consolidação das Leis do Trabalho
CP – Código Penal
CPC – Código de Processo Civil de 1973
CPP – Código de Processo Penal
CRFB – Constituição da República Federativa do Brasil
CTN – Código Tributário Nacional
DJe – Diário da Justiça eletrônico
EC – Emenda Constitucional
ECA – Estatuto da Criança e do Adolescente
EDcl – Embargos de Declaração
EAOAB – Estatuto da Advocacia e da OAB
HC – *Habeas Corpus*
LEP – Lei de Execução Penal
LINDB – Lei de Introdução às Normas do Direito Brasileiro
NCPC – Novo Código de Processo Civil de 2015
RE – Recurso Extraordinário
REsp – Recurso Especial
RGEAOAB – Regulamento Geral do Estatuto da Advocacia e da OAB
STF – Supremo Tribunal Federal
STJ – Superior Tribunal de Justiça
TED – Tribunal de Ética e Disciplina
TJ – Tribunal de Justiça
TRF – Tribunal Regional Federal
TRT – Tribunal Regional do Trabalho

Ética e Legislação Profissional da OAB

ÉTICA E LEGISLAÇÃO PROFISSIONAL DA OAB: QUADRO GERAL DE QUESTÕES	
TEMAS	Nº DE QUESTÕES
I. Atividade Privativa	13
II. Atividade	26
III. Tipos de Advocacia	12
IV. Mandato	20
V. Direitos	54
VI. Inscrição	18
VII. Incompatibilidades e Impedimentos	19
VIII. Sociedades	19
IX. Honorários	31
X. Infrações	34
XI. OAB	27
XII. Processo Disciplinar	20
XIII. Código de Ética e Disciplina – Geral	12
XIV. Código de Ética e Disciplina – Sigilo	13
XV. Código de Ética e Disciplina – Publicidade	18
TOTAL	336

I. ATIVIDADE PRIVATIVA

1. **(XIX Exame)** Alexandre, advogado que exerce a profissão há muitos anos, é conhecido por suas atitudes corajosas, sendo respeitado pelos seus clientes e pelas autoridades com quem se relaciona por questões profissionais. Comentando sua atuação profissional, ele foi inquirido, por um dos seus filhos, se não deveria recusar a defesa de um indivíduo considerado impopular, bem como se não deveria ser mais obediente às autoridades, diante da possibilidade de retaliação.

Sobre o caso apresentado, observadas as regras do Estatuto da OAB, assinale a opção correta indicada ao filho do advogado citado.

(A) O advogado Alexandre deve recusar a defesa de cliente cuja atividade seja impopular.

(B) O temor à autoridade pode levar à negativa de prestação do serviço advocatício por Alexandre.

(C) As causas impopulares aceitas por Alexandre devem vir sempre acompanhadas de apoio da Seccional da OAB.

(D) Nenhum receio de desagradar uma autoridade deterá o advogado Alexandre.

RESPOSTA É dever do advogado atuar com destemor e independência, devendo tratar a todos com urbanidade, porém sempre zelando por suas prerrogativas (CED/2015, art. 27). *Alternativa D.*

2. **(XVII Exame)** Os atos e contratos constitutivos de pessoas jurídicas, para sua admissão em registro, em não se tratando de empresas de pequeno porte e de microempresas, consoante o Estatuto da Advocacia, devem

(A) apresentar os dados do contador responsável.
(B) permitir a participação de outros profissionais liberais.
(C) conter o visto do advogado.
(D) indicar o advogado que representará a sociedade.

RESPOSTA É ato privativo de advogado visar os atos constitutivos de pessoas jurídicas, conforme dispõe o EOAB, art. 1º, § 2º. Os atos e contratos constitutivos de pessoas jurídicas, sob pena de nulidade, só podem ser admitidos a registro, nos órgãos competentes, quando visados por advogados. *Alternativa C.*

3. **(XXVII Exame)** Guilherme é bacharel em Direito, não inscrito na OAB como advogado. Ao se deparar com situações de ilegalidade que ameaçam a liberdade de locomoção de seus amigos César e João, e com situação de abuso de poder que ameaça direito líquido e certo de seu amigo Antônio, Guilherme, valendo-se de seus conhecimentos jurídicos, impetra *habeas corpus* em favor de César na Justiça Comum Estadual, em 1ª instância; *habeas corpus* em favor de Antônio, perante o Tribunal de Justiça, em 2ª instância; e mandado de segurança em favor de João, na Justiça Federal, em 1ª instância.

Considerando o que dispõe o Estatuto da OAB acerca da atividade da advocacia, assinale a afirmativa correta.

(A) Guilherme pode impetrar *habeas corpus* em favor de César, mas não pode impetrar *habeas corpus* em favor de Antônio, nem mandado de segurança em favor de João.
(B) Guilherme pode impetrar *habeas corpus* em favor de César e Antônio, mas não pode impetrar mandado de segurança em favor de João.
(C) Guilherme pode impetrar *habeas corpus* em favor de César e Antônio, e também pode impetrar mandado de segurança em favor de João.
(D) Guilherme pode impetrar mandado de segurança em favor de João, mas não pode impetrar *habeas corpus* em favor de César e Antônio.

RESPOSTA O objetivo da questão era verificar os conhecimentos dos candidatos no que diz respeito aos atos privativos no seu regime de regras e exceções (EOAB, art. 1º); no caso em tela, a impetração de mandado de segurança como regra de ato privativo de advogado e, como exceção à regra, a impetração do *habeas corpus* em qualquer instância ou tribunal (EOAB, art. 1º, § 1º). *Alternativa A.*

4. **(XXIX Exame)** Júnior é bacharel em Direito. Formou-se no curso jurídico há seis meses e não prestou, ainda, o Exame de Ordem para sua inscrição como advogado, embora pretenda fazê-lo em breve. Por ora, Júnior é inscrito junto à OAB como estagiário e exerce estágio profissional de advocacia em certo escritório credenciado pela OAB, há um ano. Nesse exercício, poucas semanas atrás, juntamente com o advogado José dos Santos, devidamente inscrito como tal, prestou consultoria jurídica sobre determinado tema, solicitada por um cliente do escritório. Os atos foram assinados por ambos. Todavia, o cliente sentiu-se lesado nessa consultoria, alegando culpa grave na sua elaboração.

Considerando o caso hipotético, bem como a disciplina do Estatuto da Advocacia e da OAB, assinale a opção correta.

(A) Júnior não poderia atuar como estagiário e deverá responder em âmbito disciplinar por essa atuação indevida. Já a responsabilidade pelo conteúdo da atuação na atividade de consultoria praticada é de José.
(B) Júnior não poderia atuar como estagiário e deverá responder em âmbito disciplinar por essa atuação indevida. Já a responsabilidade pelo conteúdo da atuação na atividade de consultoria praticada é solidária entre Júnior e José.
(C) Júnior poderia atuar como estagiário. Já a responsabilidade pelo conteúdo da atuação na atividade de consultoria praticada é solidária entre Júnior e José.
(D) Júnior poderia atuar como estagiário. Já a responsabilidade pelo conteúdo da atuação na atividade de consultoria praticada é de José.

RESPOSTA Nos termos do art. 29 do RG, o estagiário em conjunto com o advogado poderá praticar todos os atos privativos da advocacia, inclusive de consultoria, contudo a responsabilidade profissional será do advogado. *Alternativa D.*

5. **(XVI Exame)** Bernardo é bacharel em Direito, mas não está inscrito nos quadros da Ordem dos Advogados do Brasil, apesar de aprovado no Exame de Ordem. Não obstante, tem atuação na área de advocacia, realizando consultorias e assessorias jurídicas. A partir da hipótese apresentada, nos termos do Regulamento Geral da Ordem dos Advogados do Brasil, assinale a afirmativa correta.

(A) Tal conduta é permitida, por ter o bacharel logrado aprovação no Exame de Ordem.
(B) Tal conduta é proibida, por ser equiparada à captação de clientela.
(C) Tal conduta é permitida mediante autorização do Presidente da Seccional da Ordem dos Advogados do Brasil.
(D) Tal conduta é proibida, tendo em vista a ausência de inscrição na Ordem dos Advogados do Brasil.

RESPOSTA EOAB, art. 1º, II. São atividades privativas de advocacia: II – as atividades de consultoria, assessoria e direção jurídica. Tal prática configura exercício ilegal da profissão. *Alternativa D.*

6. **(X Exame)** O advogado Mário pertence aos quadros da sociedade de economia mista controlada pelo Estado W, na qual chefia o Departamento Jurídico. Não existe óbice para a prestação de serviços de advocacia privada, o que ocorre no escritório que possui no centro da capital do Estado, em horário diverso do expediente na empresa. Um dos seus clientes realiza contrato para que Mário aponha o seu visto em ato constitutivo de pessoa jurídica, em Junta Comercial cuja sede está localizada na capital do Estado W. Observado tal relato, consoante as normas do Regulamento Geral do Estatuto da Advocacia e da OAB, assinale a afirmativa correta.

(A) As circunstâncias indicam que não existe óbice para a aposição do visto nos referidos atos.

(B) O fato de chefiar Departamento Jurídico de empresa, seja de que natureza for, constitui elemento impeditivo da aposição do visto.

(C) O exercício da advocacia no local da sede da Junta Comercial é impeditivo para a aposição do visto.

(D) A atuação em sociedade de economia mista estadual impede a aposição do visto contratado.

RESPOSTA O parágrafo único do art. 2º do RG dispõe que estão impedidos de visar os atos constitutivos os advogados que prestem serviços a órgãos ou entidades da Administração Pública direta ou indireta, da unidade federativa a que se vincule a Junta Comercial, ou a quaisquer repartições administrativas competentes para o mencionado registro. *Alternativa D.*

7. **(IX Exame)** Laura, advogada na área empresarial, após concluir o mestrado em renomada instituição de ensino superior, é convidada para integrar a equipe de assessoria jurídica da empresa K S/A. No dia da entrevista final, é inquirida pelo Gerente Jurídico da empresa, bacharel em Direito, sem inscrição na Ordem dos Advogados do Brasil, apesar de o mesmo ter logrado êxito no Exame de Ordem. Observado tal relato, consoante as normas do Regulamento Geral do Estatuto da Advocacia e da OAB, assinale a afirmativa correta.

(A) O bacharel em Direito pode exercer as funções de Gerência Jurídica mesmo que não tenha os requisitos para ingresso na Ordem dos Advogados.

(B) A função de Gerente Jurídico é privativa de advogados com regular inscrição nos quadros da Ordem dos Advogados.

(C) O bacharel em Direito, caso preencha os requisitos legais, inclusive aprovação em Exame de Ordem, pode exercer funções de Gerente Jurídico antes da inscrição na Ordem dos Advogados.

(D) A função de Gerente Jurídico, como é de confiança da empresa, pode ser exercida por quem não tem formação na área.

RESPOSTA As funções de diretoria e gerência jurídicas em qualquer empresa pública, privada ou paraestatal, inclusive em instituições financeiras, é privativa de advogado, não podendo ser exercida por quem não se encontre inscrito regularmente na OAB (art. 7º do RG). *Alternativa B.*

8. **(VIII Exame)** Paulo, bacharel em Direito, exerceu relevantes cargos no Poder Executivo das três esferas de Governo, adquirindo profundo conhecimento sobre as atividades internas da Administração Pública. Após aposentar-se, sem requerer inscrição nos quadros da OAB, estabelece serviço de consultoria jurídica, tendo angariado vários clientes desde o período da inauguração da sua atividade. De acordo com o narrado e observadas as normas estatutárias, assinale a afirmativa correta.

(A) Dentre as atividades privativas do advogado incluem-se a postulação judicial e a assessoria jurídica, mas não a consultoria.

(B) O bacharel em Direito aposentado não tem vedado qualquer prática de atividade jurídica, mesmo não inscrito nos quadros da OAB.

(C) O advogado atua na atividade judicial pugnando pela defesa dos interesses dos seus clientes e na consultoria jurídica.

(D) As atividades privativas do advogado incluem a assessoria jurídica, a direção jurídica e a atuação nos Juizados Especiais.

RESPOSTA O art. 1º, II, do EOAB considera atividade privativa do advogado a consultoria, assessoria e direção jurídicas. *Alternativa C.*

9. **(VII Exame)** Esculápio, advogado, deseja comprovar o exercício da atividade advocatícia, pois inscreveu-se em processo seletivo para contratação por empresa de grande porte, sendo esse um dos documentos essenciais para o certame. Diante do narrado, à luz das normas do Regulamento Geral do Estatuto da Advocacia e da OAB, o efetivo exercício da advocacia é comprovado pela participação anual mínima em

(A) Seis petições iniciais civis.

(B) Três participações em audiências.

(C) Quatro peças defensivas gerais.

(D) Cinco atos privativos de advogado.

RESPOSTA Art. 5º do RG. É considerado efetivo exercício da atividade de advocacia a participação anual mínima em cinco atos privativos previstos no art. 1º do EOAB, em causas ou questões distintas. *Alternativa D.*

10. **(III Exame)** A empresa Consumidor Ltda., composta por contadores, despachantes, arquitetos e engenheiros, divulga, semanalmente, sua agenda de defesa judicial dos direitos dos consumidores, não possuindo advogados nos seus quadros. Notificada pelo órgão seccional da OAB, alega que as atividades de consultoria jurídica não seriam privativas dos advogados. Diante desse quadro, à luz das normas estatutárias, é correto afirmar que é atividade privativa da advocacia

(A) A postulação nos Juizados Especiais.
(B) A consultoria e assessoria jurídicas.
(C) A impetração de *habeas corpus*.
(D) A divulgação conjunta da advocacia com outras atividades.

RESPOSTA As atividades de consultoria, assessoria e direção jurídicas, de acordo com o art. 1º, II, do EOAB. *Alternativa B.*

11. **(I Exame)** Prescinde-se de constituição de advogado regularmente inscrito na OAB para o ajuizamento de ação na 1ª instância da justiça do trabalho, ação, no valor de até vinte salários mínimos, no juizado especial cível,

(A) *Habeas corpus* e mandado de segurança.
(B) E mandado de segurança.
(C) E *habeas corpus*.
(D) *Habeas corpus* e ação popular.

RESPOSTA Art. 1º, § 1º, do EOAB. Não se inclui na atividade privativa de advocacia a impetração de *habeas corpus* em qualquer instância ou tribunal. *Alternativa C.*

12. **(XXIII Exame)** Juliana é integrante da equipe de recursos humanos de certa sociedade anônima, de grande porte, cujo objeto social é o comércio de produtos eletrônicos. Encontrando-se vago um cargo de gerência jurídica, Juliana organizou processo seletivo, tendo recebido os currículos de três candidatas. A primeira delas, Mariana, é advogada regularmente inscrita na OAB, tendo se especializado em Direito Penal. A segunda, Patrícia, não é graduada em Direito, porém é economista e concluiu o doutorado em direito societário e mercado de capitais. A terceira, Luana, graduada em Direito, foi aprovada no exame da OAB e concluiu mestrado e doutorado. É conselheira de certo tribunal de contas estadual, mas encontra-se afastada, a pedido, sem vencimentos. Considerando a situação narrada, assinale a afirmativa correta.

(A) Qualquer das candidatas poderá exercer a função de gerência jurídica, mas apenas Mariana poderá subscrever os atos privativos da advocacia.
(B) Qualquer das candidatas poderá exercer a função de gerência jurídica, mas apenas Mariana e Luana poderão subscrever os atos privativos da advocacia.
(C) Apenas Mariana poderá exercer a função de gerência jurídica.
(D) Apenas Mariana e Luana poderão exercer a função de gerência jurídica.

RESPOSTA Apenas o advogados devidamente inscritos na OAB é que podem exercer cargos de gerente jurídico, nos termos do art. 1, II do EOAB. *Alternativa C.*

13. **(XI Exame)** Christiana, advogada recém-formada, está em dúvida quanto ao seu futuro profissional, porque, embora possua habilidade para a advocacia privada, teme a natural instabilidade da profissão. Por força dessas circunstâncias, pretende obter um emprego ou cargo público que lhe permita o exercício concomitante da profissão que abraçou. Por força disso, necessita, diante dos requisitos usualmente exigidos, comprovar sua efetiva atividade na advocacia.
Diante desse contexto, de acordo com as normas do Regulamento Geral do Estatuto da Advocacia e da OAB, assinale a afirmativa correta.

(A) O efetivo exercício da advocacia comprova-se pela atuação em um processo por ano, desde que o advogado subscreva uma peça privativa de advogado.
(B) O efetivo exercício da advocacia exige a atuação anual mínima em cinco causas distintas, que devem ser comprovadas por cópia autenticada de atos privativos.
(C) A atividade efetiva da advocacia, como representante judicial ou extrajudicial, cinge-se a dois atos por ano.
(D) O advogado deve comprovar, anualmente, a atuação em atos privativos, mediante declaração do Juiz onde atue, de três atos judiciais.

RESPOSTA Considera-se efetivo exercício da atividade de advocacia a participação anual mínima em cinco atos privativos previstos no art. 1º do Estatuto, em causas ou questões distintas, sendo a comprovação do efetivo exercício feita, entre outras, mediante a cópia autenticada de atos privativos (art. 5º, parágrafo único, *b*, do RG). *Alternativa B.*

II. ATIVIDADE

14. **(XXII Exame)** Carolina, Júlia, Bianca e Maria são advogadas. Carolina é servidora estadual não enquadrada em hipótese de incompatibilidade; Júlia está cumprindo suspensão por infração disciplinar; Bianca está licenciada por requerimento próprio justificado; e Maria é servidora federal não enquadrada em hipótese de incompatibilidade. As quatro peticionam, como advogadas, isoladamente e em atos distintos, em ação judicial proposta em face da União.

Diante da situação narrada, de acordo com o Estatuto da OAB, são válidos os atos praticados

(A) Por Carolina, apenas.
(B) Por Carolina e Bianca, apenas.
(C) Por Carolina, Bianca e Maria, apenas.
(D) Por Carolina, Júlia, Bianca e Maria.

RESPOSTA Nos termos do art. 30, I, do EOAB, pois a União não é a Fazenda Pública remuneradora de Carolina. *Alternativa A.*

15. **(XXI Exame)** Pedro é advogado empregado da sociedade empresária FJ. Em reclamação trabalhista proposta por Tiago em face da FJ, é designada audiência para data na qual os demais empregados da empresa estarão em outro Estado, participando de um congresso.

Assim, no dia da audiência designada, Pedro se apresenta como preposto da reclamada, na condição de empregado da empresa, e advogado com procuração para patrocinar a causa.

Nesse contexto,

(A) Pedro pode funcionar no mesmo processo, simultaneamente, como patrono e preposto do empregador, em qualquer hipótese.
(B) Pedro pode funcionar no mesmo processo, simultaneamente, como patrono e preposto do empregador, pois não há outro empregado disponível na data da audiência.
(C) Pedro pode funcionar no mesmo processo, simultaneamente, como patrono e preposto do empregador, em qualquer hipótese, desde que essa circunstância seja previamente comunicada ao juízo e ao reclamante.
(D) Pedro não pode funcionar no mesmo processo, simultaneamente, como patrono e preposto do empregador ou cliente.

RESPOSTA Mais uma vez o examinador cobra o texto da norma, no caso o novo CED, art. 25, ao determinar que é defeso ao advogado funcionar no mesmo processo, simultaneamente, como patrono e preposto de empregador ou cliente. *Alternativa D.*

16. **(XXI Exame)** A advogada Kátia exerce, de forma eventual e voluntária, a advocacia *pro bono* em favor de certa instituição social, a qual possui personalidade jurídica como associação, bem como de pessoas físicas economicamente hipossuficientes.

Em razão dessa prática, sempre que pode, Kátia faz menção pública à sua atuação *pro bono*, por entender que isto revela correição de caráter e gera boa publicidade de seus serviços como advogada, para obtenção de clientes em sua atuação remunerada.

Considerando as informações acima, assinale a afirmativa correta.

(A) Kátia comete infração ética porque a advocacia *pro bono* não pode ser destinada a pessoas jurídicas, sob pena de caracterização de aviltamento de honorários. Kátia também comete infração ética ao divulgar sua atuação *pro bono* como instrumento de publicidade para obtenção de clientela.
(B) Kátia comete infração ética, ao divulgar sua atuação *pro bono* como instrumento de publicidade para obtenção de clientela. Quanto à atuação *pro bono* em favor de pessoas jurídicas, inexiste vedação.
(C) Kátia comete infração ética porque a advocacia *pro bono* não pode ser destinada a pessoas jurídicas, sob pena de caracterização de aviltamento de honorários. Quanto à divulgação de seus serviços *pro bono* para obtenção de clientela, inexiste vedação.
(D) A situação narrada não revela infração ética. Inexistem óbices à divulgação por Kátia de seus serviços *pro bono* para obtenção de clientela, bem como à atuação *pro bono* em favor de pessoas jurídicas.

RESPOSTA No exercício da advocacia *pro bono* é terminantemente proibido exercê-la como instrumento de publicidade para captação de clientela, nos termos do art. 30, § 3º, do CED. *Alternativa B.*

17. **(XXI Exame)** José, bacharel em Direito, constitui Cesar, advogado, como seu procurador para atuar em demanda a ser proposta em face de Natália.

Ajuizada a demanda, após o pedido de tutela provisória ter sido indeferido, José orienta César a opor Embargos de Declaração, embora não vislumbre omissão, contradição ou obscuridade na decisão, tampouco erro material a corrigir. César, porém, acredita que a medida mais adequada é a interposição de Agravo de Instrumento, pois entende que a decisão poderá ser revista pelo tribunal, facultando-se, ainda, ao juízo de primeira instância reformar sua decisão.

Diante da divergência, assinale a opção que indica o posicionamento correto.

(A) César deverá, em qualquer hipótese, seguir a orientação de José, que é parte na demanda e possui formação jurídica.

(B) César deverá esclarecer José quanto à sua estratégia, mas subordinar-se, ao final, à orientação deste, pois no exercício do mandato atua como patrono da parte.

(C) César deverá imprimir a orientação que lhe pareça mais adequada à causa, sem se subordinar à orientação de José, mas procurando esclarecê-lo quanto à sua estratégia.

(D) César deverá imprimir a orientação que lhe pareça mais adequada à causa, sem se subordinar à orientação de José, e sem procurar esclarecê-lo quanto à sua estratégia, pois, no seu ministério privado, presta serviço público.

RESPOSTA Conforme entende Biela Jr., em seu *Minimanual do Novo Código de Ética e Disciplina dos Advogados*, sendo o advogado o primeiro juiz da causa, tendo liberdade e independência no exercício profissional, o novo CED, no art. 11, dispõe que o advogado, no exercício do mandato, deve imprimir à causa orientação que lhe pareça mais adequada, sem se subordinar a intenções contrárias do cliente, mas sempre procurando esclarecê-lo quanto à estratégia traçada. *Alternativa C.*

18. **(XXIII Exame)** Diogo é estudante de Direito com elevado desempenho acadêmico. Ao ingressar nos últimos anos do curso, ele é convidado por um ex-professor para estagiar em seu escritório. Inscrito nos quadros de estagiários da OAB e demonstrando alta capacidade, Diogo ganha a confiança dos sócios do escritório e passa a, isoladamente e sob a responsabilidade do advogado, retirar e devolver autos em cartório, assinando a respectiva carga; visar atos constitutivos de sociedades para que sejam admitidos a registro; obter junto a escrivães e chefes de secretaria certidões de peças ou autos de processos em curso ou findos; assinar petições de juntada de documentos a processos judiciais ou administrativos; e subscrever embargos de declaração opostos em face de decisões judiciais. Considerando as diversas atividades desempenhadas por Diogo, isoladamente e sob a responsabilidade do advogado, de acordo com o Estatuto e Regulamento da OAB, ele pode

(A) Retirar e devolver autos em cartório, assinando a respectiva carga, bem como visar atos constitutivos de sociedades, para que sejam admitidos a registro.

(B) Obter, junto a escrivães e chefes de secretaria, certidões de peças ou autos de processos em curso ou findos, bem como assinar petições de juntada de documentos a processos judiciais ou administrativos.

(C) Obter, junto a escrivães e chefes de secretaria, certidões de peças ou autos de processos findos, mas não de processos em curso, bem como subscrever embargos de declaração opostos em face de decisões judiciais.

(D) Assinar petições de juntada de documentos a processos judiciais, mas não a processos administrativos, nem subscrever embargos de declaração opostos em face de decisões judiciais.

RESPOSTA Nesse caso o examinador cobrou exatamente o texto previsto no art. 29 do Regulamento Geral, *verbis*:

"Art. 29. Os atos de advocacia, previstos no art. 1º do Estatuto, podem ser subscritos por estagiário inscrito na OAB, em conjunto com o advogado ou o defensor público.

§ 1º O estagiário inscrito na OAB pode praticar isoladamente os seguintes atos, sob a responsabilidade do advogado:

I – retirar e devolver autos em cartório, assinando a respectiva carga;

II – obter junto aos escrivães e chefes de secretarias certidões de peças ou autos de processos em curso ou findos;

III – assinar petições de juntada de documentos a processos judiciais ou administrativos". Alternativa B.

19. **(XX Exame – Reaplicação)** Luiz, estudante do quarto período da Faculdade de Direito, e seu irmão, Bernardo, que cursa o nono período na mesma faculdade, foram contratados pelo escritório Pereira Advogados, para atuar como estagiários. Bernardo é inscrito como estagiário perante o Conselho Seccional respectivo.

Sobre a atuação dos irmãos, assinale a opção correta.

(A) Luiz e Bernardo poderão, isoladamente, retirar e devolver autos em cartório, assinando a respectiva carga.

(B) Bernardo poderá, isoladamente, obter, junto ao chefe de secretaria do cartório judicial, certidão sobre processos em curso.

(C) Bernardo poderá, isoladamente, realizar, de forma onerosa, atividades de consultoria e assessoria jurídica. Luiz poderá assinar petições de juntada de documentos a processos judiciais.

(D) Bernardo não poderá comparecer isoladamente para a prática de atos extrajudiciais, mesmo diante de substabelecimento, sendo necessária a presença conjunta de advogado.

RESPOSTA Nos termos do art. 29, § 1º, inciso II, do Regulamento Geral, o estagiário inscrito na OAB pode praticar isoladamente, sob a responsabilidade do advogado: obter junto aos escrivães e chefes de secretarias certidões de peças ou autos de processos em curso ou findos. *Alternativa B.*

20. **(XX Exame – Reaplicação)** Rodrigo outorgou mandato à advogada Lívia para postular em juízo o adimplemento de obrigação de fazer em face de uma concessionária de serviços públicos. Ocorre que Lívia, por problemas pessoais, após a citação da ré, não desejou mais atuar como advogada na causa.

Nestas condições, Lívia deverá

(A) comunicar ao juízo a renúncia ao mandato, liberando-se, após a protocolização da petição, do dever de representar Rodrigo em juízo.

(B) notificar Rodrigo da renúncia ao mandato por carta. Após, deverá comunicar ao juízo, mas continuará obrigada a representar Rodrigo em juízo até que decorridos dez dias da ciência apostada pelo magistrado da renúncia nos autos.

(C) comunicar ao juízo a renúncia ao mandato, e, posteriormente, notificar Rodrigo, continuando obrigada a representar o cliente até que ele constitua novo advogado ou defensor público.

(D) notificar Rodrigo da renúncia ao mandato por carta e, após, deverá comunicar ao juízo, mas, nos dez dias seguintes à notificação ao cliente da renúncia, Lívia continuará obrigada a representar Rodrigo, a menos que seja substituída por outro advogado antes do término desse prazo.

RESPOSTA O EOAB, art. 5º, § 3º, trata dessa obrigação, em que o advogado que renunciar continuará, durante os 10 dias seguintes à notificação da renúncia, a representar o mandante, salvo se for substituído antes do término desse prazo. *Alternativa D.*

21. **(XX Exame)** As advogadas Tereza, Gabriela e Esmeralda desejam integrar a lista a ser encaminhada ao Tribunal de Justiça de determinado estado da federação, para preenchimento de vaga constitucionalmente destinada aos advogados na composição do Tribunal. Tereza exerce regular e efetivamente a atividade de advocacia há 15 anos. Possui reputação ilibada e saber jurídico tão notório que a permitiu ser eleita conselheira suplente, para a atual gestão, de determinada subseção da OAB. Gabriela, embora nunca tenha integrado órgão da OAB, exerce, regular e efetivamente, a advocacia há 06 anos e é conhecida por sua conduta ética e seu profundo conhecimento do Direito. Por sua vez, Esmeralda pratica regularmente a advocacia há 10 anos. Também é inconteste seu extenso conhecimento jurídico. A reputação ilibada de Esmeralda é comprovada diariamente no corretíssimo exercício de sua função de tesoureira da Caixa de Assistência de Advogados da Seccional da OAB na qual inscrita.

Sobre o caso narrado, assinale a afirmativa correta.

(A) Nenhuma das advogadas deverá compor a lista a ser encaminhada ao Tribunal de Justiça.

(B) Apenas Tereza e Esmeralda deverão compor a lista a ser encaminhada ao Tribunal de Justiça.

(C) Apenas Gabriela deverá compor a lista a ser encaminhada ao Tribunal de Justiça.

(D) Apenas Tereza deverá compor a lista a ser encaminhada ao Tribunal de Justiça.

RESPOSTA Nos termos do Provimento n. 139/2010, em seu art. 7º, há a proibição para Tereza, *verbis*: "Os membros de órgãos da OAB (art. 45, Lei n. 8.906/94), titulares ou suplentes, no decurso do triênio para o qual foram eleitos, não poderão inscrever-se no processo seletivo de escolha das listas sêxtuplas, ainda que tenham se licenciado ou declinado do mandato, por renúncia".

Já Gabriela não possui o tempo mínimo que é de 10 anos, conforme art. 5º do referido Provimento. Por fim, Esmeralda, que é tesoureira na Caixa de Assistência de Advogados, também lhe é vedado participar do processo seletivo das listas pelo mesmo motivo de Tereza. *Alternativa A.*

22. **(XII Exame)** Sobre o desagravo público, assinale a afirmativa correta.

(A) O advogado poderá ser desagravado quando ofendido no exercício da profissão ou em razão dela, desde que faça o requerimento em petição dirigida ao Presidente do Conselho Seccional no prazo de seis meses, contados a partir da data da realização da ofensa.

(B) O desagravo público depende de concordância do advogado ofendido.

(C) O advogado não pode dispensar o desagravo público quando o Conselho Seccional decidir promovê-lo.

(D) O advogado tem direito a ser desagravado, mesmo que a ofensa por ele sofrida não guarde relação com o exercício da profissão ou de cargo ou função na OAB.

RESPOSTA O desagravo público é um instrumento de defesa dos direitos e prerrogativas da advocacia, não dependendo, portando, da concordância do ofendido, nem mesmo podendo ser dispensado por este, devendo ser efetuado a critério do Conselho (Regulamento Geral, art. 18, § 7º). *Alternativa C.*

23. **(X Exame)** Um jovem advogado inicia sua carreira em seu estado natal, angariando clientes em decorrência das suas raras habilidades de negociador. Com o curso do tempo, sua fama de bom profissional se espraia e, em razão disso, surgem convites para atuar em outros estados da federação. Ao contatar um cliente no Estado Y, distante mais de mil quilômetros do seu estado natal, é surpreendido pelas autoridades de Y, com determinação restritiva ao seu exercício profissional, por não ser advogado do local. A partir do exposto, nos termos do Estatuto da Advocacia, assinale a afirmativa correta.

(A) O advogado deve restringir o exercício profissional ao local em que obteve sua inscrição.

(B) O advogado deve solicitar autorização a cada processo em que atuar fora do local de inscrição.

(C) O advogado deve realizar Exame de Ordem em cada estado em que for atuar.

(D) O advogado pode exercer sua profissão em todo o território nacional.

RESPOSTA É o que dispõe o EOAB ao estabelecer que constitui direito do advogado exercer com liberdade a profissão em todo o território nacional (art. 7º, I). *Alternativa D.*

24. **(X Exame)** João, advogado regularmente inscrito nos quadros da Ordem dos Advogados do Brasil, veio a ser indiciado por força de investigação proposta em face de um dos seus inúmeros clientes, não tendo o causídico participado de qualquer ato ilícito, mas apenas como advogado. Veio a saber que seu nome fora incluído por força de exercício considerado exacerbado de sua atividade advocatícia. Contratou advogado para a sua defesa no inquérito criminal e postulou assistência à Ordem dos Advogados do Brasil por entender feridas suas prerrogativas profissionais. Observado tal relato, consoante as normas do Regulamento Geral do Estatuto da Advocacia e da OAB, assinale a afirmativa correta.

(A) Ao contratar advogado para a defesa da sua pretensão, não mais cabe à Ordem dos Advogados interferir no processo para salvaguardar eventuais prerrogativas feridas.

(B) A atuação da Ordem dos Advogados na defesa das prerrogativas profissionais implicará a assistência de representante da instituição, mesmo com defensor constituído.

(C) A assistência da Ordem dos Advogados está restrita a processos judiciais ou administrativos, mas não a inquéritos.

(D) A postulação de assistência deve ser examinada pelo Conselho Federal da Ordem dos Advogados que pode autorizar ou não essa atividade.

RESPOSTA O art. 16 do RG preconiza que na hipótese de o fato imputado a advogado decorrer do exercício da profissão ou em razão desse exercício, ressalvado a ele o direito de escolha de patrono, o representante da OAB integra a defesa, como assistente, no inquérito ou processo em que seja indiciado, acusado ou ofendido o inscrito. *Alternativa B.*

25. **(IX Exame)** O advogado Carlos é Presidente da empresa XYZ, com sede no Município Q. Em determinada data, a empresa é notificada para apresentar defesa em processo trabalhista ajuizado por antigo empregado da empresa. No dia da audiência designada, Carlos apresenta-se como preposto, vez que dirigente da empresa e advogado, por possuir habilitação profissional regular. Observados tais fatos, de acordo com as normas do Regulamento Geral do Estatuto da Advocacia e da OAB, assinale a afirmativa correta.

(A) Por economia processual admite-se a atuação do advogado como preposto e advogado no mesmo processo.

(B) Essa é uma situação excepcional que permite a atuação do advogado como preposto da empresa e seu representante judicial.

(C) É vedada a atuação como preposto e como advogado da empresa ao mesmo tempo.

(D) Não havendo oposição da parte adversa, pode ocorrer a atuação do advogado nas duas funções: preposto e representante judicial.

RESPOSTA Dispõe o art. 3º do RG que é defeso (proibido) ao advogado funcionar no mesmo processo, simultaneamente, como patrono e preposto do empregador ou cliente. O NCED, prevê a mesma proibição no art. 25. *Alternativa C.*

26. **(VII Exame)** Tício, advogado militante há longos anos, tem entrevero com o Juiz da Comarca W que, em altos brados, afirma que o causídico é praticante de chicanas e atos de má-fé processual, sendo conhecido como exímio procrastinador da atividade processual, obstando o bom desenvolvimento da Justiça. À luz das normas do Regulamento Geral do Estatuto da Advocacia e da OAB, é correto afirmar:

(A) Tais atos permitem o agravo do advogado se houver requerimento pessoal ao Presidente da Seccional.
(B) Havendo requerimento de qualquer pessoa poderá ocorrer o desagravo após decisão do Relator do processo.
(C) O desagravo é público e promovido pelo Conselho competente podendo ocorrer de ofício.
(D) Caso constatado que a ofensa é decorrente do exercício da profissão poderá ocorrer o arquivamento sumário.

RESPOSTA Segundo o art. 18 do RG, o inscrito na OAB, quando ofendido comprovadamente em razão do exercício profissional ou de cargo ou função da OAB, tem direito ao desagravo público promovido pelo Conselho competente, de ofício, a seu pedido ou de qualquer pessoa. *Alternativa C.*

27. **(VII Exame)** Mévio é advogado, especializado em causas cíveis, exercendo a profissão por longos anos, tendo sobressaído na defesa dos seus clientes e percebendo, como remuneração, os seus honorários. Sendo figura conhecida no município, onde exerce a profissão e possui domicílio, é convidado a ministrar palestra em estabelecimentos de ensino, divulgando a atuação do advogado e sua posição na sociedade. Um dos aspectos abordados está relacionado à atividade do advogado como indispensável à administração da justiça. Nesses limites, consoante as normas estatutárias, é correto afirmar que

(A) O advogado exerce função pública.
(B) Exerce ministério privado, exercendo função social.
(C) Atua na defesa de interesses patrimoniais privados, com função pública.
(D) No seu ministério privado, deixa de exercer função social.

RESPOSTA O advogado é indispensável à administração da justiça, segundo o art. 2º, § 1º, do EOAB, dispondo ainda que, no seu ministério privado, o advogado presta serviço público e exerce função social. *Alternativa B.*

28. **(III Exame)** O advogado Mévio casou-se com a médica Esculápia, vindo a ter cinco filhos. No curso do casamento, Esculápia veio a concluir o curso de Bacharel em Direito, obtendo aprovação no Exame de Ordem e vindo a obter o seu registro profissional, atuando, concomitantemente com sua profissão de médica, como advogada em vários processos. Em determinado momento, veio a desentender-se com seu marido, gerando diversos processos civis e criminais. Quanto à assistência da OAB nesse caso, à luz das normas do Regulamento Geral do Estatuto da Advocacia e da OAB, é correto afirmar que a assistência

(A) Ocorrerá pela qualidade dos litigantes, ambos advogados.
(B) É assegurada nos processos vinculados ao exercício da profissão.
(C) Poderá ocorrer em qualquer processo, autorizada pelo Conselho Seccional.
(D) É inerente à condição de advogado, mas com autorização do Presidente da Seccional.

RESPOSTA O advogado terá assistência de representante da OAB nos inquéritos policiais ou nas ações penais em que figurar como indiciado, acusado ou ofendido, sempre que o fato a ele imputado decorrer do exercício da profissão ou a este vincular-se, conforme art. 16 do RG. *Alternativa B.*

29. **(III Exame)** Morgano, advogado recém-formado e inscrito na OAB, com aprovação no Exame de Ordem logo após a colação de grau, é contratado para defender cliente em audiência de instrução e julgamento. No recinto forense, depara-se com um tablado onde estão alocados a mesa ocupada pelo juiz e ao seu lado o representante do Ministério Público. Curioso pela situação e ainda inexperiente, questiona se tal arquitetura é comum nos demais recintos e a razão de o advogado estar em plano inferior aos demais agentes do processo. Como resposta, recebe a informação de que a disposição física foi estabelecida em respeito à hierarquia entre magistrados e membros do Ministério Público, que devem permanecer em posição superior à dos advogados das partes. Diante do narrado, à luz das normas estatutárias, é correto afirmar que

(A) A hierarquia é inerente à atividade desenvolvida pelos advogados, que atuam de forma parcial em defesa dos seus clientes.
(B) Como dirigente do processo, o magistrado subordina a atuação dos advogados como forma de disciplina da audiência.
(C) Os membros do Ministério Público nos atos processuais são hierarquicamente superiores aos advogados.

(D) Advogados, membros do Ministério Público e magistrados não têm relação de hierarquia entre si.

RESPOSTA O art. 6º do EOAB determina que não há hierarquia nem subordinação entre advogados, magistrados e membros do Ministério Público, devendo todos tratar-se com consideração e respeito recíprocos. *Alternativa D.*

30. **(III Exame)** Caio, próspero comerciante, contrata, para prestação de serviços profissionais de advocacia, Mévio, que se apresenta como advogado. O cliente outorga a devida procuração com poderes gerais para o foro. Usando o referido instrumento, ocorre a propositura de ação judicial em face de Trácio. Na contestação, o advogado do réu alega vício na representação, uma vez que Mévio não possui registro na OAB, consoante certidão que apresenta nos autos judiciais. Diante de tal circunstância, é correto afirmar que

(A) Os atos praticados pelo suposto advogado não ofendem qualquer dispositivo legal.
(B) Verificada a ausência de inscrição profissional, deverá ser outorgado prazo para sua regularização.
(C) Os atos praticados por Mévio são nulos, pois foram praticados por pessoa não inscrita na OAB.
(D) A declaração de nulidade dos atos processuais esgota o rol de atos sancionatórios.

RESPOSTA O EOAB em seu art. 4º dispõe que são nulos os atos de advogado praticados por pessoa não inscrita na OAB, sem prejuízo das sanções civis, penais e administrativas. *Alternativa C.*

31. **(V Exame)** Manoel, empresário, promove ação de separação judicial litigiosa em face de Maria, sua esposa, alegando graves violações aos deveres do casamento, entre as quais abandono material e moral das duas filhas do casal. Anexa documento comprovando que sua esposa deixara as menores em casa para comparecer a festas em locais distantes, o que lhes causou riscos à saúde física e mental. Apesar de as normas sobre o tema determinarem o sigilo, o processo tramita como se fosse público. O advogado do autor comunica o fato ao juiz que preside o processo e ao escrivão que chefia o cartório judicial. Baldados foram os seus esforços. Em relação ao caso acima, à luz das normas estatutárias, é correto afirmar que

(A) Não pode reclamar para outra autoridade, já tendo apresentado a primeira ao juiz da causa.
(B) A publicidade do processo constitui mera irregularidade, infensa a medidas de qualquer naipe.
(C) O advogado atuou corretamente ao reclamar do descumprimento de lei.
(D) A reclamação deve ser escrita.

RESPOSTA É direito do advogado reclamar, verbalmente ou por escrito, perante qualquer juízo, tribunal ou autoridade, contra a inobservância de preceito de lei, regulamento ou regimento (art. 7º, XI, do EOAB). *Alternativa C.*

32. **(V Exame)** No julgamento da ação envolvendo Manoel e Joaquim, o relator do processo assacou diversas acusações contra os representantes judiciais das partes, inclusive relacionadas à litigância de má-fé. Os advogados requereram a palavra, que foi indeferida, sendo retirados do recinto por servidores do Tribunal. Requereram, então, as medidas próprias à OAB. Com base nesse cenário, à luz das regras estatutárias, é correto afirmar que

(A) É situação típica de desagravo pela atuação profissional dos advogados.
(B) Esses litígios devem ser resolvidos no âmbito do processo judicial.
(C) Inexistem medidas administrativas a realizar no âmbito da OAB.
(D) A separação entre a atividade do juiz e a do advogado bloqueia a atividade da OAB.

RESPOSTA O art. 7º, XVII, do EOAB dispõe que é direito e prerrogativa do advogado ser publicamente desagravado, quando ofendido no exercício da profissão ou em razão dela, devendo o Conselho competente promover o desagravo público do ofendido, sem prejuízo da responsabilidade criminal em que incorrer o infrator (§ 5º do art. 7º do EOAB). *Alternativa A.*

33. **(V Exame)** Tício é advogado regularmente inscrito nos quadros da OAB e conhecido pela energia e vivacidade com que defende a pretensão dos seus clientes. Atuando em defesa de um dos seus clientes, exalta-se em audiência, mas mantém, apesar disso, a cortesia com o magistrado presidente do ato e com o advogado da parte contrária. Mesmo assim, sofreu representação perante o órgão disciplinar da OAB. Em relação a tais fatos, é correto afirmar que

(A) No processo judicial, os atos do advogado constituem múnus privado.
(B) A defesa do cliente deve ser pautada pelo dirigente da audiência, o magistrado.
(C) A atuação de Tício desborda os limites normais do exercício da advocacia.
(D) Inexistindo atividade injuriosa, os atos do advogado são imunes ao controle disciplinar.

RESPOSTA Entre os direitos e prerrogativas da atividade de advocacia, prevê o § 2º do art. 7º do EOAB que o advogado tem imunidade profissional, não constituindo injúria ou difamação puníveis qualquer manifestação de sua parte, no exercício de sua atividade, em juízo ou fora dele, sem prejuízo das sanções disciplinares perante a OAB, pelos excessos que cometer. *Alternativa D.*

34. **(V Exame)** Mévio aceita defender um cliente. Após ampla pesquisa, verifica que a legislação ordinária não acolhe a pretensão dele. Elabora, pois, a tese de que a legislação que não permite o acolhimento da pretensão do seu constituído padeceria do vício de inconstitucionalidade e recomenda que não haja o cumprimento da referida norma. À luz das normas estatutárias, é correto afirmar que

(A) A situação é permitida, diante do possível vício alegado pelo advogado.

(B) Se caracteriza a hipótese de postulação com má-fé contra literal disposição de lei.

(C) Mesmo sendo a lei eivada de vício, não seria possível presumir boa-fé.

(D) Ao pleitear contra expressa disposição de lei no caso referido, presume-se a má-fé.

RESPOSTA Não constitui infração disciplinar do inciso VI do art. 34 do EOAB quando o advogado estiver fundamentado na inconstitucionalidade, na injustiça da lei ou em pronunciamento judicial anterior. *Alternativa A.*

35. **(III Exame)** Heitor, advogado regularmente inscrito na OAB, é surpreendido com a notícia de que seu ex-adverso havia sido suspenso em processo disciplinar regular, mas que não havia devolvido os documentos oficiais nem comunicado a punição ao juiz dirigente do processo. Em relação à atuação de profissional suspenso das atividades, à luz do Estatuto, é correto afirmar que

(A) Gera a exclusão da OAB.

(B) Viola o sigilo profissional.

(C) Caracteriza infração disciplinar.

(D) Constitui mera irregularidade.

RESPOSTA Constitui infração disciplinar: exercer a profissão, quando impedido de fazê-lo, ou facilitar, por qualquer meio, o seu exercício aos não inscritos, proibidos ou impedidos, constitui infração disciplinar (art. 34, I, do EOAB). *Alternativa C.*

36. **(II Exame)** João Vítor e Ana Beatriz, ambos advogados, contraem núpcias, mantendo o estado de casados por longos anos. Paralelamente, também mantêm sociedade em escritório de advocacia. Por motivos vários, passam a ter seguidas altercações, com acusações mútuas de descumprimento dos deveres conjugais. Ana Beatriz, revoltada com as acusações desfechadas por João Vítor, requer que a OAB promova sessão de desagravo, uma vez que sua honra foi atingida por seu marido, em discussões conjugais. À luz das normas estatutárias,

(A) Nenhum ato poderá ser realizado pela OAB, tendo em vista que as ofensas não ocorreram no exercício da profissão de advogado.

(B) O ato de desagravo depende somente da qualidade de advogado do ofendido.

(C) Sendo o ofensor advogado, o desagravo é permitido pelo estatuto.

(D) O desagravo poderá ocorrer privadamente.

RESPOSTA O advogado para ser publicamente desagravado, deve ser ofendido no exercício da profissão ou em razão dela, conforme o inciso XVII do art. 7º do EOAB. *Alternativa A.*

37. **(XVIII Exame)** Determinada causa em que se discutia a guarda de dois menores estava confiada ao advogado Álvaro, que trabalhava sozinho em seu escritório. Aproveitando o período de recesso forense e considerando que não teria prazos a cumprir ou atos processuais designados durante esse período, Álvaro realizou viagem para visitar a família no interior do estado. Alguns dias depois de sua partida, ainda durante o período de recesso, instalou-se situação que demandaria a tomada de medidas urgentes no âmbito da mencionada ação de guarda. O cliente de Álvaro, considerando que seu advogado se encontrava fora da cidade, procurou outro advogado, Paulo, para que a medida judicial necessária fosse tomada, recorrendo-se ao plantão judiciário. Paulo não conseguiu falar com Álvaro para avisar que atuaria na causa em que este último estava constituído, mas aceitou procuração do cliente assim mesmo e tomou a providência cabível.

Poderia Paulo ter atuado na causa sem o conhecimento e a anuência de Álvaro?

(A) Paulo poderia ter atuado naquela causa apenas para tomar a medida urgente cabível.

(B) Paulo poderia ter atuado na causa, ainda que não houvesse providência urgente a tomar, uma vez que o advogado constituído estava viajando.

(C) Paulo não poderia ter atuado na causa, pois o advogado não pode aceitar procuração de quem já tenha patrono constituído, sem prévio conhecimento deste, ainda que haja necessidade da tomada de medidas urgentes.

(D) Paulo não poderia ter atuado na causa, pois os prazos estavam suspensos durante o recesso.

RESPOSTA O CED, art. 11, dispõe que o advogado não deve aceitar procuração de quem já tenha patrono constituído, sem prévio conhecimento deste, salvo por motivo justo ou para adoção de medidas judiciais urgentes e inadiáveis (CED, art. 14). *Alternativa A.*

38. **(XXV Exame)** O advogado Ícaro dos Santos, regularmente constituído para a defesa judicial de certo cliente, necessitou, para o correto exercício do mandato, que o cliente lhe apresentasse alguns documentos. Após Ícaro solicitar-lhe os documentos diversas vezes, realizando inúmeras tentativas de contato, o cliente manteve-se inerte por prazo superior a três meses.

Considerando o caso narrado, assinale a afirmativa correta.

(A) Diante da inércia do cliente, o Código de Ética e Disciplina da OAB dispõe que se presume extinto automaticamente o mandato.

(B) Diante da inércia do cliente, o Código de Ética e Disciplina da OAB dispõe que é recomendada a renúncia ao mandato. Ainda de acordo com o diploma, a renúncia ao patrocínio deve ser feita com menção do motivo que a determinou.

(C) Diante da inércia do cliente, o Código de Ética e Disciplina da OAB dispõe que é recomendado ao advogado peticionar nos autos, solicitando a intimação pessoal do cliente para apresentação dos documentos. Apenas após o ato, se mantida a inércia, presume-se extinto o mandato.

(D) Diante da inércia do cliente, o Código de Ética e Disciplina da OAB dispõe que é recomendada a renúncia ao mandato. Ainda de acordo com o diploma, a renúncia ao patrocínio deve ser feita sem menção do motivo que a determinou.

RESPOSTA a) errada; b) errada; c) errada; d) correta, pois o advogado não será responsabilizado por omissão do cliente quanto a documento ou informação que lhe devesse fornecer para a prática oportuna de ato processual do seu interesse (CED, art. 16, § 2º). *Alternativa D.*

39. **(XXX Exame)** Em certa situação, uma advogada, inscrita na OAB, foi ofendida em razão do exercício profissional durante a realização de uma audiência judicial. O ocorrido foi amplamente divulgado na mídia, assumindo grande notoriedade e revelando, de modo urgente, a necessidade de desagravo público.

Considerando que o desagravo será promovido pelo Conselho competente, seja pelo órgão com atribuição ou pela Diretoria *ad referendum*, assinale a afirmativa correta.

(A) A atuação se dará apenas mediante provocação, a pedido da ofendida ou de qualquer outra pessoa. É condição para concessão do desagravo a solicitação de informações à pessoa ou autoridade apontada como ofensora.

(B) A atuação se dará de ofício ou mediante pedido, o qual deverá ser formulado pela ofendida, seu representante legal ou advogado inscrito na OAB. É condição para concessão do desagravo a solicitação de informações à pessoa ou autoridade apontada como ofensora.

(C) A atuação se dará de ofício ou mediante provocação, seja da ofendida ou de qualquer outra pessoa. Não é condição para concessão do desagravo a solicitação de informações à pessoa ou autoridade apontada como ofensora.

(D) A atuação se dará de ofício ou mediante pedido, o qual deverá ser formulado pela ofendida, seu representante legal ou advogado inscrito na OAB. Não é condição para concessão do desagravo a solicitação de informações à pessoa ou autoridade apontada como ofensora.

RESPOSTA a) errada; b) errada; C) correta, pois, conforme reza o *caput* do art. 18 do RG, o desagravo poderá se dar de ofício, a pedido do ofendido ou de qualquer pessoa, e o § 2º complementa a alternativa no sentido de que não é condição para concessão do desagravo a solicitação de informações à pessoa ou à autoridade apontada como ofensora; d) errada. *Alternativa C.*

III. TIPOS DE ADVOCACIA

40. **(XXV Exame)** Enzo, regularmente inscrito junto à OAB, foi contratado como empregado de determinada sociedade limitada, a fim de exercer atividades privativas de advogado. Foi celebrado, por escrito, contrato individual de trabalho, o qual estabelece que Enzo se sujeitará a regime de dedicação exclusiva. A jornada de trabalho acordada de Enzo é de oito horas diárias. Frequentemente, porém, é combinado que Enzo não compareça à sede da empresa pela manhã, durante a qual deve ficar, por três horas, "de plantão", ou seja, à disposição do empregador, aguardando ordens. Nesses dias, posteriormente, no período da tarde, dirige-se à sede, a fim de exercer atividades no local, pelo período contínuo de seis horas.

Considerando o caso narrado e a disciplina do Estatuto da Advocacia e da OAB, bem como do seu Regulamento Geral, assinale a afirmativa correta.

(A) É vedada a pactuação de dedicação exclusiva. Deverão ser remuneradas como extraordinárias as horas diárias excedentes a quatro horas contínuas, incluindo-se as horas cumpridas por Enzo na sede da empresa, bem como as horas que ele permanece em sede externa, executando tarefas ou meramente aguardando ordens do empregador.

(B) É autorizada a pactuação do regime de dedicação exclusiva. Deverão ser remuneradas como extraordinárias as horas que excederem a jornada de oito horas diárias, o que inclui as horas cumpridas por Enzo na sede da empresa ou efetivamente executando atividades externas ordenadas pelo empregador. As horas em que Enzo apenas aguarda as ordens fora da sede são consideradas somente para efeito de compensação de horas.

(C) É autorizada a pactuação do regime de dedicação exclusiva. Deverão ser remuneradas como extraordinárias as horas que excederem a jornada de oito horas diárias, o que inclui tanto as horas cumpridas por Enzo na sede da empresa como as horas em que ele permanece em sede externa, executando tarefas ou meramente aguardando ordens do empregador.

(D) É autorizada a pactuação do regime de dedicação exclusiva. Deverão ser remuneradas como extraordinárias as horas que excederem a jornada de nove horas diárias, o que inclui as horas cumpridas por Enzo na sede da empresa ou efetivamente executando atividades externas ordenadas pelo empregador. As horas em que Enzo apenas aguarda as ordens fora da sede são consideradas somente para efeito de compensação de horas.

RESPOSTA a) errada; b) errada; c) correta, nos termos do EOAB, art. 20 e parágrafos, note-se que foi exigida nessa questão nada mais do que exatamente a letra da lei; d) errada. *Alternativa C.*

41. **(XVII Exame)** Patrícia foi aprovada em concurso público e tomou posse como Procuradora do Município em que reside. Como não pretendia mais exercer a advocacia privada, mas apenas atuar como Procuradora do Município, pediu o cancelamento de sua inscrição na OAB.

A partir da hipótese apresentada, assinale a afirmativa correta.

(A) Patrícia não agiu corretamente, pois os advogados públicos estão obrigados à inscrição na OAB para o exercício de suas atividades.

(B) Patrícia não agiu corretamente, pois deveria ter requerido apenas o licenciamento do exercício da advocacia e não o cancelamento de sua inscrição.

(C) Patrícia poderia ter pedido o licenciamento do exercício da advocacia, mas nada a impede de pedir o cancelamento de sua inscrição, caso não deseje mais exercer a advocacia privada.

(D) Patrícia agiu corretamente, pois, uma vez que os advogados públicos não podem exercer a advocacia privada, estão obrigados a requerer o cancelamento de suas inscrições.

RESPOSTA A questão trata dos tipos de advocacia pública ou privada. No caso, pública nos termos do EOAB, art. 3º, § 1º. Exercem atividade de advocacia, sujeitando-se ao regime desta lei, além do regime próprio a que se subordinem, os integrantes da Advocacia-Geral da União, da Procuradoria da Fazenda Nacional, da Defensoria Pública e das Procuradorias e Consultorias Jurídicas dos Estados, do Distrito Federal, dos Municípios e das respectivas entidades de administração indireta e fundacional. *Alternativa A.*

42. **(X Exame)** Lara, advogada, é chefe do departamento jurídico da empresa Nós e Nós, que é especializada na produção de cordas. O departamento que ela coordena possui cerca de cem advogados. Dez deles resolvem propor ação judicial para reclamar direitos que são comuns a todos, inclusive à advogada chefe do departamento.

Nos termos do Código de Ética, a advogada chefe do departamento deve

(A) Assumir a defesa da empresa, por força da relação de trabalho.

(B) Comunicar o fato à empresa e escusar-se de realizar a defesa.

(C) Indicar advogado da sua equipe para realizar a defesa.

(D) Renunciar ao cargo por impossibilidade de exercício do mesmo.

RESPOSTA Dispõe o Novo Código de Ética e Disciplina que é legítima a recusa, pelo advogado, do patrocínio de pretensão concernente a lei ou direito que também lhe seja aplicável, ou contrarie expressa orientação sua, manifestada anteriormente (art. 4º, parágrafo único). *Alternativa B.*

43. **(IX Exame)** Marcio é estagiário de Direito regularmente inscrito na Ordem dos Advogados do Brasil e atua sob supervisão da advogada Helena. Atuando em determinado processo, a advogada substabelece ao estagiário os poderes que lhe foram conferidos pelo cliente.

A respeito do caso apresentado, consoante as normas do Regulamento Geral do Estatuto da Advocacia e da OAB, assinale a afirmativa correta.

(A) O estagiário poderá retirar os autos do cartório conjuntamente com a advogada.

(B) Os atos do estagiário ocorrem sob a supervisão e responsabilidade da advogada.

(C) As petições apresentadas no processo terão a subscrição conjunta da advogada inclusive de juntada de documentos.

(D) O estagiário poderá realizar audiências judiciais autonomamente sem a presença da advogada.

RESPOSTA O estagiário de advocacia pode praticar todos os atos privativos em conjunto com o advogado e sob sua responsabilidade, e pode isoladamente a) retirar e devolver autos em cartório, assinando a respectiva carga; b) obter junto aos escrivães e chefes de secretarias certidões de peças ou autos de processos; c) assinar petições de juntada de documentos a processos judiciais ou administrativos (art. 29, § 1º, do RG). *Alternativa B.*

44. **(IX Exame – Reaplicação)** João é assessor jurídico da empresa "Z" Ltda., onde exerce suas funções com proficiência. Em determinado momento, é consultado por inúmeros colegas de trabalho que pretendem ingressar com ação judicial para postular o reconhecimento de direitos em face da empresa empregadora. A pretensão dos seus colegas também beneficiaria o advogado.

Nos termos do Código de Ética e Disciplina da OAB, João deve

(A) Recusar o patrocínio da causa.

(B) Aceitar, sem qualquer reserva pessoal.

(C) Renunciar ao direito para patrocinar a causa.

(D) Indicar os clientes para escritório de amigos, com participação.

RESPOSTA O art. 4º, parágrafo único, do NCED dispõe que é legítima a recusa pelo advogado de patrocínio de pretensão concernente a lei ou direito que também lhe seja aplicável. *Alternativa A.*

45. **(VII Exame)** Nos termos das normas do Regulamento Geral do Estatuto da Advocacia e da OAB, o Estágio Profissional de Advocacia é requisito para inscrição no quadro de estagiários da OAB, sendo correto afirmar:

(A) É ministrado pela Seccional da OAB sem intervenção de entidade de ensino superior.

(B) Pode ser ofertado por instituição de ensino superior em convênio com a OAB.

(C) Deve ter carga horária mínima de 360 horas distribuídas em dois anos de atividade.

(D) Pode ocorrer a complementação de carga horária em escritórios sem credenciamento junto à OAB.

RESPOSTA O estágio profissional de advocacia pode ser oferecido pela instituição de ensino superior autorizada e credenciada, em convênio com a OAB, complementando-se a carga horária do estágio curricular supervisionado com atividades práticas típicas de advogado e de estudo do Estatuto e do Código de Ética e Disciplina, observado o tempo conjunto mínimo de 300 (trezentas) horas, distribuído em dois ou mais anos (art. 27, § 1º, do RG). *Alternativa B.*

46. **(VII Exame)** A multiplicidade de opções para atuação do advogado desenvolveu o ramo da Advocacia Pública. Assim, à luz das normas do Regulamento Geral do Estatuto da Advocacia e da OAB, nela podem ser integrados o(a), exceto:

(A) Advogado-Geral da União.

(B) Defensor Público.

(C) Advogado (Procurador) de Autarquia.

(D) Advogado de Sociedade de Economia Mista.

RESPOSTA O EOAB, em seu art. 3º, § 1º, está em consonância com art. 9º do RG. Exercem a advocacia pública os integrantes da Advocacia-Geral da União, da Defensoria Pública e das Procuradorias e Consultorias Jurídicas dos Estados, do Distrito Federal, dos Municípios, das autarquias e das fundações públicas, estando obrigados à inscrição na OAB, para o exercício de suas atividades. *Alternativa D.*

47. **(III Exame)** Nos termos das normas do Regulamento Geral do Estatuto da Advocacia e da OAB, o estagiário poderá isoladamente realizar o seguinte ato:

(A) Atuar em audiências nos Juizados Especiais representando os clientes do escritório.

(B) Obter com os Chefes de Secretarias certidões de peças de processos em curso.

(C) Sustentar oralmente os recursos nos tribunais, quando cabível a defesa oral.

(D) Assinar petições iniciais ou contestações quando incluído no instrumento de mandato.

RESPOSTA O estagiário inscrito na OAB pode praticar isoladamente, sob a responsabilidade do advogado, o ato de obter junto aos escrivães e chefes de secretarias certidões de peças ou autos de processos em curso ou findos, de acordo com o art. 29, § 1º, II, do RG. *Alternativa B.*

48. **(III Exame)** Mévio é advogado empregado de empresa de grande porte atuando como diretor jurídico e tendo vários colegas vinculados à sua direção. Instado por um dos diretores, escala um dos seus advogados para atuar em processo judicial litigioso, no interesse de uma das filhas do referido diretor. À luz das normas estatutárias, é correto afirmar que

(A) A defesa dos interesses dos familiares dos dirigentes da empresa está ínsita na atuação profissional do advogado empregado.
(B) A atuação do advogado empregado nesses casos pode ocorrer voluntariamente, sem relação com o seu emprego.
(C) A relação de emprego retira do advogado sua independência profissional, pois deve defender os interesses do patrão.
(D) Em casos de dedicação exclusiva, a jornada de trabalho máxima do advogado será de quatro horas diárias e de vinte horas semanais.

RESPOSTA O advogado deve zelar por sua liberdade e independência. Assim, segundo o art. 18 e seu parágrafo único do EOAB, a relação de emprego, na qualidade de advogado, não retira a isenção técnica nem reduz a independência profissional inerentes à advocacia. *Alternativa B.*

49. **(III Exame)** Xisto, advogado, é convidado a ocupar o prestigiado cargo de Procurador-Geral de um município, cargo de confiança do Prefeito Municipal passível de exoneração *ad nutum*. O cargo é privativo de advogado. No entanto, ao assumir o referido cargo, ocorrerá o

(A) Cancelamento da sua inscrição.
(B) Suspensão do exercício da atividade advocatícia.
(C) Anotação de impedimento.
(D) Exercício limitado da advocacia.

RESPOSTA O art. 29 do EOAB determina que são **exclusivamente legitimados para o exercício da advocacia vinculada à função que exerçam**, durante o período da investidura os Procuradores Gerais, Advogados Gerais, Defensores Gerais e dirigentes de órgãos jurídicos da Administração Pública direta, indireta e fundacional. *Alternativa D.*

50. **(I Exame)** Assinale a opção correta acerca da situação do advogado como empregado, de acordo com as disposições do Estatuto da Advocacia e da OAB.

(A) Considera-se jornada de trabalho o período em que o advogado esteja à disposição do empregador, aguardando ou executando ordens no âmbito do escritório, não sendo consideradas as horas trabalhadas em atividades externas.
(B) A relação de emprego, no que se refere ao advogado, não retira a isenção técnica inerente à advocacia, mas reduz a independência profissional, visto que o advogado deve atuar de acordo com as orientações de seus superiores hierárquicos.
(C) O advogado empregado não está obrigado à prestação de serviços profissionais de interesse pessoal, fora da relação de emprego.
(D) Nas causas em que for parte empregador de direito privado, os honorários de sucumbência serão devidos a ele, empregador, e não, aos advogados empregados.

RESPOSTA (A) Art. 20, § 1º, do EOAB. (B) Art. 18 do EOAB. (C) Art. 18, parágrafo único, do EOAB. (D) Art. 21 do EOAB. *Alternativa C.*

51. **(XI Exame)** Ferrari é aluno destacado no curso de Direito, tendo, no decorrer dos anos, conseguido vários títulos universitários, dentre eles, medalhas e certificados. Indicado para representar a Universidade em que estudou, foi premiado em evento internacional sobre arbitragem. A repercussão desse fato aumentou seu prestígio e, por isso, recebeu numerosos convites para trabalhar em diversos escritórios de advocacia. Aceito o convite de um deles, passou a redigir minutas de contratos, sempre com supervisão de um advogado. Após um ano de estágio, conquistou a confiança dos advogados do seu setor e passou a ter autonomia cada vez maior. Diante dessas circunstâncias, passou a chancelar contratos sem a interferência de advogado. Nos termos do Estatuto da Advocacia, o estagiário deve atuar

(A) Autonomamente, após um ano de estágio.
(B) Conjuntamente com um advogado, em todos os atos da advocacia.
(C) Autonomamente, em alguns atos permitidos pelo advogado.
(D) Vinculado ao advogado em atos judiciais, mas não em atos contratuais.

RESPOSTA O Estatuto da Advocacia e da Ordem dos Advogados do Brasil reza que o estagiário de advocacia, regularmente inscrito, pode praticar os atos privativos do advogado, na forma do regulamento geral, em conjunto com advogado e sob responsabilidade deste (art. 3º, § 2º do EOAB c/c art. 29, § 2º do RG). *Alternativa B.*

IV. MANDATO

52. **(XIV Exame)** Matheus é estagiário vinculado ao escritório Renato e Associados. No exercício da sua atividade, por ordem do advogado supervisor, o estagiário acompanha o cliente diretor da sociedade Tamoaí S/A. Por motivos alheios à vontade do estagiário, que se disse inocente de qualquer deslize, o diretor veio a se desentender com Matheus, e, por força desse evento, o escritório resolve renunciar ao mandato conferido pela pessoa jurídica. Nos termos do Estatuto da Advocacia, sobre o caso descrito, assinale a afirmativa correta.

(A) O advogado pode afastar-se do processo em que atua sem comunicação ao cliente.

(B) A renúncia deve ser notificada ao cliente pelos advogados mandatários.

(C) A renúncia aos poderes conferidos no mandato dependerá do cliente do escritório.

(D) A renúncia ao mandato, sem respeitar o prazo legal, implica abandono da causa.

RESPOSTA Dispõe o EOAB que o advogado que renunciar ao mandato continuará, durante os dez dias seguintes à notificação da renúncia, a representar o mandante, salvo se for substituído antes do término desse prazo (art. 5º, § 3º). *Alternativa B.*

53. **(XIV Exame)** Mara é advogada atuante, tendo especialização na área cível. Procurada por um cliente da área empresarial, ela aceita o mandato. Ocorre que seu cliente possui, em sua empresa, um departamento jurídico com numerosos advogados e um gerente. Por indicação deles, o cliente determina que Mara inclua, no mandato que lhe foi conferido, os advogados da empresa, para atuação conjunta. Com base no caso apresentado, observadas as regras do Estatuto da OAB e do Código de Ética e Disciplina da OAB assinale a opção correta.

(A) A advogada deve aceitar a imposição do cliente por ser inerente ao mandato.

(B) A advogada deve aceitar a indicação de um advogado para atuar conjuntamente no processo.

(C) A advogada deve acolher o comando, por ser natural na vida forense a colaboração.

(D) A advogada não é obrigada a aceitar a imposição de seu cliente no caso.

RESPOSTA Dispõe o art. 24 do CED que o advogado não é obrigado a aceitar a imposição de seu cliente para que ele atue com outros advogados, nem a indicação de outro profissional para com ele trabalhar no processo. *Alternativa D.*

54. **(XV Exame)** O advogado Caio atuava representando os interesses do autor em determinada ação indenizatória há alguns anos. Antes da prolação da sentença, substabeleceu, com reserva, os poderes que lhe haviam sido outorgados pelo cliente, ao advogado Tício. Ao final, o pedido foi julgado procedente e o cliente de Caio e Tício recebeu a indenização pleiteada, mas não repassou aos advogados os honorários de êxito contratados, estipulados em 30%. Caio, para evitar desgaste, preferiu não cobrar judicialmente os valores devidos pelo cliente. Tício, não concordando com a opção de Caio, decidiu, à revelia deste último, ingressar com a ação cabível, valendo do contrato de honorários celebrado entre Caio e o cliente. A partir do caso apresentado, assinale a afirmativa correta.

(A) Tício pode ajuizar tal ação, pois, embora não tivesse celebrado o contrato com o cliente, recebeu poderes de Caio para atuar na causa.

(B) Tício pode ajuizar tal ação, pois ingressou na causa antes da prolação da sentença, sendo, assim, igualmente responsável pelo êxito.

(C) Tício não pode ajuizar tal ação porque, como Caio e Tício não requereram o destaque dos honorários contratuais, ele não tem mais direito a recebê-los.

(D) Tício não pode ajuizar tal ação porque o advogado substabelecido com reserva de poderes não pode cobrar honorários sem a intervenção daquele que lhe conferiu o substabelecimento.

RESPOSTA O CED determina que o advogado substabelecido, com reserva de poderes, não pode cobrar honorários sem a intervenção daquele que lhe conferiu o substabelecimento (art. 26, § 2º). *Alternativa D.*

55. **(XV Exame)** Fátima é advogada de Carla em processo proposto em face da empresa LL Serviços Anônimos, por contrato não cumprido. Posteriormente, Fátima patrocina os interesses de Leonídio em ação de responsabilidade civil, apresentada em face de Ovídio. Pelos descaminhos do destino, Carla e Leonídio estabelecem sociedade que, dois anos após a sua constituição, vem a ser dissolvida. Com os ânimos exaltados, Carla e Leonídio procuram sua advogada de confiança, Fátima, diante dos serviços de qualidade prestados anteriormente. Com sua rara habilidade persuasiva, a advogada consegue compor os interesses em conflito. Sobre o caso apresentado, observadas as regras do Estatuto da OAB e do Código de Ética e Disciplina da OAB, assinale a opção correta.

(A) A advogada deveria optar por um dos clientes na primeira consulta.

(B) O litígio envolve interesses irremediavelmente conflitantes, o que exige a opção do advogado.

(C) A conciliação purga o confronto de clientes da advogada.

(D) O eventual acordo entre os litigantes, no caso, deveria ser feito por outro advogado.

RESPOSTA O CED, em seu art. 20, determina que, no caso de existência de conflito de interesses entre os constituintes, e não estando acordes os interessados, com devida prudência e discernimento o advogado optará por um dos mandatos, renunciando aos demais. Com a composição, não há necessidade de realizar a renúncia dos poderes que lhe foram conferidos. *Alternativa C.*

56. **(XVI Exame)** João é advogado da sociedade empresária X Ltda., atuando em diversas causas do interesse da companhia. Ocorre que o controle da sociedade foi alienado para uma sociedade estrangeira, que resolveu contratar novos profissionais em várias áreas, inclusive a jurídica. Por força dessa circunstância, rompeu-se a avença entre o advogado e o seu cliente. Assim, João renunciou ao mandato em todos os processos, comunicando formalmente o ato à cliente. Após a renúncia, houve novo contrato com renomado escritório de advocacia, que, em todos os processos, apresentou o instrumento de mandato antes do término do prazo legal à retirada do advogado anterior. Na renúncia focalizada no enunciado, consoante o Estatuto da Advocacia, deve o advogado

(A) Afastar-se imediatamente após a substituição por outro advogado.

(B) Funcionar como parecerista no processo pela continuidade da representação.

(C) Atuar em conjunto com o advogado sucessor por quinze dias.

(D) Aguardar dez dias para verificar a atuação dos seus sucessores.

RESPOSTA No art. 5º, § 3º, do EOAB, estabelece o dever legal do advogado permanecer nos autos pelo prazo de 10 (dez) dias, salvo se for substituído antes do término desse prazo, como ocorreu no enunciado. *Alternativa A.*

57. **(XII Exame)** O advogado João foi contratado por José para atuar em determinada ação indenizatória. Ao ter vista dos autos em cartório, percebeu que José já estava representado por outro advogado na causa. Mesmo assim, considerando que já havia celebrado contrato com José, mas sem contatar o advogado que se encontrava até então constituído, apresentou petição requerendo juntada da procuração pela qual José lhe outorgara poderes para atuar na causa, bem como a retirada dos autos em carga, para que pudesse examiná-los com profundidade em seu escritório.

Com base no caso apresentado, assinale a afirmativa correta.

(A) O advogado João não cometeu infração disciplinar, pois apenas requereu a juntada de procuração e realizou carga dos autos do processo, sem apresentar petição com conteúdo relevante para o deslinde da controvérsia.

(B) O advogado João cometeu infração disciplinar, não por ter requerido a juntada de procuração nos autos, mas sim por ter realizado carga dos autos do processo em que já havia advogado constituído.

(C) O advogado João não cometeu infração disciplinar, pois, ao requerer a juntada da procuração nos autos, já havia celebrado contrato com José.

(D) O advogado João cometeu infração disciplinar prevista no Código de Ética e Disciplina da OAB, pois não pode aceitar procuração de quem já tenha patrono constituído, sem prévio conhecimento do mesmo.

RESPOSTA O advogado não deve aceitar procuração de quem já tenha patrono constituído, sem prévio conhecimento deste, salvo por motivo justo ou para adoção de medidas judiciais urgentes e inadiáveis – art. 14 do Código de Ética e Disciplina. *Alternativa D.*

58. **(XII Exame)** Saulo é advogado de Paula em determinada ação de natureza cível. Após os trâmites necessários, a postulação vem a ser julgada improcedente. Em decorrência de julgamento de recurso, a decisão foi mantida. Saulo comunicou o resultado à sua cliente que, tendo tomado ciência, manteve-se silente.

Houve o trânsito em julgado da decisão.

Sob a perspectiva do Código de Ética e Disciplina da Advocacia, assinale a afirmativa correta.

(A) Após o trânsito em julgado, o mandato conferido ao advogado continua a ser cumprido.

(B) O mandato conferido ao advogado não cessa mesmo depois de concluída a causa.

(C) O resultado infrutífero da causa é considerado como quebra do mandato.

(D) O final da causa presume o cumprimento do mandato conferido ao advogado.

RESPOSTA Concluída a causa ou arquivado o processo, presumem-se o cumprimento e a cessação do mandato – art. 13 do CED. *Alternativa D.*

59. **(XII Exame)** O advogado Carlos pretende substabelecer os poderes que lhe foram conferidos pelo seu cliente Eduardo, sem reserva de poderes, pois pretende realizar uma longa viagem, sem saber a data do retorno, não pretendendo manter compromissos profissionais.

Nos termos das normas do Código de Ética, tal ato deve

(A) Prescindir do conhecimento do cliente por ser ato privativo.
(B) Ser comunicado ao cliente de modo inequívoco.
(C) Ser realizado por tempo determinado.
(D) Implicar na devolução dos honorários pagos antecipadamente pelo cliente.

RESPOSTA O substabelecimento do mandato sem reservas de poderes exige o prévio e inequívoco conhecimento do cliente. *Vide* Código de Ética e Disciplina (art. 26, § 1º). *Alternativa B.*

60. **(X Exame)** O advogado Francisco é conhecido por sua rara habilidade no setor de contratos empresariais, experto nas chamadas cláusulas venenosas que dificultam a quebra imotivada de avenças. No exercício regular da sua profissão de advogado, apresenta-se, munido dos devidos poderes, em assembleia de sociedade anônima, cujo controlador é seu cliente. O presidente da assembleia não acolhe a sua presença, aduzindo falta de autorização legal.

Nos termos do Estatuto da Advocacia, é direito do advogado

(A) Ingressar em assembleia, representando seu cliente, mesmo não munido de mandato.
(B) Representar seu cliente com procuração outorgada com poderes gerais.
(C) Atuar em assembleia a que seu cliente possa comparecer, munido de poderes especiais.
(D) Atuar excepcionalmente com autorização do presidente da assembleia, que supre o mandato.

RESPOSTA É prerrogativa do advogado ingressar livremente em qualquer assembleia ou reunião de que participe ou possa participar o seu cliente, ou perante a qual este deva comparecer, **desde que munido de poderes especiais** (EOAB, art. 7º, VI, *d*). *Alternativa C.*

61. **(IX Exame – Reaplicação)** A advogada Ana estava constituída nos autos de determinada ação penal. Em determinado momento, seu cliente passou a descumprir o contrato de honorários firmado. Ana notificou seu cliente de sua decisão de renunciar à causa. Passados cinco dias, contados da notificação da renúncia, foi publicada decisão abrindo prazo para o oferecimento de determinada petição pelo acusado.

A partir da situação sugerida, assinale a alternativa que indica o procedimento que Ana deverá adotar.

(A) Ana deve elaborar e apresentar a petição, uma vez que em ações penais, no âmbito das quais está em risco a liberdade do acusado, o advogado que renuncia à causa deve aguardar que outro o substitua.
(B) Ana deve elaborar e apresentar a petição, pois continua a representar o mandante durante os 10 (dez) dias seguintes à notificação da renúncia.
(C) Ana não está obrigada a elaborar e apresentar a petição, pois avisou seu cliente, com antecedência razoável, de que renunciaria à causa.
(D) Ana não está obrigada a elaborar e apresentar a petição, pois, em caso de inadimplemento de honorários advocatícios, o advogado fica desobrigado de atuar na causa imediatamente após a comunicação da renúncia.

RESPOSTA O art. 5º, § 3º, do EOAB estabelece o dever do advogado que renuncia ao mandato continuar a representar o mandante durante os dez dias seguintes à notificação da renúncia, salvo se for substituído antes do término desse prazo. *Alternativa B.*

62. **(IX Exame – Reaplicação)** Um advogado é contatado por cliente, que está em viagem ao exterior sem data de regresso, para representá-lo em processo de natureza cível em curso. O advogado, diante da urgência da atuação, requer o ingresso nos autos, postulando pela apresentação posterior do instrumento de mandato no prazo estatutário.

Quanto ao referido prazo, assinale a afirmativa correta.

(A) Corresponde a trinta dias prorrogáveis indefinidamente.
(B) É fixado pelo Juiz de acordo com a complexidade do processo.
(C) É de quinze dias, prorrogáveis por igual período.
(D) Será fixado de acordo com o procedimento adotado no processo.

RESPOSTA O art. 5º, § 1º, do EOAB prevê a possibilidade de o advogado atuar sem procuração afirmando urgência, obrigando-se a apresentá-la no prazo de quinze dias, prorrogável por igual período. *Alternativa C.*

63. **(V Exame)** Crésio é procurado por cliente que já possui advogado constituído nos autos. Prontamente recusa a atuação até que seu cliente apresente a quitação dos honorários acordados e proceda à revogação dos poderes que foram conferidos para o exercício do mandato.

Após cumpridas essas formalidades, comprovadas documentalmente, Crésio apresenta sua procuração nos autos e requer o prosseguimento do processo. À luz das normas aplicáveis, é correto afirmar que

(A) A revogação do mandato exime o cliente do pagamento de honorários acordados.
(B) Permite-se o ingresso do advogado no processo mesmo que atuando outro, sem sua ciência.
(C) A verba de sucumbência deixa de ser devida após a revogação do mandato pelo cliente.
(D) O advogado deve, antes de assumir mandato, procurar a ciência e autorização do antecessor.

RESPOSTA O art. 14 do CED determina que o advogado não deve aceitar procuração de quem já tenha patrono constituído, sem prévio conhecimento deste, salvo por motivo justo ou para adoção de medidas judiciais urgentes e inadiáveis. *Alternativa D.*

64. **(IV Exame)** Hércules, advogado recém-formado, é procurado por familiares de uma pessoa que descobriu, por vias transversas, estar sendo investigada em processo sigiloso, mas não tem ciência do objeto da investigação. Sem portar instrumento de procuração, dirige-se ao órgão investigador competente para obter informações, identificando-se como advogado do investigado. A autoridade competente, em decisão escrita, indefere o postulado, por estar ausente o instrumento do mandato e, ainda, ser a investigação sigilosa. Diante dessas circunstâncias, à luz da legislação aplicável, é correto afirmar que

(A) O acesso a processo sigiloso é possível aos advogados somente quando requeiram a prática de ato.
(B) O acesso dos advogados dos interessados a processos sigilosos romperia com a proteção que eles mereceriam.
(C) O processo sigiloso é acessível a advogado portando instrumento de mandato.
(D) Mesmo sem urgência, a atuação do advogado poderia ocorrer, sem mandato, em processo sigiloso.

RESPOSTA Dispõe o inciso XIV do art. 7º do EOAB que é direito do advogado examinar em qualquer repartição policial, mesmo sem procuração, autos de flagrante e de inquérito, findos ou em andamento, ainda que conclusos à autoridade, podendo copiar peças e tomar apontamentos. Para o acesso aos sigilosos, necessário o instrumento de mandato. **ATENÇÃO para a nova redação do inciso XIV** – examinar, em qualquer instituição responsável por conduzir investigação, mesmo sem procuração, autos de flagrante e de investigações de qualquer natureza, findos ou em andamento, ainda que conclusos à autoridade, podendo copiar peças e tomar apontamentos, em meio físico ou digital (Redação dada pela Lei n. 13.245, de 2016). *Alternativa C.*

65. **(I Exame)** Em obediência ao que dispõe o Estatuto da Advocacia e da OAB, o advogado que, por motivos pessoais, não mais deseje continuar patrocinando determinada causa deve

(A) Fazer um substabelecimento sem reservas de poderes para outro advogado e depois comunicar o fato ao cliente.
(B) Comunicar ao cliente a renúncia ao mandato e funcionar no processo nos dez dias subsequentes, caso outro advogado não se habilite antes.
(C) Comunicar ao cliente a desistência do mandato e indicar outro advogado para a causa, o qual deve ser, obrigatoriamente, contratado pelo cliente.
(D) Renunciar ao mandato e continuar representando seu cliente por trinta dias, salvo se este constituir novo advogado antes do término do prazo.

RESPOSTA O art. 5º, § 3º, do EOAB. O advogado que renunciar ao mandato continuará, durante os dez dias seguintes à notificação da renúncia, a representar o mandante, salvo se for substituído antes do término desse prazo. *Alternativa B.*

66. **(XI Exame)** Cláudio, advogado com vasta experiência profissional, é contratado pela sociedade LK Ltda. para gerenciar a carteira de devedores duvidosos, propondo acordos e, em último caso, as devidas ações judiciais. Após um ano de sucesso na empreitada, Cláudio postula aumento nos seus honorários, o que vem a ser recusado pelos representantes legais da sociedade. Insatisfeito com o desenrolar dos fatos, Cláudio comunica que irá renunciar aos mandatos que lhe foram conferidos, notificando pessoalmente os representantes legais da sociedade que apuseram o seu ciente no ato de comunicação. Dez dias após, a sociedade contratou novos advogados, que assumiram os processos em curso.
Observado tal relato, baseado nas normas do Regulamento Geral do Estatuto da Advocacia e da OAB, assinale a afirmativa correta.

(A) A comunicação da renúncia do mandato não pode ser pessoal, para evitar conflitos com o cliente.
(B) A renúncia ao mandato deve ser comunicada ao cliente, preferencialmente mediante carta com aviso de recepção.
(C) O advogado deve comunicar a renúncia ao mandato diretamente ao Juízo da causa, que deverá intimar a parte.

(D) O advogado não tem o dever de comunicar à parte a renúncia ao mandato judicial ou extrajudicial.

RESPOSTA Segundo o art. 112 do NCPC c/c art. 6º do RG, o advogado deve notificar o cliente da renúncia ao mandato preferencialmente mediante carta com aviso de recepção, comunicando, após, o Juízo. *Alternativa B.*

67. **(XIX Exame)** Os jovens Rodrigo, 30 anos, e Bibiana, 35 anos, devidamente inscritos em certa seccional da OAB, desejam candidatar-se, pela primeira vez, a cargos de diretoria do Conselho Seccional respectivo. Rodrigo está regularmente inscrito na referida seccional da OAB há seis anos, sendo dois anos como estagiário. Bibiana, por sua vez, exerceu regularmente a profissão por três anos, após a conclusão do curso de Direito. Contudo, afastou-se por dois anos e retornou à advocacia há um ano. Ambos não exercem funções incompatíveis com a advocacia, ou cargos exoneráveis *ad nutum*. Tampouco integram listas para provimento de cargos em tribunais ou ostentam condenação por infração disciplinar. Bibiana e Rodrigo estão em dia com suas anuidades.

Considerando a situação narrada, assinale a afirmativa correta.

(A) Apenas Bibiana preenche as condições de elegibilidade para os cargos.
(B) Apenas Rodrigo preenche as condições de elegibilidade para os cargos.
(C) Bibiana e Rodrigo preenchem as condições de elegibilidade para os cargos.
(D) Nenhum dos dois advogados preenche as condições de elegibilidade para os cargos.

RESPOSTA Segundo o EOAB, art. 63, § 2º, o candidato deve comprovar situação regular junto à OAB, não ocupar cargo exonerável *ad nutum*, não ter sido condenado por infração disciplinar, salvo reabilitação, **e exercer efetivamente a profissão há mais de cinco anos**. Requisito não observado no caso em análise, pois Rodrigo tem efetivamente 4 anos e, no caso de Bibiana houve interrupção do prazo e com seu retorno efetivo às atividades não preencheu o requisito. *Alternativa D.*

OBS.: De acordo com a Lei n. 13.875/2019, referido parágrafo passou a ter a seguinte redação: "§ 2º O candidato deve comprovar situação regular perante a OAB, não ocupar cargo exonerável *ad nutum*, não ter sido condenado por infração disciplinar, salvo reabilitação, e exercer efetivamente a profissão há mais de 3 (três) anos, nas eleições para os cargos de Conselheiro Seccional e das Subseções, quando houver, e há mais de 5 (cinco) anos, nas eleições para os demais cargos".

Todavia, em nosso entendimento, não alteraria a alternativa D, dada como correta, pois se trata da permissão para os que exerçam a profissão há mais de 3 (três) anos se para os cargos de Conselheiro Seccional e das Subseções e, não como constou no enunciado, para cargos de diretoria do Conselho Seccional.

68. **(XX Exame)** João outorgou procuração ao advogado Antônio, para sua defesa em certo processo. Todavia, decorridos alguns dias, João concluiu que a atuação de apenas um profissional não seria suficiente à sua satisfatória representação e buscou Antônio, a fim de informá-lo de que pretendia também contratar o advogado Luiz, para atuar juntamente com ele no feito. Ocorre que Antônio negou-se a aceitar a indicação, por duvidar das qualidades profissionais do colega. Meses depois, convencido de que realmente precisa de auxílio, resolveu substabelecer o mandato, com reserva de poderes, ao advogado Lucas, que goza de sua absoluta confiança.

Diante da situação narrada, assinale a afirmativa correta.

(A) A recusa de Antônio à indicação de outro profissional pelo cliente não constitui infração ética, pois o advogado não é obrigado a aceitar a indicação de outro profissional para com ele trabalhar no processo. Por sua vez, o substabelecimento do mandato a Lucas depende de prévia comunicação a João.
(B) A recusa de Antônio à indicação de outro profissional pelo cliente constitui infração ética, uma vez que ele comportou-se com deslealdade em face do colega advogado, pronunciando-se contra sua contratação. Por sua vez, o substabelecimento do mandato a Lucas depende de prévia comunicação a João.
(C) A recusa de Antônio à indicação de outro profissional pelo cliente constitui infração ética, uma vez que ele comportou-se com deslealdade em face do colega advogado, pronunciando-se contra sua contratação. Por sua vez, o substabelecimento do mandato a Lucas independe de prévia comunicação a João, pois constitui ato pessoal do advogado da causa.
(D) A recusa de Antônio à indicação de outro profissional pelo cliente não constitui infração ética, pois o advogado não é obrigado a aceitar a indicação de outro profissional para com ele trabalhar no processo. Por sua vez, o substabelecimento do mandato a Lucas independe de comunicação a João, já que constitui ato pessoal do advogado da causa.

RESPOSTA Conforme previsão do CED, art. 24, o qual dispõe que "o advogado não se sujeita à imposição do cliente que pretenda ver com ele atuando outros advogados, nem fica na contingência de aceitar a indicação de outro profissional para com ele trabalhar no processo" e que nesse caso deve ser combinado com o art. 26 do mesmo códex que prescreve que "o substabelecimento do mandato, com reserva de poderes, é ato pessoal do advogado da causa". *Alternativa D.*

69. **(XXIII Exame)** O advogado Diogo foi procurado, em seu escritório profissional, por Paulo, que desejava contratá-lo para atuar nos autos de processo judicial já em trâmite, patrocinado pelo advogado Jorge, mediante procuração, em face de um plano de saúde, pelo seguinte motivo: subitamente, Paulo descobriu que precisa realizar uma cirurgia imediatamente, sob risco de morte. Como não estava satisfeito com a atuação do advogado Jorge, decide, diante da necessidade de realizar a cirurgia, procurar Diogo, para requerer a tutela de urgência nos referidos autos, em plantão judicial. Considerando a situação narrada e o disposto no Código de Ética e Disciplina da OAB, assinale a afirmativa correta.

(A) Diogo apenas deverá atuar na causa, aceitando procuração, se houver concordância do advogado Jorge, uma vez que, de acordo com o Código de Ética e Disciplina da OAB, o advogado não deve aceitar procuração de quem já tenha patrono constituído, salvo com a concordância deste.

(B) Diogo apenas deverá atuar na causa, aceitando procuração, após ser dado prévio conhecimento ao advogado Jorge, uma vez que, de acordo com o Código de Ética e Disciplina da OAB, o advogado não deve aceitar procuração de quem já tenha patrono constituído anteriormente à comunicação a este.

(C) Diogo poderá aceitar procuração e requerer nos autos judiciais, em favor de Paulo, a tutela de urgência necessária apenas se apresentar nos autos justificativa idônea a cessar a responsabilidade profissional de Jorge pelo acompanhamento da causa.

(D) Diogo poderá aceitar procuração e requerer nos autos judiciais, em favor de Paulo, a tutela de urgência necessária, independentemente de prévia comunicação a Jorge ou de apresentação ao juízo de justificativa idônea para a cessação da responsabilidade profissional de Jorge.

RESPOSTA O enunciado trata justamente da exceção à regra prevista pelo art. 14 do CED, ou seja, que por motivo plenamente justificável ou para adoção de medidas judiciais urgentes e inadiáveis, o advogado poderá aceitar procuração de quem já tenha advogado constituído. *Alternativa D.*

70. **(XXIII Exame)** O advogado Ramiro foi procurado por Hugo, inventariante, para atuar no processo de inventário do genitor deste. Em momento posterior, os irmãos de Hugo, José e Luiz, outros herdeiros do *de cujus*, conferiram procuração a Ramiro, a fim de ele também representá-los na demanda. Todavia, no curso do feito, os irmãos, até então concordantes, passam a divergir sobre os termos da partilha. Ramiro, então, marca reuniões, em busca de harmonização dos interesses dos três, porém não obtém sucesso. Diante do caso narrado, por determinação do Código de Ética e Disciplina da OAB, Ramiro deverá

(A) renunciar aos três mandatos, afastando-se do feito.

(B) manter-se no patrocínio dos três irmãos, desde que informe o conflito nos autos e atue de forma imparcial, observando-se a disciplina legal.

(C) escolher, de acordo com seus critérios de prudência, apenas um dos mandatos, renunciando aos demais.

(D) manter-se no patrocínio daquele que primeiro lhe conferiu o mandato, isto é, o inventariante, renunciando aos demais.

RESPOSTA Como se vê do enunciado, há um conflito de interesses e, nesse caso, nos termos do art. 20 do CED a alternativa c se apresenta a mais correta. *Alternativa C.*

71. **(XXX Exame)** O advogado Geraldo foi regularmente constituído por certo cliente para defendê-lo em um processo judicial no qual esse cliente é réu. Geraldo ofereceu contestação, e o processo segue atualmente seu trâmite regular, não tendo sido, por ora, designada audiência de instrução e julgamento.

Todavia, por razões insuperáveis que o impedem de continuar exercendo o mandato, Geraldo resolve renunciar. Em 12/02/2019, Geraldo fez a notificação válida da renúncia. Três dias depois da notificação, o mandante constituiu novo advogado, substituindo-o. Todo o ocorrido foi informado nos autos. Considerando o caso narrado, de acordo com o Estatuto da Advocacia e da OAB, assinale a afirmativa correta.

(A) Geraldo continuará a representar o mandante durante os dez dias seguintes à notificação da renúncia.

(B) O dever de Geraldo de representar o mandante cessa diante da substituição do advogado, independentemente do decurso de prazo.

(C) Geraldo continuará a representar o mandante até que seja proferida e publicada sentença nos autos, ainda que recorrível.

(D) Geraldo continuará a representar o mandante até o término da audiência de instrução e julgamento.

RESPOSTA a) errada; B) correta nos termos do art. 5º, § 3º, do EOAB, *verbis*: O advogado que renunciar ao mandato continuará, durante os dez dias seguintes à notificação da renúncia, a representar o mandante, salvo se for substituído antes do término desse prazo. Assim, como foi substituído antes, não há necessidade de continuar a representar o cliente nos dias subsequentes até completar os 10 dias; c) errada; d) errada. *Alternativa B.*

V. DIREITOS

72. **(XXII Exame)** Viviane, Paula e Milena são advogadas. Viviane acaba de dar à luz, Paula adotou uma criança e Milena está em período de amamentação.

Diante da situação narrada, de acordo com o Estatuto da OAB, assinale a afirmativa correta.

(A) Viviane e Milena têm direito a reserva de vaga nas garagens dos fóruns dos tribunais.

(B) Viviane e Paula têm direito à suspensão de prazos processuais, em qualquer hipótese, desde que haja notificação por escrito ao cliente.

(C) Viviane, Paula e Milena têm direito de preferência na ordem das audiências a serem realizadas a cada dia, mediante comprovação de sua condição.

(D) Paula e Milena têm direito a entrar nos tribunais sem serem submetidas a detectores de metais e aparelhos de raio-X.

RESPOSTA São prerrogativas da advogada gestante, lactante, adotante ou que der à luz, preferência na ordem das sustentações orais e das audiências a serem realizadas a cada dia, mediante comprovação de sua condição (EOAB, art. 7-A, III). *Alternativa C.*

73. **(XXV Exame)** José Carlos Santos, advogado, dirigiu-se ao Ministério Público a fim de tomar apontamentos sobre investigação criminal em andamento, conduzida pelo Parquet, em face de seu cliente, em que foi decretado sigilo. Dias depois, José Carlos foi à delegacia de polícia no intuito de examinar e retirar cópias de autos de certo inquérito policial, em curso, no qual também foi decretado sigilo, instaurado contra outro cliente seu.

Consoante o disposto no Estatuto da Advocacia e da OAB, assinale a afirmativa correta.

(A) Em ambos os casos, José Carlos deverá apresentar procuração tanto para tomar apontamentos sobre a investigação em trâmite perante o Ministério Público quanto para examinar e retirar cópias do inquérito policial.

(B) Apenas é necessário que José Carlos apresente procuração para tomar apontamentos sobre a investigação em trâmite perante o Ministério Público, não sendo exigível a apresentação de procuração para examinar e retirar cópias do inquérito policial.

(C) Apenas é necessário que José Carlos apresente procuração para examinar e retirar cópias do inquérito policial, não sendo exigível a apresentação de procuração para tomar apontamentos sobre a investigação em trâmite perante o Ministério Público.

(D) Não é exigível a apresentação de procuração para examinar e retirar cópias do inquérito policial, nem para tomar apontamentos sobre a investigação em trâmite perante o Ministério Público.

RESPOSTA a) correta, pois, uma vez decretado o sigilo de investigação, o advogado, para exercer sua prerrogativa de examinar, tomar apontamentos e cópias, deve apresentar procuração (EOAB, art. 7º, § 10); b) errada; c) errada; d) errada. *Alternativa A.*

74. **(XXI Exame)** Adolfo, policial militar, consta como envolvido em fato supostamente violador da integridade física de terceiros, apurado em investigação preliminar perante a Polícia Militar. No curso desta investigação, Adolfo foi notificado a prestar declarações e, desde logo, contratou a advogada Simone para sua defesa. Ciente do ato, Simone dirige-se à unidade respectiva, pretendendo solicitar vista quanto aos atos já concluídos da investigação e buscando tirar cópias com seu aparelho celular. Além disso, Simone intenta acompanhar Adolfo durante o seu depoimento designado.

Considerando o caso narrado, assinale a afirmativa correta.

(A) É direito de Simone, e de seu cliente Adolfo, que a advogada examine os autos da investigação, no que se refere aos atos já concluídos e documentados, porém, a possibilidade de emprego do telefone celular para tomada de cópias fica a critério da autoridade responsável pela investigação. Também é direito de ambos que Simone esteja presente no depoimento de Adolfo, sob pena de nulidade absoluta do ato e de todos os elementos investigatórios dele decorrentes.

(B) É direito de Simone, e de seu cliente Adolfo, que a advogada examine os autos, no que se refere aos atos já concluídos e documentados, bem como empregue o telefone celular para tomada de cópias digitais, o que não pode ser obstado pela autoridade responsável pela investigação. Também é direito de ambos que Simone esteja presente no depoimento de Adolfo, sob pena de nulidade absoluta do ato e de todos os elementos investigatórios dele decorrentes.

(C) É direito de Simone, e de seu cliente Adolfo, que a advogada examine os autos, no que se refere aos atos já concluídos e documentados, bem como empregue o telefone celular para tomada de cópias digitais, o que não pode ser obstado pela autoridade responsável pela investigação. Também é direito de ambos que Simone esteja presente no depoimento de Adolfo, sob pena de nulidade relativa apenas do ato em que embaraçava a sua presença.

(D) Considerando cuidar-se de mera investigação preliminar, Simone não possui o direito de examinar os atos já concluídos e documentados ou tomar cópias. Do mesmo modo, por não se tratar de interrogatório formal, mas mera investigação preliminar, sujeita à disciplina da legislação castrense, não configura nulidade se obstada a presença de Simone no depoimento de Adolfo.

RESPOSTA Nos exatos termos da Lei n. 13.245/2016 que alterou a redação do art. 7º, XIV e acrescentou o inciso XXI, como se vê a seguir:

"XIV – examinar, em qualquer instituição responsável por conduzir investigação, mesmo sem procuração, autos de flagrante e de investigações de qualquer natureza, findos ou em andamento, ainda que conclusos à autoridade, podendo copiar peças e tomar apontamentos, em meio físico ou digital; (Redação dada pela Lei n. 13.245, de 2016)".

"XXI – assistir a seus clientes investigados durante a apuração de infrações, sob pena de nulidade absoluta do respectivo interrogatório ou depoimento e, subsequentemente, de todos os elementos investigatórios e probatórios dele decorrentes ou derivados, direta ou indiretamente, podendo, inclusive, no curso da respectiva apuração: (Incluído pela Lei n. 13.245, de 2016)". *Alternativa B.*

75. **(XX Exame – Reaplicação)** A advogada Lúcia dirigiu-se ao cartório de determinada Vara Cível, com o objetivo de retirar os autos dos processos 1, 2 e 3 para consulta. Quanto ao processo 1, já findo, não foi autorizada a retirada porque havia sido decretado segredo de justiça e Lúcia não havia atuado no feito. No que se refere ao processo 2, ainda em trâmite, não foi permitida a retirada, pois Lúcia, advogada do réu, já havia deixado anteriormente de devolver os autos no prazo legal, só o fazendo depois de intimada. Já quanto ao processo 3, também findo, não foi concedida a retirada sob a justificativa de que existiam nos autos documentos originais de difícil restauração.

Sobre o caso narrado, assinale a opção correta.

(A) É excepcionado o direito do advogado à retirada dos autos apenas em razão dos motivos declinados quanto aos processos 1 e 2. No que se refere ao processo 3, houve indevida violação do direito de Lúcia.

(B) É excepcionado o direito do advogado à retirada dos autos apenas em razão dos motivos declinados quanto aos processos 1 e 3. No que se refere ao processo 2, houve indevida violação do direito de Lúcia.

(C) É excepcionado o direito do advogado à retirada dos autos em razão dos motivos declinados quanto aos processos 1, 2 e 3. Não houve indevida violação do direito de Lúcia.

(D) É excepcionado o direito do advogado à retirada dos autos apenas em razão do motivo declinado quanto ao processo 1. No que se refere aos processos 2 e 3, houve indevida violação do direito de Lúcia.

RESPOSTA EOAB, art. 7º, § 1º não se aplicando o direito de retirada de autos: 1) aos processos sob regime de segredo de justiça;

2) quando existirem nos autos documentos originais de difícil restauração ou ocorrer circunstância relevante que justifique a permanência dos autos no cartório, secretaria ou repartição, reconhecida pela autoridade em despacho motivado, proferido de ofício, mediante representação ou a requerimento da parte interessada;
3) até o encerramento do processo, ao advogado que houver deixado de devolver os respectivos autos no prazo legal, e só o fizer depois de intimado.
Alternativa C.

76. **(XX Exame – Reaplicação)** João das Neves, advogado, foi preso em flagrante delito, sendo-lhe imputada a suposta prática do delito de lesão corporal grave, perpetrado no contexto de violência doméstica e familiar contra a mulher, em face de sua companheira Ingrid.

No que se refere à lavratura do Auto de Prisão em Flagrante, assinale a afirmativa correta.

(A) A lavratura do Auto de Prisão em Flagrante observará as formalidades previstas nos artigos 304, 305 e 306 do Código de Processo Penal. Não são exigidas formalidades decorrentes da condição de advogado de João das Neves, pois a prisão deu-se por fato não relacionado ao exercício da advocacia.

(B) A lavratura do Auto de Prisão em Flagrante deverá, invariavelmente, ocorrer na presença de representante da OAB, sob pena de nulidade do ato.

(C) A prisão em flagrante de João das Neves deverá ser objeto de comunicação expressa à seccional respectiva da OAB, não sendo exigida, neste caso, a presença de representante da OAB para lavratura do Auto de Prisão em Flagrante.

(D) A lavratura do Auto de Prisão em Flagrante deverá ocorrer na presença de representante da OAB. Não obstante, a falta, segundo entendimento jurisprudencial consolidado do STF, não constitui nulidade, mas mera irregularidade, que pode ser suprida, *a posteriori*, mediante comunicação ao Conselho Federal da OAB.

RESPOSTA EOAB, art. 7º, IV – ter a presença de representante da OAB, quando preso em flagrante, por motivo ligado ao exercício da advocacia, para lavratura do auto respectivo, sob pena de nulidade e, nos demais casos, a comunicação expressa à seccional da OAB. *Alternativa C.*

77. **(XX Exame)** Michael foi réu em um processo criminal, denunciado pela prática do delito de corrupção passiva. Sua defesa técnica no feito foi realizada pela advogada Maria, que, para tanto, teve acesso a comprovantes de rendimentos e extratos da conta bancária de Michael.

Tempos após o término do processo penal, a ex-mulher de Michael ajuizou demanda, postulando, em face dele, a prestação de alimentos. Ciente de que Maria conhecia os rendimentos de Michael, a autora arrolou a advogada como testemunha.

Considerando o caso narrado e o disposto no Código de Ética e Disciplina da OAB, assinale a afirmativa correta.

(A) Maria deverá depor como testemunha, prestando compromisso de dizer a verdade, e revelar tudo o que souber, mesmo que isto prejudique Michael, uma vez que não é advogada dele no processo de natureza cível.

(B) Maria deverá depor como testemunha, mesmo que isto prejudique Michael, uma vez que não é advogada dele no processo de natureza cível, mas terá o direito e o dever de se calar apenas quanto às informações acobertadas pelo sigilo bancário de Michael.

(C) Maria deverá recursar-se a depor como testemunha, exceto se Michael expressamente autorizá-la, caso em que deverá informar o que souber, mesmo que isto prejudique Michael.

(D) Maria deverá recursar-se a depor como testemunha, ainda que Michael expressamente lhe autorize ou solicite que revele o que sabe.

RESPOSTA De acordo com o que dispõe o EOAB, art. 7º, XIX – recusar-se a depor como testemunha em processo no qual funcionou ou deva funcionar, ou sobre fato relacionado com pessoa de quem seja ou foi advogado, mesmo quando autorizado ou solicitado pelo constituinte, bem como sobre fato que constitua sigilo profissional. *Alternativa D.*

78. **(XX Exame)** Júlia é advogada de Fernando, réu em processo criminal de grande repercussão social. Em um programa vespertino da rádio local, o apresentador, ao comentar o caso, afirmou que Júlia era "advogada de porta de cadeia" e "ajudante de bandido". Ouvinte do programa, Rafaela procurou o Conselho Seccional da OAB e pediu que fosse promovido o desagravo público. Júlia, ao tomar conhecimento do pedido de Rafaela, informou ao Conselho Seccional da OAB que o desagravo não era necessário, pois já ajuizara ação para apurar a responsabilidade civil do apresentador.

No caso narrado,

(A) O pedido de desagravo público só pode ser formulado por Júlia, que é a pessoa ofendida em razão do exercício profissional.

(B) O pedido de desagravo pode ser formulado por Rafaela, mas depende da concordância de Júlia, que é a pessoa ofendida em razão do exercício profissional.

(C) O pedido de desagravo pode ser formulado por Rafaela, e não depende da concordância de Júlia, apesar de esta ser a pessoa ofendida em razão do exercício profissional.

(D) O pedido de desagravo público só pode ser formulado por Júlia, que é a pessoa ofendida em razão do exercício profissional, mas o ajuizamento de ação para apurar a responsabilidade civil implica a perda de objeto do desagravo.

RESPOSTA O pedido de desagravo público pode ser efetuado pelo próprio ofendido ou por qualquer pessoa nos termos do art. 18 do Regulamento Geral. *Alternativa C.*

79. **(XIX Exame)** O advogado Carlos dirigiu-se a uma Delegacia de Polícia para tentar obter cópia de autos de inquérito no âmbito do qual seu cliente havia sido intimado para prestar esclarecimentos. No entanto, a vista dos autos foi negada pela autoridade policial, ao fundamento de que os autos estavam sob segredo de Justiça. Mesmo após Carlos ter apresentado procuração de seu cliente, afirmou o Delegado que, uma vez que o juiz havia decretado sigilo nos autos, a vista somente seria permitida com autorização judicial.

Nos termos do Estatuto da Advocacia, é correto afirmar que

(A) Carlos pode ter acesso aos autos de qualquer inquérito, mesmo sem procuração.

(B) Carlos pode ter acesso aos autos de inquéritos sob segredo de Justiça, desde que esteja munido de procuração do investigado.

(C) Em caso de inquérito sob segredo de Justiça, apenas o magistrado que decretou o sigilo poderá afastar parcialmente o sigilo, autorizando o acesso aos autos pelo advogado Carlos.

(D) O segredo de Justiça de inquéritos em andamento é oponível ao advogado Carlos, mesmo munido de procuração.

RESPOSTA Nos termos do EOAB, art. 7º – examinar, em qualquer instituição responsável por conduzir investigação, mesmo sem procuração, autos de flagrante e de investigações de qualquer natureza, findos ou em andamento, ainda que conclusos à autoridade, podendo copiar peças e tomar apontamentos, em meio físico ou digital (Redação dada pela Lei n. 13.245, de 2016). Frise-se, o advogado apresentou procuração para a representação em caso que estava sob sigilo. *Alternativa B.*

80. **(XIX Exame)** Os advogados Ivan e Dimitri foram nomeados, por determinado magistrado, para prestarem assistência jurídica a certo jurisdicionado, em razão da impossibilidade da Defensoria Pública. As questões jurídicas debatidas no processo relacionavam-se à interpretação dada a um dispositivo legal. Ivan recusou-se ao patrocínio da causa, alegando que a norma discutida também lhe é aplicável, não sendo, por isso, possível que ele sustente em juízo a interpretação legal benéfica à parte assistida e prejudicial aos seus próprios interesses. Dimitri também se recusou ao patrocínio, pois já defendeu interpretação diversa da mesma norma em outro processo.

Sobre a hipótese apresentada, é correto afirmar que

(A) Ivan e Dimitri cometeram infração disciplinar, pois é vedado ao advogado recusar-se a prestar assistência jurídica, sem justo motivo, quando nomeado em virtude de impossibilidade da Defensoria Pública.

(B) Apenas Dimitri cometeu infração disciplinar, pois não se configura legítima a recusa por ele apresentada ao patrocínio da causa, sendo vedado ao advogado, sem justo motivo, recusar-se a prestar assistência jurídica, quando nomeado em virtude de impossibilidade da Defensoria Pública.

(C) Apenas Ivan cometeu infração disciplinar, pois não se configura legítima a recusa por ele apresentada ao patrocínio da causa, sendo vedado ao advogado, sem justo motivo, recusar-se a prestar assistência jurídica, quando nomeado.

(D) Nenhum dos advogados cometeu infração disciplinar, pois se afiguram legítimas as recusas apresentadas ao patrocínio da causa.

RESPOSTA Nos termos do EOAB, art. 34, XII, que prevê a possibilidade da recusa mediante justo motivo e o CED/2015, art. 4º, parágrafo único, dispõe que "é legítima a recusa, pelo advogado, do patrocínio de causa e de manifestação, no âmbito consultivo, de pretensão concernente a direito que também lhe seja aplicável ou contrarie orientação que tenha manifestado anteriormente". *Alternativa D.*

81. **(XIV Exame)** O advogado Antônio de Souza encontra-se preso cautelarmente, em cela comum, por força de decreto de prisão preventiva proferido no âmbito de ação penal a que responde por suposta prática de reiteradas fraudes contra a Previdência. O advogado de Antônio requereu ao magistrado que decretou a prisão a transferência de seu cliente para sala de estado-maior. Como não havia sala de estado-maior disponível na localidade, o magistrado determinou que Antônio deveria permanecer em prisão domiciliar até que houvesse sala de estado-maior disponível. Sobre a decisão do magistrado, assinale a opção correta.

(A) O magistrado decidiu corretamente, pois, de acordo com o EOAB, é direito do advogado não ser recolhido preso, antes de sentença transitada em julgado, senão em sala de estado-maior e, na sua falta, em prisão domiciliar.

(B) O magistrado não decidiu corretamente, pois o advogado, assim como qualquer outro cidadão que tenha concluído curso superior, tem direito a ser recolhido preso em prisão especial, mas não em sala de estado-maior, que apenas é garantida a magistrados e membros do Ministério Público.

(C) O magistrado decidiu corretamente, devendo o advogado permanecer em prisão domiciliar, mesmo havendo sala de estado-maior, após eventual trânsito em julgado de sua condenação.

(D) O magistrado não decidiu corretamente, pois o advogado apenas tem direito a não ser recolhido preso, antes de sentença transitada em julgado, em sala de estado-maior e, na sua falta, em prisão domiciliar, quando o crime que lhe esteja sendo imputado decorra do exercício regular da profissão de advogado.

RESPOSTA Dispõe o art. 7º, V, do EOAB que é direito do advogado não ser recolhido preso, antes de sentença transitada em julgado, senão em sala de estado-

-maior, com instalações e comodidades condignas e, na sua falta, em prisão domiciliar. *Alternativa A.*

82. **(XIV Exame)** Às 15h15, o advogado Armando aguardava, no corredor do fórum, o início de uma audiência criminal designada para as 14h30. A primeira audiência do dia havia sido iniciada no horário correto, às 13h30, e a audiência da qual Armando participaria era a segunda da pauta daquela data. Armando é avisado por um serventuário de que a primeira audiência havia sido interrompida por uma hora para que o acusado, que não se sentira bem, recebesse atendimento médico, e que, por tal motivo, todas as demais audiências do dia seriam iniciadas com atraso. Mesmo assim, Armando informa ao serventuário que não iria aguardar mais, afirmando que, de acordo com o EOAB, tem direito, após trinta minutos do horário designado, a se retirar do recinto onde se encontre aguardando pregão para ato judicial. A partir do caso apresentado, assinale a opção correta.

(A) Armando poderia se retirar do recinto, pois o advogado tem o direito de não aguardar por mais de trinta minutos para a realização de ato judicial.

(B) Armando não poderia se retirar do recinto, pois a autoridade que presidiria o ato judicial do qual Armando participaria estava presente.

(C) Armando não poderia se retirar do recinto, pois a prerrogativa por ele invocada não é válida para audiências criminais.

(D) Armando poderia se retirar do recinto, pois não deu causa ao atraso da audiência.

RESPOSTA É direito do advogado, na forma do inciso XX do art. 7º do EOAB, retirar-se do recinto onde se encontre aguardando pregão para ato judicial após 30 minutos do horário designado, e ao qual ainda não tenha comparecido a autoridade que deva presidi-lo, mediante comunicação protocolizada em juízo. *Alternativa B.*

83. **(XIV Exame)** O estagiário Marcos trabalha em determinado escritório de advocacia e participou ativamente da elaboração de determinada peça processual que estava para ser analisada pelo magistrado da Vara em que o processo tramitava, assinando, ao final, a petição, em conjunto com alguns advogados do escritório. Como conhecia muito bem a causa, resolveu falar com o magistrado com o objetivo de ressaltar, de viva voz, alguns detalhes relevantes. Quando o magistrado percebeu que estava recebendo o estagiário do escritório, e não um dos advogados que atuava na causa, informou ao estagiário que não poderia tratar com ele sobre o processo, solicitando que os advogados viessem em seu lugar, se entendessem necessário. Marcos, muito aborrecido, afirmou que faria uma representação contra o magistrado, por entender que suas prerrogativas profissionais foram violadas. A respeito da conduta de Marcos, assinale a opção correta.

(A) Marcos teve sua prerrogativa profissional violada, pois é direito do advogado e do estagiário inscrito na OAB dirigir-se diretamente ao magistrado nas salas e gabinetes de trabalho, independentemente de horário previamente marcado, observando-se a ordem de chegada.

(B) Marcos não teve sua prerrogativa profissional violada, pois apenas deve dirigir-se diretamente ao magistrado quando os advogados que atuam na causa estiverem impossibilitados de fazê-lo, sendo a atuação do estagiário subsidiária em relação à atuação do advogado.

(C) Marcos não teve sua prerrogativa profissional violada, pois apenas o advogado tem direito de dirigir-se diretamente ao magistrado nas salas e gabinetes de trabalho, independentemente de horário previamente marcado, observando-se a ordem de chegada. Ao contrário, Marcos praticou ato excedente à sua habilitação e, em razão disso, ficará impedido, posteriormente, de obter sua inscrição definitiva como advogado.

(D) Marcos não teve sua prerrogativa profissional violada, pois apenas o advogado tem direito de dirigir-se diretamente ao magistrado nas salas e gabinetes de trabalho, independentemente de horário previamente marcado, observando-se a ordem de chegada. Ao contrário, Marcos praticou ato excedente à sua habilitação e deve ser punido com pena de censura.

RESPOSTA O estagiário inscrito na OAB somente pode praticar isoladamente, sob a responsabilidade do advogado, os atos previstos no § 1º do art. 29 do RG, portanto, o direito é do advogado, tão somente (art. 7º, VIII, do EOAB). *Alternativa D.*

84. **(XVI Exame)** Isabella, advogada atuante na área pública, é procurada por cliente que deseja contratá-la e que informa a existência de processo já terminado, no qual foram debatidos fatos que poderiam interessar à nova causa. Antes de realizar o contrato de prestação de serviços, dirige-se ao Juízo competente e requer vista dos autos findos, não anexando instrumento de mandato. Nesse caso, consoante o Estatuto da Advocacia, a advogada pode

(A) Ter vista dos autos somente no balcão do cartório.

(B) Ter vista dos autos no local onde se arquivam os autos.

(C) Retirar os autos de cartório por dez dias.

(D) Retirar os autos, se anexar instrumento de mandato.

RESPOSTA O EOAB consagra, no art. 7º, XVI, que é direito do advogado retirar autos de processos findos, mesmo sem procuração, pelo prazo de dez dias. *Alternativa C.*

85. **(XVI Exame)** Epitácio é defendido pelo advogado Anderson em processo relacionado à dissolução de sua sociedade conjugal. Posteriormente, Epitácio vem a se envolver em processo de natureza societária e contrata novo advogado especialista na matéria. Designada audiência para a oitiva de testemunhas, a defesa de Epitácio arrola como testemunha o advogado Anderson, diante do seu conhecimento de fatos decorrentes do litígio de família, obtidos exclusivamente diante do seu exercício profissional e relevantes para o desfecho do litígio empresarial. Consoante o Estatuto da Advocacia, o advogado deve

(A) Atuar como testemunha em qualquer situação.

(B) Depor, porém sem revelar fatos ligados ao sigilo profissional.

(C) Resguardar-se e requerer autorização escrita do cliente.

(D) Buscar suprimento judicial para depor em Juízo.

RESPOSTA O art. 7º, XIX, do EOAB reza que é direito e prerrogativa do advogado recusar-se a depor como testemunha em processo no qual funcionou ou deva funcionar, ou sobre fato relacionado com pessoa de quem seja ou foi advogado, mesmo quando autorizado ou solicitado pelo constituinte, bem como sobre fato que constitua sigilo profissional. *Alternativa B.*

86. **(XVI Exame)** O advogado Antônio participava do julgamento de recurso de apelação por ele interposto. Ao proferir seu voto, o Relator acusou o advogado Antônio de ter atuado de forma antiética e de ter tentado induzir os julgadores a erro. Em seguida, com o objetivo de se defender das acusações que lhe haviam sido dirigidas, Antônio solicitou usar da palavra, pela ordem, por mais cinco minutos, pleito que veio a ser indeferido pelo Presidente do órgão julgador. A respeito do direito de Antônio usar a palavra novamente, assinale a afirmativa correta.

(A) Não é permitido o uso da palavra por advogado em julgamentos de recursos de apelação.

(B) É direito do advogado usar da palavra, pela ordem, mediante intervenção sumária, para replicar acusação ou censura que lhe forem feitas.

(C) É direito do advogado intervir, a qualquer tempo e por qualquer motivo, durante o julgamento de processos em que esteja constituído.

(D) O uso da palavra, pela ordem, mediante intervenção sumária, somente é permitido para o esclarecimento de questões fáticas.

RESPOSTA O art. 7º, X, do EOAB dispõe ser prerrogativa do advogado usar da palavra, pela ordem, em qualquer juízo ou tribunal, mediante intervenção sumária, para esclarecer equívoco ou dúvida surgida em relação a fatos, documentos ou afirmações que influam no julgamento, bem como para replicar acusação ou censura que lhe forem feitas. *Alternativa B.*

87. **(XVI Exame)** Ao decretar segredo de Justiça nos autos de determinada investigação policial, o magistrado alertou o Delegado de Polícia de que, aos advogados ali constituídos, deveria ser facultado o acesso à integralidade dos elementos de prova já documentados nos autos, ressaltando, no entanto, expressa e reservadamente, que ninguém, nem mesmo advogado constituído por meio de instrumento de procuração, poderia ter acesso à medida cautelar de interceptação telefônica em andamento. Sobre a advertência do magistrado, assinale a afirmativa correta.

(A) A advertência é ilegal, pois é direito do advogado, apresentando procuração do investigado, ter vista da integralidade de procedimentos de qualquer natureza.

(B) A advertência é ilegal, pois é direito do advogado ter vista de procedimentos de qualquer natureza, independentemente da apresentação de procuração.

(C) A advertência é lícita, pois, em se tratando de procedimento sob segredo de Justiça, é permitido ao advogado, munido de procuração do investigado, o acesso aos elementos de prova já documentados nos autos, mas não a medidas cautelares ainda em andamento.

(D) A advertência é lícita, pois nem mesmo advogados munidos de procuração podem ter acesso a autos de procedimentos sob segredo de Justiça.

RESPOSTA A Súmula Vinculante n. 14 do STF dispõe que é direito do defensor, no interesse do representado, ter acesso amplo aos elementos de prova que, já documentados em procedimento investigatório realizado por órgão com competência de polícia judiciária, digam respeito ao exercício do direito de defesa. *Vide* ainda o EOAB, art. 7º, XIV – examinar, em qualquer instituição responsável por conduzir investigação, mesmo sem procuração, autos de flagrante e de investigações de qualquer natureza, findos ou em andamento, ainda que conclusos à autoridade, podendo copiar peças e tomar apontamentos, em meio físico ou digital (Redação dada pela Lei n. 13.245, de 2016). *Alternativa C.*

88. (XIII Exame) Agnaldo é advogado na área de Direito de Empresas, tendo como uma de suas clientes a sociedade Cobradora Eficiente Ltda., que consegue realizar os seus atos de cobrança com rara eficiência. Por força de sua atividade, a sociedade é convidada a participar de reunião com a Associação dos Consumidores Unidos e envia o seu advogado para dialogar com a referida instituição.

Consoante o Estatuto da Advocacia, deve o advogado comparecer

(A) À reunião com seu cliente, responsável pela empresa.

(B) Desacompanhado, com procuração com poderes *ad juditia*.

(C) À reunião, com mandato outorgado com poderes especiais.

(D) Ao local sem a presença do cliente e sem mandato.

RESPOSTA É direito e prerrogativa do advogado ingressar livremente em qualquer assembleia ou reunião de que participe ou possa participar o seu cliente, ou perante a qual este deva comparecer, desde que munido de poderes especiais (art. 7º, VI, *d*, do EOAB). *Alternativa C.*

89. (XIII Exame) Abel, por força de suas atividades como advogado, comparece à audiência designada para ocorrer às 13 horas. Aguarda algum tempo, mas não recebe qualquer notícia do início dos trabalhos forenses.

Nesse caso, consoante o Estatuto da Advocacia, protocolizando comunicação em juízo, pode retirar-se do recinto passados

(A) Vinte minutos do horário designado.

(B) Trinta minutos do horário designado.

(C) Quarenta minutos do horário designado.

(D) Cinquenta minutos do horário designado.

RESPOSTA Constitui direito e prerrogativa do advogado retirar-se do recinto onde se encontre aguardando pregão para ato judicial após trinta minutos do horário designado e ao qual ainda não tenha comparecido a autoridade que deva presidir a ele, mediante comunicação protocolizada em juízo, na forma do art. 7º, XX, do EOAB. *Alternativa B.*

90. (X Exame) A advogada Maria solicitou, no cartório de determinada vara cível, ter vista e extrair cópias dos autos de processo não sujeito a sigilo. O serventuário a quem foi feita a solicitação afirmou que Maria não havia juntado procuração aos autos do processo em questão e, em razão disso, apenas poderia ter vista dos autos e que lhe seria vedada a extração de cópias.

A partir do caso apresentado, assinale a afirmativa correta.

(A) O serventuário não agiu corretamente. Mesmo não estando constituída nos autos do processo, Maria pode ter vista e obter cópias dos autos do processo, já que o mesmo não está sujeito a sigilo.

(B) O serventuário agiu corretamente. O advogado não constituído nos autos de determinado processo apenas pode ter vista dos mesmos em balcão, mas não pode retirá-los de cartório para extração de cópias.

(C) O serventuário não agiu corretamente. Tendo em vista que Maria não estava constituída nos autos e que não poderia retirá-los de cartório para a extração de cópias, o serventuário deveria ter providenciado pessoalmente as cópias de que Maria necessitava.

(D) O serventuário não agiu corretamente. Tendo em vista que Maria não estava constituída nos autos do processo, não poderia sequer ter vista dos mesmos.

RESPOSTA É prerrogativa do advogado examinar, em qualquer órgão dos Poderes Judiciário e Legislativo, ou da Administração Pública em geral, autos de processos findos ou em andamento, mesmo sem procuração, quando não estejam sujeitos a sigilo, assegurada a obtenção de cópias, podendo tomar apontamentos (art. 7º, XIII, do EOAB). *Alternativa A.*

91. (VI Exame – Reaplicação) José, advogado recém-formado, é contratado para defender os interesses de Cláudio que fora preso em flagrante, por crime afiançável, estando pendente o valor da fiança.

Dirigindo-se ao local onde seu cliente está detido, apresenta-se à autoridade estatal competente e requer entrevista pessoal com Cláudio. A autoridade afirma que somente poderá autorizar o seu ingresso mediante a apresentação do instrumento de mandato.

Nos termos do Estatuto da Advocacia, o advogado, nesse caso, deve

(A) Assentar que pode entrevistar-se com seu cliente mesmo sem procuração.

(B) Contatar a família para que apresente o instrumento de procuração.

(C) Aguardar a fixação da fiança para entrevistar-se com seu cliente em liberdade.

(D) Aduzir que nesses casos tem prazo para apresentação de procuração.

RESPOSTA É direito e prerrogativa do advogado comunicar-se com seus clientes, pessoal e reservadamente, mesmo sem procuração, quando estes se acharem presos, detidos ou recolhidos em estabelecimentos civis ou militares, ainda que considerados incomunicáveis, na forma do art. 7º, III, do EOAB. *Alternativa A.*

92. **(VII Exame)** O escritório Alpha, Beta e Gama Advogados Associados, especializado em advocacia criminal, foi alvo de medida cautelar de busca e apreensão, determinada por juiz criminal, no âmbito de ação penal em que diversos clientes do escritório figuravam como acusados. O magistrado fundamentou a decisão de deferimento da medida de busca e apreensão apontando a gravidade dos crimes atribuídos pelo Ministério Público aos acusados, clientes do escritório em questão, bem como a impossibilidade de obtenção, por outros meios, de prova dos crimes por eles praticados. Considerando o que dispõem as normas aplicáveis à hipótese, assinale a alternativa correta:

(A) A inviolabilidade de escritórios de advocacia é absoluta, sendo ilegal e inconstitucional, em qualquer hipótese, a realização de medida de busca e apreensão em seu interior.

(B) A inviolabilidade de escritórios de advocacia é relativa, podendo-se determinar medida de busca e apreensão em seu interior quando houver certeza de que serão encontradas provas do crime praticado pelo cliente do advogado que ali trabalhe.

(C) A inviolabilidade de escritórios de advocacia é relativa, podendo-se determinar medida de busca e apreensão em seu interior quando houver indícios de autoria e materialidade da prática de crime por parte de advogado que ali trabalhe, sendo, no entanto, vedada a utilização de documentos pertencentes a clientes do advogado investigado, quando os mesmos não estejam, por sua vez, sob formal investigação.

(D) A inviolabilidade de escritórios de advocacia é relativa, podendo-se determinar medida de busca e apreensão em seu interior quando houver indícios de autoria e materialidade da prática de crime por parte de advogado que ali trabalhe. Neste caso, a garantia da inviolabilidade resta absolutamente afastada, não havendo limites para a realização da medida.

RESPOSTA É direito do advogado a inviolabilidade de seu escritório (art. 7º, II, do EOAB). Entretanto, dispõe o § 6º que presentes indícios de autoria e materialidade da prática de crime por parte de advogado, a autoridade judiciária competente pode determinar a quebra da inviolabilidade em decisão motivada, expedindo mandado de busca e apreensão, específico e pormenorizado, a ser cumprido na presença de representante da OAB, sendo vedada a utilização dos documentos, das mídias e dos objetos pertencentes a clientes do advogado averiguado, bem como dos demais instrumentos de trabalho que contenham informações sobre clientes, salvo se estes estiverem sendo formalmente investigados como seus partícipes ou coautores pela prática do mesmo crime que deu causa à quebra da inviolabilidade (§ 7º). *Alternativa C.*

93. **(VII Exame)** Aparecida, advogada da autora no âmbito de determinada ação indenizatória, bastante irritada com o conteúdo de sentença que julgou improcedente o pedido formulado, apresenta recurso de apelação em cujas razões afirma que o magistrado é burro e ignora as leis aplicáveis ao caso em exame. Disse ainda que tal sentença não poderia ter outra explicação, senão o fato de o magistrado ter recebido vantagem pecuniária da outra parte. A respeito da conduta de Aparecida, é correto afirmar:

(A) Aparecida não praticou crime nem conduta antiética, pois fez tais afirmações no exercício da profissão, devendo atuar sem receio de desagradar ao magistrado.

(B) Aparecida praticou o crime de injúria, ao afirmar que o magistrado é burro e ignora as leis aplicáveis ao caso e o de calúnia, quando afirmou que o magistrado prolatara a sentença em questão por ter recebido dinheiro da outra parte. Além disso, por todas as ofensas irrogadas, violou dispositivo do Código de Ética e Disciplina da OAB, que impõe ao advogado o dever de urbanidade.

(C) Aparecida violou apenas dispositivo do Código de Ética e Disciplina da OAB, por desrespeitar o dever de urbanidade, mas não praticou crime, uma vez que tem imunidade profissional, não constituindo injúria, difamação ou calúnia puníveis qualquer manifestação de sua parte, no exercício de sua atividade, em juízo ou fora dele.

(D) Aparecida violou dispositivo do Código de Ética e Disciplina da OAB, por desrespeitar o dever de urbanidade e praticou o crime de calúnia ao afirmar que o magistrado prolatara a sentença em questão por ter recebido dinheiro da outra parte. Não praticou crime quando afirmou que o magistrado é burro e ignora as leis aplicáveis ao caso, pois tem imunidade profissional, não constituindo injúria punível qualquer manifestação de sua parte, no exercício de sua atividade, em juízo ou fora dele.

RESPOSTA Dispõe o art. 7º, § 2º, do EOAB sobre a imunidade profissional do advogado, não constituindo injúria ou difamação puníveis qualquer manifestação de sua parte, no exercício de sua atividade, em juízo ou fora dele, sem prejuízo das sanções disciplinares perante a OAB, pelos excessos que cometer. *Alternativa D.*

94. **(III Exame)** Terêncio é convocado, a altas horas da noite, para assistir cliente que se encontra recolhido preso em delegacia de polícia, tendo comparecido ao local para ter ciência das acusações existentes e contatar o seu cliente. Ao adentrar o recinto, encontra presentes dois agentes policiais de plantão, estando os demais em diligências para o esclarecimento de crimes ocorridos durante o dia. Os agentes informam que somente poderia ocorrer o contato com o cliente quando o delegado retornasse de uma das diligências, o que estaria na iminência de ocorrer. No concernente ao tema, à luz das normas aplicáveis, é correto afirmar que

(A) Deve o advogado aguardar pacientemente o retorno da autoridade policial ao recinto da delegacia.

(B) O advogado pode contatar o seu cliente independentemente da presença do delegado.

(C) O contato do advogado fora do horário normal depende de assistência da OAB.

(D) Nesses casos, tendo em vista a segurança pública, somente com autorização judicial pode ocorrer o ato.

RESPOSTA É direito e prerrogativa do advogado, de acordo com o art. 7º, VI, *b*, do EOAB, ingressar livremente nas salas e dependências de audiências, secretarias, cartórios, ofícios de justiça, serviços notariais e de registro, e, no caso de delegacias e prisões, mesmo fora da hora de expediente e independentemente da presença de seus titulares. *Alternativa B.*

95. **(III Exame)** Maurício, advogado recém-formado, ciente das suas prerrogativas, pretende apresentar requerimento de certidão ao escrivão que chefia o Cartório Judicial de determinada comarca, havendo situação de urgência. Como a localização física do Chefe do Cartório é distante do balcão de atendimento ao público, o advogado precisa entrar no recinto em que ele está. Seu ingresso, contudo, não é permitido. Com base nas normas estatutárias, é correto afirmar que

(A) O requerimento deve ser apresentado no balcão, vedado o ingresso do advogado no recinto cartorário.

(B) O ingresso poderá ocorrer mediante autorização do escrivão.

(C) Deve haver participação do representante da OAB nesse ingresso.

(D) O livre acesso ao recinto, no caso, é direito do advogado.

RESPOSTA Imagine se um advogado não pudesse ingressar livremente nos lugares onde tenha que exercer sua atividade. Portanto, entre os direitos do advogado encontra-se o de livre ingresso em qualquer edifício ou recinto em que funcione repartição judicial ou outro serviço público onde o advogado deva praticar ato ou colher prova ou informação útil ao exercício da atividade profissional, dentro do expediente ou fora dele, e ser atendido, desde que se ache presente qualquer servidor ou empregado (art. 7º, VI, c, do EOAB). *Alternativa D.*

96. **(III Exame)** Mévio, advogado de longa data, pretendendo despachar uma petição em processo judicial em curso perante a Comarca Y, é surpreendido com aviso afixado na porta do cartório de que o magistrado somente receberia para despacho petições que reputasse urgentes, devendo o advogado dirigir-se ao assessor principal do juiz para uma prévia triagem quanto ao assunto em debate. À luz das normas estatutárias, é correto afirmar que

(A) A organização do serviço cartorário é da competência do juiz, que pode estabelecer padrões de atendimento aos advogados.

(B) A triagem realizada por assessor do juiz permite melhor eficiência no desempenho da atividade judicial e não colide com as normas estatutárias.

(C) O advogado tem direito de dirigir-se diretamente ao magistrado no seu gabinete para despachar petições sem prévio agendamento.

(D) A duração razoável do processo é princípio que permite a triagem dos atos dos advogados e o exercício dos seus direitos estatutários.

RESPOSTA Imagine se um advogado fosse impedido de despachar com os juízes. É direito do advogado dirigir-se diretamente aos magistrados nas salas e gabinetes de trabalho, independentemente de horário previamente marcado ou outra condição, observando-se a ordem de chegada, conforme o disposto no inciso VIII do art. 7º do EOAB. *Alternativa C.*

97. **(III Exame)** Semprônia, advogada há longos anos, é contratada para representar os interesses de Esculápio, que está preso à disposição da Justiça criminal. Ao procurar contatar seu cliente, verifica que ele está em penitenciária, considerado incomunicável, por determinação de normas regulamentares do sistema. Apesar disso, requer o acesso ao seu cliente, que foi indeferido. Consoante as normas legais e estatutárias, é correto afirmar que

(A) A atuação do advogado deve estar submetida aos regulamentos penitenciários, para a sua própria segurança.
(B) Os estabelecimentos penitenciários civis devem organizar as visitas dos advogados por ordem de chegada.
(C) O advogado, quando for contatar o seu cliente em prisão, deve ser acompanhado por representante da OAB.
(D) É ilegal vedar a presença do advogado no contato com seu cliente, ainda que considerado incomunicável.

RESPOSTA É direito do advogado comunicar-se amplamente com seus clientes, pessoal e reservadamente, mesmo sem procuração, quando estes se acharem presos, detidos ou recolhidos em estabelecimentos civis ou militares, ainda que considerados incomunicáveis (art. 7º, III, do EOAB). *Alternativa D.*

98. **(III Exame)** Caio ajuíza ação em face da empresa Toupeira e Lontra S.A. buscando a devolução de numerário por ter recebido produto com defeito oculto. O pedido é julgado improcedente por ausência de provas. Houve recurso de apelação. No início do julgamento, o relator apresentou críticas à atuação do advogado do recorrente, que não teria instruído o processo adequadamente. Presente no julgamento, o advogado pediu a palavra, que lhe foi negada, por já ter apresentado sua sustentação oral. Com base no relato acima, de acordo com as normas estatutárias, é correto afirmar que

(A) A sustentação oral esgota a atividade do advogado no julgamento.
(B) Só esclarecimentos de situação de fato serão admitidos no caso.
(C) Somente em momento posterior poderá o advogado tomar providências.
(D) É assegurado ao advogado o direito de usar a palavra para replicar a acusação feita contra ele, ainda que já proferida sua sustentação oral.

RESPOSTA Um advogado sem poder usar da palavra, é um nada! Constitui direito do advogado usar da palavra, pela ordem, em qualquer juízo ou tribunal, mediante intervenção sumária, para esclarecer equívoco ou dúvida surgida em relação a fatos, documentos ou afirmações que influam no julgamento, bem como para replicar acusação ou censura que lhe forem feitas (art. 7º, X, do EOAB). *Alternativa D.*

99. **(V Exame)** Tendo em vista o enunciado da súmula vinculante n. 14 do Supremo Tribunal Federal, quanto ao sigilo do inquérito policial, é correto afirmar que a autoridade policial poderá negar ao advogado

(A) A vista dos autos, sempre que entender pertinente.
(B) O acesso aos elementos de prova que ainda não tenham sido documentados no procedimento investigatório.
(C) A vista dos autos, somente quando o suspeito tiver sido indiciado formalmente.
(D) Do indiciado que esteja atuando com procuração o acesso aos depoimentos prestados pelas vítimas, se entender pertinente.

RESPOSTA A Súmula Vinculante 14 do STF dispõe que é direito do defensor, no interesse do representado, ter acesso amplo aos elementos de prova que, já documentados em procedimento investigatório realizado por órgão com competência de polícia judiciária, digam respeito ao exercício do direito de defesa. No caso previsto no inciso XIV do art. 7º do EOAB, a autoridade competente poderá delimitar o acesso do advogado aos elementos de prova relacionados a diligências em andamento e ainda não documentados nos autos, quando houver risco de comprometimento da eficiência, da eficácia ou da finalidade das diligências (Incluído pela Lei n. 13.245, de 2016). Note-se que a inobservância aos direitos estabelecidos no inciso XIV, o fornecimento incompleto de autos ou o fornecimento de autos em que houve a retirada de peças já incluídas no caderno investigativo implicará responsabilização criminal e funcional por abuso de autoridade do responsável que impedir o acesso do advogado com o intuito de prejudicar o exercício da defesa, sem prejuízo do direito subjetivo do advogado de requerer acesso aos autos ao juiz competente (Incluido pela Lei n. 13.245, de 2016). *Alternativa B.*

100. **(V Exame)** Conceição promove ação possessória em face de vários réus que ocuparam imóvel sem construção, de sua propriedade, em área urbana. Houve a designação de audiência de conciliação, com a presença dos réus e dos seus advogados. Na audiência, visando organizar o ato, o magistrado proibiu que os advogados se mantivessem de pé, bem como saíssem do local durante a sua realização.

Com base no que dispõe o Estatuto da Advocacia e as leis regentes, é correto afirmar que

(A) Caso o advogado necessite retirar-se do local, deve postular licença à autoridade.
(B) O advogado pode permanecer sentado ou de pé nos recintos do Poder Judiciário.
(C) Pode permanecer de pé, caso autorizado pela autoridade competente.
(D) O advogado deve permanecer sentado na sala de audiências até o final do ato.

RESPOSTA Conforme preceitua o art. 7º, VII, do EOAB, constitui direito do advogado permanecer sentado ou em pé e retirar-se de quaisquer locais indicados no inciso VI, independentemente de licença. *Alternativa B.*

101. **(V Exame)** Na Secretaria Municipal da Fazenda, tramita procedimento administrativo relacionado à imposição do IPTU em determinada área urbana. O proprietário do imóvel contrata o advogado Juliano para solucionar a questão. Portando mandato extrajudicial, o advogado dirige-se ao local e, em face dos seus conhecimentos pessoais, obtém o ingresso no recinto da secretaria e recebe as informações pertinentes, apresentando, por petição, os esclarecimentos necessários. Em um dos dias em que atuava profissionalmente, viu-se interpelado por um dos chefes de seção, que questionou sua permanência no local, proibida por atos regulamentares.

Diante disso, é correto afirmar que

(A) As características especiais dos órgãos fazendários limitam os direitos dos advogados.

(B) O ingresso em quaisquer recintos de repartições públicas, no exercício da profissão, é direito dos advogados.

(C) O advogado não pode ter acesso a procedimentos administrativos, salvo com autorização da autoridade competente.

(D) A questão em tela está vinculada à proteção do sigilo profissional.

RESPOSTA Entre os direitos do advogado encontra-se o de livre ingresso em qualquer edifício ou recinto em que funcione repartição judicial ou outro serviço público onde o advogado deva praticar ato ou colher prova ou informação útil ao exercício da atividade profissional, dentro do expediente ou fora dele, e ser atendido, desde que se ache presente qualquer servidor ou empregado (art. 7º, VI, c, do EOAB). *Alternativa B.*

102. **(V Exame)** A Administração Pública, por meio de determinado órgão, promove processo administrativo de natureza disciplinar em face do servidor público Francisco. O servidor contrata o advogado Sócrates para defendê-lo. Munido do instrumento de mandato, Sócrates requer vista dos autos do processo administrativo e posteriores intimações. O requerimento foi indeferido pela desnecessidade de o advogado atuar no referido processo.

Com base no relatado acima, à luz das normas estatutárias, é correto afirmar que

(A) O direito de vista é aplicável ao processo administrativo.

(B) O advogado não tem direito de atuar em processo administrativo.

(C) Nos processos disciplinares, a regra é a da presença do advogado.

(D) A atuação do advogado é obrigatória nos processos administrativos.

RESPOSTA Uma vez constituído, é direito e prerrogativa do advogado ter vista dos processos judiciais ou administrativos de qualquer natureza, em cartório ou na repartição competente, ou retirá-los pelos prazos legais (art. 7º, XV, do EOAB). *Alternativa A.*

103. **(V Exame)** A empresa Frios e Gelados S.A. promove ação de responsabilidade civil em face da empresa Calor e Chaud Ltda. No curso do processo, surge decisão judicial, atacada por recurso apresentado pelo representante judicial da empresa autora, o advogado Lúcio. Tal recurso não tem previsão legal de sustentação oral. Apesar disso, o advogado comparece à sessão de julgamento e requer ao tribunal o tempo necessário para a sustentação referida.

Nos termos das normas estatutárias, é correto afirmar que

(A) A sustentação oral dependerá do relator do recurso.

(B) O direito à sustentação oral será por trinta minutos.

(C) É direito do advogado a sustentação oral em todos os recursos.

(D) O direito à sustentação oral está vinculado à sua previsibilidade recursal.

RESPOSTA A sustentação oral somente será cabível se prevista em lei ou regimento, não estando em vigência o inciso IX do art. 7º do EOAB tendo em vista a suspensão de sua eficácia pela ADI 1.127-8. *Alternativa D.*

104. **(IV Exame)** Túlio, advogado, é surpreendido ao praticar crime inafiançável, sendo preso em flagrante pela autoridade policial. A OAB é comunicada, e, por meio de membro da Comissão de Prerrogativas, acorre advogado ao local onde estão sendo realizados os trâmites procedimentais.

Nos termos das normas estatutárias, é correto afirmar que

(A) A prisão do advogado que demanda a intervenção da OAB é a originária do exercício profissional.

(B) O fato de a prisão atingir advogado indica a presença do representante da OAB.

(C) Só a prisão determinada pelo juiz é que permite a participação dos representantes da OAB.

(D) A prisão preventiva é aquela que está circunscrita na atuação da OAB.

RESPOSTA É direito do advogado, de acordo com o inciso IV do art. 7º do EOAB, ter a presença de representante da OAB, quando preso em flagrante, por motivo ligado ao exercício da advocacia, para lavratura do auto respectivo, sob pena de nulidade e, nos demais casos, a comunicação expressa à seccional da OAB. Isso em respeito ao múnus público exercido pelo advogado. *Alternativa A.*

105. **(XXIX Exame)** O advogado X foi preso em flagrante enquanto furtava garrafas de vinho, de valor bastante expressivo, em determinado supermercado. Conduzido à delegacia, foi lavrado o auto de prisão em flagrante, sem a presença de representante da OAB.

Com base no disposto no Estatuto da Advocacia e da OAB, assinale a afirmativa correta.

(A) A lavratura do auto de prisão em flagrante foi eivada de nulidade, em razão da ausência de representante da OAB, devendo a prisão ser relaxada.

(B) A lavratura do auto de prisão em flagrante não é viciada, desde que haja comunicação expressa à seccional da OAB respectiva.

(C) A lavratura do auto de prisão em flagrante foi eivada de nulidade, em razão da ausência de representante da OAB, devendo ser concedida liberdade provisória não cumulada com aplicação de medidas cautelares diversas da prisão.

(D) A lavratura do auto de prisão em flagrante não é viciada e independe de comunicação à seccional da OAB respectiva.

RESPOSTA Nos termos do art. 7, IV, do EOAB, no caso do enunciado, não há obrigatoriedade da presença de representante da OAB, pois o crime praticado não foi no exercício da profissão. *Alternativa B.*

106. **(XXIX Exame)** O advogado João, conselheiro em certo Conselho Seccional da OAB, foi condenado, pelo cometimento de crime de tráfico de influência, a uma pena privativa de liberdade. João respondeu ao processo todo em liberdade, apenas tendo sido decretada a prisão após o trânsito em julgado da sentença condenatória.

Quanto aos direitos de João, considerando o disposto no Estatuto da Advocacia e da OAB, assinale a afirmativa correta.

(A) João tem direito à prisão domiciliar em razão de suas atividades profissionais, ou à prisão em sala de Estado Maior, durante todo o cumprimento da pena que se inicia, a critério do juiz competente.

(B) João tem direito a ser preso em sala de Estado Maior durante o cumprimento integral da pena que se inicia. Apenas na falta desta, em razão de suas atividades profissionais, terá direito à prisão domiciliar.

(C) João não tem direito a ser preso em sala de Estado Maior em nenhum momento do cumprimento da pena que se inicia, nem terá direito, em decorrência de suas atividades profissionais, à prisão domiciliar.

(D) João tem direito a ser preso em sala de Estado Maior apenas durante o transcurso de seu mandato como conselheiro, mas não terá direito, em decorrência de suas atividades profissionais, à prisão domiciliar.

RESPOSTA O referido conselheiro seccional condenado por tráfico de influência já transitado em julgado, não terá a prerrogativa prevista no art. 7º, V, do EOAB, referente a sala de Estado Maior, posto que já houve o trânsito em julgado da condenação, devendo cumprir a pena em cela. *Alternativa C.*

107. **(XXIX Exame)** A conduta de um juiz em certa comarca implicou violação a prerrogativas de advogados previstas na Lei n. 8.906/94, demandando representação administrativo-disciplinar em face do magistrado.

Considerando a hipótese narrada, de acordo com o Regulamento Geral do Estatuto da Advocacia e da OAB, assinale a afirmativa correta.

(A) É competência dos presidentes do Conselho Federal, do Conselho Seccional ou da Subseção formularem a representação administrativa cabível. Em razão da natureza da autoridade e da providência, o ato não pode ser delegado a outro advogado.

(B) É competência apenas dos presidentes do Conselho Federal ou do Conselho Seccional formularem a representação administrativa cabível. Todavia, pode ser designado outro advogado, investido de poderes bastantes, para o ato.

(C) É competência apenas do presidente do Conselho Seccional formular a representação administrativa cabível. Em razão da natureza da autoridade e da providência, o ato não pode ser delegado a outro advogado.

(D) É competência dos presidentes do Conselho Federal, do Conselho Seccional ou da Subseção formularem a representação administrativa cabível. Todavia, pode ser designado outro advogado, investido de poderes bastantes, para o ato.

RESPOSTA Nesse enunciado temos a reprodução do que dispõe o art. 15 e parágrafo único do Regulamento Geral, ou seja, a competência é dos presidentes do Conselho Federal, Seccional ou de Subseção, podendo designar-se advogado investido de poderes bastantes para o ato. *Alternativa D.*

108. **(III Exame)** Advogado Ademar é surpreendido por mandado de busca e apreensão dos documentos guardados no seu escritório, de forma indiscriminada. Após pesquisa, verifica que existe processo investigando um dos seus clientes e a ele mesmo. Apesar disso, os documentos de toda a sua clientela foram apreendidos.

Diante do narrado, é correto afirmar que

(A) A proteção ao escritório do advogado não se inclui na hipótese versada.

(B) Houve excesso na apreensão de todos os documentos da clientela do advogado.

(C) A inviolabilidade do escritório de advocacia é absoluta.

(D) A prática é correta, em função de a investigação atingir o advogado.

RESPOSTA Houve excesso, pois somente a documentação do cliente averiguado é que deveria ser formalmente investigado como seu partícipe ou coautor pela prática do mesmo crime atribuído ao advogado, crime este que deu causa à quebra da inviolabilidade, na forma do § 7º do art. 7º do EOAB. *Alternativa B.*

109. **(III Exame)** O magistrado Mévio, de larga experiência forense, buscando organizar o serviço do seu cartório, edita Portaria disciplinando o horário de atendimento das partes e dos advogados não coincidente com o horário forense. Os processos passam a ser distribuídos, por numeração, com a responsabilização individual de determinados servidores. Estabeleceu-se que os autos de final 0 a 3 teriam atendimento ao público, aí incluídos advogados, das 11h às 13h, e daí sucessivamente. Com tal organização, obteve o cumprimento de todas as metas estabelecidas pela Corregedoria do Tribunal. À luz da legislação estatutária, assinale a alternativa correta quanto a essa atitude.

(A) A Administração dos órgãos do Poder Judiciário é autônoma, podendo ocorrer ato do magistrado impondo restrições ao advogado.

(B) Ato normativo do magistrado colide frontalmente com o direito dos advogados de serem atendidos a qualquer momento pelo Magistrado e servidores públicos.

(C) As metas de produção determinadas pelos órgãos de controle do Poder Judiciário justificam a restrição dos direitos dos advogados de acesso aos autos e aos agentes públicos.

(D) O princípio da eficiência sobrepõe-se aos interesses das partes e dos advogados, seguindo moderna tendência da Administração Pública.

RESPOSTA É direito do advogado dirigir-se diretamente aos magistrados nas salas e gabinetes de trabalho, independentemente de horário previamente marcado ou outra condição, observando a ordem de chegada (art. 7º, VIII, do EOAB). *Alternativa B.*

110. **(III Exame)** Joel é experiente advogado, inscrito há muitos anos nos quadros da OAB. Em atividade profissional, comparece à sessão de tribunal com o fito de sustentar, oralmente, recurso apresentado em prol de determinado cliente. Iniciada a sessão de julgamento, após a leitura do relatório, pelo magistrado designado para tal função no processo, dirige-se à tribuna e, regularmente, apresenta sua defesa oral. No curso do julgamento há menção, pelo Relator, de data e fls. constantes dos autos processuais que se revelam incorretas.

No concernente ao tema, à luz das normas estatutárias, o advogado

(A) Deve aguardar o final do julgamento, com a proclamação do resultado, para apresentar questão de ordem.

(B) Poderá usar a palavra, pela ordem, para esclarecer questão de fato, que influencie o julgamento.

(C) Não possui instrumento hábil para interromper o julgamento.

(D) Após o final do julgamento deverá, mediante nova sustentação oral, indicar os erros cometidos.

RESPOSTA Um advogado que é impedido de usar da palavra não consegue exercer seu ofício. Portanto, dentre os direitos dos advogados elencados no art. 7º do EOAB está o de usar da palavra, pela ordem, em qualquer juízo ou tribunal, mediante intervenção sumária, para esclarecer equívoco ou dúvida surgida em relação a fatos, documentos ou afirmações que influam no julgamento, bem como para replicar acusação ou censura que lhe forem feitas (inciso X). *Alternativa B.*

111. **(II Exame)** Francisco, advogado, dirige-se, com seu cliente, para participar de audiência em questão cível, designada para a colheita de provas e depoimento pessoal. O ato fora designado para iniciar às 13 horas.

Como é de praxe, adentraram o recinto forense com meia hora de antecedência, sendo comunicados pelo Oficial de Justiça que a pauta de audiências continha dez eventos e que a primeira havia iniciado às dez horas, já caracterizado um atraso de uma hora, desde a audiência inaugural.

A autoridade judicial encontrava-se presente no foro desde as nove horas da manhã, para despachos em geral, tendo iniciado a primeira audiência no horário aprazado. Após duas horas de atraso, Francisco informou, por escrito, ao Chefe do Cartório Judicial, que, diante do ocorrido, ele e seu cliente estariam se retirando do recinto.

Diante do narrado, à luz das normas estatutárias

(A) Qualquer atraso superior a uma hora justifica a retirada do recinto, pelo advogado.

(B) O advogado deveria, no caso narrado, peticionar ao Magistrado e retirar-se do recinto.

(C) O atraso que justifica a retirada do advogado está condicionado à ausência da autoridade judicial no evento.

(D) Meros atrasos da autoridade judicial não permitem a retirada do advogado do recinto.

RESPOSTA Na forma do inciso XX do art. 7º do EOAB, o advogado somente poderá retirar-se do recinto onde se encontre aguardando pregão para ato judicial após 30 minutos do horário designado e ao qual ainda não tenha comparecido a autoridade que deva presidi-lo, mediante comunicação protocolizada em juízo. *Alternativa C.*

112. **(II Exame)** Renato, advogado em início de carreira, é contactado para defender os interesses de Rodrigo que está detido em cadeia pública. Dirige-se ao local onde seu cliente está retido e busca informações sobre sua situação, recebendo como resposta do servidor público que estava de plantão que os autos do inquérito estariam conclusos com a autoridade policial e, por isso, indisponíveis para consulta e que deveria o advogado retornar quando a autoridade tivesse liberado os autos para realização de diligências.

À luz das normas aplicáveis,

(A) O advogado, diante do seu dever de urbanidade, deve aguardar os atos cabíveis da autoridade policial.

(B) O acesso aos autos, no caso, depende de procuração e de prévia autorização da autoridade policial.

(C) No caso de réu preso, somente com autorização do juiz pode o advogado acessar os autos do inquérito policial.

(D) O acesso aos autos de inquérito policial é direito do advogado, mesmo sem procuração ou conclusos à autoridade policial.

RESPOSTA É direito do advogado examinar em qualquer repartição policial, mesmo sem procuração, autos de flagrante e de inquérito, findos ou em andamento, ainda que conclusos à autoridade, podendo copiar peças e tomar apontamentos (art. 7º, XIV, do EOAB). *Alternativa D.*

113. **(II Exame)** Considerando que nos termos dispostos no art. 133 da Constituição do Brasil, o advogado é indispensável à administração da justiça, sendo até mesmo inviolável por seus atos e manifestações no exercício da profissão, é correto afirmar que:

(A) A imunidade profissional não pode sofrer restrições de qualquer natureza.

(B) Nenhuma demanda judicial, qualquer que seja o órgão do Poder Judiciário pelo qual tramite, independentemente de sua natureza, objeto e partes envolvidas, pode receber a prestação jurisdicional se não houver atuação de advogado.

(C) A inviolabilidade do escritório ou local de trabalho é assegurada nos termos da lei, não sendo vedadas, contudo, a busca e a apreensão judicialmente decretadas, por decisão motivada, desde que realizada na presença de representante da OAB, salvo se esta, devidamente notificada ou solicitada, não proceder à indicação.

(D) A prisão do advogado, por motivo de exercício da profissão, somente poderá ocorrer em flagrante, mesmo em caso de crime afiançável.

RESPOSTA (A) Art. 7º, § 2º, do EOAB. (B) Exceções do art. 1º, I, do EOAB. (C) Art. 7º, II, do EOAB e ADI 1.127-8. (D) Art. 7º, § 3º, do EOAB. *Alternativa C.*

114. **(XI Exame)** Walter é advogado com atuação no Estado W e foi surpreendido pela acusação de participar de evento criminoso, tendo sido decretada sua prisão cautelar, por ordem judicial.

Com relação ao caso relatado, nos termos do Estatuto da Advocacia, assinale a afirmativa correta.

(A) O advogado deve ser apresentado ao Presidente da Seccional da OAB ou ao seu representante.

(B) O advogado ficará preso em sala de Estado-Maior ou equivalente até o final do processo.

(C) O advogado ficará restrito à sua residência, em prisão domiciliar, até reunião da seccional da OAB.

(D) O advogado sofrerá punição disciplinar pelo fato de estar respondendo a processo criminal.

RESPOSTA É direito do advogado não ser recolhido preso, antes de sentença transitada em julgado, senão em sala de Estado-Maior, com instalações e comodidades condignas e, na sua falta, em prisão domiciliar (art. 7º, V, do Estatuto da Advocacia e da Ordem dos Advogados do Brasil). *Alternativa B.*

115. **(XI Exame)** Úrsula, advogada com larga experiência profissional, necessita atualizar o seu arquivo de causas. Assim, requer o desarquivamento de determinados autos processuais de processo findo de um cliente, que tramitou sob sigilo, mas de época anterior à sua atuação. Ao dirigir-se ao cartório judicial, é surpreendida pela exigência de procuração com poderes especiais para retirar os autos.

Nos termos do Estatuto da Advocacia, é direito do advogado retirar autos de processos findos

(A) Com procuração, inseridos poderes gerais, pelo prazo de cinco dias.

(B) Com procuração, com poderes especiais, pelo prazo de quinze dias.

(C) Sem procuração, com autorização do escrivão do cartório, pelo prazo de dez dias.

(D) Sem procuração, pelo prazo de dez dias.

RESPOSTA É direito do advogado retirar autos de processos findos sem procuração pelo prazo de dez dias (art. 7º, XVI, do EOAB), salvo se o feito encontrar-se sob regime de segredo de justiça, como o caso do enunciado. *Alternativa D.*

116. **(XVII Exame)** Gisella é advogada recém-aprovada no Exame de Ordem e herda diversas causas de um colega de classe que resolveu trilhar outros caminhos, deixando numerosos processos para acompanhamento nos Juízos de primeiro grau. Ao acompanhar uma sessão de julgamento na Câmara Cível do Tribunal W, tem necessidade de apresentar, antes de iniciar o julgamento, alegações escritas aos integrantes do órgão julgador, que somente foram completadas no dia da sessão. Aguardando o início dos trabalhos, assim que os julgadores se apresentaram para o julgamento, a jovem advogada dirigiu-se a eles no sentido de entregar as alegações escritas, sendo admoestada quanto à sua presença no interior da sala de julgamento, na parte reservada aos magistrados.

Nos termos do Estatuto da Advocacia, o ingresso dos advogados nas salas de sessões

(A) Está restrito ao espaço da plateia.

(B) Depende de autorização do Presidente da Câmara.

(C) É livre inclusive na parte reservada aos magistrados.

(D) Depende de concordância dos julgadores.

RESPOSTA O EOAB, art. 7º, VI, dispõe que é direito e prerrogativa do advogado ingressar livremente: a) nas salas de sessões dos tribunais, mesmo além dos cancelos que separam a parte reservada aos magistrados. *Alternativa C.*

117. **(XVII Exame)** A advogada Maria foi presa em flagrante por furto cometido no interior de uma loja de departamentos. Na Delegacia, teve a assistência de advogado por ela constituído. O auto de prisão foi lavrado sem a presença de representante da Ordem dos Advogados do Brasil, fato que levou o advogado de Maria a arguir sua nulidade.

Sobre a hipótese, assinale a afirmativa correta.

(A) O auto de prisão em flagrante não é nulo, pois só é obrigatória a presença de representante da OAB quando a prisão decorre de motivo ligado ao exercício da advocacia.

(B) O auto de prisão em flagrante não é nulo, pois a presença de representante da OAB é facultativa em qualquer caso, podendo sempre ser suprida pela presença de advogado indicado pelo preso.

(C) O auto de prisão em flagrante é nulo, pois advogados não podem ser presos por crimes afiançáveis.

(D) O auto de prisão em flagrante é nulo, pois a presença de representante da OAB em caso de prisão em flagrante de advogado é sempre obrigatória.

RESPOSTA O EOAB, art. 7º, IV, garante ao advogado a prerrogativa de ter a presença de representante da OAB, quando preso em flagrante, **por motivo ligado ao exercício da advocacia,** para lavratura do auto respectivo, sob pena de nulidade e, nos demais casos, a comunicação expressa à seccional da OAB. *Alternativa A.*

118. **(XVII Exame)** Leôncio é estagiário de escritório especializado na área cível e testemunha o descumprimento de norma legal por funcionário público, imediatamente comunicando a situação ao seu advogado supervisor. Ambos dirigem-se ao órgão diretor administrativo competente e reclamam pelo descumprimento de lei, o que foi reduzido a termo. A referida reclamação veio a ser sumariamente arquivada por não ter sido feita na forma escrita. Nos termos do Estatuto da Advocacia, reclamações por descumprimento de lei

(A) devem ser necessariamente escritas.

(B) devem ser formuladas pela OAB, exclusivamente.

(C) podem ser verbais.

(D) são de atribuição privativa de Conselheiro da OAB.

RESPOSTA É impossível imaginar o advogado sem o direito de reclamar a inobservância de lei, regulamento ou regimento. Para tanto, o EOAB, art. 7º, XI, assegura tal prerrogativa: reclamar, verbalmente ou por escrito, perante qualquer juízo, tribunal ou autoridade, contra a inobservância de preceito de lei, regulamento ou regimento. *Alternativa C.*

119. **(XVIII Exame)** Os advogados criminalistas X e Y atuavam em diversas ações penais e inquéritos em favor de um grupo de pessoas acusadas de pertencer a determinada organização criminosa, supostamente destinada ao tráfico de drogas. Ao perceber que não havia outros meios disponíveis para a obtenção de provas contra os investigados, o juiz, no âmbito de um dos inquéritos instaurados para investigar o grupo, atendendo à representação da autoridade policial e considerando manifestação favorável do Ministério Público, determinou o afastamento do sigilo telefônico dos advogados constituídos nos autos dos aludidos procedimentos, embora não houvesse indícios da prática de crimes por estes últimos. As conversas entre os investigados e seus advogados, bem como aquelas havidas entre os advogados X e Y, foram posteriormente usadas para fundamentar a denúncia oferecida contra seus clientes.

Considerando-se a hipótese apresentada, assinale a afirmativa correta.

(A) A prova é lícita, pois não havia outro meio disponível para a obtenção de provas.

(B) A prova é lícita, pois tratava-se de investigação de prática de crime cometido no âmbito de organização criminosa.

(C) Considerando que não havia outro meio disponível para a obtenção de provas, bem como que se tratava de investigação de prática de crime cometido no âmbito de organização criminosa, é ilícita a prova obtida a partir dos diálogos havidos entre os advogados e seus clientes. É, no entanto, lícita a prova obtida a partir dos diálogos havidos entre os advogados X e Y.

(D) A prova é ilícita, uma vez que as comunicações telefônicas do advogado são invioláveis quando disserem respeito ao exercício da profissão, bem como se não houver indícios da prática de crime pelo advogado.

RESPOSTA EOAB, art. 7º, II – a inviolabilidade de seu escritório ou local de trabalho, bem como de seus instrumentos de trabalho, de sua correspondência escrita, eletrônica, telefônica e telemática, desde que relativas ao exercício da advocacia. (Redação dada pela Lei n. 11.767, de 2008). *Alternativa D.*

120. **(XVIII Exame)** Alice, advogada, em audiência judicial, dirigiu a palavra de maneira ríspida a certa testemunha e ao magistrado, tendo este entendido que houve a prática dos crimes de injúria e desacato, respectivamente. Por isso, o juiz determinou a extração de cópias da ata e remessa à Promotoria de Justiça com atribuição para investigação penal da comarca.

Considerando a situação narrada, a disciplina do Estatuto da OAB e o entendimento do Supremo Tribunal Federal, sobre as manifestações de Alice, proferidas no exercício de sua atividade profissional, é correto afirmar que

(A) podem configurar injúria e desacato puníveis, pois o Supremo Tribunal Federal declarou inconstitucional a imunidade profissional prevista no art. 7º, § 2º, do Estatuto da OAB, já que a Constituição Federal consagra a incolumidade da honra e imagem.

(B) não podem constituir injúria ou desacato puníveis. Isso porque o advogado tem imunidade profissional, nos termos do art. 7º, § 2º, do Estatuto da OAB, cuja integral constitucionalidade foi declarada pelo Supremo Tribunal Federal.

(C) não podem constituir injúria, mas podem configurar desacato punível. Isso porque o advogado tem imunidade profissional, nos termos do art. 7º, § 2º, do Estatuto da OAB, mas esta, de acordo com o Supremo Tribunal Federal, não compreende o desacato, sob pena de conflitar com a autoridade do magistrado na condução da atividade jurisdicional.

(D) não podem constituir injúria ou desacato puníveis, mas podem caracterizar crime de desobediência. Isso porque o advogado tem imunidade profissional, nos termos do art. 7º, § 2º, do Estatuto da OAB, cuja constitucionalidade foi declarada pelo Supremo Tribunal Federal, com a ressalva ao delito de desobediência, a fim de não conflitar com a autoridade do magistrado na condução da atividade jurisdicional.

RESPOSTA EOAB, art. 7º, § 2º – O advogado tem imunidade profissional, não constituindo injúria, difamação ou desacato puníveis qualquer manifestação de sua parte, no exercício de sua atividade, em juízo ou fora dele, sem prejuízo das sanções disciplinares perante a OAB, pelos excessos que cometer (*Vide* ADIN 1.127-8). *Alternativa C.*

121. **(XXIV Exame)** A advogada Ana encontra-se no quinto mês de gestação. Em razão de exercer a profissão como única patrona nas causas em que atua, ela receia encontrar algumas dificuldades durante a gravidez e após o parto. Considerando o caso narrado, assinale a afirmativa correta.

(A) O Estatuto da OAB confere a Ana o direito de entrar nos tribunais sem submissão aos detectores de metais, vagas reservadas nas garagens dos fóruns onde atuar, preferência na ordem das audiências a serem realizadas a cada dia e suspensão dos prazos processuais quando der à luz.

(B) O Estatuto da OAB não dispõe sobre direitos especialmente conferidos às advogadas grávidas, mas aplicam-se a Ana as disposições da CLT relativas à proteção à maternidade e à trabalhadora gestante.

(C) O Estatuto da OAB confere a Ana o direito de entrar nos tribunais sem submissão aos detectores de metais e preferência na ordem das audiências a serem realizadas a cada dia, mas não dispõe sobre vagas reservadas nas garagens dos fóruns e suspensão dos prazos processuais quando der à luz.

(D) O Estatuto da OAB confere a Ana o direito de entrar nos tribunais sem submissão aos detectores de metais, preferência na ordem das audiências a serem realizadas a cada dia e vagas reservadas nas garagens dos fóruns, mas não dispõe sobre suspensão dos prazos processuais quando der à luz.

RESPOSTA A questão enfrentada abraçou em uma única alternativa três incisos do art. 7º-A, são eles: inciso I e suas alíneas *a* e *b*, inciso II e III. *Alternativa A.*

122. **(XXIV Exame)** Tânia, advogada, dirigiu-se à sala de audiências de determinada Vara Criminal, a fim de acompanhar a realização das audiências designadas para aquele dia em feitos nos quais não oficia. Tânia verificou que os processos não envolviam segredo de justiça e buscou ingressar na sala de audiências no horário designado.

Não obstante, certo funcionário deu-lhe duas orientações. A primeira orientação foi de que ela não poderia permanecer no local se todas as cadeiras estivessem ocupadas, pois não seria autorizada a permanência de advogados de pé, a fim de evitar tumulto na sala. A segunda orientação foi no sentido de que, caso ingressassem na sala, Tânia e os demais presentes não poderiam sair até o fim de cada ato, salvo se houvesse licença do juiz, para evitar que a entrada e saída de pessoas atrapalhasse o regular andamento das audiências.

Considerando o caso narrado, assinale a afirmativa correta.

(A) A primeira orientação dada pelo funcionário viola os direitos assegurados ao advogado, pois Tânia possui o direito de permanecer, mesmo que de pé, na sala de audiências. Todavia, a segunda orientação coaduna-se com o poder-dever do magistrado de presidir e evitar tumulto no ato judicial, não violando, por si, direitos normatizados no Estatuto da OAB.

(B) A segunda orientação dada pelo funcionário viola os direitos assegurados ao advogado, pois Tânia possui o direito de retirar-se a qualquer momento, independentemente de licença do juiz, da sala de audiências. Todavia, a primeira orientação coaduna-se com o poder-dever do magistrado de presidir e evitar tumulto no ato judicial, não violando, por si, direitos normatizados no Estatuto da OAB.

(C) Ambas as orientações violam os direitos assegurados, pelo Estatuto da OAB, ao advogado, pois Tânia possui o direito de permanecer, mesmo que de pé, na sala de audiências, bem como de se retirar a qualquer momento, independentemente de licença do juiz.

(D) Nenhuma das orientações viola os direitos assegurados ao advogado, pois se coadunam com o poder-dever do magistrado de presidir e evitar tumulto no ato judicial, não contrariando, por si sós, direitos normatizados no Estatuto da OAB.

RESPOSTA A questão apresenta o caso típico de violação das prerrogativas profissionais, em especial aquelas previstas no art. 7º, VI, alínea *b* e inciso VII do EOAB. *Alternativa C.*

123. **(XXVI Exame)** O advogado Fred dirigiu-se, em certa ocasião, a uma delegacia de polícia e a um presídio, a fim de entrevistar clientes seus que se encontravam, respectivamente, prestando depoimento e preso. Na mesma data, o advogado Jorge realizou audiências na sede de um juizado especial cível e no interior de certo fórum regional da comarca.

Considerando o disposto no Estatuto da Advocacia e da OAB, assinale a afirmativa correta.

(A) É direito de Fred e Jorge a instalação de salas especiais permanentes para os advogados nos seguintes locais visitados: sede do juizado especial cível e fórum regional da comarca. Quanto aos demais, embora seja recomendável a existência de salas especiais, não há dever legal de instalação.

(B) É direito de Fred e Jorge a instalação de salas especiais permanentes para os advogados em todos os locais visitados. Quanto aos quatro locais, há dever legal de instalação das salas.

(C) É direito de Fred e Jorge a instalação de salas especiais permanentes para os advogados nos seguintes locais visitados: sede do juizado especial cível, fórum regional da comarca e presídio. Quanto à delegacia de polícia, embora seja recomendável a existência de salas especiais, não há dever legal de instalação.

(D) É direito de Fred e Jorge a instalação de salas especiais permanentes para os advogados nos seguintes locais visitados: fórum regional da comarca e presídio. Quanto aos demais, embora seja recomendável a existência de salas especiais, não há dever legal de instalação.

RESPOSTA a) errada; b) correta, pois no caso trata de prerrogativas profissionais do advogado, devidamente consagradas no art. 7º do EOAB, especialmente, no caso em tela, em seu § 4º, condição necessária para exercer o direito de defesa; c) errada; d) errada. *Alternativa B.*

124. **(XXVII Exame)** A advogada Mariana, gestante, ao ingressar em certo Tribunal de Justiça, foi solicitada a passar por aparelho de raios X e por detector de metais.

Considerando o caso narrado, de acordo com o Estatuto da Advocacia e da OAB, assinale a afirmativa correta.

(A) Mariana tem o direito de não ser submetida a aparelho de raios X, embora deva passar pelo detector de metais, independentemente de motivação.

(B) Mariana tem o direito de não ser submetida a aparelho de raios X. Quanto ao detector de metais, deverá passar pelo aparelho apenas se evidenciada situação especial de segurança, em ato motivado.

(C) Mariana deverá, por medida de segurança, passar pelo aparelho de raios X e pelo detector de metais, a menos que haja contraindicação médica expressa.

(D) Mariana tem o direito, independentemente do teor da alegação sobre segurança, de não ser submetida ao detector de metais, nem ao aparelho de raios X.

RESPOSTA Conforme o art. 7º-A, I, alínea *a*, do Estatuto da OAB, é direito da advogada de entrar em Tribunais sem a submissão a detectores de metais e aparelhos de raio X. *Alternativa D.*

125. **(XXVII Exame)** O advogado Mário dos Santos, presidente do Conselho Seccional Y da OAB, foi gravemente ofendido em razão do seu cargo, gerando violação a prerrogativas profissionais. O fato obteve grande repercussão no país.

Considerando o caso narrado, de acordo com o Regulamento Geral do Estatuto da Advocacia e da OAB, assinale a afirmativa correta.

(A) Compete ao Conselho Seccional Y da OAB promover o desagravo público, ocorrendo a sessão na sede do Conselho Seccional Y.

(B) Compete ao Conselho Federal da OAB promover o desagravo público, ocorrendo a sessão na sede do Conselho Federal.

(C) Compete ao Conselho Seccional Y da OAB promover o desagravo público, ocorrendo a sessão na sede da subseção do território em que ocorreu a violação a prerrogativas profissionais.

(D) Compete ao Conselho Federal da OAB promover o desagravo público, ocorrendo a sessão na sede do Conselho Seccional Y.

RESPOSTA Conforme o art. 19 do Regulamento Geral da OAB, sendo relevante o conhecimento de que a sessão pública de desagravo ocorrerá na sede do Conselho Seccional, excetuada hipótese de desagravo de Conselheiro Federal. *Alternativa D.*

VI. INSCRIÇÃO

126. **(XIX Exame)** Victor nasceu no Estado do Rio de Janeiro e formou-se em Direito no Estado de São Paulo. Posteriormente, passou a residir, e pretende atuar profissionalmente como advogado, em Fortaleza, Ceará. Porém, em razão de seus contatos no Rio de Janeiro, foi convidado a intervir também em feitos judiciais em favor de clientes nesse Estado, cabendo-lhe patrocinar seis causas no ano de 2015.

Diante do exposto, assinale a opção correta.

(A) A inscrição principal de Victor deve ser realizada no Conselho Seccional de São Paulo, já que a inscrição principal do advogado é feita no Conselho Seccional em cujo território se localize seu curso jurídico. Além da principal, Victor terá a faculdade de promover sua inscrição suplementar nos Conselhos Seccionais do Ceará e do Rio de Janeiro, onde pretende exercer a profissão.

(B) A inscrição principal de Victor deve ser realizada no Conselho Seccional do Rio de Janeiro, pois o Estatuto da OAB determina que esta seja promovida no Conselho Seccional em cujo território o advogado exercer intervenção judicial que exceda três causas por ano. Além da principal, Victor poderá promover sua inscrição suplementar nos Conselhos Seccionais do Ceará e de São Paulo.

(C) A inscrição principal de Victor deve ser realizada no Conselho Seccional do Ceará. Isso porque a inscrição principal do advogado deve ser feita no Conselho Seccional em cujo território pretende estabelecer o seu domicílio profissional. A promoção de inscrição suplementar no Conselho Seccional do Rio de Janeiro será facultativa, pois as intervenções judiciais pontuais, como as causas em que Victor atuará, não configuram habitualidade no exercício da profissão.

(D) A inscrição principal de Victor deve ser realizada no Conselho Seccional do Ceará. Afinal, a inscrição principal do advogado deve ser feita no

Conselho Seccional em cujo território ele pretende estabelecer o seu domicílio profissional. Além da principal, Victor deverá promover a inscrição suplementar no Conselho Seccional do Rio de Janeiro, já que esta é exigida diante de intervenção judicial que exceda cinco causas por ano.

RESPOSTA Nos termos do EOAB, art. 10: *A inscrição principal do advogado deve ser feita no Conselho Seccional em cujo território pretende estabelecer o seu domicílio profissional, na forma do regulamento geral.* § 2º Além da principal, o advogado deve promover a inscrição suplementar nos Conselhos Seccionais em cujos territórios *passar a exercer habitualmente a profissão considerando-se habitualidade a intervenção judicial que exceder de cinco causas por ano. Alternativa D.*

127. **(XXXI Exame)** Havendo indícios de que Sara obteve inscrição na Ordem dos Advogados do Brasil mediante prova falsa, foi instaurado contra ela processo disciplinar. Sobre o tema, assinale a afirmativa correta.

(A) O processo disciplinar contra Sara pode ser instaurado de ofício ou mediante representação, que pode ser anônima.

(B) Em caso de revelia de Sara, o processo disciplinar seguirá, independentemente de designação de defensor dativo.

(C) O processo disciplinar instaurado contra Sara será, em regra, público.

(D) O recurso contra eventual decisão que determine o cancelamento da inscrição de Sara não terá efeito suspensivo.

RESPOSTA Nos termos do art. 77 do EOAB, a questão versava sobre inscrição obtida mediante falsa prova dos requisitos para inscrição nos quadros da OAB e, nesse caso, o recurso não terá efeito suspensivo, apenas devolutivo. *Vide* nosso *Legislação profissional do advogado:* anotada e sistematizada (*e-book* Kindle). *Alternativa D.*

128. **(XII Exame)** Ângelo, comandante das Forças Especiais do Estado "B", é curioso em relação às normas jurídicas, cuja aplicação acompanha na seara castrense, já tendo atuado em órgãos julgadores na sua esfera de atuação. Mantendo a sua atividade militar, obtém autorização especial para realizar curso de Direito, no turno da noite, em universidade pública, à qual teve acesso pelo processo seletivo regular de provas.

Ângelo consegue obter avaliação favorável em todas as disciplinas até alcançar o período em que o estágio é permitido. Ele pleiteia sua inscrição no quadro de estagiários da OAB e que o mesmo seja realizado na Justiça Militar.

Com base no caso narrado, nos termos do Estatuto da Advocacia, assinale a afirmativa correta.

(A) O estágio é permitido, desde que ocorra perante a Justiça Militar especializada.

(B) O estágio é permitido, mas, por tratar-se de função incompatível, é vedada a inscrição na OAB.

(C) O estágio poderá ocorrer, mediante autorização especial da Força Armada respectiva.

(D) O estágio possui uma categoria especial que limita a atuação em determinados processos.

RESPOSTA O aluno de curso jurídico que exerça atividade incompatível com a advocacia pode frequentar o estágio ministrado pela respectiva instituição de ensino superior, para fins de aprendizagem, vedada a inscrição na OAB, conforme dispõe o art. 9º § 3º, do EOAB. *Alternativa B.*

129. **(IX Exame – Reaplicação)** Marcio, advogado com inscrição regular, passou a exercer atividade incompatível com a advocacia e, por força disso, teve sua inscrição cancelada. Após sua aposentadoria no cargo que gerava a incompatibilidade requereu o seu retorno aos quadros da OAB.

Assinale a alternativa que indica o requisito exigido pelo Estatuto para a inscrição nesse caso.

(A) Diploma de graduação em Direito.

(B) Certificado de reservista.

(C) Compromisso perante o Conselho.

(D) Título de eleitor.

RESPOSTA Deverá prestar um novo compromisso, conforme EOAB, art. 8º, VII, c/c o art. 20 do RG. *Alternativa C.*

130. **(IX Exame – Reaplicação)** João, após aprovação em Exame de Ordem, apresenta os documentos exigidos para inscrição nos quadros da Ordem dos Advogados do Brasil. Após sua regular inscrição, a instituição universitária que João informou ter cursado, comunicou à OAB que não havia, nos seus registros, qualquer referência a ele. Em razão disso, foi instaurado processo administrativo para apurar se o advogado havia efetivamente colado grau. Após o devido processo legal, ficou confirmado que João, efetivamente, não lograra êxito no curso de Direito.

Diante dessa narrativa, à luz da legislação aplicável aos advogados, assinale a afirmativa correta.

(A) O advogado será apenado com a suspensão do exercício das atividades até apresentar certidão de colação de grau.
(B) O advogado será advertido e não poderá exercer a profissão até regularizar sua situação.
(C) O advogado terá cancelada sua inscrição na Ordem dos Advogados do Brasil.
(D) O advogado não será apenado porque o curso do tempo convalidou os seus atos sendo considerado rábula.

RESPOSTA De acordo com o art. 11, V, do EOAB, cancela-se a inscrição daquele que perder qualquer um dos requisitos para inscrição. *Alternativa C.*

131. **(IX Exame)** José da Silva, advogado renomado, é acometido por doença mental considerada pela unanimidade dos médicos como incurável, perdendo suas faculdades de discernimento e sendo considerado absolutamente incapaz por sentença judicial.

Nos termos das regras estatutárias, sua inscrição como advogado será

(A) suspensa até laudo médico sobre a doença portada.
(B) cancelada diante da incurabilidade da doença.
(C) extinta por decisão de junta médica convocada para tal fim.
(D) suspensa temporariamente para avaliação pelo Conselho Seccional.

RESPOSTA De acordo com o art. 11, V, do EOAB cancela-se a inscrição daquele que perder qualquer um dos requisitos para inscrição. A capacidade civil é um desses requisitos (art. 8º, I, do EOAB). *Alternativa B.*

132. **(IX Exame)** Sávio, aluno regularmente matriculado em Escola de Direito, obtém a sua graduação e, logo a seguir, aprovação no Exame de Ordem. Por força de movimento grevista na sua instituição, o diploma não pode ser expedido.

A respeito da inscrição no quadro de advogados, consoante as normas do Regulamento Geral do Estatuto da Advocacia e da OAB, assinale a afirmativa correta.

(A) O diploma é essencial para a inscrição nos quadros da Ordem dos Advogados.
(B) O bacharel, diante do impedimento de apresentar o diploma, deve apresentar declaração de autoridade certificando a conclusão do curso.
(C) A Ordem, diante do movimento grevista comprovado, poderá acolher declaração de próprio punho do requerente afirmando ter obtido grau.
(D) O bacharel em Direito deve apresentar certidão de conclusão de curso e histórico escolar autenticado.

RESPOSTA Reza o art. 23 do RG que o requerente à inscrição no quadro de advogados, na falta de diploma regularmente registrado, apresente certidão de graduação em direito, acompanhada de cópia autenticada do respectivo histórico escolar. *Alternativa D.*

133. **(VIII Exame)** Pedro, advogado regularmente inscrito nos quadros da OAB, após regular processo administrativo disciplinar, é apenado com a sanção de exclusão por ter sido condenado pela prática de crimes contra o patrimônio, tendo a decisão judicial transitada em julgado. Após cumprir a pena e tendo sido a mesma julgada extinta pelo Juízo competente, apresenta requerimento de retorno à OAB.

Nos termos do Estatuto, deve o requerente

(A) apresentar a documentação prevista para inscrição inaugural no quadro de advogados, além de submeter-se a novo Exame de Ordem.
(B) requerer a restauração da sua inscrição anterior com os documentos previstos para a inscrição inaugural, sem submissão a novo Exame de Ordem.
(C) indicar provas para a inscrição nos quadros da OAB que comprovem a sua capacidade civil apta a permitir o retorno, e os documentos para inscrição inaugural.
(D) comprovar a sua reabilitação e apresentar os documentos relacionados à idoneidade moral.

RESPOSTA Nesse caso, primeiro se procede à reabilitação criminal e depois à administrativa com a comprovação da idoneidade; EOAB, art. 41 c/c o art. 11, §§ 3º e 8º da mesma lei. *Alternativa D.*

134. **(VIII Exame)** José, general de brigada, entusiasmado com a opção do seu filho pelo curso de Direito, resolve acompanhá-lo nos estudos. Presta exame vestibular e matricula-se em outra instituição de ensino, também no curso de Direito. Ambos alcançam o período letivo em que há necessidade de realizar o estágio forense. José, desejando acompanhar seu filho nas atividades forenses nas horas de folga, vez que continua na ativa, agora como General de Divisão, requer o seu ingresso no quadro de estagiários da OAB.

A partir do caso apresentado, assinale a afirmativa correta.

(A) Militar não pode, enquanto permanecer na ativa, inscrever-se no quadro de advogados, mas se permite a ele a inscrição no quadro de estagiários.

(B) Militar não pode, enquanto na ativa, obter inscrição no quadro de advogados nem no quadro de estagiários.
(C) Militar da ativa pode atuar na Justiça Militar especializada, porque se inscreve no quadro especial de estagiários.
(D) Militar de alta patente pode obter inscrição tanto no quadro de estagiários como no de advogados, mediante permissão especial do Presidente da OAB.

RESPOSTA É requisito para admissão no quadro de advogados da OAB não exercer atividade incompatível (art. 9º, I, do EOAB), o militar, encontrando-se na atual função, é considerado incompatível (art. 28, VI, do EOAB). *Alternativa B.*

135. **(III Exame)** O Bacharel em Direito, após aprovação no Exame de Ordem, deve apresentar cópia do diploma. Caso ele não tenha sido expedido, segundo as normas do Regulamento Geral do Estatuto da Advocacia e da OAB,

(A) ocorrerá a inscrição provisória como advogado.
(B) não poderá ocorrer a inscrição até expedido o diploma.
(C) pode apresentar certidão de conclusão com histórico escolar.
(D) deve obter permissão especial do Conselho Seccional.

RESPOSTA O requerente à inscrição no quadro de advogados, na falta de diploma regularmente registrado, apresenta certidão de graduação em Direito, acompanhada de cópia autenticada do respectivo histórico escolar (art. 23 do RG). *Alternativa C.*

136. **(XXVII Exame)** Lúcio pretende se inscrever como advogado junto à OAB. Contudo, ocorre que ele passou por determinada situação conflituosa que foi intensamente divulgada na mídia, tendo sido publicado, em certos jornais, que Lúcio não teria idoneidade moral para o exercício das atividades de advogado.

Considerando que Lúcio preenche, indubitavelmente, os demais requisitos para a inscrição, de acordo com o Estatuto da Advocacia e da OAB, assinale a afirmativa correta.

(A) A inidoneidade moral apenas poderá ser suscitada junto à OAB por advogado inscrito e deve ser declarada por meio de decisão da diretoria do conselho competente, por maioria absoluta, em procedimento que observe os termos do processo disciplinar.
(B) A inidoneidade moral poderá ser suscitada junto à OAB por qualquer pessoa e deve ser declarada por meio de decisão de, no mínimo, dois terços dos votos de todos os membros do conselho competente, em procedimento que observe os termos do processo disciplinar.
(C) A inidoneidade moral apenas poderá ser suscitada junto à OAB por advogado inscrito e deve ser declarada por meio de decisão, por maioria absoluta, de todos os membros do conselho competente, em procedimento que observe os termos do processo disciplinar.
(D) A inidoneidade moral poderá ser suscitada junto à OAB por qualquer pessoa e deve ser declarada por meio de decisão, por maioria simples, do Tribunal de Ética e Disciplina do conselho competente, em procedimento que observe os termos do processo disciplinar.

RESPOSTA Conforme o art. 8º, § 3º, do EOAB, a idoneidade moral poderá ser suscitada por qualquer pessoa, e deve ser declarada mediante decisão que obtenha no mínimo dois terços dos votos de todos os membros do conselho competente, em procedimento que observe os termos do processo disciplinar. *Alternativa B.*

137. **(III Exame)** Terêncio, após intensa atividade advocatícia, é acometido por mal de origem psiquiátrica, mas diagnosticado como passível de cura após tratamento prolongado. Não podendo exercer os atos da vida civil, apresenta requerimento à OAB. No concernente ao tema, à luz das normas aplicáveis, é correto afirmar que é caso de

(A) cancelamento da inscrição como advogado.
(B) impedimento ao exercício profissional, mantida a inscrição na OAB.
(C) licença do exercício da atividade profissional.
(D) penalidade de exclusão por doença.

RESPOSTA Ocorre o licenciamento do advogado quando este estiver acometido de doença mental considerada curável (EOAB, art. 12, III). *Alternativa C.*

138. **(IV Exame)** Semprônio reside no Estado W, onde mantém o seu escritório de advocacia, mas requer sua inscrição principal no Estado K, onde, em alguns anos, pretende estabelecer domicílio. No concernente ao tema, à luz das normas estatutárias, é correto afirmar que

(A) o advogado pode eleger qualquer seccional para inscrição principal ao seu arbítrio.
(B) o Conselho Federal pode autorizar a inscrição principal fora da sede do escritório do advogado.
(C) na dúvida entre domicílios, prevalece o da sede principal do exercício da advocacia.
(D) a inscrição principal está subordinada ao domicílio profissional do advogado.

RESPOSTA Considera-se domicílio profissional, na forma do § 1º do art. 10 do EOAB, a sede principal da atividade de advocacia, prevalecendo, na dúvida, o domicílio da pessoa física do advogado. *Alternativa D.*

139. **(I Exame)** Assinale a opção correta de acordo com as disposições do Regulamento Geral do Estatuto da Advocacia e da OAB.

(A) É vedado ao requerente pleitear inscrição nos quadros da OAB sem ter, regularmente registrado, diploma de bacharel em direito, não suprindo sua falta nenhum outro documento.

(B) O estagiário inscrito na OAB pode praticar, isoladamente, todos os atos próprios de advogado, desde que sua inscrição esteja regular.

(C) O compromisso que o requerente à inscrição nos quadros da OAB deve fazer perante o conselho seccional, a diretoria ou conselho da subseção é indelegável, haja vista sua natureza solene e personalíssima.

(D) Toda vez que figurar como indiciado em inquérito policial, por qualquer espécie de infração, o advogado deve ser assistido por um representante da OAB, sem prejuízo da atuação de seu defensor.

RESPOSTA É indelegável, por sua natureza solene e personalíssima, o compromisso referido no art. 20, § 1º, do RG. *Alternativa C.*

140. **(XVIII Exame)** Fernanda, estudante do 8º período de Direito, requereu inscrição junto à Seccional da OAB do estado onde reside. A inscrição foi indeferida, em razão de Fernanda ser serventuária do Tribunal de Justiça do Estado. Fernanda recorreu da decisão, alegando que preenche todos os requisitos exigidos em lei para a inscrição de estagiário e que o exercício de cargo incompatível com a advocacia não impede a inscrição do estudante de Direito como estagiário.

Merece ser revista a decisão que indeferiu a inscrição de estagiário de Fernanda?

(A) Sim, pois Fernanda exerce cargo incompatível com a advocacia e não com a realização de estágio.

(B) Não, pois as incompatibilidades previstas em lei para o exercício da advocacia também devem ser observadas quando do requerimento de inscrição de estagiário.

(C) Sim, pois o cargo de serventuário do Tribunal de Justiça não é incompatível com a advocacia, menos ainda com a realização de estágio.

(D) Não, pois apenas estudantes do último período do curso de Direito podem requerer inscrição como estagiários.

RESPOSTA Nos exatos termos do EOAB, art. 9º, I – preencher os requisitos mencionados nos incisos I, III, V, VI e VII do art. 8º, ou seja, não exercer atividade incompatível com a advocacia. *Alternativa B.*

141. **(XXIV Exame)** O advogado Gennaro exerce suas atividades em sociedade de prestação de serviços de advocacia, sediada na capital paulista. Todas as demandas patrocinadas por Gennaro tramitam perante juízos com competência em São Paulo. Todavia, recentemente, a esposa de Gennaro obteve trabalho no Rio de Janeiro.

Após buscarem a melhor solução, o casal resolveu que fixaria sua residência, com ânimo definitivo, na capital fluminense, cabendo a Gennaro continuar exercendo as mesmas funções no escritório de São Paulo. Nos dias em que não tem atividades profissionais, o advogado, valendo-se da ponte área, retorna ao domicílio do casal no Rio de Janeiro.

Considerando o caso narrado, assinale a afirmativa correta.

(A) O Estatuto da Advocacia e da OAB impõe que Gennaro requeira a transferência de sua inscrição principal como advogado para o Conselho Seccional do Rio de Janeiro.

(B) O Estatuto da Advocacia e da OAB impõe que Gennaro requeira a inscrição suplementar como advogado junto ao Conselho Seccional do Rio de Janeiro.

(C) O Estatuto da Advocacia e da OAB impõe que Gennaro requeira a inscrição suplementar como advogado junto ao Conselho Federal da OAB.

(D) O Estatuto da Advocacia e da OAB não impõe que Gennaro requeira a transferência de sua inscrição principal ou requeira inscrição suplementar.

RESPOSTA No caso em tela o domicílio profissional de Gennaro é mantido em SP, assim, como não é o caso de mudança efetiva de domicílio profissional e nem de atuação em outro Conselho Seccional, não há razão para a transferência de inscrição ou inscrição principal. *Alternativa D.*

142. **(XXX Exame)** Maria, formada em uma renomada faculdade de Direito, é transexual. Após a aprovação no Exame de Ordem e do cumprimento dos demais requisitos, Maria receberá a carteira de identidade de advogado, relativa à sua inscrição originária. Sobre a hipótese apresentada, de acordo com o disposto na Lei n. 8.906/94 e no Regulamento Geral do Estatuto da Advocacia e da OAB, assinale a afirmativa correta.

(A) É admitida a inclusão do nome social de Maria, em seguida ao nome registral, havendo exigência normativa de que este seja o nome pelo qual Maria se identifica e é socialmente reconhecida, mediante mero requerimento formulado pela advogada.

(B) É admitida a inclusão do nome social de Maria, desde que, por exigência normativa, este seja o nome pelo qual Maria se identifica e que consta em registro civil de pessoas naturais, originariamente ou por alteração, mediante mero requerimento formulado pela advogada.

(C) É admitida a inclusão do nome social de Maria, independentemente de menção ao nome registral, havendo exigência normativa de que este seja o nome pelo qual Maria se identifica, e é socialmente reconhecida, e de que haja prévia aprovação em sessão do Conselho Seccional respectivo.

(D) Não há previsão na Lei n. 8.906/94 e no Regulamento Geral do Estatuto da Advocacia e da OAB sobre a inclusão do nome social de Maria na carteira de identidade do advogado, embora tal direito possa advir de interpretação do disposto na Constituição Federal, desde que haja cirurgia prévia de redesignação sexual e posterior alteração do nome registral da advogada para aquele pelo qual ela se identifica e é socialmente reconhecida.

RESPOSTA A) correta, nos termos do art. 24, § 1º, do Regulamento Geral que determina que o CNA deve conter o nome completo de cada advogado, o nome social, o número da inscrição, o Conselho Seccional e a Subseção a que está vinculado; b) errada; c) errada; d) errada. *Alternativa A.*

143. **(XXX Exame)** Jailton, advogado, após dez anos de exercício da advocacia, passou a apresentar comportamentos incomuns. Após avaliação médica, ele foi diagnosticado com uma doença mental curável, mediante medicação e tratamento bastante demorado.

Segundo as disposições do Estatuto da Advocacia e da OAB, o caso do advogado Jailton incide em causa de

(A) suspensão do exercício profissional.

(B) impedimento para o exercício profissional.

(C) cancelamento da inscrição profissional.

(D) licença do exercício profissional.

RESPOSTA a) errada; b) errada; c) errada; D) correta, pois licencia-se o advogado que sofrer de doença mental considerada curável nos termos do art. 12, III, do EOAB. *Alternativa D.*

VII. INCOMPATIBILIDADES E IMPEDIMENTOS

144. **(XX Exame – Reaplicação)** Renata, devidamente inscrita na Ordem dos Advogados do Brasil, exerce, há muitos anos, atividades privativas da advocacia. Ocorre que Renata concorre a deputada estadual, encontrando-se em curso diversos processos em que ela atua como advogada.

Caso Renata seja eleita, é correto afirmar que

(A) ela ficará impedida de exercer a advocacia apenas contra ou a favor de pessoas jurídicas de direito público, empresas públicas, sociedades de economia mista, fundações públicas, entidades paraestatais ou empresas concessionárias ou permissionárias de serviço público.

(B) ela ficará sujeita à proibição total ao exercício da advocacia, pois este é incompatível, mesmo em causa própria, com as atividades dos membros do Poder Legislativo.

(C) ela ficará impedida de exercer a advocacia apenas contra ou a favor de pessoas jurídicas de direito público.

(D) ela ficará sujeita à proibição total ao exercício da advocacia, pois este é incompatível, mesmo em causa própria, com as atividades dos membros do Poder Legislativo, mas poderá atuar, excepcionalmente, nos feitos que já estavam em curso antes do exercício de seu mandato parlamentar.

RESPOSTA O EOAB, 30, II institui essa restrição à liberdade plena de advogar, estabelecendo que são impedidos de exercer a advocacia: "II – os membros do Poder Legislativo, em seus diferentes níveis, contra ou a favor das pessoas jurídicas de direito público, empresas públicas, sociedades de economia mista, fundações públicas, entidades paraestatais ou empresas concessionárias ou permissionárias de serviço público". *Alternativa A.*

145. **(XIX Exame)** Carlos integrou a chapa de candidatos ao Conselho Seccional que obteve a maioria dos votos válidos e tomou posse em 1º de janeiro do ano seguinte ao de sua eleição. Um ano após o início do mandato, Carlos passou a ocupar um cargo de direção no Conselho de Administração de uma empresa, controlada pela Administração Pública, sediada em outro estado da Federação.

Nesse caso, de acordo com o Estatuto da OAB, assinale a afirmativa correta.

(A) Não se extingue o mandato de Carlos, pois a ocupação de cargo de direção em empresa controlada pela Administração Pública, em estado da Federação distinto do abrangido pelo Conselho Seccional, não configura incompatibilidade a ensejar o cancelamento de sua inscrição.

(B) Extingue-se automaticamente o mandato de Carlos, pois a ocupação de cargo de direção em empresa controlada pela Administração Pública, em qualquer circunstância, configura incompatibilidade a ensejar o cancelamento de sua inscrição.

(C) Extingue-se o mandato de Carlos mediante deliberação de dois terços dos membros do Conselho Seccional, pois a ocupação de cargo de direção em empresa controlada pela Administração Pública pode configurar incompatibilidade a ensejar o cancelamento de sua inscrição.

(D) Não se extingue o mandato de Carlos, pois a ocupação de cargo de direção em empresa controlada pela Administração Pública, em qualquer circunstância, não configura incompatibilidade a ensejar o cancelamento de sua inscrição.

RESPOSTA Conforme o EOAB, art. 28, III, ocupantes de cargos ou funções de direção em Órgãos da Administração Pública direta ou indireta, em suas fundações e em suas empresas controladas ou concessionárias de serviço público. *Alternativa B.*

146. **(XIX Exame)** Formaram-se em uma Faculdade de Direito, na mesma turma, Luana, Leonardo e Bruno. Luana, 35 anos, já exercia função de gerência em um banco quando se graduou. Leonardo, 30 anos, é prefeito do município de Pontal. Bruno, 28 anos, é policial militar no mesmo município. Os três pretendem praticar atividades privativas de advocacia.

Considerando as incompatibilidades e impedimentos ao exercício da advocacia, assinale a opção correta.

(A) Luana não está proibida de exercer a advocacia, pois é empregada de instituição privada, inexistindo impedimentos ou incompatibilidades.

(B) Bruno, como os servidores públicos, apenas é impedido de exercer a advocacia contra a Fazenda Pública que o remunera.

(C) Os três graduados, Luana, Leonardo e Bruno, exercem funções incompatíveis com a advocacia, sendo determinada a proibição total de exercício das atividades privativas de advogado.

(D) Leonardo é impedido de exercer a advocacia apenas contra ou em favor de pessoas jurídicas de direito público, empresas públicas, sociedades de economia mista, fundações públicas, entidades paraestatais ou empresas concessionárias ou permissionárias de serviço público.

RESPOSTA Nos exatos termos do EOAB, art. 28, I, V e VIII (prefeito, policial militar e gerente de banco). *Alternativa C.*

147. **(XIV Exame)** Cláudia, advogada, inicialmente transitou pelo direito privado, com assunção de causas individuais e coletivas. Ao ser contratada por uma associação civil, deparou com questões mais pertinentes ao direito público e, por força disso, realizou novos estudos e contatou colegas mais experientes na matéria. Ao aprofundar suas relações jurídicas, também iniciou participação política na defesa de temas essenciais à cidadania. Por força disso, Cláudia foi eleita prefeita do município X em eleição bastante disputada, tendo vencido seu oponente, o também advogado Pradel, por apenas cem votos. Eleita e empossada, motivada pelo sentido conciliatório, convidou seu antigo oponente para ocupar cargo em comissão na Secretaria Municipal de Fazenda. A partir da hipótese apresentada, observadas as regras do Estatuto da OAB, assinale a opção correta.

(A) A prefeita exerce função incompatível com a advocacia.

(B) O secretário municipal pode atuar em ações contra o município.

(C) A prefeita deve pedir autorização para exercer a advocacia.

(D) O secretário municipal pode atuar em pleitos contra o Estado federado.

RESPOSTA A advocacia é incompatível, mesmo em causa própria, com a atividade de chefe do Poder Executivo (art. 28, I, do EOAB). *Alternativa A.*

148. **(XV Exame)** Abelardo é magistrado vinculado ao Tribunal de Justiça do Estado K e requer licença para tratamento de questões particulares, pelo prazo de três anos, o que foi deferido. Como, antes de assumir o referido cargo, era advogado regularmente inscrito nos quadros da OAB, requer o seu reingresso, comprovando o afastamento das funções judicantes. Nos termos do Estatuto da Advocacia, assinale a afirmativa correta.

(A) A incompatibilidade com a advocacia persiste aposentadoria do cargo efetivo.

(B) O afastamento temporário do cargo que gera a incompatibilidade permite inscrição provisória.

(C) A incompatibilidade permanece mesmo que ocorra o afastamento temporário do cargo.

(D) O afastamento do cargo incompatível permite a inscrição após um período de três anos.

RESPOSTA O § 1º do art. 28 do EOAB determina a permanência da incompatibilidade mesmo que o ocupante do cargo ou função deixe de exercê-lo temporariamente. *Alternativa C.*

149. **(XII Exame)** Joel é Conselheiro do Tribunal de Contas do Município J, sendo proprietário de diversos imóveis. Em um deles, por força de contrato de locação residencial, verifica a falta de pagamentos dos alugueres devidos. O Conselheiro é Bacharel em Direito, tendo exercido a advocacia por vários anos na área imobiliária.

Nesse caso, nos termos do Estatuto da Advocacia, o Conselheiro

(A) poderia atuar como advogado em causa própria.
(B) deverá contratar advogado para a causa diante da situação de incompatibilidade.
(C) poderia advogar; recomenda-se, contudo, a contratação de advogado.
(D) está com a sua inscrição como advogado suspensa.

RESPOSTA Segundo o EOAB, art. 28, II, membros dos tribunais e conselhos de contas estão proibidos totalmente de exercer a advocacia, mesmo em causa própria. *Alternativa B.*

150. **(XIII Exame)** Juarez da Silva, advogado, professor adjunto de Direito Administrativo em determinada Universidade Federal, foi procurado, na qualidade de advogado, por um grupo de funcionários públicos federais que desejavam ajuizar determinada ação contra a União.

Pode Juarez aceitar a causa, advogando contra a União?

(A) Não. Juarez não pode aceitar a causa, pois está impedido de exercer a advocacia contra a Fazenda Pública que o remunera.
(B) Sim. Juarez poderá aceitar a causa, pois o impedimento de exercício da advocacia contra a Fazenda Pública que remunera os advogados que são servidores públicos não inclui a hipótese de docentes de cursos jurídicos.
(C) Sim. Juarez poderá aceitar a causa, pois não há nenhum tipo de impedimento para o exercício da advocacia por servidores públicos.
(D) Não. Juarez não poderá aceitar a causa, pois exerce o cargo de professor universitário, que é incompatível com o exercício da advocacia.

RESPOSTA O art. 30, parágrafo único, do EOAB dispõe que não se incluem nas hipóteses de impedimento do inciso I do referido artigo os docentes dos cursos jurídicos. *Alternativa B.*

151. **(IX Exame – Reaplicação)** Paulo, advogado inscrito na seccional de seu Estado há 10 anos, toma posse no cargo de Auditor-Fiscal da Receita Federal do Brasil.

Considerando a hipótese de Paulo continuar a exercer a função de advogado, assinale a afirmativa correta.

(A) Paulo não poderá continuar a exercer a função de advogado, tendo em vista que passou a exercer função incompatível com a advocacia.
(B) Paulo poderá continuar a exercer a advocacia, desde que não advogue contra a União, que o remunera.
(C) Paulo poderá continuar a exercer a advocacia, desde que não atue em causas envolvendo matéria tributária.
(D) Paulo poderá continuar a exercer a advocacia, não havendo qualquer tipo de impedimento.

RESPOSTA Paulo terá a sua inscrição cancelada (art. 11, IV, do EOAB) por passar a exercer atividade incompatível com a advocacia (art. 28, VII, do EOAB). *Alternativa A.*

152. **(VIII Exame)** Além de advogado, João é professor da Universidade pública "M", com natureza de autarquia, onde exerce as funções de coordenador acadêmico da graduação do Curso de Direito. Diante do prestígio acumulado, o seu escritório de advocacia vem a ter renome, atuando em diversas causas nas comarcas de influência da universidade.

Essas circunstâncias indicam que o cargo ocupado pelo advogado seria um caso

(A) abrangido pelas normas que criam regras de incompatibilidade para administradores públicos.
(B) não previsto, vez que a atuação como dirigente de entidade pública é irrelevante para o sistema de incompatibilidades.
(C) excepcionado diante da característica que o vincularia ao magistério jurídico.
(D) incluído no rol de incompatibilidades por não permitir que o advogado exerça cargo administrativo nas universidades públicas.

RESPOSTA O art. 28, § 2º, do EOAB dispõe que não se incluem nas hipóteses de incompatibilidade pelo exercício de cargos ou funções de direção os ligados à administração acadêmica diretamente relacionada ao magistério jurídico. *Alternativa C.*

153. **(VIII Exame)** Osvaldo é vereador do município "K" e ocupa cargo vinculado à Mesa da Câmara de Vereadores. Necessitando propor ação cominatória em face do seu vizinho Marcos, e sendo advogado, apresenta-se em Juízo postulando em causa própria.

Nos termos das normas estatutárias, assinale a afirmativa correta.

(A) A função de membro do Poder Legislativo impede o advogado de atuar, mesmo em causa própria.

(B) A eleição para a Mesa Diretora do Poder Legislativo impede o advogado de atuar, gerando uma incompatibilidade.

(C) O mandato de vereador não se inclui dentre as situações de incompatibilidade, ocupe ou não cargo na Mesa Diretora.

(D) As incompatibilidades dos membros do Poder Legislativo estão circunscritas aos integrantes do Senado e da Câmara dos Deputados Federal.

RESPOSTA Trata-se de incompatibilidade temporária para o exercício da advocacia, nos termos do art. 28, I, do EOAB, não podendo exercer a advocacia mesmo em causa própria. *Alternativa B.*

154. **(VIII Exame)** João, advogado inscrito há muitos anos na OAB, decide candidatar-se, pelo quinto constitucional, ao cargo de Juiz do Tribunal Regional Federal. Em razão dessa iniciativa, é submetido a exame curricular e sabatina perante o Conselho Federal da OAB. Após longo processo avaliatório, vem a ser escolhido para integrar a lista sêxtupla a ser remetida ao Tribunal Regional Federal.

Diante dessa narrativa, à luz da legislação aplicável aos advogados, assinale a afirmativa correta.

(A) O advogado, ao ser incluído em lista sêxtupla para integrar os quadros de tribunal, deve requerer licença para tratamento de questões particulares.

(B) O advogado que integra lista sêxtupla ou tríplice para ingresso pelo quinto constitucional pode continuar exercendo livremente suas atividades.

(C) O advogado que integra lista sêxtupla ou tríplice passa a ser considerado incompatibilizado para o exercício da advocacia.

(D) O advogado que pretende ingressar na magistratura pelo quinto constitucional passa a ser considerado impedido ao compor lista sêxtupla.

RESPOSTA O simples fato de integrar a lista não gera nenhuma implicação. *Alternativa B.*

155. **(VII Exame)** Tício é advogado prestando serviços à Junta Comercial do Estado Y. Exerce a atividade concomitantemente em escritório próprio, onde atua em causas civis e empresariais. Um dos seus clientes postula o seu visto em atos constitutivos de pessoa jurídica que pretende criar. Diante do narrado, à luz das normas do Regulamento Geral do Estatuto da Advocacia e da OAB, assinale a alternativa correta:

(A) Sendo um cliente do escritório, é inerente à atividade da advocacia o visto em atos constitutivos de pessoa jurídica.

(B) Ao prestar serviços para Junta Comercial, surge impedimento previsto no Regulamento Geral.

(C) A análise do conteúdo dos atos constitutivos pode ser realizada pelo advogado tanto no escritório quanto na Junta Comercial.

(D) A atuação na Junta Comercial gera impedimento para ações judiciais.

RESPOSTA Os advogados que prestam serviços para as Juntas Comerciais são impedidos, inclusive de opor visto em atos constitutivos, conforme determina o RG no art. 2º e parágrafo único. *Alternativa B.*

156. **(V Exame)** Alcides, advogado de longa data, resolve realizar concurso para o Ministério Público, vindo a ser aprovado em primeiro lugar. Após os trâmites legais, é designada data para a sua posse, circunstância que acarreta seu requerimento para suspender sua inscrição nos quadros da OAB, o que vem a ser indeferido. No caso em comento, em relação a Alcides, configura-se situação de

(A) incompatibilidade, podendo atuar, como advogado, em determinadas situações.

(B) cancelamento da inscrição por assunção de cargo incompatível.

(C) suspeição enquanto permanecer no cargo.

(D) suspensão da inscrição até a aposentadoria do membro do Ministério Público.

RESPOSTA Os membros do MP estão proibidos de advogar, razão pela qual tal fato é causa para o cancelamento da inscrição do advogado (art. 11, IV, do EOAB). *Alternativa B.*

157. **(IV Exame)** Caio, professor vinculado à Universidade Federal, ministrando aulas no curso de Direito, resolve atuar, em causa própria, pleiteando benefícios tributários em face da União Federal. Nos termos do Estatuto, é correto afirmar que

(A) é situação peculiar que permite o exercício da advocacia mesmo contra entidade vinculada.

(B) a situação caracteriza impedimento, uma vez que há vínculo da Universidade com a União Federal.

(C) o docente em cursos de Direito não pode exercer a advocacia, sendo circunstância de incompatibilidade.

(D) enquanto durar o exercício do magistério, a inscrição na OAB permanecerá suspensa.

RESPOSTA Os docentes de cursos jurídicos não estão impedidos de exercer a advocacia (art. 30, parágrafo único, do EOAB), sendo exceção à regra do art. 30, II, do EOAB. *Alternativa A.*

158. **(IV Exame)** Caio é eleito Senador da República e escolhido para compor a mesa do referido órgão legislativo. Como advogado regularmente inscrito nos quadros da OAB, pretende atuar em causa própria e realiza consulta nesse sentido à OAB. Quanto ao tema em foco, de acordo com as regras estatutárias, é correto afirmar que a atuação de Caio

(A) é possível, pois a função exercida caracteriza mero impedimento.

(B) não é possível, sendo o caso de incompatibilidade mesmo em causa própria.

(C) em causa própria constitui uma exceção aplicável ao caso.

(D) poderá ocorrer, nessa situação, mediante autorização especial.

RESPOSTA A advocacia é incompatível, mesmo em causa própria com a atividade exercida por quaisquer dos membros da Mesa do Poder Legislativo e seus substitutos legais, na forma do art. 28, I, do EOAB. *Alternativa B.*

159. **(II Exame)** Fábio, advogado com mais de dez anos de efetiva atividade, obtém a indicação da OAB para concorrer pelo quinto constitucional à vaga reservada no âmbito de Tribunal de Justiça.

No curso do processo também obtém a indicação do Tribunal e vem a ser nomeado pelo Governador do Estado, ingressando nos quadros do Poder Judiciário. Diante disso, à luz das normas estatutárias ocorrerá:

(A) o cancelamento da inscrição como advogado.

(B) a suspensão até que cesse a incompatibilidade.

(C) o licenciamento do profissional.

(D) a passagem para a reserva do quadro de advogados.

RESPOSTA Segundo o inciso II do art. 28 c/c o art. 11, IV, do EOAB será cancelada a inscrição do desembargador nomeado e empossado. *Alternativa A.*

160. **(XVII Exame)** Deise é uma próspera advogada e passou a buscar novos desafios, sendo eleita Deputada Estadual. Por força de suas raras habilidades políticas, foi eleita integrante da Mesa Diretora da Assembleia Legislativa do Estado Z. Ao ocupar esse honroso cargo procurou conciliar sua atividade parlamentar com o exercício da advocacia, sendo seu escritório agora administrado pela filha.

Nos termos do Estatuto da Advocacia, assinale a afirmativa correta.

(A) A atividade parlamentar de Deise é incompatível com o exercício da advocacia.

(B) A participação de Deise na Mesa Diretora a torna incompatível com o exercício da advocacia.

(C) A função de Deise como integrante da Mesa Diretora do Parlamento Estadual é conciliável com o exercício da advocacia.

(D) A atividade parlamentar de Deise na Mesa Diretora pode ser conciliada com o exercício da advocacia em prol dos necessitados.

RESPOSTA A proibição total, mesmo em causa própria, está prevista no EOAB, art. 28, I – chefe do Poder Executivo e membros da Mesa do Poder Legislativo e seus substitutos legais. *Alternativa B.*

161. **(XX Exame – Reaplicação)** Pedro iniciou sua carreira no mercado financeiro, no qual ocupa atualmente a função de direção em uma instituição privada. Contudo, buscando exercer melhor a função, matriculou-se em uma Faculdade de Direito.

Para realizar o estágio profissional de advocacia, ao alcançar os dois últimos anos do curso jurídico, sem se desligar da atividade financeira, Pedro deve:

(A) realizar o estágio profissional mantido em sua respectiva instituição de ensino superior para fins de aprendizagem, vedada sua inscrição como estagiário na OAB.

(B) inscrever-se como estagiário na OAB e realizar o estágio profissional mantido em sua faculdade, mantido pelo Conselho da OAB ou mantido nos setores, órgãos jurídicos e escritórios de advocacia credenciados pela OAB.

(C) inscrever-se como estagiário na OAB e realizar o estágio profissional mantido em sua faculdade ou mantido pelo Conselho da OAB.

(D) realizar o estágio profissional mantido pelo Conselho da OAB ou mantido por setores, órgãos jurídicos e escritórios de advocacia credenciados pela OAB, podendo realizar, para fins de aprendizagem, as atividades próprias de estagiário, tais como retirar autos de processos em cartório. Porém, é vedada sua inscrição como estagiário junto à OAB.

RESPOSTA Trata-se de situação de atividade incompatível (EOAB, art. 28, VIII) que combinado com o art. 9º, I, do EOAB proíbe-se a inscrição para o estágio profissional, sendo-lhe admitido apenas o estágio acadêmico, nos termos do art. 9º, § 3º, do EOAB. *Alternativa A.*

162. **(XXX Exame)** João Pedro, advogado conhecido no Município Alfa, foi eleito para mandato na Câmara Municipal, na legislatura de 2012 a 2015. Após a posse e o exercício do cargo de vereador em 2012 e 2013, João Pedro licenciou-

-se do mandato em 2014 e 2015 a convite do Prefeito, para exercer o cargo de Procurador-Geral do Município Alfa.

Diante desses fatos, João Pedro,

(A) em 2012 e 2013, poderia exercer a advocacia a favor de entidades paraestatais.

(B) em 2012 e 2013, não poderia exercer a advocacia contra empresa concessionária de serviço público estadual.

(C) em 2014 e 2015, poderia exercer a advocacia privada, desde que não atuasse contra o Município Alfa ou entidade que lhe seja vinculada.

(D) em 2014 e 2015, não poderia exercer a advocacia a favor de autarquia vinculada ao Município Alfa.

RESPOSTA a) errada; B) correta, pois em 2012 e 2013 não poderia exercer a advocacia contra empresa concessionária de serviço público estadual nos termos do art. 30, II, do EOAB, já que nesse período ocupava o cargo de vereador; c) errada; d) errada. *Alternativa B.*

VIII. SOCIEDADES

163. (XXII Exame) Os advogados Raimundo da Silva, Severino da Silva e Juscelino da Silva constituíram sociedade simples de prestação de serviços de advocacia, denominada Silva Advogados, com o registro aprovado dos seus atos constitutivos no Conselho Seccional da OAB pertinente ao local da sede. Severino figura como sócio-gerente. Além dos três advogados, não há outros sócios ou associados.

Considerando a situação narrada e a disciplina do Regulamento Geral do Estatuto da Advocacia e da OAB, assinale a afirmativa correta.

(A) Os atos indispensáveis à satisfação das finalidades da pessoa jurídica apenas podem ser praticados por Raimundo, Severino ou Juscelino, sendo vedada a prática de atos por Silva Advogados, uma vez que as atividades necessárias ao desempenho da advocacia devem ser exercidas individualmente, ainda que revertam à sociedade os proveitos.

(B) Os atos indispensáveis à satisfação das finalidades da pessoa jurídica podem ser praticados por Silva Advogados; porém, os atos privativos de advogado devem ser praticados por Raimundo, Severino ou Juscelino.

(C) Os atos indispensáveis à satisfação das finalidades da pessoa jurídica e os atos privativos de advogado podem ser praticados por Silva Advogados.

(D) Os atos destinados à satisfação das finalidades da pessoa jurídica apenas devem ser praticados por Severino, sendo vedada a prática de atos por Silva Advogados, uma vez que as atividades necessárias ao desempenho da advocacia devem ser exercidas individualmente, ainda que revertam à sociedade os proveitos. Os atos também não podem ser praticados pelos demais sócios, já que Severino figura como sócio-gerente.

RESPOSTA Art. 42 do RG. Podem ser praticados pela sociedade de advogados, com uso da razão social, os atos indispensáveis às suas finalidades, que não sejam privativos de advogado. *Alternativa B.*

164. (XXVI Exame) O advogado Pasquale integra a sociedade de advogados X, juntamente com três sócios. Todavia, as suas funções na aludida sociedade apenas ocupam parte de sua carga horária semanal disponível. Por isso, a fim de ocupar o tempo livre, o advogado estuda duas propostas: de um lado, pensa em criar, paralelamente, uma sociedade unipessoal de advocacia; de outro, estuda aceitar a oferta, proposta pela sociedade de advogados Y, de integrar seus quadros.

Considerando que todas as pessoas jurídicas mencionadas teriam sede na mesma área territorial de um Conselho Seccional da OAB, assinale a afirmativa correta.

(A) É permitido que Pasquale integre simultaneamente a sociedade de advogados X e a sociedade de advogados Y. Todavia, não é autorizado que integre simultaneamente a sociedade de advogados X e a sociedade unipessoal de advocacia.

(B) É permitido que Pasquale integre simultaneamente a sociedade de advogados X e a sociedade unipessoal de advocacia. Todavia, não é autorizado que integre simultaneamente a sociedade de advogados X e a sociedade de advogados Y.

(C) Não é permitido que Pasquale integre simultaneamente a sociedade de advogados X e a sociedade de advogados Y. Tampouco é autorizado que integre simultaneamente a sociedade de advogados X e a sociedade unipessoal de advocacia.

(D) É permitido que Pasquale integre simultaneamente a sociedade de advogados X e a sociedade de advogados Y. Também é autorizado que integre simultaneamente a sociedade de advogados X e a sociedade unipessoal de advocacia.

RESPOSTA a) errada; b) errada; c) correta, pois nos termos do art. 15, § 4º, do EOAB, que veda expressamente tal participação; d) errada. *Alternativa C.*

165. (XXVII Exame) Ricardo Silva, Carlos Santos e Raul Azevedo são advogados e constituem a sociedade Silva, Santos e Azevedo Sociedade de Advogados, para exercício conjunto da profissão. A sociedade consolida-se como referência de atuação em determinado ramo do Direito. Anos depois, Carlos Santos falece e seus ex-sócios pretendem manter seu sobrenome na sociedade.

Sobre a manutenção do sobrenome de Carlos Santos na sociedade, de acordo com o Estatuto e com o Regulamento Geral da OAB, assinale a afirmativa correta.

(A) É permitida, desde que expressamente autorizada por seus herdeiros.

(B) É vedada, pois da razão social não pode constar o nome de advogado falecido.

(C) É permitida, desde que prevista tal possibilidade no ato constitutivo da sociedade ou na alteração contratual em vigor.

(D) É permitida, independentemente da previsão no ato constitutivo ou na alteração contratual em vigor, ou de autorização dos herdeiros, desde que autorizada pelo Conselho da respectiva Seccional.

RESPOSTA De acordo com o art. 16, § 1º, do EOAB, poderá constar o nome do advogado falecido desde que haja previsão no ato constitutivo. *Alternativa C.*

166. **(XVIII Exame)** Os advogados Márcio, Bruno e Jorge, inscritos nas Seccionais do Paraná e de Santa Catarina da Ordem dos Advogados resolveram constituir determinada sociedade civil de advogados, para atuação na área tributária. A sede da sociedade estava localizada em Curitiba. Como os três sócios estavam inscritos na Seccional de Santa Catarina, eles requereram o registro da sociedade também nessa Seccional. Márcio, por outro lado, já fazendo parte da sociedade com Bruno e Jorge, requereu, juntamente com seu irmão, igualmente advogado, o registro de outra sociedade de advogados também na Seccional do Paraná, esta com especialização na área tributária. As sociedades não são filiais.

Sobre a hipótese descrita é correto afirmar que a sociedade de advogados de Márcio, Bruno e Jorge

(A) não poderá ser registrada na seccional de Santa Catarina, pois apenas tem sede na Seccional do Paraná. Márcio não poderá requerer inscrição em outra sociedade de advogados no Paraná.

(B) não poderá ser registrada na seccional de Santa Catarina, pois apenas tem sede na Seccional do Paraná. Márcio poderá requerer inscrição em outra sociedade de advogados no Paraná.

(C) poderá ser registrada na seccional de Santa Catarina, pois os três advogados que dela fazem parte estão inscritos na Seccional em questão. Márcio não poderá requerer inscrição em outra sociedade de advogados no Paraná.

(D) poderá ser registrada na seccional de Santa Catarina, pois os três advogados que dela fazem parte estão inscritos na Seccional em questão. Márcio poderá requerer inscrição em outra sociedade de advogados no Paraná.

RESPOSTA Dispõe o EOAB, art. 15, § 4º – Nenhum advogado pode integrar mais de uma sociedade de advogados, constituir mais de uma sociedade unipessoal de advocacia, ou integrar, simultaneamente, uma sociedade de advogados e uma sociedade unipessoal de advocacia, com sede ou filial na mesma área territorial do respectivo Conselho Seccional. *Alternativa A.*

167. **(XVIII Exame)** Gabriela é sócia de uma sociedade de advogados, tendo, no exercício de suas atividades profissionais, representado judicialmente Júlia. Entretanto, Gabriela, agindo com culpa, deixou de praticar ato imprescindível à defesa de Júlia em processo judicial, acarretando-lhe danos materiais e morais.

Em uma eventual demanda proposta por Júlia, a fim de ver ressarcidos os danos sofridos, deve-se considerar que

(A) Gabriela e a sociedade de advogados não podem ser responsabilizadas civilmente pelos danos, pois, no exercício profissional, o advogado apenas responde pelos atos que pratica mediante dolo, compreendido por meio do binômio consciência e vontade.

(B) a sociedade de advogados não pode ser responsabilizada civilmente pelos atos ou omissões praticadas pessoalmente por Gabriela. Assim, apenas a advogada responderá pela sua omissão decorrente de culpa, no âmbito da responsabilidade civil e disciplinar.

(C) Gabriela e a sociedade de advogados responderão civilmente pela omissão decorrente de culpa, sem prejuízo da responsabilidade disciplinar da advogada, cuidando-se de hipótese de responsabilidade civil solidária entre ambas.

(D) Gabriela e a sociedade de advogados podem ser responsabilizadas civilmente pela omissão decorrente de culpa. A responsabilidade civil de Gabriela será subsidiária à da sociedade e ilimitada pelos danos causados, sem prejuízo de sua responsabilidade disciplinar.

RESPOSTA Dispõe o EOAB, art. 17 – Além da sociedade, o sócio e o titular da sociedade individual de advocacia respondem subsidiária e ilimitadamente pelos danos causados aos clientes por ação ou omissão no exercício da advocacia, sem prejuízo da responsabilidade disciplinar em que possam incorrer (Redação dada pela Lei n. 13.247, de 2016). *Alternativa D.*

168. **(XVIII Exame)** O banco Dólar é réu em diversos processos de natureza consumerista, todos com idênticos fundamentos de Direito, pulverizados pelo território nacional. Considerando a grande quantidade de feitos e sua abrangência territorial, a instituição financeira decidiu contratar a sociedade de advogados X para sua defesa em juízo, pois esta possui filial em diversos estados da Federação. Diante da consulta formulada pelo banco, alguns advogados, sócios integrantes da filial situada no Rio Grande do Sul, realizaram mapeamento dos processos em trâmite em face da pessoa jurídica. Assim, observaram que esta mesma filial já atua em um dos processos em favor do autor da demanda.

Tendo em vista tal situação, assinale a opção correta.

(A) Os advogados deverão recusar, por meio de qualquer sócio do escritório ou filial, a atuação da sociedade de advogados na defesa do banco, pois os advogados sócios de uma mesma sociedade profissional não podem representar em juízo clientes de interesses opostos.

(B) Os advogados deverão identificar quem são os sócios do escritório que atuam na causa, pois estes não poderão realizar a defesa técnica do banco em quaisquer dos processos em trâmite, sendo autorizada, porém, a atuação dos demais sócios da sociedade de advogados, de qualquer filial.

(C) Os advogados deverão recusar a defesa do banco pela filial da sociedade de advogados no Rio Grande do Sul e indicar as outras filiais para atuação nos feitos, pois todos os sócios da filial ficam impedidos de representar em juízo a instituição financeira, em razão de já haver atuação em favor de cliente com interesses opostos.

(D) Os advogados deverão informar ao banco que há atuação de advogados daquela filial em um dos processos em favor do autor da demanda, a fim de que a instituição financeira decida se deseja, efetivamente, que a sua defesa técnica seja realizada pela sociedade de advogados, garantindo, assim, o consentimento informado do cliente.

RESPOSTA Trata-se de uma regra ética prevista no EOAB, art. 15, § 6º – Os advogados sócios de uma mesma sociedade profissional não podem representar em juízo clientes de interesses opostos. *Alternativa A.*

169. **(XV Exame)** Os advogados X de Souza, Y dos Santos e Z de Andrade requereram o registro de sociedade de advogados denominada Souza, Santos e Andrade Sociedade de Advogados. Tempos depois, X de Souza vem a falecer, mas os demais sócios decidem manter na sociedade o nome do advogado falecido. Sobre a hipótese, assinale a afirmativa correta.

(A) É possível manter o nome do sócio falecido, desde que prevista tal possibilidade no ato constitutivo da sociedade.

(B) É possível manter o nome do sócio falecido, independentemente de previsão no ato constitutivo da sociedade.

(C) É absolutamente vedada a manutenção do nome do sócio falecido na razão social da sociedade.

(D) É possível manter, pelo prazo máximo de seis meses, o nome do sócio falecido.

RESPOSTA O § 1º do art. 16 do EOAB autoriza a permanência do nome de sócio falecido, desde que prevista tal possibilidade no ato constitutivo. *Alternativa A.*

170. **(XII Exame)** O escritório Hércules Advogados Associados foi fundado no início do século XX, tendo destacada atuação em várias áreas do Direito. O sócio-fundador faleceu no limiar do século XXI e os sócios remanescentes manifestaram o desejo de manter o nome do advogado falecido na razão social da sociedade.

A partir da hipótese sugerida, nos termos do Regulamento Geral da Ordem dos Advogados do Brasil, assinale a afirmativa correta.

(A) Falecendo o advogado sócio, determina-se a sua exclusão dos registros da sociedade incluindo a razão social do escritório.

(B) Permite-se a manutenção do sócio-fundador nos registros do escritório, mediante autorização especial do plenário da Seccional.

(C) Havendo previsão no ato constitutivo da sociedade de advogados, pode permanecer o nome do sócio falecido na razão social.

(D) Existindo acordo entre o escritório de advocacia, os clientes e a Seccional da Ordem dos Advogados do Brasil, é permitida a manutenção do nome do sócio falecido.

RESPOSTA Dispõe o art. 38 do Regulamento Geral do EOAB que o nome completo ou abreviado de, no mínimo, um advogado responsável pela sociedade consta obrigatoriamente da razão social, podendo permanecer o nome de sócio falecido se, no ato constitutivo ou na alteração contratual em vigor, essa possibilidade tiver sido prevista. *Alternativa C.*

171. **(IX Exame)** O advogado João, regularmente contratado para defender os interesses de José em Juízo, realiza a defesa regular em primeiro grau, mas não apresenta recurso de apelação contra sentença que julgou improcedente o pedido, mesmo havendo sólida fundamentação para modificar o decidido. O prejuízo causado ao cliente foi de R$ 10.000,00, parcialmente coberto por seguro realizado pela sociedade de advogados integrada por João.

Consoante as regras estatutárias, os prejuízos causados ao cliente acarretam a responsabilidade pessoal do sócio advogado de forma

(A) limitada à responsabilidade decorrente de contrato de seguro.
(B) ilimitada, mas subsidiária em relação à sociedade.
(C) limitada e principal, sendo a da sociedade subsidiária.
(D) ilimitada e vinculada ao resultado do processo disciplinar instaurado.

RESPOSTA Dispõe o art. 17 do EOAB que, além da sociedade, o sócio responde subsidiária e ilimitadamente pelos danos causados aos clientes por ação ou omissão no exercício da advocacia, sem prejuízo da responsabilidade disciplinar em que possa incorrer.

"Art. 17. Além da sociedade, o sócio e o titular da sociedade individual de advocacia respondem subsidiária e ilimitadamente pelos danos causados aos clientes por ação ou omissão no exercício da advocacia, sem prejuízo da responsabilidade disciplinar em que possam incorrer. (Redação dada pela Lei n. 13.247, de 2016)" *Alternativa B.*

172. **(IX Exame)** Marcos, Letícia e Cristina, advogados, resolvem formar sociedade, para atuar na área cível, campo profissional da preferência de todos. No entanto, não regularizam a sociedade perante a Ordem dos Advogados do Brasil.

Observado tal relato, consoante as normas do Regulamento Geral do Estatuto da Advocacia e da OAB, assinale a afirmativa correta.

(A) A ausência de registro da sociedade de advogados na Ordem dos Advogados do Brasil constitui mera irregularidade.
(B) Os atos das sociedades de advogados devem ser restritos às atividades de consultoria jurídica.
(C) Os atos praticados pelos advogados que integram sociedades irregulares são nulos de pleno direito.
(D) A prática de atos privativos de advocacia por sociedade irregular tipifica exercício irregular da profissão.

RESPOSTA Essa questão foi anulada, pois há de se considerar que somente são nulos os atos praticados por pessoa não inscrita na OAB e os praticados por advogado impedido (no âmbito do impedimento), incompatível, licenciado e suspenso (art. 4º, parágrafo único, do EOAB).

173. **(VII Exame)** Lara é sócia de determinada sociedade de advogados com sede no Rio de Janeiro e filial em São Paulo. Foi convidada a integrar, cumulativamente e também como sócia, os quadros de outra sociedade de advogados, esta com sede em São Paulo e sem filiais. Aceitou o convite e rapidamente providenciou sua inscrição suplementar na OAB/SP, tendo em vista que passaria a exercer habitualmente a profissão nesse estado.

(A) Lara agiu corretamente, pois, considerando-se que passaria a atuar em mais do que cinco causas por ano em São Paulo, era necessário que promovesse sua inscrição suplementar nesse estado.
(B) Lara não agiu corretamente, pois é vedado ao advogado integrar mais de uma sociedade de advogados com sede ou filial na mesma área territorial do respectivo Conselho Seccional.
(C) Lara não agiu corretamente, pois é vedado ao advogado integrar mais de uma sociedade de advogados dentro do território nacional.
(D) Lara agiu corretamente e sequer era necessário que promovesse sua inscrição suplementar, pois passaria a exercer a profissão em São Paulo na qualidade de sócia e não de advogada empregada da sociedade em questão.

RESPOSTA O art. 15, § 4º, do EOAB prevê a impossibilidade de o advogado integrar mais de uma sociedade de advogados, com sede ou filial na mesma área territorial do respectivo Conselho Seccional: "§ 4º Nenhum advogado pode integrar mais de uma sociedade de advogados, constituir mais de uma sociedade unipessoal de advocacia, ou integrar, simultaneamente, uma sociedade de advogados e uma sociedade unipessoal de advocacia, com sede ou filial na mesma área territorial do respectivo Conselho Seccional. (Redação dada pela Lei n. 13.247, de 2016)" *Alternativa B.*

174. **(III Exame)** No concernente à Sociedade de Advogados, é correto afirmar, à luz do Estatuto e do Código de Ética e Disciplina da OAB, que

(A) pode se organizar de forma mercantil, com registro na Junta Comercial.
(B) está vinculada às regras de ética e disciplina dos advogados.
(C) seus sócios estão imunes ao controle disciplinar da OAB.
(D) seus componentes podem, isoladamente, representar clientes com interesses conflitantes.

RESPOSTA (A) Art. 15 do EOAB. (B) Conforme o § 2º do art. 15 do EOAB, aplica-se à sociedade de advogados o Código de Ética e Disciplina, no que couber. (C) Art. 15, § 2º, do EOAB. (D) Art. 15, § 6º, do EOAB. *Alternativa B.*

175. **(IV Exame)** Os advogados Pedro e João desejam estabelecer sociedade de advogados com o fito de regularizar o controle dos seus fluxos de honorários e otimizar despesas. Estabelecem contrato e requerem o seu registro no órgão competente. À luz da legislação aplicável aos advogados, é correto afirmar que

(A) é possível a participação de advogados em sociedades sediadas em áreas territoriais de seccionais diversas.

(B) o Código de Ética não se aplica individualmente aos profissionais que compõem sociedade de advogados.

(C) podem existir sociedades mistas de advogados e contadores.

(D) a procuração é sempre coletiva quando atuante sociedade de advogados.

RESPOSTA (A) Segundo o § 4º do art. 15 do EOAB, nenhum advogado pode integrar mais de uma sociedade de advogados, com sede ou filial na mesma área territorial do respectivo Conselho Seccional: "§ 4º Nenhum advogado pode integrar mais de uma sociedade de advogados, constituir mais de uma sociedade unipessoal de advocacia, ou integrar, simultaneamente, uma sociedade de advogados e uma sociedade unipessoal de advocacia, com sede ou filial na mesma área territorial do respectivo Conselho Seccional. (Redação dada pela Lei n. 13.247, de 2016)" (B) Art. 15, § 2º, do EOAB. (C) Art. 15 do EOAB. (D) Art. 15, § 3º, do EOAB. *Alternativa A.*

176. **(II Exame)** Michel, Philippe e Lígia, bacharéis em Direito recém-formados e colegas de bancos universitários, comprometem-se a empreender a atividade advocatícia de forma conjunta logo após a aprovação no Exame de Ordem. Para gáudio dos bacharéis, todos são aprovados no certame e obtêm sua inscrição no Quadro de Advogados da OAB. Assim, alugam sala compatível em local próximo ao prédio do Fórum do município onde pretendem exercer sua nobre função. De início, as causas são individuais, por indicação de amigos e parentes. Logo, no entanto, diante do sucesso profissional alcançado, são contactados por sociedades empresárias ansiosas pela prestação de serviços profissionais advocatícios de qualidade. Uma exigência, no entanto, é realizada: a prestação deve ocorrer por meio de sociedade de advogados.

No concernente ao tema, à luz das normas aplicáveis

(A) a sociedade de advogados é de natureza empresarial.

(B) os advogados sócios da sociedade de advogados respondem limitadamente por danos causados aos clientes.

(C) o registro da sociedade de advogados é realizado no Conselho Seccional da OAB onde a mesma mantiver sede.

(D) não é possível associação com advogados, sem vínculo de emprego, para participação nos resultados.

RESPOSTA (A) Art. 15 do EOAB. (B) Art. 17 do EOAB. (C) A sociedade de advogados adquire personalidade jurídica com o registro aprovado dos seus atos constitutivos no Conselho Seccional da OAB em cuja base territorial tiver sede (art. 15, § 1º, do EOAB). (D) Art. 39 do RG. *Alternativa C.*

177. **(XI Exame)** Os advogados Roberto e Alfredo, integrantes da sociedade Roberto & Alfredo Advogados Associados, há muito atuavam em causas trabalhistas em favor da sociedade empresária "X". A certa altura, o advogado Armando ingressou na sociedade de advogados. Armando, no entanto, já representava os interesses de ex-empregado da sociedade empresária "X". Em razão disso, Armando não foi constituído para atuar nas causas do escritório envolvendo a sociedade empresária "X", continuando, assim, a atuar em favor do ex-empregado. Por outro lado, Roberto e Alfredo não foram constituídos para advogar pelo ex-empregado.

A partir do caso apresentado, assinale a afirmativa correta.

(A) Roberto, Alfredo e Armando agiram correta e eticamente, pois dividiram os clientes, de forma que nenhum deles advogasse, ao mesmo tempo, para clientes com interesses opostos.

(B) Roberto, Alfredo e Armando não agiram corretamente, pois, em causas trabalhistas, os advogados de partes com interesses opostos não podem ter qualquer tipo de relação profissional ou pessoal.

(C) Roberto, Alfredo e Armando não agiram correta e eticamente, pois os advogados sócios de uma mesma sociedade profissional não podem representar, em juízo, clientes com interesses opostos.

(D) Roberto, Alfredo e Armando não poderiam ter constituído a sociedade em questão, ainda que Armando deixasse de atuar na causa em favor do ex-empregado.

RESPOSTA Dispõe o EOAB que os advogados sócios de uma mesma sociedade profissional não podem representar em juízo clientes de interesses opostos (art. 15, § 6º). *Alternativa C.*

178. **(XXIII Exame)** Miguel, advogado, sempre exerceu a atividade sozinho. Não obstante, passou a pesquisar sobre a possibilidade de constituir, individualmente, pessoa jurídica para a prestação de seus serviços de advocacia. Sobre o tema, assinale a afirmativa correta.

(A) Miguel poderá constituir a pessoa jurídica pretendida, mediante registro dos seus atos constitutivos no Conselho Seccional da OAB em cuja base territorial tiver sede, com denominação formada pelo nome do titular, seguida da expressão 'Sociedade Individual de Advocacia'.

(B) Miguel não poderá constituir a pessoa jurídica pretendida, uma vez que o ordenamento jurídico brasileiro não admite a figura da sociedade unipessoal, ressalvados apenas os casos de unipessoalidade temporária e da chamada subsidiária integral.

(C) Miguel poderá constituir a pessoa jurídica pretendida mediante registro dos seus atos constitutivos no Conselho Seccional da OAB, com denominação formada pelo nome do titular, seguida da expressão 'EIRELI'.

(D) Miguel poderá constituir a pessoa jurídica pretendida mediante registro dos seus atos constitutivos no Registro Civil de Pessoas Jurídicas, com denominação formada pelo nome do titular, seguida da expressão "EIRELI".

RESPOSTA A questão contempla justamente a novidade trazida no ano de 2016, ou seja, o EOAB em sua nova redação no art. 15 prevê que "os advogados podem reunir-se em sociedade simples de prestação de serviços de advocacia ou constituir sociedade unipessoal de advocacia, na forma disciplinada nesta Lei e no regulamento geral" (Redação dada pela Lei n. 13.247, de 2016). *Alternativa A.*

179. **(XXIX Exame)** A Sociedade de Advogados X pretende associar-se aos advogados João e Maria, que não a integrariam como sócios, mas teriam participação nos honorários a serem recebidos.

Sobre a pretensão da Sociedade de Advogados X, de acordo com o disposto no Regulamento Geral do Estatuto da Advocacia e da OAB, assinale a afirmativa correta.

(A) É autorizada, contudo deve haver formalização em contrato averbado no registro da Sociedade de Advogados. A associação pretendida deverá implicar necessariamente vínculo empregatício.

(B) É autorizada, contudo deve haver formalização em contrato averbado no registro da Sociedade de Advogados. A associação pretendida não implicará vínculo empregatício.

(C) É autorizada, independentemente de averbação no registro da Sociedade. A associação pretendida não implicará vínculo empregatício.

(D) Não é autorizada, pois os advogados João e Maria passariam a integrar a Sociedade X como sócios, mediante alteração no registro da sociedade.

RESPOSTA Nos termos do art. 39, "*caput*" e parágrafo único, do Regulamento Geral, tal associação será possível, devendo formalizar-se o contrato escrito de associados, devidamente averbado no registro da sociedade de advogados, o que não configurará vínculo empregatício. *Alternativa B.*

180. **(XXXI Exame)** Os sócios Antônio, Daniel e Marcos constituíram a sociedade *Antônio, Daniel & Marcos Advogados Associados*, com sede em São Paulo e filial em Brasília. Após desentendimentos entre eles, Antônio constitui sociedade unipessoal de advocacia, com sede no Rio de Janeiro. Marcos, por sua vez, retira-se da sociedade *Antônio, Daniel & Marcos Advogados Associados*.

Sobre a situação apresentada, assinale a afirmativa correta.

(A) Daniel não está obrigado a manter inscrição suplementar em Brasília, já que a sociedade *Antônio, Daniel & Marcos Advogados Associados* tem sede em São Paulo.

(B) Antônio deverá retirar-se da *Antônio, Daniel & Marcos Advogados Associados*, já que não pode integrar, simultaneamente, uma sociedade de advogados e uma sociedade unipessoal de advocacia.

(C) Mesmo após Marcos se retirar da sociedade *Antônio, Daniel & Marcos Advogados Associados* permanece o impedimento para que ele e Antônio representem em juízo clientes com interesses opostos.

(D) Caso Antônio também se retire da *Antônio, Daniel & Marcos Advogados Associados*, a sociedade deverá passar a ser denominada *Daniel Sociedade Individual de Advocacia*.

RESPOSTA No caso em tela, exigiu-se o conhecimento do EOAB, art. 16, § 4º A denominação da sociedade unipessoal de advocacia deve ser obrigatoriamente formada pelo nome do seu titular, completo ou parcial, com a expressão "Sociedade Individual de Advocacia". *Alternativa D.*

181. **(XXXI Exame)** A sociedade *Antônio, Breno, Caio & Diego Advogados Associados* é integrada, exclusivamente, pelos sócios Antônio, Breno, Caio e Diego, todos advogados regularmente inscritos na OAB. Em um determinado momento, Antônio vem a falecer. Breno passa a exercer mandato de vereador, sem figurar entre os integrantes da Mesa Diretora da Câmara Municipal ou seus substitutos legais. Caio passa a exercer, em caráter temporário, função de direção em empresa concessionária de serviço público.

Considerando esses acontecimentos, assinale a afirmativa correta.

(A) O nome de Antônio poderá permanecer na razão social da sociedade após o seu falecimento, ainda que tal possibilidade não esteja prevista em seu ato constitutivo.

(B) Breno deverá licenciar-se durante o período em que exercer o mandato de vereador, devendo essa informação ser averbada no registro da sociedade.

(C) Caio deverá deixar a sociedade, por ter passado a exercer atividade incompatível com a advocacia.

(D) Com o falecimento de Antônio, se Breno e Caio deixarem a sociedade e nenhum outro sócio ingressar nela, Diego poderá continuar suas atividades, caso em que passará a ser titular de sociedade unipessoal de advocacia.

RESPOSTA No caso em tela, exigiu-se o conhecimento sobre o tema dos impedimentos e incompatibilidades, mas a resposta correta exigiu o conhecimento específico sobre sociedades e exatamente sobre o disposto no EOAB, art. 15, § 7º. A sociedade unipessoal de advocacia pode resultar da concentração por um advogado das quotas de uma sociedade de advogados, independentemente das razões que motivaram tal concentração. *Alternativa D.*

IX. HONORÁRIOS

182. **(XXIII Exame)** O advogado Stéfano, buscando facilitar a satisfação de honorários advocatícios contratuais a que fará jus, estuda tomar duas providências: de um lado, tenciona incluir expressamente no contrato de prestação de seus serviços, com concordância do cliente, autorização para que se dê compensação de créditos pelo advogado, de importâncias devidas ao cliente; de outro, pretende passar a empregar, para o recebimento de honorários, sistema de cartão de crédito, mediante credenciamento junto a uma operadora. Tendo em vista as medidas pretendidas pelo advogado e as disposições do Código de Ética e Disciplina da OAB, assinale a afirmativa correta.

(A) Não é permitida a compensação de créditos, pelo advogado, de importâncias devidas ao cliente, sendo vedada a inclusão de cláusula nesse sentido no contrato de prestação de serviços. De igual maneira, não é admitido o emprego de sistema de cartões de crédito para recebimento de honorários, mediante credenciamento junto a operadoras de tal ramo.

(B) Não é permitida a compensação de créditos, pelo advogado, de importâncias devidas ao cliente, sendo vedada a inclusão de cláusula nesse sentido no contrato de prestação de serviços. Porém, é admitido o emprego de sistema de cartões de crédito para recebimento de honorários, mediante credenciamento junto a operadoras de tal ramo.

(C) É admitida a compensação de créditos, pelo advogado, de importâncias devidas ao cliente, se houver autorização para tanto no contrato de prestação de serviços. Também é permitido o emprego de sistema de cartões de crédito para recebimento de honorários, mediante credenciamento junto a operadoras de tal ramo.

(D) É admitida a compensação de créditos, pelo advogado, de importâncias devidas ao cliente, se houver autorização para tanto no contrato de prestação de serviços. Porém, não é permitido o emprego de sistema de cartões de crédito para recebimento de honorários, mediante credenciamento junto a operadoras de tal ramo.

RESPOSTA O novo Código de Ética dos Advogados, segundo Biela Jr. em seu *Minimanual do novo Código de Ética e Disciplina dos Advogados* (2017:72-75), trouxe não só a autorização expressa para a utilização de máquina de cartão de crédito como se vê do art. 53, bem como, a admissibilidade no tocante a compensação de créditos, desde que mediante autorização por escrito. *Alternativa C.*

183. **(XXXI Exame)** O advogado Fernando foi contratado por Flávio para defendê-lo, extrajudicialmente, tendo em vista a pendência de inquérito civil em face do cliente. O contrato celebrado por ambos foi assinado em 10/03/15, não prevista data de vencimento. Em 10/03/17, foi concluída a atuação de Fernando, tendo sido homologado o arquivamento do inquérito civil junto ao Conselho Superior do Ministério Público. Em 10/03/18, Fernando notificou extrajudicialmente Flávio, pois este ainda não havia adimplido os valores relativos aos honorários contratuais acordados. A ação de cobrança de honorários a ser proposta por Fernando prescreve em

(A) três anos, contados de 10/03/15.

(B) cinco anos, contados de 10/03/17.

(C) três anos, contados de 10/03/18.
(D) cinco anos, contados de 10/03/15.

RESPOSTA No caso apresentado, o examinador não fugiu do que sempre perguntou no que tange ao prazo prescricional para cobrança dos honorários e, como sempre falamos em nossas aulas na graduação, preparatórios e vídeos em nosso canal no YouTube, exigiu o conhecimento do examinando sobre o momento em que se iniciava o prazo, que, no caso do enunciado, é de 5 anos contados da ultimação do serviço extrajudicial, nos termos do art. 25, III, do EOAB. *Alternativa B.*

184. (XXVII Exame) Gilda, empregada terceirizada contratada pela sociedade empresária XX Ltda. para prestar serviços ao Município ABCD, procura o auxílio de Judite, advogada, para o ajuizamento de reclamação trabalhista em face do empregador e do tomador de serviços.

Considerando a existência de decisão transitada em julgado que condenou os réus, solidariamente, ao pagamento de verbas de natureza trabalhista, assinale a afirmativa correta.

(A) Em execução contra o Município ABCD, Judite terá direito autônomo a executar a sentença quanto aos honorários incluídos na condenação por arbitramento ou por sucumbência, podendo requerer que o precatório seja expedido em seu favor.
(B) Em caso de falência da sociedade empresária XX Ltda., os honorários arbitrados em favor de Judite serão considerados crédito privilegiado, sendo obrigatória sua habilitação perante o juízo falimentar.
(C) Em execução contra o Município ABCD, o juiz deve determinar que os honorários contratuais sejam pagos diretamente a Judite, desde que o contrato de honorários seja anexado aos autos após a expedição do precatório, exceto se Gilda provar que já os pagou.
(D) Judite poderá cobrar judicialmente os honorários contratuais devidos por Gilda, devendo renunciar ao mandato se, em sede de sentença, a demanda for julgada procedente.

RESPOSTA De acordo com o art. 23 do Estatuto da OAB, em que os honorários incluídos na condenação, por arbitramento ou sucumbência, pertencem ao advogado, tendo este direito autônomo para executar a sentença nesta parte, podendo requerer que o precatório, quando necessário, seja expedido em seu favor. *Alternativa A.*

185. (XXVIII Exame) Eduardo contrata o advogado Marcelo para propor ação condenatória de obrigação de fazer em face de João. São convencionados honorários contratuais, porém o contrato de honorários advocatícios é omisso quanto à forma de pagamento. Proposta a ação, Marcelo cobra de Eduardo o pagamento de metade dos honorários acordados.

De acordo com o Estatuto da OAB, assinale a afirmativa correta.

(A) Marcelo pode cobrar de Eduardo metade dos honorários, pois, na ausência de estipulação sobre a forma de pagamento, metade dos honorários é devida no início do serviço e metade é devida no final.
(B) Marcelo pode cobrar de Eduardo metade dos honorários, pois, na ausência de estipulação sobre a forma de pagamento, os honorários são devidos integralmente desde o início do serviço.
(C) Marcelo não pode cobrar de Eduardo metade dos honorários, pois, na ausência de estipulação sobre a forma de pagamento, os honorários somente são devidos após a decisão de primeira instância.
(D) Marcelo não pode cobrar de Eduardo metade dos honorários, pois, na ausência de estipulação sobre a forma de pagamento, apenas um terço é devido no início do serviço.

RESPOSTA Salvo estipulação em contrário, um terço dos honorários é devido no início do serviço, outro terço até a decisão de primeira instância e o restante no final, conforme art. 22, § 3º, da Lei n. 8.906/94. *Alternativa D.*

186. (XXVIII Exame) Jorge é advogado, atuando no escritório modelo de uma universidade. Em certa ocasião, Jorge é consultado por um cliente, pois este gostaria de esclarecer dúvidas sobre honorários advocatícios. O cliente indaga a Jorge sobre o que seriam os honorários assistenciais.

Considerando o disposto no Estatuto da Advocacia e da OAB, assinale a opção que apresenta a resposta de Jorge.

(A) Os honorários assistenciais são aqueles pagos diretamente ao advogado que promove a juntada aos autos do seu contrato de honorários antes de expedir-se o mandado de levantamento ou precatório.
(B) Os honorários assistenciais são aqueles devidos ao advogado em periodicidade determinada, pela prestação de serviços advocatícios de forma continuada, nas situações que o cliente venha a ter necessidade, como contrapartida à chamada "*advocacia de partido*".
(C) Os honorários assistenciais são aqueles fixados pelo juiz ao advogado indicado para patrocinar

causa de juridicamente necessitado, no caso de impossibilidade da Defensoria Pública no local da prestação do serviço.

(D) Os honorários assistenciais são aqueles fixados em ações coletivas propostas por entidades de classe em substituição processual.

RESPOSTA Aqui o examinador cobrou a novidade legislativa, no caso, os honorários assistenciais, nos termos do art. 22 do EOAB: "Art. 22. A prestação de serviço profissional assegura aos inscritos na OAB o direito aos honorários convencionados, aos fixados por arbitramento judicial e aos de sucumbência. § 6º O disposto neste artigo aplica-se aos honorários assistenciais, compreendidos como os fixados em ações coletivas propostas por entidades de classe em substituição processual, sem prejuízo aos honorários convencionais." (Incluído pela Lei n. 13.725, de 2018). *Alternativa D.*

187. **(XXVI Exame)** O advogado Fabrício foi contratado por José para seu patrocínio em processo judicial, por meio de instrumento firmado no dia 14/11/2012. No exercício do mandato, Fabrício distribuiu, em 23/11/2012, petição inicial em que José figurava como autor. No dia 06/11/2013, nos autos do processo, Fabrício foi intimado de sentença, a qual fixou honorários advocatícios sucumbenciais, no valor de dez mil reais, em seu favor. A referida sentença transitou em julgado em 21/11/2013.

Considerando que não houve causa de suspensão ou interrupção do prazo prescricional, de acordo com a disciplina do Estatuto da Advocacia e da OAB, assinale a afirmativa correta.

(A) A pretensão de cobrança dos honorários sucumbenciais, fixados em favor de Fabrício, prescreve no prazo de cinco anos, a contar de 14/11/2012.

(B) A pretensão de cobrança dos honorários sucumbenciais, fixados em favor de Fabrício, prescreve no prazo de cinco anos, a contar de 06/11/2013.

(C) A pretensão de cobrança dos honorários sucumbenciais, fixados em favor de Fabrício, prescreve no prazo de cinco anos, a contar de 21/11/2013.

(D) A pretensão de cobrança dos honorários sucumbenciais, fixados em favor de Fabrício, é imprescritível, tendo em vista seu caráter alimentar.

RESPOSTA a) errada; b) errada; c) correta, pois o examinador cobrou exatamente a letra da lei do art. 25, II, do EOAB; d) errada. *Alternativa C.*

188. **(XXVII Exame)** O advogado Nelson celebrou, com determinado cliente, contrato de prestação de serviços profissionais de advocacia. No contrato, Nelson inseriu cláusula que dispunha sobre a forma de contratação de profissionais para serviços auxiliares relacionados a transporte e a cópias de processos. Todavia, o pacto não tratava expressamente sobre o pagamento de custas e emolumentos.

Considerando o caso narrado, assinale a afirmativa correta.

(A) O contrato celebrado viola o disposto no Código de Ética e Disciplina da OAB, pois é vedada a referência a outras atividades diversas da atuação do advogado, como os serviços auxiliares mencionados. Por sua vez, quanto às custas e aos emolumentos, na ausência de disposição em contrário, presume-se que sejam atendidos pelo cliente.

(B) O contrato celebrado viola o disposto no Código de Ética e Disciplina da OAB, pois é vedada a referência a outras atividades diversas da atuação do advogado, como os serviços auxiliares mencionados. Por sua vez, quanto às custas e aos emolumentos, na ausência de disposição em contrário, presume-se que sejam antecipados pelo advogado.

(C) O Código de Ética e Disciplina da OAB autoriza que o contrato de prestação de serviços de advocacia disponha sobre a forma de contratação de profissionais para serviços auxiliares. Por sua vez, quanto às custas e aos emolumentos, na ausência de disposição em contrário, presume-se que sejam atendidos pelo cliente.

(D) O Código de Ética e Disciplina da OAB autoriza que o contrato de prestação de serviços de advocacia disponha sobre a forma de contratação de profissionais para serviços auxiliares. Por sua vez, quanto às custas e aos emolumentos, na ausência de disposição em contrário, presume-se que sejam antecipados pelo advogado.

RESPOSTA Nos termos do art. 48, § 3º, CED que autoriza a disposição acerca de serviços auxiliares, e ficando a cargo do cliente o pagamento de emolumentos e custas, na ausência de disposição em contrário. *Alternativa C.*

189. **(XXVII Exame)** O advogado Sebastião é empregado de certa sociedade limitada, competindo-lhe, entre outras atividades da advocacia, atuar nos processos judiciais em que a pessoa jurídica é parte. Em certa demanda, na qual foram julgados procedentes os pedidos formulados pela sociedade, foram fixados honorários de sucumbência em seu favor.

Considerando o caso narrado e o disposto no Regulamento Geral do Estatuto da Advocacia e da OAB, assinale a afirmativa correta.

(A) Os referidos honorários integram a remuneração de Sebastião e serão considerados para efeitos trabalhistas, embora não sejam considerados para efeitos previdenciários.

(B) Os referidos honorários integram a remuneração de Sebastião e serão considerados para efeitos trabalhistas e para efeitos previdenciários.

(C) Os referidos honorários não integram a remuneração de Sebastião e não serão considerados para efeitos trabalhistas, embora sejam considerados para efeitos previdenciários.

(D) Os referidos honorários não integram a remuneração de Sebastião e não serão considerados para efeitos trabalhistas, nem para efeitos previdenciários.

RESPOSTA Conforme o art. 14 do Regulamento Geral da OAB, combinado com o art. 21 do Estatuto da OAB, os referidos honorários não integram a remuneração de Sebastião e não serão considerados para efeitos trabalhistas, nem para efeitos previdenciários. *Alternativa D.*

190. **(XX Exame)** A advogada Taís foi contratada por Lia para atuar em certo processo ajuizado perante o Juizado Especial Cível. Foi acordado o pagamento de honorários advocatícios no valor de R$ 5.000,00 (cinco mil reais). O feito seguiu regularmente o rito previsto na Lei n. 9.099/95, tendo o magistrado, antes da instrução e julgamento, esclarecido as partes sobre as vantagens da conciliação, obtendo a concordância dos litigantes pela solução consensual do conflito.

Considerando o caso relatado, assinale a afirmativa correta.

(A) Diante da conciliação entre as partes, ocorrida antes da instrução e julgamento do feito, Taís fará jus à metade do valor acordado a título de honorários advocatícios.

(B) A conciliação entre as partes, ocorrida antes da instrução e julgamento do feito, não prejudica os honorários convencionados, salvo aquiescência de Taís.

(C) Diante da conciliação entre as partes, ocorrida antes da instrução e julgamento do feito, deverá o magistrado, ao homologar o acordo, fixar o valor que competirá a Taís, a título de honorários advocatícios, não prevalecendo a pactuação anterior entre cliente e advogada.

(D) Em razão da conciliação entre as partes, ocorrida antes da instrução e julgamento do feito, deverá ser pactuado, por Taís e Lia, novo valor a título de honorários advocatícios, não prevalecendo a obrigação anteriormente fixada.

RESPOSTA Conforme dispõe o EOAB, art. 24, § 4º: "O acordo feito pelo cliente do advogado e a parte contrária, salvo aquiescência do profissional, não lhe prejudica os honorários, quer os convencionados, quer os concedidos por sentença". *Alternativa B.*

191. **(XX Exame)** A advogada Laila representou judicialmente Rita, em processo no qual esta postulava a condenação do Município de Manaus ao cumprimento de obrigação de pagar quantia certa. Fora acordado entre Laila e Rita o pagamento de valor determinado à advogada, a título de honorários, por meio de negócio jurídico escrito e válido. Após o transcurso do processo, a Fazenda Pública foi condenada, nos termos do pedido autoral. Antes da expedição do precatório, Laila juntou aos autos o contrato de honorários, no intuito de obter os valores pactuados.

Considerando a situação narrada, é correto afirmar que

(A) Laila deverá executar os honorários em face de Rita em processo autônomo, sendo vedado o pagamento nos mesmos autos, por se tratar de honorários contratuais e não sucumbenciais.

(B) o juiz deverá determinar que os valores acordados a título de honorários sejam pagos diretamente a Laila, por dedução da quantia a ser recebida por Rita, independentemente de concordância desta nos autos, salvo se Rita provar que já os pagou.

(C) Laila deverá executar os honorários em face do município de Manaus, em processo autônomo de execução, sendo vedado o pagamento nos mesmos autos, por se tratar de honorários contratuais e não sucumbenciais.

(D) o juiz poderá determinar que os valores acordados a título de honorários sejam pagos diretamente a Laila, por dedução da quantia a ser recebida por Rita, caso Rita apresente sua concordância nos autos.

RESPOSTA Nos termos do EOAB, art. 22, § 4º: Se o advogado fizer juntar aos autos o seu contrato de honorários antes de expedir-se o mandado de levantamento ou precatório, o juiz deve determinar que lhe sejam pagos diretamente, por dedução da quantia a ser recebida pelo constituinte, salvo se este provar que já os pagou. *Alternativa B.*

192. **(XII Exame)** Eugênio é advogado contratado pela empresa Ônibus e Ônibus Ltda. Na empresa ele é responsável pelas defesas em ações que pleiteiam o reconhecimento da responsabilidade civil da sua cliente e dos seus prepostos. O contrato de honorários venceu em 2010 e não foi renovado. Em dificuldades financeiras, a empresa não pagou os honorários devidos.

O termo inicial para a contagem do prazo para a prescrição da pretensão de cobrança dos honorários advocatícios, observado o disposto no Estatuto da Advocacia, ocorre a partir da

(A) última tentativa de conciliação.
(B) data fixada pelo Juiz.
(C) última prestação de serviço.
(D) data do vencimento do contrato.

RESPOSTA Prescreve em cinco anos a ação de cobrança de honorários de advogado, contado o prazo, dentre outros, do vencimento do contrato, se houver (art. 25, I, do EOAB). *Alternativa D.*

193. **(XVII Exame)** Laura formou-se em prestigiada Faculdade de Direito, mas sua prática advocatícia foi limitada, o que a impediu de ter experiência maior no trato com os clientes. Realizou seus primeiros processos para amigos e parentes, cobrando módicas quantias referentes a honorários advocatícios. Ao receber a cliente Telma, próspera empresária, e aceitar defender os seus interesses judicialmente, fica em dúvida quanto aos termos de cobrança inicial dos honorários pactuados.

Em razão disso, consulta o advogado Luciano, que lhe informa, segundo os termos do Estatuto da Advocacia, que salvo estipulação em contrário,

(A) metade dos honorários é devida no início do serviço.
(B) um quinto dos honorários é devido ao início do processo judicial.
(C) a integralidade dos honorários é devida até a decisão de primeira instância.
(D) um terço dos honorários é devido no início do serviço.

RESPOSTA EOAB, art. 22, § 3º – Salvo estipulação em contrário, um terço dos honorários é devido no início do serviço, outro terço até a decisão de primeira instância e o restante no final. *Alternativa D.*

194. **(XVIII Exame)** Paulo é contratado por Pedro para promover ação com pedido condenatório em face de Alexandre, por danos causados ao animal de sua propriedade. Em decorrência do processo, houve condenação do réu ao pagamento de indenização ao autor, fixados honorários de sucumbência correspondentes a dez por cento do apurado em cumprimento de sentença. O réu ofertou apelação contra a sentença proferida na fase cognitiva. Ainda pendente o julgamento do recurso, Pedro decide revogar o mandato judicial conferido a Paulo, desobrigando-se de pagar os honorários contratualmente ajustados.

Nos termos do Código de Ética da OAB, a revogação do mandato judicial, por vontade de Pedro,

(A) não o desobriga do pagamento das verbas honorárias contratadas.
(B) desobriga-o do pagamento das verbas honorárias contratadas.
(C) desobriga-o do pagamento das verbas honorárias contratadas e da verba sucumbencial.
(D) não o desobriga do pagamento das verbas honorárias sucumbenciais, mas o desobriga das verbas contratadas.

RESPOSTA O CED, art. 14, dispõe que a revogação do mandato judicial por vontade do cliente não o desobriga do pagamento das verbas honorárias contratadas (...). NCED, art. 17. *Alternativa A.*

195. **(XIII Exame)** Sobre o prazo para ajuizamento de ação de cobrança de honorários de advogado, assinale a opção correta.

(A) Prescreve em dois anos a ação de cobrança de honorários de advogado, contando-se o prazo do vencimento do contrato, se houver.
(B) Prescreve em cinco anos a ação de cobrança de honorários de advogado, contando-se o prazo do trânsito em julgado da decisão que os fixar.
(C) Prescreve em dois anos a ação de cobrança de honorários de advogado, contando-se o prazo da ultimação do serviço extrajudicial.
(D) Prescreve em cinco anos a ação de cobrança de honorários de advogado, contando-se o prazo da decisão que os fixar, independentemente do seu trânsito em julgado.

RESPOSTA EOAB, art. 25, II. Prescreve em cinco anos a ação de cobrança de honorários de advogado, contado o prazo, dentre outros, do trânsito em julgado da decisão que os fixar. *Alternativa B.*

196. **(XIII Exame)** Maria, após vários anos de tramitação de ação indenizatória em que figurava como autora, decidiu substituir José, advogado que até então atuava na causa, por João, amigo da família, que não cobraria honorários de nenhuma espécie de Maria. Ao final da ação, quando Maria finalmente recebeu os valores que lhe eram devidos, a título de indenização, foi procurada por José, que desejava receber honorários pelos serviços advocatícios prestados até o momento em que foi substituído.

Sobre a hipótese sugerida, assinale a afirmativa correta.

(A) José tem direito a receber a integralidade dos honorários contratuais e de sucumbência, como se tivesse atuado na causa até o final, uma vez que foi substituído por vontade da cliente e não sua.
(B) José não tem direito a receber honorários, porque não atuou na causa até o seu fim.
(C) José tem direito a receber honorários contratuais, mas não tem direito a receber honorários de sucumbência.
(D) José tem direito a receber honorários contratuais, bem como honorários de sucumbência, calculados proporcionalmente, em face do serviço efetivamente prestado.

RESPOSTA O Novo Código de Ética e Disciplina em seu art. 17 que a revogação do mandato judicial por vontade do cliente não o desobriga do pagamento das verbas honorárias contratadas, bem como não retira o direito do advogado de receber o quanto lhe seja devido em eventual verba honorária de sucumbência, calculada proporcionalmente, em face do serviço efetivamente prestado. *Alternativa D.*

197. **(X Exame)** Nos termos do Estatuto da Advocacia existe a previsão de pagamento de honorários advocatícios. Assinale a afirmativa que indica como deve ocorrer o pagamento, quando não houver estipulação em contrário.

(A) Metade no início e o restante parcelado em duas vezes.
(B) Um terço no início, um terço até a decisão de primeira instância e um terço ao final.
(C) Dez por cento no início, vinte por cento na sentença e o restante após o trânsito em julgado.
(D) Cinquenta por cento no início, trinta por cento até decisão de primeiro grau e o restante após o recurso, se existir.

RESPOSTA O EOAB dispõe que salvo estipulação em contrário, um terço dos honorários é devido no início do serviço, outro terço até a decisão de primeira instância e o restante no final (§ 3º do art. 22 do EOAB). *Alternativa B.*

198. **(IX Exame)** Um advogado é contratado por um empresário para atuar em causas na área empresarial, formalizando contrato escrito e emitindo fatura para pagamento dos honorários ajustados. A partir de determinado momento o empresário passou a não pagar os honorários ajustados.

Consoante as regras do Código de Ética, o advogado, para buscar o recebimento dos honorários pactuados, deverá

(A) emitir duplicatas decorrentes da fatura apresentada.
(B) levar o contrato de honorários a protesto.
(C) emitir debêntures em decorrência do contrato firmado.
(D) cobrar os valores por meio de ação judicial.

RESPOSTA O art. 52 do NCED não autoriza o saque de duplicatas ou qualquer outro título de crédito de natureza mercantil, exceto a emissão de fatura, decorrente de contrato escrito, vedada a tiragem de protesto pelo crédito de seus honorários, devendo o advogado cobrar os valores pela via judicial (ação de cobrança para contrato verbal e de execução para contrato escrito ou título judicial). *Alternativa D.*

199. **(VIII Exame)** João é contratado para propor ação de cobrança pela sociedade M e P Ltda., em face da sociedade C e L Ltda., sendo o valor da causa, correspondente ao débito, de R$ 200.000,00 (duzentos mil reais). Após iniciada a ação, mas antes do ato citatório, a sociedade autora vem a desistir da mesma. Houve contrato de honorários subscrito pelas partes aventando que, nesse caso, seriam devidos honorários fixos de R$ 10.000,00 (dez mil reais). A sociedade notificada regularmente não pagou os honorários contratuais.

Nesse caso, o prazo para a prescrição da ação de cobrança de honorários passa a contar da data

(A) do trânsito em julgado da decisão judicial.
(B) da desistência judicial formulada.
(C) do término do mandato judicial.
(D) da ultimação do serviço judicial.

RESPOSTA O art. 25 do EOAB dispõe que prescreve em cinco anos a ação de cobrança de honorários de advogado, contado o prazo, dentre outros, da desistência ou da transação (inciso V). *Alternativa B.*

200. **(VIII Exame)** João postulou, por meio de representação de advogado, ação condenatória em face da sociedade Cacos e Cacos Ltda., obtendo sentença favorável, condenando a ré ao pagamento da quantia de R$ 100.000,00 (cem mil reais), acrescida de R$ 15.000,00 (quinze mil reais) de honorários advocatícios. Após o trânsito em julgado da decisão judicial, João e seu advogado Pedro são cientificados de que a sociedade está falida, devendo os seus créditos sofrer procedimento de habilitação.

Nesse caso, a natureza dos créditos correspondentes a honorários advocatícios, nos termos do Estatuto, é considerada como

(A) quirografária.
(B) real.
(C) privilegiada.
(D) natural.

RESPOSTA O art. 24 do EOAB determina que a decisão judicial que fixar ou arbitrar honorários e o contrato escrito que os estipular são títulos executivos e constituem crédito privilegiado na falência, concordata, concurso de credores, insolvência civil e liquidação extrajudicial. *Alternativa C.*

201. **(VII Exame)** O advogado João apresentou petição em determinada Vara Cível, pela qual fazia juntar o contrato de honorários celebrado com seu cliente para aquela causa, bem como requeria a expedição de mandado de pagamento em seu nome, a fim de receber seus honorários diretamente, por dedução da quantia a ser recebida por seu constituinte. Sobre a hipótese e à luz do que dispõe o Estatuto da Advocacia e da OAB, assinale a alternativa correta:

(A) O advogado tem direito à expedição de mandado de pagamento em seu nome, para que receba diretamente seus honorários, por dedução da quantia a ser recebida pelo constituinte, devendo, para tanto, fazer juntar aos autos o contrato de honorários.

(B) O advogado tem direito à expedição de mandado de pagamento em seu nome, para que receba diretamente seus honorários, por dedução da quantia a ser recebida pelo constituinte, devendo, para tanto, fazer juntar aos autos o contrato de honorários, bem como declaração expressa de seu constituinte anuindo com a realização do pagamento diretamente ao advogado.

(C) O advogado não tem direito à expedição de mandado de pagamento em seu nome, para que receba diretamente seus honorários, por dedução da quantia a ser recebida pelo constituinte, mas o magistrado pode assim determinar, caso entenda conveniente.

(D) O advogado não tem direito, em hipótese alguma, à expedição de mandado de pagamento em seu nome, para que receba diretamente seus honorários, por dedução da quantia a ser recebida pelo constituinte. Mandados de pagamento, incluindo-se aqueles referentes aos honorários do advogado, são sempre expedidos em nome da parte.

RESPOSTA Se o advogado fizer juntar aos autos o seu contrato de honorários antes de expedir-se o mandado de levantamento ou precatório, segundo o § 4º do art. 22 do EOAB, deve o juiz determinar que lhe sejam pagos diretamente, por dedução da quantia a ser recebida pelo constituinte, salvo se este provar que já os pagou. *Alternativa A.*

202. **(III Exame)** Esculápio realiza contrato escrito de honorários com Terêncio, no valor de R$ 20.000,00. Consoante as normas estatutárias aplicáveis à espécie, é correto afirmar que

(A) esse documento não se reveste passível de futura execução, como título executivo.

(B) a ausência de pagamento do valor pactuado leva ao arbitramento judicial dos honorários.

(C) o contrato escrito é título executivo, podendo o advogado ingressar com ação de execução dos seus honorários.

(D) esse crédito não possui privilégio em eventual insolvência do cliente.

RESPOSTA O art. 24 do EOAB dispõe que a decisão judicial que fixar ou arbitrar honorários e o contrato escrito que os estipular são títulos executivos e constituem crédito privilegiado na falência, concordata, concurso de credores, insolvência civil e liquidação extrajudicial, e o § 1º do referido artigo autoriza a execução dos honorários nos mesmos autos da ação em que tenha atuado o advogado, se assim lhe convier. *Alternativa C.*

203. **(III Exame)** No caso de arbitramento judicial de honorários, pela ausência de estipulação ou acordo em relação a eles, é correto afirmar, à luz das regras estatutárias, que

(A) os valores serão livremente arbitrados pelo juiz, sem parâmetros, devendo o advogado percebê-los.

(B) a fixação dos honorários levará em conta o valor econômico da questão.

(C) a tabela organizada pela OAB não é relevante para essa forma de fixação.

(D) havendo acordo escrito, poderá ocorrer o arbitramento judicial de honorários.

RESPOSTA De acordo com o art. 22, § 2º, do EOAB, na falta de estipulação ou de acordo, os honorários são fixados por arbitramento judicial, em remuneração compatível com o trabalho e o valor econômico da questão, não podendo ser inferiores aos estabelecidos na tabela organizada pelo Conselho Seccional da OAB. *Alternativa B.*

204. **(IV Exame)** A prescrição para a cobrança de honorários advocatícios tem como termo inicial, consoante as normas estatutárias,

(A) o início do contrato de prestação de serviços.

(B) a sentença que julga procedente o pedido em favor do cliente do advogado.

(C) a data da revogação do mandato.

(D) o dia do primeiro ato extrajudicial.

RESPOSTA O art. 25, V, do EOAB dispõe que prescreve em cinco anos a ação de cobrança de honorários de advogado, contado o prazo, dentre outros, da renúncia ou revogação do mandato. *Alternativa C.*

205. **(III Exame)** Homero, advogado especializado em Direito Público, após longos anos, obtém sentença favorável contra a Fazenda Pública Estadual. Requer a execução especial e apresenta, após o decurso normal do processo, requerimento de expedição de precatório, estabelecendo a separação do principal, direcionado ao seu cliente, dos honorários de sucumbência e postulando o desconto no principal de vinte por cento a título de honorários contratuais, cujo contrato anexa aos autos. O pedido é deferido pelo Juiz, mas há recurso do Ministério Público, que não concorda com tal desconto. De acordo com as normas estatutárias aplicáveis, é correto afirmar que

(A) seja o contrato escrito ou verbal, pode o advogado requerer o pagamento dos seus honorários contratuais mediante desconto no valor da condenação.
(B) é possível o pagamento de honorários advocatícios contratuais no processo em que houve condenação havendo precatório, desde que o contrato seja escrito.
(C) os honorários devidos no processo judicial se resumem aos sucumbenciais, vedado o desconto de quaisquer outros valores a esse título.
(D) os honorários advocatícios, que gozam de autonomia, quer sucumbenciais, quer contratuais, devem ser cobrados em via própria diretamente ao cliente.

RESPOSTA Dispõe o art. 22, § 4º, do EOAB que, se o advogado fizer juntar aos autos o seu contrato de honorários antes de expedir-se o mandado de levantamento ou precatório, o juiz deve determinar que lhe sejam pagos diretamente, por dedução da quantia a ser recebida pelo constituinte, salvo se este provar que já os pagou. *Alternativa B.*

206. **(II Exame)** Eduardo, advogado, é contratado para defender os interesses de Otávio, próspero fazendeiro, em diversas ações, de natureza civil, empresarial, criminal, bem como em processos administrativos que tramitam em numerosos órgãos públicos.

Antes de realizar os atos próprios da profissão, apresenta ao cliente os termos de contrato de honorários, que divide em valores fixos, acrescidos dos decorrentes da eventual sucumbência existente nos processos judiciais.

À luz das normas aplicáveis,

(A) os honorários sucumbenciais e os contratados são naturalmente excludentes, devendo o profissional optar por um deles.
(B) os honorários contratuais devem ser sempre em valor fixo.
(C) os honorários de sucumbência podem, ao alvedrio das partes, sofrer desconto dos honorários pactuados contratualmente.
(D) os honorários sucumbenciais acrescidos dos honorários contratuais podem superar o benefício econômico obtido pelo cliente.

RESPOSTA O STF julgou procedente a ADI 1.194-4 por unanimidade, para declarar a inconstitucionalidade do § 3º do art. 24 do EOAB. Assim, havendo estipulação em contrário, não é mais nula qualquer disposição, cláusula, regulamento ou convenção individual ou coletiva que retire do advogado o direito ao recebimento dos honorários de sucumbência. *Alternativa C.*

207. **(I Exame)** Referentemente à cobrança de honorários advocatícios, assinale a opção correta.

(A) O prazo prescricional da ação de cobrança de honorários depende do tipo de trabalho profissional contratado e é contado a partir do trânsito em julgado da decisão que os fixar.
(B) O advogado substabelecido com reserva de poderes pode cobrar honorários proporcionais ao trabalho realizado, sem a intervenção daquele que lhe conferiu o substabelecimento.
(C) A decisão judicial que arbitrar honorários e o contrato escrito que o estipular são títulos executivos e constituem crédito privilegiado na falência e na liquidação extrajudicial, entre outras situações.
(D) A ação de cobrança de honorários prescreve em cinco anos, sendo o prazo contado, necessariamente, a partir do vencimento do contrato, cuja juntada é imprescindível.

RESPOSTA (A) Art. 25 do EOAB. (B) Art. 26, § 2º, do CED. (C) De acordo com o art. 24 do EOAB, a decisão judicial que fixar ou arbitrar honorários e o contrato escrito que os estipular são títulos executivos e constituem crédito privilegiado na falência, concordata, concurso de credores, insolvência civil e liquidação extrajudicial. (D) Art. 25 do EOAB. *Alternativa C.*

208. **(XII Exame)** Deise, advogada renomada, com longos anos de experiência na profissão, obtém sentença condenatória favorável contra o município "X". Após o trânsito em julgado, inicia a execução, apurando vultoso valor a receber para o seu cliente, bem como honorários advocatícios de sucumbência correspondente a dez por cento do principal. Além disso, a ilustre advogada possui contrato de honorários escrito, fixando outros dez por cento em decorrência do resultado final do processo, a título de honorários de êxito. No entanto, para manter cordial a sua relação com o cliente, não apresenta o contrato em Juízo, esperando o cumprimento espontâneo do mesmo, o que não veio a ocorrer. Assim, antes do pagamento do precatório, mas tendo sido o mesmo expedido, requer a advogada o bloqueio do valor correspondente ao seu contrato de honorários.

Observado tal relato, segundo as regras do Estatuto da Advocacia, assinale a afirmativa correta.

(A) O destaque correspondente aos honorários advocatícios definidos em contrato escrito pode ocorrer a qualquer momento antes do pagamento do precatório.

(B) O advogado, ocorrendo a existência de honorários advocatícios contratuais fixados por escrito, deve requerer o seu pagamento com a dedução do valor devido ao cliente antes da expedição do precatório.

(C) O pagamento dos honorários contratuais fixados em documento escrito deve ser realizado pelo cliente ou em ação judicial sem que possa ocorrer desconto no valor do precatório expedido em favor do cliente.

(D) O Juiz fazendário da condenação, em se tratando de acerto privado, não possui competência para definir se tal valor é ou não devido, sendo inviável o desconto no valor do precatório.

RESPOSTA O EOAB dispõe que, se o advogado fizer juntar aos autos o seu contrato de honorários antes de expedir-se o mandado de levantamento ou precatório, o juiz deve determinar que lhe sejam pagos diretamente, por dedução da quantia a ser recebida pelo constituinte, salvo se este provar que já os pagou (art. 22, § 4º). *Alternativa B.*

209. **(XIX Exame)** Daniel contratou a advogada Beatriz para ajuizar ação em face de seu vizinho Théo, buscando o ressarcimento de danos causados em razão de uma obra indevida no condomínio. No curso do processo, Beatriz substabeleceu o mandato a Ana, com reserva de poderes. Sentenciado o feito e julgado procedente o pedido de Daniel, o juiz condenou Théo ao pagamento de honorários sucumbenciais.

Com base na hipótese apresentada, assinale a afirmativa correta.

(A) Ana poderá promover a execução dos honorários sucumbenciais nos mesmos autos judiciais, se assim lhe convier, independentemente da intervenção de Beatriz.

(B) Ana e Beatriz poderão promover a execução dos honorários sucumbenciais, isoladamente ou em conjunto, mas devem fazê-lo em processo autônomo.

(C) Ana poderá promover a execução dos honorários sucumbenciais nos mesmos autos, se assim lhe convier, mas dependerá da intervenção de Beatriz.

(D) Ana não terá direito ao recebimento de honorários sucumbenciais, cabendo-lhe executar Beatriz pelos valores que lhe sejam devidos, caso não haja o adimplemento voluntário.

RESPOSTA De acordo com o EOAB, art. 24, § 1º. A execução dos honorários pode ser promovida nos mesmos autos da ação em que tenha atuado o advogado, se assim lhe convier, devidamente combinado com o CED/2015, art. 26, § 2º, onde o substabelecido com reservas de poderes deve ajustar antecipadamente seus honorários com o substabelecente, que é o titular da causa. *Alternativa C.*

210. **(XX Exame – Reaplicação)** Leandro é advogado empregado de uma sociedade anônima, tendo atuado sozinho em demanda proposta em 2014, na qual tal pessoa jurídica foi vencedora, tendo o magistrado condenado a parte adversa ao pagamento de honorários de sucumbência.

Com base no disposto no Estatuto da OAB e no entendimento adotado pelo Supremo Tribunal Federal sobre o tema, assinale a afirmativa correta.

(A) Os referidos honorários pertencem à pessoa jurídica empregadora, uma vez que tal verba sucumbencial destina-se a recompor o patrimônio jurídico da parte vencedora na demanda.

(B) Os mencionados honorários pertencem a Leandro, mas é possível, de acordo com o STF, haver estipulação contratual em contrário, pois se trata de direito disponível do advogado.

(C) Os mencionados honorários pertencem a Leandro, sendo vedada, de acordo com o STF, qualquer estipulação contratual em contrário, pois se trata de direito indisponível.

(D) Os referidos honorários serão partilhados entre Leandro e a pessoa jurídica empregadora, de acordo com o STF, sendo vedada qualquer estipulação contratual em contrário, por se tratar de honorários sucumbenciais.

RESPOSTA O EOAB, art. 21 estabelece que os honorários de sucumbência são devidos aos advogados empregados. Contudo, o STF, na ADIn 1.194-4, entendeu que referidos honorários podem ser tanto do advogado quanto da sociedade ou de ambos, dependendo de disposição contratual. *Alternativa B.*

211. **(XXIV Exame)** O advogado Inácio foi indicado para defender em juízo pessoa economicamente hipossuficiente, pois no local onde atua não houve disponibilidade de defensor público para tal patrocínio. Sobre o direito de Inácio à percepção de honorários, assinale a afirmativa correta.

(A) Os honorários serão fixados pelo juiz, apenas em caso de êxito, de natureza sucumbencial, a serem executados em face da parte adversa.

(B) Os honorários serão fixados pelo juiz, independentemente de êxito, segundo tabela organizada pelo Conselho Seccional da OAB e pagos pelo Estado.

(C) Os honorários serão fixados pelo juiz, apenas em caso de êxito, independentemente de observância aos patamares previstos na tabela organizada pelo Conselho Seccional da OAB, a serem pagos pelo Estado.

(D) Os honorários serão fixados pelo juiz, independentemente de êxito, segundo tabela organizada pelo Conselho Seccional da OAB, e pagos pelo patrocinado caso possua patrimônio, a ser executado no prazo de cinco anos, a contar da data da nomeação.

RESPOSTA Nessa questão, o examinador reproduziu o texto da lei na alternativa correta que no caso é o § 1º do art. 22 do EOAB. *Alternativa B.*

212. **(XXIV Exame)** Certa sociedade de advogados, de acordo com a vontade do cliente, emitiu fatura, com fundamento no contrato de prestação de serviços advocatícios. Em seguida, promoveu o saque de duplicatas quanto ao crédito pelos honorários advocatícios.

Considerando o caso narrado, assinale a afirmativa correta.

(A) É vedada a emissão da fatura, com fundamento no contrato de prestação de serviços, bem como não é autorizado o saque de duplicatas quanto ao crédito pelos honorários advocatícios.

(B) É autorizada a emissão de fatura, com fundamento no contrato de prestação de serviços, se assim pretender o cliente, sendo também permitido que posteriormente seja levada a protesto. Todavia, é vedado o saque de duplicatas quanto ao crédito pelos honorários advocatícios.

(C) É autorizada a emissão de fatura, com fundamento no contrato de prestação de serviços, se assim pretender o cliente, sendo vedado que seja levada a protesto. Ademais, não é permitido o saque de duplicatas quanto ao crédito pelos honorários advocatícios.

(D) É vedada a emissão de fatura, com fundamento no contrato de prestação de serviços, mas é permitido que, posteriormente, seja levada a protesto. Ademais, é permitido o saque de duplicatas quanto ao crédito pelos honorários advocatícios.

RESPOSTA Como já explicamos em nosso *Minimanual do novo Código de Ética e Disciplina dos Advogados* (2017:75), é permitida a emissão de fatura e vedado o saque de duplicatas conforme o art. 52 do CED. *Alternativa C.*

X. INFRAÇÕES

213. **(XX Exame – Reaplicação)** O advogado Aureliano foi contratado por alguns herdeiros de José Arcádio para representá-los em inventário judicial. Após dez anos, dá-se o trânsito em julgado da sentença que julgou a partilha, ocasião em que os clientes solicitam a Aureliano que apresente as contas dos valores que deles recebeu durante o período, referentes a custas e outras despesas processuais. Todavia, por não desejar perder tempo com a elaboração do documento, Aureliano, que até então possuía conduta profissional irretocável, deixa de oferecer as contas requeridas.

Assim, Aureliano cometeu infração disciplinar, sujeitando-se à sanção

(A) de censura.

(B) de suspensão.

(C) de advertência.

(D) de exclusão.

RESPOSTA Constitui infração disciplinar: recusar-se, injustificadamente, a prestar contas ao cliente de quantias recebidas dele ou de terceiros por conta dele (EOAB, art. 34, XXI) que deve ser combinado com art. 37, I, do EOAB que prevê a pena de suspensão. *Alternativa B.*

214. **(XX Exame)** Guilherme é advogado de José em ação promovida por este em face de Bruno, cujo advogado é Gabriel. Na audiência de conciliação, ao deparar-se com Bruno, Guilherme o reconhece como antigo amigo da época de colégio, com o qual havia perdido contato. Dias após a realização da audiência, na qual foi frustrada a tentativa de conciliação, Guilherme se reaproxima de Bruno, e com vistas a solucionar o litígio, estabelece entendimento sobre a causa diretamente com ele, sem autorização de José e sem ciência de Gabriel.

Na situação narrada,

(A) Guilherme cometeu infração disciplinar ao estabelecer entendimento com Bruno, tanto pelo fato de não haver ciência de Gabriel, como por não haver autorização de José.

(B) Guilherme cometeu infração disciplinar ao estabelecer entendimento com Bruno, pelo fato de não haver ciência de Gabriel, mas não por não haver autorização de José.

(C) Guilherme cometeu infração disciplinar ao estabelecer entendimento com Bruno, pelo fato de não haver autorização de José, mas não por não haver ciência de Gabriel.

(D) Guilherme não cometeu infração disciplinar ao estabelecer entendimento com Bruno, sem ciência de Gabriel ou autorização de José.

RESPOSTA Note-se que o examinador perguntou exatamente a letra da lei, como se vê do EOAB, art. 34, VIII – estabelecer entendimento com a parte adversa sem autorização do cliente ou ciência do advogado contrário. *Alternativa A.*

215. **(XVII Exame)** O advogado F recebe do seu cliente WW determinada soma em dinheiro para aplicação em instrumentos necessários à exploração de jogo não autorizado por lei.

Nos termos do Estatuto da Advocacia, a infração disciplinar

(A) decorre somente se o advogado exige o valor para aplicação ilícita.

(B) surge diante do recebimento para aplicação ilícita.

(C) inocorre, pois se trata de mero ilícito moral.

(D) é descaracterizada por ausência de previsão legal.

RESPOSTA Tal infração está descrita no EOAB, art. 34, XVIII – solicitar ou receber de constituinte qualquer importância para aplicação ilícita ou desonesta. *Alternativa B.*

216. **(XVII Exame)** O advogado Márcio, sócio de determinado escritório de advocacia, contratou novos advogados para a sociedade e substabeleceu, com reserva em favor dos novos contratados, os poderes que lhe haviam sido outorgados por diversos clientes. O mandato possuía poderes para substabelecer. Um dos clientes do escritório, quando percebeu que havia novos advogados trabalhando na causa, os quais não eram por ele conhecidos, não apenas resolveu contratar outro escritório para atuar em sua demanda como ofereceu representação disciplinar contra Márcio, afirmando que o advogado não agira com lealdade e honestidade.

A esse respeito, assinale a afirmativa correta.

(A) A representação oferecida não deve ser enquadrada como infração disciplinar, pois apenas o substabelecimento do mandato sem reserva de poderes deve ser comunicado previamente ao cliente.

(B) A representação oferecida não deve ser enquadrada como infração disciplinar, pois o substabelecimento do mandato, com ou sem reserva de poderes, é ato pessoal do advogado da causa.

(C) A representação oferecida deve ser enquadrada como infração disciplinar, pois o substabelecimento do mandato, com ou sem reserva de poderes, deve ser comunicado previamente ao cliente.

(D) A representação oferecida deve ser enquadrada como infração disciplinar, pois o advogado deve avisar previamente ao cliente acerca de todas as petições que apresentará nos autos do processo, inclusive sobre as de juntada de substabelecimentos.

RESPOSTA No caso, o substabelecimento foi com reservas, sendo ato pessoal do advogado. Só o substabelecimento sem reservas é que exige conhecimento nos termos do CED, art. 24, § 1º, e NCED, art. 26, § 1º. *Alternativa A.*

217. **(XVIII Exame)** A advogada Ana retirou de cartório os autos de determinado processo de conhecimento em que representava a parte ré, para apresentar contestação. Protocolou a petição tempestivamente, mas deixou de devolver os autos em seguida por esquecimento, só o fazendo após ficar pouco mais de um mês com os autos em seu poder. Ao perceber que Ana não devolvera os autos imediatamente após cumprir o prazo, o magistrado exarou despacho pelo qual a advogada foi proibida de retirar novamente os autos do cartório em carga, até o final do processo.

Nos termos do Estatuto da Advocacia, deve-se assentar quanto à sanção disciplinar que

(A) não se aplica porque Ana não chegou a ser intimada a devolver os autos.

(B) não se aplica porque Ana ficou menos de três meses com os autos em seu poder.

(C) aplica-se porque Ana reteve abusivamente os autos em seu poder.

(D) aplica-se porque Ana não poderia ter retirado os autos de cartório para cumprir o prazo assinalado para contestação.

RESPOSTA O EOAB, art. 7º, XXII – reter, abusivamente, ou extraviar autos recebidos com vista ou em confiança. Todavia, referido dispositivo não trata da intimação. Então, socorremo-nos dos julgados do TED-OABSP, *verbis*:

"ACÓRDÃO N. 416. EMENTA: Retenção de autos. Problema de saúde. Devolução dos autos antes do cumprimento do mandado de busca e apreensão. **Ausência de má-fé e prejuízo.** Improcedência da representação. Vistos, relatados e discutidos estes autos de Processo Disciplinar n. 18R0001362013, acordam os membros da Décima Oitava Turma Disciplinar do Tribunal de Ética e Disciplina da Ordem dos Advogados do Brasil, Seção São Paulo, por unanimidade, nos termos do voto do Relator, em julgar improcedente a representação e determinar o arquivamento dos autos. Sala das Sessões, 19 de dezembro de 2014. (aa) João Carlos Pannocchia – Presidente Lincoln Biela de Souza Vale Junior – Relator. Acórdão n. 6874. EMENTA: Improcedência – Retenção abusiva dos autos – **Inexistência de intimação para a devolução do Processo** – Devolução realizada pelo advogado sem admoestação do Juízo. Vistos, relatados e discutidos estes autos de Processo Disciplinar n. 04R0002012012, acordam os membros da Quarta Turma Disciplinar do TED, por unanimidade, nos termos do voto do Relator, em julgar improcedente e determinar o arquivamento dos autos. Sala das Sessões, 24 de maio de 2013. Rel. Dr. Heitor Barros da Cruz – Presidente de sala Dr. Tadeu Mendes Mafra. *Alternativa A.*

218. **(XIV Exame)** Ao requerer sua inscrição nos quadros da OAB, Maria assinou e apresentou declaração em que afirmava não exercer cargo incompatível com a advocacia. No entanto, exercia ela ainda o cargo de Oficial de Justiça no Tribunal de Justiça do seu Estado. Pouco tempo depois, já bem-sucedida como advogada, pediu exoneração do referido cargo. No entanto, um desafeto seu, tendo descoberto que Maria, ao ingressar nos quadros da OAB, ainda exercia o cargo de Oficial de Justiça, comunicou o fato à entidade, que abriu processo disciplinar para apuração da conduta de Maria, tendo ela sido punida por ter feito falsa prova de um dos requisitos para a inscrição na OAB. De acordo com o EOAB, assinale a opção que indica a penalidade que deve ser aplicada a Maria.

(A) Maria não deve ser punida porque, ao tempo em que os fatos foram levados ao conhecimento da OAB, ela já não mais exercia cargo incompatível com a advocacia.

(B) Maria não deve ser punida porque o cargo de Oficial de Justiça não é incompatível com o exercício da advocacia, não tendo Maria, portanto, feito prova falsa de requisito para inscrição na OAB.

(C) Maria deve ser punida com a pena de suspensão, pelo prazo de trinta dias.

(D) Maria deve ser punida com a pena de exclusão dos quadros da OAB.

RESPOSTA Dispõe o EOAB que constitui infração disciplinar fazer falsa prova de qualquer dos requisitos para inscrição na OAB (art. 34, XXVI). Dessa forma, a sanção disciplinar é a de exclusão, posto que aplicada quando praticada qualquer das infrações definidas nos incisos XXVI a XXVIII do art. 34 (art. 38, II, do EA). *Alternativa D.*

219. **(XV Exame)** Sobre a prescrição da pretensão punitiva das infrações disciplinares, assinale a afirmativa correta.

(A) A pretensão punitiva quanto às infrações disciplinares prescreve em cinco anos, contados da data da constatação oficial do fato, interrompendo-se pela instauração de processo disciplinar ou pela notificação válida do representado.

(B) A pretensão punitiva das infrações disciplinares prescreve em três anos, contados da data da constatação oficial do fato, interrompendo-se pela instauração de processo disciplinar ou pela notificação válida do representado.

(C) A pretensão punitiva das infrações disciplinares é imprescritível.

(D) A pretensão punitiva das infrações disciplinares prescreve em cinco anos, contados da data da constatação oficial do fato, não havendo previsão legal de marco interruptivo de tal prazo prescricional.

RESPOSTA Esclarece o art. 43 do EOAB que pretensão à punibilidade das infrações disciplinares prescreve em cinco anos, contados da data da constatação oficial do fato. O § 2º, I, do referido artigo reza que a interrupção da prescrição ocorre pela instauração de processo disciplinar ou pela notificação válida feita diretamente ao representado. *Alternativa A.*

220. **(XV Exame)** Antônio recebe Paulo, um antigo cliente do escritório de advocacia onde presta serviços. Após a entrevista, o preenchimento de relatório com os dados pessoais do cliente e a requisição dos documentos necessários, Antônio realiza a análise final dois dias depois da entrevista com o cliente e verifica que existe norma legal que contraria, expressamente, a pretensão apresentada. Sobre o caso, observadas as regras do Estatuto da OAB, assinale a afirmativa correta.

(A) O advogado pode postular contra texto expresso de lei.

(B) O advogado deve aconselhar o cliente a procurar o Ministério Público para propor ação contra a lei.

(C) O advogado pode se opor à norma expressa, aduzindo a sua inconstitucionalidade.

(D) O advogado deve indicar ao cliente a desistência da ação, por não portar solução para o problema.

RESPOSTA Presume-se a boa-fé do causídico advogar contra literal disposição de lei quando fundamentado na inconstitucionalidade (ou na injustiça da lei ou em pronunciamento judicial anterior), não constituindo, dessa forma, infração disciplinar, de acordo com o art. 34, VI, do EOAB. *Alternativa C.*

221. **(XV Exame)** O advogado João, inscrito na Seccional do estado X, cometeu grave infração ética ao atuar em determinada causa no estado Y. Assinale a opção que indica o Conselho Seccional com poder de punir disciplinarmente o advogado infrator.

(A) Apenas o Conselho Seccional do estado X terá poder para punir João disciplinarmente.
(B) Apenas o Conselho Seccional do estado Y terá poder para punir João disciplinarmente.
(C) Apenas o Conselho Federal terá poder para punir João disciplinarmente.
(D) Os Conselhos Seccionais dos estados X e Y terão poderes concorrentes para punir João disciplinarmente.

RESPOSTA O art. 70 do EOAB dispõe que o poder de punir disciplinarmente o inscrito na OAB compete exclusivamente ao Conselho Seccional em cuja base territorial tenha ocorrido a infração (salvo se a falta for cometida perante o Conselho Federal). *Alternativa B.*

222. **(XVI Exame)** Pedro, em determinado momento, recebeu uma proposta de Antônio, colega de colégio, que se propôs a agenciar a indicação de novos clientes, mediante pagamento de comissão, a ser retirada dos honorários cobrados aos clientes, nos moldes da prática desenvolvida entre vendedores da área comercial. Com base no caso relatado, observadas as regras do Estatuto da OAB, assinale a afirmativa correta.

(A) O advogado pode aceitar a sugestão, tendo em vista a moderna visão mercantil da profissão.
(B) Caso a Seccional da OAB autorize, registrando avença escrita entre o advogado e o agenciador, é possível.
(C) Sendo publicizada a relação entre o advogado e o agenciador, está preenchido o requisito legal.
(D) Há vedação quanto ao agenciamento de clientela, sem exceções.

RESPOSTA Constitui infração disciplinar valer-se de agenciador de causas, mediante participação nos honorários a receber, na forma do art. 34, III, do EOAB. *Alternativa D.*

223. **(XVI Exame)** Ao final de audiência de instrução e julgamento realizada em determinada vara criminal, o juiz solicita que o advogado não deixe o recinto, bem como que ele atue em outras duas audiências que ali seriam realizadas em seguida. O advogado recusa-se a participar das outras duas audiências mencionadas, até mesmo por haver Defensor Público disponível. Com base no caso exposto, assinale a afirmativa correta.

(A) O advogado não cometeu infração ética, porque apenas resta configurada infração disciplinar na recusa do advogado a prestar assistência jurídica quando há impossibilidade da Defensoria Pública.
(B) O advogado cometeu infração ética, porque ele já estava na sala de audiências.
(C) O advogado não cometeu infração ética, porque é vedado ao advogado participar de duas audiências sucessivas.
(D) O advogado cometeu infração ética, porque ele tem o dever de contribuir para a boa administração da justiça.

RESPOSTA Somente se configuraria infração disciplinar no caso de o advogado se recusar, sem justo motivo, a prestar assistência jurídica quando nomeado em virtude da impossibilidade da Defensoria Pública (art. 34, XII, do EOAB). *Alternativa A.*

224. **(XVI Exame)** O advogado Felício é contatado pelo seu cliente Paulo que pretende promover ação de responsabilidade civil em face de Rosa, por danos causados à sua honra e ao seu patrimônio material. Nas tratativas, o cliente cientifica o advogado de que presenciara diversos atos criminosos praticados por Rosa e por seus familiares Marta e Fábio. Contratado para realizar os seus serviços profissionais, apresenta diversas ações contra o réu Rosa em que descreve seus crimes e os praticados por Marta e Fábio, seus filhos. A petição é subscrita somente pelo advogado e a procuração tem os poderes gerais para o foro. Nos termos do Estatuto da Advocacia,

(A) é inerente à atividade postulatória a menção a crimes praticados pelas partes ou terceiros.
(B) é decorrente do processo a indicação dos fatos essenciais ao deslinde da causa, inclusive os criminosos, que somente demandam ciência do advogado.
(C) é essencial a autorização escrita para imputação a terceiro de fato definido como crime.
(D) é possível a descrição de fatos criminosos atribuídos a partes ou a terceiros por autorização verbal.

RESPOSTA Fazer, em nome do constituinte, sem autorização escrita deste, imputação a terceiro de fato definido como crime constitui infração disciplinar, na forma do art. 34, XV, do EOAB. *Alternativa C.*

225. **(XII Exame)** Fernanda, advogada regularmente inscrita nos quadros da OAB, atua, individualmente, sem sócios, em seu escritório situado no centro da cidade "Z", onde recebe os seus clientes para atividades de assessoria e consultoria, atuando também no contencioso cível, administrativo e trabalhista.

Em visita de cortesia, recebe sua prima Giselda que, estudando Economia, tem acesso a várias pessoas de prestígio social, econômico e financeiro, em razão da sua atividade como assessora da diretoria de associação empresarial. Por força desses vínculos, sua prima começa a indicar clientes para a advogada, que amplia o seu escritório e passa a realizar parcerias com outros colegas, diante do aumento das causas a defender. Não existe qualquer acordo financeiro entre a advogada e a economista.

Com base na situação descrita, nos termos do Estatuto da Advocacia, assinale a afirmativa correta.

(A) Constitui atividade infracional disciplinar receber clientes de pessoa com relação de parentesco e prestígio social.

(B) Constitui atividade corriqueira, não infracional, o relacionamento social com parentes ou não.

(C) Constitui atividade ilícita por valer-se de parentes para obtenção de clientela, mesmo gratuitamente.

(D) Constitui atividade vedada, uma vez que a clientela deve ser formada espontaneamente pelo advogado.

RESPOSTA Somente será considerado como infração disciplinar o ato de valer-se de agenciador de causas, mediante participação nos honorários a receber e/ou angariar ou captar causas, com ou sem a intervenção de terceiros (art. 34, III e IV, do EOAB), fato não comprovado no caso apresentado. *Alternativa B.*

226. **(X Exame)** O advogado Mário, para ilustrar a tese que desenvolvia, fez inserir, em petição por ele apresentada, citação de julgado inexistente. Inseriu, ainda, citação doutrinária, cujo teor foi completamente deturpado.

A respeito da hipótese, assinale a afirmativa correta.

(A) Mário não cometeu infração disciplinar, pois o advogado, amparado no princípio da ampla defesa, deve ter liberdade para defender os interesses de seus clientes da forma que achar conveniente.

(B) Mário cometeu infração disciplinar punível com pena de censura, nos termos do EOAB, e violou dispositivo do Código de Ética e Disciplina da OAB.

(C) Mário cometeu infração disciplinar punível com pena de exclusão, nos termos do EOAB, e violou dispositivo do Código de Ética e Disciplina da OAB.

(D) Mário não cometeu infração disciplinar prevista no EOAB, tendo apenas violado dispositivo do Código de Ética e Disciplina da OAB.

RESPOSTA De acordo com o inciso XIV do art. 34 do EOAB, constitui infração disciplinar deturpar o teor de dispositivo de lei, de citação doutrinária ou de julgado, bem como de depoimentos, documentos e alegações da parte contrária, para confundir o adversário ou iludir o juiz da causa. O NCED em seu art. 6º reza que é defeso ao advogado expor os fatos em Juízo falseando deliberadamente a verdade ou estribando-se na má-fé. *Alternativa B.*

227. **(X Exame)** O advogado João, que também é formado em Comunicação Social, atua nas duas profissões, possuindo uma coluna onde apresenta notícias jurídicas, com informações sobre atividades policiais, forenses ou vinculadas ao Ministério Público. Semanalmente inclui, nos seus comentários, alguns em forma de poesia, suas alegações forenses e os resultados dos processos sob sua responsabilidade, divulgando, com isso, seu trabalho como advogado.

À luz das normas estatutárias, assinale a afirmativa correta.

(A) A divulgação de notícias, como aventado no enunciado, constitui um direito do advogado em dar publicidade aos seus processos.

(B) Nos termos das regras que caracterizam as infrações disciplinares está delineada a de publicação desnecessária e habitual de alegações forenses ou causas pendentes.

(C) Diante das novas mídias que também atingem a advocacia, o advogado pode utilizar-se dos meios ofertados para a divulgação de seu trabalho.

(D) A situação caracteriza o chamado desvio da função de advogado, com o prejuízo à imagem dos clientes pela divulgação.

RESPOSTA De acordo com o inciso XIII do art. 34 do EOAB, fazer publicar na imprensa, desnecessária e habitualmente, alegações forenses ou relativas a causas pendentes constitui infração disciplinar. *Alternativa B.*

228. **(XI Exame)** Caio é advogado que atua em três estados da federação, possuindo uma inscrição principal e duas suplementares, tendo em vista o número elevado de causas que possui. Em decorrência de conflitos ocorridos em função dos processos em que atua, foram instaurados três processos disciplinares, um em cada seccional onde atua.

De acordo com as normas do Estatuto da Advocacia, a competência para julgamento desses processos cabe ao

(A) Conselho Federal da Ordem dos Advogados do Brasil.
(B) Conselho Seccional em que o advogado possui inscrição principal.
(C) Conselho Seccional de cada infração disciplinar.
(D) Conselho Nacional de Justiça.

RESPOSTA O poder de punir disciplinarmente os inscritos na OAB compete exclusivamente ao Conselho Seccional em cuja base territorial tenha ocorrido a infração, salvo se a falta for cometida perante o Conselho Federal (art. 70 do EOAB). *Alternativa C.*

229. **(XI Exame)** O advogado Cândido, conhecido pelas soluções criativas para resolver os problemas dos seus clientes, aduz, como tese defensiva, em ação de despejo por falta de pagamento, que a norma que autoriza tal desocupação forçada seria inconstitucional, pois caberia ao Estado fornecer habitação gratuita ou a preços módicos aos necessitados e, em caso de impossibilidade financeira, custear a moradia, pagando ao locador os valores devidos, a título de aluguel social.

Essa defesa foi considerada como contrária à disposição de lei que determina, como consequência do não pagamento dos alugueres, o despejo por falta de pagamento. Em razão disso, foi proferida sentença determinando a desocupação do imóvel e condenando o cliente do advogado Cândido ao pagamento dos alugueres devidos, bem como as demais verbas decorrentes da sucumbência. Além disso, determinou o magistrado a expedição de ofício à Ordem dos Advogados do Brasil para abertura de processo disciplinar.

Consoante as regras do Estatuto da Advocacia, assinale a afirmativa correta.

(A) O fato de advogar contra literal disposição de lei sem exceções não constitui infração disciplinar.
(B) A alegação de inconstitucionalidade descaracteriza a infração disciplinar invocada.
(C) A infração disciplinar não está prevista no sistema por caracterizar delito de hermenêutica.
(D) A referida infração somente pode ser considerada quando causar prejuízo ao cliente o que não foi o caso.

RESPOSTA De acordo com o art. 34, VI, do EOAB, constitui infração disciplinar advogar contra literal disposição de lei, salvo quando fundamentado na inconstitucionalidade, na injustiça da lei ou em pronunciamento judicial anterior onde se presume a boa-fé. *Alternativa B.*

230. **(VIII Exame)** O advogado Rubem, em causa em que patrocina os interesses da sociedade Só Fácil Ltda., cita fatos delituosos, por escrito, contra a honra do réu, sem autorização do seu cliente. Dias depois, é surpreendido com ação criminal em virtude dos fatos apresentados no processo judicial.

A descrição acima amolda-se à seguinte infração disciplinar:

(A) locupletar-se, por qualquer forma, à custa do cliente ou da parte adversa, por si ou interposta pessoa.
(B) incidir em erros reiterados que evidenciem inépcia profissional.
(C) prestar concurso a cliente ou a terceiro para realização de ato contrário à lei ou destinado a fraudá-la.
(D) fazer, em nome do constituinte, sem autorização escrita deste, imputação a terceiro de fato definido como crime.

RESPOSTA Dispõe o art. 34, XV, do EOAB que constitui infração disciplinar fazer, em nome do constituinte, sem autorização escrita deste, imputação a terceiro de fato definido como crime, o que ocorre na situação hipotética apresentada. *Alternativa D.*

231. **(VIII Exame)** O advogado "X", regularmente constituído pelo seu cliente "Z", retira os autos de cartório para realizar peça defensiva dos interesses do seu cliente. Os autos permanecem no escritório profissional de "X". Um incêndio no prédio em que se localiza o escritório destruiu numerosos documentos, inclusive os autos referidos. Com base no ocorrido, "X" comunica o fato ao Juízo e ao seu cliente.

Diante dessa narrativa, à luz da legislação aplicável aos advogados, assinale a afirmativa correta.

(A) O extravio de autos é caracterizado como infração, com pena de suspensão.
(B) O advogado deverá receber pena de advertência por não prever o incêndio.
(C) O extravio de autos deve ser doloso ou culposo, para ser punível disciplinarmente.
(D) O extravio de autos seria punível, caso fosse recebido em confiança.

RESPOSTA Dispõe o art. 34, XXII, do EOAB que constitui infração disciplinar reter, abusivamente, ou extraviar autos recebidos com vista ou em confiança. *Alternativa C.*

232. **(VII Exame)** Determinado advogado, valendo-se dos poderes para receber, que lhe foram outorgados pelo autor de certa demanda, promove o levantamento da quantia depositada pelo réu e não presta contas ao seu cliente, apropriando-se dos valores recebidos. Por tal infração disciplinar, qual a sanção prevista no Estatuto da Advocacia e da OAB?

(A) Censura, com possibilidade de conversão em advertência, caso o advogado infrator preste contas ao seu cliente antes do fim do processo disciplinar instaurado na OAB.
(B) Suspensão pelo prazo de 30 (trinta) dias a 12 (doze) meses, perdurando a suspensão até que o advogado satisfaça integralmente a dívida.
(C) Suspensão pelo prazo máximo de 30 (trinta) dias.
(D) Exclusão.

RESPOSTA Constitui infração disciplinar recusar-se, injustificadamente, a prestar contas ao cliente de quantias recebidas dele ou de terceiros por conta dele (art. 34, XXI) e, neste caso, a sanção é de suspensão que perdurará até que satisfaça integralmente a dívida, inclusive com correção monetária (art. 37, § 2º, do EOAB). *Alternativa B.*

233. **(III Exame)** Esculápio, advogado militante, fica comovido com a dificuldade de Astrolábio, bacharel em Direito, em lograr aprovação no Exame de Ordem. Com o intuito de auxiliá-lo, aceita subscrever petições realizadas pelo referido graduado em Direito, bem como permitir que ele receba os seus clientes no seu escritório, como se advogado fosse, não percebendo Esculápio qualquer vantagem pecuniária por isso. Consoante as normas estatutárias, é correto afirmar que

(A) Esculápio está cometendo infração disciplinar por manter sociedade profissional fora dos limites legais.
(B) Esculápio estaria praticando a conduta de facilitação do exercício da profissão aos não inscritos.
(C) havendo motivo de força maior, o advogado pode propiciar acesso profissional aos não inscritos.
(D) o advogado estaria apenas angariando causas para o seu escritório de advocacia.

RESPOSTA Constitui infração disciplinar exercer a profissão, quando impedido de fazê-lo, ou facilitar, por qualquer meio, o seu exercício aos não inscritos, proibidos ou impedidos, na forma do art. 34, I, do EOAB. *Alternativa B.*

234. **(III Exame)** Mévio, advogado recém-formado com dificuldades de iniciar sua atividade profissional, propõe a colegas de bairro e de escola a participação percentual nos honorários dos clientes que receber para consultas ou que pretendam ajuizar ações judiciais. Consoante as normas aplicáveis, assinale a alternativa correta em relação à conduta de Mévio.

(A) Caracteriza agenciamento de causas com participação dos honorários.
(B) É possível, desde que conste em contrato escrito entre as partes.
(C) O agenciamento de clientela é admitido em situações peculiares como essa.
(D) Desde que os serviços advocatícios sejam prestados por Mévio, inexiste infração disciplinar.

RESPOSTA Constitui infração disciplinar, na forma do art. 34, III, do EOAB, valer-se de agenciador de causas, mediante participação nos honorários a receber. *Alternativa A.*

235. **(III Exame)** Raul, advogado, é acusado, em processo disciplinar, de ter perdido prazos em diversos processos, de ter atuado contra os interesses dos seus clientes e de ter um número exagerado de indeferimento de petições iniciais, por ineptas, desconexas, com representações sucessivas à OAB. Em relação a tais circunstâncias, à luz das normas estatutárias, é correto afirmar que as condutas imputadas a Raul

(A) não caracterizam infração disciplinar.
(B) são consideradas desvios processuais exclusivamente.
(C) demandam atuação da OAB no sentido educativo.
(D) caracterizam inépcia da atuação profissional.

RESPOSTA O art. 34, XXIV, do EOAB considera infração disciplinar punida com sanção de suspensão incidir em erros reiterados que evidenciem inépcia profissional. *Alternativa D.*

236. **(V Exame)** José foi condenado criminalmente, com sentença transitada em julgado, e, paralelamente, punido também em processo disciplinar perante a OAB em função dos mesmos atos que resultaram naquela condenação criminal.

Nos termos das normas estatutárias, é correto afirmar que

(A) a reabilitação administrativa é pressuposto da criminal.
(B) é pressuposto da reabilitação à OAB o deferimento da criminal.
(C) ambas as reabilitações podem tramitar paralelamente.
(D) a reabilitação administrativa independe da criminal.

RESPOSTA O art. 41 do EOAB dispõe que é permitido ao que tenha sofrido qualquer sanção disciplinar requerer, um ano após seu cumprimento, a reabilitação, em face de provas efetivas de bom comportamento. Todavia, quando a sanção disciplinar resultar da prática de crime, o pedido de reabilitação depende também da correspondente reabilitação criminal. *Alternativa B.*

237. **(IV Exame)** Juvenal, estagiário regularmente inscrito nos Quadros da OAB, em processo no qual se encontra indicado como tal, retira do cartório os autos do processo, deixando de devolvê-los no prazo legal. Regularmente intimado, mantém a sua inércia. Em termos disciplinares, é correto afirmar que

(A) o estagiário não sofre sanções disciplinares.
(B) o advogado responsável pelo estagiário é o destinatário das sanções nesse caso.
(C) não há diferença na atuação do estagiário e do advogado para efeito de sanções disciplinares.
(D) no caso em tela, não haverá qualquer sanção nem ao advogado nem ao estagiário.

RESPOSTA O advogado é responsável pelo estagiário, podendo sofrer sanções, pois estagiário de advocacia, regularmente inscrito, pode praticar os atos previstos no art. 1º, na forma do RG, em conjunto com advogado e sob responsabilidade deste (art. 3º, § 2º, do EOAB). *Alternativa B.*

238. **(IV Exame)** Esculápio, advogado, inscrito, há longos anos, na OAB, após aprovação em Exame de Ordem, é surpreendido com a notícia de que o advogado Sófocles, que atua no seu escritório em algumas causas, fora entrevistado por jornalista profissional, tendo afirmado ser usuário habitual de drogas. A entrevista foi divulgada amplamente. Após conversas reservadas entre os advogados, os termos da entrevista são confirmados, bem como o vício portado. Não há acordo quanto a eventual tratamento de saúde, afirmando o advogado Sófocles que continuaria a praticar os atos referidos.

Diante dessa narrativa, à luz da legislação aplicável aos advogados, é correto afirmar que

(A) não há penalidade prevista, uma vez que se trata de questão circunscrita à Saúde Pública.
(B) o advogado pode ser excluído dos quadros da OAB.
(C) a sanção disciplinar se aplica a eventual uso de drogas.
(D) no caso em tela, há sanção disciplinar aplicável.

RESPOSTA O caso trata da infração tipificada no art. 34, parágrafo único, c, do EOAB e, nesse caso, a sanção é de suspensão nos termos do EOAB, art. 37, I. *Alternativa D.*

239. **(III Exame)** Marcelo promove ação de procedimento ordinário em face de Paus e Cupins Ltda. com o fito de compelir a ré à prestação de determinado fato, diante de contrato anteriormente estabelecido pelas partes e descumprido pela ré. Houve regular citação, com a apresentação de defesa, tendo o processo permanecido paralisado por oito anos por inércia das partes. Dez anos após a paralisação, o réu ingressa no processo requerendo a declaração de prescrição intercorrente, que é declarada, não tendo havido recurso do autor. Após consultas processuais, o autor descobre a real situação do processo e apresenta representação disciplinar à OAB contra o seu advogado. Nos termos da legislação estatutária e do Código de Ética, é correto afirmar que

(A) está perfeitamente caracterizado o abandono da causa.
(B) os atos referidos se esgotam no processo judicial.
(C) a inércia das partes não pode atingir os advogados, como no enunciado.
(D) o advogado não pode ser sancionado pela demora do processo, mesmo que tenha sido inerte.

RESPOSTA Constitui infração disciplinar abandonar a causa sem justo motivo ou antes de decorridos dez dias da comunicação da renúncia (art. 34, XI, do EOAB). O Novo Código de Ética exige que o advogado não deixe ao abandono ou ao desamparo os feitos, sem motivo justo e comprovada ciência do constituinte (art. 15). *Alternativa A.*

240. **(II Exame)** Caio, advogado, inscrito na OAB-SP, após aprovação em concorrido Exame de Ordem, atua em diversos ramos do Direito. Um dos seus clientes possui causa em curso perante a Comarca de Tombos/MG, tendo o profissional comparecido à sede do Juízo para praticar ato em prol do seu constituinte. Estando no local, foi surpreendido por designação do Juiz Titular da

Comarca para representar Tício, pessoa de parcos recursos financeiros, diante da ausência de Defensor Público designado para prestar serviços no local, por falta de efetivo suficiente de profissionais. Não tendo argumentos para recusar o encargo, Caio participou do ato.

Diante desse quadro

(A) o ato deveria ter sido adiado diante da exclusividade da atuação da Defensoria Pública.
(B) o advogado deveria ter recusado o encargo, mesmo sem justificativa plausível.
(C) a recusa nesses casos poderá ocorrer, com justo motivo.
(D) a recusa poderia ocorrer diante da ausência de sanção disciplinar.

RESPOSTA É infração disciplinar o advogado se recusar a prestar, sem justo motivo, assistência jurídica, quando nomeado em virtude de impossibilidade da Defensoria Pública (art. 34, XII, do EOAB). *Alternativa C.*

241. **(II Exame)** Dentre as sanções cabíveis no processo disciplinar realizado pela OAB no concernente aos advogados estão a censura, a suspensão, a exclusão e a multa.

Dentre as circunstâncias atenuantes para a aplicação do ato sancionatório, encontra-se, consoante o Estatuto,

(A) exercício assíduo e proficiente em mandato realizado na OAB.
(B) ser reincidente em faltas da mesma natureza.
(C) prestação de serviços à advocacia, mesmo irrelevantes.
(D) ter sido o ato cometido contra outro integrante de carreira jurídica.

RESPOSTA Dispõe o art. 40, III, do EOAB, que o exercício assíduo e proficiente de mandato ou cargo em qualquer órgão da OAB é considerado para fins de atenuação de pena. *Alternativa A.*

242. **(I Exame)** Acerca das infrações e sanções disciplinares, assinale a opção correta.

(A) Cometerá infração disciplinar o advogado que receber dinheiro de cliente para pagar parcelas de financiamento e proceder, sem autorização, à compensação com honorários que ele alegue devidos.
(B) Considere que um advogado, após ser notificado pelo juiz para devolver os autos que retenha além do prazo, não atenda ao mandado, tampouco ao de busca e apreensão. Nessa situação hipotética, embora não incida em nenhuma infração disciplinar perante a OAB, deverá o advogado arcar com o ônus processual de sua conduta.
(C) O advogado que esteja em débito com plurais contribuições e multas perante a OAB e que, mesmo regularmente intimado mantenha-se inadimplente, deverá responder por infração disciplinar e pelo crime de charlatanismo.
(D) Considere que uma advogada inscrita na OAB receba, adiantadamente, honorários contratuais de seu cliente, mas não preste o serviço jurídico contratado. Nessa situação hipotética a advogada tem direito à quantia recebida, visto que sua conduta não configura locupletamento à custa do cliente.

RESPOSTA (A) O art. 48, § 2º, do NCED determina que a compensação ou o desconto dos honorários contratados e de valores que devam ser entregues ao constituinte ou cliente só podem ocorrer se houver prévia autorização ou previsão contratual. Aplica-se, nesse caso, a censura (art. 36, II, do EOAB). (B) Art. 34, XXII do EOAB. (C) Art. 34, XXIII do EOAB. (D) Art. 34, XX, do EOAB. *Alternativa A.*

243. **(XXVIII Exame)** Gabriel, advogado, teve aplicada contra si penalidade de suspensão, em razão da prática das seguintes condutas: atuar junto a cliente para a realização de ato destinado a fraudar a lei; recusar-se a prestar contas ao cliente de quantias recebidas dele e incidir em erros reiterados que evidenciaram inépcia profissional. Antes de decorrido o prazo para que pudesse requerer a reabilitação quanto à aplicação dessas sanções e após o trânsito em julgado das decisões administrativas, instaurou-se contra ele, em razão dessas punições prévias, novo processo disciplinar.

Com base no caso narrado, assinale a opção que indica a penalidade disciplinar a ser aplicada.

(A) De exclusão, para a qual é necessária a manifestação da maioria absoluta dos membros do Conselho Seccional competente.
(B) De suspensão, que o impedirá de exercer o mandato e implicará o cancelamento de sua inscrição na OAB.
(C) De exclusão, ficando o pedido de nova inscrição na OAB condicionado à prova de reabilitação.
(D) De suspensão, que o impedirá de exercer o mandato e o impedirá de exercer a advocacia em todo o território nacional, pelo prazo de doze a trinta meses.

RESPOSTA Conforme o art. 38, I, do EOAB, no caso de três suspensões, o novo processo a ser instaurado será o de exclusão; todavia, há a possibilidade de um novo pedido de inscrição, desde que reabilitado, conforme art. 41 do EOAB. *Alternativa C.*

244. **(XXIX Exame)** Milton, advogado, exerceu fielmente os deveres decorrentes de mandato outorgado para defesa do cliente Tomás, em juízo. Todavia, Tomás deixou, injustificadamente, de efetuar o pagamento dos valores acordados a título de honorários.

Em 08/04/19, após negar-se ao pagamento devido, Tomás solicitou a Milton que agendasse uma reunião para que este esclarecesse, de forma pormenorizada, questões que entendia pertinentes e necessárias sobre o processo. Contudo, Milton informou que não prestaria nenhum tipo de informação judicial sem pagamento, a fim de evitar o aviltamento da atuação profissional.

Em 10/05/19, Tomás solicitou que Milton lhe devolvesse alguns bens móveis que haviam sido confiados ao advogado durante o processo, relativos ao objeto da demanda. Milton também se recusou, pois pretendia alienar os bens para compensar os honorários devidos. Considerando o caso narrado, assinale a afirmativa correta.

(A) Apenas a conduta de Milton praticada em 08/04/19 configura infração ética.

(B) Ambas as condutas de Milton, praticadas em 08/04/19 e em 10/05/19, configuram infrações éticas.

(C) Nenhuma das condutas de Milton, praticadas em 08/04/19 e em 10/05/19, configura infração ética.

(D) Apenas a conduta de Milton praticada em 10/05/19 configura infração ética.

RESPOSTA As condutas de 08/04/2019 e de 10/05/2019 configuram infração do art. 12 do CED, posto que tal norma obriga a devolução de bens, valores e documentos, bem como de prestar esclarecimentos complementares que se mostrem pertinentes e necessários. *Alternativa B.*

245. **(XI Exame)** O advogado Mário celebrou contrato de honorários com seu cliente, para atuar em reclamação trabalhista. No contrato restou estabelecido que, em caso de êxito, ele receberia, a título de honorários contratuais, o valor de 60% do que fosse recebido pelo cliente, que havia sido dispensado pelo empregador e encontra-se em situação econômica desfavorável.

A respeito do caso apresentado, assinale a afirmativa correta.

(A) Mário não cometeu infração disciplinar, uma vez que tendo celebrado contrato de honorários, ele pode cobrar de seu cliente o valor que entender compatível com o trabalho desenvolvido.

(B) Mário não cometeu infração disciplinar, pois causas trabalhistas são muito complexas, justificando-se, assim, a cobrança de honorários elevados.

(C) Mário violou dispositivo do Código de Ética e Disciplina da OAB, segundo o qual os honorários profissionais devem ser fixados com moderação.

(D) Mário violou dispositivo do Código de Ética e Disciplina da OAB, que veda a cobrança de honorários profissionais com base em percentual do valor a ser recebido pela parte.

RESPOSTA Os honorários profissionais devem ser fixados com moderação, atendidos os elementos elencados no art. 49 do NCED, sendo a conduta tipificada como infração disciplinar de acordo com o art. 36, II, do EOAB. *Alternativa C.*

246. **(XXX Exame)** O advogado Carlos não adimpliu suas obrigações relativas às anuidades devidas à OAB. Assinale a opção que, corretamente, trata das consequências de tal inadimplemento.

(A) Carlos deverá quitar o débito em 15 dias contados da notificação para tanto, sob pena de suspensão, independentemente de processo disciplinar. Na terceira suspensão por não pagamento de anuidade, seja a mesma ou anuidades distintas, será cancelada sua inscrição.

(B) Carlos deverá quitar o débito no prazo fixado em notificação, sob pena de suspensão mediante processo disciplinar. Após 15 dias de suspensão, caso não realizado o pagamento da mesma anuidade, será cancelada sua inscrição.

(C) Carlos deverá quitar o débito em 15 dias contados da notificação para tanto, sob pena de suspensão, mediante processo disciplinar. Na terceira suspensão por não pagamento de anuidades, será cancelada sua inscrição.

(D) Carlos deverá quitar o débito em 15 dias contados da notificação para tanto, sob pena de suspensão, independentemente de processo disciplinar. Na segunda suspensão por não pagamento de anuidades distintas, será cancelada sua inscrição, após o transcurso de processo disciplinar.

RESPOSTA a) errada; b) errada. C) correta, pois o não pagamento de anuidades gera a sanção de suspensão. Todavia, é importante deixar claro que o cancelamento da inscrição em decorrência de 3 suspensões não é automático, pois exige-se a manifestação favorável de 2/3 dos membros do Conselho Seccional nos termos do parágrafo único do art. 38 do EOAB; d) errada. *Alternativa C.*

XI. OAB

247. **(XXIV Exame)** O Conselho Seccional Y da OAB, entendendo pela inconstitucionalidade de certa norma em face da Constituição da República, subscreve indicação de ajuizamento de ação direta de inconstitucionalidade, endereçando-a ao Conselho Federal da OAB.

Considerando o caso apresentado, de acordo com o Regulamento Geral do Estatuto da Advocacia e da OAB, assinale a afirmativa correta.

(A) A mencionada indicação de ajuizamento de ação direta de inconstitucionalidade submete-se a obrigatório juízo prévio de admissibilidade realizado pela Diretoria do Conselho Federal para aferição da relevância da defesa dos princípios e das normas constitucionais. Caso seja admitida, o relator, designado pelo Presidente, independentemente da decisão da Diretoria, pode levantar preliminar de inadmissibilidade perante o Conselho Pleno, quando não encontrar norma ou princípio constitucionais violados pelo ato normativo. Após, se aprovado o ajuizamento da ação, esta será proposta pelo Presidente do Conselho Federal.

(B) A mencionada indicação de ajuizamento de ação direta de inconstitucionalidade submete-se a obrigatório juízo prévio de admissibilidade realizado pela Segunda Câmara do Conselho Federal para aferição da relevância da defesa dos princípios e das normas constitucionais. Caso seja admitida, o relator designado pelo Presidente, independentemente da decisão da Segunda Câmara, pode levantar preliminar de inadmissibilidade perante o Conselho Pleno, quando não encontrar norma ou princípio constitucionais violados pelo ato normativo. Após, se aprovado o ajuizamento da ação, esta será proposta pelo Presidente do Conselho Federal.

(C) A mencionada indicação de ajuizamento de ação direta de inconstitucionalidade não se sujeita a juízo prévio obrigatório de admissibilidade, seja pela Diretoria ou qualquer Câmara do Conselho Federal. Porém, o relator, designado pelo Presidente, pode levantar preliminar de inadmissibilidade perante o Conselho Pleno, quando não encontrar norma ou princípio constitucionais violados pelo ato normativo. Após, se aprovado o ajuizamento da ação, esta será proposta pelo Presidente do Conselho Federal.

(D) A mencionada indicação de ajuizamento de ação direta de inconstitucionalidade não se sujeita a juízo prévio obrigatório de admissibilidade seja pela Diretoria ou qualquer Câmara do Conselho Federal. Porém, o relator, designado pelo Presidente, pode levantar preliminar de inadmissibilidade perante o Conselho Pleno, quando não encontrar norma ou princípio constitucionais violados pelo ato normativo. Após, se aprovado o ajuizamento da ação, esta será proposta pelo relator designado.

RESPOSTA Aqui, mais uma vez, o examinador buscou cobrar do candidato o texto da lei, no caso em tela o art. 82, incisos I e II, do Regulamento Geral que foram reproduzidos na alternativa C. *Alternativa C.*

248. **(XXI Exame)** O advogado Roni foi presidente do Conselho Federal da OAB em mandato exercido por certo triênio, na década entre 2000 e 2010. Sobre a participação de Roni, na condição de ex-presidente do Conselho Federal, nas sessões do referido Conselho, assinale a afirmativa correta.

(A) Não integra a atual composição do Conselho Federal da OAB. Logo, apenas pode participar das sessões na condição de ouvinte, não lhe sendo facultado direito a voto ou direito a voz.

(B) Integra a atual composição do Conselho Federal da OAB, na qualidade de membro honorário vitalício, sendo-lhe conferido direito a voto e direito a voz nas sessões.

(C) Não integra a atual composição do Conselho Federal da OAB. Logo, apenas pode participar das sessões na condição de convidado honorário, não lhe sendo facultado direito a voto, mas, sim, direito a voz.

(D) Integra a atual composição do Conselho Federal da OAB, na qualidade de membro honorário vitalício, sendo-lhe conferido apenas direito a voz nas sessões e não direito a voto.

RESPOSTA De acordo com o EOAB, art. 51, II e § 2º os ex-presidentes do CF integram o referido órgão como membro honorário vitalício possuindo apenas direito a voz nas sessões do referido Conselho. *Alternativa D.*

249. **(XX Exame)** Fabiano é conselheiro eleito de certo Conselho Seccional da OAB. No curso do mandato, Fabiano pratica infração disciplinar e sofre condenação, em definitivo, à pena de censura.

Considerando a situação descrita e o disposto no Estatuto da OAB, o mandato de Fabiano no Conselho Seccional

(A) será extinto, apenas se a sanção disciplinar aplicada for de exclusão.

(B) será extinto, apenas se a sanção por infração disciplinar aplicada for de exclusão ou de suspensão.

(C) será extinto, independentemente da natureza da sanção disciplinar aplicada.

(D) será extinto, apenas se a sanção aplicada for de suspensão ou se for reincidente em infração disciplinar.

RESPOSTA Conforme determina o EOAB, art. 66: "Extingue-se o mandato automaticamente, antes do seu término, quando: (...) II – o titular sofrer condenação disciplinar". *Alternativa C.*

250. **(XX Exame)** Charles é presidente de certo Conselho Seccional da OAB. Não obstante, no curso do mandato, Charles vê-se envolvido em dificuldades no seu casamento com Emma, e decide renunciar ao mandato, para dedicar-se às suas questões pessoais.

Sobre o caso, assinale a afirmativa correta.

(A) O sucessor de Charles deverá ser eleito pelo Conselho Federal da OAB, dentre os membros do Conselho Seccional respectivo.

(B) O sucessor de Charles deverá ser eleito pelo Conselho Seccional respectivo, dentre seus membros.

(C) O sucessor de Charles deverá ser eleito pela Subseção respectiva, dentre seus membros.

(D) O sucessor de Charles deverá ser eleito por votação direta dos advogados regularmente inscritos perante o Conselho Seccional respectivo.

RESPOSTA Sendo lógica a resposta, já que o sucessor de Charles (o vice-presidente) foi eleito pelo Conselho Seccional dentre os seus membros. *Alternativa B.*

251. **(XIX Exame)** Tício, presidente de determinada Subseção da OAB, valendo-se da disciplina do art. 50 da Lei Federal n. 8.906/94 (Estatuto da OAB), pretende requisitar, ao cartório de certa Vara de Fazenda Pública, cópias de peças dos autos de um processo judicial que não estão cobertas pelo sigilo. Assim, analisou o entendimento jurisprudencial consolidado no Supremo Tribunal Federal sobre o tema, a fim de apurar a possibilidade da requisição, bem como, caso positivo, a necessidade de motivação e pagamento dos custos respectivos.

Diante da situação narrada, Tício estará correto ao concluir que

(A) não dispõe de tal prerrogativa, pois o citado dispositivo legal foi declarado inconstitucional pelo Supremo Tribunal Federal, uma vez que compete privativamente aos tribunais organizar as secretarias e cartórios judiciais, não se sujeitando a requisições da OAB, por expressa disciplina Constitucional.

(B) pode realizar tal requisição, pois o citado dispositivo legal foi declarado constitucional pelo Supremo Tribunal Federal, independentemente de motivação e pagamento dos respectivos custos.

(C) pode realizar tal requisição, pois o Supremo Tribunal Federal, em sede de controle de constitucionalidade, assegurou-a, desde que acompanhada de motivação compatível com as finalidades da Lei n. 8.906/94 e o pagamento dos respectivos custos.

(D) não dispõe de tal prerrogativa, pois ao citado dispositivo legal foi conferida, pelo Supremo Tribunal Federal, interpretação conforme a Constituição Federal para excluir os presidentes de Subseções, garantindo a requisição apenas aos Presidentes do Conselho Federal da OAB e dos Conselhos Seccionais, desde que motivada.

RESPOSTA Nos termos do julgamento da ADI 1.127 do STF ficou decidido por votação majoritária, quanto ao art. 50, julgou parcialmente dar interpretação conforme ao dispositivo, de modo a fazer compreender a palavra "requisitar" como dependente de motivação, compatibilização com as finalidades da lei e atendimento de custos desta requisição. Ficam ressalvados, desde já, os documentos cobertos por sigilo. *Alternativa C.*

252. **(XIX Exame)** As Subseções X e Y da OAB, ambas criadas pelo Conselho Seccional Z, reivindicam a competência para desempenhar certa atribuição. Não obstante, o Conselho Seccional Z defende que tal atribuição é de sua competência.

Caso instaurado um conflito de competência envolvendo as Subseções X e Y e outro envolvendo a Subseção X e o Conselho Seccional Z, assinale a opção que relaciona, respectivamente, os órgãos competentes para decidir os conflitos.

(A) O conflito de competência entre as subseções deve ser decidido pelo Conselho Seccional Z, cabendo recurso ao Conselho Federal da OAB. Do mesmo modo, o conflito entre a Subseção X e o Conselho Seccional Z será decidido pelo Conselho Seccional Z, cabendo recurso ao Conselho Federal da OAB.

(B) O conflito de competência entre as subseções deve ser decidido pelo Conselho Seccional Z, cabendo recurso ao Conselho Federal da OAB. Já o conflito entre a Subseção X e o Conselho Seccional Z será decidido, em única instância, pelo Conselho Federal da OAB.

(C) Ambos os conflitos de competência serão decididos, em única instância, pelo Conselho Federal da OAB.

(D) O conflito de competência entre as subseções deve ser decidido, em única instância, pelo Conselho Seccional Z. O conflito entre a Subseção X e o Conselho Seccional Z será decidido, em única instância, pelo Conselho Federal da OAB.

RESPOSTA Nos termos do EOAB, art. 54, IX – julgar, em grau de recurso, as questões decididas pelos Conselhos Seccionais, nos casos previstos neste estatuto e no regulamento geral, bem como o art. 58, III – julgar, em grau de recurso, as questões decididas por seu Presidente, por sua diretoria, pelo Tribunal de Ética e Disciplina, pelas diretorias das Subseções e da Caixa de Assistência dos Advogados. *Alternativa A.*

253. **(XV Exame)** Messias é advogado com mais de trinta anos de atuação profissional e deseja colaborar para o aperfeiçoamento da advocacia. O Presidente da Seccional onde possui inscrição principal sugere que ele participe da política associativa e lance sua candidatura a Conselheiro Federal. Observadas as regras do Estatuto da OAB, assinale a afirmativa correta.

(A) A eleição de Conselheiro Federal da OAB é indireta e secreta.

(B) O Conselheiro Federal da OAB integra uma das chapas concorrentes para as eleições seccionais.

(C) A indicação para o Conselho Federal é realizada pelo Colégio de Presidentes da OAB.

(D) O Conselheiro Federal é indicado livremente pelas Seccionais da OAB.

RESPOSTA A chapa para o Conselho Seccional deve ser composta dos candidatos ao conselho e à sua diretoria e, ainda, à delegação ao Conselho Federal e à diretoria da Caixa de Assistência dos Advogados (EOAB, art. 64, § 1º). *Alternativa B.*

254. **(XVI Exame)** Compete ao Conselho Seccional ajuizar, após deliberação,

(A) ação direta de inconstitucionalidade em face de leis ou atos normativos federais.

(B) queixa-crime contra quem tenha ofendido os inscritos na respectiva Seccional.

(C) mandado de segurança individual em favor dos advogados inscritos na respectiva Seccional, independentemente de vinculação com o exercício da profissão.

(D) mandado de segurança coletivo, em defesa de seus inscritos, independentemente de autorização pessoal dos interessados.

RESPOSTA O art. 105, V, c, do RG dispõe que compete ao Conselho Seccional, ajuizar, após deliberação, mandado de segurança coletivo, em defesa de seus inscritos, independentemente de autorização pessoal dos interessados. *Alternativa D.*

255. **(XII Exame)** Sobre as competências dos Conselhos Seccionais da OAB, assinale a afirmativa correta.

(A) Ajuizar, após deliberação, ação direta de inconstitucionalidade de leis estaduais em face da Constituição Estadual e ação direta de inconstitucionalidade de leis federais em face da Constituição Federal.

(B) Ajuizar, após deliberação, mandado de segurança coletivo em defesa de seus inscritos, independentemente de autorização pessoal dos interessados.

(C) Ajuizar, independentemente de deliberação, ações de indenização contra todos aqueles que ofenderem seus inscritos, em razão do exercício da profissão.

(D) Ajuizar, após deliberação, mandado de injunção, em face da Constituição Estadual ou em face da Constituição Federal.

RESPOSTA Compete ao Conselho Seccional ajuizar, após deliberação, mandado de segurança coletivo, em defesa de seus inscritos, independentemente de autorização pessoal dos interessados, na forma do art. 105, V, c, do Regulamento Geral do EOAB. *Alternativa B.*

256. **(XIII Exame)** Maria da Silva, advogada, apresenta requerimento ao Presidente da Seccional da OAB tendo o seu pleito sido indeferido.

Nos termos do Estatuto da Advocacia, cabe recurso ao

(A) Conselho Seccional da OAB.

(B) Conselho Federal da OAB.

(C) Presidente do Conselho Federal da OAB.

(D) Presidente do Tribunal de Ética da OAB.

RESPOSTA Compete privativamente ao Conselho Seccional julgar, em grau de recurso, as questões decididas por seu Presidente, por sua diretoria, pelo Tribunal de Ética e Disciplina, pelas diretorias das Subseções e da Caixa de Assistência dos Advogados (EOAB, art. 58, III). *Alternativa A.*

257. **(XIII Exame)** A respeito da competência do Conselho Federal da OAB, assinale a opção incorreta.

(A) Compete ao Conselho Federal da OAB representar, em juízo ou fora dele, os interesses coletivos ou individuais dos advogados.

(B) Compete ao Conselho Federal da OAB editar seu regimento interno e o regimento interno das Seccionais da OAB.

(C) Compete ao Conselho Federal da OAB julgar, em grau de recurso, as questões decididas pelos Conselhos Seccionais, nos casos previstos no EOAB e no regulamento geral.

(D) Compete ao Conselho Federal da OAB velar pela dignidade, independência, prerrogativas e valorização da advocacia.

RESPOSTA A alternativa B encontra-se incorreta pois compete privativamente ao Conselho Seccional editar seu regimento interno e resoluções, na forma do art. 58, I, do Estatuto da Advocacia e da Ordem dos Advogados do Brasil. *Alternativa B.*

258. **(XXVI Exame)** O Conselho Seccional X pretende criar a subseção Z, que abrange três municípios. Estima-se que, na área territorial pretendida para a subseção Z, haveria cerca de cinquenta advogados profissionalmente domiciliados. O mesmo Conselho Seccional também pretende criar as subseções W e Y, de modo que W abrangeria a região norte e Y abrangeria a região sul de um mesmo município.

Considerando o caso narrado, de acordo com o Estatuto da Advocacia e da OAB, assinale a afirmativa correta.

(A) Não é autorizada, pelo Estatuto da Advocacia e da OAB, a criação da subseção Z com a área territorial pretendida. Quanto às subseções W e Y, poderão ser criadas se contarem, cada qual, com um número mínimo de cem advogados nela profissionalmente domiciliados.

(B) Não é autorizada, pelo Estatuto da Advocacia e da OAB, a criação da subseção Z, em razão da área territorial pretendida. Quanto às subseções W e Y, poderão ser criadas se contarem, cada qual, com um número mínimo de quinze advogados nela profissionalmente domiciliados.

(C) A criação da subseção Z, com a área territorial pretendida, é autorizada pelo Estatuto da Advocacia e da OAB. Da mesma forma, as subseções W e Y poderão ser criadas se contarem, cada qual, com um número mínimo de quinze advogados nelas profissionalmente domiciliados.

(D) A criação da subseção Z, com a área territorial pretendida, é autorizada pelo Estatuto da Advocacia e da OAB. Já a criação das subseções W e Y, em razão da área territorial pretendida, não é autorizada pelo Estatuto da Advocacia e da OAB, independentemente do número de advogados nela profissionalmente domiciliados.

RESPOSTA a) errada; b) errada; c) correta, pois o EOAB, em seu art. 60, § 1º, prevê exatamente tal situação, *verbis*: A área territorial da Subseção pode abranger um ou mais municípios, ou parte de município, inclusive da capital do Estado, contando com um mínimo de quinze advogados, nela profissionalmente domiciliados. *Alternativa C.*

259. **(IX Exame – Reaplicação)** A respeito do voto e da participação na eleição para o Conselho Seccional da Ordem dos Advogados do Brasil, de acordo com as normas do Regulamento Geral do Estatuto da Advocacia e da OAB, assinale a afirmativa correta.

(A) É voluntário o voto, podendo candidatar-se o advogado com mais de cinco anos de atividade.

(B) É obrigatório o voto, podendo inscrever-se, para ocupar cargos no Conselho, qualquer advogado independente do tempo de exercício.

(C) É voluntário o voto, sendo a eleição direta e secreta, escolhendo os membros do Conselho Seccional e Federal.

(D) É obrigatório o voto, podendo o advogado com inscrição suplementar há mais de cinco anos ser candidato na seccional.

RESPOSTA O art. 128 do RG determina a obrigatoriedade do voto, e o art. 131-A elenca as condições de elegibilidade, sendo as seguintes: ser o candidato advogado inscrito na Seccional, com inscrição principal ou suplementar, em efetivo exercício há mais de 5 (cinco) anos, e estar em dia com as anuidades na data de protocolo do pedido de registro de candidatura, considerando-se regulares aqueles que parcelaram seus débitos e estão adimplentes com a quitação das parcelas. *Alternativa D.*

260. **(IX Exame – Reaplicação)** O cargo de Presidente da Caixa dos Advogados é dos mais relevantes para a OAB. Um advogado eleito para tal cargo, não tendo como concluir o seu mandato, de acordo com as normas do Regulamento Geral do Estatuto da Advocacia e da OAB, deve prestar contas

(A) ao presidente do Conselho Federal titular.

(B) ao secretário do Conselho Seccional em exercício.

(C) ao coordenador do Conselho Fiscal ou Deliberativo.

(D) ao presidente da Caixa dos Advogados sucessor.

RESPOSTA O art. 59 do RG dispõe que deixando o cargo, por qualquer motivo, no curso do mandato, os Presidentes do Conselho Federal, do Conselho Seccional, da Caixa de Assistência e da Subseção apresentam, de forma sucinta, relatório e contas ao seu sucessor. *Alternativa D.*

261. **(IX Exame)** Assinale a afirmativa que indica como ocorrerá, em havendo necessidade, a criação de novos Conselhos Seccionais, de acordo com as normas do Regulamento Geral do Estatuto da Advocacia e da OAB.

(A) Por meio de Lei aprovada pelo Congresso Nacional.
(B) Por meio de Medida Provisória Federal.
(C) Por Provimento do Conselho Federal.
(D) Por meio de Resolução do Conselho Federal.

RESPOSTA Dispõe o art. 46 do RG que os novos Conselhos Seccionais serão criados mediante Resolução do Conselho Federal. *Alternativa D.*

262. **(VIII Exame)** As alternativas a seguir apresentam algumas das competências do Conselho Federal da Ordem dos Advogados do Brasil, à exceção de uma. Assinale-a.

(A) Representar, em juízo ou fora dele, os interesses coletivos dos advogados.
(B) Velar pela dignidade, independência, prerrogativas e valorização da advocacia.
(C) Representar, sem exclusividade, os advogados brasileiros nos órgãos e eventos internacionais da advocacia.
(D) Editar e alterar o Regulamento Geral, o Código de Ética e Disciplina e os Provimentos que julgar necessários.

RESPOSTA (A) Art. 54, II, do EOAB. (B) Art. 54, III, do EOAB. (C) Cabe ao Conselho Federal representar, com exclusividade, os advogados brasileiros nos órgãos e eventos internacionais da advocacia, de acordo com art. 54, IV, do EOAB. (D) Art. 54, V, do EOAB. *Alternativa C.*

263. **(VII Exame)** Nos termos do Regulamento Geral do Estatuto da Advocacia e da OAB quanto à aquisição de patrimônio pela Ordem dos Advogados do Brasil, revela-se correto afirmar que

(A) a alienação de bens é ato privativo do Presidente da Seccional da OAB.
(B) a aquisição de bens depende de aprovação da Diretoria da OAB.
(C) a oneração de bens é ato do Presidente do Conselho Federal.
(D) a disposição sobre os bens móveis é atribuição do Presidente da Seccional.

RESPOSTA A alienação ou oneração de bens imóveis depende de aprovação do Conselho Federal ou do Conselho Seccional, competindo à Diretoria do órgão decidir pela aquisição de qualquer bem e dispor sobre os bens móveis (art. 48 do RG). *Alternativa B.*

264. **(I Exame)** Ao Conselho da Subseção compete

(A) instaurar e instruir processos disciplinares, para julgamento pelo Conselho Federal.
(B) receber pedido de inscrição nos quadros de advogado e estagiário, instruindo e emitindo parecer prévio, para decisão do conselho seccional.
(C) representar a OAB no Conselho de Segurança do MERCOSUL.
(D) fiscalizar as funções e atribuições do Conselho Seccional.

RESPOSTA O art. 61, parágrafo único, *d*, do EOAB estabelece essa competência. *Alternativa B.*

265. **(XXII Exame)** Em determinada subseção da OAB, constatou-se grave violação à disciplina prevista na Lei n. 8.906/94, no que diz respeito ao exercício de suas atribuições de representar a OAB perante os poderes constituídos e de fazer valer as prerrogativas do advogado.

Considerando a situação hipotética narrada, assinale a afirmativa correta.

(A) Compete ao Conselho Federal da OAB intervir na aludida subseção mediante voto de dois terços de seus membros.
(B) Compete ao Conselho Federal da OAB intervir na aludida subseção mediante decisão por maioria do Órgão Especial do Conselho Pleno.
(C) Compete ao Conselho Seccional respectivo da OAB intervir na aludida subseção mediante decisão unânime de sua diretoria.
(D) Compete ao Conselho Seccional respectivo da OAB intervir na aludida subseção mediante voto de dois terços de seus membros.

RESPOSTA Compete privativamente ao Conselho Seccional intervir nas Subseções e na Caixa de Assistência dos Advogados nos termos do EOAB, art. 58, combinado com os arts. 105, III e 108 do Regulamento Geral. *Alternativa D.*

266. **(XXII Exame)** A advogada Maria foi procurada por certo cliente para o patrocínio de uma demanda judicial. Ela, então, apresentou ao cliente contrato de prestação de seus serviços profissionais. A cláusula dez do documento estabelecia que Maria obrigava-se apenas a atuar na causa no primeiro grau de jurisdição. Além disso, a cláusula treze dispunha sobre a obrigatoriedade de pagamento de honorários, em caso de ser obtido acordo antes do oferecimento da petição inicial. Irresignado, o cliente encaminhou cópia do contrato à OAB, solicitando providências disciplinares.

Sobre os termos do contrato, assinale a afirmativa correta.

(A) A cláusula dez do contrato viola o disposto no Código de Ética e Disciplina da OAB, uma vez que é vedada a limitação do patrocínio a apenas um grau de jurisdição. Quanto à cláusula treze, não se vislumbram irregularidades.

(B) Não se vislumbram irregularidades quanto às cláusulas dez e treze do contrato, ambas consonantes com o disposto no Estatuto da OAB e no Código de Ética e Disciplina da OAB.

(C) A cláusula treze do contrato viola o disposto no Código de Ética e Disciplina da OAB, uma vez que o advogado não faz jus ao recebimento de honorários contratuais em caso de acordo feito entre o cliente e a parte contrária, anteriormente ao oferecimento da demanda. Quanto à cláusula dez, não se vislumbram irregularidades.

(D) A cláusula dez do contrato viola o disposto no Código de Ética e Disciplina da OAB, uma vez que é vedada a limitação do patrocínio a apenas um grau de jurisdição. A cláusula treze do contrato também viola o disposto no Código de Ética e Disciplina da OAB, uma vez que o advogado não faz jus ao recebimento de honorários contratuais em caso de acordo feito entre o cliente e a parte contrária, anteriormente ao oferecimento da demanda.

RESPOSTA O art. 48, § 1º, do CED prevê a possibilidade de estipulação da extensão do patrocínio, bem como a forma de pagamento e, nesse último caso, o § 5º do referido artigo prevê a vedação da diminuição dos valores contratados em decorrência de solução do litígio por meio extrajudicial. *Alternativa B.*

267. **(XXII Exame)** No ano de 2017, deverá se realizar a Conferência Nacional da Advocacia Brasileira, órgão consultivo máximo do Conselho Federal, que se reúne trienalmente.

Cientes do evento, Raul, Francisco e Caetano decidem participar como membros efetivos da Conferência. Raul, advogado, é conselheiro de certo Conselho Seccional da OAB. Francisco é advogado, regularmente inscrito na OAB, e não exerce previamente função junto a qualquer órgão da instituição. Caetano é estagiário, regularmente inscrito como tal junto à OAB, e também não exerce previamente função em nenhum de seus órgãos.

Considerando o disposto no Regulamento Geral do Estatuto da Advocacia e da OAB, assinale a afirmativa correta.

(A) Raul participará como membro efetivo da Conferência Nacional da Advocacia Brasileira, caso em que terá direito a voto. Os demais, mesmo inscritos na Conferência, poderão participar apenas como convidados ou ouvintes, sem direito a voto.

(B) Francisco, se inscrito, e Raul participarão como membros efetivos da Conferência Nacional da Advocacia Brasileira. Porém, o direito a voto é conferido apenas a Raul. Caetano, ainda que inscrito na conferência, somente poderá participar como ouvinte.

(C) Francisco e Caetano, se inscritos na Conferência Nacional da Advocacia Brasileira, dela participarão como membros efetivos, mas o direito a voto é conferido apenas a Francisco. Raul fica impedido de participar como membro efetivo da conferência, tendo em vista que já exerce função em órgão da OAB.

(D) Raul participará como membro efetivo da Conferência Nacional da Advocacia Brasileira. Do mesmo modo, Francisco e Caetano, se inscritos na conferência, poderão participar como membros efetivos, permitindo-se, aos três, o direito a voto.

RESPOSTA Art. 146 do RG: "São membros das Conferências: I – efetivos: os Conselheiros e Presidentes dos órgãos da OAB presentes, os advogados e estagiários inscritos na Conferência, todos com direito a voto". *Alternativa D.*

268. **(XXV Exame)** Em determinada sessão do Conselho Seccional da OAB do Estado da Bahia, compareceram Arthur, Presidente do Conselho Federal da OAB; Daniel, Conselheiro Federal da OAB, integrante da delegação da Bahia, e Carlos, ex-Presidente do Conselho Seccional da OAB do Estado da Bahia.

De acordo com o Estatuto da OAB, para as deliberações nessa sessão,

(A) Arthur tem direito a voz e voto. Daniel e Carlos têm direito somente a voz.

(B) Daniel tem direito a voz e voto. Arthur e Carlos têm direito somente a voz.

(C) Daniel e Carlos têm direito a voz e voto. Arthur tem direito somente a voz.

(D) Arthur, Daniel e Carlos têm direito somente a voz.

RESPOSTA a) errada; b) errada; c) errada; d) correta, pois Arthur, Presidente do Conselho Federal, tem direito a voz nas sessões do Conselho Seccional da Bahia, o mesmo ocorrendo com Daniel, Conselheiro Federal integrante da delegação da Bahia (EOAB, art. 56, § 3º) e, Carlos, na condição de ex-presidente do Conselho Seccional da Bahia, tem o mesmo direito assegurado no art. 56, § 1º, do EOAB. *Alternativa D.*

269. **(XXVIII Exame)** Em certo Estado da Federação X, há notícias fundadas acerca de irregularidades na Caixa de Assistência dos Advogados, em razão de malversação de receitas, gerando hipótese de intervenção.

Considerando a situação hipotética, assinale a afirmativa correta.

(A) Quanto à receita destinada à Caixa de Assistência dos Advogados, cabe-lhe metade da receita das anuidades recebidas pelo Conselho Seccional. Diante da notícia de malversação dos valores, a intervenção na Caixa de Assistência dos advogados é atribuição do Conselho Seccional do Estado X.

(B) Quanto à receita destinada à Caixa de Assistência dos Advogados, não lhe podem ser destinados valores decorrentes das anuidades recebidas pelo Conselho Seccional, mas apenas contribuições específicas. Diante da notícia de malversação dos valores, a intervenção na Caixa de Assistência dos advogados é atribuição do Conselho Federal da OAB.

(C) Quanto à receita destinada à Caixa de Assistência dos Advogados, cabe-lhe metade da receita das anuidades recebidas pelo Conselho Seccional. Diante da notícia de malversação dos valores, a intervenção na Caixa de Assistência dos advogados é atribuição do Conselho Federal da OAB.

(D) Quanto à receita destinada à Caixa de Assistência dos Advogados, não lhe podem ser destinados valores decorrentes das anuidades recebidas pelo Conselho Seccional, mas apenas contribuições específicas. Diante da notícia de malversação dos valores, a intervenção na Caixa de Assistência dos advogados é atribuição do Conselho Seccional do estado X.

RESPOSTA A fundamentação da resposta a essa questão encontra-se no art. 62 do EOAB: "Art. 62. A Caixa de Assistência dos Advogados, com personalidade jurídica própria, destina-se a prestar assistência aos inscritos no Conselho Seccional a que se vincule. § 5º Cabe à Caixa a metade da receita das anuidades recebidas pelo Conselho Seccional, considerado o valor resultante após as deduções regulamentares obrigatórias. § 7º O Conselho Seccional, mediante voto de dois terços de seus membros, pode intervir na Caixa de Assistência dos Advogados, no caso de descumprimento de suas finalidades, designando diretoria provisória, enquanto durar a intervenção.". *Alternativa A.*

270. **(XXVIII Exame)** Em certo local, pretende-se a aquisição de um imóvel pelo Conselho Seccional respectivo da OAB, para funcionar como centro de apoio em informática aos advogados inscritos. Também se negocia a constituição de hipoteca sobre outro bem imóvel que já integra o patrimônio deste Conselho Seccional.

De acordo com o caso narrado, com fulcro no disposto no Regulamento Geral do Estatuto da Advocacia e da OAB, assinale a afirmativa correta.

(A) A aquisição do imóvel dependerá de autorização da maioria dos membros efetivos do Conselho Seccional; já a constituição da hipoteca é decisão que compete à Diretoria do Conselho Seccional.

(B) Tanto a aquisição do imóvel como a constituição da hipoteca dependerão de autorização da maioria dos membros efetivos do Conselho Seccional.

(C) Tanto a aquisição do imóvel como a constituição da hipoteca são decisões que competem à Diretoria do Conselho Seccional, dispensada autorização dos membros efetivos do Conselho Seccional.

(D) A aquisição do imóvel é decisão que compete à Diretoria do Conselho Seccional; já a constituição da hipoteca dependerá de autorização da maioria dos membros efetivos do Conselho Seccional.

RESPOSTA A resposta encontra seu fundamento legal no art. 48, parágrafo único, do Regulamento Geral da OAB: "A alienação ou **oneração** de bens imóveis depende de autorização da maioria das delegações, no Conselho Federal, e da maioria dos membros efetivos, no Conselho Seccional". *Alternativa D.*

271. **(XXX Exame)** Beatriz, advogada regularmente inscrita na OAB, deseja organizar uma chapa para concorrer à diretoria de Subseção. Ao estudar os pressupostos para a formação da chapa, a realização das eleições e o futuro exercício do cargo, Beatriz concluiu corretamente que

(A) a chapa deverá ser integrada por advogados em situação regular junto à OAB, que exerçam cargos em comissão, desde que atuem, efetivamente, na profissão há mais de cinco anos.

(B) a eleição será realizada na segunda quinzena do mês de novembro, do último ano do mandato, sendo o comparecimento obrigatório para todos os advogados inscritos na OAB.

(C) o mandato é de três anos, iniciando-se em primeiro de fevereiro do ano seguinte ao da eleição.

(D) o mandato extingue-se automaticamente, antes do seu término, sempre que o titular faltar, sem motivo justificado, a mais de três reuniões ordinárias.

RESPOSTA a) errada; B), é correta, pois está de acordo com art. 63 do EOAB, quando prevê o momento da realização das eleições na Subseção e, também, que o comparecimento para o voto é obrigatório para todos advogados; c) errada; d) errada. *Alternativa B.*

272. **(XXXI Exame)** O advogado João era conselheiro de certo Conselho Seccional da OAB. Todavia, por problemas pessoais, João decidiu renunciar ao mandato. Considerando o caso narrado, assinale a afirmativa correta.

(A) Compete ao plenário do Conselho Seccional respectivo declarar extinto o mandato, sendo exigido que previamente ouça João no prazo de dez dias, após notificação deste mediante ofício com aviso de recebimento.

(B) Compete à Diretoria do Conselho Seccional respectivo declarar extinto o mandato, independentemente de exigência de prévia notificação para oitiva de João.

(C) Compete ao plenário do Conselho Seccional respectivo declarar extinto o mandato, sendo exigido que previamente ouça João no prazo de quinze dias, após notificação pessoal deste.

(D) Compete à Segunda Câmara do Conselho Federal da OAB declarar extinto o mandato, independentemente de exigência de prévia notificação para oitiva de João.

RESPOSTA Apesar de exigir o texto da lei, a questão demandou conhecimento das normas e interpretação dos textos combinados enunciado x alternativas x lei. Regulamento Geral, art. 54, § 1º: "A Diretoria, antes de declarar extinto o mandato, salvo no caso de morte ou renúncia, ouve o interessado no prazo de quinze dias, notificando-o mediante ofício com aviso de recebimento". *Alternativa B.*

273. **(XXXI Exame)** Os advogados Diego, Willian e Pablo, todos em situação regular perante a OAB, desejam candidatar-se ao cargo de conselheiro de um Conselho Seccional da OAB. Diego é advogado há dois anos e um dia, sendo sócio de uma sociedade simples de prestação de serviços de advocacia e nunca foi condenado por infração disciplinar. Willian, por sua vez, exerce a advocacia há exatos quatro anos e constituiu sociedade unipessoal de advocacia, por meio da qual advoga atualmente. Willian já foi condenado pela prática de infração disciplinar, tendo obtido reabilitação um ano e três meses após o cumprimento da sanção imposta. Já Pablo é advogado há cinco anos e um dia e nunca respondeu por prática de qualquer infração disciplinar. Atualmente, Pablo exerce certo cargo em comissão, exonerável *ad nutum*, cumprindo atividades exclusivas da advocacia.

Considerando as informações acima e o disposto na Lei n. 8.906/94, assinale a afirmativa correta.

(A) Apenas Diego e Willian cumprem os requisitos para serem eleitos para o cargo pretendido.

(B) Apenas Willian cumpre os requisitos para ser eleito para o cargo pretendido.

(C) Apenas Diego e Pablo cumprem os requisitos para serem eleitos para o cargo pretendido.

(D) Apenas Pablo cumpre os requisitos para ser eleito para o cargo pretendido.

RESPOSTA Exigiu-se a reflexão sobre os requisitos para a elegibilidade nas eleições da OAB nos termos do EOAB, art. 63, § 2º, *verbis*: "O candidato deve comprovar situação regular perante a OAB, não ocupar cargo exonerável *ad nutum*, não ter sido condenado por infração disciplinar, salvo reabilitação, e exercer efetivamente a profissão há mais de 3 (três) anos, nas eleições para os cargos de Conselheiro Seccional e das Subseções, quando houver, e há mais de 5 (cinco) anos, nas eleições para os demais cargos". *Alternativa B.*

XII. PROCESSO DISCIPLINAR

274. **(XXV Exame)** Carlos praticou infração disciplinar, oficialmente constatada em 09 de fevereiro de 2010. Em 11 de abril de 2013, foi instaurado processo disciplinar para apuração da infração, e Carlos foi notificado em 15 de novembro do mesmo ano. Em 20 de fevereiro de 2015, o processo ficou pendente de julgamento, que só veio a ocorrer em 1º de março de 2018.

De acordo com o Estatuto da OAB, a pretensão à punibilidade da infração disciplinar praticada por Carlos

(A) está prescrita, tendo em vista o decurso de mais de três anos entre a constatação oficial da falta e a instauração do processo disciplinar.

(B) está prescrita, tendo em vista o decurso de mais de seis meses entre a instauração do processo disciplinar e a notificação de Carlos.

(C) está prescrita, tendo em vista o decurso de mais de três anos de paralisação para aguardar julgamento.

(D) não está prescrita, tendo em vista que não decorreram cinco anos entre cada uma das etapas de constatação, instauração, notificação e julgamento.

RESPOSTA a) errada; b) errada; c) correta, face a aplicação da prescrição intercorrente prevista no EOAB, art. 43, § 1º; d) errada. *Alternativa C.*

275. **(XXV Exame)** O Tribunal de Ética e Disciplina de certo Conselho Seccional da OAB decidiu pela suspensão preventiva do advogado Hélio, acusado em processo disciplinar. Hélio, todavia, interpôs o recurso cabível contra tal decisão.

Considerando as regras sobre os recursos em processos que tramitam perante a OAB, bem como a situação descrita, assinale a afirmativa correta.

(A) Em regra, os recursos em processos que tramitam perante a OAB têm efeito suspensivo. Assim, no caso narrado, o recurso interposto por Hélio será dotado do aludido efeito.

(B) Em regra, os recursos em processos que tramitam perante a OAB não têm efeito suspensivo. Todavia, nesse caso, excepcionalmente, pode ser atribuído o efeito, se demonstrada a probabilidade de provimento ou se, sendo relevante a fundamentação, o recorrente indicar risco de dano grave ou de difícil reparação.

(C) Em regra, os recursos em processos que tramitam perante a OAB têm efeito suspensivo. Todavia, o recurso manejado por Hélio se inclui em hipótese excepcional, na qual é vedado o efeito suspensivo.

(D) Em regra, os recursos em processos que tramitam perante a OAB não têm efeito suspensivo, não sendo permitida a concessão de tal efeito por decisão da autoridade julgadora. Assim, no caso narrado, o recurso interposto por Hélio não será dotado de efeito suspensivo.

RESPOSTA a) errada; b) errada; c) correta, pois o art. 77 do EOAB estabelece a regra dos efeitos do recurso, bem como as respectivas exceções, dentre elas a da hipótese do caso apresentado no enunciado, ou seja, suspensão preventiva, onde o efeito recursal será somente devolutivo; d) errada. *Alternativa C.*

276. **(XXV Exame)** Lina, cidadã que não exerce a advocacia, deseja endereçar à presidência de certa Subseção da OAB representação pela instauração de processo disciplinar em face de determinado advogado, pelo cometimento de infrações éticas. Assim, ela busca se informar sobre como pode oferecer tal representação e qual a forma adequada para tanto.

De acordo com o disposto no Código de Ética e Disciplina da OAB, Lina poderá oferecer representação pela instauração de processo disciplinar em face do advogado, mas

(A) deve endereçá-la ao presidente do respectivo Conselho Seccional, uma vez que receber e processar representações com tal conteúdo não se inclui entre as atribuições das Subseções. A representação poderá ser realizada por escrito ou verbalmente, com ou sem identificação do representante.

(B) deve formulá-la ao presidente do Conselho Seccional ou ao presidente da Subseção. A representação poderá ser realizada por escrito ou verbalmente, mas é necessária a identificação do representante, sob pena de não ser considerada fonte idônea.

(C) deve endereçá-la ao presidente do respectivo Conselho Seccional, uma vez que não se inclui entre as atribuições das Subseções receber e processar representações com tal conteúdo. A representação deverá ser realizada por escrito, não sendo consideradas fontes idôneas as representações verbais ou sem identificação do representante.

(D) deve formulá-la ao presidente do Conselho Seccional ou ao presidente da Subseção. A representação poderá ser realizada por escrito ou verbalmente, com ou sem identificação do representante. Será considerada fonte idônea ainda que oferecida sem a identificação do representante.

RESPOSTA a) errada; b) correta, nos exatos termos do CED, art. 56, *caput*, combinado com art. 57, I; c) errada; d) errada. *Alternativa B.*

277. **(XXII Exame)** Cláudio, advogado inscrito na Seccional da OAB do Estado do Rio de Janeiro, praticou infração disciplinar em território abrangido pela Seccional da OAB do Estado da São Paulo. Após representação do interessado, o Conselho de Ética e Disciplina da Seccional da OAB do Estado do Rio de Janeiro instaurou processo disciplinar para apuração da infração.

Sobre o caso, de acordo com o Estatuto da OAB, o Conselho de Ética e Disciplina da Seccional da OAB do Estado do Rio de Janeiro

(A) não tem competência para punir disciplinarmente Cláudio, pois a competência é exclusivamente do Conselho Seccional em cuja base territorial tenha ocorrido a infração, salvo se a falta for cometida perante o Conselho Federal.

(B) tem competência para punir disciplinarmente Cláudio, pois a competência é exclusivamente do Conselho Seccional em que o advogado se encontra inscrito, salvo se a falta for cometida perante o Conselho Federal.

(C) tem competência para punir disciplinarmente Cláudio, pois a competência é concorrente entre o Conselho Seccional em que o advogado se encontra inscrito e o Conselho Seccional em cuja base territorial tenha ocorrido a infração, salvo se a falta for cometida perante o Conselho Federal.

(D) não tem competência para punir disciplinarmente Cláudio, pois a competência é exclusivamente do Conselho Federal, ainda que a falta não tenha sido cometida perante este, quando o advogado for inscrito em uma Seccional e a infração tiver ocorrido na base territorial de outra.

RESPOSTA EOAB, "Art. 70. O poder de punir disciplinarmente os inscritos na OAB compete exclusivamente ao Conselho Seccional em cuja base territorial tenha ocorrido a infração, salvo se a falta for cometida perante o Conselho Federal". *Alternativa A.*

278. **(XXI Exame)** Luciana e Antônio são advogados que, embora não tenham constituído sociedade, atuam em conjunto em algumas causas, por meio de substabelecimentos conferidos reciprocamente. Em regra, acordam informalmente a divisão do trabalho e dos honorários.

Todavia, após obterem sucesso em caso de valor vultoso, não chegaram a um consenso acerca da partilha dos honorários, pois cada um entendeu que sua participação foi preponderante. Assim, decidiram submeter a questão à Ordem dos Advogados.

Nesse caso,

(A) havendo divergência, a partilha dos honorários entre Luciana e Antônio deve ser feita atribuindo-se metade a cada um, pois quando não há prévio acordo é irrelevante a participação de cada um no processo.

(B) compete ao Tribunal de Ética e Disciplina atuar como mediador na partilha de honorários, podendo indicar mediador que contribua no sentido de que a distribuição se faça proporcionalmente à atuação de cada um no processo.

(C) compete ao juiz da causa em que houve a condenação em honorários especificar o percentual ou o quanto é devido a cada um dos patronos, de modo que a distribuição se faça proporcionalmente à atuação de cada um no processo.

(D) compete à Caixa de Assistência aos Advogados atuar como mediadora na partilha de honorários, podendo indicar mediador que contribua no sentido de que a distribuição se faça proporcionalmente à atuação de cada um no processo.

RESPOSTA O examinador cobrou mais uma pergunta sobre o novo CED. Nesse caso foi a competência do TED, nos termos do art. 71, VI, alínea *b*, ou seja, atuar como órgão mediador ou conciliador nas questões que envolvam a partilha de honorários contratados em conjunto ou decorrentes de substabelecimento, bem como os que resultem de sucumbência. *Alternativa B.*

279. **(XXI Exame)** Lúcia, advogada, foi processada disciplinarmente e, após a interposição de recurso, o Conselho Seccional do Estado de Pernambuco confirmou, por unanimidade, a sanção de suspensão pelo prazo de trinta dias, nos termos do art. 37, § 1º, do Estatuto da OAB. Lúcia verificou, contudo, existir decisão em sentido contrário, em caso idêntico ao seu, no Conselho Seccional do Estado de Minas Gerais.

De acordo com o Estatuto da OAB, contra a decisão definitiva unânime proferida pelo Conselho Seccional do Estado de Pernambuco,

(A) não cabe recurso ao Conselho Federal, em qualquer hipótese.

(B) cabe recurso ao Conselho Federal, por contrariar decisão do Conselho Seccional de Minas Gerais.

(C) cabe recurso ao Conselho Federal, se a decisão contrariar também decisão do Conselho Federal, e não apenas decisão do Conselho Seccional de Minas Gerais.

(D) cabe recurso ao Conselho Federal, em qualquer hipótese, ainda que não existisse decisão em sentido contrário do Conselho Seccional de Minas Gerais.

RESPOSTA Nos termos do art. 75, que dispõe caber recurso ao Conselho Federal de decisão unânime que contrarie decisão de outro Conselho Seccional. *Alternativa B.*

280. **(XX Exame)** A advogada Dolores cometeu infração disciplinar sujeita à sanção de suspensão em 12-7-2004. Em 13-7-2008 o fato foi oficialmente constatado, tendo sido encaminhada notícia a certo Conselho Seccional da OAB. Em 14-7-2010 foi instaurado processo disciplinar. Em 15-7-2012 foi aplicada definitivamente a sanção disciplinar de suspensão.

Sobre o tema, assinale a afirmativa correta.

(A) A pretensão à punibilidade das infrações disciplinares prescreve em oito anos. No caso narrado, não se operou o fenômeno prescritivo.

(B) A pretensão à punibilidade das infrações disciplinares prescreve em cinco anos. No caso narrado, operou-se o fenômeno prescritivo, pois decorridos mais de cinco anos entre a data do fato e a instauração do processo disciplinar.

(C) A pretensão à punibilidade das infrações disciplinares prescreve em oito anos. No caso narrado, operou-se o fenômeno prescritivo, pois decorridos mais de oito anos entre a data do fato e a aplicação definitiva da sanção disciplinar.

(D) A pretensão à punibilidade das infrações disciplinares prescreve em cinco anos. No caso narrado, não se operou o fenômeno prescritivo.

RESPOSTA Conforme dispõe o art. 43 do EOAB, pois "a pretensão à punibilidade das infrações disciplinares prescreve em cinco anos, contados da data da constatação oficial do fato" e no caso em tela o processo foi julgado em dois anos. *Alternativa D.*

281. **(XVIII Exame)** O Presidente de determinada Seccional da OAB recebeu representação contra advogado que nela era inscrito por meio de missiva anônima, que narrava grave infração disciplinar. Considerando a via eleita para a apresentação da representação, foi determinado o arquivamento do expediente, sem instauração de processo disciplinar. Pouco tempo depois, foi publicada matéria jornalística sobre investigação realizada pela Polícia Federal que tinha como objeto a mesma infração disciplinar que havia sido narrada na missiva anônima e indicando o nome do investigado naquele procedimento inquisitorial. Com base na reportagem, foi determinada, pelo Presidente da Seccional, a instauração de processo disciplinar.

Sobre o procedimento adotado pelo Presidente da Seccional em questão, assinale a afirmativa correta.

(A) Deveria ter instaurado processo disciplinar quando recebeu a missiva anônima.

(B) Não poderia ter instaurado processo disciplinar em nenhuma das oportunidades.

(C) Deveria ter instaurado processo disciplinar em qualquer uma das oportunidades.

(D) Poderia ter instaurado processo disciplinar a partir da publicação da matéria jornalística.

RESPOSTA CED, art. 51. O processo disciplinar **instaura-se de ofício** ou mediante representação dos interessados, que não pode ser anônima. A mesma regra se repete no NCED, art. 55, § 1º. A instauração, de ofício, do processo disciplinar dar-se-á em função do conhecimento do fato, quando obtido por meio de fonte idônea ou em virtude de comunicação. *Alternativa D.*

282. **(IX Exame – Reaplicação)** O advogado José da Silva defronta-se com uma situação em que surge dúvida quanto à sua atuação ética. Consultando a legislação de regência, não vislumbra solução para sua dúvida.

Nesse caso, não havendo previsão no Código de Ética e Disciplina da OAB, deve o advogado formular consulta ao

(A) Conselho Seccional.

(B) Tribunal de Ética e Disciplina.

(C) Presidente da Instituição.

(D) Tribunal Pleno.

RESPOSTA O Tribunal de Ética e Disciplina é competente para orientar e aconselhar sobre ética profissional, respondendo às consultas em tese, e julgar os processos disciplinares de acordo com o art. 71, II, do NCED. *Alternativa B.*

283. **(III Exame)** Entre as competências do Tribunal de Ética e Disciplina da OAB, NÃO se inclui, à luz das normas aplicáveis do Estatuto da Advocacia e do Código de Ética,

(A) instaurar de ofício processo sobre ato que considere em tese infração à norma de ética profissional.

(B) mediar pendências entre advogados, bem como conciliar questões sobre partilha de honorários.

(C) responder a consultas "em tese", aconselhando e orientando sobre ética profissional.

(D) elaborar seu orçamento financeiro a ser submetido ao Conselho Seccional.

RESPOSTA Entre as competências atribuídas ao TED (art. 71 do NCED), não se encontra a de elaborar seu orçamento financeiro. *Alternativa D.*

284. **(III Exame)** Após recebida representação disciplinar sem fundamentos, cabe ao relator designado pelo presidente do Conselho Seccional da OAB, à luz das normas aplicáveis,

(A) arquivar o processo ato contínuo.

(B) propor ao presidente o arquivamento do processo.

(C) designar data para a defesa oral pelo advogado.

(D) julgar improcedente a representação.

RESPOSTA Na forma do § 3º do art. 58 do NCED, o relator pode propor ao Presidente do Conselho Seccional ou da Subseção o arquivamento da representação, quando estiver desconstituída dos pressupostos de admissibilidade. *Alternativa B.*

285. **(IV Exame)** Em termos de processo disciplinar perante a OAB, é correto dizer que, havendo representação contra presidente de seccional, o órgão competente será o

(A) próprio Conselho Seccional, impedido o presidente.

(B) Conselho Federal da OAB.

(C) Conselho Federal da OAB, quando houver impedimento de dois terços do Conselho Seccional de origem para o julgamento.

(D) Conselho Seccional que for escolhido pelo Conselho Federal da OAB, por maioria absoluta.

RESPOSTA De acordo com o que dispõe o § 5º do art. 58 do NCED a representação contra membros do Conselho Federal e Presidentes dos Conselhos Seccionais é processada e julgada pelo Conselho Federal. *Alternativa B.*

286. **(III Exame)** O advogado Rodrigo é surpreendido com notificação do Conselho de Ética da OAB para esclarecer determinados fatos que foram comunicados ao órgão mediante denúncia anônima. Apresenta sua defesa e, desde logo, postula a extinção do processo, que não poderia ser instaurado por ter sido a denúncia anônima.

Em tal hipótese, à luz das normas do Código de Ética, é correto afirmar que

(A) é instaurado exclusivamente por representação do interessado.
(B) há necessidade de identificação do representante.
(C) não pode ocorrer a instauração, de ofício, do processo disciplinar.
(D) se admite a instauração do processo disciplinar por denúncia anônima.

RESPOSTA O art. 55 do NCED dispõe que o processo disciplinar instaura-se de ofício ou mediante representação dos interessados, que não pode ser anônima. *Alternativa B.*

287. **(I Exame)** De acordo, com o Estatuto da Advocacia e da OAB, tem efeito suspensivo recurso contra

(A) decisão que trate de eleições de membros dos órgãos da OAB.
(B) suspensão preventiva decidida pelo Tribunal de Ética e Disciplina.
(C) cancelamento da inscrição obtida com falsa prova.
(D) decisão não unânime proferida por conselho seccional.

RESPOSTA Na forma do art. 77 do EOAB, todos os recursos têm efeito suspensivo, exceto quando tratarem de eleições, de suspensão preventiva decidida pelo Tribunal de Ética e Disciplina, e de cancelamento da inscrição obtida com falsa prova. *Alternativa D.*

288. **(XXIX Exame)** O Conselho Seccional X da OAB proferiu duas decisões, ambas unânimes e definitivas, em dois processos distintos. Acerca da matéria que é objeto do processo 1, há diversos julgados, em sentido diametralmente oposto, proferidos pelo Conselho Seccional Y da OAB. Quanto ao processo 2, há apenas uma decisão contrária, outrora proferida pelo Conselho Federal da OAB. De acordo com a situação narrada, assinale a afirmativa correta.

(A) Cabe recurso da decisão proferida no processo 1 ao Conselho Federal da OAB, com fundamento na divergência com as decisões emanadas do Conselho Seccional Y. Também cabe recurso da decisão proferida no processo 2 ao Conselho Federal da OAB, com base na divergência com a decisão anterior do Conselho Federal.
(B) Não cabe recurso da decisão proferida no processo 1 ao Conselho Federal da OAB, com fundamento na divergência com as decisões emanadas do Conselho Seccional Y. No entanto, cabe recurso da decisão proferida no processo 2 ao Conselho Federal da OAB, com base na divergência com a decisão anterior do Conselho Federal.
(C) Cabe recurso da decisão proferida no processo 1 ao Conselho Federal da OAB, com fundamento na divergência com as decisões emanadas do Conselho Seccional Y. No entanto, não cabe recurso da decisão proferida no processo 2 ao Conselho Federal da OAB, com base na divergência com a decisão anterior do Conselho Federal.
(D) Não cabem recursos das decisões proferidas no processo 1 e no processo 2, tendo em vista a definitividade das decisões emanadas do Conselho Seccional.

RESPOSTA No caso em tela, caberá recurso dessa decisão para o Conselho Federal, posto que embora unânimes contrariam decisão do Conselho Federal e de outro Conselho Seccional, nos termos do art. 75 do EOAB. *Alternativa A.*

289. **(XXIX Exame)** Os sócios de certa sociedade de advogados divergiram intensamente quanto à solução de questões relativas a conduta disciplinar, relação com clientes e honorários. Em razão disso, passaram a pesquisar quais as atribuições do Tribunal de Ética e Disciplina, do Conselho Seccional da OAB respectivo, que poderiam ajudar a solver suas dificuldades.

Considerando o caso narrado, bem como os limites de competência do Tribunal de Ética e Disciplina do Conselho Seccional, previstos no Código de Ética e Disciplina da OAB, assinale a afirmativa correta.

(A) Não compete ao Tribunal de Ética e Disciplina responder a consultas realizadas em tese por provocação dos advogados, atuando apenas diante de situações concretas.
(B) Compete ao Tribunal de Ética e Disciplina atuar como um conciliador em pendências concretas relativas à partilha de honorários entre advogados contratados conjuntamente.
(C) Não compete ao Tribunal de Ética e Disciplina ministrar cursos destinados a solver dúvidas usuais dos advogados no que se refere à conduta ética que deles é esperada.
(D) Compete ao Tribunal de Ética e Disciplina coordenar as ações do Conselho Seccional respectivo e dos demais Conselhos Seccionais, com o objetivo de reduzir a ocorrência das infrações disciplinares mais frequentes.

RESPOSTA É competência do TED atuar como mediador ou conciliador sobre questões pertinentes a partilha de honorários contratados em conjunto, nos termos do art. 71, VI, alínea *b*, do CED.

290. **(XI Exame)** O advogado Caio solicitou vista de autos de processo disciplinar instaurado na OAB contra seu desafeto, o advogado Tício. Caio justificou seu pedido afirmando que juntaria às informações contidas no processo disciplinar em questão as de um determinado processo judicial no qual ambos atuaram, visando, com isso, demonstrar que Tício costumava ter comportamento aético.

Com relação à hipótese sugerida, assinale a afirmativa correta.

(A) Caio não poderá ter acesso aos autos do processo disciplinar instaurado contra Tício, porque demonstrou que juntaria às informações nele contidas as de um processo judicial em que ambos atuavam, prejudicando, assim, a boa administração da justiça.

(B) Caio não poderá ter acesso aos autos do processo disciplinar instaurado contra Tício, uma vez que os processos disciplinares instaurados na OAB contra advogados tramitam em sigilo, até o seu término, só tendo acesso às suas informações as partes, seus defensores e a autoridade judiciária competente.

(C) Caio poderá ter acesso aos autos do processo disciplinar instaurado contra Tício, desde que assine termo pelo qual se compromete a não divulgar a terceiros as informações nele contidas.

(D) Caio poderá ter acesso irrestrito aos autos do processo disciplinar instaurado contra Tício, uma vez que processos disciplinares instaurados na OAB contra advogados não tramitam em sigilo.

RESPOSTA O processo disciplinar tramita em sigilo, até o seu término, só tendo acesso às suas informações as partes, seus defensores e a autoridade judiciária competente (art. 72, § 2º, do EOAB). *Alternativa B.*

291. **(XXIII Exame)** Nilza, advogada, responde a processo disciplinar perante certo Conselho Seccional da OAB, em razão da suposta prática de infração disciplinar que, se comprovada, poderá sujeitá-la à sanção de exclusão. Sobre o tema, assinale a afirmativa correta.

(A) O processo disciplinar instaurado em face de Nilza tramita em sigilo, até o seu término, só tendo acesso às suas informações as partes, seus defensores e a autoridade competente.

(B) O processo disciplinar instaurado em face de Nilza é público, sendo facultado o acesso aos autos a qualquer advogado regularmente inscrito, para exercício do controle externo.

(C) O processo disciplinar instaurado em face de Nilza é, em regra, público, sendo facultado o acesso aos autos a qualquer cidadão. Porém, excepcionalmente, pode ser decretado o sigilo, a critério da autoridade processante, quando justificada a necessidade de preservação do direito à intimidade.

(D) O processo disciplinar instaurado em face de Nilza tramita, em regra, em sigilo, só tendo acesso às suas informações as partes, seus defensores e a autoridade competente. Torna-se, porém, público se o Tribunal de Ética e Disciplina do Conselho decidir suspender Nilza preventivamente.

RESPOSTA Nesse caso, o examinador cobrou do candidato exatamente a letra lei, conforme dispõe o EOAB, art. 72, § 2º. O processo disciplinar tramita em sigilo, até o seu término, só tendo acesso às suas informações as partes, seus defensores e a autoridade judiciária competente. *Alternativa A.*

292. **(XXVI Exame)** Júlio Silva sofreu sanção de censura por infração disciplinar não resultante da prática de crime; Tatiana sofreu sanção de suspensão por infração disciplinar não resultante da prática de crime; e Rodrigo sofreu sanção de suspensão por infração disciplinar resultante da prática de crime ao qual foi condenado. Transcorrido um ano após a aplicação e o cumprimento das sanções, os três pretendem obter a reabilitação, mediante provas efetivas de seu bom comportamento.

De acordo com o EOAB, assinale a afirmativa correta.

(A) Júlio e Tatiana fazem jus à reabilitação, que pode ser concedida após um ano mediante provas efetivas de bom comportamento, nos casos de qualquer sanção disciplinar. O pedido de Rodrigo, porém, depende também da reabilitação criminal.

(B) Apenas Júlio faz jus à reabilitação, que pode ser concedida após um ano mediante provas efetivas de bom comportamento, somente nos casos de sanção disciplinar de censura.

(C) Todos fazem jus à reabilitação, que pode ser concedida após um ano mediante provas efetivas de bom comportamento, nos casos de qualquer sanção disciplinar, independentemente se resultantes da prática de crime, tendo em vista que são esferas distintas de responsabilidade.

(D) Ninguém faz jus à reabilitação, que só pode ser concedida após dois anos mediante provas efetivas de bom comportamento, nos casos de sanção disciplinar de censura, e após três anos nos casos de sanção disciplinar de suspensão.

RESPOSTA a) correta, pois o art. 41 do EOAB estabelece tal direito a Júlio e Tatiana, todavia, quando a sanção disciplinar resultar da prática de crime, o pedido de reabilitação depende também da correspondente reabilitação criminal; b) errada; c) errada; d) errada. *Alternativa A.*

293. **(XXVIII Exame)** Maria teve processo disciplinar recém-instaurado contra si pelo Conselho Seccional da OAB, no qual está inscrita. No dia seguinte à sua notificação por meio de edital, encontra-se no fórum com Tânia, sua ex-colega de faculdade, que veio comentar com Maria sobre o conteúdo do referido processo.

De acordo com o Estatuto da OAB, Tânia poderia conhecer o conteúdo do processo disciplinar instaurado, em face de Maria,

(A) por qualquer meio, dada a natureza pública de sua tramitação.

(B) se fosse parte, defensora de parte ou autoridade judiciária competente, dada a natureza sigilosa de sua tramitação.

(C) caso tivesse tido acesso à notificação inicial, feita por meio de edital, dada a natureza pública de sua tramitação.

(D) em nenhuma hipótese, dada a natureza sigilosa de sua tramitação.

RESPOSTA Em razão do princípio do sigilo, o EOAB no art. 72, § 2º, prevê a tramitação sob sigilo do processo disciplinar. *Alternativa B.*

XIII. CÓDIGO DE ÉTICA E DISCIPLINA – GERAL

294. **(XXIV Exame)** Severino, advogado, é notório conhecedor das normas procedimentais e disciplinares do Estatuto da Advocacia e da OAB, bem como de seu regulamento, atuando na defesa de colegas advogados em processos disciplinares. Recentemente, Severino foi eleito conselheiro, passando a exercer essa função em certo Conselho Seccional da OAB.

Considerando o caso descrito, assinale a afirmativa correta.

(A) Severino não poderá, enquanto exercer a função de conselheiro, atuar em processos disciplinares que tramitem perante qualquer órgão da OAB, sequer em causa própria.

(B) Severino não poderá, enquanto for conselheiro, atuar em processos disciplinares que tramitem perante o Conselho Seccional onde exerce sua função. Porém, perante os demais conselhos, não há vedação à sua atuação, em causa própria ou alheia.

(C) Severino não poderá, enquanto for conselheiro, atuar em processos disciplinares que tramitem perante o Conselho Seccional onde exerce sua função e o Conselho Federal da OAB. Porém, perante os demais conselhos, não há vedação à sua atuação, em causa própria ou alheia.

(D) Severino não poderá, enquanto exercer a função, atuar em processos disciplinares que tramitem perante qualquer órgão da OAB, salvo em causa própria.

RESPOSTA Como explica Biela Jr. em seu livro *Minimanual do novo Código de Ética e Disciplina dos Advogados* (2017:55-57), o novo Código de Ética buscando moralizar cada vez mais a conduta dos advogados estabelece um maior rigor para aqueles que exercem cargos e funções na OAB e, nesse caso, Severino enquanto conselheiro eleito não poderá atuar em processos disciplinares que tramitem na OAB conforme determina o art. 33 do CED. *Alternativa D.*

295. **(XXXI Exame)** Um escritório de renome internacional considera expandir suas operações, iniciando atividades no Brasil. Preocupados em adaptar seus procedimentos internos para que reflitam os códigos brasileiros de ética profissional, seus dirigentes estrangeiros desejam entender melhor as normas a respeito da relação entre clientes e advogados no país.

Sobre esse tema, é correto afirmar que os advogados brasileiros

(A) podem, para a adoção de medidas judiciais urgentes e inadiáveis, aceitar procuração de quem já tenha patrono constituído, sem prévio conhecimento deste.

(B) deverão considerar sua própria opinião a respeito da culpa do acusado ao assumir defesa criminal.

(C) podem funcionar, no mesmo processo, simultaneamente, como patrono e preposto de seu cliente, desde que tenham conhecimento direto dos fatos.

(D) podem representar, em juízo, clientes com interesses opostos se não integrarem a mesma sociedade profissional, mas estiverem reunidos em caráter permanente para cooperação recíproca.

RESPOSTA No caso em exame, apenas a alternativa A está de acordo com o art. 14 do CED, que dispõe: "O advogado não deve aceitar procuração de quem já tenha patrono constituído, sem prévio conhecimento deste, salvo por motivo plenamente justificável ou para adoção de medidas judiciais urgentes e inadiáveis". *Alternativa A.*

296. **(XXVIII Exame)** Maria Lúcia é parte em um processo judicial que tramita em determinada Vara da Infância e Juventude, sendo defendida, nos autos, pelo advogado Jeremias, integrante da Sociedade de Advogados Y.

No curso da lide, ela recebe a informação de que a criança, cujos interesses são debatidos no feito, encontra-se em proeminente situação de risco, por fato que ocorrera há poucas horas. Ocorre que o advogado Jeremias não se encontra na cidade naquela data. Por isso, Maria Lúcia procura o advogado Paulo, o qual, após analisar a situação, conclui ser necessário postular, imediatamente, medida de busca e apreensão do infante.

Considerando o caso hipotético, assinale a afirmativa correta.

(A) Paulo poderá aceitar procuração de Maria Lúcia e postular a busca e apreensão, independentemente de prévio conhecimento de Jeremias ou da Sociedade de Advogados Y.

(B) Paulo poderá aceitar procuração de Maria Lúcia e postular a busca e apreensão, apenas após o prévio conhecimento de Jeremias, não sendo suficiente informar à Sociedade de Advogados Y, sob pena de cometimento de infração ética.

(C) Paulo poderá aceitar procuração de Maria Lúcia e postular a busca e apreensão, apenas após o prévio conhecimento de Jeremias ou da Sociedade de Advogados Y, sob pena de cometimento de infração ética.

(D) Paulo não poderá aceitar procuração de Maria Lúcia e postular a busca e apreensão, mesmo que seja promovido o prévio conhecimento de Jeremias e da Sociedade de Advogados Y, sem antes ocorrer a renúncia ou revogação do mandato, sob pena de cometimento de infração ética.

RESPOSTA O advogado não deve aceitar procuração de quem já tenha patrono constituído, sem prévio conhecimento deste, salvo por motivo plenamente justificável ou para adoção de medidas judiciais urgentes e inadiáveis. Sendo assim, era necessário conhecer a hipótese de exceção com relação a procuração, conforme o art. 14 do CED. *Alternativa A.*

297. **(XXVI Exame)** Juan e Pablo, ambos advogados, atuaram conjuntamente patrocinando uma demanda trabalhista em favor de certo trabalhador empregado. Tiveram bastante sucesso no exercício dessa função, tendo se valido de teses jurídicas notórias. Em razão disso, após o fim desse processo, duas pessoas jurídicas contrataram, respectivamente, Juan e Pablo, como integrantes de seus departamentos jurídicos, em relação empregatícia. A sociedade que empregou Juan determinou que ele atue de forma consultiva, emitindo parecer sobre a mesma questão jurídica tratada naquele primeiro processo, embora adotando orientação diversa, desta feita favorável aos empregadores. A pessoa jurídica que emprega Pablo pretende que ele realize sua defesa, em juízo, em processos nos quais ela é ré, sobre a mesma questão, também sustentando o posicionamento favorável aos empregadores.

Considerando o caso narrado, assinale a afirmativa correta.

(A) Juan e Pablo podem, de maneira legítima, recusar a atuação consultiva e o patrocínio das demandas judiciais, respectivamente, sem que isso implique violação aos seus deveres profissionais.

(B) Apenas Juan pode, de maneira legítima, recusar a atuação consultiva sem que isso implique violação aos seus deveres profissionais.

(C) Apenas Pablo pode, de maneira legítima, recusar o patrocínio das demandas judiciais sem que isso implique violação aos seus deveres profissionais.

(D) As recusas quanto à atuação consultiva e ao patrocínio das demandas judiciais, por Juan e Pablo, respectivamente, implicam violações aos seus deveres profissionais.

RESPOSTA a) correta, trata-se de direito e dever ético do advogado previsto no art. 22 do CED, *verbis*: Ao advogado cumpre abster-se de patrocinar causa contrária à validade ou legitimidade de ato jurídico em cuja formação haja colaborado ou intervindo de qualquer maneira; da mesma forma, deve declinar seu impedimento ou o da sociedade que integre quando houver conflito de interesses motivado por intervenção anterior no trato de assunto que se prenda ao patrocínio solicitado. b) errada; c) errada; d) errada. *Alternativa A.*

298. **(XXVI Exame)** O advogado José Maria celebrou contrato de mandato, há muitos anos, com o cliente Antônio para defendê-lo extrajudicialmente em certa questão. O instrumento não previu, de forma expressa, o prazo de duração do mandato.

Considerando a hipótese descrita, assinale a afirmativa correta.

(A) Ausente previsão de prazo no instrumento, o contrato de mandato extrajudicial é válido e será extinto pelo decurso do prazo de 15 anos, salvo renovação expressa.

(B) Ausente previsão de prazo no instrumento, o mandato extrajudicial é válido e não será extinto pelo decurso de qualquer prazo.

(C) Ausente previsão de prazo no instrumento, o mandato extrajudicial é anulável e não será extinto pelo decurso de qualquer prazo, mas a anulabilidade pode ser pronunciada por decisão judicial, mediante alegação dos interessados.

(D) Ausente previsão de prazo no instrumento, o mandato extrajudicial é válido e será extinto pelo decurso do prazo de 20 anos, salvo renovação expressa.

RESPOSTA a) errada; b) correta, pois não havendo previsão expressa de prazo determinado tem-se como por prazo indeterminado. Nesse sentido, cessa o mandato pelo término do prazo ou conclusão do negócio (CC, art. 682, IV c/c CED, art. 13); c) errada; d) errada. *Alternativa B.*

299. **(XV Exame)** Fred, jovem advogado, é contratado para prestar serviços na empresa BBO Ltda., que possui uma assessoria jurídica composta por cinco profissionais do Direito, orientados por uma gerência jurídica. Após cinco meses de intensa atividade, é concitado a formular parecer sobre determinado tema jurídico de interesse da empresa, tarefa que realiza, sendo seu entendimento subscrito pela gerência. Após dez meses do referido evento, o tema é reapresentado por um dos diretores da empresa, que, em viagem para outro estado, havia consultado um outro advogado. Diante dos novos argumentos, o gerente determina que Fred, o advogado parecerista, mesmo sem ter mudado de opinião, apresente petição inicial em confronto com o entendimento anteriormente preconizado. No caso, nos termos do Código de Ética da Advocacia, o advogado

(A) deve submeter-se à determinação da gerência jurídica.

(B) deve apresentar seu parecer ao conjunto de advogados para decisão.

(C) pode recusar-se a propor a ação diante do parecer anterior.

(D) pode opor-se e postular assessoria da OAB.

RESPOSTA O parágrafo único do art. 4º do NCED esclarece que é legítima a recusa, pelo advogado, do patrocínio de pretensão que contrarie expressa orientação sua, manifestada anteriormente (ou concernente a lei ou direito que também lhe seja aplicável). *Alternativa C.*

300. **(XV Exame)** Bernardo recebe comunicação do seu cliente Eduardo de que este havia desistido da causa que apresentara anteriormente, por motivo de viagem a trabalho, no exterior, em decorrência de transferência e promoção na sua empresa. Houve elaboração da petição inicial, contrato de prestação de serviços e recebimento adiantado de custas e honorários advocatícios. Nesse caso, nos termos do Código de Ética da Advocacia, deve o advogado

(A) devolver os honorários antecipados sem abater os custos do escritório.

(B) prestar contas ao cliente de forma pormenorizada.

(C) arquivar os documentos no escritório como forma de garantia.

(D) realizar contrato vinculando o cliente ao escritório.

RESPOSTA A conclusão ou desistência da causa, com ou sem a extinção do mandato, obriga o advogado à devolução de bens, valores e documentos recebidos no exercício do mandato e à pormenorizada prestação de contas, não excluindo outras prestações solicitadas pelo cliente, a qualquer momento, sem prejuízo de esclarecimentos complementares que se mostrem pertinentes e necessários (art. 12 do NCED). *Alternativa B.*

301. **(X Exame)** João, além de advogado, é próspero fazendeiro no Estado W. Após fiscalização regular, é comunicado que seus trabalhadores estão em situação irregular, análoga à de escravidão.

Nos termos do Código de Ética, o advogado deve

(A) ignorar a comunicação porque são separadas as atividades de advogado e fazendeiro.

(B) deixar de prestar concurso a atos que atentem contra a dignidade da pessoa humana.

(C) atuar como advogado na defesa da situação considerada irregular, ignorando as acusações.

(D) defender sua atuação como fazendeiro que obedece a regras peculiares e costumeiras.

RESPOSTA Entre os deveres do advogado inclui-se o de abster-se de emprestar concurso aos que atentem contra a ética, a moral, a honestidade e a dignidade da pessoa humana (art. 2º, parágrafo único, VIII, c, do NCED). *Alternativa B.*

302. **(IX Exame – Reaplicação)** O Conselho Nacional de Justiça tem, invariavelmente, patrocinado semanas de conciliação buscando resolver o grave problema de demora da prestação jurisdicional, que se reflete na existência de inúmeros processos sem solução. Esse movimento de cunho nacional tem angariado a atuação de magistrados e membros do Ministério Público.

Sobre o tema conciliação, o Código de Ética e Disciplina da OAB dispõe como dever do advogado

(A) realizá-la eventualmente, caso seja do interesse do cliente.

(B) descartá-la, por não ser inerente à atividade advocatícia.

(C) estimular a conciliação entre os litigantes.

(D) determinar sempre a instauração de litígios.

RESPOSTA É dever ético do advogado estimular a conciliação entre os litigantes, prevenindo, sempre que possível, a instauração de litígios (art. 2º, parágrafo único, VI, do NCED). *Alternativa C.*

303. **(III Exame)** Terência, jovem advogada, conhecida pela energia com que defende os seus clientes, obtém sucesso em ação indenizatória, com proveito econômico correspondente a R$ 3.000.000,00 (três milhões de reais). Buscando adequação dos seus honorários, marca reunião com seu cliente, e este exige detalhada prestação de contas, o que é negado pela advogada. Nesse momento, há amplo desentendimento. O valor da indenização fora levantado pela advogada e depositado em caderneta de poupança, no aguardo do desfecho da discussão sobre os valores que deveriam ser repassados. Terência não apresentou as contas ao cliente nem direta, nem judicialmente.

Analisando-se a solução para o caso concreto acima, é correto afirmar que

(A) enquanto o cliente não apresentar postulação judicial, a prestação de contas é inexigível.

(B) o advogado, exercendo mandato, não necessita prestar contas.

(C) a prestação de contas é um dos deveres do advogado.

(D) essa questão é dirimida pelo juiz da causa em que ocorreu a condenação.

RESPOSTA A prestação de contas constitui um dever do advogado (art. 12 do NCED); recusar-se, injustificadamente, a prestá-la ao cliente as quantias recebidas dele ou de terceiros por conta dele é considerado como infração disciplinar punida com sanção de suspensão (art. 34, XXI, c/c o art. 37, I, do EOAB). *Alternativa C.*

304. **(XI Exame)** José é advogado de João em processo judicial que este promove contra Matheus. Encantado com as sucessivas campanhas de conciliação, busca obter o apoio do réu para um acordo, sem consultar previamente o patrono da parte contrária, Valter.

Nos termos do Código de Ética, deve o advogado

(A) buscar a conciliação a qualquer preço por ser um objetivo da moderna Jurisdição.

(B) abster-se de entender-se diretamente com a parte adversa que tenha patrono constituído, sem o assentimento deste.

(C) entender-se com as partes na presença de autoridade sem necessidade de comunicação ao ex-adverso.

(D) participar de campanhas de conciliação e, caso infrutíferas, tentar o acordo extrajudicial diretamente com a parte contrária.

RESPOSTA É dever do advogado abster-se de entender-se diretamente com a parte adversa que tenha patrono constituído, sem o assentimento deste (art. 2º, parágrafo único, VIII, *d*, do NCED). *Alternativa B.*

305. **(XXIII Exame)** O Dr. Silvestre, advogado, é procurado por um cliente para patrociná-lo em duas demandas em curso, nas quais o aludido cliente figura como autor. Ao verificar o andamento processual dos feitos, Silvestre observa que o primeiro processo tramita perante a juíza Dra. Isabel, sua tia. Já o segundo processo tramita perante o juiz Dr. Zacarias, que, coincidentemente, é o locador do imóvel onde o Dr. Silvestre reside. Considerando o disposto no Código de Ética e Disciplina da OAB, assinale a afirmativa correta.

(A) O Dr. Silvestre cometerá infração ética se atuar em qualquer dos processos, tendo em vista o grau de parentesco com a primeira magistrada e a existência de relação negocial com o segundo juiz.

(B) O Dr. Silvestre cometerá infração ética apenas se atuar no processo que tramita perante a juíza Dra. Isabel, tendo em vista o grau de parentesco com a magistrada. Quanto ao segundo processo, não há vedação ética ao patrocínio na demanda.

(C) O Dr. Silvestre cometerá infração ética apenas se atuar no processo que tramita perante o juiz Dr. Zacarias, tendo em vista a existência de relação negocial com o magistrado. Quanto ao primeiro processo, não há vedação ética ao patrocínio na demanda.

(D) O Dr. Zacarias não cometerá infração ética se atuar em ambos os feitos, pois as hipóteses de suspeição e impedimento dos juízes versam sobre seu relacionamento com as partes, e não com os advogados.

RESPOSTA É dever ético do advogado, conforme já manifestamos em nosso *Minimanual do novo Código de Ética e Disciplina dos Advogados* (2017:32), observar as regras de conduta a respeito do não fazer, que, no caso do enunciado é justamente o previsto pelo CED, no art. 2º, parágrafo único, VIII, alínea *e*. *Alternativa A.*

XIV. CÓDIGO DE ÉTICA E DISCIPLINA – SIGILO

306. **(XIV Exame)** Andrea e Luciano trocam missivas intermitentes, cujo conteúdo diz respeito a processo judicial em que a primeira é autora, e o segundo, seu advogado. A parte contrária, ciente da troca de informações entre eles, requer ao Juízo que esses documentos sejam anexados aos autos do processo em que litigam. Sob a perspectiva do Código de Ética e Disciplina da Advocacia, as comunicações epistolares trocadas entre advogado e cliente

(A) constituem documentos públicos a servirem como prova em Juízo.

(B) são presumidas confidenciais, não podendo ser reveladas a terceiros.

(C) podem ser publicizadas, de acordo com a prudência do advogado.

(D) devem ser mantidas em sigilo até o perecimento do advogado.

RESPOSTA De acordo com o Novo Código de Ética e Disciplina em seu art. 36, § 1º, presumem-se confidenciais as comunicações (de qualquer natureza), inclusive as epistolares entre advogado e cliente, as quais não podem ser reveladas a terceiros. *Alternativa B.*

307. **(XXVI Exame)** Rafaela, advogada, atua como árbitra em certa lide. Lena, também regularmente inscrita como advogada perante a OAB, exerce atualmente a função de mediadora. Ambas, no exercício de suas atividades, tomaram conhecimento de fatos relativos às partes envolvidas. Todavia, apenas foi solicitado a Rafaela que guardasse sigilo sobre tais fatos.

Considerando o caso narrado, assinale a afirmativa correta.

(A) Apenas Rafaela, no exercício da profissão, submete-se ao dever de guardar sigilo dos fatos de que tomou conhecimento. O dever de sigilo cederá em face de circunstâncias excepcionais que configurem justa causa, como nos casos de grave ameaça aos direitos à vida e à honra, bem como em caso de defesa própria.

(B) Apenas Lena, no exercício da profissão, submete-se ao dever de guardar sigilo dos fatos de que tomou conhecimento. O dever de sigilo cederá em face de circunstâncias excepcionais que configurem justa causa, como nos casos de grave ameaça aos direitos à vida e à honra, bem como em caso de defesa própria.

(C) Ambas as advogadas, no exercício da profissão, submetem-se ao dever de guardar sigilo dos fatos de que tomaram conhecimento. O dever de sigilo cederá em face de circunstâncias excepcionais que configurem justa causa, como nos casos de grave ameaça aos direitos à vida e à honra, bem como em caso de defesa própria.

(D) Apenas Rafaela, no exercício da profissão, submete-se ao dever de guardar sigilo dos fatos de que tomou conhecimento. O dever de sigilo cederá em face de circunstâncias excepcionais que configurem justa causa, como nos casos de grave ameaça aos direitos à vida e à honra. Porém, não se admite a relativização do dever de sigilo para exercício de defesa própria.

RESPOSTA a) errada; b) errada; c) correta, pois nos termos do art. 36, § 2º, do CED, como salienta Biela Jr. em seu livro *Minimanual do Novo Código de Ética e Disciplina dos Advogados*, páginas 59-62, o sigilo é norma de ordem pública e alcança o advogado quando exerce as funções de árbitro, mediador ou conciliador; d) errada. *Alternativa C.*

308. **(XIV Exame)** A advogada Ana integrou o departamento jurídico da empresa XYZ Ltda. e, portanto, participava de reuniões internas, com sócios e diretores, e externas, com clientes e fornecedores, tendo acesso a todos os documentos da sociedade, inclusive aos de natureza contábil, conhecendo assim, diversos fatos e informações relevantes sobre a empresa. Alguns anos após ter deixado os quadros da XYZ Ltda., Ana recebeu intimação para comparecer a determinada audiência e a prestar depoimento, como testemunha arrolada pela defesa, no âmbito de ação penal em que um dos sócios da empresa figurava como acusado do crime de sonegação fiscal. Ao comparecer à audiência, Ana afirmou que não prestaria depoimento sobre os fatos dos quais tomou conhecimento enquanto integrava o jurídico da XYZ Ltda. O magistrado que presidia o ato ressaltou que seu depoimento havia sido solicitado pelo próprio sócio da empresa, que a estaria, portanto, desobrigando do dever de guardar sigilo. Sobre a questão apresentada, observadas as regras do Estatuto da OAB e do Código de Ética e Disciplina da OAB, assinale a opção correta.

(A) Ana terá o dever de depor, pois o bem jurídico administração da justiça é mais relevante do que o bem jurídico inviolabilidade dos segredos.

(B) Ana terá o dever de depor, pois foi desobrigada por seu ex-cliente do dever de guardar sigilo sobre os fatos de que tomou conhecimento quando atuou como advogada da XYZ Ltda.

(C) Ana terá o dever de depor, pois não integra mais o departamento jurídico da empresa XYZ Ltda., tendo cessado, portanto, seu dever de guardar sigilo.

(D) Ana não terá o dever de depor, pois o advogado tem o direito de se recusar a depor, como testemunha, sobre fato relacionado à pessoa de quem foi ou seja advogado, mesmo quando solicitado pelo cliente.

RESPOSTA É direito do advogado recusar-se a depor como testemunha em processo no qual funcionou ou deva funcionar, ou sobre fato relacionado com pessoa de quem seja ou foi advogado, mesmo quando autorizado ou solicitado pelo constituinte, bem como sobre fato que constitua sigilo profissional. Portanto, o advogado não é obrigado a depor, em processo ou procedimento judicial, administrativo ou arbitral, sobre fatos a cujo respeito deva guardar sigilo profissional. *Alternativa D.*

309. **(XIII Exame)** Valdir representa os interesses de André em ação de divórcio em que estão em discussão diversas questões relevantes, inclusive de cunho financeiro, como, por exemplo, o pensionamento e a partilha de bens. Irritado com as exigências de sua ex-esposa, André revela a Valdir que pretende contratar alguém para assassiná-la.

Deve Valdir comunicar o segredo revelado por seu cliente às autoridades competentes?

(A) Valdir não pode revelar o segredo que lhe foi confiado por André, pois o advogado deve sempre guardar sigilo sobre o que saiba em razão do seu ofício.
(B) Valdir poderia revelar o segredo que lhe foi confiado por André, mas apenas no caso de ser intimado como testemunha em ação penal eventualmente deflagrada para a apuração do homicídio que viesse a ser efetivamente praticado.
(C) Valdir pode revelar o segredo que lhe foi confiado por André, em razão de estar a vida da ex-esposa deste último em risco.
(D) Valdir não pode revelar o segredo que lhe foi confiado por André, mas tem obrigação legal de impedir que o homicídio seja praticado, sob pena de se tornar partícipe do crime.

RESPOSTA O art. 37 do Novo Código de Ética e Disciplina dispõe que o sigilo profissional é inerente à profissão, impondo-se o seu respeito, salvo grave ameaça ao direito à vida, à honra, ou em casos que envolvam defesa própria. *Alternativa C.*

310. **(IX Exame – Reaplicação)** O advogado Antônio foi intimado a comparecer em Juízo para depor como testemunha a respeito de determinados fatos envolvendo um ex-cliente, a respeito dos quais tomou conhecimento em razão de seu ofício, em reuniões com o cliente em questão. Antônio recusou-se a depor, mesmo após ter sido autorizado por seu ex-cliente a fazê-lo.

A respeito da hipótese sugerida, assinale a afirmativa correta.

(A) Antônio não agiu corretamente. Ele está obrigado a depor, já que foi desobrigado por seu ex-cliente do dever de guardar sigilo.
(B) Antônio não agiu corretamente. Ele está obrigado a depor, já que o dever de guardar sigilo cede diante da decisão judicial que determinou sua intimação.
(C) Antônio agiu corretamente. O advogado tem o direito de recusar-se a depor como testemunha sobre fato relacionado com pessoa de quem seja ou foi advogado, mesmo quando autorizado ou solicitado pelo constituinte.
(D) Antônio não agiu corretamente. Ele está obrigado a depor, pois não é mais advogado do ex-cliente em questão.

RESPOSTA O advogado não é obrigado a depor, em processo ou procedimento judicial, administrativo ou arbitral, sobre fatos a cujo respeito deva guardar sigilo profissional (CED, art. 38). *Alternativa C.*

311. **(IX Exame)** Mário advogou, por muitos anos, para a empresa "X", especializada no ramo de cosméticos. Por problemas pessoais, afastou-se da advocacia empresarial por um período de dois anos. No retorno, passou a representar os interesses da empresa "Y", também do ramo de cosméticos, e concorrente direta da empresa para quem anteriormente prestara serviços.

Quando da prestação de seus serviços à empresa "X", Mário atuou em vários contratos em que constavam informações submetidas a segredo industrial, a que teve acesso exclusivamente em decorrência da sua atuação como advogado.

Observado tal relato, em consonância com as normas do Código de Ética da Advocacia, assinale a afirmativa correta.

(A) Os segredos advindos da prática profissional, após determinado período de recesso, podem ser livremente utilizados pelo advogado.
(B) O advogado, ao atuar contra antigos clientes, não pode lançar mão de informações reservadas que lhe tenham sido confiadas.
(C) O advogado não pode ser contratado por concorrentes de antigos clientes, pois o impedimento de com eles contratar não tem prazo.
(D) O advogado, diante do conflito de interesses entre o antigo e o novo cliente, deve renunciar ao mandato.

RESPOSTA Estabelece o art. 21 do NCED que o advogado, ao postular em nome de terceiros, contra ex-cliente ou ex-empregador, judicial ou extrajudicialmente, deve resguardar o sigilo profissional. *Alternativa B.*

312. **(III Exame)** Mévio, advogado, é procurado por Eulâmpia, que realiza consulta sobre determinado tema jurídico. Alguns meses depois, o advogado recebe uma intimação para prestar depoimento como testemunha em processo no qual Eulâmpia é ré, pelos fatos relatados por ela em consulta profissional. No concernente ao tema, à luz das normas estatutárias, é correto afirmar que

(A) o advogado deve comparecer ao ato e prestar depoimento como testemunha dos fatos.
(B) é caso de recusa justificada ao depoimento por ter tido o advogado ciência dos fatos em virtude do exercício da profissão.
(C) a simples consulta jurídica não é privativa de advogado, equiparada a mero aconselhamento protocolar.
(D) o advogado poderá prestar o depoimento, mesmo contra sua vontade, desde que autorizado pelo cliente.

RESPOSTA De acordo com o art. 7º, XIX, do EOAB é direito e prerrogativa do advogado recusar-se a depor como testemunha em processo no qual funcionou ou deva funcionar, ou sobre fato relacionado com pessoa de quem seja ou foi advogado, mesmo quando autorizado ou solicitado pelo constituinte, bem como sobre fato que constitua sigilo profissional. *Alternativa B.*

313. **(V Exame)** O advogado Antônio é convocado para prestar depoimento como testemunha em ação em que um dos seus clientes é parte. Inquirido pelo magistrado, passa a tecer considerações sobre fatos apresentados pelo seu cliente durante as consultas profissionais, mesmo sobre estratégias que havia sugerido para a defesa do seu cliente. Não omitiu quaisquer informações. Posteriormente à audiência, foi notificado da abertura de processo disciplinar pelo depoimento prestado.

Em relação ao caso acima, com base nas normas estatutárias, é correto afirmar que

(A) no caso em tela, houve justa causa, capaz de permitir a revelação de dados sigilosos.
(B) o sigilo profissional é uma faculdade do advogado.
(C) inquirido pelo magistrado, o advogado não pode se escusar de depor e prestar informações.
(D) a quebra do sigilo profissional, ainda que judicialmente, como no caso, é infração disciplinar.

RESPOSTA Constitui infração disciplinar violar, sem justa causa, sigilo profissional (art. 34, VII, do EOAB). O NCED determina que o advogado deve guardar sigilo, mesmo em depoimento judicial, sobre o que saiba em razão de seu ofício, cabendo-lhe recusar-se a depor como testemunha em processo ou procedimento judicial, administrativo ou arbitral, conforme determina o art. 38. *Alternativa D.*

314. **(IV Exame)** O advogado Walter recebe correspondência eletrônica relatando fatos que o seu cliente apresentou como importantes para constar em processo judicial a ser iniciado. Expressamente, em outra mensagem também eletrônica, autorizou a utilização das informações nas peças judiciais. Proposta a ação, os fatos foram publicizados, vindo o cliente a se arrepender da autorização dada. Com isso, busca reverter a situação por ele criada. Diante da informação de que, uma vez nos autos processuais, não poderia haver retirada das petições apresentadas, ameaça o profissional com futura representação disciplinar. O cliente não negou ter autorizado a utilização das informações.

Diante de tal quadro, é correto afirmar que

(A) mesmo com autorização, fatos considerados confidenciais na relação cliente-advogado não podem ser divulgados judicialmente.
(B) as confidências epistolares são protegidas pela imunidade absoluta quanto à sua publicidade.
(C) essa divulgação depende de autorização judicial.
(D) ao advogado é permitida a divulgação de confidências, com autorização do cliente.

RESPOSTA As confidências feitas ao advogado pelo cliente, segundo o art. 27 do CED (antigo) (não há artigo correspondente no NCED), podem ser utilizadas nos limites da necessidade da defesa, desde que autorizadas pelo constituinte. *Alternativa D.*

315. **(III Exame)** Tertúlio, advogado, testemunha a ocorrência de um acidente de trânsito sem vítimas, envolvendo quatro veículos automotores. Seus dados e sua qualificação profissional constam nos registros do evento. Posteriormente, em ação de responsabilidade civil, o advogado Tertúlio é arrolado como testemunha por uma das partes. No dia designado para o seu depoimento, alega que estaria impossibilitado de realizar o ato porque uma das pessoas envolvidas poderia contratá-lo como profissional, embora, naquele momento, nenhuma delas tivesse manifestado qualquer intenção nesse sentido. A respeito do tema, é correto dizer que

(A) o depoimento do advogado, no caso, é facultativo.

(B) Somente poderia prestar depoimento após a intervenção de todas as partes no processo.
(C) o advogado é suspeito para prestar depoimento no caso em tela.
(D) a possibilidade decorre da ausência de efetiva atuação profissional.

RESPOSTA Como não houve atuação profissional, não há que se falar em prerrogativa ou dever de guardar sigilo. Portanto, é possível que testemunhe. *Alternativa D.*

316. **(I Exame)** Júlio e Lauro constituíram o mesmo advogado para, juntos, ajuizarem ação de interesse comum. No curso do processo, sobrevieram conflitos de interesse entre os constituintes, tendo Júlio deixado de concordar com Lauro com relação aos pedidos. Nessa situação hipotética, deve o advogado:

(A) manter com os constituintes contrato de prestação de serviços jurídicos no interesse da causa, resguardando o sigilo profissional.
(B) assumir, com a cautela que lhe é peculiar, o patrocínio de ambos, em ações individuais.
(C) designar, com prudência e cautela, por substabelecimento com reservas, um advogado de sua confiança.
(D) optar, com prudência e discernimento, por um dos mandatos, e renunciar ao outro, resguardando o sigilo profissional.

RESPOSTA Dispõe o art. 20 do NCED que sobrevindo conflitos de interesse entre seus constituintes, e não estando acordes os interessados, com a devida prudência e discernimento, optará o advogado por um dos mandatos, renunciando aos demais, resguardado o sigilo profissional. *Alternativa D.*

317. **(XXII Exame)** Juliana, advogada, foi empregada da sociedade empresária OPQ Cosméticos e, em razão da sua atuação na área tributária, tomou conhecimento de informações estratégicas da empresa.

Muitos anos depois de ter deixado de trabalhar na empresa, foi procurada por Cristina, consumidora que pretendia ajuizar ação cível em face da OPQ Cosméticos por danos causados pelo uso de um de seus produtos.

Juliana, aceitando a causa, utiliza-se das informações estratégicas que adquirira como argumento de reforço, com a finalidade de aumentar a probabilidade de êxito da demanda.

Considerando essa situação, segundo o Estatuto da OAB e o Código de Ética e Disciplina da OAB, assinale a afirmativa correta.

(A) Juliana não pode advogar contra a sociedade empresária OPQ Cosméticos, tampouco se utilizar das informações estratégicas a que teve acesso quando foi empregada da empresa.
(B) Juliana pode advogar contra a sociedade empresária OPQ Cosméticos, mas não pode se utilizar das informações estratégicas a que teve acesso quando foi empregada da empresa.
(C) Juliana pode advogar contra a sociedade empresária OPQ Cosméticos e pode se utilizar das informações estratégicas a que teve acesso quando foi empregada da empresa.
(D) Juliana não pode advogar contra a sociedade empresária OPQ Cosméticos, mas pode repassar as informações estratégicas a que teve acesso quando foi empregada da empresa, a fim de que sejam utilizadas por terceiro que patrocine a causa de Cristina.

RESPOSTA Nos termos do art. 35 do CED, pois é dever inerente à atividade do advogado. *Alternativa B.*

318. **(XXX Exame)** Antônio e José são advogados e atuam em matéria trabalhista. Antônio tomou conhecimento de certos fatos relativos à vida pessoal de seu cliente, que respondia a processo considerado de interesse acadêmico. Após o encerramento do feito judicial, Antônio resolveu abordar os fatos que deram origem ao processo em sua dissertação pública de mestrado. Então, a fim de se resguardar, Antônio notificou o cliente, indagando se este solicitava sigilo sobre os fatos pessoais ou se estes podiam ser tratados na aludida dissertação. Tendo obtido resposta favorável do cliente, Antônio abordou o assunto na dissertação.

Por sua vez, o advogado José também soube de fatos pessoais de seu cliente, em razão de sua atuação em outro processo. Entretanto, José foi difamado em público, gravemente, por uma das partes da demanda. Por ser necessário à defesa de sua honra, José divulgou o conteúdo particular de que teve conhecimento.

Considerando os dois casos narrados, assinale a afirmativa correta.

(A) Antônio infringiu o disposto no Código de Ética e Disciplina da OAB, violando o dever de sigilo profissional. Por outro lado, José não cometeu infração ética, já que o dever de sigilo profissional cede na situação descrita.
(B) Antônio e José infringiram, ambos, o disposto no Código de Ética e Disciplina da OAB, violando seus deveres de sigilo profissional.
(C) José infringiu o disposto no Código de Ética e Disciplina da OAB, violando o dever de sigilo profissional. Por outro lado, Antônio não come-

teu infração ética, já que o dever de sigilo profissional cede na situação descrita.

(D) Antônio e José não cometeram infração ética, já que o dever de sigilo profissional, em ambos os casos, cede nas situações descritas.

RESPOSTA A) correta, pois Antônio mesmo com autorização de seu cliente deve guardar o sigilo profissional nos termos do art. 36 do CED. Por outro lado, no caso de José, é possível a quebra do sigilo no caso de grave ameaça ao direito a honra ou situações que envolvam a própria defesa, nos termos do art. 37 do CED; b) errada; c) errada; d) errada. *Alternativa A.*

XV. CÓDIGO DE ÉTICA E DISCIPLINA – PUBLICIDADE

319. **(XXII Exame)** Marcelo, renomado advogado, foi convidado para participar de matéria veiculada pela Internet, por meio de portal de notícias, com a finalidade de informar os leitores sobre direitos do consumidor. Ao final da matéria, mediante sua autorização, foi divulgado o *e-mail* de Marcelo, bem como o número de telefone do seu escritório.

Sobre essa situação, de acordo com o Código de Ética e Disciplina da OAB, assinale a afirmativa correta.

(A) Marcelo não pode participar de matéria veiculada pela Internet, pois esse fato, por si só, configura captação de clientela.

(B) Marcelo pode participar de matéria veiculada pela Internet, mas são vedadas a referência ao *e-mail* e ao número de telefone do seu escritório ao final da matéria.

(C) Marcelo pode participar de matéria veiculada pela Internet e são permitidas a referência ao *e-mail* e ao número de telefone do seu escritório ao final da matéria.

(D) Marcelo pode participar de matéria veiculada pela Internet, mas é vedada a referência ao número de telefone do seu escritório ao final da matéria, sendo permitida a referência ao seu *e-mail*.

RESPOSTA Nos exatos termos do art. 40, V, do CED, sendo-lhe vedado o fornecimento de dados de contato como telefone e endereço, sendo permitido a referência a e-mail. *Alternativa D.*

320. **(XXXI Exame)** Em certo município, os advogados André e Helena são os únicos especialistas em determinado assunto jurídico. Por isso, André foi convidado a participar de entrevista na imprensa escrita sobre as repercussões de medidas tomadas pelo Poder Executivo local, relacionadas à sua área de especialidade. Durante a entrevista, André convidou os leitores a litigarem em face da Administração Pública, conclamando-os a procurarem advogados especializados para ajuizarem, desde logo, as demandas que considerava tecnicamente cabíveis. Porém, quando indagado sobre os meios de contato de seu escritório, para os leitores interessados, André disse que, por obrigação ética, não poderia divulgá-los por meio daquele veículo. Por sua vez, a advogada Helena, irresignada com as mesmas medidas tomadas pelo Executivo, procurou um programa de rádio, oferecendo-se para uma reportagem sobre o assunto. No programa, Helena manifestou-se de forma técnica, educativa e geral, evitando sensacionalismo. Considerando as situações acima narradas e o disposto no Código de Ética e Disciplina da OAB, assinale a afirmativa correta.

(A) André e Helena agiram de forma ética, observando as normas previstas no Código de Ética e Disciplina da OAB.

(B) Nenhum dos dois advogados agiu de forma ética, tendo ambos inobservado as normas previstas no Código de Ética e Disciplina da OAB.

(C) Apenas André agiu de forma ética, observando as normas previstas no Código de Ética e Disciplina da OAB.

(D) Apenas Helena agiu de forma ética, observando as normas previstas no Código de Ética e Disciplina da OAB.

RESPOSTA A conduta dos advogados de André e Helena é contrária ao CED. Em nosso *e-book Legislação profissional do advogado:* anotada e sistematizada (Kindle), comentamos sobre as questões proibitivas do Código de Ética e Disciplina no que tange à publicidade na advocacia. No caso, André estimulou o litígio na imprensa escrita e Helena ofereceu-se para uma reportagem, o que viola os arts. 41 e 42, V, do CED. *Alternativa B.*

321. **(XIV Exame)** O advogado Armando alterou o endereço de seu escritório e, para comunicar tal alteração, enviou correspondência a grande número de pessoas, notadamente, seus clientes e outros advogados. Observadas as regras do Estatuto da OAB e do Código de Ética e Disciplina da OAB, Armando realizou publicidade irregular?

(A) Sim. Considera-se imoderado qualquer anúncio profissional mediante remessa de correspondência a uma coletividade.

(B) Sim. Ao advogado é vedado o envio de correspondência a clientes, salvo para tratar de temas que sejam de interesse desses últimos.

(C) Não. Armando poderia ter enviado a correspondência em questão, pois estava apenas comunicando a alteração de seu endereço.

(D) Não. A publicidade por meio de correspondência é permitida em qualquer caso e para comunicar qualquer tipo de informação.

RESPOSTA O art. 40, VI, do NCED dispõe que é vedado na publicidade de advogados a utilização de mala direta com o intuito de captação de clientela. Portanto, não havendo essa finalidade, é permitida para fins de informação de mudança de endereço. *Alternativa C.*

322. **(XXII Exame)** Isabela é advogada prestigiada, tendo organizado, com o correr dos anos, um escritório de advocacia especializado em Direito Ambiental, com vários advogados associados. Por sugestão de um deles, edita um atualizado boletim de notícias, com informações jurisprudenciais, doutrinárias, legais e internacionais sobre o tema, considerado uma publicação de altíssima qualidade, que é distribuído somente aos profissionais do escritório. Sabedor da publicação, Eusébio, jovem estudante de Direito, que busca direcionar seus estudos para a área ambiental, solicita acesso ao referido boletim.

Nos termos do Código de Ética da Advocacia, o boletim de notícias

(A) deve circular restritivamente entre os profissionais do escritório.

(B) pode ser enviado a qualquer pessoa como forma de propaganda.

(C) pode ser remetido a quem o requerer.

(D) é considerado como publicidade abusiva e vedado ao advogado.

RESPOSTA O NCED, em seu art. 45, autoriza tal prática, desde que sua circulação fique adstrita a clientes e a interessados do meio jurídico. *Alternativa C.*

323. **(XIII Exame)** A advogada Maria Vivian procura apresentar os seus serviços profissionais como de excelente qualidade, utilizando a estratégia aprendida em tempos em que atuava no teatro, quando finalizava a peça pedindo indicação aos amigos, se tivesse aprovado o espetáculo e, caso negativo, indicasse aos inimigos. A par disso, organiza um sistema sofisticado de divulgação de material de propaganda, informando o número de vitórias obtido em várias causas com temas próprios das causas de massa.

Nos termos do Código de Ética da Advocacia, o advogado não pode

(A) realizar propaganda, mesmo moderada, da sua atividade.

(B) ofertar serviços profissionais que impliquem exposição de clientela.

(C) apresentar o seu currículo profissional em público.

(D) distribuir cartões de visita com seu endereço profissional.

RESPOSTA O advogado em sua publicidade não pode fazer com o intuito de captação de clientela ou mercantilização da profissão (NCED, art. 39). *Alternativa B.*

324. **(VIII Exame)** O advogado "Y", recém-formado, diante da dificuldade em conseguir clientes, passa a distribuir panfletos em locais próximos aos fóruns da cidade onde reside, oferecendo seus serviços profissionais. Nos panfletos distribuídos por "Y" constam informações acerca da sua especialização técnico-científica, localização e telefones do seu escritório. Por outro lado, "Y" instalou placa na porta de seu escritório, na qual fez constar os valores cobrados por seus serviços profissionais, fixados, aliás, em patamares inferiores àqueles estipulados pela tabela de honorários da OAB.

Quanto à conduta de "Y", assinale a afirmativa incorreta.

(A) "Y" incorre em infração disciplinar, consistente na captação irregular de causas, ao distribuir panfletos ao público oferecendo seus serviços como advogado.

(B) "Y" viola dispositivo do Código de Ética e Disciplina da OAB ao fixar honorários em valores inferiores aos estipulados na tabela de honorários da OAB.

(C) "Y" pode distribuir panfletos ao público, oferecendo seus serviços profissionais, desde que neles não conste sua especialização técnico-científica.

(D) "Y" viola dispositivo do Código de Ética e Disciplina da OAB ao fazer constar de sua placa referências aos valores cobrados por seus serviços profissionais.

RESPOSTA Considera-se imoderada a distribuição de panfletos ao público, devendo comunicados, publicações e outros tipos de publicidade impressa ser tão somente fornecidos a colegas, clientes, ou pessoas que os solicitem ou os autorizem previamente, de acordo com o art. 45 do NCED. *Alternativa C.*

325. **(III Exame)** O escritório de advocacia do Dr. Zangão decide patrocinar programa televisivo juntamente com um supermercado e uma companhia de cervejas. O programa é de estilo popular, com belas mulheres vestidas de forma apropriada ao verão brasileiro. No intervalo do programa, o apresentador apresenta homenagens aos seus patrocinadores e, em relação ao escritório de advocacia, recita um texto: "Caso você tenha um problema com a Justiça, procure quem é bom. Consulte um dos advogados do Escritório do Dr. Zangão. Pode não ser uma rima, mas é a solução". Essa situação caracteriza

(A) publicidade imoderada.
(B) propaganda regular.
(C) patrocínio cultural.
(D) atividade permitida pelo Estatuto.

RESPOSTA Na forma do art. 39 do CED, o advogado pode anunciar os seus serviços profissionais, individual ou coletivamente, com discrição e moderação, para finalidade exclusivamente informativa, vedada a divulgação em conjunto com outra atividade. Nesse caso, configura-se imoderada a publicidade. *Alternativa A.*

326. **(III Exame)** Daniel, advogado, resolve divulgar seus trabalhos contratando empresa de propaganda e marketing. Esta lhe apresenta um plano de ação, que inclui a contratação de jovens, homens e mulheres, para a distribuição de prospectos de propaganda do escritório, coloridos, indicando as especialidades de atuação e apresentando determinados temas que seriam considerados acessíveis à multidão de interessados. O projeto é realizado. Em relação a tal projeto, consoante as normas aplicáveis aos advogados, é correto afirmar que

(A) a moderna advocacia assume características empresariais e permite publicidade como a apresentada.
(B) atividades moderadas como as sugeridas são admissíveis.
(C) desde que autorizada pela OAB, a propaganda pode ser realizada.
(D) existem restrições éticas à propaganda da advocacia, entre as quais as referidas no texto.

RESPOSTA A publicidade nos moldes apresentados será considerada imoderada, posto que viola o NCED no art. 40, VI – utilização de mala direta, a distribuição de panfletos ou formas assemelhadas de publicidade, com o intuito de captação de clientela. *Alternativa D.*

327. **(V Exame)** Ademir, formado em Jornalismo e Direito e exercendo ambas as profissões, publica, em seu espaço jornalístico, alegações forenses por ele apresentadas em juízo. Instado por outros profissionais do Direito a também apresentar os trabalhos dos colegas, Ademir alega que o espaço é exclusivamente dedicado à divulgação dos seus próprios trabalhos forenses.

Com base no relatado, à luz das normas estatutárias, é correto afirmar que a divulgação promovida por Ademir é

(A) justificado pelo interesse jornalístico dos trabalhos forenses.
(B) punível, por caracterizar infração disciplinar.
(C) é equiparado a ato educacional permitido.
(D) perfeitamente justificável, por ser pertinente a outra profissão.

RESPOSTA Constitui infração disciplinar fazer publicar na imprensa, desnecessária e habitualmente, alegações forenses ou relativas a causas pendentes (art. 34, XIII, do EOAB). *Alternativa B.*

328. **(III Exame)** O advogado Caio resolve implementar mudanças administrativas no seu escritório, ao passar a compor o grupo de profissionais escolhido para gerenciá-lo. Uma das atividades consiste na elaboração de um boletim de notícias comunicando aos clientes, parceiros e advogados, a mudança na legislação e os julgamentos de maior repercussão. Para ampliar a divulgação, contrata jovens de ambos os sexos para distribuição gratuita, nos cruzamentos das mais importantes capitais do País. Diante do narrado, é correto afirmar que

(A) é admissível a distribuição do boletim mediante pagamento de anuidade.
(B) a distribuição indiscriminada, se for gratuita, é permitida.
(C) se trata de publicidade moderada.
(D) o boletim de notícias é meio adequado de publicidade quando o público-alvo são clientes do escritório.

RESPOSTA O art. 45 do NCED autoriza o envio de boletins informativos, desde que sua circulação fique adstrita a clientes e interessados do meio jurídico. Portanto, houve violação ética. *Alternativa D.*

329. **(IV Exame)** O Código de Ética e Disciplina não autoriza o anúncio do estagiário de direito, mas apenas do advogado. Assim, não existe possibilidade da oferta de serviços, mediante publicidade, inclusive na Internet, feita por estagiário de direito,

(A) por faltar-lhe a qualidade de advogado.
(B) porque ainda não se submeteu ao Exame de Ordem.
(C) para reserva de mercado aos advogados já formados.

(D) para evitar concorrência desleal e futura captação de clientela.

RESPOSTA A publicidade da atividade de advocacia somente poderá ser realizada por quem se encontre inscrito nessa qualidade junto a OAB. *Alternativa A.*

330. **(XVII Exame)** O advogado Nelson, após estabelecer seu escritório em local estratégico nas proximidades dos prédios que abrigam os órgãos judiciários representantes de todas as esferas da Justiça, resolve publicar anúncio em que, além dos seus títulos acadêmicos, expõe a sua vasta experiência profissional, indicando os vários cargos governamentais ocupados, inclusive o de Ministro de prestigiada área social.

Nos termos do Código de Ética da Advocacia, assinale a afirmativa correta.

(A) O anúncio está adequado aos termos do Código, pois indica os títulos acadêmicos e a experiência profissional.
(B) O anúncio está adequado aos termos do Código, por não conter adjetivações ou referências elogiosas ao profissional.
(C) O anúncio colide com as normas do Código, pois a referência a títulos acadêmicos é vedada por indicar a possibilidade de captação de clientela.
(D) O anúncio colide com as normas do Código, que proíbem a referência a cargos públicos capazes de gerar captação de clientela.

RESPOSTA O Código de Ética veda essa prática, como se vê no antigo CED, art. 29, § 4º. O anúncio de advogado não deve mencionar, direta ou indiretamente, qualquer cargo, função pública ou relação de emprego e patrocínio que tenha exercido, passível de captar clientela. Tal vedação foi confirmada no NCED, art. 44, § 2º. *Alternativa D.*

331. **(XX Exame – Reaplicação)** As advogadas Juliana e Patrícia, iniciando carreira na advocacia, acreditam que seja necessária a divulgação de seus serviços, para se tornarem conhecidas. Assim, decidem realizar publicidade de sua atuação, mediante as seguintes medidas: primeiramente, publicam um anúncio, em jornal de grande circulação, onde constam seus nomes, números de inscrição na OAB e endereço de atuação. Além disso, anunciam no rádio suas qualificações profissionais, bem como expedem correspondências a seus clientes e a colegas advogados, contendo boletim informativo e comentários à legislação.

Sobre a situação apresentada, assinale a opção correta.

(A) Se realizadas com discrição e moderação, as publicações no jornal e as correspondências expedidas não representam infração ética, porém a veiculação do anúncio no rádio viola o Código de Ética e Disciplina da OAB.
(B) As três medidas de publicidade adotadas por Juliana e Patrícia violam o disposto no Código de Ética e Disciplina da OAB, pois é vedado ao advogado anunciar seus serviços profissionais de forma a alcançar uma coletividade de pessoas.
(C) Apenas a expedição de correspondências contendo boletim informativo e comentários à legislação configura violação ao previsto no Código de Ética e Disciplina da OAB, já que é vedada a comunicação do advogado por correspondências, salvo aquelas destinadas a informar os clientes de seus interesses.
(D) Se realizadas com razoabilidade, nenhuma das medidas adotadas viola o Código de Ética e Disciplina da OAB, porque o advogado pode anunciar seus serviços profissionais, individual ou coletivamente, desde que observadas moderação e discrição quanto ao conteúdo, forma e dimensões.

RESPOSTA O anúncio em jornal não é vedado, portanto, permitido nos termos do CED, art. 44, sempre mencionando o nome e número de inscrição (elementos obrigatórios) e os facultativos (endereço e área de atuação). É vedado o anúncio em rádio, tv e cinema (art. 40, I) e permitida a divulgação de boletins para fins de informação (art. 45). *Alternativa A.*

332. **(XXI Exame)** Janaína é procuradora do município de Oceanópolis e atua, fora da carga horária demandada pela função, como advogada na sociedade de advogados Alfa, especializada em Direito Tributário. A profissional já foi professora na universidade estadual Beta, situada na localidade, tendo deixado o magistério há um ano, quando tomou posse como procuradora municipal.

Atualmente, Janaína deseja imprimir cartões de visitas para divulgação profissional de seu endereço e telefones. Assim, dirigiu-se a uma gráfica e elaborou o seguinte modelo: no centro do cartão, consta o nome e o número de inscrição de Janaína na OAB. Logo abaixo, o endereço e os telefones do escritório. No canto superior direito, há uma pequena fotografia da advogada, com vestimenta adequada. Na parte inferior do cartão, estão as seguintes inscrições "procuradora do município de Oceanópolis", "advogada – Sociedade de Advogados Alfa" e "ex-professora da Universidade Beta". A impressão será feita em papel branco com proporções usuais e grafia discreta na cor preta.

Considerando a situação descrita, assinale a afirmativa correta.

(A) Os cartões de visitas pretendidos por Janaína não são adequados às regras referentes à publicidade profissional. São vedados: o emprego de fotografia pessoal e a referência ao cargo de procurador municipal. Os demais elementos poderão ser mantidos.

(B) Os cartões de visitas pretendidos por Janaína, pautados pela discrição e sobriedade, são adequados às regras referentes à publicidade profissional.

(C) Os cartões de visitas pretendidos por Janaína não são adequados às regras referentes à publicidade profissional. São vedados: o emprego de fotografia e a referência ao cargo de magistério que Janaína não mais exerce. Os demais elementos poderão ser mantidos.

(D) Os cartões de visitas pretendidos por Janaína não são adequados às regras referentes à publicidade profissional. São vedados: a referência ao cargo de magistério que Janaína não mais exerce e a referência ao cargo de procurador municipal. Os demais elementos poderão ser mantidos.

RESPOSTA Nos termos do art. 44, § 2º, do novo CED é vedada a inclusão de fotografias pessoais ou de terceiros nos cartões de visitas do advogado, bem como menção a qualquer emprego, cargo ou função ocupado, atual ou pretérito, me qualquer órgão ou instituição, salvo o de professor universitário. *Alternativa A.*

333. **(XXI Exame)** Florentino, advogado regularmente inscrito na OAB, além da advocacia, passou a exercer também a profissão de corretor de imóveis, obtendo sua inscrição no conselho pertinente. Em seguida, Florentino passou a divulgar suas atividades, por meio de uma placa na porta de um de seus escritórios, com os dizeres: Florentino, advogado e corretor de imóveis.

Sobre o tema, assinale a afirmativa correta.

(A) É vedado a Florentino exercer paralelamente a advocacia e a corretagem de imóveis.

(B) É permitido a Florentino exercer paralelamente a advocacia e a corretagem de imóveis, desde que não sejam prestados os serviços de advocacia aos mesmos clientes da outra atividade. Além disso, é permitida a utilização da placa empregada, desde que seja discreta, sóbria e meramente informativa.

(C) É permitido a Florentino exercer paralelamente a advocacia e a corretagem de imóveis. Todavia, é vedado o emprego da aludida placa, ainda que discreta, sóbria e meramente informativa.

(D) É permitido a Florentino exercer paralelamente a advocacia e a corretagem de imóveis, inclusive em favor dos mesmos clientes. Também é permitido empregar a aludida placa, desde que seja discreta, sóbria e meramente informativa.

RESPOSTA Nos termos do novo CED, art. 40, IV é vedada a divulgação de serviços de advocacia juntamente com a de outras atividades ou a indicação de vínculos entre uns e outras. *Alternativa C.*

334. **(XXIV Exame)** Em determinada edição de um jornal de grande circulação, foram publicadas duas matérias subscritas, cada qual, pelos advogados Lúcio e Frederico. Lúcio assina, com habitualidade, uma coluna no referido jornal, em que responde, semanalmente, a consultas sobre matéria jurídica. Frederico apenas subscreveu matéria jornalística naquela edição, debatendo certa causa, de natureza criminal, bastante repercutida na mídia, tendo analisado a estratégia empregada pela defesa do réu no processo.

Considerando o caso narrado e o disposto no Código de Ética e Disciplina da OAB, assinale a afirmativa correta.

(A) Lúcio e Frederico cometeram infração ética.

(B) Apenas Lúcio cometeu infração ética.

(C) Apenas Frederico cometeu infração ética.

(D) Nenhum dos advogados cometeu infração ética.

RESPOSTA Conforme ensina Biela Jr. em seu Minimanual do novo Código de Ética e Disciplina dos Advogados (2017:63), os advogados devem observar as normas éticas sobre a publicidade na advocacia, o que não ocorreu no caso em tela, pois Lúcio responde com habitualidade, o que é proibido e, Frederico, debateu causa de sob o patrocínio de outro advogado, o que também é proibido. Alternativa A.

335. **(XXV Exame)** O advogado Valter instalou, na fachada do seu escritório, um discreto painel luminoso com os dizeres "Advocacia Trabalhista". A sociedade de advogados X contratou a instalação de um sóbrio painel luminoso em um dos pontos de ônibus da cidade, onde constava apenas o nome da sociedade, dos advogados associados e o endereço da sua sede. Já a advogada Helena fixou, em todos os elevadores do prédio comercial onde se situa seu escritório, cartazes pequenos contendo inscrições sobre seu nome, o ramo do Direito em que atua e o andar no qual funciona o escritório.

Considerando as situações descritas e o disposto no Código de Ética e Disciplina da OAB, assinale a afirmativa correta.

(A) Apenas Valter e a sociedade de advogados X violaram a disciplina quanto à ética na publicidade profissional.

(B) Apenas Helena violou a disciplina quanto à ética na publicidade profissional.

(C) Valter, Helena e a sociedade de advogados X violaram a disciplina quanto à ética na publicidade profissional.

(D) Apenas a sociedade de advogados X e Helena violaram a disciplina quanto à ética na publicidade profissional.

RESPOSTA a) errada; b) errada; c) errada; d) correta, pois ensina Biela Jr., em seu *Minimanual do Novo Código de Ética e Disciplina*, 2ª edição, editora JusPodivm, páginas 63-70: o CED proíbe a instalação de painel luminoso, ainda mais em espaço público como um ponto de ônibus, bem como em elevadores (art. 40, II e III). *Alternativa D.*

336. **(XXVIII Exame)** A advogada Leia Santos confeccionou cartões de visita para sua apresentação e de seu escritório. Nos cartões, constava seu nome, número de inscrição na OAB, bem como o *site* do escritório na Internet e um *QR code* para que o cliente possa obter informações sobre o escritório. Já o advogado Lucas Souza elaborou cartões de visita que, além do seu nome e número de inscrição na OAB, apresentam um logotipo discreto e a fotografia do escritório.

Considerando as situações descritas e o disposto no Código de Ética e Disciplina da OAB, assinale a afirmativa correta.

(A) Leia e Lucas cometeram infrações éticas, pois inseriram elementos vedados pelo Código de Ética e Disciplina da OAB nos cartões de apresentação.

(B) Nenhum dos advogados cometeu infração ética, pois os elementos inseridos por ambos nos cartões de apresentação são autorizados.

(C) Apenas Leia cometeu infração ética, pois inseriu elementos vedados pelo Código de Ética e Disciplina da OAB nos cartões de apresentação. Os elementos empregados por Lucas são autorizados.

(D) Apenas Lucas cometeu infração ética, pois inseriu elementos vedados pelo Código de Ética e Disciplina da OAB nos cartões de apresentação. Os elementos empregados por Leia são autorizados.

RESPOSTA Não houve infração, pois o art. 44 do CED estabelece os elementos obrigatórios e facultativos na publicidade de advogados. *Alternativa B.*

REFERÊNCIAS

BIELA JR. *Curso de ética profissional para advogados*. 6. ed. São Paulo: Amazon-Kindle, 2020.

______. *Curso de ética profissional para advogados*. 5. ed. São Paulo: LTr, 2018.

______. *Estatuto da Advocacia e a ética do profissional:* preparando-se para o Exame de Ordem. 4. ed. São Paulo: LTr, 2016.

______. *Ética na OAB*: questões resolvidas. 2. ed. São Paulo: Saraiva, 2015.

______. *Ética na OAB: questões resolvidas*. 3. ed. São Paulo: Saraiva, 2016.

______. *Legislação profissional do advogado*: anotada e sistematizada. São Paulo: Amazon-Kindle, 2020.

______. *Minimanual do Novo Código de Ética e Disciplina dos Advogados*. 3. ed. São Paulo: Amazon-Kindle, 2020.

______. *Minimanual do Novo Código de Ética e Disciplina dos Advogados*. 2. ed. Salvador: JusPodivm, 2017.

______. *Passe na OAB e comece a advogar*: responsabilidade civil. São Paulo: LTr, 2013.

ROCHA, Marcelo Hugo da (coord.). *Completaço:* teoria unificada e questões comentadas. 2. ed. São Paulo: 2016.

______. Publicidade na Advocacia. *Jornal Tribuna dos Advogados*. Disponível em: <http://www.oabguarulhos.org.br/anexos/Fev_2012.pdf>. Acesso em: 29 jan. 2015.

BRASIL. Código de Ética e Disciplina da Ordem dos Advogados do Brasil. Dispõe sobre o Código de Ética e Disciplina da OAB previsto na Lei n. 8.906, de 4 de julho de 1994.

______. Lei n. 8.906, de 4 de julho de 1994. Dispõe sobre o Estatuto da Advocacia e da Ordem dos Advogados do Brasil – OAB. *Diário Oficial da União*, 5 de julho de 1994.

______. Regulamento Geral do Estatuto da Advocacia e da OAB. Dispõe sobre o Regulamento Geral previsto na Lei n. 8.906, de 4 de julho de 1994.

______. Resolução n. 02/2015 do Conselho Federal da OAB. Aprova o novo Código de Ética e Disciplina da OAB previsto na Lei n. 8.906, de 4 de julho de 1994.

Filosofia do Direito

FILOSOFIA DO DIREITO: QUADRO GERAL DE QUESTÕES	
TEMAS	Nº DE QUESTÕES
I. Filosofia do Direito	13
II. Direito e Moral	15
III. Hermenêutica Jurídica	6
IV. Doutrinas Jurídicas	11
TOTAL	45

I. FILOSOFIA DO DIREITO

1. **(XXX Exame)** *Um juiz pode dar uma sentença favorável a uma querelante com um rostinho bonito ou proveniente de determinada classe social, na realidade porque gosta do rosto ou da classe, mas ostensivamente pelas razões que apresentar para sua decisão.* Neil MacCormick

Existem diferentes motivos pelos quais uma decisão é tomada, segundo MacCormick. Alguns argumentos podem ser até mesmo inconfessáveis, porém, de qualquer forma, a autoridade que decide precisa persuadir um auditório quanto à sua decisão. Assinale a opção que, segundo Neil MacCormick, em seu livro **Argumentação jurídica e teoria do direito**, apresenta a noção essencial daquilo que a fundamentação de uma decisão deve fazer.

(A) Dar boas razões ostensivamente justificadoras em defesa da decisão, de modo que o processo de argumentação seja apresentado como processo de justificação.

(B) Realizar uma dedução silogística por intermédio da qual a decisão seja a premissa maior, resultante da lei, que deve ser considerada a premissa menor do raciocínio lógico.

(C) Proceder a um ato de vontade no qual cabe ao juiz escolher uma norma válida contida no ordenamento jurídico vigente e aplicá-la ao caso concreto.

(D) Alinhar-se à jurisprudência dominante em respeito às decisões dos tribunais superiores expressas na firma de precedentes, enunciados e súmulas.

RESPOSTA A resposta correta é a *alternativa A*. Neil MacCormick foi um seguidor do jusfilósofo Herbert Hart, que se notabilizou pela obra **O conceito de direito** (1961). Segundo MacCormick, o objetivo principal da obra **Argumentação jurídica e teoria do direito** é investigar a estrutura racional subjacente ao processo de aplicação de normas jurídicas. Para tanto, o autor recorre à tradição aristotélica que afirmava a existência de um conhecimento prático (prudência) capaz de justificar a argumentação ética e jurídica. MacCormick define o raciocínio prático como o processo racional por meio do qual os seres humanos decidem as maneiras corretas de se comportarem em situações em que há possibilidade de escolha, tal como ocorre com a decisão jurídica. Afirmam Gabriel Rubinger-Betti e Claudia Roesler em: **As limitações e possibilidades dos critérios avaliativos propostos por Neil MacCormick para a argumentação jurídica**: "Uma das propostas mais inovadoras da obra de MacCormick é o estudo da argumentação nos 'casos difíceis'. Quando o silogismo – ou, para ser mais preciso, a 'moldura' silogística através da qual se desenvolve o raciocínio jurídico – se esgota, o autor afirma ser necessária uma espécie distinta de justificação. Enquanto autores anteriores afirmavam que uma decisão de um caso difícil é de ampla discricionariedade, MacCormick defende que há uma série de requisitos aos quais a decisão de um caso difícil deve obedecer para ser considerada adequadamente justificada. Esses requisitos, resumidos por MacCormick em consistência, coerência, consequencialismo e universalizabilidade, representam limitações à discricionariedade jurisdicional e servem como critérios de avaliação da racionalidade argumentativa de decisões judiciais".

2. **(XXIX Exame)** "Mas a justiça não é a perfeição dos homens?" Platão, **A República**. Lisboa: Calouste Gulbenkian, 1993. O conceito de justiça é o mais importante da Filosofia do Direito. Há uma antiga concepção segundo a qual justiça é dar a cada um o que lhe é devido. No entanto, Platão, em seu livro **A República**, faz uma crítica a tal concepção. Assinale a opção que, conforme o livro citado, melhor explica a razão pela qual Platão realiza essa crítica.

(A) Platão defende que justiça é apenas uma maneira de proteger o que é mais conveniente para o mais forte.

(B) A justiça não deve ser considerada algo que seja entendido como virtude e sabedoria, mas uma decorrência da obediência à lei.

(C) Essa ideia implicaria fazer bem ao amigo e mal ao inimigo, mas fazer o mal não produz perfeição, e a justiça é uma virtude que produz a perfeição humana.

(D) Esse é um conceito decorrente exclusivamente da ideia de troca entre particulares, e, para Platão, o conceito de justiça diz respeito à convivência na cidade.

RESPOSTA A resposta correta é a *alternativa C*. Afirma Platão, em **A República** (I, 335e): "Portanto, se alguém disser que a justiça [política] consiste em restituir a cada um aquilo que lhe é devido [por direito], e como isto quiser significar que o homem justo deve fazer mal aos inimigos, e bem aos amigos – quem assim falar não é sábio, porquanto não disse a verdade. Efetivamente, em caso algum nos pareceu que fosse justo fazer mal a alguém".

3. **(XXVIII Exame)** Uma das mais importantes questões para a Filosofia do Direito diz respeito ao procedimento que define uma norma jurídica como sendo válida. Para o jusfilósofo Herbert Hart, em **O conceito de direito**, o fundamento de validade do Direito baseia-se na existência de uma regra de reconhecimento, sem a qual não seria possível a existência de ordenamentos jurídicos. Segundo Hart, assinale a opção que define regra de reconhecimento.

(A) Regra que exige que os seres humanos pratiquem ou se abstenham de praticar certos atos, quer queiram quer não.

(B) Regra que estabelece critérios segundo os quais uma sociedade considera válida a existência de suas próprias normas jurídicas.

(C) Regra que impõe deveres a todos aqueles que são reconhecidos como cidadãos sob a tutela do Estado.

(D) Regra que reconhece grupos excluídos e minorias sociais como detentores de direitos fundamentais.

RESPOSTA A resposta correta é a *alternativa B*. Afirma Herbert Hart, em **O conceito de direito**: "Na maior parte dos casos, a regra de reconhecimento não é enunciada, mas a sua existência manifesta-se no modo como as regras concretas são identificadas, tanto pelos tribunais ou outros funcionários, como pelos particulares ou seus consultores".

4. **(XXVII Exame)** *Concebo, na espécie humana, dois tipos de desigualdade: uma que chamo de natural ou física, por ser estabelecida pela natureza e que consiste na diferença das idades, da saúde, das forças do corpo e das qualidades do espírito e da alma; a outra, que se pode chamar de desigualdade moral ou política, porque depende de uma espécie de convenção e que é estabelecida ou, pelo menos, autorizada pelo consentimento dos homens.* ROUSSEAU, Jean-Jacques. **Discurso sobre a origem e os fundamentos da desigualdade entre os homens**. Coleção Os Pensadores. São Paulo: Abril Cultural, 1978. Levando em consideração o trecho acima, assinale a afirmativa que apresenta a perspectiva de Rousseau sobre como se coloca o problema da desigualdade.

(A) As desigualdades naturais são a causa das desigualdades morais, uma vez que as diferenças naturais se projetam na vida política.

(B) As desigualdades naturais são inaceitáveis; por isso, o homem funda a sociedade civil por meio do contrato social.

(C) As desigualdades naturais são aceitáveis, mas as desigualdades morais não o são, pois consistem em privilégios de uns sobre os outros.

(D) Todas as formas de desigualdade consistem num fato objetivo, devendo ser compreendidas e toleradas, pois elas geram o progresso humano e produzem mais bens do que males.

RESPOSTA A resposta correta é a *alternativa C*. Afirma Rousseau, na continuação de seu **Discurso sobre a origem e os fundamentos da desigualdade entre os homens**: "Esta [desigualdade moral] consiste nos vários privilégios de que gozam alguns em prejuízo de outros, como o serem mais ricos, mais poderosos e homenageados do que estes, ou ainda por fazerem-se obedecer por eles".

5. **(XIII Exame)** Segundo Chaïm Perelman, ao tratar da argumentação jurídica na obra **Lógica jurídica**, a decisão judicial aceitável deve satisfazer três auditórios para os quais ela se destina. Assinale a alternativa que indica corretamente os auditórios.

(A) A opinião pública, o parlamento e as cortes superiores.
(B) As partes em litígio, os profissionais do direito e a opinião pública.
(C) As partes em litígio, o parlamento e as cortes superiores.
(D) As cortes superiores, os organismos internacionais e os profissionais do direito.

RESPOSTA A resposta correta é a alternativa B. Afirma Chaïm Perelman em sua obra *Lógica Jurídica*, p. 238: "É preciso, de fato, não esquecer que as decisões de justiça devem satisfazer três auditórios diferentes, de um lado as partes em litígio, a seguir os profissionais do direito e, por fim, a opinião pública, que se manifestará pela imprensa e pelas reações legislativas às decisões dos tribunais".

6. **(XI Exame)** Considere a seguinte afirmação de Aristóteles: "Temos pois definido o justo e o injusto. Após distingui-los assim um do outro, é evidente que a ação justa é intermediária entre o agir injustamente e o ser vítima da injustiça; pois um deles é ter demais e o outro é ter demasiado pouco". (Aristóteles. **Ética a Nicômaco**. Coleção Os Pensadores. São Paulo: Abril Cultural, 1973, p. 329.)

De efeito, é correto concluir que para Aristóteles a justiça deve sempre ser entendida como

(A) produto da legalidade, pois o homem probo é o homem justo.
(B) espécie de meio-termo.
(C) relação de igualdade aritmética.
(D) ação natural imutável.

RESPOSTA A resposta correta é a alternativa B. Desde Hesíodo, poeta grego do século VIII a.C., a justiça passa a ser entendida como uma espécie de meio-termo entre extremos. A doutrina aristotélica da justiça aprofunda essa visão tradicional da cultura grega. Sendo a injustiça uma espécie de desigualdade nas transações entre dois agentes, cabe ao magistrado restabelecer a igualdade. A justiça é uma espécie de igualdade que estabelece o meio-termo entre dois extremos (o que possui muito e o que possui pouco dos bens em litígio). Por isso, afirma Aristóteles, em continuação ao texto citado na questão acima: "A justiça é uma espécie de meio-termo, porém, não no mesmo sentido que as outras virtudes [que não envolvem bens em disputa, mas são relativas ao modo como o agente estabelece o meio-termo em suas emoções, tal como a coragem, que é um meio-termo entre o medo e a temeridade], e sim porque se relaciona com uma quantia ou quantidade intermediária, enquanto a injustiça se relaciona com os extremos". (Aristóteles. *Ética a Nicômaco*. Coleção Os Pensadores. São Paulo: Abril Cultural, 1979, p. 129.).

7. **(XXXI Exame)** "Temos pois definido o justo e o injusto. Após distingui-los assim um do outro, é evidente que a ação justa é intermediária entre o agir injustamente e o ser vítima da injustiça; pois um deles é ter demais e o outro é ter demasiado pouco". ARISTÓTELES. *Ética a Nicômaco*. Coleção Os Pensadores. São Paulo: Abril Cultural, 1973.

Em seu livro *Ética a Nicômaco*, Aristóteles apresenta a justiça como uma virtude e a diferencia daquilo que é injusto. Assinale a opção que define aquilo que, nos termos do livro citado, deve ser entendido como justiça enquanto virtude.

(A) Uma espécie de meio-termo, porém não no mesmo sentido que as outras virtudes, e sim porque se relaciona com uma quantia intermediária, enquanto a injustiça se relaciona com os extremos.
(B) Uma maneira de proteger aquilo que é o mais conveniente para o mais forte, uma vez que a justiça como produto do governo dos homens expressa sempre as forças que conseguem fazer valer seus próprios interesses.
(C) O cumprimento dos pactos que decorrem da vida em sociedade, seja da lei como pacto que vincula todos os cidadãos da cidade, seja dos contratos que funcionam como pactos celebrados entre particulares e vinculam as partes contratantes.
(D) Um imperativo categórico que define um modelo de ação moralmente desejável para toda e qualquer pessoa e se expressa da seguinte maneira: "Age como se a máxima de tua ação devesse tornar-se, por meio da tua vontade, uma lei universal".

RESPOSTA A resposta correta é a alternativa A (ver resposta anterior).

8. **(XI Exame)** Boa parte da doutrina jusfilosófica contemporânea associa a ideia de Direito ao conceito de razão prática ou sabedoria prática. Assinale a alternativa que apresenta o conceito correto de razão prática.

(A) Uma forma de conhecimento científico (*episteme*) capaz de distinguir entre o verdadeiro e o falso.
(B) Uma técnica (*techne*) capaz de produzir resultados universalmente corretos e desejados.

(C) A manifestação de uma opinião (*doxa*) qualificada ou ponto de vista específico de um agente diante de um tema específico.

(D) A capacidade de bem deliberar (*phronesis*) a respeito de bens ou questões humanas.

RESPOSTA A resposta correta é a alternativa D. O conceito de "*phronesis*" é utilizado por Aristóteles na **Ética a Nicômaco** para designar a deliberação correta (baseada na sabedoria prática) que estabelece o modo de agir mais adequado a cada situação concreta que se apresente ao agente, para que a vida humana seja considerada uma "boa vida". Afirma Aristóteles: "Julga-se que seja característico de um homem dotado de sabedoria prática [*phronesis*] ser capaz de deliberar bem sobre o que é bom e conveniente para ele, não sob um aspecto particular, como por exemplo sobre as espécies de coisas que contribuem para a saúde e o vigor, mas sobre aquelas que contribuem para a vida boa em geral [as virtudes do caráter]". (Aristóteles. **Ética a Nicômaco.** Coleção Os Pensadores. São Paulo: Abril Cultural, 1979, p. 144.) As alternativas A, B e C estão erradas.

9. **(XX Exame)** A partir da leitura de Aristóteles **(Ética a Nicômaco)**, assinale a alternativa que corresponde à classificação de justiça constante do texto: "... *uma espécie é a que se manifesta nas distribuições de honras, de dinheiro ou das outras coisas que são divididas entre aqueles que têm parte na constituição (pois aí é possível receber um quinhão igual ou desigual ao de um outro)...*"

(A) Justiça Natural.

(B) Justiça Comutativa.

(C) Justiça Corretiva.

(D) Justiça Distributiva.

RESPOSTA A resposta correta é a alternativa D. Aristóteles afirma que a justiça particular (que se aplica aos indivíduos que podem ser considerados partes da comunidade) divide-se em Justiça distributiva – que é produzida pelo Estado (do todo para as partes, ou seja, do Estado para os membros da coletividade) e justiça comutativa (entre as partes, ou seja, os membros da coletividade em suas relações recíprocas. Segundo Norberto Bobbio, em **Igualdade e liberdade**: "[justiça distributiva] é aquela no qual nos encontramos diante do problema de atribuir vantagens ou desvantagens, benefícios ou ônus, direitos ou deveres (em termos jurídicos) a uma pluralidade de indivíduos pertencentes a uma determinada categoria. [...]. Os casos mais típicos de justiça retributiva [comutativa], isto é, de igualdade entre o que se dá (ou faz) e o que se recebe, são os quatro seguintes: relação entre mercadoria e preço, relação entre pagamento e trabalho, relação entre dano e indenização, relação entre crime e castigo". Bobbio explicita a distinção clássica feita por Aristóteles na **Ética a Nicômaco**: "Da justiça particular (*μέρος δικαιοσύνης*) e do que é justo no sentido correspondente, ***(A)*** uma espécie é a que se manifesta nas distribuições das honras, de dinheiro ou das outras coisas que são divididas entre aqueles que têm parte na constituição (pois aí é possível receber um quinhão igual ou desigual ao de um outro); e ***(B)*** outra espécie é aquela que desempenha um papel corretivo nas transações entre os indivíduos". Como se pode constatar, a justiça distributiva é a justiça particular produzida pelo Estado para aqueles que participam da Constituição.

10. **(XX Exame – Reaplicação)** Na sua mais importante obra, a **Summa Theologica**, Santo Tomás de Aquino trata os conceitos de justiça comutativa e de justiça distributiva de uma tal maneira, que eles passariam a ser largamente utilizados na Filosofia do Direito. Assinale a opção que apresenta esses conceitos, conforme expostos na obra citada.

(A) A Justiça Comutativa regula as relações mútuas entre pessoas privadas e a Justiça Distributiva regula a distribuição proporcional dos bens comuns.

(B) A Justiça Distributiva destina-se a minorar o sofrimento das pessoas e a Justiça Comutativa regula os contratos de permuta de mercadorias.

(C) a Justiça Comutativa trata da redução ou diminuição das penas (sanção penal) e a Justiça Distributiva da distribuição justa de taxas e impostos.

(D) A Justiça Comutativa regula a relação entre súditos e governante e a Justiça Distributiva trata das relações entre diferentes povos, também chamadas de direito das gentes.

RESPOSTA A resposta correta é a alternativa A. Santo Tomás de Aquino, em sua **Summa Theológica**, reproduz fielmente a doutrina da Justiça de Aristóteles desenvolvida no Livro V da **Ética a Nicômaco.** Como foi visto na questão acima, justiça distributiva e comutativa são duas espécies de justiça particular. A primeira regula a distribuição estatal das vantagens e dos ônus, direitos e deveres (materiais e imateriais); a segunda regula as relações mútuas entre as pessoas. Os pensadores medievais chamavam de comutativa a espécie de justiça que Aristóteles denominava de corretiva. Essa espécie de justiça serve para equiparar as vantagens e desvantagens entre todas as relações de troca entre os seres humanos, tanto voluntárias (contratos, acordos, etc.), quanto involuntárias (furto, agressão, etc.).

11. **(XIX Exame)** Segundo o filósofo Immanuel Kant, em sua obra **Fundamentação da metafísica dos costumes**, a ideia de dignidade humana é entendida

(A) como qualidade própria de todo ser vivo que é capaz de sentir dor e prazer, isto é, característica de todo ser senciente.

(B) quando membros de uma mesma espécie podem ser considerados como equivalentes e, portanto, iguais e plenamente cooperantes se eles possuem dignidade.

(C) como valor jurídico que se atribui às pessoas como característica de sua condição de sujeitos de direitos.

(D) como algo que está acima de todo o preço, pois quando uma coisa tem um preço pode-se pôr em vez dela qualquer outra como equivalente; mas quando uma coisa está acima de todo o preço, e, portanto, não permite equivalência, então ela tem dignidade.

RESPOSTA A resposta correta é a alternativa D. Afirma Immanuel Kant em sua obra **Fundamentação da metafísica dos costumes:** "No reino dos fins, tudo tem ou um preço ou uma dignidade. Quando uma coisa tem preço, pode ser substituída por algo equivalente; por outro lado, a coisa que se acha acima de todo preço, e, por isso, não admite qualquer equivalência, compreende uma dignidade".

12. **(XXIV Exame)** *O povo maltratado em geral, e contrariamente ao que é justo, estará disposto em qualquer ocasião a livrar-se do peso que o esmaga. John Locke*

O art. 1º, parágrafo único, da Constituição Federal de 1988 afirma que "todo o poder emana do povo, que o exerce por meio de representantes eleitos ou diretamente". Muitos autores associam tal disposição ao conceito de direito de resistência, um dos mais importantes da Filosofia do Direito, de John Locke.

Assinale a opção que melhor expressa tal conceito, conforme desenvolvido por Locke na sua obra Segundo Tratado sobre o Governo Civil.

(A) A natureza humana é capaz de resistir às mais poderosas investidas morais e humilhações, desde que os homens se apoiem mutuamente.

(B) Sempre que os governantes agirem de forma a tentar tirar e destruir a propriedade do povo ou deixando-o miserável e exposto aos seus maus tratos, ele poderá resistir.

(C) Apenas o contrato social, que tira o homem do estado de natureza e o coloca na sociedade política, é capaz de resistir às ameaças externas e às ameaças internas, de tal forma que institui o direito de os governantes resistirem a toda forma de guerra e rebelião.

(D) O direito positivo deve estar isento de toda forma de influência da moral e da política. Uma vez que o povo soberano produza as leis, diretamente ou por meio de seus representantes, elas devem resistir a qualquer forma de interpretação ou aplicação de caráter moral e político.

RESPOSTA A resposta correta é a alternativa B. Afirma John Locke no **Segundo tratado sobre o governo civil**: "O motivo que leva os homens a entrarem em sociedade é a preservação da propriedade [de si mesmo e de seus bens que são os frutos do seu trabalho]; e o objetivo para o qual escolhem e autorizam um poder legislativo é tornar possível a existência de leis e regras estabelecidas como guarda e proteção às propriedades de todos os membros da sociedade, a fim de limitar o poder e moderar o domínio de cada parte e de cada membro da comunidade [...]. Sempre que os legisladores tentam tirar e destruir a propriedade do povo, ou reduzi-lo à escravidão sob poder arbitrário, entra em estado de guerra com ele, que fica assim absolvido de qualquer obediência [aos governantes]...".

13. **(XXIV Exame)** *É verdade que nas democracias o povo parece fazer o que quer, mas a liberdade política não consiste nisso. Montesquieu*

No preâmbulo da Constituição da República, os constituintes afirmaram instituir um Estado Democrático destinado a assegurar, dentre outras coisas, a liberdade. Esse é um conceito de fundamental importância para a Filosofia do Direito, muito debatido por inúmeros autores. Uma importante definição utilizada no mundo jurídico é a que foi dada por Montesquieu em seu Do Espírito das Leis.

Assinale a opção que apresenta a definição desse autor na obra citada.

(A) A liberdade consiste na forma de governo dos homens, e não no governo das leis.

(B) A disposição de espírito pela qual a alma humana nunca pode ser aprisionada é o que chamamos de liberdade.

(C) Liberdade é o direito de fazer tudo o que as leis permitem.

(D) O direito de resistência aos governos injustos é a expressão maior da liberdade.

RESPOSTA A resposta correta é a alternativa C. Afirma Montesquieu em sua obra **Do Espírito das leis:** "A liberdade é o direito de fazer tudo o que as leis permitem; se um cidadão pudesse fazer tudo o que elas proíbem, não teria mais liberdade, porque os outros também teriam tal poder".

II. DIREITO E MORAL

14. (XXX Exame) *É preciso repetir mais uma vez aquilo que os adversários do utilitarismo raramente fazem o favor de reconhecer: a felicidade que os utilitaristas adotaram como padrão do que é certo na conduta não é a do próprio agente, mas a de todos os envolvidos.* John Stuart Mill

Na defesa que Stuart Mill faz do utilitarismo como princípio moral, em seu texto **Utilitarismo**, ele afirma que o utilitarismo exige que o indivíduo não coloque seus interesses acima dos interesses dos demais, devendo, por isso, ser imparcial, e até mesmo benevolente. Assim, no texto em referência, Stuart Mill afirma que, para aproximar os indivíduos desse ideal, a utilidade recomenda que

(A) As leis e os dispositivos sociais coloquem, o máximo possível, a felicidade ou o interesse de cada indivíduo em harmonia com os interesses do todo.

(B) O Direito Natural, que possui como base a própria natureza das coisas, seja o fundamento primeiro e último de todas as leis, para que o desejo de ninguém se sobreponha ao convívio social.

(C) Os sentimentos morais que são inatos aos seres humanos e conformam, de fato, uma parte de nossa natureza, já que estão presentes em todos, sejam a base da legislação.

(D) As leis de cada país garantam a liberdade de cada indivíduo em buscar sua própria felicidade, ainda que a felicidade de um não seja compatível com a felicidade de outro.

RESPOSTA A opção correta é a *alternativa A.* O utilitarismo é uma doutrina ética desenvolvida pelos filósofos e economistas ingleses dos séculos XVIII e XIX, Jeremy Bentham (1748-1832) e John Stuart Mill (1806-1873). Essa doutrina parte da fórmula criada por Cesare Beccaria, em sua obra **Dos delitos e das penas** (1764, § 3º), segundo a qual: "A finalidade principal de qualquer atividade humana é a maior felicidade possível compartilhada pelo maior número possível de pessoas". O princípio da utilidade, núcleo central da doutrina moral utilitarista, é assim formulado por Jeremy Bentham, no primeiro capítulo do seu livro **Introdução aos princípios da moral e legislação**: "Por princípio da utilidade, entendemos o princípio segundo o qual toda a ação, qualquer que seja, deve ser aprovada ou rejeitada em função da sua tendência de aumentar ou reduzir o bem-estar das partes afetadas pela ação".

15. (XXVII Exame) *Algo mais fundamental do que a liberdade e a justiça, que são os direitos dos cidadãos, está em jogo quando deixa de ser natural que um homem pertença à comunidade em que nasceu...* ARENDT, Hannah. **As origens do totalitarismo.** São Paulo: Cia. das Letras, 2012. A situação atual dos refugiados no mundo provoca uma reflexão jusfilosófica no sentido do que já havia pensado Hannah Arendt, logo após a II Guerra Mundial, em sua obra **As origens do totalitarismo.** Nela, a autora sustenta que o mais fundamental de todos os direitos humanos é o direito a ter direitos, o que não ocorre com os apátridas. Segundo a obra em referência, assinale a opção que apresenta a razão pela qual o homem perde sua qualidade essencial de homem e sua própria dignidade.

(A) Ser privado de direitos subjetivos específicos previstos no ordenamento jurídico pátrio.

(B) Viver sob um regime de tirania que viola a liberdade de crença e limita a liberdade de expressão.

(C) Cumprir pena de privação da liberdade, quando executada em penitenciárias sob condições desumanas.

(D) Deixar de pertencer a uma comunidade organizada, disposta e capaz de garantir quaisquer direitos.

RESPOSTA A alternativa correta é a letra D. Afirma Hannah Arendt, em **As origens do totalitarismo**: "[Até o início do século XX] Todos os seres humanos eram cidadãos de algum tipo de comunidade politica: se as leis do seu país não atendiam as exigências dos Direitos do Homem, esperava-se que nos países democráticos eles as mudassem através da legislação, e, nos despóticos, por meio da ação revolucionária. [...]. Surgiram os apátridas, que é o mais recente fenômeno de massas da história contemporânea, e a existência de um novo grupo humano, em contínuo crescimento, constituído de pessoas sem Estado, grupo sintomático do mundo após a Segunda Guerra Mundial. [...]. Algo mais fundamental do que a liberdade e a justiça, que são os direitos dos cidadãos, está em jogo quando deixa de ser natural que um homem pertença à comunidade em que nasceu e quando o não pertencer a ela não é um ato da sua livre escolha, ou quando está numa situação em que, a não ser que cometa um crime, receberá um tratamento independente do que ele faça ou deixe de fazer. Esse extremo, e nada mais, é a situação dos que estão privados dos seus direitos humanos". *Alternativa D.*

16. (XXV Exame) Uma punição só pode ser admitida na medida em que abre chances no sentido de evitar um mal maior (Jeremy Bentham).

Jeremy Bentham, em seu livro **Princípios da moral e da legislação**, afirma que há quatro casos em que não se deve infligir uma punição. Assinale a opção que corresponde a um desses casos citados pelo autor na obra em referência.

(A) Quando a lei não é suficientemente clara na punição que estabelece.

(B) Quando o prejuízo produzido pela punição for maior do que o prejuízo que se quer evitar.

(C) Quando o juiz da causa entende ser inoportuna a aplicação da punição.

(D) Quando o agressor já sofreu o suficiente em função das vicissitudes do processo penal.

RESPOSTA A resposta correta é a alternativa B. Afirma Jeremy Bentham em sua obra **Princípios da moral e da legislação**: "I. O objeto geral que todas as leis têm, ou deveriam ter, em comum, é aumentar a felicidade total da comunidade; e, portanto, em primeiro lugar, excluir, na medida do possível, tudo o que tende a subtrair dessa felicidade: em outras palavras, excluir o mal. II. Mas toda punição é um mal: todo castigo em si é um mal. Sobre o princípio da utilidade, se é que deve ser admitido, deve ser admitido apenas na medida em que promete excluir algum mal maior. III. É claro, portanto, que nos seguintes casos a punição não deve ser infligida: 1. Onde é *infundado*: onde não há dano para evitar; o ato não sendo maléfico no todo. 2. Onde deve ser *ineficaz*: onde não pode agir de modo a prevenir o dano. 3. Onde não é *rentável*, ou muito *caro*: onde o prejuízo que produziria seria maior do que o que se quer evitar. 4. Onde é *desnecessário*: onde o dano pode ser impedido, ou cessar por si mesmo, sem ela [punição]".

17. **(XXVI Exame)** Em tempos de mudanças e reformas, é comum assistirmos a diferentes tipos de lutas sociais, especialmente visando à garantia de direitos e à conquista de novos direitos. Em **A luta pelo direito**, o jurista alemão Rudolf Von Ihering afirma que o fim do Direito é a paz, mas o meio de atingi-lo é a luta. Considerando essa afirmação e de acordo com o livro citado, assinale a opção que melhor caracteriza o pensamento jusfilosófico de Ihering.

(A) O Direito é sempre o produto do espírito do povo, que é passado de geração em geração. Por isso, quando se fala em Direito é preciso sempre olhar para a história. O Direito romano é a melhor expressão desse processo social-histórico.

(B) O Direito de uma sociedade é a expressão dos conflitos sociais dela e resulta de uma luta de pessoas e grupos pelos seus próprios direitos subjetivos. Por isso, o Direito é uma força viva, e não uma ideia.

(C) O Direito resulta exclusivamente da ação institucional do Estado. É no parlamento que são travadas as lutas políticas que definem os direitos subjetivos presentes no Direito Positivo de uma dada sociedade.

(D) O Direito é parte da infraestrutura da sociedade e resulta de um processo de luta de classes, no qual a classe dominante usa o Direito para manter o controle sobre os dominados.

RESPOSTA A resposta correta é a alternativa B. Afirma Rudolf Von Ihering em **A luta pelo direito**: "Todos os direitos da humanidade foram conquistados na luta, todas as regras importantes do direito devem ter sido, em sua origem, arrancadas àqueles que a elas se opunham, e todo o direito, direito de um povo, ou direito de um particular, faz presumir que alguém esteja decidido a mantê-lo com firmeza. O Direito não é uma simples ideia, mas uma força viva. Por isso a justiça sustenta numa das mãos a balança em que pesa o Direito, e na outra a espada de que se serve para o defender. A espada sem a balança é a força brutal; a balança sem a espada é a impotência do Direito. Uma não pode avançar sem a outra, nem haverá ordem jurídica perfeita sem que a energia com que a justiça aplica a espada seja igual a habilidade com que manejar a balança".

18. **(XII Exame)** O utilitarismo é uma filosofia moderna que conquistou muitos adeptos nos séculos XIX e XX, inclusive no pensamento jurídico. As principais características do utilitarismo são:

(A) convencionalismo, consequencialismo e antifundacionalismo.

(B) consequencialismo, transcendentalismo e fundacionalismo.

(C) convencionalismo, materialismo e fatalismo.

(D) mecanicismo, fatalismo e antifundacionalismo.

RESPOSTA A resposta correta é a alternativa D. O utilitarismo é uma doutrina ética normativa (prescreve o modo correto de agir) desenvolvida pelos filósofos e economistas ingleses Jeremy Bentham e John Stuart Mill, que viveram entre os séculos XVIII e XIX. Para o Utilitarismo, uma ação é moralmente correta se tende a promover a felicidade, e condenável se tende a produzir a infelicidade, considerada não apenas a felicidade daquele que age, mas também a felicidade de todos aqueles que sejam por ela afetados. Os princípios do utilitarismo são os seguintes: 1. o Utilitarismo busca tratar a Ética como uma ciência positiva da conduta humana, vendo-a como tão exata quanto a Matemática; 2. o Utilitarismo sustenta que o ser humano, ao agir, sempre busca o prazer e foge da dor; 3. o Utilitarismo afirma que todo o conhecimento humano vem da experiência. Logo, não existe nenhum saber que seja acessível ao ser humano, o qual, sendo anterior à experiência, possa fundamentar essa mesma experiência. Ao considerar a Ética uma ciência exata, o Utilitarismo é mecanicista, pois considera o comportamento humano previsível; ao considerar o ser humano como sempre buscando o prazer e fugindo da dor, o Utilitarismo é fatalista; ao considerar que somente a experiência é a fonte do conhecimento, o Utilitarismo é antifundacionalista.

19. **(XIV Exame)** O filósofo inglês Jeremy Bentham, em seu livro **Uma introdução aos princípios da moral e da legislação**, defendeu o princípio da utilidade como fundamento para a Moral e para o Direito. Para esse autor, o princípio da utilidade é aquele que:

(A) estabelece que a moral e a lei devem ser obedecidas porque são úteis à coexistência humana na vida em sociedade.

(B) aprova ou desaprova qualquer ação, segundo a tendência que tem a aumentar ou diminuir a felicidade das pessoas cujos interesses estão em jogo.

(C) demonstra que o direito natural é superior ao direito positivo, pois, ao longo do tempo, revelou-se mais útil à tarefa de regular a convivência humana.

(D) afirma que a liberdade humana é o bem maior a ser protegido tanto pela moral quanto pelo direito, pois são a liberdade de pensamento e a ação que permitem às pessoas tornarem algo útil.

RESPOSTA A resposta correta é a alternativa B. Ver a resposta da questão acima.

20. **(XVII Exame)** "Mister é não olvidar que a compreensão do direito como 'fato histórico-cultural' implica o conhecimento de que estamos perante uma realidade essencialmente dialética, isto é, que não é concebível senão como 'processus', cujos elementos ou momentos constitutivos são fato, valor e norma (...)" (Miguel Reale, in **Teoria tridimensional do direito**).

Assinale a opção que corretamente explica a natureza da dialética de complementaridade que, segundo Miguel Reale, caracteriza a Teoria Tridimensional do Direito.

(A) A relação entre os polos opostos que são o fato, a norma e o valor, produz uma síntese conclusiva entre tais polos.

(B) A implicação dos opostos na medida em que se desoculta e se revela a aparência da contradição, sem que, com esse desocultamento, os termos cessem de ser contrários.

(C) A síntese conclusiva que se estabelece entre diferentes termos, conforme o modelo hegeliano de tese, antítese e síntese.

(D) A estrutura estática que resulta da lógica de subsunção entre os três termos que constituem a experiência jurídica: fato, norma e valor.

RESPOSTA A resposta correta é a alternativa B. Segundo Miguel Reale, a norma jurídica busca estabelecer a mediação entre os valores criados pelos seres humanos e os fatos sociais que resultam das relações entre esses mesmos seres humanos. Assim, o valor fundamental, o fim último que rege a vida coletiva, é a justiça. Por outro lado, nas relações sociais é comum a ocorrência de atos injustos. Fato (ato injusto) e valor (justiça) são os polos distintos e complementares que são objeto da norma jurídica. Essa norma, por meio da sentença jurídica, busca aproximar-se o mais possível da justiça como valor absoluto. Mas, como diz Reale, cada sentença é um "momento", pois o ideal de justiça nunca pode ser atingido. Fato e valor são opostos, mas não são contraditórios, pois se implicam mutuamente. Opostos contraditórios, por sua vez, não podem coexistir ao mesmo tempo. Afirma Reale em sua obra **Teoria tridimensional do direito**: "Na realidade, porém, fato e valor, fato e fim estão um em relação com outro, em dependência ou implicação recíproca, sem se resolverem um no outro. Nenhuma expressão de beleza é toda a beleza. Uma estátua ou um quadro, por mais belos que sejam não exaurem as infinitas possibilidades do belo. Assim, no mundo jurídico, nenhuma sentença é a Justiça, mas um momento de Justiça. Se o valor e o fato se mantêm distintos, exigindo-se reciprocamente, em condicionalidade recíproca, podemos dizer que há entre eles um nexo ou laço de polaridade e de implicação. Como, por outro lado, cada esforço humano de realização de valores é sempre uma tentativa, numa [nunca] uma conclusão, nasce dos dois elementos um processo, que denominamos 'processo dialético de implicação e polaridade', ou, mais amplamente, 'processo dialético de complementariedade', peculiar à região ôntica que denominamos cultura. Mister é não olvidar que a compreensão do direito como 'fato histórico-cultural' implica o conhecimento de que estamos perante uma realidade essencialmente dialética, isto é, que não é concebível senão como *processus*, cujos elementos ou momentos constitutivos são fato, valor e norma, a que dou o nome de 'dimensão' em sentido, evidentemente, filosófico, e não físico-matemático".

21. **(X Exame)** "Manter os próprios compromissos não constitui dever de virtude, mas dever de direito, a cujo cumprimento pode-se ser forçado. Mas prossegue sendo uma ação virtuosa (uma demonstração de virtude) fazê-lo mesmo quando nenhuma coerção possa ser aplicada. A doutrina do direito e a doutrina da virtude não são, consequentemente, distinguidas tanto por seus diferentes deveres, como pela diferença em sua legislação, a qual relaciona um motivo ou outro com a lei".

Pelo trecho acima podemos inferir que Kant estabelece uma relação entre o direito e a moral. A esse respeito, assinale a afirmativa correta.

(A) O direito e a moral são idênticos, tanto na forma como no conteúdo prescritivo. Assim, toda ação contrária à moralidade das normas jurídicas é também uma violação da ordem jurídica.

(B) A conduta moral refere-se à vontade interna do sujeito, enquanto o direito é imposto por uma ação exterior e se concretiza no seu cumprimento, ainda que as razões da obediência do sujeito não sejam morais.

(C) A coerção, tanto no direito quanto na moral, é um elemento determinante. É na possibilidade de impor-se pela força, independentemente da vontade, que o direito e a moral regulam a liberdade.

(D) Direito e moral são absolutamente distintos. Consequentemente, cumprir a lei, ainda que espontaneamente, não é demonstração de virtude moral.

RESPOSTA A resposta correta é a alternativa B. O direito independe da vontade do sujeito porque é imposto por um ato exterior que formula a norma jurídica conferindo-lhe validade e eficácia. Do ponto de vista da doutrina do direito, as razões pelas quais o sujeito cumpre a norma jurídica não são levadas em consideração.

22. **(XXXI Exame)** "É preciso sair do estado natural, no qual cada um age em função dos seus próprios caprichos, e convencionar com todos os demais em submeter-se a uma limitação exterior, publicamente acordada, e, por conseguinte, entrar num estado em que tudo que deve ser reconhecido como seu é determinado pela lei..." Immanuel Kant

A perspectiva contratualista de Kant, apresentada na obra *Doutrina do Direito*, sustenta ser necessário passar de um estado de natureza, no qual as pessoas agem egoisticamente, para um estado civil, em que a vida em comum seja regulada pela lei, como forma de justiça pública. Isso implica interferir na liberdade das pessoas. Em relação à liberdade no estado civil, assinale a opção que apresenta a posição que Kant sustenta na obra em referência.

(A) O homem deixou sua liberdade selvagem e sem freio para encontrar toda a sua liberdade na dependência legal, isto é, num estado jurídico, porque essa dependência procede de sua própria vontade legisladora.

(B) A liberdade num estado jurídico ou civil consiste na capacidade da vontade soberana de cada indivíduo de fazer aquilo que deseja, pois somente nesse estado o homem se vê livre das forças da natureza que limitam sua vontade.

(C) A liberdade civil resulta da estrutura política do estado, de forma que somente pode ser considerado liberdade aquilo que decorre de uma afirmação de vontade do soberano. No estado civil, a liberdade não pode ser considerada uma vontade pessoal.

(D) Na república, a liberdade é do governante para governar em prol de todos os cidadãos, de modo que o governante possui liberdade, e os governados possuem direitos que são instituídos pelo governo.

RESPOSTA A resposta correta é a alternativa A. Afirma Kant em sua *Doutrina do Direito*: "O direito em seu sentido estrito pode ser representado também como a possibilidade de uma coerção recíproca universal, concordante com a liberdade de cada um segundo leis universais".

23. **(XX Exame – Reaplicação)** *"O direito não é uma simples ideia, é uma força viva."* **(Rudolf von Ihering)**

Em seu texto **A luta pelo direito**, o jurista alemão Rudolf von Ihering apresenta o conceito de direito a partir da ideia de luta social. Assinale a afirmativa que expressa o sentido que, no trecho citado, Ihering confere ao direito.

(A) Trabalho incessante e uma luta sem tréguas nos quais participam o Poder Público e toda a população, isto é, qualquer pessoa que se veja na contingência de ter de afirmar seu direito.

(B) Uma luta permanente que é travada por parlamentares no âmbito da arena legislativa, que o fazem em nome da população a partir das eleições que configuram o processo democrático de legitimação popular.

(C) O resultado dinâmico da jurisprudência que cria e recria o direito a partir das demandas de cada caso concreto, adaptando a lei ao mundo real.

(D) O produto das relações industriais e comerciais que são livremente travadas por agentes econômicos, trabalhadores e empregadores e que definem, no contexto de uma luta concreta, o sentido próprio das leis.

RESPOSTA A resposta correta é a alternativa A. Em sua obra **A luta pelo direito**, o jurista alemão Rudolf Von Lhering afirma: "A paz é o fim que o direito tem em vista, a luta é o meio de que se serve para o conseguir. Por muito tempo pois que o direito ainda esteja ameaçado pelos ataques da injustiça – e assim acontecerá enquanto o mundo for mundo –, nunca ele poderá subtrair-se à violência da luta. A vida do direito é uma luta: luta dos povos, do Estado, das classes dos indivíduos".

24. **(XIV Exame)** O jusfilósofo alemão Gustav Radbruch, após a II Guerra Mundial, escreve, como circular dirigida aos seus alunos de Heidelberg, seu texto **Cinco minutos de filosofia do direito**, na qual afirma: "Esta concepção da lei e sua validade, a que chamamos Positivismo, foi a que deixou sem defesa o povo e os juristas contra as leis mais arbitrárias, mais cruéis e mais criminosas." De acordo com a fórmula de Radbruch,

(A) embora as leis injustas sejam válidas e devam ser obedecidas, as leis extremamente injustas perderão a validade e o próprio caráter de jurídicas, sendo, portanto, dispensada sua obediência.

(B) apenas a lei justa pode ser considerada jurídica, pois a lei injusta não será direito.

(C) o direito é o mínimo ético de uma sociedade, de forma que qualquer lei injusta não será direito.

(D) o direito natural é uma concepção superior ao positivismo jurídico; por isso, a justiça deve sempre prevalecer sobre a segurança.

RESPOSTA *A resposta correta é a alternativa A.* No quarto minuto de sua obra **Cinco minutos de filosofia do direito**, Gustav Radbruch afirma: "Certamente, ao lado da justiça o bem comum é também um dos fins do direito. Certamente, a lei, mesmo quando má, conserva ainda um valor: o valor de garantir a segurança do direito perante situações duvidosas. Certamente, a imperfeição humana não consente que sempre e em todos os casos se combinem harmoniosamente nas leis os três valores que todo o direito deve servir: o bem comum, a segurança jurídica e a justiça. Será, muitas vezes, necessário ponderar se a uma lei má, nociva ou injusta, deverá ainda reconhecer-se validade por amor da segurança do direito; ou se, por virtude da sua nocividade ou injustiça, tal validade lhe deverá ser recusada. Mas uma coisa há que deve estar profundamente gravada na consciência do povo de todos os juristas: pode haver leis tais, com um tal grau de injustiça e de nocividade para o bem comum, que toda a validade e até o caráter de jurídicas não poderão jamais deixar de lhes ser negados".

25. **(XV Exame)** Na Doutrina do Direito, Kant busca um conceito puramente racional e que possa explicar o direito independentemente da configuração específica de cada legislação. Mais precisamente, seria o direito entendido como expressão de uma razão pura-prática, capaz de orientar a faculdade de agir de qualquer ser racional. Assinale a opção que contém, segundo Kant, essa lei universal do direito.

(A) Age de tal maneira que uses a humanidade, tanto na tua pessoa como na pessoa de qualquer outro, sempre e simultaneamente como fim, e nunca como meio.

(B) Age exteriormente, de modo que o livre uso de teu arbítrio possa se conciliar com a liberdade de todos, segundo uma lei universal.

(C) Age como se a máxima de tua ação se devesse tornar, pela tua vontade, lei universal da natureza.

(D) Age de forma que conserves sempre a tua liberdade, ainda que tenhas de resistir à liberdade alheia.

RESPOSTA A resposta correta é a alternativa B. A definição kantiana do Direito é a seguinte: "Direito é o conjunto das condições por meio das quais o arbítrio [vontade] de um pode estar de acordo com o arbítrio de outro segundo uma lei universal da liberdade". Segundo Kant, qualquer legislação positiva, para estar de acordo com o ideal de Justiça, deve estar de acordo com o ideal do Direito acima apresentado. Kant define os atos justos como aqueles atos que estão de acordo com o Direito. Os atos injustos, por sua vez, são os que interferem ilicitamente na esfera da liberdade individual. Afirma Kant: "Uma ação é conforme ao Direito [justa] quando permite, ou cuja máxima permite, a liberdade do arbítrio de cada um coexistir com a liberdade de todos segundo uma lei universal". Para Kant, a finalidade última do Direito, como se pode constatar, é garantir a *liberdade* dos indivíduos para agir de acordo com a sua vontade, estabelecendo fins que o agente considera valiosos para si mesmo, sem sofrer nenhuma espécie de restrição dos demais. A relação da liberdade individual com a liberdade de todos deve estar de acordo com uma lei universal que estabeleça que cada um, ao agir, respeite a liberdade dos demais em também fazê-lo.

26. **(XVI Exame)** Rudolf Von Ihering, em **A luta pelo direito**, afirma que: *"O fim do direito é a paz, o meio de atingi-lo, a luta"*. Assinale a afirmativa que melhor expressa o pensamento desse autor.

(A) O Direito de uma sociedade é a expressão dos conflitos sociais desta sociedade, e ele resulta de uma luta de pessoas e grupos pelos seus próprios direitos subjetivos. Por isso, o Direito é uma força viva e não uma ideia.

(B) O Direito é o produto do espírito do povo – volksgeist –, que é passado de geração em geração. Por isso, quando se fala em Direito, é preciso sempre olhar para a história e as lutas sociais.

O Direito Romano é a melhor expressão desse processo.

(C) O Direito é parte da infraestrutura da sociedade e resulta de um processo de luta de classes, em que a classe dominante o usa para manter o controle sobre os dominados.

(D) O Direito resulta da ação institucional do Estado, e no parlamento são travadas as lutas políticas que definem os direitos subjetivos de uma sociedade.

RESPOSTA A resposta correta é a alternativa A. Afirma Rudolf Von Ihering, em **A luta pelo direito**: "Todos os direitos da humanidade foram conquistados pela luta; seus princípios mais importantes tiveram de enfrentar os ataques daqueles que a eles se opunham; todo e qualquer direito, seja o direito de um povo, seja o direito do indivíduo [subjetivo], só se afirma por uma disposição ininterrupta para a luta. O direito não é uma simples ideia é uma força viva".

27. **(XXI Exame)** De acordo com o contratualismo proposto por Thomas Hobbes em sua obra Leviatã, o contrato social só é possível em função de uma lei da natureza que expresse, segundo o autor, a própria ideia de justiça. Assinale a opção que, segundo o autor na obra em referência, apresenta esta lei da natureza.

(A) Tratar igualmente os iguais e desigualmente os desiguais.

(B) Dar a cada um o que é seu.

(C) Que os homens cumpram os pactos que celebrem.

(D) Fazer o bem e evitar o mal.

RESPOSTA A resposta correta é a alternativa C. Segundo Thomas Hobbes, o contrato social que funda o Estado político resulta de um acordo entre as múltiplas vontades individuais que se unem em prol da construção desse mesmo Estado. Uma lei da natureza, afirma Hobbes no Leviatã, é: "Um preceito ou regra geral, estabelecido pela razão, mediante o qual se proíbe a um homem a fazer tudo o que possa destruir sua vida ou privá-lo dos meios necessários para preservá-la. [...]. Que os homens cumpram os pactos que celebrarem. Sem essa lei os pactos seriam vãos, e não passariam de palavras vazias; como o direito de todos os homens a todas as coisas continuaria em vigor, permaneceríamos na condição de guerra [de todos contra todos]". Como se pode constatar, Hobbes entende por leis naturais aqueles preceitos da razão que ordenam determinadas condutas que garantam a sobrevivência dos indivíduos.

28. **(XXI Exame)** *Há um limite para a interferência legítima da opinião coletiva sobre a independência individual, e encontrar esse limite, guardando-o de invasões, é tão indispensável à boa condição dos negócios humanos como a proteção contra o despotismo político. John Stuart Mill* A consciência jurídica deve levar em conta o delicado balanço entre a liberdade individual e o governo das leis. No livro **A liberdade. Utilitarismo**, John Stuart Mill sustenta que um dos maiores problemas da vida civil é a *tirania das maiorias*. Conforme a obra citada, assinale a opção que expressa corretamente a maneira como esse autor entende o que seja tirania e a forma de proteção necessária.

(A) A tirania resulta do poder do povo como autogoverno porque o povo não é esclarecido para fazer suas escolhas. A proteção contra essa tirania é delegar o governo aos mais capacitados, como uma espécie de governo por meritocracia.

(B) A deliberação de juízes ao imporem suas concepções de certo e errado sobre as causas que julgam, produz a mais poderosa tirania, pois subjuga a vontade daqueles que estão sob a jurisdição desses magistrados. Apenas o duplo grau de jurisdição pode proteger a sociedade desta tirania.

(C) Os governantes eleitos impõem sobre o povo suas vontades e essa forma de opressão é a única tirania da maioria contra a qual se deve buscar a proteção na vida social, o que é feito por meio da desobediência civil.

(D) A sociedade, quando faz as vezes do tirano, pratica uma tirania mais temível do que muitas espécies de opressão política, pois penetra nos detalhes da vida e escraviza a alma. Por isso é necessária a proteção contra a tirania da opinião e do sentimento dominantes.

RESPOSTA A resposta correta é a alternativa D. *John Stuart Mill* (1806 – 1873) foi um dos maiores representantes do liberalismo econômico, político e ético que se desenvolveu na Europa do século XIX. Sua obra **On liberty** é uma defesa intransigente da liberdade individual contra qualquer espécie de opressão (econômica, social, política, etc.). Mill desenvolveu uma doutrina dos limites da tutela que pode ser exercida legitimamente pela sociedade sobre o indivíduo. Essa mesma tutela está baseada no "princípio do dano". Esse princípio assegura que cada indivíduo tem o direito de agir como quiser, desde que suas ações não prejudiquem terceiros. Se a ação afeta diretamente apenas a pessoa que a está realizando, então a sociedade não tem o direito de intervir, ainda que seja possível imaginar que haja um prejuízo para o próprio agente. Afirma Mill: "Sobre si mesmo, sobre seu próprio corpo e mente, o indivíduo é soberano".

III. HERMENÊUTICA JURÍDICA

29. **(XXIX Exame)** *Costuma-se dizer que o ordenamento jurídico regula a própria produção normativa. Existem normas de comportamento ao lado de normas de estrutura... elas não regulam um comportamento, mas o modo de regular um comportamento...* BOBBIO, Norberto. **Teoria do ordenamento jurídico**. São Paulo: Polis; Brasília: Ed. UnB, 1989. A atuação de um advogado deve se dar com base no ordenamento jurídico. Por isso, não basta conhecer as leis; é preciso compreender o conceito e o funcionamento do ordenamento. Bobbio, em seu livro **Teoria do ordenamento jurídico**, afirma que a unidade do ordenamento jurídico é assegurada por suas fontes. Assinale a opção que indica o fato que, para esse autor, interessa notar para uma teoria geral do ordenamento jurídico, em relação às fontes do Direito.

(A) No mesmo momento em que se reconhece existirem atos ou fatos dos quais se faz depender a produção de normas jurídicas, reconhece-se que o ordenamento jurídico, além de regular o comportamento das pessoas, regula também o modo pelo qual se devem produzir as regras.

(B) As fontes do Direito definem o ordenamento jurídico como um complexo de normas de comportamento referidas a uma dada sociedade e a um dado momento histórico, de forma que garante a vinculação entre interesse social e comportamento normatizado.

(C) Como forma de institucionalização do direito positivo, as fontes do Direito definem o ordenamento jurídico exclusivamente em relação ao processo formal de sua criação, sem levar em conta os elementos morais que poderiam definir uma norma como justa ou injusta.

(D) As normas, uma vez definidas como jurídicas, são associadas num conjunto específico, chamado de direito positivo. Esse direito positivo é o que comumente chamamos de ordenamento jurídico. Portanto, a fonte do Direito que institui o Direito como ordenamento é a norma, anteriormente definida como jurídica.

RESPOSTA A resposta correta é a *alternativa A*. Afirma Norberto Bobbio, em **Teoria do ordenamento jurídico**: "Costuma-se dizer que o ordenamento jurídico regula a própria produção normativa. Existem normas de comportamento ao lado de normas de estrutura. As normas de estrutura podem também ser consideradas como as normas para a produção jurídica, quer dizer, como as normas que regulam os procedimentos de regulamentação jurídica. Elas não regulam [diretamente] o comportamento, mas o modo de regular um comportamento, ou, mais exatamente, o comportamento que elas regulam é o de produzir regras". As normas que regulam diretamente o comportamento das pessoas são chamadas por Bobbio de normas imperativas de *primeira instância*; as normas que regulam a produção das normas de primeira instância são chamadas por Bobbio de normas imperativas de *segunda instância*.

30. **(XVII Exame)** Hans Kelsen, ao abordar o tema da interpretação jurídica no seu livro **Teoria Pura do Direito**, fala em ato de vontade e ato de conhecimento. Em relação à aplicação do Direito por um órgão jurídico, assinale a afirmativa correta da interpretação.

(A) Prevalece como ato de conhecimento, pois o Direito é atividade científica e, assim, capaz de prover precisão técnica no âmbito de sua aplicação por agentes competentes.

(B) Predomina como puro ato de conhecimento, em que o agente escolhe, conforme seu arbítrio, qualquer norma que entenda como válida e capaz de regular o caso concreto.

(C) A interpretação cognoscitiva combina-se a um ato de vontade em que o órgão aplicador efetua uma escolha entre as possibilidades reveladas por meio da mesma interpretação cognoscitiva.

(D) A interpretação gramatical prevalece como sendo a única capaz de revelar o conhecimento apropriado da *mens legis*.

RESPOSTA A resposta correta é a alternativa C. Afirma Hans Kelsen em sua obra **Teoria pura do direito**: "Se queremos caracterizar não apenas a interpretação da lei pelos tribunais ou pelas autoridades administrativas, mas, de modo inteiramente geral, a interpretação jurídica realizada pelos órgãos aplicadores do Direito, devemos dizer: na aplicação do Direito por um órgão jurídico, a interpretação cognoscitiva (obtida por uma operação de conhecimento) do Direito a aplicar combina-se com um ato de vontade em que o órgão aplicador do Direito efetua uma escolha entre as possibilidades reveladas através daquela mesma interpretação cognoscitiva. Com este ato, ou é produzida uma norma de escalão inferior, ou é executado um ato de coerção estatuído na norma jurídica aplicanda".

31. **(X Exame)** A hermenêutica aplicada ao direito formula diversos modos de interpretação das leis. A interpretação que leva em consideração principalmente os objetivos para os quais um diploma legal foi criado é chamada de:

(A) interpretação restritiva, por levar em conta apenas os objetivos da lei, ignorando sua estrutura gramatical.

(B) interpretação extensiva, por aumentar o conteúdo de significado das sentenças com seus objetivos historicamente determinados.
(C) interpretação autêntica, pois apenas as finalidades da lei podem dar autenticidade à interpretação.
(D) interpretação teleológica, pois o sentido da lei deve ser considerado à luz de seus objetivos.

RESPOSTA A resposta correta é a alternativa D. A interpretação teleológica (do grego *télos* = finalidade, objetivo) considera sempre a finalidade ou os objetivos para a qual a norma foi produzida.

32. **(XV Exame)** Ao explicar as características fundamentais da Escola da Exegese, o jusfilósofo italiano Norberto Bobbio afirma que tal Escola foi marcada por uma concepção rigidamente estatal de direito. Como consequência disso temos o princípio da onipotência do legislador. Segundo Bobbio, a Escola da Exegese nos leva a concluir que:

(A) a lei não deve ser interpretada segundo a razão e os critérios valorativos daquele que deve aplicá-la, mas ao contrário, este deve submeter-se completamente à razão expressa na própria lei.
(B) o legislador é onipotente porque é representante democraticamente eleito pela população, e esse processo representativo deve basear-se sempre no direito consuetudinário, porque este expressa o verdadeiro espírito do povo.
(C) uma vez promulgada a lei pelo legislador, o estado-juiz é competente para interpretá-la buscando aproximar a letra da lei dos valores sociais e das demandas populares legítimas.
(D) a única força jurídica legitimamente superior ao legislador é o direito natural; portanto, o legislador é soberano para tomar suas decisões, desde que não violem os princípios do direito natural.

RESPOSTA A resposta correta é a alternativa A. Afirma Norberto Bobbio, em sua obra **O positivismo jurídico**: "Fica, portanto, claro que, segundo a escola da exegese, a lei não deve ser interpretada segundo a razão e os critérios valorativos daquele que deve aplicá-la, mas, ao contrário, este deve submeter-se completamente à razão expressa na própria lei"; nesse sentido, um expoente de tal escola, D'Argentré, asseverava: "*Stulta sapientia quae vult lege sapientor esse*".

33. **(XVIII Exame)** *"A solução do conflito aparente de normas dá-se, na hipótese, mediante a incidência do critério da especialidade, segundo o qual prevalece a norma específica sobre a geral."* É conhecida a distinção no âmbito da Teoria do Direito entre antinomias aparentes (ou antinomias solúveis) e antinomias reais (ou antinomias insolúveis). Para o jusfilósofo Norberto Bobbio, uma antinomia real se caracteriza quando estamos diante:

(A) de duas normas colidentes que pertencem a ordenamentos jurídicos diferentes.
(B) de normas que colidem entre si, porém essa colisão é solúvel mediante a aplicação do critério cronológico, do critério hierárquico ou do critério de especialidade.
(C) de normas colidentes e o intérprete é abandonado a si mesmo pela falta de um critério ou pela impossibilidade de solução do conflito entre os critérios existentes.
(D) de duas ou mais normas que colidem entre si e que possuem diferentes âmbitos de validade temporal, espacial, pessoal ou material.

RESPOSTA A resposta correta é a alternativa C. Segundo Norberto Bobbio, em sua obra **Teoria do ordenamento jurídico**, para que haja antinomia é preciso que: 1) as duas normas pertençam ao mesmo ordenamento jurídico; 2) as duas normas devem ter o mesmo âmbito de validade (temporal, espacial, pessoal ou material). As antinomias solúveis (ou aparentes) são aquelas em que é possível utilizar-se de critérios (cronológico, hierárquico, especialidade) para solucioná-las. As antinomias insolúveis (ou reais) são aquelas em que não existe um critério (ou existe conflito entre critérios) para solucioná-las. Quando essas antinomias ocorrem, o intérprete é abandonado a si mesmo no momento de decidir qual delas será aplicada ao caso em questão.

34. **(XVIII Exame)** Segundo o jusfilósofo alemão Karl Larenz, os textos jurídicos são problematizáveis porque estão redigidos em linguagem corrente ou em linguagem especializada, mas que, de todo modo, contêm expressões que apresentam uma margem de variabilidade de significação. Nesse sentido, assinale a opção que exprime o pensamento desse autor acerca da ideia de interpretação da lei.

(A) Deve-se aceitar que os textos jurídicos apenas carecem de interpretação quando surgem particularmente como obscuros, pouco claros ou contraditórios.
(B) Interpretar um texto significa alcançar o único sentido possível de uma norma conforme a intenção que a ela foi dada pelo legislador.
(C) Os textos jurídicos, em princípio, são suscetíveis e carecem de interpretação porque toda linguagem é passível de adequação a cada situação.
(D) A interpretação dada por uma autoridade judicial a uma lei é uma conclusão logicamente vinculante que, por isso mesmo, deve ser repetida sempre que a mesma lei for aplicada.

RESPOSTA A resposta correta é a alternativa C. Afirma Karl Larenz na sua obra **Metodologia da ciência do direito**: "A Jurisprudência é precisamente por isso uma ciência [...], porque problematiza, por princípio, textos jurídicos, quer dizer, questiona-os em relação com as diferentes possibilidades de interpretação. Os textos jurídicos são problematizáveis deste modo porque estão redigidos em linguagem corrente, ou então numa linguagem especializada a eles apropriada, cujas expressões – com ressalva de números, nomes próprios e determinados termos técnicos – apresentam uma margem de variabilidade de significação que torna possível inúmeros cambiantes de significação. É precisamente na profusão de tais cambiantes que se estriba a riqueza expressiva da linguagem e a sua susceptibilidade de adequação a cada situação".

IV. DOUTRINAS JURÍDICAS

35. **(XXVIII Exame)** *Isso pressupõe que a norma de justiça e a norma do direito positivo sejam consideradas como simultaneamente válidas. Tal, porém, não é possível, se as duas normas estão em contradição, quer dizer, entram em conflito uma com a outra. Nesse caso apenas uma pode ser considerada como válida.* Hans Kelsen. Sobre a relação entre validade e justiça da norma, o jusfilósofo Hans Kelsen, em seu livro **O problema da justiça**, sustenta o princípio do positivismo jurídico, para afirmar que:

(A) A validade de uma norma do direito positivo é independente da validade de uma norma de justiça.

(B) O direito possui uma textura aberta que confere, ao intérprete, a possibilidade de buscar um equilíbrio entre interesses conflitantes.

(C) O valor de justiça do ato normativo define a validade formal da norma; por isso valor moral e valor jurídico se confundem no direito positivo.

(D) A validade de uma norma jurídica se refere à sua dimensão normativa positiva, à sua dimensão axiológica, e também, à sua dimensão fática.

RESPOSTA A resposta correta é a *alternativa A*. O positivismo jurídico separa a esfera da *validade* do Direito da esfera do *valor* do Direito. Normas *válidas* são a expressão de um ordenamento jurídico *real*, e não de um ordenamento jurídico *ideal*. Afirma Norberto Bobbio, em **O positivismo jurídico**: "Pois bem, o positivista jurídico assume uma atitude científica frente ao Direito, já que, como dizia Austin, ele estuda o Direito tal qual é, não tal qual deveria ser. O positivismo jurídico representa, portanto, o estudo do Direito como *fato*, não como *valor*: na definição do Direito deve ser excluída toda qualificação que seja fundada num juízo de valor e que comporte a distinção do próprio Direito em bom e mau, justo ou injusto. O Direito, objeto da ciência jurídica, é aquele que efetivamente se manifesta na realidade histórico-social; o juspositivista estuda tal Direito *real* sem se perguntar se além deste existe também um Direito *ideal* (como aquele natural), sem examinar se o primeiro corresponde ou não ao segundo e, sobretudo, sem fazer depender a validade do Direito real da sua correspondência com o Direito ideal".

36. **(XIX Exame)** Segundo o art. 1.723 do Código Civil, "é reconhecida como entidade familiar a união estável entre o homem e a mulher, configurada na convivência pública, contínua e duradoura e estabelecida com o objetivo de constituição de família". Contudo, no ano de 2011, os ministros do Supremo Tribunal Federal (STF), ao julgarem a Ação Direta de Inconstitucionalidade 4.277 e a Arguição de Descumprimento de Preceito Fundamental 132, reconheceram a união estável para casais do mesmo sexo. A situação acima descrita pode ser compreendida, à luz da teoria tridimensional do direito de Miguel Reale, nos seguintes termos:

(A) Uma norma jurídica, uma vez emanada, sofre alterações semânticas pela superveniência de mudanças no plano dos fatos e valores.

(B) Toda norma jurídica é interpretada pelo poder discricionário de magistrados, no momento em que estes transformam a vontade abstrata da lei em norma para o caso concreto.

(C) O fato social é que determina a correta compreensão do que é a experiência jurídica e, por isso, os costumes devem ter precedência sobre a letra fria da lei.

(D) O ativismo judicial não pode ser confundido com o direito mesmo. Juízes não podem impor suas próprias ideologias ao julgarem os casos concretos.

RESPOSTA A resposta correta é a alternativa A. Segundo Reale, em sua teoria tridimensional do direito, a norma jurídica busca estabelecer a mediação entre os valores criados pelos seres humanos e os fatos sociais que resultam das relações entre esses mesmos seres humanos. A existência de casais de mesmo sexo é um fato social que passou a ser visto como tendo características comuns às dos casais heterossexuais. O sentido do conceito jurídico de família, portanto, foi ampliado para dar conta desse novo fato social.

37. **(XIII Exame)** Em seu livro **Levando os direitos a sério**, Ronald Dworkin cita o caso Riggs contra Palmer, em que um jovem matou o próprio avô para ficar com a herança. O Tribunal de Nova Iorque (em 1889) julga o caso considerando que a legislação do local e da época não previa o homicídio como causa de exclusão da sucessão. Para solucionar o caso, o Tribunal aplica o princípio, não legislado, do direito que diz que ninguém pode se beneficiar de sua própria iniquidade ou ilicitude. Assim, o assassino não recebeu sua herança.

Com esse exemplo podemos concluir que a jusfilosofia de Ronald Dworkin, dentre outras coisas, pretende

(A) revelar que a responsabilidade sobre o maior ou menor grau de justiça de um ordenamento jurídico é responsabilidade exclusiva do legislador que deve se esforçar por produzir leis justas.

(B) mostrar como as cortes podem ser ativistas quando decidem com base em princípios e não com base na lei e que decidir assim fere o estado de direito.

(C) defender que regras e princípios são normas jurídicas que possuem as mesmas características e, por isso, ambos podem ser aplicados livremente pelos tribunais.

(D) argumentar que regras e princípios são normas com características distintas e em certos casos os princípios poderão justificar de forma mais razoável a decisão judicial, pois a tornam também moralmente aceitável.

RESPOSTA A resposta correta é a alternativa D. O Neopositivismo, doutrina jurídica que critica o Positivismo Jurídico por reduzir o direito à lei, sustenta que existam outras fontes sociais para o direito. Os princípios morais e a ideia de justiça são também admitidos como fontes do direito. Assim, não existe a separação entre direito, moral e política, mas uma articulação entre essas três áreas de conhecimento. Segundo Dworkin em sua obra **Levando os direitos a sério**: "Os problemas de teoria do direito são, no fundo, problemas relativos a princípios morais e não a estratégias e fatos jurídicos". O Neopositivismo situa os princípios morais acima das normas jurídicas e defende a eficácia normativa dos princípios, que podem ser explícitos e implícitos.

38. **(XII Exame)** Considere a seguinte afirmação de Herbert L. A. Hart: "Seja qual for o processo escolhido, precedente ou legislação, para a comunicação de padrões de comportamentos, estes, não obstante a facilidade com que atuam sobre a grande massa de casos correntes, revelar-se-ão como indeterminados em certo ponto em que a sua aplicação esteja em questão".

(HART, Herbert. **O conceito de direito.** Lisboa: Calouste Gulbenkian, 1986, p. 141).

Hart admite um grau de indeterminação nos padrões de comportamento previstos na legislação e nos precedentes judiciais. A respeito, assinale a afirmativa correta.

(A) Trata-se do fenômeno chamado na doutrina jurídica de lacuna material do direito, em que o jurista não consegue dar uma resposta com base no próprio direito positivo para uma situação juridicamente relevante.

(B) Trata-se da textura aberta do direito, expressa por meio de regras gerais de conduta, que deve ganhar um sentido específico dado pela autoridade competente, à luz do caso concreto.

(C) Trata-se da incompletude do ordenamento jurídico que, por isso mesmo, deve recorrer aos princípios gerais do direito, a fim de promover uma integração do direito positivo.

(D) Trata-se do fenômeno denominado de anomia social pelos sociólogos do direito, em que existe um vácuo de normas jurídicas e a impossibilidade de real de regulação de conflito juridicamente relevantes.

RESPOSTA A resposta correta é a alternativa B. O autor não está se referindo nem às lacunas, incompletude ou ausência de normas jurídicas para regular os conflitos sociais. Ele afirma que não interessa qual seja o ordenamento jurídico de uma sociedade: *Common Law* (precedente) ou no *Civil Law* (legislação positiva). Em ambos os ordenamentos, a linguagem jurídica, tal como a linguagem humana em geral, por utilizar termos abstratos (classificatórios gerais), somente pode receber seu sentido específico à luz dos casos concretos. O parágrafo completo do texto citado na questão é o seguinte: "Seja qual for o processo escolhido, precedente ou legislação, para a comunicação de padrões de comportamento, estes, não obstante a facilidade com que atuam sobre a grande massa de casos correntes, revelar-se-ão como indeterminados em certo ponto em que a sua aplicação esteja em questão; possuirão aquilo que foi designado como *textura aberta*. Até aqui, apresentamos tal, no caso da legislação, como um aspecto geral da linguagem humana [textura aberta]; a incerteza na linha de fronteira é um preço que deve ser pago pelo uso de termos classificatórios gerais em qualquer forma de comunicação que respeite a questões de fato. As línguas naturais como o inglês têm irredutivelmente uma *textura aberta*, quando usadas deste modo [para comunicar padrões de comportamento]" (HART, Herbert. **O conceito de direito**. 3. ed. Lisboa: Calouste Gulbenkian, 1994, p. 140-141).

39. **(XXII Exame)** A principal tese sustentada pelo paradigma do positivismo jurídico é a validade da norma jurídica, independentemente de um juízo moral que se possa fazer sobre o seu conteúdo. No entanto, um dos mais influentes filósofos do direito juspositivista, Herbert Hart, no seu pós-escrito ao livro **O conceito de direito**, sustenta a possibilidade de um positivismo brando, eventualmente chamado de positivismo inclusivo ou *soft positivism*.

Assinale a opção que apresenta, segundo o autor na obra em referência, o conceito de positivismo brando.

(A) O reconhecimento da existência de normas de direito natural e de que tais normas devem preceder às normas de direito positivo sempre que houver conflito entre elas.

(B) A jurisprudência deve ser considerada como fonte do direito da mesma forma que a lei, de maneira a produzir uma equivalência entre o sistema de *common law* ou de direito consuetudinário e sistema de *civil law* ou de direito romano-germânico.

(C) O positivismo brando ocorre no campo das ciências sociais, não possuindo, portanto, o mesmo rigor científico exigido no campo das ciências da natureza.

(D) A possibilidade de que a norma de reconhecimento de um ordenamento jurídico incorpore, como critério de validade jurídica, a obediência a princípios morais ou valores substantivos.

RESPOSTA A resposta correta é a alternativa D. Afirma Hart em seu pós-escrito à obra **O conceito de direito**: "Em primeiro lugar [Dworkin] ignora o meu reconhecimento explícito de que a regra de reconhecimento pode incorporar, como critérios de validade jurídica, a conformidade com princípios morais ou com valores substantivos; por isso, a minha doutrina é aquilo que tem sido designado como «positivismo moderado» [...]".

40. **(XVI Exame)** O art. 126 do CPC afirma que o juiz não se exime de sentenciar ou despachar alegando lacuna ou obscuridade da lei. A questão das lacunas também é recorrente no âmbito dos estudos da Filosofia e da Teoria Geral do Direito. O jusfilósofo Norberto Bobbio, no livro **Teoria do ordenamento jurídico**, apresenta um estudo sobre essa questão. O autor denomina por lacuna ideológica a falta de uma norma

(A) legitimamente produzida pelo legislador democrático.

(B) justa, que enseje uma solução satisfatória ao caso concreto.

(C) que atenda às convicções ideológicas pessoais do juiz.

(D) costumeira, que tenha surgido de práticas sociais inspiradas nos valores vigentes.

RESPOSTA A resposta correta é a alternativa B. Afirma Norberto Bobbio, em sua obra **Teoria do ordenamento jurídico**, p. 140: "Entende-se também por 'lacuna' [ideológica] a falta não já de uma solução, qualquer que seja ela, mas de uma *solução satisfatória*, ou, em outras palavras, já não a falta de uma norma, mas a falta de uma *norma justa*, isto é, de uma norma que se desejaria que existisse, mas que não existe. Uma vez que essas lacunas derivam não da consideração do ordenamento jurídico como ele é, mas da comparação entre o ordenamento jurídico como ele é e como deveria ser, foram chamadas de 'ideológicas' para distingui-las daquelas que eventualmente se encontrassem no ordenamento jurídico como ele é, e que se podem chamar de [lacunas] 'reais'. Podemos também enunciar a diferença deste modo: as lacunas ideológicas são lacunas de *jure contendo* (de direito a ser estabelecido), as lacunas reais são de *jure condito* (do direito já estabelecido)".

41. **(XX Exame)** O raciocínio analógico é típico do pensamento jurídico. Esse é um tema debatido por vários teóricos e filósofos do Direito. Para Norberto Bobbio, na obra **Teoria do ordenamento jurídico**, trata-se de um método de autointegração do Direito. Assinale a opção que, segundo esse autor, apresenta o conceito de *analogia*.

(A) Subsunção de um caso (premissa menor) a uma norma jurídica (premissa maior) de forma a permitir uma conclusão lógica e necessária.

(B) Existindo relevante semelhança entre dois casos, as consequências jurídicas atribuídas a um caso já regulamentado deverão ser atribuídas também a um caso não regulamentado.

(C) Raciocínio em que se produz, como efeito, a extensão de uma norma jurídica para casos não previstos por esta.

(D) Decisão, por meio de recurso, às práticas sociais que sejam uniformes e continuadas e que possuam previsão de necessidade jurídica.

RESPOSTA A resposta correta é a alternativa B. Uma das características principais do ordenamento jurídico, além de sua unidade e coerência, consiste em sua completude: a capacidade que possui esse mesmo ordenamento de regular qualquer caso que caia sob sua incidência. Como a lei positiva não pode regular todos os casos, cada ordenamento prevê os meios e remédios aptos a atingir aquelas situações não regulamentadas pela norma jurídica. A analogia é um método de autointegração do ordenamento jurídico que regula casos semelhantes ou matérias análogas. Afirma Norberto Bobbio em **Teoria do ordenamento jurídico**: "Entende-se por 'analogia' o procedimento pelo qual se atribui a um caso não regulamentado a mesma disciplina que a um caso regulamentado semelhante".

42. **(XXII Exame)** Um sério problema com o qual o advogado pode se deparar ao lidar com o ordenamento jurídico é o das antinomias.

Segundo Norberto Bobbio, em seu livro **Teoria do ordenamento jurídico**, são necessárias duas condições para que uma antinomia ocorra. Assinale a opção que, segundo o autor da obra em referência, apresenta tais condições.

(A) As duas normas em conflito devem pertencer ao mesmo ordenamento; as duas normas devem ter o mesmo âmbito de validade, seja temporal, espacial, pessoal ou material.

(B) Ambas as normas devem ter procedido da mesma autoridade legislativa; as duas normas em conflito não devem dispor sobre uma mesma matéria.

(C) Ocorre no âmbito do processo judicial quando há uma divergência entre a decisão de primeira instância e a decisão de segunda instância ou quando um tribunal superior de natureza federal confirma a decisão de segunda instância.

(D) As duas normas aplicáveis não apresentam uma solução satisfatória para o caso; as duas normas não podem ser integradas mediante recurso a analogia ou costumes.

RESPOSTA A resposta correta é a alternativa A. Norberto Bobbio, em **Teoria do ordenamento jurídico**, afirma: "As duas normas devem pertencer ao mesmo ordenamento. [...]. As duas normas devem ter o mesmo âmbito de validade. Distinguem-se quatro âmbitos de validade de uma norma: temporal, espacial, pessoal e material".

43. **(XXV Exame)** A ideia da existência de lacuna é um desafio ao conceito de completude do ordenamento jurídico. Segundo o jusfilósofo italiano Norberto Bobbio, no livro **Teoria do ordenamento jurídico**, pode-se completar ou integrar as lacunas existentes no Direito por intermédio de dois métodos, a saber: heterointegração e autointegração. Assinale a opção que explica como o jusfilósofo define tais conceitos na obra em referência.

(A) O primeiro método consiste na integração operada por meio de recursos a ordenamentos diversos e a fontes diversas daquela que é dominante; o segundo método consiste na integração cumprida por meio do mesmo ordenamento, no âmbito da mesma fonte dominante, sem recorrência a outros ordenamentos.

(B) A heterointegração consiste em preencher as lacunas recorrendo-se aos princípios gerais do Direito, uma vez que estes não estão necessariamente incutidos nas normas do Direito positivo; já a autointegração consiste em solucionar as lacunas por meio das convicções pessoais do intérprete.

(C) O primeiro método diz respeito à necessidade de utilização da jurisprudência como meio adequado de solucionar as lacunas sem gerar controvérsias; por outro lado, o segundo método implica buscar a solução da lacuna por meio de interpretação extensiva.

(D) A heterointegração exige que o intérprete busque a solução das lacunas nos tratados e nas convenções internacionais de que o país seja signatário; por seu turno, a autointegração está relacionada à busca da solução na jurisprudência pátria.

RESPOSTA A resposta correta é a alternativa A. Afirma Norberto Bobbio, em **Teoria do ordenamento jurídico**: "O primeiro método [heterointegração] consiste na integração operada através do: a) recurso a ordenamentos diversos; b) recurso a fontes diversas daquela que é dominante (identificada, nos ordenamentos que temos sob os olhos, com a lei). O segundo método [autointegração] consiste na integração cumprida através do mesmo ordenamento, no âmbito da mesma fonte dominante, sem recorrência a outros ordenamentos e com o mínimo recurso a fontes diversas da dominante".

44. **(XXIII Exame)** *A igualdade de recursos é uma questão de igualdade de quaisquer recursos que os indivíduos possuam privadamente.* – Ronald Dworkin.

A igualdade é um dos valores supremos presentes na Constituição da República e, também, objeto de um debate profundo no âmbito da Filosofia do Direito. Assinale a alternativa que apresenta a concepção de igualdade distributiva, defendida por Ronald Dworkin em seu livro **A virtude soberana**.

(A) Circunstâncias segundo as quais as pessoas não são iguais em bem-estar, mas nos recursos de que dispõem.

(B) Possibilidade de que todos os membros de uma comunidade política devem ter de usufruir o bem-estar em condição de igualdade.

(C) Igual partilha dos poderes políticos e dos direitos individuais em uma dada sociedade.

(D) Um conjunto de políticas que assegurem a maximização utilitária do bem-estar em médio a longo prazo para a maior parte da população.

RESPOSTA A resposta correta, portanto, é a alternativa A. Ronald Dworkin, em seu livro **A virtude soberana** (2003), afirma: "Neste livro sustento que a igualdade de tratamento [a todos os membros da comunidade política] exige que o governo aspire [atingir] uma forma de igualdade material [entre os cidadãos] que denominei como igualdade de recursos, ainda que outros nomes fossem apropriados [para designar a igualdade material entre os cidadãos]".

45. **(XXIII Exame)** - *...só a vontade geral pode dirigir as forças do Estado de acordo com a finalidade de suas instituições, que é o bem comum...* – Jean-Jacques Rousseau.

A ideia de vontade geral, apresentada por Rousseau em seu livro **Do contrato social**, foi fundamental para o amadurecimento do conceito moderno de lei e de democracia. Assinale a opção que melhor expressa essa ideia conforme concebida por Rousseau no livro citado.

(A) A soma das vontades particulares.

(B) A vontade de todos.

(C) O interesse particular do soberano, após o contrato social.

(D) O interesse em comum ou o substrato em comum das diferenças.

RESPOSTA A resposta correta é a alternativa D. Norberto Bobbio, no Dicionário de Política (1995), afirma: "Esta expressão [vontade geral] indica, no Contrato Social de J. J. Rousseau, a vontade coletiva do corpo político que visa ao interesse comum [a todos os seus membros]. Ela emana do povo e se expressa através da lei, que é votada diretamente pelo povo reunido em assembleia [tal como ocorria na *ekklesia* (Eclésia), principal assembleia da democracia ateniense na Atenas Antiga]; assim é garantida e não limitada a liberdade do cidadão. De fato, este, enquanto é participante da Vontade Geral, pode considerar-se soberano e, enquanto é governado, é súdito, mas súdito livre, porque obedecendo a lei que ajudou a fazer, obedece assim a uma vontade que é, também, a sua autêntica vontade, o seu natural desejo de justiça [que se expressa pela lei jurídica]". Assim, Rousseau entende a "vontade geral" como a vontade do corpo político, que é o único intérprete da "vontade do povo". A relação entre vontade geral e interesse comum é uma relação intrínseca, de tal modo que é impossível pensar a primeira sem considerar o segundo. Para Rousseau, o corpo político, portanto, é uma "pessoa coletiva" dotada de vontade própria que independe das vontades particulares dos cidadãos que o compõem. A Vontade Geral, sendo a expressão de uma pessoa coletiva, não é a soma total das vontades particulares (vontade de todos), nem o resultado da vontade da maioria dessas vontades particulares. Também não é a "vontade particular" do soberano, pois esse último sempre exprime a vontade geral do corpo político. Afirma Rousseau em **Do contrato social**: "O cidadão consente todas as leis, mesmo as aprovadas contra a sua vontade e até aquelas que o punem quando ousa violar uma delas. A vontade constante de todos os membros do Estado [na busca do bem comum] é a vontade geral: por ela é que são cidadãos e livres. Quando se propõe uma lei na assembleia do povo, o que se pergunta não é, precisamente, se aprovam ou rejeitam a proposta, mas se estão ou não de acordo com a vontade geral que é a deles; cada um, dando seu sufrágio, dá, com isso, a sua opinião, e do cálculo dos votos se conclui a declaração da vontade geral [interesse em comum que une os cidadãos numa vontade coletiva]".

REFERÊNCIAS

BOBBIO, N. *Dicionário de política.* Brasília: Martins Fontes-UnB, 1995.

_____. *O positivismo jurídico.* São Paulo: Ícone, 2006.

_____. *Direito e poder.* São Paulo: Ed. Unesp, 2008.

CASTILHO, R. *Filosofia do direito.* São Paulo: Saraiva, 2012.

HART, Herbert. *O conceito de direito.* 3. ed. Lisboa: Calouste Gulbenkian, 1994.

OLIVEIRA, A. G. *Filosofia do direito.* São Paulo: Saraiva, 2012.

POSNER, R. A. *Problemas de filosofia do direito.* São Paulo: Martins Fontes, 2007.

Direito Constitucional

DIREITO CONSTITUCIONAL: QUADRO GERAL DE QUESTÕES	
TEMAS	Nº DE QUESTÕES
I. Conceito, Classificação e Aplicação da Constituição	5
II. Da Interpretação das Normas Constitucionais	4
III. Hierarquia das Leis	1
IV. Princípios Constitucionais	4
V. Dos Direitos e Garantias Fundamentais	38
VI. Direito à Nacionalidade	7
VII. Dos Direitos Políticos, Partidos Políticos e Sistema Eleitoral	14
VIII. Da Organização do Estado e Repartição de Competências	24
IX. Da Administração Pública	2
X. Do Poder Legislativo	15
XI. Processo Legislativo e Espécies Normativas	17
XII. Da Fiscalização Contábil, Financeira e Orçamentária	1
XIII. Do Poder Executivo	9
XIV. Do Poder Judiciário e das Funções Essenciais à Justiça	12
XV. Controle de Constitucionalidade	21
XVI. Poder Constituinte	2
XVII. Da Intervenção, da Defesa do Estado e das Instituições Democráticas	8
XVIII. Súmula Vinculante	6
XIX. Reclamação Constitucional	3
XX. Da Seguridade Social	2
XXI. Da Saúde	2
XXII. Da Educação, da Cultura e do Desporto	6
XXIII. Das Finanças Públicas	1
XXIV. Da Segurança Pública	1
XXV. Recursos Ordinário, Extraordinário e Especial	1
XXVI. Da Ordem Econômica e Financeira	7
XXVII. Das Disposições Constitucionais Gerais	5
TOTAL	218

I. CONCEITO, CLASSIFICAÇÃO E APLICAÇÃO DA CONSTITUIÇÃO

1. **(XXVI Exame)** José leu, em artigo jornalístico veiculado em meio de comunicação de abrangência nacional, que o Supremo Tribunal Federal poderia, em sede de ADI, reconhecer a ocorrência de mutação constitucional em matéria relacionada ao meio ambiente. Em razão disso, ele procurou obter maiores esclarecimentos sobre o tema. No entanto, a ausência de uma definição mais clara do que seria "mutação constitucional" o impediu de obter um melhor entendimento sobre o tema. Com o objetivo de superar essa dificuldade, procurou Jonas, advogado atuante na área pública, que lhe respondeu, corretamente, que a expressão "mutação constitucional", no âmbito do sistema jurídico-constitucional brasileiro, refere-se a um fenômeno:

(A) concernente à atuação do poder constituinte derivado reformador, no processo de alteração do texto constitucional.

(B) referente à mudança promovida no significado normativo constitucional, por meio da utilização de emenda à Constituição.

(C) relacionado à alteração de significado de norma constitucional sem que haja qualquer mudança no texto da Constituição Federal.

(D) de alteração do texto constitucional antigo por um novo, em virtude de manifestação de uma Assembleia Nacional Constituinte.

RESPOSTA Segundo o Ministro do STF Gilmar Mendes, "as mutações constitucionais nada mais são que as alterações semânticas dos preceitos da Constituição, em decorrência de modificações no prisma histórico-social ou fático axiológico em que se concretiza a sua aplicação". Ou seja, em outras palavras, a mudança de uma norma da Constituição sem a mudança de seu texto. Quando um texto ou artigo constitucional tinha uma determinada interpretação e, por causa de mudança de pensamentos e posicionamentos da sociedade, seu significado muda, estamos diante da chamada "mutação constitucional". *Alternativa C.*

2. **(XXV Exame)** Todos os dispositivos da Lei Y, promulgada no ano de 1985, possuem total consonância material e formal com a Constituição de 1967, com a redação dada pela Emenda Constitucional n. 1/1969. No entanto, o Supremo Tribunal Federal, em sede de recurso extraordinário, constatou que, após a atuação do Poder Constituinte originário, que deu origem à Constituição de 1988, o Art. X da mencionada Lei Y deixou de encontrar suporte material na atual ordem constitucional. Sobre esse caso, segundo a posição reconhecida pela ordem jurídico-constitucional brasileira, assinale a afirmativa correta.

(A) Ocorreu o fenômeno conhecido como "não recepção", que tem por consequência a revogação do ato normativo que não se compatibiliza materialmente com o novo parâmetro constitucional.

(B) Ao declarar a inconstitucionalidade do Art. X à luz do novo parâmetro constitucional, devem ser reconhecidos os naturais efeitos retroativos (*ex tunc*) atribuídos a tais decisões.

(C) Na ausência de enunciado expresso, dá-se a ocorrência do fenômeno denominado "desconstitucionalização", sendo que o Art. X é tido como inválido perante a nova Constituição.

(D) Terá ocorrido o fenômeno da inconstitucionalidade formal superveniente, pois o Art. X, constitucional perante a Constituição de 1967, tornou-se inválido com o advento da Constituição de 1988.

RESPOSTA Antes da explicação, vale ressaltar alguns pontos que o aluno deve ter atenção ao ler a questão. Primeiro, perceber que o STF julgou um recurso extraordinário. Ou seja, o controle de constitucionalidade nesse caso é incidental. Também, que o art. X da Lei Y era compatível materialmente (ou seja, em relação ao seu conteúdo) com a Constituição anterior, e que agora com a CF/88 não é mais. Com essas premissas detectadas, o aluno tem muito mais chances de assinalar a alternativa correta. Assim sendo, quando uma norma (lei ou artigo de lei) produzida sob a égide de Constituição anterior não é mais compatível com a Constituição atual, a doutrina constitucional diz que esta norma "não foi recepcionada". Há, portanto, uma declaração de inconstitucionalidade sobre esta norma, tendo em vista seu conteúdo não ser mais compatível com a Constituição em vigência. *Alternativa A.*

3. **(XXVI Exame)** Uma nova Constituição é promulgada, sendo que um grupo de parlamentares mantém dúvidas acerca do destino a ser concedido a várias normas da Constituição antiga, cujas temáticas não foram tratadas pela nova Constituição. Como a nova Constituição ficou silente quanto a essa situação, o grupo de parlamentares, preocupado com possível lacuna normativa, resolve procurar competentes advogados a fim de sanar a referida dúvida. Os advogados informaram que, segundo o sistema jurídico-constitucional brasileiro,

(A) as normas da Constituição pretérita que guardarem congruência material com a nova Constituição serão convertidas em normas ordinárias.

(B) as matérias tratadas pela Constituição pretérita e não reguladas pela nova Constituição serão por esta recepcionadas.

(C) as matérias tratadas pela Constituição pretérita e não reguladas pela nova Constituição receberão, na nova ordem, *status* supralegal, mas infraconstitucional.

(D) a revogação tácita da ordem constitucional pretérita pela nova Constituição se dará de forma completa e integral, ocasionando a perda de sua validade.

RESPOSTA As matérias e/ou normas de uma anterior Constituição que não forem tratadas na nova Constituição entender-se-ão revogadas, ou seja, não aceitas na nova ordem constitucional. *Alternativa D.*

4. **(XIX Exame)** O constitucionalismo brasileiro, desde 1824, foi construído a partir de vertentes teóricas que estabeleceram continuidades e clivagens históricas no que se refere à essência e à interrelação das funções estatais, tanto no plano vertical como no horizontal, bem como à proteção dos direitos fundamentais. A partir dessa constatação, assinale a afirmativa correta.

(A) A Constituição de 1824 adotou, de maneira rígida, a tripartição das funções estatais, que seriam repartidas entre o Executivo, o Legislativo e o Judiciário.

(B) A Constituição de 1891 dispôs sobre o federalismo de cooperação e delineou um Estado Social e Democrático de Direito.

(C) A Constituição de 1937 considerou o Supremo Tribunal Federal o guardião da Constituição, detendo a última palavra no controle concentrado de constitucionalidade.

(D) A Constituição de 1946 foi promulgada e reinaugurou o período democrático no Brasil, tendo contemplado um rol de direitos e garantias individuais.

RESPOSTA As constituições outorgadas foram as de 1824, 1937 e 1967/69. As promulgadas foram as de 1891, 1934, 1946 e 1988, a atual. Após um período difícil, com uma constituição fechada e com supressão de direitos fundamentais anteriormente conquistados, a chamada "constituição polaca". Na prática, a constituição polaca existia como mera confirmação do poder político de Getúlio Vargas. Promulgada após a queda do "Estado-Novo" de Vargas, essa constituição de 1946 espelhou o novo momento da Europa (e do mundo) pós-Segunda Guerra Mundial, a retomada dos valores individuais, coletivos e dos direitos fundamentais no mundo. *Alternativa D.*

5. **(XIX Exame)** O constitucionalismo brasileiro, desde 1824, foi construído a partir de vertentes teóricas que estabeleceram continuidades e clivagens históricas no que se refere à essência e à inter-relação das funções estatais, tanto no plano vertical como no horizontal, bem como à proteção dos direitos fundamentais. A partir dessa constatação, assinale a afirmativa correta.

(A) A Constituição de 1824 adotou, de maneira rígida, a tripartição das funções estatais, que seriam repartidas entre o Executivo, o Legislativo e o Judiciário.

(B) A Constituição de 1891 dispôs sobre o federalismo de cooperação e delineou um Estado Social e Democrático de Direito.

(C) A Constituição de 1937 considerou o Supremo Tribunal Federal o guardião da Constituição, detendo a última palavra no controle concentrado de constitucionalidade.

(D) A Constituição de 1946 foi promulgada e reinaugurou o período democrático no Brasil, tendo contemplado um rol de direitos e garantias individuais.

RESPOSTA A Constituição de 1946 foi promulgada por Gaspar Dutra durante o declínio do Estado Novo, contemplando um extenso **rol de direitos e garantias individuais**, cujo reconhecimento representou **um progresso nos Direitos Fundamentais** dos cidadãos brasileiros e estabeleceu um **marco no processo de redemocratização do país**, após o fim da Era Vargas. *Alternativa D.*

II. DA INTERPRETAÇÃO DAS NORMAS CONSTITUCIONAIS

6. **(XXVIII Exame)** A população do Estado X, insatisfeita com os rumos da política nacional e os sucessivos escândalos de corrupção que assolam todas as esferas do governo, inicia uma intensa campanha pleiteando sua separação do restante da Federação brasileira. Um plebiscito é então organizado e 92% dos votantes opinaram favoravelmente à independência do Estado. Sobre a hipótese, com base no texto constitucional, assinale a afirmativa correta.

(A) Diante do expressivo quórum favorável à separação do Estado X, a Assembleia Legislativa do referido ente deverá encaminhar ao Congresso Nacional proposta de Emenda Constitucional que, se aprovada, viabilizará a secessão do Estado X.

(B) Para o exercício do direito de secessão, exige-se lei estadual do ente separatista, dentro do período determinado por Lei Complementar federal, dependendo ainda de consulta prévia, mediante plebiscito, às populações dos demais Estados, após divulgação dos estudos de viabilidade, apresentados e publicados na forma da lei.

(C) Diante da autonomia dos entes federados, admite-se a dissolução do vínculo existente entre eles, de modo que o Estado X poderia formar um novo país, mas, além da aprovação da população local por meio de plebiscito ou referendo, seria necessária a edição de Lei Complementar federal autorizando a separação.

(D) A forma federativa de Estado é uma das cláusulas pétreas que norteiam a ordem constitucional brasileira, o que conduz à conclusão de que se revela inviável o exercício do direito de secessão por parte de qualquer dos entes federados, o que pode motivar a intervenção federal.

RESPOSTA O direito de secessão (ou seja, a independência de um Estado-membro do restante do país que ele integra) é estritamente proibido num Estado Federal, não importando plebiscito ou referendo da população nesse sentido. Também, não é possível inseri-lo no ordenamento jurídico brasileiro, tendo em vista que o federalismo (e a consequente proibição do direito de secessão) é cláusula pétrea (art. 60, § 4º, inciso I, da CF). *Alternativa D.*

7. **(XXII Exame)** Parlamentar brasileiro, em viagem oficial, visita o Tribunal Constitucional Federal da Alemanha, recebendo numerosas informações acerca do seu funcionamento e de sua área de atuação. Uma, todavia, chamou especialmente sua atenção: a referida Corte Constitucional reconhecia a possibilidade de alteração da Constituição material – ou seja, de suas normas – sem qualquer mudança no texto formal. Surpreendido com essa possibilidade, procura sua assessoria jurídica a fim de saber se o Supremo Tribunal Federal fazia uso de técnica semelhante no âmbito da ordem jurídica brasileira. A partir da hipótese apresentada, assinale a opção que apresenta a informação dada pela assessoria jurídica.

(A) Não. O Supremo Tribunal Federal somente pode reconhecer nova norma no sistema jurídico constitucional a partir de emenda à constituição produzida pelo poder constituinte derivado reformador.

(B) Sim. O Supremo Tribunal Federal, reconhecendo o fenômeno da mutação constitucional, pode atribuir ao texto inalterado uma nova interpretação, que expressa, assim, uma nova norma.

(C) Não. O surgimento de novas normas constitucionais somente pode ser admitido por intermédio das vias formais de alteração, todas expressamente previstas no próprio texto da Constituição.

(D) Sim. O sistema jurídico-constitucional brasileiro, seguindo linhas interpretativas contemporâneas, admite, como regra, a interpretação da Constituição independentemente de limites semânticos concedidos pelo texto.

RESPOSTA Há dois modos de modificação da Constituição Federal: o modo formal e o modo informal ou material. As modificações formais são entendidas como as emendas constitucionais, sejam de qual natureza forem. Já o processo informal é baseado na mutação constitucional, que significa a mudança de posicionamento do órgão guardião da Constituição Federal, o Supremo Tribunal Federal. *Alternativa B.*

8. **(XX Exame)** Jovem governador do Estado Alfa, vencedor das eleições com o slogan "A vez dos jovens", propõe projeto de emenda à constituição do Estado a fim de alterar os requisitos para escolha de conselheiros no Tribunal de Contas do Estado. A idade mínima, que antes seguia o padrão constitucional federal, sendo fixada em 35 anos, passaria a ser de 30 anos. Segundo a ordem jurídico-constitucional brasileira, tal norma deveria ser considerada

(A) inconstitucional, pois o padrão estabelecido pela CRFB/88, para o caso, configura típica cláusula de imposição de simetria.

(B) constitucional, pois a organização dos Tribunais de Contas estaduais está exclusivamente submetida ao poder constituinte derivado decorrente.

(C) constitucional, pois está baseada na autonomia dos Estados-Membros, princípio basilar e inflexível que sustenta o Pacto Federativo.

(D) inconstitucional, pois a estrutura do Poder Judiciário somente pode ser disciplinada pela Constituição da República, não pela Constituição Estadual.

RESPOSTA O princípio federativo da simetria constitucional impõe que cláusulas estabelecidas na constituição federal devam ser obrigatoriamente repetidas nas constituições estaduais. Trocando em outras palavras, há normas nas constituições estaduais e nas leis orgânicas dos municípios que não podem ser contrárias a normas estruturais da Constituição Federal. Portanto, os Estados devem adotar os modelos normativo constitucionalmente estabelecidos pela União. *Alternativa A.*

9. **(XX Exame – Reaplicação)** O modelo federalista é uma forma de organização e distribuição do poder estatal que pressupõe a relação entre as esferas de governo federal e local, compondo os chamados entes federativos, todos dotados de autonomia. Apresenta-se como oposição ao unitarismo, de modo que haja a repartição de competências entre os entes que integram o Estado federado. A ordem jurídica estabeleceu elementos, no texto constitucional, que caracterizam essa forma de Estado. A partir das características da Federação brasileira, assinale a afirmativa correta.

(A) A forma federativa de Estado autoriza a secessão de um ente federativo por meio de plebiscito popular ou referendum.

(B) A forma federativa de Estado é estabelecida por um pacto (ou tratado) internacional entre os estados soberanos.

(C) A forma federativa de Estado impõe a necessidade de existência de uma cláusula de garantia ao pacto federativo, tal como a chamada intervenção federal.

(D) Uma vez que, na forma federativa, todos os entes federativos são autônomos, eles estão autorizados a representar a soberania do Estado em suas relações internacionais.

RESPOSTA Um estado cuja constituição o cria e o estrutura como estado federal deve possuir mecanismos de manutenção de seu arcabouço orgânico, de modo a manter e equilibrar sua formação como tal. Assim sendo, um desses mecanismos de manutenção do estado federal é a intervenção, que impõe a obediência das divisões políticas (Estados-membros, DF e municípios) em relação ao ditames e regras constitucionais, sob pena de terem temporariamente sua autonomia suspensa até que haja a regularização da desestabilidade política. *Alternativa C.*

III. HIERARQUIA DAS LEIS

10. **(XXIX Exame)** Em 2005, visando a conferir maior estabilidade e segurança jurídica à fiscalização das entidades dedicadas à pesquisa e à manipulação de material genético, o Congresso Nacional decidiu discipliná-las por meio da Lei Complementar X, embora a Constituição Federal não reserve a matéria a essa espécie normativa. Posteriormente, durante o ano de 2017, com os avanços tecnológicos e científicos na área, entrou em vigor a Lei Ordinária Y prevendo novos mecanismos fiscalizatórios a par dos anteriormente estabelecidos, bem como derrogando alguns artigos da Lei Complementar X. Diante da situação narrada, assinale a afirmativa correta.

(A) A Lei Ordinária Y é formalmente inconstitucional, não podendo dispor sobre matéria já tratada por Lei Complementar, em razão da superioridade hierárquica desta em relação àquela.

(B) Embora admissível a edição da Lei Ordinária Y tratando de novos mecanismos a par dos já existentes, a revogação de dispositivos da Lei Complementar X exigiria idêntica espécie normativa.

(C) A Lei Complementar X está inquinada de vício formal, já que a edição dessa espécie normativa se encontra vinculada às hipóteses taxativamente elencadas pela Constituição Federal de 1988.

(D) A Lei Complementar X, por tratar de matéria a respeito da qual não se exige a referida espécie normativa, pode vir a ser revogada por Lei Ordinária posterior que verse sobre a mesma temática.

RESPOSTA Essa questão é bastante interessante, pois trata diretamente com hierarquia legislativa e competência constitucional. Quando a CF exige que para determinada matéria deve haver lei complementar, não pode o Congresso produzir lei ordinária a respeito. Porém, o inverso é permitido. Isso, pois a lei complementar é mais complexa de ser aprovada do que a ordinária. Então, quem pode mais, pode menos. Se é possível aprovar lei complementar para determinada matéria, é possível aprovar lei ordinária – mas não o inverso. No caso em tela, a CF não exige lei complementar para tratar de fiscalização das entidades dedicadas à pesquisa e à manipulação de material genético. Mas, sendo produzida lei complementar (maior complexidade de aprovação) tratando do assunto, caso haja posterior lei ordinária regulamentando determinados pontos em sentido contrário, esta revogará aquela nestes pontos. Afinal, não pode o legislador criar dificuldade onde a Constituição assim não o fez. *Alternativa D.*

IV. PRINCÍPIOS CONSTITUCIONAIS

11. **(XVII Exame)** Dois advogados, com grande experiência profissional e com a justa preocupação de se manterem atualizados, concluem que algumas ideias vêm influenciando mais profundamente a percepção dos operadores do direito a respeito da ordem jurídica. Um deles lembra que a Constituição brasileira vem funcionando como verdadeiro "filtro", de forma a influenciar todas as normas do ordenamento pátrio com os seus valores. O segundo, concordando, adiciona que o crescente reconhecimento da natureza normativo-jurídica dos princípios pelos tribunais, especialmente pelo Supremo Tribunal Federal, tem aproximado as concepções de direito e justiça (buscada no diálogo racional) e oferecido um papel de maior destaque aos magistrados. As posições apresentadas pelos advogados mantêm relação com uma concepção teórico-jurídica que, no Brasil e em outros países, vem sendo denominada de

(A) neoconstitucionalismo.

(B) positivismo-normativista.

(C) neopositivismo.

(D) jusnaturalismo.

RESPOSTA A concepção teórico-jurídica **Neoconstitucionalista** proclama o enaltecimento da força normativa da Constituição (a qual passa a ser vista como um sistema de preceitos vinculantes, uma fonte norteadora de todo o ordenamento jurídico), o **reconhecimento desta força normativa também com relação aos princípios jurídicos e a expansão da jurisdição constitucional, com destaque ao surgi-**

mento de tribunais constitucionais e de novos métodos hermenêuticos. Assim, pelo exposto, esta concepção se adequaria perfeitamente às posições apresentadas na questão. *Alternativa A.*

12. **(XX Exame – Reaplicação)** Com a promulgação da Constituição de Weimar, em 1919, ocorreram transformações paradigmáticas no regime jurídico de proteção dos direitos fundamentais, o que alterou a concepção negativa do papel do Estado, que apenas consagrava as liberdades individuais e a igualdade formal perante a lei. Com o advento da referida ordem constitucional, o Estado deve agir, positivamente, para garantir as condições materiais de vida digna para todos e para a proteção dos hipossuficientes. Esse texto descreve o ambiente em que o Direito Constitucional Positivo

(A) estabeleceu os direitos individuais negativos de primeira dimensão.

(B) consagrou os direitos sociais prestacionais de segunda dimensão.

(C) definiu os direitos transindividuais de solidariedade de terceira dimensão.

(D) instituiu os direitos humanos metaconstitucionais de quarta dimensão.

RESPOSTA Os direitos sociais prestacionais de segunda geração tiveram seu efetivo estabelecimento, de acordo com a grande maioria da doutrina, as Constituições alemã de Weimar de 1919 e Mexicana de 1917. Após o crescimento e a queda dos direitos de primeira geração (direitos de liberdade), houve uma necessidade dos povos de estabelecer, por meio do estado, o equilíbrio entre as camadas sociais que o liberalismo econômico em excesso acabou gerando. Com isso, os estados, em suas novéis constituições do início do século XX, sentiram necessidade de estabelecer normas impositivas de garantia de direitos sociais, como o direito do trabalho, direito à gestante, direito ao salário mínimo, entre outros direitos sociais (direitos de segunda geração). *Alternativa B.*

13. **(XXXI Exame)** Preocupado com o grande número de ações judiciais referentes a possíveis omissões inconstitucionais sobre direitos sociais e, em especial, sobre o direito à saúde, o Procurador-Geral do Estado Beta (PGE) procurou traçar sua estratégia hermenêutica de defesa a partir de dois grandes argumentos jurídicos: em primeiro lugar, destacou que a efetividade dos direitos prestacionais de segunda dimensão, promovida pelo Poder Judiciário, deve levar em consideração a disponibilidade financeira estatal; um segundo argumento é o relativo à falta de legitimidade democrática de juízes e tribunais para fixar políticas públicas no lugar do legislador eleito pelo povo. Diante de tal situação, assinale a opção que apresenta os conceitos jurídicos que correspondem aos argumentos usados pelo PGE do Estado Beta.

(A) Dificuldade contraparlamentar e reserva do impossível.

(B) Reserva do possível fática e separação dos Poderes.

(C) Reserva do possível jurídica e reserva de jurisdição do Poder Judiciário.

(D) Reserva do possível fática e reserva de plenário.

RESPOSTA Em relação ao primeiro argumento, muito importante aqui estabelecermos as características da "reserva do possível" (*expressão que, nas decisões do STF, também pode ser encontrada como "reserva do financeiramente possível"*), pois não há um conceito certo e exato dessa expressão. Devemos, então, identificar alguns elementos na formação desse conceito, como, principalmente, a conjugação de efetivação dos direitos sociais, econômicos e culturais em conjunto com a atuação positiva e onerosa do Estado. Tal efetivação pode eventualmente sofrer "limitação material", pois está vinculada à capacidade econômico-financeira do ente estatal. Especificamente nesse sentido, a plena aplicabilidade dos direitos de segunda geração vai de encontro à realidade econômico-financeira do Estado, tornando inexigível a prestação imediata de determinados direitos fundamentais. Resumida e exemplificativamente, decisões que exigem a aplicação de direitos fundamentais dependem de disponibilidade financeira para o destinatário da decisão poder realizá-la. Em relação ao segundo argumento, é pacificamente entendido, tanto pela doutrina quanto pela jurisprudência, que a fixação de políticas públicas por membros do Poder Judiciário por meio de suas decisões, obrigando tanto membros do Poder Legislativo quanto do Executivo, afronta claramente o princípio fundamental da separação dos Poderes. *Alternativa B.*

14. **(XVII Exame)** A discussão a respeito das funções executiva, legislativa e judiciária parece se acirrar em torno dos limites do seu exercício pelos três tradicionais Poderes. Nesse sentido, sobre a estrutura adotada pela Constituição brasileira de 1988, assinale a afirmativa correta.

(A) O exercício da função legislativa é uma atribuição concedida exclusivamente ao Poder Legislativo, como decorrência natural de ser considerado o Poder que mais claramente representa o regime democrático.

(B) O exercício da função jurisdicional é atribuição privativa do Poder Judiciário, embora se possa dizer que o Poder Executivo, no uso do seu poder disciplinar, também faça uso da função jurisdicional.

(C) O exercício de funções administrativas, judiciárias e legislativas deve respeitar a mais estrita divisão de funções, não existindo possibilidade de que um Poder venha a exercer, atipicamente, funções afetas a outro Poder.

(D) A produção de efeitos pelas normas elaboradas pelos Poderes Legislativo e Executivo pode ser limitada pela atuação do Poder Judiciário, no âmbito de sua atuação típica de controlar a constitucionalidade ou a legalidade das normas do sistema.

RESPOSTA **No Brasil, é adotada a Teoria da Tripartição dos Poderes, onde as funções estatais são distribuídas entre os três poderes (Executivo, Legislativo e Judiciário), distintos e independentes entre si, sendo mantida a sua harmonia através de um preciso sistema de freios e contrapesos.** Ou seja, a divisão desses poderes é relativa, existindo, lado a lado, tantos as funções típicas, quanto as funções atípicas – como a edição de Medidas Provisórias pelo Chefe do Executivo, por exemplo. **Assim, seria um exemplo desse sistema de freios e contrapesos a Declaração de Inconstitucionalidade realizada pelo Judiciário, em relação às normas emanadas pelos demais poderes, no exercício de suas funções atípicas.** *Alternativa D.*

V. DOS DIREITOS E GARANTIAS FUNDAMENTAIS

15. **(XXVII Exame)** Os produtores rurais do Município X organizaram uma associação civil sem fins lucrativos para dinamizar a exploração de atividade econômica pelos associados, bem como para fins de representá-los nas demandas de caráter administrativo e judicial. Anderson, proprietário de uma fazenda na região, passa a receber, mensalmente, carnê contendo a cobrança de uma taxa associativa, embora nunca tivesse manifestado qualquer interesse em ingressar na referida entidade associativa. Em consulta junto aos órgãos municipais, Anderson descobre que a associação de produtores rurais, embora tenha sido criada na forma da lei, jamais obteve autorização estatal para funcionar. Diante disso, procura um escritório de advocacia especializado, para pleitear, judicialmente, a interrupção da cobrança e a suspensão das atividades associativas. Sobre a questão em comento, assinale a afirmativa correta.

(A) Anderson pode pleitear judicialmente a interrupção da cobrança, a qual revela-se indevida, pois ninguém pode ser compelido a associar-se ou a permanecer associado, ressaltando-se que a falta de autorização estatal não configura motivo idôneo para a suspensão das atividades da associação.

(B) As associações representativas de classes gozam de proteção absoluta na ordem constitucional, de modo que podem ser instituídas independentemente de autorização estatal e apenas terão suas atividades suspensas quando houver decisão judicial com trânsito em julgado.

(C) A Constituição de 1988 assegura a plena liberdade de associação para fins lícitos, vedando apenas aquelas de caráter paramilitar, de modo que Anderson não pode insurgir-se contra a cobrança, vez que desempenha atividade de produção e deve associar-se compulsoriamente.

(D) A liberdade associativa, tendo em vista sua natureza de direito fundamental, não pode ser objeto de qualquer intervenção do Poder Judiciário, de modo que Anderson apenas poderia pleitear administrativamente a interrupção da cobrança dos valores que entende indevidos.

RESPOSTA A criação de associações e de cooperativas realmente não dependem de autorização estatal, além de ser constitucionalmente proibida qualquer interferência estatal em seu funcionamento (art. 5º, XVII, da CF). No entanto, em suas relações civis, também a CF determina que ninguém poderá ser compelido a associar-se ou a permanecer associado (art. 5º, XX, da CF). Assim sendo, Anderson pode pleitear judicialmente a interrupção da cobrança. *Alternativa A.*

16. **(XXII Exame)** A teoria dimensional dos direitos fundamentais examina os diferentes regimes jurídicos de proteção desses direitos ao longo do constitucionalismo democrático, desde as primeiras Constituições liberais até os dias de hoje. Nesse sentido, a teoria dimensional tem o mérito de mostrar o perfil de evolução da proteção jurídica dos direitos fundamentais ao longo dos diferentes paradigmas do Estado de Direito, notadamente do Estado Liberal de Direito e do Estado Democrático Social de Direito. Essa perspectiva, calcada nas dimensões ou gerações de direitos, não apenas projeta o caráter cumulativo da evolução protetiva, mas também demonstra o contexto de unidade e indivisibilidade do catálogo de direitos fundamentais do cidadão comum. A partir dos conceitos da teoria dimensional dos direitos fundamentais, assinale a afirmativa correta.

(A) Os direitos estatais prestacionais, ligados ao Estado Liberal de Direito, nasceram atrelados ao princípio da igualdade formal perante a lei, perfazendo a primeira dimensão de direitos.

(B) A chamada reserva do possível fática, relacionada à escassez de recursos econômicos e financeiros do Estado, não tem nenhuma influência na efetividade dos direitos fundamentais de segunda dimensão do Estado Democrático Social de Direito.

(C) O conceito de direitos coletivos de terceira dimensão se relaciona aos direitos transindividuais de natureza indivisível de que sejam titulares pessoas indeterminadas e ligadas por circunstâncias de fato, como ocorre com o direito ao meio ambiente.

(D) Sob a égide da estatalidade mínima do Estado Liberal, os direitos negativos de defesa dotados de natureza absenteísta são corretamente classificados como direitos de primeira dimensão.

RESPOSTA Os direitos estatais prestacionais não estão ligados ao Estado Liberal de Direito, mas, sim, nasceram atrelados ao princípio da igualdade formal perante a lei, perfazendo a segunda dimensão de direitos. Continuando, a chamada reserva do possível fática, relacionada à falta de recursos econômicos e financeiros do Estado, tem influência direta na efetividade (ou não) dos direitos fundamentais de segunda dimensão do Estado Democrático Social de Direito, que são aqueles relacionados à prestatividade estatal de direitos sociais. Já o conceito de direitos difusos (e não coletivos) de terceira dimensão se relaciona aos direitos transindividuais de natureza indivisível de que sejam titulares pessoas indeterminadas e ligadas por circunstâncias de fato, como ocorre com o direito ao meio ambiente. *Alternativa D.*

17. **(XXII Exame)** A Lei n. 13.300/16, que disciplina o processo e o julgamento dos mandados de injunção individual e coletivo, surgiu para combater o mal da síndrome da inefetividade das normas constitucionais. Nesse sentido, o seu Art. 8º, inciso II, inovou a ordem jurídica positivada ao estabelecer que, reconhecido o estado de mora legislativa, será deferida a injunção para estabelecer as condições em que se dará o exercício dos direitos, das liberdades ou das prerrogativas reclamados, ou, se for o caso, as condições em que o interessado poderá promover ação própria visando a exercê-los, caso não seja suprida a mora legislativa no prazo determinado. Considerando o conteúdo normativo do art. 8º, inciso II, da Lei n. 13.300/16 e a teoria acerca da efetividade das normas constitucionais, assinale a afirmativa correta.

(A) Foi adotada a posição neoconstitucionalista, na qual cabe ao Poder Judiciário apenas declarar formalmente a mora legislativa, atuando como legislador negativo e garantindo a observância do princípio da separação dos poderes, sem invadir a esfera discricionária do legislador democrático.

(B) Foi consolidada a teoria concretista, em prol da efetividade das normas constitucionais, estabelecendo as condições para o ativismo judicial, revestindo-o de legitimidade democrática, sem ferir a separação de Poderes e, ao mesmo tempo, garantindo a força normativa da Constituição.

(C) Foi promovida a posição não concretista dentro do escopo de um Estado Democrático de Direito, na qual cabe ao Poder Judiciário criar direito para sanar omissão legiferante dos Poderes constituídos, geradores da chamada "síndrome da inefetividade das normas constitucionais", em típico processo objetivo de controle de constitucionalidade.

(D) Foi retomada a posição positivista normativista, concedendo poderes normativos momentâneos aos juízes e tribunais, de modo a igualar os efeitos da ação direta de inconstitucionalidade por omissão (modalidade do controle abstrato) e do mandado de injunção (remédio constitucional).

RESPOSTA Desde a elaboração da Constituição de 1988, não havia sistemática legislativa do procedimento de elaboração e trâmite do mandado de injunção. Isso criava uma insegurança jurídica bastante prejudicial no âmbito do Poder Judiciário, pois deixava sem definição correta de como tal procedimento deveria tramitar. Com a edição e publicação da referida lei e, estabelecendo prazo para o órgão omisso se manifestar, sob pena de o autor da ação ter seu direito reconhecido caso a omissão permaneça, caracteriza-se claramente a ideia da teoria concretista, agora enraizada na Lei Federal n. 13.300/2016. *Alternativa B.*

18. **(XIV Exame)** Deise pretende ter acesso a informações pertinentes à atividade estatal que estão em poder de específico órgão público, aduzindo que todos os dados de interesse coletivo ou geral devem ser públicos. Nos termos da Constituição Federal, o direito de acesso às informações estatais

(A) é absoluto, em decorrência da publicidade dos atos.

(B) tem, como limite, o sigilo imprescindível à segurança do Estado.

(C) depende de autorização excepcional do Executivo.

(D) está limitado aos dados constantes nos sítios de informações estatais.

RESPOSTA **Todos têm direito a receber dos órgãos públicos informações de seu interesse particular, ou de interesse coletivo ou geral**, que serão prestadas no prazo da lei, sob pena de responsabilidade, ressalvadas aquelas cujo sigilo seja imprescindível à segurança da sociedade e do Estado, segundo o art.

5º, XXXIII, da CF. A lei que regulamenta este inciso constitucional é a **LAI (Lei de Acesso à Informação – Lei Federal n. 12.527/2011)**. Subordinam-se ao regime desta lei os órgãos públicos integrantes da administração direta dos Poderes Executivo, Legislativo, incluindo as Cortes de Contas, e Judiciário e do Ministério Público, as autarquias, as fundações públicas, as empresas públicas, as sociedades de economia mista e demais entidades controladas direta ou indiretamente pela União, Estados, Distrito Federal e Municípios. Também, no que couber, às entidades privadas sem fins lucrativos que recebam, para realização de ações de interesse público, recursos públicos diretamente do orçamento ou mediante subvenções sociais, contrato de gestão, termo de parceria, convênios, acordo, ajustes ou outros instrumentos congêneres. *Alternativa B está correta.*

19. **(XIV Exame)** A Sra. Maria da Silva é participante ativa da AMA-X (Associação de Moradores e Amigos do bairro X). Todos os dias, no fim da tarde, a Sra. Maria da Silva e um grupo de associados reuniam-se na praça da cidade, distribuindo material sobre os problemas do bairro. A associação convocava os moradores para esses encontros por meio da rádio da cidade e comunicava, previamente, o local e a hora das reuniões às autoridades competentes. Certa tarde, um grupo da Associação de Moradores do bairro Y ocupou o local que os participantes da AMA-X habitualmente utilizavam. O grupo do bairro Y não havia avisado, previamente, a autoridade competente sobre o evento, organizado em espaço público. A Sra. Maria da Silva, indignada com a utilização do mesmo espaço, e tendo sido frustrada a reunião de seu grupo, solicitou aos policiais militares, presentes no local, que tomassem as medidas necessárias para permitir a realização do encontro da AMA-X. Em relação à liberdade de associação e manifestação, assinale a afirmativa correta.

(A) A AMA-X deve buscar novo local de manifestação, tendo em vista que o local de reunião é público e que a associação do bairro Y possui os mesmos direitos de reunião e manifestação.

(B) A associação do bairro Y deve buscar novo local de manifestação, pois não tem o direito de frustrar reunião anteriormente convocada para o mesmo local, já que houve prévio aviso à autoridade competente sobre o uso do espaço público pela AMA-X.

(C) A AMA-X deve dividir o espaço com a associação do bairro Y, tendo em vista que o local de reunião é público e que o direito à livre manifestação de ideias é garantido.

(D) A associação do bairro Y poderá ser dissolvida por ato da autoridade pública municipal em razão de não ter comunicado previamente à Prefeitura a realização de suas reuniões em espaço público.

RESPOSTA A questão exigiu um conhecimento de texto literal da Constituição: o art. 5º, XVI – *"todos podem reunir-se pacificamente, sem armas, em locais abertos ao público, independentemente de autorização, desde que não frustrem outra reunião anteriormente convocada para o mesmo local, sendo apenas exigido prévio aviso à autoridade competente"*. Este direito é chamado de **direito constitucional de reunião (ou de liberdade de reunião)**. Portanto, nota-se que a AMA-X cumpriu o determinado pela Constituição Federal, e a Associação de Moradores do bairro Y, não. *Alternativa B está correta.*

20. **(XIV Exame)** Isabella promove ação popular em face do Município X, por entender que determinados gastos realizados estariam causando graves prejuízos ao patrimônio público. O pedido veio a ser julgado improcedente, por total carência de provas. Inconformada, Isabella apresenta a mesma ação com fundamento em novos elementos, e, mais uma vez, o pedido vem a ser julgado improcedente por carência de provas. Nos termos da Constituição Federal e da legislação de regência, assinale a opção correta.

(A) Sendo o pedido julgado improcedente, haverá condenação em honorários advocatícios.

(B) A improcedência por ausência de provas caracteriza a má-fé do autor popular.

(C) A reiteração na propositura da mesma ação acarreta o pagamento de custas pelo autor popular.

(D) As custas serão devidas se declarada, expressamente, a má-fé do autor popular.

RESPOSTA A questão exigiu conhecimento do texto literal da Constituição. De acordo com o art. 5º, LXXIII, *"qualquer cidadão é parte legítima para propor ação popular que vise a anular ato lesivo ao patrimônio público ou de entidade de que o Estado participe, à moralidade administrativa, ao meio ambiente e ao patrimônio histórico e cultural, ficando o autor, salvo comprovada má-fé, isento de custas judiciais e do ônus da sucumbência"*. **A ação popular é um dos chamados "remédios constitucionais"**, e seu procedimento processual está regulamentado na Lei Federal n. 4.717/65. *Alternativa D.*

21. **(XV Exame)** Pedro promoveu ação em face da União Federal e seu pedido foi julgado procedente, com efeitos patrimoniais vencidos e vincendos, não havendo mais recurso a ser interposto. Posteriormente, o Congresso Nacional aprovou lei, que foi sancionada, extinguindo o direito reconhecido a Pedro. Após a publicação da referida lei, a Administração Pública federal notificou Pedro para devolver os valores recebidos, comunicando que não mais ocorreriam os pagamentos futuros, em decorrência da norma em foco. Nos termos da Constituição Federal, assinale a opção correta.

(A) A lei não pode retroagir, porque a situação versa sobre direitos indisponíveis de Pedro.

(B) A lei não pode retroagir para prejudicar a coisa julgada formada em favor de Pedro.

(C) A lei pode retroagir, pois não há direito adquirido de Pedro diante de nova legislação.

(D) A lei pode retroagir, porque não há ato jurídico perfeito em favor de Pedro diante de pagamentos pendentes.

RESPOSTA Sem adentrarmos nas discussões doutrinárias de Processo Civil, a **definição legal de coisa julgada** está contida no § 3º do art. 6º da Lei de Introdução às Normas do Direito Brasileiro (LINDB) – Decreto-lei n. 4.657/42, modificada e atualizada pela Lei Federal n. 12.376/10 (antiga Lei de Introdução ao Código Civil brasileiro): *"chama-se coisa julgada ou caso julgado a decisão judicial de que já não caiba recurso"*. Na Constituição Federal, encontra-se no art. 5º, XXXVI – *"a lei não prejudicará o direito adquirido, o ato jurídico perfeito e a coisa julgada"*. A partir do momento da ocorrência da coisa julgada em um processo, nenhuma lei mais poderá interferir naquela sentença ali proferida, sob pena de total insegurança jurídica. *Alternativa B está correta.*

22. **(XVI Exame)** O diretor de RH de uma multinacional da área de telecomunicações, em reunião corporativa, afirmou que o mundo globalizado vem produzindo grandes inovações, exigindo o reconhecimento de novas profissões desconhecidas até então. Feitas essas considerações, solicitou à diretoria que alterasse o quadro de cargos e funções da empresa, incluindo as seguintes profissões: gestor de mídias sociais, gerente de *marketing* digital e desenvolvedor de aplicativos móveis. O presidente da sociedade empresária, posicionando-se contra o pedido formulado, alegou que o exercício de qualquer atividade laborativa pressupõe a sua devida regulamentação em lei, o que ainda não havia ocorrido em relação às referidas profissões. Com base na teoria da eficácia das normas constitucionais é correto afirmar que o presidente da sociedade empresária

(A) argumentou em harmonia com a ordem constitucional, pois o dispositivo da Constituição Federal que afirma ser livre o exercício de qualquer trabalho, ofício ou profissão, atendidas as qualificações profissionais que a lei estabelecer, possui eficácia limitada, exigindo regulamentação legal para que possa produzir efeitos.

(B) apresentou argumentos contrários à ordem constitucional, pois o dispositivo da Constituição Federal que afirma ser livre o exercício de qualquer trabalho, ofício ou profissão, atendidas as qualificações profissionais que a lei estabelecer, possui eficácia contida, de modo que, inexistindo lei que regulamente o exercício da atividade profissional, é livre o seu exercício.

(C) apresentou argumentos contrários à ordem constitucional, pois o dispositivo da Constituição Federal que afirma ser livre o exercício de qualquer trabalho, ofício ou profissão, atendidas as qualificações profissionais que a lei estabelecer, possui eficácia plena, já que a liberdade do exercício profissional não pode ser restringida, mas apenas ampliada.

(D) argumentou em harmonia com a ordem constitucional, pois o dispositivo da Constituição Federal que afirma ser livre o exercício de qualquer trabalho, ofício ou profissão, atendidas as qualificações profissionais que a lei estabelecer, não possui nenhuma eficácia, devendo ser objeto de mandado de injunção para a sua devida regulamentação.

RESPOSTA O presidente da sociedade empresária utilizou de argumento equivocado, tentando induzir o diretor de RH e a todos da empresa a erro. Isso, pois o que a Constituição afirma é exatamente o contrário: *"XIII – é livre o exercício de qualquer trabalho, ofício ou profissão, atendidas as qualificações profissionais que a lei estabelecer" – art. 5º, XIII*. Ou seja, como esta norma é classificada como **norma constitucional de eficácia contida**, ela produzirá todos os seus normais efeitos concretos normalmente, até que uma norma infraconstitucional a regulamente. Explicando melhor: qualquer profissão poderá ser exercida livremente, podendo a lei regulamentá-la, e, aí sim, estabelecendo limites ou requisitos para exercitá-la. *Alternativa B está correta.*

23. **(XVI Exame)** J.G., empresário do ramo imobiliário, surpreendeu-se ao tomar conhecimento de que seu nome constava de um banco de dados de caráter público como inadimplente de uma dívida no valor de R$ 500.000,00 (quinhentos mil reais). Embora reconheça a existência da dívida, entende que o não pagamento encontra justificativa no fato de o valor a que foi condenado em primeira instância ainda estar sob discussão em grau recursal. Com o objetivo de fazer com que essa informação complementar passe a constar juntamente com a informação principal a respeito da existência do débito, consulta um advogado, que sugere a impetração de um *habeas data*. Sobre a resposta à consulta, assinale a afirmativa correta.

(A) O *habeas data* não é o meio adequado, já que a ordem jurídica não prevê a possibilidade de sua utilização para complementar dados, mas apenas para garantir o direito de acessá-los ou retificá-los.

(B) Deveria ser impetrado, em vez de *habeas data*, mandado de segurança, ação constitucional adequada para os casos em que se faça necessária a proteção de direito líquido e certo, não amparado por *habeas corpus* ou *habeas data*.

(C) Deve ser impetrado *habeas data*, pois, embora o texto constitucional não contemple a hipótese específica do caso concreto, a lei ordinária o faz, de modo a ampliar o âmbito de incidência do *habeas data* como ação constitucional.

(D) O *habeas data* não deve ser impetrado, pois a lei ordinária não pode ampliar uma garantia fundamental prevista no texto constitucional, já que tal configuraria violação ao regime de imutabilidade que acompanha os direitos e as garantias fundamentais.

RESPOSTA O *habeas data* é um dos remédios constitucionais previstos na Constituição Federal, mais especificamente em seu art. 5º. Lá, diz o inciso LXXII deste art. 5º que *"conceder-se-á* habeas data*: a) para assegurar o conhecimento de informações relativas à pessoa do impetrante, constantes de registros ou bancos de dados de entidades governamentais ou de caráter público; b) para a retificação de dados, quando não se prefira fazê-lo por processo sigiloso, judicial ou administrativo"*. Portanto, um banco de dados de caráter público é uma entidade que pode ser colocada no polo passivo de eventual ação de *habeas data*. Vale lembrar que, a **Lei Federal n. 9.507/97**, que regula o direito de acesso a informações e disciplina o rito processual do *habeas data*, especifica no parágrafo único de seu art. 1º que *"considera-se de caráter público todo registro ou banco de dados contendo informações que sejam ou que possam ser transmitidas a terceiros ou que não sejam de uso privativo do órgão ou entidade produtora ou depositária das informações"*. Além disso, é **fundamental** que o candidato saiba que, antes da impetração do *habeas data*, **a citada lei exige que haja prévia negativa ou inércia do órgão público**. Ou seja: a negativa ou inércia do órgão público em fornecer as informações de caráter pessoal ao impetrante é requisito essencial da petição inicial do *habeas data* (*parágrafo único do art. 8º e art. 10 da citada lei*). *Alternativa C está correta.*

24. (XVIII Exame) Um grupo autodenominado "Sangue Puro" passou a se organizar sob a forma de associação. No seu estatuto, é possível identificar claros propósitos de incitação à violência contra indivíduos pertencentes a determinadas minorias sociais. Diversas organizações não governamentais voltadas à defesa dos direitos humanos, bem como o Ministério Público, ajuizaram medidas judiciais solicitando a sua imediata dissolução. Segundo a Constituição Federal, a respeito da hipótese formulada, assinale a afirmativa correta.

(A) A associação não poderá sofrer qualquer intervenção do Poder Judiciário, pois é vedada a interferência estatal no funcionamento das associações.

(B) Caso o pedido de dissolução seja acolhido, a associação poderá ser compulsoriamente dissolvida, independentemente do trânsito em julgado da sentença judicial.

(C) A associação poderá ter suas atividades imediatamente suspensas por decisão judicial, independentemente do seu trânsito em julgado.

(D) Apenas se justificaria a intervenção estatal se caracterizada a natureza paramilitar da associação em comento.

RESPOSTA O direito fundamental de **liberdade de associação** não prevê que o mesmo seja exercido **com fins ilícitos**, o que, na hipótese formulada, ensejaria o ajuizamento de medidas judiciais visando à **dissolução** da associação retratada, onde bastaria uma **decisão judicial** para que a mesma tivesse as suas **atividades imediatamente suspensas**, sem a necessidade do **trânsito em julgado**, de acordo com o art. 5º, XVII e XIX, da Constituição Federal. *Alternativa C.*

25. (XIII Exame) A ação de *habeas data*, como instrumento de proteção de dimensão do direito de personalidade, destina-se a garantir o acesso de uma pessoa a informações sobre ela que façam parte de arquivos ou banco de dados de entidades governamentais ou públicas, bem como a garantir a correção de dados incorretos.

A partir do fragmento acima, assinale a opção correta.

(A) Conceder-se-á *habeas data* para assegurar o conhecimento de informações relativas à pessoa do impetrante ou de parente deste até o segundo grau, constantes de registro ou banco de dados de entidades governamentais ou privadas.

(B) Além dos requisitos previstos no Código de Processo Civil para petição inicial, a ação de *habeas data* deverá vir instruída com prova da recusa ao acesso às informações ou o simples decurso de dez dias sem decisão.

(C) Do despacho de indeferimento da inicial de *habeas data* por falta de algum requisito legal para o ajuizamento caberá agravo de instrumento.

(D) A ação de *habeas data* terá prioridade sobre todos os atos judiciais, com exceção ao *habeas corpus* e ao mandado de segurança.

RESPOSTA Conceder-se-á *habeas data* para **assegurar o conhecimento de informações relativas à pessoa do impetrante**, constantes de registro ou banco de dados de **entidades governamentais ou de caráter público**; para a **retificação de dados**, quando não se prefira fazê-lo por processo sigiloso, judicial ou administrativo; e para a **anotação nos assentamentos do interessado**, de **contestação ou explicação sobre dado verdadeiro**, mas justificável e que esteja sob pendência judicial ou amigável (*art. 7º da Lei Federal n. 9.507/97*). A **petição inicial**, além dos requisitos do **art. 319 do Novo Código de Processo Civil**, deverá ser instruída com prova ou da **recusa** ao acesso às informações ou do decurso de mais de dez dias **sem decisão**; ou da **recusa** em fazer-se a **retificação** ou do **decurso** de mais de quinze dias, sem decisão; ou da **recusa** em fazer-se a anotação requerida pelo interessado, ou do **decurso** de mais de quinze dias sem decisão (*parágrafo único do art. 8º da Lei Federal n. 9.507/97*). Do despacho de **indeferimento da inicial**, ou da **sentença** que conceder ou negar o *habeas data* cabe **apelação** (*parágrafo único do art. 10 e art. 15 da Lei Federal n. 9.507/97*). Os processos de *habeas data* terão **prioridade sobre todos os atos judiciais, exceto *habeas corpus* e mandado de segurança** (*art. 19 da Lei Federal n. 9.507/97*). *Alternativa D.*

26. **(XII Exame)** A Constituição declara que todos podem reunir-se em local aberto ao público. Algumas condições para que as reuniões se realizem são apresentadas nas alternativas a seguir, à exceção de uma. Assinale-a.

(A) Os participantes não portem armas.

(B) A reunião seja autorizada pela autoridade competente.

(C) A reunião não frustre outra reunião anteriormente convocada para o mesmo local.

(D) Os participantes reúnam-se pacificamente.

RESPOSTA O candidato deve tomar cuidado com perguntas do tipo "*assinale a alternativa **incorreta***", pois, ao ler rápido o enunciado, acaba por se confundir e assinalar uma das outras três ou quatro alternativas corretas. Segundo a Constituição Federal, **para o exercício do direito de reunião, não há necessidade de autorização governamental, mas tão somente um prévio aviso dos manifestantes.** Isso, para que o Estado possa se organizar melhor e organizar a população para eventuais mudanças no dia a dia das pessoas que por ali passarem, como readequação do trânsito e reforço policial em caso de eventuais confusões ou vandalismos: *"Art. 5º, XVI, da CF – todos podem reunir-se pacificamente, sem armas, em locais abertos ao público, independentemente de autorização, desde que não frustrem outra reunião anteriormente convocada para o mesmo local, sendo apenas exigido prévio aviso à autoridade competente". Alternativa B.*

27. **(XXVI Exame)** Antônio, líder ativista que defende a proibição do uso de quaisquer drogas, cientifica as autoridades sobre a realização de manifestação contra projeto de lei sobre a liberação do uso de entorpecentes. Marina, líder ativista do movimento pela liberação do uso de toda e qualquer droga, ao tomar conhecimento de tal evento, resolve, então, sem solicitar autorização à autoridade competente, marcar, para o mesmo dia e local, manifestação favorável ao citado projeto de lei, de forma a impedir a propagação das ideias defendidas por Antônio. Nesse sentido, segundo o sistema jurídico-constitucional brasileiro, assinale a afirmativa correta.

(A) Marina pode dar continuidade à sua iniciativa, pois, com fundamento no princípio do Estado Democrático, está amplamente livre para expressar suas ideias.

(B) Marina não poderia dar continuidade à sua iniciativa, pois o direito de reunião depende de prévia autorização por parte da autoridade competente.

(C) Marina não poderia dar continuidade à sua iniciativa, já que sua reunião frustraria a reunião de Antônio, anteriormente convocada para o mesmo local.

(D) Marina pode dar continuidade à sua iniciativa, pois é livre o direito de reunião quando o país não se encontra em estado de sítio ou em estado de defesa.

RESPOSTA É direito fundamental o direito de reunião, previsto no art. 5º, XVI, da CF. É garantido por esta norma que todos podem reunir-se pacificamente, sem armas, em locais abertos ao público, independentemente de autorização. Mas desde que não frustrem outra reunião anteriormente convocada para o mesmo local, sendo apenas exigido prévio aviso à autoridade competente. *Alternativa C.*

28. **(III Exame)** O mandado de segurança é um importante instrumento de proteção a direitos líquidos e certos, individuais ou coletivos, que não estejam amparados por *habeas corpus* ou *habeas data*, sempre que, ilegalmente ou com abuso de poder, qualquer pessoa física ou jurídica sofrer violação ou tiver justo receio de sofrê-la por parte de autoridade. Acerca do mandado de segurança coletivo, é correto afirmar que

(A) pode ser impetrado em defesa de direitos líquidos e certos que pertençam a apenas parte dos membros de uma categoria ou associação, substituídos pelo impetrante.
(B) a sentença de procedência produz efeitos *erga omnes*, não limitando seus efeitos aos membros da categoria substituídos pelo impetrante.
(C) não induz litispendência para as ações individuais, de forma que os efeitos da coisa julgada beneficiam o impetrante individual, ainda que não requeira a desistência de seu mandado de segurança.
(D) a interposição de embargos infringentes é admitida para fins de exercício da ampla defesa.

RESPOSTA Conforme o art. 5º, LXIX, da CF, conceder-se-á **mandado de segurança** para proteger direito líquido e certo, não amparado por *habeas corpus* ou habeas data, quando o responsável pela ilegalidade ou abuso de poder for autoridade pública ou agente de pessoa jurídica no exercício de atribuições do Poder Público. Um detalhe peculiar e de extrema importância no mandado de segurança coletivo é exatamente esta **possibilidade** de poder ser impetrado para a **defesa de direitos que pertençam à totalidade ou a apenas parte dos membros da categoria que a associação representa**. E nada mais justo, pois nem sempre todos os integrantes de uma associação ou categoria possuem identicamente os mesmos direitos: art. 21 da Lei Federal que regulamenta o Mandado de Segurança, n. 12.016/2009: *"O mandado de segurança coletivo pode ser impetrado por partido político com representação no Congresso Nacional, na defesa de seus interesses legítimos relativos a seus integrantes ou à finalidade partidária, ou por organização sindical, entidade de classe ou associação legalmente constituída e em funcionamento há, pelo menos, 1 (um) ano, em defesa de direitos líquidos e certos da totalidade, ou de parte, dos seus membros ou associados, na forma dos seus estatutos e desde que pertinentes às suas finalidades, dispensada, para tanto, autorização especial". Alternativa A.*

29. **(XXXI Exame)** Alfa, entidade de classe de abrangência regional, legalmente constituída e em funcionamento há mais de 1 ano, ingressa, perante o Supremo Tribunal Federal, com mandado de segurança coletivo para tutelar os interesses jurídicos de seus representados. Considerando a urgência do caso, Alfa não colheu autorização dos seus associados para a impetração da medida.

Com base na narrativa acima, assinale a afirmativa correta.

(A) Alfa não tem legitimidade para impetrar mandado de segurança coletivo, de modo que a defesa dos seus associados em juízo deve ser feita pelo Ministério Público ou, caso evidenciada situação de vulnerabilidade, pela Defensoria Pública.
(B) Alfa goza de ampla legitimidade para impetrar mandado de segurança coletivo, inclusive para tutelar direitos e interesses titularizados por pessoas estranhas à classe por ela representada.
(C) Alfa possui legitimidade para impetrar mandado de segurança coletivo em defesa dos interesses jurídicos dos seus associados, sendo, todavia, imprescindível a prévia autorização nominal e individualizada dos representados, em assembleia especialmente convocada para esse fim.
(D) Alfa possui legitimidade para impetrar mandado de segurança coletivo em defesa dos interesses jurídicos da totalidade ou mesmo de parte dos seus associados, independentemente de autorização.

RESPOSTA Aqui, trata-se de verificar se o candidato tem conhecimento de texto expresso de súmula do STF: "A impetração de mandado de segurança coletivo por entidade de classe em favor dos associados independe da autorização destes" (Súmula 629). *Alternativa D.*

30. **(III Exame)** A ação popular é um importante instrumento para a promoção da tutela coletiva de direitos. Acerca da coisa julgada formada pelas sentenças de mérito proferidas em tais ações, é correto afirmar que

(A) só se forma coisa julgada em ações populares julgadas procedentes, após a aplicação do duplo grau de jurisdição, medida que tem por objetivo preservar os interesses da Fazenda Pública eventualmente condenada.
(B) a produção de efeitos *erga omnes* não ocorre se o pedido for julgado improcedente por insuficiência de provas.
(C) produz efeitos *erga omnes*, exclusivamente nos casos de procedência meritória, ficando seus efeitos, em todos os casos de improcedência, limitados às partes do processo.
(D) produz, como regra, efeitos *inter partes*, cabendo aos interessados em se beneficiarem de eventual procedência na ação requererem sua habilitação até a prolação da sentença.

RESPOSTA Especificamente na ação popular (Lei Federal n. 4.717/65), a **coisa julgada** contém algumas **regras processuais um pouco mais específicas** do que os procedimentos ordinários comuns. Segundo seu art. 18, a sentença terá eficácia de coisa julgada oponível *erga omnes*, exceto no caso de haver sido a ação julgada improcedente por deficiência de prova; neste caso, qualquer cidadão poderá intentar outra ação com idêntico fundamento, valendo-se de nova prova. *Alternativa B.*

31. **(III Exame)** A Constituição garante a plena liberdade de associação para fins lícitos, vedada a de caráter paramilitar (art. 5º, XVII). A respeito desse direito fundamental, é correto afirmar que a criação de uma associação

(A) depende de autorização do poder público e pode ter suas atividades suspensas por decisão administrativa.
(B) não depende de autorização do poder público, mas pode ter suas atividades suspensas por decisão administrativa.
(C) depende de autorização do poder público, mas só pode ter suas atividades suspensas por decisão judicial transitada em julgado.
(D) não depende de autorização do poder público, mas só pode ter suas atividades suspensas por decisão judicial.

RESPOSTA As **associações** são constituídas pela **união de pessoas** que se organizem para **fins não econômicos**. E a Constituição Federal dedica bastante importância a este instituto sóciojurídico. Defende expressamente que *"é plena a liberdade de associação para fins lícitos, vedada a de caráter paramilitar"*, que *"a criação de associações e, na forma da lei, a de cooperativas independem de autorização, sendo vedada a interferência estatal em seu funcionamento"*; que *"as associações só poderão ser compulsoriamente dissolvidas ou ter suas atividades suspensas por decisão judicial, exigindo-se, no primeiro caso, o trânsito em julgado"*; que *"ninguém poderá ser compelido a associar-se ou a permanecer associado"*; e que *"as entidades associativas, quando expressamente autorizadas, têm legitimidade para representar seus filiados judicial ou extrajudicialmente"* (*incisos XVII, XVIII, XIX, XX, e XXI do art. 5º da CF*). **Assim sendo, a criação de uma associação não só independe de autorização do Poder Público como deve haver decisão judicial para suspender suas atividades.** *Alternativa D.*

32. **(X Exame)** Em relação aos remédios constitucionais, assinale a afirmativa correta.

(A) O *habeas data* pode ser impetrado ainda que não haja negativa administrativa em relação ao acesso a informações pessoais.
(B) A ação popular pode ser impetrada por pessoa jurídica.
(C) O particular pode figurar no polo passivo da ação de *habeas corpus.*
(D) O mandado de segurança somente pode ser impetrado quando as questões jurídicas forem incontroversas.

RESPOSTA O **sujeito passivo** de um *habeas corpus*, segundo a maioria da doutrina e da jurisprudência, **pode, sim, ser um particular**, tendo em vista a análise pormenorizada do inciso LXVIII do art. 5º da CF: *"conceder-se-á* habeas corpus *sempre que alguém sofrer ou se achar ameaçado de sofrer violência ou coação em sua liberdade de locomoção, por ilegalidade ou abuso de poder"*. Veja que, apesar do abuso de poder ser característica apenas de autoridade que o detém ou lhe é delegado por outro, **a ilegalidade pode ser cometida tanto pela autoridade quanto por particular**. Assim, a *alternativa C* está correta.

33. **(VII Exame)** O mandado de segurança coletivo NÃO pode ser impetrado por

(A) organização sindical.
(B) partido político com representação no Congresso Nacional.
(C) entidade de classe de âmbito nacional.
(D) associações paramilitares.

RESPOSTA Segundo a Constituição Federal, inciso XVII do art. 5º, *"é plena a liberdade de associação para fins lícitos, vedada a de caráter paramilitar"*. As **associações paramilitares** são as associações civis armadas, que correspondem paralela e ilegalmente a uma associação militar; ou seja, com características militares. Inclusive, *"a constituição de milícia privada"* é **crime** previsto no art. 288-A do Código Penal: *"Constituir, organizar, integrar, manter ou custear organização paramilitar, milícia particular, grupo ou esquadrão com a finalidade de praticar qualquer dos crimes previstos neste Código: Pena – reclusão, de 4 (quatro) a 8 (oito) anos"*. Assim sendo, não seria possível as associações paramilitares serem legitimadas a impetrar mandado de segurança coletivo, pois são proibidas de existirem. *Alternativa D.*

34. **(XIX Exame)** José, internado em um hospital público para tratamento de saúde, solicita a presença de um pastor para lhe conceder assistência religiosa. O pedido, porém, é negado pela direção do hospital, sob a alegação de que, por se tratar de instituição pública, a assistência não seria possível em face da laicidade do Estado. Inconformado, José consulta um advogado. Após a análise da situação, o advogado esclarece, com correto embasamento constitucional, que

(A) a negativa emanada pelo hospital foi correta, tendo em vista que a Constituição Federal de

1988, ao consagrar a laicidade do Estado brasileiro, rejeita a expressão religiosa em espaços públicos.

(B) a direção do hospital não tem razão, pois, embora a Constituição Federal de 1988 reconheça a laicidade do Estado, a assistência religiosa é um direito garantido pela mesma ordem constitucional.

(C) a correção ou incorreção da negativa da direção do hospital depende de sua consonância, ou não, com o regulamento da própria instituição, já que se está perante direito disponível.

(D) a decisão sobre a possibilidade, ou não, de haver assistência religiosa em entidades públicas de saúde depende exclusivamente de comando normativo legal, já que a temática não é de estatura constitucional.

RESPOSTA O **direito à prestação de assistência religiosa** nas entidades de internação coletiva, civis e militares (hospitais, presídios, albergues, asilos e similares) **é inviolável** e está previsto expressamente no art. 5º, VII, da Constituição Federal. Sendo assim, não está eivada de legalidade a negativa feita pela direção do hospital, vez que a **laicidade estatal não justifica o descumprimento de um direito fundamental do cidadão**. *Alternativa B.*

35. **(IV Exame)** Determinado congressista é flagrado afirmando em entrevista pública que não se relaciona com pessoas de etnia diversa da sua e não permite que, no seu prédio residencial, onde atua como síndico, pessoas de etnia negra frequentem as áreas comuns, os elevadores sociais e a piscina do condomínio. Ciente desses atos, a ONG TudoAfro relaciona as pessoas prejudicadas e concita a representação para fins criminais com o intuito de coibir os atos descritos. À luz das normas constitucionais e dos direitos humanos, é correto afirmar que

(A) o crime de racismo é afiançável, sendo o valor fixado por decisão judicial.

(B) o prazo de prescrição incidente sobre o crime de racismo é de vinte anos.

(C) nos casos de crime de racismo, a pena cominada é de detenção.

(D) o crime de racismo não está sujeito a prazo extintivo de prescrição.

RESPOSTA Em que pese eventuais discussões jurídicas a respeito da imunidade parlamentar civil e penal dos congressistas (arts. 53 a 55 da Constituição Federal), a prática do **racismo** constitui crime **inafiançável** e **imprescritível**, sujeito à pena de **reclusão**, nos termos da lei, segundo o inciso XLII do art. 5º da Constituição Federal. *Alternativa D.*

36. **(V Exame)** O *habeas data* não pode ser impetrado em favor de terceiro – PORQUE – visa tutelar direito à informação relativa à pessoa do impetrante. A respeito do enunciado acima é correto afirmar que

(A) ambas as afirmativas são verdadeiras, e a primeira justifica a segunda.

(B) a primeira afirmativa é verdadeira, e a segunda é falsa.

(C) a primeira afirmativa é falsa, e a segunda é verdadeira.

(D) ambas as afirmativas são falsas.

RESPOSTA Além da **proteção constitucional prevista no inciso LXXII do art. 5º**, traz que "*conceder-se-á* habeas data *para assegurar o conhecimento de informações relativas à pessoa do impetrante, constantes de registros ou bancos de dados de entidades governamentais ou de caráter público, e para a retificação de dados, quando não se prefira fazê-lo por processo sigiloso, judicial ou administrativo*". A Lei Federal n. 9.507/99, que regulamenta o procedimento judicial do *habeas data*, também aponta que conceder-se-á *habeas data* para assegurar o conhecimento de informações relativas à pessoa do **impetrante**, constantes de registro ou banco de dados de entidades governamentais ou de caráter público; para a retificação de dados, quando não se prefira fazê-lo por processo sigiloso, judicial ou administrativo; e para a anotação nos assentamentos do **interessado**, de contestação ou explicação sobre dado verdadeiro mas justificável e que esteja sob pendência judicial ou amigável (*art. 7º da referida lei*). *Alternativa A.*

37. **(IV Exame)** A respeito da garantia constitucional do acesso ao Poder Judiciário, assinale a alternativa correta.

(A) O Poder Judiciário admitirá ações relativas à disciplina e às competições desportivas paralelamente às ações movidas nas instâncias da justiça desportiva.

(B) De acordo com posição consolidada do Supremo Tribunal Federal, não ofende a garantia de acesso ao Poder Judiciário a exigência de depósito prévio como requisito de admissibilidade de ação judicial na qual se pretenda discutir a exigibilidade de crédito tributário.

(C) A todos, no âmbito judicial e administrativo, são assegurados a razoável duração do processo e os meios que garantam a celeridade de sua tramitação.

(D) É assegurado a todos, mediante pagamento de taxas, o direito de petição aos Poderes Públicos em defesa de direitos ou contra ilegalidade ou abuso de poder.

RESPOSTA O **princípio constitucional da duração razoável do processo** foi inserido pela Emenda Constitucional n. 45, de 2004, também conhecida como "*Emenda da Reforma do Judiciário*" – é o inciso LXXVIII do art. 5º da CF. *Alternativa C.*

38. **(XXIX Exame)** O Município X, visando à interligação de duas importantes zonas da cidade, após o regular procedimento licitatório, efetua a contratação de uma concessionária que ficaria responsável pela construção e administração da via. Ocorre que, em análise do projeto básico do empreendimento, constatou-se que a rodovia passaria em área de preservação ambiental e ensejaria graves danos ao ecossistema local. Com isso, antes mesmo de se iniciarem as obras, Arnaldo, cidadão brasileiro e vereador no exercício do mandato no Município X, constitui advogado e ingressa com Ação Popular postulando a anulação da concessão. Com base na legislação vigente, assinale a afirmativa correta.

(A) A Ação Popular proposta por Arnaldo não se revela adequada ao fim de impedir a obra potencialmente lesiva ao meio ambiente.

(B) A atuação de Arnaldo, na qualidade de cidadão, é subsidiária, sendo necessária a demonstração de inércia por parte do Ministério Público.

(C) A ação popular, ao lado dos demais instrumentos de tutela coletiva, é adequada à anulação de atos lesivos ao meio ambiente, mas Arnaldo não precisaria constituir advogado para ajuizá-la.

(D) Caso Arnaldo desista da Ação Popular, o Ministério Público ou qualquer cidadão que esteja no gozo de seus direitos políticos poderá prosseguir com a demanda.

RESPOSTA Como parte legítima, qualquer cidadão pode propor ação popular que vise a anular ato lesivo ao meio ambiente, dentre outros direitos difusos e/ou coletivos (art. 5º, LXXIII, da CF). Na lei que regulamenta todo seu procedimento (Lei n. 4.717/65), é explícita a possibilidade de, se o autor desistir da ação, serão publicados editais nos prazos e condições previstos no art. 7º, II, da referida lei, ficando assegurado a qualquer cidadão, bem como ao representante do Ministério Público, dentro do prazo de 90 (noventa) dias da última publicação feita, promover o prosseguimento da ação. *Alternativa D.*

39. **(I Exame)** Assinale a opção correta com relação ao sigilo bancário.

(A) A quebra do sigilo bancário está submetida à chamada reserva de jurisdição, podendo somente os juízes determiná-la e, ainda assim, de forma fundamentada.

(B) Conforme a lei complementar que rege a matéria, constitui quebra ilegal de sigilo bancário a comunicação, às autoridades competentes, da prática de ilícitos administrativos, mesmo quando do fornecimento de informações sobre operações que envolvam recursos provenientes de qualquer prática criminosa.

(C) As comissões parlamentares de inquérito poderão determinar a quebra de sigilo bancário sem a interferência do Poder Judiciário, desde que o façam de forma fundamentada.

(D) A quebra do sigilo bancário pode ser determinada diretamente pelo Tribunal de Contas da União.

RESPOSTA Novamente, reescreveremos os **recentes posicionamentos do STF e do STJ** a respeito do assunto **"quebra de sigilo bancário/fiscal"**. No final de 2015 e no primeiro semestre de 2016, houve alguns posicionamentos dos tribunais superiores que, com certeza, serão cobrados em OAB e concursos públicos. **O sigilo bancário/fiscal provém do direito constitucional à privacidade**, que excepcionalmente pode ser relativizado em alguns casos. A Lei Complementar Federal n. 105/2001 diz que **a quebra do sigilo bancário pode ser decretada pelo Poder Judiciário e pelas Comissões Parlamentares de Inquérito (CPIs)**. Permite, também, que a quebra seja feita pelos **órgãos de fiscalização tributária da Administração Pública**, ponto este que foi questionado e debatido no STF. Este, por sua vez, decidiu pela manutenção da possibilidade destes órgãos realizarem esta averiguação, desde que não divulguem tais dados para terceiros fora do processo de fiscalização tributária (ADIs n. 2.386, 2.397 e 2.859). Já o **Ministério Público**, segundo o STJ – regra geral – não poderá obter diretamente a quebra de sigilo bancário/fiscal sem autorização judicial, exceto nos casos em que a movimentação bancária for de titularidade de pessoa jurídica de direito público, pois ela não está protegida pelo direito constitucional da privacidade, mas sim deve maior respeito ao princípio da publicidade dos atos governamentais e da transparência fiscal (*Habeas Corpus* 308.493). Portanto, as comissões parlamentares de inquérito poderão determinar a quebra de sigilo bancário sem a interferência do Poder Judiciário, desde que o façam de forma fundamentada. Ressaltamos, ainda, que **os Tribunais de Contas, sejam de quais esferas forem, não podem requisitar** diretamente a quebra de sigilo bancário/fiscal de nenhuma pessoa. Por último, a **Lei Complementar Federal citada** dispõe expressamente que **não constitui violação do dever de sigilo** a comunicação, às autoridades competentes, da prática de ilícitos penais ou administrativos, abrangendo o fornecimento de informações sobre operações que envolvam recursos provenientes de qualquer prática criminosa – **inciso IV do § 3º do art. 1º da lei.** *Alternativa C.*

40. **(XXVIII Exame)** Alisson, cidadão brasileiro, ingressa com requerimento administrativo, perante a Secretaria Fazendária do Município Y, pleiteando a revisão do valor do Imposto sobre a Propriedade Predial e Territorial Urbana (IPTU), uma vez que não concorda com os cálculos empregados pela autoridade fazendária. Alisson, decorridos 90 dias sem qualquer atualização no andamento do feito, retorna à repartição administrativa indagando o porquê da demora. Ele obtém como resposta que o trâmite do procedimento é sigiloso, mas que seria possível obter uma certidão com as informações postuladas mediante o pagamento de determinada quantia, a título de "taxa". Diante da situação hipotética apresentada, com base no texto constitucional, assinale a afirmativa correta.

(A) A atuação da Secretaria Fazendária revela-se inconstitucional, pois a obtenção de certidões em repartições públicas, contendo informações de interesse particular ou de interesse coletivo ou geral, é direito de todos, sem o pagamento de taxa, ressalvadas aquelas cujo sigilo seja imprescindível à segurança da sociedade e do Estado.

(B) Para a obtenção de certidão com informações de direito pessoal, como manifestação do direito de petição aos órgãos e poderes públicos, pode ser exigido o pagamento de taxas caso Alisson não demonstre ser hipossuficiente econômico.

(C) Embora inexista óbice à cobrança de taxas para cobrir as despesas com a emissão de certidões em repartições públicas, ainda que destinadas à defesa e ao esclarecimento de situações de interesse pessoal, Alisson poderá utilizar o *habeas data* para obter as informações relativas ao procedimento administrativo instaurado.

(D) Alisson não pode ter acesso ao feito, porque os procedimentos administrativos que versem sobre matéria tributária são de natureza sigilosa, somente podendo ser acessados, sem autorização judicial, por advogado regularmente constituído pelo contribuinte, bem como por órgãos da administração pública direta e indireta.

RESPOSTA O acesso a informações previsto no inciso XXXIII do art. 5º afirma expressamente que todos têm direito a receber dos órgãos públicos informações de seu interesse particular, ou de interesse coletivo ou geral, e que serão prestadas no prazo da lei, sob pena de responsabilidade. Esta lei já foi publicada e está em vigor: Lei n. 12.527/2011. Portanto, como essas informações são particulares e de interesse de Alisson – ou seja, não são sigilosas, ele tem direito de recebê-las sem pagamento de nenhuma taxa. *Alternativa A.*

41. **(XIX Exame)** José, internado em um hospital público para tratamento de saúde, solicita a presença de um pastor para lhe conceder assistência religiosa. O pedido, porém, é negado pela direção do hospital, sob a alegação de que, por se tratar de instituição pública, a assistência não seria possível em face da laicidade do Estado. Inconformado, José consulta um advogado. Após a análise da situação, o advogado esclarece, com correto embasamento constitucional, que

(A) a negativa emanada pelo hospital foi correta, tendo em vista que a Constituição Federal de 1988, ao consagrar a laicidade do Estado brasileiro, rejeita a expressão religiosa em espaços públicos.

(B) a direção do hospital não tem razão, pois, embora a Constituição Federal de 1988 reconheça a laicidade do Estado, a assistência religiosa é um direito garantido pela mesma ordem constitucional.

(C) a correção ou incorreção da negativa da direção do hospital depende de sua consonância, ou não, com o regulamento da própria instituição, já que se está perante direito disponível.

(D) a decisão sobre a possibilidade, ou não, de haver assistência religiosa em entidades públicas de saúde depende exclusivamente de comando normativo legal, já que a temática não é de estatura constitucional.

RESPOSTA Tratando-se de liberdade de crença no Brasil, há três incisos constantes do art. 5º que tratam do tema: "VI – é inviolável a liberdade de consciência e de crença, sendo assegurado o livre exercício dos cultos religiosos e garantida, na forma da lei, a proteção aos locais de culto e a suas liturgias; VII – é assegurada, nos termos da lei, a prestação de assistência religiosa nas entidades civis e militares de internação coletiva; VIII – ninguém será privado de direitos por motivo de crença religiosa ou de convicção filosófica ou política, salvo se as invocar para eximir-se de obrigação legal a todos imposta e recusar-se a cumprir prestação alternativa, fixada em lei". Portanto, o Brasil ser um estado laico não significa a proibição de cultos ou liberdade de crença. Muito pelo contrário. Estado laico significa a não obrigatoriedade, pelo país, de que seus cidadãos sigam determinada religião. Assim sendo, a liberdade de crença deveria ter sido permitida pelo hospital. *Alternativa B.*

42. **(VI Exame)** João, residente no Brasil há cinco anos, é acusado em outro país de ter cometido crime político. Nesse caso, o Brasil

(A) pode conceder a extradição se João for estrangeiro.

(B) pode conceder a extradição se João for brasileiro naturalizado e tiver cometido o crime antes da naturalização.

(C) não pode conceder a extradição, independentemente da nacionalidade de João.

(D) não pode conceder a extradição apenas se João for brasileiro nato.

RESPOSTA Para que possamos trazer à luz mais facilmente o assunto "**extradição**" no momento das provas, **lembre-se:** a nossa Constituição Federal **proíbe qualquer tipo de extradição** (*seja com brasileiro nato, brasileiro naturalizado ou estrangeiro*) por motivos de **crime político** ou **crime de opinião** (*incisos L, LI e LII do art. 5º da CF*). *Alternativa C.*

43. **(XXIX Exame)** Durval, cidadão brasileiro e engenheiro civil, desempenha trabalho voluntário na ONG Transparência, cujo principal objetivo é apurar a conformidade das contas públicas e expor eventuais irregularidades, apresentando reclamações e denúncias aos órgãos e entidades competentes. Ocorre que, durante o ano de 2018, a Secretaria de Obras do Estado Alfa deixou de divulgar em sua página da Internet informações referentes aos repasses de recursos financeiros, bem como foram omitidos os registros das despesas realizadas. Por essa razão, Durval compareceu ao referido órgão e protocolizou pedido de acesso a tais informações, devidamente especificadas. Em resposta à solicitação, foi comunicado que os dados requeridos são de natureza sigilosa, somente podendo ser disponibilizados mediante requisição do Ministério Público ou do Tribunal de Contas. A partir do enunciado proposto, com base na legislação vigente, assinale a afirmativa correta.

(A) A decisão está em desacordo com a ordem jurídica, pois os órgãos e entidades públicas têm o dever legal de promover, mesmo sem requerimento, a divulgação, em local de fácil acesso, no âmbito de suas competências, de informações de interesse coletivo ou geral que produzam ou custodiem.

(B) Assiste razão ao órgão público no que concerne tão somente ao sigilo das informações relativas aos repasses de recursos financeiros, sendo imprescindível a requisição do Ministério Público ou do Tribunal de Contas para acessar tais dados.

(C) Assiste razão ao órgão público no que concerne tão somente ao sigilo das informações relativas aos registros das despesas realizadas, sendo imprescindível a requisição do Ministério Público ou do Tribunal de Contas para acessar tais dados.

(D) Assiste razão ao órgão público no que concerne ao sigilo das informações postuladas, pois tais dados apenas poderiam ser pessoalmente postulados por Durval caso estivesse devidamente assistido por advogado regularmente inscrito na Ordem dos Advogados do Brasil.

RESPOSTA A fundamentação correta para esta resposta fica no art. 5º, XXXIII, da CF, que diz que todos têm direito a receber dos órgãos públicos informações de seu interesse particular, ou de interesse coletivo ou geral, ressalvadas aquelas cujo sigilo seja imprescindível à segurança da sociedade e do Estado. No caso em tela, não há informações imprescindíveis à segurança do Estado, mas tão somente informações que interessam à população em geral, como onde e quanto do dinheiro público está sendo gasto. Portanto, ilegal a conduta do órgão público. *Alternativa A.*

44. **(VI Exame)** A Constituição assegura, entre os direitos e garantias individuais, a inviolabilidade do domicílio, afirmando que "a casa é asilo inviolável do indivíduo, ninguém nela podendo penetrar sem o consentimento do morador" (art. 5º, XI, CRFB). A esse respeito, assinale a alternativa correta.

(A) O conceito de "casa" é abrangente e inclui quarto de hotel.

(B) O conceito de casa é abrangente, mas não inclui escritório de advocacia.

(C) A prisão em flagrante durante o dia é um limite a essa garantia, mas apenas quando houver mandado judicial.

(D) A prisão em quarto de hotel obedecendo a mandado judicial pode se dar no período noturno.

RESPOSTA Melhor elucidando o conceito jurídico de "**casa**", trazemos voto do Eminente Ministro Celso de Mello em julgamento de recurso em *habeas corpus*, que expõe de modo bastante claro esta questão: *"Para os fins da* ***proteção jurídica*** *a que se refere o art. 5º, XI, da CF, o conceito normativo de* ***'casa'*** *revela-se abrangente e, por estender-se a* ***qualquer aposento de habitação coletiva, desde que ocupado*** *(CP, art. 150, § 4º, II), compreende, observada essa específica limitação espacial, os quartos de hotel. Doutrina. Precedentes. Sem que ocorra qualquer das situações excepcionais taxativamente previstas no texto constitucional (art. 5º, XI),* ***nenhum agente público poderá, contra a vontade de quem de direito*** **(invito domino)**, ***ingressar, durante o dia, sem mandado judicial, em aposento ocupado de habitação coletiva****, sob pena de a prova resultante dessa diligência de busca e apreensão reputar-se inadmissível, porque impregnada de ilicitude originária. Doutrina. Precedentes (STF)"* (RHC 90.376, rel. Min. Celso de

Mello, julgamento em 3-4-2007, 2ª Turma, *DJ* de 18-5-2007). *Alternativa A.*

45. **(I Exame)** Assinale a opção correta com relação à garantia constitucional do *habeas corpus.*

(A) Caso uma decisão de turma recursal de juizados especiais criminais constitua ato coator da liberdade de locomoção de um acusado, será cabível *habeas corpus* dirigido ao STJ.

(B) Caso a sentença penal condenatória emanada de juiz militar imponha pena de exclusão de militar ou de perda de patente, será cabível a utilização do *habeas corpus.*

(C) Caso ocorra, ao fim de um processo penal, a fixação de pena de multa em sentença penal condenatória, ficará prejudicada a utilização do *habeas corpus*, haja vista a sua destinação exclusiva à tutela do direito de ir e vir.

(D) Ainda que já extinta a pena privativa de liberdade, é cabível a utilização de *habeas corpus* para pedido de reabilitação de paciente.

RESPOSTA Por exclusão, temos: **a)** Súmula 690 do STF: *"Compete originariamente ao Supremo Tribunal Federal o julgamento de* habeas corpus *contra decisão de Turma Recursal de Juizados Especiais Criminais"*. Mas tenha muito cuidado: esta súmula foi superada por novo posicionamento jurisprudencial do STF: *"Quanto ao pedido de análise do aduzido cerceamento de defesa em sede de* habeas corpus, *ressalto que a Súmula 690/STF não mais prevalece a partir do julgamento pelo Pleno do HC 86834/SP, relatado pelo Rel. Ministro Marco Aurélio (*DJ *em 9.3.2007), no qual foi consolidado o entendimento de que compete ao Tribunal de Justiça ou ao Tribunal Regional Federal, conforme o caso, julgar* habeas corpus *impetrado contra ato praticado por integrantes de Turmas Recursais de Juizado Especial"* (ARE 676.275 AgR, rel. Min. Gilmar Mendes, 2ª Turma, julgamento em 12-6-2012, *DJe* de 1º-8-2012); **b)** Súmula 694 do STF: *"Não cabe* habeas corpus *contra a imposição da pena de exclusão de militar ou de perda de patente ou de função pública"*; **d)** Informativo n. 458 do STF: *"Aplicando o Enunciado da Súmula 695 do STF (Não cabe* habeas corpus *quando já extinta a pena privativa de liberdade), a Turma não conheceu de* habeas corpus *impetrado em favor de ex-integrante das Forças Armadas condenado pela prática do crime de peculato (CPM, art. 303, § 1º, c/c art. 53), em razão de haver subtraído munição para comercializá-la junto a traficantes. Tratava-se, na espécie, de* writ *impetrado contra acórdão do STM que, ao dar provimento a recurso de ofício, cassara a decisão que concedera reabilitação ao paciente, ao fundamento de ausência de comprovação do ressarcimento do dano causado pelo delito (CPPM, art. 652, d, 1ª parte). Alegava a impetração que o paciente não efetuara a reparação exigida por absoluta impossibilidade de fazê-lo, demonstrando-a nos autos. Considerou-se que a via do* habeas corpus *não seria adequada para o fim pretendido, porquanto o paciente fora beneficiado com a extinção da punibilidade, em 8.1.99, por término do prazo do livramento condicional sem revogação (CPM, art. 638). Salientou-se, também, que a reabilitação – concedida, no caso, em 4.7.2006 – somente pode ser requerida após o decurso do prazo de cinco anos da data em que foi extinta a punibilidade ou encerrada a sua execução (CPPM, art. 651). Dessa forma, afastou-se a alegação de constrangimento à liberdade de locomoção do paciente a ser protegida por meio de habeas corpus"* (HC 905.54/RJ, rel. Min. Cármen Lúcia, 6-3-2007). *Alternativa C.*

46. **(I Exame)** Considerando as repercussões processuais das garantias constitucionais, assinale a opção correta.

(A) Impõe-se, por ser norma de processo civil, de aplicação imediata, a legislação superveniente à impetração do mandado de segurança.

(B) A ausência de decisão administrativa em prazo razoável não enseja mandado de segurança, pois o Poder Judiciário não pode fixar prazo para decisões do Poder Executivo.

(C) Estrangeiro residente no exterior não pode impetrar mandado de segurança no Brasil.

(D) Mandado de segurança coletivo impetrado pela OAB deve ser ajuizado perante a justiça federal, ainda que não se trate de postulação de direito próprio.

RESPOSTA Conforme tranquila jurisprudência do STJ, desde 2004, **o mandado de segurança coletivo impetrado pela autarquia federal OAB deve ser proposto perante a Justiça Federal, mesmo que não se trate de postulação de direito próprio:** *"(...) De início, cumpre asseverar que o art. 109, I, da CF estabelece a competência do juízo federal para julgamento das causas em que a União, entidade autárquica ou empresa pública federal forem interessadas na condição de autoras, rés, assistentes ou oponentes. Aliada aos termos do dispositivo constitucional mencionado veio à lume a súmula 511/STF, do seguinte teor,* verbis: *'Compete à Justiça Federal, em ambas as instâncias, processar e julgar as causas entre autarquias federais e entidades públicas locais, inclusive mandado de segurança, ressalvada a ação fiscal, nos termos da Constituição Federal de 1967, art. 119, § 3º'. Assim, a presença de quaisquer dos entes arrolados no art. 109, I, da CF, em um dos polos da relação processual, atrai a competência da Justiça Federal para o julgamento do feito. Entendimento, inclusive, espo-*

sado pelo STF na análise do tema ora proposto, confira-se: RECURSO EXTRAORDINÁRIO. AGRAVO REGIMENTAL. MANDADO DE SEGURANÇA COLETIVO IMPETRADO PELA OAB EM DEFESA DE SEUS MEMBROS. COMPETÊNCIA: JUSTIÇA FEDERAL. ART. 109, I DA CONSTITUIÇÃO. 1. (...). 2. O art. 109, I da Constituição não faz distinção entre as várias espécies de ações e procedimentos, bastando, para a determinação da competência da Justiça Federal, a presença num dos polos da relação processual de qualquer dos entes arrolados na citada norma. Precedente: RE 176.881. 3. Presente a ***Ordem dos Advogados do Brasil – autarquia federal de regime especial*** *– no polo ativo de mandado segurança coletivo impetrado em favor de seus membros,* ***a competência para julgá-lo é da Justiça Federal, a despeito de a autora não postular direito próprio.*** *4. Agravo regimental parcialmente provido, tão somente para esclarecer que o acolhimento da preliminar de incompetência acarretou o provimento do recurso extraordinário. (RE 266.689 AgR, Relator (a): Min. ELLEN GRACIE, Segunda Turma, julgado em 17-08-2004, DJ 03-09-2004 p. 00032 EMENT VOL-02162-02 p. 294) EMENTA: MANDADO DE SEGURANÇA IMPETRADO POR AUTARQUIA FEDERAL CONTRA ATO DE JUIZ DE DIREITO. COMPETÊNCIA. Em princípio, qualquer ação proposta pelos entes relacionados no inc. I do art. 109 da Constituição é de competência da Justiça Federal. (...)"* (grifos nossos) (STJ – RMS: 48.493 RS 2015/0133205-5, rel. Min. Sérgio Kukina, data de Publicação: *DJ* 26-6-2015). *Alternativa D.*

47. **(XXVIII Exame)** Pablo, cidadão espanhol, decide passar férias no litoral do Nordeste brasileiro. Durante sua estadia, de modo acidental, corta-se gravemente com o facão que manuseava para abrir um coco verde, necessitando de imediato e urgente atendimento hospitalar. Ocorre que o hospital de emergência da localidade se recusa a atender Pablo, ao argumento de que, por ser estrangeiro, ele não faria jus aos serviços do Sistema Único de Saúde, devendo procurar um hospital particular. Com base na situação fictícia narrada, assinale a afirmativa correta.

(A) A Constituição da República, no *caput* do art. 5º, assegura a igualdade de todos os brasileiros natos e naturalizados perante a lei, sem distinções de qualquer natureza, de modo que Pablo, por ser estrangeiro, não faz jus ao direito social à saúde.

(B) A saúde, na qualidade de direito social, apenas pode ser prestada àqueles que contribuem para a manutenção da seguridade social; diante da impossibilidade de Pablo fazê-lo, por ser estrangeiro, não pode ser atendido pelos hospitais que integram o Sistema Único de Saúde.

(C) O Sistema Único de Saúde rege-se pelo princípio da universalidade da tutela à saúde, direito fundamental do ser humano; logo, ao ingressar no território brasileiro, Pablo, mesmo sendo cidadão espanhol, tem direito ao atendimento médico público e gratuito em caso de urgência.

(D) Pablo apenas pode ser atendido em hospital público que integre o Sistema Único de Saúde caso se comprometa a custear todas as despesas com seu tratamento, salvo comprovação de ser hipossuficiente econômico, circunstância excepcional na qual terá direito ao atendimento gratuito.

RESPOSTA Em que pese a infeliz redação do *caput* do art. 5º da CF ("Todos são iguais perante a lei, sem distinção de qualquer natureza, garantindo-se aos brasileiros e aos estrangeiros residentes no País a inviolabilidade do direito à vida, à liberdade, à igualdade, à segurança e à propriedade..."), já está mais do que sedimentado na doutrina e na jurisprudência do STF de que qualquer pessoa tem assegurados direitos fundamentais no Brasil: "o fato de o paciente ostentar a condição jurídica de estrangeiro e de não possuir domicílio no Brasil não lhe inibe, só por si, o acesso aos instrumentos processuais de tutela da liberdade nem lhe subtrai, por tais razões, o direito de ver respeitadas, pelo Poder Público, as prerrogativas de ordem jurídica e as garantias de índole constitucional que o ordenamento positivo brasileiro confere e assegura a qualquer pessoa que sofra persecução penal instaurada pelo Estado" (STF, HC 94016 MC/SP, rel. Min. Celso de Mello, j. 7/4/2008). *Alternativa C.*

48. **(XXIV Exame)** Atos generalizados de violência e vandalismo foram praticados nas capitais de alguns estados do país, com ações orquestradas pelo crime organizado. Identificados e presos alguns dos líderes desses movimentos, numerosos políticos, com apoio popular, propuseram a criação, pela forma juridicamente correta, de um juízo especial para apreciação desses fatos, em caráter temporário, a fim de que o julgamento dos líderes presos se revele exemplar. Ao submeterem essa ideia a um advogado constitucionalista, este afirma que, segundo a ordem jurídico-constitucional brasileira, a criação de tal juízo

(A) é constitucional, pois o apoio popular tem o condão de legitimar a atuação do poder público, ainda que esta seja contrária ao ordenamento jurídico vigente.

(B) é inconstitucional, em razão de vedação expressa da Constituição da República de 1988 à criação de juízo ou tribunal de exceção.

(C) necessita de previsão legislativa ordinária, já que a criação de juízos é competência do Poder Legislativo, após iniciativa do Poder Judiciário.

(D) pressupõe a necessária alteração da Constituição da República de 1988, por via de emenda, de maneira a suprimir a vedação ali existente.

RESPOSTA A Constituição Federal proíbe expressamente os tribunais de exceção, conforme se verifica pelo seu artigo 5º, inciso XXXVII: "não haverá juízo ou tribunal de exceção;". Essencial é que o candidato tenha claro o que é um tribunal de exceção. Trata-se de um órgão julgador criado exclusivamente para decidir a respeito de determinado fato ilícito. Em outras palavras: após ocorrido determinado fato ilícito, cria-se um órgão específico tão somente para julgá-lo. Ocorre que este tipo de tribunal é antidemocrático e vai de encontro a princípios basilares de um Estado de Direito como da anterioridade, imparcialidade e isonomia. Afinal, toda a estrutura de órgãos julgadores de um Estado Democrático de Direito deve necessariamente existir antes da ocorrência dos fatos ilícitos sob sua tutela. Assim, evita-se julgamentos direcionados a interesses particulares ou escusos. *Alternativa B.*

49. **(XI Exame)** Em atenção às recentes manifestações populares, fora noticiado na TV que determinados deputados estaduais de dado Estado da Federação estavam utilizando a verba do orçamento destinada à saúde para proveito próprio. Marcos, cidadão brasileiro, insatisfeito com a notícia e de posse de documentação que denota indícios de lesão ao patrimônio de seu Estado, ajuíza Ação Popular no Juízo competente em face dos aludidos deputados e do Estado. Em atenção ao disciplinado na Lei n. 4.717/65, que trata da Ação Popular, assinale a alternativa incorreta.

(A) Marta, cidadã brasileira, residente e domiciliada no mesmo Estado, pode habilitar-se como litisconsorte de Marcos.

(B) Na mesma linha da ação de Mandado de Segurança, o direito de ajuizá-la decai em 5 (cinco) anos.

(C) O Estado, a juízo de seu representante legal, em se afigurando útil ao interesse público, poderá atuar ao lado de Marcos na condução da ação.

(D) Sendo julgada improcedente a ação movida por Marcos, poderá este recorrer, além do Ministério Público e qualquer outro cidadão.

RESPOSTA A **ação popular prescreve em 5 (cinco) anos**, conforme dispõe o art. 21 da Lei Federal n. 4.717/65, sendo que o **prazo de decadência do mandado de segurança é de 120 (cento e vinte) dias**, conforme art. 23 da Lei Federal n. 12.016/2009. *Alternativa B.*

50. **(XXIX Exame)** O diretor da unidade prisional de segurança máxima ABC expede uma portaria vedando, no âmbito da referida entidade de internação coletiva, quaisquer práticas de cunho religioso direcionadas aos presos, apresentando, como motivo para tal ato, a necessidade de a Administração Pública ser laica. A partir da situação hipotética narrada, assinale a afirmativa correta.

(A) A motivação do ato administrativo encontra-se equivocada, uma vez que o preâmbulo da Constituição da República de 1988 faz expressa menção à "proteção de Deus", também assegurando aos entes federados ampla liberdade para estabelecer e subvencionar os cultos religiosos e igrejas.

(B) O ato expedido pelo diretor encontra plena correspondência com a ordem constitucional brasileira, a qual veda, aos entes federados, estabelecer cultos religiosos ou igrejas, subvencioná-los ou firmar qualquer espécie de colaboração de interesse público.

(C) A Constituição da República de 1988 dispõe que, nos termos da lei, é assegurada assistência religiosa nas entidades civis e militares de internação coletiva, de modo que a portaria expedida pelo diretor viola um direito fundamental dos internos.

(D) Inexiste incompatibilidade entre a portaria e a Constituição da República de 1988, uma vez que a liberdade religiosa apenas se apresenta no ensino confessional, ministrado, em caráter facultativo, nos estabelecimentos públicos e privados de ensino, não sendo tal direito extensível aos presos.

RESPOSTA Realmente, conforme a CF, é assegurada assistência religiosa nas entidades civis e militares de internação coletiva, nos termos da lei (art. 5º, VII, da CF). Ainda, o Estado brasileiro que é laico, e não as pessoas que vivem nele. O Estado, sendo laico, não pode obrigar sua população a seguir nenhuma religião, mas a liberdade religiosa também é igualmente protegida. Tal portaria é evidentemente inconstitucional. *Alternativa C.*

51. **(XXX Exame)** O Supremo Tribunal Federal reconheceu a periculosidade inerente ao ofício desempenhado pelos agentes penitenciários, por tratar-se de atividade de risco. Contudo, ante a ausência de norma que regulamente a concessão da aposentadoria especial no Estado Alfa, os agentes penitenciários dessa unidade federativa encontram-se privados da concessão do referido direito constitucional.

Diante disso, assinale a opção que apresenta a medida judicial adequada a ser adotada pelo Sindicato dos Agentes Penitenciários do Estado Alfa, organização sindical legalmente constituída e em funcionamento há mais de 1 (um) ano, em defesa da respectiva categoria profissional.

(A) Ele pode ingressar com mandado de injunção coletivo para sanar a falta da norma regulamentadora, dispensada autorização especial dos seus membros.
(B) Ele não possui legitimidade ativa para ingressar com mandado de injunção coletivo, mas pode pleitear aplicação do direito constitucional via ação civil pública.
(C) Ele tem legitimidade para ingressar com mandado de injunção coletivo, cuja decisão pode vir a ter eficácia ultra partes, desde que apresente autorização especial dos seus membros.
(D) Ele pode ingressar com mandado de injunção coletivo, mas, uma vez reconhecida a mora legislativa, a decisão não pode estabelecer as condições em que se dará o exercício do direito à aposentadoria especial, sob pena de ofensa à separação dos Poderes.

RESPOSTA O mandado de injunção é um dos remédios constitucionais previstos na Carta Magna (art. 5º, inciso LXXI da CF). Ele poderá ser interposto quando a falta de norma regulamentadora torne inviável o exercício dos direitos e liberdades constitucionais e das prerrogativas inerentes à nacionalidade, à soberania e à cidadania – como é o caso em tela. Vale ressaltar que a ação civil pública não se presta a resolver o problema proposto, tendo em vista servir apenas para corrigir lesão a interesse difuso ou coletivo, infração à ordem econômica ou urbanística, à honra e à dignidade de grupos raciais, étnicos ou religiosos e ao patrimônio público e social (Lei n. 7.347/85). *Alternativa A.*

52. **(XXX Exame)** Giuseppe, italiano, veio ainda criança para o Brasil, juntamente com seus pais. Desde então, nunca sofreu qualquer tipo de condenação penal, constituiu família, sendo pai de um casal de filhos nascidos no país, possui título de eleitor e nunca deixou de participar dos pleitos eleitorais. Embora tenha se naturalizado brasileiro na década de 1990, não se sente brasileiro. Nesse sentido, Giuseppe afirma que é muito grato ao Brasil, mas que, apesar do longo tempo aqui vivido, não partilha dos mesmos valores espirituais e culturais dos brasileiros. Giuseppe mora em Vitória/ES e descobriu o envolvimento do Ministro de Estado Alfa em fraude em uma licitação cujo resultado beneficiou, indevidamente, a empresa de propriedade de seus irmãos. Indignado com tal atitude, Giuseppe resolveu, em nome da intangibilidade do patrimônio público e do princípio da moralidade administrativa, propor ação popular contra o Ministro de Estado Alfa, ingressando no juízo de primeira instância da justiça comum, não no Supremo Tribunal Federal. Sobre o caso, com base no Direito Constitucional e na jurisprudência do Supremo Tribunal Federal, assinale a afirmativa correta.

(A) A ação não deve prosperar, uma vez que a competência para processá-la e julgá-la é do Supremo Tribunal Federal, e falta legitimidade ativa para o autor da ação, porque não possui a nacionalidade brasileira, não sendo, portanto, classificado como cidadão brasileiro.
(B) A ação deve prosperar, porque a competência para julgar a ação popular em tela é do juiz de primeira instância da justiça comum, e o autor da ação tem legitimidade ativa porque é cidadão no pleno gozo de seus direitos políticos, muito embora não faça parte da nação brasileira.
(C) A ação não deve prosperar, uma vez que a competência para julgar a mencionada ação popular é do Supremo Tribunal Federal, muito embora não falte legitimidade *ad causam* para o autor da ação, que é cidadão brasileiro, detentor da nacionalidade brasileira e no pleno gozo dos seus direitos políticos.
(D) A ação deve prosperar, porque a competência para julgar a ação popular em tela tanto pode ser do juiz de primeira instância da justiça comum quanto do Supremo Tribunal Federal, e não falta legitimidade *ad causam* para o autor da ação, já que integra o povo brasileiro.

RESPOSTA De acordo com o art. 5º da Lei n. 4.717/65, a competência para julgamento da ação popular é, via de regra, do juízo de primeiro grau. Evidentemente, dependendo da origem do ato (se federal ou estadual), a competência deverá ser direcionada para uma ou outra vara competente. Além disso, o autor da ação tem legitimidade ativa porque é cidadão no pleno gozo de seus direitos políticos e, portanto, atende ao requisito exigido pela citada lei: "A prova da cidadania, para ingresso em juízo, será feita com o título eleitoral ou com documento que a ele corresponda" (art. 1º, § 3º, da Lei n. 4.717/65). *Alternativa B.*

VI. DIREITO À NACIONALIDADE

53. **(XVI Exame)** Alessandro Bilancia, italiano, com 55 anos de idade, ao completar 15 anos de residência ininterrupta no Brasil, decide assumir a nacionalidade "brasileira", naturalizando-se. Trata-se de renomado professor, cuja elevada densidade intelectual e capacidade de liderança são muito bem vistas por um dos maiores partidos políticos brasileiros. Na certeza de que Alessandro poderá fortalecer os quadros do governo caso o partido em questão seja vencedor nas eleições presidenciais, a cúpula partidária já ventila a possibilidade de contar com o auxílio do referido professor na complexa tarefa de governar o País. Analise as situações abaixo e assinale a única possibilidade idealizada pela cúpula partidária que encontra respaldo na Constituição Federal.

(A) Alessandro Bilancia, graças ao seu reconhecido saber jurídico e à sua ilibada reputação, poderá ser indicado para compor o quadro de ministros do Supremo Tribunal Federal.

(B) Alessandro Bilancia, na hipótese de concorrer ao cargo de deputado federal e ser eleito, poderá ser indicado para exercer a Presidência da Câmara dos Deputados.

(C) Alessandro Bilancia, na hipótese de concorrer ao cargo de senador e ser eleito, pode ser o líder do partido na Casa, embora não possa presidir o Senado Federal.

(D) Alessandro Bilancia, dada a sua ampla e sólida condição intelectual, pode ser nomeado para assumir qualquer ministério do governo.

RESPOSTA Conforme a Constituição Federal, a lei ordinária não poderá estabelecer distinção entre brasileiros natos e naturalizados, salvo nos casos previstos na própria Constituição. Assim sendo, Alessandro Bilancia, brasileiro naturalizado, **não poderá** exercer nem o cargo de ministro do STF, nem de Presidente da Câmara ou do Senado, nem de Ministro da Defesa. Portanto, só lhe sobra, das alternativas acima, a possibilidade de ser senador (*§ 3º do art. 12 da CF*). *Alternativa C está correta.*

54. **(XV Exame)** A CRFB/88 identifica as hipóteses de caracterização da nacionalidade para brasileiros natos e os brasileiros naturalizados. Com base no previsto na Constituição, assinale a alternativa que indica um caso constitucionalmente válido de naturalização requerida para obtenção de nacionalidade brasileira.

(A) Juan, cidadão espanhol, casado com Beatriz, brasileira, ambos residentes em Barcelona.

(B) Anderson, cidadão português, domiciliado no Brasil há 360 dias.

(C) Louis, cidadão francês, domiciliado em Brasília há 14 anos, que está em liberdade condicional, após condenação pelo crime de exploração sexual de vulnerável.

(D) Maria, 45 anos, cidadã russa, residente e domiciliada no Brasil desde seus 25 anos de idade, processada criminalmente por injúria, mas absolvida por sentença transitada em julgado.

RESPOSTA Os **estrangeiros** podem requerer a naturalização brasileira em dois casos: 1) aos originários de países de **língua portuguesa**, exige-se apenas residência por um ano ininterrupto e idoneidade moral; 2) aos estrangeiros de **qualquer nacionalidade**, exige-se residência no Brasil há mais de quinze anos ininterruptos e sem nenhuma condenação penal – *desde que requeiram a nacionalidade brasileira* (*inciso II do art. 12 da CF*). *Alternativa D está correta.*

55. **(XII Exame)** João, 29 anos de idade, brasileiro naturalizado desde 1992, decidiu se candidatar, nas eleições de 2010, ao cargo de Deputado Federal, em determinado ente federativo. Eleito, e após ter tomado posse, foi escolhido para Presidir a Câmara dos Deputados.

Com base na hipótese acima, assinale a afirmativa correta.

(A) João não poderia ter se candidatado ao cargo de Deputado Federal, uma vez que esse é um cargo privativo de brasileiro nato.

(B) João não poderia ser Deputado Federal, mas poderia ingressar na carreira diplomática em que não é exigido o requisito de ser brasileiro nato.

(C) João poderia ter se candidatado ao cargo de Deputado Federal, bem como ser eleito, entretanto, não poderia ter sido escolhido Presidente da Câmara dos Deputados, eis que esse cargo deve ser exercido por brasileiro nato.

(D) João não poderia ter se candidatado ao cargo de Deputado Federal, mas poderia ter se candidatado ao cargo de Senador da República, mesmo sendo brasileiro naturalizado.

RESPOSTA Em relação ao Poder Legislativo Federal, os brasileiros naturalizados poderão exercer todos os cargos, **com exceção** daqueles de **presidência**, ou seja, não poderão ser Presidente da Câmara dos Deputados nem Presidente do Senado (*§ 3º do art. 12 da CF*). *Alternativa C.*

56. **(XX Exame – Reaplicação)** José, brasileiro de dezesseis anos de idade, possuidor de título de eleitor e no pleno gozo dos seus direitos políticos, identifica, com provas irrefutáveis, ato lesivo do Presidente da República que atenta contra a moralidade administrativa. Com base no fragmento acima, assinale a opção que se coaduna com o instituto jurídico da Ação Popular.

(A) José, desde que tenha assistência, é parte legítima para propor Ação Popular em face do Presidente da República perante o Supremo Tribunal Federal.

(B) José, ainda que sem assistência, é parte legítima para propor Ação Popular em face do Presidente da República perante o juiz natural de primeira instância.

(C) José, ainda que sem assistência, é parte legítima para propor Ação Popular em face do Presidente da República perante o Supremo Tribunal Federal.

(D) José não é parte legítima para propor Ação Popular em face do Presidente da República, porque ainda não é considerado cidadão.

RESPOSTA Vale aqui lembrar que a Constituição Federal não exige nada além do título de eleitor daquele que se propõe a elaborar uma ação popular, senão vejamos: "qualquer cidadão é parte legítima para propor ação popular que vise a anular ato lesivo ao patrimônio público ou de entidade de que o Estado participe, à moralidade administrativa, ao meio ambiente e ao patrimônio histórico e cultural, ficando o autor, salvo comprovada má-fé, isento de custas judiciais e do ônus da sucumbência" - art. 5º, inciso LXXIII, da Constituição Federal. José não tem plena capacidade processual e deve ser assistido por pelo menos um dos pais, mas isso não o faz menos cidadão ou sem legitimidade para propor uma ação popular. *Alternativa B.*

57. **(XXVI Exame)** Afonso, nascido em Portugal e filho de pais portugueses, mudou-se para o Brasil ao completar 25 anos, com a intenção de advogar no estado da Bahia, local onde moram seus avós paternos. Após cumprir todos os requisitos exigidos e ser regularmente inscrito nos quadros da OAB local, Afonso permanece, por 13 (treze) anos ininterruptos, laborando e residindo em Salvador. Com base na hipótese narrada, sobre os direitos políticos e de nacionalidade de Afonso, assinale a afirmativa correta.

(A) Afonso somente poderá se tornar cidadão brasileiro quando completar 15 (quinze) anos ininterruptos de residência na República Federativa do Brasil, devendo, ainda, demonstrar que não sofreu qualquer condenação penal e requerer a nacionalidade brasileira.

(B) Uma vez comprovada sua idoneidade moral, Afonso poderá, na forma da lei, adquirir a qualidade de brasileiro naturalizado e, nessa condição, desde que preenchidos os demais pressupostos legais, candidatar-se ao cargo de prefeito da cidade de Salvador.

(C) Afonso poderá se naturalizar brasileiro caso demonstre ser moralmente idôneo, mas não poderá alistar-se como eleitor ou exercer quaisquer dos direitos políticos elencados na Constituição da República Federativa do Brasil.

(D) Afonso, por ser originário de país de língua portuguesa, adquirirá a qualidade de brasileiro nato ao demonstrar, na forma da lei, residência ininterrupta por 1 (um) ano em solo pátrio e idoneidade moral.

RESPOSTA Conforme art. 12, II, alínea "a" da CF, podem se tornar brasileiros naturalizados todas as pessoas nascidas em países de língua portuguesa que mantenham residência no Brasil por um ano ininterrupto e comprovada idoneidade moral. Portanto, uma vez comprovada sua idoneidade moral, Afonso poderá, na forma da lei, adquirir a condição de brasileiro naturalizado. Também, se assim quiser, pode candidatar-se ao cargo de prefeito da cidade de Salvador, pois não há menção na CF de que para exercer tal cargo seja necessário ser brasileiro nato (art. 12, § 3º, da CF). *Alternativa B.*

58. **(V Exame)** No que tange ao direito de nacionalidade, assinale a alternativa correta.

(A) O brasileiro nato não pode perder a nacionalidade.

(B) O filho de pais alemães que estão no Brasil a serviço de empresa privada alemã será brasileiro nato caso venha a nascer no Brasil.

(C) O brasileiro naturalizado pode ser extraditado pela prática de crime comum após a naturalização.

(D) O brasileiro nato somente poderá ser extraditado no caso de envolvimento com o tráfico de entorpecentes.

RESPOSTA A alternativa B está correta pois, como os pais alemães deste filho nascido no Brasil **não estão à serviço do Governo alemão**, considera-se – neste caso – a teoria do *jus soli*, hipótese da alínea "a" do inciso I do art. 12 da Constituição Federal. *Alternativa B.*

59. **(XXV Exame)** Jean Oliver, nascido em Paris, na França, naturalizou-se brasileiro no ano de 2003. Entretanto, no ano de 2016, foi condenado, na França, por comprovado envolvimento com tráfico ilícito de drogas (cocaína), no território francês, entre os anos de 2010 e 2014. Antes da condenação, em 2015, Jean passou a residir no Brasil. A França, com quem o Brasil possui tratado de extradição, requer a imediata extradição de Jean, a fim de que cumpra, naquele país, a pena de oito anos à qual foi condenado. Apreensivo, Jean procura um advogado e o questiona acerca da possibilidade de o Brasil extraditá-lo. O advogado, então, responde que, segundo o sistema jurídico-constitucional brasileiro, a extradição:

(A) não é possível, já que, a Constituição Federal, por não fazer distinção entre o brasileiro nato e o brasileiro naturalizado, não pode autorizar tal procedimento.

(B) não é possível, pois o Brasil não extradita seus cidadãos nacionais naturalizados, por crime comum praticado após a oficialização do processo de naturalização.

(C) é possível, pois a Constituição Federal prevê a possibilidade de extradição em caso de comprovado envolvimento com tráfico ilícito de drogas, ainda que praticado após a naturalização.

(D) é possível, pois a Constituição Federal autoriza que o Brasil extradite qualquer brasileiro quando comprovado o seu envolvimento na prática de crime hediondo em outro país.

RESPOSTA Para que o aluno não mais esqueça, as possibilidades de extradição são: I) brasileiro nato: nunca; II) brasileiro naturalizado (art. 5º, LI, da CF): será extraditado em caso de crime comum – desde que praticado antes da naturalização – ou desde que comprovado envolvimento em tráfico ilícito de entorpecentes e drogas afins, seja antes ou depois da naturalização; III) estrangeiro: será extraditado sempre que seu país de origem assim requerer ao Brasil, desde que haja tratado de extradição entre o país e o Brasil, e que o crime cometido não seja político ou de opinião. *Alternativa C.*

VII. DOS DIREITOS POLÍTICOS, PARTIDOS POLÍTICOS E SISTEMA ELEITORAL

60. **(XVI Exame)** Leonardo matriculou seus dois filhos em uma escola pública municipal, mas foi surpreendido ao tomar conhecimento de que ambos estão tendo aulas regulares, como disciplina obrigatória, de uma específica religião de orientação cristã. Indignado, ele procura você para, como advogado(a), orientá-lo sobre a regularidade de tal situação. Sobre tal prática, com base no que dispõe o sistema jurídico-constitucional brasileiro, assinale a afirmativa correta.

(A) É constitucional, pois a força normativa do preâmbulo constitucional auxilia uma interpretação que autoriza o ensino de religião, contanto que com viés cristão.

(B) É inconstitucional, pois a laicidade estatal deve garantir que nenhuma religião possa ser preferida a outra no âmbito do espaço público-estatal, sendo o ensino religioso facultativo.

(C) É constitucional, posto que o ensino religioso deve ser ministrado, segundo a Constituição de 1988, como disciplina obrigatória nas escolas públicas de ensino fundamental.

(D) É inconstitucional, pois a laicidade estabelecida pela Constituição de 1988 pressupõe a vedação a qualquer espécie de orientação de ordem religiosa em instituições públicas.

RESPOSTA A alternativa "A" está errada pois o preâmbulo, além de não impor viés cristão ao Estado brasileiro, também não possui força normativa. A alternativa "C" está equivocada pois não há obrigatoriedade, em nenhum lugar da CF, sobre o ensino religioso. A alternativa "D" está errada pois a laicidade estabelecida pela Constituição de 1988 não pressupõe a vedação de orientação de ordem religiosa em instituições públicas; pelo contrário. O art. 19, inciso I, da CF diz claramente que é vedado a qualquer ente federativo estabelecer cultos religiosos ou igrejas, subvencioná-los, ou embaraçar-lhes o funcionamento. E é o que se preceitua em um verdadeiro Estado laico, ou seja, em um Estado no qual se permite a livre convicção religiosa de toda a sociedade, sem interferência estatal. Outros artigos que corroboram essa diretriz constitucional são os arts. 5º, inciso VI, e 210, § 1º. *Alternativa B.*

61. **(XXIV Exame)** Edinaldo, estudante de Direito, realizou intensas reflexões a respeito da eficácia e da aplicabilidade do Art. 14, § 4º, da Constituição da República, segundo o qual "os inalistáveis e os analfabetos são inelegíveis". A respeito da norma obtida a partir desse comando, à luz da sistemática constitucional, assinale a afirmativa correta.

(A) Ela veicula programa a ser implementado pelos cidadãos, sem interferência estatal, visando à realização de fins sociais e políticos.

(B) Ela tem eficácia plena e aplicabilidade direta, imediata e integral, pois, desde que a CRFB/88 entrou em vigor, já está apta a produzir todos os seus efeitos.

(C) Ela apresenta contornos programáticos, dependendo sempre de regulamentação infraconstitucional para alcançar plenamente sua eficácia.

(D) Ela tem aplicabilidade indireta e imediata, não integral, produzindo efeitos restritos e limitados em normas infraconstitucionais quando da promulgação da Constituição da República.

RESPOSTA Não há dúvidas em relação à aplicabilidade imediata e integral desta norma, tanto também de sua eficácia plena. As afirmações diretas constantes de algumas normas da Constituição Federal, que não abrem possibilidade de o legislador infraconstitucional interferir em sua aplicabilidade (como é o caso deste art. 14, § 4º) são consideradas normas de eficácia plena. Dica: por exclusão, sempre que a norma constitucional não trouxer em seu conteúdo a expressão "na forma prevista em lei", ou "em virtude de lei", ou "nos termos da lei", ou expressão equivalente, ela será de eficácia plena. *Alternativa B.*

62. **(XIII Exame)** No que concerne às condições de elegibilidade para o cargo de prefeito previstas na CRFB/88, assinale a opção correta.

(A) José, ex-prefeito, que renunciou ao cargo 120 dias antes da eleição poderá candidatar-se à reeleição ao cargo de prefeito.

(B) João, brasileiro, solteiro, 22 anos, poderá candidatar-se, pela primeira vez, ao cargo de prefeito.

(C) Marcos, brasileiro, 35 anos e analfabeto, poderá candidatar-se ao cargo de prefeito.

(D) Luís, capitão do exército com 5 anos de serviço, mas que não pretende e nem irá afastar-se das atividades militares, poderá candidatar-se ao cargo de prefeito.

RESPOSTA De acordo com a Constituição Federal, **são condições comuns de elegibilidade**, na forma da lei, a nacionalidade brasileira; o pleno exercício dos direitos políticos; o alistamento eleitoral; o domicílio eleitoral na circunscrição; a filiação partidária; e a idade mínima de trinta e cinco anos para Presidente e Vice-Presidente da República e Senador; trinta anos para Governador e Vice-Governador de Estado e do Distrito Federal; vinte e um anos para Deputado Federal, Deputado Estadual ou Distrital, Prefeito, Vice-Prefeito e juiz de paz; e dezoito anos para Vereador. Portanto, José **não** poderá ser candidato à reeleição, pois deveria ter renunciado ao mandato até seis meses antes do pleito (*§ 6º do art. 14 da CF);* Marcos **não** pode se candidatar por ser analfabeto (*§ 4º do art. 14 da CF*); e Luís também **não** poderá se candidatar a prefeito por contar com menos de dez anos de serviço militar e não ter se afastado destas atividades (*§ 8º do art. 14 da CF*). *Alternativa B.*

63. **(XXVI Exame)** Juliano, governador do estado X, casa-se com Mariana, deputada federal eleita pelo estado Y, a qual já possuía uma filha chamada Letícia, advinda de outro relacionamento pretérito. Na vigência do vínculo conjugal, enquanto Juliano e Mariana estão no exercício de seus mandatos, Letícia manifesta interesse em também ingressar na vida política, candidatando-se ao cargo de deputada estadual, cujas eleições estão marcadas para o mesmo ano em que completa 23 (vinte e três) anos de idade. A partir das informações fornecidas e com base no texto constitucional, assinale a afirmativa correta.

(A) Letícia preenche a idade mínima para concorrer ao cargo de deputada estadual, mas não poderá concorrer no estado X, por expressa vedação constitucional, enquanto durar o mandato de Juliano.

(B) Uma vez que Letícia está ligada a Juliano, seu padrasto, por laços de mera afinidade, inexiste vedação constitucional para que concorra ao cargo de deputada estadual no estado X.

(C) Letícia não poderá concorrer por não ter atingido a idade mínima exigida pela Constituição como condição de elegibilidade para o exercício do mandato de deputada estadual.

(D) Letícia não poderá concorrer nos estados X e Y, uma vez que a Constituição dispõe sobre a inelegibilidade reflexa ou indireta para os parentes consanguíneos ou afins até o 2º grau nos territórios de jurisdição dos titulares de mandato eletivo.

RESPOSTA É expresso no § 7º do artigo 14 que são inelegíveis, no território de jurisdição do titular, o cônjuge e os parentes consanguíneos ou afins, até o segundo grau ou por adoção, do Presidente da República, de Governador de Estado ou Território, do Distrito Federal, de Prefeito ou de quem os haja substituído dentro dos seis meses anteriores ao pleito, salvo se já titular de mandato eletivo e candidato à reeleição. Portanto, apesar de possuir mais de 21 anos (art. 14, § 3º, VI, "c", da CF) como Letícia é juridicamente considerada "afim" (ou parente por afinidade) – é enteada de Juliano – não poderá concorrer no estado X enquanto durar o mandato de seu padrasto. *Alternativa A.*

64. **(X Exame)** Apesar da existência de vários partidos políticos por força de questões regionais, conjunturais e do vínculo da fidelidade partidária, é comum a cada ano o surgimento de novas agremiações no cenário nacional. Quanto ao funcionamento dos partidos políticos, à luz das normas constitucionais, assinale a afirmativa correta.

(A) Podem receber recursos financeiros de governo estrangeiro.

(B) Devem prestar as contas partidárias perante Conselho Especial.

(C) Podem ter caráter regional, representando pelo menos duas regiões.

(D) Têm acesso gratuito ao rádio e à televisão nos limites legais.

RESPOSTA A **regra geral** prevista na Constituição Federal a respeito do **funcionamento dos partidos políticos** no Brasil diz que é livre a criação, fusão, incorporação e extinção de partidos políticos, resguardados a soberania nacional, o regime democrático, o pluripartidarismo, os direitos fundamentais da pessoa humana e observados os seguintes preceitos: **caráter nacional**, **proibição** de recebimento de recursos financeiros de entidade ou governo estrangeiros ou de subordinação a estes, **prestação de contas à Justiça Eleitoral**, e funcionamento parlamentar de acordo com a lei (*art. 17 da CF*). Além disso, têm direito a recursos do fundo partidário e acesso gratuito ao rádio e à televisão, na forma da lei (*§ 3º do art. 17 da CF*). *Alternativa D.*

65. **(XXIV Exame)** Numerosos partidos políticos de oposição ao governo federal iniciaram tratativas a fim de se fundirem, criando um novo partido, o Partido Delta. Almejam, com isso, criar uma força política de maior relevância no contexto nacional. Preocupados com a repercussão da iniciativa no âmbito das políticas regionais e percebendo que as tratativas políticas estão avançadas, alguns deputados federais buscam argumentos jurídico-constitucionais que impeçam a criação desse novo partido. Em reunião, concluem que, embora o quadro jurídico-constitucional brasileiro não vede a fusão de partidos políticos, estes, como pessoas jurídicas de direito público, somente poderão ser criados mediante lei aprovada no Congresso Nacional. Ao submeterem essas conclusões a um competente advogado, este, alicerçado na Constituição da República, afirma que os deputados federais

(A) estão corretos quanto à possibilidade de fusão entre partidos políticos, mas equivocados quanto à necessidade de criação de partido por via de lei, já que, no Brasil, os partidos políticos possuem personalidade jurídica de direito privado.

(B) estão equivocados quanto à possibilidade de fusão entre partidos políticos no Brasil, embora estejam corretos quanto à necessidade de que a criação de partidos políticos se dê pela via legal, por serem pessoas jurídicas de direito público.

(C) estão equivocados, pois a Constituição da República não só proibiu a fusão entre partidos políticos como também deixou a critério do novo partido político escolher a personalidade jurídica de direito que irá assumir, pública ou privada.

(D) estão corretos, pois a Constituição da República, ao exigir que a criação ou a fusão de partidos políticos se dê pela via legislativa, concedeu ao Congresso Nacional amplos poderes de fiscalização para sua criação ou fusão.

RESPOSTA Em nenhum momento a Constituição Federal proíbe a fusão de partidos políticos ou impõe que esta fusão seja realizada por meio de lei. Pelo contrário, em seu artigo 17 afirma expressamente que "livre a criação, fusão, incorporação e extinção de partidos políticos, resguardados a soberania nacional, o regime democrático, o pluripartidarismo, os direitos fundamentais da pessoa humana (...)". Este mesmo artigo 17 continua, dizendo que os partidos políticos devem adquirir personalidade jurídica na forma da lei civil. E, o Código Civil, por sua vez, no artigo 44 inciso V, impõe personalidade jurídica de direito privado aos partidos políticos. *Alternativa A.*

66. **(III Exame)** De acordo com a Constituição da República, são inalistáveis e inelegíveis

(A) somente os analfabetos e os conscritos.

(B) os estrangeiros, os analfabetos e os conscritos.

(C) somente os estrangeiros e os analfabetos.

(D) somente os estrangeiros e os conscritos.

RESPOSTA Regra geral, são inelegíveis (*ou seja, não podem ser eleitos a cargo com mandato por meio de voto*) os inalistáveis e os analfabetos (*§ 4º do art. 17 do CF*). E quem seriam os inalistáveis? Os estrangeiros e, durante o período do serviço militar obrigatório, os conscritos (*§ 2º do art. 17 da CF*). **Portanto: são inelegíveis e inalistáveis os estrangeiros e, durante o período do serviço militar obrigatório, os conscritos. Os analfabetos são apenas inelegíveis.** *Alternativa D.*

67. **(XX Exame – Reaplicação)** Wilson, nascido nos Estados Unidos da América, com 29 anos de idade, é filho de pais brasileiros. Fluente na língua portuguesa, participa com brilho da política partidária regional de um Estado da federação brasileira, dominado há várias gerações por sua família. Esta natural inclinação leva seus familiares a incentivá-lo no sentido de concorrer ao cargo de Governador do Estado nas eleições que serão realizadas dali a dois anos. Sobre a possibilidade jurídica de Wilson concorrer ao pleito, mais precisamente no que se refere às questões de nacionalidade e idade, assinale a afirmativa correta.

(A) Wilson já terá completado, na data da eleição, a idade exigível para o exercício do cargo pleiteado, mas somente poderá concorrer caso adquira a nacionalidade brasileira.

(B) Wilson poderá concorrer, pois não apenas contemplará o requisito da idade, como, pelo simples fato de ser filho de brasileiros, possui automaticamente a nacionalidade de brasileiro nato.

(C) Wilson não estará apto a concorrer nesta próxima eleição para o cargo apontado, pois, mesmo que adquira a nacionalidade brasileira, não possuirá a idade mínima exigida para o cargo.

(D) Wilson não poderá concorrer, pois, embora a idade não seja um problema, poderá, no máximo, adquirir o status de brasileiro naturalizado, enquanto o cargo em questão exige o status de brasileiro nato.

RESPOSTA Para concorrer ao cargo de Governador, Wilson deve respeitar as exigências do § 3º do art. 14 da Constituição Federal, que são: a nacionalidade brasileira; o pleno exercício dos direitos políticos; o alistamento eleitoral; o domicílio eleitoral na circunscrição; a filiação partidária; e a idade mínima de 30 anos especificamente para essa disputa eleitoral (governador). *Alternativa A.*

68. **(IV Exame)** Os direitos políticos não podem ser cassados. Podem, no entanto, sofrer perda ou suspensão à luz das normas constitucionais pelo seguinte fundamento:

(A) condenação cível sem trânsito em julgado.
(B) incapacidade civil relativa, declarada judicialmente.
(C) cancelamento de naturalização por decisão administrativa.
(D) improbidade administrativa.

RESPOSTA A **perda ou suspensão de direitos políticos**, segundo a Constituição Federal, só se dará em um dos seguintes casos: cancelamento da naturalização por sentença transitada em julgado; incapacidade civil absoluta; condenação criminal transitada em julgado, enquanto durarem seus efeitos; recusa de cumprir obrigação a todos imposta ou prestação alternativa, nos termos do art. 5º, VIII, da CF; ou improbidade administrativa, nos termos do art. 37, § 4º, da CF. *Alternativa D.*

69. **(XXXI Exame)** José Maria, no ano de 2016, foi eleito para exercer o seu primeiro mandato como Prefeito da Cidade Delta, situada no Estado Alfa. Nesse mesmo ano, a filha mais jovem de José Maria, Janaína (22 anos), elegeu-se vereadora e já se organiza para um segundo mandato como vereadora. Rosária (26 anos), a outra filha de José Maria, animada com o sucesso da irmã mais nova e com a popularidade do pai, que pretende concorrer à reeleição, faz planos para ingressar na política, disputando uma das cadeiras da Assembleia Legislativa do Estado Alfa. Diante desse quadro, a família contrata um advogado para orientá-la. Após analisar a situação, seguindo o sistema jurídico-constitucional brasileiro, o advogado afirma que

(A) as filhas não poderão concorrer aos cargos almejados, a menos que José Maria desista de concorrer à reeleição para o cargo de chefe do Poder Executivo do Município Delta.
(B) Rosária pode se candidatar ao cargo de deputada estadual, mas Janaína não poderá se candidatar ao cargo de vereadora em Delta, pois seu pai ocupa o cargo de chefe do Poder Executivo do referido município.
(C) as candidaturas de Janaína, para reeleição ao cargo de vereadora, e de Rosária, para o cargo de deputada estadual, não encontram obstáculo no fato de José Maria ser prefeito de Delta.
(D) Janaína pode se candidatar ao cargo de vereadora, mas sua irmã Rosária não poderá se candidatar ao cargo de deputada estadual, tendo em vista o fato de seu pai exercer a chefia do Poder Executivo do município.

RESPOSTA Para bem responder a essa questão, é preciso ter em mente a regra básica sobre cargos eletivos e pessoas de uma mesma família, disposta na Constituição Federal (art. 14, § 7º, da CF). Diz o artigo que são inelegíveis, no território em que incide o mandato do titular do cargo eletivo: o cônjuge e os parentes consanguíneos ou afins, até o segundo grau ou por adoção, do Presidente da República, de Governador de Estado ou Território, do Distrito Federal, de Prefeito ou de quem os haja substituído dentro dos seis meses anteriores ao pleito, salvo se já titular de mandato eletivo e candidato à reeleição. Ou seja: no caso aqui exposto, a filha Janaína já é vereadora e está concorrendo à reeleição. Portanto, já era titular de mandato eletivo e não encontra óbice legal para pleitear novo mandato. Já a irmã Rosária irá concorrer ao cargo de deputada estadual, o que não conflita com o território de atuação do pai e da irmã (cargos eletivos municipais). *Alternativa C.*

70. **(XIX Exame)** André, jovem de 25 anos, é Vereador pelo Município M, do Estado E. Portanto, com domicílio eleitoral nesse Estado. Suas perspectivas políticas se alteram quando, ao liderar um grande movimento de combate à corrupção, o seu nome ganha notoriedade em âmbito nacional. A partir de então, passa a receber inúmeras propostas para concorrer a diversos cargos eletivos, advindas, inclusive, de outros Estados da Federação, a exemplo do Estado X. Nessas condições, seduzido pelas propostas, analisa algumas possibilidades. De acordo com a Constituição Federal, assinale a opção que indica o cargo eletivo ao qual André pode concorrer.

(A) Deputado Estadual pelo Estado X.
(B) Deputado Federal pelo Estado E.
(C) Senador da República pelo Estado E.
(D) Governador pelo Estado E.

RESPOSTA André apenas poderia concorrer aos cargos eletivos do Estado E, em razão da **obrigatoriedade de domicílio eleitoral na circunscrição**, e, por possuir 25 anos de idade, somente estariam disponíveis à sua candidatura os cargos cuja **idade mínima fosse de 21 anos**, nos termos do art. 14, § 3º, IV e VI, alínea "c", da CF. *Alternativa B.*

71. **(XIX Exame)** André, jovem de 25 anos, é Vereador pelo Município M, do Estado E. Portanto, com domicílio eleitoral nesse Estado. Suas perspectivas políticas se alteram quando, ao liderar um grande movimento de combate à corrupção, o seu nome ganha notoriedade em âmbito nacional. A partir de então, passa a receber inúmeras propostas para concorrer a diversos cargos eletivos, advindas, inclusive, de outros Estados da Federação, a exemplo do Estado X. Nessas condições, seduzido pelas propostas, analisa algumas possibilidades. De acordo com a Constituição Federal, assinale a opção que indica o cargo eletivo ao qual André pode concorrer.

(A) Deputado Estadual pelo Estado X.
(B) Deputado Federal pelo Estado E.
(C) Senador da República pelo Estado E.
(D) Governador pelo Estado E.

RESPOSTA Esta questão trata das condições de elegibilidade de qualquer cidadão brasileiro. Tais condições se encontram no § 3º do art. 14 da Constituição Federal, e são as seguintes: a nacionalidade brasileira; o pleno exercício dos direitos políticos; o alistamento eleitoral; o domicílio eleitoral na circunscrição; a filiação partidária; a idade mínima de: a) trinta e cinco anos para Presidente e Vice-Presidente da República e Senador; b) trinta anos para Governador e Vice-Governador de Estado e do Distrito Federal; c) vinte e um anos para Deputado Federal, Deputado Estadual ou Distrital, Prefeito, Vice-Prefeito e juiz de paz; d) dezoito anos para Vereador. Portanto, sendo o Estado E seu domicílio eleitoral, somente poderia se candidatar para representar esse Estado. *Alternativa B.*

72. **(VI Exame)** Assinale a alternativa que relacione corretamente o cargo político e o sistema eleitoral adotado.

(A) Governador: sistema proporcional de dois turnos.
(B) Prefeito: sistema majoritário de maioria simples para municípios com menos de 200 mil eleitores.
(C) Congressista: sistema proporcional.
(D) Vereador: sistema distrital.

RESPOSTA Os sistemas eleitorais são técnicas e procedimentos de eleição de pessoas para um cargo público que possui determinado mandato. Há dois tipos básicos: **majoritário** e o **proporcional**. No majoritário, é eleito o candidato que obtiver mais de 50% dos votos válidos (***maioria absoluta*** *– com dois turnos, caso não seja atingido este número na primeira votação*) ou que obtiver a maior quantidade dos votos, independentemente da quantidade (***maioria simples***). O sistema majoritário de maioria absoluta é aplicado em todos os cargos eletivos do Poder Executivo (*Presidente – § 2º do art. 77; Governador – art. 28; Distrito Federal – § 2º do art. 32; e prefeitos de municípios com mais de 200 mil eleitores – inciso II do art. 29; todos da CF*) e o sistema majoritário de maioria simples é aplicado nos casos de eleição para Senador (*art. 46 do CF*) e prefeitos de municípios com menos de 200 mil eleitores (*inciso II do art. 29 do CF*). Já o **sistema proporcional** tenta reproduzir, nos cargos eletivos, a proporcionalidade das quantidades dos votos recebidos por todos os candidatos e partidos políticos. Esse sistema é utilizado nas eleições para deputados e vereadores da Câmara dos Deputados, Assembleias Legislativas, Câmara Legislativa e Câmaras Municipais (art. 45; § 1º do art. 27; § 3º do art. 32; e art. 29, respectivamente, da CF). *Alternativa B.*

73. **(XXIII Exame)** João, rico comerciante, é eleito vereador do Município "X" pelo partido Alfa. Contudo, passados dez dias após sua diplomação, o partido político Pi, adversário de Alfa, ajuíza ação de impugnação de mandato eletivo, perante a Justiça Eleitoral, requerendo a anulação da diplomação de João. Alegou o referido partido político ter havido abuso do poder econômico por parte de João na eleição em que logrou ser eleito, anexando, inclusive, provas que considerou irrefutáveis. João, sentindo-se injustiçado, já que, em momento algum no decorrer da campanha ou mesmo após a divulgação do resultado, teve conhecimento desses fatos, busca aconselhamento com um advogado acerca da juridicidade do ajuizamento de tal ação. Com base no caso narrado, assinale a opção que apresenta a orientação dada pelo advogado.

(A) O Partido Pi não poderia ter ingressado com a ação, pois abuso de poder econômico não configura fundamento que tenha o condão de viabilizar a impugnação de mandato eletivo conquistado pelo voto.
(B) O Partido Pi respeitou os requisitos impostos pela CRFB/88, tanto no que se refere ao fundamento (abuso do poder econômico) para o ajuizamento da ação como também em relação à sua tempestividade.
(C) O Partido Pi, nos termos do que dispõe a CRFB/88, não poderia ter ingressado com a ação, pois, ocorrida a diplomação, precluso encontrava-se o direito de impugnar o mandato eletivo de João.
(D) O Partido Pi só poderia impugnar o mandato eletivo que João conquistou pelo voto popular em momento anterior à diplomação, sob pena de afronta ao regime democrático.

RESPOSTA Diplomação é o ato por meio do qual a Justiça Eleitoral atesta que o candidato foi efetivamente eleito pelo povo e, por isso, está apto a tomar posse no cargo. Segundo a Constituição Federal, o Partido Pi tinha até quinze dias contados da diplomação – instruída a ação com provas de abuso do poder econômico, corrupção ou fraude – para efetivar o ajuizamento da anulação de impugnação de mandato eletivo. Portanto, O Partido Pi respeitou os requisitos impostos pelo § 10 do artigo 14 da Constituição Federal. *Alternativa B.*

VIII. DA ORGANIZAÇÃO DO ESTADO E REPARTIÇÃO DE COMPETÊNCIAS

74. **(XVI Exame)** As contas do Município Alfa referentes ao exercício financeiro de 2014, apresentadas pelo prefeito em 2015, receberam parecer desfavorável do Tribunal de Contas do referido Município, o qual foi criado antes da promulgação da Constituição da República Federativa do Brasil de 1988. O Presidente da Câmara, após o regular trâmite interno, editou resolução e aprovou as referidas contas públicas municipais, uma vez que as demonstrações contábeis de exercícios financeiros anteriores deveriam ter sido analisadas em consonância com o plano plurianual. Diante da narrativa exposta, assinale a afirmativa correta.

(A) A competência para julgar as contas é do Tribunal de Contas do Município, órgão do Poder Judiciário, não podendo, em nenhuma hipótese, o Legislativo local afastá-la, sob pena de violação ao princípio da separação e harmonia entre os Poderes.

(B) O parecer do Tribunal de Contas do Município a respeito da rejeição das contas somente não será acatado pela Câmara Municipal por decisão de 2/3 (dois terços) dos membros deste órgão.

(C) Considerando que o Tribunal de Contas do Município é órgão do Poder Legislativo e o Presidente da Câmara é a autoridade máxima de sua estrutura, é constitucional o afastamento, pelo Chefe do Poder Legislativo local, do entendimento de órgão a ele subordinado.

(D) O Presidente da Câmara agiu corretamente, pois a periodicidade para análise das contas públicas do Município deve ser de 5 (cinco) anos, e tal disposição não foi observada pelo Tribunal de Contas do Município.

RESPOSTA É sabido que uma das formas de fiscalização do Município é exercida pelo Poder Legislativo Municipal, por meio do controle externo. Tal controle é realizado pela Câmara Municipal, com o auxílio dos Tribunais de Contas dos Estados ou do Município, onde houver. Assim sendo, emitido o parecer do órgão auxiliar *(Tribunal de Contas do Estado ou do Município, onde houver)* em relação às contas públicas do Prefeito, o parecer só poderá ser derrubado por decisão de dois terços dos membros da Câmara Municipal, segundo o que preceitua o § 2º do art. 31 da Constituição Federal. *Alternativa B.*

75. **(XXVII Exame)** Após cumprimento de todas as formalidades constitucionais e legais exigíveis, o Estado Alfa se desmembra (desmembramento por formação), ocasionando o surgimento de um novo Estado-membro: o Estado Beta. Preocupados com a possibilidade de isso influenciar nas grandes decisões políticas regionais, um grupo de cidadãos inicia um movimento exigindo a imediata elaboração de uma Constituição para o novo Estado Beta. Os líderes políticos locais, sem maiores conhecimentos sobre a temática, buscam assessoramento jurídico junto a advogados constitucionalistas, sendo-lhes corretamente informado que, segundo a inteligência do sistema jurídico-constitucional brasileiro,

(A) com a criação do Estado Beta no âmbito da República Federativa do Brasil, passou este a fazer parte do pacto federativo, subordinando-se tão somente à Constituição Federal, e não a qualquer outra constituição.

(B) tendo passado o Estado Beta a ser reconhecido como um ente autônomo, adquiriu poderes para se estruturar por meio de uma Constituição, sem a necessidade desta se vincular a padrões de simetria impostos pela Constituição Federal.

(C) pelo fato de o Estado Beta ter sido reconhecido como um ente federado autônomo, passa a ter poderes para se estruturar por meio de uma Constituição, que deverá observar o princípio da simetria, conforme os padrões fixados na Constituição Federal.

(D) o reconhecimento do Estado Beta como um ente federado autônomo assegurou-lhe poderes para se estruturar por meio de uma Constituição, cujo texto, porém, não poderá se diferenciar daquele fixado pela Constituição Federal.

RESPOSTA Todos os entes federados autônomos, num estado federal (como é o Brasil), devem necessariamente possuir capacidade política (ou seja, poder de produzir suas próprias leis, por meio de órgão legislativo próprio). Entretanto, a liberdade dessa produção legislativa é relativa, pois tais leis estaduais devem ter como padrão os princípios jurídicos basilares existentes Constituição Federal. Diga-se: não só as leis estaduais, mas as próprias constituições estaduais. É o que a doutrina chama de princípio da simetria. *Alternativa C.*

76. **(XXIV Exame)** Em observância aos princípios da transparência, publicidade e responsabilidade fiscal, o prefeito do Município Alfa elabora detalhado relatório contendo a prestação de contas anual, ficando tal documento disponível, para consulta e apreciação, no respectivo Poder Legislativo e no órgão técnico responsável pela sua elaboração. Carlos, morador do Município Alfa, contribuinte em dia com suas obrigações civis e políticas, constata diversas irregularidades nos demonstrativos apresentados, apontando indícios de superfaturamento e desvios de verbas em obras públicas. Em função do exposto e com base na Constituição da República, você, como advogado de Carlos, deve esclarecer que

(A) a fiscalização das referidas informações, concernentes ao Município Alfa, conforme previsto na Constituição brasileira, é de responsabilidade exclusiva dos Tribunais de Contas do Estado ou do Município, onde houver.

(B) Carlos tem legitimidade para questionar as contas do Município Alfa, já que, todos os anos, as contas permanecem à disposição dos contribuintes durante sessenta dias para exame e apreciação.

(C) a impugnação das contas apresentadas pelo Chefe do Executivo local exige a adesão mínima de um terço dos eleitores do Município Alfa.

(D) a CRFB/88 não prevê qualquer forma de participação popular no controle das contas públicas, razão pela qual Carlos deve recorrer ao Ministério Público Estadual para que seja apresentada ação civil pública impugnando os atos lesivos ao patrimônio público praticados pelo prefeito do Município Alfa.

RESPOSTA A população é e deve ser o maior fiscal do Poder Público. Com essa diretriz, a Constituição Federal impõe que, todos os anos, as contas dos Municípios ficarão, durante sessenta dias à disposição de qualquer contribuinte, para exame e apreciação, sendo que este poderá questionar-lhes qualquer tipo de ilícito ou irregularidade (art. 31, § 3º). *Alternativa B.*

77. **(XVI Exame)** O prefeito do Município Ômega, ante a carência de estabelecimentos públicos de saúde capazes de atender satisfatoriamente às necessidades da população local, celebra diversos convênios com hospitais privados para que passem a integrar a rede de credenciados junto ao Sistema Único de Saúde (SUS). Considerando o disposto na Constituição da República de 1988, sobre os convênios firmados pelo prefeito do Município Ômega, assinale a afirmativa correta.

(A) São válidos, uma vez que as instituições privadas podem participar de forma complementar do SUS, tendo preferência as entidades filantrópicas e as sem fins lucrativos.

(B) São nulos, pois a CRFB/88 apenas autoriza, no âmbito da assistência à saúde, a participação de entidades públicas, não de instituições privadas, com ou sem fins lucrativos.

(C) São válidos, porque a destinação de recursos públicos para auxílio ou subvenção às instituições privadas com fins lucrativos está, inclusive, autorizada pela CRFB/88.

(D) São nulos, porque, conforme previsão constitucional expressa, compete privativamente à União, mediante convênio ou contrato de direito público, autorizar a participação de instituições privadas no SUS.

RESPOSTA Em que pese a saúde ser direito de todos, sua prestação é um dever do Estado. Mas, contudo, como se é sabido, o Estado não consegue suportar toda a demanda de suporte à saúde à população, sozinho. Nesse sentido, a Constituição Federal optou por preceituar que a assistência à saúde é livre à iniciativa privada, podendo as instituições privadas participar de forma complementar do sistema único de saúde, segundo diretrizes deste, mediante contrato de direito público ou convênio, tendo preferência as entidades filantrópicas e as sem fins lucrativos (art. 199, *caput* e § 1º, da CF). *Alternativa A.*

78. **(XVII Exame)** Determinado Estado da Federação vivencia sérios problemas de segurança pública, sendo frequentes as fugas dos presos transportados para participar de atos processuais realizados no âmbito do Poder Judiciário. Para remediar essa situação, foi editada uma lei estadual estabelecendo a possibilidade de utilização do sistema de videoconferência no âmbito do Estado. Diante de tal quadro, assinale a afirmativa que se ajusta à ordem constitucional.

(A) A lei estadual é constitucional, pois a matéria se insere na competência local dos Estados-membros, versando sobre assunto de interesse local.

(B) A lei estadual é inconstitucional, pois afrontou a competência privativa da União de legislar sobre Direito Processual Penal.

(C) A lei estadual é constitucional, pois a matéria se insere no âmbito da competência delegada da União, versando sobre direito processual.

(D) A lei estadual é inconstitucional, pois comando normativo dessa natureza, por força do princípio da simetria, deveria estar previsto na Constituição Estadual.

RESPOSTA A questão versa sobre matéria de direito processual, **uma vez que relata a edição de lei que altera o procedimento a ser adotado nas audiências, no âmbito estadual.** Logo, tal lei seria **inconstitucional**, visto ser a matéria processual de competência privativa da União, possuindo os Estados apenas a competência residual, nos termos do inciso I do art. 22 da CF. *Alternativa B.*

79. **(XIX Exame)** O Governador do Distrito Federal, ao tomar conhecimento de que existe jurisprudência pacífica do Supremo Tribunal Federal a respeito da competência do Município para legislar sobre os requisitos de segurança das agências bancárias, solicita à Procuradoria Geral do Distrito Federal que se manifeste acerca da possibilidade de lei distrital tratar da matéria. Sobre a hipótese apresentada, de acordo com a Constituição Federal de 1988, assinale a afirmativa correta.

(A) Haveria tal possibilidade, pois o Distrito Federal possui competências legislativas reservadas aos Estados e aos Municípios.

(B) Haveria tal possibilidade, pois a competência legislativa do Distrito Federal, como sede da União, abarca as competências legislativas da União, dos Estados e dos Municípios.

(C) Não seria possível, pois o Distrito Federal tem competências taxativamente expressas, que não podem abarcar aquelas concedidas aos Municípios.

(D) Não seria possível, pois as competências legislativas do Distrito Federal seriam apenas aquelas reservadas aos Estados-membros da União.

RESPOSTA As competências administrativas e legislativas do Distrito Federal se resumem em uma expressão trazida pela Constituição Federal em seu art. 32, § 1º: "Ao Distrito Federal são atribuídas as competências legislativas reservadas aos Estados e Municípios". Ou seja, o DF acumula todas as competências dos Estados e Municípios. *Alternativa A.*

80. **(XIV Exame)** O instituto da intervenção é de extrema excepcionalidade, razão pela qual restam minuciosamente delineadas as hipóteses na CRFB/88. Assinale a opção que contempla, à luz da CRFB/88, hipótese correta de intervenção.

(A) O Estado X, sob o pretexto de celeridade e efetividade, vem realizando somente contratações diretas, sem a aplicação da Lei Federal de Licitações e Contratos Administrativos – Lei n. 8.666/93. Nessa situação, poderá a União intervir no Estado X para prover a execução de lei federal.

(B) O Município Y, localizado no Estado Z, não vem destinando nos últimos seis meses o mínimo exigido da receita municipal na manutenção das escolas públicas municipais, sob o fundamento de que a iniciativa privada realiza melhor ensino. Nesta hipótese, tanto a União quanto o Estado Z, à luz da CRFB/88, poderão intervir no Município Y para garantir a aplicação do mínimo exigido da receita municipal na aludida manutenção.

(C) Nos casos de desobediência à ordem ou decisão judiciária, a decretação de intervenção independe de requisição judicial.

(D) O Município Z, em razão de problemas orçamentários, em 2013, decidiu, excepcionalmente, pela primeira vez na sua história, não realizar o pagamento da sua dívida fundada. À luz da CRFB/88, poderá o Estado W, onde está localizado o referido Município, intervir no ente menor para garantir o pagamento da dívida fundada.

RESPOSTA **Em se tratando de intervenção da União nos Estados-membros, a regra geral é no sentido da proibição.** Isso para manter a autonomia deles e o respeito ao princípio do pacto federativo instituído pelo art. 1º da Constituição. No entanto, há **pontuais exceções** elencadas pelo próprio texto constitucional, situações em que é permitida – *excepcionalmente* – a intervenção da União nos Estados-membros (*art. 34 da CF*): a não aplicação de lei federal é caso de intervenção federal (*inciso VI do art. 34 da CF*). Na alternativa B, em que pese o Estado-membro poder intervir nos Municípios localizados em seu território, a União somente poderá intervir nos Municípios localizados em Território Federal (*art. 35 da CF*). Nos casos de recusa à execução de lei federal e de desobediência à ordem ou decisão judiciária, a intervenção dependerá de representação do Procurador-Geral da República, com consequente provimento do STF (*inciso III do art. 36 da CF*). Por fim, o não pagamento de dívida fundada pelo Município só justifica a intervenção estadual nele caso isso ocorra por dois anos consecutivos (*inciso I do art. 35 da CF*). *Alternativa A.*

81. **(XV Exame)** No município de São José dos Cavaleiros, 87% dos atendimentos médicos nas emergências hospitalares são decorrências de acidentes automobilísticos ocasionados pelo consumo de bebidas alcoólicas. Uma vereadora do município, Sra. X, ciente das estatísticas expostas, apresenta projeto de lei propondo que os cidadãos proprietários de veículos automotores, residentes no município, municiem seus veículos com equipamento que impeça a partida do carro no caso de o condutor ter consumido álcool. A Câmara Municipal, por voto de 2/3 dos vereadores, aprova a lei. Esta legislação deve ser considerada

(A) constitucional, por tratar de proteção de direito fundamental.

(B) inconstitucional, por tratar de matéria de competência privativa da União.

(C) inconstitucional, por vício formal relacionado ao quórum mínimo para votação.

(D) constitucional, por tratar de assunto de interesse local e ter sido aprovada por processo legislativo idôneo.

RESPOSTA A **competência legislativa** para legislar a respeito de **trânsito e transporte** é da **União**, de modo privativo. Isso, pois, estabelecido pela Constituição Federal, no inciso XI de seu art. 22. Portanto, a lei em questão é **inconstitucional**. *Alternativa B.*

82. **(XVIII Exame)** A Assembleia Legislativa do Estado M, ao constatar a ausência de normas gerais sobre matéria em que a União, os Estados e o Distrito Federal possuem competência legislativa concorrente, resolve tomar providências no sentido de legislar sobre o tema, preenchendo os vazios normativos decorrentes dessa lacuna. Assim, dois anos após a Lei E/2013 ter sido promulgada pelo Estado M, o Congresso Nacional promulga a Lei F/2015, estabelecendo normas gerais sobre a matéria. Sobre esse caso, assinale a afirmativa correta.

(A) A Lei E/2013 foi devidamente revogada pela Lei F/2015, posto não ser admissível, no caso, que norma estadual pudesse preservar a sua eficácia diante da promulgação de norma federal a respeito da mesma temática.

(B) A Lei E/2013 perde a sua eficácia somente naquilo que contrariar as normas gerais introduzidas pela Lei F/2015, mantendo eficácia a parte que, compatível com a Lei F/2015, seja suplementar a ela.

(C) A Lei F/2015 não poderá viger no território do Estado M, já que a edição anterior da Lei E/2013, veiculando normas específicas, afasta a eficácia das normas gerais editadas pela União em momento posterior.

(D) A competência legislativa concorrente, por ser uma espécie de competência comum entre todos os entes federativos, pode ser usada indistintamente por qualquer deles, prevalecendo, no caso de conflito, a lei posterior, editada pelo Estado ou pela União.

RESPOSTA Em se tratando de **competência concorrente**, a União é responsável pela edição de normas gerais, cabendo aos Estados o exercício da **competência suplementar**. Nos casos onde **não exista lei federal** sobre tais normas gerais, poderão os Estados exercer a **competência plena** e editá-las. Porém, caso ocorra a **superveniência da lei federal** sobre as normas gerais, tal lei estadual terá a sua **eficácia suspensa**, nos pontos em que não for com aquela compatível, nos termos do art. 24, §§ 1º ao 4º, da CF. *Alternativa B.*

83. **(XXVII Exame)** O Estado Y, bastante conhecido pela exuberância de suas praias, que atraem milhares de turistas todos os anos, edita lei estadual impedindo a pesca de peixes regionais típicos, ameaçados de extinção, e limitando o transporte marítimo de passageiros. A partir da hipótese narrada, nos termos da Constituição da República Federativa do Brasil, assinale a afirmativa correta.

(A) O Estado Y possui competência legislativa concorrente com a União para dispor sobre pesca, mas poderá legislar sobre transporte e navegação marítima, caso Lei Complementar federal o autorize.

(B) O Estado Y tem competência comum com os demais entes federados para legislar sobre a matéria; logo, a lei estadual é constitucional.

(C) A lei editada pelo Estado Y é inconstitucional, porque compete privativamente à União legislar sobre a proteção do meio ambiente e o controle da poluição.

(D) A lei editada pelo Estado Y é inconstitucional, porque trata de pesca e navegação marítima, que são de competência exclusiva da União, apesar de o Estado Y ter competência privativa para legislar sobre meio ambiente.

RESPOSTA Como direito difuso que é, a defesa do meio ambiente (florestas, caça, pesca, fauna, conservação da natureza, defesa do solo e dos recursos naturais, proteção do meio ambiente e controle da poluição) é de competência concorrente da União, Estados e Distrito Federal, nos termos do art. 24 da CF. Agora, legislar sobre transporte e navegação marítima é de competência exclusiva da União (art. 22, X, da CF) e, assim sendo, lei complementar poderá autorizar os Estados a legislar sobre questões específicas desses assuntos, conforme parágrafo único deste mesmo artigo. *Alternativa A.*

84. **(XII Exame)** A Constituição da República de 1988 adotou elementos de federalismo cooperativo e de federalismo dual na repartição de competências entre os entes federados, distribuindo competências exclusivas, privativas, comuns e concorrentes.

Assim sendo, a respeito da organização do Estado estabelecida na Constituição, assinale a afirmativa correta.

(A) É competência comum da União, dos Estados, do Distrito Federal e dos Municípios proteger o meio ambiente e combater a poluição em qualquer de suas formas, competindo à lei complementar fixar normas de cooperação entre os entes.

(B) É vedado aos Estados criar códigos tributários próprios, uma vez que compete privativamente à União legislar sobre direito financeiro e tributário.
(C) É vedado à União decretar intervenção federal em Município localizado em território federal quando este não tiver aplicado o mínimo exigido de sua receita na manutenção e desenvolvimento do ensino.
(D) Em relação às competências legislativas concorrentes da União e dos Estados, havendo norma federal e estadual divergentes, deve prevalecer a norma federal, que serve de fundamento de validade à norma estadual.

RESPOSTA Realmente, é de **competência comum** da União, Estados, DF e Municípios a proteção ao **meio ambiente e o combate à poluição em qualquer de suas formas** (*inciso VI do art. 23 da CF*). Geralmente, **os direitos de natureza difusos e coletivos** têm como competentes todos os entes federativos, pois sua proteção acaba sendo concomitante de todos eles. Assim o é preservar a fauna e a flora, fomentar a agropecuária, promover o acesso geral à cultura, tecnologia, cuidar da saúde, das pessoas portadoras de deficiência etc. *Alternativa A.*

85. **(XIII Exame)** José é cidadão do município W, onde está localizado o distrito de B. Após consultas informais, José verifica o desejo da população distrital de obter a emancipação do distrito em relação ao município de origem.

De acordo com as normas constitucionais federais, dentre outros requisitos para legitimar a criação de um novo Município, são indispensáveis:

(A) lei estadual e referendo.
(B) lei municipal e plebiscito.
(C) lei municipal e referendo.
(D) lei estadual e plebiscito.

RESPOSTA A criação, a incorporação, a fusão e o desmembramento de Municípios deverão ser realizados por **lei estadual**, dentro do período determinado por Lei Complementar Federal (*Lei Complementar n. 01 de 1967*), e dependerão de **consulta prévia, mediante plebiscito**, às populações dos Municípios envolvidos, após divulgação dos **Estudos de Viabilidade Municipal**, apresentados e publicados na forma da lei (*§ 4º do art. 18 da CF*). *Alternativa D.*

86. **(X Exame)** Na ausência de lei federal estabelecendo normas gerais sobre proteção de ecossistemas ameaçados, determinado estado da Federação editou, no passado, a sua própria lei sobre o assunto, estabelecendo desde princípios e valores a serem observados até regras específicas sobre a exploração econômica de tais áreas. Criou, ainda, fiscalização efetiva em seu território e multou empresas e produtores que desrespeitaram a lei.

Anos depois, a União edita lei contendo normas gerais sobre o tema e muitas de suas disposições conflitavam com a anterior lei estadual.

Com relação a este caso, assinale a afirmativa correta.

(A) A União não poderia legislar, uma vez que o assunto é matéria de interesse local, não havendo justificativa para lei nacional sobre o tema. Houve invasão de competência privativa dos estados.
(B) No campo das competências legislativas concorrentes, a União deve legislar sobre normas gerais e o estado pode editar normas suplementares, mas enquanto inexistir lei federal, a competência do estado é plena. A superveniência de lei geral nacional suspende a eficácia das disposições contrárias da lei dos estados.
(C) A lei aplicável, no caso concreto, será aquela que estabelecer padrões mais restritivos, em atenção à proteção do meio ambiente, não importando se tal norma é a federal ou se a editada pelos estados-membros.
(D) O estado não poderia ter estabelecido normas próprias na ausência de lei nacional com disposições gerais que definissem marcos a serem seguidos pelos estados. Em consequência, são nulas todas as multas aplicadas anteriormente à publicação da lei editada pela União.

RESPOSTA Em relação às **competências legislativas concorrentes** (*art. 24 da CF*), há determinadas diretrizes constitucionais que serão seguidas. Estas diretrizes são de extrema importância, pois regulamentam as leis federais e estaduais no tempo – e *entre si* – e estão dispostas nos §§ 1º ao 4º do mesmo art. 24: no âmbito desta competência legislativa concorrente, a competência da União limitar-se-á a estabelecer normas gerais. A competência da União para legislar sobre normas gerais **não** exclui a competência suplementar dos Estados. No entanto, **inexistindo** lei federal sobre normas gerais, os Estados **exercerão a competência legislativa plena**, visando atender suas peculiaridades locais. Mas a superveniência de lei federal sobre normas gerais **suspende a eficácia da lei estadual**, no que lhe for contrário. Assim sendo, a alternativa correta é a *Alternativa B.*

87. **(II Exame)** Um determinado Estado-membro editou lei estabelecendo disciplina uniforme para a data de vencimento das mensalidades das instituições de ensino sediadas no seu território. Examinada a questão à luz da partilha de competência entre os entes federativos, é correto afirmar que:

(A) mensalidade escolar versa sobre direito obrigacional, portanto, de natureza contratual, logo cabe à União legislar sobre o assunto.

(B) a matéria legislada tem por objeto prestação de serviço educacional, devendo ser considerada como de interesse típico municipal.

(C) por versar o conteúdo da lei sobre educação, a competência do Estado-membro é concorrente com a da União.

(D) somente competirá aos Estados-membros legislar sobre o assunto quando se tratar de mensalidades cobradas por instituições particulares de Ensino Médio.

RESPOSTA Como o pagamento de **mensalidade** escolar somente se refere às **escolas privadas**, esta prestação de serviço tem natureza **obrigacional** e, portanto, **contratual**. Assim sendo, refere-se a uma relação jurídica civil. Dessa forma, quem pode **legislar** sobre Direito Civil é a **União**, de modo privativo (*inciso I do art. 22 da CF*). *Alternativa A.*

88. (IV Exame) A respeito da distribuição de competências adotada pela Constituição brasileira, assinale a alternativa correta.

(A) A competência material da União pode ser delegada aos Estados, por lei complementar.

(B) À União compete legislar sobre direito processual e normas gerais de procedimentos.

(C) A competência para legislar sobre direito urbanístico é privativa dos Municípios, pois é matéria de interesse local.

(D) A competência para legislar sobre defesa dos recursos naturais é privativa da União, pois é matéria de interesse nacional.

RESPOSTA Competência material é aquela estabelecida nos arts. 21 e 23 da CF, e **não** pode ser delegada, nem mesmo por meio de lei complementar. Em relação à **competência legislativa concorrente**, lembre-se: **TRIFIPE-ECOU:** Tributário, Financeiro, Penitenciário, Econômico e Urbanístico (*inciso I do art. 24 da CF*). Ainda, como aqui já alertado, **recursos naturais** têm natureza de direito difuso. Assim sendo, todas as pessoas devem proteger. Portanto, a competência para legislar é **concorrente** (*inciso VI do art. 24 da CF*). Por último, uma pegadinha bastante maldosa aqui: em que pese ser competência privativa da **União legislar sobre direito processual** (*inciso I do art. 22 da CF*), a **União também pode legislar – *mas de modo concorrente* – sobre normas gerais de procedimentos em matéria processual** (*inciso XI do art. 24 da CF*). *Alternativa B.*

89. (VII Exame) O Governador do Estado K, preocupado com o resultado da balança comercial do seu Estado, conhecido pelo setor exportador, pretende regular a importação de bens de determinados países, apresentando, nesse sentido, projeto de lei à Assembleia Legislativa. Em termos de competência legislativa, esse tema é, nos termos da Constituição Federal,

(A) dos Estados.

(B) da União.

(C) do Distrito Federal.

(D) dos Municípios.

RESPOSTA As relações entre **países**, sejam de quais naturezas forem, serão regulamentadas pela **União Federal**. Assim sendo – *e não poderia ser diferente* – a competência para legislar sobre **comércio exterior e interestadual é da União**, conforme inciso VIII do art. 22 da CF. *Alternativa B.*

90. (XVIII Exame) A parte da população do Estado V situada ao sul do seu território, insatisfeita com a pouca atenção que vem recebendo dos últimos governos, organiza-se e dá início a uma campanha para promover a criação de um novo Estado-membro da República Federativa do Brasil – o Estado N, que passaria a ocupar o território situado na parte sul do Estado V. O tema desperta muita discussão em todo o Estado, sendo que alguns argumentos favoráveis e outros contrários ao desmembramento começam a ganhar publicidade na mídia. Reconhecido constitucionalista analisa os argumentos listados a seguir e afirma que apenas um deles pode ser referendado pelo sistema jurídico-constitucional brasileiro. Assinale-o.

(A) O desmembramento não poderia ocorrer, pois uma das características fundamentais do Estado Federal é a impossibilidade de ocorrência do chamado direito de secessão.

(B) O desmembramento poderá ocorrer, contanto que haja aprovação, por via plebiscitária, exclusivamente por parte da população que atualmente habita o território que formaria o Estado N.

(C) Além de aprovação pela população interessada, o desmembramento também pressupõe a edição de lei complementar pelo Congresso Nacional com esse objeto.

(D) Além de manifestação da população interessada, o sistema constitucional brasileiro exige que o desmembramento dos Estados seja precedido de divulgação de estudos de viabilidade.

RESPOSTA A resposta da questão nos remete diretamente à letra da lei, visto que o § 3º do art. 18 da CF estabelece que "os Estados podem incorporar-se entre si, subdividir-se ou desmembrar-se para se anexarem a outros, ou formarem novos Estados ou Territórios Federais, **mediante aprovação da população** diretamente interessada, através de plebiscito, e do Congresso Nacional, por **lei complementar**". *Alternativa C.*

91. **(XIX Exame)** O Governador do Distrito Federal, ao tomar conhecimento de que existe jurisprudência pacífica do Supremo Tribunal Federal a respeito da competência do Município para legislar sobre os requisitos de segurança das agências bancárias, solicita à Procuradoria Geral do Distrito Federal que se manifeste acerca da possibilidade de lei distrital tratar da matéria. Sobre a hipótese apresentada, de acordo com a Constituição Federal de 1988, assinale a afirmativa correta.

(A) Haveria tal possibilidade, pois o Distrito Federal possui competências legislativas reservadas aos Estados e aos Municípios.

(B) Haveria tal possibilidade, pois a competência legislativa do Distrito Federal, como sede da União, abarca as competências legislativas da União, dos Estados e dos Municípios.

(C) Não seria possível, pois o Distrito Federal tem competências taxativamente expressas, que não podem abarcar aquelas concedidas aos Municípios.

(D) Não seria possível, pois as competências legislativas do Distrito Federal seriam apenas aquelas reservadas aos Estados-membros da União.

RESPOSTA O art. 32, § 1º, da Constituição Federal, atribui ao Distrito Federal as **mesmas competências legislativas do Estado e dos Municípios**, sendo assim, haveria a possibilidade de aplicação do entendimento jurisprudencial já pacificado, **podendo lei distrital regular a matéria** em questão. *Alternativa A.*

92. **(V Exame)** Os Estados são autônomos e compõem a Federação com a União, os Municípios e o Distrito Federal. À luz das normas constitucionais, quanto aos Estados, é correto afirmar que

(A) podem incorporar-se entre si mediante aprovação em referendo.

(B) a subdivisão não pode gerar a formação de novos territórios.

(C) o desmembramento deve ser precedido de autorização por lei ordinária.

(D) se requer lei complementar federal aprovando a criação de novos entes estaduais.

RESPOSTA Os Estados podem **incorporar-se** entre si, **subdividir-se** ou **desmembrar-se** para se anexarem a outros, ou formarem novos Estados ou Territórios Federais, mediante **aprovação** da população diretamente interessada, por meio de **plebiscito**, e do **Congresso Nacional**, por lei complementar – *§ 3º do art. 18 da CF. Alternativa D.*

93. **(V Exame)** Lei estadual que regulamenta o serviço de mototáxi é

(A) constitucional porque se trata de competência legislativa reservada aos Estados.

(B) constitucional porque se trata de competência legislativa remanescente dos Estados.

(C) inconstitucional porque se trata de competência legislativa dos Municípios.

(D) inconstitucional porque se trata de competência legislativa privativa da União.

RESPOSTA *"EMENTA: Ação direta de inconstitucionalidade. 2. Lei do Estado do Pará. 3. Serviço de transporte individual de passageiros prestado por meio de ciclomotores, motonetas e motocicletas. 4.* ***Competência privativa da União para legislar sobre trânsito e transporte (art. 22, XI, CF).*** *5. Precedentes (ADI 2.606/SC). 6. Procedência da ação"* (ADI 3135, rel. Min. Gilmar Mendes, Tribunal Pleno, julgado em 1º-8-2006, *DJ* 8-9-2006 PP-00033 EMENT VOL-02246-01 PP-00168 LEXSTF v. 28, n. 334, 2006, p. 52-58). *"EMENTA: AÇÃO DIRETA DE INCONSTITUCIONALIDADE. LEI DO ESTADO DE MINAS GERAIS. LICENCIAMENTO DE MOTOCICLETAS PARA TRANSPORTE DE PASSAGEIROS ("MOTOTÁXI").* ***COMPETÊNCIA PRIVATIVA DA UNIÃO.*** *INCONSTITUCIONALIDADE FORMAL RECONHECIDA. I –* ***Competência privativa da União para legislar sobre trânsito e transporte (CF, art. 22, XI).*** *II – Exercício de atribuição pelo Estado que demanda autorização em lei complementar. III – Inexistência de autorização expressa quanto ao transporte remunerado de passageiros por motocicletas. IV – Ação direta julgada procedente para declarar a inconstitucionalidade da lei mineira 12.618/97." (ADI 3136, rel. Min. Ricardo Lewandowski, Tribunal Pleno, julgado em 1º-8-2006,* DJ *10-11-2006 PP-00049 EMENT VOL-02255-02 PP-00250 RT v. 96, n. 857, 2007, p. 168-175 LEXSTF v. 29, n. 338, 2007, p. 56-70). Alternativa D.*

94. **(I Exame)** Acerca da distribuição de competências dos entes federativos prevista na CF, assinale a opção correta.

(A) Compete à União explorar, diretamente ou mediante autorização, concessão ou permissão, o aproveitamento energético dos cursos de água, em articulação com os estados onde se situem os potenciais hidroenergéticos.

(B) No âmbito da legislação concorrente, compete à União legislar sobre normas gerais ou especiais, sem prejuízo da competência suplementar dos estados, do DF e dos municípios.

(C) A competência residual, ainda que em matéria tributária, como a instituição de novos impostos, é dos estados e do DF.

(D) A competência privada da União para legislar sobre certos temas, como os de direito penal, por exemplo, impede que os estados legislem sobre questões específicas, ainda que, para isso, haja, prevista em lei complementar, autorização da União.

RESPOSTA No âmbito da legislação **concorrente**, a competência da União limitar-se-á a estabelecer **normas gerais**, não excluindo a competência suplementar dos Estados (*§§ 1º e 2º do art. 24 da CF*). A União poderá **instituir**, mediante lei complementar, **impostos** não previstos como taxativos de sua competência, desde que sejam não cumulativos e não tenham fato gerador ou base de cálculo próprios dos discriminados na Constituição (*inciso I do art. 154 da CF*). O parágrafo único do art. 22 **permite** que, mesmo havendo matéria de competência privativa da União, lei complementar **autorize** os Estados a legislar sobre questões específicas a respeito delas. *Alternativa A.*

95. **(XXXI Exame)** O governo federal, visando ao desenvolvimento e à redução das desigualdades no sertão nordestino do Brasil, editou a Lei Complementar Y, que dispôs sobre a concessão de isenções e reduções temporárias de tributos federais devidos por pessoas físicas e jurídicas situadas na referida região. Sobre a Lei Complementar Y, assinale a afirmativa correta.

(A) É formalmente inconstitucional, eis que a Constituição da República de 1988 proíbe expressamente a criação de regiões, para efeitos administrativos, pela União.

(B) É materialmente inconstitucional, sendo vedada a concessão de incentivos regionais de tributos federais, sob pena de violação ao princípio da isonomia federativa.

(C) É formal e materialmente constitucional, sendo possível que a União conceda incentivos visando ao desenvolvimento econômico e à redução das desigualdades no sertão nordestino.

(D) Apresenta inconstitucionalidade formal subjetiva, eis que cabe aos Estados e ao Distrito Federal, privativamente, criar regiões administrativas visando ao seu desenvolvimento e à redução das desigualdades.

RESPOSTA Um dos artigos menos comentados e estudados da Constituição Federal pelos alunos e professores, o art. 43 dispõe que a União poderá articular sua ação em um mesmo complexo geoeconômico e social, visando a seu desenvolvimento e à redução das desigualdades regionais. Nesse sentido, para fazer efetivar tais objetivos, poderá editar lei complementar que disporá sobre as condições para integração de regiões em desenvolvimento e a composição dos organismos regionais que executarão, na forma da lei, os planos regionais, integrantes dos planos nacionais de desenvolvimento econômico e social, aprovados juntamente com estes. Esses incentivos regionais (*que, no caso da presente questão, estão focados no sertão nordestino*) poderão compreender – *dentre outros* – isenções, reduções ou diferimento temporário de tributos federais devidos por pessoas físicas ou jurídicas. *Alternativa C.*

96. **(XXIII Exame)** Leonardo matriculou seus dois filhos em uma escola pública municipal, mas foi surpreendido ao tomar conhecimento de que ambos estão tendo aulas regulares, como disciplina obrigatória, de uma específica religião de orientação cristã. Indignado, ele procura você para, como advogado(a), orientá-lo sobre a regularidade de tal situação. Sobre tal prática, com base no que dispõe o sistema jurídico-constitucional brasileiro, assinale a afirmativa correta.

(A) É constitucional, pois a força normativa do preâmbulo constitucional auxilia uma interpretação que autoriza o ensino de religião, contanto que com viés cristão.

(B) É inconstitucional, pois a laicidade estatal deve garantir que nenhuma religião possa ser preferida a outra no âmbito do espaço público-estatal, sendo o ensino religioso facultativo.

(C) É constitucional, posto que o ensino religioso deve ser ministrado, segundo a Constituição de 1988, como disciplina obrigatória nas escolas públicas de ensino fundamental.

(D) É inconstitucional, pois a laicidade estabelecida pela Constituição de 1988 pressupõe a vedação a qualquer espécie de orientação de ordem religiosa em instituições públicas.

RESPOSTA A alternativa "A" está errada pois o preâmbulo, além de não impor viés cristão ao Estado brasileiro, também não possui força normativa. A alternativa "C" está equivocada pois não há obrigatoriedade, em nenhum lugar da CF, sobre o ensino religioso. A alternativa "D" está errada pois a laicidade estabelecida pela Constituição de 1988 não pressupõe a vedação de orientação de ordem religiosa em instituições públicas; pelo contrário. O artigo 19, inciso I da CF diz claramente que é vedado a qualquer ente federativo estabelecer cultos religiosos ou igrejas, subvencioná-los, ou embaraçar-lhes o funcionamento. E é o que se preceitua em um verdadeiro Estado laico, ou seja, em um Estado no qual se permite a livre convicção religiosa de toda a sociedade, sem interferência estatal. Outros artigos que corroboram essa diretriz constitucional são os artigos 5º, inciso VI, e artigo 210, § 1º. *Alternativa B.*

97. **(XXIII Exame)** As contas do Município Alfa referentes ao exercício financeiro de 2014, apresentadas pelo prefeito em 2015, receberam parecer desfavorável do Tribunal de Contas do referido Município, o qual foi criado antes da promulgação da Constituição da República Federativa do Brasil de 1988. O Presidente da Câmara, após o regular trâmite interno, editou resolução e aprovou as referidas contas públicas municipais, uma vez que as demonstrações contábeis de exercícios financeiros anteriores deveriam ter sido analisadas em consonância com o plano plurianual. Diante da narrativa exposta, assinale a afirmativa correta.

(A) A competência para julgar as contas é do Tribunal de Contas do Município, órgão do Poder Judiciário, não podendo, em nenhuma hipótese, o Legislativo local afastá-la, sob pena de violação ao princípio da separação e harmonia entre os Poderes.

(B) O parecer do Tribunal de Contas do Município a respeito da rejeição das contas somente não será acatado pela Câmara Municipal por decisão de 2/3 (dois terços) dos membros deste órgão.

(C) Considerando que o Tribunal de Contas do Município é órgão do Poder Legislativo e o Presidente da Câmara é a autoridade máxima de sua estrutura, é constitucional o afastamento, pelo Chefe do Poder Legislativo local, do entendimento de órgão a ele subordinado.

(D) O Presidente da Câmara agiu corretamente, pois a periodicidade para análise das contas públicas do Município deve ser de 5 (cinco) anos, e tal disposição não foi observada pelo Tribunal de Contas do Município.

RESPOSTA É sabido que uma das formas de fiscalização do Município é exercida pelo Poder Legislativo Municipal, por meio do controle externo. Tal controle é realizado pela Câmara Municipal, com o auxílio dos Tribunais de Contas dos Estados ou do Município, onde houver. Assim sendo, emitido o parecer do órgão auxiliar (Tribunal de Contas do Estado ou do Município, onde houver) em relação às contas públicas do Prefeito, o parecer só poderá ser derrubado por decisão de dois terços dos membros da Câmara Municipal, segundo o que preceitua o § 2º do art. 31 da Constituição Federal. *Alternativa B.*

IX. DA ADMINISTRAÇÃO PÚBLICA

98. **(XXII Exame)** Carlos, contando com 59 (cinquenta e nove) anos de idade, resolve se inscrever em concurso público para o cargo de Agente de Polícia, dos quadros da Polícia Civil do Estado Beta. Todavia, sua inscrição é negada com base no edital, que reproduz a Lei Estadual X, segundo a qual o candidato, no momento da inscrição, deve ter entre 18 (dezoito) e 32 (trinta e dois) anos de idade. Inconformado, Carlos consulta um advogado a respeito de possível violação do direito fundamental à igualdade. Diante do caso concreto, assinale a opção que se harmoniza com a ordem jurídico-constitucional brasileira.

(A) Houve violação ao princípio da igualdade, pois o sistema jurídico-constitucional brasileiro veda, em caráter absoluto, que a lei estabeleça requisitos de ordem etária para o provimento de cargos públicos.

(B) Não houve violação ao princípio da igualdade, pois o sistema jurídico-constitucional brasileiro permite que a lei estabeleça limite de idade para inscrição em concurso público quando tal medida se justificar pela natureza das atribuições do cargo a ser preenchido.

(C) Houve violação ao princípio da razoabilidade, pois as atividades inerentes ao cargo a ser ocupado não justificam a previsão do critério etário como requisito para inscrição no concurso público que visa ao seu provimento.

(D) Não houve violação ao princípio da igualdade, pois o sistema jurídico-constitucional brasileiro concede aos administradores públicos poder discricionário para definir, por via editalícia, independentemente da lei, os limites etários para a participação em concursos.

RESPOSTA Aqui, a questão exigiu do candidato conhecimento sobre as súmulas do STF. No caso, a súmula seria a de número 683, cujo conteúdo é: "o limite de idade para inscrição em concurso público só se legitima em face do art. 7º, inciso XXX, da Constituição, quando possa ser justificado pela natureza das atribuições do cargo a ser preenchido". *Alternativa B.*

99. **(III Exame)** A respeito da disciplina constitucional da Administração Pública, é correto afirmar que

(A) as funções de confiança e os cargos em comissão se destinam apenas às atribuições de direção, chefia e assessoramento.

(B) os atos de improbidade administrativa importarão a cassação de direitos políticos, a perda da função pública, a indisponibilidade de bens e o ressarcimento ao erário, na forma e gradação previstas em lei, sem prejuízo da ação penal cabível.

(C) a vinculação de espécies remuneratórias no serviço público é vedada, mas admite-se a equiparação salarial entre carreiras públicas.

(D) o direito de greve é assegurado ao servidor público civil, devendo ser exercido nos termos e nos limites definidos em lei complementar.

RESPOSTA Corretamente, as funções de confiança, exercidas exclusivamente por servidores ocupantes de cargo efetivo, e os cargos em comissão, a serem preenchidos por servidores de carreira nos casos, condições e percentuais mínimos previstos em lei, destinam-se **apenas** às atribuições de direção, chefia e assessoramento (*inciso V do art. 37 da CF*). Os atos de improbidade administrativa importarão a **suspensão** de direitos políticos, dentre outras penas, **e não a cassação** (*§ 4º do art. 37 da CF*). É **vedada** a vinculação ou equiparação de quaisquer espécies remuneratórias para o efeito de remuneração de pessoal do serviço público (*inciso XIII do art. 37 da CF*). E o direito de greve será exercido nos termos e nos limites definidos em lei **específica** (*leia-se "**ordinária**" – inciso VII do art. 37 da CF*). *Alternativa A.*

X. DO PODER LEGISLATIVO

100. **(XIV Exame)** Maria da Silva, deputada federal integrante do partido Alfa, vem a ter projeto de sua iniciativa aprovado, com apoio de outros partidos políticos. Para sua surpresa, o texto do seu projeto veio a ser vetado na integralidade por decisão do Presidente da República. Após tomar ciência do veto presidencial, a deputada, com o intuito de derrubá-lo, procura as lideranças dos partidos que apoiaram seu projeto. Nos termos da Constituição Federal, assinale a opção que apresenta o procedimento correto.

(A) Vetado o projeto de lei, ocorrerá o seu arquivamento.

(B) Após o veto, a matéria somente poderá ser reapreciada no ano subsequente.

(C) O veto poderá ser rejeitado, o que acarretará o envio do projeto para promulgação pelo Presidente da República.

(D) A apreciação do veto deverá ocorrer, em separado, por cada Casa Legislativa, podendo ser rejeitado pela maioria absoluta de cada uma delas.

RESPOSTA Quando há **veto** presidencial, o Congresso Nacional pode **derrubar o veto** – ou seja, manter e publicar o texto de lei vetado. Mas, para isso, é necessário que haja a aprovação da **maioria absoluta** de todos os Deputados e Senadores (*§ 4º do art. 66 da CF*). *Alternativa C.*

101. **(XV Exame)** O senador "X" ausentou-se das atividades do Senado Federal para tratar de assunto de interesse particular por cento e cinquenta dias ininterruptos e, diante desse fato, enfrenta representação para a perda do seu mandato, por não ter comparecido à terça parte das sessões ordinárias da Casa, que foram realizadas no período em que esteve ausente. Nessa hipótese, assinale a afirmativa correta.

(A) A perda do mandato do referido senador será decidida pelo Senado Federal, por maioria absoluta, mediante provocação da respectiva mesa ou de partido político representado no Congresso Nacional, assegurada a ampla defesa.

(B) Não poderá o referido parlamentar perder o mandato, já que o afastamento não ultrapassou cento e oitenta dias dentro da mesma sessão legislativa.

(C) A perda do mandato do referido senador poderá ser declarada pela Mesa da Casa Legislativa de ofício ou mediante provocação de qualquer dos seus membros, ou de partido político representado no Congresso Nacional, assegurada a ampla defesa.

(D) Caso o referido senador venha a renunciar após submetido ao processo que vise ou possa levar à perda do seu mandato, haverá o arquivamento do processo pela perda do seu objeto.

RESPOSTA O Deputado ou o Senador que faltar injustificadamente (*ou seja, salvo licença ou missão autorizada pela sua Casa*) por 1/3 de todas as sessões ordinárias de uma sessão legislativa, perderá seu mandato (*inciso III do art. 55 da CF*). Lembre-se: a **sessão legislativa ordinária** é o período de atividade normal do Congresso a cada ano, de 2 de fevereiro a 17 de julho e de 1º de agosto a 22 de dezembro. Cada **quatro** sessões legislativas, a contar do ano seguinte ao das eleições parlamentares, compõem uma **legislatura**. Já a **sessão legislativa extraordinária** compreende o trabalho realizado durante o **recesso parlamentar**, mediante convocação. Cada período de convocação constitui uma sessão legislativa extraordinária (*Glossário legislativo do Senado Federal*). *Alternativa C.*

102. **(XV Exame)** O Presidente da República edita Medida Provisória que dispõe sobre a injeção extraordinária de verbas para o Fundo de Financiamento Estudantil (FIES). O tema, porém, já havia sido objeto de projeto de lei anteriormente aprovado pelo Congresso Nacional e remetido ao próprio Presidente da República para sanção. Nessa linha, observado o regramento estabelecido pela Constituição Federal, assinale a afirmativa correta.

(A) É vedada a edição da Medida Provisória, pois a matéria já havia sido disciplinada em projeto de lei aprovado pelo Congresso Nacional e pendente de sanção ou veto pelo Presidente da República.

(B) A Medida Provisória narrada na questão não poderia ser editada, visto que é vedado pela Constituição Federal dispor sobre matéria orçamentária por meio dessa espécie legislativa.

(C) A Medida Provisória é juridicamente viável, mas, se não for apreciada em até sessenta dias contados da sua publicação, entrará em regime de urgência, subsequentemente, em cada uma das Casas ficando sobrestadas todas as demais deliberações legislativas da Casa em que estiver tramitando, até que se ultime a votação.

(D) A Medida Provisória é juridicamente viável e prorrogar-se-á por duas vezes, por igual período, a sua vigência se, no prazo de 45 dias contados de sua publicação, não tiver a sua votação encerrada nas duas Casas do Congresso Nacional.

RESPOSTA O **§ 1º do art. 62** da Constituição Federal faz uma lista de todas as proibições relativas à edição de medidas provisórias. Dentre elas, está a de ser **proibida** a edição de MP **cuja matéria já foi disciplinada** em projeto de lei aprovado pelo Congresso Nacional e pendente de sanção ou veto do Presidente da República. *Alternativa A.*

103. **(XVI Exame)** Caio da Silva, Senador da República pelo Estado "Z", no decorrer do recesso parlamentar, viaja de férias com a família para um *resort* situado no Estado "X", a fim de descansar. Todavia, em meio aos hóspedes que ali se encontravam, deparou-se com Tício dos Santos, um ferrenho adversário político, com quem acabou por travar áspera discussão em torno de temas políticos já discutidos anteriormente no Senado. Caio da Silva, durante a discussão, atribuiu ao seu adversário a responsabilidade pela prática de fatos definidos como crimes, além de injuriá-lo com vários adjetivos ofensivos. Tício dos Santos, inconformado com as agressões públicas a ele desferidas, decidiu ajuizar queixa-crime em face de Caio da Silva. Tendo em vista as particularidades da narrativa acima e considerando o que dispõe a Constituição Federal, assinale a afirmativa correta.

(A) Caio da Silva, por estar fora do espaço físico do Congresso Nacional, não é alcançado pela garantia da imunidade material, respondendo pelos crimes contra a honra que praticou.

(B) Caio da Silva, mesmo fora do espaço físico do Congresso Nacional, é alcançado pela garantia da imunidade material tendo em vista que as ofensas proferidas estão relacionadas ao exercício da atividade parlamentar.

(C) Caio da Silva não está coberto pela garantia da imunidade material, tendo em vista que as ofensas foram proferidas em um momento de recesso parlamentar, o que afasta qualquer relação com a atividade de Senador.

(D) Caio da Silva não está coberto pela garantia da imunidade material, visto que, durante o recesso parlamentar, sequer estava no território do Estado que representa na condição de Senador.

RESPOSTA Como regra geral, os Deputados e Senadores são invioláveis, civil e penalmente, por quaisquer de suas opiniões, palavras e votos (*caput* do art. 53 da CF). E, com reiterados precedentes do STF, **esta imunidade alcança os parlamentares em exercício dentro e fora de seu ambiente legislativo, seja "fora" no sentido territorial, seja "fora" no sentido de quaisquer outros meios de comunicação.** Veja recentíssima decisão do STF neste sentido: *"Art. 53 da Constituição Federal.* ***Imunidade parlamentar. Ofensas*** *em entrevistas a meios de comunicação de massa e em postagens na rede social* ***WhatsApp. O 'manto protetor' da imunidade alcança quaisquer meios que venham a ser empregados para propagar palavras e opiniões dos parlamentares. Precedentes. Possível aplicação da imunidade a manifestações em meios de comunicação social e em redes sociais. Imunidade parlamentar.*** *A vinculação da declaração com o desempenho do mandato deve ser aferida com base no alcance das atribuições dos parlamentares. (...) Ofensas proferidas por senador contra outro senador. Nexo com o mandato suficientemente verificado. Fiscalização da coisa pública. Críticas a antagonista político. Inviolabilidade. Absolvição, por atipicidade da conduta"* (AO 2.002, rel. Min. Gilmar Mendes, julgamento em 2-2-2016, 2ª Turma, *DJe* de 26-2-2016). *Alternativa B.*

104. **(XVI Exame)** Determinado projeto de lei aprovado pela Câmara dos Deputados foi devidamente encaminhado ao Senado Federal. Na Casa revisora, o texto foi aprovado com pequena modificação, sendo suprimida certa expressão sem, contudo, alterar o sentido normativo do texto aprovado na Câmara. Assim, o projeto foi enviado ao Presidente da República, que promoveu a sua sanção, dando origem à Lei "L". Neste caso, segundo a jurisprudência do Supremo Tribunal Federal,

(A) não houve irregularidade no processo legislativo, porque não há necessidade de reapreciação, pela Câmara dos Deputados, do projeto de lei que tenha expressão suprimida pelo Senado Federal, quando o sentido normativo da redação remanescente não foi alterado.

(B) não houve irregularidade no processo legislativo, porque é função precípua da Casa revisora estabelecer as mudanças que lhe parecerem adequadas, sendo desnecessário o retorno à

Casa iniciadora, mesmo nas situações em que a alteração modifique o sentido normativo inicial.

(C) houve irregularidade no processo legislativo, pois qualquer alteração realizada, pela Casa revisora, no texto do projeto de lei implica a necessária devolução à Casa iniciadora, a fim de que aprecie tal alteração.

(D) houve irregularidade no processo legislativo, mas, por tratar-se de problema de natureza *interna corporis* do Congresso Nacional, somente uma ADI proposta pela Mesa da Câmara dos Deputados teria o condão de suscitar a inconstitucionalidade da Lei "L".

RESPOSTA Como **regra geral** de modificações legislativas em projetos de lei no Congresso Nacional, sendo o projeto emendado, voltará à Casa iniciadora (*parágrafo único do art. 65 da CF*). No entanto, *"o parágrafo único do art. 65 da CF só determina o retorno do projeto de lei à Casa iniciadora se a emenda parlamentar introduzida* ***acarretar modificação no sentido da proposição jurídica****"* (ADI 2.238-MC, rel. p/ o ac. Min. Ayres Britto, julgamento em 9-8-2007, Plenário, *DJe* de 12-9-2008). *Vide*: ADI 2.182, rel. p/ o ac. Min. Cármen Lúcia, julgamento em 12-5-2010, Plenário, *DJe* de 10-9-2010. *Alternativa A.*

105. **(XXIX Exame)** O senador João fora eleito Presidente do Senado Federal. Ao aproximar-se o fim do exercício integral do seu mandato bienal, começa a planejar seu futuro na referida casa legislativa. Ciente do prestígio que goza entre seus pares, discursa no plenário, anunciando a intenção de permanecer na função até o fim de seu mandato como senador, o que ocorrerá em quatro anos. Assim, para que tal desejo se materialize, será necessário que seja reeleito nos dois próximos pleitos (dois mandatos bienais). Sobre a intenção do senador, segundo o sistema jurídico-constitucional brasileiro, assinale a afirmativa correta.

(A) Será possível, já que não há limites temporais para o exercício da presidência nas casas legislativas do Congresso Nacional.

(B) Não será possível, pois a Constituição proíbe a reeleição para esse mesmo cargo no período bienal imediatamente subsequente.

(C) É parcialmente possível, pois, nos moldes da reeleição ao cargo de Presidente da República, ele poderá concorrer à reeleição uma única vez.

(D) Não é possível, pois o exercício da referida presidência inviabiliza a possibilidade de, no futuro, vir a exercê-la novamente.

RESPOSTA Os membros das Mesas do Congresso Nacional têm mandato de 2 (dois) anos, sendo vedada pela CF a recondução para o mesmo cargo na eleição imediatamente subsequente (art. 57, § 4º, da CF). Explicando: as "Mesas", tanto da Câmara dos Deputados quanto do Senado Federal, são responsáveis pela direção dos trabalhos legislativos e dos serviços administrativos das suas respectivas Casas. Compõem-se, cada uma, de Presidência – Presidente e dois Vice-Presidentes – e de Secretaria, composta por quatro Secretários e quatro Suplentes. *Alternativa B.*

106. **(II Exame)** Declarando o Supremo Tribunal Federal, incidentalmente, a inconstitucionalidade de lei ou ato normativo federal em face da Constituição do Brasil, caberá

(A) ao Procurador-Geral da República, como chefe do Ministério Público da União, expedir atos para o cumprimento da decisão pelos membros do Ministério Público Federal e dos Estados.

(B) ao Presidente da República editar decreto para tornar inválida a lei no âmbito da administração pública.

(C) ao Senado Federal suspender a execução da lei, total ou parcialmente, conforme o caso, desde que a decisão do Supremo Tribunal Federal seja definitiva.

(D) ao Advogado-Geral da União interpor o recurso cabível para impedir que a União seja compelida a cumprir a referida decisão.

RESPOSTA Pergunta clássica a respeito dos efeitos práticos de uma decisão de recurso extraordinário no STF, que julga determinada lei inconstitucional **incidentalmente: quando isso ocorrer, o Senado terá a prerrogativa de suspender sua eficácia ou não, ao seu critério**, e com fundamento no inciso X do art. 52 da CF (*"Compete privativamente ao Senado Federal suspender a execução, no todo ou em parte, de lei declarada inconstitucional por decisão definitiva do Supremo Tribunal Federal"*). *Alternativa C.*

107. **(XXI Exame)** Ricardo é o diretor geral do órgão da administração direta federal responsável pela ordenação de despesas. Inconformado com o fato de o Tribunal de Contas da União (TCU) ter apreciado e julgado as contas do órgão que dirige e, por fim, lhe aplicando sanções com fundamento em irregularidades apontadas por auditoria realizada pelo próprio TCU, procura um(a) advogado(a). Seu objetivo é saber se o referido Tribunal possui, ou não, tais competências. Neste sentido, o(a) advogado(a) responde que, segundo a ordem jurídico-constitucional vigente, as competências do TCU

(A) abrangem a tarefa referida, já que até mesmo as contas do Presidente da República estão sujeitas ao julgamento do referido Tribunal.

(B) não abarcam a tarefa de julgar tais contas, competindo ao Tribunal tão somente apreciá-las, para que, posteriormente, os Tribunais Federais venham a julgá-las.

(C) abrangem o julgamento das contas, devendo o TCU aplicar as sanções previstas na ordem jurídica em conformidade com os ilícitos que venha a identificar.

(D) não abrangem essa atividade, pois o TCU é órgão responsável pelo controle externo, não podendo, por força do princípio hierárquico, julgar contas de órgão da administração direta.

RESPOSTA As competências constitucionais atribuídas ao TCU estão relacionadas ao art. 71 da Constituição Federal. Dentre elas, há o dever constitucional de julgar as contas dos administradores e demais responsáveis por dinheiros, bens e valores públicos da administração direta e indireta, incluídas as fundações e sociedades instituídas e mantidas pelo Poder Público federal, e as contas daqueles que derem causa a perda, extravio ou outra irregularidade de que resulte prejuízo ao erário público; e aplicar aos responsáveis, em caso de ilegalidade de despesa ou irregularidade de contas, as sanções previstas em lei, que estabelecerá, entre outras cominações, multa proporcional ao dano causado ao erário. *Alternativa C.*

108. **(II Exame)** O Congresso Nacional e suas respectivas Casas se reúnem anualmente para a atividade legislativa. Com relação ao sistema constitucional brasileiro, assinale a alternativa correta.

(A) Legislatura: o período compreendido entre 2 de fevereiro a 17 de julho e 1º de agosto a 22 de dezembro.

(B) Sessão legislativa: os quatro anos equivalentes ao mandato dos parlamentares.

(C) Sessão conjunta: a reunião da Câmara dos Deputados e do Senado Federal destinada, por exemplo, a conhecer do veto presidencial e sobre ele deliberar.

(D) Sessão extraordinária: a que ocorre por convocação ou do Presidente do Senado Federal ou do Presidente da Câmara dos Deputados ou do Presidente da República e mesmo por requerimento da maioria dos membros de ambas as Casas para, excepcionalmente, inaugurar a sessão legislativa e eleger as respectivas mesas diretoras.

RESPOSTA A **sessão legislativa ordinária** é o período de atividade normal do Congresso a cada ano, de 2 de fevereiro a 17 de julho e de 1º de agosto a 22 de dezembro. Cada **quatro** sessões legislativas, a contar do ano seguinte ao das eleições parlamentares, compõem uma **legislatura**. Cada legislatura terá a duração de quatro anos. Já a **sessão legislativa extraordinária** compreende o trabalho realizado durante o **recesso parlamentar**, mediante convocação. Cada período de convocação constitui uma sessão legislativa extraordinária. A chamada "**sessão conjunta**" é a realização de **deliberações em conjunto**, por ambas as casas ao mesmo tempo. Dentre outros casos previstos na Constituição Federal, a Câmara dos Deputados e o Senado Federal reunir-se-ão em sessão conjunta para inaugurar a sessão legislativa, elaborar o regimento comum e regular a criação de serviços comuns às duas Casas, receber o compromisso do Presidente e do Vice-Presidente da República e conhecer do veto e sobre ele deliberar. *Alternativa C.*

109. **(XVII Exame)** Ocorreu um grande escândalo de desvio de verbas públicas na administração pública federal, o que ensejou a instauração de uma Comissão Parlamentar de Inquérito (CPI), requerida pelos deputados federais de oposição. Surpreendentemente, os oponentes da CPI conseguem que o inexperiente deputado M seja alçado à condição de Presidente da Comissão. Por não possuir formação jurídica e desconhecer o trâmite das atividades parlamentares, o referido Presidente, sem consultar os assessores jurídicos da Casa, toma uma série de iniciativas, expedindo ofícios e requisitando informações a diversos órgãos. Posteriormente, veio à tona que apenas uma de suas providências prescindiria de efetivo mandado judicial. Assinale a opção que indica a única providência que o deputado M poderia ter tomado, prescindindo de ordem judicial.

(A) Determinação de prisão preventiva de pessoas por condutas que, embora sem flagrância, configuram crime e há comprovado risco de que voltem a ser praticadas.

(B) Autorização, ao setor de inteligência da Polícia Judiciária, para que realize a interceptação das comunicações telefônicas ("escuta") de prováveis envolvidos.

(C) Quebra de sigilo fiscal dos servidores públicos que, sem aparente motivo, apresentaram público e notório aumento do seu padrão de consumo.

(D) Busca e apreensão de documentos nas residências de sete pessoas supostamente envolvidas no esquema de desvio de verba.

RESPOSTA Dentre as alternativas constantes na questão, a única que traz uma providência que poderia ser tomada pelo Presidente da Comissão Parlamentar de Inquérito sem a respectiva autorização judicial **é a quebra do sigilo fiscal, visto que, nos termos do art. 58, § 3º, da Constituição Federal:** *as CPIs terão poderes de investigação próprios das autoridades judiciais. Alternativa C.*

110. **(IV Exame)** Considere a hipótese de Deputado Federal que cometeu crime (comum) após a diplomação. Nesse caso, é correto afirmar que

(A) a Câmara dos Deputados pode sustar o andamento da ação penal.

(B) o STF só pode receber a denúncia após a licença da Câmara dos Deputados.

(C) o STF só pode receber a denúncia após a licença do Congresso Nacional.

(D) o Congresso Nacional pode sustar o andamento da ação penal.

RESPOSTA Desde a **expedição do diploma**, os membros do Congresso Nacional **não** poderão ser presos, salvo em flagrante de **crime inafiançável**. Nesse caso, os autos serão remetidos dentro de vinte e quatro horas à Casa respectiva, para que, pelo voto da maioria de seus membros, resolva sobre a prisão. Caso recebida a denúncia contra o Senador ou Deputado, por crime ocorrido após a diplomação, o Supremo Tribunal Federal dará ciência à Casa respectiva, que, por iniciativa de partido político nela representado e pelo voto da maioria de seus membros, poderá, até a decisão final, sustar o andamento da ação (*§§ 2º e 3º do art. 53 da CF*). Agora, o que é a diplomação? (*expedição do diploma*). Diplomação é o ato no qual a Justiça Eleitoral atesta que o candidato foi efetivamente eleito pelo povo e, por isso, está apto a tomar posse no cargo. É quando ocorre a entrega dos diplomas, que são assinados, conforme o caso, pelo presidente do Tribunal Superior Eleitoral (TSE), do Tribunal Regional Eleitoral (TRE) ou da junta eleitoral (fonte: site do TSE). *Alternativa A.*

111. **(XXVIII Exame)** A Mesa da Câmara dos Deputados encaminhou ao Ministro de Estado da Saúde pedido escrito de informações acerca da sua participação na formulação da política pública e na execução das ações de saneamento básico no território nacional. Passados trinta dias do recebimento do documento, não há qualquer resposta por parte do ministério, sendo que o ministro da referida pasta entende que as questões suscitadas não demandam resposta ministerial, por não possuírem caráter técnico, mas apenas político. Indignado, o Presidente da Mesa da Câmara dos Deputados submete a questão à apreciação de sua assessoria jurídica. Sobre o caso narrado, assinale a opção que apresenta, de acordo com o sistema jurídico-constitucional brasileiro, a resposta correta.

(A) O Ministro de Estado da Saúde, em exercício no âmbito do Poder Executivo, somente está obrigado a responder aos pedidos oriundos do Presidente da República, a quem hierarquicamente se submete.

(B) Em razão do princípio da independência entre os poderes da República, a ausência da resposta por parte do Poder Executivo não poderá acarretar sanções jurídicas, embora possa gerar uma crise entre os poderes.

(C) A ausência de resposta poderá fazer com que o Ministro responsável pela pasta venha a responder por crime, perante o Superior Tribunal de Justiça, caso seja denunciado pelo Ministério Público.

(D) O Ministro de Estado da Saúde poderá vir a responder por crime de responsabilidade, não lhe sendo assegurada discricionariedade para deixar de responder ao pedido de informações formulado pela Mesa da Câmara dos Deputados.

RESPOSTA Você, como assessor jurídico da Câmara, deve informar que o Ministro de Estado da Saúde poderá vir a responder por crime de responsabilidade, conforme determina expressamente o art. 50 da CF – pois não importa a natureza da informação que o órgão legislativo questiona, sendo necessário, apenas, que o assunto deva ser previamente determinado. *Alternativa D.*

112. **(XXXI Exame)** Josué, deputado federal no regular exercício do mandato, em entrevista dada, em sua residência, à revista Pensamento, acusa sua adversária política Aline de envolvimento com escândalos de desvio de verbas públicas, o que é objeto de investigação em Comissão parlamentar de Inquérito instaurada poucos dias antes. Não obstante, após ser indagado sobre os motivos que nutriam as acaloradas disputas entre ambos, Josué emite opinião com ofensas de cunho pessoal, sem qualquer relação com o exercício do mandato parlamentar. Diante do caso hipotético narrado, conforme reiterada jurisprudência do Supremo Tribunal Federal sobre o tema, assinale a afirmativa correta.

(A) Josué poderá ser responsabilizado penal e civilmente, inclusive por danos morais, pelas ofensas proferidas em desfavor de Aline que não guardem qualquer relação com o exercício do mandato parlamentar.

(B) Josué encontra-se protegido pela imunidade material ou inviolabilidade por suas opiniões, palavras e votos, o que, considerado o caráter absoluto dessa prerrogativa, impede a sua responsabilização por quaisquer das declarações prestadas à revista.

(C) Josué poderá ter sua imunidade material afastada em virtude de as declarações terem sido prestadas fora da respectiva casa legislativa, independentemente de estarem, ou não, relacionadas ao exercício do mandato.

(D) A imunidade material, consagrada constitucionalmente, foi declarada inconstitucional pelo

Supremo Tribunal Federal, de modo que Josué não poderá valer-se de tal prerrogativa para se isentar de eventual responsabilidade pelas ofensas dirigidas a Aline.

RESPOSTA Já sabemos de antemão que os deputados e senadores são invioláveis, civil e penalmente, por quaisquer de suas opiniões, palavras e votos (artigo 53, "*caput*" da CF). No entanto, há uma delimitação jurídica para essa imunidade, para que não haja excesso nem desvio de poder por parte dos parlamentares. Necessariamente, a imunidade deve estar atrelada às atividades ligadas ao exercício parlamentar, ou seja, ligadas diretamente a suas funções como deputado ou senador. Qualquer outra atividade que não tenha vínculo com o exercício do mandato não estará protegida pela imunidade parlamentar. No caso em tela, Josué poderá sim ser responsabilizado penal e civilmente ao acusar levianamente outrem de desvio de verbas públicas, e não no exercício das funções do seu mandato. Dica extra: "*A imunidade parlamentar não se estende ao corréu sem essa prerrogativa*" (Súmula 245 do STF). *Alternativa A.*

113. **(I Exame)** Com relação à organização do Poder Legislativo e ao regime jurídico constitucional dos congressistas, assinale a opção correta.

(A) Os deputados federais e os senadores, todos eles eleitos pelo sistema majoritário, representam o povo dos seus respectivos estados.

(B) A criação de cargos públicos no âmbito das casas do Congresso Nacional deve ser feita por meio de lei ordinária.

(C) Os deputados federais e os senadores não podem assumir cargo de confiança na direção de empresas públicas ou sociedades de economia mista da União.

(D) Desde a expedição do diploma, deputados federais e senadores estão sujeitos a julgamento perante o STF, o qual, ao receber a denúncia contra congressista, deverá solicitar autorização à respectiva Casa para prosseguir com a ação penal.

RESPOSTA A Câmara dos Deputados compõe-se de representantes do povo, eleitos, pelo sistema proporcional, em cada Estado, em cada Território e no Distrito Federal. E o Senado Federal compõe-se de representantes dos Estados e do Distrito Federal, eleitos segundo o princípio majoritário (*arts. 44* e *46 da CF*). Em relação à criação de cargos públicos no âmbito de suas dependências, **atenção para não caírem numa pegadinha terrível!** Como regra amplamente conhecida e geral, os cargos públicos devem ser criados e extintos mediante lei em sentido estrito. Tal premissa é estabelecida pela disposição do art. 61, § 1º, II, "a", da Constituição Federal. Pois bem. Ocorre, no entanto, que tal regra não se aplica aos cargos do Poder Legislativo. De acordo com o inciso IV do art. 51 e o inciso XIII do art. 52, é de competência privativa da Câmara ou do Senado a criação de cargos auxiliares do Legislativo. Portanto, por ser competência privativa, independe da participação do Executivo – ou seja, a criação destes cargos não pode ser feita por meio de lei, pois toda lei deve possuir, ao final, sanção do Poder Executivo. E isto ocorrendo, tiraria a privatividade da criação de tais cargos. Conforme estes mesmos incisos, apenas o vencimento relativo a tais cargos do Poder Legislativo deverá ser fixado por meio de lei. Por fim, vale ressaltar que a iniciativa do projeto de lei referente à remuneração de seus servidores compete à Casa Legislativa respectiva (*STF – ADI n. 3.599*). Assim, por exemplo, para o Senado Federal criar cargos em sua estrutura, bastará a aprovação de uma Resolução por parte da própria Casa. Contudo, para fixar a remuneração dos cargos criados, deverá o Senado aprovar um projeto de lei de iniciativa de qualquer Senador ou Comissão interna, encaminhar o referido projeto à Câmara dos Deputados e, após a aprovação em ambas as Casas, submetê-lo à sanção do Presidente da República (*inciso IV do art. 51 e inciso XIII do art. 52 da CF*). *Alternativa C.*

114. **(XVII Exame)** Um representante da sociedade civil, apresentando indícios de que o Presidente da República teria ultrapassado os gastos autorizados pela lei orçamentária e, portanto, cometido crime de responsabilidade, denuncia o Chefe do Poder Executivo Federal à Câmara dos Deputados. Protocolizada a denúncia na Câmara, foram observados os trâmites legais e regimentais de modo que o Plenário pudesse ou não autorizar a instauração de processo contra o Presidente da República. Do total de 513 deputados da Câmara, apenas 400 estiveram presentes à sessão, sendo que 260 votaram a favor da instauração do processo. Diante desse fato,

(A) o processo será enviado ao Senado Federal para que este, sob a presidência do Presidente do STF, proceda ao julgamento do Presidente da República.

(B) o processo será enviado ao Supremo Tribunal Federal, a fim de que a Corte Maior proceda ao julgamento do Presidente da República.

(C) o processo deverá ser arquivado, tendo em vista o fato de a decisão da Câmara dos Deputados não ter contado com a manifestação favorável de dois terços dos seus membros.

(D) dá-se o impeachment do Presidente da República, que perde o cargo e fica inabilitado para o exercício de outra função pública por oito anos.

RESPOSTA A resposta para a questão é o *caput do art. 86* da Constituição Federal, **que condiciona a instauração do processo contra o Presidente da República à aprovação de dois terços dos membros da Câmara dos Deputados** (*ou seja, 342 votos de aprovação, sob pena de arquivamento do feito, o que deveria ocorrer no caso supramencionado*). *Alternativa C.*

XI. PROCESSO LEGISLATIVO E ESPÉCIES NORMATIVAS

115. **(XXII Exame)** O Presidente da República, objetivando adotar medidas urgentes para melhorar o desempenho da máquina burocrática pública, solicita delegação ao Congresso Nacional a fim de normatizar, por meio de lei delegada, a tramitação mais eficiente de processos no âmbito da Administração Pública. O Congresso Nacional, embora tenha concordado com o pedido formulado, especifica, por meio de resolução, que o projeto de lei delegada proposto pelo Presidente da República, antes de adentrar o sistema jurídico vigente pela via legal, deverá ser por ele avaliado. O Presidente da República, tendo dúvidas sobre se a condição imposta pelo Poder Legislativo é violadora da ordem jurídico-constitucional brasileira, solicita esclarecimentos à sua assessoria jurídica. Sobre a exigência do Congresso Nacional, assinale a afirmativa correta.

(A) A exigência é constitucional, tendo em vista que a CRFB/88 prevê a possibilidade de controle prévio sobre o conteúdo normativo da delegação, quando a resolução assim o previr.

(B) A exigência é inconstitucional, posto que a autorização para a edição de lei delegada, quando concedido pelo Congresso Nacional, retira desse órgão qualquer possibilidade de controle sobre o seu conteúdo.

(C) A exigência é constitucional, podendo o Parlamento arrogar-se o direito de propor emendas ao conteúdo normativo do projeto de lei proposto pelo Presidente da República.

(D) A exigência é inconstitucional, pois a lei delegada é espécie normativa cujo fundamento encontra-se alicerçado no princípio da total independência de um Poder nos assuntos de outro.

RESPOSTA As leis delegadas serão elaboradas pelo Presidente da República, que deverá solicitar tal delegação ao Congresso Nacional. A delegação ao Presidente da República terá a forma de resolução, que especificará seu conteúdo e os termos de seu exercício. Ou seja, as condições impostas anteriormente pelo Congresso Nacional ao Presidente da República são justas e condizentes com a sistemática constitucional. *Alternativa A.*

116. **(XXVIII Exame)** Ante o iminente vencimento do prazo para adimplemento de compromissos internacionais assumidos pelo Brasil perante o Fundo Monetário Internacional, bem como diante da grave crise econômica enfrentada pelo Estado, o Presidente da República, no regular exercício do mandato, edita a Medida Provisória X. A medida dispõe sobre a possibilidade de detenção e sequestro, pelo governo federal, de bens imóveis com área superior a 250 m² situados em zonas urbanas, desde que não se trate de bem de família e que o imóvel esteja desocupado há mais de dois anos. Sobre a Medida Provisória X, com base na CRFB/88, assinale a afirmativa correta.

(A) É inconstitucional, uma vez que a Constituição Federal de 1988 veda, expressamente, que tal espécie normativa disponha sobre matéria que vise a detenção ou o sequestro de bens.

(B) É inconstitucional, pois trata de matéria já regulamentada pelo legislador ordinário, qual seja, a possibilidade de desapropriação de bens imóveis urbanos por necessidade ou utilidade pública.

(C) Ela não se revela adequada ao cumprimento do requisito de urgência porque só produzirá efeitos no exercício financeiro seguinte, caso venha a ser convertida em lei até o último dia daquele em que foi editada.

(D) É constitucional, pois foram respeitados os requisitos de relevância e urgência, desde que seja submetida de imediato ao Congresso Nacional, perdendo eficácia se não for convertida em lei no prazo de 60 (sessenta) dias, prorrogável uma única vez por igual período.

RESPOSTA A medida provisória é norma proveniente (editada e criada) pelo chefe do Poder Executivo, com força de lei, que trata de assuntos com extrema relevância e urgência, pois assuntos dessa natureza não poderiam esperar o trâmite normal de um processo legislativo. Entretanto, há assuntos proibidos constitucionalmente de serem tratados via medida provisória. Dentre eles, a detenção ou sequestro de bens, de poupança popular ou qualquer outro ativo financeiro (art. 62, § 1º, II, da CF). *Alternativa A.*

117. **(XXVI Exame)** O deputado federal Alberto propôs, no exercício de suas atribuições, projeto de lei de grande interesse para o Poder Executivo federal. Ao perceber que o momento político é favorável à sua aprovação, a bancada do governo pede ao Presidente da República que, utilizando-se de suas prerrogativas, solicite urgência (regime de urgência constitucional) para a apreciação da matéria pelo Congresso Nacional. Em dúvida, o Presidente da República recorre ao seu corpo jurídico, que, atendendo à sua solicitação, informa que, de acordo com o sistema jurídico-constitucional brasileiro, o pleito da base governista

(A) é viável, pois é prerrogativa do chefe do Poder Executivo solicitar o regime de urgência constitucional em todos os projetos de lei que tramitem no Congresso Nacional.

(B) não pode ser atendido, pois o regime de urgência constitucional somente pode ser solicitado pelo presidente da mesa de uma das casas do Congresso Nacional.

(C) viola a CRFB/88, pois o regime de urgência constitucional somente pode ser requerido pelo Presidente da República em projetos de lei de sua própria iniciativa.

(D) não pode ser atendido, pois, nos casos urgentes, o Presidente da República deve veicular a matéria por meio de medida provisória e não solicitar que o Legislativo aprecie a matéria em regime de urgência.

RESPOSTA Conforme expressa determinação do § 1º do artigo 64 da CF, o Presidente da República poderá solicitar urgência para apreciação de projetos apenas de sua iniciativa. *Alternativa C.*

118. **(XII Exame)** O Deputado Federal "Y" foi objeto de extensa investigação, e diversas reportagens jornalísticas indicaram sua participação em fraudes contra a previdência social. Além disso, inquéritos da polícia chegaram a fortes indícios de diversas práticas criminosas por uma quadrilha por ele liderada. O Ministério Público ofereceu denúncia contra sete acusados, incluindo o parlamentar. Com relação ao caso apresentado, assinale a afirmativa correta.

(A) Os deputados federais não podem ser presos em hipótese alguma, pois são invioláveis, na forma prevista na Constituição da República.

(B) O processo criminal contra o deputado federal deverá tramitar perante o Superior Tribunal de Justiça e tem procedimento especial previsto em lei.

(C) O tribunal competente, recebida denúncia contra o deputado federal por crime ocorrido após a diplomação, dará ciência à Câmara dos Deputados, que poderá sustar o andamento da ação por iniciativa de partido político nela representado e pelo voto da maioria de seus membros, até a decisão final.

(D) Os membros do Congresso Nacional, desde a expedição do diploma, não poderão ser processados criminalmente sem prévia licença de sua Casa; não sendo concedida a licença, ficará suspensa a prescrição, até o fim do mandato.

RESPOSTA Neste caso, se **proposta a denúncia** pelo Ministério Público, e se **recebida a denúncia** contra o Senador ou Deputado por crime ocorrido após a diplomação, o Supremo Tribunal Federal dará ciência à Casa respectiva, que, por iniciativa de partido político nela representado e pelo voto da maioria de seus membros, poderá, até a decisão final, sustar o andamento da ação (*§ 3º do art. 53 da CF*). *Alternativa C.*

119. **(XX Exame)** Um Senador da República apresentou projeto de lei visando determinar à União que sejam adotadas as providências necessárias para que toda a população brasileira seja vacinada contra determinada doença causadora de pandemia transmitida por mosquito. O Senado Federal, no entanto, preocupado com o fato de que os servidores da saúde poderiam descumprir o que determinaria a futura lei, isso em razão de seus baixos salários, acabou por emendar o projeto de lei, determinando, igualmente, a majoração da remuneração dos servidores públicos federais da área de saúde pública. Aprovado em ambas as Casas do Congresso Nacional, o projeto foi encaminhado ao Presidente da República. Com base na hipótese apresentada, assinale a afirmativa correta.

(A) O Presidente da República não terá motivos para vetar o projeto de lei por vício de inconstitucionalidade formal, ainda que possa vetá-lo por entendê-lo contrário ao interesse público, devendo fazer isso no prazo de quinze dias úteis.

(B) O Presidente da República, ainda que tenha motivos para vetar o projeto de lei por vício de inconstitucionalidade formal, poderá, no curso do prazo para a sanção ou o veto presidencial, editar medida provisória com igual conteúdo ao do projeto de lei aprovado pelo Congresso Nacional, tendo em vista o princípio da separação dos poderes.

(C) O Presidente da República poderá vetá-lo, por motivo de inconstitucionalidade material e não por inconstitucionalidade formal, uma vez que os projetos de lei que acarretem despesas para o Poder Executivo são de iniciativa privativa do Presidente da República.

(D) O Presidente da República poderá vetá-lo, por motivo de inconstitucionalidade formal, na parte que majorou a remuneração dos servidores públicos, uma vez que a iniciativa legislativa nessa matéria é privativa do Chefe do Poder Executivo, devendo o veto ser exercido no prazo de quinze dias úteis.

RESPOSTA Dentre os projetos de lei de iniciativa privativa do Presidente da República (art. 61, § 1º, da Constituição Federal), está a de criação de cargos, funções ou empregos públicos na administração direta e autárquica ou o aumento de sua remuneração. Assim sendo, ficam proibidas quaisquer emendas parlamentares ou de comissões do legislativo a respeito desses temas/assuntos. *Alternativa D.*

120. **(XIX Exame)** O Presidente da República tem dúvidas sobre como proceder em determinado projeto de lei que vem gerando muitas críticas na imprensa. No décimo quarto dia útil do prazo para sancionar ou vetar o referido projeto de lei, o Chefe do Executivo consulta o Advogado-Geral da União para saber os efeitos jurídicos que adviriam do transcurso do prazo de quinze dias úteis sem a adoção de nenhuma providência expressa, simplesmente permanecendo silente. De acordo com a sistemática constitucional, essa situação implicaria

(A) veto total, que ainda será apreciado em sessão conjunta das casas do Congresso Nacional.

(B) sanção tácita, o que não exclui a possibilidade de o Chefe do Poder Executivo promulgar a lei.

(C) sanção tácita, o que convalida eventual vício de iniciativa, ainda que da lei decorra aumento de despesa.

(D) veto parcial, que ainda será apreciado em sessão separada, pelo plenário de cada uma das Casas do Congresso Nacional.

RESPOSTA O projeto de lei, logo após o correto e adequado trâmite nas duas casas legislativas, chega ao Presidente da República, devendo ser por ele analisado – tanto no aspecto jurídico quanto no aspecto político. Caso concorde, tem a prerrogativa de sancioná-lo. Caso não o faça em quinze dias úteis, haverá a chamada "sanção tácita", como se o Presidente o tivesse aceito, mas não de modo expresso – art. 66, § 3º, da Constituição Federal. *Alternativa B.*

121. **(X Exame)** A Constituição brasileira não pode ser emendada

(A) na implantação do estado de emergência e durante a intervenção da União nos Estados.

(B) na vigência do estado de sítio e na implantação do estado de emergência.

(C) quando em estado de sítio e durante a intervenção da União nos Municípios.

(D) na vigência de estado de defesa, de estado de sítio e de intervenção federal.

RESPOSTA É interessante deixar claro **dois pontos** a respeito das **emendas constitucionais**: a Constituição **poderá ser emendada** mediante proposta I – de um terço, no mínimo, dos membros da Câmara dos Deputados ou do Senado Federal; II – do Presidente da República; III – de mais da metade das Assembleias Legislativas das unidades da Federação, manifestando-se, cada uma delas, pela maioria relativa de seus membros. Por outro lado, a Constituição **não poderá ser emendada** na vigência de intervenção federal, de estado de defesa ou de estado de sítio. *Alternativa D.*

122. **(X Exame)** Preocupado com a concorrência de eletrodomésticos produzidos na China e com o saldo da balança comercial, o Presidente da República, no dia 1º de abril, editou medida provisória determinando o aumento da alíquota do imposto sobre produtos industrializados (IPI) para os produtos provenientes daquele país. Entretanto, passados 30 (trinta) dias, o Congresso Nacional rejeitou a medida provisória, não a convertendo em lei. Com base no caso acima, assinale a afirmativa correta.

(A) A medida provisória terá eficácia por mais 30 (trinta) dias, perfazendo o total de 60 (sessenta) dias.

(B) A medida provisória terá eficácia por mais 30 (trinta) dias, período no qual poderá haver nova tentativa de conversão em lei.

(C) A medida provisória perderá sua eficácia, cabendo ao Presidente da República, caso haja interesse, reeditá-la imediatamente.

(D) A medida provisória perderá sua eficácia, devendo o Congresso Nacional disciplinar, por decreto legislativo, as relações jurídicas dela decorrentes.

RESPOSTA A partir do momento em que o Congresso Nacional **rejeita** a medida provisória, ela **imediatamente perde** sua eficácia. Quando isso ocorrer, **pode** o Congresso Nacional **regulamentar as relações jurídicas por ela constituídas por meio de decreto legislativo.** Mas, caso tais relações **não** sejam regulamentadas em até sessenta dias, serão **mantidas e regidas pelas regras da medida provisória derrubada** (*§§ 3º e 11 do art. 62 da CF*). *Alternativa D.*

123. **(II Exame)** Sobre o instrumento jurídico denominado Medida Provisória que não é lei, mas tem força de lei, assinale a afirmativa correta.

(A) A sua eficácia dura sessenta dias contados da publicação, podendo a medida ser prorrogada apenas duas vezes, ambas por igual período.

(B) Se a Medida Provisória perder eficácia por decurso de prazo ou, em caráter expresso, for rejeitada pelo Congresso Nacional, vedada será sua reedição na mesma sessão legislativa.

(C) A não apreciação pela Câmara dos Deputados e, após, pelo Senado Federal, no prazo de 45 dias contados da publicação, tem como consequência apenas o sobrestamento da deliberação dos projetos de emenda à Constituição.

(D) A edição de Medida Provisória torna prejudicado o projeto de lei que disciplina o mesmo assunto e que, a par de já aprovado pelo Congresso Nacional, está pendente de sanção ou veto do Presidente da República.

RESPOSTA É **vedada** a reedição, na **mesma sessão legislativa**, de medida provisória que tenha sido **rejeitada** ou que tenha **perdido sua eficácia por decurso de prazo**. E, relembrando: a **sessão legislativa** ordinária é o período de atividade **normal** do Congresso a cada ano, de 2 de fevereiro a 17 de julho e de 1º de agosto a 22 de dezembro. Cada quatro sessões legislativas, a contar do ano seguinte ao das eleições parlamentares, compõem uma legislatura. *Alternativa B.*

124. **(II Exame)** Sabe-se a polêmica ainda existente na doutrina constitucionalista pátria no que se refere à eventual hierarquia da Lei Complementar sobre a Lei Ordinária. Todavia, há diferenças entre essas duas espécies normativas que podem até gerar vícios de inconstitucionalidade caso não respeitadas durante o processo legislativo. A partir do fragmento acima, assinale a afirmativa incorreta.

(A) A Lei Complementar exige aprovação por maioria absoluta, enquanto a lei ordinária é aprovada por maioria simples dos membros presentes à sessão, desde que presente a maioria absoluta dos membros de cada Casa ou de suas Comissões.

(B) As matérias que devem ser regradas por Lei Complementar encontram-se taxativamente indicadas no texto constitucional e, desde que não seja assunto específico de normatização por decreto legislativo ou resolução, o regramento de todo o resíduo competirá à lei ordinária.

(C) As matérias reservadas à Lei Complementar não serão objeto de delegação do Congresso ao Presidente da República.

(D) A discussão e votação dos projetos de lei ordinária devem, obrigatoriamente, ter início na Câmara dos Deputados.

RESPOSTA **Regra geral**, o *caput* do art. 64 diz que os projetos de lei de iniciativa de Presidente da República, dos Tribunais Superiores e do STF terão início na **Câmara dos Deputados**. Evidentemente, os projetos de lei dos Deputados, e de iniciativa popular (*§ 2º do art. 61 da CF*) também terão início na Câmara. Apesar de não ser expresso, os projetos de lei de **iniciativa de Senador** ou de **comissão do** Senado terão início no próprio **Senado**. Em relação à **proposta de Emenda Constitucional** elaborada por mais da metade das **Assembleias Legislativas** das unidades da Federação, manifestando-se, cada uma delas, pela maioria relativa de seus membros (*inciso III do art. 60 da CF*), ou por, no mínimo, **um terço dos membros do Senado** (*inciso I do art. 60 da CF*), a **casa iniciadora será o Senado Federal**, tendo em vista que esta instituição representa os Estados-membros no sistema federativo. Tal regra encontra-se no art. 212 do Regimento do Senado. Também, todos os **projetos de lei** referentes à **matéria de competência do Congresso Nacional**, com sanção do Presidente da República (*art. 48 da CF*), **projetos de decreto legislativo, referente à matéria da competência exclusiva do Congresso Nacional** (*art. 49 da CF*), e **projetos de resolução sobre matéria da competência privativa do Senado** (*art. 52 da CF*) **terão início no Senado**, conforme disposto no art. 213 do Regimento Interno do Senado Federal. *Alternativa D.*

125. **(XXXI Exame)** Diante das intensas chuvas que atingiram o Estado Alfa, que se encontra em situação de calamidade pública, o Presidente da República, ante a relevância e urgência latentes, edita a Medida Provisória n. XX/19, determinando a abertura de crédito extraordinário para atender às despesas imprevisíveis a serem realizadas pela União, em decorrência do referido desastre natural.

A partir da situação hipotética narrada, com base no texto constitucional vigente, assinale a afirmativa correta.

(A) A Constituição de 1988 veda, em absoluto, a edição de ato normativo dessa natureza sobre matéria orçamentária, de modo que a abertura de crédito extraordinário deve ser feita por meio de lei ordinária de iniciativa do Chefe do Executivo.

(B) A Constituição de 1988 veda a edição de ato normativo dessa natureza em matéria de orçamento e créditos adicionais e suplementares, mas ressalva a possibilidade de abertura de crédito extraordinário para atender a despesas imprevisíveis e urgentes, como as decorrentes de calamidade pública.

(C) O ato normativo editado afronta o princípio constitucional da anterioridade orçamentária, o qual impede quaisquer modificações nas leis orçamentárias após sua aprovação pelo Congresso Nacional e consequente promulgação presidencial.

(D) O ato normativo editado é harmônico com a ordem constitucional, que autoriza a edição de medidas provisórias que versem sobre planos plurianuais, diretrizes orçamentárias, orçamento e créditos adicionais, suplementares e extraordinários, desde que haja motivação razoável.

RESPOSTA Realmente, o art. 62, § 1º, da CF veda expressamente a edição, pelo Presidente da República, de medidas provisórias sobre (*dentre outros assuntos*) planos plurianuais, diretrizes orçamentárias, orçamento e créditos adicionais e suplementares. Entretanto, há uma pequena mas expressiva exceção – *a que a maioria dos estudantes não atenta* – que permite sim a abertura de crédito extraordinário para atender a despesas imprevisíveis e urgentes, como as decorrentes de guerra, comoção interna ou calamidade pública. Trata-se da determinação do art. 167, § 3º, da CF. *Alternativa B.*

126. **(III Exame)** Projeto de lei estadual de iniciativa parlamentar concede aumento de remuneração a servidores públicos estaduais da área da saúde e vem a ser convertido em lei após a sanção do Governador do Estado. A referida lei é

(A) compatível com a Constituição da República, desde que a Constituição do Estado-membro não reserve à Chefia do Poder Executivo a iniciativa de leis que disponham sobre aumento de remuneração de servidores públicos estaduais.
(B) constitucional, em que pese o vício de iniciativa, pois a sanção do Governador do Estado ao projeto de lei teve o condão de sanar o defeito de iniciativa.
(C) inconstitucional, uma vez que os projetos de lei de iniciativa dos Deputados Estaduais não se submetem à sanção do Governador do Estado, sob pena de ofensa à separação de poderes.
(D) inconstitucional, uma vez que são de iniciativa privativa do Governador do Estado as leis que disponham sobre aumento de remuneração de servidores públicos da administração direta e autárquica estadual.

RESPOSTA Este projeto de lei é **inconstitucional**. Lembre-se, sempre, que a iniciativa de projeto de lei deve ser ligada ao mérito da lei que será produzida. Em outras palavras: se a lei a ser produzida diz respeito a **servidores públicos estaduais**, o projeto de lei deve ser iniciado pelo seu **chefe**, ou seja, pelo **Chefe do Poder Executivo estadual**. Outro exemplo: **caso o projeto de lei trate do aumento dos subsídios dos servidores do Poder Legislativo, a proposta deste projeto de lei deve vir do Poder Legislativo.** Assim sendo, a resposta é a alternativa D. Pelo princípio da simetria federal, esta situação encontra analogia no § 1º do art. 61 da CF. *Alternativa D.*

127. **(XX Exame – Reaplicação)** Sob a alegação de que o Projeto de Lei n. 1234, aprovado pelo Congresso Nacional, viola a CRFB/88, o Presidente da República o veta. Insatisfeitas, as lideranças políticas da oposição afirmam que a justificativa presidencial não se sustenta em argumentação jurídica plausível. As lideranças partidárias, por considerarem que o projeto de lei, nos termos aprovados pelo Poder Legislativo, é fundamental para o processo de recuperação econômica do país, reúnem-se e sugerem várias ações para que as propostas constantes do projeto possam se converter em lei. Assinale a ação que, com embasamento constitucional, as lideranças partidárias devem adotar.

(A) Formar uma base de apoio que contasse com a maioria simples dos membros de uma das casas legislativas, para apresentar, na mesma sessão legislativa, projeto de lei de idêntico teor.
(B) Recorrer ao Poder Judiciário contra o ato do Presidente da República, que, valendo-se de instrumento arbitrário e antidemocrático (o veto), impediu o Legislativo de exercer sua função típica.
(C) Formar maioria absoluta no Congresso Nacional (senadores e deputados federais) que, em sessão conjunta, votasse pela derrubada do veto imposto pelo Presidente da República.
(D) Entender-se politicamente com o Presidente da República, de maneira que este último viesse a desistir do veto por intermédio da figura jurídica da retratação de veto presidencial.

RESPOSTA As lideranças partidárias estão certas em procurar convencer a maioria absoluta do Congresso Nacional, pois esta é a regra estabelecida pelo art. 66, § 4º, da Constituição Federal: "O veto será apreciado em sessão conjunta, dentro de trinta dias a contar de seu recebimento, só podendo ser rejeitado pelo voto da maioria absoluta dos Deputados e Senadores". *Alternativa C.*

128. **(III Exame)** Assinale a alternativa que contemple matéria para cuja disciplina é vedada a edição de medida provisória.

(A) Instituição ou majoração de impostos.
(B) Abertura de crédito extraordinário, ainda que para atendimento a despesas imprevisíveis e urgentes.
(C) Normas gerais de licitações e contratos administrativos.
(D) Partidos políticos e direito eleitoral.

RESPOSTA O *§ 1º do art. 62* traz uma **lista das matérias proibidas de serem propostas por meio de medida provisória.** São elas: relativas à **nacionalidade, cidadania, direitos políticos, partidos políticos, direito eleitoral, direito penal, processual penal, processual civil; organização do Poder Judiciário** e do **Ministério Público**, a carreira e a garantia de seus membros; **planos plurianuais; diretrizes orçamentárias; orçamento** e **créditos adicionais e suplementares**, ressalvado o previsto no art. 167, § 3º; que **vise à detenção ou ao sequestro de bens, de poupança popular ou qualquer outro ativo financeiro; reservada a lei complementar** e/ou **já disciplinada em projeto de lei aprovado pelo Congresso Nacional** e pendente de sanção ou veto do Presidente da República. *Alternativa D.*

129. **(XIX Exame)** O Presidente da República tem dúvidas sobre como proceder em determinado projeto de lei que vem gerando muitas críticas na imprensa. No décimo quarto dia útil do prazo para sancionar ou vetar o referido projeto de lei, o Chefe do Executivo consulta o Advogado-Geral da União para saber os efeitos jurídicos que adviriam do transcurso do prazo de quinze dias úteis sem a adoção de nenhuma providência expressa, simplesmente permanecendo silente. De acordo com a sistemática constitucional, essa situação implicaria

(A) veto total, que ainda será apreciado em sessão conjunta das casas do Congresso Nacional.
(B) sanção tácita, o que não exclui a possibilidade de o Chefe do Poder Executivo promulgar a lei.
(C) sanção tácita, o que convalida eventual vício de iniciativa, ainda que da lei decorra aumento de despesa.
(D) veto parcial, que ainda será apreciado em sessão separada, pelo plenário de cada uma das Casas do Congresso Nacional.

RESPOSTA Nos termos do art. 66, §§ 3º e 7º, o silêncio do Presidente da República, após o decurso dos 15 dias úteis, culminará na **sanção tácita do projeto de lei**, quando, então, ele terá um **prazo de 48 horas para promulgar a lei resultante desta sanção tácita**. Caso não o faça, o **Presidente do Senado**, em igual prazo, deverá promulgá-la. Se este também não o fizer, caberá ao **Vice-Presidente do Senado** a incumbência de promulgação desta lei, sem definição constitucional de prazo para realizá-la. *Alternativa B.*

130. **(VII Exame)** As Emendas Constitucionais possuem um peculiar sistema de iniciativa. Assim, revela-se correto afirmar que poderá surgir projeto dessa espécie normativa por proposta de:

(A) mais de dois terços das Assembleias Legislativas das unidades da Federação, sendo que, em cada uma delas, deve ocorrer a unanimidade de votos.
(B) mais de um terço das Assembleias Legislativas das unidades da Federação, sendo que, em cada uma delas, deve ocorrer a maioria simples de votos.
(C) mais da metade das Assembleias Legislativas das unidades da Federação, sendo que, em cada uma delas, deve ocorrer a maioria relativa de votos.
(D) mais de um terço das Assembleias Legislativas das unidades da Federação, sendo que, em cada uma delas, deve ocorrer a unanimidade de votos.

RESPOSTA A Constituição poderá ser emendada, dentre outras formas, **mediante proposta de mais da metade das Assembleias Legislativas das unidades da Federação, manifestando-se, cada uma delas, pela maioria relativa de seus membros**, *de acordo com o inciso III do art. 60 da CF. Alternativa C.*

131. **(V Exame)** A iniciativa popular é uma das formas de exercício da soberania previstas na Constituição da República. O projeto de lei resultante de iniciativa popular deve

(A) ser dirigido à Mesa do Congresso Nacional.
(B) ser subscrito por, no mínimo, 2% do eleitorado nacional.
(C) ser subscrito por eleitores de cinco Estados da Federação.
(D) dispor sobre matéria de lei ordinária.

RESPOSTA O projeto de lei resultante de **iniciativa popular** deve ser iniciado pela apresentação à **Câmara dos Deputados** subscrito por, no mínimo, **um por cento do eleitorado nacional**, distribuído pelo menos por **cinco Estados**, com não menos de **três décimos por cento dos eleitores de cada um deles** (*§ 2º do art. 61 da CF*). *Alternativa C.*

XII. DA FISCALIZAÇÃO CONTÁBIL, FINANCEIRA E ORÇAMENTÁRIA

132. **(III Exame)** O controle externo financeiro da União e das entidades da administração federal direta e indireta é atribuição do Congresso Nacional, que o exerce com o auxílio do Tribunal de Contas da União. É competência do Tribunal de Contas da União

(A) apreciar as contas prestadas anualmente pelo Presidente da República, mediante a emissão de parecer prévio, que só deixará de prevalecer por decisão de dois terços dos membros do Congresso Nacional.
(B) sustar contratos administrativos em que seja identificado superfaturamento ou ilegalidade e promover a respectiva ação visando ao ressarcimento do dano causado ao erário.
(C) aplicar aos responsáveis por ilegalidade de despesa ou irregularidade de contas multa sancio-

natória, em decisão dotada de eficácia de título executivo judicial.

(D) fiscalizar a aplicação de quaisquer recursos repassados pela União, mediante convênio, ajuste ou outros instrumentos congêneres, a Estado, ao Distrito Federal ou a Município.

RESPOSTA Importante deixar claro um ponto na alternativa A: os Tribunais de Contas emitem **parecer**. Portanto, **não é vinculativo** ao Congresso Nacional. Aliás, a própria expressão "*parecer*" significa "*aquilo que parece*". Portanto, o Congresso Nacional não tem obrigação de acatar todas as proposições do parecer do TCU, não havendo o porquê, desta forma, do parecer "*deixar de prevalecer*" como afirma a alternativa A – **ele, naturalmente, já não prevalece, por ser apenas uma opinião** (*inciso I do art. 71 da CF*). Os dois erros nas alternativas B e C: o TCU pode **sustar**, se não atendido, a **execução do ato impugnado**, comunicando a decisão à Câmara dos Deputados e ao Senado Federal (e não somente contratos de matérias específicas) – *inciso X do art. 71 da CF*; e pode **aplicar** aos responsáveis, em caso de ilegalidade de despesa ou irregularidade de contas, as **sanções** previstas em lei, que estabelecerá, entre outras cominações, **multa** proporcional ao dano causado ao erário, cuja natureza **não é** de título executivo extrajudicial, **mas de sanção administrativa** – *inciso VIII do art. 71 da CF*. A alternativa correta é a D, que traz texto integral do *inciso VI do art. 71 da CF. Alternativa D.*

XIII. DO PODER EXECUTIVO

133. **(XXII Exame)** O Presidente da República descumpriu ordem judicial, emanada de autoridade competente, impondo à União o pagamento de vantagens atrasadas, devidas aos servidores públicos federais ativos e inativos. A Advocacia Geral da União argumentava que a mora era justificável por conta da ausência de previsão de recursos públicos em lei orçamentária específica. Apesar disso, um grupo de parlamentares, interessado em provocar a atuação do Ministério Público, entendeu ter ocorrido crime comum de desobediência, procurando você para que, como advogado(a), informe que órgão seria competente para julgar ilícito dessa natureza. Dito isto e a par da conduta descrita, é correto afirmar que o Presidente da República deve ser julgado

(A) pela Câmara dos Deputados, após autorização do Senado Federal.

(B) pelo Senado Federal, após autorização da Câmara dos Deputados.

(C) pelo Supremo Tribunal Federal, após autorização da Câmara dos Deputados.

(D) pelo Supremo Tribunal Federal, após autorização do Congresso Nacional.

RESPOSTA Para a averiguação, investigação e processo de crimes comuns supostamente cometidos pelo Presidente da República, o Ministério Público Federal irá propor denúncia na Câmara dos Deputados. Admitida a acusação, por dois terços desta Casa, será submetido a julgamento perante o Supremo Tribunal Federal, ficando suspenso de suas funções. No entanto, se, decorrido o prazo de cento e oitenta dias e o julgamento não estiver concluído, cessará o afastamento do Presidente, sem prejuízo do regular prosseguimento do processo. Ainda, enquanto não sobrevier sentença condenatória, nas infrações comuns, o Presidente da República não estará sujeito a prisão – art. 86 da CF. *Alternativa C.*

134. **(XV Exame)** O Presidente da República, à luz da CRFB/88, dispõe de dois órgãos de cúpula para consulta em determinados assuntos. Assinale a opção que elenca corretamente esses órgãos e suas atribuições constitucionalmente definidas.

(A) Ao Conselho de Defesa Nacional compete opinar sobre a decretação do estado de defesa, do estado de sítio e da intervenção federal. Ao Conselho Nacional de Justiça compete o controle da atuação administrativa e financeira do Poder Judiciário, do Poder Legislativo e do Poder Executivo.

(B) Ao Conselho de Defesa Nacional compete opinar sobre as questões relevantes para a estabilidade das instituições democráticas. Ao Conselho da República compete opinar sobre as hipóteses de declaração de guerra e de celebração de paz.

(C) Ao Conselho Nacional de Justiça compete o controle da atuação administrativa e financeira do Poder Judiciário, do Poder Legislativo e do Poder Executivo. Ao Conselho da República compete opinar sobre as hipóteses de declaração de guerra e de celebração de paz.

(D) Ao Conselho de Defesa Nacional compete opinar sobre as hipóteses de declaração de guerra e de celebração de paz. Ao Conselho da República compete pronunciar intervenção federal, estado de defesa e estado de sítio.

RESPOSTA Compete ao Conselho de Defesa Nacional: I – ***opinar nas hipóteses de declaração de guerra e de celebração da paz, nos termos desta Constituição***; II – opinar sobre a decretação do estado de defesa, do estado de sítio e da intervenção federal; III – propor os critérios e condições de utilização de áreas indispensáveis à segurança do território nacional e opinar sobre seu efetivo uso, especialmente na faixa de fronteira e nas relacionadas com a preservação e a exploração dos recursos naturais de qualquer tipo; IV – estudar, propor e acompanhar o desenvolvimento de iniciativas necessárias a garantir a independência nacional e a defesa do Estado democrático (*§ 1º do art. 91 da CF*). *Alternativa D.*

135. **(XIX Exame)** Após ampla investigação, os órgãos competentes concluíram que o deputado federal X praticara um crime de homicídio, figurando como vítima o também deputado federal Y, seu desafeto político. Esse fato, ocorrido dentro das dependências da respectiva Casa Legislativa, despertou intenso debate a respeito de qual seria o órgão competente para julgá-lo. À luz da sistemática constitucional, é correto afirmar que X deve ser julgado

(A) pelo Supremo Tribunal Federal, órgão competente para processar e julgar os Deputados Federais em qualquer infração penal comum.

(B) pelo Tribunal do Júri, órgão competente para julgar qualquer pessoa pela prática de crime doloso contra a vida.

(C) pelo Superior Tribunal de Justiça, órgão competente para processar e julgar os Deputados Federais no caso de crime doloso contra a vida.

(D) pela Câmara dos Deputados, órgão competente para julgar os Deputados Federais por crimes de responsabilidade, considerados como tais aqueles que tenham relação com o exercício do mandato.

RESPOSTA De modo resumido, mas completo, cabe ao STF processar e julgar, originariamente, nas infrações penais comuns, o Presidente da República, o Vice-Presidente, os membros do Congresso Nacional (ou seja, os Deputados Federais e Senadores), seus próprios Ministros e o Procurador-Geral da República; nas infrações penais comuns e nos crimes de responsabilidade, os Ministros de Estado e os Comandantes da Marinha, do Exército e da Aeronáutica, ressalvado o disposto no art. 52, I, os membros dos Tribunais Superiores, os do Tribunal de Contas da União e os chefes de missão diplomática de caráter permanente – art. 102, inciso I, alíneas "b" e "c". *Alternativa A.*

136. **(XIII Exame)** Imagine a hipótese na qual o avião presidencial sofre um acidente, vindo a vitimar o Presidente da República e seu Vice, após a conclusão do terceiro ano de mandato.

A partir da hipótese apresentada, assinale a afirmativa correta.

(A) O Presidente do Senado Federal assume o cargo e completa o mandato.

(B) O Presidente da Câmara dos Deputados assume o cargo e convoca eleições que realizar-se-ão noventa dias depois de abertas as vagas.

(C) O Presidente do Congresso Nacional assume o cargo e completa o mandato.

(D) O Presidente da Câmara dos Deputados assume o cargo e convoca eleições que serão realizadas trinta dias após a abertura das vagas, pelo Congresso Nacional, na forma da lei.

RESPOSTA Em caso de impedimento do Presidente e do Vice-Presidente, ou vacância dos respectivos cargos, serão **sucessivamente** chamados ao exercício da Presidência: o **Presidente da Câmara dos Deputados**, o do **Senado Federal** e o do **Supremo Tribunal Federal** (*art. 80 da CF*). A Constituição Federal indica **duas** consequências para o caso de haver vacância dos cargos de Presidente e de Vice-Presidente simultaneamente (*vacância significa "cargo vago": caso de* impeachment, *ou renúncia ou morte*): ou **convocam-se novas eleições**, depois de aberta a última vaga (caput *do art. 81 da CF*), ou faz-se a **eleição** para os **dois últimos cargos** trinta dias após aberta a última vaga, mas pelo Congresso Nacional, na forma da lei (*é o que se chama de "eleições indiretas" – § 1º do art. 81 da CF*). Em qualquer dos casos, os eleitos deverão completar o período de seus antecessores (*§ 2º do art. 81 da CF*). *Alternativa D.*

137. **(XVIII Exame)** Ao proferir um discurso em sua cidade natal, José, Deputado Federal pelo Estado E, afirma, de forma contundente, que um país democrático tem por regra inviolável escolher o chefe do Poder Executivo por meio de eleições diretas. Complementa sua fala afirmando que o Brasil poderia ser considerado um país democrático, já que a Constituição Cidadã de 1988 não prevê eleição de Presidente pela via indireta. Segundo a Constituição da República, o deputado está

(A) equivocado, pois há previsão de eleição indireta somente na eventualidade de vacância do cargo de Presidente da República nos últimos seis meses do seu mandato.

(B) correto, pois, sendo o voto direto cláusula pétrea prevista na Constituição, não pode haver situação constitucional que possibilite o uso do voto indireto.

(C) equivocado, pois há previsão de eleição indireta no caso de vacância dos cargos de Presidente e Vice-Presidente da República nos últimos dois anos do mandato.

(D) correto, pois não há previsão de eleição indireta em caso de vacância, já que o cargo de Presidente da República viria a ser ocupado pelo Presidente da Câmara dos Deputados.

RESPOSTA No caso em epígrafe, as afirmações proferidas pelo Deputado Federal estão **equivocadas**, visto que existe a previsão legal de eleição indireta, para os casos de **"vacância dupla"** do Presidente e de seu Vice-Presidente, ocorridos nos **últimos dois anos do mandato** eletivo, quando, então, será realizada a **eleição pelo Congresso Nacional**, conforme § 1º do art. 81 da CF. *Alternativa C.*

138. **(V Exame)** No processo de impedimento do Presidente da República, ocorre a necessidade de preenchimento de alguns requisitos. Com base nas normas constitucionais, é correto afirmar que

(A) a Câmara autoriza a instauração do processo pelo voto da maioria absoluta dos seus membros.

(B) o julgamento ocorre pelo Senado Federal, cuja decisão deverá ocorrer pela maioria simples.

(C) condenado o Presidente, cumprirá sua pena privativa de liberdade em regime semiaberto.

(D) no julgamento ocorrido no Senado, funcionará como Presidente o do Supremo Tribunal Federal.

RESPOSTA Assunto bastante em alta por estes tempos, no caso de processo de *impeachment*, compete privativamente à **Câmara dos Deputados** autorizar, por dois terços de seus membros, a **instauração** de processo contra o Presidente e o Vice-Presidente da República e os Ministros de Estado (*inciso I do art. 51 da CF*), e ao **Senado** compete privativamente **processar e julgar** o Presidente e o Vice-Presidente da República nos crimes de responsabilidade (*inciso II do art. 52 da CF*). Neste último caso, **funcionará como presidente do processo o Presidente do Supremo Tribunal Federal**, limitando-se a condenação à perda do cargo, com inabilitação, por oito anos, para o exercício de função pública, sem prejuízo das demais sanções judiciais cabíveis, que somente será proferida por dois terços dos votos do Senado Federal (*parágrafo único do art. 52*). *Alternativa D.*

139. **(IV Exame)** A respeito do regime de responsabilidade do Presidente da República, assinale a alternativa correta.

(A) O ato do Presidente da República que atenta contra o livre exercício do Poder Legislativo, do Poder Judiciário, do Ministério Público e dos Poderes constitucionais das unidades da Federação é considerado crime de responsabilidade.

(B) O Presidente ficará suspenso de suas funções nos crimes de responsabilidade somente após a condenação pelo órgão competente.

(C) Compete ao Congresso Nacional processar e julgar o Presidente da República nos crimes de responsabilidade.

(D) Só se admite acusação contra o Presidente da República por três quintos da Câmara dos Deputados.

RESPOSTA São **crimes de responsabilidade** os atos do Presidente da República que atentem contra a Constituição Federal e, especialmente, contra: I – a existência da União; II – o livre exercício do Poder Legislativo, do Poder Judiciário, do Ministério Público e dos Poderes constitucionais das unidades da Federação; III – o exercício dos direitos políticos, individuais e sociais; IV – a segurança interna do País; V – a probidade na administração; VI – a lei orçamentária; VII – o cumprimento das leis e das decisões judiciais. Esses crimes serão definidos em lei especial, que estabelecerá as normas de processo e julgamento (*art. 85 da CF*). Esta *"lei especial"* citada é a Lei Federal n. 1.079/50, que **define** os **crimes de responsabilidade** e regula o respectivo processo de julgamento. *Alternativa A.*

140. **(XXVII Exame)** Em determinado órgão integrante da administração pública federal, vinculado ao Ministério da Fazenda, foi apurado que aproximadamente 100 (cem) cargos estavam vagos. O Presidente da República, mediante decreto, delegou ao Ministro da Fazenda amplos poderes para promover a reestruturação do aludido órgão público, inclusive com a possibilidade de extinção dos cargos vagos. Sobre a hipótese, com fundamento na ordem jurídico-constitucional vigente, assinale a afirmativa correta.

(A) Somente mediante lei em sentido formal é admitida a criação e extinção de funções e cargos públicos, ainda que vagos; logo, o decreto presidencial é inconstitucional por ofensa ao princípio da reserva legal.

(B) A Constituição de 1988 atribui exclusivamente ao Presidente da República a possibilidade de, mediante decreto, dispor sobre a extinção de funções ou cargos públicos, não admitindo que tal competência seja delegada aos Ministros de Estado.

(C) O referido decreto presidencial se harmoniza com o texto constitucional, uma vez que o Presidente da República pode dispor, mediante decreto, sobre a extinção de funções ou cargos públicos, quando vagos, sendo permitida a delegação dessa competência aos Ministros de Estado.

(D) A Constituição de 1988 não permite que cargos públicos legalmente criados, ainda que vagos, sejam extintos, ressalvada a excepcional hipótese de excesso de gastos orçamentários com pessoal; portanto, o Decreto presidencial é inconstitucional.

RESPOSTA Esta questão é bastante interessante: realmente, somente por meio de lei em sentido formal é admitida a criação e extinção de cargos públicos – como regra geral. No entanto, excepcionalmente, por meio de decreto, o Presidente da República pode extinguir funções ou cargos púbicos, quando vagos. Essa competência estabelecida pela CF é privativa (art. 84, VI). Além disso, esta específica competência poder ser delegada pelo Presidente aos Ministros de Estado, ao Procurador-Geral da República ou ao Advogado-Geral da União, conforme diz o parágrafo único do mesmo citado artigo 84. *Alternativa C.*

141. **(I Exame)** Assinale a opção correta no que se refere às limitações estabelecidas no texto constitucional ao cargo de presidente da República.

(A) O presidente da República pode escolher e nomear livremente os ministros de Estado, com exceção do ministro das Relações Exteriores, cuja indicação deve ser aprovada pelo Senado Federal, assim como ocorre com os candidatos ao cargo de embaixador.
(B) A nomeação, pelo presidente da República, do advogado-geral da União depende da prévia aprovação do Senado Federal, que o fará em escrutínio secreto.
(C) Embora nomeado pelo presidente da República para um mandato de dois anos, o procurador-geral da República poderá ser destituído do cargo, de ofício, antes do término do mandato, por decisão da maioria absoluta dos senadores.
(D) Os ministros de Estado são nomeados livremente pelo presidente da República, podendo o Congresso Nacional, por deliberação da maioria absoluta de seus membros, exonerá-los a qualquer tempo.

RESPOSTA **Não há interferência** de nenhum poder a respeito da escolha dos Ministros de Estado pelo Presidente da República (*inciso I do art. 84 da CF*), tampouco do Senado Federal na escolha do AGU pelo Presidente da República (caput *do art. 131 da CF*). A correta é a alternativa C, pois o PGR poderá ser destituído do cargo, **de ofício**, pela maioria absoluta do **Senado Federal**, mesmo tendo sido escolhido e nomeado pelo Presidente da República (*§ 2º do art. 128 da CF*). *Alternativa C.*

XIV. DO PODER JUDICIÁRIO E DAS FUNÇÕES ESSENCIAIS À JUSTIÇA

142. **(XII Exame)** Nos termos da Constituição Federal, assinale a alternativa que apresenta competência (s) do Superior Tribunal de Justiça.

(A) Processar e julgar, originariamente, os mandados de segurança contra ato do Comandante da Marinha.
(B) Julgar as ações contra o Conselho Nacional do Ministério Público.
(C) Julgar e processar, originariamente, litígio entre Estado estrangeiro ou organismo internacional e a União, os Estados, o Distrito Federal ou os Territórios.
(D) Julgar, mediante recurso, as causas decididas em única ou última instância, quando a decisão recorrida julgar válida lei local contestada em face de lei federal.

RESPOSTA Conforme a alínea *"b"* do inciso I do art. 105 da CF, **compete** ao **Superior Tribunal de Justiça** processar e julgar, **originariamente**, os mandados de segurança e os *habeas data* contra ato de Ministro de Estado, dos **Comandantes da Marinha**, do **Exército** e da **Aeronáutica** ou do **próprio Tribunal**. *Alternativa A.*

143. **(XIII Exame)** Ângela, segurada da Previdência Social, residente e domiciliada na comarca X, pretende ajuizar uma demanda contra o Instituto Nacional do Seguro Social (INSS), pleiteando uma revisão de seus benefícios previdenciários. A comarca X possui vara única da Justiça estadual, mas não é sede de vara federal. Contudo, a comarca vizinha Y é sede de vara da justiça federal, com competência sobre as comarcas X, Y e Z. Considerando a situação exposta, assinale a afirmativa correta.

(A) A ação poderá ser ajuizada na Justiça estadual, perante a vara única da comarca X, cabendo eventual recurso ao Tribunal Regional Federal na área de jurisdição do juiz de primeiro grau.
(B) A ação deverá ser ajuizada na Vara Federal da comarca vizinha Y, que é sede de vara federal com jurisdição sobre a comarca X.
(C) A ação poderá ser ajuizada na Justiça estadual, perante a vara única da comarca X, cabendo eventual recurso ao Tribunal de Justiça do Estado.
(D) A ação deverá ser proposta diretamente no Tribunal Regional Federal que abrange o estado onde se localiza a comarca X, em razão da matéria ser competência originária desse Tribunal.

RESPOSTA Serão processadas e julgadas na **justiça estadual**, no foro do domicílio dos segurados ou beneficiários, as causas em que forem parte instituição de **previdência social e segurado, sempre que a comarca não seja sede de vara do juízo federal**, e, se verificada essa condição, a lei poderá permitir que outras causas sejam também processadas e julgadas pela justiça estadual (*§ 3º do art. 109 da CF*). Nesta hipótese, o **recurso cabível** será sempre para o **Tribunal Regional Federal** na área de jurisdição do juiz de primeiro grau (*§ 5º do art. 109 da CF*). *Alternativa A.*

144. **(XX Exame)** Ao ouvir, em matéria telejornalística, referência ao Conselho Nacional de Justiça (CNJ), João, estudante do primeiro ano de curso jurídico, interessado em melhor compreender a estrutura e as atribuições dos órgãos estatais, procura o seu professor de Direito Constitucional para obter maiores informações sobre o tema. Narra o conteúdo da matéria, informando-lhe não ter conseguido entender adequadamente o papel desempenhado pelo referido Conselho na estrutura do Estado. O referido professor, então, plenamente alicerçado na ordem constitucional, esclarece que o Conselho Nacional de Justiça

(A) é um órgão atípico, que não se encontra na estrutura de nenhum dos Poderes da República, mas que, sem prejuízo das suas atribuições administrativas, excepcionalmente possui atribuições jurisdicionais.

(B) é um órgão pertencente à estrutura do Poder Judiciário e, como tal, possui todas as atribuições jurisdicionais recursais, sem prejuízo das atribuições administrativas de sua competência.

(C) embora seja um órgão pertencente à estrutura do Poder Judiciário, possui atribuições exclusivamente administrativas, não sendo, portanto, órgão com competência jurisdicional.

(D) é um órgão auxiliar da Presidência da República, com atribuições de controle da atividade administrativa, financeira e disciplinar de toda a magistratura, incluído neste rol o Supremo Tribunal Federal.

RESPOSTA O Conselho Nacional de Justiça compõe-se de 15 (quinze) membros com mandato de 2 (dois) anos, admitida 1 (uma) recondução, conforme preconiza o art. 103-B da Constituição Federal. Sua principal competência está estabelecida no § 4º desse mesmo artigo, que aponta como sendo o controle da atuação administrativa e financeira do Poder Judiciário e do cumprimento dos deveres funcionais dos juízes. Portanto, não há prestação jurisdicional nos julgamentos do CNJ. *Alternativa C.*

145. **(XX Exame)** Como determinado minério vem obtendo alto preço no mercado mundial devido às grandes quantidades compradas pela China, o Estado-membro Alfa recorre ao governo chinês para obter um empréstimo, com vistas à construção da infraestrutura necessária à sua extração. Sabedor do fato, o prefeito do Município Beta, onde se localiza o principal porto do Estado Alfa, também solicita um empréstimo à China, para viabilizar o melhor escoamento do minério. Concedidos os empréstimos, com estrita observância da sistemática constitucional e gastos os recursos, a crise no setor público acaba por inviabilizar o pagamento da dívida contraída pelos entes federativos. Insatisfeita, a China ajuíza ação, no Brasil, contra o Estado Alfa e o Município Beta.

Assinale a opção que indica a competência para processar e julgar as matérias.

(A) Supremo Tribunal Federal nos dois processos, posto que a presença da China no polo ativo da relação processual obriga que a Corte Suprema seja responsável pela solução dos dois litígios.

(B) Supremo Tribunal Federal na relação jurídica entre a China e o Estado Alfa, e Superior Tribunal de Justiça na relação entre a China e o Município Beta, por expressa determinação constitucional.

(C) Supremo Tribunal Federal na relação jurídica entre a China e o Estado Alfa, e juiz federal, na relação entre a China e o Município Beta, por expressa determinação constitucional.

(D) Tribunal de Justiça do Estado Alfa, posto que, não havendo interesse da União nos negócios jurídicos firmados, os órgãos da Justiça Federal não podem solucionar as lides.

RESPOSTA No caso em tela, trata-se de competência para processar e julgar casos em que há organismo estrangeiro como sendo uma das partes. Assim a Constituição Federal preconiza que compete aos juízes federais processar e julgaras causas entre Estado estrangeiro ou organismo internacional e Município ou pessoa domiciliada ou residente no País (inciso II do art. 109 da CF). E compete ao STF processar e julgar os litígios entre Estado estrangeiro ou organismo internacional e a União, o Estado, o Distrito Federal ou o Território (art. 102, inciso I, alínea "e", da CF). *Alternativa C.*

146. **(X Exame)** Compete ao STF processar e julgar originariamente os litígios listados a seguir, à exceção de um. Assinale-o.

(A) Entre Estado estrangeiro e Estado-membro da federação.

(B) Entre Estado estrangeiro e município.

(C) Entre organismo internacional e a União.

(D) Entre organismo internacional e Estado-membro da federação.

RESPOSTA Aos juízes federais compete processar e julgar as causas entre **Estado estrangeiro** ou organismo internacional **e Município** ou pessoa domiciliada ou residente no País (*inciso II do art. 109 da CF*). *Alternativa B.*

147. **(II Exame)** A respeito do Conselho Nacional de Justiça é correto afirmar que:

(A) é órgão integrante do Poder Judiciário com competência administrativa e jurisdicional.

(B) pode rever, de ofício ou mediante provocação, os processos disciplinares de juízes e membros de Tribunais julgados há menos de um ano.

(C) seus atos sujeitam-se ao controle do Supremo Tribunal Federal e do Superior Tribunal de Justiça.

(D) a presidência é exercida pelo Ministro do Supremo Tribunal Federal que o integra e que exerce o direito de voto em todas as deliberações submetidas àquele órgão.

RESPOSTA O CNJ não tem competência jurisdicional (ou seja, não emite decisões judiciais *stricto sensu*); seus atos não se sujeitam ao controle do STJ – mas só do STF; e a sua presidência é exercida pelo **Presidente** do STF (*§ 1º do art. 103-B da CF*). Por fim, **o CNJ pode rever, de ofício ou mediante provocação, os processos disciplinares de juízes e membros de tribunais julgados há menos de um ano** (*inciso V do § 4º do art. 103-B da CF*). *Alternativa B.*

148. **(III Exame)** Leia com atenção a afirmação a seguir, que apresenta uma INCORREÇÃO. O Conselho Nacional de Justiça (CNJ) tem competência, entre outras, para rever, de ofício ou mediante provocação, os processos disciplinares de juízes e membros de tribunais (se tiverem sido julgados há menos de um ano), zelar pela observância dos princípios que regem a administração pública e julgar os magistrados em caso de crime de abuso de autoridade. Assinale a alternativa em que se indique o ERRO na afirmação acima.

(A) O CNJ, sendo órgão do Poder Judiciário, atua apenas mediante provocação, não podendo atuar de ofício.

(B) Não cabe ao CNJ, órgão que integra o Poder Judiciário, zelar por princípios relativos à Administração Pública.

(C) O CNJ não pode julgar magistrados por crime de abuso de autoridade.

(D) O CNJ pode rever processos disciplinares de juízes julgados a qualquer tempo.

RESPOSTA O Conselho Nacional de Justiça é órgão integrante do Poder Judiciário com competência administrativa e financeira, mas não jurisdicional. Assim sendo, não pode julgar nenhum cidadão por nada (*§ 4º do art. 103-B da CF*). *Alternativa C.*

149. **(XXI Exame)** A parte autora em um processo judicial, inconformada com a sentença de primeiro grau de jurisdição que se embasou no ato normativo X, apela da decisão porque, no seu entender, esse ato normativo seria inconstitucional. A 3ª Câmara Cível do Tribunal de Justiça do Estado Alfa, ao analisar a apelação interposta, reconhece que assiste razão à recorrente, mais especificamente no que se refere à inconstitucionalidade do referido ato normativo X. Ciente da existência de cláusula de reserva de plenário, a referida Turma dá provimento ao recurso sem declarar expressamente a inconstitucionalidade do ato normativo X, embora tenha afastado a sua incidência no caso concreto. De acordo com o sistema jurídico-constitucional brasileiro, o acórdão proferido pela 3ª Turma Cível

(A) está juridicamente perfeito, visto que, nestas circunstâncias, a solução constitucionalmente expressa é o afastamento da incidência, no caso concreto, do ato normativo inconstitucional.

(B) não segue os parâmetros constitucionais, pois deveria ter declarado, expressamente, a inconstitucionalidade do ato normativo que fundamentou a sentença proferida pelo juízo *a quo*.

(C) está correto, visto que a 3ª Turma Cível, como órgão especial que é, pode arrogar para si a competência do Órgão Pleno do Tribunal de Justiça do Estado Alfa.

(D) está incorreto, visto que violou a cláusula de reserva de plenário, ainda que não tenha declarado expressamente a inconstitucionalidade do ato normativo.

RESPOSTA Pela regra existente no art. 97 da Constituição Federal, qualquer declaração de inconstitucionalidade incidental, por meio do controle difuso, deve seguir a regra ali estabelecida: "Somente pelo voto da maioria absoluta de seus membros ou dos membros do respectivo órgão especial poderão os tribunais declarar a inconstitucionalidade de lei ou ato normativo do Poder Público". Assim sendo, o acórdão está incorreto, mesmo se houvesse declarado expressamente a norma como inconstitucional, pois a regra exige que essa declaração parta do órgão especial ou da maioria absoluta dos membros do tribunal. *Alternativa D.*

150. **(XIX Exame)** Após ampla investigação, os órgãos competentes concluíram que o deputado federal X praticara um crime de homicídio, figurando como vítima o também deputado federal Y, seu desafeto político. Esse fato, ocorrido dentro das dependências da respectiva Casa Legislativa, despertou intenso debate a respeito de qual seria o órgão competente para julgá-lo. À luz da sistemática constitucional, é correto afirmar que X deve ser julgado

(A) pelo Supremo Tribunal Federal, órgão competente para processar e julgar os Deputados Federais em qualquer infração penal comum.

(B) pelo Tribunal do Júri, órgão competente para julgar qualquer pessoa pela prática de crime doloso contra a vida.
(C) pelo Superior Tribunal de Justiça, órgão competente para processar e julgar os Deputados Federais no caso de crime doloso contra a vida.
(D) pela Câmara dos Deputados, órgão competente para julgar os Deputados Federais por crimes de responsabilidade, considerados como tais aqueles que tenham relação com o exercício do mandato.

RESPOSTA Em razão da **prerrogativa de foro**, que institui a **competência de julgamento** pelo STF dos **membros do Congresso Nacional** (Senadores e Deputados Federais), na prática de **infrações penais comuns**, resta afastada a competência do júri, conforme art. 102, I, "*b*", da Constituição Federal. *Alternativa A.*

151. **(VII Exame)** Esculápio da Silva, advogado, candidata-se à vaga destinada ao Quinto Constitucional no Tribunal de Justiça do Estado W, logrando obter aprovação, é nomeado pelo Governador do Estado. Um ano após, candidata-se à vaga surgida pela aposentadoria de Desembargador estadual no Superior Tribunal de Justiça, vindo a ser escolhido. Diante de tal enunciado, revela-se correto afirmar:

(A) No Superior Tribunal de Justiça existem vagas destinadas a Desembargador oriundo dos Tribunais de Justiça, desde que magistrados de carreira.
(B) A divisão de vagas no Superior Tribunal de Justiça permite o ingresso através de três origens: Desembargadores estaduais, Juizes dos Tribunais Regionais Federais e Advogados.
(C) O Advogado oriundo do Quinto Constitucional nos Tribunais de Justiça concorre como magistrado para ocupar vagas no Superior Tribunal de Justiça.
(D) O ocupante do Quinto Constitucional poderá concorrer à vaga existente no Superior Tribunal de Justiça na vaga destinada aos advogados.

RESPOSTA Um quinto dos lugares dos Tribunais Regionais Federais, dos Tribunais dos Estados, e do Distrito Federal e Territórios será composto de membros, do Ministério Público, com mais de dez anos de carreira, e de advogados de notório saber jurídico e de reputação ilibada, com mais de dez anos de efetiva atividade profissional, indicados em lista sêxtupla pelos órgãos de representação das respectivas classes (caput *do art. 94 da CF*). **Este quinto formará um terço do STJ**, conforme *inciso II do art. 104 da CF. Alternativa C.*

152. **(XXV Exame)** Policiais militares do Estado Y decidiram entrar em greve em razão dos atrasos salariais e por considerarem inadequadas as condições de trabalho. Em razão desse quadro, a Associação de Esposas e Viúvas dos Policiais Militares procura um advogado para saber da constitucionalidade dessa decisão dos policiais militares. Sobre a hipótese apresentada, assinale a afirmativa correta.

(A) Compete aos referidos policiais militares decidir sobre a oportunidade de exercer o direito de greve, que lhes é assegurado pela CRFB/88.
(B) O direito de greve pode ser livremente exercido pelos policiais militares estáveis, mas aqueles que estiverem em estágio probatório podem ser demitidos por falta injustificada ao serviço.
(C) O exercício do direito de greve, sob qualquer forma ou modalidade, é-lhes vedado, pois sua atividade é essencial à segurança da sociedade, tal qual ocorre com os militares das Forças Armadas.
(D) O direito de greve dos servidores públicos ainda não foi regulamentado por lei específica, o que torna a decisão constitucionalmente incorreta.

RESPOSTA Nesse caso, a RESPOSTA é bastante simples, pois a Constituição Federal é clara. Em seu art. 142, § 3º, IV, expressa que "os membros das Forças Armadas são denominados militares, aplicando-se-lhes, além das que vierem a ser fixadas em lei, as seguintes disposições: IV – ao militar são proibidas a sindicalização e a greve". Nesse caso, não há exceção: aos militares (quaisquer) é proibido o direito de exercer greve. *Alternativa C.*

153. **(VI Exame)** A respeito dos Procuradores-Gerais de Justiça nos Estados e no Distrito Federal, é INCORRETO afirmar que

(A) podem ser destituídos pela Assembleia Legislativa (nos Estados) e pela Câmara Legislativa (no Distrito Federal).
(B) podem ser reconduzidos somente uma vez.
(C) devem ser integrantes da carreira e exercem o cargo por mandato de dois anos.
(D) são nomeados pelo Governador (nos Estados) e pelo Presidente da República (no Distrito Federal).

RESPOSTA Os Procuradores-Gerais nos Estados e no Distrito Federal e Territórios poderão ser **destituídos** por deliberação da **maioria absoluta do Poder Legislativo**, na forma da lei complementar respectiva (*§ 4º do art. 128 da CF*). *Alternativa A.*

XV. CONTROLE DE CONSTITUCIONALIDADE

154. **(XVIII Exame)** A Lei Z, elaborada recentemente pelo Poder Legislativo do Município M, foi promulgada e passou a produzir seus efeitos regulares após a Câmara Municipal ter derrubado o veto aposto pelo Prefeito. A peculiaridade é que o conteúdo da lei é praticamente idêntico ao de outras leis que foram editadas em milhares de outros Municípios, o que lhe atribui inegável relevância. Inconformado com a derrubada do veto, o Prefeito do Município M, partindo da premissa de que a Lei Z possui diversas normas violadoras da ordem constitucional federal, pretende que sua inconstitucionalidade seja submetida à apreciação do Supremo Tribunal Federal. A partir das informações acima, assinale a opção que se encontra em consonância com o sistema de controle de constitucionalidade adotado no Brasil.

(A) O Prefeito do Município M, como agente legitimado pela Constituição Federal, está habilitado a propor arguição de descumprimento de preceito fundamental questionando a constitucionalidade dos dispositivos que entende violadores da ordem constitucional federal.

(B) A temática pode ser objeto de ação direta de inconstitucionalidade ou de arguição de descumprimento de preceito fundamental, se proposta por qualquer um dos legitimados pelo art. 103 da Constituição Federal.

(C) A Lei Z não poderá ser objeto de ação, pela via concentrada, perante o Supremo Tribunal Federal, já que, de acordo com o sistema de controle de constitucionalidade adotado no Brasil, atos normativos municipais só podem ser objeto de controle, caso se utilize como paradigma de confronto a Constituição Federal, pela via difusa.

(D) Os dispositivos normativos da Lei Z, sem desconsiderar a possibilidade de ser realizado o controle incidental pela via difusa, podem ser objeto de controle por via de arguição de descumprimento de preceito fundamental, se proposta por qualquer um dos legitimados pelo art. 103 da Constituição Federal.

RESPOSTA **Contra lei municipal não há cabimento de ADI**, logo, a via possível é o ajuizamento de **ADPF** (*além do controle incidental pela via difusa*), visto ser esta uma **ação residual** (*conforme o § 1º do art. 4º da Lei Federal n. 9.882/99*), cabível nos casos em que não é possível a propositura de outras ações do **controle concentrado de constitucionalidade**, e que possui os seus legitimados elencados no art. 103 da CF (nos termos do *art. 2º, I, da Lei n. 9.882/1999*). *Alternativa D.*

155. **(XVI Exame)** A Lei Federal n. 123, sancionada em 2012, é objeto de Ação Direta de Inconstitucionalidade proposta por partido político com representação no Congresso Nacional. O referido diploma legal é declarado materialmente inconstitucional pelo Supremo Tribunal Federal (STF), em março de 2014. Em outubro de 2016, membro da Câmara dos Deputados apresenta novo projeto de lei ordinária contendo regras idênticas àquelas declaradas materialmente inconstitucionais. Tomando por base o caso apresentado acima, assinale a afirmativa correta.

(A) A decisão proferida pelo STF produz eficácia contra todos e efeito vinculante relativamente aos órgãos dos Poderes Executivo, Legislativo e Judiciário, inclusive nas suas funções típicas; logo, o novo projeto de lei ordinária, uma vez aprovado pelo Congresso Nacional, será nulo por ofensa à coisa julgada.

(B) Em observância ao precedente firmado na referida Ação Direta de Inconstitucionalidade, o plenário do STF pode, em sede de controle preventivo, obstar a votação do novo projeto de lei por conter regras idênticas àquelas já declaradas inconstitucionais.

(C) A decisão proferida pelo STF não vincula o Poder Legislativo ou o plenário do próprio Tribunal em relação a apreciações futuras da temática; logo, caso o novo projeto de lei venha a ser aprovado e sancionado, a Corte pode vir a declarar a constitucionalidade da nova lei.

(D) A decisão proferida pelo STF é ineficaz em relação a terceiros, porque o partido político com representação no Congresso Nacional não está elencado no rol constitucional de legitimados aptos a instaurar o processo objetivo de controle normativo abstrato.

RESPOSTA Este caso aqui apresentado é um típico caso do que a doutrina chama de "fossilização da Constituição". Qualquer decisão do STF em relação ao controle de constitucionalidade não vincula o Poder Legislativo de impedir a produção de outra norma de idêntico conteúdo. Inclusive, este é um dos mais claros exemplos de equilíbrio e harmonia entre os Poderes. Se fosse possível o impedimento do Poder Legislativo em editar nova norma de conteúdo idêntico ou similar a qualquer outra anterior, considerada pelo STF como inconstitucional, teríamos o que a doutrina chama de "fenômeno da fossilização da Constituição" – ou seja, os efeitos da decisão de inconstitucionalidade do STF seriam vinculantes, também, para o Poder Legislativo. *Alternativa C.*

156. **(XVI Exame)** A Medida Provisória Z, embora tendo causado polêmica na data de sua edição, foi convertida, em julho de 2014, na Lei Y. Inconformado com o posicionamento do Congresso Nacional, o principal partido de oposição, no mês seguinte, ajuizou Ação Direta de Inconstitucionalidade (ADI) atacando vários dispositivos normativos da referida Lei. Todavia, no início do mês de fevereiro de 2015, o Presidente da República promulgou a Lei X, revogando integralmente a Lei Y, momento em que esta última deixou de produzir os seus efeitos concretos. Nesse caso, segundo entendimento cristalizado no âmbito do Supremo Tribunal Federal,

(A) deverá a ADI seguir a sua regular tramitação, de modo que se possam discutir os efeitos produzidos no intervalo de tempo entre a promulgação e a revogação da Lei Y.

(B) deverá a ADI seguir a sua regular tramitação, de modo que se possam discutir os efeitos produzidos no intervalo de tempo entre a edição da Medida Provisória Z e a revogação da Lei Y.

(C) deverá ser reconhecido que a ADI perdeu o seu objeto, daí resultando a sua extinção, independentemente de terem ocorrido, ou não, efeitos residuais concretos.

(D) em razão da separação de poderes, deverá ser reconhecida a impossibilidade de o Supremo Tribunal Federal avaliar as matérias debatidas, sob a ótica política, pelo Poder Legislativo.

RESPOSTA Deverá ser reconhecido que a ADI perdeu o seu objeto – *a lei revogada desaparece do ordenamento jurídico*, daí resultando extinção da ADI, independentemente de terem ocorrido ou não efeitos residuais concretos: *"Ação direta de inconstitucionalidade. 2. Lei 15.227/2006 do Estado do Paraná objeto de fiscalização abstrata. 3.* ***Superveniência da Lei estadual 15.744/2007 que, expressamente, revogou a norma questionada. 4. Remansosa jurisprudência deste Tribunal tem assente que sobrevindo diploma legal revogador ocorre a perda de objeto.*** *Precedentes. 5. Ação direta de inconstitucionalidade prejudicada."* (ADI 3885, Relator(a): Min. Gilmar Mendes, Tribunal Pleno, julgado em 6-6-2013, ACÓRDÃO ELETRÔNICO *DJe*-124, DIVULG. 27-6-2013, PUBLIC. 28-6-2013). *Alternativa C está correta.*

157. **(XIV Exame)** No que tange às disposições legais regulamentadoras da ação direta de inconstitucionalidade, da ação direta de inconstitucionalidade por omissão e da ação declaratória de constitucionalidade, assinale a opção correta.

(A) A medida cautelar em ação direta de inconstitucionalidade por omissão poderá consistir na suspensão de procedimentos administrativos.

(B) O ajuizamento de ação direta de inconstitucionalidade e de ação direta de inconstitucionalidade por omissão não admite desistência. Em razão da presunção de constitucionalidade do ordenamento jurídico, a legislação específica da ação declaratória de constitucionalidade admite desistência.

(C) Existindo norma federal objeto, ao mesmo tempo, de ação declaratória de constitucionalidade e de ação direta de inconstitucionalidade, em homenagem ao caráter ambivalente destas ações, será uma delas extinta sem resolução do mérito por litispendência e a outra terá julgamento de mérito.

(D) Da decisão proferida na ação declaratória de constitucionalidade caberá, tão somente, a oposição de embargos de declaração e o ajuizamento posterior de ação rescisória.

RESPOSTA A alternativa A está correta: a medida cautelar em ADI por omissão poderá consistir na suspensão da aplicação da lei ou do ato normativo questionado, no caso de omissão parcial, bem como na **suspensão de processos judiciais ou de procedimentos administrativos, ou ainda em outra providência a ser fixada pelo Tribunal** (*§ 1º do art. 12-F da Lei Federal n. 9.868/99*). **Nenhum** tipo de ação direta **admite desistência** (*arts. 5º e 16 da Lei Federal n. 9.868/99*). A respeito da alternativa C, uma novidade recente: *"(...)* ***6. A cumulação simples de pedidos típicos de ADI e de ADC é processualmente cabível em uma única demanda de controle concentrado de constitucionalidade, desde que satisfeitos os requisitos previstos na legislação processual civil*** *(CPC, art. 292). 7. Pedido cautelar deferido."* (ADI 5316 MC, Relator(a): Min. Luiz Fux, Tribunal Pleno, julgado em 21-5-2015, Processo Eletrônico *DJe*-154, DIVULG. 5-8-2015, PUBLIC. 6-8-2015). E, por fim, **não caberá ação rescisória** contra decisão em sede de controle de constitucionalidade (*art. 26 da Lei Federal n. 9.868/99*). *Alternativa A está correta.*

158. **(XV Exame)** O Supremo Tribunal Federal editou súmula com efeito vinculante. Pedro, advogado, deseja pleitear o cancelamento da referida súmula. Nos termos da Constituição Federal, considerando a legitimação para propor aprovação ou cancelamento de súmula junto ao Supremo Tribunal Federal, Pedro poderá provocar o seguinte legitimado:

(A) o interessado que tenha tido a repercussão geral de seu recurso extraordinário reconhecida pelo STF.

(B) a seccional da Ordem dos Advogados do Brasil de qualquer estado da Federação.

(C) a Mesa de Câmara dos Vereadores de município que tenha interesse direto na súmula.

(D) o Partido Político com representação no Congresso Nacional.

RESPOSTA **A aprovação, revisão ou cancelamento de súmula poderá ser provocada por aqueles que podem propor a ação direta de inconstitucionalidade.** No entanto, lei infraconstitucional poderá aumentar este rol de legitimados (*§ 2º do art. 103-A da CF*). Por enquanto, são os legitimados: o Presidente da República; a Mesa do Senado Federal; a Mesa da Câmara dos Deputados; a Mesa de Assembleia Legislativa ou da Câmara Legislativa do Distrito Federal; o Governador de Estado ou do Distrito Federal; o Procurador-Geral da República; o Conselho Federal da Ordem dos Advogados do Brasil; **partido político com representação no Congresso Nacional**; confederação sindical ou entidade de classe de âmbito nacional (caput *do art. 103 da CF*). *Alternativa D está correta.*

159. **(XXVII Exame)** O Supremo Tribunal Federal (STF), em decisão definitiva de mérito proferida em sede de Ação Direta de Inconstitucionalidade, declarou inconstitucional determinada lei do Estado Alfa. Meses após a referida decisão, o Estado Sigma, após regular processo legislativo e sanção do Governador, promulga uma lei estadual com teor idêntico àquele da lei federal que fora declarada inconstitucional pelo STF. Com base no ordenamento jurídico-constitucional vigente, assinale a afirmativa correta.

(A) As decisões proferidas em sede de controle concentrado, como no caso da Ação Direta de Inconstitucionalidade, gozam de efeitos *erga omnes* e vinculam o Poder Legislativo e o Poder Executivo; logo, a inconstitucionalidade da lei do Estado Sigma pode ser arguida em reclamação ao STF.

(B) A norma editada pelo Estado Sigma, ao contrariar decisão definitiva de mérito proferida pela Suprema Corte, órgão de cúpula do Poder Judiciário ao qual compete, precipuamente, a guarda da Constituição, já nasce nula de pleno direito e não produz quaisquer efeitos.

(C) A decisão definitiva de mérito proferida pelo STF em sede de Ação Direta de Inconstitucionalidade não possui efeito vinculante, razão pela qual inexiste óbice à edição de lei estadual com teor idêntico àquele de outra lei estadual que fora declarada inconstitucional pela Suprema Corte.

(D) A referida decisão proferida pelo STF, declarando a inconstitucionalidade da lei do Estado Alfa, apenas vincula os demais órgãos do Poder Judiciário e a administração pública direta e indireta, não o Poder Legislativo em sua função típica de legislar; logo, pode ser proposta nova ADI.

RESPOSTA Como bem dito pelo Professor Pedro Lenza, não há no ordenamento jurídico brasileiro a chamada "fossilização da Constituição Federal". Ou seja, caso uma lei seja declarada inconstitucional em sede de ADI, tal decisão apenas obriga (vincula) os demais órgãos do Poder Judiciário e a administração pública direta e indireta, mas não o Poder Legislativo em sua função típica de legislar. É um exemplo típico e claro do equilíbrio entre os poderes (sistema de freios e contrapesos). *Alternativa D.*

160. **(XII Exame)** Acerca do controle de constitucionalidade, assinale a alternativa INCORRETA.

(A) É impossível o esclarecimento de matéria de fato em sede de Ação Direta de Inconstitucionalidade.

(B) A União Nacional dos Estudantes não tem legitimidade para propor Ação Direta de Inconstitucionalidade.

(C) Não se admite a desistência após a propositura da Ação Declaratória de Constitucionalidade.

(D) Os efeitos da decisão que afirma a inconstitucionalidade da norma em sede de Ação Direta de Inconstitucionalidade, em regra, são *ex tunc*.

RESPOSTA Os processos de controle de constitucionalidade regulados pelas Leis Federais ns. 9.868/99 e 9.882/99 são considerados "***processos objetivos***", ou seja, sem a existência de partes. Não há autor e réu, requerente e requerido, recorrente e recorrido, tampouco discussões jurídicas a respeito de direitos, sejam individuais ou coletivos. **Não há interesse das partes, pois não há partes.** O único objetivo do controle de constitucionalidade é a verificação se, de algum modo, a norma objeto da ação seja contrária ao estabelecido em alguma regra ou princípio constitucional. Continuando: a UNE não tem natureza jurídica daqueles legitimados a propor ações de controle de constitucionalidade (caput *do art. 103 da CF*); **nenhum** tipo de ação direta **admite desistência** (*arts. 5º e 16 da Lei Federal n. 9.868/99*); os **efeitos** da decisão que afirma a inconstitucionalidade da norma em sede de ADI **retroagem** da data da decisão até o nascimento da norma no mundo jurídico, fulminando absolutamente todos os efeitos dela decorrentes, como se ela nunca tivesse existido. *Alternativa A.*

161. **(XXIII Exame)** A Lei federal n. 123, sancionada em 2012, é objeto de Ação Direta de Inconstitucionalidade proposta por partido político com representação no Congresso Nacional. O referido diploma legal é declarado materialmente inconstitucional pelo Supremo Tribunal Federal (STF), em março de 2014. Em outubro de 2016, membro da Câmara dos Deputados apresenta novo projeto de lei ordinária contendo regras idênticas àquelas declaradas materialmente inconstitucionais. Tomando por base o caso apresentado acima, assinale a afirmativa correta.

(A) A decisão proferida pelo STF produz eficácia contra todos e efeito vinculante relativamente aos órgãos dos Poderes Executivo, Legislativo e Judiciário, inclusive nas suas funções típicas; logo, o novo projeto de lei ordinária, uma vez aprovado pelo Congresso Nacional, será nulo por ofensa à coisa julgada.

(B) Em observância ao precedente firmado na referida Ação Direta de Inconstitucionalidade, o plenário do STF pode, em sede de controle preventivo, obstar a votação do novo projeto de lei por conter regras idênticas àquelas já declaradas inconstitucionais.

(C) A decisão proferida pelo STF não vincula o Poder Legislativo ou o plenário do próprio Tribunal em relação a apreciações futuras da temática; logo, caso o novo projeto de lei venha a ser aprovado e sancionado, a Corte pode vir a declarar a constitucionalidade da nova lei.

(D) A decisão proferida pelo STF é ineficaz em relação a terceiros, porque o partido político com representação no Congresso Nacional não está elencado no rol constitucional de legitimados aptos a instaurar o processo objetivo de controle normativo abstrato.

RESPOSTA Este caso aqui apresentado é um típico caso do que a doutrina chama de "fossilização da Constituição". Qualquer decisão do STF em relação ao controle de constitucionalidade não vincula o Poder Legislativo de impedir a produção de outra norma de idêntico conteúdo. Inclusive, este é um dos mais claros exemplos de equilíbrio e harmonia entre os Poderes. Se fosse possível o impedimento do Poder Legislativo em editar nova norma de conteúdo idêntico ou similar a qualquer outra anterior, considerada pelo STF como inconstitucional, teríamos o que a doutrina chama de "fenômeno da fossilização da Constituição" – ou seja, os efeitos da decisão de inconstitucionalidade do STF seriam vinculantes, também, para o Poder Legislativo. *Alternativa C.*

162. (XXIV Exame) Considere a seguinte situação hipotética: Decreto Legislativo do Congresso Nacional susta Ato Normativo do Presidente da República que exorbita dos limites da delegação legislativa concedida. Insatisfeito com tal Iniciativa do Congresso Nacional e levando em consideração o sistema brasileiro de controle de constitucionalidade, o Presidente da República pode

(A) deflagrar o controle repressivo concentrado mediante uma Arguição de Descumprimento de Preceito Fundamental (ADPF), pois não cabe Ação Direta de Inconstitucionalidade de decreto legislativo.

(B) recorrer ao controle preventivo jurisdicional mediante o ajuizamento de um Mandado de Segurança perante o Supremo Tribunal Federal.

(C) deflagrar o controle repressivo político mediante uma representação de inconstitucionalidade, pois se trata de um ato do Poder Legislativo.

(D) deflagrar o controle repressivo concentrado mediante uma Ação Direta de Inconstitucionalidade (ADI), uma vez que o decreto legislativo é ato normativo primário.

RESPOSTA Tendo em vista que o decreto legislativo já foi emitido pelo Congresso e que seus efeitos já estão em vigor, o controle será o repressivo. Além disso, o decreto legislativo tem natureza jurídica de "ato normativo primário", ou seja, é norma passível de ser objeto de controle concentrado de constitucionalidade. Aqui, apresentamos as normas passíveis de controle concentrado de constitucionalidade, segundo maioria da doutrina e jurisprudência: – art. 59 da Constituição Federal; – decretos autônomos do Poder Executivo (art. 84, VI da CF); – resoluções administrativas dotadas de abstração e generalidade provenientes do Conselho Nacional de Justiça, Conselho Nacional do Ministério Público, Tribunais Superiores e Tribunais de segunda instância; – tratados internacionais, depois de incorporados no nosso ordenamento jurídico. *Alternativa D.*

163. (XIII Exame) A arguição de descumprimento de preceito fundamental (ADPF), regulada pela Lei n. 9.882/99, tem por objeto evitar ou reparar lesão a preceito fundamental, resultante de ato do Poder Público.

Com base no legalmente disposto sobre a ADPF, assinale a opção correta.

(A) Face à extraordinariedade da ADPF, a decisão de indeferimento liminar da petição inicial é irrecorrível.

(B) De acordo com a Lei n. 9.882/99, vige o princípio da subsidiariedade quanto ao cabimento da ADPF.

(C) A decisão proferida em ADPF produzirá somente efeitos *erga omnes* e *ex tunc*.

(D) O prefeito de qualquer município pode propor ADPF contra lei local perante o STF.

RESPOSTA Da decisão de **indeferimento** da petição inicial caberá **agravo**, no prazo de cinco dias (*§ 2º do art. 4º da Lei Federal n. 9.882/99*) – alternativa A errada. *"Não será admitida arguição de descumprimento de preceito fundamental quando houver qualquer outro meio eficaz de sanar a lesividade"* – ou seja, **vige aqui o princípio da subsidiariedade** – alternativa B correta. *"Ao declarar a inconstitucionali-*

dade de lei ou ato normativo, no processo de arguição de descumprimento de preceito fundamental, e tendo em vista razões de segurança jurídica ou de excepcional interesse social, poderá o Supremo Tribunal Federal, por maioria de dois terços de seus membros, ***restringir os efeitos daquela declaração ou decidir que ela só tenha eficácia a partir de seu trânsito em julgado ou de outro momento que venha a ser fixado.***" (*art. 11 da Lei Federal n. 9.882/99*) – alternativa C errada. Os legitimados para propor ADPF são aqueles listados no art. 103 da CF, e lá **não está incluído o prefeito** – alternativa D errada. *Alternativa B.*

164. **(XXIX Exame)** O Estado Alfa promulgou, em 2018, a Lei Estadual X, concedendo unilateralmente isenção sobre o tributo incidente em operações relativas à circulação interestadual de mercadorias (ICMS) usadas como insumo pela indústria automobilística. O Estado Alfa, com isso, atraiu o interesse de diversas montadoras em ali se instalarem. A Lei Estadual X, no entanto, contraria norma da Constituição da República que dispõe caber a lei complementar regular a forma de concessão de incentivos, isenções e benefícios fiscais relativos ao ICMS, mediante deliberação dos Estados e do Distrito Federal. Em razão da Lei Estadual X, o Estado Beta, conhecido polo automobilístico, sofrerá drásticas perdas em razão da redução na arrecadação tributária, com a evasão de indústrias e fábricas para o Estado Alfa. Diante do caso narrado, com base na ordem jurídico-constitucional vigente, assinale a afirmativa correta.

(A) O Governador do Estado Beta não detém legitimidade ativa para a propositura da Ação Direta de Inconstitucionalidade em face da Lei Estadual X, uma vez que, em âmbito estadual, apenas a Mesa da Assembleia Legislativa do respectivo ente está no rol taxativo de legitimados previsto na Constituição.

(B) A legitimidade do Governador do Estado Beta restringe-se à possibilidade de propor, perante o respectivo Tribunal de Justiça, representação de inconstitucionalidade de leis ou atos normativos estaduais ou municipais em face da Constituição Estadual.

(C) A legitimidade ativa do Governador para a Ação Direta de Inconstitucionalidade vincula-se ao objeto da ação, pelo que deve haver pertinência da norma impugnada com os objetivos do autor da ação; logo, não podem impugnar ato normativo oriundo de outro Estado da Federação.

(D) O Governador do Estado Beta é legitimado ativo para propor Ação Direta de Inconstitucionalidade em face da Lei Estadual X, a qual, mesmo sendo oriunda de ente federativo diverso, provoca evidentes reflexos na economia do Estado Beta.

RESPOSTA Uma lei inconstitucional de um Estado-membro que provoca efeitos diretos em outro Estado-membro pode sim ser objeto de ADI. Primeiro, pois a legitimidade para a propositura de ADI é conferida aos Governadores de Estado e do Distrito Federal pelo art. 103, V, da CF. Segundo, pois, ainda que a Constituição não estabeleça condição para o exercício dessa competência, o STF entende que "em se tratando de impugnação a diploma normativo a envolver outras Unidades da Federação, o Governador há de demonstrar a pertinência-temática, ou seja, a repercussão do ato considerados os interesses do Estado". STF. Plenário. ADI 2.747/DF. Decisão unânime. Rel.: Ministro Marco Aurélio. 16/05/07. *Alternativa D.*

165. **(X Exame)** Ajuizada uma Ação Direta de Inconstitucionalidade (ADI) requerendo expressamente que se declare inconstitucional o art. 2º da Lei X, o Supremo Tribunal Federal (STF), ao apreciar o pedido, apenas declarou inconstitucional uma interpretação possível da norma impugnada, sem declarar sua invalidade, e determinou que sua decisão só acarretasse efeitos a partir do seu trânsito em julgado.

Com base na situação acima, assinale a afirmativa correta.

(A) O STF como órgão do Poder Judiciário, por força do princípio da correlação, não poderia julgar de forma distinta daquela requerida pela parte autora.

(B) O STF, no controle abstrato de constitucionalidade, não está adstrito ao pedido formulado na inicial, podendo, inclusive, fazer uma interpretação conforme a Constituição, a despeito de expresso requerimento pela declaração de invalidade da norma.

(C) A modulação dos efeitos das decisões do STF em Ação Direta de Inconstitucionalidade (ADI) é possível, desde que com a aprovação da maioria absoluta dos seus membros.

(D) O STF não pode fixar os efeitos da decisão a partir do seu trânsito em julgado, pois, em conformidade com o princípio da supremacia da Constituição, a pecha da inconstitucionalidade contamina a lei desde a sua gênese.

RESPOSTA No julgamento da ADI-MC 2.396/MS, o Pleno do Supremo Tribunal Federal foi incisivo: "***O Tribunal não está adstrito aos fundamentos invocados pelo autor****, podendo declarar a inconstitucionalidade por fundamentos diversos dos expendidos na inicial*" (ADI-MC 2.396, Rel. Min. Ellen Gracie, Tribunal

Pleno, julgado em 26-9-2001, *DJ* 14-12-2001). *Alternativa B.*

166. **(III Exame)** O Governador de um Estado-membro da Federação pretende se insurgir contra lei de seu Estado editada em 1984 que vincula a remuneração de servidores públicos estaduais ao salário mínimo. Os fundamentos de índole material a serem invocados são a ofensa ao princípio federativo e a vedação constitucional de vinculação do salário mínimo para qualquer fim. A ação constitucional a ser ajuizada pelo Governador do Estado perante o Supremo Tribunal Federal, cuja decisão terá eficácia contra todos e efeito vinculante relativamente aos demais órgãos do Poder Público, é a (o)

(A) ação direta de inconstitucionalidade.
(B) mandado de injunção.
(C) arguição de descumprimento de preceito fundamental.
(D) mandado de segurança coletivo.

RESPOSTA O **único** instrumento jurídico-processual apto a questionar a constitucionalidade de normas anteriores à Constituição é a **arguição de descumprimento de preceito fundamental – ADPF**, regulamentada pela Lei Federal n. 9.882/99 (*inciso I do art. 1º desta lei*). *Alternativa C.*

167. **(IV Exame)** As alternativas a seguir apontam diferenças entre a ADI e a ADC, À EXCEÇÃO DE UMA. Assinale-a.

(A) Rol de legitimados para a propositura da ação.
(B) Objeto da ação.
(C) Exigência de controvérsia judicial relevante.
(D) Manifestação do Advogado-Geral da União.

RESPOSTA **Rol de legitimados** para a propositura de ambas as ações (*ADI* e *ADC*) **é o mesmo**, segundo o *art. 103 da CF. Alternativa A.*

168. **(XVII Exame)** Determinado Tribunal de Justiça vem tendo dificuldades para harmonizar os procedimentos de suas câmaras, órgãos fracionários, em relação à análise, em caráter incidental, da inconstitucionalidade de certas normas como pressuposto para o enfrentamento do mérito propriamente dito. A Presidência do referido Tribunal manifestou preocupação com o fato de o procedimento adotado por três dos órgãos fracionários estar conflitando com.aquele tido como correto pela ordem constitucional brasileira. Apenas uma das câmaras adotou procedimento referendado pelo sistema jurídico-constitucional brasileiro. Assinale a opção que o apresenta.

(A) A 1ª Câmara, ao reformar a decisão de 1º grau em sede recursal, reconheceu, incidentalmente, a inconstitucionalidade da norma que dava suporte ao direito pleiteado, entendendo que, se o sistema jurídico reconhece essa possibilidade ao juízo monocrático, por razões lógicas, deve estendê-la aos órgãos recursais.
(B) A 2ª Câmara, ao analisar o recurso interposto, reconheceu, incidentalmente, a inconstitucionalidade da norma que concedia suporte ao direito pleiteado, fundamentando-se em cristalizada jurisprudência do Superior Tribunal de Justiça sobre o tema.
(C) A 3ª Câmara, ao analisar o recurso interposto, reconheceu, incidentalmente, a inconstitucionalidade da norma que concedia suporte ao direito pleiteado, fundamentando-se em pronunciamentos anteriores do Órgão Especial do próprio Tribunal.
(D) A 4ª Câmara, embora não tenha declarado a inconstitucionalidade da norma que conferia suporte ao direito pleiteado, solucionou a questão de mérito afastando a aplicação da referida norma, apesar de estarem presentes os seus pressupostos de incidência.

RESPOSTA A questão trata do tema "Reserva de Plenário", previsto no art. 97, da Constituição Federal, a saber: "*Art. 97. Somente pelo voto da maioria absoluta de seus membros ou dos membros do respectivo órgão especial poderão os tribunais declarar a inconstitucionalidade de lei ou ato normativo do Poder Público*". Nas alternativas apresentadas, a correta é a letra C, pois o **reconhecimento incidental da inconstitucionalidade da norma que concedia suporte ao direito pleiteado, pelo órgão fracionário, fundamentou-se em pronunciamentos anteriores do Órgão Especial do próprio Tribunal**, não havendo a necessidade de se submeter a demanda à rediscussão e, também, não conflitando com a Súmula Vinculante n. 10, do STF: "*Viola a cláusula de reserva de plenário (art. 97 da CF) a decisão de órgão fracionário de tribunal que, embora não declare expressamente a inconstitucionalidade de lei ou ato normativo do poder público, afasta sua incidência, no todo ou em parte*". *Alternativa C.*

169. **(XXVIII Exame)** Numerosas decisões judiciais, contrariando portarias de órgãos ambientais e de comércio exterior, concederam autorização para que sociedades empresárias pudessem importar pneus usados. Diante disso, o Presidente da República ingressa com Arguição de Descumprimento de Preceito Fundamental (ADPF), sustentando que tais decisões judiciais autorizativas da importação de pneus usados teriam afrontado preceito fundamental, representado pelo direito à saúde e a um meio ambiente ecologicamente equilibrado. A partir do caso narrado, assinale a afirmativa correta.

(A) A ADPF não se presta para impugnar decisões judiciais, pois seu objeto está adstrito às leis ou a atos normativos federais e estaduais de caráter geral e abstrato, assim entendidos aqueles provenientes do Poder Legislativo em sua função legislativa.

(B) A ADPF tem por objetivo evitar ou reparar lesão a preceito fundamental resultante de ato do Poder Público, ainda que de efeitos concretos ou singulares; logo, pode impugnar decisões judiciais que violem preceitos fundamentais da Constituição, desde que observada a subsidiariedade no seu uso.

(C) Embora as decisões judiciais possam ser impugnadas por ADPF, a alegada violação do direito à saúde e a um meio ambiente ecologicamente equilibrado não se insere no conceito de preceito fundamental, conforme rol taxativo constante na Lei Federal n. 9.882/99.

(D) A ADPF não pode ser admitida, pois o Presidente da República, na qualidade de chefe do Poder Executivo, não detém legitimidade ativa para suscitar a inconstitucionalidade de ato proferido por membros do Poder Judiciário, sob pena de vulneração ao princípio da separação dos poderes.

RESPOSTA A ADPF tem por objeto evitar ou reparar lesão a preceitos fundamentais, proveniente de ato do Poder Público; ou também pode ser interposta quando houver controvérsia constitucional sobre lei ou ato normativo federal, estadual ou municipal – incluídos os anteriores à atual Constituição (art. 1º da Lei n. 9.882/99). Assim sendo, está inserido em seu espectro de atuação impugnar decisões judiciais que violem preceitos fundamentais da Constituição. Apenas lembre-se que, mesmo assim, a ADPF somente poderá ser proposta quando não houver (couber) nenhuma outra ação constitucional com o mesmo objetivo – princípio da subsidiariedade da ADPF. *Alternativa B.*

170. **(VII Exame)** De acordo com entendimento consolidado do STF e da doutrina, qual, dentre os órgãos e entidades listados abaixo, NÃO precisa demonstrar pertinência temática como condição para ajuizar Ação Direta de Inconstitucionalidade?

(A) Mesa de Assembleia Legislativa ou Câmara Legislativa (DF).

(B) Conselho Federal da OAB.

(C) Entidade de Classe de âmbito nacional.

(D) Confederação Sindical

RESPOSTA Entre os legitimados à propositura da ADI ou ADC, conforme o rol do art. 103 da CF, o STF diferenciou em dois grupos: os **legitimados universais** (*incisos I, II, III, VI, VII* e *VIII*) e os **especiais** (*incisos IV, V* e *IX*). Cumpre ressaltar que os legitimados especiais devem demonstrar **pertinência temática, ou seja, é ligação de interesse processual entre um legitimado e o tema (*o objeto da ação*) da ADI ou ADC que proporá.** A esta expressão pertinência temática também é dado outro nome pela jurisprudência mais moderna: *adequacy of representation* – ou, representação adequada. *Alternativa B.*

171. **(I Exame)** Assinale a opção correta a respeito da medida cautelar em sede de ação direta de inconstitucionalidade, de acordo com o que dispõe a Lei n. 9.868/1999.

(A) Tal medida não poderá ser apreciada em período de recesso ou férias, visto que é imperioso que seja concedida por decisão da maioria absoluta dos membros do STF, após a audiência dos órgãos ou autoridades dos quais emanou a lei ou ato normativo impugnado.

(B) Essa medida cautelar só poderá ser concedida se ouvidos, previamente, o advogado-geral da União e o procurador-geral da República.

(C) A decisão proferida em sede de cautelar, seja ela concessiva ou não, será dotada de eficácia contra todos, com efeito *ex nunc*, salvo se o STF entender que deva conceder-lhe eficácia retroativa.

(D) O relator, em face da relevância da matéria e de seu especial significado para a ordem social e a segurança jurídica, poderá, após a prestação das informações e a manifestação do advogado-geral da União e do procurador-geral da República, sucessivamente, submeter o processo diretamente ao STF, que terá a faculdade de julgar definitivamente a ação.

RESPOSTA A medida cautelar somente não poderá ser apreciada em período de recesso, **mas poderá sê-la no período de férias** (caput *do art. 10 da Lei Federal n. 9.868/99*). As opiniões do Advogado-Geral da União e do Procurador-Geral da República **são facultativas** de escolha pelo ministro relator do processo (*§§ 1º e 3º do art. 10 da Lei Federal n. 9.868/99*). A **decisão proferida em sede de cautelar**, seja ela concessiva ou não, será dotada de eficácia contra todos, com efeito *ex tunc*, salvo se o STF entender que deva conceder-lhe eficácia retroativa (*§ 1º do art. 11 da Lei Federal n. 9.868/99*). Portanto, a correta é a alternativa D: havendo pedido de medida cautelar, o relator, em face da relevância da matéria e de seu especial significado para a ordem social e a segurança jurídica, **poderá**, após a prestação das informações, no prazo de dez dias, e a manifestação do Advogado-Geral da União e do Procurador-Geral da

República, sucessivamente, no prazo de cinco dias, **submeter o processo diretamente ao Tribunal, que terá a faculdade de julgar definitivamente a ação** (*art. 12 da Lei Federal n. 9.868/99*). *Alternativa D.*

172. **(XVIII Exame)** Muitos Estados ocidentais, a partir do processo revolucionário franco-americano do final do século XVIII, atribuíram aos juízes a função de interpretar a Constituição, daí surgindo a denominada jurisdição constitucional. A respeito do controle de constitucionalidade exercido por esse tipo de estrutura orgânica, assinale a afirmativa correta.

(A) A supremacia da Constituição e a hierarquia das fontes normativas destacam-se entre os pressupostos do controle de constitucionalidade.

(B) A denominada mutação constitucional é uma modalidade de controle de constitucionalidade realizado pela jurisdição constitucional.

(C) O controle concentrado de constitucionalidade consiste na análise da compatibilidade de qualquer norma infraconstitucional com a Constituição.

(D) O controle de constitucionalidade de qualquer decreto regulamentar deve ser realizado pela via difusa.

RESPOSTA O controle de constitucionalidade das leis em um ordenamento jurídico baseia-se na premissa da **supremacia da Constituição**, estando esta no **topo do sistema normativo** e fazendo com que todas as **normas inferiores** extraiam os seus fundamentos e se recebam interpretação que com ela se adeque. *Alternativa A.*

173. **(XI Exame)** A Ação Direta de Inconstitucionalidade, a Ação Declaratória de Constitucionalidade e a Ação Direta de Inconstitucionalidade por Omissão estão regulamentadas no âmbito infraconstitucional pela Lei n. 9.868/99, que dispõe sobre o processo e julgamento destas ações perante o Supremo Tribunal Federal. Tomando por base o constante na referida lei, assinale a alternativa incorreta.

(A) Podem propor a Ação Direta de Inconstitucionalidade por Omissão os mesmos legitimados para propositura da Ação Direta de Inconstitucionalidade e da Ação Declaratória de Constitucionalidade.

(B) Cabe no âmbito da Ação Declaratória de Constitucionalidade a concessão de medida cautelar.

(C) As decisões proferidas em Ação Direta de Inconstitucionalidade e em Ação Declaratória de Constitucionalidade possuem o chamado efeito dúplice.

(D) Enquanto a Ação Direta de Inconstitucionalidade e a Ação Declaratória de Constitucionalidade não admitem desistência, a Ação Direta de Inconstitucionalidade por Omissão admite a desistência a qualquer tempo.

RESPOSTA Todas as afirmativas estão corretas, com exceção da alternativa D, **porquanto as ações com natureza de controle de constitucionalidade** – *ADI, ACD e ADO* – **não admitem desistência** (*art. 5º da Lei Federal n. 9.868/99*). *Alternativa D.*

174. **(XXX Exame)** Em março de 2017, o Supremo Tribunal Federal, em decisão definitiva de mérito proferida no âmbito de uma Ação Declaratória de Constitucionalidade, com eficácia contra todos (*erga omnes*) e efeito vinculante, declarou que a lei federal, que autoriza o uso de determinado agrotóxico no cultivo de soja, é constitucional, desde que respeitados os limites e os parâmetros técnicos estabelecidos pela Agência Nacional de Vigilância Sanitária (ANVISA). Inconformados com tal decisão, os congressistas do partido Y apresentaram um projeto de lei perante a Câmara dos Deputados visando proibir, em todo o território nacional, o uso do referido agrotóxico e, com isso, "derrubar" a decisão da Suprema Corte. Em outubro de 2017, o projeto de lei é apresentado para ser votado. Diante da hipótese narrada, assinale a afirmativa correta.

(A) A superação legislativa das decisões definitivas de mérito do Supremo Tribunal Federal, no âmbito de uma ação declaratória de constitucionalidade, deve ser feita pela via da emenda constitucional, ou seja, como fruto da atuação do poder constituinte derivado reformador; logo, o projeto de lei proposto deve ser impugnado por mandado de segurança em controle prévio de constitucionalidade.

(B) Embora as decisões definitivas de mérito proferidas pelo Supremo Tribunal Federal nas ações declaratórias de constitucionalidade não vinculem o Poder Legislativo em sua função típica de legislar, a Constituição de 1988 veda a rediscussão de temática já analisada pela Suprema Corte na mesma sessão legislativa, de modo que o projeto de lei apresenta vício formal de inconstitucionalidade.

(C) Como as decisões definitivas de mérito proferidas pelo Supremo Tribunal Federal em sede de controle concentrado de constitucionalidade gozam de eficácia contra todos e efeito vinculante, não poderia ser apresentado projeto de lei que contrariasse questão já pacificada pela Suprema Corte, cabendo sua impugnação pela via da reclamação constitucional.

(D) O Poder Legislativo, em sua função típica de legislar, não fica vinculado às decisões definitivas de mérito proferidas pelo Supremo Tribunal Federal no controle de constitucionalidade, de modo que o projeto de lei apresentado em data posterior ao julgamento poderá ser regularmente votado e, se aprovado, implicará a superação ou reação legislativa da jurisprudência.

RESPOSTA Conforme § 2º do art. 102 da CF, as decisões definitivas de mérito, proferidas pelo Supremo Tribunal Federal, nas ações diretas de inconstitucionalidade e nas ações declaratórias de constitucionalidade produzirão eficácia contra todos e efeito vinculante, relativamente aos demais órgãos do Poder Judiciário e à administração pública direta e indireta, nas esferas federal, estadual e municipal. Ou seja, os efeitos destas decisões atingem e vinculam, diretamente, os Poderes Executivo e Judiciário. Entretanto, não vinculam o Poder Legislativo em sua função típica de legislar, podendo este, inclusive, produzir normas jurídicas contrárias a quaisquer decisões de qualquer natureza do Poder Judiciário. *Alternativa D.*

XVI. PODER CONSTITUINTE

175. **(XVII Exame)** Pedro, reconhecido advogado na área do direito público, é contratado para produzir um parecer sobre situação que envolve o pacto federativo entre Estados brasileiros. Ao estudar mais detidamente a questão, conclui que, para atingir seu objetivo, é necessário analisar o alcance das chamadas cláusulas pétreas. Com base na ordem constitucional brasileira vigente, assinale, dentre as opções abaixo, a única que expressa uma premissa correta sobre o tema e que pode ser usada pelo referido advogado no desenvolvimento de seu parecer.

(A) As cláusulas pétreas podem ser invocadas para sustentar a existência de normas constitucionais superiores em face de normas constitucionais inferiores, o que possibilita a existência de normas constitucionais inconstitucionais.

(B) Norma introduzida por emenda à constituição se integra plenamente ao texto constitucional, não podendo, portanto, ser submetida a controle de constitucionalidade, ainda que sob alegação de violação à cláusula pétrea.

(C) Mudanças propostas por constituinte derivado reformador estão sujeitas ao controle de constitucionalidade, sendo que as normas ali propostas não podem afrontar cláusulas pétreas estabelecidas na Constituição da República.

(D) Os direitos e as garantias individuais considerados como cláusulas pétreas estão localizados exclusivamente nos dispositivos do art. 5º, de modo que é inconstitucional atribuir essa qualidade (cláusula pétrea) a normas fundadas em outros dispositivos constitucionais.

RESPOSTA O Poder Constituinte é a **manifestação soberana da vontade** de um povo e divide-se em **Originário e Derivado**, sendo o primeiro ilimitado, autônomo e incondicionado. Já o **segundo**, apresenta como características ser secundário, condicionado e limitado pelas regras contidas na própria Constituição Federal, **estando sujeito ao Controle de Constitucionalidade**, tanto em sua forma Reformadora quanto decorrente. *Alternativa C.*

176. **(XXV Exame)** Por entender que o voto é um direito, e não um dever, um terço dos membros da Câmara dos Deputados articula proposição de emenda à Constituição de 1988, no sentido de tornar facultativo a todos os cidadãos o voto nas eleições a serem realizadas no país. Sabendo que a proposta gerará grande polêmica, o grupo de parlamentares resolve consultar um advogado especialista na matéria. De acordo com o sistema jurídico-constitucional brasileiro, assinale a opção que indica a orientação correta a ser dada pelo advogado.

(A) Não é possível sua supressão por meio de Emenda Constitucional, porque o voto obrigatório é considerado cláusula pétrea da Constituição da República, de 1988.

(B) Não há óbice para que venha a ser objeto de alteração por via de Emenda Constitucional, embora o voto obrigatório tenha estatura constitucional.

(C) Para que a proposta de Emenda Constitucional seja analisada pelo Congresso Nacional, é necessária manifestação de um terço de ambas as Casas.

(D) A emenda, sendo aprovada pelo Congresso Nacional, somente será promulgada após a devida sanção presidencial.

RESPOSTA Cuidado com a pegadinha! Segundo está descrito na Constituição Federal, art. 14, § 1º, I, "o alistamento eleitoral e o voto são obrigatórios para os maiores de dezoito anos". No entanto, quando a Constituição trata sobre cláusulas pétreas (aquelas normas constitucionais que não podem ser modificadas), diz que, em seu art. 60, § 4º, "não será objeto de deliberação a proposta de emenda tendente a abolir o voto direto, secreto, universal e periódico". Portanto, uma emenda constitucional que tiver como objeto abolir o voto obrigatório não estará indo contra as cláusulas pétreas. *Alternativa B.*

XVII. DA INTERVENÇÃO, DA DEFESA DO ESTADO E DAS INSTITUIÇÕES DEMOCRÁTICAS

177. **(XVI Exame)** Determinado Governador de Estado, inconformado com decisões proferidas pelo Poder Judiciário local, que determinaram o fechamento de diversos estabelecimentos comprovadamente envolvidos com ilícitos, decidiu que os órgãos estaduais a ele subordinados não cumpririam as decisões judiciais. Alegou que os negócios desenvolvidos nesses estabelecimentos, mesmo sendo ilícitos, geravam empregos e aumentavam a arrecadação do Estado, e que o não cumprimento das ordens emanadas do Poder Judiciário se justificava em razão da repercussão econômica que o seu cumprimento teria. Das opções a seguir, assinale a que se mostra consentânea com a Constituição Federal.

(A) O Presidente da República, após a requisição do Supremo Tribunal Federal, decretará a intervenção federal, dispensado, nesse caso, o controle pelo Congresso Nacional.

(B) O Governador de Estado, tendo por base a inafastável autonomia concedida aos Estados em uma organização federativa, está juridicamente autorizado a adotar o indicado posicionamento.

(C) O Presidente da República poderá decretar a intervenção federal, se provocado pelo Procurador-Geral da República e com autorização prévia do Congresso Nacional, que exercerá um controle político.

(D) O Supremo Tribunal Federal, prescindindo de qualquer atuação por parte do Presidente da República, determinará, ele próprio, a intervenção federal, que será posteriormente apreciada pelo Congresso Nacional.

RESPOSTA Na hipótese de descumprimento de ordem judicial, poderá a União intervir no Estado-membro, mediante requisição do STF e **sem a necessidade de controle por parte do Congresso Nacional**, em consonância com o disposto nos *arts. 34 e 36* da Constituição Federal. *Alternativa A está correta.*

178. **(XXVI Exame)** Durante ato de protesto político, realizado na praça central do Município Alfa, os manifestantes, inflamados por grupos oposicionistas, começam a depredar órgãos públicos locais, bem como invadem e saqueiam estabelecimentos comerciais, situação que foge do controle das forças de segurança. Diante do quadro de evidente instabilidade social, o Presidente da República, por Decreto, institui o estado de defesa no Município Alfa por prazo indeterminado, até que seja restaurada a ordem pública e a paz social. No Decreto, ainda são fixadas restrições aos direitos de reunião e ao sigilo de correspondência e comunicação telefônica. Acerca do caso apresentado, assinale a afirmativa correta.

(A) Durante o estado de defesa, podem ser estabelecidas restrições aos direitos de reunião e ao sigilo de correspondência e comunicação telefônica, mas o referido decreto não poderia estender-se por prazo indeterminado, estando em desconformidade com a ordem constitucional.

(B) Ao decretar a medida, o Chefe do Poder Executivo não poderia adotar medidas de restrição ao sigilo de correspondência e comunicação telefônica, o que denota que o decreto é materialmente inconstitucional.

(C) O decreto é formalmente inconstitucional, porque o Presidente da República somente poderia decretar medida tão drástica mediante lei previamente aprovada em ambas as casas do Congresso Nacional.

(D) O decreto presidencial, na forma enunciada, não apresenta qualquer vício de inconstitucionalidade, sendo assegurada, pelo texto constitucional, a possibilidade de o Presidente da República determinar, por prazo indeterminado, restrições aos referidos direitos.

RESPOSTA Nos termos do artigo 136 da CF, o decreto que instituir o estado de defesa poderá determinar, dentro dos limites da lei, as seguintes medidas coercitivas: restrições aos direitos de reunião, ainda que exercida no seio das associações; sigilo de correspondência; sigilo de comunicação telegráfica e telefônica; e ocupação e uso temporário de bens e serviços públicos, na hipótese de calamidade pública, sendo que seu tempo de duração do estado de defesa não será superior a trinta dias, podendo ser prorrogado uma vez, por igual período, se persistirem as razões que justificaram a sua decretação. *Alternativa A.*

179. **(XIV Exame)** O estado de defesa e o estado de sítio são tidos como legalidades extraordinárias, verdadeiras excepcionalidades que possibilitam inclusive a suspensão de determinadas garantias constitucionais. As hipóteses de incidência e o procedimento são exaustivamente tratados pela CRFB/88. Com base na previsão constitucional dos referidos institutos, assinale a opção correta.

(A) O estado de defesa e o estado de sítio podem ser decretados pelo Presidente da República, bastando a oitiva prévia do Conselho da República, do Conselho de Defesa Nacional e do Procurador-Geral da República.

(B) No estado de defesa, a oitiva do Congresso Nacional é posterior à sua decretação. Por sua vez, no estado de sítio, o Congresso Nacional deve ser ouvido previamente à decretação.

(C) Poderá o Presidente da República, à luz da CRFB/88, decretar estado de defesa em resposta a agressão armada de país vizinho.

(D) Em sendo hipótese de estado de sítio, o Congresso Nacional deverá ser fechado até o término das medidas coercitivas, para sua salvaguarda.

RESPOSTA Havendo a decretação do **Estado de Defesa** ou sua prorrogação, o Presidente da República, no prazo de vinte e quatro horas, deverá submeter o ato (*com sua justificativa*) ao Congresso Nacional, que decidirá por maioria absoluta, conforme o *§ 4º do art. 136 da CF*. Já no **Estado de Sítio**, o Presidente solicitará ao Congresso, mediante o relato dos motivos determinantes do pedido, que o mesmo decida acerca da sua aprovação (*que deverá ser feita por maioria absoluta*), nos termos do art. 137, parágrafo único, da Constituição Federal. *Alternativa B.*

180. **(XX Exame)** O Presidente da República, cumpridos todos os pressupostos constitucionais exigíveis, decreta estado de defesa no Estado-membro Alfa, que foi atingido por calamidades naturais de grandes proporções, o que causou tumulto e invasões a supermercados, farmácias e outros estabelecimentos, com atingimento à ordem pública e à paz social. Mesmo após o prazo inicial de 30 dias ter sido prorrogado por igual período (mais 30 dias), ainda restava evidente a ineficácia das medidas tomadas no decorrer do citado estado de defesa. Sem saber como proceder, a Presidência da República recorre ao seu corpo de assessoramento jurídico que, de acordo com a CRFB/88, informa que

(A) será possível, cumpridas as exigências formais, uma nova prorrogação de, no máximo, 30 dias do estado de defesa.

(B) será possível, cumpridas as exigências formais, prorrogar o estado de defesa até que seja a crise completamente debelada.

(C) será possível, cumpridas as exigências formais, decretar o estado de sítio, já que vedada nova prorrogação do estado de defesa.

(D) será obrigatoriamente decretada a intervenção federal no Estado Alfa, que possibilita a utilização de meios de ação mais contundentes do que os previstos no estado de defesa.

RESPOSTA O Presidente da República pode, ouvidos o Conselho da República e o Conselho de Defesa Nacional, decretar estado de defesa para preservar ou prontamente restabelecer, em locais restritos e determinados, a ordem pública ou a paz social ameaçadas por grave e iminente instabilidade institucional ou atingidas por calamidades de grandes proporções na natureza. O tempo de duração do estado de defesa não será superior a trinta dias, podendo ser prorrogado uma vez, por igual período, se persistirem as razões que justificaram a sua decretação. No entanto, caso o estado de defesa decretado não atinja os objetivos por ele propostos, o Presidente da República pode, ouvidos o Conselho da República e o Conselho de Defesa Nacional, solicitar ao Congresso Nacional autorização para decretar o estado de sítio. É o disposto nos arts. 136 e 137 da Constituição Federal. *Alternativa C.*

181. **(XXV Exame)** O Estado Alfa deixou de aplicar, na manutenção e no desenvolvimento do ensino, o mínimo exigido da receita resultante de impostos estaduais, compreendida a proveniente de transferências. À luz desse quadro, algumas associações de estudantes procuram um advogado e o questionam se, nessa hipótese, seria possível decretar a intervenção federal no Estado Alfa. Com base na hipótese narrada, assinale a afirmativa correta.

(A) A intervenção federal da União no Estado Alfa pode ser decretada, *ex officio*, pelo Presidente da República.

(B) A intervenção federal não é possível, pois, por ser um mecanismo excepcional, o rol previsto na Constituição que a autoriza é taxativo, não contemplando a situação narrada.

(C) A intervenção da União no Estado Alfa dependerá de requerimento do Procurador-Geral da República perante o Supremo Tribunal Federal.

(D) A intervenção federal não seria possível, pois a norma constitucional que exige a aplicação de percentual mínimo de receita na educação nunca foi regulamentada.

RESPOSTA A regra da Constituição Federal é da não intervenção, seja em qualquer dos seus entes federados. No entanto, excepcionalmente, nas hipóteses em que estão elencadas nos arts. 34 e 35 da CF, será possível a intervenção, mas também desde que preenchidos alguns pré-requisitos. No caso em tela, há a possibilidade de intervenção (art. 34, VII, e, da CF) quando não ocorre, pelo Estado-membro, a aplicação do mínimo exigido da receita resultante de impostos estaduais, compreendida a proveniente de transferências, na manutenção e desenvolvimento do ensino e nas ações e serviços públicos de saúde. Aí então, nesses casos, a Constituição prevê que o deferimento da intervenção dependerá de provimento da representação proposta pelo Procurador-Geral da República (chefe do Ministério Público Federal) perante o Supremo Tribunal Federal (art. 36, III, da CF). *Alternativa C.*

182. **(XXVII Exame)** O Procurador-Geral de Justiça resolve representar perante o

Tribunal de Justiça, solicitando intervenção estadual no Município Alfa, sob a alegação de que esse ente federado tem violado frontalmente diversos princípios, de reprodução obrigatória, indicados na Constituição Estadual. Com base na hipótese narrada, assinale a afirmativa correta.

(A) A intervenção estadual no Município Alfa pode ser decretada, *ex officio*, pelo Governador de Estado, independentemente da representação.

(B) A intervenção estadual no Município Alfa dependerá de provimento do Tribunal de Justiça requisitando ao Governador de Estado que decrete a referida medida.

(C) A intervenção estadual não é possível, pois, devido à sua natureza excepcional, o rol previsto na Constituição da República não contempla a violação a princípios.

(D) A intervenção estadual no Município Alfa, após o acolhimento da representação pelo Tribunal de Justiça, ainda dependerá do controle político da Assembleia Legislativa Estadual.

RESPOSTA Conforme o princípio da simetria, e tendo em vista que, por causa disso, o mecanismo constitucional de intervenção é um conjunto de normas de reprodução obrigatória nas constituições estaduais, a intervenção estadual no Município Alfa tem como base a lesão a princípio "sensível" – como são chamados os princípios constitucionais descritos no inciso VII do art. 34 da CF. Destarte, a efetivação desse tipo de intervenção sempre depende de pedido expresso do chefe do Ministério Público, seguido do provimento do Tribunal de Justiça requisitando ao Governador de Estado que a decrete (art. 36, III, da CF). *Alternativa B.*

183. **(XX Exame – Reaplicação)** Determinado Município localizado no âmbito de um Estado-membro da Federação brasileira deixa de cumprir ordem judicial emanada do Tribunal de Justiça local. Diante de tal fato, segundo a ordem jurídico-constitucional brasileira, assinale a afirmativa correta.

(A) O Tribunal de Justiça local poderá, por intermédio de requisição, solicitar ao Governador do Estado a decretação da intervenção estadual no referido Município, sem necessidade de nenhum tipo de Ação Direta Interventiva.

(B) O Procurador-Geral da República poderá ajuizar Representação Interventiva junto ao Supremo Tribunal Federal, que julgando-a procedente suscitará a intervenção federal no Município em tela, a ser decretada pelo Presidente da República.

(C) O Superior Tribunal de Justiça poderá, por intermédio de requisição ao Chefe do Executivo Estadual, determinar a intervenção estadual no referido Município, sem a necessidade de nenhum tipo de Ação Direta Interventiva.

(D) O Procurador-Geral de Justiça poderá ajuizar Ação Direta Interventiva estadual junto ao Tribunal de Justiça Local, que a julgando procedente autoriza a intervenção estadual no referido Município, a ser decretada pelo Governador do Estado.

RESPOSTA No caso em tela, houve explícita não obediência do município em relação à ordem judicial. Ocorre que, para haver intervenção do Estado no município, como aquele assim quer, faz-se necessária a propositura, por meio do Procurador-Geral de Justiça do Estado (chefe do Ministério Público estadual), de ação direita de inconstitucionalidade interventiva (ADI interventiva), visando atender ao dispositivo do art. 35, inciso IV, da Constituição Federal. *Alternativa D.*

184. **(XXX Exame)** As chuvas torrenciais que assolaram as regiões Norte e Nordeste do país resultaram na paralisação de serviços públicos essenciais ligados às áreas de saúde, educação e segurança. Além disso, diversos moradores foram desalojados de suas residências, e o suprimento de alimentos e remédios ficou prejudicado em decorrência dos alagamentos. O Presidente da República, uma vez constatado o estado de calamidade pública de grande proporção, decretou estado de defesa. Dentre as medidas coercitivas adotadas com o propósito de restabelecer a ordem pública estava o uso temporário de ambulâncias e viaturas pertencentes ao Município Alfa. Diante do caso hipotético narrado, assinale a afirmativa correta.

(A) A fundamentação empregada pelo Presidente da República para decretar o estado de defesa viola a Constituição de 1988, porque esta exige, para tal finalidade, a declaração de estado de guerra ou resposta a agressão armada estrangeira.

(B) Embora seja admitida a decretação do estado de defesa para restabelecer a ordem pública em locais atingidos por calamidades de grandes proporções da natureza, não pode o Presidente da República, durante a vigência do período de exceção, determinar o uso temporário de bens pertencentes a outros entes da federação.

(C) O estado de defesa, no caso em comento, viola o texto constitucional, porque apenas poderia vir a ser decretado pelo Presidente da República caso constatada a ineficácia de medidas adotadas durante o estado de sítio.

(D) A União pode determinar a ocupação e o uso temporário de bens e serviços públicos, respondendo pelos danos e custos decorrentes, porque a necessidade de restabelecer a ordem pública em locais atingidos por calamidades de grandes proporções da natureza é fundamento idôneo para o estado de defesa.

RESPOSTA Visando preservar ou prontamente restabelecer, em locais restritos e determinados, a ordem pública ou a paz social ameaçadas: 1) por grave e iminente instabilidade institucional ou 2) atingidas por calamidades de grandes proporções na natureza, Presidente da República pode, ouvidos o Conselho da República e o Conselho de Defesa Nacional, decretar "estado de defesa" (art. 136 da CF). Agora, apenas na hipótese de calamidade pública: decretado o estado de defesa, a União pode ocupar e usar temporariamente bens e serviços públicos, arcando com eventuais danos e custos decorrentes (inciso II do mesmo art. 136 da CF). *Alternativa D.*

XVIII. SÚMULA VINCULANTE

185. **(XIX Exame)** O instituto da súmula vinculante aos poucos vai tendo suas características cristalizadas a partir da interpretação dos seus contornos constitucionais pela jurisprudência do Supremo Tribunal Federal. Considerando a importância assumida pelo instituto, determinada associação de classe procura seu advogado e solicita esclarecimentos a respeito dos legitimados a requerer a edição da súmula vinculante, dos seus efeitos e do órgão que pode editá-la. Com base no fragmento acima, assinale a opção que se apresenta em consonância com os delineamentos desse instituto.

(A) Pode ser editada pelos tribunais superiores quando houver reiteradas decisões, proferidas na sua esfera de competência, que recomendem a uniformização de entendimento junto aos órgãos jurisdicionais inferiores.

(B) Estão legitimados a propor a sua edição, exclusivamente, os legitimados para o ajuizamento da ação direta de inconstitucionalidade e da ação declaratória de constitucionalidade, estabelecidos no art. 103 da Constituição Federal.

(C) Pode dizer respeito a qualquer situação jurídica constituída sob a égide das normas brasileiras, de natureza constitucional ou infraconstitucional, e ser especificamente direcionada à resolução de um caso concreto, nele exaurindo a sua eficácia.

(D) A vinculação sumular incide sobre a administração pública direta e indireta e os demais órgãos do Poder Judiciário, não podendo, porém, atingir o Poder Legislativo.

RESPOSTA Trata-se de leitura literal do disposto no art. 103-A da Constituição Federal, onde se dispõe a **aplicabilidade do efeito** das Súmulas Vinculantes **apenas** aos órgãos do Poder Judiciário e sobre a administração pública direta e indireta, não sujeitando o Poder Legislativo à sua incidência. *Alternativa D.*

186. **(II Exame)** Em relação à inovação da ordem constitucional que instituiu a nominada Súmula Vinculante, é correto afirmar que:

(A) somente os Tribunais Superiores podem editá-la.

(B) podem ser canceladas, mas vedada a mera revisão.

(C) a proposta para edição da Súmula pode ser provocada pelos legitimados para a propositura da ação direta de inconstitucionalidade.

(D) desde que haja reiteradas decisões sobre matéria constitucional, o Supremo Tribunal Federal poderá, de ofício ou por provocação, aprovar a Súmula mediante decisão da maioria absoluta de seus membros.

RESPOSTA Em conformidade com o § 2º do art. 103-A da CF, os **legitimados** para a propositura da **ADI** são os **mesmos** para a proposta de edição da **Súmula Vinculante**. Ainda: **somente o STF** pode editar Súmula Vinculante – caput *do art. 103-A da CF*; as Súmulas Vinculantes podem ser **canceladas**, **revistas** ou **aprovadas** (*§ 2º do art. 103-A da CF*); e o STF poderá, de ofício ou por provocação, mediante decisão de **dois terços** dos seus membros, após reiteradas decisões sobre matéria constitucional, aprovar súmula que, a partir de sua publicação na imprensa oficial, terá efeito vinculante em relação aos demais órgãos do Poder Judiciário e à administração pública direta e indireta, nas esferas federal, estadual e municipal, bem como proceder à sua revisão ou cancelamento, na forma estabelecida em lei. *Alternativa C.*

187. **(II Exame)** A obrigatoriedade ou necessidade de deliberação plenária dos tribunais, no sistema de controle de constitucionalidade brasileiro, significa que:

(A) somente pelo voto da maioria absoluta de seus membros ou dos membros do respectivo órgão especial poderão os tribunais declarar a inconstitucionalidade de lei ou ato normativo do Poder Público.

(B) a parte legitimamente interessada pode recorrer ao respectivo Tribunal Pleno das decisões dos órgãos fracionários dos Tribunais Federais ou Estaduais que, em decisão definitiva, tenha declarado a inconstitucionalidade de lei ou ato normativo.

(C) somente nas sessões plenárias de julgamento dos Tribunais Superiores é que a matéria relativa a eventual inconstitucionalidade da lei ou ato normativo pode ser decidida.

(D) a competência do Supremo Tribunal Federal para processar e julgar toda e qualquer ação que pretenda invalidar lei ou ato normativo do Poder Público pode ser delegada a qualquer tribunal, condicionada a delegação a que a decisão seja proferida por este órgão jurisdicional delegado em sessão plenária.

RESPOSTA Em consonância com o art. 97 da CF, que versa sobre a "cláusula de reserva de plenário": "*somente pelo voto da maioria absoluta de seus membros ou dos membros do respectivo órgão especial poderão os tribunais declarar a inconstitucionalidade de lei ou ato normativo do Poder Público*". Ainda: a parte legitimamente interessada **não pode** recorrer ao respectivo Tribunal Pleno das decisões dos órgãos fracionários dos Tribunais Federais ou Estaduais que, em decisão definitiva, tenha declarado a inconstitucionalidade de lei ou ato normativo, **por falta de previsão expressa nesse sentido**; e a competência do Supremo Tribunal Federal para processar e julgar toda e qualquer ação que pretenda invalidar lei ou ato normativo do Poder Público **não** pode ser **delegada a nenhum tribunal**. *Alternativa A.*

188. **(V Exame)** Se Governador de Estado desejar se insurgir contra súmula vinculante que, a seu juízo, foi formulada com enunciado normativo que extrapolou os limites dos precedentes que a originaram, poderá, dentro dos instrumentos processuais constitucionais existentes,

(A) ajuizar ADI contra a súmula vinculante.
(B) ajuizar ADPF contra a súmula vinculante.
(C) interpor reclamação contra a súmula vinculante.
(D) requerer o cancelamento da súmula vinculante.

RESPOSTA **Ele poderá requerer o cancelamento da Súmula Vinculante**, visto ser um dos legitimados para a propositura de ADI, nos termos do § 2º do art. 103-A da CF. *Alternativa D.*

189. **(I Exame)** Acerca da edição de súmulas vinculantes pelo STF, assinale a opção correta.

(A) Ainda que inexistam reiteradas decisões sobre determinada matéria constitucional, o STF poderá criar súmula vinculante acerca do tema caso o julgue relevante.
(B) O enunciado da súmula deve versar sobre normas determinadas, quando exista, com relação a elas, controvérsia atual, entre órgãos judiciários ou entre esses e a administração pública, que acarrete grave insegurança jurídica e relevante multiplicação de processos.
(C) O procurador-geral da República manifestar-se-á acerca da edição de enunciado de súmula vinculante apenas nos casos em que o propuser.
(D) O Conselho Federal da OAB e os conselhos seccionais são legitimados a propor a edição de enunciado de súmula vinculante.

RESPOSTA Somente após **reiteradas decisões** sobre matéria constitucional que o STF poderá editar Súmulas Vinculantes (caput *do art. 103-A da CF*). O Procurador-Geral da República, **nas propostas que não houver formulado, manifestar-se-á previamente à edição**, revisão ou cancelamento de enunciado de súmula vinculante (*§ 2º do art. 2º da Lei Federal n. 11.417/06*). **Apenas o Conselho Federal da OAB** é legitimado a propor a edição de enunciado de Súmula Vinculante (*inciso V do art. 3º da Lei Federal n. 11.417/06*). **Correta:** o enunciado da súmula deve versar sobre normas determinadas apenas quando exista controvérsia atual quanto a elas, entre órgãos judiciários ou entre esses e a administração pública, que acarrete grave insegurança jurídica e relevante multiplicação de processos (*§ 1º do art. 2º da Lei Federal n. 11.417/06*). *Alternativa B.*

190. **(XI Exame)** Após reiteradas decisões sobre determinada matéria, o Supremo Tribunal Federal (STF) aprovou enunciado de Súmula Vinculante determinando que "é inconstitucional lei ou ato normativo estadual ou distrital que disponha sobre sistemas de consórcios e sorteios, inclusive bingos e loterias". O Estado X, contudo, não concordando com a posição do Supremo Tribunal Federal (STF), edita lei dispondo exatamente sobre os sistemas de consórcios e sorteios em seu território. A partir da situação apresentada, assinale a afirmativa correta.

(A) O Supremo Tribunal Federal (STF) poderá, de ofício, declarar a inconstitucionalidade da norma estadual produzida em desconformidade com a Súmula.
(B) Qualquer cidadão poderá propor a revisão ou o cancelamento de Súmula vinculante que, nesse caso, será declarada mediante a decisão de dois terços dos membros do Supremo Tribunal Federal (STF).
(C) É cabível reclamação perante o Supremo Tribunal Federal (STF) para questionar a validade da lei do Estado X que dispõe sobre os sistemas de consórcios e sorteios em seu território.
(D) A Súmula possui efeitos vinculantes em relação aos órgãos do Poder Judiciário e à Administração Pública direta e indireta, nas esferas federal, estadual e municipal, mas não vincula o Poder Legislativo na sua atividade legiferante.

RESPOSTA A súmula vinculante **não vincula o Poder Legislativo sob pena de eventual criação de um fenômeno jurídico indesejável, qual seja a "fossilização do Poder Legislativo". Também, não vincula o STF, podendo este, conforme previsão constitucional – *§ 2º do art. 103-A* – modificar ou cancelar a súmula.** Assim, de acordo com o art. 103-A da CF, o STF poderá, de ofício ou por provocação, mediante decisão de dois terços dos seus membros, após reiteradas decisões sobre matéria constitucional, aprovar súmula que, a partir de sua publicação na imprensa oficial, terá efeito vinculante em relação aos demais órgãos do Poder Judiciário e à administração pública direta e indireta, nas esferas federal, estadual e municipal, bem como proceder à sua revisão ou cancelamento, na forma estabelecida em lei. *Alternativa D.*

XIX. RECLAMAÇÃO CONSTITUCIONAL

191. **(XXV Exame)** O chefe do Poder Executivo do município Ômega, mediante decisão administrativa, resolve estender aos servidores inativos do município o direito ao auxílio-alimentação, contrariando a Súmula Vinculante n. 55 do Supremo Tribunal Federal. Para se insurgir contra a situação apresentada, assinale a opção que indica a medida judicial que deve ser adotada.

(A) Ação Direta de Inconstitucionalidade, perante o Supremo Tribunal Federal, com o objetivo de questionar o decreto.

(B) Mandado de injunção, com o objetivo de exigir que o Poder Legislativo municipal edite lei regulamentando a matéria.

(C) Reclamação constitucional, com o objetivo de assegurar a autoridade da súmula vinculante.

(D) *Habeas data*, com o objetivo de solicitar explicações à administração pública municipal.

RESPOSTA Aqui temos uma questão que exige do aluno o conhecimento da competência originária do STF, ou seja, as causas que devem ser propostas diretamente no STF para que este as julguem. A reclamação constitucional é uma ação prevista na Constituição Federal cujo objetivo é a preservação e garantia das decisões tomadas de modo vinculante pelo STF. Assim sendo, quando uma súmula vinculante ou uma decisão com efeitos *erga omnes* vier a ser desrespeitada em julgamento por qualquer membro do Poder Judiciário ou se decisão administrativa do Poder Executivo também porventura contrariar decisão vinculante do STF, a ação para corrigir tal distorção é a reclamação constitucional, prevista no art. 102, I, *l*, e no art. 103-A, § 2º, ambos da Constituição Federal. *Alternativa C.*

192. **(XI Exame)** No que concerne à reclamação constitucional, assinale a afirmativa correta.

(A) A reclamação pode ser utilizada como sucedâneo de recurso, segundo a jurisprudência pacífica do Supremo Tribunal Federal.

(B) A Súmula do Supremo Tribunal Federal despida de eficácia vinculante é paradigma apto a dar ensejo ao conhecimento da reclamação.

(C) A reclamação é cabível, ainda que já tenha ocorrido o trânsito em julgado do ato judicial que se alega tenha desrespeitado decisão do Supremo Tribunal Federal.

(D) A reclamação pode ser utilizada tanto para a preservação da competência do Supremo Tribunal Federal quanto do Superior Tribunal de Justiça.

RESPOSTA **A Reclamação Constitucional a ação constitucional cabível nos casos em que se busque a preservação da competência do STF e do STJ**, em consonância com a *alínea "l" do inciso I do art. 102 da CF* e *alínea "f" do inciso I do art. 105, também da CF. Alternativa D.*

193. **(XX Exame – Reaplicação)** Inconformado com decisão proferida em sede de primeiro grau da Justiça Estadual, que reconheceu a licitude da exigência de prévio depósito de dinheiro como condição para a admissibilidade de recurso administrativo, em clara afronta à Súmula Vinculante editada pelo Supremo Tribunal Federal, João busca orientação jurídica com conceituado advogado. Assinale a opção que apresenta a medida judicial que deve ser apresentada para que, em consonância com o sistema jurídico-constitucional brasileiro, João, como legitimado, possa buscar a cassação da supramencionada decisão judicial.

(A) Ingressar com reclamação perante o Supremo Tribunal Federal, por contrariar Súmula Vinculante por ele aprovada.

(B) Interpor recurso extraordinário perante o Supremo Tribunal Federal, pelo fato de a decisão ofender a interpretação constitucional sumulada pelo Tribunal.

(C) Propor ação direta de inconstitucionalidade, perante o Tribunal de Justiça ou o Supremo Tribunal Federal, por a referida decisão conter explícita inconstitucionalidade.

(D) Arguir o descumprimento de preceito fundamental, já que a decisão está baseada em ato administrativo contrário à inteligência da CRFB/88.

RESPOSTA Instituto jurídico não tão comum no dia a dia do Poder Judiciário, a reclamação constitucional é o mecanismo de garantia das decisões do STF, inclusive das súmulas vinculantes, como expressamente disposto no art. 103-A, § 3º, da Constituição Federal: "Do ato administrativo ou decisão judicial que contrariar a súmula aplicável ou que indevidamente a aplicar, caberá reclamação ao Supremo Tribunal Federal que, julgando-a procedente, anulará o ato administrativo ou cassará a decisão judicial reclamada, e determinará que outra seja proferida com ou sem a aplicação da súmula, conforme o caso". *Alternativa A.*

XX. DA SEGURIDADE SOCIAL

194. **(XXI Exame)** O Governador do Estado E, diante da informação de que poderia dispor de um lastro orçamentário mais amplo para a execução de despesas com a seguridade social, convocou seu secretariado a fim de planejar o encaminhamento a ser dado a tais recursos. Na reunião foram apresentadas quatro propostas, mas o governador, consultando sua equipe de assessoramento jurídico, foi informado de que apenas uma das propostas era adequada para assegurar diretamente direitos relativos à seguridade social, segundo a definição que lhe dá a CRFB/88. Dentre as opções a seguir, assinale-a.

(A) Ampliação da rede escolar do ensino fundamental e do ensino médio.

(B) Ampliação da rede hospitalar de atendimento à população da região.

(C) Desenvolvimento de programa de preservação da diversidade cultural da população.

(D) Aprimoramento da atuação da guarda municipal na segurança do patrimônio público.

RESPOSTA A seguridade social compreende um conjunto integrado de ações de iniciativa dos Poderes Públicos e da sociedade, destinadas a assegurar os direitos relativos à saúde, à previdência e à assistência social (art. 194, *caput*, da CF). Assim sendo, de todas essas alternativas que foram propostas pelo seu secretariado, a única que tem realmente ligação com a ideia constitucional de seguridade social é a da alternativa B, tendo em vista ser a única alternativa que irá auxiliar pessoas de um mesmo nicho socioprofissional (no caso, hospitalar). *Alternativa B.*

195. **(XXV Exame)** Após uma vida dura de trabalho, Geraldo, que tem 80 anos, encontra-se doente em razão de um problema crônico nos rins e não possui meios de prover a própria manutenção. Morando sozinho e não possuindo parentes vivos, sempre trabalhou, ao longo da vida, fazendo pequenos biscates, jamais contribuindo com a previdência social. Instruído por amigos, procura um advogado para saber se o sistema jurídico-constitucional prevê algum meio assistencial para pessoas em suas condições. O advogado informa a Geraldo que, segundo a Constituição Federal:

(A) é garantido o amparo à velhice somente àqueles que contribuíram com a seguridade social no decorrer de uma vida dedicada ao trabalho.

(B) é assegurado o auxílio de um salário mínimo apenas àqueles que comprovem, concomitantemente, ser idosos e possuir deficiência física impeditiva para o trabalho.

(C) seria garantida a prestação de assistência social a Geraldo caso ele comprovasse, por intermédio de laudos médicos, ser portador de deficiência física.

(D) há previsão, no âmbito da seguridade social, de prestação de assistência social a idosos na situação em que Geraldo se encontra.

RESPOSTA A Constituição Federal é expressa no sentido de afirmar que a assistência social será prestada a quem dela necessitar, independentemente de contribuição à seguridade social – art. 203, *caput.* Entre os necessitados e a ajuda que lhes será prestada, é expressamente prevista nesse mesmo artigo a garantia de um salário mínimo de benefício mensal à pessoa portadora de deficiência e ao idoso que comprovem não possuir meios de prover a própria manutenção ou de tê-la provida por sua família, conforme dispuser a lei (inciso V). Além disso, na Lei Federal que regulamenta todo o sistema da assistência social, há a definição de que a assistência social, direito do cidadão e dever do Estado, é Política de Seguridade Social não contributiva, que provê os mínimos sociais, realizada por meio de um conjunto integrado de ações de iniciativa pública e da sociedade, para garantir o atendimento às necessidades básicas. *Alternativa D.*

XXI. DA SAÚDE

196. **(XXIII Exame)** O prefeito do Município Ômega, ante a carência de estabelecimentos públicos de saúde capazes de atender satisfatoriamente às necessidades da população local, celebra diversos convênios com hospitais privados para que passem a integrar a rede de credenciados junto ao Sistema Único de Saúde (SUS). Considerando o disposto na Constituição da República de 1988, sobre os convênios firmados pelo prefeito do Município Ômega, assinale a afirmativa correta.

(A) São válidos, uma vez que as instituições privadas podem participar de forma complementar do SUS, tendo preferência as entidades filantrópicas e as sem fins lucrativos.

(B) São nulos, pois a CRFB/88 apenas autoriza, no âmbito da assistência à saúde, a participação de entidades públicas, não de instituições privadas, com ou sem fins lucrativos.

(C) São válidos, porque a destinação de recursos públicos para auxílio ou subvenção às instituições privadas com fins lucrativos está, inclusive, autorizada pela CRFB/88.

(D) São nulos, porque, conforme previsão constitucional expressa, compete privativamente à União, mediante convênio ou contrato de direito público, autorizar a participação de instituições privadas no SUS.

RESPOSTA Em que pese a saúde ser direito de todos, sua prestação é um dever do Estado. Mas, contudo, como se é sabido, o Estado não consegue suportar toda a demanda de suporte à saúde à população, sozinho. Nesse sentido, a Constituição Federal optou por preceituar que a assistência à saúde é livre à iniciativa privada, podendo as instituições privadas participar de forma complementar do sistema único de saúde, segundo diretrizes deste, mediante contrato de direito público ou convênio, tendo preferência as entidades filantrópicas e as sem fins lucrativos (artigo 199, *caput* e § 1º da CF). *Alternativa A.*

197. **(XXX Exame)** Em decorrência de um surto de dengue, o Município Alfa, após regular procedimento licitatório, firmou ajuste com a sociedade empresária Mata Mosquitos Ltda., pessoa jurídica de direito privado com fins lucrativos, visando a prestação de serviços relacionados ao combate à proliferação de mosquitos e à realização de campanhas de conscientização da população local. Nos termos do ajuste celebrado, a sociedade empresarial passaria a integrar, de forma complementar, o Sistema Único de Saúde (SUS). Diante da situação narrada, com base no texto constitucional, assinale a afirmativa correta.

(A) O ajuste firmado entre o ente municipal e a sociedade empresária é inconstitucional, eis que a Constituição de 1988 veda a participação de entidades privadas com fins lucrativos no Sistema Único de Saúde, ainda que de forma complementar.

(B) A participação complementar de entidades privadas com fins lucrativos no Sistema Único de Saúde é admitida, sendo apenas vedada a destinação de recursos públicos para fins de auxílio ou subvenção às atividades que desempenhem.

(C) O ajuste firmado entre o Município Alfa e a sociedade empresária Mata Mosquito Ltda. encontra-se em perfeita consonância com o texto constitucional, que autoriza a participação de entidades privadas com fins lucrativos no Sistema Único de Saúde e o posterior repasse de recursos públicos.

(D) As ações de vigilância sanitária e epidemiológica, conforme explicita a Constituição de 1988, não se encontram no âmbito de atribuições do Sistema Único de Saúde, razão pela qual devem ser prestadas exclusivamente pelo poder público.

RESPOSTA Apesar de ser dever do Estado (art. 196 da CF), a assistência à saúde é livre à iniciativa privada (art. 199 da CF). Entretanto, a participação das instituições privadas é restrita e condicionada: apenas poderão participar de forma complementar ao sistema único de saúde, segundo diretrizes deste, mediante contrato de direito público ou convênio, tendo preferência as entidades filantrópicas e as sem fins lucrativos. Ainda, vale ressaltar que a Constituição Federal proíbe expressamente a destinação de recursos públicos para auxílios ou subvenções às instituições privadas com fins lucrativos. *Alternativa B.*

XXII. DA EDUCAÇÃO, DA CULTURA E DO DESPORTO

198. **(XXII Exame)** Enzo, brasileiro naturalizado há três anos, apaixonado por ópera, ao saber que a sociedade empresária de radiodifusão, Rádio WXZ, situada na capital do Estado Alfa, encontra-se em dificuldade econômica, apresenta uma proposta para ingressar na sociedade. Nessa proposta, compromete-se a adquirir 25% do capital total da sociedade empresária, com a condição inafastável de que o controle total sobre o conteúdo da programação veiculada pela rádio seja de sua inteira responsabilidade, de forma a garantir a inclusão de um programa diário, com duração de uma hora, sobre ópera. A proposta foi aceita pelos atuais sócios, mas Enzo, preocupado com a licitude do negócio, dada a sua condição de brasileiro naturalizado, procura a consultoria de um advogado. Considerando a hipótese apresentada, segundo o sistema jurídico-constitucional brasileiro, assinale a afirmativa correta.

(A) Não será possível a concretização do negócio nos termos apresentados, tendo em vista que a Constituição da República não permite que os meios de comunicação divulguem manifestações culturais estrangeiras.

(B) Será possível a concretização do negócio nos termos apresentados, posto que Enzo é brasileiro naturalizado e a Constituição da República veda qualquer distinção entre brasileiro nato e brasileiro naturalizado.

(C) Não será possível a concretização do negócio nos termos acima apresentados, pois a Constituição da República veda que brasileiro naturalizado há menos de dez anos possa estabelecer o conteúdo da programação da rádio.

(D) Será possível a concretização do negócio nos termos acima apresentados, pois a Constituição da República, em respeito aos princípios liberais que sustenta, não interfere no conteúdo pactuado entre contratantes privados.

RESPOSTA Em relação às regras de comunicação social estabelecidas pela Constituição Federal, está expressamente determinado que meios de comunicação social não podem, direta ou indiretamente, ser objeto de monopólio ou oligopólio. Ainda segundo a Carta Magna, a propriedade de empresa jornalística e de radiodifusão sonora e de sons e imagens é privativa de brasileiros natos ou naturalizados há mais de dez anos, ou de pessoas jurídicas constituídas sob as leis brasileiras e que tenham sede no País. Em qualquer caso, pelo menos 70% do capital total e do capital votante das empresas jornalísticas e de radiodifusão sonora e de sons e imagens deverão pertencer, direta ou indiretamente, a brasileiros natos ou naturalizados há mais de dez anos, que exercerão obrigatoriamente a gestão das atividades e estabelecerão o conteúdo da programação. – art. 222 da CF. *Alternativa C.*

199. **(XXIV Exame)** Maria, maior e capaz, reside no Município Sigma e tem um filho, Lucas, pessoa com deficiência, com 8 (oito) anos de idade. Por ser uma pessoa humilde, sem dispor de recursos financeiros para arcar com os custos de um colégio particular, Maria procura a Secretaria de Educação do Município Sigma para matricular seu filho na rede pública. Seu requerimento é encaminhado à assessoria jurídica do órgão municipal, para que seja emitido o respectivo parecer para a autoridade executiva competente. A partir dos fatos narrados, considerando a ordem jurídico-constitucional vigente, assinale a afirmativa correta.

(A) O pedido formulado por Maria deve ser indeferido, uma vez que incumbe ao Município atuar apenas na educação infantil, a qual é prestada até os 5 (cinco) anos de idade por meio de creches e pré-escolas. Logo, pelo sistema constitucional de repartição de competências, Lucas, pela sua idade, deve cursar o Ensino Fundamental em instituição estadual de ensino.

(B) O parecer da assessoria jurídica deve ser favorável ao pleito formulado por Maria, garantindo ao menor uma vaga na rede de ensino municipal. Pode, ainda, alertar que a Constituição da República prevê expressamente a possibilidade de a autoridade competente ser responsabilizada pelo não oferecimento do ensino obrigatório ou mesmo pela sua oferta irregular.

(C) O pleito de Maria deve ser deferido, ressalvando-se que Lucas, por ser pessoa com deficiência, necessita de atendimento educacional especializado, não podendo ser incluído na rede regular de ensino do Município Sigma.

(D) A assessoria jurídica da Secretaria de Educação do Município Sigma deve opinar pela rejeição do pedido formulado por Maria, pois incumbe privativamente à União, por meio do Ministério da Educação e Cultura (MEC), organizar e prestar a educação básica obrigatória e gratuita dos 4 (quatro) aos 17 (dezessete) anos de idade.

RESPOSTA O pedido formulado por Maria deve ser conhecido e deferido. O artigo 208 da Constituição Federal diz que é dever do Estado com a educação será efetivado mediante a garantia de educação básica obrigatória e gratuita dos 4 (quatro) aos 17 (dezessete) anos de idade, assegurada inclusive sua oferta gratuita para todos os que a ela não tiveram acesso na idade própria, sendo o acesso ao ensino obrigatório e gratuito um direito público subjetivo de todos os brasileiros, e o não oferecimento do ensino obrigatório ou sua oferta irregular pelo Poder Público importa responsabilidade da autoridade competente. Além disso, o ensino fundamental é de responsabilidade prioritária dos Municípios, em conjunto com os Estados-membros e o Distrito Federal. Especialmente a respeito de Lucas ser pessoa com deficiência, a Carta Magna exige que haja atendimento educacional especializado a estas pessoas, preferencialmente na rede regular de ensino. *Alternativa B.*

200. **(XI Exame)** Acerca da disciplina constitucional do direito à educação, assinale a afirmativa correta.

(A) Os municípios atuarão prioritariamente na prestação do ensino fundamental e médio.

(B) Na prestação do ensino fundamental, além da utilização obrigatória da língua portuguesa, é assegurada às comunidades indígenas a utilização de suas línguas maternas.

(C) É permitido às universidades admitir professores estrangeiros, na forma da lei, mas é expressamente vedada a admissão de técnicos e de pesquisadores estrangeiros.

(D) O ensino é livre à iniciativa privada, independente de autorização e da avaliação de sua qualidade pelo Poder Público.

RESPOSTA **O ensino fundamental regular será ministrado em língua portuguesa**, assegurada às **comunidades indígenas** também a utilização de suas **línguas maternas** e **processos próprios** de aprendizagem (*§ 2º do art. 210 da CF*). *Alternativa B.*

201. **(XXI Exame)** Finalizadas as Olimpíadas no Brasil, certo deputado federal pelo Estado Beta, ex-esportista conhecido nacionalmente, resolve elaborar projeto de lei visando a melhorar a performance do Brasil nos Jogos Olímpicos de 2020. Para realizar esse objetivo, o projeto dispõe que os recursos públicos devem buscar promover, prioritariamente, o esporte de alto rendimento. Submetida a ideia à sua assessoria jurídica, esta exteriorizou o único posicionamento que se mostra harmônico com o sistema jurídico-constitucional brasileiro, afirmando que o projeto

(A) é constitucional, contanto que o desporto educacional também seja contemplado com uma parcela, mesmo que minoritária, dos recursos.

(B) é inconstitucional, pois, segundo a Constituição da República, a destinação de recursos públicos deve priorizar o desporto educacional.

(C) é constitucional, pois, não havendo tratamento explícito da questão pela Constituição da República, o poder público tem discricionariedade para definir a destinação da verba.

(D) é inconstitucional, pois a Constituição da República prevê que a destinação de recursos públicos para o desporto contemplará exclusivamente o desporto educacional.

RESPOSTA O Estado brasileiro colocou como dever para si próprio fomentar práticas desportivas formais e não formais, como direito de todos os brasileiros. Dentre tais obrigações, a destinação de recursos públicos para a promoção prioritária do desporto educacional e, em casos específicos, para a do desporto de alto rendimento, conforme preconiza o art. 271 da Carta Magna. *Alternativa B.*

202. **(XXI Exame)** W, deputado federal pelo Estado Beta, proferindo discurso no Congresso Nacional, fez contundentes críticas ao que denominou de "abuso midiático contra a classe política". Na oportunidade, acrescentou estar elaborando um projeto de lei ordinária que tem por objetivo criar regras de licenciamento (por autoridades do poder público), a que deverão se submeter os veículos de comunicação, principalmente jornais e revistas. Segundo o referido deputado, a vida privada dos políticos deve ser preservada, devendo, por isso, ser estabelecidos limites à mídia jornalística. Com relação ao projeto de lei ordinária idealizado pelo deputado federal W, de acordo com a ordem jurídico-constitucional brasileira, assinale a afirmativa correta.

(A) É constitucional, pois a preservação da intimidade e da privacidade não pode estar sujeita à influência das mídias e deve ser garantida, na máxima extensão possível, pela ordem jurídica.

(B) É inconstitucional, pois matéria referente a controle de informação somente pode ser objeto de iniciativa legislativa com o assentimento de dois terços dos membros de qualquer das Casas legislativas.

(C) É constitucional, pois se trata de aplicação de tratamento análogo àquele atualmente concedido às mídias jornalísticas que adotam o sistema de radiodifusão e de sons e imagens.

(D) É inconstitucional, pois a Constituição da República garante expressamente que a publicação de veículo impresso de comunicação independe de licença de autoridade.

RESPOSTA O projeto de lei ordinária vai de encontro a uma regra explícita da Constituição Federal: aponta o art. 220, § 6º, que "a publicação de veículo impresso de comunicação independe de licença de autoridade". Caso realmente entre em vigor esse projeto de lei, deverá ser objeto de controle de constitucionalidade. *Alternativa D.*

203. **(XXX Exame)** Durante campeonato oficial de judô promovido pela Federação de Judô do Estado Alfa, Fernando, um dos atletas inscritos, foi eliminado da competição esportiva em decorrência de uma decisão contestável da arbitragem que dirigiu a luta. Na qualidade de advogado(a) contratado(a) por Fernando, assinale a opção que apresenta a medida juridicamente adequada para o caso narrado.

(A) Fernando poderá ingressar com processo perante a justiça desportiva para contestar o resultado da luta e, uma vez esgotadas as instâncias desportivas e proferida decisão final sobre o caso, não poderá recorrer ao Poder Judiciário.

(B) Fernando poderá impugnar o resultado da luta perante o Poder Judiciário, independentemente de esgotamento das instâncias da justiça desportiva, em virtude do princípio da inafastabilidade da jurisdição.

(C) Fernando, uma vez esgotadas as instâncias da justiça desportiva (que terá o prazo máximo de 60 dias, contados da instauração do processo, para proferir decisão final), poderá impugnar o teor da decisão perante o Poder Judiciário.

(D) A ordem jurídica, que adotou o princípio da unidade de jurisdição a partir da Constituição de 1988, passou a prever a exclusividade do Poder Judiciário para dirimir todas as questões que venham a ser judicializadas em território nacional, deslegitimando a atuação da justiça desportiva.

RESPOSTA A Justiça Desportiva, por expressa determinação constitucional, deverá ser acionada antes – necessariamente – do que a Justiça comum (art. 217, §1º, da CF). Ou seja: o Poder Judiciário só admitirá ações relativas à disciplina e às competições desportivas após esgotarem-se as instâncias da Justiça Desportiva. A estrutura da Justiça Desportiva é composta pelos Tribunais de Justiça Desportiva, atuando em âmbito regional e municipal, e pelos Superiores Tribunais de Justiça, como órgãos máximos de cada modalidade. Assim sendo, por exemplo, o STJD do vôlei funciona junto à CBV (confederação brasileira de vôlei), enquanto o STJD do futebol funciona junto à CBF, e assim por diante. Por fim, ressaltamos que a justiça desportiva terá o prazo máximo de sessenta dias, contados da instauração do processo de sua competência, para proferir decisão final (art. 217, § 2º, da CF). *Alternativa C.*

XXIII. DAS FINANÇAS PÚBLICAS

204. **(III Exame)** A Constituição da República de 1988 reclama lei complementar para dispor sobre

(A) o estatuto jurídico das empresas públicas e sociedades de economia mista.
(B) as formas de participação do usuário na administração pública.
(C) finanças públicas.
(D) contratação por tempo determinado na administração pública.

RESPOSTA **O inciso I do art. 163 da CF determina que lei complementar disporá sobre finanças públicas.** Todas as outras alternativas poderão ser tratadas por meio de lei ordinária: *§ 1º do art. 173 da CF, inciso II do parágrafo único do art. 175 da CF* e *inciso IX do art. 37 da CF*, respectivamente. *Alternativa C.*

XXIV. DA SEGURANÇA PÚBLICA

205. **(XXXI Exame)** João dos Santos foi selecionado para atuar como praça prestadora de serviço militar inicial, fato que lhe permitirá ser o principal responsável pelos meios de subsistência de sua família. No entanto, ficou indignado ao saber que sua remuneração será inferior ao salário mínimo, contrariando o texto constitucional, insculpido no Art. 7º, inciso IV, da CRFB/88.

Desesperado com tal situação, João entrou no gabinete do seu comandante e o questionou, de forma ríspida e descortês, acerca dessa remuneração supostamente inconstitucional, sofrendo, em consequência dessa conduta, punição administrativo-disciplinar de prisão por 5 dias, nos termos da legislação pertinente. Desolada, a família de João procurou um advogado para saber sobre a constitucionalidade da remuneração inferior ao salário mínimo, bem como da possibilidade de a prisão ser relaxada por ordem judicial.

Nessas circunstâncias, nos termos do direito constitucional brasileiro e da jurisprudência do STF, assinale a opção que apresenta a resposta do advogado.

(A) A remuneração inferior ao salário mínimo para as praças prestadoras de serviço militar inicial não viola a Constituição de 1988, bem como não cabe *habeas corpus* em relação às punições disciplinares militares, exceto para análise de pressupostos de legalidade, excluída a apreciação de questões referentes ao mérito.
(B) A remuneração inferior ao salário mínimo contraria o Art. 7º, inciso IV, da Constituição de 1988, bem como se reconhece o cabimento de *habeas corpus* para as punições disciplinares militares, qualquer que seja a circunstância.
(C) O estabelecimento de remuneração inferior ao salário mínimo para as praças prestadoras de serviço militar inicial não viola a Constituição da República, mas é cabível o *habeas corpus* para as punições disciplinares militares, até mesmo em relação a questões de mérito da sanção administrativa.
(D) A remuneração inferior ao salário mínimo contraria a ordem constitucional, mais especificamente o texto constitucional inserido no Art. 7º, inciso IV, da Constituição de 1988, bem como não se reconhece o cabimento de *habeas corpus* em relação às punições disciplinares militares, exceto para análise dos pressupostos de legalidade, excluídas as questões de mérito da sanção administrativa.

RESPOSTA Questão bastante peculiar e fora dos padrões da OAB, o candidato deve saber, *a priori*, o que significa "praças prestadoras de serviço militar" (também chamados de "praças militares"): é uma classe formada por soldados, cabos, sargentos e subtenentes, cuja formação militar não corresponde a nenhum ensino superior e que não possui patente. Pois bem. A Medida Provisória federal n. 2.215-10/2001 dispôs, em seu art. 18, que praças que prestam serviço militar inicial não possuem a garantia do salário mínimo. E, assim sendo, foi proposta tese de repercussão geral, que logo depois deu origem à Súmula Vinculante 6 do STF, que assim dispõe: "Não viola a Constituição o estabelecimento de remuneração inferior ao salário mínimo para as praças prestadoras de serviço militar inicial". Além disso, especificamente em relação à prisão administrativo-disciplinar, a Constituição Federal é expressa em afirmar que não cabe *habeas corpus* em relação a punições disciplinares militares – art. 142, § 2º, da CF. *Alternativa A.*

XXV. RECURSOS ORDINÁRIO, EXTRAORDINÁRIO E ESPECIAL

206. **(III Exame)** Um juiz federal proferiu uma sentença em processo relativo a crime político e outra sentença em processo movido por Estado estrangeiro contra pessoa residente no Brasil. Os recursos interpostos contra essas duas sentenças serão julgados pelo

(A) STF, no primeiro caso, e pelo TRF, no segundo caso.

(B) TRF em ambos os casos.

(C) STF, no primeiro caso, e pelo STJ, no segundo caso.

(D) TRF, no primeiro caso, e pelo STF, no segundo caso

RESPOSTA O recurso contra sentença em processo relativo a crime político será julgado pelo **Supremo Tribunal Federal**, sendo cabível o Recurso Ordinário, em consonância com a *alínea "b" do inciso II do art. 102 da CF*. Já o recurso em face de sentença em processo movido por Estado estrangeiro contra pessoa residente no Brasil será julgado pelo **Superior Tribunal de Justiça**, sendo cabível o Recurso Ordinário, como estabelece a *alínea "c" do inciso II do art. 105 da CF. Alternativa C.*

XXVI. DA ORDEM ECONÔMICA E FINANCEIRA

207. **(XXVII Exame)** A Lei X do Município Sigma estabelece que, em certo bairro, considerado área residencial, fica vedada a instalação de mais de um centro empresarial de grandes proporções, com área superior a 5.000 m² (cinco mil metros quadrados) e que reúna, em suas dependências, mais de 10 (dez) lojas distintas. Ante a existência de um estabelecimento comercial com tais características no bairro "Y", a administradora Alfa, visando abrir um *shopping center* no mesmo bairro, procura você, na qualidade de advogado(a), para obter esclarecimentos quanto à viabilidade deste empreendimento. Diante da situação narrada, com base na ordem jurídico-constitucional vigente e na jurisprudência dos Tribunais Superiores, assinale a afirmativa correta.

(A) Apenas a União tem competência para, por meio de lei e outros atos normativos, organizar o uso e a ocupação do solo; logo, apenas por esse motivo, a Lei X do Município Sigma é manifestamente inconstitucional.

(B) A Constituição da República de 1988 atribui aos Municípios competência para promover o zoneamento urbano, mas a Lei X do Município Sigma, ao impedir a instalação de estabelecimentos comerciais do mesmo ramo em determinada área, ofende o princípio da livre concorrência.

(C) A Constituição da República de 1988 dispõe ser competência estadual e distrital promover, no que couber, o adequado ordenamento territorial, mediante planejamento e controle do uso, do parcelamento e da ocupação do solo, não podendo a lei do Município Sigma dispor sobre a matéria.

(D) Compete privativamente à União dispor sobre o zoneamento urbano e legislar sobre Direito Civil e Comercial; logo, somente os Estados e o Distrito Federal poderiam ser autorizados, mediante lei comple-mentar, a legislar sobre a matéria.

RESPOSTA O art. 170 da CF determina que, dentre outros princípios, a livre concorrência é um dos pilares da justiça social no Brasil, visando assegurar a todos existência digna, fundada na valorização do trabalho humano. Portanto, restringi-la (como fez a Lei X) é retirar da sociedade a possibilidade de ser beneficiada por disputa de melhores preços e qualidades sobre produtos e prestação de serviços. Inclusive, a CF também determina – neste mesmo sentido citado – que a legislação deverá reprimir o abuso do poder econômico que vise à dominação dos mercados, à eliminação da concorrência e ao aumento arbitrário dos lucros (art. 173, § 4º, da CF). *Alternativa B.*

208. **(XII Exame)** Ana Beatriz procura um escritório de advocacia, informando que a Universidade Pública do Estado XYZ instituiu, mediante decreto do Governador, uma taxa da matrícula no valor de R$ 100,00 (cem) reais, para estudantes que possuam renda familiar superior a 10 (dez) salários mínimos, com a finalidade de utilizar esse recurso para subsidiar a moradia de alunos de baixa renda, procedentes de Municípios distantes.

Diante da indagação de Ana Beatriz sobre a constitucionalidade da cobrança, assinale a afirmativa correta.

(A) A cobrança é constitucional, pois se trata de uma política pública de redução das desigualdades.

(B) A cobrança é constitucional em razão do princípio da autonomia universitária, previsto na Constituição da República.

(C) A cobrança é inconstitucional, uma vez que a taxa de matrícula deveria ser instituída por lei.

(D) A cobrança é inconstitucional, uma vez que viola o imperativo de gratuidade do ensino público em estabelecimentos oficiais.

RESPOSTA Conforme o texto da **Súmula Vinculante n. 12**, *"a cobrança de taxa de matrícula nas universidades públicas viola o disposto no art. 206, IV, da Constituição Federal"*. E diz o **inciso VI do art. 206**

da CF: "*O ensino será ministrado com base nos seguintes princípios: (...). VI – gestão democrática do ensino público, na forma da lei*". *Alternativa D.*

209. **(XXIV Exame)** Marcos recebeu, por herança, grande propriedade rural no estado Sigma. Dedicado à medicina e não possuindo maior interesse pelas atividades agropecuárias desenvolvidas por sua família, Marcos deixou, nos últimos anos, de dar continuidade a qualquer atividade produtiva nas referidas terras. Ciente de que sua propriedade não está cumprindo uma função social, Marcos procura um advogado para saber se existe alguma possibilidade jurídica de vir a perdê-la. Segundo o que dispõe o sistema jurídico-constitucional vigente no Brasil, assinale a opção que apresenta a resposta correta.

(A) O direito de Marcos a manter suas terras deverá ser respeitado, tendo em vista que tem título jurídico reconhecidamente hábil para caracterizar o seu direito adquirido.

(B) A propriedade que não cumpre sua função social poderá ser objeto de expropriação, sem qualquer indenização ao proprietário que deu azo a tal descumprimento; no caso, Marcos.

(C) A propriedade, por interesse social, poderá vir a ser objeto de desapropriação, devendo ser, no entanto, respeitado o direito de Marcos à indenização.

(D) O direito de propriedade de Marcos está cabalmente garantido, já que a desapropriação é instituto cabível somente nos casos de cultura ilegal de plantas psicotrópicas.

RESPOSTA Realmente, se a propriedade rural de Marcos não está cumprindo sua função social, estará sim sujeita à desapropriação, conforme preceitua o artigo 184 da Constituição Federal. Por mais que Marcos tenha título reconhecidamente hábil para caracterizar seu direito adquirido, apenas isto não basta para manter a propriedade rural em seu patrimônio. Necessariamente, todas as propriedades rurais devem cumprir com sua função social, cujos requisitos se encontram no artigo 186 da CF. Caso realmente o imóvel de Marcos seja desapropriado, este será indenizado previamente e de modo justo, em títulos da dívida agrária, com cláusula de preservação do valor real, resgatáveis no prazo de até vinte anos a partir do segundo ano de sua emissão. *Alternativa C.*

210. **(XI Exame)** Assinale a alternativa que completa corretamente o fragmento a seguir. A desapropriação para fins de reforma agrária ocorre mediante prévia e justa indenização

(A) em dinheiro, incluindo-se as benfeitorias úteis e necessárias.

(B) em dinheiro, mas as benfeitorias não são passíveis de indenização.

(C) em títulos da dívida agrária, incluindo-se as benfeitorias úteis e necessárias.

(D) em títulos da dívida agrária, mas as benfeitorias úteis e necessárias serão indenizadas em dinheiro.

RESPOSTA Consoante com o § 1º do art. 184 da CF, "*compete à União desapropriar por interesse social, para fins de reforma agrária, o imóvel rural que não esteja cumprindo sua função social, mediante* ***prévia e justa indenização em títulos da dívida agrária***". ***No entanto, as benfeitorias úteis e necessárias serão indenizadas em dinheiro.*** *Alternativa D.*

211. **(XXIX Exame)** O Deputado Federal X, defensor de posições políticas estatizantes, convencido de que seria muito lucrativo o fato de o Estado passar a explorar, ele próprio, atividades econômicas, pretende propor projeto de lei que viabilize a criação de diversas empresas públicas. Esses entes teriam, como único pressuposto para sua criação, a possibilidade de alcançar alto grau de rentabilidade. Com isso, seria legalmente inviável a criação de empresas públicas deficitárias. Antes de submeter o projeto de lei à Câmara, o Deputado Federal X consulta seus assistentes jurídicos, que, analisando a proposta, informam, corretamente, que seu projeto é:

(A) inconstitucional, pois a criação de empresas públicas, sendo ato estratégico da política nacional, é atribuição exclusiva do Presidente da República, que poderá concretizá-la por meio de decreto.

B) constitucional, muito embora deva o projeto de lei seguir o rito complementar, o que demandará a obtenção de um quórum de maioria absoluta em ambas as casas do Congresso Nacional.

(C) inconstitucional, pois a exploração direta da atividade econômica pelo Estado só será permitida quando necessária à segurança nacional ou caracterizado relevante interesse nacional.

(D) constitucional, pois a Constituição Federal, ao estabelecer a livre concorrência entre seus princípios econômicos, não criou obstáculos à participação do Estado na exploração da atividade econômica.

RESPOSTA "Art. 173 da Constituição Federal: Ressalvados os casos previstos nesta Constituição, a exploração direta de atividade econômica pelo Estado só será permitida quando necessária aos imperativos da segurança nacional ou a relevante interesse coletivo, conforme definidos em lei." A liberdade da atividade econômica no Brasil é princípio constitucional (parágrafo único do art. 170 CF), aliada à valorização do trabalho humano e a busca de justiça social – todas essas características têm como base o binômio "livre concorrência/defesa do consumidor". Desta forma, se houver a interferência no Estado como efetivo explorador de atividade econômica, essa competição no mercado restaria desequilibrada e prejudicial a quem participa dela. Por isso o motivo da CF exigir a interferência do Estado na economia tão somente quando necessário à segurança nacional ou caracterizado relevante interesse nacional. *Alternativa C.*

212. **(XI Exame)** "M" vem desrespeitando o zoneamento estipulado pelo Município X em seu plano diretor, uma vez que mantém, com nítido caráter de especulação, terreno não utilizado em área residencial. Assinale a alternativa que indica medida que o Município "X" pode tomar para que "M" utilize adequadamente seu terreno.

(A) Desapropriar o terreno, sem que haja pagamento de indenização.

(B) Desapropriar o terreno, mediante pagamento de indenização justa, prévia e em dinheiro.

(C) Determinar edificação compulsória naquele terreno.

(D) Instituir multa administrativa no patamar de até 100% do valor no IPTU do imóvel.

RESPOSTA De acordo com o *inciso I do § 4º do art. 182 da CF*, é **facultado** ao Poder Público municipal, mediante lei específica para área incluída no plano diretor, exigir, nos termos da lei federal, do proprietário do solo urbano não edificado, subutilizado ou não utilizado, **que promova seu adequado aproveitamento, sob pena, sucessivamente, de parcelamento ou edificação compulsórios**. *Alternativa C.*

213. **(XXX Exame)** Bento ficou surpreso ao ler, em um jornal de grande circulação, que um cidadão americano adquiriu fortuna ao encontrar petróleo em sua propriedade, situada no Estado do Texas. Acresça-se que um amigo, com formação na área de Geologia, tinha informado que as imensas propriedades de Bento possuíam rochas sedimentares normalmente presentes em regiões petrolíferas. Antes de pedir um aprofundado estudo geológico do terreno, Bento buscou um advogado especialista na matéria, a fim de saber sobre possíveis direitos econômicos que lhe caberiam como resultado da extração do petróleo em sua propriedade. O advogado respondeu que, segundo o sistema jurídico-constitucional brasileiro, caso seja encontrado petróleo na propriedade, Bento:

(A) poderá, por ser proprietário do solo e, por extensão, do subsolo de sua propriedade, explorar, per se, a atividade, auferindo para si os bônus e ônus econômicos advindos da exploração.

(B) receberá indenização justa e prévia pela desapropriação do terreno em que se encontra a jazida, mas não terá direito a qualquer participação nos resultados econômicos provenientes da atividade.

(C) terá assegurada, nos termos estabelecidos pela via legislativa ordinária, participação nos resultados econômicos decorrentes da exploração da referida atividade em sua propriedade.

(D) não terá direito a qualquer participação no resultado econômico da atividade, pois, embora seja proprietário do solo, as riquezas extraídas do subsolo são de propriedade exclusiva da União.

RESPOSTA As regras sobre os possíveis direitos econômicos que caberiam a Bento como resultado da extração do petróleo em sua propriedade estão dispostas no art. 176 da Constituição Federal, que afirma serem as jazidas, em lavra ou não, e demais recursos minerais e os potenciais de energia hidráulica (para efeito de exploração ou aproveitamento) propriedade distinta da do solo e pertencem à União. No entanto, é assegurada constitucionalmente a participação ao proprietário do solo nos resultados da lavra, na forma e no valor que dispuser a lei (§ 3º do art. 176 da CF). *Alternativa C.*

XXVII. DAS DISPOSIÇÕES CONSTITUCIONAIS GERAIS

214. **(XVIII Exame)** Luiz é proprietário de uma grande fazenda localizada na zona rural do Estado X. Lá, cultiva café de excelente qualidade – e com grande produtividade – para fins de exportação. Porém, uma fiscalização realizada por agentes do Ministério do Trabalho e do Emprego constatou a exploração de mão de obra escrava. Independentemente das sanções previstas em lei, caso tal prática seja devidamente comprovada, de forma definitiva, pelos órgãos jurisdicionais competentes, a Constituição Federal dispõe que

(A) a propriedade deve ser objeto de desapropriação, respeitado o direito à justa e prévia indenização a que faz jus o proprietário.

(B) a propriedade deve ser objeto de expropriação, sem qualquer indenização, e, no caso em tela, destinada à reforma agrária.

(C) o direito de propriedade de Luiz deve ser respeitado, tendo em vista serem as terras em comento produtivas.

(D) o direito da propriedade de Luiz deve ser respeitado, pois a expropriação é instituto cabível somente nos casos de cultura ilegal de plantas psicotrópicas.

RESPOSTA Nos termos do art. 243 da CF, nas terras onde forem localizadas as **práticas ilegais de exploração de trabalho escravo**, será realizada a **expropriação** e destinação destas à reforma agrária e aos programas de habitação popular, **sem qualquer tipo de indenização** ou reparação ao titular das mesmas, assim como sem prejuízo de outras sanções previstas. *Alternativa B.*

215. **(XXI Exame)** Carlos pleiteia determinado direito, que fora regulado de forma mais genérica no corpo principal da CRFB/88 e de forma mais específica no Ato das Disposições Constitucionais Transitórias – o ADCT. O problema é que o corpo principal da Constituição da República e o ADCT estabelecem soluções jurídicas diversas, sendo que ambas as normas poderiam incidir na situação concreta.

Carlos, diante do problema, consulta um(a) advogado(a) para saber se a solução do seu caso deve ser regida pela norma genérica oferecida pelo corpo principal da Constituição da República ou pela norma específica oferecida pelo ADCT. Com base na CRFB/88, assinale a opção que apresenta a proposta correta dada pelo(a) advogado(a).

(A) Como o corpo principal da CRFB/88 possui hierarquia superior a todas as demais normas do sistema jurídico, deve ser aplicável, afastada a aplicação das normas do ADCT.

(B) Como o ADCT possui o mesmo status jurídico das demais normas do corpo principal da CRFB/88, a norma específica do ADCT deve ser aplicada no caso concreto.

(C) Como o ADCT possui hierarquia legal, não pode afastar a solução normativa presente na CRFB/88.

(D) Como o ADCT possui caráter temporário, não é possível que venha a reger qualquer caso concreto, posto que sua eficácia está exaurida.

RESPOSTA A sigla ADCT significa "Ato das Disposições Constitucionais Transitórias". Esse "ato" faz parte da Constituição, e está localizado ao final dela. São (ou deveriam ser) regras transitórias, que fazem que a transição de uma ordem constitucional anterior para uma nova ordem seja realizada de modo bastante pacífico e equilibrado. E, sendo assim, não há hierarquia entre as normas contidas no ADCT e as normas constitucionais. *Alternativa B.*

216. **(XXVIII Exame)** Agentes do Ministério do Trabalho, em inspeção realizada em carvoaria situada na zona rural do Estado K, constataram que os trabalhadores locais se encontravam sob exploração de trabalho escravo, sujeitando-se a jornadas de 16 horas consecutivas de labor, sem carteira assinada ou qualquer outro direito social ou trabalhista, em condições desumanas e insalubres, percebendo, como contraprestação, valor muito inferior ao salário mínimo nacional. Diante da situação narrada, com base na ordem constitucional vigente, assinale a afirmativa correta.

(A) Diante da vedação ao confisco consagrada na Constituição de 1988, o descumprimento da função social, agravado pela situação de grave violação aos direitos humanos dos trabalhadores, enseja responsabilização administrativa, cível e criminal do proprietário, mas não autoriza a expropriação da propriedade rural.

(B) O uso de mão de obra escrava autoriza a progressividade das alíquotas do imposto sobre a propriedade territorial rural e, caso tal medida não se revele suficiente, será possível que a União promova a expropriação e destinação das terras à reforma agrária e a programas de habitação popular, mediante prévia e justa indenização do proprietário.

(C) A hipótese narrada enseja a desapropriação por interesse social para fins de reforma agrária, uma vez que o imóvel rural não cumpre a sua função social, mediante prévia e justa indenização em títulos da dívida agrária.

(D) A exploração de trabalho escravo na referida propriedade rural autoriza sua expropriação pelo Poder Público, sem qualquer indenização ao proprietário e sem prejuízo de outras sanções previstas em lei, admitindo-se, até mesmo, o confisco de todo e qualquer bem de valor econômico apreendido na carvoaria.

RESPOSTA A recente Emenda Constitucional n. 81 de 2014 deu nova redação ao art. 243 da CF no sentido de impor expropriação às propriedades rurais e urbanas de qualquer região do País onde forem localizadas culturas ilegais de plantas psicotrópicas ou exploração de trabalho escravo, sendo destinadas à reforma agrária e a programas de habitação popular – e sem qualquer indenização ao proprietário, além de imposição de quaisquer outras sanções previstas em lei. Além disso, todo e qualquer bem de valor econômico ali apreendido será confiscado e revertido a fundo especial com destinação específica, também na forma da lei. *Alternativa A.*

217. **(XXIII Exame)** Ao constatar que numerosas tribos indígenas, que ocupam determinadas áreas em caráter permanente, estão sendo fortemente atingidas por uma epidemia de febre amarela, o Governador do Estado Alfa remove-as da localidade de maneira forçada. Dada a repercussão do caso, logo após a efetivação da remoção, submete suas justificativas à Assembleia Legislativa do Estado Alfa, informando que o deslocamento das tribos será temporário e que ocorreu em defesa dos interesses das populações indígenas da região. A Assembleia Legislativa do Estado Alfa termina por referendar a ação do Chefe do Poder Executivo estadual. Sobre o ato do Governador, com base no quadro acima apresentado, assinale a afirmativa correta.

(A) Agiu em consonância com o sistema jurídico-constitucional brasileiro, pois é de competência exclusiva do Chefe do Poder Executivo decidir quais as medidas a serem tomadas nos casos que envolvam perigo de epidemia.

(B) Não agiu em consonância com o sistema jurídico-constitucional brasileiro, pois o princípio da irremovibilidade dos índios de suas terras é absoluto e, por essa razão, torna ilegítima a ação de remoção das tribos.

(C) Agiu em consonância com a CRFB/88, pois, como o seu ato foi referendado pelo Poder Legislativo do Estado Alfa, respeitou os ditames estabelecidos pelo sistema jurídico-constitucional brasileiro.

(D) Não agiu em consonância com o sistema jurídico-constitucional brasileiro, posto que, no caso concreto, as autoridades estaduais não poderiam ter decidido, de modo conclusivo, pela remoção das tribos.

RESPOSTA Os artigos 231 e 232 da Constituição Federal discorrem sobre os principais direitos e princípios pró-indígenas. Ainda, diz o art. 22, inciso XIV que compete privativamente à União legislar sobre populações indígenas. Ou seja, tanto pelas esparsas disposições constitucionais quanto pelos próprios artigos 231 e 232 da CF, a União é o único ente federativo que pode dispor sobre direitos indígenas. Assim sendo, e principalmente conforme § 6º do art. 231 da CF, apenas as autoridades federais poderiam ter decidido, de modo conclusivo, pela remoção das tribos. *Alternativa D.*

218. **(XXIII Exame)** A Lei Orgânica do Município "Z", com 70.000 habitantes, dispõe que o Poder Legislativo deverá fixar o número de vereadores para a composição da Câmara Municipal. Resolução da Câmara Municipal de "Z" fixou em 13 o número de vereadores para a próxima legislatura. Considerando a situação narrada e o sistema constitucional brasileiro, assinale a afirmativa correta.

(A) A Lei Orgânica e a Resolução são inconstitucionais por afrontarem a Constituição da República.

(B) Como ato normativo secundário, a Resolução não pode ser objeto de controle de constitucionalidade.

(C) A resolução é inconstitucional, em razão do número de vereadores estabelecido.

(D) A Lei Orgânica do Município "Z" é inconstitucional, pois viola o princípio da separação dos poderes.

RESPOSTA "A redação dada ao art. 29, IV, da Constituição Federal, pela Emenda Constitucional n. 58/2009, modificou os limites relativos à composição das câmaras de vereadores, fixando novos limites máximos, conforme as faixas populacionais estabelecidas no Texto Constitucional. Referida redação não impôs limites mínimos, mas apenas limites máximos para cada uma das faixas populacionais, de modo que os municípios poderão, no exercício da sua autonomia, fixar o número de vereadores das suas respectivas câmaras, de acordo com as suas particularidades, obedecendo-se apenas aos mencionados limites máximos. Podem, dessa forma, adotar número de vereadores inferior ao máximo permitido para a faixa populacional em que se situa a municipalidade, sem incorrer em ilegalidade ou inconstitucionalidade. Tal autonomia encontra como restrição, apenas, o princípio da representatividade, de modo que o número de vereadores não pode ser diminuto em relação à população local, sob pena de tal número vir a ser corrigido pela via judicial." (Nota técnica da Consultoria Legislativa da Câmara dos Deputados, 2010.) Assim sendo, a OAB não disponibilizou alternativa com conteúdo correto. Assim, apenas deixaremos explicitado nosso posicionamento. O gabarito oficial apontou *alternativa A*.

REFERÊNCIAS BIBLIOGRÁFICAS

ALMEIDA, Bruno Amaro Alves de. *Manual de controle de constitucionalidade*. São Paulo: Rideel, 2016.

BRASIL. Constituição da República Federativa do Brasil de 1988. Disponível em: <http://www.planalto.gov.br/ccivil_03/constituicao/constituicao.htm>. Acesso em: 1º maio 2016.

LENZA, Pedro. *Direito constitucional esquematizado*. 18. ed. São Paulo: Saraiva, 2014.

MENDES, Gilmar Ferreira; BRANCO, Paulo Gustavo Gonet; COELHO, Inocêncio Mártires. *Curso de direito constitucional*. 4. ed. São Paulo: Saraiva, 2009.

MORAES, Guilherme Peña de. *Curso de direito constitucional*. 8. ed. São Paulo: Atlas, 2016.

NOVELINO, Marcelo. *Direito constitucional*. 11. ed. Salvador: JusPodivm, 2016.

SILVA, José Afonso da. *Curso de direito constitucional positivo*. 38. ed. São Paulo: Malheiros, 2015.

Direitos Humanos

DIREITOS HUMANOS: QUADRO GERAL DE QUESTÕES	
TEMAS	Nº DE QUESTÕES
I. Dignidade Humana como Valor Universal	1
II. História dos Direitos Humanos	3
III. Estrutura e Funções da ONU	1
IV. Tratados Internacionais sobre Direitos Humanos	41
V. Tratados Internacionais e o Direito Brasileiro	15
VI. Direitos Humanos e Direitos Fundamentais na Constituição Federal	10
VII. Planos Nacionais de Direitos Humanos	4
VIII. Estatutos que Garantem Direitos Fundamentais	12
TOTAL	87

I. DIGNIDADE HUMANA COMO VALOR UNIVERSAL

1. **(XI Exame)** Em 11 de abril de 2011 passou a vigorar na França uma lei que proíbe o uso, nos espaços públicos, da burca e do niqab, véus que cobrem totalmente os rostos das mulheres e que, para algumas correntes da cultura muçulmana, são de uso obrigatório. Essa situação se insere no polêmico debate acerca da universalidade ou da relatividade cultural dos direitos humanos. Em relação a esse debate, assinale a afirmativa correta.

(A) Os defensores do relativismo cultural são a favor da lei uma vez que ela, ao proibir o uso da burca e do niqab, permite a livre manifestação de todas as religiões.

(B) Os defensores da universalidade dos direitos humanos são a favor da lei com o argumento de que todas as culturas devem preservar a igualdade entre os sexos e a burca e o niqab são instrumentos de opressão da mulher.

(C) Os defensores do relativismo cultural são contra a lei porque ela viola o princípio básico de que os direitos humanos se aplicam igualmente a todas as culturas.

(D) Os defensores da universalidade dos direitos humanos são contra a lei, alegando que ela viola o direito à liberdade religiosa.

RESPOSTA A resposta correta é a *alternativa B.* Os defensores da universalidade dos direitos humanos sustentam que os direitos humanos estão acima dos valores e regras de conduta criados pelas diversas culturas existentes. Essas mesmas culturas, estando inseridas na história, variam no espaço e no tempo, o mesmo ocorrendo com as regras de conduta que produzem. Ora, segundo os universalistas, homens e mulheres não possuem nenhuma diferença de gênero e devem ser considerados rigorosamente como iguais. Logo, qualquer prescrição atentatória à livre escolha, que incida somente sobre um dos gêneros, limitando sua livre expressão, é discriminatória e atentatória à sua igualdade e liberdade.

II. HISTÓRIA DOS DIREITOS HUMANOS

2. **(XIII Exame)** A Companhia Energética de Minas Gerais (Cemig) foi responsabilizada por fiscais do Ministério do Trabalho e Emprego (MTE) e pelo Ministério Público do Trabalho (MPT) pela submissão de 179 trabalhadores a condições análogas às de escravos, em Belo Horizonte. Esse fato gravíssimo comprova, na prática, violação de um princípio crucial acerca dos Direitos Humanos.

Assinale a opção que expressa esse princípio.

(A) O princípio do relativismo cultural determina que o trabalho forçado seja combatido apenas nos países onde a legislação defina tal conduta como ilícita.

(B) O princípio da razoabilidade, pois não é razoável que pessoas sejam submetidas ao trabalho na condição análoga à de escravo.

(C) O princípio do direito humanitário, pois o trabalho na condição análoga à de escravo é desumano.

(D) O princípio da indivisibilidade dos direitos humanos, pois o trabalho na condição análoga à de escravo viola a um só tempo os direitos civis e políticos e os direitos econômicos e sociais.

RESPOSTA A resposta correta é a *alternativa D.* A Declaração de 1948 garantiu os direitos políticos e civis (arts. 3-21) e direitos econômicos, sociais e culturais (arts. 22-28), afirmando a sua indivisibilidade e interdependência.

3. **(XII Exame)** O processo histórico de afirmação dos direitos humanos foi inscrito em importantes documentos, tais como a Declaração Universal dos Direitos do Homem e do Cidadão de 1789 ou mesmo a Constituição Mexicana de 1917. Desse processo é possível inferir que os Direitos Humanos são constituídos por, ao menos, duas dimensões interdependentes e indivisíveis.

São elas:

(A) Direitos Naturais e Direitos Positivos.

(B) Direitos Civis e Direitos Políticos.

(C) Direitos Civis e Políticos e Direitos Econômicos e Sociais.

(D) Direito Público e Direito Privado.

RESPOSTA A resposta correta é a *alternativa C.* A Declaração de 1948 garantiu os direitos políticos e civis (arts. 3-21) e direitos econômicos, sociais e culturais (arts. 22-28), afirmando a sua indivisibilidade e interdependência.

4. **(XI Exame)** "Ninguém poderá ser detido, preso ou despojado dos seus bens, costumes e liberdades, senão em virtude de julgamento de seus pares, segundo as leis do país." O texto transcrito é um trecho da Magna Carta, proclamada na Inglaterra, no ano de 1215. Esse importante documento é apontado como um marco na afirmação histórica dos direitos humanos, dentre outras razões, porque:

(A) consolida os direitos civis e políticos e os econômicos e sociais.

(B) é origem daquilo que na modernidade ficou conhecido como devido processo legal.

(C) representa um marco jurídico político que estabeleceu uma nova ordem social na Inglaterra, tendo sido respeitada por todos os governos seguintes.

(D) institui e oficializa o direito ao *habeas corpus.*

RESPOSTA A resposta correta é a *Alternativa B.* Em 1215 foi editada a *Magna Charta Libertatum* como instrumento para limitar os poderes do rei e ainda dar forma aos direitos da nobreza. Dentre os direitos e princípios contidos na *Magna Charta Libertatum* foi concebido o princípio do devido processo legal, o *due process of law.* Esse princípio foi primeiramente utilizado para garantir um processo justo e, posteriormente, seria transformado num direito material em si. O instituto do devido processo legal na *Magna Charta Libertatum* asseguraria que o homem livre seria submetido a julgamento pelos seus pares e pelos costumes da terra sempre que houvesse ameaça de privação de sua liberdade ou de seus bens.

III. ESTRUTURA E FUNÇÕES DA ONU

5. **(I Exame)** A criação das Nações Unidas, com suas agências especializadas, marca o surgimento de uma nova ordem internacional que enfatiza a proteção dos direitos humanos. A Assembleia Geral é o órgão máximo das Nações Unidas e sua função específica é de:

(A) Fomentar o processo de descolonização e autodeterminação dos povos, a fim de que possam alcançar o autogoverno por meio de desenvolvimento progressivo.

(B) Promover a cooperação em questões econômicas, sociais e culturais e fazer recomendações destinadas a promover o respeito e a observância dos direitos humanos.

(C) Discutir e fazer recomendações relativas a qualquer matéria objeto da Carta das Nações Unidas.

(D) Decidir acerca das questões contenciosas e consultivas, todavia somente nas questões em que os Estados são partes perante ela.

RESPOSTA A resposta correta é a *alternativa B.* Assim dispõe a Carta das Nações Unidas: "Art. 10. A Assembleia Geral poderá discutir quaisquer questões ou assuntos que estiverem dentro das finalidades da presente Carta ou que se relacionarem com os poderes e funções de qualquer dos órgãos nela previstos, e, com exceção do estipulado no art. 12 [Art. 12. Enquanto o Conselho de Segurança estiver a exercer, em relação a qualquer controvérsia ou situação, as funções que lhe são atribuídas na presente Carta, a Assembleia Geral não fará nenhuma recomendação a respeito dessa controvérsia ou situação, a menos que o Conselho de Segurança o solicite], poderá fazer recomendações aos membros das Nações Unidas ou ao Conselho de Segurança, ou a este e àqueles, conjuntamente, com a referência a quaisquer daquelas questões ou assuntos". "Art. 11. A Assembleia Geral poderá considerar os princípios gerais de cooperação na manutenção da paz e da segurança internacionais, inclusive os princípios que disponham sobre o desarmamento e a regulamentação dos armamentos, e poderá fazer recomendações relativas a tais princípios aos membros ou ao Conselho de Segurança, ou a este e àqueles conjuntamente. A Assembleia Geral poderá discutir quaisquer questões relativas à manutenção da paz e da segurança internacionais, que lhe forem submetidas por qualquer membro das Nações Unidas, ou pelo Conselho de Segurança, ou por um Estado que não seja membro das Nações Unidas, de acordo com o art. 35, n. 2, e, com exceção do que fica estipulado no art. 12, poderá fazer recomendações relativas a quaisquer destas questões ao Estado ou Estados interessados ou ao Conselho de Segurança ou a este e àqueles. Qualquer destas questões, para cuja solução seja necessária uma ação, será submetida ao Conselho de Segurança pela Assembleia Geral, antes ou depois da discussão. A Assembleia Geral poderá chamar a atenção do Conselho de Segurança para situações que possam constituir ameaça à paz e à segurança internacionais. Os poderes da Assembleia Geral enumerados neste artigo não limitarão o alcance geral do art. 10".

IV. TRATADOS INTERNACIONAIS SOBRE DIREITOS HUMANOS

6. **(XXXI Exame)** Recentemente assumiu a presidência da Câmara dos Deputados um parlamentar que afirma que o Brasil é um país soberano e não deve ter nenhum compromisso com os Direitos Humanos na ordem internacional. Afirma que, apesar de ter sido internamente ratificado, o Pacto Internacional dos Direitos Civis e Políticos não se caracteriza como norma vigente, e os direitos ali previstos podem ser suspensos ou não precisam ser aplicados. Por ser atuante na área dos Direitos Humanos, você foi convidado(a) pela Comissão de Direitos Humanos da Câmara dos Deputados para prestar mais esclarecimentos sobre o assunto. Com base no que dispõe o próprio Pacto Internacional dos Direitos Civis e Políticos – PIDCP, assinale a opção que apresenta o esclarecimento dado à Comissão.

(A) Caso situações excepcionais ameacem a existência da nação e sejam proclamadas oficialmente, os Estados-partes podem adotar, na estrita medida exigida pela situação, medidas que suspendam as obrigações decorrentes do PIDCP, desde que tais medidas não acarretem discriminação por motivo de raça, cor, sexo, língua, religião ou origem social.

(B) É admissível a suspensão das obrigações decorrentes do PIDCP quando houver, no âmbito do Estado-parte, um ato formal do Poder Legislativo e do Poder Executivo declarando o efeito suspensivo, desde que tal ato declare um prazo para essa suspensão, que, em nenhuma hipótese, pode exceder o período de 2 anos.

(C) Em nenhuma hipótese ou situação os Estados-partes do PIDCP podem adotar medidas que suspendam as obrigações decorrentes do Pacto, uma vez que, ratificado o Pacto, todos os seus direitos vigoram de forma efetiva, não sendo admitida nenhuma possibilidade de suspensão ou exceção.

(D) Mesmo ratificado, o Pacto Internacional dos Direitos Civis e Políticos e os direitos nele contidos não podem ser caracterizados como normas vigentes, uma vez que se trata de direitos em sentido fraco, de forma que apenas os direitos fundamentais, previstos na Constituição, são direitos em sentido forte.

RESPOSTA A resposta correta é a alternativa A. Pacto Internacional dos Direitos Civis e Políticos – PIDCP, art. 4. 1. Quando situações excepcionais ameacem a existência da nação e sejam proclamadas oficialmente, os Estados Partes do presente Pacto podem adotar, na estrita medida exigida pela situação, medidas que suspendam as obrigações decorrentes do presente Pacto, desde que tais medidas não sejam incompatíveis com as demais obrigações que lhes sejam impostas pelo Direito Internacional e não acarretem discriminação alguma apenas por motivo de raça, cor, sexo, língua, religião ou origem social.

7. **(XXIX Exame)** No âmbito dos sistemas internacionais de proteção dos Direitos Humanos, existem hoje três sistemas regionais: africano, (inter)americano e europeu. Existem semelhanças e diferenças entre esses sistemas. Assinale a opção que corretamente expressa uma grande diferença entre o sistema (inter)americano e o europeu.

(A) O sistema europeu foi instituído a partir da Convenção para a Proteção dos Direitos do Homem e das Liberdades Fundamentais, de 1950, e já está em pleno funcionamento. Já o sistema (inter)americano foi instituído pela Convenção Americana Sobre Direitos Humanos, de 1998, e ainda não está em pleno funcionamento.

(B) O sistema (inter)americano conta com uma Comissão Interamericana de Direitos Humanos, mas não possui uma Corte ou Tribunal. Já o sistema europeu possui um Tribunal, mas não possui uma Comissão de Direitos Humanos.

(C) O sistema europeu é baseado em um Conselho de Ministros e admite denúncias de violações de direitos humanos que sejam feitas pelos Estados-partes da Convenção, mas não admite petições individuais. Já o sistema (inter)americano não possui o Conselho de Ministros e admite petições individuais.

(D) O sistema (inter)americano possui uma Comissão e uma Corte para conhecer de assuntos relacionados ao cumprimento dos compromissos assumidos pelos Estados-partes na Convenção Americana Sobre Direitos Humanos. Já o sistema europeu não possui uma Comissão com as mesmas funções que a Comissão Interamericana, mas um Tribunal Europeu dos Direitos do Homem, que é efetivo e permanente.

RESPOSTA A resposta correta é a *alternativa D.* No contexto do continente americano, as tendências internacionais de proteção aos direitos humanos resultaram na proposição pela Organização dos Estados Americanos – OEA, em 1948, da Carta da Organização dos Estados Americanos, que culminou na aprovação da Declaração Americana de Direitos e Deveres do Homem. Essa Declaração, aprovada 10 meses antes daquela firmada na Assembleia das Nações Unidas, foi de fato o primeiro instrumento de relevo no campo da proteção internacional dos direitos humanos. Em seguida, em 1959, foi criada a *Comissão Interamericana dos Direitos Humanos*, órgão que passou a receber e examinar reclamações de indivíduos contra violações a direitos humanos ocorridas nos Estados-membros. Em 22 de novembro de 1969, ultrapassados os debates sobre a conveniência política de criar-se um arcabouço institucional destinado a supervisão dos direitos humanos no continente, foi finalmente adotada a *Convenção Americana sobre Direitos Humanos*, também conhecida como Pacto de São José da Costa Rica. Nesse instrumento, que disciplina em detalhes os deveres dos Estados membros da organização e estrutura de forma definitiva o *Sistema Interamericano de Proteção dos Direitos Humanos*, previa-se a criação de uma Corte para julgar as violações ocorridas na região. A *convenção* entrou em vigor em 1978, após alcançar o mínimo de onze ratificações e, no ano seguinte, na mesma cidade de São José da Costa Rica, foi fundada a *Corte Interamericana de Direitos Humanos*. O Sistema Interamericano de Direitos Humanos é, portanto, bifásico, contando com dois órgãos distintos: a *Comissão Interamericana de Direitos Humanos* e a *Corte Interamericana de Direitos Humanos*. Vale lembrar que tanto a Comissão quanto a Corte Interamericana não são órgãos permanentes, reunindo-se, portanto, em períodos predeterminados de sessões ao longo do ano. *A Corte Europeia de Direitos Humanos* é distinta da Corte de Justiça da União Europeia e da Corte Internacional de Justiça. Sua função é, basicamente, proteger a *Convenção Europeia de Direitos Humanos*, assinada inicialmente em 1950 e hoje agregando 47 países (os 27 membros da União Europeia, além de outros 20, como Rússia, Ucrânia, Noruega, Mônaco e Azerbaijão). *A Convenção* é, em essência, similar aos principais incisos do art. 5º da Constituição brasileira, e protege direitos básicos, como à vida, a liberdade contra tortura, contra o tratamento desumano, contra a escravidão, o direito a um julgamento justo, a irretroatividade da lei penal, direito à privacidade, liberdade de expressão, de imprensa, de associação e de casamento e o direito à propriedade.

8. **(XXVI Exame)** Um jovem congolês, em função de perseguição sofrida no país de origem, obteve, há cerca de três anos, reconhecimento de sua condição de refugiado no Brasil. Sua mãe, triste pela distância do filho, decide vir ao Brasil para com ele viver, porém não se enquadra na condição de refugiada. Com base na Lei brasileira que implementou o Estatuto dos Refugiados, cabe a você, como advogado que atua na área dos Direitos Humanos, orientar a família. Assinale a opção que apresenta a orientação correta para o caso.

(A) As medidas e os direitos previstos na legislação brasileira sobre refugiados se aplicam somente àqueles que tiverem sido reconhecidos nessa condição. Por isso, a mãe deve entrar com o pedido de refúgio e comprovar que também se enquadra na condição.

(B) Apesar de a mãe não ser refugiada, os efeitos da condição de refugiado de seu filho são extensivos a ela; por isso, ela pode obter autorização para residência no Brasil.

(C) A lei brasileira que trata de refúgio prevê a possibilidade de que pai e mãe tenham direito à residência caso o filho ou a filha venham a ser considerados refugiados, mas a previsão condiciona esse direito a uma avaliação a ser feita pelo representante do governo brasileiro.

(D) Para que a mãe possa viver no Brasil com seu filho ou sua filha, ela deverá comprovar que é economicamente dependente dele ou dela, pois é nesse caso que ascendentes podem gozar dos efeitos da condição de refugiado reconhecida a um filho ou a uma filha.

RESPOSTA A resposta correta é a *alternativa B*. Segundo a Lei de Migração - **LEI n. 13.445, DE 24 DE MAIO DE 2017** - Art. 37, o visto ou a autorização de residência para fins de reunião familiar será concedido ao imigrante: I - cônjuge ou companheiro, sem discriminação alguma; II - filho de imigrante beneficiário de autorização de residência, ou que tenha filho brasileiro ou imigrante beneficiário de autorização de residência; III - ascendente, descendente até o segundo grau ou irmão de brasileiro ou de imigrante beneficiário de autorização de residência; ou IV - que tenha brasileiro sob sua tutela ou guarda.

9. **(XXV Exame)** Você foi procurado, como advogado(a), por representantes de um Centro de Defesa dos Direitos Humanos, que lhe informaram que o governador do estado, juntamente com o ministro da justiça do país, estavam articulando a expulsão coletiva de um grupo de haitianos, que vive legalmente na sua cidade. Na iminência de tal situação e sabendo que o Brasil é signatário da Convenção Americana sobre os Direitos Humanos, assinale a opção que indica, em conformidade com essa convenção, o argumento jurídico a ser usado.

(A) Um decreto do governador combinado a uma portaria do ministro da justiça constituem fundamento jurídico suficiente para a expulsão coletiva, segundo a Convenção acima citada. Portanto, a única solução é política, ou seja, fazer manifestações para demover as autoridades desse propósito.

(B) A Convenção Americana sobre os Direitos Humanos é omissa quanto a esse ponto. Portanto, a única alternativa é buscar apoio em outros tratados internacionais, como a Convenção das Nações Unidas, relativa ao Estatuto dos Refugiados, também conhecida como Convenção de Genebra, de 1951.

(C) A expulsão coletiva de estrangeiros é permitida, segundo a Convenção Americana sobre os Direitos Humanos, apenas no caso daqueles que tenham tido condenação penal com trânsito em julgado, o que não foi o caso dos haitianos visados pelos propósitos do governador e do ministro, uma vez que eles vivem legalmente na cidade.

(D) A pessoa que se ache legalmente no território de um Estado tem direito de circular nele e de nele residir em conformidade com as disposições legais. Além disso, é proibida a expulsão coletiva de estrangeiros.

RESPOSTA A resposta correta é a *alternativa D*. Segundo a Convenção Americana sobre os Direitos Humanos, Art. 22. Direito de circulação e de residência, 9. É proibida a expulsão coletiva de estrangeiros.

10. **(XXIV Exame)** Há cerca de três meses, foi verificado que os presos da Penitenciária Quebrantar estavam sofrendo diversas formas de maus tratos, incluindo violência física. Você foi contratado(a) por familiares dos presos, que lhe disseram ter elementos suficientes para acreditar que qualquer medida judicial no Brasil seria ineficaz no prazo desejado. Por isso, eles o(a) consultaram sobre a possibilidade de submeter o caso à Comissão Interamericana de Direitos Humanos (CIDH).

Considerando as regras de funcionamento dessa Comissão, você deve informá-los de que a CIDH pode receber a denúncia:

(A) caso sejam feitas petições individualizadas, uma vez que os casos de violação de direitos previstos no Pacto de São José da Costa Rica devem ser julgados diretamente pela Corte Interamericana de Justiça.

(B) caso sejam feitas petições individualizadas relatando a violação sofrida por cada uma das vítimas e as relacionando aos direitos previstos na Convenção Americana; assim, a CIDH poderá adotar as medidas que julgar necessárias para a cessação da violação.

(C) caso entenda haver situação de gravidade e urgência. Assim, a CIDH poderá instaurar de ofício um procedimento no qual solicita que o Estado brasileiro adote medidas cautelares de natureza coletiva para evitar danos irreparáveis aos presos.

(D) caso entenda haver situação de gravidade e urgência. Assim, a CIDH deve encaminhar diretamente o caso à Corte Interamericana de Justiça, que poderá ordenar a medida provisória que julgar necessária à cessação da violação.

RESPOSTA A resposta correta é a *alternativa C*. Segundo o Regulamento da Comissão Interamericana de Direitos Humanos - 1980, Artigo 29 Medidas cautelares

§ 1. A Comissão poderá, por iniciativa própria ou a pedido de parte, tomar qualquer medida que considere necessária para o desempenho de suas funções.

§ 2. Em casos urgentes, quando se tornar necessário para evitar danos irreparáveis a pessoas, a Comissão poderá pedir que sejam tomadas medidas cautelares para evitar que se consume o dano irreparável, no caso de serem verdadeiros os fatos denunciados.

§ 3. Se a Comissão não estiver reunida, o Presidente, ou na ausência deste, um dos Vice-Presidentes, consultará, por meio da Secretaria, os demais membros sobre a aplicação do disposto nos "§§ 1 e 2" anteriores. Se não for possível fazer a consulta em tempo hábil, o Presidente tomará a decisão, em nome da Comissão, e a comunicará imediatamente aos seus membros.

§ 4. O pedido de tais medidas e sua adoção não constituirão prejulgamento da matéria da decisão final.

11. **(XIX Exame)** Ex-dirigente de federação sul-americana de futebol, após deixar o cargo que exercia em seu país de origem, sabedor de que existe uma investigação em curso na Colômbia, opta por fixar residência no Brasil, pelo fato de ser estrangeiro casado com brasileira, com a qual tem dois filhos pequenos. Anos depois, já tendo se naturalizado brasileiro, o governo da Colômbia pede a sua extradição em razão de sentença que o condenou por crime praticado quando ocupava cargo na federação sul-americana de futebol. Essa extradição

(A) não poderá ser concedida, porque o Brasil não extradita seus nacionais.
(B) não poderá ser concedida, porque o extraditando tem filhos menores sob sua dependência econômica.
(C) poderá ser concedida, porque o extraditando não é brasileiro nato.
(D) poderá ser concedida se o país de origem do extraditando tiver tratado de extradição com a França.

RESPOSTA A resposta correta é a *alternativa C*. Segundo a Lei n. 6.815, de 19 de agosto de 1980, art. 77, "não se concederá a extradição quando: I – se tratar de brasileiro, salvo se a aquisição dessa nacionalidade verificar-se após o fato que motivar o pedido".

12. **(XIX Exame)** Em dezembro de 2014, a sul-africana Urmila Bhoola, relatora especial das Nações Unidas sobre as formas contemporâneas de escravidão, declarou que "pelo menos 20,9 milhões de pessoas estão sujeitas a formas modernas de escravidão, que atingem principalmente mulheres e crianças". A relatora da ONU, para fazer tal afirmação, considerou o conceito de escravidão presente na Convenção Suplementar sobre a Abolição da Escravatura, do Tráfico de Escravos e das Instituições e Práticas Análogas à Escravatura adotada em Genebra, em 7 de setembro de 1956. Assinale a opção que apresenta o conceito de escravidão conforme disposto na referida Convenção:

(A) Estado ou a condição de um indivíduo sobre o qual se exercem todos ou parte dos poderes atribuídos ao direito de propriedade.
(B) Situação em que um indivíduo trabalha em condições precárias e não recebe seus direitos trabalhistas de modo pleno e integral.
(C) Relação em que uma pessoa possui o controle físico sobre o corpo de outra pessoa.
(D) Condição por meio da qual uma pessoa se encontra psicologicamente constrangida a cumprir as ordens que lhe são dadas por terceiros, ainda que tais ordens sejam contrárias aos seus interesses.

RESPOSTA A resposta correta é a *alternativa A*. A Convenção Suplementar sobre a Abolição da Escravatura, do Tráfico de Escravos e das Instituições e Práticas Análogas à Escravatura, em seu art. 7º, declara: "Para os fins da presente Convenção: § 1º. 'Escravidão', tal como foi definida na Convenção sobre a Escravidão de 1926, é o estado ou a condição de um indivíduo sobre o qual se exercem todos ou parte dos poderes atribuídos ao direito de propriedade, e 'escravo' é o indivíduo em tal estado ou condição".

13. **(XVIII Exame)** O STJ decidiu, no dia 10/12/2014, que uma causa relativa à violação de Direitos Humanos deve passar da Justiça Estadual para a Justiça Federal, configurando o chamado *Incidente de Deslocamento de Competência*. A causa trata do desaparecimento de três moradores de rua e da suspeita de tortura contra um quarto indivíduo. Desde a promulgação da Emenda 45, em 2004, essa é a terceira vez que o STJ admite o *Incidente de Deslocamento de Competência*.

De acordo com o que está expressamente previsto na Constituição Federal, a finalidade desse *Incidente* é o de

(A) garantir o direito de acesso à Justiça.
(B) assegurar o cumprimento de obrigações decorrentes de tratados internacionais de Direitos Humanos dos quais o Brasil seja parte.
(C) combater a morosidade de órgãos da Administração Pública e do Poder Judiciário.
(D) combater a corrupção em entes públicos dos Estados e do Distrito Federal.

RESPOSTA A resposta correta é a *alternativa B*. O deslocamento de competência jurisdicional da esfera estadual para a esfera federal é previsto pela Constituição Federal no art. 109, V-A: "Aos juízes federais compete processar e julgar: V-A as causas relativas a direitos humanos a que se refere o § 5º deste artigo; *(Incluído pela Emenda Constitucional n. 45, de 2004)*". O art. 109 afirma: "§ 5º Nas hipóteses de grave violação de direitos humanos, o Procurador-Geral da República, com a finalidade de assegurar o cumprimento de obrigações decorrentes de tratados internacionais de direitos humanos dos quais o Brasil seja parte, poderá suscitar, perante o Superior Tribunal de Justiça, em qualquer fase do inquérito ou processo, incidente de deslocamento de competência para a Justiça Federal *(Incluído pela Emenda Constitucional n. 45, de 2004)*".

14. **(XVIII Exame)** No *Caso Damião Ximenes* (primeiro caso do Brasil na Corte Interamericana de Direitos Humanos), o Brasil foi condenado a investigar e sancionar os responsáveis pela morte de Damião Ximenes, a desenvolver um programa de formação e capacitação para as pessoas vinculadas ao atendimento de saúde mental e a reparação pecuniária da família. Damião Ximenes foi morto, sob tortura, em uma clínica psiquiátrica particular na cidade de Sobral, no Ceará. A condenação recaiu sobre a Federação (União) e não sobre o estado do Ceará ou sobre o município de Sobral, embora ambos tenham algum tipo de responsabilidade sobre o funcionamento da clínica. A responsabilização do governo federal (e não do estadual ou do municipal) aconteceu porque

(A) estado e município não possuem capacidade jurídica para responder pela violação de direitos humanos praticados por seus agentes.

(B) o Brasil é um estado federativo e, nesses casos, cabe ao governo nacional cumprir todas as disposições da Convenção Americana sobre Direitos Humanos, relacionadas com as matérias sobre as quais exerce competência legislativa e judicial.

(C) o falecimento de Damião Ximenes aconteceu em uma clínica particular e cabe ao SUS, que é federal, a regulamentação e supervisão do funcionamento de todas as casas de saúde.

(D) a Corte Interamericana de Direitos Humanos possui jurisdição internacional e para que a condenação recaísse sobre um estado ou um município seria necessária a homologação da decisão da Corte pelo Tribunal de Justiça do Ceará.

RESPOSTA A resposta correta é a *alternativa B.* A Convenção Americana de Direitos Humanos (Pacto de San José – 1969) estabelece uma cláusula específica para estados federados: "Artigo 28 – Cláusula federal 1. Quando se tratar de um Estado Parte constituído como Estado federal, o governo nacional do aludido Estado Parte cumprirá todas as disposições da presente Convenção, relacionadas com as matérias sobre as quais exerce competência legislativa e judicial. 2. No tocante às disposições relativas às matérias que correspondem à competência das entidades componentes da federação, o governo nacional deve tomar imediatamente as medidas pertinentes, em conformidade com a sua constituição e suas leis, a fim de que as autoridades competentes das referidas entidades possam adotar as disposições cabíveis para o cumprimento desta Convenção".

15. **(XII Exame)** Segundo informações do Comitê para a Proteção dos Jornalistas (CPJ), no Brasil, nos últimos 20 anos, 70% dos casos de assassinatos a jornalistas ficaram impunes. O CPJ contabilizou 23 assassinatos entre 1992 e 2012, sendo que quatro ocorreram de janeiro a abril de 2012. Desse total, quatorze não foram punidos. Diante desse quadro, sindicatos de jornalistas de vários estados brasileiros propuseram à Secretaria de Direitos Humanos do Governo Federal a federalização da investigação desses crimes, porque, segundo esses sindicatos, tais crimes caracterizam graves violações de Direitos Humanos.

Para que a investigação e o julgamento de tais violações sejam federalizados é necessário que fique demonstrado que se trata de grave violação de Direitos Humanos afirmados em Tratados internacionais, dos quais o Brasil seja parte e pode, por isso mesmo, responder diante de instâncias internacionais. Além disso, é preciso que

(A) os familiares das vítimas entrem com o pedido de incidente de deslocamento de competência perante o STJ que deve julgá-lo favoravelmente.

(B) os familiares das vítimas entrem com um mandado de segurança perante o STF que deve julgá-lo favoravelmente.

(C) as autoridades locais entrem com o pedido de incidente de deslocamento de competência perante o STJ que deve julgá-lo favoravelmente.

(D) o Procurador-Geral da República entre com o pedido de incidente de deslocamento de competência perante o STJ que deve julgá-lo favoravelmente.

RESPOSTA A resposta correta é a *alternativa D.* Segundo o § 5º do art. 109 da CRFB, incluído pela EC n. 45/2004, nas hipóteses de grave violação de direitos humanos, o Procurador-Geral da República, com a finalidade de assegurar o cumprimento de obrigações decorrentes de tratados internacionais de direitos humanos dos quais o Brasil seja parte, poderá suscitar, perante o Superior Tribunal de Justiça, em qualquer fase do inquérito ou processo, incidente de deslocamento de competência para a Justiça Federal.

16. **(XIV Exame)** Em maio de 1996, o Brasil instituiu seu primeiro Programa Nacional de Direitos Humanos (PNDH 1). Na Introdução do PNDH 2, adotado em maio de 2002, vem escrito o seguinte: "Entre as principais medidas legislativas que resultaram de proposições do PNDH figuram... a transferência da justiça militar para a justiça comum dos crimes dolosos contra a vida praticados por policiais militares (Lei 9.299/96), que permitiu o indiciamento e o julgamento de policiais militares em casos de múltiplas e graves violações como os do Carandiru, Corumbiara e Eldorado dos Carajás; a tipificação do crime de tortura (Lei 9.455/97), que constituiu marco referencial para o combate a essa prática criminosa no Brasil; e a construção da proposta de reforma do Poder Judiciário, na qual se inclui, entre outras medidas destinadas a agilizar o processamento dos responsáveis por violações, a chamada 'federalização' dos crimes de direitos humanos." Em relação ao último ponto descrito, é correto dizer que a federalização contra os crimes de direitos humanos pode ocorrer apenas no seguinte caso:

(A) havendo indício de violação de direitos humanos previstos na legislação nacional ou nos tratados internacionais.

(B) havendo grave violação de direitos humanos previstos nos tratados internacionais de direitos humanos dos quais o Brasil seja parte.

(C) havendo violação das leis protetivas dos direitos humanos, tais quais as leis citadas na Introdução do PNDH 2.

(D) havendo grave violação dos direitos humanos previstos na Constituição Federal.

RESPOSTA A resposta correta é a *alternativa B.* Ver o comentário da questão anterior. Somente quando ocorre grave violação de direitos humanos firmados em Tratados Internacionais, pode ocorrer a federalização desses crimes com o deslocamento da competência para a Justiça Federal.

17. **(IX Exame)** A Resolução n. 96 (I), de 11 de dezembro de 1946, da Assembleia Geral da Organização das Nações Unidas declarou que o genocídio é um crime contra o Direito Internacional. Nesse passo, a Convenção para a Prevenção e Repressão do Crime de Genocídio afirmou que:

(A) As partes contratantes da Convenção confirmam que o genocídio configura crime contra o Direito Internacional, exceto se cometido em tempo de guerra.

(B) O genocídio é entendido como o assassinato de membros de um grupo nacional, étnico, racial ou religioso, com a intenção de destruí-lo no todo, não se entendendo como tal, dano grave à saúde do grupo.

(C) Os atos tentados ou consumados, bem como a cumplicidade para cometer genocídio, serão punidos, mas a incitação ao cometimento de genocídio, ainda que direta e pública, não será punida.

(D) A transferência forçada de menores de um grupo religioso para outro grupo religioso, cometida com a intenção de destruir aquele, considera-se genocídio.

RESPOSTA A resposta correta é a *alternativa D.* A Convenção para a Prevenção e a Repressão do Crime de Genocídio foi assinada em Paris, em 9-12-1948. Aprovada pelo Decreto Legislativo n. 2, de 11-4-1951. Ratificada pelo Brasil em 4-4-1951. Promulgada pelo Decreto n. 30.822, de 6-5-1952. "Art. 2º Na presente Convenção, entende-se por genocídio qualquer dos seguintes atos, cometidos com a intenção de destruir, no todo ou em parte, um grupo nacional, étnico, racial ou religioso, tal como: *a)* Assassinato de membros do grupo. *b)* Dano grave à integridade física ou mental de membros do grupo. *c)* Submissão intencional do grupo a condições de existência que lhe ocasionem a destruição física total ou parcial. *d)* Medidas destinadas a impedir os nascimentos no seio do grupo. *e)* Transferência forçada de menores do grupo para outra."

18. **(IX Exame – Reaplicação)** A Convenção Americana de Direitos Humanos (1969) dispõe que ninguém deve ser constrangido a executar trabalho forçado ou obrigatório. Segundo o art. 6º da referida Convenção, constitui trabalho forçado ou obrigatório:

(A) Os trabalhos ou serviços normalmente exigidos de pessoa reclusa em cumprimento de sentença ou resolução formal expedida pela autoridade judiciária competente.

(B) Serviço militar e, nos países em que se admite a isenção por motivo de consciência, qualquer serviço nacional que a lei estabelecer em lugar daquele.

(C) Serviço exigido em casos de perigo ou de calamidade que ameacem a existência ou o bem-estar da comunidade.

(D) O trabalho ou serviço que não faça parte das obrigações cívicas normais.

RESPOSTA A resposta correta é a *alternativa D.* Não é considerado trabalho ou serviço obrigatório aquele que faça parte das obrigações cívicas normais. Convenção Americana de Direitos Humanos (1969), "Art. 6º Proibição da escravidão e da servidão: 3. Não constituem trabalhos forçados ou obrigatórios para os efeitos deste artigo: a) os trabalhos ou serviços normalmente exigidos de pessoa reclusa em cumprimento de sentença ou resolução formal expedida pela autoridade judiciária competente. Tais trabalhos ou serviços devem ser executados sob a vigilância e controle das autoridades públicas, e os indivíduos que os executarem não devem ser postos à disposição de particulares, companhias ou pessoas jurídicas de caráter privado; b) serviço militar e, nos países em que se admite a isenção por motivo de consciência, qualquer serviço nacional que a lei estabelecer em lugar daquele; c) o serviço exigido em casos de perigo ou de calamidade que ameacem a existência ou o bem-estar da comunidade; d) o trabalho ou serviço que faça parte das obrigações cívicas normais".

19. **(XXXI Exame)** Recentemente houve grande polêmica na cidade de Piraporanga, porque o Prefeito proibiu o museu local de realizar uma exposição, sob a alegação de que as obras de arte misturavam temas religiosos com conteúdos sexuais, além de haver quadros e esculturas obscenas. Você é contratada(o) para atuar no caso pelos autores das obras de arte e por intelectuais. Com base na Convenção Americana de Direitos Humanos e na Constituição Federal de 1988, assinale a opção que apresenta o argumento que você, como advogada(o), deveria adotar.

(A) A censura prévia por autoridades administrativas competentes, como mecanismo eficaz para assegurar o respeito à reputação de pessoas e como forma de garantir a moralidade pública, deve ser admitida.

(B) O exercício da liberdade de expressão e o da criação artística estão sujeitos à censura prévia, mas apenas por força de lei devidamente justificada, como forma de proteção da honra individual e da moral pública.

(C) A liberdade de expressão e de criação artística estão sujeitas à censura prévia pelas autoridades competentes quando elas ocorrem por meio de exposições em museus, tendo em vista a proteção da memória nacional e da ordem pública.

(D) A lei pode regular o acesso a diversões e espetáculos públicos, tendo em vista a proteção moral da infância e da adolescência, sendo vedada, porém, toda e qualquer censura prévia de natureza política, ideológica e artística.

RESPOSTA A resposta correta é a *alternativa D*. Convenção Americana Sobre Direitos Humanos, art. 13 – 4: "A lei pode submeter os espetáculos públicos à censura prévia, com o objetivo exclusivo de regular o acesso a eles, para proteção moral da infância e da adolescência, sem prejuízo do disposto no inciso 2º". Constituição Federal, art. 5º, IX: é livre a expressão da atividade intelectual, artística, científica e de comunicação, independentemente de censura ou licença"; art. 227. É dever da família, da sociedade e do Estado assegurar à criança, ao adolescente e ao jovem, com absoluta prioridade, o direito à vida, à saúde, à alimentação, à educação, ao lazer, à profissionalização, à cultura, à dignidade, ao respeito, à liberdade e à convivência familiar e comunitária, além de colocá-los a salvo de toda forma de negligência, discriminação, exploração, violência, crueldade e opressão.

20. **(X Exame)** Sobre as denúncias e o sistema de responsabilização por violação de Direitos Humanos, perante a Comissão Interamericana de Direitos Humanos, assinale a afirmativa correta.

(A) A Comissão poderá responsabilizar tanto o Estado como as pessoas naturais e jurídicas, de direito público ou privado, que cometeram a violação, solidariamente.

(B) A Comissão não possui competência para responsabilizar a pessoas naturais, podendo apenas determinar a responsabilidade das pessoas jurídicas, de direito público ou privado, que cometeram a violação.

(C) A Comissão poderá responsabilizar tanto o Estado como as pessoas naturais e jurídicas, de direito público ou privado, que cometeram a violação. Neste caso a responsabilidade do Estado será subsidiária.

(D) A Comissão não possui competência para atribuir responsabilidades individuais, podendo apenas determinar a responsabilidade internacional de um Estado membro da OEA.

RESPOSTA A reposta correta é a *alternativa D*. A Convenção Americana Sobre os Direitos Humanos, em seu art. 44, dispõe: "Qualquer pessoa ou grupo de pessoas, ou entidade não governamental legalmente reconhecida em um ou mais Estados membros da Organização, pode apresentar à Comissão petições que contenham denúncias ou queixas de violação desta Convenção por um Estado Parte". Segue-se disso que a Comissão não possui competência para atribuir responsabilidades individuais quando da violação de direitos humanos num Estado-parte.

21. **(X Exame)** Sobre o sistema global de proteção dos Direitos Humanos, assinale a afirmativa correta.

(A) O Direito Humanitário, a Organização Internacional do Trabalho e a Liga das Nações são considerados os principais precedentes do processo de internacionalização dos direitos humanos, uma vez que rompem com o conceito de soberania, já que admitem intervenções nos países em prol da proteção dos direitos humanos.

(B) A Declaração Universal dos Direitos Humanos juntamente com a adoção do Pacto Internacional dos Direitos Civis e Políticos formam a Carta Internacional dos Direitos Humanos, podendo um Estado adotar ou não os seus postulados.

(C) O sistema global restringe-se à Carta Internacional dos Direitos Humanos. Outros tratados multilaterais sobre Direitos Humanos, que se referem a violações específicas de direitos, tais como Convenção Internacional contra a Tortura, são facultativos e, consequentemente, não são considerados como parte do sistema global.

(D) O sistema global é composto por mecanismos não convencionais de proteção dos direitos humanos. Tais mecanismos são aqueles criados por convenções específicas de Direitos Humanos, de adoção facultativa para os Estados.

RESPOSTA A resposta correta é a *alternativa A*. Segundo Alci Marcus Ribeiro Borges: "O processo de internacionalização dos direitos humanos tem diversas fontes históricas, sendo as principais o Direito Humanitário, a Liga das Nações e a Organização Internacional do Trabalho. O Direito Humanitário, porque elevou ao *status* internacional a proteção humanitária em casos de guerra, regulamentando juridicamente, em âmbito internacional, o emprego da violência nos conflitos armados, impondo limites, nestes casos, à liberdade e à autonomia dos Estados conflitantes, indicando, assim, o caminho por onde os direitos humanos, mais tarde, também deveriam trilhar, alcançando amplitude universal. A Liga das Nações, porque, além de buscar a promoção da paz e da cooperação internacionais, também expressou, ainda que de forma genérica, disposições referentes aos direitos humanos, reforçando, nestes termos, a necessidade de relativizar a soberania dos Estados, nesta direção. A OIT – Organização Internacional do Trabalho, por sua vez, criada logo após a Primeira Guerra Mundial com o objetivo, entre outros, de regular as condições de trabalho no âmbito internacional, também constitui fonte histórica importante do processo de internacionalização dos direitos humanos, eis que, desde sua fundação, em 1919, promulgou centenas de convenções internacionais objetivando a promoção e proteção da dignidade da pessoa humana no mundo do trabalho, em âmbito mundial".

22. **(X Exame)** A Assembleia Constituinte de 1988 reservou texto expresso para elevar os Direitos Humanos ao patamar de princípio fundamental não só no território nacional, como também nas relações internacionais. Além de valorizar a independência do país no cenário internacional, consagrou a proteção dos interesses do ser humano. Considerando o texto constitucional do Estado-parte e a Convenção Americana de Direitos Humanos, as afirmativas a seguir estão corretas, à exceção de uma. Assinale-a.

(A) Proibição de propaganda a favor da guerra e repúdio ao terrorismo e ao racismo.

(B) Proteção judicial mesmo quando a violação de direitos fundamentais for cometida por pessoa atuando em função oficial.

(C) Direito de retificação ou de resposta, que eximirão das outras responsabilidades legais.

(D) Concessão de asilo político em delitos políticos ou comuns, conexos com delitos políticos.

RESPOSTA A resposta correta é a *alternativa C*. Tanto a Constituição de 1988 quanto a Convenção América de Direitos Humanos afirmam as responsabilidades legais advindas de calúnia, injúria ou difamação cometidas contra qualquer pessoa. Afirma a Convenção Americana, em seu art. 14: "1. Toda pessoa atingida por informações inexatas ou ofensivas emitidas em seu prejuízo por meios de difusão legalmente regulamentados e que se dirijam ao público em geral, tem direito a fazer, pelo mesmo órgão de difusão, sua retificação ou resposta, nas condições que estabeleça a lei. 2. Em nenhum caso a retificação ou a resposta eximirão das outras responsabilidades legais em que se houver incorrido".

23. **(XVIII Exame)** Em relação ao direito de liberdade de pensamento e expressão, a Convenção Americana sobre os Direitos Humanos, devidamente ratificada pelo Estado brasileiro, adotou o seguinte posicionamento:

(A) vedou a censura prévia, mas admite que a lei o faça em relação aos espetáculos públicos apenas como forma de regular o acesso a eles, tendo em vista a proteção moral da infância e da adolescência.

(B) vedou a censura prévia em geral, mas admite que ela ocorra expressamente nos casos de propaganda política eleitoral, tendo em vista a proteção da ordem pública e da segurança nacional.

(C) admitiu a censura prévia em geral, tendo em vista a proteção da saúde e da moral públicas, mas a veda expressamente nos casos de propaganda eleitoral, a fim de assegurar a livre manifestação das ideias políticas.

(D) admitiu a censura prévia como forma de assegurar o respeito aos direitos e à reputação das demais pessoas.

RESPOSTA A resposta correta é a *alternativa A*. A Convenção Americana de Direitos Humanos estabelece (pacto de San José – 1969): "Artigo 13 – Liberdade de pensamento e de expressão 1. Toda pessoa tem direito à liberdade de pensamento e de expressão. Esse direito compreende a liberdade de buscar, receber e difundir informações e ideias de toda natureza, sem consideração de fronteiras, verbalmente ou por escrito, ou em forma impressa ou artística, ou por qualquer outro processo de sua escolha. 2. O exercício do direito previsto no inciso precedente não pode estar sujeito a censura prévia, mas a responsabilidades ulteriores, que devem ser expressamente fixadas pela lei e ser necessárias para assegurar: (...) 4. A lei pode submeter os espetáculos públicos a censura prévia, com o objetivo exclusivo de regular o acesso a eles, para proteção moral da infância e da adolescência, sem prejuízo do disposto no inciso 2".

24. **(XVII Exame)** A Comissão Interamericana de Direitos Humanos é competente para examinar comunicações encaminhadas por indivíduos ou grupos de indivíduos que contenham denúncia de violação de direitos previstos na Convenção Americana de Direitos Humanos, violação essa que tenha sido cometida por um Estado-parte. Após receber a denúncia e considerá-la admissível, a Comissão deverá requerer mais informações e buscar uma solução amistosa. Em não ocorrendo tal solução, enviará um informe ao Estado, concedendo-lhe três meses para cumprir suas exigências. Caso o Estado não atenda às exigências deliberadas pela Comissão, esta poderá

(A) encaminhar o caso para deliberação pela Assembleia Geral da OEA.

(B) proceder ao desligamento do Estado violador da Organização dos Estados Americanos.

(C) enviar o caso à Corte Interamericana de Justiça ou à Corte Internacional de Haia, desde que escolha apenas uma das duas Cortes para evitar litispendência no sistema internacional de proteção dos Direitos Humanos.

(D) elaborar um segundo informe ao Estado ou enviar o caso à Corte Interamericana de Justiça.

RESPOSTA A resposta correta é a *alternativa D.* A Convenção Americana de Direitos Humanos estabelece (pacto de San José – 1969): "Artigo 51 – 1. Se, no prazo de três meses, a partir da remessa aos Estados interessados do relatório da Comissão, o assunto não houver sido solucionado ou submetido à decisão da Corte pela Comissão ou pelo Estado interessado, aceitando sua competência, a Comissão poderá emitir, pelo voto da maioria absoluta dos seus membros, sua opinião e conclusões sobre a questão submetida à sua consideração. 2. A Comissão fará as recomendações pertinentes e fixará um prazo dentro do qual o Estado deve tomar as medidas que lhe competirem para remediar a situação examinada. 3. Transcorrido o prazo fixado, a Comissão decidirá, pelo voto da maioria absoluta dos seus membros, se o Estado tomou ou não medidas adequadas e se publica ou não seu relatório".

25. **(XX Exame – Reaplicação)** Você, advogado, patrocinou uma importante causa na jurisdição interna do Brasil e, diante da demora injustificada na decisão, apresentou o caso na Comissão Interamericana de Direitos Humanos, onde o Brasil foi condenado a reparar seu cliente. Diante da inadimplência do Estado brasileiro, a Comissão enviou o caso à Corte Interamericana de Direitos Humanos, onde o Brasil foi condenado, sem, contudo, efetuar a reparação exigida pela sentença da Corte. Diante desse fato e de acordo com a Convenção Americana sobre Direitos Humanos, você deve

(A) instar a Corte para, no ano seguinte, submeter o fato do descumprimento da decisão pelo Estado brasileiro à consideração da Assembleia Geral da Organização dos Estados Americanos, por meio de relatório sobre as atividades da Corte.

(B) recorrer à Corte Internacional de Justiça de Haia, nos termos do que dispõe a Convenção Americana sobre Direitos Humanos, uma vez que os sistemas regionais e o sistema global de proteção dos direitos humanos são complementares.

(C) conformar-se, pois não há mais nenhuma medida que possa ser feita pela Corte para buscar o cumprimento de sua decisão pelo estado brasileiro condenado após o devido processo legal.

(D) ingressar com a competente ação de obrigação de fazer em face do Estado brasileiro no Superior Tribunal de Justiça, conforme o procedimento previsto na Convenção Americana sobre Direitos Humanos ratificado pelo Estado brasileiro.

RESPOSTA A resposta correta é a *alternativa A.* Segundo a Convenção Americana sobre Direitos Humanos, em seu art. 51: "1. Se no prazo de três meses, a partir da remessa aos Estados interessados do relatório da Comissão, o assunto não houver sido solucionado ou submetido à decisão da Corte pela Comissão ou pelo Estado interessado, aceitando sua competência, a Comissão poderá emitir, pelo voto da maioria absoluta dos seus membros, sua opinião e conclusões sobre a questão submetida à sua consideração. 2. A Comissão fará as recomendações pertinentes e fixará um prazo dentro do qual o Estado deve tomar as medidas que lhe competirem para remediar a situação examinada. 3. Transcorrido o prazo fixado, a Comissão decidirá, pelo voto da maioria absoluta dos seus membros, se o Estado tomou ou não medidas adequadas e se publica ou não seu relatório".

26. **(XXII Exame)** Você está advogando em um caso que tramita na Corte Interamericana de Direitos Humanos. O Brasil é parte passiva do processo e, finalmente, foi condenado. A condenação envolve, além da reparação pecuniária pela violação dos direitos humanos, medidas simbólicas de restauração da dignidade da vítima e até mesmo a mudança de parte da legislação interna. Embora a União tenha providenciado o pagamento do valor referente à reparação pecuniária da vítima, há muito tempo permanece inadimplente quanto ao cumprimento das demais obrigações impostas na sentença condenatória proferida pela corte.

Diante disso, assinale a afirmativa correta.

(A) É necessário ingressar com medida específica junto ao STF para a homologação da sentença da Corte ou a obtenção do *exequatur*, isto é, a decisão de cumprir, aqui no Brasil, uma sentença que tenha sido proferida por tribunal estrangeiro.

(B) Não há nada que possa ser feito, já que não há previsão nem na legislação do Brasil, nem na própria Convenção Americana dos Direitos Humanos sobre algum tipo de medida quando do não cumprimento da sentença da Corte pelo país que se submeteu à sua jurisdição.

(C) A execução da sentença pode ser feita diretamente no Sistema Interamericano de Direitos Humanos, pois essa é uma das atribuições e incumbências previstas no Pacto de São José da Costa Rica para a Comissão Interamericana de Direitos Humanos.

(D) Pode-se solicitar à Corte que, no seu relatório anual para a Assembleia Geral da OEA, indique o caso em que o Brasil foi condenado, como aquele em que um Estado não deu cumprimento total à sentença da Corte.

RESPOSTA A resposta correta é a *alternativa D*. Segundo a Convenção Americana sobre Direitos Humanos em seu art. 51: "1. Se no prazo de três meses, a partir da remessa aos Estados interessados do relatório da Comissão, o assunto não houver sido solucionado ou submetido à decisão da Corte pela Comissão ou pelo Estado interessado, aceitando sua competência, a Comissão poderá emitir, pelo voto da maioria absoluta dos seus membros, sua opinião e conclusões sobre a questão submetida à sua consideração. 2. A Comissão fará as recomendações pertinentes e fixará um prazo dentro do qual o Estado deve tomar as medidas que lhe competirem para remediar a situação examinada. 3. Transcorrido o prazo fixado, a Comissão decidirá, pelo voto da maioria absoluta dos seus membros, se o Estado tomou ou não medidas adequadas e se publica ou não seu relatório".

27. **(XXII Exame)** Seu cliente possui um filho com algum nível de deficiência mental e, após muito tentar, não conseguiu vaga no sistema público de ensino da cidade, uma vez que as escolas se diziam não preparadas para lidar com essa situação. Você já ingressou com a ação judicial competente há mais de dois anos, mas há uma demora injustificada no julgamento e o caso ainda se arrasta nos tribunais. Diante desse quadro, você avalia a possibilidade de apresentar uma petição à Comissão Interamericana de Direitos Humanos. Tendo em vista o que dispõe a Convenção Americana sobre Direitos Humanos e seus respectivos protocolos, assinale a afirmativa correta.

(A) Considerando a demora injustificada da decisão na jurisdição interna, você pode peticionar à Comissão, pois o direito à Educação é um dos casos de direitos sociais previstos no Protocolo de São Salvador, que, uma vez violado, pode ensejar aplicação do sistema de petições individuais.

(B) Não obstante a demora injustificada da decisão final do Poder Judiciário brasileiro ser uma condição que admite excepcionar os requisitos de admissibilidade para que seja apresentada a petição, o direito à educação não está expressamente previsto nem na Convenção, nem no Protocolo de São Salvador como um caso de petição individual.

(C) Apenas a Corte Interamericana de Direitos Humanos pode encaminhar um caso para a Comissão. Portanto, deve ser provocada a jurisdição da Corte. Se esta entender adequado, pode enviar o caso para que a Comissão adote as medidas e providências necessárias para garantir o direito e reparar a vítima, se for o caso.

(D) Em nenhuma situação você pode entrar com a petição individual de seu cliente na Comissão Interamericana de Direitos Humanos até que sejam esgotados todos os recursos da jurisdição interna do Brasil.

RESPOSTA A resposta correta é a *alternativa A*. Segundo o Protocolo Adicional à Convenção Americana sobre Direitos Humanos em Matéria de Direitos Econômicos, Sociais e Culturais, "Protocolo de San Salvador", em seu art. 13.3.e: "Deverão ser estabelecidos programas de ensino diferenciado para os deficientes, a fim de proporcionar instrução especial e formação a pessoas com impedimentos físicos ou deficiência mental".

28. **(XX Exame – Reaplicação)** Você, advogado, foi contratado por um grupo de organizações de defesa dos Direitos Humanos para emitir um parecer jurídico quanto à viabilidade técnica da seguinte proposta: tendo em vista que em 2013 entrou em vigor o Protocolo Facultativo ao Pacto Internacional de Direitos Econômicos, Sociais e Culturais (PIDESC), as organizações pretendem criar um programa conjunto que envie comunicações individuais ao comitê do PIDESC no caso de jovens que tentaram por todos os meios, mas não conseguiram matrícula em escolas de ensino médio com ensino técnico ou profissionalizante. Dessa forma o Comitê ao receber a comunicação, sendo esta admissível, poderá fazer recomendações ao Estado-parte que deverá implantá-las em seis meses. Assinale a opção que caracteriza o parecer mais adequando para o caso.

(A) O PIDESC faz uma previsão genérica de garantia da educação e prevê expressamente o ensino fundamental, mas não faz qualquer menção ao ensino técnico e profissional como sendo um direito que deve ser assegurado pelos estados-partes. Por isso o Programa não pode ser implementado.

(B) O Programa proposto não pode ser implementado pois de acordo com o Protocolo ao PIDESC apenas o indivíduo que for a vítima pode submeter diretamente a comunicação. Em nenhuma hipótese o autor da comunicação pode ser alguém que não seja a vítima.

(C) Embora a proposta seja interessante e adequada tanto ao escopo do PIDESC quanto ao Protocolo Facultativo, ela não pode ser realizada pois o Brasil, até a presente data, não ratificou o Protocolo Facultativo e, portanto, o Comitê não está autorizado a receber comunicações individuais em face do Estado brasileiro.

(D) O Programa proposto pelas organizações de defesa dos direitos humanos atende tanto uma demanda da realidade brasileira quanto às disposições previstas no PIDESC e no Protocolo Facultativo ao PIDESC, de forma que pode ser plenamente implementado.

RESPOSTA A resposta correta é a *alternativa A*. O Pacto Internacional de Direitos Econômicos, Sociais e Culturais (PIDESC) foi adotado pela Resolução n. 2.200-A (XXI) da Assembleia Geral das Nações Unidas, em 16 de dezembro de 1966 e ratificado pelo Brasil em 24 de janeiro de 1992. Em seu art. 13, § 2º, afirma: "Os Estados Partes no presente Pacto reconhecem que, com o objetivo de assegurar o pleno exercício desse direito: 1. A educação primária deverá ser obrigatória e acessível gratuitamente a todos. 2. A educação secundária em suas diferentes formas, inclusive a educação secundária técnica e profissional, deverá ser generalizada e tornar-se acessível a todos, por todos os meios apropriados e, principalmente, pela implementação 7 progressiva do ensino gratuito". Como se pode constatar, o PIDESC não faz menção expressa à garantia do ensino técnico e profissional como sendo um direito que deve ser assegurado pelos Estados-Partes.

29. **(XX Exame – Reaplicação)** Há bastante tempo você tem atuado tanto administrativamente como judicialmente para conseguir um tratamento de saúde especializado para o seu cliente. Diante da morosidade injustificada enfrentada, seja na administração pública seja no processo judicial, você está avaliando a possibilidade de ingressar com petição individual de seu cliente na Comissão Interamericana de Direitos Humanos. Assinale a opção que melhor expressa suas possibilidades, tendo em vista a Convenção Americana sobre Direitos Humanos e o Protocolo de São Salvador.

(A) Você não pode entrar com a petição individual de seu cliente na Comissão Interamericana de Direitos Humanos, até que sejam esgotados todos os recursos da jurisdição interna do Brasil.

(B) Você pode entrar com a petição individual de seu cliente na Comissão Interamericana de Direitos Humanos, desde que demonstre que está havendo uma demora injustificada na prestação dos recursos da jurisdição interna.

(C) Você pode entrar com a petição individual de seu cliente na Comissão Interamericana de Direitos, desde que atendidos os requisitos de admissibilidade previstos na Convenção Americana sobre Direitos Humanos, pois embora o direito à saúde não esteja previsto na própria Convenção, o Protocolo de São Salvador torna possível o uso deste meio de proteção mesmo no caso do direito à saúde.

(D) Você, para encaminhar uma petição individual para a Comissão Interamericana de Direitos Humanos, deve respeitar os requisitos de admissibilidade e que o direito violado esteja previsto na própria Convenção ou, alternativamente, que seja um meio de proteção autorizado pelo Protocolo de São Salvador, o que não é o caso do direito à saúde.

RESPOSTA A resposta correta é a *alternativa A*. A Convenção Americana sobre Direitos Humanos, em seu art. 46, afirma: "1. Para que uma petição ou comunicação apresentada de acordo com os artigos 44 ou 45 seja admitida pela Comissão, será necessário: a. que hajam sido interpostos e esgotados os recursos da jurisdição interna, de acordo com os princípios de direito internacional geralmente reconhecidos".

30. **(XXIV Exame)** Você, como advogada(o) que atua na defesa dos Direitos Humanos, foi chamada(o) para atuar em um caso em que há uma disputa pela terra entre produtores rurais e uma comunidade quilombola. Você sabe que, de acordo com o Decreto n. 4.887/03 do Governo Federal, "consideram-se remanescentes das comunidades dos quilombos, os grupos étnico-raciais, segundo critérios de autoatribuição, com trajetória histórica própria, dotados de relações territoriais específicas, com presunção de ancestralidade negra relacionada com a resistência à opressão histórica sofrida".

Em relação a essas pessoas remanescentes de quilombos, é correto dizer que a Constituição Federal de 1988

(A) assegura o direito às suas tradições, mas não garante a propriedade da terra ocupada por elas.
(B) prevê o direito à consulta aos quilombolas sempre que houver proposta oficial de exploração de riquezas minerais de suas terras.
(C) afirma o direito à posse da terra quando ocupada de boa-fé por esses grupos.
(D) reconhece a propriedade definitiva das terras que estejam ocupando, cabendo ao Estado a emissão dos títulos respectivos.

RESPOSTA A resposta correta é a *alternativa D*. Segundo o ATO DAS DISPOSIÇÕES CONSTITUCIONAIS TRANSITÓRIAS da Constituição Federal, Art. 68. Aos remanescentes das comunidades dos quilombos que estejam ocupando suas terras é reconhecida a propriedade definitiva, devendo o Estado emitir-lhes os títulos respectivos.

31. **(XXI Exame)** Maria deu entrada em uma maternidade pública já em trabalho de parto. Contudo, a falta de pronto atendimento levou a óbito tanto Maria quanto o bebê. Você foi contratado(a) pela família de Maria para advogar neste caso de grave violação de Direitos Humanos. Após algumas rápidas pesquisas na *Internet*, o pai e a mãe de Maria pedem que o caso seja imediatamente encaminhado para julgamento na Corte Interamericana de Direitos Humanos. Você, como advogado(a) da família, deve esclarecer que

(A) é uma ótima ideia e vai peticionar para que o caso seja submetido à decisão da Corte, bem como tomar todas as providências para que o caso seja julgado o mais cedo possível.
(B) apesar de ser uma boa ideia, é necessário aguardar que hajam sido interpostos e esgotados os recursos de jurisdição interna para que a família possa submeter o caso à decisão da Corte.
(C) não é possível a família encaminhar o caso à Corte, pois somente os Estados Partes da Convenção Americana de Direitos Humanos e a Comissão Interamericana de Direitos Humanos têm direito de submeter um caso à decisão da Corte.
(D) não é possível que o caso seja encaminhado para decisão da Corte porque, embora o Brasil seja signatário da Convenção Americana dos Direitos Humanos, o país não reconheceu a jurisdição da Corte.

RESPOSTA A resposta correta é a *alternativa C*. A Convenção Americana sobre Direitos Humanos, em seu art. 61, dispõe: "1. Somente os Estados Partes e a Comissão têm direito de submeter caso à decisão da Corte".

32. **(VI Exame – Reaplicação)** Assinale a alternativa correta sobre a questão do respeito ao direito à vida segundo o Pacto de São José da Costa Rica e a Constituição da República Federativa do Brasil.

(A) A CRFB não prevê em seus artigos a pena de morte. Sendo assim, está em conformidade com o Pacto de São José da Costa Rica e não poderá incluir disposições nesse sentido em seu texto constitucional.
(B) O Pacto de São José da Costa Rica, em respeito à soberania estatal, dispõe que o Estado-Membro poderá adotar a pena de morte. Logo, o Estado-Parte poderá estender a pena de morte a delitos aos quais não se aplique atualmente.
(C) O país poderá adotar a pena de morte, mas esta só poderá ser imposta pelos delitos mais graves, em cumprimento de sentença final de tribunal competente e em conformidade com a lei que estabeleça tal pena, promulgada antes de haver o delito sido cometido.
(D) O Pacto de São José da Costa Rica, em respeito à soberania estatal e ao fato de ser o Poder Constituinte originário dos países inicial, autônomo e incondicionado, dispõe que o Estado-Membro poderá adotar a pena de morte. Logo, o Estado-Parte que já adotou a pena capital em algum momento de sua história poderá criar novas legislações sobre o tema, mesmo que atualmente tenha abolido sua aplicação. Mas ela só poderá ser imposta pelos delitos mais graves, em cumprimento de sentença final de tribunal competente e em conformidade com a lei que estabeleça tal pena, promulgada antes de haver o delito sido cometido.

RESPOSTA A resposta correta é a *alternativa C*. Segundo o inciso XLVII do art. 5º da CRFB, não haverá pena de morte, salvo em caso de guerra declarada (alínea *a*). Prevê o Pacto de São José da Costa Rica que nos países em que a pena de morte não tenha sido abolida, como é o caso do Brasil, esta só poderá ser imposta pelos delitos mais graves, em cumprimento de sentença final de tribunal competente e em conformidade com a lei que estabeleça tal pena, promulgada antes de haver o delito sido cometido. Tampouco se estenderá sua aplicação a delitos aos quais não se aplique atualmente.

33. **(XV Exame)** Em atos de violência que provocam grande comoção social, é comum que setores da mídia, parte da opinião pública e algumas personalidades políticas reclamem por mudanças na ordem jurídica, a fim de que seja implantada a pena de morte como sanção penal. Em relação à pena de morte, segundo o Protocolo Adicional ao Pacto dos Direitos Civis e Políticos, devidamente ratificado pelo Brasil, assinale a afirmativa correta.

(A) É permitida apenas nos casos mais graves de extrema violência contra a pessoa, desde que respeitado o devido processo legal.
(B) É proibida em qualquer hipótese, pois o direito à vida é inerente à pessoa humana e tal direito deve ser respeitado e protegido pela lei.
(C) É permitida apenas para os países que já haviam adotado a pena de morte antes de ratificarem o Protocolo, desde que reservada para os crimes mais graves e que a sentença tenha sido proferida pelo Tribunal competente.
(D) É proibida de forma geral, admitindo, como exceção, para o caso de infração penal grave de natureza militar e cometida em tempo de guerra, desde que o Estado Parte tenha formulado tal reserva no ato de ratificação do Protocolo.

RESPOSTA A resposta correta é a *alternativa D*. A pena de morte é prevista na Constituição Federal em seu art. 5º, XLVII: "não haverá penas: *a*) de morte, salvo em caso de guerra declarada, nos termos do art. 84, XIX".

34. **(IX Exame)** O Pacto de São José da Costa Rica prevê que os Estados signatários devem cumprir com as decisões emanadas pela Corte Interamericana de Direitos Humanos. Uma das hipóteses de condenação consiste no pagamento, pelo Estado, de indenização compensatória à vítima da violação de direitos humanos. Assinale a afirmativa que indica o procedimento a ser adotado, caso o Estado brasileiro não cumpra espontaneamente a sentença internacional que o obriga a pagar a indenização.

(A) Como é considerada título executivo judicial, poderá ser executada perante o Superior Tribunal de Justiça, uma vez que goza de *status* internacional.
(B) Como é considerada título executivo judicial, poderá ser executada perante a Vara Federal competente territorialmente.
(C) A Corte Interamericana, em razão do princípio da soberania, obrigará o Estado brasileiro a cumprir a sentença, sendo necessária a propositura de processo de execução, autônomo, pela parte interessada na Corte.
(D) A Corte Interamericana, em razão do princípio da soberania, não poderá obrigar o Brasil a cumprir a sentença, mas o descumprimento poderá fundamentar uma advertência da Assembleia Geral da Organização das Nações Unidas, pelo descumprimento da Convenção Americana de Direitos Humanos.

RESPOSTA A resposta correta é a *alternativa B*. Art. 68 – 1. "Os Estados-Partes na Convenção comprometem-se a cumprir a decisão da Corte em todo caso em que forem partes. 2. A parte da sentença que determinar indenização compensatória poderá ser executada no país respectivo pelo processo interno vigente para a execução de sentenças contra o Estado". Como a indenização compensatória é considerada título executivo judicial, poderá ser executada perante a Vara Federal competente territorialmente.

35. **(VI Exame – Reaplicação)** O Protocolo de San Salvador é complementar à Convenção Americana sobre Direitos Humanos em Matéria de Direitos Econômicos, Sociais e Culturais. Assim, o direito de petição ao Sistema Interamericano de Direitos Humanos é estendido pelo Protocolo de San Salvador aos casos de violação

(A) Ao direito de livre associação sindical.
(B) Ao direito de vedação ao trabalho escravo.
(C) À proibição do tráfico internacional de pessoas.
(D) Ao direito à moradia digna.

RESPOSTA A resposta correta é a *alternativa A*. Segundo dispõe o § 6º do art. 19 do Protocolo de San Salvador, caso os direitos estabelecidos na alínea *a* do art. 8 (direitos sindicais) e no art. 13 (direito à educação) forem violados por ação imputável diretamente a um Estado-Parte deste Protocolo, essa situação poderia dar lugar, mediante participação da Comissão Interamericana de Direitos Humanos e, quando cabível, da Corte Interamericana de Direitos Humanos, à aplicação do sistema de petições individuais regulado pelos arts. 44 a 51 e 61 a 69 da Convenção Americana sobre Direitos Humanos.

36. **(V Exame)** A respeito da internacionalização dos direitos humanos, assinale a alternativa correta.

(A) Já antes do fim da Segunda Guerra Mundial ocorreu a internacionalização dos direitos humanos, com a limitação dos poderes do Estado a fim de garantir o respeito integral aos direitos fundamentais da pessoa humana.
(B) A limitação do poder, quando previsto na Constituição, garante por si só o respeito aos direitos humanos.
(C) A criação de normas de proteção internacional no âmbito dos direitos humanos possibilita a responsabilização do Estado quando as normas nacionais forem omissas.
(D) A internacionalização dos direitos humanos impõe que o Estado, e não o indivíduo, seja sujeito de direitos internacional.

RESPOSTA A resposta correta é a *alternativa C*. Como a República Federativa do Brasil rege-se nas suas relações internacionais, entre outros princípios, pela prevalência dos direitos humanos (art. 4º, II, CRFB), e os tratados e convenções internacionais sobre direitos humanos que forem aprovados, em cada Casa do Congresso Nacional, em dois turnos, por três quintos dos votos dos respectivos membros, serão equivalentes às emendas constitucionais (CF, art. 5º, § 2º), é de se compreender que quando se ratifica conteúdo de direitos humanos em normas internacionais, o Estado brasileiro está assumindo eventuais responsabilidades pelas omissões que apresentar em sua legislação interna, como aconteceu com a Lei Maria da Penha, de 2006 (em 1994, o Brasil assinou o documento da Convenção Interamericana para Prevenir, Punir e Erradicar a Violência contra a Mulher, também conhecida como Convenção de Belém do Pará).

37. **(VI Exame)** O Pacto Internacional dos Direitos Econômicos, Sociais e Culturais e o Pacto Internacional dos Direitos Civis e Políticos preveem em seu texto mecanismos de proteção, efetivação e monitoramento dos Direitos Humanos consagrados em seus respectivos textos. É correto afirmar que, em ambos os pactos, encontra-se o seguinte mecanismo:

(A) Envio de relatórios sobre medidas adotadas e progressos alcançados.

(B) Acusação de regresso de proteção dos direitos, que poderá ser protocolada por qualquer Estado-Parte, inclusive o próprio analisado.

(C) Sistemática de petições, que deverão ser elaboradas e protocoladas por um Estado-Parte diferente daquele que está sendo acusado.

(D) Envio de relatórios sobre medidas adotadas e progressos alcançados, que deverão ser elaborados e protocolados por um Estado-Parte diferente daquele que está sendo analisado.

RESPOSTA A resposta correta é a *alternativa A*. Os dois pactos trazem em seus textos o comprometimento de apresentar informes (relatórios) sobre as medidas que tenham adotado e sobre os progressos realizados, a fim de garantir o respeito aos direitos reconhecidos (Pacto Internacional dos Direitos Econômicos, Sociais e Culturais, art. 16) e dos Estados-Partes submeterem relatórios sobre as medidas por eles adotadas para tornar efetivos os direitos reconhecidos e sobre o progresso alcançado no gozo desses direitos (Pacto Internacional dos Direitos Civis e Políticos, art. 40).

38. **(VI Exame)** A Convenção Interamericana de Direitos Humanos dispõe que toda pessoa tem direito à vida, que deve ser protegida por lei, e que ninguém dela poderá ser privado arbitrariamente. A respeito da pena de morte, o documento afirma que

(A) é inadmissível a aplicação da pena de morte em qualquer circunstância, já que o direito à vida deve ser protegido por lei desde a concepção.

(B) não se pode aplicar pena de morte aos delitos políticos, exceto se forem conexos a delitos comuns sujeitos a tal pena.

(C) a pena de morte não pode ser imposta àquele que, no momento da perpetração do delito, for menor de 18 anos, nem aplicada à mulher em estado gestacional.

(D) não se admite que Estados promulguem pena de morte, exceto se já a tiverem aplicado e a tenham abolido, hipótese em que a tal pena poderá ser restabelecida.

RESPOSTA A resposta correta é a *alternativa C*. Segundo o art. 4º do Pacto de San José da Costa Rica (Convenção Interamericana de Direitos Humanos), não se deve impor a pena de morte à pessoa que, no momento da perpetração do delito, for menor de 18 anos, ou maior de 70, nem aplicá-la à mulher em estado de gravidez (§ 4º).

39. **(XX Exame)** Considere o seguinte caso: Em um Estado do norte do Brasil está havendo uma disputa que envolve a exploração de recursos naturais em terras indígenas. Esta disputa envolve diferentes comunidades indígenas e uma mineradora privada. Como advogado que atua na área dos Direitos Humanos, foi lhe solicitado elaborar um parecer. Nesse caso, é imprescindível se ter em conta a Convenção 169 da OIT, que foi ratificada pelo Brasil, em 2002. De acordo com o art. 2º desta Convenção, os governos deverão assumir a responsabilidade de desenvolver, com a participação dos povos interessados, uma ação coordenada e sistemática com vistas a proteger os direitos desses povos e a garantir o respeito pela sua integridade. Levando-se em consideração esta Convenção e em relação ao que se refere aos recursos naturais eventualmente existentes em terras indígenas, assinale a afirmativa correta.

(A) Os povos indígenas que ocupam terras onde haja a exploração de suas riquezas minerais e do subsolo têm direito ao recebimento de parte dos recursos auferidos, mas não possuem direito a participar da utilização, administração e conservação dos recursos mencionados.

(B) Em caso de a propriedade dos minérios ou dos recursos do subsolo pertencer ao Estado, o governo deverá estabelecer ou manter consultas dos povos interessados, a fim de determinar se os interesses desses povos seriam prejudicados, antes de empreender ou autorizar qualquer programa de prospecção ou exploração dos recursos existentes.

(C) A exploração de riquezas minerais e do subsolo em terras ocupadas por povos indígenas é aceitável e prescinde de consulta prévia desde que se cumpram os seguintes requisitos: preservação da identidade cultural dos povos ocupantes da terra, pagamento de *royalties* em função dos transtornos causados e autorização por meio de decreto legislativo.

(D) Em nenhuma hipótese pode haver a exploração de riquezas minerais e do subsolo em terras ocupadas por populações indígenas.

RESPOSTA A resposta correta é a *alternativa B*. Afirma a Convenção 169 da OIT, em seu **art. 15**: "1. O direito dos povos interessados aos recursos naturais existentes em suas terras deverá gozar de salvaguardas especiais. Esses direitos incluem o direito desses povos de participar da utilização, administração e conservação desses recursos. 2. Em situações nas quais o Estado retém a propriedade dos minerais ou dos recursos do subsolo ou direitos a outros recursos existentes nas terras, os governos estabelecerão ou manterão procedimentos pelos quais consultarão estes povos para determinar se seus interesses seriam prejudicados, e em que medida, antes de executar ou autorizar qualquer programa de exploração desses recursos existentes em suas terras. Sempre que for possível, os povos participarão dos benefícios proporcionados por essas atividades e receberão indenização justa por qualquer dano que sofram em decorrência dessas atividades".

40. **(XXII Exame)** O país foi tomado por uma onda de manifestações sociais, que produzem grave e iminente instabilidade institucional, de modo que a Presidência da República decretou, e o Congresso Nacional aprovou o estado de defesa no Brasil. Nesse período, você é procurado(a), como advogado(a), para atuar na causa em que um casal relata que seu filho, João da Silva, de 21 anos, encontra-se desaparecido há cinco dias, desde que foi detido para investigação policial. Os órgãos de segurança afirmam não ter informações acerca do paradeiro dele, embora admitam que ele foi interrogado pela polícia. Ao questionar o procedimento de interrogatório e buscar mais informações sobre o paradeiro de João da Silva junto à Corregedoria da Polícia, você é lembrado de que o país encontra-se sob estado de defesa, existindo, nesse caso, restrição a vários direitos fundamentais. Sobre a hipótese apresentada, com base na Convenção Interamericana sobre o Desaparecimento Forçado de Pessoas, assinale a afirmativa correta.

(A) A Convenção proíbe que os Estados-Partes decretem qualquer tipo de estado de emergência, incluindo aí o estado de defesa ou o estado de sítio, de forma a evitar a gravíssima violação dos direitos humanos, como é o desaparecimento forçado de João da Silva.

(B) O caso de João da Silva ainda não pode ser considerado desaparecimento forçado, porque a Convenção afirma que o prazo para que o desaparecimento forçado seja caracterizado como tal deve ser de pelo menos dez dias, desde a falta de informação ou a recusa a reconhecer a privação de liberdade pelos agentes do Estado.

(C) O Conselho de Defesa Nacional deliberou que, mesmo no estado de defesa, as autoridades judiciárias competentes devem ter livre e imediato acesso a todo centro de detenção e às suas dependências, bem como a todo lugar onde houver motivo para crer que se possa encontrar a pessoa desaparecida.

(D) O Brasil, como Estado-Parte da Convenção, comprometeu-se a não praticar, nem permitir, nem tolerar o desaparecimento forçado de pessoas, nem mesmo durante os estados de emergência, exceção ou de suspensão de garantias individuais.

RESPOSTA A resposta correta é a *alternativa D*. Segundo a Convenção Americana sobre Direitos Humanos: "Artigo 7. Direito à liberdade pessoal: 1. Toda pessoa tem direito à liberdade e à segurança pessoais. 2. Ninguém pode ser privado de sua liberdade física, salvo pelas causas e nas condições previamente fixadas pelas constituições políticas dos Estados Partes ou pelas leis de acordo com elas promulgadas. 3 Ninguém pode ser submetido a detenção ou encarceramento arbitrários. 4. Toda pessoa detida ou retida deve ser informada das razões da sua detenção e notificada, sem demora, da acusação ou acusações formuladas contra ela. 5. Toda pessoa detida ou retida deve ser conduzida, sem demora, à presença de um juiz ou outra autoridade autorizada pela lei a exercer funções judiciais e tem direito a ser julgada dentro de um prazo razoável ou a ser posta em liberdade, sem prejuízo de que prossiga o processo. Sua liberdade pode ser condicionada a garantias que assegurem o seu comparecimento em juízo". "Artigo 27. Suspensão de garantias: 1. Em caso de guerra, de perigo público, ou de outra emergência que ameace a independência ou segurança do Estado Parte, este poderá adotar disposições que, na medida e pelo tempo estritamente limitados às exigências da situação, suspendam as obrigações contraídas em virtude desta Convenção, desde que tais disposições não sejam incompatíveis com as demais obrigações que lhe impõe o Direito Internacional e não encerrem discriminação alguma fundada em motivos de raça, cor, sexo, idioma, religião ou origem social".

41. **(V Exame)** No âmbito dos direitos humanos, a respeito do Incidente de Deslocamento de Competência, instituído pela Emenda Constitucional n. 45, assinale a alternativa correta.

(A) Para assegurar o cumprimento de obrigações decorrentes de tratados internacionais de direitos humanos de que o Brasil seja parte, o Procurador-Geral da República pode suscitar, perante o Superior Tribunal de Justiça, incidente de deslocamento de competência para a Justiça Federal, nas hipóteses de graves violações aos direitos humanos.

(B) O incidente de deslocamento de competência, embora garanta o cumprimento de obrigações do Estado brasileiro em relação aos tratados internacionais de direitos humanos, não está relacionado com a razoável duração do processo para a consecução da finalidade de efetiva proteção dos direitos humanos.

(C) Pelo incidente de deslocamento de competência, a Justiça Federal só julgaria os casos relativos aos direitos humanos após o Brasil ser responsabilizado internacionalmente.

(D) O incidente de deslocamento de competência se efetiva contrariamente ao princípio do federalismo cooperativo por não obedecer à hierarquia de competência para julgamento dos crimes comuns, mesmo no âmbito de ferimento aos direitos humanos.

RESPOSTA A resposta correta é a *alternativa A*. Segundo o § 5º do art. 109 da CRFB, incluído pela EC n. 45/2004, nas hipóteses de grave violação de direitos humanos, o Procurador-Geral da República, com a finalidade de assegurar o cumprimento de obrigações decorrentes de tratados internacionais de direitos humanos dos quais o Brasil seja parte, poderá suscitar, perante o Superior Tribunal de Justiça, em qualquer fase do inquérito ou processo, incidente de deslocamento de competência para a Justiça Federal.

42. **(IX Exame)** Com relação à Convenção Interamericana para Prevenir e Punir a Tortura, ratificada pelo Brasil em 20 de julho de 1989, assinale a afirmativa correta:

(A) Os funcionários públicos que ordenem a execução da tortura ou a cometam diretamente são responsáveis pelo delito de tortura, exceto se houverem agido por ordens superiores, o que eximirá o agente da responsabilidade penal correspondente.

(B) O Estado-Parte somente tomará as medidas necessárias para conceder a extradição, em conformidade com sua legislação e suas obrigações internacionais, de pessoa condenada pela prática de delito de tortura, não bastando a acusação pela prática do delito.

(C) As declarações obtidas por meio de tortura não podem ser admitidas como prova em processo, salvo em processo instaurado contra a pessoa acusada de havê-las obtido mediante atos de tortura e unicamente como prova de que, por esse meio, o acusado obteve tal declaração.

(D) Esgotado o procedimento jurídico interno do Estado e os recursos que este prevê para a investigação sobre caso de tortura, o processo deverá ser submetido a instâncias internacionais, mesmo que o Estado não tenha aceitado tal competência.

RESPOSTA A resposta correta é a *alternativa C*. A Convenção Interamericana para Prevenir e Punir a Tortura (1985), em seu art. 10, afirma: "Nenhuma declaração que se comprove haver sido obtida mediante tortura poderá ser admitida como prova em um processo, salvo em processo instaurado contra a pessoa ou pessoas acusadas de havê-la obtido mediante atos de tortura e unicamente como prova de que, o acusado obteve tal declaração".

43. **(IV Exame)** Com relação aos chamados "direitos econômicos, sociais e culturais", é correto afirmar que:

(A) São direitos humanos de segunda geração [dimensão], o que significa que não são juridicamente exigíveis, diferentemente do que ocorre com os direitos civis e políticos.

(B) São previstos, no âmbito do sistema interamericano, no texto original da Convenção Americana sobre Direitos Humanos (Pacto de San José da Costa Rica).

(C) Formam, juntamente com os direitos civis e políticos, um conjunto indivisível de direitos fundamentais, entre os quais não há qualquer relação hierárquica.

(D) Incluem o direito à participação no processo eleitoral, à educação, à alimentação e à previdência social.

RESPOSTA A resposta correta é a *alternativa C*. A Declaração Universal dos Direitos do Homem (ONU, 1948) trata dos direitos civis e políticos nos arts. 4º a 21; e dos direitos econômicos, sociais e culturais nos arts. 22 a 27. Os primeiros são direitos humanos de primeira geração (dimensão); os segundos são de segunda geração (dimensão), todos juridicamente exigíveis. O conjunto desses direitos tem, dentre as características, a indivisibilidade, e a classificação em gerações (dimensões) não permite qualquer hierarquia entre eles.

44. **(IX Exame – Reaplicação)** Sobre a execução da sentença proferida pela Corte

Interamericana de Direitos Humanos, assinale a afirmativa correta.

(A) A Corte, findo o processo, profere uma sentença fundamentada, passível de recurso de revisão e de embargos de declaração. Somente após o trânsito em julgado da decisão o Estado estará obrigado a cumprir a decisão da Corte.

(B) O Estado signatário, em respeito ao princípio da soberania, não está obrigado a cumprir as decisões da Corte em todo caso em que for parte, mas somente nos casos em que houver solução amistosa sobre a denúncia.

(C) O Estado condenado, em razão de situações internas como a ocorrência de catástrofes ambientais, poderá requerer dilação do prazo para o cumprimento da sentença proferida pela Corte em até um ano, contados a partir do término dos eventos.

(D) A Assembleia Geral da OEA, na hipótese de inexecução dos julgados, indicará, em relatório anual, de maneira especial e com as recomendações pertinentes, os casos em que um Estado não tenha dado cumprimento a suas sentenças.

RESPOSTA A resposta correta é a *alternativa D.* Art. 65 – "A Corte submeterá à consideração da Assembleia Geral da Organização, em cada período ordinário de sessões, um relatório sobre as suas atividades no ano anterior. De maneira especial, e com as recomendações pertinentes, indicará os casos em que um Estado não tenha dado cumprimento a suas sentenças".

45. **(XI Exame)** Após interpor uma denúncia por violação de direitos humanos contra um Estado membro da Organização dos Estados Americanos, o cidadão "X" espera que, dentre outras possibilidades, a Comissão Interamericana de Direitos Humanos recomende

(A) o pagamento de indenização por danos materiais e morais ao cidadão "X", mas não poderá recomendar a introdução de mudanças em seu ordenamento jurídico.

(B) a suspensão imediata dos atos que causam violação de direitos humanos, mas não poderá exigir que "X" receba indenização pecuniária pelos danos sofridos.

(C) a introdução de mudanças no ordenamento jurídico, podendo cumular tal ato com outras medidas, tais como a reparação dos danos sofridos por "X".

(D) a investigação e a punição dos responsáveis pela violação, mas não poderá tentar uma solução amistosa com o Estado, uma vez que protocolada a denúncia, ela deverá ser investigada e, caso comprovada, a punição será necessariamente imposta pela Comissão.

RESPOSTA A resposta correta é a *alternativa C.* Segundo a Convenção Americana de Direitos Humanos (1969) (Pacto de San José da Costa Rica), ratificada pelo Brasil em 25-9-1992: "Artigo 41 – A Comissão tem a função principal de promover a observância e a defesa dos direitos humanos e, no exercício de seu mandato, tem as seguintes funções e atribuições: (...) b) formular recomendações aos governos dos Estados-membros, quando considerar conveniente, no sentido de que adotem medidas progressivas em prol dos direitos humanos no âmbito de suas leis internas e seus preceitos constitucionais, bem como disposições apropriadas para promover o devido respeito a esses direitos". "Artigo 63 – 1. Quando decidir que houve violação de um direito ou liberdade protegidos nesta Convenção, a Corte determinará que se assegure ao prejudicado o gozo do seu direito ou liberdade violados. Determinará também, se isso for procedente, que sejam reparadas as consequências da medida ou situação que haja configurado a violação desses direitos, bem como o pagamento de indenização justa à parte lesada".

46. **(XX Exame)** João e Maria são casados e ambos são deficientes visuais. Enquanto João possui visão subnormal (incapacidade de enxergar com clareza suficiente para contar os dedos da mão a uma distância de 3 metros), Maria possui cegueira total. O casal tentou se habilitar ao processo de adoção de uma criança, mas foi informado no Fórum local que não teriam o perfil de pais adotantes, em função da deficiência visual, uma vez que isso seria um obstáculo para a criação de um futuro filho. Diante desse caso, assinale a opção que melhor define juridicamente a situação.

(A) A informação obtida no Fórum local está errada e o casal, a despeito da deficiência visual, pode exercer o direito à adoção em igualdade de oportunidades com as demais pessoas, conforme previsão expressa na legislação pátria.

(B) A informação prestada no Fórum está imprecisa. Embora não haja previsão legal expressa que assegure o direito à adoção em igualdade de oportunidades pela pessoa com deficiência, é possível defender e postular tal direito com base nos princípios constitucionais.

(C) Conforme previsto no art. 149 do Estatuto da Criança e do Adolescente, cabe ao juiz disciplinar, por meio de Portaria, os critérios de habilitação dos pretendentes à adoção.
Assim, se no Fórum foi dito que o casal não pode se habilitar em função da deficiência é porque a Portaria do Juiz assim definiu, sendo esta válida nos termos do artigo citado do ECA.

(D) Como não há nenhuma previsão expressa na legislação sobre adoção em igualdade de oportunidades por pessoas com deficiência e os princípios constitucionais não possuem densidade normativa para regulamentar tal caso, deve-se reconhecer a lacuna da lei e raciocinar com base em analogia, costumes e princípios gerais do direito, conforme determina o art. 4º da Lei de Introdução às Normas do Direito Brasileiro.

RESPOSTA A resposta correta é a *alternativa A*. A Lei n. 12.010, de 3 de agosto de 2009, dispõe: "Art. 197-A. Os postulantes à adoção, domiciliados no Brasil, apresentarão petição inicial na qual conste: I – qualificação completa; II – dados familiares; III – cópias autenticadas de certidão de nascimento ou casamento, ou declaração relativa ao período de união estável; IV – cópias da cédula de identidade e inscrição no Cadastro de Pessoas Físicas; V – comprovante de renda e domicílio; VI – atestados de sanidade física e mental; VII – certidão de antecedentes criminais; VIII – certidão negativa de distribuição cível". A deficiência visual não é um impedimento legal para a adoção.

V. TRATADOS INTERNACIONAIS E O DIREITO BRASILEIRO

47. **(XXX Exame)** Um rapaz, que era pessoa em situação de rua, acabou de sair da prisão. Ele fora condenado pelo crime de latrocínio e, posteriormente, a defensoria pública ajuizou, a seu favor, uma ação de revisão criminal, na qual ele foi absolvido por ausência de provas, caracterizando, assim, um erro judiciário. Nesse período, ele ficou cinco anos preso. Agora a família indaga se existe um direito de indenização em função de condenação por erro judiciário. Assinale a opção que apresenta a informação que você, na condição de advogado(a) especializado(a) em Direitos Humanos, deve prestar à família, com base na Convenção Americana Sobre Direitos Humanos.

(A) O direito à indenização está previsto na Convenção Americana Sobre Direitos Humanos de forma geral, mas não há previsão expressa de indenização por erro judiciário; portanto, essa é uma construção argumentativa que deve ser produzida no caso concreto.

(B) A indenização por erro judiciário não é uma matéria própria do campo dos Direitos Humanos, por isso não existe tal previsão nem na Convenção Americana Sobre Direitos Humanos, nem em nenhum outro tratado de Direitos Humanos de que o Brasil seja signatário.

(C) A Convenção Americana Sobre Direitos Humanos assegura o direito à indenização por erro judiciário, mas o restringe aos erros que resultam em condenação na esfera civil, excluindo eventuais erros que ocorram na jurisdição penal.

(D) A Convenção Americana Sobre Direitos Humanos dispõe que toda pessoa tem direito de ser indenizada conforme a lei, no caso de haver sido condenada em sentença transitada em julgado por erro judiciário.

RESPOSTA A opção correta é a *alternativa D*. Decreto n. 678, de 6 de novembro de 1992. Promulga a Convenção Americana sobre Direitos Humanos (Pacto de São José da Costa Rica), de 22 de novembro de 1969. ARTIGO 10 Direito a Indenização. Toda pessoa tem direito de ser indenizada conforme a lei, no caso de haver sido condenada em sentença passada em julgado, por erro judiciário.

48. **(XXX Exame)** Em uma cidade brasileira de fronteira, foi detectado um intenso movimento de entrada de pessoas de outro país para trabalhar, residir e se estabelecer temporária ou definitivamente no Brasil. Após algum tempo, houve uma reação de moradores da cidade que começaram a hostilizar essas pessoas, exigindo que as autoridades brasileiras proibissem sua entrada e a regularização documental. Você foi procurado(a), como advogado(a), por instituições humanitárias, para redigir um parecer jurídico sobre a situação. Nesse sentido, com base na Lei n. 13.445/2017 (Lei da Migração), assinale a afirmativa correta.

(A) A admissão de imigrantes por meio de entrada e regularização documental não caracteriza uma diretriz específica da política migratória brasileira, e sim um ato discricionário do chefe do Poder Executivo.

(B) A promoção de entrada e a regularização documental de imigrantes são coisas distintas. A política migratória brasileira adota o princípio da regularização documental dos imigrantes, mas não dispõe sobre promoção de entrada regular de imigrantes.

(C) A política migratória brasileira rege-se pelos princípios da promoção de entrada regular e de regularização documental, bem como da acolhida humanitária e da não criminalização da migração.

(D) O imigrante, de acordo com a Lei da Migração, é a pessoa nacional de outro país que vem ao Brasil para estadas de curta duração, sem pretensão de se estabelecer temporária ou definitivamente no território nacional.

RESPOSTA A opção correta é a *alternativa C*. Lei n. 13.445/2017 (Lei da Migração) – Art. 3º A política migratória brasileira rege-se pelos seguintes princípios e diretrizes: I – universalidade, indivisibilidade e interdependência dos direitos humanos; II – repúdio e prevenção à xenofobia, ao racismo e a quaisquer formas de discriminação; III – não criminalização da migração; IV – não discriminação em razão dos critérios ou dos procedimentos pelos quais a pessoa foi admitida em território nacional; V – promoção de entrada regular e de regularização documental; VI – acolhida humanitária;

condições justas, equitativas e satisfatórias de trabalho.

RESPOSTA A resposta correta é a *alternativa B.* Decreto n. 3.321, de 30 de dezembro de 1999. Promulga o Protocolo Adicional à Convenção Americana sobre Direitos Humanos em Matéria de Direitos Econômicos, Sociais e Culturais "Protocolo de São Salvador", concluído em 17 de novembro de 1988, em São Salvador, El Salvador. "Artigo 7 – Condições Justas, Equitativas e Satisfatórias de Trabalho. h) repouso, gozo do tempo livre, férias remuneradas, bem como pagamento de salários nos dias feriados nacionais."

49. **(XXIX Exame)** Uma Organização de Direitos Humanos afirma estar tramitando, no Congresso Nacional, um Projeto de Lei propondo que o trabalhador tenha direito a férias, mas que seja possível que o empregador determine a não remuneração dessas férias. No mesmo Projeto de Lei, fica estipulado que, nos feriados nacionais, não haverá remuneração. A Organização procura você, como advogado(a), para redigir um parecer quanto a um eventual controle de convencionalidade, caso esse projeto seja transformado em lei. Assim, com base no Protocolo Adicional à Convenção Americana Sobre Direitos Humanos em Matéria de Direitos Econômicos, Sociais e Culturais – Protocolo de San Salvador –, assinale a opção que apresenta seu parecer sobre o fato apresentado.

(A) O Brasil, embora tenha ratificado a Convenção Americana de Direitos Humanos, não é signatário do Protocolo Adicional à Convenção Americana Sobre Direitos Humanos em Matéria de Direitos Econômicos, Sociais e Culturais – Protocolo de San Salvador. Portanto, independentemente do que disponha esse Protocolo, ele não configura uma base jurídica que permita fazer um controle de convencionalidade.

(B) Tanto o direito a férias remuneradas quanto o direito à remuneração nos feriados nacionais estão presentes no Protocolo de San Salvador. Considerando que o Brasil é signatário desse Protocolo, caso o Projeto de Lei venha a ser convertido em Lei pelo Congresso Nacional, é possível submetê-lo ao controle de convencionalidade, com base no Protocolo de San Salvador.

(C) A despeito de as férias remuneradas e a remuneração nos feriados nacionais estarem previstos no Protocolo de San Salvador, não é possível fazer o controle de convencionalidade caso o Projeto de Lei seja aprovado, porque se trata apenas de um Protocolo, e, como tal, não possui força de Convenção, como é o caso da Convenção Americana Sobre Direitos Humanos.

(D) Se o Projeto de Lei for aprovado, não será possível submetê-lo a um controle de convencionalidade com base no Protocolo de San Salvador, porque os direitos em questão não estão previstos no referido Protocolo, que sequer trata de

50. **(XXVIII Exame)** O padrasto de Ana Maria, rotineiramente, abre sua correspondência física e entra em sua conta de *e-mail* sem autorização, ainda que a jovem seja maior de idade. Cansada dessa ingerência arbitrária e sem o amparo de sua própria mãe, a jovem busca apoio na organização de direitos humanos em que você atua. Com base no Pacto Internacional dos Direitos Civis e Políticos (PIDCP), assinale a opção que indica o esclarecimento correto que você, como advogado(a), prestou a Ana Maria.

(A) O Pacto prevê a prevalência do poder familiar nas relações familiares e, como a conduta do padrasto tem a concordância da mãe de Ana Maria, ainda que seja inconveniente, essa conduta não pode ser considerada uma violação de direitos.

(B) O Pacto assegura o direito à privacidade nas relações em gerais, mas nas relações especificamente familiares admite ingerências arbitrárias se forem voltadas para a proteção e o cuidado.

(C) O Pacto dispõe que ninguém poderá ser objeto de ingerências arbitrárias ou ilegais em sua vida privada, em sua família, em seu domicílio ou em sua correspondência.

(D) O Pacto é omisso em relação à prática de ingerências arbitrárias na vida privada e na família, tratando apenas da proteção da privacidade na vida pública e em face da conduta do Estado.

RESPOSTA A resposta correta é a *alternativa C.* Decreto n. 592, de 6 de julho de 1992.

Atos Internacionais. Pacto Internacional sobre Direitos Civis e Políticos. ARTIGO 17.

"1. Ninguém poderá ser objetivo de ingerências arbitrárias ou ilegais em sua vida privada, em sua família, em seu domicílio ou em sua correspondência, nem de ofensas ilegais às suas honra e reputação. 2. Toda pessoa terá direito à proteção da lei contra essas ingerências ou ofensas.".

51. **(XXVII Exame)** Em 14 de dezembro de 2009, o Brasil promulgou a Convenção de Viena sobre o Direito dos Tratados de 1969, por meio do Decreto n. 7.030. A Convenção codificou as principais regras a respeito da conclusão, entrada em vigor, interpretação e extinção de tratados internacionais. Tendo por base os dispositivos da Convenção, assinale a afirmativa correta.

(A) Para os fins da Convenção, "tratado" significa qualquer acordo internacional concluído por escrito entre Estados e/ou organizações internacionais.

(B) Os Estados são soberanos para formular reservas, independentemente do que disponha o tratado.

(C) Um Estado não poderá invocar o seu direito interno para justificar o descumprimento de obrigações assumidas em um tratado internacional devidamente internalizado.

(D) Os tratados que conflitem com uma norma imperativa de Direito Internacional geral têm sua execução suspensa até que norma ulterior de Direito Internacional geral da mesma natureza derrogue a norma imperativa com eles conflitante.

RESPOSTA A resposta correta é a *alternativa C.* Decreto n. 7.030, de 14 de dezembro de 2009. Promulga a Convenção de Viena sobre o Direito dos Tratados, concluída em 23 de maio de 1969, com reserva aos Artigos 25 e 66. "Artigo 27 – Direito Interno e Observância de Tratados – Uma parte não pode invocar as disposições de seu direito interno para justificar o inadimplemento de um tratado."

52. **(XXVII Exame)** A Lei de Migração, Lei n. 13.445/2017, dispõe sobre os direitos do estrangeiro em território nacional de uma forma mais ampla e abrangente do que a legislação anterior, revogada. A normativa em vigor dispõe que o estrangeiro no Brasil terá acesso ao sistema público de saúde e direito à educação pública, vedada a discriminação em razão da nacionalidade e da sua condição migratória. Isso significa que o acesso à educação pública no Brasil é assegurado:

(A) Somente aos estrangeiros portadores de visto de estudante ou permanente.

(B) A todos os migrantes, exceto os refugiados, que são regidos por legislação especial.

(C) Apenas aos estrangeiros cujos países assegurem reciprocidade aos brasileiros.

(D) A todos os migrantes, inclusive os apátridas e os refugiados.

RESPOSTA A resposta correta é a *alternativa D.* Lei n. 13.445, de 24 de maio de 2017. "Art. 3º A política migratória brasileira rege-se pelos seguintes princípios e diretrizes: IV – não discriminação em razão dos critérios ou dos procedimentos pelos quais a pessoa foi admitida em território nacional; XI – acesso igualitário e livre do migrante a serviços, programas e benefícios sociais, bens públicos, educação, assistência jurídica integral pública, trabalho, moradia, serviço bancário e seguridade social."

53. **(XIII Exame)** Considere a seguinte informação jurisprudencial: "Súmula Vinculante n. 25 do STF: "É ilícita a prisão civil de depositário infiel, qualquer que seja a modalidade do depósito". Os debates no STF que levaram à alteração de sua própria jurisprudência e à adoção da Súmula acima consagraram a prevalência do Pacto de São José da Costa Rica e de sua proibição de prisão civil (artigo 7º, item 7, do Pacto).

Assinale a opção que contém a tese majoritária que fundamentou a decisão do STF.

(A) A natureza supraconstitucional das Convenções de Direitos Humanos já que estas são universais e possuem força vinculante.

(B) A natureza constitucional das Convenções de Direitos Humanos que no Brasil decorre do artigo 5º, § 2º, da Constituição de 1988.

(C) A natureza supralegal das Convenções de Direitos Humanos que faz com que elas sejam hierarquicamente superiores ao código civil e ao de processo civil.

(D) A natureza de lei ordinária das Convenções de Direitos Humanos, considerando que lei posterior revoga lei anterior.

RESPOSTA A resposta correta é a *alternativa C.* Segundo a jurisprudência do STF (RE 466.343/SP), se o tratado internacional for de Direitos Humanos e for discutido, votado e aprovado com *quorum* de lei ordinária, terá *status* de norma supralegal, ou seja, aquela que fica entre a Constituição e a lei. E o Pacto de San José da Costa Rica, para sua aprovação, não observou o *quorum* qualificado previsto no art. 5º, § 3º, da CF/88.

54. **(XIII Exame)** O sistema global de Direitos Humanos foi pensado para proteger as vítimas de violações ou ameaças de violações dos direitos humanos. Daí os variados mecanismos que buscam proteção ou reparações em face de diferentes violências.

Contudo, dentro do sistema global há um tratado internacional que instituiu um órgão de caráter permanente e independente voltado especificamente para o julgamento e a punição de indivíduos agressores e não diretamente para a proteção das vítimas.

Assinale a opção que indica esse órgão.

(A) Corte Internacional de Justiça – Corte de Haia – instituída pela Carta das Nações Unidas.

(B) Conselho de Segurança da ONU, instituído pela Carta das Nações Unidas.

(C) Tribunal Penal Internacional, instituído pelo Estatuto de Roma.

(D) Corte Europeia dos Direitos dos Homens, instituída pela Convenção Europeia dos Direitos do Homem.

RESPOSTA A resposta correta é a *alternativa C.* O Tribunal Penal Internacional foi criado pelo Estatuto de Roma em 1998 e iniciou suas atividades em julho de 2002. Ele possui competência para julgar quatro tipos de crimes: crimes contra a humanidade, crimes de genocídio, crimes de guerra e crimes de agressão. O Tribunal Penal Internacional é um órgão de caráter permanente e independente voltado especificamente para o julgamento e a punição de indivíduos agressores.

55. **(XII Exame)** Um advogado é procurado por um grupo de familiares que narraram a ocorrência de tortura e tratamento degradante num presídio estadual. Após constatar a denúncia *in loco*, o advogado levou a situação ao conhecimento das autoridades administrativas competentes que, entretanto, não deram a atenção devida ao caso. Em razão disso, o advogado admitiu recorrer à Comissão Interamericana de Direitos Humanos.

A respeito do caso narrado, assinale a afirmativa correta.

(A) A Comissão apenas receberá a denúncia se ficar comprovado prévio esgotamento dos recursos internos.

(B) A competência para a análise desse caso não é da Comissão Interamericana de Direitos Humanos e, sim, da Corte Interamericana de Direitos Humanos.

(C) A Comissão é competente para receber a denúncia, mas apenas por meio de petições individualizadas, a fim de proferir decisões mediante o devido processo legal.

(D) Por se tratar de caso grave e urgente, a Comissão pode receber a denúncia e expedir medida cautelar para obrigar o Estado a fazer cessar a violação ocorrente no presídio.

RESPOSTA A resposta correta é a *alternativa D.* A Comissão Interamericana de Direitos Humanos é um órgão da Convenção Americana de Direitos Humanos (1969), prevista em seu Capítulo VII. Pelo art. 44 – "Qualquer pessoa ou grupo de pessoas, ou entidade não governamental legalmente reconhecida em um ou mais Estados-Membros da Organização, pode apresentar à Comissão petições que contenham denúncias ou queixas de violação desta Convenção por Estado-Parte". A violação em questão está prevista no art. 25: 1. "Toda pessoa tem direito a um recurso simples e rápido ou a qualquer outro recurso efetivo, perante os juízes ou tribunais competentes, que a proteja contra atos que violem seus direitos fundamentais reconhecidos pela Constituição, pela lei ou pela presente Convenção, mesmo quando tal violação seja cometida por pessoas que estejam atuando no exercício de suas funções oficiais".

56. **(XX Exame)** Alguns jovens relataram um caso em que um outro jovem, de origem vietnamita, foi preso sob a alegação de tráfico de drogas. O acusado não conhece ninguém no Brasil e o processo penal já se iniciou, mas ele não compreende o que se passa no processo por não saber o idioma e pela grande dificuldade de comunicação entre ele e seu defensor.

A partir da hipótese apresentada, de acordo com o Pacto de São José da Costa Rica, assinale a afirmativa correta.

(A) O acusado tem direito de ser assistido gratuitamente por tradutor ou intérprete, se não compreender ou não falar o idioma do juízo ou tribunal.

(B) O acusado tem que garantir por seus próprios meios a assistência de tradutor ou intérprete, mas tem o direito de que os atos processuais sejam suspensos até que seja providenciado o intérprete.

(C) A investigação e o processo penal somente poderão acontecer quando o acusado tiver assistência consular de seu país de origem.

(D) O Pacto de São José da Costa Rica não dá ao acusado o direito de ser assistido por um intérprete providenciado pelo Estado signatário ou de ter algum rito especial no processo.

RESPOSTA A resposta correta é a *alternativa A.* **Convenção Americana sobre Direitos Humanos** (assinada na Conferência Especializada Interamericana sobre Direitos Humanos, San José, Costa Rica, em 22 de novembro de 1969): *"Artigo 8. Garantias judiciais* (...) 2. a. direito do acusado de ser assistido gratuitamente por tradutor ou intérprete, se não compreender ou não falar o idioma do juízo ou tribunal".

57. **(IX Exame – Reaplicação)** O propósito dos movimentos internacionais de proteção aos Direitos Humanos é a busca pela valorização e proteção dos direitos do ser humano, formado pelos elementos físicos e psíquicos, de personalidade e morais. Sobre as disposições do Pacto de São José da Costa Rica em relação ao "direito à integridade pessoal" e à "proibição da escravidão e da servidão", assinale a afirmativa correta.

(A) Ninguém pode ser constrangido a executar trabalho obrigatório, mas o serviço militar, nos termos do Pacto de São José da Costa Rica, não constitui constrangimento à execução de trabalho forçado ou obrigatório.

(B) Os indivíduos processados e os condenados, em regra, não necessitam ficar separados, e os primeiros devem ser submetidos a tratamento adequado à condição de pessoa não condenada.

(C) Os menores, quando puderem ser processados, devem ser separados de adultos, mas não deve haver distinção entre adultos, não merecendo ficarem separados os processados ou condenados.

(D) A pena privativa de liberdade não pode ser acompanhada de trabalho forçado para cumprimento de pena, vedado em qualquer de suas formas, por afetar a dignidade do recluso.

RESPOSTA A resposta correta é a *alternativa A*. O Pacto de São José da Costa Rica, em seu art. 6º, prevê: "Art. 6º Proibição da escravidão e da servidão.

1. Ninguém poderá ser submetido à escravidão ou servidão e tanto estas como o tráfico de escravos e o tráfico de mulheres são proibidos em todas as suas formas.

2. Ninguém deve ser constrangido a executar trabalho forçado ou obrigatório. Nos países em que se prescreve, para certos delitos, pena privativa de liberdade acompanhada de trabalhos forçados, esta disposição não pode ser interpretada no sentido de proibir o cumprimento da dita pena, imposta por um juiz ou tribunal competente. O trabalho forçado não deve afetar a dignidade, nem a capacidade física e intelectual do recluso.

3. Não constituem trabalhos forçados ou obrigatórios para os efeitos deste artigo:

a) os trabalhos ou serviços normalmente exigidos de pessoa reclusa em cumprimento de sentença ou resolução formal expedida pela autoridade judiciária competente. Tais trabalhos ou serviços devem ser executados sob vigilância e controle das autoridades públicas, e os indivíduos que os executarem não devem ser postos à disposição de particulares, companhias ou pessoas jurídicas de caráter privado;

b) serviço militar e, nos países em que se admite a isenção por motivo de consciência, qualquer serviço nacional que a lei estabelecer em lugar daquele;

c) o serviço exigido em casos de perigo ou de calamidade que ameacem a existência ou o bem-estar da comunidade;

d) o trabalho ou serviço que faça parte das obrigações cívicas normais".

58. **(XVI Exame)** Como é sabido, o Pacto Internacional dos Direitos Civis e Políticos estabelece em seu art. 25 que todo cidadão terá o direito e a possibilidade de votar e de ser eleito em eleições periódicas, autênticas, realizadas por sufrágio universal e igualitário e por voto secreto, que garantam a manifestação da vontade dos eleitores. Segundo informação da Agência Brasil (Empresa Brasileira de Comunicação), o Brasil possuía, em 2014, cerca de 230 mil presos provisórios. Em relação a tais presos, assinale a afirmativa correta.

(A) A despeito do Pacto supramencionado, eles não possuem direito ao voto, por estarem em situação de encarceramento, o que enseja perda da condição de cidadão.

(B) Tais presos provisórios têm direito ao voto apenas se manifestarem expressamente o interesse em votar e forem previamente cadastrados pelo TRE.

(C) Todos aqueles que estão privados de liberdade por ato legal do Estado perdem seus direitos políticos, não podendo, portanto, votar e nem se candidatar.

(D) Presos provisórios têm o direito de votar em seções eleitorais especiais devidamente instaladas em estabelecimentos penais e em unidades de internação de adolescentes.

RESPOSTA A resposta correta é a *alternativa D*. A Constituição Federal, em seu art. 15, garante o direito de voto aos presos provisórios, pois eles não têm seus direitos políticos cassados ou suspensos até trânsito em julgado de condenação criminal (enquanto durarem seus efeitos). A Resolução de n. 23.399 do Tribunal Superior Eleitoral (3-4-2014) regulamenta, nos seguintes termos, o direito constitucional de voto aos presos provisórios: "**Dos Locais Especiais de Votação e de Justificativa** – Art. 19. Os Juízes Eleitorais, sob a coordenação dos Tribunais Regionais Eleitorais, poderão criar seções eleitorais em estabelecimentos penais e em unidades de internação tratadas pelo Estatuto da Criança e do Adolescente, a fim de que os presos provisórios e os internados por ato infracional tenham assegurado o direito de voto. § 1º Para efeito do que dispõe esta seção, consideram-se: I – presos provisórios aqueles que, apesar de recolhidos a estabelecimento de privação de liberdade, não possuam condenação criminal transitada em julgado; II – internados por ato infracional aqueles maiores de 16 anos e menores de 21 submetidos à medida socioeducativa de internação ou à internação provisória; III – estabelecimentos penais todos os locais onde haja presos provisórios recolhidos; IV – unidades de internação todos os locais onde haja pessoas internadas por ato infracional".

59. **(XVI Exame)** Em setembro de 2014, na cidade de São Paulo, foi inaugurado o Centro de Referência e Acolhida para Imigrantes

(CRAI), que é o primeiro do país e tem como objetivo oferecer a estrutura de uma casa de passagem e auxiliar os imigrantes na adaptação à vida na capital paulista, além de dar condições para a autonomia de tais imigrantes. Do ponto de vista dos Direitos Humanos, essa situação é regulada pela Convenção Internacional sobre a Proteção dos Direitos de Todos os Trabalhadores Migrantes e dos Membros das suas Famílias, adotada pela ONU em dezembro de 1990 e em vigor desde julho de 2003. Em relação ao posicionamento do Estado brasileiro perante essa Convenção, assinale a afirmativa correta.

(A) A Convenção não foi ratificada pelo Brasil e, por isso, suas normas não produzem efeito jurídico em território brasileiro.

(B) A Convenção foi ratificada pelo Brasil e, por isso, suas normas podem ser juridicamente exigidas.

(C) A Convenção foi ratificada pelo Brasil, mas não foi regulamentada. Por isso, suas normas possuem efeito contido no território brasileiro.

(D) A Convenção não foi ratificada pelo Brasil, mas suas normas produzem pleno efeito jurídico, uma vez que as normas de Direitos Humanos não dependem de ratificação para vigorar em território brasileiro.

RESPOSTA A resposta correta é a *alternativa A*. Segundo a Secretaria Especial de Direitos Humanos (SEDH), o Brasil ainda não ratificou a Convenção Internacional sobre a Proteção dos Direitos de Todos os Trabalhadores Migrantes e dos Membros das suas Famílias, em razão de um parecer do Departamento de Estrangeiros do Ministério da Justiça, que faz uma série de ressalvas à convenção.

60. **(XVI Exame)** A Lei n. 12.986, de 2 de junho de 2014, transformou o antigo Conselho de Defesa dos Direitos da Pessoa em Conselho Nacional dos Direitos Humanos – CNDH. Esse Conselho poderá solicitar credenciamento junto à Organização das Nações Unidas (ONU) para ser reconhecido como Instituição Nacional de Direitos Humanos. Para isso, é necessário que atenda aos Princípios de Paris, que foram sugeridos durante o Encontro Internacional das Instituições Nacionais de Direitos do Homem, em 1991, e adotados pela Assembleia Geral das Nações Unidas, em 1993. De acordo com os Princípios de Paris, as Instituições Nacionais de Direitos Humanos devem atender a cinco características. Assinale a afirmativa que as indica.

(A) 1) Autonomia para monitorar qualquer violação de Direitos Humanos; 2) Autoridade para assessorar o Executivo, o Legislativo e qualquer outra instância sobre temas relacionados aos Direitos Humanos; 3) Capacidade de se relacionar com instituições regionais e internacionais; 4) Legitimidade para educar e informar sobre Direitos Humanos; e 5) Competência para atuar em temas jurídicos (quase judicial).

(B) 1) Autonomia orçamentária; 2) Eleição direta de seus membros; 3) Autoridade para negociar com lideranças do setor público e do setor privado; 4) Jurisdição administrativa em matéria de Direitos Humanos; e 5) Competência para denunciar estados-partes que não cumpram as convenções de que são parte.

(C) 1) Legitimidade legiferante e poder de veto em legislação relativa aos Direitos Humanos; 2) Competência deliberativa sobre a alocação de recursos públicos em programas e projetos de Direitos Humanos; 3) Capacidade de responder em juizo em casos de litigio que envolvam os Direitos Humanos; 4) *Expertise* para realizar pesquisas em Direitos Humanos; e 5) Autoridade para definir currículos escolares em matérias relativas aos Direitos Humanos.

(D) 1) Indivisibilidade; 2) Universalidade; 3) Complementaridade; 4) Imprescritibilidade; e 5) Irrenunciabilidade dos Direitos Humanos.

RESPOSTA A resposta correta é a *alternativa A*. Os Princípios de Paris, estabelecem os critérios para considerar o que seja uma Instituição Nacional de Direitos Humanos

PARIS PRINCIPLES (Princípios de Paris) – Princípios relacionados com o *status* de instituições nacionais de direitos humanos – Resolução 1992154 de 3.3.92 da Comissão de Direitos Humanos da ONU – **Competência e responsabilidades** – 1. Uma instituição nacional deve ser investida de competência para promover e proteger os direitos humanos; 2. Uma instituição nacional deve ter uma área de atuação abrangente, sendo a mesma prevista na constituição ou em lei, especificando-se sua composição e esfera de competência; 3. Uma instituição nacional deve ter, entre outras, atribuições para: a) apresentar ao Governo, Parlamento, ou outro órgão competente, em caráter consultivo, opiniões, recomendações, propostas e relatórios nas seguintes áreas: i – matérias referentes a assuntos legislativos ou administrativos, assim como a organização judicial, objetivando preservar e ampliar a proteção dos direitos humanos; ii – qualquer situação de violação a direitos humanos que resolva examinar; iii – preparação de relatórios sobre a situação dos direitos humanos; iv – chamar a atenção do governo para qualquer situação de violação aos direitos humanos; b) promover e assegurar a harmonização entre preceitos nacionais e internacionais, e sua efetiva implementação; c) encorajar a ratificação de instrumentos internacionais, e assegurar sua implementação; d) contribuir para os relatórios que os Estados têm de elaborar; e) cooperar com a ONU e seus órgãos, bem assim com instituições regionais e nacionais, com atuação em direitos humanos; f) assistir na formulação de programas para o ensino e a pesquisa em direitos humanos, e participar de sua execução em escolas, universidades e círculos profissionais; g) dar publicidade aos direitos humanos e aos esforços de combater todas as formas de discriminação, em particular de discriminação racial, aumentando a conscientização pública, especialmente através da educação e de órgãos da imprensa.

61. **(IX Exame – Reaplicação)** Considere como se fosse verdadeira a seguinte narrativa: foi constatado este ano que na Penitenciária Anhanguera os presos estão sofrendo diversas formas de maus-tratos – incluindo violência física. Você foi procurado por um grupo de familiares que lhe disse ter boas razões para achar que medidas judiciais no Brasil podem ser inócuas no prazo desejado e, por isso, consultaram-no sobre a possibilidade de submeter o caso à Comissão Interamericana de Direitos Humanos (CIDH). Considerando as regras de funcionamento desta Comissão, você deve informá-los de que:

(A) A CIDH não é competente para receber essa denúncia, uma vez que a violação de normas jurídicas, tal qual a Convenção Interamericana para Prevenir e Punir a Tortura (ratificada pelo Brasil em 1989), deve ser julgada diretamente pela Corte Interamericana de Justiça.

(B) A CIDH pode receber a denúncia, mas apenas se forem feitas petições individualizadas, relatando a violação sofrida por cada uma das vítimas e relacionando-as com os direitos previstos na Convenção Americana.

(C) A CIDH pode receber a denúncia e, se considerar que há situação de gravidade e urgência, pode instaurar de ofício um procedimento, no qual pode solicitar que um estado adote medidas cautelares de natureza coletiva para evitar danos irreparáveis às pessoas.

(D) A CIDH pode receber a denúncia e, se considerar que há situação de gravidade e urgência, pode encaminhar diretamente o caso à Corte Interamericana de Justiça, que poderá ordenar a medida provisória que julgar necessária à cessação da violação.

RESPOSTA A resposta correta é a *alternativa* C. A Comissão Interamericana de Direitos Humanos é um órgão da *Convenção Americana de Direitos Humanos (1969), prevista em seu Capítulo VII.* Pelo art. 44 – Qualquer pessoa ou grupo de pessoas, ou entidade não governamental legalmente reconhecida em um ou mais Estados-Membros da Organização, pode apresentar à Comissão petições que contenham denúncias ou queixas de violação desta Convenção por Estado-Parte. A violação em questão está prevista no art. 25: 1. "Toda pessoa tem direito a um recurso simples e rápido ou a qualquer outro recurso efetivo, perante os juízes ou tribunais competentes, que a proteja contra atos que violem seus direitos fundamentais reconhecidos pela Constituição, pela lei ou pela presente Convenção, mesmo quando tal violação seja cometida por pessoas que estejam atuando no exercício de suas funções oficiais".

VI. DIREITOS HUMANOS E DIREITOS FUNDAMENTAIS NA CONSTITUIÇÃO FEDERAL

62. **(XXV Exame)** O governo federal autorizou uma mineradora a prospectar a exploração dos recursos existentes nas terras indígenas. Numerosas instituições da sociedade civil contratam você para, na condição de advogado, atuar em defesa da comunidade indígena. Tendo em vista tal fato, além do que determina a Convenção 169 da OIT Sobre Povos Indígenas e Tribais, assinale a afirmativa correta.

(A) O governo deverá estabelecer ou manter procedimentos com vistas a consultar os povos indígenas interessados, a fim de determinar se os interesses desses povos seriam prejudicados e em que medida, antes de empreender ou autorizar qualquer programa de prospecção ou exploração dos recursos existentes em suas terras.

(B) A prospecção e a exploração dos recursos naturais em terras indígenas pode ocorrer independentemente da autorização e da participação dos povos indígenas nesse processo, desde que haja uma indenização por eventuais danos causados em decorrência dessa exploração.

(C) A prospecção e a exploração das riquezas naturais em terras indígenas podem ocorrer mesmo sem a participação ou o consentimento dos povos indígenas afetados. No entanto, esses povos têm direito a receber a metade do valor obtido como lucro líquido resultante dessa exploração.

(D) Se a propriedade dos minérios ou dos recursos do subsolo existentes na terra indígena pertencerem ao Estado, o governo não está juridicamente obrigado a consultar os povos interessados. Nesse caso, restaria apenas a mobilização política como estratégia de convencimento.

RESPOSTA A resposta correta é a *alternativa A*. Convenção 169 da OIT Sobre Povos Indígenas e Tribais, Art. 7º, 3. Os governos deverão zelar para que, sempre que for possível, sejam efetuados estudos junto aos povos interessados com o objetivo de se avaliar a incidência social, espiritual e cultural e sobre o meio ambiente que as atividades de desenvolvimento, previstas, possam ter sobre esses povos. Os resultados desses estudos deverão ser considerados como critérios fundamentais para a execução das atividades mencionadas.

63. **(XIX Exame)** Você, na condição de advogado, foi procurado por um travesti que é servidor público federal. Na verdade, ele adota o nome social de Joana, embora, no assento de nascimento, o seu nome de registro seja João. Ele gostaria de ser identificado no trabalho pelo nome social e que, assim, o nome social constasse em coisas básicas, como o cadastro de dados, o correio eletrônico e o crachá. Sob o ponto de vista jurídico, em relação à orientação a ser dada ao solicitante, assinale a afirmativa correta.

(A) A Constituição Federal até prevê a promoção do bem sem qualquer forma de discriminação, mas não existe nenhuma norma específica que ampare a pretensão do solicitante.

(B) Não apenas a Constituição está orientada para a ideia de promoção do bem sem discriminação, como a demanda pleiteada pelo solicitante encontra amparo em norma infraconstitucional.

(C) O solicitante possui esse direito, pois assim está previsto na Convenção das Nações Unidas para os direitos LGBT.

(D) Ainda que compreenda a demanda do solicitante, ele não possui o direito de ser identificado pelo nome social no trabalho, uma vez que é um homem que se traveste de mulher.

RESPOSTA A resposta correta é a *alternativa B*. Ministério do Planejamento, Orçamento e Gestão – Portaria n. 233, de 18 de maio de 2010: "Art. 1º Fica assegurado aos servidores públicos, no âmbito da Administração Pública Federal direta, autárquica e fundacional, o uso do nome social adotado por travestis e transexuais. Parágrafo único. Entende-se por nome social aquele pelo qual essas pessoas se identificam e são identificadas pela sociedade. Art. 2º Fica assegurada a utilização do nome social, mediante requerimento da pessoa interessada, nas seguintes situações: I – cadastro de dados e informações de uso social; II – comunicações internas de uso social; III – endereço de correio eletrônico; IV – identificação funcional de uso interno do órgão (crachá); V – lista de ramais do órgão; e VI – nome de usuário em sistemas de informática.

64. **(V Exame)** As Constituições brasileiras se mostraram com avanços e retrocessos em relação aos direitos humanos. A esse respeito, assinale a alternativa correta.

(A) A Constituição de 1946 apresentou diversos retrocessos em relação aos direitos humanos, principalmente no tocante aos direitos sociais.

(B) A Constituição de 1967 consolidou arbitrariedades decretadas nos Atos Institucionais, caracterizando diversos retrocessos em relação aos direitos humanos.

(C) A Constituição de 1934 se revelou retrógrada ao ignorar normas de proteção social ao trabalhador.

(D) A Constituição de 1969, mesmo incorporando as medidas dos Atos Institucionais, se revelou mais atenta aos direitos humanos que a Constituição de 1967.

RESPOSTA A resposta correta é a *alternativa B*. A alternativa A está incorreta, pois, segundo lição de Ricardo Castilho (2010, p. 105), a Constituição de 1946 "redemocratizou o país, fazendo voltar ao texto constitucional as liberdades expressas na Constituição de 1934, que haviam sido suprimidas em 1937". Já a alternativa B está correta, visto que a Constituição de 1967 foi imposta pelo regime militar e, segundo Castilho (2010, p. 106), "uma das Constituições mais autoritárias da história". A alternativa C está incorreta, pois foi justamente a Constituição de 1934 que instituiu a Justiça do Trabalho. E a alternativa D também está incorreta, pois a Emenda Constitucional n. 1, de 1969, considerada pela doutrina como legítima Constituição, foi imposta por juntas militares, visto que o Congresso Nacional estava fechado, incorporando os atos institucionais no texto constitucional.

65. **(VII Exame)** A população do Quilombo da Cachoeira e da Pedreira é surpreendida com o lançamento do "Centro de Lançamento de Foguetes da Cachoeira e da Pedreira" e pelo consequente processo de desapropriação do local de moradia das populações tradicionais. Os quilombolas procuram o Governo Federal, que se recusa em conferir os títulos de propriedade definitiva para a comunidade. Segundo o Sistema Interamericano de Direitos Humanos, é correto afirmar:

(A) Como a questão versa sobre propriedade privada, questão não abordada pelo Pacto de São José da Costa Rica, a população do Quilombo da Cachoeira e da Pedreira terá sua petição inadmitida pela falta de cumprimento do requisito previsto na Convenção Americana de Direitos Humanos.

(B) Como o caso em tela versa sobre o direito do Estado sobre o seu território, a Soberania do Estado prevalece, e a população do Quilombo da Cachoeira e da Pedreira terá sua petição inadmitida pela falta de cumprimento do requisito previsto na Convenção Americana de Direitos Humanos.

(C) Como o caso versa sobre discriminação racial, a população do Quilombo da Cachoeira e da Pedreira deverá estar representada por uma entidade não governamental que seja reconhecida em um ou mais Estados-Membros da Organização dos Estados Americanos, e que inclua em suas finalidades institucionais o combate ao racismo, para apresentar à Comissão Interamericana de Direitos Humanos a petição que contém denúncia ou queixa de violação da Convenção Americana de Direitos Humanos por um Estado-Parte.

(D) Como a questão versa, também, sobre a proteção da família, a população do Quilombo da Cachoeira e da Pedreira poderá protocolar, diretamente por seus indivíduos ou representada por uma entidade não governamental que seja reconhecida em um ou mais Estados-Membros da Organização dos Estados Americanos, a petição que contém denúncia ou queixa de violação da Convenção Americana de Direitos Humanos por um Estado-Parte à Comissão Interamericana de Direitos Humanos.

RESPOSTA A resposta correta é a *alternativa D.* Segundo o art. 44 da Convenção Americana de Direitos Humanos, qualquer pessoa ou grupo de pessoas, ou entidade não governamental legalmente reconhecida em um ou mais Estados-Membros da Organização, pode apresentar à Comissão Interamericana de Direitos Humanos petições que contenham denúncias ou queixas de violação dessa Convenção por um Estado-Parte. Dentre os direitos civis e políticos defendidos e previstos por essa convenção, está a proteção da família (art. 17).

66. **(XIV Exame)** Em 2014, em pelo menos 24 Estados do Brasil, estavam cadastradas mais de 3.500 comunidades quilombolas. As comunidades quilombolas são grupos étnico-raciais, segundo critérios de autoatribuição, com trajetória histórica própria, dotados de relações territoriais específicas e com ancestralidade negra relacionada com a resistência à opressão histórica sofrida. O constituinte brasileiro reconheceu a identidade dos quilombolas e, especificamente, seu direito fundamental à

(A) expressão cultural e artística.

(B) educação em escolas próprias.

(C) prática religiosa e litúrgica conforme suas tradições.

(D) propriedade definitiva das terras que estejam ocupando.

RESPOSTA A resposta correta é a *alternativa D.* TÍTULO X – ATO DAS DISPOSIÇÕES CONSTITUCIONAIS TRANSITÓRIAS da Constituição Federal de 1988: "Art. 68. Aos remanescentes das comunidades dos quilombos que estejam ocupando suas terras é reconhecida a propriedade definitiva, devendo o Estado emitir-lhes os títulos respectivos".

67. **(XXVI Exame)** Antônio, líder ativista que defende a proibição do uso de quaisquer drogas, cientifica as autoridades sobre a realização de manifestação contra projeto de lei sobre a liberação do uso de entorpecentes. Marina, líder ativista do movimento pela liberação do uso de toda e qualquer droga, ao tomar conhecimento de tal evento, resolve, então, sem solicitar autorização à autoridade competente, marcar, para o mesmo dia e local, manifestação favorável ao citado projeto de lei, de forma a impedir a propagação das ideias defendidas por Antônio. Nesse sentido, segundo o sistema jurídico-constitucional brasileiro, assinale a afirmativa correta.

(A) Marina pode dar continuidade à sua iniciativa, pois, com fundamento no princípio do Estado Democrático, está amplamente livre para expressar suas ideias.

(B) Marina não poderia dar continuidade à sua iniciativa, pois o direito de reunião depende de prévia autorização por parte da autoridade competente.

(C) Marina não poderia dar continuidade à sua iniciativa, já que sua reunião frustraria a reunião de Antônio, anteriormente convocada para o mesmo local.

(D) Marina pode dar continuidade à sua iniciativa, pois é livre o direito de reunião quando o país não se encontra em estado de sítio ou em estado de defesa.

RESPOSTA A resposta correta é a *alternativa C.* Segundo a Constituição Federal, Art. 5º XVI – "todos podem reunir-se pacificamente, sem armas, em locais abertos ao público, independentemente de autorização, desde que não frustrem outra reunião anteriormente convocada para o mesmo local, sendo apenas exigido prévio aviso à autoridade competente".

68. **(XXI Exame)** Você, na condição de advogado(a) comprometido com os Direitos Humanos, foi procurado por José, que é paraplégico e candidato a vereador. A partir de denúncia feita por ele, você constatou que um outro candidato e desafeto de José, tem afirmado, em programa de rádio local, que não obstante José ser boa pessoa, o fato de ser deficiente o impede de exercer o mandato de forma plena, razão pela qual ele nem deveria ter a candidatura homologada pelo TRE. Com base na hipótese apresentada, assinale a opção que apresenta a resposta que, juridicamente, melhor caracteriza a situação.

(A) O problema é político e não jurídico. José deve ser aconselhado a reforçar sua campanha, a apresentar suas propostas aos eleitores e mostrar que sempre foi um cidadão ativo, de maneira a demonstrar que tem plena condição para o exercício de um eventual mandato, apesar de sua deficiência.

(B) A análise jurídica revela um problema restrito ao campo do Direito Civil. O fato é que o desafeto de José não o impediu de candidatar-se, assim não houve discriminação. O procedimento deve ser caracterizado apenas como dano moral, uma vez que José teve sua dignidade atacada.

(C) O fato evidencia crime de incitação à discriminação de pessoa em razão de deficiência, com o agravante de ter sido cometido em meio de comunicação, independentemente da caracterização ou não de dano moral.

(D) O caso é típico de colisão de princípios em que, de um lado, está o princípio da dignidade da pessoa humana e, do outro, o princípio da liberdade de expressão. Mas não há caracterização de ilícito civil nem de ilícito penal.

RESPOSTA A resposta correta é a *alternativa C*. Lei n. 13.146, de 6 de julho de 2015. "Institui a Lei Brasileira de Inclusão da Pessoa com Deficiência (Estatuto da Pessoa com Deficiência). (...) Art. 4º Toda pessoa com deficiência tem direito à igualdade de oportunidades com as demais pessoas e não sofrerá nenhuma espécie de discriminação. § 1º Considera-se discriminação em razão da deficiência toda forma de distinção, restrição ou exclusão, por ação ou omissão, que tenha o propósito ou o efeito de prejudicar, impedir ou anular o reconhecimento ou o exercício dos direitos e das liberdades fundamentais de pessoa com deficiência, incluindo a recusa de adaptações razoáveis e de fornecimento de tecnologias assistivas. (...) Art. 76. O poder público deve garantir à pessoa com deficiência todos os direitos políticos e a oportunidade de exercê-los em igualdade de condições com as demais pessoas.

69. **(XXI Exame)** Maria é aluna do sexto período do curso de Direito. Por convicção filosófica e política se afirma feminista e é reconhecida como militante de movimentos que denunciam o machismo e afirmam o feminismo como ideologia de gênero. Após um confronto de ideias com um professor em sala de aula e de chamá-lo de machista, Maria é colocada pelo professor para fora de sala e, posteriormente, o mesmo não lhe dá a oportunidade de fazer a vista de sua prova para um eventual pedido de revisão da correção, o que é um direito previsto no regimento da instituição de ensino. Em função do exposto, e com base na Constituição da República, assinale a afirmativa correta.

(A) Maria foi privada de um direito por motivo de convicção filosófica ou política e, portanto, as autoridades competentes da instituição de ensino devem assegurar a ela o direito de ter vista de prova e, se for o caso, de pedir a revisão da correção.

(B) Houve um debate livre e legítimo em sala de aula e a postura do professor pode ser considerada "dura", mas não implicou nenhum tipo de violação de direito de Maria.

(C) Embora tenha havido um debate acerca de uma questão que envolve convicção filosófica ou política, não houve privação de direito já que a vista de prova e o eventual pedido de revisão da correção está contido apenas no regimento da instituição de ensino e não na legislação pátria.

(D) A solução do impasse instaurado entre a aluna e o professor somente pode acontecer mediante o diálogo entre as duas partes, em que cada um considere seus eventuais excessos, uma vez que o que houve foi um mero desentendimento e não uma violação de direito por convicção filosófica ou política.

RESPOSTA A resposta correta é a *alternativa A*. A Constituição Federal, em seu art. 5º, dispõe: "VIII – ninguém será privado de direitos por motivo de crença religiosa ou de convicção filosófica ou política, salvo se as invocar para eximir-se de obrigação legal a todos imposta e recusar-se a cumprir prestação alternativa, fixada em lei".

70. **(IV Exame)** Determinado congressista é flagrado afirmando em entrevista pública que não se relaciona com pessoas de etnia diversa da sua e não permite que, no seu prédio residencial, onde atua como síndico, pessoas de etnia negra frequentem as áreas comuns, os elevadores sociais e a piscina do condomínio. Ciente desses atos, a ONG TudoAfro relaciona as pessoas prejudicadas e concita a representação para fins criminais com o intuito de coibir os atos descritos. À luz das normas constitucionais e dos direitos humanos, é correto afirmar que

(A) O crime de racismo é afiançável, sendo o valor fixado por decisão judicial.

(B) O prazo de prescrição incidente sobre o crime de racismo é de vinte anos.

(C) Nos casos de crime de racismo, a pena cominada é de detenção.

(D) O crime de racismo não está sujeito a prazo extintivo de prescrição.

RESPOSTA A resposta correta é a *alternativa D*. Segundo o inciso XLII do art. 5º da CF, a prática do racismo constitui crime inafiançável e imprescritível, sujeita à pena de reclusão, nos termos da lei.

71. **(VII Exame)** Joana, funcionária de um hospital, decide adotar um recém-nascido. Porém, seu pedido de licença-maternidade é negado, por falta de previsão legal. Inconformada, Joana ingressa na Justiça Trabalhista, onde recebe decisões favoráveis à luz dos princípios constitucionais, inclusive do Tribunal Superior do Trabalho. Porém, em última análise do caso, o Supremo Tribunal Federal decide pela denegação do pedido de licença-maternidade, operando-se o trânsito em julgado da decisão. Segundo o Sistema Interamericano de Direitos Humanos, qual será a alternativa correta:

(A) Como a questão já transitou em julgado no Poder Judiciário do país acusado, Joana terá sua petição inadmitida pela falta de cumprimento do requisito previsto na Convenção Americana de Direitos Humanos.

(B) Como a proteção da família não está garantida pelo Pacto de São José da Costa Rica, Joana terá sua petição inadmitida pela falta de cumprimento do requisito previsto na Convenção Americana de Direitos Humanos.

(C) Joana poderá ter sua petição admitida pela Comissão Interamericana de Direitos Humanos, que poderá continuar a analisar o mérito do assunto mesmo que o Brasil tenha alterado a legislação sobre o tema após a decisão do caso de Joana pelo STF, passando a beneficiar mães adotivas, em face da impossibilidade de retroatividade da norma para atingir coisa julgada.

(D) Joana não poderá ter sua petição admitida, em razão de ser requisito indispensável que estivesse representada por um Estado-Membro da Organização dos Estados Americanos, para apresentar à Comissão Interamericana de Direitos Humanos a petição que contém denúncia ou queixa de violação da Convenção Americana de Direitos Humanos por outro Estado-Parte do qual é nacional.

RESPOSTA A resposta correta é a *alternativa C*. Qualquer pessoa ou grupo de pessoas, ou entidade não governamental legalmente reconhecida em um ou mais Estados-Membros da Organização, pode apresentar à ***Comissão Interamericana de Direitos Humanos*** petições que contenham denúncias ou queixas de violação dessa Convenção por um Estado-Parte (art. 44 da Convenção Americana de Direitos Humanos). E é entendimento do STF que a retroatividade é "incompatível com o sistema jurídico brasileiro que arrola como invioláveis o direito adquirido, o ato jurídico perfeito e a coisa julgada ante a norma posterior" (ADI 2.201 MC/DF).

VII. PLANOS NACIONAIS DE DIREITOS HUMANOS

72. **(XVII Exame)** A Lei n. 12.986/14 transformou o antigo Conselho de Defesa dos Direitos da Pessoa Humana – CDDPH – em Conselho Nacional dos Direitos Humanos – CNDH. A respeito da finalidade desse Conselho, de acordo com a lei mencionada, assinale a afirmativa correta.

(A) Deve apresentar as demandas brasileiras relativas aos direitos humanos junto aos organismos internacionais e multilaterais de proteção dos Direitos Humanos.

(B) Deve representar o Estado brasileiro em todas as notificações que este venha a receber em função de procedimentos, como parte da Comissão Interamericana de Direitos Humanos, ou de processos movidos contra o Brasil na Corte Interamericana de Direitos Humanos.

(C) Deve elaborar um projeto nacional de Educação para os Direitos Humanos.

(D) Deve promover e defender os direitos humanos mediante ações preventivas, protetivas, reparadoras e sancionadoras das condutas e situações de ameaça ou da violação desses direitos.

RESPOSTA A resposta correta é a *alternativa D*. Lei n. 12.986, de 2 de junho de 2014. Transforma o Conselho de Defesa dos Direitos da Pessoa Humana em Conselho Nacional dos Direitos Humanos – CNDH; revoga as Leis ns. 4.319, de 16 de março de 1964, e 5.763, de 15 de dezembro de 1971; e dá outras providências. Art. 2º O CNDH tem por finalidade a promoção e a defesa dos direitos humanos, mediante ações preventivas, protetivas, reparadoras e sancionadoras das condutas e situações de ameaça ou violação desses direitos. § 1º Constituem direitos humanos sob a proteção do CNDH os direitos e garantias fundamentais, individuais, coletivos ou sociais previstos na Constituição Federal ou nos tratados e atos internacionais celebrados pela República Federativa do Brasil.

73. **(XIV Exame)** A história recente da república brasileira conta com capitulos autoritários e violentos. Para restituir o direito à memória e cessar a violência do silêncio e da desinformação, o Estado brasileiro aprovou a Lei n. 12.528/11, que instituiu, no âmbito da Casa Civil da Presidência da República, a Comissão Nacional da Verdade, como forma de realizar, no Brasil, a Justiça de Transição. Assinale a opção que apresenta o objetivo dessa Comissão.

(A) Investigar as atividades praticadas por grupos de oposição ao governo, no período de 1946 até 1988, para apurar as responsabilidades civis e criminais de seus militantes em eventuais atos ilegais.

(B) Promover uma avaliação e revisão da anistia no Brasil para, ao final, propor uma PEC que modifique e adeque o art. 8º, dos Atos das Disposições Constitucionais Transitórias, que trata, justamente, da anistia.

(C) Examinar e esclarecer as graves violações de direitos humanos praticadas entre 1946 e 1988, a fim de efetivar o direito à memória e à verdade histórica, bem como promover a reconciliação nacional.

(D) Examinar e esclarecer ocorrência de crimes praticados entre 1946 e 1988 que não tenham sido resolvidos à época, a fim de efetivar o direito à memória e à verdade histórica, bem como promover a reconciliação nacional.

RESPOSTA A resposta correta é a *alternativa C*. Segundo a **Lei n. 12.528, de 18 de novembro de 2011**, em seu art. 1º: "É criada, no âmbito da Casa Civil da Presidência da República, a Comissão Nacional da Verdade, com a finalidade de examinar e esclarecer as graves violações de direitos humanos praticadas no período fixado no art. 8º do Ato das Disposições Constitucionais Transitórias [1946-1988], a fim de efetivar o direito à memória e à verdade histórica e promover a reconciliação nacional".

74. **(XV Exame)** Como forma de evitar a ocorrência de violação de Direitos Humanos em estabelecimentos prisionais, o Brasil ratificou, em 2007, o Protocolo Facultativo à Convenção contra a tortura e outros tratamentos ou penas cruéis, desumanos ou degradantes. Tal protocolo estabelece que cada Estado deverá designar ou manter, em nível doméstico, um ou mais mecanismos preventivos nacionais. Por meio da Lei n. 12.847/13, o Brasil pretendeu atender à exigência do Protocolo, ao criar o Mecanismo Nacional de Prevenção e Combate à Tortura. Quanto ao meio proposto tanto pelo Protocolo quanto pela lei para alcançar a finalidade almejada, assinale a afirmativa correta.

(A) Sistema de visitas regulares de seus membros.

(B) Mutirões judiciais.

(C) Medidas legislativas de parlamentares que integrem o Mecanismo.

(D) Criação e fortalecimento de defensorias públicas.

RESPOSTA A resposta correta é a *alternativa A*. A **Lei n. 12.847, de 2 de agosto de 2013**, institui o Sistema Nacional de Prevenção e Combate à Tortura; cria o Comitê Nacional de Prevenção e Combate à Tortura e o Mecanismo Nacional de Prevenção e Combate à Tortura; e dá outras providências. O art. 9º, I, da lei afirma: "Compete ao MNPCT: Planejar, realizar e monitorar visitas periódicas e regulares a pessoas privadas de liberdade em todas as unidades da Federação, para verificar as condições de fato e de direito a que se encontram submetidas".

75. **(XV Exame)** Em julho de 2013, o ajudante de pedreiro "X", após ter sido detido por policiais militares e conduzido da porta de sua casa em direção à delegacia, desapareceu. Há um amplo debate em torno do caso e, dentre outros aspectos, discute-se se seria esse caso uma hipótese de desaparecimento forçado. Sabendo que o Brasil ratificou, em 2010, a Convenção Internacional Para a Proteção de Todas as Pessoas Contra o Desaparecimento Forçado, assinale a afirmativa correta.

(A) Entende-se por desaparecimento forçado a privação da liberdade promovida por particulares no exercício de uma coação irresistível, seguida da recusa em reconhecer a privação de liberdade ou do encobrimento do destino ou do paradeiro da pessoa desaparecida, colocando-a, assim, fora do âmbito de proteção da lei.

(B) Entende-se por desaparecimento forçado a prisão, a detenção, o sequestro ou qualquer outra forma de privação de liberdade por agentes do Estado ou por pessoas ou grupos de pessoas agindo com a autorização, o apoio ou o consentimento do Estado, seguida da recusa em reconhecer a privação de liberdade ou do encobrimento do destino ou do paradeiro da pessoa desaparecida, colocando-a, assim, fora do âmbito de proteção da lei.

(C) Entende-se por desaparecimento forçado a prisão, a detenção, o sequestro ou qualquer outra forma de privação de liberdade por agentes do Estado ou por pessoas ou grupos de pessoas agindo com a autorização, o apoio ou o consentimento do Estado, colocando-a, assim, fora do âmbito de proteção da lei.

(D) Entende-se por desaparecimento forçado o sequestro de um cidadão praticado por agentes das forças armadas do Estado, seguido da recusa em reconhecer a privação de liberdade ou do encobrimento do destino ou do paradeiro da pessoa desaparecida, colocando-a, assim, fora do âmbito de proteção da lei.

RESPOSTA A resposta correta é a *alternativa B*. A Convenção Internacional Para a Proteção de Todas as Pessoas Contra o Desaparecimento Forçado, em seu art. 2º, afirma: "Para os efeitos desta Convenção, entende-se por 'desaparecimento forçado' a prisão, a detenção, o sequestro ou qualquer outra forma de privação de liberdade que seja perpetrada por agentes do Estado ou por pessoas ou grupos de pessoas agindo com a autorização, apoio ou aquiescência do Estado, e a subsequente recusa em admitir a privação de liberdade ou a ocultação do destino ou do paradeiro da pessoa desaparecida, privando-a assim da proteção da lei".

VIII. ESTATUTOS QUE GARANTEM DIREITOS FUNDAMENTAIS

76. **(XXVIII Exame)** Você foi procurada, como advogada, por um pequeno grupo de estudantes negros que cursa o terceiro ano do ensino médio em uma escola particular. Os estudantes relatam que se sentem violados na sua cultura, porque os programas das disciplinas pertinentes não tratam de temas ligados à História da África e da população negra no Brasil. Indagam a você, como advogado(a), se a Escola não teria a obrigação de fazê-lo. Nesse caso, com base no Estatuto da Igualdade Racial, assinale a opção que apresenta a resposta correta a ser dada aos alunos.

(A) O estudo de temas ligados à história da população negra na África e no Brasil e da cultura afro-brasileira é importante no sentido ético, mas não há obrigação legal das escolas nesse sentido.

(B) As escolas públicas devem promover o estudo da História da África e da história da população negra no Brasil, mas esse dever não se estende aos estabelecimentos privados de ensino que possuem autonomia na definição de seus currículos.

(C) A adoção de conteúdos referentes à cultura afro-brasileira, bem como aqueles referentes à história da população negra no Brasil, depende de determinação dos Conselhos de Educação, seja o Conselho Nacional, sejam os respectivos Conselhos Estaduais.

(D) As escolas de ensino fundamental e médio devem promover o estudo da História da África e da história da população negra no Brasil, bem como da cultura afro-brasileira, o que deve ocorrer no âmbito de todo o currículo escolar.

RESPOSTA A resposta correta é a *alternativa D*. Lei n. 12.288, de 20 de julho de 2010. "Art. 11. Nos estabelecimentos de ensino fundamental e de ensino médio, públicos e privados, é obrigatório o estudo da história geral da África e da história da população negra no Brasil, observado o disposto na Lei n. 9.394, de 20 de dezembro de 1996. § 1º. Os conteúdos referentes à história da população negra no Brasil serão ministrados no âmbito de todo o currículo escolar, resgatando sua contribuição decisiva para o desenvolvimento social, econômico, político e cultural do País."

77. **(XVII Exame)** Segundo dados do CONARE (Comitê Nacional para os Refugiados), o Brasil possuía, no fim de 2014, 6.492 refugiados de 80 nacionalidades. Como é sabido, o Brasil ratificou a Convenção das Nações Unidas sobre o Estatuto dos Refugiados, assim como promulgou a Lei n. 9.474/97, que define os mecanismos para a implementação dessa Convenção. Assinale a opção que, conforme a lei mencionada, define a condição jurídica do refugiado no Brasil.

(A) Possui os direitos e deveres dos estrangeiros no Brasil, bem como direito a cédula de identidade comprobatória de sua condição jurídica, carteira de trabalho e documento de viagem.

(B) Está sujeito aos deveres dos estrangeiros no Brasil e tem direito a documento de viagem para deixar o país quando for de sua vontade.

(C) Sendo acolhido como refugiado, tem todos os direitos previstos no seu país de origem, mas deve acatar os deveres impostos a todos os brasileiros. Também tem direito à cédula de identidade.

(D) Possui os direitos e deveres dos estrangeiros no Brasil, bem como direito a cédula de identidade comprobatória de sua condição jurídica, carteira de trabalho, documento de viagem e título de eleitor.

RESPOSTA A resposta correta é a *alternativa A*. Lei n. 9.474/97, "Art. 6º O refugiado terá direito, nos termos da Convenção sobre o Estatuto dos Refugiados de 1951, a cédula de identidade comprobatória de sua condição jurídica, carteira de trabalho e documento de viagem".

78. **(VII Exame)** Segundo o "Estatuto do Idoso" em seu art. 27: na admissão do idoso em qualquer trabalho ou emprego, é vedada a discriminação e a fixação de limite máximo de idade, inclusive para concursos, ressalvados os casos em que:

(A) A lei assim o exigir.

(B) A natureza do cargo o exigir.

(C) O entendimento do empregador assim o exigir.

(D) Nenhuma das anteriores.

RESPOSTA A resposta correta é a *alternativa B*. Reza o art. 27 do Estatuto do Idoso: "Na admissão do idoso em qualquer trabalho ou emprego, é vedada a discriminação e a fixação de limite máximo de idade, inclusive para concursos, ressalvados os casos em que a natureza do cargo o exigir".

79. **(VII Exame)** O IBGE estima que nos próximos trinta anos a previsão é de que os idosos ultrapassem cinquenta milhões de pessoas, o que corresponderá a 28% da população brasileira. Os Direitos Humanos inerentes à população idosa no Brasil são amplamente reconhecidos. A Constituição Federal estabelece que a família, o Estado e toda a sociedade devem amparar pessoas idosas, defendendo sua dignidade e seu bem-estar. Em 1994, foi criado o Conselho Nacional do Idoso, por meio da Lei n. 8.842, e, atualmente, o Estatuto do Idoso (Lei n. 10.741/2003) contempla políticas diversas de proteção aos maiores de sessenta anos e estabelece, ainda, que os idosos:

(A) Têm direito a alimentos, mas a obrigação alimentar é subsidiária e não cabe ao idoso optar por quem os prestará, devendo obedecer à ordem estabelecida na lei civil.

(B) Devem contar com direito à prioridade, nisso consistindo, inclusive, prioridade no recebimento da restituição do imposto de renda.

(C) Podem ser admitidos em qualquer trabalho ou emprego, vedada, em qualquer hipótese, discriminação e fixação de limite máximo de idade.

(D) Maiores de sessenta e cinco anos têm direito à gratuidade dos transportes coletivos públicos urbanos, mesmo os serviços seletivos e especiais, quando prestados paralelamente aos serviços regulares.

RESPOSTA A resposta correta é a *alternativa B*. Segundo o art. 3º do Estatuto do Idoso (Lei n. 10.741/2003), é obrigação da família, da comunidade, da sociedade e do Poder Público assegurar ao idoso, com absoluta prioridade, a efetivação do direito à vida, à saúde, à alimentação, à educação, à cultura, ao esporte, ao lazer, ao trabalho, à cidadania, à liberdade, à dignidade, ao respeito e à convivência familiar e comunitária. Dentre as garantias de prioridade, segundo o parágrafo único, compreende a prioridade no recebimento da restituição do Imposto de Renda (inciso IX).

80. **(VII Exame)** A Lei n. 10.741/2003 (Estatuto do Idoso), em seu art. 3º, afirma: "É obrigação da família, da comunidade, da sociedade e do Poder Público assegurar ao idoso, com absoluta prioridade, a efetivação do direito à vida, à saúde, à alimentação, à educação, à cultura, ao esporte, ao lazer, ao trabalho, à cidadania, à liberdade, à dignidade, ao respeito e à convivência familiar e comunitária". O termo "prioridade" compreende:

I. Atendimento preferencial imediato e individualizado junto aos órgãos públicos e privados prestadores de serviços à população.

II. Preferência na formulação e na execução de políticas sociais públicas específicas.

III. destinação privilegiada de recursos públicos nas áreas relacionadas com a proteção do idoso.

Assinale a resposta certa:

(A) I.

(B) I e II.

(C) II e III.

(D) I, II e III.

RESPOSTA A resposta correta é a *alternativa D*. O parágrafo único do art. 3º afirma: "A garantia de prioridade compreende: I – atendimento preferencial imediato e individualizado junto aos órgãos públicos e privados prestadores de serviços à população; II – preferência na formulação e na execução de políticas sociais públicas específicas; III – destinação privilegiada de recursos públicos nas áreas relacionadas com a proteção ao idoso; IV – viabilização de formas alternativas de participação, ocupação e convívio do idoso com as demais gerações; V – priorização do atendimento do idoso por sua própria família, em detrimento do atendimento asilar, exceto dos que não a possuam ou careçam de condições de manutenção da própria sobrevivência; VI – capacitação e reciclagem dos recursos humanos nas áreas de geriatria e gerontologia e na prestação de serviços aos idosos; VII – estabelecimento de mecanismos que favoreçam a divulgação de informações de caráter educativo sobre os aspectos biopsicossociais de envelhecimento; VIII – garantia de acesso à rede de serviços de saúde e de assistência social locais; IX – prioridade no recebimento da restituição do Imposto de Renda (Incluído pela Lei n. 11.765, de 2008)".

81. **(VIII Exame)** A Convenção sobre os Direitos da Criança estabelece que os Estados-Partes reconheçam a importância da função exercida pelos órgãos de comunicação social, devendo assegurar o acesso da criança à informação. Do mesmo modo, o Estatuto da Criança e do Adolescente assegura que a informação é um direito da criança e do adolescente. Acerca da política de informação envolvendo menores, assinale a afirmativa correta.

(A) No que concerne às Medidas Específicas de Proteção, é incabível, qualquer que seja o estágio de compreensão da criança, prestar-lhe informações sobre os motivos que determinam a intervenção, o que será informado apenas aos pais e responsáveis.

(B) Deve haver o encorajamento dos órgãos de comunicação social a levar em conta as necessidades linguísticas das crianças indígenas ou que pertençam a um grupo minoritário.

(C) Os proprietários das lojas que explorem a locação de fitas de programação respondem pela falta de informação no invólucro sobre a natureza da obra e faixa etária a que se destinam, isentando os funcionários e gerentes.

(D) A criança tem direito à liberdade de expressão, que compreende, inclusive, liberdade de procurar, receber e expandir informações e ideias, sem restrições, de forma oral ou por qualquer outro meio à escolha da criança.

RESPOSTA A resposta correta é a *alternativa B.* Os órgãos de comunicação social devem levar em conta as necessidades linguísticas das crianças que pertençam a grupos minoritários na sociedade.

82. **(VIII Exame)** O Pacto de São José da Costa Rica estabelece que todas as pessoas são iguais perante a Lei, não se admitindo qualquer discriminação, sendo assegurada a proteção legal. No que tange ao direito indigenista, segundo a norma brasileira, assinale a afirmativa correta.

(A) As terras tradicionalmente ocupadas pelos índios destinam-se a sua posse permanente, cabendo-lhes o usufruto exclusivo das riquezas do solo, dos rios e dos lagos, irrelevante o interesse público da União, sendo nulos e não produzindo efeitos jurídicos os atos que tenham por objeto a ocupação, o domínio e a posse das terras.

(B) Os índios e as comunidades indígenas ainda não integrados à comunhão nacional ficam sujeitos ao regime tutelar, mas qualquer índio poderá requerer ao juiz competente a sua liberação do regime tutelar, mesmo que não conheça a língua portuguesa.

(C) O Ministério Público Federal, com exclusão de qualquer outro órgão público ou privado, deve promover a plena assistência ao índio e a defesa judicial ou extrajudicial dos direitos dos silvícolas e das comunidades indígenas.

(D) Os atos praticados entre um índio não integrado e qualquer pessoa estranha à comunidade indígena, quando não tenha havido assistência do órgão tutelar competente, são nulos, salvo se o índio revelar consciência e conhecimento do ato praticado, desde que não lhe seja prejudicial, diante da extensão dos seus efeitos.

RESPOSTA A resposta correta é a *alternativa D.* A Lei n. 6.001, de 19-12-1973, que dispõe sobre Estatuto do Índio, assim dispõe em seu art. 8º: "São nulos os atos praticados entre o índio não integrado e qualquer pessoa estranha à comunidade indígena quando não tenha havido assistência do órgão tutelar competente. Parágrafo único. Não se aplica a regra deste artigo no caso em que o índio revele consciência e reconhecimento do ato praticado, desde que não lhe seja prejudicial, e da extensão dos seus efeitos".

83. **(VIII Exame)** A Declaração Universal dos Direitos Humanos idealizou a figura do "ser humano livre", caso fossem atendidos os elementos que criassem condições que permitissem que os indivíduos usufruíssem de direitos econômicos, sociais e culturais, além dos civis e políticos. No Brasil, a Lei n. 10.098/2003 criou mecanismos para a promoção da acessibilidade das pessoas portadoras de deficiência ou com mobilidade reduzida. A respeito de tais disposições legais, as afirmativas a seguir estão corretas, à exceção de uma. Assinale-a.

(A) A pessoa portadora de deficiência ou com mobilidade reduzida é aquela que em caráter permanentemente, não temporário, tenha limitada sua capacidade de relacionar-se com o meio e de utilizá-lo.

(B) O Programa Nacional de Acessibilidade dispõe de dotação orçamentária específica a fim de tratar de medidas de acessibilidade das pessoas portadoras de deficiência ou com mobilidade reduzida.

(C) O Programa Nacional de Acessibilidade foi instituído no âmbito da Secretaria de Estado de Direitos Humanos do Ministério da Justiça.

(D) Os edifícios de uso público, em que seja obrigatória a instalação de elevadores, devem atender ao requisito de percurso acessível que una a edificação à via pública, exigindo-se o mesmo de edifícios de uso privado.

RESPOSTA A resposta incorreta é a *alternativa A.* A Lei n. 10.098/2000 em seu art. 2º afirma: "III – pessoa portadora de deficiência ou com mobilidade reduzida: a que temporária ou permanentemente tem limitada sua capacidade de relacionar-se com o meio e de utilizá-lo".

84. **(VI Exame – Reaplicação)** Numa perspectiva dos direitos humanos, acerca dos direitos e deveres dos presos, é correto afirmar que:

(A) O preso conserva todos os direitos não atingidos pela perda da liberdade. Assim, afigura-se ofensa à dignidade do preso, bem como desrespeito à lei, impedir a visita da esposa ou companheira àquele que se encontra preso.

(B) A concessão de benefícios é vedada aos presos, pois eles possuem o dever geral de obediência pessoal às normas de execução penal.

(C) O trabalho do preso possui natureza de dever social e é remunerado, sendo certo que tal contraprestação não poderá ser inferior ao salário mínimo.

(D) A possibilidade de o preso manter relações com o mundo exterior, por meio de correspondência e leitura, é recompensa que se confere pelo bom comportamento daquele que se encontra cumprindo pena privativa de liberdade.

RESPOSTA A resposta correta é a *alternativa A*. A Lei de Execução Penal – LEP, no seu art. 41, prevê os direitos básicos do preso e dentre eles está a visita do cônjuge, da companheira, de parentes e amigos em dias determinados (inciso X). Atente-se que esse direito pode ser suspenso ou restringido mediante ato motivado do diretor do estabelecimento (parágrafo único).

85. **(V Exame)** A Lei n. 11.340, de 7 de agosto de 2006, que se tornou conhecida como "Lei Maria da Penha", modificou o Código Penal brasileiro, aumentando o rigor nas punições das agressões contra a mulher, quando ocorridas no âmbito familiar ou doméstico. Segundo a lei atual, os agressores não poderão ser punidos com penas:

(A) Privativas de direitos.
(B) Privativas de liberdades.
(C) Alternativas.
(D) Nenhuma das anteriores.

RESPOSTA A resposta correta é a *alternativa C*. Segundo a Lei Maria da Penha, os agressores não poderão ser punidos com penas alternativas.

86. **(XXIII Exame)** Você advoga na Procuradoria Geral do Estado em que reside. Em uma tarde, recebe um telefonema urgente do diretor da Penitenciária Anhanguera, que deseja fazer uma consulta de viva voz. Diz o diretor que está com duas pessoas identificadas como membros do Mecanismo Nacional de Prevenção e Combate à Tortura (MNPCT) e que elas estão requerendo acesso imediato às instalações da penitenciária, onde pretendem gravar entrevistas com alguns presos. Também estão solicitando acesso aos registros relativos ao tratamento conferido aos presos. Com base nas normas de funcionamento do Mecanismo Nacional de Prevenção e Combate à Tortura, cabe a você informar corretamente ao diretor que

(A) os membros do MNPCT não possuem direito de acesso às penitenciárias, devendo a visita ser tratada previamente com a Secretaria de Segurança Pública e Administração Penitenciária do Estado.
(B) tanto o acesso à penitenciária quanto o acesso aos registros relativos ao tratamento conferido aos presos, depende de autorização judiciária expedida pelo juiz da Vara de Execução Penal da Comarca onde fica a Penitenciária.
(C) o acesso dos membros do MNPCT às instalações da penitenciária deve ser liberado, mas a gravação de entrevistas e o acesso aos registros relativos ao tratamento conferido aos presos devem ser negados.
(D) o acesso às instalações da penitenciária aos membros do MNPCT deve ser liberado, bem como fornecidos os registros solicitados e permitida a gravação das entrevistas com os presos.

RESPOSTA A resposta correta é a *alternativa D*. O Mecanismo Nacional de Prevenção e Combate à Tortura – MNPCT, órgão vinculado ao Ministério das Mulheres, da Igualdade Racial e dos Direitos Humanos, instituído pela Lei n. 12.847, de 12 de agosto de 2013, tem por finalidade a prevenção e o combate à tortura e a outros tratamentos ou penas cruéis, desumanos ou degradantes, nos termos do Artigo 3 do Protocolo Facultativo à Convenção das Nações Unidas contra a Tortura e Outros Tratamentos ou Penas Cruéis, Desumanos ou Degradantes, promulgado pelo Decreto no 6.085, de 19 de abril de 2007. Seu Regimento Interno foi estabelecido pela Portaria n. 20, De 12 de janeiro de 2016. Pelo Art. 5º do Regimento Interno do MNPCT: "São assegurados ao MNPCT e aos seus membros: I – a autonomia das posições e opiniões adotadas no exercício de suas funções; II – o acesso independentemente de autorização a todas as informações e registros relativos ao número, à identidade, às condições de detenção e ao tratamento conferido às pessoas privadas de liberdade; III – o acesso ao número de unidades de detenção ou execução de pena privativa de liberdade e a respectiva lotação e localização de cada uma; IV – o acesso aos locais arrolados no inciso II do art. 3º da Lei n. 12.847, de 2003, públicos e privados, de privação de liberdade e a todas as instalações e equipamentos do local; V – a possibilidade de entrevistar pessoas privadas de liberdade ou qualquer outra pessoa que possa fornecer informações relevantes, reservadamente e sem testemunhas, em local que garanta a segurança e o sigilo necessários; VI – a escolha dos locais a visitar e das pessoas a serem entrevistadas, com a possibilidade, inclusive, de fazer registros por meio da utilização de recursos audiovisuais, respeitada a intimidade das pessoas envolvidas; e VII – a possibilidade de solicitar a realização de perícias oficiais, em consonância com as normas e diretrizes internacionais e com o art. 159 do Decreto-Lei n. 3.689, de 3 de outubro de 1941 – Código de Processo Penal".

87. **(XXIII Exame)** Em 22 de julho de 1997, foi promulgada a Lei n. 9.474, que define os mecanismos para implementação da Convenção das Nações Unidas sobre o Estatuto dos Refugiados, da qual o Brasil é signatário. A respeito dos mecanismos, termos e condições nela previstos, assinale a afirmativa correta.

(A) Para que possa solicitar refúgio, o indivíduo deve ter ingressado no Brasil de maneira regular.

(B) Compete ao Ministério da Justiça declarar o reconhecimento, em primeira instância, da condição de refugiado.

(C) O refugiado poderá exercer atividade remunerada no Brasil, ainda que pendente o processo de refúgio.

(D) Na hipótese de decisão negativa no curso do processo de refúgio, é cabível a interposição de recurso pelo refugiado perante o Supremo Tribunal Federal.

RESPOSTA A resposta correta é a *alternativa C*. Lei n. 9.474, de 22 de julho de 1997 (...) Art. 6º O refugiado terá direito, nos termos da Convenção sobre o Estatuto dos Refugiados de 1951, a cédula de identidade comprobatória de sua condição jurídica, carteira de trabalho e documento de viagem. (...) Art. 8º O ingresso irregular no território nacional não constitui impedimento para o estrangeiro solicitar refúgio às autoridades competentes. (...) Art. 11. Fica criado o Comitê Nacional para os Refugiados – CONARE, órgão de deliberação coletiva, no âmbito do Ministério da Justiça. Art. 12. Compete ao CONARE, em consonância com a Convenção sobre o Estatuto dos Refugiados de 1951, com o Protocolo sobre o Estatuto dos Refugiados de 1967 e com as demais fontes de direito internacional dos refugiados: I – analisar o pedido e declarar o reconhecimento, em primeira instância, da condição de refugiado; (...) Art. 29. No caso de decisão negativa, esta deverá ser fundamentada na notificação ao solicitante, cabendo direito de recurso ao Ministro de Estado da Justiça, no prazo de quinze dias, contados do recebimento da notificação. Art. 30. Durante a avaliação do recurso, será permitido ao solicitante de refúgio e aos seus familiares permanecer no território nacional, sendo observado o disposto nos §§ 1º e 2º do art. 21 desta Lei (Art. 21. Recebida a solicitação de refúgio, o Departamento de Polícia Federal emitirá protocolo em favor do solicitante e de seu grupo familiar que se encontre no território nacional, o qual autorizará a estada até a decisão final do processo. § 1º O protocolo permitirá ao Ministério do Trabalho expedir carteira de trabalho provisória, para o exercício de atividade remunerada no País). Art. 31. A decisão do Ministro de Estado da Justiça não será passível de recurso, devendo ser notificada ao CONARE, para ciência do solicitante, e ao Departamento de Polícia Federal, para as providências devidas.

REFERÊNCIAS

BOBBIO, N. *A era dos direitos*. São Paulo: Campus, 2004.

CASTILHO, R. *Direitos humanos*. São Paulo: Saraiva, 2010.

GUERRA, S. *Direitos humanos*: curso elementar. São Paulo: Saraiva, 2013.

RAMOS, A. C. *Teoria geral dos direitos humanos na ordem internacional*. São Paulo: Saraiva, 2013.

Direito Internacional

DIREITO INTERNACIONAL: QUADRO GERAL DE QUESTÕES	
TEMAS	Nº DE QUESTÕES
I. Direito Internacional Público: Teoria Geral, Soberania e Domínio Público	2
II. Nacionalidade e Estrangeiros	18
III. Relações Diplomáticas	4
IV. Tribunais, Tratados Internacionais e Arbitragem	13
V. Sujeitos e Organizações Internacionais	3
VI. Direitos Humanos	1
VII. Direito Internacional Privado	25
TOTAL	66

I. DIREITO INTERNACIONAL PÚBLICO: TEORIA GERAL, SOBERANIA E DOMÍNIO PÚBLICO

1. **(XXV Exame)** Ernesto concluiu o doutorado em Direito em prestigiosa universidade situada em Nova York, nos Estados Unidos, e pretende fazer concurso para o cargo de professor em uma universidade brasileira. Uma das exigências para a revalidação do seu diploma estrangeiro é que este esteja devidamente legalizado. Essa legalização de documento estrangeiro deverá ser feita mediante

(A) o apostilamento pela Convenção da Apostila de Haia, da qual Brasil e Estados Unidos fazem parte.

(B) a consularização no consulado brasileiro em Nova York.

(C) a notarização em consulado norte-americano no Brasil.

(D) o apostilamento pela Convenção da Apostila de Haia, no consulado brasileiro.

RESPOSTA A Convenção da Apostila de Haia (ou Convenção sobre a Eliminação da Exigência de Legalização de Documentos Públicos Estrangeiros) de 5 de outubro de 1961 e promulgada pelo Decreto n. 8.660/2016, trata sobre o tema, em que Brasil e EUA são signatários. De acordo com a referida Convenção, a apostila será aposta no próprio documento ou em uma folha a ele apensa (art. 4º). *Alternativa A.*

2. **(VII Exame)** Após assaltar uma embarcação turística a 5 milhas náuticas da costa do Maranhão, um bando de piratas consegue fugir com joias e dinheiro em duas embarcações leves motorizadas. Comunicadas rapidamente do ocorrido, duas lanchas da Marinha que patrulhavam a área perseguiram e alcançaram uma das embarcações a 10 milhas náuticas das linhas de base a partir das quais se mede o mar territorial. A segunda embarcação, no entanto, só foi alcançada a 14 milhas náuticas das linhas de base. Ao final, todos os assaltantes foram presos e, já em terra, entregues à Polícia Federal. Com base no caso hipotético acima, é correto afirmar que

(A) a prisão da primeira embarcação é legal, mas não a da segunda, pois a jurisdição brasileira se esgota nos limites de seu mar territorial, que é de 12 milhas náuticas contadas das linhas de base.

(B) as duas prisões são ilegais, pois a competência para reprimir crimes em águas jurisdicionais brasileiras pertence exclusivamente à Divisão de Polícia Aérea, Marítima e de Fronteira do Departamento de Polícia Federal.

(C) as duas prisões são legais, pois a primeira embarcação foi interceptada dentro dos limites do mar territorial e a segunda dentro dos limites da zona contígua, onde os Estados podem tomar medidas para reprimir as infrações às leis de seu território.

(D) a primeira prisão é ilegal, pois ocorreu em mar territorial, área de competência exclusiva da Polícia Federal, e a segunda prisão é legal, pois ocorreu em zona contígua, onde a competência para reprimir qualquer ato que afete a segurança nacional passa a ser da Marinha.

RESPOSTA O ***mar territorial brasileiro*** compreende uma faixa de ***doze milhas marítimas de largura***, medidas a partir da linha de baixa-mar do litoral continental e insular, tal como indicada nas cartas náuticas de grande escala, reconhecidas oficialmente no Brasil (art. 1º da Lei n. 8.617/93), a qual se estende a soberania do Brasil (art. 2º). A ***zona contígua brasileira*** compreende uma faixa que se estende ***das doze às vinte e quatro milhas marítimas***, contadas a partir das linhas de base que servem para medir a largura do mar territorial (art. 4º), sendo que o Brasil poderá tomar as medidas de fiscalização necessárias para reprimir as infrações às leis (art. 5º, II). *Alternativa C.*

II. NACIONALIDADE E ESTRANGEIROS

3. **(XXXI Exame)** Em razão da profunda crise econômica e da grave instabilidade institucional que assola seu país, Pablo resolve migrar para o Brasil, uma vez que, neste último, há melhores oportunidades para exercer seu trabalho e sustentar sua família. Em que pese Pablo possuir a finalidade de trabalhar, acabou por omitir tal informação, obtendo visto de visita, na modalidade turismo, para o Brasil. Considerando-se o enunciado acima, à luz da Lei de Migração em vigor (Lei n. 13.445/17), assinale a afirmativa correta.

(A) Se Pablo, com o visto de visita, vier a exercer atividade remunerada no Brasil, poderá ser expulso do país.

(B) Se Pablo, com o visto de visita, vier a exercer atividade remunerada no Brasil, poderá ser extraditado do país.

(C) Pablo poderia solicitar, bem como obter, visto temporário para acolhida humanitária, diante da grave instabilidade institucional que assola seu país.

(D) Pablo poderá obter asilo, em razão da profunda crise econômica que assola seu país.

RESPOSTA De acordo com a referida lei, a expulsão consiste em medida administrativa de retirada compulsória de migrante ou visitante do território nacional, conjugada com o impedimento de reingresso por prazo determinado (art. 54). Já a deportação é medida decorrente de procedimento administrativo que consiste na retirada compulsória de pessoa que se encontre em situação migratória irregular em território nacional (art. 50). O asilo é político, que constitui ato discricionário do Estado, poderá ser diplomático ou territorial e será outorgado como instrumento de proteção à pessoa (art. 27). Já o visto temporário pode ser concedido como acolhida humanitária, *vide* § 3º do art. 14. *Alternativa C.*

4. **(XXVII Exame)** A Lei de Migração, Lei n. 13.445/2017, dispõe sobre os direitos do estrangeiro em território nacional de uma forma mais ampla e abrangente do que a legislação anterior, revogada. A normativa em vigor dispõe que o estrangeiro no Brasil terá acesso ao sistema público de saúde e direito à educação pública, vedada a discriminação em razão da nacionalidade e da sua condição migratória. Isso significa que o acesso à educação pública no Brasil é assegurado

(A) Somente aos estrangeiros portadores de visto de estudante ou permanente.

(B) A todos os migrantes, exceto os refugiados, que são regidos por legislação especial.

(C) Apenas aos estrangeiros cujos países assegurem reciprocidade aos brasileiros.

(D) A todos os migrantes, inclusive os apátridas e os refugiados.

RESPOSTA De acordo com o art. 5º, *caput*, da Constituição, brasileiros e estrangeiros são iguais perante a lei, sem distinção de qualquer natureza. Dentro deste contexto, apátridas e refugiados terão direitos assegurados no Brasil. Em razão da lei referida no enunciado, o país deve se reger pelo princípio da prevalência dos direitos humanos. De acordo com ela, a política migratória brasileira rege-se por diversos princípios e diretrizes, dentre outros, da universalidade, indivisibilidade e interdependência dos direitos humanos e acesso igualitário e livre do migrante a serviços, programas e benefícios sociais, bens públicos, educação, assistência jurídica integral pública, trabalho, moradia, serviço bancário e seguridade social (vide arts. 3º e 4º). *Alternativa D.*

5. **(Exame XXVI)** Um ex-funcionário de uma agência de inteligência israelense está de passagem pelo Brasil e toma conhecimento de que chegou ao Supremo Tribunal Federal um pedido de extradição solicitado pelo governo de Israel, país com o qual o Brasil não possui tratado de extradição. Receoso de ser preso, por estar respondendo em Israel por crime de extorsão, ele pula o muro do consulado da Venezuela no Rio de Janeiro e solicita proteção diplomática a esse país. Nesse caso,

(A) pode pedir asilo diplomático e terá direito a salvo-conduto para o país que o acolheu.

(B) é cabível o asilo territorial, porque o consulado é território do Estado estrangeiro.

(C) não se pode pedir asilo, e o STF não autorizará a extradição, por ausência de tratado.

(D) o asilo diplomático não pode ser concedido, pois não é cabível em consulado.

RESPOSTA De acordo com a Resolução 3.212 da ONU, o Estado soberano tem o direito de conceder o asilo, mas não o dever. Recorde que há dois tipos de asilo, o territorial e o diplomático. No caso em tela, trata-se de asilo diplomático, aquele que tem como objetivo o acolhimento de indivíduos em missões diplomáticas (vide a Convenção de Caracas de 1954), garantido àqueles que estejam sofrendo perseguição política. Importa destacar que há doutrina que entende que é cabível o asilo diplomático em sede consular, mas a questão não foi anulada. *Alternativa D.*

6. **(XX Exame – Reaplicação)** Thomas, nacional dos Estados Unidos, deseja passar as férias com a esposa Mary, canadense, no Brasil. Para tanto, o casal obteve visto de turista, na forma da legislação brasileira aplicável. Após meses de expectativa, é chegado o tempo de embarcar para o Brasil. A respeito da entrada e estada do casal no Brasil, assinale a afirmativa correta.

(A) Caso desejem fixar residência no Brasil, Thomas e Mary poderão pleitear a conversão de seu visto para permanente.

(B) Caso ultrapassem o prazo de estada no Brasil previsto em seus vistos, Thomas e Mary poderão ser expulsos do Brasil.

(C) Thomas e Mary poderão solicitar ao Ministério da Justiça a prorrogação de sua estada no Brasil por até 1 ano.

(D) Os vistos de turista concedidos a Thomas e a Mary configuram mera expectativa de direito, podendo sua entrada no território nacional ser obstada.

RESPOSTA Segundo o Estatuto do Estrangeiro (Lei n. 6.815/80, art. 26), o visto concedido pela autoridade consular configura mera expectativa de direito, podendo a entrada, a estada ou o registro do estrangeiro ser obstado, ocorrendo qualquer dos casos do art. 7º, ou a inconveniência de sua presença no território nacional, a critério do Ministério da Justiça. *Alternativa D.*

7. **(XXII Exame)** Walter, estrangeiro, casou-se com Lúcia, por quem se apaixonou quando passou as férias em Florianópolis. O casal tem um filho, Ricardo, de 2 anos. Residente no Brasil há mais de cinco anos, Walter é acusado de ter cometido um crime em outro país. Como o Brasil possui promessa de reciprocidade com o referido país, este encaminha ao governo brasileiro o pedido de extradição de Walter. Nesse caso, o governo brasileiro

(A) não pode conceder a extradição, porque Walter tem um filho brasileiro.

(B) pode conceder a extradição, por meio de ordem expedida por um juiz federal.

(C) pode conceder a extradição, desde que cumpridos os requisitos legais do Estatuto do Estrangeiro.

(D) não pode conceder a extradição, pois esta só seria possível se houvesse tratado com o país de origem de Walter.

RESPOSTA Diante do caso, observe a Súmula STF n. 421, que afirma que "não impede a extradição a circunstância de ser o extraditando casado com brasileira ou ter filho brasileiro". Ademais, a extradição ocorre pelo STF (vide art. 102, I, *g*, da CF). Portanto, Walter, estrangeiro, poderá ser extraditado, observados os requisitos legais do Estatuto do Estrangeiro (vide arts. 76 a 94). *Alternativa C.*

8. **(XXII Exame)** Luca nasceu em Nápoles, na Itália, em 1997. É filho de Marta, uma ilustre pintora italiana, e Jorge, um escritor brasileiro. Quando de seu nascimento, seus pais o registraram apenas perante o registro civil italiano. Luca nunca procurou se informar sobre seu direito à nacionalidade brasileira, mas, agora, vislumbrando seu futuro, ele entra em contato com um escritório especializado, a fim de saber se e como poderia obter a nacionalidade brasileira. Assinale a opção que apresenta, em conformidade com a legislação brasileira, o procedimento indicado pelo escritório.

(A) Luca não tem direito à nacionalidade brasileira, eis que seu pai não estava ou está a serviço do Brasil.

(B) Luca não poderá mais obter a nacionalidade brasileira, tendo em vista que já é maior de idade.

(C) Luca tem direito à nacionalidade brasileira, mas, ainda que a obtenha, não será considerado brasileiro nato.

(D) Luca deverá ir residir no Brasil e fazer a opção pela nacionalidade brasileira.

RESPOSTA Conforme a Constituição Federal, art. 12, I, c. *Alternativa D.*

9. **(XV Exame)** Violento torcedor estrangeiro, integrante de torcida organizada e arrolado como impedido de entrar em estádios de futebol durante a Copa do Mundo, por figurar na lista da Interpol, após ter ingressado irregularmente em território nacional e ser capturado dentro de um dos estádios, tem a sua deportação promovida, por não se retirar voluntariamente. Sobre o caso apresentado, assinale a afirmativa correta.

(A) Nunca mais poderá o torcedor estrangeiro deportado reingressar no território nacional.

(B) O torcedor estrangeiro deportado só poderá reingressar no território nacional se ressarcir o Tesouro Nacional, com correção monetária, das despesas com a sua deportação e efetuar, se for o caso, o pagamento da multa devida à época, também corrigida.

(C) O torcedor estrangeiro deportado só poderá reingressar no território nacional após o transcurso do lapso prescricional quinquenal para ressarcimento do Tesouro Nacional.

(D) O torcedor estrangeiro deportado poderá retornar se comprovadamente não tiver condições de arcar com o pagamento da quantia devida, sem prejuízo de sua própria subsistência.

RESPOSTA (A) Errada, pois o torcedor poderá reingressar ao País, conforme art. 64 do Estatuto do Estrangeiro (Lei n. 6.815/80). (B) De acordo com o art. 64 do Estatuto. (C) Errada, também em desacordo com o art. 64 supracitado (não há previsão de "lapso prescricional quinquenal"). (D) Errada, exige-se o pagamento (art. 64). *Alternativa B.*

10. **(XVII Exame)** Carlos, brasileiro naturalizado, tendo renunciado à sua anterior nacionalidade, casou-se com Tatiana, de nacionalidade alemã. Em razão do trabalho na iniciativa privada, Carlos foi transferido para o Chile, indo residir lá com sua mulher. Em 15/07/2011, em território chileno, nasceu a primeira filha do casal, Cláudia, que foi registrada na Repartição Consular do Brasil. A teor das regras contidas na Constituição Brasileira de 1988, assinale qual a situação de Cláudia quanto à sua nacionalidade.

(A) Cláudia não pode ser considerada brasileira nata, em virtude de a nacionalidade brasileira de seu pai ter sido adquirida de modo derivado e pelo fato de sua mãe ser estrangeira.

(B) Cláudia é brasileira nata, pelo simples fato de o seu pai, brasileiro, ter se mudado por motivo de trabalho.

(C) Cláudia somente será brasileira nata se vier a residir no Brasil e fizer a opção pela nacionalidade brasileira após atingir a maioridade.

(D) Cláudia é brasileira nata, não constituindo óbice o fato de o seu pai ser brasileiro naturalizado e sua mãe, estrangeira.

RESPOSTA Nos termos do art. 12, I, c, da CF, são brasileiros natos os nascidos no estrangeiro de pai brasileiro ou de mãe brasileira, desde que sejam registrados em repartição brasileira competente ou venham a residir na República Federativa do Brasil e optem, em qualquer tempo, depois de atingida a maioridade, pela nacionalidade brasileira. *Alternativa D.*

11. **(XIX Exame)** Ex-dirigente de federação sul-americana de futebol, após deixar o cargo que exercia em seu país de origem, sabedor de que existe uma investigação em curso na Colômbia, opta por fixar residência no Brasil, pelo fato de ser estrangeiro casado com brasileira, com a qual tem dois filhos pequenos. Anos depois, já tendo se naturalizado brasileiro, o governo da Colômbia pede a sua extradição em razão de sentença que o condenou por crime praticado quando ocupava cargo na federação sul-americana de futebol. Essa extradição

(A) não poderá ser concedida, porque o Brasil não extradita seus nacionais.

(B) não poderá ser concedida, porque o extraditando tem filhos menores sob sua dependência econômica.

(C) poderá ser concedida, porque o extraditando não é brasileiro nato.

(D) poderá ser concedida se o país de origem do extraditando tiver tratado de extradição com a França.

RESPOSTA Recordando o art. 5º da CF, nenhum brasileiro será extraditado, salvo o naturalizado, em caso de crime comum, praticado antes da naturalização, ou de comprovado envolvimento em tráfico ilícito de entorpecentes e drogas afins, na forma da lei (LI) e não será concedida extradição de estrangeiro por crime político ou de opinião (LII). *Alternativa C.*

12. **(XIV Exame)** A respeito da condição jurídica do estrangeiro, disciplinada pela Lei n. 6.815/80, assinale a afirmativa correta.

(A) Nos casos de entrada ou estada irregular de estrangeiro, se este não se retirar voluntariamente do território nacional no prazo fixado em Regulamento, será promovida a sua expulsão.

(B) Quando mais de um Estado requerer a extradição da mesma pessoa pelo mesmo fato, terá preferência o pedido daquele em cujo território a infração foi cometida.

(C) A República Federativa do Brasil não extradita os seus nacionais, salvo em caso de reciprocidade.

(D) Conceder-se-á extradição mesmo quando o fato constituir crime político e o extraditando houver de responder, no Estado requerente, perante tribunal ou juízo de exceção.

RESPOSTA (A) Errada, nos termos do art. 57 da lei referida, será promovida a deportação, e não a expulsão. (B) De acordo com art. 79 da lei referida. (C) Errada, *vide* art. 77, inciso I, da lei referida, bem como o art. 5º, *caput* e inciso LI. (D) Errada, pois o art. 77, incisos VII e VIII, veda a extradição nesses casos. *Alternativa B.*

13. **(XIII Exame)** Sobre o sistema de regulação de investimentos e fluxo de capital estrangeiro no atual ordenamento jurídico da República Federativa do Brasil, assinale a afirmativa incorreta.

(A) É vedada a participação de capital estrangeiro nas empresas jornalísticas e de radiodifusão sonora e de sons e imagens, uma vez que sua propriedade é privativa de brasileiros natos.

(B) É vedada a participação direta ou indireta de empresas ou capitais estrangeiros na assistência à saúde no país, salvo nos casos previstos em lei.

(C) O sistema financeiro nacional será regulado por leis complementares que disporão, inclusive, sobre a participação do capital estrangeiro nas instituições que o integram.

(D) Os investimentos de capital estrangeiro, o incentivo aos reinvestimentos e a regulação à remessa de lucros serão disciplinados em lei, tendo por base o interesse nacional.

RESPOSTA (A) Incorreta, não só brasileiros natos, como naturalizados há mais de dez anos (art. 222 da CF). (B) Correta, art. 199, § 3º, da CF. (C) Correta, art. 192 da CF. (D) Correta, art. 172 da CF. *Alternativa A.*

14. **(XIII Exame)** A respeito da extradição e/ou expulsão de estrangeiro do Brasil, assinale a afirmativa correta.

(A) É passível de extradição o estrangeiro que, de qualquer forma, atentar contra a segurança nacional, a ordem pública ou social, a tranquilidade ou a moralidade pública e a economia popular, ou cujo procedimento o torne nocivo à conveniência e aos interesses nacionais.

(B) É passível de extradição o estrangeiro que praticar fraude a fim de obter a sua entrada ou permanência no Brasil.

(C) Caberá exclusivamente ao presidente da República resolver sobre a conveniência e a oportunidade de expulsão do estrangeiro ou de sua revogação.

(D) A expulsão do estrangeiro não poderá efetivar-se se houver processo ou ocorrido condenação.

RESPOSTA (A) Errada, pois as hipóteses são de expulsão, art. 65. (B) Errada, da mesma forma, expulsão, art. 65, parágrafo único, *a*. (C) De acordo com o art. 66. (D) Errada, pois desde que conveniente ao interesse nacional, a expulsão do estrangeiro poderá efetivar-se, ainda que haja processo ou tenha ocorrido condenação (art. 67). Todos os artigos da Lei n. 6.815/1980. *Alternativa C.*

15. **(X Exame)** Rafael é brasileiro naturalizado e casado com Letícia, de nacionalidade italiana. Rafael foi transferido pela empresa onde trabalha para a filial na Argentina, estabelecendo-se com sua esposa em Córdoba. Em 2-3-2009, lá nasceu Valentina, filha do casal, que foi registrada na repartição consular do Brasil. De acordo com as normas constitucionais vigentes, assinale a afirmativa correta.

(A) Valentina não pode ser considerada brasileira nata, em virtude de a nacionalidade brasileira de seu pai ter sido adquirida de modo derivado e pelo fato de sua mãe ser estrangeira.

(B) Valentina é brasileira nata, pelo simples fato de seu pai, brasileiro, se ter deslocado por motivo de trabalho, em nada influenciando o modo como Rafael adquiriu a nacionalidade.

(C) Valentina somente será brasileira nata se vier a residir no Brasil e fizer a opção pela nacionalidade brasileira após atingir a maioridade.

(D) Valentina é brasileira nata, não constituindo óbice o fato de seu pai ser brasileiro naturalizado e sua mãe, estrangeira.

RESPOSTA De acordo com a CF, são brasileiros natos os nascidos no estrangeiro, de pai brasileiro ou de mãe brasileira, desde que sejam registrados em repartição brasileira competente (art. 12, I, c, 1ª parte). *Alternativa D.*

16. **(IX Exame – Reaplicação)** Após ter entrado irregularmente em território nacional, um estrangeiro tem a sua deportação promovida, por não se retirar voluntariamente. Assinale a afirmativa que indica o procedimento a ser adotado por esse estrangeiro, caso pretenda reingressar em território nacional.

(A) O estrangeiro deportado nunca mais poderá reingressar no território nacional.

(B) O deportado só poderá reingressar no território nacional se ressarcir o Tesouro Nacional, com correção monetária, das despesas com a sua deportação e efetuar, se for o caso, o pagamento da multa devida à época, também corrigida.

(C) O deportado só poderá reingressar no território nacional após o transcurso do lapso prescricional quinquenal para a cobrança da quantia devida.

(D) O deportado poderá retornar se comprovadamente não tiver condições de arcar com o pagamento da quantia devida, sem prejuízo de sua própria subsistência.

RESPOSTA De acordo com o art. 64 da Lei n. 6.815/80, o deportado só poderá reingressar no território nacional se ressarcir o Tesouro Nacional, com correção monetária, das despesas com a sua deportação e efetuar, se for o caso, o pagamento da multa devida à época, também corrigida. *Alternativa B.*

17. **(VIII Exame)** A respeito da autorização de trabalho a estrangeiro com vínculo empregatício no Brasil, assinale a afirmativa correta.

(A) Trata-se de ato administrativo de competência do Ministério do Trabalho, para efeito de requerimento de visto permanente e/ou temporário, a estrangeiros que desejem trabalhar no Brasil.

(B) O empregador deve se comprometer com o treinamento profissional, mas não é necessário haver correlação entre a atividade que o estrangeiro exercerá e sua qualificação/experiência anterior.

(C) O empregador que pretender importar mão de obra deverá manter pelo menos metade das vagas da empresa ocupadas por brasileiros, que também devem responder por, pelo menos, metade da folha de salários.

(D) Trata-se de ato administrativo de competência do Ministério da Educação, que dispensa a autorização para o estrangeiro que haja concluído curso de pós-graduação *stricto sensu* no Brasil ou tiver seu diploma estrangeiro revalidado.

RESPOSTA De acordo com o art. 15 do Estatuto do Estrangeiro (Lei n. 6.815/80), o Ministério do Trabalho tem competência para a concessão de autorização de trabalho para estrangeiros. É um ato administrativo, dentro de sua competência, para a concessão de vistos permanente e/ou temporário por parte de estrangeiros que desejem trabalhar no Brasil. Aprovado o pedido, a autorização será publicada no *DOU*, e, a partir disso, o respectivo consulado será notificado para que o estrangeiro requeira concessão do visto. *Alternativa A.*

18. **(VIII Exame)** Jean Pierre, cidadão estrangeiro, foi preso em flagrante em razão de suposta prática de crime de falsificação de passaporte com o objetivo de viabilizar sua permanência no Brasil. Diante dessa situação hipotética, assinale a afirmativa correta.

(A) A fraude para obter a entrada e permanência no território brasileiro constitui motivo suficiente para a expulsão do estrangeiro, cabendo, exclusivamente, ao presidente da República, de forma discricionária, resolver sobre a conveniência e oportunidade da sua retirada compulsória do País.

(B) O ilícito deverá ser apurado no âmbito do Ministério da Relações Exteriores, tornando desnecessária a instauração de processo administrativo ou inquérito para fins de apuração dos fatos que ensejam a expulsão.

(C) O mérito do ato de expulsão é analisado mediante juízo de conveniência e oportunidade (discricionariedade), sendo descabido o ajuizamento de ação judicial para impugnar suposta lesão ou ameaça de lesão a direito, devendo, nesse caso, o juiz rejeitar a petição inicial por impossibilidade jurídica do pedido.

(D) A fraude para obter entrada e permanência no território brasileiro não é motivo para fundamentar ato de expulsão de estrangeiro.

RESPOSTA De acordo com o art. 65 do Estatuto do Estrangeiro, é passível de ***expulsão*** o estrangeiro que, de qualquer forma, atentar contra a segurança nacional, a ordem política ou social, a tranquilidade ou moralidade pública e a economia popular, ou cujo procedimento o torne nocivo à conveniência e aos interesses nacionais. Ademais, segundo seu parágrafo único, é passível, também, de expulsão o estrangeiro que, entre outros, praticar fraude a fim de obter a sua entrada ou permanência no Brasil. Assim, caberá exclusivamente ao presidente da República resolver sobre a conveniência e a oportunidade da expulsão ou de sua revogação (art. 66). *Alternativa A.*

19. **(I Exame)** Acerca da condição jurídica dos estrangeiros e dos nacionais no direito brasileiro, assinale a opção correta.

(A) A CF dispõe expressamente sobre a possibilidade de expulsão do estrangeiro que praticar atividade nociva à ordem pública e ao interesse nacional, salvo se estiverem presentes, simultaneamente, os seguintes requisitos: cônjuge brasileiro e filho brasileiro dependente da economia paterna.

(B) O Brasil, por ter ratificado integralmente o Estatuto de Roma, que criou o Tribunal Penal Internacional, tem o compromisso de entregar ao tribunal os indivíduos contra os quais tenham sido expedidos pedidos de detenção e entrega, mesmo que eles possuam, originariamente, nacionalidade brasileira.

(C) Os estrangeiros de qualquer nacionalidade residentes na República Federativa do Brasil há mais de quinze anos ininterruptos são automaticamente considerados brasileiros naturalizados, independentemente de qualquer outra condição ou exigência.

(D) É vedada a extradição de nacionais, salvo em caso de comprovado envolvimento em tráfico ilícito de entorpecentes, em terrorismo ou em crimes definidos, em lei, como hediondos.

RESPOSTA De acordo com a CF (art. 5º, § 4º) e Estatuto de Roma (Decreto n. 4.388/2002, art. 89). *Alternativa B.*

20. **(XXIII Exame)** Em 22 de julho de 1997, foi promulgada a Lei n. 9.474, que define os mecanismos para implementação da Convenção das Nações Unidas sobre o Estatuto dos Refugiados, da qual o Brasil é signatário. A respeito dos mecanismos, termos e condições nela previstos, assinale a afirmativa correta.

(A) Para que possa solicitar refúgio, o indivíduo deve ter ingressado no Brasil de maneira regular.

(B) Compete ao Ministério da Justiça declarar o reconhecimento, em primeira instância, da condição de refugiado.

(C) O refugiado poderá exercer atividade remunerada no Brasil, ainda que pendente o processo de refúgio.

(D) Na hipótese de decisão negativa no curso do processo de refúgio, é cabível a interposição de recurso pelo refugiado perante o Supremo Tribunal Federal.

RESPOSTA De acordo com a lei referida, recebida a solicitação de refúgio, o Departamento de Polícia Federal emitirá protocolo em favor do solicitante e de seu grupo familiar que se encontre no território nacional, o qual autorizará a estada até a decisão final do processo. O protocolo permitirá ao Ministério do Trabalho expedir carteira de trabalho provisória, para o exercício de atividade remunerada no País (art 21, § 1º). *Alternativa C.*

III. RELAÇÕES DIPLOMÁTICAS

21. **(XXVI Exame)** Maria Olímpia é demitida pela Embaixada de um país estrangeiro, em Brasília, por ter se recusado a usar véu como parte do seu uniforme de serviço. Obteve ganho de causa na reclamação trabalhista que moveu, mas, como o Estado não cumpriu espontaneamente a sentença, foi solicitada a penhora de bens da Embaixada. Nesse caso, a penhora de bens do Estado estrangeiro

(A) somente irá prosperar se o Estado estrangeiro tiver bens que não estejam diretamente vinculados ao funcionamento da sua representação diplomática.

(B) não poderá ser autorizada, face à imunidade absoluta de jurisdição do Estado estrangeiro.

(C) dependerá de um pedido de auxílio direto via Autoridade Central, nos termos dos tratados em vigor.

(D) poderá ser deferida, porque, sendo os contratos de trabalho atos de gestão, os bens que são objeto da penhora autorizam, de imediato, a execução.

RESPOSTA De acordo com a situação hipotética, e observado que "os locais da Missão, em mobiliário e demais bens neles situados, assim como os meios de transporte da Missão, não poderão ser objeto de busca, requisição, embargo ou medida de execução" (art. 22, Convenção de Viena de 1961), somente é possível a execução sobre bens que não estejam vinculados à missão diplomática, portanto, correta a *alternativa A.*

22. **(XXI Exame)** Aurélio, diplomata brasileiro, casado e pai de dois filhos menores, está em vias de ser nomeado chefe de missão do Brasil na capital de importante Estado europeu. À luz do disposto na Convenção de Viena sobre Relações Diplomáticas, promulgada no Brasil por meio do Decreto n. 56.435/65, assinale a afirmativa correta.

(A) A nomeação de Aurélio pelo Brasil não depende da anuência do Estado acreditado, visto se tratar de uma decisão soberana do Estado acreditante.

(B) Mesmo se nomeado, o Estado acreditado poderá considerar Aurélio *persona non grata*, desde que, para tanto, apresente suas razões ao Estado acreditante, em decisão fundamentada. Se acolhidas as razões apresentadas pelo Estado acreditado, Aurélio poderá ser retirado da missão ou deixar de ser reconhecido como membro da missão.

(C) Os privilégios e as imunidades previstos estendidos à mulher e aos filhos de Aurélio cessam de imediato, na hipótese de falecimento de Aurélio.

(D) Se nomeado, a residência de Aurélio gozará da mesma inviolabilidade estendida ao local em que baseada a missão do Brasil no Estado acreditado.

RESPOSTA De acordo com a Convenção de Viena sobre Relações Diplomáticas (Decreto n. 56.435/65), a residência particular do agente diplomático goza da mesma inviolabilidade e proteção que os locais da missão (art. 30). *Alternativa D.*

23. **(XII Exame)** Um agente diplomático comete um crime de homicídio no Estado acreditado. A respeito desse caso, assinale a afirmativa correta.

(A) Será julgado no Estado acreditado, pois deve cumprir as leis desse Estado.
(B) Poderá ser julgado pelo Estado acreditado desde que o agente renuncie a imunidade de jurisdição.
(C) Em nenhuma circunstância pode ser julgado pelo Estado acreditado.
(D) Poderá ser julgado pelo Estado acreditado, desde que o Estado acreditante renuncie expressamente à imunidade de jurisdição.

RESPOSTA (A) Errada, pois o agente diplomático gozará de imunidade de jurisdição penal do Estado acreditado (art. 31). (B) Errada, pois quem renuncia é o Estado acreditante e não o seu agente (art. 32). (C) Errada, pode, no caso de renúncia (art. 32). (D) De acordo com o art. 32. Todos os artigos da Convenção de Viena sobre Relações Diplomáticas de 1961. *Alternativa D.*

24. **(V Exame)** A Embaixada de um Estado estrangeiro localizada no Brasil contratou um empregado brasileiro para os serviços gerais. No final do ano, não pagou o 13º salário, por entender que, em seu país, este não era devido. O empregado, insatisfeito, recorreu à Justiça do Trabalho. A ação foi julgada procedente, mas a Embaixada não cumpriu a sentença. Por isso, o reclamante solicitou a penhora de um carro da Embaixada. Com base no relatado acima, o Juiz do Trabalho decidiu

(A) deferir a penhora, pois a Constituição atribui competência à Justiça brasileira para ações de execução contra Estados estrangeiros.
(B) indeferir a penhora, pois o Estado estrangeiro, no que diz respeito à execução, possui imunidade, e seus bens são invioláveis.
(C) extinguir o feito sem julgamento do mérito, por entender que o Estado estrangeiro tem imunidade de jurisdição.
(D) deferir a penhora, pois o Estado estrangeiro não goza de nenhuma imunidade quando se tratar de ações trabalhistas.

RESPOSTA Segundo ensina Francisco Rezek (Direito, p. 202), "são fisicamente invioláveis os locais da *missão diplomática* com todos os bens ali situados, assim como os locais *residenciais* utilizados pelo quadro diplomático e pelo quadro administrativo e técnico. Esses imóveis, e os valores mobiliários neles encontráveis, não podem ser objeto de busca, requisição, penhora ou medida qualquer de execução". Tal assertiva está prevista na Convenção de Viena, de 1961, que trata das relações ***diplomáticas*** (a de 1963, ***consulares***): "Os locais da Missão, seu mobiliário e demais bens neles situados, assim como os meios de transporte da Missão, não poderão ser objeto de busca, requisição, embargo ou medida de execução" (art. 22, item 3). *Alternative B.*

IV. TRIBUNAIS, TRATADOS INTERNACIONAIS E ARBITRAGEM

25. **(XXX Exame)** Uma arbitragem, conduzida na Argentina segundo as regras da Câmara de Comércio Internacional – CCI, condenou uma empresa com sede no Brasil ao pagamento de uma indenização à sua ex-sócia argentina. Para ser executável no Brasil, esse laudo arbitral

(A) dispensa homologação pelo STJ, nos termos da Convenção de Nova York.
(B) precisa ser homologado pelo Judiciário argentino e depois, pelo STJ.
(C) precisa ser homologado pelo STJ, por ser laudo arbitral estrangeiro.
(D) dispensa homologação, por ser laudo arbitral proveniente de país do Mercosul.

RESPOSTA De acordo com o art. 960 do CPC, a homologação de decisão estrangeira será requerida por ação de homologação de decisão estrangeira, salvo disposição especial em sentido contrário prevista em tratado. Segundo o seu § 2º, a homologação obedecerá ao que dispuserem os tratados em vigor no Brasil e o Regimento Interno do Superior Tribunal de Justiça. Assim, faz-se necessária a homologação pelo STJ também pelo o que consta na Lei de Arbitragem (Lei n. 9.307/96, art. 35), qual seja o dispositivo: "para ser reconhecida ou executada no Brasil, a sentença arbitral estrangeira está sujeita, unicamente, à homologação do Superior Tribunal de Justiça". *Alternativa C.*

26. **(XXVIII Exame)** Existem disputas sobre parcelas de territórios entre países da América Latina. O Brasil e o Uruguai, por exemplo, possuem uma disputa em torno da chamada "ilha brasileira", na foz do Rio Uruguai. Na hipótese de o Uruguai vir a reivindicar formalmente esse território, questionando a divisa estabelecida no tratado internacional de 1851, assinale a opção que indica o tribunal internacional ao qual ele deveria endereçar o pleito.

(A) Tribunal Permanente de Revisão do Mercosul.
(B) Corte Internacional de Justiça.
(C) Tribunal Penal Internacional.
(D) Tribunal Internacional do Direito do Mar.

RESPOSTA A Corte Internacional de Justiça (CIJ) é o principal órgão judiciário da Nações Unidas, cuja função é solucionar, em concordância com o direito internacional, disputas legais submetidas por Estados, além de oferecer pareceres consultivos sobre questões legais apresentadas por órgãos autorizados da ONU e outras agências especializadas. *Alternativa B.*

27. **(XXVII Exame)** Em 14 de dezembro de 2009, o Brasil promulgou a Convenção de Viena sobre o Direito dos Tratados de 1969, por meio do Decreto n. 7.030. A Convenção codificou as principais regras a respeito da conclusão, entrada em vigor, interpretação e extinção de tratados internacionais. Tendo por base os dispositivos da Convenção, assinale a afirmativa correta.

(A) Para os fins da Convenção, "tratado" significa qualquer acordo internacional concluído por escrito entre Estados e/ou organizações internacionais.

(B) Os Estados são soberanos para formular reservas, independentemente do que disponha o tratado.

(C) Um Estado não poderá invocar o seu direito interno para justificar o descumprimento de obrigações assumidas em um tratado internacional devidamente internalizado.

(D) Os tratados que conflitem com uma norma imperativa de Direito Internacional geral têm sua execu-ção suspensa até que norma ulterior de Direito Internacional geral da mesma natureza derrogue a norma imperativa com eles conflitante.

RESPOSTA De acordo com o art. 2º, 1, da referida Convenção de Viena, o conceito de Tratado é "acordo internacional concluído por escrito entre Estados e regido pelo Direito Internacional, quer conste de um instrumento único, quer de dois ou mais instrumentos conexos, qualquer que seja sua denominação específica". Atente-se que "reserva" designa a ideia de excluir ou modificar o efeito jurídico de certas disposições do tratado em sua aplicação a esse Estado (*vide* art. 2º, *d*). De acordo com o art. 27 da Convenção de Viena sobre Direito dos Tratados, "Uma parte não pode invocar as disposições de seu direito interno para justificar o inadimplemento de um tratado"; portanto, correta a *alternativa C.*

28. **(XXI Exame)** O Acordo de Cooperação e Assistência Jurisdicional em Matéria Civil, Comercial, Trabalhista e Administrativa entre os Estados Partes do Mercosul, a República da Bolívia e a República do Chile, foi promulgado no Brasil por meio do Decreto n. 6.891/09, tendo por finalidade estabelecer as bases em que a cooperação e a assistência jurisdicional entre os Estados membros será realizada. A respeito desse instrumento, assinale a afirmativa correta.

(A) A indicação das autoridades centrais responsáveis pelo recebimento e andamento de pedidos de assistência jurisdicional é realizada pelo Grupo Mercado Comum.

(B) Os nacionais ou residentes permanentes de outro Estado membro, para que possam se beneficiar do mecanismo de cooperação jurisdicional em determinado Estado membro, deverão prestar caução.

(C) Os procedimentos para cumprimento de uma carta rogatória recebida sob a guarida do Acordo são determinados pela lei interna do Estado em que a carta deverá ser cumprida, não sendo admitida, em qualquer hipótese, a observação de procedimentos diversos solicitados pelo Estado de onde provenha a carta.

(D) Uma sentença ou um laudo arbitral proveniente de um determinado Estado, cujo reconhecimento e execução seja solicitado a outro Estado membro, pode ter sua eficácia admitida pela autoridade jurisdicional do Estado requerido apenas parcialmente.

RESPOSTA O Decreto n. 6.891/2009 refere-se à promulgação do Protocolo de Las Leñas e dele se afirma que, "se uma sentença ou um laudo arbitral não puder ter eficácia em sua totalidade, a autoridade jurisdicional competente do Estado requerido poderá admitir sua eficácia parcial mediante pedido da parte interessada" (art. 23). *Alternativa D.*

29. **(XVI Exame)** O litígio que envolve Estados e organizações internacionais, podendo ser de natureza econômica, política ou meramente jurídica, é conceituado como controvérsia internacional. Acerca dos meios diplomáticos para soluções pacíficas de controvérsias internacionais, assinale a afirmativa correta.

(A) A negociação é um mecanismo que conta com o envolvimento de um terceiro, cuja função é propor uma solução pacífica para o conflito entre as partes.

(B) Os bons ofícios caracterizam-se pela oferta espontânea de um terceiro que colabora com a solução de controvérsias, podendo ser um Estado, um organismo internacional ou uma autoridade.

(C) A mediação caracteriza-se pelo envolvimento de um terceiro, que somente pode ser pessoa natural.

(D) A conciliação é muito semelhante à mediação. Entretanto, caracteriza-se pela possibilidade de atuar como mediador pessoa natural, Estado ou organismo internacional.

RESPOSTA De acordo com o art. 33 da Carta da ONU, que traz o rol dos mecanismos de solução pacifica de conflitos internacionais, os "bons ofícios" são oferta espontânea de um terceiro, moderador, para colaborar na solução de controvérsias. Pode ser Estado, organismo ou autoridade. Apenas aproxima as partes. Tal mecanismo também está previsto na Carta da OEA (art. 25). *Alternativa B.*

30. **(XIV Exame)** Na hipótese de inadimplência do Estado brasileiro, condenado ao pagamento de quantia certa pela Corte Interamericana de Direitos Humanos, deverá o interessado

(A) executá-la perante a Justiça Federal pelo processo interno vigente para a execução de sentenças contra o Estado.

(B) pedir que os autos do processo sejam encaminhados ao Conselho de Segurança da ONU para a imposição de sanções internacionais.

(C) reivindicar pelo processo vigente no país, porque as sentenças proferidas pela Corte Interamericana de Direitos Humanos são desprovidas de executoriedade.

(D) postular perante a Corte a intimação do Estado brasileiro para efetuar o pagamento em vinte e quatro horas ou nomear bens à penhora.

RESPOSTA (A) De acordo com a Convenção Americana sobre Direitos Humanos (Pacto de São José da Costa Rica), *vide* o art. 68, n. 2. (B) Errada, pois não há referida opção disponível legalmente. (C) Errada, pois, nos termos do art. 68, n. 1, do Pacto de São José, "Os Estados-partes na Convenção comprometem-se a cumprir a decisão da Corte em todo caso em que forem partes". (D) Errada, novamente não há referida previsão. *Alternativa A.*

31. **(IX Exame – Reaplicação)** Após obter sentença favorável perante a Corte Interamericana de Direitos Humanos, que condenou a República Federativa do Brasil ao pagamento de determinada quantia em dinheiro, deverá o interessado, em caso de inércia da sucumbente em adimplir o comando condenatório voluntariamente, adotar o seguinte procedimento:

(A) Requerer perante a Corte a intimação da executada para efetuar o pagamento em vinte e quatro horas ou nomear bens à penhora.

(B) Solicitar o encaminhamento dos autos do processo ao Conselho de Segurança da ONU para a imposição de sanções internacionais.

(C) Aceitar que as sentenças proferidas pela Corte Interamericana de Direitos Humanos são desprovidas de executoriedade.

(D) Executar a sentença perante a Justiça Federal pelo processo interno vigente para a execução de sentenças contra o Estado.

RESPOSTA De acordo com o art. 68, item 2, da Convenção Interamericana de Direitos Humanos, a execução de sentença internacional que condena o pagamento em dinheiro será feita do mesmo modo que é adotado para a execução de condenações locais contra a Fazenda Pública, senão vejamos: "a parte da sentença que determinar indenização compensatória poderá ser executada no país respectivo pelo processo interno vigente para a execução de sentenças contra o Estado" (art. 68, 2). *Alternativa D.*

32. **(XI Exame)** Diante de uma sentença desfavorável não unânime da Corte Interamericana de Direitos Humanos, que lhe condenou ao pagamento de determinada quantia em dinheiro, pretende a República Federativa do Brasil insurgir-se contra a mesma. A partir da hipótese sugerida, assinale a afirmativa correta.

(A) A sentença da Corte pode ser modificada mediante recurso de embargos infringentes, diante da falta de unanimidade da decisão a ser hostilizada.

(B) A sentença da Corte somente pode ser modificada por intermédio de uma ação rescisória.

(C) A sentença da Corte é definitiva e inapelável.

(D) A sentença da Corte pode ser modificada graças a um recurso de apelação.

RESPOSTA De acordo com o Estatuto da CIDH – Corte Interamericana de Direitos Humanos, a decisão da Corte só será obrigatória para as partes litigantes e a respeito do caso em questão e a Sentença é definitiva e inapelável. Em caso de controvérsia quanto ao sentido e ao alcance da sentença, caberá à Corte interpretá-la a pedido de qualquer das partes (arts. 59 e 60). *Alternativa C.*

33. **(XI Exame)** A respeito dos mecanismos de solução pacífica de controvérsias no sistema internacional, assinale a afirmativa correta.

(A) O Tribunal Permanente de Revisão do MERCOSUL tem como base jurídica o Protocolo de Olivos e tem como competência resolver litígios dentro do sistema regional de integração, proferir pareceres consultivos e editar medidas excepcionais e de urgência.

(B) Os Estados possuem capacidade postulatória para solicitar pareceres consultivos perante a Corte Internacional de Justiça (CIJ).

(C) A Organização Mundial do Comércio (OMC) não abre a possibilidade de participação de atores privados no contencioso, como *amici curiae*.

(D) Apenas os Estados que fazem parte da ONU e ratificaram o Estatuto da Corte Internacional de Justiça (CIJ) podem apresentar seus contenciosos à mesma.

RESPOSTA (A) De acordo com o Decreto n. 4.982/2004, arts. 3º, 17, 22 e 24. (B) Errada, pois a regra é que a Assembleia Geral ou o Conselho de Segurança poderá solicitar parecer consultivo à CIJ (Carta da ONU, art. 96). (C) Errada, pois de acordo com a doutrina, é possível a participação de atores não estatais ("privados") no contencioso como *amicus curiae*. (D) Errada, apenas os Estados litigantes e que aceitem a sua jurisdição, que pode ser tácita ou expressa, estão sujeitos ao contencioso do CIJ. *Alternativa A.*

34. **(XXIII Exame)** O mecanismo de solução de controvérsias atualmente em vigor no âmbito da Organização Mundial do Comércio (OMC) foi instituído em 1994 por meio do Entendimento Relativo às Normas e Procedimentos sobre Solução de Controvérsias, constantes do Tratado de Marrakesh, e vincula todos os membros da organização. A respeito do funcionamento desse mecanismo, assinale a afirmativa correta.

(A) Uma vez acionado o mecanismo de solução de controvérsias, os Estados em disputa ficam impedidos de recorrer a formas pacíficas de solução de seus litígios, tais como bons ofícios, conciliação e mediação.

(B) A decisão, por consenso, acerca da adoção de um relatório produzido pelo grupo especial, integra o rol de competências do Órgão de Solução de Controvérsias, ainda que as partes em controvérsia escolham não apelar ao Órgão Permanente de Apelação.

(C) As recomendações e decisões do Órgão de Solução de Controvérsias poderão implicar a diminuição ou o aumento dos direitos e das obrigações dos Estados, conforme estabelecido nos acordos firmados no âmbito da OMC.

(D) As partes em controvérsia e os terceiros interessados que tenham sido ouvidos pelo grupo especial poderão recorrer do relatório do grupo especial ao Órgão Permanente de Apelação.

RESPOSTA A OMC tem entre os seus órgãos, o DSB (Dispute Settlement Body), composto por todos os seus representantes, ou denominado por Solução de Controvérsias. O tal procedimento de solução de controvérsias tem quatro fases, consultas, painéis (ou grupos especiais), apelação e implementação. Assim, diante das afirmativas e de acordo com o Tratado de Marrakesh, a correta está a *alternativa B.*

35. **(III Exame)** A Conferência de *Bretton Woods* (1944), realizada no ocaso da Segunda Guerra Mundial, é considerada um marco na história do Direito Internacional no século XX porque

(A) estabeleceu as bases do sistema econômico e financeiro internacional, por meio da criação do Banco Mundial – BIRD, do Fundo Monetário Internacional – FMI e do Acordo Geral de Tarifas Aduaneiras e Comércio – GATT.

(B) inaugurou uma nova etapa na cooperação política internacional ao extinguir a Liga das Nações e transferir a Corte Internacional de Justiça para a estrutura da então recém-criada Organização das Nações Unidas – ONU.

(C) criou o sistema internacional de proteção aos direitos humanos, a partir da adoção da Declaração Universal dos Direitos Humanos, do Pacto Internacional de Direitos Civis e Políticos e do Pacto Internacional de Direitos Econômicos, Sociais e Culturais.

(D) criou o Tribunal de Nuremberg, corte *ad hoc* responsável pelo julgamento dos principais comandantes nazistas e seus colaboradores diretos pelos crimes de guerra cometidos durante a Segunda Guerra Mundial.

RESPOSTA Correta a *alternativa A*. A *(B)* está errada porque a referida Liga das Nações foi extinta antes de 1944. *(C)* está errada porque não era este o objetivo da referida conferência. *(D)* está errada, pois o referido tribunal foi criado depois da Segunda Guerra, ou seja, em 1945. *Alternativa A.*

36. **(IV Exame)** Com relação à chamada "norma imperativa de Direito Internacional geral", ou *jus cogens*, é correto afirmar que é a norma

(A) prevista no corpo de um tratado que tenha sido ratificado por todos os signatários, segundo o direito interno de cada um.

(B) reconhecida pela comunidade internacional como aplicável a todos os Estados, da qual nenhuma derrogação é permitida.

(C) aprovada pela Assembleia Geral das Nações Unidas e aplicável a todos os Estados membros, salvo os que apresentarem reserva expressa.

(D) de direito humanitário, expressamente reconhecida pela Corte Internacional de Justiça, aplicável a todo e qualquer Estado em situação de conflito.

RESPOSTA Correta a *alternativa B* de acordo com a Convenção de Viena (art. 53). O *jus cogens* ou direito cogente, são normas imperativas do direito internacional, inderrogáveis, como a Declaração Universal dos Direitos Humanos, aplicáveis a todos os Estados. Também não permite a reserva (leia-se exclusão de responsabilidades). Por fim, a *(D)* está errada, pois a Corte referida não tem competência quanto aos tratados. *Alternativa B.*

37. **(II Exame)** Um contrato internacional entre um exportador brasileiro de laranjas e o comprador americano, previu que em caso de litígio fosse utilizada a arbitragem, realizada pela Câmara de Comércio Internacional. O exportador brasileiro fez a remessa das laranjas, mas estas não atingiram a qualidade estabelecida no contrato. O comprador entrou com uma ação no Brasil para discutir o cumprimento do contrato. O juiz decidiu:

(A) extinguir o feito sem julgamento de mérito, em face da cláusula arbitral.

(B) deferir o pedido, na forma requerida.

(C) indeferir o pedido porque o local do cumprimento do contrato é nos Estados Unidos.

(D) deferir o pedido, em razão da competência concorrente da justiça brasileira.

RESPOSTA Diante da situação hipotética, correta a *alternativa A* em razão de que o juiz não resolverá o mérito quando acolher a alegação de existência de convenção de arbitragem ou quando o juízo arbitral reconhecer sua competência (art. 485, VII, CPC). *Alternativa A.*

V. SUJEITOS E ORGANIZAÇÕES INTERNACIONAIS

38. **(XVI Exame)** O MERCOSUL é um organismo internacional que visa à integração econômica de países que se localizam geograficamente no eixo conhecido como Cone Sul, nos termos do Tratado de Assunção (1991) e do Protocolo de Ouro Preto (1994). Sobre o sistema de solução de controvérsias do MERCOSUL, assinale a alternativa correta.

(A) O MERCOSUL não possui um sistema próprio de solução de controvérsias, adotando, nos termos do Tratado de Assunção, o sistema estabelecido no Anexo II do Tratado de Marrakesh para a Organização Mundial do Comércio.

(B) Provisoriamente estabelecido no Protocolo de Brasília (1993), o sistema de solução de controvérsias do MERCOSUL encontra-se, atualmente, normatizado pelo Protocolo de Ouro Preto (1994), que estabeleceu a estrutura orgânica definitiva do bloco.

(C) O sistema de solução de controvérsias do MERCOSUL, atualmente normatizado nos termos do Protocolo de Olivos (2002), estabeleceu como instância final judicante o Tribunal Permanente de Revisão.

(D) O sistema de soluções de controvérsias do MERCOSUL somente foi normatizado pelo Protocolo de Las Leñas (1996), que estabeleceu os procedimentos de cooperação e assistência jurisdicional em matéria civil, comercial, trabalhista e administrativa.

RESPOSTA Diz o art. 3º do Protocolo de Olivos que o Conselho do Mercado Comum poderá estabelecer mecanismos relativos à solicitação de opiniões consultivas ao Tribunal Permanente de Revisão definindo seu alcance e seus procedimentos. O procedimento de revisão se encontra a partir do art. 17. *Alternativa C.*

39. **(IX Exame)** Com base da Carta das Nações Unidas, assinale a afirmativa correta.

(A) A Assembleia Geral pode expulsar um Estado-membro que tenha persistentemente violado os princípios da Carta das Nações Unidas, ouvido o Conselho de Segurança.

(B) Os principais órgãos das Nações Unidas são a Assembleia Geral, o Conselho de Segurança, a Organização Mundial do Comércio e a Corte Internacional de Justiça.

(C) As principais atribuições do Conselho de Segurança são a manutenção da paz internacional e a liberalização dos fluxos internacionais de comércio.

(D) Um Estado não pode se tornar membro da Corte Internacional de Justiça sem antes se tornar membro nas Nações Unidas.

RESPOSTA De acordo com a Carta da ONU de São Francisco, o membro das Nações Unidas que houver violado persistentemente os princípios contidos na presente Carta poderá ser expulso da Organização pela Assembleia Geral mediante recomendação do Conselho de Segurança (art. 6º). *Alternativa A.*

40. **(I Exame)** Com relação à ONU, assinale a opção correta.

(A) Poderão ser admitidos como membros da ONU todos os Estados que o desejarem, independentemente de condições de natureza política ou de qualquer outro teor.

(B) Principal órgão da ONU, a Assembleia Geral é composta de todos os membros da organização, tendo cada Estado-Membro direito a apenas um representante e um voto.

(C) O secretário-geral da ONU, eleito pelo Conselho de Segurança mediante recomendação dos seus membros permanentes, tem o dever de atuar em todas as reuniões da Assembleia Geral, do Conselho de Segurança, do Conselho Econômico e Social e do Conselho de Tutela, além de desempenhar outras funções que lhe forem atribuídas por esses órgãos.

(D) O Conselho de Segurança da ONU compõe-se de cinco membros permanentes e de dez membros não permanentes, todos indicados pelo próprio Conselho, devendo estes últimos cumprir mandato de dois anos.

RESPOSTA De acordo com a Carta da ONU, arts. 97 e 98. *Alternativa C.*

VI. DIREITOS HUMANOS

41. **(XIX Exame)** Para a aplicação da Convenção sobre os Aspectos Civis do Sequestro Internacional de Crianças, Lígia recorre à autoridade central brasileira, quando Arnaldo, seu marido, que tem dupla nacionalidade, viaja para os Estados Unidos com a filha de 17 anos do casal e não retorna na data prometida. Arnaldo alega que entrará com pedido de divórcio e passará a viver com a filha menor no exterior. Com base no caso apresentado, a autoridade central brasileira

(A) deverá acionar diretamente a autoridade central estadunidense para que tome as medidas necessárias para o retorno da filha ao Brasil.

(B) deverá ingressar na Justiça Federal brasileira, em nome de Lígia, para que a Justiça Federal mande acionar a autoridade central estadunidense para que tome as medidas necessárias para o retorno da filha ao Brasil.

(C) não deverá apreciar o pleito de Lígia, eis que a filha é maior de 16 anos.

(D) não deverá apreciar o pleito de Lígia, eis que o pai também possui direito de guarda sobre a filha, já que o divórcio ainda não foi realizado.

RESPOSTA Esta Convenção foi promulgada pelo Decreto n. 3.413/2000 e "estreia" na prova da OAB de forma a ser criticada, uma vez que exige do examinando o conhecimento de algo que a maioria dos advogados nunca ouviu falar. Pois bem, o art. 4º diz que a Convenção aplica-se a qualquer criança que tenha residência habitual num Estado Contratante, imediatamente antes da violação do direito de guarda ou de visita. A aplicação da Convenção cessa quando a criança atingir a idade de dezesseis anos. *Alternativa C.*

VII. DIREITO INTERNACIONAL PRIVADO

42. **(XXXI Exame)** Em função do incremento nas atividades de transporte aéreo no Brasil, a sociedade empresária Fast Plane, sediada no país, resolveu adquirir helicópteros de última geração da pessoa jurídica holandesa Nederland Air Transport, que ficou responsável pela fabricação, montagem e envio da mercadoria. O contrato de compra e venda restou celebrado, presencialmente, nos Estados Unidos da América, restando ajustado que o cumprimento da obrigação se dará no Brasil. No momento de receber as aeronaves, contudo, a adquirente verificou que o produto enviado era diverso do apontado no instrumento contratual. Decidiu a sociedade empresária Fast Plane, então, buscar auxílio jurídico para resolver a questão, inclusive para a propositura de eventual ação, caso não haja solução consensual. Considerando-se o enunciado acima, aplicando-se a Lei de Introdução às Normas do Direito Brasileiro (Decreto-lei n. 4.657/42) e o Código de Processo Civil, assinale a afirmativa correta.

(A) A lei aplicável na solução da questão é a holandesa, em razão do local de fabricação e montagem das aeronaves adquiridas.

(B) A autoridade judiciária brasileira será competente para processar e julgar eventual ação proposta pela Fast Plane, mesmo se estabelecida cláusula de eleição de foro exclusivo estrangeiro, em razão do princípio da inafastabilidade da jurisdição.

(C) A autoridade judiciária brasileira tem competência exclusiva para processar e julgar eventual ação a ser proposta pela Fast Plane para resolver a questão.

(D) A autoridade judiciária brasileira tem competência concorrente para processar e julgar eventual ação a ser proposta pela Fast Plane para resolver a questão.

RESPOSTA Diante do caso, o art. 21 e parágrafo único do CPC preveem que compete à autoridade judiciária brasileira processar e julgar as ações em que o réu, qualquer que seja a sua nacionalidade, estiver domiciliado no Brasil e quanto a pessoa jurídica estrangeira, que tiver agência, filial ou sucursal; no Brasil tiver de ser cumprida a obrigação; o fundamento seja fato ocorrido ou ato praticado no Brasil. *Vide* ainda o art. 12 da LINDB. Correta, assim, a *alternativa D.*

43. **(XXX Exame)** Victor, após divorciar-se no Brasil, transferiu seu domicílio para os Estados Unidos. Os dois filhos brasileiros de sua primeira união continuaram vivendo no Brasil. Victor contraiu novo matrimônio nos Estados Unidos com uma cidadã norte-americana e, alguns anos depois, vem a falecer nos Estados Unidos, deixando um imóvel e aplicações financeiras nesse país. A regra de conexão do direito brasileiro estabelece que a sucessão de Victor será regida

(A) Pela lei brasileira, em razão da nacionalidade brasileira do *de cujus*.

(B) Pela lei brasileira, porque o *de cujus* tem dois filhos brasileiros.

(C) Pela lei norte-americana, em razão do último domicílio do *de cujus*.

(D) Pela lei norte-americana, em razão do local da situação dos bens a serem partilhados.

RESPOSTA A regra de sucessão rege-se pela lei do último domicílio do *de cujus*, conforme *caput* do art. 10, da LINDB, visto que a sucessão por morte ou por ausência obedece à lei do país em que domiciliado o defunto ou o desaparecido, qualquer que seja a natureza e a situação dos bens. *Alternativa C*.

44. **(XXIX Exame)** João da Silva prestou serviços de consultoria diretamente ao Comitê Olímpico Internacional (COI), entidade com sede na Suíça, por ocasião dos Jogos Olímpicos realizados no Rio de Janeiro, em 2016. Até o presente momento, João não recebeu integralmente os valores devidos. Na hipótese de recorrer a uma cobrança judicial, o pedido deve ser feito

(A) Na justiça federal, pois o COI é uma organização internacional estatal.

(B) Na justiça estadual, pois o COI não é um organismo de direito público externo.

(C) Por auxílio direto, intermediado pelo Ministério Público, nos termos do tratado Brasil-Suíça.

(D) Na justiça federal, por se tratar de uma organização internacional com sede no exterior.

RESPOSTA A dificuldade da questão é saber qual a personalidade jurídica do COI, como organização. Se de direito público externo, justiça federal; ao contrário, justiça estadual. Segundo a Wikipedia, é uma organização não governamental, de iniciativa privada. Assim, *alternativa B*.

45. **(XXVIII Exame)** Uma das funções da cooperação jurídica internacional diz respeito à obtenção de provas em outra jurisdição, nos termos das disposições dos tratados em vigor e das normas processuais brasileiras. Para instruir processo a ser iniciado ou já em curso, no Brasil ou no exterior, não é admitida, no entanto, a solicitação de colheita de provas

(A) por carta rogatória ativa.

(B) por carta rogatória passiva.

(C) a representantes diplomáticos ou agentes consulares.

(D) pela via do auxílio direto.

RESPOSTA A cooperação jurídica internacional está prevista nos artigos 26 e 27 do CPC. O auxílio direto, a partir do art. 28 do CPC e a carta rogatória, art. 36. Quanto à colheita de provas, o Brasil ratificou a Convenção sobre a Obtenção de Provas no Estrangeiro em Matéria Civil ou Comercial, cujo vigor só ocorreu com a promulgação do Decreto n. 9.039, de 27 de abril de 2017. No entanto, o país fez algumas ressalvas, dentre elas, que provas pudessem ser produzidas não só por juízes, mas também por representantes diplomáticos ou agentes consulares. Portanto, não são admitidas a tais pessoas. *Alternativa C*.

46. **(XXV Exame)** Paulo, brasileiro, celebra no Brasil um contrato de prestação de serviços de consultoria no Brasil a uma empresa pertencente a François, francês residente em Paris, para a realização de investimentos no mercado imobiliário brasileiro. O contrato possui uma cláusula indicando a aplicação da lei francesa.

Em ação proposta por Paulo no Brasil, surge uma questão envolvendo a capacidade de François para assumir e cumprir as obrigações previstas no contrato. Com relação a essa questão, a Justiça brasileira deverá aplicar

(A) a lei brasileira, porque o contrato foi celebrado no Brasil.

(B) a lei francesa, porque François é residente da França.

(C) a lei brasileira, país onde os serviços serão prestados.

(D) a lei francesa, escolhida pelas partes mediante cláusula contratual expressa.

RESPOSTA De acordo com o art. 7º da LINDB, que trata da capacidade, a lei do país em que domiciliada a pessoa determina as regras sobre o começo e o fim da personalidade, o nome, a capacidade e os direitos de família. *Alternativa B*.

47. **(XX Exame)** Em 2013, uma empresa de consultoria brasileira assina, na cidade de Londres, Reino Unido, contrato de prestação de serviços com uma empresa local. As contratantes elegem o foro da comarca do Rio de Janeiro para dirimir eventuais dúvidas, com a exclusão de qualquer outro. Dois anos depois, as partes se desentendem quanto aos critérios técnicos previstos no contrato e não conseguem chegar a uma solução amigável. A empresa de consultoria brasileira decide, então, ajuizar uma ação no Tribunal de Justiça do Estado do Rio de Janeiro para rescindir o contrato. Com relação ao caso narrado acima, assinale a afirmativa correta.

(A) O juiz brasileiro poderá conhecer e julgar a lide, mas deverá basear sua decisão na legislação brasileira, pois um juiz brasileiro não pode ser obrigado a aplicar leis estrangeiras.

(B) O Poder Judiciário brasileiro não é competente para conhecer e julgar a lide, pois o foro para dirimir questões em matéria contratual é necessariamente o do local em que o contrato foi assinado.

(C) O juiz brasileiro poderá conhecer e julgar a lide, mas deverá basear sua decisão na legislação do Reino Unido, pois os contratos se regem pela lei do local de sua assinatura.

(D) O juiz brasileiro poderá conhecer e julgar a lide, mas deverá se basear na legislação brasileira, pois, a litígios envolvendo brasileiros e estrangeiros, aplica-se a *lex fori*.

RESPOSTA De acordo com a situação hipotética, correta está a *alternativa C*, pois em razão do *caput* do art. 9º da LINDB, em caso de contratos ("obrigações"), aplicar-se-á a lei do país onde se constituíram. Assim, deverá ser considerada a legislação do Reino Unido, mas o juiz brasileiro é competente para conhecer a ação devido ao foro de eleição contratual, Rio de Janeiro. *Alternativa C*.

48. **(XX Exame – Reaplicação)** Uma agricultora japonesa residente no Brasil ingressou com ação perante a autoridade judiciária do Japão para cobrar indenização de seu principal fornecedor de pesticidas, a brasileira Ervas Daninhas S.A., alegando descumprimento dos termos de um contrato de fornecimento celebrado entre as partes. A agricultora recentemente obteve uma decisão interlocutória a seu favor, reconhecendo a Ervas Daninhas S.A. como devedora. Sobre a hipótese, assinale a afirmativa correta.

(A) A decisão da autoridade judiciária japonesa poderá ser executada no Brasil por meio de carta rogatória.

(B) A decisão interlocutória da autoridade judiciária japonesa poderá ser executada no Brasil, depois de homologada pelo Superior Tribunal de Justiça.

(C) A decisão proferida pela autoridade judiciária japonesa não poderá produzir efeitos no Brasil, visto que apenas a autoridade brasileira poderá conhecer de ações relativas a bens situados no Brasil.

(D) A agricultora deverá aguardar o trânsito em julgado da decisão final da autoridade judiciária japonesa, para então proceder à sua homologação no Superior Tribunal de Justiça e execução na Justiça Federal.

RESPOSTA De acordo com a Constituição Federal (art. 105, I, *i*), o Superior Tribunal de Justiça – STJ tem a competência da homologação de sentenças estrangeiras e a concessão de *exequatur* às cartas rogatórias, respondendo ao caso acima. *Alternativa A*.

49. **(XX Exame)** Lúcia, brasileira, casou-se com Mauro, argentino, há 10 anos, em elegante cerimônia realizada no Nordeste brasileiro. O casal vive atualmente em Buenos Aires com seus três filhos menores. Por diferenças inconciliáveis, Lúcia pretende se divorciar de Mauro, ajuizando, para tanto, a competente ação de divórcio, a fim de partilhar os bens do casal: um apartamento em Buenos Aires/Argentina e uma casa de praia em Trancoso/Bahia. Mauro não se opõe à ação. Com relação à ação de divórcio, assinale a afirmativa correta.

(A) Ação de divórcio só poderá ser ajuizada no Brasil, eis que o casamento foi realizado em território brasileiro.

(B) Caso Lúcia ingresse com a ação perante a Justiça argentina, não poderá partilhar a casa de praia.

(C) Eventual sentença argentina de divórcio, para produzir efeitos no Brasil, deverá ser primeiramente homologada pelo Superior Tribunal de Justiça.

(D) Ação de divórcio, se consensual, poderá ser ajuizada tanto no Brasil quanto na Argentina, sendo ambos os países competentes para decidir acerca da guarda das crianças e da partilha dos bens.

RESPOSTA Diante do caso e de acordo com o inciso III do art. 23, do CPC/2015, tratando-se de divórcio, cujos bens estão no Brasil, a competência é da autoridade judiciária brasileira com a exclusão de qualquer outra. Sendo assim, a Justiça argentina não é competente, somente a brasileira. *Alternativa B*.

50. **(XV Exame)** Túlio, brasileiro, é casado com Alexia, de nacionalidade sueca, estando o casal domiciliado no Brasil. Durante um cruzeiro marítimo, na Grécia, ela, após a ceia, veio a falecer em razão de uma intoxicação alimentar. Alexia, quando ainda era noiva de Túlio, havia realizado um testamento em Lisboa, dispondo sobre os seus bens, entre eles, três apartamentos situados no Rio de Janeiro. À luz das regras de Direito Internacional Privado, assinale afirmativa correta.

(A) Se houver discussão acerca da validade do testamento, no que diz respeito à observância das formalidades, deverá ser aplicada a legislação brasileira, pois Alexia encontrava se domiciliada no Brasil.

(B) Se houver discussão acerca da validade do testamento, no que diz respeito à observância das formalidades, deverá ser aplicada a legislação portuguesa, local em que foi realizado o ato de disposição da última vontade de Alexia.

(C) A autoridade judiciária brasileira não é competente para proceder ao inventário e à partilha de bens, porquanto Alexia faleceu na Grécia, e não no Brasil.

(D) Se houver discussão acerca do regime sucessório, deverá ser aplicada a legislação sueca, em razão da nacionalidade do *de cujus*.

RESPOSTA (A) Errada, nesse caso, a legislação portuguesa deve ser aplicada (art. 13, LINDB). (B) De acordo com o art. 13 da LINDB. (C) Errada, *vide* a leitura dos arts. 7º e 8º da LINDB. (D) Errada, *vide* art. 10, §§ 1º e 2º, da LINDB. *Alternativa B.*

51. **(XVII Exame)** A sociedade empresária brasileira do ramo de comunicação, *Personalidades*, celebrou contrato internacional de prestação de serviços de informática, no Brasil, com a sociedade empresária uruguaia *Sacramento*. O contrato foi celebrado em Caracas, capital venezuelana, tendo sido estabelecido pelas partes, como foro de eleição, em Montevidéu. Diante da situação exposta, à luz das regras do Direito Internacional Privado veiculadas na Lei de Introdução às Normas do Direito Brasileiro (LINDB) e no Código de Processo Civil, assinale a afirmativa correta.

(A) No tocante à regência das obrigações previstas no contrato, aplica-se a legislação uruguaia, já que Montevidéu foi eleito o foro competente para se dirimir eventual controvérsia.
(B) Para qualificar e reger as obrigações do presente contrato, aplicar-se-á a lei venezuelana.
(C) Como a execução da obrigação avençada entre as partes se dará no Brasil, aplica-se, obrigatoriamente, no tocante ao cumprimento do contrato, a legislação brasileira.
(D) A Lei de Introdução às Normas do Direito Brasileiro veda expressamente o foro de eleição, razão pela qual é nula *ipse jure* a cláusula estabelecida pelas partes nesse sentido.

RESPOSTA De acordo com o art. 9º (LINDB), pois o contrato foi constituído em Caracas (Venezuela), e deve ser aplicada a lei do país em que ele foi celebrado. *Alternativa B.*

52. **(XVIII Exame)** Ricardo, brasileiro naturalizado, mora na cidade do Rio de Janeiro há 9 (nove) anos. Em visita a parentes italianos, conhece Giulia, residente em Roma, com quem passa a ter um relacionamento amoroso. Após 3 (três) anos de namoro a distância, ficam noivos e celebram matrimônio em território italiano. De comum acordo, o casal estabelece seu primeiro domicílio em São Paulo, onde ambos possuem oportunidades de trabalho. À luz das regras de Direito Internacional Privado, veiculadas na Lei de Introdução às Normas do Direito Brasileiro (LINDB), não havendo pacto antenupcial, assinale a opção que indica a legislação que irá reger o regime de bens entre os cônjuges.

(A) Aplicável a Lei italiana, haja vista que nenhum dos cônjuges é brasileiro nato.
(B) Aplicável a Lei italiana, em razão do local em que foi realizado o casamento.
(C) Aplicável a Lei brasileira, em razão do domicílio do cônjuge varão.
(D) Aplicável a Lei brasileira, porque aqui constituído o primeiro domicílio do casal.

RESPOSTA Diz o art. 7º, § 4º, que o regime de bens, legal ou convencional, obedece à lei do país em que tiverem os nubentes domicílio, e, se este for diverso, a do primeiro domicílio conjugal. *Alternativa D.*

53. **(XVIII Exame)** Uma carta rogatória foi encaminhada, nos termos da Convenção Interamericana sobre Cartas Rogatórias, para citação de pessoa física domiciliada em São Paulo, para responder a processo de divórcio nos Estados Unidos. A esse respeito, assinale a opção correta.

(A) Não será necessário obter *exequatur* em função do tratado multilateral ratificado por ambos os países.
(B) O STJ deverá conceder o *exequatur*, cabendo à justiça estadual cumprir a ordem de citação.
(C) A concessão de *exequatur* caberá ao STJ e seu posterior cumprimento à justiça federal.
(D) A concessão de *exequatur* e seu posterior cumprimento caberão à autoridade central indicada na Convenção Interamericana sobre Cartas Rogatórias.

RESPOSTA Conjugando as regras constitucionais do art. 105, *i*, e art. 109, X, alcança-se o gabarito, qual seja, *alternativa C.*

54. **(XII Exame)** A sociedade empresária Airplane Ltda., fabricante de aeronaves, sediada na China, celebrou contrato internacional de compra e venda com a sociedade empresária Voe Rápido Ltda., com sede na Argentina. O contrato foi celebrado no Japão, em razão de uma feira promocional que ali se realizava.

Conforme estipulado no contrato, as aeronaves deveriam ser entregues pela Airplane Ltda., na cidade do Rio de Janeiro, no dia 1º de abril de 2011, onde a sociedade Voe Rápido Ltda. possui uma filial e realiza a atividade empresarial de transporte de passageiros.

Diante da situação exposta, à luz das regras de Direito Internacional Privado veiculadas na Lei de Introdução às Normas do Direito Brasileiro (LINDB) e no estatuto processual civil brasileiro (Código de Processo Civil – CPC), assinale a afirmativa INCORRETA.

(A) Não sendo as aeronaves entregues no prazo avençado, o Poder Judiciário brasileiro é competente para julgar eventual demanda em que a credora postule o cumprimento do contrato.

(B) No tocante à regência das obrigações, aplica-se, no caso vertente, a legislação japonesa.

(C) O Poder Judiciário Brasileiro não é competente para julgar eventual ação por inadimplemento contratual, pois o contrato não foi constituído no Brasil.

(D) O juiz, não conhecendo a lei estrangeira, poderá exigir de quem a invoca prova do texto e da vigência.

RESPOSTA (A) De acordo com o art. 21 do NCPC, é competente a autoridade judiciária brasileira quando: I – o réu, qualquer que seja a sua nacionalidade, estiver domiciliado no Brasil; II – no Brasil tiver de ser cumprida a obrigação; III – o fundamento seja fato ocorrido ou ato praticado no Brasil. (B) De acordo com o art. 9º da LINDB, para qualificar e reger as obrigações, aplicar-se-á a lei do país em que se constituírem. (C) Errada, *vide* o inciso II do art. 21 do NCPC. (D) De acordo com o art. 14 da LINDB, não conhecendo a lei estrangeira, poderá o juiz exigir de quem a invoca prova do texto e da vigência. *Alternativa C.*

55. **(X Exame)** A respeito dos elementos de conexão no Brasil, assinale a afirmativa correta.

(A) A lei da nacionalidade da pessoa determina as regras sobre o começo e o fim da personalidade.

(B) A *lex loci executionis* é aplicável aos contratos de trabalho, os quais, ainda que tenham sido celebrados no exterior, são regidos pela norma do local da execução das atividades laborais.

(C) A norma do país em que é domiciliada a vítima aplica-se aos casos de responsabilidade por ato ilícito extracontratual.

(D) O elemento de conexão *lex loci executionis* ou *lex loci solutionis* é o critério aplicável, como regra geral, para qualificar e reger as obrigações.

RESPOSTA De acordo com a Súmula 207 do TST, "a relação jurídica trabalhista é regida pelas leis vigentes no país da prestação do serviço, e não por aquelas do local da contratação". No entanto, a referida Súmula foi cancelada pelo TST em abril de 2012, que versava sobre o conflito de leis trabalhistas no espaço e o princípio da *lex loci executionis*. Ocorre que o gabarito preliminar apontou a *alternativa B* como correta, da qual discordamos.

56. **(IX Exame)** José, de nacionalidade brasileira, era casado com Maria, de nacionalidade sueca, encontrando-se o casal domiciliado no Brasil. Durante a viagem de "lua de mel", na França, Maria, após o jantar, veio a falecer, em razão de uma intoxicação alimentar. Maria, quando ainda era noiva de José, havia realizado testamento em Londres, dispondo sobre os seus bens, entre eles dois imóveis situados no Rio de Janeiro. À luz das regras de Direito Internacional Privado, assinale a afirmativa correta.

(A) Se houver discussão acerca da validade do testamento, no que diz respeito à observância das formalidades, deverá ser aplicada a legislação brasileira, pois Maria encontrava-se domiciliada no Brasil.

(B) Se houver discussão acerca da validade do testamento, no que diz respeito à observância das formalidades, deverá ser aplicada a legislação inglesa, local em que foi realizado o ato de disposição de última vontade de Maria.

(C) A autoridade judiciária brasileira não é competente para proceder ao inventário e à partilha de bens, porquanto Maria faleceu na França, e não no Brasil.

(D) Se houver discussão acerca do regime sucessório, deverá ser aplicada a legislação sueca, em razão da nacionalidade do *de cujus*.

RESPOSTA De acordo com o art. 9º da LINDB, para qualificar e reger as obrigações, aplicar-se-á a lei do país em que se constituírem (Inglaterra, Londres). *Alternativa B.*

57. **(VII Exame)** Um jato privado, pertencente a uma empresa norte-americana, se envolve em um incidente que resulta na queda de uma aeronave comercial brasileira em território brasileiro, provocando dezenas de mortes. A família de uma das vítimas brasileiras inicia uma ação no Brasil contra a empresa norte-americana, pedindo danos materiais e morais. A empresa norte-americana alega que a competência para julgar o caso é da justiça americana.

Segundo o direito brasileiro, o juiz brasileiro

(A) tem competência concorrente porque o acidente ocorreu em território brasileiro.

(B) não tem competência concorrente porque o réu é empresa estrangeira que não opera no Brasil.

(C) não tem competência, absoluta ou relativa, e deverá remeter o caso, por carta rogatória, à justiça americana.

(D) tem competência concorrente porque a vítima tinha nacionalidade brasileira.

RESPOSTA Segundo as regras de competência previstas no art. 21 do NCPC, a autoridade judiciária brasileira é competente quando o fundamento seja fato ocorrido ou ato praticado no Brasil. (inciso III). Haverá *competência internacional concorrente* quando tanto o Judiciário brasileiro como o estrangeiro possam receber o litígio para julgamento, como é o caso em questão. *Alternativa A.*

58. (VI Exame – Reaplicação) Uma sociedade brasileira, sediada no Rio de Janeiro, resolveu contratar uma sociedade americana, sediada em Nova York, para realizar um estudo que lhe permitisse expandir suas atividades no exterior, para poder vender seus produtos no mercado americano. Depois de várias negociações, o representante da sociedade americana veio ao Brasil, e o contrato de prestação de serviços foi assinado no Rio de Janeiro. Não há no contrato uma cláusula de lei aplicável, mas alguns princípios do Unidroit foram incorporados ao texto final. Por esse contrato, o estudo deveria ser entregue em seis meses. No entanto, apesar da intensa troca de informações, passados 10 meses, o contrato não foi cumprido. A sociedade brasileira ajuizou uma ação no Brasil, invocando a cláusula penal do contrato, que previa um desconto de 10% no preço total do serviço por mês de atraso. A sociedade americana, na sua contestação, alegou que a cláusula era inválida segundo o direito americano. Conforme a Lei de Introdução às Normas do Direito Brasileiro, qual é a lei material que o juiz deverá aplicar para solucionar a causa?

(A) A lei brasileira, pois o contrato foi firmado no Brasil.

(B) A lei americana, pois o réu é domiciliado nos Estados Unidos.

(C) Os princípios do Unidroit, porque muitas cláusulas foram inspiradas nessa legislação.

(D) A *Lex Mercatoria*, porque o que rege o contrato internacional é a prática internacional.

RESPOSTA Segue a regra de que os contratos regem-se pela ***lei do local de sua assinatura***, segundo a previsão do § 2º do art. 9º da LINDB: a obrigação resultante do contrato reputa-se constituída no lugar em que residir o *proponente*, no caso em tela, no Rio de Janeiro. Atente-se que o Unidroit, Instituto Internacional para a Unificação do Direito Privado, criado em 1926, é uma organização intergovernamental independente, com sede em Roma, e que tem como objetivo estabelecer uma legislação de direito privado uniforme entre os Estados, em especial, os contratos internacionais de comércio. *Alternativa A.*

59. (VI Exame – Reaplicação) Tício, espanhol, era casado com Tácita, brasileira. Os cônjuges eram domiciliados no Brasil. Tício possuía uma filha adotiva espanhola, cujo nome é Mévia, e que residia com o pai. Em razão de um grave acidente na Argentina, Tício faleceu. O *de cujus* era proprietário de dois bens imóveis em Barcelona e um bem imóvel no Rio de Janeiro. Diante da situação exposta, à luz das regras de Direito Internacional Privado veiculadas na Lei de Introdução às Normas do Direito Brasileiro (LINDB) e do Código de Processo Civil brasileiro. (CPC), assinale a assertiva correta.

(A) Ainda que a lei espanhola não conceda direitos sucessórios à filha adotiva, poderá ela habilitar-se na ação de inventário ajuizada pelo cônjuge supérstite, no Brasil, regendo-se a sucessão pela lei brasileira, que não faz qualquer distinção entre filhos naturais e adotivos.

(B) A capacidade de suceder da filha é regulada pela legislação espanhola.

(C) A ação de inventário e partilha de todos os bens é de competência exclusiva do Poder Judiciário brasileiro, já que o *de cujus* era domiciliado no Brasil.

(D) Se o *de cujus* houvesse deixado bens imóveis somente na Espanha, a sucessão seria regida pela lei espanhola.

RESPOSTA Segundo o art. 7º da LINDB, a ***lei do país*** em que ***domiciliada*** a pessoa determina as regras sobre o começo e o fim da personalidade, o nome, a capacidade e os direitos de família. E o art. 10 prevê que a ***sucessão*** por morte ou por ausência obedece à ***lei do país em que domiciliado o defunto*** ou o desaparecido, *qualquer* que seja a natureza e a situação dos bens. E a sucessão de ***bens de estrangeiros, situados no País***, será regulada pela ***lei brasileira*** em benefício do cônjuge ou dos filhos brasileiros, ou de quem os represente, sempre que não lhes seja mais favorável a lei pessoal do *de cujus* (§ 1º). Veja ainda o inciso XXXI do art. 5º da CF. *Alternativa A.*

60. (VI Exame) A sociedade empresária do ramo de comunicações A Notícia Brasileira, com sede no Brasil, celebrou contrato internacional de prestação de serviços de informática com a sociedade empresária Santiago Info, com sede em Santiago. O contrato foi celebrado em Buenos Aires, capital argentina, tendo sido estabelecido como foro de eleição pelas partes Santiago, se porventura houver a necessidade de resolução de litígio entre as partes. Diante da situação exposta, à luz das regras de Direito Internacional Privado veiculadas na Lei de Introdução às Normas do Direito Brasileiro (LINDB) e no estatuto processual civil pátrio (Código de Processo Civil – CPC), assinale a alternativa correta.

(A) No tocante à regência das obrigações previstas no contrato, aplica-se a legislação chilena, já que Santiago foi eleito o foro competente para se dirimir eventual controvérsia.

(B) Nos contratos internacionais, a lei que rege a capacidade das partes pode ser diversa da que rege o contrato. É o que se verifica no caso exposto acima.

(C) Como a execução da obrigação avençada entre as partes se dará no Brasil, aplica-se, obrigatoriamente, no tocante ao cumprimento do contrato, a legislação brasileira.

(D) A Lei de Introdução às Normas do Direito Brasileiro veda expressamente o foro de eleição, razão pela qual é nula *ipso jure* a cláusula estabelecida pelas partes nesse sentido.

RESPOSTA Segundo o art. 7º da LINDB, a ***lei do país*** em que *domiciliada* a pessoa determina as regras sobre o começo e o fim da personalidade, o nome, a ***capacidade*** e os direitos de família. Ocorre que para qualificar e reger as ***obrigações***, aplicar-se-á a *lei do país* em que se ***constituírem***, como prevê o art. 9º, observada, em especial, a regra do § 2º, em que a obrigação resultante do contrato reputa-se constituída no lugar em que residir o proponente. *Alternativa B.*

61. **(VI Exame)** Arnaldo Butti, cidadão brasileiro, falece em Roma, Itália, local onde residia e tinha domicílio. Em seu testamento, firmado em sua residência poucos dias antes de sua morte, Butti, que não tinha herdeiros naturais, deixou um imóvel localizado na Avenida Atlântica, na cidade do Rio de Janeiro, para Júlia, neta de sua enfermeira, que vive no Brasil. Inconformada com a partilha, Fernanda, brasileira, sobrinha-neta do falecido, que há dois anos vivia de favor no referido imóvel, questiona no Judiciário brasileiro a validade do testamento. Alega, em síntese, que, embora obedecesse a todas as formalidades previstas na lei italiana, o ato não seguiu todas as formalidades preconizadas pela lei brasileira. Com base na hipótese acima aventada, assinale a alternativa correta.

(A) Fernanda tem razão em seu questionamento, pois a sucessão testamentária de imóvel localizado no Brasil rege-se, inclusive quanto à forma, pela lei do local onde a coisa se situa (*lex rei sitae*).

(B) Fernanda tem razão em questionar a validade do testamento, pois a Lei de Introdução às Normas do Direito Brasileiro veda a partilha de bens imóveis situados no Brasil por ato testamentário firmado no exterior.

(C) Fernanda não tem razão em questionar a validade do testamento, pois o ato testamentário se rege, quanto à forma, pela lei do local onde foi celebrado (*locus regit actum*).

(D) O questionamento de Fernanda não será apreciado, pois a Justiça brasileira não possui competência para conhecer e julgar o mérito de ações que versem sobre atos testamentários realizados no exterior.

RESPOSTA Segundo o art. 9º da LINDB, para qualificar e reger as obrigações, aplicar-se-á a lei do país em que se constituírem. Assim, o testamento rege-se, quanto à forma, pela lei do local onde foi celebrado, ou seja, na Itália, na situação hipotética, mesmo que os bens estejam em outro país (Brasil). Acrescenta-se o *caput* do art. 10, que determina que a sucessão por morte ou por ausência obedece à lei do país em que ***domiciliado*** o defunto ou o desaparecido, *qualquer que seja a natureza e a situação dos bens. Alternativa C.*

62. **(V Exame)** Em janeiro de 2003, Martin e Clarisse Green, cidadãos britânicos domiciliados no Rio de Janeiro, casam-se no Consulado Geral britânico, localizado na Praia do Flamengo. Em meados de 2010, decidem se divorciar. Na ausência de um pacto antenupcial, Clarisse requer, em petição à Vara de Família do Rio de Janeiro, metade dos bens adquiridos pelo casal desde a celebração do matrimônio, alegando que o regime legal vigente no Brasil é o da comunhão parcial de bens. Martin, no entanto, contesta a pretensão de Clarisse, argumentando que o casamento foi realizado no Consulado britânico e que, portanto, deve ser aplicado o regime legal de bens vigente no Reino Unido, que lhe é mais favorável. Com base no caso hipotético acima e nos termos da Lei de Introdução às Normas do Direito Brasileiro, assinale a alternativa correta.

(A) O juiz brasileiro não poderá conhecer e julgar a lide, pois o casamento não foi realizado perante a autoridade competente.

(B) Clarisse tem razão em sua demanda, pois o regime de bens é regido pela *lex domicilli* dos nubentes e, ao tempo do casamento, ambos eram domiciliados no Brasil.

(C) Martin tem razão em sua contestação, pois o regime de bens se rege pela lei do local da celebração (*lex loci celebrationis*), e o casamento foi celebrado no Consulado britânico.

(D) O regime de bens obedecerá à *lex domicilli* dos cônjuges quanto aos bens móveis e à *lex rei sitae* (ou seja, a lei do lugar onde estão) quanto aos bens imóveis, se houver.

RESPOSTA Segundo o § 4º do art. 7º da LINDB, o regime de bens, legal ou convencional, obedece à lei do país em que tiverem os nubentes ***domicílio***, e, se este for diverso, a do primeiro domicílio conjugal. *Alternativa B.*

63. **(III Exame)** Em junho de 2009, uma construtora brasileira assina, na Cidade do Cabo, África do Sul, contrato de empreitada com uma empresa local, tendo por objeto a duplicação de um trecho da rodovia que liga a Cidade do Cabo à capital do país, Pretória. As contratantes elegem o foro da comarca de São Paulo para dirimir eventuais dúvidas. Um ano depois, as partes se desentendem quanto aos critérios técnicos de medição das obras e não conseguem chegar a uma solução amigável. A construtora brasileira decide, então, ajuizar, na justiça paulista, uma ação rescisória com o objetivo de colocar termo ao contrato. Com relação ao caso hipotético acima, é correto afirmar que

(A) o Poder Judiciário brasileiro não é competente para conhecer e julgar a lide, pois o foro para dirimir questões em matéria contratual é necessariamente odo local onde o contrato é assinado.
(B) o juiz brasileiro poderá conhecer e julgar a lide, mas deverá basear sua decisão na legislação sul-africana, pois os contratos se regem pela lei do local de sua assinatura.
(C) o juiz brasileiro poderá conhecer e julgar a lide, mas deverá basear sua decisão na legislação brasileira, pois um juiz brasileiro não pode ser obrigado a aplicar leis estrangeiras.
(D) o juiz brasileiro poderá conhecer e julgar a lide, mas deverá se basear na legislação brasileira, pois em litígios envolvendo brasileiros e estrangeiros aplica-se a *lex fori*.

RESPOSTA Diante do caso proposto, correta a *alternativa B*, visto que a ação deverá ser proposta no Brasil conforme a previsão contratual, mas a lei aplicável é a lei africana (direito material) de acordo com o art. 9º da LINDB.

64. **(II Exame)** Jogador de futebol de um importante time espanhol e titular da seleção brasileira é filmado por um celular em uma casa noturna na Espanha, em avançado estado de embriaguez. O vídeo é veiculado na internet e tem grande repercussão no Brasil. Temeroso de ser cortado da seleção brasileira, o jogador ajuíza uma ação no Brasil contra o portal de vídeos, cuja sede é na Califórnia, Estados Unidos. O juiz brasileiro

(A) não é competente, porque o réu é pessoa jurídica estrangeira.
(B) terá competência porque os danos à imagem ocorreram no Brasil.
(C) deverá remeter o caso, por carta rogatória, à justiça norte--americana.
(D) terá competência porque o autor tem nacionalidade brasileira.

RESPOSTA Observada a situação hipotética, atenção ao CPC: "Compete à autoridade judiciária brasileira processar e julgar as ações em que: III – o fundamento seja fato ocorrido ou ato praticado no Brasil" (art. 21). Veja que a situação fática ocorreu fora do país, mas o dano no Brasil. A repercussão é que importa. Sendo assim, *alternativa B*.

65. **(XXIV Exame)** Henrique e Ruth se casaram no Brasil e se mudaram para a Holanda, onde permaneceram por quase 4 anos. Após um período difícil, o casal, que não tem filhos, nem bens, decide, de comum acordo, se divorciar e Ruth pretende retornar ao Brasil. Com relação à dissolução do casamento, assinale a afirmativa correta.

(A) O divórcio só poderá ser requerido no Brasil, eis que o casamento foi realizado no Brasil.
(B) O divórcio, se efetivado na Holanda, precisa ser reconhecido e homologado perante o STJ para que tenha validade no Brasil.
(C) O divórcio consensual pode ser reconhecido no Brasil sem que seja necessário proceder à homologação.
(D) Para requerer o divórcio no Brasil, o casal deverá, primeiramente, voltar a residir no país.

RESPOSTA De acordo com o CPC/2015, a sentença estrangeira de divórcio consensual produz efeitos no Brasil, independentemente de homologação pelo Superior Tribunal de Justiça (art. 960, § 5º). *Alternativa C.*

66. **(XXIV Exame)** Roger, suíço radicado no Brasil há muitos anos, faleceu em sua casa no Rio Grande do Sul, deixando duas filhas e um filho, todos maiores de idade. Suas filhas residem no Brasil, mas o filho se mudara para a Suíça antes mesmo do falecimento de Roger, lá residindo. Roger possuía diversos bens espalhados pelo sul do Brasil e uma propriedade no norte da Suíça. Com referência à sucessão de Roger, assinale a afirmativa correta.

(A) Se o inventário de Roger for processado no Brasil, sua sucessão deverá ser regulada pela lei suíça, que é a lei de nacionalidade de Roger.
(B) A capacidade do filho de Roger para sucedê-lo será regulada pela lei suíça.
(C) Se Roger tivesse deixado testamento, seria aplicada, quanto à sua forma, a lei da nacionalidade dele, independentemente de onde houvesse sido lavrado.
(D) O inventário de Roger não poderá ser processado no Brasil, em razão de existirem bens no estrangeiro a partilhar.

RESPOSTA De acordo com a LINDB, a lei do país em que domiciliada a pessoa determina as regras sobre o começo e o fim da personalidade, o nome, a capacidade e os direitos de família (art. 7º). *Alternativa B.*

REFERÊNCIAS

BRAGA, Marcelo Pupe. *Direito internacional público e privado.* São Paulo: Método, 2009.

NEVES, Gustavo Bregalda. *Direito internacional público e privado.* São Paulo: Saraiva, 2011.

REZEK, Francisco. *Direito internacional público*: curso elementar. 13. ed. São Paulo: Saraiva, 2011.

Direito Tributário

DIREITO TRIBUTÁRIO: QUADRO GERAL DE QUESTÕES	
TEMAS	Nº DE QUESTÕES
I. Princípios Constitucionais Tributários	17
II. Competência Tributária e Tributos em Espécie	51
III. Imunidades Tributárias	4
IV. Legislação Tributária	8
V. Obrigação Tributária	6
VI. Responsabilidade Tributária	17
VII. Crédito Tributário	30
VIII. Garantias, Privilégios, Preferências do Crédito Tributário e Administração Tributária	17
IX. Ações Judiciais no Direito Tributário	9
TOTAL	159

I. PRINCÍPIOS CONSTITUCIONAIS TRIBUTÁRIOS

1. (XXIX Exame) O Município X, na tentativa de fazer com que os cofres municipais pudessem receber determinado tributo com mais celeridade, publicou, em maio de 2017, uma lei que alterava a data de recolhimento daquela exação. A lei dispunha que os efeitos das suas determinações seriam imediatos. Nesse sentido, assinale a afirmativa correta.

(A) Segundo a Lei de Introdução às Normas do Direito Brasileiro (LINDB), a lei é válida, mas apenas poderia entrar em vigor 45 (quarenta e cinco) dias após a sua publicação.

(B) A lei é inconstitucional, uma vez que não respeitou o princípio da anterioridade.

(C) A lei é constitucional, uma vez que, nessa hipótese, não se sujeita ao princípio da anterioridade.

(D) A lei é válida, mas só poderia vigorar 90 (noventa) dias após a sua publicação.

RESPOSTA De acordo com a Súmula Vinculante 50 do STF, norma legal que altera o prazo de recolhimento de obrigação tributária não se sujeita ao princípio da anterioridade. *Alternativa C.*

2. (XXIX Exame) O Chefe do Executivo do Município X editou o Decreto 123, em que corrige o valor venal dos imóveis para efeito de cobrança do Imposto Predial e Territorial Urbano (IPTU), de acordo com os índices inflacionários anuais de correção monetária. No caso narrado, a medida

(A) fere o princípio da legalidade, pois a majoração da base de cálculo somente pode ser realizada por meio de lei em sentido formal.

(B) está de acordo com o princípio da legalidade, pois a majoração da base de cálculo do IPTU dispensa a edição de lei em sentido formal.

(C) está de acordo com o princípio da legalidade, pois a atualização monetária da base de cálculo do IPTU pode ser realizada por meio de decreto.

(D) fere o princípio da legalidade, pois a atualização monetária da base de cálculo do IPTU não dispensa a edição de lei em sentido formal.

RESPOSTA De acordo com o CTN, não constitui majoração de tributo a atualização do valor monetário da respectiva base de cálculo (art. 97, § 2º). E como se sabe, somente por lei é possível aumentar tributo (art. 150, I, CF). Em conjugação com estas definições, a correção do caso em tela pode ser por decreto. Vide ainda a Súmula 160 do STJ: "É defeso, ao município, atualizar o IPTU, mediante decreto, em percentual superior ao índice oficial de correção monetária." *Alternativa C.*

3. **(XXVIII Exame)** O Estado Y lavrou auto de infração em face da pessoa jurídica PJ para cobrança de créditos de Impostos sobre a Circulação de Mercadorias e Prestação de Serviços (ICMS), decorrentes da produção e venda de livros eletrônicos. Adicionalmente aos créditos de ICMS, o Estado Y cobrou o pagamento de multa em decorrência do descumprimento de obrigação acessória legalmente prevista. Tendo isso em vista, assinale a afirmativa correta.

(A) Há imunidade tributária em relação aos livros eletrônicos; por outro lado, é incorreta a cobrança da multa pelo descumprimento da obrigação acessória.

(B) Há imunidade tributária em relação aos livros eletrônicos; no entanto, tendo em vista a previsão legal, é correta a cobrança de multa pelo descumprimento da obrigação acessória.

(C) É correta a cobrança do ICMS, uma vez que a imunidade tributária somente abrange o papel destinado à impressão de livros, jornais e periódicos; da mesma forma, é correta a cobrança de multa pelo descumprimento da obrigação acessória, em vista da previsão legal.

(D) É correta a cobrança do ICMS, uma vez que a imunidade tributária somente abrange o papel destinado à impressão de livros, jornais e periódicos; no entanto, é incorreta a cobrança da multa pelo descumprimento da obrigação acessória.

RESPOSTA De acordo com as imunidades tributárias previstas na CF, livros, jornais, periódicos e o papel destinado a sua impressão são imunes (art. 150, VI, *d*). Não trata de livros eletrônicos especificamente, mas o STF entendeu que se estende também a eles. Atente-se que as obrigações acessórias devem ser cobradas, *vide* o § 3º do art. 113 do CTN. *Alternativa B.*

4. **(XII Exame)** A respeito dos Princípios Tributários Expressos e Implícitos, à luz da Constituição da República de 1988, assinale a opção INCORRETA.

(A) É vedado à União instituir isenções de tributos de competência dos Estados, do Distrito Federal e dos Municípios.

(B) O princípio da irretroatividade veda a cobrança de tributos em relação a fatos geradores ocorridos antes do início da vigência da lei que os houver instituído ou aumentado.

(C) É vedado aos Estados, ao Distrito Federal e aos Municípios estabelecer diferença tributária entre bens e serviços, de qualquer natureza, em razão de sua procedência ou destino.

(D) Pelo princípio da anterioridade, para que os tributos possam ser cobrados a cada exercício, é necessária a prévia autorização na lei orçamentária.

RESPOSTA (A) *Vide* art. 151, III, da CF. (B) *Vide* o art. 150, III, *a*, da CF. (C) *Vide* o art. 152, da CF. (D) Não é necessária prévia autorização na lei orçamentária, conforme redação do art. 150, III, *b* e *c*, da CF. *Alternativa D.*

5. **(I Exame)** Consoante o princípio tributário da reserva legal, é vedado à União, aos estados, ao DF e aos municípios exigir ou aumentar tributo sem lei que o estabeleça. Todavia, admite-se, constitucionalmente, que

(A) a União e os estados criem ou aumentem tributo por meio de decreto.

(B) a União aumente determinados tributos por meio de decreto.

(C) a União crie ou aumente tributo por meio de decreto.

(D) os estados aumentem tributo por meio de decreto.

RESPOSTA É facultado ao Poder Executivo, atendidas as condições e os limites estabelecidos em lei, alterar as alíquotas dos impostos de importação e exportação, por exemplo, vide art. 153, § 1º, da CF. *Alternativa B.*

6. **(VII Exame)** A Lei X, promulgada em 20 de outubro de 2008, determinou a majoração do ISS. Já a Lei Y, promulgada em 16 de novembro de 2009, reduziu o ICMS de serviços de telecomunicação. Por fim, o Decreto Z, de 8 de dezembro de 2007, elevou o IOF para compras no exterior. Diante dessas hipóteses, é correto afirmar que

(A) o ISS poderá ser cobrado somente quando decorridos 90 dias da publicação da Lei X, ao passo que os novos valores do ICMS e do IOF poderão ser cobrados a partir da publicação dos diplomas legais que os implementaram.

(B) todos os impostos mencionados no enunciado somente poderão ser cobrados no exercício financeiro seguinte à publicação do diploma legal que os alterou por força do princípio da anterioridade.

(C) na hipótese do enunciado, tanto o ISS como o ICMS estão sujeitos ao princípio da anterioridade nonagesimal, considerada garantia individual do contribuinte cuja violação causa o vício da inconstitucionalidade.

(D) o IOF, imposto de cunho nitidamente extrafiscal, em relação ao princípio da anterioridade, está sujeito apenas à anterioridade nonagesimal, o que significa que bastam 90 dias da publicação do decreto que alterou sua alíquota para que possa ser cobrado.

RESPOSTA Em caso de majoração de alíquotas, a CF exige que elas sigam as regras de vacância do exercício seguinte (art. 150, III, *b*, da CF) e da noventena (art. 150, III, *c*, da CF). Assim, a majoração do ISS deve seguir estas regras. O ICMS exige a redução da alíquota por lei, mas não há exigência quanto às vacâncias especiais, pois só são exigidas em caso de majoração do tributo e a vigência pode ocorrer imediatamente após a publicação da lei. O IOF excepciona tanto a regra da legalidade (art. 153, § 1º, da CF) quanto as regras de anterioridade (art. 150, § 1º, da CF). Assim, a vigência pode ocorrer imediatamente após a publicação do Decreto. *Alternativa A.*

7. **(V Exame)** Determinada Lei Municipal, publicada em 17 de janeiro de 2011, fixou o aumento das multas e alíquotas relativo aos fatos jurídicos tributáveis e ilícitos pertinentes ao ISS daquele ente federativo. Considerando que determinado contribuinte tenha sido autuado pela autoridade administrativa local em 23 de dezembro de 2010, em razão da falta de pagamento do ISS dos meses de abril de 2010 a novembro de 2010, assinale a alternativa correta a respeito de como se procederia a aplicação da legislação tributária para a situação em tela.

(A) Seriam mantidas as alíquotas e multas nos valores previstos na data do fato gerador.

(B) Seriam aplicadas as alíquotas previstas na lei nova e as multas seriam aplicadas nos valores previstos na data do fato gerador.

(C) Seriam mantidas as alíquotas nos valores previstos na data do fato gerador e as multas seriam aplicadas nos valores previstos de acordo com a nova lei.

(D) Seriam aplicadas as alíquotas e multas nos valores previstos de acordo com a nova lei.

RESPOSTA Há apenas duas únicas exceções (art. 106, I e II, do CTN) quanto à regra da irretroatividade da legislação tributária (art. 105 do CTN e art. 150, III, *a*, da CF). Diante do caso, nenhuma das exceções está presente, portanto, a lei nova não retroagirá. *Alternativa A.*

8. **(III Exame)** Visando fomentar a indústria brasileira, uma nova lei, publicada em 18 de fevereiro de 2010, majorou a alíquota do Imposto sobre Produtos Industrializados (IPI), bem como majorou a alíquota do Imposto sobre Exportação (IE). A partir de que data a nova alíquota poderá ser exigida para o IPI e para o IE?

(A) Imediatamente para ambos.

(B) No exercício financeiro seguinte para ambos.

(C) 90 dias após a publicação da lei para o IPI e imediatamente para o IE.

(D) 90 dias após o exercício financeiro seguinte para o IPI e no exercício financeiro seguinte para o IE.

RESPOSTA O art. 150, § 1º, da CF traz algumas exceções às regras da anterioridade (art. 150, III, *b* e *c*, da CF). *Alternativa C.*

9. **(II Exame)** Caso determinado Município venha a atualizar o valor monetário da base de cálculo do IPTU, tal hipótese

(A) deve vir regulada por lei.

(B) deve vir regulada por lei complementar.

(C) enquadra-se como majoração de tributo.

(D) poderá ser disciplinada mediante decreto.

RESPOSTA De acordo com o art. 97, § 2º, do CTN, não constitui majoração de tributo a atualização do valor monetário da respectiva base de cálculo e a Súmula 160 do STJ prevê que é defeso, ao município, atualizar o IPTU, mediante decreto, em percentual superior ao índice oficial de correção monetária. *Alternativa D.*

10. **(II Exame)** Considere a seguinte situação hipotética: lei federal fixou alíquotas aplicáveis ao ITR e estabeleceu que a alíquota relativa aos imóveis rurais situados no Rio de Janeiro seria de 5% e a relativa aos demais Estados do Sudeste de 7%. Tal enunciado normativo viola o princípio constitucional

(A) da uniformidade geográfica da tributação.

(B) da legalidade tributária.

(C) da liberdade de tráfego.

(D) da não diferenciação tributária entre a procedência e o destino do produto.

RESPOSTA De acordo com o art. 151, I, da CF, é vedado à União instituir tributo que não seja uniforme em todo o território nacional ou que implique distinção ou preferência em relação a Estado, ao Distrito Federal ou a Município, em detrimento de outro. *Alternativa A.*

11. **(X Exame)** Suponha que determinada Medida Provisória editada pela Presidenta da República, em 29/09/2012, estabeleça, entre outras providências, o aumento para as diversas faixas de alíquotas previstas na legislação aplicável ao imposto de renda das pessoas físicas. Nesse caso, com base no sistema tributário nacional, tal Medida Provisória

(A) não violaria o princípio da legalidade e produzirá efeitos a partir da data de sua publicação.
(B) violaria o princípio da legalidade, por ser incompatível com o processo legislativo previsto na Constituição Federal/88.
(C) não violaria o princípio da legalidade e produzirá efeitos a partir de 90 (noventa)dias contados a partir da data de sua publicação.
(D) não violaria o princípio da legalidade e só produzirá efeitos a partir do primeiro dia do exercício financeiro subsequente à data de sua conversão em lei.

RESPOSTA De acordo com art. 62, § 2º, da CF, a MP pode legislar sobre matéria tributária, inclusive instituir ou majorar tributos, porém ela fica com vigência condicionada à sua conversão em lei até o último dia do exercício financeiro em que foi editada (art. 150, III, *b* e *c*, da CF). *Alternativa D.*

12. **(XI Exame)** Assinale a alternativa que indica os impostos cujas alíquotas podem ser majoradas por ato do Poder Executivo, observados os parâmetros legais.

(A) Imposto de Renda (IR), Imposto sobre Operações Financeiras (IOF) e Imposto sobre a Propriedade Territorial Rural (ITR).
(B) Imposto sobre a Importação (II), Imposto sobre a Exportação (IE) e Imposto sobre Grandes Fortunas (IGF).
(C) Imposto de Renda (IR), Imposto sobre a Propriedade Territorial Rural (ITR) e Imposto sobre Grandes Fortunas (IGF).
(D) Imposto sobre Produtos Industrializados (IPI), Imposto sobre Operações Financeiras (IOF) e Imposto sobre a Importação (II).

RESPOSTA De acordo com o art. 153, § 1º, da CF. *Alternativa D.*

13. **(XIV Exame)** Empresa X, constituída em 1980, entrou com ação na Justiça Federal impugnando a cobrança da Contribuição Sobre o Lucro – CSLL, alegando que, apesar de prevista no Art. 195, I, c, da Constituição Federal, trata-se de um tributo que tem o lucro como fato gerador. Dessa forma, haveria um *bis in idem* em relação ao Imposto Sobre a Renda das Pessoas Jurídicas (Art. 153, III, da CRFB), o que é vedado pelo próprio texto constitucional. A partir do caso narrado e considerando a jurisprudência dominante do Supremo Tribunal Federal, assinale a afirmativa correta.

(A) A empresa tem razão porque os dois tributos têm o lucro como fato gerador, o que é vedado pela Constituição Federal.
(B) A empresa, por ter sido constituída anteriormente à Constituição Federal de 1988, tem direito adquirido a não pagar a CSLL.
(C) A empresa não tem razão, porque ambos os tributos estão previstos na CRFB.
(D) A empresa tem razão, pela clara violação à vedação ao confisco prevista no Art. 150, IV, da CRFB.

RESPOSTA De acordo com a jurisprudência, entende-se como um *bis in idem* possibilitado pelo texto constitucional, vide os arts. 153, III, e 195, I, *c*, da CF. *Alternativa C.*

14. **(XIV Exame)** Visando a proteger a indústria de tecnologia da informação, o governo federal baixou medida, mediante decreto, em que majora de 15% para 20% a alíquota do Imposto sobre a Importação de Produtos Estrangeiros para monitores de vídeo procedentes do exterior, limites esses que foram previstos em lei. A respeito da modificação de alíquota do Imposto de Importação, assinale a afirmativa correta.

(A) Deve observar a reserva de lei complementar.
(B) Deve ser promovida por lei ordinária.
(C) Deve observar o princípio da irretroatividade.
(D) Deve observar o princípio da anterioridade.

RESPOSTA O imposto de importação segue a regra constitucional de irretroatividade contida no art. 150, III, *a*, da CF. *Alternativa C.*

15. **(XVII Exame)** Em 17/07/2014, o Tribunal de Justiça do Estado X da Federação instituiu, por meio de Provimento da Corregedoria Geral da Justiça, as custas judiciais e os emolumentos cartorários vigentes a partir da data da publicação. Sobre a hipótese, assinale a afirmativa correta.

(A) As custas judiciais e os emolumentos cartorários têm natureza jurídica de preço público e, portanto, não estão sujeitos às limitações constitucionais ao poder de tributar.
(B) As custas judiciais e os emolumentos cartorários têm natureza jurídica de taxa de serviço. Sendo assim, o provimento da Corregedoria Geral viola os princípios da legalidade, da anterioridade de exercício e nonagesimal.
(C) As custas judiciais e os emolumentos cartorários têm natureza jurídica de contribuição social. Sendo assim, o provimento da Corregedoria Geral viola os princípios da legalidade, da anterioridade de exercício e nonagesimal.

(D) As custas judiciais e os emolumentos cartorários têm natureza jurídica de taxa de poder de polícia. Sendo assim, o provimento da Corregedoria Geral viola os princípios da legalidade e da anterioridade de exercício.

RESPOSTA De acordo com o STF, "firmou orientação no sentido de que as custas judiciais e os emolumentos concernentes aos serviços notariais e registrais possuem natureza tributária, qualificando-se como taxas remuneratórias de serviços públicos, sujeitando-se, em consequência, quer no que concerne à sua instituição e majoração, quer no que se refere à sua exigibilidade, ao regime jurídico-constitucional pertinente a essa especial modalidade de tributo vinculado, notadamente aos princípios fundamentais que proclamam, dentre outras, as garantias essenciais (a) da reserva de competência impositiva, (b) da legalidade, (c) da isonomia e (d) da anterioridade. Precedentes. Doutrina" (ADI 1378 MC, Relator(a): Min. CELSO DE MELLO). *Alternativa B.*

16. **(XVIII Exame)** A Presidência da República, por meio do Decreto 123, de 1º de janeiro de 2015, aprovou novas alíquotas para o Imposto sobre Produtos Industrializados (IPI), dentro das balizas fiadas na lei tributária, a saber:

Cigarro – alíquota de 100%

Vestuário – alíquota de 10%

Macarrão – alíquota zero

Sobre a hipótese, é possível afirmar que

(A) o referido decreto é inconstitucional, uma vez que viola o princípio da legalidade.

(B) o referido decreto é inconstitucional, uma vez que viola o princípio do não confisco.

(C) as alíquotas são diferenciadas em razão da progressividade do IPI.

(D) as alíquotas são diferenciadas em razão do princípio da seletividade do IPI.

RESPOSTA (A) Errada, *vide* o art. 153, § 1º, da CF. (B) Errada, *vide* art. 150, IV, da CF. (C) Errada, pois não há previsão constitucional que permita a progressividade do IPI. (D) De acordo com o art. 153, § 3º, I, da CF. *Alternativa D.*

17. **(XXI Exame)** João, advogado tributarista, é procurado para orientar a empresa L a respeito do comportamento da jurisprudência do Supremo Tribunal Federal sobre matéria tributária. Como assistente de João, assinale a opção que veicula enunciado com efeito vinculante em relação aos órgãos do Poder Judiciário e à Administração Pública direta e indireta, nas esferas federal, estadual e municipal.

(A) Na entrada de mercadoria importada do exterior é legítima a cobrança do ICMS por ocasião do desembaraço aduaneiro.

(B) Ainda quando alugado a terceiros, o imóvel pertencente a qualquer das entidades referidas pelo Art. 150, inciso VI, alínea c, da CRFB/88, permanece imune ao IPTU, não importando a finalidade a que os aluguéis se destinem.

(C) A norma legal que altera o prazo de recolhimento de obrigação tributária está sujeita ao princípio da anterioridade.

(D) A exigência de depósito prévio, como requisito de admissibilidade de ação judicial na qual se pretenda discutir a exigibilidade de crédito tributário, é constitucional.

RESPOSTA De acordo com a Súmula Vinculante 48 do STF. *Alternativa A.*

II. COMPETÊNCIA TRIBUTÁRIA E TRIBUTOS EM ESPÉCIE

18. **(XXXI Exame)** A sociedade empresária ABC, concessionária de serviço de transporte público coletivo de passageiros, opera a linha de ônibus 123, que inicia seu trajeto no Município X e completa seu percurso no Município Y, ambos localizados no Estado Z. Sobre a prestação onerosa desse serviço de transporte, deve incidir

(A) o ISS, a ser recolhido para o Município X.

(B) o ISS, a ser recolhido para o Município Y.

(C) o ICMS, a ser cobrado de forma conjunta pelo Município X e o Município Y.

(D) o ICMS, a ser recolhido para o Estado em que se localizam o Município X e o Município Y.

RESPOSTA Por se tratar de transporte intermunicipal, que atende dois municípios distintos, observar-se-á o tributo do inciso II do art. 155 da CF, qual seja, ICMS, a ser recolhido para o Estado. *Alternativa D.*

19. **(XXXI Exame)** Maria dos Santos, querendo constituir hipoteca sobre imóvel de sua propriedade em garantia de empréstimo bancário a ser por ela contraído, vai a um tabelionato para lavrar a escritura pública da referida garantia real. Ali, é informada que o Município Z, onde se situa o bem, cobra o Imposto de Transmissão de Bens Imóveis (ITBI) sobre a constituição de direitos reais de garantia. Diante desse cenário, assinale a afirmativa correta.

(A) É possível tal cobrança, pois a constituição de direito real de garantia sobre bens imóveis, por ato *inter vivos*, é uma das hipóteses de incidência do ITBI.

(B) O contribuinte do ITBI, nesse caso, não seria Maria dos Santos, mas sim a instituição bancária em favor de quem a garantia real será constituída.

(C) O tabelião atua como responsável por substituição tributária, recolhendo, no lugar do contribuinte, o ITBI devido em favor do Município Z nessa constituição de direitos reais de garantia.

(D) Não é possível exigir ITBI sobre direitos reais de garantia sobre imóveis.

RESPOSTA De acordo com a CF, compete aos Municípios, entre outros, instituir impostos sobre transmissão *inter vivos*, a qualquer título, por ato oneroso, de bens imóveis, por natureza ou acessão física, e de direitos reais sobre imóveis, exceto os de garantia, bem como cessão de direitos a sua aquisição. Portanto, deve prevalecer a exceção. Sendo assim, correta a *alternativa D.*

20. **(XXX Exame)** Otávio, domiciliado no Estado X, possui ações representativas do capital social da Sociedade BETA S/A, com sede no Estado Y, e decide doar parte da sua participação acionária a Mário, seu filho, então domiciliado no Estado Z. Com dúvidas quanto ao Estado para o qual deverá ser recolhido o imposto sobre a Transmissão *Causa Mortis* e Doação (ITCD) incidente nessa operação, Mário consulta seu escritório, destacando que o Estado Z estabelece alíquotas inferiores às praticadas pelos demais Estados. Com base nisso, assinale a afirmativa correta.

(A) O ente competente para exigir o ITCD na operação em análise é o Estado X, onde tem domicílio o doador.

(B) O ITCD deverá ser recolhido ao Estado Y, uma vez que o bem a ser doado consiste em participação acionária relativa à sociedade ali estabelecida, e o imposto compete ao Estado da situação do bem.

(C) O ITCD deverá ser recolhido ao Estado Z, uma vez que o contribuinte do imposto é o donatário.

(D) Doador ou donatário poderão recolher o imposto ao Estado X ou ao Estado Z, pois o contribuinte do imposto é qualquer das partes na operação tributada.

RESPOSTA O ITCD tem duas regras principais a quem compete, a saber (vide art. 155, § 1º, CF): I – relativamente a bens imóveis e respectivos direitos, compete ao Estado da situação do bem, ou ao Distrito Federal; II – relativamente a bens móveis, títulos e créditos, compete ao Estado onde se processar o inventário ou arrolamento, ou tiver domicílio o doador, ou ao Distrito Federal. Como a situação hipotética trata da segunda hipótese, correta a *alternativa A.*

21. **(XXX Exame)** Projeto de Resolução do Senado Federal pretende fixar nacionalmente as alíquotas mínimas do Imposto sobre a Propriedade de Veículos Automotores (IPVA), tributo de competência estadual. Um Senador, membro da Comissão de Constituição, Justiça e Cidadania do Senado Federal, que terá de elaborar parecer sobre o tema, consulta você sobre sua opinião jurídica acerca desse projeto de Resolução. Diante desse cenário, assinale a afirmativa correta.

(A) O Senado, por ser órgão do Poder Legislativo da União, não possui competência constitucional para, por Resolução, dispor sobre o tema, por se tratar de ingerência indevida da União na autonomia dos Estados.

(B) É lícito ao Senado instituir a referida Resolução, pois existe autorização expressa na Constituição para tal fixação por Resolução do Senado.

(C) A fixação de alíquota mínima de tributo, por mera Resolução do Senado, viola o princípio da legalidade tributária.

(D) Resolução do Senado poderia tratar do tema, desde que ratificada por ao menos dois terços dos membros do Conselho Nacional de Política Fazendária (CONFAZ).

RESPOSTA De acordo com o § 6º do art. 155 da CF, o IPVA terá alíquotas mínimas fixadas pelo Senado Federal (inciso I) e poderá ter alíquotas diferenciadas em função do tipo e utilização (inciso II). *Alternativa B.*

22. **(XXX Exame)** O Estado Y concedeu, em 2018, por iniciativa própria e isoladamente, mediante uma lei ordinária estadual, isenção fiscal do Imposto sobre Circulação de Mercadorias e Serviços (ICMS) a um determinado setor de atividade econômica, como forma de atrair investimentos para aquele Estado. Diante desse cenário, assinale a afirmativa correta.

(A) É suficiente lei ordinária estadual para a concessão de tal isenção de ICMS, por se tratar de tributo de competência estadual.

(B) Ainda que se trate de tributo de competência estadual, somente por lei estadual complementar seria possível a concessão de tal isenção de ICMS.

(C) A lei ordinária estadual pode conceder tal isenção de ICMS, desde que condicionada a uma contrapartida do contribuinte beneficiado.

(D) Apesar de se tratar de tributo de competência estadual, a concessão de tal isenção de ICMS pelo Estado deve ser precedida de deliberação dos Estados e do Distrito Federal (CONFAZ).

RESPOSTA De acordo com a CF, cabe à lei complementar, quanto ao ICMS, regular a forma como, mediante deliberação dos Estados e do Distrito Federal, isenções, incentivos e benefícios fiscais serão concedidos e revogados (art. 155, § 2º, XII, *g*). E de acordo com a LC n. 24/75, as isenções do imposto sobre operações relativas à circulação de mercadorias serão concedidas ou revogadas nos termos de convênios celebrados e ratificados pelos Estados e pelo Distrito Federal, segundo esta Lei. O Conselho Nacional de Política Fazendária – CONFAZ foi criado para evitar a guerra fiscal entre os Estados-membros. *Alternativa D.*

23. **(XXIX Exame)** A União, diante de grave desastre natural que atingiu todos os estados da Região Norte, e considerando ainda a severa crise econômica e financeira do país, edita Medida Provisória, que institui Empréstimo Compulsório, para que as medidas cabíveis e necessárias à reorganização das localidades atingidas sejam adotadas. Sobre a constitucionalidade da referida tributação, assinale a afirmativa correta.

(A) O Empréstimo Compulsório não pode ser instituído para atender às despesas extraordinárias decorrentes de calamidade pública.

(B) O Empréstimo Compulsório deve ser instituído por meio de Lei Complementar, sendo vedado pela CRFB/88 que Medida Provisória trate desse assunto.

(C) Nenhum tributo pode ser instituído por meio de Medida Provisória.

(D) A União pode instituir Empréstimo Compulsório para atender às despesas decorrentes de calamidade pública, sendo possível, diante da situação de relevância e urgência, a edição de Medida Provisória com esse propósito.

RESPOSTA De acordo com o art. 148 da CF, a União, mediante lei complementar, poderá instituir empréstimos compulsórios para atender a despesas extraordinárias, decorrentes de calamidade pública, de guerra externa ou sua iminência (inciso I). No entanto, é vedado a instituição por medida provisória conforme a própria CF (art. 62, § 1º, III). *Alternativa B.*

24. **(XXVIII Exame)** O Distrito Federal instituiu, por lei distrital, a contribuição para o custeio do serviço de iluminação pública. Um contribuinte insurgiu-se judicialmente contra tal cobrança, alegando que a instituição pelo Distrito Federal seria inconstitucional. Diante desse quadro, assinale a afirmativa correta.

(A) O contribuinte tem razão, uma vez que, em virtude das peculiaridades do Distrito Federal, é a União o ente federado competente pela instituição da contribuição para o custeio do serviço de iluminação pública na capital federal.

(B) O contribuinte tem razão, uma vez que, em virtude das peculiaridades do Distrito Federal, é o Estado de Goiás o responsável pela instituição da contribuição para o custeio do serviço de iluminação pública na capital federal.

(C) O contribuinte não tem razão, pois o Distrito Federal possui delegação de capacidade tributária ativa feita pela União para a cobrança da contribuição para o custeio do serviço de iluminação pública.

(D) O contribuinte não tem razão, pois o Distrito Federal pode instituir a contribuição para o custeio do serviço de iluminação pública, assim como os Municípios.

RESPOSTA De acordo com o art. 149-A da CF, os Municípios e o Distrito Federal poderão instituir contribuição, na forma das respectivas leis, para o custeio do serviço de iluminação pública. *Alternativa A.*

25. **(XXVIII Exame)** A União, por meio de lei ordinária, instituiu nova contribuição social (nova fonte de custeio) para financiamento da seguridade social. Para tanto, adotou, além da não cumulatividade, fato gerador e base de cálculo distintos dos discriminados na Constituição da República. A referida lei foi publicada em 1º de outubro de 2018, com entrada em vigor em 1º de fevereiro de 2019, determinando, como data de vencimento da contribuição, o dia 1º de março de 2019. A pessoa jurídica XYZ não realizou o pagamento, razão pela qual, em 10 de março de 2019, foi aconselhada, por seu(sua) advogado(a), a propor uma ação Declaratória de Inexistência de Relação Jurídica, em face da União. Assinale a opção que indica o fundamento que poderá ser alegado para contestar a nova contribuição.

(A) Ela somente poderia ser instituída por meio de Lei Complementar.

(B) Ela violou o princípio da anterioridade anual.

(C) Ela violou o princípio da anterioridade nonagesimal.

(D) Ela somente poderia ser instituída por Emenda Constitucional.

RESPOSTA Segundo a CF, novos tributos devem respeitar o art. 154, qual seja, ser instituídos em lei complementar e desde que sejam não cumulativos e não tenham fato gerador ou base de cálculo próprios dos discriminados na Constituição. O art. 195 da CF permite a criação de outras fontes para manter a seguridade social, mas desde que respeite o artigo supracitado. *Alternativa A.*

26. **(XXVII Exame)** Em dezembro de 2017, João adquiriu o domínio útil de um terreno de marinha. No ano de 2018, foi surpreendido com a chegada de duas notificações: uma da Secretaria de Patrimônio da União (SPU), para pagamento do foro anual à União; outra do Município, contendo a cobrança do IPTU do imóvel. Acerca desse cenário, assinale a afirmativa correta.

(A) A cobrança do IPTU é devida, pois o titular do domínio útil também é contribuinte do IPTU.

(B) A dupla cobrança é indevida, pois, tratando-se do mesmo imóvel, a base de cálculo e o fato gerador do foro anual e do IPTU seriam idênticos, configurando um *bis in idem* vedado em matéria tributária.

(C) A cobrança do IPTU é indevida, pois, sendo o imóvel de propriedade da União, goza da imunidade recíproca.

(D) Como ambos os tributos (foro anual e IPTU) destinam-se a entes federados distintos, é admissível a dupla cobrança.

RESPOSTA O IPTU, segundo o art. 32 do CTN, é o imposto, de competência dos Municípios, sobre a propriedade predial e territorial urbana que tem como fato gerador a propriedade, o domínio útil ou a posse de bem imóvel por natureza ou por acessão física, como definido na lei civil, localizado na zona urbana do Município. Atente-se que o foro ou laudêmio não são tributos e, em se tratando de domínio útil, portanto, correta a *alternativa A*.

27. **(XXVI Exame)** Admita que, em 2016, foi criado um Território Federal no Brasil, dividido em municípios. Joaquim reside nesse Território e recebeu da União, no presente ano, uma guia para o pagamento do Imposto sobre a Propriedade Predial e Territorial Urbana (IPTU) do seu imóvel. Na semana seguinte, recebeu também uma guia do município em que mora. Levando em conta a situação descrita, assinale a afirmativa correta.

(A) Apenas a União é competente para, no caso, exigir o IPTU.

(B) Apenas o Município onde Joaquim reside é competente para exigir o IPTU.

(C) Tanto o Estado, onde se localiza o Território, quanto o Município seriam competentes para exigir o IPTU.

(D) Tanto a União quanto o Município em que Joaquim reside seriam competentes para exigir o IPTU.

RESPOSTA De acordo com o art. 147 da CF, correta a *alternativa B*.

28. **(XXVI Exame)** José, preocupado com o meio ambiente, faz uso de um processo caseiro de transformação do lixo orgânico em adubo, bem como separa o lixo inorgânico, destinando-o à reciclagem. Por isso, sempre que os caminhões que prestam o serviço público de coleta de lixo passam por sua casa, não encontram lixo a ser recolhido. José, então, se insurge contra a cobrança da taxa municipal de coleta de lixo proveniente de imóveis, alegando que, como não faz uso do serviço, a cobrança em relação a ele é indevida. Acerca desse cenário, assinale a afirmativa correta.

(A) Por ser a taxa de um tributo contraprestacional, a não utilização do serviço pelo contribuinte retira seu fundamento de validade.

(B) A coleta de lixo domiciliar nessas condições não configura a prestação de um serviço público específico e divisível, sendo inconstitucional.

(C) Por se tratar de serviço público prestado à coletividade em geral, no interesse da saúde pública, seu custeio deve ocorrer por meio dos recursos genéricos auferidos com a cobrança de impostos.

(D) A cobrança é devida, pois o serviço está sendo potencialmente colocado à disposição do contribuinte.

RESPOSTA De acordo com o art. 79 do CTN, observada ainda a Súmula Vinculante 19 do STF, correta a *alternativa D*.

29. **(XXV Exame)** Em 2015, o Município X estabeleceu, por meio da Lei nº 123, alíquotas progressivas do Imposto sobre propriedade Predial e Territorial Urbana (IPTU), tendo em conta o valor do imóvel. Sobre a hipótese, assinale a afirmativa correta.

(A) A lei é inconstitucional, pois a Constituição da República admite alíquotas progressivas do IPTU apenas se destinadas a assegurar o cumprimento da função social da propriedade urbana, o que não é a hipótese.

(B) A lei é inconstitucional, pois viola o Princípio da Isonomia.

(C) A lei está de acordo com a Constituição da República, e a fixação de alíquotas progressivas poderia até mesmo ser estabelecida por Decreto.

(D) A lei está de acordo com a Constituição da República, que estabelece a possibilidade de o IPTU ser progressivo em razão do valor do imóvel.

RESPOSTA De acordo com o art. 156, § 1º, da CF e observada a Súmula 668 do STF, correta a *alternativa D*.

30. **(XXV Exame)** O Município M, ao realizar a opção constitucionalmente prevista, fiscalizou e cobrou Imposto sobre Propriedade Territorial Rural (ITR), incidente sobre as propriedades rurais localizadas fora da sua área urbana. Em função desse fato, o Município M recebeu 50% (cinquenta por cento) do produto do imposto da União sobre a propriedade rural, relativo aos imóveis nele situados. Diante dessa situação, sobre a fiscalização e a cobrança do ITR pelo Município M, assinale a afirmativa correta.

(A) Não são possíveis, por se tratar de imposto de competência da União.
(B) São possíveis, sendo igualmente correta a atribuição de 50% (cinquenta por cento) do produto da arrecadação do imposto a ele.
(C) São possíveis, porém, nesse caso, a totalidade do produto da arrecadação do imposto pertence ao Município.
(D) São possíveis, porém, nesse caso, 25% (vinte e cinco por cento) do produto da arrecadação do imposto pertence ao Município.

RESPOSTA De acordo com o art. 153, § 4º, III, da CF. *Vide* ainda o art. 158, II, da CF. *Alternativa C.*

31. **(XII Exame)** Em relação ao imposto sobre a propriedade de veículos automotores – IPVA, assinale a única opção INCOMPATÍVEL com o previsto na Constituição Federal.

(A) Poderão ser estabelecidas alíquotas diferenciadas do IPVA em função da procedência do veículo, se nacional ou estrangeira.
(B) O IPVA é um imposto de competência dos Estados e do Distrito Federal.
(C) Poderão ser estabelecidas alíquotas diferenciadas do IPVA em função do tipo e da utilização do veículo.
(D) Pertence aos municípios parte do produto da arrecadação do IPVA relativamente aos veículos automotores licenciados em seus territórios.

RESPOSTA (A) Atente-se que a diferenciação de alíquotas do IPVA que é possível é quanto ao tipo e à utilização do veículo (art. 155, § 6º, II, da CF), não sendo possível a diferenciação em função da procedência do veículo (art. 152 da CF). (B) Art. 155, III, da CF. (C) Art. 155, § 6º, II, da CF. (D) Art. 158, III, da CF. *Alternativa A.*

32. **(XIII Exame)** Segundo o entendimento do STF, a taxa cobrada exclusivamente em razão dos serviços públicos de coleta, remoção e tratamento ou destinação de lixo ou resíduos provenientes de imóveis, é

(A) constitucional, por não violar o conceito constitucional de taxa.
(B) inconstitucional, por violar o conceito constitucional de taxa.
(C) constitucional, por não violar o conceito constitucional de taxa, mas ilegal por violar a definição de taxa contida no Código Tributário Nacional.
(D) inconstitucional, por violar o conceito constitucional de taxa, além de ilegal, por violar a definição de taxa contida no Código Tributário Nacional.

RESPOSTA Vide a Súmula Vinculante 19 do STF: "a taxa cobrada exclusivamente em razão dos serviços públicos de coleta, remoção e tratamento ou destinação de lixo ou resíduos provenientes de imóveis não viola o artigo 145, II, da Constituição Federal". *Alternativa A.*

33. **(XIII Exame)** Determinado Estado, localizado na Região Norte do país, instituiu, mediante lei específica, a contribuição para o custeio do serviço de iluminação pública. Nessa linha, com base na competência tributária prevista nas normas constitucionais em vigor, tal contribuição instituída pelo respectivo estado-membro da Federação é

(A) constitucional, sendo possível sua cobrança com base nas regras constitucionais em vigor.
(B) inconstitucional, por ser o referido tributo de competência tributária da União Federal.
(C) inconstitucional, por ser o referido tributo de competência do Distrito Federal e dos Municípios.
(D) inconstitucional, visto que somente lei complementar poderá instituir o referido tributo.

RESPOSTA De acordo com o art. 149-A da CF. *Alternativa C.*

34. **(XIII Exame)** José recebeu auto de infração pelo inadimplemento de determinado tributo instituído por lei ordinária. José contesta a exigência fiscal sob o argumento, correto, de que o tributo em questão deveria ter sido instituído por lei complementar. A partir da hipótese apresentada, assinale a opção que indica o tributo exigido no referido auto de infração.

(A) Contribuição de Interesse de Categoria Profissional.
(B) Contribuição de Melhoria.
(C) Contribuição de Intervenção no Domínio Econômico.
(D) Empréstimo Compulsório.

RESPOSTA O Empréstimo Compulsório é o único tributo dentre as alternativas que exige lei complementar (art. 148 da CF). *Alternativa D.*

35. **(I Exame)** Acerca da disciplina constitucional da repartição das receitas tributárias, assinale a opção correta.

(A) Ao DF cabe metade da arrecadação do imposto que a União instituir no exercício de sua competência residual ou extraordinária.
(B) Cabe aos municípios, em qualquer hipótese, a integralidade do imposto sobre a propriedade territorial rural.
(C) Aos municípios pertence a integralidade do produto da arrecadação do imposto de renda incidente na fonte sobre os rendimentos pagos, a qualquer título, por eles.
(D) A União deve repassar aos estados 25% do produto da arrecadação do IPI.

RESPOSTA De acordo com o art. 158, I, da CF, pertencem aos municípios o produto da arrecadação do imposto da União sobre renda e proventos de qualquer natureza, incidente na fonte, sobre rendimentos pagos, a qualquer título, por eles, suas autarquias e pelas fundações que instituírem e mantiverem. *Alternativa C.*

36. **(I Exame)** Caso ocorra a fusão de duas grandes indústrias alimentícias brasileiras que, juntas, detenham mais de 60% do mercado nacional de certo item de alimentação, de acordo com o que dispõe a CF, para prevenir os desequilíbrios da concorrência causados pela citada fusão,

(A) a União, os estados, o DF e os municípios poderão estabelecer critérios especiais de tributação, além de outras normas com os mesmos objetivos.
(B) somente a União poderá estabelecer critérios especiais de tributação, podendo os estados, o DF e os municípios estabelecer outras normas com os mesmos objetivos.
(C) a União, os estados, o DF e os municípios poderão estabelecer critérios especiais de tributação, todavia apenas a União detém competência para estabelecer outras normas com os mesmos objetivos.
(D) somente a União poderá estabelecer critérios especiais de tributação, além de outras normas com os mesmos objetivos.

RESPOSTA De acordo com o art. 146-A da CF, correta a *Alternativa D.*

37. **(I Exame)** Contribuição cobrada de servidor público estadual e destinada ao custeio de seu plano de aposentadoria público deve ser recolhida

(A) à União, independentemente de qualquer situação e do ente com o qual o servidor mantenha o vínculo empregatício.
(B) ao estado, se o servidor for mero detentor de cargo efetivo estadual e se o estado não tiver regime previdenciário próprio.
(C) à União, se o servidor for mero detentor de cargo em comissão estadual (declarado em lei de livre nomeação e exoneração), independentemente de o estado ter, ou não, regime previdenciário próprio.
(D) ao estado, se o servidor for mero detentor de cargo temporário estadual, no caso de o estado possuir regime previdenciário próprio.

RESPOSTA De acordo com o art. 40, § 13, da CF, correta a *Alternativa C.*

38. **(I Exame)** Caso determinada empresa se dedique exclusivamente à produção de manufaturados destinados à exportação, a ela se imputa a obrigação de pagar

(A) a contribuição social sobre o faturamento, destinada à seguridade social (COFINS).
(B) a contribuição social destinada ao Programa de Integração Social (PIS).
(C) o IPI.
(D) o imposto sobre a renda e proventos de qualquer natureza.

RESPOSTA (A) e (B) Erradas, *vide* o art. 149, § 2º, da CF. (C) Errada, *vide* o art. 153, § 3º, III, da CF. (D) De acordo com o art. 153, III, da CF e art. 43 do CTN. *Alternativa D.*

39. **(III Exame)** Conforme a Constituição Federal, o veículo legislativo adequado para dispor sobre conflitos de competência entre os entes políticos em matéria tributária é a

(A) medida provisória.
(B) lei complementar.
(C) emenda constitucional.
(D) lei ordinária.

RESPOSTA De acordo com o art. 146, I, da CF. *Alternativa B.*

40. **(VII Exame)** No que se refere aos empréstimos compulsórios, NÃO é correto afirmar que

(A) são restituíveis.
(B) podem ser instituídos por medida provisória, desde que haja relevância e urgência.
(C) a competência para sua instituição é exclusiva da União Federal.
(D) podem ser instituídos em caso de guerra externa ou sua iminência e, neste caso, não respeitam o princípio da anterioridade.

RESPOSTA De acordo com o art. 62, § 1º, III, da CF, é vedada a edição de *medidas provisórias* sobre matéria reservada às leis complementares. *Alternativa B.*

41. (VI Exame – Reaplicação) Com base no Sistema Tributário Nacional, assinale a alternativa correta.

(A) A contribuição de melhoria é um tributo de competência exclusiva dos Estados federados.
(B) As taxas podem ser instituídas pela União, Estados e Distrito Federal e Municípios.
(C) O ICMS tem destinação orçamentária específica.
(D) Os impostos têm por finalidade precípua a intervenção do Estado na atividade econômica.

RESPOSTA De acordo com o art. 145 da CF, correta a *Alternativa B.*

42. (VI Exame – Reaplicação) As taxas são os tributos que têm por hipótese de incidência uma atuação estatal. Assinale a alternativa que corretamente delimite tal atuação, nos termos da Constituição da República Federativa do Brasil e da legislação tributária.

(A) Os serviços públicos universais (*uti universi*) podem ser custeados por meio de taxas, já que alcançam a coletividade considerada como um todo, o mesmo não podendo se dizer a respeito dos atos de polícia.
(B) Tanto os serviços públicos *uti universi* como os *uti singuli*, também chamados singulares, na medida em que são mensuráveis e divisíveis, podem ser custeados por meio de taxas, juntamente com os atos de polícia.
(C) Somente os serviços públicos específicos, por serem de utilização individual e mensurável, podem ser custeados mediante taxas de serviço, ocorrendo o mesmo com os atos de polícia, que devem ser específicos e divisíveis para serem custeados mediante taxas de polícia.
(D) A atuação estatal suscetível de ser custeada mediante taxa é aquela que se refere indiretamente ao contribuinte, tal como uma obra pública que causa valorização imobiliária, aumentando o valor de mercado dos imóveis localizados em suas imediações.

RESPOSTA De acordo com o art. 145, II, da CF e o art. 77 do CTN, correta a *Alternativa C.*

43. (VI Exame) A competência tributária não se confunde com a capacidade tributária ativa. Aquela se traduz na aptidão para instituir tributos, enquanto esta é o exercício da competência, ou seja, a aptidão para cobrar tributos. Nesse sentido, é correto afirmar que

(A) compete à União, aos Estados, ao Distrito Federal e aos Municípios instituir impostos, taxas, contribuições de melhoria, assim como as contribuições para o custeio do serviço de iluminação pública.
(B) em virtude do princípio federativo, que, entre outras consequências, delimita entre os entes políticos o poder de tributar, ao Distrito Federal compete apenas instituir espécies tributárias próprias dos Estados-membros da federação.
(C) a União pode instituir, via lei ordinária, impostos além dos previstos na Constituição, mediante dois requisitos: que eles sejam não cumulativos e que não tenham fato gerador próprio dos impostos já previstos constitucionalmente.
(D) em Território Federal, os impostos estaduais são de competência da União. Caso o Território não seja dividido em Municípios, cumulativamente, os impostos municipais também são de competência da União.

RESPOSTA De acordo com o art. 147 da CF. *Alternativa D.*

44. (V Exame) A respeito do ICMS, é correto afirmar que

(A) é não cumulativo, significando que, em qualquer hipótese, deverá ser assegurado o crédito para compensação com o montante devido nas operações ou prestações seguintes.
(B) incide sobre prestação de serviços de transporte interestadual e intermunicipal e de comunicação, assim como sobre o valor total da operação, quando as mercadorias forem fornecidas com serviços não compreendidos na competência impositiva municipal.
(C) sendo de competência tributária do Estado-membro, somente a legislação estadual pode excluir da incidência do imposto, nas exportações para o exterior, serviços e produtos determinados.
(D) tem as suas alíquotas estabelecidas pelo Senado Federal, aplicáveis às operações e prestações internas, interestaduais e de exportação.

RESPOSTA De acordo com o art. 155, II, da CF. *Alternativa B.*

45. (I Exame) O Imposto sobre Operações Relativas à Circulação de Mercadorias e sobre a Prestação de Serviços de Transporte Interestadual e Intermunicipal e de Comunicação tem seus princípios delineados na Constituição, que é complementada pela Lei Complementar 87/1996, com as alterações posteriores. A respeito desse imposto é correto afirmar que

(A) é autorizada a sua cobrança sobre bens importados do exterior por pessoa física que tenha intuito de comercializá-los, mas é vedada a sua incidência quando esses bens, importados do exterior, são destinados ao consumo próprio da pessoa natural.

(B) ele tem função precipuamente fiscal, podendo ser seletivo em função da essencialidade, incide sobre o valor agregado, em obediência ao princípio da não cumulatividade, mas não incide sobre o ouro, quando definido em lei como ativo financeiro.

(C) ele incide sobre operações que destinem a outros Estados petróleo, inclusive lubrificantes, combustíveis líquidos e gasosos dele derivados, e energia elétrica, assim como nas prestações de serviço de radiodifusão sonora e de sons e imagens de recepção livre e gratuita.

(D) suas alíquotas aplicáveis às operações e prestações interestaduais e de exportação são estabelecidas por meio de resolução do Senado Federal, por iniciativa do seu Presidente ou de um terço dos Senadores da casa, com aprovação dada pela maioria absoluta de seus membros.

RESPOSTA De acordo com o art. 155, § 2º, I, da CF, art. 19 da LC n. 87/96 e art. 3º, IV, da LC n. 87/96. *Alternativa B.*

46. **(III Exame)** Nos autos de uma ação de divórcio, os ex-cônjuges, casados em regime de comunhão total de bens, dividiram o patrimônio total existente da seguinte maneira: o imóvel situado no Município X, no valor de R$ 50.000,00, pertencerá ao ex-marido, enquanto o imóvel situado no Município Y, no valor de R$ 30.000,00, pertencerá à ex-esposa. Assinale a alternativa correta quanto à tributação incidente nessa partilha.

(A) O tributo a ser recolhido será o ITCMD, de competência do Estado, e incidirá sobre a base de cálculo no valor de R$ 10.000,00.

(B) O tributo a ser recolhido será o ITBI, sobre ambos os imóveis, cada qual para o município de localização do bem.

(C) O tributo a ser recolhido será o ITBI, de competência do Município, e incidirá sobre a base de cálculo no valor de R$ 10.000,00.

(D) Não há tributo a ser recolhido, pois, como o regime de casamento era o da comunhão total de bens, não há transferência de bens, mas simples repartição do patrimônio comum de cada ex-cônjuge.

RESPOSTA Na doação de R$ 10.000,00 da esposa para o marido incide o ITCMD (art. 155, I, da CF). *Alternativa A.*

47. **(III Exame)** Uma construtora com sede no Município do Rio de Janeiro constrói um edifício sob regime de empreitada na cidade de Nova Iguaçu, onde não possui estabelecimento. A competência para a imposição do Imposto Municipal Sobre Serviços (ISS) caberá à municipalidade

(A) Do Rio de Janeiro, porque é o município onde a construtora tem a sua sede social.

(B) De Nova Iguaçu, porque é o local onde foi construído o edifício.

(C) Do Rio de Janeiro, porque construção civil não é prestação de serviços.

(D) Do Rio de Janeiro, porque a construtora não tem estabelecimento em Nova Iguaçu e, em razão do princípio da territorialidade, não pode ser exigido o tributo sobre contribuintes estabelecidos fora do território de cada Ente Federado.

RESPOSTA Segundo o art. 3º da LC n. 116/2003, o serviço considera-se prestado e o imposto devido no local do estabelecimento prestador ou, na falta do estabelecimento, no local do domicílio do prestador. Porém, a parte final do artigo determina que, para os casos dos serviços previstos nos seus incisos I a XXII, a regra é a de que o ISS será devido no *local da prestação do serviço.* O serviço de empreitada (item 7.02 da lista anexa da referida lei) se insere no inciso III do art. 3º da LC n.116/2003, de forma que, nesse caso, o ISS deve ser pago ao município de Nova Iguaçu – local da prestação do serviço. *Alternativa B.*

48. **(II Exame)** Semprônio dos Santos é proprietário de um sítio de recreio, local destinado ao lazer, na área de expansão urbana, na região serrana de Paraíso do Alto. A área é dotada de rede de abastecimento de água, rede de iluminação pública e esgotamento mantidas pelo município, embora não existam próximos quer escola, quer hospitais públicos. Neste caso Semprônio deve pagar o seguinte imposto:

(A) O IPTU, por ser área de expansão urbana, dotada de melhoramentos.

(B) O ITR, por ser sítio de recreio, não inserido em área urbana.

(C) O IPTU, por ser sítio, explorado para fins empresariais.

(D) O ITR, por não haver escola ou hospital próximos a menos de 3 km do imóvel.

RESPOSTA O fato gerador do IPTU depende tão somente da localização do bem (art. 32, §§ 1º e 2º, CTN). Ele incide quando o imóvel estiver localizado em zona urbana com pelo menos dois dos melhoramentos mínimos do art. 32, § 1º, do CTN, ou quando localizado em área urbanizável ou de expansão urbana, ainda que sem os melhoramentos mínimos. No caso, trata-se de imóvel localizado em área de expansão urbana sem utilização para fins rurais, portanto deve incidir IPTU, não ITR. *Alternativa A.*

49. **(II Exame)** A Cia. de Limpeza do Município de Trás os Montes, empresa pública municipal, vendeu um imóvel de sua titularidade situado na rua Dois, da quadra 23, localizado no n. 06. Neste caso, o novo proprietário

(A) não paga o imposto de transmissão de bens imóveis, em função de ser bem público.

(B) fica isento do imposto predial e territorial urbano, ante a imunidade do patrimônio público.

(C) paga o IPTU, mas não paga o ITBI, uma vez que, nesta última hipótese, quem transmite a propriedade do bem é empresa pública.

(D) fica obrigado a pagar todos os tributos que recaiam sobre o bem.

RESPOSTA Diante do exemplo, não há qualquer imunidade tributária, *vide* art. 150, VI, da CF, de modo que todos os tributos pertinentes ao bem e à transmissão são devidos. *Alternativa D.*

50. **(IX Exame)** Acerca do Imposto sobre Produtos Industrializados, de competência da União, assinale a afirmativa que contempla duas de suas características.

(A) É imposto ordinário e caracterizado pela seletividade.

(B) É imposto real e caracterizado por ser direto.

(C) É imposto monofásico e qualificado como indireto.

(D) É imposto interno e lançado por declaração.

RESPOSTA (A) *Vide* art. 153, IV, da CF (competência ordinária) e art. 153, § 3º, I, da CF (seletivo). (B) Tem-se como "indireto" pela jurisprudência e doutrina. (C) É polifásico, já que incide sobre todas as partes da cadeia de circulação que se enquadrem como seus contribuintes. (D) É "interno", por não incidir sobre fatos ocorridos fora do território nacional, mas é lançado por homologação (art. 19 da Lei n. 4.502/64). *Alternativa A.*

51. **(VIII Exame)** A respeito dos impostos, assinale a afirmativa correta.

(A) O Imposto de Transmissão *Causa Mortis* e Doação (ITCMD) de quaisquer bens e direitos terá suas alíquotas máximas fixadas pelos Estados competentes para a sua instituição.

(B) As alíquotas máximas e mínimas do Imposto sobre Serviços de Qualquer Natureza (ISS) deverão ser fixados por lei complementar nacional.

(C) O Imposto sobre Operações relativas à Circulação de Mercadorias e Prestação de Serviços de Transporte Interestadual e Intermunicipal e de Comunicação (ICMS) incidirá sobre as operações que destinem mercadorias e serviços ao exterior.

(D) A União Federal deverá instituir, mediante lei complementar, na iminência ou no caso de guerra externa, impostos extraordinários, compreendidos ou não em sua competência tributária, os quais serão suprimidos, gradativamente, cessadas as causas de sua criação.

RESPOSTA (A) Errada, pois as alíquotas máximas são fixadas pelo Senado Federal (art. 155, § 1º, IV, da CF). (B) Correta, de acordo com o art. 156, § 3º, I, da CF. (C) Errada, *vide* art. 155, § 2º, X, *a*, da CF. (D) Errada, pois poderá ser instituído por lei ordinária, *vide* o art. 154, II, da CF. *Alternativa B.*

52. **(VIII Exame)** Mário inscreveu-se no programa de incentivo à aposentadoria mediante indenização, promovido pela empresa em que trabalha. A respeito do caso proposto, assinale a afirmativa correta.

(A) Mário pagará imposto de renda, já que o valor recebido tem natureza salarial.

(B) Mário não pagará imposto de renda, já que se trata de verba especial.

(C) Mário não pagará imposto de renda, já que o valor recebido tem caráter indenizatório.

(D) Mário pagará imposto de renda, em homenagem ao princípio da isonomia.

RESPOSTA A Súmula 215 do STJ informa que a indenização recebida pela adesão ao programa de incentivo à demissão voluntária não está sujeita à incidência do imposto de renda. *Alternativa C.*

53. **(IX Exame)** Determinado Município, mediante edição do Decreto n. "X", publicado em 12/11/2011, estabeleceu isenção do IPTU outorgada pessoalmente aos contribuintes com comprovada deficiência física, cujos requisitos para gozo do benefício fiscal estariam previstos no respectivo Decreto Municipal.

Com base no caso apresentado, assinale a afirmativa correta.

(A) O decreto conforma-se com a ordem jurídica tributária em vigor.

(B) O decreto é inconstitucional, visto ferir o princípio da isonomia.

(C) O decreto é inconstitucional, eis que somente a lei poderia criar esta isenção.

(D) O decreto é ilegal, pois a isenção não foi atribuída por lei complementar.

RESPOSTA De acordo com o art. 150, § 6º, da CF, qualquer benefício fiscal pode ser concedido mediante lei específica. *Alternativa C.*

54. **(X Exame)** A União criou um novo imposto não previsto na CRFB mediante lei complementar sobre a propriedade de veículos de duas rodas não motorizados, que adota fato gerador e base de cálculo diferente dos demais discriminados na Constituição. Nessa situação, a União terá feito uso de competência

(A) comum.
(B) residual.
(C) cumulativa.
(D) extraordinária.

RESPOSTA De acordo com a doutrina, a competência residual ou ampliativa (art. 154, I, da CF) permite que a União possa criar impostos não previstos no texto constitucional. A competência comum é aquela atribuída às taxas, às contribuições de melhoria e às contribuições (art. 149, § 1º, da CF). Já a competência extraordinária é atribuída ao imposto extraordinário de guerra (art. 154, II, da CF). *Alternativa B.*

55. **(XI Exame)** Com relação ao Imposto sobre a Propriedade de Veículos Automotores (IPVA), assinale a afirmativa correta.

(A) É instituído pela União e repartido com o Estado em que tenha sido licenciado o veículo.
(B) É instituído pelo Estado e repartido com o Município em que tenha sido licenciado o veículo.
(C) É instituído pelo Estado em que tenha sido licenciado o veículo, que ficará com a integralidade do produto da arrecadação.
(D) É instituído pelo Município em que tenha sido licenciado o veículo, que ficará com a integralidade do produto da arrecadação.

RESPOSTA (A) Errada, pois é de competência dos Estados e do DF (art. 155, III, da CF). (B) Correta, de acordo com o art. 158, III, da CF. (C) Errada, *vide* o art. 158, III, da CF. (D) Errada, pois é de competência dos Estados e do DF (art. 155, III, da CF). *Alternativa B.*

56. **(XI Exame)** A remuneração que os Municípios pagam a seus servidores está sujeita à incidência do Imposto sobre a Renda retido na fonte (IR-Fonte). Assinale a alternativa que indica o ente público ao qual pertence o produto da arrecadação do IR-Fonte nesse caso específico.

(A) Ao Município que efetua o pagamento da remuneração.
(B) À União.
(C) Ao Estado em que está situado o Município que efetua o pagamento da remuneração.
(D) Metade à União e metade ao Município que efetua o pagamento da remuneração.

RESPOSTA De acordo com o art. 158, I, da CF. *Alternativa A.*

57. **(XV Exame)** Em dezembro de 2006, foi publicada a Lei Complementar n. 123, que instituiu o Estatuto Nacional da Microempresa e da Empresa de Pequeno Porte, e criou novo regime de tributação simplificada, abrangendo, além dos impostos e contribuições federais, o Imposto sobre Operações Relativas à Circulação de Mercadorias e sobre Prestações de Serviços de Transporte Interestadual e Intermunicipal e de Comunicação (ICMS), bem como o Imposto sobre Serviços de Qualquer Natureza (ISS). Sobre a hipótese, assinale a afirmativa correta.

(A) A referida lei é inconstitucional, pois é vedada à União instituir benefício fiscal de tributo de competência dos Estados, do Distrito Federal e dos Municípios.
(B) O regime de tributação simplificada é obrigatório a todos os contribuintes que cumpram os requisitos previstos na referida lei complementar.
(C) A referida lei é inconstitucional, no que se refere ao ICMS, pois institui benefício fiscal do imposto sem a competente autorização por meio de convênio do Conselho Nacional de Política Fazendária – CONFAZ.
(D) Segundo a Constituição Federal, a fiscalização do cumprimento das obrigações principais e acessórias do regime único de arrecadação poderá ser compartilhada pelos entes da Federação.

RESPOSTA Diante do caso, vide o art. 146, parágrafo único, IV, da CF, pois a arrecadação, a fiscalização e a cobrança poderão ser compartilhadas pelos entes federados, adotado cadastro nacional único de contribuintes. *Alternativa D.*

58. **(XV Exame)** O art. 146, III, *a*, da Constituição Federal estabelece que lei complementar deve trazer a definição dos fatos geradores, da base de cálculo e dos contribuintes dos impostos previstos na Constituição. Caso não exista lei complementar prevendo tais definições relativamente aos impostos estaduais, os estados

(A) não podem instituir e cobrar seus impostos, sob pena de violação do Art. 146 da Constituição.
(B) podem instituir e cobrar seus impostos, desde que celebrem convênio para estabelecer normas gerais.
(C) podem instituir e cobrar seus impostos, pois possuem competência legislativa plena até que a lei complementar venha a ser editada.
(D) podem instituir e cobrar seus impostos, desde que seja publicada Medida Provisória autorizando.

RESPOSTA De acordo com o art. 24, § 3º, da CF. *Alternativa C.*

59. **(XVIII Exame)** A União instituiu determinado tributo federal e conferiu a uma autarquia as tarefas de fiscalizá-lo e arrecadá-lo. Tendo em vista a situação narrada, assinale a opção correta.

(A) A capacidade tributária ativa (realizar atos de fiscalização e arrecadação) é delegável.

(B) Trata-se de caso de delegação da competência tributária da União.

(C) Não é possível que a União revogue, a qualquer tempo e por ato unilateral, a atribuição que conferiu a tal autarquia.

(D) Em eventual discussão judicial proposta por um contribuinte do tributo, a autarquia não terá prazo em dobro para recorrer.

RESPOSTA Atente-se à distinção entre competência tributária (poder legislativo e indelegável) e capacidade tributária ativa (atribuição para cobrar e fiscalizar tributos), *vide* o art. 7º do CTN. *Alternativa A.*

60. **(XIX Exame)** O Estado X, visando aumentar a sua arrecadação, instituiu novo imposto, não previsto na Constituição Federal.

Sobre a hipótese, assinale a afirmativa correta.

(A) O Estado X pode instituir imposto, mediante lei complementar, desde que previsto na Constituição Estadual.

(B) Para exercer a competência residual do Estado X, é necessária lei de iniciativa do Governador do Estado.

(C) O Estado X não pode instituir o imposto novo, tendo em vista que a competência residual para a instituição de novos impostos é somente da União.

(D) É vedada à União, aos Estados, ao Distrito Federal e aos Municípios, a instituição de impostos não previstos na Constituição Federal.

RESPOSTA De acordo com o STF, "firmou orientação no sentido de que as custas judiciais e os emolumentos concernentes aos serviços notariais e registrais possuem natureza tributária, qualificando-se como taxas remuneratórias de serviços públicos, sujeitando-se, em consequência, quer no que concerne à sua instituição e majoração, quer no que se refere à sua exigibilidade, ao regime jurídico-constitucional pertinente a essa especial modalidade de tributo vinculado, notadamente aos princípios fundamentais que proclamam, dentre outras, as garantias essenciais (a) da reserva de competência impositiva, (b) da legalidade, (c) da isonomia e (d) da anterioridade. Precedentes. Doutrina" (ADI 1378 MC, Relator(a): Min. CELSO DE MELLO). *Alternativa B.*

61. **(XIX Exame)** A pessoa jurídica Verdes Campos Ltda. realiza transporte de cargas entre os Estados "X" e "Y" por meio de sua frota de 30 caminhões. Sobre a referida prestação de serviço de transporte, assinale a opção correta.

(A) Incide o ISS, de competência dos Municípios.

(B) Não incide qualquer imposto.

(C) Incide o ICMS, de competência dos Estados.

(D) Incide o IPVA, de competência dos Estados.

RESPOSTA De acordo com art. 155, II, da CF. *Alternativa C.*

62. **(XX Exame – Reaplicação)** O Chefe do Poder Executivo da União, acreditando ser esta a melhor estratégia econômica para estimular o mercado interno brasileiro, decide reduzir a alíquota do Imposto sobre Produtos Industrializados (IPI) sobre alguns produtos. Neste cenário, você é consultado sobre os parâmetros constitucionais dirigidos àquele imposto.

Assim, você afirmaria que, a respeito do IPI, o art. 153, § 3º, da CRFB/88, estabelece que

(A) não será seletivo, em função da essencialidade do produto.

(B) será cumulativo.

(C) não incidirá sobre produtos industrializados destinados ao exterior.

(D) terá impacto mais gravoso quando incidente sobre a aquisição de bens de capital pelo contribuinte do imposto.

RESPOSTA De acordo com o art. 153, § 3º, da CF. *Alternativa C.*

63. **(XX Exame)** Determinado ente da Federação instituiu um tributo incidente sobre a folha de salários e demais rendimentos do trabalho pagos ou creditados, a qualquer título, à pessoa física que preste serviço a empregador privado, ainda que sem vínculo empregatício, com o objetivo de financiar a seguridade social.

Em sintonia com a CRFB/88, assinale a opção que indica o ente da federação competente para a instituição do tributo descrito e o nome do tributo em questão.

(A) Estados-membros e o Distrito Federal. Contribuição previdenciária.

(B) União. Contribuição social.

(C) União. Imposto sobre a renda.

(D) Todos os entes da Federação. Contribuições sociais.

RESPOSTA Segundo o art. 149 da CF, é exclusiva a competência da União para estabelecer as contribuições sociais, as CIDEs e contribuições corporativas. A contribuição previdenciária, espécie de contribuição social destinada à seguridade social, está na competência exclusiva da União (art. 195, I, da CF). *Alternativa B.*

64. **(XX Exame)** Fulano de Tal prometeu adquirir de uma autarquia federal um imóvel residencial urbano. O sinal e parte substancial do preço são pagos no momento da lavratura da escritura pública de promessa de compra e venda, que é prontamente registrada no Registro Geral de Imóveis (RGI) competente. O saldo do preço será pago em várias parcelas. Após o registro da promessa de compra e venda

(A) passa a incidir o IPTU, a ser pago pela autarquia.
(B) continua a não incidir o IPTU, por força da imunidade da autarquia (cujo nome continua vinculado ao imóvel no RGI, ainda que agora a autarquia figure como promitente vendedora).
(C) passa a incidir o IPTU, a ser pago solidariamente pela autarquia e por Fulano de Tal.
(D) passa a incidir o IPTU, a ser pago por Fulano de Tal, uma vez que registrada no RGI a promessa de compra e venda do imóvel.

RESPOSTA De acordo com o art. 150, VI, a c/c §§ 2º e 3º da CF e Súmula 583 do STF. *Alternativa D.*

65. **(XX Exame)** O Estado Alfa institui, por meio de lei complementar, uma taxa pela prestação de serviço público específico e divisível. Posteriormente a alíquota e a base de cálculo da taxa vêm a ser modificadas por meio de lei ordinária, que as mantém em patamares compatíveis com a natureza do tributo e do serviço público prestado.

A lei ordinária em questão é

(A) integralmente inválida, pois lei ordinária não pode alterar lei complementar.
(B) parcialmente válida – apenas no que concerne à alteração da base de cálculo, pois a modificação da alíquota só seria possível por meio de lei complementar.
(C) parcialmente válida – apenas no que concerne à alteração da alíquota, pois a modificação da base de cálculo só seria possível por meio de lei complementar.
(D) integralmente válida, pois a matéria por ela disciplinada não é constitucionalmente reservada à lei complementar.

RESPOSTA Atente-se que entre as leis ordinária e complementar não há hierarquia, sendo a diferença posta na reserva de matéria prevista pela CF. Sendo assim, correta a *Alternativa D.*

66. **(XXII Exame)** O Município X instituiu taxa a ser cobrada, exclusivamente, sobre o serviço público de coleta, remoção e tratamento de lixo e resíduos provenientes de imóveis. A igreja ABC, com sede no Município X, foi notificada da cobrança da referida taxa.

Sobre a hipótese apresentada, assinale a afirmativa correta.

(A) As Igrejas são imunes; portanto, não devem pagar a taxa instituída pelo Município X.
(B) A taxa é inconstitucional, pois não é específica e divisível.
(C) A taxa é inconstitucional, uma vez que os Municípios não são competentes para a instituição de taxas de serviço público.
(D) A taxa é constitucional e as Igrejas não são imunes.

RESPOSTA De acordo com o art. 150, VI e incisos da CF – incluindo-se a imunidade religiosa –, trata especificamente quanto à vedação da cobrança de impostos. Não há qualquer vedação constitucional acerca da tributação de taxa sobre entidades religiosas. Quanto à taxa, *vide* a Súmula Vinculante n. 19: "a taxa cobrada exclusivamente em razão dos serviços públicos de coleta, remoção e tratamento ou destinação de lixo ou resíduos provenientes de imóveis não viola o artigo 145, II, da Constituição Federal". *Alternativa D.*

67. **(XXII Exame)** O Município Alfa realizou obras nas praças públicas de determinado bairro, incluindo iluminação e arborização. Tais obras acarretaram a valorização imobiliária de dezenas de residências daquela região. Em decorrência disso, o município instituiu contribuição de melhoria.

Sobre a contribuição em questão, segundo o CTN, assinale a afirmativa correta.

(A) É inválida, pois deveria ter sido instituída pelo Estado Beta, onde está localizado o Município Alfa.
(B) É válida, porque foi instituída para fazer face ao custo de obra pública da qual decorre a valorização imobiliária.
(C) É válida, mas poderia ter sido instituída independentemente da valorização dos imóveis dos contribuintes.
(D) É inválida, porque deveria ter, como limite individual, o valor global da despesa realizada pelo Poder Público na obra e não a valorização de cada imóvel.

RESPOSTA Diante do caso hipotético, o tributo é válido, de acordo com os arts. 81 e 82 do CTN, pois foi instituído pelo município que realizou a obra e obedeceu aos limites legais. *Alternativa B.*

68. **(XXII Exame)** Por meio da Lei Ordinária n. 123, a União instituiu contribuição não cumulativa destinada a garantir a expansão da seguridade social, utilizando, para tanto, fato gerador e base de cálculo distintos dos discriminados na Constituição da República. A referida lei foi publicada em 1º de setembro de 2015, com entrada em vigor em 2 de janeiro de 2016, determinando o dia 1º de fevereiro do mesmo ano como data de pagamento.

Por considerar indevida a contribuição criada pela União, a pessoa jurídica A, atuante no ramo de supermercados, não realizou o seu pagamento, razão pela qual, em 5 de julho de 2016, foi lavrado auto de infração para a sua cobrança.

Considerando a situação em comento, assinale a opção que indica o argumento que poderá ser alegado pela contribuinte para impugnar a referida cobrança.

(A) A nova contribuição viola o princípio da anterioridade nonagesimal.
(B) A nova contribuição viola o princípio da anterioridade anual.
(C) A nova contribuição somente poderia ser instituída por meio de lei complementar.
(D) A Constituição da República veda a instituição de contribuições não cumulativas

RESPOSTA De acordo com o art. 195, § 4º, da CF, a lei poderá instituir outras fontes destinadas a garantir a manutenção ou expansão da seguridade social, desde que obedecido o art. 154, I, da CF. Ocorre que a contribuição trazida na questão não obedece ao requisito da lei complementar. *Alternativa C.*

III. IMUNIDADES TRIBUTÁRIAS

69. **(III Exame)** A imunidade recíproca impede que

(A) a União cobre Imposto de Renda sobre os juros das aplicações financeiras dos Estados e dos Municípios.
(B) o Município cobre a taxa de licenciamento de obra da União.
(C) o Estado cobre contribuição de melhoria em relação a bem do Município valorizado em decorrência de obra pública.
(D) o Estado cobre tarifa de água consumida em imóvel da União.

RESPOSTA A *imunidade recíproca* está prevista no art. 150, VI, da CF, observada a sua alínea *a*, visto que, sem prejuízo de outras garantias asseguradas ao contribuinte, é vedado à União, aos Estados, ao Distrito Federal e aos Municípios instituir impostos sobre o patrimônio, renda ou serviços, uns dos outros. *Alternativa A.*

70. **(IX Exame)** O procurador do município Gama decide contestar judicialmente a cobrança do ICMS discriminada na fatura da conta de luz do imóvel onde funciona a sede da prefeitura, alegando a condição de ente político para livrar-se da exação. A demanda da municipalidade deverá ser

(A) acolhida, em razão da imunidade recíproca, que impede que os entes da federação instituam impostos sobre bens e serviços uns dos outros.
(B) rejeitada, pois na situação apresentada o município se apresenta na condição de contribuinte de direito do ICMS.
(C) acolhida, pois a empresa concessionária prestadora do serviço de fornecimento de energia não tem competência para cobrar ICMS.
(D) rejeitada, pois o município não goza de imunidade com relação a imposto que incide apenas indiretamente sobre seus bens e serviços.

RESPOSTA De acordo com o art. 150, VI, *a*, da CF. *Alternativa D.*

71. **(X Exame)** Uma autarquia federal, proprietária de veículos automotores adquiridos recentemente, foi surpreendida com a cobrança de IPVA pelo Estado responsável pelos respectivos licenciamentos, não obstante vincular a utilização desses veículos às suas finalidades essenciais. Com base na hipótese sugerida, assinale a afirmativa correta.

(A) A cobrança é constitucional, por se tratar de fato gerador do IPVA.
(B) A cobrança é constitucional, por se aplicar o princípio da capacidade contributiva.
(C) A cobrança é inconstitucional, por se tratar de isenção fiscal.
(D) A cobrança é inconstitucional, por se tratar de hipótese de imunidade tributária.

RESPOSTA Diante da situação hipotética, aplica-se o art. 150, § 2º, da CF, sendo a cobrança inconstitucional. *Alternativa D.*

72. **(XI Exame)** Determinada editora de livros, revistas e outras publicações foi autuada pela fiscalização de certo Estado, onde mantém a sede da sua indústria gráfica, pela falta de recolhimento de ICMS incidente sobre álbum de figurinhas. Nessa linha, à luz do entendimento do STF sobre a matéria em pauta, tal cobrança é

(A) inconstitucional, por força da aplicação da isenção tributária.
(B) inconstitucional, por força da aplicação da imunidade tributária.

(C) constitucional, por força da inaplicabilidade da imunidade tributária.

(D) inconstitucional, por estar o referido tributo adstrito à competência tributária da União Federal.

RESPOSTA Trata-se de imunidade tributária cultural prevista no art. 150, VI, *d*, CF. Sobre a decisão referida sobre álbum de figurinhas, a título de curiosidade, está em RE: 179893 SP, Relator: MENEZES DIREITO, Data de Julgamento: 15/04/2008. *Alternativa B.*

IV. LEGISLAÇÃO TRIBUTÁRIA

73. **(XXXI Exame)** Uma lei ordinária federal tratava de direitos do beneficiário de pensão previdenciária e também previa norma que ampliava, para 10 anos, o prazo decadencial para o lançamento dos créditos tributários referentes a uma contribuição previdenciária federal. A respeito da ampliação de prazo, assinale a afirmativa correta.

(A) É inválida, pois, em razão do caráter nacional das contribuições previdenciárias federais, somente poderia ser veiculada por Resolução do Senado Federal.

(B) É inválida, pois somente poderia ser veiculada por Lei Complementar.

(C) É válida, pois o CTN prevê a possibilidade de que o prazo geral de 5 anos, nele previsto para a Fazenda Pública constituir o crédito tributário, seja ampliado por meio de Lei Ordinária Específica.

(D) É válida, por existir expressa previsão constitucional, específica para contribuições de seguridade social, autorizando a alteração de prazo de constituição do crédito tributário por Lei Ordinária.

RESPOSTA De acordo com a CF, cabe lei complementar, entre outros casos, estabelecer normas gerais em matéria de legislação tributária, especialmente sobre obrigação, lançamento, crédito, prescrição e decadência tributários (art. 146, III, *b*). *Alternativa B.*

74. **(XXX Exame)** A sociedade empresária ABC Ltda. foi autuada pelo Fisco do Estado Z apenas pelo descumprimento de uma determinada obrigação tributária acessória, referente à fiscalização do ICMS prevista em lei estadual (mas sem deixar de recolher o tributo devido). Inconformada, realiza a impugnação administrativa por meio do auto de infração. Antes que sobreviesse a decisão administrativa da impugnação, outra lei estadual extingue a previsão da obrigação acessória que havia sido descumprida. Diante desse cenário, assinale a afirmativa correta.

(A) A lei estadual não é instrumento normativo hábil para extinguir a previsão dessa obrigação tributária acessória referente ao ICMS, em virtude do caráter nacional desse tributo.

(B) O julgamento administrativo, nesse caso, deverá levar em consideração apenas a legislação tributária vigente na época do fato gerador.

(C) Não é possível a extinção dos efeitos da infração a essa obrigação tributária acessória após a lavratura do respectivo auto de infração.

(D) A superveniência da extinção da previsão dessa obrigação acessória, desde que não tenha havido fraude, nem ausência de pagamento de tributo, constitui hipótese de aplicação da legislação tributária a ato pretérito.

RESPOSTA De acordo com o art. 106 do CTN, a lei aplica-se a ato ou fato pretérito em qualquer caso, quando seja expressamente interpretativa, excluída a aplicação de penalidade à infração dos dispositivos interpretados; tratando-se de ato não definitivamente julgado: a) quando deixe de defini-lo como infração; b) quando deixe de tratá-lo como contrário a qualquer exigência de ação ou omissão, desde que não tenha sido fraudulento e não tenha implicado em falta de pagamento de tributo; c) quando lhe comine penalidade menos severa que a prevista na lei vigente ao tempo da sua prática. *Alternativa D.*

75. **(I Exame)** Suponha que um decreto trate integralmente sobre relações jurídicas pertinentes aos tributos e que uma lei disponha parcialmente sobre tributos. Nessa situação, de acordo com o CTN,

(A) nem o decreto nem a lei se inserem no conceito de legislação tributária.

(B) o decreto insere-se no conceito de legislação tributária; a lei, não.

(C) tanto o decreto quanto a lei se inserem no conceito de legislação tributária.

(D) a lei se insere no conceito de legislação tributária; o decreto, não.

RESPOSTA De acordo com o art. 96 do CTN, correta a *Alternativa C.*

76. **(V Exame)** No exercício de 1995, um contribuinte deixou de recolher determinado tributo. Na ocasião, a lei impunha a multa moratória de 30% do valor do débito. Em 1997, houve alteração legislativa, que reduziu a multa moratória para 20%. O contribuinte recebeu, em 1998, notificação para pagamento do débito, acrescido da multa moratória de 30%. A exigência está

(A) correta, pois aplica-se à lei vigente à época de ocorrência do fato gerador.

(B) errada, pois aplica-se retroativamente à lei que defina penalidade menos severa ao contribuinte.
(C) correta, pois o princípio da irretroatividade veda a aplicação retroagente da lei tributária.
(D) errada, pois a aplicação retroativa da lei é regra geral no Direito Tributário.

RESPOSTA O art. 106 do CTN, em seus incisos I e II, aponta as duas hipóteses em que a legislação tributária poderá alcançar fatos pretéritos (retroagir): [i] lei meramente interpretativa; [ii] lei que traga extinção ou redução de penalidade por infração à legislação tributária para casos ainda não definitivamente julgados. A cobrança em questão é ilegal, pois não considerou a multa de 20% instituída pela lei nova, que representou penalidade menos severa à infração cometida (art. 106, II, *c*, do CTN). *Alternativa B.*

77. **(II Exame)** Em Direito Tributário, cumpre à lei ordinária:

(A) Estabelecer a cominação ou dispensa de penalidades para as ações ou omissões contrárias a seus dispositivos.
(B) Estabelecer a forma e as condições como isenções, incentivos e benefícios fiscais serão concedidos em matéria de ISS.
(C) Estabelecer normas gerais em matéria tributária, especialmente sobre adequado tratamento tributário ao ato cooperativo praticado pelas sociedades cooperativas.
(D) Estabelecer normas gerais em matéria tributária, especialmente sobre a definição de tratamento diferenciado e favorecido para as microempresas e empresas de pequeno porte.

RESPOSTA (A) De acordo com o art. 97, V, do CTN. (B) *Vide* art. 156, § 3º, III, da CF. (C) *Vide* art. 146, III, c, da CF. (D) *Vide* art. 146, III, *d*, da CF. *Alternativa A.*

78. **(II Exame)** De acordo com o Código Tributário Nacional, aplica-se retroativamente a lei tributária na hipótese de:

(A) Analogia, quando esta favorecer o contribuinte.
(B) Extinção do tributo, ainda não definitivamente constituído.
(C) Graduação quanto à natureza de tributo aplicável, desde que não seja hipótese de crime.
(D) Ato não definitivamente julgado, quando a lei nova lhe comine penalidade menos severa que a prevista na lei vigente ao tempo de sua prática.

RESPOSTA O art. 106 do CTN prevê as duas hipóteses em que a legislação tributária poderá retroagir, sendo um deles indicado na *Alternativa D.*

79. **(II Exame)** O emprego da analogia, em matéria tributária, resultará na

(A) majoração de tributo.
(B) instituição de tributo.
(C) exclusão do crédito tributário.
(D) impossibilidade de exigência de tributo não previsto em lei.

RESPOSTA (A) *Vide* art. 97, II, do CTN. (B) *Vide* art. 97, I, do CTN. (C) *Vide* art. 97, VI, do CTN. (D) De acordo com o art. 108, § 1º, do CTN. *Alternativa D.*

80. **(XX Exame – Reaplicação)** A pessoa jurídica XX, procurando compreender os métodos de interpretação da legislação tributária a respeito dos casos de extinção, suspensão e exclusão do crédito tributário, consulta você, como advogado.

À luz do Código Tributário Nacional, assinale a alternativa que veicula tema sobre o qual é imperiosa a interpretação literal de norma tributária.

(A) Anistia
(B) Remissão
(C) Prescrição
(D) Compensação

RESPOSTA De acordo com o art. 111, I, do CTN, interpreta-se literalmente a legislação tributária que disponha sobre suspensão ou exclusão do crédito tributário, e sendo a anistia uma modalidade de exclusão do crédito tributário (art. 175, II, do CTN), correta está a *Alternativa A.*

V. OBRIGAÇÃO TRIBUTÁRIA

81. **(XXVII Exame)** A sociedade empresária ABC, atuante na área de prestação de serviços de limpeza, em dificuldades financeiras, não estava conseguindo realizar o pagamento dos tributos federais. Diante disso, ela se ofereceu à Administração Pública Federal para realizar o pagamento dos tributos mediante prestação direta de serviços de limpeza em prédios públicos ou, alternativamente, transferir para o Fisco um imóvel de sua propriedade. A respeito desse cenário, assinale a afirmativa correta.

(A) As propostas são inadmissíveis, pois os tributos somente podem ser pagos em dinheiro.
(B) As propostas são admissíveis, em razão do princípio da menor onerosidade para o devedor (*favor debitoris*).
(C) A proposta de transferência de imóvel do contribuinte para a Fazenda Pública Federal para pagamento de tributo é admissível por expressa permissão legal.
(D) A proposta de prestação direta de serviços para pagamento de tributo é admissível, em circunstâncias excepcionais, como forma subsidiária de

garantia do recebimento do crédito pela Fazenda Pública.

RESPOSTA Dentre as hipóteses de extinção do crédito tributário está a dação em pagamento, vide o art. 156, XI, do CTN. E o que seria uma dação, por exemplo? A situação da questão apresentada e a respectiva resposta da *Alternativa C*.

82. (XXVII Exame) O Município M resolve ele mesmo fiscalizar e cobrar o Imposto sobre a Propriedade Territorial Rural (ITR) dos imóveis rurais localizados em seu território. Acerca desse cenário, assinale a afirmativa correta.

(A) O ITR não pode ser fiscalizado e cobrado pelo Município M, por se tratar de tributo de competência da União.

(B) O Município M poderá optar, na forma da lei, por fiscalizar e cobrar diretamente o ITR.

(C) A fiscalização e a cobrança do ITR pelo Município M autorizam-no a reter 50% do produto da arrecadação do imposto, como contraprestação pela fiscalização e cobrança no lugar da União.

(D) A partir da opção por fiscalizar e cobrar o ITR, o Município M passa a ter competência para alterar as alíquotas do imposto, inclusive para sua redução.

RESPOSTA Conforme a Constituição Federal, o ITR será fiscalizado e cobrado pelos Municípios que assim optarem, na forma da lei, desde que não implique redução do imposto ou qualquer outra forma de renúncia fiscal (art. 153, § 4º, III). *Alternativa B*.

83. (XII Exame) Em procedimento de fiscalização, a Secretaria da Receita Federal do Brasil identificou lucro não declarado por três sociedades empresárias, que o obtiveram em conluio, fruto do tráfico de entorpecentes. Sobre a hipótese sugerida, assinale a afirmativa correta.

(A) O imposto sobre a renda é devido face ao princípio da interpretação objetiva do fato gerador, também conhecido como o princípio do *pecunia non olet*.

(B) Não caberá tributação e, sim, confisco da respectiva renda.

(C) Não caberá tributo, uma vez que tributo não é sanção de ato ilícito.

(D) Caberá aplicação de multa fiscal pela não declaração de lucro, ficando afastada a incidência do tributo, sem prejuízo da punição na esfera penal.

RESPOSTA (A) *Vide* os arts. 114 e 118, I, do CTN. (B) Errada, *vide* art. 3º do CTN e art. 150, IV, da CF. (C) Errada, pois se trata de cobrança do tributo em decorrência de um fato gerador praticado. (D) Errada, pois, além da multa, caberá a cobrança de IR pela realização do fato gerador. *Alternativa A*.

84. (I Exame) Um fiscal federal, em processo de auditoria, verificou que uma empresa estava em dívida para com o fisco em relação ao imposto de renda. Ao autuar a empresa para pagamento do imposto, o fiscal impôs-lhe, ainda, uma multa por atraso no pagamento e outra, por não ter entregue a declaração anual de rendimentos da pessoa jurídica. Nessa situação hipotética,

(A) todas as obrigações são consideradas principais.

(B) a obrigação de pagar o imposto de renda é considerada principal; a de pagar as multas, não.

(C) a obrigação de pagar o imposto de renda e a de pagar a multa de mora são consideradas principais; a de pagar a multa por atraso na entrega da declaração, não.

(D) a obrigação de pagar o imposto de renda e a de pagar a multa por atraso na entrega da declaração são consideradas principais; a de pagar a multa de mora, não.

RESPOSTA A obrigação tributária pode ser principal ou acessória. Será principal, segundo o art. 113, § 1º, do CTN, quando surge com a ocorrência do fato gerador, tem por objeto o pagamento de tributo ou penalidade pecuniária e extingue-se juntamente com o crédito dela decorrente. *Alternativa A*.

85. (V Exame) A obrigação tributária principal tem por objeto

(A) A escrituração de livros contábeis.

(B) O pagamento de tributo ou penalidade pecuniária.

(C) A prestação de informações tributárias perante a autoridade fiscal competente.

(D) A inscrição da pessoa jurídica junto ao Cadastro Nacional de Pessoa Jurídica – CNPJ.

RESPOSTA Será obrigação principal, segundo o art. 113, § 1º, do CTN, quando surge com a ocorrência do fato gerador, tem por objeto o pagamento de tributo ou penalidade pecuniária e extingue-se juntamente com o crédito dela decorrente. *Alternativa B*.

86. (XX Exame – Reaplicação) A pessoa jurídica XYZ celebra contrato de locação de automóveis com a pessoa jurídica ABC, proprietária dos veículos, pelo prazo de 5 (cinco) anos. Os automóveis serão utilizados pelos diretores da pessoa jurídica XYZ. Segundo o contrato, a locatária XYZ é a responsável pelo pagamento do Imposto sobre Propriedade de Veículos Automotores – IPVA de todos os automóveis durante o prazo contratual.

Sobre a hipótese, assinale a afirmativa correta.

(A) O contrato é nulo, uma vez que altera, por meio de convenção particular, a condição de sujeito ativo da obrigação tributária.

(B) O contrato é válido e eficaz entre as partes, porém não produzirá efeito contra a Fazenda Pública, que poderá exigir o IPVA do proprietário dos veículos, a pessoa jurídica ABC.

(C) O contrato é válido e eficaz entre as partes e poderá ser oposto contra a Fazenda Pública, que somente poderá exigir o cumprimento da obrigação tributária pela locatária XYZ, conforme previsão contratual.

(D) O contrato é válido e eficaz entre as partes e poderá ser oposto contra a Fazenda Pública desde que seja editada Resolução pelo Secretário Estadual de Fazenda autorizando a referida transferência de sujeição passiva tributária.

RESPOSTA De acordo com o art. 123 do CTN, as convenções particulares, ainda que válidas, em matéria tributária não são oponíveis aos entes públicos. Desse modo, apesar do contrato de locação, o responsável tributário pelo pagamento do tributo perante a Administração Pública é sempre o seu proprietário. *Alternativa B.*

VI. RESPONSABILIDADE TRIBUTÁRIA

87. **(XXVIII Exame)** Pedro tem três anos de idade e é proprietário de um apartamento. Em janeiro deste ano, o Fisco notificou Pedro para o pagamento do Imposto Predial e Territorial Urbano (IPTU), por meio do envio do carnê de cobrança ao seu endereço. Os pais de Pedro, recebendo a correspondência, decidiram não pagar o tributo, mesmo possuindo recursos suficientes para tanto. Diante da impossibilidade de cumprimento da obrigação por Pedro, assinale a afirmativa correta.

(A) Os pais de Pedro devem pagar o tributo, na qualidade de substitutos tributários.

(B) O Fisco deverá aguardar Pedro completar 18 anos para iniciar o processo de execução da dívida.

(C) Os pais de Pedro responderão pelo pagamento do tributo, uma vez que são responsáveis tributários na condição de terceiros.

(D) O Fisco deve cobrar o tributo dos pais de Pedro, já que são contribuintes do IPTU.

RESPOSTA Quanto à responsabilidade de terceiros sobre o pagamento de tributos, como é o caso em tela, o art. 134 do CTN é bastante claro. Segundo ele, nos casos de impossibilidade de exigência do cumprimento da obrigação principal pelo contribuinte, respondem solidariamente com este nos atos em que intervierem ou pelas omissões de que forem responsáveis os pais, pelos tributos devidos por seus filhos menores (inciso I). Correta a *alternativa C.*

88. **(XXVII Exame)** A pessoa jurídica Sigma teve lavrado contra si um auto de infração. A autuação fiscal lhe impôs multa pela falta de exibição de notas fiscais durante um determinado período. Após ser citada em sede de execução fiscal, a pessoa jurídica Sigma alegou, em embargos à execução, que não apresentou as notas fiscais porque elas haviam sido furtadas por seu antigo gerente geral, que, com elas, praticara ilícito criminal, tendo sido, por isso, condenado na esfera penal por sonegação fiscal e furto daquelas notas. Com base nessa narrativa, no que tange ao pagamento da multa tributária, assinale a afirmativa correta.

(A) A responsabilidade é pessoal do antigo gerente por ter cometido infração conceituada na lei como crime.

(B) A empresa deve arcar com o pagamento da multa, sendo possível, posteriormente, uma ação de regresso em face do antigo gerente geral.

(C) O antigo gerente não pode ser responsabilizado na esfera cível/tributária, por já ter sido condenado na esfera penal.

(D) O caso é de responsabilidade solidária, por ter a empresa nomeado o antigo gerente para cargo de tamanha confiança.

RESPOSTA De acordo com o art. 137 do CTN, a responsabilidade é pessoal ao agente quanto às infrações conceituadas por lei como crimes ou contravenções, salvo quando praticadas no exercício regular de administração, mandato, função, cargo ou emprego, ou no cumprimento de ordem expressa emitida por quem de direito (inciso I), o que não aconteceu no caso hipotético. Portanto, *Alternativa A.*

89. **(XXV Exame)** A pessoa jurídica XXX é devedora de Contribuição Social sobre o Lucro Líquido (CSLL), além de multa de ofício e de juros moratórios (taxa Selic), relativamente ao exercício de 2014. O referido crédito tributário foi devidamente constituído por meio de lançamento de ofício, e sua exigibilidade se encontra suspensa por força de recurso administrativo. No ano de 2015, a pessoa jurídica XXX foi incorporada pela pessoa jurídica ZZZ. Sobre a responsabilidade tributária da pessoa jurídica ZZZ, no tocante ao crédito tributário constituído contra XXX, assinale a afirmativa correta.

(A) A incorporadora ZZZ é responsável apenas pelo pagamento da CSLL e dos juros moratórios (taxa Selic).

(B) A incorporadora ZZZ é integralmente responsável tanto pelo pagamento da CSLL quanto pelo pagamento da multa e dos juros moratórios.
(C) A incorporadora ZZZ é responsável apenas pelo tributo, uma vez que, em razão da suspensão da exigibilidade, não é responsável pelo pagamento das multas e dos demais acréscimos legais.
(D) A incorporadora ZZZ é responsável apenas pela CSLL e pela multa, não sendo responsável pelo pagamento dos juros moratórios.

RESPOSTA De acordo com o art. 132 do CTN e atente-se à Sumula 554 do STJ. *Alternativa B.*

90. (XII Exame) Pedro adquire imóvel de João, que o alugava anteriormente a uma sociedade empresária. Sobre esse imóvel estavam pendentes de pagamento os seguintes tributos: o IPTU, a Contribuição de Melhoria, a Taxa de Coleta Domiciliar de Lixo e a Taxa de Inspeção Sanitária devida pelo exercício do poder de polícia, em função da atividade ali desenvolvida. Com relação à responsabilidade tributária, assinale a afirmativa correta.

(A) Pedro só se torna responsável tributário do IPTU, da Taxa de Coleta Domiciliar de Lixo e da Contribuição de Melhoria, permanecendo João como sujeito passivo da Taxa de Inspeção Sanitária.
(B) Pedro só se torna responsável tributário do IPTU e da Taxa de Coleta Domiciliar de Lixo, permanecendo João como sujeito passivo da Taxa de Inspeção Sanitária e da Contribuição de Melhoria.
(C) Pedro é o responsável tributário de todos os tributos, devido à sucessão imobiliária.
(D) João continua sendo o sujeito passivo de todos os tributos, muito embora o imóvel tenha sido adquirido por Pedro.

RESPOSTA *Vide* o art. 130 do CTN, pois Pedro, como adquirente de bens imóveis, responde pelo IPTU, pela Taxa de Coleta Domiciliar de Lixo e pela Contribuição de Melhoria, permanecendo João como sujeito passivo da Taxa de Inspeção Sanitária, por não ter relação direta com o imóvel, mas sim com a atividade ali desempenhada. *Alternativa A.*

91. (I Exame) Vera e Mara são contribuintes obrigados, solidariamente, por lei, a pagar, mensalmente, certo tributo. Em determinado mês, foi publicada lei que isentou do imposto, pessoalmente, as pessoas que sofriam de certa enfermidade, da qual Vera é portadora. Nessa situação hipotética,

(A) a isenção concedida a Vera exonera integralmente Mara de sua obrigação.
(B) a isenção concedida a Vera não exonera Mara, restando a esta a obrigação pelo saldo remanescente.
(C) a isenção dada a Vera não exonera Mara, restando a esta a obrigação integral.
(D) a referida lei é inconstitucional, dada a impossibilidade de concessão de isenção pessoal em caso de solidariedade de obrigados.

RESPOSTA De acordo com o art. 125, II, do CTN, correta a *Alternativa C.*

92. (VII Exame) Determinada pessoa física adquire de outra um estabelecimento comercial e segue na exploração de suas atividades, cessando ao vendedor toda a atividade empresarial. Nesse caso, em relação aos tributos devidos pelo estabelecimento comercial até a data da aquisição do referido negócio jurídico, o novo adquirente responde

(A) pela metade dos tributos.
(B) subsidiariamente pela integralidade dos tributos.
(C) integralmente por todos os tributos.
(D) solidariamente, com o antigo proprietário, por todos os tributos.

RESPOSTA Atente-se ao art. 133 do CTN e que dispõe sobre duas possibilidades acerca da transferência de estabelecimento empresarial (incisos I e II): [i] integralmente, se o alienante cessar a exploração do comércio, indústria ou atividade; ou [ii] subsidiariamente com o alienante, se este prosseguir na exploração ou iniciar dentro de seis meses a contar da data da alienação, nova atividade no mesmo ou em outro ramo de comércio, indústria ou profissão. No caso, aplica-se o inciso I do art. 133. *Alternativa C.*

93. (IV Exame) A Empresa ABC Ltda. foi incorporada pela Empresa XYZ Ltda., em 15/6/2011, sendo que os sócios da empresa incorporada se aposentaram 7 (sete) dias após a data da realização do negócio jurídico. Em 30/6/2011, a Fiscalização da Secretaria da Receita Federal apurou crédito tributário, anterior à data da incorporação, resultante do não recolhimento de IRPJ, CSLL, entre outros tributos devidos da responsabilidade da Empresa ABC Ltda. Pelo exposto, o crédito tributário deverá ser cobrado

(A) Da Empresa XYZ Ltda.
(B) Da Empresa ABC Ltda.
(C) Dos sócios da Empresa ABC Ltda.
(D) Solidariamente da Empresa ABC Ltda. e da Empresa XYZ Ltda.

RESPOSTA Diante da situação, atente-se à responsabilidade tributária para o incorporador quando restarem débitos tributários relativos à pessoa jurídica incorporada anteriores à data da incorporação (art. 132 do CTN). *Alternativa A.*

94. **(II Exame)** Mauro Ricardo decidiu não pagar o imposto de renda do último ano, pois sua esposa Ana, servidora pública, sofreu acidente de carro e foi declarada absolutamente incapaz, em virtude de traumatismo craniano gravíssimo. Ocorre que a Receita Federal efetuou o lançamento e notificou Mauro, nos termos da lei, acerca do crédito tributário em aberto. Quando Mauro recebeu a notificação, ele se dirigiu à Receita e confessou a infração, prontificando-se a pagar, de imediato, o tributo devido, sem multa ou juros de mora. A partir do exposto acima, assinale a afirmativa correta.

(A) A confissão de Mauro tem o condão de excluir a sua responsabilidade, sem a imposição de qualquer penalidade. Entretanto, ele deve pagar o tributo devido acrescido dos juros de mora.

(B) Mauro somente se apresentou à Receita após a notificação, o que exclui qualquer benefício oriundo da denúncia espontânea, devendo ele recolher o tributo devido, a penalidade imposta e os juros de mora.

(C) A incapacidade civil de Ana tem reflexo direto na sua capacidade tributária, o que significa dizer que, após a sentença judicial de interdição, Ana perdeu, igualmente, a sua capacidade tributária, estando livre de quaisquer obrigações perante o fisco.

(D) Caso Mauro tivesse procedido com mera culpa, ou seja, se a sonegação tivesse ocorrido por mero esquecimento, ele poderia pagar somente o tributo e os juros de mora, excluindo o pagamento de multa.

RESPOSTA De acordo com o art. 138 do CTN, a responsabilidade é excluída pela denúncia espontânea da infração, acompanhada, se for o caso, do pagamento do tributo devido e dos juros de mora, ou do depósito da importância arbitrada pela autoridade administrativa, quando o montante do tributo dependa de apuração. *Alternativa B.*

95. **(II Exame)** Pizza Aqui Ltda., empresa do ramo dos restaurantes, adquiriu o estabelecimento empresarial Pizza Já Ltda., continuando a exploração deste estabelecimento, porém sob razão social diferente – Pizza Aqui Ltda. Neste caso, é correto afirmar que:

(A) A Pizza Aqui responde solidariamente pelos tributos devidos pela Pizza Já, até a data do ato de aquisição do estabelecimento empresarial, se a Pizza Já cessar a exploração da atividade.

(B) Caso a Pizza Já prossiga na exploração da mesma atividade dentro de 6 (seis) meses contados da data de alienação, a Pizza Aqui responde subsidiariamente pelos tributos devidos pela Pizza Já Ltda. até a data do ato de aquisição do estabelecimento.

(C) Caso a Pizza Já mude de ramo de comércio dentro de 6 (seis) meses contados da data de alienação, então a Pizza Aqui será integralmente responsável pelos tributos devidos pela Pizza Já até a data do ato de aquisição desta.

(D) Caso o negócio jurídico não fosse a aquisição, mas a incorporação da Pizza Já pela Pizza Aqui, esta última estaria isenta de qualquer responsabilidade referente aos tributos devidos pela Pizza Já até a data da incorporação.

RESPOSTA De acordo com o inciso II do art. 133 do CTN, correta a *Alternativa B.*

96. **(III Exame)** Na denúncia espontânea, o sujeito passivo tem direito à exclusão

(A) Da multa e dos juros.

(B) Da multa e da correção monetária.

(C) Apenas dos juros.

(D) Apenas da multa.

RESPOSTA A denúncia espontânea exclui tão somente a responsabilidade pelo pagamento da multa, sendo, portanto, exigível o pagamento do crédito tributário e das atualizações monetárias, *vide* art. 138 do CTN. *Alternativa D.*

97. **(III Exame)** Determinada pessoa, havendo arrematado imóvel em leilão judicial ocorrido em processo de execução fiscal para a cobrança de Imposto Predial Urbano, vem a sofrer a exigência pelo saldo devedor da execução não coberto pelo preço da arrematação. Essa exigência é

(A) legal, pois o arrematante é sucessor do executado em relação ao imóvel, e em sua pessoa fiscal ficam sub-rogados os créditos dos tributos incidentes sobre o mesmo imóvel.

(B) ilegal, pois o crédito do exequente se sub-roga sobre o preço da arrematação, exonerando o arrematante quanto ao saldo devedor.

(C) legal, pois o valor pago pelo arrematante não foi suficiente para a cobertura da execução.

(D) legal, pois a arrematação não pode causar prejuízo ao Fisco.

RESPOSTA De acordo com o art. 130, parágrafo único, do CTN, em caso de arrematação em hasta pública, independente do montante pelo qual estava sendo executado o devedor (antigo proprietário) e do tributo sobre o qual recaía a execução (podendo ser o IPTU do imóvel adjudicado), o arrematante se sub-roga apenas no limite do preço (lance vencedor) do bem. *Alternativa B.*

98. **(X Exame)** Três irmãos são donos de um imóvel, em proporções iguais.

Em relação ao IPTU, cada irmão

(A) só pode ser cobrado pelo fisco na razão de 33,33% do imposto.
(B) é devedor solidário em relação ao todo do imposto.
(C) é devedor na razão de 33,3% do imposto e responsável subsidiário pelo restante.
(D) não pode ser cobrado judicialmente pela parte de outro irmão que tenha recursos para pagá-la.

RESPOSTA De acordo com o art. 124 do CTN, são solidariamente obrigadas [I] as pessoas que tenham interesse comum na situação que constitua o fato gerador da obrigação principal; [II] as pessoas expressamente designadas por lei. *Alternativa B.*

99. **(XIV Exame)** Lei municipal que dispõe sobre o Imposto sobre a Propriedade Predial e Territorial Urbana – IPTU – estabelece a solidariedade entre os proprietários de um mesmo imóvel. Os efeitos da solidariedade estão listados nas opções a seguir, à exceção de uma. Assinale-a.

(A) A interrupção da decadência, em favor ou contra um dos obrigados, favorece ou prejudica os demais.
(B) A interrupção da prescrição, em favor ou contra um dos obrigados, favorece ou prejudica aos demais.
(C) O pagamento efetuado por um dos obrigados aproveita os demais.
(D) A isenção ou remissão de crédito exonera todos os obrigados, salvo se outorgada pessoalmente a um deles, subsistindo, nesse caso, a solidariedade quanto aos demais pelo saldo.

RESPOSTA (A) Não consta do rol de efeitos previstos no art. 125 do CTN. (B) Art. 125, III, do CTN. (C) Art. 125, I, do CTN. (D) Art. 125, II, do CTN. *Alternativa A.*

100. **(XX Exame – Reaplicação)** XYZ é um estabelecimento empresarial que foi alienado e cujo adquirente continuou a explorar a mesma atividade.

Considerando que também o alienante de XYZ continuou a exercer atividade empresarial no mesmo ramo de negócio, assinale a afirmativa correta.

(A) O adquirente é integralmente responsável pelos tributos devidos até a data da alienação do estabelecimento, sem responsabilidade do alienante.
(B) O adquirente e o alienante são responsáveis, cada qual, por 50% dos tributos devidos até a data da alienação do estabelecimento.
(C) A responsabilidade pelos tributos devidos até a data da alienação é integralmente do alienante, sem responsabilidade do adquirente.
(D) Como o alienante continuou a explorar atividade empresarial, a responsabilidade do adquirente pelos tributos devidos até a data da alienação é subsidiária com o alienante.

RESPOSTA De acordo com o art. 133 do CTN, correta a *Alternativa D.*

101. **(XXII Exame)** João e Pedro são, por lei, contribuintes obrigados solidariamente a pagar determinado tributo. Foi publicada lei que isenta os ex-combatentes do pagamento de tal tributo, sendo este o caso pessoal somente de João.

Tendo em vista essa situação, assinale a afirmativa correta.

(A) Sendo um caso de isenção pessoal, a lei não exonera Pedro, que permanece obrigado a pagar o saldo remanescente, descontada a parcela isenta em favor de João.
(B) Pedro ficará totalmente exonerado do pagamento, aproveitando-se da isenção em favor de João.
(C) O imposto poderá ser cobrado de Pedro ou de João, pois a solidariedade afasta a isenção em favor deste.
(D) Pedro permanece obrigado a pagar integralmente o imposto, nada obstante a isenção em favor de João.

RESPOSTA Diante dos efeitos da solidariedade, são três, *vide* o art. 125. Levando-se em conta o art. 125, II, do CTN, correta a *Alternativa A.*

102. **(XXIV Exame)** João e Maria celebraram entre si contrato de locação, sendo João o locador e proprietário do imóvel. No contrato, eles estipularam que a responsabilidade pelo pagamento do Imposto sobre a Propriedade Predial e Territorial Urbana (IPTU) do imóvel será de Maria, locatária. Com base nessas informações, assinale a afirmativa correta.

(A) O contrato será ineficaz entre as partes, pois transferiu a obrigação de pagar o imposto para pessoa não prevista em lei.
(B) O contrato firmado entre particulares não poderá se opor ao fisco municipal, no que tange à alteração do sujeito passivo do tributo.
(C) O contrato é válido e eficaz, e, por consequência dele, a responsabilidade pelo pagamento do tributo se tornará solidária, podendo o fisco municipal cobrá-lo de João e/ou de Maria.
(D) No caso de o fisco municipal cobrar o tributo de João, ele não poderá ajuizar ação regressiva em face de Maria.

RESPOSTA De acordo com o art. 123 do CTN, as convenções particulares, relativas à responsabilidade pelo pagamento de tributos, não podem ser opostas à Fazenda Pública, para modificar a definição legal do sujeito passivo das obrigações tributárias correspondentes. *Alternativa B.*

103. **(XXIV Exame)** Considere que Luís é um andarilho civilmente capaz que não elegeu nenhum lugar como seu domicílio tributário, não tem domicílio civil, nem residência fixa, e não desempenha habitualmente atividades em endereço certo. A partir da hipótese apresentada, de acordo com o Código Tributário Nacional e no silêncio de legislação específica, assinale a afirmativa correta.

(A) Luís nunca terá domicílio tributário.
(B) O domicílio tributário de Luís será o lugar da situação de seus bens ou da ocorrência do fato gerador.
(C) O domicílio tributário de Luís será, necessariamente, a sede da entidade tributante.
(D) O domicílio tributário de Luís será a residência de seus parentes mais próximos ou o lugar da situação dos bens de Luís.

RESPOSTA De acordo com o art. 127, § 1º, do CTN, considerar-se-á como domicílio tributário do contribuinte ou responsável o lugar da situação dos bens ou da ocorrência dos atos ou fatos que deram origem à obrigação. *Alternativa B.*

VII. CRÉDITO TRIBUTÁRIO

104. **(XXXI Exame)** Uma sociedade empresária em recuperação judicial requereu, perante a Secretaria Estadual de Fazenda do Estado X, o parcelamento de suas dívidas tributárias estaduais. O Estado X dispunha de uma lei geral de parcelamento tributário, mas não de uma lei específica para parcelamento de débitos tributários de devedor em recuperação judicial. Diante desse cenário, assinale a afirmativa correta.

(A) O parcelamento não pode ser concedido caso inexista lei específica estadual que disponha sobre as condições de parcelamento dos créditos tributários do devedor em recuperação judicial.
(B) O prazo de parcelamento a ser concedido ao devedor em recuperação judicial quanto a tais débitos para com o Estado X não pode ser inferior ao concedido por lei federal específica de parcelamento dos créditos tributários do devedor em recuperação judicial.
(C) O parcelamento do crédito tributário exclui a incidência de juros, em regra, no caso de devedor em recuperação judicial.
(D) O parcelamento do crédito tributário exclui a incidência de multas, em regra, no caso de devedor em recuperação judicial.

RESPOSTA Diante do caso em tela, observa-se que lei específica disporá sobre as condições de parcelamento dos créditos tributários do devedor em recuperação judicial (art. 155-A, § 3º, CTN). Mas, no caso de inexistência da lei específica, importa na aplicação das leis gerais de parcelamento do ente da Federação ao devedor em recuperação judicial, não podendo, neste caso, ser o prazo de parcelamento inferior ao concedido pela lei federal específica (§ 4º). *Alternativa B.*

105. **(XXX Exame)** No final do ano de 2018, o Município X foi gravemente afetado por fortes chuvas que causaram grandes estragos na localidade. Em razão disso, a Assembleia Legislativa do Estado Y, em que está localizado o Município X, aprovou lei estadual ordinária concedendo moratória quanto ao pagamento do Imposto Predial e Territorial Urbano (IPTU) do ano subsequente, em favor de todos os contribuintes desse imposto situados no Município X. Diante desse cenário, assinale a afirmativa correta.

(A) Lei ordinária não é espécie normativa adequada para concessão de moratória.
(B) Lei estadual pode conceder moratória de IPTU, em situação de calamidade pública ou de guerra externa ou sua iminência.
(C) Lei estadual não pode, em nenhuma hipótese, conceder moratória de IPTU.
(D) A referida moratória somente poderia ser concedida mediante despacho da autoridade administrativa em caráter individual.

RESPOSTA De acordo com o art. 152 do CTN, a moratória somente pode ser concedida de duas formas: I – em caráter geral pela pessoa jurídica de direito público competente para instituir o tributo a que se refira ou pela União, quanto a tributos de competência dos Estados, do Distrito Federal ou dos Municípios, quando simultaneamente concedida quanto aos tributos de competência federal e às obrigações de direito privado; II – em caráter individual, por despacho da autoridade administrativa, desde que autorizada por lei nas condições do inciso anterior. Na situação hipotética, o Estado Y concedeu moratória de forma individual (apenas para os moradores do Município X), o que não consta nas hipóteses do CTN, pois tratou de imposto de competência municipal (IPTU, vide art. 156, I, CF). Assim, nem mesmo se fosse através de despacho da autoridade administrativa, como hipótese da alínea II. *Alternativa C.*

106. **(XXIX Exame)** A Fazenda Pública apurou que fato gerador, ocorrido em 12/10/2007, referente a um imposto sujeito a lançamento por declaração, não havia sido comunicado pelo contribuinte ao Fisco. Por isso, efetuou o lançamento de ofício do tributo em 05/11/2012, tendo sido o contribuinte notificado desse lançamento em 09/11/2012, para pagamento em 30 dias. Não sendo a dívida paga, nem tendo o contribuinte impugnado o lançamento, a Fazenda Pública inscreveu, em 05/10/2017, o débito em dívida ativa, tendo ajuizado a ação de execução fiscal em 08/01/2018. Diante desse cenário, assinale a afirmativa correta.

(A) A cobrança é indevida, pois o crédito tributário foi extinto pelo decurso do prazo decadencial.

(B) A cobrança é indevida, pois já teria se consumado o prazo prescricional para propor a ação de execução fiscal.

(C) A cobrança é devida, pois a inscrição em dívida ativa do crédito tributário, em 05/10/2017, suspendeu, por 180 dias, a contagem do prazo prescricional para propositura da ação de execução fiscal.

(D) A cobrança é devida, pois não transcorreram mais de 10 anos entre a ocorrência do fato gerador (12/10/2007) e a inscrição em dívida ativa do crédito tributário (05/10/2017).

RESPOSTA De acordo com o CTN, a ação para a cobrança do crédito tributário prescreve em cinco anos, contados da data da sua constituição definitiva (art. 174). E o direito de a Fazenda Pública constituir o crédito tributário, segundo o art. 173 do CTN, extingue-se após 5 (cinco) anos, contados: I – do primeiro dia do exercício seguinte àquele em que o lançamento poderia ter sido efetuado; II – da data em que se tornar definitiva a decisão que houver anulado, por vício formal, o lançamento anteriormente efetuado. Segundo as datas do problema, o prazo prescricional já estaria vencido, portanto, *Alternativa B.*

107. **(XXVI Exame)** Em março de 2016, o Município X publicou lei instituindo novos critérios de apuração e ampliando os poderes de investigação das autoridades administrativas. Com base nessa nova orientação, em outubro do mesmo ano, o fisco municipal verificou a ausência de declaração e recolhimento de valores do Imposto Sobre Serviços de Qualquer Natureza – ISSQN devidos pela pessoa jurídica Y, referentes ao ano-calendário 2014; diante dessa constatação, lavrou auto de infração para cobrança dos valores inadimplidos. No que tange à possibilidade de aplicação da nova legislação ao presente caso, assinale a afirmativa correta.

(A) É inaplicável, pois não respeitou o princípio da anterioridade anual.

(B) É inaplicável, pois o fisco somente poderia lavrar o auto de infração com base nos critérios de apuração previstos em lei vigente no momento da ocorrência do fato gerador.

(C) É aplicável, pois a legislação que institui novos critérios de apuração e amplia poderes de investigação das autoridades administrativas aplica-se aos lançamentos referentes a fatos geradores ocorridos antes de sua vigência.

(D) É aplicável, pois foi observado o princípio da anterioridade nonagesimal.

RESPOSTA De acordo com o art. 144 e § 1º do CTN, correta a *alternativa C.*

108. **(XXV Exame)** João, no final de janeiro de 2016, foi citado em execução fiscal, proposta no início do mesmo mês, para pagamento de valores do Imposto sobre a Propriedade Predial e Territorial Urbana (IPTU) referente aos anos de 2009 e 2010. Sabe-se que o IPTU em referência aos dois exercícios foi lançado e notificado ao sujeito passivo, respectivamente, em janeiro de 2009 e em janeiro de 2010. Após a ciência dos lançamentos, João não tomou qualquer providência em relação aos débitos. O município não adotou qualquer medida judicial entre a notificação dos lançamentos ao sujeito passivo e o ajuizamento da execução fiscal. Com base na hipótese apresentada, assinale a opção que indica o argumento apto a afastar a exigência fiscal.

(A) O crédito tributário está extinto em virtude de decadência.

(B) O crédito tributário está extinto em virtude de parcelamento.

(C) A exigibilidade do crédito tributário está suspensa em virtude de compensação.

(D) O crédito tributário está extinto em virtude de prescrição.

RESPOSTA De acordo com o art. 156, V, e art. 174 do CTN, correta a *Alternativa D.*

109. **(XXV Exame)** Devido à crise que vem atingindo o Estado Y, seu governador, após examinar as principais reclamações dos contribuintes, decidiu estabelecer medidas que facilitassem o pagamento do Imposto sobre a Propriedade de Veículos Automotores (IPVA). Por meio de despacho administrativo, autorizado por lei, perdoou débitos de IPVA iguais ou inferiores a R$

300,00 (trezentos reais) na época da publicação. Além disso, sancionou lei prorrogando o prazo para pagamento dos débitos de IPVA já vencidos. Com base no caso apresentado, assinale a opção que indica os institutos tributários utilizados pelo governo, respectivamente.

(A) Remissão e isenção.
(B) Moratória e anistia.
(C) Remissão e moratória.
(D) Isenção e moratória.

RESPOSTA As hipóteses de extinção do crédito tributário estão no art. 156 e de suspensão, art. 151 do CTN. Sendo assim, correta a *Alternativa C.*

110. **(XIII Exame)** A pessoa jurídica XYZ Participações S.A., ao verificar que havia recolhido a maior o Imposto sobre a Renda de Pessoas Jurídicas – IRPJ dos últimos dois anos, peticionou administrativamente, requerendo a repetição do indébito. No entanto, a Receita Federal do Brasil negou o pedido administrativo. Sobre a hipótese, assinale a afirmativa correta.

(A) O prazo para o contribuinte ajuizar ação anulatória é de 2 (dois) anos, a contar da data da decisão administrativa que indeferiu o pedido de repetição.
(B) O direito de pleitear a restituição extingue-se com o decurso do prazo de 10 (dez) anos, contados do pagamento espontâneo de tributo a maior.
(C) Para que o contribuinte assegure seu direito à restituição do indébito tributário, é necessário o prévio protesto.
(D) O contribuinte somente poderá receber o indébito reconhecido por ação ordinária por meio de precatório, não sendo possível o recebimento via compensação tributária.

RESPOSTA De acordo com o art. 169 do CTN prescreve em dois anos a ação anulatória da decisão administrativa que denegar a restituição. *Alternativa A.*

111. **(I Exame)** Certo contribuinte foi notificado, em 31 de outubro de determinado ano, para pagamento de um tributo, sem que a lei ou a notificação tenha determinado o vencimento daquela obrigação. Nessa situação hipotética, o vencimento ocorrerá

(A) em 30 de novembro do mesmo ano, independentemente do vencimento dos outros impostos cobrados pelo mesmo ente da Federação.
(B) na data do vencimento dos outros impostos cobrados pelo mesmo ente da Federação, por aplicação da analogia.
(C) em qualquer data, desde que anterior a 31 de dezembro daquele mesmo ano.
(D) em qualquer data, desde que não ultrapasse o dia 31 de outubro do ano seguinte.

RESPOSTA De acordo com o art. 160 do CTN, quando a legislação tributária não fixar o tempo do pagamento, o vencimento do crédito ocorre trinta dias depois da data em que se considera o sujeito passivo notificado do lançamento. *Alternativa A.*

112. **(VII Exame)** A expiração do prazo legal para lançamento de um tributo, sem que a autoridade administrativa fiscal competente o tenha constituído, caracteriza hipótese de

(A) remissão.
(B) prescrição.
(C) decadência.
(D) transação.

RESPOSTA (A) Errada, pois trata de modalidade de extinção do crédito que garante o perdão das dívidas fiscais. (B) Errada, pois a expiração do prazo legal de 5 anos para que a Fazenda Pública ingresse com a ação de execução fiscal. (C) Correta, vide arts. 156, V, e 173 do CTN. (D) Errada, pois trata de modalidade de conciliação de interesses entre os sujeitos da obrigação fiscal para fins de extinção do crédito tributário. *Alternativa C.*

113. **(VI Exame – Reaplicação)** A empresa Merposa S.A. cumpre regularmente as suas obrigações fiscais, especialmente aquelas de natureza acessória. Assim, apresentou no prazo exigido pela legislação, em 30 de junho de 2003, a Declaração de Contribuições e Tributos Federais informando o montante devido e recolhido a título de imposto de renda nos três primeiros meses de 2003. Em 30 de janeiro de 2010, recebeu um auto de infração exigindo um valor a maior do que havia declarado e recolhido. A esse respeito, é correto afirmar que o auto de infração é

(A) Válido, já que, de acordo com o art. 173, I, do CTN, o Fisco Federal dispõe de cinco anos a contar do exercício seguinte para efetuar o lançamento.
(B) Improcedente, pois já se operou a decadência, em virtude do disposto no art. 150, § 4º, do CTN.
(C) Válido, pois, se a declaração apresentada não refletia o montante efetivamente devido, trata-se de caso de dolo ou má-fé, razão pela qual não se aplica a disposição do art. 150, § 4º, do CTN.
(D) Improcedente, pois, após a apresentação da Declaração de Contribuições e Tributos Federais, o Fisco somente poderia exigir o tributo declarado e não pago, uma vez que o tributo estava sujeito à modalidade de autolançamento.

RESPOSTA Em caso de tributo lançado por homologação, vide o art. 150, § 4º, do CTN. Observe que o Fisco ultrapassou o prazo legal para efetuar a cobrança, de modo que a mesma se configura como indevida, tendo ocorrido o fenômeno da decadência desde o exercício de 2008, o que resultou na extinção da obrigação tributária (art. 156, V, do CTN). *Alternativa B.*

114. **(VI Exame)** A empresa ABC ingressou com medida judicial destinada a questionar a incidência da contribuição social sobre o lucro. Em sede de exame liminar, o juiz concedeu a medida liminar para que a empresa não recolhesse a contribuição. Durante a vigência da medida judicial, a Receita Federal iniciou procedimento de fiscalização visando à cobrança da contribuição social sobre o lucro não recolhida naquele período. Com base no relatado acima, assinale a alternativa correta.

(A) A Receita Federal não pode lavrar auto de infração, em virtude da liminar concedida na medida judicial em questão.

(B) A Receita Federal pode lavrar auto de infração, mas somente com a exigibilidade suspensa para prevenir a decadência.

(C) A empresa ABC, diante da abertura do procedimento de fiscalização, pode solicitar ao juiz nova medida liminar, a fim de que determine o encerramento de tal procedimento.

(D) A Receita Federal pode lavrar auto de infração, já que a medida liminar possui caráter provisório.

RESPOSTA De acordo com o inciso I do art. 173 do CTN, a Receita Federal poderia na hipótese em comento lavrar o auto de infração. *Alternativa B.*

115. **(VI Exame)** Determinado contribuinte, devedor de tributo, obtém o seu parcelamento e vem efetuando o pagamento conforme deferido. Apesar disso, sofre processo de execução fiscal para a cobrança do referido tributo. Nos embargos de devedor, o contribuinte poderá alegar

(A) a carência da execução fiscal, em face da novação da dívida, que teria perdido a sua natureza tributária pelo seu parcelamento.

(B) a improcedência da execução fiscal, por iliquidez do título exequendo, pelo fato de que parte da dívida já foi paga.

(C) o reconhecimento do direito apenas parcial à execução fiscal, por parte do Fisco, em face da existência de saldo devedor do parcelamento.

(D) a carência da execução fiscal em face da suspensão da exigibilidade do crédito tributário.

RESPOSTA O benefício fiscal do parcelamento da dívida ocasiona a suspensão da exigibilidade do crédito tributário (art. 151, VI, do CTN) enquanto o sujeito passivo estiver adimplente com o plano de regularização concedido. A propositura de ação judicial em momento posterior à concessão do parcelamento pelo ente político, além de violar o ato jurídico perfeito (art. 5º, XXXVI, da CF), se revela carente de interesse de agir. *Alternativa D.*

116. **(IV Exame)** José dos Anjos ajuíza ação anulatória de débito fiscal após realizar depósito do montante integral do crédito que busca a anulação. Nesse sentido, é correto afirmar que

(A) o depósito prévio do montante integral é requisito de admissibilidade da ação ajuizada por José dos Anjos.

(B) o depósito do montante objeto de discussão judicial poderá ser levantado caso José dos Santos tenha seu pedido julgado procedente perante o juízo de primeiro grau.

(C) o depósito prévio do montante integral produz os efeitos de impedir a propositura da execução fiscal, bem como evita a fluência dos juros e a imposição de multa.

(D) caso o contribuinte saia vencido, caberá à Fazenda promover execução fiscal para fins de receber o crédito que lhe é devido.

RESPOSTA (A) Errada, *vide* a Súmula Vinculante 28 do STF. (B) Errada, *vide* o art. 496, II, do CPC. (C) De acordo com o art. 151, II, do CTN. (D) Errada, *vide* art. 156, VI, do CTN. *Alternativa C.*

117. **(IV Exame)** A redação da Súmula Vinculante 28 ("É inconstitucional a exigência de depósito prévio como requisito de admissibilidade de ação judicial na qual se pretenda discutir a exigibilidade do crédito tributário") tem por escopo impedir a adoção de que princípio jurídico?

(A) *Venire contra factum proprium.*

(B) Exceção de contrato não cumprido.

(C) *Solve et repete.*

(D) Contraditório e ampla defesa.

RESPOSTA A Súmula visa evitar que o contribuinte, para fins de servir-se do seu direito constitucional à ampla defesa e ao contraditório, tenha de efetivar o depósito de quantia que, em caso de provimento do seu pleito, precise ser levantada *a posteriori*, portanto, evita-se com tal entendimento a aplicação do *solve et repete*. *Alternativa C.*

118. **(III Exame)** Segundo o Código Tributário Nacional, remissão é

(A) uma modalidade de extinção dos créditos tributários e consiste na liberação da dívida por parte do credor, respaldada em lei autorizativa.

(B) a perda do direito de constituir o crédito tributário pelo decurso do prazo.
(C) uma modalidade de exclusão dos créditos tributários com a liberação das penalidades aplicadas ao sujeito passivo, respaldada em lei autorizativa.
(D) uma modalidade de extinção dos créditos tributários em razão da compensação de créditos entre o sujeito ativo e o sujeito passivo, respaldada em lei autorizativa.

RESPOSTA (A) Correta, vide art. 172 do CTN. (B) Errada, pois é *decadência*. (C) Errada, pois é *anistia*. (D) Errada, pois é *compensação. Alternativa A.*

119. **(VIII Exame)** O Sr. Afrânio dos Santos, administrador da empresa "X", que atua no ramo industrial, percebeu ter efetuado pagamento do IPI maior que o efetivamente devido, ao longo de certo período. Com base no cenário acima, para fins de aconselhar o administrador acerca da possibilidade de obtenção da restituição do montante recolhido a maior, assinale a afirmativa correta.

(A) Não é possível a restituição, pois o pagamento foi espontâneo, incidindo a máxima "quem paga mal paga duas vezes".
(B) Não é possível a restituição, pois, embora pago indevidamente, não cabe restituição de tributo indireto.
(C) Cabe apenas pedido administrativo de restituição, em razão do pagamento indevido.
(D) Cabe pedido judicial de repetição de indébito, desde que a empresa comprove ter assumido o referido encargo, sem tê-lo transferido a terceiro.

RESPOSTA O IPI é considerado tributo indireto e, em caso de pagamento indevido, só pode ser restituído ao chamado "contribuinte de direito", vide Súmula 546 do STF. Observe apenas a hipótese em que há comprovação de não ter transferido o ônus tributário ao "contribuinte de fato", ou em que esteja autorizado expressamente por ele a pedir a restituição do tributo pago erroneamente. A restituição de indébito (art. 165 do CTN) pode ocorrer tanto na esfera administrativa como judicial. *Alternativa D.*

120. **(VIII Exame)** O imposto cuja alíquota é invariável e se aplica sobre base de cálculo variável, é classificado como

(A) progressivo.
(B) proporcional.
(C) indireto.
(D) pessoal.

RESPOSTA Tem-se como imposto proporcional aquele que a aliquota é constante, igual ou uniforme e que o resultado só aumenta à proporção em que aumenta o valor sobre o qual incide. É um tributo de alíquota inalterável, qualquer que seja o montante tributável ou a base tributária. *Alternativa B.*

121. **(IX Exame – Reaplicação)** Com relação à anistia, segundo o Código Tributário Nacional, assinale a afirmativa correta.

(A) Abrange as infrações cometidas anteriormente e posteriormente à vigência da lei que a institui, desde que o contribuinte comprove os requisitos para sua obtenção.
(B) Pode ser concedida sob condição do pagamento de tributo no prazo fixado pela lei que a conceder, ou cuja fixação seja atribuída pela mesma lei à autoridade administrativa.
(C) Só pode ser concedida limitadamente à determinada região do território da entidade tributante, em função de condições a ela peculiares.
(D) Abrange os atos praticados com dolo, fraude ou simulação pelo contribuinte, desde que este venha a confessá-los.

RESPOSTA (A) Errada, *vide* art. 180 do CTN. (B) Correta, *vide* o art. 181, II, *d*, do CTN. (C) Errada, pois há outras limitações relacionadas no art. 181, II, do CTN. (D) Errada, pois, em regra, tais atos não são albergados pela anistia. *Alternativa B.*

122. **(IX Exame – Reaplicação)** Um contribuinte, ao impetrar mandado de segurança contra ato praticado por determinada autoridade coatora, obteve medida liminar deferida pelo competente Juízo no sentido de autorizá-lo a se abster do pagamento de determinado tributo, com base em suposta inconstitucionalidade da lei instituidora da respectiva exação combatida.

Nesse caso, de acordo com as regras contidas no Código Tributário Nacional, a hipótese é de

(A) suspensão do crédito tributário.
(B) extinção do crédito tributário.
(C) exclusão do crédito tributário.
(D) preferência do crédito tributário.

RESPOSTA De acordo com o art. 151, IV, do CTN, a concessão de medida liminar em MS possibilita a suspensão da exigibilidade do crédito tributário alvo da medida. *Alternativa A.*

123. **(IX Exame – Reaplicação)** Determinada lei prevê que certo grupo de eletrodomésticos não ficará sujeito à tributação do IPI, durante o exercício financeiro seguinte. O benefício fiscal em questão configura

(A) imunidade.
(B) remissão.

(C) isenção.
(D) anistia.

RESPOSTA De acordo com o art. 176 do CTN, a isenção, ainda quando prevista em contrato, é sempre decorrente de lei que especifique as condições e requisitos exigidos para a sua concessão, os tributos a que se aplica e, sendo caso, o prazo de sua duração. *Alternativa C.*

124. **(XVI Exame)** Determinado contribuinte verificou a existência de débitos vencidos de Imposto sobre a Propriedade Predial e Territorial Urbana (IPTU) e da taxa de coleta de lixo com o Município M. Os dois tributos são relativos ao ano-calendário de 2012 e se referem ao imóvel onde reside. O contribuinte pagou ao Município M montante insuficiente para a quitação de ambos os tributos. Diante de tais débitos, a autoridade administrativa municipal que recebeu o pagamento

(A) determinará, primeiramente, a imputação do pagamento à taxa e, posteriormente, ao imposto.
(B) determinará o pagamento na ordem decrescente dos prazos prescricionais.
(C) determinará o pagamento na ordem crescente dos montantes.
(D) determinará, primeiramente, a imputação do pagamento ao imposto e, posteriormente, à taxa.

RESPOSTA De acordo com o inciso II do art. 163 do CTN, correta a *Alternativa A.*

125. **(XV Exame)** Um empresário consulta um escritório de advocacia sobre a possibilidade de a sociedade da qual é administrador participar de uma licitação, sendo certo que, para tal, terá que apresentar uma certidão demonstrando a inexistência de débitos fiscais com o governo federal. Ele informa que a sociedade foi autuada pelo não recolhimento do Imposto sobre a Renda e Proventos de Qualquer Natureza (IR), e a defesa administrativa, apresentada no prazo, ainda não foi apreciada pelo órgão competente. Considerando apenas os dados apresentados, é correto afirmar que a sociedade

(A) não poderá participar da licitação, pela existência de crédito tributário vencido e não pago.
(B) poderá participar da licitação, pois o crédito tributário está com a exigibilidade suspensa.
(C) poderá participar da licitação somente após a defesa administrativa ser analisada.
(D) somente poderá participar da licitação se depositar o valor do crédito tributário.

RESPOSTA Atente-se à possibilidade de emissão de certidão positiva com efeitos de negativa para atestar a regularidade fiscal de acordo com o art. 206 do CTN, por motivo da apresentação de defesa administrativa tempestiva, a qual tem o condão de suspender a exigibilidade do crédito tributário. *Alternativa B.*

126. **(XV Exame)** O Fisco do estado "X" lavrou auto de infração contra a pessoa jurídica "Y" para cobrar ICMS sobre a remessa de mercadorias entre a matriz e a filial dessa empresa, ambas localizadas no referido estado. A empresa "Y" impetrou, então, mandado de segurança objetivando ver reconhecido seu direito líquido e certo ao não recolhimento do ICMS naquela operação. Pleiteou também medida liminar. Assinale a opção que pode, validamente, ser objeto do pedido de liminar formulado pela pessoa jurídica Y.

(A) Extinção do crédito tributário.
(B) Exclusão de crédito tributário.
(C) Constituição do crédito tributário.
(D) Suspensão da exigibilidade do crédito tributário.

RESPOSTA De acordo com o art. 151, IV, do CTN, o pedido de medida liminar em Mandado de Segurança tem o condão de, caso seja concedido, suspender a exigibilidade do crédito fiscal. *Alternativa D.*

127. **(XVII Exame)** A pessoa jurídica X foi contemplada com isenção do Imposto sobre a Propriedade Predial e Territorial Urbana (IPTU) do imóvel utilizado para suas atividades comerciais. A referida isenção foi concedida pelo prazo de 5 (cinco) anos e sob a condição de que o imóvel seja utilizado para a produção de artesanato regional. Com base no caso apresentado, sobre a referida isenção assinale a opção correta.

(A) Poderá ser suprimida por lei, a qualquer tempo, ainda que o contribuinte atenda à condição de utilizar o imóvel para a produção de artesanato regional.
(B) Não poderá ser suprimida no prazo de 5 (cinco) anos, caso o contribuinte cumpra a condição de utilizar o imóvel para a produção de artesanato regional.
(C) Não poderá ser suprimida no prazo de 5 (cinco) anos, ainda que o contribuinte utilize o imóvel para a realização de atividades comerciais diversas da produção de artesanato regional.
(D) Poderá ser suprimida por decreto, a qualquer tempo, ainda que o contribuinte cumpra a condição de utilizar o imóvel para a produção de artesanato regional.

RESPOSTA De acordo com o art. 178 do CTN e a Súmula 544 do STF, correta a *Alternativa B.*

128. **(XVII Exame)** Após ser intimada da lavratura de um auto de infração visando à cobrança da Contribuição para o Financiamento da Seguridade Social (COFINS) dos últimos cinco anos, a pessoa jurídica XYZ Participações Ltda. verificou que o tributo não era devido e ofereceu impugnação ao auto de infração. Como irá participar de uma licitação, a pessoa jurídica em questão irá precisar de certidão de regularidade fiscal – no caso, Certidão Positiva de Débito com Efeito de Negativa (CPD-EN). Na hipótese, considerando que o contribuinte não possui outros débitos, assinale a afirmativa correta.

(A) A impugnação ao auto de infração exclui o crédito tributário, sendo possível a emissão da CPD-EN.

(B) A impugnação ao auto de infração, sem o pagamento do crédito, impede a emissão da CPD-EN.

(C) A pessoa jurídica XYZ Participações Ltda. somente terá direito à CPD-EN caso realize o depósito do montante integral.

(D) A impugnação ao auto de infração suspende a exigibilidade do crédito, sendo possível a emissão da CPD-EN.

RESPOSTA A impugnação administrativa ao lançamento tributário, segundo o art. 151, III, do CTN, tem o condão de suspender a exigibilidade do crédito fiscal, situação em que, consoante o art. 206 do CTN, autoriza-se a emissão da CPD-EN. *Alternativa D.*

129. **(XVIII Exame)** Prefeito de um determinado município resolveu conceder isenção de IPTU, por 10 (dez) anos, a proprietários de imóveis que sejam portadores de deficiência e que realizem investimento nas condições de acessibilidade de suas propriedades. Com base na situação apresentada, assinale a afirmativa correta.

(A) É possível que o município institua a isenção por meio de decreto.

(B) Tal isenção constitui caso de suspensão da exigibilidade daqueles créditos tributários.

(C) Somente por meio de lei específica municipal pode ser concedida isenção de IPTU.

(D) A isenção concedida em função de determinadas condições, como é o caso, pode ser revogada a qualquer tempo.

RESPOSTA De acordo com o art. 150, § 6º, da CF, as isenções tributárias somente podem ser concedidas mediante lei específica. *Alternativa C.*

130. **(XVIII Exame)** Antônio, prestador de serviço de manutenção e reparo de instrumentos musicais, sujeito à incidência do Imposto Sobre Serviços (ISS), deixou de recolher o tributo incidente sobre fato gerador consumado em janeiro de 2013 (quando a alíquota do ISS era de 5% sobre o total auferido pelos serviços prestados e a multa pelo inadimplemento do tributo era de 25% sobre o ISS devido e não recolhido). Em 30 de agosto de 2013, o Município credor aprovou lei que: (a) reduziu para 2% a alíquota do ISS sobre a atividade de manutenção e reparo de instrumentos musicais; e (b) reduziu a multa pelo inadimplemento do imposto incidente nessa mesma atividade, que passou a ser de 10% sobre o ISS devido e não recolhido. Em fevereiro de 2014, o Município X promoveu o lançamento do imposto, exigindo do contribuinte o montante de R$ 25.000,00 – sendo R$ 20.000,00 de imposto (5% sobre R$ 400.000,00, valor dos serviços prestados) e R$ 5.000,00 a título de multa pela falta de pagamento (25% do imposto devido). Sobre a hipótese apresentada, assinale a afirmativa correta.

(A) O lançamento está correto em relação ao imposto e à multa.

(B) O lançamento está incorreto tanto em relação ao imposto (que deveria observar a nova alíquota de 2%) quanto em relação à multa (que deveria ser de 10% sobre o ISS devido e não recolhido).

(C) O lançamento está correto em relação à multa, mas incorreto em relação ao imposto (que deveria observar a nova alíquota de 2%).

(D) O lançamento está correto em relação ao imposto, mas incorreto em relação à multa (que deveria ser de 10% sobre o ISS devido e não recolhido).

RESPOSTA Atente-se que lei nova gera efeito apenas em momento posterior à sua publicação (art. 150, III, *a*, da CFB e art. 105 do CTN). No entanto, há exceções, sendo possível produzir efeitos sobre fatos pretéritos às datas de suas publicações, *vide* o art. 106 do CTN, onde poderá haver retroatividade da norma tributária. Diante do fato, a redução posterior da alíquota do tributo não deve servir de parâmetro para o lançamento fiscal, mas sim aquela prevista à data da ocorrência do fato gerador (art. 144 do CTN), todavia, deverá ser aplicada no lançamento a multa menos severa ao sujeito passivo (art. 106, II, c, do CTN), ainda que prevista em lei posterior à data do fato gerador. *Alternativa D.*

131. **(XXI Exame)** Determinado Estado da Federação publicou, em julho de 2015, a Lei n. 123/2015, que majorou o valor das multas e das alíquotas de ICMS. Em fevereiro de 2016, em procedimento de fiscalização, aquele Estado constatou que determinado contribuinte, em operações realizadas em outubro de 2014, não recolheu o ICMS devido. Por conta disso, foi efetuado o lançamento tributário contra o contribuinte, exigindo-lhe o ICMS não pago e a multa decorrente do inadimplemento.

O lançamento em questão só estará correto se

(A) as multas e alíquotas forem as previstas na Lei n. 123/2015.
(B) as alíquotas forem as previstas na Lei n. 123/2015 e as multas forem aquelas previstas na lei vigente ao tempo do fato gerador.
(C) as multas e as alíquotas forem as previstas na lei vigente ao tempo do fato gerador.
(D) as multas forem as previstas na Lei n. 123/2015 e as alíquotas forem aquelas previstas na lei vigente ao tempo do fato gerador.

RESPOSTA De acordo com o art. 150, III, *a*, da CF. *Alternativa C.*

132. **(XXI Exame)** A Pessoa Jurídica ABC verificou que possuía débitos de Imposto sobre a Renda ("IRPJ") e decidiu aderir ao parcelamento por necessitar de certidão de regularidade fiscal para participar de licitação. Após regular adesão ao parcelamento e diante da inexistência de quaisquer outros débitos, a contribuinte apresentou requerimento para emissão da certidão.

Com base nessas informações, o Fisco deverá

(A) deferir o pedido, já que o parcelamento é causa de extinção do crédito tributário.
(B) (indeferir o pedido, pois a certidão somente poderá ser emitida após o pagamento integral do tributo em atraso.
(C) deferir o pedido, já que o parcelamento é causa de suspensão da exigibilidade do crédito tributário.
(D) deferir o pedido, já que o parcelamento é causa de exclusão do crédito tributário.

RESPOSTA Segundo o art. 151, VI, do CTN, o parcelamento é modalidade de suspensão do crédito tributário, situação que possibilita a emissão da certidão de regularidade fiscal constante no art. 206 do CTN. *Alternativa C.*

133. **(XXIV Exame)** O Município X, graças a uma lei municipal publicada no ano de 2014, concedeu isenção de IPTU aos proprietários de imóveis cujas áreas não ultrapassassem 70m². João possui um imóvel nessa condição e procura seus serviços, como advogado(a), para saber se deve pagar a taxa de coleta de resíduos sólidos urbanos, instituída pelo município por meio de lei publicada em junho de 2017, a ser exigida a partir do exercício financeiro seguinte.

Diante desse quadro fático, assinale a afirmativa correta.

(A) João não deve pagar a taxa de coleta, uma vez que a isenção do IPTU se aplica a qualquer outro tributo.
(B) João não deve pagar a taxa de coleta, porque, sendo a lei instituidora da taxa posterior à lei que concedeu a isenção, por esta é abrangida, ficando João desobrigado do IPTU e da taxa.
(C) João deve pagar a taxa de coleta, porque a isenção só é extensiva às contribuições de melhoria instituídas pelo município.
(D) João deve pagar a taxa de coleta, porque, salvo disposição de lei em contrário, a isenção não é extensiva às taxas.

RESPOSTA Em razão do art. 150, § 6º, da CF e arts. 111 e 177 do CTN, correta a *Alternativa D.*

VIII. GARANTIAS, PRIVILÉGIOS, PREFERÊNCIAS DO CRÉDITO TRIBUTÁRIO E ADMINISTRAÇÃO TRIBUTÁRIA

134. **(XXXI Exame)** João da Silva, servidor da Administração Tributária do Município Y, recebeu propina de José Pereira, adquirente de um imóvel, para, em conluio com este, emitir uma certidão que atestava falsamente a quitação de débito do Imposto de Transmissão de Bens Imóveis (ITBI) incidente sobre a transferência de propriedade. A certidão seria apresentada ao tabelião para lavrar-se a escritura pública de compra e venda imobiliária e para posterior registro. Considerando-se que, nesse Município, o contribuinte de ITBI é o adquirente de imóvel, assinale a afirmativa correta.

(A) O servidor João da Silva poderá ser responsabilizado funcional e criminalmente por esse ato, mas a dívida tributária somente poderá ser cobrada de José Pereira, o único que é parte na relação jurídico-tributária com o Município credor.
(B) O servidor João da Silva poderá ser responsabilizado pessoalmente pelo crédito tributário e juros de mora acrescidos.
(C) O tabelião poderá ser o único responsabilizado pela dívida tributária e juros de mora acrescidos, por ter lavrado a escritura pública sem averiguar, junto ao Fisco Municipal, a veracidade das informações da certidão apresentada.
(D) Caso seja aplicada multa tributária punitiva contra José Pereira, este poderá exigir do Fisco que 50% do valor da multa seja cobrado do servidor João da Silva.

RESPOSTA De acordo com o art. 208 do CTN, a certidão negativa expedida com dolo ou fraude, que contenha erro contra a Fazenda Pública, responsabiliza pessoalmente o funcionário que a expedir, pelo crédito tributário e juros de mora acrescidos. Ademais, o disposto neste artigo não exclui a responsabilidade criminal e funcional que no caso couber. Portanto, correta a *alternativa B*.

135. **(XXIX Exame)** A União lavrou auto de infração para a cobrança de créditos de Imposto sobre a Renda, devidos pela pessoa jurídica PJ. A cobrança foi baseada no exame, considerado indispensável por parte da autoridade administrativa, de documentos, livros e registros de instituições financeiras, incluindo os referentes a contas de depósitos e aplicações financeiras de titularidade da pessoa jurídica PJ, após a regular instauração de processo administrativo. Não houve, neste caso, qualquer autorização do Poder Judiciário. Sobre a possibilidade do exame de documentos, livros e registros de instituições financeiras pelos agentes fiscais tributários, assinale a afirmativa correta.

(A) Não é possível, em vista da ausência de previsão legal.

(B) É expressamente prevista em lei, sendo indispensável a existência de processo administrativo instaurado.

(C) É expressamente prevista em lei, sendo, no entanto, dispensável a existência de processo administrativo instaurado.

(D) É prevista em lei, mas deve ser autorizada pelo Poder Judiciário, conforme exigido por lei.

RESPOSTA De acordo com o art. 196 do CTN, a autoridade administrativa que proceder ou presidir a quaisquer diligências de fiscalização lavrará os termos necessários para que se documente o início do procedimento, na forma da legislação aplicável, que fixará prazo máximo para a conclusão daquelas. *Alternativa B*.

136. **(XXVIII Exame)** O médico João da Silva está há 4 (quatro) anos sem pagar a anuidade cobrada pelo Conselho Regional de Medicina (CRM). Diante desse cenário, o CRM poderá

(A) inscrever o débito em dívida ativa de natureza tributária, depois promovendo a competente ação de execução fiscal, regida pela Lei n. 6.830/80, para cobrança.

(B) promover a competente ação de execução fiscal regida pela Lei n. 6.830/80, sem necessidade de inscrição em dívida ativa, por serem as certidões de inadimplemento de anuidades expedidas pelos conselhos profissionais dotadas de natureza de título executivo extrajudicial.

(C) promover a competente ação de cobrança das anuidades, regida pelo Código de Processo Civil, a partir da comprovação do não pagamento das anuidades em atraso.

(D) promover a competente ação de execução das anuidades, regida pelo Código de Processo Civil, por serem as certidões de inadimplemento de anuidades expedidas pelos conselhos profissionais dotadas de natureza de título executivo extrajudicial.

RESPOSTA As contribuições das categorias profissionais estão previstas no art. 149 da CF. Por si só, assim, têm natureza tributária. Desse modo, aplica-se a Lei n. 6.830/80 para execução fiscal. *Alternativa A*.

137. **(XXVII Exame)** A União concedeu isenção de Imposto sobre a Renda aos portadores da doença Beta. João e Maria são portadores da referida doença, sendo João servidor público do Estado ABC e Maria, servidora pública do Município XYZ. Em razão de retenção indevida do tributo, João e Maria desejam propor ação de restituição de Imposto sobre a Renda retido na fonte. Com base nesse relato, assinale a afirmativa correta.

(A) João e Maria devem ajuizar ação em face da União, sendo a competência da Justiça Federal.

(B) João deve ajuizar ação em face do Estado ABC, enquanto Maria deve ajuizar ação em face do Município XYZ, sendo a competência da Justiça Estadual.

(C) João deve ajuizar ação em face da União e do Estado ABC e Maria, em face da União e do Município XYZ, sendo a competência da Justiça Federal.

(D) João e Maria devem ajuizar ação em face do respectivo ente empregador, sendo a competência da Justiça Federal, tendo em vista o interesse da União.

RESPOSTA As ações devem ser direcionadas dentro da competência de cada unidade federativa. Sendo assim, o Estado e o Município respondem na Justiça Estadual. *Vide* ainda a Súmula 447 do STJF, que preconiza que os Estados e o Distrito Federal são partes legítimas na ação de restituição de imposto de renda retido na fonte proposta por seus servidores. Atente-se que o IR retido na fonte pertencem tanto aos Estados como aos Municípios, de acordo com os arts. 157 e 158 da CF, respectivamente. *Alternativa B*.

138. **(XXVI Exame)** João, empresário, inconformado com a notificação de que a Administração Pública Fazendária teria acesso às informações de sua movimentação bancária para instruir processo administrativo fiscal, decidiu procurar o Escritório Alfa de advocacia para uma consulta a respeito do caso. João busca saber se a medida configura quebra de sigilo fiscal e se o procedimento da Administração Pública está correto. Com base na hipótese apresentada, assinale a opção que indica a orientação a ser dada pelo Escritório Alfa, considerando a jurisprudência do Supremo Tribunal Federal (STF) acerca do acesso a dados bancários sigilosos pela Administração Pública Fazendária.

(A) Não se trata de quebra de sigilo, mas de transferência de sigilo para finalidades de natureza eminentemente fiscal, pois a legislação aplicável garante a preservação da confidencialidade dos dados, vedado seu repasse a terceiros estranhos ao próprio Estado, sob pena de responsabilização dos agentes que eventualmente pratiquem essa infração.

(B) A imediata notificação do contribuinte é mera liberalidade da Administração Fazendária, sendo ao contribuinte facultada, tão somente, a extração da decisão final da Administração Fazendária.

(C) Tal uso de dados ofende o direito ao sigilo bancário, porque macula o princípio da igualdade e o princípio da capacidade contributiva.

(D) É inconstitucional a quebra de sigilo, pois a legislação aplicável garante a preservação da confidencialidade dos dados, vedado seu repasse a terceiros, inclusive aos integrantes da Administração Pública Fazendária.

RESPOSTA De acordo com o STF, "o entendimento de que a norma não resulta em quebra de sigilo bancário, mas sim em transferência de sigilo da órbita bancária para a fiscal, ambas protegidas contra o acesso de terceiros. A transferência de informações é feita dos bancos ao Fisco, que tem o dever de preservar o sigilo dos dados, portanto não há ofensa à Constituição Federal" (julgamento das ADI 2859, 2390, 2386 e 2397 sobre a LC n. 105/2001). *Alternativa A.*

139. **(I Exame)** Assinale a opção correta acerca das garantias e privilégios do crédito tributário.

(A) De acordo com o CTN, as garantias atribuídas ao crédito tributário alteram a sua natureza bem como a da obrigação tributária correspondente.

(B) A cobrança judicial do crédito tributário, embora não se subordine a concurso de credores, está sujeita à habilitação em falência, recuperação judicial, inventário ou arrolamento.

(C) Denominam-se concursais os créditos tributários decorrentes de fatos geradores acontecidos durante processo falimentar, bem como após a extinção deste.

(D) No processo falimentar, o crédito tributário não prefere às importâncias passíveis de restituição, nos termos da lei falimentar, nem aos créditos com garantia real, no limite do valor do bem gravado.

RESPOSTA De acordo com o art. 186 do CTN. *Alternativa D.*

140. **(VI Exame)** Fulano de Araújo, proprietário de um único imóvel em que reside com sua esposa, no Município do Rio de Janeiro, é réu em ação de execução fiscal promovida pela Fazenda Pública Municipal por falta de pagamento do IPTU. Tendo em vista as disposições gerais contidas no Código Tributário Nacional acerca do crédito tributário, assinale a alternativa correta.

(A) O imóvel residencial próprio do casal é impenhorável, não devendo responder por qualquer tipo de dívida.

(B) Os bens e rendas do sujeito passivo respondem pelo pagamento de todo crédito de natureza tributária, sem comportar exceções.

(C) Bens gravados por ônus real ou por cláusulas de inalienabilidade não podem ser alcançados para saldar dívidas tributárias.

(D) A impenhorabilidade do bem de família não é oponível em face da cobrança do Imposto Predial e Territorial Urbano.

RESPOSTA De acordo com o art. 3º, IV, da Lei n. 8.009/90. *Alternativa D.*

141. **(II Exame)** Delta Ltda. teve sua falência decretada em 11/1/2010. Delta possuía um imóvel hipotecado ao Banco Junior S/A, em garantia de dívida no valor de R$ 1.000.000,00. O imóvel está avaliado em R$ 1.200.000,00. A Fazenda Pública Estadual tem créditos a receber de Delta Ltda. relacionados ao ICMS não pago de vendas ocorridas em 03/01/2008. Com base no exposto acima, assinale a afirmativa correta.

(A) A Fazenda tem direito de preferência sobre o credor com garantia real, em virtude de seus privilégios.

(B) A Fazenda não pode executar o bem, em função de ter havido a quebra da empresa, prevalecendo o crédito com garantia real.

(C) A Fazenda tem direito de preferência uma vez que a dívida tributária é anterior à hipoteca.

(D) A Fazenda respeitará a preferência do credor hipotecário, nos limites do valor do crédito garantido pela hipoteca.

RESPOSTA De acordo com o art. 186, parágrafo único, do CTN e art. 83, III, da Lei n. 11.101/2005. *Alternativa D.*

142. **(VI Exame – Reaplicação)** Em cumprimento de diligência na sede da Gráfica Impressões Beta, empresa beneficiária de imunidade quanto aos impostos incidentes sobre sua atividade de impressão de periódicos, fiscais da Fazenda Estadual apreenderam notas e livros fiscais, sem terem apresentado mandado judicial com a previsão da medida. Com base no cenário acima, assinale a alternativa correta no que tange à conduta dos agentes do Fisco.

(A) A ação não apresenta qualquer ilegalidade, conformando ato regular de fiscalização, representando um poder-dever da Administração.

(B) A ação é ilegal, pois a legislação que rege a fiscalização tributária não se aplica àqueles que gozam de imunidade tributária.

(C) A ação é ilegal, pois, para o cumprimento da diligência, era imprescindível a apresentação de mandado judicial.

(D) A ação não apresenta qualquer ilegalidade, já que a função de fiscalização é ilimitada, tendo em vista a supremacia do interesse público.

RESPOSTA De acordo com o art. 195 do CTN e art. 194, parágrafo único, do CTN. *Alternativa A.*

143. **(IX Exame)** De acordo com as regras contidas no Código Tributário Nacional, considera-se fraude à execução fiscal

(A) a alienação dos direitos reais do patrimônio do devedor, efetivada a qualquer tempo, para terceiro de má-fé.

(B) a alienação do patrimônio do devedor, feita após ciência inequívoca da regular inscrição de crédito da Fazenda contra si constituído.

(C) a aquisição, de má-fé, por terceiro, de parte do patrimônio devedor, refletindo tal situação presunção absoluta de fraude.

(D) a alienação de qualquer parcela do patrimônio do devedor, mesmo que feita a terceiro de boa-fé, após notificação do lançamento fiscal.

RESPOSTA De acordo com o art. 185 do CTN, presume-se fraudulenta a alienação ou oneração de bens ou rendas, ou seu começo, por sujeito passivo em débito para com a Fazenda Pública, por crédito tributário regularmente inscrito como dívida ativa. Conforme entendimento do STJ, a presunção de fraude é *jure et de jure*, sendo irrelevante a existência ou não de boa-fé do terceiro adquirente. *Alternativa B.*

144. **(XVI Exame)** Uma obrigação tributária referente ao Imposto sobre Circulação de Mercadorias e Serviços (ICMS) teve seu fato gerador ocorrido em 1º de junho de 2012. O débito foi objeto de lançamento em 21 de janeiro de 2014. A inscrição em dívida ativa ocorreu em 02 de junho de 2014. A execução fiscal foi ajuizada em 21 de outubro de 2014 e, em 02 de março de 2015, o juiz proferiu despacho citatório nos autos da execução fiscal. Considerando que o contribuinte devedor alienou todos os seus bens sem reservar montante suficiente para o pagamento do tributo devido, assinale a opção que indica o marco temporal, segundo o CTN, caracterizador da fraude à execução fiscal, em termos de data de alienação.

(A) 21 de janeiro de 2014

(B) 02 de junho de 2014

(C) 02 de março de 2015

(D) 21 de outubro de 2014

RESPOSTA De acordo com o art. 185 do CTN, a fraude à execução fiscal pode ser presumida já a partir da inscrição do crédito e dívida ativa, sendo a data desta inscrição o marco legal para tanto. *Alternativa B.*

145. **(XVI Exame)** A União concedeu isenção, pelo prazo de cinco anos, da Contribuição para o Financiamento da Seguridade Social (COFINS) para as indústrias de veículos automotores terrestres que cumprissem determinadas condições. Sobre a isenção tributária, é possível afirmar que

(A) as indústrias de aviação podem requerer a fruição do benefício, pois a norma que concede isenção deve ser interpretada extensivamente.

(B) a União poderá, a qualquer tempo, revogar ou modificar a isenção concedida.

(C) a isenção da COFINS pode ser concedida mediante decreto, desde que a norma seja específica.

(D) as indústrias de veículos automotores terrestres não estão dispensadas do cumprimento das obrigações acessórias, pois elas são independentes da existência da obrigação principal.

RESPOSTA De acordo com o parágrafo único do art. 175 do CTN. *Alternativa D.*

146. **(XIV Exame)** Presume-se fraudulenta a alienação ou oneração de bens ou rendas por sujeito passivo em débito para com a Fazenda Pública

(A) por crédito tributário ainda não inscrito em dívida ativa, desde que não tenham sido reservados pelo devedor bens ou rendas suficientes ao total pagamento da dívida.

(B) por crédito tributário regularmente inscrito em dívida ativa, desde que não tenham sido reservados pelo devedor bens ou rendas suficientes ao total pagamento da dívida inscrita.

(C) por crédito tributário regularmente inscrito em dívida ativa, mesmo que tenham sido reservados pelo devedor bens ou rendas suficientes ao total pagamento da dívida inscrita.

(D) por crédito tributário ainda não inscrito em dívida ativa, objeto de impugnação administrativa oferecida pelo contribuinte.

RESPOSTA De acordo com o art. 185 do CTN e seu parágrafo único, correta a *Alternativa B.*

147. **(XVII Exame)** A União ajuizou execução fiscal em face da pessoa jurídica XYZ Ltda., devedora de tributos federais. No curso da execução fiscal, a falência da pessoa jurídica foi decretada. Após requerimento da União, deferido pelo Juízo, Francisco, sócio da pessoa jurídica XYZ Ltda., é incluído no polo passivo da execução fiscal, em razão da decretação de falência. Sobre a hipótese, é possível afirmar que

(A) a decretação de falência autoriza o redirecionamento da execução fiscal para Francisco, por ser considerada hipótese de infração à lei, que enseja responsabilidade tributária.

(B) o fato de Francisco ser sócio da XYZ Ltda. acarreta, por si só, responsabilidade pessoal pelos créditos correspondentes a obrigações tributárias da pessoa jurídica.

(C) Francisco não poderia ser incluído no polo passivo, ainda que fosse administrador da XYZ Ltda. e tivesse encerrado ilegalmente as atividades da pessoa jurídica.

(D) Francisco não poderia, unicamente em razão da decretação de falência de XYZ Ltda., ser incluído no polo passivo da execução fiscal.

RESPOSTA De acordo com a Súmula 430 do STJ, o inadimplemento da obrigação tributária pela sociedade não gera, por si só, a responsabilidade solidária do sócio-gerente. *Alternativa D.*

148. **(XIX Exame)** A falência da sociedade XYZ Ltda. foi decretada em 5/6/2014. Nessa data, a pessoa jurídica já possuía dois imóveis hipotecados para garantia de dívidas diversas. A União tem créditos tributários a receber da sociedade, inscritos em dívida ativa em abril de 2013. Baseado nos fatos narrados, assinale a afirmativa correta.

(A) A União tem direito de preferência sobre todo e qualquer credor, porque o crédito tributário foi inscrito em dívida ativa antes da decretação da falência.

(B) A União tem direito de preferência sobre os credores com garantia real, pois o crédito tributário prefere a qualquer outro, seja qual for sua natureza ou o tempo de sua constituição.

(C) A União tem de respeitar a preferência dos credores hipotecários, no limite do valor dos bens gravados.

(D) A União tem de respeitar a preferência dos credores hipotecários, no limite do valor das dívidas garantidas pelas hipotecas.

RESPOSTA *Vide* o art. 135 e seu inciso III do CTN e a Súmula 430 do STJ: "O inadimplemento da obrigação tributária pela sociedade não gera, por si só, a responsabilidade solidária do sócio-gerente". *Alternativa C.*

149. **(XXIV Exame)** O Estado A ajuizou execução fiscal em face da pessoa jurídica B, com o objetivo de cobrar crédito referente ao Imposto sobre a Circulação de Mercadorias e Prestação de Serviços (ICMS). Nesse sentido, requereu, em sua petição inicial, que, após a citação, fosse determinada a imediata indisponibilidade de bens e direitos da contribuinte. Nesse caso, o juiz deve indeferir o pedido, porque a decretação da indisponibilidade de bens e direitos

(A) ocorre somente após o insucesso do pedido de constrição sobre ativos financeiros, embora desnecessária qualquer outra providência.

(B) ocorre somente após a expedição de ofícios aos registros públicos do domicílio do executado, embora desnecessária qualquer outra providência.

(C) ocorre somente após o exaurimento das diligências na busca por bens penhoráveis.

(D) é impossível durante a execução fiscal.

RESPOSTA De acordo com o art. 185-A do CTN. *Alternativa C.*

150. **(XXIV Exame)** A pessoa jurídica A declarou débitos de Imposto sobre a Renda (IRPJ) que, no entanto, deixaram de ser quitados. Diante do inadimplemento da contribuinte, a União promoveu o protesto da Certidão de Dívida Ativa (CDA) decorrente da regular constituição definitiva do crédito tributário inadimplido.

Com base em tais informações, no que tange à possibilidade de questionamento por parte da contribuinte em relação ao protesto realizado pela União, assinale a afirmativa correta.

(A) O protesto da CDA é indevido, uma vez que o crédito tributário somente pode ser cobrado por meio da execução fiscal.

(B) O protesto da CDA é regular, por se tratar de instrumento extrajudicial de cobrança com expressa previsão legal.

(C) O protesto da CDA é regular, por se tratar de instrumento judicial de cobrança com expressa previsão legal.
(D) O protesto da CDA é indevido, por se tratar de sanção política sem previsão em lei.

RESPOSTA De acordo com o art. 174, parágrafo único, II, do CTN, a ação para a cobrança do crédito tributário prescreve em cinco anos, contados da data da sua constituição definitiva, sendo que a prescrição se interrompe pelo protesto judicial. E segundo o STF, o protesto da CDA é considerado instrumento extrajudicial. *Alternativa B.*

IX. AÇÕES JUDICIAIS NO DIREITO TRIBUTÁRIO

151. **(XVI Exame)** Em 2007, a pessoa jurídica Y recebeu notificação para pagamento de débitos de Imposto sobre a Propriedade Predial e Territorial Urbana (IPTU). Em 2014, diante da constatação de que a contribuinte não havia apresentado qualquer impugnação e nem realizado o pagamento, o Município X ajuizou execução fiscal para a cobrança destes créditos. Considerando os fatos narrados e as disposições da Lei n. 6.830/80, o juiz, ao analisar a inicial da execução fiscal proposta pelo Fisco,

(A) poderá, de ofício, reconhecer e decretar a prescrição somente depois de ouvida a Fazenda Pública.
(B) poderá, de ofício, reconhecer e decretar a prescrição somente depois de ouvida a Fazenda Pública e a contribuinte.
(C) poderá decretar a prescrição de ofício, independentemente da prévia oitiva da Fazenda Pública.
(D) só poderá decretar a prescrição se esta vier a ser suscitada pela contribuinte.

RESPOSTA Observado que a prescrição ocasiona a extinção do crédito (art. 156, V, do CTN), o juiz pode decretá-la de ofício, independentemente da oitiva da parte credora. *Alternativa A.*

152. **(XIX Exame)** João foi citado, em execução fiscal, para pagamento do Imposto sobre a Propriedade Predial e Territorial Urbana ("IPTU") relativo ao imóvel em que reside e do qual é proprietário. Ocorre que o contribuinte pretende impugnar tal cobrança por meio de embargos à execução. Tendo em vista a disciplina da Lei n. 6.830/80, tais embargos poderão ser apresentados no prazo de 30 dias, contados a partir

(A) da juntada aos autos do mandado de penhora devidamente cumprido.
(B) da sua citação.
(C) da data da intimação da penhora.
(D) da propositura da execução fiscal.

RESPOSTA De acordo com o art. 16, III, da Lei n. 6.830/80. *Alternativa C.*

153. **(XX Exame)** Após verificar que realizou o pagamento indevido de Imposto sobre Circulação de Mercadorias e Serviços – ICMS, determinado contribuinte requer administrativamente a restituição do valor recolhido. O órgão administrativo competente denega o pedido de restituição.

Qual o prazo, bem como o marco inicial, para o contribuinte ajuizar ação anulatória da decisão administrativa que denega a restituição?

(A) 2 (dois) anos contados da notificação do contribuinte da decisão administrativa.
(B) 5 (cinco) anos contados da notificação do contribuinte da decisão administrativa.
(C) 5 (cinco) anos contados do primeiro dia do exercício seguinte ao fato gerador.
(D) 1 (um) ano contado da data do julgamento.

RESPOSTA De acordo com o art. 169 do CTN. *Alternativa A.*

154. **(XXI Exame)** João deixou de pagar o Imposto de Importação sobre mercadoria trazida do exterior, sendo notificado pelo fisco federal. Ao receber a notificação, logo impugnou administrativamente a cobrança. Percebendo que seu recurso administrativo demoraria longo tempo para ser apreciado e querendo resolver a questão o mais rápido possível, propõe ação anulatória para discutir matéria idêntica àquela demandada administrativamente.

Com base nesse relato, assinale a afirmativa correta.

(A) Haverá o sobrestamento da ação anulatória até que seja efetivamente apreciada a impugnação administrativa.
(B) A medida judicial será indeferida devido à utilização de recurso na esfera administrativa.
(C) A propositura de ação judicial sobre matéria idêntica àquela demandada na esfera administrativa não constitui em desistência de tal esfera.
(D) A concomitância de defesa administrativa com medida judicial versando sobre matérias idênticas implica desistência do recurso administrativo interposto.

RESPOSTA O art. 38, parágrafo único, da Lei n. 6.830/80 e o art. 87 do Decreto federal n. 7.574/2011 dispõem que a existência ou propositura, pelo sujeito passivo, de ação judicial com o mesmo objeto do lançamento importa em renúncia ou em desistência ao litígio nas instâncias administrativas. *Alternativa D.*

155. **(XXIII Exame)** O laboratório de análises clínicas X realizou a importação de equipamento eletrônico necessário para a realização de alguns exames. Por ocasião do desembaraço aduaneiro, foi lhe exigido o pagamento de Imposto sobre Produtos Industrializados (IPI), cuja base de cálculo correspondia a 150% do preço corrente do equipamento no mercado atacadista da praça do remetente, acrescido do Imposto de Importação (II), das taxas exigidas para a entrada do produto no país e dos encargos cambiais efetivamente pagos pelo laboratório. Sobre a exigência feita, assinale a afirmativa correta.

(A) É ilegal, pois, além dos acréscimos, a base de cálculo está sendo de 150% do preço corrente do equipamento no mercado atacadista da praça do remetente.

(B) É ilegal, pois a base de cálculo está incluindo o montante correspondente ao imposto de importação.

(C) É ilegal, pois a base de cálculo está incluindo o montante correspondente às taxas exigidas para a entrada do produto no país.

(D) É ilegal, pois a base de cálculo está incluindo o montante correspondente aos encargos cambiais efetivamente pagos pelo laboratório.

RESPOSTA Atente-se que, quando da cobrança do IPI, o que pode variar é a alíquota do tributo e não a própria consideração de preço. Vide art. 153, § 3º, I, da CF e o art. 47, I, do CTN. *Alternativa A.*

156. **(XXIII Exame)** O reitor de uma faculdade privada sem fins lucrativos (cujas receitas, inclusive seus eventuais superávits, são integralmente reinvestidas no estabelecimento de ensino) deseja saber se está correta a cobrança de impostos efetuada pelo fisco, que negou a pretendida imunidade tributária, sob o argumento de que a instituição de ensino privada auferia lucros. Na hipótese, sobre a atuação do fisco, assinale a afirmativa correta.

(A) O fisco agiu corretamente, pois a imunidade tributária apenas alcança instituições de ensino que não sejam superavitárias.

(B) O fisco agiu corretamente, pois a imunidade tributária apenas alcança instituições públicas de ensino.

(C) O fisco não agiu corretamente, pois não há impedimento à distribuição de lucro pelo estabelecimento de ensino imune.

(D) O fisco não agiu corretamente, pois, para que seja concedida tal imunidade, a instituição não precisa ser deficitária, desde que o superávit seja revertido para suas finalidades.

RESPOSTA De acordo com o art. 150, VI, c, da CF, observados os requisitos do art. 14 do CTN. *Alternativa D.*

157. **(XXIII Exame)** O Estado E publicou a Lei n. 123, instituindo anistia relativa às infrações cometidas em determinada região de seu território, em função de condições a ela peculiares. Diante desse fato, o contribuinte C apresentou requerimento para a concessão da anistia, comprovando o preenchimento das condições e o cumprimento dos requisitos previstos em lei. Efetivada a anistia por despacho da autoridade administrativa, verificou-se o descumprimento, por parte do contribuinte, das condições estabelecidas em lei, gerando a revogação da anistia de ofício. Diante da situação apresentada, assinale a afirmativa correta.

(A) A anistia instituída pela Lei n. 123 é inviável, pois a anistia deve abranger todo o território da entidade tributante.

(B) Não é possível a revogação da anistia, pois o preenchimento das condições e o cumprimento dos requisitos previstos em lei, por parte do contribuinte, geram direito adquirido.

(C) A anistia instituída pela Lei n. 123 é inviável, pois a anistia somente pode ser concedida em caráter geral.

(D) É possível a revogação da anistia, pois o despacho da autoridade administrativa efetivando a anistia não gera direito adquirido.

RESPOSTA De acordo com o art. 182 e parágrafo único do CTN. *Alternativa D.*

158. **(XXIII Exame)** A massa falida X possui (i) débitos tributários vencidos de Imposto sobre Circulação de Mercadorias e Serviços – ICMS; (ii) débitos decorrentes da legislação do trabalho, no valor de 30 salários mínimos; (iii) débitos com os sócios da massa falida X; e (iv) remuneração devida ao administrador da massa. Em tal quadro, assinale a afirmativa correta.

(A) O débito de natureza tributária será pago em primeiro lugar.

(B) O débito de natureza tributária será pago em segundo lugar.

(C) O débito de natureza tributária será pago em terceiro lugar.

(D) O débito de natureza tributária será pago em quarto lugar.

RESPOSTA De acordo com a preferência de pagamentos da Lei n. 11.101/2005 e Lei Complementar n. 118/2005 e do art. 186 do CTN, correta a *Alternativa C.*

159. **(XXIII Exame)** A pessoa jurídica XYZ, prestadora de serviços contábeis, é devedora de Imposto sobre a Renda Pessoa Jurídica (IRPJ), além de multa moratória e punitiva, dos anos-calendário de 2014 e 2015. No ano de 2016, a pessoa jurídica XYZ foi incorporada pela pessoa jurídica ABC, também prestadora de serviços contábeis. Sobre a responsabilidade tributária da pessoa jurídica ABC, assinale a afirmativa correta.

(A) Ela é responsável apenas pelo IRPJ devido, não sendo responsável pelo pagamento das multas moratória e punitiva.

(B) Ela é responsável integral, tanto pelo pagamento do IRPJ devido quanto pelas multas moratória e punitiva.

(C) Ela não é responsável pelo pagamento do IRPJ e das multas moratória e punitiva, uma vez que não praticou o fato gerador do tributo.

(D) Ela é responsável apenas pelo IRPJ e pela multa moratória, não sendo responsável pelo pagamento da multa punitiva.

RESPOSTA De acordo com o art. 132 do CTN, a responsabilidade tributária da empresa incorporadora é integral. *Alternativa B.*

BIBLIOGRAFIA CONSULTADA

ALEXANDRE, Ricardo. *Direito tributário esquematizado.* 2. ed. São Paulo: Método, 2008.

AMARO, Luciano. *Direito tributário brasileiro.* 13. ed. São Paulo: Saraiva, 2007.

CARVALHO, Paulo de Barros. *Curso de direito tributário.* 19. ed. São Paulo: Saraiva, 2009.

NOVAIS, Rafael. *Direito tributário facilitado.* 3. ed. São Paulo: Método, 2018.

ROCHA, Marcelo Hugo da; KNIJNIK, Eduardo. *Direito tributário.* Rio de Janeiro: Impetus, 2012.

SABBAG, Eduardo. *Manual de direito tributário.* 3. ed. São Paulo: Saraiva, 2011.

Direito Administrativo

DIREITO ADMINISTRATIVO: QUADRO GERAL DE QUESTÕES	
TEMAS	Nº DE QUESTÕES
I. Direito Administrativo	2
II. Bens Públicos	7
III. Organização da Administração Pública	25
IV. Serviços Públicos	21
V. Agentes Públicos	34
VI. Licitações	14
VII. Contratos Administrativos	9
VIII. Intervenção do Estado na Propriedade	21
IX. Controle da Administração Pública	8
X. Responsabilidade Civil do Estado	11
XI. Improbidade Administrativa	11
XII. Poderes Administrativos	13
XIII. Atos Administrativos	9
XIV. Processo Administrativo	15
TOTAL	200

I. DIREITO ADMINISTRATIVO

1. **(XX Exame)** Carlos Mário, chefe do Departamento de Contratos de uma autarquia federal descobre, por diversos relatos, que Geraldo, um dos servidores a ele subordinado, deixara de comparecer a uma reunião para acompanhar a tarde de autógrafos de um famoso artista de televisão. Em outra ocasião, Geraldo já se ausentara do serviço, durante o expediente, sem prévia autorização do seu chefe, razão pela qual lhe fora aplicada advertência. Irritado, Carlos Mário determina a instauração de um processo administrativo disciplinar, aplicando a Geraldo a penalidade de suspensão, por 15 (quinze) dias, sem a sua oitiva, em atenção ao princípio da verdade sabida.

Considerando o exposto, assinale a afirmativa correta.

(A) A penalidade aplicada é nula, em razão de violação às garantias constitucionais da ampla defesa e do contraditório, razão pela qual o princípio da verdade sabida não guarda compatibilidade com a ordem constitucional vigente.

(B) A penalidade aplicada é nula, pois a ausência do serviço sem autorização do chefe é hipótese de aplicação da penalidade de advertência e jamais poderia dar ensejo à aplicação da penalidade de suspensão.

(C) A penalidade aplicada é correta, pois a ausência do servidor no horário de expediente é causa de aplicação da penalidade de suspensão, e o fato era de ciência de vários outros servidores.

(D) A penalidade aplicada contém vício sanável, devendo ser ratificada pelo Diretor-Presidente da autarquia, autoridade competente para tanto.

RESPOSTA No Brasil, o Processo Administrativo Disciplinar não é orientado pelo Princípio da Verdade Sabida. Ao contrário, aplica-se obrigatoriamente a observância aos Princípios da Ampla Defesa e do Contraditório. *Alternativa A.*

2. **(XXIV Exame)** João foi aprovado em concurso público promovido pelo Estado Alfa para o cargo de analista de políticas públicas, tendo tomado posse no cargo, na classe inicial da respectiva carreira. Ocorre que João é uma pessoa proativa e teve, como gestor, excelentes experiências na iniciativa privada. Em razão disso, ele decidiu que não deveria cumprir os comandos determinados por agentes superiores na estrutura administrativa, porque ele as considerava contrárias ao princípio da eficiência, apesar de serem ordens legais. A partir do caso apresentado, assinale a afirmativa correta.

(A) João possui total liberdade de atuação, não se submetendo a comandos superiores, em decorrência do princípio da eficiência.
(B) A liberdade de atuação de João é pautada somente pelo princípio da legalidade, considerando que não existe escalonamento de competência no âmbito da Administração Pública.
(C) João tem dever de obediência às ordens legais de seus superiores, em razão da relação de subordinação decorrente do poder hierárquico.
(D) As autoridades superiores somente podem realizar o controle finalístico das atividades de João, em razão da relação de vinculação estabelecida com os superiores hierárquicos.

RESPOSTA O princípio da eficiência, introduzido pela Emenda Constitucional n. 19 de 1998, não se sobrepõe ao princípio da legalidade. É limitado pela Legalidade. Dessa forma, João deve obedecer, em função do princípio da hierarquia, que norteia a Administração Pública, as ordens legais de seus superiores em razão da subordinação de corrente do poder hierárquico. *Alternativa C.*

II. BENS PÚBLICOS

3. **(XXI Exame)** A sociedade "Limpatudo" S/A é empresa pública estadual destinada à prestação de serviços públicos de competência do respectivo ente federativo. Tal entidade administrativa foi condenada em vultosa quantia em dinheiro, por sentença transitada em julgado, em fase de cumprimento de sentença. Para que se cumpra o título condenatório, considerar-se-á que os bens da empresa pública são

(A) impenhoráveis, certo que são bens públicos, de acordo com o ordenamento jurídico pátrio.
(B) privados, de modo que, em qualquer caso, estão sujeitos à penhora.
(C) privados, mas, se necessários à prestação de serviços públicos, não podem ser penhorados.
(D) privados, mas são impenhoráveis em decorrência da submissão ao regime de precatórios.

RESPOSTA Bens das pessoas jurídicas de direito privado integrantes da Administração Pública são privados (ou particulares), mas quando estiverem sendo efetivamente utilizados na prestação de um serviço público, estarão sujeitos a regras próprias do regime jurídico de bens públicos (*inalienabilidade, impenhorabilidade, imprescritibilidade e não onerabilidade*). *Alternativa C.*

4. **(IX Exame)** O Presidente de uma empresa pública estadual, ao assumir a gestão da entidade e realizar uma auditoria no seu patrimônio imobiliário, decide alienar um imóvel que se localiza em região extremamente valorizada. Além da demonstração do interesse público que a justifique, a alienação do referido imóvel depende de

(A) avaliação prévia e autorização legislativa.
(B) autorização do Poder Executivo e registro no Tribunal de Contas do Estado.
(C) avaliação prévia e licitação na modalidade concorrência.
(D) autorização legislativa e licitação na modalidade de leilão.

RESPOSTA A alienação de bem imóvel deve ser precedida de avaliação prévia e de licitação na modalidade de Concorrência, independentemente do valor do objeto, como estabelece o art. 23, § 3º da Lei n. 8.666/93. *Alternativa C.*

5. **(VII Exame)** Sobre os bens públicos é correto afirmar que

(A) os bens de uso especial são passíveis de usucapião.
(B) os bens de uso comum são passíveis de usucapião.
(C) os bens de empresas públicas que desenvolvem atividades econômicas que não estejam afetados a prestação de serviços públicos são passíveis de usucapião.
(D) nenhum bem que pertença à pessoa jurídica integrante da administração pública indireta é passível de usucapião.

RESPOSTA (A) e (B) Os bens públicos não estão sujeitos a usucapião. Art. 102, CC. (C) De acordo com a doutrina, bens públicos que não estejam afetados (leia-se destinados) à prestação de serviços públicos são passíveis de usucapião. (D) Serão passíveis de usucapião os bens públicos que não estejam afetados. *Alternativa C.*

6. (VI Exame) A autorização de uso de bem público por particular caracteriza-se como ato administrativo

(A) Discricionário e bilateral, ensejando indenização ao particular no caso de revogação pela administração.
(B) Unilateral, discricionário e precário, para atender interesse predominantemente particular.
(C) Bilateral e vinculado, efetivado mediante a celebração de um contrato com a Administração pública, de forma a atender interesse eminentemente público.
(D) Discricionário e unilateral, empregado para atender a interesse predominantemente público, formalizado após a realização de licitação.

RESPOSTA Os bens públicos podem ser, mediante autorização, utilizados por particulares. Essa autorização é um ato administrativo discricionário, precário e unilateral. Não há licitação prévia. *Alternativa B.*

7. (V Exame) De acordo com o critério da titularidade, consideram-se públicos os bens do domínio nacional pertencentes

(A) Às entidades da Administração Pública Direta e Indireta.
(B) Às entidades da Administração Pública Direta, às autarquias e às empresas públicas.
(C) Às pessoas jurídicas de direito público interno e às pessoas jurídicas de direito privado prestadoras de serviços públicos.
(D) Às pessoas jurídicas de direito público interno.

RESPOSTA De acordo com o art. 98 do CC, são públicos os bens do domínio nacional pertencentes às pessoas jurídicas de direito público interno; todos os outros são particulares, seja qual for a pessoa a que pertencerem. *Alternativa D.*

8. (XVI Exame) O prédio que abrigava a Biblioteca Pública do Município de Molhadinho foi parcialmente destruído em um incêndio, que arruinou quase metade do acervo e prejudicou gravemente a estrutura do prédio. Os livros restantes já foram transferidos para uma nova sede. O Prefeito de Molhadinho pretende alienar o prédio antigo, ainda cheio de entulho e escombros. Sobre o caso descrito, assinale a afirmativa correta.

(A) Não é possível, no ordenamento jurídico atual, a alienação de bens públicos.
(B) O antigo prédio da biblioteca, bem público de uso especial, somente pode ser alienado após ato formal de desafetação.
(C) É possível a alienação do antigo prédio da biblioteca, por se tratar de bem público dominical.
(D) Por se tratar de um prédio com livre acesso do público em geral, trata-se de bem público de uso comum, insuscetível de alienação.

RESPOSTA Ocorreu, no presente caso, uma desafetação tácita, posto que o incêndio destruiu o bem, comprometendo a estrutura do prédio, razão pela qual ele não abriga mais a Biblioteca Pública municipal, não tendo mais condições de realizar a sua finalidade pública inicial, transformando-se em um bem dominical. Dessa forma, sendo um bem dominical, pode ser alienado, uma vez que não está afetado a nenhum interesse público. *Alternativa C.*

9. (XXIV Exame) Determinado município é proprietário de um extenso lote localizado em área urbana, mas que não vem sendo utilizado pela Administração há anos. Em consequência do abandono, o imóvel foi ocupado por uma família de desempregados, que deu à área uma função social. O poder público teve ciência do fato, mas, como se tratava do final da gestão do então prefeito, não tomou qualquer medida para que o bem fosse desocupado. A situação perdurou mais de trinta anos, até que o município ajuizou a reintegração de posse. Sobre a questão apresentada, assinale a afirmativa correta.

(A) O terreno não estava afetado a um fim público, razão pela qual pode ser adquirido por usucapião.
(B) O terreno é insuscetível de aquisição por meio de usucapião, mesmo sendo um bem dominical.
(C) O poder público municipal não poderá alienar a área em questão, dado que todos os bens públicos são inalienáveis.
(D) O bem será classificado como de uso especial, caso haja a reintegração de posse e o município decida construir uma grande praça no local anteriormente ocupado pela família.

RESPOSTA Os bens públicos são insuscetíveis a Usucapião. O art. 183, § 3º, expressamente determina que os imóveis públicos urbanos não são passíveis de usucapião. Não há distinção entre bens de Uso Comum do Povo, de Uso Especial ou Dominicais. *Alternativa B.*

III. ORGANIZAÇÃO DA ADMINISTRAÇÃO PÚBLICA

10. (XXX Exame) O mandato de João como dirigente de determinada agência reguladora federal terminou pelo decurso do prazo, em junho de 2019, sem sua recondução ao cargo. No mês seguinte, João recebeu vultosa e tentadora proposta de certa sociedade empresária para prestar serviço de consultoria na área do setor regulado pela citada agência. Levando em conta que a lei específica da agência em tela seguiu as normas gerais de gestão de recursos humanos das agências reguladoras previstas na Lei n. 9.986/2000, João

(A) está impedido de aceitar a proposta, pois precisa cumprir quatro meses de quarentena, contados do término do seu mandato, período durante o qual ficará vinculado à agência, fazendo jus à remuneração compensatória equivalente à do cargo de direção que exerceu e aos benefícios a ele inerentes, sob pena de incorrer na prática de crime de advocacia administrativa.

(B) está impedido de aceitar a proposta, pois precisa cumprir noventa dias de quarentena, contados do término do seu mandato, período durante o qual não ficará vinculado à agência, nem fará jus a qualquer remuneração compensatória, sob pena de incorrer na prática de ato de improbidade administrativa.

(C) pode aceitar a proposta, desde que abra mão da remuneração compensatória equivalente à do cargo de direção que exerceu e aos benefícios a ele inerentes, que receberia durante noventa dias após o término de seu mandato, sob pena de incorrer na prática de enriquecimento ilícito.

(D) pode aceitar a proposta, inclusive acumulando sua nova remuneração da iniciativa privada com a remuneração compensatória equivalente à do cargo de direção que exerceu e aos benefícios a ele inerentes, a que faz jus durante noventa dias após o término de seu mandato.

RESPOSTA Considerando a data do término do mandato (junho de 2019), aplica-se ao caso a previsão do art. 8º da Lei n. 9.986/2000, vigente na época, ou seja, de que estaria impedido de aceitar a proposta pelo período de 4 meses. Ressalte-se que essa previsão foi alterada pela Lei n. 13.848/2019, a qual entrou em vigor após o caso narrado, alterando o prazo para 6 meses. *Alternativa A.*

11. **(XXVII Exame)** No ano corrente, a União decidiu criar uma nova empresa pública, para a realização de atividades de relevante interesse econômico. Para tanto, fez editar a respectiva lei autorizativa e promoveu a inscrição dos respectivos atos constitutivos no registro competente. Após a devida estruturação, tal entidade administrativa está em vias de iniciar suas atividades. Acerca dessa situação hipotética, na qualidade de advogado(a), assinale a afirmativa correta.

(A) A participação de outras pessoas de direito público interno, na constituição do capital social da entidade administrativa, é permitida, desde que a maioria do capital votante permaneça em propriedade da União.

(B) A União não poderia ter promovido a inscrição dos atos constitutivos no registro competente, na medida em que a criação de tal entidade administrativa decorre diretamente da lei.

(C) A entidade administrativa em análise constitui uma pessoa jurídica de direito público, que não poderá contar com privilégios fiscais e trabalhistas.

(D) Os contratos com terceiros destinados à prestação de serviços para a entidade administrativa, em regra, não precisam ser precedidos de licitação.

RESPOSTA De acordo com o art. 3º da Lei n. 13.303/2016, que traz o conceito de empresa pública, diz que é a entidade dotada de personalidade jurídica de direito privado, com criação autorizada por lei e com patrimônio próprio, cujo capital social é integralmente detido pela União, pelos Estados, pelo Distrito Federal ou pelos Municípios. Complementa-se, ainda, com o parágrafo único, qual seja, desde que a maioria do capital votante permaneça em propriedade da União, do Estado, do Distrito Federal ou do Município, será admitida, no capital da empresa pública, a participação de outras pessoas jurídicas de direito público interno, bem como de entidades da administração indireta da União, dos Estados, do Distrito Federal e dos Municípios. *Alternativa A.*

12. **(XXV Exame)** A organização religiosa *Tenhafé*, além dos fins exclusivamente religiosos, também se dedica a atividades de interesse público, notadamente à educação e à socialização de crianças em situação de risco. Ela não está qualificada como Organização Social (OS), nem como Organização da Sociedade Civil de Interesse Público (OSCIP), mas pretende obter verbas da União para a promoção de projetos incluídos no plano de Governo Federal, propostos pela própria Administração Pública. Sobre a pretensão da organização religiosa *Tenhafé*, assinale a afirmativa correta.

(A) Por ser uma organização religiosa, *Tenhafé* não poderá receber verbas da União.

(B) A transferência de verbas da União para a organização religiosa *Tenhafé* somente poderá ser formalizada por meio de contrato administrativo, mediante a realização de licitação na modalidade concorrência.

(C) Para receber verbas da União para a finalidade em apreço, a organização religiosa *Tenhafé* deverá qualificar-se como OS ou OSCIP.

(D) Uma vez selecionada por meio de chamamento público, a organização religiosa *Tenhafé* poderá obter a transferência de recursos da União por meio de termo de colaboração.

RESPOSTA A Lei n. 13.019/2014 assim dispõe: "Art. 2º Para os fins desta Lei, considera-se: I – organização da sociedade civil: c) as organizações religiosas que se dediquem a atividades ou a projetos de interesse público e de cunho social distintas das destinadas a fins exclusivamente religiosos". O art. 16 da mesma lei assim dispõe: "Art. 16. O termo de colaboração deve ser adotado pela administração pública para consecução de planos de trabalho de sua iniciativa, para celebração de parcerias com organizações da sociedade civil que envolvam a transferência de recursos financeiros". *Alternativa D.*

13. **(XXI Exame)** Uma autarquia federal divulgou edital de licitação para a concessão da exploração de uma rodovia que interliga diversos Estados da Federação. A exploração do serviço será precedida de obras de duplicação da rodovia. Como o fluxo esperado de veículos não é suficiente para garantir, por meio do pedágio, a amortização dos investimentos e a remuneração do concessionário, haverá, adicionalmente à cobrança do pedágio, contraprestação pecuniária por parte do Poder Público. Sobre a hipótese apresentada, assinale a afirmativa correta.

(A) Trata-se de um exemplo de parceria público-privada, na modalidade concessão administrativa.

(B) Trata-se de um consórcio público com personalidade de direito público entre a autarquia federal e a pessoa jurídica de direito privado.

(C) Trata-se de um exemplo de parceria público-privada, na modalidade concessão patrocinada.

(D) Trata-se de um exemplo de consórcio público com personalidade jurídica de direito privado.

RESPOSTA Trata-se de parceria público-privada (PPP), na modalidade concessão patrocinada, com fundamento no art. 2º, § 1º da Lei n. 11.079/2004, ou seja, quando envolve, adicionalmente à tarifa cobrada dos usuários, contraprestação pecuniária do parceiro público ao parceiro privado. *Alternativa C.*

14. **(XXII Exame)** A Associação Delta se dedica à promoção do voluntariado e foi qualificada como Organização da Sociedade Civil sem fins lucrativos – OSCIP, após o que formalizou termo de parceria com a União, por meio do qual recebeu recursos que aplicou integralmente na realização de suas atividades, inclusive na aquisição de um imóvel, que passou a ser a sede da entidade. Com base nessa situação hipotética, assinale a afirmativa correta.

(A) A Associação não poderia ter sido qualificada como OSCIP, considerando que o seu objeto é a promoção do voluntariado.

(B) A qualificação como OSCIP é ato discricionário da Administração Pública, que poderia indeferi-lo, mesmo que preenchidos os requisitos legais.

(C) A qualificação como OSCIP não autoriza o recebimento de recursos financeiros por meio de termo de parceria, mas somente mediante contrato de gestão.

(D) A Associação não tem liberdade para alienar livremente os bens adquiridos com recursos públicos provenientes de termo de parceria.

RESPOSTA A qualificação de Organização da Sociedade Civil sem fins lucrativos – OSCIP é regulada pela Lei n. 9.790/99, a qual prevê, em seu art. 15, que, caso a organização adquira bem imóvel com recursos provenientes da celebração do Termo de Parceria, este será gravado com cláusula de inalienabilidade. Portanto, não há liberdade para alienação dos bens adquiridos com recursos de termos de parceria. *Alternativa D.*

15. **(XII Exame)** O Estado ABCD, com vistas à interiorização e ao incremento das atividades econômicas, constituiu empresa pública para implantar distritos industriais, elaborar planos de ocupação e auxiliar empresas interessadas na aquisição dessas áreas. Considerando que esse objeto significa a exploração de atividade econômica pelo Estado, assinale a afirmativa correta.

(A) Não é possível a exploração de atividade econômica por pessoa jurídica integrante da Administração direta ou indireta.

(B) As pessoas jurídicas integrantes da Administração indireta não podem explorar atividade econômica.

(C) Dentre as figuras da Administração Pública indireta, apenas a autarquia pode desempenhar atividade econômica, na qualidade de agência reguladora.

(D) A constituição de empresa pública para exercer atividade econômica é permitida quando necessária ao atendimento de relevante interesse coletivo.

RESPOSTA (A) A Constituição Federal expressamente admite em seu art. 173 a possibilidade de serem criadas empresas públicas e sociedades de economia mista para o exercício de atividades econômicas desde que haja interesse coletivo relevante ou razões de segurança nacional. (B) Mesma resposta do item A. (C) Autarquias somente podem ser criadas para a prestação de serviços públicos. (D) A Constituição Federal expressamente admite em seu art. 173 e § 1º a possibilidade de serem criadas empresas públicas e sociedades de economia mista para o exercício de atividades econômicas desde que haja interesse coletivo relevante ou razões de segurança nacional. *Alternativa D.*

16. **(XIII Exame)** A União celebrou protocolo de intenções com o Estado A e os Municípios X, Y e Z do Estado B, todos em regiões de fronteira, para a constituição de um consórcio público na área de segurança pública. Considerando a disciplina legislativa acerca dos consórcios públicos, assinale a afirmativa correta.

(A) O consórcio público pode adquirir personalidade jurídica de direito público, constituindo-se em uma associação pública.

(B) O consórcio público representa uma comunhão de esforços, não adquirindo personalidade jurídica própria.

(C) A União não pode constituir consórcio do qual façam parte Municípios não integrantes de Estado não conveniado.

(D) O consórcio público adquire personalidade jurídica com a celebração do protocolo de intenções.

RESPOSTA A Lei n. 11.107/2005 expressamente admite dois tipos de Consórcio Público. Em seu art. 6º, I, há expressa referência ao Consórcio Público com personalidade jurídica de Direito Público, constituindo-se como uma associação pública. *Alternativa A.*

17. **(VII Exame)** Em relação às entidades que compõem a administração indireta, assinale a alternativa correta.

(A) Para a criação de autarquias, é necessária a edição de uma lei autorizativa e posterior registro de seus atos constitutivos no respectivo registro como condição de sua existência.

(B) Para criação de uma empresa pública, é necessária a edição de uma lei específica sem a exigência de registro de seus atos constitutivos no respectivo registro por se tratar de uma pessoa jurídica de direito público.

(C) Para criação de uma sociedade de economia mista, é necessária a edição de uma lei autorizativa e registro de seus atos constitutivos no respectivo registro por se tratar de uma pessoa jurídica de direito privado.

(D) Por serem pessoas jurídicas, todas necessitam ter seus respectivos atos constitutivos registrados no respectivo registro como condição de sua existência.

RESPOSTA (A) Art. 37, XIX, CF. Basta a edição de uma lei, cujo conteúdo específico seja a criação da autarquia para sua instituição. (B) e (C) Arts. 37, XIX, CF e 45, CC. Como a empresa pública e a sociedade de economia mista são pessoas jurídicas de direito privado, exige-se o registro de seus atos constitutivos. (D) Art. 45, CC. A autarquia não precisa. *Alternativa C.*

18. **(VI Exame)** Durante competição esportiva (campeonato estadual de futebol), o clube "A" foi punido com a perda de um ponto em virtude de episódios de preconceito por parte de sua torcida. Com essa decisão de primeira instância da Justiça Desportiva, o clube "B" foi declarado campeão naquele ano. O clube "A" apresentou recurso contra a decisão de primeira instância. Antes mesmo do julgamento desse recurso, distribuiu ação ordinária perante a Justiça Estadual com o objetivo de reaver o ponto que lhe fora retirado pela Justiça arbitral. Diante de tal situação, é correto afirmar que:

(A) Como o direito brasileiro adotou o sistema de jurisdição una, tendo o Poder Judiciário o monopólio da apreciação, com força de coisa julgada, de lesão ou ameaça a direito, é cabível a apreciação judicial dessa matéria a qualquer tempo.

(B) As decisões da Justiça Desportiva são inquestionáveis na via judicial, uma vez que vige, no direito brasileiro, sistema pelo qual o Poder Judiciário somente pode decidir matérias para as quais não exista tribunal administrativo específico.

(C) Como regra, o ordenamento vigente adota o Princípio da Inafastabilidade da Jurisdição (art. 5º, XXXV, da CRFB); todavia, as decisões da Justiça Desportiva consubstanciam exceção a essa regra, já que são insindicáveis na via judicial.

(D) O Poder Judiciário pode rever decisões proferidas pela Justiça Desportiva; ainda assim, exige-se, anteriormente ao ajuizamento da ação cabível, o esgotamento da instância administrativa, por se tratar de exceção prevista na Constituição.

RESPOSTA De acordo com o § 1º do art. 217 da CF, o Poder Judiciário só admitirá ações relativas à disciplina e às competições desportivas após esgotarem-se as instâncias da Justiça Desportiva, regulada em lei. *Alternativa D.*

19. **(IV Exame)** A estruturação da Administração traz a presença, necessária, de centros de competências denominados Órgãos Públicos ou, simplesmente, Órgãos. Quanto a estes, é correto afirmar que

(A) Possuem personalidade jurídica própria, respondendo diretamente por seus atos.

(B) Suas atuações são imputadas às pessoas jurídicas a que pertencem.

(C) Não possuem cargos, apenas funções, e estas são criadas por atos normativos do ocupante do respectivo órgão.
(D) Não possuem cargos nem funções.

RESPOSTA De acordo com o inciso II do § 2º do art. 1º da Lei n. 9.784/99, órgão é a unidade de atuação integrante da estrutura da Administração direta e da estrutura da Administração indireta. De acordo com a doutrina, não tem personalidade jurídica própria, possui funções, cargos e agentes, cuja atuação é considerada atuação da própria pessoa jurídica que ele integra. *Alternativa B.*

20. **(VIII Exame)** Quanto às pessoas jurídicas que compõem a Administração Indireta, assinale a afirmativa correta.

(A) As autarquias são pessoas jurídicas de direito público, criadas por lei.
(B) As autarquias são pessoas jurídicas de direito privado, autorizadas por lei.
(C) As empresas públicas são pessoas jurídicas de direito público, criadas por lei.
(D) As empresas públicas são pessoas jurídicas de direito privado, criadas para o exercício de atividades típicas do Estado.

RESPOSTA (A) e (B) Art. 37, XIX, CF c/c art. 41, IV, CC. (C) e (D) Art. 37, XIX, CF c/c art. 41, CC e art. 5º, II, DL 200/69. *Alternativa A.*

21. **(IX Exame)** Atento à crescente especulação imobiliária, e ciente do sucesso econômico obtido pelas construtoras do País com a construção de imóveis destinados ao público de alta renda, o Estado "X" decide ingressar nesse lucrativo mercado. Assim, edita uma lei autorizando a criação de uma empresa pública e, no mesmo ano, promove a inscrição dos seus atos constitutivos no registro das pessoas jurídicas. Assinale a alternativa que apresenta a alegação que as construtoras privadas, incomodadas pela concorrência de uma empresa pública, poderiam apresentar.

(A) A nulidade da constituição daquela pessoa jurídica, uma vez que as pessoas jurídicas estatais só podem ser criadas por lei específica.
(B) O objeto social daquela empresa só poderia ser atribuído a uma sociedade de economia mista e não a uma empresa pública.
(C) Os pressupostos de segurança nacional ou de relevante interesse coletivo na exploração daquela atividade econômica não estão presentes.
(D) A criação da empresa pública não poderia ter ocorrido no mesmo ano em que foi editada a lei autorizativa.

RESPOSTA De acordo com a CF, art. 173, ressalvados os casos previstos nesta Constituição, a exploração direta de atividade econômica pelo Estado só será permitida quando necessária aos imperativos da segurança nacional ou a relevante interesse coletivo, conforme definidos em lei. *Alternativa C.*

22. **(VIII Exame)** O Presidente da República, considerando necessária a realização de diversas obras de infraestrutura, decide pela criação de uma nova Sociedade de Economia Federal e envia projeto de lei para o Congresso Nacional. Após a sua regular tramitação, o Congresso aprova a criação da Companhia "X". Considerando a situação apresentada, assinale a afirmativa correta.

(A) A Companhia "X" poderá editar os decretos de utilidade pública das áreas que necessitam ser desapropriadas para consecução do objeto que justificou sua criação.
(B) A Companhia "X" está sujeita à licitação e à contratação de obras, serviços, compras e alienações, observados os princípios da administração.
(C) A Companhia "X" será necessariamente uma sociedade de propósito específico (SPE) e a maioria do capital social deverá sempre pertencer à União.
(D) A Companhia "X" possui foro privilegiado e eventuais demandas judiciais correrão perante a Justiça Federal.

RESPOSTA (A) A competência para declarar a necessidade ou utilidade pública ou interesse social do bem para desapropriação somente é da União, estados, DF e municípios. (B) Art. 37, XXI, CF e art. 173, § 1º, III, CF. (C) Art. 5º, III, DL 200/69, somente "S.A.". (D) Art. 109, I, CF. Por exclusão, correrão perante a Justiça Estadual. *Alternativa B.*

23. **(III Exame)** É correto afirmar que a desconcentração administrativa ocorre quando um ente político

(A) Cria, mediante lei, órgãos internos em sua própria estrutura para organizar a gestão administrativa.
(B) Cria, por lei específica, uma nova pessoa jurídica de direito público para auxiliar a administração pública direta.
(C) Autoriza a criação, por lei e por prazo indeterminado, de uma nova pessoa jurídica de direito privado para auxiliar a administração pública.
(D) Contrata, mediante concessão de serviço público, por prazo determinado, uma pessoa jurídica de direito público ou privado para desempenhar uma atividade típica da administração pública.

RESPOSTA Nas palavras de Vicente Paulo e Marcelo Alexandrino, a "desconcentração ocorre exclusivamente dentro da estrutura de uma mesma pessoa jurídica. Trata-se, a desconcentração, de mera técnica administrativa de distribuição interna de competências de uma pessoa jurídica. (...) Como resultado da desconcentração temos o surgimento dos denominados órgãos públicos" (*Resumo de Direito Administrativo Descomplicado*, 2. ed., 2009, p. 25-26). *Alternativa A.*

24. **(II Exame)** No Direito Público brasileiro, o grau de autonomia das Agências Reguladoras é definido por uma independência

(A) Administrativa total e absoluta, uma vez que a Constituição da República de 1988 não lhes exige qualquer liame, submissão ou controle administrativo dos órgãos de cúpula do Poder Executivo.

(B) Administrativa mitigada, uma vez que a própria lei que cria cada uma das Agências Reguladoras define e regulamenta as relações de submissão e controle, fundado no poder de supervisão dos Ministérios a que cada uma se encontra vinculada, em razão da matéria, e na superintendência atribuída ao chefe do Poder Executivo, como chefe superior da Administração Pública.

(C) Legislativa total e absoluta, visto que gozam de poder normativo regulamentar, não se sujeitando assim às leis emanadas pelos respectivos Poderes legislativos de cada ente da federação brasileira.

(D) Política decisória, pois não estão obrigadas a seguir as decisões de políticas públicas adotadas pelos Poderes do Estado (executivo e legislativo).

RESPOSTA De fato, todas as agências reguladoras são criadas, no âmbito federal, como autarquias sob regime especial com o fim de ampliar a sua autonomia administrativa em relação às autarquias sob disciplina do DL 200/69. Essa independência administrativa, de acordo com a doutrina, não é total ou absoluta, mas mitigada, ou seja, mantém submissão e supervisão do ente público a qual lhe criou. *Alternativa B.*

25. **(IV Exame)** A qualificação como Organizações da Sociedade Civil de Interesse Público (OSCIPs) de pessoas jurídicas de direito privado, sem fins lucrativos, cujos objetivos sociais e normas estatutárias atendam aos requisitos previstos na respectiva lei é ato

(A) Vinculado ao cumprimento dos requisitos estabelecidos em lei.

(B) Complexo, uma vez que somente se aperfeiçoa com a instituição do Termo de Parceria.

(C) Discricionário, uma vez que depende de avaliação administrativa quanto à sua conveniência e oportunidade.

(D) Composto, subordinando-se à homologação da Chefia do Poder Executivo.

RESPOSTA De acordo com o § 2º do art. 1º da Lei n. 9.790/99, a outorga da qualificação prevista neste artigo [Organizações da Sociedade Civil de Interesse Público – OSCIPs] é ato vinculado ao cumprimento dos requisitos instituídos por esta Lei. *Alternativa A.*

26. **(XI Exame)** Determinada entidade de formação profissional, integrante dos chamados Serviços Sociais Autônomos (também conhecidos como "Sistema S"), foi, recentemente, questionada sobre a realização de uma compra sem prévia licitação. Assinale a alternativa que indica a razão do questionamento.

(A) Tais entidades, vinculadas aos chamados serviços sociais autônomos, integram a Administração Pública.

(B) Tais entidades, apesar de não integrarem a Administração Pública, são dotadas de personalidade jurídica de direito público.

(C) Tais entidades desempenham, por concessão, serviço público de interesse coletivo.

(D) Tais entidades são custeadas, em parte, com contribuições compulsórias cobradas sobre a folha de salários.

RESPOSTA (A) Essas entidades não integram o Estado. Não fazem parte da Administração Pública Direta e da Indireta. São paraestatais. (B) Os Serviços Sociais Autônomos são entidades de direito privado. (C) Não são concessionárias de serviços públicos. (D) O art. 240 da CF expressamente determina que podem ser instituídas contribuições sociais compulsórias dos empregadores sobre a folha de salários, destinadas às entidades privadas de serviço social e de formação profissional vinculadas ao sistema sindical. *Alternativa D.*

27. **(XIV Exame)** Numerosos professores, em recente reunião da categoria, queixaram-se da falta de interesse dos alunos pela cultura nacional. O Sindicato dos Professores de Colégios Particulares do Município X apresentou, então, um plano para ampliar o acesso à cultura dos alunos com idade entre 10 e 18 anos, obter a qualificação de "Organização da Sociedade Civil de Interesse Público" (OSCIP) e celebrar um termo de parceria com a União, a fim de unir esforços no sentido de promover a cultura nacional. Considerando a proposta apresentada e a disciplina existente sobre o tema, assinale a afirmativa correta.

(A) O sindicato não pode se qualificar como Organização da Sociedade Civil de Interesse Público, uma vez que tal qualificação, de origem doutrinária, não tem amparo legal.

(B) O sindicato não pode se qualificar como OSCIP, em virtude de vedação expressa da lei federal sobre o tema.

(C) O sindicato pode se qualificar como OSCIP, uma vez que é uma entidade sem fins lucrativos e o objetivo pretendido é a promoção da cultura nacional.

(D) O sindicato pode se qualificar como OSCIP, mas deve celebrar um contrato de gestão e não um termo de parceria com o poder público.

RESPOSTA O art. 2º, II, da Lei n. 9.790/99, que dispõe acerca das Organizações da Sociedade Civil de Interesse Público (OSCIP), dispõe que: "Não são passíveis de qualificação como Organizações da Sociedade Civil de Interesse Público, ainda que se dediquem de qualquer forma às atividades descritas no art. 3º desta Lei: II – os sindicatos, as associações de classe ou de representação de categoria profissional". *Alternativa B.*

28. **(XV Exame)** A Agência Reguladora de Serviços Públicos Estaduais, autarquia do Estado ABC, identificou um imóvel, no centro da cidade XYZ (capital do Estado) capaz de receber as instalações de sua nova sede. O proprietário do imóvel, quando procurado, demonstrou interesse na sua alienação pelo preço de avaliação da Administração Pública. Considerando a disciplina legislativa a respeito do tema, assinale a opção correta.

(A) É possível a compra de bem imóvel pela Administração, dispensada a licitação no caso de as necessidades de instalação e localização condicionarem a escolha.

(B) Não é possível a celebração de contrato de compra e venda, pois a única forma de aquisição de bem imóvel pelo Estado é a desapropriação.

(C) É possível a compra de bem imóvel pela Administração, mas tal aquisição deve ser, obrigatoriamente licitação, na modalidade de concorrência.

(D) É possível a compra de bem imóvel pela Administração, mas tal aquisição deve ser, obrigatoriamente, precedida de licitação, na modalidade de leilão.

RESPOSTA O art. 24, X, elenca como hipótese de dispensa de licitação a compra ou locação de imóvel destinado ao atendimento das finalidades precípuas da administração, cujas necessidades de instalação e localização condicionem a sua escolha, desde que o preço seja compatível com o valor de mercado, segundo avaliação prévia, ou seja, trata-se de hipótese de dispensa de licitação. *Alternativa A.*

29. **(XV Exame)** No Estado X, foi constituída autarquia própria de previdência dos servidores estaduais. A lei de constituição da entidade prevê a possibilidade de apresentação de recurso em face das decisões da autarquia, a ser dirigido à Secretaria de Administração do Estado (órgão ao qual a autarquia está vinculada). Sobre a situação descrita, assinale a opção correta

(A) Não é possível a criação de autarquia para a gestão da previdência dos servidores, uma vez que se trata de atividade típica da Administração Pública.

(B) Não cabe recurso hierárquico impróprio em face das decisões da autarquia, uma vez que ela goza de autonomia técnica, administrativa e financeira.

(C) A previsão de recurso dirigido à Secretaria de Administração do Estado (órgão ao qual a autarquia está vinculada) configura exemplo de recurso hierárquico próprio.

(D) São válidas tanto a constituição da autarquia para a gestão do regime previdenciário quanto a previsão de cabimento do recurso ao órgão ao qual a autarquia está vinculada.

RESPOSTA É possível a criação de autarquia para a execução de serviços próprios do Estado, incluindo-se a gestão do sistema previdenciário. Em relação ao recurso, é cabível o recurso administrativo impróprio para a Secretaria à qual se vincula. *Alternativa D.*

30. **(XVII Exame)** Após autorização em lei, o Estado X constituiu empresa pública para atuação no setor bancário e creditício. Por não possuir, ainda, quadro de pessoal, foi iniciado concurso público com vistas à seleção de 150 empregados, entre economistas, administradores e advogados. A respeito da situação descrita, assinale a afirmativa correta.

(A) Não é possível a constituição de empresa pública para exploração direta de atividade econômica pelo Estado.

(B) A lei que autorizou a instituição da empresa pública é, obrigatoriamente, uma lei complementar, por exigência do texto constitucional.

(C) Após a Constituição de 1988, cabe às empresas públicas a prestação de serviços públicos e às sociedades de economia mista cabe a exploração de atividade econômica.

(D) A empresa pública que explora atividade econômica sujeita-se ao regime trabalhista próprio das empresas privadas, o que não afasta a exigência de concurso público.

RESPOSTA As empresas públicas podem ser autorizadas por lei para prestar serviços públicos, bem como para exercer atividades econômicas, sendo suficiente uma lei ordinária específica para autorizar sua criação. As empresas públicas que exploram atividades econômicas sujeitam-se ao regime próprio das empresas privadas no que se refere às obrigações civis, comerciais, trabalhistas e tributárias (art. 173, § 1º, II, da Constituição Federal), exigindo-se concurso público para o provimento dos seus cargos públicos. *Alternativa D.*

31. **(XVII Exame)** O Governador do Estado Y criticou, por meio da imprensa, o Diretor-Presidente da Agência Reguladora de Serviços Delegados de Transportes do Estado, autarquia estadual criada pela Lei n. 1.234, alegando que aquela entidade, ao aplicar multas às empresas concessionárias por supostas falhas na prestação do serviço, "não estimula o empresário a investir no Estado". Ainda, por essa razão, o Governador ameaçou, também pela imprensa, substituir o Diretor-Presidente da agência antes de expirado o prazo do mandato daquele dirigente. Considerando o exposto, assinale a afirmativa correta.

(A) A adoção do mandato fixo para os dirigentes de agências reguladoras contribui para a necessária autonomia da entidade, impedindo a livre exoneração pelo chefe do Poder Executivo.

(B) A agência reguladora, como órgão da Administração Direta, submete-se ao poder disciplinar do chefe do Poder Executivo estadual.

(C) A agência reguladora possui personalidade jurídica própria, mas está sujeita, obrigatoriamente, ao poder hierárquico do chefe do Poder Executivo.

(D) Ainda que os dirigentes da agência reguladora exerçam mandato fixo, pode o chefe do Poder Executivo exonerá-los, por razões políticas não ligadas ao interesse público, caso discorde das decisões tomadas pela entidade.

RESPOSTA As agências reguladoras são criadas como autarquias especiais, ou seja, autarquias sujeitas a um regime especial que lhe confere maior autonomia em relação ao ente central, destacando-se entre essa maior autonomia a adoção do mandato fixo para os dirigentes de agências reguladoras, que impede a livre exoneração pelo chefe do Poder Executivo. *Alternativa A.*

32. **(XVIII Exame)** O Estado XYZ pretende criar uma nova universidade estadual sob a forma de fundação pública. Considerando que é intenção do Estado atribuir personalidade jurídica de direito público a tal fundação, assinale a afirmativa correta.

(A) Tal fundação há de ser criada com o registro de seus atos constitutivos, após a edição de lei ordinária autorizando sua instituição.

(B) Tal fundação há de ser criada por lei ordinária específica.

(C) Não é possível a criação de uma fundação pública com personalidade jurídica de direito público.

(D) Tal fundação há de ser criada por lei complementar específica

RESPOSTA A Fundação criada como pessoa jurídica de Direito Público é criada por lei ordinária específica, ou seja, não há a necessidade do registro dos seus atos constitutivos após a edição da lei ordinária, ou seja, é suficiente uma lei ordinária específica para criar uma autarquia. *Alternativa B.*

33. **(XIX Exame)** O Estado X e os Municípios A, B e C subscreveram protocolo de intenções para a constituição de um consórcio com personalidade jurídica de direito privado para atuação na coleta, descarte e reciclagem de lixo produzido no limite territorial daqueles municípios.

Com base no caso apresentado, assinale a afirmativa correta.

(A) Por se tratar de consórcio a ser constituído entre entes de hierarquias diversas, a saber, Estado e Municípios, é obrigatória a participação da União.

(B) O consórcio de direito privado a ser constituído pelo Estado e pelos Municípios não está alcançado pela exigência de prévia licitação para os contratos que vier a celebrar.

(C) O consórcio entre o Estado e os Municípios será constituído por contrato e adquirirá personalidade jurídica mediante o atendimento dos requisitos da legislação civil.

(D) Por se tratar de consórcio para atuação em área de relevante interesse coletivo, não se admite que seja constituído com personalidade de direito privado.

RESPOSTA O Consórcio Público, previsto na Lei n. 11.107/2005, pode ser pessoa jurídica de direito público e pessoa jurídica de direito privado. Sendo pessoa jurídica de direito privado, deverá ser constituído mediante contrato, adquirindo personalidade jurídica de direito privado com o atendimento dos requisitos da legislação civil. *Alternativa C.*

34. **(XX Exame – Reaplicação)** O Estado Alfa e os Municípios Beta e Gama, localizados naquele Estado, celebraram protocolo de intenções para a constituição de consórcio público para atuação na área de saneamento, dispondo que o consórcio teria personalidade jurídica de direito público. No protocolo de intenções está prevista a outorga de concessão, permissão e autorização de serviços públicos pelo consórcio, além da possibilidade de promover desapropriações e instituir servidões.

Sobre a hipótese apresentada, assinale a afirmativa correta.

(A) O consórcio é ente desprovido de personalidade e, portanto, não é válida a previsão contida no protocolo de intenções.

(B) O consórcio em referência não poderá ser constituído sem a obrigatória participação da União entre os seus consorciados.

(C) Após a constituição do consórcio, poderá ele promover desapropriação, pois prevista no protocolo, mas a declaração de utilidade pública não pode ser feita pelo consórcio.

(D) Com a assinatura do protocolo de intenções por todos os entes participantes, estará constituído o consórcio em referência.

RESPOSTA O Consórcio Público é dotado de Personalidade Jurídica. Pode ser pessoa jurídica de Direito Público ou de Direito Privado. O Estado pode se consorciar com os Municípios, inexistindo a necessidade de a União Federal integrar esse Consórcio. O art. 2º, § 1º, da Lei n. 11.107/2005 dispõe que, para o cumprimento de seus objetivos, o consórcio público poderá promover desapropriações e instituir servidões nos termos de declaração de utilidade ou necessidade pública, ou interesse social, realizada pelo Poder Público, destacando-se que a assinatura do protocolo de intenções não é suficiente para a constituição do Consórcio. *Alternativa C.*

IV. SERVIÇOS PÚBLICOS

35. **(XXXI Exame)** O Município Beta concedeu a execução do serviço público de veículos leves sobre trilhos e, ao verificar que a concessionária não estava cumprindo adequadamente as obrigações determinadas no respectivo contrato, considerou tomar as providências cabíveis para a regularização das atividades em favor dos usuários. Nesse caso,

(A) impõe-se a encampação, mediante a retomada do serviço pelo Município Beta, sem o pagamento de indenização.

(B) a hipótese é de caducidade a ser declarada pelo Município Beta, mediante decreto, que independe da verificação prévia da inadimplência da concessionária.

(C) cabe a revogação do contrato administrativo pelo Município Beta, diante da discricionariedade e precariedade da concessão, formalizada por mero ato administrativo.

(D) é possível a intervenção do Município Beta na concessão, com o fim de assegurar a adequada prestação dos serviços, por decreto do poder concedente, que conterá designação do interventor, o prazo, os objetivos e os limites da medida.

RESPOSTA A previsão expressa encontra-se no art. 32 e seu parágrafo único da Lei n. 8.987/95, segundo o qual o poder concedente poderá intervir na concessão, com o fim de assegurar a adequação na prestação do serviço, bem como o fiel cumprimento das normas contratuais, regulamentares e legais pertinentes. A intervenção far-se-á por decreto do poder concedente, que conterá a designação do interventor, o prazo da intervenção e os objetivos e limites da medida. *Alternativa D.*

36. **(XXIX Exame)** O Município Alfa planeja estabelecer uma parceria público-privada para a construção e operação do metrô, cujo contrato terá vigência de trinta e cinco anos. Como a receita com a venda das passagens é inferior ao custo de implantação/operação do serviço, o ente local aportará recursos como complementação da remuneração do parceiro privado. Sobre a questão, assinale a afirmativa correta.

(A) Como o parceiro privado será remunerado pela tarifa do serviço de transporte e por uma contrapartida do poder público, a concessão será celebrada na modalidade administrativa.

(B) A contrapartida do parceiro público somente pode se dar em dinheiro, não sendo permitido qualquer outro mecanismo, a exemplo da outorga de direitos em face da Administração Pública.

(C) A vigência do futuro contrato é adequada, mas, por se tratar de negócio com duração de trinta e cinco anos, não poderá haver prorrogação contratual.

(D) Independentemente da proporção da contrapartida do parceiro público frente ao total da receita auferida pelo parceiro privado, não haverá necessidade de autorização legislativa específica.

RESPOSTA De acordo com art. 5º da Lei n. 11.079/2004, as cláusulas dos contratos de parceria público-privada atenderão ao disposto no art. 23 da Lei n. 8.987/95, no que couber, devendo também prever o prazo de vigência do contrato, compatível com a amortização dos investimentos realizados, não inferior a 5, nem superior a 35 anos, incluindo eventual prorrogação (inciso I). *Alternativa C.*

37. **(XXVIII Exame)** O Governo do Estado Alfa, para impulsionar o potencial turístico de uma região cercada de belíssimas cachoeiras, pretende asfaltar uma pequena estrada que liga a cidade mais próxima ao local turístico. Com vistas à melhoria do serviço público e sem dinheiro em caixa para arcar com as despesas, o Estado decide publicar edital para a concessão da estrada, com fundamento na Lei n. 8.987/95, cabendo ao futuro concessionário a execução das obras. Com base na hipótese apresentada, assinale a afirmativa correta.

(A) O edital poderá prever, em favor da concessionária, outras fontes de receita além daquela oriunda do pedágio; a renda adicional deve favorecer a modicidade tarifária, reduzindo a tarifa paga pelos usuários.

(B) Um grande investidor (pessoa física) pode ser contratado pelo poder concedente, caso demonstre capacidade de realização das obras.

(C) A concessão pode ser feita mediante licitação na modalidade tomada de preços, caso as obras necessárias estejam orçadas em até R$ 1.500.000,00 (um milhão e quinhentos mil reais).

(D) O poder concedente não poderá exigir no edital garantias do concessionário de que realizará as obras a contento, dado que a essência do contrato de concessão é a delegação de serviço público.

RESPOSTA De acordo com o art. 11 da Lei n. 8.987/95, no atendimento às peculiaridades de cada serviço público, poderá o poder concedente prever, em favor da concessionária, no edital de licitação, a possibilidade de outras fontes provenientes de receitas alternativas, complementares, acessórias ou de projetos associados, com ou sem exclusividade, com vistas a favorecer a modicidade das tarifas, observado o disposto no art. 17 desta Lei. *Alternativa A.*

38. **(XXVII Exame)** A sociedade empresária Beta assinou, na década de 1990, contrato de concessão de serviço de transporte público. Desde então, vem utilizando os mesmos ônibus no transporte de passageiros, não se preocupando com a renovação da frota, tampouco com o conforto dos usuários ou com o nível de emissão de poluentes. Em paralelo, com a natural evolução tecnológica, sabe-se que os veículos atualmente estão mais bem equipados, são mais seguros e, naturalmente, emitem menos poluentes. Com base no caso narrado, assinale a afirmativa correta.

(A) A renovação da frota visa a atender ao princípio da atualidade, que exige das concessionárias o emprego de equipamentos modernos.

(B) Constitui interesse público a utilização de ônibus novos, mais econômicos, eficientes e confortáveis; por isso, independentemente de lei autorizativa, pode o poder concedente encampar o contrato de concessão, retomando o serviço público.

(C) Se a concessionária desrespeitar os parâmetros de qualidade do serviço estabelecidos no contrato, a concessão poderá ser extinta unilateralmente pelo poder concedente, aplicando-se o instituto da rescisão.

(D) Ao fim da concessão, os veículos utilizados retornam ao poder concedente, independentemente de expressa previsão no edital e no contrato.

RESPOSTA Toda concessão ou permissão pressupõe a prestação de serviço adequado ao pleno atendimento dos usuários, conforme estabelecido nesta Lei, nas normas pertinentes e no respectivo contrato (art. 6º, Lei n. 8.987/95). Dentre seus princípios, está a atualidade, que compreende a modernidade das técnicas, do equipamento e das instalações e a sua conservação, bem como a melhoria e expansão do serviço (art. 6º, § 2º). *Alternativa A.*

39. **(XIII Exame)** O Estado X publicou edital de concorrência para a concessão de uma linha de transporte aquaviário interligando os municípios A e B, situados em seu território, por meio do Rio Azulão. Sobre o tema da concessão de serviços públicos, e considerando os dados acima narrados, assinale a afirmativa correta.

(A) A outorga de concessão de serviço público, em regra, se dá em caráter de exclusividade.

(B) O edital de licitação pode prever a utilização de receitas alternativas, provenientes da exploração de placas publicitárias, com vistas a favorecer a modicidade das tarifas.

(C) Não se admite a inserção, no contrato, de cláusula que preveja a arbitragem para a resolução de conflitos.

(D) Na licitação para a concessão de serviços públicos, não se admite a inversão da ordem das fases de habilitação e julgamento.

RESPOSTA (A) O art. 16 da Lei n. 8.987/95 dispõe que: "A outorga de concessão ou permissão não terá caráter de exclusividade, salvo no caso de inviabilidade técnica ou econômica justificada no ato a que se refere o art. 5º desta Lei". (B) O art. 11 da Lei n. 8.987/95 assim dispõe: "No atendimento às peculiaridades de cada serviço público, poderá o poder concedente prever, em favor da concessionária, no edital de licitação, a possibilidade de outras fontes provenientes de receitas alternativas, complementares, acessórias ou de projetos associados, com ou sem exclusividade, com vistas a favorecer a modicidade das tarifas, observado o disposto no art. 17 desta Lei", admitindo-se, consequentemente, a auferição de outras receitas oriundas de painéis publicitários. (C) O art. 23-A da Lei n. 8.987/95 assim dispõe: "O contrato de concessão poderá prever o emprego de mecanismos privados para resolução de disputas decorrentes ou relacionadas ao contrato, inclusive a arbitragem". (D) O art. 18-A da Lei n. 8.987/95 assim dispõe: "O edital poderá prever a inversão da ordem das fases de habilitação e julgamento". *Alternativa B.*

40. **(IX Exame)** Um estado da Federação, em processo de recuperação econômica, pretende restaurar o seu antigo Parque de Esportes, uma enorme área que concentra estádio de futebol, ginásio de esportes coletivos e parque aquático. Não dispondo de recursos para custear a totalidade da obra e nem tendo expertise para promover uma boa gestão do espaço, o Estado pretende firmar um contrato de parceria público-privada, nos moldes da Lei n. 11.079/2004. Sobre o instituto da Parceria Público-Privada, assinale a afirmativa correta.

(A) As parcerias público-privadas têm natureza de convênio, e não de contrato, uma vez que o ente público e o ente particular conjugam esforços na realização de uma atividade de interesse público.

(B) As parcerias público-privadas preveem que o ente público executará uma parcela do serviço ou obra, nunca inferior a 50%, e o particular o restante do serviço ou obra.

(C) As parcerias público-privadas não podem ter por objeto, exclusivamente, a execução de obra pública de restauração do Parque de Esportes.

(D) As parcerias público-privadas remuneram o ente particular integralmente com o valor das tarifas cobradas dos usuários do serviço, sendo vedado ao ente público o custeio direto das atividades desenvolvidas pelo particular.

RESPOSTA Comentários referentes à Lei n. 11.079/2004. (A) A Parceria Público-Privada é o contrato administrativo de concessão, na modalidade patrocinada ou administrativa (art. 2º). (B) Não há tal determinação. (C) Art. 2º, § 4º, III. (D) Art. 2º, § 1º. *Alternativa C.*

41. **(VI Exame – Reaplicação)** Em determinado contrato de concessão de serviços públicos patrocinada, foi acordado entre as partes que o poder concedente assumiria os riscos decorrentes de fato do príncipe e o concessionário aqueles que decorressem de caso fortuito ou força maior. De acordo com a legislação acerca da matéria, é possível afirmar que tal estipulação contratual é

(A) Nula, pois o contrato não pode atribuir ao concessionário a responsabilidade por fatos imprevisíveis, cujos efeitos não era possível evitar ou prever. Assim, não havendo culpa, não é possível a atribuição, por contrato, de tal responsabilidade.

(B) Nula, pois em toda e qualquer concessão de serviço público, todos os riscos inerentes ao negócio são de responsabilidade do concessionário. Assim, a atribuição de responsabilidade ao concedente pelos riscos decorrentes de fato do príncipe viola a legislação acerca da matéria.

(C) Válida, pois a lei de parcerias público-privadas atribui ao contrato autonomia para definir a repartição de riscos entre as partes, inclusive os referentes a caso fortuito, força maior, fato do príncipe e álea econômica extraordinária.

(D) Válida, pois inerente ao princípio da autonomia contratual, que apenas veicula hipótese de repartição objetiva de riscos entre o Poder Público e o concessionário e que se encontra previsto na legislação pátria desde o advento da Lei n. 8.666/93.

RESPOSTA De acordo com os arts. 4º, VI c/c 5º, III, da Lei n. 11.079/2004. *Alternativa C.*

42. **(VI Exame – Reaplicação)** São princípios próprios ou específicos dos serviços públicos, previstos na Lei n. 8.987/95,

(A) Moralidade, publicidade e legalidade.
(B) Especificidade, publicidade e moralidade.
(C) Continuidade, atualidade e cortesia.
(D) Atratividade, mutualismo e comutatividade.

RESPOSTA De acordo com o § 1º do art. 6º da Lei n. 8.987/95. *Alternativa C.*

43. **(VIII Exame)** Uma concessionária de serviço público, em virtude de sua completa inadequação na prestação do serviço, não consegue executar o contrato. Nesse caso, segundo a Lei n. 8.987/95, poderá ser declarada, a critério do poder concedente, a extinção do contrato por

(A) caducidade.
(B) encampação.
(C) anulação.
(D) revogação.

RESPOSTA Dentre as situações que ensejam a caducidade da concessão do serviço público está aquela em que o serviço estiver sendo prestado de forma inadequada ou deficiente, tendo por base as normas, critérios, indicadores e parâmetros definidores da qualidade do serviço (art. 38, § 1º, I, da Lei n. 8.987/95). *Alternativa A.*

44. **(VI Exame)** Quatro Municípios celebram um consórcio público para desenvolverem um projeto comum para o tratamento industrial de lixo coletado em suas respectivas áreas, criando uma pessoa jurídica para gerenciar as atividades do consórcio. À luz da legislação aplicável, assinale a alternativa correta.

(A) Como se trata de atividade tipicamente estatal, essa pessoa jurídica administrativa deverá ser obrigatoriamente uma autarquia, criada por lei oriunda do maior Município celebrante do pacto.

(B) O ordenamento jurídico brasileiro admite, no caso, tanto a criação de uma pessoa jurídica de direito público (a chamada associação pública) quanto de direito privado.

(C) O ordenamento jurídico brasileiro não admite a criação de uma entidade desse tipo, pois as pessoas jurídicas integrantes da administração indireta são apenas as indicadas no art. 5º do Decreto-Lei n. 200/67.

(D) A pessoa jurídica oriunda de um consórcio público não poderá ser, em hipótese alguma, uma pessoa jurídica de direito privado, pois isso não é admitido pela legislação aplicável.

RESPOSTA De acordo com o art. 6º da Lei n. 11.107/2005, o consórcio público adquirirá personalidade jurídica de direito público, no caso de constituir associação pública, mediante a vigência das leis de ratificação do protocolo de intenções; ou de direito privado, mediante o atendimento dos requisitos da legislação civil. *Alternativa B.*

45. **(IX Exame)** Acerca dos serviços considerados como serviços públicos *uti singuli*, assinale a afirmativa correta.

(A) Serviços em que não é possível identificar os usuários e, da mesma forma, não é possível a identificação da parcela do serviço utilizada por cada beneficiário.

(B) Serviços singulares e essenciais prestados pela Administração Pública direta e indireta.

(C) Serviços em que é possível a identificação do usuário e da parcela do serviço utilizada por cada beneficiário.

(D) Serviços que somente são prestados pela Administração Pública direta do Estado.

RESPOSTA De acordo com a doutrina, os serviços públicos *uti singuli*, ou seja, individuais ou singulares, são prestados a beneficiários determinados, sendo capaz a Administração Pública de mensurar a sua utilização. *Alternativa C.*

46. **(IV Exame)** O contrato de prestação de serviços de que a Administração Pública seja a usuária direta ou indireta, ainda que envolva a execução de obra ou fornecimento e instalação de bens, denomina-se concessão

(A) Comum.

(B) Patrocinada.

(C) Administrativa.

(D) De uso de bem público.

RESPOSTA De acordo com o § 2º do art. 2º da Lei n. 11. 079/2004, concessão administrativa é o contrato de prestação de serviços de que a Administração Pública seja a usuária direta ou indireta, ainda que envolva execução de obra ou fornecimento e instalação de bens. *Alternativa C.*

47. **(IV Exame)** Ao tomar conhecimento de que o serviço público de transporte aquaviário concedido estava sendo prestado de forma inadequada, causando gravíssimos transtornos aos usuários, o ente público, na qualidade de poder concedente, instaurou regular processo administrativo de verificação da inadimplência da concessionária, assegurando-lhe o contraditório e a ampla defesa. Ao final do processo administrativo, restou efetivamente comprovada a inadimplência, e o poder concedente deseja extinguir a concessão por inexecução contratual.

Qual é a modalidade de extinção da concessão a ser observada no caso narrado?

(A) Encampação.

(B) Caducidade.

(C) Rescisão.

(D) Anulação.

RESPOSTA De acordo com o § 1º do art. 38 da Lei n. 8.987/95, a caducidade da concessão poderá ser declarada pelo poder concedente nas hipóteses previstas, dentre elas, quando o serviço estiver sendo prestado de forma inadequada ou deficiente, tendo por base as normas, critérios, indicadores e parâmetros definidores da qualidade do serviço. *Alternativa B.*

48. **(III Exame)** O prefeito de um determinado município resolve, por decreto municipal, alterar unilateralmente as vias de transporte de ônibus municipais, modificando o que estava previsto nos contratos de concessão pública de transportes municipais válidos por vinte anos. O objetivo do prefeito foi favorecer duas empresas concessionárias específicas, com que mantém ligações políticas e familiares, ao lhes conceder os trajetos e linhas mais rentáveis. As demais três empresas concessionárias que também exploram os serviços de transporte de ônibus no município por meio de contratos de concessão sentem-se prejudicadas. Na qualidade de advogado dessas últimas três empresas, qual deve ser a providência tomada?

(A) Ingressar com ação judicial, com pedido de liminar para que o Poder Judiciário exerça o controle do ato administrativo expedido pelo prefeito e decrete a sua nulidade ou suspensão imediata, já que eivado de vício e nulidade, por configurar ato fraudulento e atentatório aos princípios que regem a Administração Pública.

(B) Ingressar com ação judicial, com pedido de indenização em face do Município pelos prejuízos de ordem financeira causados.

(C) Nenhuma medida merece ser tomada na hipótese, tendo em vista que um dos poderes conferidos à Administração Pública nos contratos de concessão é a modificação unilateral das suas cláusulas.

(D) Ingressar com ação judicial, com pedido para que os benefícios concedidos às duas primeiras empresas também sejam extensivos às três empresas clientes.

RESPOSTA O Município não pode, por decreto, realizar a alteração pretendida, sendo ilegal. Em função do princípio da Inafastabilidade do Poder Judiciário (art. 5º, XXXV, da CF), resta ir ao Poder Judiciário, objetivando a nulidade do ato administrativo eivado de ilegalidade. *Alternativa A.*

49. **(II Exame)** Uma determinada empresa concessionária transfere o seu controle acionário para uma outra empresa privada, sem notificar, previamente, o Poder concedente, parte no contrato de concessão. Assinale a alternativa que indique a medida que o Poder concedente poderá tomar, se não restarem atendidas as mesmas exigências técnicas, de idoneidade financeira e regularidade jurídica por esta nova empresa.

(A) Poderá o Poder concedente declarar a caducidade da concessão, tendo em vista o caráter *intuitu personae* do contrato de concessão.

(B) Poderá retomar o serviço, por motivo de interesse público, através da encampação, autorizada por lei específica, após prévio pagamento da indenização.

(C) Poderá o Poder concedente anular o contrato de concessão, através de decisão administrativa, uma vez que a transferência acionária da empresa concessionária sem a notificação prévia ao Poder concedente gera irregularidade, insuscetível de convalidação.

(D) Nada poderá fazer o Poder concedente, uma vez que a empresa concessionária, apesar da alteração societária, não desnatura o caráter *intuitu personae* do contrato de concessão.

RESPOSTA De acordo com art. 27 da Lei n. 8.987/95, a transferência de concessão ou do controle societário da concessionária sem prévia anuência do poder concedente implicará a caducidade da concessão. *Alternativa A.*

50. **(IV Exame)** A Lei 11.107, de 6 de abril de 2005, dispõe sobre normas gerais para a União, os Estados, o Distrito Federal e os Municípios contratarem consórcios públicos para a realização de objetivos de interesse comum. A respeito do regime jurídico aplicável a tais consórcios públicos, assinale a alternativa correta.

(A) É vedada a celebração de contrato de consórcio público cujo valor seja inferior a R$ 20.000.000,00 (vinte milhões) de reais.

(B) Os consórcios públicos na área de saúde, em razão do regime de gestão associada, são dispensados de obedecer aos princípios que regulam o Sistema Único de Saúde.

(C) É vedada a celebração de contrato de consórcio público para a prestação de serviços cujo período seja inferior a 5 (cinco) anos.

(D) A União somente participará de consórcios públicos em que também façam parte todos os Estados em cujos territórios estejam situados os Municípios consorciados.

RESPOSTA (A) É vedada a celebração de contrato de parceria público-privada cujo valor do contrato seja inferior a R$ 20.000.000,00 (vinte milhões de reais), art. 2º, § 4º, I, da Lei n. 11.079/2004. (B) Os consórcios públicos, na área de saúde, deverão obedecer aos princípios, diretrizes e normas que regulam o Sistema Único de Saúde – SUS, art. 1º, § 3º, da Lei n. 11.107/2005. (C) Refere-se ao contrato de parceria público-privada, art. 2º, § 4º, II, da Lei n. 11.079/2004. (D) De acordo com o § 2º do art. 1º da Lei n. 11.107/2005. *Alternativa D.*

51. **(XVI Exame)** Após fortes chuvas, devido ao enorme volume de água, parte de uma rodovia federal sofreu rachaduras e cedeu, tornando necessária a interdição da pista e o desvio do fluxo de tráfego até a conclusão das obras de reparo. A exploração da rodovia havia sido concedida, mediante licitação, à sociedade empresária "Traffega", e esta não foi capaz de lidar com a situação, razão pela qual foi decretada a intervenção na concessão. Sobre a hipótese apresentada, assinale a afirmativa correta.

(A) A intervenção somente pode ser decretada após a conclusão de processo administrativo em que seja assegurada a ampla defesa.

(B) A administração do serviço será devolvida à concessionária, cessada a intervenção, se não for extinta a concessão.

(C) A intervenção decorre da supremacia do interesse público sobre o privado e dispensa a instauração de processo administrativo.

(D) A intervenção é causa obrigatória de extinção da concessão e assunção do serviço pelo poder concedente.

RESPOSTA O art. 32 da Lei n. 8.987/95 assim dispõe: "Art. 32. O poder concedente poderá intervir na concessão, com o fim de assegurar a adequação na prestação do serviço, bem como o fiel cumprimento das normas contratuais, regulamentares e legais pertinentes". Em seu art. 34, assim dispõe: "Cessada a intervenção, se não for extinta a concessão, a administração do serviço será devolvida à concessionária, precedida de prestação de contas pelo interventor, que responderá pelos atos praticados durante a sua gestão". *Alternativa B.*

52. **(XVI Exame)** O Estado X, após regular processo licitatório, celebrou contrato de concessão de serviço público de transporte intermunicipal de passageiros, por ônibus regular, com a sociedade empresária "F", vencedora do certame, com prazo de 10 (dez) anos. Entretanto, apenas 5 (cinco) anos depois da assinatura do contrato, o Estado publicou edital de licitação para a concessão de serviço de transporte de passageiros, por ônibus do tipo executivo, para o mesmo trecho. Diante do exposto, assinale a afirmativa correta.

(A) A sociedade empresária "F" pode impedir a realização da nova licitação, uma vez que a lei atribui caráter de exclusividade à outorga da concessão de serviços públicos.

(B) A outorga de concessão ou permissão não terá caráter de exclusividade, salvo no caso de inviabilidade técnica ou econômica devidamente justificada.

(C) A lei atribui caráter de exclusividade à concessão de serviços públicos, mas a violação ao comando legal somente confere à sociedade empresária "F" direito à indenização por perdas e danos.

(D) A lei veda a atribuição do caráter de exclusividade à outorga de concessão, o que afasta qualquer pretensão por parte da concessionária, salvo o direito à rescisão unilateral do contrato pela concessionária, mediante notificação extrajudicial.

RESPOSTA O art. 16 da Lei n. 8.987/95 assim dispõe: "Art. 16. A outorga de concessão ou permissão não terá caráter de exclusividade, salvo no caso de inviabilidade técnica ou econômica justificada no ato a que se refere o art. 5º desta Lei". *Alternativa B.*

53. **(XVIII Exame)** Após dezenas de reclamações dos usuários do serviço de transporte metroviário, o Estado Y determinou a abertura de processo administrativo para verificar a prestação inadequada e ineficiente do serviço por parte da empresa concessionária. Caso se demonstre a inadimplência, como deverá proceder o poder público concedente?

(A) Declarar, por decreto, a caducidade da concessão.

(B) Declarar, por decreto, a encampação do serviço.

(C) Declarar, por decreto, após lei autorizativa, a revogação da concessão.

(D) Declarar, por lei, a anulação do contrato de concessão.

RESPOSTA A Lei n. 8.987/95 determina que, após a abertura de processo administrativo, para verificar a prestação inadequada e ineficiente do serviço por parte da empresa concessionária, a Administração Pública poderá decretar a caducidade da concessão com base no art. 38, § 1º, I, do diploma legal mencionado. *Alternativa A.*

54. **(XIX Exame)** A União divulgou edital de licitação para a contratação de parceria público-privada, para a reforma e gestão de um presídio federal, na modalidade concessão administrativa. A esse respeito, assinale a afirmativa correta.

(A) A concessão administrativa envolve, adicionalmente à tarifa cobrada dos usuários, contraprestação pecuniária do parceiro público ao parceiro privado.

(B) A contratação de parceria público-privada somente pode ser realizada para contratos com valor igual ou superior a R$ 20.000.000,00 (vinte milhões de reais).

(C) Considerando se tratar de concessão administrativa, o prazo máximo de vigência do contrato é de 20 anos.

(D) Não é possível a contratação de parceria público-privada que envolva a execução de obra pública.

RESPOSTA (A) Está errada porque a concessão patrocinada é que envolve, além da tarifa cobrada dos usuários, uma contraprestação pecuniária do parceiro público ao parceiro privado. (B) A banca trouxe como correta a alternativa B, por se tratar da expressa disposição da Lei n. 11.079/2004 em seu art. 2º, § 4º, na época da aplicação da prova; no entanto, em 2017 esse valor passou para R$ 10.000.000,00 (dez milhões de reais). (C) Errada, pois os contratos sob regime de parceria público-privada (PPP) aceitam contratos com prazo de validade de até 35 anos. (D) Errada, visto que a possibilidade de ter PPP que envolva obra pública cabe desde que seja associada a um serviço público. *Alternativa B correta na época da questão, mas atualmente desatualizada.*

55. **(XX Exame)** Determinada empresa apresenta impugnação ao edital de concessão do serviço público metroviário em determinado Estado, sob a alegação de que a estipulação do retorno ao poder concedente de todos os bens reversíveis já amortizados, quando do advento do termo final do contrato, ensejaria enriquecimento sem causa do Estado.

Assinale a opção que indica o princípio que justifica tal previsão editalícia.

(A) Desconcentração.
(B) Imperatividade.
(C) Continuidade dos Serviços Públicos.
(D) Subsidiariedade.

RESPOSTA O retorno ao poder concedente dos bens reversíveis já amortizados objetiva realizar o Princípio da Continuidade do Serviço Público. A eventual interrupção poderia ocorrer se os bens não retornassem ao Estado. *Alternativa C.*

V. AGENTES PÚBLICOS

56. **(XXXI Exame)** Maria foi contratada, temporariamente, sem a realização de concurso público, para exercer o cargo de professora substituta em entidade autárquica federal, em decorrência do grande número de professores do quadro permanente em gozo de licença. A contratação foi objeto de prorrogação, de modo que Maria permaneceu em exercício por mais três anos, período durante o qual recebeu muitos elogios. Em razão disso, alunos, pais e colegas de trabalho levaram à direção da autarquia o pedido de criação de um cargo em comissão de professora, para que Maria fosse nomeada para ocupá-lo e continuasse a ali lecionar. Avalie a situação hipotética apresentada e, na qualidade de advogado(a), assinale a afirmativa correta.

(A) Não é possível a criação de um cargo em comissão de professora, visto que tais cargos destinam-se apenas às funções de direção, chefia e assessoramento.
(B) É adequada a criação de um cargo em comissão para que Maria prolongue suas atividades como professora na entidade administrativa, diante do justificado interesse público.
(C) Maria tem estabilidade porque exerceu a função de professora por mais de três anos consecutivos, tornando desnecessária a criação de um cargo em comissão para que ela continue como professora na entidade autárquica.
(D) Não é necessária a criação de um cargo em comissão para que Maria permaneça exercendo a função de professora, porque a contratação temporária pode ser prorrogada por tempo indeterminado.

RESPOSTA Não será possível a criação do cargo em comissão, considerando que estes destinam-se apenas às atribuições de direção, chefia e assessoramento (art. 37, V, CF). Ademais, muito embora Maria tenha exercido a função por mais de 3 anos, não adquiriu estabilidade, considerando que tal garantia destina-se apenas a quem foi nomeado para cargo público efetivo em virtude de concurso público (art. 41, CF). Diga-se, ainda, que a contratação temporária terá prazo determinado (art. 37, IX, CF). *Alternativa A.*

57. **(XXVIII Exame)** Os analistas de infraestrutura de determinado Ministério, ocupantes de cargo efetivo, pleiteiam há algum tempo uma completa reestruturação da carreira, com o aumento de cargos e de remunerações. Recentemente, a negociação com o Governo Federal esfriou dado o cenário de crise fiscal severa. Para forçar a retomada das negociações, a categoria profissional decidiu entrar em greve, mantendo em funcionamento apenas os serviços essenciais. Com base na hipótese apresentada, assinale a afirmativa correta.

(A) Compete à Justiça Federal – e não à Justiça do Trabalho – julgar a abusividade do direito de greve dos analistas de infraestrutura.
(B) A Administração Pública não poderá, em nenhuma hipótese, fazer o desconto dos dias não trabalhados em decorrência do exercício do direito de greve pelos servidores públicos civis.
(C) O direito de greve dos servidores públicos civis não está regulamentado em lei, o que impede o exercício de tal direito.
(D) O direito de greve é constitucionalmente assegurado a todas as categorias profissionais, incluindo os militares das Forças Armadas, os policiais militares e os bombeiros militares.

RESPOSTA O STF já decidiu que é de competência da justiça comum, federal ou estadual, conforme o caso, o julgamento de dissídio de greve promovida por servidores públicos (RE 846854). Como a questão em pauta trata de uma situação com o Governo Federal, resta competente a Justiça Federal (vide art. 109 da CF). *Alternativa A.*

58. **(XXVIII Exame)** Sávio, servidor público federal, frustrado com a ineficiência da repartição em que trabalha, passou a faltar ao serviço. A Administração Pública, após constatar que Sávio acumulou sessenta dias de ausência nos últimos doze meses, instaurou processo administrativo disciplinar para apurar a conduta do referido servidor. Tendo como premissa esse caso concreto, assinale a afirmativa correta.

(A) O processo administrativo disciplinar será submetido a um procedimento sumário, mais simples e célere, composto pelas fases da instauração, da instrução sumária – que compreende a indiciação, a defesa e o relatório – e do julgamento.

(B) A inassiduidade habitual configura hipótese de demissão do serviço público, ficando Sávio impedido de nova investidura em cargo público federal pelo prazo de cinco anos, a contar do julgamento.

(C) Na hipótese de ser imputada a pena de demissão a Sávio, é lícito à Administração Pública exigir depósito de dinheiro como requisito de admissibilidade do recurso administrativo, até mesmo como forma de ressarcir os custos adicionais que o poder público terá com o processamento do apelo.

(D) A falta de advogado constituído por Sávio no processo administrativo é causa de nulidade, tendo em vista que a ausência de defesa técnica prejudica o exercício da ampla defesa por parte do servidor arrolado.

RESPOSTA De acordo com o art. 133 da Lei n. 8.112/90, detectada a qualquer tempo a acumulação ilegal de cargos, empregos ou funções públicas, a autoridade a que se refere o art. 143 notificará o servidor, por intermédio de sua chefia imediata, para apresentar opção no prazo improrrogável de dez dias, contados da data da ciência e, na hipótese de omissão, adotará procedimento sumário para a sua apuração e regularização imediata, cujo processo administrativo disciplinar se desenvolverá nas seguintes fases: I – instauração, com a publicação do ato que constituir a comissão, a ser composta por dois servidores estáveis, e simultaneamente indicar a autoria e a materialidade da transgressão objeto da apuração; II – instrução sumária, que compreende indiciação, defesa e relatório; e III – julgamento. *Alternativa A.*

59. **(XXVII Exame)** Desde 1980, Jorge é docente em determinada universidade federal, ocupando o cargo efetivo de professor titular na Faculdade de Direito. No início do ano 2000, foi designado para ocupar a chefia de patrimônio da mesma instituição de ensino, cargo comissionado que exerce cumulativamente com o de professor. Mesmo tendo cumprido os requisitos para a aposentadoria voluntária do cargo efetivo, decide permanecer em atividade, até atingir a idade-limite para a aposentadoria compulsória. Com base na situação narrada, assinale a afirmativa correta.

(A) A aposentadoria compulsória, que ocorrerá aos 70 (setenta) anos de idade, só atingirá o cargo de professor. Neste caso, inexistindo impedimentos infraconstitucionais, Jorge poderá continuar exercendo a chefia de patrimônio.

(B) A aposentadoria compulsória, que ocorrerá aos 75 (setenta e cinco) anos de idade, só atingirá o cargo de professor. Neste caso, inexistindo impedimentos infraconstitucionais, Jorge poderá continuar exercendo a chefia de patrimônio.

(C) Não cabe ao Tribunal de Contas da União apreciar, para fins de registro, a legalidade da(s) aposentadoria(s) compulsória(s) concedida(s), tendo em vista que a atribuição constitucional somente diz respeito às aposentadorias voluntárias ou por invalidez permanente.

(D) Cabe ao Tribunal de Contas da União apreciar, para fins de registro, a legalidade das admissões de pessoal, tanto as que envolvem provimento de cargo efetivo quanto as que dizem respeito a provimento de cargo em comissão.

RESPOSTA De acordo com a CF, aos servidores públicos a aposentadoria acontecerá compulsoriamente, com proventos proporcionais ao tempo de contribuição, aos 70 (setenta) anos de idade, ou aos 75 (setenta e cinco) anos de idade, na forma de lei complementar (art. 40, § 1º, II). O inciso I do art. 2º da LC n. 152/2015 regulamenta a situação ao afirmar que serão aposentados compulsoriamente, com proventos proporcionais ao tempo de contribuição, aos 75 (setenta e cinco) anos de idade os servidores titulares de cargos efetivos da União, dos Estados, do Distrito Federal e dos Municípios, incluídas suas autarquias e fundações. *Alternativa B.*

60. **(XXVI Exame)** Maria foi aprovada em concurso para o cargo de analista judiciário do Tribunal Regional Federal da 2ª Região, mas, após ter adquirido a estabilidade, foi demitida sem a observância das normas relativas ao processo administrativo disciplinar. Em razão disso, Maria ajuizou ação anulatória do ato demissional, na qual obteve êxito por meio de decisão jurisdicional transitada em julgado. Nesse interregno, contudo, Alfredo, também regularmente aprovado em concurso e estável, foi promovido e passou a ocupar o cargo que era de Maria. Sobre a hipótese apresentada, assinale a afirmativa correta.

(A) A invalidação do ato demissional de Maria não poderá importar na sua reintegração ao cargo anterior, considerando que está ocupado por Alfredo.

(B) Maria, em razão de ter adquirido a estabilidade, independentemente da existência e necessidade do cargo que ocupava, deverá ser posta em disponibilidade.

(C) Maria deverá ser readaptada em cargo superior ao que ocupava anteriormente, diante da ilicitude de seu ato demissional.

(D) Em decorrência da invalidade do ato demissional, Maria deve ser reintegrada ao cargo que ocupava e Alfredo deverá ser reconduzido para o cargo de origem.

RESPOSTA De acordo com o § 2º do art. 41 da CF, invalidada por sentença judicial a demissão do servidor estável, será ele reintegrado, e o eventual ocupante da vaga, se estável, reconduzido ao cargo de origem, sem direito a indenização, aproveitado em outro cargo ou posto em disponibilidade com remuneração proporcional ao tempo de serviço. *Alternativa D.*

61. **(XXV Exame)** Ricardo, servidor público federal, especializou-se no mercado imobiliário, tornando-se corretor de imóveis. Em razão do aumento da demanda, passou a atender seus clientes durante o horário de expediente, ausentando-se da repartição pública sem prévia autorização do chefe imediato.

Instaurada sindicância, Ricardo foi punido com uma advertência. A despeito disso, ele passou a reincidir na mesma falta que ensejou sua punição. Nova sindicância foi aberta.

Com base na situação narrada, assinale a afirmativa correta.

(A) A sindicância não pode resultar, em nenhuma hipótese, na aplicação da pena de suspensão; neste caso, deve ser instaurado processo administrativo disciplinar.

(B) A reiteração da mesma falha não enseja a aplicação da pena de suspensão; neste caso, a única sanção possível é a advertência.

(C) A sindicância pode dar ensejo à aplicação da pena de suspensão, desde que a sanção seja de até 30 (trinta) dias.

(D) A pena de demissão independe da instauração de processo administrativo disciplinar, podendo ser aplicada após sindicância.

RESPOSTA O art. 130 da Lei n. 8.112/90 pode decorrer da reincidência de infração punida com advertência, podendo ser apurada em sindicância, que, a teor do disposto no art. 145 da mesma lei, pode levar à aplicação de pena de advertência e suspensão até 30 dias. *Alternativa C.*

62. **(XXV Exame)** João foi aprovado em concurso público para ocupar um cargo federal. Depois de nomeado, tomou posse e entrou em exercício imediatamente. Porém, em razão da sua baixa produtividade, o órgão ao qual João estava vinculado entendeu que o servidor não satisfez as condições do estágio probatório.

Considerando o Estatuto dos Servidores Públicos Civis da União, à luz do caso narrado, assinale a afirmativa correta.

(A) A Administração Pública deve exonerar João, após o devido processo legal, visto que ele não mostrou aptidão e capacidade para o exercício do cargo.

(B) A Administração Pública deve demitir João, solução prevista em lei para os casos de inaptidão no estágio probatório.

(C) João deve ser redistribuído para outro órgão ou outra entidade do mesmo Poder, a fim de que possa desempenhar suas atribuições em outro local.

(D) João deve ser readaptado em cargo de atribuições afins.

RESPOSTA O servidor público, em estágio probatório, passa por uma avaliação (art. 41, § 4º, da CF, regulamentado pelo art. 20 da Lei 8.112/90). Por ocasião dessa avaliação, pode ser aprovado ou reprovado. Sendo aprovado, é estabilizado. Se for reprovado, é exonerado do respectivo cargo público. *Alternativa A.*

63. **(XXII Exame)** O Município Beta procedeu ao recadastramento de seus servidores efetivos e constatou que 6 (seis) bacharéis em contabilidade exerciam variados cargos na estrutura administrativa, todos providos mediante concurso público. Verificou também que existiam 10 (dez) cargos vagos de auditores fiscais de tributos, decorrentes de aposentadorias havidas nos últimos anos. O Município, considerando a necessidade de incrementar receitas, editou lei reorganizando sua estrutura funcional de modo a reenquadrar aqueles servidores como auditores fiscais de tributos. Com base na hipótese apresentada, acerca do provimento de cargo público, assinale a afirmativa correta.

(A) A medida é inválida, porque o provimento originário de cargo efetivo em uma determinada carreira exige concurso público específico.

(B) A medida é válida, porque os servidores reenquadrados são concursados, configurando-se na espécie mera transformação de cargos, expressamente prevista na CRFB/88.

(C) A medida é inválida, porque o provimento de todo e qualquer cargo faz-se exclusivamente mediante concurso público.

(D) A medida é válida, porque os servidores reenquadrados são concursados e não há aumento de despesa, uma vez que os cargos preenchidos já existiam.

RESPOSTA De acordo com o previsto no art. 37, II da CF, a investidura em cargo ou emprego público depende de aprovação prévia em concurso público de provas ou de provas e títulos, de acordo com a natureza e a complexidade do cargo ou emprego, na forma prevista em lei, ressalvadas as nomeações para cargo em comissão declarado em lei de livre nomeação e exoneração. Portanto, o provimento originário do servidor em cargo público exige concurso público para aquele cargo específico. Ademais, a Súmula Vinculante 43 do STF determina que "*é **inconstitucional** toda modalidade de provimento que propicie ao servidor investir-se, **sem prévia aprovação em concurso público** destinado ao seu provimento, em cargo que não integra a carreira na qual anteriormente investido*". *Alternativa A.*

64. **(XXI Exame)** O Município Beta verificou grave comprometimento dos serviços de educação das escolas municipais, considerando o grande número de professoras gozando licença maternidade e de profissionais em licença de saúde, razão pela qual fez editar uma lei que autoriza a contratação de professores, por tempo determinado, sem a realização de concurso, em situações devidamente especificadas na norma local. Diante dessa situação hipotética, assinale a afirmativa correta.

(A) A Constituição da República não autoriza a contratação temporária sem a realização de concurso público.
(B) O Município Beta somente poderia se utilizar da contratação temporária para os cargos permanentes de direção, chefia e assessoramento.
(C) A contratação temporária, nos termos da lei, é possível, considerando que a situação apresentada caracteriza necessidade temporária de excepcional interesse público.
(D) A contratação temporária de servidores, independentemente de previsão legal, é possível.

RESPOSTA A situação narrada se enquadra na previsão do art. 37, IX da CF, segundo o qual, a lei estabelecerá os casos de contratação por tempo determinado para atender a necessidade temporária de excepcional interesse público. *Alternativa C.*

65. **(XXI Exame)** João foi aprovado em concurso público para o cargo de agente administrativo do Estado Alfa. Após regular investidura, recebeu sua primeira remuneração. Contudo, os valores apontados na folha de pagamento causaram estranheza, considerando que a rubrica de seu vencimento-base se mostrava inferior ao salário mínimo vigente, montante que só era alcançado se considerados os demais valores (adicionais e gratificações) que compunham a sua remuneração total. Diante dessa situação hipotética, assinale a afirmativa correta.

(A) A remuneração de João é constitucional, porque a garantia do salário mínimo não é aplicável aos servidores públicos.
(B) A remuneração de João é inconstitucional, porque o seu vencimento-base teria que ser superior ao salário mínimo.
(C) A remuneração de João é constitucional, porque a garantia do salário mínimo se refere ao total da remuneração percebida.
(D) A remuneração de João é inconstitucional, pois todo servidor público deve receber por subsídio, fixado em parcela única.

RESPOSTA A CF garante ao servidor público a percepção de salário mínimo (art. 39, § 3º c/c art. 7º, IV). Entretanto, a Súmula Vinculante n. 16 do STF prevê que "*os artigos 7º, IV, e 39, § 3º (redação da EC 19/98), da Constituição, referem-se ao total da remuneração percebida pelo servidor público*". Portanto, a garantia do salário mínimo prevista na CF refere-se à remuneração total (básico + vantagens permanentes), não apenas ao básico. *Alternativa C.*

66. **(XXII Exame)** O governador do estado Alfa, diante de grave crise financeira que assola as contas estaduais, elaborou numerosos projetos de lei para diminuir os gastos públicos e atender ao disposto na Lei de Responsabilidade Fiscal. Dentre esses projetos encontram-se: i) corte de 25% (vinte e cinco por cento) dos cargos em comissão do Poder Executivo; ii) redução dos subsídios e vencimentos dos servidores públicos estáveis em 10% (dez por cento) de seu valor nominal. Com relação à constitucionalidade de tais projetos, assinale a afirmativa correta.

(A) Os projetos são constitucionais, porque cabe ao Estado zelar por suas finanças, à luz dos princípios aplicáveis à Administração Pública.
(B) O projeto que determina o corte de cargos em comissão é inconstitucional, pois resultará na exoneração dos servidores que os ocupam.
(C) O projeto que reduz diretamente os subsídios e vencimentos pagos aos servidores públicos é inconstitucional.
(D) Os projetos são inconstitucionais, porque há direito adquirido à imutabilidade de regime jurídico dos servidores públicos.

RESPOSTA A CF prevê limites de gastos com pessoal aos entes públicos, sendo que a extrapolação desses limites sujeita o ente às seguintes providências: I – redução em pelo menos vinte por cento das despesas com cargos em comissão e funções de confiança; II – exoneração dos servidores não estáveis. Se nem assim for o suficiente para equalizar os gastos, é possível até mesmo que o servidor estável perca o cargo (art. 169, §§ 3º e 4º, da CF). Portanto, dos projetos acima, a redução de 25% dos CCs é constitucional; já a redução dos subsídios e vencimentos dos servidores públicos é inconstitucional (art. 37, XV, da CF). *Alternativa C.*

67. **(XII Exame)** Cláudio, servidor público federal estável, foi demitido por suposta prática de ato de insubordinação grave em serviço. Diante da inexistência de regular processo administrativo disciplinar, Cláudio conseguiu judicialmente a anulação da demissão e a reinvestidura no cargo anteriormente ocupado. Ocorre que tal cargo já estava ocupado por João, que também é servidor público estável. Considerando o caso concreto, assinale a afirmativa correta.

(A) Sendo Cláudio reinvestido, o ato configura reintegração. Caso João ocupasse outro cargo originariamente, seria reconduzido a ele, com direito à indenização.

(B) Sendo Cláudio reinvestido, o ato configura reversão. Caso João ocupasse outro cargo originariamente, seria reconduzido a ele, com direito à indenização.

(C) Cláudio obteve em juízo sua reintegração. João será reconduzido ao cargo de origem, sem indenização, ou será aproveitado em outro cargo ou posto em disponibilidade.

(D) Cláudio obteve em juízo sua reversão. João será reconduzido ao cargo de origem, sem indenização, ou será aproveitado em outro cargo ou posto em disponibilidade.

RESPOSTA O art. 41, § 2º, da CF assim determina: "§ 2º Invalidada por sentença judicial a demissão do servidor estável, será ele reintegrado, e o eventual ocupante da vaga, se estável, reconduzido ao cargo de origem, sem direito a indenização, aproveitado em outro cargo ou posto em disponibilidade com remuneração proporcional ao tempo de serviço". *Alternativa C.*

68. **(X Exame)** As alternativas a seguir apresentam condições que geram vacância de cargo público, à exceção de uma. Assinale-a.

(A) Falecimento.

(B) Promoção.

(C) Aposentadoria.

(D) Licença para trato de interesse particular.

RESPOSTA A Lei n. 8.112/90, em seu art. 33 elenca como hipóteses de vacância do cargo público: exoneração, demissão, promoção, readaptação, posse em cargo inacumulável, aposentadoria e falecimento, razão pela qual a licença para trato de interesse particular não se apresenta como hipóteses de vacância no cargo público. *Alternativa D.*

69. **(X Exame)** Um servidor público foi acusado de corrupção passiva e peculato. Respondeu a processo criminal e foi absolvido por ausência de provas. Diante dessa situação, assinale a afirmativa correta.

(A) A Administração Pública, no caso, permanece livre para punir o funcionário, desde que verifique haver desvios na conduta funcional do servidor.

(B) A decisão de absolvição do servidor sempre vincula a Administração Pública, que não poderá punir o seu funcionário.

(C) A autotutela administrativa permite desconsiderar decisões judiciais contrárias à lei ou às provas dos autos, sendo possível a aplicação de sanções administrativas com cópias extraídas do processo criminal.

(D) As decisões da justiça, que punem o servidor por qualquer crime, vinculam o Poder Público, embora as decisões de absolvição nunca impeçam o poder punitivo da Administração.

RESPOSTA Em relação às instâncias penais e administrativas, há a incomunicabilidade das instâncias como regra. No entanto, o art. 126 da Lei n. 8.112/90 estabelece que a decisão criminal absolutória que negar o fato ou que negar a autoria vincula a via administrativa e o servidor terá que se absolvido na via administrativa. No entanto, a decisão criminal que absolve por insuficiência probatória não vincula a via administrativa. *Alternativa A.*

70. **(IX Exame – Reaplicação)** Orlando, advogado de uma empresa pública federal há quase 10 anos, resolve prestar concurso público para Fiscal de ISS de um município. Caso seja aprovado, Orlando deverá adotar o seguinte procedimento:

(A) Poderá cumular o emprego com o cargo na administração municipal e tal cumulação não estará sujeita ao limite remuneratório constitucional.

(B) Poderá cumular o emprego com o cargo na administração municipal, mas tal cumulação estará sujeita ao limite remuneratório constitucional.

(C) Não poderá cumular o emprego e o cargo, uma vez que tal cumulação somente seria permitida caso houvesse compatibilidade de horários.

(D) Não poderá cumular o emprego e o cargo, mesmo em se tratando de um ente federal e de um município.

RESPOSTA A vedação à acumulação de cargos, empregos e funções públicas, prevista no art. 37, XVI e

XVII, CF alcança cargos na mesma esfera de governo ou esferas de governo distintas, razão pela qual não poderá acumular emprego público federal e cargo público municipal. *Alternativa D.*

71. **(VI Exame – Reaplicação)** Tício, servidor público pertencente aos quadros de uma autarquia federal, está respondendo a processo administrativo disciplinar por fato que também foi objeto de apuração em processo criminal, já concluído com sentença absolutória de negativa de autoria transitada em julgado. Considerando a situação hipotética narrada, o processo administrativo disciplinar

(A) Deverá prosseguir regularmente, uma vez que as instâncias penal e administrativa são independentes.

(B) Deverá prosseguir regularmente, uma vez que a sentença absolutória proferida na instância penal apenas vincularia a instância administrativa em caso de negativa da existência do fato.

(C) Ficará prejudicado, uma vez que a responsabilidade administrativa somente pode configurar efeito secundário da responsabilidade penal.

(D) Ficará prejudicado, uma vez que a responsabilidade administrativa é afastada no caso de absolvição criminal que negue a autoria do fato.

RESPOSTA De acordo com o art. 126, Lei n. 8.112/90, a responsabilidade administrativa do servidor será afastada no caso de absolvição criminal que negue a existência do fato ou sua autoria. *Alternativa D.*

72. **(VI Exame)** Luiz Fernando, servidor público estável pertencente aos quadros de uma fundação pública federal, inconformado com a pena de demissão que lhe foi aplicada, ajuizou ação judicial visando à invalidação da decisão administrativa que determinou a perda do seu cargo público. A decisão judicial acolheu a pretensão de Luiz Fernando e invalidou a penalidade disciplinar de demissão. Diante da situação hipotética narrada, Luiz Fernando deverá ser

(A) Reintegrado ao cargo anteriormente ocupado, ou no resultante de sua transformação, com ressarcimento de todas as vantagens.

(B) Aproveitado no cargo anteriormente ocupado ou em outro cargo de vencimentos e responsabilidades compatíveis com o anterior, sem ressarcimento das vantagens pecuniárias.

(C) Readaptado em cargo de atribuições e responsabilidades compatíveis, com ressarcimento de todas as vantagens.

(D) Reconduzido ao cargo anteriormente ocupado ou em outro de vencimentos e responsabilidades compatíveis com o anterior, com ressarcimento de todas as vantagens pecuniárias.

RESPOSTA De acordo com art. 28 da Lei n. 8.112/90, a reintegração é a reinvestidura do servidor estável no cargo anteriormente ocupado, ou no cargo resultante de sua transformação, quando invalidada a sua demissão por decisão administrativa ou judicial, com ressarcimento de todas as vantagens. *Alternativa A.*

73. **(V Exame)** O art. 37, II, da Constituição da República Federativa do Brasil de 1988 condiciona a investidura em cargo ou emprego público à prévia aprovação em concurso público de provas ou de provas e títulos, ressalvadas as nomeações para os cargos em comissão. Em relação a concurso público, segundo a atual jurisprudência dos tribunais superiores, é correto afirmar que

(A) Os candidatos aprovados em concurso público de provas ou de provas e títulos e classificados entre o número de vagas oferecidas no edital possuem expectativa de direito à nomeação.

(B) Os candidatos aprovados em concurso público de provas ou de provas e títulos devem comprovar a habilitação exigida no edital no momento de sua nomeação.

(C) O prazo de validade dos concursos públicos poderá ser de até dois anos prorrogáveis uma única vez por qualquer prazo não superior a dois anos, iniciando-se a partir de sua homologação.

(D) Os candidatos aprovados em concurso público de provas ou de provas e títulos e classificados dentro do limite de vagas oferecidas no edital possuem direito subjetivo a nomeação dentro do prazo de validade do concurso.

RESPOSTA (A) A jurisprudência passada dos tribunais superiores trazia a tese da "expectativa de direito à nomeação", hoje superada. (B) Súmula n. 266, STJ. (C) Art. 37, III, CF. (D) Posição atual dos tribunais superiores, STF (RE 598.099/MS) e STJ (RMS 33.704/SP). *Alternativa D.*

74. **(III Exame)** São considerados agentes públicos todas as pessoas físicas incumbidas, sob remuneração ou não, definitiva ou transitoriamente, do exercício de função ou atividade pública. Assim, é correto afirmar que os notários e registradores são

(A) Agentes públicos ocupantes de cargo efetivo e se aposentam aos 70 (setenta) anos de idade.

(B) Agentes públicos vitalícios, ocupantes de cargo efetivo, e não se aposentam compulsoriamente.

(C) Delegatários de serviços públicos aprovados em concurso público.

(D) Os notários e registradores são delegatários de serviços públicos, investidos em cargos efetivos após aprovação em concurso.

RESPOSTA De acordo com o STF, o regime jurídico dos serviços notariais e de registro trata-se de atividades jurídicas próprias do Estado, traspassadas mediante delegação a pessoas naturais através de concurso público (ADI 3.151). *Alternativa C.*

75. **(III Exame)** Determinado servidor público foi acusado de ter recebido vantagens indevidas valendo-se de seu cargo público, sendo denunciado à justiça criminal e instaurado, no âmbito administrativo, processo administrativo disciplinar por ter infringindo seu estatuto funcional pela mesma conduta. Ocorre que o servidor foi absolvido pelo Poder Judiciário em razão de ter ficado provada a inexistência do ato ilícito que lhe fora atribuído. Nessa situação, é correto afirmar que:

(A) A decisão absolutória não influirá na decisão administrativa do processo administrativo disciplinar, por serem independentes.

(B) Haverá repercussão no âmbito do processo administrativo disciplinar, não podendo a administração pública punir o servidor pelo fato decidido na esfera penal.

(C) Em nenhuma hipótese a decisão penal surtirá efeito na esfera administrativa, mesmo que a conduta praticada pelo servidor seja prevista como ilícito penal e ilícito administrativo.

(D) A punição na instância administrativa nunca poderá ser anulada, caso tenha sido aplicada.

RESPOSTA De acordo com o art. 126 da Lei n. 8.112/90, a responsabilidade administrativa do servidor será afastada no caso de absolvição criminal que negue a existência do fato ou sua autoria. *Alternativa B.*

76. **(II Exame)** Em determinado procedimento administrativo disciplinar, a Administração federal impôs, ao servidor, a pena de advertência, tendo em vista a comprovação de ato de improbidade. Inconformado, o servidor recorre, vindo a Administração, após lhe conferir o direito de manifestação, a lhe impor a pena de demissão, nos termos da Lei n. 8.112/90 e da Lei n. 9.784/98. Com base no fragmento acima, é correto afirmar que a Administração Federal

(A) Agiu em desrespeito aos princípios da eficiência e da instrumentalidade, autorizativos da reforma em prejuízo do recorrente, desde que não imponha pena grave.

(B) Agiu em respeito aos princípios da legalidade e autotutela, autorizativos da reforma em prejuízo do recorrente.

(C) Não observou o princípio da dignidade da pessoa humana, trazendo equivocada reforma em prejuízo do recorrente.

(D) Não observou o princípio do devido processo legal, trazendo equivocada reforma em prejuízo do recorrente.

RESPOSTA A *reformatio in pejus* no Direito Administrativo é possível nos exatos termos do art. 64, parágrafo único, da Lei n. 9.784/99. *Alternativa B.*

77. **(II Exame)** Determinada Administração Pública realiza concurso para preenchimento de cargos de detetive, categoria I. Ao final do certame, procede à nomeação e posse de 400 (quatrocentos) aprovados. Os vinte primeiros classificados são desviados de suas funções e passam a exercer as atividades de delegado. Com o transcurso de 4 (quatro) anos, estes vinte agentes postulam a efetivação no cargo. A partir do fragmento acima, assinale a alternativa correta.

(A) Os referidos agentes têm razão, pois investidos irregularmente, estão exercendo as suas atividades há mais de 4 (quatro) anos, a consolidar a situação.

(B) É inconstitucional toda modalidade de provimento que propicie ao servidor investir-se, sem prévia aprovação em concurso público destinado ao seu provimento, em cargo que não integra a carreira na qual anteriormente foi investido.

(C) Não têm ainda o direito, pois dependem do transcurso do prazo de 15 (quinze) anos para que possam ser tidos como delegados, por usucapião.

(D) É inconstitucional esta modalidade de provimento do cargo, pois afronta o princípio do concurso público, porém não podem ter alterado os ganhos vencimentais, sedimentado pelos anos, pelo princípio da irredutibilidade.

RESPOSTA De acordo com a Súmula 685 do STF, é inconstitucional toda modalidade de provimento que propicie ao servidor investir-se, sem prévia aprovação em concurso público destinado ao seu provimento, em cargo que não integra a carreira na qual anteriormente foi investido. *Alternativa B.*

78. **(XI Exame)** Um empregado público de uma sociedade de economia mista ajuizou uma ação para garantir o recebimento de valores acima do teto remuneratório constitucional, que tem como limite máximo os subsídios pagos aos Ministros do STF. Nesse caso, é correto afirmar que

(A) o empregado tem direito a receber acima do teto, pois somente a administração pública direta está sujeita à referida limitação.

(B) o empregado não tem direito a receber acima do teto, pois toda a administração direta e indireta está sujeita à referida limitação.

(C) o empregado tem direito a receber acima do teto, pois somente a administração pública direta e as autarquias estão sujeitas à referida limitação.

(D) o empregado pode receber acima do teto, caso a sociedade de economia mista não receba recursos de nenhum ente federativo para despesas de pessoal ou de custeio em geral.

RESPOSTA O art. 37, § 9º, da CF estabelece que o disposto no inciso XI (teto constitucional) aplica-se às empresas públicas e às sociedades de economia mista, e suas subsidiárias, que receberem recursos da União, dos Estados, do Distrito Federal ou dos Municípios para pagamento de despesas de pessoal ou de custeio em geral. As que não receberem tais recursos não estão sujeitas a esse teto. *Alternativa D.*

79. **(XIV Exame)** Manolo, servidor público federal, obteve a concessão de aposentadoria por invalidez após ter sido atestado, por junta médica oficial, o surgimento de doença que o impossibilitava de desenvolver atividades laborativas. Passados dois anos, entretanto, Manolo voltou a ter boas condições de saúde, podendo voltar a trabalhar, o que foi comprovado por junta médica oficial. Nesse caso, o retorno do servidor às atividades laborativas na Administração, no mesmo cargo anteriormente ocupado, configura exemplo de

(A) reintegração.

(B) reversão.

(C) aproveitamento.

(D) readaptação.

RESPOSTA O art. 25, inciso I, da Lei n. 8.112/90 determina que a reversão é o retorno à atividade de servidor aposentado: "I – por invalidez, quando junta médica oficial declarar insubsistentes os motivos da aposentadoria". *Alternativa B.*

80. **(XV Exame)** Em determinado estado da Federação, o Estatuto dos Servidores Públicos, lei ordinária estadual, prevê a realização de concurso interno para a promoção de servidores de nível médio aos cargos de nível superior, desde que preencham todos os requisitos para investidura no cargo, inclusive a obtenção do bacharelado. A partir da situação descrita e tomando como base os requisitos constitucionais para acesso aos cargos públicos, assinale a afirmativa correta.

(A) A previsão é inválida, pois só poderia ter sido veiculada por lei complementar.

(B) A previsão é válida, pois a disciplina dos servidores públicos compete à legislação de cada ente da Federação.

(C) A previsão é inválida, por ofensa à Constituição da República.

(D) A previsão é válida, desde que encontre previsão na Constituição do estado.

RESPOSTA O princípio da impessoalidade exige concurso público para acesso a cargos, empregos e funções públicas, sendo vedados concursos internos como meio ascensão funcional. Nesse sentido, dispõe o art. 37, II, CF, que assim determina: "II – a investidura em cargo ou emprego público depende de aprovação prévia em concurso público de provas ou de provas e títulos, de acordo com a natureza e a complexidade do cargo ou emprego, na forma prevista em lei, ressalvadas as nomeações para cargo em comissão declarado em lei de livre nomeação e exoneração". *Alternativa C.*

81. **(XVI Exame)** Carlos, servidor público federal, utilizou dois servidores do departamento que chefia para o pagamento de agência bancária e para outras atividades particulares. Por essa razão, foi aberto processo administrativo disciplinar, que culminou na aplicação de penalidade de suspensão de 5 (cinco) dias. Sobre o caso apresentado, assinale a afirmativa correta.

(A) Carlos procedeu de forma desidiosa e, por essa razão, a penalidade aplicável seria a de advertência, não a de suspensão.

(B) A infração praticada por Carlos dá ensejo à penalidade de demissão, razão pela qual se torna insubsistente a penalidade aplicada.

(C) Caso haja conveniência para o serviço, a penalidade de suspensão poderá ser convertida em multa, ficando o servidor obrigado a permanecer em serviço.

(D) A penalidade aplicada a Carlos terá seu registro cancelado após 3 (três) anos de efetivo exercício, caso ele não cometa, nesse período, nova infração disciplinar.

RESPOSTA O art. 117, inciso XVI, da Lei n. 8.112/90 veda a utilização de pessoal ou de recursos materiais da repartição em serviços ou atividades particulares, ensejando a penalidade de suspensão, prevista no art. 130 da Lei n. 8.112/90, que poderá ser convertida em multa quando houver conveniência para o serviço, na base de 50% (cinquenta por cento) por dia de vencimento ou remuneração, ficando o servidor obrigado a permanecer em serviço. Contudo, está na lei que a demissão será aplicada, segundo o art. 132, na transgressão dos incisos IX a XVI do art. 117. Assim, além do gabarito oficial, *alternativa C*, a *alternativa B* estaria correta. A banca alterou-o para *alternativa B* e desconsiderou o anterior. No entanto, entendemos que a questão deveria ter sido anulada.

82. **(XVII Exame)** O Estado X publicou edital de concurso público de provas e títulos para o cargo de analista administrativo. O edital prevê a realização de uma primeira fase, com questões objetivas, e de uma segunda fase com questões discursivas, e que os 100 (cem) candidatos mais bem classificados na primeira fase avançariam para a realização da segunda fase. No entanto, após a divulgação dos resultados da primeira fase, é publicado um edital complementar estabelecendo que os 200 (duzentos) candidatos mais bem classificados avançariam à segunda fase e prevendo uma nova forma de composição da pontuação global. Nesse caso,

(A) a alteração não é válida, por ofensa ao princípio da impessoalidade, advindo da adoção de novos critérios de pontuação e da ampliação do número de candidatos na segunda fase.

(B) a alteração é válida, pois a aprovação de mais candidatos na primeira fase não gera prejuízo aos candidatos e ainda permite que mais interessados realizem a prova de segunda fase.

(C) a alteração não é válida, porque o edital de um concurso público não pode conter cláusulas ambíguas.

(D) a alteração é válida, pois foi observada a exigência de provimento dos cargos mediante concurso público de provas e títulos.

RESPOSTA Quando é publicado um edital de concurso público, há uma automática vinculação aos seus termos, razão por que esta modificação ofende diretamente o princípio da Impessoalidade, pois prejudicaria os 100 primeiros aprovados em função da adoção de novos critérios de pontuação e da ampliação do número de candidatos na segunda fase. *Alternativa A*.

83. **(XVII Exame)** Fernando, servidor público de uma autarquia federal há nove anos, foi acusado de participar de um esquema para favorecer determinada empresa em uma dispensa de licitação, razão pela qual foi instaurado processo administrativo disciplinar, que resultou na aplicação da penalidade de demissão.

Sobre a situação apresentada, considerando que Fernando é ocupante de cargo efetivo, por investidura após prévia aprovação em concurso, assinale a afirmativa correta.

(A) Fernando não pode ser demitido do serviço público federal, uma vez que é servidor público estável.

(B) Fernando somente pode ser demitido mediante sentença judicial transitada em julgado, uma vez que a vitaliciedade é garantida aos servidores públicos.

(C) É possível a aplicação de penalidade de demissão a Fernando, servidor estável, mediante processo administrativo em que lhe seja assegurada ampla defesa.

(D) A aplicação de penalidade de demissão ao servidor público que pratica ato de improbidade independe de processo administrativo ou de sentença judicial.

RESPOSTA Os servidores públicos estáveis podem perder o seu cargo público nas hipóteses previstas na Constituição Federal. A Constituição prevê três hipóteses no art. 41, § 1º. São elas: decisão judicial transitada em julgado, processo administrativo disciplinar em que se assegure ao servidor ampla defesa e insuficiência de desempenho. Uma quarta hipótese está prevista no art. 169, §§ 3º e 4º, da Constituição Federal, que se configura quando os gastos com pessoal ultrapassam os limites previstos na lei de Responsabilidade Fiscal (LRF), razão pela qual é possível a aplicação de penalidade de demissão a Fernando, servidor estável, mediante processo administrativo em que lhe seja assegurada ampla defesa. *Alternativa C*.

84. **(XVIII Exame)** Marcos Paulo é servidor público federal há mais de 5 (cinco) anos e, durante todo esse tempo, nunca sofreu qualquer sanção administrativa, apesar de serem frequentes suas faltas e seus atrasos ao serviço. No último mês, entretanto, as constantes ausências chamaram a atenção de seu chefe, que, ao buscar a ficha de frequência do servidor, descobriu que Marcos Paulo faltara mais de 90 (noventa) dias no último ano. A respeito do caso apresentado, assinale a afirmativa correta.

(A) Marcos Paulo, servidor público estável, só pode ser demitido após decisão judicial transitada em julgado.

(B) Marcos Paulo, servidor público estável, pode ser demitido pela sua inassiduidade após decisão em processo administrativo em que lhe seja assegurada ampla defesa.

(C) Marcos Paulo, servidor público estável que nunca sofrera qualquer punição na esfera administrativa, não pode ser demitido em razão de sua inassiduidade.

(D) Marcos Paulo, servidor público estável, não pode ser demitido em razão de sua inassiduidade, pois esta somente autoriza a aplicação das sanções de advertência e suspensão.

RESPOSTA A inassiduidade habitual está prevista na Lei n. 8.112/90, configurando-se quando o servidor ausenta-se do serviço, sem justa causa, por 60 (sessenta) dias alternados ao longo de um ano, razão pela qual, no presente caso, esta infração encontra-se configurada. Na Lei n. 8.112/90, o art. 132 pune com a demissão o servidor que incorre na infração de inassiduidade habitual. *Alternativa B.*

85. **(XX Exame – Reaplicação)** Fátima exerce o cargo público de servidora da câmara de vereadores do Município Z. Como servidora municipal, sua remuneração tem um limite remuneratório.

Sobre o caso apresentado, assinale a afirmativa correta.

(A) O cargo de Fátima está sujeito ao teto remuneratório correspondente ao subsídio do Prefeito.

(B) O cargo de Fátima está sujeito ao limite remuneratório correspondente ao subsídio dos vereadores.

(C) O cargo de Fátima não está sujeito ao limite remuneratório, uma vez que pode ser cumulado com o cargo de professor.

(D) Enquanto não for editada lei complementar específica, não pode ser aplicado o limite remuneratório aos vencimentos do cargo de Fátima.

RESPOSTA No âmbito do Município, há um teto remuneratório único, que corresponde ao subsídio mensal do Prefeito, ou seja, referido teto aplica-se aos servidores do Poder Executivo e do Poder Legislativo. *Alternativa A.*

86. **(XX Exame – Reaplicação)** Apolônio foi aprovado em concurso público para o provimento do cargo de auditor fiscal da receita federal, alcançando a sexta colocação na classificação geral. O edital prevê a existência de cinco vagas, a serem preenchidas ao longo do prazo de validade do concurso, que é de dois anos, prorrogável por igual período.

Sobre o caso apresentado, assinale a afirmativa correta.

(A) Apolônio tem direito subjetivo a ser nomeado para o cargo em questão.

(B) A prorrogação do prazo de validade do concurso público é ato discricionário da administração.

(C) O prazo de validade estabelecido para o concurso viola os limites estabelecidos na Constituição da República.

(D) Caso venha a ser investido no cargo, Apolônio se submeterá ao regime celetista até que se expire o prazo de validade do concurso.

RESPOSTA Apolônio não tem direito subjetivo à nomeação por encontrar-se fora das vagas previstas para a nomeação. Esse direito somente existe para quem encontrar-se dentro das vagas previstas no Edital. A prorrogação do prazo de validade é faculdade discricionária da Administração Pública, tornando o item B correto. O prazo de validade do concurso é de até dois anos, prorrogáveis uma única vez por igual período. O cargo de Auditor Fiscal da Receita Federal é regido pelo estatuto, não se aplicando o regime da CLT. *Alternativa B.*

87. **(XX Exame)** Paulo é servidor concursado da Câmara de Vereadores do município Beta há mais de quinze anos. Durante esse tempo, Paulo concluiu cursos de aperfeiçoamento profissional, graduou-se no curso de economia, exerceu cargos em comissão e foi promovido por merecimento. Todos esses fatores contribuíram para majorar sua remuneração.

Considerando a disciplina constitucional a respeito dos servidores públicos, assinale a afirmativa correta.

(A) O teto remuneratório aplicável a Paulo, servidor público municipal, corresponde ao subsídio do prefeito do município Beta.

(B) O teto remuneratório aplicável a Paulo, servidor público municipal, corresponde ao subsídio pago aos vereadores de Beta.

(C) Os acréscimos de caráter remuneratório, pagos a Paulo, como a gratificação por tempo de serviço e a gratificação adicional de qualificação profissional, não se submetem ao teto remuneratório.

(D) O teto remuneratório aplicável a Paulo não está sujeito a qualquer limitação, tendo em vista a necessidade de edição de lei complementar para a instituição do teto previsto na CRFB/88.

RESPOSTA No âmbito do Município, há um teto remuneratório único, que corresponde ao subsídio mensal do Prefeito, ou seja, referido teto aplica-se aos servidores do Poder Executivo e do Poder Legislativo. *Alternativa A.*

88. **(XX Exame)** Um servidor público federal em São Paulo viajou a serviço para Brasília, para uma inspeção, e cobriu todas as despesas com recursos próprios. Passados exatos 3 anos e 10 meses, o servidor formulou pedido na esfera administrativa de reembolso de despesas e pagamento das diárias de viagem. A decisão final no processo administrativo somente foi proferida 1 (um) ano e 6 (seis) meses após a formalização do pedido, negando o pleito. Diante desse fato, ele pretende ingressar com demanda para cobrar o referido valor.

Considerando o exposto, assinale a afirmativa correta.

(A) O prazo prescricional é de 3 (três) anos, que já se tinha consumado quando o servidor formulou o pedido na esfera administrativa.

(B) O prazo prescricional é de 5 (cinco) anos e este foi suspenso pelo pedido administrativo. Com a decisão negativa, volta a correr a prescrição contra o servidor.

(C) O prazo prescricional é de 10 (dez) anos e, a despeito de não haver previsão de suspensão ou interrupção do prazo, este ainda não se consumou em desfavor do servidor.

(D) O prazo prescricional é de 5 (cinco) anos e, portanto, este já transcorreu integralmente, visto que o pedido formulado na esfera administrativa não suspende e nem interrompe a prescrição.

RESPOSTA O art. 110, I, da Lei n. 8.112/90 dispõe que o direito de requerer prescreve em 5 (cinco) anos, quanto aos atos de demissão e de cassação de aposentadoria ou disponibilidade, ou que afetem interesse patrimonial e créditos resultantes das relações de trabalho, sendo suspenso com o pedido administrativo. No entanto, com a decisão negativa, volta a correr a prescrição. *Alternativa B.*

89. **(XXIV Exame)** Marcelo é médico do Corpo de Bombeiros Militar do Estado Beta e foi aprovado em concurso público para o cargo de médico civil junto a um determinado hospital da União, que é uma autarquia federal. A partir do fato apresentado, acerca da acumulação de cargos públicos, assinale a afirmativa correta.

(A) Por exercer atividade militar, Marcelo não pode acumular os cargos em comento.

(B) Marcelo pode acumular os cargos em questão, pois não existe, no ordenamento pátrio, qualquer vedação à acumulação de cargos ou de empregos públicos em geral.

(C) A acumulação de cargos por Marcelo não é viável, sendo cabível somente quando os cargos pertencem ao mesmo ente da Federação.

(D) É possível a acumulação de cargos por Marcelo, desde que haja compatibilidade de horários.

RESPOSTA A regra geral é a inacumulabilidade dos cargos públicos, ressalvando a acumulação de dois cargos de professor, de dois cargos na área de saúde e de um cargo técnico ou científico com um cargo de professor (art. 37, XVI, CF). *Alternativa D.*

VI. LICITAÇÕES

Ao tempo da atualização desta obra, tramita no Congresso a chamada Nova Lei de Licitações e Contratos (ainda sem número), que substituirá a Lei n. 8.666/93, a Lei n. 10.520/2002 e alguns artigos da Lei n. 12.462/2011. No entanto, o projeto prevê que a revogação dessas legislações ocorrerá somente 2 anos após a publicação da nova lei. Portanto, durante esse período, as leis que fundamentaram as questões a seguir continuarão em vigor, motivo pelo qual ainda constam validamente na obra.

90. **(XXX Exame)** Determinada empresa pública estadual, com vistas a realizar a aquisição de bens necessários para o adequado funcionamento de seus serviços de informática, divulgou, após a devida fase de preparação, o respectivo instrumento convocatório, no qual indicou certa marca, que é comercializada por diversos fornecedores, por considerá-la a única capaz de atender ao objeto do contrato, e adotou a sequência de fases previstas na lei de regência. No curso da licitação, a proposta apresentada pela sociedade empresária Beta foi considerada a melhor, mas a sociedade empresária Alfa considerou que houve um equívoco no julgamento e apresentou recurso administrativo para impugnar tal fato, antes da habilitação, que não foi aceito. Foi dado prosseguimento ao certame, com a inabilitação da sociedade Beta, de modo que a vencedora foi a sociedade empresária Sigma, consoante resultado homologado. Considerando o regime licitatório aplicável às empresas estatais e as circunstâncias do caso concreto, assinale a afirmativa correta.

(A) Existe vício insanável no instrumento convocatório, pois é vedada a indicação de marca, mesmo nas circunstâncias apontadas.

(B) A homologação foi equivocada, na medida em que a empresa pública não observou a sequência das fases previstas em lei ao efetuar o julgamento das propostas antes da habilitação.

(C) O recurso da sociedade Alfa foi apresentado em momento oportuno e a ele deveria ter sido conferido efeito suspensivo com a postergação da fase da habilitação.

(D) A homologação do resultado implica a constituição de direito relativo à celebração do contrato em favor da sociedade empresária Sigma.

RESPOSTA Trata-se de licitação realizada por empresa pública, aplicando-se, portanto, as disposições da Lei n. 13.303/2016. O art. 60 prevê expressamente que a homologação do resultado implica a constituição de direito relativo à celebração do contrato em favor do licitante vencedor. *Alternativa D.*

91. **(XXX Exame)** Determinado Estado da Federação passa por grave problema devido à superlotação de sua população carcerária, tendo os órgãos de inteligência estatal verificado a possibilidade de rebelião e fuga dos apenados. Visando ao atendimento do princípio constitucional da dignidade da pessoa humana e tendo em vista a configurada situação de grave e iminente risco à segurança pública, o ente federativo instaurou processo administrativo e, em seguida, procedeu à contratação, mediante inexigibilidade de licitação, de certa sociedade empresária para a execução de obras de ampliação e reforma de seu principal estabelecimento penal. Diante das disposições da Lei n. 8.666/93, no que tange à obrigatoriedade de licitação, o Estado contratante agiu

(A) Corretamente, diante da impossibilidade fática de licitação decorrente do iminente risco de rebelião e grave perturbação da ordem pública.
(B) Corretamente, haja vista que, apesar de ser possível a licitação, seu demorado trâmite procedimental acarretaria risco à ordem social.
(C) Erradamente, eis que as circunstâncias do caso concreto autorizariam a dispensa de licitação, observados os trâmites legais.
(D) Erradamente, uma vez que a prévia licitação é obrigatória na espécie, diante das circunstâncias do caso concreto.

RESPOSTA O caso narrado traz hipótese de licitação dispensável, conforme previsto no art. 24, XXXV, ou seja, é dispensável a licitação para a construção, a ampliação, a reforma e o aprimoramento de estabelecimentos penais, desde que configurada situação de grave e iminente risco à segurança pública. *Alternativa C.*

92. **(XXVIII Exame)** O Município Sigma pretende realizar obras de restauração em uma praça e instalar brinquedos fixos de madeira para o lazer das crianças. A obra foi orçada em R$ 100.000,00 (cem mil reais), razão pela qual o ente federativo optou pela modalidade convite, remetendo o respectivo instrumento convocatório para três sociedades cadastradas junto ao registro pertinente e, para uma quarta, não cadastrada. Além disso, a carta-convite foi afixada em local apropriado para o conhecimento dos demais interessados. Na sessão de julgamento, compareceram apenas duas convidadas, certo que a sociedade Alfa apresentou a melhor proposta e preencheu os requisitos para a habilitação. Diante dessa situação hipotética, assinale a afirmativa correta.

(A) O Município Sigma não poderia ter se utilizado da modalidade convite para a situação descrita.
(B) A licitação é inválida, pois o resumo do instrumento convocatório deveria ser publicado em jornal de circulação no Município Sigma.
(C) Se o Município Sigma não justificar a presença de apenas duas licitantes, diante da existência de limitações de mercado ou pelo desinteresse dos convidados, deverá repetir o convite.
(D) Não é cabível realizar o convite de sociedades que não estejam cadastradas no registro pertinente.

RESPOSTA Segundo a Lei de Licitações, é necessário no convite que haja cadastrados ou não, escolhidos e convidados em número mínimo de 3 (três) pela unidade administrativa (art. 22, § 3º). Quando, por limitações do mercado ou manifesto desinteresse dos convidados, for impossível a obtenção do número mínimo de licitantes exigidos no § 3º deste artigo, essas circunstâncias deverão ser devidamente justificadas no processo, sob pena de repetição do convite (§ 7º). *Alternativa C.*

93. **(XXVII Exame)** Com a finalidade de contratar obras públicas relacionadas à melhoria da mobilidade urbana, o Estado X optou pela adoção do Regime Diferenciado de Contratação. Após a abertura das propostas, constatou-se que houve empate entre as sociedades Ômega S/A e Gama S/A, duas grandes empresas que atuam no setor de referência, sendo, a primeira, empresa brasileira e, a segunda, sociedade estrangeira com sede no Brasil. Considerando a ordem de critérios de desempate estabelecida na legislação específica, assinale a afirmativa correta.

(A) O Estado X deverá, de plano, proceder a sorteio para promover o desempate.
(B) A preferência por serviços realizados por empresa brasileira, em nenhum momento poderá ser utilizada como critério de desempate.
(C) As sociedades deverão ser consideradas vencedoras e ratear, igualmente, o objeto do contrato, mediante a constituição de consórcio.
(D) Os licitantes empatados poderão apresentar nova proposta fechada, em ato contínuo à classificação.

RESPOSTA De acordo com o art. 25 da Lei n. 12.462/2011, em caso de empate entre 2 (duas) ou mais propostas, serão utilizados os seguintes critérios de desempate, nesta ordem, disputa final, em que os licitantes empatados poderão apresentar nova proposta fechada em ato contínuo à classificação. *Alternativa D.*

94. **(XXII Exame)** A Administração Federal irá realizar sucessivos contratos de compra de produtos de papelaria, de uso contínuo nos órgãos para os quais os bens estão destinados. Para tanto, pretende fazer uso dos mecanismos legais que melhor atendam ao princípio da eficiência. No caso, acerca da modalidade de licitação a ser adotada, assinale a afirmativa correta.

(A) É cabível a utilização do regime diferenciado de contratações públicas (RDC).
(B) Deverá ser utilizada a modalidade leilão para cada uma das compras a contratar.
(C) É possível o processamento das compras pelo sistema de registro de preços, mediante a utilização da modalidade pregão.

(D) É obrigatória a utilização da modalidade convite, independentemente do valor orçado.

RESPOSTA A utilização do Sistema de Registro e Preços (SRP) é a mais adequada quando se realizam contratações frequentes de determinados bens ou serviços, como é o caso da questão. Para formar o SRP deve ser feita licitação na modalidade concorrência ou pregão. Em se tratando de bens de natureza comum (produto de papelaria), é possível a utilização do pregão. *Alternativa C.*

95. **(XII Exame)** A Administração Pública estadual pretende realizar uma licitação em modalidade não prevista na legislação federal. Nesse caso, é correto afirmar que

(A) a intenção é viável, pois o Estado tem ampla competência para legislar sobre licitações.
(B) a intenção somente é viável caso seja realizada a combinação de modalidades de licitação já previstas na Lei n. 8.666/93.
(C) a intenção não é viável por expressa vedação da Lei n. 8.666/93.
(D) a intenção é viável por expressa autorização da Lei n. 8.666/93.

RESPOSTA (A) A resposta do item C elimina automaticamente as demais assertivas. (B) A resposta do item C elimina automaticamente as demais assertivas. (C) A Lei n. 8666/93, em seu art. 22, § 8º, expressamente veda a criação de nova modalidade de licitação, bem como a combinação das já existentes. (D) A resposta do item C elimina automaticamente as demais assertivas. *Alternativa C.*

96. **(XIII Exame)** A União licitou, mediante concorrência, uma obra de engenharia para construir um hospital público. Depois de realizadas todas as etapas previstas na Lei n. 8.666/93, sagrou-se vencedora a Companhia X. No entanto, antes de se outorgar o contrato para a Companhia X, a Administração Pública resolveu revogar a licitação. Acerca do tema, assinale a afirmativa correta.

(A) A Administração Pública pode revogar a licitação, por qualquer motivo, principalmente por ilegalidade, não havendo direito subjetivo da Companhia X ao contrato.
(B) A revogação depende da constatação de ilegalidade no curso do procedimento e, nesse caso, não pode ser decretada em prejuízo da Companhia X, que já se sagrou vencedora.
(C) A revogação, fundada na conveniência e na oportunidade da Administração Pública, deverá sempre ser motivada e baseada em fato superveniente ao início da licitação.
(D) Quando a Administração lança um edital e a ele se vincula, somente será possível a anulação do certame em caso de ilegalidade, sendo-lhe vedado, pois, revogar a licitação.

RESPOSTA O art. 49 da Lei n. 8.666/93 assim dispõe: "A autoridade competente para a aprovação do procedimento somente poderá revogar a licitação por razões de interesse público decorrente de fato superveniente devidamente comprovado, pertinente e suficiente para justificar tal conduta, devendo anulá-la por ilegalidade, de ofício ou por provocação de terceiros, mediante parecer escrito e devidamente fundamentado". *Alternativa C.*

97. **(X Exame)** Nenhuma proposta foi apresentada na licitação promovida por uma autarquia federal para a aquisição de *softwares* de processamento de dados. Com relação a esse caso, assinale a afirmativa correta.

(A) Um novo procedimento licitatório deve ser realizado no prazo de até 180 dias do término do procedimento anterior.
(B) A hipótese é de licitação dispensada, ainda que ela possa ser repetida sem prejuízo para a Administração.
(C) A hipótese é de inexigibilidade de licitação, desde que a contratação se faça no prazo de até 180 dias do término do procedimento anterior.
(D) A contratação direta é admitida, se a licitação não puder ser repetida sem prejuízo para a Administração.

RESPOSTA O art. 24, V, da Lei n. 8.666/1993 expressamente estabelece que é dispensável a licitação, quando não acudirem interessados à licitação anterior e esta, justificadamente, não puder ser repetida sem prejuízo para a Administração, mantidas as condições preestabelecidas. *Alternativa D.*

98. **(IX Exame – Reaplicação)** O Estado Y resolve realizar licitação, com fundamento na Lei Federal n. 8.666/93, para a contratação de obra de engenharia para a construção de um hospital. Consultada a procuradoria, ela indica que a modalidade que deverá ser adotada é a de tomada de preços. Com base no caso acima, assinale a afirmativa correta.

(A) Se a modalidade deve ser tomada de preços, pode-se presumir que a obra foi orçada em até um milhão e quinhentos mil reais, porém nada obsta que se opte por utilizar as modalidades concorrência ou convite, pois ambas são modalidades mais amplas de licitação que a tomada de preços.
(B) É possível desmembrar a referida obra em duas ou mais e realizar as licitações na modalidade de convite, mesmo que, com isso, viesse a perder a economia de escala decorrente da sua realização integrada.

(C) Na tomada de preços qualquer interessado que, na fase inicial de habilitação preliminar, comprovar possuir os requisitos mínimos de qualificação exigidos no edital para execução de seu objeto, poderá dela participar.

(D) Na modalidade tomada de preços, o Estado somente receberá propostas dos licitantes que estejam devidamente cadastrados, permitindo-se, porém, o cadastramento até o terceiro dia anterior à data do recebimento das propostas, observada a necessária qualificação.

RESPOSTA O art. 22, § 2º, da Lei n. 8.666/93 expressamente estabelece que o Estado somente receberá propostas dos licitantes que estejam devidamente cadastrados, permitindo-se, porém, o cadastramento até o terceiro dia anterior à data do recebimento das propostas, observada a necessária qualificação. *Alternativa D.*

99. **(VI Exame – Reaplicação)** A licitação tem como um de seus princípios específicos o do julgamento objetivo, que significa

(A) A vedação de cláusulas ou condições que comprometam a ideia de proposta mais vantajosa à Administração.

(B) A vedação ao sigilo das propostas, de forma a permitir a todos, antes do início da licitação, o conhecimento objetivo das ofertas dos licitantes.

(C) Ser vedada a utilização, no julgamento das propostas, de elemento, critério ou fator sigiloso, secreto, subjetivo ou reservado.

(D) Ser impositivo o julgamento célere e oral das propostas, a acarretar a imediata contratação do licitante vencedor.

RESPOSTA O princípio do julgamento objetivo, de acordo com a doutrina, está previsto na Lei n. 8.666/93, claramente, em dois artigos, no 44 e 45. Em outras palavras, devem ser buscados critérios objetivos e concretos a fim de reduzir, tanto quanto possível, qualquer subjetivismo, sigiloso ou secreto. *Alternativa C.*

100. **(III Exame)** A revogação da licitação pressupõe

(A) Mero juízo de conveniência e oportunidade da Administração, podendo se dar a qualquer tempo.

(B) Mero juízo de conveniência e oportunidade da Administração, podendo ocorrer até antes da assinatura do contrato.

(C) Prévia, integral e justa indenização, podendo, por isso, se dar por qualquer motivo e a qualquer tempo.

(D) Razões de interesse público decorrentes de fato superveniente, devidamente comprovado, pertinente e suficiente para justificar essa conduta.

RESPOSTA Em conformidade com o art. 49 da Lei n. 8.666/93. *Alternativa D.*

101. **(XI Exame)** Em um pregão presencial promovido pela União, foram abertas as propostas de preço, constatando-se que o licitante "M" ofereceu preço de R$ 10.000,00; "N", o preço de R$ 10.001,00; "O" ofertou R$ 10.150,00; "P", o preço de R$ 10.500,00; "Q" apresentou proposta de R$ 10.999,99 e "R", por fim, ofereceu R$ 12.000,00. Diante da hipótese sugerida, assinale a afirmativa correta.

(A) Devem ser classificados para a fase de lances verbais os licitantes "M", "N", "O", "P" e "Q", uma vez que ofereceram a proposta mais baixa e as propostas com preço até dez por cento superiores àquela.

(B) Para a fase de lances verbais, somente devem ser classificados os licitantes "M", "N", "O" e "P", uma vez que ofereceram a proposta mais baixa e as três outras melhores propostas.

(C) Todos os licitantes devem ser classificados para a próxima fase, uma vez que restringir a participação de algum deles significaria ofensa ao caráter competitivo da licitação.

(D) A Administração deve realizar média de todos os preços ofertados e poderão participar da fase seguinte os licitantes com propostas inferiores a esta média e aqueles que aceitarem reduzir seu preço para este limite.

RESPOSTA O art. 4º, VIII, da Lei n. 10.520/2002, expressamente determina que: "no curso da sessão, o autor da oferta de valor mais baixo e os das ofertas com preços até 10% (dez por cento) superiores àquela poderão fazer novos lances verbais e sucessivos, até a proclamação do vencedor", sendo correta a alternativa A, porque a empresa M foi a que ofertou o preço mais baixo, e as empresas N, O, P e Q ofertaram preços até dez por cento superiores ao proposto por aquela. *Alternativa A.*

102. **(XV Exame)** Diante das chuvas torrenciais que destruíram o telhado do prédio de uma Secretaria de Estado, o administrador entende presentes as condições para a dispensa de licitação com fundamento no art. 24, IV, da Lei n. 8.666/1993 (contratação direta quando caracterizada urgência de atendimento de situação que possa ocasionar prejuízo ou comprometer a segurança de pessoas, obras, serviços, equipamentos e outros bens, públicos ou particulares). Submete, então, à Assessoria Jurídica a indagação sobre a possibilidade de contratação de empresa de construção civil de renome nacional para a reconstrução da estrutura afetada do edifício. Sobre as hipóteses de contratação direta, assinale a afirmativa correta.

(A) As hipóteses de dispensa e inexigibilidade de licitação não exigem justificativa de preço, porque são casos em que a própria legislação entende inconveniente ou inviável a competição pelas melhores condições de contratação.

(B) A dispensa de licitação, assim como a de inexigibilidade, não prescinde de justificativa de preço, uma vez que a autorização legal para não licitar não significa possibilidade de contratação por preços superiores aos praticados no mercado.

(C) Apenas as hipóteses de dispensa de licitação (e não as situações de inexigibilidade) exigem justificativa de preço, até porque a inexigibilidade significa que somente uma pessoa pode ser contratada, o que afasta possibilidade de discussão quanto ao preço.

(D) A dispensa de licitação não exige justificativa de preço, pois a própria lei prevê, taxativamente, que não se faça licitação nas hipóteses elencadas; na inexigibilidade, a justificativa de preço é inafastável, diante do caráter exemplificativo do art. 25 da Lei.

RESPOSTA O art. 25, § 2º, da Lei n. 8.666/93 assim dispõe: "Na hipótese deste artigo e em qualquer dos casos de dispensa, se comprovado superfaturamento, respondem solidariamente pelo dano causado à Fazenda Pública o fornecedor ou o prestador de serviços e o agente público responsável, sem prejuízo de outras sanções legais cabíveis", ou seja, a dispensa e a inexigibilidade precisam de justificativa de preço, posto que a permissão legal para não licitar não significa possibilidade de contratação por preços superiores aos praticados no mercado. *Alternativa B.*

103. **(XVIII Exame)** Após celebrar contrato de gestão com uma organização social, a União pretende celebrar, com a mesma organização, contrato de prestação de serviços para a realização de atividades contempladas no contrato de gestão. Com base na hipótese apresentada, assinale a afirmativa correta.

(A) É obrigatória a realização de licitação para a celebração do contrato de prestação de serviços.

(B) É dispensável a realização de licitação para a celebração do contrato de prestação de serviços.

(C) É inexigível a realização de licitação para a celebração do contrato de prestação de serviços.

(D) Não é possível celebrar contrato de prestação de serviços com entidade qualificada como organização social.

RESPOSTA O art. 24, XXIV, da Lei n. 8.666/93 expressamente admite a possibilidade de dispensa de licitação para a celebração do contrato de prestação de serviços para a realização de atividades contempladas no contrato de gestão com uma organização social. *Alternativa B.*

VII. CONTRATOS ADMINISTRATIVOS

104. **(XXVII Exame)** Após a contratação, sob o regime de empreitada por preço unitário, da sociedade empresária Faz de Tudo Ltda. para a construção do novo edifício-sede de uma agência reguladora, a Administração verifica que os quantitativos constantes da planilha orçamentária da licitação – e replicados pela contratada – são insuficientes para executar o empreendimento tal como projetado. Por isso, será necessário aumentar as quantidades de alguns serviços. Em termos financeiros, o acréscimo será de 20% – que corresponde a R$ 2.000.000,00 – em relação ao valor inicial atualizado do contrato. Com base na situação narrada, assinale a afirmativa correta.

(A) O acréscimo de serviços poderá ser combinado apenas verbalmente, não sendo necessária sua redução a termo.

(B) Por se tratar de cláusula exorbitante, mesmo que a sociedade empresária Faz de Tudo Ltda. não concorde com o acréscimo, a alteração poderá ser determinada unilateralmente pela Administração.

(C) O contratado só está obrigado a aceitar os acréscimos de até 15% (quinze por cento) em relação ao valor inicial atualizado do contrato; superado esse limite, a alteração só pode ocorrer com o consentimento da sociedade empresária Faz de Tudo Ltda.

(D) Diante da deficiência do projeto básico, a Administração deve obrigatoriamente anular o contrato após serem oportunizados o contraditório e a ampla defesa à sociedade empresária Faz de Tudo Ltda.

RESPOSTA Diante da situação hipotética, atente-se às prerrogativas no regime jurídico dos contratos administrativos instituído pela Lei n. 8.666/93 (art. 58). Os contratos regidos por esta Lei poderão ser alterados, com as devidas justificativas, nos casos do art. 65, dentre eles, unilateralmente pela Administração: a) quando houver modificação do projeto ou das especificações, para melhor adequação técnica aos seus objetivos; b) quando necessária a modificação do valor contratual em decorrência de acréscimo ou diminuição quantitativa de seu objeto, nos limites permitidos por esta Lei. *Alternativa B.*

105. **(XXV Exame)** A União celebrou com a empresa Gama contrato de concessão de serviço público precedida de obra pública. O negócio jurídico tinha por objeto a exploração, incluindo a duplicação, de determinada rodovia federal. Algum tempo após o início do contrato, o poder concedente identificou a inexecução de diversas obrigações por parte da concessionária, o que motivou a notificação da contratada. Foi autuado processo administrativo, ao fim do qual o poder concedente concluiu estar prejudicada a prestação do serviço por culpa da contratada.

Com base na hipótese apresentada, assinale a afirmativa correta.

(A) O contrato é nulo desde a origem, eis que a concessão de serviços públicos não pode ser precedida da execução de obras públicas.

(B) O poder concedente pode declarar a caducidade do contrato de concessão, tendo em vista a inexecução parcial do negócio jurídico por parte da concessionária.

(C) O poder concedente deve, necessariamente, aplicar todas as sanções contratuais antes de decidir pelo encerramento do contrato.

(D) O processo administrativo tem natureza de inquérito e visa coletar informações precisas dos fatos; por isso, não há necessidade de observar o contraditório e a ampla defesa da concessionária.

RESPOSTA A Lei n. 8.987/95, em seu art. 35, disciplina as formas de extinção da Concessão, utilizando uma nomenclatura própria. Entre as formas de extinção, está a caducidade, prevista no art. 38, encontrando-se em seu § 1º as hipóteses taxativamente previstas, incluindo o descumprimento das obrigações contratuais pela empresa concessionária. *Alternativa B.*

106. **(VI Exame – Reaplicação)** Quanto às garantias dos contratos administrativos, é correto afirmar que

(A) A escolha do tipo de garantia se fará, sempre, com base na indisponibilidade do interesse público, pela Administração.

(B) Para serem exigidas do contratado, devem ser previstas no instrumento convocatório.

(C) É admissível todo e qualquer tipo de garantia admitida pelo direito privado, à escolha da Administração.

(D) É admissível todo e qualquer tipo de garantia admitida em direito, sendo irrelevante a previsão no instrumento convocatório.

RESPOSTA (A) Art. 56, § 1º, da Lei n. 8.666/1993, caberá ao contratado optar por uma das modalidades de garantia. (B) De acordo com o art. 56, *caput*, da Lei n. 8.666/1993. (C) e (D) Art. 56, § 1º, da Lei n. 8.666/1993, somente essas previstas. *Alternativa B.*

107. **(III Exame)** Sendo o contrato administrativo nulo, é correto afirmar que

(A) A declaração de nulidade não opera retroativamente, obrigando o contratado a indenizar a Administração pelos danos por esta sofridos.

(B) Seu reconhecimento não exonera a Administração do dever de indenizar o contratado de boa-fé, por tudo o que este houver executado e por outros prejuízos comprovados.

(C) A declaração não opera retroativamente, respeitando o direito adquirido ao término do contrato, caso tenha o contratado iniciado sua execução.

(D) Que essa nulidade só produzirá efeitos se o contrato for de valor superior a 100 (cem) salários mínimos, caso o contratado tenha iniciado a sua execução.

RESPOSTA De acordo com o parágrafo único do art. 59 da Lei n. 8.666/1993, a nulidade não exonera a Administração do dever de indenizar o contratado pelo que este houver executado até a data em que ela for declarada e por outros prejuízos regularmente comprovados, contanto que não lhe seja imputável, promovendo-se a responsabilidade de quem lhe deu causa. *Alternativa B.*

108. **(II Exame)** Uma das características dos contratos administrativos é a "instabilidade" quanto ao seu objeto que decorre

(A) Do poder conferido à Administração Pública de alterar, unilateralmente, algumas cláusulas do contrato, no curso de sua execução, na forma do art. 58, inciso I da Lei n. 8.666/93, a fim de adequar o objeto do contrato às finalidades de interesse público, respeitados os direitos do contratado.

(B) Da possibilidade do contratado (particular) alterar, unilateralmente, a qualquer tempo, algumas cláusulas do contrato, no curso de sua execução, de forma a atender aos seus próprios interesses em face das prerrogativas da Administração Pública.

(C) Do poder conferido à Administração Pública de alterar, unilateralmente, algumas cláusulas do contrato, no curso de sua execução, na forma do art. 58, inciso I da Lei n. 8.666/93, a fim de adequar o objeto do contrato aos interesses do contratado (particular) em face das prerrogativas da Administração Pública.

(D) De não haver qualquer possibilidade de alteração do objeto do contrato administrativo, quer pela Administração Pública, quer pelo contratado (particular), tendo em vista o princípio da vinculação ao edital licitatório, do qual o contrato e seu objeto são parte integrante; e o princípio da juridicidade, do qual aquele primeiro decorre.

RESPOSTA Dentre as prerrogativas conferidas aos contratos administrativos pela Lei n. 8.666/1993, *vide* art. 58, está a de modificá-los, unilateralmente, para melhor adequação às finalidades de interesse público, respeitados os direitos do contratado (inciso I). *Alternativa A.*

109. **(XI Exame)** Determinada construtora sagra-se vencedora numa licitação para a reforma do *hall* de acesso de uma autarquia estadual. O contrato foi assinado no dia 30 de abril, com duração até 30 de outubro daquele mesmo ano. Iniciada a execução do contrato, a Administração constata a necessidade de alteração no projeto original, a fim de incluir uma rampa de acesso para deficientes físicos. Com base na hipótese sugerida, assinale a afirmativa correta.

(A) A alteração do projeto, pela Administração, autoriza a recomposição do equilíbrio econômico-financeiro, mas não a prorrogação do prazo de entrega da obra.

(B) A alteração do projeto, pela Administração, autoriza a recomposição do equilíbrio econômico-financeiro e também a prorrogação do prazo de entrega da obra.

(C) Os concorrentes que perderam a licitação podem questionar a validade da alteração, exigindo a realização de novo procedimento licitatório para a totalidade da obra.

(D) Os concorrentes que perderam a licitação podem questionar a validade da alteração, exigindo a realização de novo procedimento licitatório para a construção da rampa de acesso para deficientes físicos.

RESPOSTA A exigência imposta pela Administração Pública autoriza a recomposição do equilíbrio econômico-financeiro e também a prorrogação do prazo de entrega da obra. *Alternativa B.*

110. **(XIV Exame)** Caso o Estado delegue a reforma, manutenção e operação de uma rodovia estadual à iniciativa privada, com a previsão de que a amortização dos investimentos e a remuneração do particular decorram apenas da tarifa cobrada dos usuários do serviço, estaremos diante de uma

(A) concessão de obra pública.

(B) concessão administrativa.

(C) concessão patrocinada.

(D) concessão de serviço público precedida da execução de obra pública.

RESPOSTA A Lei n. 8.987/95, em seu art. 2º, III, expressamente dispõe que o contrato de concessão de serviço público precedida de obra pública é: "III – concessão de serviço público precedida da execução de obra pública: a construção, total ou parcial, conservação, reforma, ampliação ou melhoramento de quaisquer obras de interesse público, delegada pelo poder concedente, mediante licitação, na modalidade de concorrência, à pessoa jurídica ou consórcio de empresas que demonstre capacidade para a sua realização, por sua conta e risco, de forma que o investimento da concessionária seja remunerado e amortizado mediante a exploração do serviço ou da obra por prazo determinado". *Alternativa D.*

111. **(XVIII Exame)** O Município C está elaborando edital de licitação para a contratação de serviço de limpeza predial.

A respeito do prazo de duração desse contrato, assinale a afirmativa correta.

(A) O prazo de duração do contrato está adstrito à vigência do respectivo crédito orçamentário, sem possibilidade de prorrogação.

(B) O contrato de prestação de serviços pode ser celebrado pelo prazo de até 48 meses.

(C) O contrato pode ser celebrado por prazo indeterminado, mantendo-se vigente enquanto não houver melhor preço do que o da proposta vencedora da licitação.

(D) O contrato poderá ter a sua duração prorrogada por iguais e sucessivos períodos com vistas à obtenção de preços e condições mais vantajosas para a administração, limitada a sessenta meses.

RESPOSTA O prazo de duração do contrato está adstrito à vigência do respectivo crédito orçamentário, nos termos do art. 57 da Lei n. 8.666/93. No entanto, em seu inciso II, referido dispositivo legal admite a possibilidade do contrato ter a sua duração prorrogada por iguais e sucessivos períodos com vistas à obtenção de preços e condições mais vantajosas para a administração, limitada a prorrogação a sessenta meses. *Alternativa D.*

112. **(XXIV Exame)** Um Estado da Federação lançou um grande programa de concessões como forma de fomentar investimentos, diante das dificuldades financeiras por que vem passando. Por meio desse programa, ele pretende executar obras de interesse da população e ceder espaços públicos para a gestão da iniciativa privada. Como parte desse programa, lançou edital para restaurar um complexo esportivo com estádio de futebol, ginásio de esportes, parque aquático e quadras poliesportivas. Diante da situação acima, assinale a afirmativa correta.

(A) O Estado pode optar por celebrar uma parceria público privada na modalidade de concessão patrocinada, desde que o contrato tenha valor igual ou superior a R$ 20.000.000,00 (vinte milhões de reais) e que as receitas decorrentes da exploração dos serviços não sejam suficientes para remunerar o particular.

(B) A constituição de sociedade de propósito específico – SPE, sociedade empresária dotada de personalidade jurídica e incumbida de implantar e gerir o objeto da parceria, deve ocorrer após a celebração de um contrato de PPP.

(C) O contrato deverá prever o pagamento de remuneração fixa vinculada ao desempenho do parceiro privado, segundo metas e padrões de qualidade e disponibilidade nele definidos.

(D) A contraprestação do Estado deverá ser obrigatoriamente precedida da disponibilização do serviço que é objeto do contrato de parceria público-privada; dessa forma, não é possível o pagamento de contraprestação relativa à parcela fruível do serviço contratado.

RESPOSTA O Estado poderá adotar o contrato sob a forma de Parceria Público-Privada (PPP). Na PPP, sob a forma de Concessão Patrocinada, há o pagamento da tarifa pelo usuário e uma contraprestação pecuniária do parceiro público ao privado. Entretanto, na época da questão, seria possível desde que o investimento não fosse inferior a R$ 20.000.000,00 (vinte milhões de reais), mas em 2017 esse valor passou a ser não inferior a R$ 10.000.000,00 (dez milhões de reais), conforme o art. 2º, § 4º, I, da Lei n. 11.079/2004. *Alternativa A, conforme a legislação vigente na época da questão, mas atualmente desatualizada.*

VIII. INTERVENÇÃO DO ESTADO NA PROPRIEDADE

113. **(XXXI Exame)** Diante da necessidade de construção de uma barragem no Município Alfa, a ser efetuada em terreno rural de propriedade de certa sociedade de economia mista federal, o Poder Legislativo local fez editar uma lei para declarar a desapropriação por utilidade pública, após a autorização por decreto do Presidente da República, sendo certo que, diante do sucesso das tratativas entre os chefes do Executivo dos entes federativos em questão, foi realizado acordo na via administrativa para ultimar tal intervenção do Estado na propriedade. Diante dessa situação hipotética, assinale a afirmativa correta.

(A) A autorização por decreto não pode viabilizar a desapropriação do bem em questão pelo Município Alfa, porque os bens federais não são expropriáveis.

(B) A iniciativa do Poder Legislativo do Município Alfa para declarar a desapropriação é válida, cumprindo ao respectivo Executivo praticar os atos necessários para sua efetivação.

(C) A intervenção na propriedade em tela não pode ser ultimada na via administrativa, mediante acordo entre os entes federativos envolvidos.

(D) O Município Alfa não tem competência para declarar a desapropriação por utilidade pública de propriedades rurais.

RESPOSTA Conforme prevê o art. 8º do Decreto-lei n. 3.365/41, o Poder Legislativo poderá tomar a iniciativa da desapropriação, cumprindo, neste caso, ao Executivo praticar os atos necessários à sua efetivação. *Alternativa B.*

114. **(XXIX Exame)** Virgílio é proprietário de um imóvel cuja fachada foi tombada pelo Instituto do Patrimônio Histórico e Artístico Nacional – IPHAN, autarquia federal, após o devido processo administrativo, diante de seu relevante valor histórico e cultural. O logradouro em que o imóvel está localizado foi assolado por fortes chuvas, que comprometeram a estrutura da edificação, a qual passou a apresentar riscos de desabamento. Em razão disso, Virgílio notificou o Poder Público e comprovou não ter condições financeiras para arcar com os custos da respectiva obra de recuperação. Certo de que a comunicação foi recebida pela autoridade competente, que atestou a efetiva necessidade da realização de obras emergenciais, Virgílio procurou você, como advogado(a), para, mediante orientação jurídica adequada, evitar a imposição de sanção pelo Poder Público. Sobre a hipótese apresentada, assinale a opção que apresenta a orientação correta.

(A) Virgílio poderá demolir o imóvel.

(B) A autoridade competente deve mandar executar a recuperação da fachada tombada, às expensas da União.

(C) Somente Virgílio é obrigado a arcar com os custos de recuperação do imóvel.

(D) As obras necessárias deverão ser realizadas por Virgílio, independentemente de autorização especial da autoridade competente.

RESPOSTA De acordo com o art. 19 do Decreto-lei n. 25/37, o proprietário de coisa tombada, que não dispuser de recursos para proceder às obras de conservação e reparação que a mesma requerer, levará ao conhecimento do Serviço do Patrimônio Histórico e

Artístico Nacional a necessidade das mencionadas obras, sob pena de multa correspondente ao dobro da importância em que for avaliado o dano sofrido pela mesma coisa. Atente-se que recebida a comunicação, e consideradas necessárias as obras, o diretor do Serviço do Patrimônio Histórico e Artístico Nacional mandará executá-las, a expensas da União, devendo as mesmas ser iniciadas dentro do prazo de 6 meses, ou providenciará para que seja feita a desapropriação da coisa (§ 1º). *Alternativa B.*

115. **(XXIX Exame)** O poder público, com fundamento na Lei n. 8.987/95, pretende conceder à iniciativa privada uma rodovia que liga dois grandes centros urbanos. O edital, publicado em maio de 2018, previu a duplicação das pistas e a obrigação de o futuro concessionário desapropriar os terrenos necessários à ampliação. Por se tratar de projeto antigo, o poder concedente já havia declarado, em janeiro de 2011, a utilidade pública das áreas a serem desapropriadas no âmbito do futuro contrato de concessão. Com base na hipótese apresentada, assinale a afirmativa correta.

(A) O ônus das desapropriações necessárias à duplicação da rodovia não pode ser do futuro concessionário, mas sim do poder concedente.

(B) O poder concedente e o concessionário só poderão adentrar os terrenos necessários à ampliação da rodovia após a conclusão do processo de desapropriação.

(C) O decreto que reconheceu a utilidade pública dos terrenos caducou, sendo necessária a expedição de nova declaração.

(D) A declaração de utilidade pública pode ser emitida tanto pelo poder concedente quanto pelo concessionário.

RESPOSTA De acordo com o art. 10 do Decreto-lei n. 3.365/41, a desapropriação deverá efetivar-se mediante acordo ou intentar-se judicialmente, dentro de 5 anos, contados da data da expedição do respectivo decreto e findos os quais este caducará. *Alternativa C.*

116. **(XXVIII Exame)** Determinado Município fez publicar decreto de desapropriação por utilidade pública de determinada área, com o objetivo de construir um hospital, o que incluiu o imóvel de Ana. A proprietária aceitou o valor oferecido pelo ente federativo, de modo que a desapropriação se consumou na via administrativa. Após o início das obras, foi constatada a necessidade, de maior urgência, da instalação de uma creche na mesma localidade, de modo que o Município alterou a destinação a ser conferida à edificação que estava sendo erigida. Ana se arrependeu do acordo firmado com o poder público. Diante dessa situação hipotética, na qualidade de advogado(a) de Ana, assinale a afirmativa correta.

(A) Ana deverá ajuizar ação de retrocessão do imóvel, considerando que o Município não possui competência para atuar na educação infantil, de modo que não poderia alterar a destinação do bem expropriado para esta finalidade.

(B) Cabe a Ana buscar a anulação do acordo firmado com o Município, que deveria ter ajuizado a indispensável ação de desapropriação para consumar tal modalidade de intervenção do estado na propriedade.

(C) O ordenamento jurídico não autoriza que Ana impugne a desapropriação amigável acordada com o Município, porque a nova destinação conferida ao imóvel atende ao interesse público, a caracterizar a chamada tredestinação lícita.

(D) Ana deverá ajuizar ação indenizatória em face do ente federativo, com base na desapropriação indireta, considerando que o Município não pode conferir finalidade diversa da constante no decreto expropriatório.

RESPOSTA Há dois tipos de tredestinação, uma denominada lícita e outra, ilícita. A lícita é a situação da presente questão. A ilícita é quando não há um interesse público superveniente, como na lícita, mas sim um interesse privado, o que enseja o direito de retrocessão do expropriado. *Alternativa C.*

117. **(XXV Exame)** Em novembro de 2014, Josué decidiu gozar um período sabático e passou, a partir de então, quatro anos viajando pelo mundo. Ao retornar ao Brasil, foi surpreendido pelo fato de que um terreno de sua propriedade havia sido invadido, em setembro de 2015, pelo Município Beta, que nele construiu uma estação de tratamento de água e esgoto. Em razão disso, Josué procurou você para, na qualidade de advogado(a), traçar a orientação jurídica adequada, em consonância com o ordenamento vigente.

(A) Deve ser ajuizada uma ação possessória, diante do esbulho cometido pelo Poder Público municipal.

(B) Não cabe qualquer providência em Juízo, considerando que a pretensão de Josué está prescrita.

(C) Impõe-se que Josué aguarde que o bem venha a ser destinado pelo Município a uma finalidade alheia ao interesse público, para que, somente então, possa pleitear uma indenização em Juízo.

(D) É pertinente o ajuizamento de uma ação indenizatória, com base na desapropriação indireta, diante da incorporação do bem ao patrimônio público pela afetação.

RESPOSTA O art. 35 do Decreto-lei n. 3.365/41 assim dispõe: "Art. 35. Os bens expropriados, uma vez incorporados à Fazenda Pública, não podem ser objeto de reivindicação, ainda que fundada em nulidade do processo de desapropriação. Qualquer ação, julgada procedente, resolver-se-á em perdas e danos", ou seja, somente resta ao proprietário uma ação de indenização por desapropriação indireta. *Alternativa D.*

118. **(XXII Exame)** O Município Beta foi assolado por chuvas que provocaram o desabamento de várias encostas, que abalaram a estrutura de diversos imóveis, os quais ameaçam ruir, especialmente se não houver imediata limpeza dos terrenos comprometidos. Diante do iminente perigo público a residências e à vida de pessoas, o Poder Público deve, prontamente, utilizar maquinário, que não consta de seu patrimônio, para realizar as medidas de contenção pertinentes.

Assinale a opção que indica a adequada modalidade de intervenção na propriedade privada para a utilização do maquinário necessário.

(A) Requisição administrativa.
(B) Tombamento.
(C) Desapropriação.
(D) Servidão administrativa.

RESPOSTA Trata-se de requisição administrativa, modalidade de intervenção na propriedade privada prevista no art. 5º, XXV, da CF: "*XXV – no caso de iminente perigo público, a autoridade competente poderá usar de propriedade particular, assegurada ao proprietário indenização ulterior, se houver dano*". *Alternativa A.*

119. **(XII Exame)** O Município de Barra Alta realizou a desapropriação de grande parcela do imóvel de Manoel Silva e deixou uma parcela inaproveitável para o proprietário. No caso descrito, o proprietário obterá êxito se pleitear

(A) a reintegração de posse de todo o imóvel em função da má-fé do Município.
(B) o direito de extensão da desapropriação em relação à área inaproveitável.
(C) a anulação da desapropriação em relação à parcela do imóvel suficiente para tornar a área restante economicamente aproveitável.
(D) a anulação integral da desapropriação, pois a mesma foi ilegal.

RESPOSTA Trata-se do direito de extensão, posto que não seria razoável que o dono do imóvel ficasse com este prejuízo, considerando que a área remanescente é inaproveitável. *Alternativa B.*

120. **(XIII Exame)** Acerca da desapropriação, assinale a afirmativa correta.

(A) Na desapropriação por interesse social, o expropriante tem o prazo de cinco anos, contados da edição do decreto, para iniciar as providências de aproveitamento do bem expropriado.
(B) Na desapropriação por interesse social, em regra, não se exige o requisito da indenização prévia, justa e em dinheiro.
(C) O município pode desapropriar um imóvel por interesse social, mediante indenização prévia, justa e em dinheiro.
(D) A desapropriação para fins de reforma agrária da propriedade que não esteja cumprindo a sua função social não será indenizada.

RESPOSTA (A) São dois anos. (B) Há exigência de indenização prévia, justa e em dinheiro, admitindo-se, excepcionalmente, a indenização com títulos do governo. (C) O município é legitimado para desapropriar um imóvel por interesse social, mediante indenização prévia, justa e em dinheiro. (D) É indenizada com títulos da Dívida Agrária (TDA), segundo o art. 184 da CF, pagando-se em dinheiro as benfeitorias úteis e necessárias. *Alternativa C.*

121. **(X Exame)** A fim de permitir o escoamento da produção até uma refinaria, uma empresa pública federal, que explora a prospecção de petróleo em um campo terrestre, inicia a construção de um oleoduto. O único caminho possível para essa construção atravessa a propriedade rural de Josenildo que, em razão do oleoduto, teve que diminuir o espaço de plantio de mamão e, com isso, viu sua renda mensal cair pela metade. Assinale a afirmativa que indica a instrução correta que um advogado deve passar a Josenildo.

(A) Não há óbice à constituição da servidão administrativa no caso, mas cabe indenização pelos danos decorrentes dessa forma de intervenção na propriedade.
(B) A servidão administrativa é ilegal e Josenildo pode desconstituí-la, pois o instituto só tem aplicação em relação aos bens públicos.
(C) A servidão administrativa é ilegal, pois o nosso ordenamento veda a intervenção do Estado sobre propriedades produtivas.
(D) Não há óbice à constituição da servidão administrativa e não há de se falar em qualquer indenização.

RESPOSTA A doutrina administrativa subdivide a intervenção estatal em intervenção restritiva e supressiva. A supressiva é a desapropriação. As restritivas são várias, destacando-se entre elas, a servidão que apresenta-se como um ônus real que recai sobre um bem, sendo mais comuns as servidões de energia elétrica, oleoduto e gasoduto. Em caso de causar danos a particulares, enseja uma indenização. *Alternativa A.*

122. **(IX Exame – Reaplicação)** Acerca do Instituto da Desapropriação, assinale a afirmativa correta.

(A) A desapropriação do espaço aéreo ou do subsolo só se tornará necessária, quando de sua utilização resultar prejuízo patrimonial do proprietário do solo.

(B) Em casos de urgência, é possível a imissão provisória do expropriante na posse dos bens, não sendo exigível o seu registro junto ao registro de imóveis competente, muito menos o depósito de valores.

(C) Os concessionários de serviços públicos e os estabelecimentos de caráter público ou que exerçam funções delegadas de poder público poderão promover desapropriações, por decreto do Presidente da República.

(D) Os bens expropriados, incorporados à Fazenda Pública, podem ser objeto de reivindicação, desde que fundada em nulidade do processo de desapropriação.

RESPOSTA Aplica-se a teoria geral da Responsabilidade. Sendo causado um dano ao particular, o Estado deve responder pelos seus atos, indenizando os prejuízos causados. *Alternativa A.*

123. **(VII Exame)** A empresa pública federal X, que atua no setor de pesquisas petroquímicas, necessita ampliar sua estrutura, para a construção de dois galpões industriais. Para tanto, decide incorporar terrenos contíguos a sua atual unidade de processamento, mediante regular processo de desapropriação.

A própria empresa pública declara aqueles terrenos como de utilidade pública e inicia as tratativas com os proprietários dos terrenos – que, entretanto, não aceitam o preço oferecido por aquela entidade. Nesse caso,

(A) se o expropriante alegar urgência e depositar a quantia arbitrada de conformidade com a lei, terá direito a imitir-se provisoriamente na posse dos terrenos.

(B) a desapropriação não poderá consumar-se, tendo em vista que não houve concordância dos titulares dos terrenos.

(C) a desapropriação demandará a propositura de uma ação judicial e, por não haver concordância dos proprietários, a contestação poderá versar sobre qualquer matéria.

(D) os proprietários poderão opor-se à desapropriação, ao fundamento de que a empresa pública não é competente para declarar um bem como de utilidade pública.

RESPOSTA De acordo com a previsão do art. 2º do Decreto-Lei n. 3.365/41. *Alternativa D.*

124. **(VIII Exame)** A União, após regular licitação, realiza concessão de determinado serviço público a uma sociedade privada. Entretanto, para a efetiva prestação do serviço, é necessário realizar algumas desapropriações. A respeito desse caso concreto, assinale a afirmativa correta.

(A) A sociedade concessionária poderá promover desapropriações mediante autorização expressa, constante de lei ou contrato.

(B) As desapropriações necessárias somente poderão ser realizadas pela União, já que a concessionária é pessoa jurídica de direito privado.

(C) O ingresso de autoridades administrativas nos bens desapropriados, declarada a utilidade pública, somente será lícito após a obtenção de autorização judicial.

(D) Os bens pertencentes ao(s) Município(s) inserido(s) na área de prestação do serviço não poderão ser desapropriados, mesmo que haja autorização legislativa.

RESPOSTA De acordo com o art. 3º do Decreto-Lei n. 3.365/41. *Alternativa A.*

125. **(VII Exame)** O Município Y promove o tombamento de um antigo bonde, já desativado, pertencente a um colecionador particular. Nesse caso,

(A) o proprietário pode insurgir-se contra o ato do tombamento, uma vez que se trata de um bem móvel.

(B) o proprietário fica impedido de alienar o bem, mas pode propor ação visando a compelir o Município a desapropriar o bem, mediante remuneração.

(C) o proprietário poderá alienar livremente o bem tombado, desde que o adquirente se comprometa a conservá-lo, de conformidade com o ato de tombamento.

(D) o proprietário do bem, mesmo diante do tombamento promovido pelo Município, poderá gravá-lo com o penhor.

RESPOSTA De acordo com o art. 22, § 3º, do Decreto-Lei n. 25/37. *Alternativa D.*

126. **(IX Exame)** A desapropriação é um procedimento administrativo que possui duas fases: a primeira, denominada declaratória e a segunda, denominada executória.

Quanto à fase declaratória, assinale a afirmativa correta.

(A) Acarreta a aquisição da propriedade pela Administração, gerando o dever de justa indenização ao expropriado.

(B) Importa no início do prazo para a ocorrência da caducidade do ato declaratório e gera, para a Administração, o direito de penetrar no bem objeto da desapropriação.

(C) Implica a geração de efeitos, com o titular mantendo o direito de propriedade plena, não tendo a Administração direitos ou deveres.

(D) Gera o direito à imissão provisória na posse e o impedimento à desistência da desapropriação.

RESPOSTA De acordo com os termos dos arts. 7º e 10 do Decreto-Lei n. 3.365/41. *Alternativa B.*

127. **(III Exame)** Com relação à intervenção do Estado na propriedade, assinale a alternativa correta.

(A) A requisição administrativa é uma forma de intervenção supressiva do Estado na propriedade que somente recai em bens imóveis, sendo o Estado obrigado a indenizar eventuais prejuízos, se houver dano.

(B) A limitação administrativa é uma forma de intervenção restritiva do Estado na propriedade que consubstancia obrigações de caráter específico e individualizados a proprietários determinados, sem afetar o caráter absoluto do direito de propriedade.

(C) A servidão administrativa é uma forma de intervenção restritiva do Estado na propriedade que afeta as faculdades de uso e gozo sobre o bem objeto da intervenção, em razão de um interesse público.

(D) O tombamento é uma forma de intervenção do Estado na propriedade privada que possui como característica a conservação dos aspectos históricos, artísticos, paisagísticos e culturais dos bens imóveis, excepcionando-se os bens móveis.

RESPOSTA A doutrina administrativa subdivide a intervenção estatal em intervenção restritiva e supressiva. A supressiva é a desapropriação. As restritivas são várias, destacando-se entre elas, a servidão que apresenta-se como um ônus real que recai sobre um bem, sendo mais comuns as servidões de energia elétrica, oleoduto e gasoduto. Em caso de causar danos a particulares, enseja uma indenização. A colocação de postes de rede elétrica em propriedade particular. *Alternativa C.*

128. **(II Exame)** Acerca do tombamento, como uma das formas de o Estado intervir na propriedade privada, os proprietários passam a ter obrigações negativas que estão relacionadas nas alternativas a seguir, à exceção de uma. Assinale-a.

(A) Os proprietários são obrigados a colocar os seus imóveis tombados à disposição da Administração Pública para que possam ser utilizados como repartições públicas, quando da necessidade imperiosa de utilização, a fim de suprir a prestação de serviços pelo Estado de forma eficiente.

(B) Os proprietários são obrigados a suportar a fiscalização dos órgãos administrativos competentes.

(C) Os proprietários não podem destruir, demolir ou mutilar o bem imóvel e somente poderão restaurá-lo, repará-lo ou pintá-lo após a obtenção de autorização especial do órgão administrativo competente.

(D) Os proprietários não podem alienar os bens, ressalvada a possibilidade de transferência para uma entidade pública.

RESPOSTA Esta questão foi anulada, posto que as *alternativas A* e *D* estão incorretas; a primeira não trata de obrigação negativa, e a segunda, porque os proprietários podem sim alienar os bens, observada a preferência da alienação ao Poder Público estabelecido pelo § 1º do art. 22 do Decreto-Lei n. 25/1937.

129. **(II Exame)** Nas hipóteses de desapropriação, em regra geral, os requisitos constitucionais a serem observados pela Administração Pública são os seguintes:

(A) Comprovação da necessidade ou utilidade pública ou de interesse social; pagamento de indenização prévia ao ato de imissão na posse pelo Poder Público, e que seja justa e em dinheiro; e observância de ato administrativo, sem contraditório por parte do proprietário.

(B) Comprovação da necessidade ou utilidade pública ou de interesse social; pagamento de indenização prévia ao ato de imissão na posse pelo Poder Público, e que seja justa e em dinheiro; e observância de procedimento administrativo, com respeito ao contraditório e ampla defesa por parte do proprietário.

(C) Comprovação da necessidade ou utilidade pública ou de interesse social; pagamento de indenização prévia ao ato de imissão na posse pelo Poder Público, e que seja justa e em títulos da dívida pública ou quaisquer outros títulos públicos, negociáveis no mercado financeiro; e observância de procedimento administrativo, com respeito ao contraditório e ampla defesa por parte do proprietário.

(D) Comprovação da necessidade ou utilidade pública ou de interesse social; pagamento de indenização, posteriormente ao ato de imissão na posse pelo Poder Público, e que seja justa e em dinheiro; e observância de procedimento administrativo, com respeito ao contraditório e ampla defesa por parte do proprietário.

RESPOSTA A doutrina administrativa subdivide a intervenção estatal em intervenção restritiva e supressiva. A supressiva é a desapropriação, que se apresenta, que pode ocorrer em casos de necessidade ou utilidade pública, interesse social, sendo a indenização justa, prévia e em dinheiro (art. 5º, XXIV, da CF/88), existindo uma fase administrativa e, eventualmente, judicial, assegurando-se o contraditório e a ampla defesa. *Alternativa B.*

130. **(XI Exame)** Após regular procedimento de desapropriação, fundado no Decreto-Lei n. 3.365/41, um Estado da Federação assume o domínio do imóvel anteriormente titularizado por Gilberto. A desapropriação foi realizada com a finalidade de construir uma escola pública no local (art. 5º, *m*, do Decreto-Lei n. 3.365/41). No entanto, após algum tempo, Gilberto descobre que a utilização do imóvel foi transferida, sem qualquer formalidade, ao diretório regional do partido do governador do Estado. Indignado com a situação, Gilberto procura um advogado para orientá-lo. Nesse caso, assinale a afirmativa que indica o correto esclarecimento a ser dado pelo advogado.

(A) A conduta do Estado não é vedada pelo ordenamento jurídico, não obstante a destinação diversa dada ao imóvel.

(B) A conduta do Estado não é passível de controle judicial, porque diz respeito ao mérito administrativo, o que é vedado segundo nosso ordenamento jurídico.

(C) Uma demanda judicial deve ser ajuizada, visando declarar a nulidade do ato de desapropriação ao argumento de ocorrência de tredestinação ilícita.

(D) O ato não pode ser invalidado judicialmente, somente restando a Gilberto ajuizar uma demanda, postulando reparação pelos danos materiais e morais sofridos.

RESPOSTA Na desapropriação, o desvio de finalidade é chamado de tredestinação. A tredestinação pode ser lícita quando o agente público afasta-se da finalidade própria do ato, direcionando o bem para outro fim público. Há a tredestinação ilícita quando o agente afasta-se da finalidade própria do ato e destina o bem a um fim privado, como no caso em apreço, em que o imóvel desapropriado foi transferido ao diretório regional do partido do governador do Estado, ensejando uma demanda judicial pelo particular, objetivando a nulidade do ato de desapropriação. Há quem defenda que o ato não pode ser invalidado judicialmente, restando a Gilberto apenas a possibilidade de solicitar uma reparação pelos danos materiais e morais sofridos, tornando NULA a assertiva. *QUESTÃO ANULADA.*

131. **(XVII Exame)** O Município W, durante a construção de avenida importante, ligando a região residencial ao centro comercial da cidade, verifica a necessidade de ampliação da área a ser construída, mediante a incorporação de terrenos contíguos à área já desapropriada, a fim de permitir o prosseguimento das obras. Assim, expede novo decreto de desapropriação, declarando a utilidade pública dos imóveis indicados, adjacentes ao plano da pista. Diante deste caso, assinale a opção correta.

(A) É válida a desapropriação, pelo Município W, de imóveis a serem demolidos para a construção da obra pública, mas não a dos terrenos contíguos à obra.

(B) Não é válida a desapropriação, durante a realização da obra, pelo Município W, de novos imóveis, qualquer que seja a finalidade.

(C) É válida, no curso da obra, a desapropriação, pelo Município W, de novos imóveis em área contígua necessária ao desenvolvimento da obra.

(D) Em relação às áreas contíguas à obra, a única forma de intervenção estatal da qual pode se valer o Município W é a ocupação temporária.

RESPOSTA O art. 4º do Decreto-lei n. 3.365/41 expressamente determina que: "A desapropriação poderá abranger a área contígua necessária ao desenvolvimento da obra a que se destina, e as zonas que se valorizarem extraordinariamente, em consequência da realização do serviço. Em qualquer caso, a declaração de utilidade pública deverá compreendê-las, mencionando-se quais as indispensáveis à continuação da obra e as que se destinam à revenda". Cuida-se da desapropriação por Zona. *Alternativa C.*

132. **(XX Exame – Reaplicação)** O Estado Beta pretende estabelecer ligação viária entre dois municípios contíguos em seu território. Para tanto, mostra-se necessária a desapropriação, por utilidade pública, de bem de propriedade de um dos municípios beneficiários da obra.

Quanto à competência do Estado Beta para desapropriar bem público, assinale a afirmativa correta.

(A) O Estado Beta não tem competência para desapropriar, por utilidade pública, bem municipal.

(B) O Estado Beta não tem competência para desapropriar bens públicos.

(C) O Estado Beta poderá desapropriar sem qualquer providência preliminar.

(D) O Estado Beta poderá desapropriar mediante a respectiva autorização legislativa.

RESPOSTA O Decreto-lei n. 3.365/41, art. 2º, § 2º, exige autorização legislativa prévia para o Estado desapropriar um bem do município. *Alternativa D.*

133. **(XXIV Exame)** Damião, proprietário de terrenos não utilizados, mantidos para fins de especulação imobiliária, é notificado pela autoridade pública municipal, uma vez que seu terreno está incluído no plano Diretor do Município XYZ, e a Lei Municipal n. 123 determinou a edificação compulsória e aplicação de IPTU progressivo no tempo. Sobre as possíveis consequências que Damião pode sofrer, assinale a afirmativa correta.

(A) Caso não seja cumprida a notificação no prazo estabelecido, o Poder Público procederá à aplicação do Imposto sobre a Propriedade Predial e Territorial Urbana (IPTU) progressivo no tempo, o qual pode ser majorado indefinidamente, até que alcance o valor do bem.

(B) Ainda que Damião transfira o imóvel, a obrigação de edificação compulsória é transferida aos adquirentes, sem que haja interrupção dos prazos previamente estabelecidos pelo Poder Público.

(C) O Poder Público Municipal poderá desapropriar o imóvel de Damião mediante pagamento de indenização justa, prévia e em dinheiro, que refletirá o valor da base de cálculo do IPTU.

(D) Não há consequência jurídica no descumprimento, tendo em vista a não autoexecutoriedade nos atos do Poder Público em tema de política urbana, sendo necessária a intervenção do Poder Judiciário.

RESPOSTA Na política urbana, prevista na Constituição Federal, há a previsão expressa, em caso de imóveis urbanos não utilizados ou subutilizados, uma série de providências administrativas e tributárias, começando com a notificação para a edificação ou parcelamento compulsórios, seguindo-se de um IPTU progressivo no tempo até determinado limite, previsto na Lei n. 10.257 de 2001, adotando-se como última providência a desapropriação para melhor uso do solo urbano. A obrigação da edificação e parcelamento compulsórios transfere-se para eventuais adquirentes do imóvel, sem que haja interrupção dos prazos previamente estabelecidos pelo Poder Público. *Alternativa B.*

IX. CONTROLE DA ADMINISTRAÇÃO PÚBLICA

134. **(XXX Exame)** A sociedade empresária Feliz S/A, após apresentar a melhor proposta em licitação para a contratação de obra de grande vulto, promovida por certa empresa pública federal, apresentou os documentos exigidos no edital e foi habilitada. Este último ato foi objeto de recurso administrativo, no qual restou provado que a mencionada licitante foi constituída para burlar a sanção que lhe fora aplicada, já que se constituíra por transformação da sociedade empresária Alegre S/A, com os mesmos sócios e dirigentes, mesmo patrimônio, igual endereço e idêntico objeto social. A sociedade empresária Alegre S/A, em decorrência de escândalo que envolvia pagamento de propina e fraudes em licitações, foi penalizada em diversos processos administrativos. Após os trâmites previstos na Lei n. 12.846/2013 (Lei Anticorrupção Empresarial), diante do reconhecimento de haver praticado atos lesivos à Administração Pública, ela foi penalizada com a aplicação de multa e a declaração de inidoneidade para licitar ou contratar com a Administração Pública, pelo prazo de quatro anos. Diante dessa situação hipotética, assinale a afirmativa correta

(A) A exclusão da sociedade empresária Feliz S/A da licitação em curso é legítima, pois, diante da transformação, subsiste a responsabilidade da sociedade Alegre S/A.

(B) O reconhecimento da responsabilização administrativa da sociedade empresária Alegre S/A, por ato lesivo contra a Administração Pública, dependia da comprovação do elemento subjetivo culpa.

(C) A penalização da sociedade empresária Alegre S/A impede a responsabilização individual de seus dirigentes; por isso, não pode ser estendida à sociedade Feliz S/A.

(D) A imposição da sanção de declaração de inidoneidade à sociedade empresária Alegre S/A deveria impedir a aplicação de multa por ato lesivo à Administração Pública pelos mesmos fatos, sob pena de *bis in idem*.

RESPOSTA De acordo com o art. 4º da Lei n. 12.846/2013, subsiste a responsabilidade da pessoa jurídica na hipótese de alteração contratual, transformação, incorporação, fusão ou cisão societária. *Alternativa A.*

135. **(XXVIII Exame)** A União celebrou convênio com o Município Alfa para a implantação de um sistema de esgotamento sanitário. O Governo Federal repassou recursos ao ente local, ficando o município encarregado da licitação e da contratação da sociedade empresária responsável pelas obras. Após um certame conturbado, cercado de denúncias de favorecimento e conduzido sob a estreita supervisão do prefeito, sagrou-se vencedora a sociedade empresária Vale Tudo Ltda. Em escutas telefônicas, devidamente autorizadas pelo Poder Judiciário, comprovou-se o direcionamento da licitação para favorecer a sociedade empresária Vale Tudo Ltda., que tem, como sócios, os filhos do prefeito do Município Alfa. Tendo sido feita perícia no orçamento, identificou-se superfaturamento no preço contratado. Com base na situação narrada, assinale a afirmativa correta.

(A) Não compete ao Tribunal de Contas da União fiscalizar o emprego dos recursos em questão, pois, a partir do momento em que ocorre a transferência de titularidade dos valores, encerra-se a jurisdição da Corte de Contas Federal.

(B) O direcionamento da licitação constitui hipótese de frustração da licitude do certame, configurando ato de improbidade administrativa que atenta contra os princípios da Administração Pública e, por isso, sujeita os agentes públicos somente à perda da função pública e ao pagamento de multa civil.

(C) Apenas os agentes públicos estão sujeitos às ações de improbidade, de forma que terceiros, como é o caso da sociedade empresária Vale Tudo Ltda., não podem ser réus da ação judicial e, por consequência, imunes à eventual condenação ao ressarcimento do erário causado pelo superfaturamento.

(D) Por se tratar de ato de improbidade administrativa que causou prejuízo ao erário, os agentes públicos envolvidos e a sociedade empresária Vale Tudo Ltda. estão sujeitos ao integral ressarcimento do dano, sem prejuízo de outras medidas, como a proibição de contratar com o Poder Público ou receber incentivos fiscais por um prazo determinado.

RESPOSTA Dentre os atos de improbidade administrativa, previstos na Lei n. 8.429/92, a situação é contemplada pelo art. 10 em razão da lesão ao erário. Neste sentido, dispõe a lei (art. 12), que, independentemente das sanções penais, civis e administrativas previstas na legislação específica, está o responsável pelo ato de improbidade sujeito às seguintes cominações, que podem ser aplicadas isolada ou cumulativamente, de acordo com a gravidade do fato, na hipótese do art. 10, ressarcimento integral do dano, perda dos bens ou valores acrescidos ilicitamente ao patrimônio, se concorrer esta circunstância, perda da função pública, suspensão dos direitos políticos de cinco a oito anos, pagamento de multa civil de até duas vezes o valor do dano e proibição de contratar com o Poder Público ou receber benefícios ou incentivos fiscais ou creditícios, direta ou indiretamente, ainda que por intermédio de pessoa jurídica da qual seja sócio majoritário, pelo prazo de cinco anos (inciso II). *Alternativa D.*

136. **(XXVI Exame)** Raul e Alberto inscreveram-se para participar de um concorrido concurso público. Como Raul estava mais preparado, combinaram que ele faria a prova rapidamente e, logo após, deixaria as respostas na lixeira do banheiro para que Alberto pudesse ter acesso a elas. A fraude só veio a ser descoberta após o ingresso de Raul e de Alberto no cargo, fato que ensejou o afastamento deles. Após rígida investigação policial e administrativa, não foi identificada, na época do certame, a participação de agentes públicos no esquema. Sobre os procedimentos de Raul e de Alberto, com base nas disposições da Lei de Improbidade Administrativa, assinale a afirmativa correta.

(A) Eles enriqueceram ilicitamente graças aos salários recebidos e, por isso, devem responder por ato de improbidade administrativa.

(B) Eles causaram prejuízo ao erário, consistente nos salários pagos indevidamente e, por isso, devem responder por ato de improbidade administrativa.

(C) Eles frustraram a licitude de concurso público, atentando contra os princípios da Administração Pública, e, por isso, devem responder por ato de improbidade administrativa.

(D) Eles não praticaram ato de improbidade administrativa, pois, no momento em que ocorreu a fraude no concurso público, não houve a participação de agentes públicos.

RESPOSTA De acordo com o art. 3º da Lei n. 8.429/92, Lei da Improbidade Pública, as disposições desta lei são aplicáveis, no que couber, àquele que, mesmo não sendo agente público, induza ou concorra para a prática do ato de improbidade ou dele se beneficie sob qualquer forma direta ou indireta. Como no momento da fraude não houve participação de agentes públicos, isentos estarão de responsabilidade. *Alternativa D.*

137. **(IX Exame)** As contas do Prefeito do Município X não foram aprovadas pelo Tribunal de Contas do Estado. Dentre outras irregularidades, apurou-se o superfaturamento em obras públicas. Sobre o controle exercido pelas Cortes de Contas, assinale a afirmativa correta.

(A) O parecer desfavorável emitido pelo Tribunal de Contas do Estado pode ser superado por decisão de dois terços dos membros da Câmara Municipal.

(B) A atuação do Tribunal de Contas configura exemplo de controle interno dos atos da Administração Pública.

(C) A atuação do Tribunal de Contas do Estado somente será possível até que haja a criação de um Tribunal de Contas do Município, por lei complementar de iniciativa do Prefeito.

(D) As contas do Prefeito estarão sujeitas à atuação do Tribunal de Contas somente se houver previsão na Lei Orgânica do Município.

RESPOSTA (A) De acordo com o art. 71, § 2º, da CF. (B) Incorreta, pois se trata de controle externo, *vide* art. 71 da CF. (C) Incorreta, pois é vedada a criação de Tribunal de Contas do Município, art. 31, § 4º, da CF. (D) Incorreta, art. 31 da CF. *Alternativa A.*

138. **(XIV Exame)** Cinco empresas que, somadas, dominam 90% (noventa por cento) da produção metalúrgica nacional acordam, secretamente, a redução da oferta de bens por elas produzidos, a fim de elevar o preço dos seus produtos. A partir da hipótese apresentada, assinale a opção correta.

(A) A garantia da livre concorrência no texto constitucional impede a intervenção do Estado nessa hipótese.

(B) A atuação das empresas configura infração da ordem econômica, sujeitando-as à intervenção do Estado.

(C) A situação de domínio do mercado resulta de processo natural fundado na maior eficiência em relação aos demais competidores, não caracterizando, portanto, qualquer infração.

(D) A intervenção do Estado na ordem econômica somente será permitida quando necessária aos imperativos da segurança nacional ou a relevante interesse coletivo.

RESPOSTA O art. 173, § 4º, da CF determina que: "A lei reprimirá o abuso do poder econômico que vise à dominação dos mercados, à eliminação da concorrência e ao aumento arbitrário dos lucros", ou seja, caberá uma intervenção da União Federal em caso de monopólio do mercado, combinação de preços com o objetivo de aumentar a margem de lucros. Em seu § 5º, determina que: "a lei, sem prejuízo da responsabilidade individual dos dirigentes da pessoa jurídica, estabelecerá a responsabilidade desta, sujeitando-a às punições compatíveis com sua natureza, nos atos praticados contra a ordem econômica e financeira e contra a economia popular". *Alternativa B.*

139. **(XV Exame)** A ONG "Festivus", uma associação de caráter assistencial, qualificada como Organização da Sociedade Civil de Interesse Público (OSCIP), celebrou Termo de Parceria com a União e dela recebeu R$ 150.000,00 (cento e cinquenta mil reais) para execução de atividades de interesse público. Uma revista de circulação nacional, entretanto, divulgou denúncias de desvio de recursos e de utilização da associação como forma de fraude. Com base na hipótese apresentada, considerando a disciplina constitucional e legal, assinale a afirmativa correta.

(A) O Tribunal de Contas da União não tem competência para apurar eventual irregularidade, uma vez que se trata de pessoa jurídica de direito privado, não integrante da Administração Pública.

(B) O Tribunal de Contas da União tem competência para apurar eventual irregularidade praticada pela OSCIP, por tratar de pessoa jurídica integrante da administração indireta federal.

(C) O Tribunal de Contas da União tem competência para apurar eventual irregularidade praticada pela OSCIP, por se tratar de recursos públicos federais.

(D) O controle exercido sobre a utilização dos recursos repassados à OSCIP é realizado apenas pela própria Administração e pelo Ministério Público Federal.

RESPOSTA O Tribunal de Contas da União auxilia o Congresso Nacional no controle externo das contas da Administração Pública. A Constituição Federal, em seu art. 71, II, assim dispõe: "Art. 71. O controle externo, a cargo do Congresso Nacional, será exercido com o auxílio do Tribunal de Contas da União, ao qual compete: II – julgar as contas dos administradores e demais responsáveis por dinheiros, bens e valores públicos da administração direta e indireta, incluídas as fundações e sociedades instituídas e mantidas pelo Poder Público federal, e as contas daqueles que derem causa a perda, extravio ou outra irregularidade de que resulte prejuízo ao erário público". O art. 12 da Lei n. 9.790/99 assim dispõe: "Art. 12. Os responsáveis pela fiscalização do Termo de Parceria, ao tomarem conhecimento de qualquer irregularidade ou ilegalidade na utilização de recursos ou bens de origem pública pela organização parceira, darão imediata ciência ao Tribunal de Contas respectivo e ao Ministério Público, sob pena de responsabilidade solidária". *Alternativa C.*

140. **(XVI Exame)** O Estado X está ampliando a sua rede de esgotamento sanitário. Para tanto, celebrou contrato de obra com a empresa "Enge-X-Sane", no valor de R$ 50.000.000,00 (cinquenta milhões de reais). A fim de permitir a conclusão das obras, com a extensão da rede de esgotamento a quatro comunidades carentes, o Estado celebrou termo aditivo com a referida empresa, no valor de R$ 10.000.000,00 (dez milhões de reais), custeados com recursos transferidos pela União, mediante convênio, elevando, assim, o valor total do contrato para R$ 60.000.000,00 (sessenta milhões de reais). Considerando que foram formuladas denúncias de sobrepreço ao Tribunal de Contas da União, assinale a afirmativa correta.

(A) O Tribunal de Contas da União não tem competência para apurar eventual irregularidade, uma vez que se trata de obra pública estadual, devendo o interessado formular denúncia ao Tribunal de Contas do Estado.

(B) O Tribunal de Contas da União não tem competência para apurar eventual irregularidade, mas pode, de ofício, remeter os elementos da denúncia para o Tribunal de Contas do Estado.

(C) O Tribunal de Contas da União é competente para fiscalizar a obra e pode determinar, diante de irregularidades, a imediata sustação da execução do contrato impugnado.

(D) O Tribunal de Contas da União é competente para fiscalizar a obra e pode indicar prazo para que o órgão ou a entidade adote as providências necessárias ao exato cumprimento da lei, se verificada ilegalidade.

RESPOSTA O art. 71, CF, assim dispõe: "O controle externo, a cargo do Congresso Nacional, será exercido com o auxílio do Tribunal de Contas da União, ao qual compete: VI – fiscalizar a aplicação de quaisquer recursos repassados pela União mediante convênio, acordo, ajuste ou outros instrumentos congêneres, a Estado, ao Distrito Federal ou a Município; IX – assinar prazo para que o órgão ou entidade adote as providências necessárias ao exato cumprimento da lei, se verificada ilegalidade". *Alternativa D.*

141. **(XIX Exame)** A pretexto de regulamentar a Lei n. 8.987/1995, que dispõe sobre a concessão e a permissão de serviços públicos, o Presidente da República editou o Decreto XYZ, que estabelece diversas hipóteses de gratuidade para os serviços de transporte de passageiros. A respeito da possibilidade de controle do Decreto XYZ, expedido pelo chefe do Poder Executivo, assinale a afirmativa correta.

(A) Como ato de natureza essencialmente política, o Decreto XYZ não está sujeito a qualquer forma de controle.

(B) Como ato discricionário, o Decreto XYZ não está sujeito a qualquer forma de controle.

(C) Como ato normativo infralegal, o Decreto XYZ está sujeito apenas ao controle pelo Poder Judiciário.

(D) Como ato normativo infralegal, o Decreto XYZ sujeita-se ao controle judicial e ao controle legislativo.

RESPOSTA Os decretos expedidos pelo Presidente da República devem respeito ao Princípio da Legalidade, posto que somente podem ser expedidos para a fiel execução das leis (art. 84, IV, CF). O texto constitucional, em seu art. 49, V, expressamente determina que compete ao Congresso Nacional sustar os atos normativos que exorbitam do Poder Regulamentar. O Poder Judiciário também poderá anular os decretos que exorbitam do Poder Regulamentar. *Alternativa D.*

X. RESPONSABILIDADE CIVIL DO ESTADO

142. **(XXXI Exame)** Rafael, funcionário da concessionária prestadora do serviço público de fornecimento de gás canalizado, realizava reparo na rede subterrânea, quando deixou a tampa do bueiro aberta, sem qualquer sinalização, causando a queda de Sônia, transeunte que caminhava pela calçada. Sônia, que trabalha como faxineira diarista, quebrou o fêmur da perna direita em razão do ocorrido e ficou internada no hospital por 60 dias, sem poder trabalhar. Após receber alta, Sônia procurou você, como advogado(a), para ajuizar ação indenizatória em face

(A) da concessionária, com base em sua responsabilidade civil objetiva, para cuja configuração é desnecessária a comprovação de dolo ou culpa de Rafael.

(B) do Estado, como poder concedente, com base em sua responsabilidade civil direta e subjetiva, para cuja configuração é prescindível a comprovação de dolo ou culpa de Rafael.

(C) de Rafael, com base em sua responsabilidade civil direta e objetiva, para cuja configuração é desnecessária a comprovação de ter agido com dolo ou culpa, assegurado o direito de regresso contra a concessionária.

(D) do Município, como poder concedente, com base em sua responsabilidade civil objetiva, para cuja configuração é imprescindível a comprovação de dolo ou culpa de Rafael.

RESPOSTA Trata-se de responsabilidade civil objetiva (independe da comprovação de dolo ou culpa) da concessionária, que é a pessoa jurídica de direito privado prestadora de serviço público, à qual se aplica o disposto no art. 37, § 6º, da CF: As pessoas jurídicas de direito público e as de direito privado prestadoras de serviços públicos responderão pelos danos que seus agentes, nessa qualidade, causarem a terceiros, assegurado o direito de regresso contra o responsável nos casos de dolo ou culpa. *Alternativa A.*

143. (XXVII Exame) A União construiu uma usina nuclear para fins de geração de energia elétrica. A fim de minimizar os riscos de acidentes relacionados à utilização do urânio, foram empregados, no empreendimento, os mais modernos e seguros equipamentos. Do mesmo modo, o pessoal designado para trabalhar na usina recebeu todos os treinamentos exigidos nas legislações brasileira e internacional. Entretanto, em decorrência de uma intensa, imprevisível e excepcional chuva que caiu na região, parte da usina ficou alagada. Isso gerou superaquecimento nas instalações, fato que culminou na liberação de um pequeno volume de gases radioativos armazenados, causando náuseas e vômitos na população que mora próxima à usina. Com base na situação narrada, assinale a afirmativa correta.

(A) A União não pode ser responsabilizada pelos danos causados à população, tendo em vista a ausência de culpa (responsabilidade subjetiva) por parte do Poder Público.

(B) Em razão de as chuvas constituírem um evento imprevisível e excepcional, não se cogita a responsabilidade da União pelos danos causados à população.

(C) A União pode ser responsabilizada pelas consequências advindas do vazamento de gases radioativos, independentemente de culpa, pois a responsabilidade é objetiva.

(D) A União não pode ser responsabilizada pelos danos causados à população, dado competir aos Estados a exploração dos serviços e das instalações nucleares, cabendo a eles a responsabilidade pelos danos.

RESPOSTA Muito embora a responsabilidade civil do Estado esteja baseada na **Teoria do Risco Administrativo**, pela qual o Estado responde objetivamente por danos causados a terceiros, admitindo-se, no entanto, algumas excludentes, como caso fortuito e força maior, há casos em que a doutrina e jurisprudência entendem pela aplicação da chamada **Teoria do Risco Integral**, pela qual o Estado deve responder objetivamente, não havendo que se falar em excludentes, como é caso de danos nucleares. *Alternativa C.*

144. (XXVI Exame) Em uma movimentada rodovia concedida pela União a uma empresa privada, um veículo particular colidiu com outro, deixando diversos destroços espalhados pela faixa de rolamento. Um dos objetos deixados sobre a pista cortou o pneu de um terceiro automóvel, causando a colisão deste em uma mureta de proteção. Com base no fragmento acima, assinale a afirmativa correta.

(A) A concessionária deve responder objetivamente pelos danos causados, com fundamento na teoria do risco administrativo.

(B) Em nenhuma hipótese a concessionária poderá ser responsabilizada pelo evento danoso.

(C) A concessionária responde pelos danos materiais causados ao terceiro veículo, com fundamento na teoria do risco integral, isto é, ficou comprovado que o dano foi causado por culpa exclusiva de terceiro ou por força maior.

(D) O proprietário do terceiro automóvel só será reparado pelos danos materiais caso demonstre a culpa da concessionária, caracterizada, por exemplo, pela demora excessiva em promover a limpeza da rodovia.

RESPOSTA De acordo com o § 6º do art. 37 da CF, as pessoas jurídicas de direito público e as de direito privado prestadoras de serviços públicos responderão pelos danos que seus agentes, nessa qualidade, causarem a terceiros, assegurado o direito de regresso contra o responsável nos casos de dolo ou culpa. *Alternativa A.*

145. (XXI Exame) José, acusado por estupro de menores, foi condenado e preso em decorrência da execução de sentença penal transitada em julgado. Logo após seu recolhimento ao estabelecimento prisional, porém, foi assassinado por um colega de cela. Acerca da responsabilidade civil do Estado pelo fato ocorrido no estabelecimento prisional, assinale a afirmativa correta.

(A) Não estão presentes os elementos configuradores da responsabilidade civil do Estado, porque está presente o fato exclusivo de terceiro, que rompe o nexo de causalidade, independentemente da possibilidade de o Estado atuar para evitar o dano.

(B) Não estão presentes os elementos configuradores da responsabilidade civil do Estado, porque não existe a causalidade necessária entre a conduta de agentes do Estado e o dano ocorrido no estabelecimento estatal.

(C) Estão presentes os elementos configuradores da responsabilidade civil do Estado, porque o ordenamento jurídico brasileiro adota, na matéria, a teoria do risco integral.

(D) Estão presentes os elementos configuradores da responsabilidade civil do Estado, porque o poder público tem o dever jurídico de proteger as pessoas submetidas à custódia de seus agentes e estabelecimentos.

RESPOSTA Quando coisas ou pessoas estão sob custódia do Estado, este tem o dever de assegurar a integridade, senão, responderá, mesmo que o dano não ocorra diretamente de uma ação de algum agente, como é o caso de um preso assassinado por um colega de cela. Estando presentes, portanto, os elementos da responsabilidade civil *conduta do agente* (no caso, a omissão em proteger), *dano* (morte) e *nexo de causalidade* (o dano ocorreu em razão da falha no dever de proteger), configurada está a responsabilidade do Estado. *Alternativa D.*

146. **(VI Exame)** Ambulância do Corpo de Bombeiros envolveu-se em acidente de trânsito com automóvel dirigido por particular, que trafegava na mão contrária de direção. No acidente, o motorista do automóvel sofreu grave lesão, comprometendo a mobilidade de um dos membros superiores. Nesse caso, é correto afirmar que

(A) existe responsabilidade objetiva do Estado em decorrência da prática de ato ilícito, pois há nexo causal entre o dano sofrido pelo particular e a conduta do agente público.

(B) não haverá o dever de indenizar se ficar configurada a culpa exclusiva da vítima, que dirigia na contramão, excluindo a responsabilidade do Estado.

(C) não se cogita de responsabilidade objetiva do Estado porque não houve a chamada culpa ou falha do serviço. E, de todo modo, a indenização do particular, se cabível, ficaria restrita aos danos materiais, pois o Estado não responde por danos morais.

(D) está plenamente caracterizada a responsabilidade civil do Estado, que se fundamenta na teoria do risco integral.

RESPOSTA (A) No Brasil, adota-se a Teoria do Risco Administrativo, em que se admitem excludentes de Responsabilidade, incluindo-se a culpa exclusiva do particular. (B) Correta. A culpa exclusiva do particular afasta a responsabilidade do Estado. (C) A responsabilidade do Estado é imputada na forma objetiva e poderá responder por eventuais danos morais. (D) O Brasil adota a Teoria do Risco Administrativo, aplicando-se o Risco Integral excepcionalmente. *Alternativa B.*

147. **(VIII Exame)** Sílvio, servidor público, durante uma diligência com carro oficial do Estado X para o qual trabalha, se envolve em acidente de trânsito, por sua culpa, atingindo o carro de João. Considerando a situação acima e a evolução do entendimento sobre o tema, assinale a afirmativa correta.

(A) João deverá demandar Sílvio ou o Estado X, à sua escolha, porém, caso opte por demandar Sílvio, terá que comprovar a sua culpa, ao passo que o Estado responde independentemente dela.

(B) João poderá demandar Sílvio ou o Estado X, à sua escolha, porém, caso opte por demandar Sílvio, presumir-se-á sua culpa, ao passo que o Estado responde independentemente dela.

(C) João poderá demandar apenas o Estado X, já que Sílvio estava em serviço quando da colisão e, por isso, a responsabilidade objetiva é do Estado, que terá direito de regresso contra Sílvio, em caso de culpa.

(D) João terá que demandar Sílvio e o Estado X, já que este último só responde caso comprovada a culpa de Sílvio, que, no entanto, será presumida por ser ele servidor do Estado (responsabilidade objetiva).

RESPOSTA De acordo com o art. 37, § 6º, da CF, adota-se a responsabilidade objetiva do Estado, devendo o Estado responder por ato oriundo de seu agente, que, nesta condição, produziu dano a terceiro. A ação deverá ser ajuizada contra o Estado que deverá demandar o Estado X, que terá direito de regresso contra Sílvio, comprovado dolo ou culpa. *Alternativa C.*

148. **(IV Exame)** Antônio, vítima em acidente automobilístico, foi atendido em hospital da rede pública do Município de Mar Azul e, por imperícia do médico que o assistiu, teve amputado um terço de sua perna direita. Nessa situação hipotética, respondem pelo dano causado a Antônio

(A) o Município de Mar Azul e o médico, solidária e objetivamente.

(B) o Município de Mar Azul, objetivamente, e o médico, regressivamente, em caso de dolo ou culpa.

(C) o Município de Mar Azul, objetivamente, e o médico, subsidiariamente.

(D) o Município de Mar Azul, objetivamente, e o médico, solidária e subjetivamente.

RESPOSTA De acordo com o § 6º do art. 37 da CF, as pessoas jurídicas de direito público responderão objetivamente pelos danos que seus agentes, nessa qualidade, causarem a terceiros, assegurando-se o direito de regresso contra o responsável nos casos de dolo ou culpa. *Alternativa B.*

149. **(III Exame)** Um policial militar, de nome Norberto, no dia de folga, quando estava na frente da sua casa, de bermuda e sem camisa, discute com um transeunte e acaba desferindo tiros de uma arma antiga, que seu avô lhe dera. Com base no relatado acima, é correto afirmar que o Estado

(A) será responsabilizado, pois Norberto é agente público pertencente a seus quadros.
(B) será responsabilizado, com base na teoria do risco integral.
(C) somente será responsabilizado de forma subsidiária, ou seja, caso Norberto não tenha condições financeiras.
(D) não será responsabilizado, pois Norberto, apesar de ser agente público, não atuou nessa qualidade; sua conduta não pode, pois, ser imputada ao Ente Público.

RESPOSTA A responsabilidade do Estado ocorrerá se o servidor encontrar-se em exercício o que não ocorreu no presente caso, razão pela qual o Estado não será responsabilizado. *Alternativa D.*

150. **(XIX Exame)** Um paciente de um hospital psiquiátrico estadual conseguiu fugir da instituição em que estava internado, ao aproveitar um momento em que os servidores de plantão largaram seus postos para acompanhar um jogo de futebol na televisão. Na fuga, ao pular de um viaduto próximo ao hospital, sofreu uma queda e, em razão dos ferimentos, veio a falecer. Nesse caso,

(A) o Estado não responde pela morte do paciente, uma vez que não configurado o nexo de causalidade entre a ação ou omissão estatal e o dano.
(B) o Estado responde de forma subjetiva, uma vez que não configurado o nexo de causalidade entre a ação ou omissão estatal e o dano.
(C) o Estado não responde pela morte do paciente, mas, caso comprovada a negligência dos servidores, estes respondem de forma subjetiva.
(D) o Estado responde pela morte do paciente, garantido o direito de regresso contra os servidores no caso de dolo ou culpa.

RESPOSTA A situação gera uma responsabilidade do Estado, posto que, encontrando-se o paciente em um hospital psiquiátrico, é obrigação da Administração Pública proteger a sua saúde, integridade física e a sua vida. No caso em apreço, o paciente fugiu em função de negligência (culpa) dos funcionários do hospital, razão pela qual o Estado responde pela morte do paciente, garantido o direito de regresso contra os servidores no caso de dolo ou culpa. *Alternativa D.*

151. **(XX Exame – Reaplicação)** Caio, policial militar do Estado X, abalroou, com sua viatura, um veículo particular estacionado em local permitido, durante uma perseguição. Júlio, proprietário do veículo atingido, ingressou com demanda indenizatória em face do Estado. A sentença de procedência reconheceu a responsabilidade civil objetiva do Estado, independentemente de se perquirir a culpa do agente.

Nesse caso,

(A) não pode o Estado ingressar com ação de regresso em face do policial militar, eis que atuava, no momento do acidente, na condição de agente público.
(B) pode o Estado ingressar com ação de regresso em face do policial militar, devendo o ente público demonstrar a existência de dolo do agente.
(C) pode o Estado ingressar com ação de regresso em face do policial militar, devendo o ente público demonstrar a existência de culpa ou dolo do agente.
(D) não pode o Estado ingressar com ação de regresso em face do agente público, uma vez que o Estado não foi condenado com base na culpa ou dolo do agente.

RESPOSTA O art. 37, § 6º, da CF expressamente estabelece que o Estado responde de forma objetiva, cabendo ação regressiva contra o servidor público nos casos de dolo ou culpa, ou seja, a responsabilidade do Estado é objetiva e a do servidor, é subjetiva. *Alternativa C.*

152. **(XX Exame)** A fim de pegar um atalho em seu caminho para o trabalho, Maria atravessa uma área em obras, que está interditada pela empresa contratada pelo Município para a reforma de um viaduto. Entretanto, por desatenção de um dos funcionários que trabalhava no local naquele momento, um bloco de concreto se desprendeu da estrutura principal e atingiu o pé de Maria. Nesse caso,

(A) a empresa contratada e o Município respondem solidariamente, com base na teoria do risco integral.
(B) a ação de Maria, ao burlar a interdição da área, exclui o nexo de causalidade entre a obra e o dano, afastando a responsabilidade da empresa e do Município.
(C) a empresa contratada e o Município respondem de forma atenuada pelos danos causados, tendo em vista a culpa concorrente da vítima.
(D) a empresa contratada responde de forma objetiva, mas a responsabilidade do Município demanda comprovação

RESPOSTA O Brasil adota a Teoria do Risco Administrativo que admite diminuição da responsabilidade em caso de culpa concorrente do particular. No caso em apreço, a área está interditada e, consequentemente, não poderia Maria atravessar a área interditada. *Alternativa C.*

XI. IMPROBIDADE ADMINISTRATIVA

153. **(XXIX Exame)** Determinado jornal publicou a notícia de que, nos últimos dez anos, a mesma empreiteira (sociedade empresária Beta) venceu todas as grandes licitações promovidas pelo Ministério Alfa. A sociedade empresária Beta, ciente do risco de serem descobertos os pagamentos sistemáticos de propina a servidores públicos em troca de vantagens competitivas, resolve procurar as autoridades competentes para propor a celebração de acordo de leniência. Com base na hipótese apresentada, assinale a afirmativa correta.

(A) É requisito do acordo de leniência o compromisso da sociedade empresária de fazer cessar seu envolvimento na irregularidade investigada, qual seja, o pagamento de propina a servidores públicos em troca das vantagens competitivas.

(B) A assinatura do acordo de leniência está condicionada à efetiva colaboração da sociedade empresária na elucidação dos fatos, mas a pessoa jurídica não precisa indicar os agentes públicos recebedores da propina.

(C) Para premiar a colaboração da sociedade empresária Beta, o poder público pode isentá-la do pagamento de multa pela prática de atos lesivos à Administração Pública.

(D) A proposta e os termos do acordo propriamente dito são sempre sigilosos, medida necessária para impedir que outras instituições públicas venham a utilizar as informações em prejuízo da sociedade empresária leniente.

RESPOSTA A Lei n. 12.846/2013 dispõe sobre a responsabilização administrativa e civil de pessoas jurídicas pela prática de atos contra a administração pública, nacional ou estrangeira, e dá outras providências, dentre elas, traz o acordo de leniência. São requisitos que devem ser preenchidos cumulativamente (art. 16, § 1º): I – a pessoa jurídica seja a primeira a se manifestar sobre seu interesse em cooperar para a apuração do ato ilícito; II – a pessoa jurídica cesse completamente seu envolvimento na infração investigada a partir da data de propositura do acordo; III – a pessoa jurídica admita sua participação no ilícito e coopere plena e permanentemente com as investigações e o processo administrativo, comparecendo, sob suas expensas, sempre que solicitada, a todos os atos processuais, até seu encerramento. Sendo assim, correta a *alternativa A.*

154. **(XXIX Exame)** O Ministério Público ajuizou ação civil pública por improbidade em desfavor de Felipe dos Santos, servidor público federal estável, com fulcro no art. 10, inciso IV, da Lei n. 8.429/92. O servidor teria facilitado a alienação de bens públicos a certa sociedade empresária, alienação essa que, efetivamente, causou lesão ao erário, sendo certo que, nos autos do processo, restou demonstrado que o agente público não agiu com dolo, mas com culpa. Com base na hipótese apresentada, assinale a opção que está em consonância com a legislação de regência.

(A) Felipe não pode sofrer as sanções da lei de improbidade, pois todas as hipóteses capituladas na lei exigem o dolo específico para a sua caracterização.

(B) É passível a caracterização da prática de ato de improbidade administrativa por Felipe, pois a modalidade culposa é admitida para a conduta a ele imputada.

(C) Não é cabível a caracterização de ato de improbidade por Felipe, na medida em que apenas os atos que atentam contra os princípios da Administração Pública admitem a modalidade culposa.

(D) Felipe não praticou ato de improbidade, pois apenas os atos que importam em enriquecimento ilícito admitem a modalidade culposa.

RESPOSTA De acordo com o art. 10 da Lei de Improbidade, constitui ato de improbidade administrativa que causa lesão ao erário qualquer ação ou omissão, dolosa ou culposa, que enseje perda patrimonial, desvio, apropriação, malbaratamento ou dilapidação dos bens ou haveres da administração direta, indireta ou fundacional (e todas do art. 1º da referida lei). Sendo assim, correta a *alternativa B.*

155. **(XXV Exame)** Raimundo tornou-se prefeito de um pequeno município brasileiro. Seu mandato teve início em janeiro de 2009 e encerrou-se em dezembro de 2012. Em abril de 2010, sabendo que sua esposa estava grávida de gêmeos e que sua residência seria pequena para receber os novos filhos, Raimundo comprou um terreno e resolveu construir uma casa maior. No mesmo mês, com o orçamento familiar apertado, para não incorrer em novos custos, ele usou um trator de esteiras, de propriedade do município, para nivelar o terreno recém-adquirido. O Ministério Público teve ciência do fato em maio de 2015 e ajuizou, em setembro do mesmo ano, ação de improbidade administrativa contra Raimundo. Após análise da RESPOSTA preliminar, o juiz recebeu a ação e ordenou a citação do réu em dezembro de 2015.

Considerando o enunciado da questão e a Lei de Improbidade Administrativa, em especial as disposições sobre prescrição, o prazo prescricional das eventuais sanções a serem aplicadas a Raimundo é de

(A) cinco anos, tendo como termo inicial a data da infração (abril de 2010); logo, como a ação foi ajuizada em setembro de 2015, ocorreu a prescrição no caso concreto.

(B) três anos, tendo como termo inicial a data em que os fatos se tornaram conhecidos pelo Ministério Público (maio de 2015); logo, como a ação foi ajuizada em setembro de 2015, não ocorreu a prescrição no caso concreto.

(C) cinco anos, tendo como termo inicial o término do exercício do mandato (dezembro de 2012); logo, como a ação foi ajuizada em setembro de 2015, não ocorreu a prescrição no caso concreto.

(D) três anos, tendo como termo inicial o término do exercício do mandato (dezembro de 2012); logo, como a ação foi ajuizada em setembro de 2015, ocorreu a prescrição no caso concreto.

RESPOSTA O art. 23, I, da Lei n. 8.429/92 assim dispõe: "As ações destinadas a levar a efeitos as sanções previstas nesta lei podem ser propostas: até cinco anos após o término do exercício de mandato, de cargo em comissão ou de função de confiança", ou seja, considerando termo inicial, o término do exercício do mandato (dezembro de 2012), não estará prescrita a ação de improbidade, porque foi ajuizada em setembro de 2015, dentro do prazo de cinco anos. *Alternativa C.*

156. **(XIII Exame)** Após conclusão de licitação do tipo menor preço, conduzida por uma autarquia federal para a contratação de serviços de limpeza predial, sagrou-se vencedora a sociedade "LYMPA", que ofereceu a melhor proposta. O dirigente da autarquia, entretanto, deixou de adjudicar o objeto à sociedade vencedora e contratou com outra sociedade, pertencente ao seu genro, para realizar o serviço por um preço mais baixo do que o oferecido pela sociedade vencedora. O Ministério Público ajuizou ação de improbidade contra o dirigente da autarquia. A partir do caso apresentado, assinale a afirmativa correta.

(A) A improbidade administrativa não está configurada, uma vez que não restou configurado enriquecimento do agente público.

(B) O resultado da ação de improbidade dependerá da apuração financeira de eventual prejuízo aos cofres do ente público.

(C) A propositura da ação de improbidade é admissível, ainda que não haja prejuízo ao erário e nem enriquecimento do agente público.

(D) A ação de improbidade somente é aceita em relação aos atos expressamente tipificados na Lei n. 8.429/92, o que não atinge a contratação direta sem licitação.

RESPOSTA (A) A Improbidade Administrativa poderá se configurar independentemente de ter havido enriquecimento ilícito. (B) A Improbidade Administrativa poderá se configurar independentemente de haver dano ao erário. (C) O art. 11 da Lei n. 8.429/92 expressamente tipifica como atos de Improbidade aqueles que ofendem princípios administrativos. (D) A contratação direta sem licitação pode se configurar como Ato de Improbidade Administrativa quando realizada fora das hipóteses legais. *Alternativa C.*

157. **(X Exame)** Cristina, cidadã brasileira comprometida com a boa administração, descobre que determinada obra pública em sua cidade foi realizada em desacordo com as normas que regem as licitações públicas, com vistas a beneficiar um particular amigo do prefeito. De posse de cópias do processo administrativo que comprovam a situação, pretende ingressar com medida judicial para a proteção do patrimônio público. Para combater tal situação, Cristina deverá

(A) ingressar com ação civil pública, que é o meio apto a sanar a lesividade ao patrimônio público.

(B) propor ação penal privada subsidiária da pública para condenar o prefeito e o particular beneficiado e reparar os prejuízos causados aos cofres públicos.

(C) impetrar mandado de segurança coletivo para amparar direito líquido e certo seu e de todos os cidadãos aos princípios da legalidade e moralidade.

(D) ingressar com ação popular apta a proteger o patrimônio público indevidamente lesado.

RESPOSTA Nos termos do art. 37, LXXIII, da CF, a Ação Popular é a ação cabível a ser ajuizada por qualquer cidadão para anular ato ilegal que objetive a nulidade de ato administrativo ilegal que atente contra o patrimônio público, ao meio ambiente, ao patrimônio histórico-cultural e à moralidade administrativa. *Alternativa D.*

158. **(XIV Exame)** Caio, chefe de gabinete do prefeito do município X, ocupante exclusivamente de cargo em comissão, conhecendo os planos concretos da prefeitura para levar asfaltamento, saneamento e outras intervenções urbanísticas a um bairro mais distante, revela a alguns construtores tal fato, levando-os a adquirir numerosos terrenos naquela localidade antes que ocorresse sua valorização imobiliária. Caio recusa, expressamente, todos os presentes enviados pelos construtores. Sobre a situação hipotética descrita acima, assinale a opção correta.

(A) O ato de improbidade pode estar configurado com a mera comunicação, antes da divulgação oficial, da medida a ser adotada pela prefeitura, que valorizará determinados imóveis, ainda que não tenha havido qualquer vantagem para Caio.

(B) A configuração da improbidade administrativa depende, sempre, da existência de enriquecimento ilícito por parte de Caio ou de lesão ao erário, requisitos ausentes no caso concreto.

(C) Caio, caso venha a ser condenado criminalmente pela prática das condutas acima descritas, não poderá responder por improbidade administrativa, sob pena de haver *bis in idem*.

(D) Caio não responde por ato de improbidade, por não ser servidor de carreira; responde, todavia, por crime de responsabilidade, na qualidade de agente político, ocupante de cargo em comissão.

RESPOSTA O art. 10, inciso XII, da Lei n. 8.429/92 determina que: "Art. 10. Constitui ato de improbidade administrativa que causa lesão ao erário qualquer ação ou omissão, dolosa ou culposa, que enseje perda patrimonial, desvio, apropriação, malbaratamento ou dilapidação dos bens ou haveres das entidades referidas no art. 1º desta lei, e notadamente: XII – permitir, facilitar ou concorrer para que terceiro se enriqueça ilicitamente", restando incontroverso que o ato de improbidade resta configurado com a mera comunicação, antes da divulgação oficial, da medida a ser adotada pela prefeitura, que valorizará determinados imóveis, ainda que não tenha havido qualquer vantagem para Caio. *Alternativa A.*

159. **(XVIII Exame)** O Ministério Público do Estado W ajuizou ação de improbidade administrativa contra um ex-governador, com fundamento no art. 9º da Lei n. 8.429/1992 (ato de improbidade administrativa que importe enriquecimento ilícito), mesmo passados quase 3 (três) anos do término do mandato e 6 (seis) anos desde a suposta prática do ato de improbidade que lhe é atribuída. Nesse caso,

(A) o ex-governador está sujeito, dentre outras sanções, à perda dos bens ou valores acrescidos ilicitamente ao patrimônio, ao ressarcimento integral do dano e à suspensão dos direitos políticos pelo período de oito a dez anos.

(B) a ação de improbidade está fadada ao insucesso, tendo em vista que não podem ser réus de tal demanda aqueles que já não ocupam mandato eletivo e nem cargo, emprego ou função na Administração.

(C) a ação de improbidade está fadada ao insucesso, tendo em vista que já transcorreram mais de 3 (três) anos desde o término do exercício do mandado eletivo.

(D) é imprescritível a ação de improbidade destinada à aplicação das sanções previstas na Lei n. 8.429/1992, e, por essa razão, o ex-governador pode sofrer as cominações legais, mesmo após o término do seu mandato.

RESPOSTA As ações de Improbidade Administrativa são prescritíveis (art. 23 da Lei n. 8.429/92). No presente caso, tratando-se de Improbidade praticada por ocupantes de cargo eletivo, o prazo prescricional será de cinco anos contados do término do mandato, razão pela qual não encontra-se prescrita a presente ação de Improbidade. Nos termos do art. 12 da Lei n. 8.429/92, tratando-se de ato de Improbidade Administrativa, o ex-governador está sujeito, dentre outras sanções, à perda dos bens ou valores acrescidos ilicitamente ao patrimônio, ao ressarcimento integral do dano e à suspensão dos direitos políticos pelo período de oito a dez anos. *Alternativa A.*

160. **(XX Exame – Reaplicação)** Uma organização da sociedade civil recebeu recursos públicos para a execução de um projeto, em regime de colaboração com a Administração Pública.

A partir da hipótese apresentada, segundo a Lei de Improbidade Administrativa, assinale a afirmativa correta.

(A) Uma organização da sociedade civil, que se qualifica como entidade privada sem fins lucrativos, ao receber recursos públicos, inclusive sob a forma de auxílio ou subvenção, pode ser sujeito passivo de ato de improbidade administrativa.

(B) Uma organização da sociedade civil, por ser entidade privada, não pode ser sujeito passivo de ato de improbidade administrativa.

(C) Os atos praticados contra o patrimônio de entidade que receba subvenção, benefício ou incentivo, fiscal ou creditício, de ente público, não se sujeitam às penalidades previstas na lei de improbidade administrativa.

(D) Uma organização da sociedade civil, por ser entidade privada sem fins lucrativos, pode receber recursos públicos, razão pela qual não pode ser sujeito passivo de ato de improbidade administrativa.

RESPOSTA O parágrafo único do art. 1º da Lei de Improbidade assim dispõe: "Estão também sujeitos às penalidades desta lei os atos de improbidade praticados contra o patrimônio de entidade que receba subvenção, benefício ou incentivo, fiscal ou creditício, de órgão público bem como daquelas para cuja criação ou custeio o erário haja concorrido ou concorra com menos de cinquenta por cento do patrimônio ou da receita anual, limitando-se, nestes casos, a sanção patrimonial à repercussão do ilícito sobre a contribuição dos cofres públicos". Dessa forma, uma organização da sociedade civil, ao receber recursos públicos, pode ser sujeito passivo do ato de improbidade administrativa. *Alternativa A.*

161. **(XX Exame)** O diretor-presidente de uma construtora foi procurado pelo gerente de licitações de uma empresa pública federal, que propôs a contratação direta de sua empresa, com dispensa de licitação, mediante o pagamento de uma "contribuição" de 2% (dois por cento) do valor do contrato, a ser depositado em uma conta no exterior. Contudo, após consumado o acerto, foi ele descoberto e publicado em revista de grande circulação.

A respeito do caso descrito, assinale a afirmativa correta.

(A) Somente o gerente de licitações da empresa pública, agente público, está sujeito a eventual ação de improbidade administrativa.

(B) Nem o diretor-presidente da construtora e nem o gerente de licitações da empresa pública, que não são agentes públicos, estão sujeitos a eventual ação de improbidade administrativa.

(C) O diretor-presidente da construtora, beneficiário do esquema, está sujeito a eventual ação de improbidade, mas o gerente da empresa pública, por não ser servidor público, não está sujeito a tal ação.

(D) O diretor-presidente da construtora e o gerente de licitações da empresa pública estão sujeitos a eventual ação de improbidade administrativa.

RESPOSTA O art. 1º da Lei n. 8.429/92 estabelece que os atos de improbidade praticados por qualquer agente público, servidor ou não, contra a administração direta, indireta ou fundacional de qualquer dos Poderes da União, dos Estados, do Distrito Federal, dos Municípios, de Território, de empresa incorporada ao patrimônio público ou de entidade para cuja criação ou custeio o erário haja concorrido ou concorra com mais de cinquenta por cento do patrimônio ou da receita anual, serão punidos como Improbidade Administrativa, sendo claro, nos termos dos arts. 2º e 3º na forma desta lei que a presente lei aplica-se aos servidores públicos ou não. Dessa forma, o diretor-presidente da construtora e o gerente de licitações da empresa pública estão sujeitos a eventual *ação de improbidade administrativa. Alternativa D.*

162. **(XXI Exame)** As duas maiores empresas do ramo de produção de componentes eletrônicos para máquinas industriais dominam mais de 50% (cinquenta por cento) do mercado. A fim de garantir determinada margem de lucro, elas resolveram acordar um mesmo preço para os bens que elas produzem. Nesse caso, está-se diante

(A) de ato de improbidade administrativa, em conluio.

(B) de infração à ordem econômica, punível na forma da lei.

(C) de conquista de mercado resultante de processo natural, fundado na maior eficiência de agente econômico em relação a seus competidores.

(D) de ato que, embora socialmente indesejável, não encontra qualquer vedação legal.

RESPOSTA Segundo a Lei n. 8.137/90 (art. 4º), constitui crime contra a **ordem econômica**: "I – abusar do poder econômico, dominando o mercado ou eliminando, total ou parcialmente, a concorrência mediante qualquer forma de ajuste ou acordo de empresas; II – formar acordo, convênio, ajuste ou aliança entre ofertantes, visando: a) à fixação artificial de preços ou quantidades vendidas ou produzidas; b) ao controle regionalizado do mercado por empresa ou grupo de empresas; c) ao controle, em detrimento da concorrência, de rede de distribuição ou de fornecedores". *Alternativa B.*

163. **(XXIV Exame)** Em ação civil pública por atos de improbidade que causaram prejuízo ao erário, ajuizada em desfavor de José, servidor público estadual estável, o Juízo de 1º grau, após os devidos trâmites, determinou a indisponibilidade de todos os bens do demandado, cujo patrimônio é superior aos danos e às demais imputações que constam na inicial. Apresentado o recurso pertinente, observa-se que a aludida decisão

(A) não merece reforma, na medida em que José deve responder com todo o seu patrimônio, independentemente do prejuízo causado pelos atos de improbidade que lhe são imputados.

(B) deve ser reformada, considerando que somente podem ser objeto da cautelar os bens adquiridos depois da prática dos atos de improbidade imputados a José.

(C) deve ser reformada, pois não é possível, por ausência de previsão legal, a determinação de tal medida cautelar em ações civis públicas por ato de improbidade.

(D) deve ser reformada, porquanto a cautelar somente pode atingir tantos bens quantos bastassem para garantir as consequências financeiras dos atos de improbidade imputados a José.

RESPOSTA O art. 7º da Lei n. 8.429/92 estabelece que quando o ato de improbidade administrativa causar lesão ao patrimônio público ou ensejar enriquecimento ilícito, caberá à autoridade administrativa responsável pelo inquérito representar ao Ministério Público, para a indisponibilidade dos bens do indiciado. Em seu parágrafo único, afirma que a indisponibilidade a que se refere o *caput* desse artigo recairá sobre bens que assegurem o integral ressarcimento do dano, ou sobre o acréscimo patrimonial resultante do enriquecimento ilícito, tornando o item D correto, posto que a indisponibilidade de todos os bens do demandado, cujo patrimônio é superior aos danos deve ser reformada, porquanto a cautelar somente pode atingir tantos bens quantos bastassem para garantir as consequências financeiras dos atos de improbidade imputados a José. *Alternativa D.*

XII. PODERES ADMINISTRATIVOS

164. **(XXX Exame)** Após comprar um terreno, Roberto iniciou a construção de sua casa, sem prévia licença, avançando para além dos limites de sua propriedade e ocupando parcialmente a via pública, inclusive com possibilidade de desabamento de parte da obra e risco à integridade dos pedestres. No regular exercício da fiscalização da ocupação do solo urbano, o poder público municipal, observadas as formalidades legais, valendo-se da prerrogativa de direito público que, calcada na lei, autoriza-o a restringir o uso e o gozo da liberdade e da propriedade privada em favor do interesse da coletividade, determinou que Roberto demolisse a parte irregular da obra. O poder administrativo que fundamentou a determinação do Município é o poder

(A) De hierarquia, e, pelo seu atributo da coercibilidade, o particular é obrigado a obedecer às ordens emanadas pelos agentes públicos, que estão em nível de superioridade hierárquica e podem usar meios indiretos de coerção para fazer valer a supremacia do interesse público sobre o privado.

(B) Disciplinar, e o particular está sujeito às sanções impostas pela Administração Pública, em razão do atributo da imperatividade, desde que haja a prévia e imprescindível chancela por parte do Poder Judiciário.

(C) Regulamentar, e os agentes públicos estão autorizados a realizar atos concretos para aplicar a lei, ainda que tenham que se valer do atributo da autoexecutoriedade, a fim de concretizar suas determinações, independentemente de prévia ordem judicial.

(D) De polícia, e a fiscalização apresenta duplo aspecto: um preventivo, por meio do qual os agentes públicos procuram impedir um dano social, e um repressivo, que, face à transgressão da norma de polícia, redunda na aplicação de uma sanção.

RESPOSTA O poder administrativo que autoriza a Administração a restringir o uso e o gozo da liberdade e da propriedade privada em favor do interesse da coletividade é o Poder de Polícia, sendo que a referida fiscalização tem por finalidade evitar um dano social, bem como aplicar a devida penalidade ao particular. *Alternativa D.*

165. **(XXVI Exame)** Maria solicitou ao Município Alfa licença de localização e funcionamento para exercer determinada atividade empresarial, apresentando todos os documentos necessários para tanto. Contudo, transcorrido mais de ano do mencionado pedido, não houve qualquer manifestação por parte da autoridade competente para sua apreciação. Diante dessa situação, na qualidade de advogado, assinale a afirmativa que indica o procedimento correto.

(A) Não se pode adotar qualquer medida contra a inércia da autoridade competente, considerando que o princípio da razoável duração do processo não se aplica à via administrativa.

(B) Deve-se ajuizar uma ação popular contra a omissão da autoridade competente, diante do preenchimento dos respectivos requisitos e da violação ao princípio da impessoalidade.

(C) Deve-se impetrar mandado de segurança, uma vez que a omissão da autoridade competente para a expedição do ato de licença constitui abuso de poder.

(D) Deve-se impetrar *habeas data* diante da inércia administrativa, considerando que a omissão da autoridade competente viola o direito à informação.

RESPOSTA *Vide* o inciso LXXIII do art. 5º da CF, que autoriza o mandado de segurança. Atente-se ainda ao art. 38, § 2º, da Lei n. 9.784/99 e a Súmula 592 do STJ. *Alternativa C.*

166. **(XIII Exame)** José da Silva é o chefe do Departamento de Pessoal de uma Secretaria de Estado. Recentemente, José da Silva avocou a análise de determinada matéria, constante de processo administrativo inicialmente distribuído a João de Souza, seu subordinado, ao perceber que a questão era por demais complexa e não vinha sendo tratada com prioridade por aquele servidor. Ao assim agir, José da Silva fez uso

(A) do poder hierárquico.

(B) do poder disciplinar.

(C) do poder discricionário.
(D) da teoria dos motivos determinantes.

RESPOSTA (A) O poder hierárquico, inerente a qualquer Administração Pública, assegura à autoridade superior o poder de delegar competências, avocar competências, anular atos ilegais e revogar atos inconvenientes, dentre outras atribuições. (B) O poder disciplinar está associado à apuração de supostas infrações disciplinares praticadas pelos agentes públicos. (C) O poder discricionário não é o fundamento para a avocação de ato administrativo. (D) A teoria dos motivos determinantes está associada à vinculação do ato administrativo ao motivo legal que ensejou a sua prática. *Alternativa A.*

167. **(X Exame)** Oscar é titular da propriedade de um terreno adjacente a uma creche particular. Aproveitando a expansão econômica da localidade, decidiu construir em seu terreno um grande galpão. Oscar iniciou as obras, sem solicitar à prefeitura do município "X" a necessária licença para construir, usando material de baixa qualidade. Ainda durante a construção, a diretora da creche notou que a estrutura não apresentava solidez e corria o risco de desabar sobre as crianças. Ao tomar conhecimento do fato, a prefeitura do município "X" inspecionou o imóvel e constatou a gravidade da situação. Após a devida notificação de Oscar, a estrutura foi demolida. Assinale a afirmativa que indica o instituto do direito administrativo que autoriza a atitude do município "X".

(A) Tombamento.
(B) Poder de polícia.
(C) Ocupação temporária.
(D) Desapropriação.

RESPOSTA O poder de Polícia é um poder externo através do qual o Estado fiscaliza o exercício de diversas atividades pelos particulares. No caso em apreço, após a inspeção do imóvel e diante do risco de o imóvel desabar sobre as crianças, o Estado pode demolir a estrutura construída. *Alternativa B.*

168. **(IX Exame – Reaplicação)** Autarquia competente para a fiscalização de estabelecimentos comerciais que vendam gêneros alimentícios verifica que o maior supermercado do município estava com o funcionamento irregular, bem como vendia produtos com o prazo de validade vencido. Além de todas as outras sanções cabíveis na espécie, a Autarquia aplicou multa ao estabelecimento. Com o objetivo de assegurar que a multa fosse paga, a Autarquia apreendeu produtos (dentro do prazo de validade) cujo valor somasse exatamente o valor da multa, e que tivessem proveito para a autarquia, como água mineral, café e açúcar. Com base na situação descrita, assinale a afirmativa correta.

(A) A apreensão de bens com o objetivo de quitação de multa regularmente aplicada pela fiscalização é manifestação da autoexecutoriedade do poder de polícia, sendo legitimamente exercida pela Autarquia.
(B) Não é cabível a apreensão de bens, neste caso, pois ela somente seria viável se a Administração tivesse feito pesquisa e constatado que os preços correspondem à média de mercado.
(C) A Administração goza da prerrogativa da autoexecutoriedade, mas a cobrança das multas aplicadas não pode se dar de maneira forçada, *manu militari*, devendo ser feita por meio de processo judicial, caso não ocorra o pagamento administrativamente.
(D) A apreensão de bens para quitação de multa pode se dar sobre produtos cuja validade está vencida ou, como no caso, sobre produtos bons para consumo, e não pode ser questionada por se inserir no mérito do ato administrativo.

RESPOSTA A autoridade administrativa pode executar seus próprios atos, sem precisar da intervenção prévia do Poder Judiciário. Cuida-se da autoexecutoriedade, que não ocorre em relação à cobrança da pena de multa, posto que a cobrança da multa exige prévia inscrição em dívida ativa e posterior execução judicial em caso de não pagamento da dívida por parte do administrado. *Alternativa C.*

169. **(VII Exame)** É correto afirmar que o poder de polícia, conferindo a possibilidade de o Estado limitar o exercício da liberdade ou das faculdades de proprietário, em prol do interesse público,

(A) gera a possibilidade de cobrança de preço público.
(B) se instrumentaliza sempre, e apenas, por meio de alvará de autorização.
(C) para atingir os seus objetivos maiores, afasta a razoabilidade, em prol da predominância do interesse público.
(D) deve ser exercido nos limites da lei, gerando a possibilidade de cobrança de taxa.

RESPOSTA (A) Segundo o art. 145, II, da CF, enseja a cobrança de taxa. (B) Pode se efetivar, também através de licença, multa, ato de fechamento de estabelecimento, dentre outras penas. (C) A razoabilidade deve sempre nortear a atuação do agente público. (D) Deve sempre cumprir a lei, ensejando a possibilidade da cobrança de taxa nos termos do art. 78 do CTN e art. 145, II, da CF. *Alternativa D.*

170. **(II Exame)** A doutrina costuma afirmar que certas prerrogativas postas à Administração encerram verdadeiros poderes, que são irrenunciáveis e devem ser exercidos sempre que o interesse público clamar. Por tal razão são chamados poder-dever. A esse respeito é correto afirmar que:

(A) O poder regulamentar é amplo, e permite, sem controvérsias, a edição de regulamentos autônomos e executórios.

(B) O poder disciplinar importa à administração o dever de apurar infrações e aplicar penalidades, mesmo não havendo legislação prévia.

(C) O poder de polícia se coloca discricionário, conferindo ao administrador ilimitada margem de opções quanto à sanção a ser, eventualmente, aplicada.

(D) O poder hierárquico é inerente à ideia de verticalização administrativa, e revela as possibilidades de controlar atividades, delegar competência, avocar competências delegáveis e invalidar atos, dentre outros.

RESPOSTA De acordo com conceito assumido pela doutrina administrativista, correta a *Alternativa D.*

171. **(II Exame)** O poder de polícia, conferindo a possibilidade de o Estado limitar o exercício da liberdade ou das faculdades de proprietário, em prol do interesse público

(A) Gera a possibilidade de cobrança, como contrapartida, de preço público.

(B) Se instrumentaliza sempre por meio de alvará de autorização.

(C) Afasta a razoabilidade, para atingir os seus objetivos maiores, em prol da predominância do interesse público.

(D) Deve ser exercido nos limites da lei, gerando a possibilidade de cobrança de taxa.

RESPOSTA Em função do princípio da legalidade, todo poder deve ser exercido nos limites da lei. Em função da regra constitucional (art. 145, II) e legal (art. 77, do CTN), o exercício do poder de polícia pode ensejar a cobrança de taxa. Al*ternativa D*.

172. **(II Exame)** No âmbito do Poder discricionário da Administração Pública, não se admite que o agente público administrativo exerça o Poder discricionário

(A) Quando estiver diante de conceitos legais e jurídicos parcialmente indeterminados, que se tornam determinados à luz do caso concreto e à luz das circunstâncias de fato.

(B) Quando estiver diante de conceitos legais e jurídicos técnico-científicos, sendo, neste caso, limitado às escolhas técnicas, por óbvio possíveis.

(C) Quando estiver diante de conceitos valorativos estabelecidos pela lei, que dependem de concretização pelas escolhas do agente, considerados o momento histórico e social.

(D) Em situações em que a redação da Lei se encontra insatisfatória ou ultrapassada.

RESPOSTA Apesar de a banca ter apontado como correta a *Alternativa D*, a questão sofre de debates doutrinários a respeito das situações apontadas pela assertiva, em virtude dos fins do poder discricionário, dentro do juizo de conveniência e oportunidade.

173. **(XIV Exame)** A Secretaria de Defesa do Meio Ambiente do Estado X lavrou auto de infração, cominando multa no valor de R$ 15.000,00 (quinze mil reais) à empresa Explora, em razão da instalação de uma saída de esgoto clandestina em uma lagoa naquele Estado. A empresa não impugnou o auto de infração lavrado e não pagou a multa aplicada. Considerando o exposto, assinale a afirmativa correta.

(A) A aplicação de penalidade representa exercício do poder disciplinar e autoriza a apreensão de bens para a quitação da dívida, em razão da executoriedade do ato.

(B) A aplicação de penalidade representa exercício do poder de polícia e autoriza a apreensão de bens para a quitação da dívida, em razão da executoriedade do ato.

(C) A aplicação de penalidade representa exercício do poder disciplinar, mas não autoriza a apreensão de bens para a quitação da dívida.

(D) A aplicação de penalidade representa exercício do poder de polícia, mas não autoriza a apreensão de bens para a quitação da dívida.

RESPOSTA É incontroverso que se trata do exercício do Poder de Polícia, cujo conceito consta no art. 78 do Código Tributário Nacional. No entanto, a cobrança da multa não goza de autoexecutoriedade, ou seja, se a Administração Pública pretende cobrar a sanção pecuniária, dependerá do Poder Judiciário para a satisfação patrimonial compulsória da multa cobrada. *Alternativa D*.

174. **(XVI Exame)** Determinado município resolve aumentar a eficiência na aplicação das multas de trânsito. Após procedimento licitatório, contrata a sociedade empresária "Cobra tudo" para instalar câmeras do tipo "radar", que fotografam infrações de trânsito, bem como disponibilizar agentes de trânsito para orientar os cidadãos e aplicar multas. A mesma sociedade empresária ainda ficará encarregada de criar um Conselho de Apreciação das multas, com o objetivo de analisar todas as infrações e julgar os recursos administrativos. Sobre o caso apresentado, assinale a afirmativa correta.

(A) É possível a contratação de equipamentos eletrônicos de fiscalização, mas o poder decisório não pode ser transferido à empresa.
(B) Não é cabível a terceirização de qualquer dessas atividades, por se tratar de atividade-fim da Administração.
(C) A contratação é, a princípio, legal, mas somente permanecerá válida se o município comprovar que a terceirização aumentou a eficiência da atividade.
(D) Não é possível delegar a instalação e gestão de câmeras do tipo "radar" à empresa contratada, mas é possível delegar a criação e gestão do Conselho de Apreciação de multas.

RESPOSTA O Poder de Polícia tem quatro fases: legislação, consentimento, fiscalização e sanção. Entende-se que são delegáveis às empresas privadas as etapas do consentimento e da fiscalização, sendo possível a contratação de equipamentos eletrônicos de fiscalização, porém o poder decisório de aplicar sanções e de julgar recursos administrativos não pode ser transferido à empresa. *Alternativa A.*

175. **(XIX Exame)** Fulano, servidor público federal lotado em órgão da administração pública federal no Estado de São Paulo, contesta ordens do seu chefe imediato, alegando que são proibidas pela legislação. A chefia, indignada com o que entende ser um ato de insubordinação, remove Fulano, contra a sua vontade, para órgão da administração pública federal no Distrito Federal, para exercer as mesmas funções, sendo certo que havia insuficiência de servidores em São Paulo, mas não no Distrito Federal. Considerando as normas de Direito Administrativo, assinale a afirmativa correta.

(A) A remoção de Fulano para o Distrito Federal é válida, porque configura ato arbitrário da Administração.
(B) Não é cabível a remoção do servidor com finalidades punitivas, por se ter, em tal hipótese, desvio de finalidade.
(C) A remoção pode ser feita, uma vez que Fulano não pautou sua conduta com base nos princípios e regras aplicáveis aos servidores públicos.
(D) O ato de insubordinação deveria ter sido constatado por meio de regular processo administrativo, ao fim do qual poderia ser aplicada a penalidade de remoção.

RESPOSTA A remoção de ofício é possível para lotar servidores onde há carência. No caso específico, tal situação não se configura, posto que não havia carência de pessoal no Distrito, e, sim, no Distrito Federal. Desta forma, houve uma clara remoção praticada com desvio de finalidade, posto que Fulano somente foi removido porque contestou as ordens do seu chefe imediato. *Alternativa B.*

176. **(XXIV Exame)** Um fiscal de posturas públicas municipais verifica que um restaurante continua colocando, de forma irregular, mesas para os seus clientes na calçada. Depois de lavrar autos de infração com aplicação de multa por duas vezes, sem que a sociedade empresária tenha interposto recurso administrativo, o fiscal, ao verificar a situação, interdita o estabelecimento e apreende as mesas e cadeiras colocadas de forma irregular, com base na lei que regula o exercício do poder de polícia correspondente. A partir da situação acima, assinale a afirmativa correta.

(A) O fiscal atuou com desvio de poder, uma vez que o direito da sociedade empresária de continuar funcionando é emanação do direito de liberdade constitucional, que só pode ser contrastado a partir de um provimento jurisdicional.
(B) A prática irregular de ato autoexecutório pelo fiscal é clara, porque não homenageou o princípio do contraditório e da ampla defesa ao não permitir à sociedade empresária, antes da apreensão, a possibilidade de produzir, em processo administrativo específico, fatos e provas em seu favor.
(C) O ato praticado pelo fiscal está dentro da visão tradicional do exercício da polícia administrativa pelo Estado, que pode, em situações extremas, dentro dos limites da razoabilidade e da proporcionalidade, atuar de forma autoexecutória.
(D) A atuação do fiscal é ilícita, porque os atos administrativos autoexecutórios, como mencionado acima, exigem, necessariamente, autorização judicial prévia.

RESPOSTA A doutrina administrativa entende que os atos administrativos que manifestam o Poder de Polícia são essencialmente discricionários, autoexecutáveis e coercitivos. A autoexecutoriedade está associada à prerrogativa que tem o Estado de executar seus atos sem precisar da interferência prévia do Poder Judiciário, sendo possível, nesse caso, depois de dois autos de infração, o exercício do poder de polícia administrativa pelo Estado, que, depois de duas multas, dentro da razoabilidade e proporcionalidade, interditou o estabelecimento, apreendendo cadeiras e mesas. *Alternativa C.*

XIII. ATOS ADMINISTRATIVOS

177. **(XXXI Exame)** Otacílio, novo prefeito do Município Kappa, acredita que o controle interno é uma das principais ferramentas da função administrativa, razão pela qual determinou o levantamento de dados nos mais diversos setores da Administração local, a fim de apurar se os atos administrativos até então praticados continham vícios, bem como se ainda atendiam ao interesse público. Diante dos resultados de tal apuração, Otacílio deverá

(A) revogar os atos administrativos que contenham vícios insanáveis, ainda que com base em valores jurídicos abstratos.
(B) convalidar os atos administrativos que apresentem vícios sanáveis, mesmo que acarretem lesão ao interesse público.
(C) desconsiderar as circunstâncias jurídicas e administrativas que houvessem imposto, limitado ou condicionado a conduta do agente nas decisões sobre a regularidade de ato administrativo.
(D) indicar, de modo expresso, as consequências jurídicas e administrativas da invalidação de ato administrativo.

RESPOSTA Prevê expressamente o art. 21 da LINDB que a decisão que, nas esferas administrativa, controladora ou judicial, decretar a invalidação de ato, contrato, ajuste, processo ou norma administrativa deverá indicar de modo expresso suas consequências jurídicas e administrativas. Ademais, diante de um ato com vício insanável, a Administração deve proceder a sua anulação e não revogação (esta é cabível quando um ato legal estiver inoportuno ou inconveniente). *Alternativa D.*

178. **(XXX Exame)** José, servidor público federal ocupante exclusivamente de cargo em comissão, foi exonerado, tendo a autoridade competente motivado o ato em reiterado descumprimento da carga horária de trabalho pelo servidor. José obteve, junto ao departamento de recursos humanos, documento oficial com extrato de seu ponto eletrônico, comprovando o regular cumprimento de sua jornada de trabalho. Assim, o servidor buscou assistência jurídica junto a um advogado, que lhe informou corretamente, à luz do ordenamento jurídico, que

(A) Não é viável o ajuizamento de ação judicial visando a invalidar o ato de exoneração, eis que o próprio texto constitucional estabelece que cargo em comissão é de livre nomeação e exoneração pela autoridade competente, que não está vinculada ou limitada aos motivos expostos para a prática do ato administrativo.
(B) Não é viável o ajuizamento de ação judicial visando a invalidar o ato de exoneração, eis que tal ato é classificado como vinculado, no que tange à liberdade de ação do administrador público, razão pela qual o Poder Judiciário não pode se imiscuir no controle do mérito administrativo, sob pena de violação à separação dos Poderes.
(C) É viável o ajuizamento de ação judicial visando a invalidar o ato de exoneração, eis que, apesar de ser dispensável a motivação para o ato administrativo discricionário de exoneração, uma vez expostos os motivos que conduziram à prática do ato, estes passam a vincular a Administração Pública, em razão da teoria dos motivos determinantes.
(D) É viável o ajuizamento de ação judicial visando a invalidar o ato de exoneração, eis que, por se tratar de um ato administrativo vinculado, pode o Poder Judiciário proceder ao exame do mérito administrativo, a fim de aferir a conveniência e a oportunidade de manutenção do ato, em razão do princípio da inafastabilidade do controle jurisdicional.

RESPOSTA O caso narrado traz típica hipótese de aplicação da teoria dos motivos determinantes, segundo a qual a Administração Pública fica vinculada à existência e adequação dos motivos expostos como causa determinante da prática do ato. E isso ocorre até mesmo em casos de atos discricionários que não precisariam ser motivados (como, por exemplo, a exoneração do cargo em comissão), mas que, se a Administração motivar, também ficará vinculada, podendo o ato ser anulado caso os motivos inexistam ou sejam adequados. *Alternativa C.*

179. **(XII Exame)** O Estado X concedeu a Fulano autorização para a prática de determinada atividade. Posteriormente, é editada lei vedando a realização daquela atividade. Diante do exposto, e considerando as formas de extinção dos atos administrativos, assinale a afirmativa correta.

(A) Deve ser declarada a nulidade do ato em questão.
(B) Deve ser declarada a caducidade do ato em questão.
(C) O ato em questão deve ser cassado.
(D) O ato em questão deve ser revogado.

RESPOSTA (A) Não há nulidade, porque nulidade ocorre em caso de ilegalidade do ato. (B) Quando um ato torna-se incompatível com um ato posterior ou com uma lei posterior fala-se de caducidade do ato administrativo. (C) A cassação ocorre quando o beneficiário do ato deixa de cumprir condições que lhe são impostas. (D) A revogação se configura quando a Administração Pública constata que o ato praticado tornou-se inconveniente ou inoportuno. *Alternativa B.*

180. **(IX Exame – Reaplicação)** Determinada área de proteção ambiental, situada em encosta de morro, vinha sendo ocupada, há muitos anos, sem qualquer ato de autorização pelo Poder Público, por alguns particulares, que lá construíram suas residências. José, que desde jovem sofre de problemas respiratórios, agravados pela poluição dos grandes centros urbanos, postula, junto à Administração, licença para construir sua casa nessa área protegida, cercada de verde, na esperança de uma melhor qualidade de vida. A licença não é concedida. Sobre o caso concreto, assinale a afirmativa correta.

(A) A administração não pode ter comportamentos contraditórios, devendo conceder a licença a José, em nome da segurança jurídica e da confiança legítima, uma vez que há anos tolera ocupação na mesma área por outros particulares.

(B) Ainda que não caiba falar em proibição de comportamento contraditório, o caso apresenta uma ponderação de valores, devendo ser priorizada a proteção a condições dignas de vida em detrimento da proteção ambiental.

(C) O indeferimento por parte do Poder Público foi correto, considerando que a mera tolerância de condutas ilegais por parte da Administração não assegura que outro particular, invocando a isonomia, cometa as mesmas ilegalidades.

(D) Os particulares que já tiverem construído suas casas na encosta protegida possuem direito subjetivo à obtenção de licença para a legalização de suas construções, já que a inação da Administração gerou legítima expectativa de habitação na localidade.

RESPOSTA O indeferimento por parte do Poder Público foi correto, em função de condutas ilegais não gerarem ao particular, invocando a isonomia, o cometimento das mesmas ilegalidades existentes. *Alternativa C.*

181. **(VII Exame)** Acerca das modalidades de extinção dos atos administrativos, assinale a alternativa correta.

(A) A renúncia configura modalidade de extinção por meio da qual são extintos os efeitos do ato por motivo de interesse público.

(B) A cassação configura modalidade de extinção em que a retirada do ato decorre de razões de oportunidade e conveniência.

(C) A revogação configura modalidade de extinção que ocorre quando a retirada do ato se dá por ter sido praticado em contrariedade com a lei.

(D) A caducidade configura modalidade de extinção em que ocorre a retirada do ato por ter sobrevindo norma jurídica que tornou inadmissível situação antes permitida pelo direito e outorgada pelo ato precedente.

RESPOSTA (A) A revogação é que implica extinção do ato por interesse público nos termos da Súmula 473 do STF e do art. 53 da Lei n. 9.784/99. (B) A cassação ocorre quando o administrado deixa de preencher a condição necessária ou descumpre alguma condição imposta. (C) A anulação é que implica a extinção do ato por ilegalidade nos termos da Súmula n. 473 do STF e dos arts. 53 e 54 da Lei n. 9.784/99. (D) Correto. Na caducidade, o ato foi praticado dentro da legalidade, porém ato ou norma jurídica superveniente tornou tal situação inadmissível ou ilegal. *Alternativa D.*

182. **(VI Exame – Reaplicação)** A decisão tomada por uma das Câmaras do Conselho de Contribuintes de determinada Administração Estadual é considerada ato

(A) Composto, pois resulta da manifestação de mais de um agente público.

(B) Complexo, pois depende da manifestação de aprovação, com o relator, de outros agentes.

(C) Qualificado, pois importa na constituição da vontade da Administração quanto a matéria específica.

(D) Simples, pois resulta da manifestação de vontade de um órgão dotado de personalidade administrativa.

RESPOSTA (A) Incorreto. São aqueles atos praticados por um único órgão, mas que dependem da confirmação pelo outro. (B) Correto. São formados pela soma das diversas vontades de um órgão. (C) Incorreto. Trata-se de ato simples. (D) Órgão não tem personalidade jurídica. *Alternativa B.*

183. **(V Exame)** A revogação representa uma das formas de extinção de um ato administrativo. Quanto a esse instituto, é correto afirmar que:

(A) Pode se dar tanto em relação a atos viciados de ilegalidade ou não, desde que praticados dentro de uma competência discricionária.

(B) Produz efeitos retroativos, retirando o ato do mundo, de forma a nunca ter existido.

(C) Apenas pode se dar em relação aos atos válidos, praticados dentro de uma competência discricionária, produzindo efeitos *ex nunc*.

(D) Pode se dar em relação aos atos vinculados ou discricionários, produzindo ora efeito *ex tunc*, ora efeito *ex nunc*.

RESPOSTA (A) Em caso de ilegalidade, deverá haver anulação. Súmula 473 do STF e arts. 53 e 54 da Lei n.

9.784/99. (B) O efeito retroativo (*ex tunc*) ocorre na anulação. (C) Correto. Súmula 473 do STF e art. 53 da Lei n. 9.784/99. Seus efeitos são *ex nunc*, porque deve respeitar os direitos adquiridos. (D) Não abrange os atos vinculados, possuindo somente efeito *ex nunc*. *Alternativa C.*

184. **(IV Exame)** Em âmbito federal, o direito de a Administração Pública anular atos administrativos eivados de vício de ilegalidade, dos quais decorram efeitos favoráveis para destinatários de boa-fé,

(A) Não se submete a prazo prescricional.
(B) Não se submete a prazo decadencial.
(C) Prescreve em 10 (dez) anos, contados da data em que praticado o ato.
(D) Decai em 5 (cinco) anos, contados da data em que praticado o ato.

RESPOSTA De acordo com o art. 54 da Lei n. 9.784/99, o prazo decadencial para que a Administração Pública anule atos administrativos, dos quais decorram efeitos favoráveis aos destinatários, é de 5 (cinco) anos, salvo se o destinatário tenha concorrido com má-fé para produção do ato. *Alternativa D.*

185. **(XI Exame)** Atendendo a uma série de denúncias feitas por particulares, a Delegacia de Defesa do Consumidor (DECON) deflagra uma operação, visando a apurar as condições dos alimentos fornecidos em restaurantes da região central da capital. Logo na primeira inspeção, os fiscais constataram que o estoque de um restaurante tinha produtos com a validade vencida. Na inspeção das instalações da cozinha, apuraram que o espaço não tinha condições sanitárias mínimas para o manejo de alimentos e o preparo de refeições. Os produtos vencidos foram apreendidos e o estabelecimento foi interditado, sem qualquer decisão prévia do Poder Judiciário. Assinale a alternativa que indica o atributo do poder de polícia que justifica as medidas tomadas pela DECON.

(A) Coercibilidade.
(B) Inexigibilidade.
(C) Autoexecutoriedade.
(D) Discricionariedade.

RESPOSTA O ato administrativo, que concretiza o poder de polícia, goza de alguns atributos, destacando-se, entre eles, a autoexecutoriedade, que confere ao Estado a prerrogativa de implementar seus atos sem precisar de qualquer decisão prévia do Poder Judiciário. *Alternativa C.*

XIV. PROCESSO ADMINISTRATIVO

186. **(XXXI Exame)** A autoridade competente, em âmbito federal, no regular exercício do poder de polícia, aplicou à sociedade empresária Soneca S/A multa em razão do descumprimento das normas administrativas pertinentes. Inconformada, a sociedade Soneca S/A apresentou recurso administrativo, ao qual foi conferido efeito suspensivo, sendo certo que não sobreveio qualquer manifestação do superior hierárquico responsável pelo julgamento, após o transcurso do prazo de oitenta dias. Considerando o contexto descrito, assinale a afirmativa correta.

(A) Não se concederá Mandado de Segurança para invalidar a penalidade de multa aplicada a Soneca S/A, submetida a recurso administrativo provido de efeito suspensivo.
(B) O ajuizamento de qualquer medida judicial por Soneca S/A depende do esgotamento da via administrativa.
(C) Não há mora da autoridade superior hierárquica, que, por determinação legal, dispõe do prazo de noventa dias para decidir.
(D) A omissão da autoridade competente em relação ao seu dever de decidir, ainda que se prolongue por período mais extenso, não enseja a concessão de Mandado de Segurança.

RESPOSTA Trata-se da expressa disposição do art. 5º, inciso I, da Lei n. 12.016/2009: Art. 5º Não se concederá mandado de segurança quando se tratar: I – de ato do qual caiba recurso administrativo com efeito suspensivo, independentemente de caução. *Alternativa A.*

187. **(XXIX Exame)** Luciana, imbuída de má-fé, falsificou documentos com a finalidade de se passar por filha de Astolfo (recentemente falecido, com quem ela não tinha qualquer parentesco), movida pela intenção de obter pensão por morte do pretenso pai, que era servidor público federal. Para tanto, apresentou os aludidos documentos forjados e logrou a concessão do benefício junto ao órgão de origem, em março de 2011, com registro no Tribunal de Contas da União, em julho de 2014. Contudo, em setembro de 2018, a administração verificou a fraude, por meio de processo administrativo em que ficou comprovada a má-fé de Luciana, após o devido processo legal. Sobre essa situação hipotética, no que concerne ao exercício da autotutela, assinale a afirmativa correta.

(A) A administração tem o poder-dever de anular a concessão do benefício diante da má-fé de Luciana, pois não ocorreu a decadência.

(B) O transcurso do prazo de mais de cinco anos da concessão da pensão junto ao órgão de origem importa na decadência do poder-dever da administração de anular a concessão do benefício.

(C) O controle realizado pelo Tribunal de Contas por meio do registro sana o vício do ato administrativo, de modo que a administração não mais pode exercer a autotutela.

(D) Ocorreu a prescrição do poder-dever da administração de anular a concessão do benefício, na medida em que transcorrido o prazo de três anos do registro perante o Tribunal de Contas.

RESPOSTA A decadência do direito da Administração de anular os atos administrativos de que decorram efeitos favoráveis para os destinatários é de cinco anos, contados da data em que foram praticados, salvo comprovada má-fé (art. 54, Lei n. 9.784/99). Sendo assim, correta está a *alternativa A*.

188. **(XXVI Exame)** Marcos, servidor do Poder Executivo federal, entende que completou os requisitos para a aposentadoria voluntária, razão pela qual requereu, administrativamente, a concessão do benefício ao órgão competente. O pedido foi negado pela Administração. Não satisfeito com a decisão, Marcos interpôs recurso administrativo. Tendo o enunciado como parâmetro e considerando o disposto na Lei nº 9.784/99, assinale a afirmativa correta.

(A) O recurso, salvo disposição legal diversa, tramitará por, no mínimo, três instâncias administrativas.

(B) O recurso será dirigido à autoridade que proferiu a decisão, que, se não a reconsiderar, encaminhará o apelo à autoridade superior.

(C) O recurso e todos os atos subsequentes praticados pela Administração no âmbito do processo administrativo, em regra, devem apresentar forma determinada.

(D) Marcos somente poderá alegar questões de legalidade, como a incompetência da autoridade que proferiu a decisão, não lhe sendo permitido solicitar o reexame do mérito da questão apreciada.

RESPOSTA De acordo com o § 1º do art. 56 da citada lei, o recurso será dirigido à autoridade que proferiu a decisão, a qual, se não a reconsiderar no prazo de cinco dias, o encaminhará à autoridade superior. *Alternativa B.*

189. **(XXVI Exame)** Uma sociedade empresária, contratada pelo Estado para a construção de um prédio público, atrasa a entrega de uma fase do projeto prevista no edital de licitação e no contrato. Apesar disso, tendo em vista a situação financeira precária da sociedade empresária, causada pelo aumento dos custos dos insumos da construção, consoante peticionado por ela à Administração, o gestor público competente promove o pagamento integral da parcela não adimplida à sociedade empresária. Tendo em vista a situação acima, assinale a afirmativa correta.

(A) O pagamento feito pelo gestor é plenamente justificável em face da incidência na hipótese da teoria da imprevisão, que impõe ao Estado o ônus de recompor o equilíbrio econômico financeiro do contrato diante de fatos imprevisíveis.

(B) O gestor deveria ter instaurado processo administrativo para analisar a possibilidade de aplicação de sanção por inadimplemento e também a alegação da sociedade empresária de rompimento do equilíbrio econômico financeiro do contrato, sendo vedado a ele determinar o pagamento da despesa sem a devida liquidação.

(C) O pagamento da parcela inadimplida seria justificável ainda que a sociedade empresária não comprovasse a imprevisibilidade do aumento de custos alegado, uma vez que o Estado assume o chamado risco ordinário derivado do aumento do custo dos insumos em decorrência das oscilações naturais do mercado.

(D) O pagamento incontinente da parcela inadimplida, tal como realizado pelo gestor, necessitaria ter sido feito com o abatimento da multa que deveria ter sido aplicada à sociedade empresária em razão do descumprimento contratual.

RESPOSTA Importante destacar os arts. 62 e 63 da Lei n. 4.320/64, pois o pagamento da despesa só será efetuado quando ordenado após sua regular liquidação. Ademais, *vide* o art. 38 do Decreto n. 93.872/86. *Alternativa B.*

190. **(XXII Exame)** A Agência Nacional do Petróleo – ANP, no exercício do poder de polícia, promoveu diligência, no dia 05/01/2010, junto à sociedade Petrolineous S/A, que culminou na autuação desta por fatos ocorridos naquela mesma data. Encerrado o processo administrativo, foi aplicada multa nos limites estabelecidos na lei de regência. O respectivo crédito não tributário resultou definitivamente constituído em 19/01/2011, e, em 15/10/2015, foi ajuizada a pertinente execução fiscal. Com base na situação hipotética descrita, acerca da prescrição no Direito Administrativo, assinale a afirmativa correta.

(A) Operou-se a prescrição para a execução do crédito, considerando o lapso de cinco anos transcorrido entre a data da autuação e a do ajuizamento da ação.

(B) Não se operou a prescrição para a execução do crédito, que pode ser cobrado pela administração federal a qualquer tempo.

(C) Operou-se a prescrição para a execução do crédito, considerando o lapso de três anos decorrido entre a data de sua constituição definitiva e a do ajuizamento da ação.

(D) Não se operou a prescrição para a execução do crédito, considerando o lapso de cinco anos entre a data de sua constituição definitiva e a do ajuizamento da ação.

RESPOSTA A Lei n. 9.873/99 prevê em seu art. 1º-A que, "*constituído definitivamente o crédito não tributário, após o término regular do processo administrativo,* ***prescreve em 5 (cinco) anos*** *a ação de execução da administração pública federal relativa a crédito decorrente da aplicação de multa por infração à legislação em vigor*". Portanto, se o crédito foi constituído em 19-1-2011, a prescrição se daria em 19-1-2016. Como a ação foi ajuizada em 15-10-2015, não se operou a prescrição. *Alternativa D.*

191. **(XII Exame)** João é parte em processo administrativo federal regulado pela Lei n. 9.784/1999, no qual foi proferida decisão que rejeitou sua pretensão. João pretende recorrer dessa decisão. Acerca do caso apresentado, e observando o disposto na lei citada, assinale a afirmativa correta.

(A) O recurso de João deverá ser dirigido diretamente à autoridade hierarquicamente superior à autoridade que proferiu a decisão.

(B) O prazo para interposição de recurso administrativo, salvo disposição legal específica, é de trinta dias, contado a partir da ciência ou da divulgação oficial da decisão recorrida.

(C) A interposição de recurso administrativo depende do oferecimento de caução, salvo expressa dispensa legal.

(D) O não conhecimento do recurso não impedirá a Administração de rever de ofício o ato ilegal, desde que não ocorrida a preclusão administrativa.

RESPOSTA (A) O art. 56, § 1º, da Lei n. 9.784/99 assim dispõe: "O recurso será dirigido à autoridade que proferiu a decisão, a qual, se não a reconsiderar no prazo de cinco dias, o encaminhará à autoridade superior". (B) O art. 59 da Lei n. 9.784/99 assim dispõe: "Salvo disposição legal específica, é de dez dias o prazo para interposição de recurso administrativo, contado a partir da ciência ou divulgação oficial da decisão recorrida". (C) O art. 56, § 2º, da Lei n. 9784/99 assim dispõe: "Salvo exigência legal, a interposição de recurso administrativo independe de caução". (D) O art. 63, § 2º, da Lei n. 9.784/99 assim dispõe: "O não conhecimento do recurso não impede a Administração de rever de ofício o ato ilegal, desde que não ocorrida preclusão administrativa". *Alternativa D.*

192. **(IX Exame)** De acordo com o art. 2º, inciso XIII, da Lei n. 9.784/98, a Administração deve buscar a interpretação da norma que melhor garanta o atendimento do fim público a que se dirige, vedada a aplicação retroativa da nova interpretação. Assinale a alternativa que indica o princípio consagrado por esse dispositivo, em sua parte final.

(A) Legalidade.

(B) Eficiência.

(C) Moralidade.

(D) Segurança das relações jurídicas.

RESPOSTA A Segurança Jurídica é um princípio que deve ser realizado nos termos do art. 2º, XIII, Lei n. 9.784/99. *Alternativa D.*

193. **(XVII Exame)** Manoel da Silva é comerciante, proprietário de uma padaria e confeitaria de grande movimento na cidade ABCD. A fim de oferecer ao público um serviço diferenciado, Manoel formulou pedido administrativo de autorização de uso de bem público (calçada), para a colocação de mesas e cadeiras. Com a autorização concedida pelo Município, Manoel comprou mobiliário de alto padrão para colocá-lo na calçada, em frente ao seu estabelecimento. Uma semana depois, entretanto, a Prefeitura revogou a autorização, sem apresentar fundamentação. A respeito do ato da prefeitura, que revogou a autorização, assinale a afirmativa correta.

(A) Por se tratar de ato administrativo discricionário, a autorização e sua revogação não podem ser investigadas na via judicial.

(B) A despeito de se tratar de ato administrativo discricionário, é admissível o controle judicial do ato.

(C) A autorização de uso de bem público é ato vinculado, de modo que, uma vez preenchidos os pressupostos, não poderia ser negado ao particular o direito ao seu uso, por meio da revogação do ato.

(D) A autorização de uso de bem público é ato discricionário, mas, uma vez deferido o uso ao particular, passa-se a estar diante de ato vinculado, que não admite revogação.

RESPOSTA A autorização de uso de bem público é um ato discricionário, ou seja, a Administração Pública avaliará a conveniência e oportunidade de praticá-lo, assim como a revogação do ato. No entanto, tal revogação deverá ser devidamente justificada, destacando-se que tal ato é suscetível de controle judicial, que pode verificar o respeito aos elementos vinculados (competência, finalidade e forma) do referido ato. A falta de fundamentação pode caracterizar um vício de forma, passível de controle judicial. *Alternativa B.*

194. **(XIX Exame)** A associação de moradores do Município F solicitou ao Poder Público municipal autorização para o fechamento da "rua de trás", por uma noite, para a realização de uma festa junina aberta ao público. O Município, entretanto, negou o pedido, ao fundamento de que aquela rua seria utilizada para sediar o encontro anual dos produtores de abóbora, a ser realizado no mesmo dia. Considerando que tal fundamentação não está correta, pois, antes da negativa do pedido da associação de moradores, o encontro dos produtores de abóbora havia sido transferido para o mês seguinte, conforme publicado na imprensa oficial, assinale a afirmativa correta.

(A) Mesmo diante do erro na fundamentação, o ato é válido, pois a autorização pleiteada é ato discricionário da Administração.

(B) Independentemente do erro na fundamentação, o ato é inválido, pois a autorização pleiteada é ato vinculado, não podendo a Administração indeferi-lo.

(C) Diante do erro na fundamentação, o ato é inválido, uma vez que, pela teoria dos motivos determinantes, a validade do ato está ligada aos motivos indicados como seu fundamento.

(D) A despeito do erro na fundamentação, o ato é válido, pois a autorização pleiteada é ato vinculado, não tendo a associação de moradores demonstrado o preenchimento dos requisitos.

RESPOSTA A Administração Pública quando pratica seus atos deve, em regra, ser motivado (art. 50 da Lei n. 9.784/99). Estes motivos vinculam a Administração Pública, ou seja, se não existirem, o ato é inválido. No presente caso, o motivo apontado pela Administração Pública não existia, tornando o ato inválido, posto que pela teoria dos motivos determinantes, a validade do ato está ligada aos motivos indicados como seu fundamento. *Alternativa C.*

195. **(XXIII Exame)** Ao realizar uma auditoria interna, certa entidade administrativa federal, no exercício da autotutela, verificou a existência de um ato administrativo portador de vício insanável, que produz efeitos favoráveis para a sociedade Tudobeleza S/A, a qual estava de boa-fé. O ato foi praticado em 10 de fevereiro de 2012. Em razão disso, em 17 de setembro de 2016, a entidade instaurou processo administrativo, que, após o exercício da ampla defesa e do contraditório, culminou na anulação do ato em 05 de junho de 2017. Com relação ao transcurso do tempo na mencionada situação hipotética, assinale a afirmativa correta.

(A) Não há decadência do direito de anular o ato eivado de vício, considerando que o processo que resultou na invalidação foi instaurado dentro do prazo de 5 (cinco) anos.

(B) Consumou-se o prazo prescricional de 5 (cinco) anos para o exercício do poder de polícia por parte da Administração Pública federal.

(C) O transcurso do tempo não surte efeitos no caso em questão, considerando que a Administração pode anular seus atos viciados a qualquer tempo.

(D) Consumou-se a decadência para o exercício da autotutela, pois, entre a prática do ato e a anulação, transcorreram mais de 5 (cinco) anos.

RESPOSTA A Lei n. 9.784/99 estabelece, em seu art. 54, o prazo decadencial de cinco anos da data em que foram praticados, para a Administração Pública anular seus próprios atos administrativos que geram efeitos favoráveis aos administrados, quando eivados de ilegalidade, salvo comprovada má fé. Em seu § 2º, afirma a lei que considera-se exercido o direito de anular qualquer medida da autoridade administrativa que importe impugnação à validade do ato. Desta forma, como o processo administrativo foi iniciado antes dos cinco anos, não ocorreu a decadência. *Alternativa A.*

196. **(XXIII Exame)** O Estado Alfa, mediante a respectiva autorização legislativa, constituiu uma sociedade de economia mista para o desenvolvimento de certa atividade econômica de relevante interesse coletivo. Acerca do Regime de Pessoal de tal entidade, integrante da Administração Indireta, assinale a afirmativa correta.

(A) Por se tratar de entidade administrativa que realiza atividade econômica, não será necessária a realização de concurso público para a admissão de pessoal, bastando processo seletivo simplificado, mediante análise de currículo.

(B) É imprescindível a realização de concurso público para o provimento de cargos e empregos em tal entidade administrativa, certo que os servidores ou empregados regularmente nomeados poderão alcançar a estabilidade mediante o preenchimento dos requisitos estabelecidos na Constituição da República.

(C) Deve ser realizado concurso público para a contratação de pessoal por tal entidade administrativa, e a remuneração a ser paga aos respectivos empregados não pode ultrapassar o teto remuneratório estabelecido na Constituição da República, caso sejam recebidos recursos do Estado Alfa para pagamento de despesas de pessoal ou de custeio em geral.

(D) A entidade administrativa poderá optar entre o regime estatutário e o regime de emprego público para a admissão de pessoal, mas, em qualquer dos casos, deverá realizar concurso público para a seleção de pessoal.

RESPOSTA A Administração Pública pode autorizar, por lei, a criação de Sociedade de Economia Mista ou Empresa Pública para o exercício de atividades econômicas em caso de interesse coletivo relevante ou segurança nacional. No entanto, o concurso público continua obrigatório para ingresso nos empregos públicos nestas entidades. Seus empregados, no entanto, são celetistas e não adquirem a estabilidade constitucional prevista em seu art. 41. O concurso público para a contratação de pessoal por tal entidade administrativa é obrigatório e a remuneração a ser paga aos respectivos empregados não pode ultrapassar o teto remuneratório estabelecido na Constituição da República, caso sejam recebidos recursos do Estado Alfa para pagamento de despesas de pessoal ou de custeio em geral, como estabelece o disposto no art. 37, § 9º. Importante ressaltar que o regime de pessoal deverá ser o regime da CLT obrigatoriamente. *Alternativa C.*

197. **(XXIII Exame)** Após a Polícia Federal colher farto material probatório, o Ministério Público denunciou Ricardo, servidor público federal estável, por crime funcional e comunicou o fato às autoridades competentes para eventual apuração administrativa. Antes do recebimento da denúncia, diante da vasta documentação que demonstrava a materialidade de violação de dever funcional remetida para a Administração, foi instaurado o processo administrativo disciplinar, sem a realização de sindicância, que, mediante regular processamento do inquérito administrativo, culminou na aplicação da pena de demissão de Ricardo. Sobre a situação hipotética narrada, assinale a afirmativa correta.

(A) Ricardo não poderia ser demitido sem a realização de sindicância, que é procedimento prévio imprescindível para a instauração de processo administrativo disciplinar.

(B) O recebimento da denúncia deveria ter suspendido o processo administrativo disciplinar contra Ricardo, e o prosseguimento de tal apuração só poderia ocorrer após a conclusão do Juízo criminal.

(C) O processo administrativo disciplinar instaurado contra Ricardo é nulo, pois não é cabível a utilização de prova produzida para a apuração criminal.

(D) A hipótese não apresenta qualquer nulidade que contamine o processo administrativo disciplinar instaurado contra Ricardo.

RESPOSTA O art. 143 da lei n. 8112-90 determina que a apuração das irregularidades atribuídas a um servidor público federal pode ser feita mediante sindicância ou processo administrativo disciplinar, não sendo a sindicância imprescindível para a instauração de processo administrativo disciplinar. As instâncias penal e administrativa são independentes, razão pela qual o recebimento da denúncia criminal não gera suspensão do processo administrativo disciplinar, sendo possível a utilização neste de prova produzida na apuração criminal. Desta forma, na situação apresentada inexiste qualquer nulidade que contamine o processo administrativo disciplinar instaurado contra Ricardo. *Alternativa D.*

198. **(XXIII Exame)** O Ministério Público estadual ajuizou ação civil pública por improbidade em desfavor de Odorico, prefeito do Município Beta, perante o Juízo de 1º grau. Após os devidos trâmites e do recebimento da inicial, surgiram provas contundentes de que Odorico se utilizava da máquina administrativa para intimidar servidores e prejudicar o andamento das investigações, razão pela qual o Juízo de 1º grau determinou o afastamento cautelar do chefe do Poder Executivo municipal pelo prazo de sessenta dias. Nesse caso, o Juízo de 1º grau

(A) não poderia ter dado prosseguimento ao feito, na medida em que Odorico é agente político e, por isso, não responde com base na lei de improbidade, mas somente na esfera política, por crime de responsabilidade.

(B) não tem competência para o julgamento da ação civil pública por improbidade ajuizada em face de Odorico, ainda que o agente tenha foro por prerrogativa junto ao respectivo Tribunal de Justiça estadual.

(C) não poderia ter determinado o afastamento cautelar de Odorico, pois a perda da função pública só se efetiva com o trânsito em julgado da sentença condenatória.

(D) agiu corretamente ao determinar o afastamento cautelar de Odorico, que, apesar de constituir medida excepcional, cabe quando o agente se utiliza da máquina administrativa para intimidar servidores e prejudicar o andamento do processo.

RESPOSTA A Lei de Improbidade Administrativa aplica-se aos prefeitos, sendo competente para apreciar referida ação de Improbidade e o afastamento cautelar está previsto no art. 20, parágrafo único, da lei n. 8429-92, quando o agente público utilizar a máquina administrativa para intimidar servidores e prejudicar a instrução processual. *Alternativa D.*

199. **(XXIII Exame)** O Estado Alfa, com o objetivo de articular a prestação dos serviços de saneamento básico entre municípios limítrofes, instituiu uma região metropolitana, de modo a promover a organização, o planejamento e a execução de tais atividades de interesse comum. Acerca da criação de regiões metropolitanas para a realização de serviços públicos, assinale a afirmativa correta.

(A) A instituição de região metropolitana para a organização, o planejamento e a execução dos serviços públicos é de competência do Estado Alfa, por meio de lei complementar.

(B) A organização, o planejamento e a execução dos serviços de saneamento básico entre municípios limítrofes deveria, necessariamente, ser promovida por meio de consórcio público.

(C) A competência para a criação de regiões metropolitanas é exclusiva da União, sob pena de violar a autonomia dos municípios que seriam por elas alcançados.

(D) A criação da região metropolitana pretendida pelo Estado Alfa não é possível, diante da ausência de previsão para tanto no nosso ordenamento jurídico.

RESPOSTA O art. 25, § 3º, da Constituição Federal estabelece que os Estados poderão, mediante lei complementar, instituir regiões metropolitanas, aglomerações urbanas e microrregiões, constituídas por municípios limítrofes, para integrar a organização, planejamento e a execução de funções públicas de interesse comum. *Alternativa A.*

200. **(XXIII Exame)** O Estado "X" pretende fazer uma reforma administrativa para cortar gastos. Com esse intuito, espera concentrar diversas secretarias estaduais em um mesmo prédio, mas não dispõe de um imóvel com a área necessária. Após várias reuniões com a equipe de governo, o governador decidiu desapropriar, por utilidade pública, um enorme terreno de propriedade da União para construir o edifício desejado. Sobre a questão apresentada, assinale a afirmativa correta.

(A) A União pode desapropriar imóveis dos Estados, atendidos os requisitos previstos em lei, mas os Estados não podem desapropriar imóveis da União.

(B) Para que haja a desapropriação pelo Estado "X", é imprescindível que este ente federado demonstre, em ação judicial, estar presente o interesse público.

(C) A desapropriação é possível, mas deve ser precedida de autorização legislativa dada pela Assembleia Legislativa.

(D) A desapropriação é possível, mas deve ser precedida de autorização legislativa dada pelo Congresso Nacional.

RESPOSTA O decreto-lei n. 3365-41 somente permite a desapropriação de bens dos Municípios e dos Estados pela União Federal, bem como é possível a desapropriação de bens dos Municípios pelos Estados. O contrário, no entanto, não será possível, ou seja, os Estados e os Municípios não podem desapropriar imóveis da União. *Alternativa A.*

REFERÊNCIAS

BORDALO, Rodrigo. *Direito administrativo.* São Paulo: Saraiva, 2011.

DI PIETRO, Maria Sylvia Zanella. *Direito administrativo.* 23. ed. São Paulo: Atlas, 2010.

MAFFINI, Rafael. *Direito administrativo.* 2. ed. São Paulo: Revista dos Tribunais, 2008.

MEDAUAR, Odete. *Direito administrativo moderno.* 9. ed. rev. e atual. São Paulo: Revista dos Tribunais, 2005.

MEIRELLES, Hely Lopes. *Direito administrativo brasileiro.* 33. ed. atual. São Paulo: Malheiros, 2007.

PAULO, Vicente; ALEXANDRINO, Marcelo. *Resumo de direito administrativo descomplicado.* 2. ed. São Paulo: Método, 2009.

ZIMMER, Aloísio. *Curso de direito administrativo.* 3. ed. São Paulo: Método, 2009.

Direito Ambiental

DIREITO AMBIENTAL: QUADRO GERAL DE QUESTÕES	
TEMAS	Nº DE QUESTÕES
I. Princípios de Direito Ambiental	1
II. Proteção Constitucional do Meio Ambiente	11
III. Crimes Ambientais	5
IV. Responsabilidade Civil por Danos Ambientais	6
V. Política Nacional do Meio Ambiente	4
VI. Estudo de Impacto Ambiental e Licenciamento Ambiental	14
VII. Meio Ambiente Natural (Flora e Recursos Hídricos)	18
VIII. Infrações Administrativas	4
TOTAL	63

I. PRINCÍPIOS DE DIREITO AMBIENTAL

1. **(X Exame)** Na perspectiva da tutela do direito difuso ao meio ambiente, o ordenamento constitucional exigiu o estudo de impacto ambiental para instalação e desenvolvimento de certas atividades. Nessa perspectiva, o estudo prévio de impacto ambiental está concretizado no princípio:

(A) da precaução.
(B) da prevenção.
(C) da vedação ao retrocesso.
(D) do poluidor-pagador.

RESPOSTA De acordo com o art. 225 da CF, cuja exigência do EIA/RIMA está firmada, o princípio concretizado é o da prevenção. *Alternativa B.*

II. PROTEÇÃO CONSTITUCIONAL DO MEIO AMBIENTE

2. **(XII Exame)** Com relação aos ecossistemas Floresta Amazônica, Mata Atlântica, Serra do Mar, Pantanal Mato-grossense e Zona Costeira, assinale a afirmativa correta.

(A) Tais ecossistemas são considerados pela CRFB/1988 patrimônio difuso, logo todos os empreendimentos nessas áreas devem ser precedidos de licenciamento e estudo prévio de impacto ambiental.
(B) Tais ecossistemas são considerados patrimônio nacional, devendo a lei infraconstitucional disciplinar as condições de utilização e de uso dos recursos naturais, de modo a garantir a preservação do meio ambiente.
(C) Tais ecossistemas são considerados bens públicos, pertencentes à União, devendo a lei infraconstitucional disciplinar suas condições de utilização, o uso dos recursos naturais e as formas de preservação.
(D) Tais ecossistemas possuem terras devolutas que são, a partir da edição da Lei n. 9.985/2000, consideradas unidades de conservação de uso sustentável, devendo a lei especificar as regras de ocupação humana nessas áreas.

RESPOSTA De acordo com o § 4º do art. 225 da CF, a Floresta Amazônica brasileira, a Mata Atlântica, a Serra do Mar, o Pantanal Mato-Grossense e a Zona Costeira são patrimônio nacional, e sua utilização far-se-á, na forma da lei, dentro de condições que assegurem a preservação do meio ambiente, inclusive quanto ao uso dos recursos naturais. *Alternativa B.*

3. **(XII Exame)** O estado Y pretende melhorar a qualidade do ar e da água em certa região que compõe o seu território, a qual é abrangida por quatro municípios. Considerando o caso, assinale a alternativa que indica a medida que o estado Y deve adotar.

(A) Instituir Região Metropolitana por meio de lei ordinária, a qual retiraria as competências dos referidos municípios para disciplinar as matérias.

(B) Por iniciativa da Assembleia Estadual, editar lei definindo a região composta pelos municípios como área de preservação permanente, estabelecendo padrões ambientais mínimos, de acordo com o plano de manejo.

(C) Editar lei complementar, de iniciativa do Governador do estado, a qual imporá níveis de qualidade a serem obedecidos pelos municípios, sob controle e fiscalização do órgão ambiental estadual.

(D) Incentivar os municípios que atingirem as metas ambientais estipuladas em lei estadual, por meio de distribuição de parte do ICMS arrecadado, nos limites constitucionalmente autorizados.

RESPOSTA (A) Errada, *vide* o art. 25, § 3º, da CF. (B) Errada, não há esta previsão legal. (C) Errada, *vide* o art. 24 da CF. (D) De acordo com o art. 158, parágrafo único, II, da CF. Vide o que dispõe o art. 25, § 3º, da LC 140/2011. *Alternativa D.*

4. **(VI Exame – Reaplicação)** Imagine que três municípios, localizados em diferentes estados-membros da Federação brasileira, estejam interessados em abrigar a instalação de uma usina de energia que opera com reatores nucleares. A respeito do tema, é correto afirmar que

(A) o Congresso Nacional irá definir, mediante a edição de lei, qual Município receberá a usina nuclear.

(B) após a escolha do local para a instalação da usina nuclear, o Município que a receber deverá criar a legislação que disciplinará seu funcionamento, bem como o plano de evacuação da população em caso de acidentes, por ser assunto de relevante interesse local.

(C) em razão do princípio da predominância do interesse, a União deverá legislar sobre o tema, após ouvir e sabatinar obrigatoriamente o Ministro de Minas e Energia no Congresso Nacional, versando sobre os riscos ambientais que a usina pode trazer ao meio ambiente e à população de cada Município postulante.

(D) A Constituição Federal não estabelece expressamente qual ente da Federação deverá legislar sobre o tema energia nuclear. Mas, em razão do acidente nuclear de Chernobyl, a doutrina defende que apenas a União deverá criar normas sobre regras de segurança de usinas nucleares.

RESPOSTA (A) De acordo com o § 6º do art. 225 da CF. (B) Errada, não há esta competência municipal. (C) Errada, não há previsão legal. (D) Errada, pois a competência da União é exclusiva (art. 21, XXIII, CF). *Alternativa A.*

5. **(II Exame)** Considerando a repartição de competências ambientais estabelecida na Constituição Federal, assinale a alternativa correta.

(A) Deverá ser editada lei ordinária com as normas para a cooperação entre a União e os Estados, o Distrito Federal e os Municípios para o exercício da competência comum de defesa do meio ambiente.

(B) A exigência de apresentação, no processo de licenciamento ambiental, de certidão da Prefeitura Municipal sobre a conformidade do empreendimento com a legislação de uso e ocupação do solo decorre da competência do município para o planejamento e controle do uso, do parcelamento e da ocupação do solo urbano.

(C) Legislar sobre proteção do meio ambiente e controle da poluição é de competência concorrente da União, dos Estados, do Distrito Federal e dos Municípios, com fundamento no art. 24 da Constituição Federal.

(D) A competência executiva em matéria ambiental não alcança a aplicação de sanções administrativas por infração à legislação de meio ambiente.

RESPOSTA (A) Errada, *vide* parágrafo único do art. 23 da CF. (B) De acordo com o inciso VIII do art. 30 da CF. (C) Errada, *vide* arts. 24 e 30, CF. (D) Errada, visto que a competência executiva alcança a aplicação de sanções administrativas. *Alternativa B.*

6. **(I Exame)** Assinale a opção correta de acordo com as normas constitucionais sobre zoneamento ambiental.

(A) Os estados podem, por lei complementar, instituir regiões metropolitanas, aglomerações urbanas e microrregiões, com a finalidade de integrar a organização, o planejamento e a execução de funções públicas de interesse comum. Para isso, precisam da concordância dos municípios envolvidos, os quais devem aprovar leis municipais com o mesmo teor e conteúdo da lei estadual.

(B) Compete à União elaborar planos nacionais e regionais de ordenação do território e de desenvolvimento econômico e social.

(C) As zonas de uso predominantemente industrial destinam-se, preferencialmente, à localização de estabelecimentos industriais cujos resíduos sólidos, líquidos e gasosos, ruídos, vibrações e radiações possam causar danos à saúde, ao bem-estar e à segurança das populações, mesmo depois da aplicação de métodos adequados de combate e tratamento de efluentes.

(D) É da competência dos estados a promoção, no que couber, do adequado ordenamento territorial mediante planejamento e controle do uso, do parcelamento e da ocupação do solo urbano.

RESPOSTA (A) Errada, *vide* art. 25 da CF. (B) De acordo com o art. 21 da CF. (C) Errada, por ausência de previsão legal. (D) Errada, *vide* art. 30 da CF. *Alternativa B.*

7. **(XX Exame)** O prefeito do Município Alfa, que conta hoje com 30 (trinta) mil habitantes e tem mais de 30% de sua área constituída por cobertura vegetal, consulta o Procurador Geral do Município para verificar a necessidade de edição de Plano Diretor, em atendimento às disposições constitucionais e ao Estatuto da Cidade (Lei n. 10.257/01). Sobre o caso, assinale a afirmativa correta.

(A) O Plano Diretor não é necessário, tendo em vista a área de cobertura vegetal existente no Município Alfa, devendo este ser substituído por Estudo Prévio de Impacto Ambiental (EIA).

(B) O Plano Diretor não será necessário, tendo em vista que todos os municípios com mais de 20 (vinte) mil habitantes estão automaticamente inseridos em "aglomerações urbanas", que, por previsão legal, são excluídas da necessidade de elaboração de Plano Diretor.

(C) Será necessária a edição de Plano Diretor, aprovado por lei municipal, que abrangerá todo o território do Município Alfa, em razão do seu número de habitantes.

(D) O Plano Diretor será necessário na abrangência da região urbana do município, regendo, no que tange à área de cobertura vegetal, as normas da Política Nacional do Meio Ambiente

RESPOSTA Diante da situação hipotética, correta a alternativa C, *vide* art. 182, § 1º, da CF. As demais alternativas podem ser comparadas com o mesmo dispositivo constitucional, apesar do enunciado se referir ao Estatuto da Cidade (atente-se apenas ao seu art. 40). *Alternativa C.*

8. **(XX Exame – Reaplicação)** Luiz Periquito, famoso colecionador de pássaros, é surpreendido pela autoridade ambiental municipal em sua propriedade, a qual lavra auto de infração tendo em vista a posse de animais silvestres sem autorização legal, objeto de caça, bem como indícios de maus tratos aos animais. Sobre o caso e tendo em vista a proteção à fauna no ordenamento jurídico brasileiro, assinale a afirmativa correta.

(A) A atuação da autoridade municipal é inválida, já que a competência legislativa e material para tratar sobre caça, pesca e fauna é exclusiva da União Federal.

(B) O auto de infração está irregular, uma vez que a fauna não foi objeto de tutela constitucional e a Lei n. 5.197/67 (Lei de Proteção à Fauna) não disciplina especificamente o tema de caça e maus tratos.

(C) O auto de infração está correto, uma vez que a Constituição de 1988 veda qualquer forma de caça no território brasileiro, seja esportiva ou caça de controle.

(D) A conduta de Luiz Periquito está em desconformidade com a Constituição de 1988, já que há expressa vedação constitucional às práticas que submetam os animais à crueldade, na forma da lei

RESPOSTA (A) Errada, *vide* o art. 23, VI, CF, competência comum de todos. (B) Errada, pois a fauna é tutelada pela CF. (C) Errada, pois não há vedação da caça na CF. A caça, quando autorizada pelo órgão competente, pode ser praticada no território nacional. (D) De acordo com art. 225, § 1º, VII, CF. *Alternativa D.*

9. **(XXII Exame)** Tendo em vista a infestação de percevejo-castanho-da-raiz, praga que causa imensos danos à sua lavoura de soja, Nelson, produtor rural, desenvolveu e produziu de forma artesanal, em sua fazenda, agrotóxico que combate a aludida praga. Mesmo sem registro formal, Nelson continuou a usar o produto por meses, o que ocasionou grave intoxicação em Beto, lavrador da fazenda, que trabalhava sem qualquer equipamento de proteção. Sobre a hipótese, assinale a afirmativa correta.

(A) Não há qualquer responsabilidade de Nelson, que não produziu o agrotóxico de forma comercial, mas para uso próprio.

(B) Nelson somente responde civilmente pelos danos causados, pelo não fornecimento de equipamentos de proteção a Beto.

(C) Nelson responde civil e criminalmente pelos danos causados, ainda que não tenha produzido o agrotóxico com finalidade comercial.

(D) Nelson somente responde administrativamente perante o Poder Público pela utilização de agrotóxico sem registro formal.

RESPOSTA De acordo com a situação hipotética, Nelson responderá tanto na esfera penal quanto na cível. *Vide* § 3º do art. 225 da CF. *Alternativa C.*

10. **(XVII Exame)** O Município Z deseja implementar política pública ambiental, no sentido de combater a poluição das vias públicas. Sobre as competências ambientais distribuídas pela Constituição, assinale a afirmativa correta.

(A) União, Estados, Distrito Federal e Municípios têm competência material ambiental comum, devendo leis complementares fixar normas de cooperação entre os entes.
(B) Em relação à competência material ambiental, em não sendo exercida pela União e nem pelo Estado, o Município pode exercê-la plenamente.
(C) O Município só pode exercer sua competência material ambiental nos limites das normas estaduais sobre o tema.
(D) O Município não tem competência material em direito ambiental, por falta de previsão constitucional, podendo, porém, praticar atos por delegação da União ou do Estado.

RESPOSTA (A) De acordo com o art. 23 da CF. (B) Errada, nos termos da LC n. 140/2011. (C) Errada, nos limites da LC n. 140/2011. (D) Errada, *vide* art. 23 da CF. *Alternativa A.*

11. **(XIX Exame)** Pedro, em visita a determinado município do interior do estado do Rio de Janeiro, decide pichar e deteriorar a fachada de uma igreja local tombada, por seu valor histórico e cultural, pelo Instituto Estadual do Patrimônio Histórico-Cultural – INEPAC, Autarquia Estadual. Considerando o caso em tela, assinale a afirmativa correta.

(A) Pedro será responsabilizado apenas administrativamente, com pena de multa, uma vez que os bens integrantes do patrimônio cultural brasileiro não se sujeitam, para fins de tutela, ao regime de responsabilidade civil ambiental, que trata somente do meio ambiente natural.
(B) Pedro será responsabilizado administrativa e penalmente, não podendo ser responsabilizado civilmente, pois o dano, além de não poder ser considerado de natureza ambiental, não pode ser objeto de simultânea recuperação e indenização.
(C) Pedro, por ter causado danos ao meio ambiente cultural, poderá ser responsabilizado administrativa, penal e civilmente, sendo admissível o manejo de ação civil pública pelo Ministério Público, demandando a condenação em dinheiro e o cumprimento de obrigação de fazer.
(D) Pedro, além de responder administrativa e penalmente, será solidariamente responsável com o INEPAC pela recuperação e indenização do dano, sendo certo que ambos responderão de forma subjetiva, havendo necessidade de inequívoca demonstração de dolo ou culpa.

RESPOSTA (A) Errada, *vide* § 3º do art. 225 da CF. (B) Errada, pelas mesmas razões da afirmativa anterior. (C) De acordo com o § 3º do art. 225 da CF. (D) Errada, pois o referido instituto não tem responsabilidade solidária. *Alternativa C.*

12. **(XXIV Exame)** Damião, proprietário de terrenos não utilizados, mantidos para fins de especulação imobiliária, é notificado pela autoridade pública municipal, uma vez que seu terreno está incluído no plano Diretor do Município XYZ, e a Lei Municipal n. 123 determinou a edificação compulsória e aplicação de IPTU progressivo no tempo. Sobre as possíveis consequências que Damião pode sofrer, assinale a afirmativa correta.

(A) Caso não seja cumprida a notificação no prazo estabelecido, o Poder Público procederá à aplicação do Imposto sobre a Propriedade Predial e Territorial Urbana (IPTU) progressivo no tempo, o qual pode ser majorado indefinidamente, até que alcance o valor do bem.
(B) Ainda que Damião transfira o imóvel, a obrigação de edificação compulsória é transferida aos adquirentes, sem que haja interrupção dos prazos previamente estabelecidos pelo Poder Público.
(C) O Poder Público Municipal poderá desapropriar o imóvel de Damião mediante pagamento de indenização justa, prévia e em dinheiro, que refletirá o valor da base de cálculo do IPTU.
(D) Não há consequência jurídica no descumprimento, tendo em vista a não autoexecutoridade nos atos do Poder Público em tema de política urbana, sendo necessária a intervenção do Poder Judiciário.

RESPOSTA Diante da situação hipotética e a Lei n. 10.257/2001, que trata de políticas urbanas, aplica-se o art. 6º do referido estatuto, portanto, correta a *Alternativa B.*

III. CRIMES AMBIENTAIS

13. **(XXVI Exame)** A associação "Amigos da Natureza", constituída há 2 anos, com a finalidade institucional de proteger o meio ambiente, tem interesse na propositura de uma ação civil pública, a fim de que determinado agente causador de dano ambiental seja impedido de continuar a praticar o ilícito. Procurado pela associação, você, na qualidade de advogado, daria a orientação de

(A) não propor uma ação civil pública, visto que as associações não têm legitimidade para manejar tal instrumento, sem prejuízo de que outros legitimados, como o Ministério Público, o façam.

(B) propor uma ação civil pública, já que a associação está constituída há pelo menos 1 ano e tem, entre seus fins institucionais, a defesa do meio ambiente.

(C) apenas propor a ação civil pública quando a associação estiver constituída há pelo menos 3 anos.

(D) que a associação tem iniciativa subsidiária, de modo que só pode propor a ação civil pública após demonstração de inércia do Ministério Público.

RESPOSTA De acordo com o art. 5º, V, letras *a* e *b*, da Lei da Ação Civil Pública (Lei n. 7.347/85). *Alternativa B.*

14. **(XXV Exame)** Configurada a violação aos dispositivos da Lei do Sistema Nacional de Unidades de Conservação, especificamente sobre a restauração e recuperação de ecossistema degradado, o Estado Z promove ação civil pública em face de Josemar, causador do dano. Em sua defesa judicial, Josemar não nega a degradação, mas alega o direito subjetivo de celebração de Termo de Ajustamento de Conduta (TAC), com a possibilidade de transacionar sobre o conteúdo das normas sobre restauração e recuperação.

Sobre a hipótese, assinale a afirmativa correta.

(A) Josemar não possui direito subjetivo à celebração do TAC, que, caso celebrado, não pode dispor sobre o conteúdo da norma violada, mas sobre a forma de seu cumprimento.

(B) O TAC não pode ser celebrado, uma vez que a ação civil pública foi proposta pelo Estado, e não pelo Ministério Público.

(C) Josemar possui direito subjetivo a celebrar o TAC, sob pena de violação ao princípio da isonomia, mas sem que haja possibilidade de flexibilizar o conteúdo das normas violadas.

(D) Josemar possui direito subjetivo a celebrar o TAC nos termos pretendidos, valendo o termo como título executivo extrajudicial, apto a extinguir a ação civil pública por perda de objeto.

RESPOSTA Diante da situação hipotética, tem-se a dizer que o TAC não é um direito subjetivo do réu, pois trata de uma faculdade do órgão público, em que o réu pode aceitar ou não. Caso seja realizado, não pode alterar o conteúdo da norma violada. *Alternativa A.*

15. **(II Exame)** Diante das disposições estabelecidas pela Lei n. 9.605/98 sobre as sanções penais e administrativas derivadas de condutas e atividades lesivas ao meio ambiente, assinale a alternativa correta.

(A) A desconsideração da pessoa jurídica somente será admitida se a pena restritiva de direitos se revelar inócua para os fins a que se destina.

(B) A pena restritiva de direitos da pessoa jurídica, no que tange à proibição de contratar com o poder público, terá duração equivalente ao tempo de permanência dos efeitos negativos da conduta delituosa sobre o meio ambiente.

(C) Constitui inovação da lei de crimes ambientais a excludente de antijuridicidade relativamente ao comércio não autorizado de animais da fauna silvestre voltado exclusivamente à subsistência da entidade familiar.

(D) Os tipos penais ambientais, em regra, descrevem crimes de perigo abstrato, que se consumam com a própria criação do risco, efetivo ou presumido, independentemente de qualquer resultado danoso.

RESPOSTA (A) Errada, *vide* o art. 4º da Lei n. 9.605/98 (Lei dos Crimes Ambientais). (B) Errada, *vide* o § 3º do art. 22 da lei citada. (C) Errada, pois a excludente não está relacionada ao comércio, mas ao abate de animais. (D) Segundo a doutrina, a referida lei traz dois crimes, os de perigo e os de dano. São eles crimes de perigo abstrato. *Alternativa D.*

16. **(V Exame)** A Lei n. 9.605/98, regulamentada pelo Decreto n. 6.514/2008, que dispõe sobre sanções penais e administrativas derivadas de condutas e atividades lesivas ao meio ambiente, trouxe novidades nas normas ambientais. Entre elas está a:

(A) desconsideração da pessoa jurídica, que foi estabelecida para responsabilizar a pessoa física sempre que sua personalidade for obstáculo ao ressarcimento de prejuízos causados à qualidade do meio ambiente.

(B) Possibilidade de assinatura de termos de ajustamento de conduta, que somente é possível pelo cometimento de ilícito ambiental.

(C) Responsabilidade penal objetiva pelo cometimento de crimes ambientais.

(D) Substituição da pena privativa de liberdade pela restritiva de direito quando tratar-se de crime doloso.

RESPOSTA (A) De acordo com o art. 4º da referida lei. (B) Errada, pois a previsão do TAC também tem nos crimes contra o consumo. (C) Errada, pois crimes ambientais não é objetiva. (D) Errada, *vide* o inciso I do art. 7º da referida lei. *Alternativa A.*

17. (VIII Exame) Luísa, residente e domiciliada na cidade de Recife, após visitar a Austrália, traz consigo para a sua casa um filhote de coala, animal típico daquele país e inexistente no Brasil. Tendo em vista tal situação, assinale a afirmativa correta.

(A) Ao trazer o animal, Luísa não cometeu qualquer ilícito ambiental, já que a propriedade de animais domésticos é livre no Brasil.

(B) Ao trazer o animal, Luísa, em princípio, não cometeu qualquer ilícito ambiental, pois o crime contra o meio ambiente só se configuraria caso Luísa abandonasse ou praticasse ações de crueldade contra o animal por ela adotado.

(C) Ao trazer o animal, Luísa cometeu crime ambiental, pois o introduziu no Brasil sem prévio licenciamento ambiental, sendo a Justiça Estadual de Pernambuco competente para julgar a eventual ação.

(D) Ao trazer o animal, Luísa cometeu crime ambiental, pois o introduziu no Brasil sem licença e sem parecer técnico oficial favorável, sendo a Justiça Federal competente para julgar a eventual ação.

RESPOSTA Diante da situação hipotética, a atitude de Luísa é crime ambiental previsto no art. 31 da Lei n. 9.605/98, como é infração administrativa prevista no art. 25 do Decreto n. 6.514/2008. Em regra geral, os crimes contra a fauna são de competência da Justiça Estadual, mas, como houve o ingresso no Brasil do animal, essa competência passa a ser da Justiça Federal. *Alternativa D.*

IV. RESPONSABILIDADE CIVIL POR DANOS AMBIENTAIS

18. (XXXI Exame) Seguindo plano de expansão de seu parque industrial para a produção de bebidas, o conselho de administração da sociedade empresária Frescor S/A autoriza a destruição de parte de floresta inserida em Área de Preservação Permanente, medida que se consuma na implantação de nova fábrica. Sobre responsabilidade ambiental, tendo como referência a hipótese narrada, assinale a afirmativa correta.

(A) Frescor S/A responde civil e administrativamente, sendo excluída a responsabilidade penal por ter a decisão sido tomada por órgão colegiado da sociedade.

(B) Frescor S/A responde civil e administrativamente, uma vez que não há tipificação criminal para casos de destruição de Área de Preservação Permanente, mas apenas de Unidades de Conservação.

(C) Frescor S/A responde civil, administrativa e penalmente, sendo a ação penal pública, condicionada à prévia apuração pela autoridade ambiental competente.

(D) Frescor S/A responde civil, administrativa e penalmente, sendo agravante da pena a intenção de obtenção de vantagem pecuniária.

RESPOSTA Prevê o art. 3º da Lei n. 9.605/98 que as pessoas jurídicas serão responsabilizadas administrativa, civil e penalmente conforme o disposto nessa lei, nos casos em que a infração seja cometida por decisão de seu representante legal ou contratual, ou de seu órgão colegiado, no interesse ou benefício da sua entidade. É crime destruir ou danificar floresta considerada de preservação permanente, mesmo que em formação, ou utilizá-la com infringência das normas de proteção (art. 38). Entre as circunstâncias que agravam a pena está a obtenção de vantagem pecuniária (art. 15, II, *a*). *Alternativa D.*

19. (XXIX Exame) Em decorrência de grave dano ambiental em uma Unidade de Conservação, devido ao rompimento de barragem de contenção de sedimentos minerais, a Defensoria Pública estadual ingressa com Ação Civil Pública em face do causador do dano. Sobre a hipótese, assinale a afirmativa correta.

(A) A Ação Civil Pública não deve prosseguir, uma vez que a Defensoria Pública não é legitimada a propor a referida ação judicial.

(B) A Defensoria Pública pode pedir a recomposição do meio ambiente cumulativamente ao pedido de indenizar, sem que isso configure *bis in idem*.

(C) Tendo em vista que a conduta configura crime ambiental, a ação penal deve anteceder a Ação Civil Pública, vinculando o resultado desta.

(D) A Ação Civil Pública não deve prosseguir, uma vez que apenas o IBAMA possui competência para propor Ação Civil Pública quando o dano ambiental é causado em Unidade de Conservação.

RESPOSTA Atente-se que a defensoria pública é legitimada para ingressar com a ação civil pública (art. 5º, II, Lei n. 7.347/85). Diante desta afirmativa, ela pode pedir a recomposição do meio ambiente cumulativamente ao pedido de indenizar, sem que isso configure *bis in idem*, *vide* o § 3º do art. 225 da Constituição Federal. *Alternativa B.*

20. (V Exame) João adquiriu em maio de 2000 um imóvel em área rural, banhado pelo Rio Formoso. Em 2010, foi citado para responder a uma ação civil pública proposta pelo Município de Belas Veredas, que o responsabiliza civilmente por ter cometido corte raso na mata ciliar da propriedade. João alega que o desmatamento foi cometido pelo antigo proprietário da fazenda, que já praticava o plantio de milho no local. Em razão do exposto, é correto afirmar que

(A) a responsabilidade por dano ambiental é objetiva, mas, como não há nexo de causalidade entre a ação do novo proprietário e o corte raso na área, verifica-se a excludente de responsabilidade, e João não será obrigado a reparar o dano.

(B) A responsabilidade civil por dano ambiental difuso prescreve em cinco anos, por força da Lei n. 9.873/99. Logo, João não será obrigado a reparar o dano.

(C) João será obrigado a recuperar a área, mas, como não poderá mais utilizá-la para o plantio do milho, terá direito a indenização, a ser paga pelo Poder Público, por força do princípio do protetor-recebedor.

(D) A manutenção de área de mata ciliar é obrigação *propter rem*; sendo obrigação de conservação, é automaticamente transferida do alienante ao adquirente. Logo, João terá que reparar a área.

RESPOSTA Diante da situação hipotética, tem-se que as obrigações *propter rem* são relacionadas ao imóvel e não ao possuidor (ou proprietário). Segue que responsabilidade ambiental é solidária, devendo João reparar a área. *Alternativa D.*

21. **(VII Exame)** O Prefeito do Município de Belas Veredas, após estudos técnicos e realização de audiência pública, decide pela criação de um parque, em uma área onde podem ser encontrados exemplares exuberantes de Mata Atlântica. Assim, edita decreto que fixa os limites do novo parque municipal. Passados dois anos, recebe pedidos para que o parque seja reavaliado e transformado em uma Área de Relevante Interesse Ecológico, com uma pequena redução de seus limites. Tendo em vista a situação descrita, assinale a alternativa correta.

(A) Em razão do princípio da simetria das formas no direito ambiental, a Unidade de Conservação criada por ato do Poder Executivo poderá ser reavaliada e ter seus limites reduzidos também por decreto.

(B) Como a Mata Atlântica é considerada patrimônio nacional, por força do art. 225, § 4º, da CRFB, apenas a União possui competência para a criação de unidades de conservação que incluam tal bioma em seus limites.

(C) A criação do parque é constitucional e legal, mas, como a área está definida como Unidade de Conservação de Proteção Integral, a alteração para Área de Relevante Interesse Ecológico, que é de Unidade de Conservação de Uso Sustentável, com redução de limites, só pode ser feita por lei.

(D) A reavaliação poderá ser feita por decreto, uma vez que a Área de Relevante Interesse Ecológico também é uma Unidade de Conservação do grupo de proteção integral.

RESPOSTA Diante do caso hipotético, correta a alternativa C, pois é o que dispõe o art. 225, § 1º, III, da CF. *Alternativa C.*

22. **(XV Exame)** No curso de obra pública, a Administração Pública causa dano em local compreendido por área de preservação permanente. Sobre o caso apresentado, assinale a opção que indica de quem é a responsabilidade ambiental.

(A) Em se tratando de área de preservação permanente, que legalmente é de domínio público, o ente só responde pelos danos ambientais nos casos de atuação com dolo ou culpa grave.

(B) Em se tratando de área de preservação permanente, a Administração Pública responderá de forma objetiva pelos danos causados ao meio ambiente, independentemente das responsabilidades administrativa e penal.

(C) Em se tratando de dano ambiental com área de preservação permanente, a Administração Pública não tem responsabilidade, sob pena de confusão, recaindo sobre o agente público causador do dano, independentemente das responsabilidades administrativa e penal.

(D) Trata-se de caso de responsabilidade subjetiva solidária de todos aqueles que contribuíram para a prática do dano, inclusive do agente público que determinou a prática do ato.

RESPOSTA Diante da situação hipotética, tem-se que a responsabilidade civil é objetiva, conforme art. 14 e seu § 1º da Lei n. 6.938/81. *Alternativa B.*

23. **(XX Exame)** No curso de obra pública de construção de represa para fins de geração de energia hidrelétrica em rio que corta dois estados da Federação, a associação privada Sorrio propõe ação civil pública buscando a reconstituição do ambiente ao status quo anterior ao do início da construção, por supostos danos ao meio ambiente. Considerando a hipótese, assinale a afirmativa correta.

(A) Caso a associação Sorrio abandone a ação, o Ministério Público ou outro legitimado assumirá a titularidade ativa.

(B) Caso haja inquérito civil público em curso, proposto pelo Ministério Público, a ação civil pública será suspensa pelo prazo de até 1 (um) ano.
(C) Como o bem público objeto da tutela judicial está localizado em mais de um estado da federação, a legitimidade ativa exclusiva para propositura da ação civil pública é do Ministério Público Federal.
(D) Caso o pedido seja julgado improcedente por insuficiência de provas, não será possível a propositura de nova demanda com o mesmo pedido.

RESPOSTA (A) De acordo com o art. 5º, § 3º, da Lei n. 7.347/85 (Lei da Ação Civil Pública). (B) Errada, não há previsão legal. (C) Errada, não há previsão para esta exclusividade. (D) Errada, *vide* o art. 16 da Lei n. 7.347/85. *Alternativa A.*

V. POLÍTICA NACIONAL DO MEIO AMBIENTE

24. **(XXX Exame)** Renato, proprietário de terra rural inserida no Município X, pretende promover a queimada da vegetação existente para o cultivo de cana-de-açúcar. Assim, consulta seu advogado, indagando sobre a possibilidade da realização da queimada. Sobre o caso narrado, assinale a afirmativa correta.

(A) A queimada poderá ser autorizada pelo órgão estadual ambiental competente do SISNAMA, caso as peculiaridades dos locais justifiquem o emprego do fogo em práticas agropastoris ou florestais.
(B) A queimada poderá ser autorizada pelo órgão municipal ambiental competente, após audiência pública realizada pelo Município X no âmbito do SISNAMA.
(C) A queimada não pode ser realizada, constituindo, ainda, ato tipificado como crime ambiental caso a área esteja inserida em Unidade de Conservação.
(D) A queimada não dependerá de autorização, caso Renato comprove a manutenção da área mínima de cobertura de vegetação nativa, a título de reserva legal.

RESPOSTA De acordo com o art. 38 do Código Florestal, dentre as exceções ao uso de fogo de vegetação está no caso de locais ou regiões cujas peculiaridades justifiquem o emprego do fogo em práticas agropastoris ou florestais, mediante prévia aprovação do órgão estadual ambiental competente do Sisnama, para cada imóvel rural ou de forma regionalizada, que estabelecerá os critérios de monitoramento e controle (inciso I). *Alternativa A.*

25. **(XXX Exame)** Pedro, proprietário de fazenda com grande diversidade florestal, decide preservar os recursos ambientais nela existentes, limitando, de forma perpétua, o uso de parcela de sua propriedade por parte de outros possuidores a qualquer título, o que realiza por meio de instrumento particular, averbado na matrícula do imóvel no registro de imóveis competente. Assinale a opção que indica o instrumento jurídico a que se refere o caso descrito.

(A) Zoneamento Ambiental.
(B) Servidão Ambiental.
(C) Área Ambiental Restrita.
(D) Área de Relevante Interesse Ecológico.

RESPOSTA De acordo com o art. 9º-A da Lei n. 6.938/81, o proprietário ou possuidor de imóvel, pessoa natural ou jurídica, pode, por instrumento público ou particular ou por termo administrativo firmado perante órgão integrante do Sisnama, limitar o uso de toda a sua propriedade ou de parte dela para preservar, conservar ou recuperar os recursos ambientais existentes, instituindo servidão ambiental. *Alternativa B.*

26. **(X Exame)** João, militante ambientalista, adquire chácara em área rural já degradada com o objetivo de cultivar alimentos orgânicos para consumo próprio. Alguns meses depois, ele é notificado pela autoridade ambiental local de que a área é de preservação permanente. Sobre o caso, assinale a afirmativa correta.

(A) João é responsável pela regeneração da área, mesmo não tendo sido responsável por sua degradação, uma vez que se trata de obrigação *propter rem.*
(B) João somente teria a obrigação de regenerar a área caso soubesse do dano ambiental cometido pelo antigo proprietário, em homenagem ao princípio da boa-fé.
(C) O único responsável pelo dano é o antigo proprietário, causador do dano, uma vez que João não pode ser responsabilizado por ato ilícito que não cometeu.
(D) Não há responsabilidade do antigo proprietário ou de João, mas da Administração Pública, em razão da omissão na fiscalização ambiental quando da transmissão da propriedade.

RESPOSTA (A) Atente-se que a obrigação *propter rem* é aquela que segue a coisa. E de acordo com o art. 7º da Lei n. 12.651/2012, cabe ao proprietário a regeneração da área, ainda que não tenha sido ele o responsável direto pela degradação, portanto, correta. (B) Errada, vide a explicação anterior. (C) Errada, a responsabilidade pelo dano ambiental é solidária e comum a todos. (D) Errada em razão das explicações anteriores. *Alternativa A.*

27. **(XXIV Exame)** Bolão Ltda., sociedade empresária, pretende iniciar atividade de distribuição de pneus no mercado brasileiro. Para isso, contrata uma consultoria para, dentre outros elementos, avaliar sua responsabilidade pela destinação final dos pneus que pretende comercializar. Sobre o caso, assinale a afirmativa correta.

(A) A destinação final dos pneus será de responsabilidade do consumidor final, no âmbito do serviço de regular limpeza urbana.

(B) A sociedade empresária será responsável pelo retorno dos produtos após o uso pelo consumidor, de forma independente do serviço público de limpeza urbana.

(C) A destinação final dos pneus, de responsabilidade solidária do distribuidor e do consumidor final, se dará no âmbito do serviço público de limpeza urbana.

(D) Previamente à distribuição de pneus, a sociedade empresária deve celebrar convênio com o produtor, para estabelecer, proporcionalmente, as responsabilidades na destinação final dos pneus.

RESPOSTA De acordo com a lei que instituiu a Política Nacional dos Resíduos Sólidos (Lei n. 12.305/2010), segundo o seu art. 33, são obrigados a estruturar e implementar sistemas de logística reversa, mediante retorno dos produtos após o uso pelo consumidor, de forma independente do serviço público de limpeza urbana e de manejo dos resíduos sólidos, os fabricantes, importadores, distribuidores e comerciantes de pneus (inciso III). *Alternativa B.*

VI. ESTUDO DE IMPACTO AMBIENTAL E LICENCIAMENTO AMBIENTAL

28. **(XXXI Exame)** Efeito Estufa Ltda., sociedade empresária que atua no processamento de alimentos, pretende instalar nova unidade produtiva na área urbana do Município de Ar Puro, inserida no Estado Y. Para esse fim, verificou que a autoridade competente para realizar o licenciamento ambiental será a do próprio Município de Ar Puro. Sobre o caso, assinale a opção que indica quem deve realizar o estudo de impacto ambiental.

(A) O Município de Ar Puro.

(B) O Estado Y.

(C) O IBAMA.

(D) Profissionais legalmente habilitados, às expensas do empreendedor.

RESPOSTA De acordo com a Resolução n. 237/87 do CONAMA, os estudos necessários ao processo de licenciamento deverão ser realizados por profissionais legalmente habilitados, às expensas do empreendedor (art. 11). *Alternativa D.*

29. **(XXVIII Exame)** A sociedade empresária Foice Ltda. dá início à construção de galpão de armazenamento de ferro-velho. Com isso, dá início a Estudo de Impacto Ambiental – EIA. No curso do EIA, verificou-se que a construção atingiria área verde da Comunidade de Flores, de modo que 60 (sessenta) cidadãos da referida Comunidade solicitaram à autoridade competente que fosse realizada, no âmbito do EIA, audiência pública. Sobre a situação, assinale a afirmativa correta.

(A) A audiência pública não é necessária, uma vez que apenas deve ser instalada quando houver solicitação do Ministério Público.

(B) A audiência pública não é necessária, uma vez que apenas deve ser instalada quando houver solicitação de associação civil legalmente constituída há pelo menos 1 (um) ano.

(C) A audiência pública é necessária, e, caso não realizada, a eventual licença ambiental concedida não terá validade.

(D) A audiência pública é necessária, salvo quando celebrado Termo de Ajustamento de Conduta com o Ministério Público.

RESPOSTA Destaca-se que caso haja a elaboração de um EIA (Estudo de Impacto Ambiental), a audiência pública é obrigatória. Observe que a realização da audiência pública será sempre obrigatória quando o órgão de meio ambiente a julgar necessária ou quando for solicitada por entidade civil, pelo Ministério Público ou por 50 ou mais cidadãos, devendo ocorrer em local de fácil acesso aos interessados. No caso de haver essa solicitação e a audiência não acontecer, eventual licença concedida não terá validade (art. 2º da Resolução n. 9/87 do CONAMA). *Alternativa C.*

30. **(VII Exame)** Um *shopping center,* que possui cerca de 250 lojas e estacionamento para dois mil veículos, foi construído há doze anos sobre um antigo aterro sanitário e, desde sua inauguração, sofre com a decomposição de material orgânico do subsolo, havendo emissão diária de gás metano, em níveis considerados perigosos à saúde humana, podendo causar explosões. Em razão do caso exposto, assinale a alternativa correta:

(A) Como o *shopping* foi construído há mais de cinco anos, a obrigação de elaborar estudo prévio de impacto ambiental e de se submeter a licenciamento já prescreveu. Assim, o empreendimento poderá continuar funcionando.

(B) A licença de operação ambiental tem prazo de validade de dez anos. Logo, o *shopping* já cumpriu com suas obrigações referentes ao licenciamento e ao estudo prévio de impacto ambiental, e poderá continuar com suas atividades regularmente.

(C) A decomposição de material orgânico continua ocorrendo, e é considerada perigosa à saúde humana e ao meio ambiente. Logo, o *shopping center* em questão poderá ser obrigado pelo órgão ambiental competente a adotar medidas para promover a dispersão do gás metano, de forma a minimizar ou anular os riscos ambientais, mesmo que já possua licença de operação válida.

(D) Caso o *shopping center* possua licença de operação válida, não poderá ser obrigado pelo órgão ambiental competente, no caso exposto, a adotar novas medidas para a dispersão do gás metano. Apenas no momento da renovação de sua licença de operação poderá ser obrigado a adquirir novo equipamento para tal fim.

RESPOSTA De acordo com os arts. 18 e 19 da Resolução n. 237/97 do CONAMA, correta a *Alternativa C.*

31. **(VI Exame – Reaplicação)** Uma empresa de telefonia celular deseja instalar uma antena próxima a uma floresta localizada no Município de Cantinho Feliz. A antena produzirá uma quantidade significativa de energia eletromagnética. Com base no exposto, assinale a alternativa correta.

(A) Como a energia é incolor e inodora, e é praticamente imperceptível a olho nu, não pode ser considerada potencialmente poluente. Logo, o Poder Público não pode exigir licenciamento e estudo prévio de impacto ambiental à empresa de telefonia, porque não há como comprovar o risco de impacto ambiental.

(B) Como não há certeza científica sobre a existência de riscos ambientais causados pela poluição eletromagnética, o princípio da prevenção deve ser invocado, e a empresa de telefonia deverá solicitar ao Município de Cantinho Feliz que faça o licenciamento e que elabore o estudo prévio de impacto ambiental.

(C) O direito ao meio ambiente ecologicamente equilibrado é visto pelos tribunais superiores como um direito fundamental e possui viés antropocêntrico. Logo, se a área não for habitada por seres humanos, o Poder Público não poderá exigir licenciamento e estudo prévio de impacto ambiental.

(D) Caso haja licenciamento e estudo prévio de impacto ambiental para avaliar a possível instalação da antena, o órgão competente não estará necessariamente obrigado a marcar a audiência pública. Entretanto, ela pode ser requerida por abaixo-assinado subscrito por, no mínimo, 50 cidadãos, por entidade civil ou pelo Ministério Público.

RESPOSTA Diante da situação hipotética e de acordo com o art. 2º da Resolução n. 9/87 do CONAMA, correta a *Alternativa D.*

32. **(IX Exame)** A Lei Complementar n. 140 de 2011 fixou normas para a cooperação entre os entes da federação nas ações administrativas decorrentes do exercício da competência comum relativas ao meio ambiente. Sobre esse tema, assinale a afirmativa correta.

(A) Compete à União aprovar o manejo e a supressão de vegetação, de florestas e formações sucessoras em Áreas de Preservação Ambientais – APAs.

(B) Compete aos Estados e ao Distrito Federal controlar a introdução no País de espécies exóticas potencialmente invasoras que possam ameaçar os ecossistemas, *habitats* e espécies nativas.

(C) Compete aos municípios gerir o patrimônio genético e o acesso ao conhecimento tradicional associado, respeitadas as atribuições setoriais.

(D) Compete à União aprovar a liberação de exemplares de espécie exótica da fauna e da flora em ecossistemas naturais frágeis ou protegidos.

RESPOSTA (A) Errada, *vide* o art. 7º, XV, *a*, da LC 140. (B) Errada, *vide* inciso XVII do art. 7º da Lei Complementar n. 140. (C) Errada, *vide* inciso XXIII do art. 7º da LC n. 140. (D) De acordo com o inciso XVIII do art. 7º da LC n. 140. *Alternativa D.*

33. **(IX Exame – Reaplicação)** A respeito dos princípios aplicáveis ao Licenciamento e ao Estudo Prévio de Impacto Ambiental (EIA), assinale a afirmativa correta.

(A) O licenciamento ambiental é norteado pelos princípios da informação e da participação popular. Logo, a audiência pública é uma etapa fixa do processo de avaliação ambiental, não podendo ser dispensada pelo órgão ambiental competente.

(B) O licenciamento ambiental e o estudo prévio de impacto ambiental devem preceder toda obra em área pública, em razão do princípio da função socioambiental da propriedade.

(C) O licenciamento ambiental pode ocorrer sem que haja audiência pública. Porém, havendo EIA, esta pode ser realizada de ofício pelo órgão ambiental ao julgar necessária ou requerida por, no mínimo, 50 cidadãos, por entidade civil ou pelo Ministério Público, em razão dos princípios da informação e da participação popular.

(D) O licenciamento ambiental se baseia no princípio da prevenção de danos. Logo, só atividades em que haja certeza científica e inconteste de degradação ambiental estão sujeitas ao estudo prévio de impacto ambiental.

RESPOSTA (A) Errada, pois a audiência pública não é obrigatória. (B) Errada, *vide* art. 225, § 1º, IV, da CF. (C) De acordo com o art. 2º da Resolução n. 9/97 do CONAMA. (D) Errada, *vide* o art. 2º da Resolução n. 237/97 do CONAMA. *Alternativa C.*

34. **(XI Exame)** Técnicos do IBAMA, autarquia federal, verificaram que determinada unidade industrial, licenciada pelo Estado no qual está localizada, está causando degradação ambiental significativa, vindo a lavrar auto de infração pelos danos cometidos. Sobre o caso apresentado e aplicando as regras de licenciamento e fiscalização ambiental previstas na Lei Complementar n. 140/2011, assinale a afirmativa correta.

(A) Há irregularidade no licenciamento ambiental, uma vez que em se tratando de atividade que cause degradação ambiental significativa, o mesmo deveria ser realizado pela União.

(B) É ilegal a fiscalização realizada pelo IBAMA, que só pode exercer poder de polícia de atividades licenciadas pela União, em sendo a atividade regularmente licenciada pelo Estado.

(C) É possível a fiscalização do IBAMA o qual pode, inclusive, lavrar auto de infração, que, porém, não prevalecerá caso o órgão estadual de fiscalização também lavre auto de infração.

(D) Cabe somente à União, no exercício da competência de fiscalização, adotar medidas para evitar danos ambientais iminentes, comunicando imediatamente ao órgão competente, em sendo a atividade licenciada pelo Estado.

RESPOSTA De acordo com o art. 17 e seu § 3º, da Lei Complementar n. 140/2011, correta a *Alternativa C.*

35. **(XI Exame)** Em determinado Estado da federação é proposta emenda à Constituição, no sentido de submeter todos os Relatórios de Impacto Ambiental à comissão permanente da Assembleia Legislativa. Com relação ao caso proposto, assinale a afirmativa correta.

(A) Os Relatórios e os Estudos de Impacto Ambiental são realizados exclusivamente pela União, de modo que a Assembleia Legislativa não é competente para analisar os Relatórios.

(B) A análise e a aprovação de atividade potencialmente causadora de risco ambiental são consubstanciadas no poder de polícia, não sendo possível a análise do Relatório de Impacto Ambiental pelo Poder Legislativo.

(C) A emenda é constitucional, desde que de iniciativa parlamentar, uma vez que incumbe ao Poder Legislativo a direção superior da Administração Pública, incluindo a análise e a aprovação de atividades potencialmente poluidoras.

(D) A emenda é constitucional, desde que seja de iniciativa do Governador do Estado, que detém competência privativa para iniciativa de emendas sobre organização administrativa, judiciária, tributária e ambiental do Estado.

RESPOSTA (A) Errada, não é exclusividade pela União. (B) De acordo com o § 1º, IV, do art. 225 e art. 60 da CF. (C) Errada, não cabe ao Poder Legislativo. (D) Errada *vide* art. 60 da CF. *Alternativa B.*

36. **(XIV Exame)** Kellen, empreendedora individual, obtém, junto ao órgão municipal, licença de instalação de uma fábrica de calçados. A respeito da hipótese formulada, assinale a afirmativa correta.

(A) A licença não é válida, uma vez que os municípios têm competência para a análise de estudos de impacto ambiental, mas não para a concessão de licença ambiental.

(B) Com a licença de instalação obtida, a fábrica de calçados poderá iniciar suas atividades de produção, gerando direito adquirido pelo prazo mencionado na licença expedida pelo município.

(C) A licença é válida, porém não há impedimento que um Estado e a União expeçam licenças relativas ao mesmo empreendimento, caso entendam que haja impacto de âmbito regional e nacional, respectivamente.

(D) Para o início da produção de calçados, é imprescindível a obtenção de licença de operação, sendo concedida após a verificação do cumprimento dos requisitos previstos nas licenças anteriores.

RESPOSTA De acordo com a Resolução n. CONAMA 237/97 e a LC n. 140/2011 (art. 13), correta a *Alternativa D.*

37. **(XV Exame)** Antes de dar início à instalação de unidade industrial de produção de roupas no Município, Julio Cesar consulta seu advogado acerca dos procedimentos prévios ao começo da construção e produção. Considerando a hipótese, assinale a afirmativa correta.

(A) Caso a unidade industrial esteja localizada em terras indígenas, ela não poderá ser instalada.

(B) Caso a unidade industrial esteja localizada e desenvolvida em dois estados da federação, ambos terão competência para o licenciamento ambiental.

(C) Caso inserida em qualquer Unidade de Conservação, a competência para o licenciamento será do IBAMA.

(D) Caso o impacto seja de âmbito local, a competência para o licenciamento ambiental será do Município.

RESPOSTA De acordo com a Resolução CONAMA 237/97 e a LC n. 140/2011 (art. 13 e art. 9º, XIV). *Alternativa D.*

38. **(XVI Exame)** Miguel, empreendedor particular, tem interesse em dar início à construção de edifício comercial em área urbana de uma grande metrópole. Nesse sentido, consulta seu advogado e indaga sobre quais são as exigências legais para o empreendimento. Sobre a situação apresentada, assinale a afirmativa correta.

(A) Não é necessária a realização de estudo de impacto ambiental, por ser área urbana, ou estudo de impacto de vizinhança, uma vez que não foi editada até hoje lei complementar exigida pela Constituição para disciplinar a matéria.

(B) É necessário o estudo prévio de impacto ambiental, anterior ao licenciamento ambiental, a ser efetivado pelo município, em razão de o potencial impacto ser de âmbito local.

(C) É necessária a realização de estudo de impacto de vizinhança, desde que o empreendimento esteja compreendido no rol de atividades estabelecidas em lei municipal.

(D) É necessária a realização de estudo de impacto ambiental, o qual não será precedido necessariamente por licenciamento ambiental, uma vez que a atividade não é potencialmente causadora de impacto ambiental.

RESPOSTA De acordo com o art. 36 da Lei n. 10.257/2001, correta a *Alternativa C.*

39. **(XVIII Exame)** Determinada sociedade empresária consulta seu advogado para obter informações sobre as exigências ambientais que possam incidir em seus projetos, especialmente no que tange à apresentação e aprovação de Estudo Prévio de Impacto Ambiental e seu respectivo Relatório (EIA/RIMA).

Considerando a disciplina do EIA/RIMA pelo ordenamento jurídico, assinale a afirmativa correta.

(A) O EIA/RIMA é um estudo simplificado, integrante do licenciamento ambiental, destinado a avaliar os impactos ao meio ambiente natural, não abordando impactos aos meios artificial e cultural, pois esses componentes, segundo pacífico entendimento doutrinário e jurisprudencial, não integram o conceito de "meio ambiente".

(B) O EIA/RIMA é exigido em todas as atividades e empreendimentos que possam causar impactos ambientais, devendo ser aprovado previamente à concessão da denominada Licença Ambiental Prévia.

(C) O EIA/RIMA, além de ser aprovado entre as Licenças Ambientais Prévia e de Instalação, tem a sua metodologia e o seu conteúdo regrados exclusivamente por Resoluções do Conselho Nacional do Meio Ambiente (CONAMA), podendo a entidade/o órgão ambiental licenciador dispensá-lo segundo critérios discricionários e independentemente de fundamentação, ainda que a atividade esteja prevista em Resolução CONAMA como passível de EIA/RIMA.

(D) O EIA-RIMA é um instrumento de avaliação de impactos ambientais, de natureza preventiva, exigido para atividades/empreendimentos não só efetiva como potencialmente capazes de causar significativa degradação, sendo certo que a sua publicidade é uma imposição Constitucional (CRFB/1988).

RESPOSTA De acordo com o art. 225, § 1º, IV, da CF e a Resolução n. 1/86 do CONAMA. *Alternativa D.*

40. **(XXI Exame)** A sociedade empresária Xique-Xique S.A. pretende instalar uma unidade industrial metalúrgica de grande porte em uma determinada cidade. Ela possui outras unidades industriais do mesmo porte em outras localidades. Sobre o licenciamento ambiental dessa iniciativa, assinale a afirmativa correta.

(A) Como a sociedade empresária já possui outras unidades industriais do mesmo porte e da mesma natureza, não será necessário outro licenciamento ambiental para a nova atividade utilizadora de recursos ambientais, se efetiva ou potencialmente poluidora.

(B) Para uma nova atividade industrial utilizadora de recursos ambientais, se efetiva ou potencialmente poluidora, é necessária a obtenção da licença ambiental, por meio do procedimento administrativo denominado licenciamento ambiental.

(C) Se a sociedade empresária já possui outras unidades industriais do mesmo porte, poderá ser exigido outro licenciamento ambiental para a nova atividade utilizadora de recursos ambientais, se efetiva ou potencialmente poluidora, mas será dispensada a realização de qualquer estudo ambiental, inclusive o de impacto ambiental, no processo de licenciamento.

(D) A sociedade empresária só necessitará do alvará da prefeitura municipal autorizando seu funcionamento, sendo incabível a exigência de licenciamento ambiental para atividades de metalurgia

RESPOSTA Diante da situação proposta, de acordo com a Resolução n. 237/97 do CONAMA e Lei Complementar n. 140/2011, correta a *Alternativa B.*

41. **(XXII Exame)** A sociedade empresária Asfalto Joia S/A, vencedora de licitação realizada pela União, irá construir uma rodovia com quatro pistas de rolamento, ligando cinco estados da Federação. Sobre o licenciamento ambiental e o estudo de impacto ambiental dessa obra, assinale a afirmativa correta.

(A) Em caso de instalação de obra ou atividade potencialmente causadora de significativa degradação do meio ambiente, é exigível a realização de Estudo prévio de Impacto Ambiental (EIA), sem o qual não é possível se licenciar nesta hipótese.

(B) O licenciamento ambiental dessa obra é facultativo, podendo ser realizado com outros estudos ambientais diferentes do Estudo prévio de Impacto Ambiental (EIA), visto que ela se realiza em mais de uma unidade da Federação.

(C) O Relatório de Impacto Ambiental (RIMA), gerado no âmbito do Estudo prévio de Impacto Ambiental (EIA), deve ser apresentado com rigor científico e linguagem técnica, a fim de permitir, quando da sua divulgação, a informação adequada para o público externo.

(D) Qualquer atividade ou obra, para ser instalada, dependerá da realização de Estudo prévio de Impacto Ambiental (EIA), ainda que não seja potencialmente causadora de significativa degradação ambiental.

RESPOSTA De acordo com a Resolução n. 1/86 do CONAMA e com o que dispõe o art. 225, § 1º, IV, da CF, correta a *Alternativa A*.

VII. MEIO AMBIENTE NATURAL (FLORA E RECURSOS HÍDRICOS)

42. **(XXVIII Exame)** O Ministro do Meio Ambiente recomenda ao Presidente da República a criação de uma Unidade de Conservação em área que possui relevante ecossistema aquático e grande diversidade biológica. Porém, em razão da grave crise financeira, o Presidente pretende que a União não seja compelida a pagar indenização aos proprietários dos imóveis inseridos na área da Unidade de Conservação a ser criada. Considerando o caso, assinale a opção que indica a Unidade de Conservação que deverá ser criada.

(A) Estação Ecológica.

(B) Reserva Biológica.

(C) Parque Nacional.

(D) Área de Proteção Ambiental.

RESPOSTA De acordo com a Lei n. 9.985/2000, na Área de Proteção Ambiental é a única área das afirmativas da questão onde se permite que a Unidade de Conservação que poderá ser criada (art.15, § 1º). *Alternativa D.*

43. **(XXVII Exame)** Tendo em vista a elevação da temperatura do meio ambiente urbano, bem como a elevação do nível dos oceanos, a União deverá implementar e estruturar um mercado de carbono, em que serão negociados títulos mobiliários representativos de emissões de gases de efeito estufa evitadas. Sobre o caso, assinale a afirmativa correta.

(A) É possível a criação de mercado de carbono, tendo como atores, exclusivamente, a União, os Estados, os Municípios e o Distrito Federal.

(B) Não é constitucional a criação de mercado de carbono no Brasil, tendo em vista a natureza indisponível e inalienável de bens ambientais.

(C) A criação de mercado de carbono é válida, inclusive sendo operacionalizado em bolsa de valores aberta a atores privados.

(D) A implementação de mercado de carbono pela União é cogente, tendo o Brasil a obrigação de reduzir a emissão de gases de efeito estufa, estabelecida em compromissos internacionais.

RESPOSTA O Decreto Legislativo n. 144/2002 aprovou o texto do Protocolo de Quioto à Convenção Quadro das Nações Unidas sobre Mudança do Clima e que dentre seus dispositivos, trata da questão do carbono. Este protocolo permite a criação de mercado de carbono é válida, inclusive sendo operacionalizado em bolsa de valores aberta a atores privados. *Alternativa C.*

44. **(XXVII Exame)** A União edita o Decreto n. 123, que fixa as regras pelas quais serão outorgados direitos de uso dos recursos hídricos existentes em seu território, garantindo que seja assegurado o controle quantitativo e qualitativo dos usos da água. Determinada sociedade empresária, especializada nos serviços de saneamento básico, interessada na outorga dos recursos hídricos, consulta seu advogado para analisar a possibilidade de assumir a prestação do serviço. Desse modo, de acordo com a Lei da Política Nacional de Recursos Hídricos, assinale a opção que indica o uso de recursos hídricos que pode ser objeto da referida outorga pela União.

(A) O lançamento de esgotos em corpo de água que separe dois Estados da Federação, com o fim de sua diluição.

(B) A captação da água de um lago localizado em terreno municipal.

(C) A extração da água de um rio que banhe apenas um Estado.

(D) O uso de recursos hídricos para a satisfação das necessidades de pequenos núcleos populacionais, distribuídos pelo meio rural.

RESPOSTA Diante da situação, confere-se na referida Lei n. 9.433/97 que estão sujeitos a outorga pelo Poder Público os direitos dos seguintes usos de recursos hídricos, lançamento em corpo de água de esgotos e demais resíduos líquidos ou gasosos, tratados ou não, com o fim de sua diluição, transporte ou disposição final (art. 12, III). *Alternativa A.*

45. **(XIII Exame)** Bruno é proprietário de pousada que está em regular funcionamento há seis anos e explora o ecoturismo. Na área em que a pousada está localizada, o estado da federação pretende instituir estação ecológica com o objetivo de promover a proteção da flora e da fauna locais. A partir do caso apresentado, assinale a afirmativa correta.

(A) Não é possível o estado instituir a estação ecológica, pois fere o princípio da segurança jurídica, tendo em vista que a pousada funcionava regularmente há mais de cinco anos.

(B) É possível a instituição da estação ecológica pelo estado da federação, não impedindo o funcionamento da pousada, visto que Bruno tem direito adquirido ao exercício da atividade econômica.

(C) É possível a instituição da estação ecológica com a cessação da atividade econômica da pousada, desde que o Poder Público Estadual indenize Bruno pelos prejuízos que a instituição da unidade de conservação causar à sua atividade.

(D) É possível a instituição da estação ecológica com a cessação da atividade econômica da pousada, não cabendo ao Poder Público qualquer forma de indenização, tendo em vista a supremacia do interesse coletivo sobre os interesses individualmente considerados.

RESPOSTA (A) Errada, *vide* o art. 22 da Lei n. 9.985/2000. (B) Errada, *vide* o § 1º do art. 9º da Lei n. 9.985/2000. (C) De acordo com o art. 9º da Lei n. 9.985/2000. (D) Errada, explicações anteriores. *Alternativa C.*

46. **(VI Exame)** Com relação ao sistema nacional de unidades de conservação, assinale a alternativa correta.

(A) As unidades de conservação do grupo de proteção integral são incompatíveis com as atividades humanas; logo, não se admite seu uso econômico direto ou indireto, não podendo o Poder Público cobrar ingressos para a sua visitação.

(B) A ampliação dos limites de uma unidade de conservação, sem modificação dos seus limites originais, exceto pelo acréscimo proposto, pode ser feita por instrumento normativo do mesmo nível hierárquico do que criou a unidade. O Poder Público está dispensado de promover consulta pública e estudos técnicos novos, bastando a reanálise dos documentos que fundamentaram a criação da unidade de conservação.

(C) O parque nacional é uma unidade de conservação do grupo de proteção integral, de posse e domínios públicos. É destinado à preservação ambiental e ao lazer e à educação ambiental da população; logo, não se admite seu uso econômico direto ou indireto, não podendo o Poder Público cobrar ingressos para a sua visitação.

(D) As unidades de conservação do grupo de Uso Sustentável podem ser transformadas total ou parcialmente em unidades do grupo de Proteção Integral, por instrumento normativo do mesmo nível hierárquico do que criou a unidade, desde que respeitados os procedimentos de consulta pública e estudos técnicos.

RESPOSTA (A) Errada, *vide* o § 1º do art 7º da Lei n. 9.985/2000. (B) Errada, *vide* o § 6º do art. 22 da referida lei. (C) Errada, *vide* o art. 11, § 2º, também da mesma lei. (D) De acordo com o § 5º do art. 22 da Lei n. 9.985. *Alternativa D.*

47. **(III Exame)** A Lei 9.985/2000, que instituiu o Sistema Nacional de Unidades de Conservação – SNUC, previu que as unidades de conservação devem dispor de uma zona de amortecimento definida no plano de manejo. A esse respeito, assinale a alternativa correta.

(A) Os parques, como unidades de conservação de uso sustentado, não têm zona de amortecimento.

(B) As Áreas de Proteção Ambiental – APAs – não precisam demarcar sua zona de amortecimento.

(C) Apenas as unidades de conservação de proteção integral devem elaborar plano de manejo.

(D) As Reservas Particulares do Patrimônio Natural – RPPN – são obrigadas a elaborar plano de manejo delimitando suas zonas de amortecimento, por conta própria e orientação técnica particular.

RESPOSTA (A) Errada, pois os parques devem delimitar a zona de amortecimento. (B) De acordo com o art. 25 da Lei n. 9.985/2000. (C) Errada, *vide* o art. 27 da referida lei. (D) Errada, pois as RPPNs não precisam ter zona de amortecimento. *Alternativa B.*

48. **(VI Exame)** A Lei n. 9.985/2000 instituiu a compensação ambiental, posteriormente julgada pelo Supremo Tribunal Federal. A respeito do tema, é correto afirmar que:

(A) A compensação ambiental será concretizada, pelo empreendedor, pelo plantio de mudas de espécies nativas no entorno de unidades de conservação, visando reduzir os impactos ambientais dos empreendimentos potencialmente poluidores, especialmente aqueles que emitem gases causadores do efeito estufa.

(B) A compensação ambiental é exigida nos processos de licenciamento ambiental de empreendimentos potencialmente causadores de impactos significativos no meio ambiente, e será exigida em espécie, apurando-se o seu valor de acordo o grau de impacto causado, sendo os recursos destinados a uma unidade de conservação do grupo de proteção integral.

(C) A compensação ambiental é exigida nos processos de licenciamento ambiental de empreendimentos potencialmente causadores de impactos significativos no meio ambiente, e será exigida em espécie, apurando-se o seu valor de acordo com o grau de impacto causado, sendo os recursos destinados a uma unidade de conservação à escolha do empreendedor, em razão do princípio da livre-iniciativa.

(D) A compensação ambiental foi considerada inconstitucional, por violar frontalmente o princípio do poluidor-pagador, uma vez que permitia ao empreendedor compensar os possíveis danos ambientais de seu empreendimento por meio de um pagamento, em espécie, destinado a uma unidade de conservação do grupo de proteção integral. Logo, não pode mais ser exigida ou mesmo oferecida pelo órgão ambiental competente.

RESPOSTA (A) Errada, *vide* o art. 36 da Lei n. 9.985/2000. (B) De acordo com o art. 36 da Lei do SNUC. (C) Errada, já que a escolha não é livre ao empreendedor. (D) Errada, pois o STF, na ADI 3.378, decidiu pela constitucionalidade parcial do art. 36 da referida lei. A compensação ambiental é possível sim. *Alternativa B.*

49. **(VIII Exame)** Sobre a Reserva Particular do Patrimônio Natural (RPPN), assinale a afirmativa correta.

(A) As RPPNs são unidades de conservação criadas em áreas de posse e domínios privados, gravadas com perpetuidade, e deverão ser averbadas, por intermédio de Termo de Compromisso, no Registro Público de Imóveis

(B) As RPPNs são unidades de conservação criadas em áreas de posse pública e domínio privado, e deverão ser averbadas, por intermédio de Termo de Compromisso, no Registro Público de Imóveis

(C) As RPPNs são unidades de conservação criadas em áreas de posse e domínios privados; deverão ser averbadas, por intermédio de Termo de Compromisso, no Registro Público de Imóveis. Porém, não serão perpétuas, em razão do direito fundamental à propriedade privada.

(D) As RPPNs são unidades de conservação criadas em áreas de posse pública e domínio privado. Em razão do princípio da defesa do meio ambiente, são instituídas automaticamente, sem necessidade de avaliação do órgão ambiental, bastando o interesse do proprietário privado e a averbação, por intermédio de Termo de Compromisso, no Registro Público de Imóveis.

RESPOSTA (A) De acordo com o art. 21 da Lei n. 9.985/2000. (B) Errada, as RPPNs são criadas em áreas particulares. (C) Errada, pois são perpétuas. (D) Errada, pois deve haver avaliação pelo órgão ambiental. *Alternativa A.*

50. **(IX Exame – Reaplicação)** Com relação ao Sistema Nacional de Unidades de Conservação, assinale a afirmativa correta.

(A) As unidades de conservação devem ser criadas por lei, exigindo-se para tal prévia consulta pública e elaboração de estudo prévio de impacto ambiental.

(B) São unidades de conservação do grupo de proteção integral a floresta nacional, o parque nacional, a área de proteção ambiental e a reserva de fauna.

(C) As unidades de conservação do grupo de proteção integral podem ter seus limites reduzidos, através de lei específica.

(D) São unidades de conservação do grupo de uso sustentável a estação ecológica, a reserva extrativista e a reserva particular do patrimônio natural.

RESPOSTA Atente-se ao inciso III do § 1º do art. 225 da CF. (A) Errada, *vide* art. 22 da Lei n. 9.985/2000. (B) Errada, *vide* art. 8º, III, da referida lei. (C) Correta, as Unidades de Conservação só podem ter seus limites reduzidos por lei. (D) Errada, *vide* a lista do art. 8º. *Alternativa C.*

51. **(XIV Exame)** A definição dos espaços territoriais especialmente protegidos é fundamental para a manutenção dos processos ecológicos. Sobre o instituto da Reserva Legal, de acordo com o Novo Código Florestal (Lei n. 12.651/2012), assinale a afirmativa correta.

(A) Pode ser instituído em área rural ou urbana, desde que necessário à reabilitação dos processos ecológicos.

(B) Incide apenas sobre imóveis rurais, e sua área deve ser mantida sem prejuízo da aplicação das normas sobre as Áreas de Preservação Permanente.

(C) Foi restringida, de acordo com a Lei n. 12.651/2012, às propriedades abrangidas por Unidades de Conservação.

(D) Incide apenas sobre imóveis públicos, consistindo em área protegida para a preservação da estabilidade geológica e da biodiversidade.

RESPOSTA (A) Errada, *vide* art. 3º, III, da Lei n. 12.651/2012. (B) De acordo com o mesmo dispositivo e que dispõe que Reserva Legal é área localizada no interior de uma propriedade ou posse rural, delimitada nos termos do art. 12, com a função de assegurar o uso econômico de modo sustentável dos recursos naturais do imóvel rural, auxiliar a conservação e a reabilitação dos processos ecológicos e promover a conservação da biodiversidade, bem como o abrigo e a proteção de fauna silvestre e da flora nativa. (C) Errada, por falta de qualquer previsão legal. (D) Errada, segundo as explicações anteriores. *Alternativa B.*

52. (XVI Exame) Hugo, proprietário de imóvel rural, tem instituída Reserva Legal em parte de seu imóvel. Sobre a hipótese, considerando o instituto da Reserva Legal, de acordo com a disciplina do Novo Código Florestal (Lei n. 12.651/2012), assinale a afirmativa correta.

(A) As áreas de Reserva Legal são excluídas da base tributável do Imposto sobre a Propriedade Territorial Rural (ITR), compreendendo esta uma função extrafiscal do tributo.

(B) Caso Hugo transmita onerosamente a propriedade, o adquirente não tem o dever de recompor a área de Reserva Legal, mesmo que averbada, tendo em vista o caráter personalíssimo da obrigação.

(C) Hugo não pode explorar economicamente a área de Reserva Legal, conduta tipificada como crime pelo novo Código Florestal (Lei n. 12.651/2012).

(D) A área compreendida pela Reserva Legal é considerada Unidade de Conservação de Uso Sustentável, admitindo exploração somente se inserida no plano de manejo instituído pelo Poder Público.

RESPOSTA De acordo com o art. 41 do Código Florestal e art. 10 da Lei n. 9.393/96. *Alternativa A.*

53. (XXVI Exame) Gabriela, pequena produtora rural que desenvolve atividade pecuária, é avisada por seu vizinho sobre necessidade de registrar seu imóvel rural no Cadastro Ambiental Rural (CAR), sob pena de perder a propriedade do bem. Sobre a hipótese, assinale a afirmativa correta.

(A) Gabriela não tem a obrigação de registrar o imóvel no CAR por ser pequena produtora rural.

(B) Gabriela tem a obrigação de registrar o imóvel no CAR, sob pena de perder a propriedade do bem, que apenas poderá ser reavida por ação judicial.

(C) Gabriela tem a obrigação de registrar o imóvel no CAR; o registro não será considerado título para fins de reconhecimento do direito de propriedade ou posse.

(D) Gabriela tem a obrigação de registrar o imóvel no CAR; o registro autoriza procedimento simplificado para concessão de licença ambiental.

RESPOSTA De acordo com o art. 29, § 2º, da Lei n. 12.651/2012. *Alternativa C.*

54. (XVII Exame) Determinado Município, por intermédio de lei que contemplou questões como potencial construtivo, zoneamento de bairros e complexos esportivos, reduziu os limites de uma determinada Unidade de Conservação. Considerando o caso hipotético em tela, assinale a opção que se harmoniza com a legislação ambiental.

(A) A lei municipal em questão será considerada válida e eficaz, pois a redução dos limites de uma Unidade de Conservação pode ser feita até mesmo por Decreto.

(B) A redução de limites, assim como a desafetação de uma Unidade de Conservação, não demanda lei específica, exigindo apenas a necessária e prévia aprovação de Estudo de Impacto Ambiental e respectivo relatório (EIA-RIMA).

(C) A redução operada pela lei, para produzir efeitos, dependerá da aprovação do Conselho Gestor da Unidade de Conservação impactada, garantindo-se a participação pública direta no referido procedimento de deliberação e aprovação.

(D) A redução dos limites da Unidade de Conservação, conquanto possa evidenciar os efeitos concretos da lei, somente pode ser feita mediante lei específica, regra estaque também se aplica à desafetação.

RESPOSTA De acordo com o § 7º do art. 22 da Lei n. 9.985/2000, correta a *Alternativa D.*

55. (XVIII Exame) João acaba de adquirir dois imóveis, sendo um localizado em área urbana e outro, em área rural. Por ocasião da aquisição de ambos os imóveis, João foi alertado pelos alienantes de que os imóveis contemplavam Áreas de Preservação Permanente (APP) e de que, por tal razão, ele deveria buscar uma orientação mais especializada, caso desejasse nelas intervir. Considerando a disciplina legal das Áreas de Preservação Permanente (APP), bem como as possíveis preocupações gerais de João, assinale a afirmativa correta.

(A) As APPs não são passíveis de intervenção e utilização, salvo decisão administrativa em sentido contrário de órgão estadual integrante do Sistema Nacional de Meio Ambiente – SISNAMA, uma vez que não há preceitos legais abstratamente prevendo exceções à sua preservação absoluta e integral.

(B) As hipóteses legais de APP, com o advento do denominado "Novo Código Florestal" – Lei n.

12.651/2012 –, foram abolidas em âmbito federal, subsistindo apenas nos casos em que os Estados e Municípios assim as exijam legalmente.

(C) As APPs são espaços territoriais especialmente protegidos, comportando exceções legais para fins de intervenção, sendo certo que os Estados e os Municípios podem prever outras hipóteses de APP além daquelas dispostas em normas gerais, inclusive em suas Constituições Estaduais e Leis Orgânicas, sendo que a supressão irregular da vegetação nela situada gera a obrigação do proprietário, possuidor ou ocupante a qualquer título de promover a sua recomposição, obrigação esta de natureza *propter rem*.

(D) As APPs, assim como as reservas legais, não se aplicam às áreas urbanas, sendo certo que a Lei Federal n. 12.651/2012 ("Novo Código Florestal"), apesar de ter trazido significativas mudanças no seu regime, garantiu as APPs para os imóveis rurais com mais de 100 hectares.

RESPOSTA (A) Errada, *vide* os arts. 8º e 9º do Código Florestal. (B) Errada, *vide* o art. 4º do Código Florestal. (C) Área de Preservação Permanente – APP: área protegida, coberta ou não por vegetação nativa, com a função ambiental de preservar os recursos hídricos, a paisagem, a estabilidade geológica e a biodiversidade, facilitar o fluxo gênico de fauna e flora, proteger o solo e assegurar o bem-estar das populações humanas (art. 3º, II, Código Florestal). (D) Errada, pois podem existir tanto em área rural, quanto em áreas urbanas. *Alternativa C.*

56. **(XIX Exame)** Paulo é proprietário de um grande terreno no qual pretende instalar um loteamento, já devidamente aprovado pelo Poder Público. Contudo, antes que Paulo iniciasse a instalação do projeto, sua propriedade foi integralmente incluída nos limites de um Parque Nacional. Considerando as normas que regem o Sistema Nacional de Unidades de Conservação – SNUC, é correto afirmar que

(A) Paulo deverá aguardar a elaboração do plano de manejo do parque para verificar a viabilidade de seu empreendimento.

(B) Paulo poderá ajuizar ação com o objetivo de ser indenizado pelo lucro cessante decorrente da inviabilidade do empreendimento.

(C) Caso seu terreno não seja desapropriado, Paulo poderá ajuizar ação de desapropriação indireta em face da União.

(D) Paulo não poderá implementar seu loteamento, mas poderá explorar o ecoturismo na área com cobrança de visitação.

RESPOSTA De acordo com o § 1º do art. 11 da Lei n. 9.985/2000. *Alternativa C.*

57. **(XXI Exame)** O Governo Federal, tendo em vista a grande dificuldade em conter o desmatamento irregular em florestas públicas, iniciou procedimento de concessão florestal para que particulares possam explorar produtos e serviços florestais. Sobre o caso, assinale a afirmativa correta.

(A) Essa concessão é antijurídica, uma vez que o dever de tutela do meio ambiente ecologicamente equilibrado é intransferível a inalienável.

(B) Essa concessão, que tem como objeto o manejo florestal sustentável, deve ser precedida de licitação na modalidade de concorrência.

(C) Essa concessão somente é possível para fins de exploração de recursos minerais pelo concessionário.

(D) Essa concessão somente incide sobre florestas públicas estaduais e, por isso, a competência para sua delegação é exclusiva dos Estados, o que torna ilegal sua implementação pelo IBAMA.

RESPOSTA De acordo com art. 13 da Lei n. 11.284/2006, dispôs sobre a gestão de florestas públicas para a produção. *Alternativa B.*

58. **(XIII Exame)** Nos termos da Lei n. 11.445/2007 (Lei de Diretrizes Nacionais para o Saneamento Básico), assinale a afirmativa que indica o serviço público que não pode ser considerado como saneamento básico.

(A) Esgotamento sanitário.

(B) Manejo de águas pluviais urbanas.

(C) Limpeza urbana.

(D) Administração de recursos hídricos.

RESPOSTA (A) De acordo com o art. 3º da Lei n. 11.445/2007. (B) Também no art. 3º da Lei n. 11.445/2007. (C) Está no art. 3º da Lei n. 11.445/2007. (D) Não está no rol do art. 3º da Lei citada, portanto, *alternativa D.*

59. **(XX Exame – Reaplicação)** Hugo, advogado, é consultado pela pessoa jurídica Céu Azul Ltda., indústria química de grande porte, acerca da necessidade de redução de emissão de gases de efeito estufa, tendo em vista as disposições da lei que instituiu a Política Nacional sobre Mudança do Clima (PNMC). Com base na hipótese formulada, assinale a opção que apresenta a orientação dada por Hugo ao seu cliente.

(A) A pessoa jurídica Céu Azul Ltda. terá que reduzir a emissão de gases de efeito estufa ou adquirir créditos de carbono de outros emissores que reduzirem suas emissões além do legalmente necessário, sob pena de imposição de multa de até 2% (dois por cento) sobre suas receitas brutas.

(B) A pessoa jurídica Céu Azul Ltda., por pertencer a ramo industrial inserido no Plano de Desenvolvimento Limpo, terá que reduzir a emissão de gases de efeito estufa, não podendo se valer dos mecanismos de flexibilização, sob pena de imposição de multa de até 2% (dois por cento) de sua receita bruta.

(C) A pessoa jurídica Céu Azul Ltda. não estará obrigada a reduzir a emissão de gases de efeito estufa caso formalmente constituída até a data da vigência da lei que instituiu a Política Nacional sobre Mudança do Clima (PNMC), mas terá que pagar pelas emissões além do limite legal, tendo em vista o princípio do poluidor-pagador.

(D) A pessoa jurídica Céu Azul Ltda. não tem obrigação legal de redução de emissão de gases de efeito estufa, independentemente da data de sua constituição e do seu segmento de atividade, não obstante a expressa adoção dos princípios da prevenção e precaução pela lei que instituiu a PNMC.

RESPOSTA Diante da lei denominada de Política Nacional sobre Mudança do Clima (Lei n. 12.187/2009), está correta a *Alternativa D.*

VIII. INFRAÇÕES ADMINISTRATIVAS

60. **(XXV Exame)** Os Municípios ABC e XYZ estabeleceram uma solução consorciada intermunicipal para a gestão de resíduos sólidos. Nesse sentido, celebraram um consórcio para estabelecer as obrigações e os procedimentos operacionais relativos aos resíduos sólidos de serviços de saúde, gerados por ambos os municípios. Sobre a validade do plano intermunicipal de resíduos sólidos, assinale a afirmativa correta.

(A) Não é válido, uma vez que os resíduos de serviços de saúde não fazem parte da Política Nacional de Resíduos Sólidos, sendo disciplinados por lei específica.

(B) É válido, sendo que os Municípios ABC e XYZ terão prioridade em financiamentos de entidades federais de crédito para o manejo dos resíduos sólidos.

(C) É válido, devendo o consórcio ser formalizado por meio de sociedade de propósito específico com a forma de sociedade anônima.

(D) É válido, tendo como conteúdo mínimo a aplicação de 1% (um por cento) da receita corrente líquida de cada município consorciado.

RESPOSTA Diante da situação, tem-se que os Municípios têm competência na gestão dos resíduos sólidos, de acordo com o art. 18, § 1º, da Lei n. 12.305/2010. *Alternativa B.*

61. **(IX Exame)** A respeito da responsabilidade administrativa federal por danos ambientais, regulamentada pelo Decreto n. 6.514/08 e alterado pelo Decreto n. 6.686/2008, assinale a afirmativa correta.

(A) A demolição de obra só poderá ser aplicada em edificações não residenciais e sua execução deverá ocorrer às custas do infrator.

(B) A demolição de obra é medida excepcional e só poderá ser aplicada em situações de flagrante ilegalidade e em edificações com menos de dez anos.

(C) A demolição de obra, em respeito ao direito fundamental à moradia, só poderá ser aplicada em construções residenciais erguidas em unidades de conservação e outros espaços ambientalmente protegidos, e as custas para a sua realização correrão por conta do infrator.

(D) A demolição de obra ou construção com fins residenciais ou comerciais, em razão do princípio da defesa do meio ambiente, dar-se-á nos casos em que a ausência da demolição importa em iminente risco de agravamento do dano ambiental, e as custas para sua realização correrão por conta do infrator.

RESPOSTA De acordo com o art. 19 do Decreto n. 6.514/2008, correta a *Alternativa D.*

62. **(XXIII Exame)** Município de Fernandópolis, que já possui aterro sanitário, passa por uma grave crise econômica. Diante disso, o prefeito solicita auxílio financeiro do Governo Federal para implantar a coleta seletiva de resíduos sólidos, que contará com a participação de associação de catadores de materiais recicláveis.

Sobre o auxílio financeiro tratado, assinale a afirmativa correta.

(A) Não será possível o auxílio financeiro, sob pena de violação ao princípio da isonomia com relação aos demais entes da Federação.

(B) Não será possível o auxílio financeiro, uma vez que a coleta seletiva de resíduos sólidos do Município de Fernandópolis está sendo realizada parcialmente por associação privada.

(C) O auxílio financeiro é possível, desde que o Município possua até 20 mil habitantes ou seja integrante de área de especial interesse turístico.

(D) O auxílio financeiro é possível, desde que o Município elabore plano municipal de gestão integrada de resíduos sólidos.

RESPOSTA De acordo com o art. 18 da Lei n. 12.305/2010, denominada Política Nacional de Resíduos Sólidos, a elaboração de plano municipal de gestão integrada de resíduos sólidos, nos termos previstos por esta Lei, é condição para o Distrito Federal e os Municípios terem acesso a recursos da União, ou por ela controlados, destinados a empreendimentos e serviços relacionados à limpeza urbana e ao manejo de resíduos sólidos, ou para serem beneficiados por incentivos ou financiamentos de entidades federais de crédito ou fomento para tal finalidade. *Alternativa D.*

63. **(XXIII Exame)** A Lei Federal n. 123, de iniciativa parlamentar, estabelece regras gerais acerca do parcelamento do solo urbano. Em seguida, a Lei Municipal n. 147 fixa área que será objeto do parcelamento, em função da subutilização de imóveis. Inconformado com a nova regra, que atinge seu imóvel, Carlos procura seu advogado para que o oriente sobre uma possível irregularidade nas novas regras. Considerando a hipótese, acerca da Lei Federal n. 123, assinale a afirmativa correta.

(A) É formalmente inconstitucional, uma vez que é competência dos municípios legislar sobre política urbana.

(B) É formalmente inconstitucional, uma vez que a competência para iniciativa de leis sobre política urbana é privativa do Presidente da República.

(C) Não possui vício de competência, já que a Lei Municipal n. 147 é inconstitucional, sendo da competência exclusiva da União legislar sobre política urbana.

(D) Não possui vício de competência, assim como a Lei Municipal n. 147, sendo ainda de competência dos municípios a execução da política urbana

RESPOSTA (A) Errada, *vide* art. 24 da CF. (B) Errada, *vide* art. 84 da CF. (C) Errada, *vide* inciso I do art. 24 da CF. (D) De acordo com o art. 182 da CF. *Alternativa D.*

REFERÊNCIAS

MACHADO, Paulo Affonso Leme. *Direito ambiental brasileiro*. 25. ed. São Paulo: Malheiros, 2017.

ROCHA, Marcelo Hugo; MEDEIROS, Fernanda. *Direito ambiental* – como se preparar para o Exame de Ordem. São Paulo: Método, 2015.

Direito Civil

DIREITO CIVIL: QUADRO GERAL DE QUESTÕES	
TEMAS	Nº DE QUESTÕES
I. Lei de Introdução às Normas do Direito Brasileiro (LINDB)	2
II. Parte Geral	44
III. Direito das Obrigações	30
IV. Direito dos Contratos	37
V. Responsabilidade Civil	21
VI. Direito das Coisas	39
VII. Direito de Família	35
VIII. Direito das Sucessões	24
TOTAL	232

I. LEI DE INTRODUÇÃO ÀS NORMAS DO DIREITO BRASILEIRO (LINDB)

1. **(I Exame)** A respeito da vigência, aplicação, eficácia e interpretação da lei, assinale a opção correta.

(A) A derrogação torna sem efeito uma parte de determinada norma, não perdendo esta a sua vigência.

(B) A interpretação da norma presta-se a preencher as lacunas existentes no sistema normativo.

(C) O regime de bens obedece à lei do país em que for celebrado o casamento.

(D) Em regra, caso a lei revogadora venha a perder a vigência, restaura-se a lei revogada.

RESPOSTA O art. 2º da LINDB disciplina a revogação da lei, que tanto pode ser total (ab-rogação) como parcial (derrogação). Neste último caso, a norma permanece em vigor quanto à parte não revogada. *Alternativa A.*

2. **(IV Exame)** Suponha que tenha sido publicada no *Diário Oficial da União*, do dia 26 de abril de 2011 (terça-feira), uma lei federal, com o seguinte teor:

"Lei GTI, de 25 de abril de 2011.

Define o alcance dos direitos da personalidade previstos no Código Civil.

O Presidente da República

Faço saber que o Congresso Nacional decreta e eu sanciono a seguinte Lei:

Art. 1º: Os direitos da personalidade previstos no Código Civil aplicáveis aos nascituros são estendidos aos embriões laboratoriais (*in vitro*), ainda não implantados no corpo humano.

Art. 2º: Esta lei entra em vigor no prazo de 45 dias.

Brasília, 25 de abril de 2011, 190º da Independência da República e 123º da República".

Ante a situação hipotética descrita e considerando as regras sobre a forma de contagem do período de vacância e a data em que a lei entrará em vigor, é correto afirmar que a contagem do prazo para entrada em vigor de lei que contenha período de vacância se dá

(A) Pela exclusão da data de publicação da lei e a inclusão do último dia do prazo, entrando em vigor no dia subsequente à sua consumação integral, que na situação descrita será o dia 13/06/2011.

(B) Pela inclusão da data de publicação e do último dia do prazo, entrando em vigor no dia subsequente à sua consumação integral, passando a vigorar no dia 10/06/2011.

(C) Pela inclusão da data de publicação e exclusão do último dia do prazo, entrando em vigor no dia 9-6-2011.

(D) Pela exclusão da data de publicação e do último dia do prazo, entrando em vigor no dia 11-6-2011.

RESPOSTA De acordo com a Lei Complementar n. 95/1998, em seu art. 8º, § 1º (incluído pela Lei Complementar n. 107/2001), a contagem do prazo para entrada em vigor das leis que estabeleçam período de vacância far-se-á com a inclusão da data da publicação e do último dia do prazo, entrando em vigor no dia subsequente à sua consumação integral. *Alternativa B.*

II. PARTE GERAL

3. **(XXXI Exame)** Márcia, adolescente com 17 anos de idade, sempre demonstrou uma maturidade muito superior à sua faixa etária. Seu maior objetivo profissional é o de tornar-se professora de História e, por isso, decidiu criar um canal em uma plataforma on-line, na qual publica vídeos com aulas por ela própria elaboradas sobre conteúdos históricos. O canal tornou-se um sucesso, atraindo multidões de jovens seguidores e despertando o interesse de vários patrocinadores, que começaram a procurar a jovem, propondo contratos de publicidade. Embora ainda não tenha obtido nenhum lucro com o canal, Márcia está animada com a perspectiva de conseguir custear seus estudos na Faculdade de História se conseguir firmar alguns desses contratos. Para facilitar as atividades da jovem, seus pais decidiram emancipá-la, o que permitirá que celebre negócios com futuros patrocinadores com mais agilidade. Sobre o ato de emancipação de Márcia por seus pais, assinale a afirmativa correta.

(A) Depende de homologação judicial, tendo em vista o alto grau de exposição que a adolescente tem na internet.

(B) Não tem requisitos formais específicos, podendo ser concedida por instrumento particular.

(C) Deve, necessariamente, ser levado a registro no cartório competente do Registro Civil de Pessoas Naturais.

(D) É nulo, pois ela apenas poderia ser emancipada caso já contasse com economia própria, o que ainda não aconteceu.

RESPOSTA A incapacidade para os menores poderá ocorrer pela concessão dos pais, ou de um deles na falta do outro, mediante instrumento público, independentemente de homologação judicial, ou por sentença do juiz, ouvido o tutor, se o menor tiver dezesseis anos completos (art. 5º, parágrafo único, I, CC). Será registrada em registro público, entre outros atos, a emancipação por outorga dos pais ou por sentença do juiz (art. 9º, II, CC). *Alternativa C.*

4. **(XXXI Exame)** João, único herdeiro de seu avô Leonardo, recebeu, por ocasião da abertura da sucessão deste último, todos os seus bens, inclusive uma casa repleta de antiguidades. Necessitando de dinheiro para quitar suas dívidas, uma das primeiras providências de João foi alienar uma pintura antiga que sempre estivera exposta na sala da casa, por um valor módico, ao primeiro comprador que encontrou. João, semanas depois, leu nos jornais a notícia de que reaparecera no mercado de arte uma pintura valiosíssima de um célebre artista plástico. Sua surpresa foi enorme ao descobrir que se tratava da pintura que ele alienara, com valor milhares de vezes maior do que o por ela cobrado. Por isso, pretende pleitear a invalidação da alienação. A respeito do caso narrado, assinale a afirmativa correta.

(A) O negócio jurídico de alienação da pintura celebrado por João está viciado por lesão e chegou a produzir seus efeitos regulares, no momento de sua celebração.

(B) O direito de João a obter a invalidação do negócio jurídico, por erro, de alienação da pintura, não se sujeita a nenhum prazo prescricional

(C) A validade do negócio jurídico de alienação da pintura subordina-se necessariamente à prova de que o comprador desejava se aproveitar de sua necessidade de obter dinheiro rapidamente.

(D) Se o comprador da pintura oferecer suplemento do preço pago de acordo com o valor de mercado da obra, João poderá optar entre aceitar a oferta ou invalidar o negócio.

RESPOSTA De acordo com o art. 157 do CC, ocorre a lesão quando uma pessoa, sob premente necessidade, ou por inexperiência, se obriga a prestação manifestamente desproporcional ao valor da prestação oposta. *Alternativa A.*

5. **(XXX Exame)** Alberto, adolescente, obteve autorização de seus pais para casar-se aos dezesseis anos de idade com sua namorada Gabriela. O casal viveu feliz nos primeiros meses de casamento, mas, após certo tempo de convivência, começaram a ter constantes desavenças. Assim, a despeito dos esforços de ambos para que o relacionamento progredisse, os dois se divorciaram pouco mais de um ano após o casamento. Muito frustrado, Alberto decidiu reunir algumas economias e adquiriu um pacote turístico para viajar pelo mundo e tentar esquecer o ocorrido. Considerando que Alberto tinha dezessete anos quando celebrou o contrato com a agência de turismo e que o fez sem qualquer participação de seus pais, o contrato é

(A) válido, pois Alberto é plenamente capaz.
(B) nulo, pois Alberto é absolutamente incapaz.
(C) anulável, pois Alberto é relativamente incapaz.
(D) ineficaz, pois Alberto não pediu a anuência de Gabriela.

RESPOSTA Emancipação é a antecipação da capacidade de fato ou de exercício e as situações constam no parágrafo único do art. 5º do Código Civil, e dentre elas, o casamento (inciso II). Assim, ao ser emancipado, Alberto passa a ser plenamente capaz. *Alternativa A.*

6. **(XXIX Exame)** Gumercindo, 77 anos de idade, vinha sofrendo os efeitos do Mal de Alzheimer, que, embora não atingissem sua saúde física, perturbavam sua memória. Durante uma distração de seu enfermeiro, conseguiu evadir-se da casa em que residia. A despeito dos esforços de seus familiares, ele nunca foi encontrado, e já se passaram nove anos do seu desaparecimento. Agora, seus parentes lidam com as dificuldades relativas à administração e disposição do seu patrimônio. Assinale a opção que indica o que os parentes devem fazer para receberem a propriedade dos bens de Gumercindo.

(A) Somente com a localização do corpo de Gumercindo será possível a decretação de sua morte e a transferência da propriedade dos bens para os herdeiros.
(B) Eles devem requerer a declaração de ausência, com nomeação de curador dos bens, e, após um ano, a sucessão provisória; a sucessão definitiva, com transferência da propriedade dos bens, só poderá ocorrer depois de dez anos de passada em julgado a sentença que concede a abertura da sucessão provisória.
(C) Eles devem requerer a sucessão definitiva do ausente, pois ele já teria mais de oitenta anos de idade, e as últimas notícias dele datam de mais de cinco anos.
(D) Eles devem requerer que seja declarada a morte presumida, sem decretação de ausência, por ele se encontrar desaparecido há mais de dois anos, abrindo-se, assim, a sucessão.

RESPOSTA Seguindo a orientação do art. 38, CC, é possível requerer a sucessão definitiva, a qual observa-se que o ausente conta com oitenta anos de idade, e que de cinco datam as últimas notícias dele. Sendo assim, a família poderá ir diretamente para a sucessão definitiva, quando então ele será presumidamente morto nos termos do art. 6º, CC. *Alternativa C.*

7. **(XXIX Exame)** Eva celebrou com sua neta Adriana um negócio jurídico, por meio do qual doava sua casa de praia para a neta caso esta viesse a se casar antes da morte da doadora. O ato foi levado a registro no cartório do Registro de Imóveis da circunscrição do bem. Pouco tempo depois, Adriana tem notícia de que Eva não utilizava a casa de praia há muitos anos e que o imóvel estava completamente abandonado, deteriorando-se a cada dia. Adriana fica preocupada com o risco de ruína completa da casa, mas não tem, por enquanto, nenhuma perspectiva de casar-se. De acordo com o caso narrado, assinale a afirmativa correta.

(A) Adriana pode exigir que Eva autorize a realização de obras urgentes no imóvel, de modo a evitar a ruína da casa.
(B) Adriana nada pode fazer para evitar a ruína da casa, pois, nos termos do contrato, é titular de mera expectativa de fato.
(C) Adriana pode exigir que Eva lhe transfira desde logo a propriedade da casa, mas perderá esse direito se Eva vier a falecer sem que Adriana tenha se casado.
(D) Adriana pode apressar-se para casar antes da morte de Eva, mas, se esta já tiver vendido a casa de praia para uma terceira pessoa ao tempo do casamento, a doação feita para Adriana não produzirá efeito.

RESPOSTA O Código Civil prevê que o titular do direito eventual, nos casos de condição suspensiva ou resolutiva, pode praticar os atos destinados a conservá-lo (vide o art. 130). O donatário tem o direito de preservar o bem, mesmo sem o advento da condição estipulada. Desse modo, Adriana pode exigir que Eva autorize as obras urgentes que evitariam a ruína do bem. *Alternativa A.*

8. **(XXVIII Exame)** Mônica, casada pelo regime da comunhão total de bens, descobre que seu marido, Geraldo, alienou um imóvel pertencente ao patrimônio comum do casal, sem a devida vênia conjugal. A descoberta agrava a crise conjugal entre ambos e acaba conduzindo ao divórcio do casal. Tempos depois, Mônica ajuíza ação em face de seu ex-marido, objetivando a invalidação da alienação do imóvel. Sobre o caso narrado, assinale a afirmativa correta.

(A) O juiz pode conhecer de ofício do vício decorrente do fato de Mônica não ter anuído com a alienação do bem.

(B) O fato de Mônica não ter anuído com a alienação do bem representa um vício que convalesce com o decurso do tempo.
(C) O vício decorrente da ausência de vênia conjugal não pode ser sanado pela posterior confirmação do ato por Mônica.
(D) Para que a pretensão de Mônica seja acolhida, ela deveria ter observado o prazo prescricional de dois anos, a contar da data do divórcio.

RESPOSTA Trata-se, na situação hipotética, de hipótese de anulabilidade. Se o negócio apresenta um vício (art. 1.647), é passível de convalidação com o passar do tempo, já que o art. 1.649 estabelece o prazo decadencial de dois anos contados do término da sociedade conjugal para que o outro cônjuge pleiteie a anulação. Não cabe alegação de ofício em caso de anulabilidades (art. 177 e art. 1.650) e o negócio pode ser confirmado por Mônica (art. 162 e art. 1.649, parágrafo único). *Alternativa B.*

9. **(XXVII Exame)** Arnaldo foi procurado por sua irmã Zulmira, que lhe ofereceu R$ 1 milhão para adquirir o apartamento que ele possui na orla da praia. Receoso, no entanto, que João, o locatário que atualmente ocupa o imóvel e por quem Arnaldo nutre profunda antipatia, viesse a cobrir a oferta, exercendo seu direito de preferência, propôs a Zulmira que constasse da escritura o valor de R$ 2 milhões, ainda que a totalidade do preço não fosse totalmente paga. Realizado nesses termos, o negócio

(A) pode ser anulado no prazo decadencial de dois anos, em virtude de dolo.
(B) é viciado por erro, que somente pode ser alegado por João.
(C) é nulo em virtude de simulação, o que pode ser suscitado por qualquer interessado.
(D) é ineficaz, em razão de fraude contra credores, inoponíveis seus efeitos perante João.

RESPOSTA Diante da situação hipotética, trata-se de simulação, que é uma causa de nulidade do negócio jurídico. Não é hipótese de dolo e o prazo para pleitear a anulabilidade no caso do dolo é de quatro anos. Também não configura hipótese de erro (uma falsa percepção espontânea da realidade) e não é hipótese de fraude contra credores. As partes querem mesmo celebrar um negócio jurídico, porém há um negócio aparente e outro que permanece dissimulado, sendo este último o verdadeiro. Nos termos do art. 167, CC, é nulo o negócio jurídico simulado e por se tratar de nulidade absoluta, essa pode ser alegada por qualquer interessado. *Alternativa C.*

10. **(XII Exame)** José, brasileiro, casado no regime da separação absoluta de bens, professor universitário e plenamente capaz para os atos da vida civil, desapareceu de seu domicílio, estando em local incerto e não sabido, não havendo indícios ou notícias das razões de seu desaparecimento, não existindo, também, outorga de poderes a nenhum mandatário, nem feitura de testamento. Vera (esposa) e Cássia (filha de José e Vera, maior e capaz) pretendem a declaração de sua morte presumida, ajuizando ação pertinente, diante do juízo competente.

De acordo com as regras concernentes ao instituto jurídico da morte presumida com declaração de ausência, assinale a opção correta.

(A) Na fase de curadoria dos bens do ausente, diante da ausência de representante ou mandatário, o juiz nomeará como sua curadora legítima Cássia, pois apenas na falta de descendentes, tal curadoria caberá ao cônjuge supérstite, casado no regime da separação absoluta de bens.
(B) Na fase de sucessão provisória, mesmo que comprovada a qualidade de herdeiras de Vera e Cássia, estas, para se imitirem na posse dos bens do ausente, terão que dar garantias da restituição deles, mediante penhores ou hipotecas equivalentes aos quinhões respectivos.
(C) Na fase de sucessão definitiva, regressando José dentro dos dez anos seguintes à abertura da sucessão definitiva, terá ele direito aos bens ainda existentes, no estado em que se encontrarem, mas não aos bens que foram comprados com a venda dos bens que lhe pertenciam.
(D) Quanto ao casamento de José e Vera, o Código Civil atual reconhece efeitos pessoais e não apenas patrimoniais ao instituto da ausência, possibilitando que a sociedade conjugal seja dissolvida como decorrência da morte presumida do ausente.

RESPOSTA Tendo José desaparecido, não havendo dele notícia e nem sendo o caso de se decretar a morte presumida em virtude de se achar em situação de risco (art. 7º do CC), cumpre reconhecer sua ausência (arts. 22 a 39 do CC). O cônjuge do ausente será seu curador preferencial, o que torna incorreta a assertiva A. Aberta a sucessão provisória, permite-se que ascendentes, descendentes e cônjuge possam se apossar dos bens do ausente, independentemente de oferecerem garantia (§ 2º do art. 30 do CC), sendo falsa a assertiva B. Se o ausente regressar nos dez anos seguintes à abertura da sucessão definitiva, terá direito aos bens ainda existentes e também aos sub-rogados em seu lugar (art. 39 do CC), sendo, portanto, falsa a assertiva C. A ausência, enfim, implica efeitos patrimoniais (sucessórios) e pessoais, como demonstra o art. 1.571, § 1º, do CC, que admite a dissolução do casamento em caso de morte presumida do ausente. Correta a *alternativa D.*

11. **(XII Exame)** João Marcos, renomado escritor, adota, em suas publicações literárias, o pseudônimo Hilton Carrillo, pelo qual é nacionalmente conhecido. Vítor, editor da Revista "Z", empregou o pseudônimo Hilton Carrillo em vários artigos publicados nesse periódico, de sorte a expô-lo ao ridículo e ao desprezo público. Em face dessas considerações, assinale a afirmativa correta.

(A) A legislação civil, com o intuito de evitar o anonimato, não protege o pseudônimo e, em razão disso, não há de se cogitar em ofensa a direito da personalidade, no caso em exame.

(B) A Revista "Z" pode utilizar o referido pseudônimo em uma propaganda comercial, associado a um pequeno trecho da obra do referido escritor sem expô-lo ao ridículo ou ao desprezo público, independente da sua autorização.

(C) O uso indevido do pseudônimo sujeita quem comete o abuso às sanções legais pertinentes, como interrupção de sua utilização e perdas e danos.

(D) O pseudônimo da pessoa pode ser empregado por outrem em publicações ou representações que a exponham ao desprezo público, quando não há intenção difamatória.

RESPOSTA Conforme dispõe o art. 19 do CC, "o pseudônimo adotado para atividades lícitas goza da proteção que se dá ao nome". Isso implica dizer que não se pode usar o pseudônimo em propaganda comercial sem autorização (art. 18 do CC), bem como não pode o pseudônimo ser empregado por outrem em publicações ou representações que a exponham ao desprezo público, ainda quando não haja intenção difamatória (art. 17 do CC). Com isso, é correta a *alternativa C*, sendo inválidas as demais assertivas, a ela contrárias.

12. **(XIII Exame)** Lúcia, pessoa doente, idosa, com baixo grau de escolaridade, foi obrigada a celebrar contrato particular de assunção de dívida com o Banco FDC S.A., reconhecendo e confessando dívidas firmadas pelo seu marido, esse já falecido, e que não deixara bens ou patrimônio a inventariar. O gerente do banco ameaçou Lúcia de não efetuar o pagamento da pensão deixada pelo seu falecido marido, caso não fosse assinado o contrato de assunção de dívida.

Considerando a hipótese acima e as regras de Direito Civil, assinale a afirmativa correta.

(A) O contrato particular de assunção de dívida assinado por Lúcia é anulável por erro substancial, pois Lúcia manifestou sua vontade de forma distorcida da realidade, por entendimento equivocado do negócio praticado.

(B) O ato negocial celebrado entre Lúcia e o Banco FDC S.A. é anulável por vício de consentimento, em razão de conduta dolosa praticada pelo banco, que ardilosamente falseou a realidade e forjou uma situação inexistente, induzindo Lúcia à prática do ato.

(C) O instrumento particular firmado entre Lúcia e o Banco FDC S.A. pode ser anulado sob fundamento de lesão, uma vez que Lúcia assumiu obrigação excessiva sobre premente necessidade.

(D) O negócio jurídico celebrado entre Lúcia e o Banco FDC S.A. é anulável pelo vício da coação, uma vez que a ameaça praticada pelo banco foi iminente e atual, grave, séria e determinante para a celebração da avença.

RESPOSTA Lúcia foi ameaçada de não receber a pensão deixada pelo marido, caso não firmasse a assunção de dívida. Não se trata de erro (em que a parte se engana no momento de se obrigar – art. 138 do CC), de dolo (em que o agente é induzido maliciosamente ao engano – art. 145 do CC), nem de lesão (em que uma obrigação excessivamente onerosa é assumida pela parte inexperiente ou necessitada – art. 157 do CC), mas de verdadeira coação, eis que houve intimidação ilícita, mediante promessa de mal injusto e considerável de prejuízo ao patrimônio de Lúcia (art. 151 do CC). *Alternativa D.*

13. **(IX Exame – Reaplicação)** João prometeu doar seu imóvel em Búzios a José se o seu time de futebol do coração, o América/RJ, for campeão carioca em 2013. Assim sendo, sobre a condição imposta para a doação, assinale a afirmativa correta.

(A) Trata-se de condição puramente potestativa, sendo lícita por depender de manifestação da vontade de uma das partes.

(B) Subordinando-se a eficácia do negócio jurídico à condição suspensiva, enquanto esta não se verificar, não terá Roberto adquirido o direito nele previsto.

(C) É defeso a Roberto, titular do direito eventual, praticar atos destinados à sua conservação.

(D) Trata-se de condição meramente potestativa, sendo, pois, ilícita, uma vez que sujeita ao puro arbítrio de uma das partes.

RESPOSTA A promessa de doação tem sua eficácia condicionada ao advento de um acontecimento futuro e incerto, tratando-se, pois, de condição suspensiva. Segundo dispõe o art. 125 do CC, "subordinando-se a eficácia do negócio jurídico à condição suspensiva, enquanto esta se não verificar, não se terá adquirido o direito, a que ele visa". *Alternativa B.*

14. (IX Exame – Reaplicação) Alexandre e Berenice, casados pelo regime da separação convencional de bens, foram passar a lua de mel em Petrópolis, no Estado do Rio de Janeiro. Ao descerem a serra, Alexandre perdeu o controle do veículo vindo a cair em uma ribanceira. Com a colisão, houve a explosão do veículo e a morte de ambos, não se sabendo precisar qual deles teria morrido primeiro. Ambos possuíam vasto patrimônio e faleceram sem deixar descendentes ou ascendentes. Alexandre deixou um irmão, Daniel, e Berenice deixou uma irmã, Eleonora.

A respeito da situação apresentada, assinale a afirmativa correta.

(A) Não há comoriência, visto que tal instituto somente se aplica às hipóteses de morte simultânea entre parentes.

(B) Não há comoriência, uma vez que se exige prova cabal para sua ocorrência, devendo a simultaneidade das mortes ser declarada por decisão judicial.

(C) Há comoriência, transmitindo-se a Daniel a herança de Alexandre e à Eleonora a herança de Berenice.

(D) Há comoriência, transmitindo-se a Daniel a metade dos bens deixados pelo casal, ficando igual cota-parte para Eleonora.

RESPOSTA Segundo determina o art. 8º do CC, há comoriência quando falecem dois indivíduos na mesma ocasião, sendo impossível averiguar quais precederam aos outros. Nesse caso, presume-se que todos faleceram simultaneamente, não havendo transmissão sucessória entre eles. *Alternativa C.*

15. (VIII Exame) Em relação aos defeitos dos negócios jurídicos, assinale a afirmativa incorreta.

(A) A emissão de vontade livre e consciente, que corresponda efetivamente ao que almeja o agente, é requisito de validade dos negócios jurídicos.

(B) O erro acidental é o que recai sobre características secundárias do objeto, não sendo passível de levar à anulação do negócio.

(C) A simulação é causa de anulação do negócio, e só poderá ocorrer se a parte prejudicada demonstrar cabalmente ter sido prejudicada por essa prática.

(D) O objetivo da ação pauliana é anular o negócio praticado em fraude contra credores.

RESPOSTA A simulação dá ensejo à *nulidade* do negócio em que incide, independentemente de haver prova de prejuízo às partes ou a terceiros (art. 167 do CC). *Alternativa C.*

16. (VII Exame) A proteção da pessoa é uma tendência marcante do atual direito privado, o que leva alguns autores a conceberem a existência de uma verdadeira cláusula geral de tutela da personalidade. Nesse sentido, uma das mudanças mais celebradas do novo Código Civil foi a introdução de um capítulo próprio sobre os chamados direitos da personalidade.

Em relação à disciplina legal dos direitos da personalidade no Código Civil, é correto afirmar que

(A) havendo lesão a direito da personalidade, em se tratando de morto, não é mais possível que se reclamem perdas e danos, visto que a morte põe fim à existência da pessoa natural, e os direitos personalíssimos são intransmissíveis.

(B) como regra geral, os direitos da personalidade são intransmissíveis e irrenunciáveis, mas o seu exercício poderá sofrer irrestrita limitação voluntária.

(C) é permitida a disposição gratuita do próprio corpo, no todo ou em parte, com objetivo altruístico ou científico, para depois da morte, sendo que tal ato de disposição poderá ser revogado a qualquer tempo.

(D) em razão de sua maior visibilidade social, a proteção dos direitos da personalidade das celebridades e das chamadas pessoas públicas é mais flexível, sendo permitido utilizar o seu nome para finalidade comercial, ainda que sem prévia autorização.

RESPOSTA Segundo o art. 14 do CC, com objetivo científico, ou altruístico, é válida a disposição gratuita do próprio corpo, no todo ou em parte, para depois da morte. Prevê ainda o parágrafo único desse dispositivo que o ato de disposição em questão pode ser livremente revogado a qualquer tempo. *Alternativa C.*

17. (VII Exame) Mauro, entristecido com a fuga das cadelinhas Lila e Gopi de sua residência, às quais dedicava grande carinho e afeição, promete uma vultosa recompensa para quem eventualmente viesse a encontrá-las. Ocorre que, no mesmo dia em que coloca os avisos públicos da recompensa, ao conversar privadamente com seu vizinho João, afirma que não irá, na realidade, dar a recompensa anunciada, embora assim o tenha prometido. Por coincidência, no dia seguinte, João encontra as cadelinhas passeando tranquilamente em seu quintal e as devolve imediatamente a Mauro. Neste caso, é correto afirmar que

(A) a manifestação de vontade no sentido da recompensa subsiste em relação a João ainda que Mauro tenha feito a reserva mental de não querer o que manifestou originariamente.

(B) a manifestação de vontade no sentido da recompensa não subsiste em relação a João, pois este tomou conhecimento da alteração da vontade original de Mauro.

(C) a manifestação de vontade no sentido da recompensa não mais terá validade em relação a qualquer pessoa, pois ela foi alterada a partir do momento em que foi feita a reserva mental por parte de Mauro.

(D) a manifestação de vontade no sentido da recompensa subsiste em relação a toda e qualquer pessoa, pois a reserva mental não tem o condão de modificar a vontade originalmente tornada pública.

RESPOSTA Ao prometer recompensa pelo achado das cadelas, ciente de que não a cumprirá, Mauro age com reserva mental, pois guarda para si a intenção de não realizar o que declarou. Em princípio, Mauro poderia ser obrigado a adimplir a promessa feita. Entretanto, segundo o art. 110 do CC, a manifestação de vontade subsiste ainda que o seu autor haja feito a reserva mental de não querer o que manifestou, *salvo* se dela o destinatário tinha conhecimento, como era o caso de João, que sabia que Mauro não pagaria a recompensa. *Alternativa B.*

18. (VI Exame – Reaplicação) Considerando o instituto da lesão, é correto afirmar que

(A) A desproporção entre a prestação deve se configurar somente no curso do contrato.

(B) Os efeitos da lesão podem se manifestar no curso do contrato, desde que sejam provenientes de desproporção entre as prestações existentes no momento da celebração do contrato.

(C) A desproporção entre as prestações surge em razão de fato superveniente à celebração do contrato.

(D) Os efeitos da lesão decorrem de um fato imprevisto.

RESPOSTA A lesão é um dos defeitos do negócio jurídico e ocorre, segundo o art. 157 do CC, quando uma pessoa, sob premente necessidade, ou por inexperiência, se obriga a prestação manifestamente desproporcional ao valor da prestação oposta. Nesse caso, mesmo que os efeitos do vício se manifestem no curso do contrato, aprecia-se a desproporção das prestações segundo os valores vigentes ao tempo em que ele foi celebrado (§ 1º). *Alternativa B.*

19. (VI Exame – Reaplicação) Roberto, por meio de testamento, realiza dotação especial de bens livres para a finalidade de constituir uma fundação com a finalidade de promover assistência a idosos no Município do Rio de Janeiro. Todavia, os bens destinados foram insuficientes para constituir a fundação pretendida pelo instituidor. Em razão de Roberto nada ter disposto sobre o que fazer nessa hipótese, é correto afirmar que

(A) Os bens dotados deverão ser convertidos em títulos da dívida pública até que, aumentados com os rendimentos, consigam perfazer a finalidade pretendida.

(B) Os bens destinados à fundação serão, nesse caso, incorporados em outra fundação que se proponha a fim igual ou semelhante.

(C) A Defensoria Pública do Estado respectivo, responsável por velar pelas fundações, destinará os bens dotados para o fundo assistencial mantido pelo Estado para defesa dos hipossuficientes.

(D) Os bens serão arrecadados e passarão ao domínio do Município, se localizados na respectiva circunscrição.

RESPOSTA Prevê o art. 63 do CC que, quando insuficientes para constituir a fundação, os bens a ela destinados serão incorporados em outra fundação que se proponha a fim igual ou semelhante, se de outro modo não dispuser o instituidor. *Alternativa B.*

20. (VI Exame) Francis, brasileira, empresária, ao se deslocar do Rio de Janeiro para São Paulo em seu helicóptero particular, sofreu terrível acidente que culminou com a queda do aparelho em alto-mar. Após sucessivas e exaustivas buscas, feitas pelas autoridades e por empresas privadas contratadas pela família da vítima, infelizmente não foram encontrados os corpos de Francis e de Adilson, piloto da aeronave. Tendo sido esgotados os procedimentos de buscas e averiguações, de acordo com os artigos do Código Civil que regulam a situação supramencionada, é correto afirmar que o assento de óbito em registro público

(A) Independe de qualquer medida administrativa ou judicial, desde que seja constatada a notória probabilidade de morte de pessoa que estava em perigo de vida.

(B) Depende exclusivamente de procedimento administrativo quanto à morte presumida junto ao Registro Civil das Pessoas Naturais.

(C) Depende de prévia ação declaratória judicial quanto à morte presumida, sem necessidade de decretação judicial de ausência.

(D) Depende de prévia declaração judicial de ausência, por se tratar de desaparecimento de uma pessoa sem dela haver notícia.

RESPOSTA De acordo com o art. 7º, I, do CC, poderá ser declarada a morte presumida, *sem a decretação de ausência*, se for extremamente provável a morte de quem estava em perigo de morte, como é o caso em apreço. Essa declaração deve ser obtida por meio de ação declaratória cuja sentença deve ser registrada em registro público (art. 9º, IV, do CC). *Alternativa C.*

21. **(VI Exame)** A condição, o termo e o encargo são considerados elementos acidentais, facultativos ou acessórios do negócio jurídico, e têm o condão de modificar as consequências naturais deles esperadas. A esse respeito, é correto afirmar que

(A) Considera-se condição a cláusula que, derivando da vontade das partes ou de terceiros, subordina o efeito do negócio jurídico a evento futuro e incerto.

(B) Se for resolutiva a condição, enquanto esta se não realizar, não vigorará o negócio jurídico, não se podendo exercer desde a conclusão deste o direito por ele estabelecido.

(C) O termo inicial suspende o exercício, mas não a aquisição do direito e, salvo disposição legal ou convencional em contrário, computam-se os prazos, incluindo o dia do começo e excluindo o do vencimento.

(D) Considera-se não escrito o encargo ilícito ou impossível, salvo se constituir o motivo determinante da liberalidade, caso em que se invalida o negócio jurídico.

RESPOSTA (D) Correta, pois contém a transcrição do disposto no art. 137 do CC. Ressalte-se que o encargo deve sempre trazer obrigação *lícita* e *possível*. *Alternativa D.*

22. **(V Exame)** De acordo com o critério da titularidade, consideram-se públicos os bens do domínio nacional pertencentes

(A) Às entidades da Administração Pública direta e indireta.

(B) Às entidades da Administração Pública direta, às autarquias e às empresas públicas.

(C) Às pessoas jurídicas de direito público interno e às pessoas jurídicas de direito privado prestadoras de serviços públicos.

(D) Às pessoas jurídicas de direito público interno.

RESPOSTA De acordo com o art. 98 do CC, são públicos os bens do domínio nacional pertencentes às pessoas jurídicas de direito público interno, sendo todos os outros particulares, seja qual for a pessoa a que pertencerem. *Alternativa D.*

23. **(V Exame)** O decurso do tempo exerce efeitos sobre as relações jurídicas. Com o propósito de suprir uma deficiência apontada pela doutrina em relação ao Código velho, o novo Código Civil, a exemplo do Código Civil italiano e português, define o que é prescrição e institui disciplina específica para a decadência. Tendo em vista os preceitos do Código Civil a respeito da matéria, assinale a alternativa correta.

(A) Se a decadência resultar de convenção entre as partes, o interessado poderá alegá-la, em qualquer grau de jurisdição, mas o juiz não poderá suprir a alegação de quem a aproveite.

(B) Se um dos credores solidários constituir judicialmente o devedor em mora, tal iniciativa não aproveitará aos demais quanto à interrupção da prescrição, nem a interrupção produzida em face do principal devedor prejudica o fiador dele.

(C) O novo Código Civil optou por conceituar o instituto da prescrição como a extinção da pretensão e estabelece que a prescrição, em razão da sua relevância, pode ser arguida, mesmo entre os cônjuges enquanto casados pelo regime de separação obrigatória de bens.

(D) Quando uma ação se originar de fato que deva ser apurado no juízo criminal, não correrá a prescrição até o despacho do juiz que tenha recebido ou rejeitado a denúncia ou a queixa-crime.

RESPOSTA Apenas a decadência legal, cujo prazo é estabelecido pelo legislador, pode ser declarada de ofício pelo magistrado (art. 210 do CC). O art. 211 do CC, que trata da decadência convencional, estabelece justamente a afirmação contida na *alternativa A.*

24. **(IV Exame)** Rodolfo, brasileiro, engenheiro, solteiro, sem ascendentes ou descendentes, desapareceu de seu domicílio há 11 (onze) meses e até então não houve qualquer notícia sobre seu paradeiro. Embora tenha desaparecido, deixou Lisa, uma amiga, como mandatária para a finalidade de administrar-lhe os bens. Todavia, por motivos de ordem pessoal, Lisa não quis exercer os poderes outorgados por Rodolfo em seu favor, renunciando expressamente ao mandato.

De acordo com os dispositivos que regem o instituto da ausência, assinale a alternativa correta.

(A) O juiz não poderá declarar a ausência e nomear curador para Rodolfo, pois Lisa não poderia ter renunciado o mandato outorgado em seu favor, já que só estaria autorizada a fazê-lo em caso de justificada impossibilidade ou de constatada insuficiência de poderes.

(B) A renúncia ao mandato, por parte de Lisa, era possível e, neste caso, o juiz determinará ao Ministério Público que nomeie um curador encarregado de gerir os bens do ausente, observando, no que for aplicável, o disposto a respeito dos tutores e curadores.

(C) Os credores de obrigações vencidas e não pagas de Rodolfo, decorrido 1 (um) ano da arrecadação dos bens do ausente, poderão requerer que se determine a abertura de sua sucessão provisória.

(D) Poderá ser declarada a sucessão definitiva de Rodolfo 10 (dez) anos depois de passada em julgado a sentença que concedeu a sucessão provisória, mas, se nenhum interessado promover a sucessão definitiva, nesse prazo, os bens porventura arrecadados deverão ser doados a entidades filantrópicas localizadas no município do último domicílio de Rodolfo.

RESPOSTA Desaparecendo uma pessoa sem dar notícias e sem ter deixado representante ou procurador para administrar seus bens, a requerimento de qualquer interessado ou do MP, o juiz declarará a ausência e nomeará curador (art. 22 do CC). A mesma providência será tomada quando o ausente deixar mandatário que não queira ou não possa exercer ou continuar o mandato (art. 23 do CC), o que se passou no caso em tela. Decorrido um ano da arrecadação dos bens do ausente, ou, se ele deixou representante ou procurador, em se passando três anos, poderão os interessados requerer que se declare a ausência e se abra provisoriamente a sucessão (art. 26 do CC). Os credores de obrigações vencidas e não pagas são considerados interessados para tal fim (art. 27, IV, do CC). Ressalte-se, ainda, que o mandato foi extinto pela renúncia (art. 682, I, do CC). *Alternativa C.*

25. (IV Exame) O negócio jurídico depende da regular manifestação de vontade do agente envolvido. Nesse sentido, o art. 138 do Código Civil dispõe que "são anuláveis os negócios jurídicos quando as declarações de vontade emanarem de erro substancial que poderia ser percebido por pessoa de diligência normal, em face das circunstâncias do negócio". Relativamente aos defeitos dos negócios jurídicos, assinale a alternativa correta.

(A) O falso motivo, por sua gravidade, viciará a declaração de vontade em todas as situações e, por consequência, gerará a anulação do negócio jurídico.

(B) O erro não prejudica a validade do negócio jurídico quando a pessoa, a quem a manifestação de vontade se dirige, se oferecer para executá-la na conformidade da vontade real do manifestante.

(C) O erro é substancial quando concerne à identidade ou à qualidade essencial da pessoa a quem se refira a declaração de vontade, ainda que tenha influído nesta de modo superficial.

(D) O erro de cálculo gera a anulação do negócio jurídico, uma vez que restou viciada a declaração de vontade nele baseada.

RESPOSTA O *erro* é um vício que leva o agente a se comportar de maneira diversa à sua vontade real, em razão de uma falsa representação da realidade. De acordo com a transcrição literal do art. 144 do CC, a pessoa a quem a manifestação equivocada de vontade se dirige pode executar o negócio de acordo com a verdadeira intenção do declarante, com o fito de manter os efeitos do ato. *Alternativa B.*

26. (II Exame) A respeito das diferenças e semelhanças entre prescrição e decadência, no Código Civil, é correto afirmar que:

(A) A prescrição acarreta a extinção do direito potestativo, enquanto a decadência gera a extinção do direito subjetivo.

(B) Os prazos prescricionais podem ser suspensos e interrompidos, enquanto os prazos decadenciais legais não se suspendem ou interrompem, com exceção da hipótese de titular de direito absolutamente incapaz, contra o qual não corre nem prazo prescricional nem prazo decadencial.

(C) Não se pode renunciar à decadência legal nem à prescrição, mesmo após consumadas.

(D) A prescrição é exceção que deve ser alegada pela parte a quem beneficia, enquanto a decadência pode ser declarada de ofício pelo juiz.

RESPOSTA Os prazos prescricionais podem ser suspensos e interrompidos, conforme os arts. 197 a 201 do CC (suspensão) e os arts. 202 a 204 do mesmo Código (interrupção). Como regra, aos prazos decadenciais não se aplicam as regras que impedem, suspendem ou interrompem a prescrição, conforme o art. 207 do CC. Contudo, o art. 208 desse diploma prevê que se aplica à decadência o disposto no art. 198, I, segundo o qual não corre a prescrição em relação ao *absolutamente incapaz. Alternativa B.*

27. (I Exame) Considere que o filho de Mário Lins de Souza e de Luna Ferreira de Melo tenha sido registrado com o nome de Paulo de Souza. Nessa situação hipotética,

(A) Paulo, se assim o desejar, poderá, no prazo de até um ano após atingir a maioridade, introduzir em seu nome um patronímico materno, sem que precise justificar sua vontade.

(B) é obrigatória, em razão da abolição do traço patriarcal da legislação civil brasileira, a adoção do sobrenome materno, de modo que o registro de nascimento de Paulo poderá ser alterado a qualquer momento e, até mesmo, de ofício.

(C) apenas por meio do casamento será possível a Paulo alterar seu nome, o que será feito com a inclusão de sobrenome da esposa.

(D) Paulo poderá, se assim o desejar, incluir em seu nome apelido que seja notório, o que deverá ocorrer por meio de pedido devidamente instruído e dirigido ao oficial do cartório de registro civil.

RESPOSTA Consoante determina o art. 56 da Lei n. 6.015/1973 (Lei de Registros Públicos), "o interessado, no primeiro ano após ter atingido a maioridade civil, poderá, pessoalmente ou por procurador bastante, alterar o nome, desde que não prejudique os apelidos de família, averbando-se a alteração que será publicada pela imprensa". *Alternativa A.*

28. **(I Exame)** A respeito dos defeitos dos negócios jurídicos, assinale a opção correta.

(A) A lesão é um defeito que surge concomitantemente à realização do negócio e enseja a sua anulabilidade. Entretanto, permite-se a revisão contratual para evitar a anulação, aproveitando-se, assim, o negócio.

(B) Se, na celebração do negócio, uma das partes induzir a erro a outra, levando-a a concluir o negócio e a assumir uma obrigação desproporcional à vantagem obtida pelo outro, esse negócio será nulo porque a manifestação de vontade emana de erro essencial e escusável.

(C) O dolo acidental, a despeito do qual o negócio seria realizado, embora por outro modo, acarreta a anulação do negócio jurídico.

(D) Tratando-se de negócio jurídico a título gratuito, somente se configura fraude quando a insolvência do devedor seja notória ou haja motivo para ser conhecida, admitindo-se a anulação do negócio pelo credor.

RESPOSTA O instituto da lesão pressupõe que a enorme discrepância entre as obrigações assumidas pelas partes se verifique no momento da pactuação do negócio (art. 157, § 1º, do CC). A anulação do negócio, contudo, pode ser evitada, se for oferecido suplemento suficiente, ou se a parte favorecida concordar com a redução do proveito (§ 2º do mesmo dispositivo). *Alternativa A.*

29. **(XI Exame)** O legislador estabeleceu que, salvo se o negócio jurídico impuser forma especial, o fato jurídico poderá ser provado por meio de testemunhas, perícia, confissão, documento e presunção. Partindo do tema meios de provas, e tendo o Código Civil como aporte, assinale a afirmativa correta.

(A) Na escritura pública admite-se que, caso o comparecente não saiba escrever, outra pessoa capaz e a seu rogo poderá assiná-la.

(B) A confissão é revogável mesmo que não decorra de coação e é anulável se resultante de erro de fato.

(C) A prova exclusivamente testemunhal é admitida, sem exceção, qualquer que seja o valor do negócio jurídico.

(D) A confissão é pessoal e, portanto, não se admite seja feita por um representante, ainda que respeitados os limites em que este possa vincular o representado.

RESPOSTA Segundo consta no art. 215 do CC, "a escritura pública, lavrada em notas de tabelião, é documento dotado de fé pública, fazendo prova plena". O § 2º deste dispositivo, por sua vez, estatui que "se algum comparecente não puder ou não souber escrever, outra pessoa capaz assinará por ele, a seu rogo". *Alternativa A.*

30. **(XI Exame)** Pedro, engenheiro elétrico, mora na cidade do Rio de Janeiro e trabalha na Concessionária Iluminação S.A. Ele é viúvo e pai de Bruno, de sete anos de idade, que estuda no colégio particular Amarelinho. Há três meses, Pedro celebrou contrato de financiamento para aquisição de um veículo importado, o que comprometeu bastante seu orçamento e, a partir de então, deixou de arcar com o pagamento das mensalidades escolares de Bruno. Por razões de trabalho, Pedro será transferido para uma cidade serrana, no interior do Estado, e solicitou ao estabelecimento de ensino o histórico escolar de seu filho, a fim de transferi-lo para outra escola. Contudo, teve seu pedido negado pelo Colégio Amarelinho, sendo a negativa justificada pelo colégio como consequência da sua inadimplência com o pagamento das mensalidades escolares.

Para surpresa de Pedro, na mesma semana da negativa, é informado pela diretora do Colégio Amarelinho que seu filho não mais participaria das atividades recreativas diuturnas do colégio, enquanto Pedro não quitar o débito das mensalidades vencidas e não pagas.

Com base no caso narrado, assinale a afirmativa correta.

(A) O Colégio Amarelinho atua no exercício regular do seu direito de cobrança e, portanto, não age com abuso de direito ao reter o histórico escolar de Bruno, haja vista a comprovada e imotivada inadimplência de Pedro.

(B) As condutas adotadas pelo Colégio Amarelinho configuram abuso de direito, pois são eticamente reprováveis, mas não configuram atos ilícitos indenizáveis.

(C) Tanto a retenção do histórico escolar de Bruno quanto a negativa de participação do aluno nas atividades recreativas do colégio configuram atos ilícitos objetivos e abusivos, independentemente da necessidade de provar a intenção dolosa ou culposa na conduta adotada pela diretora do Colégio Amarelinho.

(D) Para existir obrigação de indenizar do Colégio Amarelinho, com fundamento no abuso de direito, é imprescindível a presença de dolo ou culpa, requisito necessário para caracterizar o comportamento abusivo e o ilícito indenizável.

RESPOSTA O art. 187 do CC define o significado do abuso de direito: "também comete ato ilícito o titular de um direito que, ao exercê-lo, excede manifestamente os limites impostos pelo seu fim econômico ou social, pela boa-fé ou pelos bons costumes". Cabe observar que se trata de modalidade de ato ilícito objetivo, eis que independe da verificação de culpa ou dolo do agente, bastando ter havido infração aos limites éticos e legais estabelecidos pelo preceito referido (boa-fé, bons costumes e fim econômico-social). É manifestamente desproporcional prejudicar os estudos do menor em virtude da inadimplência, cabendo ao estabelecimento proceder adequadamente e se limitar a cobrar judicialmente as prestações devidas. *Alternativa C.*

31. **(XV Exame)** Paulo foi casado, por muitos anos, no regime da comunhão parcial com Luana, até que um desentendimento deu início a um divórcio litigioso. Temendo que Luana exigisse judicialmente metade do seu vasto patrimônio, Paulo começou a comprar bens com capital próprio em nome de sociedade da qual é sócio e passou os demais também para o nome da sociedade, restando, em seu nome, apenas a casa em que morava com ela. Acerca do assunto, marque a opção correta.

(A) A atitude de Paulo encontra respaldo na legislação, pois a lei faculta a todo cidadão defender sua propriedade, em especial de terceiros de má-fé.

(B) É permitido ao juiz afastar os efeitos da personificação da sociedade nos casos de desvio de finalidade ou confusão patrimonial, mas não o contrário, de modo que não há nada que Luana possa fazer para retomar os bens comunicáveis.

(C) Sabendo-se que a "teoria da desconsideração da personalidade jurídica" encontra aplicação em outros ramos do direito e da legislação, é correto afirmar que os parâmetros adotados pelo Código Civil constituem a Teoria Menor, que exige menos requisitos.

(D) No caso de confusão patrimonial, gerado pela compra de bens com patrimônio particular em nome da sociedade, é possível atingir o patrimônio da sociedade, ao que se dá o nome de "desconsideração inversa ou invertida", de modo a se desconsiderar o negócio jurídico, havendo esses bens como matrimoniais e comunicáveis.

RESPOSTA O art. 50 do CC trata da desconsideração da personalidade jurídica. Para além da previsão legal, doutrina e jurisprudência consagraram a figura da "desconsideração inversa" ou "invertida" da personalidade jurídica, que ocorre quando um indivíduo oculta seus bens no patrimônio da sociedade, operando-se uma confusão patrimonial às avessas. É precisamente o que se passa quando Paulo transfere seus bens para a sociedade, com o intuito de burlar os direitos de Luana. *Alternativa D.*

32. **(XVI Exame)** Os tutores de José consideram que o rapaz, aos 16 anos, tem maturidade e discernimento necessários para praticar os atos da vida civil. Por isso, decidem conferir ao rapaz a sua emancipação. Consultam, para tanto, um advogado, que lhes aconselha corretamente no seguinte sentido:

(A) José poderá ser emancipado em procedimento judicial, com a oitiva do tutor sobre as condições do tutelado.

(B) José poderá ser emancipado via instrumento público, sendo desnecessária a homologação judicial.

(C) José poderá ser emancipado via instrumento público ou particular, sendo necessário procedimento judicial.

(D) José poderá ser emancipado por instrumento público, com averbação no registro de pessoas naturais.

RESPOSTA Entre as hipóteses de emancipação contidas no parágrafo único do art. 5º do CC, figura a denominada emancipação voluntária (inciso I), que ocorre "pela concessão dos pais, ou de um deles na falta do outro, mediante instrumento público, independentemente de homologação judicial, ou por sentença do juiz, ouvido o tutor, se o menor tiver dezesseis anos completos". Veja-se, pois, que os tutores não podem se valer da via extrajudicial para a emancipação, cabendo promover a competente ação judicial, mediante a oitiva dos tutores. *Alternativa A.*

33. **(XIV Exame)** Raul, cidadão brasileiro, no meio de uma semana comum, desaparece sem deixar qualquer notícia para sua ex-esposa e filhos, sem deixar cartas ou qualquer indicação sobre seu paradeiro. Raul, que sempre fora um trabalhador exemplar, acumulara em seus anos de labor um patrimônio relevante. Como Raul morava sozinho, já que seus filhos tinham suas próprias famílias e ele havia se separado de sua esposa 4 (quatro) anos antes, somente após uma semana seus parentes e amigos deram por sua falta e passaram a se preocupar com o seu desaparecimento. Sobre a situação apresentada, assinale a opção correta.

(A) Para ser decretada a ausência, é necessário que a pessoa tenha desaparecido há mais de 10 (dez) dias. Como faz apenas uma semana que Raul desapareceu, não pode ser declarada sua ausência, com a consequente nomeação de curador.

(B) Em sendo declarada a ausência, o curador a ser nomeado será a ex-esposa de Raul.

(C) A abertura da sucessão provisória somente se dará ultrapassados três anos da arrecadação dos bens de Raul.

(D) Se Raul contasse com 85 (oitenta e cinco) anos e os parentes e amigos já não soubessem dele há 8 (oito) anos, poderia ser feita de forma direta a abertura da sucessão definitiva.

RESPOSTA Trata-se de típico caso de ausência, eis que Raul desapareceu de seu domicílio, sem deixar notícias (art. 22 do CC). Os interessados (ou o Ministério Público) podem pedir judicialmente a declaração da ausência e a arrecadação dos bens do ausente. A sucessão provisória pode ser aberta depois de um ano de declaração da ausência, caso o ausente não tenha deixado representantes, como se dá no caso narrado (art. 26 do CC). Já a sucessão definitiva pode ocorrer em dois casos: a) dez anos depois de passada em julgado a sentença que concede a abertura da sucessão provisória (art. 37 do CC); b) provando-se que o ausente conta oitenta anos de idade, e que de cinco datam as últimas notícias dele. *Alternativa D.*

34. **(XIV Exame)** Maria Clara, então com dezoito anos, animada com a conquista da carteira de habilitação, decide retirar suas economias da poupança para adquirir um automóvel. Por saber que estava no início da sua carreira de motorista, resolveu comprar um carro usado e pesquisou nos jornais até encontrar um modelo adequado. Durante a visita de Maria Clara para verificar o estado de conservação do carro, o proprietário, ao perceber que Maria Clara não era conhecedora de automóveis, informou que o preço que constava no jornal não era o que ele estava pedindo, pois o carro havia sofrido manutenção recentemente, além de melhorias que faziam com que o preço fosse aumentado em setenta por cento. Com esse aumento, o valor do carro passou a ser maior do que um modelo novo, zero quilômetro. Contudo, após as explicações do proprietário, Maria Clara fechou o negócio. Sobre a situação apresentada no enunciado, assinale a opção correta.

(A) Maria Clara sofreu coação para fechar o negócio, diante da insistência do antigo proprietário e, por isso, pode ser proposta a anulação do negócio jurídico no prazo máximo de três anos.

(B) O negócio efetuado por Maria Clara não poderá ser anulado porque decorreu de manifestação de vontade por parte da adquirente. Dessa forma, como não se trata de relação de consumo, Maria Clara não possui essa garantia.

(C) O pai de Maria Clara, inconformado com a situação, pretende anular o negócio efetuado pela filha, porém, como já se passaram três anos, isso não será mais possível, pois já decaiu seu direito.

(D) O negócio jurídico efetuado por Maria Clara pode ser anulado; porém, se o antigo proprietário concordar com a diminuição no preço, o vício no contrato estará sanado.

RESPOSTA Do enunciado da questão, extrai-se que Maria Clara, jovem e inexperiente, assumiu obrigação excessivamente onerosa, eis que pagou pelo veículo preço superior ao de um modelo novo. Figura, neste caso, o vício da lesão (art. 157 do CC): "ocorre a lesão quando uma pessoa, sob premente necessidade, ou por inexperiência, se obriga a prestação manifestamente desproporcional ao valor da prestação oposta". Maria Clara pode pretender anular o negócio firmado (art. 171, II, do CC); todavia, se o vendedor assentir com a redução do preço, o negócio poderá perfeitamente ser mantido (art. 157, § 2º, do CC). *Alternativa D.*

35. **(XIX Exame)** Juliana foi avisada que seu filho Marcos sofreu um terrível acidente de carro em uma cidade com poucos recursos no interior do Ceará e que ele está correndo risco de morte devido a um grave traumatismo craniano. Diante dessa notícia, Juliana celebra um contrato de prestação de serviços médicos em valores exorbitantes, muito superiores aos praticados habitualmente, para que a única equipe de médicos especializados da cidade assuma o tratamento de seu filho.

Tendo em vista a hipótese apresentada, assinale a afirmativa correta.

(A) O negócio jurídico pode ser anulado por vício de consentimento denominado estado de perigo, no prazo prescricional de quatro anos, a contar da data da celebração do contrato.

(B) O negócio jurídico celebrado por Juliana é nulo, por vício resultante de dolo, tendo em vista o fato de que a equipe médica tinha ciência da situação de Marcos e se valeu de tal condição para fixar honorários em valores excessivos.

(C) O contrato de prestação de serviços médicos é anulável por vício resultante de estado de perigo, no prazo decadencial de quatro anos, contados da data da celebração do contrato.

(D) O contrato celebrado por Juliana é nulo, por vício resultante de lesão, e por tal razão não será suscetível de confirmação e nem convalescerá pelo decurso do tempo.

RESPOSTA No caso em apreço, Juliana sentiu-se compelida a assumir obrigação excessivamente onerosa, para salvar a vida de Marcos, seu filho. Trata-se da figura do estado de perigo, vício negocial que permite a anulação do contrato, no prazo decadencial de 4 anos, nos termos dos arts. 156 e 178, II, do CC. *Alternativa C.*

36. **(XIX Exame)** Júlia, casada com José sob o regime da comunhão universal de bens e mãe de dois filhos, Ana e João, fez testamento no qual destinava metade da parte disponível de seus bens à constituição de uma fundação de amparo a mulheres vítimas de violência obstétrica. Aberta a sucessão, verificou-se que os bens destinados à constituição da fundação eram insuficientes para cumprir a finalidade pretendida por Júlia, que, por sua vez, nada estipulou em seu testamento caso se apresentasse a hipótese de insuficiência de bens.

Diante da situação narrada, assinale a afirmativa correta.

(A) A disposição testamentária será nula e os bens serão distribuídos integralmente entre Ana e João.

(B) O testamento será nulo e os bens serão integralmente divididos entre José, Ana e João.

(C) Os bens de Júlia serão incorporados à outra fundação que tenha propósito igual ou semelhante ao amparo de mulheres vítimas de violência obstétrica.

(D) Os bens destinados serão incorporados à outra fundação determinada pelos herdeiros necessários de Júlia, após a aprovação do Ministério Público.

RESPOSTA Júlia pretendia destinar metade de seus bens com o fim de constituir uma fundação, tendo, assim, respeitado a legítima tocante a seus filhos (arts. 1.845 e 1.846 do CC). Como os bens dotados para compor a fundação eram insuficientes, incide a regra do art. 63 do CC, competindo incorporar tais bens a outra instituição de fins idênticos ou semelhantes. *Alternativa C.*

37. **(XX Exame)** Cristiano, piloto comercial, está casado com Rebeca. Em um dia de forte neblina, ele não consegue controlar o avião que pilotava e a aeronave, com 200 pessoas a bordo, desaparece dos radares da torre de controle pouco antes do tempo previsto para a sua aterrissagem. Depois de vários dias de busca, apenas 10 passageiros foram resgatados, todos em estado crítico. Findas as buscas, como Cristiano não estava no rol de sobreviventes e seu corpo não fora encontrado, Rebeca decide procurar um advogado para saber como deverá proceder a partir de agora.

Com base no relato apresentado, assinale a afirmativa correta.

(A) A esposa deverá ingressar com uma demanda judicial pedindo a decretação de ausência de Cristiano, a fim de que o juiz, em um momento posterior do processo, possa declarar a sua morte presumida.

(B) A esposa não poderá requerer a declaração de morte presumida de Cristiano, uma vez que apenas o Ministério Público detém legitimidade para tal pedido.

(C) A declaração da morte presumida de Cristiano poderá ser requerida independentemente de prévia decretação de ausência, uma vez que esgotadas as buscas e averiguações por parte das autoridades competentes.

(D) A sentença que declarar a morte presumida de Cristiano não deverá fixar a data provável de seu falecimento, contando-se, como data da morte, a data da publicação da sentença no meio oficial.

RESPOSTA Segundo determina o art. 7º do CC, "pode ser declarada a morte presumida, sem decretação de ausência: I – se for extremamente provável a morte de quem estava em perigo de vida; II – se alguém, desaparecido em campanha ou feito prisioneiro, não for encontrado até dois anos após o término da guerra. Parágrafo único. A declaração da morte presumida, nesses casos, somente poderá ser requerida depois de esgotadas as buscas e averiguações, devendo a sentença fixar a data provável do falecimento". A situação de Cristiano evidentemente se enquadra na hipótese contida no inciso I do referido dispositivo. Assim, esgotadas as buscas e averiguações, é possível decretar sua morte presumida, independentemente do procedimento de ausência (arts. 22 a 39 do CC). *Alternativa C.*

38. **(XX Exame – Reaplicação)** Pedro, em dezembro de 2011, aos 16 anos, se formou no ensino médio. Em agosto de 2012, ainda com 16 anos, começou estágio voluntário em uma companhia local. Em janeiro de 2013, já com 17 anos, foi morar com sua namorada.

Em julho de 2013, ainda com 17 anos, após ter sido aprovado e nomeado em um concurso público, Pedro entrou em exercício no respectivo emprego público.

Tendo por base o disposto no Código Civil, assinale a opção que indica a data em que cessou a incapacidade de Pedro.

(A) Dezembro de 2011.
(B) Agosto de 2012.
(C) Janeiro de 2013.
(D) Julho de 2013.

RESPOSTA Pedro tem 16 anos e é relativamente incapaz. A questão desafia a análise do momento em que ocorre sua emancipação e, portanto, a aquisição de sua capacidade civil. Conforme o art. 5º do CC, em seu parágrafo único, "cessará, para os menores, a incapacidade: I – pela concessão dos pais, ou de um deles na falta do outro, mediante instrumento público, independentemente de homologação judicial, ou por sentença do juiz, ouvido o tutor, se o menor tiver dezesseis anos completos; II – pelo casamento; III – pelo exercício de emprego público efetivo; IV – pela colação de grau em curso de ensino superior; V – pelo estabelecimento civil ou comercial, ou pela existência de relação de emprego, desde que, em função deles, o menor com dezesseis anos completos tenha economia própria". A formatura no ensino médio, o simples estágio e o fato de viver com a namorada (mesmo que se tratasse de união estável) não provocam a emancipação. O fato emancipatório é o pleno exercício de emprego público. *Alternativa D.*

39. **(XX Exame – Reaplicação)** Bernardo, nascido e criado no interior da Bahia, decide mudar-se para o Rio de Janeiro. Ao chegar ao Rio, procurou um local para morar. José, percebendo o desconhecimento de Bernardo sobre o valor dos aluguéis no Rio de Janeiro, lhe oferece um quarto por R$ 500,00 (quinhentos reais).Pagando com dificuldade o aluguel do quarto, ao conversar com vizinhos, Bernardo descobre que ninguém paga mais do que R$ 200,00 (duzentos reais) por um quarto naquela região. Sentindo-se injustiçado, procura um advogado.

Sobre o caso narrado, com base no Código Civil, assinale a afirmativa correta.

(A) O negócio jurídico poderá ser anulado por lesão, se José não concordar com a redução do proveito ou com a oferta de suplemento suficiente.
(B) O negócio jurídico será nulo em virtude da ilicitude do objeto.
(C) O negócio jurídico poderá ser anulado por coação em razão da indução de Bernardo a erro.
(D) O negócio jurídico poderá ser anulado por erro, eis que este foi causa determinante do negócio.

RESPOSTA Conforme dispõe o art. 157 do CC, "ocorre a lesão quando uma pessoa, sob premente necessidade, ou por inexperiência, se obriga a prestação manifestamente desproporcional ao valor da prestação oposta. § 1º Aprecia-se a desproporção das prestações segundo os valores vigentes ao tempo em que foi celebrado o negócio jurídico. § 2º Não se decretará a anulação do negócio, se for oferecido suplemento suficiente, ou se a parte favorecida concordar com a redução do proveito". É evidente a inexperiência de Bernardo, que desconhece a realidade do mercado imobiliário do Rio de Janeiro. Ademais, há, por parte do devedor, a assunção de obrigação excessivamente onerosa, o que torna desequilibrado o contrato firmado. Por isso, o negócio está maculado pelo vício da lesão. Caso o credor não concorde com a revisão das prestações (aluguéis), restará a possibilidade de sua anulação. *Alternativa A.*

40. **(XXI Exame)** André possui um transtorno psiquiátrico grave, que demanda uso contínuo de medicamentos, graças aos quais ele leva vida normal. No entanto, em razão do consumo de remédios que se revelaram ineficazes, por causa de um defeito de fabricação naquele lote, André foi acometido de um surto que, ao privá-lo de discernimento, o levou a comprar diversos produtos caros de que não precisava.

Para desfazer os efeitos desses negócios, André deve pleitear

(A) a nulidade dos negócios, por incapacidade absoluta decorrente de enfermidade ou deficiência mental.
(B) a nulidade dos negócios, por causa transitória impeditiva de expressão da vontade.
(C) a anulação do negócio, por causa transitória impeditiva de expressão da vontade.
(D) a anulação do negócio, por incapacidade relativa decorrente de enfermidade ou deficiência mental.

RESPOSTA Com as reformas operadas nos arts. 3º e 4º do CC pelo Estatuto da Pessoa com Deficiência, o transtorno psiquiátrico deixa de ser causa de incapacidade. Ademais, a questão ressalva que André leva uma vida normal, sendo, assim, plenamente capaz.

Ocorre que houve um momento transitório (um surto) que privou André do necessário discernimento para a prática de atos da vida civil. Neste caso, cabe reconhecer, ainda que temporariamente, a incapacidade relativa de André, nos termos do inciso III do art. 4º do CC ("são incapazes, relativamente a certos atos ou à maneira de os exercer: aqueles que, por causa transitória ou permanente, não puderem exprimir sua vontade"). O ato, assim, é anulável (art. 171, I do CC). *Alternativa C.*

41. **(XXI Exame)** Durante uma viagem aérea, Eliseu foi acometido de um mal súbito, que demandava atendimento imediato. O piloto dirigiu o avião para o aeroporto mais próximo, mas a aterrissagem não ocorreria a tempo de salvar Eliseu. Um passageiro ofereceu seus conhecimentos médicos para atender Eliseu, mas demandou pagamento bastante superior ao valor de mercado, sob a alegação de que se encontrava de férias.

Os termos do passageiro foram prontamente aceitos por Eliseu. Recuperado do mal que o atingiu, para evitar a cobrança dos valores avençados, Eliseu pode pretender a anulação do acordo firmado com o outro passageiro, alegando

(A) erro.
(B) dolo.
(C) coação.
(D) estado de perigo.

RESPOSTA Segundo determina o art. 156 do CC, "configura-se o estado de perigo quando alguém, premido da necessidade de salvar-se, ou a pessoa de sua família, de grave dano conhecido pela outra parte, assume obrigação excessivamente onerosa". O vício do estado de perigo é evidente no caso apresentado, pois o médico exigiu o pagamento de valores vultosos para prestar serviços ao passageiro. *Alternativa D.*

42. **(XXII Exame)** Ricardo realizou diversas obras no imóvel que Cláudia lhe emprestou: reparou um vazamento existente na cozinha; levantou uma divisória na área de serviço para formar um novo cômodo, destinado a servir de despensa; ampliou o número de tomadas disponíveis; e trocou o portão manual da garagem por um eletrônico.

Quando Cláudia pediu o imóvel de volta, Ricardo exigiu o ressarcimento por todas as benfeitorias realizadas, embora sequer a tenha consultado previamente sobre as obras.

Somente pode-se considerar benfeitoria necessária, a justificar o direito ao ressarcimento,

(A) o reparo do vazamento na cozinha.
(B) a formação de novo cômodo, destinado a servir de despensa, pelo levantamento de divisória na área de serviço.
(C) a ampliação do número de tomadas.
(D) a troca do portão manual da garagem por um eletrônico.

RESPOSTA Há três espécies de benfeitorias, nos termos do art. 96 do CC: "as benfeitorias podem ser voluptuárias, úteis ou necessárias. § 1º São voluptuárias as de mero deleite ou recreio, que não aumentam o uso habitual do bem, ainda que o tornem mais agradável ou sejam de elevado valor. § 2º São úteis as que aumentam ou facilitam o uso do bem. § 3º São necessárias as que têm por fim conservar o bem ou evitar que se deteriore". A divisória para formas novo cômodo, a ampliação do número de tomadas e a troca do portão são benfeitorias úteis, pois facilitam o uso do imóvel e não são realizadas para mero embelezamento, deleite ou recreio. A única benfeitoria necessária é o reparo no vazamento da cozinha, obra que deve ser feita para evitar a deterioração do bem. *Alternativa A.*

43. **(XXIII Exame)** Em um bazar beneficente, promovido por Júlia, Marta adquiriu um antigo faqueiro, praticamente sem uso. Acreditando que o faqueiro era feito de prata, Marta ofereceu um preço elevado sem nada perguntar sobre o produto. Júlia, acreditando no espírito benevolente de sua vizinha, prontamente aceitou o preço oferecido.

Após dois anos de uso constante, Marta percebeu que os talheres começaram a ficar manchados e a se dobrarem com facilidade. Consultando um especialista, ela descobre que o faqueiro era feito de uma liga metálica barata, de vida útil curta, e que, com o uso reiterado, ele se deterioraria.

De acordo com o caso narrado, assinale a afirmativa correta.

(A) A compra e venda firmada entre Marta e Júlia é nula, por conter vício em seu objeto, um dos elementos essenciais do negócio jurídico.
(B) O negócio foi plenamente válido, considerando ter restado comprovado que Júlia não tinha qualquer motivo para suspeitar do engano de Marta.
(C) O prazo decadencial a ser observado para que Marta pretenda judicialmente o desfazimento do negócio deve ser contado da data de descoberta do vício.
(D) De acordo com a disciplina do Código Civil, Júlia poderá evitar que o negócio seja desfeito se oferecer um abatimento no preço de venda proporcional à baixa qualidade do faqueiro.

RESPOSTA A adquirente contratou por erro, eis que desconhecia as verdadeiras qualidades do bem alienado. Ocorre, todavia, que para que se caracterize o vício do erro e possa ocorrer a anulação do negócio jurídico, o art. 138 do Código Civil exige não apenas que o erro seja substancial (isto é, que se trate de erro grave), como também que o engano da compradora, diante das circunstâncias do caso concreto, pudesse ser percebido pela vendedora. A alienante, todavia, agiu em estrita boa-fé, eis que julgou que o elevado preço pago pela adquirente se deu em caráter de altruísmo. Como o erro da compradora não podia ser percebido pela vendedora, não cabe invalidar o contrato, cujos efeitos prevalecem. *Alternativa B.*

44. **(XXIII Exame)** Em ação judicial na qual Paulo é réu, levantou-se controvérsia acerca de seu domicílio, relevante para a determinação do juízo competente. Paulo alega que seu domicílio é a capital do Estado do Rio de Janeiro, mas o autor sustenta que não há provas de manifestação de vontade de Paulo no sentido de fixar seu domicílio naquela cidade.

Sobre o papel da vontade nesse caso, assinale a afirmativa correta.

(A) Por se tratar de um fato jurídico em sentido estrito, a vontade de Paulo na fixação de domicílio é irrelevante, uma vez que não é necessário levar em consideração a conduta humana para a determinação dos efeitos jurídicos desse fato.

(B) Por se tratar de um ato-fato jurídico, a vontade de Paulo na fixação de domicílio é irrelevante, uma vez que, embora se leve em consideração a conduta humana para a determinação dos efeitos jurídicos, não é exigível manifestação de vontade.

(C) Por se tratar de um ato jurídico em sentido estrito, embora os seus efeitos sejam predeterminados pela lei, a vontade de Paulo na fixação de domicílio é relevante, no sentido de verificar a existência de um ânimo de permanecer naquele local.

(D) Por se tratar de um negócio jurídico, a vontade de Paulo na fixação de domicílio é relevante, já que é a manifestação de vontade que determina quais efeitos jurídicos o negócio irá produzir.

RESPOSTA A fixação do domicílio civil de uma pessoa tem natureza de ato jurídico em sentido estrito: trata-se de ato voluntário, cujos efeitos, todavia, decorrem da lei (ao contrário do que se passa no universo dos negócios jurídicos, cujos efeitos derivam da vontade das partes, como nos contratos). É preciso atentar, todavia, para o teor do art. 70 do Código Civil, que delimita o conceito de domicílio: "o domicílio da pessoa natural é o lugar onde ela estabelece a sua residência com ânimo definitivo". Vê-se, pois, que a aferição do domicílio de uma pessoa pressupõe a conjugação de dois fatores: um elemento objetivo, correspondente à residência do indivíduo, e outro de cunho subjetivo, que diz respeito ao ânimo de permanência em caráter definitivo. A vontade do agente, portanto, é elemento primordial para a caracterização de seu domicílio. *Alternativa C.*

45. **(XXIV Exame)** Eduardo comprometeu-se a transferir para Daniela um imóvel que possui no litoral, mas uma cláusula especial no contrato previa que a transferência somente ocorreria caso a cidade em que o imóvel se localiza viesse a sediar, nos próximos dez anos, um campeonato mundial de surfe. Depois de realizado o negócio, todavia, o advento de nova legislação ambiental impôs regras impeditivas para a realização do campeonato naquele local. Sobre a incidência de tais regras, assinale a afirmativa correta.

(A) Daniela tem direito adquirido à aquisição do imóvel, pois a cláusula especial configura um termo.

(B) Prevista uma condição na cláusula especial, Daniela tem direito adquirido à aquisição do imóvel.

(C) Há mera expectativa de direito à aquisição do imóvel por parte de Daniela, pois a cláusula especial tem natureza jurídica de termo.

(D) Daniela tem somente expectativa de direito à aquisição do imóvel, uma vez que há uma condição na cláusula especial.

RESPOSTA Ao estabelecer que o imóvel somente seria transferido caso o evento desportivo viesse a se realizar no local em um prazo de 10 anos, Eduardo após no contrato uma condição, nos termos do art. 121 do CC, eis que o negócio somente geraria efeitos com o advento do evento futuro e incerto (a realização do campeonato de surfe). Trata-se, ademais, de condição suspensiva, conforme o art. 125 do CC, uma vez que o evento futuro e incerto deve ocorrer para que posteriormente surja o direito de Daniela à aquisição do bem. Há, por parte de Daniela, mera expectativa de direito, enquanto não se verificar a condição. *Alternativa D.*

46. **(XXVI Exame Unificado)** A cidade de Asa Branca foi atingida por uma tempestade de grandes proporções. As ruas ficaram alagadas e a população sofreu com a inundação de suas casas e seus locais de trabalho. Antônio, que tinha uma pequena barcaça, aproveitou a ocasião para realizar o transporte dos moradores pelo triplo do preço que normalmente seria cobrado, tendo em vista a premente necessidade dos moradores de recorrer a esse tipo de transporte. Nesse caso, em relação ao citado negócio jurídico, ocorreu

(A) estado de perigo.
(B) dolo.
(C) lesão.
(D) erro.

RESPOSTA Em virtude da tempestade na cidade de Asa Branca, seus moradores se encontraram em situação de premente necessidade contratual, tendo que recorrer ao leonino contrato proposto por Antônio para seu deslocamento. Trata-se de típica hipótese de lesão, assim descrita pelo art. 157 do CC: "ocorre a lesão quando uma pessoa, sob premente necessidade, ou por inexperiência, se obriga a prestação manifestamente desproporcional ao valor da prestação oposta". *Alternativa C.*

III. DIREITO DAS OBRIGAÇÕES

47. **(XXXI Exame)** Jacira mora em um apartamento alugado, sendo a locação garantida por fiança prestada por seu pai, José. Certa vez, Jacira conversava com sua irmã Laura acerca de suas dificuldades financeiras, e declarou que temia não ser capaz de pagar o próximo aluguel do imóvel. Compadecida da situação da irmã, Laura procurou o locador do imóvel e, na data de vencimento do aluguel, pagou, em nome próprio, o valor devido por Jacira, sem oposição desta. Nesse cenário, em relação ao débito do aluguel daquele mês, assinale a afirmativa correta.

(A) Laura, como terceira interessada, sub-rogou-se em todos os direitos que o locador tinha em face de Jacira, inclusive a garantia fidejussória.
(B) Laura, como terceira não interessada, tem apenas direito de regresso em face de Jacira.
(C) Laura, como devedora solidária, sub-rogou-se nos direitos que o locador tinha em face de Jacira, mas não quanto à garantia fidejussória.
(D) Laura, tendo realizado mera liberalidade, não tem qualquer direito em face de Jacira.

RESPOSTA O terceiro não interessado, que paga a dívida em seu próprio nome, tem direito a reembolsar-se do que pagar; mas não se sub-roga nos direitos do credor – art. 305, CC. Segundo o parágrafo único, se pagar antes de vencida a dívida, só terá direito ao reembolso no vencimento. *Alternativa B.*

48. **(XXX Exame)** Lucas, interessado na aquisição de um carro seminovo, procurou Leonardo, que revende veículos usados. Ao final das tratativas, e para garantir que o negócio seria fechado, Lucas pagou a Leonardo um percentual do valor do veículo, a título de sinal. Após a celebração do contrato, porém, Leonardo informou a Lucas que, infelizmente, o carro que haviam negociado já havia sido prometido informalmente para um outro comprador, velho amigo de Leonardo, motivo pelo qual Leonardo não honraria a avença. Frustrado, diante do inadimplemento de Leonardo, Lucas procurou você, como advogado(a), para orientá-lo. Nesse caso, assinale a opção que apresenta a orientação dada.

(A) Leonardo terá de restituir a Lucas o valor pago a título de sinal, com atualização monetária, juros e honorários de advogado, mas não o seu equivalente.
(B) Leonardo terá de restituir a Lucas o valor pago a título de sinal, mais o seu equivalente, com atualização monetária, juros e honorários de advogado.
(C) Leonardo terá de restituir a Lucas apenas metade do valor pago a título de sinal, pois informou, tão logo quanto possível, que não cumpriria o contrato.
(D) Leonardo não terá de restituir a Lucas o valor pago a título de sinal, pois este é computado como início de pagamento, o qual se perde em caso de inadimplemento.

RESPOSTA De acordo com o Código Civil, se a parte que deu as arras não executar o contrato, poderá a outra tê-lo por desfeito, retendo-as; se a inexecução for de quem recebeu as arras, poderá quem as deu haver o contrato por desfeito, e exigir sua devolução mais o equivalente, com atualização monetária segundo índices oficiais regularmente estabelecidos, juros e honorários de advogado (art. 418). Assim, correta a *Alternativa B.*

49. **(XII Exame)** Bruno cedeu a Fábio um crédito representado em título, no valor de R$ 20.000,00 (vinte mil reais), que possuía com Caio. Considerando a hipótese acima e as regras sobre cessão de crédito, assinale a afirmativa correta.

(A) Caio não poderá opor a Fábio a exceção de dívida prescrita que, no momento em que veio a ter conhecimento da cessão, tinha contra Bruno, em virtude da preclusão.
(B) Caso Fábio tenha cedido o crédito recebido de Bruno a Mário e este, posteriormente, ceda o crédito a Júlio, prevalecerá a cessão de crédito que se completar com a tradição do título cedido.
(C) Bruno, ao ceder a Fábio crédito a título oneroso, não ficará responsável pela existência do crédito ao tempo em que cedeu, salvo por expressa garantia.

(D) Conforme regra geral disposta no Código Civil, Bruno será obrigado a pagar a Fábio o valor correspondente ao crédito, caso Caio torne-se insolvente.

RESPOSTA Trata-se de cessão de crédito, em que Caio é o devedor, Bruno o cedente e Fábio o cessionário (novo credor). Na cessão de crédito, o devedor pode opor contra o cessionário as defesas pessoais que poderia alegar contra o cedente (art. 294 do CC), inclusive a prescrição, o que torna incorreta a assertiva A. Havendo cessão a título oneroso, o cedente responde perante o cessionário pela existência do crédito ao tempo em que lhe cedeu (art. 295 do CC), sendo falsa a assertiva C. A regra geral do CC é a de que o cedente não responde pelo pagamento do crédito cedido (art. 296), sendo falsa a assertiva D. Finalmente, segundo o art. 291 do CC, ocorrendo múltiplas cessões do mesmo crédito, prevalece a que se completar com a tradição do título do crédito cedido. Correta a *alternativa B.*

50. **(XIII Exame)** A transmissibilidade de obrigações pode ser realizada por meio do ato denominado cessão, por meio da qual o credor transfere seus direitos na relação obrigacional a outrem, fazendo surgir as figuras jurídicas do cedente e do cessionário.

Constituída essa nova relação obrigacional, é correto afirmar que

(A) os acessórios da obrigação principal são abrangidos na cessão de crédito, salvo disposição em contrário.

(B) o cedente responde pela solvência do devedor, não se admitindo disposição em contrário.

(C) a transmissão de um crédito que não tenha sido celebrada única e exclusivamente por instrumento público é ineficaz em relação a terceiros.

(D) o devedor não pode opor ao cessionário as exceções que tinha contra o cedente no momento em que veio a ter conhecimento da cessão.

RESPOSTA Na cessão de crédito, aplicam-se, entre outras, as seguintes regras: o cedente não responde, como regra, pela solvência do devedor (art. 296 do CC); admite-se a cessão por instrumento público ou particular (art. 288 do CC); e o devedor pode opor ao cessionário as exceções que lhe competirem, bem como as que, no momento em que veio a ter conhecimento da cessão, tinha contra o cedente (art. 294 do CC). São, portanto, incorretas as três últimas assertivas. Como os acessórios, como regra, seguem a obrigação principal (art. 287, CC), correta é a *alternativa A.*

51. **(VIII Exame)** Utilizando-se das regras afetas ao direito das obrigações, assinale a alternativa correta.

(A) Quando o pagamento de boa-fé for efetuado ao credor putativo, somente será inválido se, em seguida, ficar demonstrado que não era credor.

(B) Levando em consideração os elementos contidos na lei para o reconhecimento da onerosidade excessiva, é admissível assegurar que a regra se aplica às relações obrigacionais de execução diferida ou continuada.

(C) Possui a quitação determinados requisitos que devem ser obrigatoriamente observados, tais como o valor da dívida, o nome do pagador, o tempo e o lugar do adimplemento, além da assinatura da parte credora, exigindo-se também que a forma da quitação seja igual à forma do contrato.

(D) O terceiro, interessado ou não, poderá efetuar o pagamento da dívida em seu próprio nome, ficando sempre sub-rogado nos direitos da parte credora.

RESPOSTA O instituto da resolução contratual por onerosidade excessiva encontra guarida no art. 478 do CC, que assim estabelece: "nos contratos de execução continuada ou diferida, se a prestação de uma das partes se tornar excessivamente onerosa, com extrema vantagem para a outra, em virtude de acontecimentos extraordinários e imprevisíveis, poderá o devedor pedir a resolução do contrato. Os efeitos da sentença que a decretar retroagirão à data da citação". No caso, a onerosidade é superveniente e se manifesta, portanto, nos contratos de execução diferida ou continuada, não nos de execução imediata. *Alternativa B.*

52. **(IX Exame)** Tiago celebrou com Ronaldo contrato de compra e venda de dez máquinas de costura importadas da China. Restou acordado que o pagamento se daria em trinta e seis prestações mensais e consecutivas com reajuste a cada doze meses conforme taxa Selic, a ser efetuado no domicílio do credor. O contrato estabeleceu, ainda, a incidência de juros moratórios, no importe de 2% (dois por cento) do valor da parcela em atraso, e cláusula penal, fixada em 10% (dez por cento) do valor do contrato, em caso de inadimplência. Após o pagamento de nove parcelas, Tiago foi surpreendido com a notificação extrajudicial enviada por Ronaldo, em que se comunicava um reajuste de 30% (trinta por cento) sobre o valor da última parcela paga sob o argumento de que ocorreu elevada desvalorização no câmbio. Tiago não concordou com o reajuste e ao tentar efetuar o pagamento da décima parcela com base no valor inicialmente ajustado teve o pagamento recusado por Ronaldo. Considerando o caso acima e as regras previstas no Código Civil, assinale a afirmativa correta.

(A) Caso Tiago consigne o valor da décima parcela por meio de depósito judicial, poderá levantá-lo enquanto Ronaldo não informar o aceite ou não o impugnar, desde que pague todas as despesas.

(B) Na hipótese de Tiago consignar judicialmente duas máquinas de costura com a finalidade de afastar a incidência dos encargos moratórios e da cláusula penal, este depósito será apto a liberá-lo da obrigação assumida.

(C) O depósito consignatório realizado por Tiago em seu domicílio terá o poder liberatório do vínculo obrigacional, isentando-o do pagamento dos juros moratórios e da cláusula penal.

(D) Tiago poderá depositar o valor referente à décima parcela sob o fundamento de injusta recusa, porém não poderá discutir, no âmbito da ação consignatória, a abusividade ou ilegalidade das cláusulas contratuais.

RESPOSTA Como o pagamento foi recusado pelo credor, coube ao devedor optar pelo pagamento em consignação. Nesse caso, determina o art. 338 do CC que "enquanto o credor não declarar que aceita o depósito, ou não o impugnar, poderá o devedor requerer o levantamento, pagando as respectivas despesas, e subsistindo a obrigação para todas as consequências de direito". *Alternativa A.*

53. **(I Exame)** Acerca das obrigações de dar, fazer e não fazer, assinale a opção correta.

(A) No caso de entrega de coisa incerta, se houver, antes da escolha, perda ou deterioração do bem, ainda que decorrente de caso fortuito ou força maior, a obrigação ficará resolvida para ambas as partes.

(B) Em caso de obrigação facultativa, o perecimento da coisa devida não implica a liberação do devedor do vínculo obrigacional, podendo-se dele exigir a realização da obrigação devida.

(C) É divisível a obrigação de prestação de coisa indeterminada.

(D) Tratando-se de obrigação de entrega de coisa certa, a obrigação será extinta caso a coisa se perca sem culpa do devedor, antes da tradição ou mediante condição suspensiva.

RESPOSTA Conforme determina o art. 234 do CC, nas obrigações de dar coisa certa, se a coisa se perder sem culpa do devedor, seja antes de feita a tradição ou na pendência de condição suspensiva, a obrigação se resolve para ambas as partes. *Alternativa D.*

54. **(IX Exame – Reaplicação)** José devia a Paulo a quantia de R$ 50 mil reais com vencimento em 5 de dezembro de 2012. Na data do pagamento, José, devido à falta de dinheiro, ofereceu um lote de sua propriedade, de igual valor da dívida, como substituição da prestação originária. Considerando a hipótese acima, assinale a afirmativa correta.

(A) Caso Paulo aceite o lote dado por José como forma de pagamento, ocorrerá extinção da obrigação primitiva pelo adimplemento indireto na modalidade novação real.

(B) Se José oferecesse um título de crédito ao invés do lote, essa transferência importaria em pagamento com sub-rogação.

(C) Se Paulo for evicto do lote recebido em pagamento, a obrigação primitiva será restabelecida, ficando sem efeito a quitação dada, ressalvados os direitos de terceiros de boa-fé.

(D) Caso Paulo aceite o bem imóvel oferecido por José, a transferência do lote poderá ser formalizada por escritura pública ou instrumento particular.

RESPOSTA Sendo aceita a oferta de pagamento em prestação diversa da devida, ocorre o fenômeno da dação em pagamento (art. 356 do CC). Nesse caso, incide o disposto no art. 359 do CC, segundo o qual "se o credor for evicto da coisa recebida em pagamento, restabelecer-se-á a obrigação primitiva, ficando sem efeito a quitação dada, ressalvados os direitos de terceiros". *Alternativa C.*

55. **(II Exame)** João prometeu transferir a propriedade de uma coisa certa, mas antes disso, sem culpa sua, o bem foi deteriorado. Segundo o Código Civil, ao caso de João aplica-se o seguinte regime juridico:

(A) A obrigação fica resolvida, com a devolução de valores eventualmente pagos.

(B) A obrigação subsiste, com a entrega da coisa no estado em que se encontra.

(C) A obrigação subsiste, com a entrega da coisa no estado em que se encontra e abatimento no preço proporcional à deterioração.

(D) A obrigação poderá ser resolvida, com a devolução de valores eventualmente pagos, ou subsistir, com a entrega da coisa no estado em que se encontra e abatimento no preço proporcional à deterioração, cabendo ao credor a escolha de uma dentre as duas soluções.

RESPOSTA Na situação hipotética, aplicam-se as disposições das *obrigações de dar coisa certa* do CC, cujo art. 235 assim estatui: "deteriorada a coisa, não sendo o devedor culpado, poderá o credor resolver a obrigação, ou aceitar a coisa, abatido de seu preço o valor que perdeu". *Alternativa D.*

56. (II Exame) Com relação ao regime da solidariedade passiva, é correto afirmar que:

(A) Cada herdeiro pode ser demandado pela dívida toda do devedor solidário falecido.

(B) Com a perda do objeto por culpa de um dos devedores solidários, a solidariedade subsiste no pagamento do equivalente pecuniário, mas pelas perdas e danos somente poderá ser demandado o culpado.

(C) Se houver atraso injustificado no cumprimento da obrigação por culpa de um dos devedores solidários, a solidariedade subsiste no pagamento do valor principal, mas pelos juros da mora somente poderá ser demandado o culpado.

(D) As exceções podem ser aproveitadas por qualquer dos devedores solidários, ainda que sejam pessoais apenas a um deles.

RESPOSTA Conforme a redação do art. 279 do CC, impossibilitando-se a prestação por culpa de um dos devedores solidários, subsiste para todos o encargo de pagar o equivalente; mas pelas *perdas* e *danos* só responde o culpado. *Alternativa B.*

57. (III Exame) Maria celebrou contrato de compra e venda do carro da marca X com Pedro, pagando um sinal de R$ 10.000,00. No dia da entrega do veículo, a garagem de Pedro foi invadida por bandidos, que furtaram o referido carro. A respeito da situação narrada, assinale a alternativa correta.

(A) Pedro poderá entregar outro veículo no lugar do automóvel furtado.

(B) Não haverá resolução do contrato, pois Pedro pode alegar caso fortuito.

(C) Maria poderá exigir a entrega de outro carro.

(D) Haverá resolução do contrato pela falta superveniente do objeto, sendo restituído o valor já pago por Maria.

RESPOSTA Trata-se de obrigação de dar coisa certa, tratada pelo CC no art. 233. Por conseguinte, o art. 234 prevê que, se a coisa se perder, sem culpa do devedor, antes da tradição, ficará resolvida a obrigação para ambas as partes. Nesse caso, extingue-se o contrato, sem ônus para o devedor, voltando-se ao *statu quo ante*, o que se dará com a devolução do sinal à compradora. *Alternativa D.*

58. (III Exame) João deverá entregar quatro cavalos da raça X ou quatro éguas da raça X a José. O credor, no momento do adimplemento da obrigação, exige a entrega de dois cavalos da raça X e de duas éguas da raça X. Nesse caso, é correto afirmar que as prestações

(A) Facultativas são inconciliáveis, quando a escolha couber ao credor.

(B) Alternativas são inconciliáveis, havendo indivisibilidade quanto à escolha.

(C) Facultativas são conciliáveis, quando a escolha couber ao credor.

(D) Alternativas são conciliáveis, havendo divisibilidade quanto à escolha.

RESPOSTA A questão trata de prestações alternativas. A regra do art. 252 do CC é a de que cabe ao devedor optar por uma delas, se outra coisa não se estipulou. O § 1º do mesmo dispositivo prevê que não pode o devedor obrigar o credor a receber parte em uma prestação e parte em outra. A partir dessa regra, temos que também não poderá o credor exigir receber parte em uma e parte em outra prestação. As prestações são indivisíveis: João deverá entregar quatro animais de uma espécie "ou" quatro de outra, e não dois animais de cada espécie. *Alternativa B.*

59. (V Exame) A dação em pagamento é

(A) Modalidade de obrigação facultativa, na qual o credor consente em receber objeto diverso ao da prestação originariamente pactuada.

(B) Modalidade de adimplemento direto, na qual o credor consente em receber objeto diverso ao da prestação originariamente pactuada.

(C) Causa extintiva da obrigação, na qual o credor consente em receber objeto diverso ao da prestação originariamente pactuada.

(D) Modalidade de obrigação alternativa, na qual o credor consente em receber objeto diverso ao da prestação originariamente pactuada.

RESPOSTA O art. 356 do CC (previsto no Título III, que versa sobre o adimplemento e a *extinção das obrigações*) prevê o instituto da dação em pagamento, por meio do qual pode o credor consentir em receber prestação diversa da que lhe é devida. *Alternativa C.*

60. (XV Exame) Donato, psiquiatra de renome, era dono de uma extensa e variada biblioteca, com obras de sua área profissional, importadas e raras. Com sua morte, seus três filhos, Hugo, José e Luiz resolvem alienar a biblioteca à Universidade do Estado, localizada na mesma cidade em que o falecido residia. Como Hugo vivia no exterior e José em outro estado, ambos incumbiram Luiz de fazer a entrega no prazo avençado. Luiz, porém, mais preocupado com seus próprios negócios, esqueceu-se de entregar a biblioteca à Universidade, que, diante da mora, notificou José para exigir-lhe o cumprimento integral em 48 horas, sob pena de resolução do contrato em perdas e danos. Nesse contexto, assinale a afirmativa correta.

(A) José deve entregar a biblioteca no prazo designado pela Universidade, se quiser evitar a resolução do contrato em perdas e danos.
(B) Não tendo sido ajustada solidariedade, José não está obrigado a entregar todos os livros, respondendo, apenas, pela sua cota-parte.
(C) Como Luiz foi incumbido da entrega, a Universidade não poderia ter notificado José, mas deveria ter interpelado Luiz.
(D) Tratando-se de três devedores, a Universidade não poderia exigir de um só o pagamento; logo, deveria ter notificado simultaneamente os três irmãos.

RESPOSTA Trata-se da alienação de uma biblioteca, que, enquanto uma universalidade de fato (art. 90 do CC), consiste em um todo unitário e indivisível. A obrigação de entregar a biblioteca é una e recai simultaneamente sobre os três alienantes. Conforme dispõe o art. 259 do CC, "se, havendo dois ou mais devedores, a prestação não for divisível, cada um será obrigado pela dívida toda". Assim, é legítima a cobrança em nome apenas de José, e, se não ocorrer o cumprimento da obrigação, caberá a resolução contratual e o pagamento de perdas e danos (art. 475 do CC). *Alternativa A.*

61. **(XIV Exame)** João é locatário de um imóvel residencial de propriedade de Marcela, pagando mensalmente o aluguel por meio da entrega pessoal da quantia ajustada. O locatário tomou ciência do recente falecimento de Marcela ao ler "comunicação de falecimento" publicada pelos filhos maiores e capazes de Marcela, em jornal de grande circulação. Marcela, à época do falecimento, era viúva. Aproximando-se o dia de vencimento da obrigação contratual, João pretende quitar o valor ajustado. Todavia, não sabe a quem pagar e sequer tem conhecimento sobre a existência de inventário. De acordo com os dispositivos que regem as regras de pagamento, assinale a afirmativa correta.

(A) João estará desobrigado do pagamento do aluguel desde a data do falecimento de Marcela.
(B) João deverá proceder à imputação do pagamento, em sua integralidade, a qualquer dos filhos de Marcela, visto que são seus herdeiros.
(C) João estará autorizado a consignar em pagamento o valor do aluguel aos filhos de Marcela.
(D) João deverá utilizar-se da dação em pagamento para adimplir a obrigação junto aos filhos maiores de Marcela, estando estes obrigados a aceitar.

RESPOSTA Tendo falecido a credora e não sabendo João a quem deve pagar, correto será o procedimento de consignação em pagamento, nos termos do art. 335 do CC: "a consignação tem lugar: (...) IV – se ocorrer dúvida sobre quem deva legitimamente receber o objeto do pagamento". *Alternativa C.*

62. **(XVII Exame)** Gilvan (devedor) contrai empréstimo com Haroldo (credor) para o pagamento com juros do valor do mútuo no montante de R$ 10.000,00. Para facilitar a percepção do crédito, a parte do polo ativo obrigacional ainda facultou, no instrumento contratual firmado, o pagamento do montante no termo avençado ou a entrega do único cavalo da raça manga larga marchador da fazenda, conforme escolha a ser feita pelo devedor.

Ante os fatos narrados, assinale a afirmativa correta.

(A) Trata-se de obrigação alternativa.
(B) Cuida-se de obrigação de solidariedade em que ambas as prestações são infungíveis.
(C) Acaso o animal morra antes da concentração, extingue-se a obrigação.
(D) O contrato é eivado de nulidade, eis que a escolha da prestação cabe ao credor.

RESPOSTA Facultada ao devedor a possibilidade de cumprir a obrigação mediante o pagamento do preço ajustado ou a entrega de um animal, estipulou-se uma obrigação alternativa. São alternativas (ou disjuntivas) as obrigações em que, apesar da pluralidade de prestações, exonerar-se-á o devedor ao cumprir apenas uma delas. Trata-se, pois, de uma escolha (também designada concentração), em que o devedor se torna adimplente ao realizar uma ou outra prestação. *Alternativa A.*

63. **(XVII Exame)** Joana e suas quatro irmãs, para comemorar as bodas de ouro de seus pais, contrataram Ricardo para organizar a festa. No contrato ficou acordado que as cinco irmãs arcariam solidariamente com todos os gastos. Ricardo, ao requerer o sinal de pagamento, previamente estipulado no contrato, não obteve sucesso, pois cada uma das irmãs informava que a outra tinha ficado responsável pelo pagamento. Ainda assim, Ricardo cumpriu sua parte do acordado. Ao final da festa, Ricardo foi até Joana para cobrar pelo serviço, sem sucesso.

Sobre a situação apresentada, assinale a afirmativa correta.

(A) Se Ricardo resolver ajuizar demanda em face somente de Joana, as outras irmãs, ainda assim, permanecerão responsáveis pelo débito.

(B) Se Joana pagar o preço total do serviço sozinha, poderá cobrar das outras, ficando sem receber se uma delas se tornar insolvente.

(C) Se uma das irmãs de Joana falecer deixando dois filhos, qualquer um deles deverá arcar com o total da parte de sua mãe.

(D) Ricardo deve cobrar de cada irmã a sua quota-parte para receber o total do serviço, uma vez que se trata de obrigação divisível.

RESPOSTA No referido contrato, estipulou-se explicitamente a solidariedade passiva entre as devedoras. Por isto, tornam-se todas elas obrigadas pelo débito. O fato de o credor eventualmente demandar judicialmente apenas uma das devedoras não implica a exoneração das demais, o que se prova, inclusive, pelo fato de se permitir à devedora que salda o débito o direito de exigir das demais o valor de suas quotas (art. 283 do CC). Ademais, nos termos do parágrafo único do art. 275 do CC, "não importará renúncia da solidariedade a propositura de ação pelo credor contra um ou alguns dos devedores". *Alternativa A.*

64. **(XVII Exame)** Renato é proprietário de um imóvel e o coloca à venda, atraindo o interesse de Mário. Depois de algumas visitas ao imóvel e conversas sobre o seu valor, Renato e Mário, acompanhados de corretor, realizam negócio por preço certo, que deveria ser pago em três parcelas: a primeira, paga naquele ato a título de sinal e princípio de pagamento, mediante recibo que dava o negócio por concluído de forma irretratável; a segunda deveria ser paga em até trinta dias, contra a exibição das certidões negativas do vendedor; a terceira seria paga na data da lavratura da escritura definitiva, em até noventa dias a contar do fechamento do negócio. Antes do pagamento da segunda parcela, Mário celebra, com terceiros, contratos de promessa de locação do imóvel por temporada, recebendo a metade de cada aluguel antecipadamente. Renato, ao tomar conhecimento de que Mário havia celebrado as promessas de locação por temporada, percebeu que o imóvel possuía esse potencial de exploração. Em virtude disso, Renato arrependeu-se do negócio e, antes do vencimento da segunda parcela do preço, notificou o comprador e o corretor, dando o negócio por desfeito.

Com base na hipótese formulada, assinale a afirmativa correta.

(A) O vendedor perde o sinal pago para o comprador, porém nada mais lhe pode ser exigido, não sendo devida a comissão do corretor, já que o negócio foi desfeito antes de aperfeiçoar-se.

(B) O vendedor perde o sinal pago para o comprador, porém nada mais lhe pode ser exigido pelo comprador. Contudo, é devida a comissão do corretor, não obstante o desfazimento do negócio antes de aperfeiçoar-se.

(C) O vendedor perde o sinal pago e o comprador pode exigir uma indenização pelos prejuízos a que a desistência deu causa, se o seu valor superar o do sinal dado, não sendo devida a comissão do corretor, já que o negócio foi desfeito antes de aperfeiçoar-se.

(D) O vendedor perde o sinal pago e o comprador pode exigir uma indenização pelos prejuízos a que a desistência deu causa, se o seu valor superar o do sinal dado, sendo devida a comissão do corretor, não obstante o desfazimento do negócio antes de aperfeiçoar-se.

RESPOSTA O contrato de promessa de compra e venda firmado entre as partes foi ajustado em caráter irretratável. Sendo assim, não era dado ao vendedor desistir unilateralmente do negócio. Ao fazê-lo, perde o alienante o direito às arras (art. 418 do CC). Ademais, poderá a parte inocente pedir indenização suplementar, caso o prejuízo supere o valor das arras (art. 419 do CC). Finalmente, é devido o valor da comissão ao corretor, pois, segundo determina o art. 725 do CC, "a remuneração é devida ao corretor uma vez que tenha conseguido o resultado previsto no contrato de mediação, ou ainda que este não se efetive em virtude de arrependimento das partes". *Alternativa D.*

65. **(XIX Exame)** No dia 2 de agosto de 2014, Teresa celebrou contrato de compra e venda com Carla, com quem se obrigou a entregar 50 computadores ou 50 impressoras, no dia 20 de setembro de 2015. O contrato foi silente sobre quem deveria realizar a escolha do bem a ser entregue.

Sobre os fatos narrados, assinale a afirmativa correta.

(A) Trata-se de obrigação facultativa, uma vez que Carla tem a faculdade de escolher qual das prestações entregará a Teresa.

(B) Como se trata de obrigação alternativa, Teresa pode se liberar da obrigação entregando 50 computadores ou 50 impressoras, à sua escolha, uma vez que o contrato não atribuiu a escolha ao credor.

(C) Se a escolha da prestação a ser entregue cabe a Teresa, ela poderá optar por entregar a Carla 25 computadores e 25 impressoras.

(D) Se, por culpa de Teresa, não se puder cumprir nenhuma das prestações, não competindo a Carla a escolha, ficará aquela obrigada a pagar somente os lucros cessantes.

RESPOSTA Como a devedora poderia optar pelo cumprimento do contrato ao entregar 50 computadores *ou* 50 impressoras, trata-se de obrigação tipicamente alternativa. Nos termos do art. 252 do CC, silente o contrato, entende-se que a escolha deverá ser realizada pela devedora. *Alternativa B.*

66. **(XIX Exame)** Joaquim celebrou, por instrumento particular, contrato de mútuo com Ronaldo, pelo qual lhe emprestou R$ 50.000,00 (cinquenta mil reais), a serem pagos 30 dias depois. No dia do vencimento do empréstimo, Ronaldo não adimpliu a prestação. O tempo passou, Joaquim se manteve inerte, e a dívida prescreveu. Inconformado, Joaquim pretende ajuizar ação de enriquecimento sem causa contra Ronaldo.

Sobre os fatos narrados, assinale a afirmativa correta.

(A) A ação de enriquecimento sem causa é cabível, uma vez que Ronaldo se enriqueceu indevidamente à custa de Joaquim.

(B) Como a ação de enriquecimento sem causa é subsidiária, é cabível seu ajuizamento por não haver, na hipótese, outro meio de recuperar o empréstimo concedido.

(C) Não cabe o ajuizamento da ação de enriquecimento sem causa, pois há título jurídico a justificar o enriquecimento de Ronaldo.

(D) A pretensão de ressarcimento do enriquecimento sem causa prescreve simultaneamente à pretensão relativa à cobrança do valor mutuado.

RESPOSTA Para que se fale em enriquecimento *sem causa*, é preciso inexistir qualquer causa que dê origem à percepção de determinados valores. No caso em apreço, houve um contrato de mútuo entre as partes, por meio do qual o mutuário percebeu legitimamente as quantias emprestadas. Prescrita a dívida, já não persiste a obrigação de pagamento (art. 189 do CC). Assim, não cabe cogitar de enriquecimento sem causa nesta hipótese, pois esta figura somente incide nas situações em que não há título jurídico apto a embasar o enriquecimento (art. 884 do CC). *Alternativa C.*

67. **(XIX Exame)** A peça Liberdade, do famoso escultor Lúcio, foi vendida para a Galeria da Vinci pela importância de R$ 100.000,00 (cem mil reais). Ele se comprometeu a entregar a obra dez dias após o recebimento da quantia estabelecida, que foi paga à vista. A galeria organizou, então, uma grande exposição, na qual a principal atração seria a escultura Liberdade. No dia ajustado, quando dirigia seu carro para fazer a entrega, Lúcio avançou o sinal, colidiu com outro veículo, e a obra foi completamente destruída. O anúncio pela galeria de que a peça não seria mais exposta fez com que diversas pessoas exercessem o direito de restituição dos valores pagos a título de ingresso.

Sobre os fatos narrados, assinale a afirmativa correta.

(A) Lúcio deverá entregar outra obra de seu acervo à escolha da Galeria da Vinci, em substituição à escultura Liberdade.

(B) A Galeria da Vinci poderá cobrar de Lúcio o equivalente pecuniário da escultura Liberdade mais o prejuízo decorrente da devolução do valor dos ingressos relativos à exposição.

(C) Por se tratar de obrigação de fazer infungível, a Galeria da Vinci não poderá mandar executar a prestação às expensas de Lúcio, restando-lhe pleitear perdas e danos.

(D) Com o pagamento do preço, transferiu-se a propriedade da escultura para a Galeria da Vinci, razão pela qual ela deve suportar o prejuízo pela perda do bem.

RESPOSTA No caso em apreço, Lúcio assumiu a dupla obrigação de fazer (esculpir a obra de arte) e de dar (entregar a obra à Galeria). Como Lúcio foi culpado pelo acidente que inviabilizou a entrega da obra, deverá responder por todos os prejuízos causados à Galeria (arts. 234 e 248 do CC). *Alternativa B.*

68. **(XX Exame)** Paulo, João e Pedro, mutuários, contraíram empréstimo com Fernando, mutuante, tornando-se, assim, devedores solidários do valor total de R$ 6.000,00 (seis mil reais). Fernando, muito amigo de Paulo, exonerou-o da solidariedade. João, por sua vez, tornou-se insolvente. No dia do vencimento da dívida, Pedro pagou integralmente o empréstimo.

Considerando a hipótese narrada, assinale a afirmativa correta.

(A) Pedro não poderá regredir contra Paulo para que participe do rateio do quinhão de João, pois Fernando o exonerou da solidariedade.

(B) Apesar da exoneração da solidariedade, Pedro pode cobrar de Paulo o valor de R$ 3.000,00 (três mil reais).

(C) Ao pagar integralmente a dívida, Pedro se sub-roga nos direitos de Fernando, permitindo-se que cobre a integralidade da dívida dos demais devedores.

(D) Pedro deveria ter pago a Fernando apenas R$ 2.000,00 (dois mil reais), pois a exoneração da solidariedade em relação a Paulo importa, necessariamente, a exoneração da solidariedade em relação a todos os codevedores.

RESPOSTA Fernando emprestou quantia em dinheiro a três devedores, que assumiram a obrigação em caráter de solidariedade. O credor exonerou da solidariedade Paulo, um dos devedores, aplicando-se, neste caso, o preceito do art. 282, parágrafo único, do CC: "se o credor exonerar da solidariedade um ou mais devedores, subsistirá a dos demais". Assim, Pedro e João continuam sendo devedores solidários, mas este caiu em insolvência, pagando aquele todo o valor da dívida. Cabe invocar, neste caso, os preceitos contidos nos arts. 283 e 284 do CC. Prevê o primeiro que "o devedor que satisfez a dívida por inteiro tem direito a exigir de cada um dos codevedores a sua quota, dividindo-se igualmente por todos a do insolvente, se o houver, presumindo-se iguais, no débito, as partes de todos os codevedores". Eis a redação do dispositivo seguinte: "no caso de rateio entre os codevedores, contribuirão também os exonerados da solidariedade pelo credor, pela parte que na obrigação incumbia ao insolvente". Assim, apesar de exonerado da solidariedade, Paulo ainda responde por sua obrigação e também pela parte que caberia ao insolvente. *Alternativa B.*

69. **(XX Exame – Reaplicação)** Marcos vendeu para Francisco, por instrumento particular, um quadro que pintara anos antes, pelo valor de três mil reais. No momento da celebração do contrato, Francisco entregou a Marcos, a título de arras penitenciais, quinhentos reais.

No contrato constou que Marcos entregaria a obra na casa do comprador 30 dias depois da celebração da avença. Todavia, 10 dias antes da data ajustada para a entrega, Francisco telefonou para Marcos e comunicou que desistira do negócio.

Sobre os fatos narrados, assinale a afirmativa correta.

(A) Francisco exerceu seu direito potestativo de desfazer a avença, e por isso perderá em favor de Marcos o sinal pago quando da celebração do contrato.

(B) Francisco cometeu um ilícito contratual, pelo que Marcos poderá reter o sinal dado pelo comprador no momento da celebração da avença.

(C) Marcos poderá pleitear indenização por perdas e danos se provar que seu prejuízo com o desfazimento do negócio foi superior aos R$ 500,00 pagos a título de sinal.

(D) As arras penitenciais reforçam o vínculo contratual e impedem o desfazimento do negócio, pelo que Marcos poderá pleitear a execução específica do contrato.

RESPOSTA Servem as arras penitenciais para indenizar uma das partes em caso de desistência no contrato pela outra. No caso, Francisco, o comprador, desistiu da contratação, exercendo seu legítimo direito de arrependimento. Aplica-se, então, o texto do art. 420 do CC: "se no contrato for estipulado o direito de arrependimento para qualquer das partes, as arras ou sinal terão função unicamente indenizatória. Neste caso, quem as deu perdê-las-á em benefício da outra parte; e quem as recebeu devolvê-las-á, mais o equivalente. Em ambos os casos não haverá direito a indenização suplementar". *Alternativa A.*

70. **(XXI Exame)** Felipe e Ana, casal de namorados, celebraram contrato de compra e venda com Armando, vendedor, cujo objeto era um carro no valor de R$ 30.000,00, a ser pago em 10 parcelas de R$ 3.000,00, a partir de 1º de agosto de 2016.

Em outubro de 2016, Felipe terminou o namoro com Ana. Em novembro, nem Felipe nem Ana realizaram o pagamento da parcela do carro adquirido de Armando. Felipe achava que a responsabilidade era de Ana, pois o carro tinha sido presente pelo seu aniversário. Ana, por sua vez, acreditava que, como Felipe ficou com o carro, não estava mais obrigada a pagar nada, já que ele terminara o relacionamento.

Armando procura seu(sua) advogado(a), que o orienta a cobrar

(A) a totalidade da dívida de Ana.

(B) a integralidade do débito de Felipe.

(C) metade de cada comprador.

(D) a dívida de Felipe ou de Ana, pois há solidariedade passiva.

RESPOSTA Felipe e Ana são namorados. Não há, entre eles, casamento ou união estável, o que afasta a incidência de regras próprias do Direito de Família. A questão se resolve, no caso, pela análise das regras do Direito das Obrigações. E, nos termos do art. 257 do CC, "havendo mais de um devedor ou mais de um credor em obrigação divisível, esta presume-se dividida em tantas obrigações, iguais e distintas, quantos os credores ou devedores". Como não foi estipulada solidariedade entre os devedores, o credor poderá cobrar a parte que toca a cada devedor. *Alternativa C.*

71. **(XXII Exame)** Antônio, vendedor, celebrou contrato de compra e venda com Joaquim, comprador, no dia 1º de setembro de 2016, cujo objeto era um carro da marca X no valor de R$ 20.000,00, sendo o pagamento efetuado à vista na data de assinatura do contrato. Ficou estabelecido ainda que a entrega do bem seria feita 30 dias depois, em 1º de outubro de 2016, na cidade do Rio de Janeiro, domicílio do vendedor. Contudo, no dia 25 de setembro, uma chuva torrencial inundou diversos bairros da cidade e o carro foi destruído pela enchente, com perda total.

Considerando a descrição dos fatos, Joaquim

(A) não faz jus à devolução do pagamento de R$ 20.000,00.

(B) terá direito à devolução de 50% do valor, tendo em vista que Antônio, vendedor, não teve culpa.
(C) terá direito à devolução de 50% do valor, tendo em vista que Antônio, vendedor, teve culpa.
(D) terá direito à devolução de 100% do valor, pois ainda não havia ocorrido a tradição no momento do perecimento do bem.

RESPOSTA Embora já tivesse ocorrido o pagamento, ainda não tinha havido a tradição (ou seja, a entrega) do bem por parte do vendedor, que assumiu obrigação de dar coisa certa. Neste caso, como a coisa se perdeu por evento fortuito, sem culpa de qualquer das partes, determina o art. 234 do CC que "(...) a coisa se perder, sem culpa do devedor, antes da tradição, ou pendente a condição suspensiva, fica resolvida a obrigação para ambas as partes (...)". Assim, nenhum dos contratantes deve responder por perdas e danos, ficando extinto o negócio, cabendo ao comprador o direito de recuperar o pagamento realizado. *Alternativa D.*

72. **(XXII Exame)** Festas Ltda., compradora, celebrou, após negociações paritárias, contrato de compra e venda com Chocolates S/A, vendedora. O objeto do contrato eram 100 caixas de chocolate, pelo preço total de R$ 1.000,00, a serem entregues no dia 1º de novembro de 2016, data em que se comemorou o aniversário de 50 anos de existência da sociedade.

No contrato, estava prevista uma multa de R$ 1.000,00 caso houvesse atraso na entrega. Chocolates S/A, devido ao excesso de encomendas, não conseguiu entregar as caixas na data combinada, mas somente dois dias depois. Festas Ltda., dizendo que a comemoração já havia acontecido, recusou-se a receber e ainda cobrou a multa. Por sua vez, Chocolates S/A não aceitou pagar a multa, afirmando que o atraso de dois dias não justificava sua cobrança e que o produto vendido era o melhor do mercado.

Sobre os fatos narrados, assinale a afirmativa correta.

(A) Festas Ltda. tem razão, pois houve o inadimplemento absoluto por perda da utilidade da prestação e a multa é uma cláusula penal compensatória.
(B) Chocolates S/A não deve pagar a multa, pois a cláusula penal, quantificada em valor idêntico ao valor da prestação principal, é abusiva.
(C) Chocolates S/A adimpliu sua prestação, ainda que dois dias depois, razão pela qual nada deve a título de multa.
(D) Festas Ltda. só pode exigir 2% de multa (R$ 20,00),teto da cláusula penal, segundo o Código de Defesa do Consumidor.

RESPOSTA A empresa Festas Ltda. assumiu a obrigação de entregar os bens contratados em data determinada (termo certo), tendo incorrido em mora, por culpa própria, na medida em que, por descontrole em seus negócios, deixou de adimplir a prestação que lhe cabia. O inadimplemento, no caso, é absoluto, pois o cumprimento tardio da obrigação, neste caso, é inútil para o credor (art. 395, parágrafo único do CC). Como havia a previsão de cláusula penal (neste caso, não moratória, mas verdadeiramente *compensatória*) para o caso do total inadimplemento, como foi o caso, resta aplicar o teor do art. 410 do CC ao caso: "Quando se estipular a cláusula penal para o caso de total inadimplemento da obrigação, esta converter-se-á em alternativa a benefício do credor". *Alternativa A.*

73. **(XXIV Exame)** André, Mariana e Renata pegaram um automóvel emprestado com Flávio, comprometendo-se solidariamente a devolvê-lo em quinze dias. Ocorre que Renata, dirigindo acima do limite de velocidade, causou um acidente que levou à destruição total do veículo.

Assinale a opção que apresenta os direitos que Flávio tem diante dos três.

(A) Pode exigir, de qualquer dos três, o equivalente pecuniário do carro, mais perdas e danos.
(B) Pode exigir, de qualquer dos três, o equivalente pecuniário do carro, mas só pode exigir perdas e danos de Renata.
(C) Pode exigir, de cada um dos três, um terço do equivalente pecuniário do carro e das perdas e danos.
(D) Pode exigir, de cada um dos três, um terço do equivalente pecuniário do carro, mas só pode exigir perdas e danos de Renata.

RESPOSTA André, Mariana e Renata assumiram obrigação em caráter solidário, tratando-se, pois, da solidariedade passiva, em que são vários os devedores de uma obrigação comum. Nesse caso, impõe-se a observância do art. 279, a determinar o seguinte: "impossibilitando-se a prestação por culpa de um dos devedores solidários, subsiste para todos o encargo de pagar o equivalente; mas pelas perdas e danos só responde o culpado". Como Renata foi a única culpada pelo acidente, a solução preconizada por lei é esta: pela obrigação de reparar o prejuízo correspondente à destruição do veículo, persiste a responsabilidade de todos; mas, pelas perdas e danos, apenas Renata é responsável. *Alternativa B.*

74. **(XXV Exame)** Arlindo, proprietário da vaca Malhada, vendeu-a a seu vizinho, Lauro. Celebraram, em 10 de janeiro de 2018, um contrato de compra e venda, pelo qual Arlindo deveria receber do comprador a quantia de R$

2.500,00, no momento da entrega do animal, agendada para um mês após a celebração do contrato. Nesse interregno, contudo, para surpresa de Arlindo, Malhada pariu dois bezerros.

Sobre os fatos narrados, assinale a afirmativa correta.

(A) Os bezerros pertencem a Arlindo.

(B) Os bezerros pertencem a Lauro.

(C) Um bezerro pertence a Arlindo e o outro, a Lauro.

(D) Deverá ser feito um sorteio para definir a quem pertencem os bezerros.

RESPOSTA Ao contratar a compra e venda do animal ao comprador, Arlindo assumiu obrigação de dar coisa certa. Neste caso, aplica-se o disposto no art. 237 do CC, que assim dispõe: "Até a tradição pertence ao devedor a coisa, com os seus melhoramentos e acrescidos, pelos quais poderá exigir aumento no preço; se o credor não anuir, poderá o devedor resolver a obrigação. Parágrafo único. Os frutos percebidos são do devedor, cabendo ao credor os pendentes". A leitura do dispositivo indica, pois, que as crias do animal, que ainda não haviam sido entregues ao comprador, pertencem ao devedor, enquanto frutos da coisa principal já percebidos antes da tradição. *Alternativa A.*

75. **(XXVI Exame)** Lúcio, comodante, celebrou contrato de comodato com Pedro, comodatário, no dia 1º de outubro de 2016, pelo prazo de dois meses. O objeto era um carro da marca Y no valor de R$ 30.000,00. A devolução do bem deveria ser feita na cidade Alfa, domicílio do comodante, em 1º de dezembro de 2016. Pedro, no entanto, não devolveu o bem na data marcada e resolveu viajar com amigos para o litoral até a virada do ano. Em 1º de janeiro de 2017, desabou um violento temporal sobre a cidade Alfa, e Pedro, ao voltar da viagem, encontra o carro destruído. Com base nos fatos narrados, sobre a posição de Lúcio, assinale a afirmativa correta.

(A) Fará jus a perdas e danos, visto que Pedro não devolveu o carro na data prevista.

(B) Nada receberá, pois o perecimento se deu em razão de fato fortuito ou de força maior.

(C) Não terá direito a perdas e danos, pois cedeu o uso do bem a Pedro.

(D) Receberá 50% do valor do bem, pois, por fato inimputável a Pedro, o bem não foi devolvido.

RESPOSTA O violento temporal que provocou a destruição do carro pode ser enquadrado no conceito de caso fortuito, o que, em princípio, poderia ser invocado pelo devedor da prestação para se exonerar de qualquer responsabilidade. Ocorre, todavia, que o comodatário estava em mora quanto à obrigação de restituir o bem dado em comodato. Neste caso, é de se aplicar o teor do art. 399 do CC: "O devedor em mora responde pela impossibilidade da prestação, embora essa impossibilidade resulte de caso fortuito ou de força maior, se estes ocorrerem durante o atraso; salvo se provar isenção de culpa, ou que o dano sobreviria ainda quando a obrigação fosse oportunamente desempenhada". Assim, o comodatário deve ser responsabilizado pelas perdas e danos. *Alternativa A.*

76. **(XXVI Exame)** Paula é credora de uma dívida de R$ 900.000,00 assumida solidariamente por Marcos, Vera, Teresa, Mirna, Júlio, Simone, Úrsula, Nestor e Pedro, em razão de mútuo que a todos aproveita. Antes do vencimento da dívida, Paula exonera Vera e Mirna da solidariedade, por serem amigas de longa data. Dois meses antes da data de vencimento, Júlio, em razão da perda de seu emprego, de onde provinha todo o sustento de sua família, cai em insolvência. Ultrapassada a data de vencimento, Paula decide cobrar a dívida. Sobre a hipótese apresentada, assinale a afirmativa correta.

(A) Vera e Mirna não podem ser exoneradas da solidariedade, eis que o nosso ordenamento jurídico não permite renunciar a solidariedade de somente alguns dos devedores.

(B) Se Marcos for cobrado por Paula, deverá efetuar o pagamento integral da dívida e, posteriormente, poderá cobrar dos demais as suas quotas-partes. A parte de Júlio será rateada entre todos os devedores solidários, inclusive Vera e Mirna.

(C) Se Simone for cobrada por Paula deverá efetuar o pagamento integral da dívida e, posteriormente, poderá cobrar dos demais as suas quotas-partes, inclusive Júlio.

(D) Se Mirna for cobrada por Paula, deverá efetuar o pagamento integral da dívida e, posteriormente, poderá cobrar as quotas-partes dos demais. A parte de Júlio será rateada entre todos os devedores solidários, com exceção de Vera.

RESPOSTA A solução ao problema posto desafia a análise de dois dispositivos do CC. Nos termos do art. 283, "o devedor que satisfez a dívida por inteiro tem direito a exigir de cada um dos codevedores a sua quota, dividindo-se igualmente por todos a do insolvente, se o houver, presumindo-se iguais, no débito, as partes de todos os codevedores". Esta responsabilidade de saldar a quota-parte do devedor insolvente também se atribui aos devedores que tenham sido exonerados da solidariedade, consoante dispõe o art. 284: "no caso de rateio entre os codevedores, contribuirão também os exonerados da solidariedade pelo credor, pela parte que na obrigação incumbia ao insolvente". *Alternativa B.*

IV. DIREITO DOS CONTRATOS

77. **(XXXI Exame)** Antônio, divorciado, proprietário de três imóveis devidamente registrados no RGI, de valores de mercado semelhantes, decidiu transferir onerosamente um de seus bens ao seu filho mais velho, Bruno, que mostrou interesse na aquisição por valor próximo ao de mercado. No entanto, ao consultar seus dois outros filhos (irmãos do pretendente comprador), um deles, Carlos, opôs-se à venda. Diante disso, bastante chateado com a atitude de Carlos, seu filho que não concordou com a compra e venda do imóvel, decidiu realizar uma doação a favor de Bruno. Em face do exposto, assinale a afirmativa correta.

(A) A compra e venda de ascendente para descendente só pode ser impedida pelos demais descendentes e pelo cônjuge, se a oposição for unânime.

(B) Não há, na ordem civil, qualquer impedimento à realização de contrato de compra e venda de pai para filho, motivo pelo qual a oposição feita por Carlos não poderia gerar a anulação do negócio.

(C) Antônio não poderia, como reação à legítima oposição de Carlos, promover a doação do bem para um de seus filhos (Bruno), sendo tal contrato nulo de pleno direito.

(D) É legítima a doação de ascendentes para descendente, independentemente da anuência dos demais, eis que o ato importa antecipação do que lhe cabe na herança.

RESPOSTA De acordo com o art. 544 do CC, a doação de ascendentes a descendentes, ou de um cônjuge a outro, importa adiantamento do que lhes cabe por herança. Atente-se que é anulável a venda de ascendente a descendente, salvo se os outros descendentes e o cônjuge do alienante expressamente houverem consentido (art. 496). *Alternativa D.*

78. **(XXX Exame)** Joana doou a Renata um livro raro de Direito Civil, que constava da coleção de sua falecida avó, Marta. Esta, na condição de testadora, havia destinado a biblioteca como legado, em testamento, para sua neta, Joana (legatária). Renata se ofereceu para visitar a biblioteca, circunstância na qual se encantou com a coleção de clássicos franceses. Renata, então, ofereceu-se para adquirir, ao preço de R$ 1.000,00 (mil reais), todos os livros da coleção, oportunidade em que foi informada, por Joana, acerca da existência de ação que corria na Vara de Sucessões, movida pelos herdeiros legítimos de Marta. A ação visava impugnar a validade do testamento e, por conseguinte, reconhecer a ineficácia do legado (da biblioteca) recebido por Joana. Mesmo assim, Renata decidiu adquirir a coleção, pagando o respectivo preço. Diante de tais situações, assinale a afirmativa correta.

(A) Quanto aos livros adquiridos pelo contrato de compra e venda, Renata não pode demandar Joana pela evicção, pois sabia que a coisa era litigiosa.

(B) Com relação ao livro recebido em doação, Joana responde pela evicção, especialmente porque, na data da avença, Renata não sabia da existência de litígio.

(C) A informação prestada por Joana a Renata, acerca da existência de litígio sobre a biblioteca que recebeu em legado, deve ser interpretada como cláusula tácita de reforço da responsabilidade pela evicção.

(D) O contrato gratuito firmado entre Renata e Joana classifica-se como contrato de natureza aleatória, pois Marta soube posteriormente do risco da perda do bem pela evicção.

RESPOSTA De acordo com o art. 447 do CC, nos contratos onerosos, o alienante responde pela evicção. Subsiste esta garantia ainda que a aquisição se tenha realizado em hasta pública. No entanto, diz o art. 449 do CC, não obstante a cláusula que exclui a garantia contra a evicção, se esta se der, tem direito o evicto a receber o preço que pagou pela coisa evicta, se não soube do risco da evicção, ou, dele informado, não o assumiu. Portanto, correta *Alternativa A.*

79. **(XXX Exame)** Vilmar, produtor rural, possui contratos de compra e venda de safra com diversos pequenos proprietários. Com o intuito de adquirir novos insumos, Vilmar procurou Geraldo, no intuito de adquirir sua safra, cuja expectativa de colheita era de cinco toneladas de milho, que, naquele momento, estava sendo plantado em sua fazenda. Como era a primeira vez que Geraldo contratava com Vilmar, ele ficou em dúvida quanto à estipulação do preço do contrato. Considerando a natureza aleatória do contrato, bem como a dúvida das partes a respeito da estipulação do preço deste, assinale a afirmativa correta.

(A) A estipulação do preço do contrato entre Vilmar e Geraldo pode ser deixada ao arbítrio exclusivo de uma das partes.

(B) Se Vilmar contratar com Geraldo a compra da colheita de milho, mas, por conta de uma praga inesperada, para cujo evento o agricultor não tiver concorrido com culpa, e este não conseguir colher nenhuma espiga, Vilmar não deverá lhe pagar nada, pois não recebeu o objeto contratado.

(C) Se Vilmar contratar com Geraldo a compra das cinco toneladas de milho, tendo sido plantado o exato número de sementes para cumprir tal quantidade, e se, apesar disso, somente forem colhidas três toneladas de milho, em virtude das poucas chuvas, Geraldo não receberá o valor total, em virtude da entrega em menor quantidade.

(D) A estipulação do preço do contrato entre Vilmar e Geraldo poderá ser deixada ao arbítrio de terceiro, que, desde logo, prometerem designar.

RESPOSTA De acordo com o CC, a fixação do preço pode ser deixada ao arbítrio de terceiro, que os contratantes logo designarem ou prometerem designar. Se o terceiro não aceitar a incumbência, ficará sem efeito o contrato, salvo quando acordarem os contratantes designar outra pessoa (art. 485). *Alternativa D.*

80. **(XXVIII Exame)** Maria decide vender sua mobília para Viviane, sua colega de trabalho. A alienante decidiu desfazer-se de seus móveis porque, após um serviço de dedetização, tomou conhecimento que vários já estavam consumidos internamente por cupins, mas preferiu omitir tal informação de Viviane. Firmado o acordo, 120 dias após a tradição, Viviane descobre o primeiro foco de cupim, pela erupção que se formou em um dos móveis adquiridos. Poucos dias depois, Viviane, após investigar a fundo a condição de toda a mobília adquirida, descobriu que estava toda infectada. Assim, 25 dias após a descoberta, moveu ação com o objetivo de redibir o negócio, devolvendo os móveis adquiridos, reavendo o preço pago, mais perdas e danos. Sobre o caso apresentado, assinale a afirmativa correta.

(A) A demanda redibitória é tempestiva, porque o vício era oculto e, por sua natureza, só podia ser conhecido mais tarde, iniciando o prazo de 30 (trinta) dias da ciência do vício.

(B) Em vez de rejeitar a coisa, redibindo o contrato, deveria a adquirente reclamar abatimento no preço, em sendo o vício sanável.

(C) O pedido de perdas e danos não pode prosperar, porque o efeito da sentença redibitória se limita à restituição do preço pago, mais as despesas do contrato.

(D) A demanda redibitória é intempestiva, pois quando o vício só puder ser conhecido mais tarde, o prazo de 30 (trinta) dias é contado a partir da ciência, desde que dentro de 90 (noventa) dias da tradição.

RESPOSTA Na situação presente, há claramente um vício redibitório no bem transferido, e que por sua natureza, só pode ser conhecido mais tarde. Assim, o art. 445, § 1º, CC prevê que haverá um prazo para constatar o vício, que no caso de móveis, será de até 180 dias. A partir da constatação, o adquirente terá os prazos decadenciais do *caput* do referido artigo para ingressar com uma das ações edilícias (30 dias para bens móveis e 1 ano para imóveis). Logo, a resposta é aquela que prevê ser a demanda redibitória tempestiva. *Alternativa A.*

81. **(XXVII Exame)** Renata financiou a aquisição de seu veículo em 36 parcelas e vinha pagando pontualmente todas as prestações. Entretanto, a recente perda de seu emprego fez com que não conseguisse manter em dia a dívida, tendo deixado de pagar, justamente, as duas últimas prestações (35ª e 36ª). O banco que financiou a aquisição, diante do inadimplemento, optou pela resolução do contrato. Tendo em vista o pagamento das 34 parcelas anteriores, pode-se afirmar que a conduta da instituição financeira viola o princípio da boa-fé, em razão do(a)

(A) dever de mitigar os próprios danos.

(B) proibição de comportamento contraditório (*venire contra factum proprium*).

(C) adimplemento substancial.

(D) dever de informar.

RESPOSTA Diante da situação hipotética e apesar de não estar expressa no Código Civil, trata-se da teoria do Adimplemento Substancial (ou inadimplemento mínimo). Segundo o Enunciado n. 361 CJF/STJ, "O adimplemento substancial decorre dos princípios gerais contratuais, de modo a fazer preponderar a função social do contrato e o princípio da boa-fé objetiva, balizando a aplicação do art. 475". Este artigo trata do inadimplemento voluntário ou culposo do contrato, preceituando que a parte lesada pelo descumprimento pode exigir o cumprimento forçado da avença ou a sua resolução por perdas e danos. A referida teoria base nos princípios da boa-fé objetiva e a função social do contrato (art. 421, CC). *Alternativa C.*

82. **(XII Exame)** José celebrou com Maria um contrato de compra e venda de imóvel, no valor de R$100.000,00, quantia paga à vista, ficando ajustada entre as partes a exclusão da responsabilidade do alienante pela evicção. A respeito desse caso, vindo a adquirente a perder o bem em decorrência de decisão judicial favorável a terceiro, assinale a afirmativa correta.

(A) Tal cláusula, que exonera o alienante da responsabilidade pela evicção, é vedada pelo ordenamento jurídico brasileiro.

(B) Não obstante a cláusula de exclusão da responsabilidade pela evicção, se Maria não sabia do risco, ou, dele informada, não o assumiu, deve José restituir o valor que recebeu pelo bem imóvel.

(C) Não obstante a cláusula de exclusão da responsabilidade pela evicção, Maria, desconhecendo o risco, terá direito à dobra do valor pago, a título de indenização pelos prejuízos dela resultantes.

(D) O valor a ser restituído para Maria será aquele ajustado quando da celebração do negócio jurídico, atualizado monetariamente, sendo irrelevante se tratar de evicção total ou parcial.

RESPOSTA O CC admite a exclusão da responsabilidade pela evicção (art. 448). Entretanto, nos termos do art. 449, tal cláusula excludente somente produzirá efeitos se o adquirente do bem for informado dos riscos da evicção e optar por assumi-los. Correta, pois, a *alternativa B*, o que torna automaticamente inválidas as assertivas A e C. Resta esclarecer que a alternativa D é falsa em virtude do previsto no parágrafo único do art. 450 do CC, cujo teor estabelece que, em se tratando de evicção apenas parcial, a indenização será proporcional ao prejuízo sofrido pelo evicto, adquirente do bem.

83. **(XIII Exame)** Pedro, menor impúbere, e sem o consentimento de seu representante legal, celebrou contrato de mútuo com Marcos, tendo este lhe entregue a quantia de R$ 400,00, a fim de que pudesse comprar uma bicicleta.

A respeito desse caso, assinale a afirmativa incorreta.

(A) O mútuo poderá ser reavido somente se o representante legal de Pedro ratificar o contrato.

(B) Se o contrato tivesse por fim suprir despesas com a própria manutenção, o mútuo poderia ser reavido, ainda que ausente ao ato o representante legal de Pedro.

(C) Se Pedro tiver bens obtidos com o seu trabalho, o mútuo poderá ser reavido, ainda que contraído sem o consentimento do seu representante legal.

(D) O mútuo também poderia ser reavido caso Pedro tivesse obtido o empréstimo maliciosamente.

RESPOSTA Realizado o mútuo a pessoa menor, sem a intervenção dos seus representantes legais, incide a regra dos arts. 588 e 589 do CC, que assim dispõem: "Art. 588. O mútuo feito a pessoa menor, sem prévia autorização daquele sob cuja guarda estiver, não pode ser reavido nem do mutuário, nem de seus fiadores". "Art. 589. Cessa a disposição do artigo antecedente: I - se a pessoa, de cuja autorização necessitava o mutuário para contrair o empréstimo, o ratificar posteriormente; II - se o menor, estando ausente essa pessoa, se viu obrigado a contrair o empréstimo para os seus alimentos habituais; III - se o menor tiver bens ganhos com o seu trabalho. Mas, em tal caso, a execução do credor não lhes poderá ultrapassar as forças; IV - se o empréstimo reverteu em benefício do menor; V - se o menor obteve o empréstimo maliciosamente." A literalidade dos dois dispositivos é suficiente para esclarecer que incorreta é a *alternativa A*.

84. **(VIII Exame)** Embora sujeito às constantes mutações e às diferenças de contexto em que é aplicado, o conceito tradicional de contrato sugere que ele representa o acordo de vontades estabelecido com a finalidade de produzir efeitos jurídicos. Tomando por base a teoria geral dos contratos, assinale a afirmativa correta.

(A) A celebração de contrato atípico, fora do rol contido na legislação, não é lícita, pois as partes não dispõem da liberdade de celebrar negócios não expressamente regulamentados por lei.

(B) A atipicidade contratual é possível, mas, de outro lado, há regra específica prevendo não ser lícita a contratação que tenha por objeto a herança de pessoa viva, seja por meio de contrato típico ou não.

(C) A liberdade de contratar é limitada pela função social do contrato e os contratantes deverão guardar, assim na conclusão, como em sua execução, os princípios da probidade e da boa-fé subjetiva, princípios esses ligados ao voluntarismo e ao individualismo que informam o nosso Código Civil.

(D) Será obrigatoriamente declarado nulo o contrato de adesão que contiver cláusulas ambíguas ou contraditórias.

RESPOSTA Admite o art. 425 do CC que sejam estipulados contratos atípicos, desde que observadas as normas gerais fixadas por este diploma. Entre tais normas, consta aquela insculpida no art. 426, segundo a qual "não pode ser objeto de contrato a herança de pessoa viva". *Alternativa B*.

85. **(IX Exame – Reaplicação)** José, comerciante, com dificuldades para pagar dívidas junto aos fornecedores, firmou com Moacir contrato de empréstimo na quantia de R$ 200.000,00 (duzentos mil reais) a ser pago no prazo de 12 meses. Chegando a data avençada, José, sem condição de pagar o empréstimo feito, resolveu vender sua fazenda por R$ 250.000,00 (duzentos e cinquenta mil reais) a seu amigo Jonas. Como a venda da fazenda foi celebrada somente para levantar fundos para o pagamento do empréstimo, José reservou, por cláusula contratual, o direito de recobrá-la.

Considerando a hipótese acima e as regras de Direito Civil, assinale a afirmativa correta.

(A) José poderá reaver a fazenda alienada a Jonas, desde que restitua o preço recebido e reembolse as despesas contratuais e as benfeitorias necessárias.

(B) A cláusula especial prevista no contrato de compra e venda confere a José o direito de desfazer a venda, reavendo a fazenda no prazo de quatro anos, podendo este ser prorrogado por igual período.

(C) O direito de resgate contra terceiro adquirente poderá ser exercido somente por José, não admitindo a lei a cessão nem a transmissão aos herdeiros e legatários.

(D) O pacto adjeto ao contrato de compra e venda firmado por José e Jonas, permite a José recobrar a fazenda após constituir em mora Jonas, mediante interpelação judicial.

RESPOSTA Como José reservou para si o direito de reclamar a devolução da coisa vendida, estipulou-se a retrovenda. Com isso, no prazo máximo de decadência de três anos, poderá José reaver a propriedade do bem, mediante restituição do preço recebido e reembolso das despesas do comprador, segundo prevê o art. 505 do CC. *Alternativa A.*

86. **(IX Exame – Reaplicação)** A sociedade ABC Engenharia Ltda. firmou contrato de seguro de veículo automotor com a Seguradora Gênesis. Considerando a hipótese em apreço, as regras atinentes ao contrato de seguro e de acordo com o Código Civil, assinale a afirmativa correta.

(A) O ordenamento jurídico estabelece que o contrato de seguro prova-se com a exibição da apólice ou do bilhete do seguro, sendo estes os únicos meios admitidos de prova.

(B) A apólice ou o bilhete de seguro de veículo automotor deverá ser, necessariamente, nominativa e mencionará os riscos assumidos, o início e o fim de sua validade, o limite da garantia e o prêmio devido.

(C) É proibido, em qualquer hipótese, à sociedade ABC Engenharia Ltda., na vigência do contrato de seguro com a Seguradora Gênesis, firmar seguro sobre o mesmo bem e contra o mesmo risco junto a outra seguradora.

(D) Sendo nominativa a apólice de seguro firmada entre a empresa ABC Engenharia e a Seguradora Gênesis, a transferência do contrato de seguro a terceiro só produzirá efeito em relação ao segurador mediante aviso escrito assinado pelos cedente e cessionário.

RESPOSTA A apólice será nominativa quando indicar expressamente a pessoa segurada e o beneficiário da indenização, se forem pessoas diversas. Nos termos do § 1º do art. 785 do CC, "se o instrumento contratual é nominativo, a transferência só produz efeitos em relação ao segurador mediante aviso escrito assinado pelo cedente e pelo cessionário". *Alternativa D.*

87. **(VII Exame)** O policial militar Marco Antônio é proprietário de uma casa de praia, localizada no balneário de Guarapari/ES. Por ocasião de seu exercício profissional na cidade de Vitória/ES, a casa de praia foi emprestada ao seu primo Fabiano, que lá reside com sua família há mais de três anos. Ocorre que, por interesse da administração pública, Marco Antônio foi removido de ofício para a cidade de Guarapari/ES. Diante de tal situação, Marco Antônio decidiu notificar extrajudicialmente o primo para que este desocupe a referida casa no prazo improrrogável de 30 dias.

Considerando a situação hipotética, assinale a alternativa correta.

(A) O contrato firmado verbalmente entre Marco Antônio e Fabiano é o comodato, e a fixação do prazo mínimo de 30 dias para desocupação do imóvel encontra-se expressa em lei.

(B) Conforme entendimento pacífico do STJ, a notificação extrajudicial para desocupação de imóvel dado em comodato, verbal por prazo indeterminado é imprescindível para a reintegração da posse.

(C) A espécie de empréstimo firmado entre Marco Antônio e Fabiano é o mútuo, pois recai sobre bem imóvel inconsumível. Nesta modalidade de contrato, a notificação extrajudicial para a restituição do bem, por si só, coloca o mutuário em mora e obriga-o a pagar aluguel da coisa até sua efetiva devolução.

(D) Tratando-se de contrato firmado verbalmente e por prazo indeterminado, Marco Antônio pode colocar fim ao contrato a qualquer momento, sem ter que apresentar motivo, em decorrência da aplicação das regras da chamada denúncia vazia.

RESPOSTA O contrato tratado na questão é o comodato (empréstimo gratuito de coisas não fungíveis), conforme dispõe o art. 579 do CC. Prevê o art. 581, primeira parte, que se o comodato não tiver prazo convencional, presume-se que permanecerá pelo tempo necessário para o uso concedido; ou seja, o bem deverá ser restituído ao comodante assim que requerido. Para tanto, o comodante se utilizará da denúncia vazia, que independe de motivação, regra geral para a extinção dos contratos de trato sucessivo com prazo indeterminado, consoante decorre também dos termos do art. 473 do CC, que disciplina a resilição unilateral dos contratos. *Alternativa D.*

88. **(VI Exame)** Marcelo, brasileiro, solteiro, advogado, sem que tenha qualquer impedimento para doar a casa de campo de sua livre propriedade, resolve fazê-lo, sem quaisquer ônus ou encargos, em benefício de Marina, sua amiga, também absolutamente capaz. Todavia, no âmbito do contrato de doação, Marcelo estipula cláusula de reversão por meio da qual o bem doado deverá se destinar ao patrimônio de Rômulo, irmão de Marcelo, caso Rômulo sobreviva à donatária. A respeito dessa situação, é correto afirmar que

(A) Diante de expressa previsão legal, não prevalece a cláusula de reversão estipulada em favor de Rômulo.

(B) No caso, em razão de o contrato de doação, por ser gratuito, comportar interpretação extensiva, a cláusula de reversão em favor de terceiro é válida.

(C) A cláusula em exame não é válida em razão da relação de parentesco entre o doador, Marcelo, e o terceiro beneficiário, Rômulo.

(D) Diante de expressa previsão legal, a cláusula de reversão pode ser estipulada em favor do próprio doador ou de terceiro beneficiário por aquele designado, caso qualquer deles, nessa ordem, sobreviva ao donatário.

RESPOSTA Segundo o art. 547 e parágrafo único do CC, pode haver *cláusula de reversão* da doação em favor do doador, caso sobreviva ao donatário; mas, em favor de *terceiro*, tal convenção não prevalece. Isso significa que o próprio doador pode se beneficiar da reversão, mas não Rômulo, que não figurou como parte no negócio. *Alternativa A.*

89. **(V Exame)** Em instrumento particular, subscrito por duas testemunhas, um menor de 16 anos, sem bens, não estabelecido com economia própria nem exercendo atividade laborativa e sendo apenas estudante do curso secundário, tomou por empréstimo a uma vizinha, sua amiga, a quantia de R$ 5.000,00 (cinco mil reais) para participar de uma campanha de doação de fundos para seu time de futebol, autorizando que a referida mutuante entregasse, em nome do mutuário, a referida importância diretamente ao clube esportivo, o que foi feito. Não foi fixado prazo para pagamento do mútuo, nem houve previsão de juros, exigindo, entretanto, a credora, a fiança de dois amigos do mutuário, solteiros, maiores e capazes. Recusando-se a pagar o empréstimo, foram procurados o pai e a mãe do mutuário, os quais se negaram a ratificar o empréstimo e a honrá-lo, sob o argumento de que não o haviam autorizado. Em face disso, assinale a alternativa correta.

(A) Esse mútuo não pode ser reavido nem do mutuário, nem de seus fiadores.

(B) Presumem-se devidos os juros pelo mutuário e por seus fiadores.

(C) Esse mútuo é uma obrigação que apenas vincula o menor e, assim, quando vencido e não restituído, poderá ser cobrado apenas do mutuário, não sendo exigível dos fiadores, perante os quais é absolutamente ineficaz.

(D) Não é válida, no caso, a negativa dos pais em honrar o empréstimo, que poderá ser cobrado deles, mas sem juros.

RESPOSTA De acordo com o art. 588 do CC, o mútuo feito a pessoa menor (no caso, relativamente incapaz e não emancipado), sem prévia autorização daquele sob cuja guarda estiver, não pode ser reavido nem do mutuário, nem de seus fiadores. *Alternativa A.*

90. **(IV Exame)** Jonas, maior e capaz, confiou em depósito a Silas, também maior e capaz, por instrumento particular, dois automóveis de sua propriedade para serem conservados por seis meses, estabelecendo, como remuneração, o pagamento de certa quantia em dinheiro a Silas. Findo o prazo, caberia a Silas restituir os automóveis na residência de Jonas. Na vigência do depósito, Silas decidiu, certo dia, utilizar um dos automóveis para ir ao trabalho e, quando já regressava, foi abalroado, sem culpa sua, por seu vizinho Francisco, em uma moto, amassando a porta lateral direita. Transcorrido o prazo ajustado, Silas providenciou a entrega dos dois automóveis no local estipulado.

A respeito da situação narrada, é correto afirmar que Jonas

(A) Não deve pagar a Silas as despesas relativas à manutenção dos dois automóveis durante o período ajustado.

(B) Deve cobrar diretamente de Francisco as despesas referentes ao conserto da porta lateral direita.

(C) Deve arcar com as despesas referentes à restituição dos dois automóveis no local estipulado.

(D) Poderá reter integralmente o valor da contraprestação em dinheiro devido a Silas, tendo em vista a ocorrência do acidente com um dos automóveis.

RESPOSTA O gabarito preliminar apontou como correta a *alternativa C*, em consonância com o art. 631 do CC. No entanto, o enunciado da questão não informou se os automóveis foram devolvidos danificados ou no mesmo estado em que foram entregues (já devidamente consertados). Caso tenham sido restituídos ainda danificados, o depositário responderá por perdas e danos (art. 640 do CC). Nesse caso, por se tratar de um contrato oneroso e, consequentemente, bilateral, com obrigações recíprocas, pode ser aplicada a regra da exceção do contrato não cumprido, prevista no art. 476 do CC, segundo a qual, nos contratos bilaterais, nenhum dos contratantes pode exigir o cumprimento da obrigação antes de cumprir a sua. Nesse sentido, estaria correta também a afirmação contida na *alternativa D*. Por isso, a questão foi anulada.

91. **(IV Exame)** Gustavo tornou-se fiador do seu amigo Henrique, em razão de operação de empréstimo bancário que este tomou com o Banco Pechincha. No entanto, Gustavo, apreensivo, descobriu que Henrique está desempregado há algum tempo e que deixou de pagar várias parcelas do referido empréstimo. Sem o consentimento de Gustavo, Henrique e o Banco Pechincha aditaram o contrato original, tendo sido concedida moratória a Henrique.

Com base no relato acima e no regime legal do contrato de fiança, assinale a alternativa correta.

(A) Por ter a fiança o objetivo de garantir o débito principal, sendo acessória a este, deve ela ser de valor igual ao da obrigação principal e ser contraída nas mesmas condições de onerosidade de tal obrigação.

(B) Gustavo não poderá exonerar-se da fiança que tiver assinado sem limitação de tempo, ficando obrigado por todos os efeitos da fiança até o efetivo pagamento do débito principal.

(C) A concessão da moratória pelo Banco Pechincha a Henrique, tal como narrado, não tem o condão de desobrigar o fiador.

(D) Se o Banco Pechincha, sem justa causa, demorar a execução iniciada contra Henrique, poderá Gustavo promover-lhe o andamento.

RESPOSTA Conforme dispõe o art. 834 do CC, quando o credor, sem justa causa, demorar a execução iniciada contra o devedor, poderá o fiador promover-lhe o andamento. Segundo a doutrina, trata-se de uma *assistência simples*, direito conferido ao fiador para tentar exonerar-se da responsabilidade assumida. Sob a ótica do Código Civil, a *alternativa D* está correta, mas, com base no caso narrado, o aditamento do contrato, sem o consentimento do fiador, com a concessão da mora ao devedor, enseja a extinção da fiança (art. 838, I, do CC), de forma que o fiador não teria mais interesse em prosseguir com a execução, pois já estaria desobrigado. Apesar disso, o gabarito definitivo apontou como resposta correta a *alternativa D*.

92. **(III Exame)** Danilo celebrou contrato por instrumento particular com Sandro, por meio do qual aquele prometera que seu irmão, Reinaldo, famoso cantor popular, concederia uma entrevista exclusiva ao programa de rádio apresentado por Sandro, no domingo seguinte. Em contrapartida, caberia a Sandro efetuar o pagamento a Danilo de certa soma em dinheiro. Todavia, chegada a hora do programa, Reinaldo não compareceu à rádio. Dias depois, Danilo procurou Sandro, a fim de cobrar a quantia contratualmente prevista, ao argumento de que, embora não tenha obtido êxito, envidara todos os esforços no sentido de convencer o seu irmão a comparecer. A respeito da situação narrada, é correto afirmar que Sandro

(A) Está obrigado a efetuar o pagamento a Danilo, pois a obrigação por este assumida é de meio, sendo incabível a cobrança de perdas e danos de Reinaldo.

(B) Não está obrigado a efetuar o pagamento a Danilo, por ser o contrato nulo, tendo em vista que Reinaldo não é parte contratante.

(C) Não está obrigado a efetuar o pagamento a Danilo, pois a obrigação por este assumida é de resultado, sendo, ainda, autorizado a Sandro obter ressarcimento por perdas e danos de Danilo.

(D) Está obrigado a efetuar o pagamento a Danilo, pois a obrigação por este assumida é de meio, restando a Sandro o direito de cobrar perdas e danos diretamente de Reinaldo.

RESPOSTA Trata-se de típico exemplo de *promessa de fato de terceiro*, tratada pelo CC nos arts. 439 e 440, por meio da qual uma pessoa assume perante outra que um terceiro indivíduo praticará determinada conduta. A obrigação assumida pelo promitente, nesses casos, é de resultado; não sendo este atingido, o promitente é responsável por ressarcir as perdas e danos (art. 439). *Alternativa C*.

93. **(III Exame)** Sônia, maior e capaz, decide doar, por instrumento particular, certa quantia em dinheiro em favor de seu sobrinho, Fernando, maior e capaz, caso ele venha a se casar com Leila. Sônia faz constar, ainda, cláusula de irrevogabilidade da doação por eventual ingratidão de seu sobrinho. Fernando, por sua vez, aceita formalmente a doação e, poucos meses depois, casa-se com Leila, conforme estipulado. No dia seguinte ao casamento, ao procurar sua tia para receber a quantia estabelecida, Fernando deflagra uma discussão com Sônia e lhe dirige grave ofensa física. A respeito da situação narrada, é correto afirmar que Fernando

(A) Não deve receber a quantia em dinheiro, pois dirigiu grave ofensa física à sua tia Sônia.

(B) Não deve receber a quantia em dinheiro, tendo em vista que a doação é nula, pois deveria ter sido realizada por escritura pública.

(C) Deve receber a quantia em dinheiro, em razão de ter se casado com Leila e independentemente de ter dirigido grave ofensa física a Sônia.

(D) Deve receber a quantia em dinheiro, em razão de o instrumento de doação prever cláusula de irrevogabilidade por eventual ingratidão.

RESPOSTA Conforme o art. 564, IV, do CC, não se revogam por ingratidão as doações feitas para determinado casamento. Assim, no caso narrado, a doação não será revogada, por expressa determinação legal, independentemente da cláusula de irrevogabilidade da doação por eventual ingratidão – que, aliás, não tem validade, nos termos do art. 556 do CC. *Alternativa C.*

94. **(II Exame)** Durante dez anos, empregados de uma fabricante de extrato de tomate distribuíram, gratuitamente, sementes de tomate entre agricultores de uma certa região. A cada ano, os empregados da fabricante procuravam os agricultores, na época da colheita, para adquirir a safra produzida. No ano de 2009, a fabricante distribuiu as sementes, como sempre fazia, mas não retornou para adquirir a safra. Procurada pelos agricultores, a fabricante recusou-se a efetuar a compra. O tribunal competente entendeu que havia responsabilidade pré-contratual da fabricante. A responsabilidade pré-contratual é aquela que:

(A) Deriva da violação à boa-fé objetiva na fase das negociações preliminares à formação do contrato.
(B) Deriva da ruptura de um pré-contrato, também chamado contrato preliminar.
(C) Surgiu, como instituto jurídico, em momento histórico anterior à responsabilidade contratual.
(D) Segue o destino da responsabilidade contratual, como o acessório segue o principal.

RESPOSTA Apesar de o art. 422 do CC determinar que os contratantes são obrigados a guardar, assim na *conclusão* do contrato como em sua *execução*, os princípios de probidade e boa-fé, é ponto pacífico na doutrina e na jurisprudência que o dever de agir conforme o preceito da boa-fé objetiva se estende para os momentos anteriores e mesmo posteriores à avença. A responsabilidade pré-contratual decorre da violação da boa-fé entre as partes, havendo casos em que, mesmo no decorrer das negociações preliminares, uma delas vem a frustrar as legítimas expectativas geradas na outra. *Alternativa A.*

95. **(IX Exame)** Marcelo firmou com Augusto contrato de compra e venda de imóvel, tendo sido instituído no contrato o pacto de preempção. Acerca do instituto da preempção, assinale a afirmativa correta.

(A) Trata-se de pacto adjeto ao contrato de compra e venda em que Marcelo se reserva ao direito de recobrar o imóvel vendido a Augusto no prazo máximo de 3 anos, restituindo o preço recebido e reembolsando as despesas do comprador.
(B) Trata-se de pacto adjeto ao contrato de compra e venda em que Marcelo impõe a Augusto a obrigação de oferecer a coisa quando vender, ou dar em pagamento, para que use de seu direito de prelação na compra, tanto por tanto.
(C) Trata-se de pacto adjeto ao contrato de compra e venda em que Marcelo reserva para si a propriedade do imóvel até o momento em que Augusto realize o pagamento integral do preço.
(D) Trata-se de pacto adjeto ao contrato de compra e venda em que Marcelo, enquanto constituir faculdade de exercício, poderá ceder ou transferir por ato *inter vivos*.

RESPOSTA A preempção é a convenção acessória (ou adjeta) ao contrato de compra e venda, em que se pactua que o comprador deva oferecer ao vendedor a coisa que aquele vai vender, ou dar em pagamento, para que este use de seu direito de prelação na compra, tanto por tanto (art. 513 do CC). *Alternativa B.*

96. **(IX Exame)** Em 12.9.12, Sílvio adquiriu de Maurício, por contrato particular de compra e venda, um automóvel, ano 2011, por R$ 34.000,00 (trinta e quatro mil reais). Vinte dias após a celebração do negócio, Sílvio tomou conhecimento que o veículo apresentava avarias na suspensão dianteira, tornando seu uso impróprio pela ausência de segurança. Considerando que o vício apontado existia ao tempo da contratação, de acordo com a hipótese acima e as regras de direito civil, assinale a afirmativa correta.

(A) Sílvio terá o prazo de doze meses, após o conhecimento do defeito, para reclamar a Maurício o abatimento do preço pago ou desfazimento do negócio jurídico em virtude do vício oculto.
(B) Maurício deverá restituir o valor recebido e as despesas decorrentes do contrato se, no momento da venda, desconhecesse o defeito na suspensão dianteira do veículo.
(C) Caso Sílvio e Maurício estabeleçam no contrato cláusula de garantia pelo prazo de 90 dias, o prazo decadencial legal para reclamação do vício oculto correrá independentemente do prazo da garantia estipulada.
(D) Caso Sílvio e Maurício tenham inserido no contrato de compra e venda cláusula que exclui a responsabilidade de Maurício pelo vício oculto, persistirá a irresponsabilidade de Maurício mesmo que este tenha agido com dolo positivo.

RESPOSTA A responsabilidade do alienante pelos vícios redibitórios subsiste mesmo que ele desconheça sua existência; entretanto, tendo havido má-fé do vendedor, tal responsabilidade se agrava. É o que decorre do art. 443 do CC: "se o alienante conhecia o vício ou defeito da coisa, restituirá o que recebeu com perdas e danos; se o não conhecia, tão somente restituirá o valor recebido, mais as despesas do contrato". *Alternativa B.*

97. **(XI Exame)** Visando ampliar sua linha de comércio, Mac Geral & Companhia adquiriu de AC Industrial S.A. mil unidades do equipamento destinado à fabricação de churros. Dentre as cláusulas contratuais firmadas pelas partes, fez-se inserir a obrigação de Mac Geral & Companhia realizar o transporte dos equipamentos, exclusivamente e ao preço de R$100,00 por equipamento, por meio de Rota Transportes Ltda., pessoa estranha ao instrumento contratual assinado.

Com relação aos contratos civis, assinale a afirmativa incorreta.

(A) AC Industrial S.A. poderá exigir de Mac Geral & Companhia o cumprimento da obrigação firmada em favor de Rota Transportes Ltda.

(B) Ao exigir o cumprimento da obrigação, Rota Transportes Ltda. deverá efetuar o transporte ao preço previamente ajustado pelas partes contratantes.

(C) Somente Rota Transportes Ltda. poderá exigir o cumprimento da obrigação.

(D) AC Industrial S/A poderá reservar-se o direito de substituir Rota Transportes Ltda., independentemente de sua anuência ou de Mac Geral & Companhia.

RESPOSTA Trata-se de questão que versa sobre a estipulação em favor de terceiro. Segundo determina o art. 436 do CC, "o que estipula em favor de terceiro pode exigir o cumprimento da obrigação". Assim, não é correto dizer que somente a empresa de transportes pode exigir o cumprimento da obrigação assumida pelo comprador, eis que o estipulante (AC Industrial S.A.) também pode fazê-lo. *Alternativa C.*

98. **(XI Exame)** Diante de chuva forte e inesperada, Márcio constatou a inundação parcial da residência de sua vizinha Bianca, fato este que o levou a contratar serviços de chaveiro, bombeamento d'água e vigilância, de modo a evitar maiores prejuízos materiais até a chegada de Bianca.

Utilizando-se do quadro fático fornecido pelo enunciado, assinale a afirmativa correta.

(A) A falta de autorização expressa de Bianca a Márcio para a prática dos atos de preservação dos bens autoriza aquela a exigir reparação civil deste.

(B) Bianca não estará obrigada a adimplir os serviços contratados por Márcio, cabendo a este a quitação dos contratados.

(C) Se Márcio se fizer substituir por terceiro até a chegada de Bianca, promoverá a cessação de sua responsabilidade transferindo-a ao terceiro substituto.

(D) Os atos de solidariedade e espontaneidade de Márcio na proteção dos bens de Bianca são capazes de gerar a responsabilidade desta em reembolsar as despesas necessárias efetivadas, acrescidas de juros legais.

RESPOSTA A questão versa sobre a gestão de negócios (arts. 861 e seguintes do CC), uma vez que Márcio, agindo no interesse presumível de Bianca, diligenciou no sentido de reduzir os danos à residência desta. Segundo dispõe o art. 869 do CC, "se o negócio for utilmente administrado, cumprirá ao dono as obrigações contraídas em seu nome, reembolsando ao gestor as despesas necessárias ou úteis que houver feito, com os juros legais, desde o desembolso, respondendo ainda pelos prejuízos que este houver sofrido por causa da gestão". Como a gestão de Márcio sobre o patrimônio de sua vizinha foi adequada, caberá a esta reembolsar o valor das despesas efetuadas, acrescido de juros. *Alternativa D.*

99. **(XI Exame)** A Lanchonete Mirim celebrou contrato de fornecimento de bebidas com a Distribuidora Céu Azul, ficando ajustada a entrega mensal de 200 latas de refrigerante, com pagamento em 30 dias após a entrega. Para tanto, Luciana, mãe de uma das sócias da lanchonete, sem o conhecimento das sócias da sociedade e de seu marido, celebrou contrato de fiança, por prazo indeterminado, com a distribuidora, a fim de garantir o cumprimento das obrigações assumidas pela lanchonete.

Diante desse quadro, assinale a afirmativa correta.

(A) Luciana não carece da autorização do cônjuge para celebrar o contrato de fiança com a sociedade Céu Azul, qualquer que seja o regime de bens.

(B) Pode-se estipular a fiança, ainda que sem o consentimento do devedor ou mesmo contra a sua vontade, sendo sempre por escrito e não se admitindo interpretação extensiva.

(C) Em caso de dação em pagamento, se a distribuidora vier a perder, por evicção, o bem dado pela lanchonete para pagar o débito, remanesce a obrigação do fiador.

(D) Luciana não poderá se exonerar, quando lhe convier, da fiança que tiver assinado, ficando obrigada por todos os efeitos da fiança até a extinção do contrato de fornecimento de bebidas.

RESPOSTA Nos termos do art. 820 do CC, "pode-se estipular a fiança, ainda que sem consentimento do devedor ou contra a sua vontade". Determina ainda o art. 819 do CC que "a fiança dar-se-á por escrito, e não admite interpretação extensiva". *Alternativa B.*

100. **(XVI Exame)** Maria entregou à sociedade empresária JL Veículos Usados um veículo Vectra, ano 2008, de sua propriedade, para ser vendido pelo valor de R$ 18.000,00. Restou acordado que o veículo ficaria exposto na loja pelo prazo máximo de 30 dias. Considerando a hipótese acima e as regras do contrato estimatório, assinale a afirmativa correta.

(A) O veículo pode ser objeto de penhora pelos credores da JL Veículos Usados, mesmo que não pago integralmente o preço.

(B) A sociedade empresária JL Veículos Usados suportará a perda ou deterioração do veículo, não se eximindo da obrigação de pagar o preço ajustado, ainda que a restituição se impossibilite sem sua culpa.

(C) Ainda que não pago integralmente o preço a Maria, o veículo consignado poderá ser objeto de penhora, caso a sociedade empresária JL Veículos Usados seja acionada judicialmente por seus credores.

(D) Maria poderá dispor do veículo enquanto perdurar o contrato estimatório, com fundamento na manutenção da reserva do domínio e da posse indireta da coisa.

RESPOSTA Foi estipulado entre as partes o denominado contrato estimatório, em que o consignatário deverá promover a venda do bem em consignação, se não preferir restituí-lo no prazo ajustado no pacto. Conforme determina o art. 535 do CC, "o consignatário não se exonera da obrigação de pagar o preço, se a restituição da coisa, em sua integridade, se tornar impossível, ainda que por fato a ele não imputável". Por isso, mesmo que inexista culpa da parte da sociedade em caso de perda ou deterioração do veículo, caberá a ela responder pela respectiva indenização. *Alternativa B.*

101. **(XVI Exame)** Joana deu seu carro a Lúcia, em comodato, pelo prazo de 5 dias, findo o qual Lúcia não devolveu o veículo. Dois dias depois, forte tempestade danificou a lanterna e o para-choque dianteiro do carro de Joana. Inconformada com o ocorrido, Joana exigiu que Lúcia a indenizasse pelos danos causados ao veículo. Diante do fato narrado, assinale a afirmativa correta.

(A) Lúcia incorreu em inadimplemento absoluto, pois não cumpriu sua prestação no termo ajustado, o que inutilizou a prestação para Joana.

(B) Lúcia não está em mora, pois Joana não a interpelou, judicial ou extrajudicialmente.

(C) Lúcia deve indenizar Joana pelos danos causados ao veículo, salvo se provar que os mesmos ocorreriam ainda que tivesse adimplido sua prestação no termo ajustado.

(D) Lúcia não responde pelos danos causados ao veículo, pois foram decorrentes de força maior.

RESPOSTA Lúcia, a comodatária, encontra-se em mora pelo mero fato de não ter restituído o veículo, findo o prazo determinado no contrato. Por haver termo certo para a restituição (5 dias), a mora é automática, *ex re*, sendo desnecessário notificar a parte em atraso (art. 397 do CC). Segundo o art. 582 do CC, o comodatário em mora passa a responder pelo atraso e pelas eventuais perdas e danos causadas ao objeto. Ademais, nos termos do art. 399 do CC, "o devedor em mora responde pela impossibilidade da prestação, embora essa impossibilidade resulte de caso fortuito ou de força maior, se estes ocorrerem durante o atraso; salvo se provar isenção de culpa, ou que o dano sobreviria ainda quando a obrigação fosse oportunamente desempenhada". Correta, pois, a *alternativa C.*

102. **(XIV Exame)** Marina comprometeu-se a obter para Mônica um negócio de compra e venda de um imóvel para que ela pudesse abrir seu curso de inglês. Marina encontrou uma grande sala em um prédio bem localizado e informou a Mônica que entraria em contato com o vendedor para saber detalhes do imóvel. A partir da hipótese apresentada, assinale a opção correta.

(A) Marina marca uma reunião entre o vendedor e Mônica, mas o negócio não se realiza por arrependimento das partes. Sem pagar a comissão, Mônica dispensa Marina, que reclama seu pagamento, explicando que conseguiu o negócio e que não importa se não ocorreu a compra da sala.

(B) Passado o prazo contratual para a obtenção do negócio, o próprio vendedor entra em contato com Mônica para celebrar o negócio, liberando-a, portanto, de pagar a comissão de Marina.

(C) Como a obrigação de Marina é apenas de obtenção do negócio, a responsabilidade pela segurança e pelo risco é apenas do vendedor, sendo desnecessário que Marina se preocupe com esses detalhes.

(D) A remuneração de Marina deve ser previamente ajustada entre as partes; caso contrário, Mônica pagará o valor que achar suficiente.

RESPOSTA Trata-se de contrato de corretagem, estipulado entre Marina e Mônica, em que a primeira (a corretora) se obriga a obter, em favor da segunda, um negócio de compra e venda (art. 722 do CC). Nos termos do art. 725 do CC, "a remuneração é devida ao corretor uma vez que tenha conseguido o resultado previsto no contrato de mediação, ou ainda que este não se efetive em virtude de arrependimento das partes". A obrigação da corretora consiste em aproximar as partes e propiciar a ambas a celebração do contrato; se as partes, entretanto, arrependem-se do negócio, será devida a comissão ajustada em favor de Marina. *Alternativa A.*

103. **(XVII Exame)** Flávia vendeu para Quitéria seu apartamento e incluiu, no contrato de compra e venda, cláusula pela qual se reservava o direito de recomprá-lo no prazo máximo de 2 (dois) anos. Antes de expirado o referido prazo, Flávia pretendeu exercer seu direito, mas Quitéria se recusou a receber o preço.

Sobre o fato narrado, assinale a afirmativa correta.

(A) A cláusula pela qual Flávia se reservava o direito de recomprar o imóvel é ilícita e abusiva, uma vez que Quitéria, ao se tornar proprietária do bem, passa a ter total e irrestrito poder de disposição sobre ele.

(B) A cláusula pela qual Flávia se reservava o direito de recomprar o imóvel é válida, mas se torna ineficaz diante da justa recusa de Quitéria em receber o preço devido.

(C) A disposição incluída no contrato é uma cláusula de preferência, a impor ao comprador a obrigação de oferecer ao vendedor a coisa, mas somente quando decidir vendê-la.

(D) A disposição incluída no contrato é uma cláusula de retrovenda, entendida como o ajuste por meio do qual o vendedor se reserva o direito de resolver o contrato de compra e venda mediante pagamento do preço recebido e das despesas, recuperando a coisa imóvel.

RESPOSTA As partes estipularam no contrato a cláusula especial de retrovenda, em que se confere ao vendedor de coisa imóvel o direito de recobrá-la no prazo máximo de decadência de três anos, restituindo o preço recebido e reembolsando as despesas do comprador (art. 505 do CC). Importa frisar que a compradora não pode se recusar ao recebimento do preço, podendo a vendedora, no caso, depositar judicialmente os valores e exigir a restituição do bem (art. 506 do CC). *Alternativa D.*

104. **(XVII Exame)** Carlos Pacheco e Marco Araújo, advogados recém-formados, constituem a sociedade P e A Advogados. Para fornecer e instalar todo o equipamento de informática, a sociedade contrata José Antônio, que, apesar de não realizar essa atividade de forma habitual e profissional, comprometeu-se a adimplir sua obrigação até o dia 20/02/2015, mediante o pagamento do valor de R$ 50.000,00 (cinquenta mil reais) no ato da celebração do contrato. O contrato celebrado é de natureza paritária, não sendo formado por adesão. A cláusula oitava do referido contrato estava assim redigida: "O total inadimplemento deste contrato por qualquer das partes ensejará o pagamento, pelo infrator, do valor de R$ 50.000,00 (cinquenta mil reais)". Não havia, no contrato, qualquer outra cláusula que se referisse ao inadimplemento ou suas consequências. No dia 20/02/2015, José Antônio telefona para Carlos Pacheco e lhe comunica que não vai cumprir o avençado, pois celebrou com outro escritório de advocacia contrato por valor superior, a lhe render maiores lucros.

Sobre os fatos narrados, assinale a afirmativa correta.

(A) Diante da recusa de José Antônio a cumprir o contrato, a sociedade poderá persistir na exigência do cumprimento obrigacional ou, alternativamente, satisfazer-se com a pena convencional.

(B) A sociedade pode pleitear o pagamento de indenização superior ao montante fixado na cláusula oitava, desde que prove, em juízo, que as perdas e os danos efetivamente sofridos foram superiores àquele valor.

(C) A sociedade pode exigir o cumprimento da cláusula oitava, classificada como cláusula penal moratória, juntamente com o desempenho da obrigação principal.

(D) Para exigir o pagamento do valor fixado na cláusula oitava, a sociedade deverá provar o prejuízo sofrido.

RESPOSTA Segundo os termos do contrato, foi fixada cláusula penal para o caso de haver total inadimplemento das obrigações assumidas pelas partes. A multa foi fixada em R$ 50.000,00. No caso, aplica-se o disposto no art. 410 do CC: "quando se estipular a cláusula penal para o caso de total inadimplemento da obrigação, esta converter-se-á em alternativa a benefício do credor". Assim, a parte lesada tanto poderá exigir o estrito cumprimento da prestação ajustada como poderá reclamar o pagamento da multa. *Alternativa A.*

105. **(XVII Exame)** João Henrique residia com sua companheira Natália em imóvel alugado a ele por Frederico pelo prazo certo de trinta meses, tendo como fiador Waldemar, pai de João Henrique. A união do casal, porém, chegou ao fim, de forma que João Henrique deixou o lar quando faltavam seis meses para o fim do prazo da locação. O locador e o fiador foram comunicados a respeito da saída de João Henrique do imóvel.

Sobre o caso apresentado, assinale a afirmativa correta.

(A) Como o locatário era João Henrique, sua saída do imóvel implica a extinção do contrato de locação, podendo Frederico exigir, imediatamente, que Natália o desocupe.

(B) Como João Henrique era o locatário, sua saída permite que Natália continue residindo no imóvel apenas até o término do prazo contratual, momento em que o contrato se extingue, sem possibilidade de renovação, salvo nova convenção entre Natália e Frederico.

(C) Com a saída do locatário do imóvel, a locação prossegue automaticamente tendo Natália como locatária, porém a fiança prestada por Waldemar caduca, permitindo a Frederico exigir de Natália o oferecimento de nova garantia, sob pena de resolução do contrato.

(D) Com a saída do locatário, a locação prossegue com Natália, permitido a Waldemar exonerar-se da fiança em até trinta dias da data em que for cientificado da saída do seu filho do imóvel; ainda assim, a exoneração só produzirá efeitos cento e vinte dias depois de notificado o locador.

RESPOSTA Trata-se de contrato de locação residencial, sujeito aos termos da Lei n. 8.245/91, cujo art. 12 assim prevê: "em casos de separação de fato, separação judicial, divórcio ou dissolução da união estável, a locação residencial prosseguirá automaticamente com o cônjuge ou companheiro que permanecer no imóvel". Assim, Natália prossegue com o contrato. Quanto à fiança, o § 2º do referido dispositivo legal estatui que "o fiador poderá exonerar-se das suas responsabilidades no prazo de 30 (trinta) dias contado do recebimento da comunicação oferecida pelo sub-rogado, ficando responsável pelos efeitos da fiança durante 120 (cento e vinte) dias após a notificação ao locador". *Alternativa D.*

106. **(XXI Exame)** João e Maria casaram-se, no regime de comunhão parcial de bens, em 2004. Contudo, em 2008, João conheceu Vânia e eles passaram a ter um relacionamento amoroso. Separando-se de fato de Maria, João saiu da casa em que morava com Maria e foi viver com Vânia, apesar de continuar casado com Maria.

Em 2016, João, muito feliz em seu novo relacionamento, resolve dar de presente um carro 0 km da marca X para Vânia.

Considerando a narrativa apresentada, sobre o contrato de doação celebrado entre João, doador, e Vânia, donatária, assinale a afirmativa correta.

(A) É nulo, pois é hipótese de doação de cônjuge adúltero ao seu cúmplice.

(B) Poderá ser anulado, desde que Maria pleiteie a anulação até dois anos depois da assinatura do contrato.

(C) É plenamente válido, porém João deverá pagar perdas e danos à Maria.

(D) É plenamente válido, pois João e Maria já estavam separados de fato no momento da doação.

RESPOSTA Com a mera separação de fato entre Maria e João, este se encontrava livre para constituir união estável com Vânia (vide § 1º do art. 1.723 do CC). Estabelece o art. 550 do CC que "A doação do cônjuge adúltero ao seu cúmplice pode ser anulada pelo outro cônjuge, ou por seus herdeiros necessários, até dois anos depois de dissolvida a sociedade conjugal". Vânia, todavia, não é cúmplice (concubina) de adultério, mas verdadeira *companheira* de João. *Alternativa D.*

107. **(XXI Exame)** Tiago celebrou contrato de empreitada com a sociedade Obras Já Ltda. para a construção de piscina e duas quadras de esporte em sua casa de campo, pelo preço total de R$ 50.000,00. No contrato ficou estabelecido que a empreiteira seria responsável pelo fornecimento dos materiais necessários à execução da obra.

Durante a obra, ocorreu uma enchente que alagou a região e parte do material a ser usado na obra foi destruída. A empreiteira, em razão disso, entrou em contato com Tiago cobrando um adicional de R$ 10.000,00 para adquirir os novos materiais necessários para terminar a obra.

Diante dos fatos narrados, assinale a afirmativa correta.

(A) Tiago não terá que arcar com o adicional de R$ 10.000,00, ainda que a destruição do material não tenha ocorrido por culpa do devedor.

(B) Tiago não terá que arcar com o adicional de R$ 10.000,00, porém a empreiteira não está mais obrigada a terminar a obra, tendo em vista a ocorrência de um fato fortuito ou de força maior.

(C) Tiago terá que arcar com o adicional de R$ 10.000,00, tendo em vista que a destruição do material não foi causada por um fato fortuito ou de força maior.

(D) Tiago terá que arcar com o adicional de R$ 10.000,00 e a empreiteira não está mais obrigada a terminar a obra, ante a ocorrência de um caso fortuito ou de força maior.

RESPOSTA Trata-se de contrato de empreitada, em que a construtora assumiu o ônus de não apenas concluir a obra como também de arcar com os materiais. Em razão de uma enchente, evento fortuito, houve perda de parte dos materiais. Neste caso, a primeira parte do art. 611 do CC prevê que "quando o empreiteiro fornece os materiais, correm por sua conta os riscos até o momento da entrega da obra (...)". Assim, quem assume os riscos de eventual perda dos materiais, neste caso, é a própria construtora, que não poderá impor ao dono da obra os respectivos ônus. *Alternativa A.*

108. (XXII Exame) João e Maria, casados e donos de extenso patrimônio, celebraram contrato de fiança em favor de seu filho, Carlos, contrato este acessório a contrato de locação residencial urbana, com duração de 30 meses, celebrado entre Carlos, locatário, e Marcelo, proprietário do apartamento e locador, com vigência a partir de 1º de setembro de 2015. Contudo, em novembro de 2016, Carlos não pagou o aluguel.

Considerando que não houve renúncia a nenhum benefício pelos fiadores, assinale a afirmativa correta.

(A) Marcelo poderá cobrar diretamente de João e Maria, fiadores, tendo em vista que eles são devedores solidários do afiançado, Carlos.

(B) Marcelo poderá cobrar somente de João, tendo em vista que Maria não é fiadora, mas somente deu a outorga uxória.

(C) Marcelo poderá cobrar de Carlos, locatário, mas não dos fiadores, pois não respondem pela dívida do contrato de locação.

(D) Marcelo poderá cobrar de João e Maria, fiadores, após tentar cobrar a dívida de Carlos, locatário, tendo em vista que os fiadores são devedores subsidiários.

RESPOSTA Os fiadores prestaram a garantia em prol de seu filho, deixando claro o enunciado da questão que não houve renúncia a nenhum benefício pelos fiadores. Assim, não se renunciou ao chamado *benefício de ordem* (art. 828, I do CC), o que significa que, de acordo com o art. 827 do CC, "o fiador demandado pelo pagamento da dívida tem direito a exigir, até a contestação da lide, que sejam primeiro executados os bens do devedor". *Alternativa D.*

109. (XXIII Exame) Cássio, mutuante, celebrou contrato de mútuo gratuito com Felipe, mutuário, cujo objeto era a quantia de R$ 5.000,00, em 1º de outubro de 2016, pelo prazo de seis meses. Foi combinado que a entrega do dinheiro seria feita no parque da cidade. No entanto, Felipe, após receber o dinheiro, foi furtado no caminho de casa.

Em 1º de abril de 2017, Cássio telefonou para Felipe para combinar o pagamento da quantia emprestada, mas este respondeu que não seria possível, em razão da perda do bem por fato alheio à sua vontade.

Acerca dos fatos narrados, assinale a afirmativa correta.

(A) Cássio tem direito à devolução do dinheiro, ainda que a perda da coisa não tenha sido por culpa do devedor, Felipe.

(B) Cássio tem direito à devolução do dinheiro e ao pagamento de juros, ainda que a perda da coisa não tenha sido por culpa do devedor, Felipe.

(C) Cássio tem direito somente à devolução de metade do dinheiro, pois a perda da coisa não foi por culpa do devedor, Felipe.

(D) Cássio não tem direito à devolução do dinheiro, pois a perda da coisa não foi por culpa do devedor, Felipe.

RESPOSTA O contrato de mútuo estipulado entre Cássio e Felipe foi devidamente constituído, tendo ocorrido a tradição (isto é, a entrega dos valores) ao mutuário. A partir daí, incide a regra estabelecida no art. 587 do Código Civil, segundo a qual "este empréstimo transfere o domínio da coisa emprestada ao mutuário, por cuja conta correm todos os riscos dela desde a tradição". Felipe, assim, ao tomar as quantias emprestadas, assumiu o risco de vir a perdê-las, o que efetivamente ocorreu em razão do furto. Isto não o isenta, todavia, do dever de restituir o montante. *Alternativa A.*

110. (XXIII Exame) Juliana, por meio de contrato de compra e venda, adquiriu de Ricardo, profissional liberal, um carro seminovo (30.000km) da marca Y pelo preço de R$ 24.000,00. Ficou acertado que Ricardo faria a revisão de 30.000km no veículo antes de entregá-lo para Juliana no dia 23 de janeiro de 2017. Ricardo, porém, não realizou a revisão e omitiu tal fato de Juliana, pois acreditava que não haveria qualquer problema, já que, aparentemente, o carro funcionava bem.

No dia 23 de fevereiro de 2017, Juliana sofreu acidente em razão de defeito no freio do carro, com a perda total do veículo. A perícia demonstrou que a causa do acidente foi falha na conservação do bem, tendo em vista que as pastilhas do freio não tinham sido trocadas na revisão de 30.000km, o que era essencial para a manutenção do carro.

Considerando os fatos, assinale a afirmativa correta.

(A) Ricardo não tem nenhuma responsabilidade pelo dano sofrido por Juliana (perda total do carro), tendo em vista que o carro estava aparentemente funcionando bem no momento da tradição.

(B) Ricardo deverá ressarcir o valor das pastilhas de freio, nada tendo a ver com o acidente sofrido por Juliana.

(C) Ricardo é responsável por todo o dano sofrido por Juliana, com a perda total do carro, tendo em vista que o perecimento do bem foi devido a vício oculto já existente ao tempo da tradição.

(D) Ricardo deverá ressarcir o valor da revisão de 30.000km do carro, tendo em vista que ela não foi realizada conforme previsto no contrato.

RESPOSTA O veículo foi alienado, sendo possível constatar a existência de defeitos anteriores à tradição, caracterizando-se, assim, a configuração da figura dos vícios redibitórios (art. 441 do Código Civil). Como o vendedor atuou de má-fé, eis que ocultou intencionalmente o fato de não ter procedido à revisão do veículo, caberá a ele não apenas restituir o valor do bem, como também responder pelos prejuízos sofridos por Juliana (art. 443 do Código Civil). *Alternativa C.*

111. **(XXIV Exame)** Caio, locador, celebrou com Marcos, locatário, contrato de locação predial urbana pelo período de 30 meses, sendo o instrumento averbado junto à matrícula do imóvel no RGI. Contudo, após seis meses do início da vigência do contrato, Caio resolveu se mudar para Portugal e colocou o bem à venda, anunciando-o no jornal pelo valor de R$ 500.000,00. Marcos tomou conhecimento do fato pelo anúncio e entrou em contato por telefone com Caio, afirmando estar interessado na aquisição do bem e que estaria disposto a pagar o preço anunciado. Caio, porém, disse que a venda do bem imóvel já tinha sido realizada pelo mesmo preço a Alexandre. Além disso, o adquirente do bem, Alexandre, iria denunciar o contrato de locação e Marcos teria que desocupar o imóvel em 90 dias. Acerca dos fatos narrados, assinale a afirmativa correta.

(A) Marcos, tendo sido preterido na alienação do bem, poderá depositar o preço pago e as demais despesas do ato e haver para si a propriedade do imóvel.

(B) Marcos não tem direito de preferência na aquisição do imóvel, pois a locação é por prazo determinado.

(C) Marcos somente poderia exercer direito de preferência na aquisição do imóvel se fizesse oferta superior à de Alexandre.

(D) Marcos, tendo sido preterido na alienação do bem, poderá reclamar de Alexandre, adquirente, perdas e danos, e poderá permanecer no imóvel durante toda a vigência do contrato, mesmo se Alexandre denunciar o contrato de locação.

RESPOSTA *O locatário de imóvel tem direito legal de preferência para sua aquisição, nos termos do art. 27 da Lei do Inquilinato (Lei 8.245/1991), que assim preceitua*: "no caso de venda, promessa de venda, cessão ou promessa de cessão de direitos ou dação em pagamento, o locatário tem preferência para adquirir o imóvel locado, em igualdade de condições com terceiros, devendo o locador dar-lhe conhecimento do negócio mediante notificação judicial, extrajudicial ou outro meio de ciência inequívoca". Se for preterido em seu direito de preferência, o locatário poderá valer-se do disposto no art. 33 da mesma lei: "o locatário preterido no seu direito de preferência poderá reclamar do alienante as perdas e danos ou, depositando o preço e demais despesas do ato de transferência, haver para si o imóvel locado, se o requerer no prazo de seis meses, a contar do registro do ato no cartório de imóveis, desde que o contrato de locação esteja averbado pelo menos trinta dias antes da alienação junto à matrícula do imóvel". *Alternativa A.*

112. **(XXV Exame)** Em 5 de dezembro de 2016, Sérgio, mediante contrato de compra e venda, adquiriu de Fernando um computador seminovo (ano 2014) da marca Massa pelo valor de R$ 5.000,00. O pagamento foi integralizado à vista, no mesmo dia, e foi previsto no contrato que o bem seria entregue em até um mês, devendo Fernando contatar Sérgio, por telefone, para que este buscasse o computador em sua casa. No contrato, também foi prevista multa de R$ 500,00 caso o bem não fosse entregue no prazo combinado.

Em 06 de janeiro de 2017, Sérgio, muito ansioso, ligou para Fernando perguntando pelo computador, mas teve como RESPOSTA que o atraso na entrega se deu porque a irmã de Fernando, Ana, que iria trazer um computador novo para ele do exterior, tinha perdido o voo e só chegaria após uma semana. Por tal razão, Fernando ainda dependia do computador antigo para trabalhar e não poderia entregá-lo de imediato a Sérgio.

Acerca dos fatos narrados, assinale a afirmativa correta.

(A) Sérgio poderá exigir de Fernando a execução específica da obrigação (entrega do bem) ou a cláusula penal de R$ 500,00, não podendo ser cumulada a multa com a obrigação principal.

(B) Sérgio poderá exigir de Fernando a execução específica da obrigação (entrega do bem) simultaneamente à multa de R$ 500,00, tendo em vista ser cláusula penal moratória.

(C) Sérgio somente poderá exigir de Fernando a execução específica da obrigação (entrega do bem), não a multa, pois o atraso foi por culpa de terceiro (Ana), e não de Fernando.

(D) Sérgio somente poderá exigir de Fernando a cláusula penal de R$ 500,00, não a execução específica da obrigação (entrega do bem), que depende de terceiro (Ana).

RESPOSTA Ultrapassado o prazo assinalado para a entrega do bem, por fato imputável ao vendedor (que, neste caso, não pode se escudar em qualquer circunstância caracterizadora de caso fortuito ou de força maior), encontra-se ele em mora, nos termos do art. 394 e seguintes do CC. Houve, no contrato, a estipulação de cláusula penal. Nesta hipótese, em tendo ocorrido a mora do vendedor, está-se diante da denominada "cláusula penal moratória", aplicando-se ao caso o teor do art. 411 do CC: "quando se estipular a cláusula penal para o caso de mora, ou em segurança especial de outra cláusula determinada, terá o credor o arbítrio de exigir a satisfação da pena cominada, juntamente com o desempenho da obrigação principal". *Alternativa B.*

113. **(XXVI Exame)** Jorge, engenheiro e construtor, firma, em seu escritório, contrato de empreitada com Maria, dona da obra. Na avença, foi acordado que Jorge forneceria os materiais da construção e concluiria a obra, nos termos do projeto, no prazo de seis meses. Acordou-se, também, que o pagamento da remuneração seria efetivado em duas parcelas: a primeira, correspondente à metade do preço, a ser depositada no prazo de 30 (trinta) dias da assinatura do contrato; e a segunda, correspondente à outra metade do preço, no ato de entrega da obra concluída. Maria, cinco dias após a assinatura da avença, toma conhecimento de que sobreveio decisão em processo judicial que determinou a penhora sobre todo o patrimônio de Jorge, reconhecendo que este possui dívida substancial com um credor que acaba de realizar ato de constrição sobre todos os seus bens (em virtude do valor elevado da dívida). Diante de tal situação, Maria pode

(A) recusar o pagamento do preço até que a obra seja concluída ou, pelo menos, até o momento em que o empreiteiro prestar garantia suficiente de que irá realizá-la.

(B) resolver o contrato por onerosidade excessiva, haja vista que o fato superveniente e imprevisível tornou o acordo desequilibrado, afetando o sinalagma contratual.

(C) exigir o cumprimento imediato da prestação (atividade de construção), em virtude do vencimento antecipado da obrigação de fazer, a cargo do empreiteiro.

(D) desistir do contrato, sem qualquer ônus, pelo exercício do direito de arrependimento, garantido em razão da natureza de contrato de consumo.

RESPOSTA Trata-se de contrato de empreitada, de caráter bilateral, a impor a cada parte o cumprimento pontual de suas obrigações. Antes do pagamento da primeira parcela do preço, uma das partes constata que a outra, em razão da penhora de todo o seu patrimônio, dificilmente será capaz de adimplir sua prestação. Neste caso, aplica-se o disposto no art. 477 do CC: "se, depois de concluído o contrato, sobrevier a uma das partes contratantes diminuição em seu patrimônio capaz de comprometer ou tornar duvidosa a prestação pela qual se obrigou, pode a outra recusar-se à prestação que lhe incumbe, até que aquela satisfaça a que lhe compete ou dê garantia bastante de satisfazê-la". Assim, Maria pode exigir a conclusão da obra, ou ao menos a prestação de garantias que assegurem sua conclusão, antes mesmo de efetivar a prestação que lhe cabe. *Alternativa A.*

V. RESPONSABILIDADE CIVIL

114. **(XXIX Exame)** Márcia transitava pela via pública, tarde da noite, utilizando uma bicicleta que lhe fora emprestada por sua amiga Lúcia. Em certo momento, Márcia ouviu gritos oriundos de uma rua transversal e, ao se aproximar, verificou que um casal discutia violentamente. Ricardo, em estado de fúria e munido de uma faca, desferia uma série de ofensas à sua esposa Janaína e a ameaçava de agressão física. De modo a impedir a violência iminente, Márcia colidiu com a bicicleta contra Ricardo, o que foi suficiente para derrubá-lo e impedir a agressão, sem que ninguém saísse gravemente ferido. A bicicleta, porém, sofreu uma avaria significativa, de tal modo que o reparo seria mais caro do que adquirir uma nova, de modelo semelhante. De acordo com o caso narrado, assinale a afirmativa correta.

(A) Lúcia não poderá ser indenizada pelo dano material causado à bicicleta.

(B) Márcia poderá ser obrigada a indenizar Lúcia pelo dano material causado à bicicleta, mas não terá qualquer direito de regresso.

(C) Apenas Ricardo poderá ser obrigado a indenizar Lúcia pelo dano material causado à bicicleta.

(D) Márcia poderá ser obrigada a indenizar Lúcia pelo dano material causado à bicicleta e terá direito de regresso em face de Janaína.

RESPOSTA De acordo com o Código Civil, não constituem atos ilícitos os praticados em legítima defesa ou no exercício regular de um direito reconhecido (art. 188, I). Tem-se ainda que o art. 929, CC, prevê que se a pessoa lesada, ou o dono da coisa, não forem culpados do perigo, assistir-lhes-á direito à indenização do prejuízo que sofreram. Por fim, o art. 930, CC, estabelece que, se o perigo ocorrer por culpa de terceiro, contra este terá o autor do dano ação regressiva para haver a importância que tiver ressarcido ao lesado. *Alternativa D.*

115. **(XXVII Exame)** Perpétua e Joaquim resolveram mover ação de indenização por danos morais contra um jornal de grande circulação. Eles argumentam que o jornal, ao noticiar que o filho dos autores da ação fora morto em confronto com policiais militares, em 21/01/2015, publicou o nome completo do menor e sua foto sem a tarja preta nos olhos, o que caracteriza afronta aos artigos 17, 18, 143 e 247 do Estatuto da Criança e do Adolescente. Esses artigos do ECA proíbem a divulgação da imagem e da identidade de menor envolvido em ato infracional. Diante dos fatos narrados, assinale a afirmativa correta.

(A) O jornal agiu com abuso no direito de informar e deve indenizar pelos danos causados.

(B) O jornal não incorreu em ilícito, pois pode divulgar a imagem de pessoa suspeita da prática de crime.

(C) Restou caracterizado o ilícito, mas, tratando-se de estado de emergência, não há indenização de danos.

(D) Não houve abuso do direito ante a absoluta liberdade de expressão do jornal noticiante.

RESPOSTA De acordo com o art. 187 do CC, também comete ato ilícito o titular de um direito que, ao exercê-lo, excede manifestamente os limites impostos pelo seu fim econômico ou social, pela boa-fé ou pelos bons costumes. No caso em análise, resta evidente que o jornal agiu fora do exercício regular do direito de informar. Portanto, deve sim indenizar a família do jovem morto ante ao abuso do direito de informar. *Alternativa A.*

116. **(XXVII Exame)** Ao visitar a página de Internet de uma rede social, Samuel deparou-se com uma publicação, feita por Rafael, que dirigia uma série de ofensas graves contra ele. Imediatamente, Samuel entrou em contato com o provedor de aplicações responsável pela rede social, solicitando que o conteúdo fosse retirado, mas o provedor quedou-se inerte por três meses, sequer respondendo ao pedido. Decorrido esse tempo, o próprio Rafael optou por retirar, espontaneamente, a publicação. Samuel decidiu, então, ajuizar ação indenizatória por danos morais em face de Rafael e do provedor. Sobre a hipótese narrada, de acordo com a legislação civil brasileira, assinale a afirmativa correta.

(A) Rafael e o provedor podem ser responsabilizados solidariamente pelos danos causados a Samuel enquanto o conteúdo não foi retirado.

(B) O provedor não poderá ser obrigado a indenizar Samuel quanto ao fato de não ter retirado o conteúdo, tendo em vista não ter havido determinação judicial para que realizasse a retirada.

(C) Rafael não responderá pelo dever de indenizar, pois a difusão do conteúdo lesivo se deu por fato exclusivo de terceiro, isto é, do provedor.

(D) Rafael não responderá pelo dever de indenizar, pois o fato de Samuel não ter solicitado diretamente a ele a retirada da publicação configura fato exclusivo da vítima.

RESPOSTA De acordo com o Marco Civil da Internet (art. 19 da Lei n. 12.965/2014), deve haver decisão judicial para que o provedor retire o conteúdo ofensivo. Desta maneira, como não houve decisão judicial, o provedor não poderia ser civilmente responsabilizado. *Alternativa B.*

117. **(XII Exame)** Pedro, dezessete anos de idade, mora com seus pais no edifício Clareira do Bosque e, certa manhã, se desentendeu com seu vizinho Manoel, dezoito anos. O desentendimento ocorreu logo após Manoel, por equívoco do porteiro, ter recebido e lido o jornal pertencente aos pais do adolescente.

Manoel, percebido o equívoco, promoveu a imediata devolução do periódico, momento no qual foi surpreendido com atitude inesperada de Pedro que, revoltado com o desalinho das páginas, o agrediu com um soco no rosto, provocando a quebra de três dentes. Como Manoel é modelo profissional, pretende ser indenizado pelos custos com implantes dentários, bem como pelo cancelamento de sua participação em um comercial de televisão.

Tendo em conta o regramento da responsabilidade civil por fato de outrem, assinale a afirmativa correta.

(A) Pedro responderá solidariamente com seus pais pelos danos causados a Manoel, inclusive com indenização pela perda de uma chance, decorrente do cancelamento da participação da vítima no comercial de televisão.

(B) Somente os pais de Pedro terão responsabilidade objetiva pelos danos causados pelo filho, mas detêm o direito de reaver de Pedro, posteriormente, os danos indenizáveis a Manoel.

(C) Se os pais de Pedro não dispuserem de recursos suficientes para pagar a indenização, e Pedro tiver recursos, este responderá subsidiária e equitativamente pelos danos causados a Manoel.

(D) Os pais de Pedro terão responsabilidade subjetiva pelos danos causados pelo filho a Manoel, devendo, para tanto, ser comprovada a culpa *in vigilando* dos genitores.

RESPOSTA Trata-se de situação em que um incapaz causa danos a terceiros, o que desafia a aplicação dos arts. 932, I, e 928 do CC. Os pais são responsáveis pelos danos causados por seus filhos incapazes; entretanto, admite a lei que o próprio incapaz responda com seu patrimônio, se as pessoas por ele responsáveis não tiverem obrigação de fazê-lo ou não dispuserem de meios suficientes. Entretanto, mesmo que o incapaz responda pessoalmente, a indenização a que estará sujeito deverá ser equitativa, pois não se admite que o incapaz fique privado do necessário para sua subsistência (art. 928, parágrafo único). Vê-se, pois, que a responsabilidade do incapaz é subsidiária e mitigada/equitativa, sendo correta a *alternativa C*. As demais assertivas são falsas, porque a responsabilidade do incapaz é subsidiária, não solidária (A), os pais não podem exercer direito de regresso contra o filho (B – *vide* art. 934 do CC) e a responsabilidade dos pais, no caso, é objetiva (D – conforme art. 933 do CC). *Alternativa C.*

118. **(XIII Exame)** Felipe, atrasado para um compromisso profissional, guia seu veículo particular de passeio acima da velocidade permitida e, falando ao celular, desatento, não observa a sinalização de trânsito para redução da velocidade em razão da proximidade da creche Arca de Noé. Pedro, divorciado, pai de Júlia e Bruno, com cinco e sete anos de idade respectivamente, alunos da creche, atravessava a faixa de pedestres para buscar os filhos, quando é atropelado pelo carro de Felipe. Pedro fica gravemente ferido e vem a falecer, em decorrência das lesões, um mês depois. Maria, mãe de Júlia e Bruno, agora privados do sustento antes pago pelo genitor falecido, ajuíza demanda reparatória em face de Felipe, que está sendo processado no âmbito criminal por homicídio culposo no trânsito.

Com base no caso em questão, assinale a opção correta.

(A) Felipe indenizará as despesas comprovadamente gastas com o mês de internação para tratamento de Pedro, alimentos indenizatórios a Júlia e Bruno, tendo em conta a duração provável da vida do genitor, sem excluir outras reparações, a exemplo das despesas com sepultamento e luto da família.

(B) Felipe deverá indenizar as despesas efetuadas com a tentativa de restabelecimento da saúde de Pedro, sendo incabível a pretensão de alimentos para seus filhos, diante de ausência de previsão legal.

(C) Felipe fora absolvido por falta de provas do delito de trânsito na esfera criminal e, como a responsabilidade civil e a criminal não são independentes, essa sentença fará coisa julgada no cível, inviabilizando a pretensão reparatória proposta por Maria.

(D) Felipe, como a legislação civil prevê em caso de homicídio, deve arcar com as despesas do tratamento da vítima, seu funeral, luto da família, bem como dos alimentos aos dependentes enquanto viverem, excluindo-se quaisquer outras reparações.

RESPOSTA Felipe, mediante comportamento culposo, provoca a morte de Pedro em acidente de trânsito, devendo responder civilmente pelos danos que causou (arts. 186 e 927 do CC). Nos termos do art. 948 do CC, "no caso de homicídio, a indenização consiste, sem excluir outras reparações: I – no pagamento das despesas com o tratamento da vítima, seu funeral e o luto da família; II – na prestação de alimentos às pessoas a quem o morto os devia, levando-se em conta a duração provável da vida da vítima". Correta, pois, a *alternativa A*, sendo falsas, por exclusão, as assertivas B e D. Cumpre ressaltar a inadequação da *alternativa C*, frente ao disposto no art. 935 do CC, que consagra a independência entre os juízos criminal e civil, nada impedindo a absolvição em ação penal e condenação na esfera civil. *Alternativa A.*

119. **(VI Exame)** Mirtes gosta de decorar a janela de sua sala com vasos de plantas. A síndica do prédio em que Mirtes mora já advertiu a moradora do risco de queda dos vasos e de possível dano aos transeuntes e moradores do prédio. Num dia de forte ventania, os vasos de Mirtes caíram sobre os carros estacionados na rua, causando sérios prejuízos.

Nesse caso, é correto afirmar que Mirtes

(A) Poderá alegar motivo de força maior e não deverá indenizar os lesados.

(B) Está isenta de responsabilidade, pois não teve a intenção de causar prejuízo.

(C) Somente deverá indenizar os lesados se tiver agido dolosamente.

(D) Deverá indenizar os lesados, pois é responsável pelo dano causado.

RESPOSTA Conforme previsão do art. 938 do CC, aquele que habitar prédio, ou parte dele, responde pelos danos causados por coisas que dele caírem ou forem lançadas em lugar indevido. *Alternativa D.*

120. **(V Exame)** João trafegava com seu veículo com velocidade incompatível para o local e avançou o sinal vermelho. José, que atravessava normalmente na faixa de pedestre, foi atropelado por João, sofrendo vários ferimentos. Para se recuperar, José, trabalhador autônomo, teve que ficar internado por 10 dias, sem possibilidade de trabalhar, além de ter ficado com várias cicatrizes no corpo. Em virtude do ocorrido, José ajuizou ação, pleiteando danos morais, estéticos e materiais.

Com base na situação acima, assinale a alternativa correta.

(A) José não poderá receber a indenização na forma pleiteada, já que o dano moral e o dano estético são inacumuláveis. Assim, terá direito apenas ao dano moral, em razão do sofrimento e das cicatrizes, e ao dano material, em razão do tempo que ficou sem trabalhar.

(B) José terá direito apenas ao dano moral, já que o tempo que ficou sem trabalhar é considerado lucros cessantes, os quais não foram expressamente requeridos, e não podem ser concedidos. Quanto ao dano estético, esse é inacumulável com o dano moral, já estando incluído neste.

(C) José terá direito a receber a indenização na forma pleiteada: o dano moral em razão das lesões e do sofrimento por ele sentido, o dano material em virtude do tempo que ficou sem trabalhar e o dano estético em razão das cicatrizes com que ficou.

(D) José terá direito apenas ao dano moral, em razão do sofrimento, e ao dano estético, em razão das cicatrizes. Quanto ao tempo em que ficou sem trabalhar, isso se traduz em lucros cessantes, que não foram pedidos, não podendo ser concedidos.

RESPOSTA De acordo com o caso narrado, José terá direito a acumular indenização por danos materiais (compreendidos os *danos emergentes* e *lucros cessantes*, conforme os arts. 949 e 950 do CC), morais e estéticos, segundo reconhece a Súmula 387 do STJ: "é lícita a cumulação das indenizações de dano estético e dano moral". *Alternativa C.*

121. **(III Exame)** Ricardo, buscando evitar um atropelamento, realiza uma manobra e atinge o muro de uma casa, causando um grave prejuízo. Em relação à situação acima, é correto afirmar que Ricardo

(A) Não responderá pela reparação do dano, pois agiu em estado de necessidade.

(B) Responderá pela reparação do dano, apesar de ter agido em estado de necessidade.

(C) Responderá pela reparação do dano, apesar de ter agido em legítima defesa.

(D) Praticou um ato ilícito e deverá reparar o dano.

RESPOSTA Segundo o art. 188, II, do CC, não constitui ato ilícito a deterioração ou destruição da coisa alheia, ou a lesão a pessoa, a fim de remover perigo iminente. É certo que Ricardo agiu, portanto, ancorado em estado de necessidade. Não obstante se trate de ato lícito, o art. 929 do CC dispõe que se a pessoa lesada, ou o dono da coisa, no caso do inciso II do art. 188, não forem culpados do perigo, terão direito à indenização do prejuízo que sofreram, a qual será devida pelo autor do dano, que terá direito de regresso contra terceiro eventualmente culpado (art. 930 do CC). *Alternativa B.*

122. **(VI Exame – Reaplicação)** A sociedade de transporte de valores "Transporte Blindado Ltda.", na noite do dia 27 de julho de 2011, teve seu veículo atingido por tiros de fuzil disparados por um franco-atirador. Em virtude da ação criminosa, o motorista do carro-forte perdeu o controle da direção e atingiu frontalmente Rodrigo Cerdeira, estudante de Farmácia, que estava no abrigo do ponto de ônibus em frente à universidade onde estuda. Devido ao atropelamento, Rodrigo permaneceu por sete dias na UTI, mas não resistiu aos ferimentos e veio a óbito. Com base no fato narrado, assinale a assertiva correta.

(A) Configura-se hipótese de responsabilidade civil objetiva da empresa proprietária do carro-forte com base na teoria do risco proveito, decorrente do risco da atividade desenvolvida.

(B) Não há na hipótese em apreço a configuração da responsabilidade civil da empresa de transporte de valores, uma vez que presente a culpa exclusiva de terceiro, qual seja, do franco-atirador.

(C) Não há hipótese de configuração da responsabilidade civil da empresa proprietária do carro-forte, uma vez que presente a ausência de culpa do motorista do carro-forte.

(D) Configura-se hipótese de responsabilidade civil objetiva da empresa proprietária do carro-forte com base na teoria do empreendimento.

RESPOSTA A responsabilidade objetiva é aquela que independe da verificação de culpa ou dolo, bastando a existência do nexo de causalidade entre o dano e a ação que o produziu. Na hipótese retratada pelo enunciado, a responsabilidade decorre do risco da atividade, previsto no art. 927, parágrafo único, do CC, segundo o qual haverá obrigação de reparar o dano, independentemente de culpa, nos casos especificados em lei, ou quando a atividade normalmente desenvolvida pelo autor do dano implicar, por sua natureza, risco para os direitos de outrem (*Teoria do Risco*). *Alternativa A.*

123. **(VII Exame)** Em relação à responsabilidade civil, assinale a alternativa correta.

(A) A responsabilidade civil objetiva indireta é aquela decorrente de ato praticado por animais.

(B) O Código Civil prevê expressamente como excludente do dever de indenizar os danos causados por animais, a culpa exclusiva da vítima e a força maior.

(C) Empresa locadora de veículos responde, civil e subsidiariamente, com o locatário, pelos danos por este causados a terceiro, no uso do carro alugado.

(D) Na ação de indenização por dano moral, a condenação em montante inferior ao postulado na inicial implica sucumbência recíproca.

RESPOSTA Prevê o art. 936 do CC que o dono, ou detentor, do animal ressarcirá o dano por este causado se não provar culpa da vítima ou força maior. *Alternativa B.*

124. **(IX Exame)** No dia 23 de junho de 2012, Alfredo, produtor rural, contratou a sociedade Simões Aviação Agrícola Ltda. com a finalidade de pulverizar, por via aérea, sua plantação de soja. Ocorre que a pulverização se deu de forma incorreta, ocasionando a perda integral da safra de abóbora pertencente a Nílson, vizinho lindeiro de Alfredo. Considerando a situação hipotética e as regras de responsabilidade civil, assinale a afirmativa correta.

(A) Com base no direito brasileiro, Alfredo responderá subjetivamente pelos danos causados a Nílson, e a sociedade Simões Aviação Agrícola Ltda. será responsabilizada de forma subsidiária.

(B) Alfredo e a sociedade Simões Aviação Agrícola Ltda. responderão objetiva e solidariamente pelos danos causados a Nílson.

(C) Não há lugar para a responsabilidade civil solidária entre Alfredo e a sociedade Simões Aviação Agrícola Ltda. pelos danos causados a Nílson, dada a inexistência da relação de preposição.

(D) Trata-se de responsabilidade civil objetiva, em que a sociedade Simões Aviação Agrícola Ltda. é o responsável principal pela reparação dos danos, enquanto Alfredo é responsável subsidiário.

RESPOSTA No caso em apreço, é correto afirmar que dois agentes são simultaneamente causadores do dano: Alfredo, que contratou os serviços, e a empresa contratada, que executou mal as tarefas que lhe foram confiadas. Sendo assim, aplica-se ao caso a regra contida no art. 942, parte final, do CC ("se a ofensa tiver mais de um autor, todos responderão solidariamente pela reparação"). *Alternativa B.*

125. **(VIII Exame)** João dirigia seu veículo respeitando todas as normas de trânsito, com velocidade inferior à permitida para o local, quando um bêbado atravessou a rua, sem observar as condições de tráfego. João não teve condições de frear o veículo ou desviar-se dele, atingindo-o e causando-lhe graves ferimentos. A partir do caso apresentado, assinale a afirmativa correta.

(A) Houve responsabilidade civil, devendo João ser considerado culpado por sua conduta.

(B) Faltou um dos elementos da responsabilidade civil, qual seja, a conduta humana, não ficando configurada a responsabilidade civil.

(C) Inexistiu um dos requisitos essenciais para caracterizar a responsabilidade civil: o dano indenizável e, por isso, não deve ser responsabilizado.

(D) Houve rompimento do nexo de causalidade, em razão da conduta da vítima, não restando configurada a responsabilidade civil.

RESPOSTA João respeitou todas as regras atinentes à conduta imposta aos condutores de veículos. O próprio acidentado, com seu comportamento imprudente, foi o único culpado pelo ocorrido. Sendo assim, manifesta-se uma causa excludente de responsabilidade – a culpa exclusiva da vítima –, rompendo-se o nexo causal, o que isenta João de ter de responder pelos danos sofridos pelo pedestre. *Alternativa D.*

126. **(IX Exame – Reaplicação)** Renato, menor com 17 anos, estava passeando com seu cachorro pelo parque da sua cidade, quando avistou José, com quem havia se desentendido, do outro lado do parque. Com a intenção de dar um susto em José, Renato solta a coleira do seu cachorro e o estimula a atacar José. Diante dessa situação hipotética, assinale a afirmativa correta.

(A) Renato responderá pelos prejuízos que causar apenas se as pessoas por ele responsáveis não tiverem obrigação de fazê-lo ou não dispuserem de meios suficientes.

(B) Renato ficará isento de qualquer responsabilidade civil, mesmo que seu desafeto seja atacado por seu cachorro, em razão da sua idade.

(C) Caso Renato fosse maior de idade iria responder pelo dano causado pelo seu cachorro mesmo que tal dano fosse provocado por culpa exclusiva da vítima ou pela ocorrência de um evento de força maior.

(D) Os pais de Renato não podem ser responsabilizados civilmente pelos atos de Renato.

RESPOSTA Renato é menor relativamente incapaz, consoante determina o art. 4º, I, do CC. A responsabilidade pessoal dos incapazes apenas se dará se as pessoas por ele responsáveis não tiverem obrigação de fazê-lo ou não dispuserem de meios suficientes, consoante dispõe o art. 928 do CC. *Alternativa A.*

127. **(I Exame)** Assinale a opção correta com relação à responsabilidade civil.

(A) O dano deve ser certo, por essa razão não é possível a indenização por dano eventual, decorrente da perda de uma chance.

(B) Tratando-se de responsabilidade subjetiva contratual, a responsabilidade do agente pode subsistir mesmo nos casos de força maior e de caso fortuito, desde que a lei não coíba a sua previsão.

(C) De acordo com o regime da responsabilidade civil traçado no Código Civil brasileiro, inexistem causas excludentes da responsabilidade civil objetiva.

(D) A extinção da punibilidade criminal sempre obsta a propositura de ação civil indenizatória.

RESPOSTA Normalmente, sendo a responsabilidade contratual ou extracontratual, o agente não responde por danos derivados não de sua conduta, mas de caso fortuito ou de força maior. Entretanto, mesmo em se tratando do inadimplemento no âmbito dos negócios, é possível que o contratante tenha expressamente assumido o dever de responder, mesmo diante de eventos imprevisíveis ou inevitáveis. É o que dispõe o art. 393 do CC: "o devedor não responde pelos prejuízos resultantes de caso fortuito ou força maior, se expressamente não se houver por eles responsabilizado". *Alternativa B.*

128. **(XV Exame)** Devido à indicação de luz vermelha do sinal de trânsito, Ricardo parou seu veículo pouco antes da faixa de pedestres. Sandro, que vinha logo atrás de Ricardo, também parou, guardando razoável distância entre eles. Entretanto, Tatiana, que trafegava na mesma faixa de rolamento, mais atrás, distraiu-se ao redigir mensagem no celular enquanto conduzia seu veículo, vindo a colidir com o veículo de Sandro, o qual, em seguida, atingiu o carro de Ricardo. Diante disso, à luz das normas que disciplinam a responsabilidade civil, assinale a afirmativa correta.

(A) Cada um arcará com seu próprio prejuízo, visto que a responsabilidade pelos danos causados deve ser repartida entre todos os envolvidos.

(B) Caberá a Tatiana indenizar os prejuízos causados ao veículo de Sandro, e este deverá indenizar os prejuízos causados ao veículo de Ricardo.

(C) Caberá a Tatiana indenizar os prejuízos causados aos veículos de Sandro e Ricardo.

(D) Tatiana e Sandro têm o dever de indenizar Ricardo, na medida de sua culpa.

RESPOSTA Do texto do enunciado, resta claro que Tatiana foi a única responsável pelo acidente, pois distraiu-se ao volante enquanto redigia uma mensagem em seu telefone. A responsabilidade civil exige a presença de nexo de causalidade entre o comportamento (culposo, neste caso) e o dano. A única conduta que efetivamente contribuiu para produzir o resultado danoso é imputável a Tatiana, que responde pelo pagamento das indenizações cabíveis. *Alternativa C.*

129. **(XVI Exame)** Daniel, morador do Condomínio Raio de Luz, após consultar a convenção do condomínio e constatar a permissão de animais de estimação, realizou um sonho antigo e adquiriu um cachorro da raça Beagle. Ocorre que o animal, muito travesso, precisou dos serviços de um adestrador, pois estava destruindo móveis e sapatos do dono. Assim, Daniel contratou Cleber, adestrador renomado, para um pacote de seis meses de sessões. Findo o período do treinamento, Daniel, satisfeito com o resultado, resolve levar o cachorro para se exercitar na área de lazer do condomínio e, encontrando-a vazia, solta a coleira e a guia para que o Beagle possa correr livremente. Minutos depois, a moradora Diana, com 80 (oitenta) anos de idade, chega à área de lazer com seu neto Theo. Ao percebe presença da octogenária, o cachorro pula em suas pernas, Diana perde o equilíbrio, cai e fratura o fêmur. Diana pretende ser indenizada pelos danos materiais e compensada pelos danos estéticos. Com base no caso narrado, assinale a opção correta.

(A) Há responsabilidade civil valorada pelo critério subjetivo e solidária de Daniel e Cleber, aquele por culpa na vigilância do animal e este por imperícia no adestramento do Beagle, pelo fato de não evitarem que o cachorro avançasse em terceiros.

(B) Há responsabilidade civil valorada pelo critério objetivo e extracontratual de Daniel, havendo obrigação de indenizar e compensar os danos causados, haja vista a ausência de prova de alguma das causas legais excludentes do nexo causal, quais sejam, força maior ou culpa exclusiva da vítima.

(C) Não há responsabilidade civil de Daniel valorada pelo critério subjetivo, em razão da ocorrência de força maior, isto é, da chegada inesperada da moradora Diana, caracterizando a inevitabilidade do ocorrido, com rompimento do nexo de causalidade.

(D) Há responsabilidade valorada pelo critério subjetivo e contratual apenas de Daniel em relação aos danos sofridos por Diana; subjetiva, em razão da evidente culpa na custódia do animal; e contratual, por serem ambos moradores do Condomínio Raio de Luz.

RESPOSTA Segundo determina o art. 936 do CC, "o dono, ou detentor, do animal ressarcirá o dano por este causado, se não provar culpa da vítima ou força maior". Trata-se, pois, de hipótese de responsabilidade objetiva, eis que o proprietário do animal apenas se isenta de responder por danos se fizer prova de alguma circunstância excludente de responsabilidade, como, por exemplo, a força maior. No caso, todavia, não há qualquer excludente de responsabilidade, eis que o comportamento de Daniel desencadeou os danos causados à vizinha. Ademais, não há que falar na responsabilidade do adestrador, eis que inexistente a prova de nexo de causalidade entre sua suposta negligência na prestação de serviços e os danos. Por inexistir qualquer relação negocial entre a lesada e Daniel, a responsabilidade que recai sobre este é aquiliana (ou extracontratual). *Alternativa B.*

130. **(XX Exame)** Maria, trabalhadora autônoma, foi atropelada por um ônibus da Viação XYZ S.A. quando atravessava movimentada rua da cidade, sofrendo traumatismo craniano. No caminho do hospital, Maria veio a falecer, deixando o marido, João, e o filho, Daniel, menor impúbere, que dela dependiam economicamente.

Sobre o caso, assinale a afirmativa correta.

(A) João não poderá cobrar compensação por danos morais, em nome próprio, da Viação XYZ S.A., porque o dano direto e imediato foi causado exclusivamente a Maria.

(B) Ainda que reste comprovado que Maria atravessou a rua fora da faixa e com o sinal de pedestres fechado, tal fato em nada influenciará a responsabilidade da Viação XYZ S.A.

(C) João poderá cobrar pensão alimentícia apenas em nome de Daniel, por se tratar de pessoa incapaz.

(D) Daniel poderá cobrar pensão alimentícia da Viação XYZ S.A., ainda que não reste comprovado que Maria exercia atividade laborativa, se preenchido o critério da necessidade.

RESPOSTA Como ocorreu homicídio, cuja responsabilidade é imputável à empresa, cumpre invocar o teor do art. 948 do CC: "No caso de homicídio, a indenização consiste, sem excluir outras reparações: I – no pagamento das despesas com o tratamento da vítima, seu funeral e o luto da família; II – na prestação de alimentos às pessoas a quem o morto os devia, levando-se em conta a duração provável da vida da vítima". Daniel é menor impúbere, absolutamente incapaz, vigorando uma presunção de que careça de pensão, ainda que não seja possível comprovar que a falecida exercia atividade remunerada. *Alternativa D.*

131. **(XXI Exame)** Tomás e Vinícius trabalham em uma empresa de assistência técnica de informática. Após diversas reclamações de seu chefe, Adilson, os dois funcionários decidem se vingar dele, criando um perfil falso em seu nome, em uma rede social. Tomás cria o referido perfil, inserindo no sistema os dados pessoais, fotografias e informações diversas sobre Adilson. Vinícius, a seu turno, alimenta o perfil durante duas semanas com postagens ofensivas, até que os dois são descobertos por um terceiro colega, que os denuncia ao chefe. Ofendido, Adilson ajuíza ação indenizatória por danos morais em face de Tomás e Vinícius.

A respeito do caso narrado, assinale a afirmativa correta.

(A) Tomás e Vinícius são corresponsáveis pelo dano moral sofrido por Adilson e devem responder solidariamente pelo dever de indenizar.

(B) Tomás e Vinícius devem responder pelo dano moral sofrido por Adilson, sendo a obrigação de indenizar, nesse caso, fracionária, diante da pluralidade de causadores do dano.

(C) Tomás e Vinícius apenas poderão responder, cada um, por metade do valor fixado a título de indenização, pois cada um poderá alegar a culpa concorrente do outro para limitar sua responsabilidade.

(D) Adilson sofreu danos morais distintos: um causado por Tomás e outro por Vinícius, devendo, portanto, receber duas indenizações autônomas.

RESPOSTA A solução para a questão proposta é simples. Basta verificar o teor do art. 942 do CC: "os bens do responsável pela ofensa ou violação do direito de outrem ficam sujeitos à reparação do dano causado; e, se a ofensa tiver mais de um autor, todos responderão solidariamente pela reparação". Como as ofensas foram perpetradas em coautoria entre Tomás e Vinícius, ambos respondem solidariamente pela reparação dos danos sofridos por Adilson. *Alternativa A.*

132. **(XXII Exame)** André é motorista da transportadora Via Rápida Ltda. Certo dia, enquanto dirigia um ônibus da empresa, se distraiu ao tentar se comunicar com um colega, que dirigia outro coletivo ao seu lado, e precisou fazer uma freada brusca para evitar um acidente. Durante a manobra, Olívia, uma passageira do ônibus, sofreu uma queda no interior do veículo, fraturando o fêmur direito. Além do abalo moral, a passageira teve despesas médicas e permaneceu por semanas sem trabalhar para se recuperar da fratura. Olívia decide, então, ajuizar ação indenizatória pelos danos morais e materiais sofridos. Em referência ao caso narrado, assinale a afirmativa correta.

(A) Olívia deve, primeiramente, ajuizar a ação em face da transportadora, e apenas demandar André se não obtiver a reparação pretendida, pois a responsabilidade do motorista é subsidiária.

(B) Olívia pode ajuizar ação em face da transportadora e de André, simultânea ou alternativamente, pois ambos são solidariamente responsáveis.

(C) Olívia apenas pode demandar, nesse caso, a transportadora, mas esta terá direito de regresso em face de André, se for condenada ao dever de indenizar.

(D) André e a transportadora são solidariamente responsáveis e podem ser demandados diretamente por Olívia, mas aquele que vier a pagar a indenização não terá regresso em face do outro.

RESPOSTA No caso em apreço, é incontestável o comportamento culposo do condutor, que, ao distrair-se ao volante, termina por causar danos à passageira. Neste caso, poderá a lesada exigir a reparação tanto da empresa quanto do condutor, em virtude de dois dispositivos do CC. Segundo o parágrafo único do art. 942 do CC, "são solidariamente responsáveis com os autores os coautores e as pessoas designadas no art. 932". O aludido art. 932 do CC, por seu turno, prevê que "São também responsáveis pela reparação civil: (...) III – o empregador ou comitente, por seus empregados, serviçais e prepostos, no exercício do trabalho que lhes competir, ou em razão dele". Assim, a responsabilidade do condutor e de sua empregadora é solidária. *Alternativa B.*

133. **(XXV Exame)** João, empresário individual, é titular de um estabelecimento comercial que funciona em loja alugada em um *shopping center* movimentado. No estabelecimento, trabalham o próprio João, como gerente, sua esposa, como caixa, e Márcia, uma funcionária contratada para atuar como vendedora. Certo dia, Miguel, um fornecedor de produtos da loja, quando da entrega de uma encomenda feita por João, foi recebido por Márcia e sentiu-se ofendido por comentários preconceituosos e discriminatórios realizados pela vendedora. Assim, Miguel ingressou com ação indenizatória por danos morais em face de João.

A respeito do caso narrado, assinale a afirmativa correta.

(A) João não deve responder pelo dano moral, uma vez que não foi causado direta e imediatamente por conduta sua.

(B) João pode responder apenas pelo dano moral, caso reste comprovada sua culpa *in vigilando* em relação à conduta de Márcia.

(C) João pode responder apenas por parte da compensação por danos morais diante da verificação de culpa concorrente de terceiro.

(D) João deve responder pelos danos causados, não lhe assistindo alegar culpa exclusiva de terceiro.

RESPOSTA Na condição de empregador de Márcia, a ofensora, João, empresário individual, passa a ser civilmente responsável pelos atos lesivos praticados pela empregada, nos termos do art. 932, III, do CC, sobretudo por se tratar de ato praticado no exercício do trabalho. A responsabilidade em questão, chamada "indireta" ou "por fato de terceiro", é objetiva, nos termos do art. 933 do CC, eis que independe de comprovação de culpa por parte do empregador. *Alternativa D.*

134. **(XXV Exame)** Marcos caminhava na rua em frente ao Edifício Roma quando, da janela de um dos apartamentos da frente do edifício, caiu uma torradeira elétrica, que o atingiu quando passava. Marcos sofreu fratura do braço direito, que foi diretamente atingido pelo objeto, e permaneceu seis semanas com o membro imobilizado, impossibilitado de trabalhar, até se recuperar plenamente do acidente.

À luz do caso narrado, assinale a afirmativa correta.

(A) O condomínio do Edifício Roma poderá vir a ser responsabilizado pelos danos causados a Marcos, com base na teoria da causalidade alternativa.

(B) Marcos apenas poderá cobrar indenização por danos materiais e morais do morador do apartamento do qual caiu o objeto, tendo que comprovar tal fato.

(C) Marcos não poderá cobrar nenhuma indenização a título de danos materiais pelo acidente sofrido, pois não permaneceu com nenhuma incapacidade permanente.

(D) Caso Marcos consiga identificar de qual janela caiu o objeto, o respectivo morador poderá alegar ausência de culpa ou dolo para se eximir de pagar qualquer indenização a ele.

RESPOSTA Nos termos do art. 938 do CC, "aquele que habitar prédio, ou parte dele, responde pelo dano proveniente das coisas que dele caírem ou forem lançadas em lugar indevido". Adota-se, no referido dispositivo, a chamada "teoria da causalidade alternativa". No caso, não incide a responsabilidade sobre o verdadeiro causador do dano, em razão da causalidade direta que une sua conduta ao dano; ao revés, a lei imputa responsabilidade à coletividade condominial, pela lógica da causalidade alternativa, eis que qualquer condômino poderia, potencialmente, ter causado o dano. *Alternativa A.*

VI. DIREITO DAS COISAS

135. **(XXX Exame)** Lucas, um grande industrial do ramo de couro, decidiu ajudar Pablo, seu amigo de infância, na abertura do seu primeiro negócio: uma pequena fábrica de sapatos. Lucas doou 50 prensas para a fábrica, mas Pablo achou pouco e passou a constantemente importunar o amigo com novas solicitações. Após sucessivos e infrutíferos pedidos de empréstimos de toda ordem, a relação entre os dois se desgasta a tal ponto que Pablo, totalmente fora de controle, atenta contra a vida de Lucas. Este, porém, sobrevive ao atentado e decide revogar a doação feita a Pablo. Ocorre que Pablo havia constituído penhor sobre as prensas, doadas por Lucas, para obter um empréstimo junto ao Banco XPTO, mas, para não interromper a produção, manteve as prensas em sua fábrica. Diante do exposto, assinale a afirmativa correta.

(A) Para a constituição válida do penhor, é necessário que as coisas empenhadas estejam em poder do credor. Como isso não ocorreu, o penhor realizado por Pablo é nulo.

(B) Tendo em vista que o Banco XPTO figura como terceiro de má-fé, a realização do penhor é causa impeditiva da revogação da doação feita por Lucas.

(C) Como causa superveniente da resolução da propriedade de Pablo, a revogação da doação operada por Lucas não interfere no direito de garantia dado ao Banco XPTO.

(D) Em razão da tentativa de homicídio, a revogação da doação é automática, razão pela qual os direitos adquiridos pelo Banco XPTO resolvem-se junto com a propriedade de Pablo.

RESPOSTA Observa-se que a revogação da doação por ingratidão não prejudica os direitos adquiridos por terceiros, nem obriga o donatário a restituir os frutos percebidos antes da citação válida; mas sujeita-o a pagar os posteriores, e, quando não possa restituir em espécie as coisas doadas, a indenizá-la pelo meio termo do seu valor (art. 563, CC). *Alternativa C.*

136. **(XXIX Exame)** Em 05/05/2005, Aloísio adquiriu uma casa de 500 m² registrada em nome de Bruno, que lhe vendeu o imóvel a preço de mercado. A escritura e o registro foram realizados de maneira usual. Em 05/09/2005, o imóvel foi alugado, e Aloísio passou a receber mensalmente o valor de R$ 3.000,00 pela locação, por um período de 6 anos. Em 10/10/2009, Aloísio é citado em uma ação reivindicatória movida por Elisabeth, que pleiteia a retomada do imóvel e a devolução de todos os valores recebidos por Aloísio a título de locação, desde o momento da sua celebração. Uma vez que Elisabeth é judicialmente reconhecida como a verdadeira proprietária do imóvel em 10/10/2011, pergunta-se: é correta a pretensão da autora ao recebimento de todos os aluguéis recebidos por Aloísio?

(A) Sim. Independentemente da sentença de mérito, a própria contestação automaticamente transforma a posse de Aloísio em posse de má-fé desde o seu nascedouro, razão pela qual todos os valores recebidos pelo possuidor devem ser ressarcidos.

(B) Não. Sem a ocorrência de nenhum outro fato, somente após uma sentença favorável ao pedido de Elisabeth, na reivindicatória, é que seus argumentos poderiam ser considerados verdadeiros, o que caracterizaria a transformação da posse de boa-fé em posse de má-fé. Como o possuidor de má-fé tem direito aos frutos, Aloísio não é obrigado a devolver os valores que recebeu pela locação.

(C) Não. Sem a ocorrência de nenhum outro fato, e uma vez que Elisabeth foi vitoriosa em seu pleito, a posse de Aloísio passa a ser qualificada como de má-fé desde a sua citação no processo – momento em que Aloísio tomou conhecimento dos fatos ao final reputados como verdadeiros –, exigindo, em tais condições, a devolução dos frutos recebidos entre 10/10/2009 e a data de encerramento do contrato de locação.

(D) Não. Apesar de Elisabeth ter obtido o provimento judicial que pretendia, Aloísio não lhe deve qualquer valor, pois, sendo possuidor com justo título, tem, em seu favor, a presunção absoluta de veracidade quanto a sua boa-fé.

RESPOSTA É possuidor de má-fé aquele que tem conhecimento da existência do vício desde a citação e, sendo assim, responde por todos os frutos colhidos e percebidos, bem como pelos que, por culpa sua, deixou de perceber, desde o momento em que se constituiu de má-fé (art. 1.216, CC). Logo, só deverá ressarcir os frutos desde a data da citação e não de todo o período. *Alternativa C.*

137. **(XXIX Exame)** Arnaldo institui usufruto de uma casa em favor das irmãs Bruna e Cláudia, que, no intuito de garantir uma fonte de renda, alugam o imóvel. Dois anos depois da constituição do usufruto, Cláudia falece, e Bruna, mesmo sem "cláusula de acrescer" expressamente estipulada, passa a receber integralmente os valores decorrentes da locação. Um ano após o falecimento de Cláudia, Arnaldo vem a falecer. Seus herdeiros pleiteiam judicialmente uma parcela dos valores integralmente recebidos por Bruna no intervalo entre o falecimento de Cláudia e de Arnaldo e, concomitantemente, a extinção do usufruto em função da morte de seu instituidor. Diante do exposto, assinale a afirmativa correta.

(A) Na ausência da chamada "cláusula de acrescer", parte do usufruto teria se extinguido com a morte de Cláudia, mas o usufruto como um todo não se extingue com a morte de Arnaldo.

(B) Bruna tinha direito de receber a integralidade dos aluguéis independentemente de estipulação expressa, tendo em vista o grau de parentesco com Cláudia, mas o usufruto automaticamente se extingue com a morte de Arnaldo.

(C) A morte de Arnaldo só extingue a parte do usufruto que caberia a Bruna, mas permanece em vigor no que tange à parte que cabe a Cláudia, legitimando os herdeiros desta a receberem metade dos valores decorrentes da locação, caso esta permaneça em vigor.

(D) A morte de Cláudia extingue integralmente o usufruto, pois instituído em caráter simultâneo, razão pela qual os herdeiros de Arnaldo têm direito de receber a integralidade dos valores recebidos por Bruna, após o falecimento de sua irmã.

RESPOSTA De acordo com o Código Civil, a morte de um dos usufrutuários, sem que haja direito de acrescer aos outros, extingue o usufruto em relação ao que faleceu, nos termos dos arts. 1.410 e 1.411. Atente-se que a morte do nu proprietário não extingue o usufruto, assim, correta a *Alternativa A*.

138. **(XXVIII Exame)** Aline manteve união estável com Marcos durante 5 (cinco) anos, época em que adquiriram o apartamento de 80 m² onde residiam, único bem imóvel no patrimônio de ambos. Influenciado por tormentosas discussões, Marcos abandonou o apartamento e a cidade, permanecendo Aline sozinha no imóvel, sustentando todas as despesas deste. Após 3 (três) anos sem notícias de seu paradeiro, Marcos retornou à cidade e exigiu sua meação no imóvel. Sobre o caso concreto, assinale a afirmativa correta.

(A) Marcos faz jus à meação do imóvel em eventual dissolução de união estável.

(B) Aline poderá residir no imóvel em razão do direito real de habitação.

(C) Aline adquiriu o domínio integral, por meio de usucapião, já que Marcos abandonou o imóvel durante 2 (dois) anos.

(D) Aline e Marcos são condôminos sobre o bem, o que impede qualquer um deles de adquiri-lo por usucapião.

RESPOSTA A situação hipotética indica que, preenchidos os requisitos legais, incluindo o prazo estipulado, aplica-se usucapião familiar, prevista no art. 1.240-A, CC. *Alternativa C*.

139. **(XXVIII Exame)** Os negócios de Clésio vão de mal a pior e, em razão disso, ele toma uma decisão difícil: tomar um empréstimo de R$ 50.000,00 (cinquenta mil reais) com Antônia, dando, como garantia de pagamento, o penhor do seu relógio de ouro e diamantes, avaliado em R$ 200.00,00 (duzentos mil reais). Antônia, por sua vez, exige que, no instrumento de constituição do penhor, conste uma cláusula prevendo que, em caso de não pagamento da dívida, o relógio passará a ser de sua propriedade. Clésio aceita a inserção da cláusula, mas consulta seus serviços, como advogado(a), para saber da validade de tal medida. Sobre a cláusula proposta por Antônia, assinale a afirmativa correta.

(A) É válida, tendo em vista o fato de que as partes podem, no exercício de sua autonomia privada, estipular esse tipo de acordo.

(B) É nula, tendo em vista o fato de que o Código Civil brasileiro proíbe o pacto comissório.

(C) É válida, uma vez que Clésio, como proprietário do bem, não está impedido de realizar o negócio por um preço muito inferior ao de mercado, não se configurando a hipótese como pacto comissório.

(D) É válida, ainda que os valores entre o bem dado em garantia e o empréstimo sejam díspares, nada impede sua inserção, eis que não há qualquer vedação ao pacto comissório no direito brasileiro.

RESPOSTA Clésio empenha seu relógio em prol da credora Antônia, constituindo-se assim uma garantia real sobre aquele bem móvel, em virtude de um empréstimo. Todavia, a cláusula que permite à credora ficar com o bem ante ao inadimplemento do devedor é totalmente nula. O ordenamento brasileiro não permite o denominado pacto comissório, conforme art. 1.428, CC. O credor deve levar o bem empenhado à hasta pública. *Alternativa B*.

140. **(XXVIII Exame)** Eduarda comprou um terreno não edificado, em um loteamento distante do centro, por R$ 50.000,00 (cinquenta mil reais). Como não tinha a intenção de construir de imediato, ela visitava o local esporadicamente. Em uma dessas ocasiões, Eduarda verificou que Laura, sem qualquer autorização, havia construído uma mansão com 10 quartos, sauna, piscina, cozinha gourmet etc., no seu terreno, em valor estimado em R$ 2.000.000,00 (dois milhões de reais). Laura, ao ser notificada por Eduarda, antes de qualquer prazo de usucapião, verificou a documentação e percebeu que cometera um erro: construíra sua mansão no lote "A" da quadra "B", quando seu terreno, na verdade, é o lote "B" da quadra "A". Diante do exposto, assinale a afirmativa correta.

(A) Eduarda tem o direito de exigir judicialmente a demolição da mansão construída por Laura, independentemente de qualquer indenização.

(B) Laura, apesar de ser possuidora de má-fé, tem direito de ser indenizada pelas benfeitorias necessárias realizadas no imóvel de Eduarda.

(C) Laura, como é possuidora de boa-fé, adquire o terreno de Eduarda e a indeniza, uma vez que construiu uma mansão em imóvel inicialmente não edificado.

(D) Eduarda, apesar de ser possuidora de boa-fé, adquire o imóvel construído por Laura, tendo em vista a incidência do princípio pelo qual a superfície adere ao solo.

RESPOSTA Diante do caso, deve-se aplicar o art. 1.255, parágrafo único, CC, e que prevê o instituto da acessão inversa (ou invertida). Tem-se que se a construção ou a plantação exceder consideravelmente o valor do terreno, aquele que, de boa-fé, plantou ou edificou, adquirirá a propriedade do solo, mediante pagamento da indenização fixada judicialmente, se não houver acordo. *Alternativa C.*

141. **(XII Exame)** Alexandre, pai de Bruno, celebrou contrato com Carlos, o qual lhe concedeu o direito de superfície para realizar construção de um albergue em seu terreno e explorá-lo por 10 anos, mediante o pagamento da quantia de R$100.000,00. Passados quatro anos, Alexandre veio a falecer. Diante do negócio jurídico celebrado, assinale a afirmativa INCORRETA.

(A) O superficiário pode realizar obra no subsolo, de modo a ampliar sua atividade.

(B) O superficiário responde pelos encargos e tributos que incidirem sobre o imóvel.

(C) O direito de superfície será transferido a Bruno, em razão da morte de Alexandre.

(D) O superficiário terá direito de preferência, caso Carlos decida vender o imóvel.

RESPOSTA O direito de superfície é regido pelos arts. 1.369 a 1.377 do CC. Como regra, o superficiário (a quem se concede o direito) responde pelos encargos e tributos que incidirem sobre o imóvel (art. 1.371). Ademais, o direito de superfície é transmissível *causa mortis* (art. 1.372), assegurando-se ao superficiário o direito de preferência em caso de venda do imóvel (art. 1.373). Assim, são corretas as três derradeiras assertivas. Falsa é a *alternativa A*, pois, via de regra, o superficiário não pode realizar obras no subsolo, salvo se forem inerentes ao objeto da concessão (art. 1.369, parágrafo único). *Alternativa A.*

142. **(XIII Exame)** Ary celebrou contrato de compra e venda de imóvel com Laurindo e, mesmo sem a devida declaração negativa de débitos condominiais, conseguiu registrar o bem em seu nome. Ocorre que, no mês seguinte à sua mudança, Ary foi surpreendido com a cobrança de três meses de cotas condominiais em atraso. Inconformado com a situação, Ary tentou, sem sucesso, entrar em contato com o vendedor, para que este arcasse com os mencionados valores.

De acordo com as regras concernentes ao direito obrigacional, assinale a opção correta.

(A) Perante o condomínio, Laurindo deverá arcar com o pagamento das cotas em atraso, pois cabe ao vendedor solver todos os débitos que gravem o imóvel até o momento da tradição, entregando-o livre e desembargado.

(B) Perante o condomínio, Ary deverá arcar com o pagamento das cotas em atraso, pois se trata de obrigação subsidiária, já que o vendedor não foi encontrado, cabendo ação *in rem verso*, quando este for localizado.

(C) Perante o condomínio, Laurindo deverá arcar com o pagamento das cotas em atraso, pois se trata de obrigação com eficácia real, uma vez que Ary ainda não possui direito real sobre a coisa.

(D) Perante o condomínio, Ary deverá arcar com o pagamento das cotas em atraso, pois se trata de obrigação *propter rem*, entendida como aquela que está a cargo daquele que possui o direito real sobre a coisa e, comprovadamente, imitido na posse do imóvel adquirido.

RESPOSTA Nos termos do art. 1.345 do CC, "o adquirente de unidade responde pelos débitos do alienante, em relação ao condomínio, inclusive multas e juros moratórios". Trata-se de obrigação ambulatória ou *propter rem*, que se prende à coisa, cabendo ao seu titular responder por seu adimplemento. *Alternativa D.*

143. **(XIII Exame)** Jeremias e Antônio moram cada um em uma margem do rio Tatuapé. Com o passar do tempo, as chuvas, as estiagens e a erosão do rio alteraram a área da propriedade de cada um. Dessa forma, Jeremias começou a se questionar sobre o tamanho atual de sua propriedade (se houve aquisição/diminuição), o que deixou Antônio enfurecido, pois nada havia feito para prejudicar Jeremias. Ao mesmo tempo, Antônio também começou a notar diferenças em seu terreno na margem do rio. Ambos questionam se não deveriam receber alguma indenização do outro.

Sobre a situação apresentada, assinale a afirmativa correta.

(A) Trata-se de aquisição por aluvião, uma vez que corresponde a acréscimos trazidos pelo rio de forma sucessiva e imperceptível, não gerando indenização a ninguém.

(B) Se for formada uma ilha no meio do rio Tatuapé, pertencerá ao proprietário do terreno de onde aquela porção de terra se deslocou.

(C) Trata-se de aquisição por avulsão e cada proprietário adquirirá a terra trazida pelo rio mediante indenização do outro ou, se ninguém tiver reclamado, após o período de um ano.

(D) Se o rio Tatuapé secar, adquirirá a propriedade da terra aquele que primeiro a tornar produtiva de alguma maneira, seja como moradia ou como área de trabalho.

RESPOSTA A questão versa sobre o fenômeno da aluvião, assim conceituado no art. 1.250 do CC: "os acréscimos formados, sucessiva e imperceptivelmente, por depósitos e aterros naturais ao longo das margens das correntes, ou pelo desvio das águas destas, pertencem aos donos dos terrenos marginais, sem indenização". *Alternativa A.*

144. **(XIII Exame)** Antônio, muito necessitado de dinheiro, decide empenhar uma vaca leiteira para iniciar um negócio, acreditando que, com o sucesso do empreendimento, terá o animal de volta o quanto antes.

Sobre a hipótese de penhor apresentada, assinale a afirmativa correta.

(A) Se a vaca leiteira morrer, ainda que por descuido do credor, Antônio poderá ter a dívida executada judicialmente pelo credor pignoratício.

(B) As despesas advindas da alimentação e outras necessidades da vaca leiteira, devidamente justificadas, consistem em ônus do credor pignoratício, sendo vedada a retenção do animal para obrigar Antônio a indenizá-lo.

(C) Se Antônio não quitar sua dívida com o credor pignoratício, o penhor estará automaticamente extinto e, declarada sua extinção, poder-se-á proceder à adjudicação judicial da vaca leiteira.

(D) Caso o credor pignoratício perceba que, devido a uma doença que subitamente atingiu a vaca leiteira, sua morte está próxima, o CC/02 permite a sua venda antecipada, mediante prévia autorização judicial, situação que pode ser impedida por Antônio por meio da sua substituição.

RESPOSTA Trata-se de penhor, garantia real que recai sobre bem móvel (um animal). As três primeiras assertivas são falsas. Se o animal perecer por culpa do credor, extingue-se o penhor (A – art. 1.436, II, do CC); o credor pignoratício tem direito à retenção da coisa empenhada, até ser ressarcido por suas despesas (B – art. 1.433, II, do CC); se o devedor não paga a dívida, cabe ao credor promover a venda da coisa empenhada, não adjudicá-la (art. 1.433, IV, do CC). Finalmente, conforme prevê o art. 1.433, VI, do CC, o credor tem o direito de "promover a venda antecipada, mediante prévia autorização judicial, sempre que haja receio fundado de que a coisa empenhada se perca ou deteriore, devendo o preço ser depositado". Correta a *alternativa D.*

145. **(IX Exame)** De acordo com as regras atinentes à hipoteca, assinale a afirmativa correta.

(A) O Código Civil não admite a divisibilidade da hipoteca em casos de loteamento do imóvel hipotecado.

(B) O ordenamento jurídico admite a instituição de nova hipoteca sobre imóvel hipotecado, desde que seja dada em favor do mesmo credor.

(C) Segundo o Código Civil, o adquirente de bem hipotecado não pode remir a hipoteca para que seja extinto o gravame pendente sobre o bem sem autorização expressa de todos os credores hipotecários.

(D) A hipoteca pode ser constituída para garantia de dívida futura ou condicionada, desde que determinado o valor máximo do crédito a ser garantido.

RESPOSTA Eis o que dispõe o art. 1.487 do CC: "a hipoteca pode ser constituída para garantia de dívida futura ou condicionada, desde que determinado o valor máximo do crédito a ser garantido". *Alternativa D.*

146. **(VII Exame)** Acerca do instituto da posse é correto afirmar que

(A) o Código Civil estabeleceu um rol taxativo de posses paralelas.

(B) é admissível o interdito proibitório para a proteção do direito autoral.

(C) fâmulos da posse são aqueles que exercitam atos de posse em nome próprio.

(D) a composse é uma situação que se verifica na comunhão *pro indiviso*, do qual cada possuidor conta com uma fração ideal sobre a posse.

RESPOSTA A composse é tratada no art. 1.199 do CC, segundo o qual, se duas ou mais pessoas possuírem coisa indivisa, poderá cada uma exercer sobre ela atos possessórios, contanto que não excluam os dos outros compossuidores. Na posse *pro diviso*, apesar de a coisa ser indivisa, cada compossuidor exerce seus atos sobre o bem como se fosse uma posse exclusiva, enquanto na posse *pro indiviso*, os compossuidores exercem indistintamente os atos de posse sobre uma fração ideal do bem. *Alternativa D.*

147. **(VI Exame – Reaplicação)** Timóteo e Leandro, cada qual proprietário de um apartamento no Edifício Maison, procuram a síndica do condomínio, Leonor, a fim de solicitar que fossem deduzidas de suas contribuições condominiais as despesas referentes à manutenção do parque infantil situado no edifício. Argumentaram que, por serem os únicos condôminos sem crianças na família, não utilizam o aludido parque, cuja manutenção incrementa significativamente o valor da contribuição condominial, bem como que a convenção de condomínio nada dispõe a esse respeito. Na condição de advogado consultado por Leonor, assinale a avaliação correta do caso acima.

(A) Timóteo e Leandro podem ser temporariamente dispensados do pagamento das despesas referentes à manutenção do parque infantil, retomando-se imediatamente a cobrança caso venham a ter crianças em sua família.

(B) Timóteo e Leandro podem ser dispensados do pagamento das despesas referentes à manutenção do parque infantil, desde que declarem, por meio de escritura pública, que não utilizarão o parque infantil de forma permanente.

(C) Leonor deverá dispensar tratamento isonômico a todos os condôminos, devendo as despesas de manutenção do parque infantil ser cobradas, ao final de cada mês, apenas daqueles condôminos que tenham efetivamente utilizado a área naquele período.

(D) Todos os condôminos, inclusive Timóteo e Leandro, devem arcar com as despesas referentes à manutenção do parque infantil, tendo em vista ser seu dever contribuir para as despesas condominiais proporcionalmente à fração ideal de seu imóvel.

RESPOSTA Conforme prevê o art. 1.336, I, do CC, são deveres do condômino, salvo disposição em contrário na convenção (e o enunciado da questão deixa claro que não há disposição a esse respeito), contribuir para as despesas do condomínio na proporção das suas frações ideais. Portanto, todos devem arcar com os ônus e as despesas, independentemente da efetiva fruição da área comum, que está à disposição de todos os condôminos. *Alternativa D.*

148. **(V Exame)** Durante assembleia realizada em condomínio edilício residencial, que conta com um apartamento por andar, Giovana, nova proprietária do apartamento situado no andar térreo, solicitou explicações sobre a cobrança condominial, por ter verificado que o valor dela cobrado era superior àquele exigido dos demais condôminos. O síndico prontamente esclareceu que a cobrança a ela dirigida é realmente superior à cobrança das demais unidades, tendo em vista que o apartamento de Giovana tem acesso exclusivo, por meio de uma porta situada em sua área de serviço, a um pequeno pátio localizado nos fundos do condomínio, conforme consta nas configurações originais do edifício devidamente registradas. Desse modo, segundo afirmado pelo síndico, podendo Giovana usar o pátio com exclusividade, apesar de constituir área comum do condomínio, caberia a ela arcar com as respectivas despesas de manutenção.

Em relação à situação apresentada, assinale a alternativa correta.

(A) Não poderão ser cobradas de Giovana as despesas relativas à manutenção do pátio, tendo em vista que este consiste em área comum do condomínio, e a porta de acesso exclusivo não fora instalada por iniciativa da referida condômina.

(B) Poderão ser cobradas de Giovana as despesas relativas à manutenção do pátio, tendo em vista que ela dispõe de seu uso exclusivo, independentemente da frequência com que seja efetivamente exercido.

(C) Somente poderão ser cobradas de Giovana as despesas relativas à manutenção do pátio caso seja demonstrado que o uso por ela exercido impõe deterioração excessiva do local.

(D) Poderá ser cobrada de Giovana metade das despesas relativas à manutenção do pátio, devendo a outra metade ser repartida entre os demais condôminos, tendo em vista que a instalação da porta na área de serviço não foi de iniciativa da condômina, tampouco da atual administração do condomínio.

RESPOSTA Prevê o art. 1.340 do CC que as despesas relativas a partes comuns de um condomínio, mas de uso *exclusivo* de um ou alguns dos condôminos, incumbem a quem delas se serve. Portanto, tais despesas podem ser cobradas de Giovana, apenas. *Alternativa B.*

149. **(IV Exame)** Noêmia, proprietária de uma casa litorânea, regularmente constituiu usufruto sobre o aludido imóvel em favor de Luísa, mantendo, contudo, a sua propriedade. Inesperadamente, sobreveio uma severa ressaca marítima, que destruiu por completo o imóvel. Ciente do ocorrido, Noêmia decidiu reconstruir integralmente a casa às suas expensas, tendo em vista que o imóvel não se encontrava segurado.

A respeito da situação narrada, assinale a alternativa correta.

(A) O usufruto será mantido em favor de Luísa, tendo em vista que o imóvel não fora destruído por culpa sua.

(B) O usufruto será extinto, consolidando-se a propriedade em favor de Noêmia, independentemente do pagamento de indenização a Luísa, tendo em vista que Noêmia arcou com as despesas de reconstrução do imóvel.

(C) O usufruto será extinto, consolidando-se a propriedade em favor de Noêmia, desde que esta indenize Luísa em valor equivalente a um ano de aluguel do imóvel.

(D) O usufruto será mantido em favor de Luísa, independentemente do pagamento de qualquer quantia por ela, tendo em vista que Noêmia somente poderia ter reconstruído o imóvel mediante autorização expressa de Luísa, por escritura pública ou instrumento particular.

RESPOSTA Prevê o art. 1.410, V, do CC que uma das formas de extinção do usufruto é a *destruição da coisa*. Já o art. 1.408 do CC dispõe que se um edifício sujeito a usufruto for destruído sem culpa do proprietário, não será este obrigado a reconstruí-lo, nem o usufruto se restabelecerá se o proprietário reconstruir à sua custa o prédio. Complementando, se houvesse indenização de seguro para a reconstrução do prédio, seria restabelecido o usufruto, mas não era esse o caso narrado pela questão. *Alternativa B.*

150. **(IV Exame)** Acerca da servidão de aqueduto, assinale a alternativa correta.

(A) Não se aplicam à servidão de aqueduto as regras pertinentes à passagem de cabos e tubulações.

(B) O aqueduto deverá ser construído de maneira que cause o menor prejuízo aos proprietários dos imóveis vizinhos, e às expensas do seu dono, mas a quem não incumbem as despesas de conservação.

(C) Se o uso das águas não se destinar à satisfação das exigências primárias, o proprietário do aqueduto não deverá ser indenizado pela retirada das águas supérfluas aos seus interesses de consumo.

(D) O proprietário do prédio serviente, ainda que devidamente indenizado pela passagem da servidão do aqueduto, poderá exigir que seja subterrânea a canalização que atravessa áreas edificadas, pátios, jardins ou quintais.

RESPOSTA Dispõe o art. 1.293, § 2º, do CC que o proprietário prejudicado, que será devidamente indenizado pelos prejuízos oriundos da construção do aqueduto, poderá exigir que seja subterrânea a canalização que atravessa áreas edificadas, pátios, hortas, jardins ou quintais. *Alternativa D.*

151. **(III Exame)** Félix e Joaquim são proprietários de casas vizinhas há cinco anos e, de comum acordo, haviam regularmente delimitado as suas propriedades pela instalação de uma singela cerca viva. Recentemente, Félix adquiriu um cachorro e, por essa razão, o seu vizinho, Joaquim, solicitou-lhe que substituísse a cerca viva por um tapume que impedisse a entrada do cachorro em sua propriedade. Surpreso, Félix negou-se a atender ao pedido do vizinho, argumentando que o seu cachorro era adestrado e inofensivo e, por isso, jamais lhe causaria qualquer dano. Com base na situação narrada, é correto afirmar que Joaquim

(A) Não poderá exigir que Félix instale o tapume, uma vez que a cerca viva fora instalada de comum acordo e demarca corretamente os limites de ambas as propriedades, cumprindo, pois, com a sua função, bem como não há indícios de que o cachorro possa vir a lhe causar danos.

(B) Poderá exigir que Félix instale o tapume, a fim de evitar que o cachorro ingresse em sua propriedade, cabendo a Félix arcar integralmente com as despesas de instalação.

(C) Poderá exigir que Félix instale o tapume, a fim de evitar que o cachorro ingresse em sua propriedade, cabendo a Félix arcar com as despesas de instalação, deduzindo-se desse montante metade do valor, devidamente corrigido, correspondente à cerca viva inicialmente instalada por ambos os vizinhos.

(D) Poderá exigir que Félix instale o tapume, a fim de evitar que o cachorro ingresse na sua propriedade, contanto que arque com metade das despesas de instalação, cabendo a Félix arcar com a outra parte das despesas.

RESPOSTA No caso hipotético, aplica-se a regra contida no § 3º do art. 1.297 do CC, segundo o qual a construção de tapumes especiais para impedir a passagem de animais de pequeno porte, ou para outro fim, pode ser exigida de quem provocou a necessidade deles pelo proprietário, que não está obrigado a concorrer para as correspondentes despesas. *Alternativa B.*

152. **(II Exame)** Sobre o constituto possessório, assinale a alternativa correta.

(A) Trata-se de modo originário de aquisição da propriedade.

(B) Trata-se de modo originário de aquisição da posse.

(C) Representa uma tradição ficta.

(D) É imprescindível para que se opere a transferência da posse aos herdeiros na sucessão universal.

RESPOSTA O art. 1.267 e seu parágrafo único do CC preveem a transferência da propriedade por meio da *tradição*, subentendendo-se ela, entre outras hipóteses, quando o transmitente continua a possuir pelo constituto possessório. Doutrinariamente, são admitidas três espécies de tradição: a *real*, a *simbólica* e a *ficta*. A *ficta* compreende o constituto possessório, por meio do qual aquele que possuía em nome próprio passa a possuir em nome alheio (por exemplo, é o que se dá quando um indivíduo aliena um bem, mas continua na sua posse como locatário ou comodatário). *Alternativa C.*

153. **(II Exame)** Passando por dificuldades financeiras, Alexandre instituiu uma hipoteca sobre imóvel de sua propriedade, onde reside com sua família. Posteriormente, foi procurado por Amanda, que estaria disposta a adquirir o referido imóvel por um valor bem acima do mercado. Consultando seu advogado, Alexandre ouviu dele que não poderia alienar o imóvel, já que havia uma cláusula na escritura de instituição da hipoteca que o proibia de alienar o bem hipotecado. A opinião do advogado de Alexandre

(A) Está incorreta, porque a hipoteca instituída não produz efeitos, pois, na hipótese, o direito real em garantia a ser instituído deveria ser o penhor.
(B) Está incorreta, porque Alexandre está livre para alienar o imóvel, pois a cláusula que proíbe o proprietário de alienar o bem hipotecado é nula.
(C) Está incorreta, uma vez que a hipoteca é nula, pois não é possível instituí-la sobre bem de família do devedor hipotecário.
(D) Está correta, porque, em virtude da proibição contratual, Alexandre não poderia alienar o imóvel enquanto recaísse sobre ele a garantia hipotecária.

RESPOSTA Conforme previsão expressa do art. 1.475 do CC, é nula a cláusula que proíbe ao proprietário alienar imóvel hipotecado. *Alternativa B.*

154. **(II Exame)** Por meio de uma promessa de compra e venda, celebrada por instrumento particular registrada no cartório de Registro de Imóveis e na qual não se pactuou arrependimento, Juvenal foi residir no imóvel objeto do contrato e, quando quitou o pagamento, deparou com a recusa do promitente-vendedor em outorgar-lhe a escritura definitiva do imóvel. Diante do impasse, Juvenal poderá

(A) Requerer ao juiz a adjudicação do imóvel, a despeito de a promessa de compra e venda ter sido celebrada por instrumento particular.
(B) Usucapir o imóvel, já que não faria jus à adjudicação compulsória na hipótese.
(C) Desistir do negócio e pedir o dinheiro de volta.
(D) Exigir a substituição do imóvel prometido à venda por outro, muito embora inexistisse previsão expressa a esse respeito no contrato preliminar.

RESPOSTA A fundamentação para a resposta se encontra no disposto nos arts. 1.417 e 1.418 do CC, que regem o direito do promitente comprador. Havendo injustificada recusa por parte do vendedor, poderá o comprador, após saldar suas obrigações, requerer ao juiz a adjudicação do imóvel, mesmo que o contrato de promessa de compra e venda tenha sido firmado por instrumento particular (arts. 462 e 1.417 do CC). *Alternativa A.*

155. **(II Exame)** Assinale a alternativa que contemple exclusivamente obrigação *propter rem*:

(A) A obrigação de indenizar decorrente da aluvião e aquela decorrente da avulsão.
(B) A hipoteca e o dever de pagar as cotas condominiais.
(C) O dever que tem o servidor da posse de exercer o desforço possessório e o dever de pagar as cotas condominiais.
(D) A obrigação que tem o proprietário de um terreno de indenizar o terceiro que, de boa-fé, erigiu benfeitorias sobre o mesmo.

RESPOSTA A resolução desta questão envolve o conceito de obrigação *propter rem*, que não se encontra positivado, embora mereça amplo reconhecimento doutrinário. Essa modalidade de obrigação decorre do fato de que determinadas obrigações derivam do mero fato de uma pessoa ser titular de um direito real. Entre outros exemplos possíveis (cite-se, por todos, o dever imposto ao adquirente de unidade condominial de arcar com os débitos do alienante em relação ao condomínio – art. 1.345 do CC), a obrigação do proprietário de indenizar o terceiro, prevista no art. 1.219 do CC, decorre simplesmente da sua condição de proprietário do terreno, sendo, portanto, uma obrigação *propter rem*. *Alternativa D.*

156. **(XV Exame)** No regime da Alienação Fiduciária que recai sobre bens imóveis, uma vez consolidada a propriedade em seu nome no Registro de Imóveis, o fiduciário, no prazo de trinta dias, contados da data do referido registro, deverá

(A) adjudicar o bem.
(B) vender diretamente o bem para terceiros.
(C) promover leilão público para a alienação do imóvel; não havendo arremate pelo valor de sua

avaliação, realizar um segundo leilão em quinze dias.

(D) promover leilão público para a alienação do imóvel; não havendo arremate, o fiduciário adjudicará o bem.

RESPOSTA No Brasil, a alienação fiduciária de bens *imóveis* é regida pela Lei n. 9.514/97. Nos termos do art. 27 da referida Lei, "uma vez consolidada a propriedade em seu nome, o fiduciário, no prazo de trinta dias, contados da data do registro de que trata o § 7º do artigo anterior, promoverá público leilão para a alienação do imóvel". Na sequência, o § 1º deste mesmo dispositivo prevê que "se, no primeiro público leilão, o maior lance oferecido for inferior ao valor do imóvel, estipulado na forma do inciso VI do art. 24, será realizado o segundo leilão, nos quinze dias seguintes". *Alternativa C.*

157. **(XVI Exame)** A Companhia GAMA e o Banco RENDA celebraram entre si contrato de mútuo, por meio do qual a companhia recebeu do banco a quantia de R$ 500.000,00 (quinhentos mil reais), obrigando-se a restituí-la, acrescida dos juros convencionados, no prazo de três anos, contados da entrega do numerário. Em garantia do pagamento do débito, a Companhia GAMA constituiu, em favor do Banco RENDA, por meio de escritura pública levada ao cartório do registro de imóveis, direito real de hipoteca sobre determinado imóvel de sua propriedade. A Companhia GAMA, dois meses depois, celebrou outro contrato de mútuo com o Banco BETA, no valor de R$ 200.000,00 (duzentos mil reais), obrigando-se a restituir a quantia, acrescida dos juros convencionados, no prazo de dois anos, contados da entrega do numerário. Em garantia do pagamento do débito, a Companhia GAMA constituiu, em favor do Banco BETA, por meio de escritura pública levada ao cartório do registro de imóveis, uma segunda hipoteca sobre o mesmo imóvel gravado pela hipoteca do Banco RENDA. Chegado o dia do vencimento do mútuo celebrado com o Banco BETA, a Companhia GAMA não reembolsou a quantia devida ao banco, muito embora tivesse bens suficientes para honrar todas as suas dívidas. Nesse caso, é correto afirmar que

(A) o Banco BETA tem direito a promover imediatamente a execução judicial da hipoteca que lhe foi conferida.

(B) a hipoteca constituída pela companhia GAMA em favor do Banco BETA é nula, uma vez que o bem objeto da garantia já se encontrava gravado por outra hipoteca.

(C) a hipoteca constituída pela GAMA em favor do Banco BETA é nula, uma vez que tal hipoteca garante dívida cujo vencimento é inferior ao da dívida garantida pela primeira hipoteca, constituída em favor do Banco RENDA.

(D) o Banco BETA não poderá promover a execução judicial da hipoteca que lhe foi conferida antes de vencida a dívida contraída pela Companhia GAMA junto ao Banco RENDA.

RESPOSTA Segundo determina o art. 1.476 do CC, nada impede que o devedor constitua diversas hipotecas sobre um único bem, seja a favor do mesmo credor ou de credores diversos, como se passa no caso em apreço. O credor da segunda hipoteca (Banco BETA) não pode, todavia, executar a dívida antes do vencimento da primeira hipoteca, conferida em proveito do Banco RENDA, a não ser que tivesse ocorrido insolvência do devedor, o que não corresponde ao caso (*vide* art. 1.477 do CC). Correta a *alternativa D.*

158. **(XVI Exame)** Mediante o emprego de violência, Mélvio esbulhou a posse da Fazenda Vila Feliz. A vítima do esbulho, Cassandra, ajuizou ação de reintegração de posse em face de Mélvio após um ano e meio, o que impediu a concessão de medida liminar em seu favor. Passados dois anos desde a invasão, Mélvio teve que trocar o telhado da casa situada na fazenda, pois estava danificado. Passados cinco anos desde a referida obra, a ação de reintegração de posse transitou em julgado e, na ocasião, o telhado colocado por Mélvio já se encontrava severamente danificado. Diante de sua derrota, Mélvio argumentou que faria jus ao direito de retenção pelas benfeitorias erigidas, exigindo que Cassandra o reembolsasse. A respeito do pleito de Mélvio, assinale a afirmativa correta.

(A) Mélvio não faz jus ao direito de retenção por benfeitorias, pois sua posse é de má-fé e as benfeitorias, ainda que necessárias, não devem ser indenizadas, porque não mais existiam quando a ação de reintegração de posse transitou em julgado.

(B) Mélvio é possuidor de boa-fé, fazendo jus ao direito de retenção por benfeitorias e devendo ser indenizado por Cassandra com base no valor delas.

(C) Mélvio é possuidor de má-fé, não fazendo jus ao direito de retenção por benfeitorias, mas deve ser indenizado por Cassandra com base no valor delas.

(D) Mélvio é possuidor de má-fé, fazendo jus ao direito de retenção por benfeitorias e devendo ser indenizado pelo valor atual delas.

RESPOSTA Tendo ocorrido esbulho, mediante emprego de violência, caracteriza-se a posse de Mélvio como injusta e de má-fé (arts. 1.200 e 1.201 do CC). Com base no art. 1.220 do CC, "ao possuidor de má-fé serão ressarcidas somente as benfeitorias necessárias; não lhe assiste o direito de retenção pela importância destas, nem o de levantar as voluptuárias". Assim, em princípio, Mélvio faria jus ao pagamento de indenização pela reconstrução do telhado, o que se considera benfeitoria necessária, realizada para evitar a deterioração da coisa (*vide* art. 96, § 3º, do CC). Entretanto, o art. 1.221 do CC prevê que "as benfeitorias compensam-se com os danos, e só obrigam ao ressarcimento se ao tempo da evicção ainda existirem". Como à época da retomada da posse as benfeitorias não mais subsistiam, nada há que ser indenizado. *Alternativa A.*

159. **(XV Exame)** Com a ajuda de homens armados, Francisco invade determinada fazenda e expulsa dali os funcionários de Gabriel, dono da propriedade. Uma vez na posse do imóvel, Francisco decide dar continuidade às atividades agrícolas que vinha sendo ali desenvolvidas (plantio de soja e de feijão). Três anos após a invasão, Gabriel consegue, pela via judicial, ser reintegrado na posse da fazenda. Quanto aos frutos colhidos por Francisco durante o período em que permaneceu na posse da fazenda, afirmativa correta.

(A) Francisco deve restituir a Gabriel todos os frutos colhidos e percebidos, mas tem direito de ser ressarcido pelas despesas de produção e custeio.
(B) Francisco tem direito aos frutos percebidos durante o período em que permaneceu na fazenda.
(C) Francisco tem direito à metade dos frutos colhidos, devendo restituir a outra metade a Gabriel.
(D) Francisco deve restituir a Gabriel todos os frutos colhidos e percebidos, e não tem direito de ser ressarcido pelas despesas de produção e custeio.

RESPOSTA A posse de Francisco, o invasor, será tida como injusta e de má-fé, conforme os arts. 1.200 e 1.201 do CC. Sendo assim, quanto à matéria, determina o art. 1.216 que "o possuidor de má-fé responde por todos os frutos colhidos e percebidos, bem como pelos que, por culpa sua, deixou de perceber, desde o momento em que se constituiu de má-fé; tem direito às despesas da produção e custeio". *Alternativa A.*

160. **(XIV Exame)** Sara e Bernardo doaram o imóvel que lhes pertencia a Miguel, ficando o imóvel gravado com usufruto em favor dos doadores. Dessa forma, quanto aos deveres dos usufrutuários, assinale a afirmativa INCORRETA:

(A) Não devem pagar as deteriorações resultantes do exercício regular do usufruto.
(B) Devem arcar com as despesas ordinárias de conservação do bem no estado em que o receberam.
(C) Devem arcar com os tributos inerentes à posse da coisa usufruída.
(D) Não devem comunicar ao dono a ocorrência de lesão produzida contra a posse da coisa.

RESPOSTA Os deveres do usufrutuário encontram-se descritos nos arts. 1.400 a 1.409 do CC. Entre eles, figura a obrigação de dar ciência ao dono do bem dado em usufruto de qualquer lesão produzida contra a posse da coisa, ou os direitos deste (art. 1.406, CC). *Alternativa D.*

161. **(XVIII Exame)** Por meio de contrato verbal, João alugou sua bicicleta a José, que se comprometeu a pagar o aluguel mensal de R$ 100,00 (cem reais), bem como a restituir a coisa alugada ao final do sexto mês de locação. Antes de esgotado o prazo do contrato de locação, João deseja celebrar contrato de compra e venda com Otávio, de modo a transmitir imediatamente a propriedade da bicicleta. Não obstante a coisa permanecer na posse direta de José, entende-se que

(A) o adquirente Otávio, caso venda a bicicleta antes de encerrado o prazo da locação, deve obrigatoriamente depositar o preço em favor do locatário José.
(B) João não pode celebrar contrato de compra e venda da bicicleta antes de encerrado o prazo da locação celebrada com José.
(C) é possível transmitir imediatamente a propriedade para Otávio, por meio da estipulação, no contrato de compra e venda, da cessão do direito à restituição da coisa em favor de Otávio.
(D) é possível transmitir imediatamente a propriedade para Otávio, por meio da estipulação, no contrato de compra e venda, do constituto possessório em favor de Otávio.

RESPOSTA João alugou o bem a José e, antes de expirado o prazo da locação, vendeu o mesmo objeto a Otávio. Neste caso, para que Otávio receba a tradição (entrega) do bem, bastará que receba do vendedor o direito de reclamar a coisa, conforme determina o parágrafo único do art. 1.267 do CC: "Subentende-se a tradição quando o transmitente continua a possuir pelo constituto possessório; quando cede ao adquirente o direito à restituição da coisa, que se encontra em poder de terceiro; ou quando o adquirente já está na posse da coisa, por ocasião do negócio jurídico". Assim, o adquirente Otávio se torna proprietário mediante o recebimento da coisa diretamente do locatário José. *Alternativa C.*

162. **(XVII Exame)** Angélica concede a Otávia, pelo prazo de vinte anos, direito real de usufruto sobre imóvel de que é proprietária. O direito real é constituído por meio de escritura pública, que é registrada no competente Cartório do Registro de Imóveis. Cinco anos depois da constituição do usufruto, Otávia falece, deixando como única herdeira sua filha Patrícia.

Sobre esse caso, assinale a afirmativa correta.

(A) Patrícia herda o direito real de usufruto sobre o imóvel.

(B) Patrícia adquire somente o direito de uso sobre o imóvel.

(C) O direito real de usufruto extingue-se com o falecimento de Otávia.

(D) Patrícia deve ingressar em juízo para obter sentença constitutiva do seu direito real de usufruto sobre o imóvel.

RESPOSTA O usufruto é um direito real concedido em caráter personalíssimo. Exatamente por isso, não se admite sua transmissão *causa mortis*, uma vez que o art. 1.410, I, do CC, preconiza o fim do usufruto em caso de morte do usufrutuário. *Alternativa C.*

163. **(XVII Exame)** Mateus é proprietário de um terreno situado em área rural do estado de Minas Gerais. Por meio de escritura pública levada ao cartório do registro de imóveis, Mateus concede, pelo prazo de vinte anos, em favor de Francisco, direito real de superfície sobre o aludido terreno. A escritura prevê que Francisco deverá ali construir um edifício que servirá de escola para a população local. A escritura ainda prevê que, em contrapartida à concessão da superfície, Francisco deverá pagar a Mateus a quantia de R$ 30.000,00 (trinta mil reais). A escritura também prevê que, em caso de alienação do direito de superfície por Francisco, Mateus terá direito a receber quantia equivalente a 3% do valor da transação.

Nesse caso, é correto afirmar que

(A) é nula a concessão de direito de superfície por prazo determinado, haja vista só se admitir, no direito brasileiro, a concessão perpétua.

(B) é nula a cláusula que prevê o pagamento de remuneração em contrapartida à concessão do direito de superfície, haja vista ser a concessão ato essencialmente gratuito.

(C) é nula a cláusula que estipula em favor de Mateus o pagamento de determinada quantia em caso de alienação do direito de superfície.

(D) é nula a cláusula que obriga Francisco a construir um edifício no terreno.

RESPOSTA O direito real de superfície tem previsão entre os arts. 1.369 e 1.377 do CC. Trata-se de direito constituído em caráter temporário, por prazo determinado, permitindo-se ao superficiário o direito de construir ou plantar em terreno alheio. A lei faculta a alienação do direito de superfície, mas, nos termos do parágrafo único do art. 1.272 do CC, não poderá ser estipulado pelo proprietário do bem qualquer pagamento pela transferência da superfície. *Alternativa C.*

164. **(XVII Exame)** Vitor e Paula celebram entre si, por escritura particular levada a registro em cartório de títulos e documentos, contrato de mútuo por meio do qual Vitor toma emprestada de Paula a quantia de R$ 10.000,00, obrigando-se a restituir o montante no prazo de três meses. Em garantia da dívida, Vitor constitui em favor de Paula, por meio de instrumento particular, direito real de penhor sobre uma joia de que é proprietário. Vencido o prazo estabelecido para o pagamento da dívida, Vitor procura Paula e explica que não dispõe de dinheiro para quitar o débito. Propõe então que, em vez da quantia devida, Paula receba, em pagamento da dívida, a propriedade da coisa empenhada.

Assinale a opção que indica a orientação correta a ser transmitida a Paula.

(A) Para ter validade, o acordo sugerido por Vitor deve ser celebrado mediante escritura pública.

(B) O acordo sugerido por Vitor não tem validade, uma vez que constitui espécie de pacto proibido pela lei.

(C) Para ter validade, o acordo sugerido deve ser homologado em juízo.

(D) O acordo sugerido por Vitor é válido, uma vez que constitui espécie de pacto cuja licitude é expressamente reconhecida pela lei.

RESPOSTA As partes estipularam o penhor como garantia real do pagamento da dívida. O art. 1.428 do CC proíbe o chamado pacto comissório, ao prever que "é nula a cláusula que autoriza o credor pignoratício, anticrético ou hipotecário a ficar com o objeto da garantia, se a dívida não for paga no vencimento". O devedor, portanto, não pode se ver forçado a perder a coisa dada em garantia em caso de não pagamento. Todavia, o parágrafo único do mesmo dispositivo estatui que "após o vencimento, poderá o devedor dar a coisa em pagamento da dívida". Assim, nada impede que Vitor ofereça voluntariamente a coisa (dação em pagamento) para se livrar do débito. *Alternativa D.*

165. **(XX Exame)** Vítor, Paulo e Márcia são coproprietários, em regime de condomínio pro indiviso, de uma casa, sendo cada um deles titular de parte ideal representativa de um terço (1/3) da coisa comum. Todos usam esporadicamente a casa nos finais de semana. Certo dia, ao visitar a casa, Márcia descobre um vazamento no encanamento de água. Sem perder tempo, contrata, em nome próprio, uma sociedade empreiteira para a realização da substituição do cano danificado. Pelo serviço, ficou ajustado contratualmente o pagamento de R$ 900,00 (novecentos reais).

Tendo em vista os fatos expostos, assinale a afirmativa correta.

(A) A empreiteira pode cobrar a remuneração ajustada contratualmente de qualquer um dos condôminos.

(B) A empreiteira pode cobrar a remuneração ajustada contratualmente apenas de Márcia, que, por sua vez, tem direito de regresso contra os demais condôminos.

(C) A empreiteira não pode cobrar a remuneração contratualmente ajustada de Márcia ou de qualquer outro condômino, uma vez que o serviço foi contratado sem a prévia aprovação da totalidade dos condôminos.

(D) A empreiteira pode cobrar a remuneração ajustada contratualmente apenas de Márcia, que deverá suportar sozinha a despesa, sem direito de regresso contra os demais condôminos, uma vez que contratou a empreiteira sem o prévio consentimento dos demais condôminos.

RESPOSTA Vítor, Paulo e Márcia são condôminos de um bem comum, nos termos dos arts. 1.314 e seguintes do CC. A dívida foi contraída apenas por Márcia, que contratou a sociedade, mas o propósito da reforma era o de beneficiar todos os coproprietários. Neste caso, dispõe o art. 1.318 do CC que "as dívidas contraídas por um dos condôminos em proveito da comunhão, e durante ela, obrigam o contratante; mas terá este ação regressiva contra os demais". *Alternativa B.*

166. **(XX Exame – Reaplicação)** O apartamento de João é invadido e, entre outras coisas, um paletó é furtado. Três meses depois, João descobre que o seu paletó está sendo usado por Ricardo. Ao ser confrontado, Ricardo esclarece que adquiriu o paletó há um mês de um brechó, que o mantinha exposto no mostruário. Alegou ainda que adquiriu a roupa sem saber que era proveniente de furto. Em prova do alegado, Ricardo exibe documento comprobatório da compra do paletó feita no brechó.

Tendo em vista a situação descrita, assinale a afirmativa correta.

(A) Ricardo não é o legítimo proprietário do paletó, pois o adquiriu do brechó, que não era o verdadeiro dono da coisa.

(B) Ricardo é o legítimo proprietário do paletó, uma vez que o adquiriu de boa-fé, em estabelecimento comercial, que, nas circunstâncias do caso, aparentava ser o dono da coisa.

(C) Ricardo é o legítimo proprietário do paletó, mas deve indenizar João, entregando-lhe soma equivalente ao preço que pagou ao brechó.

(D) Ricardo não é o legítimo proprietário do paletó, uma vez que o comprou do brechó apenas dois meses depois do furto sofrido por João.

RESPOSTA João foi vítima de furto. Ocorre que Ricardo veio a adquirir o objeto do crime em um estabelecimento comercial, tendo adquirido sua propriedade de boa-fé. Neste caso, vigora o disposto no art. 1.268 do CC: "feita por quem não seja proprietário, a tradição não aliena a propriedade, exceto se a coisa, oferecida ao público, em leilão ou estabelecimento comercial, for transferida em circunstâncias tais que, ao adquirente de boa-fé, como a qualquer pessoa, o alienante se afigurar dono". Trata-se da aplicação da teoria da aparência (putatividade), eis que a Ricardo o estabelecimento aparentava ser o proprietário legítimo da coisa. *Alternativa B.*

167. **(XXII Exame)** George vende para Marília um terreno não edificado de sua propriedade, enfatizando a existência de uma "vista eterna para a praia" que se encontra muito próxima do imóvel, mesmo sem qualquer documento comprovando o fato.

Marília adquire o bem, mas, dez anos após a compra, é surpreendida com a construção de um edifício de vinte andares exatamente entre o seu terreno e o mar, impossibilitando totalmente a vista que George havia prometido ser eterna.

Diante do exposto e considerando que a construção do edifício ocorreu em um terreno de terceiro, assinale a afirmativa correta.

(A) Uma vez transcorrido o prazo de 10 anos, Marília pode pleitear o reconhecimento da usucapião da servidão de vista.

(B) Mesmo sem registro, Marília pode ser considerada titular de uma servidão de vista por destinação de George, o antigo proprietário do terreno.

(C) Mesmo sendo uma servidão aparente, as circunstancias do caso não permitem a usucapião de vista.

(D) Sem que tenha sido formalmente constituída, não é possível reconhecer servidão de vista em favor de Marília.

RESPOSTA A questão versa sobre a possibilidade de aquisição do direito real de servidão por usucapião. Neste caso, é preciso ter em conta o teor do art. 1.379 do CC, que assim dispõe: "o exercício incontestado e contínuo de uma servidão aparente, por dez anos, nos termos do art. 1.242, autoriza o interessado a registrá-la em seu nome no Registro de Imóveis, valendo-lhe como título a sentença que julgar consumado a usucapião". Vê-se, portanto, que a usucapião do direito de servidão somente será viável se se tratar de servidão aparente, assim considerara aquela que se torna ostensiva, sobretudo pela construção de obras que a tornem explícita ao olhar de terceiros. As servidões não aparentes, imperceptíveis, não podem ser adquiridas por usucapião. Assim, como não houve registro formal do direito de servidão (art. 1.378 do CC), não há como Marília reclamar tal direito. *Alternativa D.*

168. **(XXIV Exame)** Quincas adentra terreno vazio e, de forma pública, passa a construir ali a sua moradia. Após o exercício ininterrupto da posse por 17 (dezessete) anos, pleiteia judicialmente o reconhecimento da propriedade do bem pela usucapião. Durante o processo, constatou-se que o imóvel estava hipotecado em favor de Jovelino, para o pagamento de numerários devidos por Adib, proprietário do imóvel. Com base nos fatos apresentados, assinale a afirmativa correta.

(A) A hipoteca existente em benefício de Jovelino prevalece sobre eventual direito de Quincas, tendo em vista o princípio da prioridade no registro.

(B) A hipoteca é um impeditivo para o reconhecimento da usucapião, tendo em vista a função social do crédito garantido.

(C) Como a usucapião é modo originário de aquisição da propriedade, a hipoteca não é capaz de impedir a sua consumação.

(D) Quincas pode adquirir, pela usucapião, o imóvel em questão, porém ficará com o ônus de quitar o débito que a hipoteca garantia.

RESPOSTA A usucapião consiste em modo de aquisição originária da propriedade, e não derivada. Isto significa dizer que não apenas eventuais ônus (como a hipoteca) não impedem a aquisição do imóvel, como também que o usucapiente não responde pelos débitos ou gravames que incidam anteriormente sobre a coisa. *Alternativa C.*

169. **(XXIII Exame)** À vista de todos e sem o emprego de qualquer tipo de violência, o pequeno agricultor Joventino adentra terreno vazio, constrói ali sua moradia e uma pequena horta para seu sustento, mesmo sabendo que o terreno é de propriedade de terceiros.

Sem ser incomodado, exerce posse mansa e pacífica por 2 (dois) anos, quando é expulso por um grupo armado comandado por Clodoaldo, proprietário do terreno, que só tomou conhecimento da presença de Joventino no imóvel no dia anterior à retomada.

Diante do exposto, assinale a afirmativa correta.

(A) Como não houve emprego de violência, Joventino não pode ser considerado esbulhador.

(B) Clodoaldo tem o direito de retomar a posse do bem mediante o uso da força com base no desforço imediato, eis que agiu imediatamente após a ciência do ocorrido.

(C) Tendo em vista a ocorrência do esbulho, Joventino deve ajuizar uma ação possessória contra Clodoaldo, no intuito de recuperar a posse que exercia.

(D) Na condição de possuidor de boa-fé, Joventino tem direito aos frutos e ao ressarcimento das benfeitorias realizadas durante o período de exercício da posse.

RESPOSTA Importa verificar as circunstâncias narradas. Joventino se apossou de terreno alheio pública e pacificamente, não cabendo atestar, assim, violência e clandestinidade em sua conduta. Isto acarreta uma consequência: Joventino não é mero detentor (art. 1.208 do Código Civil), mas verdadeiro possuidor do terreno. A posse, todavia, deve ser considerada de má-fé (art. 1.201 do Código Civil), eis que Joventino tinha ciência do fato de que a terra pertencia a terceiros. A conduta de Clodoaldo é flagrantemente ilícita, eis que a lei apenas admite o emprego do desforço privado (isto é, a retomada da posse pela própria força) se o ato ocorrer imediatamente após o esbulho, o que não corresponde ao caso (art. 1.210, § 1º, do Código Civil). Sendo Joventino autêntico possuidor, e tendo sido indevida a conduta de Clodoaldo, cumpre àquele propor ação de reintegração de posse, para reaver a ocupação do bem. *Alternativa C.*

170. **(XXIV Exame)** Laurentino constituiu servidão de vista no registro competente, em favor de Januário, assumindo o compromisso de não realizar qualquer ato ou construção que embarace a paisagem de que Januário desfruta em sua janela. Após o falecimento de Laurentino, seu filho Lucrécio decide construir mais dois pavimentos na casa para ali passar a habitar com sua esposa. Diante do exposto, assinale a afirmativa correta.

(A) Januário não pode ajuizar uma ação possessória, eis que a servidão é não aparente.

(B) Diante do falecimento de Laurentino, a servidão que havia sido instituída automaticamente se extinguiu.

(C) A servidão de vista pode ser considerada aparente quando houver algum tipo de aviso sobre sua existência.

(D) Januário pode ajuizar uma ação possessória, provando a existência da servidão com base no título.

RESPOSTA Ajustaram as partes direito de servidão de vista. Cumpre assinalar que a servidão é um direito real, isto é, um ônus que grava um imóvel em favor do outro (art. 1.378 do CC). Assim, o falecimento do proprietário do imóvel serviente, ou seja, do bem que sofre a servidão, não implica a extinção do direito real, que continua a gravar a coisa. Veja-se, a propósito, que entre as hipóteses legais de extinção da servidão (arts. 1.387 a 1.389 do CC), não figura a morte de qualquer das partes. Januário, o proprietário do imóvel dominante, pode se valer de ação possessória para tutelar seu direito de servidão, que permanece intacto. *Alternativa D.*

171. **(XXV Exame)** Jonas trabalha como caseiro da casa de praia da família Magalhães, exercendo ainda a função de cuidador da matriarca Lena, já com 95 anos. Dez dias após o falecimento de Lena, Jonas tem seu contrato de trabalho extinto pelos herdeiros. Contudo, ele permanece morando na casa, apesar de não manter qualquer outra relação jurídica com os herdeiros, que também já não frequentam mais o imóvel e permanecem incomunicáveis.

Jonas decidiu, por sua própria conta, fazer diversas modificações na casa: alterou a pintura, cobriu a garagem (que passou a alugar para vizinhos) e ampliou a churrasqueira. Ele passou a dormir na suíte principal, assumiu as despesas de água, luz, gás e telefone, e apresentou-se, perante a comunidade, como "o novo proprietário do imóvel". Doze anos após o falecimento de Lena, seu filho Adauto decide retomar o imóvel, mas Jonas se recusa a devolvê-lo.

A partir da hipótese narrada, assinale a afirmativa correta.

(A) Jonas não pode usucapir o bem, eis que é possuidor de má-fé.
(B) Adauto não tem direito à ação possessória, eis que o imóvel estava abandonado.
(C) Jonas não pode ser considerado possuidor, eis que é o caseiro do imóvel.
(D) Na hipótese indicada, a má-fé de Jonas não é um empecilho à usucapião.

RESPOSTA De início, Jonas, na condição de caseiro, era mero detentor do imóvel. Enquanto fâmulo (ou servo) da posse, Jonas jamais poderia usucapir o bem, nos termos do art. 1.198 do CC. Ocorre, todavia, que a relação de subordinação de Jonas aos seus ex-empregadores cessou com o fim do vínculo trabalhista. A partir de então, Jonas passou a ser autêntico possuidor do imóvel, ainda que sua posse possa ser caracterizada como injusta e de má-fé (arts. 1.200 e 1.201 do CC), pois Jonas tem pleno conhecimento do fato de ser irregular a ocupação da terra. Independentemente de sua má-fé, todavia, na condição agora de possuidor, e não mais de detentor, Jonas pode arguir em seu proveito a usucapião do imóvel, eis que, à exceção da hipótese do art. 1.242 do CC, que exige a boa-fé, as demais espécies de usucapião (vide arts. 1.238 a 1.240 do CC) dispensam este requisito, o que significa que, preenchidos os demais pressupostos legais, o possuidor, mesmo quando de má-fé, pode adquirir bens imóveis pela via da usucapião. *Alternativa D.*

172. **(XXVI Exame)** Ronaldo é proprietário de um terreno que se encontra cercado de imóveis edificados e decide vender metade dele para Abílio. Dois anos após o negócio feito com Abílio, Ronaldo, por dificuldades financeiras, descumpre o que havia sido acordado e constrói uma casa na parte da frente do terreno – sem deixar passagem aberta para Abílio – e a vende para José, que imediatamente passa a habitar o imóvel. Diante do exposto, assinale a afirmativa correta.

(A) Abílio tem direito real de servidão de passagem pelo imóvel de José, mesmo contra a vontade deste, com base na usucapião.
(B) A venda realizada por Ronaldo é nula, tendo em vista que José não foi comunicado do direito real de servidão de passagem existente em favor de Abílio.
(C) Abílio tem direito a passagem forçada pelo imóvel de José, independentemente de registro, eis que seu imóvel ficou em situação de encravamento após a construção e venda feita por Ronaldo.
(D) Como não participou da avença entre Ronaldo e Abílio, José não está obrigado a conceder passagem ao segundo, em função do caráter personalíssimo da obrigação assumida.

RESPOSTA Ronaldo, ao edificar uma casa no terreno, atua de modo a impedir a passagem de Abílio. Decorre dos termos do art. 1.285 do CC que o dono do imóvel que esteja privado de acesso à via pública, nascente ou porto poderá exigir passagem forçada pelo terreno vizinho. Este direito persiste, nos termos do § 2º do mesmo dispositivo, mesmo que ocorra a alienação parcial do prédio, de modo que uma das partes perca o acesso à via pública, nascente ou porto, caso retratado na hipótese em apreço. O encravamento provocado dá o direito a Abílio de constranger o atual proprietário do terreno vizinho a dar-lhe passagem. *Alternativa C.*

173. **(XXVI Exame)** Diante da crise que se abateu sobre seus negócios, Eriberto contrai empréstimo junto ao seu amigo Jorge, no valor de R$ 200.000,00, constituindo, como garantia, hipoteca do seu sítio, com vencimento em 20 anos. Esgotado o prazo estipulado e diante do não pagamento da dívida, Jorge decide executar a hipoteca, mas vem a saber que o imóvel foi judicialmente declarado usucapido por Jonathan, que o ocupava de forma mansa e pacífica para sua moradia durante o tempo necessário para ser reconhecido como o novo proprietário do bem. Diante do exposto, assinale a opção correta.

(A) Como o objeto da hipoteca não pertence mais a Eriberto, a dívida que ele tinha com Jorge deve ser declarada extinta.

(B) Se a hipoteca tiver sido constituída após o início da posse *ad usucapionem* de Jonathan, o imóvel permanecerá hipotecado mesmo após a usucapião, em respeito ao princípio da ambulatoriedade.

(C) Diante da consumação da usucapião, Jorge tem direito de regresso contra Jonathan, haja vista que o bem usucapido era objeto de sua garantia.

(D) Sendo a usucapião um modo de aquisição originária da propriedade, Jonathan pode adquirir a propriedade do imóvel livre da hipoteca que Eriberto constituíra em favor de Jorge.

RESPOSTA A usucapião é uma forma de aquisição originária da propriedade, e não derivada. Isto significa dizer que o usucapiente, uma vez verificados os requisitos legais para a aquisição do bem, não responde pelos débitos ou gravames que incidam anteriormente sobre a coisa. *Alternativa D.*

VII. DIREITO DE FAMÍLIA

174. **(XXXI Exame)** Salomão, solteiro, sem filhos, 65 anos, é filho de Lígia e Célio, que faleceram recentemente e eram divorciados. Ele é irmão de Bernardo, 35 anos, médico bem-sucedido, filho único do segundo casamento de Lígia. Salomão, por circunstâncias sociais, não mantinha contato com Bernardo. Em razão de uma deficiência física, Salomão nunca exerceu atividade laborativa e sempre morou com o pai, Célio, até o falecimento deste. Com frequência, seu primo Marcos, comerciante e grande amigo, o visita. Com base no caso apresentado, assinale a opção que indica quem tem obrigação de pagar alimento a Salomão.

(A) Marcos é obrigado a pagar alimentos a Salomão, no caso de necessidade deste.

(B) Por ser irmão unilateral, Bernardo não deve, em hipótese alguma, alimentos a Salomão.

(C) Bernardo, no caso de necessidade de Salomão, deve arcar com alimentos.

(D) Bernardo e Marcos deverão dividir alimentos, entre ambos, de forma igualitária.

RESPOSTA Na falta dos ascendentes, cabe a obrigação aos descendentes, guardada a ordem de sucessão e, faltando estes, aos irmãos, assim germanos como unilaterais – art. 1.697, CC. Portanto, *alternativa C.*

175. **(XXXI Exame)** Aldo e Mariane são casados sob o regime da comunhão parcial de bens, desde setembro de 2013. Em momento anterior ao casamento, Rubens, pai de Mariane, realizou a doação de um imóvel à filha. Desde então, a nova proprietária acumula os valores que lhe foram pagos pelos locatários do imóvel. No ano corrente, alguns desentendimentos fizeram com que Mariane pretendesse se divorciar de Aldo. Para tal finalidade, procurou um advogado, informando que a soma dos aluguéis que lhe foram pagos desde a doação do imóvel totalizava R$ 150.000,00 (cento e cinquenta mil reais), sendo que R$ 50.000,00 (cinquenta mil reais) foram auferidos antes do casamento e o restante, após. Mariane relatou, ainda, que atualmente o imóvel se encontra vazio, sem locatários. Sobre essa situação e diante de eventual divórcio, assinale a afirmativa correta.

(A) Quanto aos aluguéis, Aldo tem direito à meação sob o total dos valores.

(B) Tendo em vista que o imóvel locado por Mariane é seu bem particular, os aluguéis por ela auferidos não se comunicam com Aldo.

(C) Aldo tem direito à meação dos valores recebidos por Mariane, durante o casamento, a título de aluguel.

(D) Aldo faz jus à meação tanto sobre a propriedade do imóvel doado a Mariane por Rubens, quanto sobre os valores recebidos a título de aluguel desse imóvel na constância do casamento.

RESPOSTA De acordo com o art. 1.660 do CC, entram na comunhão, entre outros bens, os frutos dos bens comuns, ou dos particulares de cada cônjuge, percebidos na constância do casamento, ou pendentes ao tempo de cessar a comunhão. *Alternativa C.*

176. **(XXX Exame)** Arnaldo, publicitário, é casado com Silvana, advogada, sob o regime de comunhão parcial de bens. Silvana sempre considerou diversificar sua atividade profissional e pensa em se tornar sócia de uma sociedade empresária do ramo de tecnologia. Para realizar esse investimento, pretende vender um apartamento adquirido antes de seu casamento com Arnaldo; este, mais conservador na área negocial, não concorda com a venda do bem para empreender. Sobre a situação descrita, assinale a afirmativa correta.

(A) Silvana não precisa de autorização de Arnaldo para alienar o apartamento, pois destina-se ao incremento da renda familiar.
(B) A autorização de Arnaldo para alienação por Silvana é necessária, por conta do regime da comunhão parcial de bens.
(C) Silvana não precisa de autorização de Arnaldo para alienar o apartamento, pois se trata de bem particular.
(D) A autorização de Arnaldo para alienação por Silvana é necessária e decorre do casamento, independentemente do regime de bens.

RESPOSTA De acordo com o art. 1.647 do Código Civil, nenhum dos cônjuges pode, sem autorização do outro, exceto no regime da separação absoluta alienar ou gravar de ônus real os bens imóveis; pleitear, como autor ou réu, acerca desses bens ou direitos; prestar fiança ou aval; e fazer doação, não sendo remuneratória, de bens comuns, ou dos que possam integrar futura meação. Diante da situação hipotética, o regime de bens do casal é da comunhão parcial de bens, portanto, a autorização para alienação será necessária. *Alternativa B.*

177. **(XXIX Exame)** Asdrúbal praticou feminicídio contra sua esposa Ermingarda, com quem tinha três filhos, dois menores de 18 anos e um maior. Nesse caso, quanto aos filhos, assinale a afirmativa correta.

(A) Asdrúbal terá suspenso o poder familiar sobre os três filhos, por ato de autoridade policial.
(B) Asdrúbal perderá o poder familiar sobre os filhos menores, por ato judicial.
(C) Asdrúbal terá suspenso o poder familiar sobre os filhos menores, por ato judicial.
(D) Asdrúbal perderá o poder familiar sobre os três filhos, por ato de autoridade policial.

RESPOSTA De acordo com o parágrafo único do art. 1.638, CC, o pai perderá por ato judicial o poder familiar sobre os filhos menores por ter praticado contra outrem igualmente titular do mesmo poder familiar homicídio, feminicídio ou lesão corporal de natureza grave ou seguida de morte, quando se tratar de crime doloso envolvendo violência doméstica e familiar ou menosprezo ou discriminação à condição de mulher. *Alternativa B.*

178. **(XXVII Exame)** Ana, que sofre de grave doença, possui um filho, Davi, com 11 anos de idade. Ante o falecimento precoce de seu pai, Davi apenas possui Ana como sua representante legal. De forma a prevenir o amparo de Davi em razão de seu eventual falecimento, Ana pretende que, na sua ausência, seu irmão, João, seja o tutor da criança. Para tanto, Ana, em vida, poderá nomear João por meio de

(A) escritura pública de constituição de tutela.
(B) testamento ou qualquer outro documento autêntico.
(C) ajuizamento de ação de tutela.
(D) diretiva antecipada de vontade.

RESPOSTA De acordo com o parágrafo único do art. 1.729 do Código Civil, cabe aos pais o direito de nomear tutor para os filhos menores, por meio de testamento ou outro documento autêntico. Assim, correta está a *Alternativa B.*

179. **(XII Exame)** Tiago, com 17 anos de idade e relativamente incapaz, sob autoridade de seus pais Mário e Fabiana, recebeu, por doação de seu tio, um imóvel localizado na rua Sete de Setembro, com dois pavimentos, contendo três lojas comerciais no primeiro piso e dois apartamentos no segundo piso. Tiago trabalha como cantor nos finais de semana, tendo uma renda mensal de R$ 3.000,00 (três mil reais).

Face aos fatos narrados e considerando as regras de Direito Civil, assinale a opção correta.

(A) Mário e Fabiana exercem sobre os bens imóveis de Tiago o direito de usufruto convencional, inerente à relação de parentesco que perdurará até a maioridade civil ou emancipação de Tiago.
(B) Mário e Fabiana poderão alienar ou onerar o bem imóvel de Tiago, desde que haja prévia autorização do Ministério Público e seja demonstrado o evidente interesse da prole.
(C) Mário e Fabiana não poderão administrar os valores auferidos por Tiago no exercício de atividade de cantor, bem como os bens com tais recursos adquiridos.
(D) Mario e Fabiana, entrando em colisão de interesses com Tiago sobre a administração dos bens, facultam ao juiz, de ofício, nomear curador especial.

RESPOSTA Os pais exercem usufruto LEGAL (e não convencional) dos bens dos filhos (art. 1.689, I, do CC), sendo falsa a assertiva A. As assertivas B e D também são incorretas: segundo o art. 1.691 do CC, deve haver autorização judicial (e não do Ministério Público, ainda que este intervenha nos autos) para a alienação dos bens de filhos menores, e o art. 1.692 do CC prevê que o filho ou o Ministério Público devem requerer a nomeação de curador especial em caso de colisão de interesses, não podendo o juiz fazê-lo de ofício. Correta é a *alternativa C*, pois o art. 1.693 do CC, em seu inciso II, estatui que se excluem do usufruto e da administração dos pais "os valores auferidos pelo filho maior de dezesseis anos, no exercício de atividade profissional e os bens com tais recursos adquiridos". *Alternativa C.*

180. **(IX Exame)** Henrique e Natália, casados sob o regime de comunhão parcial de bens, decidiram se divorciar após 10 anos de união conjugal. Do relacionamento nasceram Gabriela e Bruno, hoje, com 8 e 6 anos, respectivamente. Enquanto esteve casada, Natália, apesar de ter curso superior completo, ser pessoa jovem e capaz para o trabalho, não exerceu atividade profissional para se dedicar integralmente aos cuidados da casa e dos filhos. Considerando a hipótese acima e as regras atinentes à prestação de alimentos, assinale a afirmativa correta.

(A) Uma vez homologado judicialmente o valor da prestação alimentícia devida por Henrique em favor de seus filhos Gabriela e Bruno, no percentual de um salário mínimo para cada um, ocorrendo a constituição de nova família por parte de Henrique, automaticamente será minorado o valor dos alimentos devidos aos filhos do primeiro casamento.

(B) Henrique poderá opor a impenhorabilidade de sua única casa, por ser bem de família, na hipótese de ser acionado judicialmente para pagar débito alimentar atual aos seus filhos Gabriela e Bruno.

(C) Natália poderá pleitear alimentos transitórios e por prazo razoável se demonstrar sua dificuldade em ingressar no mercado de trabalho em razão do longo período que permaneceu afastada do desempenho de suas atividades profissionais para se dedicar integralmente aos cuidados do lar.

(D) Caso Natália descubra, após dois meses de separação de fato, que espera um filho de Henrique, serão devidos alimentos gravídicos até o nascimento da criança, pois após este fato a obrigação alimentar somente será exigida em ação judicial própria.

RESPOSTA Segundo dispõe o art. 1.695 do CC, "são devidos os alimentos quando quem os pretende não tem bens suficientes, nem pode prover, pelo seu trabalho, à própria mantença, e aquele, de quem se reclamam, pode fornecê-los, sem desfalque do necessário ao seu sustento". Natália, durante a união conjugal, se dedicou a tarefas domésticas, passando a necessitar, temporariamente, de alimentos. Os alimentos transitórios, devidos a prazo certo, com intuito de motivar o alimentando a buscar recolocação profissional, têm sido admitidos em julgados proferidos inclusive pelo STJ. *Alternativa C.*

181. **(VIII Exame)** Em janeiro de 2010, Nádia, unida estavelmente com Rômulo, após dez anos de convivência e sem que houvesse entre eles contrato escrito que disciplinasse as relações entre companheiros, abandona definitivamente o lar. Nos dois anos seguintes, Rômulo, que não é proprietário de outro imóvel urbano ou rural, continuou, ininterruptamente, sem oposição de quem quer que fosse, na posse direta e exclusiva do imóvel urbano com 200 metros quadrados, cuja propriedade dividia com Nádia e que servia de moradia do casal. Em março de 2012, Rômulo – que nunca havia ajuizado ação de usucapião, de qualquer espécie, contra quem quer que fosse – ingressou com ação de usucapião, pretendendo o reconhecimento judicial para adquirir integralmente o domínio do referido imóvel. Diante dessa situação hipotética, assinale a afirmativa correta.

(A) A pretensão de aquisição do domínio integral do imóvel por Rômulo é infundada, pois o prazo assinalado pelo Código Civil é de 10 (dez) anos.

(B) A pretensão de aquisição do domínio integral do imóvel por Rômulo é infundada, pois a hipótese de abandono do lar, embora possa caracterizar a impossibilidade da comunhão de vida, não autoriza a propositura de ação de usucapião.

(C) A pretensão de aquisição do domínio integral do imóvel por Rômulo é infundada, pois tal direito só existe para as situações em que as pessoas foram casadas sob o regime da comunhão universal de bens.

(D) A pretensão de aquisição do domínio integral do imóvel por Rômulo preenche todos os requisitos previstos no Código Civil.

RESPOSTA Em 2011, foi incorporada ao art. 1.240-A do Código Civil uma nova modalidade de usucapião, que doutrinariamente vem sendo qualificada como "usucapião familiar" ou "usucapião por abandono de lar". O referido dispositivo assim dispõe: "aquele que exercer, por 2 (dois) anos ininterruptamente e sem oposição, posse direta, com exclusividade, sobre imóvel urbano de até 250 m² (duzentos e cinquenta metros quadrados) cuja propriedade divida com ex-cônjuge ou ex-companheiro que abandonou o lar, utilizando-o para sua moradia ou de sua família, adquirir-lhe-á o domínio integral, desde que não seja proprietário de outro imóvel urbano ou rural". Rômulo preencheu todos os requisitos legais referidos. *Alternativa D.*

182. **(VIII Exame)** Eduardo e Mônica, casados, tinham um filho menor chamado Renato. Por orientação de um advogado, Eduardo e Mônica, em 2005, fizeram os respectivos testamentos e nomearam Lúcio, irmão mais velho de Eduardo, como tutor do menor para o caso de alguma eventualidade. Pouco antes da nomeação por testamento, Lúcio fora definitivamente condenado pelo crime de dano (art. 163 do Código Penal), mas o casal manteve a nomeação, acreditando no arrependimento de Lúcio, que, desde então, mostrou conduta socialmente adequada. Em 2010, Eduardo e Mônica morreram em um acidente aéreo. Dois anos depois do acidente, pretendendo salvaguardar os interesses do menor colocado sob sua tutela, Lúcio, prevendo manifesta vantagem negocial em virtude do aumento dos preços dos imóveis, decide alienar a terceiros um dos bens imóveis do patrimônio de Renato, depositando, imediatamente, todo o dinheiro obtido na negociação em uma conta de poupança, aberta em nome do menor. Diante do caso narrado, assinale a afirmativa correta.

(A) A nomeação de Lúcio como tutor é inválida em razão de ter sido condenado criminalmente, independentemente do cumprimento da pena, mas a alienação do imóvel é lícita, pois atende ao princípio do melhor interesse do menor.

(B) A nomeação de Lúcio como tutor é válida, apesar da condenação criminal, e a alienação do imóvel é lícita, pois atende ao princípio do melhor interesse do menor.

(C) A nomeação de Lúcio como tutor é válida, apesar da condenação criminal, mas a alienação do imóvel, sem prévia avaliação e autorização judicial, é ilícita.

(D) A nomeação de Lúcio é inválida em razão de ter sido condenado criminalmente, mas a alienação do imóvel é lícita, pois somente bens móveis de alto valor necessitam de prévia avaliação e autorização judicial.

RESPOSTA Lúcio, o tutor, foi condenado por crime de dano. Segundo dispõe o art. 1.735, inciso IV, do CC, não podem ser tutores "os condenados por crime de furto, roubo, estelionato, falsidade, contra a família ou os costumes, tenham ou não cumprido pena". Assim, Lúcio pode ser tutor do menor, pois não cometeu nenhum dos referidos delitos. A venda do imóvel, contudo, é vedada, pois segundo determina o art. 1.750 do CC, "os imóveis pertencentes aos menores sob tutela somente podem ser vendidos quando houver manifesta vantagem, mediante prévia avaliação judicial e aprovação do juiz". Não houve autorização judicial para a alienação. *Alternativa C.*

183. **(IX Exame – Reaplicação)** Em julho de 2012, em razão de desavenças irreconciliáveis, Miguel e Letícia rompem a sociedade conjugal que mantinham e divorciam-se. A guarda do único filho do casal, Pedro, é compartilhada entre os pais. Ocorre que Edith, avó paterna de Pedro, sentindo o afastamento do neto em razão dos ressentimentos surgidos após a separação, pretende propor medida judicial visando garantir seu direito de visita a Pedro. Considerando a hipótese, assinale a afirmativa correta.

(A) Os únicos titulares do direito de visita são os pais biológicos de Pedro, podendo Edith acompanhar o desenvolvimento do neto nos momentos em que a guarda estiver sendo exercitada por seu filho Miguel.

(B) As disposições relativas à guarda, visita e prestação de alimentos aos filhos menores estendem-se somente aos pais de Pedro e, somente na falta destes, poderá haver a participação dos demais ascendentes.

(C) Edith não poderá promover a medida judicial por ausência de previsão legal neste sentido.

(D) O direito de visita estende-se a qualquer dos avós, a critério do juiz, observados os interesses da criança ou do adolescente.

RESPOSTA Por meio da Lei n. 12.398/2011, foi incluído um parágrafo único no art. 1.589 do CC, com os seguintes dizeres: "o direito de visita estende-se a qualquer dos avós, a critério do juiz, observados os interesses da criança ou do adolescente". *Alternativa D.*

184. **(I Exame)** Assinale a opção correta acerca da prestação de alimentos.

(A) Somente os filhos têm o direito de pedir alimentos.

(B) O direito a alimentos é recíproco entre pais e filhos.

(C) Após a separação judicial do casal, mesmo que o cônjuge venha a necessitar de alimentos, ele não mais poderá pleitear ao outro cônjuge a prestação alimentícia.

(D) Os créditos alimentares prescrevem em cinco anos.

RESPOSTA Para resguardar por igual os interesses de todos os membros da entidade familiar, bem como para promover o princípio da solidariedade, o art. 1.696 do CC determina que "o direito à prestação de alimentos é recíproco entre pais e filhos, e extensivo a todos os ascendentes, recaindo a obrigação nos mais próximos em grau, uns em falta de outros". *Alternativa B.*

185. **(VII Exame)** A respeito da perfilhação, é correto dizer que

(A) constitui ato formal, de livre vontade, irretratável, incondicional e personalíssimo.

(B) se torna perfeita exclusivamente por escritura pública ou instrumento particular.

(C) não admite o reconhecimento de filhos já falecidos, quando estes hajam deixado descendentes.

(D) em se tratando de filhos maiores, dispensa-se o consentimento destes.

RESPOSTA Perfilhação é o reconhecimento dos filhos, nos termos dos arts. 1.607 a 1.617 do CC. Da leitura desses dispositivos, conclui-se que se trata de um ato irretratável (irrevogável) e formal (arts. 1.609 e 1.610); de livre vontade e personalíssimo, pois cabe apenas aos pais (art. 1.607); e incondicional (art. 1.613). *Alternativa A.*

186. **(VI Exame – Reaplicação)** A respeito do poder familiar, assinale a alternativa correta.

(A) O filho que possua 16 anos de idade, ainda que tenha contraído casamento válido, permanece sujeito ao poder familiar de seus pais até que complete 18 anos de idade.

(B) Na constância do casamento entre os pais, havendo falta ou impedimento de um deles, caberá ao outro obter autorização judicial, a fim de exercer com exclusividade o poder familiar sobre os filhos comuns do casal.

(C) Exorbita os limites do exercício do poder familiar exigir que os filhos prestem quaisquer serviços aos pais, ainda que sejam considerados próprios para a idade e condições daquele.

(D) Não é autorizado ao novo cônjuge interferir no poder familiar exercido por sua esposa sobre os filhos por ela havidos na constância do primeiro casamento, mesmo em caso de falecimento do pai das crianças.

RESPOSTA Prevê o art. 1.636 do CC que o pai ou a mãe que contrai novas núpcias, ou estabelece união estável, não perde, quanto aos filhos do relacionamento anterior, os direitos ao poder familiar, exercendo-os sem qualquer interferência do novo cônjuge ou companheiro. Pela hipótese trazida na alternativa, na falta ou impedimento do pai, mesmo que por motivo de falecimento, a mãe exercerá o poder familiar com exclusividade (art. 1.631 do CC). *Alternativa D.*

187. **(VI Exame)** Rejane, solteira, com 16 anos de idade, órfã de mãe e devidamente autorizada por seu pai, casa-se com Jarbas, filho de sua tia materna, sendo ele solteiro e capaz, com 23 anos de idade.

A respeito do casamento realizado, é correto afirmar que é

(A) Nulo, tendo em vista o parentesco existente entre Rejane e Jarbas.

(B) É anulável, tendo em vista que, por ser órfã de mãe, Rejane deveria obter autorização judicial a fim de suprir o consentimento materno.

(C) Válido.

(D) Anulável, tendo em vista o parentesco existente entre Rejane e Jarbas.

RESPOSTA O casamento será válido, pois houve autorização do pai (art. 1.517 do CC), que exerce exclusivamente o poder familiar (art. 1.631 do CC), eis que a mãe de Rejane é falecida. Como o parentesco entre os nubentes (primos) é de *quarto grau*, não há qualquer impedimento para o matrimônio, uma vez que o art. 1.521, IV, do CC proíbe o casamento entre colaterais até o *terceiro grau*. Portanto, o casamento é válido. *Alternativa C.*

188. **(V Exame)** Em relação à união estável, assinale a alternativa correta.

(A) Para que fique caracterizada a união estável, é necessário, entre outros requisitos, tempo de convivência mínima de cinco anos, desde que durante esse período a convivência tenha sido pública e duradoura.

(B) Quem estiver separado apenas de fato não pode constituir união estável, sendo necessária, antes, a dissolução do anterior vínculo conjugal; nesse caso, haverá simples concubinato.

(C) Não há presunção legal de paternidade no caso de filho nascido na constância da união estável.

(D) O contrato de união estável é solene, rigorosamente formal e sempre público.

RESPOSTA As hipóteses de *presunção de paternidade*, estabelecidas no art. 1.597 do CC, dizem respeito ao casamento, não havendo tal previsão para união estável. *Alternativa C.*

189. **(III Exame)** João foi registrado ao nascer com o gênero masculino. Em 2008, aos 18 anos, fez cirurgia para correção de anomalia genética e teve seu registro retificado para o gênero feminino, conforme sentença judicial. No registro não constou textualmente a indicação de retificação, apenas foi lavrado um novo termo, passando a adotar o nome de Joana. Em julho de 2010, casou-se com Antônio, homem religioso e de família tradicional interiorana, que conheceu em janeiro de 2010, por quem teve uma paixão fulminante e correspondida. Joana omitiu sua história registral por medo de não ser aceita e perdê-lo. Em dezembro de 2010, na noite de Natal, a tia de Joana revela a Antônio a verdade sobre o registro de Joana/João. Antônio, não suportando ter sido enganado, deseja a anulação do casamento. Conforme a análise da hipótese formulada, é correto afirmar que o casamento de Antônio e Joana

(A) Só pode ser anulado até 90 dias da sua celebração.

(B) É nulo; portanto, não há prazo para a sua arguição.

(C) É inexistente, pois não houve a aceitação adequada, visto que Antônio foi levado ao erro de pessoa, o que tornou insuportável a vida em comum do casal.

(D) Poderá ser anulado pela identidade errônea de Joana/João perante Antônio e a insuportabilidade da vida em comum.

RESPOSTA O art. 1.556 do CC prevê que o casamento pode ser anulado por vício da vontade, se houve por parte de um dos nubentes, ao consentir, erro essencial quanto à pessoa do outro. O art. 1.557, I, prevê que se considera erro essencial o que diz respeito à identidade do outro cônjuge, sendo o erro tal que o seu conhecimento ulterior torne insuportável a vida em comum ao cônjuge enganado. Assim, cabe a anulação do ato, por ter Joana omitido sua condição de transexual. *Alternativa D.*

190. **(III Exame)** Mathias, solteiro e capaz, com 65 anos de idade, e Tânia, solteira e capaz, com 60 anos de idade, conheceram-se há um ano e, agora, pretendem se casar. A respeito da situação narrada, é correto afirmar que Mathias e Tânia

(A) Deverão, necessariamente, celebrar pacto antenupcial optando expressamente pelo regime da separação de bens.
(B) Poderão optar livremente dentre os regimes de bens previstos em lei, devendo celebrar pacto antenupcial somente se escolherem regime diverso da comunhão parcial de bens.
(C) Poderão casar-se pelo regime da comunhão parcial de bens, desde que obtenham autorização judicial, mediante a prévia demonstração da inexistência de prejuízo para terceiros.
(D) Somente poderão se casar pelo regime da separação obrigatória de bens, por força de lei e independentemente da celebração de pacto antenupcial.

RESPOSTA Consoante dispõe o inciso II do art. 1.641 do CC, "é obrigatório o regime da separação de bens no casamento (...) da pessoa maior de 70 (setenta) anos". Importa notar que, até o advento da Lei n. 12.344/2010, os maiores de 60 anos estavam sujeitos obrigatoriamente ao regime de separação de bens. Desde então, apenas os maiores de 70 anos não podem escolher livremente o regime de bens do casamento. *Alternativa B.*

191. **(III Exame)** Em relação aos alimentos, assinale a alternativa correta.

(A) No atual Código Civil, o cônjuge eventualmente declarado culpado pela separação não sofre qualquer restrição em seu direito de pedir alimentos ao outro cônjuge.
(B) Eles não servem apenas para garantir as necessidades básicas do alimentando, mas também para preservar a condição social de quem os pleiteia.
(C) A obrigação alimentar possui como característica básica ser irrenunciável, não poder ser restituída ou compensável e ser intransmissível.
(D) A possibilidade de os filhos maiores pedirem alimentos aos pais continua a existir após se atingir a maioridade, em razão da continuação do poder familiar que esses exercem sobre os filhos necessitados.

RESPOSTA Os alimentos podem ser classificados em *naturais* (ou *necessários*), aqueles estritamente indispensáveis à subsistência do alimentando (alimentação, saúde, vestuário), e *cíveis* (ou *côngruos*), que abrangem as demais necessidades do alimentando, como a moral e a intelectual (cultura, estudos, lazer). *Alternativa B.*

192. **(II Exame)** Jane e Carlos constituíram uma união estável em julho de 2003 e não celebraram contrato para regular as relações patrimoniais decorrentes da aludida entidade familiar. Em março de 2005, Jane recebeu R$ 100.000,00 (cem mil reais) a título de doação de seu tio Túlio. Com os R$ 100.000,00 (cem mil reais), Jane adquiriu em maio de 2005 um imóvel na Barra da Tijuca. Em 2010, Jane e Carlos se separaram. Carlos procura um advogado, indagando se tem direito a partilhar o imóvel adquirido por Jane na Barra da Tijuca em maio de 2005. Assinale a alternativa que indique a orientação correta a ser exposta a Carlos.

(A) Por se tratar de bem adquirido a título oneroso na vigência da união estável, Carlos tem direito a partilhar o imóvel adquirido por Jane na Barra da Tijuca em maio de 2005.
(B) Carlos não tem direito a partilhar o imóvel adquirido por Jane na Barra da Tijuca em maio de 2005 porque, salvo contrato escrito entre os companheiros, aplica-se às relações patrimoniais entre os mesmos o regime da separação total de bens.
(C) Carlos não tem direito a partilhar o imóvel adquirido por Jane na Barra da Tijuca em maio de 2005 porque, em virtude da ausência de contrato escrito entre os companheiros, aplica-se às relações patrimoniais entre os mesmos o regime da comunhão parcial de bens, que exclui dos bens comuns entre os consortes aqueles doados e os sub-rogados em seu lugar.
(D) Carlos tem direito a partilhar o imóvel adquirido por Jane na Barra da Tijuca em maio de 2005 porque, muito embora o referido bem tenha sido adquirido com o produto de uma doação, não se aplica a sub-rogação de bens na união estável.

RESPOSTA Não havendo convenção em contrário, vigora na união estável o regime da comunhão parcial de bens (art. 1.725 do CC). O art. 1.659 do CC estabelece o rol dos bens excluídos da comunhão parcial, dentre os quais os do inciso I (*os bens que cada cônjuge possuir ao casar, e os que lhe sobrevierem, na constância do casamento, por doação ou sucessão, e os sub-rogados em seu lugar*). *Alternativa C*.

193. **(XI Exame)** A escritura pública, lavrada em notas de tabelião, é documento dotado de fé pública, notadamente no que tange ao fato de o ato de declaração ter sido praticado na presença do tabelião e ter sido feita sua regular anotação em assentos próprios, o que não importa na veracidade quanto ao conteúdo declarado.

A respeito desse tema, assinale a afirmativa correta.

(A) Aos cônjuges ou à entidade familiar é vedado destinar parte do seu patrimônio para instituir bem de família por escritura pública, cuja forma legal exige testamento.

(B) A escritura pública é essencial para a validade do pacto antenupcial, devendo ser declarado nulo se não atender à forma exigida por lei.

(C) A partilha amigável entre herdeiros capazes será feita por termo nos autos do inventário ou por escritura pública, não se admitindo escrito particular, ainda que homologado pelo Juiz.

(D) A doação será realizada por meio de escritura pública ou instrumento particular, não tendo validade a doação verbal, tendo em vista ser expressamente vedada pela norma.

RESPOSTA Consoante dispõe o art. 1.653 do CC, "é nulo o pacto antenupcial se não for feito por escritura pública, e ineficaz se não lhe seguir o casamento". *Alternativa B*.

194. **(XI Exame)** Fernanda, mãe da menor Joana, celebrou um acordo na presença do Juiz de Direito para que Arnaldo, pai de Joana, pague, mensalmente, 20% (vinte por cento) de 1 (um) salário mínimo a título de alimentos para a menor. O Juiz homologou por sentença tal acordo, apesar de a necessidade de Joana ser maior do que a verba fixada, pois não existiam condições materiais para a majoração da pensão em face das possibilidades do devedor.

Após um mês, Fernanda tomou conhecimento que Arnaldo trocou seu emprego por outro com salário maior e procurou seu advogado para saber da possibilidade de rever o valor dos alimentos fixados em sentença transitada em julgado. Analisando o caso concreto, assinale a afirmativa correta.

(A) Não é possível rever o valor dos alimentos fixados, pois o mesmo já foi decidido em sentença com trânsito em julgado formal.

(B) Não é possível rever o valor dos alimentos fixados, pois o mesmo é fruto de acordo celebrado entre as partes e homologado por juiz de direito.

(C) É possível rever o valor dos alimentos, pois no caso concreto houve mudança do binômio "necessidade x possibilidade".

(D) É possível rever o valor dos alimentos, pois o acordo celebrado entre as partes e homologado pelo juiz de direito está abaixo do limite mínimo de 30% (trinta por cento) de 01 (um) salário mínimo, fixado em lei, como mínimo indispensável que uma pessoa deve receber de alimentos.

RESPOSTA Conforme estabelece o art. 1.699 do CC, "se, fixados os alimentos, sobrevier mudança na situação financeira de quem os supre, ou na de quem os recebe, poderá o interessado reclamar ao juiz, conforme as circunstâncias, exoneração, redução ou majoração do encargo". *Alternativa C*.

195. **(XIV Exame)** Marcos e Paula, casados, pais de Isabel e Marcelo, menores impúberes, faleceram em um grave acidente automobilístico. Em decorrência deste fato, Pedro, avô materno nomeado tutor dos menores, restou incumbido, nos termos do testamento, do dever de administrar o patrimônio dos netos, avaliado em dois milhões de reais. De acordo com o testamento, o tutor foi dispensado de prestar contas de sua administração. Diante dos fatos narrados e considerando as regras de Direito Civil sobre prestação de contas no exercício da tutela, assinale a opção correta.

(A) Pedro está dispensado de prestar contas do exercício da tutela, tendo em vista o disposto no testamento deixado pelos pais de Isabel e Marcelo, por ser um direito disponível.

(B) Caso Pedro falecesse no exercício da tutela, haveria dispensa de seus herdeiros prestarem contas da administração dos bens de Isabel e Marcelo.

(C) A responsabilidade de Pedro de prestar contas da administração da tutela cessará quando Isabel e Marcelo atingirem a maioridade e derem a devida quitação.

(D) Pedro tem a obrigação de prestar contas da administração da tutela de dois em dois anos e também quando deixar o exercício da tutela, ou sempre que for determinado judicialmente.

RESPOSTA O fato de o tutor ter sido dispensado de prestar contas, por testamento, não o exime desta obrigação, nos termos do art. 1.755 do CC: "os tutores, embora o contrário tivessem disposto os pais dos tutelados, são obrigados a prestar contas da sua administração". Tais contas, consoante dispõe o art. 1.757

do CC, devem ser prestadas de dois em dois anos, e também quando, por qualquer motivo, deixarem o exercício da tutela ou toda vez que o juiz achar conveniente. *Alternativa D.*

196. **(XV Exame)** Augusto, viúvo, pai de Gustavo e Fernanda, conheceu Rita e com ela manteve, por dez anos, um relacionamento amoroso contínuo, público, duradouro e com objetivo de constituir família. Nesse período, Augusto não se preocupou em fazer o inventário dos bens adquiridos quando casado e em realizar a partilha entre os herdeiros Gustavo e Fernanda. Em meados de setembro do corrente ano, Augusto resolveu romper o relacionamento com Rita. Face aos fatos narrados e considerando as regras de Direito Civil, assinale a opção correta.

(A) A ausência de partilha dos bens de Augusto com seus herdeiros Gustavo e Fernanda caracteriza causa suspensiva do casamento, o que obsta o reconhecimento da união estável entre Rita e Augusto.

(B) Sendo reconhecida a união estável entre Augusto e Rita, aplicar-se-ão à relação patrimonial as regras do regime de comunhão universal de bens, salvo se houver contrato dispondo de forma diversa.

(C) Em razão do fim do relacionamento amoroso, Rita poderá pleitear alimentos em desfavor de Augusto, devendo, para tanto, comprovar o binômio necessidade-possibilidade.

(D) As dívidas contraídas por Augusto, na constância do relacionamento com Rita, em proveito da entidade familiar, serão suportadas por Rita de forma subsidiária.

RESPOSTA O fato de Augusto já ter sido casado e o de não ter providenciado o inventário dos bens adquiridos na constância do matrimônio em nada impedem a caracterização da união estável mantida com Rita, eis que os requisitos do art. 1.723 do CC estão preenchidos. À união estável mantida entre Augusto e Rita aplica-se, como regra, o regime da comunhão parcial de bens (art. 1.725 do CC), incidindo os deveres de lealdade, respeito e assistência, e de guarda, sustento e educação dos filhos (art. 1.724 do CC). Como componente do dever de assistência, deriva o direito de Rita de pleitear alimentos em desfavor de Augusto, o que também decorre do texto do art. 1.694 do CC, que alude aos companheiros. Os alimentos devem ser prestados de acordo com o binômio necessidade-possibilidade (§ 1º do art. 1.694). *Alternativa C.*

197. **(XVII Exame)** Maria, solteira, após a morte de seus pais em acidente automobilístico, propõe demanda por alimentos em face de Pedro, seu parente colateral de segundo grau.

Diante dos fatos narrados e considerando as normas de Direito Civil, assinale a opção correta.

(A) Como Pedro é parente colateral de Maria, não tem obrigação de prestar alimentos a esta, ainda que haja necessidade por parte dela.

(B) Pedro só será obrigado a prestar alimentos caso Maria não possua ascendentes nem descendentes, ou, se os possuir, estes não tiverem condições de prestá-los ou complementá-los.

(C) A obrigação de prestar alimentos é solidária entre ascendentes, descendentes e colaterais, em havendo necessidade do alimentando e possibilidade do alimentante.

(D) Pedro não tem obrigação de prestar alimentos, pois não é irmão de Maria.

RESPOSTA Mortos os pais de Maria, ela pretende obter alimentos de seu colateral em segundo grau, isto é, de seu irmão. Quanto à matéria, o art. 1.697 do CC determina que "na falta dos ascendentes cabe a obrigação aos descendentes, guardada a ordem de sucessão e, faltando estes, aos irmãos, assim germanos como unilaterais". Assim, Pedro apenas responde pelos alimentos se não houver ascendentes ou descendentes de Maria em condições de prestá-los. *Alternativa B.*

198. **(XVII Exame)** Roberto e Ana casaram-se, em 2005, pelo regime da comunhão parcial de bens. Em 2008, Roberto ganhou na loteria e, com os recursos auferidos, adquiriu um imóvel no Recreio dos Bandeirantes. Em 2014, Roberto foi agraciado com uma casa em Santa Teresa, fruto da herança de sua tia. Em 2015, Roberto e Ana se separaram.

Tendo em vista o regime de bens do casamento, assinale a afirmativa correta.

(A) Os imóveis situados no Recreio dos Bandeirantes e em Santa Teresa são bens comuns e, por isso, deverão ser partilhados em virtude da separação do casal.

(B) Apenas o imóvel situado no Recreio dos Bandeirantes deve ser partilhado, sendo o imóvel situado em Santa Teresa bem particular de Roberto.

(C) Apenas o imóvel situado em Santa Teresa deve ser partilhado, sendo o imóvel situado no Recreio dos Bandeirantes excluído da comunhão, por ter sido adquirido com o produto de bem advindo de fato eventual.

(D) Nenhum dos dois imóveis deverá ser partilhado, tendo em vista que ambos são bens particulares de Roberto.

RESPOSTA Celebrado o matrimônio sob o regime da comunhão parcial de bens, dois dispositivos do CC merecem destaque. O art. 1.659 do Código estabelece, em seu inciso I, que ficam excluídos da comunhão "os bens que cada cônjuge possuir ao casar, e os que lhe sobrevierem, na constância do casamento, por doação ou sucessão, e os sub-rogados em seu lugar". Por isso, não ingressa na comunhão o bem herdado da tia de Roberto. Ademais, o art. 1.660, em seu inciso II, estatui que entram na comunhão "os bens adquiridos por fato eventual, com ou sem o concurso de trabalho ou despesa anterior". O prêmio da loteria é um fato eventual e o imóvel adquirido com os valores arrecadados no sorteio será partilhado. *Alternativa B.*

199. **(XVII Exame)** Fabiana e Mauro são casados pelo regime da separação convencional de bens e possuem dois filhos: Amanda e Pedro, de 19 e 16 anos, respectivamente. Mauro é filho de José, que se encontra com 65 anos. Mauro sofreu um acidente automobilístico e, em razão da violência do acidente, está em estado de coma, impossibilitado de exercer os atos da vida civil, razão pela qual sua interdição tornou-se necessária.

Diante dos fatos narrados, assinale a afirmativa correta.

(A) Fabiana, em razão do regime de bens que rege o casamento, não poderá ser nomeada curadora de Mauro.

(B) Como Mauro possui ascendente vivo e capaz, este será nomeado seu curador, na forma da lei.

(C) A filha de Mauro, por ser maior e capaz, será nomeada sua curadora, na forma da lei.

(D) Fabiana será nomeada curadora de Mauro, na forma da lei.

RESPOSTA A lei estabelece um rol preferencial de curadores. O art. 1.775 do CC, em seu *caput*, é cristalino: "O cônjuge ou companheiro, não separado judicialmente ou de fato, é, de direito, curador do outro, quando interdito". *Alternativa D.*

200. **(XVII Exame)** Júlio, casado com Isabela durante 23 anos, com quem teve 3 filhos, durante audiência realizada em ação de divórcio cumulada com partilha de bens proposta por Isabela, reconhece, perante o Juízo de Família, um filho havido de relacionamento extraconjugal. Posteriormente, arrependido, Júlio deseja revogar tal reconhecimento.

Sobre os fatos narrados, assinale a afirmativa correta.

(A) O reconhecimento de filho só é válido se for realizado por escritura pública ou testamento.

(B) O reconhecimento de filho realizado por Júlio perante o Juízo de Família é ato irrevogável.

(C) O reconhecimento de filho em Juízo só tem validade em ação própria com essa finalidade.

(D) Júlio só poderia revogar o ato se este tivesse sido realizado por testamento.

RESPOSTA Em audiência, Júlio reconhece voluntariamente a paternidade de um filho havido fora do casamento, ato que é reconhecido pelo art. 1.609 do CC como irrevogável e válido mediante manifestação perante o juiz. *Alternativa B.*

201. **(XX Exame)** Em maio de 2005, Sérgio e Lúcia casaram-se pelo regime da comunhão parcial de bens. Antes de se casar, ele já era proprietário de dois imóveis. Em 2006, Sérgio alugou seus dois imóveis e os aluguéis auferidos, mês a mês, foram depositados em conta corrente aberta por ele, um mês depois da celebração dos contratos de locação. Em 2010, Sérgio recebeu o prêmio máximo da loteria, em dinheiro, que foi imediatamente aplicado em uma conta poupança aberta por ele naquele momento.

Em 2013, Lúcia e Sérgio se separaram. Lúcia procurou um advogado para saber se tinha direito à partilha do prêmio que Sérgio recebeu na loteria, bem como aos valores oriundos dos aluguéis dos imóveis adquiridos por ele antes do casamento e, mensalmente, depositados na conta corrente de Sérgio.

Com base na hipótese narrada, assinale a afirmativa correta.

(A) Ela não tem direito à partilha do prêmio e aos valores depositados na conta corrente de Sérgio, oriundos dos aluguéis de seus imóveis, uma vez que se constituem como bens particulares de Sérgio.

(B) Ela tem direito à partilha dos valores depositados na conta corrente de Sérgio, oriundos dos aluguéis de seus imóveis, mas não tem direito à partilha do prêmio obtido na loteria.

(C) Ela tem direito à partilha do prêmio, mas não poderá pleitear a partilha dos valores depositados na conta corrente de Sérgio, oriundos dos aluguéis de seus imóveis.

(D) Ela tem direito à partilha do prêmio e dos valores depositados na conta corrente de Sérgio, oriundos dos aluguéis dos imóveis de Sérgio, uma vez que ambos constituem-se bens comuns do casal.

RESPOSTA O casamento entre Sérgio e Lúcia ocorreu em 2005, pelo regime da comunhão parcial de bens. Os imóveis já eram pertencentes a Sérgio, mas, posteriormente ao matrimônio, ele os alugou, e também abriu conta para depósito dos valores obtidos na loteria. É preciso, para desvendar a questão, invocar o teor dos incisos II e V do art. 1.660 do CC, que assim preceituam: "Entram na comunhão: (...) II – os bens adquiridos por fato eventual, com ou sem o concurso de trabalho ou despesa anterior; (...) V – os frutos dos bens comuns, ou dos particulares de cada cônjuge, percebidos na constância do casamento, ou pendentes ao tempo de cessar a comunhão". Assim, tanto o prêmio da loteria, obtido por fato eventual, quanto os aluguéis, que são frutos dos bens particulares de Sérgio, devem ser partilhados. *Alternativa D.*

202. **(XX Exame)** Juliana é sócia de uma sociedade empresária que produz bens que exigem alto investimento, por meio de financiamento significativo. Casada com Mário pelo regime da comunhão universal de bens, desde 1998, e sem filhos, decide o casal alterar o regime de casamento para o de separação de bens, sem prejudicar direitos de terceiros, e com a intenção de evitar a colocação do patrimônio já adquirido em risco.

Sobre a situação narrada, assinale a afirmativa correta.

(A) A alteração do regime de bens mediante escritura pública, realizada pelos cônjuges e averbada no Registro Civil, é possível.

(B) A alteração do regime de bens, tendo em vista que o casamento foi realizado antes da vigência do Código Civil de 2002, não é possível.

(C) A alteração do regime de bens mediante autorização judicial, com pedido motivado de ambos os cônjuges, apurada a procedência das razões invocadas e ressalvados os direitos de terceiros, é possível.

(D) Não é possível a alteração para o regime da separação de bens, tão somente para o regime de bens legal, qual seja, o da comunhão parcial de bens.

RESPOSTA A viabilidade da alteração do regime de bens durante o casamento é atestada pelo teor do § 2º do art. 1.639 do CC: "É lícito aos nubentes, antes de celebrado o casamento, estipular, quanto aos seus bens, o que lhes aprouver. § 1º O regime de bens entre os cônjuges começa a vigorar desde a data do casamento. § 2º É admissível alteração do regime de bens, mediante autorização judicial em pedido motivado de ambos os cônjuges, apurada a procedência das razões invocadas e ressalvados os direitos de terceiros". *Alternativa C.*

203. **(XX Exame – Reaplicação)** Roberto e Marcela, divorciados, são pais de João. Quando João completou dezoito anos, Roberto, que se encontrava desempregado, de imediato parou de pagar a pensão alimentícia, sem prévia autorização judicial.

Com base na situação descrita, assinale a afirmativa correta.

(A) Por estar desempregado, Roberto não é mais obrigado a pagar a pensão alimentícia ao filho maior de idade; logo, o pagamento da pensão pode ser interrompido sem autorização judicial.

(B) O implemento da maioridade de João, por si só, faz com que não seja mais necessário o pagamento da pensão alimentícia, independentemente da situação econômica do provedor.

(C) O ordenamento jurídico tutela o alimentante de boa-fé; logo, a interrupção do pagamento se dará com o mero fato da maioridade.

(D) O cancelamento de pensão alimentícia de filho que atingiu a maioridade está sujeito à decisão judicial, mediante contraditório.

RESPOSTA O mero fato de João completar 18 anos e adquirir plena capacidade civil (art. 5º do CC) não implica, por si só, a cessação de sua necessidade de perceber alimentos. A propósito, é entendimento pacífico na jurisprudência que a necessidade pode se estender para além dos 18 anos, sobretudo em relação às pessoas que se achem em idade universitária. Conforme dispõe o art. 1.699 do CC, "se, fixados os alimentos, sobrevier mudança na situação financeira de quem os supre, ou na de quem os recebe, poderá o interessado reclamar ao juiz, conforme as circunstâncias, exoneração, redução ou majoração do encargo". A decisão de exoneração ou revisão dos alimentos passa, portanto, por decisão judicial. *Alternativa D.*

204. **(XX Exame – Reaplicação)** Manoel, em processo judicial, conseguiu impedir que fosse penhorado seu único imóvel, sob a alegação de que este seria bem de família. O exequente, então, pugna pela penhora da vaga de garagem de Manoel.

A esse respeito, assinale a afirmativa correta.

(A) A vaga de garagem não é considerada bem de família em nenhuma hipótese; portanto, sempre pode ser penhorada.

(B) A vaga de garagem que possui matrícula própria no registro de imóveis não pode ser penhorada, por ser acessória ao bem principal impenhorável.

(C) A vaga de garagem só poderá ser penhorada se existir matrícula própria no Registro de Imóveis.

(D) A vaga de garagem que não possui matrícula própria no registro de imóveis não constitui bem de família para efeito de penhora.

RESPOSTA Os bens de família têm proteção especial, consagrada na Lei n. 8.009/1990 e nos arts. 1.711 a 1.722 do CC. O único imóvel que serve para residência do devedor é impenhorável (art. 1º da Lei n. 8.009/1990), mas a vaga de garagem, se tiver inscrição própria e autônoma, não merece o mesmo resguardo. Vide o teor da Súmula 449 do STJ: "A vaga de garagem que possui matrícula própria no registro de imóveis não constitui bem de família para efeito de penhora". *Alternativa C.*

205. **(XXI Exame)** Augusto e Raquel casam-se bem jovens, ambos com 22 anos. Um ano depois, nascem os filhos do casal: dois meninos gêmeos. A despeito da ajuda dos avós das crianças, o casamento não resiste à dura rotina de criação dos dois recém-nascidos. Augusto e Raquel separam-se ainda com os filhos em tenra idade, indo as crianças residir coma mãe.

Raquel, em pouco tempo, contrai novas núpcias. Augusto, em busca de um melhor emprego, muda-se para uma cidade próxima.

A respeito da guarda dos filhos, com base na hipótese apresentada, assinale a afirmativa correta.

(A) A guarda dos filhos de tenra idade será atribuída preferencialmente, de forma unilateral, à mãe.
(B) Na guarda compartilhada, o tempo de convívio com os filhos será dividido de forma matemática entre o pai e a mãe.
(C) O pai ou a mãe que contrair novas núpcias perderá o direito de ter consigo os filhos.
(D) Na guarda compartilhada, a cidade considerada base de moradia dos filhos será a que melhor atender aos interesses dos filhos.

RESPOSTA A guarda compartilhada é a regra vigorante no CC. Todavia, caso os genitores residam em cidades distintas, há que prevalecer o interesse dos filhos, nos termos do § 3º do art. 1.583 do CC, com redação dada pela Lei n. 13.058/2014: "na guarda compartilhada, a cidade considerada base de moradia dos filhos será aquela que melhor atender aos interesses dos filhos". *Alternativa D.*

206. **(XXIII Exame)** Arlindo e Berta firmam pacto antenupcial, preenchendo todos os requisitos legais, no qual estabelecem o regime de separação absoluta de bens. No entanto, por motivo de saúde de um dos nubentes, a celebração civil do casamento não ocorreu na data estabelecida.

Diante disso, Arlindo e Berta decidem não se casar e passam a conviver maritalmente. Após cinco anos de união estável, Arlindo pretende dissolver a relação familiar e aplicar o pacto antenupcial, com o objetivo de não dividir os bens adquiridos na constância dessa união.

Nessas circunstâncias, o pacto antenupcial é

(A) válido e ineficaz.
(B) válido e eficaz.
(C) inválido e ineficaz.
(D) inválido e eficaz.

RESPOSTA No caso em apreço, o casal estipulou o pacto antenupcial, tendo sido preenchidas todas as condições legais, de acordo com o próprio texto do enunciado. Ocorre, todavia, que o casamento acabou por não ser consumado. A resolução da hipótese passa pela análise do art. 1.653 do Código Civil, segundo o qual "é nulo o pacto antenupcial se não for feito por escritura pública, e ineficaz se não lhe seguir o casamento". O pacto é válido, pois a forma exigida em lei foi cumprida, mas não gera efeitos, em razão do não advento do matrimônio. *Alternativa A.*

207. **(XXIV Exame)** Lúcia, sem ascendentes e sem descendentes, faleceu solteira e não deixou testamento. O pai de Lúcia tinha dois irmãos, que tiveram, cada qual, dois filhos, sendo, portanto, primos dela. Quando do falecimento de Lúcia, seus tios já haviam morrido. Ela deixou ainda um sobrinho, filho de seu único irmão, que também falecera antes dela. Sobre a sucessão de Lúcia, de acordo com os fatos narrados, assinale a afirmativa correta.

(A) O sobrinho concorre com o tio na sucessão de Lúcia, partilhando-se por cabeça.
(B) O sobrinho representará seu pai, pré-morto, na sucessão de Lúcia.
(C) O filho do tio pré-morto será chamado à sucessão por direito de representação.
(D) O sobrinho é o único herdeiro chamado à sucessão e herda por direito próprio.

RESPOSTA Tendo Lúcia falecido, sem deixar testamento, aplicam-se ao caso as regras da sucessão legítima (arts. 1.829 e seguintes do CC). Lúcia tem como potenciais herdeiros vivos dois primos e um sobrinho. É preciso atentar para a forma prevista em lei para a contagem dos graus de parentesco. Nos termos do art. 1.594 do CC, "contam-se, na linha reta, os graus de parentesco pelo número de gerações, e, na colateral, também pelo número delas, subindo de um dos parentes até ao ascendente comum, e descendo até encontrar o outro parente". Os primos de Lúcia são seus parentes em quarto grau; o sobrinho, por sua vez, é colateral de terceiro grau. Como, de acordo com o art. 1.840 do CC, os colaterais de grau mais próximo excluem os de grau mais remoto, caberá ao sobrinho o direito de herdar integralmente o patrimônio de Lúcia. *Alternativa D.*

208. **(XXIV Exame)** João e Carla foram casados por cinco anos, mas, com o passar dos anos, o casamento se desgastou e eles se divorciaram. As três filhas do casal, menores impúberes, ficaram sob a guarda exclusiva da mãe, que trabalha em uma escola como professora, mas que está com os salários atrasados há quatro meses, sem previsão de recebimento. João vinha contribuindo para o sustento das crianças, mas, estranhamente, deixou de fazê-lo no último mês. Carla, ao procurá-lo, foi informada pelos pais de João que ele sofreu um atropelamento e está em estado grave na UTI do Hospital Boa Sorte. Como João é autônomo, não pode contribuir, justificadamente, com o sustento das filhas. Sobre a possibilidade de os avós participarem do sustento das crianças, assinale a afirmativa correta.

(A) Em razão do divórcio, os sogros de Carla são ex-sogros, não são mais parentes, não podendo ser compelidos judicialmente a contribuir com o pagamento de alimentos para o sustento das netas.

(B) As filhas podem requerer alimentos avoengos, se comprovada a impossibilidade de Carla e de João garantirem o sustento das filhas.

(C) Os alimentos avoengos não podem ser requeridos, porque os avós só podem ser réus em ação de alimentos no caso de falecimento dos responsáveis pelo sustento das filhas.

(D) Carla não pode representar as filhas em ação de alimentos avoengos, porque apenas os genitores são responsáveis pelo sustento dos filhos.

RESPOSTA Em matéria de alimentos, cumpre verificar o que preceituam os arts. 1.696 e 1.698 do CC: "Art. 1.696. O direito à prestação de alimentos é recíproco entre pais e filhos, e extensivo a todos os ascendentes, recaindo a obrigação nos mais próximos em grau, uns em falta de outros". "Art. 1.698. Se o parente, que deve alimentos em primeiro lugar, não estiver em condições de suportar totalmente o encargo, serão chamados a concorrer os de grau imediato; sendo várias as pessoas obrigadas a prestar alimentos, todas devem concorrer na proporção dos respectivos recursos, e, intentada ação contra uma delas, poderão as demais ser chamadas a integrar a lide". Em decorrência do princípio da solidariedade familiar, e também em virtude da necessária proteção aos interesses dos menores incapazes, permite a lei que, diante da impossibilidade de os pais prestarem pensão aos filhos, sejam outros parentes – neste caso, os avós – chamados à responsabilidade de alimentar as pessoas que careçam de recursos para sua subsistência. *Alternativa B.*

VIII. DIREITO DAS SUCESSÕES

209. **(XXXI Exame)** Arnaldo faleceu e deixou os filhos Roberto e Álvaro. No inventário judicial de Arnaldo, Roberto, devedor contumaz na praça, renunciou à herança, em 05/11/2019, conforme declaração nos autos. Considerando que o falecido não deixou testamento e nem dívidas a serem pagas, o valor líquido do monte a ser partilhado era de R$ 100.000,00 (cem mil reais). Bruno é primo de Roberto e também seu credor no valor de R$ 30.000,00 (trinta mil reais). No dia 09/11/2019, Bruno tomou conhecimento da manifestação de renúncia supracitada e, no dia 29/11/2019, procurou um advogado para tomar as medidas cabíveis. Sobre esta situação, assinale a afirmativa correta.

(A) Em nenhuma hipótese Bruno poderá contestar a renúncia da herança feita por Roberto.

(B) Bruno poderá aceitar a herança em nome de Roberto, desde que o faça no prazo de quarenta dias seguintes ao conhecimento do fato.

(C) Bruno poderá, mediante autorização judicial, aceitar a herança em nome de Roberto, recebendo integralmente o quinhão do renunciante.

(D) Bruno poderá, mediante autorização judicial, aceitar a herança em nome de Roberto, no limite de seu crédito.

RESPOSTA De acordo com o CC, quando o herdeiro prejudicar os seus credores, renunciando à herança, poderão eles, com autorização do juiz, aceitá-la em nome do renunciante (art. 1.813, CC). Atente ao prazo da habilitação dos credores, que se fará no prazo de trinta dias seguintes ao conhecimento do fato. *Alternativa D.*

210. **(XXX Exame)** Juliana, Lorena e Júlia são filhas de Hermes, casado com Dóris. Recentemente, em razão de uma doença degenerativa, Hermes tornou-se paraplégico e começou a exigir cuidados maiores para a manutenção de sua saúde. Nesse cenário, Dóris e as filhas Juliana e Júlia se revezavam a fim de suprir as necessidades de Hermes, causadas pela enfermidade. Quanto a Lorena, esta deixou de visitar o pai após este perder o movimento das pernas, recusando-se a colaborar com a família, inclusive financeiramente. Diante desse contexto, Hermes procura você, como advogado(a), para saber quais medidas ele poderá tomar para que, após sua morte, seu patrimônio não seja transmitido a Lorena. Sobre o caso apresentado, assinale a afirmativa correta.

(A) A pretensão de Hermes não poderá ser concretizada segundo o Direito brasileiro, visto que o descendente, herdeiro necessário, não poderá ser privado de sua legítima pelo ascendente, em nenhuma hipótese.

(B) Não é necessário que Hermes realize qualquer disposição ainda em vida, pois o abandono pelos descendentes é causa legal de exclusão da sucessão do ascendente, por indignidade.

(C) Existe a possibilidade de deserdar o herdeiro necessário por meio de testamento, mas apenas em razão de ofensa física, injúria grave e relações ilícitas com madrasta ou padrasto atribuídas ao descendente.

(D) É possível que Hermes disponha sobre deserdação de Lorena em testamento, indicando, expressamente, o seu desamparo em momento de grave enfermidade como causa que justifica esse ato.

RESPOSTA As causas de deserdação estão previstas nos casos dos incisos do art. 1.814, art. 1.962 e art. 1.963, todos do CC, e atinge apenas os herdeiros necessários (descendentes, ascendentes, cônjuge e companheiro). É possível, diante da situação hipotética, apontar que trata do caso do inciso IV do art. 1.962 – desamparo do ascendente em alienação mental ou grave enfermidade. *Alternativa D.*

211. **(XXIX Exame)** Mariana e Maurílio são filhos biológicos de Aldo. Este, por sua vez, nunca escondeu ser mais próximo de seu filho Maurílio, com quem diariamente trabalhava. Quando do falecimento de Aldo, divorciado na época, seus filhos constataram a existência de testamento, que destinou todos os bens do falecido exclusivamente para Maurílio. Sobre a situação narrada, assinale a afirmativa correta.

(A) O testamento de Aldo deverá ser integralmente cumprido, e, por tal razão, todos os bens do autor da herança serão transmitidos a Maurílio.

(B) A disposição de última vontade é completamente nula, porque Mariana é herdeira necessária, devendo os bens ser divididos igualmente entre os dois irmãos.

(C) Deverá haver redução da disposição testamentária, respeitando-se, assim, a legítima de Mariana, herdeira necessária, que corresponde a um quinhão de 50% da totalidade herança.

(D) Deverá haver redução da disposição testamentária, respeitando a legítima de Mariana, herdeira necessária, que corresponde a um quinhão de 25% da totalidade da herança.

RESPOSTA De acordo com o Código Civil, há redução das disposições testamentárias, como é o caso em tela, quando o testador só em parte dispuser da quota hereditária disponível, daí o remanescente pertencerá aos herdeiros legítimos (*vide* art. 1.966). Assim, Maurílio poderá ser contemplado com toda a metade disponível do patrimônio de Aldo, mas partilhará, por cabeça, com Mariana, a outra metade, correspondente à legítima (fração de 25% da herança). *Alternativa D.*

212. **(XXVIII Exame)** Matheus, sem filhos, casado com Jane, no regime de comunhão parcial de bens, falece após enfarto fulminante. De seu parentesco em linha reta são ainda vivos Carlos, seu pai, e Irene, sua avó materna. A partir da situação acima, assinale a opção que indica a sucessão de Matheus.

(A) Serão herdeiros Carlos, Irene e Jane, a última em concorrência, atribuído quinhão de 1/3 do patrimônio para cada um deles.

(B) Serão herdeiros Carlos e Jane, atribuído quinhão de 2/3 ao pai e de 1/3 à Jane, cônjuge concorrente.

(C) Carlos será herdeiro sobre a totalidade dos bens, enquanto Jane apenas herda, em concorrência com este, os bens particulares do falecido.

(D) Serão herdeiros Carlos e Jane, esta herdeira concorrente, atribuído quinhão de metade do patrimônio para cada um destes.

RESPOSTA Se não há descendentes, os ascendentes são chamados a suceder, em concorrência com a viúva (cônjuge supérstite). Atente-se que o regime do casamento não interfere, tornando a viúva com direito à cota da integralidade do patrimônio deixado, independentemente se bens particulares ou comuns. Observe ainda que o grau mais próximo exclui o mais remoto (art. 1.836, §1º), ressaltando-se que não há direito de representação na linha ascendente. Assim, estando o pai de Matheus vivo, sua avó materna não será chamada a suceder, devendo a herança ser partilhada igualmente entre ele e a cônjuge supérstite (art. 1.837, CC). *Alternativa D.*

213. **(XXVII Exame)** Em 2010, Juliana, sem herdeiros necessários, lavrou testamento público deixando todos os seus bens para sua prima, Roberta. Em 2016, Juliana realizou inseminação artificial heteróloga e, nove meses depois, nasceu Carolina. Em razão de complicações no parto, Juliana faleceu poucas horas após o procedimento. Sobre a sucessão de Juliana, assinale a afirmativa correta.

(A) Carolina herdará todos os bens de Juliana.

(B) Roberta herdará a parte disponível e Carolina, a legítima.

(C) Roberta herdará todos os bens de Juliana.

(D) A herança de Juliana será declarada jacente.

RESPOSTA Se, após elaborar o testamento, sobrevêm ao testador descendente sucessível, que não tinha ou conhecia no momento em que testou, considera-se o testamento rompido em todas as suas disposições, ou seja, inteiramente ineficaz, desde que o descendente sobreviva ao testador (art. 1.973, CC). Assim, rompido o testamento, Roberta não fará jus à herança, que será integralmente deferida à herdeira necessária Carolina. *Alternativa A.*

214. **(VIII Exame)** Com relação ao direito sucessório, assinale a afirmativa correta.

(A) O cônjuge sobrevivente, mesmo se constituir nova família, continuará a ter direito real de habitação sobre o imóvel em que residiu com seu finado cônjuge.

(B) A exclusão por indignidade pode ocorrer a partir da necessidade de que o herdeiro tenha agido sempre com dolo e por uma conduta comissiva.

(C) A deserdação é forma de afastar do processo sucessório tanto o herdeiro legítimo quanto o legatário.

(D) Os efeitos da indignidade não retroagem à data da abertura da sucessão, tendo, portanto, efeito *ex nunc.*

RESPOSTA Conforme dispõe o art. 1.831 do CC, "ao cônjuge sobrevivente, qualquer que seja o regime de bens, será assegurado, sem prejuízo da participação que lhe caiba na herança, o direito real de habitação relativamente ao imóvel destinado à residência da família, desde que seja o único daquela natureza a inventariar". Esse direito de habitação é vitalício e, segundo a redação da norma, não fica restrito à viuvez, o que significa que, mesmo constituindo nova família, o cônjuge sobrevivo permanece titular do direito em questão. *Alternativa A.*

215. **(VII Exame)** Edgar, solteiro, maior e capaz, faleceu deixando bens, mas sem deixar testamento e contando com dois filhos maiores, capazes e também solteiros, Lúcio e Arthur. Lúcio foi regularmente excluído da sucessão de Edgar, por tê-lo acusado caluniosamente em juízo, conforme apurado na esfera criminal. Sabendo-se que Lúcio possui um filho menor, chamado Miguel, assinale a alternativa correta.

(A) O quinhão de Lúcio será acrescido à parte da herança a ser recebida por seu irmão, Arthur, tendo em vista que Lúcio é considerado como se morto fosse antes da abertura da sucessão.

(B) O quinhão de Lúcio será herdado por Miguel, seu filho, por representação, tendo em vista que Lúcio é considerado como se morto fosse antes da abertura da sucessão.

(C) O quinhão de Lúcio será acrescido à parte da herança a ser recebida por seu irmão, Arthur, tendo em vista que a exclusão do herdeiro produz os mesmos efeitos da renúncia à herança.

(D) O quinhão de Lúcio se equipara, para todos os efeitos legais, à herança jacente, ficando sob a guarda e administração de um curador, até a sua entrega ao sucessor devidamente habilitado ou à declaração de sua vacância.

RESPOSTA O art. 1.814 do CC enumera as hipóteses de exclusão da sucessão, entre as quais se enquadra Lúcio. Entretanto, prevê o art. 1.816 do mesmo diploma que são pessoais os efeitos da exclusão, de forma que os descendentes do herdeiro excluído sucedem, como se ele morto fosse antes da abertura da sucessão. *Alternativa B.*

216. **(VI Exame)** José, solteiro, possui três irmãos: Raul, Ralph e Randolph. Raul era pai de Mauro e Mário. Mário era pai de Augusto e Alberto. Faleceram, em virtude de acidente automobilístico, Raul e Mário, na data de 15 de abril de 2005. Posteriormente, José veio a falecer em 1º de maio de 2006. Sabendo-se que a herança de José é de R$ 90.000,00, como ficará a partilha de seus bens?

(A) Como José não possui descendente, a partilha deverá ser feita entre os irmãos. E, como não há direito de representação entre os filhos de irmão, Ralph e Randolph receberão cada um R$ 45.000,00.

(B) Ralph e Randolph devem receber R$ 30.000,00 cada. A parte que caberá a Raul deve ser repartida entre Mauro e Mário. Sendo Mário pré-morto, seus filhos Alberto e Augusto devem receber a quantia que lhe caberia. Assim, Mauro deve receber R$ 15.000,00, e Alberto e Augusto devem receber R$ 7.500,00 cada um.

(C) Ralph e Randolph receberão R$ 30.000,00 cada um. O restante (R$ 30.000,00) será entregue a Mauro, por direito de representação de seu pai pré-morto.

(D) Ralph e Randolph receberão R$ 30.000,00 cada um. O restante, na falta de outro colateral vivo, será entregue ao Município, Distrito Federal ou União.

RESPOSTA Como não há *descendentes, ascendentes* nem *cônjuge*, a totalidade da herança de José caberá aos *colaterais* (art. 1.829 do CC). Na classe dos *colaterais*, os mais próximos excluem os mais remotos, salvo o direito de representação conferido aos filhos de irmãos (art. 1.840 do CC). No caso, os irmãos de José receberão partes iguais (1.842 do CC), ou seja, cada um receberá R$ 30.000,00, sendo que o quinhão que caberia a Raul (pré-morto) irá para seu filho, Mauro, por representação. *Alternativa C.*

217. **(V Exame)** Heitor, solteiro e pai de dois filhos também solteiros (Roberto, com 30 anos de idade, e Leonardo, com 28 anos de idade), vem a falecer, sem deixar testamento. Roberto, não tendo interesse em receber a herança deixada pelo pai, a ela renuncia formalmente por meio de instrumento público. Leonardo, por sua vez, manifesta inequivocamente o seu interesse em receber a herança que lhe caiba. Sabendo-se que Margarida, mãe de Heitor, ainda é viva e que Roberto possui um filho, João, de 2 anos de idade, assinale a alternativa correta.

(A) Roberto não pode renunciar à herança, pois acarretará prejuízos a seu filho, João, menor de idade.

(B) Roberto pode renunciar à herança, o que ocasionará a transferência de seu quinhão para João, seu filho.

(C) Roberto pode renunciar à herança, e, com isso, o seu quinhão será acrescido à parte da herança a ser recebida por Leonardo, seu irmão.

(D) Roberto pode renunciar à herança, ocasionando a transferência de seu quinhão para Margarida, sua avó, desde que ela aceite receber a herança.

RESPOSTA Segundo o art. 1.810 do CC, na sucessão legítima, a parte do renunciante acresce à dos outros herdeiros da *mesma classe*, no caso, o irmão de Roberto, Leonardo. Ressalte-se que o quinhão de Roberto (o renunciante) não poderá ser transferido ao seu filho, por disposição do art. 1.811, segundo o qual ninguém pode suceder representando herdeiro renunciante. *Alternativa C.*

218. **(III Exame)** Josefina e José, casados pelo regime da comunhão universal de bens, tiveram três filhos: Mário, Mauro e Moacir. Mário teve dois filhos: Paulo e Pedro. Mauro teve três filhos: Breno, Bruno e Brian. Moacir teve duas filhas: Isolda e Isabel. Em um acidente automobilístico, morreram Mário e Mauro. José, muito triste com a perda dos filhos, faleceu logo em seguida, deixando um patrimônio de R$ 900.000,00. Nesse caso hipotético, como ficaria a divisão do monte?

(A) Josefina receberia R$ 450.000,00. Paulo e Pedro receberiam cada um R$ 75.000,00. Breno, Bruno e Brian receberiam cada um R$ 50.000,00. Moacir receberia R$ 150.000,00.

(B) Josefina receberia R$ 450.000,00. Os filhos de Mário receberiam cada um R$ 75.000,00. Os filhos de Mauro receberiam R$ 50.000,00 cada um. E, por fim, as filhas de Moacir receberiam R$ 75.000,00 cada uma.

(C) Paulo e Pedro receberiam cada um R$ 150.000,00. Breno, Bruno e Brian receberiam, cada um, R$ 100.000,00. E, por fim, Moacir receberia R$ 300.000,00.

(D) A herança seria dividida em três partes de R$ 300.000,00. Paulo e Pedro receberiam cada um R$ 150.000,00. Breno, Bruno e Brian receberiam, cada um, R$ 100.000,00. E, por fim, Isabel e Isolda receberiam cada uma a importância de R$ 150.000,00.

RESPOSTA A questão requer o conhecimento dos arts. 1.829 e seguintes do CC, que regem a sucessão legítima. Josefina, casada pelo regime de comunhão universal de bens, é meeira e não herdeira (art. 1.829, I), ficando com R$ 450.000,00. O restante do patrimônio (R$ 450.000,00) seria dividido entre os três filhos de José (1/3 para cada um), e o percentual dos filhos pré-mortos passará aos seus filhos (netos de José), dividido por igual parte (arts. 1.851 a 1.856 do CC). *Alternativa A.*

219. **(II Exame)** Em 2004, Joaquim, que não tinha herdeiros necessários, lavrou um testamento contemplando como sua herdeira universal Ana. Em 2006, arrependido, Joaquim revogou o testamento de 2004, nomeando como seu herdeiro universal Sérgio. Em 2008, Sérgio faleceu, deixando uma filha Catarina. No mês de julho de 2010, faleceu Joaquim. O único parente vivo de Joaquim era seu irmão, Rubens. Assinale a alternativa que indique a quem caberá a herança de Joaquim.

(A) Rubens.

(B) Catarina.

(C) Ana.

(D) A herança será vacante.

RESPOSTA Na situação narrada, o testamento caducará, pois à época da morte do testador o herdeiro testamentário era pré-morto, operando-se os efeitos da sucessão legítima (transmissão dos bens ao irmão, único parente sucessível). Aplica-se uma das hipóteses previstas no art. 1.788 do CC ("(...) subsiste a sucessão legítima se o testamento caducar, ou for julgado nulo"). Importante referir que não existe direito de representação para a filha de Sérgio, pois uma das características do testamento é ser estipulado em caráter *intuitu personae*, nele sucedendo apenas a pessoa nele designada. *Alternativa A.*

220. **(IX Exame)** José, viúvo, é pai de Mauro e Mário, possuindo um patrimônio de R$ 300.000,00. Casou-se com Roberta, que tinha um patrimônio de R$ 200.000,00, pelo regime da comunhão universal de bens. José e Roberta tiveram dois filhos, Bruno e Breno. Falecendo Roberta, a divisão do monte seria a seguinte:

(A) José recebe R$ 250.000,00 e Mauro, Mário, Bruno e Breno recebem cada um R$ 62.500,00.

(B) O monte, no valor total de R$ 500.000,00, deve ser dividido em cinco partes, ou seja, José, Mauro, Mário, Breno e Bruno recebem, cada um, R$ 100.000,00.

(C) José recebe R$ 250.000,00 e Bruno e Breno recebem, cada um, a importância de R$ 125.000,00.

(D) A herança deve ser dividida em três partes, cabendo a José, Bruno e Breno 1/3 do monte, ou seja, R$ 166.666,66 para cada um.

RESPOSTA Estando Roberta e José casados pelo regime da comunhão universal de bens, com a morte daquela, este faz jus à meação, equivalente a 50% da totalidade do patrimônio do casal (R$ 250.000,00). Bruno e Breno, filhos de Roberta, recebem o restante do patrimônio, sem a concorrência de José, pois, nos termos do art. 1.829, I, do CC, o cônjuge sobrevivente não herda conjuntamente com os descendentes. Assim, Bruno e Breno receberão, cada um, a importância de R$ 125.000,00. *Alternativa C.*

221. **(XVI Exame)** Márcia era viúva e tinha três filhos: Hugo, Aurora e Fiona. Aurora, divorciada, vivia sozinha e tinha dois filhos, Rui e Júlia. Márcia faleceu e Aurora renunciou à herança da mãe. Sobre a divisão da herança de Márcia, assinale a afirmativa correta.

(A) Diante da renúncia de Aurora, a herança de Márcia deve ser dividida entre Hugo e Fiona, cabendo a cada um metade da herança.

(B) Diante da renúncia de Aurora, a herança de Márcia deve ser dividida entre Hugo, Fiona, Rui e Júlia, em partes iguais, cabendo a cada um 1/4 da herança.

(C) Diante da renúncia de Aurora, a herança deve ser dividida entre Hugo, Fiona, Rui e Júlia, cabendo a Hugo e Fiona 1/3 da herança, e a Rui e Júlia 1/6 da herança para cada um.

(D) Aurora não pode renunciar à herança de sua mãe, uma vez que tal faculdade não é admitida quando se tem descendentes de primeiro grau.

RESPOSTA No momento em que Aurora renuncia à sua quota hereditária, os bens da falecida acrescem ao patrimônio dos demais herdeiros da mesma classe (art. 1.810 do CC). Assim, a renúncia aproveita aos irmãos de Aurora, não podendo os filhos da herdeira renunciante pretender representá-la na sucessão (art. 1.811). *Alternativa A.*

222. **(XV Exame)** Mateus não tinha mais parentes, nunca tivera descendentes e jamais havia vivido em união estável ou em matrimônio. Há alguns anos, ele decidiu fazer um testamento e deixar todo o seu patrimônio para seus amigos da vida toda, Marcos e Lucas. Seis meses depois da lavratura do testamento, por força de um exame de DNA, Mateus descobriu que tinha um filho, Alberto, 29 anos, que não conhecia, fruto de um relacionamento fugaz ocorrido no início de sua faculdade. Mateus reconheceu a paternidade de Alberto no Registro Civil e passou a conviver periodicamente com o filho. No mês passado, Mateus faleceu. Sobre sua sucessão, assinale a afirmativa correta.

(A) Todo o patrimônio de Mateus caberá a Alberto.

(B) Todo o patrimônio de Mateus caberá a Marcos e Lucas, por força do testamento.

(C) Alberto terá direito à legítima, cabendo a Marcos e Lucas a divisão da quota disponível.

(D) A herança de Mateus caberá igualmente aos Herdeiros.

RESPOSTA No momento em que realizou o testamento que contemplava seus amigos, Mateus ignorava o fato de ser pai de Alberto. Ocorre, neste caso, o fenômeno do rompimento do testamento, conforme dispõe o art. 1.973 do CC: "sobrevindo descendente sucessível ao testador, que não o tinha ou não o conhecia quando testou, rompe-se o testamento em todas as suas disposições, se esse descendente sobreviver ao testador". As disposições testamentárias perdem efeito, cabendo a herança, em sua integralidade, ao filho de Mateus. *Alternativa A.*

223. **(XIV Exame)** Segundo o Código Civil de 2002, acerca do direito de representação, instituto do Direito das Sucessões, assinale a opção correta.

(A) É possível que o filho renuncie à herança do pai e, depois, represente-o na sucessão do avô.

(B) Na linha transversal, é permitido o direito de representação em favor dos sobrinhos, quando concorrerem com sobrinhos-netos.

(C) Em não havendo filhos para exercer o direito de representação, este será exercido pelos pais do representado.

(D) O direito de representação consiste no chamamento de determinados parentes do *de cujus* a suceder em todos os direitos a ele transmitidos, sendo permitido tanto na sucessão legítima quanto na testamentária.

RESPOSTA Sobre o direito de representação, o art. 1.856 do CC estipula que "o renunciante à herança de uma pessoa poderá representá-la na sucessão de outra". Pode perfeitamente o filho abdicar da herança deixada por seu pai e, ao mesmo tempo, representá-lo na sucessão do avô. *Alternativa A.*

224. **(XVII Exame)** Ester, viúva, tinha duas filhas muito ricas, Marina e Carina. Como as filhas não necessitam de seus bens, Ester deseja beneficiar sua irmã, Ruth, por ocasião de sua morte, destinando-lhe toda a sua herança, bens que vieram de seus pais, também pais de Ruth. Ester o(a) procura como advogado(a), indagando se é possível deixar todos os seus bens para sua irmã. Deseja fazê-lo por meio de testamento público, devidamente lavrado em Cartório de Notas, porque suas filhas estão de acordo com esse seu desejo.

Assinale a opção que indica a orientação correta a ser transmitida a Ester.

(A) Em virtude de ter descendentes, Ester não pode dispor de seus bens por testamento.

(B) Ester só pode dispor de 1/3 de seu patrimônio em favor de Ruth, cabendo o restante de sua herança às suas filhas Marina e Carina, dividindo-se igualmente o patrimônio.

(C) Ester pode dispor de todo o seu patrimônio em favor de Ruth, já que as filhas estão de acordo.

(D) Ester pode dispor de 50% de seu patrimônio em favor de Ruth, cabendo os outros 50% necessariamente às suas filhas, Marina e Carina, na proporção de 25% para cada uma.

RESPOSTA Ester é mãe de Marina e Carina, suas herdeiras necessárias, nos termos do art. 1.845 do CC. Por isso, os bens de Ester não são integralmente disponíveis. O art. 1.846, também do CC, estatui que "Pertence aos herdeiros necessários, de pleno direito, a metade dos bens da herança, constituindo a legítima". Desta forma, ainda que as filhas sejam abastadas e não dependam dos recursos de Ester, esta poderá dispor apenas de metade dos seus bens em testamento. *Alternativa D.*

225. **(XIX Exame)** Os pais de Raimundo já haviam falecido e, como ele não tinha filhos, seu sobrinho Otávio era seu único parente vivo. Seu melhor amigo era Alfredo. Em um determinado dia, Raimundo resolveu fazer sozinho uma trilha perigosa pela Floresta dos Urucuns e, ao se perder na mata, acidentou-se gravemente. Ao perceber que podia morrer, redigiu em um papel, datado e assinado por ele, declarando a circunstância excepcional em que se encontrava e que gostaria de deixar toda a sua fortuna para Alfredo. Em razão do acidente, Raimundo veio a falecer, sendo encontrado pelas equipes de resgate quatro dias depois do óbito. Ao seu lado, estava o papel com sua última declaração escrita em vida, que foi recolhido pela equipe de resgate e entregue à Polícia. Ao saber do ocorrido, Otávio consulta seu advogado para saber se a declaração escrita por Raimundo tinha validade.

Com base na hipótese narrada, assinale a afirmativa correta.

(A) O testamento deixado por Raimundo não tem validade em virtude da ausência das formalidades legais para o ato de última vontade, em especial a presença de testemunhas.

(B) O testamento deixado por Raimundo tem validade, mas suas disposições terão que ser reduzidas em 50%, pelo fato de Otávio ser herdeiro de Raimundo.

(C) O testamento deixado por Raimundo poderá ser confirmado, a critério do juiz, uma vez que a lei admite o testamento particular sem a presença de testemunhas quando o testador estiver em circunstâncias excepcionais.

(D) O testamento deixado por Raimundo não tem validade porque a lei só admite o testamento público, lavrado na presença de um tabelião.

RESPOSTA Dadas as circunstâncias em que se encontrava, Raimundo decidiu lavrar testamento de próprio punho, em caráter particular. Neste caso, o art. 1.879 do CC determina que "em circunstâncias excepcionais declaradas na cédula, o testamento particular de próprio punho e assinado pelo testador, sem testemunhas, poderá ser confirmado, a critério do juiz". *Alternativa C.*

226. **(XX Exame)** Antônio deseja lavrar um testamento e deixar toda a sua herança para uma instituição de caridade que cuida de animais abandonados. O único parente de Antônio é seu irmão João, com quem almoça todos os domingos. Antônio não possui outros parentes nem cônjuge ou companheiro. Antônio procura você na condição de advogado e indaga se a vontade dele é tutelada pela lei.

Diante da indagação de Antônio, assinale a afirmativa correta.

(A) Antônio pode deixar toda a herança para a instituição de caridade, uma vez que seu irmão não é seu herdeiro necessário.

(B) Antônio não pode testar em favor da instituição de caridade que cuida de animais, uma vez que a herança cabe inteiramente a parente vivo mais próximo, no caso, seu irmão.

(C) Antônio pode deixar por testamento apenas metade da herança para a instituição de caridade, uma vez que a outra metade pertence por lei a seu irmão, a quem deve alimentos.

(D) Antônio pode deixar para a instituição de caridade 3/4 de seu patrimônio, uma vez que é preciso garantir no mínimo 1/4 da herança a seu irmão bilateral.

RESPOSTA Nos termos do art. 1.845 do CC, "são herdeiros necessários os descendentes, os ascendentes e o cônjuge". Antônio tem como único parente seu irmão João, sendo certo que irmãos são parentes colaterais (art. 1.592, CC: "são parentes em linha colateral ou transversal, até o quarto grau, as pessoas provenientes de um só tronco, sem descenderem uma da outra"). Por isso, como Antônio não tem herdeiros necessários, não é obrigado a proceder à reserva da legítima (art. 1.846 do CC), podendo deixar toda a sua herança para a instituição de caridade. *Alternativa A.*

227. **(XX Exame – Reaplicação)** Joana e Alcindo, casados sob o regime da comunhão universal de bens, estavam a caminho de uma festa no litoral da Bahia, quando tiveram o carro atingido por um caminhão em alta velocidade. Quando a equipe de socorro chegou ao local, ambos os cônjuges estavam sem vida. Conforme laudo pericial realizado, não foi possível determinar se Joana morreu antes de Alcindo.

Joana, que tinha vinte e cinco anos, deixou apenas um parente vivo, seu irmão Alfredo, enquanto Alcindo, que já tinha cinquenta e nove anos, deixou três familiares vivos, seus primos Guilherme e Jorge, e seu sobrinho, Anderson.

Considerando que nenhum dos cônjuges elaborou testamento, assinale a afirmativa correta.

(A) Tendo em vista a morte simultânea dos cônjuges, Alfredo receberá integralmente os bens de Joana, e a herança de Alcindo será dividida, em partes iguais, entre os seus herdeiros necessários, Guilherme, Jorge e Anderson.

(B) Entre comorientes não há transmissão de patrimônio mas como Joana e Alcindo eram casados em regime de comunhão universal de bens o patrimônio total do casal será dividido em partes iguais e distribuído entre os herdeiros necessários de ambos, ou seja, Alfredo, Guilherme, Jorge e Anderson.

(C) Entre comorientes não há transmissão de patrimônio e a herança de cada um dos falecidos será dividida entre os seus respectivos herdeiros, razão pela qual Alfredo herdará integralmente os bens de Joana, enquanto Anderson herdará os bens de Alcindo.

(D) Diante da impossibilidade pericial de determinar qual dos cônjuges morreu primeiro, aplica-se o regime jurídico da comoriência, pelo que se presume, em razão da idade, que a morte de Alcindo tenha ocorrido primeiro.

RESPOSTA Joana e Alcindo eram casados e, assim, seriam herdeiros entre si, nos termos do art. 1.829 do CC. Ocorre que faleceram no mesmo evento, não sendo possível apurar qual deles sobreviveu ao outro, cabendo, neste caso, aplicar a presunção legal de que vieram a óbito concomitantemente (art. 8º do CC). Entre os comorientes, não haverá sucessão, portanto. Deste modo, os bens de Joana são transmitidos a seu único herdeiro vivo, seu irmão. Já em relação a Alcindo, há dois primos e um sobrinho. Como os primos são colaterais em quarto grau e o sobrinho em terceiro, cumpre invocar o texto do art. 1.840 do CC: "na classe dos colaterais, os mais próximos excluem os mais remotos, salvo o direito de representação concedido aos filhos de irmãos". Assim, herda o sobrinho, de grau mais próximo com o falecido. *Alternativa C.*

228. **(XXII Exame)** Clara e Sérgio são casados pelo regime da comunhão parcial de bens. Durante o casamento, o casal adquiriu onerosamente um apartamento e Sérgio herdou um sítio de seu pai. Sérgio morre deixando, além de Clara, Joaquim, filho do casal.

Sobre os direitos de Clara, segundo os fatos narrados, assinale a afirmativa correta.

(A) Clara é herdeira do apartamento, em concorrência com Joaquim.

(B) Clara é meeira no apartamento e herdeira do sítio, em concorrência com Joaquim.

(C) Clara é herdeira do apartamento e do sítio, em concorrência com Joaquim.

(D) Clara é meeira no sítio e herdeira do apartamento, em concorrência com Joaquim.

RESPOSTA O apartamento adquirido na constância do casamento é considerado patrimônio comum do casal, por força do art. 1.660, I do CC. Já o sítio herdado por Sérgio é excluído da comunhão, sendo patrimônio pessoal dele (art. 1.659, I do CC). Para averiguar o modo como se dará a distribuição póstuma dos bens deixados por Sérgio, é preciso analisar o texto do art. 1.829, I do CC, que assim dispõe: "A sucessão legítima defere-se na ordem seguinte: I – aos descendentes, em concorrência com o cônjuge sobrevivente, salvo se casado este com o falecido no regime da comunhão universal, ou no da separação obrigatória de bens (art. 1.640, parágrafo único); ou se, no regime da comunhão parcial, o autor da herança não houver deixado bens particulares (...)". Clara, a viúva, passa a ser meeira do apartamento, por se tratar de bem comum do casal. Já em relação ao sítio, por se tratar de bem particular de Sérgio, será partilhado em concorrência do cônjuge sobrevivente e do filho, Joaquim. *Alternativa B.*

229. **(XXIII Exame)** Paulo, viúvo, tinha dois filhos: Mário e Roberta. Em 2016, Mário, que estava muito endividado, cedeu para seu amigo Francisco a quota-parte da herança a que fará jus quando seu pai falecer, pelo valor de R$ 1.000.000,00 (um milhão de reais), pago à vista.

Paulo falece, sem testamento, em 2017, deixando herança líquida no valor de R$ 3.000.000,00 (três milhões de reais).

Sobre a partilha da herança de Paulo, assinale a afirmativa correta.

(A) Francisco não será contemplado na partilha porque a cessão feita por Mário é nula, razão pela qual Mário e Roberta receberão, cada um, R$ 1.500.000,00 (um milhão e quinhentos mil reais).

(B) Francisco receberá, por força da partilha, R$ 1.000.000,00 (um milhão de reais), Mário ficará com R$ 500.000,00 (quinhentos mil reais) e Roberta com R$ 1.500.000,00 (um milhão e quinhentos mil reais).

(C) Francisco e Roberta receberão, cada um, por força da partilha, R$ 1.500.000,00 (um milhão e quinhentos mil reais) e Mário nada receberá.

(D) Francisco receberá, por força da partilha, R$ 1.000.000,00 (um milhão de reais), Roberta ficará com R$ 2.000.000,00 (dois milhões de reais) e Mário nada receberá.

RESPOSTA Mário, filho de Paulo, operou a cessão de sua quota hereditária em favor de Francisco. O ato poderia ser válido se realizado após o óbito de Paulo (art. 1.793 do Código Civil). Entretanto, como Paulo estava vivo à época da cessão, prevalece o teor do art. 426 do Código Civil, segundo o qual "não pode ser objeto de contrato a herança de pessoa viva". Assim, é nulo o ato de cessão, cabendo distribuir a herança do falecido entre seus dois filhos, por igual. *Alternativa A.*

230. **(XXV Exame)** Mário, cego, viúvo, faleceu em 1º de junho de 2017, deixando 2 filhos: Clara, casada com Paulo, e Júlio, solteiro. Em seu testamento público, feito de acordo com as formalidades legais, em 02 de janeiro de 2017, Mário gravou a legítima de Clara com cláusula de incomunicabilidade; além disso, deixou toda a sua parte disponível para Júlio.

Sobre a situação narrada, assinale a afirmativa correta.

(A) O testamento é inválido, pois, como Mário é cego, deveria estar regularmente assistido para celebrar o testamento validamente.

(B) A cláusula de incomunicabilidade é inválida, pois Mário não declarou a justa causa no testamento, como exigido pela legislação civil.

(C) A cláusula que confere a Júlio toda a parte disponível é inválida, pois Mário não pode tratar seus filhos de forma diferente.

(D) O testamento é inválido, pois, como Mário é cego, a legislação apenas lhe permite celebrar testamento cerrado.

RESPOSTA O fato de Mário ser cego não o impede de celebrar validamente um testamento. Neste caso, apenas exige a lei que o testador celebre o ato pela via do testamento público, nos termos do art. 1.867 do CC, condição devidamente cumprida por Mário. Ademais, apenas a legítima, correspondente à metade do patrimônio do testador, não pode ser afetada pelo testamento (arts. 1.846 e 1.857, § 1º, do CC). Assim, a parte disponível do patrimônio de Mário pode ser destinada livremente em testamento, inclusive para favorecer apenas um dos seus filhos. A única irregularidade verificada no testamento diz respeito ao fato de Mário não ter declarado a justa causa correspondente à cláusula de incomunicabilidade, consoante exigido pelo art. 1.848 do CC. *Alternativa B.*

231. **(XXV Exame)** Ana, sem filhos, solteira e cujos pais são pré-mortos, tinha os dois avós paternos e a avó materna vivos, bem como dois irmãos: Bernardo (germano) e Carmem (unilateral). Ana falece sem testamento, deixando herança líquida no valor de R$ 60.000,00 (sessenta mil reais).

De acordo com os fatos narrados, assinale a afirmativa correta.

(A) Seus três avós receberão, cada um, R$ 20.000,00 (vinte mil reais), por direito de representação dos pais de Ana, pré-mortos.

(B) Seus avós paternos receberão, cada um, R$ 15.000,00 (quinze mil reais) e sua avó materna receberá R$ 30.000,00 (trinta mil reais), por direito próprio.

(C) Bernardo receberá R$ 40.000,00 (quarenta mil reais), por ser irmão germano, e Carmem receberá R$ 20.000,00 (vinte mil reais), por ser irmã unilateral.

(D) Bernardo e Carmem receberão, cada um, R$ 30.000,00 (trinta mil reais), por direito próprio.

RESPOSTA Como Ana faleceu sem deixar testamento, aplicam-se ao caso as disposições contidas no art. 1.829 e seguintes do CC. Não tendo Ana cônjuge nem descendentes vivos, a herança é deferida aos seus ascendentes (art. 1.829, II, do CC). Como Ana tem como herdeiros dois avós paternos e a avó materna, cumpre aplicar os termos do § 2º do art. 1.836 do CC: "havendo igualdade em grau e diversidade em linha, os ascendentes da linha paterna herdam a metade, cabendo a outra aos da linha materna". Assim, metade do patrimônio é deferida à avó materna, restando a outra metade para divisão entre os avós paternos. *Alternativa B.*

232. **(XXVI Exame)** Lúcio, viúvo, tendo como únicos parentes um sobrinho, Paulo, e um tio, Fernando, fez testamento de acordo com todas as formalidades legais e deixou toda a sua herança ao seu amigo Carlos, que tinha uma filha, Juliana. O herdeiro instituído no ato de última vontade morreu antes do testador. Morto Lúcio, foi aberta a sucessão. Assinale a opção que indica como será feita a partilha.

(A) Juliana receberá todos os bens de Lúcio.

(B) Juliana receberá a parte disponível e Paulo, a legítima.

(C) Paulo e Fernando receberão, cada um, metade dos bens de Lúcio.

(D) Paulo receberá todos os bens de Lúcio.

RESPOSTA Lúcio não tem herdeiros necessários (cônjuge, ascendentes e descendentes, de acordo com o art. 1.845 do CC). Assim, ele é livre para dispor da totalidade de seus bens em testamento. Ocorre que Carlos, o beneficiário, veio a falecer antes que o testador viesse a óbito, o que provoca a caducidade da deixa (art. 1.939, V, do CC), não competindo a Juliana receber a título de representação, que somente se aplica na sucessão legítima (art. 1.851 do CC). Assim, há dois interessados (colaterais) na herança, aplicando-se, na hipótese, o teor do art. 1.843 do CC: "na falta de irmãos, herdarão os filhos destes e, não os havendo, os tios". Os sobrinhos (filhos dos irmãos) antecedem os tios, razão pela qual Paulo ficará com todo o patrimônio do falecido. *Alternativa D.*

REFERÊNCIAS

FARIAS, Cristiano Chaves de; ROSENVALD, Nelson. *Direito civil* – teoria geral. 7. ed. Rio de Janeiro: Lumen Juris, 2008.

GONÇALVES, Carlos Roberto. *Direito civil brasileiro*, v. III: contratos e atos unilaterais. 6. ed. São Paulo: Saraiva, 2009.

LÔBO, Paulo. *Direito civil:* famílias. 2. ed. São Paulo: Saraiva, 2009.

Estatuto da Criança e do Adolescente

ESTATUTO DA CRIANÇA E DO ADOLESCENTE: QUADRO GERAL DE QUESTÕES	
TEMAS	Nº DE QUESTÕES
Parte Geral	
I. Introdução	1
II. Direitos Fundamentais	28
III. Prevenção	6
Parte Especial	
IV. Atendimento	3
V. Medidas de Proteção	2
VI. Atos Infracionais	8
VII. Medidas aos Pais e Responsáveis	2
VIII. Conselho Tutelar	3
IX. Acesso à Justiça	6
X. Crimes e Infrações Administrativas	9
XI. Temas Combinados	1
TOTAL	69

Parte Geral

I. INTRODUÇÃO

1. (XVI Exame) O Estatuto da Criança e do Adolescente estabelece que pessoas com até doze anos de idade incompletos são consideradas crianças e aquelas entre doze e dezoito anos incompletos, adolescentes. Estabelece, ainda, o art. 2º, parágrafo único, que "Nos casos expressos em lei, aplica-se excepcionalmente este Estatuto às pessoas entre dezoito e vinte e um anos de idade". Partindo da análise do caráter etário descrito no enunciado, assinale a afirmativa correta.

(A) O texto foi derrogado, não tendo qualquer aplicabilidade no aspecto penal, que considera a maioridade penal aos dezoito anos, não podendo, portanto, ser aplicada qualquer medida socioeducativa a pessoas entre dezoito e vinte e um anos incompletos, pois o critério utilizado para a incidência é a idade na data do julgamento e não a idade na data do fato.

(B) A proteção integral às crianças e adolescentes, primado do ECA, estendeu a proteção da norma especial aos que ainda não tenham completado a maioridade civil, nisso havendo a proteção especialmente destinada aos menores de vinte e um anos, nos âmbitos do Direito Civil e do Direito Penal.

(C) O texto destacado no parágrafo único desarmoniza-se da regra do Código Civil de 2002 que estabelece que a maioridade civil dá-se aos dezoito anos; por esse motivo, a regra indicada no enunciado não tem mais aplicabilidade no âmbito civil.

(D) Ao menor emancipado não se aplicam os princípios e as normas previstas no ECA; por isso, o estabelecido no texto transcrito, desde a entrada em vigor da norma especial em 1990, não era aplicada aos menores emancipados, exceto para fins de Direito Penal.

RESPOSTA O gabarito apontou a *Alternativa C* como correta, no entanto a doutrina não fecha com esta afirmativa. Segundo Roberto João Elias (*Comentários ao Estatuto da Criança e do Adolescente*, 4. ed., São Paulo: Saraiva, 2010, p. 13), o parágrafo único do art. 2º refere-se às medidas socioeducativas, especialmente, à internação, sendo que o seu início pode se dar quando o menor completar dezoito anos, além de que a liberação do jovem será compulsória aos 21 anos. A questão deveria ser anulada.

II. DIREITOS FUNDAMENTAIS

2. **(XXIX Exame)** Júlio, após completar 17 anos de idade, deseja, contrariando seus pais adotivos, buscar informações sobre a sua origem biológica junto à Vara da Infância e da Juventude de seu domicílio. Lá chegando, a ele é informado que não poderia ter acesso ao seu processo, pois a adoção é irrevogável. Inconformado, Júlio procura um amigo, advogado, a fim de fazer uma consulta sobre seus direitos. De acordo com o Estatuto da Criança e do Adolescente, assinale a opção que apresenta a orientação jurídica correta para Júlio.

(A) Ele poderá ter acesso ao processo, desde que receba orientação e assistência jurídica e psicológica.

(B) Ele não poderá ter acesso ao processo até adquirir a maioridade.

(C) Ele poderá ter acesso ao processo apenas se assistido por seus pais adotivos.

(D) Ele não poderá ter acesso ao processo, pois a adoção é irrevogável.

RESPOSTA O adotado, segundo o art. 48 do ECA, tem direito de conhecer sua origem biológica, bem como de obter acesso irrestrito ao processo no qual a medida foi aplicada e seus eventuais incidentes, após completar 18 anos. Além disso, o acesso ao processo de adoção poderá ser também deferido ao adotado menor de 18 anos, a seu pedido, assegurada orientação e assistência jurídica e psicológica. *Alternativa A.*

3. **(XXVIII Exame)** Carla, de 11 anos de idade, com os pais destituídos do poder familiar, cresce em entidade de acolhimento institucional faz dois anos, sem nenhum interessado em sua adoção habilitado nos cadastros nacional ou internacional. Sensibilizado com a situação da criança, um advogado, que já possui três filhos, sendo um adotado, deseja acompanhar o desenvolvimento de Carla, auxiliando-a nos estudos e, a fim de criar vínculos com sua família, levando-a para casa nos feriados e férias escolares. De acordo com o Estatuto da Criança e do Adolescente, de que forma o advogado conseguirá obter a convivência temporária externa de Carla com sua família?

(A) Acolhimento familiar.

(B) Guarda estatutária.

(C) Tutela.

(D) Apadrinhamento.

RESPOSTA De acordo com o art. 19-B do ECA, a criança e o adolescente em programa de acolhimento institucional ou familiar poderão participar de programa de apadrinhamento. Segundo o seu § 1º, o apadrinhamento consiste em estabelecer e proporcionar à criança e ao adolescente vínculos externos à instituição para fins de convivência familiar e comunitária e colaboração com o seu desenvolvimento nos aspectos social, moral, físico, cognitivo, educacional e financeiro. *Alternativa D.*

4. **(XXVII Exame)** Perpétua e Joaquim resolveram mover ação de indenização por danos morais contra um jornal de grande circulação. Eles argumentam que o jornal, ao noticiar que o filho dos autores da ação fora morto em confronto com policiais militares, em 21/01/2015, publicou o nome completo do menor e sua foto sem a tarja preta nos olhos, o que caracteriza afronta aos arts. 17, 18, 143 e 247 do Estatuto da Criança e do Adolescente. Esses artigos do ECA proíbem a divulgação da imagem e da identidade de menor envolvido em ato infracional.

Diante dos fatos narrados, assinale a afirmativa correta.

(A) O jornal agiu com abuso no direito de informar e deve indenizar pelos danos causados.

(B) O jornal não incorreu em ilícito, pois pode divulgar a imagem de pessoa suspeita da prática de crime.

(C) Restou caracterizado o ilícito, mas, tratando-se de estado de emergência, não há indenização de danos.

(D) Não houve abuso do direito ante a absoluta liberdade de expressão do jornal noticiante.

RESPOSTA A própria banca informou os artigos que fundamentam a resposta correta. Lembre-se que, na dúvida, a proteção ao menor sempre é a mais completa, portanto, a *alternativa A.*

5. (XXVII Exame) Ana, que sofre de grave doença, possui um filho, Davi, com 11 anos de idade. Ante o falecimento precoce de seu pai, Davi apenas possui Ana como sua representante legal. De forma a prevenir o amparo de Davi em razão de seu eventual falecimento, Ana pretende que, na sua ausência, seu irmão, João, seja o tutor da criança. Para tanto, Ana, em vida, poderá nomear João por meio de

(A) escritura pública de constituição de tutela.
(B) testamento ou qualquer outro documento autêntico.
(C) ajuizamento de ação de tutela.
(D) diretiva antecipada de vontade.

RESPOSTA O deferimento da tutela pressupõe a prévia decretação da perda ou suspensão do poder familiar e implica necessariamente o dever de guarda (art. 36, parágrafo único, ECA). Ele pode ser nomeado por testamento ou qualquer documento autêntico, segundo o art. 37, ECA. *Alternativa B.*

6. (XXV Exame) Beatriz, quando solteira, adotou o bebê Théo. Passados dois anos da adoção, Beatriz começou a viver em união estável com Leandro. Em razão das constantes viagens a trabalho de Beatriz, Leandro era quem diariamente cuidava de Théo, participando de todas as atividades escolares. Théo reconheceu Leandro como pai. Quando Beatriz e Leandro terminaram o relacionamento, Théo já contava com 15 anos de idade. Leandro, atendendo a um pedido do adolescente, decide ingressar com ação de adoção unilateral do infante. Beatriz discorda do pedido, sob o argumento de que a união estável está extinta e que não mantém um bom relacionamento com Leandro. Considerando o Princípio do Superior Interesse da Criança e do Adolescente e a Prioridade Absoluta no Tratamento de seus Direitos, Théo pode ser adotado por Leandro?

(A) Não, pois, para a adoção unilateral, é imprescindível que Beatriz concorde com o pedido.
(B) Sim, caso haja, no curso do processo, acordo entre Beatriz e Leandro, regulamentando a convivência familiar de Théo.
(C) Não, pois somente os pretendentes casados, ou que vivam em união estável, podem ingressar com ação de adoção unilateral.
(D) Sim, o pedido de adoção unilateral formulado por Leandro poderá, excepcionalmente, ser deferido e, ainda que de forma não consensual, regulamentada a convivência familiar de Théo com os pais.

RESPOSTA O Princípio do Superior Interesse da Criança não é positivado de forma expressa nem na CF nem no ECA. No entanto, é um sucedâneo da proteção integral que está no art. 227 da CF e no ECA (art. 1º). Sendo assim, é possível ser concedida a adoção unilateral, observado ainda o § 2º do art. 45 do ECA. *Alternativa D.*

7. (XXVI Exame) Maria, em uma maternidade na cidade de São Paulo, manifesta o desejo de entregar Juliana, sua filha recém-nascida, para adoção. Assim, Maria, encaminhada para a Vara da Infância e da Juventude, após ser atendida por uma assistente social e por uma psicóloga, é ouvida em audiência, com a assistência do defensor público e na presença do Ministério Público, afirmando desconhecer o pai da criança e não ter contato com sua família, que vive no interior do Ceará, há cinco anos. Assim, após Maria manifestar o desejo formal de entregar a filha para adoção, o Juiz decreta a extinção do poder familiar, determinando que Juliana vá para a guarda provisória de família habilitada para adoção no cadastro nacional. Passados oito dias do ato, Maria procura um advogado, arrependida, afirmando que gostaria de criar a filha. De acordo com o ECA, Maria poderá reaver a filha?

(A) Sim, uma vez que a mãe poderá se retratar até a data da publicação da sentença de adoção.
(B) Sim, pois ela poderá se arrepender até 10 dias após a data de prolação da sentença de extinção do poder familiar.
(C) Não, considerando a extinção do poder familiar por sentença.
(D) Não, já que Maria somente poderia se retratar até a data da audiência, quando concordou com a adoção.

RESPOSTA De acordo com o art. 166, § 5º, do ECA, o consentimento é retratável até a data da realização da audiência especificada no § 1º deste artigo, e os pais podem exercer o arrependimento no prazo de 10 (dez) dias, contado da data de prolação da sentença de extinção do poder familiar. *Alternativa B.*

8. (XXI Exame) Marcelo e Maria são casados há 10 anos. O casal possui a guarda judicial de Ana, que tem agora três anos de idade, desde o seu nascimento. A mãe da infante, irmã de Maria, é usuária de crack e soropositiva. Ana reconhece o casal como seus pais. Passados dois anos, Ana fica órfã, o casal se divorcia e a criança fica residindo com Maria. Sobre a possibilidade da adoção de Ana por Marcelo e Maria em conjunto, ainda que divorciados, assinale a afirmativa correta.

(A) Apenas Maria poderá adotá-la, pois é parente de Ana.

(B) O casal poderá adotá-la, desde que acorde com relação à guarda (unipessoal ou compartilhada) e à visitação de Ana.

(C) O casal somente poderia adotar em conjunto caso ainda estivesse casado.

(D) O casal deverá se inscrever previamente no cadastro de pessoas interessadas na adoção.

RESPOSTA De acordo com o § 4º do art. 42 do ECA, os divorciados, os judicialmente separados e os ex-companheiros podem adotar conjuntamente, contanto que acordem sobre a guarda e o regime de visitas e desde que o estágio de convivência tenha sido iniciado na constância do período de convivência e que seja comprovada a existência de vínculos de afinidade e afetividade com aquele não detentor da guarda, que justifiquem a excepcionalidade da concessão. Neste caso, o § 5º permite que, desde que demonstrado efetivo benefício ao adotando, será assegurada a guarda compartilhada, conforme previsto no art. 1.584 do Código Civil. Sendo assim, correta a *alternativa B*.

9. **(XX Exame)** Vanessa e Vitor vivem com o filho Marcelo, criança com 6 anos de idade, na casa dos avós paternos. Em um trágico acidente, Vitor veio a falecer. A viúva, logo após o óbito, decide morar na casa de seus pais com o filho. Após 10 dias, já residindo com os pais, Vanessa, em depressão e fazendo uso de entorpecentes, deixa o filho aos cuidados dos avós maternos, e se submete a tratamento de internação em clínica de reabilitação. Decorridos 20 dias e com alta médica, Vanessa mantém acompanhamento ambulatorial e aluga apartamento para morar sozinha com o filho. Os avós paternos inconformados ingressaram com Ação de Guarda de Marcelo. Afirmaram que sempre prestaram assistência material ao neto, que com eles residia desde o nascimento até o falecimento de Vitor. Citada, Vanessa contestou o pedido, alegando estar recuperada de sua depressão e da dependência química. Ainda, demonstrou possuir atividade laborativa, e que obteve vaga para o filho em escola. Os avós maternos, por sua vez, ingressam com oposição. Aduziram que Marcelo ficou muito bem aos seus cuidados e que possuem excelente plano de saúde, que possibilitará a inclusão do neto como dependente. Sobre a guarda de Marcelo, à luz da Proteção Integral da Criança e do Adolescente, assinale a afirmativa correta.

(A) Marcelo deve ficar com os avós maternos, com quem por último residiu, em razão dos benefícios da inclusão da criança como dependente do plano de saúde.

(B) Marcelo deve ficar na companhia dos avós paternos, pois sempre prestaram assistência material à criança, que com eles residia antes do falecimento de Vitor.

(C) Marcelo deve ficar sob a guarda da mãe, já que ela nunca abandonou o filho e sempre cumpriu com os deveres inerentes ao exercício do poder familiar, ainda que com o auxílio dos avós.

(D) Em programa de acolhimento familiar, até que esteja cabalmente demonstrado que a genitora não faz mais uso de substâncias entorpecentes.

RESPOSTA Diante da situação hipotética, observa-se, inicialmente, que é direito da criança e do adolescente ser criado e educado no seio de sua família e, excepcionalmente, em família substituta, assegurada a convivência familiar e comunitária, em ambiente que garanta seu desenvolvimento integral (art. 19 do ECA). Não há motivo fundamentado pelo ECA ou pelo CC/2002 para perda ou suspensão do poder familiar da mãe. Sendo assim, correta a *alternativa C*.

10. **(XX Exame)** Casal de brasileiros, domiciliado na Itália, passa regularmente férias duas vezes por ano no Brasil. Nas férias de dezembro, o casal visitou uma entidade de acolhimento institucional na cidade do Rio de Janeiro, encantando-se com Ana, criança de oito anos de idade, já disponível nos cadastros de habilitação para adoção nacional e internacional. Almejando adotar Ana, consultam advogado especialista em infância e juventude. Assinale a opção que apresenta a orientação jurídica correta pertinente ao caso.

(A) Ingressar com pedido de habilitação para adoção junto à Autoridade Central Estadual, pois são brasileiros e permanecem, duas vezes por ano, em território nacional.

(B) Ingressar com pedido de habilitação para adoção no Juízo da Infância e da Juventude e, após a habilitação, ajuizar ação de adoção.

(C) Ajuizar ação de adoção requerendo, liminarmente, a guarda provisória da criança.

(D) Ingressar com pedido de habilitação junto à Autoridade Central do país de acolhida, para que esta, após a habilitação do casal, envie um relatório para a Autoridade Central Estadual e para a Autoridade Central Federal Brasileira, a fim de que obtenham o laudo de habilitação à adoção internacional.

RESPOSTA De acordo com a nossa legislação (ECA), mesmo que a situação seja de casal de brasileiros, mas que tem residência no exterior, é considerada como adoção internacional (art. 51). O tema deve ser tratado dessa maneira. De acordo com o art. 52, o casal deve ingressar com o pedido de habilitação junto à Autoridade Central (inciso I) e depois seguirá os trâmites dos incisos seguintes. *Alternativa D.*

11. **(XV Exame)** O Ministério Público moveu ação civil pública em face do estado A1 e do município A2, e em favor dos interesses da criança B, que precisava realizar um procedimento cirúrgico indispensável à manutenção de sua saúde ao custo de R$ 8.000,00 (oito mil reais), o qual a família não tinha como custear. Os réus aduziram em contestação que os recursos públicos não poderiam ser destinados individualmente, mas, sim, em caráter igualitário e geral a todos os que deles necessitassem. Considere a narrativa e assinale a única opção correta a seguir.

(A) Não tem cabimento a medida intentada pelo Ministério Público, uma vez que a ação civil pública destina-se a interesse difusos ou coletivos, não sendo ferramenta jurídica hábil a tutelar os interesses individuais indisponíveis, como os descritos no enunciado, devendo o processo ser extinto sem resolução do mérito.

(B) A causa terá seguimento, visto que cabível ação civil pública na hipótese, mas, no mérito, os argumentos dos réus merecem acolhimento, já que conferir tratamento desigual à criança B implica violação ao princípio da isonomia, o que não encontra amparo na norma especial do ECA.

(C) A ação civil pública é perfeitamente cabível no caso e, no mérito, a prioridade legal assiste a criança B no atendimento a necessidades como vida e saúde, nisso justificando-se a absoluta prioridade na efetivação dos seus direitos, conferindo-lhe primazia de receber socorro e proteção, e a precedência no atendimento em serviço público.

(D) Não é cabível ação civil pública na hipótese, por se tratar de direito meramente individual, embora indisponível, e, como no mérito assiste razão aos interesses da criança B, a ação deverá ser extinta sem resolução do mérito, a fim de que outra ação judicial, intentada com o uso da ferramenta jurídica adequada, possa ser processada sem incorrer em litispendência.

RESPOSTA De acordo com o art. 201 do ECA, entre outros, compete ao Ministério Público promover o inquérito civil e a ação civil pública para a proteção dos interesses individuais, difusos ou coletivos relativos à infância e à adolescência, inclusive os definidos no art. 220, § 3º, II da CF. Assim, as *alternativas A* e *D* estão totalmente erradas. Quanto ao mérito, destaca-se no ECA a prioridade de assistência a crianças e adolescentes pelo direito à saúde, *vide* o art. 7º, por exemplo. Portanto, a *alternativa B* está errada e a *alternativa C* está correta.

12. **(XVIII Exame)** Isabela e Matheus pretendem ingressar com ação judicial própria a fim de adotar a criança P., hoje com 4 anos, que está sob guarda de fato do casal desde quando tinha 1 ano de idade. Os pais biológicos do infante são conhecidos e não se opõem à referida adoção, até porque as famílias mantêm convívio em datas festivas, uma vez que Isabela e Matheus consideram importante que P. conheça sua matriz biológica e mantenha convivência com os membros de sua família originária. Partindo das diretrizes impostas pelo ECA e sua interpretação à luz da norma civilista aplicáveis à situação narrada, assinale a afirmativa correta.

(A) Durante o processo de adoção, Isabela, que reside fora do país, pode, mediante procuração, constituir Matheus como seu mandatário com poderes especiais para representar sua esposa e ajuizar a ação como adoção conjunta.

(B) Dispensável a oitiva dos pais biológicos em audiência, desde que eles manifestem concordância com o pedido de adoção por escritura pública ou declaração de anuência com firma reconhecida.

(C) Concluído o processo de adoção com observância aos critérios de regularidade e legalidade, caso ocorra o evento da morte de Isabela e Matheus antes de P. atingir a maioridade civil, ainda assim não se restabelecerá o poder familiar dos pais biológicos.

(D) A adoção é medida excepcional, que decorre de incompatibilidade de os pais biológicos cumprirem os deveres inerentes ao poder familiar, motivo pelo qual, mesmo os pais de P. sendo conhecidos, a oitiva deles no curso do processo é mera faculdade e pode ser dispensada.

RESPOSTA (A) Incorreta, visto que é vedada a adoção por procuração (art. 39, § 2º). (B) Incorreta, pois de acordo com § 4º do art. 161 do ECA, é obrigatória a oitiva dos pais sempre que eles forem identificados e estiverem em local conhecido, ressalvados os casos de não comparecimento perante a Justiça quando devidamente citados. (C) Correta, de acordo com § 1º do art. 39 do ECA, visto que a adoção é medida irrevogável. (D) Incorreta, *vide* a explicação da alternativa B. *Alternativa C.*

13. **(XIV Exame)** A Declaração Universal dos Direitos da Criança reconhece como necessária ao desenvolvimento completo e harmonioso das crianças e dos adolescentes a necessidade de cuidados e um ambiente de afeto e de segurança moral e material, o que prioritariamente deve ocorrer na companhia e sob a responsabilidade dos pais. Mas, em circunstâncias excepcionais, a criança ou o adolescente podem ser confiados às chamadas famílias substitutas. A respeito da colocação de criança ou adolescente em família substituta, segundo os termos do Estatuto da Criança e do Adolescente, assinale a afirmativa correta.

(A) O ECA disciplina procedimento específico para a colocação em família substituta de criança ou adolescente indígena, que requer, obrigatoriamente, a intervenção e oitiva de representantes de órgão federal responsável pela política indígena e de antropólogos.

(B) A criança ou adolescente será prévia e necessariamente ouvida pela equipe interprofissional no curso do processo, dispensando-se o consentimento da criança ou adolescente, que será substituído pelo parecer da equipe.

(C) A colocação da criança ou adolescente em família substituta, por ser de caráter provisório e precário, exime o guardião ou o tutor dos deveres de companhia e guarda, que poderão ser transferidos a terceiros.

(D) A guarda e a tutela são as únicas modalidades de colocação da criança ou adolescente em família substituta, que pode ser nacional ou estrangeira, sendo a adoção medida de colocação em família definitiva, não em família substituta.

RESPOSTA Conforme o art. 28 do ECA, que trata da colocação em família substituta, em se tratando de criança ou adolescente indígena ou proveniente de comunidade remanescente de quilombo, são ainda obrigatórios, diz o § 6º, a intervenção e a oitiva de representantes do órgão federal responsável pela política indigenista, no caso de crianças e adolescentes indígenas, e de antropólogos, perante a equipe interprofissional ou multidisciplinar que irá acompanhar o caso (inciso III). Portanto, correta a *alternativa A*.

14. **(XIII Exame)** Vilma, avó materna do menor Oscar, de quinze anos de idade, pretende mover ação de suspensão do poder familiar em face de Onísio e Paula, pais do menor. Argumenta que Oscar estaria na condição de evasão escolar e os pais negligentes, embora incansavelmente questionados por Vilma quanto às consequências negativas para a formação de Oscar. Considere a hipótese narrada e assinale a única opção correta aplicável ao caso.

(A) Do ponto de vista processual, Vilma não tem legitimidade para propor a ação que deve ser movida exclusivamente pelo Ministério Público, diante da indisponibilidade do direito em questão, a quem a interessada deve dirigir a argumentação para a tomada das medidas judiciais cabíveis.

(B) Do ponto de vista material, os elementos indicados por Vilma são suficientes ao pleito de suspensão do poder familiar, do mesmo modo que a falta ou a carência de recursos materiais são, ainda que isoladamente, justo motivo para propositura da medida de suspensão do poder familiar.

(C) Do ponto de vista material, os argumentos indicados por Vilma são irrelevantes a dar ensejo à medida de suspensão de poder familiar, medida grave e excepcionalmente aplicada, mas são suficientes ao pleito de aplicação de multa e repreensão aos pais negligentes, por se tratar de infração administrativa.

(D) Do ponto de vista processual, Vilma possui legitimidade para propor a ação de suspensão do poder familiar e, tramitando o processo perante a Justiça da Infância e da Juventude, é impositiva a isenção de custas e emolumentos, independente de concessão da gratuidade de justiça, conforme dispõe expressa e literalmente o ECA.

RESPOSTA Diante da situação hipotética, é importante destacar que, segundo o art. 19 do ECA, toda criança ou adolescente tem direito a ser criado e educado no seio da sua família e, excepcionalmente, em família substituta, assegurada a convivência familiar e comunitária, em ambiente livre da presença de pessoas dependentes de substâncias entorpecentes. Portanto, a medida de suspensão é muito grave e os motivos apresentados não justificam tal sanção, que é provisória e fixada a critério do juiz no interesse do menor. Por outro lado, cabem outras medidas, como a multa (art. 249 do ECA). *Alternativa C.*

15. **(XII Exame)** Paulo, de 4 anos, é filho de Carla e não teve a sua paternidade reconhecida. Cláudio, avô de Carla e bisavô de Paulo, muito preocupado com o futuro do bisneto, pretende adotá-lo, tendo em vista que Carla ostenta uma situação financeira precária e, na opinião do avô, não é muito responsável. Acerca da possibilidade de adoção de Paulo por Cláudio, assinale a afirmativa correta.

(A) Cláudio sendo bisavô de Paulo e membro de sua família extensa, terá prioridade na adoção da criança, exigindo-se, contudo, que Carla, mãe de Paulo, autorize e que o adotando dê o seu consentimento em juízo.

(B) Cláudio, por ser bisavô de Paulo, não poderá adotá-lo, mesmo que Carla consinta, já que tal medida excepcional não é permitida quando o adotante é ascendente ou irmão do adotando.

(C) Como Cláudio só poderá adotar Paulo se Carla for destituída do poder familiar exercido em favor da criança, a medida, dada a sua excepcionalidade, só se justificaria na hipótese de adoção bilateral.

(D) Claudio, por ser bisavô de Paulo, por um lado, tem prioridade na adoção da criança, mas, por outro, só poderá adotá-lo se Carla, além de autorizar a medida, for destituída do poder familiar.

RESPOSTA De acordo com a situação hipotética, determina o ECA que não podem adotar os ascendentes e os irmãos do adotando; portanto, correta a *alternativa B*, o que justifica o erro das demais alternativas.

16. (X Exame) Acerca da colocação da criança ou do adolescente em família substituta na modalidade adoção, assinale a afirmativa correta.

(A) A adoção extingue os vínculos pretéritos entre o adotado e a família anterior, porém, excepcionalmente, no caso de falecimento dos adotantes, o poder familiar dos pais naturais poderá ser restabelecido, se atender ao melhor interesse do menor.
(B) A adoção produz os seus efeitos a partir do trânsito em julgado da sentença declaratória do estado de filiação, porém, se o adotante vier a falecer no curso do procedimento os efeitos retroagirão à data do óbito.
(C) A adoção depende do consentimento do adotando, se maior de 12 anos de idade, e dos pais do adotando ou do representante legal deste ou do guardião legal ou de fato, na falta dos primeiros.
(D) A adoção produz os seus efeitos a partir do trânsito em julgado da sentença constitutiva, porém, se o adotante vier a falecer após inequívoca manifestação de vontade no curso do procedimento, os efeitos retroagirão à data do óbito.

RESPOSTA A respeito de eventual falecimento dos adotantes, atende-se à regra do § 6º do art. 42 do ECA. *Alternativa D.*

17. (IX Exame – Reaplicação) A respeito da família substituta, com base no Estatuto da Criança e do Adolescente, assinale a afirmativa correta.

(A) A colocação em família substituta de maior de doze anos de idade far-se-á mediante consentimento do menor, colhido em audiência.
(B) Os grupos de irmãos serão sempre colocados sob adoção, tutela ou guarda da mesma família substituta.
(C) A colocação em família substituta estrangeira constitui medida excepcional, somente admissível na modalidade de tutela.
(D) A colocação em família substituta far-se-á mediante guarda, tutela ou adoção, sendo esta limitada pela situação jurídica da criança ou adolescente.

RESPOSTA (A) Art. 28, § 2º, do ECA. (B) Art. 28, § 4º, há ressalvas. (C) Somente admissível adoção: art. 31 do ECA. (D) Independentemente da situação jurídica da criança ou adolescente: art. 28 do ECA. *Alternativa A.*

18. (IX Exame – Reaplicação) Assegurar o direito fundamental à vida e à saúde da criança e do adolescente é dever da família, da sociedade e do Poder Público. Acerca da regulamentação desses direitos pelo Estatuto da Criança e do Adolescente, assinale a afirmativa correta.

(A) Os hospitais e demais estabelecimentos de atenção à saúde de gestantes, públicos e particulares, são obrigados a manter os prontuários individuais, pelo prazo de dez anos, assim como fornecer declaração de nascimento.
(B) Incumbe ao Poder Público proporcionar assistência psicológica à gestante e à mãe, no período pré e pós-natal, salvo se a mesma manifestar interesse em entregar seus filhos para adoção, quando será assegurada assistência psicológica pré-natal apenas.
(C) A gestante tem direito ao acompanhamento pré-natal, sendo-lhe assegurado o direito de ser atendida no parto pelo mesmo médico que a acompanhou, assim como de optar pelo tipo de parto a que será submetida.
(D) O atendimento pré-natal à gestante inclui o dever do Poder Público de propiciar apoio alimentar à gestante, como forma de assegurar o direito à vida e à saúde do nascituro.

RESPOSTA De acordo com os §§ 2º e 3º do art. 8º do ECA, mesmo que a redação do § 3º tenha sido alterada pela Lei 13.257/2016 após a aplicação da prova. *Alternativa D.*

19. (I Exame) Assinale a opção correta no que se refere à família substituta.

(A) A colocação em família substituta ocorrerá mediante guarda, tutela, curatela ou adoção, conforme a situação jurídica da criança ou adolescente, o que só poderá ser reconhecido e determinado pelo juiz da vara da infância e da adolescência.
(B) Sempre que possível, a criança ou adolescente deverá ser previamente ouvido, e a sua opinião, devidamente considerada.
(C) Na apreciação do pedido de adoção, o grau de parentesco e a relação de afinidade ou de afetividade devem ser considerados, a fim de que sejam evitadas ou minoradas as consequências decorrentes da medida, o que não ocorre nos casos de guarda provisória e tutela, para cuja concessão o conselho tutelar considera requisito apenas a certidão de bons antecedentes da família substituta.
(D) Não se deferirá a colocação da criança ou do adolescente em família substituta à pessoa que apresente, por prazo superior a 180 dias, limitações em sua capacidade laborativa.

RESPOSTA (A) Art. 28 do ECA (curatela não é prevista). (B) Art. 28, § 1º, do ECA. (C) Art. 28, § 3º, do ECA. (D) Art. 29 do ECA. *Alternativa B.*

20. (IV Exame) Washington, adolescente com 14 (quatorze) anos, movido pelo desejo de ajudar seus genitores no sustento do núcleo familiar pobre, pretende iniciar atividade laborativa como ensacador de compras na pequena mercearia Tudo Tem, que funciona 24h, localizada em sua comunidade. Recentemente, esta foi pacificada pelas Forças de Segurança Nacional. Tendo como substrato a tutela do Estatuto da Criança e do Adolescente no tocante ao Direito à Profissionalização e à Proteção no Trabalho, assinale a alternativa correta.

(A) Washington poderá ser contratado como ensacador de compras, mesmo não sendo tal atividade de aprendizagem, pois, como já possui 14 (quatorze) anos, tem discernimento suficiente para firmar o contrato de trabalho e, assim, prestar auxílio material aos seus pais, adotando a louvável atitude de preferir o trabalho às ruas.

(B) Como a comunidade onde reside Washington foi pacificada pelas forças de paz, não há falar em local perigoso ou insalubre para o menor; assim, poderá o adolescente exercer a carga horária laborativa no período das 22h às 24h, sem qualquer restrição legal, desde que procure outra atividade laborativa que seja de formação técnico-profissional.

(C) Washington não poderá trabalhar na mercearia como ensacador de compras, pois tal atividade não é enquadrada como de formação técnico-profissional; portanto, não se pode afirmar que o menor exercerá atividade laborativa na condição de aprendiz.

(D) Na condição de aprendiz, não é necessário que o adolescente goze de horário especial compatível com a garantia de acesso e frequência obrigatória ao ensino regular.

RESPOSTA Segundo o art. 62 do ECA, considera-se aprendizagem a *formação técnico-profissional* ministrada segundo as diretrizes e bases da legislação de educação em vigor. Ocorre que a função de "ensacador de compras" não veicula qualquer *formação*, muito menos técnico-profissional. *Alternativa C.*

21. (VI Exame – Reaplicação) Companheiros há cinco anos e com estabilidade familiar, Jonas, de 30 anos de idade, e Marta, de 25 anos de idade, conheceram, em um abrigo, Felipe, de 8 anos de idade e filho de pais desconhecidos, e pretendem adotá-lo. Como advogado consultado pelo casal, assinale a alternativa correta.

(A) Jonas e Marta não podem adotar a criança, tendo em vista não serem casados.

(B) Jonas e Marta podem adotar a criança mediante a lavratura de escritura pública de adoção, tendo em vista ser desnecessário o consentimento de Felipe e de seus pais biológicos, bem como que os adotantes são companheiros, com estabilidade familiar.

(C) Jonas e Marta não podem adotar a criança, tendo em vista que a diferença de idade entre Marta e Felipe é de apenas 16 anos.

(D) Jonas e Marta poderão adotar a criança, desde que seja instaurada ação judicial, sendo desnecessário o consentimento de Felipe e de seus pais biológicos.

RESPOSTA A *regra geral* é de que a adoção dependa do consentimento dos pais ou do representante legal do adotando (art. 45 do ECA). No entanto, o *consentimento* será *dispensado* em relação à criança ou adolescente cujos *pais sejam desconhecidos* ou tenham sido destituídos do poder familiar (§ 1º). Em se tratando de adotando *menor* de 12 anos de idade, *não* será necessário o seu consentimento (§ 2º, *a contrario sensu*). E o casal preenche todos os requisitos previstos pelo ECA (cf. *art. 42*). *Alternativa D.*

22. (VI Exame – Reaplicação) Acerca da colocação da criança ou adolescente em família substituta por meio da guarda e da tutela, é correto afirmar que

(A) A adoção de uma dessas medidas, dada a prioridade de manutenção do menor com a família natural, é precedida pela destituição do poder familiar.

(B) A pessoa que exercerá a guarda ou a tutela do menor poderá ser indicada por seus genitores em testamento.

(C) O tutor assume o poder familiar em relação ao menor e, sendo assim, a destituição da tutela observa os mesmos requisitos da destituição do poder familiar.

(D) O deferimento da tutela não pressupõe a perda ou suspensão do poder familiar e, sendo assim, não implica necessariamente o dever de guarda.

RESPOSTA Prevê o art. 38 do ECA que se aplica à destituição da tutela o disposto no art. 24, ou seja, as mesmas regras da perda e a suspensão do poder familiar e que serão decretadas judicialmente, em procedimento contraditório, nos casos previstos na legislação civil, bem como na hipótese de descumprimento injustificado dos deveres e obrigações a que alude o art. 22 do Estatuto. *Alternativa C.*

23. (VI Exame) Um famoso casal de artistas residente e domiciliado nos Estados Unidos, em viagem ao Brasil para o lançamento do seu mais novo filme, encantou-se por Caio, de 4 anos, a quem pretende adotar. Caio teve sua filiação reconhecida exclusivamente pela mãe Isabel, que, após uma longa conversa com o casal, concluiu que o melhor para o filho era ser adotado, tendo em vista que o famoso casal possuía condições infinitamente melhores de bem criar e educar Caio. Além disso, Isabel ficou convencida do amor espontâneo e sincero que o casal de imediato nutriu pelo menino. Ante a situação hipotética, é correto afirmar que

(A) A adoção só é concedida quando for impossível manter a criança ou o adolescente em sua família, razão pela qual o consentimento de Isabel é irrelevante para a apreciação do pedido do famoso casal, que será deferido caso represente o melhor interesse de Caio.

(B) Independentemente da manifestação de vontade de Isabel, o famoso casal terá prioridade na adoção de Caio, depois de esgotadas todas as possibilidades de colocação de Caio em uma família brasileira.

(C) Tendo em vista o consentimento da mãe de Caio, o famoso casal terá prioridade em sua adoção em face de outros casais já previamente inscritos nos cadastros de interessados na adoção, mantidos pela Justiça da Infância e da Juventude.

(D) A adoção internacional é medida excepcional; entretanto, em virtude do consentimento de Isabel para a adoção de seu filho pelo famoso casal, este só não terá prioridade se houver casal de brasileiros, residente no Brasil, habilitado para a adoção.

RESPOSTA Considera-se *adoção internacional*, segundo o art. 51 do ECA, aquela na qual o pretendente possui residência habitual em país-parte da Convenção de Haia, de 29 de maio de 1993, Relativa à Proteção das Crianças e à Cooperação em Matéria de Adoção Internacional, promulgada pelo Decreto n. 3.087, de 21 junho de 1999, e deseja adotar criança em outro país-parte da Convenção. O legislador tratou como *medida excepcional*, visto que somente será concedida se restar comprovado (§ 1º) que a colocação em família adotiva é a solução adequada ao caso concreto, que foram esgotadas todas as possibilidades de colocação da criança ou adolescente em família adotiva brasileira, com a comprovação, certificada nos autos, da inexistência de adotantes habilitados residentes no Brasil com perfil compatível com a criança ou adolescente, após consulta aos cadastros mencionados nesta Lei e que, em se tratando de adoção de adolescente, este foi consultado, por meios adequados ao seu estágio de desenvolvimento, e que se encontra preparado para a medida, mediante parecer elaborado por equipe interprofissional, observado o disposto nos §§ 1º e 2º do art. 28 desta Lei. Sendo assim, correta a *Alternativa D.*

24. **(V Exame)** Fernando e Eulália decidiram adotar uma menina. Iniciaram o processo de adoção em maio de 2010. Com o estágio de convivência em curso, o casal se divorciou. Diante do fim do casamento dos pretendentes à adoção, é correto afirmar que

(A) A adoção deverá ser suspensa e outro casal adotará a menor, segundo o princípio do melhor interesse do menor, pois a adoção é medida geradora do vínculo familiar.

(B) A adoção poderá prosseguir, contanto que o casal opte pela guarda compartilhada no acordo de divórcio, mesmo que o estágio de convivência não tenha sido iniciado na constância do período de convivência.

(C) A adoção será deferida, contanto que o casal acorde sobre a guarda, regime de visitas e desde que o estágio de convivência tenha sido iniciado na constância do período de convivência e que seja comprovada a existência de vínculo de afinidade e afetividade com aquele que não seja o detentor da guarda que justifique a excepcionalidade da concessão.

(D) A lei não prevê tal hipótese, pois está em desacordo com os ditames constitucionais da paternidade responsável.

RESPOSTA Reza o § 4º do art. 42 do ECA que os divorciados, os judicialmente separados e os ex-companheiros podem adotar conjuntamente, contanto que acordem sobre a guarda e o regime de visitas e desde que o estágio de convivência tenha sido iniciado na constância do período de convivência e que seja comprovada a existência de vínculos de afinidade e afetividade com aquele não detentor da guarda, que justifiquem a excepcionalidade da concessão. *Alternativa C.*

25. **(II Exame)** Dentre os direitos de toda criança ou todo adolescente, o ECA assegura o de ser criado e educado no seio de sua família e, excepcionalmente, a colocação em família substituta, assegurando-lhe a convivência familiar e comunitária. Fundando-se em tal preceito, acerca da colocação em família substituta, é correto afirmar que:

(A) A colocação em família substituta far-se-á, exclusivamente, por meio da tutela ou da adoção.

(B) A guarda somente obriga seu detentor à assistência material a criança ou adolescente.

(C) O adotando não deve ter mais que 18 anos à data do pedido, salvo se já estiver sob a guarda ou tutela dos adotantes.

(D) Desde que comprovem seu estado civil de casados, somente os maiores de 21 anos podem adotar.

RESPOSTA (A) Em desacordo com o art. 28 do ECA (*guarda, tutela* ou *adoção*). (B) Ciência do *caput* do art. 33 (*assistência material, moral* e *educacional*). (C) De acordo com o art. 40 do ECA. (D) Independe do estado civil (art. 42). *Alternativa C.*

26. **(II Exame)** Tendo por substrato legal as alterações promovidas pela Lei n. 12.010, de 2009, no tocante à adoção, assinale a afirmativa correta.

(A) A morte dos adotantes não restabelece o poder familiar dos pais naturais.

(B) Para viabilizar a celeridade no processo de adoção, a legislação específica – ECA – admite a representação do adotante por procuração.

(C) Uma vez falecido o adotante no curso do procedimento de adoção e antes de prolatada a sentença, não poderá o juiz deferir a adoção, mesmo que tenha havido inequívoca manifestação de vontade do adotante.

(D) Os cartórios de registros públicos de pessoas naturais deverão fornecer certidão a qualquer requisitante, independentemente de justificativa de seu interesse, em que conste o vínculo da adoção constituído por sentença judicial.

RESPOSTA (A) De acordo com o art. 49 do ECA, observado que a Lei n. 12.010/2009 mudou a expressão "pátrio poder" para "poder familiar". (B) Art. 39, § 2º, do ECA (vedada a adoção por procuração). (C) Art. 42, § 6º, do ECA (é possível o deferimento da adoção). (D) Art. 47 (não será fornecida certidão). *Alternativa A.*

27. **(IX Exame)** Acerca do estágio de convivência precedente a adoção, assinale a afirmativa correta.

(A) O período do estágio de convivência será fixado pela autoridade judiciária, sendo dispensado na hipótese de o adotando encontrar-se sob a tutela, a guarda legal ou de fato do adotante durante tempo suficiente para a avaliação da conveniência da constituição do vínculo.

(B) A finalidade do estágio de convivência é permitir a avaliação da conveniência da constituição do vínculo familiar entre adotante e adotado, razão pela qual pode ser dispensado se, cumulativamente, o adotando já encontrar-se sob a tutela, guarda legal ou de fato do adotante e, em audiência, consentir com a adoção.

(C) O período do estágio de convivência será fixado pela autoridade judiciária, em observância às peculiaridades do caso, não podendo este ser inferior a 60 dias para os casos de adoção internacional e de 30 dias para adoção nacional, salvo a hipótese de convivência prévia em decorrência de tutela, guarda legal ou de fato.

(D) O período do estágio de convivência prévio a adoção internacional deverá ser cumprido no Brasil e terá prazo mínimo de 30 dias, ao passo que para a adoção nacional inexiste prazo mínimo, podendo, inclusive, ser dispensado na hipótese de prévia convivência familiar em decorrência da guarda legal ou da tutela.

RESPOSTA De acordo com a previsão dos §§ 1º e 3º do art. 46 do ECA. A Lei 13.509/2017 alterou o § 3º para incluir um limite máximo de 45 dias, prorrogável em igual período uma única vez. Assim, a "melhor" resposta continua sendo ainda a *Alternativa D.*

28. **(XXIV Exame)** Maria, aluna do 9º ano do Ensino Fundamental de uma escola que não adota a obrigatoriedade do uso de uniforme, frequenta regularmente culto religioso afro-brasileiro com seus pais. Após retornar das férias escolares, a aluna passou a ir às aulas com um lenço branco enrolado na cabeça, afirmando que necessitava permanecer coberta por 30 dias. As alunas Fernanda e Patrícia, incomodadas com a situação, procuraram a direção da escola para reclamar da vestimenta da aluna. O diretor da escola entrou em contato com o advogado do estabelecimento de ensino, a fim de obter subsídios para a sua decisão. A partir do caso narrado, assinale a opção que apresenta a orientação que você, como advogado da escola, daria ao diretor.

(A) Proibir o acesso da aluna à escola.

(B) Marcar uma reunião com os pais da aluna Maria, a fim de compeli-los a descobrir a cabeça da filha.

(C) Permitir o acesso regular da aluna.

(D) Proibir o acesso das três alunas.

RESPOSTA Segundo o ECA, a criança e o adolescente têm direito à liberdade, ao respeito e à dignidade como pessoas humanas em processo de desenvolvimento e como sujeitos de direitos civis, humanos e sociais garantidos na Constituição e nas leis (art. 15), sendo que esta liberdade compreende, entre outros aspectos, direito à crença e culto religioso (art. 16, III) bem como o direito de ser respeitado por seus educadores (art. 53, II). *Alternativa C.*

29. **(XXIV Exame)** Os irmãos órfãos João, com 8 anos de idade, e Caio, com 5 anos de idade, crescem juntos em entidade de acolhimento institucional, aguardando colocação em família substituta. Não existem pretendentes domiciliados no Brasil interessados na adoção dos irmãos de forma conjunta, apenas separados. Existem famílias estrangeiras com interesse na adoção de crianças com o perfil dos irmãos e uma família de brasileiros domiciliados na Itália, sendo esta a última inscrita no cadastro. Considerando o direito à convivência familiar e comunitária de toda criança e de todo adolescente, assinale a opção que apresenta a solução que atende aos interesses dos irmãos.

(A) Adoção nacional pela família brasileira domiciliada na Itália.

(B) Adoção internacional pela família estrangeira.

(C) Adoção nacional por famílias domiciliadas no Brasil, ainda que separados.

(D) Adoção internacional pela família brasileira domiciliada na Itália.

RESPOSTA Diante da situação hipotética, atende-se ao chamado legal de que os brasileiros residentes no exterior terão preferência aos estrangeiros, nos casos de adoção internacional de criança ou adolescente brasileiro (art. 51, § 2º, ECA). *Alternativa D.*

III. PREVENÇÃO

30. **(XXVIII Exame)** Bruno, com quase doze anos de idade, morador de Niterói, na Região Metropolitana do Rio de Janeiro, foi aprovado em um processo de seleção de jogadores de futebol, para a categoria de base de um grande clube, sediado no Rio de Janeiro, capital – cidade contígua à de sua residência. Os treinamentos na nova equipe implicam deslocamento de Niterói ao Rio de Janeiro todos os dias, ida e volta. Ocorre que os pais de Bruno trabalham em horário integral, e não poderão acompanhá-lo. Os pais, buscando orientação, consultam você, como advogado(a), sobre qual seria a solução jurídica para que Bruno frequentasse os treinos, desacompanhado. Assinale a opção que apresenta sua orientação.

(A) Bruno precisará de um alvará judicial, que pode ter validade de até dois anos, para poder se deslocar sozinho entre as comarcas.

(B) Bruno pode, simplesmente, ir aos treinos sozinho, não sendo necessária qualquer autorização judicial para tanto.

(C) Não é possível a frequência aos treinos desacompanhado, pois o adolescente não poderá se deslocar entre comarcas sem a companhia de, ao menos, um dos pais ou do responsável legal.

(D) Bruno poderá ir aos treinos desacompanhado dos pais, mas será necessário obter autorização judicial ou a designação de um tutor, que poderá ser um representante do clube.

RESPOSTA De acordo com o art. 83 do ECA, alterado em 2019, nenhuma criança ou adolescente menor de 16 (dezesseis) anos poderá viajar para fora da comarca onde reside desacompanhado dos pais ou dos responsáveis sem expressa autorização judicial. Só que esta autorização não será exigida se tratar de comarca contígua à da residência da criança ou do adolescente menor de 16 (dezesseis) anos, se na mesma unidade da Federação, ou incluída na mesma região metropolitana (§ 1º, a). *Alternativa B.*

31. **(XXI Exame)** Maria, mãe de João, criança com nove anos de idade, que está na guarda de fato da avó paterna Luisa, almeja viajar com o filho, que já possui passaporte válido, para os Estados Unidos. Para tanto, indagou ao pai e à avó se eles concordariam com a viagem do infante, tendo o primeiro anuído e a segunda não, pelo fato de o neto não estar com boas notas na escola. Preocupada, Maria procura orientação jurídica de como proceder. À luz do Estatuto da Criança e do Adolescente, assinale a opção que indica a medida que deverá ser adotada pelo(a) advogado(a) de Maria.

(A) Ingressar com ação de suprimento do consentimento do pai e da avó paterna, para fins de obter a autorização judicial de viagem ao exterior.

(B) Solicitar ao pai que faça uma autorização de viagem acompanhada de cópias dos documentos dele, pois a criança já possui passaporte válido.

(C) Ingressar com ação de guarda de João, requerendo sua guarda provisória, para que possa viajar ao exterior independente da anuência do pai e da avó paterna.

(D) Solicitar ao pai que faça uma autorização de viagem com firma reconhecida, pois a criança já possui passaporte válido.

RESPOSTA Diante do caso concreto e de acordo com o ECA, nesta situação, quando o menor viaja na companhia de um dos pais, deve ser autorizado expressamente pelo outro por meio de documento com firma reconhecida (art. 84, II). *Alternativa D.*

32. **(XIII Exame)** João e Joana são pais de Mila, 9 anos, e de Letícia, 8 anos. João mudou-se para Maringá depois do divórcio, e levou sua filha mais nova para morar com ele. Nas férias escolares, Letícia quer ir ao Rio de Janeiro visitar sua mãe, enquanto Mila deseja passar seus dias livres com seu pai em Maringá. Avalie as situações apresentadas a seguir e, de acordo com o Estatuto da Criança e do Adolescente, assinale a afirmativa correta.

(A) Letícia poderá viajar sem autorização judicial se a sua prima, Olívia, que tem 19 anos, aceitar acompanhá-la. Mila poderá viajar sem autorização, se a sua avó, Filomena, a acompanhar.

(B) Se houver prévia e expressa autorização dos pais ou responsáveis, Letícia e Mila ficam dispensadas da autorização judicial e poderão viajar desacompanhadas dentro do território nacional.

(C) Letícia poderá viajar desacompanhada dos pais por todo território nacional se houver autorização judicial, que poderá ser concedida pelo prazo de dois anos. Mila não precisará de autorização judicial para ir a Maringá se seu tio José aceitar acompanhá-la.

(D) Mila poderia aproveitar a ida de sua vizinha Maria, de 23 anos, para acompanhá-la, desde que devidamente autorizada por seus pais, enquanto Letícia não precisaria de autorização judicial se seu padrinho, Ricardo, primo do seu pai, a acompanhasse.

RESPOSTA De acordo com a situação hipotética acima e diante da regra geral do art. 83 do ECA, em que nenhuma criança poderá viajar para fora da comarca onde reside, desacompanhada dos pais ou responsável, sem expressa autorização judicial, exceto nas hipóteses do § 1º a qual a *alternativa C* se encaixa (a criança estiver acompanhada de ascendente ou colateral maior, até o terceiro grau, comprovado documentalmente o parentesco), conjuntamente, com a regra do § 2º, em que a autoridade judiciária poderá, a pedido dos pais ou responsável, conceder autorização válida por dois anos. *Alternativa C.*

33. **(I Exame)** Considerando o que dispõe o Estatuto da Criança e do Adolescente, assinale a opção correta.

(A) O vínculo da adoção constitui-se por sentença judicial, que será inscrita no registro civil mediante mandado, do qual se fornecerá, administrativamente, certidão somente ao adotado e aos pais, biológicos e adotivos, à vista de documentação comprobatória.

(B) É dever do Estado assegurar atendimento gratuito, em creche e pré-escola, às crianças de zero a sete anos de idade.

(C) É proibida a venda de bilhetes da Mega-Sena a crianças e adolescentes.

(D) Criança ou adolescente desacompanhados dos pais ou do responsável estão proibidos de viajar para fora da comarca onde residem, sem expressa autorização judicial.

RESPOSTA (A) Art. 47 do ECA. (B) Art. 54, I, do ECA. (C) Art. 81, VI, do ECA. (D) Art. 83 do ECA. *Alternativa C.*

34. **(IX Exame)** Juliana, estudante de 17 anos, em comemoração a sua recente aprovação no vestibular de uma renomada universidade, saiu em viagem com Gustavo, seu namorado de 25 anos, funcionário público federal. Acerca de possíveis intercorrências ao longo da viagem, é correto afirmar que

(A) Juliana, por ser adolescente, independentemente de estar em companhia de Gustavo, maior de idade, não poderá se hospedar no local livremente por eles escolhido, sem portar expressa autorização de seus pais ou responsável.

(B) Juliana, em companhia de Gustavo, poderá ingressar em um badalado bar do local, onde é realizado um show de música ao vivo no primeiro piso e há um salão de jogos de bilhar no segundo piso.

(C) Juliana, por ser adolescente e estar em companhia de Gustavo, maior de idade, poderá se hospedar no local livremente por eles escolhido, independentemente de portar ou não autorização de seus pais.

(D) Juliana poderá se hospedar em hotel, motel, pensão ou estabelecimento congênere, assim como poderá ingressar em local que explore jogos de bilhar, se portar expressa autorização dos seus pais ou responsável.

RESPOSTA De acordo com o art. 82 do ECA, é proibida a hospedagem de criança ou adolescente em hotel, motel, pensão ou estabelecimento congênere, salvo se autorizado ou acompanhado pelos pais ou responsável. *Alternativa A.*

35. **(VIII Exame)** João e Maria, ambos adolescentes, com dezessete e dezesseis anos, respectivamente, resolvem realizar uma viagem para comemorar o aniversário de um ano de namoro. Como destino, o jovem casal elege Armação dos Búzios, no estado do Rio de Janeiro, e efetua a reserva, por telefone, em uma pousada do balneário. Considerando a normativa acerca da prevenção especial contida na Lei n. 8.069, de 13 de julho de 1990, assinale a afirmativa correta.

(A) O casal poderá hospedar-se na pousada reservada sem quaisquer restrições, já que ambos são maiores de dezesseis anos e, portanto, relativamente capazes para a prática desse tipo de ato civil, não podendo ser exigido que estejam acompanhados dos pais ou responsáveis nem que apresentem autorização destes.

(B) O Estatuto da Criança e do Adolescente proíbe apenas a hospedagem de crianças e adolescentes em motel, desacompanhadas de seus pais ou responsável, sendo permitida a hospedagem em hotéis ou estabelecimentos congêneres, uma vez que estes são obrigados a manter regularmente o registro de entrada de seus hóspedes.

(C) A proibição da legislação especial refere-se apenas às crianças, na definição do ECA consideradas como as pessoas de até doze anos de idade incompletos, sendo, portanto, dispensável que os adolescentes estejam acompanhados dos pais ou responsáveis, ou, ainda, autorizados por estes para a regular hospedagem.

(D) O titular da pousada, ou um de seus prepostos, pode, legitimamente e fundado na legislação especial que tutela a criança e o adolescente, negar-se a promover a hospedagem do jovem casal, já que ambos estão desacompanhados dos pais ou responsável e desprovidos, igualmente, da autorização específica exigida pelo ECA.

RESPOSTA De acordo com o art. 82 do ECA, é proibida a hospedagem de criança ou adolescente em hotel, motel, pensão ou estabelecimento congênere, salvo se autorizado ou acompanhado pelos pais ou responsável. *Alternativa D.*

Parte Especial

IV. ATENDIMENTO

36. **(XXII Exame)** João, criança de 07 anos de idade, perambulava pela rua sozinho, sujo e com fome, quando, por volta das 23 horas, foi encontrado por um guarda municipal, que resolve encaminhá-lo diretamente para uma entidade de acolhimento institucional, que fica a 100 metros do local onde ele foi achado. João é imediatamente acolhido pela entidade em questão. Sobre o procedimento adotado pela entidade de acolhimento institucional, de acordo com o que dispõe o Estatuto da Criança e do Adolescente, assinale a afirmativa correta.

(A) A entidade pode regularmente acolher crianças e adolescentes, independentemente de determinação da autoridade competente e da expedição de guia de acolhimento.

(B) A entidade somente pode acolher crianças e adolescentes encaminhados pela autoridade competente por meio de guia de acolhimento.

(C) A entidade pode acolher regularmente crianças e adolescentes sem a expedição da guia de acolhimento apenas quando o encaminhamento for feito pelo Conselho Tutelar.

(D) A entidade pode, em caráter excepcional e de urgência, acolher uma criança sem determinação da autoridade competente e guia de acolhimento, desde que faça a comunicação do fato à autoridade judicial em até 24 horas.

RESPOSTA Diante do caso em tela, aplica-se o art. 93 do ECA, que dispõe que as entidades que mantenham programa de acolhimento institucional poderão, em caráter excepcional e de urgência, acolher crianças e adolescentes sem prévia determinação da autoridade competente, fazendo comunicação do fato em até 24 (vinte e quatro) horas ao Juiz da Infância e da Juventude, sob pena de responsabilidade. Assim, correta a *alternativa D.*

37. **(VII Exame)** O Estatuto da Criança e do Adolescente estabelece os princípios que devem ser adotados por entidades que desenvolvam programas de acolhimento familiar ou institucional. Segundo esses princípios, assinale a afirmativa correta.

(A) As entidades devem buscar constantemente a transferência para outras entidades de crianças e adolescentes abrigados, a fim de promover e aprofundar a integração entre eles e os diferentes contextos sociais.

(B) Por força de disposição expressa de lei, o dirigente das entidades com o objetivo de acolhimento institucional ou familiar é equiparado ao guardião, para todos os efeitos de direito.

(C) Mesmo inserida em programa de acolhimento institucional ou familiar, a criança ou o adolescente deve ser estimulado a manter contato com seus pais ou responsável.

(D) É vedado o acolhimento de crianças e adolescentes em entidades que mantenham programa de acolhimento institucional sem prévia determinação da autoridade competente.

RESPOSTA (A) Errada, pois devem evitar justamente, sempre que possível, a transferência, ciência do art. 92, VI, do ECA. (B) Errada, pois apenas com objetivo de acolhimento institucional é equiparado ao guardião, *vide* art. 92, § 1º, do ECA. (C) Correta, de acordo com o § 4º do art. 92 do ECA. (D) Errada, pois em virtude do art. 93 do ECA as entidades que mantenham programa de acolhimento institucional poderão, em caráter excepcional e de urgência, acolher crianças e adolescentes sem prévia determinação da autoridade competente, fazendo comunicação do fato em até 24 (vinte e quatro) horas ao Juiz da Infância e da Juventude, sob pena de responsabilidade. *Alternativa C.*

38. **(XXIII Exame)** Os irmãos Fábio (11 anos) e João (9 anos) foram submetidos à medida protetiva de acolhimento institucional pelo Juízo da Infância e da Juventude, pois residiam com os pais em área de risco, que se recusavam a deixar o local, mesmo com a interdição do imóvel pela Defesa Civil. Passados uma semana do acolhimento institucional, os pais de Fábio e João vão até a instituição para visitá-los, sendo impedidos de ter contato com os filhos pela diretora da entidade de acolhimento institucional, ao argumento de que precisariam de autorização judicial para visitar as crianças. Os pais dos irmãos decidem então procurar orientação jurídica de um advogado. Considerando os ditames do Estatuto da Criança e do Adolescente, a direção da entidade de acolhimento institucional agiu corretamente?

(A) Sim, pois o diretor da entidade de acolhimento institucional é equiparado ao guardião, podendo proibir a visitação dos pais.

(B) Não, porque os pais não precisam de uma autorização judicial, mas apenas de um ofício do Conselho Tutelar autorizando a visitação.

(C) Sim, pois a medida protetiva de acolhimento institucional foi aplicada pelo Juiz da Infância, assim somente ele poderá autorizar a visita dos pais.

(D) Não, diante da ausência de vedação expressa da autoridade judiciária para a visitação, ou decisão que os suspenda ou os destitua do exercício do poder familiar.

RESPOSTA O art. 92 do ECA trata das entidades que desenvolvam programas de acolhimento familiar ou institucional e entre os seus princípios está a preservação dos vínculos familiares e promoção da reintegração família (inciso I). Ademais, o § 4º do mesmo artigo é praticamente a fundamentação da *alternativa D*, portanto, correta.

V. MEDIDAS DE PROTEÇÃO

39. **(XVI Exame)** B e P, vizinhos da criança Y, cuidam do menino desde a tenra idade, quando o pai da criança faleceu e sua genitora, por motivos profissionais, mudou-se para localidade distante, fazendo visitas esporádicas ao infante, mas sempre enviando ajuda de custo para a alimentação do filho. Quando a criança completou um ano de idade, a genitora alcançou patamar financeiro estável, passando a ter meios para custear os gastos da criança também com educação, lazer, saúde etc. Assim, buscou a restituição do convívio diário com a criança Y levando-a para morar consigo, o que gerou discordância dos vizinhos B e P, que ingressaram com Ação de Guarda e Tutela do menor, argumentando a construção de laços afetivos intensos e que a criança iria sofrer com a distância.

Analise a situação e, sob o ponto de vista jurídico, assinale a afirmativa correta.

(A) O afastamento da genitora do convívio cotidiano com a criança Y impede a reconstrução de laços afetivos, devendo ser, de pronto, conferida a guarda provisória aos vizinhos que o criaram e, ao final, a tutela do menor aos demandantes B e P.

(B) A reintegração à família natural, no caso, junto à mãe, deve ser priorizada em relação a outra providência, não havendo justo motivo para a que a criança seja posta sob tutela na hipótese narrada, uma vez que isso demandaria a perda ou suspensão do poder familiar, o que não encontra aplicabilidade nos estritos termos do enunciado.

(C) Os vizinhos que detinham a guarda de fato da criança Y têm prioridade no exercício do encargo de tutores, considerando esse o atendimento ao melhor interesse da criança, podendo eles assumir a função mesmo que a mãe mantenha o poder familiar, ante a precariedade e provisoriedade do referido encargo jurídico.

(D) A mãe da criança Y pode anuir com o pedido de colocação da criança sob tutela se considerar que atenderá ao melhor interesse do infante, hipótese em que a sentença homologatória poderá ser revogada a qualquer tempo, caso mudem as circunstâncias que a justificaram, não fazendo, pois, coisa julgada material.

RESPOSTA De acordo com o art. 100 do ECA, deve haver prevalência da família: na promoção de direitos e na proteção da criança e do adolescente deve ser dada prevalência às medidas que os mantenham ou reintegrem na sua família natural ou extensa ou, se isso não for possível, que promovam a sua integração em família adotiva (inciso X já com a redação da Lei 13.509/2017). Correta *alternativa B*.

40. **(XI Exame)** A interpretação e aplicação da Lei n. 8.069/90 (Estatuto da Criança e do Adolescente – ECA) deve perseguir os objetivos de proteção integral e prioritária dos direitos das crianças e dos adolescentes, que deles são titulares. Sobre o tema, assinale a afirmativa correta.

(A) A aplicação das medidas específicas de proteção previstas pelo ECA pode se dar cumulativamente, devendo a autoridade competente escolher a mais adequada diante das necessidades específicas do destinatário.

(B) Se Joana, que tem 9 anos, tiver seus direitos violados por ação ou omissão do Estado, serão cabíveis as medidas específicas de proteção previstas pelo ECA que, dependendo das circunstâncias, não deverão ser aplicadas ao mesmo tempo.

(C) Se Júlio, que tem 09 anos, tiver seus direitos violados por abuso ou omissão dos pais, não serão aplicáveis as medidas específicas de proteção, mas, sim, medidas destinadas aos pais ou responsável, previstas pelo ECA.

(D) As medidas específicas de proteção previstas pelo ECA devem ser aplicadas de modo a afastar uma intervenção precoce, efetuada logo que a situação de perigo seja conhecida, sob pena de responsabilidade primária e solidária do poder público.

RESPOSTA (A) Art. 99 do ECA, e de acordo com os princípios que regem a aplicação das medidas do art. 100, parágrafo único. (B) Art. 98, I, do ECA – no entanto, apesar de a banca considerar incorreta, há medidas que são incompatíveis e que não podem ser aplicadas cumulativamente, como acolhimento institucional (art. 101, VII) e colocação em família substituta (art. 101, IX). (C) Errada, art. 98, II, do ECA. (D) Errada, há exceções à responsabilidade primária e solidária do poder público, art. 100, III, do ECA. Segundo o gabarito, *alternativa A*, mas a questão deveria ser anulada, pois tem duas respostas corretas.

VI. ATOS INFRACIONAIS

41. **(XXXI Exame)** O adolescente João, com 16 anos completos, foi apreendido em flagrante quando praticava ato infracional análogo ao crime de furto. Devidamente conduzido o processo, de forma hígida, ele foi sentenciado ao cumprimento de medida socioeducativa de 1 ano, em regime de semiliberdade. Sobre as medidas socioeducativas aplicadas a João, assinale a afirmativa correta.

(A) A medida de liberdade assistida será fixada pelo prazo máximo de 6 meses, sendo que, ao final de tal período, caso João não se revele suficientemente ressocializado, a medida será convolada em internação.

(B) A medida aplicada foi equivocada, pois deveria ter sido, necessariamente, determinada a internação de João.

(C) No regime de semiliberdade, João poderia sair da instituição para ocupações rotineiras de trabalho e estudo, sem necessidade de autorização judicial.

(D) A medida aplicada foi equivocada, pois não poderia, pelo fato análogo ao furto, ter a si aplicada medida diversa da liberdade assistida.

RESPOSTA De acordo com o art. 120 do ECA, o regime de semiliberdade pode ser determinado desde o início, ou como forma de transição para o meio aberto, possibilitada a realização de atividades externas, independentemente de autorização judicial. *Alternativa C.*

42. **(XX Exame – Reaplicação)** O adolescente X cometeu ato infracional equiparado a crime de roubo, mediante grave ameaça à pessoa. Apreendido com a observância dos estreitos e regulares critérios normativos estabelecidos pelo sistema jurídico, apurou-se que o jovem havia cometido um ato infracional anterior equiparável ao crime de apropriação indébita. Com base na hipótese apresentada, assinale a afirmativa correta.

(A) É incabível a aplicação de medida de internação, o que é autorizado apenas em caso de reiteração no cometimento de outras faltas anteriores ou simultâneas, igualmente graves.

(B) É aplicável apenas a medida de regime de semiliberdade em razão da prática de ato infracional mediante grave ameaça à pessoa.

(C) É aplicável a medida de internação em razão da prática de ato infracional mediante grave ameaça à pessoa, mesmo não sendo hipótese de reiteração da conduta idêntica por parte do adolescente.

(D) É incabível a aplicação de medida de internação, haja vista que essa somente poderia se dar em caso de descumprimento reiterado de injustificável medida imposta em momento anterior ao adolescente.

RESPOSTA Diante do caso hipotético, trata-se de situação que cabe a medida de internação, de acordo com o inciso I do art. 122 do ECA e que se justifica por si só, diferentemente do inciso II do mesmo artigo que traz como fundamentação a reiteração no cometimento de outras infrações graves. *Alternativa C.*

43. **(X Exame)** Com relação à internação, observado o que prevê o Estatuto da Criança e do Adolescente, assinale a afirmativa correta.

(A) Deve obedecer ao período determinado de um ano e meio, prorrogável por igual período, para atos infracionais praticados com emprego de violência.

(B) Deve obedecer ao período determinado de um ano, prorrogável por igual período, para atos infracionais praticados sem emprego de violência.

(C) Não comporta período determinado e não pode ultrapassar o máximo de três anos, independente do emprego ou não de violência no ato infracional praticado.

(D) Não pode ultrapassar o período máximo de três anos, quando o adolescente deverá ser colocado em liberdade com o dever de reparar o dano no caso de ato infracional com reflexos patrimoniais.

RESPOSTA A respeito da internação, constitui medida privativa da liberdade, sujeita aos princípios de brevidade, excepcionalidade e respeito à condição peculiar de pessoa em desenvolvimento (art. 121 do ECA). A medida não comporta prazo determinado e em nenhuma hipótese o período máximo de internação excederá a três anos (art. 121, §§ 2º e 3º). *Alternativa C.*

44. **(XVII Exame)** O adolescente N. ficou conhecido no bairro onde mora por praticar roubos e furtos e ter a suposta habilidade de nunca ter sido apreendido. Certa noite, N. saiu com o propósito de praticar novos atos de subtração de coisa alheia. Diante da reação de uma vítima a quem ameaçava, N. disparou sua arma de fogo, levando a vítima a óbito. N. não conseguiu fugir, sendo apreendido por policiais que passavam pelo local, no momento em que praticava o ato infracional. Sobre o caso narrado, assinale a opção correta.

(A) A medida de internação não terá cabimento contra N., uma vez que somente poderá ser aplicada em caso de reincidência no cometimento de infrações graves.

(B) Mesmo estando privado de liberdade, N. poderá entrevistar-se pessoalmente com o representante do Ministério Público, mas não terá direito a peticionar diretamente a este ou a qualquer autoridade que seja.

(C) A medida de internação de N. é cabível por se tratar de ato infracional praticado com ameaça e violência contra pessoa, mesmo que não seja caso de reincidência.

(D) Caso N. seja condenado por sentença ao cumprimento de medida de internação, e somente nesse caso, tornam-se obrigatórias as intimações do seu defensor e dos pais ou responsáveis, mesmo que o adolescente tenha sido intimado pessoalmente.

RESPOSTA De acordo com o art. 122 do ECA e diante da situação hipotética, a medida de internação só poderá ser aplicada quando, entre outras hipóteses, tratar-se de ato infracional cometido mediante grave ameaça ou violência à pessoa (inciso I). *Alternativa C.*

45. **(VII Exame)** Joana tem 16 anos e está internada no Educandário Celeste, na cidade de Pitió, por ato infracional equiparado ao crime de tráfico de entorpecentes. O Estatuto da Criança e do Adolescente regula situações dessa natureza, consignando direitos do adolescente privado de liberdade. Diante das disposições aplicáveis ao caso de Joana, é correto afirmar que

(A) Joana tem direito à visitação, que deve ser respeitado na frequência mínima semanal, e não poderá ser suspenso sob pena de violação das garantias fundamentais do adolescente internado.

(B) é expressamente garantido o direito de Joana se corresponder com seus familiares e amigos, mas é vedada a possibilidade de avistar-se reservadamente com seu defensor.

(C) a autoridade judiciária poderá suspender temporariamente a visita, exceto de pais e responsável, se existirem motivos sérios e fundados de sua prejudicialidade aos interesses do adolescente.

(D) as visitas dos pais de Joana poderão ser suspensas temporariamente, mas em tal situação permanece o seu direito de continuar internada na mesma localidade ou naquela mais próxima ao domicílio de seus pais.

RESPOSTA São *direitos do adolescente privado* de liberdade, entre outros, permanecer internado na mesma localidade ou naquela mais próxima ao domicílio de seus pais ou responsável (art. 124, VI, da Lei n. 8.069/90 – ECA). *Alternativa D.*

46. **(VI Exame)** Considerando os princípios norteadores do Estatuto da Criança e do Adolescente, a prática de atos infracionais fica sujeita a medidas que têm objetivos socioeducativos. Nesse sentido, é correto afirmar que

(A) Se Aroldo, que tem 11 anos, subtrair para si coisa alheia pertencente a uma creche, deverá cumprir medida socioeducativa de prestação de serviços comunitários, por período não superior a um ano.

(B) A obrigação de reparar o dano causado pelo ato infracional não é considerada medida socioeducativa, tendo em vista que o adolescente não pode ser responsabilizado civilmente.

(C) O acolhimento institucional e a colocação em família substituta podem ser aplicados como medidas protetivas ou socioeducativas, a depender das características dos atos infracionais praticados.

(D) A internação, como uma das medidas socioeducativas previstas pelo ECA, não poderá exceder o período máximo de três anos, e a liberação será compulsória aos 21 anos de idade.

RESPOSTA As *medidas socioeducativas* estão previstas no art. 112 do ECA e dentre aquelas abordadas na questão a única que tem as características corretamente indicadas no Estatuto é a *alternativa D*, conforme os §§ 3º e 5º do art. 121.

47. **(IV Exame)** No tocante às normas contidas no Estatuto da Criança e do Adolescente, é correto afirmar que

(A) A medida socioeducativa de internação aplicada em razão do descumprimento reiterado e injustificável da medida anteriormente imposta ao adolescente infrator não poderá ser superior a três meses.

(B) O adolescente apreendido em flagrante de ato infracional será imediatamente encaminhado ao Juiz de Direito em exercício na Vara da Infância e Juventude, que decidirá sobre a necessidade ou não de seu acautelamento provisório.

(C) A concessão da remissão, que prescinde da homologação da Autoridade Judiciária, é medida que o membro do Ministério Público atribuído poderá adotar no processamento de ato infracional.

(D) Ao ato infracional praticado por crianças corresponderão as seguintes medidas socioeducativas: advertência, obrigação de reparar o dano, prestação de serviços à comunidade, liberdade assistida e inserção em regime de semiliberdade.

RESPOSTA (A) De acordo com o art. 122, III e § 1º, do ECA. (B) Encaminhado à autoridade policial competente – art. 172 do ECA. (C) Iniciado o procedimento judicial para apuração de ato infracional, a concessão da remissão passa pela autoridade judiciária (art. 126, parágrafo único, do ECA). (D) Art. 101 do ECA. Correta a *alternativa A*.

48. **(III Exame)** Considerando a prática de ato infracional por criança ou adolescente, é correto afirmar que

(A) A prestação de serviços comunitários consiste na realização de tarefas gratuitas de interesse geral, por período não excedente a 1 (um) ano, em entidades assistenciais, hospitais, escolas e outros estabelecimentos congêneres, bem como em programas comunitários ou governamentais.

(B) Em se tratando de ato infracional com reflexos patrimoniais, a autoridade poderá determinar, se for o caso, que o adolescente restitua a coisa, promova o ressarcimento do dano, ou, por outra forma, compense o prejuízo da vítima.

(C) A internação, por constituir medida privativa de liberdade do menor, não poderá exceder o período de 5 (cinco) anos.

(D) Entre as garantias processuais garantidas ao adolescente encontra-se o direito de solicitar a presença de seus pais ou responsável em qualquer fase do procedimento. Contudo, não poderá o menor ser ouvido pessoalmente pela autoridade competente, devendo em todo o caso ser assistido pelos genitores.

RESPOSTA (A) Em desacordo com o art. 117 ("não excedente a 6 meses") do ECA. (B) De acordo com o art. 112, II, do ECA. (C) Art. 121, § 3º ("3 anos"). (D) Art. 111, V ("direito de ser ouvido pessoalmente"). *Alternativa B.*

VII. MEDIDAS AOS PAIS E RESPONSÁVEIS

49. **(XX Exame – Reaplicação)** Dona Maria cuida do neto Paulinho, desde o nascimento, em razão do falecimento de sua filha, mãe do menino, logo após o parto. João, pai de Paulinho, apenas registrou a criança e desapareceu, sem nunca prestar ao filho qualquer tipo de assistência. Paulinho está tão adaptado ao convívio com a avó materna, que a chama de mãe. Passados dez anos, João faz contato com Maria e diz que gostaria de levar o filho para morar com ele. Maria, desesperada, procura um advogado para obter orientações sobre o que fazer, já que João é foragido da Justiça, com condenação por crime de estupro de vulnerável, além de nunca ter procurado o filho Paulinho, que não o reconhece como pai. De acordo com o Estatuto da Criança e do Adolescente, assinale a opção que indica a ação mais indicada para regularizar de forma definitiva o direito à convivência familiar da avó com o neto.

(A) Ação de Destituição do Poder Familiar cumulada com Adoção.

(B) Ação de Destituição do Poder Familiar cumulada com Tutela.

(C) Ação de Destituição do Poder Familiar cumulada com Guarda.

(D) Ação de Suspensão do Poder Familiar cumulada com Guarda.

RESPOSTA Dentre as medidas aplicáveis aos pais ou responsáveis está a suspensão ou destituição do poder familiar (art. 129, X, do ECA). A situação apresenta-se como forma de destituição em razão das hipóteses do art. 1.638 do CC, dentre elas, deixar o filho em abandono (inciso II). Para tanto, é possível cumular com a tutela e que requer, justamente, a perda ou suspensão do poder familiar (art. 36, parágrafo único, do ECA). E por que não pode cumular com adoção? Neste caso porque se trata de ascendente (avó), o que o ECA não permite (vide art. 42, § 1º). *Alternativa B.*

50. **(III Exame)** Com relação aos procedimentos para a perda e a suspensão do poder familiar regulados pelo Estatuto da Criança e do Adolescente, é correto afirmar que

(A) A autoridade judiciária, ouvido o Ministério Público, poderá decretar liminar ou incidentalmente a suspensão do poder familiar, independentemente da gravidade do motivo.

(B) O procedimento para perda ou suspensão do poder familiar dispensa que os pais sejam ouvidos, mesmo se estes forem identificados e estiverem em local conhecido.

(C) O procedimento para perda ou suspensão do poder familiar terá início por provocação do Ministério Público ou de quem tenha legítimo interesse.

(D) Em conformidade com a nova redação dada pela Lei n. 12.010, de 3 de agosto de 2009, o prazo máximo para a conclusão do procedimento de perda ou suspensão do poder familiar será de 180 (cento e oitenta) dias.

RESPOSTA (A) Art. 157 ("havendo motivo grave") do ECA. (B) Art. 161, § 4º ("é obrigatória a oitiva dos pais"). (C) De acordo com o art. 155 do ECA. (D) Art. 163 ("120 dias") do ECA. *Alternativa C.*

VIII. CONSELHO TUTELAR

51. **(VII Exame)** Com forte inspiração constitucional, a Lei n. 8.069, de 13 de julho de 1990, consagra a doutrina da proteção integral da criança e do adolescente, assegurando-lhes direitos fundamentais, entre os quais o direito à educação. Igualmente, é-lhes franqueado o acesso à cultura, ao esporte e ao lazer, preparando-os para o exercício da cidadania e qualificação para o trabalho, fornecendo-lhes elementos para seu pleno desenvolvimento e realização como pessoa humana. De acordo com as disposições expressas no Estatuto da Criança e do Adolescente, é correto afirmar que

(A) toda criança e todo adolescente têm direito a serem respeitados por seus educadores, mas não poderão contestar os critérios avaliativos, uma vez que estes são estabelecidos pelas instâncias educacionais superiores, norteados por diretrizes fiscalizadas pelo MEC.

(B) é dever do Estado assegurar à criança e ao adolescente o ensino fundamental, obrigatório e gratuito, mas sem a progressiva extensão da obrigatoriedade e gratuidade ao ensino médio.

(C) não existe obrigatoriedade de matrícula na rede regular de ensino àqueles genitores ou responsáveis pela criança ou adolescente que, por convicções ideológicas, políticas ou religiosas, discordem dos métodos de educação escolástica tradicional para seus filhos ou pupilos.

(D) os dirigentes de estabelecimentos de ensino fundamental comunicarão ao Conselho Tutelar os casos de maus-tratos envolvendo seus alunos, a reiteração de faltas injustificadas e a evasão escolar, esgotados os recursos escolares, assim como os elevados níveis de repetência.

RESPOSTA De acordo com o art. 56 do ECA. Ensina Roberto João Elias que "enquanto não instalados os Conselhos Tutelares, conforme o preceituado no art. 262 do Estatuto, as atribuições a eles conferidas serão exercidas pela autoridade judiciária" (*Comentários*, p. 77). *Alternativa D.*

52. **(XVII Exame)** Um conselheiro tutelar, ao passar por um parquinho, observa Ana corrigindo o filho, João, por ele não permitir que os amigos brinquem com o seu patinete. Para tanto, a genitora grita, puxa o cabelo e dá beliscões no infante, na presença das outras crianças e mães, que assistem a tudo assustadas. Assinale a opção que indica o procedimento correto do Conselheiro Tutelar.

(A) Requisitar a Polícia Militar para conduzir Ana à Delegacia de Polícia e, após a atuação policial, dar o caso por encerrado.

(B) Não intervir, já que Ana está exercendo o seu poder de correção, decorrência do atributo do poder familiar.

(C) Intervir imediatamente, orientando Ana para que não corrija o filho dessa forma, e analisar se não seria recomendável a aplicação de uma das medidas previstas no ECA.

(D) Apenas colher elementos para ingressar em Juízo com uma representação administrativa por descumprimento dos deveres inerentes ao poder familiar.

RESPOSTA É princípio geral que é dever de todos prevenir a ocorrência de ameaça ou violação dos direitos da criança e do adolescente (art. 70, ECA). Portanto, qualquer pessoa deveria intervir para a segurança da criança e depois comunicar ao Conselho Tutelar sobre o que testemunhou. No caso, a testemunha era um conselheiro tutelar. *Alternativa C.*

53. **(VIII Exame)** Acerca das atribuições do Conselho Tutelar determinadas no Estatuto da Criança e do Adolescente, assinale a alternativa correta.

(A) O Conselho Tutelar, considerando sua natureza não jurisdicional, destaca-se no aconselhamento e na orientação à família ou responsável pela criança ou adolescente, inclusive na hipótese de inclusão em programa oficial ou comunitário de auxílio, orientação e tratamento a alcoólatras e toxicômanos.

(B) O Conselho Tutelar, em consequência de sua natureza não jurisdicional, não é competente para encaminhar ao Ministério Público as ocorrências administrativas ou criminais que importem violação aos direitos da criança e do adolescente.

(C) O Conselho Tutelar pode assessorar o Poder Executivo local na elaboração da proposta orçamentária para planos e programas de atendimento dos direitos da criança e do adolescente, em decorrência de sua natureza jurisdicional não autônoma.

(D) O Conselho Tutelar não poderá promover a execução de suas decisões, razão pela qual só lhe resta encaminhar ao Ministério Público notícia de fato que constitua infração administrativa ou penal contra os direitos da criança ou adolescente.

RESPOSTA De acordo com o conceito legal do art. 131 do ECA, o Conselho Tutelar é órgão permanente e autônomo, não jurisdicional, encarregado pela sociedade de zelar pelo cumprimento dos direitos da criança e do adolescente. Dentre outras, o Conselho Tutelar poderá determinar as medidas do art. 101 do ECA, como a do inciso VI. *Alternativa A.*

IX. ACESSO À JUSTIÇA

54. **(XXX Exame)** Pedro, 16 anos, foi apreendido em flagrante quando subtraía um aparelho de som de uma loja. Questionado sobre sua família, disse não ter absolutamente nenhum familiar conhecido. Encaminhado à autoridade competente, foi-lhe designado defensor dativo, diante da completa carência de pessoas que por ele pudessem responder. Após a prática dos atos iniciais, Pedro requereu ao juiz a substituição do seu defensor por um advogado conhecido, por não ter se sentido bem assistido tecnicamente, não confiando no representante originariamente designado. Com base nessa narrativa, assinale a afirmativa correta.

(A) É direito do adolescente ter seu defensor substituído por outro de sua preferência, uma vez que não deposita confiança no que lhe foi designado.

(B) A defesa técnica deve permanecer incumbida ao defensor atualmente designado, pois não é facultado ao adolescente optar por sua substituição.

(C) O processo deve ser suspenso, adiando-se os atos até que seja solucionada a questão da representação do adolescente.

(D) A substituição somente deverá ser realizada se evidenciada imperícia técnica, não podendo a mera preferência do adolescente ser motivo para a substituição.

RESPOSTA De acordo com o art. 207 do ECA, nenhum adolescente a quem se atribua a prática de ato infracional, ainda que ausente ou foragido, será processado sem defensor. Se o adolescente não tiver defensor, ser-lhe-á nomeado pelo juiz, ressalvado o direito de, a todo tempo, constituir outro de sua preferência (§ 1º). *Alternativa A.*

55. **(XXIX Exame)** Gabriel, adolescente com 17 anos de idade, entrou armado em uma loja de conveniência na cidade de Belo Horizonte, Minas Gerais, exigindo que o operador de caixa entregasse todo o dinheiro que ali existisse. Um dos clientes da loja, policial civil em folga, reagiu ao assalto, atirando em Gabriel, mas não acertando. Assustado, Gabriel empreendeu fuga, correndo em direção a Betim, comarca limítrofe a Belo Horizonte e onde residem seus pais, lá sendo capturado por policiais que se encontravam em uma viatura. Sobre o caso, assinale a opção que indica quem será competente para as medidas judiciais necessárias, inclusive a eventual estipulação de medida socioeducativa, desconsiderando qualquer fator de conexão, continência ou prevenção.

(A) O Juiz da Infância e da Juventude da comarca de Belo Horizonte, ou o juiz que exerce essa função, por ser a capital do estado.

(B) O Juiz da Infância e da Juventude, ou o juiz que exerce essa função, da comarca de Belo Horizonte, por ser o foro onde ocorreu o ato infracional cometido por Gabriel.

(C) O Juiz Criminal da comarca de Betim, por ser onde residem os pais do adolescente.

(D) O Juiz da Infância e da Juventude, ou o juiz que exerce essa função, da comarca de Betim, por ser onde residem os pais do adolescente.

RESPOSTA De acordo com o art. 147 do ECA, que trata da competência, nos casos de ato infracional, será competente a autoridade do lugar da ação ou omissão, observadas as regras de conexão, continência e prevenção (§ 1º). Portanto, correta a *alternativa B.*

56. **(XVIII Exame)** J., com 11 anos, L., com 12 anos, e M., com 13 anos de idade, são alunos do 8º ano do ensino fundamental de uma conceituada escola particular. Os três, desde que foram estudar na mesma turma, passaram a causar diversos problemas para o transcurso normal das aulas, tais como: escutar música; conversar; dormir; colocar os pés nas mesas e não desligar o aparelho celular. O professor de matemática, inconformado com a conduta desrespeitosa dos alunos, repreende-os, avisando que os encaminhará para a direção da escola. Ato contínuo, os alunos reagem da seguinte forma: J. chama o professor de "velho idiota"; L. levanta e sai da sala no meio da aula; e M. ameaça matá-lo.

Diante dos atos de indisciplina dos três alunos, a direção da escola entra em contato com o seu departamento jurídico para, com base no Estatuto da Criança e do Adolescente, receber a orientação de como proceder.

Com base na hipótese apresentada, assinale a opção que apresenta a orientação recebida pela direção escolar.

(A) Os atos de indisciplina praticados por J., L. e M. deverão ser coibidos pela própria direção escolar.

(B) J. e M. praticaram atos infracionais. J. deverá ser encaminhado ao Conselho Tutelar e M. para a autoridade policial. A indisciplina de L. deverá ser coibida pela própria direção escolar.

(C) J., L. e M. praticaram atos infracionais e deverão ser encaminhados para a autoridade policial.

(D) J. e M. praticaram atos infracionais. Ambos deverão ser encaminhados para a autoridade policial. A indisciplina de L. deverá ser coibida pela própria direção escolar.

RESPOSTA Diante da situação hipotética, há atos infracionais para considerar e as idades dos infratores também. Sendo assim, até 12 anos o ECA considera como "criança" e, portanto, o encaminhamento para o Conselho Tutelar de "J" (11 anos). "M", com 13 anos, adolescente, será levado para a autoridade policial (*vide* arts. 171 e 172). E "L" para a direção escolar, sendo que infringiu apenas normas da própria instituição. *Alternativa B.*

57. **(XIX Exame)** Marcelo, com 17 anos, e seu irmão Caio, com 20 anos de idade, permanecem sozinhos na casa da família, enquanto os pais viajam por 30 dias em férias no exterior. Durante tal período, Marcelo, que acabou de terminar o ensino médio, recebe uma excelente proposta de trabalho. Ao comparecer à empresa para assinar o contrato de trabalho, Marcelo é impedido pela falta de um responsável. Marcelo, então, procura orientação de um advogado. Assinale a opção que apresenta a ação que deverá ser ajuizada, de acordo com o Estatuto da Criança e do Adolescente, para que o adolescente não perca a oportunidade de emprego.

(A) Marcelo deve ingressar com ação de emancipação, com pedido de antecipação de tutela.

(B) Caio deve ingressar com ação de guarda de Marcelo, requerendo a sua guarda provisória.

(C) Caio deve ingressar com ação, objetivando o direito de assistir Marcelo para a prática do ato.

(D) Caio deve ingressar com ação de tutela de Marcelo, com pedido liminar.

RESPOSTA Cabe ao irmão, na situação acima, tendo em vista que é maior, a simples assistência para prática do ato. *Alternativa C.*

58. **(V Exame)** Com nítida inspiração na doutrina da proteção integral, o ECA garantiu à criança e ao adolescente o mais amplo acesso à Justiça, como forma de viabilizar a efetivação de seus direitos, consagrou-lhes o acesso a todos os órgãos do Poder Judiciário, assim como lhes assegurou o acesso a órgãos que exercem funções essenciais à Justiça, como o Ministério Público e a Defensoria. Tendo em conta tal ampla proteção, assinale a alternativa correta.

(A) As custas e emolumentos nas ações de destituição do poder familiar, perda ou modificação da tutela deverão ser custeadas pela parte sucumbente ao final do processo.

(B) Na hipótese de colisão de interesses entre a criança ou adolescente e seus pais ou responsável, a autoridade judiciária lhes dará curador especial, o mesmo ocorrendo nas hipóteses de carência de representação ou assistência legal, ainda que eventual.

(C) Em obediência ao princípio da publicidade, é permitida a divulgação de atos judiciais e administrativos que digam respeito à autoria de ato infracional praticado por adolescente, podendo ser expedida certidão ou extraída cópia dos autos, independentemente da demonstração do interesse e justificativa acerca da finalidade. Tais fatos, no entanto, se noticiados pela imprensa escrita ou falada, devem conter apenas as iniciais do nome e sobrenome do menor, sendo vedadas as demais formas expositivas, como fotografia, referência ao nome, apelido etc.

(D) A assistência judiciária gratuita será prestada aos que dela necessitarem por defensor público, sendo admitida a nomeação pelo juiz de advogado se o adolescente não tiver defensor, não podendo, posteriormente, o adolescente constituir outro de sua preferência.

RESPOSTA Os *menores de 16 anos* serão *representados* e os *maiores* de 16 e menores de 21 anos *assistidos* por seus *pais*, *tutores* ou *curadores*, na forma da legislação civil ou processual, como prevê o *caput* do art. 142 do ECA. Observa-se, ainda, que a autoridade judiciária dará *curador especial* à criança ou adolescente, sempre que os interesses destes colidirem com os de seus pais ou responsável, ou quando carecer de representação ou assistência legal, ainda que eventual (art. 142, parágrafo único). *Alternativa B.*

59. **(XI Exame)** No que se refere aos procedimentos afetos à Justiça da Infância e da Juventude, inclusive os relativos à execução das medidas socioeducativas, assinale a afirmativa correta.

(A) Será adotado o sistema recursal do Código de Processo Civil.

(B) Em todos os recursos, salvo nos embargos de declaração, o prazo para o Ministério Público e para a defesa será sempre de 30 (trinta) dias.

(C) É exigido o preparo para a interposição dos recursos.

(D) Os recursos não terão preferência de julgamento, nem dispensarão revisor.

RESPOSTA (A) Art. 198, ECA. (B) Em todos os recursos, salvo nos embargos de declaração, o prazo para o Ministério Público e para a defesa será sempre de 10 dias, art. 198, II, ECA. (C) Não é exigido, art. 198, I, ECA. (D) Os recursos terão preferência de julgamento e dispensarão revisor, art. 198, II, ECA. *Alternativa A.*

X. CRIMES E INFRAÇÕES ADMINISTRATIVAS

60. **(XXXI Exame)** Maria chega à maternidade já em trabalho de parto, sendo atendida emergencialmente. Felizmente, o parto ocorre sem problemas e Maria dá à luz, Fernanda. No mesmo dia do parto, a enfermeira Cláudia escuta a conversa entre Maria e uma amiga que a visitava, na qual Maria oferecia Fernanda a essa amiga em adoção, por não se sentir preparada para a maternidade. Preocupada com a conversa, Cláudia a relata ao médico obstetra de plantão, Paulo, o qual, por sua vez, noticia o ocorrido a Carlos, diretor-geral do hospital. Naquela noite, já recuperada, Maria e a mesma amiga vão embora da maternidade, sem que nada tenha ocorrido e nenhuma providência tenha sido tomada por qualquer dos personagens envolvidos - Cláudia, Paulo ou Carlos. Diante dos fatos acima, assinale a afirmativa correta.

(A) Não foi cometida qualquer infração, porque a adoção irregular não se consumou no âmbito da maternidade.

(B) Carlos cometeu infração administrativa, consubstanciada no não encaminhamento do caso à autoridade judiciária, porque somente o diretor do hospital pode fazê-lo.

(C) Carlos e Paulo não cometeram infração administrativa ao não encaminharem o caso à autoridade judiciária, porque não cabe ao corpo médico tal atribuição.

(D) Carlos, Paulo e Cláudia cometeram infração administrativa por não encaminharem o caso de que tinham conhecimento para a autoridade judiciária.

RESPOSTA De acordo com o art. 258-B do ECA, deixar o médico, enfermeiro ou dirigente de estabelecimento de atenção à saúde de gestante de efetuar imediato encaminhamento à autoridade judiciária de caso de que tenha conhecimento de mãe ou gestante interessada em entregar seu filho para adoção tem a pena de multa. Está dentro do capítulo de infrações administrativas, portanto, *alternativa D.*

61. **(XXX Exame)** Roberta produziu, em seu computador, vídeo de animação em que se percebe a simulação de atos pornográficos entre crianças. O vídeo não mostra nenhuma imagem reconhecível, nenhuma pessoa identificável, mas apresenta, inequivocamente, figuras de crianças, e bem jovens. Sobre o fato apresentado, sob a perspectiva do Estatuto da Criança e do Adolescente, assinale a afirmativa correta.

(A) Não é ilícito penal: o crime ocorre quando se simula a atividade pornográfica com imagens reais de crianças.

(B) É crime, pois o Estatuto da Criança e do Adolescente prevê a conduta típica de simular a participação de criança ou adolescente em cena pornográfica por meio de qualquer forma de representação visual.

(C) É crime se houver a divulgação pública do filme, pois a mera produção de filme envolvendo simulacro de imagem de criança ou adolescente em situação pornográfica não é reprovada pelo Estatuto da Criança e do Adolescente.

(D) Não é ilícito penal, pois a animação somente se afigura como simulação suficientemente apta a despertar a reprovabilidade criminal se reproduzir a imagem real de alguma criança diretamente identificável.

RESPOSTA De acordo com o art. 241-C do ECA, é crime simular a participação de criança ou adolescente em cena de sexo explícito ou pornográfica por meio de adulteração, montagem ou modificação de fotografia, vídeo ou qualquer outra forma de representação, cuja pena é de reclusão. *Alternativa B.*

62. **(XXVIII Exame)** Joaquim, adolescente com 15 anos de idade, sofre repetidas agressões verbais por parte de seu pai, José, pessoa rude que nunca se conformou com o fato de Joaquim não se identificar com seu sexo biológico. Os atentados verbais chegaram ao ponto de lançar Joaquim em estado de depressão profunda, inclusive sendo essa clinicamente diagnosticada. Constatada a realidade dos fatos acima narrados, assinale a afirmativa correta.

(A) Os fatos descritos revelam circunstância de mero desajuste de convívio familiar, não despertando relevância criminal ou de tutela de direitos individuais do adolescente, refugindo do alcance da Lei n. 8.069/90 (ECA).

(B) O juízo competente poderá determinar o afastamento de José da residência em que vive com Joaquim, como medida cautelar para evitar o agravamento do dano psicológico do adolescente, podendo, inclusive, fixar pensão alimentícia provisória para o suporte de Joaquim.

(C) O juiz poderá afastar cautelarmente José da moradia comum com Joaquim, sem que isso implique juízo definitivo de valor sobre os fatos – razão pela qual não é viável a estipulação de alimentos ao adolescente, eis que irreversíveis.

(D) A situação descrita não revela motivação legalmente reconhecida como suficiente a determinar o afastamento de José da moradia comum, recomendando somente o aconselhamento educacional do pai.

RESPOSTA Verificada a hipótese de **maus-tratos, opressão ou abuso sexual** impostos pelos pais ou responsável, de acordo com o art. 130 do ECA, a autoridade judiciária poderá determinar, como medida cautelar, o afastamento do agressor da moradia comum. Da medida cautelar constará, ainda, a fixação provisória dos alimentos de que necessitem a criança ou o adolescente dependente do agressor. *Alternativa B.*

63. **(XXVI Exame)** Em cumprimento de mandado de busca e apreensão do Juízo Criminal, policiais encontraram fotografias de adolescentes vestidas, em posições sexuais, com foco nos órgãos genitais, armazenadas no computador de um artista inglês. O advogado do artista, em sua defesa, alega a ausência de cena pornográfica, uma vez que as adolescentes não estavam nuas, e que a finalidade do armazenamento seria para comunicar às autoridades competentes. Considerando o crime de posse de material pornográfico, previsto no Art. 241-B do ECA, merecem prosperar os argumentos da defesa?

(A) Sim, pois, para caracterização da pornografia, as adolescentes teriam que estar nuas.

(B) Não, uma vez que bastava afirmar que as fotos são de adolescentes, e não de crianças.

(C) Sim, uma vez que a finalidade do artista era apenas a de comunicar o fato às autoridades competentes.

(D) Não, pois a finalidade pornográfica restou demonstrada, e o artista não faz jus a excludente de tipicidade.

RESPOSTA De acordo com § 2º do art. 241-B do ECA, correta a *alternativa D.*

64. **(XXV Exame)** Angélica, criança com 5 anos de idade, reside com a mãe Teresa, o padrasto Antônio e a tia materna Joana. A tia suspeita de que sua sobrinha seja vítima de abuso sexual praticado pelo padrasto. Isso porque, certa vez, ao tomar banho com Angélica, esta reclamou de dores na vagina e no ânus, que aparentavam estar bem vermelhos. Na ocasião, a sobrinha disse que "o papito coloca o dedo no meu bumbum e na minha perereca, e dói". Joana narrou o caso para a irmã Teresa, que disse não acreditar no relato da filha, pois ela gostava de inventar histórias, e que, ainda que fosse verdade, não poderia fazer nada, pois depende financeiramente de Antônio. Joana, então, após registrar a ocorrência na Delegacia de Polícia, que apenas instaurou o inquérito policial e encaminhou a criança para exame de corpo de delito, busca orientação jurídica sobre o que fazer para colocá-la em segurança imediatamente. De acordo com o Estatuto da Criança e do Adolescente, a fim de resguardar a integridade de Angélica até que os fatos sejam devidamente apurados pelo Juízo Criminal competente, assinale a opção que indica a medida que poderá ser postulada por um advogado junto ao Juízo da Infância e da Juventude.

(A) A aplicação da medida protetiva de acolhimento institucional de Angélica.

(B) Solicitar a suspensão do poder familiar de Antônio.

(C) Solicitar o afastamento de Antônio da moradia comum.

(D) Solicitar a destituição do poder familiar da mãe Teresa.

RESPOSTA De acordo com o art. 130 do ECA, verificada a hipótese de maus-tratos, opressão ou abuso sexual impostos pelos pais ou responsável, a autoridade judiciária poderá determinar, como medida cautelar, o afastamento do agressor da moradia comum. *Alternativa C.*

65. **(XXII Exame)** João, maior, e sua namorada Lara, com 14 anos de idade, são capturados pela polícia logo após praticarem crime de roubo, majorado pelo emprego de arma de fogo. O Juízo da Infância e da Juventude aplicou a medida socioeducativa de internação para Lara, ressaltando que a adolescente já sofrera a medida de semiliberdade pela prática de ato infracional análogo ao crime de tráfico de drogas. O Juízo Criminal condenou João pelo crime de roubo em concurso com corrupção de menores. João apela da condenação pelo crime de corrupção de menores, sob o argumento de Lara não ser mais uma criança, bem como alegando que ela já está corrompida. Com base no caso apresentado, assiste razão à defesa de João?

(A) Não, pois é irrelevante o fato de Lara já ter sofrido medida socioeducativa.

(B) Não, pois Lara ainda é uma criança.

(C) Sim, já que o crime de corrupção de menores exige que o menor não esteja corrompido.

(D) Sim, visto que no crime de corrupção de menores, a vítima tem que ser uma criança.

RESPOSTA Diante dos fatos, a corrupção de menores está disposta no art. 244-B do ECA, segundo o qual corromper ou facilitar a corrupção de menor de

18 (dezoito) anos, com ele praticando infração penal ou induzindo-o a praticá-la, tem a pena de reclusão, de 1 (um) a 4 (quatro) anos. Observe que a Súmula 500 do STJ refere-se que a configuração do crime do art. 244-B do ECA independe da prova da efetiva corrupção do menor, por se tratar de delito formal. Assim, não se faz necessária a prova da efetiva corrupção do menor. Portanto, não assiste razão à defesa do namorado de Lara, João. *Alternativa A.*

66. **(XIV Exame)** O Hotel Botanic recebeu o casal de namorados Júlia e Matheus como hóspedes durante um feriado prolongado. Júlia tem 15 anos de idade e Matheus 18 anos, motivo pelo qual a adolescente foi admitida no estabelecimento, por estar acompanhada de uma pessoa maior de idade. Com base no caso apresentado, a partir do que dispõe o Estatuto da Criança e do Adolescente, assinale a opção correta.

(A) Trata-se de infração penal, motivo pelo qual, sem prejuízo da pena de multa aplicada ao estabelecimento, o funcionário responsável pela admissão da adolescente está sujeito à responsabilidade criminal pessoal.

(B) Trata-se de prática cotidiana sem implicações administrativas ou criminais previstas na norma especial, uma vez que a adolescente estava acompanhada de pessoa maior de idade que se torna responsável por ela.

(C) Trata-se de infração administrativa, sujeitando-se à aplicação de pena de multa, a hospedagem de adolescente desacompanhado dos pais, responsáveis, ou sem autorização escrita desses ou da autoridade judiciária.

(D) Trata-se de infração administrativa e penal, sujeitando-se o estabelecimento, por determinação da autoridade judiciária, a imediato fechamento por até quinze dias.

RESPOSTA De acordo com o ECA, diante da situação hipotética, é proibida a hospedagem de criança ou adolescente em hotel, motel, pensão ou estabelecimento congênere, salvo se autorizado ou acompanhado pelos pais ou responsável (art. 82); somente a *alternativa C* está correta, tendo em vista a infração prevista no art. 250 sujeita à multa.

67. **(XIX Exame)** O adolescente F, 16 anos, filho de Pedro, foi surpreendido por seu pai enquanto falava pela internet com Fábio, 30 anos, que o induzia à prática de ato tipificado como infração penal. Pedro informou imediatamente o ocorrido à autoridade policial, que instaurou a persecução penal cabível. No caso narrado, ao induzir o adolescente F à prática de ato tipificado como infração penal, a conduta de Fábio

(A) configura crime nos termos do ECA, ainda que realizada por meio eletrônico e que não venha a ser provada a corrupção do adolescente, por se tratar de delito formal.

(B) não configura crime nos termos do ECA, pois a mera indução sem a prática do ato pelo adolescente configura infração administrativa, já que se trata de delito material.

(C) configura infração penal, tipificada na Lei de Contravenções Penais, mas a materialidade do crime com a prova da corrupção do adolescente é imprescindível à condenação do réu em observância ao princípio do favor rei.

(D) não configura crime nos termos estabelecidos pelo ECA, posto que inexiste tipificação se o ato for praticado por meio eletrônico, não havendo de se aplicar analogia em *malam partem.*

RESPOSTA De acordo com o art. 244-B do ECA. *Vide* ainda a Súmula 500 do STJ: "a configuração do crime do art. 244-B do ECA independe da prova da efetiva corrupção do menor, por se tratar de delito formal". *Alternativa A.*

68. **(XV Exame)** José, tutor da criança Z, soube que Juarez vem oferecendo recompensa àqueles que lhe entregam crianças ou adolescentes em caráter definitivo. Entusiasmado com a quantia oferecida, José promete entregar a criança exatamente dez dias após o início da negociação. José contou aos seus vizinhos que não queria mais "ter trabalho com o menino". Indignada, Marieta, vizinha de José, comunicou imediatamente o fato à autoridade policial, que conseguiu impedir a entrega da criança Z a Juarez. Nesse caso, à luz do Estatuto da Criança e do Adolescente, assinale a afirmativa correta.

(A) A promessa de entrega de Z, por si só, já configura infração penal, do mesmo modo que o seria em caso de efetiva entrega da criança.

(B) Somente a efetiva entrega da criança mediante paga ou recompensa configuraria a prática de infração penal tanto para quem entrega quanto para quem oferece o valor pecuniário.

(C) Tratar-se-ia de infração penal somente se a criança Z fosse filho de José, sendo a figura do tutor atípica para esse tipo de infração penal, não se podendo aplicar analogia para a configuração de crime.

(D) Somente incorre na pena pela prática de infração penal o sujeito que oferece a paga ou recompensa, sendo atípica para o responsável legal a mera promessa de entrega da criança.

RESPOSTA Diante da situação hipotética, prevê o art. 238 e parágrafo único do ECA que quem prometer ou efetivar a entrega de filho ou pupilo a terceiro, mediante paga ou recompensa, ou quem oferecer ou efetivar a paga ou recompensa comete crime com a pena de reclusão, de um a quatro anos, e multa. Correta a *alternativa A.*

XI. TEMAS COMBINADOS

69. **(XXIII Exame)** Agente público executor de medida socioeducativa de internação, a pretexto de manter a disciplina e a ordem na unidade em que atua, ordena que dois adolescentes se vistam com roupas femininas e desfilem para os demais internos, que escolherão a "garota da unidade". Em visita à unidade, uma equipe composta pela Comissão de Direitos Humanos da OAB e pelo Conselho Tutelar toma ciência do caso. Segundo restou apurado, o agente teria atuado de tal forma porque os dois adolescentes eram muito rebeldes e não cumpriam regularmente as determinações da unidade. Com base apenas no Estatuto da Criança e do Adolescente, sem prejuízo de outras sanções, assinale a opção que indica a medida que poderá ser adotada imediatamente pela equipe que fiscalizava a unidade.

(A) Transferência imediata dos adolescentes para outra unidade socioeducativa.

(B) Advertência do agente público aplicada pelo Conselho Tutelar.

(C) Advertência do agente público aplicada pela Comissão de Direitos Humanos da OAB.

(D) Transferência imediata do agente público para outra unidade.

RESPOSTA De acordo com o ECA e o art. 18-B e parágrafo único, correta está a *alternativa B.*

REFERÊNCIA

ELIAS, Roberto João. *Comentários ao Estatuto da Criança e do Adolescente*. 4. ed. São Paulo: Saraiva, 2010.

Direito do Consumidor

DIREITO DO CONSUMIDOR: QUADRO GERAL DE QUESTÕES	
TEMAS	Nº DE QUESTÕES
I. Disposições Gerais, Princípios e Direitos Básicos	14
II. Da Qualidade de Produtos e Serviços, da Prevenção e da Reparação de Danos	19
III. Práticas Comerciais e Proteção Contratual	24
IV. Da Defesa do Consumidor em Juízo	7
V. Assuntos Diversos	4
TOTAL	68

I. DISPOSIÇÕES GERAIS, PRINCÍPIOS E DIREITOS BÁSICOS

1. (XXXI Exame) Adriano, por meio de um *site* especializado, efetuou reserva de hotel para estada com sua família em praia caribenha. A reserva foi imediatamente confirmada pelo *site*, um mês antes das suas férias, quando fariam a viagem. Ocorre que, dez dias antes do embarque, o *site* especializado comunicou a Adriano que o hotel havia informado o cancelamento da contratação por erro no parcelamento com o cartão de crédito. Adriano, então, buscou nova compra do serviço, mas os valores estavam cerca de 30% mais caros do que na contratação inicial, com o qual anuiu por não ser mais possível alterar a data de suas férias. Ao retornar de viagem, Adriano procurou você, como advogado(a), a fim de saber se seria possível a restituição dessa diferença de valores. Neste caso, é correto afirmar que o ressarcimento da diferença arcada pelo consumidor

(A) poderá ser buscado em face exclusivamente do hotel, fornecedor que cancelou a contratação.

(B) poderá ser buscado em face do *site* de viagens e do hotel, que respondem solidariamente, por comporem a cadeia de fornecimento do serviço.

(C) não poderá ser revisto, porque o consumidor tinha o dever de confirmar a compra em sua fatura de cartão de crédito.

(D) poderá ser revisto, sendo a responsabilidade exclusiva do *site* de viagens, com base na teoria da aparência, respondendo o hotel apenas subsidiariamente.

RESPOSTA Existe a responsabilidade do fornecedor, sendo que o próprio enunciado afirma que a reserva havia sido confirmada pelo *site*. Ademais, o art. 34 do CDC prevê que o *fornecedor do produto ou serviço é solidariamente responsável pelos atos de seus prepostos ou representantes autônomos*, enquanto o parágrafo único do art. 7º do CDC dispõe que, *tendo mais de um autor a ofensa, todos responderão solidariamente pela reparação dos danos previstos nas normas de consumo. Alternativa B.*

2. (XXIX EXAME) Antônio é deficiente visual e precisa do auxílio de amigos familiares para compreender diversas questões da vida cotidiana, como as contas e despesas da casa e outras questões de rotina. Pensando nessa dificuldade, Antonio procurar você, como advogado(a), para orientá-lo a respeito dos direitos dos deficientes visuais nas relações de consumo.

Nesse sentido, assinale a afirmativa correta.

(A) O consumidor poderá solicitar as fornecedoras de serviços, em razão de sua deficiência visual, o envio das faturas das contas detalhadas em Braille.

(B) As informações sobre os riscos que o produto apresenta, por sua própria natureza, devem ser prestadas em formatos acessíveis somente as pessoas que apresentem deficiência visual.

(C) A impossibilidade operacional impede que informação de serviço seja ofertada em formatos acessíveis, considerando a diversidade de deficiências, o que justifica a dispensa de tal obrigatoriedade por expressa determinação legal.

(D) O consumidor poderá solicitar as faturas em Braille, mas bastará ser indicado o preço, dispensando-se outras informações, por expressa disposição legal.

RESPOSTA Prevê o art. 6º, III, do CDC que são direitos básicos do consumidor, dentre outros, a informação adequada e clara sobre os diferentes produtos e serviços, com especificação correta de quantidade, características, composição, qualidade, tributos incidentes e preço, bem como sobre os riscos que apresentem. Por sua vez, o parágrafo único dispões que a informação de que trata o inciso III deve ser acessível à pessoa com deficiência, observado o disposto em regulamento. *Alternativa A.*

3. (XXIX EXAME) A concessionária do veículo X adquiriu, da montadora, trinta unidades de veículo do mesmo modelo e cores diversificadas, a fim de guarnecer seu estoque, e direcionou três veículos desse total para o uso da própria pessoa jurídica. Ocorre que cinco veículos apresentaram problemas mecânicos decorrentes de falhas na fabricação, que comprometeram a segurança dos passageiros. Desses automóveis um pertencia à concessionária e os outros quatro, a particulares que adquiriram o bem na concessionária.

Nesse caso, com base no Código de Defesa do Consumidor (CDC), assinale a afirmativa correta.

(A) Entre os consumidores particulares e a montadora inexiste relação jurídica, posto que a aquisição dos veículos e de uma concessionária.

(B) Entre os consumidores particulares e a montadora, por se tratar de falha na fabricação, há relação jurídica protegida pelo CDC; a relação jurídica entre a concessionária e a montadora, no que se refere à unidade adquiridos pela pessoa jurídica para uso próprio, é de direito comum civil.

(C) Existe, entre a concessionária e a montadora, relação jurídica regida pelo CDC, mesmo que ambas sejam pessoas jurídicas, no que diz respeito ao veículo adquirido pela concessionária para uso próprio, e não para revenda.

(D) Somente a relação jurídica protegida pelo CDC entre o consumidor e a concessionária, que deverá ingressar com ação de regresso contra a montadora, caso seja condenado em ação judicial, não sendo possível aos consumidores demandar diretamente contra a montadora.

RESPOSTA Questão polêmica por abordar um dos assuntos mais debatidos no Direito do Consumidor (definição de destinatário final) sem trazer os elementos suficientes para tanto. A banca entendeu que, no caso narrado, a concessionária seria destinatária final dos veículos adquiridos para uso da própria pessoa jurídica, aplicando-se, portanto, o CDC, a teor do art. 2º do CDC. Vejamos que a questão não especificou se os veículos seriam usados com fins econômicos ou bens de produção, apenas dizendo que seriam para uso próprio da pessoa jurídica. Assim, não se trata da análise da Teoria Finalista Mitigada, e sim de aplicação do art. 2º do CDC, presumindo-se se tratar de destinatário final. *Alternativa C.*

4. (XXII Exame) Alvina, condômina de um edifício residencial, ingressou com ação para reparação de danos, aduzindo falha na prestação dos serviços de modernização dos elevadores. Narrou ser moradora do 10º andar e que hospedou parentes durante o período dos festejos de fim de ano. Alegou que o serviço nos elevadores estava previsto para ser concluído em duas semanas, mas atrasou mais de seis semanas, o que implicou falta de elevadores durante o período em que recebeu seus hóspedes, fazendo com que seus convidados, todos idosos, tivessem que utilizar as escadas, o que gerou transtornos e dificuldades, já que os hóspedes deixaram de fazer passeios e outras atividades turísticas diante das dificuldades de acesso. Sentindo-se constrangida e tendo que alterar todo o planejamento de atividades para o período, Alvina afirmou ter sofrido danos extrapatrimoniais decorrentes da mora do fornecedor de serviço, que, ainda que regularmente notificado pelo condomínio, quedou-se inerte e não apresentou qualquer justificativa que impedisse o cumprimento da obrigação de forma tempestiva. Diante da situação apresentada, assinale a afirmativa correta.

(A) Existe relação de consumo apenas entre o condomínio e o fornecedor de serviço, não tendo Alvina legitimidade para ingressar com ação indenizatória, por estar excluída da cadeia da relação consumerista.

(B) Inexiste relação consumerista na hipótese, e sim relação contratual regida pelo Código Civil, tendo a multa contratual pelo atraso na execução do serviço cunho indenizatório, que deve servir a todos os condôminos e não a Alvina, individualmente.

(C) Existe relação de consumo, mas não cabe ação individual, e sim a perpetrada por todos os condôminos, em litisconsórcio, tendo como objeto apenas a cobrança de multa contratual e indenização coletiva.

(D) Existe relação de consumo entre a condômina e o fornecedor, com base da teoria finalista, podendo Alvina ingressar individualmente com a ação indenizatória, já que é destinatária final e quem sofreu os danos narrados.

RESPOSTA O art. 2º do CDC conceitua consumidor como toda pessoa física ou jurídica que ***adquire*** ou ***utiliza*** produto ou serviço como destinatário final. Portanto, a condômina é consumidora e tem legitimidade para ingressar com ação individualmente contra a prestadora de serviços, nos termos do art. 81 do CDC. *Alternativa D.*

5. **(XX Exame – Reaplicação)** Inês, pretendendo fazer pequenos reparos e manutenção em sua residência, contrai empréstimo com essa finalidade. Ocorre que, desconfiando dos valores pagos nas prestações, procura orientação jurídica e ingressa com ação revisional de cédula de crédito bancário, questionando a incidência de juros remuneratórios, ao argumento de serem mais altos que a média praticada no mercado. Requereu a inversão do ônus da prova e, ao final, a procedência do pedido para determinar a declaração de nulidade da cláusula. A respeito desta situação, é correto afirmar que o Código de Defesa do Consumidor

(A) não é aplicável na relação jurídica entre Inês e a instituição financeira, motivo pelo qual o questionamento deve seguir a ótica dos direitos obrigacionais previstos no Código Civil, o que inviabiliza a inversão do ônus da prova.

(B) é aplicável na relação jurídica entre Inês e a instituição financeira, cabível a inversão do ônus da prova, se preenchidos os requisitos legais e, em caso de nulidade da cláusula, todo contrato será declarado nulo, tendo em vista que prática abusiva é questão de ordem pública.

(C) é aplicável na relação jurídica entre Inês e a instituição financeira, cabível a inversão do ônus da prova caso a consumidora comprove preenchimento dos requisitos legais, sendo certo que a declaração de nulidade da cláusula não invalida o contrato, salvo se importar em ônus excessivo para o consumidor, apesar dos esforços de integração.

(D) não é aplicável na relação jurídica entre Inês e a instituição financeira, motivo pelo qual o questionamento orienta-se pela norma especial de direito bancário, em prejuízo da inversão do ônus da prova pleiteado, ainda que formalmente estivessem cumpridos os requisitos legais.

RESPOSTA Trata-se de típica relação de consumo, pois os sujeitos e o objeto da relação se enquadram nos conceitos trazidos pelos arts. 2º e 3º do CDC. Portanto, cabe a inversão do ônus da prova, conforme art. 6º, VIII, do CDC, se preenchidos os requisitos de verossimilhança ou hipossuficiência. Ademais, em regra, a declaração de nulidade de uma das cláusulas não invalida todo o contrato (art. 51, § 2ª). *Alternativa C.*

6. **(XX Exame)** Heitor agraciou cinco funcionários de uma de suas sociedades empresárias, situada no Rio Grande do Sul, com uma viagem para curso de treinamento profissional realizado em determinado sábado, de 9h às 15h, numa cidade do Uruguai, há cerca de 50 minutos de voo. Heitor custeou as passagens aéreas, translado e alimentação dos cinco funcionários com sua própria renda, integralmente desvinculada da atividade empresária. Ocorre que houve atraso no voo sem qualquer justificativa prestada pela companhia aérea. Às 14h, sem previsão de saída do voo, todos desistiram do embarque e perderam o curso de treinamento. Nesse contexto é correto afirmar que,

(A) por se tratar de transporte aéreo internacional, para o pedido de danos extrapatrimoniais não há incidência do Código de Defesa do Consumidor e nem do Código Civil, que regula apenas Contrato de Transporte em território nacional, prevalecendo unicamente as Normas Internacionais.

(B) ao caso, aplica-se a norma consumerista, sendo que apenas Heitor é consumidor por ter custeado a viagem com seus recursos, mas, como ele tem boas condições financeiras, por esse motivo, é consumidor não enquadrado em condição de vulnerabilidade, como tutela o Código de Defesa do Consumidor.

(C) embora se trate de transporte aéreo internacional, há incidência plena do Código de Defesa do Consumidor para o pedido de danos extrapatrimoniais, em detrimento das normas internacionais e, apesar de Heitor ter boas condições financeiras, enquadra-se na condição de vulnerabilidade, assim como os seus funcionários, para o pleito de reparação.

(D) por se tratar de relação de Contrato de Transporte previsto expressamente no Código Civil, afasta-se a incidência do Código de Defesa do Consumidor e, por ter ocorrido o dano em território brasileiro, afastam-se as normas internacionais, sendo, portanto, hipótese de responsabilidade civil pautada na comprovação de culpa da companhia aérea pelo evento danoso.

RESPOSTA A vulnerabilidade é uma presunção legal conferida a todo consumidor, independentemente da sua situação financeira (art. 4º, I, CDC). Tanto Heitor quanto os funcionários enquadram-se no conceito de consumidor, que prevê que consumidor é toda pessoa física ou jurídica que adquire ou utiliza produto ou serviço como destinatário final. De acordo com a doutrina e a jurisprudência majoritária, muito embora se trate de transporte aéreo internacional, aplica-se o CDC em relação à reparação de danos. *Alternativa C.*

7. **(XVII Exame)** Saulo e Bianca são casados há quinze anos e, há dez, decidiram ingressar no ramo das festas de casamento, produzindo os chamados *"bem-casados"*, deliciosos doces recheados oferecidos aos convidados ao final da festa. Saulo e Bianca não possuem registro da atividade empresarial desenvolvida, sendo essa a fonte única de renda da família. No mês passado, os noivos Carla e Jair encomendaram ao casal uma centena de *"bem--casados"* no sabor doce de leite. A encomenda foi entregue conforme contratado, no dia do casamento. Contudo, diversos convidados que ingeriram os quitutes sofreram infecção gastrointestinal, já que o produto estava estragado. A impropriedade do produto para o consumo foi comprovada por perícia técnica.

Com base no caso narrado, assinale a alternativa correta.

(A) O casal Saulo e Bianca se enquadra no conceito de fornecedor do Código do Consumidor, pois fornecem produtos com habitualidade e onerosidade, sendo que apenas Carla e Jair, na qualidade de consumidores indiretos, poderão pleitear indenização.

(B) Embora a empresa do casal Saulo e Bianca não esteja devidamente registrada na Junta Comercial, pode ser considerada fornecedora à luz do Código do Consumidor, e os convidados do casamento, na qualidade de consumidores por equiparação, poderão pedir indenização diretamente àqueles.

(C) O Código de Defesa do Consumidor é aplicável ao caso, sendo certo que tanto Carla e Jair quanto seus convidados intoxicados são consumidores por equiparação e poderão pedir indenização, porém a inversão do ônus da prova só se aplica em favor de Carla e Jair, contratantes diretos.

(D) A atividade desenvolvida pelo casal Saulo e Bianca não está oficialmente registrada na Junta Comercial e, portanto, por ser ente despersonalizado, não se enquadra no conceito legal de fornecedor da lei do consumidor, aplicando-se ao caso as regras atinentes aos vícios redibitórios do Código Civil.

RESPOSTA Os *entes despersonalizados* podem ser considerados fornecedores, respondendo por todos os deveres do CDC (art. 3º do CDC). Carla e Jair, contratantes diretos, são consumidores pelo conceito *padrão* (art. 2º do CDC), enquanto os convidados dos noivos são consumidores *por equiparação*, já que foram vítimas do fato (art. 17 do CDC), tendo estes os mesmos direitos daqueles, inclusive a possibilidade de inversão do ônus da prova. *Alternativa B.*

8. **(XVII Exame)** Tommy adquiriu determinado veículo junto a um revendedor de automóveis usados. Para tanto, fez o pagamento de 60% do valor do bem e financiou os 40% restantes com garantia de alienação fiduciária, junto ao banco com o qual mantém vínculo de conta-corrente. A negociação transcorreu normalmente e o veículo foi entregue. Ocorre que Tommy, alguns meses depois, achou que a obrigação assumida estava lhe sendo excessivamente onerosa. Procurou, então, você como advogado(a) a fim de saber se ainda assim seria possível questionar o negócio jurídico realizado e pedir revisão do contrato que Tommy sequer possuía.

A esse respeito, assinale a afirmativa correta.

(A) A questão versa sobre alienação fiduciária em garantia que transfere ao credor o domínio resolúvel e a posse indireta do bem alienado, não havendo aplicabilidade do Código de Defesa do Consumidor e, portanto, nem o pedido de revisão na hipótese, haja vista que a questão jurídica está submetida unicamente à leitura da norma geral civil, sem a inversão do ônus da prova.

(B) A questão comporta aplicação do CDC, mas para propor ação revisional, a parte deve ingressar com medida cautelar preparatória de exibição de documentos, sob pena de extinção da medida cognitiva revisional por falta de interesse de agir.

(C) A questão versa sobre alienação fiduciária em garantia, que transfere para o devedor a posse direta do bem, tornando-o depositário, motivo pelo qual a questão jurídica rege-se exclusivamente pelas regras impostas pelo Decreto-lei n. 911, de 1969, que estabelece normas de processo sobre alienação fiduciária.

(D) A questão comporta aplicação do CDC, e a ação revisional pode ser proposta independentemente de medida cautelar preparatória de exibição de documentos, já que o pleito de exibição do contrato poderá ser formulado incidentalmente e nos próprios autos.

RESPOSTA Trata-se de típica relação de consumo, sendo a instituição financeira fornecedora (art. 3º, § 2º, do CDC), com a aplicação das normas do CDC. Assim, é direito básico do consumidor a *revisão* das cláusulas contratuais (art. 6º, V, do CDC), bem como a possibilidade de *inversão do ônus da prova* (art. 6º, VIII, do CDC), para que o fornecedor traga ao processo os documentos. *Alternativa D.*

9. **(XII Exame)** Maria e Manoel, casados, pais dos gêmeos Gabriel e Thiago que têm apenas três meses de vida, residem há seis meses no Condomínio Vila Feliz. O fornecimento do serviço de energia elétrica na cidade onde moram é prestado por uma única concessionária, a Companhia de Eletricidade Luz S.A. Há uma semana, o casal vem sofrendo com as contínuas e injustificadas interrupções na prestação do serviço pela concessionária, o que já acarretou a queima do aparelho de televisão e da geladeira, com a perda de todos os alimentos nela contidos. O casal pretende ser indenizado.

Nesse caso, à luz do princípio da vulnerabilidade previsto no Código de Proteção e Defesa do Consumidor, assinale a afirmativa correta.

(A) Prevalece o entendimento jurisprudencial no sentido de que a vulnerabilidade no Código do Consumidor é sempre presumida, tanto para o consumidor pessoa física, Maria e Manoel, quanto para a pessoa jurídica, no caso, o Condomínio Vila Feliz, tendo ambos direitos básicos à indenização e à inversão judicial automática do ônus da prova.

(B) A doutrina consumerista dominante considera a vulnerabilidade um conceito jurídico indeterminado, plurissignificativo, sendo correto afirmar que, no caso em questão, está configurada a vulnerabilidade fática do casal diante da concessionária, havendo direito básico à indenização pela interrupção imotivada do serviço público essencial.

(C) É dominante o entendimento no sentido de que a vulnerabilidade nas relações de consumo é sinônimo exato de hipossuficiência econômica do consumidor. Logo, basta ao casal Maria e Manoel demonstrá-la para receber a integral proteção das normas consumeristas e o consequente direito básico à inversão automática do ônus da prova e a ampla indenização pelos danos sofridos.

(D) A vulnerabilidade nas relações de consumo se divide em apenas duas espécies: a jurídica ou científica e a técnica. Aquela representa a falta de conhecimentos jurídicos ou outros pertinentes à contabilidade e à economia, e esta, à ausência de conhecimentos específicos sobre o serviço oferecido, sendo que sua verificação é requisito legal para inversão do ônus da prova a favor do casal e do consequente direito à indenização.

RESPOSTA Vulnerabilidade (que atualmente pode ser *técnica, jurídica* ou *científica, fática* ou *socioeconômica,* ou *informacional*) é uma presunção legal conferida a todo consumidor (art. 4º, I, do CDC). Já a hipossuficiência é um dos requisitos para a inversão do ônus da prova, a qual não se dá de forma automática, já que a presença de seus requisitos deve ser analisada no caso concreto. *Alternativa B.*

10. **(VI Exame)** O ônus da prova incumbe a quem alega a existência do fato constitutivo do seu direito e impeditivo, modificativo ou extintivo do direito daquele que demanda. O Código de Defesa e Proteção do Consumidor, entretanto, prevê a possibilidade de inversão do *onus probandi* e, a respeito de tal tema, é correto afirmar que

(A) ocorrerá em casos excepcionais em que o juiz verifique ser verossímil a alegação do consumidor ou quando for ele hipossuficiente.

(B) é regra e basta ao consumidor alegar os fatos, pois caberá ao réu produzir provas que os desconstituam, já que o autor é hipossuficiente nas relações de consumo.

(C) será deferido em casos excepcionais, exceto se a inversão em prejuízo do consumidor houver sido previamente ajustada por meio de cláusula contratual.

(D) ocorrerá em todo processo civil que tenha por objeto as relações consumeristas, não se admitindo exceções, sendo declarada abusiva qualquer cláusula que disponha de modo contrário.

RESPOSTA Para que ocorra a *inversão do ônus da prova* – que pode ser somente em favor do consumidor – é necessário que o juiz verifique a presença de *verossimilhança ou hipossuficiência*, ou seja, não é regra, ocorrerá excepcionalmente quando presentes esses requisitos (art. 6º, VIII, do CDC). *Alternativa A.*

11. **(IX Exame)** A sociedade empresária XYZ Ltda. oferta e celebra, com vários estudantes universitários, contratos individuais de fornecimento de material didático, nos quais garante a entrega, com 25% de desconto sobre o valor indicado pela editora, dos livros didáticos escolhidos pelos contratantes (de lista de editoras de antemão definidas). Os contratos têm duração de 24 meses, e cada estudante compromete-se a pagar valor mensal, que fica como crédito, a ser abatido do valor dos livros escolhidos. Posteriormente, a capacidade de entrega da sociedade diminuiu, devido a dívidas e problemas judiciais. Em razão disso, ela pretende rever judicialmente os contratos, para obter aumento do valor mensal, ou então liberar-se do vínculo. Acerca dessa situação, assinale a afirmativa correta.

(A) A empresa não pode se valer do Código de Defesa do Consumidor e não há base, à luz do indicado, para rever os contratos.

(B) Aplica-se o CDC, já que os estudantes são destinatários finais do serviço, mas o aumento só será concedido se provada a dificuldade financeira e que, ademais, ainda assim o contrato seja proveitoso para os compradores.

(C) Aplica-se o CDC, mas a pretendida revisão da cláusula contratual só poderá ser efetuada se provado que os problemas citados têm natureza imprevisível, característica indispensável, no sistema do consumidor, para autorizar a revisão.

(D) A revisão é cabível, assentada na teoria da imprevisão, pois existe o contrato de execução diferida, a superveniência de onerosidade excessiva da prestação, a extrema vantagem para a outra parte, e a ocorrência de acontecimento extraordinário e imprevisível.

RESPOSTA No caso, apesar de se tratar de uma relação de consumo, na qual incidem os dispositivos do CDC, a revisão/modificação das cláusulas (art. 6º, V, do CDC) é um direito do *consumidor* apenas, não se estendendo à empresa *fornecedora*. Ademais, a *oferta* feita aos alunos *obriga* o fornecedor e *integra o contrato* que foi celebrado (art. 30 do CDC), devendo ser cumprida. *Alternativa A.*

12. **(III Exame)** Em relação aos princípios previstos no Código de Defesa do Consumidor, assinale a alternativa correta.

(A) A boa-fé prevista no CDC é a boa-fé subjetiva.

(B) O princípio da transparência impõe um dever comissivo e um omissivo, ou seja, não pode o fornecedor deixar de apresentar o produto tal como ele se encontra nem pode dizer mais do que ele faz; não pode, portanto, mais existir o *dolus bonus*.

(C) O princípio da vulnerabilidade, que presume ser o consumidor o elo mais fraco da relação de consumo, diz respeito apenas à vulnerabilidade técnica.

(D) O CDC é uma norma tipificadora de condutas, prevendo expressamente o comportamento dos consumidores e dos fornecedores.

RESPOSTA O *princípio da transparência* (art. 4º, *caput*, do CDC) é norteador de diversas regras do CDC e se traduz no dever de prestar informação precisa e correta sobre o produto ou serviço, mormente no momento da oferta e publicidade. Assim, o CDC não permite o chamado *dolus bonus* (pequenos exageros do fornecedor em ressaltar as qualidades do seu produto ou serviço a fim de torná-lo mais atrativo), muito embora tal prática seja frequente e até mesmo tolerada pela jurisprudência. *Alternativa B.*

13. **(IV Exame)** Analisando o art. 6º, V, do Código de Defesa do Consumidor, que prescreve: "São direitos básicos do consumidor: V – a modificação das cláusulas contratuais que estabeleçam prestações desproporcionais ou sua revisão em razão de fatos supervenientes que as tornem excessivamente onerosas", assinale a alternativa correta.

(A) Não traduz a relativização do princípio contratual da autonomia da vontade das partes.

(B) Almeja, em análise sistemática, precipuamente, a resolução do contrato firmado entre consumidor e fornecedor.

(C) Admite a incidência da cláusula *rebus sic stantibus*.

(D) Exige a imprevisibilidade do fato superveniente.

RESPOSTA A cláusula *rebus sic stantibus* representa a *Teoria da Imprevisão*, segundo a qual é possível a modificação de um contrato sempre que um fato superveniente, imprevisto e *imprevisível*, venha a prejudicar uma das partes em detrimento da outra. No entanto, em se tratando de relação de consumo, não há necessidade de o fato superveniente ser *imprevisível*, bastando que, após a celebração do contrato, surjam fatos que o tornem excessivamente oneroso. Portanto, a cláusula *rebus sic stantibus*, em se tratando de relação de consumo, é *admitida*, mas não *exigida*. *Alternativa C.*

14. **(IV Exame)** No âmbito do Código de Defesa do Consumidor, em relação ao princípio da boa-fé objetiva, é correto afirmar que

(A) sua aplicação se restringe aos contratos de consumo.

(B) para a caracterização de sua violação imprescindível se faz a análise do caráter volitivo das partes.

(C) não se aplica à fase pré-contratual.

(D) importa em reconhecimento de um direito a cumprir em favor do titular passivo da obrigação.

RESPOSTA A resposta dada como correta é a transcrição do Enunciado 168 da III Jornada de Direito Civil do Conselho da Justiça Federal, cuja interpretação então dada à boa-fé objetiva deve-se levar em conta o sistema do CC e as conexões sistemáticas com outros estatutos normativos (como o CDC). *Alternativa D.*

II. DA QUALIDADE DE PRODUTOS E SERVIÇOS, DA PREVENÇÃO E DA REPARAÇÃO DE DANOS

15. **(XXX EXAME)** Durante período de intenso calor, o Condomínio do Edifício X, por seu representante, adquiriu, junto à sociedade empresária Equipamentos Aquáticos, peças plásticas recreativas próprias para uso em piscinas, produzidas com material atóxico. Na primeira semana de uso, os produtos soltaram gradualmente sua tinta na vestimenta dos usuários, o que gerou apenas problema estético, na medida em que a pigmentação era atóxica e podia ser removida facilmente das roupas dos usuários por meio de uso de sabão. O Condomínio do Edifício X, por seu representante, procurou você, como advogado(a), buscando orientação para receber de volta o valor pago e ser indenizado pelos danos morais suportados. Nesse caso, cuida-se de

(A) Fato do produto, sendo excluída a responsabilidade civil da sociedade empresária, respondendo pelo evento o fabricante das peças; não cabe indenização por danos extrapatrimoniais, por ser o Condomínio pessoa jurídica, que não sofre essa modalidade de dano.

(B) Inaplicabilidade do CDC, haja vista a natureza da relação jurídica estabelecida entre o Condomínio e a sociedade empresária, cabendo a responsabilização civil com base nas regras gerais de Direito Civil, e incabível pleitear indenização por danos morais, por ter o Condomínio a qualidade de pessoa jurídica.

(C) Aplicabilidade do CDC somente por meio de medida de defesa coletiva dos condôminos, cuja legitimidade será exercida pelo Condomínio, na defesa dos interesses a título coletivo.

(D) Vício do produto, sendo solidária a responsabilidade da sociedade empresária e do fabricante das peças; o Condomínio do Edifício X é parte legítima para ingressar individualmente com a medida judicial por ser consumidor, segundo a teoria finalista mitigada.

RESPOSTA Trata-se de evidente hipótese de vício do produto, já que a questão deixou claro que não havia comprometimento da segurança do consumidor, sendo apenas problemas estéticos. Os fornecedores respondem solidariamente pelo vício (art. 18, CDC), sendo que o condomínio é considerado consumidor, haja vista sua vulnerabilidade (teoria finalista mitigada). *Alternativa D.*

16. **(XXVIII Exame)** Mara adquiriu, diretamente pelo *site* da fabricante, o creme depilatório Belle et Belle, da empresa Bele Cosméticos Ltda. Antes de iniciar o uso, Mara leu atentamente o rótulo e as instruções, essas unicamente voltadas para a forma de aplicação do produto.

Assim que iniciou a aplicação, Mara sentiu queimação na pele e removeu imediatamente o produto, mas, ainda assim, sofreu lesões nos locais de aplicação. A adquirente entrou em contato com a central de atendimento da fornecedora, que lhe explicou ter sido a reação alérgica provocada por uma característica do organismo da consumidora, o que poderia acontecer pela própria natureza química do produto.

Não se dando por satisfeita, Mara procurou você como advogado(a), a fim de saber se é possível buscar a compensação pelos danos sofridos.

Nesse caso de clara relação de consumo, assinale a opção que apresenta a orientação a ser dada a Mara.

(A) Poderá ser afastada a responsabilidade civil da fabricante, se esta comprovar que o dano decorreu exclusivamente de reação alérgica da consumidora, fator característico daquela destinatária final, não havendo, assim, qualquer ilícito praticado pela ré.

(B) Existe a hipótese de culpa exclusiva da vítima, na medida em que o CDC descreve que os produtos não colocarão em risco a saúde e a segurança do consumidor, excetuando aqueles de cuja natureza e fruição sejam extraídas a previsibilidade de riscos perceptíveis pelo homem médio.

(C) O fornecedor está obrigado, necessariamente, a retirá-lo de circulação, por estar presente defeito no produto, sob pena de prática de crime contra o consumidor.

(D) Cuida-se de hipótese de violação ao dever de oferecer informações claras ao consumidor, na medida em que a periculosidade do uso de produto químico, quando composto por substâncias com potenciais alergênicos, deve ser apresentada em destaque ao consumidor.

RESPOSTA Trata-se de evidente hipótese de **fato** do produto, causado por informações insuficientes ou inadequadas sobre a fruição e riscos (art. 12 do CDC). O fornecedor de produtos e serviços potencialmente nocivos ou perigosos à saúde ou segurança deverá informar, de maneira ostensiva e adequada, a respeito da sua nocividade ou periculosidade (art. 9º do CDC). *Alternativa D.*

17. **(XXVI Exame)** Dora levou seu cavalo de raça para banho, escovação e cuidados específicos nos cascos, a ser realizado pelos profissionais da Hípica X. Algumas horas depois de o animal ter sido deixado no local, a fornecedora do serviço entrou em contato com Dora para informar-lhe que, durante o tratamento, o cavalo apresentou sinais de doença cardíaca. Já era sabido por Dora que os equipamentos utilizados poderiam causar estresse no animal. Foi chamado o médico veterinário da própria Hípica X, mas o cavalo faleceu no dia seguinte. Dora, que conhecia a preexistência da doença do animal, ingressou com ação judicial em face da Hípica X pleiteando reparação pelos danos morais suportados, em decorrência do ocorrido durante o tratamento de higiene. Nesse caso, à luz do Código de Defesa do Consumidor (CDC), é correto afirmar que a Hípica X

(A) não poderá ser responsabilizada se provar que a conduta no procedimento de higiene foi adequada, seguindo padrões fixados pelos órgão competentes, e que a doença do animal que o levou a óbito era preexistente ao procedimento de higienização do animal.

(B) poderá ser responsabilizada em razão de o evento deflagrador da identificação da doença do animal ter ocorrido durante a sua higienização, ainda que se comprove ser preexistente a doença e que tenham sido seguidos os padrões fixados por órgãos competentes para o procedimento de higienização, pois o nexo causal resta presumido na hipótese.

(C) não poderá ser responsabilizada somente se provar que prestou os primeiros socorros, pois a preexistência da doença não inibiria a responsabilidade civil objetiva dos fornecedores do serviço; somente a conduta de chamar atendimento médico foi capaz de desconstruir o nexo causal entre o procedimento de higiene e o evento do óbito.

(D) poderá ser responsabilizada em solidariedade com o profissional veterinário, pois os serviços foram prestados por ambos os fornecedores, em responsabilidade objetiva, mesmo que Dora comprove que o procedimento de higienização do cavalo tenha potencializado o evento que levou ao óbito do animal, ainda que seguidos os padrões estipulados pelos órgãos competentes.

RESPOSTA Muito embora a responsabilidade pelo **fato** seja **objetiva**, o art. 14, § 3º, do CDC prevê as hipóteses em que o fornecedor não será responsabilizado, quais sejam, ao provar que, tendo prestado o serviço, o defeito inexiste ou que foi culpa exclusiva do consumidor ou de terceiro. No caso narrado, o dano não foi causado por defeito na prestação do serviço, não havendo responsabilização do fornecedor. *Alternativa A.*

18. **(XXV Exame)** Eloá procurou o renomado Estúdio Max para tratamento de restauração dos fios do cabelo, que entendia muito danificados pelo uso de químicas capilares. A proposta do profissional empregado do estabelecimento foi a aplicação de determinado produto que acabara de chegar ao mercado, da marca mundialmente conhecida Ops, que promovia uma amostragem inaugural do produto em questão no próprio Estúdio Max. Eloá ficou satisfeita com o resultado da aplicação pelo profissional no estabelecimento, mas, nos dias que se seguiram, observou a queda e a quebra de muitos fios de cabelo, o que foi aumentando progressivamente. Retornando ao Estúdio, o funcionário que a havia atendido informou-lhe que poderia ter ocorrido reação química com outro produto utilizado por Eloá anteriormente ao tratamento, levando aos efeitos descritos pela consumidora, embora o produto da marca Ops não apontasse contraindicações. Eloá procurou você como advogado(a), narrando essa situação. Neste caso, assinale a opção que apresenta sua orientação.

(A) Há evidente fato do serviço executado pelo profissional, cabendo ao Estúdio Max e ao fabricante do produto da marca Ops, em responsabilidade solidária, responderem pelos danos suportados pela consumidora.

(B) Há evidente fato do produto; por esse motivo, a ação judicial poderá ser proposta apenas em face da fabricante do produto da marca Ops, não havendo responsabilidade solidária do comerciante Estúdio Max.

(C) Há evidente fato do serviço, o que vincula a responsabilidade civil subjetiva exclusiva do profissional que sugeriu e aplicou o produto, com base na teoria do risco da atividade, excluindo-se a responsabilidade do Estúdio Max.

(D) Há evidente vício do produto, sendo a responsabilidade objetiva decorrente do acidente de consumo atribuída ao fabricante do produto da marca Ops e, em caráter subsidiário, ao Estúdio Max e ao profissional, e não do profissional que aplicou o produto.

RESPOSTA Essa questão teve como gabarito a Alternativa A. Entretanto, houve recursos em razão de não ter informações suficientes na questão para aferir se era caso de responsabilidade pelo fato do produto ou do serviço, já que a responsabilidade de cada fornecedor depende dessa definição. A questão não deixa claro se houve defeito no produto, que, muito embora informasse não ter contraindicações, poderia ter alguma falta ou omissão de informações, ou até mesmo algum defeito técnico; nem deixa claro se o defeito foi na prestação do serviço. Em casos assim, somente uma perícia poderia esclarecer se o dano foi causado pelo produto ou pelo serviço, caso em que se poderia definir as responsabilidades de acordo com as regras do CDC.

19. **(XXIV Exame)** Os arquitetos Everton e Joana adquiriram pacote de viagens para passar a lua de mel na Europa, primeira viagem internacional do casal. Ocorre que o trajeto do voo previa conexão em um país que exigia visto de trânsito, tendo havido impedimento do embarque dos noivos, ainda no Brasil, por não terem o visto exigido. O casal questionou a agência de turismo por não ter dado qualquer explicação prévia nesse sentido, e a fornecedora informou que não se responsabilizava pela informação de necessidade de visto para a realização da viagem. Diante do caso apresentado, assinale a afirmativa correta.

(A) Cabe ação de reparação por danos extrapatrimoniais, em razão da insuficiência de informação clara e precisa, que deveria ter sido prestada pela agência de turismo, no tocante à necessidade de visto de trânsito para a conexão internacional prevista no trajeto.

(B) Não houve danos materiais a serem ressarcidos, já que os consumidores sequer embarcaram, situação muito diferente de terem de retornar, às próprias expensas, diretamente do país de conexão, interrompendo a viagem durante o percurso.

(C) Não ocorreram danos extrapatrimoniais por se tratar de pessoas que tinham capacidade de leitura e compreensão do contrato, sendo culpa exclusiva das próprias vítimas a interrupção da viagem por desconhecerem a necessidade de visto de trânsito para realizarem a conexão internacional.

(D) Houve culpa exclusiva da empresa aérea que emitiu os bilhetes de viagem, não podendo a agência de viagem ser culpabilizada, por ser o comerciante responsável subsidiariamente e não responder diretamente pelo fato do serviço.

RESPOSTA Prevê o art. 14 do CDC que o **fornecedor de serviços responde**, independentemente da existência de culpa, pela reparação dos **danos** causados aos consumidores por **defeitos** relativos à prestação dos serviços, bem como por **informações insuficientes ou inadequadas** sobre sua fruição e riscos. Portanto, cabível a pretensão de indenização. *Alternativa A.*

20. **(XXIV Exame)** Osvaldo adquiriu um veículo zero quilômetro e, ao chegar a casa, verificou que, no painel do veículo, foi acionada a indicação de problema no nível de óleo. Ao abrir o capô, constatou sujeira de óleo em toda a área. Osvaldo voltou imediatamente à concessionária, que realizou uma rigorosa avaliação do veículo e constatou que havia uma rachadura na estrutura do motor, que, por isso, deveria ser trocado. Oswaldo solicitou um novo veículo, aduzindo que optou pela aquisição de um zero quilômetro por buscar um carro que tivesse toda a sua estrutura "de fábrica". A concessionária se negou a efetuar a troca ou devolver o dinheiro, alegando que isso não descaracterizaria o veículo como novo e que o custo financeiro de faturamento e outras medidas administrativas eram altas, não justificando, por aquele motivo, o desfazimento do negócio. No mesmo dia, Osvaldo procura você, como advogado, para orientá-lo. Assinale a opção que apresenta a orientação dada.

(A) Cuida-se de vício do produto, e a concessionária dispõe de até trinta dias para providenciar o reparo, fase que, ordinariamente, deve preceder o direito do consumidor de pleitear a troca do veículo.

(B) Trata-se de fato do produto, e o consumidor sempre pode exigir a imediata restituição da quantia paga, sem prejuízo de pleitear perdas e danos em juízo.

(C) Há evidente vício do produto, sendo subsidiária a responsabilidade da concessionária, devendo o consumidor ajuizar a ação de indenização por danos materiais em face do fabricante.

(D) Trata-se de fato do produto, e o consumidor não tem interesse de agir, pois está no curso do prazo para o fornecedor sanar o defeito.

RESPOSTA Trata-se de típica hipótese de **vício do produto**. Nesse caso, prevê o art. 18 do CDC que os fornecedores de produtos de consumo duráveis ou não duráveis **respondem** solidariamente pelos vícios de qualidade ou quantidade que os tornem impróprios ou inadequados ao consumo a que se destinam ou lhes diminuam o valor, assim como por aqueles decorrentes da disparidade, com a indicações constantes do recipiente, da embalagem, rotulagem ou mensagem publicitária, respeitadas as variações decorrentes de sua natureza, **podendo o consumidor exigir a substituição das partes viciadas**. Não sendo o vício sanado no prazo máximo de **trinta dias**, pode o consumidor exigir, alternativamente e à sua escolha: I – a substituição do produto por outro da mesma espécie, em perfeitas condições de uso; II – a restituição imediata da quantia paga, monetariamente atualizada, sem prejuízo de eventuais perdas e danos; III – o abatimento proporcional do preço. *Alternativa A.*

21. **(XIX Exame)** Antônio desenvolve há mais de 40 anos atividade de comércio no ramo de hortifruti. Seus clientes chegam cedo para adquirir verduras frescas entregues pelos produtores rurais da região. Antônio também vende no varejo, com pesagem na hora, grãos e cereais adquiridos em sacas de 30 quilos, de uma marca muito conhecida e respeitada no mercado. Determinado dia, a cliente Maria desconfiou da pesagem e fez a conferência na sua balança caseira, que apontou suposta divergência de peso. Procedeu com a imediata denúncia junto ao Órgão Oficial de Fiscalização, que confirmou que o instrumento de medição do comerciante estava com problemas de calibragem e que não estava aferido segundo padrões oficiais, gerando prejuízo aos consumidores. A cliente denunciante buscou ser ressarcida pelo vício de quantidade dos produtos. Com base na hipótese sugerida, assinale a afirmativa correta.

(A) Trata-se de responsabilidade civil solidária, podendo Maria acionar tanto o comerciante quanto os produtores.

(B) Trata-se de responsabilidade civil subsidiária, pois o comerciante só responde se os demais fornecedores não forem identificados.

(C) Trata-se de responsabilidade civil exclusiva do comerciante, na qualidade de fornecedor imediato.

(D) Trata-se de responsabilidade civil objetiva, motivo pelo qual inexistem excludentes de responsabilidade.

RESPOSTA De acordo com *art. 19*, § 2º, do CDC, o fornecedor imediato será responsável quando fizer a pesagem ou a medição e o instrumento utilizado não estiver aferido segundo os padrões oficiais. *Alternativa C.*

22. **(XVIII Exame)** Dulce, cinquenta e oito anos de idade, fumante há três décadas, foi diagnosticada como portadora de enfisema pulmonar. Trata-se de uma doença pulmonar obstrutiva crônica caracterizada pela dilatação excessiva dos alvéolos pulmonares, que causa a perda da capacidade respiratória e uma consequente oxigenação insuficiente. Em razão do avançado estágio da doença, foi prescrito como essencial o tratamento de suplementação de oxigênio. Para tanto, Joana, filha de Dulce, adquiriu para sua mãe um aparelho respiratório na loja Saúde e Bem-Estar. Porém, com uma semana de uso, o produto parou de funcionar. Joana procurou imediatamente a loja para substituição do aparelho, oportunidade na qual foi informada pela gerente que deveria aguardar o prazo legal de trinta dias para conserto do produto pelo fabricante. Com base no caso narrado, em relação ao Código de Proteção e Defesa do Consumidor, assinale a afirmativa correta.

(A) Está correta a orientação da vendedora. Joana deverá aguardar o prazo legal de trinta dias para conserto e, caso não seja sanado o vício, exigir a substituição do produto, a devolução do dinheiro corrigido monetariamente ou o abatimento proporcional do preço.

(B) Joana não é consumidora destinatária final do produto, logo tem apenas direito ao conserto do produto durável no prazo de noventa dias, mas não à devolução da quantia paga.

(C) Joana não precisa aguardar o prazo legal de trinta dias para conserto, pois tem direito de exigir a substituição imediata do produto, em razão de sua essencialidade.

(D) Na impossibilidade de substituição do produto por outro da mesma espécie, Joana poderá optar por um modelo diverso, sem direito à restituição de eventual diferença de preço, e, se este for de valor maior, não será devida por Joana qualquer complementação.

RESPOSTA De acordo com o art. 18 do CDC, constatado vício de qualidade do produto, o consumidor terá o direito de exigir a substituição das partes viciadas no prazo de 30 dias; em não sendo cumprido nesse prazo, surge o direito às opções do § 1º (substituição, restituição ou abatimento). No entanto, em se tratando de produto essencial, o consumidor poderá fazer uso imediato das alternativas do § 1º. *Alternativa C.*

23. **(XVI Exame)** A responsabilidade civil dos fornecedores de serviços e produtos, estabelecida pelo Código do Consumidor, reconheceu a relação jurídica qualificada pela presença de uma parte vulnerável, devendo ser observados os princípios da boa-fé, lealdade contratual, dignidade da pessoa humana e equidade. A respeito da temática, assinale a afirmativa correta.

(A) A responsabilidade civil subjetiva dos fabricantes impõe ao consumidor a comprovação da existência de nexo de causalidade que o vincule ao fornecedor, mediante comprovação da culpa, invertendo-se o ônus da prova no que tange ao resultado danoso suportado.

(B) A responsabilidade civil do fabricante é subjetiva e subsidiária quando o comerciante é identificado e encontrado para responder pelo vício ou fato do produto, cabendo ao segundo a responsabilidade civil objetiva.

(C) A responsabilidade civil objetiva do fabricante somente poderá ser imputada se houver demonstração dos elementos mínimos que comprovem o nexo de causalidade que justifique a ação proposta, ônus esse do consumidor.

(D) A inversão do ônus da prova nas relações de consumo é questão de ordem pública e de imputação imediata, cabendo ao fabricante a carga probatória frente ao consumidor, em razão da responsabilidade civil objetiva.

RESPOSTA (A) e (B) Art. 12, CDC (a responsabilidade dos fornecedores é objetiva, independe da verificação de culpa). (C) Art. 12, CDC (a responsabilidade do fornecedor prescinde da verificação de culpa, bastando a demonstração do nexo de causalidade, que, a princípio, cabe ao consumidor, dado que a inversão do ônus da prova é exceção). (D) Art. 6º, VIII, CDC (a inversão do ônus da prova não se dá de forma imediata ou automática, pois depende da verificação dos requisitos: verossimilhança ou hipossuficiência). *Alternativa C.*

24. **(XV Exame)** Carmen adquiriu veículo zero quilômetro com dispositivo de segurança denominado *air bag* do motorista, apenas para o caso de colisões frontais. Cerca de dois meses após a aquisição do bem, o veículo de Carmen sofreu colisão traseira, e a motorista teve seu rosto arremessado contra o volante, causando-lhe escoriações leves. A consumidora ingressou com medida judicial em face do fabricante, buscando a reparação pelos danos materiais e morais que sofrera, alegando ser o produto defeituoso, já que o *air bag* não foi acionado quando da ocorrência da colisão. A perícia constatou colisão traseira e em velocidade inferior à necessária para o acionamento do dispositivo de segurança. Carmen invocou a inversão do ônus da prova contra o fabricante, o que foi indeferido pelo juiz. Analise o caso à luz da Lei n. 8.078/90 e assinale a afirmativa correta.

(A) Cabe inversão do ônus da prova em favor da consumidora, por expressa determinação legal, não podendo, em qualquer hipótese, o julgador negar tal pleito.

(B) Falta legitimação, merecendo a extinção do processo sem resolução do mérito, uma vez que o responsável civil pela reparação é o comerciante, no caso, a concessionária de veículos.

(C) A responsabilidade civil do fabricante é objetiva e independe de culpa; por isso, será cabível indenização à vítima consumidora, mesmo que esta não tenha conseguido comprovar a colisão dianteira.

(D) O produto não poderá ser caracterizado como defeituoso, inexistindo obrigação do fabricante de indenizar a consumidora, já que, nos autos, há apenas provas de colisão traseira.

RESPOSTA (A) Art. 6º, VIII, CDC (a inversão do ônus da prova ocorrerá a critério do juiz, mediante a verificação da verossimilhança ou hipossuficiência). (B) Art. 13, CDC (em regra, a responsabilidade pelo fato não é do comerciante). (C) e (D) Denota-se que o produto não é defeituoso, já que o dispositivo de *air bag* previa proteção apenas para colisões frontais e a perícia apurou que a colisão causadora do dano foi traseira (art. 12, § 1º e § 3º, CDC). *Alternativa D.*

25. **(XIV Exame)** Um homem foi submetido a cirurgia para remoção de cálculos renais em hospital privado. A intervenção foi realizada por equipe médica não integrante dos quadros de funcionários do referido hospital, apesar de ter sido indicada por esse mesmo hospital. Durante o procedimento, houve perfuração do fígado do paciente, verificada somente três dias após a cirurgia, motivo pelo qual o homem teve que se submeter a novo procedimento cirúrgico, que lhe deixou uma grande cicatriz na região abdominal. O paciente ingressou com ação judicial em face do hospital, visando a indenização por danos morais e estéticos. Partindo dessa narrativa, assinale a opção correta.

(A) O hospital responde objetivamente pelos danos morais e estéticos decorrentes do erro médico, tendo em vista que ele indicou a equipe médica.

(B) O hospital responderá pelos danos, mas de forma alternativa, não se acumulando os danos morais e estéticos, sob pena de enriquecimento ilícito do autor.

(C) O hospital não responderá pelos danos, uma vez que se trata de responsabilidade objetiva da equipe médica, sendo o hospital parte ilegítima na ação porque apenas prestou serviço de instalações e hospedagem do paciente.

(D) O hospital não responderá pelos danos, tendo em vista que não se aplica a norma consumerista à relação entre médico e paciente, mas, sim, o Código Civil, embora a responsabilidade civil dos profissionais liberais seja objetiva.

RESPOSTA Trata-se do entendimento jurisprudencial: "Embora o art. 14, § 4º, do CDC afaste a responsabilidade objetiva dos médicos, não se exclui, uma vez comprovada a culpa desse profissional e configurada uma cadeia de fornecimento do serviço, a solidariedade do hospital imposta pelo *caput* do art. 14 do CDC" (REsp 1.216.424/MT). Ademais, a teor da Súmula 387 do STJ, "é lícita a cumulação das indenizações de dano estético e dano moral". *Alternativa A.*

26. **(VIII Exame)** Determinado consumidor, ao mastigar uma fatia de pão com geleia, encontrou um elemento rígido, o que lhe causou intenso desconforto e a quebra parcial de um dos dentes. Em razão do fato, ingressou com medida judicial em face do mercado que vendeu a geleia, a fim de ser reparado. No curso do processo, a perícia constatou que o elemento encontrado era uma pequena porção de açúcar cristalizado, não oferecendo risco à saúde do autor. Diante desta narrativa, assinale a afirmativa correta.

(A) O fabricante e o fornecedor do serviço devem ser excluídos de responsabilidade, visto que o material não ofereceu qualquer risco à integridade física do consumidor, não merecendo reparação.

(B) O elemento rígido não característico do produto, ainda que não o tornasse impróprio para o consumo, violou padrões de segurança, já que houve dano comprovado pelo consumidor.

(C) A responsabilidade do fornecedor depende de apuração de culpa e, portanto, não tendo o comerciante agido de modo a causar voluntariamente o evento, não deve responder pelo resultado.

(D) O comerciante não deve ser condenado e sequer caberia qualquer medida contra o fabricante, posto que não há fato ou vício do produto, motivo pelo qual não deve ser responsabilizado pelo alegado defeito.

RESPOSTA Trata-se de *fato* do produto (*acidente de consumo*), o qual causou dano ao consumidor e deve ser reparado, independentemente da existência de culpa por se tratar de responsabilidade *objetiva* (art. 12 do CDC). *Alternativa B.*

27. **(VI Exame)** Franco adquiriu um veículo zero quilômetro em novembro de 2010. Ao sair com o automóvel da concessionária, percebeu um ruído todas as vezes em que acionava a embreagem para a troca de marcha. Retornou à loja, e os funcionários disseram que tal barulho era natural ao veículo, cujo motor era novo. Oito meses depois, ao retornar para fazer a revisão de dez mil quilômetros, o consumidor se queixou que o ruído persistia, mas foi novamente informado de que se tratava de característica do modelo. Cerca de uma semana depois, o veículo parou de funcionar e foi rebocado até a concessionária, lá permanecendo por mais de sessenta dias. Franco acionou o Poder Judiciário alegando vício oculto e pleiteando ressarcimento pelos danos materiais e indenização por danos morais. Considerando o que dispõe o Código de Proteção e Defesa do Consumidor, a respeito do narrado acima, é correto afirmar que, por se tratar de vício oculto,

(A) o prazo decadencial para reclamar se iniciou com a retirada do veículo da concessionária, devendo o processo ser extinto.

(B) o direito de reclamar judicialmente se iniciou no momento em que ficou evidenciado o defeito, e o prazo decadencial é de noventa dias.

(C) o prazo decadencial é de trinta dias contados do momento em que o veículo parou de funcionar, tornando-se imprestável para o uso.

(D) o consumidor Franco tinha o prazo de sete dias para desistir do contrato e, tendo deixado de exercê-lo, operou-se a decadência.

RESPOSTA O prazo *decadencial* para reclamar por vícios de produto *durável é de 90 dias* (art. 26, II, do CDC). Em se tratando de *vício oculto*, a contagem do prazo inicia-se no momento em que este ficar evidenciado (§ 3º). *Alternativa B.*

28. **(V Exame)** Ao instalar um novo aparelho de televisão no quarto de seu filho, o consumidor verifica que a tecla de volume do controle remoto não está funcionando bem. Em contato com a loja onde adquiriu o produto, é encaminhado à autorizada.

O que esse consumidor pode exigir com base na lei, nesse momento, do comerciante?

(A) A imediata substituição do produto por outro novo.

(B) O dinheiro de volta.

(C) O conserto do produto no prazo máximo de 30 dias.

(D) Um produto idêntico emprestado enquanto durar o conserto.

RESPOSTA Em se tratando de *vício de qualidade do produto*, nesse momento, o consumidor pode exigir apenas o conserto no prazo máximo de 30 dias (art. 18 do CDC). *Alternativa C.*

29. **(III Exame)** Em sua primeira viagem com seu carro zero quilômetro, Joaquim, fechado por outro veículo, precisa dar uma freada brusca para evitar um acidente. O freio não funciona, o que leva Joaquim, transtornado, a jogar o carro para o acostamento e, em seguida, abandonar a estrada. Felizmente, nenhum dano material ou físico acontece ao carro nem ao motorista, que, muito abalado, mal consegue acessar seu celular para pedir auxílio. Com a ajuda de moradores locais, se recupera do imenso susto e entra em contato com seus familiares. Na qualidade de advogado de Joaquim, qual seria a orientação correta a ser dada em relação às providências cabíveis?

(A) Não há ação a ser proposta porque não houve dano.

(B) Propositura de ação de responsabilidade civil pelo fato do produto em face do fabricante do veículo.

(C) Propositura de ação de responsabilidade civil pelo vício do produto em face do fabricante e da concessionária, uma vez que a responsabilidade é solidária.

(D) Propositura de ação de responsabilidade civil pelo fato do produto em face da concessionária que vendeu o veículo a Joaquim.

RESPOSTA A questão tentou evidenciar a ocorrência de *danos morais*, com a intenção de configuração de um *fato* do produto (art. 12 do CDC), pelo qual o *comerciante* (concessionária) somente responderia de forma *subsidiária* (art. 13 do CDC), trazendo como correta a *alternativa B*. Entretanto, muito embora a questão traga "indícios" de ocorrência de *danos morais*, não se pode afirmar que realmente houve dano; se não houve dano, estaríamos diante de *vício* do produto, caso em que a responsabilidade seria solidária. Essa questão foi *anulada*.

30. **(III Exame)** O prazo para reclamar sobre vício oculto de produto durável é de

(A) 90 (noventa) dias a contar de quando ficar evidenciado o vício.

(B) 30 (trinta) dias a contar da entrega do produto.

(C) 90 (noventa) dias a contar da aquisição do produto.

(D) 90 (noventa) dias a contar da entrega do produto.

RESPOSTA Art. 26, § 3º, do CDC. *Alternativa A.*

31. **(XI Exame)** O Mercado A comercializa o produto desinfetante W, fabricado por "W.Industrial". O proprietário do Mercado B, que adquiriu tal produto para uso na higienização das partes comuns das suas instalações, verifica que o volume contido no frasco está em desacordo com as informações do rótulo do produto. Em razão disso, o Mercado B propõe ação judicial em face do Mercado A, invocando a Lei n. 8.078/90 (CDC), arguindo vícios decorrentes de tal disparidade. O Mercado A, em defesa, apontou que se tratava de responsabilidade do fabricante e requereu a extinção do processo.

A respeito do caso sugerido, assinale a alternativa correta.

(A) O processo merece ser extinto por ilegitimidade passiva.

(B) O caso versa sobre fato do produto, logo a responsabilidade do réu é subsidiária.

(C) O processo deve ser extinto, pois o autor não se enquadra na condição de consumidor.

(D) Trata-se de vício do produto, logo o réu e o fabricante são solidariamente responsáveis.

RESPOSTA Trata-se de relação de consumo, sendo o Mercado B consumidor, já que *destinatário final* do produto (art. 2º, CDC). Por se tratar de hipótese de *vício* do produto, a responsabilidade dos fornecedores é *solidária*, nos termos dos arts. 18 e 19, *caput*, do CDC. *Alternativa D.*

32. **(XI Exame)** Carla ajuizou ação de indenização por danos materiais, morais e estéticos em face do dentista Pedro, lastreada em prova pericial que constatou falha, durante um tratamento de canal, na prestação do serviço odontológico. O referido laudo comprovou a inadequação da terapia dentária adotada, o que resultou na necessidade de extração de três dentes da paciente, sendo que na execução da extração ocorreu fratura da mandíbula de Carla, o que gerou redução óssea e sequelas permanentes, que incluíram assimetria facial. Com base no caso concreto, à luz do Código de Defesa do Consumidor, assinale a afirmativa correta.

(A) O dentista Pedro responderá objetivamente pelos danos causados à paciente Carla, em razão do comprovado fato do serviço, no prazo prescricional de cinco anos.

(B) Haverá responsabilidade de Pedro, independentemente de dolo ou culpa, diante da constatação do vício do serviço, no prazo decadencial de noventa dias.

(C) A obrigação de indenizar por parte de Pedro é subjetiva e fica condicionada à comprovação de dolo ou culpa.

(D) Inexiste relação de consumo no caso em questão, pois é uma relação privada, que encerra obrigação de meio pelo profissional liberal, aplicando-se o Código Civil.

RESPOSTA Trata-se de *fato* do serviço, pelo qual o profissional liberal somente responderá mediante a verificação de culpa (em sentido amplo), ou seja, sua responsabilidade é *subjetiva*, nos termos do art. 14, § 4º, do CDC. *Alternativa C.*

33. **(XXIII Exame)** Heitor foi surpreendido pelo recebimento de informação de anotação de seu nome no cadastro restritivo de crédito, em decorrência de suposta contratação de serviços de telefonia e Internet. Heitor não havia celebrado tal contrato, sendo o mesmo fruto de fraude, e busca orientação a respeito de como proceder para rescindir o contrato, cancelar o débito e ter seu nome fora do cadastro negativo, bem como o recebimento de reparação por danos extrapatrimoniais, já que nunca havia tido o seu nome inscrito em tal cadastro. Com base na hipótese apresentada, na qualidade de advogado(a) de Heitor, assinale a opção que apresenta o procedimento a ser adotado.

(A) Cabe o pedido de cancelamento do serviço, declaração de inexistência da dívida e exclusão da anotação indevida, inexistindo qualquer dever de reparação, já que à operadora não foi atribuído defeito ou falha do serviço digital, que seria a motivação para tal pleito.

(B) Trata-se de cobrança devida pelo serviço prestado, restando a Heitor pagar imediatamente e, somente assim, excluir a anotação de seu nome em cadastro negativo, e, então, ingressar com a medida judicial, comprovando que não procedeu com a contratação e buscando a rescisão do contrato irregular com devolução em dobro do valor pago.

(C) Heitor não pode ser considerado consumidor em razão da ausência de vinculação contratual verídica e válida que consagre a relação consumerista, afastando-se os elementos principiológicos e fazendo surgir a responsabilidade civil subjetiva da operadora de telefonia e Internet.

(D) Heitor é consumidor por equiparação, aplicando-se a teoria do risco da atividade e devendo a operadora suportar os riscos do contrato fruto de fraude, caso não consiga comprovar a regularidade da contratação e a consequente reparação pelos danos extrapatrimoniais *in re ipsa*, além da declaração de inexistência da dívida e da exclusão da anotação indevida.

RESPOSTA Mesmo não tendo havido contratação, Heitor é considerado **consumidor por equiparação** já que foi exposto à prática comercial de cadastramento de seu nome em banco de dados (art. 29, CDC). Já a responsabilidade do fornecedor é **objetiva**, baseada na *teoria do risco da atividade*; assim, a responsabilização independe de verificação de culpa (art. 12, CDC). Os danos morais decorrentes da inscrição indevida, segundo entendimento pacífico do STJ, são ***presumidos*** (*in re ipsa*), já que estão vinculados à própria existência do fato ilícito. Por consequência, o consumidor tem direito à declaração de inexistência da dívida e a exclusão da inscrição indevida. *Alternativa D.*

III. PRÁTICAS COMERCIAIS E PROTEÇÃO CONTRATUAL

34. **(XXXI Exame)** O médico de João indicou a necessidade de realizar a cirurgia de gastroplastia (bariátrica) como tratamento de obesidade mórbida, com a finalidade de reduzir peso. Posteriormente, o profissional de saúde explicou a necessidade de realizar a cirurgia plástica pós-gastroplastia, visando à remoção de excesso epitelial que comumente acomete os pacientes nessas condições, impactando a qualidade de vida daquele que deixou de ser obeso mórbido. Nesse caso, nos termos do Código de Defesa do Consumidor e do entendimento do STJ, o plano de saúde de João

(A) terá que custear ambas as cirurgias, porque configuram tratamentos, sendo a cirurgia plástica medida reparadora; portanto, terapêutica.

(B) terá que custear apenas a cirurgia de gastroplastia, e não a plástica, considerada estética e excluída da cobertura dos planos de saúde.

(C) não terá que custear as cirurgias, exceto mediante previsão contratual expressa para esses tipos de procedimentos.

(D) não terá que custear qualquer das cirurgias até que passem a integrar o rol de procedimentos da ANS, competente para a regulação das coberturas contratuais.

RESPOSTA Conforme entendimento do STJ, havendo indicação médica, o plano de saúde não pode se recusar a custear a realização de cirurgia plástica para retirada de excesso de tecido epitelial decorrente de rápido emagrecimento ocasionado por cirurgia bariátrica. "*O excesso de pele pode causar dermatites, candidíase, assaduras e até mesmo infecções bacterianas. Desse modo, a cirurgia plástica para corrigir essa situação não se constitui em procedimento unicamente estético, servindo para prevenir ou curar enfermidades (tem um caráter funcional e reparador)*". STJ, 3ª Turma, REsp 1757938/DF, Rel. Min. Ricardo Villas Bôas Cueva, julgado em 5-2-2019. *Alternativa A.*

35. **(XXVIII Exame)** João da Silva, idoso, ingressou com ação judicial para revisão de valores de reajuste do plano de saúde, contratado na modalidade individual. Alega que houve alteração do valor em decorrência da mudança de faixa etária, o que entende abusivo. Ao entrar em contato com a fornecedora, foi informado que o reajuste atendeu ao disposto pela agência reguladora, que é um órgão governamental, e que o reajuste seria adequado.

Sobre o reajuste da mensalidade do plano de saúde de João, de acordo com o entendimento do STJ firmado em Turma de Recurso Repetitivo, bem como à luz do Código de Defesa do Consumidor, assinale a afirmativa correta.

(A) Somente seria possível se o plano fosse coletivo, mesmo que isso não estivesse previsto em contrato, mas se encontrasse em acordo com percentual que não seja desarrazoado ou aleatório, portanto, não sendo abusivo.

(B) Poderia ser alterado por se tratar de plano individual, mesmo que em razão da faixa etária, desde que previsto em contrato, observasse as normas dos órgãos governamentais reguladores e o percentual não fosse desarrazoado, o que tornaria a prática abusiva.

(C) É possível o reajuste, ainda que em razão da faixa etária, sendo coletivo ou individual, mesmo que não previsto em contrato e em percentual que não onere excessivamente o consumidor ou discrimine o idoso.

(D) Não poderia ter sido realizado em razão da mudança de faixa etária, mesmo se tratando de plano individual, sendo correto o reajuste apenas com base na inflação, não havendo interferência do órgão governamental regulador nesse tema.

RESPOSTA De acordo com o STJ, em recurso repetitivo, baseado nos preceitos do CDC, **a variação das contraprestações pecuniárias dos planos privados de assistência à saúde em razão da idade é permitida**, desde que **prevista no contrato, de forma clara, com previsão de todos os grupos etários e os percentuais de reajuste correspondentes. "A cláusula de aumento de mensalidade de plano de saúde conforme a mudança de faixa etária do beneficiário encontra fundamento no mutualismo** (regime de repartição simples) e na solidariedade intergeracional, além de ser regra atuarial e asseguradora de riscos" (STJ – REsp: 1568244 RJ). *Alternativa B.*

36. **(XXVII Exame)** Dias atrás, Elisa, portadora de doença grave e sob risco imediato de morte, foi levada para atendimento na emergência do hospital X, onde necessitou realizar exame de imagem e fazer uso de medicamentos. Ocorre que o seu plano de saúde, contratado dois meses antes, negou a cobertura de alguns desses fármacos e do exame de imagem, pelo fato de o plano de Elisa ainda estar no período de carência, obrigando a consumidora a custear parcela dos medicamentos e o valor integral do exame de imagem. Nesse caso, à luz do Código de Defesa do Consumidor (CDC) e da Lei n. 9.656/98, que dispõe sobre os planos e seguros privados de assistência à saúde, assinale a afirmativa correta.

(A) As cláusulas que limitam os direitos da consumidora são nulas de pleno direito, sendo qualquer período de carência imposto por contrato de adesão reversível pela via judiciária, por caracterizar-se como cláusula abusiva.

(B) As cláusulas que limitam os direitos da consumidora, como a que fixou a carência do plano de saúde em relação ao uso de medicamentos e exame de imagem, são lícitas, e devem ser observadas no caso de Elisa, em respeito ao equilíbrio da relação contratual.

(C) As cláusulas que preveem o período de carência estão previstas em norma especial que contradiz o disposto no CDC, uma vez que não podem excetuar a proteção integral e presunção de vulnerabilidade existente na relação jurídica de consumo.

(D) O plano de saúde deve cobrir integralmente o atendimento de Elisa, por se tratar de situação de emergência e por, pelo tempo de contratação do plano, não poder haver carência para esse tipo de atendimento, ainda que lícitas as cláusulas que limitem o direito da consumidora.

RESPOSTA De acordo com o CDC, as cláusulas que limitam direito do consumidor podem ser lícitas, desde que redigidas em destaque, permitindo sua imediata e fácil constatação (art. 54, § 4º, CDC), como é o caso de cláusulas de carência em planos de saúde. Porém, a Lei n. 9.656/98, que dispõe sobre os planos e seguros privados de assistência à saúde, prevê em seu art. 12, V, c o prazo máximo de vinte e quatro horas para a cobertura dos casos de urgência e emergência. Assim, considerando que o contrato se deu há dois meses, o plano deve cobrir integralmente as despesas. *Alternativa D.*

37. **(XXVI Exame)** A Construtora X instalou um estande de vendas em um *shopping center* da cidade, apresentando *folder* de empreendimento imobiliário de dez edifícios residenciais com área comum que incluía churrasqueira, espaço *gourmet*, salão de festas, parquinho infantil, academia e piscina. A proposta fez tanto sucesso que, em apenas um mês, foram firmados contratos de compra e venda da integralidade das unidades. A Construtora X somente realizou a entrega dois anos após o prazo originário de entrega dos imóveis e sem pagamento de qualquer verba pela mora, visto que o contrato previa exclusão de cláusula penal, e também deixou de entregar a área comum de lazer que constava do *folder*. Nesse caso, à luz do Código de Defesa do Consumidor, cabe

(A) ação individual ou coletiva, em razão da propaganda enganosa evidenciada pela ausência da entrega da parte comum indicada no *folder* de venda.

(B) ação individual ou coletiva, em busca de ressarcimento decorrente da demora na entrega; contudo, não se configura, na hipótese, propaganda enganosa, mas apenas inadimplemento contratual, sendo viável a exclusão da cláusula penal.

(C) ação coletiva, somente, haja vista que cada adquirente, individualmente, não possui interesse processual decorrente da propaganda enganosa.

(D) ação individual ou coletiva, a fim de buscar tutela declaratória de nulidade do contrato, inválido de pleno direito por conter cláusula abusiva que fixou impedimento de qualquer cláusula penal.

RESPOSTA Das ações mencionadas nas alternativas, a mais coerente é a ação individual ou coletiva em razão da publicidade enganosa (art. 37, § 1º, CDC), muito embora, na prática, certamente o advogado entraria com alguma medida capaz de fazer com que o fornecedor cumpra com o ofertado, ou a rescisão do contrato, com direito à restituição de quantia eventualmente antecipada, monetariamente atualizada, e a perdas e danos, nos termos do art. 35 do CDC. *Alternativa A.*

38. **(XXV Exame)** Petrônio, servidor público estadual aposentado, firmou, em um intervalo de seis meses, três contratos de empréstimo consignado com duas instituições bancárias diferentes, comprometendo 70% (setenta por cento) do valor de aposentadoria recebido mensalmente, o que está prejudicando seu sustento, já que não possui outra fonte de renda. Petrônio procura orientação de um advogado para saber se há possibilidade de corrigir o que alega ter sido um engano de contratação de empréstimos sucessivos. Partindo dessa situação, à luz do entendimento do Superior Tribunal de Justiça, assinale a afirmativa correta.

(A) Não há abusividade na realização de descontos superiores a 50% (cinquenta por cento) dos rendimentos do consumidor para fins de pagamento de prestação dos empréstimos quando se tratar de contratos firmados com fornecedores diferentes, como no caso narrado.

(B) O consumidor não pode ser submetido à condição de desequilíbrio na relação jurídica, sendo nulas de pleno direito as cláusulas contratuais do contrato no momento em que os descontos ultrapassam metade da aposentadoria do consumidor.

(C) Os descontos a título de crédito consignado, incidentes sobre os proventos de servidores, como é o caso de Petrônio, devem ser limitados a 30% (trinta por cento) da remuneração, em razão da sua natureza alimentar e do mínimo existencial.

(D) Tratando-se de consumidor hipervulnerável pelo fator etário, os contratos dependem de anuência de familiar, que deve assinar conjuntamente ao idoso, não podendo comprometer mais do que 20% (vinte por cento) do valor recebido a título de aposentadoria.

RESPOSTA Conforme entendimento do STJ: "Esta Corte pacificou o entendimento de que a autorização para o desconto em folha de pagamento de prestação de empréstimo contratado não constitui cláusula abusiva, porquanto se trata de circunstância que facilita a obtenção do crédito com condições mais vantajosas, contanto que a soma mensal das prestações destinadas ao desconto dos empréstimos realizados não ultrapasse 30% dos vencimentos do trabalho, em função do princípio da razoabilidade e do caráter alimentar dos vencimentos. Precedentes: AgInt no AREsp 194.810/RS, Rel. Min. Napoleão Nunes Maia Filho, *DJe* 22-2-2017 e AgRg no REsp 1.535.736/DF, Rel. Min. Herman Benjamin, *DJe* 18-11-2015". *Alternativa C.*

39. **(XXII Exame)** Mário firmou contrato de seguro de vida e acidentes pessoais, apontando como beneficiários sua esposa e seu filho. O negócio foi feito via telemarketing, com áudio gravado, recebendo informações superficiais a respeito da cobertura completa a partir do momento da contratação, atendido pequeno prazo de carência em caso de morte ou invalidez parcial e total, além do envio de brindes em caso de contratação imediata. Mário contratou o serviço na mesma oportunidade por via telefônica, com posterior envio de contrato escrito para a residência do segurado. Mário veio a óbito noventa dias após a contratação. Os beneficiários de Mário, ao entrarem em contato com a seguradora, foram informados de que não poderiam receber a indenização securitária contratada, que ainda estaria no período de carência, ainda que a operadora de telemarketing, que vendeu o seguro para Mário, garantisse a cobertura. Verificando o contrato, os beneficiários perceberam o engano de compreensão da informação, já que estava descrito haver período de carência para o evento morte "nos termos da lei civil". Com base na hipótese apresentada, assinale a afirmativa correta.

(A) A informação foi clara por estar escrita, embora mencionada superficialmente pela operadora de telemarketing, e o período de carência é lícito, mesmo nas relações de consumo.

(B) A fixação do período de carência é lícita, mesmo nas relações de consumo. Todavia, a informação prestada quanto ao prazo de carência, embora descrita no contrato, não foi clara o suficiente, evidenciando, portanto, a vulnerabilidade do consumidor.

(C) A falta de informação e o equívoco na imposição de prazo de carência não são admitidas nas relações de consumo, e sim nas relações genuinamente civilistas.

(D) O dever de informação do consumidor foi respeitado, na medida em que estava descrito no contrato, sendo o período de carência instituto ilícito, por se tratar de relação de consumo.

RESPOSTA A fixação de prazo de carência, por si só, não é ilícita. Entretanto, a informação prestada pelo fornecedor, mesmo por *telemarketing* (o que evidencia ainda mais a vulnerabilidade do fornecedor), deve ser **adequada** e **clara** (art. 6º, III, CDC), bem como a oferta **obriga o fornecedor** e **integra o con-**

trato que vier a ser celebrado (art. 30, CDC). *Alternativa B.*

40. (XX Exame – Reaplicação) Florinda, assistindo a um canal de TV fechada, interessou-se por um produto para exercícios físicos. Acompanhando a exposição de imagens, sentiu-se atraída pela forma de "pagamento sem juros, podendo ser parcelado em até doze vezes". Ao telefonar para a loja virtual, foi informada de que o parcelamento sem juros limitava-se a duas prestações. Além disso, a ligação tarifada foi a única forma de Florinda obter as informações a respeito do valor do produto, já que o site da fornecedora limitava-se a indicar o que já estava no anúncio de TV. Sentindo-se enganada por ter sido obrigada a telefonar pagando a tarifa, bem como por ter sido induzida a acreditar que o pagamento poderia ser parcelado em doze vezes sem juros, Florinda procurou um advogado. Assinale a opção que apresenta a orientação dada pelo advogado.

(A) Há publicidade enganosa somente em razão da obscuridade quanto ao parcelamento sem juros, não havendo abusividade quanto à necessidade de ligação tarifada para obtenção de informação a respeito de valor e formas de pagamento.

(B) Não há publicidade enganosa na situação narrada, na medida em que essa deve se dar por conduta ativa do fornecedor, não havendo previsão para a modalidade omissiva.

(C) Inexiste publicidade enganosa, na medida em que as informações sobre o produto foram claras. Quanto ao preço e à forma de pagamento, essas somente devem ser passadas àqueles que se interessam pelo produto.

(D) Há publicidade enganosa por omissão quanto ao preço e à forma de pagamento, que não foram fornecidos de forma clara para o consumidor, bem como caracterizou-se abuso a imposição do ônus da ligação tarifada à consumidora que buscava obter tais informações.

RESPOSTA A publicidade é enganosa por omissão quando deixar de informar sobre dado essencial do produto ou serviço (art. 36, § 3º, CDC). Em relação à ligação telefônica tarifada, por se tratar de uma "complementação" da publicidade, a banca entendeu que se aplica a previsão do parágrafo único do art. 36 do CDC, segundo o qual, é proibida a publicidade de bens e serviços por telefone, quando a chamada for onerosa ao consumidor que a origina. *Alternativa D.*

41. (XX Exame) Marieta firmou contrato com determinada sociedade empresária de gêneros alimentícios para o fornecimento de produtos para a festa de 15 anos de sua filha. O pagamento deveria ter sido feito por meio de boleto, mas a obrigação foi inadimplida e a sociedade empresária fornecedora de alimentos, observando todas as regras positivadas e sumulares cabíveis, procedeu com a anotação legítima e regular do nome de Marieta no cadastro negativo de crédito. Passados alguns dias, Marieta tentou adquirir um produto numa loja de departamentos mediante financiamento, mas o crédito lhe foi negado, motivo pelo qual a devedora providenciou o imediato pagamento dos valores devidos à sociedade empresária de gêneros alimentícios. Superada a condição de inadimplente, Marieta quer saber como deve proceder a fim de que seu nome seja excluído do cadastro negativo. A respeito do fato apresentado, assinale a afirmativa correta.

(A) A consumidora deve enviar notificação à sociedade empresária de gêneros alimentícios informando o pagamento integral do débito e requerer que a mesma providencie a exclusão da negativação, o que deve ser feito em até vinte e quatro horas.

(B) A consumidora deve se dirigir diretamente ao órgão de cadastro negativo, o que pode ser feito por meio de procuração constituindo advogado, e solicitar a exclusão da negativação, ônus que compete ao consumidor.

(C) Após a quitação do débito, compete à sociedade empresária de gêneros alimentícios solicitar a exclusão do nome de Marieta do cadastro negativo, no prazo de cinco dias a contar do primeiro dia útil seguinte à disponibilização do valor necessário para a quitação do débito.

(D) Marieta deverá comunicar a quitação diretamente ao órgão de cadastro negativo e, caso não seja feita a exclusão imediata, a consumidora poderá ingressar em juízo pleiteando indenização apenas, pois a hipótese comporta exclusivamente sanção civil.

RESPOSTA Súmula 548/STJ – "Incumbe ao credor a exclusão do registro da dívida em nome do devedor no cadastro de inadimplentes no prazo de cinco dias úteis, a partir do integral e efetivo pagamento do débito." *Alternativa C.*

42. (XXI Exame) O Banco X enviou um cartão de crédito para Jeremias, com limite de R$ 10.000,00 (dez mil reais), para uso em território nacional e no exterior, incluindo seguro de vida e acidentes pessoais, bem como seguro contra roubo e furto, no importe total de R$ 5,00 (cinco reais) na fatura mensal, além da anuidade de R$ 400,00 (quatrocentos reais), parcelada em cinco vezes. Jeremias recebeu a correspondência contendo um cartão bloqueado, o contrato e o informativo de benefícios e ônus. Ocorre que Jeremias não é cliente do Banco X e sequer solicitou o cartão de crédito. Sobre a conduta da instituição bancária, considerando a situação narrada e o entendimento do STJ expresso em Súmula, assinale a afirmativa correta.

(A) Foi abusiva, sujeitando-se à aplicação de multa administrativa, que não se destina ao consumidor, mas não há ilícito civil indenizável, tratando-se de mero aborrecimento, sob pena de se permitir o enriquecimento ilícito de Jeremias.

(B) Foi abusiva, sujeita à advertência e não à multa administrativa, salvo caso de reincidência, bem como não gera ilícito indenizável, por não ter havido dano moral *in re ipsa* na hipótese, salvo se houvesse extravio do cartão antes de ser entregue a Jeremias.

(C) Foi abusiva e constitui ilícito indenizável em favor de Jeremias, mesmo sem prejuízo comprovado, em razão da configuração de dano moral *in re ipsa* na hipótese, que pode ser cumulada com a aplicação de multa administrativa, que não será fixada em favor do consumidor.

(D) Não foi abusiva, pois não houve prejuízo ao consumidor a justificar multa administrativa e nem constitui ilícito indenizável, na medida em que o destinatário pode desconsiderar a correspondência, não desbloquear o cartão e não aderir ao contrato.

RESPOSTA Súmula 532/STJ "Constitui prática comercial abusiva o envio de cartão de crédito sem prévia e expressa solicitação do consumidor, configurando-se ato ilícito indenizável e sujeito à aplicação de multa administrativa". A indenização será em favor de Jeremias, mas a multa, de acordo com o art. 57 do CDC, reverterá para o Fundo de que trata a Lei n. 7.347/85, os valores cabíveis à União, ou para os Fundos estaduais ou municipais de proteção ao consumidor nos demais casos. *Alternativa C.*

43. **(XXI Exame)** A Pizzaria X fez publicidade comparando a qualidade da sua pizza de mozarela com a da Pizzaria Y, descrevendo a quantidade de queijo e o crocante das bordas, detalhes que a tornariam mais saborosa do que a oferecida pela concorrente. Além disso, disponibiliza para os consumidores o bônus da entrega de pizza pelo motociclista, em até 30 minutos, ou a dispensa do pagamento pelo produto. A respeito do narrado, assinale a afirmativa correta.

(A) A publicidade comparativa é expressamente vedada pelo Código de Defesa do Consumidor, que, entretanto, nada disciplina a respeito da entrega do produto por motociclista em período de tempo ou dispensa do pagamento.

(B) A promessa de dispensa do pagamento pelo consumidor como forma de estímulo à prática de aumento da velocidade pelo motociclista é vedada por lei especial, enquanto a publicidade comparativa é admitida, respeitados os critérios do CDC e as proteções dispostas em normas especiais que tutelam marca e concorrência.

(C) A dispensa de pagamento, em caso de atraso na entrega do produto por motociclista, é lícita, mas a publicidade comparativa é expressamente vedada pelo Código de Defesa do Consumidor e pela legislação especial.

(D) A publicidade comparativa e a entrega de produto por motociclista em determinado prazo ou a dispensa de pagamento, por serem em benefício do consumidor, embora não previstos em lei, são atos lícitos, conforme entendimento pacífico da jurisprudência.

RESPOSTA A questão aborda o entendimento da Lei n. 12.436/2011 (que diz respeito aos direitos dos motociclistas profissionais e não ao consumidor!): "É vedado às empresas e pessoas físicas empregadoras ou tomadoras de serviços prestados por motociclistas estabelecer práticas que estimulem o aumento de velocidade, tais como: (...) II – prometer dispensa de pagamento ao consumidor, no caso de fornecimento de produto ou prestação de serviço fora do prazo ofertado para a sua entrega ou realização". Em relação à publicidade comparativa (que também se refere à concorrência e não ao consumidor), não há proibição expressa. *Alternativa B.*

44. **(XIX Exame)** Amadeu, aposentado, aderiu ao plano de saúde coletivo ofertado pelo sindicato ao qual esteve vinculado por força de sua atividade laborativa por mais de 30 anos. Ao completar 60 anos, o valor da mensalidade sofreu aumento significativo (cerca de 400%), o que foi questionado por Amadeu, a quem os funcionários do sindicato explicaram que o aumento decorreu da mudança de faixa etária do aposentado. A respeito do tema, assinale a afirmativa correta.

(A) O aumento do preço é abusivo e a norma consumerista deve ser aplicada ao caso, mesmo em se tratando de plano de saúde coletivo e, principalmente, que envolva interessado com amparo legal no Estatuto do Idoso.

(B) O aumento do preço é legítimo, tendo em vista que o idoso faz maior uso dos serviços cobertos e o equilíbrio contratual exige que não haja onerosidade excessiva para qualquer das partes, não se aplicando o CDC à hipótese, por se tratar de contrato de plano de saúde coletivo envolvendo pessoas idosas.

(C) O aumento do valor da mensalidade é legítimo, uma vez que a majoração de preço é natural e periodicamente aplicada aos contratos de trato continuado, motivo pelo qual o CDC autoriza que o critério faixa etária sirva como parâmetro para os reajustes econômicos.

(D) O aumento do preço é abusivo, mas o microssistema consumerista não deve ser utilizado na hipótese, sob pena de incorrer em colisão de normas, uma vez que o Estatuto do Idoso estabelece a disciplina aplicável às relações jurídicas que envolvam pessoa idosa.

RESPOSTA Súmula 469/STJ: Aplica-se o Código de Defesa do Consumidor aos contratos de planos de saúde. De acordo com o posicionamento do STJ, é legítimo o reajuste de mensalidade em razão da idade do segurado, que implica a necessidade de maior assistência médica; entretanto "em respeito aos princípios da equidade e da boa-fé, a mensalidade do **plano de saúde** não pode ser abruptamente modificada em razão exclusiva da mudança **de** faixa etária" (STJ – 2015 – AgRg no AREsp 599.346/RS), ou seja, o reajuste não pode ser desproporcional, como no caso da questão, de 400%. *Alternativa A.*

45. **(XVIII Exame)** Hugo colidiu com seu veículo e necessitou de reparos na lataria e na pintura. Para tanto, procurou, por indicação de um amigo, os serviços da Oficina Mecânica M, oportunidade na qual lhe foi ofertado orçamento escrito, válido por 15 (quinze) dias, com o valor da mão de obra e dos materiais a serem utilizados na realização do conserto do automóvel. Hugo, na certeza da boa indicação, contratou pela primeira vez com a Oficina. Considerando as regras do Código de Proteção e Defesa do Consumidor, assinale a afirmativa correta.

(A) Segundo a lei do consumidor, o orçamento tem prazo de validade obrigatório de 10 (dez) dias, contados do seu recebimento pelo consumidor Hugo. Logo, no caso, somente durante esse período a Oficina Mecânica M estará vinculada ao valor orçado.

(B) Uma vez aprovado o orçamento pelo consumidor, os contraentes estarão vinculados, sendo correto afirmar que Hugo não responderá por quaisquer ônus ou acréscimos no valor dos materiais orçados; contudo, ele poderá vir a responder pela necessidade de contratação de terceiros não previstos no orçamento prévio.

(C) Se o serviço de pintura contratado por Hugo apresentar vícios de qualidade, é correto afirmar que ele terá tríplice opção, à sua escolha, de exigir da oficina mecânica: a reexecução do serviço sem custo adicional; a devolução de eventual quantia já paga, corrigida monetariamente, ou o abatimento do preço de forma proporcional.

(D) A lei consumerista considera prática abusiva a execução de serviços sem a prévia elaboração de orçamento, o que pode ser feito por qualquer meio, oral ou escrito, exigindo-se, para sua validade, o consentimento expresso ou tácito do consumidor.

RESPOSTA (A) Art. 40, § 1º, do CDC (10 dias, salvo disposição em contrário). (B) Art. 40, § 3º, do CDC (consumidor não responde pela contratação de terceiros não prevista no orçamento). (C) Art. 20 do CDC. (D) Art. 39, VI, do CDC (o consentimento do consumidor deve ser expresso). *Alternativa C.*

46. **(XIV Exame)** O fornecimento de serviços e de produtos é atividade desenvolvida nas mais diversas modalidades, como ocorre nos serviços de crédito e financiamento, regidos pela norma especial consumerista, que atribuiu disciplina específica para a temática. A respeito do crédito ao consumidor, nos estritos termos do Código de Defesa do Consumidor, assinale a opção correta.

(A) A informação prévia ao consumidor, a respeito de taxa efetiva de juros, é obrigatória, facultando-se a discriminação dos acréscimos legais, como os tributos e taxas de expediente.

(B) A liquidação antecipada do débito financiado comporta a devolução ou a redução proporcional de encargos, mas só terá cabimento se assim optar o consumidor no momento da contratação do serviço.

(C) As informações sobre o preço e a apresentação do serviço de crédito devem ser, obrigatoriamente, apresentadas em moeda corrente nacional.

(D) A pena moratória decorrente do inadimplemento da obrigação deve respeitar teto do valor da prestação inadimplida, não se podendo exigir do consumidor que suporte cumulativamente a incidência dos juros de mora.

RESPOSTA (A) Art. 52, III, CDC. (B) Art. 52, § 2º (o consumidor sempre terá direito à liquidação antecipada, mesmo que não conste tal previsão no contrato, já que é um direito que decorre da lei). (C) Art. 52, I, CDC. (D) Art. 52, § 1º, CDC (as multas de mora não poderão ser superiores a 2% do valor da prestação). *Alternativa C.*

47. (XIII Exame) Eliane trabalha em determinada empresa para a qual uma seguradora apresentou proposta de seguro de vida e acidentes pessoais aos empregados. Eliane preencheu o formulário entregue pela seguradora e, dias depois, recebeu comunicado escrito informando, sem motivo justificado, a recusa da seguradora para a contratação por Eliane.

Partindo da situação fática narrada, à luz da legislação vigente, assinale a afirmativa correta.

(A) Eliane pode exigir o cumprimento forçado da obrigação nos termos do serviço apresentado, já que a oferta obriga a seguradora e a negativa constituiu prática abusiva pela recusa infundada de prestação de serviço.

(B) Trata-se de hipótese de aplicação da legislação consumerista, mas, a despeito das garantias conferidas ao consumidor, em hipóteses como a narrada no caso, é facultado à seguradora recusar a contratação antes da assinatura do contrato.

(C) Por se tratar de contrato bilateral, a seguradora poderia ter se recusado a ser contratada por Eliane nos termos do Código Civil, norma aplicável ao caso, que assegura que a proposta não obriga o proponente.

(D) A seguradora não está obrigada a se vincular a Eliane, já que a proposta de seguro e acidentes pessoais dos empregados não configura oferta, nos termos do Código do Consumidor.

RESPOSTA Trata-se de relação de consumo, eis que Eliane é consumidora por equiparação, por ter sido exposta à prática comercial (art. 29), estando a Seguradora obrigada a cumprir a oferta, nos termos do art. 30 e art. 35 do CDC. A recusa infundada constitui prática abusiva prevista no art. 39, II e IX, do CDC. *Alternativa A.*

48. (XIII Exame) Mauro adquiriu um veículo zero quilômetro da fabricante brasileira Surreal, na concessionária Possante Ltda., revendedora de automóveis que comercializa habitualmente diversas marcas nacionais e estrangeiras. Na época em que Mauro efetuou a compra, o modelo adquirido ainda não era produzido com o opcional de freio ABS, o que só veio a ocorrer seis meses após a aquisição feita por Mauro. Tal sistema de frenagem (travagem) evita que a roda do veículo bloqueie quando o pedal do freio é pisado fortemente, impedindo com isso o descontrole e a derrapagem do veículo. Mauro, inconformado, aciona a concessionária postulando a substituição do seu veículo, pelo novo modelo com freio ABS.

Diante do caso narrado e das regras atinentes ao Direito do Consumidor, assinale a afirmativa correta.

(A) Mauro tem direito à substituição, pois o fato de o novo modelo ter sido oferecido com o opcional do freio ABS, de melhor qualidade, configura defeito do modelo anterior por ele adquirido.

(B) Se o veículo adquirido por Mauro apresentar futuro defeito no freio dentro do prazo de garantia, a concessionária Possante Ltda. é obrigada a assegurar a oferta de peças de reposição originais enquanto não cessar a fabricação do veículo.

(C) Somente quando cessada a produção no país do veículo adquirido por Mauro, a fabricante Surreal ficará exonerada do dever legal de assegurar o oferecimento de componentes e peças de reposição para o automóvel.

(D) Havendo necessidade de reposição de peças ou componentes no veículo de Mauro, a fabricante Surreal deverá, ainda que cessada a fabricação no país, efetuar o reparo com peças originais por um período razoável de tempo, fixado por lei. A reposição com peças usadas só é admitida pelo Código do Consumidor quando houver autorização do consumidor.

RESPOSTA (A) Art. 12, § 2º, do CDC. (B) Art. 32 do CDC (obrigação do fabricante e do importador). (C) Art. 32, parágrafo único, do CDC. (D) Art. 32, parágrafo único, e art. 21 do CDC. *Alternativa D.*

49. (IX Exame) Sobre a proteção contratual e a validade de regras contratuais no mercado de consumo, assinale a afirmativa correta.

(A) Nas relações de consumo, a indenização pode ser contratualmente limitada, mas apenas em situações previstas em negrito, no contrato.

(B) Apenas é possível ao contrato estipular a inversão do ônus da prova, em favor da fornecedora, se direitos equivalentes, em termos processuais, forem concedidos aos consumidores.

(C) É perfeitamente possível e vinculante a cláusula de arbitragem prevista em contrato de adesão.

(D) Não vale a cláusula que estipula, de antemão, representante para concluir outro contrato pelo consumidor.

RESPOSTA (A) Art. 51, I, do CDC. (B) Art. 51, VI, do CDC. (C) Art. 51, VII, do CDC. (D) Art. 51, VIII, do CDC. *Alternativa D.*

50. (VII Exame) A telespectadora Maria, após assistir ao anúncio de certa máquina fotográfica, ligou e comprou o produto via telefone. No dia 19 de março, a câmera chegou ao seu endereço. Acerca dessa situação, assinale a alternativa correta.

(A) A contar do recebimento do produto, a consumidora pode exercer o direito de arrependimento no prazo prescricional de quinze dias.

(B) Mesmo que o produto não tenha defeito, se Maria se arrepender da aquisição e desistir do contrato no dia 25 de março do mesmo ano, os valores eventualmente pagos, a qualquer título, deverão ser devolvidos, monetariamente atualizados.

(C) Se, no dia 26 de março do mesmo ano, a consumidora pretender desistir do contrato, não poderá fazê-lo, pois, além de o prazo decadencial já ter fluído, os contratos são regidos pelo brocardo *pacta sunt servanda.*

(D) Após o prazo de desistência, que é decadencial, Maria não poderá reclamar de vícios do produto ou de desconformidades entre a oferta apresentada e as características do bem adquirido, a não ser que exista garantia contratual.

RESPOSTA Sempre que a contratação for feita *fora do estabelecimento comercial*, o consumidor pode *desistir* do contrato no prazo de 7 dias, independentemente da existência de vícios ou defeitos, pois nem precisa apresentar motivos para a desistência; e os valores pagos deverão ser devolvidos de imediato e monetariamente atualizados (art. 49 do CDC). *Alternativa B.*

51. **(VI Exame)** Josefa celebrou contrato de prestação de serviço com a Transportadora X, cujo teor do documento assinado seguia o formato "de adesão". Considerando tal instrumento de negócio jurídico nas relações de consumo, é correto afirmar que

(A) Tal modalidade contratual, por ter sido deliberada de forma unilateral, é considerada prática abusiva, devendo ser imposta pena pecuniária ao fornecedor do serviço.

(B) Josefa poderá inserir cláusulas no formulário apresentado pela transportadora X, o que desfigurará a natureza de adesão do referido contrato.

(C) O contrato de adesão é permitido nos termos da norma consumerista, mas desde que não disponha de cláusula resolutória, expressamente inadmitida.

(D) Serão redigidos com caracteres ostensivos, cujo tamanho da fonte não seja inferior ao corpo doze, e as cláusulas que limitem direito do consumidor deverão ser redigidas com destaque.

RESPOSTA Art. 54 do CDC. *Alternativa D.*

52. **(VI Exame)** A empresa Cristal Ltda., atendendo à solicitação da cliente Ruth, realizou orçamento para prestação de serviço, discriminando material, equipamentos, mão de obra, condições de pagamento e datas para início e término do serviço de instalação de oito janelas e quatro portas em alumínio na residência da consumidora.

Com base no narrado acima, é correto afirmar que

(A) O orçamento terá validade de trinta dias, independentemente da data do recebimento e aprovação pela consumidora Ruth.

(B) Ruth não responderá por eventuais acréscimos não previstos no orçamento prévio, exceto se decorrente da contratação de serviço de terceiro.

(C) O valor orçado terá validade de dez dias, contados do recebimento pela consumidora; aprovado, obriga os contraentes, que poderão alterá-lo mediante livre negociação.

(D) Uma vez aprovado, o orçamento obriga os contraentes e não poderá ser alterado ou negociado pelas partes, que, buscando mudar os termos, deverão fazer novo orçamento.

RESPOSTA Art. 40 do CDC. *Alternativa C.*

53. **(V Exame)** Quando a contratação ocorre por *site* da Internet, o consumidor pode desistir da compra?

(A) Sim. Quando a compra é feita pela Internet, o consumidor pode desistir da compra em até 30 dias depois que recebe o produto.

(B) Não. Quando a compra é feita pela Internet, o consumidor é obrigado a ficar com o produto, a menos que ele apresente vício. Só nessa hipótese o consumidor pode desistir.

(C) Não. O direito de arrependimento só existe para as compras feitas na própria loja e não pela Internet.

(D) Sim. Quando a compra é feita fora do estabelecimento comercial, o consumidor pode desistir do contrato no prazo de sete dias, mesmo sem apresentar seus motivos para a desistência.

RESPOSTA Art. 49 do CDC (*prazo de arrependimento* da contratação feita fora de estabelecimento comercial). *Alternativa D.*

54. **(IX Exame)** Academia de ginástica veicula anúncio assinalando que os seus alunos, quando viajam ao exterior, podem se utilizar de rede mundial credenciada, presente em 60 países e 230 cidades, sem custo adicional. Um ano após continuamente fazer tal divulgação, vários alunos reclamam que, em quase todos os países, é exigida tarifa de uso da unidade conveniada. A academia responde que a referência ao "sem custo adicional" refere-se à inexistência de acréscimo cobrado por ela, e não de eventual cobrança, no exterior, de terceiro. Acerca dessa situação, assinale a afirmativa correta.

(A) A loja veicula publicidade enganosa, que se caracteriza como a que induz o consumidor a se comportar de forma prejudicial ou perigosa a sua saúde ou segurança.

(B) A loja promove publicidade abusiva, pois anuncia informação parcialmente falsa, a respeito do preço e qualidade do serviço.

(C) Não há irregularidade, e as informações complementares podem ser facilmente buscadas na recepção ou com as atendentes, sendo inviável que o ordenamento exija que detalhes sejam prestados, todos, no anúncio.

(D) A loja faz publicidade enganosa, que se configura, basicamente, pela falsidade, total ou parcial, da informação veiculada.

RESPOSTA Art. 37, § 1º, do CDC (trata-se de publicidade *enganosa*, cuja informação é total ou parcialmente falsa). *Alternativa D.*

55. (II Exame) Sobre o tratamento da publicidade no Código de Defesa do Consumidor, é correto afirmar que:

(A) A publicidade somente vincula o fornecedor se contiver informações falsas.

(B) A publicidade que não informa sobre a origem do produto é considerada enganosa, mesmo quando não essencial para o produto.

(C) O ônus da prova da veracidade da mensagem publicitária cabe ao veículo de comunicação.

(D) É abusiva a publicidade que desrespeita valores ambientais.

RESPOSTA (A) Art. 30 do CDC. (B) Art. 37, § 1º, do CDC (é enganosa se a falta de informação for capaz de induzir em erro, ou seja, se era essencial). (C) Art. 38 do CDC. (D) Art. 37, § 2º, do CDC. *Alternativa D.*

56. (I Exame) Acerca da disciplina jurídica da proteção contratual do consumidor, assinale a opção correta.

(A) A lei confere ao consumidor a possibilidade de desistir do contrato, no prazo máximo de quinze dias a contar do recebimento do produto, no caso de contratação de fornecimento de produtos ocorrida fora do estabelecimento empresarial.

(B) Reputam-se nulas de pleno direito as cláusulas contratuais relativas ao fornecimento de produtos e serviços que infrinjam normas ambientais ou possibilitem a violação dessas normas.

(C) A garantia contratual exclui a garantia legal, desde que conferida mediante termo escrito que discipline, de maneira adequada, a constituição daquela garantia, bem como a forma, o prazo e o lugar para o seu exercício.

(D) A lei limita a 10% do valor da prestação as multas de mora decorrentes do inadimplemento de obrigações no seu termo, no caso de fornecimento de produtos que envolva concessão de financiamento ao consumidor.

RESPOSTA (A) Art. 49 do CDC (o prazo para desistência do contrato é de 7 dias). (B) Art. 51, XIV, do CDC. (C) Art. 50 do CDC (a garantia contratual é complementar à legal). (D) Art. 52, § 1º, do CDC (2%). *Alternativa B.*

57. (XXIII Exame) Vera sofreu acidente doméstico e, sentindo fortes dores nas costas e redução da força dos membros inferiores, procurou atendimento médico-hospitalar. A equipe médica prescreveu uma análise neurológica que, a partir dos exames de imagem, evidenciaram uma lesão na coluna. O plano de saúde, entretanto, negou o procedimento e o material, aduzindo negativa de cobertura, embora a moléstia estivesse prevista em contrato. Vera o(a) procura como advogado(a) a fim de saber se o plano de saúde poderia negar, sob a justificativa de falta de cobertura contratual, algo que os médicos informaram ser essencial para a diagnose correta da extensão da lesão da coluna. Neste caso, à luz da norma consumerista e do entendimento do STJ, assinale a afirmativa correta.

(A) O contrato de plano de saúde não é regido pelo Código do Consumidor e sim, exclusivamente, pelas normas da Agência Nacional de Saúde, o que impede a interpretação ampliativa, sob pena de comprometer a higidez econômica dos planos de saúde, respaldada no princípio da solidariedade.

(B) O plano de saúde pode se negar a cobrir o procedimento médico-hospitalar, desde que possibilite o reembolso de material indicado pelos profissionais de medicina, ainda que imponha limitação de valores e o reembolso se dê de forma parcial.

(C) O contrato de plano de saúde é regido pelo Código do Consumidor e os planos de saúde apenas podem estabelecer para quais moléstias oferecerão cobertura, não lhes cabendo limitar o tipo de tratamento que será prescrito, incumbência essa que pertence ao profissional da medicina que assiste ao paciente.

(D) O contrato de plano de saúde é regido pelo Código do Consumidor e, resguardados os direitos básicos do consumidor, os planos de saúde podem estabelecer para quais moléstias e para que tipo de tratamento oferecerão cobertura, de acordo com a categoria de cada nível contratado, sem que isso viole o CDC.

RESPOSTA De acordo com a Súmula 469 do STJ, aplica-se o Código de Defesa do Consumidor aos contratos de plano de saúde. Ademais, a jurisprudência do STJ reconhece a possibilidade de o plano de saúde definir quais as doenças que terão cobertura, mas não o tipo de tratamento utilizado. Vejamos: "É abusiva a negativa de cobertura pelo plano de saúde de procedimento, tratamento, medicamento ou material considerado essencial para preservar a saúde e a vida do paciente" (AgRg no REsp 1.325.733). *Alternativa C.*

IV. DA DEFESA DO CONSUMIDOR EM JUÍZO

58. **(XXX Exame)** O Ministério Público ajuizou ação coletiva em face de Vaquinha Laticínios, em função do descumprimento de normas para o transporte de alimentos lácteos. A sentença condenou a ré ao pagamento de indenização a ser revertida em favor de um fundo específico, bem como a indenizar os consumidores genericamente considerados, além de determinar a publicação da parte dispositiva da sentença em jornais de grande circulação, a fim de que os consumidores tomassem ciência do ato judicial. João, leitor de um dos jornais, procurou você como advogado(a) para saber de seus direitos, uma vez que era consumidor daqueles produtos. Nesse caso, à luz do Código do Consumidor, trata-se de hipótese

(A) De interesse difuso; por esse motivo, as indenizações pelos prejuízos individuais de João perderão preferência no concurso de crédito frente às condenações decorrentes das ações civis públicas derivadas do mesmo evento danoso.

(B) De interesses individuais homogêneos; nesses casos, tem-se, por inviável, a liquidação e execução individual, devendo João aguardar que o Ministério Público, autor da ação, receba a verba indenizatória genérica para, então, habilitar-se como interessado junto ao referido órgão.

(C) De interesses coletivos; em razão disso, João poderá liquidar e executar a sentença individualmente, mas o mesmo direito não poderia ser exercido por seus sucessores, sendo inviável a sucessão processual na hipótese.

(D) De interesses individuais homogêneos; João pode, em legitimidade originária ou por seus sucessores, por meio de processo de liquidação, provar a existência do seu dano pessoal e do nexo causal, a fim de quantificá-lo e promover a execução.

RESPOSTA Trata-se de **interesse individual homogêneo** (art. 81, III, CDC), sendo que, conforme art. 97 do CDC, a liquidação e a execução de sentença poderão ser promovidas pela vítima e seus sucessores, assim como pelos legitimados de que trata o art. 82. *Alternativa D.*

59. **(XXVIII Exame)** O posto de gasolina X foi demandado pelo Ministério Público devido à venda de óleo diesel com adulterações em sua fórmula, em desacordo com as especificações da Agência Nacional de Petróleo (ANP). Trata-se de relação de consumo e de dano coletivo, que gerou sentença condenatória. Você foi procurado(a), como advogado(a), por um consumidor que adquiriu óleo diesel adulterado no posto de gasolina X, para orientá-lo. Assinale a opção que contém a correta orientação a ser prestada ao cliente.

(A) Cuida-se de interesse individual homogêneo, bastando que, diante da sentença condenatória genérica, o consumidor liquide e execute individualmente, ou, ainda, habilite-se em execução coletiva, para definir o *quantum debeatur.*

(B) Deverá o consumidor se habilitar no processo de conhecimento nessa qualidade, sendo esse requisito indispensável para fazer jus ao recebimento de indenização, de caráter condenatória a decisão judicial.

(C) Cuida-se de interesse difuso, afastando a possibilidade de o consumidor ter atuado como litisconsorte e sendo permitida apenas a execução coletiva.

(D) Deverão os consumidores individuais ingressar com medidas autônomas, distribuídas por conexão à ação civil pública originária, na medida em que o montante indenizatório da sentença condenatória da ação coletiva será integralmente revertido em favor do Fundo de Reconstituição de Bens Lesados.

RESPOSTA Trata-se de interesse individual homogêneo (art. 81, p. ú., III, do CDC), podendo ser defendido a título individual ou coletivo. Neste caso, poderá liquidar e executar individualmente, baseado na sentença coletiva, ou se habilitar na ação coletiva para definir o valor da sua indenização. *Alternativa A.*

60. **(X Exame)** Aurora contratou com determinada empresa de telefonia fixa um pacote de serviços de valor preestabelecido que incluía ligações locais de até 100 minutos e isenção total dos valores pelo período de três meses, exceto os minutos que ultrapassassem os contratados, ligações interurbanas e para telefone móvel. Para sua surpresa, logo no primeiro mês recebeu cobrança pelo pacote de serviços no importe três vezes superior ao contratado, mesmo que tivesse utilizado apenas 32 minutos em ligações locais. A consumidora fez diversos contatos com a fornecedora do serviço para reclamar o ocorrido, mas não obteve solução. De posse dos números dos protocolos de reclamações, ingressou com medida judicial, obtendo liminar favorável para abstenção de cobrança e de negativação do nome. Considerando o caso acima descrito, assinale a afirmativa correta.

(A) A conversão da obrigação em perdas e danos faz-se independentemente de eventual aplicação de multa.

(B) A multa diária ao réu pode ser fixada na sentença, mas desde que o autor tenha requerido expressamente.

(C) A conversão da obrigação em perdas e danos independe de pedido do autor, em qualquer hipótese.

(D) A tutela liminar será concedida, desde que não implique em ordem de busca e apreensão, que requer medida cautelar própria e justificação prévia.

RESPOSTA (A) Art. 84, § 2º, do CDC. (B) Art. 84, § 4º, do CDC. (C) Art. 84, § 1º, do CDC. (D) Art. 84, § 5º, do CDC. *Alternativa A.*

61. (IX Exame) Determinada associação, legalmente constituída há três anos, ingressa com medida judicial buscando a defesa coletiva dos interesses de seus associados no tocante à infração na relação de consumo pelo fornecedor T, pessoa jurídica de direito privado. A partir do fato narrado acima, assinale a afirmativa correta.

(A) A associação somente teria legitimidade para propor a ação coletiva se houvesse sido constituída há mais de cinco anos.

(B) A associação necessita de autorização assemblear para ajuizar a demanda, mesmo que inclua entre seus fins institucionais a defesa dos interesses e direitos do consumidor.

(C) A propositura da ação coletiva não impede a que qualquer interessado ingresse com nova ação judicial apontando o mesmo réu, causa de pedir e pedido.

(D) As ações individuais apontando o mesmo réu, causa de pedir e pedido, ajuizadas depois da demanda coletiva, importarão em litispendência merecendo os processos ser extintos.

RESPOSTA (A) e (B) Art. 82, IV, § 1º, do CDC. (C) Art. 103, § 1º, do CDC. (D) Art. 104 do CDC. *Alternativa C.*

62. (VIII Exame) João celebrou contrato de seguro de vida e invalidez, aderindo a plano oferecido por conhecida rede particular. O contrato de adesão, válido por cinco anos, prevê a possibilidade de cancelamento, em favor da seguradora, antes de ocorrer o sinistro, por alegação de desequilíbrio econômico-financeiro. A esse respeito, assinale a afirmativa correta.

(A) Os contratos de seguro ofertados no mercado de consumo, apesar de serem de adesão, são regidos pelo Código Civil, e a eles se aplica o Código de Defesa do Consumidor apenas subsidiariamente e em casos estritos.

(B) A cláusula prevista, que estipula a possibilidade de cancelamento unilateral do contrato em caso de desequilíbrio econômico, seria viável desde que exercida na primeira metade do contrato.

(C) O Ministério Público tem legitimidade para ajuizar demanda contra a seguradora, buscando ser declarada a nulidade da cláusula contratual celebrada com os consumidores, e que seja proibido à seguradora continuar a ofertá-la no mercado de consumo.

(D) A cláusula prevista no contrato celebrado por João não é abusiva, pois o seguro deve atentar para a equação financeira atuarial, necessária ao equilíbrio econômico da avença e à própria higidez e continuidade do contrato.

RESPOSTA É facultado a qualquer consumidor ou entidade que o represente requerer ao MP que ajuize a competente ação para ser declarada a *nulidade* de cláusula contratual que contrarie o disposto no CDC ou de qualquer forma não assegure o justo equilíbrio entre direitos e obrigações das partes (art. 51, § 4º, do CDC). *Alternativa C.*

63. (II Exame) Nas ações coletivas, o efeito da coisa julgada material será:

(A) Tratando-se de direitos individuais homogêneos, efeito *erga omnes*, se procedente, mas só aproveita aquele que se habilitou até o trânsito em julgado.

(B) Tratando-se de direitos individuais homogêneos, julgados improcedentes, o consumidor, que não tiver conhecimento da ação, não poderá intentar ação individual.

(C) Tratando-se de direitos difusos, no caso de improcedência por insuficiência de provas, não faz coisa julgada material, podendo, qualquer prejudicado, intentar nova ação com os mesmos fundamentos, valendo-se de novas provas.

(D) Tratando-se de direitos coletivos, no caso de improcedência do pedido de nulidade de cláusula contratual, o efeito é *ultra partes* e impede a propositura de ação individual.

RESPOSTA O art. 81, parágrafo único, do CDC traz o conceito de direitos *individuais homogêneos*, direitos *difusos* e direitos *coletivos*. Mas a fundamentação da questão está no art. 103, I, o qual prevê que, tratando-se de *direitos difusos*, se o pedido foi julgado improcedente por insuficiência de provas, qualquer interessado poderá intentar outra ação com mesmo fundamento e nova prova. *Alternativa C.*

64. **(I Exame)** Assinale a opção correta a respeito da disciplina normativa da defesa, em juízo, do consumidor.

(A) É lícita às associações legalmente constituídas há mais de um ano a propositura de ação coletiva para a defesa dos direitos de seus associados, desde que haja prévia autorização em assembleia.

(B) Na hipótese de ação coletiva para a defesa de interesses individuais homogêneos, é exclusivamente competente para a execução coletiva o juízo da liquidação da sentença ou o da ação condenatória.

(C) Tratando-se de ações coletivas para a defesa de direitos individuais homogêneos, a sentença fará coisa julgada *erga omnes*, no caso de procedência ou improcedência do pedido, para beneficiar todas as vítimas.

(D) De acordo com o Código de Defesa do Consumidor, as ações coletivas para a defesa de interesses ou de direitos coletivos não induzem litispendência para as ações individuais.

RESPOSTA (A) Art. 82, IV, do CDC (dispensa-se autorização assemblear). (B) Art. 98, § 2º, do CDC. (C) Art. 103, III, do CDC (apenas em caso de *procedência*, para beneficiar todas as vítimas e seus sucessores). (D) Art. 104 do CDC. *Alternativa D.*

V. ASSUNTOS DIVERSOS

65. **(XVI Exame)** As negociações mercantis adotaram uma nova ordem quando o Código de Defesa do Consumidor foi implementado no sistema jurídico nacional. A norma visa a proteger a parte mais frágil econômica e tecnicamente de práticas abusivas conferindo-lhe a tutela do art. 4º, I, do CDC, que consagra a presunção de vulnerabilidade absoluta geral inerente a todos os consumidores. Essa nova ordem ainda conferiu especial atenção à Convenção Coletiva adotada em outros ramos do Direito, passando também a constituir forma de equacionamento de conflitos nas relações de consumo antes mesmo da judicialização das questões, ou mesmo se antecipando à instalação dos litígios. A respeito da Convenção Coletiva de Consumo, prevista no microssistema do Código de Defesa do Consumidor, assinale a afirmativa correta.

(A) A Convenção regularmente constituída torna-se obrigatória a partir da assinatura dos legitimados, dispensando-se o registro do instrumento em cartório de títulos e documentos.

(B) A Convenção não poderá regulamentar as relações de consumo no que diz respeito ao preço e às garantias de produtos e serviços, atribuições do Departamento de Proteção e Defesa do Consumidor.

(C) A Convenção regularmente constituída vincula os signatários, mas, caso o fornecedor se desligue da entidade celebrante à qual estava vinculado, eximir-se-á do cumprimento do estabelecido.

(D) A Convenção firmada por entidades civis de consumidores e associações de fornecedores somente obrigará os filiados às entidades signatárias.

RESPOSTA (A) Art. 107, § 1º (torna-se obrigatória a partir do registro do instrumento). (B) Art. 107, *caput*, CDC. (C) Art. 107, § 3º (não se exime de cumprir a convenção o fornecedor que se desligar da entidade em data posterior ao registro do instrumento). (D) Art. 107, § 3º, CDC. *Alternativa D.*

66. **(XII Exame)** O Banco XYZ, com objetivo de aumentar sua clientela, enviou proposta de abertura de conta corrente com cartão de crédito para diversos estudantes universitários. Ocorre que, por desatenção de um dos encarregados pela instituição financeira da entrega das propostas, o conteúdo da proposta encaminhada para a estudante Bruna, de dezoito anos, foi furtado. O cartão de crédito foi utilizado indevidamente por terceiro, sendo Bruna surpreendida com boletos e ligações de cobrança por compras que não realizou. O episódio culminou com posterior inclusão do seu nome em um cadastro negativo de restrições ao crédito. Bruna nunca solicitou o envio do cartão ou da proposta de abertura de conta, e sequer celebrou contrato com o Banco XYZ, mas tem dúvidas acerca de eventual direito à indenização.

Na qualidade de Advogado, diante do caso concreto, assinale a afirmativa correta.

(A) A conduta adotada pelo Banco XYZ é prática abusiva à luz do Código do Consumidor, mas como Bruna não é consumidora, haja vista a ausência de vínculo contratual, deverá se utilizar das regras do Código Civil para fins de eventual indenização.

(B) A pessoa exposta a uma prática abusiva, como na hipótese do envio de produto não solicitado, é equiparada a consumidor, logo Bruna pode postular indenização com base no Código do Consumidor.

(C) A prática bancária em questão é abusiva segundo o Código do Consumidor, mas o furto sofrido pelo preposto do Banco XYZ configura culpa exclusiva de terceiro, excludente da obrigação da instituição financeira de indenizar Bruna.

(D) O envio de produto sem solicitação do consumidor não é expressamente vedado pela lei consumerista, que apenas considera o produto como mera amostra grátis, afastando eventual obrigação do Banco XYZ de indenizar Bruna.

RESPOSTA Bruna é considerada consumidora por equiparação, nos termos do art. 29 do CDC, e pode buscar indenização de acordo com o CDC. A prática de envio de produtos ao consumidor sem sua solicitação é abusiva (art. 39, III). Ademais, de acordo com a Súmula 479 do STJ, "As instituições financeiras respondem objetivamente pelos danos gerados por fortuito interno relativo a fraudes e delitos praticados por terceiros no âmbito de operações bancárias". *Alternativa B.*

67. **(X Exame)** Elisabeth e Marcos, desejando passar a lua de mel em Paris, adquiriram junto à Operadora de Viagens e Turismo "X" um pacote de viagem, composto de passagens aéreas de ida e volta, hospedagem por sete noites, e seguro-saúde e acidentes pessoais, este último prestado pela seguradora "Y". Após chegar à cidade, Elisabeth sofreu os efeitos de uma gastrite severa e Marcos entrou em contato com a operadora de viagens a fim de que o seguro fosse acionado, sendo informado que não havia médico credenciado naquela localidade. O casal procurou um hospital, que manteve Elisabeth internada por 24 horas, e retornou ao Brasil no terceiro dia de estada em Paris, tudo às suas expensas. Partindo da hipótese apresentada, assinale a afirmativa correta.

(A) O casal poderá acionar judicialmente a operadora de turismo, mesmo que a falha do serviço tenha sido da seguradora, em razão da responsabilidade solidária aplicável ao caso.

(B) O casal somente poderá acionar judicialmente a seguradora Y, já que a operadora de turismo responderia por falhas na organização da viagem, e não pelo seguro porque esse foi realizado por outra empresa.

(C) O casal terá que acionar judicialmente a operadora de turismo e a seguradora simultaneamente por se tratar da hipótese de litisconsórcio necessário e unitário, sob pena de insurgir em carência da ação.

(D) O casal não poderá acionar judicialmente a operadora de turismo já que havia liberdade de contratar o seguro-saúde viagem com outra seguradora e, portanto, não se tratando de venda casada, não há responsabilidade solidária na hipótese.

RESPOSTA O caso narra uma situação de falha quanto às informações que deveriam ser prestadas, ferindo direito básico do consumidor (art. 6º, III, do CDC). Considerando que a operadora de turismo *representou* a seguradora no momento da contratação, responderão solidariamente, com base no art. 7º, parágrafo único, e art. 34 do CDC. *Alternativa A.*

68. **(VII Exame)** Martins celebrou negócio jurídico com a empresa Zoop Z para o fornecimento de dez volumes de determinada mercadoria para entretenimento infantil. No contrato restava estabelecido que Martins vistoriara toda mercadoria antes da aquisição e que o consumidor retiraria os produtos no depósito da empresa. Considerando tal situação fictícia, assinale a alternativa correta à luz do disposto na Lei n. 8.078/90, de acordo com cada hipótese abaixo apresentada:

(A) A garantia legal do produto independe de termo expresso no contrato, bem como é lícito ao fornecedor estipular que se exime de responsabilidade na hipótese de vício de qualidade por inadequação do produto, desde que fundada em ignorância sobre o vício.

(B) É nula de pleno direito a cláusula contratual que exonere a contratada de qualquer obrigação de indenizar por vício do produto em razão de ter sido a mercadoria vistoriada previamente pelo consumidor.

(C) O contrato poderia prever a impossibilidade de reembolso da quantia por Martins, bem como ter transferido previamente a responsabilidade por eventual vício do produto, com exclusividade, ao fabricante.

(D) A Zoop Z tem liberdade para estabelecer compulsoriamente a utilização de arbitragem, bem como exigir o ressarcimento dos custos de cobrança da obrigação de Martins, sem que o mesmo seja conferido contra o fornecedor.

RESPOSTA (A) e (B) Art. 25 e art. 51, I, do CDC. (C) Art. 51, III, do CDC. (D) Art. 51, VII e XII, do CDC. *Alternativa B.*

REFERÊNCIAS

ALMEIDA, Fabrício Bolzan. *Direito do consumidor esquematizado.* São Paulo: Saraiva, 2013.

ALMEIDA, João Batista. *Manual de direito do consumidor.* 5. ed. São Paulo: Saraiva, 2011.

FIGUEIREDO, Fábio Vieira; FIGUEIREDO, Simone Diogo Carvalho; ALEXANDRIDIS, Georgis. *Minicódigo de Defesa do Consumidor anotado.* São Paulo: Saraiva, 2011.

MIRAGEM, Bruno. *Curso de direito do consumidor.* 2. ed. São Paulo: Revista dos Tribunais, 2010.

______. *Curso de direito do consumidor.* 4. ed. São Paulo: Saraiva, 2009.

NUNES, Rizzatto. *Comentários ao Código de Defesa do Consumidor.* 7. ed. São Paulo: Saraiva, 2013.

THEODORO JUNIOR, Humberto. *Direitos do consumidor.* 6. ed. Rio de Janeiro: Forense, 2009.

Direito Empresarial

DIREITO EMPRESARIAL: QUADRO GERAL DE QUESTÕES	
TEMAS	Nº DE QUESTÕES
I. Teoria Geral do Direito Empresarial e Societário	33
II. Direito Societário	40
III. Títulos de Crédito	29
IV. Contratos Mercantis	18
V. Direito Falimentar	29
VI. Propriedade Industrial	5
TOTAL	154

I. TEORIA GERAL DO DIREITO EMPRESARIAL E SOCIETÁRIO

1. **(XXXI Exame)** As sociedades empresárias Y e J celebraram contrato tendo por objeto a alienação do estabelecimento da primeira, situado em Antônio Dias/MG. Na data da assinatura do contrato, dentre outros débitos regularmente contabilizados, constava uma nota promissória vencida havia três meses no valor de R$ 25.000,00 (vinte e cinco mil reais). O contrato não tem nenhuma cláusula quanto à existência de solidariedade entre as partes, tanto pelos débitos vencidos quanto pelos vincendos. Sabendo-se que, em 15/10/2018, após averbação na Junta Comercial competente, houve publicação do contrato na imprensa oficial e, tomando por base comparativa o dia 15/01/2020, o alienante

(A) responderá pelo débito vencido com o adquirente por não terem decorrido cinco anos da publicação do contrato na imprensa oficial.

(B) não responderá pelo débito vencido com o adquirente em razão de não ter sido estipulada tal solidariedade no contrato.

(C) responderá pelo débito vencido com o adquirente até a ocorrência da prescrição relativa à cobrança da nota promissória.

(D) não responderá pelo débito vencido com o adquirente diante do decurso de mais de 1 (um) ano da publicação do contrato na imprensa oficial.

RESPOSTA O adquirente do estabelecimento responde pelo pagamento dos débitos anteriores à transferência, desde que regularmente contabilizados, continuando o devedor primitivo solidariamente obrigado pelo prazo de um ano, a partir, quanto aos créditos vencidos, da publicação, e, quanto aos outros, da data do vencimento (art. 1.146, CC). *Alternativa D.*

2. **(XXIX Exame)** Luzia Betim pretende iniciar uma sociedade empresária em nome próprio. Para tanto, procura assessoria jurídica quanto à necessidade de inscrição no Registro Empresarial para regularidade de exercício da empresa. Na condição de consultor(a), você responderá que a inscrição do empresário individual é

(A) dispensada até o primeiro ano de início da atividade, sendo obrigatória a partir de então.

(B) obrigatória antes do início da atividade.

(C) dispensada, caso haja opção pelo enquadramento como microempreendedor individual.

(D) obrigatória, se não houver enquadramento como microempresa ou empresa de pequeno porte.

RESPOSTA De acordo com a situação exposta, correta está a obrigatoriedade do registro antes do início da atividade; *vide* o art. 967, CC. *Alternativa B.*

3. **(XXVII Exame)** Roberto desligou-se de seu emprego e decidiu investir na construção de uma hospedagem do tipo pousada no terreno que possuía em Matinhos. Roberto contratou um arquiteto para mobiliar a pousada, fez cursos de hotelaria e, com os ensinamentos recebidos, contratou empregados e os treinou. Ele também contratou um desenvolvedor de *sites* de Internet e um profissional de marketing para divulgar sua pousada. Desde então, Roberto dedica-se exclusivamente à pousada, e os resultados são promissores. A pousada está sempre cheia de hóspedes, renovando suas estratégias de fidelização; em breve, será ampliada em sua capacidade. Considerando a descrição da atividade econômica explorada por Roberto, assinale a afirmativa correta.

(A) A atividade não pode ser considerada empresa em razão da falta tanto de profissionalismo de seu titular quanto de produção de bens.

(B) A atividade não pode ser considerada empresa em razão de a prestação de serviços não ser um ato de empresa.

(C) A atividade pode ser considerada empresa, mas seu titular somente será empresário a partir do registro na Junta Comercial.

(D) A atividade pode ser considerada empresa e seu titular, empresário, independentemente de registro na Junta Comercial.

RESPOSTA A teoria geral está consignada no art. 966, CC, a qual considera empresário quem exerce profissionalmente atividade econômica organizada para a produção ou a circulação de bens ou de serviços. *Alternativa D.*

4. **(XXVI Exame)** Cruz Machado pretende iniciar o exercício individual de empresa e adotar como firma, exclusivamente, o nome pelo qual é conhecido pela população de sua cidade – "Monsenhor".

De acordo com as informações acima e as regras legais de formação de nome empresarial para o empresário individual, assinale a afirmativa correta.

(A) A pretensão de Cruz Machado é possível, pois o empresário individual pode escolher livremente a formação de sua firma.

(B) A pretensão de Cruz Machado não é possível, pois o empresário individual deve adotar denominação indicativa do objeto social como espécie de nome empresarial.

(C) A pretensão de Cruz Machado não é possível, pois o empresário individual opera sob firma constituída por seu nome, completo ou abreviado.

(D) A pretensão de Cruz Machado é possível, pois o empresário individual pode substituir seu nome civil por uma designação mais precisa de sua pessoa.

RESPOSTA De acordo com o art. 1.156 do Código Civil. *Alternativa C.*

5. **(XXV Exame)** O empresário individual José de Freitas alienou seu estabelecimento a outro empresário mediante os termos de um contrato escrito, averbado à margem de sua inscrição no Registro Público de Empresas Mercantis, publicado na imprensa oficial, mas não lhe restaram bens suficientes para solver o seu passivo. Em relação à alienação do estabelecimento empresarial nessas condições, sua eficácia depende

(A) da quitação prévia dos créditos trabalhistas e fiscais vencidos no ano anterior ao da alienação do estabelecimento.

(B) do pagamento a todos os credores, ou do consentimento destes, de modo expresso ou tácito, em trinta dias a partir de sua notificação.

(C) da quitação ou anuência prévia dos credores com garantia real e, quanto aos demais credores, da notificação da transferência com antecedência de, no mínimo, sessenta dias.

(D) do consentimento expresso de todos os credores quirografários ou da consignação prévia das importâncias que lhes são devidas.

RESPOSTA De acordo com o art. 1.145 do CC, se ao alienante não restarem bens suficientes para solver o seu passivo, a eficácia da alienação do estabelecimento depende do pagamento de todos os credores, ou do consentimento destes, de modo expresso ou tácito, em trinta dias a partir de sua notificação. *Alternativa B.*

6. **(XXII Exame)** Fagundes e Pilar são noivos e pretendem se casar adotando o regime de separação de bens mediante celebração de pacto antenupcial. Fagundes é empresário individual e titular do estabelecimento Borracharia Dona Inês Ltda. ME. Celebrado o pacto antenupcial entre os nubentes, o advogado contratado por Fagundes providenciará o arquivamento e a averbação do documento

(A) no Registro Público de Empresas Mercantis e a publicação na imprensa oficial.

(B) no Registro Público de Empresas Mercantis e no Registro Civil de Pessoas Naturais.

(C) no Registro Civil de Pessoas Naturais e a publicação na imprensa oficial.

(D) no Registro Público de Empresas Mercantis e no Registro Civil de Títulos e Documentos.

RESPOSTA Diante da situação hipotética, resolve-se em razão do art. 979 do CC, sendo que além de no

Registro Civil, serão arquivados e averbados, no Registro Público de Empresas Mercantis, os pactos e declarações antenupciais do empresário, o título de doação, herança, ou legado, de bens clausulados de incomunicabilidade ou inalienabilidade. *Alternativa B.*

7. **(XXII Exame)** Matheus, empresário individual, pretende alugar um imóvel para instalar seu estabelecimento e nele localizar seu ponto empresarial. Antes de celebrar o contrato, ele procura você para, como advogado(a), informar-lhe sobre aspectos concernentes à locação não residencial. Sobre a locação não residencial, assinale a afirmativa correta.

(A) Na ação de despejo que tiver por fundamento exclusivo o término do prazo contratual, tendo sido proposta a ação em até 30 dias do cumprimento de notificação ao locatário comunicando o intento de retomada, será concedida liminar para desocupação em quinze dias, ouvida a parte contrária e se prestada caução pelo autor no valor equivalente a dois meses de aluguel.

(B) Na locação não residencial de imóvel urbano, na qual o locador procede à prévia aquisição do imóvel especificado pelo pretendente à locação, a fim de que seja a este locado por prazo determinado, poderá ser convencionado no contrato a renúncia ao direito de revisão do valor dos aluguéis durante o prazo de vigência do contrato.

(C) Nas locações de espaço em *shopping centers*, o locador poderá recusar a renovação do contrato pleiteada pelo locatário se o imóvel vier a ser utilizado pelo locador, que não poderá ser destinado ao uso no mesmo ramo da atividade do locatário.

(D) Nas locações por prazo determinado de imóveis utilizados por estabelecimentos de ensino autorizados e fiscalizados pelo Poder Público, o contrato poderá ser rescindido por denúncia do locador, a qualquer tempo, independentemente de notificação ou aviso.

RESPOSTA De acordo com a Lei n. 8.245/91, poderá ser convencionada a renúncia ao direito de revisão do valor dos aluguéis durante o prazo de vigência do contrato de locação (art. 54-A, § 1º). *Alternativa B.*

8. **(XXII Exame)** A instauração do incidente de desconsideração da personalidade jurídica foi requerida em um processo de execução por título extrajudicial. O advogado do executado manifestou-se contrariamente ao pedido, sob a alegação de cerceamento de defesa de seu cliente, somente cabendo a desconsideração se requerida em ação de conhecimento ajuizada especificamente contra o sócio da sociedade empresária devedora. Sobre a argumentação acima, assinale a afirmativa correta.

(A) Procede, porque o pressuposto para a aplicação da desconsideração da personalidade jurídica é sempre a conduta ilícita do sócio perpetrada por meio da personalidade da pessoa jurídica; portanto, é imprescindível a demonstração cabal da culpa em ação de conhecimento.

(B) Procede, porque o requerimento de instauração do incidente de desconsideração deve demonstrar o preenchimento dos pressupostos legais específicos, dentre eles o desvio de finalidade da pessoa jurídica, que só pode ser feito em ação de conhecimento, onde estarão preservados o contraditório e a ampla defesa.

(C) Não procede, porque, ao contrário do afirmado pelo advogado, o incidente de desconsideração só é cabível no cumprimento de sentença e na execução de título executivo extrajudicial, pois, no processo de conhecimento, a desconsideração só pode ser decretada na sentença de mérito.

(D) Não procede, porque o incidente de desconsideração é cabível em todas as fases do processo de conhecimento, no cumprimento de sentença e na execução fundada em título executivo extrajudicial.

RESPOSTA De acordo com o art. 134 do CPC/2015, o incidente de desconsideração é cabível em todas as fases do processo de conhecimento, no cumprimento de sentença e na execução fundada em título executivo extrajudicial. *Alternativa D.*

9. **(XXI Exame)** Rosana e Carolina pretendem reunir esforços para empreender uma atividade econômica, constituindo uma Empresa Individual de Responsabilidade Limitada (EIRELI). Essa iniciativa será possível se observada a seguinte condição:

(A) Rosana poderá indicar Carolina como administradora, mas somente poderá figurar em uma única empresa dessa modalidade.

(B) Rosana e Carolina poderão ser coproprietárias de todas as quotas, mas estas serão indivisíveis em relação a EIRELI, salvo para efeito de transferência.

(C) não será cabível a desconsideração da personalidade jurídica da EIRELI, diante da limitação de responsabilidade de Carolina ao valor do capital social.

(D) a remuneração decorrente da cessão de direitos patrimoniais de autor, de que sejam detentoras tanto Rosana quanto Carolina, vinculados à atividade profissional de ambas, poderá ser atribuída à EIRELI constituída para a prestação de serviços.

RESPOSTA Segundo o *caput* do art. 980-A, a EIRELI será constituída por uma única pessoa titular da totalidade do capital social, sendo observado, ainda, que a pessoa natural que constituir empresa individual de responsabilidade limitada somente poderá figurar em uma única empresa dessa modalidade (§ 2º). Sendo assim, restaria correta a *alternativa A.*

10. **(XX Exame–Reaplicação)** O engenheiro agrônomo Zacarias é proprietário de quatro fazendas onde ele realiza, em nome próprio, a exploração de culturas de soja e milho, bem como criação intensiva de gado. A atividade em todas as fazendas é voltada para exportação, com emprego intenso de tecnologia e insumos de alto custo. Zacarias não está registrado na Junta Comercial. Com base nessas informações, é correto afirmar que

(A) Zacarias, por exercer empresa em caráter profissional, é considerado empresário independentemente de ter ou não registro na Junta Comercial.

(B) Zacarias, mesmo que exerça uma empresa, não será considerado empresário pelo fato de não ter realizado seu registro na Junta Comercial.

(C) Zacarias não pode ser registrado como empresário, porque, sendo engenheiro agrônomo, exerce profissão intelectual de natureza científica, com auxílio de colaboradores.

(D) Zacarias é um empresário de fato, por não ter realizado seu registro na Junta Comercial antes do início de sua atividade, descumprindo obrigação legal.

RESPOSTA Diante da situação hipotética e de acordo com o art. 971 do Código Civil, correta está a *alternativa B.*

11. **(XX Exame)** Maria, empresária individual, teve sua interdição decretada pelo juiz a pedido de seu pai, José, em razão de causa permanente que a impede de exprimir sua vontade para os atos da vida civil. Sabendo-se que José, servidor público federal na ativa, foi nomeado curador de Maria, assinale a afirmativa correta.

(A) É possível a concessão de autorização judicial para o prosseguimento da empresa de Maria; porém, diante do impedimento de José para exercer atividade de empresário, este nomeará, com a aprovação do juiz, um ou mais gerentes.

(B) A interdição de Maria por incapacidade traz como efeito imediato a extinção da empresa, cabendo a José, na condição de pai e curador, promover a liquidação do estabelecimento.

(C) É possível a concessão de autorização judicial para o prosseguimento da empresa de Maria antes exercida por ela enquanto capaz, devendo seu pai, José, como curador e representante, assumir o exercício da empresa.

(D) Poderá ser concedida autorização judicial para o prosseguimento da empresa de Maria, porém ficam sujeitos ao resultado da empresa os bens que Maria já possuía ao tempo da interdição, tanto os afetados quanto os estranhos ao acervo daquela.

RESPOSTA Observada a situação hipotética e segundo os arts. 974 e 975 do Código Civil, correta a *alternativa A.*

12. **(XX Exame)** P. Industrial S.A., companhia fechada, passa momentaneamente por dificuldades financeiras que se agravaram com a crise na atividade industrial do país. A assembleia geral autorizou os administradores a alienar bens do ativo permanente, dentre eles uma unidade produtiva situada no município de Mirante da Serra, avaliada em R$ 495.000.000,00 (quatrocentos e noventa e cinco milhões de reais). Considerando-se que a unidade produtiva da companhia integra seu estabelecimento, assinale a afirmativa correta.

(A) A assembleia geral não pode autorizar a alienação da unidade produtiva. Por ser o estabelecimento uma universalidade de direito, seus elementos devem ser mantidos indivisíveis e unitariamente agregados para o exercício da empresa.

(B) A assembleia geral pode autorizar a alienação da unidade produtiva. Por ser o estabelecimento uma universalidade de fato, seus elementos podem ser objeto de negócios jurídicos próprios, translativos ou constitutivos, separadamente dos demais.

(C) A assembleia geral pode autorizar a alienação da unidade produtiva. Por ser o estabelecimento um patrimônio de afetação, cabe exclusivamente à companhia a decisão de desagregá-lo e, com isso, limitar sua responsabilidade perante os credores ao valor da unidade produtiva alienada.

(D) A assembleia geral não pode autorizar a alienação da unidade produtiva. Por ser o estabelecimento elemento de exercício da empresa, a alienação de qualquer de seus elementos (corpóreos ou incorpóreos) implica a impossibilidade de manutenção da atividade da companhia, operando-se sua dissolução de pleno direito.

RESPOSTA De acordo com o art. 1.143 do Código Civil, pode o estabelecimento ser objeto unitário de direitos e de negócios jurídicos, translativos ou constitutivos, que sejam compatíveis com a sua natureza. *Alternativa B.*

13. **(XVI Exame)** Terezinha, sócia minoritária e administradora da sociedade Z & Cia. Ltda., com participação de 23% no capital social, foi excluída da sociedade por ter se apropriado de bens sociais e alienado-os de forma fraudulenta. A exclusão extrajudicial observou todos os requisitos legais, tendo sido, inclusive, aprovada em assembleia própria, com quórum superior à metade do capital social. Após a deliberação, foi alterado o contrato social com a nova composição societária e realizado o arquivamento na Junta Comercial. Efetuado o registro da alteração contratual, Z & Cia. Ltda. deverá

(A) realizar a liquidação das quotas de Terezinha, com base no último balanço aprovado; a ex-sócia não responderá pelas obrigações sociais anteriores porque, na sociedade limitada, sua responsabilidade é restrita ao valor do capital social.

(B) ser dissolvida, cabendo aos sócios remanescentes investir o liquidante em suas funções; a ex-sócia receberá o valor de suas quotas, apurado com base em balanço especial, no curso da liquidação, após o pagamento aos credores.

(C) reduzir compulsoriamente o capital, sendo vedado aos demais sócios suprir o valor da quota de Terezinha; esta responderá subsidiariamente pelas obrigações sociais até dois anos contados da data da deliberação que a excluiu da sociedade.

(D) realizar a liquidação das quotas de Terezinha, com base em balanço especial; a ex-sócia responderá pelas obrigações sociais anteriores, até dois anos após a averbação da resolução da sociedade na Junta Comercial.

RESPOSTA Diante do caso concreto, tem-se a aplicação sistemática dos arts. 1.085 e 1.086, c/c 1.031 e 1.032, do CC. *Alternativa D.*

14. **(XIX Exame)** Servidor da Junta Comercial verificou que o requerimento de alteração contratual de uma sociedade limitada com vinte e dois sócios e sede no município de Solidão não foi assinado pelo administrador, mas por mandatário da sociedade, com poderes específicos. O requerimento foi instruído com uma nova versão do contrato social desacompanhada da ata da deliberação que a aprovou. O referido servidor determinou que fosse sanada a pretensa irregularidade. Com base nessas informações, assinale a afirmativa correta.

(A) O servidor não agiu corretamente porque cumpre à autoridade competente, antes de efetivar o registro, fiscalizar apenas a observância das formalidades extrínsecas ao ato, e não formalidades intrínsecas relativas aos documentos apresentados; portanto, a alteração deveria ser arquivada.

(B) O servidor agiu corretamente porque cumpre à autoridade competente, antes de efetivar o registro, fiscalizar a observância das prescrições legais concernentes ao ato ou aos documentos apresentados; havendo irregularidades, deve ser notificado o requerente para saná-las.

(C) O servidor não agiu corretamente porque as irregularidades apresentadas no enunciado são insanáveis por se referirem a requisitos substanciais e de validade do documento, bem como de representação da pessoa jurídica.

(D) O servidor agiu corretamente porque somente o administrador, como órgão da pessoa jurídica, tem legitimidade para pleitear o arquivamento da alteração contratual; havendo irregularidades, deve ser notificado o requerente para saná-las.

RESPOSTA Segundo o CC (art. 1.153), cumpre à autoridade competente, antes de efetivar o registro, verificar a autenticidade e a legitimidade do signatário do requerimento, bem como fiscalizar a observância das prescrições legais concernentes ao ato ou aos documentos apresentados. E, diante das irregularidades encontradas, deve ser notificado o requerente, que, se for o caso, poderá saná-las, obedecendo às formalidades da lei (parágrafo único). *Alternativa B.*

15. **(XIX Exame)** Determinado órgão da administração pública indireta (autarquia municipal) consultou seu procurador sobre a possibilidade de utilizar-se da arbitragem para dirimir litígios relativos a direitos patrimoniais disponíveis com uma sociedade empresária. Com base na hipótese apresentada, assinale a afirmativa correta.

(A) A arbitragem é incompatível com a administração pública, pois todas as questões que envolvem entes públicos possuem interesses vinculados de toda a coletividade, não sendo, portanto, disponíveis os direitos patrimoniais envolvidos.

(B) Não é possível a instituição da arbitragem pela administração pública indireta, apenas por órgãos da administração pública direta e, nesse caso, a autoridade competente para a celebração de convenção de arbitragem é a mesma para a realização de acordos ou transações.

(C) Tanto os órgãos integrantes da administração pública direta quanto indireta poderão utilizar-se da arbitragem, que poderá ser de direito ou de equidade, a critério das partes, e respeitará o princípio da publicidade.

(D) É possível a utilização da arbitragem pela administração pública direta ou indireta, e, uma vez instituída quando aceita a nomeação pelo árbitro, se for único, ou por todos, se forem vários, haverá a interrupção da prescrição, retroagindo à data do requerimento de sua instauração.

RESPOSTA É a primeira questão sobre a Lei da Arbitragem dentro da disciplina. A Lei n. 9.307/96, que trata sobre arbitragem, sofreu grande alteração em 2015 pela Lei n. 13.129, e dentre as novidades está que a administração pública direta e indireta poderá utilizar-se da arbitragem para dirimir conflitos relativos a direitos patrimoniais disponíveis (art. 1º, § 1º). E se considera instituída a arbitragem quando aceita a nomeação pelo árbitro, se for único, ou por todos, se forem vários (art. 19) e a instituição da arbitragem interrompe a prescrição, retroagindo à data do requerimento de sua instauração, ainda que extinta a arbitragem por ausência de jurisdição (§ 2º). *Alternativa D.*

16. **(XVI Exame)** Uma das obrigações da sociedade empresária é seguir um sistema de contabilidade, mecanizado ou não, com base na escrituração uniforme de seus livros, em correspondência com a documentação respectiva, e levantar anualmente o balanço patrimonial e o de resultado econômico. A partir do exposto, assinale a afirmativa correta.

(A) A ausência de autenticação dos instrumentos de escrituração na Junta Comercial não impede que os livros da sociedade empresária sejam utilizados em juízo como prova documental a seu favor.

(B) Em razão da evolução tecnológica, passou a ser vedada a escrituração manual do Livro Diário, devendo a sociedade empresária adotar livros digitais para a escrituração de suas operações.

(C) O balanço patrimonial deverá exprimir, com fidelidade e clareza, a situação real da empresa e indicará o ativo e o passivo distintamente.

(D) Os assentos lançados nos livros da sociedade empresária, por qualquer dos contabilistas encarregados de sua escrituração, não obrigam a pessoa jurídica, se tais livros não estiverem autenticados na Junta Comercial.

RESPOSTA (A) Errado: precisa haver autenticação, *vide* art. 226 do CC. (B) Errado: não são exigidos livros digitais (arts. 1.180 e 1.185 do CC). (C) De acordo com o art. 1.188 do CC. (D) Errado: obrigam tais como fossem, *vide* art. 1.177 do CC. *Alternativa C.*

17. **(XIX Exame)** Xerxes constituiu uma Empresa Individual de Responsabilidade Limitada (EIRELI) com sede na zona rural do município de Vale Real para fabricação de laticínios, cuja matéria prima será adquirida de produtores rurais da região ou de cooperativas de produtores rurais. A pessoa jurídica será administrada por sua cunhada Ceres e seu instituidor pretende adotar como nome empresarial a espécie denominação. Com base nessas informações e na disciplina legal da EIRELI, assinale a afirmativa correta.

(A) A administração da EIRELI deverá ser exercida em caráter privativo por Xerxes, que poderá designar mandatário em ato separado.

(B) Para a constituição da EIRELI não há capital mínimo, no entanto esse deve estar previamente integralizado.

(C) A EIRELI em questão adquire personalidade jurídica com a inscrição do ato de constituição no Registro Público de Empresas Mercantis, a cargo das Juntas Comerciais.

(D) A EIRELI deverá adotar firma como espécie de nome empresarial, formada pelo patronímico do titular, acrescido do objeto da empresa e da expressão "EIRELI".

RESPOSTA Diz o art. 1.053 do CC que a sociedade limitada rege-se pelas normas da sociedade simples, de onde se tira que, nos trinta dias subsequentes à sua constituição, a sociedade deverá requerer a inscrição do contrato social no Registro Civil das Pessoas Jurídicas do local de sua sede (art. 998). Por sua vez, prevê o § 6º do art. 980-A que se aplicam à empresa individual de responsabilidade limitada, no que couber, as regras previstas para as sociedades limitadas. *Vide* ainda o art. 44, VI, e art. 45 do CC. Sendo assim, correta a *alternativa C.*

18. **(XVII Exame)** Paulo, casado no regime de comunhão parcial com Jacobina, é empresário enquadrado como microempreendedor individual (MEI). O varão pretende gravar com hipoteca o imóvel onde está situado seu estabelecimento, que serve exclusivamente aos fins da empresa. De acordo com o Código Civil, assinale a opção correta.

(A) Paulo pode, sem necessidade de outorga conjugal, qualquer que seja o regime de bens, gravar com hipoteca os imóveis que integram o seu estabelecimento.

(B) Paulo não pode, sem a outorga conjugal, gravar com hipoteca os imóveis que integram o seu estabelecimento, salvo no regime de separação de bens.

(C) Paulo, qualquer que seja o regime de bens, depende de outorga conjugal para gravar com hipoteca os imóveis que integram o seu estabelecimento.

(D) Paulo pode, sem necessidade de outorga conjugal, gravar com hipoteca os imóveis que integram o seu estabelecimento, salvo no regime da comunhão universal.

RESPOSTA De acordo com a situação hipotética, aponta-se o art. 978 do Código Civil. *Alternativa A.*

19. (XVII Exame) Assinale a alternativa correta em relação aos conceitos de empresa e empresário no Direito Empresarial.

(A) Empresa é a sociedade com ou sem personalidade jurídica; empresário é o sócio da empresa, pessoa natural ou jurídica com responsabilidade limitada ao valor das quotas integralizadas.

(B) Empresa é qualquer atividade econômica destinada à produção de bens; empresário é a pessoa natural que exerce profissionalmente a empresa e tenha receita bruta anual de até R$ 100.000,00 (cem mil reais).

(C) Empresa é a atividade econômica organizada para a produção e/ou a circulação de bens e de serviços; empresário é o titular da empresa, quem a exerce em caráter profissional.

(D) Empresa é a repetição profissional dos atos de comércio ou mercancia; empresário é a pessoa natural ou jurídica que pratica de modo habitual tais atos de comércio.

RESPOSTA De acordo com o art. 966 do Código Civil. *Alternativa C.*

20. (XV Exame) Alfredo Chaves exerce, em caráter profissional, atividade intelectual de natureza literária, com a colaboração de auxiliares. O exercício da profissão constitui elemento de empresa. Não há registro da atividade por parte de Alfredo Chaves em nenhum órgão público. Com base nessas informações e nas disposições do Código Civil, assinale a afirmativa correta.

(A) Alfredo Chaves não é empresário, porque exerce atividade intelectual de natureza literária.

(B) Alfredo Chaves não é empresário, porque não possui registro em nenhum órgão público.

(C) Alfredo Chaves é empresário, independentemente da falta de inscrição na Junta Comercial.

(D) Alfredo Chaves é empresário, porque exerce atividade não organizada em caráter profissional.

RESPOSTA Diante da situação hipotética, aplicam-se os termos do art. 966 do Código Civil. *Alternativa C.*

21. (XV Exame) Almino José consultou seu advogado com o intuito de constituir uma Empresa Individual de Responsabilidade Limitada – EIRELI. Com base na legislação aplicável à EIRELI, assinale a opção que apresenta a resposta correta dada pelo advogado.

(A) O administrador da EIRELI deverá ser nomeado no ato constitutivo e será apenas o sócio, seu cônjuge ou parente até o 3º grau dessas pessoas.

(B) O ato constitutivo da EIRELI deverá ser arquivado no Registro Civil de Pessoas Jurídicas, independentemente do objeto.

(C) As deliberações infringentes da lei que Almino José vier a tomar acarretarão sua responsabilidade ilimitada pelas obrigações da pessoa jurídica.

(D) Caso a receita bruta anual da EIRELI seja inferior a R$ 100.000,00 (cem mil reais), será possível enquadrá-la como microempreendedor individual (MEI).

RESPOSTA Diante da hipótese anunciada, a resposta está conforme os termos do art. 980-A, § 6º, e do art. 1.080, ambos do Código Civil. *Alternativa C.*

22. (XIV Exame) Mariana, Januária e Cristina decidiram constituir uma sociedade em conta de participação, sendo a primeira sócia ostensiva e as demais sócias participantes. Sobre o caso apresentado, de acordo com as disposições do Código Civil, assinale a opção correta.

(A) É vedada a participação de mais de um sócio ostensivo na sociedade em conta de participação; logo, as demais sócias não poderão ter a qualidade de sócio ostensivo.

(B) As sócias participantes Januária e Cristina poderão fiscalizar a gestão dos negócios sociais pela sócia ostensiva Mariana.

(C) A sociedade em conta de participação deverá adotar como nome empresarial firma social, da qual deverá fazer parte a sócia ostensiva.

(D) A sociedade somente poderá existir se o contrato não estiver inscrito em qualquer registro, pois é uma sociedade não personificada.

RESPOSTA Diz o parágrafo único do art. 993 do Código Civil que, sem prejuízo do direito de fiscalizar a gestão dos negócios sociais, o sócio participante não pode tomar parte nas relações do sócio ostensivo com terceiros, sob pena de responder solidariamente com este pelas obrigações em que intervier. *Alternativa B.*

23. (XIII Exame) Ananias Targino consulta sua advogada para saber as providências que deve tomar para publicizar o trespasse do estabelecimento da Empresa Individual de Responsabilidade Limitada (EIRELI) por ele constituída e enquadrada como microempresa, cuja firma é Ananias Targino EIRELI ME. A advogada corretamente respondeu que

(A) é dispensável qualquer publicização ou arquivamento do contrato de trespasse do estabelecimento por ser a EIRELI enquadrada como microempresa.

(B) é dispensável o arquivamento do contrato de trespasse no Registro Público de Empresas Mercantis, mas ele deverá ser publicado na imprensa oficial.

(C) é dispensável o arquivamento do contrato de trespasse no Registro Público de Empresas Mercantis, mas ele deverá ser publicado na imprensa oficial e em jornal de grande circulação.

(D) é dispensável a publicação do contrato de trespasse na imprensa oficial, mas ele deverá ser arquivado no Registro Público de Empresas Mercantis.

RESPOSTA Diante da situação hipotética, diz o art. 1.144 do CC que o contrato que tenha por objeto a alienação, o usufruto ou arrendamento do estabelecimento [trespasse] só produzirá efeitos quanto a terceiros depois de averbado à margem da inscrição do empresário, ou da sociedade empresária, no Registro Público de Empresas Mercantis, e de publicado na imprensa oficial. Por outro lado, como microempresa, há alguns benefícios, entre eles, a dispensa da publicação de qualquer ato societário (art. 71 da LC n. 123/2006). *Alternativa D.*

24. **(XIII Exame)** Olímpio Noronha é servidor público militar ativo e, concomitantemente, exerce pessoalmente atividade econômica organizada sem ter sua firma inscrita na Junta Comercial. Em relação às obrigações assumidas por Olímpio Noronha, assinale a alternativa correta.

(A) São válidas tanto as obrigações assumidas no exercício da empresa quanto estranhas a essa atividade e por elas Olímpio Noronha responderá ilimitadamente.

(B) São nulas todas as obrigações assumidas, porque Olímpio Noronha não pode ser empresário concomitantemente com o serviço público militar.

(C) São válidas apenas as obrigações estranhas ao exercício da empresa, pelas quais Olímpio Noronha responderá ilimitadamente; as demais são nulas.

(D) São válidas apenas as obrigações relacionadas ao exercício da empresa e por elas Olímpio Noronha responderá limitadamente; as demais são anuláveis.

RESPOSTA De acordo com o art. 973 do CC, a pessoa legalmente impedida de exercer atividade própria de empresário, se a exercer, responderá pelas obrigações contraídas. Portanto, correta a *alternativa A*, prejudicando as demais alternativas pela mesma razão.

25. **(XII Exame)** No contrato de alienação do estabelecimento da sociedade empresária Chaves & Cia. Ltda., com sede em Theobroma, ficou pactuado que não haveria sub-rogação do adquirente nos contratos celebrados pelo alienante, em vigor na data da transferência, relativos ao fornecimento de matéria-prima para o exercício da empresa. Um dos sócios da sociedade empresária consulta sua advogada para saber se a estipulação é válida. Consoante as disposições legais sobre o estabelecimento, assinale a afirmativa correta.

(A) A estipulação é nula, pois o contrato de alienação do estabelecimento não pode afastar a sub-rogação do adquirente nos contratos celebrados anteriormente para sua exploração.

(B) A estipulação é válida, pois o contrato de alienação do estabelecimento pode afastar a sub-rogação do adquirente nos contratos celebrados anteriormente para sua exploração.

(C) A estipulação é anulável, podendo os terceiros rescindir seus contratos com a sociedade empresária em até 90 (noventa) dias a contar da publicação da transferência.

(D) A estipulação é considerada não escrita, por desrespeitar norma de ordem pública que impõe a solidariedade entre alienante e adquirente pelas obrigações referentes ao estabelecimento.

RESPOSTA De acordo com o art. 1.148 do CC, salvo disposição em contrário, a transferência importa a sub-rogação do adquirente nos contratos estipulados para exploração do estabelecimento, se não tiverem caráter pessoal, podendo os terceiros rescindir o contrato em noventa dias a contar da publicação da transferência, se ocorrer justa causa, ressalvada, neste caso, a responsabilidade do alienante. Correta, assim, a *alternativa B*, justificativa que elimina as demais alternativas.

26. **(XI Exame)** Vanderlei de Assis pretende iniciar uma atividade empresarial na cidade de Novo Repartimento. Consulta um advogado para receber esclarecimentos sobre o registro de empresário e os efeitos dele decorrentes, informando que a receita bruta anual prevista para a futura atividade será inferior a R$ 60.000,00 (sessenta mil reais). As informações prestadas abaixo estão corretas, à exceção de uma. Assinale-a.

(A) Se no curso da atividade empresarial Vanderlei de Assis vier a admitir algum sócio, poderá solicitar ao Registro Público de Empresas Mercantis a transformação de seu registro de empresário para registro de sociedade empresária.

(B) Em razão de sua receita bruta anual prevista, Vanderlei poderá solicitar seu enquadramento como microempreendedor individual – MEI, devendo indicar no requerimento a firma individual com a assinatura autógrafa.

(C) A inscrição de empresário no Registro Público de Empresas Mercantis, embora obrigatória, não é constitutiva para fins de sua caracterização, mas permite usufruir das prerrogativas legais concedidas aos empresários regulares.

(D) A inscrição do empresário obedecerá ao número de ordem contínuo para todos os empresários inscritos e quaisquer modificações nela ocorrentes serão averbadas à margem, com as mesmas formalidades.

RESPOSTA De acordo com a situação hipotética da questão, a alternativa B está *incorreta*, pois poderá ser dispensado o uso da firma, com a respectiva assinatura autógrafa, quando do processo de abertura, registro, alteração e baixa do microempreendedor individual, conforme o Código Civil (art. 968, § 5º). *Alternativa B.*

27. **(VIII Exame)** José decidiu constituir uma Empresa Individual de Responsabilidade Limitada (EIRELI) para atuar no município "X" e consultou um advogado para obter esclarecimentos sobre a administração da EIRELI. Assinale a alternativa que apresenta a informação correta dada pelo advogado.

(A) A designação de administrador não sócio depende do voto favorável de 2/3 (dois terços) do capital social, se este não estiver integralizado.
(B) A administração atribuída pelo contrato a qualquer dos sócios da EIRELI não se estende de pleno direito aos que posteriormente adquirirem essa qualidade.
(C) O administrador da EIRELI, seja o próprio instituidor ou terceiro, responde por culpa no desempenho de suas atribuições perante terceiros prejudicados.
(D) O titular da EIRELI poderá usar a firma ou denominação, sendo vedado seu uso pelo terceiro, ainda que seja designado administrador.

RESPOSTA A EIRELI é, em outras palavras, uma "empresa" de um único dono, portanto, não há sócios. Observar-se-á o art. 980-A, § 6º, do CC, a qual se aplica de forma supletiva as normas da sociedade limitada para a EIRELI e, por consequente, as normas da sociedade simples (art. 1.053 do CC). Assim, de acordo com o art. 1.016 do CC, a responsabilidade dos administradores cabe frente a terceiros prejudicados. *Alternativa C.*

28. **(IX Exame)** Leia o trecho a seguir.

Companhia cuja totalidade das ações em que se divide o capital pertence a uma sociedade brasileira. Essa definição refere-se à

(A) subsidiária integral.
(B) sociedade em conta de participação.
(C) sociedade limitada.
(D) sociedade de propósito específico.

RESPOSTA (A) De acordo com o art. 251 da Lei n. 6.404/1976. (B) Incorreta, art. 991 do CC. (C) Incorreta, art. 1.052 do CC. (D) Incorreta, art. 981, parágrafo único, do CC. *Alternativa A.*

29. **(VIII Exame)** A respeito do sócio ostensivo da sociedade em conta de participação, assinale a afirmativa correta.

(A) É também chamado de sócio oculto.
(B) É o único responsável pela atividade constitutiva do objeto social.
(C) É o novo sócio admitido, mesmo que sem o consentimento dos demais, quando a sociedade necessitar de um aporte de capital.
(D) É o único sócio ostensivo da sociedade, vedada a pluralidade de sócios dessa natureza.

RESPOSTA (A) O sócio "oculto" seria o sócio participante, art. 991, parágrafo único, do CC. (B) De acordo com o art. 991 do CC. (C) Incorreta, art. 991 do CC. (D) Incorreta, art. 996, parágrafo único, do CC. *Alternativa B.*

30. **(VI Exame – Reaplicação)** A respeito do nome empresarial, é correto afirmar que

(A) O nome empresarial pode ser objeto de contrato de compra e venda.
(B) A sociedade em conta de participação, por possuir personalidade jurídica, pode adotar firma ou denominação.
(C) A sociedade anônima será designada somente por meio de denominação.
(D) A sociedade limitada será designada somente por meio de firma.

RESPOSTA Segundo o art. 1.160 do CC, a sociedade anônima opera sob denominação designativa do objeto social, integrada pelas expressões "sociedade anônima" ou "companhia", por extenso ou abreviadamente. *Alternativa C.*

31. **(V Exame)** Em relação à incapacidade e proibição para o exercício da empresa, assinale a alternativa correta.

(A) Caso a pessoa proibida de exercer a atividade de empresário praticar tal atividade, deverá responder pelas obrigações contraídas, podendo até ser declarada falida.
(B) Aquele que tenha impedimento legal para ser empresário está impedido de ser sócio ou acionista de uma sociedade empresária.
(C) Entre as pessoas impedidas de exercer a empresa está o incapaz, que não poderá exercer tal atividade.
(D) Por se tratar de matéria de ordem pública e considerando que a continuação da empresa interessa a toda a sociedade, quer em razão da arrecadação de impostos, quer em razão da geração de empregos, caso a pessoa proibida de exercer a atividade empresarial o faça, poderá requerer a recuperação judicial.

RESPOSTA Podem exercer a atividade de empresário, segundo o art. 972 do CC, os que estiverem em pleno gozo da capacidade civil e não forem legalmente impedidos. Caso a pessoa legalmente impedida de exercer atividade própria de empresário, se a exercer, responderá pelas obrigações contraídas (art. 973). E sociedades *irregulares* e *de fato* também estão sujeitas à falência (art. 81 da Lei n. 11.101/2005). *Alternativa A.*

32. **(IX Exame – Reaplicação)** Sobre o exercício da empresa por incapaz, assinale a afirmativa correta.

(A) O incapaz deverá estar representado ou ser devidamente assistido, ter no mínimo 10 (dez) anos de idade e ser autorizado pelo Registro Público de Empresas Mercantis.

(B) Os bens que o incapaz já possuía ao tempo da incapacidade ou interdição ficam sujeitos aos resultados da empresa, desde que estranhos ao acervo desta.

(C) O alvará de autorização e a eventual revogação deste serão inscritos ou averbados no Registro Civil de Pessoas Naturais e publicados na imprensa oficial.

(D) Se o representante ou assistente do incapaz for um servidor público em atividade, será nomeado, com a aprovação do juiz, um ou mais gerentes.

RESPOSTA (A) Não há tal exigência legal. (B) Incorreta, art. 974, § 2º, do CC. (C) Incorreta, art. 974, § 3º, do CC. (D) De acordo com o art. 975 do CC. *Alternativa D.*

33. **(X Exame)** Lavanderias Roupa Limpa Ltda. ("Roupa Limpa") alienou um de seus estabelecimentos comerciais, uma lavanderia no bairro do Jacintinho, na cidade de Maceió, para Caio da Silva, empresário individual. O contrato de trespasse foi omisso quanto à possibilidade de restabelecimento da "Roupa Limpa", bem como nada dispôs a respeito da responsabilidade de Caio da Silva por débitos anteriores à transferência do estabelecimento. Nesse cenário, assinale a afirmativa correta.

(A) O contrato de trespasse será oponível a terceiros, independentemente de qualquer registro na Junta Comercial ou publicação.

(B) Caio da Silva não responderá por qualquer débito anterior à transferência, exceto os que não estiverem devidamente escriturados.

(C) Na omissão do contrato de trespasse, Roupa Limpa poderá se restabelecer no bairro do Jacintinho e fazer concorrência a Caio da Silva.

(D) Não havendo autorização expressa, "Roupa Limpa" não poderá fazer concorrência a Caio da Silva, nos cinco anos subsequentes à transferência.

RESPOSTA (A) Incorreta, art. 1.144 do CC. (B) Incorreta, art. 1.146 do CC. (C) Incorreta, art. 1.147 do CC. (D) De acordo com o art. 1.147 do CC. *Alternativa D.*

II. DIREITO SOCIETÁRIO

34. **(XXXI Exame)** No contrato da sociedade empresária Arealva Calçados Finos Ltda., não consta cláusula de regência supletiva pelas disposições de outro tipo societário. Ademais, tanto no contrato social quanto nas disposições legais relativas ao tipo adotado pela sociedade não há norma regulando a sucessão por morte de sócio. Diante da situação narrada, assinale a afirmativa correta.

(A) Haverá resolução da sociedade em relação ao sócio em caso de morte.

(B) Haverá transmissão *causa mortis* da quota social.

(C) Caberá aos sócios remanescentes regular a substituição do sócio falecido.

(D) Os sócios serão obrigados a incluir, no contrato, cláusula dispondo sobre a sucessão por morte de sócio.

RESPOSTA De acordo com o art. 1.028 do CC, no caso de morte de sócio, liquidar-se-á sua quota, salvo se o contrato dispuser diferentemente; se os sócios remanescentes optarem pela dissolução da sociedade; se, por acordo com os herdeiros, regular-se a substituição do sócio falecido. *Alternativa A.*

35. **(XXXI Exame)** Anadia e Deodoro são condôminos de uma quota de sociedade limitada no valor de R$ 13.000,00 (treze mil reais). Nem a quota nem o capital da sociedade - fixado em R$ 50.000,00 (cinquenta mil reais) - se encontram integralizados. Você é consultado(a), como advogado(a), sobre a possibilidade de a sociedade demandar os condôminos para que integralizem a referida quota. Assinale a opção que apresenta a resposta correta.

(A) Eles são obrigados à integralização apenas a partir da decretação de falência da sociedade.

(B) Eles não são obrigados à integralização, pelo fato de serem condôminos de quota indivisa.

(C) Eles são obrigados à integralização, porque todos os sócios, mesmo os condôminos, devem integralizar o capital.

(D) Eles não são obrigados à integralização, porque o capital da sociedade é inferior a 100 salários mínimos.

RESPOSTA Na sociedade limitada, a responsabilidade de cada sócio é restrita ao valor de suas quotas, mas todos respondem solidariamente pela integralização do capital social (art. 1.052, CC). *Vide* ainda o § 2º do art. 1.056. *Alternativa C.*

36. **(XXX Exame)** Determinadas pessoas naturais, em razão de sua atividade profissional, e certas espécies de pessoas jurídicas, todas devidamente registradas no órgão competente, gozam de tratamento simplificado, favorecido e diferenciado em relação aos demais agentes econômicos - microempresas e empresas de pequeno porte. De acordo com a Lei Complementar 123/06, de 14 de dezembro de 2006, as microempresas e empresas de pequeno porte, quanto à forma jurídica são:

(A) Cooperativa de Produção, Empresário Individual, Empresa Pública e Sociedade Limitada.

(B) Empresário Individual, Empresa Individual de Responsabilidade Limitada, Sociedade Simples e Sociedade Empresária, exceto por ações.

(C) Cooperativa de crédito, Empresário Individual, Empresa Individual de Responsabilidade Limitada e Sociedade Simples.

(D) Empresário Individual, Profissional Liberal, Empresa Individual de Responsabilidade Limitada e Sociedade por ações.

RESPOSTA De acordo com o art. 3º da LC n. 123/2006, para os efeitos desta Lei Complementar, consideram-se microempresas ou empresas de pequeno porte a sociedade empresária, a sociedade simples, a empresa individual de responsabilidade limitada e o empresário a que se refere o art. 966 da Lei n. 10.406, de 10 de janeiro de 2002 (Código Civil), devidamente registrados no Registro de Empresas Mercantis ou no Registro Civil de Pessoas Jurídicas, conforme o caso. *Alternativa B.*

37. **(XXIX Exame)** Álvares Florence tem um filho relativamente incapaz e consulta você, como advogado(a), para saber da possibilidade de transferir para o filho parte das quotas que possui na sociedade empresária Redenção da Serra Alimentos Ltda., cujo capital social se encontra integralizado. Apoiado na disposição do Código Civil sobre o assunto, você respondeu que

(A) É permitido o ingresso do relativamente incapaz na sociedade, bastando que esteja assistido por seu pai no instrumento de alteração contratual.

(B) Não é permitida a participação de menor, absoluta ou relativamente incapaz, em sociedade, exceto nos tipos de sociedades por ações.

(C) Não é permitida a participação de incapaz em sociedade, mesmo que esteja representado ou assistido, salvo se a transmissão das quotas se der em razão de sucessão *causa mortis*.

(D) É permitido o ingresso do relativamente incapaz na sociedade, desde que esteja assistido no instrumento de alteração contratual, devendo constar a vedação do exercício da administração da sociedade por ele.

RESPOSTA De acordo com o art. 974, CC, o incapaz poderá ingressar na sociedade, desde que devidamente assistido, contanto que não exerça a administração da mesma (art. 974, § 3º, I). *Alternativa D.*

38. **(XXVII Exame)** Dirce Reis trabalha como advogada e presta apoio jurídico aos empreendedores da cidade de São Francisco interessados na constituição de sociedades cooperativas. Um grupo de prestadores de serviços procurou a consultora para receber informações sobre o funcionamento de uma cooperativa. Sobre as regras básicas de funcionamento de uma cooperativa, assinale a afirmativa correta.

(A) O estatuto da cooperativa deve ser aprovado previamente pela Junta Comercial do Estado da Federação onde estiver a sede, sendo arquivado no Registro Civil de Pessoas Jurídicas.

(B) Na sociedade cooperativa, cada sócio tem direito a um só voto nas deliberações sociais, tenha ou não capital a sociedade, e qualquer que seja o valor de sua participação.

(C) A responsabilidade dos sócios de uma cooperativa é sempre limitada ao valor do capital social, mas todos respondem solidária e ilimitadamente pela sua integralização.

(D) Sob pena de nulidade, o capital social da cooperativa deverá ser igual ou superior a 100 salários mínimos, que também será variável durante toda sua existência.

RESPOSTA Atente-se que as cooperativas possuem como característica a singularidade de voto (art. 4º, V, da Lei n. 5.764/71). *Alternativa B.*

39. **(XXVI Exame)** Leandro, Alcides e Inácio pretendem investir recursos oriundos de investimentos no mercado de capitais para constituir uma companhia fechada por subscrição particular do capital. A sociedade será administrada por Inácio e sua irmã, que não será sócia. Considerando-se o tipo societário e a responsabilidade legal dos sócios a ele inerente, assinale a afirmativa correta.

(A) Leandro, Alcides e Inácio responderão limitadamente até o preço de emissão das ações por eles subscritas.

(B) Leandro, Alcides e Inácio responderão limitadamente até o valor das quotas por eles subscritas, mas solidariamente pela integralização do capital.

(C) Leandro, Alcides e Inácio responderão ilimitada, solidária e subsidiariamente pelas obrigações sociais.
(D) Leandro e Alcides responderão limitadamente até o preço de emissão das ações por eles subscritas, e Inácio, como administrador, ilimitada e subsidiariamente, pelas obrigações sociais.

RESPOSTA De acordo com o 1º da Lei n. 6.404/76. *Alternativa A.*

40. **(XXI Exame)** Paula, sócia administradora de Nova Trento Serviços Automotivos Ltda., cujo capital encontra-se parcialmente integralizado, comunica aos demais sócios que pretende se afastar da administração e indicar sua mãe Maria para a administração. O sócio Dionísio consulta seu(sua) advogado(a) para saber a legalidade da indicação e eventual eleição, porque Maria não integra o quadro social. O(A) advogado(a) respondeu corretamente que a indicação é

(A) legal, desde que seja aprovada pela unanimidade dos sócios diante da não integralização do capital social.
(B) ilegal, porque não existe no contrato cláusula de regência supletiva pela Lei de Sociedades por Ações.
(C) legal, desde que seja inserida no contrato previamente a possibilidade de a administração ser exercida por não sócio.
(D) ilegal, pois o capital social deveria estar integralizado para que a indicação seja aprovada por maioria de três quartos do capital.

RESPOSTA A designação de administradores não sócios dependerá de aprovação da unanimidade dos sócios, enquanto o capital não estiver integralizado, e de 2/3 (dois terços), no mínimo, após a integralização, segundo dispõe o art. 1.061 do Código Civil. Correta, assim, a *alternativa A.*

41. **(XXIV Exame)** Miguel e Paulo pretendem constituir uma sociedade do tipo limitada porque não pretendem responder subsidiariamente pelas obrigações sociais. Na consulta a um advogado previamente à elaboração do contrato, foram informados de que, nesse tipo societário, todos os sócios respondem

(A) solidariamente pela integralização do capital social.
(B) até o valor da quota de cada um, sem solidariedade entre si e em relação à sociedade.
(C) até o valor da quota de cada um, após cinco anos da data do arquivamento do contrato.
(D) solidariamente pelas obrigações sociais.

RESPOSTA Segundo o art. 1.052 do CC, na sociedade limitada, a responsabilidade de cada sócio é restrita ao valor de suas quotas, mas todos respondem solidariamente pela integralização do capital social. *Alternativa A.*

42. **(XXI Exame)** Bernardino adquiriu de Lorena ações preferenciais escriturais da companhia Campos Logística S/A e recebeu do(a) advogado(a) orientação de como se dará a formalização da transferência da propriedade. A resposta do(a) advogado(a) é a de que a transferência das ações se opera

(A) pelo extrato a ser fornecido pela instituição custodiante, na qualidade de proprietária fiduciária das ações.
(B) pela inscrição do nome de Bernardino no livro de Registro de Ações Nominativas em poder da companhia.
(C) pelo lançamento efetuado pela instituição depositária em seus livros, a débito da conta de ações de Lorena e a crédito da conta de ações de Bernardino.
(D) por termo lavrado no livro de Transferência de Ações Nominativas, datado e assinado por Lorena e por Bernardino ou por seus legítimos representantes.

RESPOSTA A transferência da ação escritural opera-se pelo lançamento efetuado pela instituição depositária em seus livros, a débito da conta de ações do alienante e a crédito da conta de ações do adquirente, à vista de ordem escrita do alienante, ou de autorização ou ordem judicial, em documento hábil que ficará em poder da instituição (art. 35, § 1º, da LSA). *Alternativa C.*

43. **(XX Exame)** Na sociedade Apuí Veículos Ltda., a sócia Eva foi eleita administradora, pela unanimidade dos sócios, para um mandato de três anos. Em razão de insuperáveis divergências com os demais administradores sobre a condução dos negócios, Eva renunciou ao cargo após um ano de sua investidura. A eficácia da renúncia de Eva se dará, em relação à sociedade, desde o momento em que

(A) a assembleia de sócios ratifica o ato de Eva; e, em relação a terceiros, após a averbação da renúncia.
(B) é designado novo administrador para substituir Eva; e, em relação a terceiros, após a averbação ou publicação da renúncia.
(C) esta toma conhecimento da comunicação escrita de Eva; e, em relação a terceiros, após a averbação e publicação da renúncia.

(D) o termo de renúncia de Eva é lavrado no livro de atas da administração; e, em relação a terceiros, após a publicação da renúncia.

RESPOSTA A renúncia de administrador torna-se eficaz, em relação à sociedade, desde o momento em que esta toma conhecimento da comunicação escrita do renunciante; e, em relação a terceiros, após a averbação e publicação (art. 1.063, § 3º, do CC). *Alternativa C.*

44. **(XX Exame – Reaplicação)** Sebastião e Marcelo constituíram uma sociedade sem que o documento de constituição tivesse sido levado a registro. Marcelo assumiu uma dívida em seu nome pessoal, mas no interesse da sociedade. Barros é credor de Marcelo pela referida obrigação. Barros poderá provar a existência da sociedade

(A) de qualquer modo, e os bens sociais respondem pelos atos de gestão praticados por Marcelo.
(B) somente por escrito, e os bens sociais respondem pelos atos de gestão praticados por Marcelo.
(C) de qualquer modo, e somente os bens particulares de Marcelo respondem pelos atos de gestão por ele praticados.
(D) somente por escrito, e os bens particulares de Marcelo e Sebastião respondem pelos atos de gestão praticados por Marcelo.

RESPOSTA Diante do caso concreto e de acordo com o Código Civil (arts. 987 e 989), correta a *alternativa A.*

45. **(XV Exame)** Na cláusula décima do contrato social de Populina Comércio de Brinquedos Ltda., ficou estabelecido que: "A cessão a qualquer título da quota de qualquer dos sócios depende da oferta prévia aos demais sócios (direito de preferência) nas mesmas condições da oferta a não sócio. Caso, após o decurso de 30 (trinta) dias, não haja interessado, o cedente poderá livremente realizar a cessão da quota a não sócio". Tendo em vista as disposições do Código Civil acerca de cessão de quotas na sociedade limitada, assinale a afirmativa correta.

(A) A cláusula é integralmente válida, tendo em vista ser lícito aos sócios dispor no contrato sobre as regras a serem observadas na cessão de quotas.
(B) A cláusula é nula, porque não é lícito aos sócios dispor no contrato sobre a cessão de quotas, eis que ela depende sempre do consentimento dos demais sócios.
(C) A cláusula é ineficaz em relação a terceiros, porque o sócio pode ceder sua quota, total ou parcialmente, a outro sócio, independentemente da audiência dos demais.
(D) A cláusula é válida parcialmente, sendo nula na parte em que autoriza a cessão a não sócio, eis que ela depende sempre do consentimento de três quartos do capital social.

RESPOSTA Diz o CC que, na omissão do contrato, o sócio pode ceder sua quota, total ou parcialmente, a quem seja sócio, independentemente de audiência dos outros, ou a estranho, se não houver oposição de titulares de mais de um quarto do capital social (art. 1.057). *Alternativa A.*

46. **(XVIII Exame)** O contrato da sociedade do tipo simples Angélica Médicos Associados é omisso quanto à possibilidade de sucessão por morte de sócio. Inocência, uma das sócias, consulta você para saber qual a regra prevista no Código Civil para esse caso. Você respondeu corretamente que, com a morte de sócio,

(A) opera-se a dissolução da sociedade de pleno direito. Caberá a liquidação da quota do sócio falecido, cujo valor, considerado pelo montante efetivamente realizado, será apurado, com base no último balanço aprovado, salvo disposição contratual em contrário.
(B) opera-se a sucessão dos herdeiros do sócio falecido na sociedade. Os herdeiros poderão pleitear o levantamento de balanço de resultado econômico para verificação da situação patrimonial da sociedade à data do óbito, salvo disposição contratual em contrário.
(C) opera-se a resolução da sociedade em relação ao sócio falecido. Caberá a liquidação da quota do falecido, cujo valor, considerado pelo montante efetivamente realizado, será apurado, com base na situação patrimonial da sociedade à data do óbito, verificada em balanço especialmente levantado, salvo disposição contratual em contrário.
(D) opera-se a substituição do sócio falecido mediante acordo dos sócios remanescentes com os herdeiros. Os herdeiros poderão pleitear a liquidação da quota com base no valor econômico da sociedade, a ser apurado em avaliação por três peritos ou por sociedade especializada, mediante laudo fundamentado, salvo disposição contratual em contrário.

RESPOSTA A regra geral é do art. 1.028 do CC, pois, em caso de morte de sócio, liquidar-se-á sua quota, salvo se o contrato dispuser diferentemente, se os sócios remanescentes optarem pela dissolução da sociedade, ou se, por acordo com os herdeiros, regular-se a substituição do sócio falecido. Por fim, complementa-se a resposta pelo art. 1.031 do CC. *Alternativa C.*

47. **(XVII Exame)** Perseu, em 2012, ingressa numa sociedade simples, constituída em

2008, formada por cinco pessoas naturais e com sede na cidade de Primeira Cruz. De acordo com as disposições do Código Civil sobre a sociedade simples, assinale a afirmativa correta.

(A) Perseu é responsável por todas as dívidas sociais anteriores à admissão.
(B) Perseu responde apenas pelas dívidas sociais posteriores à admissão.
(C) Perseu responde apenas pelas dívidas sociais contraídas no ano anterior à admissão.
(D) Perseu não responde pelas dívidas sociais anteriores e posteriores à admissão.

RESPOSTA Nos termos do art. 1.025 do Código Civil. *Alternativa A.*

48. **(XIV Exame)** A Comissão de Valores Mobiliários poderá impor aos infratores de suas Resoluções, das normas da Lei n. 6.404/76 (Lei das Sociedades por Ações) e da Lei n. 6.385/76 (Lei do Mercado de Valores Mobiliários), dentre outras, a penalidade de inabilitação temporária, até o máximo de 20 (vinte) anos, para o exercício do cargo de administrador nas entidades relacionadas a seguir, à exceção de uma. Assinale-a.

(A) Companhia Aberta.
(B) Distribuidora de Valores Mobiliários.
(C) Sociedade em Comum.
(D) Bolsa de Valores.

RESPOSTA A inabilitação temporária está prevista no art. 11 da Lei n. 6.385/76 e atinge o exercício do cargo de administrador ou de conselheiro fiscal de companhia aberta, de entidade do sistema de distribuição ou de outras entidades que dependam de autorização ou registro na Comissão de Valores Mobiliários. *Alternativa C.*

49. **(XII Exame)** Com relação às sociedades anônimas, assinale a opção correta.

(A) As ações preferenciais são sempre ações sem direito de voto e com prioridade no recebimento de dividendos fixos e cumulativos.
(B) A vantagem das ações preferenciais de companhia fechada pode consistir exclusivamente em prioridade no reembolso do capital.
(C) A primeira convocação de assembleia geral de companhia fechada deverá ser feita no prazo de 15 (quinze) dias antes de sua realização.
(D) O conselho de administração é órgão obrigatório em todas as sociedades anônimas fechadas, com capital autorizado e de economia mista.

RESPOSTA (A) Errada, pois algumas ações preferenciais podem ter o direito de eleger (veja o art. 18 da Lei das S/A). (B) Correta, de acordo com o art. 17, II. (C) Errada, pois esse é o prazo da companhia aberta, o da fechada é menor, de 8 dias (art. 124, § 1º, I). (D) Errada, pois esse conselho é obrigatório para as sociedades abertas. *Alternativa B.*

50. **(XI Exame)** A respeito do capital autorizado, assinale a afirmativa correta.

(A) O estatuto pode prever os casos ou as condições em que os acionistas não terão direito de preferência para subscrição.
(B) A autorização para aumento do capital social pode ser conferida à diretoria da companhia, que pode ser competente para deliberar sobre as emissões.
(C) O estatuto pode prever a emissão de partes beneficiárias ou bônus de subscrição, dentro do limite do capital autorizado.
(D) Somente os estatutos de companhias fechadas podem conter autorização para aumento de capital social, independentemente de reforma estatutária.

RESPOSTA (A) Correta, art. 168, § 1º, *d*, da Lei n. 6.404/76. (B) Errada, art. 168, § 1º, *b*, da Lei n. 6.404/76. (C) Errada, art. 168, § 3º, da Lei n. 6.404/76. (D) Errada, art. 168 da Lei n. 6.404/76. *Alternativa A.*

51. **(XI Exame)** Cinco pessoas naturais residentes no município X decidiram constituir uma sociedade cooperativa e procuraram uma advogada para a elaboração do estatuto social. Com base nas disposições para esta espécie societária previstas no Código Civil, é correto afirmar que

(A) o estatuto deverá conter cláusula indicativa do valor do capital social, que será fixo durante toda a existência da sociedade.
(B) aplicam-se às cooperativas as disposições do Código Civil referentes às sociedades anônimas, na omissão da legislação especial.
(C) os sócios responderão sempre de forma solidária, ilimitada e subsidiária pelas obrigações sociais, por ser a cooperativa uma sociedade de pessoas.
(D) se a cooperativa possuir capital social, as quotas serão intransferíveis a terceiros estranhos à sociedade, ainda que por direito hereditário.

RESPOSTA Conforme a situação hipotética, correta está a alternativa D, visto que, de acordo com o Código Civil, uma das características da sociedade cooperativa é a intransferibilidade (art. 1.094, IV). *Alternativa D.*

52. **(X Exame)** A respeito das diferenças existentes entre as sociedades anônimas abertas e fechadas, assinale a afirmativa correta.

(A) A companhia será aberta ou fechada conforme os valores mobiliários de sua emissão sejam admitidos ou não à negociação no mercado de bolsa ou de balcão.

(B) As companhias abertas poderão emitir partes beneficiárias, opções de compra de ações e bônus de subscrição.

(C) O estatuto social de uma companhia fechada nunca poderá impor limitações à circulação das ações ordinárias, mas poderá fazê-lo em relação às ações preferenciais.

(D) As ações ordinárias e preferenciais de uma companhia aberta poderão ser de uma ou mais classes.

RESPOSTA De acordo com o art. 4º da Lei n. 6.404/1976, a companhia é aberta ou fechada conforme os valores mobiliários de sua emissão estejam ou não admitidos à negociação no mercado de valores mobiliários. *Alternativa A.*

53. **(IX Exame – Reaplicação)** A sociedade Farias, Macedo & Cia Ltda., com sede em Floreal, instalou Conselho Fiscal composto por cinco integrantes, nenhum deles sócio, eleitos pela assembleia dos sócios com quórum de maioria simples, com mandato até a próxima assembleia anual. Consultada uma advogada para opinar, ela afirmou corretamente que

(A) o Conselho Fiscal deve ser composto apenas por sócios pessoas naturais.

(B) a instituição de Conselho Fiscal é uma prerrogativa exclusiva das companhias.

(C) o quórum para eleição dos membros do Conselho Fiscal é de 2/3 do capital.

(D) a eleição dos membros do Conselho Fiscal compete à assembleia anual dos sócios.

RESPOSTA De acordo com o art. 1.066 do CC, resumidamente, pode o contrato instituir conselho fiscal composto de três ou mais membros e respectivos suplentes, sócios ou não, residentes no País, eleitos na assembleia anual. *Alternativa D.*

54. **(IX Exame)** A sociedade limitada encontra-se regulada nos artigos 1.052 a 1.087 do Código Civil. Para que ela possa atingir sua finalidade, necessita de patrimônio, já que sua personalidade é diversa da personalidade dos sócios. Em relação ao capital e ao patrimônio social desse tipo societário, assinale a afirmativa incorreta.

(A) No momento em que a sociedade limitada é constituída e inicia a atividade que constitui o objeto social, o patrimônio é igual ao capital social.

(B) Na constituição da sociedade há possibilidade do ingresso de sócio cuja contribuição consista exclusivamente em prestação de serviços.

(C) A distribuição dolosa de lucros ilícitos acarreta a responsabilidade solidária dos administradores que a realizarem e dos sócios que os receberem.

(D) O sócio remisso é aquele que não integraliza sua quota na forma e prazo previstos, podendo, por esse fato, ser excluído da sociedade.

RESPOSTA Segundo o § 2º do art. 1.055 do CC, é vedada contribuição que consista em prestação de serviços. *Alternativa B.*

55. **(VIII Exame)** A Assembleia Geral de S.A. Empreendimentos Turísticos, companhia aberta sediada em "X", delegou ao Conselho de Administração a deliberação sobre a oportunidade de emissão, época e condições de vencimento de debêntures conversíveis em ações. Petrossian Participações Ltda., acionista minoritário, consultou seu advogado sobre a legalidade da deliberação.

Com relação ao fato acima, assinale a alternativa que apresenta a resposta correta à consulta.

(A) A deliberação é válida, porque a deliberação sobre a oportunidade de emissão, a época e as condições de vencimento de debêntures conversíveis em ações pode ser delegada ao Conselho de Administração.

(B) A deliberação é anulável, porque a deliberação sobre a oportunidade de emissão, a época e as condições de vencimento de debêntures conversíveis em ações é privativa da assembleia geral nas companhias abertas.

(C) A deliberação é nula, porque a emissão de debêntures conversíveis em ações depende da autorização prévia dos titulares de ações preferenciais reunidos em assembleia especial convocada para esse fim.

(D) A deliberação é ineficaz em relação aos acionistas minoritários, pois a emissão de debêntures conversíveis em ações acarretará aumento de capital com diluição injustificada de participação desses acionistas.

RESPOSTA De acordo com os §§ 2º e 4º do art. 59 da Lei n. 6.404/1976, a assembleia geral pode delegar ao conselho de administração a deliberação sobre a emissão de debêntures conversíveis em ações. *Alternativa A.*

56. **(VII Exame)** Em relação à Sociedade em Conta de Participação NÃO é correto afirmar que

(A) é uma sociedade empresária personificada e de pessoas.

(B) a atividade constitutiva do objeto social deve ser exercida unicamente pelo sócio ostensivo.

(C) o contrato social produz efeito somente entre os sócios.

(D) as contribuições dos sócios participante e ostensivo constituem patrimônio especial.

RESPOSTA Segundo o art. 993 do CC, o contrato social produz efeito somente entre os sócios, e a eventual inscrição de seu instrumento em qualquer registro ***não confere personalidade jurídica*** à sociedade [em conta de participação]. *Alternativa A.*

57. **(VII Exame)** Sobre os direitos dos acionistas, é correto afirmar que

(A) o direito de voto é garantido a todo acionista, independente da espécie ou classe de ações de que seja titular.

(B) os acionistas deverão receber dividendos obrigatórios em todos os exercícios sociais.

(C) o acionista terá direito de se retirar da companhia caso cláusula compromissória venha a ser introduzida no estatuto social.

(D) o acionista tem o direito de fiscalizar as atividades sociais e sendo titular de mais de 5% do capital poderá requerer judicialmente a exibição dos livros da companhia, caso haja suspeita de irregularidades dos administradores.

RESPOSTA Conforme o art. 105 da Lei n. 6.404/1976 (Lei das S.A.), a exibição por inteiro dos livros da companhia pode ser ordenada *judicialmente* sempre que, a requerimento de acionistas que representem, ***pelo menos, 5%*** (cinco por cento) do capital social, sejam apontados atos violadores da lei ou do estatuto, ou haja fundada suspeita de graves irregularidades praticadas por qualquer dos órgãos da companhia. *Alternativa D.*

58. **(VI Exame – Reaplicação)** A respeito das diferenças entre a assembleia geral ordinária e a assembleia geral extraordinária de uma sociedade anônima, é correto afirmar que

(A) A assembleia geral extraordinária poderá ser realizada a qualquer momento, sendo que a assembleia geral ordinária deverá ser realizada nos 5 (cinco) primeiros meses seguintes ao término do exercício social.

(B) É competência privativa da assembleia geral ordinária deliberar sobre a destinação do lucro líquido do exercício e a distribuição de dividendos.

(C) A assembleia geral extraordinária não tem competência para deliberar sobre reforma do estatuto social.

(D) A assembleia geral ordinária jamais terá competência para eleger os administradores da companhia.

RESPOSTA Segundo o art. 131 da Lei n. 6.404/76, a assembleia geral é ***ordinária*** quando tem por objeto as matérias previstas no art. 132, e a ***extraordinária*** nos *demais* casos. E dentre as matérias previstas está a deliberação sobre a destinação do lucro líquido do exercício e a distribuição de dividendos (art. 132, II). *Alternativa B.*

59. **(VI Exame – Reaplicação)** A respeito da definição de responsabilidade dos sócios nos diferentes tipos societários, é correto afirmar que

(A) Nas sociedades anônimas, os sócios podem ser responsabilizados no limite do capital social, não estando sua responsabilidade limitada ao preço de emissão das ações que subscreveram ou adquiriram.

(B) Nas sociedades em comandita simples, os sócios comanditários são responsáveis solidária e ilimitadamente pelas obrigações sociais.

(C) Nas sociedades limitadas, a responsabilidade de cada quotista é limitada ao valor de suas quotas, mas todos respondem solidariamente pela integralização do capital social.

(D) Nas sociedades em comum, os sócios respondem ilimitadamente pelas obrigações da sociedade, mas não haverá solidariedade entre eles.

RESPOSTA É regra basilar das ***sociedades limitadas*** que a responsabilidade de cada sócio é restrita ao valor de suas quotas, mas todos respondem solidariamente pela integralização do capital social (art. 1.052 do CC). *Alternativa C.*

60. **(VI Exame – Reaplicação)** A respeito do direito de retirada no âmbito de uma companhia aberta, é correto afirmar que

(A) O direito de retirada poderá ser exercido no prazo de 30 (trinta) dias contados da publicação da ata da assembleia geral, ainda que o titular das ações tenha se abstido de votar contra a deliberação ou não tenha comparecido à assembleia.

(B) Qualquer acionista da companhia que dissentir da deliberação que aprovar a alteração das vantagens conferidas a uma determinada classe de ações preferenciais poderá exercer o direito de recesso.

(C) A deliberação que aprovar a fusão da companhia com outra sociedade gera, em qualquer hipótese, direito de retirada para os acionistas dissentes da deliberação.

(D) O prazo para exercício do direito de retirada é prescricional.

RESPOSTA O ***direito de retirada***, previsto no art. 137 da Lei n. 6.404/76, permite que o mesmo possa ser exercido no prazo de trinta dias contados da publicação da ata da assembleia geral, conforme o caso, ainda que o titular das ações tenha se abstido de votar contra a deliberação ou não tenha comparecido à assembleia. Ciência do § 2º. *Alternativa A.*

61. **(VI Exame)** A respeito das sociedades limitadas, assinale a alternativa correta.

(A) A sociedade limitada, nas omissões das normas estabelecidas pelo Código Civil, será regida pela Lei n. 6.404/76.

(B) A cessão de quotas de um quotista de uma sociedade limitada para outro quotista da mesma sociedade dependerá de prévia autorização estatutária.

(C) A sociedade limitada é administrada por uma ou mais pessoas designadas no contrato social ou em ato separado.

(D) Não dependerá de deliberação dos quotistas a nomeação ou a destituição dos administradores.

RESPOSTA Segundo o art. 1.060 do CC, a sociedade limitada é administrada por uma ou mais pessoas designadas no ***contrato social*** (que é quando a administração atribuída a todos os sócios não se estende de pleno direito aos que posteriormente adquiram essa qualidade) ou em ***ato separado***. *Alternativa C.*

62. **(VI Exame)** A respeito das debêntures, é correto afirmar que

(A) As debêntures da mesma série terão igual valor nominal e conferirão a seus titulares os mesmos direitos.

(B) O pagamento das debêntures sempre será estipulado em moeda nacional.

(C) A debênture não constitui valor mobiliário, sendo classificada tão somente como título de crédito.

(D) A companhia é obrigada a realizar a amortização das debêntures por meio de um único pagamento a seus titulares.

RESPOSTA Uma companhia poderá emitir ***debêntures*** que conferirão aos seus titulares direito de crédito contra ela, nas condições constantes da escritura de emissão e, se houver, do certificado, como prevê o art. 52 da Lei n. 6.404/76. Ela poderá efetuar mais de uma emissão de debêntures, e cada emissão pode ser dividida em séries, observada que aquelas da mesma série terão igual valor nominal e conferirão a seus titulares os mesmos direitos (art. 53, parágrafo único). *Alternativa A.*

63. **(V Exame)** A respeito da deliberação dos sócios na sociedade limitada, é correto afirmar que

(A) A assembleia somente pode ser convocada pelos administradores eleitos no contrato social.

(B) As formalidades legais de convocação são dispensadas quando todos os sócios se declararem, por escrito, cientes do local, data, hora e ordem do dia.

(C) A deliberação em assembleia será obrigatória se o número dos sócios for superior a cinco.

(D) As deliberações tomadas de conformidade com a lei e o contrato vinculam os sócios ausentes, mas não os dissidentes.

RESPOSTA Segundo o art. 1.072 do CC, as deliberações dos sócios, obedecido o disposto no art. 1.010, serão tomadas em ***reunião*** ou em ***assembleia*** (obrigatória quando o número de sócios for superior a *dez*), conforme previsto no contrato social, devendo ser convocadas pelos administradores nos casos previstos em lei ou no contrato. Dispensam-se as formalidades de convocação previstas no § 3º do art. 1.152, quando todos os sócios comparecerem ou se declararem, por escrito, cientes do local, data, hora e ordem do dia (art. 1.072, § 2º). *Alternativa B.*

64. **(V Exame)** Conforme o art. 4º da Lei n. 6.404/76, as companhias podem ser classificadas em abertas ou fechadas, dependendo se seus valores mobiliários podem ou não ser negociados no Mercado de Valores Mobiliários. Em relação aos valores mobiliários das companhias abertas e fechadas, assinale a alternativa correta.

(A) Valores mobiliários são títulos que concedem a seu titular certos direitos em relação à companhia. São exemplos de valores mobiliários as ações, as debêntures, os bônus de subscrição e o certificado de valores mobiliários.

(B) O Mercado de Valores Mobiliários (MVM) compreende as bolsas de valores, o mercado de balcão e o mercado de balcão organizado. Para a companhia poder negociar no MVM, deverá preencher certos requisitos e obter autorização da Comissão de Valores Mobiliários e da Junta Comercial.

(C) As companhias abertas, caso queiram negociar suas ações, devem sempre fazê-lo por meio do Mercado de Valores Mobiliários, ou seja, suas negociações serão sempre por oferta ao público em geral.

(D) Partes beneficiárias são títulos emitidos tanto pela companhia aberta quanto pela fechada que dão a seu titular direito a percentual no lucro da companhia.

RESPOSTA A lei que rege o mercado de valores mobiliários e cria a CMV – Comissão de Valores Mobiliários, a Lei n. 6.385/76, dispõe no seu art. 2º quais são os valores mobiliários previstos e dentre eles estão as ***ações***, as ***debêntures***, os ***bônus de subscrição*** (inciso I) e os ***certificados de valores mobiliários***, que podem ser "de desdobramento relativo aos valores mobiliários" (inciso II) ou "de depósito" (inciso III). Assim, deve-se considerar a *alternativa A* como correta, apesar da imprecisão do tipo "certificado de valores mobiliários".

65. **(V Exame)** A respeito da sociedade em comum, é correto afirmar que

(A) Os sócios respondem individual e ilimitadamente pelas obrigações sociais.

(B) São regidas pelas disposições das sociedades simples.

(C) Na relação com terceiros, os sócios podem comprovar a existência da sociedade de qualquer modo.

(D) Os sócios são titulares em comum das dívidas sociais.

RESPOSTA As ***sociedades em comum*** são aquelas que não têm registrado seus atos constitutivos na Junta Comercial (se empresária) ou no Registro Civil (se simples), ausente a personalidade jurídica, em que seus sócios, nas relações entre si ou com terceiros, somente por escrito podem provar a existência da sociedade. Segundo o art. 988 do CC, "os bens e dívidas sociais constituem patrimônio especial, do qual os sócios são titulares em comum". *Alternativa D.*

66. **(IV Exame)** Em relação à modificação do capital social das sociedades limitadas, assinale a alternativa correta.

(A) Há direito de preferência do sócio no caso de aumento do capital social, exercendo, primeiro, esse direito o sócio majoritário, que poderá adquirir todas as quotas ou quantas lhe interessarem. Após exercido esse direito, caso restem quotas a serem adquiridas, terá preferência sobre os demais quem tiver maior número de quotas, e assim sucessivamente.

(B) Para que haja aumento do capital social, não há necessidade de os sócios terem integralizado totalmente suas quotas.

(C) Uma das hipóteses para que haja diminuição do capital social é que a sociedade tenha tido prejuízos que não serão mais recuperados, devendo-se, nesse caso, haver diminuição proporcional do valor das quotas, tornando-se efetiva essa diminuição a partir do momento em que for feita a averbação no cartório competente da ata da assembleia que a aprovou.

(D) A diminuição do valor do capital social é direito da sociedade, não podendo haver objeção por parte dos credores.

RESPOSTA Dentre as hipóteses de ***redução*** do capital social previstas no art. 1.082 do CC está aquela que se apresenta quando *houver perdas irreparáveis* (inciso I). Nesse caso, a redução do capital será realizada com a diminuição proporcional do valor nominal das quotas, tornando-se efetiva a partir da averbação, no registro público de empresas mercantis, da ata da assembleia que a tenha aprovado (art. 1.083). *Alternativa C.*

67. **(III Exame)** As sociedades anônimas têm uma pesada estrutura, necessitando, assim, de vários órgãos para atingir seu desiderato, cada um com sua função específica. Um desses órgãos é a Diretoria, sendo seus diretores efetivamente os administradores da companhia. Esses diretores possuem alguns deveres para com a sociedade empresarial e para com o mercado. Entre esses deveres encontra-se o *desclosure*, que é o dever

(A) que os diretores possuem de convocar os acionistas para deliberar sobre determinado assunto ou vários assuntos que devem constar de uma pauta previamente escolhida.

(B) de fiscalizar os gastos da sociedade e se ela está cumprindo o que está disposto no estatuto social.

(C) que os administradores têm para com o mercado de informar todas as operações em que a companhia estiver envolvida e que possam influir na cotação das suas ações, das debêntures e dos valores mobiliários.

(D) que os administradores possuem de agir de forma diligente, respeitando o estatuto social, de forma a não causar prejuízos aos acionistas, podendo responder de forma pessoal com seu patrimônio caso violem esse dever.

RESPOSTA Os administradores, conselheiros e diretores de uma companhia têm deveres, como o de diligência (art. 153 da Lei n. 6.404/76), o de lealdade (art. 155) e o de informar (art. 157). Este último é também chamado de dever de *disclosure*. Apesar da grafia incorreta do enunciado da questão, a *alternativa C* está correta.

68. **(III Exame)** Com relação à exclusão do sócio da sociedade por justa causa, assinale a alternativa correta.

(A) Como o sócio majoritário possui a maioria do capital social, ele não poderá ser expulso em razão da vontade dos demais sócios, ainda que haja justo motivo para tal expulsão.

(B) A deliberação para exclusão do sócio majoritário não remisso deve ocorrer por assembleia convocada especificamente para tal fim, sendo a deliberação comunicada ao sócio que se visa excluir, e este deverá, em 48 horas, deixar a sociedade, podendo após esse prazo ser feita a devida alteração contratual.

(C) Se for ajuizada ação para se efetivar a expulsão do sócio, o juiz somente poderá verificar os aspectos formais que levaram à exclusão, como, por exemplo, se se respeitou o quórum necessário, não podendo examinar o mérito do ato expulsório.

(D) A justa causa é a violação ou falta de cumprimento das obrigações sociais, sendo que o sócio excluído não perde o valor patrimonial de sua participação societária.

RESPOSTA A ***resolução*** da sociedade em relação a um sócio poderá se dar por algumas razões, como, por exemplo, sua morte (art. 1.028 do CC) e nos casos previstos em lei ou no contrato, entre eles a *justa causa* (art. 1.029). Em outras palavras, *justa causa* resume-se a atos de inegável gravidade, o bastante para que impeça que o sócio permaneça na sociedade, seja pelo inadimplemento contratual, seja por descumprimento legal de suas obrigações. *Alternativa D.*

69. **(III Exame)** A Lei das Sociedades por Ações estabelece responsabilidades para os administradores, membros do Conselho Fiscal e para o acionista controlador. A violação a tais deveres pode causar responsabilidade civil, administrativa e penal. Em relação aos deveres e responsabilidades dos administradores, conselheiros e acionistas, assinale a alternativa correta.

(A) O acionista controlador é sempre o acionista majoritário, ou seja, aquele com maior número de ações da companhia, devendo usar seu poder de controle para fazer, a qualquer custo, com que a companhia tenha uma maior margem de lucro.

(B) Somente nas companhias fechadas é que todos os administradores são responsáveis pelos prejuízos que causarem pelo não cumprimento dos deveres impostos pela lei para assegurar o funcionamento normal da companhia, ainda que, de acordo com o estatuto, tais deveres não sejam de competência de todos eles.

(C) A única obrigação do acionista é a integralização de suas ações, não tendo qualquer outra responsabilidade para com a companhia.

(D) Para que os administradores sejam responsabilizados pela prática de seus atos, há necessidade de se causarem prejuízos efetivos à companhia, e apenas se seus atos forem comissivos.

RESPOSTA Segundo o § 2º do art. 158 da Lei n. 6.404/76, os administradores são solidariamente responsáveis pelos prejuízos causados em virtude do não cumprimento dos deveres impostos por lei para assegurar o funcionamento normal da companhia, ainda que, pelo estatuto, tais deveres não caibam a todos eles. Mas é o § 3º que excepciona a responsabilidade solidária em relação às companhias de capital aberto, sendo aplicável somente às ***companhias fechadas***. *Alternativa B.*

70. **(II Exame)** Antônio e Joana casaram-se pelo regime da comunhão parcial de bens. Após o casamento, Antônio tornou-se sócio de sociedade simples com 1.000 quotas representativas de 20% do capital da sociedade. Passados alguns anos, o casal veio a se separar judicialmente. Assinale a alternativa que indique o que Joana pode fazer em relação às quotas de seu ex-cônjuge.

(A) Solicitar judicialmente a partilha das quotas de Antônio, ingressando na sociedade com 500 quotas ou 10% do capital social.

(B) Requerer a dissolução parcial da sociedade de modo a receber o valor de metade das quotas de Antônio calculado com base em balanço especialmente levantado, tomando-se como base a data da separação.

(C) Participar da divisão de lucros até que se liquide a sociedade, ainda que não possa nela ingressar.

(D) Requerer a dissolução da sociedade e a liquidação dos bens sociais para que, apurados os haveres dos sócios, possa receber a parte que lhe pertence das quotas de seu ex-cônjuge.

RESPOSTA Tanto os herdeiros do cônjuge do sócio como o cônjuge de quem se separou judicialmente, segundo o art. 1.027 do CC, não podem exigir desde logo a parte que lhes couber na quota social, mas concorrer à divisão periódica dos lucros, até que se liquide a sociedade. *Alternativa C.*

71. **(II Exame)** No que se refere à cessão de quotas de sociedade empresária limitada, assinale a alternativa correta.

(A) O cedente responde solidariamente com o cessionário perante a sociedade e terceiros pelas obrigações que tinha como sócio até três anos após averbada no registro competente a modificação do contrato social.

(B) Na omissão do contrato, o sócio pode ceder sua quota, total ou parcialmente, a quem já seja sócio, independentemente da audiência dos demais.

(C) A cessão de quotas, consubstanciada na respectiva alteração contratual, terá eficácia entre cedente e cessionário somente após a sua averbação perante o órgão competente.

(D) Na omissão do contrato, o sócio pode ceder sua quota, total ou parcialmente, para terceiro, estranho ao quadro de sócios, somente se houver a concordância da unanimidade dos demais sócios.

RESPOSTA Na omissão do contrato, permite o art. 1.057 do CC, o sócio pode ceder sua quota, total ou parcialmente, a quem seja sócio, independentemente de audiência dos outros, ou a estranho, se não houver oposição de titulares de mais de um quarto do capital social. *Alternativa B.*

72. **(XXIII Exame)** Marcel, durante a realização de seu estágio em um escritório de advocacia, devidamente autorizado por seu chefe, atendeu a uma consulta formulada por um cliente. O cliente desejava esclarecimentos sobre o direito de voto e seu exercício nas companhias. Marcel respondeu, corretamente, que

(A) na eleição dos membros do Conselho Fiscal, o voto poderá ser múltiplo.

(B) em caso de penhor da ação, somente o credor pignoratício exercerá o direito de voto.

(C) independente da espécie ou da classe de ação, o voto é um direito essencial de todo e qualquer acionista.

(D) a qualquer espécie ou classe de ação, é vedado atribuir voto plural.

RESPOSTA O art. 110 da LSA é claro: é vedado atribuir voto plural a qualquer classe de ações (§ 2º). *Alternativa D.*

73. **(XXIII Exame)** Em 11 de setembro de 2016, ocorreu o falecimento de Pedro, sócio de uma sociedade simples. Nessa situação, o contrato prevê a resolução da sociedade em relação a um sócio. Na alteração contratual ficou estabelecida a redução do capital no valor das quotas titularizadas pelo ex-sócio, sendo o documento arquivado no Registro Civil de Pessoas Jurídicas, em 22 de outubro de 2016. Diante da narrativa, os herdeiros de Pedro são responsáveis pelas obrigações sociais anteriores à data do falecimento, até dois anos após

(A) a data da resolução da sociedade e pelas posteriores e em igual prazo, a partir de 11 de setembro de 2016.

(B) a data do arquivamento da resolução da sociedade (22 de outubro de 2016).

(C) a data da resolução da sociedade em relação ao sócio Pedro (11 de setembro de 2016).

(D) a data do arquivamento da resolução da sociedade e pelas posteriores e em igual prazo, a partir de 22 de outubro de 2016.

RESPOSTA De acordo com o Código Civil, a retirada, exclusão ou morte do sócio, não o exime, ou a seus herdeiros, da responsabilidade pelas obrigações sociais anteriores, até dois anos após averbada a resolução da sociedade; pelas posteriores e em igual prazo, enquanto não se requerer a averbação (Art. 1.032). *Alternativa B.*

III. TÍTULOS DE CRÉDITO

74. **(XXIX Exame)** André de Barros foi desapossado de nota promissória com vencimento à vista no valor de R$ 34.000,00 (trinta e quatro mil reais), pagável em Lagoa Vermelha/RS, que lhe foi endossada em branco pela sociedade empresária Arvorezinha Materiais de Limpeza Ltda. Em relação aos direitos cambiários decorrentes da nota promissória, assinale a afirmativa correta.

(A) A sociedade empresária endossante ficará desonerada se o título não for restituído a André de Barros no prazo de 30 (trinta) dias da data do desapossamento.

(B) André de Barros poderá obter a anulação do título desapossado e um novo título em juízo, bem como impedir que seu valor seja pago a outrem.

(C) A sociedade empresária endossante não poderá opor ao portador atual exceção fundada em direito pessoal ou em nulidade de sua obrigação.

(D) O subscritor da nota promissória ficará desonerado perante o portador atual se provar que o título foi desapossado de André de Barros involuntariamente.

RESPOSTA De acordo com art. 909 do CC, o proprietário, que perder ou extraviar título, ou for injustamente desapossado dele, poderá obter novo título em juízo, bem como impedir sejam pagos a outrem capital e rendimentos. Considere ainda que o pagamento, feito antes de ter ciência da ação referida neste artigo, exonera o devedor, salvo se se provar que ele tinha conhecimento do fato (art. 909, parágrafo único). *Alternativa B.*

75. **(XXVIII Exame)** Filadélfia emitiu nota promissória à vista em favor de Palmas. Antes da apresentação a pagamento, Palmas realizou endosso-mandato da cártula para Sampaio. De posse do título, é correto afirmar que Sampaio

(A) poderá exercer todos os direitos inerentes ao título, inclusive realizar novo endosso sem as restrições daquele realizado em cobrança.

(B) poderá transferir o título na condição de procurador da endossante ou realizar endosso em garantia (endosso pignoratício).

(C) somente poderá transferir a nota promissória, por meio de novo endosso, na condição de procurador da endossante.

(D) não poderá realizar qualquer endosso do título, pois caso o faça será considerado como parcial, logo nulo.

RESPOSTA Observe o art. 917 do CC: "A cláusula constitutiva de mandato, lançada no endosso, confere ao endossatário o exercício dos direitos inerentes ao título, salvo restrição expressamente estatuída. § 1º O endossatário de endosso-mandato só pode endossar novamente o título na qualidade de procurador, com os mesmos poderes que recebeu". Correta, então a *alternativa C*.

76. **(XXVIII Exame)** Inocência adquiriu um aparelho de jantar para sua nova residência em uma loja de artigos domésticos. A vendedora, sociedade limitada empresária, recebeu um cheque cruzado emitido pela compradora e se comprometeu a não o apresentar ao sacado antes de 10 de janeiro de 2019. Em 13 de dezembro de 2018, exatamente uma semana após a compra, Inocência verificou, no extrato de sua conta-corrente bancária, que o cheque em referência havia sido apresentado a pagamento e devolvido por insuficiência de fundos, em decorrência da apresentação antecipada ao sacado. Sobre a apresentação de cheque pós-datado antes da data indicada como sendo a de emissão, com base na jurisprudência pacificada, assinale a afirmativa correta.

(A) Caracteriza dano moral.
(B) Não pode ensejar qualquer indenização ao emitente.
(C) Pode ensejar apenas dano material.
(D) Pode ensejar indenização apenas se o cheque não estiver cruzado.

RESPOSTA Conforme a Súmula 370 do Superior Tribunal de Justiça, caracteriza dano moral a apresentação antecipada de cheque pré-datado. *Alternativa A.*

77. **(XXVII Exame)** Resende & Piraí Ltda. sacou duplicata de serviço em face de Italva Louças e Metais S/A, que a aceitou. Antes do vencimento, o título foi endossado para Walter. Há um aval em preto no título dado por Casimiro Cantagalo em favor do sacador. Após o vencimento, ocorrido em 11 de setembro de 2018, a duplicata foi levada a protesto por falta de pagamento, em 28 de setembro do mesmo ano. Com base nas informações dadas, assinale a opção que indica contra quem Walter, endossatário da duplicata, poderá promover a ação de execução.

(A) Italva Louças e Metais S/A, exclusivamente, em razão da perda do direito de ação em face dos coobrigados pela apresentação da duplicata a protesto por falta de pagamento além do prazo de 1 (um) dia útil após o vencimento.
(B) Resende & Piraí Ltda. e Casimiro Cantagalo, somente, pois a duplicata foi apresentada a protesto tempestivamente, assegurando o portador seu direito de ação em face dos coobrigados, mas não em face do aceitante.
(C) Resende & Piraí Ltda. e Italva Louças e Metais S/A, somente, em razão da perda do direito de ação em face do avalista pela apresentação da duplicata a protesto por falta de pagamento além do prazo de 1 (um) dia útil após o vencimento.
(D) Resende & Piraí Ltda., Italva Louças e Metais S/A e Casimiro Cantagalo, pois a duplicata foi apresentada a protesto tempestivamente, assegurando o portador seu direito de ação em face dos coobrigados e do aceitante.

RESPOSTA Diante da situação, aplica-se o art. 13, § 4º, da Lei n. 5.474/68. O protesto foi tempestivo, sendo assim, resta assegurado o direito de ação em face dos co-obrigados. *Alternativa D.*

78. **(XXVI Exame)** Três Coroas Comércio de Artigos Eletrônicos Ltda. subscreveu nota promissória em favor do Banco Dois Irmãos S.A. com vencimento a dia certo. Após o vencimento, foi aceita uma proposta de moratória feita pelo devedor por 120 (cento e vinte) dias, sem alteração da data de vencimento indicada no título. O beneficiário exigiu dois avalistas simultâneos, e o devedor apresentou Montenegro e Bento, que firmaram avais em preto no título.

Sobre esses avais e a responsabilidade dos avalistas simultâneos, assinale a afirmativa correta.

(A) Por ser vedado, no direito brasileiro, o aval póstumo, os avais simultâneos são considerados não escritos, inexistindo responsabilidade cambial dos avalistas.
(B) O aval lançado na nota promissória após o vencimento ou o protesto tem efeito de fiança, respondendo os avalistas subsidiariamente perante o portador.
(C) O aval póstumo produz os mesmos efeitos do anteriormente dado, respondendo os avalistas solidariamente e autonomamente perante o portador.
(D) O aval póstumo é nulo, mas sua nulidade não se estende à obrigação firmada pelo subscritor (avalizado), em razão do princípio da autonomia.

RESPOSTA De acordo com o art. 900 do Código Civil, *Alternativa C.*

79. **(XXV Exame)** Para realizar o pagamento de uma dívida contraída pelo sócio M. Paraguaçu em favor da sociedade Iguape, Cananeia & Cia. Ltda., o primeiro emitiu uma nota promissória à vista, com cláusula à ordem no valor de R$ 50.000,00 (cinquenta mil reais). De acordo com essas informações e a respeito da cláusula à ordem, é correto afirmar que

(A) a nota promissória, na omissão dessa cláusula, somente poderia ser transferida pela forma e com os efeitos de cessão de crédito.
(B) a cláusula implica a possibilidade de transferência do título por endosso, sendo o endossante responsável pelo pagamento, salvo cláusula sem garantia.
(C) a cláusula implica a possibilidade de transferência do título por endosso, porque a modalidade de vencimento da nota promissória é à vista.
(D) tal cláusula implica a possibilidade de transferência do título por cessão de crédito, não respondendo o cedente pela solvência do emitente, salvo cláusula de garantia.

RESPOSTA A cláusula à ordem significa que o título pode ser transferido por endosso. A responsabilidade do endossante consta na LUG (Decreto n. 57.663) como garantidor do pagamento, exceto se tiver posta cláusula sem garantia (de pagamento). *Alternativa B.*

80. **(XXII Exame)** Luiz emitiu uma nota promissória em favor de Jerônimo. No momento da emissão, ele não inseriu a quantia nem o lugar de pagamento. Na data do vencimento, o subscritor foi procurado por um procurador do beneficiário, que lhe exibiu a cártula com endosso-mandato e exigiu o pagamento. Luiz verificou, então, que o título havia sido preenchido abusivamente, pois constava o valor de R$ 15.000,00 (quinze mil reais), quando o correto seria R$ 1.500,00 (mil e quinhentos reais), e o lugar de pagamento era diverso de seu domicílio, em Cachoeiro de Itapemirim, ES. Procurado pelo devedor para analisar o caso e ciente de que o pagamento não foi realizado por ele, você, como advogado(a), responde que

(A) é possível alegar em juízo, com êxito, a nulidade do título, em razão de o lugar de pagamento ser domicílio diverso do subscritor, caracterizando má-fé do portador atual.
(B) não é possível ao subscritor se recusar validamente ao pagamento diante da autonomia das obrigações cambiárias e do endosso-mandato realizado na cártula.
(C) é possível ao subscritor da nota promissória opor exceção pessoal ao beneficiário Jerônimo quanto ao conteúdo literal do título, diante do preenchimento abusivo.
(D) não é possível a oposição de exceção ao pagamento, porque o subscritor da nota promissória é equiparado ao aceitante da letra de câmbio e, como tal, obriga-se a pagar na data do vencimento.

RESPOSTA Segundo o art. 891 e parágrafo único do CC, o título de crédito, incompleto ao tempo da emissão, deve ser preenchido de conformidade com os ajustes realizados, observado que o descumprimento dos ajustes previstos nesse artigo pelos que deles participaram, não constitui motivo de oposição ao terceiro portador, salvo se este, ao adquirir o título, tiver agido de má-fé. Como o procurador do beneficiário não é "terceiro portador", constitui motivo para exceção a adulteração. *Alternativa C.*

81. **(XXIV Exame)** Um cliente apresenta a você um cheque nominal à ordem com as assinaturas do emitente no anverso e do endossante no verso. No verso da cártula, também consta uma terceira assinatura, identificada apenas como aval pelo signatário. Com base nessas informações, assinale a afirmativa correta.

(A) O aval dado no título foi irregular, pois, para a sua validade, deveria ter sido lançado no anverso.
(B) A falta de indicação do avalizado permite concluir que ele pode ser qualquer dos signatários (emitente ou endossante).
(C) O aval dado no título foi na modalidade em branco, sendo avalizado o emitente.
(D) O aval somente é cabível no cheque não à ordem, sendo considerado não escrito se a emissão for à ordem.

RESPOSTA De acordo com o art. 30 da Lei dos Cheques, o aval é lançado no cheque ou na folha de alongamento. Exprime-se pelas palavras "por aval", ou fórmula equivalente, com a assinatura do avalista. Considera-se como resultante da simples assinatura do avalista, aposta no anverso do cheque, salvo quando se tratar da assinatura do emitente. Ademais, o aval deve indicar o avalizado. Na falta de indicação, considera-se avalizado o emitente (parágrafo único do art. 30). *Alternativa C.*

82. **(XXI Exame)** Humaitá Comércio e Distribuição de Defensivos Agrícolas Ltda. sacou 4 (quatro) duplicatas de compra e venda em face de Cooperativa dos Produtores Rurais de Coari Ltda., em razão da venda de insumos para as plantações dos cooperados. Com base nestas informações, assinale a afirmativa correta.

(A) É facultado ao sacador inserir cláusula não à ordem no momento do saque, caso em que a forma de transferência dos títulos se dará por meio de cessão civil de crédito.

(B) Por se tratar de sacado cooperativa, sociedade simples independentemente de seu objeto, é proibido o saque de duplicatas em face dessa espécie de sociedade.

(C) Lançada eventualmente a cláusula mandato no endosso das duplicatas, o endossatário poderá exercer todos os direitos emergentes dos títulos, inclusive efetuar endosso próprio a terceiro.

(D) Sendo o pagamento das duplicatas garantido por aval, o avalista é equiparado àquele cujo nome indicar; na falta da indicação, àquele abaixo de cuja firma lançar a sua; fora desses casos, ao sacado.

RESPOSTA O pagamento da duplicata poderá ser assegurado por aval, sendo o avalista equiparado àquele cujo nome indicar; na falta da indicação, àquele abaixo de cuja firma lançar a sua; fora desses casos, ao comprador (art. 12, *caput*, da Lei n. 5.474/68). *Alternativa D.*

83. **(XX Exame)** Cícero sacou uma letra de câmbio em favor de Amélia, tendo designado como sacado Elísio, que acatou a ordem de pagamento. A primeira endossante realizou um endosso em preto para Dario, com proibição de novo endosso. Diante do efeito legal da cláusula de proibição de novo endosso, assinale a afirmativa correta.

(A) Caso Dario realize um novo endosso, tal transferência terá efeito de cessão de crédito perante os coobrigados e efeito de endosso perante o aceitante.

(B) Dario não poderá realizar novo endosso no título sob pena de desoneração de responsabilidade cambial dos coobrigados.

(C) Tal qual o endosso parcial, a proibição de novo endosso é nula por restringir a responsabilidade cambiária do endossante e do sacador.

(D) Amélia, embora coobrigada, não responde pelo pagamento da letra de câmbio perante os endossatários posteriores a Dario.

RESPOSTA O endossante, salvo cláusula em contrário, é garante tanto da aceitação como do pagamento da letra. O endossante pode proibir um novo endosso, e, neste caso, não garante o pagamento às pessoas a quem a letra for posteriormente endossada (art. 15 da LUG). *Alternativa D.*

84. **(XX Exame – Reaplicação)** Alvarenga, empresário individual, utilizou duplicata para a cobrança do preço referente à venda de laticínios do Serro que realizou em favor de Belmiro Braga. Consta no verso do título a assinatura de Brás Pires, na condição de avalista e sem indicação do avalizado. Após a prestação do aval, houve lançamento de endosso-mandato em favor do Banco Botelhos S/A. Sobre o aval e as informações do enunciado, de acordo com a disposição da Lei de Duplicatas, o(s) avalizado(s) será(ão)

(A) Alvarenga e Belmiro Braga.

(B) Banco Botelhos S/A.

(C) Belmiro Braga.

(D) Alvarenga.

RESPOSTA O pagamento da duplicata poderá ser assegurado por aval, sendo o avalista equiparado àquele cujo nome indicar; na falta da indicação, àquele abaixo de cuja firma lançar a sua; fora desses casos, ao comprador (art. 12, *caput*, da Lei n. 5.474/68). Em razão dos fatos, o avalizado é o comprador, pois se interpreta que não houve assinatura do avalista escrita abaixo de qualquer outra. Trata-se de situação de aval em branco. *Alternativa C.*

85. **(XVI Exame)** Uma letra de câmbio no valor de R$ 13.000,00 (treze mil reais) foi endossada por Pilar com cláusula de mandato para o Banco Poxim S/A. Não tendo havido pagamento no vencimento, a cambial foi apresentada a protesto pelo endossatário mandatário, tendo sido lavrado e registrado o protesto pelo tabelião. Dez dias após o protesto, Rui Palmeira, aceitante da letra de câmbio, compareceu ao tabelionato e apresentou declaração de anuência firmada apenas pelo endossante da letra de câmbio, com identificação do título e firma reconhecida. Não houve apresentação do título no original ou em sua cópia. À luz das disposições da Lei n. 9.492/97 sobre o cancelamento do protesto, é correto afirmar que o tabelião:

(A) não poderá realizar o cancelamento do protesto por faltar no documento apresentado a anuência do endossatário mandatário.

(B) não poderá realizar o cancelamento do protesto, porque esse ato é privativo do juiz, diferentemente da sustação do protesto.

(C) poderá realizar o cancelamento do protesto, porque é suficiente a declaração de anuência firmada pelo endossante-mandante.

(D) poderá realizar o cancelamento do protesto, porque o pedido foi feito no prazo legal (30 dias) e pelo aceitante, obrigado principal.

RESPOSTA Diante da situação hipotética, cumpre a regra do art. 26, §§ 1º e 2º, da Lei n. 9.492/97. *Alternativa C.*

86. **(XIX Exame)** Nanci, empresária individual, contraiu empréstimo com instituição financeira, formalizado em contrato de abertura de crédito. A esse contrato foi vinculada nota promissória avalizada, emitida pela mutuária em favor da mutuante. Em relação à obrigação firmada pelo avalista, assinale a afirmativa correta.

(A) A nota promissória vinculada ao contrato de abertura de crédito não goza de autonomia em razão da iliquidez do título que a originou.

(B) A nota promissória vinculada ao contrato de abertura de crédito goza de autonomia em razão do contrato de abertura de crédito ser título executivo extrajudicial.

(C) O avalista poderá arguir exceção de pré-executividade em razão da iliquidez do título que originou a nota promissória, mesmo que esta tenha força executiva e autonomia.

(D) A nota promissória gozará de autonomia somente com a anuência do avalista no contrato de abertura de crédito, além da sua assinatura no título.

RESPOSTA Diz a Súmula 258 do STJ que a nota promissória vinculada a contrato de abertura de crédito não goza de autonomia em razão da iliquidez do título que a originou. *Alternativa A.*

87. (XVIII Exame) Feijó recebeu de Moura um cheque com cruzamento especial no valor de R$ 2.300,00 (dois mil e trezentos reais). Acerca das disposições legais que disciplinam tal espécie de cheque, assinale a afirmativa correta.

(A) O cheque com cruzamento especial pode ser pago em dinheiro no estabelecimento contra o qual foi sacado ou mediante apresentação a uma câmara de compensação.

(B) O cruzamento especial não pode ser convertido em geral e a inutilização do cruzamento ou a do nome do banco é reputada como não existente.

(C) A aposição de vários cruzamentos especiais invalida o cheque, exceto se o portador, no primeiro cruzamento, indicar o mesmo banco que o sacado.

(D) O cheque com cruzamento especial obriga o sacado a debitar a quantia indicada no título da conta do emitente e a reservá-la em benefício do portador legitimado, durante o prazo de apresentação.

RESPOSTA De acordo com art. 44 da Lei do Cheque, o emitente ou o portador podem cruzar o cheque, mediante a aposição de dois traços paralelos no anverso do título. Observado os §§ 2º e 3º: "o cruzamento geral pode ser convertida em especial, mas este não pode converter-se naquele" e "a inutilização do cruzamento ou a do nome do banco é reputada como não existente". *Alternativa B.*

88. (XVII Exame) Lauro emitiu uma nota promissória com vencimento a dia certo em favor da sociedade empresária W Corretora de Imóveis Ltda. Embora o título esteja assinado pelo emitente, nele não constam a data e o lugar de emissão. Há cláusula de juros remuneratórios, com fixação de taxa anual de 12%. Antes do vencimento, o título recebeu aval em branco prestado por Pedro, irmão de Lauro.

Sendo certo que os dados omitidos na nota promissória não foram preenchidos pela sociedade empresária antes da cobrança judicial, assinale a afirmativa correta.

(A) Por se tratar de nota promissória com vencimento a dia certo, é válida a cláusula de juros remuneratórios.

(B) O avalista em branco poderá alegar vício de forma como exceção ao pagamento perante a sociedade empresária.

(C) A ausência do lugar de emissão na nota promissória acarreta sua nulidade, em razão da autonomia das obrigações cambiais.

(D) Todos os dados omitidos na nota promissória deveriam ter sido preenchidos pela sociedade empresária até o dia do vencimento. Portanto, a ação de cobrança deverá observar o procedimento da ação monitória.

RESPOSTA (A) Só é válida a cláusula de juros em nota promissória à vista ou a certo termo de vista (art. 5º, LUG). (B) A falta de data de emissão é considerada vício de forma (art. 1º c/c art. 2º, LUG). (C) Na ausência de lugar de emissão no título, considera-se emitido no lugar designado ao lado do nome do sacador (art. 2º, 4ª alinea, LUG). (D) O título pode ser preenchido até antes da cobrança ou do protesto (Súmula 387, STF). *Alternativa B.*

89. (XV Exame) Sobre a distinção entre endosso e cessão de crédito, assinale a afirmativa correta.

(A) A cessão de crédito é a forma de transmissão dos títulos à ordem, enquanto o endosso é a forma de transmissão dos títulos não à ordem.

(B) A cessão de crédito ao cessionário pode ser parcial ou total, enquanto o endosso deve ser feito pelo valor integral do título, sob pena de nulidade.

(C) A eficácia do endosso em relação aos devedores do título depende de sua notificação; na cessão de crédito, a eficácia decorre da simples assinatura do cedente no anverso do título.

(D) O direito de crédito do endossatário é dependente das relações do devedor com portadores anteriores; o direito do cessionário é literal e autônomo em relação aos portadores anteriores.

RESPOSTA (A) Endosso é a forma de transmissão dos títulos à ordem. (B) O endosso não pode ser parcial. (C) Ao contrário da afirmativa. (D) *Idem. Alternativa B.*

90. **(XIV Exame)** Na duplicata de compra e venda, entende-se por protesto por indicações do portador aquele que é lavrado pelo tabelião de protestos

(A) em caso de recusa ao aceite e devolução do título ao apresentante pelo sacado, dentro do prazo legal.

(B) quando o sacado retiver a duplicata enviada para aceite e não proceder à devolução dentro do prazo legal.

(C) na falta de pagamento do título pelo aceitante ou pelo endossante dentro do prazo legal.

(D) em caso de revogação da decisão judicial que determinou a sustação do protesto.

RESPOSTA Diz a Lei das Duplicatas que, por falta de aceite, de devolução ou de pagamento, o protesto será tirado, conforme o caso, mediante apresentação da duplicata, da triplicata, ou, ainda, por simples indicações do portador, na falta de devolução do título (art. 13, § 1º, da Lei n. 5.474/68). *Alternativa B.*

91. **(XIII Exame)** Glória vendeu um automóvel a prazo para Valente. O pagamento foi realizado em quatro notas promissórias, com vencimentos em 30, 60, 90 e 120 dias da data de emissão. Os títulos foram endossados em branco para Paulo Afonso, mas foram extraviados antes dos respectivos vencimentos. Sobre a responsabilidade do emitente e do endossante das notas promissórias, assinale a afirmativa correta.

(A) Apenas o emitente responde pelo pagamento dos títulos porque o endossante não é coobrigado, salvo cláusula em contrário inserida na nota promissória.

(B) A responsabilidade do emitente e do endossante perante o portador subsiste ainda que os títulos tenham sido perdidos ou extraviados involuntariamente.

(C) O endossante e o emitente não respondem perante o portador pelo pagamento das notas promissórias em razão do desapossamento involuntário.

(D) O emitente e o endossante não respondem pelo pagamento dos títulos porque só é permitido ao vendedor sacar duplicata em uma compra e venda.

RESPOSTA Diante da situação hipotética, destaca-se a aplicação do princípio da autonomia das relações cambiárias, onde as obrigações são autônomas umas das outras. Sendo assim, correta a *alternativa B.*

92. **(XII Exame)** Fontoura Xavier sacou letra de câmbio à ordem no valor de R$ 20.000,00 (vinte mil reais) em face de Sales Oliveira, pagável à vista na praça de Itaocara, indicando como beneficiário Rezende Costa. Com base nos dados apresentados e na legislação sobre letra de câmbio, assinale a afirmativa INCORRETA.

(A) O vencimento da letra de câmbio ocorrerá na data de sua apresentação pelo beneficiário ao sacado, Sales Oliveira.

(B) Se o sacador, Fontoura Xavier, inserir a cláusula "sem despesas" será facultativo o protesto por falta de pagamento.

(C) O beneficiário e portador, Rezende Costa, pode inserir no título a cláusula "não à ordem" antes de transferi-lo a terceiro.

(D) Se o sacador, Fontoura Xavier, inserir na letra de câmbio cláusula de juros e sua taxa, essa estipulação será considerada válida.

RESPOSTA (A) Correta, de acordo com o art. 34 do Decreto n. 57.663/66. (B) Correta, de acordo com o art. 46 do mencionado decreto. (C) A banca considerou como *incorreta*, sendo a alternativa a ser assinalada, no entanto, merece reparos, visto que ela é prevista pelo decreto em referência no art. 11. No entanto, a FGV não anulou a questão. (D) Correta, de acordo com o art. 5º do decreto em comento. *Alternativa C.*

93. **(XI Exame)** Um cheque no valor de R$ 3.000,00 (três mil reais) foi sacado em 15 de agosto de 2012, na praça de Santana, Estado do Amapá, para pagamento no mesmo local de emissão. Dez dias após o saque, o beneficiário endossou o título para Ferreira Gomes. Este, no mesmo dia, apresentou o cheque ao sacado para pagamento, mas houve devolução ao apresentante por insuficiência de fundos, mediante declaração do sacado no verso do cheque. Com base nas informações contidas no enunciado e nas disposições da Lei n. 7.357/85 (Lei do Cheque), assinale a afirmativa incorreta.

(A) O apresentante, diante da devolução do cheque, deverá levar o título a protesto por falta de pagamento, requisito essencial à propositura da ação executiva em face do endossante.

(B) O emitente do cheque, durante ou após o prazo de apresentação, poderá fazer sustar seu pagamento mediante aviso escrito dirigido ao sacado, fundado em relevante razão de direito.

(C) O prazo de apresentação do cheque ao sacado para pagamento é de 30 (trinta) dias, contados da data de emissão, quando o lugar de emissão for o mesmo do de pagamento.

(D) O portador, apresentado o cheque e não realizado seu pagamento, deverá promover a ação executiva em face do emitente em até 6 (seis) meses após a expiração do prazo de apresentação.

RESPOSTA Conforme a situação hipotética, está errada a alternativa A, visto que o portador pode promover a execução do cheque contra os endossantes e seus avalistas, se o cheque for apresentado em tempo hábil e a recusa de pagamento for comprovada pelo protesto ou por declaração do sacado, escrita e datada sobre o cheque, com indicação do dia de apresentação, ou, ainda, por declaração escrita e datada por câmara de compensação (art. 47, II, da Lei n. 7.357/85). *Alternativa A.*

94. **(X Exame)** Laurentino recebeu um cheque nominal sacado na praça de "Z" no valor de R$ 20.000,00 (vinte mil reais) e pagável na praça de "A". Vinte dias após a emissão e antes da apresentação ao sacado foram furtados vários documentos da residência do tomador, dentre eles o referido cheque. Com base nestas informações, assinale a afirmativa correta.

(A) A medida judicial cabível para impedir o pagamento do chequc pelo sacado é a contraordem ou oposição, que produz efeito durante o prazo de apresentação.

(B) A medida extrajudicial cabível para impedir o pagamento do cheque pelo sacado é a sustação ou oposição, que depende da prova da existência de fundos disponíveis.

(C) A medida judicial cabível para impedir o pagamento do cheque pelo sacado é a sustação ou oposição, que produz efeito apenas após o prazo de apresentação.

(D) A medida extrajudicial cabível para impedir o pagamento do cheque pelo sacado é a sustação ou oposição, que está fundada em relevante razão de direito.

RESPOSTA De acordo com o art. 36 da Lei dos Cheques, mesmo durante o prazo de apresentação, o emitente e o portador legitimado podem fazer sustar o pagamento, manifestando ao sacado, por escrito, oposição fundada em relevante razão de direito. *Alternativa D.*

95. **(IX Exame – Reaplicação)** A sociedade empresária Congelados da Vovó Ltda., com sede na cidade de Montanha, realizou o pagamento a um fornecedor por meio de cheque administrativo. Sobre esta espécie de cheque, assinale a afirmativa correta.

(A) É aquele sacado para ser creditado em conta, podendo ser emitido ao portador até o valor de R$ 100,00 (cem reais).

(B) É aquele que contém visto em seu verso, atestando a existência de fundos durante o prazo de apresentação.

(C) É aquele sacado contra o próprio banco sacador, sendo necessariamente nominal qualquer que seja seu valor.

(D) É aquele sacado em favor de órgão ou entidade da administração pública para pagamento de taxa ou emolumento.

RESPOSTA O cheque administrativo está previsto no inciso III do art. 9º da Lei dos Cheques e prevê que o cheque pode ser emitido contra o próprio banco sacador, desde que não ao portador, ou seja, nominal. *Alternativa C.*

96. **(IX Exame)** Com relação aos títulos de crédito, assinale a afirmativa correta.

(A) No endosso de letra de câmbio após o protesto por falta de pagamento, o portador tem ação cambiária contra o seu endossante.

(B) A cláusula não à ordem inserida no cheque impede sua circulação tanto por endosso quanto por cessão de crédito.

(C) O endosso de cheque poderá ser realizado pelo sacado ou por mandatário deste com poderes especiais.

(D) A duplicata pode ser apresentada para aceite do sacado pelo próprio sacador ou por instituição financeira.

RESPOSTA (A) Incorreta, visto que o endosso após o protesto produz efeitos de cessão ordinária (art. 20, LUG). (B) Incorreta, pois a cláusula não à ordem impede a circulação por endosso (art. 11, alínea 2ª, LUG). (C) Incorreta, pois é nulo o endosso do sacado (art. 18, § 1º, da Lei dos Cheques). (D) De acordo com o art. 6º da Lei das Duplicatas. *Alternativa D.*

97. **(VIII Exame)** Com relação ao instituto do cheque, assinale a afirmativa correta.

(A) O cheque pode ser sacado contra pessoa jurídica, instituições financeiras e instituições equiparadas.

(B) O portador não pode recusar o pagamento parcial do cheque.

(C) O cheque pode consubstanciar ordem de pagamento à vista ou a prazo.

(D) A ação de execução do cheque contra o sacador prescreve em 1 (um) ano contado do prazo final para sua apresentação.

RESPOSTA (A) Incorreta, pois o cheque é emitido contra banco, ou instituição financeira que lhe seja equiparada, sob pena de não valer como cheque (art. 3º da Lei dos Cheques). (B) De acordo com o art. 38, parágrafo único, da Lei n. 7.357/85. (C) Incorreta, pois o cheque é ordem de pagamento à vista (art. 32 da Lei n. 7.357/85). (D) Incorreta, pois a execução do cheque prescreve em 6 (seis) meses (art. 59 da Lei n. 7.357/85). *Alternativa B.*

98. (VII Exame) Com relação ao instituto do aval, é correto afirmar que

(A) é necessário o protesto para a cobrança dos avalistas do emitente e dos endossantes de notas promissórias.
(B) o avalista, quando executado, pode exigir que o credor execute primeiro o avalizado.
(C) o aval pode ser lançado em documento separado do título de crédito.
(D) a obrigação do avalista se mantém, mesmo no caso de a obrigação que ele garantiu ser nula, exceto se essa nulidade for decorrente de vício de forma.

RESPOSTA Segundo o § 2º do art. 899 do CC, ***subsiste a responsabilidade do avalista***, ainda que ***nula*** a obrigação daquele a quem se equipara, a menos que a nulidade decorra de vício de forma. *Alternativa D.*

99. (VI Exame) Com relação ao instituto do aceite de títulos de crédito, assinale a alternativa correta.

(A) A duplicata pode não ser aceita, sem qualquer fundamentação pelo sacado; neste caso, ele não será responsável pelo pagamento do título.
(B) Para a cobrança de uma duplicata não aceita, é necessária apenas a realização de seu protesto.
(C) O aceite de cheque é condição essencial para que o beneficiário possa executar o sacado.
(D) O aceite de uma letra de câmbio torna o sacado devedor direto do título.

RESPOSTA O ***aceite*** é o ato acessório por meio do qual o ***sacado*** se compromete ("aceita") a cumprir uma ordem de pagamento dada pelo ***sacador*** (cf. art. 25 da LUG). Antes do aceite o ***sacado*** não tem qualquer obrigação cambiária; após o aceite, torna-se responsável principal pelo pagamento do título de crédito. *Alternativa D.*

100. (IV Exame) Em relação ao Direito Cambiário, é correto afirmar que

(A) O aceite no cheque é dado pelo banco ou instituição financeira a ele equivalente, devendo ser firmado no verso do título.
(B) A duplicata, quando de prestação de serviços, pode ser emitida com vencimento a tempo certo da vista.
(C) O protesto é necessário para garantir o direito de regresso contra o(s) endossante(s) e o(s) avalista(s) do aceitante de uma letra de câmbio.
(D) O aval dado em uma nota promissória pode ser parcial, ainda que sucessivo.

RESPOSTA Importante destacar, primeiramente, que o Código Civil veda o ***aval parcial*** (art. 897, parágrafo único), no entanto, esta regra somente é válida quando não houver disposição diversa em lei especial (art. 903), como é o caso da ***nota promissória*** (LUG – Lei Uniforme de Genebra, que trata das ***letras de câmbio*** também). Assim, segundo o art. 30 da LUG, é possível o aval parcial, inclusive no *sucessivo*, leia-se aval de aval. *Alternativa D.*

101. (III Exame) Em relação aos Títulos de Crédito, é correto afirmar que, quando

(A) Presente na letra de câmbio, a cláusula "não à ordem" impede a circulação do crédito.
(B) Insuficientes os fundos disponíveis, o portador de um cheque pode requerer a responsabilidade cambiária do banco sacado pelo seu não pagamento.
(C) Firmado em branco, o aval na nota promissória é entendido como dado em favor do sacador.
(D) Não aceita a duplicata, o protesto do título é a providência suficiente para o ajuizamento da ação de execução contra o sacado.

RESPOSTA O art. 31 da LUG prevê que o ***aval*** deve indicar a pessoa por quem se dá, mas, na falta de indicação, entender-se-á pelo sacador. Portanto, a *alternativa C* está correta. As demais estão incorretas, senão vejamos: a ***cláusula não à ordem*** impede apenas um novo endosso e não a circulação, que pode ocorrer através da cessão; o emitente é que deve ser responsabilizado por fundos disponíveis (art. 4º da Lei n. 7.357/85); além do protesto, é necessário documento da entrega e recebimento da mercadoria (art. 15, II, da Lei n. 5.474/68). *Alternativa C.*

102. (XXIII Exame) Pedrinho emitiu quatro cheques em 26 de março de 2017, mas esqueceu de depositar um deles. Tendo um débito a honrar com Kennedy e sendo beneficiário desse quarto cheque, Pedrinho o endossou em preto, datando no verso "dia 20 de maio de 2017". Sabe-se que o lugar de emissão do quarto cheque é o mesmo do de pagamento. Sobre esse endosso, assinale a afirmativa correta.

(A) O endosso produz seus efeitos legais porque a transmissão do cheque se deu dentro do prazo de apresentação.
(B) No endosso em preto, o endossatário fica dispensado da apresentação em tempo hábil do cheque ao sacado.
(C) O endosso do cheque tem efeito de cessão de crédito por ter sido realizado após o decurso do prazo de apresentação.
(D) Pedrinho ficou exonerado de responsabilidade pelo pagamento do cheque em razão do caráter póstumo do endosso.

RESPOSTA De acordo com a Lei dos Cheques, o endosso posterior ao protesto, ou declaração equivalente, ou à expiração do prazo de apresentação produz apenas os efeitos de cessão. Salvo prova em contrário, o endosso sem data presume-se anterior ao protesto, ou declaração equivalente, ou à expiração do prazo de apresentação (art. 27). *Alternativa C.*

IV. CONTRATOS MERCANTIS

103. (XXXI Exame) Duas sociedades empresárias celebraram contrato de agência com uma terceira sociedade empresária, que assumiu a obrigação de, em caráter não eventual e sem vínculos de dependência com as proponentes, promover, à conta das primeiras, mediante retribuição, a realização de certos negócios com exclusividade, nos municípios integrantes da região metropolitana de Curitiba/PR. Ficou pactuado que as proponentes conferirão poderes à agente para que esta as represente, como mandatária, na conclusão dos contratos. Antônio Prado, sócio de uma das sociedades empresárias contratantes, consulta seu advogado quanto à legalidade do contrato, notadamente da delimitação de zona geográfica e da concessão de mandato ao agente. Sobre a hipótese apresentada, considerando as disposições legais relativas ao contrato de agência, assinale a afirmativa correta.

(A) Não há ilegalidade quanto à delimitação de zona geográfica para atuação exclusiva do agente, bem como em relação à possibilidade de ser o agente mandatário das proponentes, por serem características do contrato de agência.

(B) Há ilegalidade na fixação de zona determinada para atuação exclusiva do agente, por ferir a livre concorrência entre agentes, mas não há ilegalidade na outorga de mandato ao agente para representação das proponentes.

(C) Há ilegalidade tanto na outorga de mandato ao agente para representação dos proponentes, por ser vedada qualquer relação de dependência entre agente e proponente, e também quanto à fixação de zona determinada para atuação exclusiva do agente.

(D) Não há ilegalidade quanto à fixação de zona determinada para atuação exclusiva do agente, mas há ilegalidade quanto à concessão de mandato do agente, porque é obrigatório por lei que o agente apenas faça a mediação dos negócios no interesse do proponente.

RESPOSTA De acordo com o art. 710 do CC, pelo contrato de agência, uma pessoa assume, em caráter não eventual e sem vínculos de dependência, a obrigação de promover, à conta de outra, mediante retribuição, a realização de certos negócios, em zona determinada, caracterizando-se a distribuição quando o agente tiver à sua disposição a coisa a ser negociada. *Vide* ainda o art. 711, CC. *Alternativa A.*

104. (XXX Exame) Rolim Crespo, administrador da sociedade Indústrias Reunidas Novo Horizonte do Oeste Ltda., consultou sua advogada para lhe prestar orientação quanto à inserção de cláusula compromissória em um contrato que a pessoa jurídica pretende celebrar com uma operadora de planos de saúde empresariais. Pela leitura da proposta, verifica-se que não há margem para a negociação das cláusulas, por tratar-se de contrato padronizado, aplicado a todos os aderentes.

Quanto à cláusula compromissória inserida nesse contrato, assinale a opção que apresenta a orientação dada pela Advogada.

(A) É necessária a concordância expressa e por escrito do aderente com a sua instituição, em documento anexo ou em negrito, com a assinatura ou o visto para essa cláusula.

(B) É nula de pleno direito, por subtrair do aderente o direito fundamental de acesso à justiça, e o contrato não deve ser assinado.

(C) Somente será eficaz se o aderente tomar a iniciativa de instituir a arbitragem, e, como a iniciativa for do proponente e unilateral, ela é nula.

(D) Somente será eficaz se houver a assinatura do aderente no contrato, vedada qualquer forma de manifestação da verdade em documento anexo ou, simplesmente, com o visto para essa cláusula.

RESPOSTA De acordo com o art. 4º da Lei n. 9.307/96, a cláusula compromissória é a convenção através da qual as partes em um contrato comprometem-se a submeter à arbitragem os litígios que possam vir a surgir, relativamente a tal contrato. Ainda, a cláusula compromissória deve ser estipulada por escrito, podendo estar inserta no próprio contrato ou em documento apartado que a ele se refira (§ 1º). E nos contratos de adesão, a cláusula compromissória só terá eficácia se o aderente tomar a iniciativa de instituir a arbitragem ou concordar, expressamente, com a sua instituição, desde que por escrito em documento anexo ou em negrito, com a assinatura ou visto especialmente para essa cláusula (§ 2º). *Alternativa A.*

105. (XXX Exame) Nos contratos de comissão, corretagem e agência, é dever do corretor, do comissário e do agente atuar com toda diligência, atendo-se às instruções recebidas da parte interessada. Apesar dessa característica comum, cada contrato conserva sua tipicidade em razão de seu *modus operandi*.

(A) O agente pratica, em nome próprio, os atos a ele incumbidos à conta do proponente, o comissário não pode tomar parte – sequer como mandatário – nos negócios que vierem a ser celebrados em razão de sua intermediação, o corretor pode receber poderes do cliente para representá-lo na conclusão dos contratos.

(B) O comissário pratica, em nome próprio, os atos a ele incumbidos à conta do comitente, o corretor não pode tomar parte – sequer como mandatário – nos negócios que vierem a ser celebrados em razão de sua mediação, o agente pode receber poderes do proponente para representá-lo na conclusão dos contratos.

(C) O corretor pratica, em nome próprio, os atos a ele incumbidos à conta do cliente, o agente não pode tomar parte – sequer como mandatário – nos negócios que vierem a ser celebrados no interesse do proponente, o comissário pode receber poderes do comitente para representá-lo na conclusão dos contratos.

(D) Tanto o comissário quanto o corretor praticam, em nome próprio, os atos a ele incumbidos pelo comitente ou cliente, mas o primeiro tem sua atuação restrita à zona geográfica fixada no contrato, o agente deve atuar com exclusividade tão somente na mediação para realização de negócios em favor do proponente.

RESPOSTA Sobre comissário, vide os arts. 693 e seguintes do CC. Quanto ao contrato de agência, arts. 710 e seguintes do CC. E, por fim, sobre corretagem, vide arts. 722 e seguintes do CC. Diante destas indicações legislativas, correta está a *Alternativa B.*

106. **(XXVII Exame)** Móveis Combinados Ltda. (franqueador) pretende licenciar a Ananás Móveis e Decorações Ltda. ME (franqueado) o direito de uso de marca, associado ao direito de distribuição semiexclusiva de produtos moveleiros. De acordo com os termos da Circular de Oferta de Franquia elaborada pelo franqueador, eventualmente poderá o franqueado ter acesso ao uso de tecnologia de implantação e administração de negócios desenvolvidos pelo primeiro, mediante remuneração direta, sem ficar caracterizado vínculo empregatício entre as partes. Tendo em vista as disposições legais sobre o contrato celebrado, assinale a afirmativa correta.

(A) Se o contrato de franquia empresarial vier a ser celebrado, o franqueador deverá licenciar ao franqueado o direito de uso de marca e, eventualmente, também o direito de uso de tecnologia de implantação e administração de negócio ou de sistema operacional desenvolvido.

(B) O contrato de franquia empresarial pode ser ajustado verbalmente ou por escrito; neste caso, deverá ser assinado na presença de duas testemunhas e terá eficácia em relação a terceiros com o arquivamento na Junta Comercial.

(C) A circular oferta de franquia deverá ser entregue a Ananás Móveis e Decorações Ltda. ME, no mínimo, 30 dias antes da assinatura do contrato ou pré-contrato, ou ainda do pagamento de taxa de adesão ao sistema pelo franqueado.

(D) Se Móveis Combinados Ltda. veicular informações falsas na circular de oferta de franquia, sem prejuízo das sanções penais cabíveis, Ananás Móveis e Decorações Ltda. ME poderá arguir a nulidade de pleno direito do contrato e exigir devolução de até metade do valor que já houver pago.

RESPOSTA Segundo o art. 2º da Lei n. 8.955/94, franquia empresarial é o sistema pelo qual um franqueador cede ao franqueado o direito de uso de marca ou patente, associado ao direito de distribuição exclusiva ou semiexclusiva de produtos ou serviços e, eventualmente, também ao direito de uso de tecnologia de implantação e administração de negócio ou sistema operacional desenvolvidos ou detidos pelo franqueador, mediante remuneração direta ou indireta, sem que, no entanto, fique caracterizado vínculo empregatício. *Alternativa A.*

107. **(XXVI Exame)** Iguatu Têxtil S/A contratou o transporte de seus produtos do local de sua fábrica, em Iguatu/CE, até um dos polos de distribuição, em Fernão Dias/SP. Durante o trajeto, a carga será transportada, sucessivamente, pelas vias rodoviária, aérea e ferroviária. Será celebrado um único contrato, desde a origem até o destino, sob a execução e a responsabilidade únicas de um Operador de Transportes.

A situação descrita revela que as partes celebraram um contrato de transporte

(A) multimodal.

(B) combinado.

(C) cumulativo.

(D) de fato.

RESPOSTA O art. 2º da Lei n. 9.611/88, que dispõe sobre o Transporte Multimodal de Cargas, determina que Transporte Multimodal de Cargas é aquele que, regido por um único contrato, utiliza duas ou mais modalidades de transporte, desde a origem até o destino, e é executado sob a responsabilidade única de um Operador de Transporte Multimodal. *Alternativa A.*

108. **(XXV Exame)** Paulo precisa de um veículo automotor para entregar os produtos de seu estabelecimento aos clientes, mas não tem numerário para adquiri-lo. Ele foi aconselhado por sua advogada a celebrar um contrato de arrendamento mercantil. Assinale a opção que indica as faculdades do arrendatário ao final desse contrato.

(A) Devolver o bem ao arrendador, renovar o contrato ou exercer opção de compra.
(B) Subarrendar o bem a terceiro ou exercer opção de compra.
(C) Subarrendar o bem a terceiro, renovar o contrato ou exercer opção de compra.
(D) Devolver o bem ao arrendador ou renovar o contrato.

RESPOSTA Diante de um contrato de arrendamento mercantil (*leasing*), o arrendatário tem todas as opções da *alternativa A*; portanto, correta.

109. **(XXV Exame)** Borba Eletrônicos Ltda. celebrou contrato de abertura de crédito em conta corrente com o Banco Humaitá S/A, lastreado em nota promissória emitida em garantia da dívida. Sobre a nota promissória e o contrato de abertura de crédito em conta corrente, diante do inadimplemento do mutuário, assinale a afirmativa correta.

(A) O contrato, ainda que acompanhado de extrato da conta corrente e assinado por duas testemunhas, não é título executivo extrajudicial, e a nota promissória a ele vinculada não goza de autonomia, em razão da iliquidez do título que a originou.
(B) O contrato, desde que acompanhado de extrato da conta corrente e assinado por duas testemunhas, é título executivo extrajudicial, porém a nota promissória a ele vinculada não goza de autonomia, em razão da abusividade da cláusula de mandato.
(C) O contrato, ainda que acompanhado de extrato da conta corrente e assinado por duas testemunhas, não é título executivo extrajudicial, porém a nota promissória a ele vinculada goza de autonomia, em razão de sua independência.
(D) O contrato, mesmo não acompanhado de extrato da conta corrente ou assinado por duas testemunhas, é título executivo extrajudicial, e a nota promissória a ele vinculada goza de executividade autônoma.

RESPOSTA Ao caso, aplicam-se duas Súmulas do STJ: 233 e 258, respectivamente. "O contrato de abertura de crédito, ainda que acompanhado de extrato da conta-corrente, não é título executivo"; e "A nota promissória vinculada a contrato de abertura de crédito não goza de autonomia em razão da iliquidez do título que a originou". *Alternativa A.*

110. **(XVI Exame)** A sociedade empresária Calçados Montalvânia Ltda. celebrou contrato de faturização com Miravânia Fomento Mercantil Ltda. para que a segunda antecipasse para a primeira créditos contidos em cheques, notas promissórias, duplicatas de venda e outros documentos de dívida, além da prestação de serviços de assessoria mercadológica, creditícia e de gestão de riscos. Sobre este contrato, assinale a afirmativa correta.

(A) Na modalidade tradicional (ou convencional) da faturização, a faturizadora se obriga a efetuar o pagamento das faturas e de outros documentos referentes aos créditos cedidos apenas na data do vencimento, razão pela qual o contrato em questão não pode ser considerado faturização típica.
(B) As sociedades de fomento comercial estão obrigadas a arquivar seus contratos e suas alterações no Registro Civil de Pessoas Jurídicas, uma vez que o objeto por elas exercido inclui a prestação de serviços ao faturizado, sendo essa atividade estranha ao objeto das sociedades empresárias.
(C) As sociedades faturizadoras dependem de autorização do Banco Central do Brasil para funcionamento, podendo realizar operações de crédito em favor dos faturizados, não estando tais operações sujeitas ao limite máximo de juros previsto no Código Civil.
(D) As sociedades que exercem as atividades de fomento comercial, mesmo não sendo consideradas instituições financeiras para efeitos legais, estão obrigadas a conservar sigilo em suas operações ativas e passivas e serviços prestados aos faturizados.

RESPOSTA De acordo com a LC n. 105/2001, que dispõe sobre o sigilo das operações de instituições financeiras, as empresas de fomento comercial ou *factoring*, para os efeitos desta Lei Complementar, deverão conservar sigilo (art. 1º, § 2º). *Alternativa D.*

111. **(XXIV Exame)** O administrador da sociedade empresária Dutra & Filhos Comércio de Alimentos Ltda. consulta seu advogado para orientá-lo sobre o contrato apropriado para o aumento de sua capacidade de distribuição. A intenção da pessoa jurídica é celebrar um contrato pelo qual possa receber a posse direta de veículos, que serão indicados por ela ao proprietário, para utilizá-los por prazo determinado, mediante o pagamento de prestações mensais durante a vigência do contrato. Ao termo final, a cliente deseja ter a possibilidade de adquirir os veículos ao invés de ser obrigada a devolvê-los ao proprietário ou renovar o contrato. Assinale a opção que indica o contrato apropriado para a sociedade empresária.

(A) Locação a prazo determinado.
(B) Cessão de uso a título oneroso.
(C) Compra e venda a prazo.
(D) Arrendamento mercantil.

RESPOSTA Diante a situação hipotética, o contrato indicado seria de arrendamento mercantil, cujo conceito consiste numa "locação" de bens móveis duráveis ou imóveis, adquiridos pela empresa arrendadora para esse fim, dado ao arrendatário (posse direta) e que ao fim do contrato pode prorrogar o aluguel, devolver o bem ou comprá-lo pelo seu valor residual. *Alternativa D.*

112. **(XVII Exame)** Pretendendo aderir a um sistema de franquia empresarial, o microempresário individual SF consulta sua advogada sobre as disposições legais referentes a esse contrato. Assinale, dentre as afirmativas a seguir, a que apresenta a informação correta prestada pela advogada.

(A) O franqueador é obrigado a incluir na circular de oferta de franquia informação em relação ao território de atuação do franqueado, especificando a possibilidade de o franqueado realizar vendas ou prestar serviços fora de seu território, ou realizar exportações.
(B) Em razão do sigilo dos instrumentos de escrituração, dos balanços e das demonstrações financeiras dos empresários, o franqueador não é obrigado a incluir tais documentos nas informações da circular de oferta de franquia.
(C) Tratando-se de franqueador ou franqueado enquadrado como microempreendedor individual, microempresa ou empresa de pequeno porte, é dispensável a presença no contrato de testemunhas e terá validade independentemente de ser levado a registro perante cartório ou órgão público.
(D) Se o franqueador veicular informações falsas na circular de oferta de franquia, o franqueado não poderá arguir a anulabilidade do contrato, apenas das cláusulas pertinentes, mas poderá exigir devolução das quantias que já houver pago, a título de taxa de filiação e *royalties*, devidamente corrigidas.

RESPOSTA De acordo com a lei que trata da franquia, impõe ao franqueador a circular de oferta de franquia, e, dentro destas exigências (art. 3º), o inciso X, que trata da territorialidade. *Alternativa A.*

113. **(XIV Exame)** A alienação fiduciária, regulada pela Lei n. 9.514/1997, é o negócio jurídico pelo qual o devedor, ou fiduciante, com o escopo de garantia, contrata a transferência ao credor, ou fiduciário, da propriedade resolúvel de coisa imóvel. Sobre este tipo de contrato, assinale a afirmativa correta.

(A) Constitui-se a propriedade fiduciária de coisa imóvel mediante registro do contrato que lhe serve de título no Registro de Imóveis competente.
(B) Somente poderá ser contratada por pessoa jurídica que integre o Sistema de Financiamento Imobiliário – SFI.
(C) Não pode ter como objeto a propriedade superficiária do imóvel do fiduciante.
(D) O fiduciante poderá transmitir os direitos de que seja titular sobre o imóvel objeto da alienação fiduciária independentemente da anuência do fiduciário.

RESPOSTA (A) De acordo com o art. 23. (B) Errado: *vide* art. 22, § 1º. (C) Errado: *vide* art. 22, § 1º, IV. (D) Errado: *vide* art. 29, dispositivos da Lei n. 9.514/97. *Alternativa A.*

114. **(X Exame)** Heliodora Moda Feminina Ltda. é locatária de uma loja situada no *shopping center* Mateus Leme. Sobre o contrato de locação de uma unidade comercial em *shopping center*, assinale a afirmativa correta.

(A) O locador poderá recusar a renovação do contrato com fundamento na necessidade de ele próprio utilizar o imóvel.
(B) As despesas cobradas do locatário não precisam estar previstas em orçamento, desde que devidamente demonstradas.
(C) O empreendedor poderá cobrar do locatário as despesas com obras de reformas que interessem à estrutura do *shopping*.
(D) As condições livremente pactuadas no contrato respectivo prevalecerão nas relações entre os lojistas e o empreendedor.

RESPOSTA De acordo com o art. 54 da Lei n. 8.245/91, nas relações entre lojistas e empreendedores de *shopping center*, prevalecerão as condições livremente pactuadas nos contratos de locação respectivos e as disposições procedimentais previstas nesta lei. *Alternativa D.*

115. **(IX Exame – Reaplicação)** Sobre o contrato de arrendamento mercantil, assinale a afirmativa incorreta.

(A) No arrendamento mercantil na modalidade financeira, as despesas com a manutenção, assistência técnica e serviços correlatos à operacionalidade do bem arrendado são de responsabilidade da arrendatária.
(B) No arrendamento mercantil operacional, a manutenção, a assistência técnica e os serviços

correlatos à operacionalidade do bem arrendado podem ser de responsabilidade da arrendadora ou da arrendatária.

(C) Os contratos de arrendamento mercantil devem conter, dentre outras cláusulas, a descrição dos bens que constituem o objeto do contrato, com todas as características que permitam sua perfeita identificação.

(D) A constituição e o funcionamento das pessoas jurídicas que têm como objeto principal a prática de operações de arrendamento mercantil dependem de autorização da Comissão de Valores Mobiliários (CVM).

RESPOSTA De acordo com a Resolução CMN n. 2.309, de 1996, art. 3º, a constituição e o funcionamento das pessoas jurídicas que tenham como objeto principal de sua atividade a prática de operações de arrendamento mercantil, denominadas sociedades de arrendamento mercantil, dependem de autorização do Banco Central do Brasil. *Alternativa D.*

116. **(IX Exame)** Primavera do Leste Arrendamento Mercantil S.A. ajuizou ação de reintegração de posse de bem arrendado à sociedade empresária Vila Bela Distribuidora de Jornais e Revistas Ltda., em face do não pagamento das prestações nos vencimentos. O contrato de arrendamento mercantil prevê resolução de pleno direito em caso de qualquer inadimplemento da arrendatária. O juiz extinguiu o processo sem resolução de mérito porque

(A) no contrato de arrendamento mercantil, ainda que haja cláusula resolutiva expressa, é necessária a notificação prévia do arrendatário para constituí-lo em mora.

(B) nos contratos de arrendamento mercantil celebrados entre a arrendadora e as sociedades empresárias é vedada a aposição de cláusula resolutiva expressa.

(C) a ação cabível para a retomada do bem em poder do arrendatário pela arrendadora é a ação de depósito, com pedido de liminar de reintegração de posse.

(D) como no contrato de arrendamento mercantil há opção de compra pela arrendatária, a propriedade da arrendadora é resolúvel, sendo incabível ação possessória.

RESPOSTA (A) Súmula 369 do STJ, no contrato de arrendamento mercantil (*leasing*), ainda que haja cláusula resolutiva expressa, é necessária a notificação prévia do arrendatário para constituí-lo em mora. (B) Não está prevista tal disposição. (C) e (D) Incorretas, visto que a ação a ser demandada é de reintegração de posse (AgRg no AREsp 292325/RS, STJ). *Alternativa A.*

117. **(IV Exame)** Contrato oneroso, em que alguém assume, em caráter profissional e sem vínculo de dependência, a obrigação de promover, em nome de outrem, mediante retribuição, a efetivação de certos negócios, em determinado território ou zona de mercado. A definição acima corresponde a que tipo de contrato empresarial?

(A) Agência.

(B) Mandato.

(C) Comissão mercantil.

(D) Corretagem.

RESPOSTA Pelo contrato de ***agência***, prevê o art. 710 do CC, uma pessoa assume, em caráter *não eventual* e *sem vínculos de dependência*, a obrigação de promover, à conta de outra, mediante retribuição, a realização de certos negócios, em zona determinada, caracterizando-se a distribuição quando o agente tiver à sua disposição a coisa a ser negociada. *Alternativa A.*

118. **(IV Exame)** É uma cláusula acessória ao contrato de comissão, no qual o comissário assume o gravame de responder solidariamente pela insolvência das pessoas com quem contratar em nome do comitente. Essa cláusula é denominada

(A) *del credere.*

(B) pacto comissório.

(C) venda com reserva de domínio.

(D) *hedge.*

RESPOSTA Se do ***contrato de comissão*** constar a cláusula *del credere*, segundo o art. 698 do CC, responderá o comissário *solidariamente* com as pessoas com quem houver tratado em nome do comitente, caso em que, salvo estipulação em contrário, o comissário tem direito a remuneração mais elevada, para compensar o ônus assumido. *Alternativa A.*

119. **(III Exame)** "É a operação que consiste na tomada de uma posição no mercado futuro aproximadamente igual – mas em sentido contrário – àquela que se detém ou que se pretende vir a tomar no mercado à vista. É uma forma de o investidor se proteger contra os feitos da oscilação de preço." O conceito acima, extraído do Vocabulário do Mercado de Capitais, expedido pela Comissão Nacional de Bolsas de Valores em 1990, corresponde a que tipo de contrato relacionado à compra e venda empresarial?

(A) *Hedging* ou *hedge.*

(B) Contrato estimatório.

(C) Venda com reserva de domínio.

(D) Preempção.

RESPOSTA Consideram-se de cobertura (***hedge***) as operações destinadas, exclusivamente, à proteção contra riscos inerentes às oscilações de preço ou de taxas, quando o objeto do contrato negociado estiver relacionado com as atividades operacionais da pessoa jurídica ou destinar-se à proteção de direitos ou obrigações da pessoa jurídica. Esse é o conceito legal dado pela Lei n. 8.981/95 (art. 77, § 1º, *b*). *Alternativa A.*

120. **(XXIII Exame)** Brito contratou os serviços da corretora Geru para mediar a venda de um imóvel em Estância. O cliente ajustou com a corretora verbalmente que lhe daria exclusividade, fato presenciado por cinco testemunhas. A corretora, durante o tempo de vigência do contrato (seis meses), anunciou o imóvel em veículos de comunicação de Estância, mas não conseguiu concretizar a venda, realizada diretamente por Brito com o comprador, sem a mediação da corretora. Considerando as informações e as regras do Código Civil quanto ao pagamento de comissão, assinale a afirmativa correta.

(A) A corretora não faz jus ao pagamento da comissão, porque o contrato de corretagem foi celebrado por prazo determinado.

(B) A corretora faz jus ao pagamento da comissão, porque a corretagem foi ajustada com exclusividade, ainda que verbalmente.

(C) A corretora não faz jus ao pagamento da comissão, porque o negócio foi iniciado e concluído diretamente entre as partes, sem a sua mediação.

(D) A corretora faz jus ao pagamento da comissão, porque envidou todos os esforços para o êxito da mediação, que não se concluiu por causa alheia à sua vontade.

RESPOSTA Segundo o Código Civil, iniciado e concluído o negócio diretamente entre as partes, nenhuma remuneração será devida ao corretor; mas se, por escrito, for ajustada a corretagem com exclusividade, terá o corretor direito à remuneração integral, ainda que realizado o negócio sem a sua mediação, salvo se comprovada sua inércia ou ociosidade (art. 726). *Alternativa C.*

V. DIREITO FALIMENTAR

121. **(XXXI Exame)** José da Silva, credor de sociedade empresária, consulta você, como advogado(a), para obter orientação quanto aos efeitos de uma provável convolação de recuperação judicial em falência. Em relação à hipótese apresentada, analise as afirmativas a seguir e assinale a única correta.

(A) Os créditos remanescentes da recuperação judicial serão considerados habilitados quando definitivamente incluídos no quadro-geral de credores, tendo prosseguimento as habilitações que estiverem em curso.

(B) As ações que devam ser propostas no juízo da falência estão sujeitas à distribuição por dependência, exceto a ação revocatória e a ação revisional de crédito admitido ao quadro geral de credores.

(C) A decretação da falência determina o vencimento antecipado das dívidas do devedor quanto aos créditos excluídos dos efeitos da recuperação judicial; quanto aos créditos submetidos ao plano de recuperação, são mantidos os prazos nele estabelecidos e homologados pelo juiz.

(D) As ações intentadas pelo devedor durante a recuperação judicial serão encerradas, devendo ser intimado o administrador judicial da extinção dos feitos, sob pena de nulidade do processo.

RESPOSTA Considerar-se-ão habilitados os créditos remanescentes da recuperação judicial, quando definitivamente incluídos no quadro-geral de credores, tendo prosseguimento as habilitações que estejam em curso – art. 80, Lei n. 11.101/2005. *Alternativa A.*

122. **(XXX Exame)** Além da impontualidade, a falência pode ser decretada pela prática de atos de falência por parte do devedor empresário individual ou dos administradores da sociedade empresária. Assinale a opção que constitui um ato de falência por parte do devedor.

(A) Deixar de pagar, no vencimento, obrigação líquida materializada em título executivo protestado por falta de pagamento, cuja soma ultrapasse o equivalente a 40 (quarenta) salários-mínimos na data do pedido de falência.

(B) Transferir, durante a recuperação judicial, estabelecimento a terceiro sem o consentimento de todos os credores e sem ficar com bens suficientes para solver seu passivo em cumprimento à disposição do plano de recuperação.

(C) Não pagar, depositar ou nomear bens à penhora, no prazo de 3 (três) dias, contados da citação, bens suficientes para garantir a execução.

(D) Deixar de cumprir, no prazo estabelecido, obrigação assumida no plano de recuperação judicial, após o cumprimento de todas as obrigações previstas no plano que vencerem até dois anos depois da concessão da recuperação judicial.

RESPOSTA Segundo o art. 94 da Lei Falimentar, será decretada a falência do devedor nas hipóteses dos seus três incisos, incluindo quem praticar os atos falimentares previstos nas alíneas do inciso III. Segundo a jurisprudência do STJ, "caso haja inadimplemento da obrigação assumida por ocasião da aprovação do plano, abrem-se três possibilidades: (a) se o inadimplemento ocorrer durante os 2 (dois) anos a que se refere o *caput* do art. 61 da Lei n. 11.101/2005, o juiz deve convolar a recuperação em falência; (b) se o descumprimento ocorrer depois de escoado o prazo de 2 (dois) anos, qualquer credor poderá pedir a execução específica assumida no plano de recuperação; ou (c) requerer a falência com base no art. 94 da Lei" (RESP n. 1.272.697-DF, Min. Luis Felipe Salomão). Apesar da má redação da *alternativa D*, parece-nos que ela é a "mais" correta.

123. **(XXIX Exame)** Madeireira Juína Ltda. requereu a homologação de plano de recuperação extrajudicial em Juara/MT, lugar de seu principal estabelecimento. Após o pedido de homologação e antes da publicação do edital para apresentação de impugnação ao plano, um dos credores com privilégio geral que haviam assinado o plano pretende desistir unilateralmente da adesão. Tal credor possui um terço dos créditos de sua classe submetidos ao plano. Com relação ao credor com privilégio geral, após a distribuição do pedido de homologação, assinale a afirmativa correta.

(A) Não poderá desistir da adesão ao plano, mesmo com a anuência expressa dos demais signatários.
(B) Poderá desistir da adesão em razão da natureza contratual do plano, que permite, a qualquer tempo, sua denúncia.
(C) Não poderá desistir da adesão ao plano, salvo com a anuência expressa dos demais signatários.
(D) Poderá desistir da adesão ao plano, desde que seja titular de mais de 1/4 do total dos créditos de sua classe.

RESPOSTA Diante da situação hipotética, aplica-se o art. 161, § 5º, da Lei n. 11.101/2005, pois após a distribuição do pedido de homologação, os credores não poderão desistir da adesão ao plano, salvo com a anuência expressa dos demais signatários. *Alternativa C.*

124. **(XXIX Exame)** Ribamar é sócio da sociedade empresária Junco, Fiquene & Cia. Ltda. Após uma infrutífera negociação de plano de recuperação judicial, a assembleia de credores rejeitou o plano, acarretando a decretação de falência da sociedade. O desgaste, que já existia entre Ribamar e os demais sócios, intensificou-se com a decretação da falência, ensejando pedido de retirada da sociedade, com base nas disposições reguladoras da sociedade limitada. Diante dos fatos narrados, assinale a afirmativa correta.

(A) A decretação da falência suspende o exercício do direito de retirada do sócio Ribamar.
(B) A sociedade deverá apurar os haveres do sócio dissidente Ribamar, que serão pagos como créditos extraconcursais.
(C) O juiz da falência deverá avaliar o pedido de retirada do sócio Ribamar e, eventualmente, deferi-lo na ação de dissolução parcial.
(D) A decretação de falência não suspende o direito de retirada do sócio Ribamar, mas o pagamento de seus haveres deverá ser incluído como crédito subordinado.

RESPOSTA De acordo com o art. 116 da Lei n. 11.101/2005, a decretação da falência suspende o exercício do direito de retirada ou de recebimento do valor de suas quotas ou ações, por parte dos sócios da sociedade falida. *Alternativa A.*

125. **(XXVIII Exame)** Indústria de Celulose Três Rios Ltda. requereu homologação de plano de recuperação extrajudicial no lugar do seu principal estabelecimento. No plano de recuperação apresentado há um crédito quirografário em moeda estrangeira, com pagamento segundo a variação cambial do euro. Foi prevista ainda pelo devedor a supressão da variação cambial pela substituição da moeda euro pelo real. O plano foi aprovado por credores que titularizam mais de três quintos dos créditos de cada classe, mas Licínio, o credor titular deste crédito, não o assinou. De acordo com as disposições legais para homologação da recuperação extrajudicial, assinale a afirmativa correta.

(A) O plano pode ser homologado porque, mesmo sem a assinatura de Licínio, houve aprovação por credores que titularizam mais de três quintos dos créditos de cada classe.
(B) O plano não pode ser homologado porque, diante da supressão da variação cambial, o credor Licínio pode vetar sua aprovação, qualquer que seja o quórum de aprovação.
(C) O plano pode ser homologado porque o consentimento expresso de Licínio só é exigido para os créditos com garantia real, não se aplicando a exigência aos créditos quirografários.
(D) O plano não pode ser homologado por não ter atingido o quórum mínimo de aprovação, independentemente da supressão da cláusula de variação cambial.

RESPOSTA De acordo com o art. 50, § 2º, da Lei 11.101/2005, nos créditos em moeda estrangeira, a variação cambial será conservada como parâmetro de indexação da correspondente obrigação e só poderá ser afastada se o credor titular do respectivo crédito aprovar expressamente previsão diversa no plano de recuperação judicial. *Alternativa B.*

126. **(XXVIII Exame)** Jacinto Almenara EIRELI teve um bem de sua propriedade arrecadado pelo administrador judicial na falência de Rubim & Divisa Ltda., mas foi informado que o referido bem já tinha sido alienado pela massa. Ciente dessa circunstância, o(a) advogado(a) da EIRELI

(A) não poderá pleitear a restituição do bem nem receber o preço da venda em razão de já ter sido alienado pela massa falida.

(B) deverá habilitar o crédito no processo de falência, com a classificação de quirografário, diante da impossibilidade de sua restituição *in natura*.

(C) poderá pleitear a restituição em dinheiro, recebendo o preço obtido com a venda do bem arrecadado, devidamente atualizado.

(D) deverá ajuizar ação revocatória para obter indenização da massa falida pela venda ilegal do bem arrecadado, que deveria lhe ter sido restituído.

RESPOSTA De acordo com o art. 86, I, da Lei n. 11.101/2005, se a coisa não mais existir ao tempo do pedido de restituição, o requerente receberá o valor da avaliação do bem, ou, no caso de ter ocorrido sua venda, o respectivo preço, em ambos os casos no valor atualizado. *Alternativa C.*

127. **(XXVI Exame)** Antes da decretação de falência da sociedade Talismã & Sandolândia Ltda., foi ajuizada ação de execução por título extrajudicial por Frigorífico Rio Sono Ltda., esta enquadrada como empresa de pequeno porte. Com a notícia da decretação da falência pela publicação da sentença no Diário da Justiça, o advogado da exequente tomará ciência de que a execução do título extrajudicial

(A) não será suspensa, em razão do enquadramento da credora como empresa de pequeno porte.

(B) está suspensa pelo prazo improrrogável de 180 (cento e oitenta) dias, contados da publicação da sentença.

(C) não será suspensa, em razão de ter sido ajuizada pelo credor antes da decretação da falência.

(D) está suspensa, devendo o credor se submeter às regras do processo falimentar e ter seu crédito verificado e classificado.

RESPOSTA De acordo com o inciso V do art. 99 da Lei Falimentar, correta a *alternativa D.*

128. **(XXV Exame)** Concessionária de Veículos Primeira Cruz Ltda. obteve concessão de sua recuperação judicial. Diante da necessidade de alienação de bens do ativo permanente, não relacionados previamente no plano de recuperação, foi convocada assembleia geral de credores. A proposta de alienação foi aprovada em razão do voto decisivo da credora Dutra & Corda Representações Ltda., cujo sócio majoritário P. Dutra tem participação de 32% (trinta e dois por cento) no capital da sociedade recuperanda. Com base nesses dados, é correto afirmar que

(A) a decisão é nula de pleno direito, pois a pretensão de alienação de bens do ativo permanente, não relacionados no plano, enseja a convolação da recuperação judicial em falência.

(B) o voto da sociedade Dutra & Corda Representações Ltda. não poderia ter sido considerado para fins de verificação do quórum de instalação e de deliberação da assembleia geral.

(C) a decisão assemblear é anulável, pois a sociedade Dutra & Corda Representações Ltda., como credora, não poderia ter participado nem proferido voto na assembleia geral.

(D) a assembleia é nula, pois a autorização para a alienação de bens do ativo permanente, não relacionados no plano de recuperação judicial, é prerrogativa exclusiva do administrador judicial.

RESPOSTA Segundo o art. 43 da Lei n. 11.101/2005, os sócios do devedor, bem como as sociedades coligadas, controladoras, controladas ou as que tenham sócio ou acionista com participação superior a 10% (dez por cento) do capital social do devedor ou em que o devedor ou algum de seus sócios detenham participação superior a 10% (dez por cento) do capital social, poderão participar da assembleia-geral de credores, sem ter direito a voto e não serão considerados para fins de verificação do *quorum* de instalação e de deliberação. *Alternativa B.*

129. **(XXII Exame)** Mauriti & Cia Ltda. celebrou contrato de alienação fiduciária em garantia com a sociedade empresária Gama. Com a decretação de falência da fiduciante, o advogado da fiduciária pleiteou a restituição do bem alienado, sendo informado pelo administrador judicial que o bem se encontrava na posse do falido na época da decretação da falência, porém não foi encontrado para ser arrecadado. Considerando os fatos narrados, o credor fiduciário terá direito à restituição em dinheiro do valor da avaliação do bem atualizado?

(A) Não, em razão de este não ter sido encontrado para arrecadação.

(B) Sim, devendo, para tanto, habilitar seu crédito na falência como quirografário.

(C) Sim, mesmo que o bem alienado não mais exista ao tempo do pedido de restituição ou que não tenha sido arrecadado.

(D) Não, por não ter a propriedade plena do bem alienado fiduciariamente, e sim resolúvel.

RESPOSTA Se a coisa não mais existir ao tempo do pedido de restituição, hipótese em que o requerente receberá o valor da avaliação do bem, ou, no caso de ter ocorrido sua venda, o respectivo preço, em ambos os casos no valor atualizado (art. 86, I, da Lei n. 11.101/2005 – LRF). *Alternativa C.*

130. **(XXI Exame)** A sociedade empresária Monte Santo Embalagens Ltda. EPP requereu homologação de plano de recuperação extrajudicial, que continha, dentre outras, as seguintes disposições:

i) *estabelecia a produção de efeitos a partir da data de sua assinatura, exclusivamente em relação à modificação do valor de créditos dos credores signatários;*

ii) *o pagamento antecipado de dívidas em relação aos credores com privilégio especial, justificando a necessidade em razão do fluxo de caixa;*

iii) *a inclusão de credores enquadrados como microempresas e empresas de pequeno porte;*

iv) *previa, como meio de recuperação, o trespasse de duas filiais.*

O devedor enviou carta a todos os credores sujeitos ao plano, domiciliados ou sediados no país, informando a distribuição do pedido, as condições do plano e o prazo para impugnação. Você, como advogado(a) de um desse credores, pretende impugnar a homologação porque o plano a ser homologado

(A) só deve incluir, como meio de recuperação, o parcelamento ou abatimento de dívidas, com a incidência de juros fixos à taxa de 12% (doze por cento) ao ano.

(B) não pode contemplar o pagamento antecipado de dívidas nem tratamento desfavorável aos credores que a ele não estejam sujeitos.

(C) não pode prever a produção de efeitos anteriores à sua homologação, ainda que exclusivamente em relação à modificação do valor de créditos dos credores signatários.

(D) não pode incluir credores enquadrados como empresas de pequeno porte, porque está limitado às classes de credores com garantia real, com privilégio geral, quirografários e subquirografários.

RESPOSTA O plano não poderá contemplar o pagamento antecipado de dívidas nem tratamento desfavorável aos credores que a ele não estejam sujeitos (art. 161, § 2º, da Lei n. 11.101/2005). *Alternativa B.*

131. **(XXIV Exame)** A sociedade empresária Pará de Minas Veículos Ltda. pretende requerer sua recuperação judicial. Ao analisar a minuta de petição inicial, o gerente administrativo listou os impedimentos ao pedido de recuperação. Assinale a opção que apresenta um desses impedimentos.

(A) O devedor ter, há menos de 5 (cinco) anos, obtido concessão de recuperação judicial.

(B) O devedor possuir ativo que não corresponda a, pelo menos, 50% (cinquenta por cento) do passivo quirografário.

(C) O devedor deixar de requerer sua autofalência nos 30 (trinta) dias seguintes ao vencimento de qualquer obrigação líquida.

(D) A sociedade ter como administrador pessoa condenada por crime contra o patrimônio ou contra a fé pública.

RESPOSTA De acordo com o art. 48 da Lei 11.101/2005, poderá requerer recuperação judicial "o devedor que, no momento do pedido, exerça regularmente suas atividades há mais de 2 (dois) anos e que atenda aos seguintes requisitos, cumulativamente: I – não ser falido e, se o foi, estejam declaradas extintas, por sentença transitada em julgado, as responsabilidades daí decorrentes; II – não ter, há menos de 5 (cinco) anos, obtido concessão de recuperação judicial; III – não ter, há menos de 5 (cinco) anos, obtido concessão de recuperação judicial com base no plano especial de que trata a Seção V deste Capítulo; IV – não ter sido condenado ou não ter, como administrador ou sócio controlador, pessoa condenada por qualquer dos crimes previstos nesta Lei". *Alternativa A.*

132. **(XXIV Exame)** O empresário individual Ives Diniz, em conluio com seus dois primos, realizou empréstimos simulados a fim de obter crédito para si; por esse e outros motivos, foi decretada sua falência. No curso do processo falimentar, o administrador judicial verificou a prática de outros atos praticados pelo devedor e seus primos, antes da falência; entre eles, a transferência de bens do estabelecimento a terceiros lastreados em pagamentos de dívidas fictícias, com nítido prejuízo à massa. De acordo com o enunciado e as disposições da Lei de Falência e Recuperação de Empresas, o advogado contratado pelo administrador judicial para defender os direitos e interesses da massa deverá

(A) requerer, no juízo da falência, a instauração do incidente de desconsideração da personalidade jurídica.

(B) ajuizar ação revocatória em nome da massa falida no juízo da falência.

(C) ajuizar ação pauliana em nome do administrador judicial no juízo cível.

(D) requerer, no juízo da falência, o sequestro dos bens dos primos do empresário como medida antecedente à ação de responsabilidade civil.

RESPOSTA De acordo com o art. 130 da Lei 11.101/2005, são revogáveis – por meio da ação revocatória – os atos praticados com a intenção de prejudicar credores, provando-se o conluio fraudulento entre o devedor e o terceiro que com ele contratar e o efetivo prejuízo sofrido pela massa falida. *Alternativa B.*

133. **(XX Exame)** Mostardas, Tavares & Cia Ltda. EPP requereu sua recuperação judicial tendo o pedido sido despachado pelo juiz com a nomeação de Frederico Portela como administrador judicial. Em relação à remuneração do administrador judicial, será observada a seguinte regra:

(A) a remuneração não excederá 5% (cinco por cento) do valor devido aos credores submetidos à recuperação judicial.
(B) caberá ao devedor arcar com as despesas relativas à remuneração do administrador judicial e das pessoas eventualmente contratadas para auxiliá-lo.
(C) a remuneração deverá ser paga até o final do encerramento da verificação dos créditos e publicação do quadro de credores.
(D) será devida remuneração proporcional ao trabalho realizado quando o administrador judicial for destituído por descumprimento de deveres legais.

RESPOSTA Caberá ao devedor ou à massa falida arcar com as despesas relativas à remuneração do administrador judicial e das pessoas eventualmente contratadas para auxiliá-lo (art. 25 da Lei n. 11.101/2005). *Alternativa B.*

134. **(XX Exame – Reaplicação)** O estatuto de uma sociedade empresária do tipo anônima estabelece que seu objeto social é a exploração de serviços aéreos públicos de transporte regular e não regular. Diante do processamento da recuperação judicial da referida sociedade empresária, o exercício dos direitos derivados de contratos de arrendamento de aeronaves ou de seus motores pelos credores

(A) ficará suspenso pelo prazo improrrogável de 180 (cento e oitenta) dias contado da data do processamento da recuperação, restabelecendo-se, após o decurso do prazo, o direito dos arrendadores de iniciar ou continuar suas ações e execuções, independentemente de pronunciamento judicial.
(B) não ficará suspenso, e os arrendadores podem continuar suas ações e execuções, mas, durante o prazo de 180 (cento e oitenta) dias, contado da data do processamento da recuperação, não é permitida a venda ou a retirada do estabelecimento das aeronaves, por serem bens de capital essenciais à empresa.
(C) ficará suspenso até a concessão da recuperação judicial, exceto se o plano de recuperação estabelecer que as obrigações anteriores à recuperação judicial observarão as condições originalmente definidas em lei, inclusive no que diz respeito aos encargos.
(D) não ficará suspenso em nenhuma hipótese e os créditos decorrentes dos contratos de arrendamento não se submeterão aos efeitos da recuperação judicial, prevalecendo os direitos de propriedade sobre a coisa e as condições contratuais.

RESPOSTA Destaca-se que a sociedade em pauta tem condições diferentes, por se tratar de companhia área. Assim, o art. 199 regula algumas peculiaridades, entre elas, em nenhuma hipótese ficará suspenso o exercício de direitos derivados de contratos de locação, arrendamento mercantil ou de qualquer outra modalidade de arrendamento de aeronaves ou de suas partes (§ 1º), como também os créditos decorrentes dos contratos mencionados no § 1º deste artigo não se submeterão aos efeitos da recuperação judicial ou extrajudicial, prevalecendo os direitos de propriedade sobre a coisa e as condições contratuais (§ 2º). Artigo da Lei n. 11.101/2005. *Alternativa D.*

135. **(XV Exame)** João Lima Artigos Esportivos Ltda. celebrou contrato de locação de imóvel comercial, localizado na Galeria Madureira, para a instalação do estabelecimento comercial da sociedade. Atingida por forte crise setorial, a sociedade acumulou dívidas vultosas e não conseguiu honrá-las. Com a decretação da falência, o contrato de locação comercial firmado pelo locatário

(A) ficará extinto de pleno direito, sendo obrigado a entregar ao locador o imóvel onde se localiza o ponto.
(B) poderá ser mantido, desde que o locador interpele o administrador judicial no prazo de até 90 (noventa) dias.
(C) será mantido, mas poderá ser denunciado, a qualquer tempo, pelo administrador judicial da massa falida.
(D) ficará extinto, salvo se o Comitê de Credores autorizar o administrador judicial da massa falida a mantê-lo.

RESPOSTA Diz a Lei n. 11.101/2005 que a falência do locador não resolve o contrato de locação e, na falência do locatário, o administrador judicial pode, a qualquer tempo, denunciar o contrato (art. 119, VII). *Alternativa C.*

136. **(XIX Exame)** Eugênio de Castro é sócio e administrador designado no contrato da sociedade empresária Vale do Taquari Empreendimentos Hoteleiros Ltda. De acordo com cláusula contratual, o referido administrador faz jus à percepção de pró-labore bimestral no valor fixo de R$ 4.000,00 (quatro mil reais). Com a decretação da falência da referida sociedade, sua advogada verificou que não consta o crédito do cliente na relação de credores publicada no Diário Oficial. Assinale a opção que indica a classificação correta na habilitação de crédito a ser apresentada ao Juízo da falência.

(A) Crédito subordinado.
(B) Crédito quirografário.
(C) Crédito subquirografário.
(D) Crédito equiparado ao trabalhista, até o limite de 150 salários mínimos.

RESPOSTA Diante do art. 83 da Lei n. 11.101/2005 e da situação hipotética, é possível apontar como créditos subordinados (inciso VIII) aqueles previstos em lei ou em contrato e os créditos dos sócios e dos administradores sem vínculo empregatício cuja contratação não tenha observado as condições estritamente comutativas e as práticas de mercado. Ocorre que, segundo Amador Paes de Almeida, "os créditos subordinados são créditos subquirografários" (*Curso de falência e recuperação de empresa.* 25. ed. São Paulo: Saraiva, 2009, p. 263). Portanto, teríamos duas respostas, o que levaria à anulação da questão. Gabarito preliminar é *Alternativa A.*

137. **(XVIII Exame)** São João da Baliza Transporte Rodoviário Ltda. sacou duplicata de prestação de serviços no valor de R$ 32.000,00 (trinta e dois mil reais) para recebimento do frete decorrente do transporte de cargas entre ela e Supermercados Caracaraí Ltda. EPP. Diante do inadimplemento do pagamento do frete, a sacadora levou a duplicata a protesto, sem aceite, com vistas a instruir pedido de falência do sacado. Com base nas informações do enunciado, assinale a afirmativa correta.

(A) Essa duplicata não aceita não é título hábil para instruir pedido de falência, ainda que protestada e comprovada a prestação dos serviços.
(B) Essa duplicata não aceita, mas protestada, é título hábil para instruir pedido de falência, comprovada a prestação dos serviços.
(C) Essa duplicata de prestação de serviços é título hábil para instruir pedido de falência, caso esteja aceita, protestada e tenha o sacador comprovado a prestação dos serviços.
(D) Essa duplicata não é título hábil para instruir pedido de falência do destinatário porque o documento apropriado para a cobrança do frete é o conhecimento de transporte.

RESPOSTA Diz a Súmula 248 do STJ que "comprovada a prestação dos serviços, a duplicata não aceita, mas protestada, é título hábil para instruir pedido de falência". *Alternativa B.*

138. **(XVII Exame)** José adquiriu dois refrigeradores a prazo numa das filiais de Comércio de Eletrodomésticos Ltda., tendo efetuado pagamento de entrada no valor de 50% do preço. Foi decretada a falência da vendedora e esta não entregou a mercadoria. Interpelado o administrador judicial, este resolveu não executar o contrato. De acordo com as informações do enunciado e as disposições da Lei n. 11.101/2005 (Lei de Falências e Recuperação de Empresas), assinale a afirmativa correta.

(A) O comprador poderá pedir ao juiz da falência a reserva do valor de seu crédito.
(B) O comprador poderá pedir a restituição em dinheiro do valor pago a título de entrada.
(C) O comprador poderá ajuizar ação em face da massa para o cumprimento compulsório do contrato.
(D) O comprador terá seu crédito relativo ao valor pago habilitado como quirografário na falência.

RESPOSTA O art. 117, § 2º, da Lei n. 11.101/2005, determina que a declaração negativa ou o silêncio do administrador judicial confere ao contraente o direito à indenização, cujo valor, apurado em processo ordinário, constituirá crédito quirografário. Sendo assim, correta a *Alternativa D.*

139. **(XVIII Exame)** Calçados Machadinho Ltda. requereu sua recuperação judicial e o pedido foi devidamente processado. O devedor não alterou, no plano de recuperação, o valor ou as condições originais de pagamento do crédito de Curtume Arroio do Sal Ltda. EPP, referentes ao contrato de fornecimento de couro sintético, no valor de R$ 288.000,00 (duzentos e oitenta e oito mil reais). Com base nessas informações e nas disposições da Lei n. 11.101/2005, assinale a afirmativa correta.

(A) A credora não terá direito a voto nas assembleias de credores realizadas durante a recuperação judicial e o crédito não será considerado para fins de verificação de quórum de deliberação.

(B) O crédito será novado com a concessão da recuperação judicial, após a aprovação do plano pela assembleia de credores, como todos os demais créditos sujeitos à recuperação.

(C) A credora poderá votar nas assembleias de credores realizadas durante a recuperação, com base no valor de seu crédito, na classe dos credores microempresários e empresários de pequeno porte (Classe 4).

(D) A partir do processamento da recuperação judicial, é permitido à credora ajuizar ação de cobrança em face do devedor pela manutenção das condições originais de pagamento do crédito no plano de recuperação.

RESPOSTA De acordo com art. 45, § 3º, da Lei n. 11.101/2005. *Alternativa A.*

140. **(XIV Exame)** Passa Sete Serviços Médicos S/A apresentou a seus credores plano de recuperação extrajudicial, que obteve a aprovação de mais de quatro quintos dos créditos de todas as classes por ele abrangidas. O plano estabeleceu a produção de efeitos anteriores à homologação judicial, exclusivamente, em relação à forma de pagamento dos credores signatários que a ele aderiram, alterando o valor dos créditos com deságio de 30% (trinta por cento). A companhia consultou seu advogado, que se pronunciou corretamente sobre o caso, da seguinte forma:

(A) o plano não pode estabelecer a produção de efeitos anteriores à homologação, devendo o juiz indeferir sua homologação, permitindo, contudo, novo pedido, desde que sanada a irregularidade.

(B) o plano não pode estabelecer a produção de efeitos anteriores à homologação, devendo o juiz negar liminarmente sua homologação e decretar a falência.

(C) é lícito que o plano estabeleça a produção de efeitos anteriores à homologação, desde que exclusivamente em relação à modificação do valor ou da forma de pagamento dos credores signatários.

(D) é lícito que o plano estabeleça a produção de efeitos anteriores à homologação, desde que exclusivamente em relação à supressão da garantia ou sua substituição de bem objeto de garantia real.

RESPOSTA O plano de recuperação extrajudicial produz efeitos após sua homologação judicial. Diz o art. 165, § 1º, da Lei n. 11.101/2005, que é lícito, contudo, que o plano estabeleça a produção de efeitos anteriores à homologação, desde que exclusivamente em relação à modificação do valor ou da forma de pagamento dos credores signatários. *Alternativa C.*

141. **(X Exame)** Com relação às atribuições do Comitê de Credores, quando constituído no âmbito da recuperação judicial, assinale a afirmativa correta.

(A) Fiscalizar a execução do plano de recuperação judicial.

(B) Fornecer, com presteza, todas as informações exigidas pelos credores interessados.

(C) Consolidar o quadro geral de credores e providenciar sua publicação.

(D) Apresentar ao juiz, para juntada aos autos, relatório mensal das atividades do devedor.

RESPOSTA As atribuições do Comitê de Credores estão previstas no art. 27 da Lei n. 11.101/2005. Assim, de acordo com a alínea *b* do inciso II do art. 27, correta a *alternativa A.*

142. **(IX Exame – Reaplicação)** Com relação ao efeito que a decretação da falência de um empresário ou de uma sociedade empresária produz sobre os credores, assinale a afirmativa correta.

(A) Impede a exigibilidade da massa falida do pagamento dos juros vencidos após a decretação da falência, previstos em lei ou em contrato, se o ativo apurado não bastar para o pagamento dos credores subordinados.

(B) Suspende, até o término da arrecadação dos bens do devedor, o curso da prescrição de todas as ações e execuções em face do devedor, inclusive aquelas dos credores particulares do sócio de responsabilidade ilimitada.

(C) Acarreta o vencimento antecipado dos créditos do devedor e dos sócios ilimitada e solidariamente responsáveis, e converte todos os débitos em real para dólar norte-americano, pelo câmbio do dia da decisão judicial.

(D) Extingue, em relação à massa falida, o exercício do direito de retenção sobre os bens móveis ou semoventes sujeitos à arrecadação, os quais deverão ser imediatamente entregues ao credor com privilégio especial.

RESPOSTA Todos os artigos referentes à Lei n. 11.101/2005. (A) De acordo com o art. 124. (B) Incorreta, art. 6º. (C) Incorreta, art. 77. (D) Incorreta, art. 116. *Alternativa A.*

143. **(VIII Exame)** A respeito da recuperação judicial, assinale a afirmativa correta.

(A) O juiz somente poderá conceder a recuperação judicial do devedor cujo plano de recuperação tenha sido aprovado pela assembleia geral de credores.

(B) O devedor poderá desistir do pedido de recuperação judicial a qualquer tempo, desde que antes da concessão da recuperação judicial pelo juiz, bastando, para tanto, comunicar sua desistência ao juízo da recuperação.

(C) O juiz decretará falência, caso o devedor não apresente o plano de recuperação no prazo de 60 (sessenta) dias da publicação da decisão que deferir o processamento da recuperação.

(D) O plano de recuperação apresentado pelo devedor, em hipótese alguma, poderá sofrer alterações.

RESPOSTA (A) Incorreta, *vide* art. 58, § 1º, da Lei n. 11.101/2005. (B) O devedor não poderá desistir do pedido de recuperação judicial após o deferimento de seu processamento, salvo se obtiver aprovação da desistência na assembleia geral de credores (art. 52, § 4º). (C) Art. 53 da Lei n. 11.101/2005. (D) Incorreta, *vide* art. 56, § 3º. *Alternativa C.*

144. **(VII Exame)** Dentre as alternativas abaixo, indique aquela que corresponde a um crédito que deve ser classificado como extraconcursal:

(A) Multas por infração do Código de Postura Municipal.

(B) Custas judiciais relativas às ações e execuções em que a massa tenha sido vencida.

(C) Créditos quirografários sujeitos à recuperação judicial pertencentes a fornecedores de bens ou serviços que continuaram a provê-lo normalmente após o pedido de recuperação judicial.

(D) Os saldos dos créditos não cobertos pelo produto da alienação dos bens vinculados ao seu pagamento.

RESPOSTA Observada a Lei Falimentar (Lei n. 11.101/2005), dentre os créditos considerados ***extraconcursais*** e, portanto, pagos com precedência sobre os demais, estão custas judiciais relativas às ações e execuções em que a massa falida tenha sido vencida (art. 84, IV). *Alternativa B.*

145. **(VI Exame – Reaplicação)** A respeito da classificação dos créditos na falência, é correto afirmar que

(A) Os créditos com privilégio geral têm preferência sobre os créditos tributários.

(B) Os créditos quirografários têm preferência sobre os créditos com privilégio especial.

(C) Os créditos com privilégio especial têm preferência sobre os créditos tributários.

(D) Os créditos quirografários têm preferência sobre os créditos subordinados.

RESPOSTA A ***classificação dos créditos*** *concursais* na falência segue a ordem do art. 83 da Lei Falimentar. Assim, conforme consta na disposição dos incisos, os créditos ***quirografários*** (inciso VI) têm preferência em relação aos créditos ***subordinados*** (inciso VIII). *Alternativa D.*

146. **(V Exame)** A respeito do *administrador judicial*, no âmbito da recuperação judicial, é correto afirmar que

(A) Somente pode ser destituído pelo Juízo da Falência na hipótese de, após intimado, não apresentar, no prazo de 5 (cinco) dias, suas contas ou os relatórios previstos na Lei n. 11.101/2005.

(B) O administrador judicial, pessoa física, pode ser formado em Engenharia.

(C) Será escolhido pela Assembleia Geral de Credores.

(D) Perceberá remuneração fixada pelo Comitê de Credores.

RESPOSTA O administrador judicial, segundo o art. 21 da Lei n. 11.101/2005, será profissional idôneo, ***preferencialmente*** advogado, economista, administrador de empresas ou contador, ou pessoa jurídica especializada. Sendo assim, a Lei Falimentar não obsta que *engenheiro* possa ser administrador judicial, correta a *alternativa B.*

147. **(III Exame)** A sociedade empresária denominada KLM Fábrica de Móveis Ltda. teve a sua falência decretada. No curso do processo, restou apurado que a sociedade, pouco antes do ajuizamento do requerimento que resultou na decretação de sua quebra, havia promovido a venda de seu estabelecimento, independentemente do pagamento de todos os credores ao tempo existentes, ou do consentimento destes, de modo expresso ou tácito, e sem que lhe restassem bens suficientes para solver o seu passivo. Diante desse quadro, é correto afirmar que a alienação é

(A) Revogável por iniciativa do administrador judicial.

(B) Ineficaz em relação à massa falida.

(C) Nula de pleno direito.

(D) Anulável por iniciativa do administrador judicial.

RESPOSTA Entre os atos *ineficazes* em relação à massa falida do art. 129 da Lei n. 11.101/2005 está a venda ou transferência de estabelecimento feita sem o consentimento expresso ou o pagamento de todos os credores (inciso VI). *Alternativa B.*

148. **(IX Exame)** Uma sociedade empresária atuante no mercado imobiliário, com sede e principal estabelecimento na cidade de Pedro Afonso, obteve concessão de sua recuperação judicial. Diante da necessidade de alienação de bens do ativo permanente, não relacionados previamente no plano de recuperação, foi convocada assembleia geral de credores. A proposta de alienação foi aprovada em razão do voto decisivo da credora Tuntum Imperatriz Representações Ltda., cujo sócio majoritário tem participação de 25% no capital da sociedade recuperanda. Com base nas disposições da Lei n. 11.101/2005 (Lei de Falências e Recuperação Judicial de Empresas), assinale a afirmativa correta.

(A) A decisão é nula de pleno direito, pois a pretensão de alienação de bens do ativo permanente, não relacionados no plano, enseja a convolação da recuperação judicial em falência.

(B) A autorização para a alienação de bens do ativo permanente, não relacionados no plano de recuperação judicial, é uma prerrogativa exclusiva do administrador judicial.

(C) O voto de Tuntum Imperatriz Representações Ltda. não poderia ter sido considerado para fins de verificação do quórum de instalação e de deliberação da assembleia geral.

(D) A decisão assemblear é anulável, pois a sociedade Tuntum Imperatriz Representações Ltda. como credora, não poderia ter participado da assembleia geral.

RESPOSTA A respeito da situação hipotética, a alternativa C está correta e de acordo com o art. 43 da Lei n. 11.101/2005. *Alternativa C.*

149. **(XXIII Exame)** Você participou da elaboração, apresentação e negociação do plano de recuperação extrajudicial de devedor sociedade empresária. Tendo sido o plano assinado por todos os credores por ele atingidos, seu cliente o contratou para requerer a homologação judicial. Assinale a opção que indica o juízo em que deverá ser apresentado o pedido de homologação do plano de recuperação extrajudicial.

(A) O juízo da sede do devedor.

(B) O juízo do principal estabelecimento do devedor.

(C) O juízo da sede ou de qualquer filial do devedor.

(D) O juízo do principal estabelecimento ou da sede do devedor.

RESPOSTA De acordo com a Lei n. 11.101/2005, art. 3º, é competente para homologar o plano de recuperação extrajudicial, deferir a recuperação judicial ou decretar a falência o juízo do local do principal estabelecimento do devedor ou da filial de empresa que tenha sede fora do Brasil. *Alternativa B.*

VI. PROPRIEDADE INDUSTRIAL

150. **(XXX Exame)** Amambaí Inovação e Engenharia S/A obteve, junto ao Instituto Nacional da Propriedade Industrial (INPI), patente de invenção no ano de 2013. Dois anos após, chegou ao conhecimento dos administradores a prática de atos violadores de direitos de patente. No entanto, a ação para reparação de dano causado ao direito de propriedade industrial só foi intentada no ano de 2019.

Você é consultado(a), como Advogado(a) sobre o caso. Assinale a opção que apresenta o seu parecer.

(A) A reparação do dano causado pode ser pleiteada, porque o direito de patente é protegido por 20 (vinte) anos, a contar da data de depósito.

(B) A pretensão indenizatória, na data da propositura da ação, encontrava-se prescrita, em razão do decurso de mais de 3 (três) anos.

(C) A pretensão indenizatória, na data da propositura da ação, não se encontrava prescrita porque o prazo de 5 (cinco) anos não havia se esgotado.

(D) A reparação do dano causado não pode ser pleiteada, porque a patente concedida não foi objeto de licenciamento pelo seu titular.

RESPOSTA De acordo com o art. 225 da Lei n. 9.279/96, prescreve em 5 (cinco) anos a ação para reparação de dano causado ao direito de propriedade industrial. *Alternativa C.*

151. **(XIII Exame)** Sobre o desenho industrial e seu registro no Instituto Nacional da Propriedade Industrial (INPI), assinale a afirmativa correta.

(A) É registrável como desenho industrial qualquer obra ornamental de caráter puramente artístico, ou o conjunto ornamental de linhas e cores que pode ser aplicado a um produto, proporcionando resultado visual novo e original na sua configuração externa.

(B) O registro de desenho industrial vigorará pelo prazo de 20 (vinte) anos contados da data do depósito, prorrogável por até 2 (dois) períodos sucessivos de 10 (dez) anos cada, desde que seja requerida a prorrogação durante o último ano de vigência do registro.

(C) A ação de nulidade de registro de desenho industrial será ajuizada no foro da Justiça Estadual do domicílio do titular do registro, devendo o INPI ser notificado da propositura da ação para avaliar se tem interesse ou não em intervir no feito, quando não for autor.

(D) O pedido de registro que não atender às condições estabelecidas pelo INPI, mas contiver dados suficientes relativos ao depositante, ao desenho industrial e ao autor, poderá ser recebido, desde que sejam cumpridas, em 5 (cinco) dias, as exigências do INPI.

RESPOSTA (A) Errada, pois não se considera desenho industrial qualquer obra de caráter puramente artístico (art. 98). (B) Errada, o prazo é de 10 anos, prorrogável por três períodos sucessivos de cinco anos cada (art. 108). (C) Errada, no foro da Justiça Federal (veja art. 118 c/c art. 57). (D) De acordo com art. 103. Todos artigos da Lei n. 9.279/96. *Alternativa D.*

152. **(XVI Exame)** A respeito dos legitimados, assinale a opção que indica as pessoas que podem requerer patente de invenção ou modelo de utilidade, de acordo com a Lei n. 9.279/96.

(A) O próprio autor, se maior de 18 anos, os herdeiros ou sucessores do autor, o cessionário ou o empregador ou tomador de serviços, no caso de patente desenvolvida por empregado ou prestador de serviço.

(B) O próprio autor, os herdeiros ou sucessores do autor, o cessionário ou aquele a quem a lei ou o contrato de trabalho ou de prestação de serviços determinar que pertença a titularidade da patente ou do modelo de utilidade.

(C) O próprio autor, pessoa natural ou sociedade empresária, o cessionário da patente ou aquele a quem a lei ou o contrato de trabalho ou de prestação de serviços determinar que pertença a titularidade da patente ou do modelo de utilidade.

(D) O próprio autor, os herdeiros ou sucessores do autor até 5 (cinco) anos da data do óbito, o cessionário ou o empregador ou tomador de serviços, no caso de patente desenvolvida por empregado ou prestador de serviço.

RESPOSTA De acordo com a Lei n. 9.279/96, ao autor de invenção ou modelo de utilidade será assegurado o direito de obter a patente que lhe garanta a propriedade, observado que a patente poderá ser requerida em nome próprio, pelos herdeiros ou sucessores do autor, pelo cessionário ou por aquele a quem a lei ou o contrato de trabalho ou de prestação de serviços determinar que pertença a titularidade (art. 6º, § 2º). *Alternativa B.*

153. **(XII Exame)** Sobre a licença compulsória, assinale a afirmativa correta.

(A) É a hipótese em que o Estado outorga o direito de patente ao autor da invenção sem a sua iniciativa.

(B) É cabível sua concessão se a comercialização não satisfizer às necessidades do mercado.

(C) Pode ser concedida com exclusividade, a critério do Instituto Nacional da Propriedade Industrial.

(D) É admitido o sublicenciamento, com a concordância prévia do licenciante.

RESPOSTA De acordo com o art. 68 da Lei n. 9.279/96, o titular ficará sujeito a ter a patente licenciada compulsoriamente se exercer os direitos dela decorrentes de forma abusiva, ou por meio dela praticar abuso de poder econômico, comprovado nos termos da lei, por decisão administrativa ou judicial. Da mesma forma, ensejam, igualmente, licença compulsória, conforme o § 1º: "I – a não exploração do objeto da patente no território brasileiro por falta de fabricação ou fabricação incompleta do produto, ou, ainda, a falta de uso integral do processo patenteado, ressalvados os casos de inviabilidade econômica, quando será admitida a importação; ou II – a comercialização que não satisfizer às necessidades do mercado". Portanto, correta a *alternativa B*, justificativa que torna as demais incorretas.

154. **(VII Exame)** Sobre as marcas, é correto afirmar que

(A) a marca de alto renome é sinônimo de marca notoriamente conhecida.

(B) a vigência do registro da marca é de 5 (cinco) anos, sendo prorrogável por períodos iguais e sucessivos.

(C) é permitida a cessão do pedido de registro de marca, caso o cessionário atenda aos requisitos legais.

(D) a marca de produto ou serviço é aquela usada para identificar produtos ou serviços provindos de membros de uma determinada entidade.

RESPOSTA Segundo o art. 134 da Lei n. 9.279/1996, o *pedido de registro* e o *registro* [marcas e desenho industrial] poderão ser ***cedidos***, desde que o cessionário atenda aos requisitos legais para requerer tal registro. *Alternativa C.*

REFERÊNCIAS

ALMEIDA, Amador Paes de. *Curso de falência e recuperação de empresa.* 25. ed. São Paulo: Saraiva, 2010.

BERTOLDI, Marcelo M.; RIBEIRO, Márcia Carla Pereira. *Curso Avançado de Direito Comercial.* 3. ed. São Paulo: RT, 2006.

COELHO, Fábio Ulhoa. *Curso de direito comercial.* 11. ed. São Paulo: Saraiva, 2010. v. 3.

DINIZ, Maria Helena. *Lições de direito empresarial.* São Paulo: Saraiva, 2011.

FAZZIO JÚNIOR, Waldo. *Manual de direito comercial.* 3. ed. São Paulo: Atlas, 2003.

MAMEDE, Gladston. *Títulos de crédito.* 3. ed. São Paulo: Atlas, 2006.

______. *Direito empresarial brasileiro.* São Paulo: Atlas, 2004.

MARTINS, Fran. *Curso de direito comercial.* 32. ed. Rio de Janeiro: Forense, 2009.

NEGRÃO, Ricardo. *Manual de direito comercial e de empresa.* 7. ed. São Paulo: Saraiva, 2010. v. 3.

RAMOS, André Luiz Santa Cruz. *Direito empresarial esquematizado.* São Paulo: Método, 2011.

REQUIÃO, Rubens. *Curso de direito comercial.* 19. ed. São Paulo: Saraiva, 1993. v. 2.

RIZZARDO, Arnaldo. *Direito de empresa.* 3. ed. Rio de Janeiro: Forense, 2009.

ROCHA, Marcelo Hugo da. *Direito empresarial sintetizado.* São Paulo: Método, 2017.

Direito Processual Civil

DIREITO PROCESSUAL CIVIL: QUADRO GERAL DE QUESTÕES	
TEMAS	Nº DE QUESTÕES
I. Princípios	1
II. Jurisdição e Ação, Partes e Procuradores	16
III. Litisconsórcio, Assistência e Intervenção de Terceiros	14
IV. Competências, Ministério Público, Juiz e Auxiliares da Justiça	12
V. Atos Processuais	9
VI. Formação, Suspensão e Extinção do Processo	3
VII. Petição Inicial e Resposta do Réu	19
VIII. Revelia, Providências Preliminares e Julgamento conforme o Estado do Processo	7
IX. Provas e Audiências	10
X. Sentença e Coisa Julgada	10
XI. Recursos	24
XII. Execução, Liquidação de Sentença e Cumprimento de Sentença	26
XIII. Cautelar e Tutela Antecipada	12
XIV. Procedimentos Especiais	20
XV. Ação Rescisória, Ação Popular, Ação Civil Pública	14
XVI. Mandado de Segurança	5
XVII. Juizados Especiais	5
TOTAL	207

I. PRINCÍPIOS

1. **(XVI Exame)** A repressão à má-fé processual é disciplinada em diversas fontes normativas que orientam a aplicação do direito. A multa por litigância de má-fé pode ser aplicada ao autor, réu e interveniente e mesmo ao causídico, o que deve ser apurado em ação própria, baseada no Estatuto da OAB. Partindo do tema em questão, analise as situações do cotidiano forense apresentadas a seguir e assinale a única em que restou caracterizada a ocorrência de má-fé processual.

(A) A propositura de várias ações idênticas quanto às partes, à causa de pedir e ao pedido, distribuídas a juízos distintos, com *nomen iuris* diversos, objetivando concessão de medida liminar e revisão de cláusulas de um mesmo contrato, configura má-fé processual temerária.

(B) A propositura de ação cautelar de exibição de documentos e, sucessivamente, a propositura de ação de revisão de contrato, gerando a perda do objeto da primeira por motivo superveniente, caracteriza conduta despida de probidade e merece a aplicação da multa por litigância de má-fé.

(C) O protocolo intempestivo de petição intercorrente e de recurso geram, indubitavelmente, a presunção de má-fé do signatário, ao buscar postergar o feito e gerar tumulto processual, cabendo a aplicação de multa em tais hipóteses.

(D) Na impugnação ao cumprimento de sentença, quando o fundamento do pedido disser respeito a excesso na execução, a lei estabelece ser imprescindível que o impugnante aponte o valor que entende correto, sob pena de rejeição da medida impugnativa e a presunção de litigância de má-fé pela postergação do feito.

RESPOSTA A resposta está no art. 80, V, do CPC, no qual se reputa litigante de má-fé aquele que proceder de modo temerário em qualquer incidente ou ato do processo. *Alternativa A.*

II. JURISDIÇÃO E AÇÃO, PARTES E PROCURADORES

2. **(XXVIII Exame)** O fornecimento de energia elétrica à residência de Vicente foi interrompido em 2 de janeiro de 2018, porque, segundo a concessionária de serviço público, haveria um "gato" no local, ou seja, o medidor de energia teria sido indevidamente adulterado. Indignado, Vicente, representado por um(a) advogado(a), propôs, aproximadamente um mês depois, demanda em face da fornecedora e pediu o restabelecimento do serviço, pois o medidor estaria hígido. A fim de provar os fatos alegados, o autor requereu a produção de prova pericial. Citado poucos meses depois da propositura da demanda, a ré defendeu a correção de sua conduta, ratificou a existência de irregularidade no medidor de energia e, tal qual o autor, requereu a produção de perícia. Em dezembro de 2018, após arbitrar o valor dos honorários periciais e antes da realização da perícia, o juiz atribuiu apenas ao autor, que efetivamente foi intimado para tanto, o pagamento de tal verba. Sobre a hipótese apresentada, assinale a afirmativa correta.

(A) A decisão judicial está correta, uma vez que, se ambas as partes requererem a produção de perícia, apenas o autor deve adiantar o pagamento.
(B) O juiz decidiu de modo incorreto, pois se ambas as partes requererem a produção de perícia, autor e réu devem adiantar os honorários periciais.
(C) A decisão está equivocada, na medida em que os honorários periciais são pagos apenas ao final do processo.
(D) A decisão está correta, pois o magistrado tinha a faculdade de atribuir a apenas uma das partes o pagamento do montante.

RESPOSTA Nos termos do art. 95 do CPC, cada parte adiantará a remuneração do assistente técnico que houver indicado, sendo a do perito adiantada pela parte que houver requerido a perícia ou rateada quando a perícia for determinada de ofício ou requerida por ambas as partes. *Alternativa B.*

3. **(XXVIII Exame)** João Paulo faleceu em Atibaia (SP), vítima de um ataque cardíaco fulminante. Empresário de sucesso, domiciliado na cidade de São Paulo (SP), João Paulo possuía inúmeros bens, dentre os quais se incluem uma casa de praia em Búzios (RJ), uma fazenda em Lucas do Rio Verde (GO) e alguns veículos de luxo, atualmente estacionados em uma garagem em Salvador (BA). Neste cenário, assinale a opção que indica o foro competente para o inventário e a partilha dos bens deixados por João Paulo.

(A) Os foros de Búzios (RJ) e de Lucas do Rio Verde (GO), concorrentemente.
(B) O foro de São Paulo (SP).
(C) O foro de Salvador (BA).
(D) O foro de Atibaia (SP).

RESPOSTA Conforme art. 48 do CPC, foro de domicílio do autor da herança, no Brasil, é o competente para o inventário, a partilha, a arrecadação, o cumprimento de disposições de última vontade, a impugnação ou anulação de partilha extrajudicial e para todas as ações em que o espólio for réu, ainda que o óbito tenha ocorrido no estrangeiro. *Alternativa B.*

4. **(XXV Exame)** Alice, em razão de descumprimento contratual por parte de Lucas, constituiu Osvaldo como seu advogado para ajuizar uma ação de cobrança com pedido de condenação em R$ 300.000,00 (trezentos mil reais), valor atribuído à causa. A ação foi julgada procedente, mas não houve a condenação em honorários sucumbenciais. Interposta apelação por Lucas, veio a ser desprovida, sendo certificado o trânsito em julgado. Considerando o exposto, assinale a afirmativa correta.

(A) Em razão do trânsito em julgado e da preclusão, não há mais possibilidade de fixação dos honorários sucumbenciais.
(B) Como não houve condenação, presume-se que há fixação implícita de honorários sucumbenciais na média entre o mínimo e o máximo, ou seja, 15% do valor da condenação.
(C) O trânsito em julgado não impede a discussão no mesmo processo, podendo ser requerida a fixação dos honorários sucumbenciais por meio de simples petição.
(D) Deve ser proposta ação autônoma para definição dos honorários sucumbenciais e de sua cobrança.

RESPOSTA De acordo com o art. 85 do CPC, caso a decisão transitada em julgado seja omissa quanto ao direito aos honorários ou ao seu valor, é cabível ação autônoma para sua definição e cobrança (§ 18). *Alternativa D.*

5. (XXII Exame) João ajuizou ação indenizatória contra Maria, postulando a condenação ao pagamento de R$ 100.000,00 a título de reparação por danos materiais e R$ 50.000,00 por indenização de danos morais, em razão do descumprimento de um contrato firmado entre eles, referente à compra e venda de dois imóveis, cujos valores eram R$ 500.000,00 e R$ 200.000,00. Maria, citada, apresentou contestação e reconvenção, pedindo a declaração de invalidade parcial do contrato relativo ao imóvel de R$ 200.000,00, bem como a condenação de João ao pagamento de indenização por danos morais, no valor de R$ 20.000,00. Diante de tal situação, assinale a opção que apresenta o valor da causa da reconvenção.

(A) O valor deve ser o mesmo da ação principal, qual seja, R$ 150.000,00, por ser ação acessória.
(B) Não é necessário dar valor à causa na reconvenção.
(C) O valor deve ser de R$ 220.000,00, referente à soma do pedido de declaração de invalidade parcial do contrato e do pleito de indenização por danos morais.
(D) O valor deve ser de R$ 200.000,00, referente ao pedido de declaração de invalidade parcial do contrato, sendo o pleito de indenização por danos morais meramente estimado, dispensando a indicação como valor da causa.

RESPOSTA De acordo com o art. 292 do CPC, em que há cumulação de pedidos, a quantia correspondente à soma dos valores de todos eles (inciso VI). *Alternativa C.*

6. (XX Exame) Davi ajuizou ação em face de Heitor, cumulando pedido de cobrança no valor de R$ 70.000,00 (setenta mil reais) e pedido indenizatório de dano material no valor de R$ 30.000,00 (trinta mil reais). Ultrapassada a fase inicial conciliatória, Heitor apresentou contestação contendo vários fundamentos – dentre eles, preliminar de impugnação ao valor da causa. O Juiz proferiu decisão saneadora, rejeitando a impugnação ao valor da causa e determinando o prosseguimento do processo. Com base no caso apresentado, assinale a afirmativa correta.

(A) Heitor deveria ter apresentado incidente processual autônomo de impugnação ao valor da causa.
(B) Heitor poderá formular pedido recursal de modificação da decisão que rejeitou a impugnação ao valor da causa, em suas razões recursais de eventual apelação.
(C) O valor da causa deverá ser de R$ 70.000,00 (setenta mil reais), pois existem pedidos cumulativos.
(D) A impugnação ao valor da causa somente poderia ser decidida por ocasião da prolatação da sentença de mérito.

RESPOSTA (A) Errada, vide art. 293, CPC. (B) De acordo com o § 1º do art. 1.009, CPC. (C) Errada, vide art. 292, VI, CPC. (D) Errada, vide art. 293, CPC. *Alternativa B.*

7. (XX Exame) A médica Carolina é devedora de R$ 100.000,00 (cem mil reais), débito esse originado de contrato particular de mútuo, vencido e não pago, no qual figura como credora a advogada Zélia. Diante do inadimplemento, Zélia ajuizou ação de cobrança que, após instrução probatória, culminou em sentença com resolução de mérito procedente. O juiz não se pronunciou quanto ao pagamento de honorários advocatícios de sucumbência à advogada porque esta atuou em causa própria. A omissa sentença proferida transitou em julgado recentemente. Sobre o caso apresentado, segundo o CPC/15, assinale a afirmativa correta.

(A) O juiz agiu com acerto ao deixar de condenar Carolina ao pagamento de honorários.
(B) Os honorários advocatícios de sucumbência constituem direito do advogado sem natureza alimentar.
(C) A advogada Zélia não poderá requerer que o pagamento dos honorários seja efetuado em favor da sociedade de advogados no qual figura como sócia.
(D) O recente trânsito em julgado da omissa sentença não obsta o ajuizamento de ação autônoma para definição e cobrança dos honorários de sucumbência.

RESPOSTA Vide o art. 85 do CPC. Sendo assim, diante do caso, correta está a *alternativa D* em razão do § 18 do art. 85. Todas as outras estão erradas, respectivamente, em razão dos §§ 17, 14 e 15, todos do artigo referido.

8. (XX Exame) Em país estrangeiro em que possui domicílio e onde estão localizados seus bens imóveis, a sociedade empresária Alfa firmou contrato particular de fornecimento de minério com a também estrangeira sociedade empresária Beta, estipulando que a obrigação contratual deveria ser adimplida no Brasil. A sociedade empresária Alfa, diante do inadimplemento contratual da sociedade empresária Beta, ajuizou, perante a 1ª Vara Cível de Montes Claros/MG, ação com o propósito de ser indenizada pelos danos materiais sofridos, prestando como caução consistente dois veículos de sua propriedade. Após a citação e a realização de audiência de conciliação, a sociedade empresária Beta contestou, apresentando pedido de reconvenção, alegando possuir direito de ser indenizada materialmente, em razão da relação jurídica contratual regularmente constituída entre as litigantes, sob a luz das legislações estrangeira e nacional. Com base no caso apresentado, segundo as regras do CPC/15, assinale a afirmativa correta.

(A) A caução prestada pela sociedade empresária Alfa não poderá ser objeto de pedido de reforço durante o trâmite processual.
(B) A sociedade empresária Alfa deverá prestar caução suficiente ao pagamento das custas e dos honorários de advogado da parte contrária.
(C) A sociedade empresária Beta, para admissão de seu pedido reconvencional, deverá prestar caução suficiente ao pagamento das custas e dos honorários de advogado da sociedade empresária Alfa.
(D) O contrato originado em país estrangeiro, antes do ajuizamento da ação indenizatória, deverá ser objeto de homologação perante o Superior Tribunal de Justiça.

RESPOSTA Diante da situação hipotética, aplica-se o art. 83 do CPC. *Alternativa B.*

9. **(XIII Exame)** Com relação aos poderes, deveres e responsabilidades das partes, dos procuradores e dos juízes, assinale a afirmativa correta.

(A) O juiz decidirá a lide nos limites em que foi proposta, sendo-lhe defeso conhecer, em qualquer hipótese, questões conhecíveis de ofício.
(B) Os motivos de impedimento e suspeição são aplicáveis aos juízes, não cabendo o mesmo contra os serventuários de justiça ou órgão do Ministério Público, quando não for parte.
(C) O juiz deve declarar-se suspeito de parcialidade, mas deverá demonstrar claramente sua motivação, não se admitindo mera arguição de motivo íntimo.
(D) O juiz, caso as partes e seus advogados empreguem expressões injuriosas nos escritos apresentados no processo, poderá mandar riscá-las, podendo assim agir, inclusive, de ofício.

RESPOSTA (A) Art. 141 do CPC. (B) Art. 148 do CPC. (C) Art. 145, § 1º, do CPC. (D) Art. 78, § 1º, do CPC. *Alternativa D.*

10. **(X Exame)** A respeito da capacidade processual, assinale a afirmativa correta.

(A) Os municípios serão representados em juízo, ativa e passivamente, pelo Prefeito ou pelo procurador.
(B) O juiz, de plano, deverá extinguir o processo sem resolução do mérito, ao verificar a incapacidade processual ou a irregularidade da representação das partes.
(C) O juiz dará curador especial ao réu preso, bem como ao réu citado por hora certa, por edital ou por meio eletrônico.
(D) A citação dos cônjuges nas ações que versem sobre direitos reais imobiliários é prescindível.

RESPOSTA (A) Art. 75, III, do CPC. (B) Art. 76 do CPC. (C) Art. 72, II, do CPC. (D) Art. 73, § 1º, I, do CPC, com o acréscimo de "salvo quando casados sob o regime de separação absoluta de bens". *Alternativa A.*

11. **(III Exame)** O Código de Processo Civil regulamenta como se dará a atuação das partes e dos procuradores em juízo. Além de dispor sobre a capacidade processual e dos deveres de cada um, disciplina sobre a constituição de representante processual e substituição das partes e dos procuradores. A respeito dessa temática, assinale a alternativa correta.

(A) O advogado poderá a qualquer tempo renunciar ao mandato, devendo, entretanto, assistir o mandante nos dez dias subsequentes a fim de lhe evitar prejuízo, salvo na hipótese de ter comprovado que cientificou o mandante para que nomeasse substituto.
(B) Caso o advogado deixe de declarar na petição inicial o endereço em que receberá intimação, poderá fazê-lo até a fase de saneamento, mas as intimações somente informarão o nome do advogado quando tal dado estiver regularizado.
(C) Ao advogado é admitido procurar em juízo sem instrumento de mandato a fim de praticar atos reputados urgentes. Mas, para tanto, deverá prestar caução e exibir o instrumento de mandato no prazo improrrogável de quinze dias.
(D) O instituto da sucessão processual ocorrerá quando houver a morte de qualquer das partes, que será substituída pelo espólio ou por seus sucessores, suspendendo-se o processo e sendo defesa a prática de atos processuais, salvo atos urgentes a fim de evitar dano irreparável.

RESPOSTA (A) Art. 112, § 1º, do CPC. (B) Art. 106, I e §§ 1º e 2º, do CPC. (C) Art. 104 do CPC. (D) Arts. 110, 313 e 314 do CPC. *Alternativa D.*

12. **(II Exame)** A capacidade é um dos pressupostos processuais. Caso o juiz verifique

que uma das partes é incapaz ou há irregularidade em sua representação, deverá suspender o processo e marcar prazo razoável para que o defeito seja sanado. Assinale a alternativa que indique a providência correta a ser tomada pelo magistrado, na hipótese de persistência do vício.

(A) Se o vício se referir ao autor, deve o juiz aplicar-lhe multa por litigância de má-fé.

(B) Se o vício se referir ao autor, deve o juiz proferir o julgamento antecipado da lide.

(C) Se o vício se referir ao réu, deve o juiz reputá-lo revel.

(D) Se o vício se referir ao réu, deve o juiz julgar a causa em seu desfavor.

RESPOSTA Art. 76, § 1º, II, do CPC. *Alternativa C.*

13. **(VI Exame)** No curso de um processo, todos os participantes, a qualquer título, devem agir de forma leal, litigando de boa-fé e tendo por paradigma uma atuação ética. A relação entre advogados, partes e o magistrado deve obedecer, de forma bastante acentuada, essas premissas, sob pena de se estabelecer, conforme o caso, uma série de responsabilidades de ordem processual e/ou pessoal em face daquele que faltou com os deveres que lhe cabiam. Especificamente acerca da atuação dos magistrados nos processos judiciais, é correto afirmar que:

(A) É dever do magistrado declarar-se impedido ou suspeito de ofício. Em caso de abstenção por parte do juiz, poderá a parte que desejar fazê-lo arguir o impedimento ou a suspeição do magistrado por meio de exceção.

(B) O magistrado tem, entre outros deveres, a obrigação de sentenciar e de garantir o contraditório. Conforme previsto pelo sistema processual, só pode o magistrado se abster de julgar se alegar e comprovar a existência de lacuna na lei.

(C) O juiz é dotado de independência funcional, podendo, como regra geral, decidir conforme seu convencimento, sem que de sua atuação surja o dever de indenizar qualquer das partes. Tal dever só surgirá quando o juiz agir com culpa, dolo ou fraude, gerando prejuízo a uma das partes.

(D) A atuação do magistrado encontra claros limites no sistema processual, a fim de permitir que a própria sociedade exerça o devido controle sobre sua atuação. Um desses limites está refletido na regra que veda a produção de provas de ofício pelo juiz.

RESPOSTA Ao tempo do CPC/73, a arguição do impedimento ou suspeição caberia por meio de exceção. Com o CPC/2015, são temas que deverão ser arguidos em petição específica escrita; *vide* art. 146 do CPC. A *Alternativa A* ficou prejudicada.

14. **(VII Exame)** As regras processuais impõem às partes deveres que devem ser observados ao longo do processo judicial. Tais deveres têm, como corolário lógico, a existência de uma responsabilidade processual civil. Acerca de tal responsabilidade, é correto afirmar que:

(A) a responsabilidade por dano processual não pode ser reconhecida em face de terceiros intervenientes, sendo um fenômeno tipicamente atrelado à atuação das partes da demanda.

(B) havendo mais de um litigante de má-fé, o juiz deverá condená-los na proporção de seus interesses ou solidariamente, caso tenham se coligado para lesar o adversário.

(C) a indenização a ser fixada imediatamente após a prática do ato punível poderá exceder vinte por cento sobre o valor da causa, ficando sua fixação sujeita ao livre-arbítrio do juiz.

(D) a apresentação em juízo de petição que não corresponda, com perfeição, ao original anteriormente remetido por fax, não enseja responsabilização por dano processual, mas tão somente a prática de crime a ser punido nos termos do Código Penal.

RESPOSTA Art. 81 do CPC. *Alternativa B.*

15. **(VI Exame – Reaplicação)** Nas ações em que há necessidade de produção de prova pericial, cada parte deve pagar a remuneração do assistente técnico que houver indicado. No tocante aos honorários periciais, eles devem ser pagos pela parte que houver requerido a prova, ou pelo autor, nas hipóteses em que requerido por ambas as partes ou se determinado de ofício pelo juiz. Em relação a essas despesas, é correto afirmar que:

(A) Somente os honorários periciais devem ser objeto de ressarcimento, pelo vencido, ao final da demanda.

(B) Ambas devem integrar a condenação do vencido nos ônus sucumbenciais.

(C) Nenhuma dessas verbas é passível de ressarcimento.

(D) Somente os honorários do assistente técnico deverão ser restituídos, ao final, pela parte vencida.

RESPOSTA O art. 82, § 2º, do CPC prevê que a sentença condenará o vencido a pagar ao vencedor as despesas que antecipou. *Alternativa B.*

16. **(VI Exame)** A respeito dos atos e responsabilidades das partes e dos procuradores, de acordo com o Código de Processo Civil, assinale a alternativa correta.

(A) É defeso ao autor intentar novamente a ação que, a requerimento do réu, foi extinta sem resolução do mérito por abandono da causa por mais de trinta dias, se não pagar ou depositar em cartório as despesas e honorários a que foi condenado.

(B) O prazo para interposição de recurso será contado da data em que os advogados são intimados da decisão, da sentença ou do acórdão, sendo vedada a intimação em audiência, ainda que nessa seja publicada a sentença ou a decisão.

(C) A arguição de incompetência absoluta de juízo deverá ser alegada pela parte em preliminar de contestação ou por meio de exceção no prazo de resposta do réu, sob pena de prorrogação de competência. Em sendo aquela declarada, somente os atos decisórios serão nulos.

(D) Aquele que detenha a coisa em nome alheio, demandado em nome próprio, deverá nomear à autoria o proprietário ou possuidor. Instado a se manifestar, caso o autor se mantenha inerte, findo o prazo legal, presume-se que a nomeação à autoria não foi aceita.

RESPOSTA Art. 92 e art. 486, § 2º, do CPC. *Alternativa A.*

17. **(XI Exame)** "Toda pessoa que se acha no exercício dos seus direitos tem capacidade para estar em juízo", estabelece o Código de Processo Civil, e os incapazes serão assistidos ou representados por seus pais, tutores ou curadores. A respeito do tema estão corretas as afirmativas a seguir, à exceção de uma. Assinale-a.

(A) O curador especial, nomeado em caso de executado citado com hora certa revel, tem legitimidade para opor embargos à execução.

(B) Ao curador especial não se aplica o ônus da impugnação especificada dos fatos articulados pelo autor.

(C) O juiz dará curador especial ao réu revel citado por edital, mas não àquele citado com hora certa.

(D) O juiz dará curador especial ao incapaz, ainda que tenha representante legal, quando houver colisão de interesses entre este e o representado.

RESPOSTA Art. 72, II, do CPC. *Alternativa C.*

III. LITISCONSÓRCIO, ASSISTÊNCIA E INTERVENÇÃO DE TERCEIROS

18. **(XXX Exame)** Daniel, sensibilizado com a necessidade de Joana em alugar um apartamento, disponibiliza-se a ser seu fiador no contrato de locação, fazendo constar nele cláusula de benefício de ordem. Um ano e meio após a assinatura do contrato, Daniel é citado em ação judicial visando à cobrança de aluguéis atrasados. Ciente de que Joana possui bens suficientes para fazer frente à dívida contraída, Daniel consulta você, como advogado(a), sobre a possibilidade de Joana também figurar no polo passivo da ação. Diante do caso narrado, assinale a opção que apresenta a modalidade de intervenção de terceiros a ser arguida por Daniel em sua contestação.

(A) Assistência.

(B) Denunciação da lide.

(C) Chamamento ao processo.

(D) Nomeação à autoria.

RESPOSTA De acordo com o art. 130 do CPC, são hipóteses de chamamento ao processo, requerido pelo réu, do afiançado, na ação em que o fiador for réu; dos demais fiadores, na ação proposta contra um ou alguns deles; e dos demais devedores solidários, quando o credor exigir de um ou de alguns o pagamento da dívida comum. *Alternativa C.*

19. **(XXVIII Exame)** Felipe, a fim de cobrar dívida proveniente de contrato de mútuo firmado com Aline, ajuizou demanda de conhecimento em face de João Alberto, fiador. Surpreendido pela citação, João Alberto procura, no mesmo dia, um(a) advogado(a). Diante de tal quadro, assinale a opção que apresenta a medida mais adequada a ser adotada pelo(a) advogado(a) para obter a responsabilização de Aline.

(A) Realizar o chamamento ao processo de Aline.

(B) Efetuar a denunciação da lide de Aline.

(C) Sustentar a ilegitimidade passiva de João Alberto, na medida em que somente após eventual tentativa malsucedida de responsabilização de Aline, João Alberto poderia ser demandado.

(D) Não promover a intervenção de terceiros e aguardar a fase executiva, momento em que deverá ser requerido o benefício de ordem, de modo que os bens de Aline sejam executados antes dos de João Alberto.

RESPOSTA Nos termos do art. 130, I, do CPC, é admissível o chamamento ao processo, requerido pelo réu, do afiançado, na ação em que o fiador for réu. Outras hipóteses de chamamento são: dos demais fiadores, na ação proposta contra um ou alguns deles; e dos demais devedores solidários, quando o credor exigir de um ou de alguns o pagamento da dívida comum. *Alternativa A.*

20. **(XXVIII Exame)** As irmãs Odete e Nara celebraram contrato bancário, com cláusula de solidariedade, com uma pequena instituição financeira, com o objetivo de constituir uma empresa na cidade de Campos. Depois de sete anos, a instituição financeira, sem receber o valor que lhe era devido, propôs ação judicial em face das duas irmãs. Ocorre que a empresa familiar teve suas atividades encerradas por má gestão e as irmãs, há alguns anos, não mais se falam e, por isso, contrataram advogados(as) de escritórios de advocacia distintos para realizar a defesa judicial. Sobre a hipótese apresentada, assinale a afirmativa correta.

(A) Caso o(a) advogado(a) de Nara perca o prazo do recurso de apelação, a alegação de prescrição no apelo interposto pelo advogado(a) de Odete, se acolhida, beneficiará Nara.

(B) O litisconsórcio formado pelas irmãs pode ser classificado como litisconsórcio passivo, necessário e unitário.

(C) Caberá à parte interessada alegar a prescrição, sendo vedado ao magistrado reconhecer a prescrição de ofício.

(D) Os prazos para as manifestações dos litisconsortes com advogados(as) de diferentes escritórios de advocacia serão contados em dobro, ainda quando os autos do processo forem eletrônicos.

RESPOSTA Segundo o art. 229, os litisconsortes que tiverem diferentes procuradores, de escritórios de advocacia distintos, terão prazos contados em dobro para todas as suas manifestações, em qualquer juízo ou tribunal, independentemente de requerimento. Entretanto, nos termos do § 2º, não se aplica o disposto no *caput* aos processos em autos eletrônicos. *Alternativa A.*

21. **(XXVIII Exame)** Amauri ingressou com ação ordinária em face de Mercadinho dos Suínos Ltda., em decorrência do consumo de alimento inapropriado vendido pelo réu. O pedido foi julgado procedente em decisão transitada em julgado, condenando a pessoa jurídica ré a indenizar o autor em R$ 10.000,00 (dez mil reais). Na fase de cumprimento de sentença, não foram encontrados bens penhoráveis pertencentes à sociedade, razão pela qual o juízo competente decretou, de ofício, a desconsideração da personalidade jurídica, penhorando um automóvel pertencente a Flávio, sócio majoritário da sociedade ré. Diante de tal cenário, assinale a afirmativa correta.

(A) A decisão está correta, pois o CPC admite a desconsideração da personalidade jurídica, independentemente de requerimento da parte interessada.

(B) A decisão está incorreta, diante da necessidade de requerimento da parte para que haja a desconsideração da personalidade jurídica, a qual possui natureza jurídica de processo autônomo.

(C) A decisão está incorreta, pois a desconsideração da personalidade jurídica exige, cumulativamente, o requerimento da parte interessada e a instauração do incidente, nos termos do CPC.

(D) Não é admissível a desconsideração da personalidade jurídica à luz do CPC.

RESPOSTA Nos termos do art. 133, do CPC, o incidente de desconsideração da personalidade jurídica será instaurado a pedido da parte ou do Ministério Público, quando lhe couber intervir no processo. Ademais, o pedido de desconsideração da personalidade jurídica observará os pressupostos previstos em lei. *Alternativa C.*

22. **(XXII Exame)** Antônia contratou os arquitetos Nivaldo e Amanda para realizar o projeto de reforma de seu apartamento. No contrato celebrado entre os três, foi fixado o prazo de trinta dias para a prestação do serviço de arquitetura, o que não foi cumprido, embora tenha sido feito o pagamento dos valores devidos pela contratante. Com o objetivo de rescindir o contrato celebrado e ser ressarcida do montante pago, Antônia procura um advogado, mas lhe informa que não gostaria de processar Amanda, por serem amigas de infância. Sobre a hipótese apresentada, assinale a opção que indica o procedimento correto a ser adotado.

(A) Será possível o ajuizamento da ação unicamente em face de Nivaldo, na medida em que a hipótese tratada é de litisconsórcio simples. A sentença proferida contra Nivaldo será ineficaz em relação a Amanda.

(B) Não será possível o ajuizamento da ação unicamente em face de Nivaldo, uma vez que a hipótese tratada é de litisconsórcio necessário. Caso a ação não seja ajuizada em face de Amanda, o juiz deverá determinar que seja requerida sua citação, sob pena de extinção do processo.

(C) Será possível o ajuizamento da ação unicamente em face de Nivaldo, na medida em que a hipótese tratada é de litisconsórcio facultativo. A sentença proferida contra Nivaldo será eficaz em relação a Amanda, pois entre eles há comunhão de direitos ou de obrigações.

(D) Não será possível o ajuizamento da ação unicamente em face de Nivaldo, uma vez que a hipótese tratada é de litisconsórcio simples. A sentença proferida contra Nivaldo será ineficaz.

RESPOSTA O litisconsórcio será necessário por disposição de lei ou quando, pela natureza da relação jurídica controvertida, a eficácia da sentença depender da citação de todos que devam ser litisconsortes (art. 114 do CPC). E, sendo assim, nos casos de litisconsórcio passivo necessário, o juiz determinará ao autor que requeira a citação de todos que devam ser litisconsortes, dentro do prazo que assinar, sob pena de extinção do processo (art. 115, parágrafo único). *Alternativa B.*

23. **(XXIV Exame)** Marcos se envolveu em um acidente, abalroando a motocicleta de Bruno, em razão de não ter visto que a pista estava interditada. Bruno ajuizou, em face de Marcos, ação de indenização por danos materiais, visando receber os valores necessários ao conserto de sua motocicleta. Marcos, ao receber a citação da ação, entendeu que a responsabilidade de pagamento era da Seguradora Confiança, em virtude de contrato de seguro que havia pactuado para seu veículo, antes do acidente. Diante de tal situação, assinale a afirmativa correta.

(A) Marcos pode promover oposição em face de Bruno e da seguradora.
(B) Marcos pode promover denunciação da lide à seguradora.
(C) Marcos pode pedir a instauração de incidente de desconsideração da personalidade jurídica em face da seguradora.
(D) Marcos pode promover o chamamento ao processo da seguradora.

RESPOSTA De acordo com o art. 125 do CPC, é admissível a denunciação da lide, promovida por qualquer das partes àquele que estiver obrigado, por lei ou pelo contrato, a indenizar, em ação regressiva, o prejuízo de quem for vencido no processo (inciso II). *Alternativa B.*

24. **(XX Exame – Reaplicação)** Alessandra é fiadora no contrato de locação do apartamento de Mariana. Diante do inadimplemento de vários meses de aluguel, Marcos (locador) decide ajuizar ação de cobrança em face da fiadora. Alessandra, em sua defesa, alegou que Mariana também deveria ser chamada ao processo. Com base no CPC/15, assinale a afirmativa correta.

(A) O fiador se compromete com a dívida do afiançado, de modo que não pode exigir a sua participação na ação de cobrança promovida.
(B) Sendo certo que Alessandra não participou da relação jurídica existente entre Mariana e Marcos, permite-se o chamamento ao processo do locatário a qualquer tempo.
(C) Incorreta a atitude de Alessandra, pois o instituto apto a informar ao juízo o real devedor da relação é a nomeação à autoria.
(D) Alessandra deve viabilizar a citação de Mariana no prazo de 30 dias, sob pena de o chamamento ao processo ficar sem efeito.

RESPOSTA É admissível o chamamento ao processo, requerido pelo réu nas seguintes situações: do afiançado, na ação em que o fiador for réu; dos demais fiadores, na ação proposta contra um ou alguns deles; dos demais devedores solidários, quando o credor exigir de um ou de alguns o pagamento da dívida comum (vide art. 130, CPC). Deve-se observar que a citação daqueles que devam figurar em litisconsórcio passivo será requerida pelo réu na contestação e deve ser promovida no prazo de 30 (trinta) dias, sob pena de ficar sem efeito o chamamento (art. 131). *Alternativa D.*

25. **(XIV Exame)** Os irmãos Rafael e Daniela são proprietários de um imóvel na Av. São Sebastião, n. 20. Eles realizaram um contrato de locação com Joana, estudante, por prazo indeterminado. Após três anos de vigência de contrato, devido aos grandes eventos internacionais na cidade, os irmãos propuseram uma ação revisional de aluguel, tendo em vista a valorização constatada na área em que fica o imóvel. A partir da hipótese sugerida, assinale a opção correta.

(A) Trata-se de litisconsórcio ativo facultativo unitário, uma vez que há solidariedade entre os irmãos, o que faz com que um deles, sozinho, possa ajuizar a ação, tendo a decisão efeito para ambos.
(B) Trata-se de litisconsórcio passivo multitudinário, pois a ação revisional, se procedente, alterará o valor da locação para todo e qualquer candidato à locação.
(C) Trata-se de litisconsórcio ativo facultativo simples, pois no lugar de uma única ação, cada irmão pode entrar com uma ação revisional diferente para atualizar o valor do imóvel, e as duas correrão normalmente, em separado.
(D) Trata-se de litisconsórcio ativo necessário unitário, uma vez que a lei assim o exige e a decisão do juiz será a mesma para os dois irmãos.

RESPOSTA Diante do caso concreto, trata-se de litisconsórcio ativo, pois a pluralidade de litigantes encontra-se no polo ativo. Entretanto, é caso de litisconsórcio necessário, pois não se admite litisconsórcio necessário no polo ativo da relação processual. Ademais, é caso de litisconsórcio unitário, visto que o juiz tem que decidir a lide de modo uniforme para os litisconsortes. *Alternativa A.*

26. **(XVIII Exame)** Vinícius foi demandado em uma ação de cobrança por ter sido fiador de sua sogra, Francisca. Assinale a alternativa que indica a medida a ser adotada por Vinícius para trazer Francisca para o polo passivo desse processo.

(A) Reconvenção.
(B) Denunciação à lide.
(C) Chamamento ao processo.
(D) Nomeação à autoria.

RESPOSTA De acordo com o art. 130, I, do CPC: chamamento ao processo. *Alternativa C.*

27. **(VI Exame – Reaplicação)** Como cediço, a intervenção de terceiros é um importante fenômeno processual capaz de permitir a pluralidade de partes em um processo. Imagine a seguinte situação jurídica: Neves empresta R$ 500,00 para Sílvio e Sandro, sócios em uma empresa que fabrica sapatos, e a quantia deixa de ser paga a Neves na data estipulada no contrato de empréstimo, razão pela qual Neves opta por cobrar toda a quantia apenas de Sílvio, cujo patrimônio é maior. Sandro resolve, então, requerer a sua intervenção no processo por temer que Sílvio venha a sucumbir e que, ato contínuo, venha a agir regressivamente contra ele, após ter pagado toda a quantia devida a Neves, com a finalidade de obter de Sandro a sua quota-parte da dívida. Nessa situação, caracteriza-se a seguinte figura de intervenção de terceiros:

(A) Assistência qualificada ou litisconsorcial.
(B) Denunciação da lide.
(C) Chamamento ao processo.
(D) Assistência simples ou adesiva.

RESPOSTA Segundo o art. 124 do CPC, considera-se litisconsorte da parte principal o assistente sempre que a sentença influir na relação jurídica entre ele e o adversário do assistido. *Alternativa A.*

28. **(V Exame)** O Ministério Público ajuizou ação rescisória a fim de desconstituir sentença transitada em julgado, ao argumento de que teria havido colusão entre ambas as partes do processo originário no intuito de fraudar a lei. Diante disso, requereu o Ministério Público, na petição inicial da ação rescisória, a citação tanto da parte autora quanto da parte ré do processo originário.

Assinale a modalidade de litisconsórcio verificada na hipótese acima.

(A) Litisconsórcio ativo necessário e unitário.
(B) Litisconsórcio passivo necessário e simples.
(C) Litisconsórcio ativo facultativo e simples.
(D) Litisconsórcio passivo necessário e unitário.

RESPOSTA No caso, o MP será autor da rescisória em face do autor e do réu do processo originário (litisconsórcio *passivo*). O litisconsórcio será *necessário* (formação é obrigatória) e *unitário* (sentença uniforme), caso em que todos os litisconsortes deverão ser citados. *Alternativa D.*

29. **(IX Exame)** Considerando a assistência e as demais formas de intervenção de terceiros previstas no Código de Processo Civil, assinale a afirmativa correta.

(A) É admissível o chamamento ao processo daquele que detiver a coisa em nome alheio.
(B) A oposição consiste na intervenção daquele que estiver obrigado, pela lei ou pelo contrato, a indenizar o prejuízo do réu da demanda.
(C) O terceiro deve demonstrar que possui interesse jurídico que a sentença seja favorável a uma das partes, para ser admitido como assistente.
(D) Feita a denunciação da lide, se o denunciante aceitar, ele será assistente simples do denunciado.

RESPOSTA Art. 119 do CPC (pendendo causa entre 2 (duas) ou mais pessoas, o terceiro juridicamente interessado em que a sentença seja favorável a uma delas poderá intervir no processo para assisti-la). *Alternativa C.*

30. **(VIII Exame)** Vinícius foi demandado em uma ação de cobrança por ter sido fiador de sua sogra, Francisca. Assinale a alternativa que indica a medida a ser adotada por Vinícius para trazer Francisca para o polo passivo desse processo.

(A) Reconvenção.
(B) Denunciação à lide.
(C) Chamamento ao processo.
(D) Nomeação à autoria.

RESPOSTA Art. 130, I, do CPC. *Alternativa C.*

31. **(XI Exame)** A respeito do fenômeno processual do litisconsórcio, que consiste na pluralidade de sujeitos ocupando um ou ambos os polos da relação jurídica para litigar em conjunto no mesmo processo, assinale a afirmativa correta.

(A) Não constitui fundamento para a formação de litisconsórcio a ocorrência de afinidade de questões por um ponto em comum de fato ou de direito.
(B) O juiz poderá limitar o litisconsórcio necessário quanto ao número de litigantes quando este comprometer a rápida solução do litígio ou dificultar a defesa.
(C) Na sistemática dos Juizados Especiais Cíveis não se admitirá a formação de litisconsórcio como

forma de prestigiar uma prestação jurisdicional mais célere e simplificada.

(D) Quando os litisconsortes tiverem diferentes procuradores, ser-lhes-ão contados em dobro os prazos para contestar, para recorrer e, de modo geral, para falar nos autos.

RESPOSTA Art. 229 do CPC apresenta um texto modificado para a situação, em especial, para a *alternativa D*, considerada correta pelo gabarito oficial. Os litisconsortes que tiverem diferentes procuradores, de escritórios de advocacia distintos, terão prazos contados em dobro para todas as suas manifestações, em qualquer juízo ou tribunal, independentemente de requerimento.

IV. COMPETÊNCIAS, MINISTÉRIO PÚBLICO, JUIZ E AUXILIARES DA JUSTIÇA

32. **(XXV Exame)** Alcebíades ajuizou demanda de obrigação de fazer pelo procedimento comum, com base em cláusula contratual, no foro da comarca de Petrópolis. Citada para integrar a relação processual, a ré Benedita lembrou-se de ter ajustado contratualmente que o foro para tratar judicialmente de qualquer desavença seria o da comarca de Niterói, e comunicou o fato ao seu advogado. Sobre o procedimento a ser adotado pela defesa, segundo o caso narrado, assinale a afirmativa correta.

(A) A defesa poderá alegar a incompetência de foro antes da audiência de conciliação ou de mediação.

(B) A defesa poderá alegar a incompetência a qualquer tempo.

(C) A defesa só poderá alegar a incompetência de foro como preliminar da contestação, considerando tratar-se de regra de competência absoluta, sob pena de preclusão.

(D) A defesa tem o ônus de apresentar exceção de incompetência, em petição separada, no prazo de RESPOSTA.

RESPOSTA Diz o art. 64 do CPC que a incompetência, absoluta ou relativa, será alegada como questão preliminar de contestação. A incompetência de foro é relativa, já que a absoluta pode ser alegada em qualquer tempo e grau de jurisdição e deve ser declarada de ofício (§ 1º). Ocorre que o gabarito preliminar apontou a *Alternativa A* como correta, mas não há esta opção no CPC. Reforça ainda esta contrariedade à afirmativa, pois diz o § 4º do art. 63 do CPC que, citado, incumbe ao réu alegar a abusividade da cláusula de eleição de foro na contestação, sob pena de preclusão. Ou seja, é na contestação.

33. **(XX Exame)** Durante uma ação de guarda a tramitar em uma vara de família, a ré, mãe da criança, descobriu que o advogado do pai (autor) é filho adotivo do irmão do promotor de justiça que atua no caso. Extremamente preocupada, informou o fato ao seu advogado. Com base no CPC/15, como advogado da mãe, assinale a afirmativa correta.

(A) Por causa do impedimento para que o promotor de justiça exerça suas funções, o fato deverá ser informado ao juiz da causa em petição específica.

(B) O advogado da mãe deverá arguir, por meio de exceção, o impedimento do promotor de justiça.

(C) As causas de impedimento direcionadas ao magistrado, como é o caso, não se estendem aos membros do Ministério Público.

(D) Não se trata de causa de impedimento porque o advogado do pai é parente colateral de terceiro grau do promotor de justiça.

RESPOSTA Diante da situação, cabível arguir impedimento do juiz, cujas causas estão no art. 144 do CPC e aplicáveis também aos promotores (art. 148, I). Das causas está o inciso IV, que diz que quando for parte no processo ele próprio, seu cônjuge ou companheiro, ou parente, consanguíneo ou afim, em linha reta ou colateral, até o terceiro grau, inclusive. Assim, no prazo de 15 (quinze) dias, a contar do conhecimento do fato, a parte alegará o impedimento ou a suspeição, em petição específica dirigida ao juiz do processo, na qual indicará o fundamento da recusa, podendo instruí-la com documentos em que se fundar a alegação e com rol de testemunhas (art. 146). Correta a *alternativa A*.

34. **(XX Exame – Reaplicação)** Abílio, advogado competente, recebe duas citações de processos de seus clientes. Ao analisar as petições iniciais, bem como a distribuição dos processos, percebe que o processo A, que deveria ter sido ajuizado na Comarca de Maré de Cima, o foi na Comarca de Cipó do Mato, e que o processo B, que deveria correr em uma Vara de Família, foi distribuído para uma Vara Cível. Abílio promete aos seus clientes que irá solucionar esses problemas. De acordo com o regramento do CPC/15, assinale a opção que indica o procedimento que ele deverá adotar.

(A) Acrescentar uma preliminar de incompetência na contestação, em ambos os casos.

(B) Redigir, no processo A, uma exceção de incompetência e, no processo B, uma preliminar de incompetência da contestação.

(C) Acrescentar, ao processo A, uma preliminar de incompetência na contestação e, ao processo B, uma exceção de incompetência.

(D) Redigir uma exceção de incompetência, em ambos os casos.

RESPOSTA Diante da situação, a incompetência será alegada em preliminar, tanto a absoluta como a relativa (vide art. 64, CPC/2015). No CPC/73, a incompetência relativa era tratada por meio de "exceção". *Alternativa A.*

35. **(XX Exame – Reaplicação)** No decorrer da tramitação de uma ação, em que se discutiam as declarações de última vontade contidas em um testamento, foi alegada, pela parte interessada, a ausência de intervenção obrigatória do Ministério Público, requerendo, como consequência, a anulação de todo o procedimento. Com base no CPC/15, assinale a afirmativa correta.

(A) A alegação está correta, uma vez que compete ao Ministério Público intervir nas causas concernentes a disposições de última vontade, sob pena de nulidade.

(B) O advogado da parte contrária pode arguir a inexistência de obrigatoriedade de intervenção, uma vez que, nesse caso, cabe ao *Parquet* avaliar a presença do interesse público ou social, decidindo ou não pela intervenção.

(C) Não há nulidade na situação narrada, pois a obrigatoriedade de intervenção do Ministério Público se limita às ações em que haja interesse de incapaz ou participação da Fazenda Pública.

(D) A alegação de nulidade está correta, de modo que o juiz deverá invalidar todo o processo, desde a distribuição.

RESPOSTA Segundo o art. 178 do CPC, o Ministério Público será intimado para, no prazo de 30 dias, intervir como fiscal da ordem jurídica nas hipóteses previstas em lei ou na Constituição Federal e nos processos que envolvam interesse público ou social; interesse de incapaz; e litígios coletivos pela posse de terra rural ou urbana. De todo modo, a nulidade só pode ser decretada após a intimação do Ministério Público, que se manifestará sobre a existência ou a inexistência de prejuízo (art. 279, § 2º). *Alternativa B.*

36. **(XIV Exame)** A respeito da participação do Ministério Público no Processo Civil, assinale a opção correta.

(A) O Ministério Público tem a faculdade de intervir nas causas em que há interesses de incapazes.

(B) O Ministério Público, intervindo como fiscal da lei, terá vista dos autos depois das partes, sendo intimado de todos os atos do processo.

(C) O Ministério Público, quando for parte, não gozará de prazos diferenciados para interposição de recursos.

(D) O Ministério Público, intervindo como fiscal da lei, não pode requerer diligências com intuito de comprovar a verdade de fatos relevantes para a causa.

RESPOSTA (A) Errada, pois o Ministério Público deve intervir nas causas em que há interesses de incapazes; *vide* art. 178, II, do CPC. (B) De acordo com o art. 179, I, do CPC. (C) Errada, pois o Ministério Público, quando for parte, gozará de prazos diferenciados (art. 180 do CPC). (D) Errada, visto que o Ministério Público tem autonomia para atuar no processo, seja na condição de parte, seja na condição de fiscal da lei (art. 179, II, do CPC). *Alternativa B.*

37. **(XIII Exame)** Lindalva faleceu em Minas Gerais, em um acidente durante a prática de montanhismo. Não tinha feito testamento, mas deixou dois filhos maiores que residem em dois Estados da Federação. Apesar de não ter domicílio certo, deixou bens situados nos Estados da Bahia e de Mato Grosso. A respeito da ação de inventário, de acordo com o que dispõe o Código de Processo Civil, assinale a afirmativa correta.

(A) A ação de inventário deve ser ajuizada no foro do domicílio dos filhos de Lindalva, pois são eles os inventariantes.

(B) O foro competente para o inventário é o da situação dos bens, de forma que o inventário deverá ser aberto na Bahia, local onde a maioria dos bens está localizada.

(C) A ação de inventário poderá ser ajuizada no foro da situação de qualquer dos bens, uma vez que o autor da herança possui bens em lugares diferentes.

(D) O inventário deverá ser aberto pelos herdeiros no Estado de Minas Gerais, uma vez que Lindalva não tinha domicílio certo e seus bens estavam em lugares diferentes.

RESPOSTA Ao tempo do CPC/73, a resposta estava no art. 96, parágrafo único, II (o lugar onde ocorreu o óbito), portanto *alternativa D.* O CPC/2015 não repetiu a mesma regra. De acordo com as novas regras do art. 48 e seu parágrafo único temos que: se o autor da herança não possuía domicílio certo, é competente: I – o foro de situação dos bens imóveis; II – havendo bens imóveis em foros diferentes, qualquer destes; III – não havendo bens imóveis, o foro do local de qualquer dos bens do espólio. Ou seja, a regra a respeito se tornou mais flexível.

38. **(II Exame)** A incompetência do juízo, tal como prevista no CPC, pode assumir duas feições, de acordo com a natureza do vício e ainda com as consequências advindas de tal reconhecimento. O Código trata, então, da incompetência absoluta e da relativa. A respeito dessas modalidades de incompetência, assinale a afirmativa correta.

(A) A incompetência relativa pode ser alegada a qualquer tempo.

(B) A incompetência relativa sempre pode ser conhecida de ofício pelo juiz.

(C) A incompetência absoluta gera a nulidade de todos os atos praticados no processo até seu reconhecimento.

(D) A incompetência absoluta é alegada como preliminar da contestação ou por petição nos autos.

RESPOSTA (D) Art. 337, II, e art. 64, § 1º, do CPC. *Alternativa D.*

39. **(VI Exame – Reaplicação)** O juiz da 1ª Vara Cível da Comarca X declarou sua incompetência absoluta para o julgamento de uma causa e determinou a remessa dos autos para a Justiça do Trabalho. O processo foi distribuído para a 1ª Vara do Trabalho da mesma Comarca, que suscitou conflito de competência.

Qual é o órgão competente para resolver o conflito?

(A) Tribunal Superior do Trabalho.

(B) Tribunal de Justiça do Estado onde os juízos conflitantes estão localizados.

(C) Supremo Tribunal Federal.

(D) Superior Tribunal de Justiça.

RESPOSTA Segundo o art. 105, I, *d*, da CF, compete ao STJ processar e julgar originariamente os conflitos de competência entre quaisquer tribunais (ressalvado o disposto no art. 102, I, *o*), bem como entre tribunal e juízes a ele não vinculados e *entre juízes vinculados a tribunais diversos. Alternativa D.*

40. **(VII Exame)** Quando duas ou mais demandas individuais possuem o mesmo pedido e/ou a mesma causa de pedir, diz-se que são conexas. Nessa situação, se estiverem tramitando em juízos diversos, poderão ser reunidas para julgamento conjunto pelo juízo prevento.

Caso esses juízos tenham competência territorial diversa, é correto afirmar que será considerado prevento aquele

(A) em que se proferiu o primeiro despacho liminar positivo.

(B) para o qual primeiro foi distribuída a petição inicial.

(C) que tiver, ao tempo da arguição da conexão, praticado o maior número de atos processuais.

(D) em que se realizou a primeira citação válida.

RESPOSTA Ao tempo do CPC/73, o gabarito apontava para a *alternativa D,* de acordo com os arts. 106 e 219. Com o CPC/2015, a regra da prevenção está no art. 59, a saber: "o registro ou a distribuição da petição inicial torna prevento o juízo". Portanto, a *alternativa B* seria a nova resposta. Quanto à citação, *vide* a regra do art. 240 do CPC.

41. **(VIII Exame)** O sistema processual pátrio estabelece duas espécies de incompetência: a incompetência absoluta e a incompetência relativa. Acerca do tema, assinale a afirmativa correta.

(A) Os critérios absolutos de fixação de competência são previstos em lei com a finalidade de promover a proteção, precipuamente, de interesses privados.

(B) Em litígios que envolvam nunciação de obra nova, é defeso ao autor optar por fazer o ajuizamento da ação no foro de domicílio do réu ou no foro de eleição.

(C) Em demanda proposta perante juízo absolutamente incompetente, pode haver prorrogação da competência do juízo, caso deixe o réu de apresentar, no momento processual oportuno, a exceção de incompetência.

(D) A incompetência relativa ocorre, por exemplo, quando o critério de fixação de competência em razão do valor da causa é desrespeitado, hipótese em que tanto as partes quanto o magistrado, de ofício, poderão suscitar a incompetência do juízo.

RESPOSTA Art. 47, *caput*, e § 1º do CPC. *Alternativa B.*

42. **(I Exame)** Considere que Laura, menor absolutamente incapaz, representada por sua mãe, ajuíze ação de investigação de paternidade no foro de seu domicílio. Nessa situação hipotética, caso more em outro Estado da Federação, o réu poderá

(A) apenas contestar a ação, visto que a competência para o conhecimento da ação, nessa hipótese, é do foro do domicílio de Laura, haja vista ser absolutamente incapaz.

(B) alegar a incompetência do juízo, mediante simples petição, a qualquer tempo, independentemente de exceção, haja vista tratar-se de incompetência absoluta.

(C) apresentar exceção de incompetência de juízo, no prazo da resposta, uma vez que a competência para o conhecimento da ação, nesse caso, é do foro do domicílio do réu.

(D) apresentar exceção de incompetência de juízo, a qualquer tempo, desde que o faça antes da sentença, visto que a competência, na referida hipótese, é do foro do domicílio do réu.

RESPOSTA Arts. 46 e 64 do CPC. Ao tempo da questão, o CPC/73 previa a exceção de incompetência de juízo, portanto, a *alternativa C* estaria correta. Com o CPC/2015, a incompetência, absoluta ou relativa, será alegada como questão preliminar de contestação (art. 64). A *alternativa A* se aproxima mais da nova realidade.

43. **(XI EXAME)** Os critérios relativos de fixação de competência podem ser alterados pela ocorrência de alguns fenômenos processuais. Uma das situações que pode levar à modificação da competência, quando fixada com base em critérios relativos, é a ocorrência da chamada continência. Assinale a alternativa que descreve, corretamente, continência.

(A) Fenômeno que ocorre entre duas ou mais ações, quando lhes for comum o objeto ou a causa de pedir.

(B) Fenômeno que ocorre entre duas ou mais ações quando há identidade quanto às partes e à causa de pedir, mas o objeto de uma, por ser mais amplo, abrange o das outras.

(C) Fenômeno que ocorre entre duas ou mais ações quando há entre elas identidade de partes, de causa de pedir e de pedido e todas tramitam em diferentes juízos simultaneamente.

(D) Fenômeno que ocorre entre duas ou mais ações quando possuem pedidos que, somados, não ultrapassam o valor de sessenta salários mínimos.

RESPOSTA Art. 56 do CPC. *Alternativa B.*

V. ATOS PROCESSUAIS

44. **(XX Exame)** Rafael e Paulo, maiores e capazes, devidamente representados por seus advogados, celebraram um contrato, no qual, dentre outras obrigações, havia a previsão de que, em eventual ação judicial, os prazos processuais relativamente aos atos a serem praticados por ambos seriam, em todas as hipóteses, dobrados. Por conta de desavenças surgidas um ano após a celebração da avença, Rafael ajuizou uma demanda com o objetivo de rescindir o contrato e, ainda, receber indenização por dano material. Regularmente distribuída para o juízo da 10ª Vara Cível da comarca de Porto Alegre/RS, o magistrado houve por reconhecer, de ofício, a nulidade da cláusula que previa a dobra do prazo. Sobre os fatos, assinale a afirmativa correta.

(A) O magistrado agiu corretamente, uma vez que as regras processuais não podem ser alteradas pela vontade das partes.

(B) Se o magistrado tivesse ouvido as partes antes de reconhecer a nulidade, sua decisão estaria correta, uma vez que, embora a cláusula fosse realmente nula, o princípio do contraditório deveria ter sido observado.

(C) O magistrado agiu incorretamente, uma vez que, tratando-se de objeto disponível, realizado por partes capazes, eventual negócio processual, que ajuste o procedimento às especificidades da causa, deve ser respeitado.

(D) O juiz não poderia ter reconhecido a nulidade do negócio processual, ainda que se tratasse de contrato de adesão realizado por partes em situações manifestamente desproporcionais, uma vez que deve ser respeitada a autonomia da vontade.

RESPOSTA De acordo com o art. 190 do CPC, versando o processo sobre direitos que admitam autocomposição, é lícito às partes plenamente capazes estipular mudanças no procedimento para ajustá-lo às especificidades da causa e convencionar sobre os seus ônus, poderes, faculdades e deveres processuais, antes ou durante o processo. Trata-se do que vem sendo adotado pela doutrina de negócio jurídico processual. Sendo assim, correta a *alternativa C.*

45. **(XVI Exame)** O processo eletrônico disciplinado pela Lei n. 11.419/2006 vem sendo implementado em larga escala no território nacional, com o propósito de conferir maior celeridade e proporcionar economia processual. Os Tribunais vêm normatizando internamente algumas questões peculiares no que tange a essa sistemática virtual da prestação jurisdicional, conforme vão surgindo controvérsias procedimentais. Entretanto, alguns pontos são claros e precisos no texto legal. A esse respeito, é correto afirmar que

(A) os atos processuais por meio eletrônico são considerados realizados no dia e na hora de seu envio ao sistema do Poder Judiciário, motivo pelo qual, para atender o prazo processual, as petições eletrônicas serão consideradas tempestivas se enviadas nos dias úteis, até as 20 (vinte) horas, nos termos estabelecidos no Código de Processo Civil.

(B) os documentos produzidos eletronicamente, atendidas as formalidades impostas por lei, serão considerados originais para todos os efeitos legais, e qualquer arguição de falsidade do documento original deve ser obrigatoriamente processada na forma de processo físico, sem suspensão do processo eletrônico.

(C) os autos de processos eletrônicos somente poderão ser remetidos a outro juízo se houver sistema compatível, sendo expressamente vedada a conversão do eletrônico em material impresso em papel e a nova autuação, salvo se de natureza criminal ou trabalhista.

(D) os atos judiciais publicados eletronicamente substituem qualquer outro meio de publicação oficial para efeito legal, salvo os casos em que, por imposição legal, tenham que ser realizadas a intimação ou a vista pessoal, ou em casos excepcionais e urgentes que justifiquem a realização do ato processual por outro meio determinado pelo juiz, considerando-se como data da publicação eletrônica o primeiro dia útil seguinte ao da sua disponibilização, dando-se início ao prazo processual no primeiro dia útil seguinte à data da publicação.

RESPOSTA A conjugação dos §§ 2º e 3º do art. 4º da lei suprarreferida indica como correta a *alternativa D.*

46. **(XII Exame)** A citação é capaz de gerar efeitos processuais e materiais, consoante o que preceitua o art. 219 do Código de Processo Civil. Sobre os efeitos da citação, assinale afirmativa correta.

(A) Realizada a citação, induz-se a litispendência. Todavia, continua sendo possível a propositura de nova ação idêntica, pois a inafastabilidade da tutela jurisdicional é corolário do Estado Democrático de Direito, devendo-se viabilizar o acesso à justiça.

(B) A citação válida, por si só, não é capaz de tornar a coisa ou o direito litigioso, ou seja, estes não passam a estar vinculados ao resultado do processo. Sendo assim, em caso de alienação do bem, será possível, a qualquer tempo, a alteração da legitimidade das partes.

(C) A citação válida não é capaz de interromper a prescrição. Sendo assim, somente poderá falar-se em interrupção se a parte assim o requerer ao juiz, devendo este, antes de decidir, possibilitar o contraditório por parte do réu.

(D) Em regra, a citação constitui o devedor em mora. Nada obstante, nos casos em que as obrigações não possuam termo certo, é possível constituir o devedor em mora por intermédio do envio de notificação judicial ou extrajudicial.

RESPOSTA De acordo com o art. 219 do CPC/73, a citação válida torna prevento o juízo, induz litispendência e faz litigiosa a coisa; e, ainda quando ordenada por juiz incompetente, constitui em mora o devedor e interrompe a prescrição. O CPC/2015 alterou para que a citação válida, ainda quando ordenada por juízo incompetente, induz litispendência, torna litigiosa a coisa e constitui em mora o devedor, ressalvado o disposto nos arts. 397 e 398 do Código Civil. Difere da regra anterior, principalmente, ao trazer o art. 59, que deixa claro que o registro ou a distribuição da petição inicial torna prevento o juízo. *Alternativa D.*

47. **(X Exame)** Com relação ao início da contagem do prazo para apresentação de resposta, em ação ajuizada pelo rito comum ordinário, em face de apenas um réu, assinale a afirmativa correta.

(A) Em se tratando de citação postal, começa a correr o prazo a partir da data da juntada aos autos do aviso de recebimento.

(B) Em se tratando de citação por oficial de justiça, começa a correr o prazo no dia seguinte ao do cumprimento da diligência.

(C) Em se tratando de citação por carta precatória, começa a correr o prazo no dia em que a carta é devolvida ao juízo de origem.

(D) Em se tratando de citação por edital, começa a correr o prazo no dia seguinte ao da publicação do referido edital.

RESPOSTA Art. 231, I, do CPC. *Alternativa A.*

48. **(VI Exame – Reaplicação)** De acordo com o Código de Processo Civil, a respeito dos prazos processuais contados em dias, é correto afirmar que

(A) Serão contados excluindo-se o dia do início e incluindo-se o dia do vencimento, não se admitindo disposição em contrário.

(B) As intimações somente obrigarão o comparecimento depois de decorridas 24 (vinte e quatro) horas, salvo quando for outro o prazo fixado por lei.

(C) Em caso de litisconsórcio, com o mesmo procurador, ser-lhes-ão contados em dobro os prazos para contestar, recorrer e, de modo geral, falar nos autos.

(D) Não havendo previsão legal, ou outro fixado pelo juiz, o prazo para a prática de ato processual a cargo da parte será de 10 (dez) dias.

RESPOSTA Ao tempo do CPC/73, a resposta estaria fundamentada no art. 192, o que apontaria a *alternativa B*. Ocorre que o CPC/2015 aumentou o prazo para 48 horas (*vide* art. 218, § 2º), deixando a questão sem resposta.

49. **(VI Exame)** Maria ingressou, na Vara Cível da Comarca XYZ, com ação de responsabilidade civil em face de André, observando o rito comum ordinário. André é regularmente citado para oferecer resposta. Com base nas modalidades de citação previstas pelo Direito Processual Civil, assinale a alternativa correta.

(A) Se o oficial de justiça, após comparecer três vezes ao local, não conseguir citá-lo, mas tiver suspeita de que André se oculta, será feita a citação por edital.

(B) Se a citação ocorrer por meio eletrônico e seu conteúdo não for acessado no prazo de dez dias, deverá ocorrer a citação ficta do réu.

(C) Se André for pessoa absolutamente incapaz, não será cabível a citação feita pelo correio.

(D) Se for necessário realizar a citação em comarca contígua, deverá ser expedida carta precatória para que o juízo deprecante realize a citação.

RESPOSTA (C) Art. 247, II, do CPC. *Alternativa C.*

50. **(VI Exame)** Os atos processuais não dependem de forma determinada, salvo se a lei expressamente o exigir e, ainda que realizados de outro modo, serão reputados válidos se preencherem a finalidade essencial. A respeito do tema, é correto afirmar que

(A) Compete às partes alegar nulidade dos atos na primeira oportunidade que lhes couber falar nos autos, sob pena de preclusão, exceto se a parte provar justo impedimento ou se a nulidade tiver que ser conhecida de ofício.

(B) É defesa a distribuição da petição inicial que não esteja acompanhada do instrumento de mandato, ainda que haja procuração junta aos autos principais.

(C) Na hipótese de o réu apresentar reconvenção, dispensa-se a determinação de anotação pelo distribuidor, visto que será julgada simultaneamente à ação principal, na mesma sentença.

(D) Se um ato for anulado, ou a nulidade afetar apenas parte do ato, nenhum efeito terão os atos subsequentes, prejudicando todos os que com aquele ou com a parte nula guardem ou não dependência.

RESPOSTA (A) Art. 278, parágrafo único, do CPC. *Alternativa A.*

51. **(V Exame)** Zélia e Joaquim são vizinhos há cerca de sete anos. Determinada parede foi construída por Joaquim, mas, por defeitos na execução da obra, está permitindo a infiltração da água da chuva, gerando danos à parede limítrofe construída por Zélia. Inconformada, Zélia procura você como advogado(a) a fim de ingressar com a medida judicial cabível.

Analisando a hipótese e, estando Zélia de acordo com o seu parecer técnico, você afora ação judicial para o desfazimento da construção ou a reparação da obra defeituosa. Nessa hipótese, como será fixado o valor da causa?

(A) Deverá ser considerado o menor valor, por se tratar de pedido subsidiário.

(B) Será a soma dos valores de todos os pedidos, por se tratar da hipótese de cumulação de pedidos.

(C) Por se tratar de pedidos alternativos, será considerado o de maior valor.

(D) Por se tratar de ação para cumprimento do negócio jurídico, será considerado o valor da soma do principal, da pena e dos juros vencidos.

RESPOSTA Art. 292, VII, do CPC (em *pedidos alternativos*, o de maior valor). *Alternativa C.*

52. **(I Exame)** Com relação aos atos processuais, assinale a opção correta.

(A) Comparecendo o réu apenas para arguir a nulidade da citação e sendo esta decretada, será considerada feita a citação na data em que for juntado aos autos o mandado de nova citação, devidamente cumprido, com os requisitos legais.

(B) São requisitos da citação por edital, entre outros, a determinação, pelo juiz, do prazo, que variará entre vinte e quarenta dias, a partir da data da primeira publicação.

(C) Tratando-se de ações de estado, a citação será feita pelo correio, nas localidades atendidas pela entrega domiciliar de correspondência.

(D) Para a fixação do termo inicial da contagem de prazo processual, se a comunicação for feita por edital, o prazo para a prática do ato processual terá início a partir do termo final do prazo previsto no próprio edital para aperfeiçoamento da citação.

RESPOSTA Art. 231, IV, do CPC. *Alternativa D.*

VI. FORMAÇÃO, SUSPENSÃO E EXTINÇÃO DO PROCESSO

53. **(XIV Exame)** Juliana e Marcos são casados sob o regime da comunhão parcial de bens. Entretanto, tornada impossível a vida em comum e diante da existência de filhos menores do casal, ingressam com ação de divórcio perante a Vara de Família e Sucessões competente para a apreciação do litígio. No curso da demanda judicial, um dos cônjuges vem a falecer. Considerando a hipótese narrada, assinale a opção correta.

(A) O processo será extinto sem resolução do mérito, na forma do art. 267, inciso IX, do Código de Processo Civil, pois, tratando-se de direito personalíssimo, a ação é intransmissível.

(B) O processo deverá ser suspenso pelo prazo de 30 (trinta) dias, de modo a criar oportunidade à sucessão processual do cônjuge falecido por seus herdeiros legítimos.

(C) Diante do falecimento de um dos cônjuges no curso da ação de divórcio, deverá o juiz efetuar o julgamento da lide no estado em que se encontra, acolhendo a pretensão autoral.

(D) Com o falecimento de uma das partes na ação de divórcio, resolve-se o processo sem resolução do mérito, operando-se o fenômeno processual da confusão entre o autor e réu, conforme art. 267, X, do CPC.

RESPOSTA O artigo correspondente ao NCPC ao art. 267, IX, do CPC/73 é o art. 485, IX. *Alternativa A.*

54. **(X Exame)** Paula ajuizou ação de reconhecimento de união estável. Ainda antes da citação do réu, a autora desistiu da ação proposta. Dois meses depois do trânsito em julgado da sentença que extinguiu o processo, sem resolução do mérito nos termos do art. 267, inciso VIII, do CPC, Paula, arrependida, ingressou novamente com a ação. Com base na hipótese apresentada, assinale a afirmativa correta.

(A) O juiz deverá extinguir o processo sem resolução do mérito por existir coisa julgada, não podendo a autora ajuizar novamente a mesma ação.

(B) Paula pode ingressar novamente com a ação, mas a nova demanda deverá ser distribuída por dependência.

(C) Não pode a autora ingressar com a demanda novamente, pois a desistência da ação gera preclusão consumativa.

(D) Trata-se de clara hipótese de litispendência, existindo duas causas idênticas com as mesmas partes, o mesmo pedido e a mesma causa de pedir.

RESPOSTA O artigo citado no enunciado tem correspondência no art. 485, VIII, do CPC. A conclusão segue no art. 486, § 2º, e art. 286, III, do CPC. *Alternativa B.*

55. **(XXIII Exame)** Roberta ingressou com ação de reparação de danos em face de Carlos Daniel, cirurgião plástico, devido à sua insatisfação com o resultado do procedimento estético por ele realizado. Antes da citação do réu, Roberta, já acostumada com sua nova feição e considerando a opinião dos seus amigos (de que estaria mais bonita), troca de ideia e desiste da demanda proposta. A desistência foi homologada em juízo por sentença. Após seis meses, quando da total recuperação da cirurgia, Roberta percebeu que o resultado ficara completamente diferente do prometido, razão pela qual resolve ingressar novamente com a demanda. A demanda de Roberta deverá ser

(A) extinta sem resolução do mérito, por ferir a coisa julgada.

(B) extinta sem resolução do mérito, em razão da litispendência.

(C) distribuída por dependência.

(D) submetida à livre distribuição, pois se trata de nova demanda.

RESPOSTA Diante da situação, aplica-se o art. 286 (e inciso II) do CPC, onde estão as hipóteses de distribuição por dependência. Observa-se que a desistência e referida homologação é caso de extinção sem resolução do mérito (art. 485, VIII), mas que o posterior reingresso é situação de distribuição por dependência. *Alternativa C.*

VII. PETIÇÃO INICIAL E RESPOSTA DO RÉU

56. **(XXXI Exame)** O arquiteto Fernando ajuizou ação exclusivamente em face de Daniela, sua cliente, buscando a cobrança de valores que não teriam sido pagos no âmbito de um contrato de reforma de apartamento. Daniela, devidamente citada, deixou de oferecer contestação, mas, em litisconsórcio com seu marido José, apresentou reconvenção em peça autônoma, buscando indenização por danos morais em face de Fernando e sua empresa, sob o argumento de que estes, após a conclusão das obras de reforma, expuseram, em *site* próprio, fotos do interior do imóvel dos reconvintes sem que tivessem autorização para tanto. Diante dessa situação hipotética, assinale a afirmativa correta.

(A) Como Daniela deixou de contestar a ação, ela e seu marido não poderiam ter apresentado reconvenção, devendo ter ajuizado ação autônoma para buscar a indenização pretendida.

(B) A reconvenção deverá ser processada, a despeito de Daniela não ter contestado a ação originária, na medida em que o réu pode propor reconvenção independentemente de oferecer contestação.

(C) A reconvenção não poderá ser processada, na medida em que não é lícito a Daniela propor reconvenção em litisconsórcio com seu marido, que é um terceiro que não faz parte da ação originária.

(D) A reconvenção não poderá ser processada, na medida em que não é lícito a Daniela incluir no polo passivo da reconvenção a empresa de Fernando, que é um terceiro que não faz parte da ação originária.

RESPOSTA Segundo o art. 343 do CPC, na contestação, é lícito ao réu propor reconvenção para manifestar pretensão própria, conexa com a ação principal ou com o fundamento da defesa. O réu pode propor reconvenção independentemente de oferecer contestação (§ 6º). *Alternativa B.*

57. **(XXX Exame)** Carolina foi citada para comparecer com seu advogado ao Centro Judiciário de Solução de Conflitos (CEJUSC) da comarca da capital, para Audiência de Mediação (art. 334 do CPC), interessada em restabelecer o diálogo com Nestor, seu ex-marido. O fato de o advogado de seu ex-cônjuge conversar intimamente com o mediador Teófilo, que asseverava ter celebrado cinco acordos na qualidade de mediador na última semana, retirou sua concentração e a deixou desconfiada da lisura daquela audiência. Não tendo sido possível o acordo nessa primeira oportunidade, foi marcada uma nova sessão de mediação para buscar a composição entre as partes, quinze dias mais tarde. Sobre o caso narrado, assinale a afirmativa correta.

(A) Carolina pode comparecer sem seu advogado na próxima sessão de mediação.

(B) O advogado só pode atuar como mediador no CEJUSC se realizar concurso público específico para integrar quadro próprio do tribunal.

(C) Pode haver mais de uma sessão destinada à conciliação e à mediação, não podendo exceder 2 (dois) meses da data de realização da primeira sessão, desde que necessária(s) à composição das partes.

(D) O mediador judicial pode atuar como advogado da parte no CEJUSC, pois o CPC apenas impede o exercício da advocacia nos juízos em que desempenhe suas funções.

RESPOSTA De acordo com o § 2º do art. 334 do CPC, poderá haver mais de uma sessão destinada à conciliação e à mediação, não podendo exceder a 2 (dois) meses da data de realização da primeira sessão, desde que necessárias à composição das partes. *Alternativa C.*

58. **(XXX Exame)** João dirigia seu carro a caminho do trabalho quando, ao virar em uma esquina, foi atingido por Fernando, que seguia na faixa ao lado. Diante dos danos ocasionados a seu veículo, João ingressou com ação, junto a uma Vara Cível, em face de Fernando, alegando que este trafegava pela faixa que teria como caminho obrigatório a rua para onde aquele seguiria. Realizada a citação, Fernando procurou seu advogado, alegando que, além de oferecer sua defesa nos autos daquele processo, gostaria de formular pedido contra João, uma vez que este teria invadido a faixa sem antes acionar a "seta", sendo, portanto, o verdadeiro culpado pelo acidente. Considerando o caso narrado, o advogado de Fernando deve

(A) instruí-lo a ajuizar nova ação, uma vez que não é possível formular pedido contra quem deu origem ao processo.

(B) informar-lhe que poderá, na contestação, propor reconvenção para manifestar pretensão própria, sendo desnecessária a conexão com a ação principal ou com o fundamento da defesa, bastando a identidade das partes.

(C) informar-lhe sobre a possibilidade de propor a reconvenção, advertindo-o, porém, que, caso João desista da ação, a reconvenção restará prejudicada.

(D) informar-lhe que poderá, na contestação, propor reconvenção para manifestar pretensão própria, desde que conexa com a ação principal ou com o fundamento da defesa.

RESPOSTA De acordo com o art. 343 do CPC, na contestação, é lícito ao réu propor reconvenção para manifestar pretensão própria, conexa com a ação principal ou com o fundamento da defesa. *Alternativa D.*

59. **(XXIX Exame)** Maria ajuizou ação em face de José, sem mencionar, na inicial, se pretendia ou não realizar audiência de conciliação ou mediação. Assim, o juiz designou a referida audiência, dando ciência às partes. O réu informou ter interesse na realização de tal audiência, enquanto Maria, devidamente intimada, quedou-se silente. Chegado o dia da audiência de conciliação, apenas José, o réu, compareceu. A respeito do caso narrado, assinale a opção que apresenta possível consequência a ser suportada por Maria.

(A) Não existem consequências previstas na legislação pela ausência da autora à audiência de conciliação ou mediação.

(B) Caso não compareça, nem apresente justificativa pela ausência, Maria será multada em até 2% da vantagem econômica pretendida ou do valor da causa.

(C) Diante da ausência da autora à audiência de conciliação ou mediação, o processo deverá ser extinto.

(D) Diante da ausência da autora à audiência de conciliação ou mediação, as alegações apresen-ta-das pelo réu na contestação serão considera-das verdadeiras.

RESPOSTA Segundo art. 334, do CPC, se a petição inicial preencher os requisitos essenciais e não for o caso de improcedência liminar do pedido, o juiz designará audiência de conciliação ou de mediação com antecedência mínima de 30 (trinta) dias, devendo ser citado o réu com pelo menos 20 (vinte) dias de antecedência. Entretanto, afirma o § 8º que o não comparecimento injustificado do autor ou do réu à audiência de conciliação é considerado ato atentatório à dignidade da justiça e será sancionado com multa de até dois por cento da vantagem econômica pretendida ou do valor da causa, revertida em favor da União ou do Estado. *Alternativa B.*

60. **(XXVII Exame)** Em razão da realização de obras públicas de infraestrutura em sua rua, que envolveram o manejo de retroescavadeiras e britadeiras, a residência de Daiana acabou sofrendo algumas avarias. Daiana ingressou com ação judicial em face do ente que promoveu as obras, a fim de que este realizasse os reparos necessários em sua residência. Citado o réu, este apresentou a contestação. Contudo, antes do saneamento do processo, diante do mal-estar que vivenciou, Daiana consultou seu advogado a respeito da possibilidade de, na mesma ação, adicionar pedido de condenação em danos morais. Considerando o caso narrado, assinale a afirmativa correta.

(A) É possível o aditamento, uma vez que, até o saneamento do processo, é permitido alterar ou aditar o pedido sem o consentimento do réu.

(B) Não é possível o aditamento, uma vez que o réu foi citado e apresentou contestação.

(C) É possível o aditamento, eis que, até o saneamento do processo, é permitido aditar ou alterar o pedido, desde que com o consentimento do réu.

(D) É possível o aditamento, porquanto, até a prolação da sentença, é permitido alterar ou aditar o pedido, desde que não haja recusa do réu.

RESPOSTA Nos termos do art. 329, II, do CPC, o autor poderá até o saneamento do processo, aditar ou alterar o pedido e a causa de pedir, com consentimento do réu, assegurado o contraditório mediante a possibilidade de manifestação deste no prazo mínimo de 15 (quinze) dias, facultado o requerimento de prova suplementar. *Alternativa C.*

61. **(XXV Exame)** Almir ingressa com ação pelo procedimento comum em face de José, pleiteando obrigação de fazer consistente na restauração do sinteco aplicado no piso de seu apartamento, uma vez que, dias após a realização do serviço ter sido concluída, o verniz começou a apresentar diversas manchas irregulares.

Em sua inicial, afirma ter interesse na autocomposição. O juiz da causa, verificando que a petição inicial preenche os requisitos essenciais, não sendo caso de improcedência liminar do pedido, designa audiência de conciliação a ser realizada dentro de 60 (sessenta) dias, promovendo, ainda, a citação do réu com 30 (trinta) dias de antecedência. Com base na legislação processual aplicável ao caso apresentado, assinale a afirmativa correta.

(A) Caso Almir e José cheguem a um acordo durante a audiência de conciliação, a autocomposição obtida será reduzida a termo pelo conciliador e, independentemente da sua homologação pelo magistrado, já constitui título executivo judicial, bastando que o instrumento seja referendado pelos advogados dos transatores ou por conciliador credenciado junto ao tribunal.

(B) Agiu equivocadamente o magistrado, uma vez que o CPC/15 prevê a imprescindibilidade do prévio oferecimento de contestação por José, no prazo de 15 (quinze) dias úteis a serem contados de sua citação e antes da designação da audiência conciliatória, sob pena de vulnerar o princípio constitucional da ampla defesa e do contraditório, também reproduzido na legislação adjetiva.

(C) Caso Almir, autor da ação, deixe de comparecer injustificadamente à audiência de conciliação, tal ausência é considerada pelo CPC/15 como ato atentatório à dignidade da justiça, sendo sancionado com multa de até dois por cento da vantagem econômica pretendida ou do valor da causa, revertida em favor do Estado.

(D) Almir e José não precisam comparecer à audiência de conciliação acompanhados por seus advogados, uma vez que, nessa fase processual, a relação processual ainda não foi integralmente formada e não há propriamente uma lide, a qual apenas surgirá quando do oferecimento da contestação pelo réu.

RESPOSTA De acordo com o art. 334 do CPC, o não comparecimento injustificado do autor ou do réu à audiência de conciliação é considerado ato atentatório à dignidade da justiça e será sancionado com multa de até dois por cento da vantagem econômica pretendida ou do valor da causa, revertida em favor da União ou do Estado (§ 8º). *Alternativa C.*

62. **(XXV Exame)** Tancredo ajuizou equivocadamente, em abril de 2017, demanda reivindicatória em face de Gilberto, caseiro do sítio Campos Verdes, porque Gilberto parecia ostentar a condição de proprietário. Diante do narrado, assinale a afirmativa correta.

(A) Gilberto deverá realizar a nomeação à autoria no prazo de contestação.

(B) Gilberto poderá alegar ilegitimidade *ad causam* na contestação, indicando aquele que considera proprietário.

(C) Trata-se de vício sanável, podendo o magistrado corrigir o polo passivo de ofício, substituindo Gilberto da relação processual, ainda que este não tenha indicado alguém.

(D) Gilberto poderá promover o chamamento ao processo de seu patrão, a quem está subordinado.

RESPOSTA Segundo o art. 338 do CPC, alegando o réu, na contestação, ser parte ilegítima ou não ser o responsável pelo prejuízo invocado, o juiz facultará ao autor, em 15 (quinze) dias, a alteração da petição inicial para substituição do réu. Observa-se, ainda, que quando alegar sua ilegitimidade, incumbe ao réu indicar o sujeito passivo da relação jurídica discutida sempre que tiver conhecimento, sob pena de arcar com as despesas processuais e de indenizar o autor pelos prejuízos decorrentes da falta de indicação (art. 339). *Alternativa B.*

63. **(XXI Exame)** A sociedade Palavras Cruzadas Ltda. ajuizou ação de responsabilidade civil em face de Helena e requereu o benefício da gratuidade de justiça, na petição inicial. O juiz deferiu o requerimento de gratuidade e ordenou a citação da ré. Como a autora não juntou qualquer documento comprobatório de sua hipossuficiência econômica, a ré pretende atacar o benefício deferido. Com base na situação apresentada, assinale a afirmativa correta.

(A) O instrumento processual adequado para atacar a decisão judicial é o incidente de impugnação ao benefício de gratuidade, que será processado em autos apartados.

(B) A ré alegará na contestação que não estão presentes os requisitos para o deferimento do benefício de gratuidade.

(C) A ré alegará na contestação que o benefício deve ser indeferido, mas terá que apresentar documentos comprobatórios, pois a lei presume verdadeira a alegação de insuficiência deduzida.

(D) O instrumento processual previsto para atacar a decisão judicial de deferimento do benefício é o agravo de instrumento.

RESPOSTA De acordo com o art. 100 do CPC, deferido o pedido de gratuidade, a parte contrária poderá oferecer impugnação na contestação, na réplica, nas contrarrazões de recurso ou, nos casos de pedido superveniente ou formulado por terceiro, por meio de petição simples, a ser apresentada no prazo de 15 (quinze) dias, nos autos do próprio processo, sem suspensão de seu curso. *Alternativa B.*

64. **(XXI Exame)** Lucas foi citado para apresentar defesa em ação de indenização por danos materiais, em razão de acidente de veículo. Contudo, o proprietário e condutor do veículo que causou o acidente era Cláudio, seu primo, com quem Lucas havia pego uma carona. Lucas, em contestação, deverá

(A) requerer a alteração do sujeito passivo, indicando Cláudio como réu.

(B) requerer que Cláudio seja admitido na condição de assistente litisconsorcial.

(C) denunciar Cláudio à lide.

(D) requerer o chamamento de Cláudio ao processo.

RESPOSTA Segundo o art. 339 do CPC, no momento da contestação, quando alegar sua ilegitimidade, incumbe ao réu indicar o sujeito passivo da relação jurídica discutida sempre que tiver conhecimento, sob pena de arcar com as despesas processuais e de indenizar o autor pelos prejuízos decorrentes da falta de indicação. *Alternativa A.*

65. **(XXIV Exame)** O Supermercado "X" firmou contrato com a pessoa jurídica "Excelência" – sociedade empresária de renome – para que esta lhe prestasse assessoria estratégica e planejamento empresarial no processo de expansão de suas unidades por todo o país. Diante da discussão quanto ao cumprimento da prestação acordada, uma vez que o supermercado entendeu que o serviço fora prestado de forma deficiente, as partes se socorreram da arbitragem, em razão de expressa previsão do meio de solução de conflitos trazida no contrato. Na arbitragem, restou decidido que assistia razão ao supermercado, sendo a sociedade empresária "Excelência" condenada ao pagamento de indenização, além de multa de 30%. Considerando o exposto, assinale a afirmativa correta.

(A) Por se tratar de um título executivo extrajudicial, deve ser instaurado um processo de execução.

(B) Por se tratar de um título executivo judicial, será promovido segundo as regras do cumprimento de sentença.

(C) A sentença arbitral só poderá ser executada junto ao Poder Judiciário após ser confirmada em processo de conhecimento, quando adquire força de título executivo judicial.

(D) A sentença arbitral será executada segundo as regras do cumprimento de sentença, tendo em vista seu caráter de título executivo extrajudicial.

RESPOSTA Entre os títulos executivos judiciais do rol do art. 515 está a sentença arbitral (inciso VII). Desse modo, se não houver pagamento, seguirá o cumprimento de sentença. *Alternativa B.*

66. **(XX Exame)** Distribuída a ação, Antônia (autora) é intimada para a audiência de conciliação na pessoa de seu advogado. Explicado o objetivo desse ato pelo advogado, Antônia informa que se recusa a participar da audiência porque não tem qualquer possibilidade de conciliação com Romero (réu). Acerca da audiência de conciliação ou de mediação, com base no CPC/15, assinale a afirmativa correta.

(A) Romero deverá ser citado para apresentar defesa com, pelo menos, 15 (quinze) dias de antecedência.

(B) A audiência não será realizada, uma vez que Antônia manifestou expressamente seu desinteresse pela conciliação.

(C) Ainda que ambas as partes manifestem desinteresse na conciliação, quando a matéria não admitir autocomposição, a audiência de conciliação ocorrerá normalmente.

(D) Antônia deve ser informada que o seu não comparecimento é considerado ato atentatório à dignidade da justiça, sob pena de multa.

RESPOSTA Uma das inovações do CPC/2015, vide art. 334. Diante da situação hipotética, correta a *alternativa D* em razão do § 8º do art. 334 do CPC. *Alternativa D.*

67. **(XX Exame – Reaplicação)** Gerusa ajuizou ação de cobrança em face de Vicente, que, ao final da instrução probatória, culminou em sentença de procedência de seu pedido condenatório, tendo o magistrado fixado honorários advocatícios de sucumbência em quantia irrisória. O êxito obtido decorreu do trabalho desenvolvido pelo Dr. Alonso, advogado particular constituído por Gerusa em razão de renúncia ao mandato apresentada por seu antigo advogado, logo após a distribuição da ação. Assim que assumiu o patrocínio da causa, o Dr. Alonso identificou que Gerusa não possuía recursos suficientes para custear o processo, razão pela qual requereu e obteve o direito de gratuidade da justiça para sua cliente. A partir dos elementos do enunciado, com base no CPC/15, assinale a afirmativa correta.

(A) O pedido de gratuidade da justiça deveria ter sido formulado por meio de incidente processual em apenso.

(B) É cabível apelação versando exclusivamente sobre a majoração do valor dos honorários fixados pela sentença, mediante pagamento do preparo pelo Dr. Alonso.

(C) A gratuidade da justiça não poderia ter sido deferida pelo juiz, pois Gerusa está assistida pelo advogado particular Dr. Alonso.

(D) É cabível apelação versando exclusivamente sobre a majoração dos honorários fixados pela sentença, sendo dispensável o pagamento do preparo em razão da concessão do direito de gratuidade da justiça a Gerusa.

RESPOSTA De acordo com o § 5º do art. 99 do CPC, o recurso que verse exclusivamente sobre valor de honorários de sucumbência fixados em favor do advogado de beneficiário estará sujeito a preparo, salvo se o próprio advogado demonstrar que tem direito à gratuidade. *Alternativa B.*

68. **(XX Exame – Reaplicação)** Em uma ação que tramita em determinada vara cível, a parte ré alegou falsidade de diversos documentos apresentados pelo autor, que, por sua vez, afirmava serem autênticos. Não sendo possível verificar a autenticidade dos documentos pela simples análise superficial, o magistrado determinou que se procedesse à perícia dos documentos por profissional qualificado. Com base no CPC/15, assinale a afirmativa correta.

(A) O custo pelos serviços prestados pelo perito deverão ser rateados por ambas as partes.

(B) O custo da perícia será adiantado pelo réu, uma vez afirmada por ele a falsidade do documento.

(C) O custo do serviço é da Fazenda Pública, porque a perícia foi determinada de ofício pelo magistrado e não por qualquer das partes.

(D) O pagamento do perito será custeado pelo fundo de custeio da Defensoria Pública, caso uma das partes seja assistida pela Defensoria Pública e beneficiária da Justiça Gratuita.

RESPOSTA Segundo o CPC, cada parte adiantará a remuneração do assistente técnico que houver indicado, sendo a do perito adiantada pela parte que houver requerido a perícia ou rateada quando a perícia for determinada de ofício ou requerida por ambas as partes (art. 95). *Alternativa A.*

69. **(XII Exame)** A respeito da relação entre a reconvenção e a ação na qual ela foi oferecida, assinale a afirmativa correta.

(A) São ações autônomas e, por isso, a reconvenção não tem o seu prosseguimento obstado pela desistência da ação primitiva.

(B) Em caso de extinção da demanda primitiva, sem resolução do mérito, a reconvenção não pode prosseguir, em razão da sua subordinação perante aquela.

(C) A reconvenção, por seu caráter acessório, não deve ser conhecida, no caso de desistência da ação primitiva, mas terá prosseguimento nos outros casos de extinção sem resolução de mérito.

(D) Em razão da prejudicialidade existente entre elas, a ação primitiva deve ser julgada em momento anterior à reconvenção.

RESPOSTA Art. 343, § 2º, do CPC. *Alternativa A.*

70. **(XIX Exame)** Brenda, atualmente com 20 anos de idade, estudante do 2º período de Direito, percebe mensalmente pensão decorrente da morte de seu pai. Sucede, contudo, que ela recebeu uma correspondência do fundo que lhe paga a pensão, notificando-a de que, no dia 20 do próximo mês, quando completará 21 anos, seu benefício será extinto. Inconformada, Brenda ajuizou ação judicial, requerendo em antecipação de tutela a continuidade dos pagamentos e, por sentença, a manutenção desse direito até, pelo menos, completar 24 anos de idade, quando deverá terminar a faculdade. Tal demanda, contudo, é rejeitada liminarmente pelo juiz da 3ª Vara, sob o argumento de que aquela matéria de direito já está pacificada de forma contrária aos interesses da autora na jurisprudência dos Tribunais Superiores e, ainda, por ele já ter proferido, em outros casos com a mesma questão de direito, diversas sentenças de improcedência. Sobre os fatos descritos, assinale a afirmativa correta.

(A) A decisão acima mencionada, se transitada em julgado, não faz coisa julgada material, na medida em que a ausência de citação do Réu impede a formação regular do processo.

(B) No caso de eventual recurso de Brenda, o juízo que proferiu a sentença poderá, se assim entender, retratar-se.

(C) Se a matéria de mérito estivesse pacificada nos Tribunais Superiores em favor da autora, poderia o magistrado, ao receber a petição inicial, sentenciar o feito e julgar desde logo procedente o pedido.

(D) Mesmo que a demanda envolvesse necessidade de produção de prova pericial, o magistrado poderia se valer da improcedência liminar, tendo em vista a força dos precedentes dos Tribunais Superiores.

RESPOSTA De acordo com a situação hipotética, aplica-se o § 1º do art. 285-A do CPC/73. Tal regra foi mantida pelo CPC/2015 no § 3º do art. 332: interposta a apelação, o juiz poderá retratar-se em cinco dias. *Alternativa B.*

71. **(XIX Exame)** Renato, desejando ajuizar uma ação de obrigação de fazer em face de seu vizinho Túlio, procurou Roberto, advogado recém-formado, que usou um modelo de petição inicial encontrado na Internet. Protocolizada a petição, o juízo indeferiu a inicial e julgou extinto o processo, sem resolução de mérito, ao fundamento de que da narração dos fatos não decorria logicamente a conclusão. Considerando que o autor interpôs o recurso cabível contra esse ato decisório, assinale a afirmativa correta.

(A) O recurso interposto nesse caso permite ao magistrado exercer o juízo de retratação, podendo reformar a decisão que indeferiu a petição inicial em quarenta e oito horas.

(B) O recurso interposto pelo autor foi o agravo de instrumento, uma vez que o ato do juízo não pôs fim ao processo, tratando-se de decisão interlocutória.

(C) É indispensável a citação do réu para integrar a relação processual e oferecer contrarrazões, em homenagem aos princípios da ampla defesa e do contraditório.

(D) Caso a sentença seja confirmada pelo Tribunal, Renato deverá ser condenado ao pagamento de honorários advocatícios sucumbenciais.

RESPOSTA Seguindo a orientação do CPC/73, dizia o art. 296 que o prazo de retratação era de 48 horas na hipótese levantada. Sendo assim, a *alternativa A* estaria correta. No entanto, o CPC/2015 estendeu este prazo para 5 dias, conforme o art. 331. Portanto, a questão ficaria sem resposta correta.

72. **(III Exame)** Na ação proposta por Jofre em face de Catarina, em trâmite sob o rito comum ordinário, devidamente citada, a ré oferece contestação e reconvenção. Em preliminar de contestação, Catarina informa a existência de causa que poderá produzir a extinção do processo sem resolução do mérito. Intimado o reconvindo para se manifestar, deverá ele

(A) Peticionar ao juiz da causa alegando inexistência de citação do reconvindo, requerendo que ela seja regularizada para que possa responder à reconvenção.

(B) Apresentar contestação à reconvenção no prazo de 15 dias, visto que a extinção da ação proposta por Jofre não obsta o prosseguimento da reconvenção aforada por Catarina.

(C) Requerer a extinção da reconvenção, visto ser medida incompatível com o rito processual ordinário, que, por sua própria natureza, destina-se às ações dúplices, alegando ainda que Catarina deveria ter formulado pedido contraposto.

(D) Aguardar a manifestação do juiz, já que, se a alegada causa de extinção assim for reconhecida, a reconvenção obrigatoriamente será extinta sem resolução do mérito em razão da conexão entre essa e a ação principal.

RESPOSTA Proposta a reconvenção, o autor será intimado, na pessoa de seu advogado, para apresentar resposta no prazo de 15 (quinze) dias (art. 343, § 1º, do CPC), e a desistência da ação ou a ocorrência de causa extintiva que impeça o exame de seu mérito não obsta ao prosseguimento do processo quanto à reconvenção (art. 343, § 2º, do NCPC). *Alternativa B.*

73. **(II Exame)** Um advogado é procurado em seu escritório por um cliente que lhe narra que a empresa da qual ele é diretor foi citada pelo Poder Judiciário, em decorrência de um conflito surgido em razão de contrato de compra e venda no qual inseriram cláusula compromissória cheia, estabelecendo que em caso de eventual conflito entre as partes, o mesmo será apreciado por um tribunal arbitral. O advogado ao peticionar no referido processo, representando os interesses do seu cliente, no sentido de exigir cumprimento da cláusula compromissória cheia, deverá:

(A) Requerer a designação de audiência de conciliação, pois o juiz pode conhecer de ofício da preexistência da convenção de arbitragem.

(B) Apresentar desde logo contestação, restringindo sua argumentação ao exame do mérito da causa.

(C) Apresentar contestação e alegar expressamente, em preliminar, a existência de convenção de arbitragem, solicitando a extinção do feito.

(D) Solicitar ao juiz o julgamento antecipado da lide.

RESPOSTA Conforme o art. 337 do CPC, incumbe ao réu, antes de discutir o mérito, alegar convenção de arbitragem (inciso X). *Alternativa C.*

74. **(I Exame)** Ajuizada ação de indenização por danos morais, o autor foi devidamente intimado para apresentar emenda à inicial, haja vista não estarem presentes os requisitos exigidos nos arts. 282 e 283 do CPC. O autor, contudo, não apresentou a devida emenda, tendo sido indeferida a petição inicial. Nessa situação, caso entenda que sua petição inicial preenche os requisitos, o autor poderá interpor

(A) agravo de instrumento, independentemente da citação do réu, sendo possível a retratação pelo juiz.

(B) apelação, processada com a determinação de citação do réu e sem possibilidade de retratação pelo juiz.

(C) agravo retido, com a determinação de citação do réu, sendo possível a retratação pelo juiz.

(D) apelação, processada independentemente da citação do réu, sendo possível a retratação da decisão pelo juiz.

RESPOSTA Art. 321, parágrafo único, e art. 331 do CPC. Os requisitos que trata o enunciado da questão estão nos arts. 319 e 320 do CPC. *Alternativa D.*

VIII. REVELIA, PROVIDÊNCIAS PRELIMINARES E JULGAMENTO CONFORME O ESTADO DO PROCESSO

75. **(XXXI Exame)** Um advogado elabora uma petição inicial em observância aos requisitos legais. Da análise da peça postulatória, mesmo se deparando com controvérsia fática, o magistrado julga o pedido improcedente liminarmente. Diante dessa situação, o patrono do autor opta por recorrer contra o provimento do juiz, arguindo a nulidade da decisão por necessidade de dilação probatória. Com base nessa situação hipotética, assinale a afirmativa correta.

(A) O advogado pode aduzir que, antes de proferir sentença extintiva, o juiz deve, necessariamente, determinar a emenda à inicial, em atenção ao princípio da primazia de mérito.

(B) Não existem hipóteses de improcedência liminar no atual sistema processual, por traduzirem restrição do princípio da inafastabilidade da prestação jurisdicional e ofensa ao princípio do devido processo legal.

(C) Somente a inépcia da petição inicial autoriza a improcedência liminar dos pedidos.

(D) Nas hipóteses em que há necessidade de dilação probatória, não cabe improcedência liminar do pedido.

RESPOSTA Nas causas que dispensem a fase instrutória, portanto, em que não há necessidade de dilação probatória, o juiz, independentemente da citação do réu, julgará liminarmente improcedente o pedido que contrariar as situações do art. 332 do CPC. Porém, no caso em tela, há "controvérsia fática", portanto não caberia o julgamento liminar. Correta, assim, a *alternativa D.*

76. **(XXVI Exame)** Marina propôs ação de reconhecimento e extinção de união estável em face de Caio, que foi regularmente citado para comparecer à audiência de mediação. Sobre a audiência de mediação, assinale a afirmativa correta.

(A) Se houver interesse de incapaz, o Ministério Público deverá ser intimado a comparecer à audiência de mediação.

(B) É faculdade da parte estar acompanhada de advogado ou defensor público à audiência.

(C) Em virtude do princípio da unidade da audiência, permite-se apenas uma única sessão de mediação que, se restar frustrada sem acordo, deverá ser observado o procedimento comum.

(D) É lícito que, para a realização de mediação extrajudicial, Marina e Caio peçam a suspensão do processo.

RESPOSTA Dentre as hipóteses de suspensão do processo do art. 313 do CPC, está a convenção das partes. *Alternativa D.*

77. **(XV Exame)** Adamastor ingressou com ação indenizatória em face de determinada operadora de telefonia fixa, argumentando ausência de relação contratual e inscrição indevida de seu nome no cadastro de proteção ao crédito. Em contestação, a ré apresentou o contrato firmado entre as partes dezoito meses antes e comprovou a falta de pagamento das faturas dos últimos três meses. Em réplica, Adamastor alegou que fez o pedido da linha, mas que seu irmão teria feito uso do serviço, restando indevida a inscrição do seu nome no cadastro de devedores. Nesse caso, concluída a fase probatória, considerando apenas o aspecto processual, o processo deve ser extinto

(A) sem resolução do mérito, em razão da ausência de pressupostos processuais de existência do processo, já que a parte autora não tem legitimidade para a causa.

(B) com resolução do mérito, julgando-se improcedente o pedido, haja vista a evidente demonstração de fato extintivo e modificativo do direito do autor, que decorre da ausência de responsabilidade civil nesses casos.

(C) sem resolução do mérito, por restarem ausentes as condições da ação no que tange ao interesse processual, caracterizado pelo binômio necessidade-possibilidade, além da ilegitimidade da parte autora.

(D) com resolução do mérito, julgando-se improcedente o pedido, já que a parte ré apontou fato impeditivo do direito do autor por ter prestado os serviços adequadamente, comprovando a relação contratual válida existente e a inadimplência.

RESPOSTA A sentença de mérito deve ser improcedente diante do pedido do autor (art. 487, I, do CPC), tendo em vista que a ré comprovou fato impeditivo do direito do demandante (art. 373, II, do CPC). *Alternativa D.*

78. **(XIX Exame)** João, maior e capaz, correntista do Banco Grana Alta S/A, ao verificar o extrato da sua conta-corrente, constata a realização de um saque indevido no valor de R$ 2.000,00 (dois mil reais), razão pela qual ingressa com ação de indenização por dano material em face da referida instituição financeira. Contudo, antes mesmo da citação da sociedade ré, João comunica ao juízo seu desinteresse no prosseguimento do feito. A partir do caso apresentado, assinale a afirmativa correta.

(A) A desistência da ação produz, como um dos seus efeitos, o fenômeno da coisa julgada material, obstando que o autor intente nova demanda com conteúdo idêntico perante o Poder Judiciário.

(B) Tendo em vista que a causa versa sobre direito indisponível, poderá o juiz, de ofício, dar prosseguimento ao feito, determinando a citação da instituição financeira para que apresente, no prazo de 15 dias, sua resposta.

(C) A desistência somente produzirá efeitos, extinguindo o processo, se houver o prévio consentimento do Banco Grana Alta S/A.

(D) Diante da desistência unilateral do autor da ação, operar-se-á a extinção do processo sem resolução do mérito.

RESPOSTA De acordo com o CPC, art. 485, VIII, lembrando que, caso oferecida a contestação, o autor não poderá, sem o consentimento do réu, desistir da ação (§ 4º). *Alternativa D.*

79. **(IV Exame)** Em uma ação fundada na responsabilidade civil por suposto erro médico praticado por Cláudio, este foi regularmente citado e, no prazo legal, ofereceu contestação. Em razão do seu falecimento, no curso da lide, foi determinada a suspensão do processo e a habilitação de seus herdeiros ou sucessores no polo passivo. Sendo certo que tal irregularidade não foi sanada no prazo fixado pelo juízo, é correto afirmar, em relação ao processo, que

(A) Deve ser julgado extinto, sem resolução do mérito, por falta de pressupostos de constituição e de desenvolvimento válido e regular.

(B) Deve ter regular prosseguimento, com a declaração da revelia e a consequente presunção de veracidade dos fatos alegados na inicial.

(C) Deve prosseguir, com a declaração da revelia, cuja consequência ficará restrita à fluência de prazos independentemente de intimação.

(D) Deve ser julgado extinto, sem resolução do mérito, por falta de uma das condições da ação.

RESPOSTA Art. 346 do CPC. *Alternativa C.*

80. **(II Exame)** Acerca da revelia, é correto afirmar que:

(A) A revelia se dá com a não apresentação de exceção ou de reconvenção no prazo da resposta.
(B) Ainda que o litígio verse sobre direitos indisponíveis, a revelia produz seus efeitos normalmente.
(C) Contra o revel, ainda que tenha patrono constituído nos autos, correrão os prazos independentemente de intimação.
(D) O revel pode intervir no processo em qualquer fase, recebendo-o no estado em que se encontrar.

RESPOSTA Art. 346, parágrafo único, do CPC. *Alternativa D.*

81. **(I Exame)** Fabrício ajuizou ação de interdição contra José, seu pai, alegando, em síntese, que este sofria de demência senil. José foi, então, citado para comparecer ao interrogatório, ocasião em que respondeu às perguntas feitas pelo juiz e externou seu inconformismo com a ação ajuizada pelo filho. Aberto o prazo de cinco dias, após o interrogatório, para o interditando impugnar o pedido de sua interdição, este se quedou inerte, em que pese não ser portador de doença mental alguma, além de não haver, nos autos, prova da suposta demência. Na situação hipotética acima, em face dos fatos apresentados, o juiz

(A) não poderá aplicar os efeitos da revelia, pois a ação versa sobre direito indisponível.
(B) deve reconhecer e aplicar os efeitos da revelia, presumindo verdadeiros os fatos alegados pelo autor.
(C) deve ordenar nova citação do requerido, obrigando-o a apresentar resposta.
(D) deve designar audiência preliminar para tentar conciliar as partes.

RESPOSTA Arts. 344 e 345, II, do CPC. *Alternativa A.*

IX. PROVAS E AUDIÊNCIAS

82. **(XXXI Exame)** Julieta ajuizou demanda em face de Rafaela e, a fim de provar os fatos constitutivos de seu direito, arrolou como testemunhas Fernanda e Vicente. A demandada, por sua vez, arrolou as testemunhas Pedro e Mônica. Durante a instrução, Fernanda e Vicente em nada contribuíram para o esclarecimento dos fatos, enquanto Pedro e Mônica confirmaram o alegado na petição inicial. Em razões finais, o advogado da autora requereu a procedência dos pedidos, ao que se contrapôs o patrono da ré, sob o argumento de que as provas produzidas pela autora não confirmaram suas alegações e, ademais, as provas produzidas pela ré não podem prejudicá-la. Consideradas as normas processuais em vigor, assinale a afirmativa correta.

(A) O advogado da demandada está correto, pois competia à demandante a prova dos fatos constitutivos do seu direito.
(B) O advogado da demandante está correto, porque a prova, uma vez produzida, pode beneficiar parte distinta da que a requereu.
(C) O advogado da demandante está incorreto, pois o princípio da aquisição da prova não é aplicável à hipótese.
(D) O advogado da demandada está incorreto, porque as provas só podem beneficiar a parte que as produziu, segundo o princípio da aquisição da prova.

RESPOSTA De acordo com o art. 371 do CPC, o juiz apreciará a prova constante dos autos, independentemente do sujeito que a tiver promovido, e indicará na decisão as razões da formação de seu convencimento. Sendo assim, correta a *alternativa B.*

83. **(XXX Exame)** Um advogado, com estudos apurados em torno das regras do CPC, resolve entrar em contato com o patrono da parte adversa de um processo em que atua. Sua intenção é tentar um saneamento compartilhado do processo. Diante disso, acerca das situações que autorizam a prática de negócios jurídicos processuais, assinale a afirmativa correta.

(A) As partes poderão apresentar ao juiz a delimitação consensual das questões de fato e de direito da demanda litigiosa.
(B) As partes não poderão, na fase de saneamento, definir a inversão consensual do ônus probatório, uma vez que a regra sobre produção de provas é matéria de ordem pública.
(C) As partes poderão abrir mão do princípio do contraditório consensualmente de forma integral, em prol do princípio da duração razoável do processo.
(D) As partes poderão afastar a audiência de instrução e julgamento, mesmo se houver provas orais a serem produzidas no feito e que sejam essenciais à solução da controvérsia.

RESPOSTA De acordo com § 2º do art. 357 do CPC, as partes podem apresentar ao juiz, para homologação, delimitação consensual das questões de fato e de direito a que se referem os incisos II e IV, a qual, se homologada, vincula as partes e o juiz. *Alternativa A.*

84. **(XXVII Exame)** Maria comprou um apartamento da empresa Moradia S/A e constatou, logo após sua mudança, que havia algumas infiltrações e problemas nas instalações elétricas. Maria consultou seu advogado, que sugeriu o ajuizamento de ação de produção antecipada de prova, com o objetivo de realizar uma perícia no imóvel, inclusive com o objetivo de decidir se ajuizaria, posteriormente, ação para reparação dos prejuízos. Diante desse contexto, assinale a afirmativa correta.

(A) A produção antecipada de provas é cabível, porque visa a obter prévio conhecimento dos fatos e da situação do imóvel, para justificar ou evitar o ajuizamento de ação de reparação dos prejuízos.
(B) A produção antecipada de provas é obrigatória, uma vez que Maria não poderia ingressar diretamente com ação para reparação dos prejuízos.
(C) A produção antecipada de provas é incabível, porque apenas pode ser ajuizada quando há urgência ou risco de que a verificação dos fatos venha a se tornar impossível posteriormente, o que não foi demonstrado na hipótese concreta.
(D) A produção antecipada de provas é incabível, vez que o seu ajuizamento apenas pode ocorrer mediante pedido conjunto de Maria e da empresa Moradia S/A.

RESPOSTA Conforme determina o art. 381, do CPC, a produção antecipada da prova será admitida nos casos em que haja fundado receio de que venha a tornar-se impossível ou muito difícil a verificação de certos fatos na pendência da ação; a prova a ser produzida seja suscetível de viabilizar a autocomposição ou outro meio adequado de solução de conflito; e que haja o prévio conhecimento dos fatos possa justificar ou evitar o ajuizamento de ação. *Alternativa A.*

85. **(XV Exame)** No procedimento comum ordinário tratado pelo Código de Processo Civil, uma vez ausentes as hipóteses que determinam o julgamento antecipado da lide ou a extinção do processo, poderá o juiz designar a audiência preliminar. Sobre essa etapa procedimental, assinale a afirmativa *correta.*

(A) A sentença judicial que homologa acordo de conciliação ou transação em sede de audiência preliminar não será dotada de eficácia de título executivo judicial.
(B) É obrigatória a presença das partes na audiência preliminar regularmente designada, sob pena de extinção do processo, caso a falta seja do autor, ou de decretação da revelia, quando o réu não comparecer.
(C) O juiz não poderá, em quaisquer hipóteses, dispensar a realização da audiência preliminar.
(D) Se, por qualquer motivo, não for obtida a conciliação, o juiz fixará os pontos controvertidos, decidirá as questões processuais pendentes e determinará as provas a serem produzidas, designando audiência de instrução e julgamento, se necessário.

RESPOSTA Diante das hipóteses de julgamento, conforme o estado do processo a partir do art. 354 do CPC, dentre elas, extinção do processo, julgamento antecipado de mérito, julgamento antecipado parcial de mérito, caso não vislumbre alguma delas, o juiz em decisão de saneamento, segundo o art. 357, poderá resolver as questões processuais pendentes, se houver, delimitar as questões de fato sobre as quais recairá a atividade probatória, especificando os meios de prova admitidos; definir a distribuição do ônus da prova, observado o art. 373; delimitar as questões de direito relevantes para a decisão do mérito; e designar, se necessário, audiência de instrução e julgamento. *Alternativa D.*

86. **(XXIV Exame)** Leilane, autora da ação de indenização por danos morais, proposta em face de Carlindo na 5ª Vara Cível da comarca da capital, informou, em sua petição inicial, que não possuía interesse na audiência de conciliação prevista no Art. 334 do CPC/15. Mesmo assim, o magistrado marcou a audiência de conciliação e ordenou a citação do réu. O réu, regularmente citado, manifestou interesse na realização da referida audiência, na qual apenas o réu compareceu. O juiz, então, aplicou à autora a multa de 2% sobre o valor da causa. Sobre o procedimento do magistrado, a partir do caso apresentado, assinale a afirmativa correta.

(A) O magistrado não deveria ter marcado a audiência de conciliação, já que a autora informou, em sua petição inicial, que não possuía interesse.
(B) O magistrado agiu corretamente, tendo em vista que a conduta da autora se caracteriza como um ato atentatório à dignidade da justiça.
(C) O magistrado deveria ter declarado o processo extinto sem resolução do mérito, e a multa não possui fundamento legal.
(D) A manifestação de interesse do réu na realização da referida audiência pode ser feita em até 72 horas antes da sua realização.

RESPOSTA Diante do caso hipotético, vide o art. 334 do CPC, que trata da audiência e permite que o juiz sancione multa de até 2% em caso de ato atentatório à dignidade da justiça (§ 8º), como é na situação. Correta *alternativa B*.

87. (XVII Exame) Aloísio ajuizou ação de anulação de casamento em face de Júlia. No curso do processo, o juiz designou audiência de instrução e julgamento para colheita dos depoimentos pessoais de Aloísio e Júlia e oitiva das testemunhas. Considerando as regras sobre depoimento pessoal previstas no Código de Processo Civil, assinale a afirmativa correta.

(A) O Código de Processo Civil admite que Júlia se valha da escusa do dever de depor sobre fatos torpes que lhe forem imputados por Aloísio.

(B) Aloísio e Júlia, apesar de devidamente intimados, poderão se recusar a depor, sem que seja aplicada a pena de confissão, por ser o depoimento pessoal mero meio de prova.

(C) Aloísio e Júlia deverão responder pessoalmente sobre os fatos articulados, podendo consultar notas breves, desde que objetivem completar os esclarecimentos.

(D) O Código de Processo Civil veda expressamente que o juiz, de ofício, determine o comparecimento pessoal de Aloísio e Júlia, a fim de interrogá-los sobre os fatos da causa.

RESPOSTA Conforme prevê o art. 387 do CPC, "a parte responderá pessoalmente sobre os fatos articulados, não podendo servir-se de escritos anteriormente preparados, permitindo-lhe o juiz, todavia, a consulta a notas breves, desde que objetivem completar esclarecimentos". *Alternativa C*.

88. (XIV Exame) Lino ajuizou ação de cobrança pelo rito ordinário em face de Paulo, pleiteando o pagamento de R$ 100.000,00 (cem mil reais). Em contestação, Paulo alegou pagamento integral da dívida, juntando aos autos diversos recibos. Em resposta à peça de defesa, Lino arguiu a falsidade dos recibos apresentados por Paulo. Considerando as regras sobre a arguição de falsidade previstas no Código de Processo Civil, assinale a opção correta.

(A) Lino poderia arguir o incidente de falsidade em qualquer tempo, bem como o grau de jurisdição, por não haver preclusão.

(B) No incidente de falsidade instaurado, Paulo será dispensado de intimação para se manifestar, uma vez que o procedimento não está submetido ao contraditório.

(C) Será dispensado o exame pericial dos recibos juntados aos autos se Paulo concordar em retirá-los e Lino não se opuser ao desentranhamento.

(D) O incidente de falsidade suscitado por Lino será processado em apenso aos autos principais, uma vez que o Código de Processo Civil expressamente determina aplicação subsidiária do procedimento estabelecido às exceções de impedimento e suspeição.

RESPOSTA Ao tempo do CPC/73, a *alternativa C* estava de acordo com art. 392, parágrafo único. O atual CPC não manteve a necessidade da parte contrária se manifestar a respeito do exame pericial de documento. Assim, diz que, "não se procederá ao exame pericial se a parte que produziu o documento concordar em retirá-lo" (art. 432, parágrafo único). Assim, no caso, tanto faz o que Lino diria sobre o desentranhamento.

89. (XIII Exame) Mateus ajuizou ação de indenização por danos materiais e compensação por danos morais em face de Tiago, pelo rito ordinário. Os autos foram distribuídos para a 21ª Vara Cível da Comarca de Salvador/BA. No curso do processo, o juiz proferiu o seguinte despacho: "Designo Audiência de Instrução e Julgamento para o dia 24.01.2014, às 14 horas, a ser realizada na sala de audiências do Fórum Ruy Barbosa. Intimem-se. Diligencie-se". Considerando o caso narrado e as regras sobre Audiência de Instrução e Julgamento previstas no Código de Processo Civil, assinale a afirmativa correta.

(A) A audiência designada para o dia 24.01.2014 é una e contínua, todavia, não sendo possível concluir, num só dia, a instrução, o debate e o julgamento, o juiz marcará o seu prosseguimento para dia próximo.

(B) Mateus e Tiago poderão, por comum acordo, quantas vezes entenderem oportuno e conveniente, requerer o adiamento da audiência designada, desde que seja protocolado o pedido com antecedência mínima de 45 dias da data marcada.

(C) Concluída a instrução, o magistrado dará a palavra ao advogado de Tiago (réu) e ao de Mateus (autor), sucessivamente, pelo prazo de 40 minutos para cada um, admitindo expressamente o Código de Processo Civil a substituição do debate oral por memoriais, a serem apresentados no prazo máximo de 10 dias.

(D) Na audiência de instrução designada para o dia 24.01.2014, as provas a serem produzidas obedecerão à seguinte ordem: oitiva de testemunhas arrolados pelo autor e pelo réu; depoimento pessoal do autor e do réu; e, por fim, prestação de esclarecimentos do perito e dos assistentes técnicos aos quesitos formulados pelas partes.

RESPOSTA O gabarito oficial apontava a *alternativa A* como correta, cujo fundamento era o art. 455 do CPC/73. O texto de correspondência no atual CPC é mais detalhista e completo, senão vejamos o art. 365 e parágrafo único: "a audiência é una e contínua, podendo ser excepcional e justificadamente cindida na ausência de perito ou de testemunha, desde que haja concordância das partes. Parágrafo único. Diante da impossibilidade de realização da instrução, do debate e do julgamento no mesmo dia, o juiz marcará seu prosseguimento para a data mais próxima possível, em pauta preferencial". Sendo assim, a questão ficaria sem resposta.

90. **(III Exame)** A inspeção judicial está prevista no Código de Processo Civil como uma das modalidades de produção de provas no processo de conhecimento. A respeito de tal medida, assinale a alternativa correta.

(A) O juiz poderá ser assistido de um ou de mais peritos quando realizar a inspeção direta, assim como as partes podem assistir ao ato, prestar esclarecimentos e fazer observações que reputem de interesse para a causa.

(B) A inspeção judicial poderá ser realizada em qualquer fase do processo a fim de esclarecer fato que interesse à decisão da causa, mas o juiz somente poderá agir a requerimento da parte.

(C) O auto circunstanciado que será lavrado tão logo seja concluída a inspeção judicial terá valor de prova e, por isso, a inspeção somente poderá ser realizada na fase probatória do processo cognitivo.

(D) A inspeção judicial de coisa será realizada quando não puder ser apresentada em juízo sem consideráveis despesas ou graves dificuldades, não se admitindo, portanto, a inspeção de pessoas.

RESPOSTA Arts. 482 e 483 do CPC. *Alternativa A.*

91. **(II Exame)** Se, durante a audiência de instrução e julgamento, um advogado, exercendo seu mister de bem defender os interesses de seu cliente, entende que a testemunha arrolada pela parte contrária mantém com essa vínculo estreito de amizade e que seu depoimento pode ser tendencioso, esse advogado deverá:

(A) Contraditar a testemunha, devendo a audiência, nesse caso, ser necessária e imediatamente interrompida.

(B) Contraditar a testemunha, que mesmo assim poderá ser ouvida como informante do juízo, desde que o magistrado fundamente sua decisão de ouvi-la.

(C) Contraditar a testemunha, hipótese em que estará o juiz obrigado a dispensá-la.

(D) Contraditar a testemunha, que será ouvida após a audiência, sem a presença das partes.

RESPOSTA O art. 457, §§ 1º e 2º, do CPC, prevê a possibilidade de *contraditar* a testemunha e a faculdade do juiz de dispensá-la ou ouvi-la. Assim, poderá ser ouvida não como testemunha, e sim como *informante*, sendo que o juiz lhe atribuirá o valor que possa merecer. *Alternativa B.*

X. SENTENÇA E COISA JULGADA

92. **(XXXI Exame)** Marcos foi contratado por Júlio para realizar obras de instalação elétrica no apartamento deste. Por negligência de Marcos, houve um incêndio que destruiu boa parte do imóvel e dos móveis que o guarneciam. Como não conseguiu obter a reparação dos prejuízos amigavelmente, Júlio ajuizou ação em face de Marcos e obteve sua condenação ao pagamento da quantia de R$ 148.000,00 (cento e quarenta e oito mil reais). Após a prolação da sentença, foi interposta apelação por Marcos, que ainda aguarda julgamento pelo Tribunal. Júlio, ato contínuo, apresentou cópia da sentença perante o cartório de registro imobiliário, para registro da hipoteca judiciária sob um imóvel de propriedade de Marcos, visando a garantir futuro pagamento do crédito. Sobre o caso apresentado, assinale a afirmativa correta.

(A) Júlio não pode solicitar o registro da hipoteca judiciária, uma vez que ainda está pendente de julgamento o recurso de apelação de Marcos.

(B) Júlio, mesmo que seja registrada a hipoteca judiciária, não terá direito de preferência sobre o bem em relação a outros credores.

(C) A hipoteca judiciária apenas poderá ser constituída e registrada mediante decisão proferida no Tribunal, em caráter de tutela provisória, na pendência do recurso de apelação interposto por Marcos.

(D) Júlio poderá levar a registro a sentença, e, uma vez constituída a hipoteca judiciária, esta conferirá a Júlio o direito de preferência em relação a outros credores, observada a prioridade do registro.

RESPOSTA Prevê o art. 495 do CPC que a decisão que condenar o réu ao pagamento de prestação consistente em dinheiro e a que determinar a conversão de prestação de fazer, de não fazer ou de dar coisa em prestação pecuniária valerão como título constitutivo de hipoteca judiciária. Uma vez constituída, implicará, para o credor hipotecário, o direito de preferência, quanto ao pagamento, em relação a outros credores, observada a prioridade no registro (§ 4º). *Alternativa D.*

93. **(XXII Exame)** Gláucia ajuizou, em abril de 2016, ação de alimentos em face de Miguel com fundamento na paternidade. O réu, na contestação, alegou não ser pai de Gláucia. Após a produção de provas e o efetivo contraditório, o magistrado decidiu favoravelmente ao réu. Inconformada com a sentença de improcedência que teve por base o exame de DNA negativo, Gláucia resolve agora propor ação de investigação de paternidade em face de Miguel. Sobre a hipótese apresentada, assinale a afirmativa correta.

(A) O magistrado deve rejeitar a nova demanda com base na perempção.

(B) A demanda de paternidade deve ser admitida, já que apenas a questão relativa aos alimentos é que transitou em julgado no processo anterior.

(C) A questão prejudicial, relativa à paternidade, não é alcançada pela coisa julgada, pois a cognição judicial foi restrita a provas documentais e testemunhais.

(D) A questão prejudicial, relativa à paternidade, é atingida pela coisa julgada, e o novo processo deve ser extinto sem resolução do mérito.

RESPOSTA A decisão que julgar total ou parcialmente o mérito tem força de lei nos limites da questão principal expressamente decidida, aplicando-se à resolução de questão prejudicial desde que decidida expressa e incidentemente no processo além dos requisitos do § 1º do art. 503 do CPC. Assim, diante do caso proposto e com a aplicação do art. 485, V, correta a *alternativa D.*

94. **(IX Exame – Reaplicação)** O reexame necessário, também chamado de duplo grau obrigatório ou remessa *ex officio*, consiste na exigência de revisão das sentenças contrárias à Fazenda Pública, cuja condenação judicial inevitavelmente importará em prejuízo às finanças públicas e, reflexamente, poderá atentar contra o interesse público. Acerca deste instituto processual, assinale a afirmativa correta.

(A) De acordo com reiterada jurisprudência do Superior Tribunal de Justiça, não se aplica, quando da análise da decisão sujeita ao reexame necessário, o princípio da proibição da *reformatio in pejus*, sendo possível que o tribunal agrave a condenação imposta à Fazenda Pública ainda que não haja interposição de recurso pelo particular.

(B) A sentença que julgar parcialmente procedentes os embargos à execução de dívida ativa da Fazenda Pública não está sujeita ao duplo grau obrigatório.

(C) O duplo grau obrigatório não é aplicado sempre que a condenação ou o direito controvertido for de valor certo não excedente a 60 (sessenta) salários mínimos, bem como no caso de procedência dos embargos do devedor na execução de dívida ativa de mesmo valor.

(D) Ainda que fundada em jurisprudência do plenário do Supremo Tribunal Federal, a sentença sujeita ao reexame necessário deverá ser confirmada pelo tribunal *ad quem* para que produza seus regulares efeitos.

RESPOSTA Ao tempo da questão, correta estaria a *alternativa C*, baseada no art. 475, § 2º, no CPC/73. Ocorre que o atual CPC (art. 496, § 3º) trouxe regra distinta com outros patamares para dispensa do duplo grau obrigatório, a saber: "quando a condenação ou o proveito econômico obtido na causa for de valor certo e líquido inferior a: I – 1.000 (mil) salários-mínimos para a União e as respectivas autarquias e fundações de direito público; II – 500 (quinhentos) salários-mínimos para os Estados, o Distrito Federal, as respectivas autarquias e fundações de direito público e os Municípios que constituam capitais dos Estados; III – 100 (cem) salários-mínimos para todos os demais Municípios e respectivas autarquias e fundações de direito público".

95. **(XVIII Exame)** X contratou um plano de saúde com cobertura integral e sem carência junto à operadora Saúde 100%, em 19 de outubro de 2012. Seis meses depois, precisou se submeter a uma cirurgia na coluna, mas o plano se negou a cobri-la, sob alegação de que tal procedimento não estava previsto em contrato. Inconformado, X ajuizou ação visando ao cumprimento forçado da obrigação, demanda essa distribuída perante a 10ª Vara Cível da comarca do Rio de Janeiro, de titularidade do magistrado Y. Após regular tramitação, o pedido autoral foi julgado procedente, tendo em sentença sido fixado o prazo de 10 dias para a efetivação da cirurgia, sob pena de multa de R$ 1.000,00 por dia de atraso. Três meses depois do trânsito em julgado, e ainda não tendo sido cumprida a obrigação, X requereu a majoração da multa diária, pedido este indeferido pelo juiz Y, sob alegação de estar impedido de atuar por força da coisa julgada material.

Sobre os fatos, assinale a afirmativa correta.

(A) O magistrado agiu corretamente, cabendo ao autor apenas cobrar a multa vencida.

(B) A multa poderia ser aumentada, ou até mesmo substituída por outra medida de apoio mais efetiva, a fim de concretizar o direito do autor.

(C) A multa somente poderia ser aumentada se o autor conseguisse modificar a sentença por meio de uma ação rescisória.

(D) A multa não poderia ser aumentada, mas o juiz poderia condenar a empresa ré a pagar danos morais ao autor.

RESPOSTA Observada à situação hipotética, tem-se que a multa poderia ser aumentada (art. 537, § 1º, do CPC), ou até mesmo substituída por outra medida de apoio mais efetiva, a fim de concretizar o direito do autor (art. 536, § 1º, do CPC). A medida de apoio ou *astreinte* é multa coercitiva que pode ser imposta, de ofício ou a requerimento, com o objetivo de compelir ao cumprimento de uma prestação. *Alternativa B.*

96. **(XVIII Exame)** Márcia trafegava regularmente a 40 km/h em uma rua da cidade de Salvador/BA quando seu carro foi abalroado pelo veículo de Tânia que, ao atender a uma ligação do telefone celular enquanto dirigia, perdeu a direção e invadiu a pista contrária de rolamento, causando o acidente. Acalmados os ânimos, as partes não chegaram a um acordo, pelo que Márcia ajuizou, perante a 2ª Vara Cível de Salvador/BA, uma ação de reparação de danos materiais, danos morais e lucros cessantes contra Tânia, que, após ser regularmente citada, contestou todos os pedidos autorais, alegando não ter dado causa ao acidente. Em sentença, após o tramitar processual em que foram cumpridas todas as exigências procedimentais, o magistrado julga procedentes os pedidos de danos materiais e de danos morais, rejeitando, porém, o de pedido de lucros cessantes, por entender inexistirem provas desse dano alegado, tendo tal sentença transitada em julgado em 19/10/2012.

Sobre os fatos descritos, assinale a afirmativa correta.

(A) Márcia poderá propor uma nova demanda com o objetivo de obter os lucros cessantes, desde que apresente, nesse novo processo, as provas da ocorrência desse dano.

(B) Se Tânia quiser se valer de uma ação rescisória, terá somente até o dia 19/10/2013 para fazê-lo, sob pena de decadência.

(C) Admitindo-se a hipótese de que Tânia descobrisse que o juiz é irmão de Márcia, ela poderia se valer de uma ação anulatória para fazer cessar os efeitos da sentença, haja vista a falta de imparcialidade do julgador.

(D) Eventual ação rescisória proposta por Tânia não impede a execução da decisão da sentença por parte de Márcia, ainda que Tânia demonstre que a sentença foi injusta.

RESPOSTA Em razão do caso, aponta-se que a ação rescisória é ação autônoma de impugnação destinada a desconstituir julgado protegido pela coisa julgada e que, em regra, conduz à prolação de novo julgamento da causa. O ajuizamento da ação rescisória não impede o cumprimento da sentença ou acórdão rescindendo. A suspensão da execução da decisão é excepcional e se dá através da concessão de medida cautelar ou antecipatória de tutela (art. 969 do CPC). *Alternativa D.*

97. **(XVII Exame)** Em 21/08/2012, Felipe, empresário do ramo de restaurantes, contratou, por R$ 20 mil, mediante pagamento à vista, os serviços de içamento por guindaste da empresa Júnior e Júnior Ltda., a fim de que uma grande piscina fosse levada à cobertura de seu prédio. No contrato, restou definido que todos os serviços deveriam ser executados até o dia 05/11/2012, vez que Felipe havia programado uma festa de inauguração de seu mais novo empreendimento para 10/11/2012. Em 07/11/2012, sem que os serviços fossem executados, Felipe procura seu advogado, que ajuíza uma ação judicial. Sobre os fatos narrados, assinale a afirmativa correta.

(A) O juiz poderá fixar multa periódica (*astreintes*) para a efetivação da obrigação de se realizar os serviços de içamento, mesmo que não tenha havido pedido específico do autor nesse sentido.

(B) Fixado o valor da multa periódica por decisão judicial irrecorrida, seu montante não poderá ser alterado por força da preclusão temporal.

(C) O montante da multa periódica não poderá ultrapassar o do valor da causa, sob pena de enriquecimento ilícito de Felipe.

(D) Fixadas as *astreintes* pelo juiz, fica vedada a posterior cominação de multa por litigância de má-fé no mesmo processo, por se tratarem, ambas, de sanções de natureza processual.

RESPOSTA Segundo o CPC, é possível o juiz fixar multa independentemente de pedido do autor para que se faça cumprir a obrigação, que está prevista no art. 537 do novel texto. *Alternativa A.*

98. **(III Exame)** A sentença liminar, acrescida à legislação processual civil por meio da Lei 11.277/06, assegura ao juiz a possibilidade de dispensar a citação e proferir desde logo sentença, nas hipóteses em que o juízo já tenha proferido sentença de total improcedência em casos idênticos. Considerando tal instituto jurídico, assinale a alternativa correta.

(A) Interposto o recurso de apelação contra a sentença liminar, o juiz poderá exercer juízo de retratação no prazo de cinco dias.
(B) É cabível a sentença liminar quando a matéria controvertida for de fato e de direito e guardar identidade com outros casos anteriormente julgados pelo juízo.
(C) Proferida sentença liminar, o réu somente será citado a responder à ação em caso de provimento de eventual recurso.
(D) Será facultado ao autor agravar da sentença, caso em que o réu será intimado para oferecer contrarrazões.

RESPOSTA Art. 332, § 3º, do CPC. *Alternativa A.*

99. **(VII Exame)** O duplo grau de jurisdição obrigatório, também conhecido como reexame necessário ou recurso de ofício, é instituto contemplado no art. 475 do CPC e visa a proteger a Fazenda Pública, constituindo uma de suas principais prerrogativas.

Com relação a esse instituto, é correto afirmar que

(A) se aplica o duplo grau de jurisdição obrigatório a toda decisão proferida contra a Fazenda Pública.
(B) é pressuposto de admissibilidade do reexame necessário a interposição de apelação pela Fazenda.
(C) se aplica o duplo grau obrigatório à sentença que julga procedente, no todo ou em parte, embargos à execução de dívida ativa da Fazenda Pública, independentemente do valor do débito.
(D) não se aplica o duplo grau obrigatório se a sentença estiver fundada em jurisprudência do plenário do Supremo Tribunal Federal.

RESPOSTA Correta estava a *alternativa D* ao tempo do CPC/73 (art. 475, § 3º). No entanto, o NCPC trouxe regra mais apurada, a saber (art. 496, § 4º): "também não se aplica o disposto neste artigo quando a sentença estiver fundada em: I – súmula de tribunal superior; II – acórdão proferido pelo Supremo Tribunal Federal ou pelo Superior Tribunal de Justiça em julgamento de recursos repetitivos; III – entendimento firmado em incidente de resolução de demandas repetitivas ou de assunção de competência; IV – entendimento coincidente com orientação vinculante firmada no âmbito administrativo do próprio ente público, consolidada em manifestação, parecer ou súmula administrativa". Portanto, a questão ficou sem resposta correta.

100. **(VIII Exame)** A parte que, no curso do processo comum ordinário, suscitar questão prejudicial e requerer ao juiz não apenas o exame, mas o julgamento dessa questão, que passará a integrar o dispositivo da sentença, deverá requerer

(A) sua declaração incidental por ação, mas mesmo assim, quanto a essa questão prejudicial, se formará apenas coisa julgada formal.
(B) sua declaração incidental por ação, para que se forme, quanto a essa questão prejudicial, a coisa julgada material.
(C) o julgamento dessa questão ao Tribunal, após a sentença do juiz que examinar a questão principal.
(D) o julgamento antecipado dessa questão, por meio de decisão interlocutória, no momento do despacho saneador.

RESPOSTA A ação declaratória incidental foi extinta pelo atual CPC. De acordo com o art. 503 do CPC: "a decisão que julgar total ou parcialmente o mérito tem força de lei nos limites da questão principal expressamente decidida. § 1º O disposto no *caput* aplica-se à resolução de questão prejudicial, decidida expressa e incidentemente no processo, se: I – dessa resolução depender o julgamento do mérito; II – a seu respeito tiver havido contraditório prévio e efetivo, não se aplicando no caso de revelia; III – o juízo tiver competência em razão da matéria e da pessoa para resolvê-la como questão principal. § 2º A hipótese do § 1º não se aplica se no processo houver restrições probatórias ou limitações à cognição que impeçam o aprofundamento da análise da questão prejudicial". De acordo com a doutrina, para que a questão prejudicial seja alcançada pela coisa julgada, deverá a parte interessada ingressar com novo processo incluindo a questão como objeto da ação. O sentido pensado para o gabarito oficial, *alternativa B*, não se sustentaria mais.

101. **(I Exame)** Paulo ajuizou ação contra Aldo. Ao receber a inicial, o juiz verificou que a matéria controvertida era unicamente de direito e que já havia sido proferida sentença de total improcedência em casos idênticos, e, por isso, proferiu sentença reproduzindo o teor das anteriormente prolatadas, sem a citação de Aldo. Nessa situação hipotética, de acordo com o CPC,

(A) a sentença é nula, por não ter havido a citação de Aldo.
(B) o juiz poderá retratar-se caso Paulo apele da sentença.
(C) caberá reclamação ao tribunal competente, sob o argumento de que houve *error in procedendo.*
(D) a sentença não faz coisa julgada material.

RESPOSTA Art. 332, § 3º, do CPC. *Alternativa B.*

XI. RECURSOS

102. **(XXX Exame)** Cláudio, em face da execução por título extrajudicial que lhe moveu Daniel, ajuizou embargos à execução, os quais foram julgados improcedentes. O advogado de Cláudio, inconformado, interpõe recurso de apelação. Uma semana após a interposição do referido recurso, o advogado de Daniel requer a penhora de um automóvel pertencente a Cláudio. Diante do caso concreto e considerando que o juízo não concedeu efeito suspensivo aos embargos, assinale a afirmativa correta.

(A) A penhora foi indevida, tendo em vista que os embargos à execução possuem efeito suspensivo decorrente de lei.

(B) O recurso de apelação interposto por Cláudio é dotado de efeito suspensivo por força de lei, tornando a penhora incorreta.

(C) A apelação interposta em face de sentença que julga improcedentes os embargos à execução é dotada de efeito meramente devolutivo, o que não impede a prática de atos de constrição patrimonial, tal como a penhora.

(D) O recurso de apelação não deve ser conhecido, pois o pronunciamento judicial que julga os embargos do executado tem natureza jurídica de decisão interlocutória, devendo ser impugnada por meio de agravo de instrumento.

RESPOSTA De acordo com o art. 919 do CPC, os embargos à execução não terão efeito suspensivo, exceto pela justificativa do seu § 1º. Como a decisão em embargos de execução tem natureza de sentença, o recurso atacável pela decisão de julgou improcedente é a apelação, que em regra, tem efeito suspensivo (art. 1.012, CPC). As situações excepcionais, de efeitos meramente devolutivos, estão no seu § 1º, dentre elas a situação do inciso III, que reflete o caso em tela. Vide ainda o § 2º. *Alternativa C.*

103. **(XXIX Exame)** O Tribunal de Justiça do Estado X, em mandado de segurança de sua competência originária, denegou a ordem em ação dessa natureza impetrada por Flávio. Este, por seu advogado, inconformado com a referida decisão, interpôs recurso especial. Sobre a hipótese, assinale a afirmativa correta.

(A) O Superior Tribunal de Justiça poderá conhecer do recurso especial, por aplicação do princípio da fungibilidade recursal.

(B) O recurso especial não é cabível na hipótese, eis que as decisões denegatórias em mandados de segurança de competência originária de Tribunais de Justiça somente podem ser impugnadas por meio de recurso extraordinário.

(C) O recurso especial não deve ser conhecido, na medida em que o recurso ordinário é que se mostra cabível no caso em tela.

(D) As decisões denegatórias de mandados de segurança de competência originária de Tribunais são irrecorríveis, razão pela qual o recurso não deve ser conhecido.

RESPOSTA Conforme determina o art. 1.027, II, *a*, do CPC, serão julgados em recurso ordinário pelo Superior Tribunal de Justiça os mandados de segurança decididos em única instância pelos tribunais regionais federais ou pelos tribunais de justiça dos Estados e do Distrito Federal e Territórios, quando denegatória a decisão. *Alternativa C.*

104. **(XXVIII Exame)** Pedro propõe execução de alimentos, fundada em título extrajudicial, em face de Augusto, seu pai, no valor de R$ 10.000,00 (dez mil reais). Regularmente citado, Augusto não efetuou o pagamento do débito, não justificou a impossibilidade de fazê-lo, não provou que efetuou o pagamento e nem ofertou embargos à execução. Pedro, então, requereu a penhora do único bem pertencente a Augusto que fora encontrado, qual seja, R$ 10.000,00 (dez mil reais), que estavam depositados em caderneta de poupança. O juiz defere o pedido. Sobre a decisão judicial, assinale a afirmativa correta.

(A) Ela foi equivocada, pois valores depositados em caderneta, em toda e qualquer hipótese, são impenhoráveis.

(B) Ela foi correta, pois o Código de Processo Civil permite a penhora de quaisquer valores depositados em aplicações financeiras.

(C) Ela foi equivocada, na medida em que o Código de Processo Civil assegura a impenhorabilidade da caderneta de poupança até o limite de cem salários-mínimos, independentemente da natureza do débito.

(D) Ela foi correta, pois o Código de Processo Civil admite a penhora de valores depositados em caderneta de poupança para o cumprimento de obrigações alimentícias.

RESPOSTA Nos termos do art. 833, X, do CPC, são impenhoráveis a quantia depositada em caderneta de poupança, até o limite de 40 (quarenta) salários mínimos. Entretanto, o § 2º do referido artigo possibilita que disposto nos incisos IV e X do *caput* não se aplica à hipótese de penhora para pagamento de prestação alimentícia, independentemente de sua origem, bem como às importâncias excedentes a 50 (cinquenta) salários-mínimos mensais, devendo a constrição observar o disposto no art. 528, § 8º, e no art. 529, § 3º. *Alternativa D.*

105. **(XXVII Exame)** Pedro ajuizou ação indenizatória contra Diego, tendo o juiz de primeira instância julgado integralmente improcedentes os pedidos formulados na petição inicial, por meio de sentença que veio a ser mantida pelo Tribunal em sede de apelação. Contra o acórdão, Pedro interpôs recurso especial, sob o argumento de que teria ocorrido violação de dispositivo da legislação federal. A Presidência do Tribunal, no entanto, inadmitiu o recurso especial, ao fundamento de que o acórdão recorrido se encontra em conformidade com entendimento do Superior Tribunal de Justiça exarado no regime de julgamento de recurso repetitivo. Diante dessa situação hipotética, assinale a opção que indica o recurso que Pedro deverá interpor.

(A) Agravo em recurso especial, para que o Superior Tribunal de Justiça examine se o recurso especial preenche ou não os requisitos de admissibilidade.

(B) Agravo interno, para demonstrar ao Plenário do Tribunal, ou ao seu Órgão Especial, que o acórdão recorrido versa sobre matéria distinta daquela examinada pelo Superior Tribunal de Justiça no regime de julgamento do recurso repetitivo.

(C) Agravo interno, para demonstrar ao Superior Tribunal de Justiça que o acórdão recorrido versa sobre matéria distinta daquela examinada pelo mesmo Tribunal Superior no regime de julgamento do recurso repetitivo.

(D) Recurso Extraordinário, para demonstrar ao Supremo Tribunal Federal que o recurso especial deveria ter sido admitido pela Presidência do Tribunal de origem.

RESPOSTA Art. 1.030, § 2º, do CPC, da decisão proferida com fundamento nos incisos I e III caberá agravo interno, nos termos do art. 1.021. *Alternativa B.*

106. **(XXVI Exame)** José ajuizou ação de indenização por danos morais, materiais e estéticos em face de Pedro. O juiz competente, ao analisar a petição inicial, considerou os pedidos incompatíveis entre si, razão pela qual a indeferiu, com fundamento na inépcia. Nessa situação hipotética, assinale a opção que indica o recurso que José deverá interpor.

(A) Apelação, sendo facultado ao juiz, no prazo de cinco dias, retratar-se do pronunciamento que indeferiu a petição inicial.

(B) Apelação, sendo os autos diretamente remetidos ao Tribunal de Justiça após a citação de Pedro para a apresentação de contrarrazões.

(C) Apelação, sendo que o recurso será diretamente remetido ao Tribunal de Justiça, sem a necessidade de citação do réu para apresentação de contrarrazões.

(D) Agravo de Instrumento, inexistindo previsão legal de retratação por parte do magistrado.

RESPOSTA De acordo com o art. 331 do CPC, caberá apelação no prazo de 5 dias para retratação, portanto, *alternativa A.*

107. **(XXV Exame)** Lucas, em litígio instaurado contra Alberto, viu seus pedidos serem julgados procedentes em primeira instância, o que veio a ser confirmado pelo tribunal local em sede de apelação. Com a publicação do acórdão proferido em sede de apelação na imprensa oficial, Alberto interpôs recurso especial, alegando que o julgado teria negado vigência a dispositivo de lei federal. Simultaneamente, Lucas opôs embargos de declaração contra o mesmo acórdão, suscitando a existência de omissão. Nessa situação hipotética,

(A) o recurso especial de Alberto deverá ser considerado extemporâneo, visto que interposto antes do julgamento dos embargos de declaração de Lucas.

(B) Alberto, após o julgamento dos embargos de declaração de Lucas, terá o direito de complementar ou alterar as razões de seu recurso especial, independentemente do resultado do julgamento dos embargos de declaração.

(C) Alberto não precisará ratificar as razões de seu recurso especial para que o recurso seja processado e julgado se os embargos de declaração de Lucas forem rejeitados, não alterando a decisão recorrida.

(D) Alberto deverá interpor novo recurso especial após o julgamento dos embargos de declaração.

RESPOSTA De acordo com o art. 1.024 do CPC, se os embargos de declaração forem rejeitados ou não alterarem a conclusão do julgamento anterior, o recurso interposto pela outra parte antes da publicação do julgamento dos embargos de declaração será processado e julgado independentemente de ratificação (§ 5º). *Alternativa C.*

108. **(XXII Exame)** Carlos ajuizou, em 18/03/2016, ação contra o Banco Sucesso, pelo procedimento comum, pretendendo a revisão de determinadas cláusulas de um contrato de abertura de crédito. Após a apresentação de contestação e réplica, iniciou-se a fase de produção de provas, tendo o Banco Sucesso requerido a produção de prova pericial para demonstrar a ausência de abusividade dos juros remuneratórios. A prova foi indeferida e o pedido foi julgado procedente para revisar o contrato e limitar a cobrança de tais juros. Sobre a posição do Banco Sucesso, assinale a afirmativa correta.

(A) Ele deve interpor recurso de agravo de instrumento contra a decisão que indeferiu a produção de prova. Não o tendo feito, a questão está preclusa e não admite rediscussão.
(B) Ele deve apresentar petição de protesto contra a decisão que indeferiu a produção de prova, evitando-se a preclusão, com o objetivo de rediscuti-la em apelação.
(C) Ele deve permanecer inerte em relação à decisão de indeferimento de produção de prova, mas poderá rediscutir a questão em preliminar de apelação.
(D) Ele deve interpor recurso de agravo retido contra a decisão que indeferiu a produção de prova, evitando-se a preclusão, com o objetivo de rediscuti-la em apelação.

RESPOSTA As questões resolvidas na fase de conhecimento, se a decisão a seu respeito não comportar agravo de instrumento [vide art. 1.015], não são cobertas pela preclusão e devem ser suscitadas em preliminar de apelação, eventualmente interposta contra a decisão final, ou nas contrarrazões (art. 1.009, § 1º, do CPC). *Alternativa C.*

109. **(XXII Exame)** Jorge ajuizou demanda contra Maria, requerendo sua condenação à realização de obrigação de fazer e ao pagamento de quantia certa. Fez requerimento de tutela provisória de urgência em relação à obrigação de fazer. Após o transcurso da fase postulatória e probatória sem a análise do mencionado requerimento, sobreveio sentença de procedência de ambos os pedidos autorais, em que o juízo determina o imediato cumprimento da obrigação de fazer. Diante de tal situação, Maria instruiu seu advogado a recorrer apenas da parte da sentença relativa à obrigação de fazer. Nessa circunstância, o advogado de Maria deve

(A) impetrar Mandado de Segurança contra a decisão que reputa ilegal, tendo como autoridade coatora o juízo sentenciante.
(B) interpor Agravo de Instrumento, impugnando o deferimento da tutela provisória, pois ausentes seus requisitos.
(C) interpor Apelação, impugnando o deferimento da tutela provisória e a condenação final à obrigação de fazer.
(D) interpor Agravo de Instrumento, impugnando a tutela provisória e a condenação final à obrigação de fazer.

RESPOSTA Cabe agravo de instrumento contra as decisões interlocutórias que versarem sobre tutelas provisórias (art. 1.015, I, do CPC). No entanto, caberá apelação quando as questões mencionadas no art. 1.015 (agravo de instrumento) integrarem o capítulo da sentença (art. 1.009, § 3º). Portanto, correta a *alternativa C.*

110. **(XXIV Exame)** O Sr. João, pessoa idosa e beneficiária de plano de saúde individual da sociedade "ABC Saúde Ltda.", começa a sentir fortes dores no peito durante a madrugada e, socorrido por seus familiares, é encaminhado para a unidade hospitalar mais próxima. O médico responsável pelo atendimento inicial constata um quadro clínico grave, com risco de morte, sendo necessário o imediato encaminhamento do Sr. João para a Unidade de Terapia Intensiva (UTI) do hospital. Ao ser contatado, o plano de saúde informa que não autoriza a internação, uma vez que o Sr. João ainda não havia cumprido o período de carência exigido em contrato. Imediatamente, um dos filhos do Sr. João, advogado, elabora a ação cabível e recorre ao plantão judicial do Tribunal de Justiça do estado em que reside. A partir do caso narrado, assinale a alternativa correta.

(A) A tutela de urgência a ser requerida deve ser deferida, tendo em vista os princípios da cooperação e da não surpresa que regem a codificação processual vigente, após a prévia oitiva do representante legal do plano de saúde "ABC Saúde Ltda.", no prazo de 5 (cinco) dias úteis.
(B) Uma vez demonstrado o perigo de dano ou de risco ao resultado útil do processo, o magistrado poderá conceder tutela de evidência em favor do Sr. João, autorizando sua internação provisória na Unidade de Terapia Intensiva do hospital.
(C) Diante da urgência do caso, contemporânea à propositura da ação, a petição inicial redigida poderia limitar-se ao requerimento da tutela antecipada e à indicação do pedido final. Concedida a tutela antecipada, o autor deverá aditar a petição inicial em 15 (quinze) dias ou em outro prazo maior que o juiz fixar.
(D) Concedida a tutela provisória requerida em favor do Sr. João, ela conserva sua eficácia na pendência do processo, apenas podendo vir a ser revogada ou modificada com a prolação da sentença definitiva de mérito.

RESPOSTA O CPC prevê que nos casos em que a urgência for contemporânea à propositura da ação, a petição inicial pode limitar-se ao requerimento da tutela antecipada e à indicação do pedido de tutela final, com a exposição da lide, do direito que se busca realizar e do perigo de dano ou do risco ao resultado útil do processo (art. 303). Se concedida a tutela antecipada, prevê o § 1º, I, do mesmo artigo o aditamento em 15 dias. *Alternativa C.*

111. **(XXI Exame)** Mariana propôs ação com pedido condenatório contra Carla, julgado improcedente, o que a levou a interpor recurso de apelação ao Tribunal de Justiça, objetivando a reforma da decisão. Após a apresentação de contrarrazões por Carla, o juízo de primeira instância entendeu que o recurso não deveria ser conhecido, por ser intempestivo, tendo sido certificado o trânsito em julgado. Intimada dessa decisão mediante Diário Oficial e tendo sido constatada a existência de um feriado no curso do prazo recursal, não levado em consideração pelo juízo de primeira instância, Mariana deverá

(A) interpor Agravo de Instrumento ao Tribunal de Justiça, objetivando reverter o juízo de admissibilidade realizado em primeiro grau.

(B) ajuizar Reclamação ao Tribunal de Justiça, sob o fundamento de usurpação de competência quanto ao juízo de admissibilidade realizado em primeiro grau.

(C) interpor Agravo Interno para o Tribunal de Justiça, objetivando reverter o juízo de admissibilidade realizado em primeiro grau.

(D) interpor nova Apelação ao Tribunal de Justiça reiterando as razões de mérito já apresentadas, postulando, em preliminar de apelação, a reforma da decisão interlocutória, que versou sobre o juízo de admissibilidade.

RESPOSTA Atente-se que com o atual CPC a admissibilidade da apelação caberá ao tribunal (art. 1.010, § 3º). No caso em questão, o juiz do 1º grau negou a sua admissibilidade. Neste caso, conforme o art. 988, entre outras hipóteses, caberá reclamação para preservar a competência do tribunal (inciso I). *Alternativa B.*

112. **(XVI Exame)** Rodolfo ingressou com ação rescisória de sentença prolatada em ação de cobrança, fundada na obtenção, após a sentença, de documento novo capaz de lhe assegurar pronunciamento favorável. Entretanto, o pedido foi julgado improcedente pelo Tribunal de Justiça, por acórdão não unânime. A maioria dos julgadores entendeu que a parte sabia da existência do documento apresentado como novo e não conseguiu demonstrar o motivo de sua não utilização na ação original. Assinale a opção que contém o(s) recurso(s) cabível(is) contra o referido provimento jurisdicional.

(A) Embargos infringentes.

(B) Recursos especial e extraordinário.

(C) Recurso ordinário constitucional.

(D) O provimento judicial em questão é irrecorrível.

RESPOSTA Os embargos infringentes caíram com o NCPC, segundo o art. 937. Também não é recurso ordinário constitucional, pois não está nas hipóteses do art. 1.027 do CPC. Entende a doutrina que os recursos especial e extraordinário são cabíveis nas ações rescisórias decididas pelas Cortes locais. Correta, portanto, a *alternativa B.*

113. **(XXIV Exame)** O advogado Jonas interpôs Recurso Especial contra acórdão do Tribunal de Justiça do Estado X. Ocorre que, no corrente ano, a Vice-Presidência/Presidência do referido Tribunal negou seguimento ao recurso interposto, afirmando que o acórdão recorrido se encontra no mesmo sentido de precedente do STJ, julgado sob o rito dos recursos repetitivos. Nessa hipótese, caso deseje impugnar a referida decisão, o advogado deverá interpor

(A) Agravo de Instrumento, direcionado ao Ministro Presidente do STJ.

(B) Agravo em Recurso Especial, direcionado ao Ministro Presidente do STJ.

(C) Agravo em Recurso Especial, direcionado ao Vice-Presidente do Tribunal de Justiça do Estado X.

(D) Agravo Interno, direcionado ao órgão colegiado competente para revisar as decisões do Presidente/Vice-Presidente do Tribunal de Justiça.

RESPOSTA Segundo o CPC, negado seguimento a recurso extraordinário ou a recurso especial interposto contra acórdão que esteja em conformidade com entendimento do STF ou do STJ, respectivamente, exarado no regime de julgamento de recursos repetitivos, caberá agravo interno (art. 1.030, § 2º). *Alternativa D.*

114. **(XVII Exame)** O Banco Financeiro S.A. ajuizou contra Marco Antônio ação de busca e apreensão de veículo, em razão do inadimplemento de contrato de financiamento garantido por cláusula de alienação fiduciária. A primeira tentativa de citação foi infrutífera, uma vez que o réu não mais residia no endereço constante da inicial. O Juízo, então, determinou a indicação de novo endereço para a realização da diligência, por decisão devidamente publicada na imprensa oficial. Considerando que o advogado do autor se manteve inerte por prazo superior a 30 dias, o processo foi julgado extinto, sem resolução do mérito, por abandono. Sabendo da impossibilidade de extinção do processo por abandono sem a prévia intimação pessoal da parte para dar regular andamento ao feito, o advogado do autor interpôs recurso de apelação. Assinale a opção que contém a correta natureza do vício apontado e o pedido adequado à pretensão recursal.

(A) Por se tratar de *error in procedendo* e a causa não estar madura para julgamento, o pedido recursal deve ser de anulação da sentença.
(B) Trata-se de erro material, que justifica o pedido de integração da sentença pelo Tribunal.
(C) Em se tratando de *error in judicando*, o pedido adequado, no caso sob exame, é de reforma da sentença.
(D) Trata-se de erro de procedimento, que justifica o pedido de julgamento do mérito da lide no estado em que se encontra.

RESPOSTA A doutrina e jurisprudência tratam o julgamento conforme o estado do processo como "teoria da causa madura", apesar de não ser uma expressão tão corrente assim. Diz o § 3º, I, do art. 1.013, do CPC: "Se o processo estiver em condições de imediato julgamento, o tribunal deve decidir desde logo o mérito quando: I – reformar sentença fundada no art. 485 (julgamento sem resolução de mérito)". Diante do caso concreto, constata-se erro do juiz ao proceder (*error in procedendo*) erro de forma. Assim, restaria à parte o pedido de anulação da sentença. O *error in judicando* está no erro da interpretação da lei em si, quando erra sobre o próprio conteúdo, o que não é o caso. *Alternativa A.*

115. **(XV Exame)** Maria, representando sua filha Cláudia, ajuizou demanda em face de Pedro, objetivando o reconhecimento de paternidade da menina e a condenação do suposto pai ao pagamento de alimentos. Após todo o trâmite processual regularmente decorrido, na sentença, o Juiz decidiu pela procedência do pedido, reconhecendo a paternidade e condenando Pedro à prestação de alimentos. O réu, por sua vez, interpôs apelação, apresentando laudo de laboratório notoriamente conhecido com resultado diverso daquele que fundamentara a decisão. A apelação foi recebida em seu duplo efeito. A partir do exposto, como advogado de Cláudia, você adotaria o procedimento de

(A) não interpor recurso, porque a decisão do juiz dando procedência ao pedido faz com que Maria não tenha interesse em recorrer.
(B) interpor agravo retido, pois o recebimento da apelação é decisão interlocutória e o CPC afirma que deve ser ele o recurso interposto de decisões interlocutórias.
(C) interpor agravo de instrumento, pois é o recurso cabível em face de decisão interlocutória que defere o recebimento da apelação e os seus efeitos.
(D) interpor embargo de declaração, já que se trata de decisão interlocutória e contraditória, pois recebeu a apelação com duplo efeito, impedindo que a prestação de alimentos se iniciasse.

RESPOSTA Diante da situação hipotética, a apelação não deveria ter sido recebida no duplo efeito, pois, de acordo com o art. 1.012, § 1º, II, do CPC, apenas o efeito devolutivo deveria ter sido considerado. Nesse sentido, cabível Agravo de Instrumento (art. 1.015 do CPC). Por fim, com o atual CPC, não há mais previsão do agravo retido (*vide* art. 937). *Alternativa C.*

116. **(XIII Exame)** A respeito do recurso de agravo, assinale a afirmativa correta.

(A) O relator, recebido o agravo de instrumento no tribunal, converterá em agravo retido, salvo quando se tratar de decisão suscetível de causar à parte lesão grave e de difícil reparação.
(B) A regra é, conforme previsto em nosso sistema processual, a de utilização do agravo de instrumento para impugnar decisões interlocutórias proferidas pelo juiz.
(C) A interposição do agravo retido impedirá que a decisão interlocutória impugnada seja imediatamente reanalisada pelo Tribunal e estará condicionada ao prévio pagamento do preparo devido.
(D) Interposto o agravo retido para impugnação de decisão interlocutória proferida pelo juiz, só irá o Tribunal reanalisar a questão por ocasião da interposição de apelação, ainda que nesta não seja requerida expressamente a apreciação de tal recurso.

RESPOSTA Com o atual CPC, caiu o agravo retido, permanecendo o agravo de instrumento (art. 937, VIII) e agravo regimental (art. 937, IX). Assim, se o gabarito oficial ao tempo do CPC/73 era a *alternativa A*, com o NCPC passa a ser a *alternativa B.*

117. **(XIII Exame)** A atividade recursal do Supremo Tribunal Federal e do Superior Tribunal de Justiça encontra-se tradicionalmente associada aos recursos extraordinário e especial, respectivamente. Contudo, tal múnus também é desempenhado por meio do julgamento do denominado recurso ordinário constitucional. Acerca dessa espécie recursal, assinale a afirmativa correta.

(A) Exigir-se-á a comprovação do requisito do pré-questionamento para a admissão do recurso ordinário constitucional perante os Tribunais Superiores.
(B) Apenas será acolhido o recurso ordinário que versar sobre questões exclusivamente de direito, não se admitindo a rediscussão de matéria fática por meio desta via recursal.
(C) Compete ao Supremo Tribunal Federal julgar o recurso ordinário interposto contra mandado de segurança decidido em única instância pelos Tribunais Regionais Federais ou pelos Tribunais dos

Estados, do Distrito Federal e dos territórios, quando denegatória a decisão.

(D) Serão julgadas em recurso ordinário pelo Superior Tribunal de Justiça as causas em que forem partes, de um lado, Estado estrangeiro ou organismo internacional e, do outro, município ou pessoa residente ou domiciliada no país.

RESPOSTA Diz o art. 1.027 do CPC: "Serão julgados em recurso ordinário: I – pelo Supremo Tribunal Federal, os mandados de segurança, os *habeas data* e os mandados de injunção decididos em única instância pelos tribunais superiores, quando denegatória a decisão; II – pelo Superior Tribunal de Justiça: a) os mandados de segurança decididos em única instância pelos tribunais regionais federais ou pelos tribunais de justiça dos Estados e do Distrito Federal e Territórios, quando denegatória a decisão; b) os processos em que forem partes, de um lado, Estado estrangeiro ou organismo internacional e, de outro, Município ou pessoa residente ou domiciliada no País". *Alternativa D.*

118. **(XII Exame)** A respeito do recurso, um dos meios de impugnação das decisões judiciais, assinale a afirmativa correta.

(A) O prazo será restituído em favor da parte, contra quem começará a correr novamente depois da intimação se, durante o prazo para interposição do recurso, falecer seu advogado e não houver outro advogado constituído nos autos.

(B) A decisão judicial que dispõe sobre os embargos à execução poderá ser impugnada por meio do recurso de agravo de instrumento.

(C) A desistência do recurso depende da anuência do recorrido e representa a extinção do processo.

(D) Os embargos de declaração interpostos em face de decisão judicial proferida em sede de Juizado Especial interrompem o prazo para o recurso.

RESPOSTA Art. 1.004 do CPC. *Alternativa A.*

119. **(IX Exame – Reaplicação)** Os embargos de declaração no Código de Processo Civil são o remédio jurídico utilizado por qualquer das partes quando houver na sentença ou no acórdão obscuridade, contradição e/ou omissão. A respeito de tais embargos, assinale a afirmativa correta.

(A) Os embargos serão opostos por meio de petição dirigida ao juiz ou relator com a indicação do ponto obscuro, contraditório ou omisso, no prazo de oito dias.

(B) Os embargos de declaração estão sujeitos a preparo e serão dirigidos ao órgão competente para apreciar o recurso de apelação, quando se tratar de sentença.

(C) A oposição de embargos de declaração suspende o prazo para a interposição de recurso por qualquer das partes.

(D) A interposição de qualquer recurso está condicionada ao pagamento da multa pela oposição reiterada de embargos protelatórios, multa essa que se reverterá em favor do embargado.

RESPOSTA Os embargos de declaração estão no CPC a partir do art. 1.022. Mantém-se correta, em razão do art. 1.026, §§ 2º e 3º, do CPC, a *Alternativa D.*

120. **(III Exame)** Em um processo que observa o rito comum ordinário, o juiz profere decisão interlocutória contrária aos interesses do réu. É certo que, se a decisão em questão não for rapidamente apreciada e revertida, sofrerá a parte dano grave, de difícil ou impossível reparação. Assim sendo, o advogado do réu prepara o recurso de agravo de instrumento, cuja petição de interposição contém a exposição dos fundamentos de fato e de direito, as razões do pedido de reforma da decisão agravada, além do nome e endereço dos advogados que atuam no processo. A petição está, ainda, instruída com todas as peças obrigatórias que irão formar o instrumento do agravo. Contudo, o agravante deixou de requerer a juntada, no prazo legal, aos autos do processo, de cópia da petição do agravo de instrumento e do comprovante de sua interposição, assim como a relação dos documentos que instruíram o recurso, fato que foi arguido e provado pelo agravado. Com base no relatado acima, assinale a alternativa correta a respeito da consequência processual decorrente.

(A) Estará caracterizada a litigância de má-fé, por força de prática de ato processual manifestamente protelatório, devendo a parte agravante ser sancionada, e o feito, extinto sem resolução do mérito.

(B) Haverá prosseguimento normal do recurso, pois tal juntada caracteriza mera faculdade do agravante.

(C) O agravo de instrumento será julgado pelo tribunal, inviabilizando-se, apenas, o exercício do juízo de retratação pelo magistrado.

(D) Não será admitido o agravo de instrumento.

RESPOSTA Art. 1.018, § 3º, do CPC. *Alternativa D.*

121. **(IV Exame)** No âmbito do Direito Processual Civil, os legitimados ativos que proponham ação e interponham recursos poderão desistir deles, desde que respeitados os seguintes termos:

(A) O credor poderá desistir de toda execução ou apenas de algumas medidas executivas, desde que suporte as custas e honorários advocatícios decorrentes da extinção dos embargos que versarem somente sobre questões processuais e, nos demais casos, quando houver anuência do embargante.

(B) O recorrente poderá desistir do recurso interposto a qualquer tempo, desde que não se trate de litisconsórcio e que a parte contrária, uma vez intimada, manifeste expressamente sua anuência.

(C) Na intervenção de terceiros, a assistência obsta a que a parte principal desista da ação, que somente poderá ocorrer com a anuência expressa do assistente. Nesse caso, a desistência independe de homologação por sentença.

(D) A desistência da ação, que produz efeitos somente depois de homologada por sentença, implica extinção do processo com resolução do mérito. Caso tenha transcorrido o prazo para resposta do réu, o pedido de desistência estará sujeito ao seu consentimento.

RESPOSTA Art. 775 e parágrafo único do CPC. *Alternativa A.*

122. **(VI Exame – Reaplicação)** A respeito das decisões monocráticas proferidas pelo relator, assinale a alternativa correta.

(A) Caberá agravo no prazo de cinco dias ao órgão competente para o julgamento do recurso, não se admitindo juízo de retratação, devendo o relator proferir voto e apresentá-lo em mesa para julgamento.

(B) Interposto agravo infundado contra decisão monocrática, poderá o tribunal condenar o agravante ao pagamento de multa em favor do agravado, desde que não condicione a interposição de qualquer outro recurso ao depósito do valor.

(C) Caso o agravante requeira a suspensão da decisão até o pronunciamento definitivo da turma ou câmara, ao argumento de iminente lesão grave, o relator não poderá se manifestar monocraticamente, devendo apresentar o processo em mesa.

(D) Poderá o relator dar provimento ao recurso, caso a decisão recorrida esteja em manifesto confronto com súmula ou jurisprudência dominante do Supremo Tribunal Federal ou de Tribunal Superior.

RESPOSTA Art. 932, IV, *a* e *b*, do CPC, com a seguinte observação: o CPC não fala mais em "jurisprudência dominante", o que poderia prejudicar o gabarito oficial, *alternativa D*, já que "julgamento de recursos repetitivos" tem um sentido mais estrito.

123. **(IX Exame)** Como forma de prestigiar o princípio da razoável duração do processo e propiciar uma prestação jurisdicional mais célere e eficiente, um legislador promoveu uma série de alterações na sistemática recursal do Processo Civil brasileiro. Nesse sentido, destaca-se a Emenda Constitucional n. 45/2004 que introduziu em nosso ordenamento jurídica figura da repercussão geral. Acerca deste instituto, assinale a afirmativa correta.

(A) É um pressuposto processual de admissibilidade específico do Recurso Especial que permite que apenas sejam analisados os recursos que tratem de questões relevantes do ponto de vista econômico, político, social ou jurídico, e as que ultrapassem os interesses subjetivos da causa.

(B) Sempre que o recurso impugnar decisão contrária à súmula ou jurisprudência dominante do Supremo Tribunal Federal, haverá repercussão geral.

(C) Não se admite, quando da análise da existência de repercussão geral pelo Ministro Relator do recurso, a manifestação de terceiros interessados.

(D) A decisão que nega a existência da repercussão geral não tem o condão de atingir outros recursos que tratem de matéria idêntica, apenas gerando efeitos endoprocessuais.

RESPOSTA A *repercussão geral* (art. 1.035 do CPC) é requisito do recurso extraordinário, a qual existirá, dentre outras hipóteses, sempre que o recurso impugnar decisão contrária à súmula ou jurisprudência dominante do STF (inciso I do § 3º). *Alternativa B.*

124. **(XI Exame)** Maria e Pedro, demandados em ação em trâmite sob o rito sumário, são intimados, por seus respectivos procuradores, da sentença de procedência do pedido. No 23º dia seguinte à intimação, Maria ingressa com recurso de apelação. Considerando os critérios quanto à tempestividade e efeitos, é correto afirmar que o recurso será

(A) inadmitido por restar extemporâneo e a decisão competirá ao juízo *ad quem*.

(B) recebido apenas no efeito devolutivo, já que incabível a atribuição do duplo efeito para o recurso em tela, tempestivo.

(C) declarado intempestivo pelo juízo *a quo*, que deixará de intimar o recorrido a apresentar suas contrarrazões.

(D) admitido por restar tempestivo e recebido no duplo efeito, em regra, face à natureza do recurso, salvo exceções legais.

RESPOSTA Deve ser observado o direito ao prazo em DOBRO para recorrer e todas as demais manifestações quando os litisconsortes tiverem diferentes procuradores de escritórios de advocacia distintos e os efeitos que lhe cabem. Arts. 229 e 1.012 do CPC. *Alternativa D.*

125. **(XXIII Exame)** Carolina, vítima de doença associada ao tabagismo, requereu, em processo de indenização por danos materiais e morais contra a indústria do tabaco, a inversão do ônus da prova, por considerar que a parte ré possuía melhores condições de produzir a prova. O magistrado, por meio de decisão interlocutória, indeferiu o requerimento por considerar que a inversão poderia gerar situação em que a desincumbência do encargo seria excessivamente difícil. Sobre a hipótese apresentada, assinale a afirmativa correta.

(A) A decisão é impugnável por agravo interno.
(B) A decisão é irrecorrível.
(C) A decisão é impugnável por agravo de instrumento.
(D) A parte autora deverá aguardar a sentença para suscitar a questão como preliminar de apelação ou nas contrarrazões do recurso de apelação.

RESPOSTA O art. 1.015 do CPC traz as hipóteses de cabimento do agravo de instrumento. Entre elas, decisões interlocutórias que versarem sobre redistribuição do ônus da prova (inciso XI). *Alternativa C.*

XII. EXECUÇÃO, LIQUIDAÇÃO DE SENTENÇA E CUMPRIMENTO DE SENTENÇA

126. **(XXXI Exame)** Bruno ajuizou contra Flávio ação de execução de título executivo extrajudicial, com base em instrumento particular, firmado por duas testemunhas, para obter o pagamento forçado de R$ 10.000,00 (dez mil reais). Devidamente citado, Flávio prestou, em juízo, garantia integral do valor executado e opôs embargos à execução dentro do prazo legal, alegando, preliminarmente, a incompetência relativa do juízo da execução e, no mérito, que o exequente pleiteia quantia superior à do título (excesso de execução). No entanto, em seus embargos à execução, embora tenha alegado excesso de execução, Flávio não apontou o valor que entendia ser correto, tampouco apresentou cálculo com o demonstrativo discriminado e atualizado do valor em questão. Considerando essa situação hipotética, assinale a afirmativa correta.

(A) Os embargos à execução devem ser liminarmente rejeitados, sem resolução do mérito, porquanto Flávio não demonstrou adequadamente o excesso de execução, ao deixar de apontar o valor que entendia correto e de apresentar cálculo com o demonstrativo discriminado e atualizado do valor em questão.
(B) O juiz deverá rejeitar as alegações de incompetência relativa do juízo e de excesso de execução deduzidas por Flávio, por não constituírem matérias passíveis de alegação em sede de embargos à execução.
(C) Os embargos à execução serão processados para a apreciação da alegação de incompetência relativa do juízo, mas o juiz não examinará a alegação de excesso de execução, tendo em vista que Flávio não indicou o valor que entendia correto para a execução, não apresentando o cálculo discriminado e atualizado do valor em questão.
(D) O juiz deverá processar e julgar os embargos à execução em sua integralidade, não surtindo qualquer efeito a falta de indicação do valor alegado como excesso e a ausência de apresentação de cálculo discriminado e atualizado do valor em questão, uma vez que os embargos foram apresentados dentro do prazo legal.

RESPOSTA Diz o § 4º do art. 917 do CPC que, não apontado o valor correto ou não apresentado o demonstrativo, os embargos à execução serão liminarmente rejeitados, sem resolução de mérito, se o excesso de execução for o seu único fundamento; ou serão processados, se houver outro fundamento, mas o juiz não examinará a alegação de excesso de execução. *Alternativa C.*

127. **(XXX Exame)** O edifício Vila Real ajuizou ação de execução das contribuições de condomínio em atraso em face de Paper & Paper Ltda., proprietária da unidade 101. Citada a ré em janeiro de 2018, não houve o pagamento da dívida e, preenchidos os requisitos legais para tanto, houve a desconsideração da personalidade jurídica da devedora, a fim de que seus sócios Ana e Guilherme, casados, fossem citados, o que ocorreu em dezembro de 2018. Posteriormente, o condomínio exequente identificou que Ana e Guilherme venderam a Consuelo um imóvel de sua propriedade, em julho de 2018. Considerando que a execução em tela é capaz de reduzir à insolvência de Paper & Paper Ltda. e que não foram localizados bens penhoráveis de Ana e Guilherme, assinale a afirmativa correta.

(A) A alienação realizada por Ana e Guilherme configura fraude à execução, e deverá ser reconhecida independentemente da intimação de Consuelo.

(B) A alienação realizada por Ana e Guilherme configura fraude à execução e seu reconhecimento não pode se dar antes da intimação de Consuelo, que poderá opor embargos de terceiro.

(C) A alienação realizada por Ana e Guilherme não configura fraude à execução, pois realizada antes da citação dos sócios.

(D) A alienação realizada por Ana e Guilherme não configura fraude à execução, uma vez que a insolvência atingiria apenas a devedora original, e não os sócios.

RESPOSTA A alienação ou a oneração de bem é considerada fraude à execução nos casos descritos no art. 792 do CPC, a qual se coaduna com a situação hipotética, observado que o juiz, antes de declarar a fraude à execução, deverá intimar o terceiro adquirente, que, se quiser, poderá opor embargos de terceiro, no prazo de 15 (quinze) dias (vide art. 792, § 4º). *Alternativa B.*

128. **(XXIX Exame)** Na vigência do Código de Processo Civil de 2015, José ajuizou ação contra Luíza, postulando uma indenização de R$ 100.000,00 (cem mil reais), tendo o pedido formulado sido julgado integralmente procedente, por meio de sentença transitada em julgado. Diante disso, José deu início ao procedimento de cumprimento de sentença, tendo Luíza (executada) apresentado impugnação, a qual, no entanto, foi rejeitada pelo respectivo juízo, por meio de decisão contra a qual não foi interposto recurso no prazo legal. Prosseguiu-se ao procedimento do cumprimento de sentença para satisfação do crédito reconhecido em favor de José. Ocorre que, após o trânsito em julgado da sentença exequenda e a rejeição da impugnação, o Supremo Tribunal Federal proferiu acórdão, em sede de controle de constitucionalidade concentrado, reconhecendo a inconstitucionalidade da lei que fundamentou o título executivo judicial que havia condenado Luíza na fase de conhecimento. Diante da decisão do Supremo Tribunal Federal sobre a situação hipotética, Luiza poderá

(A) interpor recurso de agravo de instrumento contra a decisão que rejeitou sua impugnação, mesmo já tendo se exaurido o prazo legal para tanto, uma vez que o Supremo Tribunal Federal reconheceu a inconstitucionalidade da lei que fundamentou a sentença exequenda.

(B) interpor recurso de apelação contra a decisão que rejeitou sua impugnação, mesmo já tendo se exaurido o prazo legal para tanto, uma vez que o Supremo Tribunal Federal reconheceu a inconstitucionalidade da lei que fundamentou a sentença exequenda.

(C) oferecer nova impugnação ao cumprimento de sentença, alegando a inexigibilidade da obrigação, tendo em vista que, após o julgamento de sua primeira impugnação, o Supremo Tribunal Federal reconheceu a inconstitucionalidade da lei que fundamentou a sentença proferida na fase de conhecimento, que serviu de título executivo judicial.

(D) ajuizar ação rescisória, em virtude de a sentença estar fundada em lei julgada inconstitucional pelo Supremo Tribunal Federal, em sede de controle concentrado de constitucionalidade.

RESPOSTA Segundo o art. 525, §§ 12 e 15, do CPC, para efeito do disposto no inciso III do § 1º deste artigo, considera-se também inexigível a obrigação reconhecida em título executivo judicial fundado em lei ou ato normativo considerado inconstitucional pelo Supremo Tribunal Federal, ou fundado em aplicação ou interpretação da lei ou do ato normativo tido pelo Supremo Tribunal Federal como incompatível com a Constituição Federal, em controle de constitucionalidade concentrado ou difuso. Assim, se a decisão referida no § 12 for proferida após o trânsito em julgado da decisão exequenda, caberá ação rescisória, cujo prazo será contado do trânsito em julgado da decisão proferida pelo Supremo Tribunal Federal. *Alternativa D.*

129. **(XXIX Exame)** Maria, ao perceber que o seu bem imóvel foi arrematado por preço vil, em processo de execução de título extrajudicial, procurou você, como advogado(a), para saber que defesa poderá invalidar a arrematação. Você verifica que, no 28º dia após o aperfeiçoamento da arrematação, a carta de arrematação foi expedida. Uma semana depois, você prepara a peça processual. Assinale a opção que indica a peça processual correta a ser proposta.

(A) Impugnação à execução.

(B) Petição simples nos próprios autos do processo de execução.

(C) Ação autônoma de invalidação da arrematação.

(D) Embargos do executado.

RESPOSTA Conforme art. 903, § 4º, do CPC, qualquer que seja a modalidade de leilão, assinado o auto pelo juiz, pelo arrematante e pelo leiloeiro, a arrematação será considerada perfeita, acabada e irretratável, ainda que venham a ser julgados procedentes os embargos do executado ou a ação autônoma de que trata o § 4º deste artigo, assegurada a possibilidade de reparação pelos prejuízos sofridos. Após a expedição da carta de arrematação ou da ordem de entrega, a invalidação da arrematação poderá ser pleiteada por ação autônoma, em cujo processo o arrematante figurará como litisconsorte necessário. *Alternativa C.*

130. **(XXVIII Exame)** Pedro propõe execução de alimentos, fundada em título extrajudicial, em face de Augusto, seu pai, no valor de R$ 10.000,00 (dez mil reais). Regularmente citado, Augusto não efetuou o pagamento do débito, não justificou a impossibilidade de fazê-lo, não provou que efetuou o pagamento e nem ofertou embargos à execução. Pedro, então, requereu a penhora do único bem pertencente a Augusto que fora encontrado, qual seja, R$ 10.000,00 (dez mil reais), que estavam depositados em caderneta de poupança. O juiz defere o pedido. Sobre a decisão judicial, assinale a afirmativa correta.

(A) Ela foi equivocada, pois valores depositados em caderneta, em toda e qualquer hipótese, são impenhoráveis.

(B) Ela foi correta, pois o Código de Processo Civil permite a penhora de quaisquer valores depositados em aplicações financeiras.

(C) Ela foi equivocada, na medida em que o Código de Processo Civil assegura a impenhorabilidade da caderneta de poupança até o limite de cem salários-mínimos, independentemente da natureza do débito.

(D) Ela foi correta, pois o Código de Processo Civil admite a penhora de valores depositados em caderneta de poupança para o cumprimento de obrigações alimentícias.

RESPOSTA Nos termos do art. 833, X, do CPC, são impenhoráveis a quantia depositada em caderneta de poupança, até o limite de 40 (quarenta) salários mínimos. Entretanto, o § 2º do referido artigo possibilita que disposto nos incisos IV e X do *caput* não se aplica à hipótese de penhora para pagamento de prestação alimentícia, independentemente de sua origem, bem como às importâncias excedentes a 50 (cinquenta) salários-mínimos mensais, devendo a constrição observar o disposto no art. 528, § 8º, e no art. 529, § 3º. *Alternativa D.*

131. **(XXVII Exame)** Amanda ajuizou execução por quantia certa em face de Carla, fundada em contrato de empréstimo inadimplido que havia sido firmado entre elas, pelo valor, atualizado na data-base de 20/3/2017, de R$ 50 mil. Carla foi citada e não realizou o pagamento no prazo legal, tampouco apresentou embargos, limitando-se a indicar à penhora um imóvel de sua titularidade. Carla informou que o referido imóvel valeria R$ 80 mil. Amanda, após consultar três corretores de imóveis, verificou que o valor estaria bem próximo ao de mercado, de modo que pretende dar seguimento aos atos de leilão e recebimento do crédito. Diante de tal situação, assinale a afirmativa que melhor atende aos interesses de Amanda.

(A) Ela deverá requerer ao juízo a avaliação do imóvel por oficial de justiça avaliador, ato indispensável para dar seguimento ao leilão.

(B) Deverá ser requerida ao juízo a avaliação do imóvel por especialista na área (perito); sem isso, o leilão não poderá prosseguir.

(C) Ela deverá requerer ao juízo que este faça inspeção judicial no imóvel, de modo a confirmar seu valor.

(D) Ela deverá requerer que seja realizado o leilão, com dispensa da avaliação judicial do bem, manifestando ao juízo concordância com a estimativa de valor feita por Carla.

RESPOSTA Nos termos do art. 871, I e parágrafo único, do CPC, não se procederá à avaliação quando uma das partes aceitar a estimativa feita pela outra. Assim, ocorrendo a hipótese do inciso I deste artigo, a avaliação poderá ser realizada quando houver fundada dúvida do juiz quanto ao real valor do bem. *Alternativa D.*

132. **(XXII Exame)** Jair promove ação em face de Carlos para cobrar uma dívida proveniente de contrato (não escrito) de prestação de serviços celebrado pelas partes. Com o trânsito em julgado da sentença que condenou Carlos a pagar o valor devido, Jair requer o cumprimento de sentença. O executado foi intimado regularmente na pessoa do seu advogado. No prazo da impugnação, deposita o correspondente a 30% do valor devido e requer o parcelamento do remanescente em até 6 (seis) prestações. O juiz defere o pedido do executado, fundamentando sua decisão no princípio da menor onerosidade, mas o exequente se insurge por intermédio de agravo de instrumento, alegando que o parcelamento legal não se aplica ao cumprimento de sentença. Diante da situação hipotética, a decisão do juiz está

(A) correta, pois o parcelamento legal pode ser aplicado no caso de cumprimento de sentença.

(B) equivocada, tendo em vista que só poderia deferir se fosse feito depósito de 50%.

(C) equivocada, pois há vedação expressa para a concessão do parcelamento legal no caso de cumprimento de sentença.

(D) correta, pois sempre se deve encontrar a forma mais efetiva para a execução.

RESPOSTA O parcelamento encontra-se previsto no art. 916 do CPC (no prazo dos embargos), no entanto, segundo o seu § 7º, não se aplica ao cumprimento da sentença. *Alternativa C.*

133. **(XXI Exame)** Em execução por título extrajudicial, movida pela distribuidora de bebidas Geladão em face do Supermercado Preço Certo, o executado, citado, não realizou o pagamento da dívida. O exequente requereu, então, a indisponibilidade da quantia em dinheiro existente em aplicação financeira titularizada pelo executado, o que foi deferido pelo juízo sem a oitiva do réu. Bloqueado valor superior à dívida, o juiz deu vista do processo ao exequente, que requereu a conversão da indisponibilidade em penhora. Sobre o procedimento adotado, assinale a afirmativa correta.

(A) A conversão da indisponibilidade em penhora deve ser deferida independentemente de ciência prévia do ato executado, visto que não houve o pagamento espontâneo da dívida.

(B) A indisponibilidade é nula, pois promovida sem a prévia oitiva do réu, o que viola o contraditório e a ampla defesa.

(C) O juiz, considerando o excesso do bloqueio, não deveria ter dado vista do processo ao exequente, mas promovido o cancelamento da indisponibilidade excessiva no prazo máximo de vinte e quatro horas.

(D) O juiz, independentemente do excesso da indisponibilidade, deveria ter dado vista do processo ao executado, a fim de que este comprovasse a impenhorabilidade da quantia bloqueada.

RESPOSTA O § 1º do art. 854 do CPC trata que no prazo de 24 (vinte e quatro) horas a contar da resposta, de ofício, o juiz determinará o cancelamento de eventual indisponibilidade excessiva, o que deverá ser cumprido pela instituição financeira em igual prazo. *Alternativa D.*

134. **(XX Exame – Reaplicação)** Magno ajuizou ação de execução em face de Maria, alegando ser credor da quantia de R$ 28.000,00. A obrigação está vencida há 50 dias, não foi paga e está representada por contrato particular de mútuo, regularmente originado em país estrangeiro, assinado pelos contratantes e por duas testemunhas, estando indicada, para cumprimento da obrigação, a cidade de Salinas/MG. Após despacho positivo proferido pelo Juiz da Vara Cível de Salinas/MG, Maria foi citada, bem como houve penhora eletrônica de quantia existente em caderneta de poupança de titularidade da devedora, sendo a quantia suficiente para suportar 80% da dívida executada. A quantia penhorada foi depositada na caderneta de poupança 10 dias antes do ajuizamento da execução, sendo que Maria possui dois veículos que poderiam ter sido penhorados. A partir dos elementos do enunciado, considerando as regras do CPC/15, assinale a afirmativa correta.

(A) Antes do ajuizamento da ação de execução, exige-se que Magno proceda à homologação do título executivo originado em país estrangeiro.

(B) Maria poderá alegar a inexistência de título executivo extrajudicial apto a instruir a ação de execução.

(C) A penhora recaiu sobre quantia impenhorável.

(D) O juiz deve manter a penhora sobre a quantia depositada e seus rendimentos.

RESPOSTA Dentre o rol dos bens impenhoráveis do art. 833 do CPC está a "quantia depositada em caderneta de poupança, até o limite de 40 (quarenta) salários-mínimos" (inciso X). Portanto, correta a *alternativa C.*

135. **(XVI Exame)** Daniel possui uma pequena mercearia e costuma aceitar cheques de seus clientes, como forma de pagamento. Ocorre que, no último mês, três dos cheques apresentados no prazo foram devolvidos por insuficiência de fundos. Daniel não obteve êxito na cobrança amigável, não lhe restando, portanto, outra alternativa senão recorrer ao Poder Judiciário. Com base nessa situação hipotética, assinale a afirmativa correta.

(A) Daniel pode cumular várias execuções, sendo o mesmo devedor, ainda que fundadas em títulos diferentes e diversa a forma do processo, desde que o juízo seja competente para todas.

(B) É vedado ao juiz examinar de ofício os requisitos que autorizam a cumulação de execuções.

(C) Daniel pode cumular várias execuções, fundadas em títulos diferentes, ainda que diversos os devedores, desde que para todas elas seja competente o juízo e idêntica a forma do processo.

(D) Daniel pode cumular várias execuções, sendo o mesmo devedor, ainda que fundadas em títulos diversos, desde que seja competente o juízo e haja identidade na forma do processo.

RESPOSTA Diante da situação hipotética, está sumulado pelo STJ que pode a execução fundar-se em mais de um título extrajudicial relativos ao mesmo negócio (Súmula 27). No CPC está inscrito no art. 780. *Alternativa D.*

136. **(XIX Exame)** Em determinada execução fundada em um cheque, o juiz, atendendo pedido do credor, defere a penhora de 50% do faturamento da sociedade empresária devedora. Inconformada, tendo em vista que tal decisão poderia gerar a interrupção de suas atividades, a executada interpõe agravo de instrumento, recurso esse que, apesar de regularmente admitido, é desprovido, à unanimidade, pelo competente Tribunal de Justiça. Ato contínuo, a executada interpõe recurso especial, o qual se encontra pendente de julgamento, sem previsão de análise. Levando em conta a legislação processual e as orientações jurisprudenciais aplicáveis à espécie, assinale a opção que indica o procedimento que o advogado deve adotar para, ao menos, suspender os efeitos da referida decisão.

(A) Deverá requerer o efeito suspensivo ao Desembargador Relator do Agravo de Instrumento, demonstrando, na oportunidade, a urgência e a gravidade da situação.

(B) Deverá requerer o efeito suspensivo diretamente ao Superior Tribunal de Justiça, órgão competente para o julgamento do Recurso Especial.

(C) Deverá, em razão da impossibilidade de concessão de efeito suspensivo em sede de recurso especial, impetrar Mandado de Segurança junto ao Superior Tribunal de Justiça, requerendo, na oportunidade, a concessão de medida liminar.

(D) Deverá propor uma medida cautelar, dirigida ao Desembargador Presidente do Tribunal de Justiça de origem, tendo em vista não ter havido, ainda, juízo de admissibilidade a respeito do recurso especial.

RESPOSTA De acordo com o art. 297 do CPC, "o juiz poderá determinar as medidas que considerar adequadas para efetivação da tutela provisória". Portanto, caberá a parte executada propor medida cautelar para fins de suspensão da referida decisão. Neste sentido, é admitida pela jurisprudência. *Alternativa D.*

137. **(XVIII Exame)** Henrique fora condenado pelo juízo da 10ª Vara Cível da Comarca da Capital do Rio de Janeiro ao pagamento de indenização por danos morais causados a Marlon, no valor de R$ 100.000,00, tendo tal decisão transitada em julgado. Na fase de cumprimento de sentença, não houve o pagamento voluntário da quantia, nem foram encontrados bens no foro da causa, razão pela qual procedeu-se à avaliação e penhora de imóvel de veraneio de Henrique, situado no Guarujá/SP, mediante carta precatória. O Oficial de Justiça, mesmo certificando em seu laudo não possuir o conhecimento especializado necessário para o ato, avaliou o imóvel em R$ 150.000,00.

Nesse caso, a impugnação ao cumprimento de sentença que verse unicamente o vício de avaliação

(A) poderá ser oferecida no juízo deprecante ou deprecado, sendo o juízo deprecante o competente para julgá-la.

(B) poderá ser oferecida no juízo deprecante ou deprecado, sendo o juízo deprecado o competente para julgá-la.

(C) deverá ser oferecida no juízo deprecado, sendo o juízo deprecante o competente para julgá-la.

(D) deverá ser oferecida no juízo deprecante, sendo o juízo deprecado o competente para julgá-la.

RESPOSTA Observa-se que o vício de avaliação é uma das matérias que podem ser alegadas na impugnação (art. 525, § 1º, IV, do CPC), forma de defesa adequada, no cumprimento de sentença. Ainda, verificando que a avaliação e a penhora foram efetuadas mediante carta precatória e diante da ausência de regra expressa no procedimento de cumprimento de sentença a respeito do assunto, aplicam-se subsidiariamente o art. 914, § 2º, do CPC e a Súmula 46 do STJ (Na execução por carta, os embargos do devedor serão decididos no juízo deprecante, salvo se versarem unicamente vícios ou defeitos da penhora, avaliação ou alienação dos bens). *Alternativa B.*

138. **(XVIII Exame)** Dominique, cidadão francês, foi parte em procedimento arbitral que teve como sede uma câmara localizada em Paris, na França, tendo este também sido o local onde a sentença foi proferida. Ele obteve êxito em sua pretensão, que foi julgada conforme a legislação francesa, e, agora, deseja receber da parte sucumbente os valores a que faz jus. A parte devedora é brasileira e possui patrimônio no Brasil, sendo a condenação de natureza cível. Ele procura você para, como advogado(a), orientá-lo.

Assinale a opção que indica o procedimento que Dominique deve adotar.

(A) Iniciar procedimento de cumprimento de sentença perante uma das varas cíveis da comarca onde está localizada a devedora, uma vez que a sentença arbitral, conforme legislação processual brasileira, é título executivo judicial.

(B) Ajuizar ação de execução perante uma das varas cíveis da comarca onde está localizada a devedora, uma vez que a sentença arbitral, conforme legislação processual brasileira, é título executivo extrajudicial.

(C) Dar início aos trâmites para recebimento dos valores perante os tribunais de Paris, na França, uma vez que esse foi o local onde foi conduzido o procedimento de arbitragem.

(D) Obter, preliminarmente, a homologação da sentença arbitral perante o Superior Tribunal de Justiça, uma vez que, pelas características narradas na questão, trata-se de sentença arbitral estrangeira.

RESPOSTA De acordo com a situação hipotética, trata-se de sentença arbitral estrangeira que deve ser cumprida no Brasil porque a parte devedora possui patrimônio no Brasil, situação que atrai a competência da Justiça brasileira (art. 21, II, do CPC). E a sentença estrangeira só pode ser executada no Brasil depois de ser homologada pelo STJ (art. 515, VIII, do CPC). *Alternativa D.*

139. **(XVII Exame)** Mário foi citado em processo de execução, em virtude do descumprimento de obrigação consubstanciada em nota promissória por ele emitida. Alegando excesso de execução, por ter efetuado o pagamento parcial da dívida, Mário opôs embargos à execução. Sobre esses embargos, assinale a afirmativa correta.

(A) Constituem-se em ação autônoma, razão pela qual serão autuados e distribuídos livremente, em homenagem ao princípio do juiz natural.
(B) São cabíveis tanto nas execuções autônomas quanto no cumprimento de sentença.
(C) Em regra, suspendem a execução.
(D) Seu oferecimento independe de efetivação da penhora, depósito ou caução.

RESPOSTA De acordo com o art. 914 do CPC, o executado, independentemente de penhora, depósito ou caução, poderá opor-se à execução por meio de embargos. *Alternativa D.*

140. **(XV Exame)** Ricardo ajuizou ação de execução por título extrajudicial em face de Fábio, objetivando o pagamento de cheque que fora devolvido por insuficiência de fundos, no valor de R$ 1.000,00. Após Fábio ser regularmente citado, Ricardo requereu ao juiz a desistência do processo. Dessa forma, assinale a afirmativa correta.

(A) O juiz deverá homologar a desistência, independentemente da concordância do executado, caso não tenham sido apresentados embargos versando sobre questões de direito material.
(B) O juiz somente poderá homologar a desistência após a anuência do executado.
(C) O juiz não homologará a desistência, já que o credor tem a faculdade de desistir apenas de algumas medidas executivas.
(D) O juiz não homologará a desistência caso o devedor, citado, ofereça embargos que versem apenas sobre questões processuais.

RESPOSTA Diante da situação, aplica-se o art. 775, parágrafo único, I, do CPC. *Alternativa A.*

141. **(XV Exame)** João vendeu para seu vizinho Pedro, por R$ 10.000,00 (dez mil reais), um automóvel usado, tendo as partes, para tanto, celebrado contrato de compra e venda assinado pelo devedor e por duas testemunhas. Na ocasião, ficou acordado que João entregaria o veículo a Pedro mediante o pagamento, no ato, de R$ 4.000,00 (quatro mil reais), sendo o restante da dívida pago em 3 (três) parcelas mensais de R$ 2.000,00 (dois mil reais) cada. Sucede, entretanto, que, depois de pagar R$ 4.000,00 (quatro mil reais) e receber o automóvel de João, Pedro não cumpriu sua obrigação quanto ao valor remanescente. Tendo em vista essa situação hipotética e considerando os princípios e regras atinentes ao processo de execução, assinale a afirmativa correta.

(A) Não satisfeita a obrigação certa, líquida e exigível, consubstanciada em título executivo, a execução poderá ser instaurada por João, desde que notifique previamente Pedro.
(B) João não poderá prosseguir com a execução caso Pedro cumpra a obrigação no curso da demanda, hipótese em que caberá àquele arcar com as custas processuais e honorários.
(C) O adimplemento parcial da prestação não impede que João ajuíze a execução quanto à parcela da obrigação que não foi realizada.
(D) O inadimplemento relativo, assim como o inadimplemento absoluto, autoriza o ajuizamento da ação executiva para a entrega de coisa, desde que preenchidos os demais requisitos necessários.

RESPOSTA Diante da situação, o título executivo permanece apto ao ajuizamento da execução para satisfação do valor remanescente, não incidindo o art. 788 do CPC, visto que o executado não cumpriu a obrigação. *Alternativa C.*

142. **(XV Exame)** Raul ajuizou ação de indenização por danos materiais, pelo rito ordinário, em face de Sérgio, pretendendo ressarcir-se dos prejuízos suportados com o conserto de seu táxi, decorrentes de uma colisão no trânsito causada por imprudência do réu. O pedido foi julgado procedente, mas a determinação do valor exato da condenação dependia de apuração do *quantum debeatur*, relativo às consequências do ato ilícito. Diante da atual sistemática do Código de Processo Civil, é correto afirmar que a liquidação de sentença, na hipótese

(A) é considerada simples incidente processual, devendo o juiz, de ofício, iniciá-la, determinando a citação do réu.

(B) constitui-se em processo autônomo, iniciado mediante requerimento da parte interessada, do qual será citado o réu.

(C) constitui-se em fase do processo de conhecimento, iniciada mediante requerimento da parte interessada, do qual será intimada a parte contrária na pessoa de seu advogado.

(D) constitui-se em procedimento autônomo, devendo o juiz, de ofício, iniciá-lo, mediante intimação das partes.

RESPOSTA Em razão do CPC, a liquidação da sentença poderá ocorrer de dois modos, segundo o art. 509, e o modo a qual caberia na situação hipotética (porque pelo procedimento comum deve haver necessidade de alegar e provar fato novo) seria por arbitramento. E, segundo o CPC, o juiz intimará as partes para a apresentação de pareceres ou documentos elucidativos, no prazo que fixar, e, caso não possa decidir de plano, nomeará perito, observando-se, no que couber, o procedimento da prova pericial. (art. 510). Parece-nos que o gabarito oficial, *alternativa C*, não faria mais sentido para este caso.

143. **(XII Exame)** O sistema de execução de decisões modernamente utilizado está muito atrelado à ideia de sincretismo processual. Por essa sistemática, em regra, tornou-se a execução um prolongamento do processo de conhecimento. Passou-se a ter um processo misto que não é mais nem puramente cognitivo nem puramente executivo. O novo sistema permitiu que a obtenção da tutela jurisdicional plena fosse mais rapidamente alcançada. Entretanto, em hipóteses específicas, ainda tem cabimento o processo de execução autônomo. Assinale a alternativa que contém título executivo judicial a ensejar a execução sincrética.

(A) A certidão de dívida ativa da Fazenda Pública da União, dos Estados, do Distrito Federal, dos Territórios e dos Municípios, correspondente aos créditos inscritos na forma da lei.

(B) O instrumento de transação referendado pelo Ministério Público, pela Defensoria Pública ou pelos advogados dos transatores.

(C) A sentença proferida no processo civil que reconheça a existência de obrigação de fazer, não fazer, entregar coisa ou pagar quantia.

(D) O crédito, documentalmente comprovado, decorrente de aluguel de imóvel, bem como de encargos acessórios, tais como taxas e despesas de condomínio.

RESPOSTA Conforme previsão do art. 515, I, do CPC. *Alternativa C.*

144. **(X Exame)** A respeito da penhora, assinale a afirmativa correta.

(A) A penhora não será realizada quando o bem estiver na posse, detenção ou guarda de terceiro.

(B) Havendo mais de uma penhora, lavrar-se-á um único auto de penhora.

(C) Se o devedor fechar as portas da casa, a fim de obstar a penhora dos bens, o oficial de justiça providenciará o arrombamento, independentemente de qualquer autorização judicial.

(D) O juiz autorizará a alienação antecipada dos bens penhorados quando houver manifesta vantagem.

RESPOSTA Art. 852, II, do CPC. *Alternativa D.*

145. **(VII Exame)** A respeito do processo de execução, assinale a alternativa correta.

(A) A sentença arbitral, a letra de câmbio, a nota promissória e a duplicata são títulos executivos extrajudiciais.

(B) O exequente poderá, no ato da distribuição, obter certidão comprobatória do ajuizamento da execução, para fins de averbação no registro de imóveis, de veículos ou outros bens sujeitos a penhora ou arresto.

(C) O executado que, intimado, não indica ao juiz a localização de seus bens, não pratica ato atentatório à dignidade da justiça.

(D) A ausência de liquidez não impede a instauração do processo de execução.

RESPOSTA A *alternativa B* era a reprodução textual do art. 615-A do CPC/73. O CPC/2015 trouxe um texto diferente (art. 828): "o exequente poderá obter certidão de que a execução foi admitida pelo juiz, com identificação das partes e do valor da causa, para fins de averbação no registro de imóveis, de veículos ou de outros bens sujeitos a penhora, arresto ou indisponibilidade".

146. **(V Exame)** Considerando a ação de execução de título extrajudicial, é correto afirmar que

(A) Caso a petição inicial se ache desacompanhada do título executivo, deverá ser indeferida de plano, não se admitindo prazo para correção, dada a natureza sumária das ações executivas.

(B) Caberá ao devedor indicar a espécie de execução que prefere, quando de mais de um modo puder ser efetuada.

(C) Deverá ser extinta se o título não corresponder à obrigação certa, líquida e exigível.

(D) Cabe ao devedor provar que o credor não adimpliu a contraprestação, quando a satisfação da obrigação do executado estiver condicionada à realização daquela.

RESPOSTA Art. 783 e art. 813, I, do CPC. *Alternativa C.*

147. **(IX Exame – Reaplicação)** Considerando as disposições sobre liquidação e cumprimento de sentença previstas no Código de Processo Civil, assinale a afirmativa correta.

(A) A liquidação por artigos se fará quando, para determinar o valor da condenação, houver necessidade de alegar e provar fato novo.

(B) A sentença que julgar procedente o pedido inicial deverá sempre determinar o valor devido, uma vez que a regra no direito brasileiro é a de que o pedido seja certo e determinado.

(C) A impugnação ao cumprimento de sentença tem, como regra, o efeito suspensivo, previsto pela legislação processual civil.

(D) A decisão que resolve a impugnação é recorrível mediante agravo retido nos próprios autos, já que não será capaz de causar dano de difícil reparação às partes.

RESPOSTA O CPC não repetiu a nominação de "liquidação por artigos", mas por "procedimento comum" quando houver necessidade de alegar e provar fato novo (art. 509, II). Acreditamos que a *alternativa A* acabou ficando prejudicada como gabarito oficial.

148. **(V Exame)** A respeito da liquidação de sentença, assinale a alternativa correta.

(A) Para que a sentença arbitral seja liquidada, será necessária a instauração de processo judicial, com a citação da parte sucumbente.

(B) É cabível a liquidação de sentença no procedimento dos Juizados Especiais Cíveis Estaduais.

(C) É incabível a liquidação de sentença antes do trânsito em julgado da sentença liquidanda.

(D) A liquidação por artigos corresponde à espécie de liquidação de sentença em que não poderá ser produzida prova pericial para a apuração do valor da condenação.

RESPOSTA *Sentença arbitral* é título executivo *judicial* (art. 515, VII, do CPC), observado que o devedor será citado no juízo cível para o cumprimento da sentença ou para a liquidação no prazo de 15 (quinze) dias (art. 515, parágrafo único). *Alternativa A.*

149. **(VIII Exame)** Nos autos de ação indenizatória movida por Henrique em face de Paulo, ambos prósperos empresários, transitou em julgado sentença de procedência do pleito autoral, condenando o réu ao pagamento de indenização, no montante equivalente a 500 salários mínimos, na data da prolação da sentença, acrescidos de juros legais e correção monetária. Assinale a alternativa que apresenta a providência a ser imediatamente adotada pelo advogado de Henrique.

(A) Instauração da fase de liquidação de sentença por arbitramento, a fim de apurar o valor da condenação em moeda corrente.

(B) Instauração da fase de cumprimento de sentença, com a apresentação da memória de cálculo contemplando o valor da condenação em moeda corrente.

(C) Instauração da fase de liquidação de sentença por cálculos do contador, a fim de que o magistrado remeta os autos ao contador judicial, para que seja apurado o valor da condenação em moeda corrente.

(D) Ajuizamento de ação rescisória, a fim de que o tribunal apure o valor da condenação em moeda corrente.

RESPOSTA Por se tratar de condenação ao pagamento de quantia certa, cabe a instauração da fase de *cumprimento de sentença*, nos termos do art. 523 do CPC. *Alternativa B.*

150. **(IX Exame)** A execução tem por finalidade precípua a adoção de medidas necessárias à satisfação da obrigação prevista em um título executivo judicial ou extrajudicial. Em um primeiro momento, vigia no ordenamento pátrio o princípio da autonomia, segundo o qual as atividades executivas e de conhecimento deveriam ser desenvolvidas necessariamente por meio de ações distintas. Contudo, tal sistemática foi alvo de uma série de reformas que buscaram prestigiar um desenvolvimento sincrético do processo, bem como a própria efetivação do título executivo. Com base na legislação vigente, assinale a afirmativa correta:

(A) A sentença arbitral, de acordo com o CPC, possui natureza de título executivo extrajudicial e poderá ser liquidada ou executada, conforme o caso, perante o juízo cível competente, hipótese na qual o mandado inicial incluirá a ordem de citação do devedor.

(B) O executado, nas obrigações de pagar quantia certa ou já fixada em liquidação, poderá oferecer impugnação para rediscutir qualquer causa impeditiva, modificativa ou extintiva da obrigação, desde que superveniente à sentença.

(C) O CPC prevê que o juiz pode atribuir efeito suspensivo aos embargos quando ficar demonstrado que o prosseguimento da execução manifestamente pode causar ao executado grave dano de difícil ou incerta reparação, o que não ocorre na impugnação, tendo em vista que nesta modalidade de defesa está prevista, expressamente, a impossibilidade de concessão de efeitos suspensivos em quaisquer hipóteses.

(D) A concessão de efeito suspensivo nos embargos do executado obsta o prosseguimento da execução principal, impedindo, inclusive, a efetivação dos atos de penhora e avaliação dos bens.

RESPOSTA Art. 525, § 1º, VII, do CPC. *Alternativa B.*

151. **(XXIII Exame)** Pedro promove ação de cobrança em face de José, pelo descumprimento de contrato de prestação de serviços celebrado entre as partes. O processo instaurado teve seu curso normal, e o pedido foi julgado procedente, com a condenação do réu a pagar o valor pleiteado. Não houve recurso e, na fase de cumprimento de sentença, o executado é intimado a efetuar o pagamento e pretende ofertar resistência. Sobre a postura adequada para o executado tutelar seus interesses, assinale a afirmativa correta.

(A) Deve oferecer embargos à execução e, para tanto, deverá garantir o juízo com penhora, depósito ou caução.

(B) Deve oferecer impugnação à execução, devendo garantir o juízo com penhora, depósito ou caução.

(C) Deve oferecer embargos à execução, sem a necessidade de prévia garantia do juízo para ser admitido.

(D) Deve oferecer impugnação à execução, sem a necessidade de prévia garantia do juízo com penhora.

RESPOSTA Segundo o CPC, transcorrido o prazo previsto no art. 523 sem o pagamento voluntário, inicia-se o prazo de 15 (quinze) dias para que o executado, independentemente de penhora ou nova intimação, apresente, nos próprios autos, sua impugnação. *Alternativa D.*

XIII. CAUTELAR E TUTELA ANTECIPADA

152. **(XXIX Exame)** Pedro, na qualidade de advogado, é procurado por Alfredo, para que seja proposta uma demanda em face de João, já que ambos não conseguiram se compor amigavelmente. A fim de embasar suas alegações de fato, Alfredo entrega a Pedro contundentes documentos, que efetivamente são juntados à petição inicial, pela qual, além da procedência dos pedidos, Pedro requer a concessão de liminar em favor de seu cliente. Malgrado a existência de tese firmada em julgamento de recurso repetitivo favorável a Alfredo, o juiz indefere a liminar, sob o fundamento de que não existe urgência capaz de justificar o requerimento. Posto isso, a decisão está

(A) correta, pois, ainda que o autor tenha razão, o devido processo legal impõe que seu direito seja reconhecido apenas na sentença, exceto na hipótese de urgência, o que não é o caso.

(B) incorreta, pois, se as alegações de fato puderem ser comprovadas apenas documentalmente e houver tese firmada em julgamento de casos repetitivos, como no caso, a liminar pode ser deferida.

(C) correta, pois a liminar só poderia ser deferida se, em vez de tese firmada em sede de recurso repetitivo, houvesse súmula vinculante favorável ao pleito do autor.

(D) incorreta, pois a tutela de evidência sempre pode ser concedida liminarmente.

RESPOSTA Conforme art. 311, II, do CPC, a tutela da evidência será concedida, independentemente da demonstração de perigo de dano ou de risco ao resultado útil do processo, quando as alegações de fato puderem ser comprovadas apenas documentalmente e houver tese firmada em julgamento de casos repetitivos ou em súmula vinculante. *Alternativa B.*

153. **(XXVII Exame)** Em virtude de acidente sofrido nas dependências da loja da operadora de celular Fale Mais S/A, Luana ajuizou ação em face da empresa em questão, buscando indenização por danos materiais e morais, com a concessão de tutela de urgência para o pagamento imediato de despesas médicas. Os aspectos fáticos de suas alegações foram comprovados por meio de documentos, sendo certo que sua tese jurídica encontra respaldo em julgamento de incidente de resolução de demandas repetitivas. Sobre o caso, assinale a afirmativa correta.

(A) Será possível a concessão da tutela da evidência, podendo ser dispensada, para tanto, a prévia oitiva da ré.

(B) A concessão da tutela de urgência poderá ser liminar e independerá da demonstração de perigo de dano ou de risco ao resultado útil do processo.

(C) A tutela antecipada que for concedida em caráter incidental torna-se estável se, da decisão que a conceder, não for interposto o respectivo recurso, levando à extinção do processo.

(D) Concedida a tutela de urgência ou da evidência, somente poderá ser revogada até o fim da instrução processual.

RESPOSTA Conforme art. 311, II, do CPC, a tutela da evidência será concedida, independentemente da demonstração de perigo de dano ou de risco ao resultado útil do processo, quando as alegações de fato puderem ser comprovadas apenas documentalmente e houver tese firmada em julgamento de casos repetitivos ou em súmula vinculante. *Alternativa A.*

154. **(XXVII Exame)** Márcia está muito doente e necessita fazer uso contínuo do medicamento XYZ para sobreviver. Embora, durante os últimos anos, tenha obtido os medicamentos no único hospital público da cidade em que reside, foi informada de que aquela era a última caixa e que, no mês seguinte, o medicamento não seria mais fornecido pela rede pública. Diante de tal circunstância, desejando obter o fornecimento do medicamento, Márcia procura você, como advogado(a), para elaborar a petição inicial e ajuizar a demanda que obrigue o Poder Público ao fornecimento do medicamento XYZ. A petição inicial distribuída trouxe o pedido de medicamentos em caráter antecedente e tão somente a indicação do pedido de tutela final, expondo na lide o direito que busca realizar e o perigo de dano à saúde de Márcia. A respeito do caso mencionado, assinale a afirmativa correta.

(A) O(A) advogado(a) de Márcia fez uso da denominada tutela da evidência, em que se requer a demonstração do perigo de dano ou de risco ao resultado útil do processo.

(B) O procedimento adotado está equivocado, pois a formulação completa da causa de pedir e do pedido final é requisito do requerimento de tutela antecedente.

(C) O(A) advogado(a) agiu corretamente, sendo possível a formulação de requerimento de tutela antecipada antecedente para o fornecimento de medicamento.

(D) Ocorrerá o indeferimento de plano da petição inicial, caso o juiz entenda que não há elementos para a concessão da tutela antecipada.

RESPOSTA Segundo o art. 303, do CPC, nos casos em que a urgência for contemporânea à propositura da ação, a petição inicial pode limitar-se ao requerimento da tutela antecipada e à indicação do pedido de tutela final, com a exposição da lide, do direito que se busca realizar e do perigo de dano ou do risco ao resultado útil do processo. *Alternativa C.*

155. **(XXVI Exame)** Alexandre ajuizou ação em face da prestadora de serviço de iluminação pública de sua cidade, questionando os valores cobrados nas últimas contas, bem como pleiteando a condenação da Ré no pagamento de indenização por danos morais. A título de tutela provisória, requereu a retirada de seu nome dos cadastros de inadimplentes, tendo a juiza competente deferido liminarmente a tutela da evidência sob o fundamento de que a ré costuma apresentar contestações padronizadas em processos semelhantes, o que caracterizaria abuso de direito de defesa. Sobre o procedimento adotado, assinale a afirmativa correta.

(A) O juiz errou ao conceder liminarmente a tutela da evidência, na medida em que esta somente é cabível quando há súmula vinculante sobre o tema.

(B) O juiz acertou ao conceder liminarmente a tutela da evidência, pois a apresentação de contestação padronizada em outro processo configura abuso de direito de defesa.

(C) O juiz acertou ao conceder liminarmente a tutela da evidência, uma vez que, assim como na tutela de urgência, é dever do juiz conceder a tutela independentemente da oitiva do réu.

(D) O juiz errou ao conceder liminarmente a tutela da evidência, pois é necessária a oitiva do réu antes de concedê-la com fundamento no abuso do direito de defesa.

RESPOSTA As situações de concessão da tutela de evidência estão no art. 311 do CPC, sendo que diante do caso em tela, atente-se à hipótese do inciso I, onde o juiz não poderá decidir liminarmente, como exceção à regra do próprio parágrafo único. *Alternativa D.*

156. **(XXI Exame)** Cristina não foi autorizada por seu plano de saúde a realizar cirurgia de urgência indicada por seu médico. Tendo em vista a necessidade de pronta solução para seu caso, ela procura um(a) advogado(a), que afirma que a ação a ser ajuizada terá como pedido a realização da cirurgia, com pedido de tutela antecipada para sua efetivação imediata, sem a oitiva do Réu. O(A) advogado(a) ainda sustenta que não poderá propor a ação sem que Cristina apresente toda a documentação que possui para a instrução da inicial, sob pena de impossibilidade de juntada posterior. A respeito do caso, assinale a afirmativa correta.

(A) O advogado equivocou-se. Trata-se de tutela cautelar e não antecipada, de modo que o pedido principal terá de ser formulado pela autora no prazo de 30 (trinta) dias nos mesmos autos.

(B) O advogado equivocou-se. A urgência é contemporânea à propositura da ação, pelo que a tutela antecipada pode ser requerida em caráter antecedente, com a possibilidade de posterior aditamento à petição inicial.

(C) O advogado agiu corretamente. A petição inicial é o momento correto para a apresentação de documentos.

(D) O advogado agiu corretamente. Somente a tutela cautelar e não a antecipada pode ser requerida em caráter antecedente.

RESPOSTA De acordo com o *caput* do art. 300 do CPC, a tutela de urgência será concedida quando houver elementos que evidenciem a probabilidade do direito e o perigo de dano ou o risco ao resultado útil do processo. Para o caso em espécie, em que a urgência for contemporânea à propositura da ação, a petição inicial pode limitar-se ao requerimento da tutela antecipada e à indicação do pedido de tutela final, com a exposição da lide, do direito que se busca realizar e do perigo de dano ou do risco ao resultado útil do processo (art. 303, *caput*). *Alternativa B.*

157. **(XIII Exame)** Antônio ajuizou demanda indenizatória em face de Maria, tendo obtido tutela de urgência determinando o embargo de obra em fase de edificação por Maria. Com vistas a impossibilitar a apuração da extensão do dano material reconhecido pela sentença condenatória, Maria retoma a obra sem aguardar o fim do processo, que se encontra em fase de julgamento da apelação pelo Tribunal de Justiça. Sobre a hipótese apresentada, de acordo com o Código de Processo Civil, assinale a alternativa correta.

(A) Antônio poderá ajuizar medida cautelar típica preparatória perante o Tribunal de Justiça.

(B) O CPC não prevê medida cautelar incidental típica capaz de proteger a alteração do estado de fato do bem por Maria.

(C) Antônio poderá ajuizar medida cautelar típica perante o órgão jurisdicional que conheceu originariamente da causa.

(D) A procedência do pedido de concessão da medida cautelar incidental típica ajuizada por Antonio não acarretará a vedação de Maria falar nos autos.

RESPOSTA Diferente do CPC/73, o atual CPC não enumera as "cautelares específicas" (ou nominadas ou típicas) em que o código revogado trazia procedimentos distintos, dentre elas, o atentado (art. 880, parágrafo único) e que responderia a presente questão. O CPC traz no seu art. 301 algumas como o arresto, sequestro, p. ex. No entanto, não faz mais qualquer diferença prática, pois o procedimento será sempre o mesmo. *Alternativa C.*

158. **(XIX Exame)** Juliana ajuizou ação declaratória de inexistência de débito cumulada com indenização por danos morais, com pedido de antecipação dos efeitos da tutela para retirada de seu nome dos órgãos de proteção ao crédito, em face de BG Financeira S/A, com quem mantém contrato de empréstimo bancário. A autora instruiu a inicial com os comprovantes de pagamento das prestações que atestam a pontualidade no cumprimento das parcelas do empréstimo. Considerando a hipótese narrada e as regras sobre a antecipação de tutela prevista no Código de Processo Civil, assinale a afirmativa correta.

(A) O juiz somente poderá conceder a antecipação dos efeitos da tutela após a BG Financeira S/A apresentar sua contestação.

(B) Tendo sido demonstrados o *fumus boni iuris* e o *periculum in mora*, deverá o juiz deferir a antecipação dos efeitos da tutela, *in limine*, para a retirada do nome de Juliana dos órgãos de restrição ao crédito.

(C) A concessão dos efeitos da tutela antecipada, uma vez deferida, somente perderá sua eficácia com o trânsito em julgado da sentença.

(D) O CPC veda expressamente a concessão dos efeitos da tutela antecipada no bojo da sentença que extingue o processo com resolução de mérito.

RESPOSTA Sob o CPC/73 a resposta estaria caracterizada no inciso I do art. 273, caracterizadora do instituto da tutela antecipada. Sob o atual CPC, a tutela provisória de urgência pode ser cautelar ou antecipada (art. 294, parágrafo único). Diz o art. 300 que a tutela de urgência será concedida quando houver elementos que evidenciem a probabilidade do direito e o perigo de dano ou o risco ao resultado útil do processo. Em outras palavras, é possível manter como correta a *Alternativa B.*

159. **(III Exame)** Nos autos de ação indenizatória ajuizada por Alfredo em face de Thales, é prolatada sentença de procedência do pleito autoral, condenando o réu ao pagamento de determinada quantia em dinheiro. Ainda na pendência do julgamento da apelação interposta contra a sentença, Alfredo constata que Thales está adotando uma série de providências destinadas a alienar todos os seus bens, o que poderá frustrar o cumprimento da sentença, caso esta seja confirmada pelo tribunal. A medida cautelar específica que deverá ser requerida por Alfredo é o(a)

(A) Sequestro.

(B) Produção antecipada de provas.

(C) Arresto.

(D) Justificação.

RESPOSTA Diferentemente do CPC/73, o arresto é apenas lembrado em único artigo (301) do atual CPC. De qualquer modo, o que muda é o procedimento, agora simplificado para ser antecedente ou incidente ao processo principal. No caso em tela, mantém-se a resposta, pois continua sendo providência a preservar os bens do devedor para futura garantia de expropriação. *Alternativa C.*

160. **(VI Exame)** A Lei Civil afirma que, a despeito de a personalidade civil da pessoa começar com o nascimento com vida, ao nascituro serão assegurados os seus direitos desde a concepção. Para tanto, é correto afirmar que, na ação de posse em nome de nascituro,

(A) A nomeação de médico pelo juiz para que emita laudo que comprove o estado de gravidez da requerente, assim previsto na lei processual civil, não poderá ser dispensado em qualquer hipótese.

(B) Por se tratar de mera expectativa de nascimento com vida, portanto, não tendo o nascituro personalidade civil, fica dispensada a intervenção do Ministério Público na causa.

(C) Reconhecida a gravidez, a sentença declarará que seja a requerente investida na posse dos direitos que assistam ao nascituro; não cabendo àquela o exercício do poder familiar, o juiz nomeará curador.

(D) São documentos indispensáveis à ação o laudo comprobatório do estado gestacional emitido pelo médico nomeado pelo juiz e a certidão de óbito da pessoa de quem o nascituro é sucessor.

RESPOSTA Ao tempo do CPC/73 a resposta cairia na cautelar nominada "da posse em nome do nascituro", *alternativa C.* Sob o atual CPC, não há mais esta denominação, observada a forma simplificada de ser cautelar antecedente ou incidente. Possivelmente, não alteraria a situação jurídica diante da sentença.

161. **(V Exame)** No curso dos processos, os juízes são dotados de poderes que lhes permitem conduzir os feitos de maneira adequada, garantindo, ao término do processo, a prestação da tutela jurisdicional de maneira eficaz. Um dos poderes atribuídos aos magistrados pelo ordenamento jurídico pátrio é o chamado poder geral de cautela, que decorre da evidente impossibilidade de abstrata previsão da totalidade das situações de risco para o processo que podem vir a ocorrer em concreto.

Acerca desse importante instrumento processual de concessão da tutela cautelar, é correto afirmar que

(A) Trata-se de autorização concedida ao Estado-juiz para que conceda não apenas as medidas cautelares típicas previstas no Código de Processo Civil ou em outras leis, mas também medidas cautelares inominadas.

(B) O poder geral de cautela é exercido pelo juiz, a quem caberá, com base em tal poder, optar livremente por prestar a tutela adequada por meio das medidas cautelares nominadas existentes e aplicáveis ao caso concreto ou por meio de medidas cautelares inominadas.

(C) O sistema processual pátrio não prevê, no Código de Processo Civil, nenhum caso de medida cautelar inominada a ser deferida pelo juiz com base em seu poder geral de cautela, razão pela qual cabe ao magistrado decidir, em cada caso concreto, a medida cautelar atípica que pretende conceder.

(D) O poder geral de cautela pode ser exercido pelo magistrado mesmo que inexista qualquer processo em curso, uma vez que se pauta no princípio da efetividade das decisões judiciais. Além disso, por força do seu caráter de urgência, dispensa qualquer tipo de fundamentação por parte do magistrado que profere a decisão.

RESPOSTA Pelo *poder geral de cautela* (art. 798 do CPC/73 e art. 297 do CPC/2015) poderá o juiz determinar as medidas provisórias que julgar adequadas, quando houver fundado receio de que uma parte, antes do julgamento da lide, cause ao direito da outra lesão grave e de difícil reparação. *Alternativa A.*

162. **(I Exame)** No que se refere ao procedimento cautelar, assinale a opção correta.

(A) Salvo decisão judicial em contrário, a medida cautelar cessa a sua eficácia durante o período de suspensão do processo.

(B) Tratando-se de medida cautelar, o indeferimento da medida não obsta a que a parte intente a ação nem influi no julgamento desta, salvo se o juiz, no procedimento cautelar, acolher a alegação de decadência do direito do autor.

(C) Cabe ao requerente da cautelar propor ação principal no prazo prescricional de trinta dias, contado da data da efetivação da medida, quando esta tiver sido concedida em procedimento preparatório.

(D) Somente quando admitido recurso, eventual medida cautelar será requerida diretamente ao tribunal.

RESPOSTA Art. 310 do CPC. *Alternativa B.*

163. **(XI Exame)** O arresto e o sequestro constituem procedimentos cautelares específicos. Portanto, constituem medidas concedidas mediante cognição sumária, nas quais o juiz, para a sua concessão, deve verificar a existência de *fumus boni iuris* e *periculum in mora*. No que tange a estas medidas cautelares, assinale a afirmativa incorreta.

(A) O arresto busca garantir a efetividade da futura execução de pagar quantia certa, consistindo na apreensão de bens indeterminados do patrimônio do devedor.

(B) No sequestro, considerando que o objetivo é assegurar a entrega de coisa, sempre haverá certeza sobre quem é o dono da coisa. Ou seja, no sequestro a coisa não é e nunca será litigiosa.

(C) A futura execução garantida pelo sequestro não precisa ser desenvolvida, necessariamente, por meio de processo autônomo, sendo admitida que esta seja desenvolvida através de mera fase procedimental (cumprimento de sentença).

(D) O sequestro tem por objetivo assegurar a eficácia de futura execução para a entrega de coisa, consistindo na busca e apreensão de determinado bem do patrimônio do requerido.

RESPOSTA Apesar de ambas as cautelares específicas serem citadas no art. 301 do CPC, não tiveram o mesmo tratamento com o novo Código em relação ao de 1973. De qualquer maneira, a distinção se mantém entre ambas e as hipóteses de cabimento seguirão na doutrina. *Alternativa B.*

XIV. PROCEDIMENTOS ESPECIAIS

164. **(XXXI Exame)** Gustavo procura você, como advogado(a), visando ao ajuizamento de uma ação em face de João, para a defesa da posse de um imóvel localizado em Minas Gerais. Na defesa dos interesses do seu cliente, quanto à ação possessória a ser proposta, assinale a afirmativa correta.

(A) Não é lícito cumular o pedido possessório com condenação em perdas e danos a Gustavo, dada a especialidade do procedimento.

(B) Na pendência da ação possessória proposta por Gustavo, não é possível, nem a ele, nem a João, propor ação de reconhecimento de domínio, salvo em face de terceira pessoa.

(C) Se a proposta de ação de manutenção de posse por Gustavo for um esbulho, o juiz não pode receber a ação de manutenção de posse como reintegração de posse, por falta de interesse de adequação.

(D) Caso se entenda possuidor do imóvel e pretenda defender sua posse, o meio adequado a ser utilizado por João é a reconvenção em face de Gustavo.

RESPOSTA Diz o art. 557 do CPC que na pendência de ação possessória é vedado, tanto ao autor quanto ao réu, propor ação de reconhecimento do domínio, exceto se a pretensão for deduzida em face de terceira pessoa. *Alternativa B.*

165. **(XXIX Exame)** Raquel, servidora pública federal, pretende ajuizar ação em face da União, pleiteando a anulação de seu ato de demissão, bem como requerendo a condenação da ré ao pagamento de indenização por danos morais, no valor de R$ 50.000,00 (cinquenta mil reais), tendo em vista o sofrimento causado por ato que considera ilegal. Na qualidade de advogado(a) de Raquel, a respeito do rito a ser seguido na hipótese, assinale a afirmativa correta.

(A) A ação deverá seguir o rito dos Juizados Especiais Federais (Lei n. 10.259/01), uma vez que o valor da causa é inferior a 60 (sessenta) salários mínimos.

(B) Tendo em vista que a ré é um ente público, aplica-se à hipótese o rito disposto na Lei n. 12.153/09, que regulamenta os Juizados Especiais da Fazenda Pública.

(C) Poderá ser utilizado tanto o rito comum como o dos Juizados Especiais, já que, no foro onde estiver instalada a Vara do Juizado Especial, sua competência é relativa.

(D) O rito a ser observado será o rito comum, pois não é de competência dos Juizados Especiais pretensão que impugna pena de demissão imposta a servidor público civil.

RESPOSTA Conforme art. 2º, § 1º, III, da Lei n. 12.153/2009 dos Juizados Especiais da Fazenda Pública. Não se incluem na competência do referido Juizado as causas que tenham como objeto a impugnação de pena de demissão imposta a servidores públicos civis ou sanções disciplinares aplicadas a militares. *Alternativa D.*

166. **(XXVII Exame)** Diego e Thais, maiores e capazes, ambos sem filhos, são formalmente casados pelo regime legal da comunhão parcial de bens. Ocorre que, devido a problemas conjugais e divergências quanto à divisão do patrimônio comum do casal, o matrimônio teve fim de forma conturbada, o que motivou Thais a ajuizar ação de divórcio litigioso cumulada com partilha de bens em face do ex-cônjuge. Na petição inicial, a autora informa que tem interesse na realização de audiência de conciliação ou de mediação. Diego, regularmente citado, busca orientação jurídica sobre os possíveis desdobramentos da demanda ajuizada por sua ex-cônjuge. Na qualidade de advogado(a) de Diego, assinale a opção que apresenta os esclarecimentos corretos que foram prestados.

(A) Diego, ainda que de forma injustificada, possui a faculdade de deixar de comparecer à audiência regularmente designada para fins de solução consensual do conflito, não sofrendo qualquer sanção processual em virtude da ausência.

(B) Descabe, no processo contencioso de divórcio ajuizado por Thaís, a solução consensual da controvérsia, uma vez que o direito em questão possui feição extrapatrimonial e, portanto, indisponível.

(C) Ante a existência de vínculo prévio entre as partes, a audiência a ser realizada para fins de autocomposição entre Diego e Thaís deverá ser conduzida por um conciliador, que poderá sugerir soluções para o litígio, vedada a utilização de qualquer tipo de constrangimento ou intimidação.

(D) A partir de requerimento que venha a ser formulado por Diego e Thaís, o juiz pode determinar a suspensão do processo enquanto os litigantes se submetem à mediação extrajudicial.

RESPOSTA Nos termos do art. 694, *caput* e parágrafo único, do CPC, nas ações de família, todos os esforços serão empreendidos para a solução consensual da controvérsia, devendo o juiz dispor do auxílio de profissionais de outras áreas de conhecimento para a mediação e conciliação. Assim, a requerimento das partes, o juiz pode determinar a suspensão do processo enquanto os litigantes se submetem a mediação extrajudicial ou a atendimento multidisciplinar. *Alternativa D.*

167. **(XXVI Exame)** Luciana, por meio de seu advogado, propôs demanda em face de Carlos, perante determinado Juizado Especial Cível, na qual pediu, a título de indenização por danos materiais, a condenação do réu ao pagamento de R$ 20.000,00. Ao julgar parcialmente procedente o pedido, o juízo *a quo* condenou o demandado ao pagamento de R$ 15.000,00. Luciana se conformou com a decisão, ao passo que Carlos recorreu, a fim de diminuir o valor da condenação para R$ 10.000,00 e, bem assim, requereu a condenação da recorrida ao pagamento de custas e honorários. Embora tenha diminuído o valor da condenação para R$ 10.000,00, conforme requerido no recurso, o órgão *ad quem* não condenou Luciana ao pagamento de custas e honorários. Diante de tal quadro, é correto afirmar, especificamente no que se refere às custas e aos honorários, que

(A) o órgão recursal errou, pois a gratuidade prevista pela Lei nº 9.099/95 só abrange o primeiro grau de jurisdição.

(B) o órgão *ad quem* acertou, uma vez que, no âmbito do segundo grau, somente o recorrente vencido pode arcar com a sucumbência.

(C) o órgão *ad quem* acertou, uma vez que, no âmbito do segundo grau, somente é possível condenação em custas e honorários se houver litigância de má-fé.

(D) o órgão recursal agiu corretamente, pois os processos que tramitam sob o rito da Lei nº 9.099/95 são gratuitos, indistintamente, em qualquer grau de jurisdição.

RESPOSTA De acordo com o art. 55 da Lei n. 9.099/95, a sentença de primeiro grau não condenará o vencido em custas e honorários de advogado, ressalvados os casos de litigância de má-fé. Em segundo grau, o recorrente, vencido, pagará as custas e honorários de advogado, que serão fixados entre dez por cento e vinte por cento do valor de condenação ou, não havendo condenação, do valor corrigido da causa. *Alternativa B.*

168. **(XXV Exame)** Aline e Alfredo, casados há 20 anos pelo regime da comunhão parcial de bens, possuem um filho maior de idade e plenamente capaz. Não obstante, Aline encontra-se grávida do segundo filho do casal, estando no sexto mês de gestação. Ocorre que, por divergências pessoais, o casal decide se divorciar e se dirige a um escritório de advocacia, onde demonstram consenso quanto à partilha de bens comuns e ao pagamento de pensão alimentícia, inexistindo quaisquer outras questões de cunho pessoal ou patrimonial. Assinale a opção que apresenta a orientação jurídica correta a ser prestada ao casal.

(A) Inexistindo conflito de interesses quanto à partilha de bens comuns, Aline e Alfredo poderão ingressar com o pedido de divórcio pela via extrajudicial, desde que estejam devidamente assistidos por advogado ou defensor público.

(B) Aline e Alfredo deverão ingressar com ação judicial de divórcio, uma vez que a existência de nascituro impede a realização de divórcio consensual pela via extrajudicial, ou seja, por escritura pública.

(C) O divórcio consensual de Aline e Alfredo somente poderá ser homologado após a partilha de bens do casal.

(D) A partilha deverá ser feita mediante ação judicial, embora o divórcio possa ser realizado extrajudicialmente.

RESPOSTA De acordo com o art. 733 do CPC, o divórcio consensual, a separação consensual e a extinção consensual de união estável, não havendo nascituro ou filhos incapazes e observados os requisitos legais, poderão ser realizados por escritura pública. Como não é o caso, *Alternativa B.*

169. **(XXI Exame)** Pedro, munido de documento comprobatório de vínculo jurídico de prestação de serviço com Carlos e, esgotadas todas as possibilidades consensuais para tentar exigir o cumprimento da obrigação, promove ação observando o rito especial monitório. Citado, Carlos oferece embargos, apontando em preliminar, que o rito da ação monitória não é adequado para pleitear cumprimento de obrigação de fazer e, no mérito, alega exceção de contrato não cumprido. Oferta, ainda, reconvenção, cobrando os valores supostamente devidos. Diante da situação hipotética, sobre os posicionamentos adotados por Carlos, assinale a afirmativa correta.

(A) A preliminar apontada por Carlos nos embargos deve ser acolhida, pois é vedado pleitear cumprimento de obrigação de fazer por intermédio de ação monitória.

(B) A reconvenção deve ser rejeitada, em virtude do descabimento dessa forma de resposta em ação monitória.

(C) A preliminar indicada por Carlos não deve prosperar, tendo em vista que é possível veicular em ação monitória cumprimento de obrigação de fazer.

(D) A forma correta de oferecer defesa em ação monitória é via contestação, sendo assim, os embargos ofertados por Carlos devem ser rejeitados.

RESPOSTA Dentre as possibilidades para oferecer a ação monitória, conforme o art. 700 do CPC, está o adimplemento de obrigação de fazer ou de não fazer (inciso III). A defesa, através dos embargos (art. 702), não terá êxito em se utilizar deste argumento. *Alternativa C.*

170. **(XVI Exame)** Ludmila é proprietária de imóvel residencial locado a Renato por mais de três anos, não chegando a um acordo para fixação do valor do aluguel no momento do seu reajuste. Diante do impasse quanto ao valor, Renato ajuizou ação revisional de aluguel sem pedido de fixação de aluguel provisório, atendendo a todos os requisitos da petição inicial, bem como colacionando documentação consistente em vários laudos de corretores de imóveis atestando qual seria o novo valor de mercado pretendido para o aluguel mensal. Citada, Ludmila respondeu apresentando contestação, colacionando vários laudos de corretores de imóveis atestando que o valor de mercado seria duas vezes superior ao indicado por Renato em sua petição inicial. Acerca da ação revisional de aluguel, assinale a afirmativa correta.

(A) Diante do impasse contratual, tanto Ludmila quanto Renato têm legitimidade para ajuizamento da ação revisional de aluguel.

(B) O valor fixado pela sentença proferida na ação revisional ajuizada por Renato não produzirá retroativos à citação.

(C) Na ação revisional de aluguel ajuizada por Renato, é dado ao magistrado liminarmente fixar alugueres provisórios de ofício, quando fornecidos pelas partes elementos suficientes.

(D) No caso narrado, a fixação de alugueres provisórios pelo magistrado não pode ser objeto de pedido de revisão por Ludmila, em nenhuma hipótese, antes da audiência de conciliação.

RESPOSTA A ação revisional de aluguel é uma ação com caráter dúplice, ou seja, tanto o réu (locatário) como o autor (proprietário) podem intentá-la. *Alternativa A.*

171. **(XVIII Exame)** Edgar pleiteou a remoção da inventariante Joana, nomeada nos autos do processo de inventário dos bens deixados por morte de sua genitora, Maria, argumentando que a inventariante não prestou as primeiras declarações no prazo legal e não está defendendo os interesses do espólio.

Acerca do incidente de remoção de inventariante e as regras previstas no Código de Processo Civil, assinale a afirmativa correta.

(A) O incidente de remoção de inventariante, proposto por Edgar, deverá tramitar nos próprios autos da ação de inventário.

(B) O juiz, ao receber o requerimento de remoção de inventariante, deverá, conforme previsão expressa do CPC, afastar Joana de suas funções imediatamente e, em seguida, determinar a sua intimação para defender-se e produzir provas.

(C) Acolhido o pedido de remoção da inventariante Joana, o magistrado deverá nomear, prioritariamente, Edgar, em razão de ser o autor do requerimento.

(D) Removida a inventariante Joana, esta deverá entregar imediatamente ao substituto os bens do espólio de Maria e, se deixar de fazê-lo, será compelida mediante mandado de busca e apreensão ou imissão de posse, conforme se tratar de bem móvel ou imóvel

RESPOSTA É dever do inventariante removido a devolução imediata, em bom estado de conservação, dos bens que lhe foram confiados. Se não o fizer, será expedido contra si, mandado de busca e apreensão dos bens móveis (art. 625 do CPC), providência que independe de ação autônoma, bastando simples requerimento de qualquer interessado ao juiz da causa. *Alternativa D.*

172. **(XVI Exame)** Márcio faleceu, deixando bens imóveis e móveis a inventariar, assim como filho capaz e Antonieta, viúva, então casada pelo regime de comunhão parcial de bens. Além dos bens, Márcio deixou dívidas tributárias e débito vencido e exigível em favor de Carlos. Analisando os aspectos processuais do inventário, assinale a afirmativa correta.

(A) Carlos possui legitimidade para requerer a habilitação de seu crédito junto ao juízo do inventário a qualquer tempo no processo de inventário.

(B) É dado a Carlos requerer o recebimento de seu crédito por meio da adjudicação dos bens já reservados, mediante concordância dos herdeiros.

(C) O Ministério Público e a Fazenda Pública não possuem legitimidade concorrente para requerer a abertura do inventário judicial por ocasião do falecimento de Márcio.

(D) O credor de Antonieta não goza de legitimidade concorrente para requerer a abertura do inventário judicial.

RESPOSTA Diante da situação hipotética, apesar de mal redigida, pois com muito esforço é possível apontar Carlos como "filho capaz", e, além dele, a única herdeira seria a viúva, aponta-se o art. 642 do CPC como salvaguarda da *alternativa B*, gabarito preliminar. Entretanto, não dá para concordar que a *alternativa C* esteja errada, pois não há incapaz, e o caso não indica que a Fazenda Pública teria interesse no inventário, portanto, estaria correta também, *vide* art. 616, VII e VIII, do CPC.

173. **(XVII Exame)** Em ação de alimentos promovida por Yolanda em face de Aurélio, o Juiz determinou que Aurélio deveria arcar, na condição de futuro pai, com os valores devidos à gestante durante a gravidez, destinados a cobrir as despesas adicionais decorrentes da gestação, fixando para tal a quantia "x". A legislação atinente ao tema dá a Aurélio a possibilidade de defesa. Assinale a opção que indica os termos em que a defesa será exercida.

(A) Além dos alimentos gravídicos, o Juiz designará a data para a realização da audiência, que será considerada o termo *a quo* para o curso do prazo de cinco dias para a defesa do réu.

(B) O réu deverá ser informado da fixação dos alimentos gravídicos, de modo que o prazo de cinco dias será contado a partir da juntada do mandado de citação devidamente cumprido.

(C) O momento para apresentação da defesa do réu, nesse caso, será a audiência de instrução e julgamento, que terá a data determinada na decisão que fixa os alimentos provisórios.

(D) O prazo de 15 dias para o oferecimento de defesa terá início no dia da juntada do mandado que fixou e determinou o pagamento de alimentos gravídicos.

RESPOSTA O assunto alimentos gravídicos está regulado na Lei n. 11.804/2008. Assim, de acordo com o caso em questão, diz o art. 7º que o réu será citado para apresentar resposta em 5 (cinco) dias. Esse prazo deverá ser considerado a partir do respectivo mandado citatório. *Alternativa B.*

174. **(XIX Exame)** Martina constatou que sua garagem vem sofrendo rachaduras no teto com risco iminente de ruína, após seu vizinho Henrique iniciar obras de levantamento do terceiro pavimento em sua residência, sem observância dos parâmetros de construção previstos em várias leis municipais. Assinale a afirmativa correta.

(A) Na hipótese narrada somente a municipalidade possui legitimidade para ajuizamento de demanda em face de Henrique.

(B) De acordo com o enunciado, Martina não possui legitimidade ativa para ajuizar ação de nunciação de obra nova.

(C) Diante da urgência flagrante, antes de ajuizar a ação de nunciação de obra nova, Martina poderá promover o embargo extrajudicial da obra iniciada por Henrique, notificando-o verbalmente perante duas testemunhas para não continuar a obra.

(D) Quando a ação de nunciação de obra nova estiver no Tribunal de Justiça para julgamento da apelação, a prestação de caução perante o tribunal será suficiente para afastar o embargo judicial liminar concedido pelo juízo de origem, podendo Henrique prosseguir com a obra nova.

RESPOSTA Previsão do art. 935 do CPC/73 indicava a possibilidade do "embargo extrajudicial". No entanto o atual CPC não regulou a ação de nunciação de obra nova. O gabarito oficial era a *alternativa C.*

175. **(XII Exame)** A ação de consignação em pagamento, procedimento especial de jurisdição contenciosa, é o meio pelo qual o devedor ou terceiro poderá requerer a consignação da quantia ou da coisa devida com efeito de pagamento. A respeito da resposta do réu na referida ação, assinale a afirmativa correta.

(A) Por ser o réu o credor, ainda que não ofereça contestação, não estará sujeito aos efeitos da revelia, caso em que haverá procedência do pedido e extinção da obrigação, devendo arcar com as custas e os honorários de sucumbência.

(B) Alegado em contestação que o depósito não é integral, o autor poderá completá-lo, salvo se o inadimplemento acarretou a rescisão contratual, mas o réu ficará impedido de levantar o valor ou coisa depositada até que a sentença conclua acerca da parcela controvertida.

(C) Na contestação o réu poderá alegar que foi justa a recusa e que o depósito não é integral, e, na segunda hipótese, tal argumento somente será admissível se o réu indicar o montante que entende devido.

(D) Caso o objeto da prestação seja coisa indeterminada e a escolha couber ao credor, será citado para exercer o direito no prazo legal e, em vez de contestar, receber e dar quitação, a obrigação será extinta, sem condenação em custas e honorários.

RESPOSTA Art. 544 do CPC. *Alternativa C.*

176. **(X Exame)** A proteção possessória pode se desenvolver por meio de diversos tipos de ações. No que se refere às espécies de ações possessórias e suas características, assinale a afirmativa correta.

(A) Em virtude do princípio da adstrição, a propositura de uma ação possessória em vez de outra impede que o juiz conheça do pedido e outorgue a proteção correspondente àquela cujos requisitos estejam provados.

(B) É defeso ao autor cumular o pedido possessório com condenação em perdas e danos, devendo optar por um ou outro provimento, sob pena de enriquecimento sem causa.

(C) As ações possessórias não possuem natureza dúplice. Sendo assim, caso o réu queira fazer pedido contra o autor, não poderá se valer da contestação, devendo apresentar reconvenção.

(D) Apenas o possuidor figura-se como parte legítima para a propositura das ações possessórias, tanto na hipótese de posse direta quanto na hipótese de posse indireta.

RESPOSTA Arts. 560 e 567 do CPC. *Alternativa D.*

177. **(IV Exame)** A respeito das ações possessórias, assinale a alternativa correta.

(A) A propositura da ação de reintegração de posse, quando cabível manutenção de posse, torna impossível o acolhimento do pedido, impondo a extinção sem resolução do mérito.

(B) Quando for ordenada a justificação prévia, o prazo para contestar contar-se-á da intimação do despacho que deferir ou não a medida liminar.

(C) É vedada a cumulação de pedidos com o pedido possessório.

(D) O possuidor tem direito a ser mantido na posse em caso de esbulho e reintegrado no de turbação.

RESPOSTA Art. 564, e parágrafo único, do CPC. *Alternativa B.*

178. **(II Exame)** Com relação ao procedimento da curatela dos interditos, é correto afirmar que:

(A) Na ausência dos pais, do tutor e do cônjuge, um parente próximo pode requerer a interdição.

(B) A sentença proferida pelo juiz faz coisa julgada material.

(C) A realização de prova pericial, consistente no exame do interditando, é facultativa, podendo o juiz dispensá-la.

(D) O Ministério Público não tem legitimidade para requerer a interdição.

RESPOSTA Art. 747, II (pelos parentes ou tutores), do CPC. *Alternativa A.*

179. **(VI Exame – Reaplicação)** A respeito do procedimento especial de consignação em pagamento, é correto afirmar que

(A) Poderá o devedor ou terceiro optar pelo depósito da quantia devida, em estabelecimento bancário, oficial onde houver, situado no lugar do pagamento, em conta com correção monetária, cientificando-se o credor por carta com aviso de recepção, assinado o prazo de 10 (dez) dias para a manifestação de recusa.

(B) Quando a consignação se fundar em dúvida sobre quem deve legitimamente receber, não comparecendo nenhum pretendente, o juiz julgará procedente o pedido, declarará extinta a obrigação e condenará o réu nas custas e honorários advocatícios.

(C) Alegada insuficiência do depósito, o réu não poderá levantar a quantia ou a coisa depositada, até que seja proferida sentença.

(D) Na hipótese de sentença que concluir pela insuficiência do depósito, ainda que seja determinado o montante devido, não poderá o credor promover a execução nos mesmos autos, devendo ajuizar nova demanda.

RESPOSTA Art. 539, § 1º, do CPC. *Alternativa A.*

180. **(V Exame)** Numa ação de reintegração de posse em que o esbulho ocorreu há menos de 1 ano e 1 dia, ao examinar o pedido de liminar constante da petição inicial, o juiz

(A) Deve sempre realizar a inspeção judicial no local, sendo tal diligência requisito para a concessão da liminar.
(B) Deve deferir de plano, sem ouvir o réu, se a petição inicial estiver devidamente instruída e sendo a ação entre particulares.
(C) Deve sempre designar audiência prévia ou de justificação, citando o réu, para, então, avaliar o pedido liminar.
(D) Pode deferir a liminar de plano, sem ouvir o réu, desde que haja parecer favorável do Ministério Público.

RESPOSTA De acordo com o art. 562 do CPC, estando a petição inicial devidamente instruída, o juiz *deferirá, sem ouvir o réu*, a expedição de mandado liminar de manutenção ou de reintegração. Essa regra aplica-se às ações entre *particulares*, pois, em se tratando de ação contra pessoas jurídicas de direito público, a liminar não será deferida sem a prévia audiência dos respectivos representantes judiciais (art. 562, parágrafo único, do CPC). *Alternativa B.*

181. **(XXIII Exame)** Jorge administra cinco apartamentos de Marina. Ele recebe os valores relativos à locação dos referidos bens, realiza os pagamentos inerentes aos imóveis (condomínio, IPTU), abate o valor pela prestação de serviços e repassa o saldo residual a Marina, mediante depósito em conta corrente, titularizada pela contratante. Contudo, nos últimos dez meses, Jorge tem deixado de fornecer os relatórios mensais acerca da despesa e receita. Incomodada, Marina o questiona acerca da omissão, que nada faz. Diante desse cenário, Marina procura um advogado, que, com o objetivo de obter os relatórios, deve ajuizar

(A) Ação de Execução, fundada em título extrajudicial consubstanciado no acerto verbal havido entre as partes.
(B) Ação de Reintegração de Posse dos imóveis administrados por Jorge.
(C) Ação de Exigir Contas, para que Jorge forneça os relatórios.
(D) Ação de Consignação de Pagamento, objetivando que Jorge consigne os relatórios em Juízo.

RESPOSTA Segundo o art. 550 do CPC, aquele que afirmar ser titular do direito de exigir contas requererá a citação do réu para que as preste ou ofereça contestação no prazo de 15 (quinze) dias. *Alternativa C.*

182. **(XXIII Exame)** Nos Juízos de Direito da capital do Estado X tramitavam centenas de demandas semelhantes, ajuizadas por servidores públicos vinculados ao Município Y discutindo a constitucionalidade de lei ordinária municipal que tratava do plano de cargos e salários da categoria. Antevendo risco de ofensa à isonomia, com a possibilidade de decisões contraditórias, o advogado de uma das partes resolve adotar medida judicial para uniformizar o entendimento da questão jurídica. Nessa hipótese, o advogado deve peticionar

(A) ao Juízo de Direito no qual tramita a demanda por ele ajuizada, requerendo a instauração de incidente de assunção de competência.
(B) ao Presidente do Tribunal ao qual está vinculado o Juízo de Direito, requerendo a instauração de incidente de resolução de demandas repetitivas.
(C) ao Presidente do Tribunal ao qual está vinculado o Juízo de Direito, requerendo a instauração de incidente de arguição de inconstitucionalidade.
(D) ao Juízo de Direito no qual tramita a demanda por ele ajuizada, requerendo a intimação do Ministério Público para conversão da demanda individual em coletiva.

RESPOSTA De acordo com o CPC, é cabível a instauração do incidente de resolução de demandas repetitivas quando houver, simultaneamente, a efetiva repetição de processos que contenham controvérsia sobre a mesma questão unicamente de direito e o risco de ofensa à isonomia e à segurança jurídica (art. 976). O pedido será dirigido ao presidente do tribunal, segundo o art. 977. *Alternativa B.*

183. **(XXIII Exame)** A multinacional estrangeira *Computer Inc.*, com sede nos Estados Unidos, celebra contrato de prestação de serviços de informática com a sociedade empresarial Telecomunicações S/A, constituída de acordo com as leis brasileiras e com sede no Estado de Goiás. Os serviços a serem prestados envolvem a instalação e a manutenção dos servidores localizados na sede da sociedade empresarial Telecomunicações S/A. Ainda consta, no contrato celebrado entre as referidas pessoas jurídicas que eventuais litígios serão dirimidos, com exclusividade, perante a Corte Arbitral Alfa, situada no Brasil.

Após discordâncias sobre o cumprimento de uma das cláusulas referentes à realização dos serviços, a multinacional *Computer Inc.* ingressa com demanda no foro arbitral contratualmente avençado. Com base no caso concreto, assinale a afirmativa correta.

(A) A cláusula compromissória prevista no contrato é nula de pleno direito, uma vez que o princípio da inafastabilidade da jurisdição, previsto constitucionalmente, impede que ações que envolvam obrigações a serem cumpridas no Brasil sejam dirimidas por órgão que não integre o Poder Judiciário nacional.

(B) Caso a empresa Telecomunicações S/A ingresse com demanda perante a Vara Cível situada no Estado de Goiás, o juiz deverá resolver o mérito, ainda que a sociedade *Computer Inc.* alegue, em contestação, a existência de convenção de arbitragem prevista no instrumento contratual.

(C) Visando efetivar tutela provisória deferida em favor da multinacional *Computer Inc.*, poderá ser expedida carta arbitral pela Corte Arbitral Alfa para que órgão do Poder Judiciário, com competência perante o Estado de Goiás, pratique atos de cooperação que importem na constrição provisória de bens na sede da sociedade empresarial Telecomunicações S/A, a fim de garantir a efetividade do provimento final.

(D) A sentença arbitral proferida pela Corte Arbitral Alfa configura título executivo extrajudicial, cuja execução poderá ser proposta no foro do lugar onde deva ser cumprida a obrigação.

RESPOSTA Será expedida carta arbitral, para que órgão do Poder Judiciário pratique ou determine o cumprimento, na área de sua competência territorial, de ato objeto de pedido de cooperação judiciária formulado por juízo arbitral, inclusive os que importem efetivação de tutela provisória (art. 237, IV, CPC). *Alternativa C.*

XV. AÇÃO RESCISÓRIA, AÇÃO POPULAR, AÇÃO CIVIL PÚBLICA

184. **(XXXI Exame)** Em um processo em que Carla disputava a titularidade de um apartamento com Marcos, este obteve sentença favorável, por apresentar, em juízo, cópia de um contrato de compra e venda e termo de quitação, anteriores ao contrato firmado por Carla. A sentença transitou em julgado sem que Carla apresentasse recurso. Alguns meses depois, Carla descobriu que Marcos era réu em um processo criminal no qual tinha sido comprovada a falsidade de vários documentos, dentre eles o contrato de compra e venda do apartamento disputado e o referido termo de quitação. Carla pretende, com base em seu contrato, retornar a juízo para buscar o direito ao imóvel. Para isso, ela pode

(A) interpor recurso de apelação contra a sentença, ainda que já tenha ocorrido o trânsito em julgado, fundado em prova nova.

(B) propor reclamação, para garantir a autoridade da decisão prolatada no juízo criminal, e formular pedido que lhe reconheça o direito ao imóvel.

(C) ajuizar rescisória, demonstrando que a sentença foi fundada em prova cuja falsidade foi apurada em processo criminal.

(D) requerer cumprimento de sentença diretamente no juízo criminal, para que a decisão que reconheceu a falsidade do documento valha como título judicial para transferência da propriedade do imóvel para seu nome.

RESPOSTA De acordo com as hipóteses de ação rescisória do art. 966 do CPC, ela caberá quando a sentença for fundada em prova cuja falsidade tenha sido apurada em processo criminal ou venha a ser demonstrada na própria ação rescisória. *Alternativa C.*

185. **(XXX Exame)** A Associação "X", devidamente representada por seu advogado, visando à proteção de determinados interesses coletivos, propôs ação civil pública, cujos pedidos foram julgados improcedentes. Ademais, a associação foi condenada ao pagamento de honorários advocatícios no percentual de 20% (vinte por cento) sobre o valor da causa. Diante de tal quadro, especificamente sobre os honorários advocatícios, a sentença está

(A) correta no que se refere à possibilidade de condenação ao pagamento de honorários e, incorreta, no que tange ao respectivo valor, porquanto fixado fora dos parâmetros estabelecidos pelo art. 85 do CPC.

(B) Incorreta, pois as associações não podem ser condenadas ao pagamento de honorários advocatícios, exceto no caso de litigância de ma-fé, no âmbito da tutela individual e coletiva.

(C) Correta, pois o juiz pode fixar os honorários de acordo com seu prudente arbítrio, observados os parâmetros do art. 85 do CPC.

(D) Incorreta, pois as associações são isentas do pagamento de honorários advocatícios em ações civis públicas, exceto no caso de má-fé, hipótese em que também serão condenadas ao pagamento do décuplo das custas.

RESPOSTA De acordo com o art. 17 da Lei de Ação Civil Pública (Lei n. 7.347/85), em caso de litigância de má-fé, a associação autora e os diretores responsáveis pela propositura da ação serão solidariamente condenados em honorários advocatícios e ao décuplo das custas, sem prejuízo da responsabilidade por perdas e danos. Observado, ainda, que nas ações de que trata esta lei não haverá adiantamento de custas, emolumentos, honorários periciais e quaisquer outras despesas, nem condenação da associação autora, salvo comprovada má-fé, em honorários de advogado, custas e despesas processuais (art. 18). *Alternativa D.*

186. **(XXIX Exame)** Em virtude do rompimento de uma represa, o Ministério Público do Estado do Acre ajuizou ação em face da empresa responsável pela sua construção, buscando a condenação pelos danos materiais e morais sofridos pelos habitantes da região atingida pelo incidente. O pedido foi julgado procedente, tendo sido fixada a responsabilidade da ré pelos danos causados, mas sem a especificação dos valores indenizatórios. Em virtude dos fatos narrados, Ana Clara teve sua casa destruída, de modo que possui interesse em buscar a indenização pelos prejuízos sofridos. Na qualidade de advogado(a) de Ana Clara, assinale a orientação correta a ser dada à sua cliente.

(A) Considerando que Ana Clara não constou do polo ativo da ação indenizatória, não poderá se valer de seus efeitos.

(B) Ana Clara e seus sucessores poderão promover a liquidação e a execução da sentença condenatória.

(C) A sentença padece de nulidade, pois o Ministério Público não detém legitimidade para ajuizar ação no lugar das vítimas.

(D) A prolatação de condenação genérica, sem especificar vítimas ou valores, contraria disposição legal.

RESPOSTA Nos termos do art. 97 do CDC, a liquidação e a execução de sentença poderão ser promovidas pela vítima e seus sucessores, assim como pelos legitimados de que trata o art. 82. *Alternativa B.*

187. **(XXVI Exame)** A associação "Amigos da Natureza", constituída há 2 anos, com a finalidade institucional de proteger o meio ambiente, tem interesse na propositura de uma ação civil pública, a fim de que determinado agente causador de dano ambiental seja impedido de continuar a praticar o ilícito. Procurado pela associação, você, na qualidade de advogado, daria a orientação de

(A) não propor uma ação civil pública, visto que as associações não têm legitimidade para manejar tal instrumento, sem prejuízo de que outros legitimados, como o Ministério Público, o façam.

(B) propor uma ação civil pública, já que a associação está constituída há pelo menos 1 ano e tem, entre seus fins institucionais, a defesa do meio ambiente.

(C) apenas propor a ação civil pública quando a associação estiver constituída há pelo menos 3 anos.

(D) que a associação tem iniciativa subsidiária, de modo que só pode propor a ação civil pública após demonstração de inércia do Ministério Público.

RESPOSTA Novamente, o art. 5º da LACP é cobrado em Exame da OAB e mais uma vez, sobre a legitimidade das associações. Atente-se, então, ao inciso V. Correta a *alternativa B.*

188. **(XXVI Exame)** Uma fábrica da sociedade empresária Tratores Ltda. despejou 10 toneladas de lixo reciclável no rio Azul, que corta diversos municípios do estado do Paraná. Em decorrência de tal fato, constatou-se a redução da flora às margens do rio. Sobre a medida cabível em tal cenário, assinale a afirmativa correta.

(A) É cabível ação popular, na qual deve figurar obrigatoriamente o Ministério Público como autor.

(B) É cabível ação civil pública, na qual deve figurar obrigatoriamente como autor um dos indivíduos afetados pelos danos.

(C) Não é cabível ação civil pública ou ação coletiva, considerando a natureza dos danos, mas o Ministério Público pode ajuizar ação pelo procedimento comum, com pedido de obrigação de não fazer.

(D) É cabível ação civil pública, na qual o Ministério Público, se não for autor, figurará como fiscal da lei.

RESPOSTA De acordo com o § 1º do art. 5º da LACP, o Ministério Público, se não intervier no processo como parte, atuará obrigatoriamente como fiscal da lei. *Alternativa D.*

189. **(XXV Exame)** A sociedade empresária Sucesso veiculou propaganda enganosa acerca de um determinado produto, com especificações distintas daquelas indicadas no material publicitário. Aproximadamente 500.000 consumidores, dentre os quais alguns hipossuficientes, compraram o produto. Diante disso, a Associação de Defesa do Consumidor, constituída há 10 anos, cogitou a possibilidade de ajuizar ação civil pública, com base na Lei n. 7.347/85, para obter indenização para tais consumidores. Diante dessas informações, assinale a afirmativa correta.

(A) O Ministério Público é parte ilegítima para a propositura da ação civil pública.

(B) A Associação de Defesa do Consumidor pode propor a ação civil pública.

(C) Qualquer consumidor lesado pode propor a ação civil pública.

(D) A propositura da ação civil pública pela Defensoria dispensa a participação do Ministério Público no processo.

RESPOSTA O art. 5º da Lei da Ação Civil Pública (Lei n. 7.347/85) traz os legitimados para propor a referida ação, dentre eles, a associação que cumprir com os requisitos do inciso V. Correta, assim, a *alternativa B.*

190. **(XIV Exame)** O direito processual brasileiro, em sua origem, possuía um caráter eminentemente individualista, estando filiado às tradições dos ordenamentos de linha romano-germânica. Posteriormente, fruto da evolução social e das transformações provocadas pelas descobertas científicas e tecnológicas, observou-se uma massificação das relações interpessoais, que contribuiu, de forma determinante, para o desenvolvimento da tutela dos direitos e interesses coletivos. Sobre o tema, assinale a opção correta.

(A) Nas ações coletivas intentadas para a defesa de interesses ou direitos individuais homogêneos, a sentença sempre produzirá efeitos *inter partes*, atingindo apenas os sujeitos que integram aquela determinada relação processual.

(B) A Defensoria Pública possui legitimidade ativa para a propositura de Ação Civil Pública.

(C) Apesar de a doutrina mencionar a existência do microssistema da tutela coletiva, a Lei n. 4.717/65, por trazer regras e procedimentos de natureza específica, prevê expressamente que jamais será aplicado subsidiariamente o Código de Processo Civil à Ação Popular.

(D) Os órgãos públicos legitimados, no âmbito das Ações Civis Públicas, poderão celebrar, com os interessados, Termo de Ajustamento de Conduta (TAC) às exigências legais, documento que possui eficácia de título executivo judicial.

RESPOSTA (A) Errada, pois a sentença poderá produzir efeitos *erga omnes* no caso dos direitos individuais homogêneos (art. 103, III, do CDC). (B) De acordo com o art. 5º, II, da Lei n. 7.347/85. (C) Errada, pois se aplicam à ação popular as regras do CPC, naquilo em que não contrariem os dispositivos desta lei, nem a natureza específica da ação (art. 22 da lei referida – LAP). (D) Errada, pois, de acordo com o art. 5º, § 6º, da Lei n. 7.347/85, o TAC tem eficácia de título executivo extrajudicial. *Alternativa B.*

191. **(XVII Exame)** Luan, servidor público do Estado de Minas Gerais, ajuizou ação contra a Fazenda Pública estadual, requerendo a devolução de verbas indevidamente descontadas em seu contracheque sob a rubrica de "contribuição obrigatória ao plano de saúde". Na oportunidade, demonstrou que o Tribunal de Justiça de Minas Gerais (TJMG) já havia, em anterior ação individual proposta por Thales, outro servidor público estadual, reconhecido a inconstitucionalidade da lei estadual que previa esse desconto, e requereu, assim, a restituição das verbas não prescritas descontadas a tal título. Devidamente ajuizada junto à 1ª Vara de Feitos Tributários da cidade de Belo Horizonte/MG, e após regular tramitação, o magistrado singular acolheu a tese da ré e julgou improcedente o pedido exordial, tendo tal decisão transitado em julgado em 01/04/2012. Sobre os fatos descritos, assinale a afirmativa correta.

(A) Luan poderá se valer de ação anulatória, tendo em vista a manifesta injustiça da sentença.

(B) Se a inconstitucionalidade da lei estadual tivesse sido reconhecida, na ação proposta por Thales, pelo Supremo Tribunal Federal, Luan poderia ignorar a coisa julgada que lhe foi desfavorável.

(C) Luan poderá se valer de uma reclamação constitucional, tendo em vista o desrespeito, pela sentença, de posição jurisprudencial firmada pelo TJMG.

(D) Luan poderia se valer de uma ação rescisória, desde que, para tanto, demonstrasse que houve violação à lei, sendo-lhe vedado, nessa demanda, a rediscussão de matérias fáticas.

RESPOSTA As hipóteses de ação rescisória estão no art. 966 do CPC e, dentre elas, está a sentença de mérito que violou literal disposição de lei (inciso V). No entanto, a ação rescisória não pode ser usada como substitutivo de recurso, a ponto de possibilitar a rediscussão dos fatos e reexame das provas. *Alternativa D.*

192. **(XII Exame)** A ação civil pública, nos moldes da Lei n. 7.347/85, é importante instrumento na promoção da tutela coletiva de direitos. Com efeito, a referida ação é capaz de gerar a tutela célere de direitos transindividuais obedecendo, dentre outros princípios, aos ideais de duração razoável do processo e de efetividade. Na apuração dos fatos e na colheita de elementos capazes de indicar a eventual conveniência da propositura de uma ação civil pública, ganha destaque a figura do inquérito civil no curso do qual, inclusive, pode ser assinado o termo de ajustamento de conduta. Com relação ao inquérito civil, assinale a afirmativa correta.

(A) É procedimento investigatório de caráter administrativo que obrigatoriamente tem que ser instaurado, a fim de fornecer o suporte probatório que lastreará a propositura da ação civil pública, a ser ajuizada imediatamente após a conclusão do inquérito civil.

(B) É procedimento investigatório de caráter administrativo que pode ser instaurado por qualquer dos colegitimados para a propositura da ação civil pública, sempre que julgarem ser preciso promover a melhor apuração dos fatos para, só então, propor a ação civil pública cabível.

(C) É procedimento investigatório de caráter administrativo que só pode ser instaurado pelo Ministério Público, que o fará sempre que considerar conveniente promover a melhor apuração dos fatos e colher maiores elementos de convicção para, só então e se concluir pertinente, propor a ação civil pública.

(D) É procedimento investigatório de caráter jurisdicional que pode ser instaurado por qualquer dos colegitimados para a propositura da ação civil pública, sempre que julgarem ser preciso promover a melhor apuração dos fatos e, no curso do qual, pode ser firmado compromisso de ajustamento de conduta.

RESPOSTA Art. 8º, § 1º, da Lei n. 7.347/85 ("Para instruir a inicial, o interessado poderá requerer às autoridades competentes as certidões e informações que julgar necessárias, a serem fornecidas no prazo de 15 dias. O Ministério Público poderá instaurar, sob sua presidência, inquérito civil, ou requisitar, de qualquer organismo público ou particular, certidões, informações, exames ou perícias, no prazo que assinalar, o qual não poderá ser inferior a 10 dias úteis"). *Alternativa C.*

193. **(III Exame)** A ação popular é um importante instrumento para a promoção da tutela coletiva de direitos. Acerca da coisa julgada formada pelas sentenças de mérito proferidas em tais ações, é correto afirmar que

(A) Produz, como regra, efeitos *inter partes*, cabendo aos interessados em se beneficiarem de eventual procedência na ação requererem sua habilitação até a prolação da sentença.

(B) Só se forma coisa julgada em ações populares julgadas procedentes, após a aplicação do duplo grau de jurisdição, medida que tem por objetivo preservar os interesses da Fazenda Pública eventualmente condenada.

(C) Produz efeitos *erga omnes*, exclusivamente nos casos de procedência meritória, ficando seus efeitos, em todos os casos de improcedência, limitados às partes do processo.

(D) A produção de efeitos *erga omnes* não ocorre se o pedido for julgado improcedente por insuficiência de provas.

RESPOSTA O art. 18 da Lei n. 4.717/65 prevê que a sentença terá eficácia de coisa julgada oponível *erga omnes, exceto* no caso de haver sido a ação julgada improcedente por deficiência de prova; nesse caso, qualquer cidadão poderá intentar outra ação com idêntico fundamento, valendo-se de nova prova. *Alternativa D.*

194. **(VII Exame)** Nos termos do CPC, cabe ação rescisória

(A) quando proposta pelo Ministério Público, caso não tenha sido ouvido em processo em que lhe era obrigatória a intervenção, salvo se a sentença de mérito for efeito de colusão das partes.

(B) na hipótese em que se verifique fundamento para invalidar confissão, ainda que nessa não tenha se baseado a sentença, ou quando em erro de fato for fundada a sentença de mérito.

(C) depois de transitada em julgado a sentença de mérito, o autor obtiver documento novo, cuja existência ignorava, capaz, por si só, de lhe assegurar pronunciamento favorável.

(D) quando a sentença de mérito for proferida por juiz relativamente incompetente, ou for verificada que foi dada por concussão, prevaricação ou corrupção do juiz.

RESPOSTA Art. 966, VII, do CPC. *Alternativa C.*

195. **(IX Exame)** A respeito da Ação Rescisória, assinale a afirmativa correta.

(A) Uma vez ajuizada, impede o cumprimento da sentença ou acórdão rescindendo, ressalvada a concessão, em casos imprescindíveis e sob os pressupostos previstos em lei, de medidas de natureza cautelar ou antecipatória de tutela.

(B) Em caso de procedência, rescindindo-se a sentença e proferindo, se for o caso, novo julgamento, o tribunal determinará a restituição ao demandante do depósito de 5% sobre o valor da causa a que se refere o art. 488, II, do CPC.

(C) O Ministério Público não tem legitimidade ativa, exceto e unicamente para propor a ação ao fundamento de não ter sido ouvido no processo, em que lhe era obrigatória a intervenção.

(D) É a medida aplicável a fim de rescindir a sentença homologatória e outros atos judiciais que não dependam de sentença, desde que respeitado o prazo de 2 (dois) anos para a sua propositura, contados do trânsito em julgado da decisão.

RESPOSTA O art. 488, II, do CPC/73 tem correspondência ao art. 968, II, do CPC/2015 com um texto similar, mas que não prejudica a compreensão do gabarito oficial. *Alternativa B.*

196. **(I EXAME)** A ação rescisória

(A) não pode ser ajuizada por terceiro, ainda que juridicamente interessado.

(B) será admitida no âmbito dos juizados especiais cíveis quando houver sentença transitada em julgado.

(C) deverá ser ajuizada até dois anos após o trânsito em julgado da última decisão, sob pena de prescrição.

(D) é admitida ainda que não se tenham esgotado todos os recursos contra a sentença transitada em julgado.

RESPOSTA Súmula 514 do STF. *Alternativa D.*

197. **(XXIII Exame)** Luana, em litígio instaurado em face de Luciano, viu seu pedido ser julgado improcedente, o que veio a ser confirmado pelo tribunal local, transitando em julgado. O advogado da autora a alerta no sentido de que, apesar de a decisão do tribunal local basear-se em acórdão proferido pelo Superior Tribunal de Justiça em regime repetitivo, o precedente não seria aplicável ao seu caso, pois se trata de hipótese fática distinta. Afirmou, assim, ser possível reverter a situação por meio do ajuizamento de ação rescisória. Diante do exposto, assinale a afirmativa correta.

(A) Não cabe a ação rescisória, pois a previsão de cabimento de rescisão do julgado se destina às hipóteses de violação à lei e não de precedente.
(B) Cabe a ação rescisória, com base na aplicação equivocada do precedente mencionado.
(C) Cabe a ação rescisória, porque o erro sobre o precedente se equipara à situação da prova falsa.
(D) Não cabe ação rescisória com base em tal fundamento, eis que a hipótese é de ofensa à coisa julgada.

RESPOSTA As hipóteses de cabimento da ação rescisória estão no art. 966 do CPC e dentre delas está a violação manifesta de norma jurídica (inciso V). Com este fundamento, cabe ação rescisória contra decisão baseada em enunciado de súmula ou acórdão proferido em julgamento de casos repetitivos que não tenha considerado a existência de distinção entre a questão discutida no processo e o padrão decisório que lhe deu fundamento (§ 5º). Ademais, caberá ao autor, sob pena de inépcia, demonstrar, fundamentadamente, tratar-se de situação particularizada por hipótese fática distinta ou de questão jurídica não examinada, a impor outra solução jurídica (§ 6º). *Alternativa B.*

XVI. MANDADO DE SEGURANÇA

198. **(XIV Exame)** O Mandado de Segurança é a ferramenta jurídica hábil para proteger direito líquido e certo, não amparado por *habeas corpus* ou *habeas data*, quando, ilegalmente ou com abuso de poder, autoridade coatora praticar ato que viole ou cause justo receio de violação daquele direito. Com relação ao Mandado de Segurança, assinale a opção correta.

(A) Poderá ser impetrado somente por pessoa física, não sendo cabível para tutelar direito de pessoa jurídica de direito privado.
(B) Indeferida a petição inicial pelo juiz de primeiro grau, o impetrante poderá interpor recurso de apelação.
(C) Admite-se o ingresso de litisconsorte ativo até que se esgote o prazo para a autoridade coatora prestar informações.
(D) Não se admite, em qualquer hipótese, a impetração de Mandado de Segurança por telegrama, radiograma, fax ou qualquer outro meio eletrônico.

RESPOSTA (A) Errada, pois o mandado de segurança pode ser impetrado tanto por pessoa física como por pessoa jurídica (art. 1º da Lei n. 12.016/2009). (B) De acordo com o art. 10, § 1º, da Lei n. 12.016/2009. (C) Errada, pois o ingresso de litisconsorte ativo consistiria em violação ao princípio do juiz natural. (D) Errada, *vide* o art. 4º da Lei n. 12.016/2009 (admite). *Alternativa B.*

199. **(III Exame)** O mandado de segurança é um importante instrumento de proteção a direitos líquidos e certos, individuais ou coletivos, que não estejam amparados por *habeas corpus* ou *habeas data*, sempre que, ilegalmente ou com abuso de poder, qualquer pessoa física ou jurídica sofrer violação ou tiver justo receio de sofrê-la por parte de autoridade. Acerca do mandado de segurança coletivo, é correto afirmar que

(A) A interposição de embargos infringentes é admitida para fins de exercício da ampla defesa.
(B) Não induz litispendência para as ações individuais, de forma que os efeitos da coisa julgada beneficiam o impetrante individual, ainda que não requeira a desistência de seu mandado de segurança.
(C) A sentença de procedência produz efeitos *erga omnes*, não limitando seus efeitos aos membros da categoria substituídos pelo impetrante.
(D) Pode ser impetrado em defesa de direitos líquidos e certos que pertençam a apenas parte dos membros de uma categoria ou associação, substituídos pelo impetrante.

RESPOSTA O art. 21 da Lei n. 12.016/2009 prevê que o MS coletivo pode ser impetrado por partido político com representação no Congresso Nacional, na defesa de seus interesses legítimos relativos a seus integrantes, ou por organização sindical, entidade de classe ou associação legalmente constituída e em funcionamento há pelo menos um ano, em defesa de *di-*

reitos líquidos e certos da *totalidade*, ou de *parte*, dos seus membros ou associados. *Alternativa D.*

200. **(II Exame)** O Mandado de Segurança Coletivo, previsto no art. 5º, inciso LXX, da Constituição da República, foi regulamentado pelos arts. 21 e 22 da Lei Federal n. 12.016/2009. Acerca desta garantia constitucional é correto afirmar que:

(A) Qualquer cidadão tem legitimidade para impetrar o mandado de segurança coletivo.

(B) No mandado de segurança coletivo, a sentença fará coisa julgada limitadamente aos membros do grupo substituído pelo impetrante.

(C) O mandado de segurança coletivo pode ser utilizado na defesa de direitos difusos.

(D) O mandado de segurança coletivo induz litispendência para as ações individuais que tenham o mesmo objeto.

RESPOSTA O próprio enunciado já traz os fundamentos legais da questão, sendo que as respostas constam nos arts. 21 e 22 da Lei n. 12.016/2009. *Alternativa B.*

201. **(IX Exame)** Impetrado um mandado de segurança, já sob a égide da Lei n. 12.016/2009, assinale a afirmativa correta.

(A) A sentença não fixará honorários advocatícios, por serem eles incabíveis no Mandado de Segurança.

(B) A decisão do juiz que conceder ou denegar a Medida Liminar é irrecorrível, cabendo apenas o pedido de reconsideração.

(C) O juiz converterá o Mandado de Segurança no procedimento que entender cabível, quando não for o caso de Mandado de Segurança, ou lhe faltar um dos requisitos legais ou quando decorrido o prazo para impetração, em homenagem ao princípio da celeridade processual.

(D) A suspensão das medidas liminares concedidas em face do Poder Público sendo determinada, o pedido original não poderá ser aditado para abranger as medidas liminares supervenientes, cabendo, apenas, novo pedido de suspensão das liminares.

RESPOSTA (A) Art. 25 da Lei n. 12.016/2009. (B) Art. 7º, § 1º, da Lei n. 12.016/2009. (C) Art. 10 da Lei n. 12.016/2009. (D) Art. 15, § 5º, da Lei n. 12.016/2009. *Alternativa A.*

202. **(VII Exame)** Com base na tutela coletiva, é correto afirmar que

(A) são direitos individuais homogêneos os transindividuais, de natureza indivisível, de que sejam titulares pessoas indeterminadas e ligadas por circunstâncias de fato.

(B) em uma ação civil pública tratando de direitos coletivos em sentido estrito, a coisa julgada se forma *ultra partes*, mas limitadamente ao grupo, categoria ou classe, até mesmo no caso de o pedido ser julgado improcedente por insuficiência de prova.

(C) o mandado de segurança coletivo, nos termos da Lei n. 12.016/2009, não induz litispendência para as ações individuais, mas os efeitos da coisa julgada só beneficiarão o impetrante a título individual se for requerida a desistência de seu mandado de segurança individual, no prazo de 30 dias a contar da ciência da impetração do mandado de segurança coletivo.

(D) em uma ação civil pública, o Ministério Público somente poderá atuar como parte, tutelando os interesses transindividuais nas hipóteses previstas no parágrafo único do art. 1º da Lei n. 7.347/85, ou seja, ações de natureza previdenciária, tributária, ou relativas ao FGTS.

RESPOSTA Art. 22, § 1º, da Lei n. 12.016/2009: "o mandado de segurança coletivo não induz litispendência para as ações individuais, mas os efeitos da coisa julgada não beneficiarão o impetrante a título individual se não requerer a desistência de seu mandado de segurança no prazo de 30 dias a contar da ciência comprovada da impetração da segurança coletiva". *Alternativa C.*

XVII. JUIZADOS ESPECIAIS

203. **(X Exame)** A Lei n. 12.153/09 regulamenta a criação e o funcionamento dos Juizados Especiais da Fazenda Pública no âmbito dos Estados, do Distrito Federal, dos Territórios e dos Municípios. Tal diploma legal trouxe importantes inovações à ordem processual vigente, buscando solucionar ou reduzir os problemas causados pelo elevado número de demandas fazendárias que obstam o adequado funcionamento da máquina judiciária. Consoante o exposto, assinale a afirmativa correta.

(A) Os Juizados da Fazenda Pública são relativamente competentes para o processamento e julgamento daquelas causas cíveis que versem sobre interesse dos Estados, do Distrito Federal, dos Territórios e dos Municípios até o valor de 60 (sessenta) salários mínimos.

(B) É expressamente vedada a concessão de quaisquer providências cautelares e antecipatórias no curso do processo que importem em ônus para os entes da Administração Pública Direta e Indireta que figurem no polo passivo da demanda.

(C) As microempresas e empresas de pequeno porte, assim definidas pela Lei Complementar n. 123/2006, possuem legitimidade ativa para demandar perante os Juizados da Fazenda Pública.

(D) O representante legal da pessoa jurídica de direito público, no âmbito dos Juizados Especiais da Fazenda Pública, disporá de prazo quádruplo para contestar e prazo em dobro para recorrer.

RESPOSTA (A) Art. 1º, § 4º, da Lei n. 12.153/2009. (B) Art. 3º da Lei n. 12.153/2009. (C) Art. 5º, I, da Lei n. 12.153/2009. (D) Art. 7º da Lei n. 12.153/2009. *Alternativa C.*

204. **(XXIV Exame)** Arthur ajuizou ação perante o Juizado Especial Cível da Comarca do Rio de Janeiro, com o objetivo de obter reparação por danos materiais, em razão de falha na prestação de serviços pela sociedade empresária Consultex. A sentença de improcedência dos pedidos iniciais foi publicada, mas não apreciou juridicamente um argumento relevante suscitado na inicial, desconsiderando, em sua fundamentação, importante prova do nexo de causalidade. Arthur pretende opor embargos de declaração para ver sanada tal omissão. Diante de tal cenário, assinale a afirmativa correta.

(A) Arthur poderá opor embargos de declaração, suspendendo o prazo para interposição de recurso para a Turma Recursal.

(B) Os embargos não interrompem ou suspendem o prazo para interposição de recurso para a Turma Recursal, de modo que Arthur deverá optar entre os embargos ou o recurso, sob pena de preclusão.

(C) Eventuais embargos de declaração interpostos por Arthur interromperão o prazo para interposição de recurso para a Turma Recursal.

(D) Arthur não deverá interpor embargos de declaração pois estes não são cabíveis no âmbito de Juizados Especiais.

RESPOSTA Com o CPC, os embargos de declaração interrompem o prazo para a interposição de recurso (art. 50). *Alternativa C.*

205. **(III Exame)** Ronaldo passeava com seu carro novo, na cidade onde reside, quando bateu em um buraco deixado pela Prefeitura. O prejuízo ficou em R$ 2.500,00 (dois mil e quinhentos reais), e ele pretende ser ressarcido. Com base no problema apresentado, assinale a alternativa correta.

(A) Após o trânsito em julgado da sentença de procedência do pedido, Ronaldo deverá inscrever seu título para pagamento na forma de precatório.

(B) Eventual sentença de procedência proferida em primeira instância será submetida ao reexame necessário, pois sucumbente a Fazenda Pública.

(C) O Município não gozará de prazo em dobro para recorrer na demanda proposta por Ronaldo.

(D) Ronaldo pode escolher entre propor a ação no Juizado Especial da Fazenda Pública ou uma Vara da Fazenda Pública, ambos existentes na comarca onde reside e ocorreu o evento.

RESPOSTA A situação hipotética enquadra-se na Lei n. 12.153/2009, pois se trata de competência dos *Juizados Especiais da Fazenda Pública* (art. 2º). Entre as previsões desse diploma legal está que *não haverá prazo diferenciado* para a prática de qualquer ato processual pelas pessoas jurídicas de direito público, inclusive a interposição de recursos (art. 7º). *Alternativa C.*

206. **(II Exame)** A Lei n. 9.099/95 disciplina os chamados Juizados Especiais Cíveis no âmbito Estadual. Nela é possível encontrar diversas regras especiais, que diferenciam o procedimento dos Juizados do procedimento comum do CPC. Segundo a Lei n. 9.099/95, assinale a alternativa que indique uma dessas regras específicas.

(A) Não é cabível nenhuma forma de intervenção de terceiros nem de assistência.

(B) É vedado o litisconsórcio.

(C) Nas ações propostas por microempresas, admite-se a reconvenção.

(D) Se o pedido formulado for genérico, admite-se, excepcionalmente, sentença ilíquida.

RESPOSTA (A) e (B) Art. 10 da Lei n. 9.099/95 (*não se admitirá no processo perante o JEC a intervenção de terceiro nem assistência, admitindo-se, no entanto, o litisconsórcio*). (C) Art. 31 da Lei n. 9.099/95. (D) Art. 38, parágrafo único, da Lei n. 9.099/95. *Alternativa A.*

207. **(IX Exame)** Os Juizados Especiais da Fazenda Pública, órgãos da Justiça comum e integrantes do Sistema dos Juizados Especiais, foram instituídos pela Lei n. 12.153/2009. Com base nessas disposições, assinale a afirmativa correta.

(A) A competência dos Juizados Especiais da Fazenda Pública é absoluta para as causas cujo valor seja de até 40 salários mínimos, sendo dispensável a presença de advogado, se o valor da causa for de até 20 salários mínimos.

(B) A citação do Estado como réu sendo realizada, ele terá o prazo em quádruplo para apresentar defesa.

(C) A sentença que julgar procedente o pedido do autor em face da Fazenda Pública deverá, independentemente do recurso das partes, ser remetida ao Tribunal de Justiça, para julgamento da remessa de ofício.

(D) O cumprimento da sentença transitada em julgado que imponha obrigação de fazer, não fazer ou entregar coisa será efetuado mediante ofício do juiz à autoridade citada para a causa, com cópia da sentença.

RESPOSTA (A) Art. 2º da Lei n. 12.153/2009 (até 60 salários mínimos). (B) Art. 7º da Lei n. 12.153/2009. (C) Art. 11 da Lei n. 12.153/2009. (D) Art. 12 da Lei n. 12.153/2009. *Alternativa D.*

REFERÊNCIAS

BUENO, Cassio Scarpinella. *Novo Código de Processo Civil anotado.* São Paulo: Saraiva, 2015.

DONIZETTI, Elpídio. *Curso Didático de direito processual civil.* 17. ed. São Paulo: Atlas, 2013.

GONÇALVES, Marcus Vinicius Rios. *Direito processual civil esquematizado.* 6. ed. São Paulo: Saraiva, 2016.

THEODORO JUNIOR, Humberto. *O mandado de segurança segundo a Lei 12.016, de 7 de agosto de 2009.* Rio de Janeiro: Forense, 2009.

WAMBIER, Luiz Rodrigues; TALAMINI, Eduardo. *Curso avançado de processo civil.* 16. ed. São Paulo: RT, 2016, v. 1.

Direito Penal

DIREITO PENAL: QUADRO GERAL DAS QUESTÕES	
TEMAS	Nº DE QUESTÕES
I. Da Aplicação da Lei Penal	13
II. Do Crime	41
III. Imputabilidade Penal	7
IV. Concurso de Pessoas	7
V. Penas	33
VI. Ação Penal	1
VII. Extinção da Punibilidade	8
VIII. Crimes Contra a Pessoa	15
IX. Crimes Contra o Patrimônio	16
X. Crimes Contra a Dignidade Sexual	6
XI. Crimes Contra a Incolumidade Pública	2
XII. Crimes Contra a Paz Pública	3
XIII. Crimes Contra a Fé Pública	4
XIV. Crimes Contra a Administração Pública	12
XV. Legislação Penal Especial	23
TOTAL	191

I. DA APLICAÇÃO DA LEI PENAL

1. **(XXXI Exame)** André, nascido em 21/11/2001, adquiriu de Francisco, em 18/11/2019, grande quantidade de droga, com o fim de vendê-la aos convidados de seu aniversário, que seria celebrado em 24/11/2019. Imediatamente após a compra, guardou a droga no armário de seu quarto. Em 23/11/2019, a partir de uma denúncia anônima e munidos do respectivo mandado de busca e apreensão deferido judicialmente, policiais compareceram à residência de André, onde encontraram e apreenderam a droga que era por ele armazenada. De imediato, a mãe de André entrou em contato com o advogado da família. Considerando apenas as informações expostas, na Delegacia, o advogado de André deverá esclarecer à família que André, penalmente, será considerado

(A) inimputável, devendo responder apenas por ato infracional análogo ao delito de tráfico, em razão de sua menoridade quando da aquisição da droga, com base na Teoria da Atividade adotada pelo Código Penal para definir o momento do crime.

(B) inimputável, devendo responder apenas por ato infracional análogo ao delito de tráfico, tendo em vista que o Código Penal adota a Teoria da Ubiquidade para definir o momento do crime.

(C) imputável, podendo responder pelo delito de tráfico de drogas, mesmo adotando o Código

Penal a Teoria da Atividade para definir o momento do crime.

(D) imputável, podendo responder pelo delito de associação para o tráfico, que tem natureza permanente, tendo em vista que o Código Penal adota a Teoria do Resultado para definir o momento do crime.

RESPOSTA (A), (B) e (D) erradas e correta a alternativa (C) pelos mesmos motivos: André praticou o tráfico de drogas (Lei n. 11.343/2006, art. 33) de forma permanente, devendo ser considerado o tempo em que cessou a permanência (quando ele já tinha 18 anos), com fundamento na Súmula 711 do STF, nos termos do art. 4º do CP (teoria da atividade).

2. **(I Exame)** Assinale a opção correta acerca da pena cumprida no estrangeiro e da eficácia da sentença estrangeira.

(A) Apenas nas hipóteses de infração penal de menor potencial ofensivo, admite-se que a pena cumprida no estrangeiro atenue a pena imposta, no Brasil, pelo mesmo crime.

(B) A pena cumprida no estrangeiro não atenua nem compensa a pena imposta, no Brasil, pelo mesmo crime, dado o caráter independente das justiças nacional e estrangeira.

(C) É possível a homologação, pelo STJ, de sentença penal condenatória proferida pela justiça de outro país, para obrigar o condenado residente no Brasil à reparação do dano causado pelo crime que cometeu.

(D) A competência para a homologação de sentença estrangeira é do STF, restringindo-se a referida homologação a casos que envolvam cumprimento de pena privativa de liberdade no Brasil.

RESPOSTA (A e B) Art. 8º do CP. (C e D) Art. 9º do CP e art. 105, I, *i*, da CF. Correta a *alternativa C*.

3. **(V Exame)** Acerca da aplicação da lei penal no tempo e no espaço, assinale a alternativa correta.

(A) Se um funcionário público a serviço do Brasil na Itália praticar, naquele país, crime de corrupção passiva (art. 317 do Código Penal), ficará sujeito à lei penal brasileira em face do princípio da extraterritorialidade.

(B) O ordenamento jurídico-penal brasileiro prevê a combinação de leis sucessiva sempre que a fusão puder beneficiar o réu.

(C) Na ocorrência de sucessão de leis penais no tempo, não será possível a aplicação da lei penal intermediária mesmo se ela configurar a lei mais favorável.

(D) As leis penais temporárias e excepcionais são dotadas de ultratividade. Por tal motivo, são aplicáveis a qualquer delito, desde que seus resultados tenham ocorrido durante sua vigência.

RESPOSTA (A) Art. 7º, I, c, do CP. Cuidado: ainda que o crime seja praticado no interior de uma embaixada, continua sendo extraterritorialidade. As embaixadas e consulados não são território nacional por extensão. (B) Súmula 501-STJ. (C) A lei penal mais favorável pode ir além do seu tempo (ultratividade). (D) A alternativa fala em *resultado*, mas o que importa, para a incidência do art. 3º do CP, é que a *conduta* tenha ocorrido durante a vigência da lei temporária ou excepcional. Lembre-se: o CP adota a teoria da atividade (art. 4º) ao definir o tempo do crime. Correta a *alternativa A*.

4. **(VII Exame)** John, cidadão inglês, capitão de uma embarcação particular de bandeira americana, é assassinado por José, cidadão brasileiro, dentro do aludido barco, que se encontrava atracado no Porto de Santos, no Estado de São Paulo. Nesse contexto, é correto afirmar que a lei brasileira

(A) Não é aplicável, uma vez que a embarcação é americana, devendo José ser processado de acordo com a lei estadunidense.

(B) É aplicável, uma vez que a embarcação estrangeira de propriedade privada estava atracada em território nacional.

(C) É aplicável, uma vez que o crime, apesar de haver sido cometido em território estrangeiro, foi praticado por brasileiro.

(D) Não é aplicável, uma vez que, de acordo com a Convenção de Viena, é competência do Tribunal Penal Internacional processar e julgar os crimes praticados em embarcação estrangeira atracada em território de país diverso.

RESPOSTA (A) Se a embarcação fosse pública, seria aplicável a lei estrangeira, mas era particular. (B) Art. 5º, § 2º, do CP. (C) O território do exemplo é brasileiro. (D) Decreto n. 7.030/2009. Correta a *alternativa B*.

5. **(IX Exame – reaplicação)** Determinado estado, membro da Federação, editou lei excepcional em 1º de março de 2011, criminalizando a conduta de utilizar telefone celular no interior de agências bancárias. Com base no fato relatado, assinale a afirmativa correta.

(A) Não será aplicada ao fato praticado durante sua vigência, cessadas as circunstâncias que a determinaram.

(B) É inconstitucional por força do princípio da culpabilidade.

(C) É inconstitucional porque somente a União pode legislar em matéria de direito penal.

(D) Poderá retroagir para alcançar fatos anteriores à sua vigência por força do brocardo in dubio *pro societate*.

RESPOSTA (A) Art. 3º do CP. (B) A inconstitucionalidade decorre do art. 22, I, da CF. (C) Art. 22, I, da CF. (D) Art. 5º, XL, da CF. Correta a *alternativa C*.

6. **(IX Exame– reaplicação)** No curso de um delito de sequestro, em que a vítima ainda se encontrava privada de sua liberdade, sobreveio nova lei penal aumentando a pena prevista no preceito secundário do tipo penal descrito no art. 148 do CP. Nesse caso, atento (a) ao entendimento dos Tribunais Superiores acerca do tema, assinale a afirmativa correta.

(A) Aplica-se a lei penal mais grave, ou seja, aquela cuja entrada em vigor se deu no curso do delito.

(B) Aplica-se a lei penal mais benéfica, pois a lei penal não retroage, salvo em benefício do réu.

(C) Aplica-se a lei penal mais benéfica, com base na teoria da atividade, a qual impõe ser aplicável a lei penal vigente à época da ação/omissão, ainda que outro seja o momento do resultado.

(D) Aplica-se, eventualmente, as duas leis combinadas, caso tal conduta importe em benefício para o agente.

RESPOSTA (A e B) A resposta está na Súmula 711-STF, muito cobrada em provas. A pegadinha do enunciado é a aparente - mas inexistente - contrariedade ao art. 5º, XL, da CF. (C) Art. 4º do CP. (D) Súmula 501-STJ. Correta a *alternativa A*.

7. **(X Exame)** Filipe foi condenado em janeiro de 2011 à pena de cinco anos de reclusão pela prática do crime de tráfico de drogas, ocorrido em 2006. Considerando-se que a Lei n. 11.464, que modificou o período para a progressão de regime nos crimes hediondos para 2/5 (dois quintos) em caso de réu primário, foi publicada em março de 2007, é correto afirmar que

(A) Se reputará cumprido o requisito objetivo para a progressão de regime quando Felipe completar 1/6 (um sexto) do cumprimento da pena, uma vez que o crime foi praticado antes da Lei n. 11.464.

(B) Se reputará cumprido o requisito objetivo para a progressão de regime quando Felipe completar 2/5 (dois quintos) do cumprimento da pena, uma vez que a Lei n. 11.464 tem caráter processual e, portanto, deve ser aplicada de imediato.

(C) Se reputará cumprido o requisito subjetivo para a progressão de regime quando Felipe completar 1/6 (um sexto) do cumprimento da pena, uma vez que o crime foi praticado antes da Lei n. 11.464.

(D) Se reputará cumprido o requisito subjetivo para a progressão de regime quando Felipe completar 2/5 (dois quintos) do cumprimento da pena, uma vez que a Lei n. 11.464 tem caráter processual e, portanto, deve ser aplicada de imediato.

RESPOSTA Por ser uma nova lei mais gravosa (*novatio legis in pejus*), não pode retroagir, nos termos do art. 5º, XL, da CF. *Alternativa A*. Cuidado: a forma de se calcular a progressão de regime mudou. Agora, já não se fala mais em frações (1/6, 1/8, 2/5, 3/5), mas em percentuais (Lei n. 7.210, art. 112). O dispositivo mencionado na questão (o art. 2º, § 2º, da Lei n. 8.072/90) foi revogado.

8. **(XI Exame)** No ano de 2005, Pierre, jovem francês residente na Bulgária, atentou contra a vida do então presidente do Brasil que, na ocasião, visitava o referido país. Devidamente processado, segundo as leis locais, Pierre foi absolvido. Considerando apenas os dados descritos, assinale a afirmativa correta.

(A) Não é aplicável a lei penal brasileira, pois como Pierre foi absolvido no estrangeiro, não ficou satisfeita uma das exigências previstas à hipótese de extraterritorialidade condicionada.

(B) É aplicável a lei penal brasileira, pois o caso narrado traz hipótese de extraterritorialidade incondicionada, exigindo-se, apenas, que o fato não tenha sido alcançado por nenhuma causa extintiva de punibilidade no estrangeiro.

(C) É aplicável a lei penal brasileira, pois o caso narrado traz hipótese de extraterritorialidade incondicionada, sendo irrelevante o fato de ter sido o agente absolvido no estrangeiro.

(D) Não é aplicável a lei penal brasileira, pois como o agente é estrangeiro e a conduta foi praticada em território também estrangeiro, as exigências relativas à extraterritorialidade condicionada não foram satisfeitas.

RESPOSTA (A) Art. 7º, I, *a*, e § 1º do CP. Pouco importa a absolvição, pois se trata de extraterritorialidade incondicionada. (B) O art. 7º, § 2º, *e*, do CP é aplicado à extraterritorialidade condicionada (art. 7º, II). (C e D) Art. 7º, I, *a*, e § 1º do CP. Correta a *alternativa C*.

9. **(XIII Exame)** Considere que determinado agente tenha em depósito, durante o período de um ano, 300 kg de cocaína. Considere também que, durante o referido período, tenha entrado em vigor uma nova lei elevando a pena relativa ao crime de tráfico de entorpecentes. Sobre o caso sugerido, levando em conta o entendimento do Supremo Tribunal Federal sobre o tema, assinale a afirmativa correta.

(A) Deve ser aplicada a lei mais benéfica ao agente, qual seja, aquela que já estava em vigor quando o agente passou a ter a droga em depósito.
(B) Deve ser aplicada a lei mais severa, qual seja, aquela que passou a vigorar durante o período em que o agente ainda estava com a droga em depósito.
(C) As duas leis podem ser aplicadas, pois ao magistrado é permitido fazer a combinação das leis sempre que essa atitude puder beneficiar o réu.
(D) O magistrado poderá aplicar o critério do caso concreto, perguntando ao réu qual lei ele pretende que lhe seja aplicada por ser, no seu caso, mais benéfica.

RESPOSTA (A e B) Súmula 711-STF. (C) Súmula 501-STJ. (D) Não existe previsão legal nesse sentido. Correta a *alternativa B.*

10. (XIV Exame) O Presidente da República, diante da nova onda de protestos, decide, por meio de medida provisória, criar um novo tipo penal para coibir os atos de vandalismo. A medida provisória foi convertida em lei, sem impugnações. Com base nos dados fornecidos, assinale a opção correta.

(A) Não há ofensa ao princípio da reserva legal na criação de tipos penais por meio de medida provisória, quando convertida em lei.
(B) Não há ofensa ao princípio da reserva legal na criação de tipos penais por meio de medida provisória, pois houve avaliação prévia do Congresso Nacional.
(C) Há ofensa ao princípio da reserva legal, pois não é possível a criação de tipos penais por meio de medida provisória.
(D) Há ofensa ao princípio da reserva legal, pois não cabe ao Presidente da República a iniciativa de lei em matéria penal.

RESPOSTA Art. 62, § 1º, I, *b*, da CF. Correta a *alternativa C.*

11. (XIX Exame) Em razão do aumento do número de crimes de dano qualificado contra o patrimônio da União (pena: detenção de 6 meses a 3 anos e multa), foi editada uma lei que passou a prever que, entre 20 de agosto de 2015 e 31 de dezembro de 2015, tal delito (art. 163, parágrafo único, inciso III, do Código Penal) passaria a ter pena de 2 a 5 anos de detenção. João, em 20 de dezembro de 2015, destrói dolosamente um bem de propriedade da União, razão pela qual foi denunciado, em 8 de janeiro de 2016, como incurso nas sanções do art. 163, parágrafo único, inciso III, do Código Penal. Considerando a hipótese narrada, no momento do julgamento, em março de 2016, deverá ser considerada, em caso de condenação, a pena de

(A) 6 meses a 3 anos de detenção, pois a Constituição prevê o princípio da retroatividade da lei penal mais benéfica ao réu.
(B) 2 a 5 anos de detenção, pois a lei temporária tem ultratividade gravosa.
(C) 6 meses a 3 anos de detenção, pois aplica-se o princípio do *tempus regit actum* (tempo rege o ato).
(D) 2 a 5 anos de detenção, pois a lei excepcional tem ultratividade gravosa.

RESPOSTA (A) Art. 3º do CP. (B) A lei mais gravosa será aplicada além do seu tempo (ultratividade), pois a conduta foi praticada durante sua vigência. Art. 3º do CP. (C) Art. 3º do CP. (D) Trata-se de lei penal temporária. Correta a *alternativa B.*

12. (XXI Exame) Revoltado com a conduta de um Ministro de Estado, Mário se esconde no interior de uma aeronave pública brasileira, que estava a serviço do governo, e, no meio da viagem, já no espaço aéreo equivalente ao Uruguai, desfere 5 facadas no Ministro com o qual estava insatisfeito, vindo a causar-lhe lesão corporal gravíssima. Diante da hipótese narrada, com base na lei brasileira, assinale a afirmativa correta.

(A) Mário poderá ser responsabilizado, segundo a lei brasileira, com base no critério da territorialidade.
(B) Mário poderá ser responsabilizado, segundo a lei brasileira, com base no critério da extraterritorialidade e princípio da justiça universal.
(C) Mário poderá ser responsabilizado, segundo a lei brasileira, com base no critério da extraterritorialidade, desde que ingresse em território brasileiro e não venha a ser julgado no estrangeiro.
(D) Mário não poderá ser responsabilizado pela lei brasileira, pois o crime foi cometido no exterior e nenhuma das causas de extraterritorialidade se aplica ao caso.

RESPOSTA (A) Art. 5º, § 1º, do CP. (B) Embora a aeronave estivesse sobre território estrangeiro – hipótese de extraterritorialidade –, a aeronave pública é considerada território brasileiro por extensão (logo, territorialidade). (C) Não se trata da hipótese do art. 7º, § 2º, *a*, do CP. (D) Art. 5º, § 1º, do CP. Correta a *alternativa A.*

13. (XXV Exame) Francisco, brasileiro, é funcionário do Banco do Brasil, sociedade de economia mista, e trabalha na agência de Lisboa, em Portugal. Passando por dificuldades financeiras, acaba desviando dinheiro do banco para uma conta particular, sendo o fato descoberto e julgado em Portugal. Francisco é condenado pela infração praticada. Extinta a pena, ele retorna ao seu país de origem e é surpreendido ao ser citado, em processo no Brasil, para responder pelo mesmo fato, razão pela qual procura seu advogado. Considerando as informações narradas, o advogado de Francisco deverá informar que, de acordo com o previsto no Código Penal,

(A) Ele não poderá responder no Brasil pelo mesmo fato, por já ter sido julgado e condenado em Portugal.

(B) Ele somente poderia ser julgado no Brasil por aquele mesmo fato, caso tivesse sido absolvido em Portugal.

(C) Ele pode ser julgado também no Brasil por aquele fato, sendo totalmente indiferente a condenação sofrida em Portugal.

(D) Ele poderá ser julgado também no Brasil por aquele fato, mas a pena cumprida em Portugal atenua ou será computada naquela imposta no Brasil, em caso de nova condenação.

RESPOSTA (A) Não há *bis in idem* na hipótese de extraterritorialidade incondicionada. (B) Art. 7º, § 1º, do CP. (C) Art. 8º do CP. (D) Art. 7º, § 1º, do CP. Correta a *alternativa D*.

II. DO CRIME

14. **(II Exame)** Arlete, em estado puerperal, manifesta a intenção de matar o próprio filho recém-nascido. Após receber a criança no seu quarto para amamentá-la, a criança é levada para o berçário. Durante a noite, Arlete vai até o berçário, e, após conferir a identificação da criança, a asfixia, causando a sua morte. Na manhã seguinte, é constatada a morte por asfixia de um recém-nascido, que não era o filho de Arlete. Diante do caso concreto, assinale a alternativa que indique a responsabilidade penal da mãe.

(A) Crime de homicídio, pois, o erro acidental não a isenta de reponsabilidade.

(B) Crime de homicídio, pois, uma vez que o art. 123 do CP trata de matar o próprio filho sob influência do estado puerperal, não houve preenchimento dos elementos do tipo.

(C) Crime de infanticídio, pois houve erro quanto à pessoa.

(D) Crime de infanticídio, pois houve erro essencial.

RESPOSTA (A) O erro sobre a pessoa (CP, art. 20, § 3º) é, de fato, espécie de erro acidental – expressão doutrinária. No entanto, o criminoso deve responder com base nas qualidades da vítima desejada, e não da efetivamente atingida. Portanto, Arlete deve ser punida como se tivesse conseguido matar o próprio filho. (B) Art. 20, § 3º, do CP. (C) Arts. 20, § 3º, e 123 do CP. (D) O erro de tipo essencial, expressão da doutrina, é o do art. 20, *caput*, do CP. Correta a *alternativa C*.

15. **(III Exame)** Marcus, visando roubar Maria, a agride, causando-lhe lesões corporais de natureza leve. Antes, contudo, de subtrair qualquer pertence, Marcus decide abandonar a empreitada criminosa, pedindo desculpas à vítima e se evadindo do local. Maria, então, comparece à delegacia mais próxima e narra os fatos à autoridade policial. No caso acima, o delegado de polícia

(A) Deverá instaurar inquérito policial para apurar o crime de roubo tentado, uma vez que o resultado pretendido por Marcus não se concretizou.

(B) Nada poderá fazer, uma vez que houve a desistência voluntária por parte de Marcus.

(C) Deverá lavrar termo circunstanciado pelo crime de lesões corporais de natureza leve.

(D) Nada poderá fazer, uma vez que houve arrependimento posterior por parte de Marcus.

RESPOSTA (A) Art. 14, II, do CP. (B)(C) Art. 15 do CP. (D) Art. 16 do CP. Correta a *alternativa C*.

16. **(III Exame)** Joaquim, desejoso de tirar a vida da própria mãe, acaba causando a morte de uma tia (por confundi-la com aquela). Tendo como referência a situação acima, é correto afirmar que Joaquim incorre em erro

(A) De tipo essencial escusável – inevitável – e deverá responder pelo crime de homicídio sem a incidência da agravante relativa ao crime praticado contra ascendente (haja vista que a vítima, de fato, não era a sua genitora).

(B) De tipo acidental na modalidade *error in persona* e deverá responder pelo crime de homicídio com a incidência da agravante relativa ao crime praticado contra ascendente (mesmo que a vítima não seja, de fato, a sua genitora).

(C) De proibição e deverá responder pelo crime de homicídio qualificado pelo fato de ter objetivado atingir ascendente (preserva-se o dolo, independente da identidade da vítima).

(D) De tipo essencial inescusável – evitável –, mas não deverá responder pelo crime de homicídio qualificado, uma vez que a pessoa atingida não era a sua ascendente.

RESPOSTA (A e D) Art. 20, *caput*, do CP. (B) Art. 20, § 3º, do CP. (C) Art. 21 do CP. Correta a *alternativa B*.

17. **(IV Exame)** Osíris, jovem universitária de Medicina, soube estar gestante. Todavia, tratava-se de gravidez indesejada, e Osíris queria saber qual substância deveria ingerir para interromper a gestação. Objetivando tal informação, Osíris estimulou uma discussão em sala de aula sobre o aborto. O professor de Osíris, então, bastante animado com o interesse dos alunos sobre o assunto, passou também a emitir sua opinião, a qual era claramente favorável ao aborto. Referido professor mencionou, naquele momento, diversas substâncias capazes de provocar a interrupção prematura da gravidez, inclusive fornecendo os nomes de inúmeros remédios abortivos e indicando os que achava mais eficazes. Além disso, também afirmou que as mulheres deveriam ter o direito de praticar aborto sempre que achassem indesejável uma gestação. Nesse sentido, considerando-se apenas os dados mencionados, é correto afirmar que o professor de Osiris praticou

(A) A contravenção penal prevista no art. 20 do Decreto Lei 3.688/41, que dispõe: "anunciar processo, substância ou objeto destinado a provocar aborto".

(B) O crime previsto no art. 286 do Código Penal, que dispõe: "incitar, publicamente, a prática de crime".

(C) O crime previsto no art. 68 da Lei 8.078/90, que dispõe: "fazer ou promover publicidade que sabe ou deveria saber ser capaz de induzir o consumidor a se comportar de forma prejudicial ou perigosa à sua saúde ou segurança".

(D) Fato atípico.

RESPOSTA Não houve o dolo de incitar a prática de infração penal. Portanto, inexistente a conduta e, em consequência, a tipicidade. Correta a *alternativa D.*

18. **(V Exame)** Apolo foi ameaçado de morte por Hades, conhecido matador de aluguel. Tendo tido ciência, por fontes seguras, que Hades o mataria naquela noite e, com o intuito de defender-se, Apolo saiu de casa com uma faca no bolso de seu casaco. Naquela noite, ao encontrar Hades em uma rua vazia e escura e, vendo que este colocava a mão no bolso, Apolo precipita-se e, objetivando impedir o ataque que imaginava iminente, esfaqueia Hades, provocando-lhe as lesões corporais que desejava. Todavia, após o ocorrido, o próprio Hades contou a Apolo que não ia matá-lo, pois havia desistido de seu intento e, naquela noite, foi ao seu encontro justamente para dar-lhe a notícia. Nesse sentido, é correto afirmar que

(A) Havia dolo na conduta de Apolo.

(B) Mesmo sendo o erro escusável, Apolo não é isento de pena.

(C) Apolo não agiu em legítima defesa putativa.

(D) Mesmo sendo o erro inescusável, Apolo responde a título de dolo.

RESPOSTA Art. 20, § 1º, do CP. Houve dolo, mas a conduta de Apolo foi norteada por uma falsa percepção da realidade. Segundo o CP, se evitável o erro, o agente tem de ser punido a título de culpa. Correta a *alternativa A.*

19. **(V Exame)** Jefferson, segurança da mais famosa rede de supermercados do Brasil, percebeu que João escondera em suas vestes três sabonetes, de valor aproximado de R$ 12,00 (doze reais). Ao tentar sair do estabelecimento, entretanto, João é preso em flagrante delito pelo segurança, que chama a polícia. A esse respeito, assinale a alternativa correta.

(A) A conduta de João não constitui crime, uma vez que este agiu em estado de necessidade.

(B) A conduta de João não constitui crime, uma vez que o fato é materialmente atípico.

(C) A conduta de João constitui crime, uma vez que se enquadra no artigo 155 do Código Penal, não estando presente nenhuma das causas de exclusão de ilicitude ou culpabilidade, razão pela qual este deverá ser condenado.

(D) Embora sua conduta constitua crime, João deverá ser absolvido, uma vez que a prisão em flagrante é nula, por ter sido realizada por um segurança particular.

RESPOSTA (A) Art. 24 do CP. (B) A insignificância afasta a tipicidade material. (C) De fato, não há nenhuma excludente da ilicitude ou da culpabilidade, mas não há crime por ser atípica a conduta. (D) Art. 301 do CPP. Correta a *alternativa B.*

20. **(VII Exame)** Filolau, querendo estuprar Filomena, deu início à execução do crime de estupro, empregando grave ameaça à vítima. Ocorre que ao se preparar para o coito vagínico, que era sua única intenção, não conseguiu manter seu pênis ereto em virtude de falha fisiológica alheia à sua vontade. Por conta disso, desistiu de prosseguir na execução do crime e abandonou o local. Nesse caso, é correto afirmar que

(A) Trata-se de caso de desistência voluntária, razão pela qual Filolau não responderá pelo crime de estupro.

(B) Trata-se de arrependimento eficaz, fazendo com que Filolau responda tão somente pelos atos praticados.

(C) A conduta de Filolau é atípica.

(D) Filolau deve responder por tentativa de estupro.

RESPOSTA (A e B) Art. 15 do CP. (C) Art. 213 do CP. (D) Art. 14, II, do CP. Correta a *alternativa D*.

21. (VIII Exame) Em relação ao princípio da insignificância, assinale a afirmativa correta.

(A) O princípio da insignificância funciona como causa de exclusão da culpabilidade. A conduta do agente, embora típica e ilícita, não é culpável.
(B) A mínima ofensividade da conduta, a ausência de periculosidade social da ação, o reduzido grau de reprovabilidade do comportamento e a inexpressividade da lesão jurídica constituem, para o Supremo Tribunal Federal, requisitos de ordem objetiva autorizadores da aplicação do princípio da insignificância.
(C) A jurisprudência predominante dos tribunais superiores é acorde em admitir a aplicação do princípio da insignificância em crimes praticados com emprego de violência ou grave ameaça à pessoa (a exemplo do roubo).
(D) O princípio da insignificância funciona como causa de diminuição de pena.

RESPOSTA A insignificância afasta a tipicidade material, e não a culpabilidade, fazendo com que o crime deixe de existir. Portanto, não é causa de diminuição de pena. Além disso, como regra, não se fala em incidência do princípio em crimes violentos. Correta a *alternativa B*.

22. (VII Exame) Assinale a alternativa correta.

(A) Aquele que, desejando subtrair ossadas de urna funerária, viola sepultura, mas nada consegue obter porque tal sepultura estava vazia, não pratica o crime descrito no art. 210 do Código Penal: crime de violação de sepultura.
(B) O crime de infanticídio, por tratar-se de crime próprio, não admite coautoria.
(C) O homicídio culposo, dada a menor reprovabilidade da conduta, permite a compensação de culpas.
(D) Há homicídio privilegiado quando o agente atua sob a influência de violenta emoção.

RESPOSTA (A) Art. 17 do CP. (B) Arts. 30 e 123 do CP. (C) Não se fala em compensação de culpas em Direito Penal. (D) Art. 121, § 1º, do CP. Correta a *alternativa A*.

23. (VIII Exame) José conversava com Antônio em frente a um prédio. Durante a conversa, José percebe que João, do alto do edifício, jogara um vaso mirando a cabeça de seu interlocutor. Assustado, e com o fim de evitar a possível morte de Antônio, José o empurra com força. Antônio cai e, na queda, fratura o braço. Do alto do prédio, João vê a cena e fica irritado ao perceber que, pela atuação rápida de José, não conseguira acertar o vaso na cabeça de Antônio. Com base no caso apresentado, segundo os estudos acerca da teoria da imputação objetiva, assinale a afirmativa correta.

(A) José praticou lesão corporal culposa.
(B) José praticou lesão corporal dolosa.
(C) O resultado não pode ser imputado a José, ainda que entre a lesão e sua conduta exista nexo de causalidade.
(D) O resultado pode ser imputado a José, que agiu com excesso e sem a observância de devido cuidado.

RESPOSTA Em um dos seus julgados, o STJ conceitua a teoria da imputação objetiva: "Ainda que se admita a existência de relação de causalidade entre a conduta do acusado e a morte do mergulhador, à luz da teoria da imputação objetiva, seria necessária a demonstração da criação pelo paciente de uma situação de risco não permitido, não-ocorrente, na hipótese" (HC 68.871/PR). É o caso do enunciado, não podendo o resultado ser imputado a José. Correta a *alternativa C*.

24. (IX Exame) Jaime, brasileiro, passou a morar em um país estrangeiro no ano de 1999. Assim como seu falecido pai, Jaime tinha por hábito sempre levar consigo acessórios de arma de fogo, o que não era proibido, levando-se em conta a legislação vigente à época, a saber, a Lei n. 9.437/97. Tal hábito foi mantido no país estrangeiro que, em sua legislação, não vedava a conduta. Todavia, em 2012, Jaime resolve vir de férias ao Brasil. Além de matar as saudades dos familiares, Jaime também queria apresentar o país aos seus dois filhos, ambos nascidos no estrangeiro. Ocorre que, dois dias após sua chegada, Jaime foi preso em flagrante por portar ilegalmente acessório de arma de fogo, conduta descrita no art. 14 da Lei n. 10.826/2003, *verbis*: "Portar, deter, adquirir, fornecer, receber, ter em depósito, transportar, ceder, ainda que gratuitamente, emprestar, remeter, empregar, manter sob guarda ou ocultar arma de fogo, acessório ou munição, de uso permitido, sem autorização e em desacordo com determinação legal ou regulamentar". Nesse sentido, podemos afirmar que Jaime agiu em hipótese de

(A) Erro de proibição direto.
(B) Erro de tipo essencial.
(C) Erro de tipo acidental.
(D) Erro sobre as descriminantes putativas.

RESPOSTA No erro de proibição indireto, o agente sabe da ilicitude da conduta, mas acredita estar amparado por alguma norma permissiva que a exclui. Ex.: uma pessoa vive em um país onde, com receita médica, é permitido o uso de *cannabis*. De posse dessa receita, ela viaja ao Brasil com certa quantidade da substância, acreditando que não haveria ilicitude na conduta por possuir receita – documento que, para nós, não valeria nada. Correta a *alternativa A*.

25. **(IX Exame)** Acerca das causas excludentes de ilicitude e extintivas de punibilidade, assinale a afirmativa incorreta.

(A) A coação moral irresistível exclui a culpabilidade, enquanto que a coação física irresistível exclui a própria conduta, de modo que, nesta segunda hipótese, sequer chegamos a analisar a tipicidade, pois não há conduta penalmente relevante.

(B) Em um bar, Caio, por notar que Tício olhava maliciosamente para sua namorada, desfere contra este um soco no rosto. Aturdido, Tício vai ao chão, levantando-se em seguida, e vai atrás de Caio e o interpela quando este já estava saindo do bar. Ao voltar-se para trás, atendendo ao chamado, Caio é surpreendido com um soco no ventre. Tício praticou conduta típica, mas amparada por uma causa excludente de ilicitude.

(C) Mévio, atendendo a ordem dada por seu líder religioso e, com o intuito de converter Rufus, permanece na residência deste à sua revelia, ou seja, sem o seu consentimento. Neste caso, Mévio, mesmo cumprindo ordem de seu superior e mesmo sendo tal ordem não manifestamente ilegal, pratica crime de violação de domicílio (art. 150 do Código Penal), não estando amparado pela obediência hierárquica.

(D) O consentimento do ofendido não foi previsto pelo nosso ordenamento jurídico-penal como uma causa de exclusão da ilicitude. Todavia, sua natureza justificante é pacificamente aceita, desde que, entre outros requisitos, o ofendido seja capaz de consentir e que tal consentimento recaia sobre bem disponível.

RESPOSTA (A) Art. 22 do CP. (B) Art. 25 do CP. (C) Art. 22 do CP. (D) De fato, não existe previsão expressão no rol do art. 23 do CP. Incorreta a *alternativa B*.

26. **(X Exame)** João, com intenção de matar, efetua vários disparos de arma de fogo contra Antônio, seu desafeto. Ferido, Antônio é internado em um hospital, no qual vem a falecer, não em razão dos ferimentos, mas queimado em um incêndio que destrói a enfermaria em que se encontrava. Assinale a alternativa que indica o crime pelo qual João será responsabilizado.

(A) Homicídio consumado.

(B) Homicídio tentado.

(C) Lesão corporal.

(D) Lesão corporal seguida de morte.

RESPOSTA Trata-se de causa superveniente que, por si só, gerou o resultado morte. Por isso, não pode ser imputado a João (CP, art. 13, § 1º). Correta a *alternativa D*.

27. **(X Exame)** Jane, dirigindo seu veículo dentro do limite de velocidade para a via, ao efetuar manobra em uma rotatória, acaba abalroando o carro de Lorena, que, desrespeitando as regras de trânsito, ingressou na rotatória enquanto Jane fazia a manobra. Em virtude do abalroamento, Lorena sofreu lesões corporais. Nesse sentido, com base na teoria da imputação objetiva, assinale a afirmativa correta.

(A) Jane não praticou crime, pois agiu no exercício regular de direito.

(B) Jane não responderá pelas lesões corporais sofridas por Lorena com base no princípio da intervenção mínima.

(C) Jane não pode ser responsabilizada pelo resultado com base no princípio da confiança.

(D) Jane praticou delito previsto no Código de Trânsito Brasileiro, mas poderá fazer jus a benefícios penais.

RESPOSTA Não houve conduta (dolo ou culpa) de Jane, que dirigia dentro do limite de velocidade. O erro foi de Lorena. Correta a *alternativa C*.

28. **(XII Exame)** Paula, com intenção de matar Maria, desfere contra ela quinze facadas, todas na região do tórax. Cerca de duas horas após a ação de Paula, Maria vem a falecer. Todavia, a *causa mortis* determinada pelo auto de exame cadavérico foi envenenamento. Posteriormente, soube-se que Maria nutria intenções suicidas e que, na manhã dos fatos, havia ingerido veneno. Com base na situação descrita, assinale a afirmativa correta.

(A) Paula responderá por homicídio doloso consumado.

(B) Paula responderá por tentativa de homicídio.

(C) O veneno, em relação às facadas, configura concausa relativamente independente superveniente que por si só gerou o resultado.

(D) O veneno, em relação às facadas, configura concausa absolutamente independente concomitante.

RESPOSTA Arts. 13, § 1º, 14, II, e 121 do CP. Correta a *alternativa B*.

29. **(XII Exame)** Wilson, competente professor de uma autoescola, guia seu carro por uma avenida à beira-mar. No banco do carona está sua noiva, Ivana. No meio do percurso, Wilson e Ivana começam a discutir: a moça reclama da alta velocidade empreendida. Assustada, Ivana grita com Wilson, dizendo que, se ele continuasse naquela velocidade, poderia facilmente perder o controle do carro e atropelar alguém. Wilson, por sua vez, responde que Ivana deveria deixar de ser medrosa e que nada aconteceria, pois se sua profissão era ensinar os outros a dirigir, ninguém poderia ser mais competente do que ele na condução de um veículo. Todavia, ao fazer uma curva, o automóvel derrapa na areia trazida para o asfalto por conta dos ventos do litoral, o carro fica desgovernado e acaba ocorrendo o atropelamento de uma pessoa que passava pelo local. A vítima do atropelamento falece instantaneamente. Wilson e Ivana sofrem pequenas escoriações. Cumpre destacar que a perícia feita no local constatou excesso de velocidade. Nesse sentido, com base no caso narrado, é correto afirmar que, em relação à vítima do atropelamento, Wilson agiu com

(A) Dolo direto.
(B) Dolo eventual.
(C) Culpa consciente.
(D) Culpa inconsciente.

RESPOSTA (A) No dolo direto, o agente deseja o resultado. Ele atira contra a vítima porque quer matá-la. (B) No dolo eventual, ele prevê o resultado e não o deseja, mas assume o risco de produzi-lo. (C) Na culpa consciente, ele prevê o resultado, mas acredita sinceramente que não ocorrerá. (D) Na culpa inconsciente, ele não prevê o resultado, embora devesse, por ser previsível. Correta a *alternativa C.*

30. **(XII Exame)** Bráulio, rapaz de 18 anos, conhece Paula em um show de rock, em uma casa noturna. Os dois, após conversarem um pouco, resolvem dirigir-se a um motel e ali, de forma consentida, o jovem mantém relações sexuais com Paula. Após, Bráulio descobre que a moça, na verdade, tinha apenas 13 anos e que somente conseguira entrar no show mediante apresentação de carteira de identidade falsa. A partir da situação narrada, assinale a afirmativa correta.

(A) Bráulio deve responder por estupro de vulnerável doloso.
(B) Bráulio deve responder por estupro de vulnerável culposo.
(C) Bráulio não praticou crime, pois agiu em hipótese de erro de tipo essencial.
(D) Bráulio não praticou crime, pois agiu em hipótese de erro de proibição direto.

RESPOSTA (A) Art. 217-A do CP. (B) Fato atípico. (C) Art. 20, *caput*, do CP. (D) Art. 21 do CP. Correta a *alternativa C.*

31. **(XIII Exame)** Jaime, objetivando proteger sua residência, instala uma cerca elétrica no muro. Certo dia, Cláudio, com o intuito de furtar a casa de Jaime, resolve pular o referido muro, acreditando que conseguiria escapar da cerca elétrica ali instalada e bem visível para qualquer pessoa. Cláudio, entretanto, não obtém sucesso e acaba levando um choque, inerente à atuação do mecanismo de proteção. Ocorre que, por sofrer de doença cardiovascular, o referido ladrão falece quase instantaneamente. Após a análise pericial, ficou constatado que a descarga elétrica não era suficiente para matar uma pessoa em condições normais de saúde, mas suficiente para provocar o óbito de Cláudio, em virtude de sua cardiopatia. Nessa hipótese é correto afirmar que

(A) Jaime deve responder por homicídio culposo, na modalidade culpa consciente.
(B) Jaime deve responder por homicídio doloso, na modalidade dolo eventual.
(C) Pode ser aplicado à hipótese o instituto do resultado diverso do pretendido.
(D) Pode ser aplicado à hipótese o instituto da legítima defesa preordenada.

RESPOSTA (A e B) Arts. 18 e 121, *caput* e § 3º, do CP. (C) Art. 74 do CP. (D) Art. 25 do CP. Correta a *alternativa D.*

32. **(XIV Exame)** Isadora, mãe da adolescente Larissa, de 12 anos de idade, saiu um pouco mais cedo do trabalho e, ao chegar à sua casa, da janela da sala, vê seu companheiro, Frederico, mantendo relações sexuais com sua filha no sofá. Chocada com a cena, não teve qualquer reação. Não tendo sido vista por ambos, Isadora decidiu, a partir de então, chegar à sua residência naquele mesmo horário e verificou que o fato se repetia por semanas. Isadora tinha efetiva ciência dos abusos perpetrados por Frederico, porém, muito apaixonada por ele, nada fez. Assim, Isadora, sabendo dos abusos cometidos por seu companheiro contra sua filha, deixa de agir para impedi-los. Nesse caso, é correto afirmar que o crime cometido por Isadora é

(A) Omissivo impróprio.
(B) Omissivo próprio.
(C) Comissivo.
(D) Omissivo por comissão.

RESPOSTA Art. 13, § 2º, e 217-A do CP. Correta a *alternativa A.*

33. **(XIV Exame)** Wallace, hemofílico, foi atingido por um golpe de faca em uma região não letal do corpo. Júlio, autor da facada, que não tinha dolo de matar, mas sabia da condição de saúde específica de Wallace, sai da cena do crime sem desferir outros golpes, estando Wallace ainda vivo. No entanto, algumas horas depois, Wallace morre, pois, apesar de a lesão ser em local não letal, sua condição fisiológica agravou o seu estado de saúde. Acerca do estudo da relação de causalidade, assinale a opção correta.

(A) O fato de Wallace ser hemofílico é uma causa relativamente independente preexistente, e Júlio não deve responder por homicídio culposo, mas, sim, por lesão corporal seguida de morte.

(B) O fato de Wallace ser hemofílico é uma causa absolutamente independente preexistente, e Júlio não deve responder por homicídio culposo, mas, sim, por lesão corporal seguida de morte.

(C) O fato de Wallace ser hemofílico é uma causa absolutamente independente concomitante, e Júlio deve responder por homicídio culposo.

(D) O fato de Wallace ser hemofílico é uma causa relativamente independente concomitante, e Júlio não deve responder pela lesão corporal seguida de morte, mas, sim, por homicídio culposo.

RESPOSTA Arts. 13, § 1º, e 129, § 3º, do CP. Correta a *alternativa A*.

34. **(XIV Exame)** Eslow, holandês e usuário de maconha, que nunca antes havia feito uma viagem internacional, veio ao Brasil para a Copa do Mundo. Assistindo ao jogo Holanda x Brasil decidiu, diante da tensão, fumar um cigarro de maconha nas arquibancadas do estádio. Imediatamente, os policiais militares de plantão o prenderam e o conduziram à Delegacia de Polícia. Diante do Delegado de Polícia, Eslow, completamente assustado, afirma que não sabia que no Brasil a utilização de pequena quantidade de maconha era proibida, pois, no seu país, é um hábito assistir a jogos de futebol fumando maconha. Sobre a hipótese apresentada, assinale a opção que apresenta a principal tese defensiva.

(A) Eslow está em erro de tipo essencial escusável, razão pela qual deve ser absolvido.

(B) Eslow está em erro de proibição direto inevitável, razão pela qual deve ser isento de pena.

(C) Eslow está em erro de tipo permissivo escusável, razão pela qual deve ser punido pelo crime culposo.

(D) Eslow está em erro de proibição, que importa em crime impossível, razão pela qual deve ser absolvido.

RESPOSTA (A) Art. 20, *caput*, do CP. (B) Art. 21 do CP. (C) Art. 20, § 1º, do CP. (D) Arts. 17 e 21 do CP. Correta a *alternativa B*.

35. **(XV Exame)** Pedro Paulo, primário e de bons antecedentes, foi denunciado pelo crime de descaminho (art. 334, *caput*, do Código Penal), pelo transporte de mercadorias procedentes do Paraguai e desacompanhadas de documentação comprobatória de sua importação regular, no valor de R$ 3.500,00, conforme atestam o Auto de Infração e o Termo de Apreensão e Guarda Fiscal, bem como o Laudo de Exame Merceológico, elaborado pelo Instituto Nacional de Criminalística. Em defesa de Pedro Paulo, segundo entendimento dos Tribunais Superiores, é possível alegar a aplicação do

(A) Princípio da proporcionalidade.

(B) Princípio da culpabilidade.

(C) Princípio da adequação social.

(D) Princípio da insignificância ou da bagatela.

RESPOSTA Segundo os Tribunais Superiores, incide o princípio da insignificância aos crimes tributários federais e de descaminho quando o débito tributário não ultrapassar o limite de R$ 20.000,00 (vinte mil reais) – art. 20 da Lei n. 10.522/2002. Correta a *alternativa D*.

36. **(XVI Exame)** Carlos e seu filho de dez anos caminhavam por uma rua com pouco movimento e bastante escura, já de madrugada, quando são surpreendidos com a vinda de um cão *pitbull* na direção deles. Quando o animal iniciou o ataque contra a criança, Carlos, que estava armado e tinha autorização para assim se encontrar, efetuou um disparo na direção do cão, que não foi atingido, ricocheteando a bala em uma pedra e acabando por atingir o dono do animal, Leandro, que chegava correndo em sua busca, pois notou que ele fugira clandestinamente da casa. A vítima atingida veio a falecer, ficando constatado que Carlos não teria outro modo de agir para evitar o ataque do cão contra o seu filho, não sendo sua conduta tachada de descuidada. Diante desse quadro, assinale a opção que apresenta a situação jurídica de Carlos.

(A) Carlos atuou em legítima defesa de seu filho, devendo responder, porém, pela morte de Leandro.

(B) Carlos atuou em estado de necessidade defensivo, devendo responder, porém, pela morte de Leandro.

(C) Carlos atuou em estado de necessidade e não deve responder pela morte de Leandro.

(D) Carlos atuou em estado de necessidade putativo, razão pela qual não deve responder pela morte de Leandro.

RESPOSTA (A) Art. 25 do CP. (B eC) Arts. 25 e 74 do CP. (D) Art. 20, § 1º, do CP. Correta a *alternativa C.*

37. **(XVI Exame)** Paloma, sob o efeito do estado puerperal, logo após o parto, durante a madrugada, vai até o berçário onde acredita encontrar-se seu filho recém-nascido e o sufoca até a morte, retornando ao local de origem sem ser notada. No dia seguinte, foi descoberta a morte da criança e, pelo circuito interno do hospital, é verificado que Paloma foi a autora do crime. Todavia, constatou-se que a criança morta não era o seu filho, que se encontrava no berçário ao lado, tendo ela se equivocado quanto à vítima desejada. Diante desse quadro, Paloma deverá responder pelo crime de

(A) Homicídio culposo.
(B) Homicídio doloso simples.
(C) Infanticídio.
(D) Homicídio doloso qualificado.

RESPOSTA Arts. 20, § 3º, 121 e 123 do CP. Houve erro sobre a pessoa. Correta a *alternativa C.*

38. **(XVII Exame)** Durante um assalto a uma instituição bancária, Antônio e Francisco, gerentes do estabelecimento, são feitos reféns. Tendo ciência da condição deles de gerentes e da necessidade de que suas digitais fossem inseridas em determinado sistema para abertura do cofre, os criminosos colocam, à força, o dedo de Antônio no local necessário, abrindo, com isso, o cofre e subtraindo determinada quantia em dinheiro. Além disso, sob a ameaça de morte da esposa de Francisco, exigem que este saia do banco, levando a sacola de dinheiro juntamente com eles, enquanto apontam uma arma de fogo para os policiais que tentavam efetuar a prisão dos agentes. Analisando as condutas de Antônio e Francisco, com base no conceito tripartido de crime, é correto afirmar que

(A) Antônio não responderá pelo crime por ausência de tipicidade, enquanto Francisco não responderá por ausência de ilicitude em sua conduta.
(B) Antônio não responderá pelo crime por ausência de ilicitude, enquanto Francisco não responderá por ausência de culpabilidade em sua conduta.
(C) Antônio não responderá pelo crime por ausência de tipicidade, enquanto Francisco não responderá por ausência de culpabilidade em sua conduta.
(D) Ambos não responderão pelo crime por ausência de culpabilidade em suas condutas.

RESPOSTA Houve a coação física de Antônio, excludente da conduta e, em consequência, da tipicidade. Francisco foi submetido à coação moral irresistível (CP, art. 22), que afasta a exigibilidade de conduta diversa e, também, a culpabilidade. Correta a *alternativa C.*

39. **(XVII Exame)** Cristiane, revoltada com a traição de seu marido, Pedro, decide matá-lo. Para tanto, resolve esperar que ele adormeça para, durante a madrugada, acabar com sua vida. Por volta das 22h, Pedro deita para ver futebol na sala da residência do casal. Quando chega à sala, Cristiane percebe que Pedro estava deitado sem se mexer no sofá. Acreditando estar dormindo, desfere 10 facadas em seu peito. Nervosa e arrependida, liga para o hospital e, com a chegada dos médicos, é informada que o marido faleceu. O laudo de exame cadavérico, porém, constatou que Pedro havia falecido momentos antes das facadas em razão de um infarto fulminante. Cristiane, então, foi denunciada por tentativa de homicídio. Você, advogado(a) de Cristiane, deverá alegar em seu favor a ocorrência de

(A) Crime impossível por absoluta impropriedade do objeto.
(B) Desistência voluntária.
(C) Arrependimento eficaz.
(D) Crime impossível por ineficácia do meio.

RESPOSTA (A e D) Art. 17 do CP. (B e C) Art. 15 do CP. Correta a *alternativa A.*

40. **(XVIII Exame)** Mário subtraiu uma TV do seu local de trabalho. Ao chegar em casa com a coisa subtraída, é convencido pela esposa a devolvê-la, o que efetivamente vem a fazer no dia seguinte, quando o fato já havia sido registrado na delegacia. O comportamento de Mário, de acordo com a teoria do delito, configura

(A) Desistência voluntária, não podendo responder por furto.
(B) Arrependimento eficaz, não podendo responder por furto.
(C) Arrependimento posterior, com reflexo exclusivamente no processo dosimétrico da pena.
(D) Furto, sendo totalmente irrelevante a devolução do bem a partir de convencimento da esposa.

RESPOSTA (A e B) Art. 15 do CP. (C e D) Art. 16 do CP. Correta a *alternativa C.*

41. **(XIX Exame)** Durante uma discussão, Theodoro, inimigo declarado de Valentim, seu cunhado, golpeou a barriga de seu rival com uma faca, com intenção de matá-lo. Ocorre que, após o primeiro golpe, pensando em seus sobrinhos, Theodoro percebeu a incorreção de seus atos e optou por não mais continuar golpeando Valentim, apesar de saber que aquela única facada não seria suficiente para matá-lo. Neste caso, Theodoro

(A) Não responderá por crime algum, diante de seu arrependimento.
(B) Responderá pelo crime de lesão corporal, em virtude de sua desistência voluntária.
(C) Responderá pelo crime de lesão corporal, em virtude de seu arrependimento eficaz.
(D) Responderá por tentativa de homicídio.

RESPOSTA (A) Ausência de previsão legal. (B e C) Art. 15 do CP. (D) Arts. 14, II, e 121 do CP. Correta a *alternativa B.*

42. (XIX Exame) Pedro e Paulo bebiam em um bar da cidade quando teve início uma discussão sobre futebol. Pedro, objetivando atingir Paulo, desfere contra ele um disparo que atingiu o alvo desejado e também terceira pessoa que se encontrava no local, certo que ambas as vítimas faleceram, inclusive aquela cuja morte não era querida pelo agente. Para resolver a questão no campo jurídico, deve ser aplicada a seguinte modalidade de erro:

(A) Erro sobre a pessoa.
(B) *Aberratio ictus.*
(C) *Aberratio criminis.*
(D) Erro determinado por terceiro.

RESPOSTA (A) Art. 20, § 3º, do CP. (B) Art. 73 do CP. (C) Art. 74 do CP. (D) Art. 20, § 2º, do CP. Correta a *alternativa B.*

43. (XX Exame) Wellington pretendia matar Ronaldo, camisa 10 e melhor jogador de futebol do time Bola Cheia, seu adversário no campeonato do bairro. No dia de um jogo do Bola Cheia, Wellington vê, de costas, um jogador com a camisa 10 do time rival. Acreditando ser Ronaldo, efetua diversos disparos de arma de fogo, mas, na verdade, aquele que vestia a camisa 10 era Rodrigo, adolescente que substituiria Ronaldo naquele jogo. Em virtude dos disparos, Rodrigo faleceu. Considerando a situação narrada, assinale a opção que indica o crime cometido por Wellington.

(A) Homicídio consumado, considerando-se as características de Ronaldo, pois houve erro na execução.
(B) Homicídio consumado, considerando-se as características de Rodrigo.
(C) Homicídio consumado, considerando-se as características de Ronaldo, pois houve erro sobre a pessoa.
(D) Tentativa de homicídio contra Ronaldo e homicídio culposo contra Rodrigo.

RESPOSTA (A) Arts. 73 e 121 do CP. (B e C) Arts. 20, § 3º, e 121 do CP. (D) Arts. 14, II, e 121, § 3º, do CP. Correta a *alternativa C.*

44. (XX Exame) Rafael foi condenado pela prática de crime a pena privativa de liberdade de 04 anos e 06 meses, tendo a sentença transitado em julgado em 10/02/2008. Após cumprir 02 anos e 06 meses de pena, obteve livramento condicional em 10/08/2010, sendo o mesmo cumprido com correção e a pena extinta em 10/08/2012. Em 15/09/2015, Rafael pratica novo crime, dessa vez de roubo, tendo como vítima senhora de 60 anos de idade, circunstância que era do seu conhecimento. Dois dias depois, arrependido, antes da denúncia, reparou integralmente o dano causado. Na sentença, o magistrado condenou o acusado, reconhecendo a existência de duas agravantes pela reincidência e idade da vítima, além de não reconhecer o arrependimento posterior. O advogado de Rafael deve pleitear

(A) Reconhecimento do arrependimento posterior.
(B) Reconhecimento da tentativa.
(C) Afastamento da agravante pela idade da vítima.
(D) Afastamento da agravante da reincidência.

RESPOSTA (A) Art. 16 do CP. (B) Art. 14, II, do CP. (C) Art. 61, II, *h*, do CP. (D) Art. 61, I, do CP. Correta a *alternativa D.*

45. (XXI Exame) Carlos presta serviço informal como salva-vidas de um clube, não sendo regularmente contratado, apesar de receber uma gorjeta para observar os sócios do clube na piscina, durante toda a semana. Em seu horário de "serviço", com várias crianças brincando na piscina, fica observando a beleza física da mãe de uma das crianças e, ao mesmo tempo, falando no celular com um amigo, acabando por ficar de costas para a piscina. Nesse momento, uma criança vem a falecer por afogamento, fato que não foi notado por Carlos. Sobre a conduta de Carlos, diante da situação narrada, assinale a afirmativa correta.

(A) Não praticou crime, tendo em vista que, apesar de garantidor, não podia agir, já que concretamente não viu a criança se afogando.
(B) Deve responder pelo crime de homicídio culposo, diante de sua omissão culposa, violando o dever de garantidor.
(C) Deve responder pelo crime de homicídio doloso, em razão de sua omissão dolosa, violando o dever de garantidor.
(D) Responde apenas pela omissão de socorro, mas não pelo resultado morte, já que não havia contrato regular que o obrigasse a agir como garantidor.

RESPOSTA (A, B e C) Arts. 13, § 2º, e 121 do CP. (D) Art. 135 do CP. Correta a *alternativa B.*

46. **(XXII Exame)** Tony, a pedido de um colega, está transportando uma caixa com cápsulas que acredita ser de remédios, sem ter conhecimento que estas, na verdade, continham Cloridrato de Cocaína em seu interior. Por outro lado, José transporta em seu veículo 50g de *Cannabis Sativa L.* (maconha), pois acreditava que poderia ter pequena quantidade do material em sua posse para fins medicinais. Ambos foram abordados por policiais e, diante da apreensão das drogas, denunciados pela prática do crime de tráfico de entorpecentes. Considerando apenas as informações narradas, o advogado de Tony e José deverá alegar em favor dos clientes, respectivamente, a ocorrência de

(A) Erro de tipo, nos dois casos.
(B) Erro de proibição, nos dois casos.
(C) Erro de tipo e erro de proibição.
(D) Erro de proibição e erro de tipo.

RESPOSTA Arts. 20 e 21 do CP. Correta a *alternativa C.*

47. **(XXIII Exame)** Pedro, jovem rebelde, sai à procura de Henrique, 24 anos, seu inimigo, com a intenção de matá-lo, vindo a encontrá-lo conversando com uma senhora de 68 anos de idade. Pedro saca sua arma, regularizada e cujo porte era autorizado, e dispara em direção ao rival. Ao mesmo tempo, a senhora dava um abraço de despedida em Henrique e acaba sendo atingida pelo disparo. Henrique, que não sofreu qualquer lesão, tenta salvar a senhora, mas ela falece. Diante da situação narrada, em consulta técnica solicitada pela família, deverá ser esclarecido pelo advogado que a conduta de Pedro, de acordo com o Código Penal, configura

(A) Crime de homicídio doloso consumado, apenas, com causa de aumento em razão da idade da vítima.
(B) Crime de homicídio doloso consumado, apenas, sem causa de aumento em razão da idade da vítima.
(C) Crimes de homicídio culposo consumado e de tentativa de homicídio doloso em relação a Henrique.
(D) Crime de homicídio culposo consumado, sem causa de aumento pela idade da vítima.

RESPOSTA Arts. 73 e 121 do CP. Correta a *alternativa B.*

48. **(XXIV Exame)** Decidido a praticar crime de furto na residência de um vizinho, João procura o chaveiro Pablo e informa do seu desejo, pedindo que fizesse uma chave que possibilitasse o ingresso na residência, no que foi atendido. No dia do fato, considerando que a porta já estava aberta, João ingressa na residência sem utilizar a chave que lhe fora entregue por Pablo, e subtrai uma TV. Chegando em casa, narra o fato para sua esposa, que o convence a devolver o aparelho subtraído. No dia seguinte, João atende à sugestão da esposa e devolve o bem para a vítima, narrando todo o ocorrido ao lesado, que, por sua vez, comparece à delegacia e promove o registro próprio. Considerando o fato narrado, na condição de advogado(a), sob o ponto de vista técnico, deverá ser esclarecido aos familiares de Pablo e João que

(A) Nenhum deles responderá pelo crime, tendo em vista que houve arrependimento eficaz por parte de João e, como causa de excludente da tipicidade, estende-se a Pablo.
(B) Ambos deverão responder pelo crime de furto qualificado, aplicando-se a redução de pena apenas a João, em razão do arrependimento posterior.
(C) Ambos deverão responder pelo crime de furto qualificado, aplicando-se a redução de pena para os dois, em razão do arrependimento posterior, tendo em vista que se trata de circunstância objetiva.
(D) João deverá responder pelo crime de furto simples, com causa de diminuição do arrependimento posterior, enquanto Pablo não responderá pelo crime contra o patrimônio.

RESPOSTA (A) Art. 15 do CP. (B, C e D) Arts. 16 e 29 do CP. Correta a *alternativa D.*

49. **(XXVII Exame)** No dia 05/03/2015, Vinicius, 71 anos, insatisfeito e com ciúmes em relação à forma de dançar de sua esposa, Clara, 30 anos mais nova, efetua disparos de arma de fogo contra ela, com a intenção de matar. Arrependido, após acertar dois disparos no peito da esposa, Vinicius a leva para o hospital, onde ela ficou em coma por uma semana. No dia 12/03/2015, porém, Clara veio a falecer, em razão das lesões causadas pelos disparos da arma de fogo. Ao tomar conhecimento dos fatos, o Ministério Público ofereceu denúncia em face de Vinícius, imputando-lhe a prática do crime previsto no art. 121, § 2º, inciso VI, do Código Penal, uma vez que, em 09/03/2015, foi publicada a Lei nº 13.104, que previu a qualificadora antes mencionada, pelo fato de o crime ter sido praticado contra a mulher por razão de ser ela do gênero feminino. Durante a instrução da 1ª fase do procedimento do Tribunal do Júri, antes da pronúncia, todos os fatos são confirmados, pugnando o Ministério Público pela pronúncia nos termos da denúncia.

Em seguida, os autos são encaminhados ao(a) advogado(a) de Vinícius para manifestação. Considerando apenas as informações narradas, o(a) advogado(a) de Vinicius poderá, no momento da manifestação para a qual foi intimado, pugnar pelo imediato

(A) Reconhecimento do arrependimento eficaz.
(B) Afastamento da qualificadora do homicídio.
(C) Reconhecimento da desistência voluntária.
(D) Reconhecimento da causa de diminuição de pena da tentativa.

RESPOSTA (A e C) Art. 15 do CP. (B) Art. 4º do CP. (D) Art. 14, II, do CP. Correta a *alternativa B*.

50. **(XXVIII Exame)** David, em dia de sol, levou sua filha, Vivi, de 03 anos, para a piscina do clube. Enquanto a filha brincava na piscina infantil, David precisou ir ao banheiro, solicitando, então, que sua amiga Carla, que estava no local, ficasse atenta para que nada de mal ocorresse com Vivi. Carla se comprometeu a cuidar da filha de David. Naquele momento, Vitor assumiu o posto de salva-vidas da piscina. Carla, que sempre fora apaixonada por Vitor, começou a conversar com ele e ambos ficam de costas para a piscina, não atentando para as crianças que lá estavam. Vivi começa a brincar com o filtro da piscina e acaba sofrendo uma sucção que a deixa embaixo da água por tempo suficiente para causar seu afogamento. David vê quando o ato acontece através de pequena janela no banheiro do local, mas o fecho da porta fica emperrado e ele não consegue sair. Vitor e Carla não veem o ato de afogamento da criança porque estavam de costas para a piscina conversando. Diante do resultado morte, David, Carla e Vitor ficam preocupados com sua responsabilização penal e procuram um advogado, esclarecendo que nenhum deles adotou comportamento positivo para gerar o resultado. Considerando as informações narradas, o advogado deverá esclarecer que:

(A) Carla e Vitor, apenas, poderão responder por homicídio culposo, já que podiam atuar e possuíam obrigação de agir na situação.
(B) David, apenas, poderá responder por homicídio culposo, já que era o único com dever legal de agir por ser pai da criança.
(C) David, Carla, Vitor poderão responder por homicídio culposo, já que os três tinham o dever de agir.
(D) Vitor, apenas, poderá responder pelo crime de omissão de socorro.

RESPOSTA Em regra, condutas omissivas não são puníveis, salvo quando previstas em lei – como ocorre com a omissão de socorro (CP, art. 135). Ou seja, a regra é a seguinte: não fazer nada é conduta atípica, exceto quando existe norma que criminalize esse não fazer algo, afinal, ninguém está obrigado a fazer algo senão em virtude em lei. No entanto, o art. 13, § 2º, do CP traz uma situação curiosa, em que determinadas pessoas serão punidas por não terem agido para evitar um resultado. Correta a *alternativa A*.

51. **(XXIX Exame)** Após discussão em uma casa noturna, Jonas, com a intenção de causar lesão, aplicou um golpe de arte marcial em Leonardo, causando fratura em seu braço. Leonardo, então, foi encaminhado ao hospital, onde constatou-se a desnecessidade de intervenção cirúrgica e optou-se por um tratamento mais conservador com analgésicos para dor, o que permitiria que ele retornasse às suas atividades normais em 15 dias. A equipe médica, sem observar os devidos cuidados exigidos, ministrou o remédio a Leonardo sem observar que era composto por substância à qual o paciente informara ser alérgico em sua ficha de internação. Em razão da medicação aplicada, Leonardo sofreu choque anafilático, evoluindo a óbito, conforme demonstrado em seu laudo de exame cadavérico. Recebidos os autos do inquérito, o Ministério Público ofereceu denúncia em face de Jonas, imputando-lhe o crime de homicídio doloso. Diante dos fatos acima narrados e considerando o estudo da teoria da equivalência, o(a) advogado(a) de Jonas deverá alegar que a morte de Leonardo decorreu de causa superveniente

(A) Absolutamente independente, devendo ocorrer desclassificação para que Jonas responda pelo crime de lesão corporal seguida de morte.
(B) Relativamente independente, devendo ocorrer desclassificação para o crime de lesão corporal seguida de morte, já que a morte teve relação com sua conduta inicial.
(C) Relativamente independente, que, por si só, causou o resultado, devendo haver desclassificação para o crime de homicídio culposo.
(D) Relativamente independente, que, por si só, produziu o resultado, devendo haver desclassificação para o crime de lesão corporal, não podendo ser imputado o resultado morte.

RESPOSTA Quando o problema exigir a análise de fatos supervenientes à conduta criminosa (CP, art. 13, § 1º), veja se o resultado – a FGV sempre traz o exemplo do homicídio – foi produzido, por si só, pelo fato posterior. A regra faz sentido. Entenda: tudo o que acontece na vida decorre de uma cadeia de eventos. Em uma leve colisão de veículos no trânsito, há uma série de outros eventos que construíram aquele resultado. Por exemplo, no dia do acidente, o filho do motorista adoeceu e ele estava acima do limite de velocidade por estar atrasado para o trabalho. No exemplo do enunciado, ninguém pode negar: Leonardo estava no hospital por causa da conduta de Jonas. No entanto, o resultado morte foi causado, por si só, por erro da equipe médica. Por isso, Jonas só pode ser punido pela lesão corporal (CP, art. 129), e não pelo falecimento da vítima. Correta a *alternativa D.*

52. **(XXIX Exame)** Durante a madrugada, Lucas ingressou em uma residência e subtraiu um computador. Quando se preparava para sair da residência, ainda dentro da casa, foi surpreendido pela chegada do proprietário. Assustado, ele o empurrou e conseguiu fugir com a coisa subtraída. Na manhã seguinte, arrependeu-se e resolveu devolver a coisa subtraída ao legítimo dono, o que efetivamente veio a ocorrer. O proprietário, revoltado com a conduta anterior de Lucas, compareceu em sede policial e narrou o ocorrido. Intimado pelo Delegado para comparecer em sede policial, Lucas, preocupado com uma possível responsabilização penal, procura o advogado da família e solicita esclarecimentos sobre a sua situação jurídica, reiterando que já no dia seguinte devolvera o bem subtraído. Na ocasião da assistência jurídica, o(a) advogado(a) deverá informar a Lucas que poderá ser reconhecido(a)

(A) A desistência voluntária, havendo exclusão da tipicidade de sua conduta.

(B) O arrependimento eficaz, respondendo o agente apenas pelos atos até então praticados.

(C) O arrependimento posterior, não sendo afastada a tipicidade da conduta, mas gerando aplicação de causa de diminuição de pena.

(D) A atenuante da reparação do dano, apenas, não sendo, porém, afastada a tipicidade da conduta.

RESPOSTA Inicialmente, era um furto (CP, art. 155), mas aquele empurrão mudou tudo. Virou um roubo (CP, art. 157, § 1º). Portanto, já sabemos que não foi hipótese de arrependimento posterior (CP, art. 16), pois houve violência contra a pessoa. Na desistência voluntária (CP, art. 15), tem de existir vontade do agente em relação ao abandono da execução. Não foi o caso, afinal, Lucas quis, até o fim, consumar o delito. É o mesmo motivo de não ter havido arrependimento eficaz (CP, art. 15). Contudo, o seu arrependimento após a consumação deve recompensado com a atenuante do art. 65, III, *b*, do CP. Correta a *alternativa D.*

53. **(XXX Exame)** Enquanto assistia a um jogo de futebol em um bar, Francisco começou a provocar Raul, dizendo que seu clube, que perdia a partida, seria rebaixado. Inconformado com a indevida provocação, Raul, que estava acompanhado de um cachorro de grande porte, atiça o animal a atacar Francisco, o que efetivamente acontece. Na tentativa de se defender, Francisco desfere uma facada no cachorro de Raul, o qual vem a falecer. O fato foi levado à autoridade policial, que instaurou inquérito para apuração. Francisco, então, contrata você, na condição de advogado(a), para patrocinar seus interesses. Considerando os fatos narrados, com relação à conduta praticada por Francisco, você, como advogado(a), deverá esclarecer que seu cliente

(A) Não poderá alegar qualquer excludente de ilicitude, em razão de sua provocação anterior.

(B) Atuou escorado na excludente de ilicitude da legítima defesa.

(C) Praticou conduta atípica, pois a vida do animal não é protegida penalmente.

(D) Atuou escorado na excludente de ilicitude do estado de necessidade.

RESPOSTA Na legítima defesa (CP, art. 25), é repelida uma injusta agressão. Animais não têm noção de justo ou injusto. Por isso, se sou atacado por um cachorro e o mato para me defender, ajo em estado de necessidade (CP, art. 24). No entanto, situação diferente ocorre quando o animal ataca por comando de um outro ser humano que age em hipótese de injusta agressão, quando estará caracterizada a legítima defesa. Correta a *alternativa B.*

54. **(XXX Exame)** Regina dá à luz seu primeiro filho, Davi. Logo após realizado o parto, ela, sob influência do estado puerperal, comparece ao berçário da maternidade, no intuito de matar Davi. No entanto, pensando tratar-se de seu filho, ela, com uma corda, asfixia Bruno, filho recém-nascido do casal Marta e Rogério, causando-lhe a morte. Descobertos os fatos, Regina é denunciada pelo crime de homicídio qualificado pela asfixia com causa de aumento de pena pela idade da vítima. Diante dos fatos acima narrados, o(a) advogado(a) de Regina, em alegações finais da primeira fase do procedimento do Tribunal do Júri, deverá requerer

(A) O afastamento da qualificadora, devendo Regina responder pelo crime de homicídio simples com causa de aumento, diante do erro de tipo.

(B) A desclassificação para o crime de infanticídio, diante do erro sobre a pessoa, não podendo ser reconhecida a agravante pelo fato de quem se pretendia atingir ser descendente da agente.

(C) A desclassificação para o crime de infanticídio, diante do erro na execução (*aberratio ictus*), podendo ser reconhecida a agravante de o crime ser contra descendente, já que são consideradas as características de quem se pretendia atingir.

(D) A desclassificação para o crime de infanticídio, diante do erro sobre a pessoa, podendo ser reconhecida a agravante de o crime ser contra descendente, já que são consideradas as características de quem se pretendia atingir.

RESPOSTA Regina confundiu outra pessoa (Bruno) com seu filho (Davi), estando evidente a hipótese de erro sobre a pessoa (CP, art. 20, § 3º). Por força do que dispõe o CP, deve ser considerada a vítima pretendida (Davi), e não a efetivamente atingida (Bruno), razão pela qual Regina deveria ser punida pelo delito de infanticídio (CP, art. 123). Correta a *alternativa B.*

III. IMPUTABILIDADE PENAL

55. **(I Exame)** Em relação à imputabilidade penal, assinale a opção correta.

(A) A pena poderá ser reduzida se o agente, em virtude de perturbação de saúde mental ou por desenvolvimento mental incompleto ou retardado, não for inteiramente capaz de entender o caráter ilícito do fato ou de determinar-se de acordo com esse entendimento.

(B) A pena imposta ao semi-imputável não pode ser substituída por medida de segurança.

(C) A embriaguez não acidental, seja voluntária ou culposa, completa ou incompleta, exclui a imputabilidade do agente que, ao tempo da ação ou omissão delituosa, for inteiramente incapaz de entender o caráter ilícito do fato ou de determinar-se de acordo com esse entendimento.

(D) Quanto à aferição da inimputabilidade, o CP adota, como regra, o critério psicológico, segundo o qual importa saber se o agente, no momento da ação ou da omissão delituosa, tem ou não condições de avaliar o caráter criminoso do fato e de orientar-se de acordo com esse entendimento.

RESPOSTA (A) Art. 26 do CP. (B) Art. 98 do CP. (C) Art. 28, I, do CP. (D) O CP adota o critério biopsicológico. Correta a *alternativa A.*

56. **(VIII Exame)** Analise as hipóteses abaixo relacionadas e assinale a alternativa que apresenta somente causas excludentes de culpabilidade.

(A) Erro de proibição; embriaguez completa proveniente de caso fortuito ou força maior; coação moral irresistível.

(B) Embriaguez culposa; erro de tipo permissivo; inimputabilidade por doença mental ou por desenvolvimento mental incompleto ou retardado.

(C) Inimputabilidade por menoridade; estrito cumprimento do dever legal; embriaguez incompleta.

(D) Embriaguez incompleta proveniente de caso fortuito ou força maior; erro de proibição; obediência hierárquica.

RESPOSTA (A) Arts. 21, 28, § 1º, e 22 do CP. (B) Arts. 28, II, 20, § 1º, e 26 do CP. (C) Arts. 23, III, 27, e 28, § 2º, do CP. (D) Arts. 21, 22 e 28, § 2º, do CP. Correta a *alternativa A.*

57. **(VIII Exame)** Analise as hipóteses abaixo relacionadas e assinale a alternativa que apresenta somente causas excludentes de culpabilidade.

(A) Erro de proibição; embriaguez completa proveniente de caso fortuito ou força maior; coação moral irresistível.

(B) Embriaguez culposa; erro de tipo permissivo; inimputabilidade por doença mental ou por desenvolvimento mental incompleto ou retardado.

(C) Inimputabilidade por menoridade; estrito cumprimento do dever legal; embriaguez incompleta.

(D) Embriaguez incompleta proveniente de caso fortuito ou força maior; erro de proibição; obediência hierárquica.

RESPOSTA (A) Arts. 21, 28, § 1º, e 22 do CP. (B) Arts. 26 e 28, II, do CP. (C) Arts. 21, 22 e 27 do CP. (D) Arts. 21, 22 e 28, § 2º, do CP. Correta a *alternativa A.*

58. **(XI Exame)** Para aferição da inimputabilidade por doença mental ou desenvolvimento mental incompleto ou retardado, assinale a alternativa que indica o critério adotado pelo Código Penal vigente.

(A) Biológico.

(B) Psicológico.

(C) Psiquiátrico.

(D) Bopsicológico.

RESPOSTA Não basta ser doente. É preciso que o agente não tenha discernimento suficiente do que fez no momento da conduta criminosa. Correta a *alternativa D.*

59. **(XVI Exame)** Patrício e Luiz estavam em um bar, quando o primeiro, mediante ameaça de arma de fogo, obriga o último a beber dois copos de tequila. Luiz ficou inteiramente embriagado. A dupla, então, deixou o local, sendo que Patrício conduzia Luiz, que caminhava com muitas dificuldades. Ao encontrarem Juliana, que caminhava sozinha pela calçada, Patrício e Luiz, se utilizando da arma que era portada pelo primeiro, constrangeram-na a com eles praticar sexo oral, sendo flagrados por populares que passavam ocasionalmente pelo local, ocorrendo a prisão em flagrante. Denunciados pelo crime de estupro, no curso da instrução, mediante perícia, restou constatado que Patrício era possuidor de doença mental grave e que, quando da prática do fato, era inteiramente incapaz de entender o caráter ilícito do seu comportamento, situação, aliás, que permanece até o momento do julgamento. Também ficou demonstrado que, no momento do crime, Luiz estava completamente embriagado. O Ministério Público requereu a condenação dos acusados. Não havendo dúvida com relação ao injusto, tecnicamente, a defesa técnica dos acusados deverá requerer, nas alegações finais,

(A) A absolvição dos acusados por força da inimputabilidade, aplicando, porém, medida de segurança para ambos.
(B) A absolvição de Luiz por ausência de culpabilidade em razão da embriaguez culposa e a absolvição Patrício, com aplicação, para este, de medida de segurança.
(C) A absolvição de Luiz por ausência de culpabilidade em razão da embriaguez completa decorrente de força maior e a absolvição imprópria de Patrício, com aplicação, para este, de medida de segurança.
(D) A absolvição imprópria de Patrício, com a aplicação de medida de segurança, e a condenação de Luiz na pena mínima, porque a embriaguez nunca exclui a culpabilidade.

RESPOSTA Arts. 26 e 28, § 1º, do CP. Correta a *alternativa C.*

60. **(XXV Exame)** Laura, nascida em 21 de fevereiro de 2000, é inimiga declarada de Lívia, nascida em 14 de dezembro de 1999, sendo que o principal motivo da rivalidade está no fato de que Lívia tem interesse no namorado de Laura. Durante uma festa, em 19 de fevereiro de 2018, Laura vem a saber que Lívia anunciou para todos que tentaria manter relações sexuais com o referido namorado. Soube, ainda, que Lívia disse que, na semana seguinte, iria desferir um tapa no rosto de Laura, na frente de seus colegas, como forma de humilhá-la. Diante disso, para evitar que as ameaças de Lívia se concretizassem, Laura, durante a festa, desfere facadas no peito de Lívia, mas terceiros intervêm e encaminham Lívia diretamente para o hospital. Dois dias depois, Lívia vem a falecer em virtude dos golpes sofridos. Descobertos os fatos, o Ministério Público ofereceu denúncia em face de Laura pela prática do crime de homicídio qualificado. Confirmados integralmente os fatos, a defesa técnica de Laura deverá pleitear o reconhecimento da

(A) Inimputabilidade da agente.
(B) Legítima defesa.
(C) Inexigibilidade de conduta diversa.
(D) Atenuante da menoridade relativa.

RESPOSTA (A) Arts. 4º e 27 do CP. (B) Art. 25 do CP. (C) Sem previsão legal expressa. (D) Art. 65, I, do CP. Correta a *alternativa A.*

61. **(XXX Exame)** Durante ação penal em que Guilherme figura como denunciado pela prática do crime de abandono de incapaz (Pena: detenção, de 6 meses a 3 anos), foi instaurado incidente de insanidade mental do acusado, constatando o laudo que Guilherme era, na data dos fatos (e permanecia até aquele momento), inteiramente incapaz de entender o caráter ilícito do fato, em razão de doença mental. Não foi indicado, porém, qual seria o tratamento adequado para Guilherme. Durante a instrução, os fatos imputados na denúncia são confirmados, assim como a autoria e a materialidade delitiva. Considerando apenas as informações expostas, com base nas previsões do Código Penal, no momento das alegações finais, a defesa técnica de Guilherme, sob o ponto de vista técnico, deverá requerer

(A) A absolvição imprópria, com aplicação de medida de segurança de tratamento ambulatorial, podendo a sentença ser considerada para fins de reincidência no futuro.
(B) A absolvição própria, sem aplicação de qualquer sanção, considerando a ausência de culpabilidade.
(C) A absolvição imprópria, com aplicação de medida de segurança de tratamento ambulatorial, não sendo a sentença considerada posteriormente para fins de reincidência.
(D) A absolvição imprópria, com aplicação de medida de segurança de internação pelo prazo máximo de 02 anos, não sendo a sentença considerada posteriormente para fins de reincidência.

RESPOSTA Por ser inimputável na época dos fatos (CP, art. 26, *caput*), Guilherme não pode ser condenado criminalmente – a inimputabilidade afasta a culpabilidade –, devendo ser absolvido. No entanto, trata-se de absolvição com consequências ruins a ele, pois o juiz deverá aplicar medida de segurança (por isso, absolvição imprópria). Ou seja, absolve, mas tem ônus (CP, art. 97). Correta a *alternativa C.*

IV. CONCURSO DE PESSOAS

62. **(III Exame)** Tomás decide matar seu pai, Joaquim. Sabendo da intenção de Tomás de executar o genitor, Pedro oferece, graciosamente, carona ao agente até o local em que ocorre o crime. A esse respeito, é correto afirmar que Pedro é

(A) Coautor do delito, respondendo por homicídio agravado por haver sido praticado contra ascendente.

(B) Partícipe do delito, respondendo por homicídio agravado por haver sido praticado contra ascendente.

(C) Coautor do delito, respondendo por homicídio sem a incidência da agravante.

(D) Partícipe do delito, respondendo por homicídio sem a incidência da agravante.

RESPOSTA Arts. 30 e 121 do CP. Correta a *alternativa D.*

63. **(XI Exame)** Sofia decide matar sua mãe. Para tanto, pede ajuda a Lara, amiga de longa data, com quem debate a melhor maneira de executar o crime, o melhor horário, local etc. Após longas discussões de como poderia executar seu intento da forma mais eficiente possível, a fim de não deixar nenhuma pista, Sofia pede emprestado a Lara um facão. A amiga prontamente atende ao pedido. Sofia despede-se agradecendo a ajuda e diz que, se tudo correr conforme o planejado, executará o homicídio naquele mesmo dia, e assim o faz. No entanto, apesar dos cuidados, tudo é descoberto pela polícia. A respeito do caso narrado e de acordo com a teoria restritiva da autoria, assinale a afirmativa correta.

(A) Sofia é a autora do delito e deve responder por homicídio com a agravante de o crime ter sido praticado contra ascendente. Lara, por sua vez, é apenas partícipe do crime e deve responder por homicídio, sem a presença da circunstância agravante.

(B) Sofia e Lara devem ser consideradas coautoras do crime de homicídio, incidindo, para ambas, a circunstância agravante de ter sido, o crime, praticado contra ascendente.

(C) Sofia e Lara devem ser consideradas coautoras do crime de homicídio. Todavia, a agravante de ter sido, o crime, praticado contra ascendente somente incide em relação à Sofia.

(D) Sofia é a autora do delito e deve responder por homicídio com a agravante de ter sido, o crime, praticado contra ascendente. Lara, por sua vez, é apenas partícipe do crime, mas a agravante também lhe será aplicada.

RESPOSTA Arts. 30, 61, II, e, e 121 do CP. Correta a *alternativa A.*

64. **(XII Exame)** Lucas, funcionário público do Tribunal de Justiça, e Laura, sua noiva, estudante de direito, resolveram subtrair *notebooks* de última geração adquiridos pela serventia onde Lucas exerce suas funções. Assim, para conseguir seu intento, combinaram dividir a execução do delito. Lucas, em determinado feriado municipal, valendo-se da facilidade que seu cargo lhe proporcionava, identificou-se na recepção e disse ao segurança que precisava ir até a serventia para buscar alguns pertences que havia esquecido. O segurança, que já conhecia Lucas de vista, não desconfiou de nada e permitiu o acesso. Ressalte-se que, além de ser serventuário, Lucas conhecia detalhadamente o prédio público, razão pela qual se dirigiu rapidamente ao local desejado, subtraindo todos os *notebooks*. Após, foi a uma janela e, dali, os entregou a Laura, que os colocou no carro e saiu. Ao final, Lucas conseguiu deixar o edifício sem que ninguém suspeitasse de nada. Todavia, cerca de uma semana após, Laura e Lucas têm uma discussão e terminam o noivado. Muito enraivecida, Laura procura a polícia e noticia os fatos, ocasião em que devolve todos os *notebooks* subtraídos. Com base nas informações do caso narrado, assinale a afirmativa correta.

(A) Laura e Lucas devem responder pelo delito de peculato-furto praticado em concurso de agentes.

(B) Laura deve responder por furto qualificado e Lucas deve responder por peculato-furto, dada a incomunicabilidade das circunstâncias.

(C) Laura e Lucas serão beneficiados pela causa extintiva de punibilidade, uma vez que houve reparação do dano ao erário anteriormente à denúncia.

(D) Laura será beneficiada pelo instituto do arrependimento eficaz, mas Lucas não poderá valer-se de tal benefício, pois a restituição dos bens, por parte dele, não foi voluntária.

RESPOSTA (A e B) Arts. 30 e 312, § 1º, do CP. (C) Art. 312, § 3º, do CP. (D) Art. 15 do CP. Correta a *alternativa A.*

65. **(XVI Exame)** Maria Joaquina, empregada doméstica de uma residência, profundamente apaixonada pelo vizinho Fernando, sem que este soubesse, escuta sua conversa com uma terceira pessoa acordando o furto da casa em que ela trabalha durante os dias de semana à tarde. Para facilitar o sucesso da operação de seu amado, ela deixa a porta aberta ao sair do trabalho. Durante a empreitada criminosa, sem saber que a porta da frente se encontrava destrancada, Fernando e seu comparsa arrombam a porta dos fundos, ingressam na residência e subtraem diversos objetos. Diante desse quadro fático, assinale a opção que apresenta a correta responsabilidade penal de Maria Joaquina.

(A) Deverá responder pelo mesmo crime de Fernando, na qualidade de partícipe, eis que contribuiu de alguma forma para o sucesso da empreitada criminosa ao não denunciar o plano.

(B) Deverá responder pelo crime de furto qualificado pelo concurso de agentes, afastada a qualificadora do rompimento de obstáculo, por esta não se encontrar na linha de seu conhecimento.

(C) Não deverá responder por qualquer infração penal, sendo a sua participação irrelevante para o sucesso da empreitada criminosa.

(D) Deverá responder pelo crime de omissão de socorro.

RESPOSTA (A e C) Art. 29 do CP. (B) Art. 155, § 4º, I, do CP. (D) Art. 135 do CP. Correta a *alternativa C.*

66. **(XXIII Exame)** Rafael e Francisca combinam praticar um crime de furto em uma residência onde ela exercia a função de passadeira. Decidem, então, subtrair bens do imóvel em data sobre a qual Francisca tinha conhecimento de que os proprietários estariam viajando, pois assim ela tinha certeza de que os patrões, de quem gostava, não sofreriam qualquer ameaça ou violência. No dia do crime, enquanto Francisca aguarda do lado de fora, Rafael entra no imóvel para subtrair bens. Ela, porém, percebe que o carro dos patrões está na garagem e tenta avisar o fato ao comparsa para que este saísse rápido da casa. Todavia, Rafael, ao perceber que a casa estava ocupada, decide empregar violência contra os proprietários para continuar subtraindo mais bens. Descobertos os fatos, Francisca e Rafael são denunciados pela prática do crime de roubo majorado. Considerando as informações narradas, o(a) advogado(a) de Francisca deverá buscar

(A) Sua absolvição, tendo em vista que não desejava participar do crime efetivamente praticado.

(B) O reconhecimento da participação de menor importância, com aplicação de causa de redução de pena.

(C) O reconhecimento de que o agente quis participar de crime menos grave, aplicando se a pena do furto qualificado.

(D) O reconhecimento de que o agente quis participar de crime menos grave, aplicando se causa de diminuição de pena sobre a pena do crime de roubo majorado.

RESPOSTA Arts. 29, § 1º e § 2º, 155, § 4º, II, e 157 do CP. Correta a *alternativa C.*

67. **(XXVII Exame)** Pedro e Paulo combinam de praticar um crime de furto em determinada creche, com a intenção de subtrair computadores. Pedro, então, sugere que o ato seja praticado em um domingo, quando o local estaria totalmente vazio e nenhuma criança seria diretamente prejudicada. No momento da empreitada delitiva, Pedro auxilia Paulo a entrar por uma janela lateral e depois entra pela porta dos fundos da unidade. Já no interior do local, eles verificam que a creche estava cheia em razão de comemoração do "Dia das Mães"; então, Pedro pega um *laptop* e sai, de imediato, pela porta dos fundos, mas Paulo, que estava armado sem que Pedro soubesse, anuncia o assalto e subtrai bens e joias de crianças, pais e funcionários. Captadas as imagens pelas câmeras de segurança, Pedro e Paulo são identificados e denunciados pelo crime de roubo duplamente majorado. Com base apenas nas informações narradas, a defesa de Pedro deverá pleitear o reconhecimento da

(A) Participação de menor importância, gerando causa de diminuição de pena.

(B) Cooperação dolosamente distinta, gerando causa de diminuição de pena.

(C) Cooperação dolosamente distinta, gerando aplicação da pena do crime menos grave.

(D) Participação de menor importância, gerando aplicação da pena do crime menos grave.

RESPOSTA (A e D) Art. 29, § 1º, do CP. (B e C) Art. 29, § 2º, do CP. Correta a *alternativa C.*

68. **(XXIX Exame)** Em 05/10/2018, Lúcio, com o intuito de obter dinheiro para adquirir uma moto em comemoração ao seu aniversário de 18 anos, que aconteceria em 09/10/2018, sequestra Danilo, com a ajuda de um amigo ainda não identificado. No mesmo dia, a dupla entra em contato com a família da vítima, exigindo o pagamento da quantia de R$ 50.000,00 (cinquenta mil reais) para sua liberação. Duas semanas após a restrição da liberdade da vítima, período durante o qual os autores permaneceram em constante contato com a família da vítima exigindo o pagamento do resgate, a polícia encontrou o local do cativeiro e conseguiu libertar Danilo, encaminhando, de imediato, Lúcio à Delegacia. Em sede policial, Lúcio entra em contato com o advogado da família. Considerando os fatos narrados, o(a) advogado(a) de Lúcio, em entrevista pessoal e reservada, deverá esclarecer que sua conduta

(A) Não permite que seja oferecida denúncia pelo Ministério Público, pois o Código Penal adota a Teoria da Ação para definição do tempo do crime, sendo Lúcio inimputável para fins penais.
(B) Não permite que seja oferecida denúncia pelo órgão ministerial, pois o Código Penal adota a Teoria do Resultado para definir o tempo do crime, e, sendo este de natureza formal, sua consumação se deu em 05/10/2018.
(C) Configura fato típico, ilícito e culpável, podendo Lúcio ser responsabilizado, na condição de imputável, pelo crime de extorsão mediante sequestro qualificado na forma consumada.
(D) Configura fato típico, ilícito e culpável, podendo Lúcio ser responsabilizado, na condição de imputável, pelo crime de extorsão mediante sequestro qualificado na forma tentada, já que o crime não se consumou por circunstâncias alheias à sua vontade, pois não houve obtenção da vantagem indevida.

RESPOSTA Lúcio tinha 18 anos quando a vítima foi libertada. Portanto, culpável. Quanto à consumação do delito de extorsão mediante sequestro, a resposta está na Súmula 96-STJ. *Alternativa C.*

V. PENAS

69. **(I Exame)** No que se refere às penas restritivas de direitos e à de multa, assinale a opção correta.

(A) A prestação de serviços à comunidade ou a entidades públicas consiste na atribuição de tarefas gratuitas ao condenado, sendo aplicável às condenações superiores a seis meses de privação da liberdade, atendidos os demais requisitos legais.
(B) A limitação de fim de semana consiste na obrigação de permanência, aos sábados, domingos e feriados, por oito horas diárias, em casa de albergado ou em outro estabelecimento adequado.
(C) A pena de multa consiste no pagamento, ao fundo penitenciário, da quantia determinada na sentença e calculada em dias-multa, sendo, no mínimo, de dez e, no máximo, de trezentos e sessenta e cinco dias-multa, a ser fixada pelo juiz, não podendo ser inferior a um trigésimo do maior salário mínimo mensal vigente ao tempo do fato, nem superior a cinco vezes esse salário.
(D) Se o condenado for reincidente, o juiz não poderá aplicar a substituição da pena privativa de liberdade, apesar de, em face de condenação anterior, a medida ser socialmente recomendável e a reincidência não se ter operado em virtude da prática do mesmo crime.

RESPOSTA (A) Art. 45 do CP. (B) Art. 48 do CP. (C) Art. 49 do CP. (D) Art. 44, § 3°, do CP. Correta a *alternativa A.*

70. **(I Exame)** Com relação à pena de multa, assinale a opção correta.

(A) Transitada em julgado a sentença condenatória, a multa deverá ser paga no prazo de dez dias e será convertida em pena privativa de liberdade caso o condenado não realize o pagamento.
(B) É vedado o pagamento da pena de multa em parcelas mensais, dada a natureza jurídica de tal espécie de sanção.
(C) Transitada em julgado a sentença condenatória, a multa será considerada dívida de valor, aplicando-se-lhe as normas da legislação relativa à dívida ativa da fazenda pública, exceto no que concerne às causas interruptivas e suspensivas da prescrição, incidindo, nesse caso, as normas do CP.
(D) Sobrevindo ao condenado doença mental, é suspensa a execução da pena de multa

RESPOSTA (A) Art. 51 do CP. (B) Art. 50 do CP. (C) Art. 51 do CP. (D) Art. 52 do CP. Correta a *alternativa D.* Cuidado: questão desatualizada. O art. 51 do CP foi alterado pelo Pacote Anticrime (Lei n. 13.964/2019).

71. **(I Exame)** Admite-se a suspensão condicional da pena (*sursis*)

(A) A reincidente em crime doloso, desde que a condenação anterior tenha sido exclusivamente à pena de multa.
(B) Para o condenado que, na data do fato, tenha idade acima de setenta anos, desde que a pena não seja superior a dois anos.
(C) Para o condenado em estado de saúde grave ou portador de doença incurável, desde que ele tenha reparado o dano.
(D) Em casos de condenação a pena restritiva de direito ou privativa de liberdade, desde que não superior a quatro anos.

RESPOSTA (A) Art. 77, § 1º, do CP. (B) Art. 77, § 2º, do CP. (C) Art. 77, § 2º, do CP. (D) Art. 77, *caput*, do CP. Correta a *alternativa A.*

72. **(II Exame)** Com relação ao concurso de delitos, é correto afirmar que:

(A) No concurso de crimes as penas de multa são aplicadas distintamente, mas de forma reduzida.
(B) O concurso material ocorre quando o agente, mediante mais de uma ação ou omissão, pratica dois ou mais crimes com dependência fática e jurídica entre estes.
(C) O concurso formal perfeito, também conhecido como próprio, ocorre quando o agente, por meio de

uma só ação ou omissão, pratica dois ou mais crimes idênticos, caso em que as penas serão somadas.

(D) O Código Penal Brasileiro adotou o sistema de aplicação de pena do cúmulo material para os concursos material e formal imperfeito, e da exasperação para o concurso formal perfeito e crime continuado.

RESPOSTA (A) Art. 72 do CP. (B) Art. 69 do CP. A lei não exige dependência fática e jurídica entre os delitos para a caracterização do concurso material. (C) Art. 70 do CP. A alternativa traz a consequência do concurso formal impróprio. (D) Arts. 69, 70 e 71 do CP. Obs.: a lei não fala em sistema da exasperação ou em sistema do cúmulo material. São expressões de natureza doutrinária. Correta a *alternativa D.*

73. **(IV Exame)** Com relação aos critérios para substituição da pena privativa de liberdade por restritiva de direitos, assinale a alternativa correta.

(A) A substituição nunca poderá ocorrer se o réu for reincidente em crime doloso.

(B) Somente fará jus à substituição o réu que for condenado a pena não superior a 4 (quatro) anos.

(C) Em caso de descumprimento injustificado da pena restritiva de direitos, esta será convertida em privativa de liberdade, reiniciando-se o cumprimento da integralidade da pena fixada em sentença.

(D) Se superior a um ano, a pena privativa de liberdade pode ser substituída por uma pena restritiva de direitos e multa ou por duas restritivas de direitos.

RESPOSTA (A) Art. 44, § 3º, do CP. (B) Art. 44, *caput*, do CP. (C) Art. 44, § 4º, do CP. (D) Art. 44, § 2º, do CP. Correta a *alternativa D.*

74. **(IV Exame)** Tício praticou um crime de furto (art. 155 do Código Penal) no dia 10/01/2000, um crime de roubo (art. 157 do Código Penal) no dia 25/11/2001 e um crime de extorsão (art. 158 do Código Penal) no dia 30/05/2003. Tício foi condenado pelo crime de furto em 20/11/2001, e a sentença penal condenatória transitou definitivamente em julgado no dia 31/03/2002. Pelo crime de roubo, foi condenado em 30/01/2002, com sentença transitada em julgado definitivamente em 10/06/2003 e, pelo crime de extorsão, foi condenado em 20/08/2004, com sentença transitando definitivamente em julgado no dia 10/06/2006. Com base nos dados acima, bem como nos estudos acerca da reincidência e dos maus antecedentes, é correto afirmar que

(A) Na sentença do crime de furto, Tício é considerado portador de maus antecedentes e, na sentença do crime de roubo, é considerado reincidente.

(B) Na sentença do crime de extorsão, Tício possui maus antecedentes em relação ao crime de roubo e é reincidente em relação ao crime de furto.

(C) Cinco anos após o trânsito em julgado definitivo da última condenação, Tício será considerado primário, mas os maus antecedentes persistem.

(D) Nosso ordenamento jurídico-penal prevê como tempo máximo para configuração dos maus antecedentes o prazo de cinco anos a contar do cumprimento ou extinção da pena e eventual infração posterior.

RESPOSTA Arts. 63 e 64 do CP. *Alternativa B.*

75. **(IV Exame)** Em relação ao cálculo da pena, é correto afirmar que

(A) A análise da reincidência precede à verificação dos maus antecedentes, e eventual acréscimo de pena com base na reincidência deve ser posterior à redução pela participação de menor importância.

(B) É defeso ao juiz fixar a pena intermediária em patamar acima do máximo previsto, ainda que haja circunstância agravante a ser considerada.

(C) O acréscimo de pena pela embriaguez preordenada deve ser feito posteriormente à redução pela confissão espontânea.

(D) É possível que o juiz, analisando as circunstâncias judiciais do art. 59 do Código Penal, fixe pena-base em patamar acima do máximo previsto.

RESPOSTA (A) Arts. 59, 61, I, e 68 do CP. (B) Súmula 231-STJ. (C) Arts. 61, II, I, 65, III, *d*, e 68 do CP. (D) Ao fixar a pena-base, o juiz não pode ir além do máximo da pena. Correta a *alternativa B.*

76. **(V Exame)** As regras do concurso formal perfeito (em que se adota o sistema da exasperação da pena) foram adotadas pelo Código Penal com o objetivo de beneficiar o agente que, mediante uma só conduta, praticou dois ou mais crimes. No entanto, quando o sistema da exasperação for prejudicial ao acusado, deverá prevalecer o sistema do cúmulo material (em que a soma das penas será mais vantajosa do que o aumento de uma delas com determinado percentual, ainda que no patamar mínimo). A essa hipótese, a doutrina deu o nome de

(A) Concurso material benéfico.

(B) Concurso formal imperfeito.

(C) Concurso formal heterogêneo.

(D) Exasperação sui generis.

RESPOSTA (A) Art. 70, parágrafo único, do CP. (B) Art. 70, *caput*, do CP. (C) No concurso formal heterogêneo, os delitos não são idênticos. (D) Não há previsão nesse sentido. Correta a *alternativa A*.

77. **(VI Exame)** José dispara cinco tiros de revólver contra Joaquim, jovem de 26 (vinte e seis) anos que acabara de estuprar sua filha. Contudo, em decorrência de um problema na mira da arma, José erra seu alvo, vindo a atingir Rubem, senhor de 80 (oitenta) anos, ceifando-lhe a vida. A esse respeito, é correto afirmar que José responderá

(A) Pelo homicídio de Rubem, agravado por ser a vítima maior de 60 (sessenta) anos.
(B) Por tentativa de homicídio privilegiado de Joaquim e homicídio culposo de Rubem, agravado por ser a vítima maior de 60 (sessenta) anos.
(C) Apenas por tentativa de homicídio privilegiado, uma vez que ocorreu erro quanto à pessoa.
(D) Apenas por homicídio privilegiado consumado, uma vez que ocorreu erro na execução.

RESPOSTA Arts. 73 e 121, § 1º, do CP. Correta a *alternativa D*.

78. **(VI Exame)** Otelo objetiva matar Desdêmona para ficar com o seguro de vida que esta havia feito em seu favor. Para tanto, desfere projétil de arma de fogo contra a vítima, causando-lhe a morte. Todavia, a bala atravessa o corpo de Desdêmona e ainda atinge Iago, que passava pelo local, causando-lhe lesões corporais. Considerando-se que Otelo praticou crime de homicídio doloso qualificado em relação a Desdêmona e, por tal crime, recebeu pena de 12 anos de reclusão, bem como que praticou crime de lesão corporal leve em relação a Iago, tendo recebido pena de 2 meses de reclusão, é correto afirmar que

(A) O juiz deverá aplicar a pena mais grave e aumentá-la de um sexto até a metade.
(B) O juiz deverá somar as penas.
(C) É caso de concurso formal homogêneo.
(D) É caso de concurso formal impróprio.

RESPOSTA Art. 70, parágrafo único, do CP. Correta a *alternativa B*.

79. **(VI Exame)** Nise está em gozo de suspensão condicional da execução da pena. Durante o período de prova do referido benefício, Nise passou a figurar como indiciada em inquérito policial em que se apurava eventual prática de tráfico de entorpecentes. Ao saber de tal fato, o magistrado responsável decidiu por bem prorrogar o período de prova. Atento ao caso narrado e consoante legislação pátria, é correto afirmar que

(A) Não está correta a decisão de prorrogação do período de prova.
(B) A hipótese é de revogação facultativa do benefício.
(C) A hipótese é de revogação obrigatória do benefício.
(D) Nise terá o benefício obrigatoriamente revogado se a denúncia pelo crime de tráfico de entorpecentes for recebida durante o período de prova.

RESPOSTA Art. 81 do CP. Correta a *alternativa A*.

80. **(IX Exame)** O sistema punitivo brasileiro é progressivo. Por meio dele o condenado passa do regime inicial de cumprimento de pena mais severo para regime mais brando, até alcançar o livramento condicional ou a liberdade definitiva. A respeito da progressão de regime, assinale a afirmativa correta.

(A) O sistema progressivo brasileiro é compatível com a progressão "por saltos", consistente na possibilidade da passagem direta do regime fechado para o aberto.
(B) O cumprimento da pena privativa de liberdade nos crimes hediondos é uma exceção ao sistema progressivo. O condenado nesta modalidade criminosa deve iniciar e encerrar o cumprimento da pena no regime fechado, sem possibilidade de passagem para regime mais brando.
(C) A progressão está condicionada, nos crimes contra a Administração Pública, à reparação do dano causado ou à devolução do produto do ilícito praticado com os acréscimos legais, além do cumprimento de 1/6 da pena no regime anterior e do mérito do condenado.
(D) O pedido de progressão deve ser endereçado ao juízo sentenciante, que decidirá independente de manifestação do Ministério Público.

RESPOSTA (A) Súmula 491-STJ. (B) Súmula Vinculante-26. (C) Art. 33, § 4º, do CP. (D) Art. 67 da LEP. Correta a *alternativa C*.

81. **(IX Exame)** Guilherme praticou, em 18/02/2009, contravenção penal de vias de fato (art. 21 do Decreto-lei n. 3.688/41), tendo sido condenado à pena de multa. A sentença transitou definitivamente em julgado no dia 15/03/2010, mas Guilherme não pagou a multa. No dia 10/07/2010, Guilherme praticou crime de ato obsceno (art. 233 do CP). Com base na situação descrita e na legislação, assinale a afirmativa correta.

(A) Guilherme não pode ser considerado reincidente por conta de uma omissão legislativa.

(B) Guilherme deve ter a pena de multa não paga da primeira condenação convertida em pena privativa de liberdade.

(C) Guilherme é reincidente, pois praticou novo crime após condenação transitada em julgado.

(D) A pena de multa não gera reincidência

RESPOSTA (A e C) Art. 63 do CP. O dispositivo fala apenas em crime. (B) A pena de multa não poder ser convertida em pena privativa de liberdade. (D) Exceção inexistente no CP. Correta a *alternativa A*.

82. **(XIII Exame)** A respeito do benefício da suspensão condicional da execução da pena, assinale a afirmativa incorreta.

(A) Não exige que o crime praticado tenha sido cometido sem violência ou grave ameaça à pessoa.

(B) Não pode ser concedido ao reincidente em crime doloso, exceto se a condenação anterior foi a pena de multa.

(C) Somente pode ser concedido se não for indicada ou se for incabível a substituição da pena privativa de liberdade por pena restritiva de direitos.

(D) Sobrevindo, durante o período de prova, condenação irrecorrível por crime doloso, o benefício será revogado, mas tal período será computado para efeitos de detração.

RESPOSTA (A) De fato, não existe a exigência. (B) Art. 77, I e § 1º, do CP. (C) Art. 77, III, do CP. (D) Arts. 42 e 81, I, do CP. Incorreta a *alternativa D*.

83. **(XV Exame)** José cometeu, em 10/11/2008, delito de roubo. Foi denunciado, processado e condenado, com sentença condenatória publicada em 18/10/2009. A referida sentença transitou definitivamente em julgado no dia 29/08/2010. No dia 15/05/2010, José cometeu novo delito, sendo condenado, por tal conduta, no dia 07/04/2012. Nesse sentido, levando em conta a situação narrada e a disciplina acerca da reincidência, assinale a afirmativa correta.

(A) Na sentença relativa ao delito de roubo, José deveria ser considerado reincidente.

(B) Na sentença relativa ao delito de furto, José deveria ser considerado reincidente.

(C) Na sentença relativa ao delito de furto, José deveria ser considerado primário.

(D) Considera-se reincidente aquele que pratica crime após publicação de sentença que, no Brasil ou no estrangeiro, o tenha condenado por crime anterior.

RESPOSTA Arts. 63 e 64 do CP. Correta a *alternativa C*.

84. **(XV Exame)** Roberto estava dirigindo seu automóvel quando perdeu o controle da direção e subiu a calçada, atropelando dois pedestres que estavam parados num ponto de ônibus. Nesse contexto, levando-se em consideração o concurso de crimes, assinale a opção correta, que contempla a espécie em análise:

(A) Concurso material.

(B) Concurso formal próprio ou perfeito.

(C) Concurso formal impróprio ou imperfeito.

(D) Crime continuado.

RESPOSTA (A) Art. 69 do CP. (B e C) Art. 70 do CP. (D) Art. 71 do CP. Correta a *alternativa B*.

85. **(XVI Exame)** Moura, maior de 70 anos, primário e de bons antecedentes, mediante grave ameaça, subtraiu o relógio da vítima Lúcia, avaliado em R$ 550,00 (quinhentos e cinquenta reais). Cerca de 45 minutos após a subtração, Moura foi procurado e localizado pelos policiais que foram avisados do ocorrido, sendo a coisa subtraída recuperada, não sofrendo a vítima qualquer prejuízo patrimonial. O fato foi confessado e Moura foi condenado pela prática do crime de roubo simples, ficando a pena acomodada em 4 anos de reclusão em regime aberto e multa de 10 dias. Procurado pela família do acusado, você, como advogado, poderá apelar, buscando

(A) O reconhecimento da forma tentada do roubo.

(B) A aplicação do *sursis* da pena.

(C) O reconhecimento da atipicidade comportamental por força da insignificância.

(D) A redução da pena abaixo do mínimo legal, em razão das atenuantes da confissão espontânea e da senilidade.

RESPOSTA (A) Súmula 582-STJ. (B) Art. 77, § 2º, do CP. (C) Não é possível o reconhecimento da insignificância em roubo. (D) Súmula 231-STJ. Correta a *alternativa B*.

86. **(XVII Exame)** Reconhecida a prática de um injusto culpável, o juiz realiza o processo de individualização da pena, de acordo com o art. 68 do Código Penal. Segundo a jurisprudência do Superior Tribunal de Justiça, assinale a afirmativa correta.

(A) A condenação com trânsito em julgado por crime praticado em data posterior ao delito pelo qual o agente está sendo julgado pode funcionar como maus antecedentes.

(B) Não se mostra possível a compensação da agravante da reincidência com a atenuante da confissão espontânea.

(C) Nada impede que a pena intermediária, na segunda fase do critério trifásico, fique acomodada abaixo do mínimo legal.

(D) O aumento da pena na terceira fase no roubo circunstanciado exige fundamentação concreta, sendo insuficiente a simples menção ao número de majorantes.

RESPOSTA (A) Crimes posteriores à conduta sendo julgada não podem ser usadas como maus antecedentes. (B) O STJ entende ser possível a compensação (HC 427436/RJ). (C) Súmula 231-STJ. (D) Súmula 443-STJ. Correta a *alternativa D*.

87. **(XXI Exame)** Carlos, 21 anos, foi condenado a cumprir pena de prestação de serviços à comunidade pela prática de um crime de lesão corporal culposa no trânsito. Em 01/01/2014, seis meses após cumprir a pena restritiva de direitos aplicada, praticou novo crime de natureza culposa, vindo a ser denunciado. Carlos, após não aceitar qualquer benefício previsto na Lei n. 9.099/95 e ser realizada audiência de instrução e julgamento, é novamente condenado em 17/02/2016. O juiz aplica pena de 11 meses de detenção, não admitindo a substituição por restritiva de direitos em razão da reincidência. Considerando que os fatos são verdadeiros e que o Ministério Público não apelou, o(a) advogado(a) de Carlos, sob o ponto de vista técnico, deverá requerer, em recurso,

(A) A substituição da pena privativa de liberdade por restritiva de direitos.

(B) A suspensão condicional da pena.

(C) O afastamento do reconhecimento da reincidência.

(D) A prescrição da pretensão punitiva.

RESPOSTA (A) Art. 44, II, do CP. (B) Art. 77, III, do CP. (C) Arts. 63 e 64 do CP. (D) Não há dados suficientes para a análise da prescrição. Correta a *alternativa A*.

88. **(XXII Exame)** Gilson, 35 anos, juntamente com seu filho Rafael, de 15 anos, em dificuldades financeiras, iniciaram atos para a subtração de um veículo automotor. Gilson portava arma de fogo e, quando a vítima tentou empreender fuga, ele efetua disparos contra ela, a fim de conseguir subtrair o carro. O episódio levou o proprietário do automóvel a falecer. Apesar disso, os agentes não levaram o veículo, já que outras pessoas que estavam no local chamaram a Polícia. Descobertos os fatos, Gilson é denunciado pelo crime de latrocínio consumado e corrupção de menores em concurso formal, sendo ao final da instrução, após confessar os fatos, condenado à pena mínima de 20 anos pelo crime do art. 157, § 3º, do Código Penal, e à pena mínima de 1 ano pelo delito de corrupção de menores, não havendo reconhecimento de quaisquer agravantes ou atenuantes. Reconhecido, porém, o concurso formal de crimes, ao invés de as penas serem somadas, a pena mais grave foi aumentada de 1/6, resultando em um total de 23 anos e 4 meses de reclusão. Considerando a situação narrada, o advogado de Gilson poderia pleitear, observando a jurisprudência dos Tribunais Superiores, em sede de recurso de apelação,

(A) A aplicação da regra do cúmulo material em detrimento da exasperação, pelo concurso formal de crimes.

(B) A aplicação da pena intermediária abaixo do mínimo legal, em razão do reconhecimento da atenuante da confissão espontânea.

(C) O reconhecimento da modalidade tentada do latrocínio, já que o veículo automotor não foi subtraído.

(D) O afastamento da condenação por corrupção de menor, pela natureza material do delito.

RESPOSTA (A) Art. 70, parágrafo único, do CP. (B) Súmula 231-STJ. (C) Súmula 610-STF. (D) Súmula 500-STJ. Correta a *alternativa A*.

89. **(XXIII Exame)** Caio, Mário e João são denunciados pela prática de um mesmo crime de estupro (art. 213 do CP). Caio possuía uma condenação anterior definitiva pela prática de crime de deserção, delito militar próprio, ao cumprimento de pena privativa de liberdade. Já Mário possuía uma condenação anterior, com trânsito em julgado, pela prática de crime comum, com aplicação exclusiva de pena de multa. Por fim, João possuía condenação definitiva pela prática de contravenção penal à pena privativa de liberdade. No momento da sentença, o juiz reconhece agravante da reincidência em relação aos três denunciados. Considerando apenas as informações narradas, de acordo com o Código Penal, o advogado dos réus

(A) Não poderá buscar o afastamento da agravante, já que todos são reincidentes.

(B) Poderá buscar o afastamento da agravante em relação a Mário, já que somente Caio e João são reincidentes.

(C) Poderá buscar o afastamento da agravante em relação a João, já que somente Caio e Mário são reincidentes.

(D) Poderá buscar o afastamento da agravante em relação a Caio e João, já que somente Mário é reincidente.

RESPOSTA Arts. 61, I, 63 e 64 do CP. Correta *alternativa D*.

90. **(XXIII Exame)** Pedro, quando limpava sua arma de fogo, devidamente registrada em seu nome, que mantinha no interior da residência sem adotar os cuidados necessários, inclusive o de desmuniciá-la, acaba, acidentalmente, por dispará-la, vindo a atingir seu vizinho Júlio e a esposa deste, Maria. Júlio faleceu em razão da lesão causada pelo projétil e Maria sofreu lesão corporal e debilidade permanente de membro. Preocupado com sua situação jurídica, Pedro o procura para, na condição de advogado, orientá-lo acerca das consequências do seu comportamento. Na oportunidade, considerando a situação narrada, você deverá esclarecer, sob o ponto de vista técnico, que ele poderá vir a ser responsabilizado pelos crimes de

(A) Homicídio culposo, lesão corporal culposa e disparo de de arma de fogo, em concurso formal.
(B) Homicídio culposo e lesão corporal grave, em concurso formal.
(C) Homicídio culposo e lesão corporal culposa, em concurso material.
(D) Homicídio culposo e lesão corporal culposa, em concurso formal.

RESPOSTA (A, B e D) Arts. 70, 121 e 129 do CP. (C) Arts. 69, 121 e 129 do CP. Correta a *alternativa D*.

91. **(XXIV Exame)** Cássio foi denunciado pela prática de um crime de dano qualificado, por ter atingido bem municipal (art. 163, parágrafo único, inciso III, do CP – pena: detenção de 6 meses a 3 anos e multa), merecendo destaque que, em sua Folha de Antecedentes Criminais, consta uma única condenação anterior, definitiva, oriunda de sentença publicada 4 anos antes, pela prática do crime de lesão corporal culposa praticada na direção de veículo automotor. Ao final da instrução, Cássio confessa integralmente os fatos, dizendo estar arrependido e esclarecendo que "perdeu a cabeça" no momento do crime, sendo certo que está trabalhando e tem 3 filhos com menos de 10 anos de idade que são por ele sustentados. Apenas com base nas informações constantes, o(a) advogado(a) de Cássio poderá pleitear, de acordo com as previsões do Código Penal, em sede de alegações finais,

(A) O reconhecimento do perdão judicial.
(B) O reconhecimento da atenuante da confissão, mas nunca sua compensação com a reincidência.
(C) A substituição da pena privativa de liberdade por restritiva de direitos, apesar de o agente ser reincidente.
(D) O afastamento da agravante da reincidência, já que o crime pretérito foi praticado em sua modalidade culposa, e não dolosa.

RESPOSTA (A) Ausente previsão legal. (B) O STJ entende pela possibilidade da compensação (REsp 1341370/MT). (C) Art. 44, § 3º, do CP. (D) Arts. 63 e 64 do CP. Correta a *alternativa C*.

92. **(XXIV Exame)** Cláudio, na cidade de Campinas, transportava e portava, em um automóvel, três armas de fogo, sendo que duas estavam embaixo do banco do carona e uma, em sua cintura. Abordado por policiais, foram localizadas todas as armas. Diante disso, o Ministério Público ofereceu denúncia em face de Cláudio pela prática de três crimes de porte de arma de fogo de uso permitido, em concurso material (art. 14 da Lei n. 10.826/2003, por três vezes, na forma do art. 69 do Código Penal). Foi acostado nos autos laudo pericial confirmando o potencial lesivo do material, bem como que as armas eram de calibre .38, ou seja, de uso permitido, com numeração de série aparente. Considerando que todos os fatos narrados foram confirmados em juízo, é correto afirmar que o(a) advogado(a) de Cláudio deverá defender o reconhecimento

(A) De crime único de porte de arma de fogo.
(B) Da continuidade delitiva entre os três delitos imputados.
(C) Do concurso formal entre dois delitos, em continuidade delitiva com o terceiro.
(D) Do concurso formal de crimes entre os três delitos imputados.

RESPOSTA (A) Art. 14 da Lei n. 10.826/2003. (B) Art. 71 do CP. (C)(D) Art. 70 do CP. Correta a *alternativa A*.

93. **(XXV Exame)** Em 2014, Túlio foi condenado definitivamente pela prática de um crime de estupro ao cumprimento de pena de 6 anos. Após preencher todos os requisitos legais, foi a ele deferido livramento condicional. No curso do livramento, Túlio vem novamente a ser condenado definitivamente por outro crime de estupro praticado durante o período de prova. Preocupada com as consequências dessa nova condenação, a família de Túlio procura o advogado para esclarecimentos. Considerando as informações narradas, o advogado de Túlio deverá esclarecer à família que a nova condenação funciona, na revogação do livramento, como causa

(A) Obrigatória, não sendo possível a obtenção de livramento condicional em relação ao novo delito.
(B) Obrigatória, sendo possível a obtenção de livramento condicional após cumprimento de mais de 2/3 das penas somadas.
(C) Facultativa, não sendo possível a obtenção de livramento condicional em relação ao novo delito.

(D) Facultativa, sendo possível a obtenção de livramento condicional após cumprimento de mais de 2/3 das penas somadas.

RESPOSTA Não é admitido livramento condicional na hipótese de reincidência específica em crime hediondo (CP, art. 83, V). Ademais, o benefício anteriormente concedido deve ser obrigatoriamente revogado, conforme art. 86, I, do Código Penal. Correta a *alternativa A*. Cuidado: o art. 83 do CP sofreu modificações em razão do Pacote Anticrime (Lei n. 13.964/2019).

94. **(XXV Exame)** Juarez, com a intenção de causar a morte de um casal de vizinhos, aproveita a situação em que o marido e a esposa estão juntos, conversando na rua, e joga um artefato explosivo nas vítimas, sendo a explosão deste material bélico a causa eficiente da morte do casal. Apesar de todos os fatos e a autoria restarem provados em inquérito encaminhado ao Ministério Público com relatório final de indiciamento de Juarez, o Promotor de Justiça se mantém inerte em razão de excesso de serviço, não apresentando denúncia no prazo legal. Depois de vários meses com omissão do Promotor de Justiça, o filho do casal falecido procura o advogado da família para adoção das medidas cabíveis. No momento da apresentação de queixa em ação penal privada subsidiária da pública, o advogado do filho do casal, sob o ponto de vista técnico, de acordo com o Código Penal, deverá imputar a Juarez a prática de dois crimes de homicídio em

(A) Concurso material, requerendo a soma das penas impostas para cada um dos delitos.
(B) Concurso formal, requerendo a exasperação da pena mais grave em razão do concurso de crimes.
(C) Continuidade delitiva, requerendo a exasperação da pena mais grave em razão do concurso de crimes.
(D) Concurso formal, requerendo a soma das penas impostas para cada um dos delitos.

RESPOSTA (A) Art. 69 do CP. (B e D) Art. 70 do CP. (D) Art. 71 do CP. Correta a *alternativa D*.

95. **(XXVI Exame)** Mário foi denunciado pela prática de crime contra a Administração Pública, sendo imputada a ele a responsabilidade pelo desvio de R$ 500.000,00 dos cofres públicos. Após a instrução e confirmação dos fatos, foi proferida sentença condenatória aplicando a pena privativa de liberdade de 3 anos de reclusão, que transitou em julgado. Na decisão, nada consta sobre a perda do cargo público por Mário. Diante disso, ele procura um advogado para esclarecimentos em relação aos efeitos de sua condenação. Considerando as informações narradas, o advogado de Mário deverá esclarecer que

(A) A perda do cargo, nos crimes praticados por funcionário público contra a Administração, é efeito automático da condenação, sendo irrelevante sua não previsão em sentença, desde que a pena aplicada seja superior a 4 anos.
(B) A perda do cargo, nos crimes praticados por funcionário público contra a Administração, é efeito automático da condenação, desde que a pena aplicada seja superior a 1 ano.
(C) A perda do cargo não é efeito automático da condenação, devendo ser declarada em sentença, mas não poderia ser aplicada a Mário diante da pena aplicada ser inferior a 4 anos.
(D) A perda do cargo não é efeito automático da condenação, devendo ser declarada em sentença, mas poderia ter sido aplicada, no caso de Mário, mesmo sendo a pena inferior a 4 anos.

RESPOSTA A perda do cargo público está prevista no art. 92, I, do Código Penal, dentre os efeitos da sentença condenatória. Todavia, não é algo automático. Deve o juiz determiná-la expressamente, com a devida fundamentação. Por se tratar de crime contra a administração pública, não é necessária a condenação superior a quatro anos, como previsto no art. 92, I, *b*, do Código Penal. Correta a *alternativa D*.

96. **(XXVI Exame)** Pretendendo causar unicamente um crime de dano em determinado estabelecimento comercial, após discussão com o gerente do local, Bruno, influenciado pela ingestão de bebida alcoólica, arremessa uma grande pedra em direção às janelas do estabelecimento. Todavia, sua conduta imprudente fez com que a pedra acertasse a cabeça de Vitor, que estava jantando no local com sua esposa, causando sua morte. Por outro lado, a janela do estabelecimento não foi atingida, permanecendo intacta. Preocupado com as consequências de seus atos, após indiciamento realizado pela autoridade policial, Bruno procura seu advogado para esclarecimentos. Considerando a ocorrência do resultado diverso do pretendido pelo agente, o advogado deve esclarecer que Bruno tecnicamente será responsabilizado pela(s) seguinte(s) prática(s) criminosa(s):

(A) Homicídio culposo e tentativa de dano, em concurso material.
(B) Homicídio culposo, apenas.
(C) Homicídio culposo e tentativa de dano, em concurso formal.
(D) Homicídio doloso, apenas.

RESPOSTA Art. 74 do CP. Como a janela não foi atingida, não houve a prática do delito de dano, devendo o agente ser responsabilizado pela morte da vítima, a título de culpa. Correta a *alternativa B*.

97. **(XXVI Exame)** Cadu, com o objetivo de matar toda uma família de inimigos, pratica, durante cinco dias consecutivos, crimes de homicídio doloso, cada dia causando a morte de cada um dos cinco integrantes da família, sempre com o mesmo *modus operandi* e no mesmo local. Os fatos, porém, foram descobertos, e o autor, denunciado pelos cinco crimes de homicídio, em concurso material. Com base nas informações expostas e nas previsões do Código Penal, provada a autoria delitiva em relação a todos os delitos, o advogado de Cadu

(A) Não poderá buscar o reconhecimento da continuidade delitiva, tendo em vista que os crimes foram praticados com violência à pessoa, somente cabendo reconhecimento do concurso material.

(B) Não poderá buscar o reconhecimento de continuidade delitiva, tendo em vista que os crimes foram praticados com violência à pessoa, podendo, porém, o advogado pleitear o reconhecimento do concurso formal de delitos.

(C) Poderá buscar o reconhecimento da continuidade delitiva, mesmo sendo o delito praticado com violência contra a pessoa, cabendo, apenas, aplicação da regra de exasperação da pena de 1/6 a 2/3.

(D) Poderá buscar o reconhecimento da continuidade delitiva, mas, diante da violência contra a pessoa e da diversidade de vítimas, a pena mais grave poderá ser aumentada em até o triplo.

RESPOSTA O que difere o concurso material (CP, art. 69) da continuidade delitiva (CP, art. 71) é exatamente a exigência de os crimes serem de mesma espécie e a semelhança das condições de tempo, lugar, maneira de execução (*modus operandi*) etc. O enunciado deu todas as pistas de que o examinador queria como resposta o crime continuado. Correta a *alternativa D.*

98. **(XXVII Exame)** Cátia procura você, na condição de advogado(a), para que esclareça as consequências jurídicas que poderão advir do comportamento de seu filho, Marlon, pessoa primária e de bons antecedentes, que agrediu a ex-namorada ao encontrá-la em um restaurante com um colega de trabalho, causando-lhe lesão corporal de natureza leve. Na oportunidade, você, como advogado(a), deverá esclarecer que:

(A) O início da ação penal depende de representação da vítima, que terá o prazo de seis meses da descoberta da autoria para adotar as medidas cabíveis.

(B) No caso de condenação, em razão de ser Marlon primário e de bons antecedentes, poderá a pena privativa de liberdade ser substituída por restritiva de direitos.

(C) Em razão de o agressor e a vítima não estarem mais namorando quando ocorreu o fato, não será aplicada a Lei n. 11.340/2006, mas, ainda assim, não será possível a transação penal ou a suspensão condicional do processo.

(D) No caso de condenação, por ser Marlon primário e de bons antecedentes, mostra-se possível a aplicação do *sursis* da pena.

RESPOSTA (A) Súmula 542-STJ. (B) Súmula 588-STJ. (C) Não há previsão legal. (D) Art. 77 do CP. Correta a *alternativa D.*

99. **(XXVIII Exame)** Douglas foi condenado pela prática de duas tentativas de roubo majoradas pelo concurso de agentes e restrição da liberdade das vítimas (art. 157, § 2º, incisos II e V, c/c. o art. 14, inciso II, por duas vezes, na forma do art. 70, todos do CP). No momento de fixar a sanção penal, o juiz aplicou a pena base no mínimo legal, reconhecendo a confissão espontânea do agente, mas deixou de diminuir a pena na segunda fase. No terceiro momento, o magistrado aumentou a pena do máximo, considerando as circunstâncias do crime, em especial a quantidade de agentes (5 agentes) e o tempo que durou a restrição da liberdade das vítimas. Ademais, reduziu, ainda na terceira fase, a pena do mínimo legal em razão da tentativa, novamente fundamentando na gravidade do delito e naquelas circunstâncias de quantidade de agentes e restrição da liberdade. Após a aplicação da pena dos dois delitos, reconheceu o concurso formal de crimes, aumentando a pena de um deles de acordo com a quantidade de crimes praticados. O Ministério Público não recorreu. Considerando as informações narradas, de acordo com a jurisprudência pacificada do Superior Tribunal de Justiça, o(a) advogado(a) de Douglas, quanto à aplicação da pena, deverá buscar

(A) A redução da pena na segunda fase diante do reconhecimento da atenuante da confissão espontânea.

(B) A redução do *quantum* de aumento em razão da presença das majorantes, que deverá ser aplicada de acordo com a quantidade de causas de aumento.

(C) O aumento do *quantum* de diminuição em razão do reconhecimento da tentativa, pois a fundamentação apresentada pelo magistrado foi inadequada.

(D) A redução do *quantum* de aumento em razão do reconhecimento do concurso de crimes, devido à fundamentação inadequada.

RESPOSTA Art. 14, II, do CP. O critério de aumento da tentativa depende do quanto o agente se aproximou da consumação do delito (STJ, AgRg no HC 273883/SP). Correta a *alternativa C.*

100. **(XXVIII Exame)** Fabrício cumpria pena em livramento condicional, em razão de condenação pela prática de crime de lesão corporal grave. Em 10 de janeiro de 2018, quando restavam 06 meses de pena a serem cumpridos, ele descobre que foi novamente condenado, definitivamente, por crime de furto que teria praticado antes dos fatos que justificaram sua condenação pelo crime de lesão. A pena aplicada em razão da nova condenação foi de 2 anos e 6 meses de pena privativa de liberdade em regime inicial semiaberto. Apesar disso, somente procura seu(sua) advogado(a) em 05 de agosto de 2018, esclarecendo o ocorrido. Ao consultar os autos do processo de execução, o(a) advogado(a) verifica que, de fato, existe a nova condenação, mas que, até o momento, não houve revogação ou suspensão do livramento condicional. Considerando apenas as informações narradas, o(a) advogado(a) de Fabrício, de acordo com a jurisprudência do Superior Tribunal de Justiça, deverá esclarecer que

(A) Poderá haver a revogação do livramento condicional, tendo em vista que a nova condenação por crime doloso, aplicada pena privativa de liberdade, é causa de revogação obrigatória do benefício.

(B) Não poderá haver a revogação do livramento condicional, tendo em vista que a nova condenação é apenas prevista como causa de revogação facultativa do benefício e não houve suspensão durante o período de prova.

(C) Não poderá haver a revogação do livramento condicional, tendo em vista que a nova condenação não é prevista em lei como causa de revogação do livramento condicional, já que o fato que a justificou é anterior àquele que gerou a condenação em que cumpre o benefício.

(D) Não poderá haver a revogação do livramento condicional, pois ultrapassado o período de prova, ainda que a nova condenação seja prevista no Código Penal como causa de revogação obrigatória do benefício.

RESPOSTA Art. 83 do CP e Súmula 617-STJ. Correta a *alternativa D.* Cuidado: o art. 83 do CP sofreu modificações em razão do Pacote Anticrime (Lei n. 13.964/2019).

101. **(XXIX Exame)** Inconformado com o comportamento de seu vizinho, que insistia em importunar sua filha de 15 anos, Mário resolve dar-lhe uma "lição" e desfere dois socos no rosto do importunador, nesse momento com o escopo de nele causar diversas lesões. Durante o ato, entendendo que o vizinho ainda não havia sofrido na mesma intensidade do constrangimento de sua filha, decide matá-lo com uma barra de ferro, o que vem efetivamente a acontecer. Descobertos os fatos, o Ministério Público oferece denúncia em face de Mário, imputando-lhe a prática dos crimes de lesão corporal dolosa e homicídio, em concurso material. Durante toda a instrução, Mário confirma os fatos descritos na denúncia. Considerando apenas as informações narradas e confirmada a veracidade dos fatos expostos, o(a) advogado(a) de Mário, sob o ponto de vista técnico, deverá buscar o reconhecimento de que Mário pode ser responsabilizado

(A) Apenas pelo crime de homicídio, por força do princípio da consunção, tendo ocorrido a chamada progressão criminosa.

(B) Apenas pelo crime de homicídio, por força do princípio da alternatividade, sendo aplicada a regra do crime progressivo.

(C) Apenas pelo crime de homicídio, com base no princípio da especialidade.

(D) Pelos crimes de lesão corporal e homicídio, em concurso formal.

RESPOSTA (A, B e C) Na progressão criminosa, o agente inicia a execução de um crime menos grave e, durante a prática da conduta, decide por praticar um delito mais grave. (D) Art. 12 do CP. Correta a *alternativa A.*

VI. AÇÃO PENAL

102. **(IX Exame)** Tendo como base o instituto da ação penal, assinale a afirmativa correta.

(A) Na ação penal privada vigora o princípio da oportunidade ou conveniência.

(B) A ação penal privada subsidiária da pública fere dispositivo constitucional que atribui ao Ministério Público o direito exclusivo de iniciar a ação pública.

(C) Como o Código Penal é silente no tocante à natureza da ação penal no crime de lesão corporal culposa, verifica-se que a referida infração será de ação penal pública incondicionada.

(D) A legitimidade para ajuizamento da queixa-crime na ação penal exclusivamente privada (ou propriamente dita é unicamente do ofendido.

RESPOSTA (A) Não faria sentido a existência da ação penal privada se a vítima estivesse obrigada ao oferecimento da queixa-crime. Fica a seu critério, se lhe for conveniente, dar início à ação penal. (B) Pelo contrário, conforme art. 5º, LIX, da CF. (C) De fato, o CP não fala nada, mas o art. 88 da Lei n. 9.099/95 impõe que, em caso de lesão corporal simples ou dolosa, a ação penal é pública condicionada. Cuidado com a Súmula 542-STJ. (D) A alternativa descreve a ação penal privada personalíssima. A única hipótese está prevista no art. 236 do CP. Correta a *alternativa A.*

VII. EXTINÇÃO DA PUNIBILIDADE

103. **(II Exame)** A respeito do regime legal da prescrição no Código Penal, tendo por base ocorrência do fato na data de hoje, assinale a alternativa correta.

(A) A prescrição, depois da sentença condenatória com trânsito em julgado para a acusação, regula-se pela pena aplicada, não podendo, em nenhuma hipótese, ter por termo inicial data anterior à da denúncia ou queixa.

(B) A prescrição da pena de multa ocorrerá em 2 (dois) anos, independentemente do prazo estabelecido para a prescrição da pena de liberdade aplicada cumulativamente.

(C) Se o réu citado por edital permanece revel e não constitui advogado, fica suspenso o processo, mantendo-se em curso o prazo prescricional, que passa a ser computado pelo dobro da pena máxima cominada ao crime.

(D) São causas interruptivas do curso da prescrição previstas no Código Penal, dentre outras, o recebimento da denúncia ou da queixa, a pronúncia, a publicação da sentença condenatória ou absolutória recorrível.

RESPOSTA (A) Art. 110, *caput* e § 1º, do CP. (B) Art. 114, I, do CP. (C) Art. 366 do CP. Cuidado com a Súmula 415 do STJ. (D) Art. 117 do CP. Correta a *alternativa A*.

104. **(VI Exame)** No dia 18/10/2005, Eratóstenes praticou um crime de corrupção ativa em transação comercial internacional (art. 337-B do CP), cuja pena é de 1 a 8 anos e multa. Devidamente investigado, Eratóstenes foi denunciado e, em 20/1/2006, a inicial acusatória foi recebida. O processo teve regular seguimento e, ao final, o magistrado sentenciou Eratóstenes, condenando-o à pena de 1 ano de reclusão e ao pagamento de dez dias-multa. A sentença foi publicada em 7/4/2007. O Ministério Público não interpôs recurso, tendo, tal sentença, transitado em julgado para a acusação. A defesa de Eratóstenes, por sua vez, que objetivava sua absolvição, interpôs sucessivos recursos. Até o dia 15/5/2011, o processo ainda não havia tido seu definitivo julgamento, ou seja, não houve trânsito em julgado final. Levando-se em conta as datas descritas e sabendo-se que, de acordo com o art. 109, incisos III e V, do Código Penal, a prescrição, antes de transitar em julgado a sentença final, verifica-se em 12 (doze) anos se o máximo da pena é superior a quatro e não excede a oito anos e em 4 (quatro) anos se o máximo da pena é igual a um ano ou, sendo superior, não exceda a dois, com base na situação apresentada, é correto afirmar que

(A) Não houve prescrição da pretensão punitiva nem prescrição da pretensão executória, pois desde a publicação da sentença não transcorreu lapso de tempo superior a doze anos.

(B) Ocorreu prescrição da pretensão punitiva retroativa, pois, após a data da publicação da sentença e a última data apresentada no enunciado, transcorreu lapso de tempo superior a 4 anos.

(C) Ocorreu prescrição da pretensão punitiva superveniente, que pressupõe o trânsito em julgado para a acusação e leva em conta a pena concretamente imposta na sentença.

(D) Não houve prescrição da pretensão punitiva, pois, como ainda não ocorreu o trânsito em julgado final, deve-se levar em conta a teoria da pior hipótese, de modo que a prescrição, se houvesse, somente ocorreria doze anos após a data do fato.

RESPOSTA Arts. 109 e 110 do CP. Correta a *alternativa C*.

105. **(VIII Exame)** Trata-se de causa extintiva da punibilidade consistente na exclusão, por lei ordinária com efeitos retroativos, de um ou mais fatos criminosos do campo de incidência do Direito Penal,

(A) O indulto individual.

(B) A anistia.

(C) O indulto coletivo.

(D) A graça.

RESPOSTA Art. 107, II, do CP e arts. 21, XVII e 48, VIII, da CF. *Alternativa B*.

106. **(XV Exame)** Francisco foi condenado por homicídio simples, previsto no art. 121 do Código Penal, devendo cumprir pena de seis anos de reclusão. A sentença penal condenatória transitou em julgado no dia 10 de agosto de 1984. Dias depois, Francisco foge para o interior do Estado, onde residia, ficando isolado num sítio. Após a fuga, as autoridade públicas conseguiram capturá-lo. Francisco procura você como advogado(a) em 10 de janeiro de 2014. Com relação ao caso narrado, assinale a afirmativa correta.

(A) Ainda não ocorreu prescrição do crime, tendo em vista que ainda não foi ultrapassado o prazo de trinta anos requerido pelo Código Penal.

(B) Houve prescrição da pretensão executória.

(C) Não houve prescrição, pois o crime de homicídio simples é imprescritível.

(D) Houve prescrição da pretensão punitiva pela pena em abstrato, pois Francisco nunca foi capturado.

RESPOSTA A pena de 6 anos prescreve em 12 anos (CP, art. 109, III). A PPE (prescrição da pretensão executória) passou a correr no dia 10 de agosto de 1984. Considerando o tempo decorrido (30 anos), houve a prescrição. Correta a *alternativa B*.

107. **(XVI Exame)** Felipe, menor de 21 anos de idade e reincidente, no dia 10 de abril de 2009, foi preso em flagrante pela prática do crime de roubo. Foi solto no curso da instrução e acabou condenado em 08 de julho de 2010, nos termos do pedido inicial, ficando a pena acomodada em 04 anos de reclusão em regime fechado e multa de 10 dias, certo que houve a compensação da agravante da reincidência com a atenuante da menoridade. A decisão transitou em julgado para ambas as partes em 20 de julho de 2010. Foi expedido mandado de prisão e Felipe nunca veio a ser preso. Considerando a questão fática, assinale a afirmativa correta.

(A) A extinção da punibilidade pela prescrição da pretensão executória ocorrerá em 20 de julho de 2016.

(B) A extinção da punibilidade pela prescrição da pretensão executória ocorreu em 20 de julho de 2014.

(C) A extinção da punibilidade pela prescrição da pretensão executória ocorrerá em 20 de julho de 2022.

(D) A extinção da punibilidade pela prescrição da pretensão executória ocorrerá em 20 de novembro de 2015.

RESPOSTA Para a solução da questão, a data do crime é irrelevante. O que importa é a data do trânsito em julgado: 20/07/2010. Como houve a condenação à pena de 4 anos, o prazo prescricional é de 8 anos (CP, art. 109, IV), com a redução pela metade (CP, art. 115), totalizando 4 anos. Portanto, a resposta seria 2014, mas há um detalhe: Felipe é reincidente, fazendo com que a PPE aumente em 1/3 (CP, art. 110, *caput*). Correta a *alternativa D*.

108. **(XXII Exame)** No dia 15 de abril de 2011, João, nascido em 18 de maio de 1991, foi preso em flagrante pela prática do crime de furto simples, sendo, em seguida, concedida liberdade provisória. A denúncia somente foi oferecida e recebida em 18 de abril de 2014, ocasião em que o juiz designou o dia 18 de junho de 2014 para a realização da audiência especial de suspensão condicional do processo oferecida pelo Ministério Público. A proposta foi aceita pelo acusado e pela defesa técnica, iniciando-se o período de prova naquele mesmo dia. Três meses depois, não tendo o acusado cumprido as condições estabelecidas, a suspensão foi revogada, o que ocorreu em decisão datada de 03 de outubro de 2014. Ao final da fase instrutória, a pretensão punitiva foi acolhida, sendo aplicada ao acusado a pena de 01 ano de reclusão em regime aberto, substituída por restritiva de direitos. A sentença condenatória foi publicada em 19 de maio de 2016, tendo transitado em julgado para a acusação. Intimado da decisão respectiva, João procura você, na condição de advogado(a), para saber sobre eventual prescrição, pois tomou conhecimento de que a pena de 01 ano, em tese, prescreve em 04 anos, mas que, no caso concreto, por força da menoridade relativa, deve o prazo ser reduzido de metade. Diante desse quadro, você, como advogado(a), deverá esclarecer que

(A) Ocorreu a prescrição da pretensão punitiva entre a data do fato e a do recebimento da denúncia.

(B) Ocorreu a prescrição da pretensão punitiva entre a data do recebimento da denúncia e a da publicação da sentença condenatória.

(C) Ocorreu a prescrição da pretensão executória entre a data do recebimento da denúncia e a da publicação da sentença condenatória.

(D) Não há que se falar em prescrição, no caso apresentado.

RESPOSTA (A) Art. 110, § 1º, do CP. (B) Art. 89, § 6º, (C) Art. 112 do CP. Correta a *alternativa D*.

109. **(XXIV Exame)** No dia 28 de agosto de 2011, após uma discussão no trabalho quando todos comemoravam os 20 anos de João, este desfere uma facada no braço de Paulo, que fica revoltado e liga para a Polícia, sendo João preso em flagrante pela prática do injusto de homicídio tentado, obtendo liberdade provisória logo em seguida. O laudo de exame de delito constatou a existência de lesão leve. A denúncia foi oferecida em 23 de agosto de 2013 e recebida pelo juiz em 28 de agosto de 2013. Finda a primeira fase do procedimento do Tribunal do Júri, ocasião em que a vítima compareceu, confirmou os fatos, inclusive dizendo acreditar que a intenção do agente era efetivamente matá-la, e demonstrou todo seu inconformismo com a conduta do réu, João foi pronunciado, sendo a decisão publicada em 23 de agosto de 2015, não havendo impugnação pelas partes. Submetido a julgamento em sessão plenária em 18 de julho de 2017, os jurados afastaram a intenção de matar, ocorrendo em sentença, então, a desclassificação para o crime de lesão corporal simples, que tem a pena máxima prevista de 01 ano, sendo certo que o Código Penal prevê que a pena de 01 a 02 anos prescreve em 04 anos. Na ocasião, você, como advogado(a) de João, considerando apenas as informações narradas, deverá requerer que seja declarada a extinção da punibilidade pela

(A) Decadência, por ausência de representação da vítima.
(B) Prescrição da pretensão punitiva, porque já foi ultrapassado o prazo prescricional entre a data do fato e a do recebimento da denúncia.
(C) Prescrição da pretensão punitiva, porque já foi ultrapassado o prazo prescricional entre a data do oferecimento da denúncia e a da publicação da decisão de pronúncia.
(D) Prescrição da pretensão punitiva, porque entre a data do recebimento da denúncia e a do julgamento pelo júri decorreu o prazo prescricional.

RESPOSTA A questão exige os prazos do art. 109 do CP e as causas de interrupção do art. 117 do CP. Como a banca já disse o prazo a ser utilizado no cálculo – 4 anos –, e considerando que, em razão da idade de João, o prazo da prescrição cai pela metade (CP, art. 115), está correta a *alternativa B*.

110. **(XXIX Exame)** João, por força de divergência ideológica, publicou, em 03 de fevereiro de 2019, artigo ofensivo à honra de Mário, dizendo que este, quando no exercício de função pública na Prefeitura do município de São Caetano, desviou verba da educação em benefício de empresa de familiares. Mário, inconformado com a falsa notícia, apresentou queixa-crime em face de João, sendo a inicial recebida em 02 de maio de 2019. Após observância do procedimento adequado, o juiz designou data para a realização da audiência de instrução e julgamento, sendo as partes regularmente intimadas. No dia da audiência, apenas o querelado João e sua defesa técnica compareceram. Diante da ausência injustificada do querelante, poderá a defesa de João requerer ao juiz o reconhecimento

(A) Da decadência, que é causa de extinção da punibilidade.
(B) Do perdão do ofendido, que é causa de extinção da punibilidade.
(C) Do perdão judicial, que é causa de exclusão da culpabilidade.
(D) Da perempção, que é causa de extinção da punibilidade.

RESPOSTA Art. 107, IV, V, IX, do CP. Correta a *alternativa D*.

VIII. CRIMES CONTRA A PESSOA

111. **(XXXI Exame)** Durante uma reunião de condomínio, Paulo, com o *animus* de ofender a honra objetiva do condômino Arthur, funcionário público, mesmo sabendo que o ofendido foi absolvido daquela imputação por decisão transitada em julgado, afirmou que Artur não tem condições morais para conviver naquele prédio, porquanto se apropriara de dinheiro do condomínio quando exercia a função de síndico. Inconformado com a ofensa à sua honra, Arthur ofereceu queixa-crime em face de Paulo, imputando-lhe a prática do crime de calúnia. Preocupado com as consequências de seu ato, após ser regularmente citado, Paulo procura você, como advogado(a), para assistência técnica. Considerando apenas as informações expostas, você deverá esclarecer que a conduta de Paulo configura crime de

(A) difamação, não de calúnia, cabendo exceção da verdade por parte de Paulo.
(B) injúria, não de calúnia, de modo que não cabe exceção da verdade por parte de Paulo.
(C) calúnia efetivamente imputado, não cabendo exceção da verdade por parte de Paulo.
(D) calúnia efetivamente imputado, sendo possível o oferecimento da exceção da verdade por parte de Paulo.

RESPOSTA (A) errada. O fato imputado a Arthur caracteriza crime, hipótese de calúnia (CP, art. 138), e não de difamação (CP, art. 139). Ademais, não é possível, no exemplo, exceção da verdade (CP, art. 138, § 3º, III), pois Arthur foi absolvido; (B) errada, pois foi atribuído fato, o que poderia caracterizar calúnia (CP, art. 138) ou difamação (CP, art. 139), mas não a injúria (CP, art. 140). Todavia, de fato, não se admite exceção da verdade em injúria; (C) correta, com fundamento no art. 138, *caput* e § 3º, III, do CP; (D) errada, em razão do art. 138, § 3º, III, do CP. *Alternativa C*.

112. **(VI Exame)** Ana Maria, aluna de uma Universidade Federal, afirma que José, professor concursado da instituição, trai a esposa todo dia com uma gerente bancária. A respeito do fato acima, é correto afirmar que Ana Maria praticou o crime de

(A) Calúnia, pois atribuiu a José o crime de adultério, sendo cabível, entretanto, a oposição de exceção da verdade com o fim de demonstrar a veracidade da afirmação.
(B) Difamação, pois atribuiu a José fato desabonador que não constitui crime, sendo cabível, entretanto, a oposição de exceção da verdade com

o fim de demonstrar a veracidade da afirmação, uma vez que José é funcionário público.

(C) Calúnia, pois atribuiu a José o crime de adultério, não sendo cabível, na hipótese, a oposição de exceção da verdade.

(D) Difamação, pois atribuiu a José fato desabonador que não constitui crime, não sendo cabível, na hipótese, a oposição de exceção da verdade.

RESPOSTA Arts. 138 e 139 do CP. Correta a *alternativa D.*

113. **(VIII Exame)** Analise detidamente as seguintes situações: Casuística 1: Amarildo, ao chegar a sua casa, constata que sua filha foi estuprada por Terêncio. Imbuído de relevante valor moral, contrata Ronaldo, pistoleiro profissional, para tirar a vida do estuprador. O serviço é regularmente executado. Casuística 2: Lucas concorre para um infanticídio auxiliando Julieta, parturiente, a matar o nascituro – o que efetivamente acontece. Lucas sabia, desde o início, que Julieta estava sob a influência do estado puerperal. Levando em consideração a legislação vigente e a doutrina sobre o concurso de pessoas (*concursus delinquentium*), é correto afirmar que

(A) No exemplo 1, Amarildo responderá pelo homicídio privilegiado e Ronaldo pelo crime de homicídio qualificado por motivo torpe. No exemplo 2, Lucas e Julieta responderão pelo crime de infanticídio.

(B) No exemplo 1, Amarildo responderá pelo homicídio privilegiado e Ronaldo pelo crime de homicídio simples (ou seja, sem privilégio pelo fato de não estar imbuído de relevante valor moral). No exemplo 2, Lucas, que não está influenciado pelo estado puerperal, responderá por homicídio, e Julieta pelo crime de infanticídio.

(C) No exemplo 1, Amarildo responderá pelo homicídio privilegiado e Ronaldo pelo crime de homicídio simples (ou seja, sem privilégio pelo fato de não estar imbuído de relevante valor moral). No exemplo 2, tanto Lucas quanto Julieta responderão pelo crime de homicídio (ele na modalidade simples, ela na modalidade privilegiada em razão da influência do estado puerperal).

(D) No exemplo 1, Amarildo responderá pelo homicídio privilegiado e Ronaldo pelo crime de homicídio qualificado pelo motivo fútil. No exemplo 2, Lucas, que não está influenciado pelo estado puerperal, responderá por homicídio e Julieta pelo crime de infanticídio.

RESPOSTA Arts. 30, 121, § 1º e § 2º, I, e 123 do CP. Correta a *alternativa A.*

114. **(X Exame)** José e Maria estavam enamorados, mas posteriormente vieram a descobrir que eram irmãos consanguíneos, separados na maternidade. Extremamente infelizes com a notícia recebida, que impedia por completo qualquer possibilidade de relacionamento, resolveram dar cabo à própria vida. Para tanto, combinaram e executaram o seguinte: no apartamento de Maria, com todas as portas e janelas trancadas, José abriu o registro do gás de cozinha. Ambos inspiraram o ar envenenado e desmaiaram, sendo certo que somente não vieram a falecer porque os vizinhos, assustados com o cheiro forte que vinha do apartamento de Maria, decidiram arrombar a porta e resgatá-los. Ocorre que, não obstante o socorro ter chegado a tempo, José e Maria sofreram lesões corporais de natureza grave. Com base na situação descrita, assinale a afirmativa correta.

(A) José responde por tentativa de homicídio e Maria por instigação ou auxílio ao suicídio.

(B) José responde por lesão corporal grave e Maria não responde por nada, pois sua conduta é atípica.

(C) José e Maria respondem por instigação ou auxílio ao suicídio, em concurso de agentes.

(D) José e Maria respondem por tentativa de homicídio.

RESPOSTA O crime do art. 122 do CP tem dois pontos sempre cobrados em provas. O primeiro: para que alguém seja punido pelo crime do art. 122 do CP, não pode o agente praticar atos executórios aptos a causar a morte da vítima (ex.: colocar o veneno na boca da vítima). O segundo: o delito só é punível se a vítima morrer ou sofrer lesão corporal grave. Qualquer outro resultado e o fato é atípico. Correta a *alternativa A.*

115. **(XI Exame)** Débora estava em uma festa com seu namorado Eduardo e algumas amigas quando percebeu que Camila, colega de faculdade, insinuava-se para Eduardo. Cega de raiva, Débora esperou que Camila fosse ao banheiro e a seguiu. Chegando lá e percebendo que estavam sozinhas no recinto, Débora desferiu vários tapas no rosto de Camila, causando-lhe lesões corporais de natureza leve. Camila, por sua vez, atordoada com o acontecido, somente deu por si quando Débora já estava saindo do banheiro, vangloriando-se da surra dada. Neste momento, com ódio de sua algoz, Camila levanta-se do chão, agarra Débora pelos cabelos e a golpeia com uma tesourinha de unha que carregava na bolsa, causando-lhe lesões de natureza grave. Com relação à conduta de Camila, assinale a afirmativa correta.

(A) Agiu em legítima defesa.
(B) Agiu em legítima defesa, mas deverá responder pelo excesso doloso.
(C) Ficará isenta de pena por inexigibilidade de conduta diversa.
(D) Praticou crime de lesão corporal de natureza grave, mas poderá ter a pena diminuída.

RESPOSTA (A e B) Art. 25 do CP. (C) Era exigível, sim, conduta diversa. Logo, não há como ser sustentada a tese de defesa. (D) Art. 129, § 4º, do CP. Correta a *alternativa D.*

116. **(XIII Exame)** Paulo tinha inveja da prosperidade de Gustavo e, certo dia, resolveu quebrar o carro que este último havia acabado de comprar. Para tanto, assim que Gustavo estacionou o veículo e dele saiu, Paulo, munido de uma barra de ferro, foi correndo em direção ao bem para danificá-lo. Ao ver a cena, Gustavo colocou-se à frente do carro e acabou sendo atingido por um golpe da barra de ferro, vindo a falecer em decorrência de traumatismo craniano derivado da pancada. Sabe-se que Paulo não tinha a intenção de matar Gustavo e que este somente recebeu o golpe porque se colocou à frente do carro quando Paulo já estava com a barra de ferro no ar, em rápido movimento para atingir o veículo, que ficou intacto. Com base no caso relatado, assinale a afirmativa correta.

(A) Paulo responderá por tentativa de dano em concurso formal com homicídio culposo.
(B) Paulo responderá por homicídio doloso, tendo agido com dolo eventual.
(C) Paulo responderá por homicídio culposo.
(D) Paulo responderá por tentativa de dano em concurso material com homicídio culposo.

RESPOSTA (A) Arts. 14, II, 71, 121, § 3º e 163 do CP. (B) Arts. 18, I, e 121 do CP. (C) Art. 121, § 3º, do CP. (D) Arts. 14, II, 69 e 121, § 3º, do CP. Correta a *alternativa C.*

117. **(XIII Exame)** Maria, jovem de 22 anos, após sucessivas desilusões, deseja dar cabo à própria vida. Com o fim de desabafar, Maria resolve compartilhar sua situação com um amigo, Manoel, sem saber que o desejo dele, há muito, é vê-la morta. Manoel, então, ao perceber que poderia influenciar Maria, resolve instigá-la a matar-se. Tão logo se despede do amigo, a moça, influenciada pelas palavras deste, pula a janela de seu apartamento, mas sua queda é amortecida por uma lona que abrigava uma barraca de feira. Em consequência, Maria sofre apenas escoriações pelo corpo e não chega a sofrer nenhuma fratura. Considerando apenas os dados descritos, assinale a afirmativa correta.

(A) Manoel deve responder pelo delito de induzimento, instigação ou auxílio ao suicídio em sua forma consumada.
(B) Manoel deve responder pelo delito de induzimento, instigação ou auxílio ao suicídio em sua forma tentada.
(C) Manoel não possui responsabilidade jurídico-penal, pois Maria não morreu e nem sofreu lesão corporal de natureza grave.
(D) Manoel, caso tivesse se arrependido daquilo que falou para Maria e esta, em virtude da queda, viesse a óbito, seria responsabilizado pelo delito de homicídio.

RESPOSTA Art. 122 do CP. Correta a *alternativa C.*

118. **(XVIII Exame)** Cacau, de 20 anos, moça pacata residente em uma pequena fazenda no interior do Mato Grosso, mantém um relacionamento amoroso secreto com Noel, filho de um dos empregados de seu pai. Em razão da relação, fica grávida, mas mantém a situação em segredo pelo temor que tinha de seu pai. Após o nascimento de um bebê do sexo masculino, Cacau, sem que ninguém soubesse, em estado puerperal, para ocultar sua desonra, leva a criança para local diverso do parto e a deixa embaixo de uma árvore no meio da fazenda vizinha, sem prestar assistência devida, para que alguém encontrasse e acreditasse que aquele recém-nascido fora deixado por desconhecido. Apesar de a fazenda vizinha ser habitada, ninguém encontra a criança nas 06 horas seguintes, vindo o bebê a falecer. A perícia confirmou que, apesar do estado puerperal, Cacau era imputável no momento dos fatos. Considerando a situação narrada, é correto afirmar que Cacau deverá ser responsabilizada pelo crime de

(A) Abandono de incapaz qualificado.
(B) Homicídio doloso.
(C) Infanticídio.
(D) Exposição ou abandono de recém-nascido qualificado.

RESPOSTA (A) Art. 133 do CP. (B) Art. 121 do CP. (C) Art. 123 do CP. (D) Art. 134 do CP. Correta a *alternativa D.*

119. **(XVIII Exame)** Maria mantém relacionamento clandestino com João. Acreditando estar grávida, procura o seu amigo Pedro, que é auxiliar de enfermagem, e implora para que ele faça o aborto. Pedro, que já auxiliou diversas cirurgias legais de aborto, acreditando ter condições técnicas de realizar o ato sozinho, atende ao pedido de sua amiga, preocupado com a situação pessoal de Maria, que não poderia assumir a gravidez por ela anunciada. Durante a cirurgia, em razão da imperícia de Pedro, Maria vem a falecer, ficando apurado que, na verdade, ela não estava grávida. Em razão do fato narrado, Pedro deverá responder pelo crime de

(A) Aborto tentado com consentimento da gestante qualificado pelo resultado morte.
(B) Aborto tentado com consentimento da gestante.
(C) Homicídio culposo.
(D) Homicídio doloso.

RESPOSTA (A e B) Arts. 14, II, e 124 do CP. (C) Art. 121, § 3º, do CP. (D) Art. 121 do CP. Correta a *alternativa C*.

120. **(XXII Exame)** Acreditando estar grávida, Pâmela, 18 anos, desesperada porque ainda morava com os pais e eles sequer a deixavam namorar, utilizando um instrumento próprio, procura eliminar o feto sozinha no banheiro de sua casa, vindo a sofrer, em razão de tal comportamento, lesão corporal de natureza grave. Encaminhada ao hospital para atendimento médico, fica constatado que, na verdade, ela não se achava e nunca esteve grávida. O Hospital, todavia, é obrigado a noticiar o fato à autoridade policial, tendo em vista que a jovem de 18 anos chegou ao local em situação suspeita, lesionada. Diante disso, foi instaurado procedimento administrativo investigatório próprio e, com o recebimento dos autos, o Ministério Público ofereceu denúncia em face de Pâmela pela prática do crime de "aborto provocado pela gestante", qualificado pelo resultado de lesão corporal grave, nos termos dos art. 124 c/c o art. 127, ambos do Código Penal. Diante da situação narrada, assinale a opção que apresenta a alegação do advogado de Pâmela.

(A) A atipicidade de sua conduta.
(B) O afastamento da qualificadora, tendo em vista que esta somente pode ser aplicada aos crimes de aborto provocado por terceiro, com ou sem consentimento da gestante, mas não para o delito de autoaborto de Pâmela.
(C) A desclassificação para o crime de lesão corporal grave, afastando a condenação pelo aborto.
(D) O reconhecimento da tentativa do crime de aborto qualificado pelo resultado.

RESPOSTA Art. 17 do CP. Pâmela não estava grávida e, por isso, não há o que se falar em aborto, lesão corporal ou qualquer outro delito. Correta a *alternativa A*.

121. **(XXIII Exame)** Roberta, enquanto conversava com Robson, afirmou categoricamente que presenciou quando Caio explorava jogo do bicho, no dia 03/03/2017. No dia seguinte, Roberta contou para João que Caio era um "furtador". Caio toma conhecimento dos fatos, procura você na condição de advogado(a) e nega tudo o que foi dito por Roberta, ressaltando que ela só queria atingir sua honra. Nesse caso, deverá ser proposta queixa-crime, imputando a Roberta a prática de

(A) 1 crime de difamação e 1 crime de calúnia.
(B) 1 crime de difamação e 1 crime de injúria.
(C) 2 crimes de calúnia.
(D) 1 crime de calúnia e 1 crime de injúria.

RESPOSTA Arts. 138, 139 e 140 do CP. Correta a *alternativa B*.

122. **(XXV Exame)** Márcia e Plínio se encontraram em um quarto de hotel e, após discutirem o relacionamento por várias horas, acabaram por se ofender reciprocamente. Márcia, então, querendo dar fim à vida de ambos, ingressa no banheiro do quarto e liga o gás, aproveitando-se do fato de que Plínio estava dormindo. Em razão do forte cheiro exalado, quando ambos já estavam desmaiados, os seguranças do hotel invadem o quarto e resgatam o casal, que foi levado para o hospital. Tanto Plínio quanto Márcia acabaram sofrendo lesões corporais graves. Registrado o fato na delegacia, Plínio, revoltado com o comportamento de Márcia, procura seu advogado e pergunta se a conduta dela configuraria crime. Considerando as informações narradas, o advogado de Plínio deverá esclarecer que a conduta de Márcia configura crime de

(A) Lesão corporal grave, apenas.
(B) Tentativa de homicídio qualificado e tentativa de suicídio.
(C) Tentativa de homicídio qualificado, apenas.
(D) Tentativa de suicídio, por duas vezes.

RESPOSTA Art. 122 do CP. Por ter havido ato executório idôneo a causar a morte de Plínio, Márcia deve ser responsabilizada pela tentativa de homicídio. Correta a *alternativa C*.

123. **(XXVI Exame)** Patrícia foi a um *shopping center* a fim de comprar um celular para sua filha, Maria, de 10 anos, que a acompanhava. Não encontrando o modelo desejado, Patrícia saiu da loja, esclarecendo o ocorrido para a criança que, inconformada com o fato, começou a chorar. Patrícia chamou a atenção de sua filha, o que fez com que seu colega de trabalho Henrique, que passava pelo local, a advertisse, de que não deveria assim agir com a criança, iniciando uma discussão e acabando por empurrá-la contra a parede. Em razão do comportamento de Henrique, Patrícia sofre uma pequena lesão na perna. Ela efetuou o registro e a perícia confirmou a lesão; contudo, dois dias depois, ela compareceu à Delegacia e desistiu da representação. Em razão de a vítima ser do sexo feminino, o Ministério Público ofereceu denúncia contra Henrique pela prática do crime de lesão corporal no âmbito da violência doméstica e familiar contra a mulher, previsto no art. 129, § 9º, do Código Penal. Considerando as informações narradas, o advogado de Henrique deverá alegar que

(A) Apesar de o crime ser de lesão corporal no âmbito da violência doméstica e familiar contra a mulher, será cabível, em caso de condenação, a substituição da pena privativa de liberdade por restritiva de direito.

(B) O crime em tese praticado é de lesão corporal leve simples, de modo que, apesar de irrelevante a vontade da vítima para o oferecimento da denúncia, pode ser oferecida proposta de suspensão condicional do processo.

(C) Apesar de o crime ser de lesão corporal no âmbito da violência doméstica e familiar contra a mulher, deverá ser rejeitada a denúncia por depender de representação da vítima.

(D) O crime em tese praticado é de lesão corporal leve simples, devendo a denúncia ser rejeitada por depender de representação da vítima.

RESPOSTA A qualificadora do § 9º do art. 129 do Código Penal é aplicável na hipótese de lesão corporal decorrente de violência doméstica. Não foi o caso do enunciado. Ademais, em razão da lesão produzida, trata-se de lesão corporal leve, do art. 129, *caput*, do Código Penal, crime de ação penal pública condicionada à representação (Lei n. 9.099/95, art. 88). Sobre a possibilidade de retratação da representação, não há dúvida acerca de sua viabilidade (CPP, art. 25). Correta a *alternativa D.*

124. **(XXVII Exame)** Inconformado com o fato de Mauro ter votado em um candidato que defendia ideologia diferente da sua, João desferiu golpes de faca contra seu colega, assim agindo com a intenção de matá-lo. Acreditando ter obtido o resultado desejado, João levou o corpo da vítima até uma praia deserta e o jogou no mar. Dias depois, o corpo foi encontrado, e a perícia constatou que a vítima morreu afogada, e não em razão das facadas desferidas por João. Descobertos os fatos, João foi preso, denunciado e pronunciado pela prática de dois crimes de homicídios dolosos, na forma qualificada, em concurso material. Ao apresentar recurso contra a decisão de pronúncia, você, advogado(a) de João, sob o ponto de vista técnico, deverá alegar que ele somente poderia ser responsabilizado

(A) Pelo crime de lesão corporal, considerando a existência de causa superveniente, relativamente independente, que, por si só, causou o resultado.

(B) Por um crime de homicídio culposo, na forma consumada.

(C) Por um crime de homicídio doloso qualificado, na forma tentada, e por um crime de homicídio culposo, na forma consumada, em concurso material.

(D) Por um crime de homicídio doloso qualificado, na forma consumada.

RESPOSTA (A) Art. 13, § 1º, do CP. (B) Art. 121, § 3º, do CP. (C) Arts. 14, II, 69 e 121, § 2º, do CP. (D) Art. 121, § 2º, do CP. Correta a *alternativa D.*

125. **(XXIX Exame)** Sandra, mãe de Enrico, de 4 anos de idade, fruto de relacionamento anterior, namorava Fábio. Após conturbado término do relacionamento, cujas discussões tinham como principal motivo a criança e a relação de Sandra com o ex-companheiro, Fábio comparece à residência de Sandra, enquanto esta trabalhava, para buscar seus pertences. Na ocasião, ele encontrou Enrico e uma irmã de Sandra, que cuidava da criança. Com raiva pelo término da relação, Fábio, aproveitando-se da distração da tia, conversa com a criança sobre como seria legal voar do 8º andar apenas com uma pequena toalha funcionando como paraquedas. Diante do incentivo de Fábio, Enrico pula da varanda do apartamento com a toalha e vem a sofrer lesões corporais de natureza grave, já que cai em cima de uma árvore. Descobertos os fatos, a família de Fábio procura advogado para esclarecimentos sobre as consequências jurídicas do ato. Considerando as informações narradas, sob o ponto de vista técnico, deverá o advogado esclarecer que a conduta de Fábio configura

(A) Conduta atípica, já que não houve resultado de morte a partir da instigação ao suicídio.

(B) Crime de instigação ao suicídio consumado, com pena inferior àquela prevista para quando há efetiva morte.

(C) Crime de instigação ao suicídio na modalidade tentada.

(D) Crime de homicídio na modalidade tentada.

RESPOSTA é típica a conduta de instigar, auxiliar ou induzir alguém ao suicídio (CP, art. 122). No entanto, reflita: a criança se jogou do 8º andar com o objetivo de morrer? Não! Ela foi convencida de que poderia utilizar uma toalha como paraquedas, e que tudo não passava de uma brincadeira. Ou seja, em razão de ser muito jovem – apenas 4 anos –, a vítima não tinha a menor ideia do que estava fazendo. Por isso, Fábio deve ser punido pela tentativa de homicídio (CP, arts. 121 e 14, II). Correta a *alternativa D*.

IX. CRIMES CONTRA O PATRIMÔNIO

126. **(XXXI Exame)** Inconformado por estar desempregado, Lúcio resolve se embriagar. Quando se encontrava no interior do coletivo retornando para casa, ele verifica que o passageiro sentado à sua frente estava dormindo, e o telefone celular deste estava solto em seu bolso. Aproveitando-se da situação, Lúcio subtrai o aparelho sem ser notado pelo lesado, que continuava dormindo profundamente. Ao tentar sair do coletivo, Lúcio foi interpelado por outro passageiro, que assistiu ao ocorrido, iniciando-se uma grande confusão, que fez com que o lesado acordasse e verificasse que seu aparelho fora subtraído. Após denúncia pelo crime de furto qualificado pela destreza e regular processamento do feito, Lúcio foi condenado nos termos da denúncia, sendo, ainda, aplicada a agravante da embriaguez preordenada, já que Lúcio teria se embriagado dolosamente. Considerando apenas as informações expostas e que os fatos foram confirmados, o(a) advogado(a) de Lúcio, no momento da apresentação de recurso de apelação, poderá requerer

(A) o reconhecimento de causa de diminuição de pena diante da redução da capacidade em razão da sua embriaguez, mas não o afastamento da qualificadora da destreza.
(B) a desclassificação para o crime de furto simples, mas não o afastamento da agravante da embriaguez preordenada.
(C) a desclassificação para o crime de furto simples e o afastamento da agravante, não devendo a embriaguez do autor do fato interferir na tipificação da conduta ou na dosimetria da pena.
(D) a absolvição, diante da ausência de culpabilidade, em razão da embriaguez completa.

RESPOSTA (A) errada. A embriaguez não se deu por caso fortuito ou força maior (CP, artigo 28, § 2º); (B) errada, pois Lúcio não bebeu com o intuito de praticar o delito, não sendo hipótese de embriaguez preordenada (CP, art. 61, II, "l"); (C) correta. Não houve destreza por parte de Lúcio, afinal, a vítima estava "dormindo profundamente", tendo de ser afastada a qualificadora do art. 155, § 4º, II, do CP; (D) errada. A embriaguez voluntária não afasta a imputabilidade ou a culpabilidade (CP, art. 28, II). *Alternativa C.*

127. **(XXXI Exame)** Maria, em uma loja de departamento, apresentou roupas no valor de R$ 1.200 (mil e duzentos reais) ao caixa, buscando efetuar o pagamento por meio de um cheque de terceira pessoa, inclusive assinando como se fosse a titular da conta. Na ocasião, não foi exigido qualquer documento de identidade. Todavia, o caixa da loja desconfiou do seu nervosismo no preenchimento do cheque, apesar da assinatura perfeita, e consultou o banco sacado, constatando que aquele documento constava como furtado. Assim, Maria foi presa em flagrante naquele momento e, posteriormente, denunciada pelos crimes de estelionato e falsificação de documento público, em concurso material. Confirmados os fatos, o advogado de Maria, no momento das alegações finais, sob o ponto de vista técnico, deverá buscar o reconhecimento

(A) do concurso formal entre os crimes de estelionato consumado e falsificação de documento público.
(B) do concurso formal entre os crimes de estelionato tentado e falsificação de documento particular.
(C) de crime único de estelionato, na forma consumada, afastando-se o concurso de crimes.
(D) de crime único de estelionato, na forma tentada, afastando-se o concurso de crimes.

RESPOSTA (A), (B) e (C) erradas e (D) correta pelos mesmos motivos: (1º) o cheque, em si, não era falso, não havendo que se falar em falsidade material (CP, arts. 297 e 298); (2º) embora fosse possível falar em falsidade ideológica (CP, art. 299), teria de incidir a Súmula 17 do STJ, devendo o crime de falso ser absorvido pelo de estelionato; (3º) não houve a consumação do crime do art. 171 do CP por razões alheias à vontade de Maria, hipótese de tentativa (CP, art. 14, II). *Alternativa D.*

128. **(I Exame)** Com relação aos crimes contra o patrimônio, assinale a opção correta.

(A) Ocorre crime de extorsão indireta quando alguém, abusando da situação de outro, exige, como garantia de dívida, documento que pode dar causa a procedimento criminal contra a vítima ou terceiro.
(B) No crime de apropriação indébita, o fato de o agente praticá-lo em razão de ofício, emprego ou profissão não interfere na imposição da pena, por se tratar de elementar do tipo.

(C) A conduta da vítima não é fator de distinção entre os delitos de roubo e extorsão.

(D) O crime de extorsão mediante sequestro consuma-se no momento em que o resgate é exigido, independentemente do momento da privação da liberdade da vítima.

RESPOSTA (A) Art. 160 do CP. (B) Art. 168, § 1º, III, do CP. (C) Em verdade, a conduta da vítima é o principal ponto de distinção entre os dois delitos (arts. 157 e 158 do CP). (D) É essencial a privação da liberdade da vítima para a consumação do crime do art. 159 do CP. Correta a *alternativa A*.

129. **(II Exame)** Paula Rita convenceu sua mãe adotiva, Maria Aparecida, de 50 anos de idade, a lhe outorgar um instrumento de mandato para movimentar sua conta bancária, ao argumento de que poderia ajudá-la a efetuar pagamento de contas, pequenos saques, pegar talões de cheques etc., evitando assim que a mesma tivesse que se deslocar para o banco no dia a dia. De posse da referida procuração, Paula Rita compareceu à agência bancária onde Maria Aparecida possuía conta e sacou todo o valor que a mesma possuía em aplicações financeiras, no total de R$ 150.000,00 (cento e cinquenta mil reais), apropriando-se do dinheiro antes pertencente a sua mãe. Considerando tal narrativa, assinale a alternativa correta.

(A) Paula Rita praticou crime de estelionato em detrimento de Maria Aparecida e, pelo fato de ser sua filha adotiva, é isenta de pena.

(B) Paula Rita praticou crime de furto mediante fraude em detrimento de Maria Aparecida e, pelo fato de ser sua filha adotiva, é isenta de pena.

(C) Paula Rita praticou crime de estelionato em detrimento de Maria Aparecida e, apesar de ser sua filha adotiva, não é isenta de pena.

(D) Paula Rita praticou crime de furto mediante fraude em detrimento de Maria Aparecida e, apesar de seu sua filha adotiva, não é isenta de pena.

RESPOSTA (A) Arts. 171 e 181, II, do CP. (B) Não foi furto (CP, art. 155) por não ter havido subtração – a coisa não foi tomada da vítima. (C) Art. 181, II, do CP. (D) Art. 181, II, do CP. Correta a *alternativa A*.

130. **(III Exame)** Pedro, não observando seu dever objetivo de cuidado na condução de uma bicicleta, choca-se com um telefone público e o destrói totalmente. Nesse caso, é correto afirmar que Pedro

(A) Deverá ser responsabilizado pelo crime de dano simples, somente.

(B) Deverá ser responsabilizado pelo crime de dano qualificado, somente.

(C) Deverá ser responsabilizado pelo crime de dano qualificado, sem prejuízo da obrigação de reparar o dano causado.

(D) Não será responsabilizado penalmente.

RESPOSTA Art. 163 do CP. Não é típico o dano culposo. Correta a *alternativa D*.

131. **(VI Exame)** Ares, objetivando passear com a bicicleta de Ártemis, desfere contra esta um soco. Ártemis cai, Ares pega a bicicleta e a utiliza durante todo o resto do dia, devolvendo-a ao anoitecer. Considerando os dados acima descritos, assinale a alternativa correta.

(A) Ares praticou crime de roubo com a causa de diminuição de pena do arrependimento posterior.

(B) Ares praticou atípico penal.

(C) Ares praticou constrangimento ilegal.

(D) Ares praticou constrangimento legal com a causa de diminuição de pena do arrependimento posterior.

RESPOSTA O enunciado descreve o roubo de uso. Por não ter ocorrido a subtração – não havia, desde o começo, intenção de se apoderar da bicicleta –, deve o agente ser punido pelo constrangimento ilegal. Ele obrigou a vítima a tolerar algo sem que exista previsão legal que o autorize. Correta a *alternativa C*.

132. **(VIII Exame)** Jaime, conhecido pelos colegas como "Jaiminho mão de seda", utilizando-se de sua destreza, consegue retirar a carteira do bolso traseiro da calça de Ricardo, que, ao perceber a subtração, sai ao encalço do delinquente. Ocorre que, durante a perseguição, Ricardo acaba sendo atropelado, vindo a falecer em decorrência dos ferimentos. Nesse sentido, com base nas informações apresentadas na hipótese e na jurisprudência predominante dos tribunais superiores, assinale a afirmativa correta.

(A) Jaime praticou delito de furto em sua modalidade tentada.

(B) Jaime consumou a prática do delito de furto simples.

(C) Jaime consumou a prática do delito de furto qualificado.

(D) Jaime consumou a prática de latrocínio.

RESPOSTA É punido pela destreza (CP, art. 155, § 4º, II) o agente que possui especial habilidade para a prática do furto. Jaime não possui essa habilidade, afinal, foi surpreendido tentado praticar a subtração

(STJ, REsp 1.478.648/PR). Ademais, o acidente, por si só, foi suficiente para causar a morte. Portanto, não pode o resultado ser atribuído a Jaime (CP, art. 13, § 1º). Quanto à consumação, a posição do STJ é a seguinte: "Consuma-se o crime de furto com a posse de fato da *res furtiva*, ainda que por breve espaço de tempo e seguida de perseguição ao agente, sendo prescindível a posse mansa e pacífica ou desvigiada" (STJ, REsp 1.524.450/RJ). Correta a *alternativa B*.

133. **(IX Exame)** José subtrai o carro de um jovem que lhe era totalmente desconhecido, chamado João. Tal subtração deu-se mediante o emprego de grave ameaça exercida pela utilização de arma de fogo. João, entretanto, rapaz jovem e de boa saúde, sem qualquer histórico de doença cardiovascular, assusta-se de tal forma com a arma, que vem a óbito em virtude de ataque cardíaco. Com base no cenário acima, assinale a afirmativa correta.

(A) José responde por latrocínio.

(B) José não responde pela morte de João.

(C) José responde em concurso material pelos crimes de roubo e de homicídio culposo.

(D) José praticou crime preterdoloso.

RESPOSTA Art. 157, § 3º, II, do CP. Perceba que o latrocínio ocorre apenas quando a morte decorre de violência, e não de grave ameaça. Ademais, José desconhecia a condição física da vítima. Correta a *alternativa B*.

134. **(XII Exame)** Lúcia, objetivando conseguir dinheiro, sequestra Marcos, jovem cego. Quando estava escrevendo um bilhete para a família de Marcos, estipulando o valor do resgate, Lúcia fica sabendo, pela própria vítima, que sua família não possui dinheiro algum. Assim, verificando que nunca conseguiria obter qualquer ganho, Lúcia desiste da empreitada criminosa e coloca Marcos dentro de um ônibus, orientando-o a descer do coletivo em determinado ponto. Com base no caso apresentado, assinale a afirmativa correta.

(A) Lúcia deve responder pelo delito de sequestro ou cárcere privado, apenas.

(B) Lúcia não praticou crime algum, pois beneficiada pelo instituto da desistência voluntária.

(C) Lúcia deve responder pelo delito de extorsão mediante sequestro em sua modalidade consumada.

(D) Lúcia não praticou crime algum, pois beneficiada pelo instituto do arrependimento eficaz.

RESPOSTA (A) Art. 148 do CP. (B) Art. 15 do CP. (C) Art. 59 do CP e Súmula 96-STJ. (D) Art. 15 do CP. Correta a *alternativa C*.

135. **(XV Exame)** No dia 14 de setembro de 2014, por volta das 20h, José, primário e de bons antecedentes, tentou subtrair para si, mediante escalada de um muro de 1,70 metros de altura, vários pedaços de fios duplos de cobre da rede elétrica avaliados em, aproximadamente, R$ 100,00 (cem reais) à época dos fatos. Sobre o caso apresentado, segundo entendimento sumulado do STJ, assinale a afirmativa correta.

(A) É possível o reconhecimento do furto qualificado privilegiado independentemente do preenchimento cumulativo dos requisitos previstos no art. 155, § 2º, no CP.

(B) É possível o reconhecimento do privilégio previsto no art. 155, § 2º, do CP nos casos de crime de furto qualificado se estiverem presentes a primariedade do agente e o pequeno valor da coisa, e se a qualificadora for de ordem objetiva.

(C) Não é possível o reconhecimento do privilégio previsto no art. 155, § 2º, do CP nos casos de crime de furto qualificado, mesmo que estejam presentes a primariedade do agente e o pequeno valor da coisa, e se a qualificadora for de ordem objetiva.

(D) É possível o reconhecimento do privilégio previsto no art. 155, § 2º, do CP nos casos de crime de furto qualificado se estiverem presentes a primariedade do agente, o pequeno valor da coisa, e se a qualificadora for de ordem subjetiva.

RESPOSTA Art. 155, § 2º, do CP e Súmula 511-STJ. Correta a *alternativa B*.

136. **(XVII Exame)** Marcondes, necessitando de dinheiro para comparecer a uma festa no bairro em que residia, decide subtrair R$ 1.000,00 do caixa do açougue de propriedade de seu pai. Para isso, aproveita-se da ausência de seu genitor, que, naquele dia, comemorava seu aniversário de 63 anos, para arrombar a porta do estabelecimento e subtrair a quantia em espécie necessária. Analisando a situação fática, é correto afirmar que

(A) Marcondes não será condenado pela prática de crime, pois é isento de pena, em razão da escusa absolutória.

(B) Marcondes deverá responder pelo crime de furto de coisa comum, por ser herdeiro de seu pai.

(C) Marcondes deverá responder pelo crime de furto qualificado.

(D) Marcondes deverá responder pelos crimes de dano e furto simples em concurso formal.

RESPOSTA (A) Art. 183, III, do CP. (B) Art. 156 do CP. (C) Art. 155, § 4º, I, do CP. (D) Arts. 70, 155 e 163 do CP. Correta a *alternativa C*.

137. **(XX Exame)** Aproveitando-se da ausência do morador, Francisco subtraiu de um sítio diversas ferramentas de valor considerável, conduta não assistida por quem quer que seja. No dia seguinte, o proprietário Antônio verifica a falta das coisas subtraídas, resolvendo se dirigir à delegacia da cidade. Após efetuar o devido registro, quando retornava para o sítio, Antônio avistou Francisco caminhando com diversas ferramentas em um carrinho, constatando que se tratavam dos bens dele subtraídos no dia anterior. Resolve fazer a abordagem, logo dizendo ser o proprietário dos objetos, vindo Francisco, para garantir a impunidade do crime anterior, a desferir um golpe de pá na cabeça de Antônio, causando-lhe as lesões que foram a causa de sua morte. Apesar de tentar fugir em seguida, Francisco foi preso por policiais que passavam pelo local, sendo as coisas recuperadas, ficando constatado o falecimento do lesado. Revoltada, a família de Antônio o procura, demonstrando interesse em sua atuação como assistente de acusação e afirmando a existência de dúvidas sobre a capitulação da conduta do agente. Considerando o caso narrado, o advogado esclarece que a conduta de Francisco configura o(s) crime(s) de

(A) Latrocínio consumado.
(B) Latrocínio tentado.
(C) Furto tentado e homicídio qualificado.
(D) Furto consumado e homicídio qualificado.

RESPOSTA (A e B) Art. 157, § 3º, II, do CP. (C e D) Arts. 121, § 2º, V, e 155 do CP. Correta a *alternativa D.*

138. **(XXI Exame)** Felipe sempre sonhou em ser proprietário de um veículo de renomada marca mundial. Quando soube que uma moradora de sua rua tinha um dos veículos de seu sonho em sua garagem, Felipe combinou com Caio e Bruno de os dois subtraírem o veículo, garantindo que ficaria com o produto do crime e que Caio e Bruno iriam receber determinado valor, o que efetivamente vem a ocorrer. Após receber o carro, Felipe o leva para sua casa de praia, localizada em outra cidade do mesmo Estado em que reside. Os fatos são descobertos e o veículo é apreendido na casa de veraneio de Felipe. Considerando as informações narradas, é correto afirmar que Felipe deverá ser responsabilizado pela prática do crime de

(A) Furto simples.
(B) Favorecimento real.
(C) Furto qualificado pelo concurso de agentes.
(D) Receptação.

RESPOSTA (A e C) Art. 155, *caput* e § 4º, IV, do CP. (B) Art. 349 do CP. (D) Art. 180 do CP. Correta a *alternativa C.*

139. **(XXV Exame)** Flávia conheceu Paulo durante uma festa de aniversário. Após a festa, ambos foram para a casa de Paulo, juntamente com Luiza, amiga de Flávia, sob o alegado desejo de se conhecerem melhor. Em determinado momento, Paulo, sem qualquer violência real ou grave ameaça, ingressa no banheiro para urinar, ocasião em que Flávia e Luiza colocam um pedaço de madeira na fechadura, deixando Paulo preso dentro do local. Aproveitando-se dessa situação, subtraem diversos bens da residência de Paulo e deixam o imóvel, enquanto a vítima, apesar de perceber a subtração, não tinha condição de reagir. Horas depois, vizinhos escutam os gritos de Paulo e chamam a Polícia. De imediato, Paulo procura seu advogado para esclarecimentos sobre a responsabilidade penal de Luiza e Flávia. Considerando as informações narradas, o advogado de Paulo deverá esclarecer que as condutas de Luiza e Flávia configuram crime de

(A) Roubo majorado.
(B) Furto qualificado, apenas.
(C) Cárcere privado, apenas.
(D) Furto qualificado e cárcere privado.

RESPOSTA (A) Art. 157, § 2º, II e V, do CP. (B)(D) Art. 155, § 4º, do CP. (C) Art. 148 do CP. Correta a *alternativa A.*

140. **(XXVII Exame)** Leonardo, nascido em 20/03/1976, estava em dificuldades financeiras em razão de gastos contínuos com entorpecente para consumo. Assim, em 05/07/2018, subtraiu, em comunhão de ações e desígnios com João, nascido em 01/01/1970, o aparelho de telefonia celular de seu pai, Gustavo, nascido em 05/11/1957, tendo João conhecimento de que Gustavo era genitor do comparsa. Após a descoberta dos fatos, Gustavo compareceu em sede policial, narrou o ocorrido e indicou os autores do fato, que vieram a ser denunciados pelo crime de furto qualificado pelo concurso de agentes. No momento da sentença, confirmados os fatos, o juiz reconheceu a causa de isenção de pena em relação aos denunciados, considerando a condição de a vítima ser pai de um dos autores do fato. Inconformado com o teor da sentença, Gustavo, na condição de assistente de acusação habilitado, demonstrou seu interesse em recorrer. Com base apenas nas informações expostas, o(a) advogado(a) de Gustavo deverá esclarecer que

(A) Os dois denunciados fazem jus a causa de isenção de pena da escusa absolutória, conforme reconhecido pelo magistrado, já que a circunstância de a vítima ser pai de Leonardo deve ser estendida para João.

(B) Nenhum dos dois denunciados faz jus à causa de isenção de pena da escusa absolutória, devendo, confirmada a autoria, ambos ser condenados e aplicada pena.

(C) Somente Leonardo faz jus a causa de isenção de pena da escusa absolutória, não podendo esta ser estendida ao coautor.

(D) Somente João faz jus a causa de isenção de pena da escusa absolutória, não podendo esta ser estendida ao coautor.

RESPOSTA Art. 183, III, do CP. Cuidado com a incidência do art. 181 em conjunto com o art. 30, ambos do CP. Correta a *alternativa C.*

141. **(XXX Exame)** Mário trabalhava como jardineiro na casa de uma família rica, sendo tratado por todos como um funcionário exemplar, com livre acesso a toda a residência, em razão da confiança estabelecida. Certo dia, enfrentando dificuldades financeiras, Mário resolveu utilizar o cartão bancário de seu patrão, Joaquim, e, tendo conhecimento da respectiva senha, promoveu o saque da quantia de R$ 1.000,00 (mil reais). Joaquim, ao ser comunicado pelo sistema eletrônico do banco sobre o saque feito em sua conta, efetuou o bloqueio do cartão e encerrou sua conta. Sem saber que o cartão se encontrava bloqueado e a conta encerrada, Mário tentou novo saque no dia seguinte, não obtendo êxito. De posse das filmagens das câmeras de segurança do banco, Mário foi identificado como o autor dos fatos, tendo admitido a prática delitiva. Preocupado com as consequências jurídicas de seus atos, Mário procurou você, como advogado(a), para esclarecimentos em relação à tipificação de sua conduta. Considerando as informações expostas, sob o ponto de vista técnico, você, como advogado(a) de Mário, deverá esclarecer que sua conduta configura

(A) Os crimes de furto simples consumado e de furto simples tentado, na forma continuada.

(B) Os crimes de furto qualificado pelo abuso de confiança consumado e de furto qualificado pelo abuso de confiança tentado, na forma continuada.

(C) Um crime de furto qualificado pelo abuso de confiança consumado, apenas.

(D) Os crimes de furto qualificado pelo abuso de confiança consumado e de furto qualificado pelo abuso de confiança tentado, em concurso material.

RESPOSTA Na primeira conduta, Mário tirou proveito da confiança depositada para a prática do crime de furto – CP, art. 155, § 4º, II. Na segunda tentativa, já não havia mais como consumar o crime, pois há havia ocorrido o encerramento da conta da vítima (CP, art. 17). Portanto, não houve concurso de delitos, mas um único furto, qualificado e consumado. Correta a *alternativa C.*

X. CRIMES CONTRA A DIGNIDADE SEXUAL

142. **(XXXI Exame)** Yuri foi denunciado pela suposta prática de crime de estupro qualificado em razão da idade da vítima, porque teria praticado conjunção carnal contra a vontade de Luana, de 15 anos, mediante emprego de grave ameaça. No curso da instrução, Luana mudou sua versão e afirmou que, na realidade, havia consentido na prática do ato sexual, sendo a informação confirmada por Yuri em seu interrogatório. Considerando apenas as informações expostas, no momento de apresentar alegações finais, a defesa técnica de Yuri deverá pugnar por sua absolvição, sob o fundamento de que o consentimento da suposta ofendida, na hipótese, funciona como

(A) causa supralegal de exclusão da ilicitude.

(B) causa legal de exclusão da ilicitude.

(C) fundamento para reconhecimento da atipicidade da conduta.

(D) causa supralegal de exclusão da culpabilidade.

RESPOSTA (A), (B) e (D) erradas e correta a alternativa (C) pelos mesmos motivos: no crime de estupro (CP, art. 213, § 1º), ainda que se trate de vítima menor de idade, o consentimento é causa de atipicidade da conduta. Conclusão diversa seria obtida se Luana fosse menor de 14 anos, pois estaria caracterizado o estupro de vulnerável (CP, art. 217-A), quando o consentimento é irrelevante. *Alternativa C.*

143. **(III Exame)** Em 7 de fevereiro de 2010, Ana, utilizando-se do emprego de grave ameaça, constrange seu amigo Lucas, bem-sucedido advogado, a com ela praticar ato libidinoso diverso da conjunção carnal. Em 7 de agosto de 2010, Lucas comparece à delegacia policial para noticiar o crime, tendo sido instaurado inquérito a fim de apurar as circunstâncias do delito. A esse respeito, é correto afirmar que o promotor de justiça

(A) Deverá oferecer denúncia contra Ana pela prática do crime de atentado violento ao pudor, haja vista que, por se tratar de crime hediondo, a ação penal é pública incondicionada.

(B) Nada poderá fazer, haja vista que os crimes sexuais, que atingem bens jurídicos personalíssimos da vítima, só são perseguíveis mediante queixa-crime.

(C) Deverá pedir o arquivamento do inquérito por ausência de condição de procedibilidade para a instauração de processo criminal, haja vista que a ação penal é pública condicionada à representação, não tendo a vítima se manifestado dentro do prazo legalmente previsto para tanto.

(D) Deverá oferecer denúncia contra Ana pela prática do crime de estupro, haja vista que, com a alteração do Código Penal, passou-se a admitir que pessoa do sexo masculino seja vítima de tal delito, sendo a ação penal pública incondicionada.

RESPOSTA (A) O delito de atentado violento ao pudor não existe desde 2009, quando entrou em vigor a Lei n. 12.015, que deu fim ao art. 214 do CP. (B) Atualmente, todos são de ação penal pública incondicionada (CP, art. 225). (C) Na época, era a alternativa correta. Todavia, com a entrada em vigor da Lei n. 13.718/2019, que modificou o art. 225 do CP, a ação penal passou a ser pública incondicionada. (D) Com as modificações promovidas pelas Leis n. 12.015/2009 e 13.718, a alternativa, inicialmente errada, passou a estar correta. Correta a *alternativa D.*

144. **(X Exame)** José, rapaz de 23 anos, acredita ter poderes espirituais excepcionais, sendo certo que todos conhecem esse seu "dom", já que ele o anuncia amplamente. Ocorre que José está apaixonado por Maria, jovem de 14 anos, mas não é correspondido. Objetivando manter relações sexuais com Maria e conhecendo o misticismo de sua vítima, José a faz acreditar que ela sofre de um mal espiritual, o qual só pode ser sanado por meio de um ritual mágico de cura e purificação, que consiste em manter relações sexuais com alguém espiritualmente capacitado a retirar o malefício. José diz para Maria que, se fosse para livrá-la daquilo, aceitaria de bom grado colaborar no ritual de cura e purificação. Maria, muito assustada com a notícia, aceita e mantém, de forma consentida, relação sexual com José, o qual fica muito satisfeito por ter conseguido enganá-la e, ainda, satisfazer seu intento, embora tenha ficado um pouco frustrado por ter descoberto que Maria não era mais virgem. Com base na situação descrita, assinale a alternativa que indica o crime que José praticou.

(A) Corrupção de menores (Art. 218, do CP).

(B) Violência sexual mediante fraude (Art. 215, do CP).

(C) Estupro qualificado (Art. 213, § 1º, parte final, do CP).

(D) Estupro de vulnerável (Art. 217-A, do CP).

RESPOSTA (A e D) A vítima não tinha menos de 14 anos. (B) É também conhecido por estelionato sexual, quando a vítima é enganada para consentir com o ato sexual. (C) Não houve violência ou grave ameaça. Correta a *alternativa B.*

145. **(XIII Exame)** Analise os fragmentos a seguir:

I. João constrange Maria, por meios violentos, a ter com ele relação sexual. Em virtude da violência empregada para a consumação do ato, Maria sofre lesões corporais de natureza grave que a levam a óbito.

II. Joaquim constrange Benedita, por meio de grave ameaça, a ter com ele relação sexual. Após o coito Benedita falece em decorrência de ataque cardíaco, pois padecia, desde criança, de cardiopatia grave, condição desconhecida por Joaquim.

A partir das situações apresentadas nos fragmentos I e II, os delitos cometidos são, respectivamente,

(A) Estupro qualificado pelo resultado morte e estupro qualificado pelo resultado morte.

(B) Estupro em concurso com lesão corporal seguida de morte e estupro simples.

(C) Estupro qualificado pelo resultado morte e estupro em concurso com homicídio preterdoloso.

(D) Estupro qualificado pelo resultado morte e estupro simples.

RESPOSTA (I) Art. 213, § 2º, do CP. (II) Art. 213, *caput*, do CP. Joaquim não pode ser punido pela morte por não ser possível a responsabilidade penal objetiva. Correta a *alternativa D.*

146. **(XVIII Exame)** Glória é contratada como secretária de Felipe, um grande executivo de uma sociedade empresarial. Felipe se apaixona por Glória, mas ela nunca lhe deu atenção fora daquela necessária para a profissão. Felipe, então, simula a existência de uma reunião de negócios e pede para que a secretária fique no local para auxiliá-lo. À noite, Glória comparece à sala do executivo acreditando que ocorreria a reunião, quando é surpreendida por este, que coloca uma faca em seu pescoço e exige a prática de atos sexuais, sendo, em razão do medo, atendido. Após o ato, Felipe afirmou que Glória deveria comparecer normalmente ao trabalho no dia seguinte e ainda lhe entregou duas notas de R$ 100,00. Diante da situação narrada, é correto afirmar que Felipe deverá responder pela prática do crime de

(A) Violação sexual mediante fraude.

(B) Assédio sexual.

(C) Favorecimento da prostituição ou outra forma de exploração sexual.

(D) Estupro.

RESPOSTA (A) Art. 215 do CP. (B) Art. 216-A do CP. (C) Art. 228 do CP. (D) Art. 213 do CP. Correta a *alternativa D.*

147. **(XX Exame)** Durante dois meses, Mário, 45 anos, e Joana, 14 anos, mantiveram relações sexuais em razão de relacionamento amoroso. Apesar do consentimento de ambas as partes, ao tomar conhecimento da situação, o pai de Joana, revoltado, comparece à Delegacia e narra o ocorrido para a autoridade policial, esclarecendo que o casal se conhecera no dia do aniversário de 14 anos de sua filha. Considerando apenas as informações narradas, é correto afirmar que a conduta de Mário

(A) É atípica, em razão do consentimento da ofendida.
(B) Configura crime de estupro de vulnerável.
(C) É típica, mas não é antijurídica, funcionando o consentimento da ofendida como causa supralegal de exclusão da ilicitude.
(D) Configura crime de corrupção de menores.

RESPOSTA (A e B) Art. 217-A do CP. (C) Não há previsão legal. (D) Art. 218 do CP. Correta a *alternativa A.*

XI. CRIMES CONTRA A INCOLUMIDADE PÚBLICA

148. **(XIV Exame)** José, mestre de obras, foi contratado para realizar a reforma de um escritório no centro da cidade de Niterói. Durante a reforma, José, sem analisar a planta do edifício, derruba uma parede do escritório, com o intuito de unir duas salas contíguas. Dois dias após a derrubada da parede, o prédio desaba, e, no desabamento, morre uma pessoa que estava no local na hora da queda. A perícia consegue apurar que a queda foi provocada pela obra realizada por José, que não poderia derrubar a parede, pois esta seria estrutural no edifício. Diante dos fatos narrados, assinale a opção que indica a responsabilidade penal de José.

(A) Desabamento doloso em concurso formal com o crime de homicídio doloso.
(B) Desabamento doloso em concurso material com o crime de homicídio culposo.
(C) Desabamento culposo, circunstanciado pela causa de aumento de pena em razão da morte culposa da vítima.
(D) Desabamento culposo, circunstanciado pela causa de aumento de pena em razão da morte dolosa da vítima.

RESPOSTA Art. 256 do CP. Correta a *alternativa C.*

149. **(XXVIII Exame)** Frederico, de maneira intencional, colocou fogo no jardim da residência de seu chefe de trabalho, causando perigo ao patrimônio deste e dos demais vizinhos da região, já que o fogo se alastrou rapidamente, aproximando-se da rede elétrica e de pessoas que passavam pelo local. Ocorre que Frederico não se certificou, com as cautelas necessárias, que não haveria ninguém no jardim, de modo que a conduta por ele adotada causou a morte de uma criança, queimada, que brincava no local. Desesperado, Frederico procura você, como advogado(a), e admite os fatos, indagando sobre eventuais consequências penais de seus atos. Considerando apenas as informações narradas, o(a) advogado(a) de Frederico deverá esclarecer que a conduta praticada configura crime de

(A) Homicídio doloso qualificado pelo emprego de fogo.
(B) Incêndio doloso simples.
(C) Homicídio culposo.
(D) Incêndio doloso com aumento de pena em razão do resultado morte.

RESPOSTA Muitos devem ter se perguntado se o delito de incêndio (CP, art. 250) teria a pena aumentada pelo resultado morte. Por ser um tipo penal pouco estudado, é bem provável que boa parte dos examinandos nem o conhecessem. Para piorar a situação, de fato, existe o aumento pelo resultado morte, mas em outro dispositivo: o art. 258 do CP. E não parou por aí: o CP fala em formas qualificadas no art. 258, mas, em verdade, são causas de aumento de pena. Correta a *alternativa D.*

XII. CRIMES CONTRA A PAZ PÚBLICA

150. **(XXXI Exame)** Caio, funcionário público, Antônio, empresário, Ricardo, comerciante, e Vitor, adolescente, de forma recorrente se reúnem, de maneira estruturalmente ordenada e com clara divisão de tarefas, inclusive Antônio figurando como líder, com o objetivo de organizarem a prática de diversos delitos de falsidade ideológica de documento particular (Art. 299 do CP: pena: 01 a 03 anos de reclusão e multa). Apesar de o objetivo ser a falsificação de documentos particulares, Caio utilizava-se da sua função pública para obter as informações a serem inseridas de forma falsa na documentação. Descobertos os fatos, Caio, Ricardo e Antônio foram denunciados, devidamente processados e condenados como incursos nas sanções do Art. 2º da Lei n. 12.850/13 (constituir organização criminosa), sendo reconhecidas as causas de aumento em razão do envolvimento de funcionário público e em razão do envolvimento de adolescente. A Antônio foi, ainda, agravada a pena diante da posição de liderança. Constituído nos autos apenas para defesa dos interesses de Antônio, o advogado, em sede de recurso, sob o ponto de vista técnico, de acordo com as previsões legais, deverá requerer

(A) desclassificação para o crime de associação criminosa, previsto no Código Penal (antigo bando ou quadrilha).

(B) afastamento da causa de aumento em razão do envolvimento de adolescente, diante da ausência de previsão legal.

(C) afastamento da causa de aumento em razão da presença de funcionário público, tendo em vista que Antônio não é funcionário público e nem equiparado, devendo a majorante ser restrita a Caio.

(D) afastamento da agravante, pelo fato de Antônio ser o comandante da organização criminosa, uma vez que tal incremento da pena não está previsto na Lei n. 12.850/13.

RESPOSTA (A) correta. A organização criminosa tem de ser voltada à prática de delitos com pena superior a 4 anos (Lei n. 12.850/13, art. 1º, § 1º). Ademais, agravantes não têm qualquer influência nesse aspecto (Súmula 231 do STJ), devendo ocorrer a desclassificação para o crime do art. 288 do CP; (B) errada. Art 2º, § 4º, I, da Lei n. 12.850/2013; (C) errada (CP, art. 327); (D) errada (art. 2º, § 3º, da Lei n. 12.850/2013). *Alternativa A.*

151. **(XV Exame)** Numerosos cidadãos, sem qualquer combinação prévia, revoltados com os sucessivos escândalos e as notícias de corrupção envolvendo as autoridades locais, vestiram-se totalmente de preto e foram para as escadarias da Câmara Municipal, após terem escutado do prefeito, durante uma entrevista ao vivo, que os professores municipais eram marajás. Lá chegando, alguns manifestantes, também sem qualquer combinação ou liame subjetivo, começaram a atirar pedras em direção ao referido prédio público e, com isso, três vidraças foram quebradas. A polícia, com o auxílio das imagens gravadas e transmitidas pela imprensa, conseguiu identificar todas as pessoas que atiraram pedras e danificaram o patrimônio público. Nesse sentido, tendo por base as informações apresentadas no fragmento acima, assinale a afirmativa correta.

(A) Os cidadãos devem responder pelos crimes de associação criminosa (art. 288, do CP) e dano qualificado (art. 163, parágrafo único, inciso III, do CP).

(B) Descabe falar-se em crime de associação criminosa (art. 288, do CP), pois, dentre outras circunstâncias, a reunião das pessoas, naquele momento, foi apenas eventual.

(C) Deve incidir, para o crime de dano qualificado (art. 163, parágrafo único, inciso III, do CP), a circunstância agravante do concurso de pessoas.

(D) Não houve a prática de nenhum ato criminoso, pois as condutas descritas não encontram adequação típica e, mais ainda, não havia dolo específico de deteriorar patrimônio público.

RESPOSTA (A e B) Não é possível a responsabilização por associação criminosa, do art. 288 do CP, por não existir estabilidade. (C) Não houve concurso de pessoas por não existir liame subjetivo entre os criminosos. (D) Evidentemente, houve dolo de danificar o patrimônio público. A redação da questão é bem clara nesse sentido. Correta a *alternativa B.*

152. **(XVIII Exame)** No ano de 2014, Bruno, Bernardo e Bianca se uniram com a intenção de praticar, reiteradamente, a contravenção penal de jogo do bicho. Para tanto, reuniam-se toda quarta-feira e decidiam em quais locais o jogo do bicho seria explorado. Chegaram, efetivamente, em uma oportunidade, a explorar o jogo do bicho em determinado estabelecimento. Considerando apenas as informações narradas, Bruno, Bernardo e Bianca responderão

(A) Pela contravenção penal do jogo do bicho, apenas.

(B) Pela contravenção penal do jogo do bicho e pelo crime de associação criminosa.

(C) Pela contravenção penal do jogo do bicho e pelo crime de organização criminosa.

(D) Pelo crime de associação criminosa, apenas.

RESPOSTA Art. 288 do CP e art. 58 da LCP. O dispositivo fala apenas em crime, e não em contravenção. Correta a alternativa A.

XIII. CRIMES CONTRA A FÉ PÚBLICA

153. **(III Exame)** Ao concluir o curso de Engenharia, Arli, visando fazer uma brincadeira, inseriu, à caneta, em seu diploma, declaração falsa sobre fato juridicamente relevante. A respeito desse ato, é correto afirmar que Arli

(A) Praticou crime de falsificação de documento público.

(B) Praticou crime de falsidade ideológica.

(C) Praticou crime de falsa identidade.

(D) Não praticou crime algum.

RESPOSTA (A) Art. 297 do CP. (B) Art. 299 do CP. (C) Art. 307 do CP. (D) Os três delitos trazidos na questão exigem um dolo especial do agente, ausentes no exemplo descrito. Correta a *alternativa D.*

154. **(XVII Exame)** Paulo pretende adquirir um automóvel por meio de sistema de financiamento junto a uma instituição bancária. Para tanto, dirige-se ao estabelecimento comercial para verificar as condições de financiamento e é informado que, quanto maior a renda bruta familiar, maior a dilação do prazo para pagamento e menores os juros. Decide, então, fazer falsa declaração de parentesco ao preencher a ficha cadastral, a fim de aumentar a renda familiar informada, vindo, assim, a obter o financiamento nas condições pretendidas. Considerando a situação narrada e os crimes contra a fé pública, é correto afirmar que Paulo cometeu o delito de

(A) Falsificação material de documento público.
(B) Falsidade ideológica.
(C) Falsificação material de documento particular.
(D) Falsa identidade.

RESPOSTA (A) Art. 297 do CP. (B) Art. 299 do CP. (C) Art. 298 do CP. (D) Art. 307 do CP. Correta a *alternativa B*.

155. **(XXI Exame)** No curso de uma assembleia de condomínio de prédio residencial foram discutidos e tratados vários pontos. O morador Rodrigo foi o designado para redigir a ata respectiva, descrevendo tudo que foi discutido na reunião. Por esquecimento, deixou de fazer constar ponto relevante debatido, o que deixou Lúcio, um dos moradores, revoltado ao receber cópia da ata. Indignado, Lúcio promove o devido registro na delegacia própria, comprovando que Rodrigo, com aquela conduta, havia lhe causado grave prejuízo financeiro. Após oitiva dos moradores do prédio, em que todos confirmaram que o tema mencionado por Lúcio, de fato, fora discutido e não constava da ata, o Ministério Público ofereceu denúncia em face de Rodrigo, imputando-lhe a prática do crime de falsidade ideológica de documento público. Considerando que todos os fatos acima destacados foram integralmente comprovados no curso da ação, o(a) advogado(a) de Rodrigo deverá alegar que

(A) Ele deve ser absolvido por respeito ao princípio da correlação, já que a conduta por ele praticada melhor se adequa ao crime de falsidade material, que não foi descrito na denúncia.
(B) Sua conduta deve ser desclassificada para crime de falsidade ideológica culposa.
(C) A pena a ser aplicada, apesar da prática do crime de falsidade ideológica, é de 01 a 03 anos de reclusão, já que a ata de assembleia de condomínio é documento particular e não público.
(D) Ele deve ser absolvido por atipicidade da conduta.

RESPOSTA (A) Art. 298 do CP. (B e C) Art. 299 do CP. (D) De fato, não se pune a forma culposa da conduta. Correta a *alternativa D*.

156. **(XXVI Exame)** Talles, desempregado, decide utilizar seu conhecimento de engenharia para fabricar máquina destinada à falsificação de moedas. Ao mesmo tempo, pega uma moeda falsa de R$ 3,00 (três reais) e, com um colega também envolvido com falsificações, tenta colocá-la em livre circulação, para provar o sucesso da empreitada. Ocorre que aquele que recebe a moeda percebe a falsidade rapidamente, em razão do valor suspeito, e decide chamar a Polícia, que apreende a moeda e o maquinário já fabricado. Talles é indiciado pela prática de crimes e, já na Delegacia, liga para você, na condição de advogado(a), para esclarecimentos sobre a tipicidade de sua conduta. Considerando as informações narradas, em conversa sigilosa com seu cliente, você deverá esclarecer que a conduta de Talles configura

(A) Atos preparatórios, sem a prática de qualquer delito.
(B) Crimes de moeda falsa e de petrechos para falsificação de moeda.
(C) Crime de petrechos para falsificação de moeda, apenas.
(D) Crime de moeda falsa, apenas, em sua modalidade tentada.

RESPOSTA (B e D) Art. 289 do CP. (C) Art. 291 do CP. Correta a *alternativa C*.

XIV. CRIMES CONTRA A ADMINISTRAÇÃO PÚBLICA

157. **(I Exame)** Considere que Charles, funcionário público no exercício de suas funções, tenha desviado dolosamente valores particulares de que tinha a posse em razão do cargo. Nessa situação hipotética,

(A) Se Charles reparar o dano antes do recebimento da denúncia, sua punibilidade será extinta; se o fizer posteriormente, sua pena será diminuída.
(B) A pena de Charles não seria alterada na eventualidade de ser ele ocupante de cargo em comissão de órgão da administração direta, visto que a tipificação do crime já considera o fato de ser o agente funcionário público como elementar do tipo.
(C) Charles praticou peculato-desvio, podendo eventual reparação do dano ser considerada arrependimento posterior ou circunstância atenu-

ante genérica, a depender do momento em que for efetivada.

(D) Charles praticou crime de furto, e não de peculato, haja vista que os valores de que tinha a posse em razão do cargo eram particulares, e não, públicos.

RESPOSTA (A) Art. 312, § 3º, do CP. (B) Art. 327, § 2º, do CP. (C) Arts. 16 e 312 do CP. (D) Art. 312 do CP. Correta a *alternativa C*.

158. **(II Exame)** Assinale a alternativa que preencha corretamente as lacunas do texto: "para a ocorrência de __________, não basta a imputação falsa de crime, mas é indispensável que em decorrência de tal imputação seja instaurada, por exemplo, investigação policial ou processo judicial. A simples imputação falsa de fato definido como crime pode constituir __________, que, constitui infração penal contra a honra, enquanto a __________ é crime contra a Administração da Justiça".

(A) Denunciação caluniosa, calúnia, denunciação caluniosa.

(B) Denunciação caluniosa, difamação, denunciação caluniosa.

(C) Comunicação falsa de crime ou de contravenção, calúnia, comunicação falsa de crime ou de contravenção.

(D) Comunicação falsa de crime ou de contravenção, difamação, comunicação falsa de crime ou de contravenção.

RESPOSTA (A e B) Arts. 138 e 339 do CP. (C) Arts. 138 e 340 do CP. (D) Arts. 139 e 340 do CP. Correta a alternativa D.

159. **(II Exame)** Fundação Pública Federal contrata o técnico de informática Abelardo Fonseca para que opere o sistema informatizado destinado à elaboração da folha de pagamento de seus funcionários. Abelardo, ao elaborar a referida folha de pagamento, altera as informações sobre a remuneração dos funcionários da Fundação no sistema, descontando a quanti a de cinco reais de cada um deles. A seguir, insere o seu próprio nome e sua própria conta bancária no sistema, atribuindo-se a condição de funcionário da Fundação e destina à sua conta o total dos valores desviados dos demais. Terminada a elaboração da folha, Abelardo remete as informações à seção de pagamentos, a qual efetua os pagamentos de acordo com as informações lançadas no sistema por ele. Considerando tal narrativa, é correto afirmar que Abelardo praticou crime de:

(A) Estelionato.

(B) Peculato.

(C) Concussão.

(D) Inserção de dados falsos em sistema de informações

RESPOSTA (A) Art. 171 do CP. (B) Art. 312 do CP. (C) Art. 316 do CP. (D) Art. 313-A do CP. Correta a *alternativa D*.

160. **(IV Exame)** Configura modalidade de peculato prevista no Código Penal

(A) O peculato por erro de outrem, consistente na apropriação de bem ou valores que o funcionário tenha recebido pela facilidade que seu cargo lhe proporciona.

(B) O peculato eletrônico, modalidade anômala de peculato, consistente em inserir dados falsos, alterar ou modificar dados no sistema de informações da administração pública.

(C) O peculato-culposo, consistente na apropriação de bens ou valores que o funcionário tenha recebido por erro de outrem em razão do cargo público que exerce.

(D) O peculato-desvio, consistente no desvio de bens ou valores, pelo funcionário público, em benefício de terceiro.

RESPOSTA (A) Art. 313 do CP. (B) Art. 313-A do CP. (C) Art. 312, § 2º, do CP. (D) Art. 312, *caput*, do CP. Correta a *alternativa B*.

161. **(V Exame)** Ao tomar conhecimento de um roubo ocorrido nas adjacências de sua residência, Caio compareceu à delegacia de polícia e noticiou o crime, alegando que vira Tício, seu inimigo capital, praticar o delito, mesmo sabendo que seu desafeto se encontrava na Europa na data do fato. Em decorrência do exposto, foi instaurado inquérito policial para apurar as circunstâncias do ocorrido. A esse respeito, é correto afirmar que Caio cometeu

(A) Delito de calúnia.

(B) Delito de comunicação falsa de crime.

(C) Delito de denunciação caluniosa.

(D) Crime de falso testemunho.

RESPOSTA (A) Art. 138 do CP. (B) Art. 340 do CP. (C) Art. 339 do CP. (D) Art. 342 do CP. Correta a *alternativa C*.

162. **(VII Exame)** Baco, após subtrair um carro esportivo de determinada concessionária de veículos, telefona para Minerva, sua amiga, a quem conta a empreitada criminosa e pede ajuda. Baco sabia que Minerva morava em uma grande casa e que poderia esconder o carro facilmente lá. Assim, pergunta se Minerva poderia ajudá-lo, escondendo o carro em sua residência. Minerva, apaixonada por Baco, aceita prestar a ajuda. Nessa situação, Minerva deve responder por

(A) Participação no crime de furto praticado por Baco.
(B) Receptação.
(C) Favorecimento pessoal.
(D) Favorecimento real.

RESPOSTA (A) Art. 155 do CP. (B) Art. 180 do CP. (C) Art. 348 do CP. (D) Art. 349 do CP. Correta a *alternativa D.*

163. **(X Exame)** Coriolano, objetivando proteger seu amigo Romualdo, não obedeceu à requisição do Promotor de Justiça no sentido de determinar a instauração de inquérito policial para apurar eventual prática de conduta criminosa por parte de Romualdo. Nesse caso, é correto afirmar que Coriolano praticou crime de

(A) Desobediência (art. 330 do CP).
(B) Prevaricação (art. 319 do CP).
(C) Corrupção passiva (art. 317 do CP).
(D) Crime de advocacia administrativa (art. 321 do CP).

RESPOSTA A dificuldade poderia orbitar entre a corrupção passiva privilegiada (CP, art. 317, § 2º) e a prevaricação (CP, art. 319). Correta a *alternativa B.*

164. **(XIX Exame)** Após realizarem o roubo de um caminhão de carga, os roubadores não sabem como guardar as coisas subtraídas até o transporte para outro Estado no dia seguinte. Diante dessa situação, procuram Paulo, amigo dos criminosos, e pedem para que ele guarde a carga subtraída no seu galpão por 24 horas, admitindo a origem ilícita do material. Paulo, para ajudá-los, permite que a carga fique no seu galpão, que é utilizado como uma oficina mecânica, até o dia seguinte. A polícia encontra na mesma madrugada todo o material no galpão de Paulo, que é preso em flagrante. Diante desse quadro fático, Paulo deverá responder pelo crime de

(A) Receptação.
(B) Receptação qualificada.
(C) Roubo majorado.
(D) Favorecimento real.

RESPOSTA (A e B) Art. 180 do CP. (C) Art. 157 do CP. (D) Art. 349 do CP. Correta a *alternativa D.*

165. **(XIX Exame)** Patrício, ao chegar em sua residência, constatou o desaparecimento de um relógio que havia herdado de seu falecido pai. Suspeitando de um empregado que acabara de contratar para trabalhar em sua casa e que ficara sozinho por todo o dia no local, Patrício registrou o fato na Delegacia própria, apontando, de maneira precipitada, o empregado como autor da subtração, sendo instaurado o respectivo inquérito em desfavor daquele "suspeito". Ao final da investigação, o inquérito foi arquivado a requerimento do Ministério Público, ficando demonstrado que o indiciado não fora o autor da infração. Considerando que Patrício deu causa à instauração de inquérito policial em desfavor de empregado cuja inocência restou demonstrada, é correto afirmar que o seu comportamento configura

(A) Fato atípico.
(B) Crime de denunciação caluniosa dolosa.
(C) Crime de denunciação caluniosa culposa.
(D) Calúnia.

RESPOSTA (A) Patrício não sabia da inocência do empregado. (B e C) Art. 339 do CP. (D) Art. 138 do CP. Correta a *alternativa A.*

166. **(XX Exame)** Guilherme, funcionário público de determinada repartição pública do Estado do Paraná, enquanto organizava os arquivos de sua repartição, acabou, por desatenção, jogando ao lixo, juntamente com materiais inúteis, um importante livro oficial, que veio a se perder. Considerando apenas as informações narradas, é correto afirmar que a conduta de Guilherme

(A) Configura crime de prevaricação.
(B) Configura situação atípica.
(C) Configura crime de condescendência criminosa.
(D) Configura crime de extravio, sonegação ou inutilização de livro ou documento.

RESPOSTA (A) Art. 319 do CP. (B) A conduta é atípica por falta de previsão legal. (C) Art. 320 do CP. (D) Art. 314 do CP. Correta a *alternativa B.*

167. **(XXI Exame)** Alberto, policial civil, passando por dificuldades financeiras, resolve se valer de sua função para ampliar seus vencimentos. Para tanto, durante o registro de uma ocorrência na Delegacia onde está lotado, solicita à noticiante R$ 2.000,00 para realizar as investigações necessárias à elucidação do fato. Indignada com a proposta, a noticiante resolve gravar a conversa. Dizendo que iria pensar se aceitaria pagar o valor solicitado, a noticiante deixa o local e procura a Corregedoria de Polícia Civil, narrando a conduta do policial e apresentando a gravação para comprovação. Acerca da conduta de Alberto, é correto afirmar que configura crime de

(A) Corrupção ativa, em sua modalidade tentada.
(B) Corrupção passiva, em sua modalidade tentada.
(C) Corrupção ativa consumada.
(D) Corrupção passiva consumada.

RESPOSTA (A e C) Art. 333 do CP. (B e D) Art. 317 do CP. Correta a *alternativa D.*

168. **(XXIII Exame)** Catarina leva seu veículo para uma determinada entidade autárquica com o objetivo de realizar a fiscalização anual. Carlos, funcionário público que exerce suas funções no local, apesar de não encontrar irregularidades no veículo, verificando a inexperiência de Catarina, que tem apenas 19 anos de idade, exige R$ 5.000,00 para "liberar" o automóvel sem pendências. Catarina, de imediato, recusa-se a entregar o valor devido e informa o ocorrido ao superior hierárquico de Carlos, que aciona a polícia. Realizada a prisão em flagrante de Carlos, a família é comunicada sobre o fato e procura um advogado para que ele preste esclarecimentos sobre a responsabilidade penal de Carlos. Diante da situação narrada, o advogado da família de Carlos deverá esclarecer que a conduta praticada por Carlos configura, em tese, crime de

(A) Corrupção passiva consumada.
(B) Concussão consumada.
(C) Corrupção passiva tentada.
(D) Concussão tentada.

RESPOSTA (A e C) Art. 317 do CP. (B e D) Art. 316 do CP. Correta a *alternativa B.*

XV. LEGISLAÇÃO PENAL ESPECIAL

169. **(II Exame)** Relativamente à legislação sobre lavagem de capitais (Lei n. 9.613/98), assinale a alternativa correta.

(A) O crime de lavagem só ocorre quando os bens, direitos ou valores provenientes, direta ou indiretamente, de um dos crimes antecedentes completam todo o processo de lavagem (ocultação, dissimulação e integração).
(B) Não constitui lavagem de dinheiro, mas crime de descaminho, a importação ou exportação de bens com valores não correspondentes aos verdadeiros, feita com o propósito de ocultar ou dissimular a utilização de bens, direitos ou valores provenientes de qualquer dos crimes antecedentes referidos na Lei n. 9.613/98.
(C) O processo e julgamento dos crimes previstos na Lei n. 9.613/98 dependem do processo e julgamento dos crimes antecedentes.
(D) Pratica crime de lavagem de dinheiro quem utiliza, na atividade econômica ou financeira, bens, direitos ou valores que sabe serem provenientes de qualquer dos crimes antecedentes previstos na Lei n. 9.613/98.

RESPOSTA (A) Segundo o STJ, o crime de lavagem de dinheiro corresponde a um processo que pode ser subdividido em três fases – a) introdução ou ocultação; b) transformação ou dissimulação; e c) integração –, praticadas com o objetivo de reintrodução na economia formal de valores obtidos de forma ilícita sob a aparência da licitude (APn 922/DF, j. em 05/06/2019). No entanto, na Lei n. 9.613/98, há condutas que correspondem a cada uma das fases. Logo, não é necessário, para a punição do agente, a constatação de todas as fases elencadas anteriormente. (B) Art. 1º, § 1º, III, da Lei n. 9.613/98. (C) Art. 2º, II, da Lei n. 9.613/98. (D) Art. 1º, § 2º, I, da Lei n. 9.613/98. Correta a *alternativa D.*

170. **(II Exame)** João da Silva, José da Silva e Maria da Silva são os acionistas controladores do Banco Silva's e Família, cada um com 30% das ações com direito a voto e exercendo respectivamente os cargos de Diretor-Presidente, Diretor Comercial e Diretora de Contabilidade. Em razão das dificuldades financeiras que afetaram o Banco Silva's e Família, os diretores decidem por em curso as seguintes práticas: (1) adquirir no mercado títulos do tesouro nacional já caducos (portanto sem valor algum) e, utilizando-os como simulacro de lastro, emitir títulos do banco para captar recursos financeiros junto aos investidores; (2) forjar negócios com pessoas jurídicas inexistentes a fim de simular ganhos; e, por fim, (3) fraudar o balanço da instituição simulando lucros no exercício ao invés dos prejuízos efetivamente sofridos. Os primeiros doze meses demonstraram resultados excelentes, com grande aumento do capital, mas os vinte e quatro meses seguintes são marcados por uma perda avassaladora de recursos, levando o banco à beira da insolvência, com um passivo cerca de 50 vezes maior que o ativo. Nesse momento, o Banco Silva's e Família sofre uma intervenção do Banco Central e todos os fatos narrados acima vêm à tona. Assinale a alternativa que indique o(s) crime(s) praticado(s) pelos acionistas controladores.

(A) Crimes de falsidade ideológica, falsidade documental e estelionato qualificado.
(B) Crime de gestão temerária de instituição financeira.

(C) Crime de gestão fraudulenta de instituição financeira.
(D) Crime de gestão temerária em concurso com crime de gestão fraudulenta de instituição financeira.

RESPOSTA (A) Art. 4º da Lei n. 7.492/86. (B) Errada. Art. 4º da Lei n. 7.492/86. (C) Correta. Art. 4º, *caput*, da Lei n. 7.492/86. Houve a clara intenção de enganar as pessoas. Por isso, não se trata de mera gestão temerária, do art. 4º, parágrafo único, da Lei n. 7.492/86. (D) Art. 4º da Lei n. 7.492/86. Correta a *alternativa C.*

171. **(III Exame)** A tortura, conduta expressamente proibida pela Constituição Federal e lei específica,

(A) Pode ser praticada por meio de uma conduta comissiva (positiva, por via de uma ação) ou omissiva (negativa, por via de uma abstenção).
(B) É crime inafiançável, imprescritível e insuscetível de graça ou anistia.
(C) Exige, na sua configuração, que o autor provoque lesões corporais na vítima ao lhe proporcionar sofrimento físico com o emprego de violência.
(D) Se reconhecida, não implicará aumento de pena, caso seja cometida por agente público.

RESPOSTA (A) Art. 1º, § 2º, da Lei n. 9.455/97. (B) Art. 1º, § 6º, da Lei n. 9.455/97. (C) Art. 1º, I, da Lei n. 9.455/97. (D) Art. 1º, § 4º, I, da Lei n. 9.455/97. Correta a *alternativa A.*

172. **(III Exame)** Guiando o seu automóvel na contramão de direção, em outubro de 2010, Tício é perseguido por uma viatura da polícia militar. Após ser parado pelos agentes da lei, Tício realiza, espontaneamente, o exame do etilômetro e fornece aos militares sua habilitação e o documento do automóvel. No exame do etilômetro, fica constatado que Tício apresentava concentração de álcool muito superior ao patamar previsto na legislação de trânsito. Além disso, os policiais constatam que o motorista estava com a habilitação vencida desde maio de 2009. Com relação ao relatado acima, é correto afirmar que o promotor de justiça deverá denunciar Tício

(A) Pela prática dos crimes de embriaguez ao volante e direção sem habilitação.
(B) Apenas pelo crime de embriaguez ao volante, uma vez que o fato de a habilitação estar vencida constitui mera infração administrativa.
(C) Apenas pelo crime de direção sem habilitação, uma vez que o perigo gerado por tal conduta faz com que o delito de embriaguez ao volante seja absorvido, em razão da aplicação do Princípio da Consunção.
(D) Apenas pelo crime de direção sem habilitação, pois o delito de embriaguez ao volante só se configura quando ocorre acidente de trânsito com vítima.

RESPOSTA (A) Art. 309 do CTB. (B) Arts. 162, V, e 306 do CTB. (C) Art. 309 do CTB. (D) Art. 306 do CTB. Correta a *alternativa B.*

173. **(IV Exame)** À luz da lei que dispõe sobre os Juizados Especiais Criminais (Lei 9.099/95), assinale a alternativa correta.

(A) A competência do juizado será determinada pelo lugar em que se consumar a infração penal.
(B) A citação será pessoal e se fará no próprio juizado, sempre que possível, ou por edital.
(C) O instituto da transação penal pode ser concedido pelo juiz sem a anuência do Ministério Público.
(D) Tratando-se de crime de ação penal pública incondicionada, não sendo caso de arquivamento, o Ministério Público poderá propor a aplicação imediata de pena restritiva de direitos ou multas, a ser especificada na proposta.

RESPOSTA (A) Art. 63 da Lei n. 9.099/95. (B) Art. 66 da Lei n. 9.099/95. (C)(D) Art. 76 da Lei n. 9.099/95. Correta a *alternativa D.*

174. **(V Exame)** Joaquim, conduzindo seu veículo automotor (que se encontrava sem as placas de identificação) em velocidade superior à máxima permitida para a via – 50km/h –, pratica o crime de lesões corporais culposas em virtude da sua não observância ao dever objetivo de cuidado no trânsito. Com base na situação acima e à luz do Código de Trânsito Brasileiro, assinale a alternativa correta.

(A) Por se tratar a lesão corporal culposa praticada na direção de veículo automotor de uma infração de menor potencial ofensivo, Joaquim responderá pelo seu crime no Juizado Especial Criminal.
(B) Sem prejuízo da pena de detenção correspondente, Joaquim estará sujeito à suspensão ou proibição de se obter a permissão ou a habilitação para dirigir veículo automotor.
(C) Pelo fato de Joaquim praticar o fato na condução de veículo automotor sem placas de identificação, o Juiz poderá, caso entenda necessário, agravar a penalidade do crime.
(D) A pena a que Joaquim estará sujeito não se alterará se a lesão corporal culposa for praticada em faixa de pedestres ou mesmo na calçada.

RESPOSTA (A e B) Art. 303 do CTB. (C) Art. 298, II, do CTB. (D) Arts. 302, § 1º, II, e 303, § 1º, do CTB. Em tempo: aparentemente, o examinador fez uma confusão ao interpretar o texto da lei. No art. 291, § 1º, III, o CTB determina que, se o agente estiver em velocidade superior a 50 km/h para a via, alguns institutos despenalizadores da Lei n. 9.099/95 não serão aplicados. Correta a *alternativa B*.

175. **(VII Exame)** Pitágoras foi definitivamente condenado, com sentença penal condenatória transitada em julgado, à pena de 6 (seis) anos de reclusão a ser cumprida, inicialmente, em regime semiaberto. Cerca de quatro meses após o início do cumprimento da pena privativa de liberdade, sobreveio nova condenação definitiva, desta vez a 3 (três) anos de reclusão no regime inicial aberto, em virtude da prática de crime anterior. Atento ao caso narrado, bem como às disposições pertinentes ao tema presentes tanto no código penal quanto na lei de execuções penais, é correto afirmar que

(A) Pitágoras poderá continuar a cumprir a pena no regime semiaberto.
(B) Pitágoras deverá regredir para o regime fechado.
(C) Pitágoras deverá regredir de regime porque a nova condenação significa cometimento de falta grave.
(D) prevalece o regime isolado de cada uma das condenações, devendo-se executar primeiro a pena mais grave.

RESPOSTA Art. 111, parágrafo único, da LEP e art. 33, § 2º, do CP. Correta a *alternativa B*.

176. **(XI Exame)** O art. 33 da Lei n. 11.343/2006 (Lei Antidrogas) diz: "Importar, exportar, remeter, preparar, produzir, fabricar, adquirir, vender, expor à venda, oferecer, ter em depósito, transportar, trazer consigo, guardar, prescrever, ministrar, entregar a consumo ou fornecer drogas, ainda que gratuitamente, sem autorização ou em desacordo com determinação legal ou regulamentar. Pena – reclusão de 5 (cinco) a 15 (quinze) anos e pagamento de 500 (quinhentos) a 1.500 (mil e quinhentos) dias multa". Analisando o dispositivo acima, pode-se perceber que nele não estão inseridas as espécies de drogas não autorizadas ou que se encontram em desacordo com determinação legal ou regulamentar. Dessa forma, é correto afirmar que se trata de uma norma penal

(A) Em branco homogênea.
(B) Em branco heterogênea.
(C) Incompleta (ou secundariamente remetida).
(D) Em branco inversa (ou ao avesso).

RESPOSTA As normas penais incriminadoras são compostas de preceito primário e de preceito secundário. No preceito primário, descreve-se a conduta ("matar alguém"). No preceito secundário, impõe-se a pena ("reclusão, de seis a vinte anos"). Ocorre que, em alguns casos, o preceito primário é incompleto, e necessita de complementação para que seja aplicável. É o que ocorre com o art. 33 da Lei n. 11.343/2006, que prevê, dentre outras condutas, ser crime a venda de drogas. No entanto, o que é droga? A resposta está na Portaria n. 344/98 da ANVISA, que traz um rol de substâncias proibidas. Por isso, dizemos que o art. 33 é uma norma penal em branco, que, sem a Portaria, não tem qualquer aplicabilidade. As normas penais em branco dividem-se em homogêneas e heterogêneas. A norma penal em branco é homogênea quando o complemento advém de mesma fonte legislativa. Entretanto, a Lei n. 11.343/2006 e a Portaria n. 344/98 são de fontes legislativas diversas – Congresso Nacional e ANVISA –, e, por isso, o art. 33 é norma penal em branco heterogênea. Correta a alternativa B. Por fim, quanto à norma penal em branco inversa, trata-se de situação em que, embora o preceito primário (a descrição da conduta) esteja completo, falta imposição de pena (preceito secundário), sendo necessária a complementação (ex.: art. 158, § 3º, parte final, do CP). Correta a *alternativa B*.

177. **(XI Exame)** Helena, condenada a pena privativa de liberdade, sofre, no curso da execução da referida pena, superveniência de doença mental. Nesse caso, o juiz da execução, verificando que a enfermidade mental tem caráter permanente, deverá

(A) Aplicar o art. 41 do CP, que assim dispõe, *verbis*: "O condenado a quem sobrevém doença mental deve ser recolhido a hospital de custódia e tratamento psiquiátrico ou, à falta, a outro estabelecimento adequado."
(B) Aplicar o art. 97 do CP, que assim dispõe, *verbis*: "Se o agente for inimputável, o juiz determinará sua internação (art. 26). Se, todavia, o fato previsto como crime for punível com detenção, poderá o juiz submetê-lo a tratamento ambulatorial".
(C) Aplicar o art. 183 da LEP (Lei n. 7.210/84), que assim dispõe, *verbis*: "Quando, no curso da execução da pena privativa de liberdade, sobrevier doença mental ou perturbação da saúde mental, o Juiz, de Ofício, a requerimento do Ministério Público, da Defensoria Pública ou da autoridade administrativa, poderá determinar a substituição da pena por medida de segurança".
(D) Aplicar o art. 108 da LEP (Lei n. 7.210/84), que assim dispõe, *verbis*: "O condenado a quem so-

brevier doença mental será internado em Hospital de Custódia e Tratamento Psiquiátrico".

RESPOSTA Questão interessante, em que a banca trouxe a transcrição dos dispositivos legais, tendo o examinando que analisar qual deve ser aplicado. Correta a *alternativa C*.

178. **(XII Exame)** Odete é diretora de um orfanato municipal, responsável por oitenta meninas em idade de dois a onze anos. Certo dia Odete vê Elisabeth, uma das recreadoras contratada pela Prefeitura para trabalhar na instituição, praticar ato libidinoso com Poliana, criança de 9 anos, que ali estava abrigada. Mesmo enojada pela situação que presenciava, Odete achou melhor não intervir, porque não desejava criar qualquer problema para si. Nesse caso, tendo como base apenas as informações descritas, assinale a opção correta.

(A) Odete não pode ser responsabilizada penalmente, embora possa sê-lo no âmbito cível e administrativo.

(B) Odete pode ser responsabilizada pelo crime descrito no art. 244-A do Estatuto da Criança e do Adolescente, *verbis*: "Submeter criança ou adolescente, como tais definidos no *caput* do art. 2º desta Lei, à prostituição ou à exploração sexual".

(C) Odete pode ser responsabilizada pelo crime de estupro de vulnerável, previsto no art. 217-A do CP, *verbis*: "Ter conjunção carnal ou praticar outro ato libidinoso com menor de 14 (catorze) anos".

(D) Odete pode ser responsabilizada pelo crime de omissão de socorro, previsto no art. 135, do CP, *verbis*: "Deixar de prestar assistência, quando possível fazê-lo sem risco pessoal, à criança abandonada ou extraviada, ou à pessoa inválida ou ferida, ao desamparo ou em grave e iminente perigo; ou não pedir, nesses casos, o socorro da autoridade pública".

RESPOSTA Art. 13, § 2º, do CP. Correta a *alternativa C*.

179. **(XIV Exame)** Jaime, candidato à prefeitura da cidade X, durante o horário de propaganda eleitoral em rede televisiva, proferiu as seguintes palavras: "O atual prefeito e candidato à reeleição, que se mostra defensor da família, posando com esposa e filhos para fotos, foi flagrado na semana passada entrando em um motel com uma prostituta! É esse tipo de governante que você quer?". A partir do caso exposto, assinale a opção que indica o delito praticado por Jaime.

(A) Difamação, previsto no Código Eleitoral.

(B) Difamação, previsto no Código Penal.

(C) Injúria, previsto no Código Eleitoral.

(D) Injúria, previsto no Código Penal.

RESPOSTA (A) Art. 325 da Lei n. 4.737/65. (B) Art. 139 do CP. (C) Art. 326 da Lei n. 4.737/65. (D) Art. 140 do CP. Correta a *alternativa A*.

180. **(XVI Exame)** Marcus foi definitivamente condenado pela prática de um crime de roubo simples à pena privativa de liberdade de quatro anos de reclusão e multa de dez dias. Apesar de reincidente, em razão de condenação definitiva pretérita pelo delito de furto, Marcus confessou a prática do delito, razão pela qual sua pena foi fixada no mínimo legal. Após cumprimento de determinado período de sanção penal, pretende o apenado obter o benefício do livramento condicional. Considerando o crime praticado e a hipótese narrada, é correto afirmar que

(A) Marcus não faz jus ao livramento condicional, pois condenado por crime doloso praticado com violência ou grave ameaça à pessoa.

(B) O livramento condicional pode ser concedido pelo juiz da condenação logo quando proferida sentença condenatória.

(C) Não é cabível livramento condicional para Marcus, tendo em vista que é condenado reincidente em crime doloso.

(D) Ainda que praticada falta grave, Marcus não terá o seu prazo de contagem para concessão do livramento condicional interrompido.

RESPOSTA (A) Art. 83 do CP. (B) Art. 66, III, e, da LEP. (C) Art. 83, II, do CP. (D) Súmula 441-STJ. Correta a *alternativa D*. Cuidado: o art. 83 do CP sofreu modificações em razão do Pacote Anticrime (Lei n. 13.964/2019).

181. **(XVIII Exame)** Vinícius, primário e de bons antecedentes e regularmente habilitado, dirigia seu veículo em rodovia na qual a velocidade máxima permitida era de 80 km/h. No banco do carona estava sua namorada Estefânia. Para testar a potência do automóvel, ele passou a dirigir a 140 km/h, acabando por perder o controle do carro, vindo a cair em um barranco. Devido ao acidente, Estefânia sofreu lesão corporal e foi socorrida por policiais rodoviários. No marcador do carro ficou registrada a velocidade desenvolvida. Apesar do ferimento sofrido, a vitima afirmou não querer ver o autor processado por tal comportamento imprudente. Apresentado o inquérito ao Ministério Público, foi oferecida denúncia contra Vinícius pela prática do injusto do art. 303 da Lei n. 9.503/97 (Código de Trânsito Brasileiro), que prevê a pena de 06 meses a 02 anos de detenção e a suspensão ou proibição da permissão ou da habilitação para dirigir veículo automotor. Considerando o acima exposto, a defesa de Vinícius deverá requerer

(A) A extinção do processo por não ter o Ministério Público legitimidade para oferecer denúncia, em razão da ausência de representação da vítima.
(B) A realização de audiência de composição civil.
(C) A realização de audiência para proposta de transação penal.
(D) A suspensão condicional do processo, caso a denúncia seja recebida.

RESPOSTA O CTB, em seu art. 291, § 1º, III, dispõe que os arts. 74, 76 e 88 da Lei n. 9.099/95 não são aplicáveis se o crime for cometido enquanto o motorista transitava em velocidade superior à máxima permitida em 50 km/h. Estes dispositivos tratam sobre a transação penal, a composição civil, e a necessidade de representação da vítima de lesão corporal culposa. Como Vinícius dirigia a 140 km/h em uma via de 80 km/h (ou seja, 60 km/h acima do limite), o único benefício que lhe é possível é a suspensão condicional do processo, do art. 89 da Lei n. 9.099/99, não alcançado pelo art. 291, § 1º, do CTB. Correta a *alternativa D*.

182. **(XIX Exame)** Durante uma operação em favela do Rio de Janeiro, policiais militares conseguem deter um jovem da comunidade portando um rádio transmissor. Acreditando ser o mesmo integrante do tráfico da comunidade, mediante violência física, os policiais exigem que ele indique o local onde as drogas e as armas estavam guardadas. Em razão das lesões sofridas, o jovem vem a falecer. O fato foi descoberto e os policiais disseram que ocorreu um acidente, porquanto não queriam a morte do rapaz por eles detido, apesar de confirmarem que davam choques elétricos em seu corpo molhado com o fim de descobrir o esconderijo das drogas. Diante desse quadro, que restou integralmente provado, os policiais deverão responder pelo crime de

(A) Lesão corporal seguida de morte.
(B) Tortura qualificada pela morte com causa de aumento.
(C) Homicídio qualificado pela tortura.
(D) Abuso de autoridade.

RESPOSTA (A) Art. 129, § 3º, do CP. (B) Art. 1º, § 3º, da Lei n. 9.455/97. (C) Art. 121, § 2º, III, do CP. (D) Antiga Lei n. 4.898/65, atual Lei n. 13.869/2019. Correta a *alternativa B*.

183. **(XX Exame)** A Lei Maria da Penha objetiva proteger a mulher da violência doméstica e familiar que lhe cause morte, lesão, sofrimento físico, sexual ou psicológico, e dano moral ou patrimonial, desde que o crime seja cometido no âmbito da unidade doméstica, da família ou em qualquer relação íntima de afeto. Diante deste quadro, após agredir sua antiga companheira, porque ela não quis retomar o relacionamento encerrado, causando-lhe lesões leves, Jorge o(a) procura para saber se sua conduta fará incidir as regras da Lei n. 11.340/2006. Considerando o que foi acima destacado, você, como advogado(a) irá esclarecê-lo de que

(A) O crime em tese praticado ostenta a natureza de infração de menor potencial ofensivo.
(B) A violência doméstica de que trata a Lei Maria da Penha abrange qualquer relação íntima de afeto, sendo indispensável a coabitação.
(C) A agressão do companheiro contra a companheira, mesmo cessado o relacionamento, mas que ocorra em decorrência dele, caracteriza a violência doméstica e autoriza a incidência da Lei n. 11.340/2006.
(D) Ao contrário da transação penal, em tese se mostra possível a suspensão condicional do processo na hipótese de delito sujeito ao rito da Lei Maria da Penha.

RESPOSTA (A) Art. 41 da Lei n. 11.340/2006. (B) Súmula 600-STJ. (C) A lei não exige que a conduta ocorra durante o relacionamento. (D) Súmula 536-STJ. Correta a *alternativa C*.

184. **(XXII Exame)** A Delegacia Especializada de Crimes Tributários recebeu informações de órgãos competentes de que o sócio Mário, da sociedade empresária "Vamos que vamos", possivelmente sonegou imposto estadual, gerando um prejuízo aos cofres do Estado avaliado em R$ 60.000,00. Foi instaurado, então, inquérito policial para apurar os fatos. Ao mesmo tempo, foi iniciado procedimento administrativo, não havendo, até o momento, lançamento definitivo do crédito tributário. O inquérito policial foi encaminhado ao Ministério Público, que ofereceu denúncia em face de Mário, imputando-lhe a prática do crime previsto no art. 1º, inciso I, da Lei n. 8.137/90. Diante da situação narrada, assinale a afirmativa correta.

(A) Não se tipifica o crime imputado ao acusado antes do lançamento definitivo.
(B) Em razão da independência de instância, o lançamento definitivo é irrelevante para configuração da infração penal.
(C) O crime imputado a Mário é de natureza formal, consumando-se no momento da omissão de informação com o objetivo de reduzir tributo, ainda que a redução efetivamente não ocorra.
(D) O crime imputado a Mário é classificado como próprio, de modo que é necessária a presença de

ao menos um funcionário público como autor ou partícipe do delito.

RESPOSTA Art. 1º, I a IV, da Lei n. 8.137/90 e Súmula Vinculante 24. Correta a *alternativa A*.

185. **(XXII Exame)** Mariano, 59 anos de idade, possuía em sua residência 302 vídeos e fotografias com cenas de sexo explícito envolvendo adolescentes. Descobertos os fatos, foi denunciado pela prática de 302 crimes do art. 241-B da Lei n. 8.069/90 ("Adquirir, possuir ou armazenar, por qualquer meio, fotografia, vídeo ou outra forma de registro que contenha cena de sexo explícito ou pornográfica envolvendo criança ou adolescente"), em concurso material, sendo descrito que possuía o material proibido. Os adolescentes das imagens não foram localizados. Encerrada a instrução e confirmados os fatos, o Ministério Público pugnou pela condenação nos termos da denúncia. Em sede de alegações finais, diante da confissão do acusado e sendo a prova inquestionável, sob o ponto de vista técnico, o advogado de Mariano deverá pleitear

(A) A absolvição de Mariano, tendo em vista que ele não participava de nenhuma das cenas de sexo explícito envolvendo adolescente.

(B) O reconhecimento de crime único do art. 241-B da Lei n. 8.069/90.

(C) O reconhecimento do concurso formal de crimes entre os 302 delitos praticados.

(D) A extinção da punibilidade do acusado, em razão do desinteresse dos adolescentes em ver Mariano processado.

RESPOSTA (A e B) Art. 241-B do ECA. (C) Art. 70 do CP. (D) Não existe previsão legal. Correta a *alternativa B*.

186. **(XXIV Exame)** Bárbara, nascida em 23 de janeiro de 1999, no dia 15 de janeiro de 2017, decide sequestrar Felipe, por dez dias, para puni-lo pelo fim do relacionamento amoroso. No dia 16 de janeiro de 2017, efetivamente restringe a liberdade do ex-namorado, trancando-o em uma casa e mantendo consigo a única chave do imóvel. Nove dias após a restrição da liberdade, a polícia toma conhecimento dos fatos e consegue libertar Felipe, não tendo, assim, se realizado, em razão de circunstâncias alheias, a restrição da liberdade por dez dias pretendida por Bárbara. Considerando que, no dia 23 de janeiro de 2017, entrou em vigor nova lei, mais gravosa, alterando a sanção penal prevista para o delito de sequestro simples, passando a pena a ser de 01 a 05 anos de reclusão e não mais de 01 a 03 anos, o Ministério Público ofereceu denúncia em face de Bárbara, imputando-lhe a prática do crime do art. 148 do Código Penal (Sequestro e Cárcere Privado), na forma da legislação mais recente, ou seja, aplicando-se, em caso de condenação, pena de 01 a 05 anos de reclusão. Diante da situação hipotética narrada, é correto afirmar que o advogado de Bárbara, de acordo com a jurisprudência do Supremo Tribunal Federal, deverá pleitear

(A) A aplicação do instituto da suspensão condicional do processo.

(B) A aplicação da lei anterior mais benéfica, ou seja, a aplicação da pena entre o patamar de 01 a 03 anos de reclusão.

(C) O reconhecimento da inimputabilidade da acusada, em razão da idade.

(D) O reconhecimento do crime em sua modalidade tentada.

RESPOSTA (A) Art. 89 da Lei n. 9.099/95. (B) Súmula 711-STF. (C) Art. 4º do CP. (D) Art. 14, II, do CP. Correta a *alternativa A*.

187. **(XXIV Exame)** Com dificuldades financeiras para comprar o novo celular pretendido, Vanessa, sem qualquer envolvimento pretérito com aparato policial ou judicial, aceita, a pedido de namorado de sua prima, que havia conhecido dois dias antes, transportar 500 g de cocaína de Alagoas para Sergipe. Apesar de aceitar a tarefa, Vanessa solicitou como recompensa R$ 5.000,00, já que estava muito nervosa por nunca ter adotado qualquer comportamento parecido. Após a transferência do valor acordado, Vanessa esconde o material entorpecente na mala de seu carro e inicia o transporte da substância. Ainda no estado de Alagoas, 30 minutos depois, Vanessa é abordada por policiais e presa em flagrante. Após denúncia pela prática do crime de tráfico de drogas com causa de aumento do art. 40, inciso V, da Lei n. 11.343/2006 ("caracterizado tráfico entre Estados da Federação ou entre estes e o Distrito Federal"), durante a instrução, todos os fatos são confirmados: Folha de Antecedentes Criminais sem outras anotações, primeira vez no transporte de drogas, transferência de valores, que o bem transportado era droga e que a pretensão era entregar o material em Sergipe. Intimado da sentença condenatória nos termos da denúncia, o advogado de Vanessa, de acordo com as previsões da Lei n. 11.343/2006 e a jurisprudência do Superior Tribunal de Justiça, deverá pleitear

(A) O reconhecimento da causa de diminuição de pena do tráfico privilegiado e reconhecimento da tentativa.

(B) O afastamento da causa de aumento e o reconhecimento da causa de diminuição de pena do tráfico privilegiado.
(C) O afastamento da causa de aumento, apenas.
(D) O reconhecimento da causa de diminuição de pena do tráfico privilegiado, apenas.

RESPOSTA Art. 33, § 4º, da Lei n. 11.343/2006 e Súmula 587-STJ. Correta a *alternativa D*.

188. **(XXVI Exame)** Matheus, José e Pedro, irmãos, foram condenados pela prática dos crimes de homicídio simples contra inimigo, roubo majorado pelo concurso de agentes e estupro simples, respectivamente. Após cumprirem parte das penas privativas de liberdade aplicadas, a mãe dos condenados procura o advogado da família para esclarecimentos sobre a possibilidade de serem beneficiados por decreto de indulto. Com base apenas nas informações narradas, o advogado deverá esclarecer que, em tese,

(A) Matheus e José poderão ser beneficiados, pois os crimes praticados por eles não são classificados como hediondos, diferentemente do que ocorre com o crime imputado a Pedro.
(B) Apenas José poderá ser beneficiado, pois os crimes praticados por Matheus e Pedro são classificados como hediondos.
(C) Matheus, José e Pedro poderão ser beneficiados, pois, apesar de hediondos os delitos praticados pelos três, o indulto poderá ser concedido em respeito ao princípio da individualização da pena.
(D) Matheus, José e Pedro poderão ser beneficiados, tendo em visto que nenhum dos delitos praticados é classificado como hediondo.

RESPOSTA Dos três delitos apontados no enunciado – homicídio simples, roubo majorado e estupro simples –, apenas o estupro é hediondo e, portanto, incompatível com o indulto (Lei n. 8.072/90, art. 2º, I). Correta a *alternativa A*.

189. **(XXVIII Exame)** Gabriela, senhora de 60 anos, é surpreendida com a notícia de que seus dois netos, Pedro e Luiz, ambos com 18 anos de idade, foram presos em flagrante na mesma data, qual seja o dia 5 de setembro de 2018. Pedro foi preso e indiciado pela suposta prática de crime de racismo, enquanto Luiz foi abordado com um fuzil municiado, sendo indiciado pelo crime de porte de arma de fogo de uso restrito (art. 16 da Lei n. 10.826/2003). Gabriela, sem compreender a exata extensão da consequência dos atos dos netos, procurou a defesa técnica deles para esclarecimentos quanto às possibilidades de prescrição e concessão de indulto em relação aos delitos imputados. Considerando as informações narradas, a defesa técnica de Pedro e Luiz deverá esclarecer que

(A) Ambos os crimes são insuscetíveis de indulto e imprescritíveis.
(B) Somente o crime de porte de arma de fogo é imprescritível, enquanto ambos os delitos são insuscetíveis de indulto.
(C) Somente o crime de racismo é imprescritível, enquanto apenas o porte do fuzil é insuscetível de indulto.
(D) Somente o crime de racismo é imprescritível, não sendo nenhum deles insuscetível de indulto.

RESPOSTA Art. 5º, XLII e XLIII, da CF, art. 1º, parágrafo único, e art. 2º, I, da Lei n. 8.072/90. Correta a *alternativa C*.

190. **(XXX Exame)** Gabriel foi condenado pela prática de um crime de falso testemunho, sendo-lhe aplicada a pena de 03 anos de reclusão, em regime inicial aberto, substituída a pena privativa de liberdade por duas restritivas de direitos (prestação de serviços à comunidade e limitação de final de semana). Após cumprir o equivalente a 01 ano da pena aplicada, Gabriel deixa de cumprir a prestação de serviços à comunidade. Ao ser informado sobre tal situação pela entidade beneficiada, o juiz da execução, de imediato, converte a pena restritiva de direitos em privativa de liberdade, determinando o cumprimento dos 03 anos da pena imposta em regime semiaberto, já que Gabriel teria demonstrado não preencher as condições para cumprimento de pena em regime aberto. Para impugnar a decisão, o(a) advogado(a) de Gabriel deverá alegar que a conversão da pena restritiva de direitos em privativa de liberdade

(A) Foi válida, mas o regime inicial a ser observado é o aberto, fixado na sentença, e não o semiaberto.
(B) Foi válida, inclusive sendo possível ao magistrado determinar a regressão ao regime semiaberto, restando a Gabriel cumprir apenas 02 anos de pena privativa de liberdade, pois os serviços à comunidade já prestados são considerados pena cumprida.
(C) Não foi válida, pois o descumprimento da prestação de serviços à comunidade não é causa a justificar a conversão em privativa de liberdade.
(D) Não foi válida, pois, apesar de possível a conversão em privativa de liberdade pelo descumprimento da prestação de serviços à comunidade, deveria o apenado ser previamente intimado para justificar o descumprimento.

RESPOSTA É muito importante que o examinando preste atenção ao que foi pedido pela banca. Agiu corretamente o juiz ao fixar o regime semiaberto? Ele podia ter imposto mais três de anos de cumprimento de pena? Nada disso importa. Ao final do enunciado, a banca pergunta: o que pode ser alegado em relação à conversão da pena privativa de liberdade em restritiva de direito? Apenas o fato de não ter sido válida por não ter sido ouvido previamente o condenado, nos termos do art. 118, § 2º, da LEP. Correta a *alternativa D.*

191. **(XXX Exame)** Zélia, professora de determinada escola particular, no dia 12 de setembro de 2019, presencia, em via pública, o momento em que Luiz, nascido em 20 de dezembro de 2012, adota comportamento extremamente mal-educado e pega brinquedos de outras crianças que estavam no local. Insatisfeita com a omissão da mãe da criança, sentindo-se na obrigação de intervir por ser professora, mesmo sem conhecer Luiz anteriormente, Zélia passa a, mediante grave ameaça, desferir golpes com um pedaço de madeira na mão de Luiz, como forma de lhe aplicar castigo pessoal, causando-lhe intenso sofrimento físico e mental. Descobertos os fatos, foi instaurado inquérito policial. Nele, Zélia foi indiciada pelo crime de tortura com a causa de aumento em razão da idade da vítima. Após a instrução, confirmada a integralidade dos fatos, a ré foi condenada nos termos da denúncia, reconhecendo o magistrado, ainda, a presença da agravante em razão da idade de Luiz.

Considerando apenas as informações expostas, a defesa técnica de Zélia, no momento da apresentação da apelação, poderá, sob o ponto de vista técnico, requerer

(A) A absolvição de Zélia do crime imputado, pelo fato de sua conduta não se adequar à figura típica do crime de tortura.

(B) A absolvição de Zélia do delito de tortura, com fundamento na causa de exclusão da ilicitude do exercício regular do direito, em que pese a conduta seja formalmente típica em relação ao crime imputado.

(C) O afastamento da causa de aumento de pena em razão da idade da vítima, restando apenas a agravante com o mesmo fundamento, apesar de não ser possível pugnar pela absolvição em relação ao crime de tortura.

(D) O afastamento da agravante em razão da idade da vítima, sob pena de configurar *bis in idem*, já que não é possível requerer a absolvição do crime de tortura majorada.

RESPOSTA O crime de tortura está previsto na Lei n. 9.455/95. Para a caracterização do delito, a tortura tem de se dar (art. 1º, I): a) com o fim de obter informação, declaração ou confissão da vítima ou de terceira pessoa; b) para provocar ação ou omissão de natureza criminosa; c) em razão de discriminação racial ou religiosa. Não foi o caso descrito no enunciado. Por isso, Zélia deve ser absolvida do crime de tortura, como apontado, corretamente, na *alternativa A.*

Direito Processual Penal

DIREITO PROCESSUAL PENAL: QUADRO GERAL DE QUESTÕES	
TEMAS	Nº DE QUESTÕES
I. Aplicação da Lei Processual Penal	5
II. Inquérito Policial	13
III. Ação Penal	22
IV. Ação Civil	1
V. Competência	17
VI. Questão Prejudicial e Processos Incidentes	11
VII. Provas	18
VIII. Prisão, Medidas Cautelares e Liberdade Provisória	14
IX. Citações e Intimações	6
X. Sentença	5
XI. Procedimentos	16
XII. Nulidades	3
XIII. Recursos	35
XIV. Execução	5
TOTAL	171

I. APLICAÇÃO DA LEI PROCESSUAL PENAL

1. **(XXV Exame)** O Ministério Público ofereceu denúncia em face de Matheus, imputando-lhe a prática de um crime de estelionato. Na cota da denúncia, o Promotor de Justiça solicitou a realização de exame grafotécnico para comparar as assinaturas constantes da documentação falsa, utilizada como instrumento da prática do estelionato, com as de Matheus. Após ser citado, Matheus procura seu advogado e esclarece, em sigilo, que realmente foi autor do crime de estelionato. Considerando as informações narradas, sob o ponto de vista técnico, o advogado deverá esclarecer que Matheus

(A) deverá realizar o exame grafotécnico, segundo as determinações que lhe forem realizadas, já que prevalece no Processo Penal o Princípio da Verdade Real.

(B) poderá se recusar a realizar o exame grafotécnico até o momento de seu interrogatório, ocasião em que deverá fornecer padrão para o exame grafotécnico, ainda que com assinaturas diferentes daquelas tradicionalmente utilizadas por ele.

(C) deverá realizar o exame grafotécnico, tendo em vista que, no recebimento da denúncia, prevalece o princípio do *in dubio pro societatis*.

(D) poderá se recusar a realizar o exame grafotécnico durante todo o processo, e essa omissão não pode ser interpretada como confissão dos fatos narrados na denúncia.

RESPOSTA Alternativas A, B e C erradas, com fundamento no artigo 8º, 2, *g*, do Pacto de São José da Costa Rica e no art. 5º, LXIII, da CF. É assegurado a

Matheus o direito de permanecer em silêncio, não podendo ser obrigado a produzir prova contra si mesmo (princípio *nemo tenetur se detegere*). (D) Correta. Sobre o tema, cuidado com o art. 4º, § 14, da Lei n. 12.850/2013. *Alternativa D.*

2. **(XXII Exame)** Em 23 de novembro de 2015 (segunda-feira), sendo o dia seguinte dia útil em todo o país, Técio, advogado de defesa de réu em ação penal de natureza condenatória, é intimado da sentença condenatória de seu cliente. No curso do prazo recursal, porém, entrou em vigor nova lei de natureza puramente processual, que alterava o Código de Processo Penal e passava a prever que o prazo para apresentação de recurso de apelação seria de 03 dias e não mais de 05 dias. No dia 30 de novembro de 2015, dia útil, Técio apresenta recurso de apelação acompanhado das respectivas razões. Considerando a hipótese narrada, o recurso do advogado é

(A) intempestivo, aplicando-se o princípio do *tempus regit actum* (o tempo rege o ato), e o novo prazo recursal deve ser observado.

(B) tempestivo, aplicando-se o princípio do *tempus regit actum* (o tempo rege o ato), e o antigo prazo recursal deve ser observado.

(C) intempestivo, aplicando-se o princípio do *tempus regit actum* (o tempo rege o ato), e o antigo prazo recursal deve ser observado.

(D) tempestivo, aplicando-se o princípio constitucional da irretroatividade da lei mais gravosa, e o antigo prazo recursal deve ser observado.

RESPOSTA Alternativas A, C e D incorretas, com fundamento no art. 2º do CPP. Nova lei de natureza puramente processual não retroage, ainda que mais benéfica, devendo ser sempre aplicada a vigente quando praticado o ato processual (*tempus regit actum*), sem prejuízo da validade dos atos realizados sob a vigência da lei anterior. *Alternativa B.*

3. **(XIX Exame)** João, no dia 2 de janeiro de 2015, praticou um crime de apropriação indébita majorada. Foi, então, denunciado como incurso nas sanções penais do Art. 168, § 1º, inciso III, do Código Penal. No curso do processo, mas antes de ser proferida sentença condenatória, dispositivos do Código de Processo Penal de natureza exclusivamente processual sofrem uma reforma legislativa, de modo que o rito a ser seguido no recurso de apelação é modificado. O advogado de João entende que a mudança foi prejudicial, pois é possível que haja uma demora no julgamento dos recursos. Nesse caso, após a sentença condenatória, é correto afirmar que o advogado de João

(A) deverá respeitar o novo rito do recurso de apelação, pois se aplica ao caso o princípio da imediata aplicação da nova lei.

(B) não deverá respeitar o novo rito do recurso de apelação, em razão do princípio da irretroatividade da lei prejudicial e de o fato ter sido praticado antes da inovação.

(C) não deverá respeitar o novo rito do recurso de apelação, em razão do princípio da ultratividade da lei.

(D) deverá respeitar o novo rito do recurso de apelação, pois se aplica ao caso o princípio da extratividade.

RESPOSTA (A) Correta, com fundamento no art. 2º do CPP (*tempus regit actum*). O princípio da retroatividade da lei mais benéfica não se aplica às normas puramente processuais. (B) Errada. Como já dito, normas de natureza processual não se submetem ao princípio da irretroatividade da lei mais gravosa (ou da retroatividade da mais benéfica). (C) Errada. Dizemos ultrativa a lei aplicada além do seu tempo de vigência. É o que ocorre, por exemplo, em normas de direito material penal, quando entra em vigor lei penal mais gravosa, porém a antiga, mais benéfica, não mais vigente, permanece sendo aplicada. (D) Errada. A extratividade é gênero que comporta duas espécies: a retroatividade e a ultratividade. *Alternativa A.*

4. **(XI Exame)** A Lei n. 9.099/95 modificou a espécie de ação penal para os crimes de lesão corporal leve e culposa. De acordo com o Art. 88 da referida lei, tais delitos passaram a ser de ação penal pública condicionada à representação. Tratando-se de questão relativa à Lei Processual Penal no Tempo, assinale a alternativa que corretamente expõe a regra a ser aplicada para processos em curso que não haviam transitado em julgado quando da alteração legislativa.

(A) Aplica-se a regra do Direito Penal de retroagir a lei, por ser norma mais benigna.

(B) Aplica-se a regra do Direito Processual de imediatidade, em que a lei é aplicada no momento em que entra em vigor, sem que se questione se mais gravosa ou não.

(C) Aplica-se a regra do Direito Penal de irretroatividade da lei, por ser norma mais gravosa.

(D) Aplica-se a regra do Direito Processual de imediatidade, em que a lei é aplicada no momento em que entra em vigor, devendo-se questionar se a *novatio legis* é mais gravosa ou não.

RESPOSTA O art. 91 da Lei n. 9.099/95 estabeleceu, expressamente, a retroatividade do seu art. 88. Portanto, correta a alternativa A e erradas as demais. Sobre o tema, cuidado: a partir da entrada em vigor do

Pacote Anticrime (Lei n. 13.964/2019), o estelionato passou a ser crime de ação penal pública condicionada (CP, art. 171, § 5º). Todavia, por não existir regra de transição – a exemplo do art. 91 da Lei n. 9.099/95 –, entendeu o STF que "é inaplicável a inovação legislativa em todas as ações penais já iniciadas antes da entrada em vigor da lei. Pouco importa o momento da prática do crime" (HC 187.341). Ou seja, a retroatividade da exigência de representação da vítima no crime de estelionato não deve ser aplicada nos casos em que o Ministério Público ofereceu a denúncia antes da entrada em vigor da Lei n. 13.964/2019. *Alternativa A.*

5. **(XI Exame)** Em um processo em que se apura a prática dos delitos de supressão de tributo e evasão de divisas, o Juiz Federal da 4ª Vara Federal Criminal de Arroizinho determina a expedição de carta rogatória para os Estados Unidos da América, a fim de que seja interrogado o réu Mário. Em cumprimento à carta, o tribunal americano realiza o interrogatório do réu e devolve o procedimento à Justiça Brasileira, a 4ª Vara Federal Criminal. O advogado de defesa de Mário, ao se deparar com o teor do ato praticado, requer que o mesmo seja declarado nulo, tendo em vista que não foram obedecidas as garantias processuais brasileiras para o réu. Exclusivamente sobre o ponto de vista da Lei Processual no Espaço, a alegação do advogado está correta?

(A) Sim, pois no processo penal vigora o princípio da extraterritorialidade, já que as normas processuais brasileiras podem ser aplicadas fora do território nacional.

(B) Não, pois no processo penal vigora o princípio da territorialidade, já que as normas processuais brasileiras só se aplicam no território nacional.

(C) Sim, pois no processo penal vigora o princípio da territorialidade, já que as normas processuais brasileiras podem ser aplicadas em qualquer território.

(D) Não, pois no processo penal vigora o princípio da extraterritorialidade, já que as normas processuais brasileiras podem ser aplicadas fora no território nacional.

RESPOSTA (A) Incorreta, pois o CPP adota, em seu art. 1º, o princípio da territorialidade. (B) Correta, com fundamento no art. 1º do CPP. Alternativas C e D incorretas. Os conceitos de territorialidade e extraterritorialidade foram invertidos nas alternativas. *Alternativa B.*

II. INQUÉRITO POLICIAL

6. **(XXVII Exame)** Após receber denúncia anônima, por meio de disque-denúncia, de grave crime de estupro com resultado morte que teria sido praticado por Lauro, 19 anos, na semana pretérita, a autoridade policial, de imediato, instaura inquérito policial para apurar a suposta prática delitiva. Lauro é chamado à Delegacia e apresenta sua identidade recém-obtida; em seguida, é realizada sua identificação criminal, com colheita de digitais e fotografias. Em que pese não ter sido encontrado o cadáver até aquele momento das investigações, a autoridade policial, para resguardar a prova, pretende colher material sanguíneo do indiciado Lauro para fins de futuro confronto, além de desejar realizar, com base nas declarações de uma testemunha presencial localizada, uma reprodução simulada dos fatos; no entanto, Lauro se recusa tanto a participar da reprodução simulada quanto a permitir a colheita de seu material sanguíneo. É, ainda, realizado o reconhecimento de Lauro por uma testemunha após ser-lhe mostrada a fotografia dele, sem que fossem colocadas imagens de outros indivíduos com características semelhantes. Ao ser informado sobre os fatos, na defesa do interesse de seu cliente, o(a) advogado(a) de Lauro, sob o ponto de vista técnico, deverá alegar que

(A) o inquérito policial não poderia ser instaurado, de imediato, com base em denúncia anônima isoladamente, sendo exigida a realização de diligências preliminares para confirmar as informações iniciais.

(B) o indiciado não poderá ser obrigado a fornecer seu material sanguíneo para a autoridade policial, ainda que seja possível constrangê-lo a participar da reprodução simulada dos fatos, independentemente de sua vontade.

(C) o vício do inquérito policial, no que tange ao reconhecimento de pessoa, invalida a ação penal como um todo, ainda que baseada em outros elementos informativos, e não somente no ato viciado.

(D) a autoridade policial, como regra, deverá identificar criminalmente o indiciado, ainda que civilmente identificado, por meio de processo datiloscópico, mas não poderia fazê-lo por fotografias.

RESPOSTA (A) Correta. As *notícias anônimas* ou *denúncias anônimas* não autorizam, por si sós, a propositura de ação penal ou mesmo, na fase de investigação preliminar, o emprego de métodos invasivos de investigação (p. ex., interceptação telefônica ou busca e apreensão). No entanto, é possível a realização de diligências preliminares para confirmar as informações necessárias. Sobre o tema, cuidado com a Súmula 611 do STJ. (B) Errada. Segundo a jurisprudência, com fundamento no art. 5º, LXIII, da CF, não é possível constranger o indiciado a participar da reprodução simulada dos fatos (CPP, art. 7º). (C) Errada. De acordo com a jurisprudência, eventuais vícios no inquérito policial não invalidam a ação penal, embora possam influenciar em relação à justa causa – podem, por exemplo, gerar a absolvição do réu por ausência de prova, mas não se fala em nulidade do processo. (D) Errada, pois contraria o art. 5º, LVIII, da CF e o art. 5º, *caput*, da Lei n. 12.037/2009. *Alternativa A.*

7. **(XXVI Exame)** Um Delegado de Polícia, ao tomar conhecimento de um suposto crime de ação penal pública incondicionada, determina, de ofício, a instauração de inquérito policial. Após adotar diligência, verifica que, na realidade, a conduta investigada era atípica. O indiciado, então, pretende o arquivamento do inquérito e procura seu advogado para esclarecimentos, informando que deseja que o inquérito seja imediatamente arquivado. Considerando as informações narradas, o advogado deverá esclarecer que a autoridade policial

(A) deverá arquivar imediatamente o inquérito, fazendo a decisão de arquivamento por atipicidade da coisa julgada material.

(B) não poderá arquivar imediatamente o inquérito, mas deverá encaminhar relatório final ao Poder Judiciário para arquivamento direto e imediato por parte do magistrado.

(C) deverá elaborar relatório final de inquérito e, após o arquivamento, poderá proceder a novos atos de investigação, independentemente da existência de provas novas.

(D) poderá elaborar relatório conclusivo, mas a promoção de arquivamento caberá ao Ministério Público, havendo coisa julgada em caso de homologação do arquivamento por atipicidade.

RESPOSTA (A) Incorreta. A autoridade policial não pode arquivar o IP (CPP, art. 17). (B) Incorreta. Leia o art. 28 do CPP. (C) Incorreta (CPP, art. 18). (D) Correta, com fundamento no art. 28 do CPP. Atenção à nova redação dada ao dispositivo pelo Pacote Anticrime (Lei n. 13.964/2019), atualmente suspensa por força de decisão cautelar do Ministro Luiz Fux, do STF (ADIs 6.298, 6.299, 6.300 e 6.305). *Alternativa D.*

8. **(XXV Exame)** Maria, 15 anos de idade, comparece à Delegacia em janeiro de 2017, acompanhada de seu pai, e narra que João, 18 anos, mediante grave ameaça, teria constrangido-a a manter com ele conjunção carnal, demonstrando interesse, juntamente com seu representante, na responsabilização criminal do autor do fato. Instaurado o inquérito policial para apurar o crime de estupro, todas as testemunhas e João afirmaram que a relação foi consentida por Maria, razão pela qual, após promoção do Ministério Público pelo arquivamento por falta de justa causa, o juiz homologou o arquivamento com base no fundamento apresentado. Dois meses após o arquivamento, uma colega de classe de Maria a procura e diz que teve medo de contar antes a qualquer pessoa, mas em seu celular havia filmagem do ato sexual entre Maria e João, sendo que no vídeo ficava demonstrado o emprego de grave ameaça por parte deste. Maria, então, entrega o vídeo ao advogado da família. Considerando a situação narrada, o advogado de Maria

(A) nada poderá fazer sob o ponto de vista criminal, tendo em vista que a decisão de arquivamento fez coisa julgada material.

(B) poderá apresentar o vídeo ao Ministério Público, sendo possível o desarquivamento do inquérito ou oferecimento de denúncia por parte do Promotor de Justiça, em razão da existência de prova nova.

(C) nada poderá fazer sob o ponto de vista criminal, tendo em vista que, apesar de a decisão de arquivamento não ter feito coisa julgada material, o vídeo não poderá ser considerado prova nova, já que existia antes do arquivamento do inquérito.

(D) poderá iniciar, de imediato, ação penal privada subsidiária da pública em razão da omissão do Ministério Público no oferecimento de denúncia em momento anterior.

RESPOSTA As alternativas A e C estão erradas, mas atenção: segundo a nova redação do art. 28 do CPP, a decisão de arquivamento do IP não mais é submetida à autoridade judiciária. Logo, não há mais que se falar em *coisa julgada* nessa situação. (B) Correta (CPP, art. 18, e Súmula 524 do STF). (D) Errada. Não houve omissão do Ministério Público em oferecer a denúncia – veja os arts. 29 e 46 do CPP. *Alternativa B.*

9. **(XXIII Exame)** Paulo foi preso em flagrante pela prática do crime de corrupção, sendo encaminhado para a Delegacia. Ao tomar conhecimento dos fatos, a mãe de Paulo entra, de imediato, em contato com o advogado, solicitando esclarecimentos e pedindo auxílio para seu filho. De acordo com a situação apresentada, com base na jurisprudência dos Tribunais Superiores, deverá o advogado esclarecer que

(A) diante do caráter inquisitivo do inquérito policial, Paulo não poderá ser assistido pelo advogado na delegacia.

(B) a presença da defesa técnica, quando da lavratura do auto de prisão em flagrante, é sempre imprescindível, de modo que, caso não esteja presente, todo o procedimento será considerado nulo.

(C) decretado o sigilo do procedimento, o advogado não poderá ter acesso aos elementos informativos nele constantes, ainda que já documentados no procedimento.

(D) a Paulo deve ser garantida, na delegacia, a possibilidade de assistência de advogado, de modo que existe uma faculdade na contratação de seus serviços para acompanhamento do procedimento em sede policial.

RESPOSTA Alternativas A, B e C erradas, e correta a alternativa D, pelos mesmos motivos: a Súmula Vinculante 14 e o art. 7º da Lei n. 8.906/94. *Alternativa D.*

10. **(XVIII Exame)** No dia 10 de maio de 2015, Maria, 25 anos, foi vítima de um crime de estupro simples, mas, traumatizada, não mostrou interesse em dar início a qualquer investigação penal ou ação penal em relação aos fatos. Os pais de Maria, porém, requerem a instauração de inquérito policial para apurar autoria, entendendo que, após identificar o agente, Maria poderá decidir melhor sobre o interesse na persecução penal. Foi proferido despacho indeferindo o requerimento de abertura de inquérito. Considerando a situação narrada, assinale a afirmativa correta.

(A) Do despacho que indefere o requerimento de abertura de inquérito policial não cabe qualquer recurso, administrativo ou judicial.

(B) Em que pese o interesse de Maria ser relevante para o início da ação penal, a instauração de inquérito policial independe de sua representação.

(C) Caso Maria manifeste interesse na instauração de inquérito policial após o indeferimento, ainda dentro do prazo decadencial, o procedimento poderá ter início, independentemente do surgimento de novas provas.

(D) Apesar de os pais de Maria não poderem requerer a instauração de inquérito policial, o Ministério Público pode requisitar o início do procedimento na hipótese, tendo em vista a natureza pública da ação.

RESPOSTA (A) Errada (CPP, art. 5º, § 2º). (B) Correta. Na época em que a questão foi cobrada, o estupro (CP, art. 213) era crime de ação penal pública condicionada – portanto, a alternativa estava errada. A partir da Lei n. 13.718/2018, no entanto, o estupro passou a ser crime de ação penal incondicionada, que independe de representação. (C) Errada. Inicialmente estava correta, mas, como já dito, o estupro não mais depende de representação, não havendo que se falar em decadência. (D) Errada. Atualmente, por ser crime de ação penal pública incondicionada, a instauração do IP pode se dar por requisição do Ministério Público, mas nada impede que qualquer pessoa comunique os fatos à autoridade policial. *Alternativa B.*

11. **(XVII Exame)** No dia 01/04/2014, Natália recebeu cinco facadas em seu abdômen, golpes estes que foram a causa eficiente de sua morte. Para investigar a autoria do delito, foi instaurado inquérito policial e foram realizadas diversas diligências, dentre as quais se destacam a oitiva dos familiares e amigos da vítima e exame pericial no local. Mesmo após todas essas medidas, não foi possível obter indícios suficientes de autoria, razão pela qual o inquérito policial foi arquivado pela autoridade judiciária por falta de justa causa, em 06/10/2014, após manifestação nesse sentido da autoridade policial e do Ministério Público. Ocorre que, em 05/01/2015, a mãe de Natália encontrou, entre os bens da filha que ainda guardava, uma carta escrita por Bruno, ex-namorado de Natália, em 30/03/2014, em que ele afirmava que ela teria 24 horas para retomar o relacionamento amoroso ou deveria arcar com as consequências. A referida carta foi encaminhada para a autoridade policial. Nesse caso,

(A) nada poderá ser feito, pois o arquivamento do inquérito policial fez coisa julgada material.

(B) a carta escrita por Bruno pode ser considerada prova nova e justificar o desarquivamento do inquérito pela autoridade competente.

(C) nada poderá ser feito, pois a carta escrita antes do arquivamento não pode ser considerada prova nova.

(D) pela falta de justa causa, o arquivamento poderia ter sido determinado diretamente pela autoridade policial, independentemente de manifestação do Ministério Público ou do juiz.

RESPOSTA (A) Errada, mas atenção: segundo a nova redação do art. 28 do CPP, a decisão de arquivamento do IP não mais é submetida à autoridade judiciária. Logo, não há mais que se falar em *coisa julgada* nessa situação. (B) Correta (CPP, art. 18). (C) Errada, sem qualquer amparo legal. Sobre o tema, veja a Súmula 524 do STF. (D) Errada, em contrariedade ao art. 17 do CPP. *Alternativa B.*

12. **(XVI Exame)** O inquérito policial pode ser definido como um procedimento investigatório prévio, cuja principal finalidade é a obtenção de indícios para que o titular da ação penal possa propô-la contra o suposto autor da infração penal. Sobre o tema, assinale a afirmativa correta.

(A) A exigência de indícios de autoria e materialidade para oferecimento de denúncia torna o inquérito policial um procedimento indispensável.

(B) O despacho que indeferir o requerimento de abertura de inquérito policial é irrecorrível.

(C) O inquérito policial é inquisitivo, logo o defensor não poderá ter acesso aos elementos informativos que nele constem, ainda que já documentados.

(D) A autoridade policial, ainda que convencida da inexistência do crime, não poderá mandar arquivar os autos do inquérito já instaurado.

RESPOSTA (A) Errada, em contrariedade ao art. 39, § 5º, do CPP. (B) Errada, pois contradiz o art. 5º, § 2º, do CPP. (C) Errada, em desacordo com a Súmula Vinculante 14. (D) Correta, conforme o art. 17 do CPP. *Alternativa D.*

13. **(XII Exame)** Quanto ao inquérito policial, assinale a afirmativa INCORRETA.

(A) O inquérito policial poderá ser instaurado de ofício pela Autoridade Policial nos crimes perseguíveis por ação penal pública incondicionada.

(B) O inquérito, nos crimes em que a ação pública depender de representação, não poderá ser iniciado sem ela.

(C) Nos crimes de ação penal privada, não caberá instauração de inquérito policial, mas sim a lavratura de termo circunstanciado.

(D) O inquérito policial, mesmo nos crimes hediondos, poderá ser dispensável para o oferecimento de denúncia.

RESPOSTA (A) Correta, conforme o art. 5º, I, do CPP. (B) Correta, em conformidade com o art. 5º, § 4º, do CPP. (C) Incorreta. Contraria o disposto no art. 5º, § 5º, do CPP. Sobre o TC, leia o art. 69 da Lei n. 9.099/95. (D) Correta, de acordo com o art. 39, § 5º, do CPP. *Alternativa C.*

14. **(X Exame)** Na cidade "A", o Delegado de Polícia instaurou inquérito policial para averiguar a possível ocorrência do delito de estelionato praticado por Márcio, tudo conforme minuciosamente narrado na requisição do Ministério Público Estadual. Ao final da apuração, o Delegado de Polícia enviou o inquérito devidamente relatado ao Promotor de Justiça. No entendimento do *parquet*, a conduta praticada por Márcio, embora típica, estaria prescrita. Nessa situação, o Promotor deverá

(A) Arquivar os autos.

(B) Oferecer denúncia.

(C) Determinar a baixa dos autos.

(D) Requerer o arquivamento.

RESPOSTA (A) Alternativa prejudicada. Pela atual redação do art. 28 do CPP (Lei n. 13.964/2019), cabe ao MP, de fato, o arquivamento do IP, não sendo mais necessária homologação judicial. No entanto, por estar suspensa a nova redação por força de decisão do STF, a alternativa está errada, como indica o gabarito da FGV. (B) Errada; afinal, se houve a prescrição, não há razão para o oferecimento de denúncia (veja o art. 395 do CPP). (C) Errada. Não há previsão legal nesse sentido. (D) Alternativa apontada como correta, mas prejudicada pela nova redação do art. 28 do CPP, cuja redação está com a eficácia suspensa, valendo a antiga regra até manifestação definitiva da Corte.

15. **(VIII Exame)** Um Delegado de Polícia determina a instauração de inquérito policial para apurar a prática do crime de receptação, supostamente praticado por José. Com relação ao Inquérito Policial, assinale a afirmativa que não constitui sua característica.

(A) Escrito.

(B) Inquisitório.

(C) Indispensável.

(D) Formal.

RESPOSTA (A) Errada, pois contraria o art. 9º do CPP. (B) Errada, embora a manutenção da natureza inquisitorial (sem contraditório ou ampla defesa) seja objeto de questionamentos em razão de alterações produzidas pela Lei n. 13.245/2016 e, recentemente, pelo Pacote Anticrime, que adicionou o art. 14-A ao CPP. De qualquer forma, em prova, é mais seguro dizer que se trata de procedimento inquisitorial. (C) Correta. O IP é prescindível ao oferecimento da denúncia ou queixa-crime (CPP, art. 39, § 5º). (D) Errada. O IP é, de fato, instrumento formal da investigação, nos termos do CPP. *Alternativa C.*

16. **(VI Exame – Reaplicação)** No tocante ao inquérito policial, é correto afirmar que:

(A) Por ser um procedimento investigatório que visa reunir provas da existência (materialidade) e autoria de uma infração penal, sua instauração é indispensável.

(B) Pode ser arquivado por determinação da Autoridade Policial se, depois de instaurado, inexistirem provas suficientes da autoria e materialidade do crime em apuração.

(C) Para qualquer modalidade criminosa, deverá terminar no prazo de 10 (dez) dias se o indicador tiver sido preso preventivamente, ou no prazo de 30 (trinta) dias, quando estiver solto.

(D) Tem valor probatório relativo, mesmo porque os elementos de informação, no inquérito policial, não são colhidos sob a égide do contraditório e ampla defesa, nem na presença do magistrado.

RESPOSTA (A) Errada. O IP é dispensável para a propositura da ação penal, conforme o art. 39, § 5º, do

CPP. (B) Errada, conforme o art. 17 do CPP. (C) Errada. Há prazos diferenciados, a exemplo do disposto no art. 51, *caput*, da Lei n. 11.343/2006 (*Lei de Drogas*). Cuidado com a redação do art. 3º-B, § 2º, do CPP, dispositivo adicionado pelo Pacote Anticrime, cuja redação está suspensa por força de decisão cautelar do STF (ADIs 6.298, 6.299, 6.300 e 6.305). (D) Correta, com base no art. 155 do CPP. *Alternativa D.*

17. **(V Exame)** Tendo em vista o enunciado da Súmula Vinculante 14 do Supremo Tribunal Federal, quanto ao sigilo do inquérito policial, é correto afirmar que a autoridade policial poderá negar ao advogado

(A) A vista dos autos, sempre que entender pertinente.
(B) A vista dos autos, somente quando o suspeito tiver sido indiciado formalmente.
(C) Do indiciado que esteja atuando com procuração o acesso aos depoimentos prestados pelas vítimas, se entender pertinente.
(D) O acesso aos elementos de prova que ainda não tenham sido documentados no procedimento investigatório.

RESPOSTA (A) Errada. O acesso ao IP é assegurado ao que já estiver documentado, nos termos da Súmula Vinculante 14. (B) Errada. O indiciamento não é – e nem poderia ser! – condição para o acesso do advogado aos autos do IP. (C) Errada. O acesso a documentos pelo advogado é assegurado pelo art. 7º da Lei n. 8.906/94, ainda que sem procuração. (D) Correta, nos termos da Súmula Vinculante 14. *Alternativa D.*

18. **(IV Exame)** Acerca das disposições contidas na Lei Processual sobre o Inquérito Policial, assinale a alternativa correta.

(A) Nos crimes de ação privada, a autoridade policial poderá proceder a inquérito a requerimento de qualquer pessoa do povo que tiver conhecimento da existência de infração penal.
(B) Do despacho que indeferir o requerimento de abertura de inquérito caberá recurso para o tribunal competente.
(C) Para verificar a possibilidade de haver a infração sido praticada de determinado modo, a autoridade policial poderá proceder à reprodução simulada dos fatos, desde que esta não contrarie a moralidade ou a ordem pública.
(D) A autoridade policial poderá mandar arquivar autos de inquérito.

RESPOSTA (A) Errada, conforme o art. 5º, II, do CPP. (B) Errada, em contrariedade ao art. 5º, § 2º, do CPP. (C) Correta, nos termos do art. 7º do CPP. (D) Errada, pois se opõe ao disposto no art. 17 do CPP. *Alternativa C.*

III. AÇÃO PENAL

19. **(XXX Exame)** Após uma partida de futebol amador, realizada em 03/05/2018, o atleta André se desentendeu com jogadores da equipe adversária. Ao final do jogo, dirigiu-se ao estacionamento e encontrou, em seu carro, um bilhete anônimo, em que constavam diversas ofensas à sua honra. Em 28/06/2018, André encontrou um dos jogadores da equipe adversária, Marcelo, que lhe confessou a autoria do bilhete, ressaltando que Luiz e Rogério também estavam envolvidos na ofensa. André, em 17/11/2018, procurou seu advogado, apresentando todas as provas do crime praticado, manifestando seu interesse em apresentar queixa-crime contra os três autores do fato. Diante disso, o advogado do ofendido, após procuração com poderes especiais, apresenta, em 14/12/2018, queixa-crime em face de Luiz, Rogério e Marcelo, imputando-lhes a prática dos crimes de calúnia e injúria. Após o recebimento da queixa crime pelo magistrado, André se arrependeu de ter buscado a responsabilização penal de Marcelo, tendo em vista que somente descobriu a autoria do crime em decorrência da ajuda por ele fornecida. Diante disso, comparece à residência de Marcelo, informa seu arrependimento, afirma não ter interesse em vê-lo responsabilizado criminalmente e o convida para a festa de aniversário de sua filha, sendo a conversa toda registrada em mídia audiovisual. Considerando as informações narradas, é correto afirmar que o(a) advogado(a) dos querelados poderá

(A) questionar o recebimento da queixa-crime, com fundamento na ocorrência de decadência, já que oferecida a inicial mais de 06 meses após a data dos fatos.
(B) buscar a extinção da punibilidade dos três querelados, diante da renúncia ao exercício do direito de queixa realizado por André, que poderá ser expresso ou tácito.
(C) buscar a extinção da punibilidade de Marcelo, mas não de Luiz e Rogério, em razão da renúncia ao exercício do direito de queixa realizado por André.
(D) buscar a extinção da punibilidade dos três querelados, caso concordem, diante do perdão oferecido a Marcelo por parte de André, que deverá ser estendido aos demais coautores.

RESPOSTA (A) Errada. A decadência é contada do dia em que André descobriu a autoria do delito, nos termos do art. 38 do CPP. Alternativas B e C: erradas. Por ter havido o oferecimento de queixa-crime, o enunciado não descreve hipótese de renúncia (CPP, art. 49). (D) Correta, com fundamento no art. 51 do CPP. *Alternativa D.*

20. **(XXVIII Exame)** Gabriel, nascido em 31 de maio 1999, filho de Eliete, demonstrava sua irritação em razão do tratamento conferido por Jorge, namorado de sua mãe, para com esta. Insatisfeito, Jorge, no dia 1º de maio de 2017, profere injúria verbal contra Gabriel. Após a vítima contar para sua mãe sobre a ofensa sofrida, Eliete comparece, em 27 de maio de 2017, em sede policial e, na condição de representante do seu filho, renuncia ao direito de queixa. No dia 02 de agosto de 2017, porém, Gabriel, contra a vontade da mãe, procura auxílio de advogado, informando que tem interesse em ver Jorge responsabilizado criminalmente pela ofensa realizada. Diante da situação narrada, o(a) advogado(a) de Gabriel deverá esclarecer que

(A) Jorge não poderá ser responsabilizado criminalmente, em razão da renúncia do representante legal do ofendido, sem prejuízo de indenização no âmbito cível.

(B) poderá ser proposta queixa-crime em face de Jorge, mas, para que o patrono assim atue, precisa de procuração com poderes especiais.

(C) Jorge não poderá ser responsabilizado criminalmente em razão da decadência, tendo em vista que ultrapassados três meses desde o conhecimento da autoria.

(D) poderá ser proposta queixa-crime em face de Jorge, pois, de acordo com o Código de Processo Penal, ao representante legal é vedado renunciar ao direito de queixa.

RESPOSTA (A) Errada (art. 50 do CPP e Súmula 594 do STF). (B) Correta (art. 44 do CPP). (C) Errada (art. 38 do CPP). (D) Errada (art. 50 do CPP). *Alternativa B.*

21. **(XXVII Exame)** Flávio apresentou, por meio de advogado, queixa-crime em desfavor de Gabriel, vulgo "Russinho", imputando-lhe a prática do crime de calúnia, pois Gabriel teria imputado falsamente a Flávio a prática de determinada contravenção penal. Na inicial acusatória, assinada exclusivamente pelo advogado, consta como querelado apenas o primeiro nome de Gabriel, o apelido pelo qual é conhecido, suas características físicas e seu local de trabalho, tendo em vista que Flávio e sua defesa técnica não identificaram a completa qualificação do suposto autor do fato. A peça inaugural não indicou rol de testemunhas, apenas acostando prova documental que confirmaria a existência do crime. Ademais, foi acostada ao procedimento a procuração de Flávio em favor de seu advogado, na qual consta apenas o nome completo de Flávio e seus dados qualificativos, além de poderes especiais para propor eventuais queixas-crime que se façam pertinentes. Após citação de Gabriel em seu local de trabalho para manifestação, considerando apenas as informações expostas, caberá à defesa técnica do querelado pleitear, sob o ponto de vista técnico, a rejeição da queixa-crime,

(A) sob o fundamento de que não poderia ter sido apresentada sem a completa qualificação do querelado, sendo insuficiente o fornecimento de características físicas marcantes, apelido e local de trabalho que poderiam identificá-lo.

(B) porque, apesar de fornecidos imprescindíveis poderes especiais, a síntese do fato criminoso não consta da procuração.

(C) porque a classificação do crime não foi adequada de acordo com os fatos narrados, e a tipificação realizada vincula a autoridade judicial.

(D) tendo em vista que não consta, da inicial, o rol de testemunhas.

RESPOSTA (A) Errada, conforme o art. 41 do CPP. (B) Correta, nos termos do art. 44 do CPP. (C) Errada. A tipificação entendida pelo MP não vincula o juiz. (D) Errada – art. 41 do CPP. *Alternativa B.*

22. **(XXVI Exame)** Maicon, na condução de veículo automotor, causou lesão corporal de natureza leve em Marta, desconhecida que dirigia outro automóvel, que inicialmente disse ter interesse em representar em face do autor dos fatos, diante da prática do crime do Art. 303, *caput*, do Código de Trânsito Brasileiro. Em audiência preliminar, com a presença de Maicon e Marta acompanhados por seus advogados e pelo Ministério Público, houve composição dos danos civis, reduzida a termo e homologada pelo juiz em sentença. No dia seguinte, Marta se arrepende, procura seu advogado e afirma não ter interesse na execução do acordo celebrado. Considerando apenas as informações narradas, o advogado de Marta deverá

(A) interpor recurso de apelação da sentença que homologou a composição dos danos civis.

(B) esclarecer que o acordo homologado acarretou renúncia ao direito de representação.

(C) interpor recurso em sentido estrito da sentença que homologou composição dos danos civis.

(D) esclarecer que, sendo crime de ação penal de natureza pública, não caberia composição dos danos civis, mas sim transação penal, de modo que a sentença é nula.

RESPOSTA (A) Errada (art. 74 da Lei n. 9.099/95). (B) Correta (art. 74 da Lei n. 9.099/95). (C) Errada (art.

74 da Lei n. 9.099/95). (D) Errada (art. 74 da Lei n. 9.099/95). *Alternativa B.*

23. **(XXV Exame)** Bruna compareceu à Delegacia e narrou que foi vítima de um crime de ameaça, delito este de ação penal pública condicionada à representação, que teria sido praticado por seu marido Rui, em situação de violência doméstica e familiar contra a mulher. Disse, ainda, ter interesse que seu marido fosse responsabilizado criminalmente por seu comportamento. O procedimento foi encaminhado ao Ministério Público, que ofereceu denúncia em face de Rui pela prática do crime de ameaça (Art. 147 do Código Penal, nos termos da Lei n. 11.340/06). Bruna, porém, comparece à Delegacia, antes do recebimento da denúncia, e afirma não mais ter interesse na responsabilização penal de seu marido, com quem continua convivendo. Posteriormente, Bruna e Rui procuram o advogado da família e informam sobre o novo comparecimento de Bruna à Delegacia. Considerando as informações narradas, o advogado deverá esclarecer que

(A) a retratação de Bruna, perante a autoridade policial, até o momento, é irrelevante e não poderá ser buscada proposta de suspensão condicional do processo.

(B) a retratação de Bruna, perante a autoridade policial, até o momento, é válida e suficiente para impedir o recebimento da denúncia.

(C) não cabe retratação do direito de representação após o oferecimento da denúncia; logo, a retratação foi inválida.

(D) não cabe retratação do direito de representação nos crimes praticados no âmbito de violência doméstica e familiar contra a mulher, e nem poderá ser buscada proposta de transação penal.

RESPOSTA (A) Correta, visto que a retratação obedece a regra especial, disposta no art. 16 da Lei n. 11.340/2006. Alternativas B, C e D erradas com base na mesma fundamentação, o mencionado art. 16 da Lei Maria da Penha. *Alternativa A.*

24. **(XXIV Exame)** Lívia, insatisfeita com o fim do relacionamento amoroso com Pedro, vai até a casa deste na companhia da amiga Carla e ambas começam a quebrar todos os porta-retratos da residência nos quais estavam expostas fotos da nova namorada de Pedro. Quando descobre os fatos, Pedro procura um advogado, que esclarece a natureza privada da ação criminal pela prática do crime de dano. Diante disso, Pedro opta por propor queixa-crime em face de Carla pela prática do crime de dano (Art. 163, *caput*, do Código Penal), já que nunca mantiveram boa relação e ele tinha conhecimento de que ela era reincidente, mas, quanto a Lívia, liga para ela e diz que nada fará, pedindo, apenas, que o fato não se repita. Apesar da decisão de Pedro, Lívia fica preocupada quanto à possibilidade de ele mudar de opinião, razão pela qual contrata um advogado junto com Carla para consultoria jurídica. Considerando apenas as informações narradas, o advogado deverá esclarecer que ocorreu

(A) renúncia em relação a Lívia, de modo que a queixa-crime não deve ser recebida em relação a Carla.

(B) renúncia em relação a Lívia, de modo que a queixa-crime deve ser recebida apenas em relação a Carla.

(C) perempção em relação a Lívia, de modo que a queixa-crime deve ser recebida apenas em relação a Carla.

(D) perdão do ofendido em relação a Lívia, de modo que a queixa-crime deve ser recebida apenas em relação a Carla.

RESPOSTA (A) Correta, com fundamento no art. 49 do CPP. (B) Errada, por contrariar o disposto no art. 49 do CPP. (C) Errada, pois não se trata de perempção, conforme o art. 60 do CPP. (D) Não houve perdão do ofendido, como disposto no art. 51 do CPP. *Alternativa A.*

25. **(XXIV Exame)** Tiago, funcionário público, foi vítima de crime de difamação em razão de suas funções. Após Tiago narrar os fatos em sede policial e demonstrar interesse em ver o autor do fato responsabilizado, é instaurado inquérito policial para investigar a notícia de crime. Quando da elaboração do relatório conclusivo, a autoridade policial conclui pela prática delitiva da difamação, majorada por ser contra funcionário público em razão de suas funções, bem como identifica João como autor do delito. Tiago, então, procura seu advogado e informa a este as conclusões 1 (um) mês após os fatos. Considerando apenas as informações narradas, o advogado de Tiago, de acordo com a jurisprudência do Supremo Tribunal Federal, deverá esclarecer que

(A) caberá ao Ministério Público oferecer denúncia em face de João após representação do ofendido, mas Tiago não poderá optar por oferecer queixa-crime.

(B) caberá a Tiago, assistido por seu advogado, oferecer queixa-crime, não podendo o ofendido optar por oferecer representação para o Ministério Público apresentar denúncia.

(C) Tiago poderá optar por oferecer queixa-crime, assistido por advogado, ou oferecer representação ao Ministério Público, para que seja analisada a possibilidade de oferecimento de denúncia.

(D) caberá ao Ministério Público oferecer denúncia, independentemente de representação do ofendido.

RESPOSTA (A) Errada. Embora a difamação seja crime de ação penal privada, admite-se a ação pública condicionada (veja a Súmula 714 do STF). (B) Errada, conforme a Súmula 714 do STF. (C) Correta, nos termos do art. 30 do CPP. (D) Errada, em contrariedade à Súmula 714 do STF. *Alternativa C.*

26. **(XXIII Exame)** Silva foi vítima de um crime de ameaça por meio de uma ligação telefônica realizada em 02 de janeiro de 2016. Buscando identificar o autor, já que nenhum membro de sua família tinha tal informação, requereu, de imediato, junto à companhia telefônica, o número de origem da ligação, vindo a descobrir, no dia 03 de julho de 2016, que a linha utilizada era de propriedade do ex-namorado de sua filha, Carlos, razão pela qual foi até a residência deste, onde houve a confissão da prática do crime. Quando ia ao Ministério Público, na companhia de Marta, sua esposa, para oferecer representação, Silva sofreu um infarto e veio a falecer. Marta, no dia seguinte, afirmou oralmente, perante o Promotor de Justiça, que tinha interesse em representar em face do autor do fato, assim como seu falecido marido. Diante do apelo de sua filha, Marta retorna ao Ministério Público no dia 06 de julho de 2016 e diz que não mais tem interesse na representação. Ainda assim, considerando que a ação penal é pública condicionada, o Promotor de Justiça ofereceu denúncia, no dia 07 de julho de 2016, em face de Carlos, pela prática do crime de ameaça. Considerando a situação narrada, o(a) advogado(a) de Carlos, em resposta à acusação, deverá alegar que

(A) ocorreu decadência, pois se passaram mais de 6 meses desde a data dos fatos.

(B) a representação não foi válida, pois não foi realizada pelo ofendido.

(C) ocorreu retratação válida do direito de representação.

(D) a representação não foi válida, pois foi realizada oralmente.

RESPOSTA (A) Errada. O prazo decadencial tem início a partir do dia em que se descobre a autoria (CP, art. 38). (B) Errada, em contrariedade ao disposto no art. 31 do CPP. (C) Correta, nos termos do art. 25 do CPP. (D) Errada. Segundo o art. 39 do CPP, a representação pode se dar por escrito ou oralmente. *Alternativa C.*

27. **(XXIII Exame)** No dia 31 de dezembro de 2015, Leandro encontra, em uma boate, Luciana, com quem mantivera uma relação íntima de afeto, na companhia de duas amigas, Carla e Regina. Já alterado em razão da ingestão de bebida alcoólica, Leandro, com ciúmes de Luciana, inicia com esta uma discussão e desfere socos em sua face. Carla e Regina vêm em defesa da amiga, mas, descontrolado, Leandro também agride as amigas, causando lesões corporais leves nas três. Diante da confusão, Leandro e Luciana são encaminhados a uma delegacia, enquanto as demais vítimas decidem ir para suas casas. Após exame de corpo de delito confirmando as lesões leves, Luciana é ouvida e afirma expressamente que não tem interesse em ver Leandro responsabilizado criminalmente. Em relação às demais lesadas, não tiveram interesse em ser ouvidas em momento algum das investigações, mas as testemunhas confirmaram as agressões. Diante disso, o Ministério Público, em 05 de julho de 2016, oferece denúncia em face de Leandro, imputando-lhe a prática de três crimes de lesão corporal leve. Considerando apenas as informações narradas, o(a) advogado(a) de Leandro

(A) não poderá buscar a rejeição da denúncia em relação a nenhum dos três crimes.

(B) poderá buscar a rejeição da denúncia em relação ao crime praticado contra Luciana, mas não quanto aos delitos praticados contra Carla e Regina.

(C) poderá buscar a rejeição da denúncia em relação aos três crimes.

(D) não poderá buscar a rejeição da denúncia em relação ao crime praticado contra Luciana, mas poderá pleitear a imediata rejeição quanto aos delitos praticados contra Carla e Regina.

RESPOSTA (A) Errada. A Lei n. 11.340/2006 (Maria da Penha) afasta a incidência da Lei n. 9.099/95, que prevê ação penal pública condicionada para a lesão corporal leve ou culposa. Portanto, a ausência de representação não é óbice à persecução penal pelo crime praticado contra Luciana (veja o art. 395 do CPP). (B) Errada, por inverter as respostas. Não pode ser buscada a rejeição da denúncia em relação à vítima Luciana. (C) Errada, pelas razões já expostas. (D) Correta, visto que, em relação à vítima Luciana, o crime é de ação penal pública incondicionada. *Alternativa D.*

28. **(XX Exame)** Lúcio Flavio, advogado, ofereceu queixa-crime em face de Rosa, imputando-lhe a prática dos delitos de injúria simples e difamação. As partes não celebraram qualquer acordo e a querelada negava os fatos, não aceitando qualquer benefício. Após o regular processamento e a instrução probatória, em alegações finais, Lúcio Flávio requer a condenação de Rosa pela prática do crime de difamação, nada falando em sua manifestação derradeira sobre o crime de injúria. Diante da situação narrada, é correto afirmar que

(A) deverá ser extinta a punibilidade de Rosa em relação ao crime de injúria, em razão da perempção.

(B) deverá ser extinta a punibilidade de Rosa em relação ao crime de injúria, em razão do perdão do ofendido.

(C) deverá ser extinta a punibilidade de Rosa em relação ao crime de injúria, em razão da renúncia ao direito de queixa.

(D) poderá Rosa ser condenada pela prática de ambos os delitos, já que houve apresentação de alegações finais pela defesa técnica do querelante.

RESPOSTA (A) Correta, nos termos do art. 60, III, do CPP. (B) Errada, pois não houve perdão do ofendido (CPP, art. 58). (C) Errada. O enunciado não menciona a renúncia, como previsto no art. 50 do CPP. (D) Errada. Não existe previsão legal nesse sentido. *Alternativa A.*

29. **(XIX Exame)** Em 16/02/2016, Gisele praticou um crime de lesão corporal culposa simples no trânsito, vitimando Maria Clara. Gisele, então, procura seu advogado para saber se faz jus à transação penal, esclarecendo que já foi condenada definitivamente por uma vez a pena restritiva de direitos pela prática de furto e que já se beneficiou do instituto da transação há 7 anos. Deverá o advogado esclarecer sobre o benefício que

(A) não cabe oferecimento de proposta de transação penal porque Gisele já possui condenação anterior com trânsito em julgado.

(B) não cabe oferecimento de proposta de transação penal porque Gisele já foi beneficiada pela transação em momento anterior.

(C) poderá ser oferecida proposta de transação penal porque só quem já se beneficiou da transação penal nos 3 anos anteriores não poderá receber novamente o benefício.

(D) a condenação pela prática de furto e a transação penal obtida há 7 anos não impedem o oferecimento de proposta de transação penal.

RESPOSTA (A) Errada (art. 76 da Lei n. 9.099/95). (B) Errada (art. 76 da Lei n. 9.099/95). (C) Errada (art. 76 da Lei n. 9.099/95). (D) Correta (art. 76 da Lei n. 9.099/95). *Alternativa D.*

30. **(XVIII Exame)** Vinícius, primário e de bons antecedentes e regularmente habilitado, dirigia seu veículo em rodovia na qual a velocidade máxima permitida era de 80 km/h. No banco do carona estava sua namorada Estefânia. Para testar a potência do automóvel, ele passou a dirigir a 140 km/h, acabando por perder o controle do carro, vindo a cair em um barranco. Devido ao acidente, Estefânia sofreu lesão corporal e foi socorrida por policiais rodoviários. No marcador do carro ficou registrada a velocidade desenvolvida. Apesar do ferimento sofrido, a vítima afirmou não querer ver o autor processado por tal comportamento imprudente. Apresentado o inquérito ao Ministério Público, foi oferecida denúncia contra Vinícius pela prática do injusto do Art. 303 da Lei n. 9.503/97 (Código de Trânsito Brasileiro), que prevê a pena de 06 meses a 02 anos de detenção e a suspensão ou proibição da permissão ou da habilitação para dirigir veículo automotor. Considerando o acima exposto, a defesa de Vinícius deverá requerer

(A) a extinção do processo por não ter o Ministério Público legitimidade para oferecer denúncia, em razão da ausência de representação da vítima.

(B) a realização de audiência de composição civil.

(C) a realização de audiência para proposta de transação penal.

(D) a suspensão condicional do processo, caso a denúncia seja recebida.

RESPOSTA (A) Errada (art. 291 do CTB). (B) Errada (art. 291 do CTB). (C) Errada (art. 291 do CTB). (D) Correta (art. 291 do CTB). *Alternativa D.*

31. **(XVII Exame)** Carlos foi indiciado pela prática de um crime de lesão corporal grave, que teria como vítima Jorge. Após o prazo de 30 dias, a autoridade policial elaborou relatório conclusivo e encaminhou o procedimento para o Ministério Público. O promotor com atribuição concluiu que não existiam indícios de autoria e materialidade, razão pela qual requereu o arquivamento. Inconformado com a manifestação, Jorge contratou advogado e propôs ação penal privada subsidiária da pública. Nesse caso, é correto afirmar que

(A) caso a queixa seja recebida, o Ministério Público não poderá aditá-la ou interpor recurso no curso do processo.

(B) caso a queixa seja recebida, havendo negligência do querelante, deverá ser reconhecida a perempção.

(C) a queixa proposta deve ser rejeitada pelo magistrado, pois não houve inércia do Ministério Público.

(D) a queixa proposta deve ser rejeitada pelo magistrado, tendo em vista que o instituto da ação penal privada subsidiária da pública não foi recepcionado pela Constituição Federal.

RESPOSTA (A) Errada (art. 395, II, do CPP). (B) Errada (art. 395, II, do CPP). (C) Correta (art. 29 do CPP). (D) Errada (art. 5º, LIX, da CF). *Alternativa C.*

32. **(XIV Exame)** Fábio, vítima de calúnia realizada por Renato e Abel, decide mover ação penal privada em face de ambos. Após o ajuizamento da ação, os autos são encaminhados ao Ministério Público, pois Fábio pretende desistir da ação penal privada movida apenas em face de Renato para prosseguir em face de Abel. Diante dos fatos narrados, assinale a opção correta.

(A) A ação penal privada é divisível; logo, Fábio poderá desistir da ação penal apenas em face de Renato.

(B) A ação penal privada é indivisível; logo, Fábio não poderá desistir da ação penal apenas em face de Renato.

(C) A ação penal privada é obrigatória, por conta do princípio da obrigatoriedade da ação penal.

(D) A ação penal privada é indisponível; logo, Fábio não poderá desistir da ação penal apenas em face de Renato.

RESPOSTA (A) Errada. A ação penal privada é indivisível, ao contrário do que ocorre com a ação pública (art. 48 do CPP). (B) Correta, conforme explicado anteriormente. Alternativas C e D erradas. Em oposição ao que acontece com a ação pública, a privada tem por característica a conveniência (oferece a queixa-crime se quiser) e a disponibilidade, podendo a parte legítima renunciar ou desistir da ação (art. 49 do CPP). *Alternativa B.*

33. **(XIII Exame)** Em determinada ação penal privada, na qual se apura a prática dos delitos de calúnia e difamação, a parte não apresenta, em alegações finais, pedido de condenação em relação ao delito de calúnia, fazendo-o tão somente em relação ao delito de difamação. Com relação ao caso apresentado, assinale a afirmativa correta.

(A) Ocorreu a perempção em relação ao delito de calúnia.

(B) Não ocorreu perempção em relação a nenhum delito.

(C) Ocorreu o perdão tácito em relação ao delito de calúnia.

(D) Não ocorreu perempção, mas, sim, renúncia em relação ao delito de calúnia.

RESPOSTA Alternativa A correta e alternativas B e D incorretas, nos termos do art. 60, III, do CPP. Ademais, errada a alternativa C, visto que o enunciado não descreve hipótese em que houve perdão (CPP, art. 51). *Alternativa A.*

34. **(XIII Exame)** Fernanda, durante uma discussão com seu marido Renato, levou vários socos e chutes. Inconformada com a agressão, dirigiu-se à Delegacia de Polícia mais próxima e narrou todo o ocorrido. Após a realização do exame de corpo de delito, foi constatada a prática de lesão corporal leve por parte de Renato. O Delegado de Polícia registrou a ocorrência e requereu as medidas cautelares constantes no art. 23 da Lei n. 11.340/2006. Após alguns dias e com objetivo de reconciliação com o marido, Fernanda foi novamente à Delegacia de Polícia requerendo a cessação das investigações para que não fosse ajuizada a ação penal respectiva. Diante do caso narrado, de acordo com o recente entendimento do Supremo Tribunal Federal, assinale a afirmativa correta.

(A) No âmbito da Lei Maria da Penha, nos crimes de lesão corporal leve, a ação penal é condicionada à representação. Desta forma, é possível a sua retratação, pois não houve o oferecimento da denúncia.

(B) No âmbito da Lei Maria da Penha, nos crimes de lesão corporal leve, a ação penal é pública incondicionada, sendo impossível interromper as investigações e obstar o prosseguimento da ação penal.

(C) No âmbito da Lei Maria da Penha, nos crimes de lesão corporal leve, a ação penal é pública incondicionada, mas é possível a retratação da representação antes do oferecimento da denúncia.

(D) No âmbito da Lei Maria da Penha, nos crimes de lesão corporal leve, a ação penal é pública condicionada à representação, mas como os fatos já foram levados ao conhecimento da autoridade policial será impossível impedir o prosseguimento das investigações e o ajuizamento da ação penal.

RESPOSTA Alternativas A, C e D erradas e B correta, pelos mesmos motivos. A Lei n. 11.340/2006 (Maria da Penha) afasta, em seu art. 41, a incidência da Lei n. 9.099/95, em cujo art. 88 está previsto que a lesão corporal leve ou culposa é crime de ação penal condicionada à representação. Logo, em hipótese de lesão corporal praticada contra a mulher no âmbito doméstico ou familiar, o crime será sempre de ação pública incondicionada. Nesse sentido, a Súmula 542 do STJ. *Alternativa B.*

35. **(XII Exame)** João e José, músicos da famosa banda NXY, se desentenderam por causa de uma namorada. João se descontrolou e partiu para cima de José, agredindo-o com socos e pontapés, vindo a ser separado de sua vítima por policiais militares que passavam no local, e lhe deram voz de prisão em flagrante. O exame de corpo de delito revelou que dois dedos da mão esquerda do guitarrista José foram quebrados e o braço direito, luxado, ficando impossibilitado de tocar seu instrumento por 40 dias. Na hipótese, trata-se de crime de ação penal

(A) privada propriamente dita.
(B) pública condicionada à representação.
(C) privada subsidiária da pública.
(D) pública incondicionada.

RESPOSTA Alternativas A, B e C erradas e D correta, pelos mesmos motivos: a lesão corporal é pública condicionada apenas quando leve ou culposa, conforme o art. 88 da Lei n. 9.099/95. Para os demais casos, a ação é pública incondicionada. *Alternativa D.*

36. **(XI Exame)** Um professor na aula de Processo Penal esclarece a um aluno que o Ministério Público, após ingressar com a ação penal, não poderá desistir dela, conforme expressa previsão do Art. 42 do CPP. O professor estava explicando ao aluno o princípio da

(A) indivisibilidade.
(B) obrigatoriedade.
(C) indisponibilidade.
(D) intranscendência.

RESPOSTA (A) Errada. A indivisibilidade é imposta à ação penal privada e diz respeito à necessidade de oferecimento de queixa-crime contra todos os autores da infração penal (em caso de concurso de pessoas, evidentemente). (B) Errada. A obrigatoriedade trata do dever de oferecer denúncia, e não da impossibilidade de desistência após seu oferecimento. (C) Correta, com fundamento no art. 42 do CPP. (D) Errada. Veja o art. 5º, XLV, da CF. *Alternativa C.*

37. **(IX Exame)** Em relação aos procedimentos previstos na Lei n. 8.666/93, que instituiu as normas de licitações e contratos da Administração Pública, assinale a afirmativa correta.

(A) Todos os crimes definidos na lei de licitação e contratos são de ação penal pública incondicionada.
(B) Somente a vítima poderá provocar a iniciativa do Ministério Público, fornecendo-lhe, por escrito, informações sobre o fato e sua autoria, bem como as circunstâncias em que se deu a ocorrência.
(C) Não será admitida ação penal privada subsidiária da pública.
(D) Da sentença caberá apelação, interponível no prazo de 10 (dez) dias.

RESPOSTA (A) Correta (Lei n. 8.666/93, art. 100). (B) Errada (Lei n. 8.666/93, art. 101). (C) Errada (Lei n. 8.666/93, art. 103). (D) Errada (Lei n. 8.666/93, art. 107). *Alternativa A.*

38. **(VI Exame)** Tício está sendo investigado pela prática do delito de roubo simples, tipificado no art. 157, *caput*, do Código Penal. Concluída a investigação, o Delegado Titular da 41ª Delegacia de Polícia envia os autos ao Ministério Público, a fim de que este tome as providências que entender cabíveis. O *Parquet*, após a análise dos autos, decide pelo arquivamento do feito, por falta de provas de autoria. A vítima ingressou em juízo com uma ação penal privada subsidiária da pública, que foi rejeitada pelo juiz da causa, que, no caso acima, agiu

(A) Erroneamente, tendo em vista que a Lei Processual admite a ação privada nos crimes de ação pública quando esta não for intentada.
(B) Corretamente, pois a vítima não tem legitimidade para ajuizar ação penal privada subsidiária da pública.
(C) Corretamente, já que a Lei Processual não admite a ação penal privada subsidiária da pública nos casos em que o Ministério Público não se mantém inerte.
(D) Erroneamente, já que a Lei Processual admite, implicitamente, a ação penal privada subsidiária da pública.

RESPOSTA (A) Errada. Não houve inércia do Ministério Público (CPP, art. 29). (B) Errada, em contrariedade com o art. 5º, LIX, da CF e o art. 29 do CPP. (C) Correta, nos termos do art. 29 do CPP. (D) Errada. A previsão é expressa (CPP, art. 29). *Alternativa C.*

39. **(VI Exame – Reaplicação)** Mévio recebeu intimação para comparecer ao Juizado Especial Criminal pelo fato de ter em sua guarda espécie silvestre considerada ameaçada de extinção. Mévio não aceitou a proposta de transação penal ofertada pelo membro do *Parquet*, tendo sido denunciado por crime previsto na Lei n. 9.605/98, nada sendo mencionado sobre o instituto da suspensão condicional do processo. A esse respeito, é correto afirmar que

(A) Nos crimes previstos na Lei Ambiental, após o cumprimento das condições da proposta, o juiz somente declarará a extinção da punibilidade após o laudo de constatação de reparação do dano ambiental, salvo no caso de impossibilidade de fazê-lo.
(B) Não é possível a suspensão condicional do processo nos crimes definidos na Lei Ambiental.
(C) O juiz, entendendo cabível o instituto, poderá formular e oferecer a proposta de suspensão do processo ao acusado.

(D) Nos crimes previstos na Lei Ambiental, após o cumprimento das condições da proposta, o juiz declarará extinta a punibilidade.

RESPOSTA (A) Correta (art. 28, I, da Lei n. 9.605/98 e art. 89 da Lei n. 9.099/95). (B) Errada (art. 28, II, da Lei n. 9.605/98). (C) Errada (art. 89 da Lei n. 9.099/95). (D) Errada (art. 28, I, da Lei n. 9.605/98). *Alternativa A.*

40. **(IV Exame)** A Lei 7.492/86 define os Crimes contra o Sistema Financeiro Nacional. Acerca do procedimento previsto para tais crimes, é correto afirmar que

(A) quando a denúncia não for intentada no prazo legal, o ofendido poderá representar ao Procurador-Geral da República, para que este a ofereça, designe outro órgão do Ministério Público para oferecê-la ou determine o arquivamento das peças de informações recebidas.

(B) nos crimes previstos nessa lei, cometidos em quadrilha ou coautoria, o coautor ou partícipe que, por meio de confissão espontânea, revelar à autoridade policial ou judicial toda a trama delituosa terá sua pena reduzida de 1 (um) a 2/5 (dois quintos).

(C) a ação penal será promovida perante a Justiça Federal quando a infração for praticada em detrimento de bens e serviços de entes federais. Nos demais casos, será proposta perante a Justiça Estadual.

(D) os órgãos dos Ministérios Públicos Federal e Estadual, sempre que julgarem necessário, poderão requisitar, a qualquer autoridade, informação, documento ou diligência relativa à prova dos crimes previstos na Lei 7.492/86.

RESPOSTA (A) Correta (art. 27 da Lei n. 7.492/86). (B) Errada (art. 25 da Lei n. 7.492/86). (C) Errada (art. 26 da Lei n. 7.492/86 e art. 109, VI, da CF). (D) Errada (art. 29 da Lei n. 7.492/86). *Alternativa A.*

IV. AÇÃO CIVIL

41. **(II Exame)** Relativamente às regras sobre ação civil fixadas no Código de Processo Penal, assinale a alternativa correta.

(A) São fatos que impedem a propositura da ação civil: o despacho de arquivamento do inquérito ou das peças de informação, a decisão que julgar extinta a punibilidade e a sentença absolutória que decidir que o fato imputado não constitui crime.

(B) Sobrevindo à sentença absolutória no juízo criminal, a ação civil não poderá ser proposta em nenhuma hipótese.

(C) Transitada em julgado a sentença penal condenatória, a execução só poderá ser efetuada pelo valor fixado na mesma, não se admitindo, neste caso, a liquidação para a apuração do dano efetivamente sofrido.

(D) Transitada em julgado a sentença penal condenatória, poderão promover-lhe a execução, no juízo cível, para o efeito da reparação do dano, o ofendido, seu representante legal ou seus herdeiros.

RESPOSTA (A) Errada, em contrariedade ao art. 67 do CPP. (B) Errada, também com fundamento no art. 67 do CPP. (C) Errada, conforme o art. 63 do CPP. (D) Correta, de acordo com os arts. 63, parágrafo único, e 387, IV, do CPP. *Alternativa D.*

V. COMPETÊNCIA

42. **(XXX Exame)** Carlos, advogado, em conversa com seus amigos, na cidade de Campinas, afirmou, categoricamente, que o desembargador Tício exigiu R$ 50.000,00 para proferir voto favorável para determinada parte em processo criminal de grande repercussão, na Comarca em que atuava. Ao tomar conhecimento dos fatos, já que uma das pessoas que participavam da conversa era amiga do filho de Tício, o desembargador apresentou queixa-crime, imputando a Carlos o crime de calúnia majorada (Art. 138 c/c o Art. 141, inciso II, ambos do CP. Pena: 06 meses a 2 anos e multa, aumentada de 1/3). Convicto de que sua afirmativa seria verdadeira, Carlos pretende apresentar exceção da verdade, com a intenção de demonstrar que Tício realmente havia realizado a conduta por ele mencionada. Procura, então, seu advogado, para adoção das medidas cabíveis. Com base apenas nas informações narradas, o advogado de Carlos deverá esclarecer que, para julgamento da exceção da verdade, será competente

(A) a Vara Criminal da Comarca de Campinas, órgão competente para apreciar a queixa crime apresentada.

(B) o Juizado Especial Criminal da Comarca de Campinas, órgão competente para apreciar a queixa-crime apresentada.

(C) o Tribunal de Justiça do Estado de São Paulo, apesar de não ser o órgão competente para apreciar a queixa-crime apresentada.

(D) o Superior Tribunal de Justiça, apesar de não ser o órgão competente para apreciar a queixa-crime apresentada.

RESPOSTA (A) Errada (art. 141, III, do CPP e art. 105, I, da CF). (B) Errada (art. 141, III, do CPP e art. 105, I, da CF). (C) Errada (art. 141, III, do CPP e art. 105, I, da CF). (D) Correta (art. 141, III, do CPP e art. 105, I, da CF). *Alternativa D.*

43. **(XXIX Exame)** Anderson, Cláudio e Jorge arquitetam um plano para praticar crime contra a agência de um banco, empresa pública federal, onde Jorge trabalhava como segurança. Encerrado o expediente, em 03/12/2017, Jorge permite a entrada de Anderson e Cláudio no estabelecimento e, em conjunto, destroem um dos cofres da agência e subtraem todo o dinheiro que estava em seu interior. Após a subtração do dinheiro, os agentes roubam o carro de Júlia, que trafegava pelo local, e fogem, sendo, porém, presos dias depois, em decorrência da investigação realizada. Considerando que a conduta dos agentes configura os crimes de furto qualificado (pena: 2 a 8 anos e multa) e roubo majorado (pena: 4 a 10 anos e multa, com causa de aumento de 1/3 até metade), praticados em conexão, após solicitação de esclarecimentos pelos envolvidos, o(a) advogado(a) deverá informar que

(A) a Justiça Federal será competente para julgamento de ambos os delitos conexos.

(B) a Justiça Estadual será competente para julgamento de ambos os delitos conexos.

(C) a Justiça Federal será competente para julgamento do crime de furto qualificado e a Justiça Estadual, para julgamento do crime de roubo majorado, havendo separação dos processos.

(D) tanto a Justiça Estadual quanto a Federal serão competentes, considerando que não há relação de especialidade entre estas, prevalecendo o critério da prevenção.

RESPOSTA (A) Correta (art. 109, IV, da CF, art. 79 do CPP e Súmula 122 do STJ). (B) Errada (art. 109, IV, da CF, art. 79 do CPP e Súmula 122 do STJ). (C) Errada (art. 109, IV, da CF, art. 79 do CPP e Súmula 122 do STJ). (D) Errada (art. 109, IV, da CF, art. 79 do CPP e Súmula 122 do STJ). *Alternativa A.*

44. **(XXVIII Exame)** Jucilei foi preso em flagrante quando praticava crime de estelionato (Art. 171 do CP), em desfavor da Petrobras, sociedade de economia mista federal. De acordo com os elementos informativos, a fraude teria sido realizada na cidade de Angra dos Reis, enquanto a obtenção da vantagem ilícita ocorreu na cidade do Rio de Janeiro, sendo Jucilei preso logo em seguida, mas já na cidade de Niterói. Ainda em sede policial, Jucilei entrou em contato com seu(sua) advogado(a), que compareceu à Delegacia para acompanhar seu cliente, que seria imediatamente encaminhado para a realização de audiência de custódia perante autoridade judicial. Considerando as informações narradas, o(a) advogado(a) deverá esclarecer ao seu cliente que será competente para processamento e julgamento de eventual ação penal pela prática do crime do Art. 171 do Código Penal, o juízo junto à

(A) Vara Criminal Estadual da Comarca do Rio de Janeiro.

(B) Vara Criminal Estadual da Comarca de Angra dos Reis.

(C) Vara Criminal Federal com competência sobre a cidade do Rio de Janeiro.

(D) Vara Criminal Federal com competência sobre a cidade de Angra dos Reis.

RESPOSTA (A) Correta (art. 109 da CF e Súmula 42 do STJ). (B) Errada (art. 109 da CF e Súmula 42 do STJ). (C) Errada (art. 109 da CF e Súmula 42 do STJ). (D) Errada (art. 109 da CF e Súmula 42 do STJ). *Alternativa A.*

45. **(XXVI Exame)** Maria recebe ligação de duas delegacias diferentes, informando a prisão em flagrante de seus dois filhos. Após contatar seu advogado, Maria foi informada de que Caio, seu filho mais velho, praticou, em Niterói, um crime de lesão corporal grave consumado, mas somente veio a ser preso no Rio de Janeiro. Soube, ainda, que Bruno, seu filho mais novo, foi preso por praticar um crime de roubo simples (pena: 04 a 10 anos de reclusão e multa) em Niterói e um crime de extorsão majorada (pena: 04 a 10 anos de reclusão, aumentada de 1/3 a 1/2, e multa) em São Gonçalo, sendo certo que a prova do roubo influenciaria na prova da extorsão, já que o carro subtraído no roubo foi utilizado quando da prática do segundo delito. Considerando apenas as informações constantes do enunciado, o advogado de Maria deverá esclarecer que o(s) juízo(s) competente(s) para julgar Caio e Bruno será(ão),

(A) Niterói, nos dois casos, sendo que, entre os crimes de roubo e extorsão, há, de acordo com o Código de Processo Penal, continência.

(B) Niterói, nos dois casos, sendo que, entre os crimes de roubo e extorsão, há, de acordo com o Código de Processo Penal, conexão.

(C) Rio de Janeiro e São Gonçalo, respectivamente, sendo que, entre os crimes de roubo e extorsão, há, de acordo com o Código de Processo Penal, continência.

(D) Niterói e São Gonçalo, respectivamente, sendo que, entre os crimes de roubo e extorsão, há, de acordo com o Código de Processo Penal, conexão.

RESPOSTA Alternativa D correta e erradas as demais, pelos mesmos motivos: art. 70 do CPP, em relação ao lugar da consumação, e art. 78, II, *a*, também do CPP. *Alternativa D.*

46. **(XXIV Exame)** Na cidade de Angra dos Reis, Sérgio encontra um documento adulterado (logo, falso), que, originariamente, fora expedido por órgão estadual. Valendo-se de tal documento, comparece a uma agência da Caixa Econômica Federal localizada na cidade do Rio de Janeiro e apresenta o documento falso ao gerente do estabelecimento. Desconfiando da veracidade da documentação, o gerente do estabelecimento bancário chama a Polícia, e Sérgio é preso em flagrante, sendo denunciado pela prática do crime de uso de documento falso (Art. 304 do Código Penal) perante uma das Varas Criminais da Justiça Estadual da cidade do Rio de Janeiro. Considerando as informações narradas, de acordo com a jurisprudência do Superior Tribunal de Justiça, o advogado de Sérgio deverá

(A) alegar a incompetência, pois a Justiça Federal será competente, devendo ser considerada a cidade de Angra dos Reis para definir o critério territorial.

(B) alegar a incompetência, pois a Justiça Federal será competente, devendo ser considerada a cidade do Rio de Janeiro para definir o critério territorial.

(C) alegar a incompetência, pois, apesar de a Justiça Estadual ser competente, deverá ser considerada a cidade de Angra dos Reis para definir o critério territorial.

(D) reconhecer a competência do juízo perante o qual foi apresentada a denúncia.

RESPOSTA (A) Errada, em contrariedade ao art. 70 do CPP. (B) Correta, segundo o art. 70 do CPP e a Súmula 546 do STJ. Alternativas C e D erradas, conforme o art. 109, IV, da CF. *Alternativa B.*

47. **(XXI Exame)** Luciana e Carla, duas amigas de faculdade, estavam voltando de uma festa de madrugada, quando foi solicitada a parada do veículo em que estavam por policiais militares em *blitz*. Os policiais, devidamente fardados e no exercício da função pública, solicitaram que as jovens os acompanhassem até o quartel e, em seu interior, pediram que elas os auxiliassem com a entrega de R$ 50,00 cada, para que pudessem almoçar de maneira confortável no dia seguinte e que, com isso, as deixariam ir embora sem maiores problemas. Além disso, deixaram Luciana e Carla por mais de duas horas dentro do veículo, na madrugada, sem adotar qualquer conduta como pedido de documentos ou revista no veículo. Sobre a hipótese apresentada, considerando a prática dos crimes de abuso de autoridade e corrupção, em conexão, assinale a afirmativa correta.

(A) Ambos os delitos deverão ser julgados perante a Justiça Militar.

(B) O crime de abuso de autoridade deverá ser julgado perante a Justiça Comum Estadual, enquanto que o de corrupção deverá ser julgado pela Justiça Militar.

(C) Ambos os delitos deverão ser julgados perante a Justiça Comum Estadual.

(D) O crime de corrupção deverá ser julgado perante a Justiça Comum Estadual, enquanto que o de abuso de autoridade perante a Justiça Militar.

RESPOSTA Questão anulada e, atualmente, desatualizada, por força do disposto no art. 9º do Código Penal Militar, que teve sua redação modificada pela Lei n. 13.491/2017.

48. **(XX Exame – Reaplicação)** Fábio, juiz de direito, foi vítima de um delito de calúnia, pois Jonas afirmou que ele teria praticado um crime de corrupção passiva. Diante disso, ingressou com queixa-crime contra o autor do fato. Jonas, então, opôs exceção da verdade. Nesta situação, será competente para julgar a exceção da verdade

(A) o Superior Tribunal de Justiça.

(B) o Tribunal de Justiça ao qual Fabio esteja vinculado.

(C) a Turma Recursal do Tribunal de Justiça ao qual Fabio esteja vinculado.

(D) o mesmo magistrado competente para julgar a ação penal pela prática do crime de calúnia.

RESPOSTA Alternativa B correta e erradas as demais, pela mesma razão: o art. 96, III, da CF, que estabelece foro por prerrogativa de função a Fábio. *Alternativa B.*

49. **(XVIII Exame)** Estando preso e cumprindo pena na cidade de Campos, interior do estado do Rio de Janeiro, Paulo efetua ligação telefônica para a casa de Maria, localizada na cidade de Niterói, no mesmo Estado, anunciando o falso sequestro do filho desta e exigindo o depósito da quantia de R$ 2.000,00 (dois mil reais), a ser efetuado em conta bancária na cidade do Rio de Janeiro. Maria, atemorizada, efetua a transferência do respectivo valor, no mesmo dia, de sua conta-corrente de uma agência bancária situada em São Gonçalo. Descoberto o fato e denunciado pelo crime de extorsão, assinale a opção que indica o juízo competente para o julgamento.

(A) Vara Criminal de Campos.

(B) Vara Criminal de Niterói.

(C) Vara Criminal de São Gonçalo.

(D) Vara Criminal do Rio de Janeiro.

RESPOSTA Alternativa B correta e erradas as demais, pela mesma razão: o art. 70 do CPP, visto que o crime se consumou em Niterói. *Alternativa B.*

50. **(XVII Exame)** Durante 35 anos, Ricardo exerceu a função de juiz de direito junto ao Tribunal de Justiça de Minas Gerais. Contudo, no ano de 2012, decidiu se aposentar e passou a morar em Florianópolis, Santa Catarina. No dia 22/01/2015, travou uma discussão com seu vizinho e acabou por ser autor de um crime de lesão corporal seguida de morte, consumado na cidade em que reside. Oferecida a denúncia, de acordo com a jurisprudência majoritária dos Tribunais Superiores, será competente para julgar Ricardo

(A) o Tribunal de Justiça do Estado de Minas Gerais.
(B) uma das Varas Criminais de Florianópolis.
(C) o Tribunal de Justiça de Santa Catarina.
(D) o Tribunal do Júri de Florianópolis.

RESPOSTA Alternativas A e C erradas e B correta: por não ser mais juiz, deve ser observada a regra do art. 70 do CPP. (D) Errada, pois a lesão corporal seguida de morte (CP, art. 129, § 3º) não é crime doloso contra a vida, portanto não compete seu julgamento ao Tribunal do Júri. *Alternativa B.*

51. **(XVI Exame)** Juan da Silva foi autor de uma contravenção penal, em detrimento dos interesses da Caixa Econômica Federal, empresa pública. Praticou, ainda, outra contravenção em conexão, dessa vez em detrimento dos bens do Banco do Brasil, sociedade de economia mista. Dessa forma, para julgá-lo será competente

(A) a Justiça Estadual, pelas duas infrações.
(B) a Justiça Federal, no caso da contravenção praticada em detrimento da Caixa Econômica Federal, e Justiça Estadual, no caso da infração em detrimento do Banco do Brasil.
(C) a Justiça Federal, pelas duas infrações.
(D) a Justiça Federal, no caso de contravenção praticada em detrimento do Banco do Brasil, e Justiça Estadual pela infração em detrimento da Caixa Econômica Federal.

RESPOSTA Alternativa A correta e erradas as demais, com fundamento no art. 109, IV, da CF. *Alternativa A.*

52. **(XIII Exame)** Carolina, voltando do Paraguai com diversas mercadorias que configurariam o crime de contrabando, entra no país pela cidade de Foz do Iguaçu – PR. Em lá chegando, compra uma passagem de ônibus para a cidade de São Paulo e segue, posteriormente, para o Rio de Janeiro, sua cidade natal, quando é surpreendida por policiais federais que participavam de uma operação de rotina na rodoviária. Os policiais, então, apreendem as mercadorias e conduzem Carolina à Delegacia Policial. Na hipótese, assinale a alternativa que indica o órgão competente para proceder ao julgamento de Carolina.

(A) A Justiça Federal de Foz de Iguaçu.
(B) A Justiça Federal do Rio de Janeiro.
(C) A Justiça Federal de São Paulo.
(D) Qualquer das anteriores, independentemente da regra da prevenção.

RESPOSTA Alternativas A, C e D erradas e correta a alternativa B, conforme a Súmula 151 do STJ. *Alternativa B.*

53. **(VIII Exame)** Paulo reside na cidade "Y" e lá resolveu falsificar seu passaporte. Após a falsificação, pegou sua moto e viajou até a cidade "Z", com o intuito de chegar ao Paraguai. Passou pela cidade "W" e pela cidade "K", onde foi parado pela Polícia Militar. Paulo se identificou ao policial usando o documento falsificado e este, percebendo a fraude, encaminhou Paulo à delegacia. O *Parquet* denunciou Paulo pela prática do crime de uso de documento falso. Assinale a afirmativa que indica o órgão competente para julgamento.

(A) Justiça Estadual da cidade "Y".
(B) Justiça Federal da cidade "K".
(C) Justiça Federal da cidade "Y".
(D) Justiça Estadual da cidade "K".

RESPOSTA (A) Errada, mas a alternativa está desatualizada, com base na Súmula 546 do STJ. (B) Correta, observada a ressalva anterior. (C) Errada, com fundamento na Súmula 200 do STJ. (D) Errada, mas atente à ressalva feita na alternativa A. *Alternativa B.*

54. **(VII Exame)** A Constituição do Estado "X" estabeleceu foro por prerrogativa de função aos Prefeitos de todos os seus Municípios, estabelecendo que "os prefeitos serão julgados pelo Tribunal de Justiça". José, Prefeito do Município "Y", pertencente ao Estado "X", mata João, amante de sua esposa. Pergunta-se, qual o órgão competente para o Julgamento de José?

(A) Justiça Estadual de 1ª Instância;
(B) Tribunal de Justiça;
(C) Tribunal Regional Federal;
(D) Justiça Federal de 1ª Instância.

RESPOSTA (A) Correta, com fundamento na Súmula Vinculante 45, e erradas as demais. No entanto, a FGV entendeu pela anulação da questão. *Alternativa A.*

55. **(VI Exame – Reaplicação)** A Justiça Brasileira recebeu Carta Rogatória encaminhada pelo Ministério das Relações Exteriores a pedido da Embaixada da Romênia, com o fim de verificar a possível ocorrência de crime de lavagem de dinheiro do empresário brasileiro Z. A quem compete a execução da Carta Rogatória?

(A) Aos Juízes Federais.
(B) Ao Superior Tribunal de Justiça.
(C) Aos Juízes Estaduais.
(D) Ao Supremo Tribunal Federal.

RESPOSTA Alternativa A correta e alternativas B, C e D erradas, pelo mesmo motivo: arts. 105, I, e 109, X, ambos da CF. *Alternativa A.*

56. **(VI Exame – Reaplicação)** Em relação à conexão intersubjetiva por simultaneidade, assinale a alternativa correta.

(A) Ocorre quando duas ou mais pessoas forem acusadas pela mesma infração.
(B) Ocorre quando duas ou mais infrações são praticadas, por várias pessoas, umas contra as outras.
(C) Ocorre quando duas ou mais infrações são praticadas, ao mesmo tempo, por várias pessoas reunidas.
(D) Ocorre quando a prova de uma infração influir na prova de outra infração.

RESPOSTA (A) Errada (art. 77, I, do CPP). (B) Errada (art. 77, I, do CPP). (C) Correta (art. 76, I, do CPP). (D) Errada (art. 76, III, do CPP). *Alternativa C.*

57. **(V Exame)** Quando se tratar de acusação relativa à prática de infração penal de menor potencial ofensivo, cometida por estudante de Direito, a competência jurisdicional será determinada pelo(a)

(A) Natureza da infração praticada e pelo local em que tiver se consumado o delito.
(B) Local em que tiver se consumado o delito.
(C) Natureza da infração praticada.
(D) Natureza da infração praticada e pela prevenção.

RESPOSTA (A) Correta, com fundamento no art. 63 da Lei n. 9.099/95, exceção ao art. 70 do CPP. Alternativas B, C e D erradas em razão da fundamentação trazida no comentário à *alternativa A*, que é a correta.

58. **(III Exame)** Tendo como referência a competência *ratione personae*, assinale a alternativa correta.

(A) Caio, vereador de um determinado município, pratica um crime comum previsto na parte especial do Código Penal. Será, pois, julgado no Tribunal de Justiça do Estado onde exerce suas funções, uma vez que goza do foro por prerrogativa de função.
(B) Tício, juiz estadual, pratica um crime eleitoral. Por ter foro por prerrogativa de função, será julgado no Tribunal de Justiça do Estado onde exerce suas atividades.
(C) Mévio é governador do Distrito Federal e pratica um crime comum. Por uma questão de competência originária decorrente da prerrogativa de função, será julgado pelo Superior Tribunal de Justiça.
(D) Terêncio é prefeito e pratica um crime comum, devendo ser julgado pelo Tribunal de Justiça do respectivo Estado. Segundo entendimento do STF, a situação não se alteraria se o crime praticado por Terêncio fosse um crime eleitoral.

RESPOSTA (A) Errada, segundo o art. 29, X, da CF. (B) Errada, com base no art. 96, III, da CF. (C) Correta, de acordo com o art. 105, I, *a*, da CF. (D) Errada, pois contraria a Súmula 702 do STF. *Alternativa C.*

VI. QUESTÃO PREJUDICIAL E PROCESSOS INCIDENTES

59. **(XXIX Exame)** Luiz foi denunciado pela prática de um crime de estelionato. Durante a instrução, o ofendido apresentou, por meio de assistente de acusação, documento supostamente assinado por Luiz, que confirmaria a prática delitiva. Ao ter acesso aos autos, Luiz informa ao patrono ter certeza de que aquele documento seria falso, pois não foi por ele assinado. Com base nas informações narradas, de acordo com as previsões do Código de Processo Penal, o advogado de Luiz poderá

(A) alegar apenas a insuficiência de provas e requerer a extração de cópias para o Ministério Público, mas não poderá, neste processo, verificar a veracidade do documento.
(B) alegar, desde que seja procurador com poderes especiais, a falsidade do documento para fins de instauração de incidente de falsidade.
(C) arguir, com procuração com poderes gerais, a falsidade do documento, gerando incidente de falsidade em autos em apartado.
(D) alegar, oralmente, a falsidade do documento, devendo o incidente ser decidido nos autos principais.

RESPOSTA (A) Errada (arts. 145, 146, 147 e 148 do CPP). (B) Correta (arts. 145, 146, 147 e 148 do CPP). (C) Errada (arts. 145, 146, 147 e 148 do CPP). (D) Errada (arts. 145, 146, 147 e 148 do CPP). *Alternativa B.*

60. **(XXVII Exame)** Paulo, ofendido em crime contra o patrimônio, apesar de sua excelente condição financeira, veio a descobrir, após a identificação da autoria, que o autor dos fatos adquiriu, com os proventos da infração, determinado bem imóvel. Diante da descoberta, procurou você, na condição de advogado(a), para a adoção das medidas cabíveis. Com base apenas nas informações expostas, a defesa técnica do ofendido deverá esclarecer ser cabível

(A) o sequestro, desde que após o oferecimento da denúncia, mas exige requerimento do Ministério Público ou decisão do magistrado de ofício.

(B) o arresto, ainda que antes do oferecimento da denúncia, mas a ação principal deverá ser proposta no prazo máximo de 30 dias, sob pena de levantamento.

(C) o sequestro, ainda que antes do oferecimento da denúncia, podendo a decisão judicial ser proferida a partir de requerimento do próprio ofendido.

(D) o arresto, que deve ser processado em autos em apartados, exigindo requerimento do Ministério Público ou decisão do magistrado de ofício.

RESPOSTA Alternativa A errada e C correta, pelo mesmo motivo: art. 127 do CPP. (B) Errada, em razão do art. 136 do CPP. (D) Errada, nos termos do art. 282, § 2º, do CPP. *Alternativa C.*

61. (XXII Exame) Ricardo foi denunciado, perante a 1ª Vara Criminal de determinada cidade, pela prática de crime de associação para o tráfico com mais 04 outros indivíduos, destacando a denúncia o local, o período e a existência de outros indivíduos não identificados, integrantes da mesma associação. Foi condenado em primeira instância e foi mantida a prisão preventiva, apresentando a defesa recurso de apelação. No dia seguinte da condenação, na cadeia, Ricardo vem a ser notificado em razão de denúncia diversa oferecida pelo Ministério Público, agora perante a 2ª Vara Criminal da mesma cidade, pela prática do mesmo crime de associação para o tráfico, em iguais período e local da primeira denúncia, mas, dessa vez, foram denunciados também os indivíduos não identificados mencionados no primeiro processo. Ricardo, então, entra em contato com seu advogado, informando da nova notificação. Considerando a situação narrada, caberá ao advogado de Ricardo apresentar exceção de

(A) litispendência.

(B) coisa julgada.

(C) incompetência.

(D) ilegitimidade.

RESPOSTA (A) Correta (art. 95 do CPP). (B) Errada (art. 95 do CPP). (C) Errada (art. 95 do CPP). (D) Errada (art. 95 do CPP). *Alternativa A.*

62. (XXI Exame) Carlota foi denunciada pela prática de um crime contra a ordem tributária. Após ser citada, sua advogada foi intimada para apresentar resposta à acusação. Analisando os autos, o(a) advogado(a) de Carlota entendeu que deveria apresentar certas exceções. Considerando a situação narrada, assinale a afirmativa correta.

(A) A arguição de suspeição precederá a de litispendência, salvo quando aquela for fundada em motivo superveniente.

(B) As exceções serão processadas nos autos principais, em regra.

(C) As exceções serão processadas em autos em apartado e suspenderão, em regra, o andamento da ação penal.

(D) Se Carlota pretende recusar o juiz, deverá fazer em petição assinada por ela própria ou por procurador com poderes gerais.

RESPOSTA (A) Correta (art. 96 do CPP). (B) Errada (art. 111 do CPP). (C) Errada (art. 111 do CPP). (D) Errada (art. 111 do CPP). *Alternativa A.*

63. (XX Exame) Clodoaldo figura como indiciado em inquérito policial que investiga a prática de um crime de estupro de vulnerável. Já no curso das investigações, Clodoaldo apresenta sinais de que poderia ser portador de doença mental. Concluídas as investigações, é oferecida denúncia contra o indiciado. Durante a audiência, o advogado de Clodoaldo requer a instauração de incidente de insanidade mental, sendo o pleito indeferido pelo magistrado, que considerou o ato protelatório. Sobre o tema incidente de insanidade mental, é correto afirmar que

(A) se o perito concluir que o acusado era inimputável ao tempo da infração, o processo prosseguirá, mas se a insanidade surgiu após o ato criminoso imputado, o processo ficará suspenso.

(B) da decisão do magistrado que indeferiu a instauração do incidente caberá recurso em sentido estrito.

(C) diante da suspeita da autoridade policial, poderia ela mesmo ter instaurado incidente de insanidade mental.

(D) o incidente de insanidade mental é processado em autos em apartado e não gera, de imediato, qualquer suspensão do processo.

RESPOSTA (A) Correta (CPP, arts. 151 e 152). (B) Errada (CPP, art. 593, II). (C) Errada (CPP, art. 149). (D) Errada (CPP, art. 153). *Alternativa A.*

64. (XIX Exame) No dia 18 de março de 2015, Bruce foi indiciado pela prática de um crime de roubo majorado que teve como vítima Lourdes, famosa atriz com patrimônio avaliado em R$ 3.000.000,00 (três milhões de reais). Antes de oferecer denúncia, entendendo que haveria indícios veementes da autoria e de que a casa de Bruce havia sido adquirida com os proventos da infração, o Ministério Público requereu, em 14 de abril de 2015, o sequestro desse bem imóvel, sendo a medida deferida e concluída a diligência do sequestro no dia seguinte. Em 26 de agosto de 2015, Bruce o procura para, na condição de advogado, confirmar que a casa foi adquirida com proventos do crime, mas diz que, até aquela data, não foi denunciado. Considerando a situação narrada, em relação à medida assecuratória decretada, o advogado de Bruce deverá requerer o levantamento do sequestro, pois

(A) a medida assecuratória decretada pelo magistrado foi inadequada, tendo em vista que caberia o arresto.

(B) a ação penal não foi intentada nos 60 dias posteriores à conclusão da diligência.

(C) a medida assecuratória não poderia ter sido decretada antes do oferecimento da denúncia.

(D) o Ministério Público não tinha legitimidade para requerer medida, pois não havia interesse da Fazenda Pública e o ofendido não era pobre.

RESPOSTA (A) Errada (art. 125 do CPP). (B) Correta (art. 131, I, do CPP). (C) Errada (art. 127 do CPP). (D) Errada (art. 127 do CPP). *Alternativa B.*

65. **(XVIII Exame)** Bruna foi presa em flagrante e denunciada pela prática de um crime de falsificação de documento público. Na ocasião da prisão, foi apreendida uma mochila que estava dentro do veículo de Bruna, sendo que em seu interior existiam algumas joias. Diante da natureza do crime apurado, não existe mais interesse na mochila apreendida com as joias para o desenrolar do processo. Cláudia, colega de trabalho de Bruna, requer a restituição desses bens, alegando ser proprietária. Existe, porém, dúvida quanto ao direito da reclamante. Considerando as informações narradas na hipótese, é correto afirmar que

(A) a restituição poderá ser ordenada pela autoridade policial ou pelo juiz, sempre ouvido o Ministério Público.

(B) o pedido de restituição não deverá ser autuado em autos em apartado.

(C) havendo dúvida sobre o verdadeiro dono, não superada no incidente, o juiz remeterá as partes para o juízo cível, ordenando o depósito das coisas.

(D) não caberá produção de provas no incidente de restituição.

RESPOSTA Alternativa C correta e erradas as alternativas A, B e D pelo mesmo motivo: o art. 120, §§ 1º, 2º e 4º, do CPP. *Alternativa C.*

66. **(XVI Exame)** Melinda Cunha foi denunciada pela prática do crime de bigamia. Ocorre que existe ação em curso no juízo cível onde se discute a validade do primeiro casamento celebrado pela denunciada. Entendendo o magistrado penal que a existência da infração penal depende da solução da controvérsia no juízo cível e que esta é séria e fundada, estaremos diante de

(A) prejudicial obrigatória, o que levará à suspensão do processo criminal e do prazo prescricional.

(B) prejudicial facultativa, podendo o magistrado suspender o processo por, no máximo, 06 meses.

(C) prejudicial obrigatória, o que levará à suspensão do processo criminal, mas não do curso do prazo prescricional.

(D) prejudicial facultativa, podendo o magistrado suspender o processo por, no máximo, 01 ano.

RESPOSTA (A) Correta, conforme o art. 92 do CPP. Alternativas B e D erradas, com base no art. 93, § 1º, do CPP. (C) Errada, em razão do disposto nos arts. 92 do CPP e 116, I, do CP. *Alternativa A.*

67. **(X Exame)** No curso de uma investigação policial que apurava a ocorrência dos delitos de sonegação fiscal e evasão de divisas, o Procurador da República "X" requereu ao Juízo Federal Criminal medida assecuratória, já que obteve documentos que informavam os bens que teriam sido adquiridos pelo investigado com proventos da infração penal. O Juiz Federal decretou a medida assecuratória, que foi cumprida a contento. A partir do caso apresentado, assinale a alternativa que indica a medida assecuratória adotada.

(A) Busca e Apreensão.

(B) Arresto.

(C) Sequestro.

(D) Hipoteca Legal.

RESPOSTA (A) Errada (art. 240 do CPP). (B) Errada (art. 137 do CPP). (C) Correta (art. 125 do CPP). (D) Errada (art. 240 do CPP). *Alternativa C.*

68. **(IV Exame)** Em relação ao incidente de falsidade, é correto afirmar que

(A) Se reconhecida a falsidade por decisão irrecorrível, mandará desentranhar o documento e remetê-lo, com os autos do processo incidente, ao Ministério Público.

(B) Arguida, por escrito, a falsidade de documento constante dos autos, o juiz observará o seguinte processo: mandará autuar em apartado a impugnação e em seguida ouvirá a parte contrária, que, num prazo de 24 (vinte e quatro) horas, oferecerá resposta.

(C) A arguição de falsidade, feita por procurador, não exige poderes especiais.
(D) O juiz não poderá, de ofício, proceder à verificação da falsidade.

RESPOSTA Alternativa A correta e erradas as demais, pelas mesmas razões: arts. 145, 146 e 147 do CPP. *Alternativa A.*

69. **(IV Exame)** Em relação às exceções previstas na legislação processual penal, assinale a alternativa correta.

(A) A arguição de suspeição sempre precederá a qualquer outra.
(B) Se for arguida a suspeição do órgão do Ministério Público, o juiz, depois de ouvi-lo, decidirá, sem recurso, podendo antes admitir a produção de provas no prazo de 10 (dez) dias.
(C) Poderá se opor suspeição às autoridades policiais nos autos do inquérito.
(D) As exceções serão processadas em autos apartados e não suspenderão, em regra, o andamento da ação penal.

RESPOSTA (A) Errada (CPP, art. 96). (B) Errada (CPP, art. 104). (C) Errada (CPP, art. 197). (D) Correta (CPP, art. 111). *Alternativa D.*

VII. PROVAS

70. **(XXXI Exame)** O Ministério Público ofereceu denúncia em face de Tiago e Talles, imputando-lhes a prática do crime de sequestro qualificado, arrolando como testemunhas de acusação a vítima, pessoas que presenciaram o fato, os policiais responsáveis pela prisão em flagrante, além da esposa do acusado Tiago, que teria conhecimento sobre o ocorrido. Na audiência de instrução e julgamento, por ter sido arrolada como testemunha de acusação, Rosa, esposa de Tiago, compareceu, mas demonstrou que não tinha interesse em prestar declarações. O Ministério Público insistiu na sua oitiva, mesmo com outras testemunhas tendo conhecimento sobre os fatos. Temendo pelas consequências, já que foi prestado o compromisso de dizer a verdade perante o magistrado, Rosa disse o que tinha conhecimento, mesmo contra sua vontade, o que veio a prejudicar seu marido. Por ocasião dos interrogatórios, Tiago, que seria interrogado por último, foi retirado da sala de audiência enquanto o corréu prestava suas declarações, apesar de seu advogado ter participado do ato. Com base nas previsões do Código de Processo Penal, considerando apenas as informações narradas, Tiago

(A) não teria direito de anular a instrução probatória com fundamento na sua ausência durante o interrogatório de Talles e nem na oitiva de Rosa na condição de testemunha, já que devidamente arrolada pelo Ministério Público.
(B) teria direito de anular a instrução probatória com fundamento na ausência de Tiago no interrogatório de Talles e na oitiva de Rosa na condição de testemunha.
(C) não teria direito de anular a instrução probatória com base na sua ausência no interrogatório de Talles, mas deveria questionar a oitiva de Rosa como testemunha, já que ela poderia se recusar a prestar declarações.
(D) não teria direito de anular a instrução probatória com base na sua ausência no interrogatório de Talles, mas deveria questionar a oitiva de Rosa como testemunha, pois, em que pese seja obrigada a prestar declarações, deveria ser ouvida na condição de informante, sem compromisso legal de dizer a verdade.

RESPOSTA (A) Errada (arts. 191 e 206 do CPP). (B) Errada (arts. 191 e 206 do CPP). (C) Correta (arts. 191 e 206 do CPP). (D) Errada (arts. 191 e 206 do CPP). *Alternativa C.*

71. **(XXIX Exame)** Glauber foi denunciado pela prática de um crime de roubo majorado. Durante a audiência de instrução e julgamento, que ocorreu na ausência do réu, em razão do temor da vítima e da impossibilidade de realização de videoconferência, o Ministério Público solicitou que a vítima descrevesse as características físicas do autor do fato. Após a vítima descrever que o autor seria branco e baixo e responder às perguntas formuladas pelas partes, ela foi conduzida à sala especial, para a realização de reconhecimento formal. No ato de reconhecimento, foram colocados, com as mesmas roupas, lado a lado, Glauber, branco e baixo, Lucas, branco e alto, e Thiago, negro e baixo, apesar de a carceragem do Tribunal de Justiça estar repleta de presos para a realização de audiências, inclusive com as características descritas pela ofendida. A vítima reconheceu Glauber como o autor dos fatos, sendo lavrado auto subscrito pelo juiz, pela vítima e por duas testemunhas presenciais. Considerando as informações narradas, o advogado de Glauber, em busca de futuro reconhecimento de nulidade da instrução ou absolvição de seu cliente, de acordo com o Código de Processo Penal e a jurisprudência dos Tribunais Superiores, deverá consignar, na assentada da audiência, seu inconformismo em relação ao reconhecimento realizado pela vítima,

(A) em razão da oitiva da vítima na ausência do réu, já que o direito de autodefesa inclui o direito de presença em todos os atos do processo.

(B) tendo em vista que, de acordo com as previsões do Código de Processo Penal, ela não poderia ter descrito as características do autor dos fatos antes da realização do reconhecimento.

(C) em razão das características físicas apresentadas pelas demais pessoas colocadas ao lado do réu quando da realização do ato, tendo em vista a possibilidade de participarem outras pessoas com características semelhantes.

(D) tendo em vista que o auto de reconhecimento deveria ter sido subscrito pelo juiz, pelo réu, por seu defensor e pelo Ministério Público, além de três testemunhas presenciais.

RESPOSTA (A) Errada (art. 226 do CPP). (B) Errada (art. 226 do CPP). (C) Correta (art. 226 do CPP). (D) Errada (art. 226 do CPP). *Alternativa C.*

72. **(XXIX Exame)** Tomás e Sérgio foram denunciados como incursos nas sanções penais do crime do Art. 217-A do Código Penal (estupro de vulnerável), narrando a acusação que, no delito, teria ocorrido ato libidinoso diverso da conjunção carnal, já que os denunciados teriam passado as mãos nos seios da criança, e que teria sido praticado em concurso de agentes. Durante a instrução, foi acostado ao procedimento laudo elaborado por um perito psicólogo oficial, responsável pela avaliação da criança apontada como vítima, concluindo que o crime teria, de fato, ocorrido. As partes tiveram acesso posterior ao conteúdo do laudo, apesar de intimadas da realização da perícia anteriormente. O magistrado responsável pelo julgamento do caso, avaliando a notícia concreta de que Tomás e Sérgio, durante o deslocamento para a audiência de instrução e julgamento, teriam um plano de fuga, o que envolveria diversos comparsas armados, determinou que o interrogatório fosse realizado por videoconferência. No momento do ato, os denunciados foram ouvidos separadamente um do outro pelo magistrado, ambos acompanhados por defesa técnica no estabelecimento penitenciário e em sala de audiência durante todo ato processual. Insatisfeitos com a atuação dos patronos e acreditando na existência de ilegalidades no procedimento, Tomás e Sérgio contratam José para assistência técnica. Considerando apenas as informações narradas, José deverá esclarecer que

(A) o interrogatório dos réus não poderia ter sido realizado separadamente, tendo em vista que o acusado tem direito a conhecer todas as provas que possam lhe prejudicar.

(B) não poderia ter sido realizado interrogatório por videoconferência, mas tão só oitiva das testemunhas na ausência dos acusados, diante do direito de presença do réu e ausência de previsão legal do motivo mencionado pelo magistrado.

(C) o laudo acostado ao procedimento foi válido em relação à sua elaboração, mas o juiz não ficará adstrito aos termos dele, podendo aceitá-lo ou rejeitá-lo, no todo ou em parte.

(D) o laudo deverá ser desentranhado dos autos, tendo em vista que elaborado por apenas um perito oficial, sendo certo que a lei exige que sejam dois profissionais e que seja oportunizada às partes apresentação de quesitos complementares.

RESPOSTA (A) Errada (art. 191 do CPP). (B) Errada (art. 185 do CPP). (C) Correta (art. 182 do CPP). (D) Errada (art. 157 do CPP). *Alternativa C.*

73. **(XXVIII Exame)** A autoridade policial recebeu denúncia anônima informando que Gabriel seria autor de um crime de apropriação indébita (Art. 168 do CP. Pena: 01 a 04 anos de reclusão e multa). Realizou, então, diligências para verificar a relevância daquela informação e, após constatar que havia motivos para justificar o início de investigação, instaurou inquérito para apurar a infração penal antes mencionada, indiciando Gabriel. O primeiro ato da investigação foi requerer, ao juízo competente, interceptação das comunicações telefônicas de Gabriel, pedido esse que foi deferido. Após a interceptação, a autoridade policial buscou obter outros elementos informativos, ouvindo a vítima e testemunhas que tinham conhecimento dos fatos e da autoria delitiva. Após o fim do prazo de 15 dias fixado para interceptação, com nova representação da autoridade policial e requerimento do Ministério Público, o juiz deferiu a prorrogação da medida, reiterando os termos da decisão que autorizou a medida inicial e destacando que aqueles fundamentos persistiam e foram confirmados pelo teor das transcrições das conversas já obtidas. Gabriel, no curso das investigações, foi intimado para prestar esclarecimentos, momento em que entrou em contato com seu advogado, que obteve acesso ao procedimento. Considerando as informações narradas, o(a) advogado(a) de Gabriel poderá questionar a interceptação telefônica realizada, porque

(A) a primeira notícia do crime foi oriunda de denúncia anônima, o que impede que seja instaurada investigação, ainda que a autoridade policial realize diligências para confirmar a necessidade de iniciar procedimento investigatório.

(B) o crime investigado é punido com pena de reclusão que não ultrapassa 04 anos de pena privativa de liberdade.

(C) a prova da infração poderia ter sido obtida por outros meios disponíveis.

(D) a decisão de prorrogação do prazo da medida utilizou-se de fundamentação *per relationem*, o que não é admitido no Processo Penal brasileiro.

RESPOSTA (A) Errada (art. 2º da Lei n. 9.296/96). (B) Errada (art. 2º da Lei n. 9.296/96). (C) Correta (art. 2º da Lei n. 9.296/96). (D) Errada (art. 2º da Lei n. 9.296/96). *Alternativa C.*

74. **(XXVI Exame)** Caio vinha sendo investigado pela prática de crime de organização criminosa. Durante os atos de investigação, agentes da Polícia Civil descobriram que ele realizaria ação no exercício da atividade criminosa da organização que deixaria clara a situação de flagrante e permitiria a obtenção de provas. Todavia, a investigação também indicava que nos dias seguintes outros atos do grupo criminoso seriam praticados por Caio, o que permitiria a identificação de outros envolvidos na organização. Diante disso, a autoridade policial determina diretamente e em sigilo que ocorra ação controlada, comunicando apenas ao Ministério Público, retardando a intervenção policial para que a medida se concretizasse de forma mais eficaz à formação da prova e obtenção de informações. Considerando apenas as informações narradas, o advogado de Caio poderá buscar a invalidade da chamada "ação controlada", porque

(A) não foi deferido acesso aos autos, antes do encerramento da diligência, à defesa técnica, mas tão só ao Ministério Público e ao delegado.

(B) não é instrumento previsto na Lei de Organização Criminosa, diferente da infiltração de agentes, devidamente disciplinada no diploma legal.

(C) não houve prévia comunicação ao juiz competente, que nos termos da lei, poderia, inclusive, estabelecer os limites do ato.

(D) não poderia haver retardo na realização da prisão em flagrante, sob pena de não mais ser admitida medida cautelar restritiva de liberdade, apesar de ser possível o retardo na formação e obtenção das provas.

RESPOSTA (A) Errada (art. 8º da Lei n. 12.850/2013). (B) Errada (art. 8º da Lei n. 12.850/2013). (C) Correta (art. 8º da Lei n. 12.850/2013). (D) Errada (art. 8º da Lei n. 12.850/2013). *Alternativa C.*

75. **(XXIV Exame)** Durante instrução probatória em que se imputava a João a prática de um crime de peculato, foram intimados para depor, em audiência de instrução e julgamento, os policiais civis que participaram das investigações, a ex-esposa de João, que tinha conhecimento dos fatos, e o padre para o qual João contava o que considerava seus pecados, inclusive sobre os desvios de dinheiro público. Preocupados, todos os intimados para depoimento foram à audiência, acompanhados de seus advogados, demonstrando interesse em não prestar declarações. Considerando apenas as informações narradas, assinale a afirmativa correta.

(A) Apenas o advogado da ex-esposa de João poderá requerer que sua cliente seja eximida do dever de depor, devendo os demais prestar declarações.

(B) Todos os advogados poderão requerer que seus clientes sejam eximidos do dever de depor.

(C) Apenas o advogado do padre poderá buscar que ele não preste declarações, já que proibido, por ofício, de depor, devendo os demais prestar declarações.

(D) Apenas os advogados da ex-esposa de João e do padre poderão requerer que seus clientes não sejam ouvidos na condição de testemunhas.

RESPOSTA Alternativas A, B e C erradas e correta a alternativa D, com fundamento nos arts. 206 e 207 do CPP. *Alternativa D.*

76. **(XXII Exame)** Fagner, irmão de Vitor, compareceu à Delegacia e narrou que foi vítima de agressões que lhe causaram lesão corporal de natureza leve. Afirmou Fagner, em sede policial, que Vitor desferiu um soco em seu rosto, deixando a agressão vestígios, mas esclareceu que não necessitou de atendimento médico. Apesar de demonstrar interesse inequívoco em ver seu irmão responsabilizado criminalmente pelo ato praticado, não assinou termo de representação formal, além de não realizar exame de corpo de delito. Vitor foi denunciado pela prática do crime do Art. 129, § 9º, do Código Penal. Durante a instrução, Fagner não foi localizado para ser ouvido, não havendo outras testemunhas presenciais. Vitor, em seu interrogatório, contudo, confirmou que desferiu um soco no rosto de seu irmão. Em relação aos documentos do processo, consta apenas a Folha de Antecedentes Criminais do acusado. Considerando apenas as informações narradas na hipótese, assinale a afirmativa correta.

(A) O processo deve ser extinto sem julgamento do mérito, pois a representação do ofendido necessariamente deve ser expressa e formal.

(B) Não existe prova da materialidade, pois, quando a infração penal deixa vestígios, o exame de corpo de delito é indispensável, não podendo supri-lo a confissão do acusado.

(C) Não existe prova da materialidade, pois o Código de Processo Penal apenas admite o exame de corpo de delito direto.

(D) Existe prova da materialidade, pois o Código de Processo Penal admite a figura do exame de corpo de delito indireto e este ocorreu no caso concreto.

RESPOSTA (A) Errada (CPP, art. 39). (B) Correta (CPP, art. 158). (C) Errada (CPP, art. 167). (D) Errada, pois não ocorreu exame de corpo de delito no enunciado da questão. *Alternativa B.*

77. **(XXII Exame)** Durante audiência de instrução e julgamento em processo em que é imputada a José a prática de um crime de roubo majorado pelo concurso de agentes, Laís e Lívia, testemunhas de acusação, divergem em suas declarações. Laís garante que presenciou o crime e que dois eram os autores do delito; já Lívia também diz que estava presente, mas afirma que José estava sozinho quando o crime foi cometido. A vítima não foi localizada para prestar depoimento. Diante dessa situação, poderá o advogado de José requerer

(A) a realização de contradita das testemunhas.
(B) a realização de acareação das testemunhas.
(C) a instauração de incidente de falsidade.
(D) a suspensão do processo até a localização da vítima, para superar divergência.

RESPOSTA (A) Errada (art. 214 do CPP). (B) Correta (art. 229 do CPP). (C) Errada (art. 145 do CPP). (D) Errada (art. 229 do CPP). *Alternativa B.*

78. **(XX Exame – Reaplicação)** Hugo foi denunciado pela prática de um crime de furto qualificado praticado contra Rosa. Na audiência de instrução e julgamento, Rosa confirmou a autoria delitiva, mas apresentou versão repleta de contradições, inovando ao afirmar que estava junto com Lúcia quando foi vítima do crime. O Ministério Público ouve os policiais que participaram apenas, posteriormente, da prisão de Hugo e não deseja ouvir novas testemunhas. A defesa requer a oitiva de Lúcia, mencionada por Rosa em seu testemunho, já que antes não tinha conhecimento sobre a mesma, mas o juiz indefere afirmando que o advogado já havia arrolado o número máximo de testemunhas em sua resposta à acusação. Diante dessa situação, o advogado de Hugo deve alegar que

(A) as testemunhas referidas não devem ser computadas para fins do número máximo de testemunhas a serem ouvidas.
(B) o Código de Processo Penal não traz número máximo de testemunhas de defesa, pois previsão em contrário violaria o princípio da ampla defesa.
(C) as testemunhas referidas não podem prestar compromisso de dizer a verdade.
(D) o testemunho de Rosa, ao inovar os fatos, deve ser considerado prova ilícita, de modo a ser desentranhado dos autos.

RESPOSTA (A) Correta (art. 401 do CPP). (B) Errada (art. 401 do CPP). (C) Errada (art. 206 do CPP). (D) Errada (art. 157 do CPP). *Alternativa A.*

79. **(XIX Exame)** Thales foi denunciado pela prática de um crime de apropriação indébita. Para oitiva da vítima Marcos, residente em cidade diversa do juízo competente, foi expedida carta precatória, sendo todas as partes intimadas dessa expedição. Antes do retorno, foi realizada audiência de instrução e julgamento, mas apenas foram ouvidas as testemunhas de acusação João e José, que apresentaram versões absolutamente discrepantes sobre circunstâncias relevantes, sendo que ambas afirmaram que estavam no local dos fatos. Hélio, padre que escutou a confissão de Thales e tinha conhecimento sobre a dinâmica delitiva, em razão de seu dever de guardar segredo, não foi intimado. Com a concordância das partes, a audiência de continuação para oitiva das testemunhas de defesa e interrogatório foi remarcada. Considerando apenas as informações narradas, assinale a afirmativa correta.

(A) O depoimento de João foi inválido, já que a oitiva do ofendido deve ser realizada antes das demais testemunhas e a expedição de carta precatória suspende a instrução criminal.
(B) O juiz poderá fazer a contradita, diante das contradições sobre circunstâncias relevantes nos depoimentos das testemunhas.
(C) Hélio está proibido de depor sem autorização da parte interessada, salvo quando não for possível, por outro modo, obter a prova do fato.
(D) O advogado do acusado não precisa ser intimado pessoalmente da data designada para audiência a ser realizada no juízo deprecado.

RESPOSTA (A) Errada (art. 222 do CPP). (B) Errada (art. 214 do CPP). (C) Errada (Súmula 273 do STJ). (D) Correta (Súmula 273 do STJ). *Alternativa D.*

80. **(XVIII Exame)** O Ministério Público ofereceu denúncia em face de Cristiano, Luiz e Leonel pela prática do crime de associação para o tráfico. Na audiência designada para realização dos interrogatórios, Cristiano, preso em outra unidade da Federação, foi interrogado através de videoconferência. Luiz foi interrogado na presença física do magistrado e respondeu às perguntas realizadas. Já Leonel optou por permanecer em silêncio. Sobre o interrogatório, considerando as informações narradas, assinale a afirmativa correta.

(A) O interrogatório judicial, notadamente após o advento da Lei n. 10.792/2003, deve ser interpretado apenas como meio de prova e não também como ato de defesa dos acusados.

(B) Luiz, ainda que não impute crime a terceiro, não poderá mentir sobre os fatos a ele imputados, apesar de poder permanecer em silêncio.

(C) A defesa técnica de Cristiano não poderá, em hipótese alguma, formular perguntas para o corréu Luiz.

(D) O interrogatório por videoconferência de Cristiano pode ser considerado válido se fundamentado, pelo magistrado, no risco concreto de fuga durante o deslocamento.

RESPOSTA (A) Errada, afinal a oportunidade para que o réu conte sua versão dos fatos é, inegavelmente, ato de defesa, ainda que opte pelo silêncio. (B) Errada. O acusado não presta compromisso. (C) Errada, sem previsão legal. (D) Correta, de acordo com o art. 185, § 2º, do CPP. *Alternativa D.*

81. **(XVIII Exame)** Determinada autoridade policial recebeu informações de vizinhos de Lucas dando conta de que ele possuía arma de fogo calibre .38 em sua casa, razão pela qual resolveu indiciá-lo pela prática de crime de posse de arma de fogo de uso permitido, infração de médio potencial ofensivo, punida com pena de detenção de 01 a 03 anos e multa. No curso das investigações, requereu ao Judiciário interceptação telefônica da linha do aparelho celular de Lucas para melhor investigar a prática do crime mencionado, tendo sido o pedido deferido. De acordo com a situação narrada, a prova oriunda da interceptação deve ser considerada

(A) ilícita, pois somente o Ministério Público tem legitimidade para representar pela medida.

(B) válida, desde que tenha sido deferida por ordem do juiz competente para ação principal.

(C) ilícita, pois o crime investigado é punido com detenção.

(D) ilícita, assim como as dela derivadas, ainda que estas pudessem ser obtidas por fonte independente da primeira.

RESPOSTA Alternativas A, B e D erradas e C correta, pelo mesmo motivo: o art. 2º, III, da Lei n. 9.296/96. *Alternativa C.*

82. **(XIV Exame)** O Delegado de Polícia, desconfiado de que Fabiano é o líder de uma quadrilha que realiza assaltos à mão armada na região, decide, com a sua equipe, realizar uma interceptação telefônica sem autorização judicial. Durante algumas semanas, escutaram diversas conversas, por meio das quais descobriram o local onde a *res furtiva* era armazenada para posterior revenda. Com essa informação, o Delegado de Polícia representou pela busca e apreensão a ser realizada na residência suspeita, sendo tal diligência autorizada pelo Juízo competente. Munidos do mandado de busca e apreensão, ingressam na residência encontrando diversos objetos fruto de roubo, como joias, celulares, documentos de identidade etc., tudo conforme indicou a interceptação telefônica. Assim, Fabiano foi conduzido à Delegacia, onde se registrou a ocorrência. Acerca do caso narrado, assinale a opção correta.

(A) A realização da busca e apreensão é admissível, tendo em vista que houve autorização prévia do juízo competente, existindo justa causa para ajuizamento da ação penal.

(B) A realização da busca e apreensão é admissível, apesar da interceptação telefônica ter sido realizada sem autorização judicial, existindo justa causa para ajuizamento da ação penal.

(C) A realização da busca e apreensão não é admissível porque houve representação do Delegado de Polícia, não existindo justa causa para o ajuizamento da ação penal.

(D) A realização da busca e apreensão não é admissível, pois derivou de uma interceptação telefônica ilícita, aplicando-se a teoria dos frutos da árvore envenenada, não existindo justa causa para o ajuizamento da ação penal.

RESPOSTA Alternativas A, B e C erradas e correta a alternativa D, pelo mesmo motivo: os arts. 157, *caput* e § 1º, do CPP e 5º, LVI, da CF. *Alternativa D.*

83. **(VII Exame)** De acordo com o Código de Processo Penal, quanto ao interrogatório judicial, assinale a afirmativa INCORRETA.

(A) O silêncio do acusado não importará confissão e não poderá ser interpretado em prejuízo da defesa, mesmo no caso de crimes hediondos.

(B) A todo tempo o juiz poderá, atendendo pedido fundamentado das partes, ou mesmo de ofício, proceder a novo interrogatório, mesmo quando os autos já se encontrarem conclusos para sentença.

(C) O mudo será interrogado oralmente, devendo responder às perguntas por escrito, salvo quando não souber ler e escrever, situação em que intervirá no ato, como intérprete e sob compromisso, pessoa habilitada a entendê-lo.

(D) O juiz, por decisão fundamentada, poderá realizar o interrogatório do réu preso por sistema de videoconferência, desde que a medida seja necessária para reduzir os custos para a Administração Pública.

RESPOSTA (A) Correta (CPP, art. 186, parágrafo único). (B) Correta, nos termos do art. 196 do CPP. (C) Correta, conforme o art. 192 do CPP. (D) Incorreta, pois contraria o disposto no art. 185 do CPP. *Alternativa D.*

84. **(V Exame)** A respeito da prova no processo penal, assinale a alternativa correta.

(A) A prova objetiva demonstra a existência/inexistência de um determinado fato ou a veracidade/falsidade de uma determinada alegação. Todos os fatos, em sede de processo penal, devem ser provados.

(B) São consideradas provas ilícitas aquelas obtidas com a violação do direito processual. Por outro lado, são consideradas provas ilegítimas as obtidas com a violação das regras de direito material.

(C) As leis em geral e os costumes não precisam ser comprovados.

(D) A lei processual pátria prevê expressamente a inadmissibilidade da prova ilícita por derivação, perfilhando-se à "teoria dos frutos da árvore envenenada" (*fruits of poisonous tree*).

RESPOSTA (A) Errada. Fatos notórios e/ou incontroversos não precisam ser provados. (B) Errada. A alternativa inverteu os conceitos. (C) Errada. Os costumes não gozam de presunção de veracidade. (D) Correta, com fundamento no art. 157, § 1º, do CPP. *Alternativa D.*

85. **(II Exame)** Em uma briga de bar, Joaquim feriu Pedro com uma faca, causando-lhe sérias lesões no ombro direito. O promotor de justiça ofereceu denúncia contra Joaquim, imputando-lhe a prática do crime de lesão corporal grave contra Pedro, e arrolou duas testemunhas que presenciaram o fato. A defesa, por sua vez, arrolou outras duas testemunhas que também presenciaram o fato. Na audiência de instrução, as testemunhas de defesa afirmaram que Pedro tinha apontado uma arma de fogo para Joaquim, que, por sua vez, agrediu Pedro com a faca apenas para desarmá-lo. Já as testemunhas de acusação disseram que não viram nenhuma arma de fogo em poder de Pedro. Nas alegações orais, o Ministério Público pediu a condenação do réu, sustentando que a legítima defesa não havia ficado provada. A Defesa pediu a absolvição do réu, alegando que o mesmo agira em legítima defesa. No momento de prolatar a sentença, o juiz constatou que remanescia fundada dúvida sobre se Joaquim agrediu Pedro em situação de legítima defesa. Considerando tal narrativa, assinale a afirmativa correta.

(A) O ônus de provar a situação de legítima defesa era da defesa. Assim, como o juiz não se convenceu completamente da ocorrência de legítima defesa, deve condenar o réu.

(B) O ônus de provar a situação de legítima defesa era da acusação. Assim, como o juiz não se convenceu completamente da ocorrência de legítima defesa, deve condenar o réu.

(C) O ônus de provar a situação de legítima defesa era da defesa. No caso, como o juiz ficou em dúvida sobre a ocorrência de legítima defesa, deve absolver o réu.

(D) Permanecendo qualquer dúvida no espírito do juiz, ele está impedido de proferir a sentença. A lei obriga o juiz a esgotar todas as diligências que estiverem a seu alcance para dirimir dúvidas, sob pena de nulidade da sentença que vier a ser prolatada.

RESPOSTA Alternativas A, B e D erradas e correta a alternativa C, com fundamento no art. 386, VI, do CPP. *Alternativa C.*

86. **(II Exame)** Em processo sujeito ao rito ordinário, ao apresentar resposta escrita, o advogado requer a absolvição sumária de seu cliente e não propõe provas. O juiz, rejeitando o requerimento de absolvição sumária, designa audiência de instrução e julgamento, destinada à inquirição das testemunhas arroladas pelo Ministério Público e ao interrogatório do réu. Ao final da audiência, o advogado requer a oitiva de duas testemunhas de defesa e que o juiz designe nova data para que sejam inquiridas. Considerando tal narrativa, assinale a afirmativa correta.

(A) O juiz deve deferir o pedido, pois a juntada do rol das testemunhas de defesa pode ser feita até o encerramento da prova de acusação.

(B) O juiz não deve deferir o pedido, pois o desmembramento da audiência una causa nulidade absoluta.

(C) O juiz só deve deferir a oitiva de testemunhas de defesa arroladas posteriormente ao momento da apresentação da resposta escrita se ficar demonstrado que a necessidade da oitiva se originou de circunstâncias ou fatos apurados na instrução.

(D) O juiz deve deferir o pedido, pois apesar de a juntada do rol de testemunhas da defesa não ter sido feita no momento correto, em nenhuma hipótese do processo penal, o juiz deve indeferir diligências requeridas pela defesa.

RESPOSTA (A) Errada (art. 402 do CPP). (B) Errada (arts. 403 e 404 do CPP). (C) Correta (art. 402 do CPP). (D) Errada (art. 402 do CPP). *Alternativa C.*

87. (II Exame) Ao final da audiência de instrução e julgamento, o advogado do réu requer a oitiva de testemunha inicialmente não arrolada na resposta escrita, mas referida por outra testemunha ouvida na audiência. O juiz indefere a diligência alegando que o número máximo de testemunhas já havia sido atingido e que, além disso, a diligência era claramente protelatória, já que a prescrição estava em vias de se consumar se não fosse logo prolatada a sentença. A sentença é proferida em audiência, condenando-se o réu à pena de 6 anos em regime inicial semiaberto. Com base exclusivamente nos fatos acima narrados, assinale a alternativa que apresente o que alegaria na apelação o advogado do réu, como pressuposto da análise do mérito recursal.

(A) A redução da pena ou a fixação de um regime de cumprimento de pena mais vantajoso.

(B) A anulação da sentença para que outra seja proferida em razão da violação do princípio da ampla defesa.

(C) A reinquirição de todas as testemunhas em sede de apelação.

(D) A anulação da sentença para que outra seja proferida em razão da violação do princípio da ampla defesa, com a correspondente suspensão do prazo da prescrição de modo que o órgão *ad quem* se sinta confortável para anular a sentença sem gerar impunidade no caso concreto.

RESPOSTA (A) Errada. O principal ponto a ser atacado é o fato de o juiz não ter feito a oitiva das testemunhas arroladas, em violação ao princípio da ampla defesa, como indicado na alternativa B, correta. (C) Errada, pois não existe tal possibilidade, de oitiva de testemunha em sede de apelação, no julgamento a ser realizado pelo tribunal (TJ/TRF). A sentença tem de ser anulada, bem como os atos viciados ocorridos em audiência. (D) Errada, pois não existe qualquer previsão nesse sentido no art. 116 do CP ou em qualquer outro dispositivo legal. *Alternativa B.*

VIII. PRISÃO, MEDIDAS CAUTELARES E LIBERDADE PROVISÓRIA

88. (XXXI Exame) Durante escuta telefônica devidamente deferida para investigar organização criminosa destinada ao contrabando de armas, policiais obtiveram a informação de que Marcelo receberia, naquele dia, grande quantidade de armamento, que seria depois repassada a Daniel, chefe de sua facção. Diante dessa informação, os policiais se dirigiram até o local combinado. Após informarem o fato à autoridade policial, que o comunicou ao juízo competente, eles acompanharam o recebimento do armamento por Marcelo, optando por não o prender naquele momento, pois aguardariam que ele se encontrasse com o chefe da sua organização para, então, prendê-los. De posse do armamento, Marcelo se dirigiu ao encontro de Daniel e lhe repassou as armas contrabandeadas, quando, então, ambos foram surpreendidos e presos em flagrante pelos policiais que monitoravam a operação. Encaminhados para a Delegacia, os presos entraram em contato com um advogado para esclarecimentos sobre a validade das prisões ocorridas. Com base nos fatos acima narrados, o advogado deverá esclarecer aos seus clientes que a prisão em flagrante efetuada pelos policiais foi

(A) ilegal, por se tratar de flagrante esperado.

(B) legal, restando configurado o flagrante preparado.

(C) legal, tratando-se de flagrante retardado.

(D) ilegal, pois a conduta dos policiais dependeria de prévia autorização judicial.

RESPOSTA (A) Errada (art. 8º da Lei n. 12.850/2013 e Súmula 145 do STF). (B) Errada (art. 8º da Lei n. 12.850/2013 e Súmula 145 do STF). (C) Correta (art. 8º da Lei n. 12.850/2013 e Súmula 145 do STF). (D) Errada (art. 8º da Lei n. 12.850/2013 e Súmula 145 do STF). *Alternativa C.*

89. (XXVIII Exame) Adolfo e Arnaldo são irmãos e existe a informação de que estão envolvidos na prática de crimes. Durante investigação da suposta prática de crime de tráfico de drogas, foi deferida busca e apreensão na residência de Adolfo, em busca de instrumentos utilizados na prática delitiva. O oficial de justiça, com mandado regularmente expedido, compareceu à residência de Adolfo às 03.00h, por ter informações de que às 07.00h ele deixaria o local. Apesar da não autorização para ingresso na residência por parte do proprietário, ingressou no local para cumprimento do mandado de busca e apreensão, efetivamente apreendendo um caderno com anotações que indicavam a prática do crime investigado. Quando deixavam o local, os policiais e o oficial de justiça se depararam, na rua ao lado, com Arnaldo, sendo que imediatamente uma senhora o apontou como autor de um crime de roubo majorado pelo emprego de arma, que teria ocorrido momentos antes. Diante disso, os policiais realizaram busca pessoal em Arnaldo, localizando um celular, que era produto do crime de acordo com a vítima, razão pela qual efetuaram a apreensão desse bem. Ao tomar conhecimento dos fatos, a mãe de Adolfo e Arnaldo procurou você, como advogado(a), para a adoção das medidas cabíveis. Assinale a opção que apresenta, sob o ponto de vista técnico, a medida que você poderá adotar.

(A) Pleitear a invalidade da busca e apreensão residencial de Adolfo e a da busca e apreensão pessoal em Arnaldo.
(B) Pleitear a invalidade da busca e apreensão residencial de Adolfo, mas não a da busca e apreensão pessoal de Arnaldo.
(C) Não poderá pleitear a invalidade das buscas e apreensões.
(D) Pleitear a invalidade da busca e apreensão pessoal de Arnaldo, mas não a da busca e apreensão residencial de Adolfo.

RESPOSTA (A) Errada (art. 5º da CF e art. 245 do CPP). (B) Correta (art. 5º da CF e art. 245 do CPP). (C) Errada (art. 5º da CF e art. 245 do CPP). (D) Errada (art. 5º da CF e art. 245 do CPP). *Alternativa B.*

90. **(XXVII Exame)** Após ser instaurado inquérito policial para apurar a prática de um crime de lesão corporal culposa praticada na direção de veículo automotor (Art. 303 da Lei n. 9.503/97 – pena: detenção de seis meses a dois anos), foi identificado que o autor dos fatos seria Carlos, que, em sua Folha de Antecedentes Criminais, possuía três anotações referentes a condenações, com trânsito em julgado, pela prática da mesma infração penal, todas aptas a configurar reincidência quando da prática do delito ora investigado. Encaminhados os autos ao Ministério Público, foi oferecida denúncia em face de Carlos pelo crime antes investigado; diante da reincidência específica do denunciado civilmente identificado, foi requerida a decretação da prisão preventiva. Recebidos os autos, o juiz competente decretou a prisão preventiva, reiterando a reincidência de Carlos e destacando que essa circunstância faria com que todos os requisitos legais estivessem preenchidos. Ao ser intimado da decisão, o(a) advogado(a) de Carlos deverá requerer

(A) a liberdade provisória dele, ainda que com aplicação das medidas cautelares alternativas.
(B) o relaxamento da prisão dele, tendo em vista que a prisão, em que pese ser legal, é desnecessária.
(C) a revogação da prisão dele, tendo em vista que, em que pese ser legal, é desnecessária.
(D) o relaxamento da prisão dele, pois ela é ilegal.

RESPOSTA (A) Errada (art. 301 do CTB, art. 5º, LXV, da CF e art. 310, I, do CPP). (B) Errada (art. 301 do CTB). (C) Errada (art. 301 do CTB, art. 5º, LXV, da CF e art. 310, I, do CPP). (D) Correta (art. 301 do CTB e art. 310, I, do CPP). *Alternativa D.*

91. **(XXVI Exame)** Durante as investigações de um crime de associação criminosa (Art. 288 do CP), a autoridade policial representa pela decretação da prisão temporária do indiciado Jorge, tendo em vista que a medida seria imprescindível para a continuidade das investigações. Os autos são encaminhados ao Ministério Público, que se manifesta favoravelmente à representação da autoridade policial, mas deixa de requerer expressamente, por conta própria, a decretação da prisão temporária. Por sua vez, o magistrado, ao receber o procedimento, decretou a prisão temporária pelo prazo de 10 dias, ressaltando que a lei admite a prorrogação do prazo de 05 dias por igual período. Fez o magistrado constar, ainda, que Jorge não poderia permanecer acautelado junto com outros detentos que estavam presos em razão de preventivas decretadas. Considerando apenas as informações narradas, o advogado de Jorge, ao ser constituído, deverá alegar que

(A) o prazo fixado para a prisão temporária de Jorge é ilegal.
(B) a decisão do magistrado de determinar que Jorge ficasse separado dos demais detentos é ilegal.
(C) a prisão temporária decretada é ilegal, tendo em vista que a associação criminosa não está prevista no rol dos crimes hediondos e nem naquele que admite a decretação dessa espécie de prisão.
(D) a decretação da prisão foi ilegal, pelo fato de ter sido decretada de ofício, já que não houve requerimento do Ministério Público.

RESPOSTA (A) Correta (art. 2º da Lei n. 7.960/89). (B) Errada (art. 3º da Lei n. 7.960/89). (C) Errada (art. 1º, III, da Lei n. 7.960/89). (D) Errada (art. 1º, *caput*, da Lei n. 7.960/89). *Alternativa A.*

92. **(XXV Exame)** No dia 15 de maio de 2017, Caio, pai de um adolescente de 14 anos, conduzia um veículo automotor, em via pública, às 14h, quando foi solicitada sua parada em uma *blitz*. Após consultar a placa do automóvel, os policiais constataram que o veículo era produto de crime de roubo ocorrido no dia 13 de maio de 2017, às 09h. Diante da suposta prática do crime de receptação, realizaram a prisão e encaminharam Caio para a Delegacia. Em sede policial, a vítima do crime de roubo foi convidada a comparecer e, em observância a todas as formalidades legais, reconheceu Caio como o autor do crime que sofrera. A autoridade policial lavrou auto de prisão em flagrante pelo crime de roubo em detrimento de receptação. O Ministério Público, em audiência de custódia, manifesta-se pela conversão da prisão em flagrante em

preventiva, valorizando o fato de Caio ser reincidente, conforme confirmação constante de sua Folha de Antecedentes Criminais. Quando de sua manifestação, o advogado de Caio, sob o ponto de vista técnico, deverá requerer

(A) liberdade provisória, pois, apesar da prisão em flagrante ser legal, não estão presentes os pressupostos para prisão preventiva.

(B) relaxamento da prisão, em razão da ausência de situação de flagrante.

(C) revogação da prisão preventiva, pois a prisão em flagrante pelo crime de roubo foi ilegal.

(D) substituição da prisão preventiva por prisão domiciliar, pois Caio é responsável pelos cuidados de adolescente de 14 anos.

RESPOSTA (A) Errada (art. 302 do CPP). (B) Correta (art. 302 do CPP). (C) Errada (art. 312 do CPP). (D) Errada (art. 318 do CPP). *Alternativa B.*

93. **(XXIII Exame)** Douglas responde a ação penal, na condição de preso cautelar, pela prática do crime de furto qualificado, sendo ele triplamente reincidente específico. No curso do processo, foi constatado por peritos que Douglas seria semi-imputável e que haveria risco de reiteração. O magistrado em atuação, de ofício, revoga a prisão preventiva de Douglas, entendendo que não persistem os motivos que justificaram essa medida mais grave, aplicando, porém, a medida cautelar de internação provisória, com base no Art. 319 do Código de Processo Penal. Diante da situação narrada, o advogado de Douglas poderá requerer o afastamento da cautelar aplicada, em razão

(A) da não previsão legal da cautelar de internação provisória, sendo certo que tais medidas estão sujeitas ao princípio da taxatividade.

(B) de somente ser cabível a cautelar quando os peritos concluírem pela inimputabilidade, mas não pela semi-imputabilidade.

(C) de o crime imputado não ter sido praticado com violência ou grave ameaça à pessoa.

(D) de não ser cabível, na hipótese, a aplicação de medida cautelar de ofício, sem requerimento pretérito do Ministério Público.

RESPOSTA (A) Errada (art. 319, VII, do CPP). (B) Errada (art. 319, VII, do CPP). (C) Correta (art. 319, VII, do CPP). (D) Errada (art. 319, VII, do CPP). *Alternativa C.*

94. **(XXI Exame)** Em uma mesma rua da cidade de Palmas, em dois imóveis diversos, moram Roberto e Mário. Roberto foi indiciado pela prática do crime de estelionato, razão pela qual o magistrado deferiu requerimento do Ministério Público de busca e apreensão de documentos em sua residência, sem estabelecer o horário em que deveria ser realizada. Diante da ordem judicial, a Polícia Civil compareceu à sua residência, às 04h da madrugada para cumprimento do mandado e ingressou no imóvel, sem autorização do indiciado, para cumprir a busca e apreensão. Após a diligência, quando deixavam o imóvel, policiais receberam informações concretas de popular, devidamente identificado, de que Mário guardava drogas para facção criminosa em seu imóvel e, para comprovar o alegado, o popular ainda apresentou fotografias. Diante disso, os policiais ingressaram na residência de Mário, sem autorização deste, onde, de fato, apreenderam 1 kg de droga. Sobre as diligências realizadas, com base na situação narrada, assinale a afirmativa correta.

(A) Nas residências de Roberto e Mário foram inválidas.

(B) Na residência de Roberto foi inválida, enquanto que, na residência de Mário, foi válida.

(C) Nas residências de Roberto e Mário foram válidas.

(D) Na residência de Roberto foi válida, enquanto que, na residência de Mário, foi inválida.

RESPOSTA (A) Errada (arts. 564, IV, e 245 do CPP e art. 5º, XI, da CF). (B) Correta (arts. 564, IV, e 245 do CPP e art. 5º, XI, da CF). (C) Errada (arts. 564, IV, e 245 do CPP e art. 5º, XI, da CF). (D) Errada (arts. 564, IV, e 245 do CPP e art. 5º, XI, da CF). *Alternativa B.*

95. **(XX Exame)** José Augusto foi preso em flagrante delito pela suposta prática do crime de receptação (Art. 180 do Código Penal – pena: 01 a 04 anos de reclusão e multa). Em que pese seja tecnicamente primário e de bons antecedentes e seja civilmente identificado, possui, em sua Folha de Antecedentes Criminais, duas anotações pela prática de crimes patrimoniais, sem que essas ações tenham resultados definitivos. Neste caso, de acordo com as previsões expressas do Código de Processo Penal, assinale a afirmativa correta.

(A) Estão preenchidos os requisitos para decretação da prisão preventiva, pois as ações penais em curso demonstram a existência de risco para a ordem pública.

(B) A autoridade policial não poderá arbitrar fiança neste caso, ficando tal medida de responsabilidade do magistrado.

(C) Antes de decidir pela liberdade provisória ou conversão em preventiva, poderá a prisão em flagrante do acusado perdurar pelo prazo de 10 dias úteis, ou seja, até o oferecimento da denúncia.

(D) O juiz não poderá converter a prisão em flagrante em preventiva, mas poderá aplicar as demais medidas cautelares.

RESPOSTA (A) Errada (art. 322 do CPP). (B) Errada (art. 322 do CPP). (C) Errada (art. 322 do CPP). (D) Correta (art. 322 do CPP). *Alternativa D.*

96. (XVI Exame) A prisão temporária pode ser definida como uma medida cautelar restritiva, decretada por tempo determinado, destinada a possibilitar as investigações de certos crimes considerados pelo legislador como graves, antes da propositura da ação penal. Sobre o tema, assinale a afirmativa correta.

(A) Assim como a prisão preventiva, pode ser decretada de ofício pelo juiz, após requerimento do Ministério Público ou representação da autoridade policial.
(B) Sendo o crime investigado hediondo, o prazo poderá ser fixado em, no máximo, 15 dias, prorrogáveis uma vez pelo mesmo período.
(C) Findo o prazo da temporária sem prorrogação, o preso deve ser imediatamente solto.
(D) O preso, em razão de prisão temporária, poderá ficar detido no mesmo local em que se encontram os presos provisórios ou os condenados definitivos.

RESPOSTA (A) Errada (art. 2º da Lei n. 7.960/89). (B) Errada (art. 2º da Lei n. 8.072/90). (C) Correta (art. 2º da Lei n. 7.960/89). (D) Errada (art. 3º da Lei n. 7.960/89). *Alternativa C.*

97. (IX Exame) O Código de Processo Penal pátrio menciona que também se considera em flagrante delito quem é perseguido, logo após o delito, pela autoridade, pelo ofendido ou por qualquer pessoa, em situação que faça presumir ser o perseguido autor da infração. A essa modalidade dá-se o nome de flagrante

(A) impróprio.
(B) ficto.
(C) diferido ou retardado.
(D) esperado.

RESPOSTA (A) Correta (art. 302, III, do CPP). (B) Errada (art. 302, IV, do CPP). (C) Errada (art. 53, II, da Lei n. 11.343/2006 e art. 3º, III, da Lei n. 12.850/2013). (D) Errada (Súmula 567 do STJ). *Alternativa A.*

98. (VIII Exame) O deputado "M" é um famoso político do Estado "Y", e tem grande influência no governo estadual, em virtude das posições que já ocupou, como a de Presidente da Assembleia Legislativa. Atualmente, exerce a função de Presidente da Comissão de Finanças e Contratos. Durante a reunião semestral com as empresas interessadas em participar das inúmeras contratações que a Câmara fará até o final do ano, o deputado "M" exigiu do presidente da empresa "Z" R$ 500.000,00 (quinhentos mil reais) para que esta pudesse participar da concorrência para a realização das obras na sede da Câmara dos Deputados. O presidente da empresa "Z", assustado com tal exigência, visto que sua empresa preenchia todos os requisitos legais para participar das obras, compareceu à Delegacia de Polícia e informou ao Delegado de Plantão o ocorrido, que o orientou a combinar a entrega da quantia para daqui a uma semana, oportunidade em que uma equipe de policiais estaria presente para efetuar a prisão em flagrante do deputado. No dia e hora aprazados para a entrega da quantia indevida, os policiais prenderam em flagrante o deputado "M" quando este conferia o valor entregue pelo presidente da empresa "Z". Na qualidade de advogado contratado pelo Deputado, assinale a alternativa que indica a peça processual ou pretensão processual, exclusiva de advogado, cabível na hipótese acima.

(A) Liberdade Provisória.
(B) *Habeas Corpus.*
(C) Relaxamento de Prisão.
(D) Revisão Criminal.

RESPOSTA (A) Errada (Súmula 145 do STF). (B) Errada (Súmula 145 do STF). (C) Correta (art. 5º, LXV, da CF e Súmula 145 do STF). (D) Errada (Súmula 145 do STF). *Alternativa C.*

99. (VI Exame – Reaplicação) O policial Fernando recebe determinação para investigar a venda de drogas em uma determinada localidade, próximo a reconhecida Faculdade de Direito. A autoridade judiciária autoriza que o policial, nesse primeiro momento, não atue sobre os portadores e vendedores de entorpecentes, com a finalidade de identificar e responsabilizar um maior número de integrantes da operacionalização do tráfico e de sua distribuição. A figura do flagrante diferido é prevista em quais legislações brasileiras?

(A) Na Lei de Drogas (11.343/2006) e na Lei do Crime Organizado (9.034/95).
(B) Somente na Lei de Drogas (11.343/2006).
(C) Na Lei de Drogas (11.343/2006) e na Lei dos Crimes Hediondos (8.072/90).
(D) Na Lei do Crime Organizado (9.034/95) e na Lei dos Crimes Hediondos (8.072/90).

RESPOSTA (A) Correta (art. 53, II, da Lei 11.343/2006 e art. 3º, III, da Lei 12.850/2013). (B) Errada (art. 3º, III, da Lei 12.850/2013). (C) Errada. Não tem previsão na Lei n. 8.072/90. (D) Errada. Não tem previsão na Lei n. 8.072/90. *Alternativa A.*

100. **(III Exame)** Com relação às modalidades de prisão, assinale a alternativa correta.

(A) A prisão em flagrante delito somente poderá ser realizada dentro do período de vinte e quatro horas, contadas do momento em que se inicia a execução do crime.

(B) A prisão temporária poderá ser decretada a qualquer tempo, desde que se mostre imprescindível para a produção da prova.

(C) A prisão preventiva poderá ser decretada durante o inquérito policial.

(D) Em caso de descumprimento de medida protetiva prevista na Lei 11.340/06, o juiz não poderá decretar a prisão preventiva do acusado.

RESPOSTA (A) Errada (art. 302 do CPP). (B) Errada (art. 1º da Lei n. 7.960/89). (C) Correta (arts. 311, 312 e 313 do CPP). (D) Errada (art. 313, III, do CPP). *Alternativa C.*

101. **(III Exame)** Como se sabe, a prisão processual (provisória ou cautelar) é a decretada antes do trânsito em julgado de sentença penal condenatória, nas hipóteses previstas em lei. A respeito de tal modalidade de prisão, é correto afirmar que

(A) Em nosso ordenamento jurídico, a prisão processual contempla as seguintes modalidades: prisão em flagrante, preventiva, temporária, por pronúncia e em virtude de sentença condenatória recorrível.

(B) A prisão temporária tem como pressupostos a existência de indícios de autoria e prova da materialidade, e como fundamentos a necessidade de garantia da ordem pública, a conveniência da instrução criminal, a necessidade de garantir a futura aplicação da lei penal e a garantia da ordem pública.

(C) O prazo de duração da prisão temporária é de cinco dias, prorrogável por mais cinco em caso de extrema e comprovada necessidade. Em se tratando, todavia, de crime hediondo, a prisão temporária poderá ser decretada pelo prazo de trinta dias, prorrogável por igual período.

(D) São requisitos da prisão preventiva a sua imprescindibilidade para as investigações do inquérito policial e o fato de o indiciado não ter residência fixa ou não fornecer elementos necessários ao esclarecimento de sua identidade.

RESPOSTA (A) Errada (art. 283 do CPP). (B) Errada (art. 312 do CPP e art. 2º da Lei n. 7.960/89). (C) Correta (art. 2º da Lei n. 7.960/89 e art. 2º da Lei n. 8.072/90). (D) Errada (art. 1º da Lei n. 7.960/89). *Alternativa C.*

IX. CITAÇÕES E INTIMAÇÕES

102. **(XXX Exame)** Rogério foi denunciado pela prática de um crime de homicídio qualificado por fatos que teriam ocorrido em 2017. Após regular citação e apresentação de resposta à acusação, Rogério decide não comparecer aos atos do processo, apesar de regularmente intimado, razão pela qual foi decretada sua revelia. Em audiência realizada na primeira fase do procedimento do Tribunal do Júri, sem a presença de Rogério, mas tão só de sua defesa técnica, foi proferida decisão de pronúncia. Rogério mudou-se e não informou ao juízo o novo endereço, não sendo localizado para ser pessoalmente intimado dessa decisão, ocorrendo, então, a intimação por edital. Posteriormente, a ação penal teve regular prosseguimento, sem a participação do acusado, sendo designada data para realização da sessão plenária. Ao tomar conhecimento desse fato por terceiros, Rogério procura seu advogado para esclarecimentos, informando não ter interesse em comparecer à sessão plenária. Com base apenas nas informações narradas, o advogado de Rogério deverá esclarecer que

(A) o processo e o curso do prazo prescricional, diante da intimação por edital, deveriam ficar suspensos.

(B) a intimação da decisão de pronúncia por edital não é admitida pelo Código de Processo Penal.

(C) o julgamento em sessão plenária do Tribunal do Júri, na hipótese, poderá ocorrer mesmo sem a presença do réu.

(D) a revelia gerou presunção de veracidade dos fatos e a intimação foi válida, mas a presença do réu é indispensável para a realização da sessão plenária do Tribunal do Júri.

RESPOSTA (A) Errada (arts. 367 e 457 do CPP). (B) Errada (arts. 367 e 457 do CPP). (C) Correta (arts. 367 e 457 do CPP). (D) Errada (arts. 367 e 457 do CPP). *Alternativa C.*

103. **(XXI Exame)** Marlon, Wellington e Vitor foram denunciados pela prática de um crime de lesão corporal dolosa gravíssima em concurso de agentes. Após o recebimento da denúncia, o oficial de justiça compareceu ao endereço indicado no processo como sendo de residência de Marlon, mas não o encontrou, tendo em vista que estava preso, naquela mesma unidade da Federação, por decisão oriunda de outro processo. Marlon, então, foi citado por edital. Wellington, por sua vez, estava em local incerto e não sabido, sendo também citado por edital. Em relação a Vitor, o oficial de justiça foi à sua residência em quatro oportunidades, constatando que ele, de fato, residia no local, mas que estava se ocultando para não ser citado. Após certificar-se de tal fato, foi realizada a citação de Vitor com hora certa. Considerando a hipótese narrada, o(a) advogado(a) dos acusados deverá alegar ter sido inválida a citação de

(A) Marlon, apenas.
(B) Marlon e Vitor, apenas.
(C) Vitor, apenas.
(D) Marlon, Wellington e Vitor.

RESPOSTA (A) Correta (art. 360 do CPP). (B) Errada (arts. 360 e 362 do CPP). (C) Errada (art. 362 do CPP). (D) Errada (art. 361 do CPP). *Alternativa A.*

104. **(XX Exame – Reaplicação)** O Ministério Público ofereceu denúncia em face de Matheus, não plenamente identificado, a partir de inquérito policial que apurava a prática de crime de estupro. O endereço constante do inquérito foi diligenciado para citação do réu, mas foi informado que este estava em local incerto e não sabido. Diante disso, foi publicado edital para sua citação. Considerando apenas as informações narradas, assinale a afirmativa correta.

(A) É válido o edital que identifica o réu por suas características, ainda que desconhecida sua qualificação completa.
(B) O réu que, citado por edital, não comparecer nem constituir advogado poderá ter seu processo e o curso do prazo prescricional suspensos por tempo indefinido.
(C) Ainda que Matheus esteja preso na mesma unidade da Federação em que foi oferecida a denúncia, a citação por edital será válida.
(D) Não existe citação por hora certa no âmbito do Processo Penal brasileiro.

RESPOSTA (A) Correta (art. 361 do CPP). (B) Errada (art. 366 do CPP e Súmula 415 do STJ). (C) Errada (art. 360 do CPP). (D) Errada (art. 362 do CPP). *Alternativa A.*

105. **(XIII Exame)** Felipe foi reconhecido em sede policial por meio de fotografia como o autor de um crime de roubo. O inquérito policial seguiu seus trâmites de forma regular e o Ministério Público decidiu denunciar o indiciado. O oficial de justiça procurou em todos os endereços constantes nos autos, mas a citação pessoal ou por hora certa foram impossíveis. Assim, o juiz decidiu pela citação por edital. Marcela, irmã de Felipe, ao passar pelo fórum leu a citação por edital e procurou um advogado para tomar ciência das consequências de tal citação, pois ela também não sabe do paradeiro do irmão. Diante da situação descrita, acerca da orientação a ser dada pelo advogado, assinale a afirmativa correta.

(A) Felipe deve comparecer em juízo, sob pena de ser processado e condenado sem que seja dada oportunidade para a sua defesa.
(B) Se Felipe não comparecer e não constituir advogado, o processo e o curso do prazo prescricional ficarão suspensos, sendo decretada a sua prisão preventiva de forma automática.
(C) Se Felipe não comparecer e não constituir advogado, o processo e o curso do prazo prescricional ficarão suspensos, sendo determinada a produção antecipada de provas de forma automática, diante do risco do desaparecimento das provas pelo decurso do tempo.
(D) Se Felipe não comparecer e não constituir advogado, o processo e o curso do prazo prescricional ficarão suspensos e, se for urgente, o juiz determinará a produção antecipada de provas, podendo decretar a prisão preventiva se presentes os requisitos expressos no art. 312 do CPP.

RESPOSTA (A) Errada (art. 366 do CPP). (B) Errada (art. 312 do CPP). (C) Errada (art. 366 do CPP). (D) Correta (art. 366 do CPP). *Alternativa D.*

106. **(IX Exame)** Em relação à Lei Maria da Penha, assinale a afirmativa correta.

(A) Constatada a prática de violência doméstica e familiar contra a mulher, a autoridade policial poderá aplicar, de imediato, ao agressor, em conjunto ou separadamente, medidas protetivas de urgência, dentre as quais o afastamento do lar, domicílio ou local de convivência com a ofendida.
(B) Em todos os casos de violência doméstica e familiar contra a mulher, feito o registro da ocorrência, deverá a autoridade policial adotar, de imediato, procedimentos especiais em relação ao agressor, dentre os quais podemos citar a suspensão da posse ou restrição do porte de armas, com comunicação ao órgão competente, nos termos da Lei n. 10.826, de 22 de dezembro de 2003, sem prejuízo daqueles previstos no Código de Processo Penal.
(C) Somente o advogado da ofendida deverá ser notificado, através do Diário Oficial, dos atos processuais relativos ao agressor, especialmente dos pertinentes ao ingresso e à saída da prisão.
(D) Em qualquer fase do inquérito policial ou da instrução criminal, caberá a prisão preventiva do agressor, decretada pelo juiz, de ofício, a requerimento do Ministério Público ou mediante representação da autoridade policial.

RESPOSTA Alternativas A e B erradas (Lei n. 11.340/2006, art. 22). (C) Errada (Lei n. 11.340/2006, art. 21). (D) Correta (Lei n. 11.340/2006, art. 20). *Alternativa D.*

107. **(IV Exame)** Levando em consideração as modificações trazidas pela Lei 11.719/08, assinale a alternativa correta.

(A) O Código de Processo Penal admite a figura da citação com hora certa, tal como ocorre no Código de Processo Civil.

(B) O rito comum ordinário é o reservado aos crimes apenados com reclusão, independentemente do montante da pena para eles prevista.

(C) Na *mutatio libelli* (em que a denúncia descreve determinado fato, mas as provas apontam que o fato delituoso é diverso), o Ministério Público deverá, após encerrada a instrução probatória, aditar a denúncia no prazo de 5 (cinco) dias sob pena de se operar a preclusão temporal.

(D) O rito sumário é o reservado para as infrações penais de menor potencial ofensivo.

RESPOSTA (A) Correta (art. 362 do CPP e arts. 252 e 253 do CPC). (B) Errada (art. 394 do CPP). (C) Errada (arts. 28 e 384 do CPP). (D) Errada (art. 394 do CPP). *Alternativa A.*

X. SENTENÇA

108. **(XXVII Exame)** No âmbito de ação penal, foi proferida sentença condenatória em desfavor de Bernardo pela suposta prática de crime de uso de documento público falso, sendo aplicada pena privativa de liberdade de cinco anos. Durante toda a instrução, o réu foi assistido pela Defensoria Pública e respondeu ao processo em liberdade. Ocorre que Bernardo não foi localizado para ser intimado da sentença, tendo o oficial de justiça certificado que compareceu em todos os endereços identificados. Diante disso, foi publicado edital de intimação da sentença, com prazo de 90 dias. Bernardo, ao tomar conhecimento da intimação por edital 89 dias após sua publicação, descobre que a Defensoria se manteve inerte, razão pela qual procura, de imediato, um advogado para defender seus interesses, assegurando ser inocente. Considerando apenas as informações narradas, o(a) advogado(a) deverá esclarecer que

(A) houve preclusão do direito de recurso, tendo em vista que a Defensoria Pública se manteve inerte.

(B) foi ultrapassado o prazo recursal de cinco dias, mas poderá ser apresentada revisão criminal.

(C) é possível a apresentação de recurso de apelação, pois o prazo de cinco dias para interposição de apelação pelo acusado ainda não transcorreu.

(D) é possível apresentar medida para desconstituir a sentença publicada, tendo em vista não ser possível a intimação do réu sobre o teor de sentença condenatória por meio de edital.

RESPOSTA Alternativa C correta e erradas as alternativas A, B e D, pelo mesmo fundamento: o art. 392, VI, do CPP. *Alternativa C.*

109. **(XV Exame)** João Paulo, primário e de bons antecedentes, foi denunciado pela prática de homicídio qualificado por motivo fútil (art. 121, § 2º, II, do Código Penal). Logo após o recebimento da denúncia, o magistrado, acatando o pedido realizado pelo Ministério Público, decretou a prisão preventiva do acusado, já que havia documentação comprobatória de que o réu estava fugindo do país, a fim de se furtar de uma sentença condenatória ao final do processo. O processo transcorreu normalmente, tendo ao réu sido assegurados todos os seus direitos legais. Após cinco anos de prisão provisória, foi marcada a audiência no Plenário do Júri. Os jurados, por unanimidade, consideraram o réu culpado pela prática do homicídio supramencionado. O Juiz Presidente então passou à aplicação da pena e, ao término do cálculo no rito trifásico, obteve a pena de 12 anos de prisão em regime inicialmente fechado. Sobre a hipótese narrada, assinale a afirmativa correta.

(A) Somente o juiz da Vara de Execuções Penais poderá realizar o cômputo do tempo de prisão provisória para fins de determinação do regime inicial de cumprimento de pena.

(B) O magistrado sentenciante deverá computar o tempo de prisão provisória para fins de determinação do regime inicial de pena privativa de liberdade.

(C) O condenado deverá iniciar seu cumprimento de pena no regime inicial fechado e, passado o prazo de 1/6, poderá requerer ao juízo de execução a progressão para o regime mais benéfico, desde que preencha os demais requisitos legais.

(D) O condenado deverá iniciar seu cumprimento de pena no regime inicial fechado e, passado o prazo de 1/6, poderá requerer ao juízo sentenciante a progressão para o regime mais benéfico, desde que preencha os demais requisitos legais.

RESPOSTA (A) Errada, pois é possível que o juiz sentenciante considere a detração (CPP, art. 387, § 2º), razão pela qual está correta a alternativa B. As alternativas C e D estão desatualizadas, pois foi adotado novo critério para o cálculo da progressão de regime, a partir do Pacote Anticrime – veja o art. 112 da LEP. De qualquer forma, a imposição de regime inicial fechado obrigatório foi considerada inconstitucional pelo STF – Súmula Vinculante 26. *Alternativa B.*

110. **(XIV Exame)** Wilson está sendo regularmente processado pela prática do crime de furto. Durante a instrução criminal, entretanto, as testemunhas foram uníssonas ao afirmar que, para a subtração, Wilson utilizou-se de grave ameaça, exercida por meio de uma faca. A partir do caso narrado, assinale a opção correta.

(A) A hipótese é de *emendatio libelli* e o juiz deve absolver o réu relativamente ao crime que lhe foi imputado.

(B) Não haverá necessidade de aditamento da inicial acusatória, haja vista o fato de que as alegações finais orais acontecem após a oitiva das testemunhas e, com isso, respeitam-se os princípios do contraditório e da ampla defesa.

(C) A hipótese é de *mutatio libelli* e, nos termos da lei, o Ministério Público deverá fazer o respectivo aditamento.

(D) Caso o magistrado entenda que deve ocorrer o aditamento da inicial acusatória, se o promotor de justiça recusar-se a fazê-lo, o juiz estará obrigado a absolver o réu da imputação que lhe foi originalmente atribuída.

RESPOSTA (A) Errada (art. 384, *caput*, do CPP). (B) Errada (art. 384, *caput*, do CPP). (C) Correta (art. 384, *caput*, do CPP). (D) Errada (art. 384 do CPP). *Alternativa C.*

111. **(XIII Exame)** João foi denunciado pela prática de crime de furto simples. Na denúncia, o Ministério Público apenas narrou que houve a subtração do cordão da vítima, indicando hora e local. Na audiência de instrução e julgamento, a vítima narrou que João empurrou-a em direção ao chão dizendo que se gritasse "o bicho ia pegar", arrancando, em seguida, o seu cordão. Diante da narrativa da violência e da grave ameaça, o juiz fica convencido de que houve crime de roubo e não de furto. Sobre o caso apresentado, de acordo com o Código de Processo Penal, assinale a afirmativa correta.

(A) O juiz na sentença poderá condenar João pelo crime de roubo, com base no artigo 383 do CPP, que assim dispõe: "O juiz, sem modificar a descrição do fato contida na denúncia ou queixa, poderá atribuir-lhe definição jurídica diversa, ainda que, em consequência, tenha de aplicar pena mais grave".

(B) Encerrada a instrução probatória, o Ministério Público deverá aditar a denúncia em 5 (cinco) dias. Se o Ministério Público ficar inerte, o juiz deve aplicar o artigo 28 do CPP.

(C) Encerrada a instrução probatória, o Ministério Público deverá aditar a denúncia em 5 (cinco) dias. Se o Ministério Público ficar inerte, o juiz poderá condenar João pelo crime de roubo, tendo em vista que a vítima narrou a agressão em juízo.

(D) O juiz poderá condenar João pelo crime de roubo, independentemente de qualquer providência, em homenagem ao princípio da verdade real.

RESPOSTA (A) Errada (art. 384 do CPP). (B) Correta (art. 384 do CPP). (C) Errada (art. 384 do CPP). (D) Errada (art. 384 do CPP). *Alternativa B.*

112. **(II Exame)** João foi denunciado pela prática do crime de furto (CP, art. 155), pois segundo narra a denúncia ele subtraiu colar de pedras preciosas da vítima. No decorrer da instrução processual, a testemunha Antônio relata fato não narrado na denúncia: a subtração do objeto furtado se deu mediante "encontrão" dado por João no corpo da vítima. Na fase de sentença, sem antes tomar qualquer providência, o Juiz decide, com base no sobredito testemunho de Antônio, condenar João nas penas do crime de roubo (CP, art. 157), por entender que o "encontrão" relatado caracteriza emprego de violência contra a vítima. A sentença condenatória transita em julgado para o Ministério Público. O Tribunal, ao julgar apelo de João com fundamento exclusivo na insuficiência da prova para a condenação, deve:

(A) Anular a sentença.

(B) Manter a condenação pela prática do crime de roubo.

(C) Abrir vista ao Ministério Público para aditamento da denúncia.

(D) Absolver o acusado.

RESPOSTA (A) Errada (art. 564, IV, do CPP). (B) Errada (art. 564, IV, do CPP). (C) Errada (art. 386, VII, do CPP). (D) Correta (art, 386, VII, do CPP). *Alternativa D.*

XI. PROCEDIMENTOS

113. **(XXXI Exame)** Durante longa investigação, o Ministério Público identificou que determinado senador seria autor de um crime de concussão no exercício do mandato, que teria sido praticado após sua diplomação. Com o indiciamento, o senador foi intimado a, se fosse de sua vontade, prestar esclarecimentos sobre os fatos no procedimento investigatório. Preocupado com as consequências, o senador procurou seu advogado para esclarecimentos. Considerando apenas as informações narradas e com base nas previsões constitucionais, o advogado deverá esclarecer que

(A) o Ministério Público não poderá oferecer denúncia em face do senador sem autorização da

Casa Legislativa, pois a Constituição prevê imunidade de natureza formal aos parlamentares.

(B) a denúncia poderá ser oferecida e recebida, assim como a ação penal ter regular prosseguimento, independentemente de autorização da Casa Legislativa, que não poderá determinar a suspensão do processo, considerando que o crime imputado é comum, e não de responsabilidade.

(C) a denúncia não poderá ser recebida pelo Poder Judiciário sem autorização da Casa Legislativa, em razão da imunidade material prevista na Constituição, apesar de poder ser oferecida pelo Ministério Público independentemente de tal autorização.

(D) a denúncia poderá ser oferecida e recebida independentemente de autorização parlamentar, mas deverá ser dada ciência à Casa Legislativa respectiva, que poderá, seguidas as exigências, até a decisão final, sustar o andamento da ação.

RESPOSTA (A) Errada (arts. 51 e 53 da CF). (B) Errada (arts. 51 e 53 da CF). (C) Errada (arts. 51 e 53 da CF). (D) Correta (arts. 51 e 53 da CF). *Alternativa D.*

114. **(XXIII Exame)** Mateus foi denunciado pela prática de um crime de homicídio qualificado, sendo narrado na denúncia que a motivação do crime seria guerra entre facções do tráfico. Cinco dias antes do julgamento em plenário, o Ministério Público junta ao processo a Folha de Antecedentes Criminais (FAC) do acusado, conforme requerido quando da manifestação em diligências, em que, de fato, constavam anotações referentes a processos pela prática do crime da Lei de Drogas. Apenas três dias úteis antes do julgamento, a defesa de Mateus vem a tomar conhecimento da juntada da FAC. No dia do julgamento, após a manifestação oral da defesa em plenário, indagado pelo juiz presidente sobre o interesse em se manifestar em réplica, o promotor de justiça afirma negativamente, reiterando aos jurados que as provas estão muito claras e que o réu deve ser condenado, não havendo necessidade de maiores explanações. Posteriormente, o juiz presidente nega à defesa o direito de tréplica. Mateus é condenado. Diante da situação narrada, o(a) advogado(a) de Mateus, em sede de apelação, deverá buscar

(A) a nulidade do julgamento, pois foi juntada documentação sem a antecedência necessária exigida pela lei.

(B) o afastamento da qualificadora pelo Tribunal, pois foi juntada documentação que influenciou seu reconhecimento sem a antecedência necessária exigida pela lei.

(C) a nulidade do julgamento, pois o direito de tréplica da defesa independe da réplica do Ministério Público.

(D) a nulidade do julgamento, pois houve réplica por parte do Ministério Público, de modo que deveria ser deferido à defesa o direito de tréplica.

RESPOSTA (A) Errada (art. 479 do CPP). (B) Errada (art. 479 do CPP). (C) Errada (art. 476 do CPP). (D) Correta (art. 476 do CPP). *Alternativa D.*

115. **(XXI Exame)** Victória e Bernadete entram em luta corporal em razão da disputa por um namorado, vindo Victória a desferir uma facada no pé da rival, que sofreu lesões graves. Bernadete compareceu em sede policial, narrou o ocorrido e disse ter intenção de ver a agente responsabilizada criminalmente. Em razão dos fatos, Victória é denunciada e pronunciada pela prática do crime de tentativa de homicídio. Em sessão plenária do Tribunal do Júri, os jurados entendem, no momento de responder aos quesitos, que Victória foi autora da facada, mas que não houve dolo de matar. Diante da desclassificação, será competente para julgamento do crime residual, bem como da avaliação do cabimento dos institutos despenalizadores,

(A) o Juiz Presidente do Tribunal do Júri.

(B) o corpo de jurados, que decidiu pela desclassificação.

(C) o Juiz Criminal da Comarca, a partir de livre distribuição.

(D) o Juiz em atuação perante o Juizado Especial Criminal da Comarca em que ocorreram os fatos.

RESPOSTA (A) Correta (art. 492 do CPP). (B) Errada (art. 492 do CPP). (C) Errada (art. 492 do CPP). (D) Errada (art. 492 do CPP). *Alternativa A.*

116. **(XX Exame)** Guilherme foi denunciado pela prática de um crime de lesão corporal seguida de morte. Após o recebimento da denúncia, Guilherme é devidamente citado. Em conversa com sua defesa técnica, Guilherme apresenta prova inequívoca de que agiu em estado de necessidade. Diante da situação narrada, o advogado de Guilherme, em resposta à acusação, deverá requerer a

(A) rejeição de denúncia, que fará coisa julgada material.

(B) absolvição sumária do réu, que fará coisa julgada material.

(C) absolvição imprópria do réu, que fará coisa julgada material.

(D) impronúncia do acusado, que não faz coisa julgada material.

RESPOSTA (A) Errada (art. 395 do CPP). (B) Correta (art. 397 do CPP). (C) Errada (art. 397 do CPP). (D) Errada (art. 414 do CPP). *Alternativa B.*

117. **(XX Exame – Reaplicação)** André foi denunciado pela prática de um crime de homicídio doloso consumado contra sua ex-esposa Lívia, famosa na cidade de Maricá, Rio de Janeiro, pela contribuição em serviços sociais com crianças humildes. A população local ficou revoltada com o fato, razão pela qual o magistrado avaliou que os jurados não teriam isenção suficiente para o julgamento. Diante da situação narrada, é correto afirmar que:

(A) o acusado poderá requerer o desaforamento, sendo tal requerimento decidido pelo magistrado de primeira instância.

(B) o magistrado poderá representar pelo desaforamento, sendo que a decisão sobre o mesmo independerá de manifestação prévia da defesa.

(C) o acusado poderá requerer o declínio de competência, de modo que todos os atos processuais passarão a ser realizados pelo juízo da comarca mais próxima.

(D) o magistrado poderá representar pelo desaforamento e, sendo os motivos relevantes, o órgão competente poderá, fundamentadamente, determinar a suspensão do julgamento pelo júri.

RESPOSTA (A) Errada (art. 427 do CPP). (B) Errada (art. 427 do CPP). (C) Errada (art. 427 do CPP). (D) Correta (art. 427 do CPP). *Alternativa D.*

118. **(XV Exame)** Fabrício, com dolo de matar, realiza vários disparos de arma de fogo em direção a Cristiano. Dois projéteis de arma de fogo atingem o peito da vítima, que vem a falecer. Fabrício foge para não ser preso em flagrante. Os fatos ocorreram no final de uma tarde de domingo, diante de várias testemunhas. O inquérito policial foi instaurado, e Fabrício foi indiciado pelo homicídio de Cristiano. Os autos são remetidos ao Ministério Público, que denuncia Fabrício. O processo tem seu curso regular e as testemunhas confirmam que Fabrício foi o autor do disparo. Após a apresentação dos memoriais, os autos são remetidos para conclusão, a fim de que seja exarada a sentença, sendo certo que o juiz está convencido de que há indícios de autoria em desfavor de Fabrício e prova da materialidade de crime doloso contra a vida. Diante do caso narrado, assinale a alternativa correta acerca da sentença a ser proferida pelo juiz na primeira fase do procedimento do Júri.

(A) O juiz deve impronunciar Fabrício pelo crime de homicídio, diante dos indícios de autoria e prova da materialidade, que indicam a prática de crime doloso contra a vida.

(B) O juiz deve pronunciar Fabrício, remetendo os autos ao Juízo comum, diante dos indícios de autoria e prova da materialidade, que indicam a prática de crime doloso contra a vida.

(C) O juiz deve pronunciar Fabrício, submetendo-o ao plenário do Júri, diante dos indícios de autoria e prova da materialidade, que indicam a prática de crime doloso contra a vida.

(D) O juiz deve pronunciar Fabrício, submetendo ao plenário do Júri mediante desclassificação do crime comum para crime doloso contra a vida, diante dos indícios de autoria e prova da materialidade, que indicam a prática de crime doloso contra a vida.

RESPOSTA (A) Errada (art. 414 do CPP). (B) Errada (art. 421 do CPP). (C) Correta (art. 413 do CPP). (D) Errada (art. 419 do CPP). *Alternativa C.*

119. **(XV Exame)** Matheus foi denunciado pela prática dos crimes de tráfico de drogas (art. 33, *caput*, da Lei n. 11.343/2006) e associação para o tráfico (art. 35, *caput*, da Lei n. 11.343/2006), concurso material. Quando da realização da audiência de instrução e julgamento, o advogado de defesa pleiteou que o réu fosse interrogado após a oitiva das testemunhas de acusação e de defesa, como determina o Código de Processo Penal (art. 400 do CPP, com redação dada pela Lei n. 11.719/2008), o que seria mais benéfico à defesa. O juiz singular indeferiu a inversão do interrogatório, sob a alegação de que a norma aplicável à espécie seria a Lei n. 11.343/2006, a qual prevê, em seu art. 57, que o réu deverá ser ouvido no início da instrução. Nesse caso,

(A) O juiz não agiu corretamente, pois o interrogatório do acusado, de acordo com o Código de Processo Penal, é o último ato a ser realizado.

(B) O juiz agiu corretamente, eis que o interrogatório, em razão do princípio da especialidade, deve ser o primeiro ato da instrução nas ações penais instauradas para a persecução dos crimes previstos na Lei de Drogas.

(C) O juiz não agiu corretamente, pois é cabível a inversão do interrogatório, devendo ser automaticamente reconhecida a nulidade em razão da adoção de procedimento incorreto.

(D) O juiz agiu corretamente, já que, independentemente do procedimento adotado, não há uma ordem a ser seguida em relação ao momento da realização do interrogatório do acusado.

RESPOSTA (A) Errada (art. 57 da Lei n. 11.343/2006). (B) Correta (art. 57 da Lei n. 11.343/2006). (C) Errada (art. 57 da Lei n. 11.343/2006). (D) Errada (art. 57 da Lei n. 11.343/2006). *Alternativa B.*

120. **(XII Exame)** Segundo a Lei dos Juizados Especiais, assinale a alternativa que apresenta o procedimento correto.

(A) Aberta a audiência, será dada a palavra ao defensor para responder à acusação, após o que o Juiz receberá, ou não, a denúncia ou queixa; havendo recebimento, serão ouvidas a vítima e as testemunhas de acusação e defesa, interrogando-se a seguir o acusado, se presente, passando-se imediatamente aos debates orais e à prolação da sentença.

(B) Da decisão de rejeição da denúncia ou queixa caberá recurso em sentido estrito, que deverá ser interposto no prazo de cinco dias.

(C) Os embargos de declaração são cabíveis quando, em sentença ou acórdão, houver obscuridade, contradição, omissão ou dúvida, que deverão ser opostos em dois dias.

(D) Se a complexidade do caso não permitir a formulação da denúncia oral em audiência, o Ministério Público poderá requerer ao juiz dilação do prazo para apresentar denúncia escrita nas próximas 72 horas.

RESPOSTA (A) Correta (art. 81 da Lei n. 9.099/95). (B) Errada (art. 82 da Lei n. 9.099/95). (C) Errada (art. 83 da Lei n. 9.099/95). (D) Errada (arts. 66 e 77 da Lei n. 9.099/95). *Alternativa A.*

121. **(XI Exame)** Quanto ao julgamento pelo Tribunal do Júri, assinale a afirmativa incorreta.

(A) As partes não poderão fazer referência, em plenário, à decisão de pronúncia, às decisões posteriores que julgaram admissível a acusação ou à determinação do uso de algemas como argumento de autoridade que beneficiem ou prejudiquem o acusado.

(B) Durante o julgamento, não será permitida a leitura de documento ou a exibição de objeto que não tiver sido juntado aos autos com a antecedência mínima de três dias úteis, dando-se ciência à outra parte.

(C) Durante os debates em Plenário, os jurados poderão solicitar ao orador, por intermédio do juiz-presidente do Tribunal do Júri, que esclareça algum fato por ele alegado em sua tese.

(D) Se a verificação de qualquer fato, reconhecida como essencial para o julgamento da causa, não puder ser realizada imediatamente, o juiz-presidente determinará que o Conselho de Sentença se recolha à sala secreta, ordenando a realização das diligências entendidas necessárias.

RESPOSTA (A) Correta (art. 478, I, do CPP). (B) Correta (art. 479 do CPP). (C) Correta (art. 480 do CPP). (D) Incorreta (art. 481 do CPP). *Alternativa D.*

122. **(X Exame)** João está sendo processado por um crime doloso contra a vida e, após o oferecimento das alegações finais, o magistrado impronuncia o réu. Assinale a alternativa que apresenta a situação em que seria possível processar João novamente pelo mesmo fato delituoso.

(A) Desde que haja novas provas e não tenha ocorrido qualquer causa extintiva de punibilidade, pois a decisão de impronúncia não transita em julgado.

(B) A justiça já se manifestou em relação ao processo de João, tendo a decisão do magistrado transitado em julgado.

(C) Ninguém pode ser processado duas vezes pelo mesmo fato (*non bis in idem*).

(D) A sentença de impronúncia é uma decisão interlocutória mista não terminativa.

RESPOSTA (A) Correta (art. 414 do CPP). (B) Errada (art. 414 do CPP). (C) Errada (art. 414 do CPP). (D) Errada (art. 414 do CPP). *Alternativa A.*

123. **(VIII Exame)** Pedro foi denunciado pela prática de homicídio triplamente qualificado. Como se trata de um crime doloso contra a vida, será julgado pelo Tribunal do Júri. O processo seguiu seu curso normal, tendo Pedro sido pronunciado. Acerca da 2ª fase do procedimento, assinale a afirmativa que não corresponde à realidade.

(A) Encerrada a instrução, será concedida a palavra ao Ministério Público, que fará a acusação, nos limites da pronúncia ou das decisões posteriores que julgaram admissível a acusação, sustentando, se for o caso, a existência de circunstância agravante.

(B) À medida que as cédulas forem sendo retiradas da urna, o juiz presidente as lerá, e a defesa e, depois dela, o Ministério Público poderão recusar os jurados sorteados, até 3 (três) cada parte, sem motivar a recusa.

(C) Prestado o compromisso pelos jurados, será iniciada a instrução plenária quando o juiz presidente, o Ministério Público, o assistente, o querelante e o defensor do acusado tomarão, sucessiva e diretamente, as declarações do ofendido, se possível, e inquirirão as testemunhas arroladas pela acusação.

(D) Durante o julgamento não será permitida a leitura de documento ou a exibição de objeto que não tiver sido juntado aos autos com a antecedência mínima de 3 (três) dias úteis, dando-se ciência à outra parte, salvo jornais ou revistas.

RESPOSTA (A) Errada (art. 476 do CPP). (B) Errada (art. 468 do CPP). (C) Errada (art. 473 do CPP). (D) Correta (art. 479 do CPP). *Alternativa D.*

124. **(VI Exame)** Trácio foi denunciado pela prática do delito descrito no art. 333 do Código Penal. A peça inaugural foi recebida pelo Juiz Titular da Vara Única da Comarca X, que presidiu a Audiência de Instrução e Julgamento. Encerrada a instrução do feito, o processo foi concluso ao juiz substituto, que proferiu sentença condenatória, tendo em vista que o juiz titular havia sido promovido e estava, nesse momento, na 11ª Vara Criminal da Comarca da Capital. De acordo com a Lei Processual Penal, assinale a alternativa correta.

(A) A sentença é nula, porque foi prolatada por juiz que não presidiu a instrução do feito, em desacordo com o princípio da identidade física do juiz.

(B) A sentença é nula, porque ao juiz substituto é vedada a prolação de decisão definitiva ou terminativa.

(C) Não há nulidade na sentença, porque não se faz exigível a identidade física do juiz diante das peculiaridades narradas no enunciado.

(D) A sentença é nula, porque viola o princípio do juiz natural.

RESPOSTA (A) Errada (art. 3º do CPP). (B) Errada (art. 3º do CPP). (C) Correta (art. 3º do CPP). (D) Errada (art. 3º do CPP). *Alternativa C.*

125. **(III Exame)** Em relação aos procedimentos previstos atualmente no Código de Processo Penal, assinale a alternativa correta.

(A) No rito ordinário, oferecida a denúncia, se o juiz não a rejeitar liminarmente, recebê-la-á e designará dia e hora para a realização do interrogatório, ocasião em que o acusado deverá estar assistido por defensor.

(B) No rito sumário, oferecida a denúncia, se o juiz não a rejeitar liminarmente, recebê-la-á e designará dia e hora para a realização do interrogatório, ocasião em que o acusado deverá estar assistido por defensor.

(C) No rito ordinário, oferecida a denúncia, se o juiz não a rejeitar liminarmente, recebê-la-á e ordenará a citação do acusado para responder à acusação, por escrito, no prazo de 15 (quinze) dias.

(D) No rito sumário, oferecida a denúncia, se o juiz não a rejeitar liminarmente, recebê-la-á e ordenará a citação do acusado para responder à acusação, por escrito, no prazo de 10 (dez) dias.

RESPOSTA (A) Errada (art. 396 do CPP). (B) Errada (art. 396 do CPP). (C) Errada (art. 396 do CPP). (D) Correta (art. 396 do CPP). *Alternativa D.*

126. **(III Exame)** Assinale a alternativa correta à luz da doutrina referente ao Tribunal do Júri.

(A) São princípios que informam o Tribunal do Júri: a plenitude de defesa, o sigilo das votações, a soberania dos veredictos e a competência exclusiva para julgamento dos crimes dolosos contra a vida.

(B) A natureza jurídica da sentença de pronúncia (em que o magistrado se convence da existência material do fato criminoso e de indícios suficientes de autoria) é de decisão interlocutória mista não terminativa.

(C) O rito das ações de competência do Tribunal do Júri se desenvolve em duas fases: *judicium causae* e *judicium accusationis*. O *judicium accusationis* se inicia com a intimação das partes para indicação das provas que pretendem produzir e tem fim com o trânsito em julgado da decisão do Tribunal do Júri.

(D) Alcançada a etapa decisória do sumário da culpa, o juiz poderá exarar quatro espécies de decisão, a saber: pronúncia, impronúncia, absolvição sumária e condenação.

RESPOSTA (A) Errada (art. 5º, XXXVIII, da CF). (B) Correta (art. 5º, XXXVIII, da CF). (C) Errada (art. 5º, XXXVIII, da CF). (D) Errada (art. 5º, XXXVIII, da CF). *Alternativa B.*

127. **(II Exame)** João da Silva foi denunciado por homicídio qualificado por motivo fútil. Nos debates orais ocorridos na primeira fase do procedimento de júri, a Defesa alegou que João agira em estrito cumprimento de dever legal, postulando sua absolvição sumária. Ao proferir sua decisão, o juiz rejeitou a tese de estrito cumprimento de dever legal e o pedido de absolvição sumária, e pronunciou João por homicídio simples, afastando a qualificadora contida na denúncia. A decisão de pronúncia foi confirmada pelo Tribunal de Justiça, operando-se a preclusão. Considerando tal narrativa, assinale a afirmativa correta.

(A) Nos debates orais perante os jurados, o promotor de justiça não poderá sustentar a qualificadora de motivo fútil, mas a defesa poderá alegar a tese de estrito cumprimento de dever legal.

(B) Nos debates orais perante os jurados, o promotor de justiça poderá sustentar a qualificadora de motivo fútil e a defesa poderá alegar a tese de estrito cumprimento de dever legal.

(C) Nos debates orais perante os jurados, o promotor de justiça não poderá sustentar a qualificadora de motivo fútil e a defesa não poderá alegar a tese de estrito cumprimento de dever legal.

(D) Nos debates orais perante os jurados, o promotor de justiça poderá sustentar a qualificadora de motivo fútil, mas a defesa não poderá alegar a tese de estrito cumprimento de dever legal.

RESPOSTA (A) Correta (art. 476, *caput*, do CPP). (B) Errada (art. 476, *caput*, do CPP). (C) Errada (art. 476, *caput*, do CPP). (D) Errada (art. 476, *caput*, do CPP). *Alternativa A.*

128. **(VII Exame)** Huguinho está sendo acusado pela prática do delito de tráfico de entorpecentes. O Ministério Público narra na inicial acusatória que o acusado foi preso em flagrante com 120 papelotes de cocaína, na subida do morro "X", em conhecido ponto de venda de entorpecentes. O Magistrado competente notifica o denunciado Huguinho para apresentar a defesa preliminar. Após a resposta prévia, a denúncia é recebida, oportunidade em que o Juiz designará dia e hora para a audiência de instrução e julgamento, ordenará a citação pessoal do acusado e a intimação do Ministério Público. De acordo com a Lei n. 11.343/06, na Audiência de Instrução e Julgamento,

(A) O juiz interrogará o acusado, promoverá a inquirição das testemunhas (acusação e defesa), dando a palavra, sucessivamente, para a acusação e para a defesa, para sustentação oral, proferindo, posteriormente, sentença.
(B) O juiz procederá a inquirição das testemunhas (acusação e defesa), interrogando-se em seguida o acusado e, após, proferirá sentença.
(C) O juiz ouvirá a vítima e as testemunhas de acusação e defesa, interrogando-se a seguir o acusado, se presente, passando-se imediatamente aos debates orais e à prolação da sentença.
(D) O juiz providenciará o interrogatório do acusado, a oitiva da vítima e das testemunhas de defesa, nessa ordem, passando aos debates orais e à prolação da sentença.

RESPOSTA (A) Correta (art. 57 da Lei n. 11.343/2006). (B) Errada (art. 57 da Lei n. 11.343/2006). (C) Errada (art. 57 da Lei n. 11.343/2006). (D) Errada (art. 57 da Lei n. 11.343/2006). *Alternativa A.*

XII. NULIDADES

129. **(XII Exame)** A Teoria Geral das Nulidades determina que nulidade é a sanção aplicada pelo Poder Judiciário ao ato imperfeito, defeituoso. Tal teoria é regida pelos princípios relacionados a seguir, à exceção de um. Assinale-o.

(A) Princípio do Prejuízo.
(B) Princípio da Causalidade.
(C) Princípio do Interesse.
(D) Princípio da Voluntariedade.

RESPOSTA (A) Errada (art. 563 do CPP). (B) Errada (art. 573 do CPP). (C) Errada (art. 566 do CPP). (D) Correta (art. 565 do CPP). *Alternativa D.*

130. **(VII Exame)** O advogado José, observando determinado acontecimento no processo, entende por bem arguir a nulidade do processo, tendo em vista a violação do devido processo legal, ocorrida durante a Audiência de Instrução e Julgamento. Acerca da Teoria Geral das Nulidades, é correto afirmar que o princípio da causalidade significa

(A) A possibilidade de o defeito do ato se estender aos atos que lhes são subsequentes e que deles dependam.
(B) Que não há como se declarar a nulidade de um ato se este não resultar prejuízo à acusação ou à defesa.
(C) Que nenhuma das partes poderá arguir nulidade a que haja dado causa, ou para que tenha concorrido.
(D) Que as nulidades poderão ser sanadas.

RESPOSTA (A) Correta (art. 573 do CPP). (B) Errada (art. 563 do CPP). (C) Errada (art. 565 do CPP). (D) Errada (art. 568 do CPP). *Alternativa A.*

131. **(V Exame)** Aristóteles, juiz de uma Vara Criminal da Justiça Comum, profere sentença em processo-crime cuja competência era da Justiça Militar. Com base em tal afirmativa, pode-se dizer que a não observância de Aristóteles à matriz legal gerará a

(A) Inexistência do ato.
(B) Nulidade relativa do ato.
(C) Nulidade absoluta do ato.
(D) Irregularidade do ato.

RESPOSTA Alternativa C correta e alternativas A, B e D erradas, pelo mesmo motivo: os arts. 564, I, e 567 do CPP. *Alternativa C.*

XIII. RECURSOS

132. **(XXXI Exame)** Caio foi denunciado pela suposta prática do crime de estupro de vulnerável. Ocorre que, apesar da capitulação delitiva, a denúncia apresentava-se confusa na narrativa dos fatos, inclusive não sendo indicada qual seria a idade da vítima. Logo após a citação, Caio procurou seu advogado para esclarecimentos, destacando a dificuldade na compreensão dos fatos imputados. O advogado de Caio, constatando que a denúncia estava inepta, deve esclarecer ao cliente que, sob o ponto de vista técnico, com esse fundamento poderia buscar

(A) a rejeição da denúncia, podendo o Ministério Público apresentar recurso em sentido estrito em caso de acolhimento do pedido pelo magistrado, ou oferecer, posteriormente, nova denúncia.
(B) sua absolvição sumária, podendo o Ministério Público apresentar recurso de apelação em caso de acolhimento do pedido pelo magistrado, ou oferecer, posteriormente, nova denúncia.
(C) sua absolvição sumária, podendo o Ministério Público apresentar recurso em sentido estrito em caso de acolhimento do pedido pelo magistrado, mas, transitada em julgado a decisão, não poderá ser oferecida nova denúncia com base nos mesmos fatos.
(D) a rejeição da denúncia, podendo o Ministério Público apresentar recurso de apelação em caso de acolhimento do pedido pelo magistrado, mas, uma vez transitada em julgado a decisão, não caberá oferecimento de nova denúncia.

RESPOSTA (A) Correta (arts. 395 e 581 do CPP). (B) Errada (arts. 395 e 581 do CPP). (C) Errada (arts. 395 e 581 do CPP). (D) Errada (arts. 395 e 581 do CPP). *Alternativa A.*

133. **(XXX Exame)** O advogado de Josefina, ré em processo criminal, entendendo que, entre o recebimento da denúncia e o término da instrução, ocorreu a prescrição da pretensão punitiva estatal, apresentou requerimento, antes mesmo do oferecimento de alegações finais, de reconhecimento da extinção da punibilidade da agente, sendo o pedido imediatamente indeferido pelo magistrado. Intimado, caberá ao(à) advogado(a) de Josefina, discordando da decisão, apresentar

(A) recurso em sentido estrito, no prazo de 5 dias.
(B) recurso de apelação, no prazo de 5 dias.
(C) carta testemunhável, no prazo de 48h.
(D) reclamação constitucional, no prazo de 15 dias.

RESPOSTA (A) Correta (art. 581 do CPP). (B) Errada (art. 581 do CPP). (C) Errada (art. 581 do CPP). (D) Errada (art. 581 do CPP). *Alternativa A.*

134. **(XXX Exame)** Fred foi denunciado e condenado, em primeira instância, pela prática de crime de corrupção ativa, sendo ele e seu advogado intimados do teor da sentença no dia 05 de junho de 2018, terça-feira. A juntada do mandado de intimação do réu ao processo, todavia, somente ocorreu em 11 de junho de 2018, segunda-feira. Considerando as informações narradas, o prazo para interposição de recurso de apelação pelo advogado de Fred, de acordo com a jurisprudência dos Tribunais Superiores, será iniciado

(A) no dia seguinte à juntada do mandado de intimação (12/06/18), devendo a data final do prazo ser prorrogada para o primeiro dia útil seguinte, caso se encerre no final de semana.
(B) no dia da juntada do mandado de intimação (11/06/18), devendo ser cumprido até o final do prazo de 05 dias previsto em lei, ainda que este ocorra no final de semana.
(C) no dia da intimação (05/06/18), independentemente da data da juntada do mandado, devendo ser cumprido até o final do prazo de 05 dias previsto em lei, ainda que este ocorra no final de semana.
(D) no dia seguinte à intimação (06/06/18), independentemente da data da juntada do mandado, devendo a data final do prazo ser prorrogada para o primeiro dia útil seguinte, caso se encerre no final de semana.

RESPOSTA (A) Errada (art. 798 do CPP e Súmula 710 do STF). (B) Errada (art. 798 do CPP e Súmula 710 do STF). (C) Errada (art. 798 do CPP e Súmula 710 do STF). (D) Correta (art. 798 do CPP e Súmula 710 do STF). *Alternativa D.*

135. **(XXIX Exame)** Vanessa foi condenada pela prática de um crime de furto qualificado pela 1ª Vara Criminal de Curitiba, em razão de suposto abuso de confiança que decorreria da relação entre a vítima e Vanessa. Como as partes não interpuseram recurso, a sentença de primeiro grau transitou em julgado. Apesar de existirem provas da subtração de coisa alheia móvel, a vítima não foi ouvida por ocasião da instrução por não ter sido localizada. Durante a execução da pena por Vanessa, a vítima é localizada, confirma a subtração por Vanessa, mas diz que sequer conhecia a autora dos fatos antes da prática delitiva. Vanessa procura seu advogado para esclarecimento sobre eventual medida cabível. Considerando apenas as informações narradas, o advogado de Vanessa deve esclarecer que

(A) não poderá apresentar revisão criminal, tendo em vista que a pena já está sendo executada, mas poderá ser buscada reparação civil.
(B) caberá apresentação de revisão criminal, sendo imprescindível a representação de Vanessa por advogado, devendo a medida ser iniciada perante o próprio juízo da condenação.
(C) não poderá apresentar revisão criminal em favor da cliente, tendo em vista que a nova prova não

é apta a justificar a absolvição de Vanessa, mas tão só a redução da pena.

(D) caberá apresentação de revisão criminal, podendo. Vanessa apresentar a ação autônoma independentemente de estar assistida por advogado, ou por meio de procurador legalmente habilitado.

RESPOSTA (A) Errada (arts. 621 e 623 do CPP). (B) Errada (arts. 621 e 623 do CPP). (C) Errada (arts. 621 e 623 do CPP). (D) Correta (arts. 621 e 623 do CPP). *Alternativa D.*

136. **(XXIX Exame)** Vitor foi denunciado pela prática de um crime de peculato. O magistrado, quando da análise da inicial acusatória, decide rejeitar a denúncia em razão de ausência de justa causa. O Ministério Público apresentou recurso em sentido estrito, sendo os autos encaminhados ao Tribunal, de imediato, para decisão. Todavia, Vitor, em consulta ao sítio eletrônico do Tribunal de Justiça, toma conhecimento da existência do recurso ministerial, razão pela qual procura seu advogado e demonstra preocupação com a revisão da decisão do juiz de primeira instância. Considerando as informações narradas, de acordo com a jurisprudência do Supremo Tribunal Federal, o advogado de Vitor deverá esclarecer que

(A) o Tribunal não poderá conhecer do recurso apresentado, tendo em vista que a decisão de rejeição da denúncia é irrecorrível.

(B) o Tribunal não poderá conhecer do recurso apresentado, pois caberia recurso de apelação, e não recurso em sentido estrito.

(C) ele deveria ter sido intimado para apresentar contrarrazões, apesar de ainda não figurar como réu, mas tão só como denunciado.

(D) caso o Tribunal dê provimento ao recurso, os autos serão encaminhados para o juízo de primeira instância para nova decisão sobre recebimento ou não da denúncia.

RESPOSTA (A) Errada (art. 581 do CPP). (B) Errada (art. 82 da Lei n. 9.099/95). (C) Correta (Súmula 707 do STF). (D) Errada (Súmula 707 do STF). *Alternativa C.*

137. **(XXVIII Exame)** Marcus, advogado, atua em duas causas distintas que correm perante a Vara Criminal da Comarca de Fortaleza. Na primeira ação penal, Renato figura como denunciado em ação penal por crime de natureza tributária, enquanto, na segunda ação, Hélio consta como denunciado por crime de peculato. Entendendo pela atipicidade da conduta de Renato, Marcus impetra *habeas corpus*, perante o Tribunal de Justiça, em busca do "trancamento" da ação penal. Já em favor de Hélio, impetra mandado de segurança, também perante o Tribunal de Justiça, sob o fundamento de que o magistrado de primeira instância, de maneira recorrente, não estava permitindo o acesso aos autos do processo. Na mesma data são julgados o *habeas corpus* e o mandado de segurança por Câmara Criminal do Tribunal de Justiça do Ceará, sendo que a ordem de *habeas corpus* não foi concedida por maioria de votos, enquanto o mandado de segurança foi denegado por unanimidade. Intimado da decisão proferida no *habeas corpus* e no mandado de segurança, caberá a Marcus apresentar, em busca de combatê-las,

(A) Recurso Ordinário Constitucional, nos dois casos.

(B) Recurso em Sentido Estrito e Recurso Ordinário Constitucional, respectivamente.

(C) Embargos infringentes, nos dois casos.

(D) Embargos infringentes e Recurso Ordinário Constitucional, respectivamente.

RESPOSTA (A) Correta (art. 105 da CF). (B) Errada (art. 105 da CF). (C) Errada (art. 105 da CF). (D) Errada (art. 105 da CF). *Alternativa A.*

138. **(XXVIII Exame)** Miguel foi denunciado pela prática de um crime de extorsão majorada pelo emprego de arma e concurso de agentes, sendo a pretensão punitiva do Estado julgada inteiramente procedente e aplicada sanção penal, em primeira instância, de 05 anos e 06 meses de reclusão e 14 dias multa. A defesa técnica de Miguel apresentou recurso alegando:

(i) preliminar de nulidade em razão de violação ao princípio da correlação entre acusação e sentença;

(ii) insuficiência probatória, já que as declarações da vítima, que não presta compromisso legal de dizer a verdade, não poderiam ser consideradas;

(iii) que deveria ser afastada a causa de aumento do emprego de arma, uma vez que o instrumento utilizado era um simulacro de arma de fogo, conforme laudo acostado aos autos.

A sentença foi integralmente mantida. Todos os desembargadores que participaram do julgamento votaram pelo não acolhimento da preliminar e pela manutenção da condenação. Houve voto vencido de um desembargador, que afastava apenas a causa de aumento do emprego de arma. Intimado do teor do acórdão, o(a) advogado(a) de Miguel deverá interpor

(A) embargos infringentes e de nulidade, buscando o acolhimento da preliminar, sua absolvição e o afastamento da causa de aumento de pena reconhecida.

(B) embargos infringentes e de nulidade, buscando o acolhimento da preliminar e o afastamento da causa de aumento do emprego de arma, apenas.

(C) embargos de nulidade, buscando o acolhimento da preliminar, apenas.

(D) embargos infringentes, buscando o afastamento da causa de aumento do emprego de arma, apenas.

RESPOSTA (A) Errada (art. 609 do CPP). (B) Errada (art. 609 do CPP). (C) Errada (art. 609 do CPP). (D) Correta (art. 609 do CPP). *Alternativa D.*

139. **(XXVI Exame)** Pablo e Leonardo foram condenados, em primeira instância, pela prática do crime de furto qualificado, à pena de 02 anos e 06 meses de reclusão e 12 dias-multa, por fatos que teriam ocorrido quando Pablo tinha 18 anos e Leonardo, 21 anos. A pena-base foi aumentada, não sendo reconhecidas atenuantes ou agravantes nem causas de aumento ou diminuição. Intimados da sentença, o promotor e o advogado de Leonardo não tiveram interesse em apresentar recurso, mas o advogado de Pablo apresentou recurso de apelação. Por ocasião do julgamento do recurso, entenderam os desembargadores por reconhecer que o crime restou tentado, bem como que deveria ser aplicada a atenuante da menoridade relativa a Pablo. Com base nas informações expostas, os efeitos da decisão do Tribunal

(A) não poderão ser estendidos a Leonardo, tendo em vista que houve trânsito em julgado da sua condenação.

(B) poderão ser integralmente estendidos a Leonardo, aplicando-se a atenuante e a causa de diminuição de pena da tentativa.

(C) poderão ser parcialmente estendidos a Leonardo, aplicando-se a causa de diminuição de pena da tentativa, mas não a atenuante.

(D) não poderão ser estendidos a Leonardo, pois, ainda que sem trânsito em julgado, em recurso exclusivo de Pablo não poderia haver *reformatio in mellius* para o corréu.

RESPOSTA Alternativa C correta e erradas as alternativas A, B e C, pelo mesmo fundamento: o art. 580 do CPP. *Alternativa C.*

140. **(XXV Exame)** Luiz foi condenado, em primeira instância, pela prática de crime de homicídio qualificado em razão de recurso que dificultou a defesa da vítima. Durante seu interrogatório em Plenário, Luiz confessou a prática delitiva, mas disse que não houve recurso que dificultou a defesa da vítima, tendo em vista que ele estava discutindo com ela quando da ação delitiva. Insatisfeito com o reconhecimento da qualificadora pelos jurados, já que, diferentemente do que ocorreu em relação à autoria, não haveria qualquer prova em relação àquela, o advogado apresentou, de imediato, recurso de apelação. Considerando apenas as informações narradas, o advogado de Luiz deverá buscar, em sede de recurso,

(A) o reconhecimento de nulidade, com consequente realização de nova sessão de julgamento.

(B) o reconhecimento de que a decisão dos jurados foi manifestamente contrária à prova dos autos em relação à qualificadora, com consequente realização de nova sessão de julgamento.

(C) o afastamento da qualificadora pelo Tribunal de 2ª instância, com imediata readequação, pelo órgão, da pena aplicada pelo juízo do Tribunal do Júri.

(D) o afastamento da qualificadora pelo Tribunal de 2ª instância, com baixa dos autos, para que o juízo do Tribunal do Júri aplique nova pena.

RESPOSTA Alternativa B correta e erradas as demais, pelo mesmo motivo: o art. 593, III, do CPP. *Alternativa B.*

141. **(XXIV Exame)** João foi denunciado pela prática do crime de furto qualificado previsto no Art. 155, § 4º, inciso I, do Código Penal. Em primeira instância, João foi absolvido. Em sede de recurso de apelação apresentado pelo Ministério Público, houve provimento parcial do recurso, sendo o agente condenado de maneira unânime. Apesar da unanimidade na condenação, o reconhecimento da qualificadora restou afastado por maioria de votos. Ademais, um dos desembargadores ainda votou pelo reconhecimento do privilégio do Art. 155, § 2º, do CP, mas restou isolado e vencido. Insatisfeito com a condenação pelo furto simples, o Ministério Público apresenta embargos infringentes em busca do reconhecimento da qualificadora. Considerando apenas as informações narradas, é correto afirmar que o advogado de João, sob o ponto de vista técnico, deverá defender

(A) o não conhecimento dos embargos infringentes apresentados pelo Ministério Público e apresentar recurso de embargos infringentes em busca da absolvição de João.

(B) o conhecimento e não provimento dos embargos infringentes apresentados pelo Ministério Público e apresentar embargos infringentes em busca do reconhecimento do privilégio.

(C) o não conhecimento dos embargos infringentes apresentados pelo Ministério Público e apresentar embargos infringentes em busca do reconhecimento do privilégio.

(D) o conhecimento e não provimento dos embargos do Ministério Público e não poderá apresentar recurso de embargos infringentes.

RESPOSTA Alternativas A, B e D erradas e correta a alternativa C, com fundamento no art. 609, parágrafo único, do CPP. *Alternativa C.*

142. **(XXIV Exame)** Vinícius, sócio de um grande escritório de advocacia, especializado na área criminal, recebeu, no dia 02 de outubro de 2017, duas intimações de decisões referentes a dois clientes diferentes. A primeira intimação tratava de decisão proferida pela 1ª Câmara Criminal de determinado Tribunal de Justiça denegando a ordem de *habeas corpus* que havia sido apresentada perante o órgão em favor de Gilmar (após negativa em primeira instância), que responde preso a ação pela suposta prática de crime de roubo. A segunda intimação foi de decisão proferida pelo Juiz de Direito da 1ª Vara Criminal de Fortaleza, também denegando ordem de *habeas corpus*, mas, dessa vez, a medida havia sido apresentada em favor de Rubens, que figura como indiciado em inquérito que investiga a suposta prática do crime de tráfico de drogas. Diante das intimações realizadas, insatisfeito com as decisões proferidas, Vinícius, para combater as decisões prejudiciais a Gilmar e Rubens, deverá apresentar

(A) Recurso Ordinário Constitucional e Recurso em Sentido Estrito, respectivamente.
(B) Recurso em Sentido Estrito, nos dois casos.
(C) Recurso Ordinário Constitucional, nos dois casos.
(D) Recurso Especial e Recurso Ordinário Constitucional, respectivamente.

RESPOSTA (A) Correta, com fundamento nos arts. 581, I, do CPP e 102, II, e 105, II, da CF. Alternativas B, C e D erradas, pelos mesmos motivos. *Alternativa A.*

143. **(XXIII Exame)** Vitor, corretor de imóveis, está sendo investigado em inquérito policial. Considerando que o delegado vem atuando com abuso e colocando em risco a liberdade de Vitor, o advogado do investigado apresenta *habeas corpus* perante o órgão competente. Quando da análise do *habeas corpus*, a autoridade competente entende por denegar a ordem. Considerando as informações narradas, o advogado de Vitor poderá recorrer da decisão que denegou a ordem por meio de

(A) recurso em sentido estrito, tendo em vista que o Tribunal de Justiça foi o órgão competente para análise do *habeas corpus* apresentado em razão da conduta do delegado.
(B) recurso em sentido estrito, tendo em vista que o juiz de primeiro grau era competente para a análise do *habeas corpus* apresentado em razão da conduta do delegado.
(C) recurso ordinário constitucional, tendo em vista que o Tribunal de Justiça foi o órgão competente para análise do *habeas corpus* apresentado em razão da conduta do delegado.
(D) recurso ordinário constitucional, tendo em vista que o juiz de primeiro grau era competente para a análise do *habeas corpus* apresentado em razão da conduta do delegado.

RESPOSTA (A) Errada, pois o HC tinha de ser impetrado perante juiz de primeiro grau (B). Correta, conforme o art. 581 do CPP. Alternativas C e D erradas, tendo em vista que contrariam o disposto nos arts. 102, II, e 105, II, da CF. *Alternativa B.*

144. **(XXII Exame)** Daniel foi autor de um crime de homicídio doloso consumado em desfavor de William. Após a denúncia e ao fim da primeira fase do procedimento bifásico dos crimes dolosos contra a vida, Daniel foi pronunciado. Inconformado, o advogado do acusado interpôs o recurso cabível, mas o juiz de primeira instância, ao realizar o primeiro juízo de admissibilidade, negou seguimento ao recurso. Novamente inconformado com a decisão, o defensor de Daniel impetrou nova medida. Considerando a situação narrada, assinale a opção que indica o recurso interposto da decisão de pronúncia e a medida para combater a decisão que denegou o recurso anterior, respetivamente.

(A) Apelação e Recurso em Sentido Estrito.
(B) Recurso em Sentido Estrito e novo Recurso em Sentido Estrito.
(C) Recurso em Sentido Estrito e Carta Testemunhável.
(D) Apelação e Carta Testemunhável.

RESPOSTA Alternativa C correta e alternativas A, B e D erradas com base nos mesmos dispositivos: arts. 581, IV, 593 e 639 do CPP. *Alternativa C.*

145. **(XX Exame)** José foi absolvido em 1ª instância após ser denunciado pela prática de um crime de extorsão em face de Marina. O Ministério Público interpôs recurso de apelação, sendo a sentença de primeiro grau reformada pelo Tribunal de Justiça de Santa Catarina para condenar o réu à pena de 05 anos, sendo certo que o acórdão transitou em julgado. Sete anos depois da condenação, já tendo cumprido integralmente a pena, José vem a falecer. Posteriormente, Caio, filho de José, encontrou um vídeo no qual foi gravada uma conversa de José e Marina, onde esta admite que mentiu ao dizer que foi vítima do crime pelo qual José foi condenado, mas que a atitude foi tomada por ciúmes. Caio, então, procura o advogado da família. Diante da situação narrada, é correto afirmar que Caio, através de seu advogado,

(A) não poderá apresentar revisão criminal, pois a pena de José já havia sido extinta pelo cumprimento.

(B) não poderá apresentar revisão criminal, pois o acusado, que é quem teria legitimidade, já é falecido.
(C) poderá apresentar revisão criminal, sendo competente para julgamento o Superior Tribunal de Justiça.
(D) poderá apresentar revisão criminal, sendo competente para julgamento o Tribunal de Justiça de Santa Catarina.

RESPOSTA Alternativa D correta e alternativas A, B e C erradas com base nos mesmos dispositivos: arts. 622, 623 e 624 do CPP. *Alternativa D.*

146. **(XX Exame – Reaplicação)** Em razão de uma determinada conduta de um juiz de direito de 1ª instância, que atuava em uma Vara Criminal da Comarca de Curitiba, o advogado Frederico ingressou com um *habeas corpus* junto ao Tribunal de Justiça do Paraná, figurando como autoridade coatora o magistrado. A ordem de *habeas corpus* foi denegada pelo Tribunal. Dessa decisão, desconsiderando a hipótese de *habeas corpus*, caberá ao advogado interpor a seguinte medida:

(A) recurso em sentido estrito, que permite o exercício do juízo de retratação.
(B) recurso ordinário constitucional perante o STJ.
(C) recurso ordinário constitucional perante o STF.
(D) recurso especial perante o STJ.

RESPOSTA Alternativa B correta e alternativas A, C e D erradas, todas com base nos mesmos dispositivos: arts. 581 do CPP, 102, II, e 105, II, da CF. *Alternativa B.*

147. **(XIX Exame)** Antônio foi denunciado e condenado pela prática de um crime de roubo simples à pena privativa de liberdade de 4 anos de reclusão, a ser cumprido em regime fechado, e 10 dias-multa. Publicada a sentença no Diário Oficial, o advogado do réu se manteve inerte. Antônio, que estava preso, foi intimado pessoalmente, em momento posterior, manifestando interesse em recorrer do regime de pena aplicado. Diante disso, 2 dias após a intimação pessoal de Antônio, mas apenas 10 dias após a publicação no Diário Oficial, sua defesa técnica interpôs recurso de apelação. O juiz de primeira instância denegou a apelação, afirmando a intempestividade. Contra essa decisão, o advogado de Antônio deverá apresentar

(A) Recurso de Agravo.
(B) Carta Testemunhável.
(C) Recurso Ordinário Constitucional.
(D) Recurso em Sentido Estrito.

RESPOSTA (A) Errada (art. 581 do CPP). (B) Errada (art. 581 do CPP). (C) Errada (art. 581 do CPP). (D) Correta (art. 581 do CPP). *Alternativa D.*

148. **(XVII Exame)** Após regular instrução processual, Flávio foi condenado pela prática do crime de tráfico ilícito de entorpecentes a uma pena privativa de liberdade de cinco anos de reclusão, a ser cumprida em regime inicial fechado, e 500 dias-multa. Intimado da sentença, sem assistência da defesa técnica, Flávio renunciou ao direito de recorrer, pois havia confessado a prática delitiva. Rafael, advogado de Flávio, porém, interpôs recurso de apelação dentro do prazo legal, buscando a mudança do regime de pena. Neste caso, é correto dizer que o recurso apresentado por Rafael

(A) não poderá ser conhecido, pois houve renúncia por parte de Flávio, mas nada impede que o Tribunal, de ofício, melhore a situação do acusado.
(B) deverá ser conhecido, pois não é admissível a renúncia ao direito de recorrer, no âmbito do processo penal.
(C) não poderá ser conhecido, pois a renúncia expressa de Flávio não pode ser retratada, não podendo o Tribunal, de ofício, alterar a decisão do magistrado.
(D) deverá ser conhecido, pois a renúncia foi manifestada sem assistência do defensor.

RESPOSTA Alternativa D correta e alternativas A, B e C erradas pelo mesmo motivo: a Súmula 705 do STF. *Alternativa D.*

149. **(XVII Exame)** Marcelo foi denunciado pela prática de um crime de furto. Entendendo que não haveria justa causa, antes mesmo de citar o acusado, o magistrado não recebeu a denúncia. Diante disso, o Ministério Público interpôs o recurso adequado. Analisando a hipótese, é correto afirmar que

(A) o recurso apresentado pelo Ministério Público foi de apelação.
(B) apesar de ainda não ter sido citado, Marcelo deve ser intimado para apresentar contrarrazões ao recurso, sob pena de nulidade.
(C) mantida a decisão do magistrado pelo Tribunal, não poderá o Ministério Público oferecer nova denúncia pelo mesmo fato, ainda que surjam provas novas.
(D) antes da rejeição da denúncia, deveria o magistrado ter citado o réu para apresentar resposta à acusação.

RESPOSTA Alternativa B correta e alternativas A, C e D erradas, todas com fundamento nos mesmos dispositivos: arts. 396, 396-A, 581 e 588, todos dos CPP. *Alternativa B.*

150. **(XVI Exame)** Scott procurou um advogado, pois tinha a intenção de ingressar com queixa-crime contra dois vizinhos que vinham lhe injuriando constantemente. Narrados os fatos e conferida procuração com poderes especiais, o patrono da vítima ingressou com a ação penal no Juizado Especial Criminal, órgão efetivamente competente, contudo o magistrado rejeitou a queixa apresentada. Dessa decisão do magistrado caberá

(A) recurso em sentido estrito, no prazo de 05 dias.
(B) apelação, no prazo de 05 dias.
(C) recurso em sentido estrito, no prazo de 02 dias.
(D) apelação, no prazo de 10 dias.

RESPOSTA Alternativa D correta e erradas as alternativas A, B e C, todas com fundamento nos mesmos dispositivos: arts. 581 e 593 do CPP. *Alternativa D.*

151. **(XV Exame)** Tiago e Andrea agiram em concurso de agentes em determinado crime. O processo segue seu curso natural, culminando com sentença condenatória, na qual os dois são condenados. Quando da interposição do recurso, apenas Andrea apela. O recurso é julgado. Na decisão, fundada em motivos que não são de caráter exclusivamente pessoal, os julgadores decidem pela absolvição de Andrea. Nesse sentido, diante apenas das informações apresentadas pelo enunciado, assinale a afirmativa correta.

(A) Andrea será absolvida e Tiago continuará condenado, devido ao fato de a decisão ter sido fundada em motivos que não são de caráter exclusivamente pessoal.
(B) Andrea e Tiago serão absolvidos, pois os efeitos da decisão serão estendidos a este, devido ao fato de a decisão ter sido fundada em motivos que não são de caráter exclusivamente pessoal.
(C) Andrea e Tiago serão absolvidos, porém será necessário interpor Recurso Especial.
(D) Andrea será absolvida e Tiago continuará condenado, pois não interpôs recurso.

RESPOSTA Alternativa B correta e alternativas A, C e D erradas pelo mesmo motivo: o art. 580 do CPP. *Alternativa B.*

152. **(XIV Exame)** Eduardo foi denunciado pelo crime de estupro de vulnerável. Durante a instrução, negou a autoria do crime, afirmando estar, na época dos fatos, no município "C", distante dois quilômetros do local dos fatos. Como a afirmativa não foi corroborada por outros elementos de convicção, o Juiz entendeu que a palavra da vítima deveria ser considerada, condenando Eduardo. A defesa recorreu, mas, após longo debate nos Tribunais Superiores, a decisão transitou em julgado desfavoravelmente ao réu. Eduardo dirigiu-se, então, ao município "C", em busca de provas que pudessem apontar a sua inocência, e, depois de muito procurar, conseguiu as filmagens de um estabelecimento comercial, que estavam esquecidas em um galpão velho. Nas filmagens, Eduardo aparece comprando lanche em uma padaria. Com a prova em mãos, procura seu advogado. Assinale a opção que apresenta a providência a ser adotada pelo advogado de Eduardo.

(A) O advogado deve ingressar com agravo em execução, pois Eduardo descobriu uma prova que atesta a sua inocência de forma inconteste.
(B) O advogado deve ingressar com revisão criminal, pois Eduardo descobriu uma prova que atesta a sua inocência de forma inconteste.
(C) O advogado deve ingressar com reclamação constitucional, pois Eduardo descobriu uma prova que atesta a sua inocência de forma inconteste.
(D) O advogado deve ingressar com ação de *habeas corpus*, pois Eduardo descobriu uma prova que atesta a sua inocência de forma inconteste.

RESPOSTA (A) Errada (LEP, art. 197). (B) Correta (CPP, art. 621). (C) Errada (CF, arts. 102, I, e 105, I). (D) Errada (CPP, art. 648). *Alternativa B.*

153. **(XII Exame)** A jurisprudência uníssona do Supremo Tribunal Federal admite a proibição da *reformatio in pejus* indireta. Por este instituto entende-se que

(A) o Tribunal não poderá agravar a pena do réu, se somente o réu houver recorrido – não havendo, portanto, recurso por parte da acusação.
(B) o juiz está proibido de prolatar sentença com condenação superior à que foi dada no primeiro julgamento quando o Tribunal, ao julgar recurso interposto apenas pela defesa, anula a sentença proferida pelo juízo *a quo*.
(C) o Tribunal não poderá tornar pior a situação do réu, quando não só o réu houver recorrido.
(D) o Tribunal está proibido de exarar acórdão com condenação superior à que foi dada no julgamento *a quo* quando julga recurso da acusação.

RESPOSTA Alternativa B correta e alternativas A, C e D erradas pelo mesmo motivo: o art. 617 do CPP. *Alternativa B.*

154. **(XI Exame)** Frida foi condenada pela prática de determinado crime. Como nenhuma das partes interpôs recurso da sentença condenatória, tal decisão transitou em julgado, definitivamente, dentro de pouco tempo. Pablo, esposo de Frida, sempre soube da inocência de sua consorte, mas somente após a condenação definitiva é que conseguiu reunir as provas necessárias para inocentá-la. Ocorre que Frida não deseja vivenciar novamente a angústia de estar perante o Judiciário, preferindo encarar sua condenação injusta como um meio de tornar-se uma pessoa melhor. Nesse sentido, tomando-se por base o caso apresentado e a medida cabível à espécie, assinale a afirmativa correta.

(A) Pablo pode ingressar com revisão criminal em favor de Frida, ainda que sem a concordância desta.
(B) Caso Frida tivesse sido absolvida com base em falta de provas, seria possível ingressar com revisão criminal para pedir a mudança do fundamento da absolvição.
(C) Da decisão que julga a revisão criminal são cabíveis, por exemplo, embargos de declaração, mas não cabe apelação.
(D) Caso a sentença dada a Frida, no caso concreto, a tivesse condenado mas, ao mesmo tempo, reconhecido a prescrição da pretensão executória, seria incabível revisão criminal.

RESPOSTA (A) Errada (CPP, art. 623). (B) Errada (CPP, art. 621). (C) Correta (CPP, art. 593). (D) Errada (CPP, art. 622). *Alternativa C.*

155. **(XI Exame)** De acordo com a doutrina, recurso é todo meio voluntário de impugnação apto a propiciar ao recorrente resultado mais vantajoso. Em alguns casos, fenômenos processuais impedem o caminho natural de um recurso. Quando a parte se manifesta, esclarecendo que não deseja recorrer, estamos diante do fenômeno processual conhecido como

(A) preclusão.
(B) desistência.
(C) deserção.
(D) renúncia.

RESPOSTA (A) Errada. A preclusão diz respeito à perda do direito de recorrer. (B) Errada, pois a desistência ocorre quando já interposto o recurso. (C) Errada, visto não ter sido mencionado como causa o não recolhimento de preparo (CPP, art. 806, § 2º). (D) Correta, nos termos do art. 49 do CPP. *Alternativa D.*

156. **(X Exame)** José, após responder ao processo cautelarmente preso, foi condenado à pena de oito anos e sete meses de prisão em regime inicialmente fechado. Após alguns anos no sistema carcerário, seu advogado realizou um pedido de livramento condicional, que foi deferido pelo magistrado competente. O membro do *parquet* entendeu que tal benefício era incabível no momento e deseja recorrer da decisão. Sobre o caso apresentado, assinale a afirmativa que menciona o recurso correto.

(A) Agravo em Execução, no prazo de 10 (dez dias).
(B) Recurso em Sentido Estrito, no prazo de 05 (cinco dias).
(C) Agravo em Execução, no prazo de 05 (cinco dias).
(D) Recurso em Sentido Estrito, no prazo de 10 (dez dias).

RESPOSTA Alternativas A, B e D erradas e correta a alternativa D, com fundamento nos arts. 581 do CPP, no art. 197 da LEP e na Súmula 700 do STF. *Alternativa D.*

157. **(IX Exame)** Joel foi condenado pela prática do crime de extorsão mediante sequestro. A defesa interpôs recurso de Apelação, que foi recebido e processado, sendo certo que o tribunal, de forma não unânime, manteve a condenação imposta pelo juízo *a quo*. O advogado do réu verifica que o acórdão viola, de forma direta, dispositivos constitucionais, razão pela qual decide continuar recorrendo da decisão exarada pela Segunda Instância. De acordo com as informações acima, assinale a alternativa que indica o recurso a ser interposto.

(A) Recurso em Sentido Estrito.
(B) Recurso Ordinário Constitucional.
(C) Recurso Extraordinário.
(D) Embargos Infringentes.

RESPOSTA (A) Errada (CPP, art. 581). (B) Errada (CF, arts. 102, II, e 105, II). (C) Errada (CF, art. 102, III). (D) Correta (CPP, art. 609, parágrafo único). *Alternativa D.*

158. **(IX Exame – Reaplicação)** Segundo a Teoria Geral dos Recursos "a interposição de um recurso não liga o recorrente à impugnação, permitindo-se a interposição de outros recursos, desde que no prazo".

Esse princípio denomina-se

(A) Variabilidade.
(B) Unirrecorribilidade.
(C) Fungibilidade.
(D) Disponibilidade.

RESPOSTA (A) Correta, como descrito no enunciado. (B) Errada. Diz respeito a ser cabível, em regra, um único recurso contra certa decisão. (C) Errada. Trata da possibilidade de ser interposto um recurso no lugar do outro, sem prejuízo ao recorrente. (D) Errada, pois estabelece a possibilidade de a parte decidir por recorrer ou não de uma decisão. *Alternativa A.*

159. **(VIII Exame)** Adão ofereceu uma queixa-crime contra Eva por crime de dano qualificado (art. 163, parágrafo único, IV). A queixa preenche todos os requisitos legais e foi oferecida antes do fim do prazo decadencial. Apesar disso, há a rejeição da inicial pelo juízo competente, que refere, equivocadamente, que a inicial é intempestiva, pois já teria transcorrido o prazo decadencial. Nesse caso, assinale a afirmativa que indica o recurso cabível.

(A) Recurso em sentido estrito.
(B) Apelação.
(C) Embargos infringentes.
(D) Carta testemunhável.

RESPOSTA (A) Correta (CPP, art. 581, I). (B) Errada (CPP, arts. 581 e 593). Alternativas C e D erradas (CPP, art. 581). *Alternativa A.*

160. **(VII Exame)** Em relação aos meios de impugnação de decisões judiciais, assinale a afirmativa INCORRETA.

(A) Caberá recurso em sentido estrito contra a decisão que rejeitar a denúncia, podendo o magistrado, entretanto, após a apresentação das razões recursais, reconsiderar a decisão proferida.
(B) Caberá apelação contra a decisão que impronunciar o acusado, a qual terá efeito meramente devolutivo.
(C) Caberá recurso em sentido estrito contra a decisão que receber a denúncia oferecida contra funcionário público por delito próprio, o qual terá duplo efeito.
(D) Caberá apelação contra a decisão que rejeitar a queixa-crime oferecida perante o Juizado Especial Criminal, a qual terá efeito meramente devolutivo.

RESPOSTA (A) Correta (CPP, art. 581). (B) Correta (CPP, art. 416). (C) Incorreta, pois a decisão é irrecorrível. (D) Correta (Lei n. 9.099/95, art. 82). *Alternativa C.*

161. **(VI Exame)** Caio, Mévio e Tício estão sendo acusados pela prática do crime de roubo majorado. No curso da instrução criminal, ficou comprovado que os três acusados agiram em concurso para a prática do crime. Os três acabaram condenados, e somente um deles recorreu da decisão. A decisão do recurso interposto por Caio

(A) Aproveitará aos demais, sempre.
(B) Se fundado em motivos que não sejam de caráter exclusivamente pessoal, aproveitará aos outros.
(C) Sempre aproveitará apenas ao recorrente.
(D) Aproveitará aos demais, desde que eles tenham expressamente consentido nos autos com os termos do recurso interposto.

RESPOSTA (A) Errada (CPP, art. 580). (B) Correta (CPP, art. 580). (C) Errada. Se os motivos trazidos forem de caráter pessoal, podem não aproveitar aos demais. (D) Errada (CPP, art. 580). *Alternativa B.*

162. **(VI Exame)** Com base no Código de Processo Penal, acerca dos recursos, assinale a alternativa correta.

(A) Todos os recursos têm efeito devolutivo, e alguns têm também os efeitos suspensivo e iterativo.
(B) O recurso de apelação sempre deve ser interposto no prazo de cinco dias a contar da intimação, devendo as razões ser interpostas no prazo de oito dias.
(C) Apesar do princípio da complementaridade, é defeso ao recorrente complementar a fundamentação de seu recurso quando houver complementação da decisão recorrida.
(D) A carta testemunhável tem o objetivo de provocar o reexame da decisão que denegar ou impedir seguimento de recurso em sentido estrito, agravo em execução e apelação.

RESPOSTA (A) Correta (CPP, art. 597). (B) Errada (p. ex.: art. 82, § 1º, da Lei n. 9.099/95). (C) Errada, pois não existe vedação. (D) Errada (CPP, art. 581, XV). *Alternativa A.*

163. **(V Exame)** Da sentença que absolver sumariamente o réu caberá(ão)

(A) recurso em sentido estrito.
(B) embargos.
(C) revisão criminal.
(D) apelação.

RESPOSTA Alternativa D correta e alternativas A, B e C erradas pelos mesmos fundamentos: arts. 416 e 593 do CPP. *Alternativa D.*

164. **(III Exame)** Ao proferir sentença, o magistrado, reputando irrelevantes os argumentos desenvolvidos pela defesa, deixa de apreciá-los, vindo a condenar o acusado. Com base no caso acima, assinale a alternativa correta.

(A) Como é causa de nulidade da sentença, a falta de fundamentação deve ser arguida inicialmente por meio de embargos de declaração, que, se não forem opostos, gerarão a preclusão da alegação, pois a nulidade decorrente da falta de fundamentação do decreto condenatório importa em nulidade relativa.
(B) Como é causa de nulidade absoluta da sentença, a falta de fundamentação não precisa ser arguida por meio de embargos de declaração, devendo necessariamente, no entanto, ser sustentada no recurso de apelação para poder ser conhecida pelo Tribunal.

(C) Como é causa de nulidade absoluta da sentença, a falta de fundamentação não precisa ser arguida nem por meio de embargos de declaração, nem no recurso de apelação, podendo ser conhecida de ofício pelo Tribunal.

(D) Como reputou irrelevantes as alegações feitas pela defesa, o magistrado não precisava tê-las apreciado na sentença proferida, não havendo qualquer nulidade processual, pois não há nulidade sem prejuízo.

RESPOSTA (A) Errada (art. 564 do CPP). (B) Errada (art. 564 do CPP). (C) Correta (art. 564 do CPP). (D) Errada (art. 564 do CPP). *Alternativa C.*

165. **(III Exame)** José é denunciado sob a acusação de que teria praticado o crime de roubo simples contra Ana Maria. Na audiência de instrução e julgamento, o magistrado indefere, imotivadamente, que sejam ouvidas duas testemunhas de defesa. Ao proferir sentença, o juiz condena José à pena de quatro anos de reclusão, a ser cumprida em regime aberto. Após a sentença passar em julgado para a acusação, a defesa interpõe recurso de apelação, arguindo, preliminarmente, a nulidade do processo em razão do indeferimento imotivado de se ouvirem duas testemunhas, e alegando, no mérito, a improcedência da acusação. Analisando o caso, o Tribunal de Justiça dá provimento ao recurso e declara nulo o processo desde a Audiência de Instrução e Julgamento. Realizado o ato e apresentadas novas alegações finais por meio de memoriais, o juiz profere outra sentença, desta vez condenando José a pena de quatro anos de reclusão a ser cumprida em regime inicialmente semiaberto, pois, sendo reincidente, não poderia iniciar o cumprimento de sua reprimenda em regime aberto. Com base no relatado acima, é correto afirmar que o juiz agiu

(A) Equivocadamente, pois a primeira sentença transitou em julgado para a acusação, de sorte que não poderia a segunda decisão trazer consequência mais gravosa para o réu em razão da interposição de recurso exclusivo da defesa.

(B) Equivocadamente, pois, por ser praticado com violência ou grave ameaça contra a pessoa, o crime de roubo impõe o início do cumprimento da pena em regime fechado.

(C) Corretamente, pois a pena atribuída proíbe a imposição do regimento aberto para o início do cumprimento de pena.

(D) Corretamente, pois, embora a pena atribuída permita a fixação do regime aberto para o início do cumprimento de pena, o fato de ser o réu reincidente impede tal providência, não se podendo falar em prejuízo para o réu uma vez que o recurso de apelação da defesa foi provido pelo Tribunal de Justiça.

RESPOSTA (A) Correta (CPP, art. 617). (B) Errada (CP, art. 33, § 2º). Alternativas C e D erradas (CPP, art. 617). *Alternativa A.*

166. **(II Exame)** Antônio Ribeiro foi denunciado pela prática de homicídio qualificado, pronunciado nos mesmos moldes da denúncia e submetido a julgamento pelo Tribunal do Júri em 25/05/2005, tendo sido condenado à pena de 15 anos de reclusão em regime integralmente fechado. A decisão transita em julgado para o Ministério Público, mas a defesa de Antônio apela, alegando que a decisão dos Jurados é manifestamente contrária à prova dos autos. A apelação é provida, sendo o réu submetido a novo Júri. Neste segundo Júri, Antônio é novamente condenado e sua pena é agravada, mas fixado regime mais vantajoso (inicial fechado). A esse respeito, assinale a afirmativa correta.

(A) Não cabe nova apelação no caso concreto, em respeito ao princípio da soberania dos veredictos.

(B) A decisão do juiz togado foi incorreta, pois violou o princípio do *ne reformatio in pejus*, cabendo apelação.

(C) A decisão dos jurados foi incorreta, pois violou o princípio do *tantum devolutum quantum appellatum*.

(D) Não cabe apelação por falta de interesse jurídico, já que a fixação do regime inicial fechado é mais vantajosa do que uma pena a ser cumprida em regime integralmente fechado.

RESPOSTA Questão desatualizada, pois não mais se fala em regime integralmente fechado, ainda que o crime seja hediondo ou equiparado. De qualquer forma, a alternativa A está errada, mas em razão do princípio da vedação ao *reformatio in pejus*. (B) Correta, nos termos do art. 617 do CPP. (C) Errada, pois a decisão se deu em observância à soberania dos vereditos. (D) Errada, pois é possível discutir a justiça do *quantum* da pena imposta. *Alternativa B.*

XIV. EXECUÇÃO

167. **(XXX Exame)** Enquanto cumpria pena em regime fechado, Antônio trabalhava na unidade prisional de maneira regular. Após progressão para o regime semiaberto, o apenado passou a estudar por meio de metodologia de ensino a distância, devidamente certificado pelas autoridades educacionais. Com a obtenção de livramento condicional, passou a frequentar curso de educação profissional. Ocorre que havia contra Antônio procedimento administrativo disciplinar em que se investigava a prática de falta grave durante o cumprimento da pena em regime semiaberto, sendo, após observância de todas as formalidades legais, reconhecida a prática da falta grave. Preocupado, Antônio procura seu advogado para esclarecimentos sobre o tempo de pena que poderá ser remido e as consequências do reconhecimento da falta grave. Considerando as informações narradas, o advogado de Antônio deverá esclarecer que

(A) o trabalho na unidade prisional e o estudo durante cumprimento de pena em regime semiaberto justificam a remição da pena, mas não o curso frequentado durante livramento condicional, sendo certo que a falta grave permite perda de parte dos dias remidos.

(B) o trabalho somente quando realizado em regime fechado ou semiaberto justifica a remição de pena, mas o estudo a distância e a frequência ao curso poderão gerar remição mesmo no regime aberto ou durante livramento condicional, podendo a punição por falta grave gerar perda de parte dos dias remidos.

(C) o reconhecimento de falta grave não permite a perda dos dias remidos com o trabalho na unidade e a frequência a curso em regime semiaberto, mas tão só a regressão do regime de cumprimento da pena.

(D) o tempo remido exclusivamente com o trabalho em regime fechado, mas não com o estudo, será computado como pena cumprida, para todos os efeitos, mas, diante da falta grave, poderá haver perda de todos os dias remidos anteriormente.

RESPOSTA (A) Errada (arts. 126 e 127 da LEP). (B) Correta (arts. 126 e 127 da LEP). (C) Errada (arts. 126 e 127 da LEP). (D) Errada (arts. 126 e 127 da LEP). *Alternativa B.*

168. **(XXVII Exame)** Vanessa cumpre pena em regime semiaberto em razão de segunda condenação definitiva por crime de tráfico armado. Durante o cumprimento, após preencher o requisito objetivo, requer ao juízo da execução, por meio de seu advogado, a progressão para o regime aberto. Considerando as peculiaridades do caso, a reincidência específica e o emprego de arma, o magistrado, em decisão fundamentada, entende por exigir a realização do exame criminológico. Com o resultado, o magistrado competente concedeu a progressão de regime, mas determinou que Vanessa comparecesse em juízo, quando determinado, para informar e justificar suas atividades; que não se ausentasse, sem autorização judicial, da cidade onde reside; e que prestasse, durante o período restante de cumprimento de pena, serviços à comunidade. Intimada da decisão, considerando as informações expostas, poderá a defesa técnica de Vanessa apresentar recurso de agravo à execução, alegando que

(A) a lei veda a fixação de condições especiais não previstas em lei.

(B) poderiam ter sido fixadas condições especiais não previstas em lei, mas não prestação de serviços à comunidade.

(C) não poderia ter sido fixada a condição de proibição de se ausentar da cidade em que reside sem autorização judicial.

(D) a decisão foi inválida como um todo, porque é vedada a exigência de exame criminológico para progressão de regime, ainda que em decisão fundamentada.

RESPOSTA Alternativas A e C erradas, conforme o art. 115 da LEP. (D) Errada, nos termos da Súmula 439 do STJ. (B) Correta, com fundamento na Súmula 493 do STJ. *Alternativa B.*

169. **(XV Exame)** Daniel foi condenado à pena privativa de liberdade de 06 anos de reclusão, em regime inicial fechado, pela prática do delito de estupro (art. 213, do Código Penal). Tendo decorrido lapso temporal para progressão de regime prisional e ostentando o reeducando bom comportamento carcerário, sua defesa pleiteou a concessão do benefício. Em 26/07/2013, o Juízo das Execuções, tendo em vista a necessidade de melhor aferição do requisito subjetivo, determinou a realização de exame criminológico, em decisão devidamente fundamentada. Sobre o caso apresentado, segundo entendimento sumulado nos Tribunais Superiores, assinale a opção correta.

(A) Agiu corretamente o magistrado, eis que é possível a realização de exame criminológico pelas peculiaridades do caso, desde que em decisão motivada.

(B) Agiu corretamente o magistrado, pois a realização de exame criminológico é sempre necessária.

(C) Não agiu corretamente o magistrado, uma vez que não é possível a realização de exame criminológico.

(D) Não agiu corretamente o magistrado, na medida em que o exame criminológico só poderá ser realizado no caso de crimes graves e hediondos.

RESPOSTA Alternativa A correta e erradas as demais, com fundamento na Súmula 439 do STJ. *Alternativa A.*

170. **(XIV Exame)** Washington foi condenado à pena de 5 anos e 4 meses de reclusão e ao pagamento de 10 dias-multa pela prática do delito de roubo (art. 157, do CP), em regime semiaberto, tendo iniciado o cumprimento da pena logo após a publicação da sentença condenatória. Decorrido certo lapso temporal, a defesa de Washington pleiteia a progressão de regime prisional ao argumento de que, com a remição de pena a que faz jus, já cumpriu a fração necessária para ser agraciado com o avanço prisional, estando, assim, presente o requisito objetivo. Washington ostentaria, ainda, bom comportamento carcerário, atestado pelo diretor do estabelecimento prisional. Na decisão, o juiz *a quo* concedeu a progressão para o regime aberto, mediante a condição especial de prestação de serviços à comunidade (art. 43, IV, do CP). De acordo com entendimento sumulado pelo Superior Tribunal de Justiça, assinale a opção correta.

(A) O magistrado não agiu corretamente, eis que é inadmissível a fixação de prestação de serviços à comunidade (art. 43, IV, do CP) como condição especial para o regime aberto.

(B) O magistrado agiu corretamente, uma vez que é admissível a fixação de prestação de serviços à comunidade (art. 43, IV, do CP) como condição especial para o regime aberto.

(C) O magistrado não agiu corretamente, tendo em vista que deveria ter fixado mais de uma pena substitutiva prevista no art. 44, do CP, como condição especial para a concessão do regime aberto.

(D) O magistrado agiu corretamente, pois poderia estabelecer qualquer condição como requisito para a concessão do regime aberto.

RESPOSTA Alternativa A correta e erradas as alternativas B, C e D, com fundamento na Súmula 493 do STJ. *Alternativa A.*

171. **(IX Exame)** Com relação à Lei n. 9.099/95, assinale a afirmativa incorreta.

(A) A transação penal consiste na aplicação imediata de pena restritiva de direitos ou multas àquele a quem se imputa uma infração de menor potencial ofensivo.

(B) Não poderá ser oferecida a suspensão condicional do processo ao acusado que tiver sido condenado anteriormente por contravenção penal.

(C) Em caso de delito persequível por ação penal pública condicionada à representação, havendo a representação do ofendido, o Ministério Público está legitimado para oferecer transação penal, mesmo que o ofendido se oponha e deseje a continuação do processo.

(D) Se, no curso da suspensão condicional do processo, o acusado vier a ser processado por contravenção penal, o benefício poderá ser revogado pelo juiz.

RESPOSTA (A) Correta (art. 76 da Lei n. 9.009/95). (B) Incorreta (art. 89 da Lei n. 9.099/95). (C) Correta (art. 89 da Lei n. 9.099/95). (D) Correta (art. 89 da Lei n. 9.099/95). *Alternativa B.*

REFERÊNCIAS

LIMA, Renato Brasileiro de. *Manual de processo penal.* 8. ed. rev., ampl. e atual. Salvador: JusPodivm, 2020.

LOPES JUNIOR, Aury. *Direito processual penal.* 17. ed. São Paulo: Saraiva Educação, 2020.

NUCCI, Guilherme de Souza. *Curso de direito processual penal.* 17. ed. Rio de Janeiro: Forense, 2020.

Direito do Trabalho

DIREITO DO TRABALHO: QUADRO GERAL DE QUESTÕES	
TEMAS	Nº DE QUESTÕES
I. Relação de Trabalho e Relação de Emprego	17
II. Encerramentos Contratuais	28
III. Remuneração e Salário	27
IV. Estabilidades e Garantias de Emprego	17
V. Alterações Contratuais, Suspensão e Interrupção do Contrato	31
VI. Direitos Sociais	17
VII. Contrato de Trabalho	20
VIII. Trabalho da Mulher	2
IX. Prescrição	1
X. Direito Coletivo	12
XI. Da Proteção ao Trabalho do Menor	2
XII. Jornada de Trabalho	19
TOTAL	193

I. RELAÇÃO DE TRABALHO E RELAÇÃO DE EMPREGO

1. **(XXXI Exame)** Paulo trabalhou para a Editora Livro Legal Ltda. de 10/12/2017 a 30/08/2018 sem receber as verbas rescisórias ao final do contrato, sob a alegação de dificuldades financeiras da empregadora. Em razão disso, ele pretende ajuizar ação trabalhista e procurou você, como advogado(a). Sabe-se que a empregadora de Paulo estava sob o controle e a direção da sócia majoritária, a Editora Mundial Ltda.

Assinale a afirmativa que melhor atende à necessidade e à segurança de satisfazer o crédito do seu cliente.

(A) Poderá incluir a sociedade empresária controladora no polo passivo da demanda, e esta responderá solidariamente com a empregadora, pois se trata de grupo econômico.

(B) Poderá incluir a sociedade empresária controladora no polo passivo da demanda, e esta responderá subsidiariamente com a empregadora, pois se trata de grupo econômico.

(C) Não há relação de responsabilização entre as sociedades empresárias, uma vez que possuem personalidades jurídicas distintas, o que afasta a caracterização de grupo econômico.

(D) Não se trata de grupo econômico, porque a mera identidade de sócios não o caracteriza; portanto, descabe a responsabilização da segunda sociedade empresária.

RESPOSTA A Editora Livro Legal Ltda. e a Editora Mundial Ltda. pertencem ao mesmo grupo econômico. Portanto, sempre que uma ou mais empresas, tendo, embora, cada uma delas, personalidade jurídica própria, estiverem sob a direção, controle ou administração de outra, ou ainda quando, mesmo guardando cada uma sua autonomia, integrem grupo econômico, serão responsáveis solidariamente pelas obrigações decorrentes da relação de emprego. Art. 2º, § 2º, da CLT. *Alternativa A.*

2. **(XXXI Exame)** Renato é um empregado doméstico que atua como caseiro no sítio de lazer do seu empregador. Contudo, a CTPS de Renato foi assinada como sendo operador de máquinas da empresa de titularidade do seu empregador. Renato tem receio de que, no futuro, não possa comprovar experiência na função de empregado doméstico e, por isso, intenciona ajuizar reclamação trabalhista para regularizar a situação.

Considerando a situação narrada e o entendimento consolidado do TST, assinale a afirmativa correta.

(A) Caso comprove que, de fato, é doméstico, Renato conseguirá a retificação na CTPS, pois as anotações nela lançadas têm presunção relativa.

(B) Somente o salário poderia ser objeto de demanda judicial para se comprovar que o empregado recebia valor superior ao anotado, sendo que a alteração na função não é prevista, e a demanda não terá sucesso.

(C) Caso Renato comprove que é doméstico, o pedido será julgado procedente, mas a alteração será feita com modulação de efeitos, com retificação da data da sentença em diante.

(D) Renato não terá sucesso na sua reclamação trabalhista, porque a anotação feita na carteira profissional tem presunção absoluta.

RESPOSTA As anotações apostas pelo empregador na carteira profissional do empregado não geram presunção *juris et de jure*, mas apenas *juris tantum*. Súmula 12 do TST. *Alternativa A.*

3. **(XXVIII Exame)** Alaor, insatisfeito com o pequeno lucro do restaurante do qual era sócio, retirou-se da sociedade empresária e averbou, na respectiva junta comercial, novo contrato social, onde constava sua retirada.

O empresário, 36 meses após esse fato, foi surpreendido com sua citação em uma reclamação trabalhista ajuizada dias antes.

Sobre a hipótese apresentada, considerando a atual redação da CLT, assinale a afirmativa correta.

(A) Alaor responde solidariamente pelos débitos da sociedade na ação trabalhista em referência.

(B) Alaor responde subsidiariamente pelos débitos da sociedade na ação trabalhista em referência.

(C) Alaor não mais responde, na ação trabalhista em referência, pelos débitos da sociedade.

(D) No caso, primeiro responde a empresa devedora, depois, os sócios atuais e, em seguida, os sócios retirantes, que é o caso de Alaor.

RESPOSTA O sócio retirante responde subsidiariamente pelas obrigações trabalhistas da sociedade relativas ao período em que figurou como sócio, somente em ações ajuizadas até dois anos depois de averbada a modificação do contrato. Art. 10-A da CLT. *Alternativa C.*

4. **(XXVII Exame)** Paula trabalha na residência de Sílvia três vezes na semana como passadeira. Em geral, comparece às segundas, quartas e sextas, mas, se necessário, mediante comunicação prévia, comparece em outro dia da semana, exceto sábados, domingos e feriados.

A CTPS não foi assinada e o pagamento é por dia de trabalho. Quando Paula não comparece, não recebe o pagamento e não sofre punição, mas Sílvia costuma sempre pedir que a ausência seja previamente comunicada.

Paula procura você, como advogado(a), com dúvida acerca da sua situação jurídica. À luz da legislação específica em vigor, assinale a opção que contempla a situação de Paula.

(A) Paula é diarista, pois trabalha apenas 3 vezes na semana.

(B) Paula é autônoma, porque gerencia seu próprio trabalho, dias e horários.

(C) Paula é empregada eventual.

(D) Paula é empregada doméstica.

RESPOSTA Empregada doméstica é considerada, aquela que presta serviços de forma contínua, subordinada, onerosa e pessoal e de finalidade não lucrativa à pessoa ou à família, no âmbito residencial destas, por mais de 2 (dois) dias por semana. Assim sendo, Paula é empregada doméstica. Art. 1º da Lei Complementar n. 150/2015. *Alternativa D.*

5. **(XXVI Exame)** Paulo é policial militar da ativa da Brigada Militar do Rio Grande do Sul. Como policial militar, trabalha em regime de escala 24h x 72h. Nos dias em que não tem plantão no quartel, atua como segurança em uma joalheria de um *shopping center*, onde tem que trabalhar três dias por semana, não pode se fazer substituir por ninguém, recebe remuneração fixa mensal e tem que cumprir uma rotina de 8 horas a cada dia laborado. Os comandos do trabalho lhe são repassados pelo gerente-geral da loja, sendo que ainda ajuda nas arrumações de estoque, na conferência de mercadorias e em algumas outras funções internas. Paulo não teve a CTPS anotada pela joalheria.

Diante dessa situação, à luz das normas da CLT e da jurisprudência consolidada do TST, assinale a afirmativa correta.

(A) Estão preenchidos os requisitos da relação de emprego, razão pela qual Paulo tem vínculo empregatício com a joalheria, independentemente do fato de ser policial militar da ativa, e de sofrer eventual punição disciplinar administrativa prevista no estatuto do Policial Militar.

(B) Estão preenchidos os requisitos da relação de emprego, mas Paulo não poderá ter vínculo empregatício com a joalheria, em razão da punição disciplinar administrativa prevista no estatuto do Policial Militar.

(C) Não estão presentes os requisitos da relação de emprego, uma vez que Paulo poderá ser requisitado pela Brigada Militar e não poderá trabalhar nesse dia para a joalheria.

(D) Estão preenchidos os requisitos da relação de emprego, sendo indiferente à relação de emprego uma eventual punição disciplinar administrativa prevista no estatuto do Policial Militar, mas Paulo não pode ter vínculo empregatício com a joalheria tendo em vista que a função pública exige dedicação exclusiva.

RESPOSTA A Súmula 386 do TST prevê que, preenchidos os requisitos do art. 3º da CLT, é legítimo o reconhecimento de relação de emprego entre policial militar e empresa privada, independentemente do eventual cabimento de penalidade disciplinar prevista no Estatuto do Policial Militar. *Alternativa A.*

6. **(XXIV Exame)** José trabalhou como despachante para a sociedade empresária Vinhos do Sul Ltda. Frequentemente ele reparava que, nas notas de despacho, constava também a razão social da sociedade empresária Vinhos e Sucos de Bento Gonçalves Ltda. Os CNPJs das sociedades empresárias eram distintos, assim como suas respectivas personalidades jurídicas, porém, os sócios de ambas eram os mesmos, sendo certo que a sociedade empresária Vinhos e Sucos de Bento Gonçalves Ltda. era sócia majoritária da sociedade empresária Vinhos do Sul Ltda., além dos sócios pessoas físicas.

Com base no caso narrado, assinale a opção que apresenta a figura jurídica existente entre as sociedades empresárias e o efeito disso perante o contrato de trabalho de João, em caso de eventual ação trabalhista.

(A) Trata-se de consórcio de empregadores, havendo responsabilidade solidária.

(B) Trata-se de consórcio de empregadores, havendo responsabilidade subsidiária.

(C) Trata-se de grupo econômico, havendo responsabilidade solidária.

(D) Trata-se de grupo econômico, havendo responsabilidade subsidiária.

RESPOSTA Havendo duas ou mais empresas interligadas entre si, caracterizar-se-á o grupo econômico e com responsabilidade solidária entre as empresas pertencentes ao mesmo grupo, na forma do art. 2º, § 2º, da CLT c/c a Súmula 129 do TST. *Alternativa C.*

REFORMA TRABALHISTA: Atenção para a nova redação do art. 2º, §§ 2º e 3º, da CLT.

Art. 2º, § 2º, da CLT – "Sempre que uma ou mais empresas, tendo, embora, cada uma delas, personalidade jurídica própria, estiverem sob a direção, controle ou administração de outra, ou ainda quando, mesmo guardando cada uma sua autonomia, integrem grupo econômico, serão responsáveis solidariamente pelas obrigações decorrentes da relação de emprego".

Art. 2º, § 3º, da CLT – "Não caracteriza grupo econômico a mera identidade de sócios, sendo necessárias, para a configuração do grupo, a demonstração do interesse integrado, a efetiva comunhão de interesses e a atuação conjunta das empresas dele integrantes". (NR)

7. **(XXIV Exame)** Carlos, professor de educação física e fisioterapeuta, trabalhou para a Academia Boa Forma S/A, que assinou sua CTPS. Cumpria jornada de segunda a sexta-feira, das 7h às 16h, com uma hora de intervalo para almoço.

Ao longo da jornada de trabalho, ele ministrava quatro aulas de ginástica com 50 minutos de duração cada, e, também, fazia atendimentos fisioterápicos previamente marcados pelos alunos da Academia, na sociedade empresária Siga em Boa Forma Ltda., do mesmo grupo econômico da Academia, sem ter sua CTPS anotada. Dispensado, Carlos pretende ajuizar ação trabalhista.

Diante disso, em relação ao vínculo de emprego de Carlos assinale a afirmativa correta.

(A) O caso gera a duplicidade de contratos de emprego, sendo as empresas responsáveis solidárias dos débitos trabalhistas.

(B) O caso gera a duplicidade de contratos de emprego, sendo as empresas responsáveis subsidiárias dos débitos trabalhistas.

(C) O caso gera duplicidade de contratos de emprego, cada empresa com sua responsabilidade.

(D) O caso não gera coexistência de mais de um contrato de trabalho.

RESPOSTA Tratando-se de grupo econômico, e tendo o empregado prestado serviço a mais de uma empresa do grupo, não haverá mais de um contrato de trabalho, salvo ajuste em contrário, o que não ocorreu no problema analisado. Súmula 129 do TST. *Alternativa D.*

8. **(XX Exame – Reaplicação)** Um grupo de trabalhadores que atua voluntariamente na área de informática se reúne, e seus integrantes, desejosos de não se manterem na condição de empregados, resolvem criar uma cooperativa de serviço, na qual existe participação e ganho de todos, sendo conjunta a deliberação dos destinos da cooperativa.

Sobre a situação narrada, de acordo com a Lei de Regência, assinale a afirmativa correta.

(A) A cooperativa não poderá participar de licitações públicas.

(B) A quantidade mínima de sócios, para ser constituída a cooperativa, é de 7 (sete).

(C) O cooperativado que trabalhar entre 22h00min e 5h00min não receberá retirada noturna superior, porque não é empregado.

(D) O cooperativado é contribuinte facultativo da Previdência Social.

RESPOSTA A quantidade mínima de sócios, para ser constituída a cooperativa, é de 7 (sete), inteligência do art. 6º da Lei n. 12.690/2012. (A) Errada. (B) Certa – art. 6º da Lei n. 12.690/2012. (C) Errada. (D) Errada. *Alternativa B.*

9. **(XVIII Exame)** Nelson foi contratado como vigilante, diretamente pelo Banco Moeda Firme, empresa que assinou a sua carteira profissional. Ele atua em diversas agências bancárias e recebe adicional de periculosidade em seu contracheque. Sobre a categoria profissional de Nelson e em relação ao adicional de periculosidade, assinale a opção correta de acordo com a jurisprudência do TST.

(A) Nelson não é bancário.

(B) O recebimento do adicional de periculosidade é uma liberalidade do empregador.

(C) Nelson integra a categoria dos bancários, já que seu empregador explora essa atividade.

(D) A situação é irregular, pois o serviço de vigilante precisa ser terceirizado.

RESPOSTA Nelson foi contratado diretamente pelo Banco Moeda Firme, mas para trabalhar como vigilante. Portanto, conforme preconiza a Súmula 257 do TST, Nelson não é bancário. "Súmula 257 do TST – Vigilante: O vigilante, contratado diretamente por banco ou por intermédio de empresas especializadas, não é bancário". (A) Certa – Súmula 257 do TST. (B) Errada. (C) Errada. (D) Errada. *Alternativa A.*

10. **(XIII Exame)** A empresa Infohoje Ltda. firmou contrato com Paulo, pelo qual ele prestaria consultoria e suporte de serviços técnicos de informática a clientes da empresa. Para tanto, Paulo receberia 20% do valor de cada atendimento, sendo certo que trabalharia em sua própria residência, realizando os contatos e trabalhos por via remota ou telefônica. Paulo deveria estar conectado durante o horário comercial de segunda a sexta-feira, sendo exigida sua assinatura digital pessoal e intransferível para cada trabalho, bem como exclusividade na área de informática. Sobre o caso sugerido, assinale a afirmativa correta.

(A) Paulo é prestador de serviços autônomo, não tendo vínculo de emprego, pois ausente a subordinação, já que inexistente fiscalização efetiva física.

(B) Paulo é prestador de serviços autônomo, não tendo vínculo de emprego, pois ausente o pagamento de salário fixo.

(C) Paulo é prestador de serviços autônomo, não tendo vínculo de emprego, pois ausente o requisito da pessoalidade, já que impossível saber se era Paulo quem efetivamente estaria trabalhando.

(D) Paulo é empregado da empresa, pois presentes todos os requisitos caracterizadores da relação de emprego.

RESPOSTA Nos moldes do art. 6º da CLT não se distinguem o trabalho realizado no estabelecimento do empregador, o executado no domicílio do empregado e o realizado a distância, desde que estejam caracterizados os pressupostos da relação de emprego; portanto, correta a *alternativa D.*

11. **(XII Exame)** Eugênio é policial militar ativo e cumpre escala de 24 x 72 horas no seu batalhão. Nos dias em que não está de plantão, trabalha em um supermercado como segurança, recebendo ordens do gerente e um valor fixo mensal, jamais se fazendo substituir na prestação do labor. Nesse caso, de acordo com a jurisprudência consolidada do TST, assinale a afirmativa correta.

(A) Por ser servidor público militar, Eugênio não poderá ter o vínculo empregatício reconhecido, mesmo que presentes os requisitos da CLT, pois trata-se de norma de ordem pública.

(B) Caso tenha o vínculo empregatício reconhecido em juízo, isso impede que a Administração Pública aplique qualquer punição a Eugênio, pois ele realizou um trabalho lícito.

(C) Trata-se de trabalho ilícito que, portanto, não gera vínculo empregatício e credencia a administração a aplicar imediata punição ao servidor.

(D) Eugênio poderá ser reconhecido como empregado, desde que presentes os requisitos legais, ainda que sofra a punição disciplinar prevista no Estatuto do Policial Militar.

RESPOSTA (A) Errada. Preenchidos os requisitos da CLT, não há vedação de reconhecimento de relação de emprego entre policial militar e empresa privada (Súmula 386 do TST). (B) Errada. O reconhecimento de relação de emprego entre policial militar e empresa privada não impede o eventual cabimento de penalidade disciplinar prevista no Estatuto do Policial Militar. (C) Errada. A situação apresentada não configura uma ilicitude, ou seja, um tipo penal (Súmula 386 do TST). (D) Correta. Na forma da Súmula 386 do TST, preenchidos os requisitos do art. 3º da CLT, é legítimo o reconhecimento de relação de emprego entre policial militar e empresa privada, independentemente do eventual cabimento de penalidade disciplinar prevista no Estatuto do Policial Militar. *Alternativa D.*

12. **(I Exame)** Os requisitos necessários à caracterização do vínculo de emprego abrangem

(A) Onerosidade, exclusividade, subordinação jurídica e alteridade.

(B) Eventualidade, pessoalidade, onerosidade e subordinação jurídica.

(C) Subordinação, não eventualidade, onerosidade e pessoalidade.

(D) Dependência econômica, continuidade, subordinação e alteridade.

RESPOSTA (A) Errada. (B) Errada. (C) Certa – art. 3º da CLT. (D) Errada. *Alternativa C.*

13. **(V Exame)** Maria da Silva foi contratada para trabalhar como cozinheira na residência de Márcio dos Santos, percebendo um salário mínimo. Passados dois anos, Márcio ficou desempregado e decidiu iniciar um negócio próprio de venda de doces e salgados. Para atingir seu objetivo, aproveitou-se dos serviços de Maria, oferecendo-lhe um acréscimo de R$ 100,00 na remuneração. Assim, além de preparar as refeições da família de Márcio, a empregada Maria também dedicava parte de seu tempo preparando os doces e salgados que seriam vendidos por ele posteriormente. Durante três anos, Márcio desenvolveu essa atividade comercial com base em sua residência. Contudo, em virtude de uma proposta de emprego, Márcio encerrou a venda de quitutes e retirou o acréscimo de R$ 100,00 da remuneração de Maria. Inconformada, Maria reclamou ao longo de seis meses com o seu empregador, a fim de ver restabelecida a gratificação. Entretanto, depois de tanta insistência, Márcio decidiu dispensá-la sem justa causa. Dois meses depois, Maria ajuizou ação trabalhista, pleiteando o pagamento de aviso prévio, 13º salário, férias e terço constitucional, FGTS e indenização de 40%, além de seis meses de diferença salarial, tudo com base na sua remuneração total (salário mínimo acrescido de R$ 100,00).

Com base na situação acima descrita, assinale a alternativa correta.

(A) Maria não faz jus à permanência do acréscimo remuneratório, uma vez que, por se tratar de salário-condição vinculado à confecção de doces e salgados, seu empregador poderia suprimi-lo quando a situação especial deixasse de existir.

(B) Maria faz jus ao pagamento de FGTS, mas sem indenização de 40%, uma vez que voltou a ser empregada doméstica.

(C) Maria faz jus à permanência do acréscimo remuneratório, uma vez que, por se tratar de parcela de natureza salarial, não poderia ser reduzida unilateralmente pelo empregador.

(D) Maria não faz jus ao pagamento de FGTS e indenização de 40%, uma vez que era empregada doméstica.

RESPOSTA Márcio passou a utilizar a mão de obra de Maria para o desenvolvimento de uma atividade econômica produtiva; portanto, Maria passou à condição de trabalhadora urbana. O acréscimo salarial de R$ 100,00 não pode ser suprimido para que não se ofenda o princípio da irredutibilidade salarial. (A) Errada – art. 7º, VI, da CRFB. (B) Errada – art. 7º, III, da CRFB, e Lei n. 8.036/90. (C) Certa – art. 7º, VI, da CRFB. (D) Errada – arts. 2º e 3º da CLT. *Alternativa C.*

14. **(III Exame)** Paulo possuía uma casa de campo, situada em região rural da cidade de Muzambinho – MG, onde costumava passar todos os finais de semana e as férias com a sua família. Contratou Francisco para cuidar de algumas cabeças de gado destinadas à venda de carne e de leite ao mercado local. Francisco trabalhava com pessoalidade e subordinação, de segunda a sábado, das 11h às 21h, recebendo um salário mínimo mensal. Dispensado sem justa causa, ajuizou reclamação trabalhista em face de Paulo, postulando o pagamento de horas extraordinárias, de adicional noturno e dos respectivos reflexos nas verbas decorrentes da execução e da ruptura do contrato de trabalho. Aduziu, ainda, que não era observada pelo empregador a redução da hora noturna. Diante dessa situação hipotética e considerando que as verbas postuladas não foram efetivamente pagas pelo empregador, assinale a alternativa correta.

(A) Francisco tem direito ao pagamento de horas extraordinárias e de adicional noturno, não lhe assistindo o direito à redução da hora noturna.

(B) Francisco tem direito ao pagamento de horas extraordinárias, mas não lhe assiste o direito ao pagamento de adicional noturno, já que não houve prestação de serviços entre as 22h de um dia e as 5h do dia seguinte.

(C) Francisco não tem direito ao pagamento de horas extraordinárias e de adicional noturno, por se tratar de empregado doméstico.

(D) A redução da hora noturna deveria ter sido observada pelo empregador.

RESPOSTA (A) Certa - art. 7º, IX e XVI, da CRFB, e art. 7º da Lei n. 5.889/73. (B) Errada - art. 7º, IX e XVI, da CRFB e art. 7º da Lei n. 5.889/73. (C) Errada - Francisco é trabalhador rural - art. 7º, IX e XVI, da CRFB, e art. 7º da Lei n. 5.889/73. (D) Errada - art. 7º, IX e XVI, da CRFB e art. 7º da Lei n. 5.889/73. *Alternativa A.*

15. **(II Exame)** No contexto da teoria das nulidades do contrato de trabalho, assinale a alternativa correta.

(A) Configurado o trabalho ilícito, é devido ao empregado somente o pagamento da contraprestação salarial pactuada.

(B) Os trabalhos noturno, perigoso e insalubre do menor de 18 (dezoito) anos de idade são modalidades de trabalho proibido ou irregular.

(C) O trabalho do menor de 16 (dezesseis) anos de idade, que não seja aprendiz, é modalidade de trabalho ilícito, não gerando qualquer efeito.

(D) A falta de anotação da Carteira de Trabalho e Previdência Social do empregado invalida o contrato de trabalho.

RESPOSTA (A) Errada. (B) Certa - art. 7º, XXXIII, da CRFB. (C) Errada. (D) Errada. *Alternativa B.*

16. **(II Exame)** Joana foi contratada para trabalhar de segunda a sábado na residência do Sr. Demétrius, de 70 anos, como sua acompanhante, recebendo salário mensal. Ao exato término do terceiro mês de prestação de serviços, o Sr. Demétrius descobre que a Sra. Joana está grávida, rescindindo a prestação de serviços. Joana, inconformada, ajuíza ação trabalhista para que lhe seja reconhecida a condição de empregada doméstica e garantido o seu emprego mediante reconhecimento da estabilidade provisória pela gestação. Levando-se em consideração a situação de Joana, assinale a alternativa correta.

(A) A função de acompanhante é incompatível com o reconhecimento de vínculo de emprego doméstico.

(B) Joana faz jus ao reconhecimento de vínculo de emprego como empregada doméstica.

(C) Joana não fará jus à estabilidade gestacional, pois este não é um direito garantido à categoria dos empregados domésticos.

(D) Joana não fará jus à estabilidade gestacional, pois o contrato de três meses é automaticamente considerado de experiência para o Direito do Trabalho e pode ser rescindido ao atingir o seu termo final.

RESPOSTA (A) Errada. (B) Certa - art. 1º da Lei Complementar 150/2015 e art. 7º, parágrafo único, da CRFB. (C) Errada. (D) Errada. *Alternativa B.*

17. **(XIV Exame)** Em 2012, Maria Júlia foi contratada como estagiária de direito em uma empresa pública federal, que explora atividade bancária. Sua tarefa consistia em permanecer parte do tempo em um caixa para receber o pagamento de contas de água, luz e telefone e, na outra parte, no auxílio de pessoas com dificuldade no uso dos caixas eletrônicos. Com base na hipótese, assinale a opção correta.

(A) Trata-se de estágio desvirtuado que, assim, gerará como consequência o reconhecimento do vínculo empregatício com a empresa, com anotação da CTPS e pagamento de todos os direitos devidos.

(B) Diante da situação, o Juiz do Trabalho poderá determinar que o administrador responsável pelo desvirtuamento do estágio pague diretamente uma indenização a Maria Júlia, haja vista o princípio constitucional da moralidade.

(C) Não há desvirtuamento de estágio porque, tratando-se a concedente de uma instituição bancária, a atividade de recebimento de contas e auxílio a clientes está inserida na atividade do estagiário.

(D) Não é possível o reconhecimento do vínculo empregatício, haja vista a natureza jurídica daquele que concedeu o estágio, que exige a prévia aprovação em concurso público.

RESPOSTA Houve desvirtuamento do estágio. A Lei n. 11.788/2008 não foi respeitada. O contrato de estágio é nulo, porém, no caso em tela, não é possível reconhecer o vínculo empregatício. Ainda que desvirtuada a finalidade do contrato de estágio, celebrado na vigência da Constituição Federal de 1988, é inviável o reconhecimento do vínculo empregatício com ente da Administração Pública direta ou indireta, por força do art. 37, II, da CRFB/88. (A) Errada. (B) Errada. (C) Errada. (D) Certa - Lei n. 11.788/2008, Súmula 363 do TST e OJ 366 da SDI-1 TST. *Alternativa D.*

II. ENCERRAMENTOS CONTRATUAIS

18. **(XXXI Exame)** Eduardo e Carla são empregados do Supermercado Praiano Ltda., exercendo a função de caixa. Após 10 meses de vigência do contrato, ambos receberam aviso prévio em setembro de 2019, para ser cumprido com trabalho. Contudo, 17 dias após, o Supermercado resolveu reconsiderar a sua decisão e manter Eduardo e Carla no seu quadro de empregados. Ocorre que ambos não desejam prosseguir, porque, nesse período, distribuíram seus currículos e conseguiram a promessa de outras colocações num concorrente do Supermercado Praiano, com salário um pouco superior.

Diante da situação posta e dos termos da CLT, assinale a afirmativa correta.

(A) Os empregados não são obrigados a aceitar a retratação, que só gera efeito se houver consenso entre empregado e empregador.

(B) Os empregados são obrigados a aceitá-la, uma vez que a retratação foi feita pelo empregador ainda no período do aviso prévio.

(C) A retratação deve ser obrigatoriamente aceita pela parte contrária se o aviso prévio for trabalhado, e, se for indenizado, há necessidade de concordância das partes.

(D) O empregador jamais poderia ter feito isso, porque a CLT não prevê a possibilidade de reconsideração de aviso prévio, que se torna irreversível a partir da concessão.

RESPOSTA Eduardo e Carla não são obrigados a aceitar a reconsideração do aviso prévio. Dado o aviso prévio, a rescisão torna-se efetiva depois de expirado o respectivo prazo, mas, se a parte notificante reconsiderar o ato, antes de seu termo, à outra parte é facultado aceitar ou não a reconsideração. Caso seja aceita a reconsideração ou continuando a prestação depois de expirado o prazo, o contrato continuará a vigorar, como se o aviso prévio não tivesse sido dado. Art. 489 e parágrafo único da CLT. *Alternativa A.*

19. **(XXIX Exame)** A sociedade empresária Ômega Ltda. deseja reduzir em 20% o seu quadro de pessoal, motivo pelo qual realizou um acordo coletivo com o sindicato de classe dos seus empregados, prevendo um Programa de Demissão Incentivada (PDI), com vantagens econômicas para aqueles que a ele aderissem.

Gilberto, empregado da empresa havia 15 anos, aderiu ao referido Programa em 12/10/2018, recebeu a indenização prometida sem fazer qualquer ressalva e, três meses depois, ajuizou reclamação trabalhista contra o ex-empregador. Diante da situação apresentada e dos termos da CLT, assinale a afirmativa correta.

(A) A adesão ao Programa de Demissão Incentivada (PDI) não impede a busca, com sucesso, por direitos lesados.

(B) A quitação plena e irrevogável pela adesão ao Programa de Demissão Incentivada (PDI) somente ocorreria se isso fosse acertado em convenção coletiva, mas não em acordo coletivo.

(C) O empregado não terá sucesso na ação, pois conferiu quitação plena.

(D) A demanda não terá sucesso, exceto se Gilberto previamente devolver em juízo o valor recebido pela adesão ao Programa de Demissão Incentivada (PDI).

RESPOSTA Plano de Demissão Voluntária ou Incentivada, para dispensa individual, plúrima ou coletiva, previsto em convenção coletiva ou acordo coletivo de trabalho, enseja quitação plena e irrevogável dos direitos decorrentes da relação empregatícia, salvo disposição em contrário estipulada entre as partes. Art. 477-B da CLT. *Alternativa C.*

20. **(XXVIII Exame)** Gerson Filho é motorista rodoviário e trabalha na sociedade empresária Viação Canela de Ouro Ltda. No dia 20 de agosto de 2018, ele se envolveu em grave acidente automobilístico, sendo, ao final da investigação, verificado que Gerson foi o responsável pelo sinistro, tendo atuado com dolo no evento danoso. Em razão disso, teve a perda da sua habilitação determinada pela autoridade competente.

O empregador procura você, como advogado(a), afirmando que não há vaga disponível para Gerson em outra atividade na empresa e desejando saber o que deverá fazer para solucionar a questão da maneira mais econômica e em obediência às normas de regência.

Diante desta situação e dos termos da CLT, assinale a afirmativa correta.

(A) O contrato de Gerson deverá ser suspenso.

(B) O empregador deverá interromper o contrato de Gerson.

(C) O contrato do empregado deverá ser rompido por justa causa.

(D) A empresa deverá dispensar Gerson sem justa causa.

RESPOSTA Constitui justa causa para rescisão do contrato de trabalho pelo empregador a perda da habilitação ou dos requisitos estabelecidos em lei para o exercício da profissão, em decorrência de conduta dolosa do empregado. Art. 482, *m*, da CLT. *Alternativa C.*

21. **(XXVIII Exame)** A sociedade empresária Beta Ltda. está passando por grave crise econômica e financeira e, em razão disso, resolveu reduzir drasticamente suas atividades, encerrando unidades e terceirizando grande parte dos seus serviços. Por conta disso, a empresa, que possuía 500 empregados, dispensou 450 deles no dia 23 de janeiro de 2018.

Diante do caso apresentado e dos preceitos da CLT, assinale a afirmativa correta.

(A) Trata-se de dispensa em massa, sendo nula porque não autorizada em norma coletiva.

(B) Equivocou-se a empresa, porque para realizar a dispensa coletiva ela é obrigada a oferecer antes adesão ao Programa de Demissão Voluntária (PDV).

(C) A ordem de antiguidade obrigatoriamente deve ser respeitada, pelo que os 50 empregados mais antigos não poderão ser dispensados.

(D) A dispensa ocorreu validamente, pois a dispensa coletiva é equiparada à dispensa individual.

RESPOSTA As dispensas imotivadas individuais, plúrimas ou coletivas equiparam-se para todos os fins, não havendo necessidade de autorização prévia de entidade sindical ou de celebração de convenção coletiva ou acordo coletivo de trabalho para sua efetivação. Art. 477-A da CLT. *Alternativa D.*

22. **(XXVII Exame)** Gilda e Renan são empregados da sociedade empresária Alfa Calçados Ltda. há 8 meses, mas, em razão da crise econômica no setor, o empregador resolveu dispensá-los em outubro de 2018. Nesse sentido, concedeu aviso prévio indenizado de 30 dias a Gilda e aviso prévio trabalhado de 30 dias a Renan.

Em relação ao prazo máximo, previsto na CLT, para pagamento das verbas devidas pela extinção, assinale a afirmativa correta.

(A) Ambos os empregados receberão em até 10 dias contados do término do aviso prévio.

(B) Gilda receberá até o 10º dia do término do aviso e Renan, até o 1º dia útil seguinte ao término do aviso prévio.

(C) Gilda e Renan receberão seus créditos em até 10 dias contados da concessão do aviso prévio.

(D) Gilda receberá até o 1º dia útil seguinte ao término do aviso prévio e Renan, até o 10º dia do término do aviso.

RESPOSTA O pagamento dos valores constantes do instrumento de rescisão ou recibo de quitação deverão ser efetuados até dez dias contados a partir do término do contrato. Art. 477, § 6º, da CLT. *Alternativa A.* OBSERVAR A REFORMA TRABALHISTA REALIZADA PELA LEI N. 13.467/2017, QUE DEU NOVA REDAÇÃO AO § 6º DO ART. 477 DA CLT.

23. **(XXV Exame)** Efigênia foi empregada da sociedade empresária Luz Eterna S.A., exercendo, por último, o cargo de chefe do setor de Recursos Humanos. Após décadas de dedicação à empresa, Efigênia se aposentou por tempo de contribuição e saiu do emprego por vontade própria, recebendo a indenização legal. Ocorre que, após seis meses da jubilação, Efigênia passou a sentir falta da rotina que o seu trabalho gerava e também do convívio com os colegas de trabalho, daí por que manifestou desejo de retornar ao mercado de trabalho. Ciente disso, a ex-empregadora ofereceu novamente o emprego a Efigênia, nas mesmas condições vigentes antes da aposentadoria, já que ela era excelente empregada e tinha profundo conhecimento das rotinas do setor de RH. Com base na situação retratada e na Lei, assinale a afirmativa correta.

(A) Uma vez que Efigênia se aposentou, ela não pode assumir emprego na mesma sociedade empresária na qual se jubilou, por vedação legal expressa, sob pena de nulidade do segundo contrato.

(B) Se Efigênia voltar a trabalhar na sociedade empresária, o seu contracheque terá o desconto do INSS mensal, sendo irrelevante que ela seja aposentada.

(C) A ex-empregada pode voltar a trabalhar porque sua liberdade é garantida pela Constituição da República, mas deverá optar entre receber o salário do empregador ou a aposentadoria pelo INSS, já que não é possível o acúmulo.

(D) O tempo trabalhado antes da aposentadoria, caso seja quitado pela sociedade empresária, será considerado para fins de pagamento de adicional por tempo de serviço no segundo contrato.

RESPOSTA O empregado aposentado que obtiver novo contrato de trabalho será descontado do valor referente a contribuição previdenciária, vez que permanece na condição de segurado obrigatório (art. 11, *a*, da Lei n. 8.213/91) e fará jus a salário-família e a reabilitação profissional por força do disposto no art. 18, § 2º, da Lei n. 8.213/91. Alternativa B.

24. **(XXV Exame)** Ferdinando trabalha na sociedade empresária Alfa S.A. há 4 anos, mas anda desestimulado com o emprego e deseja dar um novo rumo à sua vida, retornando, em tempo integral, aos estudos para tentar uma outra carreira profissional. Imbuído desta intenção, Ferdinando procurou seu chefe, em 08/03/2018, e apresentou uma proposta para, de comum acordo, ser dispensado da empresa, com formulação de um distrato. Diante do caso apresentado e dos termos da CLT, assinale a afirmativa correta.

(A) A realização da extinção contratual por vontade mútua é viável, mas a indenização será reduzida pela metade e o empregado não receberá seguro desemprego.

(B) A ruptura contratual por consenso pode ser feita, mas depende de homologação judicial ou do sindicato de classe do empregado.

(C) O contrato não pode ser extinto por acordo entre as partes, já que falta previsão legal para tanto, cabendo ao empregado pedir demissão ou o empregador o dispensar sem justa causa.

(D) O caso pode ser considerado desídia por parte do empregado, gerando então a dispensa por justa causa, sem direito a qualquer indenização.

RESPOSTA A Reforma Trabalhista da Lei n. 13.467/2017 inseriu o art. 484-A, I, *b*, e § 2º, na CLT que possibilita a extinção do contrato de trabalho por acordo entre empregado e empregador, caso em que é devida pela metade a indenização sobre o saldo do FGTS, prevista no § 1º do art. 18 da Lei n. 8.036/90 e não autoriza o ingresso no Programa de Seguro-Desemprego. *Alternativa A.*

25. **(XXI Exame)** Plínio é empregado da empresa Vigilância e Segurança Ltda., a qual não lhe paga salário há dois meses e não lhe fornece vale transporte há cinco meses. Plínio não tem mais condições de ir ao trabalho e não consegue prover seu sustento e de sua família.

Na qualidade de advogado(a) de Plínio, de acordo com a CLT, assinale a opção que melhor atende aos interesses do seu cliente.

(A) Propor uma ação trabalhista pedindo a rescisão indireta em razão do descumprimento do contrato por não concessão do vale transporte, podendo permanecer, ou não, no serviço até decisão do processo.

(B) Propor uma ação trabalhista pedindo a rescisão indireta em razão do descumprimento do contrato por mora salarial.

(C) Propor uma ação trabalhista pedindo a rescisão indireta em razão do descumprimento do contrato por não concessão do vale transporte, mas deverá continuar trabalhando até a data da sentença.

(D) Propor uma ação trabalhista pedindo as parcelas decorrentes da ruptura contratual por pedido de demissão, além do vale transporte e salários atrasados e indenização por dano moral, mas seu cliente deve pedir demissão.

RESPOSTA Na forma do art. 483, *d* e § 3º, da CLT, poderá propor uma ação trabalhista pedindo a rescisão indireta em razão do descumprimento do contrato por não concessão do vale transporte, podendo permanecer, ou não, no serviço até decisão do processo. (A) Certa – art. 483, *d*, e § 3º, da CLT. (B) Errada. (C) Errada. (D) Errada. *Alternativa A.*

26. **(XX Exame)** Um determinado empregado é vigilante e, por meio do seu empregador, sempre prestou serviços terceirizados a uma instituição bancária privada. Após ser dispensado, o ex-empregado ajuizou ação contra o seu antigo empregador e a instituição bancária, reclamando horas extras, diferença por acúmulo de funções e indenização por dano moral.

Sobre a situação apresentada, assinale a afirmativa correta.

(A) Caso haja sucesso na demanda, a instituição bancária não poderá ser condenada em qualquer nível porque não foi o empregador.

(B) A instituição bancária poderá ser condenada de forma solidária pelos créditos porventura deferidos porque terceirizou atividade-fim.

(C) O banco poderia ser condenado de forma mista, ou seja, pagaria todos os direitos devidos exceto dano moral.

(D) A instituição bancária será condenada de forma subsidiária por todos os créditos porventura deferidos.

RESPOSTA Conforme dispõe a Súmula 331, VI, do TST, a instituição bancária será condenada de forma subsidiária por todos os créditos porventura deferidos. (A) Errada. (B) Errada. (C) Errada. (D) Certa – Súmula 331, VI, do TST. *Alternativa D.* Estudar a Lei n. 13.429/2017.

27. **(XVII Exame)** Josué e Marcos são funcionários da sociedade empresária Empreendimento Seguro Ltda., especializada em consultoria em segurança do trabalho e prevenção de acidentes. No ambiente de trabalho de ambos, também ficam outros 10 funcionários, havendo placas de proibição de fumar, o que era frisado na contratação de cada empregado. O superior hierárquico de todos esses funcionários dividiu as atribuições de cada um, cabendo a Marcos a elaboração da estatística de acidentes ocorridos nos últimos dois anos, tarefa a ser executada em quatro dias. Ao final do prazo, ao entrar na sala, o chefe viu Josué fumando um cigarro. Em seguida, ao questionar Marcos sobre a tarefa, teve como resposta que ele não a tinha executado porque não gostava de fazer estatísticas. Diante do caso, assinale a afirmativa correta.

(A) Josué e Marcos são passíveis de ser dispensados por justa causa, respectivamente por atos de indisciplina e insubordinação.

(B) Ambos praticaram ato de indisciplina.

(C) Ambos praticaram ato de insubordinação.

(D) A conduta de ambos não encontra tipificação legal passível de dispensa por justa causa.

RESPOSTA O art. 482, *h*, da CLT dispõe que constituem justa causa para rescisão do contrato de trabalho pelo empregador ato de indisciplina ou de insubordinação. Josué foi encontrado fumando um cigarro na sala de trabalho, embora houvesse placas de proibição de fumar no ambiente de trabalho. Portanto, Josué descumpriu uma ordem geral, direcionada a todos para o bom funcionamento da empresa, o que caracteriza a indisciplina. Por sua vez, Marcos recebeu de seu superior hierárquico a atribuição de elaborar a estatística de acidentes ocorridos nos últimos dois anos, o que deveria fazer em quatro dias, entretanto, ao final do prazo, Marcos respondeu ao seu superior que não tinha executado a tarefa porque não gostava de fazer estatísticas. Diante disso, verifica-se o descumprimento de uma regra direcionada ao empregado, que estava subordinado ao cumprimento de uma tarefa dada por seu superior, o que caracteriza um ato de insubordinação. (A) Certa – Art. 482, *h*, da CLT. (B) Errada. (C) Errada. (D) Errada. *Alternativa A.*

28. **(XVII Exame)** Verônica foi contratada, a título de experiência, por 30 dias. Após 22 dias de vigência do contrato, o empregador resolveu romper antecipadamente o contrato, que não possuía cláusula assecuratória do direito recíproco de rescisão. Sobre o caso, de acordo com a Lei de Regência, assinale a opção correta.

(A) O contrato é irregular, pois o contrato de experiência deve ser feito por 90 dias.

(B) Verônica terá direito à remuneração, e por metade, a que teria direito até o termo do contrato.

(C) Verônica, como houve ruptura antecipada, terá direito ao aviso prévio e à sua integração ao contrato de trabalho.

(D) O contrato se transformou em contrato por prazo indeterminado, porque ultrapassou metade da sua vigência.

RESPOSTA Nos contratos por prazo determinado, em caso de rescisão antecipada, o empregador é obrigado a pagar, a título de indenização, metade da remuneração que o empregado teria direito até o termo do contrato – inteligência do art. 479 da CLT. Se houvesse cláusula assecuratória do direito recíproco de rescisão antecipada, o empregador deveria pagar o valor correspondente ao aviso prévio – art. 481 da CLT. (A) Errada. (B) Certa – art. 479 da CLT. (C) Errada. (D) Errada. *Alternativa B.*

29. **(X Exame)** Em determinada reclamação trabalhista o juiz, à luz das provas produzidas, considera que a natureza jurídica da extinção contratual foi culpa recíproca (de ambas as partes).

Para a hipótese, as alternativas a seguir apresentam direitos deferidos ao trabalhador, à exceção de uma. Assinale-a.

(A) Metade do aviso prévio.

(B) Metade do 13º salário proporcional.

(C) Seguro desemprego.

(D) Indenização de 20% sobre o FGTS.

RESPOSTA (A) Errada – Súmula 14 do TST. (B) Errada – Súmula 14 do TST. (C) Certa – Súmula 14 do TST. (D) Errada – art. 18, § 2º, da Lei n. 8.036/90. *Alternativa C.*

30. **(I Exame)** Considerando o disposto na CLT a respeito do aviso prévio, assinale a opção correta.

(A) O valor das horas extraordinárias habituais integra o aviso prévio indenizado.

(B) Na despedida indireta, é incabível o aviso prévio.

(C) O aviso prévio é exigido somente do empregado, pois o empregador pode rescindir o contrato livremente, arguindo a subordinação existente na relação de emprego.

(D) O período de aviso prévio não integra o tempo de serviço para os devidos efeitos legais.

RESPOSTA (A) Certa – art. 487, § 5º, da CLT. (B) Errada – art. 487, § 4º, da CLT. (C) Errada – art. 487, §§ 1º e 2º, da CLT. (D) Errada – art. 487, § 1º, da CLT. *Alternativa A.*

31. **(VI Exame)** Após 23 anos de trabalho numa empresa, Renato é dispensado sem justa causa, no dia 31 de janeiro de 2012. Na hipótese, ele fará jus ao aviso prévio de

(A) 90 dias.

(B) 30 dias.

(C) 96 dias.

(D) 99 dias.

RESPOSTA Art. 1º da Lei n. 12.506/2011. *Alternativa A.*

32. **(VI Exame)** A empresa X pagou em 10 de junho de 2011 as parcelas do rompimento do contrato do empregado Tício, após dação de aviso prévio, datado de 30 de maio de 2011, de cujo cumprimento o trabalhador foi dispensado. À época da dispensa, o trabalhador, que tinha 11 (onze) anos de tempo de serviço, recebia salário de R$ 700,00 mensais, com forma de pagamento semanal.

Com base no exposto, é correto afirmar que o empregado

(A) Não faz jus a uma indenização no valor do salário, porque o empregador teria até o dia seguinte ao prazo de 30 (trinta) dias do aviso prévio do qual foi dispensado para fazer o pagamento das verbas resilitórias.

(B) Faz jus a uma indenização no valor do salário, por ter superado o prazo de 10 (dez) dias previstos em lei para o pagamento.

(C) Faz jus a uma indenização no valor do salário, por ter superado o prazo de 8 (oito) dias para o pagamento de quem recebe por semana.

(D) Faz jus a aviso prévio em dobro, porque contava com mais de 10 (dez) anos de tempo de serviço à época da dispensa e a uma indenização no valor do salário, porque superado o prazo para o pagamento das parcelas decorrentes do rompimento do contrato.

RESPOSTA Art. 477, §§ 6º e 8º, da CLT. *Alternativa B.* OBSERVAR A REFORMA TRABALHISTA REALIZADA PELA LEI N. 13.467/2017, QUE DEU NOVA REDAÇÃO AO § 6º DO ART. 477 DA CLT.

33. **(V Exame)** A respeito do pagamento das verbas rescisórias, assinale a alternativa correta.

(A) No caso de pedido de demissão em contrato por prazo indeterminado, o prazo para pagamento das verbas rescisórias é de 10 dias contados da data da notificação da demissão, quando dispensado o empregado do cumprimento do aviso prévio pelo empregador.

(B) O empregador que descumpre o prazo de pagamento das verbas rescisórias deverá pagá-las posteriormente acrescidas de 50% de multa, nos termos do art. 467 da CLT.

(C) O pagamento das verbas rescisórias ocorrerá no primeiro dia útil imediato ao término do contrato de trabalho quando o empregador indenizar o aviso prévio.

(D) As verbas rescisórias devidas após decurso normal de prazo do contrato a termo deverão ser pagas até o décimo dia contado do término, em face da inexistência do aviso prévio.

RESPOSTA Art. 477, §§ 6º e 8º, da CLT. *Alternativa A.* OBSERVAR A REFORMA TRABALHISTA REALIZADA PELA LEI N. 13.467/2017 QUE DEU NOVA REDAÇÃO AO PARÁGRAFO 6º DO ART. 477 DA CLT.

34. **(IV Exame)** João da Silva ajuizou reclamação trabalhista em face da empresa Alfa Empreendimentos Ltda., alegando ter sido dispensado sem justa causa. Postulou a condenação da reclamada no pagamento de aviso prévio, décimo terceiro salário, férias proporcionais acrescidas do terço constitucional e indenização compensatória de 40% (quarenta por cento) sobre os depósitos do FGTS, bem como na obrigação de fornecimento das guias para levantamento dos depósitos do FGTS e obtenção do benefício do seguro-desemprego. Na peça de defesa, a empresa afirma que o reclamante foi dispensado motivadamente, por desídia no desempenho de suas funções (art. 482, alínea "e", da CLT), e que, por essa razão, não efetuou o pagamento das verbas postuladas e não forneceu as guias para a movimentação dos depósitos do FGTS e percepção do seguro-desemprego.

Considerando que, após a instrução processual, o juiz se convenceu da configuração de culpa recíproca, assinale a alternativa correta.

(A) O reclamante não poderá movimentar a conta vinculada do FGTS.

(B) O reclamante não tem direito ao pagamento de indenização compensatória sobre os depósitos do FGTS.

(C) A culpa recíproca é modalidade de resilição unilateral do contrato de trabalho.

(D) O reclamante tem direito a 50% do valor do aviso prévio, do décimo terceiro salário e das férias proporcionais.

RESPOSTA Art. 484 da CLT, Súmula 14 do TST e art. 18, § 2º, da Lei n. 8.036/90. (A) Errada – O reclamante poderá movimentar a sua conta do FGTS. (B) Errada – A indenização compensatória será no valor de 20% da totalidade dos depósitos efetuados pelo empregador na conta do FGTS. (C) Errada – Na culpa recíproca ocorrem duas faltas graves: uma do empregado e outra do empregador. (D) Certa – As parcelas são pagas pela metade – Súmula 14 do TST. *Alternativa D.*

35. **(IV Exame)** Assinale a alternativa correta em relação ao Fundo de Garantia do Tempo de Serviço – FGTS.

(A) A prescrição da pretensão relativa às parcelas remuneratórias não alcança o respectivo recolhimento da contribuição para o FGTS, posto ser trintenária a prescrição para a cobrança deste último.

(B) Na hipótese de falecimento do empregado, o saldo de sua conta vinculada do FGTS deve ser pago ao representante legal do espólio, a fim de que proceda à partilha entre todos os sucessores do trabalhador falecido.

(C) Durante a prestação do serviço militar obrigatório pelo empregado, ainda que se trate de período de suspensão do contrato de trabalho, é devido o depósito em sua conta vinculada do FGTS.

(D) Não é devido o pagamento de indenização compensatória sobre os depósitos do FGTS quando o contrato de trabalho se extingue por força maior reconhecida pela Justiça do Trabalho.

RESPOSTA (A) Errada – Súmula 206 do TST – A prescrição da pretensão relativa às parcelas remuneratórias alcança o respectivo recolhimento da contribuição para o FGTS. (B) Errada – art. 20, IV, da Lei n. 8.036/90 – Em caso de morte do trabalhador, os valores do FGTS serão recebidos pelos seus dependentes, para esse fim habilitados perante a Previdência Social. (C) Certa – art. 15, § 5º, da Lei n. 8.036/90 – É obrigatório o depósito do FGTS nos casos de afastamento para prestação do serviço militar obrigatório e licença por acidente do trabalho. (D) Errada – art. 18, § 2º, da Lei do FGTS – Na extinção do contrato por força maior, é devida a multa de 20% dos valores depositados. *Alternativa C.*

36. **(III Exame)** O empregado Vicente de Morais foi dispensado sem justa causa. Sete dias depois, requereu a liberação do cumprimento do aviso prévio, pois já havia obtido um novo emprego. O antigo empregador concordou com o seu pedido, exigindo apenas que ele fosse feito por escrito, junto com a cópia da sua CTPS registrada pelo novo empregador, o que foi realizado por Vicente. Diante dessa situação, o antigo empregador deverá

(A) Integrar o aviso prévio ao pagamento de todas as verbas rescisórias por ele devidas, uma vez que o aviso prévio é irrenunciável.

(B) Deduzir o aviso prévio do pagamento de parte das verbas rescisórias devidas, uma vez que o empregado renunciou livremente a esse direito, mas o aviso prévio continuará incidindo sobre as parcelas de natureza salarial.

(C) Deduzir o aviso prévio do pagamento de parte das verbas rescisórias devidas, uma vez que o empregado renunciou livremente a esse direito, mas o aviso prévio continuará incidindo sobre as parcelas de natureza indenizatória.

(D) Pagar as verbas rescisórias, excluindo o valor equivalente ao dos dias remanescentes do aviso prévio.

RESPOSTA Art. 487 da CLT e Súmula 276 do TST. *Alternativa D.*

37. **(III Exame)** Uma Fundação Municipal de Direito Público decidiu implementar uma reestruturação administrativa, a fim de produzir melhores resultados, com proveito para a sociedade como um todo, prestigiando a sua função social e o princípio da eficiência. Para tanto, desenvolveu um Plano de Incentivo à Demissão Voluntária (PIDV), por meio do qual o empregado que aderisse receberia as verbas resilitórias, acrescidas de um bônus de 80% sobre o seu valor. Ao ler atentamente os termos do PIDV, o empregado Josué de Souza constatou a existência de uma cláusula em que se previa a expressa e geral quitação das obrigações oriundas do contrato de trabalho, nada mais havendo a reclamar depois de efetuado o ajuste. Após refletir cuidadosamente sobre a questão, Josué resolveu aderir ao PIDV. Ocorre que, tão logo recebeu as verbas resilitórias e o bônus de 80%, Josué ajuizou uma ação trabalhista em face da Fundação, pleiteando o pagamento de horas extraordinárias e os reflexos delas decorrentes, sob o argumento de que essas parcelas não foram englobadas expressamente pelo PIDV. Em defesa, o antigo empregador reconheceu a existência de trabalho extraordinário, mas afirmou que as querelas oriundas do contrato de emprego já haviam sido definitivamente solucionadas pelo PIDV. Diante dessa situação concreta, é correto afirmar que o pedido de pagamento de horas extraordinárias e reflexos deve ser julgado

(A) Procedente, uma vez que o PIDV efetua a quitação exclusivamente das parcelas e valores dele constantes.

(B) Improcedente, haja vista a cláusula de quitação geral prevista no PIDV.

(C) Improcedente, haja vista a natureza jurídica de renúncia do PIDV.

(D) Procedente, uma vez que Josué de Souza possui prazo de cinco anos após o término do contrato para pleitear tudo o que entender cabível.

RESPOSTA OJ 270 da SDI-1 do TST – A transação extrajudicial oriunda do plano de demissão voluntária que importa rescisão do contrato de trabalho ante a adesão do empregado ***implica quitação exclusivamente das parcelas e valores constantes do recibo***. *Alternativa A.* OBSERVAR A REFORMA TRABALHISTA REALIZADA PELA LEI N. 13.467/2017, QUE CRIOU O ART. 477-B DA CLT.

38. **(II Exame)** O empregado João foi contratado para trabalhar como caixa de um supermercado. No ato de admissão, foi-lhe entregue o regulamento da empresa, onde constava a obrigatoriedade do uso do uniforme para o exercício do trabalho. Entretanto, cerca de cinco meses após a contratação, João compareceu para trabalhar sem o uniforme e, por isso, foi advertido. Um mês depois, o fato se repetiu e João foi suspenso por 3 dias. Passados mais 2 meses, João compareceu novamente sem uniforme, tendo sido suspenso por 30 dias. Ao retornar da suspensão foi encaminhado ao departamento de pessoal, onde tomou ciência da sua dispensa por justa causa (indisciplina – art. 482, *h*, da CLT). Diante deste caso concreto

(A) Está correta a aplicação da justa causa, uma vez que João descumpriu reiteradamente as ordens genéricas do empregador contidas no regulamento geral.

(B) Está incorreta a aplicação da justa causa, uma vez que João cometeu ato de insubordinação e não de indisciplina.

(C) Está incorreta a aplicação da justa causa, uma vez que João cometeu mau procedimento.

(D) Está incorreta a aplicação da justa causa, uma vez que o empregador praticou *bis in idem*, ao punir João duas vezes pelo mesmo fato.

RESPOSTA Arts. 474 e 482, *h*, da CLT. João já havia sido punido com a suspensão por 30 dias, portanto não pode o empregador proceder à aplicação da justa causa pela mesma falta já punida. Caracterizada restou a dupla punição (*bis in idem*). *Alternativa D.*

39. **(XI Exame)** Bernardo é contratado a título de experiência para exercer a função de auxiliar de almoxarife, com prazo de 60 dias. Em seu contrato consta uma cláusula assecuratória do direito recíproco de rescisão. Quarenta dias depois do início do contrato, a empresa manifesta desejo de não mais permanecer com Bernardo em seus quadros. Diante disso, e considerando a legislação de regência, assinale a afirmativa correta.

(A) Bernardo não terá direito a qualquer indenização por tratar-se de contrato de experiência, de modo que sabia que a qualquer momento poderia ter o pacto rompido.

(B) Bernardo terá direito de receber aviso prévio e sua integração para todos os fins, além dos proporcionais de 13º salário, férias acrescidas de 1/3, saque do FGTS e indenização de 40% sobre o FGTS.

(C) Bernardo receberá como indenização metade dos dias que faltavam para o término do contrato – 20 dias –, além dos proporcionais de 13º salário e férias acrescidas de 1/3. Poderá ainda sacar o FGTS, mas sem direito à indenização de 40%.

(D) A empresa será obrigada a ressarcir Bernardo dos prejuízos que a este deu causa, além de ser obrigada a pagar, pela metade, todos os direitos como se fosse uma dispensa sem justa causa – aviso prévio, 13º proporcional, férias proporcionais acrescidas de 1/3 e 20% sobre o FGTS.

RESPOSTA Aos contratos por prazo determinado que contiverem cláusula assecuratória do direito recíproco de rescisão antes de expirado o termo ajustado, aplicam-se, caso seja exercido tal direito por qualquer das partes, os princípios que regem a rescisão dos contratos por prazo indeterminado – art. 481 da CLT. Cabe aviso prévio nas rescisões antecipadas dos contratos de experiência, na forma do art. 481 da CLT – Súmula 163 do TST. Art. 18, § 1º, da Lei n. 8.036/90. *Alternativa B.*

40. **(XIV Exame)** O novo prefeito de Tribobó do Oeste decidiu contratar quatro coveiros para o cemitério público da cidade, o que fez diretamente pelo regime celetista, sem a realização de concurso público. Após um ano de trabalho, os coveiros foram dispensados e ajuizaram reclamação trabalhista, postulando férias vencidas mais 1/3, aviso prévio, 13º salário e depósitos do FGTS, já que sempre receberam os salários em dia. Assinale a opção que contempla a(s) verba(s) de direito a que os coveiros efetivamente fazem jus.

(A) Todas as verbas indicadas, pois decorrem do contrato de trabalho celetista.

(B) Aviso prévio, 13º salário e FGTS, por terem efetivo cunho rescisório.

(C) Apenas os depósitos de FGTS.

(D) Apenas os depósitos de FGTS e férias vencidas mais 1/3, por ter o FGTS natureza salarial e as férias serem direito adquirido pelo ano trabalhado.

RESPOSTA A contratação de servidor público, após a CRFB/88, sem prévia aprovação em concurso público, encontra óbice no respectivo art. 37, II e § 2º, somente lhe conferindo direito ao pagamento da contraprestação pactuada (salário), em relação ao número de horas trabalhadas, respeitado o valor da hora do salário mínimo, e dos valores referentes aos depósitos do FGTS. A questão é clara em informar que os salários já foram pagos, dessa forma, caberá apenas o recebimento do FGTS. (A) Errada. (B) Errada. (C) Certa – Súmula 363 do TST. (D) Errada. *Alternativa C.*

41. **(XIV Exame)** Joana trabalha numa empresa que se dedica a dar assessoria àqueles que desejam emagrecer. Em razão de problemas familiares, Joana foi acometida por um distúrbio alimentar e engordou 30 quilos. Em razão disso, a empresa afirmou que agora ela não mais apresentava o perfil desejado para o atendimento aos clientes, já que deveria ser o primeiro exemplo para eles, de modo que a dispensou sem justa causa. De acordo com a situação retratada e diante do comando legal, assinale a opção correta:

(A) O empregador tem o direito potestativo de dispensar a empregada sem justa causa, contanto que pague a indenização prevista em Lei.

(B) A situação retrata dispensa discriminatória, ensejando, então, obrigatoriamente, a reintegração da obreira.

(C) A situação retrata dispensa discriminatória, podendo a empregada optar entre o retorno ou a indenização em dobro do período de afastamento.

(D) A situação retrata dispensa discriminatória, ensejando, então, obrigatoriamente, a indenização do período de estabilidade.

RESPOSTA O empregador cometeu uma prática discriminatória ao dispensar Joana, logo, na forma do art. 4º, Lei n. 9.029/95, a empregada tem direito a optar entre o retorno ou a indenização em dobro do período de afastamento. (A) Errada. (B) Errada. (C) Certa – art. 4º, Lei n. 9.029/95. (D) Errada. *Alternativa C.*

42. **(XV Exame)** Paulo, empregado de uma empresa siderúrgica, é portador do vírus HIV. Tomando conhecimento dessa notícia, o empregador o dispensou imotivadamente e pagou todas as verbas rescisórias. No momento da dispensa, o chefe de Paulo afirmou que a dispensa somente ocorreu em razão de sua doença, apesar de ser um excelente profissional. Paulo, inconformado, ajuizou ação trabalhista para resguardar o seu direito. No caso, se o pedido for julgado procedente, Paulo tem direito a

(A) Ser reintegrado.
(B) Ser readmitido.
(C) Receber apenas os salários do período de afastamento.
(D) Receber apenas indenização por dano moral.

RESPOSTA Presume-se discriminatória a despedida de empregado portador do vírus HIV ou de outra doença grave que suscite estigma ou preconceito. Inválido o ato de dispensa do empregado, eis que seu chefe afirmou que ela ocorreu em razão de sua doença, portanto, Paulo tem direito à reintegração no emprego. (A) Certa – Súmula 443 do TST. (B) Errada. (C) Errada. (D) Errada. *Alternativa A.*

43. **(XVI Exame)** Patrícia recebeu a comunicação da sua dispensa em 05/05/2013, e na carta constava que o aviso prévio seria trabalhado. Após 15 (quinze) dias do curso do aviso prévio, Patrícia adoeceu gravemente, entrando em gozo de benefício previdenciário de auxílio-doença por 60 (sessenta) dias. Entretanto, ao que seria o prazo final do aviso prévio, Patrícia foi dispensada e a empresa consignou as verbas rescisórias, não pagando o reajuste da data-base da categoria ocorrida no curso do aviso prévio. Sobre o caso apresentado, assinale a afirmativa correta.

(A) Os efeitos da dispensa, no caso de concessão de auxílio-doença no curso do aviso prévio, só se concretizam depois de expirado o benefício previdenciário. Portanto, a empresa só poderia dispensar Patrícia depois disso, devendo pagar a diferença salarial decorrente do reajuste da data-base, com reflexos nas verbas rescisórias.
(B) A empresa errou apenas com relação a não pagar as diferenças salariais do reajuste da data-base, pois ocorreu no curso do contrato de emprego, dada a projeção do aviso prévio. No mais, não há efeitos, já que o auxílio doença não tem o condão de prorrogar o contrato de trabalho já terminado.
(C) A empresa está correta, já que a manifestação de vontade da dispensa se deu antes do auxílio-doença e antes da data-base da categoria, logo configurado ato jurídico perfeito.
(D) A dispensa fica prorrogada, mas não há alteração pecuniária, pois a comunicação da dispensa já havia ocorrido e a projeção do aviso prévio é mera ficção jurídica.

RESPOSTA A projeção do contrato de trabalho para o futuro, pela concessão do aviso prévio indenizado, tem efeitos limitados às vantagens econômicas obtidas no período de pré-aviso, ou seja, salários, reflexos e verbas rescisórias. No caso de concessão de auxílio-doença no curso do aviso prévio, todavia, só se concretizam os efeitos da dispensa depois de expirado o benefício previdenciário. O reajustamento salarial coletivo, determinado no curso do aviso prévio, beneficia o empregado pré-avisado da despedida, mesmo que tenha recebido antecipadamente os salários correspondentes ao período do aviso, que integra seu tempo de serviço para todos os efeitos legais. (A) Certa – Súmula 371 do TST e art. 487, § 6º, da CLT. (B) Errada. (C) Errada. (D) Errada. *Alternativa A.*

44. **(XXIII Exame)** João era proprietário de uma padaria em uma rua movimentada do centro da cidade. Em razão de obras municipais, a referida rua foi interditada para veículos e pedestres. Por conta disso, dada a ausência de movimento, João foi obrigado a extinguir seu estabelecimento comercial, implicando a paralisação definitiva do trabalho.

Acerca da indenização dos empregados pela extinção da empresa, à luz da CLT, assinale a afirmativa correta.

(A) Caberá indenização ao empregado, a ser paga pelo Município.
(B) Caberá indenização ao empregado, a ser paga pela União.
(C) Caberá indenização ao empregado, a ser paga pelo empregador, sem possibilidade de ressarcimento.
(D) Tratando-se de motivo de força maior, não há pagamento de indenização.

RESPOSTA Trata-se de *factum principis*, razão pela qual o Município deverá arcar com a indenização do empregado – art. 486 da CLT. *Alternativa A.*

45. **(XXIII Exame)** Cristóvão trabalhava na sociedade empresária Solventes Químicos S/A como motorista de empilhadeira. Ocorre que, em uma viagem de lazer feita nas férias, Cristóvão sofreu um acidente automobilístico e veio a óbito. Cristóvão deixou viúva, com quem era casado há 28 anos pelo regime da comunhão parcial de bens, e cinco filhos, sendo três deles maiores de 21 anos e capazes, e dois menores de 21 anos.

Diante da tragédia ocorrida, a sociedade empresária calculou as verbas devidas em razão da extinção contratual decorrente da morte e pretende efetuar o pagamento a quem de direito.

De acordo com a legislação de regência, assinale a opção que contempla os beneficiários dessa verba.

(A) Somente a esposa e os filhos menores, por serem dependentes previdenciários passíveis de habilitação junto ao INSS, dividirão igualmente a verba decorrente do contrato de trabalho.
(B) A viúva e todos os filhos são sucessores, motivo pelo qual a verba deverá ser rateada igualmente entre todos, conferindo-se isonomia.
(C) A viúva, por ser herdeira e meeira, ficará com 50% da indenização pela ruptura do contrato de trabalho, dividindo-se o restante, igualmente, entre os filhos.
(D) A Lei não é clara sobre quem deve receber a indenização, razão pela qual caberá ao juiz, no caso concreto e verificando a necessidade de cada herdeiro, fazer a divisão justa e equânime.

RESPOSTA Art. 1º da Lei n. 6.858/80. *Alternativa A.*

III. REMUNERAÇÃO E SALÁRIO

46. **(XXVI Exame)** Jorge era caixa bancário e trabalhava para o Banco Múltiplo S/A. Recebia salário fixo de R$ 4.000,00 mensais. Além disso, recebia comissão de 3% sobre cada seguro de carro, vida e previdência oferecido e aceito pelos clientes do Banco, o que fazia concomitantemente com suas atividades de caixa, computando-se o desempenho para suas metas e da agência. Os produtos em referência não eram do banco, mas, sim, da Seguradora Múltiplo S/A, empresa do mesmo grupo econômico do empregador de Jorge.

Diante disso, observando o entendimento jurisprudencial consolidado do TST, bem como as disposições da CLT, assinale a afirmativa correta.

(A) Os valores recebidos a título de comissão não devem integrar a remuneração de Jorge, por se tratar de liberalidade.
(B) Os valores recebidos a título de comissão não devem integrar a remuneração de Jorge, porque relacionados a produtos de terceiros.
(C) Os valores recebidos a título de comissão devem integrar a remuneração de Jorge.
(D) Os valores recebidos a título de comissão não devem integrar a remuneração de Jorge, uma vez que ocorreram dentro do horário normal de trabalho, para o qual Jorge já é remunerado pelo banco.

RESPOSTA De acordo com a Súmula 93, do TST: Integra a remuneração do bancário a vantagem pecuniária por ele auferida na colocação ou na venda de papéis ou valores mobiliários de empresas pertencentes ao mesmo grupo econômico, se exercida essa atividade no horário e no local de trabalho e com o consentimento, tácito ou expresso, do banco empregador. Portanto, os valores recebidos a título de comissão devem integrar a remuneração de Jorge. *Alternativa C.*

47. **(XXIV Exame)** Solange é comissária de bordo em uma grande empresa de transporte aéreo e ajuizou reclamação trabalhista postulando adicional de periculosidade, alegando que permanecia em área de risco durante o abastecimento das aeronaves porque ele era feito com a tripulação a bordo.

Iracema, vizinha de Solange, trabalha em uma unidade fabril recebendo adicional de insalubridade, mas, após cinco anos, sua atividade foi retirada da lista de atividades insalubres, por ato da autoridade competente.

Sobre as duas situações, segundo a norma de regência e o entendimento consolidado do TST, assinale a afirmativa correta.

(A) Solange não tem direito ao adicional de periculosidade e Iracema perderá o direito ao adicional de insalubridade.
(B) Solange tem direito ao adicional de periculosidade e Iracema manterá o adicional de insalubridade por ter direito adquirido.
(C) Solange não tem direito ao adicional de periculosidade e Iracema manterá o direito ao adicional de insalubridade.
(D) Solange tem direito ao adicional de periculosidade e Iracema perderá o direito ao adicional de insalubridade.

RESPOSTA Solange não tem direito ao adicional de periculosidade, pois os tripulantes e demais empregados auxiliares de transporte aéreo que, no momento do abastecimento da aeronave, permanecem a bordo não tem direito ao adicional de periculosidade previsto no art. 193 da CLT (Súmula 447 do TST). Já Iracema perderá o direito ao adicional de insalubridade, pois a descaracterização da insalubridade por ato da autoridade competente, repercute na satisfação do respectivo adicional, sem ofensa a direito adquirido ou ao princípio da irredutibilidade salarial (Súmula 248 do TST). *Alternativa A.*

48. (XXII Exame) Lino trabalha como diagramador na sociedade empresária XYZ Ltda., localizada em um grande centro urbano, e recebe do empregador, além do salário, moradia e plano de assistência odontológica, graciosamente.

Sobre o caso narrado, de acordo com a CLT, assinale a afirmativa correta.

(A) Ambos os benefícios serão incorporados ao salário de Lino.

(B) Somente o benefício da habitação será integrado ao salário de Lino.

(C) Nenhum dos benefícios será incorporado ao salário de Lino.

(D) Somente o benefício do plano de assistência odontológica será integrado ao salário de Lino.

RESPOSTA Somente o benefício da habitação será integrado ao salário de Lino, pois de acordo com o art. 458 da CLT: Além do pagamento em dinheiro, compreende-se no salário, para todos os efeitos legais, a alimentação, habitação, vestuário ou outras prestações *in natura* que a empresa, por força do contrato ou do costume, fornecer habitualmente ao empregado. Em caso algum será permitido o pagamento com bebidas alcoólicas ou drogas nocivas. (A) Errada. (B) Certa – art. 458 da CLT. (C) Errada. (D) Errada. *Alternativa B.*

49. (XXII Exame) Célio e Paulo eram funcionários da sociedade empresária Minério Ltda. e trabalhavam no município do Rio de Janeiro. Por necessidade de serviço, eles foram deslocados para trabalhar em outros municípios. Célio continuou morando no mesmo lugar, porque o município em que passou a laborar era contíguo ao Rio de Janeiro. Paulo, no entanto, mudou-se definitivamente, com toda a família, para o município em que passou a trabalhar, distante 350 km do Rio de Janeiro.

Dois anos depois, ambos foram dispensados. A sociedade empresária nada pagou aos funcionários quando das transferências de locais de trabalho, salvo a despesa com a mudança de Paulo. Ambos ajuizaram ações trabalhistas.

A partir da hipótese sugerida, assinale a afirmativa correta.

(A) Célio e Paulo não têm direito ao adicional de transferência.

(B) Apenas Paulo tem direito ao adicional de transferência.

(C) Apenas Célio tem direito ao adicional de transferência.

D) Ambos têm direito ao adicional de transferência.

RESPOSTA Célio e Paulo não têm direito ao adicional de transferência, pois, com base na OJ 113, SDI-1, TST, o fato de o empregado exercer cargo de confiança ou a existência de previsão de transferência no contrato de trabalho não exclui o direito ao adicional. O pressuposto legal apto a legitimar a percepção do mencionado adicional é a transferência provisória. (A) Certa – OJ 113, SDI-1, TST. (B) Errada. (C) Errada. (D) Errada. *Alternativa A.*

50. (XX Exame) Flávio trabalhou na sociedade empresária Sul Minas Ltda., e recebia R$ 1.500,00 mensais. Além disso, desfrutava de plano de saúde custeado integralmente pela empregadora, no valor de R$ 500,00. Em sede de ação trabalhista, Flávio pede a integração do valor à sua remuneração.

Com base na hipótese apresentada, na qualidade de advogado da sociedade empresária, assinale a afirmativa correta.

(A) A contestação deverá aduzir apenas que o plano de saúde não tem caráter de contraprestação, sendo concedido como ferramenta de trabalho, por isso não integra a remuneração.

(B) A contestação deverá sustentar a inexistência de caráter remuneratório do benefício, o que está expressamente previsto em lei.

(C) A contestação deverá alegar que as verbas rescisórias foram pagas observando o reflexo do valor do plano de saúde.

(D) A contestação deverá alegar apenas que a possibilidade de o empregado continuar com o plano de saúde após a ruptura do contrato retira do mesmo o caráter remuneratório.

RESPOSTA A contestação deverá sustentar a inexistência de caráter remuneratório do benefício, o que está expressamente previsto no art. 458, § 2º, IV, da CLT. (A) Errada. (B) Certa – art. 458, § 2º, IV, da CLT. (C) Errada. (D) Errada. *Alternativa B.*

51. (XVIII Exame) Plácido, empregado de um restaurante, sem qualquer motivo, passou a agredir verbalmente seu superior, até que, violentamente, quebrou uma mesa e uma cadeira que estavam próximas. Contornada a situação, Plácido foi dispensado e a empresa descontou no seu TRCT os valores do prejuízo com os móveis, que correspondiam a 60% do salário do trabalhador.

Sobre o episódio apresentado, assinale a opção correta.

(A) A empresa pode descontar o valor mesmo sem previsão contratual para tanto, pois a atitude de Plácido, ao praticar o dano, foi dolosa.

(B) O desconto na remuneração do empregado relativo ao dano causado é vedado em qualquer hipótese.

(C) A empresa só poderia descontar o valor do dano causado por Plácido se houvesse previsão contratual nesse sentido.

(D) Não estando a parcela relacionada a um desconto tipificado em lei, não pode haver o desconto nas verbas devidas a Plácido.

RESPOSTA A conduta de Plácido foi dolosa, portanto poderá a empresa descontar o prejuízo que lhe foi causado, independentemente de previsão contratual. A lei exige o acordo prévio apenas quando se trata de prejuízo causado por culpa do empregado, o que não foi o caso. (A) Certa – arts. 462, § 1º, e 477, § 5º, da CLT: Art. 462, § 1º, CLT – "Em caso de dano causado pelo empregado, o desconto será lícito, desde que esta possibilidade tenha sido acordada ou na ocorrência de dolo do empregado". Art. 477, § 5º, CLT – "Qualquer compensação no pagamento de que trata o parágrafo anterior (de verbas rescisórias) não poderá exceder o equivalente a um mês de remuneração do empregado". (B) Errada. (C) Errada. (D) Errada. *Alternativa A.*

52. **(XVII Exame)** Henrique é técnico de segurança do trabalho da sociedade empresária ALFA e irá aproveitar 20 dias de férias, pois decidiu converter 10 dias de férias em dinheiro. No seu lugar, assumindo de forma plena as tarefas, ficará Vítor, seu melhor assistente e subordinado. Nesse caso, durante o período de férias e de acordo com o entendimento do TST,

(A) Vítor não receberá o mesmo salário, porque a substituição é eventual, por apenas 20 dias.

(B) Vítor terá direito ao mesmo salário de Henrique, pois a substituição não é eventual.

(C) Vítor terá direito ao seu salário e ao de Henrique, porque há acúmulo de funções.

(D) a situação retratada é ilegal, tratando-se de desvio de função, vedado pelo ordenamento jurídico.

RESPOSTA A Súmula 159, I, do TST dispõe que a substituição não eventual, *inclusive nas férias*, garante ao substituto o direito ao salário contratual do substituído. Vítor, portanto, terá o direito de receber o salário do substituído Henrique. (A) Errada. (B) Certa – Súmula 159, I, do TST. (C) Errada. (D) Errada. *Alternativa B.*

53. **(XVII Exame)** Maria trabalha para a sociedade empresária Alfa S.A. como chefe de departamento. Então, é informada pelo empregador que será transferida de forma definitiva para uma nova unidade da empresa, localizada em outro estado da Federação. Para tanto, Maria, obrigatoriamente, terá de alterar o seu domicílio. Diante da situação retratada e do entendimento consolidado do TST, assinale a afirmativa correta.

(A) Maria receberá adicional de, no mínimo, 25%, mas tal valor, por ter natureza indenizatória, não será integrado ao salário para fim algum.

(B) A empregada não fará jus ao adicional de transferência porque a transferência é definitiva, o que afasta o direito.

(C) A obreira terá direito ao adicional de transferência, mas não à ajuda de custo, haja vista o caráter permanente da alteração.

(D) Maria receberá adicional de transferência de 25% do seu salário enquanto permanecer na outra localidade.

RESPOSTA Maria será transferida de forma definitiva. Em caso de necessidade de serviço, o empregador poderá transferir o empregado para localidade diversa da que resultar do contrato, mas, nesse caso, ficará obrigado a um pagamento suplementar, nunca inferior a 25% (vinte e cinco por cento) dos salários que o empregado percebia naquela localidade, enquanto durar essa situação, portanto, o referido adicional só é devido se a transferência for provisória. (A) Errada. (B) Certa – art. 469, § 3º, da CLT. (C) Errada. (D) Errada. *Alternativa B.*

54. **(XIII Exame)** Os garçons e empregados do restaurante Come Bem Ltda. recebem as gorjetas dadas pelos clientes, de forma espontânea, uma vez que não há a cobrança obrigatória na nota de serviço. Diante da hipótese apresentada, assinale a afirmativa correta.

(A) As gorjetas integram a remuneração, mas não servem de base de cálculo para o pagamento do aviso prévio, adicional noturno, horas extras e repouso semanal remunerado.

(B) As gorjetas não integram a remuneração, uma vez que são espontâneas, pois não há o controle das quantias concedidas.

(C) As gorjetas são integradas, para todos os efeitos, na remuneração do empregado, repercutindo, assim, no pagamento de todos os direitos trabalhistas.

(D) As gorjetas integram a remuneração apenas para efeitos de aviso prévio trabalhado, adicional noturno, horas extras e repouso semanal remunerado, pois as demais parcelas não estão relacionadas com o dia a dia de trabalho efetivo; não havendo trabalho, não há gorjeta.

RESPOSTA As gorjetas, cobradas pelo empregador na nota de serviço ou oferecidas espontaneamente pelos clientes, integram a remuneração do empregado, não servindo de base de cálculo para as parcelas de aviso prévio, adicional noturno, horas extras e repouso semanal remunerado – Súmula 354 do TST. *Alternativa A.*

55. **(IX Exame)** Acerca do trabalho noturno, assinale a afirmativa incorreta.

(A) O adicional noturno constitui base de cálculo das horas extras prestadas dentro do módulo noturno.

(B) O adicional de periculosidade, pago pela exposição do trabalhador em período integral a condições perigosas, não é considerado base de cálculo do adicional noturno.

(C) A remuneração do trabalho noturno implica pagamento de adicional legal de, no mínimo, 20% sobre o valor da hora do trabalho diurno.

(D) No caso de a jornada trabalhada na integralidade do período noturno ultrapassar o horário assim considerado pela lei, é devida a remuneração do adicional pelas horas que ultrapassarem o módulo noturno.

RESPOSTA (A) Certa – OJ 97 da SDI-1 do TST. (B) Incorreta – OJ 259 da SDI-1 do TST – O adicional de periculosidade ***deve compor a base de cálculo do adicional noturno***, já que também neste horário o trabalhador permanece sob as condições de risco. (C) Certa – Art. 73 da CLT. (D) Certa – Súmula 60, II, do TST e art. 73, § 5º, da CLT. *Alternativa B.* (ATENÇÃO: A QUESTÃO PEDE PARA QUE O CANDIDATO ASSINALE A AFIRMATIVA INCORRETA.)

56. **(VI Exame)** No direito brasileiro, a redução do salário é

(A) Impossível.

(B) Possível, em caso de acordo entre empregado e empregador, desde que tenha por finalidade evitar a dispensa do empregado sem justa causa.

(C) Possível mediante autorização da Superintendência Regional do Trabalho e Emprego.

(D) Possível mediante convenção ou acordo coletivo de trabalho.

RESPOSTA Art. 7º, VI, da CRFB. *Alternativa D.*

57. **(VI Exame)** Determinada empresa encontra-se instalada em local de difícil acesso, não servida por transporte público regular. Em razão disso, fornece condução para o deslocamento dos seus empregados, da residência ao trabalho e vice-versa, mas cobra deles 50% do valor do custo do transporte. Na hipótese, é correto afirmar que

(A) O tempo de deslocamento será considerado hora *in itinere*.

(B) O tempo de deslocamento não será considerado hora *in itinere* porque é custeado pelo empregado, ainda que parcialmente.

(C) O empregado tem direito ao recebimento do vale-transporte.

(D) Metade do tempo de deslocamento será considerada hora *in itinere* porque é a proporção da gratuidade do transporte oferecido.

RESPOSTA (A) Art. 58, § 2º, da CLT, e Súmula 320 do TST. *Alternativa A.*

58. **(VI Exame)** Uma empresa que atua no ramo gráfico, com jornada de trabalho de 8 horas diárias, pretende reduzir o intervalo para refeição de seus empregados para 30 minutos diários. De acordo com a lei e o entendimento do TST, a pretensão

(A) Não poderá ser atendida porque a norma é de ordem pública, tratando da higiene, salubridade e conforto, não passível de negociação.

(B) Poderá ser efetivada, mas dependerá da realização de acordo ou convenção coletiva nesse sentido.

(C) Poderá ser efetivada se autorizada pelo Ministério do Trabalho e Emprego, que verificará se o local tem refeitório adequado e se o empregador não exige realização de horas extras.

(D) Poderá ser efetivada se houver autorização judicial.

RESPOSTA Art. 71, § 3º, da CLT. Atenção: a prova foi realizada em 2011, época em que o fundamento jurisprudencial utilizado era a OJ 342 da SDI-1 do TST. Em setembro de 2012 a OJ 342 da SDI-1 do TST foi convertida na Súmula 437 do TST. *Alternativa C.*

59. **(V Exame)** João da Silva, empregado da empresa Alfa Ltda., exerce suas atribuições funcionais em dois turnos de trabalho alternados de oito horas cada, que compreendem o horário diurno e o noturno. Considerando que a atividade de seu empregador não se desenvolve de forma ininterrupta e que não existe norma coletiva disciplinando a jornada de trabalho, assinale a alternativa correta.

(A) João não tem direito ao pagamento de horas extras e à redução da hora noturna.

(B) João tem direito ao pagamento de horas extras, mas não tem direito à redução da hora noturna.

(C) João não tem direito ao pagamento de horas extras, mas tem direito à redução da hora noturna.

(D) João tem direito ao pagamento de horas extras e à redução da hora noturna.

RESPOSTA Art. 58 da CLT. *Alternativa D.*

60. **(IV Exame)** José Antônio de Souza, integrante da categoria profissional dos eletricitários, é empregado de uma empresa do setor elétrico, expondo-se, de forma intermitente, a condições de risco acentuado.

Diante dessa situação hipotética e considerando que não há norma coletiva disciplinando as condições de trabalho, assinale a alternativa correta.

(A) José Antônio não tem direito ao pagamento de adicional de periculosidade, em razão da intermitência da exposição às condições de risco.

(B) José Antônio tem direito ao pagamento de adicional de periculosidade de forma proporcional ao tempo de exposição ao risco.

(C) José Antônio tem direito ao pagamento de adicional de periculosidade de 30% (trinta por cento) sobre o seu salário básico.

(D) José Antônio tem direito ao pagamento de adicional de periculosidade de 30% (trinta por cento) sobre a totalidade das parcelas salariais.

RESPOSTA (A) e (B) Erradas – Súmula 361 do TST. (C) Errada. (D) Certa – art. 193, § 1º, da CLT, e Súmula 191 do TST. *Alternativa D.*

61. **(III Exame)** Em se tratando de salário e remuneração, é correto afirmar que:

(A) Salário-maternidade tem natureza salarial.

(B) As gorjetas integram a base de cálculo do aviso prévio, das horas extraordinárias, do adicional noturno e do repouso semanal remunerado.

(C) O plano de saúde fornecido pelo empregador ao empregado, em razão de seu caráter contraprestativo, consiste em salário *in natura*.

(D) A parcela de participação nos lucros e resultados, habitualmente paga, não integra a remuneração do empregado.

RESPOSTA (A) Errada – Salário-maternidade é pago pelo empregador, mas seu valor é compensado perante a Previdência Social; portanto, não tem natureza salarial propriamente dita. (B) Errada – Súmula 354 do TST. (C) Errada – art. 458, § 2º, IV, da CLT. (D) Certa – art. 7º, XI, da CRFB. *Alternativa D.*

62. **(II Exame)** A respeito do regime de compensação de jornada do banco de horas, assinale a alternativa correta.

(A) Pode ser instituído mediante acordo, verbal ou por escrito, entre empresa e empregado, facultando-se a participação dos sindicatos representantes das categorias.

(B) Não admite compensação de jornada que ultrapassar o limite máximo de 10 horas diárias.

(C) Pode ser compensado após a rescisão do contrato de trabalho, se houver crédito em favor do trabalhador, respeitado o limite de validade do acordo.

(D) O excesso de jornada a ser compensada não pode exceder, no prazo legal máximo de um semestre, a soma das jornadas semanais previstas para o período.

RESPOSTA Art. 59, § 2º, da CLT, e Súmula 85, V, do TST. *Alternativa B.*

63. **(II Exame)** Com relação ao regime de férias, é correto afirmar que:

(A) As férias devem ser pagas ao empregado com adicional de 1/3 até 30 dias antes do início do seu gozo.

(B) Salvo para as gestantes e os menores de 18 anos, as férias podem ser gozadas em dois períodos.

(C) O empregado que pede demissão antes de completado seu primeiro período aquisitivo faz jus a férias proporcionais.

(D) As férias podem ser convertidas integralmente em abono pecuniário, por opção do empregado.

RESPOSTA (A) Errada – art. 145 da CLT – As férias devem ser pagas até 2 (dois) dias antes do início do respectivo período. (B) Errada – art. 134 da CLT – PREJUDICADO pela nova redação dada pela Lei n. 13.467/2017. (C) Certa – Súmula 261 do TST. (D) Errada – art. 143 da CLT – É facultado ao empregado converter 1/3 (um terço) do período de férias em abono pecuniário. *Alternativa C.*

64. **(I Exame)** Assinale a alternativa que indique o princípio do Direito do Trabalho que prevê a proteção dos salários contra descontos não previstos em lei.

(A) Princípio da unidade salarial.

(B) Princípio da primazia da realidade.

(C) Princípio da materialidade salarial.

(D) Princípio da legalidade.

RESPOSTA Art. 462 da CLT. *Alternativa E.*

65. **(VI Exame)** Com relação às normas de duração do trabalho, assinale a alternativa correta:

(A) A concessão de intervalos para repouso e alimentação durante a jornada de seis horas descaracteriza o regime de turno ininterrupto de revezamento.

(B) Considera-se de "prontidão" o empregado que permanecer em sua própria casa, aguardando a qualquer momento o chamado para o serviço, com escala de, no máximo, vinte e quatro horas, sendo contadas as respectivas horas à razão de 1/3 (um terço) do salário normal.

(C) A compensação de jornada de trabalho pode ser ajustada por acordo individual escrito, acordo coletivo ou convenção coletiva.

(D) A mera insuficiência de transporte público regular enseja o pagamento de horas *in itinere*.

RESPOSTA (A) Errada – Súmula 360 do TST. (B) Errada – art. 244, § 3º, da CLT. (C) Certa – Súmula 85 do TST. (D) Errada – Súmula 90 do TST. *Alternativa C.*

66. **(XI Exame)** Paulo, motorista de ônibus, mantém contrato de trabalho com a empresa Transporte Seguro S/A, no qual há estipulação escrita de que o motorista envolvido em acidente de trânsito será descontado pelas avarias e prejuízos causados. Em um dia comum, Paulo ultrapassou o sinal vermelho e colidiu com veículo que vinha do outro lado do cruzamento. Não houve vítimas, mas os veículos ficaram impedidos de trafegar em razão das avarias e o coletivo foi multado por avanço de sinal. A empresa entendeu por bem descontar do salário de Paulo o conserto do ônibus, bem como as despesas com o conserto do veículo de passeio. Diante disso, assinale a afirmativa correta.

(A) A empresa agiu de forma incorreta, pois não poderia descontar nada de Paulo, dado o princípio da intangibilidade salarial.

(B) A empresa agiu de forma incorreta, pois só poderia descontar um dos danos, pois todos os descontos acarretaram *bis in idem*.

(C) A empresa agiu corretamente, pois Paulo agiu com culpa e havia previsão contratual para tanto.

(D) A empresa agiu de forma incorreta, pois não houve dolo por parte do empregado e é dela o risco do negócio. Logo, o desconto é descabido.

RESPOSTA Em caso de dano causado pelo empregado, o desconto será lícito, desde que esta possibilidade tenha sido acordada ou na ocorrência de dolo do empregado – art. 462, § 1º, da CLT. *Alternativa C.*

67. **(XIV Exame)** Dentre as opções listadas a seguir, assinale aquela que indica o empregado que já tem os dias de repouso remunerados em seu salário, sem que haja o acréscimo da remuneração do seu repouso semanal.

(A) Germano, que é empregado horista.

(B) Gabriela, que é empregada diarista.

(C) Robson, que é empregado mensalista.

(D) Diego, que é empregado comissionista puro.

RESPOSTA A Súmula 91 do TST diz ser nula a cláusula contratual que fixa determinada importância ou percentagem para atender englobadamente a vários direitos legais ou contratuais do trabalhador. Portanto, as verbas trabalhistas devem ser discriminadas no comprovante de pagamento do empregado. Ocorre que, na forma do art. 7º, § 2º, da Lei n. 605/49, não há necessidade de virem discriminados os repousos quando o empregado é mensalista, pois a referida verba está incluída no salário mensal. (A) Errada. (B) Errada. (C) Certa – art. 7º, § 2º, da Lei n. 605/49. (D) Errada. *Alternativa C.*

68. **(XVI Exame)** Hugo, José e Luiz são colegas de trabalho na mesma empresa. Hugo trabalha diretamente com o transporte de material inflamável, de modo permanente, nas dependências da empresa. José faz a rendição de Hugo durante o intervalo para alimentação e, no restante do tempo, exerce a função de teleoperador. Luiz também exerce a função de teleoperador. Acontece que, no intervalo para a alimentação, Luiz pega carona com José no transporte de inflamáveis, cujo trajeto dura cerca de dois minutos. Diante dessa situação, assinale a afirmativa correta.

(A) Como Hugo, José e Luiz têm contato com inflamáveis, os três têm direito ao adicional de periculosidade.

(B) Apenas Hugo, que lida diretamente com os inflamáveis em toda a jornada, tem direito ao adicional de periculosidade.

(C) Hugo faz jus ao adicional de periculosidade integral; José, ao proporcional ao tempo de exposição ao inflamável; e Luiz não tem direito ao adicional, sendo certo que a empresa não exerce qualquer atividade na área de eletricidade.

(D) Hugo e José têm direito ao adicional de periculosidade. Luiz não faz jus ao direito respectivo.

RESPOSTA São consideradas atividades ou operações perigosas, na forma da regulamentação aprovada pelo Ministério do Trabalho e Emprego, aquelas que, por sua natureza ou métodos de trabalho, impliquem risco acentuado em virtude de *exposição permanente* do trabalhador a inflamáveis. Hugo trabalha de modo permanente com material inflamável, José faz a rendição de Hugo, também se expondo de forma permanente a inflamáveis. Já Luiz não fica exposto de forma permanente a inflamáveis, pois o trajeto em que pega carona com José dura cerca de dois minutos. (A) Errada. (B) Errada. (C) Errada. (D) Certa – art. 193, I, da CLT. *Alternativa D.*

69. **(XVI Exame)** Determinado empregado foi contratado para criar e desenvolver programas de *software*, criando novas soluções para as demandas dos clientes do seu empregador. Em sua atividade normal, esse empregado inventou um programa original, muito útil e prático, para que os empresários controlassem à distância seus estoques, o que possibilitou um aumento nas vendas. Diante da situação retratada, assinale a afirmativa correta.

(A) O empregado terá direito, conforme a Lei, a uma participação sobre o lucro obtido nessas vendas.

(B) A Lei é omissa a esse respeito, de modo que, caso não haja consenso entre as partes, será necessário o ajuizamento de ação trabalhista para resolver o impasse.

(C) Todo o lucro obtido pelo invento será do empregado.

(D) O empregado terá direito apenas ao seu salário normal, exceto se o seu contrato de trabalho tiver previsão de participação no lucro do seu invento.

RESPOSTA O empregador, titular da patente, poderá conceder ao empregado, autor de invento ou aperfeiçoamento, participação nos ganhos econômicos resultantes da exploração da patente, mediante negociação com o interessado ou conforme disposto em norma da empresa. A participação referida não se incorpora, a qualquer título, ao salário do empregado. (A) Errada. (B) Errada. (C) Errada. (D) Certa – art. 89 da Lei n. 9.279/96. *Alternativa D.*

70. **(XVI Exame)** João trabalha na área de vendas em uma empresa de cigarros. Recebe do empregador, em razão do seu cargo, moradia e pagamento da conta de luz do apartamento, além de ter veículo cedido com combustível. Tal se dá em razão da necessidade do trabalho, dado que João trabalha em local distante de grande centro, sendo responsável pela distribuição e venda dos produtos na região. Além disso, João recebe uma quota mensal de 10 pacotes de cigarro por mês, independentemente de sua remuneração, não sendo necessário prestar contas do que faz com os cigarros. A partir do caso narrado, assinale a afirmativa correta.

(A) Os valores relativos à habitação, à energia elétrica e ao veículo integram a remuneração de João, por serem salário-utilidade, mas não o cigarro, por ser nocivo à saúde.

(B) Os valores de habitação e veículo integram a remuneração de João. A energia elétrica e o combustível, não, pois já incorporados, respectivamente, na habitação e no veículo. O valor do cigarro não é integrado, face à nocividade à saúde.

(C) Nenhum dos valores da utilidade integram a remuneração de João.

(D) Tratando-se de salário *in natura*, todos os valores integram a remuneração de João, pois são dados com a ideia de contraprestação aos serviços.

RESPOSTA Além do pagamento em dinheiro, compreendem-se no salário, para todos os efeitos legais, alimentação, habitação, vestuário ou outras prestações *in natura* que a empresa, por força do contrato ou do costume, fornecer habitualmente ao empregado. Em caso algum será permitido o pagamento com bebidas alcoólicas ou drogas nocivas. O cigarro é considerado uma droga nociva. (A) Errada. (B) Errada. (C) Certa – art. 458 da CLT. (D) Errada. *Alternativa C.*

71. **(XIII Exame)** A sociedade empresária Gardênia Azul Ltda. aprovou acordo coletivo junto ao sindicato de classe dos seus empregados prevendo um plano de cargos e salários. Nele, as promoções seriam feitas no máximo a cada dois anos, exclusivamente pelo critério de antiguidade.

No período de vigência dessa norma, Walter ajuizou uma ação requerendo equiparação salarial a Fernando, referente ao período do acordo coletivo.

Diante da situação concreta e da jurisprudência consolidada do TST, assinale a afirmativa correta.

(A) O pedido de equiparação salarial não é possível juridicamente porque a sociedade empresária possui plano de cargos e salários.

(B) A equiparação salarial é possível se atendidos os demais requisitos legais, porque o plano de cargos e salários em questão não tem validade.

(C) A observância ou não ao acordo ficará a cargo de cada juiz, porque inexiste previsão legal ou jurisprudencial a respeito.

(D) O plano de cargos e salários, por ser fruto de negociação coletiva e atender aos requisitos legais, precisa ser observado pelo magistrado.

RESPOSTA LETRA B – Na forma do art. 461, §§ 2º e 3º, da CLT o plano de cargos e salários para ter validade precisa conter promoções que obedeçam aos critérios de antiguidade e merecimento de forma alternadas. Apenas assim o plano afasta a possibilidade de equiparação salarial. No problema, o plano contém apenas uma forma de promoção. *Alternativa B.* REFORMA TRABALHISTA: Tendo em vista a alteração do art. 461 e seus parágrafos da CLT, não há nenhuma opção correta após a Reforma.

72. **(XXIII Exame)** Um representante comercial ajuíza ação na Justiça do Trabalho pedindo a devolução de descontos. Ele explica que sua comissão sobre as vendas é de 5%, mas que pode optar pelo percentual de 10%, desde que se comprometa a pagar o valor da venda, caso o comprador fique inadimplente. Alega que sempre fez a opção pelos 10%, e que, nos casos de inadimplência, teve de pagar o valor do negócio para depois tentar reaver a quantia do comprador, o que caracterizaria transferência do risco da atividade econômica.

Diante do caso apresentado e da lei de regência, assinale a afirmativa correta.

(A) A prática é válida porque o representante não é empregado nos moldes da CLT, além de ter sido uma opção por ele tomada.

(B) O caso traduz um *truck system*, sendo que a lei limita o prejuízo do representante comercial a 50% da venda não paga.

(C) A norma de regência é omissa a respeito desta situação, razão pela qual é válida, na medida em que se trata de relação de direito privado.

(D) A situação caracteriza a cláusula *del credere*, vedada pela Lei de Representação Comercial.

RESPOSTA Com base no art. 43 da Lei n. 4.886/65 é vedada a cláusula *del credere*, que corresponde à previsão da parte contratante ou representada descontar os valores de comissões ou vendas do representante comercial na hipótese da venda ou da transação ser cancelada ou desfeita. *Alternativa D.*

IV. ESTABILIDADES E GARANTIAS DE EMPREGO

73. (XXIX) Em uma grande empresa que atua na prestação de serviços de telemarketing e possui 250 funcionários, trabalham as empregadas listadas a seguir:

Alice, que foi contratada a título de experiência, e, um pouco antes do término do seu contrato, engravidou;

Sofia, que foi contratada a título temporário, e, pouco antes do termo final de seu contrato, sofreu um acidente do trabalho;

Larissa, que foi indicada pelo empregador para compor a CIPA da empresa;

Maria Eduarda, que foi eleita para a comissão de representantes dos empregados, na forma da CLT alterada pela Lei n. 13.467/2017 (reforma trabalhista).

Diante das normas vigentes e do entendimento consolidado do TST, assinale a opção que indica as empregadas que terão garantia no emprego.

(A) Sofia e Larissa, somente.

(B) Alice e Maria Eduarda, somente.

(C) Alice, Sofia e Maria Eduarda, somente.

(D) Alice, Sofia, Larissa e Maria Eduarda.

RESPOSTA A empregada gestante tem direito à estabilidade provisória prevista no art. 10, inciso II, alínea *b*, do Ato das Disposições Constitucionais Transitórias, mesmo na hipótese de admissão mediante contrato por tempo determinado (Súmula 244, III, do TST). O empregado submetido a contrato de trabalho por tempo determinado goza da garantia provisória de emprego decorrente de acidente de trabalho prevista no art. 118 da Lei n. 8.213/91 (Súmula 378, III, do TST). Os titulares da representação dos empregados na CIPA não poderão sofrer despedida arbitrária, entendendo-se como tal a que não se fundar em motivo disciplinar, técnico, econômico ou financeiro. Observem que Larissa foi indicada pelo empregador, portanto, não é detentora de garantia de emprego (arts. 164, § 1º, e 165 da CLT). Desde o registro da candidatura até um ano após o fim do mandato, o membro da comissão de representantes dos empregados não poderá sofrer despedida arbitrária, entendendo-se como tal a que não se fundar em motivo disciplinar, técnico, econômico ou financeiro (art. 510-D, § 3º, da CLT). *Alternativa C.*

74. (XXV Exame) Em março de 2015, Lívia foi contratada por um estabelecimento comercial para exercer a função de caixa, cumprindo jornada de segunda-feira a sábado das 8h às 18h, com intervalo de 30 minutos para refeição. Em 10 de março de 2017, Lívia foi dispensada sem justa causa, com aviso prévio indenizado, afastando-se de imediato. Em 30 de março de 2017, Lívia registrou sua candidatura a dirigente sindical e, em 8 de abril de 2017, foi eleita vice-presidente do sindicato dos comerciários da sua região. Diante desse fato, Lívia ponderou com a direção da empresa que não seria possível a sua dispensa, mas o empregador insistiu na manutenção da dispensa afirmando que o aviso prévio não poderia ser considerado para fins de garantia no emprego. Sobre a hipótese narrada, de acordo com a CLT e com o entendimento consolidado do TST, assinale a afirmativa correta.

(A) O período do aviso prévio é integrado ao contrato para todos os fins, daí por que Lívia, que foi eleita enquanto o pacto laboral estava em vigor, não poderá ser dispensada sem justa causa.

(B) Não se computa o aviso prévio para fins de tempo de serviço nem anotação na CTPS do empregado e, em razão disso, Lívia não terá direito à estabilidade oriunda da eleição para dirigente sindical.

(C) O aviso prévio é computado para todos os fins, mas, como a candidatura da empregada ocorreu no decorrer do aviso prévio, Lívia não terá garantia no emprego.

(D) A Lei e a jurisprudência não tratam dessa situação especial, razão pela qual caberá ao magistrado, no caso concreto, decidir se o aviso prévio será computado ao contrato.

RESPOSTA De acordo com a Súmula 369 do TST, ainda que o aviso prévio seja computado no contrato de trabalho, o registro da candidatura do empregado a cargo de dirigente sindical no curso do aviso prévio, ainda que indenizado, não assegura a ele a estabilidade, visto que inaplicável a regra do § 3º do art. 543 da CLT. *Alternativa C.*

75. (XXIV Exame) Sílvio é empregado da sociedade empresária Onda Azul Ltda. e, em determinado dia, no horário de almoço, ao se dirigir a um restaurante para fazer sua refeição, foi atropelado por um veículo, sofrendo lesões que o afastaram do serviço por 30 dias, inclusive com recebimento de benefício previdenciário.

Diante da situação apresentada, assinale a afirmativa correta.

(A) O fato não caracteriza acidente do trabalho, porque não aconteceu na empresa nem em deslocamento a serviço.

(B) O fato caracteriza acidente do trabalho, e, ao retornar, Sílvio tem garantia no emprego de 12 meses.

(C) A Lei é omissa a respeito, daí porque caberá ao juiz, no caso concreto, dizer se o evento foi acidente de trabalho.

(D) A empresa será obrigada a ressarcir o empregado, porque tem o dever de fornecer alimentação.

RESPOSTA O período destinado à refeição e descanso é considerado como o empregado estando no exercício de trabalho, logo, qualquer acidente ocorrido neste interregno será considerado acidente do trabalho (art. 21, § 1º, da Lei n. 8.213/91). Como o afastamento se deu por período superior a quinze dias e houve percepção de auxílio doença acidentário, preenchidos os requisitos legais da Súmula 378 do TST, o empregado terá direito a estabilidade de 12 meses. *Alternativa B.*

76. **(XXI Exame)** As irmãs Rita e Tereza trabalham para o mesmo empregador. Quando Rita engravida, Tereza, que não pode ter filhos naturais, resolve adotar uma criança. Assim, logo após o nascimento da filha de Rita, Tereza adota uma criança de 6 meses de idade.

Considerando a situação posta e de acordo com as leis vigentes, assinale a afirmativa correta.

(A) Rita terá garantia no emprego até 5 meses após o parto, enquanto Tereza não.

(B) Ambas sairão em licença maternidade, mas Tereza, por ser mãe adotiva, terá período um pouco menor, de 60 dias.

(C) Ambas terão estabilidade de até 5 meses, sendo que, para Rita, o período será contado do parto e para Tereza, do momento da adoção.

(D) Ambas terão o salário pago diretamente pelo empregador, enquanto durar a licença maternidade.

RESPOSTA Rita terá garantia no emprego até 5 meses após o parto, enquanto Tereza não. Inteligência do art. 392-A da CLT. (A) Certa – art. 392-A da CLT. (B) Errada. (C) Errada. (D) Errada. *Alternativa A.*

77. **(XIX Exame)** Os empregados da sociedade empresária ABC Ltda. criaram uma sociedade cooperativa de crédito que busca dar acesso a empréstimos com juros bastante reduzidos para os próprios empregados da empresa ABC. Renata, que trabalha na empresa em questão, foi eleita diretora suplente dessa sociedade cooperativa de crédito e, dois meses depois, foi dispensada sem justa causa.

Com base na hipótese apresentada, de acordo com o entendimento consolidado do TST, assinale a afirmativa correta.

(A) Renata é estável por ter sido eleita, razão pela qual deverá ser reintegrada.

(B) Não se cogitará de reintegração, seja do titular ou do suplente, porque esse caso não é previsto na lei como gerador de estabilidade.

(C) A condição legal para que Renata seja estável é que contraia ao menos um empréstimo junto à cooperativa.

(D) Renata não terá garantia no emprego por ser suplente, e a estabilidade alcança apenas o titular.

RESPOSTA Renata não terá garantia no emprego por ser suplente, e a estabilidade alcança apenas o titular. O art. 55 da Lei n. 5.764/71 assegura a garantia de emprego apenas aos empregados eleitos diretores de Cooperativas, não abrangendo os membros suplentes. (A) Errada. (B) Errada. (C) Errada. (D) Certa – art. 55 da Lei n. 5.764/71 e OJ 253 da SBDI-1 do TST. *Alternativa D.*

78. **(XVII Exame)** Jonas é empregado da sociedade empresária Ômega. Entendendo seu empregador por romper seu contrato de trabalho, optou por promover sua imediata demissão, com pagamento do aviso prévio na forma indenizada. Transcorridos 10 dias de pagamento das verbas rescisórias, Jonas se candidatou a dirigente do sindicato da sua categoria e foi eleito presidente na mesma data. Sobre a hipótese apresentada, de acordo com o entendimento consolidado do TST, assinale a afirmativa correta.

(A) Jonas poderá ser desligado ao término do aviso prévio, pois não possui garantia no emprego.

(B) Jonas tem garantia no emprego por determinação legal, porque, pelo fato superveniente, o aviso prévio perde seu efeito.

(C) Jonas passou a ser portador de garantia no emprego, não podendo ter o contrato rompido.

(D) Jonas somente poderá ser dispensado se houver concordância do sindicato de classe obreiro.

RESPOSTA O registro da candidatura de Jonas a cargo de dirigente sindical ocorreu durante o período do aviso prévio. De acordo com a Súmula 369, V, do

TST, o registro da candidatura do empregado a cargo de dirigente sindical durante o período de aviso prévio, ainda que indenizado, não lhe assegura a estabilidade, visto que inaplicável a regra do § 3º do art. 543 da CLT. Portanto, Jonas poderá ser desligado ao término do aviso prévio. (A) Certa – Súmula 369, V, do TST. (B) Errada. (C) Errada. (D) Errada. *Alternativa A.*

79. **(XII Exame)** Para que a garantia no emprego em razão da candidatura do empregado a dirigente sindical se consolide, a CLT dispõe no art. 543, § 5º: "Para os fins deste artigo, a entidade sindical comunicará por escrito à empresa, dentro de 24 (vinte e quatro) horas, o dia e a hora do registro da candidatura do seu empregado e, em igual prazo, sua eleição e posse, fornecendo, outrossim, a este comprovante no mesmo sentido". Gislene registrou sua candidatura a dirigente sindical, na condição de Vice-Presidente na chapa, mas o sindicato não comunicou tal fato ao seu empregador que, ignorando a situação, concedeu aviso prévio à empregada 10 dias depois. Nessa hipótese, de acordo com o entendimento do TST, assinale a afirmativa correta.

(A) O empregador, a seu critério, aceitará ou não a justificativa tardia da empregada que se candidatou a dirigente sindical e mantém seu contrato de trabalho.

(B) O empregador fica obrigado a respeitar a garantia no emprego, mesmo que seja informado deste fato após a ruptura da interlocução social, devendo readmiti-la.

(C) O empregador tem de respeitar a garantia, ainda que seja comunicado posteriormente da candidatura da empregada, desde que isso ocorra enquanto o pacto laboral estiver em vigor.

(D) A empresa não precisa respeitar a garantia no emprego porque o prazo legal não foi observado, de modo que isso não a vincula. Ademais, ignorando a garantia da empregada, a empresa não teria agido de má-fé.

RESPOSTA (A) Assertiva errada, pois de acordo com a Súmula 369, I, do TST é assegurada a estabilidade provisória ao empregado dirigente sindical, ainda que a comunicação do registro da candidatura ou da eleição e da posse seja realizada fora do prazo previsto no art. 543, § 5º, da CLT, desde que a ciência ao empregador, por qualquer meio, ocorra na vigência do contrato de trabalho. (B) Errada. É necessário que a comunicação ocorra na vigência do contrato de trabalho – Súmula 369, I, do TST. (C) Correta, na forma da Súmula 369, I, do TST. (D) Errada, pois é assegurada a estabilidade provisória por ter sido feito o registro da candidatura ao cargo de dirigente sindical, antes do aviso prévio – Súmula 369, V, do TST. *Alternativa C.*

80. **(IX Exame)** As alternativas a seguir apresentam casos para os quais a Lei prevê garantia de emprego, à exceção de uma. Assinale-a.

(A) Dirigente de associação profissional.

(B) Membro representante dos empregados junto ao Conselho Nacional de Previdência Social.

(C) Representantes dos empregados em comissão de conciliação prévia de âmbito empresarial.

(D) Representante dos empregados no Conselho Curador do FGTS.

RESPOSTA (A) Certa – a Constituição Federal restringe a estabilidade provisória ao dirigente sindical. O disposto no art. 543, § 3º, da CLT, em relação ao dirigente de associação profissional, não foi recepcionado. (B) Errada – art. 3º, § 7º, da Lei n. 8.213/91. (C) Errada – art. 625-B, § 1º, da CLT. (D) Errada – art. 3º, § 9º, da Lei n. 8.036/90. *Alternativa A.*

81. **(VIII Exame)** A respeito da estabilidade, assinale a afirmativa correta.

(A) A estabilidade da gestante dura de 28 dias antes até 92 dias após o parto.

(B) A estabilidade do membro da CIPA dura da eleição até um ano após o término do mandato, servindo para os representantes dos empregados, inclusive suplentes.

(C) A estabilidade do dirigente sindical dura do registro da candidatura até um ano após o término do mandato, servindo para os representantes dos empregados eleitos e seus suplentes, estando limitada ao número de sete dirigentes sindicais.

(D) De acordo com o entendimento uniformizado do Tribunal Superior do Trabalho, o empregado poderá adquirir a estabilidade no curso do aviso prévio, pois este integra o contrato de trabalho para todos os efeitos, inclusive pecuniários.

RESPOSTA (A) Errada. (B) Errada – art. 10, II, *a*, do ADCT e Súmula 339 do TST. (C) Certa – art. 543, § 3º, da CLT e Súmula 369, I, do TST. (D) Errada – Súmula 348 do TST. *Alternativa C.*

82. **(X Exame)** Fernanda é contratada pela empresa Master, a título temporário, com base na Lei n. 6.019/74, pelo prazo certo de 3 meses. Quando do término deste período e ciente de que o empregador não pretende renovar o contrato, ela informa que se encontra grávida de 6 semanas. A respeito do caso proposto, de acordo com o entendimento do TST, assinale a afirmativa correta.

(A) Fernanda pode ter o contrato extinto porque o pacto foi feito a termo, de modo que no seu implemento a ruptura se impõe.

(B) Fernanda não poderá ser dispensada, pois, em razão da gravidez, possui garantia no emprego, mesmo sendo o contrato a termo.

(C) Fernanda poderá ser desligada porque a natureza jurídica da ruptura não será resilição unilateral, mas caducidade do contrato.

(D) Fernanda não pode ter o contrato rompido, pois em razão da gravidez tem garantia no emprego durante 12 meses.

RESPOSTA (A) Errada. (B) Certa – Súmula 244, III, do TST. (C) Errada. (D) Errada – Súmula 244, III, do TST e art. 10, II, *b*, do ADCT. *Alternativa B.*

83. **(I Exame)** Paula firmou contrato de trabalho, por prazo indeterminado, com uma empresa, onde trabalhou pelo período de três anos. Em 10/10/2008, foi sumariamente demitida, sem justa causa e sem receber qualquer valor rescisório ou indenizatório, embora estivesse com dois meses de gestação. Em face dessa situação hipotética, assinale a opção correta.

(A) Caso Paula não tenha informado ao empregador, na data da demissão, o seu estado gestacional, ela não fará jus a qualquer indenização decorrente da estabilidade garantida à gestante.

(B) Se ajuizar reclamatória trabalhista até o último dia do prazo prescricional, Paula terá garantido o direito de reintegração ao emprego.

(C) Caso ajuíze reclamatória trabalhista no último dia do prazo prescricional, Paula terá direito tão somente aos salários e demais direitos correspondentes ao período de estabilidade garantido à gestante.

(D) Se for ajuizada reclamatória após o período da estabilidade garantido à gestante, Paula não terá direito a qualquer efeito jurídico referente à estabilidade.

RESPOSTA (A) Errada – Súmula 244, I, do TST e OJ 399 da SDI-1 do TST. (B) Errada – Súmula 244, II, do TST e OJ 399 da SDI-1 do TST. (C) Certa – Súmula 244, II, do TST e OJ 399 da SDI-1 do TST. (D) Errada – Súmula 244, II, do TST e OJ 399 da SDI-1 do TST. *Alternativa* C.

84. **(VI Exame)** Consideram-se acidentes do trabalho

(A) Os acidentes típicos, a doença profissional, a doença do trabalho e as hipóteses definidas em lei a ele equiparadas.

(B) A doença degenerativa, a inerente a grupo etário e a doença endêmica.

(C) Para fins de responsabilidade civil do empregador, somente os acidentes típicos e a doença profissional.

(D) Apenas os acidentes típicos, a doença ocupacional e os acidentes *in itinere*.

RESPOSTA Arts. 19, 20 e 21 da Lei n. 8.213/91. *Alternativa A.*

85. **(III Exame)** Com relação às estabilidades e às garantias provisórias de emprego, é correto afirmar que

(A) O servidor público celetista da administração direta, autárquica ou fundacional não é beneficiário da estabilidade prevista na Constituição da República de 1988, que se restringe ao ocupante de cargo de provimento efetivo em virtude de concurso público.

(B) A empregada gestante tem direito à estabilidade provisória na hipótese de admissão mediante contrato de experiência, uma vez que se visa à proteção do instituto da maternidade.

(C) Os membros do Conselho Curador do FGTS representantes dos trabalhadores, efetivos e suplentes, têm direito à estabilidade no emprego, da nomeação até um ano após o término do mandato de representação, somente podendo ser dispensados por motivo de falta grave, regularmente comprovada por processo sindical.

(D) O registro da candidatura do empregado a cargo de dirigente sindical durante o período de aviso prévio não obsta a estabilidade sindical, porque ainda vigente o contrato de trabalho.

RESPOSTA (A) Errada. (B) Errada – Súmula 244, III, do TST. (C) Certa – art. 3º, § 9º, da Lei n. 8.036/90. (D) Errada – Súmula 369 do TST. *Alternativa C.* ATENÇÃO: Atualmente a Súmula 244, III, do TST tem nova redação reconhecendo a estabilidade da gestante, mesmo nos contratos a termo, portanto a letra B também estaria CORRETA.

86. **(III Exame)** Tício, gerente de operações da empresa Metalúrgica Comercial, foi eleito dirigente sindical do Sindicato dos Metalúrgicos. Seis meses depois, juntamente com Mévio, empregado representante da CIPA (Comissão Interna para Prevenção de Acidentes) da empresa por parte dos empregados, arquitetaram um plano para descobrir determinado segredo industrial do seu empregador e repassá-lo ao concorrente mediante pagamento de numerário considerável. Contudo, o plano foi descoberto antes da venda, e a empresa, agora, pretende dispensar ambos por falta grave. Você foi contratado como consultor jurídico para indicar a forma de fazê-lo. O que deve ser feito?

(A) Ajuizamento de inquérito para apuração de falta grave em face de Tício e Mévio, no prazo decadencial de 30 dias, caso tenha havido suspensão deles para apuração dos fatos.

(B) Simples dispensa por falta grave para ambos os empregados, pois o inquérito para apuração de falta grave serve apenas para a dispensa do empregado estável decenal.

(C) Ajuizamento de inquérito para apuração de falta grave em face de Tício, no prazo decadencial de 30 dias, caso tenha havido suspensão dele para apuração dos fatos; e simples dispensa por justa causa em relação a Mévio, independentemente de inquérito.

(D) Ajuizamento do inquérito para apuração de falta grave em face de Tício, no prazo decadencial de 30 dias, contados do conluio entre os empregados; e simples dispensa por justa causa em relação a Mévio, independentemente de inquérito.

RESPOSTA Arts. 543, § 3º, e 853 da CLT. *Alternativa C.*

87. **(II Exame)** Paulo, empregado de uma empresa siderúrgica, sofreu acidente do trabalho, entrando em gozo de auxílio-doença acidentário, a partir do décimo sexto dia de seu afastamento. Durante este período de percepção do benefício previdenciário, ele foi dispensado sem justa causa por seu empregador. Diante do exposto, assinale a alternativa correta.

(A) Paulo tem direito a ser reintegrado, com fundamento na garantia provisória de emprego assegurada ao empregado acidentado.

(B) Paulo tem direito a ser readmitido, com fundamento na garantia provisória de emprego assegurada ao empregado acidentado.

(C) Paulo tem direito a ser readmitido, em razão da interrupção do contrato de trabalho que se operou a partir do décimo sexto dia de afastamento.

(D) Paulo tem direito a ser reintegrado, em razão da suspensão do contrato de trabalho que se operou a partir do décimo sexto dia de afastamento.

RESPOSTA Art. 118 da Lei n. 8.213/91 e Súmula 378, II, do TST. *Alternativa D.*

88. **(XI Exame)** Rodrigo foi admitido pela empresa Dona Confecções, a título de experiência, por 45 dias. No 35º dia após a admissão, Rodrigo foi vítima de um acidente do trabalho de média proporção, que o obrigou ao afastamento por 18 dias. De acordo com o entendimento do TST:

(A) Rodrigo não poderá ser dispensado pois, em razão do acidente do trabalho, possui garantia no emprego, mesmo no caso de contrato a termo.

(B) O contrato poderá ser rompido porque foi realizado por prazo determinado, de forma que nenhum fator, por mais relevante que seja, poderá elastecê-lo.

(C) Rodrigo poderá ser desligado porque a natureza jurídica da ruptura não será resilição unilateral, mas caducidade contratual, que é outra modalidade de rompimento.

(D) Rodrigo não pode ter o contrato rompido no termo final, pois em razão do acidente do trabalho sofrido, terá garantia no emprego até 5 meses após o retorno, conforme lei previdenciária.

RESPOSTA O empregado submetido a contrato de trabalho por tempo determinado goza da garantia provisória de emprego, decorrente de acidente de trabalho, prevista no art. 118 da Lei n. 8.213/91 – Súmula 378, III, do TST. *Alternativa A.*

89. **(XV Exame)** Rogéria, balconista na empresa Bolsas e Acessórios Divinos Ltda., candidatou-se em uma chapa para a direção do sindicato dos comerciários do seu Município, sendo eleita posteriormente. Contudo, o sindicato não comunicou o registro da candidatura, eleição e posse da empregada ao empregador. Durante o mandato de Rogéria, o empregador a dispensou sem justa causa e com cumprimento do aviso prévio. Rogéria, então, enviou um e-mail para o empregador, dando-lhe ciência dos fatos, mediante prova documental. Apesar das provas, a empresa não aceitou suas razões e ratificou o desejo de romper o contrato de trabalho. Sobre o caso narrado, de acordo com a jurisprudência do TST, assinale a afirmativa correta.

(A) Rogéria tem garantia no emprego, já que a comunicação, apesar de fora do prazo legal, foi feita na vigência do contrato.

(B) O sindicato não observou o prazo legal para comunicação, motivo pelo qual a dispensa não pode ser considerada ilícita nem discriminatória, prevalecendo a ruptura.

(C) A jurisprudência é omissa, razão pela qual faculta-se ao empregador aceitar ou não a comunicação.

(D) É irrelevante que a comunicação da eleição tenha sido feita, já que a responsabilidade do empregador é objetiva.

RESPOSTA É assegurada a estabilidade provisória ao empregado dirigente sindical, ainda que a comunicação do registro da candidatura, da eleição e da posse seja realizada fora do prazo previsto no art. 543, § 5º, da CLT, desde que a ciência ao empregador, por qualquer meio, ocorra na vigência do contrato de trabalho. No caso estudado, verifica-se que a comunicação ocorreu na vigência do contrato de trabalho, o que confere a Rogéria garantia do § 3º, art. 543, da CLT. (A) Certa – art. 543, §§ 3º e 5º, da CLT e Súmula 369, I, do TST. (B) Errada. (C) Errada. (D) Errada. *Alternativa A.*

V. ALTERAÇÕES CONTRATUAIS, SUSPENSÃO E INTERRUPÇÃO DO CONTRATO

90. **(XXXI Exame)** Enzo é professor de Matemática em uma escola particular, em que é empregado há 8 anos. Após 2 anos de namoro e 1 ano de noivado, irá se casar com Carla, advogada, empregada em um escritório de advocacia há 5 anos.

Sobre o direito à licença pelo casamento, de acordo com a CLT, assinale a afirmativa correta.

(A) O casal poderá faltar aos seus empregos respectivos por até 3 dias úteis para as núpcias.

(B) Carla, por ser advogada, terá afastamento de 5 dias e Enzo, por ser professor, poderá faltar por 2 dias corridos.

(C) Enzo poderá faltar ao serviço por 9 dias, enquanto Carla poderá se ausentar por 3 dias consecutivos.

(D) Não há previsão específica, devendo ser acertado o período de afastamento com o empregador, observado o limite de 10 dias.

RESPOSTA Enzo é professor, estando amparado por um diploma legal específico de proteção ao trabalho, possuindo o direito de se ausentar, sem sofrer desconto, por 9 (nove) dias consecutivos, por motivo de gala (casamento). Já Carla, advogada, está amparada pela regra comum que concede até 3 (três) dias consecutivos para que o empregado deixe de comparecer ao serviço, sem prejuízo do seu salário, em virtude de casamento. Arts. 320, § 3º, e 473, II, ambos da CLT. *Alternativa C.*

91. **(XXX Exame)** João e Maria são casados e trabalham na mesma empresa, localizada em Fortaleza/CE. Maria ocupa cargo de confiança e, por absoluta necessidade do serviço, será transferida para Porto Alegre/RS, lá devendo fixar residência, em razão da distância.

Diante da situação retratada e da legislação em vigor, assinale a afirmativa correta.

(A) A transferência não poderá ser realizada, porque o núcleo familiar seria desfeito, daí ser vedada por Lei.

(B) A transferência poderá ser realizada, mas, como o casal ficará separado, isso deverá durar, no máximo, 1 ano.

(C) João terá direito, pela CLT, a ser transferido para o mesmo local da esposa e, com isso, manter a família unida.

(D) Não há óbice para a transferência, que poderá ser realizada sem que haja obrigação de a empresa transferir João.

RESPOSTA É lícita a transferência de empregados que exerçam cargo de confiança quando esta decorra de real necessidade de serviço, portanto, Maria poderá ser transferida para Porto Alegre/RS. Art. 469, § 1º, da CLT. *Alternativa D.*

92. **(XXIX Exame)** Plínio foi contratado, em 30/11/2017, como auxiliar administrativo de uma fábrica de motores. Graças ao seu ótimo desempenho, foi promovido, passando a gerente de operações, cargo dispensado do registro de horário, com padrão salarial cinco vezes mais elevado que o cargo efetivo imediatamente abaixo. Plínio era o responsável pela empresa, apenas enviando relatório mensal à diretoria. Em razão da nova função, Plínio passou a receber uma gratificação equivalente a 50% do salário básico recebido na função anteriormente exercida.

O rendimento de Plínio, oito meses após a promoção, deixou de ser satisfatório, por questões pessoais. Em decorrência disso, a empresa retirou de Plínio a função gerencial e ele voltou à função que exercia antes, deixando de receber a gratificação de função.

Diante disso, assinale a afirmativa correta.

(A) O cargo que Plínio passou a ocupar não era de confiança, razão pela qual a alteração contratual equivale a rebaixamento, sendo, portanto, ilícita.

(B) O cargo que Plínio passou a ocupar era de confiança, porém não poderia haver o retorno ao cargo anterior com a perda da gratificação de função, razão pela qual a alteração contratual equivale a rebaixamento, sendo, portanto, ilícita.

(C) O cargo que Plínio passou a ocupar era de confiança, e a reversão ao cargo efetivo foi lícita, mas não a perda da remuneração, pois equivale a diminuição salarial, o que é constitucionalmente vedado.

(D) O cargo que Plínio passou a ocupar era de confiança, razão pela qual se admite a reversão ao cargo anterior, sendo lícita a perda da gratificação de função.

RESPOSTA Não se considera alteração unilateral a determinação do empregador para que o respectivo empregado reverta ao cargo efetivo, anteriormente ocupado, deixando o exercício de função de confiança. A alteração, com ou sem justo motivo, não assegura ao empregado o direito à manutenção do pagamento da gratificação correspondente, que não será incorporada, independentemente do tempo de exercício da respectiva função. Art. 468, §§ 1º e 2º, da CLT. *Alternativa D.*

93. **(XXVI Exame)** Lucas trabalhava em uma empresa estatal, cuja norma interna regulamentar previa a necessidade de sindicância administrativa para apuração de falta e aplicação de suspensão. Após quatro anos de contrato sem qualquer intercorrência, em determinada semana, Lucas faltou sem qualquer comunicação ou justificativa por dois dias consecutivos. Diante disso, logo após o seu retorno ao trabalho, seu superior hierárquico aplicou a pena de suspensão por três dias.

Na qualidade de advogado de Lucas, que tem interesse em manter o emprego, você deverá requerer

(A) A rescisão indireta do contrato por punição excessiva.

(B) A nulidade da punição, pois não foi observada a norma regulamentar da empresa.

(C) A conversão da suspensão em advertência.

(D) A ausência de nexo de causalidade e o decurso de tempo entre a punição e a falta.

RESPOSTA A Súmula 77 do TST prevê que é nula a punição de empregado se não precedida de inquérito ou sindicância internos a que se obrigou a empresa por norma regulamentar. *Alternativa B.*

94. **(XXI Exame)** Paula e Joyce são empregadas de uma mesma sociedade empresária. O irmão de Paula faleceu e o empregador não autorizou sua ausência ao trabalho. Vinte dias depois, Joyce se casou e o empregador também não autorizou sua ausência ao trabalho em nenhum dia.

Como advogado(a) das empregadas, você deverá requerer:

(A) Em ambos os casos, a ausência ao trabalho por três dias consecutivos.

(B) Um dia de ausência ao trabalho para Paula e de três dias para Joyce.

(C) A ausência ao trabalho por dois dias consecutivos, no caso de Paula e, de até três dias, para Joyce.

(D) A ausência ao trabalho por dois úteis dias no caso de Paula e, de até três dias úteis, para Joyce.

RESPOSTA Com base no art. 473, I e II, da CLT, como advogado, você deverá requerer a ausência ao trabalho por dois dias consecutivos, no caso de Paula e, de até três dias, para Joyce. (A) Errada. (B) Errada. (C) Certa – art. 473, I e II, da CLT. (D) Errada. *Alternativa C.*

95. **(XX Exame – Reaplicação)** Lívia trabalha em uma empresa de jornalismo, cumprindo jornada de 23h00min às 5h00min, recebendo regularmente o adicional noturno. Após 12 meses nessa jornada, o empregador resolveu transferi-la para o horário de 10h00min às 16h00min.

Diante do caso e do entendimento consolidado do TST, assinale a afirmativa correta.

(A) Lívia tem direito adquirido ao adicional noturno porque nele permaneceu 12 meses, de modo que o seu pagamento não pode ser suprimido.

(B) A supressão do adicional noturno exigiria, no caso, o pagamento de uma indenização de 1 mês de adicional noturno.

(C) O adicional noturno poderá ser suprimido porque Lívia não mais se ativa em horário noturno.

(D) O adicional noturno deva ser pago pela metade, segundo determinação do TST.

RESPOSTA O adicional noturno poderá ser suprimido, na forma da Súmula 265 do TST, porque Lívia não mais se ativa em horário noturno. (A) Errada. (B) Errada. (C) Certa – Súmula 265 do TST. (D) Errada. *Alternativa C.*

96. **(XX Exame)** Joana é empregada da sociedade empresária XYZ Ltda., que possui diversas filiais em sua cidade. Como trabalha na filial a 100 m de sua residência, não optou pelo vale-transporte. Dois anos depois, por ato unilateral do empregador, foi transferida para uma filial localizada a 30 km de sua residência. Para chegar ao local de trabalho necessita utilizar duas linhas de ônibus que têm custos distintos.

Com base no caso apresentado, assinale a afirmativa correta.

(A) Como Joana não optou por receber o vale-transporte, deverá custear suas despesas de transporte ou utilizar meio alternativo.

(B) A empresa deverá custear apenas uma tarifa modal de transporte, de acordo com a lei do vale-transporte.

(C) Como o local de residência de Joana é o problema, porque não é servido por transporte público regular, a empresa está obrigada a pagar apenas a tarifa modal.

(D) Se Joana é transferida por determinação do empregador para local mais distante, tem direito de receber o acréscimo que terá na despesa com transporte.

RESPOSTA Se Joana é transferida por determinação do empregador para local mais distante, tem direito de receber o acréscimo que terá na despesa com transporte - Súmula 29 do TST. (A) Errada. (B) Errada. (C) Errada. (D) Certa - Súmula 29 do TST. *Alternativa D.*

97. **(XX Exame)** Após ter sofrido um acidente do trabalho reconhecido pela empresa, que emitiu a competente CAT, um empregado afastou-se do serviço e passou a receber auxílio-doença acidentário.

Sobre a situação descrita, em relação ao período no qual o empregado recebeu benefício previdenciário, assinale a afirmativa correta.

(A) A situação retrata caso de suspensão contratual e a empresa ficará desobrigada de depositar o FGTS na conta vinculada do trabalhador.

(B) Ocorrerá interrupção contratual e a empresa continua com a obrigação de depositar o FGTS para o empregado junto à CEF.

(C) Ter-se-á suspensão contratual e a empresa continuará obrigada a depositar o FGTS na conta vinculada do trabalhador.

(D) Haverá interrupção contratual e a empresa estará dispensada de depositar o FGTS na conta vinculada do trabalhador.

RESPOSTA Ter-se-á suspensão contratual e a empresa continuará obrigada a depositar o FGTS na conta vinculada do trabalhador, conforme dispõe o art. 15, § 5º, da Lei n. 8.036/90. (A) Errada. (B) Errada. (C) Certa - art. 15, § 5º, da Lei n. 8.036/90. (D) Errada. *Alternativa C.*

98. **(XIX Exame)** Maria trabalha para a sociedade empresária Beta e recentemente foi aposentada por invalidez. Diante desse fato, a empresa cancelou o plano de saúde de Maria.

Em relação à hipótese retratada e de acordo com a lei e o entendimento sumulado do TST, assinale a afirmativa correta.

(A) A sociedade empresária agiu corretamente, pois a aposentadoria por invalidez rompeu o contrato de trabalho.

(B) A sociedade empresária poderia, diante da situação retratada e a seu exclusivo critério, manter ou não o plano de saúde.

(C) A sociedade empresária terá obrigação de manter o plano por 12 meses, quando terminaria a estabilidade da obreira.

(D) A sociedade empresária se equivocou, porque o contrato está suspenso, devendo ser mantido o plano de saúde.

RESPOSTA A sociedade empresária se equivocou, porque o contrato está suspenso, devendo ser mantido o plano de saúde. Assegura-se o direito à manutenção de plano de saúde ou de assistência médica oferecido pela empresa ao empregado, não obstante suspenso o contrato de trabalho em virtude de auxílio-doença acidentário ou de aposentadoria por invalidez. (A) Errada. (B) Errada. (C) Errada. (D) Certa - Súmula 440 do TST. *Alternativa D.*

99. **(XVIII Exame)** Reinaldo trabalha em uma empresa cujo regulamento interno prevê que o empregador pagará a conta de telefone celular do empregado, até o limite de R$ 150,00 mensais. Posteriormente, havendo crise no setor em que a empresa atua, o regulamento interno foi expressamente alterado para constar que, dali em diante, a empresa arcará com a conta dos celulares dos empregados até o limite de R$ 50,00 mensais.

De acordo com o entendimento consolidado do TST, assinale a afirmativa correta.

(A) O regulamento interno é ato unilateral de vontade do empregador, que poderá modificá-lo a qualquer momento, daí por que não há direito adquirido e a nova condição alcança Reinaldo.

(B) A alteração somente é válida para aqueles que foram admitidos anteriormente à mudança e não prevalece para os que forem contratados após a mudança.

(C) A alteração é válida, mas só alcança aqueles admitidos posteriormente à mudança, não podendo então alcançar a situação de Reinaldo.

(D) A alteração feita pela empresa é ilegal, pois, uma vez concedida a benesse, ela não pode ser retirada em momento algum e para nenhum empregado, atual ou futuro.

RESPOSTA A alteração só alcança aqueles admitidos posteriormente à mudança, logo, não alcança a situação de Reinaldo. (A) Errada. (B) Errada. (C) Certa - Súmula 51, I, TST: "Súmula 51, TST - Norma regulamentar. Vantagens e opção pelo novo regulamento. Art. 468 da CLT. I - As cláusulas regulamentares, que revoguem ou alterem vantagens deferidas anteriormente, só atingirão os trabalhadores admitidos após a revogação ou alteração do regulamento". (D) Errada. *Alternativa C.*

100. **(VI Exame)** Marcos Paiva ficou afastado do seu trabalho, em gozo de benefício previdenciário, em razão de enfermidade não relacionada ao exercício de suas atribuições funcionais, pelo prazo de 7 (sete) meses. Diante dessa situação hipotética, é correto afirmar que

(A) Marcos tem direito ao recolhimento dos depósitos do FGTS durante esse período de afastamento do trabalho.
(B) Esse tempo de afastamento previdenciário deve ser considerado no cômputo do período aquisitivo das férias.
(C) Durante esse afastamento previdenciário o contrato de trabalho esteve interrompido.
(D) Marcos deve retornar ao trabalho no prazo de 30 (trinta) dias, contados a partir da cessação do benefício previdenciário, sob pena de se presumir o abandono de emprego caso não justifique o motivo do não retorno.

RESPOSTA Arts. 133 e 476 da CLT. *Alternativa D.*

101. **(VI Exame)** A respeito das alterações no contrato de trabalho, assinale a alternativa correta.

(A) Nos contratos individuais de trabalho, só é lícita a alteração com a interveniência do sindicato da categoria dos empregados, nos termos da CRFB, que autoriza a flexibilização, desde que por acordo ou convenção coletiva.
(B) Desde que por mútuo consentimento, as alterações dos contratos serão lícitas, pois se prestigia a livre manifestação de vontade das partes.
(C) Nos contratos individuais de trabalho, a alteração só será lícita se de comum acordo entre as partes e desde que não resulte qualquer tipo de prejuízo ao empregado.
(D) A alteração do turno diurno de trabalho para o noturno será lícita, mediante a concordância do empregado, pois é mais benéfica a ele, já que a hora noturna é menor que a diurna e há pagamento de adicional de 20%.

RESPOSTA Art. 468 da CLT. *Alternativa C.*

102. **(III Exame)** Relativamente à alteração do contrato de trabalho, é correto afirmar que

(A) É considerada alteração unilateral vedada em lei a determinação ao empregador para que o empregado com mais de dez anos na função reverta ao cargo efetivo.
(B) O empregador pode, sem a anuência do empregado exercente de cargo de confiança, transferi-lo, com mudança de domicílio, para localidade diversa da que resultar do contrato, independentemente de real necessidade do serviço.
(C) O empregador pode, sem a anuência do empregado cujo contrato tenha como condição, implícita ou explícita, transferi-lo, com mudança de domicílio, para localidade diversa da que resultar do contrato, no caso de real necessidade do serviço.
(D) O adicional de 25% é devido nas transferências provisórias e definitivas.

RESPOSTA Art. 469 da CLT. *Alternativa C.*

103. **(IX Exame)** Após sofrer um acidente automobilístico de gravíssimas proporções enquanto viajava a lazer, o empregado Pedro foi aposentado por invalidez pelo INSS. Assinale a alternativa que indica o efeito desse fato no seu contrato de trabalho.

(A) O contrato de Pedro será interrompido.
(B) O contrato de Pedro será suspenso.
(C) O contrato de Pedro será extinto.
(D) O contrato de Pedro continuará em vigor e ele terá todos os direitos trabalhistas assegurados.

RESPOSTA Art. 475 da CLT. *Alternativa B.*

104. **(IX Exame)** Maria foi contratada pela empresa Bolos S.A. para exercer a função de copeira, cumprindo jornada de trabalho de segunda a sexta-feira das 13:00 h às 17:00 h, sem intervalo alimentar. Decorridos dois anos do início do pacto contratual, foi a empregada dispensada, recebendo as parcelas da ruptura. Contudo, inconformada porque jamais lhe foi permitido usufruir de intervalo para descanso e alimentação, Maria ajuíza reclamação trabalhista postulando o pagamento do período correspondente ao intervalo alimentar não concedido. Diante da hipótese relatada, assinale a afirmativa correta.

(A) A ex-empregada faz jus ao pagamento de uma hora extraordinária diária, haja vista a supressão do intervalo intrajornada, na forma do art. 71, § 4º, da CLT.
(B) A ex-empregada faz jus ao pagamento de apenas 15 minutos diários a título de horas extraordinárias, haja vista a supressão do intervalo intrajornada, na forma do art. 71, § 4º, da CLT.
(C) A ex-empregada não faz jus ao pagamento de horas extraordinárias, porquanto diante da carga horária cumprida, não lhe era assegurada a fruição de intervalo intrajornada.
(D) A ex-empregada faz jus ao pagamento de indenização correspondente ao valor de uma hora extraordinária diária, haja vista a supressão do intervalo intrajornada.

RESPOSTA Art. 71, § 1º, da CLT. *Alternativa C.* ATENÇÃO com a redação da Lei n. 13.467/2017.

105. **(IX Exame)** Buscando profissionais experientes para manusear equipamentos de alta tecnologia e custo extremamente elevado, uma empresa anuncia a existência de vagas para candidatos que possuam dois anos de experiência prévia em determinada atividade. A partir da hipótese apresentada, assinale a afirmativa correta.

(A) A manifestação é inválida porque o máximo de experiência que pode ser exigida é de seis meses.
(B) A manifestação é inválida, pois o empregador não tem o direito de exigir experiência pretérita do candidato a emprego.
(C) A manifestação é inválida porque o máximo de experiência que pode ser exigida é de um ano.
(D) A manifestação é válida, em razão do valor do equipamento, visando à proteção do patrimônio do empregador.

RESPOSTA Art. 442-A da CLT. *Alternativa A.*

106. **(IX Exame)** De acordo com o entendimento consolidado da jurisprudência, a mudança de regime jurídico do empregado celetista para estatutário

(A) Não gera alteração no contrato de trabalho, que permanece intacto.
(B) Gera a suspensão do contrato de trabalho pelo período de três anos, prazo necessário para que o servidor público adquira estabilidade.
(C) Gera extinção do contrato de trabalho, iniciando-se o prazo prescricional da alteração.
(D) Não gera alteração no contrato de trabalho, mesmo porque o empregado não é obrigado a aceitar a alteração de regime jurídico.

RESPOSTA Súmula 382 do TST. *Alternativa C.*

107. **(VIII Exame)** Segundo expressa previsão em nossa ordem jurídica, assinale a afirmativa que indica o trabalhador que possui igualdade de direitos com os que têm vínculo empregatício permanente.

(A) Trabalhador doméstico.
(B) Trabalhador voluntário.
(C) Trabalhador avulso.
(D) Trabalhador eventual.

RESPOSTA Art. 7º, XXXIV, da CRFB. *Alternativa C.*

108. **(VIII Exame)** Um determinado empregador paga os salários dos seus empregados no primeiro dia útil do mês seguinte ao vencido. Encontrando-se em situação financeira delicada, pretende passar a honrar esta obrigação no 5º dia útil do mês subsequente ao vencido, como normalmente fazem os seus concorrentes. A partir da hipótese apresentada, assinale a afirmativa correta.

(A) A alteração contratual, por ser lesiva à classe trabalhadora, é inválida diante do princípio da proteção.
(B) A alteração é válida, pois a nova data pretendida encontra-se no limite legal.
(C) A alteração somente pode ser realizada se houver previsão em acordo coletivo.
(D) A alteração de data somente prevalecerá para os admitidos posteriormente à mudança pretendida.

RESPOSTA Art. 459, § 1º, da CLT. *Alternativa B.*

109. **(VIII Exame)** Um cientista é contratado como empregado para trabalhar no setor de pesquisa de uma empresa, visando desenvolver atividade inventiva. Após três anos, com uso de equipamentos e insumos da empresa, o trabalhador inventa um novo maquinário, cuja patente é requerida e, em breve, introduzida no processo de produção, com previsão de alto lucro. Na hipótese, caso nada tenha sido disposto a respeito, assinale a afirmativa correta.

(A) A invenção pertence exclusivamente ao empregado, mas os lucros deverão ser divididos.
(B) A invenção pertence exclusivamente ao empregador, dada a atividade para a qual foi contratado o empregado.
(C) A invenção pertence ao empregado e ao empregador, que dividirão os lucros.
(D) A invenção pertence ao empregador, mas é dado ao empregado pedir indenização por dano material, a ser arbitrado pela justiça.

RESPOSTA Art. 88 da Lei n. 9.279/96. *Alternativa B.*

110. **(VIII Exame)** Um frentista de posto de gasolina sofreu desconto no seu salário referente à devolução de cheque sem provisão de fundos, em razão de não ter observado recomendação prevista em acordo coletivo de trabalho no tocante à verificação da situação cadastral do cliente no ato da venda do combustível. Diante dessa situação hipotética, e considerando que a norma coletiva autoriza o desconto salarial no caso de negligência do empregado, assinale a alternativa correta.

(A) O empregador não podia ter efetuado o desconto no salário do empregado, em razão do princípio da intangibilidade salarial, sendo inválida a norma coletiva autorizadora.
(B) O desconto foi lícito, em face da não observância das recomendações previstas em norma coletiva.
(C) O desconto somente pode ser considerado lícito se comprovado o dolo do empregado.
(D) O desconto é ilícito, pois o empregador não pode transferir ao empregado os riscos da atividade econômica, sendo inválida a norma coletiva que o autoriza.

RESPOSTA Art. 462 da CLT. *Alternativa B.*

111. **(VII Exame)** Em razão de forte enchente que trouxe sérios prejuízos à localidade, houve o encerramento das atividades da empresa Boa Vida Ltda., que teve seu estabelecimento totalmente destruído pela força das águas. Diante dessa situação hipotética, com relação aos contratos de trabalho de seus empregados, assinale a alternativa correta.

(A) O encerramento da atividade empresarial implicará a resilição unilateral por vontade do empregador dos contratos de trabalho de seus empregados.

(B) Os empregados têm direito à indenização compensatória de 20% (vinte por cento) sobre os depósitos do FGTS.

(C) Os empregados não podem movimentar a conta vinculada do FGTS.

(D) O empregado detentor de estabilidade provisória por ter sido eleito representante dos empregados na Comissão Interna de Prevenção de Acidentes – CIPA tem direito ao pagamento dos salários do período compreendido entre a data da ruptura do contrato de trabalho e o final do período da garantia de emprego.

RESPOSTA (A) Errada – art. 502 da CLT. (B) Certa – art. 502, II, da CLT e art. 18, § 2º, da Lei n. 8.036/90. (C) Errada – art. 20, I, da Lei n. 8.036/90. (D) Errada – Súmula 339, II, do TST. *Alternativa B.*

112. **(VII Exame)** O trabalhador José foi dispensado, sem justa causa, em 1º/6/2011, quando percebia o salário mensal de R$ 800,00 (oitocentos reais). Quando da homologação de sua rescisão, o sindicato de sua categoria profissional determinou à empresa o refazimento do termo de quitação, sob o fundamento de que o empregador compensou a maior, no pagamento que pretendia efetuar, a quantia de R$ 1.200,00 (hum mil e duzentos reais), correspondente a um empréstimo concedido pela empresa ao trabalhador no mês anterior. Diante do exposto, assinale a alternativa correta.

(A) O sindicato agiu corretamente. A compensação não pode ser feita no valor fixado, devendo se limitar ao valor de R$ 800,00 (oitocentos reais), o que importa na necessidade de refazimento do termo de quitação, para o ajuste.

(B) O sindicato agiu corretamente. A compensação não pode ser feita no valor fixado, devendo se limitar ao equivalente a 50% (cinquenta por cento) de um mês de remuneração do empregado, devendo o termo ser refeito para o ajuste.

(C) O sindicato agiu incorretamente. A compensação pode ser feita no valor fixado.

(D) O sindicato agiu incorretamente. A compensação pode ser feita em qualquer valor, inexistindo limite legalmente fixado.

RESPOSTA Art. 477, § 5º, da CLT. *Alternativa A.*

113. **(VII Exame)** É correto afirmar que a CLT prevê, expressamente,

(A) A advertência verbal, a censura escrita e a suspensão como medidas disciplinares que o empregador pode adotar em relação ao descumprimento das obrigações contratuais do empregado.

(B) Somente a suspensão do contrato e a dispensa, por justa causa, como medidas disciplinares que o empregador pode adotar em relação ao descumprimento das obrigações contratuais do empregado.

(C) A advertência, verbal ou escrita, a suspensão e a dispensa, por justa causa, como medidas disciplinares que o empregador pode adotar em relação ao descumprimento das obrigações contratuais do empregado.

(D) A censura escrita, a suspensão e a dispensa, por justa causa, como medidas disciplinares que o empregador pode adotar em relação ao descumprimento das obrigações contratuais do empregado.

RESPOSTA Arts. 474 e 482 da CLT. *Alternativa B.*

114. **(VII Exame)** Carlos Manoel Pereira Nunes foi chamado pelo seu chefe Renato de Almeida para substituí-lo durante as suas férias. Satisfeito, Carlos aceitou o convite e, para sua surpresa, recebeu, ao final do mês de substituição, o salário no valor equivalente ao do seu chefe, no importe de R$ 20.000,00. Pouco tempo depois, Renato teve que se ausentar do país por dois meses, a fim de representar a empresa numa feira de negócios. Nessa oportunidade, convidou Carlos mais uma vez para substituí-lo, o que foi prontamente aceito. Findos os dois meses, Carlos retornou à sua função habitual, mas o seu chefe Renato não mais retornou. No dia seguinte, o presidente da empresa chamou Carlos ao seu escritório e o convidou para assumir definitivamente a função de chefe, uma vez que Renato havia pedido demissão. Carlos imediatamente aceitou a oferta e já naquele instante iniciou sua nova atividade. Entretanto, ao final do mês, Carlos se viu surpreendido com o salário de R$ 10.000,00, metade do que era pago ao chefe anterior. Inconformado, foi ao presidente reclamar, mas não foi atendido. Sentindo-se lesado no seu direito, Carlos decidiu ajuizar ação trabalhista, postulando equiparação salarial com o chefe anterior, a fim de que passasse a receber salário igual ao que Renato percebia. Com base na situação acima descrita, é correto afirmar que Carlos

(A) Faz jus à equiparação salarial com Renato, uma vez que passou a exercer as mesmas tarefas e na mesma função de chefia que o seu antecessor.

(B) Faz jus à equiparação salarial, uma vez que, quando substituiu Renato nas suas férias e durante sua viagem a trabalho, recebeu salário igual ao seu, devendo a mesma regra ser observada na hipótese de substituição definitiva.

(C) Não faz jus à equiparação salarial com Renato, uma vez que a substituição definitiva não gera direito a salário igual ao do antecessor, além de ser impossível a equiparação salarial que não se relacione a situação pretérita.

(D) Não faz jus à equiparação, uma vez que substituiu Renato apenas eventualmente, não se caracterizando a substituição definitiva geradora do direito ao igual salário para igual tarefa.

RESPOSTA Súmula 159 do TST. *Alternativa C.*

115. **(VII Exame)** Determinado empregado, durante quatro anos consecutivos, percebeu pagamento de adicional de insalubridade, já que desenvolvia seu mister exposto a agentes nocivos à saúde. A empregadora, após sofrer fiscalização do Ministério do Trabalho, houve por bem fornecer a todos os seus empregados equipamento de proteção individual (EPI) aprovado pelo órgão competente do Poder Executivo, eliminando, definitivamente, os riscos à higidez física dos trabalhadores. Diante do relatado, assinale a opção INCORRETA:

(A) Enquanto percebido, o adicional de insalubridade integra a remuneração para todos os efeitos legais.

(B) Tendo o empregado recebido adicional de insalubridade com habitualidade, a rubrica não pode ser suprimida, ainda que o empregador promova a eliminação dos riscos à integridade física do empregado.

(C) O trabalhador somente faz jus ao pagamento do adicional de insalubridade enquanto permanecer exposto a agentes de risco à sua saúde, independentemente do tempo em que percebeu o aludido adicional.

(D) A eliminação ou neutralização da insalubridade ocorrerá com a adoção de medidas que conservem o ambiente de trabalho dentro dos limites de tolerância ou com a utilização de equipamentos de proteção individual ao trabalhador, que diminuam a intensidade do agente agressivo a limites de tolerância.

RESPOSTA (A) Certa - Súmula 139 do TST. (B) Incorreta - Súmula 80 do TST. (C) Certa. (D) Certa - art. 191, I e II, da CLT. *Alternativa B.* (ATENÇÃO: A QUESTÃO PEDE PARA QUE O CANDIDATO ASSINALE A AFIRMATIVA INCORRETA.)

116. **(IX Exame)** As alternativas a seguir apresentam casos para os quais a Lei prevê garantia de emprego, à exceção de uma. Assinale-a.

(A) Dirigente de associação profissional.

(B) Membro representante dos empregados junto ao Conselho Nacional de Previdência Social.

(C) Representantes dos empregados em comissão de conciliação prévia de âmbito empresarial.

(D) Representante dos empregados no Conselho Curador do FGTS.

RESPOSTA (A) Certa. (B) Errada - art. 3º, § 7º, da Lei n. 8.213/91. (C) Errada - art. 625-B, § 1º, da CLT. (D) Errada - art. 3º, § 9º, da Lei n. 8.036/90. *Alternativa A.*

117. **(IX Exame)** Acerca do trabalho noturno, assinale a afirmativa incorreta.

(A) O adicional noturno constitui base de cálculo das horas extras prestadas dentro do módulo noturno.

(B) O adicional de periculosidade, pago pela exposição do trabalhador em período integral a condições perigosas, não é considerado base de cálculo do adicional noturno.

(C) A remuneração do trabalho noturno implica pagamento de adicional legal de, no mínimo, 20% sobre o valor da hora do trabalho diurno.

(D) No caso de a jornada trabalhada na integralidade do período noturno ultrapassar o horário assim considerado pela lei, é devida a remuneração do adicional pelas horas que ultrapassarem o módulo noturno.

RESPOSTA (A) Certa - OJ 97 da SDI-1 do TST. (B) Incorreta. (C) Certa - art. 73 da CLT. (D) Certa - Súmula 60, II, do TST. *Alternativa B.* (ATENÇÃO: A QUESTÃO PEDE PARA QUE O CANDIDATO ASSINALE A AFIRMATIVA INCORRETA.)

118. **(IX Exame)** No curso do período aquisitivo, o empregado não adquire o direito à fruição de férias se

(A) Permanecer em fruição de licença remunerada por mais de 30 (trinta) dias.

(B) Tiver percebido da Previdência Social prestações de acidente de trabalho ou de auxílio-doença por 3 (três) meses, mesmo que descontínuos.

(C) Tiver 30 (trinta) faltas.

(D) Optar por converter suas férias em abono pecuniário.

RESPOSTA (A) Certa – art. 133, II, da CLT. (B) Errada – art. 133, IV, da CLT: não terá direito a férias o empregado que, no curso do período aquisitivo, tiver percebido da Previdência Social prestações de acidente de trabalho ou de auxílio-doença por 6 (seis) meses, embora descontínuos. (C) Errada – art. 130, IV, da CLT: terá direito a 12 (doze) dias corridos de férias. (D) Errada – art. 143 da CLT: é facultado ao empregado converter 1/3 (um terço) do período de férias a que tiver direito em abono pecuniário, no valor da remuneração que lhe seria devida nos dias correspondentes. *Alternativa A.*

119. **(IX Exame)** Para os empregados que trabalham no interior das câmaras frigoríficas de baixa temperatura, assim definidas em Lei, será assegurado o seguinte intervalo especial:

(A) 10 minutos de repouso a cada 90 minutos de trabalho contínuo, não computado esse intervalo como de trabalho efetivo.

(B) 10 minutos de repouso a cada 50 minutos de trabalho contínuo, computado esse intervalo como de trabalho efetivo.

(C) 20 minutos de repouso depois de 1h40min de trabalho contínuo, computado esse intervalo como de trabalho efetivo.

(D) 15 minutos de intervalo antes de iniciar trabalho em sobrejornada, computado esse intervalo como de trabalho efetivo.

RESPOSTA Art. 253 da CLT. *Alternativa C.*

120. **(XV Exame)** Os empregados da empresa Calçados Ribeiro Ltda. decidem entrar em greve para reivindicar aumento de salário. A greve foi deliberada e votada em assembleia convocada apenas para tal, tendo o empregador sido comunicado com 48 horas de antecedência acerca do movimento paredista. Durante a greve, de acordo com a Lei,

(A) Os contratos de trabalho ficarão interrompidos.

(B) Não há uma diretriz própria, na medida em que a Lei é omissa a respeito, cabendo ao Judiciário decidir.

(C) O empregador pode contratar imediatamente substitutos para o lugar dos grevistas.

(D) Os contratos de trabalho ficarão suspensos.

RESPOSTA Observadas as condições previstas na Lei n. 7.783/89, a participação em greve suspende o contrato de trabalho, devendo as relações obrigacionais, durante o período, ser regidas pelo acordo, convenção, laudo arbitral ou decisão da Justiça do Trabalho. (A) Errada. (B) Errada. (C) Errada. (D) Certa – art. 7º da Lei n. 7.783/89. *Alternativa D.*

VI. DIREITOS SOCIAIS

121. **(XXX)** Reinaldo é empregado da padaria Cruz de Prata Ltda., na qual exerce a função de auxiliar de padeiro, com jornada de segunda a sexta-feira, das 12h às 17h, e pausa alimentar de 15 minutos. Aproxima-se o final do ano, e Reinaldo aguarda ansiosamente pelo pagamento do 13º salário, pois pretende utilizá-lo para comprar uma televisão.

A respeito do 13º salário, assinale a afirmativa correta.

(A) Com a reforma da CLT, a gratificação natalina poderá ser paga em até três vezes, desde que haja concordância do empregado.

(B) A gratificação natalina deve ser paga em duas parcelas, sendo a primeira entre os meses de fevereiro e novembro e a segunda, até o dia 20 de dezembro de cada ano.

(C) Atualmente é possível negociar a supressão do 13º salário em convenção coletiva de trabalho.

(D) O empregado tem direito a receber a primeira parcela do 13º salário juntamente com as férias, desde que a requeira no mês de março.

RESPOSTA Entre os meses de fevereiro e novembro de cada ano, o empregador pagará, como adiantamento do 13º salário, de uma só vez, metade do salário recebido pelo respectivo empregado no mês anterior. O complemento será pago pelo empregador até o dia 20 de dezembro de cada ano, compensada a importância que, a título de adiantamento, o empregado houver recebido. Arts. 1º e 2º da Lei n. 4.749 de 1965. *Alternativa B.*

122. **(XXX)** Uma indústria de calçados, que se dedica à exportação, possui 75 empregados. No último ano, Davi foi aposentado por invalidez, Heitor pediu demissão do emprego, Lorenzo foi dispensado por justa causa e Laura rompeu o contrato por acordo com o empregador, aproveitando-se da nova modalidade de ruptura trazida pela Lei n. 13.467/2017 (Reforma Trabalhista).

De acordo com a norma de regência, assinale a opção que indica, em razão dos eventos relatados, quem tem direito ao saque do FGTS.

(A) Davi e Laura, somente.

(B) Todos poderão sacar o FGTS.

(C) Laura, somente.

(D) Davi, Heitor e Lorenzo, somente.

RESPOSTA A conta vinculada do trabalhador no FGTS poderá ser movimentada quando a extinção do contrato de trabalho se der por acordo entre as partes, bem como no caso de aposentadoria concedida pela Previdência Social. Art. 20, I-A e III da Lei n. 8.036 de 1990. *Alternativa A.*

123. **(XXX)** Edimilson é vigia noturno em um condomínio residencial de apartamentos. Paulo é vigilante armado de uma agência bancária. Letícia é motociclista de entregas de uma empresa de logística.

Avalie os três casos apresentados e, observadas as regras da CLT, assinale a afirmativa correta.

(A) Paulo e Letícia exercem atividade perigosa e fazem jus ao adicional de periculosidade. A atividade de Edimilson não é considerada perigosa, e, por isso, ele não deve receber adicional.

(B) Considerando que os três empregados não lidam com explosivos e inflamáveis, salvo por disposição em norma coletiva, nenhum deles terá direito ao recebimento de adicional de periculosidade.

(C) Os três empregados fazem jus ao adicional de periculosidade, pois as profissões de Edimilson e Paulo estão sujeitas ao risco de violência física e, a de Letícia, a risco de vida.

(D) Apenas Paulo e Edimilson têm direito ao adicional de periculosidade por conta do risco de violência física.

RESPOSTA São consideradas atividades ou operações perigosas, na forma da regulamentação aprovada pelo Ministério do Trabalho e Emprego, aquelas que, por sua natureza ou métodos de trabalho, impliquem risco acentuado em virtude de exposição permanente do trabalhador a roubos ou outras espécies de violência física nas atividades profissionais de segurança pessoal ou patrimonial. São também consideradas perigosas as atividades de trabalhador em motocicleta. Art. 193, II, da CLT. *Alternativa A.*

124. **(XXVIII)** Determinada sociedade empresária ampliou os benefícios de seus empregados para fidelizá-los e evidenciar sua responsabilidade social. Dentre outras medidas, aderiu voluntariamente ao programa de empresa cidadã e, assim, aumentou o período de licença-maternidade e o de licença-paternidade de seus empregados.

Marcondes, empregado da referida empresa, que será pai em breve, requereu ao setor de recursos humanos a ampliação do seu período de licença-paternidade, e agora deseja saber quanto tempo ficará afastado.

Assinale a opção que, de acordo com a Lei, indica o período total da licença-paternidade que Marcondes aproveitará.

(A) 5 dias.

(B) 10 dias.

(C) 15 dias.

(D) 20 dias.

RESPOSTA O Programa Empresa Cidadã é destinado a prorrogar a licença-maternidade, bem como a licença-paternidade, essa última, por 15 (quinze) dias além dos 5 (cinco) dias fixados pelo Ato das Disposições Constitucionais Transitórias. Portanto, a empresa que aderiu ao Programa deverá conceder licença-paternidade de 20 dias. Art. 7º, XIX, da CF c/c. art. 1º, II, da Lei n. 11.770/2008. *Alternativa D.*

125. **(XXVI Exame)** Considerando a grave crise financeira que o país atravessa, a fim de evitar a dispensa de alguns funcionários, a metalúrgica Multiforte Ltda. pretende suspender sua produção por um mês.

O Sindicato dos Empregados da indústria metalúrgica contratou você para, como advogado, buscar a solução para o caso.

Segundo o texto da CLT, assinale a opção que apresenta a solução de acordo mais favorável aos interesses dos empregados.

(A) Implementar a suspensão dos contratos de trabalho dos empregados por 30 dias, por meio de acordo individual de trabalho.

(B) Conceder férias coletivas de 30 dias.

(C) Promover o *lockout*.

(D) Implementar a suspensão dos contratos de trabalho dos empregados por 30 dias, por meio de acordo coletivo de trabalho.

RESPOSTA A questão fala em suspender a produção da empresa, mas não existe na lei qualquer hipótese que autorize a suspensão dos contratos de trabalho nessa hipótese. Logo, somente poderia definir-se um período de férias coletivas, de acordo com o art. 139 da CLT. Portanto, a alternativa correta é a que fala na concessão de férias coletivas de 30 dias. *Alternativa B.*

126. **(XXII Exame)** Um aprendiz de marcenaria procura um advogado para se inteirar sobre o FGTS que vem sendo depositado mensalmente pelo empregador na sua conta vinculada junto à CEF, na razão de 2% do salário, e cujo valor é descontado juntamente com o INSS.

Com relação ao desconto do FGTS, assinale a afirmativa correta.

(A) O FGTS deveria ser depositado na ordem de 8% e não poderia ser descontado.

(B) A empresa, por se tratar de aprendiz, somente poderia descontar metade do FGTS depositado.

(C) A empresa está equivocada em relação ao desconto, pois o FGTS é obrigação do empregador.

(D) A conduta da empresa é regular, tanto em relação ao percentual quanto ao desconto.

RESPOSTA A empresa está equivocada em relação ao desconto, pois o FGTS é obrigação do empregador. O art. 15 da Lei n. 8.036/90 dispõe: "Para os fins previstos nesta lei, todos os empregadores ficam obrigados a depositar, até o dia 7 (sete) de cada mês, em conta bancária vinculada, a importância correspondente a 8 (oito) por cento da remuneração paga ou devida, no mês anterior, a cada trabalhador, incluídas na remuneração as parcelas de que tratam os arts. 457 e 458 da CLT e a gratificação de Natal a que se refere a Lei n. 4.090, de 13 de julho de 1962, com as modificações da Lei n. 4.749, de 12 de agosto de 1965. Em seguida, no § 7º fica estabelecido que os contratos de aprendizagem terão a alíquota reduzida para dois por cento". (A) Errada. (B) Errada. (C) Certa – art. 15 e § 7º da Lei n. 8.036/90. (D) Errada. *Alternativa C.*

127. **(XXII Exame)** Suely trabalha na casa de Rogério como cuidadora de seu pai, pessoa de idade avançada e enferma, comparecendo de segunda a sexta-feira, das 8:00 às 17:00 h, com intervalo de uma hora para refeição.

De acordo com o caso narrado e a legislação de regência, assinale a afirmativa correta.

(A) O controle escrito não é necessário, porque menos de 10 empregados trabalham na residência de Rogério.

(B) A lei de regência prevê que as partes podem acertar, por escrito, a isenção de marcação da jornada normal, assinalando apenas a eventual hora extra.

(C) A Lei é omissa a respeito, daí por que a existência de controle deve ser acertado entre as partes envolvidas no momento da contratação.

(D) Rogério deve, por força de Lei, manter controle escrito dos horários de entrada e saída da empregada doméstica.

RESPOSTA LETRA D – Rogério deve, por força de Lei, manter controle escrito dos horários de entrada e saída da empregada doméstica. Na forma do art. 12 da LC 150/2015: "É obrigatório o registro do horário de trabalho do empregado doméstico por qualquer meio manual, mecânico ou eletrônico, desde que idôneo". (A) Errada. (B) Errada. (C) Errada. (D) Certa – art. 12 da LC 150/2015. *Alternativa D.*

128. **(XXI Exame)** O empregado Júlio foi vítima de um assalto, fora do local de trabalho, sem qualquer relação com a prestação das suas atividades, sendo baleado e vindo a falecer logo após. O empregado deixou viúva e quatro filhos, sendo dois menores impúberes e dois maiores e capazes.

Dos direitos abaixo listados, indique aquele que não é devido pela empresa e, de acordo com a lei de regência, a quem a empresa deve pagar os valores devidos ao falecido.

(A) A indenização de 40% sobre o FGTS não é devida e os valores devidos ao falecido serão pagos aos dependentes habilitados perante a Previdência Social.

(B) As férias proporcionais não são devidas e os valores devidos ao falecido serão pagos aos herdeiros.

(C) O aviso prévio não é devido e os valores devidos ao falecido serão pagos aos herdeiros.

(D) O 13º salário proporcional não é devido e os valores devidos ao falecido serão pagos aos dependentes habilitados perante a Previdência Social.

RESPOSTA De acordo com o art. 1º da Lei n. 6.858/80, a indenização de 40% sobre o FGTS não é devida e os valores devidos ao falecido serão pagos aos dependentes habilitados perante a Previdência Social. (A) Certa – art. 1º da Lei n. 6.858/80. (B) Errada. (C) Errada. (D) Errada. *Alternativa A.*

129. **(XX Exame – Reaplicação)** Denise é empregada doméstica e labora em sistema de escala de 12 horas seguidas por 36 horas ininterruptas de descanso na residência da sua empregadora. Em relação ao caso concreto, e de acordo com a Lei de Regência, assinale a afirmativa correta.

(A) O sistema de 12x36 horas para o doméstico depende da assinatura de acordo coletivo ou da convenção coletiva de trabalho.

(B) É vedada a adoção do sistema 12x36 horas para os empregados domésticos, daí porque inválido o horário adotado.

(C) A Lei de regência é omissa a respeito, daí porque, em razão da proteção, não se admite o sistema de escala para o doméstico.

(D) É possível a fixação do sistema de escala de 12x36 horas para o doméstico, desde que feito por acordo escrito individual.

RESPOSTA Conforme dispõe o art. 10 da Lei Complementar n. 150/2015, é possível a fixação do sistema de escala de 12x36 horas para o doméstico, desde que feito por acordo escrito individual. (A) Errada. (B) Errada. (C) Errada. (D) Certa – art. 10 da Lei Complementar n. 150/2015. *Alternativa D.*

130. **(XX Exame)** Lúcia trabalha na sede de uma estatal brasileira que fica em Brasília. Seu contrato vigora há 12 anos e, em razão de sua capacidade e experiência, Lúcia foi designada para trabalhar na nova filial do empregador que está sendo instalada na cidade do México, o que foi imediatamente aceito.

Em relação à situação retratada e ao FGTS, à luz do entendimento consolidado do TST, assinale a afirmativa correta.

(A) Lúcia terá direito ao depósito do FGTS enquanto estiver trabalhando no México, que deverá continuar sendo depositado na sua conta vinculada no Brasil.

(B) Usando-se a teoria atomista, chega-se à conclusão que Lúcia terá direito à metade do FGTS, que será depositado na sua conta vinculada.

(C) Uma vez que na legislação do México não há previsão de FGTS, Lúcia não terá esse direito assegurado.

(D) Para que Lúcia tenha direito ao FGTS, deverá assinar documento próprio para tal fim, devidamente traduzido.

RESPOSTA Na forma do art. 3º, parágrafo único, da Lei n. 7.064/82, Lúcia terá direito ao depósito do FGTS enquanto estiver trabalhando no México, que deverá continuar sendo depositado na sua conta vinculada no Brasil. (A) Certa – art. 3º, parágrafo único, Lei n. 7.064/82. (B) Errada. (C) Errada. (D) Errada. *Alternativa A.*

131. **(XVIII Exame)** Jefferson, empregado da sociedade empresária Editora Século XIX, resolve adotar, sozinho, uma criança de 5 anos de idade. Diante da hipótese, de acordo com a legislação em vigor, assinale a afirmativa correta.

(A) Jefferson não terá direito à licença-maternidade, por falta de dispositivo legal.

(B) Jefferson receberá salário-maternidade, mas não terá direito à licença-maternidade, porque a regra aplica-se apenas às mulheres.

(C) Jefferson terá direito à licença-maternidade, pois este direito aplica-se à pessoa que adotar, independentemente do gênero.

(D) Jefferson terá direito à licença-maternidade de 60 dias.

RESPOSTA Jefferson, ao adotar sozinho uma criança de 5 anos de idade, possui o mesmo direito de uma empregada adotante, logo, faz jus à licença-maternidade de 120 dias. (A) Errada. (B) Errada. (C) Certa – art. 392-C da CLT: "Aplica-se, no que couber, o disposto no art. 392-A (licença-maternidade para empregada adotante) e 392-B (em caso de morte da genitora, é assegurado ao cônjuge empregado o gozo de licença pelo período restante) ao empregado que adotar ou obtiver guarda judicial para fins de adoção". (D) Errada. *Alternativa C.*

132. **(XIII Exame)** Helena foi admitida em 12 de fevereiro de 2005 pela empresa Marca Refrigeração Ltda. e dispensada sem justa causa em 7 de julho de 2011. Com o advento da regulamentação do aviso prévio proporcional ao tempo de serviço (Lei n. 12.506, de 13 de outubro de 2011), ela pretende o pagamento dessa nova vantagem atribuída à classe trabalhadora. A respeito desse caso, assinale a afirmativa correta.

(A) Helena receberá aviso prévio proporcional na razão de 45 dias.

(B) Helena não receberá aviso prévio proporcional.

(C) Helena receberá aviso prévio proporcional na razão de 42 dias.

(D) Helena receberá aviso prévio proporcional em razão da ultratividade da norma mais benéfica e pelo princípio da proteção.

RESPOSTA O direito ao aviso prévio proporcional ao tempo de serviço somente é assegurado nas rescisões de contrato de trabalho ocorridas a partir da publicação da Lei n. 12.506, em 13 de outubro de 2011. Súmula 441 do TST. *Alternativa B.*

133. **(VIII Exame)** João, após completar 21 anos e 2 meses de vínculo jurídico de emprego com a empresa Egest Engenharia, foi injustificadamente dispensado em 11/11/2011. No mesmo dia, seu colega de trabalho José, que contava com 25 anos completos de vínculo de emprego na mesma empresa, também foi surpreendido com a dispensa sem justo motivo, sendo certo que o ex-empregador nada pagou a título de parcelas resilitórias a ambos. Um mês após a rescisão contratual, João e José ajuízam reclamação trabalhista, postulando, dentre outras rubricas, o pagamento de aviso prévio. À luz da Lei n. 12.506/2011, introduzida no ordenamento jurídico em 11/10/2011, que regula o pagamento do aviso prévio proporcional ao tempo de serviço, assinale a afirmativa correta.

(A) João é credor do pagamento de aviso prévio na razão de 93 dias, enquanto José fará jus ao pagamento de aviso prévio de 105 dias.

(B) Tanto João quanto José farão jus ao pagamento de aviso prévio na razão de 90 dias.

(C) Uma vez que ambos foram admitidos em data anterior à publicação da Lei n. 12.506/2011, ambos farão jus tão somente ao pagamento de aviso prévio de 30 dias.

(D) João é credor do pagamento de aviso prévio na razão de 63 dias, enquanto José fará jus ao pagamento de aviso prévio de 75 dias, uma vez que o aviso prévio é calculado proporcionalmente ao tempo de serviço.

RESPOSTA Art. 1º, parágrafo único, da Lei n. 12.506/2011. *Alternativa B.*

134. **(X Exame)** Os direitos constitucionais relacionados a seguir já foram regulamentados por Lei, à exceção de um. Assinale-o.

(A) Aviso prévio proporcional ao tempo de serviço.

(B) Participação nos lucros ou resultados.

(C) Adicional por atividade penosa.

(D) Licença-paternidade.

RESPOSTA (A) Errada – Lei n. 12.506/2011. (B) Errada – Lei n. 10.101/2000. (C) Certa. (D) Errada – art. 10, § 1º, do ADCT. *Alternativa C.*

135. **(XXIII Exame)** Os irmãos Pedro e Júlio Cesar foram contratados como empregados pela sociedade empresária Arco Doce S/A e lá permaneceram por dois anos. Como foram aprovados em diferentes concursos públicos da administração direta, eles pediram demissão e, agora, com a possibilidade concedida pelo Governo, dirigiram-se à Caixa Econômica Federal (CEF) para sacar o FGTS.

Na agência da CEF foram informados que só havia o depósito de FGTS de 1 ano, motivo por que procuraram o contador da Arco Doce para uma explicação. O contador informou que não havia o depósito porque, no último ano, Pedro afastara-se para prestar serviço militar obrigatório e Júlio Cesar afastara-se pelo INSS, recebendo auxílio-doença comum (código B-31).

Diante desses fatos, confirmados pelos ex-empregados, o contador ponderou que não havia obrigação de a empresa depositar o FGTS durante 1 ano para ambos.

Sobre a questão retratada e de acordo com a legislação em vigor, assinale a afirmativa correta.

(A) A sociedade empresária tem razão na justificativa de Júlio Cesar, mas está errada em relação a Pedro.

(B) A sociedade empresária está errada em relação a ambos os empregados.

(C) No que tange a Pedro, a sociedade empresária está certa, mas, no tocante a Júlio Cesar, não tem razão.

(D) A pessoa jurídica está correta em relação a Pedro e a Júlio Cesar.

RESPOSTA Em relação a Pedro, o art. 15, § 5º, da Lei n. 8.036/90 prevê a obrigatoriedade de recolhimento do FGTS no caso de empregado afastado para o serviço militar obrigatório. Já no caso de Júlio César, esta previsão não abrange os casos de empregado que se afasta por motivo de doença/acidente que não estejam relacionados ao contrato de trabalho. *Alternativa A.*

136. **(XXIII Exame)** Um empregado recebeu o contracheque de determinado mês com descontos, a título de contribuição confederativa e de contribuição sindical. Por não ser sindicalizado, reclama junto ao empregador contra ambas as subtrações e este encaminha o caso ao setor jurídico para análise.

Diante da situação retratada, de acordo com a CLT e o entendimento consolidado do TST e do STF, assinale a afirmativa correta.

(A) O desconto de contribuição sindical não é válido, mas o da contribuição confederativa está correto, posto que obrigatório.

(B) Os descontos são inválidos, porque o empregado não é sindicalizado e, portanto, não pode ser obrigado a contribuir.

(C) O desconto de contribuição sindical é válido, mas o da contribuição confederativa, não, porque o empregado não é sindicalizado.

(D) As subtrações são válidas, porque o empregado, mesmo não sendo sindicalizado, beneficia-se da convenção coletiva.

RESPOSTA Art. 8º, IV da CRFB e arts. 578 e 579 da CLT. A contribuição sindical é obrigatória, ainda que o empregado não seja sindicalizado. Já na forma da Súmula 666 do STF e da O.J. 17 da SDC do TST, a contribuição confederativa pode ser cobrada apenas dos empregados sindicalizados. *Alternativa C.* REFORMA TRABALHISTA: Gabarito correto seria letra B em virtude da alteração da redação dos arts. 578 e 579 da CLT.

137. **(XXIII Exame)** Um grupo econômico é formado pelas sociedades empresárias X, Y e Z. Com a crise econômica que assolou o país, todas as empresas do grupo procuraram formas de reduzir o custo de mão de obra. Para evitar dispensas, a sociedade empresária X acertou a redução de 10% dos salários dos seus empregados por convenção coletiva; Y acertou a mesma redução em acordo coletivo; e Z fez a mesma redução, por acordo individual escrito com os empregados.

Diante da situação retratada e da norma de regência, assinale a afirmativa correta.

(A) As empresas estão erradas, porque o salário é irredutível, conforme previsto na Constituição da República.

(B) Não se pode acertar redução de salário por acordo coletivo nem por acordo individual, razão pela qual as empresas Y e Z estão erradas.

(C) A empresa Z não acertou a redução salarial na forma da lei, tornando-a inválida.

(D) As reduções salariais em todas as empresas do grupo foram negociadas e, em razão disso, são válidas.

RESPOSTA O art. 7º, VI da CRFB contempla a irredutibilidade salarial, salvo o disposto em convecção ou acordo coletivo. Portanto, a empresa Z não pode pactuar redução salarial mediante acordo individual. *Alternativa C.*

VII. CONTRATO DE TRABALHO

138. **(XXXI Exame)** Gervásia é empregada na Lanchonete Pará desde fevereiro de 2018, exercendo a função de atendente e recebendo o valor correspondente a um salário mínimo por mês.

Acerca da cláusula compromissória de arbitragem que o empregador pretende inserir no contrato da empregada, de acordo com a CLT, assinale a afirmativa correta.

(A) A inserção não é possível, porque, no Direito do Trabalho, não cabe arbitragem em lides individuais.

(B) A cláusula compromissória de arbitragem não poderá ser inserida no contrato citado, em razão do salário recebido pela empregada.

(C) Não há mais óbice à inserção de cláusula compromissória de arbitragem nos contratos de trabalho, inclusive no de Gervásia.

(D) A cláusula de arbitragem pode ser inserida em todos os contratos de trabalho, sendo admitida de forma expressa ou tácita.

RESPOSTA Após a Reforma Trabalhista (Lei n. 13.467/2017) a arbitragem passou a ser admitida nos contratos individuais de trabalho cuja remuneração seja superior a duas vezes o limite máximo estabelecido para os benefícios do Regime Geral de Previdência Social, podendo ser pactuada cláusula compromissória de arbitragem, desde que por iniciativa do empregado ou mediante a sua concordância expressa. Gervásia recebia o correspondente a um salário mínimo por mês, portanto, em seu contrato, não poderá ser inserida a cláusula compromissória. *Alternativa B.*

139. **(XXIX Exame)** Rogério foi admitido, em 8/12/2017, em uma locadora de automóveis, como responsável pelo setor de contratos, razão pela qual não necessitava comparecer diariamente à empresa, pois as locações eram feitas *on-line*. Rogério comparecia à locadora uma vez por semana para conferir e assinar as notas de devolução dos automóveis. Assim, Rogério trabalhava em sua residência, com todo o equipamento fornecido pelo empregador, sendo que seu contrato de trabalho previa expressamente o trabalho remoto a distância e as atividades desempenhadas. Após um ano trabalhando desse modo, o empregador entendeu que Rogério deveria trabalhar nas dependências da empresa. A decisão foi comunicada a Rogério, por meio de termo aditivo ao contrato de trabalho assinado por ele, com 30 dias de antecedência.

Ao ser dispensado em momento posterior, Rogério procurou você, como advogado(a), indagando sobre possível ação trabalhista por causa desta situação.

Sobre a hipótese de ajuizamento, ou não, da referida ação, assinale a afirmativa correta.

(A) Não se tratando da modalidade de teletrabalho, deverá ser requerida a desconsideração do trabalho em domicílio, já que havia comparecimento semanal nas dependências do empregador.

(B) Não deverá ser requerido o pagamento de horas extras pelo trabalho sem limite de horário, dado o trabalho em domicílio, porém poderá ser requerido trabalho extraordinário em virtude das ausências de intervalo de 11h entre os dias de trabalho, bem como o intervalo para repouso e alimentação.

(C) Em vista da modalidade de teletrabalho, a narrativa não demonstra qualquer irregularidade a ser requerida em eventual demanda trabalhista.

(D) Deverá ser requerido que os valores correspondentes aos equipamentos usados para o trabalho em domicílio sejam considerados salário-utilidade.

RESPOSTA Considera-se teletrabalho a prestação de serviços preponderantemente fora das dependências do empregador, com a utilização de tecnologias de informação e de comunicação que, por sua natureza, não se constituam como trabalho externo. Poderá ser realizada a alteração do regime de teletrabalho para o presencial por determinação do empregador, garantido prazo de transição mínimo de quinze dias, com correspondente registro em aditivo contratual. Art. 75-C, § 2º, da CLT. *Alternativa C.*

140. **(XXVII Exame)** Uma sociedade empresária do ramo de informática, visando à redução de custos, decidiu colocar metade de seus funcionários em teletrabalho, com possibilidade de revogação, caso não desse certo.

Sobre o regime de teletrabalho, com base na legislação trabalhista em vigor, assinale a afirmativa correta.

(A) Poderá ser realizada a alteração do regime de teletrabalho para o presencial por determinação do empregador, garantido o prazo de transição mínimo de 15 dias, com correspondente registro em aditivo contratual.

(B) Os materiais fornecidos pelo empregador para a realização do teletrabalho representam utilidades e integram a remuneração do empregado.

(C) A jornada do empregado em teletrabalho que exceder o limite constitucional será paga como hora extra.

(D) A empresa pode implementar, por vontade própria, o teletrabalho, sendo desnecessária a concordância expressa do empregado, já que seria mais vantajoso para ele.

RESPOSTA Poderá ser realizada a alteração entre regime presencial e de teletrabalho, desde que haja mútuo acordo entre as partes, registrado em aditivo contratual. Poderá ser realizada a alteração do regime de teletrabalho para o presencial por determinação do empregador, garantido prazo de transição mínimo de quinze dias, com correspondente registro em aditivo contratual. Art. 75-C, §§ 1º e 2º, da CLT. *Alternativa A.*

141. **(XXV Exame)** Jerônimo Fernandes Silva foi admitido pela sociedade empresária Usina Açúcar Feliz S.A. em 12 de fevereiro de 2018 para exercer a função de gerente regional, recebendo salário de R$ 22.000,00 mensais. Jerônimo cuida de toda a Usina, analisando os contratos de venda dos produtos fabricados, comprando insumos e materiais, além de gerenciar os 80 empregados que a sociedade empresária possui. A sociedade empresária pretende inserir cláusula compromissória de arbitragem no contrato de trabalho. Diante da situação retratada e dos preceitos da CLT, assinale a afirmativa correta.

(A) A cláusula compromissória de arbitragem pode ser estipulada no momento da contratação, desde que o empregado manifeste concordância expressa.

(B) A cláusula compromissória de arbitragem é viável, se o empregado for portador de diploma de nível superior.

(C) Não cabe arbitragem nas lides trabalhistas individuais, pelo que nula eventual estipulação nesse sentido.

(D) É possível a estipulação de cláusula compromissória de arbitragem, desde que isso seja homologado pelo sindicato de classe.

RESPOSTA Nos contratos individuais de trabalho cuja remuneração seja superior a duas vezes o limite máximo estabelecido para os benefícios do Regime Geral da Previdência Social, poderá ser pactuada cláusula compromissória de arbitragem, desde que por iniciativa do empregado ou mediante a sua concordância expressa, nos termos previstos na Lei n. 9.307/96 (art. 507-A da CLT inserido pela Lei n. 13.467/2017). *Alternativa A.*

142. **(XXIV Exame)** Uma instituição bancária construiu uma escola para que os filhos dos seus empregados pudessem estudar. A escola tem a infraestrutura necessária, e o banco contratou as professoras que irão dar as aulas nos primeiros anos do Ensino Fundamental. Não existe controvérsia entre empregador e empregadas acerca do enquadramento sindical.

Diante dessa situação, assinale a afirmativa correta.

(A) Sendo o empregador das professoras um banco, elas são bancárias e estão vinculadas à convenção coletiva dessa categoria profissional.

(B) O professor integra categoria conexa, cabendo às professoras definir a que sindicatos pretendem se filiar.

(C) Uma vez que a atividade desenvolvida pelas professoras não é bancária, caberá à Justiça do Trabalho definir as regras que deverão permear os seus contratos.

(D) As professoras não são bancárias, porque integram categoria diferenciada.

RESPOSTA A categoria de professores é diferenciada, e não houve exercício de atividade conexa ao banco ou à instituição financeira (Súmulas 117 e 374 do TST). *Alternativa D.*

143. **(XXI Exame)** O restaurante Prato Cheio Ltda. resolveu contratar Gustavo para atuar como garçom. Gustavo receberá, como contraprestação, o valor de dois salários mínimos e as gorjetas cobradas na nota dos clientes que atender. Em relação à carteira profissional de Gustavo, de acordo com a CLT, assinale a afirmativa correta.

(A) O empregador deverá anotar a CTPS em 24 horas, não havendo necessidade de anotar as gorjetas, mesmo porque elas variam a cada mês.

(B) A CTPS do empregado deverá ser anotada em 48 horas e nela deverá ser anotado o salário e a estimativa das gorjetas.

(C) O empregador tem 30 dias para anotar a carteira profissional e, na hipótese, deve anotar apenas a parte fixa da remuneração.

(D) A CTPS, na ausência de prazo legal, deve ser anotada em 5 dias com o valor da média das gorjetas.

RESPOSTA Conforme dispõe o art. 29 da CLT, a CTPS do empregado deverá ser anotada em 48 horas e nela deverão ser anotados o salário e a estimativa das gorjetas. (A) Errada. (B) Certa – art. 29 da CLT. (C) Errada. (D) Errada. *Alternativa B.* QUESTÃO PREJUDICADA pela MINIRREFORMA da Lei n. 13.874/2019.

144. **(XIX Exame)** Jorge é um teletrabalhador e cumpre jornada preestabelecida pelo empregador, que o monitora por meio de meios telemáticos. A empresa montou um *home office* na residência do empregado, fornecendo móveis (mesa e cadeira ergonômica), computador e impressora. Em determinado dia de trabalho, quando conferia relatórios, a cadeira em que Jorge estava sentado quebrou e ele, devido à queda violenta, machucou-se.

Na hipótese, de acordo com a Lei,

(A) Ocorreu acidente do trabalho, sendo irrelevante se o trabalho é prestado na residência do empregado.

(B) Não se pode cogitar de acidente do trabalho no teletrabalho, pois o empregado está em seu domicílio e não sob as vistas do empregador.

(C) O evento jamais poderá ser considerado acidente do trabalho, uma vez que a situação não foi testemunhada por ninguém.

(D) Todo acidente domiciliar é acidente do trabalho, segundo a legislação previdenciária.

RESPOSTA Ocorreu acidente de trabalho, sendo irrelevante se o trabalho é prestado na residência do empregado. (A) Certa – art. 19 da Lei n. 8.213/91. (B) Errada. (C) Errada. (D) Errada. *Alternativa A.*

145. **(XIII Exame)** ABC Manutenção e Limpeza manteve contrato de fornecimento de mão de obra de limpeza com Aeroportos Brasileiros, empresa pública federal. Por ocasião da ruptura do contrato entre as empresas, Paulo, funcionário da ABC Manutenção e Limpeza, e que prestava serviços para Aeroportos Brasileiros, foi dispensado sem receber as verbas rescisórias. Ajuizou ação trabalhista em face de ambas as empresas, sendo a empregadora revel. A tomadora dos serviços apresentou defesa com robusta documentação, demonstrando a efetiva fiscalização do cumprimento do contrato e de aspectos legais, sendo certo que o contrato foi cancelado justamente em razão desta fiscalização. Diante deste caso, assinale a afirmativa correta.

(A) A empresa pública federal responde solidariamente por força da terceirização.

(B) A empresa pública federal responde subsidiariamente por força da terceirização, haja vista o inadimplemento das obrigações trabalhistas por parte do empregador.

(C) A empresa pública federal é parte ilegítima para figurar no polo passivo da demanda porque não tem vínculo de emprego com Paulo.

(D) A empresa pública federal não responde pelo inadimplemento das verbas trabalhistas porque sua responsabilidade não decorre do simples inadimplemento contratual, tendo ficado provado, no caso, que houve efetiva fiscalização por parte da tomadora dos serviços.

RESPOSTA (A) Assertiva errada, pois, de acordo com a Súmula 331, V, do TST, os integrantes da Administração Pública direta e indireta respondem subsidiariamente, em caso de inadimplemento das obrigações trabalhistas da empresa empregadora, caso evidenciada a sua conduta culposa no cumprimento das obrigações da Lei n. 8.666/93, especialmente na fiscalização do cumprimento das obrigações contratuais e legais da prestadora de serviço como empregadora. (B) Errada. A responsabilidade subsidiária do ente público em caso de terceirização não decorre de mero inadimplemento das obrigações trabalhistas assumidas pela empresa regularmente contratada – Súmula 331, V, do TST. (C) Errada. A empresa pública federal é parte legítima para figurar no polo passivo da demanda em virtude da responsabilidade subsidiária em caso de inadimplemento das obrigações trabalhistas da empresa empregadora, caso evidenciada a sua conduta culposa no cumprimento das obrigações da Lei n. 8.666/93, especialmente na fiscalização do cumprimento das obrigações contratuais e legais da prestadora de serviço como empregadora. Súmula 331, V, do TST. (D) Correta, pois ficou provado, no caso, que houve efetiva fiscalização por parte da tomadora dos serviços – Súmula 331, V, do TST. *Alternativa D.* Estudar a Lei n. 13.429/2017.

146. **(X Exame)** O empregado afastado por incapacidade laborativa, recebendo auxílio-doença previdenciário por trinta dias, tem garantido legalmente o direito

(A) À estabilidade provisória por, no mínimo, doze meses após a cessação do auxílio-doença acidentário.

(B) De exigir de seu empregador os depósitos do Fundo de Garantia do Tempo de Serviço correspondentes ao período em que ficou afastado.

(C) De exigir de seu empregador o pagamento de complementação do benefício previdenciário para manter o valor do salário que recebia antes do afastamento previdenciário.

(D) De gozar férias de trinta dias após período de 12 (doze) meses de vigência do contrato de trabalho.

RESPOSTA (A) Errada – art. 118 da Lei n. 8.213/91 e Súmula 378 do TST. (B) Errada – art. 15, § 5º, da Lei n. 8.036/90. (C) Errada. (D) Certa – arts. 130, I, e 131, III, da CLT. *Alternativa D.*

147. **(X Exame)** Uma empresa contrata plano de saúde para os seus empregados, sem custo para os mesmos, com direito de internação em quarto particular. Posteriormente, estando em dificuldade financeira, resolve alterar as condições do plano para uso de enfermaria coletiva, em substituição ao quarto particular. Após a alteração, um empregado é contratado, passa mal e exige da empresa sua internação em quarto particular.

Diante dessa situação, assinale a afirmativa correta.

(A) O empregado está correto, pois não pode haver alteração contratual que traga malefício ao trabalhador, como foi o caso.
(B) O empregado está errado, pois sua contratação já ocorreu na vigência das novas condições, retirando o direito ao quarto particular.
(C) O empregado está correto, pois as vantagens atribuídas à classe trabalhadora não podem retroceder, sob pena de perda da conquista social.
(D) O empregado teria direito ao quarto particular se comprovasse que a doença teve origem antes de ser contratado e antes da alteração das condições do plano de saúde.

RESPOSTA Súmula 51 do TST. *Alternativa B.*

148. **(X Exame)** Adriana submete-se a um ato educativo supervisionado, desenvolvido no ambiente de trabalho, que visa à preparação para o trabalho produtivo daqueles que estejam frequentando o ensino regular em instituições de educação superior, educação profissional, ensino médio, da educação especial e dos anos finais do ensino fundamental. Logo, pode-se dizer que Adriana é uma

(A) Estagiária.
(B) Aprendiz.
(C) Cooperativada.
(D) Empregada.

RESPOSTA (A) Certa – art. 1º da Lei n. 11.788/2008. (B) Errada – art. 428 da CLT. (C) Errada – art. 442, parágrafo único, da CLT. (D) Errada – art. 3º da CLT. *Alternativa A.*

149. **(I Exame)** Com relação ao contrato de trabalho, assinale a opção correta.

(A) Constitui motivo para alteração do contrato de trabalho pelo empregador o afastamento do empregado em virtude das exigências do serviço militar.
(B) O empregado poderá deixar de comparecer ao serviço sem prejuízo do salário nos dias em que estiver comprovadamente realizando prova de exame vestibular para ingresso em estabelecimento de ensino superior.
(C) A suspensão do empregado por mais de quinze dias consecutivos importa na rescisão injusta do contrato de trabalho.
(D) Constitui justa causa para rescisão do contrato de trabalho pelo empregador a condenação criminal do empregado proferida pelo juiz de primeiro grau.

RESPOSTA (A) Errada – art. 472 da CLT. (B) Certa – art. 473, VII, da CLT. (C) Errada – art. 474 da CLT. (D) Errada – art. 482, *d*, da CLT. *Alternativa B.*

150. **(VI Exame)** Assinale a alternativa que contém categorias ou profissões que, de acordo com a lei, possuem intervalo interjornada diferenciado.

(A) Professores, médicos e rodoviários.
(B) Ferroviários, jornalistas e operadores cinematográficos.
(C) Advogados, mineiros de subsolo e securitários.
(D) Bancários, comerciários e domésticos.

RESPOSTA Ferroviários – art. 239, § 1º, da CLT, prevendo intervalo de dez horas; jornalistas – art. 308 da CLT – previsão, também, de dez horas de intervalo interjornada, e operadores cinematográficos – art. 235, § 2º, da CLT – possuem intervalo interjornada mínimo de doze horas. *Alternativa B.*

151. **(VI Exame)** A idade mínima para que alguém seja contratado como empregada doméstica, aprendiz e no trabalho em subsolo é de, respectivamente,

(A) 16 anos, 14 anos e 25 anos.
(B) 21 anos, 16 anos e 18 anos.
(C) 14 anos, 16 anos e 30 anos.
(D) 18 anos, 14 anos e 21 anos.

RESPOSTA Decreto n. 6.481/2008; art. 403 da CLT; art. 7º, XXXIII, da CRFB e arts. 293 a 301 da CLT. *Alternativa D.*

152. **(VI Exame)** Com relação ao contrato de emprego, assinale a alternativa correta.

(A) Quando da contratação por prazo determinado, somente é possível nova contratação entre as mesmas partes num prazo nunca inferior a três meses.

(B) São as formas autorizadas por lei para a celebração de qualquer contrato de trabalho por prazo determinado: transitoriedade do serviço do empregado, transitoriedade da atividade do empregador e quantidade extraordinária de serviço que justifique essa modalidade de contratação.

(C) Em nenhuma hipótese o contrato por prazo determinado poderá suceder, dentro de seis meses, a outro contrato por prazo determinado.

(D) O contrato de emprego por prazo indeterminado é aquele em que as partes, ao celebrá-lo, não estipulam a sua duração nem prefixam o seu termo extintivo, podendo versar sobre qualquer obrigação de prestar qualquer tipo de serviço, manual ou intelectual.

RESPOSTA (A) Errada – art. 452 da CLT – o contrato por prazo determinado que suceder a outro contrato por prazo determinado, em prazo inferior a seis meses, será tido como indeterminado, salvo se a expiração deste dependeu da execução de serviços especializados ou da realização de certos acontecimentos. (B) Errada – art. 443, § 2º, da CLT. (C) Errada – art. 452 da CLT – o contrato por prazo determinado que suceder a outro contrato por prazo determinado, em prazo inferior a seis meses, será tido como indeterminado, ***salvo se a expiração deste dependeu da execução de serviços especializados ou da realização de certos acontecimentos.*** (D) Certa – arts. 442 e seguintes da CLT. *Alternativa D.*

153. **(V Exame)** Uma empresa põe anúncio em jornal oferecendo emprego para função de vendedor, exigindo que o candidato tenha experiência anterior de onze meses nessa função. Diante disso, assinale a alternativa correta.

(A) A exigência é legal, pois a experiência até um ano pode ser exigida do candidato a qualquer emprego, estando inserida no poder diretivo do futuro empregador.

(B) A exigência não traduz discriminação no emprego, de modo que poderia ser exigido qualquer período de experiência anterior.

(C) A exigência é ilegal, pois o máximo que o futuro empregador poderia exigir seriam três meses de experiência.

(D) A exigência é ilegal, pois o máximo que o futuro empregador poderia exigir seriam seis meses de experiência.

RESPOSTA Art. 442-A da CLT. *Alternativa D.*

154. **(IV Exame)** Paulo, empregado da empresa Alegria Ltda., trabalha para a empresa Boa Sorte Ltda., em decorrência de contrato de prestação de serviços celebrado entre as respectivas empresas. As atribuições por ele exercidas inserem-se na atividade-meio da tomadora, a qual efetua o controle de sua jornada de trabalho e dirige a prestação pessoal dos serviços, emitindo ordens diretas ao trabalhador no desempenho de suas tarefas.

Diante dessa situação hipotética, assinale a alternativa correta.

(A) A terceirização é lícita, não acarretando a responsabilidade subsidiária da empresa tomadora pelas obrigações trabalhistas inadimplidas pela empresa prestadora.

(B) A terceirização é ilícita, acarretando a nulidade do vínculo de emprego com a empresa prestadora e o reconhecimento do vínculo de emprego diretamente com a empresa tomadora.

(C) A terceirização é ilícita, acarretando a responsabilidade subsidiária da empresa tomadora pelas obrigações trabalhistas inadimplidas pela empresa prestadora.

(D) A terceirização é lícita, acarretando a responsabilidade subsidiária da empresa tomadora pelas obrigações trabalhistas inadimplidas pela empresa prestadora.

RESPOSTA Súmula 331, I, do TST. *Alternativa B.* Estudar a Lei n. 13.429/2017.

155. **(IV Exame)** Com relação ao contrato de aprendizagem, assinale a alternativa correta.

(A) A duração do trabalho do aprendiz não pode exceder de quatro horas diárias, sendo vedada a prorrogação e a compensação de jornada.

(B) Salvo condição mais favorável, ao menor aprendiz deve ser assegurado o salário mínimo hora.

(C) É um contrato especial de trabalho que pode ser ajustado de forma expressa ou tácita.

(D) É um contrato por prazo determinado cuja duração jamais poderá ser superior a dois anos.

RESPOSTA (A) Errada – art. 432 da CLT – o contrato do jovem aprendiz não excederá de seis horas diárias. (B) Certa – art. 428, § 2º, da CLT. (C) Errada – art. 428 da CLT – o contrato de aprendizagem é contrato expresso, não podendo ser firmado de forma tácita. (D) Errada – art. 428, § 3º, da CLT – o prazo é de 2 anos, exceto quando se tratar de aprendiz portador de deficiência. *Alternativa B.*

156. **(VI Exame)** Com relação às normas de duração do trabalho, assinale a alternativa correta:

(A) A concessão de intervalos para repouso e alimentação durante a jornada de seis horas descaracteriza o regime de turno ininterrupto de revezamento.

(B) Considera-se de "prontidão" o empregado que permanecer em sua própria casa, aguardando a qualquer momento o chamado para o serviço, com escala de, no máximo, vinte e quatro horas, sendo contadas as respectivas horas à razão de 1/3 (um terço) do salário normal.

(C) A compensação de jornada de trabalho pode ser ajustada por acordo individual escrito, acordo coletivo ou convenção coletiva.

(D) A mera insuficiência de transporte público regular enseja o pagamento de horas *in itinere*.

RESPOSTA (A) Errada – Súmula 360 do TST. (B) Errada – art. 244, § 3º, da CLT. (C) Certa – Súmula 85 do TST. (D) Errada – Súmula 90 do TST. *Alternativa C.* ATENÇÃO com a redação da Lei n. 13.467/2017.

157. **(I Exame)** Fábio, empregado da empresa Transportar Ltda., firmou, com seu empregador, acordo escrito em que ficou estabelecido que o excesso de horas trabalhadas em um dia seria compensado pela correspondente diminuição em outro dia, sem acréscimo salarial. Considerando essa situação hipotética, assinale a opção correta.

(A) Independentemente de a compensação de jornada relativa à categoria profissional de Fábio ser expressamente proibida em norma coletiva, o acordo de compensação realizado entre as partes será válido, conforme entendimento jurisprudencial consolidado do Tribunal Superior do Trabalho.

(B) Fábio pode trabalhar onze horas diárias durante uma semana a título de compensação na semana seguinte.

(C) Caso Fábio preste horas extras habituais, o acordo de compensação de jornada restará descaracterizado.

(D) Não havendo a compensação dentro do período de um ano, Fábio terá direito ao pagamento das horas trabalhadas em excesso acrescidas do adicional de 50%.

RESPOSTA (A) Errada – Súmula 85, II, do TST. (B) Errada – Súmula 85, V, do TST. (C) Certa – Súmula 85, IV, do TST. (D) Errada – art. 59, § 2º, da CLT. *Alternativa C.*

VIII. TRABALHO DA MULHER

158. **(XXXI Exame)** Rafaela trabalha em uma empresa de calçados. Apesar de sua formação como estoquista, foi preterida em uma vaga para tal por ser mulher, o que seria uma promoção e geraria aumento salarial. Um mês depois, a empresa exigiu que todas as funcionárias do sexo feminino apresentassem atestado médico de gravidez. Rafaela, 4 meses após esse fato, engravidou e, após apresentação de atestado médico, teve a jornada reduzida em duas horas, por se tratar de uma gestação delicada, o que acarretou a redução salarial proporcional. Sete meses após o parto, Rafaela foi dispensada.

Como advogado(a) de Rafaela, de acordo com a legislação trabalhista em vigor, assinale a opção que contém todas as violações aos direitos trabalhistas de Rafaela.

(A) Recusa, fundamentada no sexo, da promoção para a função de estoquista.

(B) Recusa, fundamentada no sexo, da promoção para a função de estoquista, exigência de atestado de gravidez e redução salarial.

(C) Recusa, fundamentada no sexo, da promoção para a função de estoquista, exigência de atestado de gravidez, redução salarial e dispensa dentro do período de estabilidade gestante.

(D) Dispensa dentro do período de estabilidade gestante.

RESPOSTA Rafaela possuía formação como estoquista, entretanto foi preterida para a promoção, o que viola o art. 373-A, II, da CLT. O segundo equívoco foi a exigência de atestado médico de gravidez, pois o art. 373-A da CLT veda a exigência de atestado ou exame, de qualquer natureza, para comprovação de esterilidade ou gravidez, na admissão ou permanência no emprego. A redução salarial também viola o direito de Rafaela, pois, de acordo com o art. 377 da CLT, a adoção de medidas de proteção ao trabalho das mulheres é considerada de ordem pública, não justificando, em hipótese alguma, a redução de salário. Já no que tange à demissão de Rafaela, a estabilidade da gestante vai desde a confirmação da gravidez até 5 (cinco) meses após o parto, portanto Rafaela foi demitida fora do período estabilitário (art. 10, II, *b*, do ADCT). *Alternativa B.*

159. **(XIII Exame)** Maria, empregada de uma panificadora, adotou uma criança em idade de alfabetização. Quando da adoção, obteve a informação de que faria jus à licença-maternidade, daí decorrente. Em conversa com seu empregador, Maria foi informada que não desfrutava do mencionado benefício. Na dúvida, a empregada requereu a licença-maternidade junto ao INSS. Diante do caso apresentado, assinale a afirmativa correta.

(A) A duração da licença-maternidade de Maria tem variação de acordo com a idade da criança adotada.

(B) Maria não tem direito à licença-maternidade, pois se trata de adoção e a legislação não prevê essa hipótese.

(C) Maria tem direito à licença-maternidade de 120 dias, sem prejuízo do emprego e do salário, independentemente da idade da criança adotada.

(D) Maria tem direito a duas semanas de licença-maternidade correspondentes ao período de adaptação necessário na adoção.

RESPOSTA À empregada que adotar ou obtiver guarda judicial para fins de adoção de criança será concedida licença-maternidade nos termos do art. 392 da CLT, ou seja, tem direito à licença-maternidade de 120 (cento e vinte) dias, sem prejuízo do emprego e do salário (art. 392-A da CLT). *Alternativa C.*

IX. PRESCRIÇÃO

160. **(XX Exame)** João pretende se aposentar e, para tal fim, dirigiu-se ao órgão previdenciário. Lá ficou sabendo que o seu tempo de contribuição ainda não era suficiente para a aposentadoria, necessitando computar, ainda, 18 meses de contribuição. Ocorre que João, 25 anos antes, trabalhou por dois anos como empregado para uma empresa, mas não teve a CTPS assinada. De acordo com a CLT, sobre uma eventual reclamação trabalhista, na qual João viesse a postular a declaração de vínculo empregatício para conquistar a aposentadoria, assinale a afirmativa correta.

(A) Se a empresa arguir a prescrição a seu favor, ela será conhecida pelo juiz, já que ultrapassado o prazo de 2 anos para ajuizamento da ação.

(B) Não há o instituto da prescrição na seara trabalhista porque prevalece o princípio da proteção ao empregado.

(C) O prazo, na hipótese, seria de 5 anos e já foi ultrapassado, de modo que a pretensão estaria fulminada pela prescrição total.

(D) Não haverá prescrição, pois a demanda tem por objeto anotações para fins de prova junto à Previdência Social.

RESPOSTA Não haverá prescrição, pois a demanda tem por objeto anotações para fins de prova junto à Previdência Social – art. 11, § 1º, da CLT. (A) Errada. (B) Errada. (C) Errada. (D) Certa – art. 11, § 1º, da CLT. *Alternativa D.*

X. DIREITO COLETIVO

161. **(XXX Exame)** O sindicato dos empregados X entabulou, com o sindicato dos empregadores Y, uma convenção coletiva de trabalho para vigorar de julho de 2019 a junho de 2021. Nela ficou acertado que a jornada seria marcada pelos trabalhadores por meio de um aplicativo desenvolvido pelos sindicatos; que haveria instituição de banco de horas anual; que, nas jornadas de trabalho de até 7 horas diárias, haveria intervalo para refeição de 20 minutos; e que a participação nos lucros seria dividida em 4 parcelas anuais.

Considerando o teor da norma coletiva e suas cláusulas, e considerando o disposto na CLT, assinale a afirmativa correta.

(A) A convenção é nula quanto à participação nos lucros, que não pode ser dividida em mais de 2 parcelas anuais.

(B) É nula a fixação de pausa alimentar inferior a 30 minutos para jornadas superiores a 6 horas, mesmo que por norma coletiva.

(C) Inválida a cláusula referente à modalidade de registro da jornada de trabalho, que não pode ser feito por meio de um aplicativo.

(D) Inválido o banco de horas estipulado, pois, em norma coletiva, ele somente pode ser realizado para compensação semestral.

RESPOSTA A convenção coletiva e o acordo coletivo de trabalho têm prevalência sobre a lei quando, entre outros, dispuserem sobre o intervalo intrajornada, respeitado o limite mínimo de trinta minutos para jornadas superiores a seis horas. Art. 611-A, III da CLT. *Alternativa B.*

162. **(XXIX Exame)** Os empregados de uma sociedade empresária do setor metalúrgico atuavam em turnos ininterruptos de revezamento, cumprindo jornada de 6 horas diárias, conforme previsto na Constituição Federal, observado o regular intervalo.

O sindicato dos empregados, provocado pela sociedade empresária, convocou assembleia no ano de 2018, e, após debate e votação, aprovou acordo coletivo para que a jornada passasse a ser de 8 horas diárias, com o respectivo acréscimo salarial, observado o regular intervalo, mas sem que houvesse qualquer vantagem adicional para os trabalhadores. Diante da situação apresentada e de acordo com a previsão da CLT, assinale a afirmativa correta.

(A) É nulo o acordo coletivo em questão, e caberá ao interessado nessa declaração ajuizar ação de cumprimento.

(B) A validade de tal estipulação, por não prever benefício para os trabalhadores, depende de homologação da Justiça do Trabalho.

(C) É obrigatório que a contrapartida seja a estabilidade de todos os funcionários na vigência do acordo coletivo.

(D) O acordo coletivo é válido, porque sua estipulação não depende da indicação de vantagem adicional para os empregados.

RESPOSTA A convenção coletiva e o acordo coletivo de trabalho têm prevalência sobre a lei quando, entre outros, dispuserem sobre pacto quanto à jornada de trabalho, observados os limites constitucionais. Art. 611-A da CLT. *Alternativa D.*

163. **(XXVII Exame)** O sindicato dos empregados em tinturaria de determinado município celebrou, em 2018, acordo coletivo com uma tinturaria, no qual, reconhecendo-se a condição financeira difícil da empresa, aceitou a redução do percentual de FGTS para 3% durante 2 anos. Sobre o caso apresentado, de acordo com a previsão da CLT, assinale a afirmativa correta.

(A) É válido o acerto realizado porque fruto de negociação coletiva, ao qual a reforma trabalhista conferiu força legal.

(B) Somente se houver homologação do acordo coletivo pela Justiça do Trabalho é que ele terá validade em relação ao FGTS.

(C) A cláusula normativa em questão é nula, porque constitui objeto ilícito negociar percentual de FGTS.

(D) A negociação acerca do FGTS exigiria que, ao menos, fosse pago metade do valor devido, o que não aconteceu no caso apresentado.

RESPOSTA Constitui objeto ilícito de convenção coletiva ou de acordo coletivo de trabalho, exclusivamente, a supressão ou a redução do valor dos depósitos mensais e da indenização rescisória do Fundo de Garantia do Tempo de Serviço (FGTS). Art. 611-B, III, da CLT. *Alternativa C.*

164. **(XXVII Exame)** Em determinada localidade, existe a seguinte situação: a convenção coletiva da categoria para o período 2018/2019 prevê o pagamento de adicional de 70% sobre as horas extras realizadas de segunda-feira a sábado. Ocorre que a sociedade empresária Beta havia assinado um acordo coletivo para o mesmo período, porém alguns dias antes, prevendo o pagamento dessas horas extras com adicional de 60%. De acordo com a CLT, assinale a opção que indica o adicional que deverá prevalecer.

(A) Prevalecerá o adicional de 70%, por ser mais benéfico aos empregados.

(B) Diante da controvérsia, valerá o adicional de 50% previsto na Constituição Federal.

(C) Deverá ser respeitada a média entre os adicionais previstos em ambas as normas coletivas, ou seja, 65%.

(D) Valerá o adicional de 60% previsto em acordo coletivo, que prevalece sobre a convenção.

RESPOSTA As condições estabelecidas em acordo coletivo de trabalho sempre prevalecerão sobre as estipuladas em convenção coletiva de trabalho. Art. 620 da CLT. *Alternativa D.*

165. **(XXVI Exame)** Em 2018, um sindicato de empregados acertou, em acordo coletivo com uma sociedade empresária, a redução geral dos salários de seus empregados em 15% durante 1 ano.

Nesse caso, conforme dispõe a CLT,

(A) uma contrapartida de qualquer natureza será obrigatória e deverá ser acertada com a sociedade empresária.

(B) a contrapartida será a garantia no emprego a todos os empregados envolvidos durante a vigência do acordo coletivo.

(C) a existência de alguma vantagem para os trabalhadores para validar o acordo coletivo será desnecessária.

(D) a norma em questão será nula, porque a redução geral de salário somente pode ser acertada por convenção coletiva de trabalho.

RESPOSTA A redução dos salários dos empregados pelo prazo de um ano está fundada em novidade inserida pela Lei n. 13.467/2017 (Reforma Trabalhista) na CLT. O art. 611-A, § 3º, da CLT prevê que, se for pactuada cláusula que reduza salário, o acordo coletivo deve prever a proteção dos empregados contra dispensa imotivada durante o prazo de vigência do instrumento coletivo. *Alternativa B.*

166. **(XXII Exame)** Na convenção coletiva de determinada categoria, ficou estipulado que o adicional de periculosidade seria pago na razão de 15% sobre o salário-base, pois, comprovadamente, os trabalhadores permaneciam em situação de risco durante metade da jornada cumprida.

Sobre a cláusula em questão, assinale a afirmativa correta.

(A) A cláusula não é válida, pois se trata de norma de ordem pública.

(B) A validade da cláusula depende de homologação judicial.

(C) A cláusula é válida, porque a Constituição da República garante eficácia aos acordos e às convenções coletivas.

(D) A legalidade da cláusula será avaliada pelo juiz, porque a Lei e o TST são silentes a respeito.

RESPOSTA A cláusula não é válida, pois se trata de norma de ordem pública. Na forma da Súmula 364, II, do TST, não é válida a cláusula de acordo ou convenção coletiva de trabalho fixando o adicional de periculosidade em percentual inferior ao estabelecido em lei e proporcional ao tempo de exposição ao risco, pois tal parcela constitui medida de higiene, saúde e segurança do trabalho, garantida por norma de ordem pública (art. 7º, XXII e XXIII, da CF e art. 193, § 1º, da CLT). (A) Certa - Súmula 364, II, do TST. (B) Errada. (C) Errada. (D) Errada. *Alternativa A.*

167. **(XXI Exame)** O órgão do Ministério Público do Trabalho foi procurado por um grupo de trabalhadores da construção civil. Eles denunciam que o sindicato de classe obreiro está sendo omisso na busca de direitos e vantagens para a categoria, tanto assim que há cinco anos eles não têm reajuste salarial nem é elaborada uma convenção coletiva.

Na hipótese narrada, sobre a situação do MPT, de acordo com o entendimento do TST e do STF, assinale a afirmativa correta.

(A) O *Parquet* poderá ajuizar dissídio coletivo de natureza econômica na Justiça do Trabalho, em substituição ao sindicato de classe omisso, evitando maiores prejuízos para os trabalhadores.

(B) O órgão do Ministério Público não poderá ajuizar dissídio coletivo, pois sua atribuição fica limitada ao caso de greve em serviço essencial, o que não é o caso.

(C) O MPT poderá entabular negociação diretamente com o sindicato dos empregadores e, elaborada a convenção coletiva, levar à homologação do Poder Judiciário.

(D) O Ministério Público poderá instaurar inquérito civil e, apurando a irregularidade, ajuizar ação na Justiça do Trabalho, requerendo a condenação criminal dos dirigentes do sindicato por ato de improbidade.

RESPOSTA O órgão do Ministério Público não poderá ajuizar dissídio coletivo, pois sua atribuição, de acordo com o art. 114, § 3º, da CRFB/88, fica limitada ao caso de greve em serviço essencial, o que não é o caso. (A) Errada. (B) Certa - art. 114, § 3º, da CRFB/88. (C) Errada. (D) Errada. *Alternativa B.*

168. **(XVIII Exame)** Em normas coletivas firmadas pela empresa Montagens Industriais Ltda., há previsão de multa por descumprimento de cláusulas normativas que foram efetivamente descumpridas pela empresa.

Diante disso, assinale a afirmativa correta.

(A) O empregado terá de ajuizar tantas ações quantas forem as lesões, postulando, em cada uma delas, a multa pelo descumprimento de obrigações previstas nas respectivas cláusulas.

(B) Tratando-se de multa prevista em instrumento normativo em decorrência de descumprimento de cláusula que reproduz texto de lei, a multa é incabível.

(C) Tendo em vista a reprodução de textos de lei em cláusulas de instrumentos normativos diversos, ficará a critério do juiz definir se pode haver esse acúmulo.

(D) O descumprimento de qualquer cláusula constante de instrumentos normativos diversos não submete o empregado a ajuizar várias ações, pleiteando, em cada uma, o pagamento de multa referente ao descumprimento de obrigações previstas nas respectivas cláusulas.

RESPOSTA As normas coletivas são aplicadas às partes acordantes ou convenentes. O descumprimento de qualquer cláusula constante de instrumentos normativos diversos não submete o trabalhador a ajuizar várias ações, pleiteando em cada uma o pagamento da multa referente ao descumprimento de obrigações previstas nas cláusulas respectivas. Inteligência da Súmula 384, I, do TST. (A) Errada. (B) Errada. (C) Errada. (D) Certa - Súmula 384, I, TST. "Súmula 384, TST - Multa Convencional. Cobrança. I - O descumprimento de qualquer cláusula constante de instrumentos normativos diversos não submete o empregado a ajuizar várias ações, pleiteando em cada uma o pagamento da multa referente ao descumprimento de obrigações previstas nas cláusulas respectivas. II - É aplicável multa prevista em instrumento normativo (sentença normativa, convenção ou acordo coletivo) em caso de descumprimento de obrigação prevista em lei, mesmo que a norma coletiva seja mera repetição de texto legal". *Alternativa D.*

169. **(XIII Exame)** Uma empresa, em consenso com os seus empregados e com a chancela do sindicato, realiza um acordo coletivo com prazo de vigência indeterminado. Com relação a esse caso, assinale a afirmativa correta.

(A) O instrumento é inválido naquilo que ultrapassar dois anos, prazo máximo de vigência deste instituto.

(B) O acordo é integralmente válido, já que fruto da vontade da classe trabalhadora, que possui poder de negociação.

(C) Será válido o acordo desde que a Superintendência Regional do Trabalho o homologue, já que a lei é omissa a respeito do prazo.

(D) O instrumento é inválido naquilo que ultrapassar quatro anos, prazo máximo de vigência deste instituto.

RESPOSTA Nos termos do art. 614, § 3º, da CLT, é de dois anos o prazo máximo de vigência dos acordos e das convenções coletivas. Assim sendo, é inválida, naquilo que ultrapassa o prazo total de dois anos, a cláusula de termo aditivo que prorroga a vigência do instrumento coletivo originário por prazo indeterminado (OJ 322, SDI-1, do TST). *Alternativa A.*

170. **(V Exame)** O sindicato dos empregados de empresa de transporte e o sindicato das empresas de transporte firmaram convenção coletiva, na qual foi estipulado aviso prévio de 60 dias por tempo de serviço, no caso de dispensa sem justa causa. Dois meses depois de esse instrumento normativo estar em vigor, o motorista Sílvio de Albuquerque foi despedido imotivadamente pela transportadora Carga Pesada Ltda. Em virtude de não ter a CTPS assinada e de não terem sido pagas suas verbas rescisórias, Sílvio ajuizou ação trabalhista, pleiteando o reconhecimento do vínculo de emprego, assim como o pagamento das verbas rescisórias, observando-se o aviso prévio de 60 dias, bem como a projeção de 2/12 nas suas férias proporcionais, 13º proporcional e FGTS, além da contagem desse período no registro do termo final do contrato em sua CTPS. Em contestação, a transportadora impugnou a pretensão de Sílvio, sob o argumento de que ele era autônomo e, ainda que não o fosse, o instituto do aviso prévio, tal como previsto no art. 7º, XXI, da CRFB, é de trinta dias, inexistindo lei que o regulamente. Argumentou, ainda, que convenção coletiva não é lei em sentido formal e que, portanto, seria inválida a regulamentação da constituição por meio de autonomia coletiva sindical.

Com base na situação acima descrita, é correto afirmar que Sílvio

(A) Não faz jus ao aviso prévio de 60 dias, uma vez que o art. 7º, XXI, da CRFB é norma de eficácia limitada, inexistindo lei que a regulamente.

(B) Faz jus ao aviso prévio de 60 dias, uma vez que o art. 7º, XXI, da CRFB não é empecilho para a ampliação do período de 30 dias por meio de norma coletiva.

(C) Não faz jus ao aviso prévio de 60 dias, uma vez que não teve a CTPS assinada.

(D) Faz jus ao aviso prévio de 60 dias, uma vez que era trabalhador autônomo.

RESPOSTA Art. 7º, XXI, da CRFB, e Lei n. 12.506/2011. *Alternativa B.*

171. **(IV Exame)** Foi celebrada convenção coletiva que fixa jornada em sete horas diárias. Posteriormente, na mesma vigência dessa convenção, foi celebrado acordo coletivo prevendo redução da referida jornada em 30 minutos. Assim, os empregados das empresas que subscrevem o acordo coletivo e a convenção coletiva deverão trabalhar, por dia,

(A) 8 horas, pois a CRFB prevê jornada de 8 horas por dia e 44 horas semanais, não podendo ser derrogada por norma hierarquicamente inferior.

(B) 7 horas e 30 minutos, porque o acordo coletivo, por ser mais específico, prevalece sobre a convenção coletiva, sendo aplicada a redução de 30 minutos sobre a jornada de 8 horas por dia prevista na CRFB.

(C) 6 horas e 30 minutos, pela aplicação do princípio da prevalência da norma mais favorável ao trabalhador.

(D) 7 horas, pois as condições estabelecidas na convenção coletiva, por serem mais abrangentes, prevalecem sobre as estipuladas no acordo coletivo.

RESPOSTA Art. 620 da CLT. *Alternativa C.* ATENÇÃO com a redação da Lei n. 13.467/2017.

172. **(II Exame)** Com relação ao Direito Coletivo do Trabalho, assinale a alternativa correta.

(A) Acordo coletivo do trabalho é o acordo de caráter normativo pelo qual dois ou mais sindicatos representativos de categorias econômicas e profissionais estipulam condições de trabalho aplicáveis, no âmbito das respectivas representações, às relações individuais de trabalho.

(B) Na greve em serviços ou atividades essenciais, ficam as entidades sindicais ou os trabalhadores, conforme o caso, obrigados a comunicar a decisão aos empregadores e aos usuários com antecedência mínima de 72 (setenta e duas) horas da paralisação.

(C) As centrais sindicais, por força de lei, podem celebrar acordos e convenções coletivas de trabalho.

(D) O recolhimento da contribuição sindical obrigatória ("imposto sindical") somente é exigido dos empregados sindicalizados, em face do princípio da liberdade sindical.

RESPOSTA (A) Errada – art. 611, § 1º, da CLT. (B) Certa – art. 13 da Lei n. 7.783/89. (C) Errada – art. 611 da CLT e Lei n. 11.648/2008. (D) Errada – arts. 578 da CLT e 8º, IV, da CRFB. *Alternativa B.*

XI. DA PROTEÇÃO AO TRABALHO DO MENOR

173. **(XXX Exame)** Vera Lúcia tem 17 anos e foi contratada como atendente em uma loja de conveniência, trabalhando em escala de 12x36 horas, no horário de 19 às 7h, com pausa alimentar de 1 hora.

Essa escala é prevista no acordo coletivo assinado pela loja com o sindicato de classe, em vigor.

A empregada teve a CTPS assinada e tem, como atribuições, auxiliar os clientes, receber o pagamento das compras e dar o troco quando necessário. Diante do quadro apresentado e das normas legais, assinale a afirmativa correta.

(A) A hipótese trata de trabalho proibido.

(B) O contrato é plenamente válido.

(C) A situação retrata caso de atividade com objeto ilícito.

(D) Por ter 17 anos, Vera Lúcia fica impedida de trabalhar em escala 12x36 horas, devendo ser alterada a jornada.

RESPOSTA Ao menor de 18 (dezoito) anos é vedado o trabalho noturno, considerado este o que for executado no período compreendido entre as 22 (vinte e duas) e as 5 (cinco) horas, portanto, Vera Lúcia, trabalhando em escala, no horário de 19 às 7h, está executando um serviço proibido. Art. 7º, XXXIII, da CRFB e artigo 404 da CLT. *Alternativa A.*

174. **(XI Exame)** A empresa Gomes Sardinha Móveis Ltda. é procurada por um jovem portador de deficiência, que tem 30 anos, e deseja ser contratado como aprendiz de marceneiro. A empresa tem dúvida sobre a possibilidade legal dessa contratação. A partir do caso relatado, assinale a afirmativa correta.

(A) Não se aplica a idade máxima ao aprendiz portador de deficiência, de modo que a contratação é possível.

(B) A idade máxima do aprendiz é de 24 anos, não havendo exceção, pelo que não é possível a contratação.

(C) Havendo autorização da Superintendência Regional do Trabalho, o jovem poderá ser contratado como aprendiz, haja vista sua situação especial.

(D) Não existe idade máxima para a contratação de aprendizes, daí por que, em qualquer hipótese, a admissão é possível.

RESPOSTA A idade máxima de 24 anos prevista no *caput* do art. 428 da CLT não se aplica a aprendizes portadores de deficiência – art. 428, § 5º, da CLT. *Alternativa A.*

XII. JORNADA DE TRABALHO

175. **(XXIX Exame)** Fábio trabalha em uma mineradora como auxiliar administrativo. A sociedade empresária, espontaneamente, sem qualquer previsão em norma coletiva, fornece ônibus para o deslocamento dos funcionários para o trabalho, já que ela se situa em local cujo transporte público modal passa apenas em alguns horários, de forma regular, porém insuficiente para a demanda. O fornecimento do transporte pela empresa é gratuito, e Fábio despende cerca de uma hora para ir e uma hora para voltar do trabalho no referido transporte. Além do tempo de deslocamento, Fábio trabalha em uma jornada de 8 horas, com uma hora de pausa para repouso e alimentação. Insatisfeito, ele procura você, como advogado(a), a fim de saber se possui algum direito a reclamar perante a Justiça do Trabalho.

Considerando que Fábio foi contratado em dezembro de 2017, bem como a legislação em vigor, assinale a afirmativa correta.

(A) Fábio faz jus a duas horas extras diárias, em razão do tempo despendido no transporte.

(B) Fábio não faz jus às horas extras, pois o transporte fornecido era gratuito.

(C) Fábio faz jus às horas extras, porque o transporte público era insuficiente, sujeitando o trabalhador aos horários estipulados pelo empregador.

(D) Fábio não faz jus a horas extras, porque o tempo de transporte não é considerado tempo à disposição do empregador.

RESPOSTA O tempo despendido pelo empregado desde a sua residência até a efetiva ocupação do posto de trabalho e para o seu retorno, caminhando ou por qualquer meio de transporte, inclusive o fornecido pelo empregador, não será computado na jornada de trabalho, por não ser tempo à disposição do empregador. Art. 58, § 2º, da CLT. *Alternativa D.*

176. **(XXVIII Exame)** Você, como advogado(a), foi procurado por Pedro para ajuizar ação trabalhista em face da ex-empregadora deste. Pedro lhe disse que, após encerrar o expediente e registrar o efetivo horário de saída do trabalho, ficava na empresa em razão de eventuais tiroteios que ocorriam na região. Nos meses de verão, ocasionalmente, permanecia na empresa para esperar o escoamento da água decorrente das fortes chuvas. Diariamente, após o expediente, havia culto ecumênico de participação voluntária e, dada sua atividade em setor de contaminação radioativa, era obrigado a trocar de uniforme na empresa, o que levava cerca de 20 minutos.

Considerando o labor de Pedro, de 10/12/2017 a 20/9/2018, e a atual legislação em vigor, assinale a afirmativa correta.

(A) Apenas o período de troca de uniforme deve ser requerido como horário extraordinário.

(B) Todo o tempo que Pedro ficava na empresa gera hora extraordinária, devendo ser pleiteado como tal em sede de ação trabalhista.

(C) Nenhuma das hipóteses gera labor extraordinário.

(D) Como apenas a questão religiosa era voluntária, somente essa não gera horário extraordinário.

RESPOSTA Por não se considerar tempo à disposição do empregador, não será computado como período extraordinário o que exceder a jornada normal, ainda que ultrapasse o limite de cinco minutos de tolerância previsto na CLT, quando o empregado, por escolha própria, buscar proteção pessoal, em caso de insegurança nas vias públicas ou más condições climáticas, bem como adentrar ou permanecer nas dependências da empresa para exercer atividades particulares, entre outras, troca de roupa ou uniforme, quando não houver obrigatoriedade de realizar a troca na empresa. Art. 4º, § 2º e VIII, da CLT. *Alternativa A.*

177. **(XXVIII Exame)** Rita de Cássia é enfermeira em um hospital desde 10/1/2018, no qual trabalha em regime de escala de 12x36 horas, no horário das 7.00 às 19.00 horas. Tal escala encontra-se prevista na convenção coletiva da categoria da empregada. Alguns plantões cumpridos por Rita de Cássia coincidiram com domingos e outros, com feriados. Em razão disso, a empregada solicitou ao seu gestor que as horas cumpridas nesses plantões fossem pagas em dobro.

Sobre a pretensão da empregada, diante do que preconiza a CLT, assinale a afirmativa correta.

(A) Ela fará jus ao pagamento com adicional de 100% apenas nos feriados.

(B) Ela não terá direito ao pagamento em dobro nem nos domingos nem nos feriados.

(C) Ela terá direito ao pagamento em dobro da escala que coincidir com o domingo.

(D) Ela receberá em dobro as horas trabalhadas nos domingos e feriados.

RESPOSTA É facultado às partes, mediante acordo individual escrito, convenção coletiva ou acordo coletivo de trabalho, estabelecer horário de trabalho de doze horas seguidas por trinta e seis horas ininterruptas de descanso, observados ou indenizados os intervalos para repouso e alimentação. A remuneração mensal pactuada pelo horário 12 x 36 abrange os pagamentos devidos pelo descanso semanal remunerado e pelo descanso em feriados, e serão considerados compensados os feriados e as prorrogações de trabalho noturno, quando houver. Art. 59-A, *caput* e parágrafo único, da CLT. *Alternativa B.*

178. **(XXVII Exame)** Renato trabalha na empresa Ramos Santos Ltda. exercendo a função de técnico de manutenção. De segunda a sexta-feira, ele trabalha das 8h às 17h, com uma hora de almoço, e, aos sábados, das 8h às 12h, sem intervalo. Ocorre que, por reivindicação de alguns funcionários, a empresa instituiu um culto ecumênico toda sexta-feira, ao final do expediente, cujo comparecimento é facultativo. O culto ocorre das 17h às 18h, e Renato passou a frequentá-lo.

Diante dessa situação, na hipótese de você ser procurado como advogado(a) em consulta formulada por Renato sobre jornada extraordinária, considerando o enunciado e a legislação trabalhista em vigor, assinale a afirmativa correta.

(A) Renato não faz jus a qualquer valor de horas extras.

(B) Renato tem direito a uma hora extra semanal, pois o culto foi instituído pela empregadora.

(C) Renato tem direito a uma hora extra diária, de segunda a sexta-feira, em razão do horário de trabalho das 8h às 17h.

(D) Renato tem direito a nove horas extras semanais, sendo cinco de segunda a sexta-feira e mais as 4 aos sábados.

RESPOSTA Por não se considerar tempo à disposição do empregador, não será computado como período extraordinário o que exceder a jornada normal, ainda que ultrapasse o limite de cinco minutos de tolerância previsto na CLT, quando o empregado permanecer nas dependências da empresa para exercer atividades particulares, entre outras, práticas religiosas; art. 4º, § 2º, I, da CLT. *Alternativa A.*

179. **(XXVI Exame)** Felisberto foi contratado como técnico pela sociedade empresária Montagens Rápidas Ltda., em janeiro de 2018, recebendo salário correspondente ao mínimo legal. Ele não está muito satisfeito, mas espera, no futuro, galgar degraus dentro da empresa.

O empregado em questão trabalha na seguinte jornada: de segunda a sexta-feira, das 10h às 19h48min com intervalo de uma hora para refeição, tendo assinado acordo particular por ocasião da admissão para não trabalhar aos sábados e trabalhar mais 48 minutos de segunda a sexta-feira.

Com base na situação retratada e na Lei, considerando que a norma coletiva da categoria de Felisberto é silente a respeito, assinale a afirmativa correta.

(A) Há direito ao pagamento de horas extras, porque a compensação de horas teria de ser feita por acordo coletivo ou convenção coletiva, não se admitindo acordo particular para tal fim.

(B) Não existe direito ao pagamento de sobrejornada, porque as partes podem estipular qualquer quantidade de jornada, independentemente de limites.

(C) A Lei é omissa a respeito da forma pela qual a compensação de horas deva ser realizada, razão pela qual caberá ao juiz, valendo-se de bom senso e razoabilidade, julgar por equidade.

(D) A situação não gera direito a horas extras, porque é possível estipular compensação semanal de horas, inclusive por acordo particular, como foi o caso.

RESPOSTA Não há horas extras a serem pagas, tendo em vista que a jornada semanal de 44 horas está sendo cumprida. De segunda a sexta-feira o empregado trabalha 8h48min, não havendo que se falar em horas extras porque os 48 minutos excedentes decorrem da compensação da jornada do sábado, sendo certo que este acordo de compensação pode ser validamente celebrado individualmente entre empregado e empregador, art. 59, § 6º, CLT. *Alternativa D.*

180. **(XXV Exame)** Lúcio foi dispensado do emprego, no qual trabalhou de 17/11/2017 a 20/03/2018, por seu empregador. Na sociedade empresária em que trabalhou, Lúcio batia o cartão de ponto apenas no início e no fim da jornada efetiva de trabalho, sem considerar o tempo de café da manhã, de troca de uniforme (que consistia em vestir um jaleco branco e tênis comum, que ficavam na posse do empregado) e o tempo em que jogava pingue-pongue após almoçar, já que o fazia em 15 minutos, e poderia ficar jogando até o término do intervalo integral. Você foi procurado por Lúcio para, como advogado, ingressar com ação pleiteando horas extras pelo tempo indicado no enunciado não constante dos controles de horário. Sobre o caso, à luz da CLT, assinale a afirmativa correta.

(A) Lúcio não faz jus às horas extras pelas atividades indicadas, pois as mesmas não constituem tempo à disposição do empregador.

(B) Lúcio faz jus às horas extras pelas atividades indicadas, pois as mesmas constituem tempo à disposição do empregador, já que Lúcio estava nas dependências da empresa.

(C) Apenas o tempo de alimentação e café da manhã devem ser considerados como tempo à disposição, já que o outro representa lazer do empregado.

(D) Apenas o tempo em que ficava jogando poderá ser pretendido como hora extra, pois Lúcio não desfrutava integralmente da pausa alimentar.

RESPOSTA A Reforma Trabalhista trazida pela Lei n. 13.467/2017 inseriu o § 2º ao art. 4º da CLT não considerando tempo à disposição do empregador, não sendo computado como período extraordinário o que exceder a jornada normal, ainda que ultrapasse o limite de cinco minutos previsto no § 1º do art. 58 da CLT, quando o empregado, por escolha própria, buscar proteção pessoal, em caso de insegurança nas vias públicas ou más condições climáticas, bem como adentrar ou permanecer nas dependências da empresa para exercer atividades particulares, entre outras: práticas religiosas; descanso; lazer; estudo; alimentação; atividades de relacionamento social; higiene pessoal; troca de roupa ou uniforme, quando não houver obrigatoriedade de realizar a troca na empresa. *Alternativa A.*

181. **(XXV Exame)** Jorge trabalhou para a Sapataria Bico Fino Ltda., de 16/11/2017 a 20/03/2018. Na ocasião realizava jornada das 9h às 18h, com 15 minutos de intervalo. Ao ser dispensado ajuizou ação trabalhista, reclamando o pagamento de uma hora integral pela ausência do intervalo, além dos reflexos disso nas demais parcelas intercorrentes do contrato de trabalho. Diante disso, e considerando o texto da CLT, assinale a afirmativa correta.

(A) Jorge faz jus a 45 minutos acrescidos de 50%, porém sem os reflexos, dada a natureza jurídica indenizatória da parcela.

(B) Jorge faz jus a 45 minutos acrescidos de 50%, além dos reflexos, dada a natureza jurídica salarial da parcela.

(C) Jorge faz jus a uma hora integral acrescida de 50%, porém sem os reflexos, dada a natureza jurídica indenizatória da parcela.

(D) Jorge faz jus a uma hora integral acrescida de 50%, porém sem os reflexos, dada a natureza jurídica salarial da parcela.

RESPOSTA Na forma do art. 71, § 4º, da CLT (redação dada pela Lei n. 13.467/2017), a não concessão ou a concessão parcial do intervalo intrajornada mínimo, para repouso e alimentação, a empregados urbanos e rurais, implica o pagamento, de natureza indenizatória, apenas do período suprimido, com acréscimo de 50% (cinquenta por cento) sobre o valor da remuneração da hora normal de trabalho. *Alternativa A.*

182. **(XXIV Exame)** Um empresário explora o ramo de farmácias e drogarias, possuindo 18 filiais divididas por dois estados da Federação. Cada filial tem 5 empregados, todos com CTPS assinada.

O empresário, desejando saber se precisa manter controle escrito dos horários de entrada e saída dos empregados, procura você para, como advogado, orientá-lo.

Diante da situação retratada e com base na CLT, assinale a afirmativa correta.

(A) O controle de ponto deverá ser mantido, porque a empresa possui mais de 10 empregados.

(B) A análise deverá ser feita por cada estado da Federação, sendo obrigatório o ponto se houver mais de 10 empregados no espaço geográfico do estado.

(C) O empresário não precisará manter controle escrito, porque tem menos de 10 empregados por estabelecimento.

(D) A Lei é omissa a respeito, daí porque, a título de cautela, é recomendável que seja marcado o controle, podendo haver a pré-assinalação da pausa alimentar.

RESPOSTA O número de empregados deve ser analisado sobre cada estabelecimento de forma individualizado. Outrossim, na forma do art. 74, § 2º, da CLT a empresa que contiver mais de dez empregados por estabelecimento deve ter controle de horários por meio de cartão de ponto mecânico, eletrônico ou manual. *Alternativa C.* QUESTÃO PREJUDICADA pela MINIRREFORMA da Lei n. 13.874/2019.

183. (XX Exame – Reaplicação) Luis é empregado da sociedade empresária Braço Forte Ltda. Sua jornada é de oito horas, desfrutando de uma hora de intervalo. Em determinada semana, por necessidade do empregador, Luis trabalhou a jornada de oito horas mas sem desfrutar do intervalo. Em outra semana, trabalhou sete horas contínuas, sem intervalo.

Com base no caso apresentado, assinale a afirmativa correta.

(A) Em ambos os casos Luis tem direito a hora extra.

(B) Apenas na primeira semana Luis tem direito a hora extra.

(C) Não tendo havido excesso de jornada, Luis não tem direito a hora extra em ambas as semanas.

(D) Independentemente da existência de acordo individual, a hora da segunda semana compensa a da primeira semana e, em ambos os casos, Luis não faz jus a hora extra.

RESPOSTA Em ambos os casos Luis tem direito a hora extra, na forma do art. 71 da CLT. (A) Certa – art. 71 da CLT. (B) Errada. (C) Errada. (D) Errada. *Alternativa A.*

184. (XX Exame – Reaplicação) Leônidas trabalha 44 horas semanais como churrasqueiro em um restaurante e recebe salário de R$ 1.400,00 mensais. Considerando o aumento da clientela, o restaurante contratou Vinícius, também como churrasqueiro, a tempo parcial, para que ele cumpra jornada de 22 horas semanais e receba R$ 700,00 por mês.

Diante da hipótese retratada e de acordo com a CLT e o entendimento do TST, assinale a afirmativa correta.

(A) O salário pago a Vinicius é ilegal porque inferior ao salário mínimo nacional, cabendo então reivindicar a diferença correspondente.

(B) O salário é de livre estipulação em cada contrato, daí porque não cabe ao Judiciário interferir nos valores fixados livremente pelas partes.

(C) A situação retrata discriminação salarial, pois não pode haver divergência salarial entre empregados que exercem a mesma função.

(D) É possível a estipulação do salário de Vinicius nessa base, pois ele guarda relação com o de Leônidas, que cumpre a jornada constitucional.

RESPOSTA É possível a estipulação do salário de Vinicius nessa base, pois ele guarda relação com o de Leônidas, que cumpre a jornada constitucional. Na forma do art. 58-A, § 1º, da CLT, o salário a ser pago aos empregados sob o regime de tempo parcial será proporcional à sua jornada, em relação aos empregados que cumprem, nas mesmas funções, tempo integral. (A) Errada. (B) Errada. (C) Errada. (D) Certa – art. 58-A, § 1º, da CLT. *Alternativa D.*

185. (XIX Exame) Pedro é empregado rural na Fazenda Granja Nova. Sua jornada é de segunda a sexta-feira, das 21 às 5h, com intervalo de uma hora para refeição.

Considerando o caso retratado, assinale a afirmativa correta.

(A) A hora noturna de Pedro será computada como tendo 60 minutos.

(B) A hora noturna rural é reduzida, sendo de 52 minutos e 30 segundos.

(C) A hora noturna de Pedro será acrescida de 20%.

(D) Não há previsão de redução de hora noturna nem de adicional noturno para o rural.

RESPOSTA Pedro é rural, portanto sua hora noturna será computada como sendo de 60 minutos e acrescida de 25% de adicional. (A) Certa – Art. 7º da Lei n. 5.889/73. (B) Errada. (C) Errada. (D) Errada. *Alternativa A.*

186. (XIX Exame) Maria trabalha como soldadora em uma empresa há 7 anos. Sua jornada contratual deveria ser de segunda a sexta-feira, das 9 às 18h, com intervalo de uma hora para refeição e, aos sábados, das 8 às 12h. Nos últimos 3 anos, no entanto, o empregador vem exigindo de Maria a realização de uma hora extra diária, pois realizou um grande negócio de exportação e precisa cumprir rigorosamente os prazos fixados. Findo o contrato de exportação, o empregador determinou que Maria retornasse à sua jornada contratual original.

Nesse caso, considerando o entendimento consolidado do TST, assinale a afirmativa correta.

(A) As horas extras se incorporaram ao salário de Maria e dela não podem ser retiradas, sendo vedada a alteração maléfica.

(B) O empregador deverá pagar a Maria uma indenização de 1 mês de horas extras por cada ano de horas extras trabalhadas e, assim, suprimir o pagamento da sobrejornada.

(C) O empregador deverá conceder uma indenização à empregada pelo prejuízo financeiro, que deverá ser arbitrada de comum acordo entre as partes e homologada no sindicato.

(D) Maria terá de continuar a trabalhar em regime de horas extras, pois não se admite a novação objetiva na relação de emprego.

RESPOSTA O empregador deverá pagar a Maria uma indenização de 1 mês de horas extras por cada ano de horas extras trabalhadas e, assim, suprimir o pagamento da sobrejornada. A supressão total ou parcial, pelo empregador, de serviço suplementar prestado com habitualidade, durante pelo menos 1 (um) ano, assegura ao empregado o direito à indenização correspondente ao valor de 1 (um) mês das horas suprimidas, total ou parcialmente, para cada ano ou fração igual ou superior a seis meses de prestação de serviço acima da jornada normal. O cálculo observará a média das horas suplementares nos últimos 12 (doze) meses anteriores à mudança, multiplicada pelo valor da hora extra do dia da supressão. (A) Errada. (B) Certa – Súmula 291 do TST. (C) Errada. (D) Errada. *Alternativa B.*

187. **(XVII Exame)** Lúcio é enfermeiro num hospital e, após cumprir seu expediente normal de 8 horas de serviço, tratando dos pacientes enfermos, recebe solicitação para prosseguir no trabalho, realizando hora extra. Lúcio se nega, afirmando que a prorrogação não foi autorizada pelo órgão competente do Ministério do Trabalho e do Emprego. Diante desse impasse e de acordo com a CLT, marque a afirmativa correta.

(A) Lúcio está errado, pois seu dever é de colaboração para com o empregador. A resistência injustificada à sobrejornada dá margem à ruptura por justa causa, por ato de insubordinação.

(B) Lúcio está correto, pois é pacífico e sumulado o entendimento de que nenhum empregado é obrigado a realizar horas extras.

(C) Lúcio está errado, pois a legislação em vigor não exige que eventual realização de hora extra seja antecedida de qualquer autorização de órgão governamental.

(D) Lúcio está correto, pois, tratando-se de atividade insalubre, a prorrogação de jornada precisa ser previamente autorizada pela autoridade competente.

RESPOSTA Lúcio trabalha como enfermeiro em um hospital, portanto exerce atividade classificada como insalubre, eis que tem contato com agentes nocivos à sua saúde. De acordo com o art. 60 da CLT, nas atividades insalubres, as prorrogações de horário só poderão ser acordadas mediante licença prévia das autoridades competentes em matéria de higiene do trabalho. Assim sendo, Lúcio agiu corretamente ao se negar a realizar hora extra se não há qualquer autorização, para prorrogação de jornada, dada pelo órgão competente do Ministério do Trabalho e do Emprego. (A) Errada. (B) Errada. (C) Errada. (D) Certa – Art. 60 da CLT. *Alternativa D.* ATENÇÃO com a redação da Lei n. 13.467/2017.

188. **(XII Exame)** Paulo foi contratado pela empresa XPTO Ltda. para trabalhar como vigilante com jornada de trabalho pelo sistema de escala 12 x 36 (doze horas de trabalho por trinta e seis de descanso), estipulada em norma coletiva. Há um ano trabalhando, dois feriados nacionais recaíram em dias de sua escala. Diante do exposto, assinale a afirmativa correta.

(A) Paulo tem direito a receber em dobro os dias de feriado trabalhados.

(B) Paulo não deverá receber os dias de feriado trabalhados, pois os mesmos foram compensados no sistema de escala.

(C) Paulo deverá receber os dias trabalhados de forma simples, não se considerando trabalho extraordinário normal em decorrência do sistema de escala.

(D) Paulo não deverá receber os dias de feriado, pois são equivalentes ao descanso semanal remunerado.

RESPOSTA (A) Assertiva correta. Na forma da Súmula 146 do TST, o trabalho prestado em domingos e feriados, não compensados, deve ser pago em dobro, sem prejuízo da remuneração relativa ao repouso semanal. (B) Errada, é válida, em caráter excepcional, a jornada de 12 horas de trabalho por 36 de descanso, ajustada mediante acordo coletivo de trabalho ou convenção coletiva de trabalho, assegurada a remuneração em dobro dos feriados trabalhados – Súmula 444 do TST. (C) Errada, o trabalho realizado em dia de feriado, não compensado, deve ser pago em dobro – Súmulas 146 e 444 do TST. (D) Errada. O pagamento do feriado trabalhado e não compensado, em dobro, não prejudica a remuneração relativa ao repouso remunerado – Súmula 146 do TST. *Alternativa A.*

189. **(XI Exame)** Marco Aurélio é advogado empregado em um escritório de advocacia, com CTPS assinada, tendo acertado na contratação a dedicação exclusiva. Num determinado mês, Marco cumpriu jornada de 2ª a 6ª feira das 12:00 às 21:00h com intervalo de uma hora para refeição. Com base no caso apresentado, assinale a afirmativa correta.

(A) Não haverá pagamento de adicional noturno porque a jornada não ultrapassou as 22:00h.

(B) Marco tem direito ao adicional noturno de 25% sobre a jornada compreendida entre 20:00 e 21:00h.

(C) Marco tem direito a horas extras, sendo assim reputadas as que ultrapassam a 4ª hora diária, com acréscimo de 50%.

(D) Marco tem direito ao adicional noturno de 20% sobre a jornada compreendida entre 20:00 e 21:00h.

RESPOSTA Segundo o Estatuto da Advocacia, as horas trabalhadas no período das vinte horas de um dia até as cinco horas do dia seguinte são remuneradas como noturnas, acrescidas do adicional de 25% – art. 20, § 3º, da Lei n. 8.906/94. *Alternativa B.*

190. **(XIV Exame)** Jefferson é balconista numa loja e, por determinação do empregador e necessidade do serviço, precisou trabalhar 8 horas em um domingo. Agora Jefferson fará, na mesma semana, a compensação dessas horas. Sobre essa situação, assinale a opção correta.

(A) Uma vez que as horas foram prestadas no dia de domingo, a compensação deverá ser feita em dobro, ou seja, em 16 horas.

(B) Por imposição legal, as horas devidas devem ser compensadas e pagas ao trabalhador, com acréscimo de 100%, em função do seu sacrifício.

(C) A compensação deve ser feita pela hora simples (8 horas), pois não deve ser confundida com o pagamento, que, no caso, receberia acréscimo de 100%.

(D) Se a empresa estivesse em dificuldade financeira e não quisesse realizar a compensação, poderia criar um banco de horas extras diretamente com o empregado, e lançar nelas as horas extraordinárias.

RESPOSTA O trabalho prestado em domingos, não compensado, deve ser pago em dobro, sem prejuízo da remuneração relativa ao repouso semanal. No caso em análise, Jefferson compensou, na mesma semana, as horas trabalhadas no domingo, portanto, não faz jus ao pagamento em dobro do domingo trabalhado e compensado. (A) Errada. (B) Errada. (C) Certa – art. 59, § 2º, da CLT e Súmulas 85 e 146 do TST. (D) Errada. *Alternativa C.*

191. **(XIV Exame)** Jerônimo trabalha na Metalúrgica Pereira como soldador, com a seguinte jornada: de 2ª a 6ª feira, das 9h às 18h, com quatro intervalos diários de quinze minutos, destinados à alimentação (das 9h45min às 10h, das 11h45min às 12h, das 14h45min às 15h e das 16h30min às 16h45min). Na hipótese em questão, de acordo com o entendimento sumulado do TST,

(A) O intervalo intrajornada mínimo de uma hora foi respeitado, daí por que não há horas extras a pagar.

(B) O empregado terá direito ao pagamento de uma hora extra diária pela concessão inadequada da pausa alimentar.

(C) A possibilidade de fracionamento do intervalo intrajornada em 4 períodos depende de autorização do Ministério do Trabalho e Emprego.

(D) Se o fracionamento ou a supressão do intervalo estivessem previstos em convenção coletiva, a empresa estaria dispensada de pagar a hora extra.

RESPOSTA Não há previsão legal que permita o fracionamento do intervalo para repouso e alimentação. Também é importante observar que o que depende de autorização do Ministério do Trabalho e Emprego é a redução do intervalo nos moldes do art. 71, § 3º, da CLT. (A) Errada. (B) Certa – art. 71, § 3º, da CLT, e Súmula 437 do TST. (C) Errada. (D) Errada. *Alternativa B.* ATENÇÃO com a redação da Lei n. 13.467/2017.

192. **(XV Exame)** Marlene trabalhou em uma residência como cozinheira de 5 de maio de 2013 a 6 de julho de 2014. Assinale a opção que contempla o direito inerente à categoria profissional de Marlene, no período indicado, podendo ser exigido seu cumprimento de imediato pelo empregador.

(A) Adicional noturno.

(B) Horas extras.

(C) FGTS obrigatório.

(D) Seguro-desemprego obrigatório.

RESPOSTA Marlene é empregada doméstica e, nos termos do art. 7º, parágrafo único, da Constituição da República Federativa do Brasil de 1988, o direito que pode ser cumprido de imediato são as horas extras. Os demais, adicional noturno, FGTS obrigatório e Seguro desemprego, embora obrigatórios, dependem de regulamentação para a concessão. (A) Errada. (B) Certa – art. 7º, parágrafo único, da Constituição da República Federativa do Brasil. (C) Errada. (D) Errada. *Alternativa B.*

193. **(XVI Exame)** As sociedades empresárias ALFA e BETA, que atuam no ramo hoteleiro, foram fiscalizadas pela autoridade competente e multadas porque concediam intervalo de 30 minutos para refeição aos empregados que tinham carga horária de trabalho superior a 6 horas diárias. Ambas recorreram administrativamente da multa aplicada, sendo que a sociedade empresária ALFA alegou e comprovou que a redução da pausa alimentar havia sido acertada em acordo individual feito diretamente com todos os empregados, e a sociedade empresária BETA alegou e comprovou que a redução havia sido autorizada pela Superintendência Regional do Trabalho. De acordo com a Constituição, a CLT e o entendimento sumulado pelo TST, assinale a afirmativa correta.

(A) As duas sociedades empresárias estão erradas, pois o intervalo mínimo a ser respeitado seria de uma hora para refeição e descanso.

(B) A sociedade empresária BETA não deveria ser multada, pois a autoridade administrativa autorizou no seu caso a redução do intervalo.

(C) As duas sociedades empresárias estão corretas, pois a diminuição da pausa alimentar tem justificativa jurídica e deve ser respeitada.

(D) A sociedade empresária ALFA não deveria ser multada, pois a Constituição Federal reconhece os acordos individuais em razão da autonomia privada.

RESPOSTA O limite mínimo de uma hora para repouso ou refeição poderá ser reduzido por ato do Ministro do Trabalho, Indústria e Comércio, quando ouvido o Serviço de Alimentação de Previdência Social, se verificar que o estabelecimento atende integralmente às exigências concernentes à organização dos refeitórios, e se os respectivos empregados não estiverem sob regime de trabalho prorrogado a horas suplementares. É inválida cláusula de acordo ou convenção coletiva de trabalho contemplando a supressão ou redução do intervalo intrajornada, porque este constitui medida de higiene, saúde e segurança do trabalho, garantido por norma de ordem pública (art. 71 da CLT e art. 7º, XXII, da CF/1988), infenso à negociação coletiva. (A) Errada. (B) Certa – art. 71, § 3º, da CLT, e Súmula 437 do TST. (C) Errada. (D) Errada. *Alternativa B.* ATENÇÃO com a redação da Lei n. 13.467/2017.

REFERÊNCIAS

ALMEIDA, André Luiz Paes de. *Direito do trabalho.* 7. ed. São Paulo: Rideel, 2009.

CARRION, Valentin. *Comentários à Consolidação das Leis do Trabalho.* 37. ed. São Paulo: Saraiva, 2012.

CASSAR, Vólia Bomfim. *Direito do trabalho: de acordo com a reforma trabalhista Lei 13.467/2017.* 15. ed. rev., atual. e ampl. Rio de Janeiro: Forense; São Paulo: MÉTODO, 2018.

DELGADO, Maurício Godinho & DELGADO, Gabriela Neves. *A reforma trabalhista no Brasil: com os comentários à Lei n. 13.467/2017.* São Paulo: LTr, 2017.

DELGADO, Maurício Godinho. *Curso de direito do trabalho.* 11. ed. São Paulo: LTr, 2012.

GRAVATÁ, Isabelli et al. *CLT organizada.* 7. ed. São Paulo: LTr, 2015.

GRAVATÁ, Isabelli & MORGADO, Almir. *Direito do trabalho*: teoria e questões. Rio de Janeiro: Elsevier, 2011.

MARTINS, Sergio Pinto. *Direito do trabalho.* 28. ed. São Paulo: Atlas, 2012.

MARTINS FILHO, Ives Gandra da Silva. *Manual esquemático de direito e processo do trabalho.* 20. ed. rev. e atual. São Paulo: Saraiva, 2012.

MIESSA, Élisson et al. *A Reforma Trabalhista e seus impactos.* Salvador: JusPodivm, 2017.

NASCIMENTO, Amauri Mascaro. *Iniciação ao direito do trabalho.* 37. ed. rev. e atual. São Paulo: LTr, 2012.

PLÁ RODRIGUEZ, Américo. *Princípios de direito do trabalho.* São Paulo: Edusp, 1978.

PRUNES, José Luiz Ferreira. *Tratado sobre prescrição e a decadência no direito do trabalho.* São Paulo: Saraiva, 1998.

RIBEIRO, Eraldo Teixeira. *Reformas trabalhistas: CLT, legislação conexa, súmulas, orientações jurisprudenciais.* São Paulo: 2017.

ROMITA, Arion Sayão. *Organização sindical, justiça do trabalho, direito à greve.* Rio de Janeiro: Trabalhistas, 1987.

SARAIVA, Renato. *Direito do trabalho.* 10. ed. São Paulo: Método, 2009.

SÜSSEKIND, Arnaldo. *Direito constitucional do trabalho.* 4. ed. Rio de Janeiro: Renovar, 2009.

Direito Processual do Trabalho

DIREITO PROCESSUAL DO TRABALHO: QUADRO GERAL DE QUESTÕES	
TEMAS	Nº DE QUESTÕES
I. Custas e Emolumentos	6
II. Recursos	34
III. Execução	27
IV. Procedimento Sumaríssimo	9
V. Provas	24
VI. Nulidades	1
VII. Exceções	4
VIII. Comissões de Conciliação Prévia	1
IX. Princípios Aplicados ao Processo do Trabalho	1
X. Organização, Competência e Jurisdição na Justiça do Trabalho	9
XI. Acordo e Conciliação na Justiça do Trabalho	8
XII. Prescrição e Decadência	2
XIII. Ação Rescisória	2
XIV. Dissídio Coletivo	3
XV. Audiência, Representação, Defesa e Revelia	24
XVI. Mandado de Segurança	5
XVII. *Jus Postulandi*, Assistência, Substituição Processual, Partes e Procuradores e Honorários Sucumbenciais	8
XVIII. Sentença e Coisa Julgada	2
XIX. Atos, Termos e Prazos Processuais	5
XX. Ação Civil Pública	1
XXI. Inquérito Judicial para Apuração de Falta Grave	1
TOTAL	177

I. CUSTAS E EMOLUMENTOS

1. (XIII Exame) Paulo ajuizou ação em face de sua ex-empregadora, a empresa Peças ABC Ltda. Na audiência, o Juiz propôs a conciliação, que foi aceita pelas partes, nada tendo sido discutido sobre custas.

Sobre o caso, assinale a opção que indica a hipótese correta para a fixação das custas.

(A) O valor das custas ficará sempre a cargo da empresa, razão pela qual não haverá dispensa das mesmas, pois não há gratuidade de justiça para pessoa jurídica.

(B) O valor das custas, não tendo sido convencionado pelas partes, caberá em partes iguais ao autor e à ré, podendo o autor ser dispensado de sua parte pelo Juiz.

(C) O valor das custas ficará a cargo do autor, pois este está recebendo o valor acordado.

(D) Tendo em vista o acordo, não há que se falar em custas.

RESPOSTA O ***art. 789, em seu § 3º***, da CLT prevê expressamente: "Art. 789. Nos dissídios individuais e nos dissídios coletivos do trabalho, nas ações e procedimentos de competência da Justiça do Trabalho, bem como nas demandas propostas perante a Justiça Estadual, no exercício da jurisdição trabalhista, as custas relativas ao processo de conhecimento incidirão à base de 2% (dois por cento), observado o mínimo de R$ 10,64 (dez reais e sessenta e quatro centavos) e serão calculadas: (...) § 3º Sempre que houver acordo, se de outra forma não for convencionado, o pagamento das custas caberá em partes iguais aos litigantes". Assim, as opções (A) e (C) estão incorretas, pois não falam em rateio de custas, e sim em pagamento exclusivamente por uma das partes. A opção (D) está totalmente incorreta, pois nem mesmo fala na obrigatoriedade em pagamento das custas. Dentro das alternativas, a única que estaria de acordo com o artigo seria a *alternativa B.*

2. **(VIII Exame)** Em relação ao valor das custas no processo do trabalho, assinale a afirmativa correta.

(A) Quando houver acordo, incidirão à base de 10% sobre o valor respectivo.

(B) Quando o pedido for julgado improcedente, sempre haverá a isenção de pagamento.

(C) Quando for procedente o pedido formulado em ação declaratória, incidirão à base de 2% sobre o valor da causa.

(D) Quando o valor for indeterminado, incidirão à base de 20% sobre o que o juiz fixar.

RESPOSTA Alternativa (A) errada, pois o percentual é de 2% rateado entre as partes (art. 789, § 3º, da CLT). Alternativa (B) errada (art. 789, II, da CLT). Alternativa (C) correta (art. 789, III, da CLT). Alternativa (D) errada (art. 789, IV, da CLT). *Alternativa C.*

3. **(IV Exame)** Lavrado auto de infração contra uma empresa por alegada violação às normas da CLT, o valor da multa importa em R$ 5.000,00. Pretendendo recorrer administrativamente da multa, a empresa

(A) Não precisará recolher qualquer multa para ter apreciado o seu recurso administrativo.

(B) Não precisará depositar a multa, pois isso somente será obrigatório se desejar ajuizar ação anulatória perante a Justiça do Trabalho.

(C) Para ser isenta do depósito da multa, deverá valer-se de ação própria requerendo judicialmente a isenção até o julgamento do recurso administrativo.

(D) Deverá recolher o valor da multa, que ficará retida até o julgamento do recurso administrativo.

RESPOSTA Na forma da Súmula 424 do TST, o § 1º do art. 636 da CLT, que estabelece a exigência de prova do depósito prévio do valor da multa cominada em razão de autuação administrativa como pressuposto de admissibilidade de recurso administrativo, não foi recepcionado pela Constituição Federal de 1988. *Alternativa A.*

4. **(II Exame)** Com relação às despesas processuais na Justiça do Trabalho, assinale a afirmativa correta.

(A) As entidades fiscalizadoras do exercício profissional, em face de sua natureza autárquica, são isentas do pagamento de custas.

(B) As custas devem ser pagas pelo vencido, após o trânsito em julgado da decisão. No caso de recurso, estas devem ser pagas e comprovado o recolhimento dentro do prazo recursal.

(C) O benefício da gratuidade de justiça não pode ser concedido de ofício pelo juiz, devendo ser necessariamente requerido pela parte interessada.

(D) A responsabilidade pelo pagamento dos honorários periciais é da parte sucumbente na pretensão objeto da perícia, ainda que beneficiária da gratuidade de justiça.

RESPOSTA (A) Errada (art. 790-A da CLT). (B) Correta, na forma do art. 789, § 1º, da CLT c/c OJ 269 da SDI-1. (C) Errada, pois a gratuidade pode ser concedida de ofício (art. 790, § 3º, da CLT). (D) Errada, pois temos exceção quando a parte é detentora da gratuidade de justiça (art. 790-B da CLT). A partir da vigência da Lei n. 13.467/2017 (reforma trabalhista), ainda que a parte seja detentora da gratuidade de justiça poderá arcar com os honorários de perito (nova redação do art. 790-B da CLT). *Alternativa B.*

5. **(XXII Exame)** Lucas é vigilante. Nessa condição, trabalhou como terceirizado durante um ano em um estabelecimento comercial privado e, a seguir, em um órgão estadual da administração direta, no qual permaneceu por dois anos. Dispensado, ajuizou ação contra o ex-empregador e contra os dois tomadores dos seus serviços (a empresa privada e o Estado), pleiteando o pagamento de horas extras durante todo o período contratual e a responsabilidade subsidiária dos tomadores nos respectivos períodos em que receberam o serviço. A sentença julgou procedente o pedido e os réus pretendem recorrer.

Em relação às custas, com base nos ditames da CLT, assinale a afirmativa correta.

(A) Cada réu deverá recolher 1/3 das custas.
(B) Havendo participação do Estado, ninguém pagará custas.
(C) Somente o Estado ficará dispensado das custas.
(D) Cada réu deverá recolher a integralidade das custas.

RESPOSTA Questão de fácil resolução. O art. 790-A traz em seu rol de isentos do pagamento de custas, entre outros, o Estado, sendo certo que, no caso da questão, só ele teria tal benefício, cabendo, assim, à empresa privada recolher os valores normalmente, na forma do art. 789 da CLT. *Alternativa C.*

6. **(XXIV Exame)** Jorge trabalhou em uma sociedade empresária francesa, no Brasil. Entendendo que o valor das horas extras não lhe havia sido pago corretamente, ajuizou ação trabalhista. Como impugnara os controles de horário, necessitou apresentar prova testemunhal, porém, sua única testemunha, apesar de trabalhar a seu lado, não fala português. Diante disso, Jorge requereu ao juiz a nomeação de um intérprete. Nesse caso, nada mais estando em discussão no processo, assinale a opção que indica a quem caberá o custeio dos honorários do intérprete.

(A) A Jorge, que é a parte interessada no depoimento da testemunha.
(B) À União, porque Jorge é autor da ação.
(C) Ao réu, já que era empregador de Jorge e da testemunha, que era de nacionalidade igual à da sociedade empresária.
(D) O depoimento ocorrerá fora do processo, por tradutor juramentado, custeado pela parte requerente, que depois deverá juntá-lo ao processo.

RESPOSTA Assim informa o § 2º do art. 819 da CLT: "Art. 819. O depoimento das partes e testemunhas que não souberem falar a língua nacional será feito por meio de intérprete nomeado pelo juiz ou presidente. (...) § 2º Em ambos os casos de que este artigo trata, as despesas correrão por conta da parte a que interessar o depoimento. A questão deixa cristalina a ideia de que Jorge é a parte interessada no depoimento da testemunha, logo ele deve arcar com os honorários do intérprete". *Alternativa A.*

II. RECURSOS

7. **(XVI Exame)** O Desembargador Relator de um recurso ordinário, ao verificar que a matéria posta em debate já era sumulada pelo TRT do qual é integrante, resolveu julgar, monocraticamente, o recurso. Diante do caso e da jurisprudência consolidada do TST, assinale a afirmativa correta.

(A) A atitude está equivocada, pois, na Justiça do Trabalho, não cabe julgamento monocrático pelo TRT.
(B) O julgamento monocrático está correto e dessa decisão não caberá recurso, com o objetivo de abreviar o trânsito em julgado.
(C) É possível o uso subsidiário do art. 557 do CPC, de modo que a decisão monocrática é válida na hipótese, e caberá recurso contra a decisão.
(D) A única possibilidade de julgamento monocrático válido é aquele feito pelo TST.

RESPOSTA Na forma da Súmula 435 do TST, é perfeitamente aplicável ao Processo do Trabalho o art. 557 do CPC de forma subsidiária. Logo, da decisão que não conheceu o recurso de forma monocrática, seria possível ainda o cabimento de recurso. Lembrando que o CPC/2015 trata o assunto no art. 932. *Alternativa C.*

8. **(XVI Exame)** No momento em que a sociedade empresária estava fazendo o recolhimento do preparo relativo ao recurso de revista que iria interpor em face de um acórdão, houve um lapso do departamento financeiro e o depósito recursal foi feito com uma diferença a menor, de R$ 5,00, o que somente foi verificado após o término do prazo. Diante da situação retratada e de acordo com o entendimento consolidado do TST, assinale a afirmativa correta.

(A) A diferença é ínfima e deve ser desprezada, não prejudicando a apreciação imediata do recurso.
(B) Apesar de pequena, a diferença existe, cabendo, então, ao Ministro Relator, no TST, intimar a parte à complementação do preparo, sob pena de deserção.
(C) O recurso não será conhecido por deserto, mesmo que a diferença seja de pequeno valor.
(D) Não havendo nenhuma disciplina a respeito, caberá a cada magistrado, valendo-se do seu poder diretivo do processo, determinar o que deve ser feito.

RESPOSTA Na época da questão o gabarito correto seria a alternativa C, porém, a OJ 140 da SDI-1 foi modificada, nos seguintes termos: "140. DEPÓSITO RECURSAL E CUSTAS PROCESSUAIS. RECOLHIMENTO INSUFICIENTE. DESERÇÃO. (nova redação em decorrência do CPC de 2015) – Res. 217/2017 – DEJT divulgado em 20, 24 e 25.04.2017

Em caso de recolhimento insuficiente das custas processuais ou do depósito recursal, somente haverá deserção do recurso se, concedido o prazo de 5 (cinco) dias previsto no § 2º do art. 1.007 do CPC de 2015, o recorrente não complementar e comprovar o valor devido". Atualmente a questão deveria ser aprimorada, pois deixaria o candidato em dúvida em relação à duas opções. Assim, a questão por razão temporal mereceria reparo.

9. **(XXIV Exame)** Contra ato de Juiz do Trabalho que determinou a antecipação de honorários periciais do seu cliente, mesmo não tendo ele condições financeiras para arcar com esse custo, você, na defesa dos interesses do cliente, impetrou mandado de segurança contra o ato judicial, mas, por unanimidade, não teve a segurança concedida. De acordo com a CLT, assinale a opção que indica o procedimento a ser adotado para tentar reverter a decisão.

(A) Interpor Recurso Ordinário para o TST.

(B) Interpor Agravo de Instrumento para o STF.

(C) Interpor Agravo Interno para o próprio TRT.

(D) Nada mais pode ser feito, porque se trata de decisão irrecorrível.

RESPOSTA Questão de fácil solução. Observe que a autoridade coatora, ou seja, a origem da decisão que desafiou a impetração do MS foi o Juiz do Trabalho, logo, o remédio constitucional deveria ser impetrado no TRT. Atuando o TRT em competência originária, eventual recurso ordinário seria encaminhado ao TST. Nesse sentido a Súmula 201 do TST: "Da decisão de Tribunal Regional do Trabalho em mandado de segurança cabe recurso ordinário, no prazo de 8 (oito) dias, para o Tribunal Superior do Trabalho, e igual dilação para o recorrido e interessados apresentarem razões de contrariedade". Logo, seria cabível recurso ordinário para o TST. *Alternativa A.*

10. **(XIV Exame)** Em ação que tramitou sob o procedimento sumaríssimo, o juiz decidiu determinado pedido de forma contrária ao disposto em orientação jurisprudencial do TST. Em sede de recurso ordinário, com o mesmo fundamento, o TRT manteve a decisão de primeiro grau. Diante disso, a parte entendeu por bem interpor recurso de revista. A partir do caso apresentado, assinale a opção correta.

(A) O recurso de revista não deverá ser admitido, pois o fundamento da decisão não é contrário à Constituição Federal ou à Súmula do TST.

(B) É cabível o recurso, pois a decisão é contrária ao entendimento do TST.

(C) O recurso de revista é incabível no procedimento sumaríssimo. Logo, não deverá ser admitido.

(D) Deverá ser admitido o recurso de revista, em razão do princípio do duplo grau de jurisdição obrigatório.

RESPOSTA A Súmula 442 do TST é cristalina ao afirmar que não cabe Recurso de Revista em sede de Procedimento Sumaríssimo por violação à Orientação Jurisprudencial. Cabe destacar que a Lei n. 13.015/2014 acrescentou o § 9º ao art. 896 da CLT vislumbrando a possibilidade de Recurso de Revista em Procedimento Sumaríssimo também por contrariedade a súmula vinculante do Supremo Tribunal Federal, além das hipóteses referidas na opção A. *Alternativa A.*

11. **(XIII Exame)** Em outubro de 2013, Gilberto ajuizou ação contra a empresa CSC Computadores Ltda., na qual ainda trabalha, postulando o pagamento de vale-transporte de 2 meses e o *ticket* refeição de 3 meses. O juiz julgou procedente o pedido e, para tanto, valeu-se da Lei n. 7.418/85 (Lei do Vale-transporte) e da análise da norma coletiva da categoria do autor, que, na cláusula 8ª, garante o benefício da alimentação. A sentença foi prolatada de forma líquida, no valor total de R$ 657,00, mesmo valor de alçada arbitrado na audiência.

Diante do que prevê a Lei, assinale a afirmativa correta.

(A) Desta sentença não caberá recurso, tendo em vista a matéria discutida, bem como por se tratar de causa de alçada exclusiva da Vara.

(B) Caberá recurso de apelação, já que a Constituição Federal garante o duplo grau de jurisdição.

(C) Caberá recurso ordinário, no prazo de 8 dias, por qualquer dos litigantes.

(D) Por envolver análise de lei federal, a sentença deve ser submetida ao duplo grau de jurisdição obrigatório.

RESPOSTA Questão que leva em consideração o conhecido procedimento sumário ou também chamado de procedimento ou ação de alçada, em que a demanda não ultrapassa 2 (dois) salários mínimos. O art. 2º, § 4º, da Lei n. 5.584/70 prevê expressamente: "Art. 2º Nos dissídios individuais, proposta a conciliação, e não havendo acordo, o Presidente, da Junta ou o Juiz, antes de passar à instrução da causa, fixar-lhe-á o valor para a determinação da alçada, se este for indeterminado no pedido. (...) § 4º Salvo se versarem sobre matéria constitucional, nenhum recurso caberá das sentenças proferidas nos dissídios da alçada a que se refere o parágrafo anterior, considerado, para esse fim, o valor do salário mínimo à data do ajuizamento da ação". Ou seja, a sentença proferida neste tipo de procedimento, em regra, é irrecorrível, só cabendo recurso quando haja violação à Constituição, logo resta evidente que as alternativas B, C e D estão erradas. Dentro das alternativas, a única que estaria de acordo com a redação do referido artigo seria a *alternativa A*.

12. **(XII Exame)** A empresa Restaurante M foi condenada em reclamação trabalhista a pagar diversos direitos sonegados a um dos seus ex-empregados. Na sentença, entendendo que o ex-empregador teve um comportamento processual reprovável, o juiz ainda o condenou como litigante de má-fé. De acordo com o entendimento pacificado do TST, caso a empresa pretenda recorrer ordinariamente desta decisão, ela

(A) Deverá recolher as custas, o depósito recursal e o valor da multa por litigância de má-fé para viabilizar o recurso.

(B) Não havendo nenhum normativo a respeito, deverá opor embargos declaratórios, requerendo ao juiz que diga se o depósito da multa é necessário.

(C) Em razão da peculiaridade do Processo do Trabalho, deverá recolher a multa, imediatamente, pela metade e o restante quando do trânsito em julgado, caso mantida.

(D) Não precisará recolher o valor da multa, já que tal recolhimento não é pressuposto para interposição dos recursos trabalhistas.

RESPOSTA Não é pressuposto objetivo para interposição de recursos na Justiça do Trabalho (recurso de natureza trabalhista) o recolhimento do valor da multa imposta por litigância de má-fé, na forma da OJ 409 da SDI-1. Na verdade, é inaplicável o art. 35 do CPC/73, agora art. 96 do CPC/2015, como fonte subsidiária, uma vez que, na Justiça do Trabalho, as custas estão reguladas pelo art. 789 da CLT. Logo, a alternativa que melhor se coaduna com o exposto é a *alternativa D*.

13. **(I Exame)** Acerca dos recursos no processo do trabalho, assinale a opção correta.

(A) Nas execuções, cabe agravo de instrumento, no prazo de oito dias, contra as decisões do juiz ou presidente.

(B) Nas causas sujeitas ao procedimento sumaríssimo, somente será admitido recurso de revista por violação direta da CF.

(C) Contra as decisões definitivas ou terminativas das varas e juízos cabe recurso ordinário para a instância superior, no prazo de oito dias.

(D) Nas reclamações sujeitas ao procedimento sumaríssimo, o recurso ordinário terá de ser imediatamente distribuído, devendo o relator liberá-lo no prazo máximo de trinta dias.

RESPOSTA (A) Errada. Nas execuções, cabe agravo de petição (art. 897, *a*, da CLT). (B) Errada (art. 896, § 9º, da CLT). (C) Correta, na forma do art. 895, I, da CLT. (D) Errada (art. 895, § 1º, II, da CLT). *Alternativa C*.

14. **(I Exame)** Em reclamação trabalhista, o advogado do reclamante interpôs recurso ordinário contra a sentença proferida pelo juiz de primeiro grau, que julgou improcedente o pedido de condenação em horas extras formulado pelo reclamante e indeferiu a oitiva das testemunhas arroladas, por entender que o depoimento do reclamante era suficiente para o julgamento da demanda. Argumentando a tese do cerceamento de defesa, o advogado formulou pedido de anulação dos atos processuais, sem requerer expressamente a análise, pelo tribunal, das horas extras negadas. Ao se julgar o recurso ordinário no TRT, foi reconhecido o cerceamento de defesa e condenada a empresa a pagar ao reclamante as horas extras pleiteadas. Em face dessa situação hipotética, assinale a opção correta a respeito da decisão do TRT.

(A) O recurso ordinário devolve toda a matéria para a análise do TRT, logo, reconhecido o cerceamento de defesa, deve o tribunal analisar a questão das horas extras.

(B) Não cabe ao TRT fazer nova análise de prova em sede de recurso ordinário, portanto o tribunal não poderia ter estabelecido condenação em horas extras.

(C) Não tendo o advogado requerido análise das horas extras, o julgamento deve limitar-se ao que foi expressamente pedido, logo, não poderia o TRT estabelecer condenação em horas extras.

(D) O TRT agiu equivocadamente, visto que, reconhecido o cerceamento de defesa, deveria ter designado data para a oitiva de testemunhas, e, só então, analisar o pedido de condenação em horas extras.

RESPOSTA ***Questão de redação e gabarito questionáveis (merecia anulação).*** A Banca levou em consideração que o efeito devolutivo do recurso transfere ao Tribunal tão somente as razões apresentadas pelo recorrente. Interessante que os candidatos atentem para a redação da Súmula 393 do TST. *Alternativa C*.

15. **(I Exame)** Considere que, em processo trabalhista, as empresas Delta e Echo sejam condenadas, de forma solidária, pelo juiz do trabalho, que ambas interponham recurso ordinário, que apenas Delta efetue o depósito recursal, e nenhuma delas pleiteie a exclusão da lide. Nessa situação hipotética, o recurso apresentado pela empresa Echo

(A) Será deserto, em razão de não ter sido efetuado o depósito recursal.

(B) Será intempestivo, em razão de não ter sido efetuado o depósito recursal.

(C) Deverá ser conhecido, mas improvido, em razão de não ter sido efetuado o depósito recursal.

(D) Estará apto a ser conhecido, visto que, sendo a condenação solidária, o depósito efetuado pela empresa Delta aproveita à empresa Echo.

RESPOSTA Na forma da Súmula 128, III, do TST, o depósito realizado por uma das empresas aproveita as demais em caso de condenação solidária, salvo quando a empresa requer a exclusão da lide. Na presente questão não há pedido de exclusão da lide. *Alternativa D.*

16. **(X Exame)** Uma reclamação trabalhista é ajuizada em São Paulo (TRT da 2ª Região) e, na audiência designada, a reclamada apresenta resposta escrita sob a forma de contestação e exceção de incompetência relativa em razão do lugar, pois o autor sempre trabalhara em Minas Gerais, que na sua ótica deve ser o local onde tramitará o feito. Após conferida vista ao exceto, na forma do art. 800, da CLT, e confirmada a prestação dos serviços na outra localidade, o juiz acolhe a exceção e determina a remessa dos autos à capital mineira (MG – TRT da 3ª Região). Dessa decisão, de acordo com o entendimento do TST, e independentemente do seu mérito,

(A) Cabe de imediato recurso de agravo de instrumento para o TRT de São Paulo, por tratar-se de decisão interlocutória.

(B) Nada há a fazer, pois das decisões interlocutórias, na Justiça do Trabalho, não é possível recurso imediato.

(C) Compete à parte deixar consignado o seu protesto e renovar o inconformismo no recurso ordinário que for interposto após a sentença que será proferida em Minas Gerais.

(D) Cabe de imediato a interposição de recurso ordinário para o TRT de São Paulo.

RESPOSTA As decisões interlocutórias no Processo do Trabalho são, em regra, irrecorríveis de forma imediata (art. 893, § 1º, da CLT c/c art. 799, § 2º, da CLT), porém o caso apresentado na questão se refere a uma das exceções previstas na Súmula 214 do TST. A decisão que acolhe exceção de incompetência territorial, com a remessa dos autos para Tribunal Regional distinto daquele a que se vincula o juízo excepcionado é passível de recurso imediato, qual seja o recurso ordinário (art. 895 da CLT e Súmula 214, c, do TST). Como o acolhimento foi em São Paulo (TRT, 2ª Região) e determinada a remessa para Minas Gerais (TRT, 3ª Região), cabe recurso no TRT de São Paulo. *Alternativa D.*

17. **(X Exame)** Sobre o manejo do recurso adesivo na Justiça do Trabalho, assinale a afirmativa correta.

(A) É cabível e a matéria nele veiculada não precisa estar relacionada ao recurso principal.

(B) É incabível na Justiça do Trabalho porque não há previsão dele na CLT.

(C) É cabível, pressupondo sucumbência recíproca e, caso interposto pela empresa, ela fica isenta de preparo.

(D) É cabível, mas a matéria nele veiculada precisa estar relacionada ao recurso principal.

RESPOSTA O recurso adesivo no processo do trabalho é cabível na justiça do trabalho, no prazo de 8 (oito) dias, nas hipóteses de interposição de recurso ordinário, de agravo de petição, de revista e de embargos, sendo desnecessário que a matéria nele veiculada esteja relacionada com a do recurso interposto pela parte contrária. *Alternativa A.*

18. **(VII Exame)** Com relação aos recursos no direito processual do trabalho, é correto afirmar que

(A) Cabe a interposição de recurso de revista em face de acórdão regional proferido em agravo de instrumento.

(B) O recurso adesivo é compatível com o processo do trabalho e cabe, no prazo de 8 (oito) dias, nas hipóteses de interposição de recurso ordinário, de agravo de petição, de revista e de embargos, sendo necessário que a matéria nele veiculada esteja relacionada com a do recurso interposto pela parte contrária.

(C) São incabíveis embargos de declaração opostos em face de decisão de admissibilidade do recurso de revista, não interrompendo sua interposição qualquer prazo recursal.

(D) Na Justiça do Trabalho todas as decisões interlocutórias são irrecorríveis de imediato.

RESPOSTA Tal questão atualmente estaria prejudicada, pois na época levou em consideração a redação da OJ n. 377 da SDI-1, sendo a alternativa C a correta. Ocorre que, a OJ citada foi cancelada em 2016 pelo TST. Assim, atualmente não teria gabarito.

19. **(IX Exame – Reaplicação)** Uma empresa é condenada em reclamação trabalhista à entrega do perfil profissiográfico previdenciário (PPP), único pedido formulado pelo ex-empregado, que está com dificuldade de obtenção da aposentadoria especial junto ao INSS pela ausência deste documento. Com relação à obrigação de fazer, caso a empresa queira recorrer, assinale a afirmativa correta.

(A) Deve pagar as custas e efetuar o depósito recursal na conta vinculada do empregado.

(B) Deve efetuar o depósito recursal no valor do salário mínimo e não pagará as custas.

(C) Deve pagar as custas e ficará dispensada de efetuar o depósito recursal.

(D) Não deve pagar as custas nem efetuar o depósito recursal, haja vista inexistir condenação em pecúnia.

RESPOSTA Na forma da Súmula 161 do TST, se não há condenação a pagamento em pecúnia, descabe o depósito recursal. Mas em todo caso deverá a parte realizar o pagamento das custas. *Alternativa C.*

20. **(IX Exame – Reaplicação)** Ao receber decisão de agravo regimental que manteve o indeferimento de medida liminar postulada em mandado de segurança de competência originária do Tribunal Regional do Trabalho, o advogado pretende recorrer ao Tribunal Superior do Trabalho. Assinale a afirmativa que indica o procedimento processual correto.

(A) O recurso cabível é o recurso de revista.

(B) O recurso cabível é o recurso ordinário.

(C) O recurso cabível é o agravo de instrumento.

(D) O recurso é incabível, de forma que nada há a ser feito.

RESPOSTA (A) Errada. Eis que o recurso de revista se presta a buscar a uniformização da jurisprudência, não sendo cabível no presente caso. (B) Errada, pois a OJ 100 da SDI-2 expressa que: "não cabe recurso ordinário para o TST de decisão proferida pelo Tribunal Regional do Trabalho em agravo regimental interposto contra despacho que concede ou não liminar em ação cautelar ou em mandado de segurança, uma vez que o processo ainda pende de decisão definitiva do Tribunal *a quo*. (C) Errada, pois o agravo de instrumento no processo do trabalho serve para "destrancar" recurso ao qual foi negado seguimento. Na verdade, da decisão não cabe recurso, logo o gabarito é a *alternativa D, vide* art. 893, § 1º, da CLT.

21. **(IX Exame)** Em sentença prolatada numa reclamação trabalhista, o juiz reconheceu a garantia no emprego do reclamante, que é membro eleito da CIPA, e nela deferiu a tutela antecipada requerida na petição inicial para retorno imediato, determinando o magistrado a expedição de mandado reintegratório. Assinale a alternativa que indica o procedimento que a empresa deverá adotar para neutralizar essa decisão.

(A) Interpor recurso ordinário que, por ser dotado de efeito suspensivo, automaticamente impedirá a expedição do mandado de reintegração.

(B) Impetrar mandado de segurança contra a determinação judicial de reintegração imediata.

(C) Interpor recurso ordinário e, paralelamente, impetrar mandado de segurança para desconstituir apenas a tutela antecipada.

(D) Interpor recurso ordinário e ajuizar ação cautelar para conferir-lhe efeito suspensivo.

RESPOSTA A banca na época da elaboração e cobrança da questão tinha considerado como correta a alternativa D, eis que tomava como referência a redação do item I da Súmula 414 do TST, porém, tal item foi modificado na forma que se transcreve: "Súmula n. 414 do TST

MANDADO DE SEGURANÇA. TUTELA PROVISÓRIA CONCEDIDA ANTES OU NA SENTENÇA (nova redação em decorrência do CPC de 2015) - Res. 217/2017 - DEJT divulgado em 20, 24 e 25.04.2017

I - A tutela provisória concedida na sentença não comporta impugnação pela via do mandado de segurança, por ser impugnável mediante recurso ordinário. É admissível a obtenção de efeito suspensivo ao recurso ordinário mediante requerimento dirigido ao tribunal, ao relator ou ao presidente ou ao vice-presidente do tribunal recorrido, por aplicação subsidiária ao processo do trabalho do artigo 1.029, § 5º, do CPC de 2015". Assim, atualmente a questão deveria ser aprimorada para adequar-se à realidade. A questão ficaria sem gabarito.

22. **(VI Exame – Reaplicação)** Proferida decisão em reclamação trabalhista, foi o réu X, empresa pública estadual, fornecedor de energia elétrica e serviços, condenado ao pagamento das parcelas postuladas, bem como ao pagamento das custas processuais no valor de R$ 200,00, calculadas sobre o valor da condenação arbitrado em R$ 10.000,00. Ao interpor recurso ordinário, invocando o disposto no art. 790-A, I, da CLT, assevera a recorrente que não procederá ao recolhimento das custas, já que isenta. Diante da hipótese, é correto afirmar que

(A) Considera-se deserto o recurso, e não será conhecido por falta de requisito extrínseco, já que os únicos entes isentos do pagamento das custas processuais são a União, os Estados, o Distrito Federal, os Municípios e respectivas autarquias e fundações públicas, que não explorem atividade econômica, além do Ministério Público do Trabalho.

(B) Considera-se deserto o recurso interposto, porquanto a empresa pública estadual não goza de isenção de custas processuais, mas apenas as empresas públicas de âmbito federal.

(C) Não se considera deserto o recurso interposto porque, tratando-se de ente público da administração indireta, sempre será isento do pagamento das custas processuais.

(D) Não se considera deserto o recurso interposto, porque o reclamado, empresa pública, no caso específico, não está obrigado ao recolhimento das custas, uma vez que o valor arbitrado à condenação não ultrapassa o limite de 40 salários mínimos.

RESPOSTA O art. 790-A da CLT dispõe que são isentos do pagamento de custas, além dos beneficiários da justiça gratuita, a União, os Estados, o Distrito Federal, os Municípios e respectivas autarquias e fundações públicas federais, estaduais ou municipais que não explorem atividade econômica, bem como o Ministério Público do Trabalho, não citando assim a empresa pública estadual, devendo, portanto, pagar as custas para fins recursais. *Alternativa A.*

23. **(VI Exame)** Uma ação é movida contra duas empresas integrantes do mesmo grupo econômico e uma terceira, que alegadamente foi tomadora dos serviços durante parte do contrato. Cada empresa possui um advogado. No caso de interposição de recurso de revista,

(A) O prazo será computado em dobro porque há litisconsórcio passivo com procuradores diferentes.

(B) O prazo será contado normalmente.

(C) O prazo será de 10 dias.

(D) Fica a critério do juiz deferir a dilação do prazo para não prejudicar os réus quanto à ampla defesa.

RESPOSTA Na forma da OJ 310 da SDI do TST, não é aplicável o art. 191 do CPC/73 (regra agora prevista no art. 229 do CPC/2105) no processo trabalhista. Assim, o prazo é simples, e não em dobro. *Alternativa B.*

24. **(V Exame)** No dia 22 de julho de 2009 (quarta-feira), foi publicada a sentença de improcedência do pedido. O advogado do autor tomou ciência da decisão, mas, como estava viajando, localizando-se em outro Estado da Federação, interpôs recurso ordinário via fac-símile no dia 27 de julho de 2009 (segunda-feira). Ao retornar de viagem, o advogado do autor requereu a juntada do recurso original no dia 4 de agosto de 2009 (terça-feira). Entretanto, após este último ato do advogado do autor, o juiz considerou intempestiva a interposição do recurso ordinário, negando-lhe seguimento. Diante dessa situação concreta, é correto afirmar que o advogado do autor deve

(A) Interpor agravo de instrumento, uma vez que atendeu o prazo de oito dias para a interposição do recurso ordinário e o prazo de cinco dias para a juntada do original.

(B) Impetrar mandado de segurança, uma vez que o juiz violou o seu direito líquido e certo de interpor recurso ordinário no prazo de oito dias a contar da publicação.

(C) Ingressar com uma reclamação correicional, uma vez que o juiz praticou um ato desprovido de amparo legal.

(D) Ajuizar uma ação rescisória, uma vez que a sentença judicial tornou-se irrecorrível diante da decisão judicial que negou seguimento ao recurso ordinário.

RESPOSTA A Súmula 387, II, do TST informa que a parte tem 5 (cinco) dias para apresentar as originais a contar do prazo final para interposição do recurso, e não do dia seguinte à interposição do recurso, se esta se deu antes do termo final do prazo. Assim, resta equivocada a decisão do juiz, pois não haveria que se falar em intempestividade, merecendo a situação o recurso de agravo de instrumento. *Alternativa A.*

25. **(IV Exame)** A respeito do recurso de revista, é correto afirmar que

(A) É cabível nas causas sujeitas ao procedimento sumaríssimo, somente por contrariedade à súmula de jurisprudência uniforme do Tribunal Superior do Trabalho e violação direta à Constituição da República.

(B) Não é cabível para reforma de decisão visando à uniformização de jurisprudência e restabelecimento da lei federal violada.

(C) É cabível em sede de execução, de decisão em embargos à execução, nas mesmas hipóteses de cabimento das decisões decorrentes de recurso ordinário.

(D) É cabível para corrigir injustiças de decisões em recurso ordinário, havendo apreciação das provas produzidas nos autos do processo.

RESPOSTA (A) Correta, na forma do art. 896, § 9º, da CLT, e Súmula 442 do TST. (B) Errada, pois de acordo com o art. 896, *a*, da CLT, o recurso de revista é cabível para reforma de decisão visando à uniformização de jurisprudência. (C) Errada (art. 896, § 2º, da CLT). (D) O recurso de revista não se presta para reexame de fatos e provas (Súmula 126 do TST). *Alternativa A.*

26. **(II Exame)** Assinale a alternativa que apresenta requisitos intrínsecos genéricos de admissibilidade recursal.

(A) Capacidade, legitimidade e interesse.

(B) Preparo, interesse e representação processual.

(C) Representação processual, preparo e tempestividade.

(D) Legitimidade, tempestividade e preparo.

RESPOSTA São pressupostos recursais genéricos dos recursos de ordem subjetiva ou intrínsecos a legitimidade, a capacidade e o interesse. *Alternativa A.*

27. **(II Exame)** Pedro ajuizou ação em face de seu empregador objetivando a satisfação dos pedidos de horas extraordinárias, suas integrações e consectárias. O seu pedido foi julgado improcedente. Recorre ordinariamente, pretendendo a substituição da decisão por outra de diverso teor, tempestivamente. Na análise da primeira admissibilidade recursal há um equívoco, e se nega seguimento ao recurso por intempestivo. Desta decisão, tempestivamente, se interpõe o recurso de agravo por instrumento, que tem seu conhecimento negado pelo Tribunal Regional, por ausência do depósito recursal referente à metade do valor do recurso principal que se pretendia destrancar, nos termos do art. 899, § 7º, da Consolidação das Leis do Trabalho. Quanto à conduta do Desembargador Relator, é corretor afirmar que:

(A) Ela está correta, uma vez que o referido artigo afirma que nos casos de interposição do recurso de agravo por instrumento é necessária a comprovação do depósito recursal de 50% do valor do depósito referente ao recurso que se pretende dar seguimento.

(B) Ela está correta, uma vez que o preparo é requisito de admissibilidade recursal e, por isso, não pode estar ausente, sob pena de não conhecimento do recurso.

(C) Ela está equivocada, pois em que pese haver a necessidade do preparo para a interposição do recurso de agravo por instrumento, no problema acima, o pedido foi julgado improcedente, sendo recorrente o autor, portanto, dispensável o preparo no que se refere a depósito recursal.

(D) Ela está equivocada, pois o recurso de agravo por instrumento, na esfera laboral, é o único, juntamente com os embargos por declaração, que não necessita de preparo para a sua interposição.

RESPOSTA Cabe ressaltar que o depósito recursal é requisito recursal exigido exclusivamente do empregador, não sendo pressuposto para a admissibilidade de recursos de reclamantes. Assim, não haveria que se falar em exigência de tal depósito para Pedro. *Alternativa C.*

28. **(XIX Exame)** João foi empregado da sociedade empresária Girassol Terceirização Ltda. e trabalhou como vigilante terceirizado na sociedade empresária Passo Fundo Ltda. durante todo o seu contrato. João foi dispensado e não recebeu nenhuma verba da extinção contratual, motivando-o a ajuizar ação contra ambas as sociedades empresárias. Em audiência, a sociedade empresária Girassol Terceirização Ltda. comprovou documentalmente ter sido decretada a sua falência, ao passo que a sociedade empresária Passo Fundo Ltda. comprovou, nas mesmas condições, ter conseguido a recuperação judicial. As partes estiveram regularmente representadas e assistidas, nenhuma delas requereu a sua exclusão da lide e o pedido foi julgado procedente em parte, com condenação principal da sociedade empresária Girassol e responsabilidade subsidiária da sociedade empresária Passo Fundo.

Diante da situação retratada, da previsão legal e do entendimento do TST, considerando que as sociedades empresárias recorrerão, assinale a afirmativa correta.

(A) Diante da situação jurídica das sociedades empresárias, elas ficam dispensadas do preparo.

(B) A sociedade empresária Girassol precisará realizar preparo, mas a sociedade empresária Passo Fundo, não.

(C) Ambas as sociedades empresárias precisarão realizar o preparo integralmente.

(D) A sociedade empresária Girassol não precisará realizar preparo, mas a sociedade empresária Passo Fundo, sim.

RESPOSTA Questão facilmente respondida com a análise da Súmula 86 do TST: "Não ocorre deserção de recurso da massa falida por falta de pagamento de custas ou de depósito do valor da condenação. Esse privilégio, todavia, não se aplica à empresa em liquidação extrajudicial". Ou seja, no caso em questão, a empresa Girassol não tem necessidade de realizar preparo, tal benefício não é aplicado à empresa Passo Fundo. *Alternativa D.*

29. **(XXII Exame)** Em reclamação trabalhista que se encontra na fase de execução, o executado apresentou exceção de pré-executividade. Após ser conferida vista à parte contrária, o juiz julgou-a procedente e reconheceu a nulidade da citação e de todos os atos subsequentes, determinando nova citação para que o réu pudesse contestar a demanda. Considerando essa situação e o que dispõe a CLT, assinale a opção que indica o recurso que o exequente deverá apresentar para tentar reverter a decisão.

(A) Apelação.

(B) Agravo de Petição.

(C) Recurso de Revista.

(D) Recurso Ordinário.

RESPOSTA Na forma do art. 897, *a*, da CLT: "Cabe agravo, no prazo de 8 (oito) dias: a) de petição, das decisões do Juiz ou Presidente, nas execuções (...)". Ou seja, nas decisões definitivas ou terminativas na execução, o recurso cabível é o Agravo de Petição. *Alternativa B.*

30. **(XXV Exame)** Em sede de reclamações trabalhistas duas sociedades empresárias foram condenadas em primeira instância. A Massa Falida da Calçados Sola Dura Ltda. e a Institutos de Seguros Privados do Brasil, sociedade empresária em liquidação extrajudicial. Acerca do depósito recursal, na qualidade de advogado das empresas você deverá

(A) Deixar de recolher o depósito recursal e custas nos dois casos, já que se trata de massa falida de empresa em liquidação extrajudicial.

(B) Deixar de recolher o depósito recursal e as custas no caso da massa falida, mas recolher ambos para a empresa em liquidação extrajudicial.

(C) Recolher nos dois casos o depósito recursal e as custas, sob pena de deserção.

(D) Deixar de recolher o depósito recursal no caso da massa falida, mas recolher ambos para a empresa em liquidação extrajudicial e as custas para a massa falida.

RESPOSTA Questão facilmente respondida de acordo com a Súmula 86 do TST: "Não ocorre deserção de recurso da massa falida por falta de pagamento de custas ou de depósito do valor da condenação. Esse privilégio, todavia, não se aplica à empresa em liquidação extrajudicial". Assim, a massa falida não recolhe custas e depósito recursal e a empresa em liquidação extrajudicial recolhe os dois. *Alternativa B.*

31. **(XXV Exame)** Em determinada Vara do Trabalho foi prolatada uma sentença que, após publicada, não foi objeto de recurso por nenhum dos litigantes. Quinze meses depois, uma das partes ajuizou ação rescisória perante o Tribunal Regional do Trabalho local, tendo o acórdão julgado improcedente o pedido da rescisória. Ainda inconformada, a parte deseja que o TST aprecie a demanda. Assinale a opção que indica, na hipótese, o recurso cabível para o Tribunal Superior do Trabalho.

(A) Recurso Ordinário.

(B) Recurso de Revista.

(C) Recurso Especial.

(D) Agravo de Instrumento.

RESPOSTA Nos casos em que o Tribunal Regional do Trabalho atuar em competência originária, cabe recurso ordinário no prazo de 8 dias para o Tribunal Superior do Trabalho. No caso da questão, a ação rescisória foi ajuizada no TRT, logo aplica-se o art. 895, II, da CLT. *Alternativa A.*

32. **(XXVI Exame)** Vando ajuizou reclamação trabalhista em desfavor da sociedade empresária Cetro Dourado Ltda., na qual trabalhou por 5 anos e 3 meses, na condição de vigia noturno. A sociedade empresária não compareceu à audiência, daí por que o pedido foi julgado procedente à sua revelia. Contudo, a sociedade empresária interpôs recurso ordinário no prazo legal e efetuou o recolhimento das custas e do depósito recursal, mas com valor inferior ao devido (R$ 10,00 a menos nas custas e R$ 500,00 a menos no depósito recursal). Com base na situação retratada, na lei e no entendimento consolidado do TST, assinale a afirmativa correta.

(A) O recurso não pode ser conhecido, porque houve revelia; assim, a sociedade empresária fica juridicamente impedida de recorrer.

(B) Na Justiça do Trabalho, não existe possibilidade de se sanar vício referente à diferença no preparo, motivo pelo qual o recurso será considerado deserto.

(C) O juiz deverá assinalar prazo de 5 dias para que a sociedade empresária efetue o recolhimento da diferença das custas e do depósito recursal, sob pena de deserção.

(D) Em tese, seria possível que a sociedade empresária recolhesse a diferença das custas, mas não há previsão jurisprudencial de prazo para complementar o depósito recursal.

RESPOSTA Questão facilmente respondida com base na OJ 140 da SDI-1: "Em caso de recolhimento insuficiente das custas processuais ou do depósito recursal, somente haverá deserção do recurso se, concedido o prazo de 5 (cinco) dias previsto no § 2º do art. 1.007 do CPC de 2015, o recorrente não complementar e comprovar o valor devido". Assim, ainda que os depósitos tenham sido realizados em valores menores, o juiz deve conceder prazo de 5 (cinco) dias para complementação. *Alternativa C.*

33. **(XXVII)** Em uma reclamação trabalhista, o autor afirmou ter sido vítima de discriminação estética, pois fora dispensado pelo ex-empregador por não ter querido raspar o próprio bigode. Requereu, na petição inicial, tutela de urgência para ser imediatamente reintegrado em razão de prática discriminatória. O juiz, não convencido da tese de discriminação, indeferiu a tutela de urgência e determinou a designação de audiência, com a respectiva citação. Como advogado(a) do autor, assinale a opção que contém, de acordo com a Lei e o entendimento consolidado do TST, a medida judicial a ser manejada para reverter a situação e conseguir a tutela de urgência desejada.

(A) Interpor recurso ordinário seguido de medida cautelar.
(B) Nada poderá ser feito, por tratar-se de decisão interlocutória, que é irrecorrível na Justiça do Trabalho.
(C) Impetrar mandado de segurança.
(D) Interpor agravo de instrumento.

RESPOSTA As decisões interlocutórias na Justiça do Trabalho são em regra irrecorríveis de forma imediata (art. 893, § 1º, CLT). Por falta de recurso o Mandado de Segurança é o remédio hábil e capaz para o combate da decisão, na forma da Súmula 414, II, do TST. *Alternativa C.*

34. **(XXVIII Exame)** Prolatada a sentença em uma reclamação trabalhista, o autor opõe embargos de declaração no 3º dia contado da publicação e afirma que existe erro material no julgado, pois o número do processo encontra-se equivocado, assim como o nome das partes. Diante da situação retratada e dos termos da CLT, assinale a afirmativa correta.

(A) O juiz não precisará dar vista dos embargos à parte contrária, diante da natureza do erro.
(B) A Lei é omissa a respeito, daí porque o juiz usará da equidade para ver se é o caso de conferir vista à parte adversa.
(C) Havendo, no caso em exame, possibilidade de efeito modificativo do julgado, a parte contrária poderá se manifestar em 8 dias.
(D) Independentemente do recurso e seu efeito perante o julgado, é direito da parte contrária se manifestar sobre os embargos em 10 dias.

RESPOSTA Na forma do art. 897-A da CLT em seu § 2º: "Eventual efeito modificativo dos embargos de declaração somente poderá ocorrer em virtude da correção de vício na decisão embargada e desde que ouvida a parte contrária, no prazo de 5 (cinco) dias". O que não é o caso da questão, pois o embargante busca tão somente a correção de erro material. Logo, o juiz não precisa dar vista à parte contrária, pois é certo que o mesmo poderia corrigir o erro material até mesmo de ofício, conforme ensina o § 1º do art. 897-A da CLT. *Alternativa A.*

35. **(XXVIII Exame)** No curso de uma ação trabalhista que se encontra em fase de execução de sentença, a executada, citada para pagar e garantir o juízo, apresentou exceção de pré-executividade almejando a nulidade de todos os atos, uma vez que não havia sido regularmente citada. Após regular trâmite, o juiz julgou procedente a exceção de pré-executividade e anulou todos os atos processuais praticados desde a citação, concedendo ainda prazo para a reclamada contestar a reclamação trabalhista. Sobre a hipótese, assinale a opção que indica o recurso cabível, a ser manejado pelo exequente, contra a decisão da exceção de pré-executividade.

(A) Apelação.
(B) Recurso Ordinário.
(C) Agravo de Instrumento.
(D) Agravo de Petição.

RESPOSTA Questão de fácil solução, eis que estamos diante de uma decisão que ocorreu em fase de execução. Logo, o recurso cabível é o agravo de petição, na forma do art. 897, *a*, da CLT. *Alternativa D.*

36. **(XXVIII Exame)** Francisco trabalhou em favor de uma empresa em Goiânia/GO. Após ser dispensado, mudou-se para São Paulo e neste Estado ajuizou reclamação trabalhista contra o ex-empregador. Este, após citado em Goiânia/GO, apresentou petição de exceção de incompetência territorial logo no segundo dia. Em razão disso, o juiz suspendeu o processo e conferiu vista ao excepto. Em seguida, proferiu decisão acolhendo a exceção e determinando a remessa dos autos ao juízo distribuidor de Goiânia/GO, local onde os serviços de Francisco foram prestados e que, no entendimento do magistrado, seria o juízo competente para julgar a reclamação trabalhista. Diante da situação retratada e do entendimento consolidado do TST, assinale a afirmativa correta.

(A) O reclamante nada poderá fazer por se tratar de decisão interlocutória.
(B) Francisco poderá interpor de imediato Recurso Ordinário no prazo de 8 dias.
(C) Sendo as decisões interlocutórias irrecorríveis, Pedro deverá impetrar Mandado de Segurança.
(D) O recurso cabível para tentar reverter a decisão é o Agravo de Petição.

RESPOSTA Na forma da Súmula 214, c, do TST: "Na Justiça do Trabalho, nos termos do art. 893, § 1º, da CLT, as decisões interlocutórias não ensejam recurso imediato, salvo nas hipóteses de decisão: c) que acolhe exceção de incompetência territorial, com a remessa dos autos para Tribunal Regional distinto daquele a que se vincula o juízo excepcionado, consoante o disposto no art. 799, § 2º, da CLT. Assim, tal decisão é passível de Recurso Ordinário no prazo de oito dias (art. 895, I, da CLT)". *Alternativa B.*

37. (XXIX Exame) Em sede de impugnação à sentença de liquidação, o juiz julgou improcedente o pedido, ocorrendo o mesmo em relação aos embargos à execução ajuizados pela executada. A princípio, você, na qualidade de advogado(a) da executada, entendeu por bem não apresentar recurso. Contudo, foi apresentado o recurso cabível pelo exequente. Diante disso, assinale a afirmativa correta.

(A) A parte exequente interpôs agravo de petição, e a executada poderá interpor agravo de petição na modalidade de recurso adesivo.

(B) Ambas as partes poderiam interpor agravo de petição na hipótese, porém não mais existe essa possibilidade para a executada, pois esta não apresentou o recurso no prazo próprio.

(C) A parte autora interpôs recurso de revista, e não resta recurso para a parte executada.

(D) A parte autora apresentou recurso ordinário, e a executada poderá apresentar agravo de petição.

RESPOSTA O exequente apresentou o recurso de Agravo de Petição, pois estava combatendo uma decisão em sede de execução (art. 897, *a*, da CLT). Já o executado, como não recorreu não momento oportuno, só poderia se utilizar do Recurso Adesivo (Súmula 283 do TST c/c §§ 1º e 2º do art. 997 do CPC). O Agravo de Petição admite recurso adesivo. *Alternativa A.*

38. (XXX Exame) Considere as quatro situações jurídicas a seguir.

(I) A Instituição ABCD é uma entidade sem fins lucrativos.

(II) Rosemary é uma empregadora doméstica.

(III) O Instituto Sonhar é uma entidade filantrópica.

(IV) Mariana é uma microempreendedora individual.

Considere que todas essas pessoas são empregadoras e têm reclamações trabalhistas ajuizadas contra si e que nenhuma delas comprovou ter as condições para ser beneficiária de justiça gratuita. Assinale a opção que indica, nos termos da CLT, quem estará isento de efetuar o depósito recursal para recorrer de uma sentença desfavorável proferida por uma Vara da Justiça do Trabalho.

(A) A Instituição ABCD e o Instituto Sonhar, somente.

(B) Todos estarão dispensados

(C) Instituto Sonhar, somente.

(D) Mariana e Rosemary, somente.

RESPOSTA Na forma do art. 899, § 10, da CLT: "§ 10. São isentos do depósito recursal os beneficiários da justiça gratuita, as **entidades filantrópicas** e as empresas em recuperação judicial" (grifamos). Logo, resta claro que a única contemplada opção no parágrafo é o Instituto Sonhar. *Alternativa C.*

39. (XXXI Exame) Em setembro de 2019, durante a audiência de um caso que envolvia apenas pedido de adicional de insalubridade, o Juiz do Trabalho determinou a realização de perícia e que a reclamada antecipasse os honorários periciais. Inconformada com essa decisão, a sociedade empresária impetrou mandado de segurança contra esse ato judicial, mas o TRT, em decisão colegiada, não concedeu a segurança. Caso a sociedade empresária pretenda recorrer dessa decisão, assinale a opção que indica a medida recursal da qual deverá se valer.

(A) Agravo de Instrumento.

(B) Recurso Ordinário.

(C) Agravo de Petição.

(D) Recurso de Revista.

RESPOSTA Interessante notar que a autoridade coatora, ou seja, a origem da decisão que desafiou a impetração do MS, foi o Juiz do Trabalho, logo, o remédio constitucional foi impetrado no TRT. Atuando o TRT em competência originária, eventual recurso ordinário seria encaminhado ao TST. Nesse sentido a Súmula 201 do TST: "Da decisão de Tribunal Regional do Trabalho em mandado de segurança cabe recurso ordinário, no prazo de 8 (oito) dias, para o Tribunal Superior do Trabalho, e igual dilação para o recorrido e interessados apresentarem razões de contrariedade". Logo, seria cabível recurso ordinário para o TST. *Alternativa B.*

40. (XXXI Exame) Heloísa era empregada doméstica e ajuizou, em julho de 2019, ação contra sua ex-empregadora, Selma Reis. Após regularmente instruída, foi prolatada sentença julgando o pedido procedente em parte. A sentença foi proferida de forma líquida, apurando o valor devido de R$ 9.000,00 (nove mil reais) e custas de R$ 180,00 (cento e oitenta reais). A ex-empregadora, não se conformando com a decisão, pretende dela recorrer. Indique a opção que corresponde ao preparo que a ex-empregadora deverá realizar para viabilizar o seu recurso, sabendo-se que ela não requereu gratuidade de justiça porque tem boas condições financeiras.

(A) Tratando-se de empregador doméstico, só haverá necessidade de recolher as custas.

(B) Deverá recolher integralmente as custas e o depósito recursal.

(C) Por ser empregador doméstico, basta efetuar o recolhimento do depósito recursal.

(D) Deverá recolher as custas integralmente e metade do depósito recursal.

RESPOSTA Sendo a empregadora doméstica que tem por objetivo interpor o recurso, deverá recolher as custas de forma integral (§ 1º do art. 789 da CLT) e o depósito recursal pela metade, na forma do art. 899, § 9º, da CLT. Assim, correta *a alternativa D.*

III. EXECUÇÃO

41. **(XV Exame)** A sociedade empresária "V" Ltda., executada em ação trabalhista, apresentou embargos à execução arrolando testemunhas, o que foi indeferido pelo juiz, ao argumento de que não se tratava de processo de conhecimento. Sobre o caso apresentado, assinale a afirmativa correta.

(A) Correta a decisão do juiz, pois já fora ultrapassada a fase de conhecimento.

(B) Errada a decisão do juiz, pois era cabível a prova testemunhal em sede de embargos à execução, podendo o juiz indeferir as testemunhas se desnecessários os depoimentos.

(C) Errada a decisão do juiz, sendo cabível a prova testemunhal, não podendo indeferir as testemunhas, cabendo, nesse caso, arguição de nulidade da decisão.

(D) Correta a decisão do juiz, já que a matéria da execução está restrita a valores.

RESPOSTA O art. 884, § 2º, da CLT é claro ao expressar que, se na defesa tiverem sido arroladas testemunhas, poderá o Juiz ou o Presidente do Tribunal, caso julgue necessários seus depoimentos, marcar audiência para a produção das provas, a qual deverá realizar-se dentro de 5 (cinco) dias. Assim, o juiz errou, pois pode haver dilação probatória, ainda que em sede de execução. *Alternativa B.*

42. **(X Exame)** A requerimento do credor e após não localizar bens da pessoa jurídica ex-empregadora, o juiz desconsiderou a personalidade jurídica numa reclamação trabalhista, incluiu um dos sócios no polo passivo e o citou para pagamento. Este sócio, então, depositou a quantia exequenda, mas pretende questionar o valor da execução. Assinale a alternativa que indica a maneira pela qual ele materializará seu inconformismo.

(A) Ação Rescisória.

(B) Embargos de Terceiro.

(C) Impugnação de Credor.

(D) Embargos à Execução.

RESPOSTA Na forma do art. 884 da CLT, o gabarito da questão é *alternativa D*, pois para discutir o valor em sede de execução cabe embargos à execução. Ressalta-se que tal recurso deve ser apresentado no prazo de 5 (cinco) dias.

43. **(IX Exame)** De acordo com a Consolidação das Leis do Trabalho, assinale a afirmativa correta.

(A) Não há citação para a execução, uma vez que a fase executiva pode ser iniciada de ofício.

(B) A citação na execução será realizada por via postal.

(C) A citação na execução será realizada por mandado.

(D) A citação na execução será realizada por mandado, mas, se o executado não for encontrado após três tentativas, caberá a citação por edital.

RESPOSTA A questão é facilmente resolvida com base no art. 880, § 2º, da CLT. Ao contrário da regra aplicada ao Processo do Trabalho, ou seja, notificação realizada por via postal, na fase de execução, a citação é feita por oficial de justiça. *Alternativa C.*

44. **(IX Exame)** A liquidação tem por objetivo a apuração do *quantum debeatur* nas sentenças proferidas de forma ilíquida e que tenham deferido, ao menos em parte, a pretensão deduzida. De acordo com a CLT, assinale a alternativa que indica as formas possíveis de liquidação da sentença nas obrigações de dar (pagar) e, caso o juiz conceda prazo às partes para manifestação, o número de dias para a impugnação.

(A) Artigos, cálculo ou arbitramento. Prazo de 8 dias.

(B) Cálculo, arbitramento ou artigos. Prazo de 10 dias.

(C) Artigos ou arbitramento. Prazo de 15 dias.

(D) Cálculo ou arbitramento. Prazo de 5 dias.

RESPOSTA Na Justiça do Trabalho, sendo ilíquida a sentença exequenda, cabe a sua liquidação, que poderá ser feita por cálculo, por arbitramento ou por artigos (art. 879 da CLT). Se o juiz conceder prazo às partes para manifestação, será de 10 (dez) dias (art. 879, § 2º, da CLT). *Alternativa B.* A partir da vigência da Lei n. 13.467/2017 (reforma trabalhista), o art. 879, § 2º traz a ideia do prazo comum para as partes de 8 (oito) dias.

45. **(VIII Exame)** Em 30-7-2008 foi efetuada a penhora de um veículo BMW, modelo X1, por meio de carta precatória executória. Depois de devolvida a carta, o executado Eliezer Filho, proprietário do veículo, opôs embargos à execução em 4-8-2008, dirigindo essa ação incidental ao juízo deprecante. Em seus embargos, alegando a existência de um grosseiro vício, o embargante apontou para a irregularidade na avaliação do bem, uma vez que constou do auto da constrição judicial sua avaliação em R$ 15.000,00, montante muito abaixo do valor de mercado. Logo, por força do princípio da execução menos onerosa ao devedor, requereu a reavaliação do bem, sob pena de nulidade da execução. Com base nesse caso concreto, é correto afirmar que o juiz deprecante

(A) Deve remeter os autos ao juízo deprecado, uma vez que o ato de avaliação foi por ele praticado, sendo sua a competência para decidir.

(B) Deve realizar o julgamento antecipado da lide e acolher os embargos, haja vista o notório erro de avaliação.

(C) Deve determinar a realização de perícia, a fim de aferir o correto valor de mercado do bem.

(D) Não deve conhecer dos embargos e extinguir o processo sem julgamento do mérito, haja vista a sua intempestividade.

RESPOSTA Na forma do art. 20, parágrafo único, da Lei n. 6.830/80 e Súmula 46 do STJ, os autos devem ser remetidos ao juízo deprecado, pois o ato de avaliação foi por ele praticado. *Alternativa A.*

46. (VII Exame) Relativamente à execução trabalhista, assinale a afirmativa correta.

(A) Pode ser por título judicial ou extrajudicial. São títulos extrajudiciais os termos de ajuste de conduta firmados perante o Ministério Público do Trabalho, os termos de conciliação firmados perante as Comissões de Conciliação Prévia e os cheques sem fundo passados pelo empregador ao empregado.

(B) Pode ser por título judicial ou extrajudicial. São títulos judiciais unicamente as decisões passadas em julgado com efeito suspensivo e são títulos extrajudiciais os termos de ajuste de conduta firmados perante o Ministério Público do Trabalho e os termos de conciliação firmados perante as Comissões de Conciliação Prévia.

(C) Dependem de prévia liquidação, pelo que só podem ser executados a sentença e o acordo não cumpridos.

(D) Pode ser por título judicial, caso do acordo descumprido, e por título extrajudicial, caso do termo de ajuste de conduta firmado perante o Ministério Público do Trabalho.

RESPOSTA (A) Errada, pois o cheque não está no rol de título executivo do art. 876 da CLT. (B) Errada, pois cabe execução provisória. (C) Errada, eis que em desacordo com o previsto no art. 876 da CLT. (D) Em perfeita consonância com o previsto no art. 876 da CLT. Ver IN n.39/16 – art. 13. *Alternativa D.*

47. (VI Exame – Reaplicação) Carlos José Pereira teve julgados procedentes os pedidos de equiparação salarial e de pagamento de diferenças salariais daí decorrentes. Iniciada a execução provisória, Carlos apresentou seus cálculos de liquidação, requerendo a sua homologação. O juiz, contudo, abriu prazo para que a parte contrária se manifestasse sobre os cálculos. Feito o contraditório, o juiz acabou por homologar os cálculos apresentados pela demandada e, com base nesse valor, expediu o mandado de citação, penhora e avaliação. Vinte e quatro horas após a expedição, o executado garantiu o juízo e requereu a expedição de alvará para o exequente, com a consequente extinção da execução. O juiz indeferiu o requerimento do executado, sob o argumento de que deveria aguardar o decurso de cinco dias a contar da garantia efetuada. Passados os cinco dias, o juiz julgou extinta a execução pelo cumprimento da obrigação e determinou a expedição de alvará em favor do exequente, intimando-o dessa decisão. Com base na situação acima descrita, é correto afirmar que o exequente tem direito de interpor

(A) Apelação no prazo de 15 dias, uma vez que não foi intimado da garantia do juízo e, portanto, não lhe foi dada a oportunidade de impugnar a sentença de homologação dos cálculos.

(B) Agravo de petição no prazo de 8 dias, uma vez que não foi intimado da garantia do juízo e, portanto, não lhe foi dada a oportunidade de impugnar a sentença de homologação dos cálculos.

(C) Recurso ordinário no prazo de 8 dias, uma vez que não foi intimado da garantia do juízo e, portanto, não lhe foi dada a oportunidade de impugnar a sentença de homologação dos cálculos.

(D) Agravo de instrumento no prazo de 10 dias, uma vez que não foi intimado da garantia do juízo e, portanto, não lhe foi dada a oportunidade de impugnar a sentença de homologação dos cálculos.

RESPOSTA Em sede de execução trabalhista, o recurso cabível das decisões dos juízes é o agravo de petição no prazo de 8 (oito) dias, na forma do art. 897, *a*, da CLT. *Alternativa B.*

48. (VI Exame) Numa reclamação trabalhista, o autor teve reconhecido o direito ao pagamento de horas extras, sem qualquer reflexo. Após liquidado o julgado, foi homologado o valor de R$ 15.000,00, iniciando-se a execução. Em seguida, as partes comparecem em juízo pleiteando a homologação de acordo no valor de R$ 10.000,00. Com base no narrado acima, é correto afirmar que:

(A) O juiz não pode homologar o acordo porque isso significaria violação à coisa julgada.

(B) É possível a homologação do acordo, mas o INSS será recolhido sobre R$ 15.000,00.

(C) A homologação do acordo, no caso, dependeria da concordância do órgão previdenciário, pois inferior ao valor homologado.

(D) É possível a homologação do acordo, e o INSS será recolhido sobre R$ 10.000,00.

RESPOSTA Levando-se em consideração o que expressa o art. 876, parágrafo único, da CLT, serão executadas *ex officio* as contribuições sociais devidas em decorrência de decisão proferida pelos juízes e tribunais do trabalho, resultantes de condenação ou homologação de acordo, inclusive sobre os salários pagos durante o período contratual reconhecido. Não há óbice para que as partes realizem acordo em valor inferior àquele aferido em cálculos de liquidação, já que não estaria renunciando a direito, mas a valores, o que não é proibido na justiça do trabalho. Ressalta-se ainda que o art. 832, § 6º, da CLT esclarece que o acordo celebrado após o trânsito em julgado da sentença ou após a elaboração dos cálculos de liquidação de sentença não prejudicará os créditos da União. Destaca-se ainda que a OJ 376 da SDI-I do TST estabelece que os recolhimentos previdenciários devem ser feitos sobre o valor do acordo homologado. Ver redação do parágrafo único do art. 876 de acordo com a Lei n. 13.467/2017. *Alternativa D.*

49. **(IV Exame)** Assinale a alternativa correta no que diz respeito à execução trabalhista.

(A) As partes devem ser previamente intimadas para a apresentação do cálculo de liquidação, exceto da contribuição previdenciária incidente, que ficará a cargo da União.

(B) Tratando-se de prestações sucessivas, por tempo indeterminado, a execução compreenderá inicialmente as prestações devidas até a data do ingresso na execução.

(C) Em se tratando de execução provisória, não fere direito líquido e certo do impetrante a determinação de penhora em dinheiro, quando nomeados outros bens à penhora, uma vez que obedece à gradação prevista em lei.

(D) Na execução por carta precatória, os embargos de terceiro serão oferecidos no juízo deprecante ou no juízo deprecado, mas a competência para julgá-los será sempre do juízo deprecante.

RESPOSTA Questão mereceria reparo por força do cancelamento do item III da Súmula 417 do TST, e que justificava o erro da alternativa C. Na ocasião, a alternativa correta era a B, mas, atualmente, o candidato poderia ter dúvida na marcação da alternativa C, logo, a questão da forma que está não teria gabarito inquestionável.

50. **(III Exame)** Em relação aos embargos de terceiros na execução por carta precatória, é correto afirmar que

(A) Devem ser oferecidos no juízo deprecante, exceto quando se tratar de vício ou irregularidade de penhora, avaliação ou alienação dos bens, praticados pelo juízo deprecado.

(B) Devem ser oferecidos no juízo deprecado, que possui competência por delegação para a execução em outra localidade.

(C) Devem ser oferecidos no juízo deprecante, pois a carta precatória se presta apenas para que se pratiquem atos em outra localidade, mantida a competência para atos decisórios no juízo principal da execução.

(D) Podem ser oferecidos no juízo deprecante ou deprecado, sendo do juízo deprecante a competência para julgamento, exceto quando se tratar de vício ou irregularidade de penhora, avaliação ou alienação dos bens, praticados pelo juízo deprecado.

RESPOSTA Na época a banca considerou como correta a alternativa D, porém, atualmente a questão seria impugnável pela nova redação da Súmula 419 do TST: "Súmula n. 419 do TST

COMPETÊNCIA. EMBARGOS DE TERCEIRO. EXECUÇÃO POR CARTA PRECATÓRIA. JUÍZO DEPRECADO. (alterada em decorrência do CPC de 2015) – Res. 212/2016, DEJT divulgado em 20, 21 e 22.09.2016

Na execução por carta precatória, os embargos de terceiro serão oferecidos no juízo deprecado, salvo se indicado pelo juízo deprecante o bem constrito ou se já devolvida a carta (art. 676, parágrafo único, do CPC de 2015)". Assim, a questão da forma proposta, na atualidade deveria ser anulada por falta de opção.

51. **(III Exame)** Segundo o texto da Consolidação das Leis do Trabalho, é correto afirmar que a lei de execução fiscal

(A) É fonte subsidiária para a aplicação das normas na execução trabalhista.

(B) Somente é fonte subsidiária para aplicação das normas na execução trabalhista caso não exista regramento sobre o assunto no Código de Processo Civil, que é a primeira fonte subsidiária da legislação processual do trabalho.

(C) Somente é fonte subsidiária do Processo do Trabalho na execução das contribuições previdenciárias.

(D) Somente é fonte subsidiária do Processo do Trabalho na execução das contribuições previdenciárias e sindicais.

RESPOSTA Conforme o que dispõe o art. 889 da CLT, a LEF é fonte subsidiária na execução trabalhista. *Alternativa A.*

52. **(II Exame)** Com relação à execução trabalhista, assinale a afirmativa correta.

(A) A execução deve ser impulsionada pela parte interessada, sendo vedado ao juiz promovê-la de ofício.

(B) O termo de compromisso de ajustamento de conduta firmado perante o Ministério Público do Trabalho, para que possa ser executado no processo do trabalho, depende de prévia homologação pelo juiz que teria competência para o processo de conhecimento relativo à matéria.

(C) Conforme disposição expressa na Consolidação das Leis do Trabalho, considera-se inexigível o título judicial fundado em lei ou ato normativo declarados inconstitucionais pelo Supremo Tribunal Federal ou em aplicação ou interpretação tidas por incompatíveis com a Constituição Federal.

(D) Garantida a execução ou penhorados os bens, é de 10 (dez) dias o prazo para o executado apresentar embargos à execução, cabendo igual prazo ao exequente para impugnação.

RESPOSTA (A) Errada (art. 878 da CLT). (B) Errada, pois os títulos são executivos (art. 876 da CLT) e independem de prévia homologação. (C) Correta, na forma do art. 884, § 5º, da CLT. (D) Errada, eis que o prazo não é de 10 (dez) dias, mas sim de 5 (cinco), na forma do art. 884 da CLT. Ver redação do art. 878 de acordo com a Lei n. 13.467/2017. *Alternativa C.*

53. **(XVII Exame)** No bojo de uma execução trabalhista, a sociedade empresária executada apresentou uma exceção de pré-executividade, alegando não ter sido citada para a fase de conhecimento. Em razão disso, requereu a nulidade de todo o processo, desde a citação inicial. O juiz conferiu vista à parte contrária para manifestação e, em seguida, determinou a conclusão dos autos. Após analisar as razões da parte e as provas produzidas, convenceu-se de que a alegação da sociedade empresária era correta e, assim, anulou todo o feito desde o início. Diante desse quadro, assinale a afirmativa correta.

(A) Contra essa decisão caberá agravo de petição.

(B) Trata-se de decisão interlocutória e, portanto, não passível de recurso imediato.

(C) Caberá a interposição de recurso ordinário.

(D) Caberá a interposição de agravo de instrumento.

RESPOSTA Caso típico de decisão proferida em execução, cabendo, neste caso, o recurso conhecido como Agravo de Petição, na forma do art. 897, *a*, da CLT. *Alternativa A.*

54. **(XIX Exame)** Na fase de execução de uma reclamação trabalhista, as partes se apresentaram ao juiz da causa postulando a homologação de acordo que envolveria 80% do valor que estava sendo executado.

Diante dessa situação, de acordo com a CLT e o entendimento consolidado do TST, assinale a afirmativa correta.

(A) O juiz não pode homologar o acordo porque estará violando a coisa julgada, pois o pagamento estará sendo feito em valor inferior àquele determinado pela Justiça.

(B) O juiz tem a obrigação de homologar o acordo, se essa é a legítima vontade das partes, sem vícios ou dúvidas.

(C) O acordo, uma vez homologado, faz coisa julgada material para todos, sem exceção, somente podendo ser desconstituído por ação anulatória.

(D) É possível a homologação do acordo, que pode ser realizado a qualquer momento, mas ficará a critério do juiz fazê-lo à luz do caso concreto.

RESPOSTA O juiz não é obrigado a homologar o acordo mesmo diante da vontade das partes. A Súmula 418 do TST é taxativa em relação à faculdade do juiz de homologação do acordo, assim as alternativas A e B estão, logicamente, erradas. Cabe destacar ainda que, em razão do princípio da conciliação (art. 764 da CLT), o acordo na Justiça do Trabalho pode ser feito a qualquer tempo, mesmo depois do trânsito em julgado, inclusive. A alternativa C está errada, eis que na forma da Súmula 259 do TST o acordo poderá ser desconstituído por Ação Rescisória, e não anulatória. *Alternativa D.*

55. **(XX Exame – Reaplicação)** Em execução fiscal, que tramita perante a Justiça do Trabalho, o juiz, após realizar tentativas de execução sem sucesso, deixou o feito arquivado por 1 ano. Cinco anos depois, e após intimada a Fazenda Pública, que nada requereu, o juiz decretou de ofício a prescrição intercorrente. Sobre a atitude judicial, e considerando a legislação em vigor, assinale a afirmativa correta.

(A) O juiz equivocou-se, pois na seara trabalhista a prescrição não pode ser decretada de ofício.

(B) Correto o juiz, pois não se trata de reclamação trabalhista e, assim, a prescrição pode ser decretada de ofício.

(C) Não há dispositivo legal a respeito, daí porque, em razão do princípio da proteção, não deveria haver decretação de ofício da prescrição.

(D) Uma vez que não existe prescrição para o crédito fiscal, agiu erroneamente o magistrado ao decretar a prescrição intercorrente.

RESPOSTA Inicialmente, cabe destacar que a questão deixa claro que não se tratava de reclamação trabalhista e sim de execução fiscal. Logo, a questão deveria ser respondida com base no art. 40, § 4º, da Lei n. 6.830/80. "Art. 40. (...) § 4º Se da decisão que ordenar o arquivamento tiver decorrido o prazo prescricional, o juiz, depois de ouvida a Fazenda Pública, poderá, de ofício, reconhecer a prescrição intercorrente e decretá-la de imediato". *Alternativa B.*

56. **(XXI Exame)** O juiz, em ação trabalhista proposta por Carlos em face da sociedade empresária ABCD Ltda., julgou procedente, em parte, o rol de pedidos. Nenhuma das partes apresentou qualquer recurso. O pedido versava exclusivamente sobre horas extras e reflexos, estando nos autos todos os controles de horário, recibos salariais, o termo de rescisão de contrato de trabalho (TRCT) e demais documentos inerentes ao contrato de trabalho em referência. Todos os documentos eram incontroversos.

Com base no caso apresentado, como advogado(a) de Carlos, assinale a opção que indica a modalidade a ser adotada para promover a liquidação de sentença.

(A) Por cálculos.
(B) Por arbitramento.
(C) Por artigos
(D) Por execução por quantia certa.

RESPOSTA Questão de fácil resolução. Dois artigos deveriam aqui ser verificados: Art. 879 da CLT: "Sendo ilíquida a sentença exequenda, ordenar-se-á, previamente, a sua liquidação, que poderá ser feita por cálculo, por arbitramento ou por artigos".

Art. 509, § 2º, do CPC: "Quando a apuração do valor depender apenas de cálculo aritmético, o credor poderá promover, desde logo, o cumprimento da sentença". Assim, restava evidente que a modalidade de liquidação a ser adotada deveria ser a de cálculos. *Alternativa A.*

57. **(XXI Exame)** De acordo com o entendimento consolidado do STF e do TST, assinale a opção que apresenta situação em que a Justiça do Trabalho possui competência para executar as contribuições devidas ao INSS.

(A) Reclamação na qual se postulou, com sucesso, o reconhecimento de vínculo empregatício.
(B) Ação trabalhista na qual se deferiu o pagamento de diferença por equiparação salarial.
(C) Demanda na qual o empregado teve a CTPS assinada mas não teve o INSS recolhido durante todo o contrato.
(D) Reclamação trabalhista na qual foi reconhecido o pagamento de salário à margem dos contracheques.

RESPOSTA Talvez uma das questões mais difíceis do exame, mas novamente respondida com base em súmulas. Súmula 368, I, TST: "DESCONTOS PREVIDENCIÁRIOS. IMPOSTO DE RENDA. COMPETÊNCIA. RESPONSABILIDADE PELO RECOLHIMENTO. FORMA DE CÁLCULO. FATO GERADOR (aglutinada a parte final da Orientação Jurisprudencial n. 363 da SBDI-I à redação do item II e incluídos os itens IV, V e VI em sessão do Tribunal Pleno realizada em 26.06.2017) – Res. 219/2017, republicada em razão de erro material – *DEJT* divulgado em 12, 13 e 14.07.2017"

I – A Justiça do Trabalho é competente para determinar o recolhimento das contribuições fiscais. A competência da Justiça do Trabalho, quanto à execução das contribuições previdenciárias, limita-se às sentenças condenatórias em pecúnia que proferir e aos valores, objeto de acordo homologado, que integrem o salário de contribuição. (ex-OJ n. 141 da SBDI-1 – inserida em 27.11.1998)".

Súmula Vinculante 53, STF: "A competência da Justiça do Trabalho prevista no art. 114, VIII, da Constituição Federal alcança a execução de ofício das contribuições previdenciárias relativas ao objeto da condenação constante das sentenças que proferir e acordos por ela homologados". *Alternativa B.*

58. **(XXI Exame)** Em determinada reclamação trabalhista, o empregador foi condenado ao pagamento de diversas parcelas, havendo ainda condenação subsidiária da União na condição de tomadora dos serviços.

Na execução, depois de homologado o cálculo e citado o empregador para pagamento, as tentativas de recebimento junto ao devedor principal fracassaram, daí porque a execução foi direcionada contra a União, que agora pretende questionar o valor da dívida.

Diante da situação apresentada, assinale a afirmativa correta.

(A) A União pode embargar a execução no prazo legal, após a garantia do juízo.
(B) A CLT não permite que a União, por ser devedora subsidiária, ajuíze embargos de devedor.
(C) A garantia do juízo para ajuizar embargos de devedor é desnecessária, por se tratar de ente público.
(D) A União, por se tratar de recurso, terá o prazo em dobro para embargar a execução.

RESPOSTA A Fazenda Pública não precisa garantir o juízo para apresentação dos embargos na execução, na forma do art. 535 do CPC e art. 100 da Constituição Federal. Não se aplica aqui a regra do art. 884 da CLT no que se refere à necessidade de garantia do juízo. *Alternativa C.*

59. **(XXII Exame)** Expedida carta precatória executória numa demanda trabalhista, o juízo deprecante cita o devedor para pagamento, mas ele permanece inerte. Então, o oficial de justiça retorna e penhora um dos imóveis do executado, avaliando-o e garantindo o juízo. Imediatamente o executado ajuíza embargos de devedor, alegando que o bem penhorado foi subavaliado, apresentando a documentação que entende provar que o valor de mercado do bem é muito superior àquele lançado no auto pelo oficial de justiça.

Sobre a hipótese apresentada, de acordo com a legislação em vigor e o entendimento consolidado do TST, assinale a opção que, justificadamente, indica o juízo competente para apreciar os embargos.

(A) O juízo deprecante é competente, pois dele se origina a execução.

(B) O julgamento poderá competir aos juízos deprecante ou ao deprecado, porque a Lei não traz previsão.

(C) O juízo deprecado será competente, porque a matéria se refere a suposto vício na penhora.

(D) A Lei e a jurisprudência são omissas a respeito, daí porque a parte poderá escolher qual dos juízos apreciará os embargos.

RESPOSTA Questão facilmente respondida por força da previsão do art. 676 do CPC e da Súmula 419 do TST: "Art. 676, CPC: Os embargos serão distribuídos por dependência ao juízo que ordenou a constrição e autuados em apartado. Parágrafo único. Nos casos de ato de constrição realizado por carta, os embargos serão oferecidos no juízo deprecado, salvo se indicado pelo juízo deprecante o bem constrito ou se já devolvida a carta". "Súmula n. 419 do TST

COMPETÊNCIA. EMBARGOS DE TERCEIRO. EXECUÇÃO POR CARTA PRECATÓRIA. JUÍZO DEPRECADO. (alterada em decorrência do CPC de 2015) – Res. 212/2016, DEJT divulgado em 20, 21 e 22.09.2016

Na execução por carta precatória, os embargos de terceiro serão oferecidos no juízo deprecado, salvo se indicado pelo juízo deprecante o bem constrito ou se já devolvida a carta (art. 676, parágrafo único, do CPC de 2015)". *Alternativa C.*

60. **(XXII Exame)** Jorge foi dispensado e, no dia designado para homologação da ruptura contratual, a empresa informou que não tinha dinheiro para pagar a indenização. O TRCT estava preenchido, com o valor total de R$ 5.000,00 que Jorge deveria receber. Diante da situação narrada pela empresa e da extrema necessidade de Jorge, o sindicato concordou em fazer a homologação apenas para liberar o FGTS e permitir o acesso ao seguro-desemprego, lançando no TRCT um carimbo de que nada havia sido pago. Jorge, então, ajuizou ação monitória na Justiça do Trabalho, cobrando a dívida de R$ 5.000,00.

Sobre a situação narrada, assinale a afirmativa correta.

(A) O comportamento de Jorge é viável, sendo que, nesse caso, o juiz expedirá mandado de pagamento, nos moldes do CPC.

(B) Na Justiça do Trabalho, a ação monitória somente é possível em causas de até dois salários mínimos, sendo que da sentença não caberá recurso, o que não é a hipótese retratada.

(C) Jorge deveria ajuizar ação de execução de título extrajudicial, que é a natureza jurídica do TRCT preenchido, mas não quitado.

(D) Jorge agiu mal, porque não cabe ação monitória na Justiça do Trabalho, em razão da incompatibilidade de procedimentos.

RESPOSTA Viável o comportamento de Jorge, pois na forma do art. 700, I, do CPC: "A ação monitória pode ser proposta por aquele que afirmar, com base em prova escrita sem eficácia de título executivo, ter direito de exigir do devedor capaz: I – o pagamento de quantia em dinheiro". Assim, levando-se em consideração que Jorge não tinha um título executivo em seu poder, cabe a ação monitória. *Alternativa A.*

61. **(XXV Exame)** Em reclamação trabalhista já na fase de execução, o juiz determinou que o autor apresentasse os cálculos de liquidação, determinação esta que foi cumprida pelo exequente em fevereiro de 2018. Então, o calculista do juízo analisou as contas e entendeu que elas estavam corretas, pelo que o juiz homologou os cálculos ofertados e determinou a citação do executado para pagamento em 48 horas, sob pena de execução. Considerando a narrativa apresentada e os termos da CLT, assinale a afirmativa correta.

(A) Agiu corretamente o juiz, porque as contas foram atestadas pelo calculista como corretas.

(B) Equivocou-se o magistrado, porque deveria obrigatoriamente conferir vista dos cálculos ao executado.

(C) Uma vez que o juiz do Trabalho tem amplo poder de direção e controle do processo, sua decisão está amparada na norma cogente.

(D) O juiz tem a faculdade de abrir vista ao executado por 10 dias, mas não obrigação de fazê-lo.

RESPOSTA Na forma do art. 879, § 2º, da CLT o juiz agiu incorretamente: "Art. 879. Sendo ilíquida a sentença exequenda, ordenar-se-á, previamente, a sua liquidação, que poderá ser feita por cálculo, por arbitramento ou por artigos. (...) § 2º Elaborada a conta e tornada líquida, o juízo deverá abrir às partes prazo comum de oito dias para impugnação fundamentada com a indicação dos itens e valores objeto da discordância, sob pena de preclusão". Assim, antes de determinar a citação do executado, o juiz deveria ter concedido prazo para as partes de 8 dias comuns para impugnação. *Alternativa B.*

62. **(XXVI Exame)** Uma entidade filantrópica foi condenada em reclamação trabalhista movida por uma ex-empregada, em fevereiro de 2018. A sentença transitou em julgado e agora se encontra na fase de execução. Apresentados os cálculos e conferida vista à executada, o juiz homologou a conta apresentada pela exequente. Em relação à pretensão da entidade de ajuizar embargos de devedor para questionar a decisão homologatória, assinale a afirmativa correta.

(A) Não há necessidade de garantia do juízo, no caso apresentado, para o ajuizamento de embargos de devedor.

(B) Se a executada deseja questionar os cálculos, deverá garantir o juízo com dinheiro ou bens e, então, ajuizar embargos de devedor.

(C) A executada, por ser filantrópica, poderá ajuizar embargos à execução, desde que garanta a dívida em 50%.

(D) A entidade filantrópica não tem finalidade lucrativa, daí por que não pode ser empregadora, de modo que a execução contra ela não se justifica, e ela poderá ajuizar embargos a qualquer momento.

RESPOSTA O art. 884 da CLT em seu § 6º assim informa: "Art. 884. (...) § 6º A exigência da garantia ou penhora não se aplica às entidades filantrópicas e/ou àqueles que compõem ou compuseram a diretoria dessas instituições". Como a questão trata de entidade filantrópica para embargar, não há que se falar em necessidade de garantia do juízo. *Alternativa A.*

63. **(XXVII)** A sociedade empresária Alfa S. A. está sendo executada na Justiça do Trabalho e, em 13/3/2018, recebeu citação para pagamento da dívida que possui em relação a um processo. Mesmo citada, a sociedade empresária permaneceu inerte, pelo que, no 10º dia contado da citação, o juízo iniciou, a requerimento do exequente a tentativa de bloqueio pelo sistema Bacen-Jud e, paralelamente, inscreveu o nome do executado no Banco Nacional de Devedores Trabalhistas (BNDT). Diante da situação apresentada e dos termos da CLT, assinale a afirmativa correta.

(A) A atitude do magistrado está correta, eis que não houve o pagamento voluntário da dívida no prazo legal, sendo a inserção imediata no BNDT uma adequada medida coercitiva judicial.

(B) A Lei deixa ao arbítrio do juiz determinar a partir de quando o nome do devedor deve ser inserido em cadastro restritivo de crédito, inclusive no BNDT.

(C) A Justiça do Trabalho não atua mais com inserção e retirada do nome de devedores no BNDT, pelo que a atitude do magistrado é inócua e contrária às regras da CLT.

(D) A decisão que determinou a inserção do nome do devedor no BNDT está equivocada, porque somente poderia ocorrer 45 dias depois de ele não pagar, nem garantir o juízo.

RESPOSTA Questão de fácil solução tomando-se por base o art. 883-A da CLT: "A decisão judicial transitada em julgado somente poderá ser levada a protesto, gerar inscrição do nome do executado em órgãos de proteção ao crédito ou no Banco Nacional de Devedores Trabalhistas (BNDT), nos termos da lei, **depois de transcorrido o prazo de quarenta e cinco dias a contar da citação do executado**, se não houver garantia do juízo" (grifamos). Logo, por óbvio que o juiz agiu de forma equivocada, pois conforme enunciado da questão, a inscrição ocorreu em prazo bem anterior ao previsto em lei. *Alternativa D.*

64. **(XXIII Exame)** A sociedade empresária Arco Íris Limpeza Ltda. foi citada para pagar o valor de uma dívida trabalhista homologada pelo juiz e, sem apresentar guia de pagamento ou arrolar bens, apresentou embargos de devedor, nos quais aponta diversas inconsistências nos cálculos.

Diante disso, de acordo com a CLT, assinale a afirmativa correta.

(A) A Justiça do Trabalho passou a adotar o sistema do CPC, pelo qual não há necessidade de garantir o juízo para embargar, de modo que os embargos serão apreciados.

(B) A CLT prevê que, para o ajuizamento de embargos de devedor, é necessário garantir o juízo com 50% do valor da dívida exequenda, o que não aconteceu na espécie.

(C) Sem a garantia do juízo, o executado não poderá ajuizar embargos de devedor, de modo que as matérias por ele trazidas não serão apreciadas naquele momento.

(D) A CLT determina que, havendo ajuizamento de embargos de devedor, o executado é obrigado a declarar, o valor que entende devido e a depositar essa quantia à disposição do juízo.

RESPOSTA Assim expressa o art. 884 da CLT: "Garantida a execução ou penhorados os bens, terá o executado 5 (cinco) dias para apresentar embargos, cabendo igual prazo ao exequente para impugnação" (grifamos). Com base no artigo, a questão seria facilmente respondida, eis que para embargar em sede de execução na justiça do trabalho, haverá necessidade da garantia do juízo, e isto, não foi feito pela empresa. *Alternativa C.*

65. **(XXX Exame)** O juiz, em sede de execução trabalhista, intimou a parte para cumprir despacho, determinando que o exequente desse seguimento à execução, indicando os meios de prosseguimento na execução, já que não foram encontrados bens no patrimônio do réu. Com fundamento na legislação vigente, assinale a afirmativa correta.

(A) O processo ficará parado aguardando a manifestação do exequente por período indefinido de tempo.
(B) A declaração de prescrição somente poderá ocorrer por requerimento da parte contrária.
(C) A prescrição intercorrente ocorrerá após dois anos, se a parte não cumprir com o comando judicial.
(D) O juiz deverá intimar novamente a parte, a fim de dar início ao curso do prazo prescricional.

RESPOSTA Na forma do art. 11-A da CLT em seu § 1º: "Ocorre a prescrição intercorrente no processo do trabalho no prazo de dois anos. § 1º A fluência do prazo prescricional intercorrente inicia-se quando o exequente deixa de cumprir determinação judicial no curso da execução". O que é exatamente o caso da questão. *Alternativa C.*

66. **(XXX Exame)** No decorrer de uma reclamação trabalhista, que transitou em julgado e que se encontra na fase executória, o juiz intimou o autor a apresentar os cálculos de liquidação respectivos, o que foi feito. Então, o juiz determinou que o cálculo fosse levado ao setor de Contadoria da Vara para conferência, tendo o calculista confirmado que os cálculos estavam adequados e em consonância com a coisa julgada. Diante disso, o juiz homologou a conta e determinou que o executado depositasse voluntariamente a quantia, sob pena de execução forçada. Diante dessa narrativa e dos termos da CLT, assinale a afirmativa correta.

(A) Equivocou-se o juiz, porque ele não poderia homologar o cálculo sem antes conceder vista ao executado pelo prazo de 8 dias.
(B) Correta a atitude do magistrado, porque as contas foram conferidas e foi impressa celeridade ao processo do trabalho, observando a duração razoável do processo.
(C) A Lei não fixa a dinâmica específica para a liquidação, daí porque cada juiz tem liberdade para criar a forma que melhor atenda aos anseios da justiça.
(D) O juiz deveria conceder vista dos cálculos ao executado e ao INSS pelo prazo de 5 dias úteis, pelo que o procedimento adotado está errado.

RESPOSTA O juiz cometeu um equívoco, isto porque não deu oportunidade ao executado de se manifestar sobre os valores apresentados. O art. 879, § 2º, da CLT assim ensina: "Elaborada a conta e tornada líquida, o juízo deverá abrir às partes prazo comum de oito dias para impugnação fundamentada com a indicação dos itens e valores objeto da discordância, sob pena de preclusão". Assim, resta evidente que ao executado é garantido por lei prazo para falar, e que, no caso em questão o juiz não respeito tal disciplina. *Alternativa A.*

67. **(XXXI Exame)** Após tentar executar judicialmente seu ex-empregador (a empresa Tecidos Suaves Ltda.) sem sucesso, o credor trabalhista Rodrigo instaurou o incidente de desconsideração de personalidade jurídica, objetivando direcionar a execução contra os sócios da empresa, o que foi aceito pelo magistrado. De acordo com a CLT, assinale a opção que indica o ato seguinte.

(A) O sócio será citado por oficial de justiça para pagar a dívida em 48 horas.
(B) O sócio será citado para manifestar-se e requerer as provas cabíveis no prazo de 15 dias.
(C) O juiz determinará de plano o bloqueio de bens e valores do sócio, posto que desnecessária a sua citação ou intimação.
(D) Será conferida vista prévia ao Ministério Público do Trabalho, para que o *parquet* diga se concorda com a desconsideração pretendida.

RESPOSTA O incidente de desconsideração da personalidade jurídica é procedimento previsto no art. 855-A da CLT e com aplicação das regras contidas nos arts. 113 a 137 do CPC. Acolhendo o magistrado o direcionamento da execução em face dos sócios, aplicar-se-á a regra contida no art. 135 do CPC, ou seja, o sócio ou a pessoa jurídica será citado para manifestar-se e requerer as provas cabíveis no prazo de 15 (quinze) dias. *Alternativa B.*

IV. PROCEDIMENTO SUMARÍSSIMO

68. **(XVI Exame)** Antônio é assistente administrativo na sociedade empresária Setler Conservação Ltda., que presta serviços terceirizados à União. Ele está com o seu contrato em vigor, mas não recebeu o *ticket* refeição dos últimos doze meses, o que alcança o valor de R$ 2.400,00 (R$ 200,00 em cada mês). Em razão dessa irregularidade, estimulada pela ausência de fiscalização por parte da União, Antônio pretende cobrar o *ticket* por meio de reclamação trabalhista contra a empregadora e o tomador dos serviços, objetivando garantir deste a responsabilidade subsidiária, na forma da Súmula 331 do TST. Diante da hipótese, assinale a afirmativa correta.

(A) A ação deverá seguir o procedimento ordinário, vez que há litisconsórcio passivo, sendo, em razão disso, obrigatório o rito comum.

(B) A ação deverá seguir o procedimento sumaríssimo, uma vez que o valor do pedido é inferior a 40 salários mínimos.
(C) A ação tramitará pelo rito ordinário porque um dos réus é ente público.
(D) O autor poderá optar pelo procedimento que lhe seja mais vantajoso.

RESPOSTA O parágrafo único do art. 852-A exclui do procedimento sumaríssimo as demandas em que é parte a Administração Pública direta, autárquica e fundacional. Embora o valor almejado pelo reclamante na questão seja de até 40 salários mínimos, o procedimento adotado dever ser o ordinário, pois ele pretende demandar em face da União, e esta está prevista na vedação do dispositivo. *Alternativa C.*

69. **(XII Exame)** Paulo ajuizou reclamação trabalhista pelo rito sumaríssimo em face da sua empregadora Carregada Ltda. Arrolou suas testemunhas na petição inicial e pediu a notificação das mesmas, solicitação que foi indeferida. Na audiência, o advogado de Paulo requereu o adiamento pela ausência das testemunhas, dizendo que protestava pelo indeferimento da notificação e por isso não convidou espontaneamente as testemunhas. O requerimento foi indeferido pelo juiz, que prosseguiu com a audiência.

Sobre a decisão do juiz, a partir da hipótese apresentada, assinale a opção correta.

(A) A decisão foi equivocada, devendo ser deferido o adiamento, pois o prosseguimento do feito poderia gerar a nulidade por cerceamento de defesa.
(B) A decisão foi correta, já que o procedimento sumaríssimo não contempla a oitiva de testemunhas.
(C) A decisão foi correta, pois o procedimento sumaríssimo não admite a intimação de testemunhas.
(D) A decisão foi correta, pois no procedimento sumaríssimo as testemunhas deverão comparecer à audiência independentemente de intimação. Em caso de ausência e mediante comprovação de convite, as testemunhas serão intimadas.

RESPOSTA As testemunhas no Processo do Trabalho serão em regra convidadas pelas partes, na forma do art. 825 da CLT. Em relação ao Procedimento Sumaríssimo, as partes poderão convidar até duas testemunhas, e caso não compareça(m), a parte poderá requerer a intimação dela(s), porém deve comprovar que realizou o convite, na forma do art. 852-H, §§ 2º e 3º, da CLT. Logo, a única alternativa que está de acordo com a legislação vigente é a *alternativa D.*

70. **(X Exame)** José ajuizou reclamação trabalhista contra a empresa Libertação Ltda., valendo-se do procedimento sumaríssimo. Contudo, José não liquidou os pedidos. De acordo com a CLT, o juiz deve

(A) Conceder prazo de 10 dias para que José sane o vício.
(B) Enviar os autos ao calculista da Vara, que liquidará o pedido.
(C) Arquivar a reclamação trabalhista e condenar o autor em custas.
(D) Prosseguir na reclamação e enfrentar o assunto caso provocado pela ré.

RESPOSTA Questão de fácil resolução. Como José deixou de cumprir uma das exigências previstas na CLT, a reclamação merece a extinção sem análise do mérito, ou seja, o juiz deve determinar o arquivamento do feito, condenando o autor no pagamento de custas, na forma do art. 852-B, I, § 1º. *Alternativa C.*

71. **(VIII Exame)** A respeito do procedimento sumaríssimo no processo do trabalho, assinale a afirmativa correta.

(A) A apreciação da reclamação trabalhista deverá ocorrer no prazo máximo de quinze dias da data de seu ajuizamento.
(B) A citação por edital somente é cabível se esgotadas todas as tentativas de se localizar o reclamado.
(C) As partes devem ser intimadas da sentença por notificação postal.
(D) Não cabe a interposição de recurso de revista.

RESPOSTA (A) Correta (art. 852-B, III, da CLT). (B) Errada, eis que não cabe neste tipo de procedimento citação por edital. (C) Errada, pois as partes serão intimadas da sentença na própria audiência em que prolatada (art. 852-I, § 3º, da CLT). (D) Errada, pois o art. 896, § 6º, prevê a possibilidade do recurso de revista. *Alternativa A.*

72. **(VII Exame)** Nos processos trabalhistas submetidos ao rito sumaríssimo, é correto afirmar que

(A) Não cabe a produção de prova pericial.
(B) A citação por edital somente será permitida se efetivamente for comprovado pelo autor que o réu se encontra em local incerto ou desconhecido.
(C) O recurso ordinário terá parecer circunstanciado escrito do Ministério Público do Trabalho nos casos em que o desembargador relator entender estritamente necessário, diante da existência de interesse público a ser tutelado.
(D) Se submetem ao rito sumaríssimo as causas cujo valor não exceda a quarenta vezes o salário mínimo vigente na data do ajuizamento da ação.

RESPOSTA (A) Errada (art. 85-H, § 4º, da CLT). (B) Errada, pois não há que se falar em citação por edital (art. 852-B, II, da CLT). (C) Errada (art. 895, § 1º, III, da CLT). (D) Correta (art. 852-A da CLT). *Alternativa D.*

73. **(XVIII Exame)** Em sede de reclamação trabalhista sob o rito sumaríssimo, as testemunhas do autor não compareceram à audiência, apesar de convidadas verbalmente por ele. Na audiência, nada foi comprovado acerca da alegação do convite às testemunhas. Diante disso, assinale a afirmativa correta.

(A) A audiência deverá prosseguir, pois não cabe a intimação das testemunhas, uma vez que não foi comprovado o convite a elas.

(B) As testemunhas deverão ser intimadas porque a busca da verdade real é um princípio que deve sempre prevalecer.

(C) As testemunhas deverão ser conduzidas coercitivamente, porque não se admite que descumpram seu dever de cidadania.

(D) O feito deverá ser adiado para novo comparecimento espontâneo das testemunhas.

RESPOSTA Na forma do art. 852-H, § 3º, da CLT, em sede de procedimento sumaríssimo somente será deferida intimação de testemunha quando a parte comprovar que convidou a mesma. Com base no alegado na questão, nada foi comprovado, assim, a audiência deverá prosseguir. *Alternativa A.*

74. **(XX Exame)** Em audiência trabalhista sob o rito sumaríssimo, o advogado da ré aduziu que suas testemunhas estavam ausentes. Sem apresentar qualquer justificativa ou comprovante de comunicação às testemunhas, requereu o adiamento do feito.

Diante disso, estando presentes as testemunhas do autor, o juiz indagou do advogado do autor se ele concordava ou não com o adiamento, requerendo justificativa. Sobre o caso relatado, na qualidade de advogado do autor, assinale a afirmativa correta.

(A) Deve concordar com o adiamento, já que ausentes as testemunhas, essas poderão ser intimadas para comparecimento na próxima audiência.

(B) Deve se opor ao adiamento, requerendo o prosseguimento do feito, pois, não havendo comprovação do convite às testemunhas, a audiência não poderá ser adiada para intimação das mesmas.

(C) Deve se opor ao adiamento imediato, requerendo a oitiva de suas testemunhas e protestar por depoimentos pessoais para, na próxima audiência, serem ouvidas as testemunhas da ré.

(D) Deve concordar com o adiamento, pois a lei não exige justificativa ou comprovação de convite às testemunhas.

RESPOSTA O § 3º do art. 852-H da CLT responde a questão de forma direta. Em sede de procedimento sumaríssimo só ocorrerá intimação das testemunhas se a parte comprovar que as convidou. Como na questão restou claro que a parte não comprovou o convite, deve a parte contrária se opor ao adiamento da audiência. *Alternativa B.*

75. **(XXVII Exame)** Juca ajuizou ação trabalhista em face da sua ex-empregadora, empresa privada do ramo de mineração. Paulo também ajuizou ação, mas em face de seu ex-empregador, uma empresa de prestação de serviços, e do Município de Nova Iguaçu, no Rio de Janeiro, para quem prestou serviços, requerendo a responsabilização subsidiária. Os respectivos advogados atribuíram o valor correspondente a 20 salários mínimos à causa de Juca e de 15 salários mínimos à causa de Paulo. Diante disso, assinale a afirmativa correta.

(A) A causa de Juca correrá sob o procedimento sumaríssimo e a de Paulo, sob o ordinário.

(B) Ambas as causas correrão sob o procedimento sumaríssimo.

(C) Ambas as causas correrão sob o procedimento ordinário.

(D) A causa de Juca correrá sob o procedimento ordinário e a de Paulo, sob o sumaríssimo.

RESPOSTA Em primeiro momento, cabe destacar que, na forma do art. 852-A da CLT, estão submetidas ao procedimento sumaríssimo as causas de até 40 salários mínimos. Observa-se claramente na questão que as duas reclamações não ultrapassam o teto de 40 salários mínimos, porém, somente a causa ajuizada por Juca correria pelo procedimento sumaríssimo, isto porque a causa de Paulo também é direcionada em face da Administração Pública Direta (Município de Nova Iguaçu), logo não pode correr pelo procedimento sumaríssimo (art. 852-A, parágrafo único, CLT). Assim, a reclamação de Juca seguirá pelo sumaríssimo e a reclamação de Paulo pelo procedimento ordinário. *Alternativa A.*

76. **(XXX Exame)** Em sede de reclamação trabalhista proposta por Sávio, os pedidos liquidados somaram valor inferior a 40 salários mínimos nacionais. A ação foi movida em face do ex-empregador e da União, em razão de alegação de responsabilidade subsidiária. Sobre o caso apresentado, assinale a opção que indica o procedimento a ser seguido.

(A) A ação correrá sob o rito sumaríssimo, pois cabível o rito especial para qualquer parte na Justiça do Trabalho, desde que o valor da causa seja compatível.

(B) A ação correrá sob o rito ordinário, porque, em que pese o valor da causa, figura ente de direito público no polo passivo.

(C) A ação correrá no rito ordinário, mas, caso a primeira ré não seja encontrada, não será possível realizar a citação por edital, em vista de a segunda ré ser a União.

(D) A ação correrá no rito sumaríssimo, e, em caso de prova testemunhal, cada parte terá direito a ouvir até três testemunhas.

RESPOSTA Questão de fácil solução, diante de previsão expressa da CLT. O art. 852-A em seu *caput* deixa clara a ideia que as reclamações trabalhistas de até 40 salários-mínimos serão submetidas ao procedimento sumaríssimo. Por outro lado, o parágrafo único do referido artigo expressa que a Administração Pública direta não pode figurar em polo passivo no Procedimento Sumaríssimo. Como Sávio demandou também a União, deverá ajuizar a reclamação pelo Procedimento Ordinário. *Alternativa B.*

V. PROVAS

77. **(XVI Exame)** Jairo requereu adicional de periculosidade em ação trabalhista movida em face de seu empregador. A gratuidade de justiça foi deferida e o perito realizou o laudo para receber ao final da demanda, tudo nos termos e nas limitações de valores fixados pelo Conselho Superior da Justiça do Trabalho. Contudo, não foi constatada atividade em situação que ensejasse o pagamento do adicional pretendido. Diante disso, assinale a afirmativa correta.

(A) A União fica responsável pelo pagamento dos honorários periciais.

(B) Como Jairo é beneficiário da gratuidade de justiça, está isento do pagamento de custas; logo, não poderá custear os honorários do perito, que ficam dispensados.

(C) A parte ré fica responsável pelo custeio da perícia, face à inversão do ônus da prova pela hipossuficiência do empregado.

(D) Jairo deverá custear os honorários parceladamente ou compensá-los com o que vier a receber no restante da demanda.

RESPOSTA Os honorários periciais devem ser suportados pela parte sucumbente no objeto da perícia, de acordo com o art. 790-B da CLT. Quando a atividade perigosa não é constatada, a responsabilidade pelo pagamento é do reclamante, mas se este for detentor dos benefícios da gratuidade de justiça, a responsabilidade pelo pagamento é da União na forma da Súmula 457 do TST. A partir da vigência da Lei n. 13.467/2017 (reforma trabalhista), ainda que a parte seja detentora da gratuidade de justiça poderá arcar com os honorários de perito (nova redação do art. 790-B da CLT). *Alternativa A.*

78. **(XV Exame)** Simone, ré em uma demanda trabalhista ajuizada por sua ex-empregada doméstica, em audiência una requereu ao juiz o adiamento para juntada de documento suplementar, que não conseguiu obter, pois se referia ao depoimento prestado pela ora autora em outro processo como testemunha, no qual confessava nunca haver laborado em horário extraordinário. O documento não foi obtido por Simone, pois, logo após a audiência daquele processo, os autos seguiram para conclusão, sem que fosse permitido a ela o acesso ao depoimento. O juiz da causa ora em audiência indeferiu o adiamento requerido por Simone, e, ao sentenciar, condenou-a ao pagamento de horas extras. No prazo de recurso ordinário, Simone finalmente teve acesso ao documento que comprovava a inexistência do labor extraordinário. Diante da situação apresentada, assinale a afirmativa correta.

(A) Simone poderá juntar o documento no recurso ordinário.

(B) Não cabe juntada do documento em recurso ordinário.

(C) Precluiu a possibilidade de produção da prova documental por Simone.

(D) Simone só poderia juntar o documento em embargos de declaração.

RESPOSTA Na forma da Súmula 8 do TST, a juntada de documentos na fase recursal só se justifica quando provado o justo impedimento para sua oportuna apresentação ou se referir a fato posterior à sentença. No caso apresentado, Simone só não juntou o documento antes, por real impedimento. Assim, o documento poderia ser juntado em sede de Recurso Ordinário. *Alternativa A.*

79. **(XXIV Exame)** Rodolfo Alencar ajuizou reclamação trabalhista em desfavor da sociedade empresária Sabonete Silvestre Ltda. Em síntese, ele afirma que cumpria longa jornada de trabalho, mas que não recebia as horas extras integralmente. A defesa nega o fato e advoga que toda a sobrejornada foi escorreitamente paga, nada mais sendo devido ao reclamante no particular. Na audiência designada, cada parte conduziu duas testemunhas, que começaram a ser ouvidas pelo juiz, começando pelas do autor. Após o magistrado fazer as perguntas que desejava, abriu oportunidade para que os advogados fizessem indagações, e o patrono do autor passou a fazer suas perguntas diretamente à testemunha, contra o que se opôs o juiz, afirmando que as perguntas deveriam ser feitas a ele, que, em seguida, perguntaria à testemunha. Diante do incidente instalado e de acordo com o regramento da CLT, assinale a afirmativa correta.

(A) Correto o advogado, pois, de acordo com o CPC, o advogado fará perguntas diretamente à testemunha.

(B) A CLT não tem dispositivo próprio, daí porque poderia ser admitido tanto o sistema direto quanto o indireto.

(C) A CLT determina que o sistema seja híbrido, intercalando perguntas feitas diretamente pelo advogado, com indagações realizadas pelo juiz.

(D) Correto o magistrado, pois a CLT determina que o sistema seja indireto ou presidencial.

RESPOSTA Questão facilmente respondida com base na redação do art. 820 da CLT: "Art. 820. As partes e testemunhas serão inquiridas pelo juiz ou presidente, podendo ser reinquiridas, por seu intermédio, a requerimento dos vogais, das partes, seus representantes ou advogados". Ou seja, no Processo do Trabalho, as testemunhas não são inquiridas diretamente pelas partes, mas sim por intermédio do juiz. *Alternativa D.*

80. **(XIV Exame)** Sandro Vieira ajuizou reclamação trabalhista contra a empresa Trianon Bebidas e Energéticos Ltda. pleiteando o pagamento de horas extras, pois alegou trabalhar de 2ª feira a sábado, das 9h às 19h, com intervalo de uma hora para refeição. Em defesa, a ré negou a jornada descrita na petição inicial, mas não juntou os controles de ponto. Em audiência, ao ser interrogado, o preposto informou que a ré possuía 18 empregados no estabelecimento. Diante da situação retratada, e considerando o entendimento consolidado do TST, assinale a opção correta.

(A) Aplica-se a pena de confissão pela ausência de juntada dos controles, sendo então considerada verdadeira a jornada da petição inicial, na qual o juiz irá se basear na condenação de horas extras.

(B) Haverá inversão do ônus da prova, que passará a ser da empresa, prevalecendo a jornada da inicial se dele não se desincumbir com sucesso.

(C) Diante do impasse, e considerando que, com menos de 20 empregados, a empresa não é obrigada a manter controle escrito dos horários de entrada e saída dos empregados, o juiz decidirá a quem competirá o ônus da prova.

(D) A falta de controle quando a empresa possui mais de 10 empregados é situação juridicamente imperdoável, o que autoriza o indeferimento da oitiva das testemunhas da empresa porventura presentes à audiência.

RESPOSTA O ônus de provar a realização de horas extras, em regra, é do autor, porém, se a empresa possuir mais de 10 empregados, inverte-se o ônus na forma do art. 74, § 2º, da CLT, e Súmula 338, I, do TST. Quando a empresa não junta os controles de ponto, ou quando eles são considerados inválidos, ocorre a presunção de veracidade da jornada alegada pelo autor, porém, tal presunção não é absoluta, eis que pode ser combatida por outros meios de prova. No caso em questão, por mais que a empresa não tivesse apresentado os controles de ponto, ela poderia ilidir o alegado pelo autor por outros meios de prova. *Alternativa B.*
*Na época da questão, o art. 74, § 2º, previa a necessidade de o empregador ter controle de ponto quando a empresa tivesse mais de 10 (dez) empregados. Atualmente a empresa só terá tal obrigação se tiver mais de 20 (vinte) empregados. "§ 2º Para os estabelecimentos com mais de 20 (vinte) trabalhadores será obrigatória a anotação da hora de entrada e de saída, em registro manual, mecânico ou eletrônico, conforme instruções expedidas pela Secretaria Especial de Previdência e Trabalho do Ministério da Economia, permitida a pré-assinalação do período de repouso. (Redação dada pela Lei n. 13.874, de 2019)"

81. **(XII Exame)** Carlos Alberto foi caixa numa instituição bancária e ajuizou reclamação trabalhista, postulando o pagamento de horas extras, já que em uma das agências, na qual trabalhou por dois anos, cumpria jornada superior à legal. Em contestação, foram apresentados os controles, que não continham sobrejornada, e por essa razão foram expressamente impugnados pelo acionante. Na instrução, o banco não produziu prova, mas Carlos Alberto conduziu uma testemunha que com ele trabalhou sete meses na agência em questão e ratificou a jornada mais extensa declarada na petição inicial. Diante desta situação e de acordo com o entendimento consolidado do TST, assinale a afirmativa correta.

(A) Uma vez que a testemunha trabalhou com o autor somente sete meses, este é o limite de tempo que limitará eventual condenação.

(B) Se o juiz se convencer, pela prova testemunhal, que a sobrejornada ocorreu nos dois anos, poderá deferir as horas extras em todo o período.

(C) Uma vez que a testemunha trabalhou com o autor em período inferior à metade do tempo questionado, não poderá ser fator de convencimento acerca da jornada.

(D) Considerando que os controles foram juntados, uma única testemunha não poderia servir de prova da jornada cumprida.

RESPOSTA Questão que levou em consideração a literalidade da OJ 233 da SDI-1, que prevê expressamente: "233. HORAS EXTRAS. COMPROVAÇÃO DE PARTE DO

PERÍODO ALEGADO (nova redação) – *DJ* 20.04.2005. A decisão que defere horas extras com base em prova oral ou documental não ficará limitada ao tempo por ela abrangido, desde que o julgador fique convencido de que o procedimento questionado superou aquele período". Assim, o juiz não está vinculado a deferir as horas extras só pelo período em que os empregados trabalharam juntos. Logo, a alternativa que melhor se coaduna com a redação da OJ é a *alternativa B*.

82. **(I Exame)** Em determinada reclamação trabalhista, o preposto da empresa reclamada não soube responder às perguntas formuladas pelo juiz e pelo advogado do reclamante na audiência de instrução e argumentou que não possuía conhecimento específico a respeito dos fatos que estavam sendo tratados no processo. O advogado da empresa juntou à contestação diversos documentos na audiência inaugural. Nessa situação hipotética,

(A) A prova pré-constituída nos autos pode ser considerada para o confronto com a confissão ficta.
(B) A empresa deve ser declarada confessa, independentemente de ter juntado defesa e documentos.
(C) O juiz, antes de aplicar a penalidade de confissão, deve determinar à empresa que apresente novas provas ao processo.
(D) O juiz deve designar nova audiência, determinando que a empresa nomeie preposto que conheça os fatos abordados no processo.

RESPOSTA Na forma da Súmula 74, II, do TST, os documentos juntados na audiência inaugural podem servir para confrontar com a confissão ficta. *Alternativa A.*

83. **(VII Exame)** Arlindo dos Santos ajuizou ação trabalhista em face do seu antigo empregador, pleiteando adicional de insalubridade e indenização por danos morais. Nas suas alegações contidas na causa de pedir, Arlindo argumentou que trabalhou permanentemente em contato com produtos químicos altamente tóxicos, o que lhe acarretou, inclusive, problemas de saúde. Em contestação, o réu negou veementemente a existência de condições insalubres e, por consequência, a violação do direito fundamental à saúde do empregado, não apenas porque o material utilizado por Arlindo não era tóxico, como também porque ele sempre utilizou equipamento de proteção individual (luvas e máscara). Iniciada a fase instrutória, foi feita prova pericial. Ao examinar o local de trabalho, o perito constatou que o material usado por Arlindo não era tóxico como mencionado por ele na petição inicial. Entretanto, verificou que o autor trabalhou submetido a níveis de ruído muito acima do tolerado e sem a proteção adequada. Assim, por força desse outro agente insalubre não referido na causa de pedir, concluiu que o autor fazia jus ao pagamento do adicional pleiteado com o percentual de 20%. Com base nessa situação concreta, é correto afirmar que o juiz deve julgar

(A) improcedente o pedido de pagamento de adicional de insalubridade, uma vez que está vinculado aos fatos constantes da causa de pedir, tal como descritos pelo autor na petição inicial.
(B) procedente em parte o pedido de pagamento de adicional de insalubridade, concedendo apenas metade do percentual sugerido pelo perito, haja vista a existência de agente insalubre distinto daquele mencionado na causa de pedir.
(C) improcedente o pedido de pagamento de adicional de insalubridade, uma vez que a existência de ruído não é agente insalubre.
(D) procedente o pedido de pagamento de adicional de insalubridade, uma vez que a constatação de agente insalubre distinto do mencionado na causa de pedir não prejudica o pedido respectivo.

RESPOSTA Questão facilmente respondida com base na Súmula 293 do TST. Quando a perícia verificar agente insalubre diverso do apontado na inicial, não prejudica o pedido de adicional de insalubridade. *Alternativa D.*

84. **(VII Exame)** Josenildo da Silva ajuizou reclamação trabalhista em face da empresa Arca de Noé Ltda., postulando o pagamento de verbas resilitórias, em razão de dispensa imotivada; de horas extraordinárias com adicional de 50% (cinquenta por cento); das repercussões devidas em face da percepção de parcelas salariais não contabilizadas e de diferenças decorrentes de equiparação salarial com paradigma por ele apontado. Na defesa, a reclamada alega que, após discussão havida com colega de trabalho, o reclamante não mais retornou à empresa, tendo sido surpreendida com o ajuizamento da ação; que a empresa não submete seus empregados a jornada extraordinária; que jamais pagou qualquer valor ao reclamante que não tivesse sido contabilizado e que não havia identidade de funções entre o autor e o paradigma indicado. Considerando que a ré possui 10 (dez) empregados e que não houve a juntada de controles de ponto, assinale a alternativa correta.

(A) Cabe ao reclamante o ônus de provar a dispensa imotivada.
(B) Cabe à reclamada o ônus da prova quanto à diferença entre as funções do equiparando e do paradigma.
(C) Cabe ao reclamante o ônus de provar o trabalho extraordinário.

(D) Cabe à reclamada o ônus da prova no tocante à ausência de pagamento de salário não contabilizado.

RESPOSTA (A) Errada. Cabe ao reclamado comprovar que o empregado abandonou o serviço (Súmula 212 do TST). (B) Errada, eis que o ônus é do reclamante. (C) Correta. Como a empresa não tem mais de 20 (vinte) empregados (art. 74, § 2º, da CLT c/c Súmula 338 do TST), o ônus de comprovar a jornada extraordinária é do autor, eis que cabe a ele a prova do fato constitutivo de direito (art. 818 da CLT c/c art. 373 do CPC/2015). (D) Errada, pois o ônus é do reclamante. *Alternativa C.*

85. **(VI Exame – Reaplicação)** No Processo do Trabalho, em relação ao ônus da prova, assinale a alternativa correta.

(A) É do empregador quanto à alegação de inexistência de vínculo de emprego, se admitida a prestação de serviços com outra qualidade.

(B) É sempre do empregador nas reclamações versando sobre horas extras.

(C) É sempre da parte que fizer a alegação, não importando o comportamento da parte contrária a respeito.

(D) É sempre do empregador nas reclamações versando sobre equiparação salarial.

RESPOSTA (A) Quando o empregador alega um fato extintivo, modificativo ou impeditivo, atrai para si o ônus da prova (art. 818 da CLT c/c art. 373, II, do CPC/2015). A Súmula 212 do TST também é tema corrente em prova acerca do tema provas. (B) Errada, pois o ônus em regra é do empregado. (C) Errada, por força dos argumentos já apresentados na introdução dos comentários. (D) Errada, pois o ônus em regra é do empregado. *Alternativa A.*

86. **(VI Exame)** Cíntia Maria ajuiza reclamação trabalhista em face da empresa Tictac (Ltda.), postulando o pagamento de horas extraordinárias, aduzindo que sempre labutou no horário das 8 às 19 horas de segunda a sexta-feira, sem intervalo intrajornada. A empresa-ré oferece contestação, impugnando o horário indicado na inicial, afirmando que a autora sempre laborou no horário das 9 às 17 horas, com 1 hora de pausa alimentar, asseverando ainda que os controles de ponto que acompanham a defesa não indicam a existência de labor extraordinário. À vista da defesa ofertada e dos controles carreados à resposta do réu, a parte autora, por intermédio de seu advogado, impugna os registros de frequência porque não apresentam qualquer variação no registro de entrada e saída, assim como porque não ostentam sequer a pré-assinalação do intervalo intrajornada. Admitindo-se a veracidade das argumentações do patrono da parte autora e com base na posição do TST acerca da matéria, é correto afirmar que

(A) Compete ao empregado o ônus de comprovar o horário de trabalho indicado na inicial, inclusive a supressão do intervalo intrajornada, a teor do disposto no art. 818 da CLT.

(B) Diante da impugnação apresentada, inverte-se o ônus probatório, que passa a ser do empregador, prevalecendo o horário da inicial, se dele não se desincumbir por outro meio probatório, inclusive no que se refere à ausência de intervalo intrajornada.

(C) Em se tratando de controles de ponto inválidos, ao passo que não demonstram qualquer variação no registro de entrada e saída, não poderá a ré produzir qualquer outra prova capaz de confirmar suas assertivas, porquanto a prova documental é a única capaz de demonstrar a jornada de trabalho cumprida.

(D) Diante da impugnação apresentada, inverte-se o ônus probatório, que passa a ser do empregador, prevalecendo o horário da inicial, se dele não se desincumbir, exceto quanto ao intervalo intrajornada, cujo ônus probatório ainda pertence à parte autora.

RESPOSTA A Súmula 338, III, deixa claro que o controle de ponto uniforme (britânico) é ilegítimo como meio de prova, invertendo-se o ônus da prova. Logo, temos presunção relativa de que o horário alegado pelo reclamante é o verídico. O mesmo raciocínio se dá em relação ao intervalo. *Alternativa B.*

87. **(V Exame)** A respeito da prova testemunhal no processo do trabalho, é correto afirmar que

(A) Em se tratando de ação trabalhista pelo rito ordinário ou sumaríssimo, as partes poderão ouvir no máximo três testemunhas cada; sendo inquérito, o número é elevado para seis.

(B) Apenas as testemunhas arroladas previamente poderão comparecer à audiência a fim de serem ouvidas.

(C) No processo do trabalho sumaríssimo, a simples ausência da testemunha na audiência enseja a sua condução coercitiva.

(D) As testemunhas comparecerão à audiência independentemente de intimação e, no caso de não comparecimento, serão intimadas *ex officio* ou a requerimento da parte.

RESPOSTA Alternativa (A) errada (art. 821 da CLT). Alternativa (B) errada (art. 825 da CLT). Alternativa (C) errada, pois só ocorrerá a condução coercitiva se a testemunha for intimada e não comparecer (art. 852-H, § 3º, da CLT). Alternativa (D) na forma do art. 825 da CLT. *Alternativa D.*

88. **(III Exame)** Contratado para trabalhar no Município de Boa-Fé pela empresa X, Marcos da Silva, residente no Município de Última Instância, estava obrigado a utilizar duas linhas de ônibus para ir e para voltar do trabalho para casa, ao custo de R$ 16,00 por dia. Em virtude dos gastos com as passagens, Marcos requereu ao seu empregador que lhe fornecesse vale-transporte, ao que lhe foi dito que seria providenciado. Passados oito meses, Marcos foi dispensado sem justa causa, recebendo as verbas resilitórias, sem qualquer menção ao vale-transporte. Inconformado, Marcos ajuizou ação trabalhista pleiteando o pagamento de vale-transporte, pois nunca recebeu essa prestação. Em contestação, o empregador alegou que Marcos nunca fez qualquer requerimento nesse sentido, apesar de morador de outro município da região metropolitana. Em face dessa situação concreta, assinale a alternativa correta relativa à distribuição do ônus da prova.

(A) Cabe ao empregador apresentar todos os requerimentos de vale-transporte feitos pelos seus empregados, a fim de comprovar que Marcos não efetuou o seu próprio requerimento.

(B) Cabe a Marcos demonstrar que satisfez os requisitos indispensáveis à obtenção do vale-transporte.

(C) Cabe ao juiz determinar de ofício que o empregador apresente todos os requerimentos de vale-transporte feitos pelos seus empregados, a fim de comprovar que Marcos não o efetuou.

(D) Não há mais provas a serem produzidas, devendo o juiz indeferir qualquer requerimento nesse sentido.

RESPOSTA À época da questão, a OJ 215 da SDI-1 expressava que o ônus de comprovar o requerimento do vale-transporte era do empregador, porém tal OJ foi cancelada, o que deixa a questão sem gabarito. Lembrando que a banca tinha considerado a *alternativa B* como gabarito correto, mas atualmente as *alternativas A* e *C* seriam mais razoáveis.

89. **(II Exame)** Marcos foi contratado para o cargo de escriturário de um banco privado. Iniciada sua atividade, Marcos percebeu que o gerente lhe estava repassando tarefas alheias à sua função. A rigor, conforme constava do quadro de carreira da empresa devidamente registrado no Ministério do Trabalho e Emprego, as atribuições que lhe estavam sendo exigidas deveriam ser destinadas ao cargo de tesoureiro, cujo nível e cuja remuneração eram bem superiores. Esta situação perdurou por dois anos, ao fim dos quais Marcos decidiu ajuizar uma ação trabalhista em face do seu empregador. Nela, postulou uma obrigação de fazer – o seu reenquadramento para a função de tesoureiro – e o pagamento das diferenças salariais do período. Diante desta situação jurídica, é correto afirmar que:

(A) O pedido está inepto, uma vez que este é um caso típico de equiparação salarial e não houve indicação de paradigma.

(B) O pedido deve ser julgado improcedente, uma vez que a determinação das atividades, para as quais o empregado está obrigado, encontra-se dentro do *jus variandi* do empregador.

(C) O pedido deve ser julgado procedente, se for demonstrado, pelo empregado, que as suas atividades correspondiam, de fato, àquelas previstas abstratamente na norma interna da empresa para o cargo de tesoureiro.

(D) O pedido deve ser julgado procedente em parte, uma vez que só a partir da decisão judicial que determine o reenquadramento é que o empregado fará jus ao aumento salarial.

RESPOSTA A questão trata, na verdade, de hipótese de reenquadramento e/ou desvio funcional. Para que Marcos tenha direito às diferenças salariais, deverá comprovar que realizava atividades previstas na norma interna da empresa para o cargo de tesoureiro. *Alternativa C.*

90. **(II Exame)** Com relação às provas no processo do trabalho, assinale a alternativa correta.

(A) As testemunhas devem ser necessariamente arroladas pelas partes dentro do prazo estabelecido pelo juiz, a fim de que sejam notificadas para comparecimento à audiência.

(B) Cada uma das partes não pode indicar mais de três testemunhas, inclusive nas causas sujeitas ao procedimento sumaríssimo, salvo quando se tratar de inquérito para apuração de falta grave, caso em que este número pode ser elevado a seis.

(C) Na hipótese de deferimento de prova técnica, é vedada às partes a apresentação de peritos assistentes.

(D) Nas causas sujeitas ao procedimento sumaríssimo, somente quando a prova do fato o exigir, ou for legalmente imposta, será deferida prova técnica, incumbindo ao juiz, desde logo, fixar o prazo, o objeto da perícia e nomear perito.

RESPOSTA (A) Errada (art. 825 da CLT). (B) Errada (art. 821 da CLT c/c art. 852-H, § 2º, da CLT). (C) Errada (art. 852-H, § 4º, da CLT c/c art. 826 da CLT). (D) Correta, pois em perfeita consonância com o previsto no art. 852-H, § 4º, da CLT. *Alternativa D.*

91. **(XI Exame)** Após trabalhar como empregado durante 6 meses, Paulo ajuizou reclamação trabalhista em face de sua ex-empregadora, a empresa Alfa Beta Ltda., pretendendo horas extras, nulidade do pedido de demissão por coação, além de adicional de insalubridade. Na primeira audiência o feito foi contestado, negando a ré o trabalho extraordinário, a coação e a atividade insalubre. Foram juntados controles de ponto e carta de próprio punho de Paulo pedindo demissão, documentos estes que foram impugnados pelo autor. Não foi produzida a prova técnica (perícia). Para a audiência de prosseguimento, as partes estavam intimadas pessoalmente para depoimentos pessoais, sob pena de confissão, mas não compareceram, estando presentes apenas os advogados. Declarando as partes que não têm outras provas a produzir, o Juiz encerrou a fase de instrução, seguindo o processo concluso para sentença. Com base nestas considerações, analise a distribuição do ônus da prova e assinale a afirmativa correta.

(A) A ausência das partes gera a confissão ficta recíproca, devendo ser aplicada a regra de que para os fatos constitutivos cabe o ônus da prova ao autor, e para os extintivos, modificativos e impeditivos, o ônus será do réu. Assim, todos os pedidos deverão ser julgados improcedentes.

(B) Não há confissão em razão da presença dos advogados. Mas não havendo outras provas, os pedidos deverão ser julgados improcedentes.

(C) Em razão da confissão, presumem-se verdadeiros os fatos alegados. Tal aliado ao princípio da proteção ao hipossuficiente leva à presunção de que Paulo foi coagido a pedir demissão, trabalhava extraordinariamente e faz jus ao adicional de insalubridade. Logo, os pedidos procedem.

(D) Em razão da confissão, os pedidos de horas extras e nulidade do pedido de demissão procedem. Porém, improcede o de adicional de insalubridade, pois necessária a prova pericial para configurar o grau de insalubridade. Logo, este pleito improcede.

RESPOSTA No caso em questão temos a aplicação da confissão ficta recíproca, ou seja, cada parte torna-se confessa em relação à prova que deveria produzir. Cabe ressaltar que todos os requerimentos deveriam ser comprovados pelo autor, e como ele não terá como comprovar o que alegou, os pedidos devem ser julgados improcedentes. Logo, a única alternativa correta é a letra A. *Alternativa A.*

92. **(XVII Exame)** A papelaria Monte Fino Ltda. foi condenada numa reclamação trabalhista movida pelo ex-empregado Sérgio Silva. Uma das parcelas reivindicadas e deferidas foi o 13º salário, que a sociedade empresária insistia haver pago, mas não tinha o recibo em mãos porque houve um assalto na sociedade empresária, quando os bandidos levaram o cofre, as matérias primas e todos os arquivos com a contabilidade e os documentos da sociedade empresária. Recuperados os arquivos pela polícia, agora, no momento do recurso, a Monte Fino Ltda. pretende juntar o recibo provando o pagamento, inclusive porque a sentença nada mencionou acerca da possível dedução de valores pagos sob o mesmo título.

De acordo com o caso apresentado e o entendimento jurisprudencial consolidado, assinale a afirmativa correta.

(A) É possível a juntada do documento no caso concreto, porque provado o justo impedimento para sua oportuna apresentação.

(B) O momento de apresentação da prova documental já se esgotou, não sendo possível fazê-lo em sede de recurso.

(C) Pelo princípio da primazia da realidade, qualquer documento pode ser apresentado com sucesso em qualquer grau de jurisdição, inclusive na fase de execução, independentemente de justificativa.

(D) Há preclusão, e o juiz não pode aceitar a produção da prova em razão do princípio da proteção, pois isso diminuiria a condenação.

RESPOSTA Em regra geral não haveria possibilidade de juntada de documentos em esfera recursal, porém pode a parte acostar documentos quando ficar comprovado o justo impedimento para sua oportuna apresentação, como foi exatamente o caso da questão. A Súmula 8 do TST traz, ainda, a possibilidade de juntada de documentos em recurso quando o fato for posterior a sentença. *Alternativa A.*

93. **(XVIII Exame)** A empresa XPTO Ltda., necessitando dispensar empregado estável, ajuizou inquérito para apuração de falta grave em face de seu empregado. No dia da audiência, a empresa apresentou seis testemunhas, protestando pela oitiva de todas. O empregado apresentou três testemunhas, afirmando ser este o limite na Justiça do Trabalho.

Assinale a alternativa que mostra qual advogado agiu da forma determinada na CLT.

(A) O advogado da empresa agiu corretamente, pois trata-se de inquérito para apuração de falta grave.

(B) O juiz determinou que a empresa dispensasse três das seis testemunhas, pois é necessário o equilíbrio com a outra parte. Logo, ambos os advogados agiram corretamente, levando o número de testemunhas que entendiam cabível.

(C) O advogado do empregado está correto, pois o limite de testemunhas para o processo de rito ordinário é de três para cada parte.

(D) Os dois advogados se equivocaram, pois o limite legal é de três por processo no rito ordinário, sendo as testemunhas do juízo.

RESPOSTA Na forma do art. 821 da CLT, o inquérito para apuração de falta grave comporta a indicação de até 6 (seis) testemunhas, logo correta a atitude do advogado da empresa. O limite de três testemunhas se dá no procedimento ordinário. *Alternativa A.*

94. **(XVIII Exame)** Marcos ajuizou reclamação trabalhista em face de sua ex-empregadora, a sociedade empresária Cardinal Roupas Ltda., afirmando ter sofrido acidente do trabalho (doença profissional). Em razão disso, requereu indenização por danos material e moral. Foi determinada a realização de perícia, que concluiu pela ausência de nexo causal entre o problema sofrido e as condições ambientais. Na audiência de instrução, foram ouvidas cinco testemunhas e colhidos os depoimentos pessoais. Com base na prova oral, o juiz se convenceu de que havia o nexo causal e os demais requisitos para a responsabilidade civil, pelo que deferiu o pedido.

Diante da situação retratada, e em relação aos honorários periciais, assinale a afirmativa correta.

(A) O trabalhador sucumbiu no objeto da perícia feita pelo *expert*, de modo que pagará os honorários.

(B) Uma vez que a perícia não identificou o nexo causal, mas o juiz, sim, os honorários serão rateados entre as partes.

(C) A empresa pagará os honorários, pois foi sucumbente na pretensão objeto da perícia.

(D) Não havendo disposição a respeito, ficará a critério do juiz, com liberdade, determinar quem pagará os honorários.

RESPOSTA Questão bem interessante, mas que gerou muita discussão. A redação do art. 790-B da CLT expressa que os honorários do perito deverão ser pagos pelo sucumbente na pretensão objeto da perícia. Observa-se que, embora a perícia não tenha constatado o nexo causal, o autor foi vencedor no pedido que era intenção da perícia, logo o encargo caberá à empresa. *Alternativa C.*

95. **(XIX Exame)** José ajuizou reclamação trabalhista em face da sociedade empresária ABCD Ltda., requerendo horas extras. A sociedade empresária apresentou contestação negando as horas extras e juntou os cartões de ponto, os quais continham horários variados de entrada e saída, marcados por meio de relógio de ponto. O advogado do autor impugnou a documentação.

Com base no caso apresentado, assinale a afirmativa correta.

(A) Na qualidade de advogado do autor, você não precisará produzir qualquer outra prova, pois já impugnou a documentação.

(B) Na qualidade de advogado da ré, você deverá produzir prova testemunhal, já que a documentação foi impugnada.

(C) Na qualidade de advogado do autor, o ônus da prova será do seu cliente, razão pela qual você deverá produzir outros meios de prova em razão da sua impugnação à documentação.

(D) Dada a variação de horários nos documentos, presumem-se os mesmos inválidos diante da impugnação, razão pela qual só caberá o ônus da prova à empresa ré.

RESPOSTA Conforme se verifica claramente na questão, o reclamado apresentou cartões de ponto não britânicos, eis que os mesmos possuíam marcações de horários variáveis. Desta forma, o reclamado não atraiu para si o ônus da prova. Como foi o reclamante quem impugnou os cartões, cabe ao mesmo o ônus da prova. *Alternativa C.*

96. **(XX Exame)** Paulo é juridicamente pobre, razão pela qual teve a gratuidade de justiça deferida em sede de reclamação trabalhista ajuizada em face de seu empregador, na qual pleiteava adicional de periculosidade. No curso do processo, o perito constatou que o local de trabalho não era perigoso, uma vez que Paulo não trabalhava em condição que ensejasse o pagamento do adicional de periculosidade. Diante disso, assinale a opção que indica a quem cabe custear os honorários periciais.

(A) Paulo deverá realizar o pagamento, pois honorários periciais não se incluem na gratuidade de justiça, que alcança apenas as custas.

(B) A sociedade empresária deverá pagar a perícia, já que Paulo não tem condições de fazê-lo.

(C) A União será a responsável pelo pagamento dos honorários periciais.

(D) O perito deverá se habilitar como credor de Paulo até que esse tenha condição de custear a perícia.

RESPOSTA Mais uma questão de fácil solução e bem objetiva do exame, eis que levou em consideração previsão expressa na Súmula 457 do TST. O pagamento dos honorários periciais na Justiça do Trabalho em regra cabe à parte sucumbente (art. 790-B da CLT). Paulo foi sucumbente, porém, é beneficiário da gratuidade de justiça, logo, a responsabilidade pelo pagamento fica a cargo da União. A partir da vigência da Lei n. 13.467/2017 (reforma trabalhista), ainda que a parte seja detentora da gratuidade de justiça poderá arcar com os honorários de perito (nova redação do art. 790-B da CLT). A União só paga se na forma do § 4º: "Somente no caso em que o beneficiário da justiça gratuita não tenha obtido em juízo créditos capazes de suportar a despesa referida no *caput*, ainda que em outro processo, a União responderá pelo encargo". *Alternativa C.*

97. **(XX Exame – Reaplicação)** O juiz, em sede de reclamação trabalhista, após ouvir os depoimentos pessoais das partes, deu início à oitiva de testemunha da parte ré, já que o autor não produziu a prova testemunhal. Como as três testemunhas da empresa permaneceram na sala de audiência durante toda a audiência, o juiz ouviu cada uma delas sem que as outras se retirassem. De acordo com a CLT, assinale a opção que indica o procedimento a ser adotado pelo advogado da parte autora.

(A) Deverá ser requerida a invalidação dos depoimentos.

(B) Não há nada a ser requerido, pois o procedimento foi normal visando à celeridade e à economia processual.

(C) Deverá ser requerido o adiamento da audiência para a produção de prova testemunhal pelo autor.

(D) Deverá ser requerida a oitiva das testemunhas como informantes.

RESPOSTA Na forma do art. 824 da CLT: "O juiz ou presidente providenciará para que o depoimento de uma testemunha não seja ouvido pelas demais que tenham de depor no processo". Logo, deve o advogado requerer a invalidação dos depoimentos. *Alternativa A.*

98. **(XXI Exame)** Em pedido de reenquadramento formulado em reclamação trabalhista, foi designada perícia, com honorários adiantados pelo autor, e ambas as partes indicaram assistentes técnicos. Após a análise das provas, o pedido foi julgado procedente.

Diante da situação, da legislação em vigor e do entendimento consolidado do TST, assinale a afirmativa correta.

(A) O autor, tendo se sagrado vencedor, será ressarcido pelos honorários pagos ao perito e ao seu assistente técnico.

(B) O autor não terá o ressarcimento dos honorários que pagou ao seu assistente técnico, porque sua indicação é faculdade da parte.

(C) O autor, segundo previsão da CLT, terá o ressarcimento integral dos honorários pagos ao perito e metade daquilo pago ao seu assistente técnico.

(D) O juiz, inexistindo previsão legal ou jurisprudencial, deverá decidir se os honorários do assistente técnico da parte serão ressarcidos.

RESPOSTA Na forma da Súmula 341 do TST, a responsabilidade pelo pagamento dos honorários do perito assistente é da parte que o indica, mesmo que vencedora no objeto da perícia. Como foi o autor quem indicou o profissional, ele deve custear o valor dos honorários. *Alternativa B.*

99. **(XXI Exame)** Um empregado ajuizou reclamação trabalhista postulando o pagamento de vale transporte, jamais concedido durante o contrato de trabalho, bem como o FGTS não depositado durante o pacto laboral.

Em contestação, a sociedade empresária advogou que, em relação ao vale transporte, o empregado não satisfazia os requisitos indispensáveis para a concessão; no tocante ao FGTS, disse que os depósitos estavam regulares.

Em relação à distribuição do ônus da prova, diante desse panorama processual e do entendimento consolidado pelo TST, assinale a afirmativa correta.

(A) O ônus da prova, em relação ao vale transporte, caberá ao reclamante e, no tocante ao FGTS, à reclamada

(B) O ônus da prova para ambos os pedidos, diante das alegações, será do reclamante.

(C) O ônus da prova, em relação ao vale transporte, caberá ao reclamado e, no tocante ao FGTS, ao reclamante.

(D) O ônus da prova para ambos os pedidos, diante das alegações, será da sociedade empresária.

RESPOSTA Na forma das Súmulas 460 e 461 do TST, o ônus da prova é do empregador, ou seja, da sociedade empresária. Cabe, ainda, asseverar a regra prevista nos arts. 818 da CLT e 373 do CPC. *Alternativa D.*

100. **(XXIII Exame)** Rômulo ajuizou ação trabalhista em face de sua ex-empregadora, a empresa Análise Eletrônica Ltda. Dentre outros pedidos, pretendeu indenização por horas extras trabalhadas e não pagas, férias vencidas não gozadas, nem pagas, e adicional de periculosidade. Na audiência, foi requerida e deferida a perícia, a qual foi custeada por Rômulo, que se sagrou vitorioso no respectivo pedido. Contudo, os pedidos de horas extras e férias foram julgados improcedentes. Rômulo também indicou e custeou assistente técnico, que cobrou o mesmo valor de honorários que o perito do juízo.

Observados os dados acima e o disposto na CLT, na qualidade de advogado(a) que irá orientar Rômulo acerca do custeio dos honorários periciais e do assistente técnico, assinale a afirmativa correta.

(A) Tendo Rômulo sido vitorioso no objeto da perícia, não há que se falar em pagamento de honorários periciais e do assistente técnico, pois a ré os custeará.

(B) Independentemente do resultado no objeto da perícia, como ao final o rol de pedidos foi parcialmente procedente, Rômulo custeará os honorários periciais e do assistente técnico.

(C) Em virtude da aplicação do princípio da celeridade, descabe a indicação de assistente técnico no processo do trabalho, não cabendo a aplicação subsidiária do CPC nesse mister.

(D) Tendo Rômulo sido vitorioso no objeto da perícia, os honorários periciais serão custeados pela parte sucumbente no seu objeto, porém os honorários do assistente técnico serão de responsabilidade da parte que o indicou.

RESPOSTA Aqui, verificamos duas situações distintas: 1 – Pagamento dos honorários do perito, que ficam a cargo de quem é sucumbente no objeto da perícia, na forma do art. 790-B da CLT. Como quem perdeu no objeto da perícia foi a empresa, ela paga os honorários; 2 – Pagamento dos honorários do assistente técnico, que na forma da Súmula 341 do TST é de responsabilidade de quem indicou. Quem indicou foi o Rômulo, logo ele paga os honorários. *Alternativa D.*

VI. NULIDADES

101. **(V Exame)** A respeito das nulidades no processo do trabalho, é correto afirmar que

(A) Declarada a nulidade, por qualquer fundamento, todos os atos processuais posteriores serão nulos.

(B) As partes poderão alegar nulidade enquanto estiver aberta a instrução, mesmo que já tenham tido oportunidade de manifestação nos autos.

(C) É desnecessária a provocação da parte para a declaração da nulidade.

(D) Só serão considerados nulos os atos que alegadamente causarem manifesto prejuízo às partes litigantes.

RESPOSTA (A) Errada (arts. 797 e 798 da CLT). (B) Errada (art. 795 da CLT). (C) Errada (art. 795 da CLT). (D) O princípio do prejuízo ou da transcendência informa que só haverá nulidade quando resultar prejuízo às partes, na forma do art. 794 da CLT. *Alternativa D.*

VII. EXCEÇÕES

102. **(XIII Exame)** Paulo ajuizou reclamação trabalhista em face de sua ex-empregadora, a empresa Ouropuro Ltda. No dia da audiência, a ré apresentou exceção de incompetência em razão do lugar, aduzindo fatos que eram desconhecidos até então pelo advogado de Paulo.

De modo a possibilitar a melhor defesa de Paulo e para evitar o possível acolhimento da exceção, de acordo com a legislação trabalhista, assinale a opção que indica o procedimento correto a ser adotado.

(A) Deverá ser requerido prazo de 10 dias para manifestação com o consequente adiamento da audiência.

(B) Deverá o juiz conceder prazo a Paulo por 24 horas para manifestação, prolatando a sentença da exceção de incompetência na primeira audiência.

(C) O juiz deverá adiar a audiência para a decisão, não sendo cabível a concessão de prazo à parte contrária, para manifestação.

(D) O juiz apreciará imediatamente a arguição de exceção de incompetência, não havendo previsão de concessão de prazo a Paulo, já que as audiências são unas.

RESPOSTA Questão prejudicada pela redação do art. 800 da CLT, com base na Lei n. 13.467/2017.

103. **(XXIV Exame)** Em sede de processo trabalhista, após o trânsito em julgado da sentença e elaborada a conta de liquidação, foi aberto prazo de 10 dias para que as partes se manifestassem sobre a mesma. Contudo, o réu não se manifestou, e o autor concordou com a conta do juízo, que foi homologada. Considerada essa hipótese, em sede de embargos à execução do réu, interposto 05 dias após a garantia do juízo, este pretende discutir a conta de liquidação, aduzindo incorreção nos valores. Você, como advogado (a) do autor deverá, em resposta,

(A) Suscitar a preclusão do direito aos embargos à execução e expor as razões pelas quais entende pela validade dos cálculos do juízo.

(B) Suscitar apenas que a conta está correta.

(C) Suscitar a intempestividade dos embargos.

(D) Suscitar apenas que a conta está correta e requerer o levantamento dos valores incontroversos.

RESPOSTA Na forma do art. 879, § 2º, da CLT, abrindo o juiz prazo para as partes se manifestarem, e estas mantendo-se inertes, ocorre a preclusão. Ou seja, o réu deveria ter se manifestado no momento em que lhe foi concedida a oportunidade. *Alternativa A.*

104. **(VI Exame – Reaplicação)** Em relação às exceções processuais, assinale a alternativa correta.

(A) No processo trabalhista, entre as exceções previstas em lei, a de suspeição suspende o processo, com abertura de vista ao exceto por 24 horas improrrogáveis, devendo a decisão ser proferida na primeira audiência ou sessão que se seguir.
(B) No processo trabalhista, em face dos princípios da celeridade da simplicidade, as exceções não suspendem o processo, devendo ser decididas na sentença que a ele põe termo.
(C) No processo trabalhista, são cabíveis as exceções de incompetência absoluta ou relativa e de suspeição, devendo ser decididas na sentença que põe termo ao processo.
(D) No processo trabalhista, a incompetência relativa e a suspeição do juiz devem ser arguidas como matéria de defesa e decididas somente na sentença que põe termo ao processo.

RESPOSTA (A) Na hipótese de exceção de suspeição, o juiz ou tribunal designará audiência, dentro de 48 horas, para instrução e julgamento da exceção. A banca considerou como correta, mas não concordamos. (B) Errada (art. 799 da CLT). (C) Errada (arts. 800 e 802 da CLT). (D) Errada (art. 799, § 1º, da CLT c/c arts. 800 e 802 da CLT). A questão não foi anulada; *alternativa A.*

105. **(XVIII Exame)** Na qualidade de advogado de Mauro, você ajuizou reclamação trabalhista no local da prestação de serviços do empregado. Entretanto, o advogado da empresa ré, na audiência, apresentou exceção de incompetência em razão do lugar. Diante disso, à luz da CLT,
(A) O autor-exceto terá 24 horas improrrogáveis para se manifestar.
(B) O juiz julgará independentemente da manifestação da parte contrária, pois não há previsão para tanto em razão do princípio da celeridade.
(C) O autor-exceto terá prazo de 48 horas para manifestação.
(D) O autor-exceto poderá se manifestar até a sessão de julgamento da exceção de incompetência.

RESPOSTA Questão prejudicada pela redação do art. 800 da CLT, com base na Lei n. 13.467/2017.

VIII. COMISSÕES DE CONCILIAÇÃO PRÉVIA

106. **(XI Exame)** Félix trabalhou na empresa Só Patinhas Pet Shop de 3-1-2011 a 15-6-2011, quando recebeu aviso prévio indenizado. Em 10-7-2013 procurou a comissão de conciliação prévia de sua categoria, reclamando contra a ausência de pagamento de algumas horas extras. A sessão foi designada para 20-7-2013, mas a empresa não compareceu. Munido de declaração neste sentido, Félix ajuizou reclamação trabalhista em 22-7-2013 postulando as referidas horas extraordinárias. Em defesa, a ré arguiu prescrição bienal. A partir dessa situação, assinale a afirmativa correta.
(A) Ocorreu prescrição porque a ação foi ajuizada após dois anos do rompimento do contrato.
(B) Não se cogita de prescrição no caso apresentado, pois com o ajuizamento da demanda perante a Comissão de Conciliação Prévia, o prazo prescricional foi suspenso.
(C) Está prescrito porque o período do aviso prévio não é computado para a contagem de prescrição, pois foi indenizado, e a apresentação de demanda na Comissão de Conciliação Prévia não gera qualquer efeito.
(D) Não se cogita de prescrição no caso apresentado, pois com o ajuizamento da demanda perante a Comissão de Conciliação Prévia, o prazo foi interrompido.

RESPOSTA (A) Incorreta, pois a provocação da CCP suspende o prazo prescricional (art. 625-G). (B) Correta, pois o prazo prescricional foi suspenso com a provocação da CCP (art. 625-G). (C) Incorreta, pois o aviso prévio é computado para contagem da prescrição, na forma da OJ 83 da SDI-1 c/c art. 487, § 1º, da CLT. (D) Incorreta, pois o prazo não é interrompido, e sim suspenso (art. 625-G, da CLT). *Alternativa B.*

IX. PRINCÍPIOS APLICADOS AO PROCESSO DO TRABALHO

107. **(IX Exame)** Um dos princípios norteadores do Processo do Trabalho é o da celeridade, dada a natureza salarial do crédito trabalhista. Entretanto, por força de Lei, algumas causas especiais possuem preferência na tramitação. Das situações listadas a seguir, assinale aquela que terá preferência em todas as fases processuais.
(A) A que será executada contra a União, Estados ou Municípios.
(B) A que será executada perante o juízo da falência.
(C) A que será executada em face de empregador doméstico.
(D) A que será executada em face de empresa pública.

RESPOSTA Na forma do art. 768 da CLT, terá preferência em todas as fases processuais o dissídio cuja decisão tiver de ser executada perante o juízo da falência. *Alternativa B.*

X. ORGANIZAÇÃO, COMPETÊNCIA E JURISDIÇÃO NA JUSTIÇA DO TRABALHO

108. **(XIII Exame)** Pedro, estivador, logo trabalhador avulso, está insatisfeito com os repasses que lhe são feitos pelos trabalhos no Porto de Tubarão. Pretende ajuizar ação em face do operador portuário e do Órgão Gestor de Mão de Obra - OGMO. Como advogado de Pedro, indique a Justiça competente para o processamento e julgamento da demanda a ser proposta.

(A) Justiça Comum Federal, dado que o avulso não tem vínculo de emprego com os réus e a matéria portuária é de âmbito nacional.
(B) Justiça do Trabalho.
(C) Justiça Comum Estadual, pela ausência de relação empregatícia, sendo o avulso uma espécie de trabalhador autônomo.
(D) Poderá optar pela Justiça Comum Estadual ou Justiça do Trabalho, caso pretenda o reconhecimento de vínculo de emprego.

RESPOSTA O ***art. 652, V,*** da CLT prevê expressamente: "Art. 652. Compete às Juntas de Conciliação e Julgamento: (...) V - as ações entre trabalhadores portuários e os operadores portuários ou o Órgão Gestor de Mão de Obra - OGMO decorrentes da relação de trabalho". Assim, a competência seria da Justiça do Trabalho, eis que as Juntas e Conciliação e Julgamento representam a antiga designação de Vara do Trabalho. Como as opções A, C e D não tratam exclusivamente e diretamente da Justiça do Trabalho, não poderiam ser consideradas como corretas. Dentro das alternativas, a única que estaria de acordo com o artigo seria a *alternativa B.*

109. **(I Exame)** Na hipótese de um empregado desejar mover ação de reparação de perdas e danos causados pelo cálculo incorreto do benefício previdenciário por omissão ou equívoco do empregador, o processamento e o julgamento da demanda competirão

(A) À justiça do trabalho.
(B) À justiça federal.
(C) À justiça comum estadual.
(D) Ao Ministério da Previdência Social.

RESPOSTA Na forma do art. 114, VI, da CF, as ações de indenização por dano moral decorrentes da relação de trabalho são de competência da Justiça do Trabalho. *Alternativa A.*

110. **(VIII Exame)** Se for instalado conflito de competência positivo entre dois juízes do Trabalho do Estado de Pernambuco, qual será o órgão competente para julgá-lo?

(A) O TST.
(B) O STJ.
(C) O TRT de Pernambuco.
(D) O STF.

RESPOSTA Como o conflito de competência é entre juízes do Trabalho dentro da mesma jurisdição, o TRT da 6ª Região, ou seja, o TRT de Pernambuco é o competente para julgar, na forma dos arts. 678, c, 3, da CLT, 808, *a*, também da CLT, e 114, V, da CF. Importante que se analisem as Súmulas 180 e 236 do STJ. *Alternativa C.*

111. **(VI Exame – Reaplicação)** Se um empregado é contratado em determinado lugar para prestar serviço em outra localidade, a eventual reclamação trabalhista

(A) Deve ser ajuizada apenas no lugar da prestação dos serviços.
(B) Poderá ser ajuizada no local da contratação ou da prestação dos serviços.
(C) Deve ser ajuizada no lugar da contratação, somente.
(D) Poderá ser ajuizada no local da prestação do serviço ou do domicílio do autor.

RESPOSTA Consideramos a questão de redação não muito cristalina, eis que pela análise do *caput* do art. 651 da CLT poder-se-ia chegar ao gabarito como sendo a letra A, mas a banca examinadora considerou a situação como hipótese prevista no art. 651, § 3º, da CLT, ou seja, o empregado poderia apresentar a reclamação tanto no lugar da contratação como no da prestação de serviços. *Alternativa B.*

112. **(V Exame)** Com relação à competência material da Justiça do Trabalho, é correto afirmar que

(A) Não compete à Justiça do Trabalho, mas à Justiça Federal, o julgamento de ação anulatória de auto de infração lavrado por auditor fiscal do trabalho.
(B) É de competência da Justiça do Trabalho o julgamento das ações ajuizadas em face da Previdência Social que versem sobre litígios ou medidas cautelares relativos a acidentes do trabalho.
(C) De acordo com o entendimento do Superior Tribunal de Justiça, é da competência da Justiça do Trabalho processar e julgar a ação de cobrança ajuizada por profissional liberal contra cliente.
(D) A Justiça do Trabalho é competente para julgar ação ajuizada por sindicato de categoria profissional em face de determinada empresa para que esta seja condenada a repassar-lhe as contribuições assistenciais descontadas dos salários dos empregados sindicalizados.

RESPOSTA (A) Errada (art. 114, VII, da CF). (B) Errada (art. 109 da CF c/c Súmula 501 do STF). (C) Errada (Súmula 363 do STJ). (D) De acordo com o art. 114, III, da CF. *Alternativa D.*

113. **(XVII Exame)** A sociedade empresária Beta S.A. teve a falência decretada durante a tramitação de uma reclamação trabalhista, fato devidamente informado ao juízo. Depois de julgado procedente em parte o pedido de diferenças de horas extras e de parcelas rescisórias, nenhuma das partes recorreu da sentença, que transitou em julgado dessa forma. Teve, então, início a execução, com a apresentação dos cálculos pelo autor e posterior homologação pelo juiz.

Diante da situação, assinale a afirmativa correta.

(A) Há equívoco, pois, a partir da decretação da falência, a ação trabalhista passa a ser da competência do juízo falimentar, que deve proferir a sentença.

(B) O pagamento do valor homologado deverá ser feito no juízo da falência, que é universal.

(C) A execução será feita diretamente na Justiça do Trabalho, porque o título executivo foi criado pelo Juiz do Trabalho.

(D) Essa é a única hipótese de competência concorrente, ou seja, poderá ser executado tanto na Justiça do Trabalho quanto na Justiça comum.

RESPOSTA Na forma do art. 76 da Lei n. 10.101/2005: "O juízo da falência é indivisível e competente para conhecer todas as ações sobre bens, interesses e negócios do falido, ressalvadas as causas trabalhistas, fiscais e aquelas não reguladas nesta Lei em que o falido figurar como autor ou litisconsorte ativo". Assim, resta evidente que a fase de conhecimento deve tramitar na Justiça do Trabalho. Porém, após o trânsito em julgado de sentenças condenatórias proferidas em face de empregadores falidos, os créditos do trabalhador serão pagos pelo juízo falimentar, obedecida a ordem do art. 83 da Lei n. 10.101/2005. *Alternativa B.*

114. **(XIX Exame)** Hudson ajuizou ação na Justiça do Trabalho na qual postula exclusivamente diferenças na complementação de sua aposentadoria. Hudson explica que, durante 35 anos, foi empregado de uma empresa estatal e contribuiu para o ente de previdência privada fechada, da qual a ex-empregadora é instituidora e patrocinadora. Ocorre que, ao longo do tempo, os empregados da ativa tiveram reajustes salariais que não foram observados na complementação da aposentadoria de Hudson, gerando diferenças, que agora o autor cobra tanto da ex-empregadora quanto do ente de previdência privada.

Considerando o caso e de acordo com a CLT, assinale a afirmativa correta.

(A) O processo deverá ser remetido pelo Juiz do Trabalho para a justiça estadual.

(B) A reclamação trabalhista deverá ser extinta sem resolução do mérito por falta de competência.

(C) A ação trabalhista deverá ter curso normal, com citação e designação de audiência para produção de provas.

(D) O destino do feito dependerá dos termos da contestação, pois pode haver prorrogação de competência.

RESPOSTA O STF nos Recursos Extraordinários n. 586.453 e 583.050 se manifestou no sentido de considerar competente a ***Justiça Comum para julgar casos de previdência complementar privada***. *Alternativa A.*

115. **(XXIX Exame)** Considere as situações a seguir.

I. Victor é um artista mirim e precisa de autorização judicial para poder participar de uma peça cinematográfica como ator coadjuvante.

II. A empresa FFX Ltda. foi multada por um auditor fiscal do trabalho e deseja anular judicialmente o auto de infração, alegando vícios e nulidades.

III. O empregado Regis teve concedido pelo INSS auxílio-doença comum, mas entende que deveria receber auxílio-doença acidentário, daí por que pretende a conversão judicial do benefício.

IV. Jonilson, advogado, foi contratado por um cliente para o ajuizamento de uma ação de despejo, mas esse cliente não pagou os honorários contratuais que haviam sido acertados.

Diante da norma de regência acerca da competência, assinale a opção que indica quem deverá ajuizar ação na Justiça do Trabalho para ver seu pleito atendido.

(A) Victor e Jonilson

(B) Regis e a empresa FFX Ltda.

(C) Victor e Regis

(D) Apenas a empresa FFX Ltda.

RESPOSTA A única opção em que a competência claramente é da Justiça do Trabalho é o item II, ou seja, na forma do art. 114, VII, da CF, a Justiça do Trabalho é competente para julgar as ações relativas às penalidades administrativas impostas aos empregadores pelos órgãos de fiscalização das relações de trabalho. As alternativas I, III e IV tratam de questões que não são de competência da Justiça do Trabalho. *Alternativa D.*

116. **(XXIII Exame)** Cristóvão trabalhava na sociedade empresária Solventes Químicos S/A como motorista de empilhadeira. Ocorre que, em uma viagem de lazer feita nas férias, Cristóvão sofreu um acidente automobilístico e veio a óbito. Cristóvão deixou viúva, com quem era casado há 28 anos pelo regime da comunhão parcial de bens, e cinco filhos, sendo três deles maiores de 21 anos e capazes, e dois menores de 21 anos. Diante da tragédia ocorrida, a sociedade empresária calculou as verbas devidas em razão da extinção contratual decorrente da morte e pretende efetuar o pagamento a quem de direito.

De acordo com a legislação de regência, assinale a opção que contempla os beneficiários dessa verba.

(A) Somente a esposa e os filhos menores, por serem dependentes previdenciários passíveis de habilitação junto ao INSS, dividirão igualmente a verba decorrente do contrato de trabalho.

(B) A viúva e todos os filhos são sucessores, motivo pelo qual a verba deverá ser rateada igualmente entre todos, conferindo-se isonomia.

(C) A viúva, por ser herdeira e meeira, ficará com 50% da indenização pela ruptura do contrato de trabalho, dividindo-se o restante, igualmente, entre os filhos.

(D) A Lei não é clara sobre quem deve receber a indenização, razão pela qual caberá ao juiz, no caso concreto e verificando a necessidade de cada herdeiro, fazer a divisão justa e equânime.

RESPOSTA Questão, em nosso sentir, um pouco mal formulada. Na forma do art. 1º da Lei n. 6.858/80, a divisão deveria ser em partes iguais aos dependentes habilitados perante a Previdência Social e, na sua falta, aos sucessores previstos na lei civil, indicados em alvará judicial, independentemente de inventário ou arrolamento. O problema é que em nenhum momento a banca deixa claro se ocorreu habilitação ou não, ou dá maiores informações. A banca acabou utilizando como regra o Decreto n. 3.048/99, e considerou como dependentes os previstos na alternativa "A". *Alternativa A.*

XI. ACORDO E CONCILIAÇÃO NA JUSTIÇA DO TRABALHO

117. **(XIV Exame)** Plínio, empregado da Padaria Pão Bom Ltda., insatisfeito com o trabalho, procurou seu empregador pedindo para ser mandado embora. O empregador aceitou a proposta, desde que tudo fosse realizado por intermédio de um acordo na Justiça do Trabalho, motivo pelo qual foi elaborada ação trabalhista pedindo verbas rescisórias. No dia da audiência, as partes disseram que se conciliaram, mas o juiz, ao indagar Plínio, compreendeu o que estava ocorrendo e decidiu não homologar o acordo. Para a hipótese, assinale a opção correta.

(A) Plínio deverá impetrar Mandado de Segurança para obter a homologação do acordo.

(B) A homologação do acordo é faculdade do juiz, que poderá não homologá-lo.

(C) Sendo a conciliação um princípio do processo do trabalho, deverá o processo ser remetido para outra Vara para homologação por outro juiz.

(D) Plínio deverá interpor reclamação correicional para obter a homologação do acordo.

RESPOSTA A Súmula 418 do TST expressa claramente que o juiz tem a faculdade da concessão de liminar ou da homologação de acordo, assim, inexiste direito líquido e certo tutelável pela via do mandado de segurança. Em outras palavras, o juiz não tem a obrigação de formalizar o acordo. *Alternativa B.*

118. **(XII Exame)** Pedro realizou um acordo em reclamação trabalhista que moveu contra o seu ex-empregador, conferindo quitação quanto ao extinto contrato de trabalho e, em contrapartida, recebeu, no ato da homologação judicial, a quantia de R$ 2.500,00 em espécie. Dez dias após, Pedro arrependeu-se de ter aceitado a transação, entendendo que a quantia recebida seria inferior a que faria jus.

Considerando as circunstâncias do caso e de acordo com o entendimento legal e jurisprudencial, assinale a afirmativa correta.

(A) Pedro poderá ajuizar ação rescisória, no prazo de dois anos, cujo prazo se inicia oito dias após a homologação do acordo.

(B) Pedro poderá ajuizar ação anulatória, buscando o desfazimento do ato jurídico.

(C) Pedro nada poderá fazer, pois houve trânsito em julgado, impedindo recursos, além do que o motivo apresentado não autoriza ação rescisória.

(D) Pedro poderá ajuizar nova ação, postulando outros direitos que não aqueles postulados na ação que redundou no acordo, permitindo a dedução dos R$ 2.500,00 recebidos.

RESPOSTA Na forma do art. 831 da CLT, o acordo homologado em juízo é irrecorrível para as partes, podendo, da decisão que homologa o acordo, interpor recurso à União. A Súmula 259 do TST, entretanto, diz caber ação rescisória para impugnar o acordo. Ocorre que o motivo apresentado por Pedro não é autorizador para o ajuizamento da Ação Rescisória, pois não se encontra no rol do art. 966 do CPC/2015. Logo, a única alternativa que está de acordo com a legislação e jurisprudência vigente é a *alternativa C.*

119. **(IX Exame – Reaplicação)** A decisão judicial que homologa acordo entre as partes não pode ser objeto de recurso ordinário interposto pelo próprio reclamante ou reclamado em razão, especificamente, da

(A) Preclusão lógica.
(B) Preclusão consumativa.
(C) Lealdade processual.
(D) Boa-fé objetiva.

RESPOSTA A preclusão lógica nas palavras do doutrinador Carlos Henrique Bezerra Leite (*Curso de Direito Processual do Trabalho*, 10. ed. São Paulo: LTr, p. 74): "É a perda da prática de um ato, por estar em contradição com atos anteriores, ofendendo a lógica do comportamento das partes. A preclusão lógica, portanto, ocorre quando a parte pratica um ato incompatível com o já praticado...". Logo, com base no conceito apresentado e na questão fornecida, o gabarito é a *alternativa A*.

120. **(XX Exame – Reaplicação)** Feito o pregão em reclamação trabalhista, as partes sentam à mesa de audiência com seus respectivos advogados e informam ao juiz que conciliaram. Analisando os termos da petição inicial, o juiz entende que a proposta de acordo é lesiva ao trabalhador, e informa que em razão disso não irá homologá-la. Sobre o caso apresentado, de acordo com a CLT e o entendimento consolidado do TST, assinale a afirmativa correta.

(A) Agiu incorretamente o juiz, pois se as partes desejam o acordo e estão assistidas, essa vontade precisa ser respeitada.
(B) A negativa de homologação do acordo por parte de um juiz obriga aos demais magistrados, inclusive os substitutos, em razão do princípio da unidade.
(C) O juiz cometeu uma impropriedade, pois necessitaria, de acordo com a CLT, da presença do Ministério Público do Trabalho para negar a homologação ao acordo.
(D) Correta a atitude judicial porque a homologação de um acordo é faculdade do magistrado.

RESPOSTA Questão de simples solução e que levou em consideração a redação da Súmula 418 do TST: "MANDADO DE SEGURANÇA VISANDO À HOMOLOGAÇÃO DE ACORDO (nova redação em decorrência do CPC de 2015) – Res. 217/2017 – DEJT divulgado em 20, 24 e 25.04.2017

A homologação de acordo constitui faculdade do juiz, inexistindo direito líquido e certo tutelável pela via do mandado de segurança". Assim, resta evidente que o juiz não estava obrigado a realizar o acordo. *Alternativa D.*

121. **(XXVI Exame)** Gustavo foi empregado da empresa Pizzaria Massa Deliciosa. Após a extinção do seu contrato, ocorrida em julho de 2018, as partes dialogaram e confeccionaram um termo de acordo extrajudicial, que levaram à Justiça do Trabalho para homologação. O acordo em questão foi assinado pelas partes e por um advogado, que era comum às partes. Considerando o caso narrado, segundo os ditames da CLT, assinale a afirmativa correta.

(A) Viável a homologação do acordo extrajudicial, porque fruto de manifestação de vontade das partes envolvidas.
(B) Não será possível a homologação, porque empregado e empregador não podem ter advogado comum.
(C) Impossível a pretensão, porque, na Justiça do Trabalho, não existe procedimento especial de jurisdição voluntária, mas apenas contenciosa.
(D) Para a validade do acordo proposto, seria necessário que o empregado ganhasse mais de duas vezes o teto da Previdência Social.

RESPOSTA Inovação trazida pela Reforma Trabalhista, a CLT em seu art. 855-B trata da homologação do acordo extrajudicial pela Justiça do Trabalho. O § 1º do citado artigo informa a respeito da proibição das partes serem representadas pelo mesmo advogado: "Art. 855-B (...) § 1º As partes não poderão ser representadas por advogado comum". *Alternativa B.*

122. **(XXIX Exame)** Augusto foi empregado de uma lavanderia por 2 anos, tendo sido desligado em setembro de 2018. Após receber as verbas da ruptura, procurou um advogado com a intenção de ajuizar reclamação trabalhista para postular horas extras não recebidas durante o pacto laboral. Após a entrevista e colheita de todas as informações, o advogado de Augusto entrou em contato com a ex-empregadora na tentativa de formular um acordo, que, após debatido e negociado, teve sucesso e foi reduzido a termo. Então, as partes ajuizaram uma homologação de acordo extrajudicial na Justiça do Trabalho, em petição conjunta assinada pelo advogado de cada requerente, mas que não foi homologado pelo juiz, por este entender que o valor da conciliação era desfavorável ao trabalhador. Desse modo, o magistrado extinguiu o feito sem resolução do mérito. Diante da situação e dos termos da CLT, assinale a afirmativa correta.

(A) Agiu corretamente o juiz, porque não há previsão desse tipo de demanda na Justiça do Trabalho.
(B) As partes poderão interpor recurso ordinário da decisão que negou a homologação desejada.

(C) Augusto e seu ex-empregador deverão propor novamente a ação, que deverá ser levada à livre distribuição para outro juízo.
(D) Nada poderá ser feito na ação proposta, porque o juiz não é obrigado a homologar acordo.

RESPOSTA Com a chegada da Lei n. 13.467/2017 (Reforma Trabalhista), foi introduzido o art. 855-B da CLT; este dispositivo passou a prever a possibilidade das partes homologarem na Justiça do Trabalho o acordo extrajudicial. Conforme relatado na questão, as partes cumpriram os requisitos previstos em lei e, tendo em vista que o juiz proferiu uma decisão sem resolução do mérito, caberia a interposição do Recurso Ordinário (art. 895, CLT). *Alternativa B.*

123. **(XXX Exame)** Wilma foi dispensada sem justa causa e recebeu a indenização correspondente do ex-empregador. Ela, no entanto, alega ter direito a uma equiparação salarial com um colega que realizava as mesmas atividades. Em razão disso, Wilma procura você, como advogado(a), e, com sua assessoria, dá início a um acordo extrajudicial com o ex-empregador. O acordo é materializado em documento, especificando o valor e a identificação da parcela, sendo assinado pelas partes e seus respectivos advogados, e levado à Justiça do Trabalho para homologação. Contudo, a juíza do caso nega-se a homologar o acordo, argumentando que ele seria lesivo à trabalhadora, proferindo decisão nesse sentido. Diante disso, e de acordo com a norma legal, assinale a opção que indica a medida processual adequada para buscar a reforma da decisão proferida.

(A) Não há medida cabível, por se tratar de decisão interlocutória.
(B) Recurso Ordinário.
(C) Mandado de Segurança.
(D) Novo pedido de homologação de acordo extrajudicial idêntico, mas agora dirigido para outra Vara.

RESPOSTA Com a chegada da Lei n. 13.467/2017 (Reforma Trabalhista), foi introduzido o art. 855-B da CLT; este dispositivo passou a prever a possibilidade das partes homologarem na Justiça do Trabalho o acordo extrajudicial. Conforme relatado na questão, as partes cumpriram os requisitos previstos em lei e, tendo em vista que o juiz proferiu uma decisão de não homologação do acordo, caberia a interposição do Recurso Ordinário (art. 895, I da CLT). *Alternativa B.*

124. **(XXXI Exame)** José da Silva, que trabalhou em determinada sociedade empresária de 20/11/2018 a 30/04/2019, recebeu, apenas parcialmente, as verbas rescisórias, não tendo recebido algumas horas extras e reflexos. A sociedade empresária pretende pagar ao ex-empregado o que entende devido, mas também quer evitar uma possível ação trabalhista. Sobre a hipótese, na qualidade de advogado(a) da sociedade empresária, assinale a afirmativa correta.

(A) Deverá ser indicado e custeado um advogado para o empregado, a fim de que seja ajuizada uma ação para, então, comparecerem para um acordo, que já estará previamente entabulado no valor pretendido pela empresa.
(B) Deverá ser instaurado um processo de homologação de acordo extrajudicial, proposto em petição conjunta, mas com cada parte representada obrigatoriamente por advogado diferente.
(C) Deverá ser instaurado um processo de homologação de acordo extrajudicial, proposto em petição conjunta, mas cada parte poderá ser representada por advogado, ou não, já que, na Justiça do Trabalho, vigora o *jus postulandi.*
(D) Deverá ser instaurado um processo de homologação de acordo extrajudicial, proposto em petição conjunta, mas com advogado único representando ambas as partes, por se tratar de acordo extrajudicial.

RESPOSTA Na forma do art. 855-B, § 1º, da CLT, é possível, desde a chegada da reforma trabalhista (Lei n. 13.467/2017), a homologação de acordo extrajudicial na Justiça do Trabalho. Porém, um dos requisitos para que ocorra a submissão da demanda é que as partes estejam representadas por advogado, sendo certo que os postulantes não podem estar representados por advogado em comum. *Alternativa B.*

XII. PRESCRIÇÃO E DECADÊNCIA

125. **(XX Exame)** Carlos tinha 17 anos quando começou a trabalhar na sociedade empresária ABCD Ltda. No dia seguinte ao completar 18 anos foi dispensado. A sociedade empresária pagou as verbas rescisórias, mas não pagou as horas extras trabalhadas ao longo de todo o contrato de trabalho.

Para o caso apresentado, na qualidade de advogado de Carlos, assinale a afirmativa correta.

(A) A ação deverá ser ajuizada no prazo de dois anos contados da dispensa.
(B) Sendo Carlos menor na época da contratação e durante quase todo o pacto laboral, não corre prescrição bienal, iniciando-se a quinquenal a partir da data da dispensa.
(C) A ação deverá ser proposta no prazo de cinco anos após a dispensa, já que Carlos era menor quando da contratação, não correndo prescrição.

(D) Não há prazo prescricional para ajuizamento da ação, pois não corre prescrição para o empregado menor e Carlos trabalhou sempre nessa condição.

RESPOSTA A banca tentou confundir o candidato a atrair a aplicação da regra do art. 440 da CLT, ou seja, acreditar que não haveria que se falar em prescrição. Porém, cabe destacar que, ao tempo da dispensa, Carlos já era maior, o que faz concluir claramente a aplicação do inciso XXIX do art. 7º da Constituição Federal. Assim, a contar da dispensa, o empregado teria a aplicação da prescrição bienal. *Alternativa A.*

126. **(XXIV Exame)** Um empregado de 65 anos foi admitido em 10/05/2011 e dispensado em 10/01/2013. Ajuizou reclamação trabalhista em 05/12/2016, postulando horas extras e informando, na petição inicial, que não haveria prescrição porque apresentara protesto judicial quanto às horas extras em 04/06/2015, conforme documentos que juntou aos autos.

Diante da situação retratada, considerando a Lei e o entendimento consolidado do TST, assinale a afirmativa correta.

(A) A prescrição ocorreu graças ao decurso do tempo e à inércia do titular.

(B) A prescrição foi interrompida com o ajuizamento do protesto.

(C) A prescrição ocorreu, porque não cabe protesto judicial na seara trabalhista.

(D) A prescrição não corre para os empregados maiores de 60 anos.

RESPOSTA A contar da extinção do contrato de trabalho, o empregado tem até 2 (dois) anos para ajuizar a reclamação trabalhista. Verifica-se claramente na questão que tanto o protesto como a reclamação foram ajuizados após o prazo bienal (art. 7º, XXIX, CF). Logo, há que se falar em prescrição. Cabe destacar que o protesto judicial é admitido na Justiça do Trabalho na forma da OJ 392 da SDI-1. *Alternativa A.*

XIII. AÇÃO RESCISÓRIA

127. **(III Exame)** Determinada turma do Tribunal Superior do Trabalho não conheceu de recurso de revista interposto pela empresa Alfa Empreendimentos Ltda. em razão de a decisão recorrida (proferida por Tribunal Regional do Trabalho em sede de recurso ordinário, em dissídio individual) estar em perfeita consonância com enunciado de súmula de direito material daquela Corte Superior. Transcorrido *in albis* o prazo recursal, essa decisão transitou em julgado. Na condição de advogado contratado pela respectiva empresa, para ajuizamento de ação rescisória, é correto afirmar que a decisão rescindenda será a proferida pelo

(A) Tribunal Regional do Trabalho, em recurso ordinário, tendo competência originária para o seu julgamento o próprio Tribunal Regional do Trabalho.

(B) Tribunal Superior do Trabalho, que não conheceu do recurso de revista, tendo competência originária uma das turmas do próprio Tribunal Superior do Trabalho.

(C) Tribunal Regional do Trabalho, em recurso ordinário, tendo competência originária para o seu julgamento a Seção Especializada em Dissídios Individuais do Tribunal Superior do Trabalho.

(D) Tribunal Superior do Trabalho, que não conheceu do recurso de revista, tendo competência originária a Seção Especializada em Dissídios Individuais do próprio Tribunal Superior do Trabalho.

RESPOSTA A ação rescisória deve ser ajuizada contra a última decisão de mérito proferida. A competência é disciplinada no art. 678 da CLT e será do Tribunal que prolatou a respectiva decisão rescindenda. No caso em questão, cabe destacar que a Súmula 192, II, do TST, reconhece ser meritória a decisão que não conhece de recurso de embargos ou de revista, analisando arguição de violação de dispositivo de lei material ou decidindo em consonância com súmula de direito material ou com iterativa, notória e atual jurisprudência de direito material das SDIs. Assim, a competência para julgar a ação rescisória é do TST. *Alternativa D.*

128. **(II Exame)** Segundo a legislação e a jurisprudência sobre a ação rescisória no Processo do Trabalho, assinale a afirmativa correta.

(A) A decisão que extingue o processo sem resolução de mérito, uma vez transitada em julgado, é passível de corte rescisório.

(B) É ajuizada independentemente de depósito prévio, em razão da previsão específica do Processo do Trabalho.

(C) Quando for de competência originária de Tribunal Regional do Trabalho, admitirá o recurso de revista para o Tribunal Superior do Trabalho.

(D) A sentença de mérito proferida por prevaricação, concussão ou corrupção do juiz, uma vez transitada em julgado, é passível de corte rescisório.

RESPOSTA A ação rescisória tem previsão no art. 836 da CLT. A sua utilização só é cabível contra decisões meritórias, ou seja, decisões em que se verificou o trânsito em julgado material. As hipóteses de cabimento encontram-se previstas no art. 966 do CPC/2015. O art. 966, I, do CPC/2015 traz a prevaricação, concussão ou corrupção do julgador como passíveis do corte rescisório. *Alternativa D.*

XIV. DISSÍDIO COLETIVO

129. **(XVI Exame)** Julgado dissídio coletivo entre uma categoria profissional e a patronal, em que foram concedidas algumas vantagens econômicas à categoria dos empregados, estas não foram cumpridas de imediato pela empresa Alfa Ltda. Diante disso, o sindicato profissional decidiu ajuizar ação de cumprimento em face da empresa. Sobre o caso apresentado, assinale a afirmativa correta.

(A) Deverá aguardar o trânsito em julgado da decisão, para ajuizar a referida ação.
(B) Poderá ajuizar a ação, pois o trânsito em julgado da sentença normativa é dispensável.
(C) Não juntada a certidão de trânsito em julgado da sentença normativa, o feito será extinto sem resolução de mérito.
(D) Incabível a ação de cumprimento, no caso.

RESPOSTA Na forma da Súmula 246 do TST, é dispensável o trânsito em julgado da sentença normativa para a propositura da ação de cumprimento. *Alternativa B.*

130. **(XI Exame)** No acordo coletivo em vigor firmado pela empresa Pluma Comércio de Óculos Ltda. existe uma cláusula na qual os seus empregados podem adquirir as mercadorias lá produzidas a preço de custo. Emerson, empregado desta firma, pretendia comprar um par de óculos, mas o empregador exigiu que ele pagasse também o valor da margem mínima de lucro do comércio local. Diante do ocorrido, assinale a alternativa que contempla a ação que, de acordo com a CLT, deverá ser ajuizada por Emerson para fazer prevalecer o seu direito.

(A) Execução de Título Extrajudicial.
(B) Mandado de Segurança.
(C) Ação de Cumprimento.
(D) Ação Monitória.

RESPOSTA Questão de fácil resolução. Tomando por base o art. 872, parágrafo único, da CLT, e a Súmula 286 do TST, a ação cabível será a Ação de Cumprimento. *Alternativa C.*

131. **(XI Exame)** Tendo em vista a proximidade de realização de grande evento na área de esportes, a cidade de Tribobó do Oeste decidiu reformar seu estádio de futebol. Para tanto, após licitação, contratou a empresa Alfa Ltda. para executar a reforma no prazo de um ano. Faltando dois meses para a conclusão da obra e a realização do megaevento, os operários entraram em greve paralisando os trabalhos integralmente. Diante destes fatos, assinale a afirmativa que se coaduna com a legitimidade ativa para instauração do dissídio coletivo.

(A) Tanto a empresa Alfa Ltda. como o Sindicato da categoria dos empregados poderá instaurar a instância, sendo o ato privativo das partes litigantes.
(B) Apenas o Sindicado dos Empregados poderá requerer a instauração do dissídio coletivo, já que se trata do sujeito ativo no caso de greve, sendo a empresa Alfa ré no processo.
(C) Por haver interesse público a legitimidade ativa é exclusiva da empresa e do sindicato, bem como do Ministério Público do Trabalho, em caráter excepcional.
(D) O dissídio poderá ser instaurado pelas partes por representação escrita ao Presidente do Tribunal; bem como por iniciativa do próprio Presidente e, ainda, por requerimento do Ministério Público do Trabalho.

RESPOSTA Na forma da literalidade dos arts. 856 e 857 da CLT c/c o art. 114, § 3º, da CF, a alternativa correta é a letra D. *Alternativa D.*

XV. AUDIÊNCIA, REPRESENTAÇÃO, DEFESA E REVELIA

132. **(XV Exame)** Jorge, que presta serviços a uma companhia aérea na China, é autor de um processo em face da Viação Brasil S/A, sua ex-empregadora. Na data da audiência, Jorge estará, comprovadamente, trabalhando na China. Considerando que Jorge tem interesse no desfecho rápido de seu processo, deverá

(A) Requerer o adiamento para a próxima data.
(B) Dar procuração com poderes específicos ao seu advogado para que este o represente.
(C) Fazer-se representar por outro empregado da mesma profissão ou pelo seu sindicato.
(D) Deixar arquivar a demanda e ajuizar uma nova.

RESPOSTA A ausência injustificada do reclamante à audiência importa o arquivamento do feito. Porém, na forma do art. 843, § 2º, da CLT, se não for possível ao empregado comparecer pessoalmente, como em caso de doença ou motivo ponderoso, devidamente comprovado, poderá fazer-se representar por outro empregado que pertença à mesma profissão, ou pelo seu sindicato. *Alternativa C.*

133. **(XIV Exame)** Determinada audiência, designada para as 10h, só teve início às 12h, ocasião em que o preposto e o advogado da empresa já tinham se ausentado. A pauta de audiências fora pontualmente iniciada pelo juiz; porém, a complexidade de processos e depoimentos gerou atrasos substanciais. A partir da situação sugerida, assinale a opção correta.

(A) Não haverá a revelia, pois o atraso do juiz está limitado a 15 minutos, podendo as partes se retirarem.

(B) Diante do atraso, o juiz deverá adiar a audiência, já que a parte ré está ausente, mas se fez presente no horário inicial.

(C) O juiz deverá aguardar a parte ausente por 15 minutos, pelo princípio da reciprocidade.

(D) A audiência deverá ser realizada normalmente, cabendo a aplicação da revelia e confissão à parte ré.

RESPOSTA Embora o parágrafo único do art. 815 da CLT tenha previsão de possibilidade de retirada das partes, caso o juiz não tenha comparecido em até 15 (quinze) minutos após a hora marcada para o início da audiência, cabe aqui destacar que tal regra deve ser aplicada em relação ao primeiro pregão. Assim, não há que se falar em retirada por atraso quando a pauta foi iniciada pontualmente e o atraso se deu no decorrer das demais audiências. No caso em questão, já que não haveria motivos para ausência das partes, a audiência deve ocorrer normalmente, mas com revelia da parte ré, eis que esta se retirou. *Alternativa D.*

134. **(XII Exame)** Em 10/4/2013 a empresa AlfaBeta Ltda. recebeu cópia da petição inicial de ação em face dela ajuizada, com notificação citatória para audiência no dia 14/4/2013. Nesta data, compareceu apenas o preposto da ré, munido da respectiva carta e carteira de trabalho, sem portar defesa, requerendo oralmente o adiamento da audiência.

A partir do caso apresentado, assinale a afirmativa correta.

(A) O juiz deverá manter a audiência e aplicar a revelia por ausência de defesa.

(B) O juiz deverá adiar a audiência pela exiguidade de tempo entre a citação e a realização da audiência.

(C) O juiz deverá manter a audiência, podendo o preposto apresentar defesa oral no prazo legal de 20 minutos, já que vigora o *jus postulandi*.

(D) Face aos princípios da celeridade e economia processual, o juiz deverá manter a audiência, mas em razão da presença da ré, evidente o ânimo de defesa, não aplicará a revelia.

RESPOSTA A questão leva em consideração o previsto no art. 841, da CLT, ou seja, deve ser respeitado um espaço mínimo de 5 (cinco) dias da notificação e da realização da audiência. Como a notificação ocorreu no dia 10/4 e a audiência foi dia 14/4, resta evidente que não foi observado o prazo mínimo previsto em lei. Assim, o juiz deve adiar a audiência, sendo correta então a *alternativa B.*

135. **(I Exame)** Assinale a opção correta relativamente à resposta do reclamado.

(A) Quando forem notificados para a ação vários reclamados, com diferentes procuradores, o prazo para a contestação será contado em dobro.

(B) De acordo com a CLT, o fato de o juiz ter parentesco por consanguinidade ou afinidade até o terceiro grau civil em relação à pessoa dos litigantes é causa de suspeição, devendo ser questionada, via exceção, no caso de não pronunciamento pelo próprio magistrado.

(C) A perempção, a conexão e a falta de caução ou de outra prestação, que a lei exige como preliminar, podem ser alegadas quando da discussão de mérito.

(D) Cabe ao reclamado manifestar-se precisamente sobre os fatos narrados na petição inicial, presumindo-se verdadeiros os fatos não impugnados, ainda que em contradição com a defesa, considerada em seu conjunto.

RESPOSTA (A) Errada (OJ 310 da SDI-1). (B) Correta (arts. 801 e 802 da CLT). (C) Errada (art. 337 do CPC/2015). (D) Errada (art. 341, III, do CPC/2015). *Alternativa B.*

136. **(I Exame)** Determinada empresa, ao apresentar contestação em processo trabalhista, formulou pedido de concessão da justiça gratuita, alegando dificuldades financeiras, sem a devida comprovação de incapacidade, e anexou, apenas, declaração de miserabilidade firmada por seu representante legal. A respeito dessa situação hipotética e do benefício da justiça gratuita, assinale a opção correta.

(A) Os benefícios da justiça gratuita só podem ser concedidos aos reclamantes.

(B) A simples alegação de dificuldades financeiras é suficiente para a concessão do referido benefício.

(C) Para que possa usufruir do benefício da justiça gratuita, a empresa em questão deve comprovar a sua condição de miserabilidade.

(D) Pessoas jurídicas não fazem jus aos benefícios da justiça gratuita no processo do trabalho, podendo apenas requerer o pagamento das custas ao final do processo.

RESPOSTA Os benefícios da justiça gratuita podem ser concedidos aos empregados e aos empregadores, ainda que pessoa jurídica, porém em relação a estes últimos (pessoa jurídica) deve haver prova inequívoca da insuficiência econômica, e não mera declaração. *Alternativa C.*

137. **(X Exame)** Em reclamação trabalhista movida contra um município, este não comparece à audiência inaugural. Diante dessa hipótese, assinale a afirmativa correta.

(A) Não se cogita de revelia porque o direito é indisponível.
(B) Aplica-se a revelia contra o ente público.
(C) Não há revelia, mas se aplica a confissão.
(D) O juiz deve designar audiência de instrução, haja vista tratar-se de ente público.

RESPOSTA Nos termos da Orientação Jurisprudencial 152 da SDI-1, a revelia prevista no art. 844 da CLT é aplicada inclusive em relação ao ente público. *Alternativa B.*

138. **(IX Exame – Reaplicação)** Em audiência inicial de uma ação trabalhista, infrutífera a proposta de conciliação, foi recebida a contestação e, ato contínuo, adiada a audiência em razão da ausência da testemunha indicada pelo réu. Foram intimadas as partes e patronos, sob as penas da lei, para comparecimento em nova data para produção das demais provas requeridas, isto é, oitiva de testemunhas e depoimento pessoal das partes. Na data e hora marcadas o autor se atrasou e não respondeu ao pregão quando chamado seu nome.

Dados os fatos acima, assinale a afirmativa correta.

(A) A ausência do reclamante à audiência pode resultar na confissão em seu desfavor, se cominada.
(B) A ausência do reclamante à audiência provoca a revelia.
(C) A ausência do reclamante provoca automaticamente a improcedência dos seus pedidos.
(D) A ausência do reclamante à audiência provoca o arquivamento do processo.

RESPOSTA Questão de fácil resolução. Como a audiência não era a inicial (conciliação), não haveria que se falar em arquivamento do feito (Súmula 9 do TST), mas sim na confissão por não ter comparecido à audiência para a produção de demais provas. *Alternativa A.*

139. **(IX Exame)** Uma das espécies de resposta é a reconvenção, que vem a ser a ação do réu contra o autor no mesmo feito e juízo em que é demandado. Malgrado não estar formalmente previsto na CLT, é pacífico o cabimento da reconvenção nas lides trabalhistas. Das hipóteses abaixo listadas, assinale aquela em que, pela natureza da pretensão deduzida, seria inviável a apresentação de reconvenção na Justiça do Trabalho.

(A) Quando a empresa pretender a condenação do empregado no valor do aviso prévio por ele não concedido, ao pedir demissão.
(B) Quando a empresa pretender o ressarcimento por dano causado pelo empregado no decorrer do contrato de trabalho.
(C) Quando a empresa pretender a devolução do valor de um curso pago em benefício do empregado e pelo qual o obreiro comprometeu-se a não pedir demissão durante determinado período, o que depois foi descumprido pelo trabalhador.
(D) Quando a empresa pretender a devolução de valor pago pela compra de um bem do seu empregado que, após, verificou possuir vício redibitório.

RESPOSTA Na forma da Súmula 18 do TST, a compensação na Justiça do Trabalho está restrita a dívidas de natureza trabalhista. Dentro das opções, a única que não se enquadra como uma dívida de natureza trabalhista é a letra D. Interessante que os candidatos analisem o art. 343 do CPC/2015, bem como a Súmula 48 do TST. *Alternativa D.*

140. **(VIII Exame)** A respeito do preposto no Processo do Trabalho, de acordo com a legislação, assinale a afirmativa correta.

(A) Não precisa ter conhecimento dos fatos, uma vez que tal característica é própria das testemunhas.
(B) Não precisa ter conhecimento dos fatos, já que atua como representante do empregador.
(C) Deve ter conhecimento dos fatos.
(D) Deve ter conhecimento da interpretação do empregador quanto aos fatos ocorridos.

RESPOSTA Alternativas A, B e D erradas (art. 843, § 1º, da CLT). O preposto deve ter conhecimento dos fatos na forma do art. 843, § 1º, da CLT. *Alternativa C.*

141. **(VI Exame)** No processo trabalhista, a compensação ou retenção

(A) Só pode ser arguida como matéria de defesa.
(B) Poderá ser arguida em qualquer fase do processo, mesmo na execução definitiva da sentença.
(C) Poderá ser arguida em qualquer momento, até que a sentença seja proferida pelo juiz de primeira instância.
(D) Poderá ser arguida em qualquer momento, até que a sentença tenha transitado em julgado.

RESPOSTA Na forma do art. 767 da CLT e da Súmula 48 do TST, a compensação ou a retenção somente podem ser arguidas como matéria de defesa. *Alternativa A.*

142. **(II Exame)** No dia 23-5-2003, Paulo apresentou reclamação verbal perante o distribuidor do fórum trabalhista, o qual, após livre distribuição, o encaminhou para a 132ª Vara do Trabalho do Rio de Janeiro. Entretanto, Paulo mudou de ideia e não compareceu à secretaria da Vara para reduzi-la a termo. No dia 24-12-2003, Paulo retornou ao distribuidor da Justiça do Trabalho e, decidido, apresentou novamente a sua reclamação verbal, cuja livre distribuição o encaminhou para a 150ª Vara do Trabalho do Rio de Janeiro. Desta vez, o trabalhador se dirigiu à secretaria da Vara, reduziu a reclamação a termo e saiu de lá ciente de que a audiência inaugural seria no dia 1º-2-2004. Contudo, ao chegar o dia da audiência, Paulo mudou de ideia mais uma vez e não compareceu, gerando o arquivamento dos autos. Diante desta situação concreta, é correto afirmar que:

(A) Paulo não poderá ajuizar uma nova reclamação verbal, uma vez que a CLT proíbe o ajuizamento sucessivo de três reclamações desta modalidade.

(B) Paulo poderá ajuizar uma nova reclamação verbal, uma vez que somente a segunda foi reduzida a termo, gerando apenas um arquivamento dos autos por ausência do autor na audiência inaugural.

(C) Paulo não poderá ajuizar uma nova reclamação verbal, uma vez que deu ensejo à perempção prevista no CPC, aplicável subsidiariamente ao processo do trabalho.

(D) Paulo poderá ajuizar nova reclamação trabalhista, mas apenas na forma escrita e assistido obrigatoriamente por advogado.

RESPOSTA Embora a segunda reclamação tenha sido apresentada de forma verbal, ela foi reduzida a termo, o que no caso atrai a aplicação do art. 732 da CLT. Ou seja, somente dois arquivamentos consecutivos impediriam o ajuizamento de nova reclamação imediatamente, porém no caso em questão verificou-se tão somente um arquivamento. *Alternativa B.*

143. **(XI Exame)** Ícaro, piloto de avião, foi empregado da empresa VoeAlto Linhas Aéreas S/A de 12 de maio de 2010 a 20 de abril de 2012. Ao ser dispensado, deixou de receber parte de seus haveres trabalhistas da extinção, razão pela qual ajuizou reclamação trabalhista. A audiência foi designada para 10-10-2013. Porém, nessa data Ícaro estaria fora do país, já que necessitado de emprego e com a escassez do mercado nacional, empregou-se como piloto na China, onde reside, e não faz voos para o Brasil. Você é o advogado de Ícaro que, naturalmente, tem pressa em receber seus direitos sonegados. Assinale a alternativa que indica a medida legal a ser adotada para o mais rápido desenrolar do processo.

(A) Deverá ser requerido o adiamento da audiência sem data posterior e, tão logo Ícaro informe quando poderá estar no Brasil, será requerido ao juiz a designação da realização da audiência.

(B) Como advogado de Ícaro, você deverá ter procuração com poderes especiais para representá-lo e assisti-lo em audiência, suprindo assim a ausência.

(C) Tendo em vista tratar-se de motivo relevante, e estar devidamente comprovado, Ícaro poderá fazer-se representar por outro empregado de mesma profissão ou por seu sindicato de classe.

(D) Tendo em vista tratar-se de motivo poderoso, e estar devidamente comprovado, Ícaro poderá fazer-se representar por membro de sua família ou outro empregado da mesma empresa empregadora.

RESPOSTA Questão baseada no § 2º do art. 843 da CLT. Estando o empregado impossibilitado de comparecer no dia da audiência, pode ser substituído por alguém da mesma profissão ou sindicato. *Alternativa C.*

144. **(XI Exame)** Um determinado trabalhador ajuizou uma reclamação trabalhista e, na data designada, faltou injustificadamente à audiência. Seu advogado requereu o desentranhamento dos documentos, no que foi atendido. Dois meses depois, apresentou a mesma reclamação, mas posteriormente resolve desistir dela em mesa de audiência, o que foi homologado pelo magistrado, sendo extinto o processo sem resolução do mérito. Caso queira ajuizar uma nova ação, o trabalhador

(A) Terá de aguardar o prazo de seis meses, pois contra ele será aplicada a pena de perempção.

(B) Poderá ajuizar a nova ação de imediato, contanto que pague o valor de uma multa que será arbitrada pelo juiz.

(C) Não precisará aguardar nenhum prazo para ajuizar nova ação.

(D) Deverá aguardar seis meses para ajuizar ação contra aquele empregador, mas não para outros que porventura venha a ter.

RESPOSTA No caso em questão, o empregado não precisará aguardar nenhum prazo para ajuizar a ação. A impossibilidade de ajuizar nova reclamação trabalhista por 6 meses só ocorreria se o empregado tivesse dado causa a dois arquivamentos consecutivos por ausência na audiência, na forma dos arts. 731, 732 e 844 da CLT. *Alternativa C.*

145. **(XVII Exame)** José é empregado da sociedade empresária Bicicletas Ltda. Necessitando de dinheiro, ele vendeu seu automóvel para seu patrão, sócio da sociedade empresária.

Para sua surpresa, foi dispensado imotivadamente 4 meses depois. Para garantir o pagamento de horas extras trabalhadas e não pagas, Jonas ajuizou ação trabalhista contra a sociedade empresária Bicicletas Ltda. A defesa da ré aduziu que não devia nenhuma hora extra a Jonas, pois o automóvel vendido ao sócio da ré apresentou defeito no motor, o que gerou prejuízo enorme para ele, razão pela qual tudo deveria ser compensado. Diante disso, assinale a afirmativa correta.

(A) Descabe a condenação em horas extras, dado o prejuízo causado, tendo em vista a vedação ao enriquecimento sem causa.

(B) Descabe a arguição de compensação de qualquer natureza na Justiça do Trabalho, pois contrária ao princípio de proteção ao hipossuficiente.

(C) Descabe a compensação, porque a dívida imputada a José não é trabalhista, devidas assim as horas extras na integralidade.

(D) Cabe a compensação, desde que arguida em ação própria.

RESPOSTA A compensação só é cabível na Justiça do Trabalho em relação a débitos de natureza trabalhista. No caso da questão, os valores que representam eventual débito do trabalhador não têm relação com o contrato de trabalho. Em relação à questão, o candidato deve analisar as Súmulas 18 e 48 do TST, bem como o art. 767 da CLT. *Alternativa C.*

146. **(XIX Exame)** A sociedade empresária Sucos Naturais Ltda., empresa de pequeno porte, teve contra si ajuizada uma reclamação trabalhista, na qual Alice, uma de suas ex-empregadas, postula o pagamento de horas extras. Para a audiência, a sociedade empresária enviou como preposto o empregado que foi contratado para substituir Alice. Em razão disso, o advogado da reclamante protestou contra tal fato, requerendo a aplicação da confissão, pois o preposto não havia presenciado os fatos.

Segundo a sistemática da CLT, assinale a afirmativa correta.

(A) A impugnação deve ser acolhida, pois não se pode admitir a existência de um preposto que não tenha testemunhado os fatos.

(B) A lei é omissa acerca de o preposto precisar, ou não, ter testemunhado os fatos, daí por que, diante da omissão legislativa, caberá ao juiz definir.

(C) A impugnação deve ser acolhida, pois é necessário que o preposto tenha vivenciado os fatos, tanto assim que ele obrigatoriamente deverá ser empregado da empresa.

(D) A impugnação deve ser rejeitada, pois o preposto precisa apenas ter conhecimento dos fatos.

RESPOSTA Para que o preposto possa funcionar em audiência na Justiça do Trabalho, deve ter conhecimento do fato e ser empregado da empresa (Súmula 377 do TST). O preposto não precisa ter testemunhado os fatos, nem mesmo os vivenciado. O art. 843, § 1º, é cristalino em relação à exigência de que tenham o preposto tão somente o conhecimento do fato. *Alternativa D.*

147. **(XX Exame)** Mário ajuizou reclamação trabalhista em face de seu ex-empregador. No dia da audiência, não compareceu, razão pela qual o processo foi arquivado. Em nova ação proposta em idênticos termos, o juiz extinguiu o feito sem resolução do mérito, pois a ré não foi localizada. Imediatamente, Mário ajuizou a demanda pela terceira vez. Na audiência, com todos presentes, o advogado da sociedade empresária aduziu que o juiz deveria extinguir o processo sem resolução do mérito em razão da perempção, pois não decorreu o prazo de seis meses entre o segundo e o terceiro processo. Sobre a hipótese apresentada, na qualidade de advogado de Mário, assinale a afirmativa correta.

(A) Deverá ser requerido que o juiz apenas suspenda o processo.

(B) Deverá desistir da ação para evitar a condenação em custas.

(C) Deverá aduzir que o prazo de seis meses é contado da primeira ação.

(D) Deverá aduzir que não houve perempção e requerer prosseguimento do feito.

RESPOSTA A perempção, neste caso, só ocorreria se Mário ocasionasse dois arquivamentos consecutivos por ausência injustificada em audiência (art. 844 da CLT). Na primeira vez em que ajuizou a reclamação ele não compareceu, mas na segunda vez (em que ajuizou a ação) ocorreu o arquivamento por falta de localização da reclamada, o que não configura a penalidade prevista nos arts. 731 e 732 da CLT. Assim, o processo deve prosseguir normalmente. *Alternativa D.*

148. **(XX Exame – Reaplicação)** Em reclamação trabalhista, na qual você figurava como advogado da ré, seu processo era o primeiro da pauta de audiências, designado para as 9h00min. Entretanto, já passados 25 minutos do horário da sua audiência, o juiz ainda não havia comparecido e você e seu cliente tinham audiência em outra Vara às 9h40min. Nesse caso, de acordo com previsão expressa na CLT, assinale a opção que apresenta o procedimento a ser adotado.

(A) O advogado e o cliente poderão se retirar, devendo o ocorrido constar do livro de registro de audiências.

(B) O advogado e o cliente deverão aguardar até que se completem 30 minutos para, então, se retirar e consignar o ocorrido em livro próprio.

(C) O advogado e o cliente deverão tentar inverter a pauta de audiências, comunicando ao secretário de audiências que estarão em outra Vara para posterior retorno e realização da assentada.

(D) O advogado e o cliente deverão se retirar e depois juntar cópia da ata da audiência da outra Vara com a justificativa pela ausência.

RESPOSTA Assim ensina o parágrafo único do art. 815 da CLT: "À hora marcada, o juiz ou presidente declarará aberta a audiência, sendo feita pelo secretário ou escrivão a chamada das partes, testemunhas e demais pessoas que devam comparecer. Parágrafo único. Se, até 15 (quinze) minutos após a hora marcada, o juiz ou presidente não houver comparecido, os presentes poderão retirar-se, devendo o ocorrido constar do livro de registro das audiências". Ora, no caso em questão, o processo era o primeiro da pauta e já tinham passado 25 minutos, razão suficiente para a aplicação da regra apresentada. *Alternativa A.*

149. **(XXII Exame)** A sociedade empresária Sanear Conservação e Limpeza Ltda. ajuizou ação de consignação em pagamento em face do ex-empregado Pedro Braga, afirmando que ele se negava a receber as verbas resilitórias a que faria jus.

Citado, Pedro Braga apresentou resposta sob a forma de contestação e reconvenção, postulando diversos direitos alegadamente lesados e incluindo no polo passivo a sociedade empresária Réptil Imobiliária, tomadora dos serviços terceirizados do empregado, requerendo dela a responsabilidade subsidiária.

Diante da situação retratada e da norma de regência, assinale a afirmativa correta.

(A) Não é possível, em sede de reconvenção, ajuizar ação contra quem não é parte na lide principal.

(B) A pretensão de Pedro somente se viabilizará se a sociedade empresária Réptil Imobiliária concordar em figurar na reconvenção.

(C) Não há óbice a se incluir na reconvenção pessoa que não figure na lide original.

(D) A Lei processual é omissa a respeito; assim ficará a critério do juiz aceitar a inclusão da sociedade empresária Réptil Imobiliária.

RESPOSTA Questão que levou em consideração as regras do CPC aplicadas ao Processo do Trabalho, na forma do § 3º do art. 343 do CPC: "Na contestação, é lícito ao réu propor reconvenção para manifestar pretensão própria, conexa com a ação principal ou com o fundamento da defesa. (...) § 3º A reconvenção pode ser proposta contra o autor e terceiro". Assim, não haveria obstáculo para incluir pessoa que não figurava na relação originalmente. *Alternativa A.*

150. **(XXV Exame)** Silvio contratou você como advogado para ajuizar ação trabalhista em face do empregador. Entretanto, na audiência, o juiz constatou que não havia procuração nos autos. Diante disso, você requereu fosse efetivado registro em ata de audiência no qual Silvio o constituía como procurador. Silvio anuiu com o requerimento. Com base na hipótese narrada, nos termos da CLT, assinale a afirmativa correta.

(A) O mandato, no caso, é válido e os poderes são apenas para o foro em geral.

(B) O mandato, no caso, é inválido, e seria necessário e obrigatório o requerimento de prazo para juntada de procuração.

(C) O mandato, no caso, é válido e os poderes são para o foro em geral, bem como os especiais, dentre eles os poderes para transigir.

(D) O mandato é válido apenas para a representação na audiência, devendo os demais atos serem regularizados e juntada a procuração para atos futuros.

RESPOSTA Questão de fácil solução, eis que de acordo com a redação do art. 791, § 3º, da CLT: "Art. 791. Os empregados e os empregadores poderão reclamar pessoalmente perante a Justiça do Trabalho e acompanhar as suas reclamações até o final. (...) § 3º A constituição de procurador com poderes para o foro em geral poderá ser efetivada, mediante simples registro em ata de audiência, a requerimento verbal do advogado interessado, com anuência da parte representada". A única alternativa de acordo com o previsto em lei seria a "a". *Alternativa A.*

151. **(XXV Exame)** Jéssica trabalhou na sociedade empresária Móveis Perfeitos Ltda. por 4 (quatro) anos, quando foi dispensada sem justa causa, sem receber as verbas resilitórias. Em razão disso, ajuizou reclamação trabalhista pelo rito ordinário postulando os direitos relativos à sua saída, além de horas extras, equiparação salarial, adicional de insalubridade e indenização por dano moral porque foi privada da indenização que serviria para pagar as suas contas regulares. Na audiência designada, após feito o pregão, a sociedade empresária informou, e comprovou documentalmente, que conseguira no mês anterior a sua recuperação judicial, motivo pelo qual requereu a suspensão da reclamação trabalhista por 180 dias, conforme previsto em Lei, sob pena de o prosseguimento acarretar a nulidade do feito. Diante da situação concreta e dos termos da legislação em vigor, assinale a afirmativa correta.

(A) A sociedade empresária está correta, porque, em havendo concessão de recuperação judicial, a Lei determina a suspensão de todas as ações.
(B) A Lei não traz nenhuma previsão a respeito, daí por que ficará a critério do prudente arbítrio do juiz deferir a suspensão processual requerida.
(C) A sociedade empresária está equivocada, pois a suspensão da reclamação trabalhista somente ocorreria na fase executória, o que não é o caso.
(D) O Juiz do Trabalho, tendo sido deferida a recuperação judicial, deve suspender o processo, declarar sua incompetência e enviar os autos à Justiça Estadual.

RESPOSTA A suspensão do processo neste caso só se daria em fase de execução, na forma do art. 6º da Lei n. 11.101/2005. *Alternativa C.*

152. **(XXVI Exame)** Uma sociedade empresária ajuizou ação de consignação em pagamento em face do seu ex-empregado, com o objetivo de realizar o depósito das verbas resilitórias devidas ao trabalhador e obter quitação judicial da obrigação. No dia designado para a audiência una, a empresa não compareceu nem se justificou, estando presente o ex-empregado. Indique, de acordo com a CLT, o instituto jurídico que ocorrerá em relação ao processo.

(A) Revelia.
(B) Remarcação da audiência.
(C) Arquivamento.
(D) Confissão ficta.

RESPOSTA O *caput* do art. 844 da CLT informa que, em caso de ausência injustificada do reclamante/autor à audiência, ocorrerá o arquivamento da reclamação. A questão trata de um caso típico de empresa na qualidade de reclamante, o que não afasta o arquivamento de qualquer forma. *Alternativa C.*

153. **(XXVII Exame)** Seu escritório foi contratado pela empresa Alumínio Brilhante Ltda. para assisti-la juridicamente em uma audiência. Você foi designado(a) para a audiência. Forneceram-lhe cópia da defesa e dos documentos, e afirmaram que tudo já havia sido juntado aos autos do processo eletrônico. Na hora da audiência, tendo sido aberta esta, bem como os autos eletrônicos do processo, o juiz constatou que a defesa não estava nos autos, mas apenas os documentos. Diante disso, o juiz facultou-lhe a opção de apresentar defesa. Nos exatos termos previstos na CLT, você deverá

(A) Entregar a cópia escrita que está em sua posse.
(B) Aduzir defesa oral em 20 minutos.
(C) Requerer o adiamento da audiência para posterior entrega da defesa.
(D) Requerer a digitalização da sua defesa para a juntada no processo.

RESPOSTA A parte poderia ter apresentado a defesa escrita no processo eletrônico até a audiência (art. 847, parágrafo único, CLT). Como o juiz constatou que não estava a defesa nos autos, na forma do art. 847 da CLT, a parte terá 20 (vinte) minutos para apresentar defesa oral. *Alternativa B.*

154. **(XXIX Exame)** Em março de 2019, durante uma audiência trabalhista que envolvia a sociedade empresária ABC S/A, o juiz indagou à pessoa que se apresentou como preposto se ela era empregada da empresa, recebendo como resposta que não. O juiz, então, manifestou seu entendimento de que uma sociedade anônima deveria, obrigatoriamente, fazer-se representar por empregado, concluindo que a sociedade empresária não estava adequadamente representada. Decretou, então, a revelia, excluiu a defesa protocolizada e sentenciou o feito na própria audiência, julgando os pedidos inteiramente procedentes. Diante desse quadro e do que prevê a CLT, assinale a afirmativa correta.

(A) Nada há a ser feito, porque uma S/A, por exceção, precisa conduzir um empregado para representá-la.
(B) O advogado da ré deverá interpor recurso ordinário no prazo de 8 dias, buscando anular a sentença, pois o preposto não precisa ser empregado da reclamada.
(C) O advogado da ré deverá impetrar mandado de segurança, porque a exigência de que o preposto seja empregado, por não ser prevista em Lei, violou direito líquido e certo da empresa.
(D) Uma vez que a CLT faculta ao juiz aceitar ou não como preposto pessoa que não seja empregada, o advogado deverá formular um pedido de reconsideração judicial.

RESPOSTA A partir da publicação da Lei n. 13.467/2017 (Reforma Trabalhista), o preposto que representa a reclamada em audiência não precisa ser empregado. Assim, a atitude do juiz foi equivocada, pois não haveria que se falar em revelia, na forma do art. 843, § 3º, da CLT. *Alternativa B.*

155. **(XXIX Exame)** O réu, em sede de reclamação trabalhista, ajuizada em 20/4/2018, apresentou defesa no processo eletrônico, a qual não foi oferecida sob sigilo. Feito o pregão, logo após a abertura da audiência, a parte autora manifestou interesse em desistir da ação. Sobre a desistência da ação pela parte autora, assinale a afirmativa correta.

(A) O juiz deverá, imediatamente, homologar a desistência.
(B) Não é possível desistir da ação após a propositura desta.
(C) Oferecida a contestação, ainda que eletronicamente, o reclamante não poderá, sem o consentimento do reclamado, desistir da ação.
(D) O oferecimento da defesa pelo réu em nada se relaciona à questão da desistência de pedidos ou da demanda.

RESPOSTA Questão de fácil solução. Na forma do § 3º do art. 841 da CLT: "Oferecida a contestação, ainda que eletronicamente, o reclamante não poderá, sem o consentimento do reclamado, desistir da ação". *Alternativa C.*

XVI. MANDADO DE SEGURANÇA

156. **(XIV Exame)** Geraldo requereu na sua petição inicial, e a teve deferida, a concessão de tutela antecipada para sua imediata reintegração, haja vista ser dirigente sindical. O ex-empregador, cientificado, impetrou Mandado de Segurança, no qual obteve liminar revogando a tutela antecipada concedida. Logo depois, a reclamação trabalhista de Geraldo foi instruída na Vara do Trabalho e encaminhada para sentença, que julgou procedente o pedido, tendo o juiz concedido novamente a tutela antecipada, agora na sentença. Diante do quadro retratado, de acordo com o entendimento sumulado pelo TST, assinale a opção correta.

(A) O juiz poderia conceder a tutela na sentença, e, nesse caso, o Mandado de Segurança perde o objeto.
(B) O Juiz não poderia conceder novamente a tutela antecipada, haja vista que ela havia sido revogada pelo Tribunal.
(C) Se a tutela antecipada foi revogada, somente havendo autorização do TRT ela poderia ser revigorada, de modo que o juiz subverteu a ordem processual vigente, cabendo reclamação correicional.
(D) Poderá a parte ré impetrar novo mandado de segurança, agora contra a tutela antecipada concedida na sentença.

RESPOSTA Na forma dos itens I e III da Súmula 414 do TST, seria possível o deferimento de tutela antecipada na sentença. No Processo do Trabalho, as decisões interlocutórias são irrecorríveis de forma imediata, porém, quando concedida na sentença, cabe recurso próprio, que no caso da questão seria o recurso ordinário. *Alternativa A.*

157. **(XIII Exame)** Rômulo impetrou mandado de segurança contra ato praticado por Juiz do Trabalho que teria violado um direito seu, líquido e certo. Por descuido, Rômulo deixou de juntar os documentos pertinentes, indispensáveis. Verificando o equívoco, o Relator deverá, de acordo com a jurisprudência consolidada do TST,

(A) Conceder prazo improrrogável de 10 dias para o impetrante sanar o vício, sob pena de indeferimento da petição inicial.
(B) Prosseguir normalmente no trâmite processual, pois a matéria não pode ser conhecida de ofício.
(C) Indeferir a petição inicial de plano e extinguir o processo sem resolução do mérito.
(D) Solicitar à autoridade coatora que, juntamente com as informações que serão prestadas, envie cópia dos documentos faltantes.

RESPOSTA O Mandado de Segurança exige prova documental pré-constituída. Alternativa A errada, pois inaplicável o art. 321 do CPC/2015, ou seja, não haveria que se falar em prazo para sanar o vício. Alternativa B errada, eis que faltou documento indispensável. Alternativa C correta, eis que de acordo com os ensinamentos previstos na Súmula 415 do TST e art. 10 da Lei n. 12.016/2009. Os fundamentos da alternativa C tornam a alternativa D errada. Dentro das alternativas, a correta seria a *alternativa C.*

158. **(V Exame)** Caio, metalúrgico, ajuizou ação trabalhista em face da empresa Ômega postulando sua reintegração ao emprego, pois, segundo suas alegações, teria sido dispensado no curso de estabilidade sindical. Postulou ainda a concessão de medida liminar visando a tal reintegração até o final do processo, com base no art. 659, X, da CLT. O juiz, ao apreciar o pedido de medida liminar antes da citação da ré, decidiu pela sua denegação, dando prosseguimento ao feito. A esse respeito, assinale a alternativa correta.

(A) A natureza jurídica da decisão denegatória da liminar é de decisão interlocutória, não cabendo interposição de recurso imediato, devendo ser deferida a liminar.
(B) A natureza jurídica da decisão denegatória da liminar é de decisão interlocutória, não cabendo interposição de recurso imediato, razão pela qual é cabível a impetração de mandado de segurança.
(C) A natureza jurídica da decisão denegatória da liminar é de decisão terminativa, cabendo interposição de recurso ordinário, razão pela qual é

incabível a impetração de mandado de segurança por haver recurso próprio.

(D) A natureza jurídica da decisão denegatória da liminar é de decisão definitiva, cabendo impetração de mandado de segurança, pois não há recurso próprio no caso.

RESPOSTA Questão muito discutida e que, a nosso ver, merecia ter sido anulada, ou ter ocorrido modificação do gabarito. A banca examinadora entendeu como correta a alternativa A. O deferimento ou indeferimento de liminar é prerrogativa do julgador, razão pela qual não há nada que o obrigue a deferir. Previsão esta, inclusive, que se encontra presente na Súmula 418 do TST. O indeferimento de liminar é uma decisão interlocutória, e nos termos da Súmula 414, II, do TST, por falta de recurso próprio, é passível de mandado de segurança. Desta forma, o gabarito mais correto seria a *alternativa B*, mas, repita-se, o gabarito da banca foi a *alternativa A*. Sugere-se a leitura da OJ 65 da SDI-2 para melhor entender o tema.

159. **(IV Exame)** Quanto ao cabimento do mandado de segurança na Justiça do Trabalho, assinale a alternativa correta.

(A) É permitido o exercício do *jus postulandi* das partes quando da impetração do mandado de segurança na Justiça do Trabalho.

(B) Cabe a impetração de mandado de segurança da decisão que indefere liminar ou homologação de acordo.

(C) O mandado de segurança impetrado contra decisão liminar que concedeu a tutela antecipada perde o objeto quando da superveniência de sentença nos autos originários.

(D) Tratando-se de execução provisória, não fere direito líquido e certo do impetrante a determinação de penhora em dinheiro, ainda que nomeados outros bens à penhora, uma vez que obedece à gradação da lei processual.

RESPOSTA Entendemos que a questão estaria prejudicada por força do cancelamento do item III da Súmula 414 do TST. De qualquer forma: (A) Errada, na forma da Súmula 425 do TST. (B) Errada, nos termos da Súmula 418 do TST. (C) Correta, pois de acordo com a Súmula 414, III, do TST. (D) Na época estava errada por força do item III da Súmula 414, mas, atualmente, suscitaria dúvidas. A questão mereceria anulação.

160. **(XX Exame – Reaplicação)** Em reclamação trabalhista o juiz atende ao pedido expresso do autor na petição inicial e, de plano, defere tutela de urgência para que a empresa entregue ao trabalhador o Perfil Profissiográfico Previdenciário (PPP) e, com isso, ele possa requerer aposentadoria especial junto ao INSS. Intimada da decisão, a empresa o contrata para tentar impedir o efeito da tutela de urgência deferida, pois teme que os demais empregados sigam o mesmo destino, especialmente porque ela não reconhece que haja condição desfavorável no ambiente de trabalho. De acordo com o entendimento consolidado do TST, assinale a opção que apresenta a medida a ser adotada.

(A) Interpor agravo de instrumento.

(B) Opor embargos declaratórios.

(C) Impetrar mandado de segurança.

(D) Interpor recurso ordinário.

RESPOSTA As decisões interlocutórias na Justiça do Trabalho são, em regra, irrecorríveis de forma imediata. Por falta de recurso próprio, é cabível o Mandado de Segurança na forma da Súmula 414, II, do TST. *Alternativa C.*

XVII. *JUS POSTULANDI*, ASSISTÊNCIA, SUBSTITUIÇÃO PROCESSUAL, PARTES E PROCURADORES E HONORÁRIOS SUCUMBENCIAIS

161. **(IX Exame – Reaplicação)** Na Justiça do Trabalho, segundo o entendimento sumulado pelo TST, é correto afirmar-se que o *jus postulandi*

(A) Não se aplica à ação rescisória, à ação cautelar, ao mandado de segurança e aos recursos de competência do TST.

(B) Não tem mais aplicação na Justiça do Trabalho desde o advento da Emenda Constitucional 45.

(C) Aplica-se em todas as causas cujo valor seja inferior a 20 salários mínimos, porque, a partir deste patamar, o advogado é indispensável.

(D) Aplica-se irrestritamente na seara trabalhista, em todas as esferas, instâncias e ações, sendo uma de suas características marcantes.

RESPOSTA (A) Correta, eis que totalmente de acordo com a Súmula 425 do TST. (B) Errada, pois o *jus postulandi* continua tendo aplicação. (C) Errada, pois o art. 791 da CLT não faz qualquer menção a valor que as partes possam postular em juízo sem advogado. (D) Errada, pois o jus *postulandi* é limitado ao TRT, na forma da Súmula 425 do TST. *Alternativa A.*

162. **(VI Exame)** Quanto à nomeação de advogado na Justiça do Trabalho, com poderes para o foro em geral, é correto afirmar que

(A) Na Justiça do Trabalho, a nomeação de advogado com poderes para o foro em geral poderá ser efetivada mediante simples registro na ata de audiência, a requerimento verbal do advogado interessado e com a anuência da parte representada.

(B) As partes que desejarem a assistência de advogado sempre deverão outorgar poderes para o foro em geral por intermédio de instrumento de mandato, com firma devidamente reconhecida.

(C) Na Justiça do Trabalho, o advogado pode atuar sem que lhe sejam exigidos poderes outorgados pela parte, haja vista o princípio do *jus postulandi*.

(D) Somente o trabalhador poderá reclamar na Justiça do Trabalho sem a necessidade de nomeação de advogado, uma vez que o princípio do *jus postulandi* somente se aplica à parte hipossuficiente.

RESPOSTA (A) Correta, eis que em total consonância com o que ensina o art. 791, § 3º, da CLT. (B) Errada, pois contrária ao ensinamento do art. 791, § 3º, da CLT. (C) e (D) Na justiça do trabalho, as partes podem postular sem necessidade de constituir advogado, mas se desejarem constituir deverão outorgar poderes, o que torna as alternativas erradas. *Alternativa A.*

163. **(III Exame)** João da Silva decidiu ampliar o seu consultório médico e, para isso, contratou o serviço do empreiteiro Vivaldo Fortuna. Ambos ajustaram o valor de R$ 5.000,00, cujo pagamento seria feito da seguinte maneira: metade de imediato e a outra metade quando do encerramento do serviço. Logo no início dos trabalhos, Vivaldo contratou os serventes Reginaldo Nonato e Simplício de Deus, prometendo-lhes o pagamento de um salário mínimo mensal. Ocorre que, passados três meses, Reginaldo e Simplício nada receberam. Tentaram entrar em contato com Vivaldo, mas este tinha desaparecido. Por conta disso, abandonaram a obra e ajuizaram uma ação trabalhista em face de João da Silva, pleiteando os três meses de salários atrasados, além das verbas resilitórias decorrentes da rescisão indireta provocada por Vivaldo. Diante desse caso concreto, é correto afirmar que João da Silva

(A) Deve ser condenado a pagar os salários atrasados e as verbas resilitórias decorrentes da rescisão indireta, uma vez que é o sucessor trabalhista de Vivaldo Fortuna.

(B) Deve ser condenado a pagar apenas os salários atrasados, mas não as verbas resilitórias, uma vez que não foi ele quem deu causa à rescisão indireta.

(C) Não deve ser condenado a pagar os salários atrasados e as verbas resilitórias decorrentes da rescisão indireta, uma vez que a obra não foi devidamente encerrada.

(D) Não deve ser condenado a pagar os salários atrasados e as verbas resilitórias decorrentes da rescisão indireta, uma vez que é o dono da obra e não desenvolve atividade de construção ou incorporação.

RESPOSTA João da Silva, na presente questão, é considerado o dono da obra. Na forma da OJ 191 da SDI-I do TST, não há que se falar em responsabilidade dele nos contratos de empreitada, salvo se fosse construtora ou incorporadora; como João não é, não responde por débitos trabalhistas. *Alternativa D.*

164. **(XVII Exame)** Brenda aufere um salário mínimo e meio e ajuizou reclamação trabalhista contra o empregador, postulando diversas verbas que entende fazer jus. Na petição inicial, não houve requerimento de gratuidade de justiça nem declaração de miserabilidade jurídica. O pedido foi julgado improcedente, mas, na sentença, o juiz concedeu, de ofício, a gratuidade de justiça.

Diante da situação e do comando legal, assinale a afirmativa correta.

(A) Houve julgamento *extra petita* no tocante à gratuidade, atraindo a nulidade do julgado, já que isso não foi requerido na petição inicial.

(B) A Lei é omissa a respeito, daí por que o juiz, invocando o princípio da proteção, poderia conceder espontaneamente a gratuidade de justiça.

(C) A sociedade empresária poderia recorrer para ver reformada a sentença, no tocante à concessão espontânea da gratuidade de justiça, tratando-se de julgamento *ultra petita*.

(D) O juiz agiu dentro do padrão legal, pois é possível a concessão da gratuidade de justiça de ofício, desde que presentes os requisitos legais, como era o caso.

RESPOSTA Na forma do art. 790, § 3º, da CLT: "§ 3º É facultado aos juízes, órgãos julgadores e presidentes dos tribunais do trabalho de qualquer instância conceder, a requerimento ou de ofício, o benefício da justiça gratuita, inclusive quanto a traslados e instrumentos, àqueles que perceberem salário igual ou inferior a 40% (quarenta por cento) do limite máximo dos benefícios do Regime Geral de Previdência Social." A questão é cristalina ao afirmar que a reclamante recebe um salário mínimo e meio, logo totalmente cabível o deferimento da gratuidade. Observar ainda a OJ 269, SBDI-1. *Alternativa D.*

165. **(XXVII)** Em reclamação trabalhista ajuizada em fevereiro de 2018, os pedidos formulados por Paulo em face do seu ex-empregador foram julgados totalmente procedentes.

Em relação à verba honorária, de acordo com a CLT, sabendo-se que o patrocínio de Paulo foi feito por advogado particular por ele contratado, assinale a afirmativa correta.

(A) Não haverá condenação em honorários advocatícios, porque o autor não está assistido pelo sindicato de classe.

(B) Haverá condenação em honorários de, no mínimo, 10% e de, no máximo, 20% em favor do advogado.

(C) Haverá condenação em honorários de, no mínimo, 5% e de, no máximo, 15% em favor do advogado.

(D) Somente se a assistência do advogado do autor for gratuita é que haverá condenação em honorários, de até 20%.

RESPOSTA Questão facilmente respondida, pois o art. 791-A da CLT é bem claro em relação ao tema. "Art. 791-A. Ao advogado, ainda que atue em causa própria, serão devidos honorários de sucumbência, fixados **entre o mínimo de 5% (cinco por cento) e o máximo de 15% (quinze por cento)** sobre o valor que resultar da liquidação da sentença, do proveito econômico obtido ou, não sendo possível mensurá-lo, sobre o valor atualizado da causa". (grifamos) *Alternativa C.*

166. **(XXIII Exame)** Rita é engenheira e trabalhou na empresa Irmãos Construtores Ltda. por 3 anos. Ao ser dispensada, ajuizou ação trabalhista em face da ex-empregadora. Como tinha experiência na área de recursos humanos de empregos anteriores, decidiu ela própria fazer sua defesa jurídica, não buscando, portanto, a assistência de advogado ou sindicato. Elaborou a petição inicial, compareceu à audiência e formulou perguntas para testemunhas e para a parte ré. Ao término da instrução, o juiz prolatou sentença de improcedência do petitório de Rita, a qual, inconformada, interpôs recurso ordinário, que teve provimento negado, sendo mantida a sentença de primeiro grau. Ainda inconformada, adotando o mesmo sistema, entendendo ter havido violação literal de dispositivo constitucional tanto na sentença de primeiro grau como no acórdão, Rita, da mesma forma e desacompanhada de advogado, interpõe o competente recurso de revista para o TST.

Com base na jurisprudência consolidada do TST acerca da postulação em causa própria, assinale a afirmativa correta.

(A) O recurso deverá ser conhecido e provido.

(B) O recurso deveria ser endereçado ao STF, em razão da alegada violação constitucional.

(C) Não cabe mais recurso do julgado.

(D) O recurso deverá ter o seguimento negado por irregularidade de representação.

RESPOSTA Questão que leva em consideração a redação da Súmula 425 do TST. O *jus postulandi* na Justiça do Trabalho se limita ao TRT, ou seja, caso a parte queira interpor recurso no TST, deverá constituir advogado. Como a questão trata do Recurso de Revista que é de competência do TST, Rita não poderia interpor sem advogado. *Alternativa D.*

167. **(XXIII Exame)** Reinaldo, Wilma e Teodoro trabalharam no restaurante Fino Paladar Ltda. Todos procuraram o mesmo advogado para apresentar reclamação trabalhista: Reinaldo diz que não recebeu horas extras, Wilma informa que não recebeu as verbas resilitórias e Teodoro diz que não recebeu a participação nos lucros.

Diante da situação retratada, e de acordo com a CLT, assinale a afirmativa correta.

(A) Não é possível o ajuizamento de reclamação plúrima, porque os pedidos são distintos.

(B) A CLT não traz os requisitos para o litisconsórcio ativo e, por isso, ficará a critério do juiz aceitar o ingresso conjunto.

(C) Cabe manejo da reclamação plúrima, porque o empregador é o mesmo.

(D) No caso apresentado, caberá o ajuizamento de dissídio coletivo.

RESPOSTA Na forma do art. 842 da CLT: "Sendo várias as reclamações e havendo identidade de matéria, poderão ser acumuladas num só processo, se se tratar de empregados da mesma empresa ou estabelecimento". Embora o empregador seja o mesmo, os pedidos dos empregados são distintos, logo não comporta o ajuizamento de reclamação plúrima. *Alternativa A.*

168. **(XXXI Exame)** Você foi contratado(a) para atuar nas seguintes ações trabalhistas:

(i) uma ação de cumprimento, como advogado da parte autora;

(ii) uma reclamação plúrima, também como advogado da parte autora;

(iii) uma reclamação trabalhista movida por João, ex-empregado de uma empresa, autor da ação;

(iv) uma reclamação trabalhista, por uma sociedade empresária, ré na ação.

Sobre essas ações, de acordo com a legislação trabalhista em vigor, assinale a afirmativa correta.

(A) Tanto na ação de cumprimento como na ação plúrima, todos os empregados autores deverão obrigatoriamente estar presentes. O mesmo deve ocorrer com João. Já a sociedade empresária poderá se fazer representar por preposto não empregado da ré.

(B) O sindicato de classe da categoria poderá representar os empregados nas ações plúrima e de cumprimento. João deverá estar presente, em qualquer hipótese, de forma obrigatória. A sociedade empresária tem que se fazer representar por preposto, que não precisa ser empregado da ré.

(C) Nas ações plúrima e de cumprimento, a parte autora poderá se fazer representar pelo Sindicato da categoria. João deverá estar presente, mas, por doença ou motivo ponderoso comprovado, poderá se fazer representar por empregado da mesma profissão ou pelo seu sindicato. Na ação em face da sociedade empresária, o preposto não precisará ser empregado da ré.

(D) O sindicato da categoria poderá representar os empregados nas ações plúrima e de cumprimento. João deverá estar presente, mas, por doença ou motivo ponderoso comprovado, poderá se fazer representar por empregado da mesma profissão ou pelo seu sindicato. Na ação em face da sociedade empresária, o preposto deverá, obrigatoriamente, ser empregado da ré.

RESPOSTA Questão facilmente respondida com base no art. 843, *caput*, e também nos seus §§ 2º e 3º: "Art. 843. Na audiência de julgamento deverão estar presentes o reclamante e o reclamado, independentemente do comparecimento de seus representantes **salvo, nos casos de Reclamatórias Plúrimas ou Ações de Cumprimento, quando os empregados poderão fazer-se representar pelo Sindicato de sua categoria**" (grifamos). "§ 2º Se por doença ou qualquer outro motivo poderoso, devidamente comprovado, não for possível ao empregado comparecer pessoalmente, poderá fazer-se representar por outro empregado que pertença à mesma profissão, ou pelo seu sindicato. § 3º O preposto a que se refere o § 1º deste artigo **não precisa ser empregado da parte reclamada**" (grifamos). Logo, correta a *alternativa C*.

XVIII. SENTENÇA E COISA JULGADA

169. **(I Exame)** Assinale a opção correta no que diz respeito às decisões na justiça do trabalho.

(A) A sentença deverá conter o nome das partes, o resumo do pedido e da defesa, a apreciação das provas, os fundamentos da decisão e a respectiva conclusão.

(B) Não há necessidade de menção das custas que devam ser pagas pela parte vencida na sentença, pois o seu valor será apurado na fase de liquidação.

(C) Erros evidentes de datilografia ou de cálculo existentes na sentença somente poderão ser corrigidos a requerimento da parte e antes de iniciada a execução.

(D) A União não será intimada das decisões homologatórias de acordos que contenham parcela indenizatória, cabendo sempre a execução de ofício.

RESPOSTA Alternativa A correta (art. 832 da CLT). Alternativa B errada (art. 789 da CLT). Alternativa C errada (art. 833 da CLT). Alternativa D errada (art. 832, §§ 4º e 5º, da CLT). Logo, o gabarito é a *alternativa A*.

170. **(XX Exame)** Um determinado empregado é vigilante e, por meio do seu empregador, sempre prestou serviços terceirizados a uma instituição bancária privada. Após ser dispensado, o ex-empregado ajuizou ação contra o seu antigo empregador e a instituição bancária, reclamando horas extras, diferença por acúmulo de funções e indenização por dano moral. Sobre a situação apresentada, assinale a afirmativa correta.

(A) Caso haja sucesso na demanda, a instituição bancária não poderá ser condenada em qualquer nível porque não foi o empregador.

(B) A instituição bancária poderá ser condenada de forma solidária pelos créditos porventura deferidos porque terceirizou atividade-fim.

(C) O banco poderia ser condenado de forma mista, ou seja, pagaria todos os direitos devidos exceto dano moral.

(D) A instituição bancária será condenada de forma subsidiária por todos os créditos porventura deferidos.

RESPOSTA Questão de fácil solução, eis que a mesma leva em consideração a previsão expressa da Súmula 331 do TST, mais precisamente em seus itens IV e VI, senão vejamos: "IV – O inadimplemento das obrigações trabalhistas, por parte do empregador, implica a responsabilidade subsidiária do tomador dos serviços quanto àquelas obrigações, desde que haja participado da relação processual e conste também do título executivo judicial" e "VI A responsabilidade subsidiária do tomador de serviços abrange todas as verbas decorrentes da condenação referentes ao período da prestação laboral". *Alternativa D.*

XIX. ATOS, TERMOS E PRAZOS PROCESSUAIS

171. **(XV Exame)** A Lei n. 5.010/1966, art. 62, inciso I, considera "*feriados na Justiça Federal, inclusive nos Tribunais Superiores* "os dias compreendidos entre 20 de dezembro e 6 de janeiro, inclusive. Na ótica do Tribunal Superior do Trabalho, o prazo para apresentação de recurso de revista, que se inicia três dias antes do início do recesso forense, deve ser contado do seguinte modo:

(A) O prazo recomeça sua contagem, desde o início, no primeiro dia útil após o fim do recesso.
(B) O prazo retoma sua contagem de onde parou, no primeiro dia útil após o fim do recesso.
(C) O prazo continua a ser contado, prorrogando seu termo final para o primeiro dia útil após o fim do recesso.
(D) O prazo se encerra ao atingir seu termo final, em razão da possibilidade de se cumprir o prazo por peticionamento eletrônico.

RESPOSTA Na forma do item II, da Súmula 262 do TST, o recesso forense suspende os prazos recursais. Na suspensão, o início da contagem ocorre normalmente; em caso de recesso, ela para; e, após o término do período, a contagem volta de onde parou, ou seja, no caso em questão, a parte ainda teria mais 5 dias para interposição do recurso. *Alternativa B.*

172. **(I Exame)** Com relação aos atos, termos e prazos processuais na justiça trabalhista, assinale a opção correta.

(A) Os atos processuais devem ser públicos, salvo quando o interesse social determinar o contrário, e terão de realizar-se nos dias úteis, no horário de expediente forense habitual.
(B) No processo trabalhista, os prazos são contados com a inclusão do dia em que se iniciam e do dia em que vencem.
(C) Os documentos juntados aos autos podem ser desentranhados sempre que a parte assim o requerer.
(D) Presume-se recebida, 48 horas após a sua postagem, a notificação para a prática de ato processual, sendo possível a produção de prova em contrário.

RESPOSTA (A) Errada (art. 770 da CLT). (B) Errada (art. 775 da CLT). (C) Errada (art. 780 da CLT). (D) De acordo com o art. 774, parágrafo único, da CLT, e Súmula 16 do TST. *Alternativa D.*

173. **(XVIII Exame)** Em ação trabalhista, a parte ré recebeu a notificação da sentença em um sábado. Assinale a opção que, de acordo com a CLT, indica o dia a partir do qual se iniciará a contagem do prazo recursal.

(A) O início do prazo será na segunda-feira e a contagem do prazo deverá ser iniciada na terça-feira, se forem dias úteis.
(B) O início do prazo será na segunda-feira e a contagem do prazo também deverá ser iniciada na própria segunda-feira, se dia útil.
(C) O início do prazo será no sábado, mas a contagem do prazo será iniciada na terça-feira, se dia útil.
(D) O início do prazo será no sábado, mas a contagem do prazo será iniciada na segunda-feira, se dia útil.

RESPOSTA Questão prevista expressamente na Súmula 262, I, do TST: "Intimada ou notificada a parte no sábado, o início do prazo se dará no primeiro dia útil imediato e a contagem, no subsequente". Ressaltamos, ainda, a aplicação do art. 775 da CLT. *Alternativa A.*

174. **(XXVI Exame)** Em sede de reclamação trabalhista, o autor forneceu o endereço da ré na inicial, para o qual foi expedida notificação citatória. Decorridos cinco dias da expedição da citação, não tendo havido qualquer comunicado ao juízo, houve a realização da audiência, à qual apenas compareceu o autor e seu advogado, o qual requereu a aplicação da revelia e confissão da sociedade empresária-ré. O juiz indagou ao advogado do autor o fundamento para o requerimento, já que não havia nenhuma referência à citação no processo, além da expedição da notificação. Diante disso, na qualidade de advogado do autor, à luz do texto legal da CLT, assinale a opção correta.

(A) Presume-se recebida a notificação 48h após ser postada, sendo o não recebimento ônus de prova do destinatário.
(B) A mera ausência do réu, independentemente de citado ou não, enseja revelia e confissão.
(C) Descabe o requerimento de revelia e confissão se não há confirmação no processo do recebimento da notificação citatória.
(D) O recebimento da notificação é presunção absoluta; logo, são cabíveis de plano a revelia e a confissão.

RESPOSTA Questão facilmente respondida com a conjugação do art. 841 da CLT e Súmula 16 do TST. A notificação na Justiça do Trabalho se presume recebida no prazo de 48 horas, e cabe ao destinatário o ônus de comprovar que não recebeu a notificação. *Alternativa A.*

175. **(XXVIII Exame)** Uma sociedade empresária consultou você, como advogado(a), para encontrar uma maneira de, periodicamente, firmar com seus empregados uma quitação de direitos, de modo a prevenir conflitos trabalhistas. Diante disso, na qualidade de advogado(a) da empresa, assinale a opção que indica a solução proposta.

(A) Poderá ser firmado termo de quitação anual de obrigações trabalhistas, perante o sindicato da categoria dos empregados.
(B) Os termos de quitação firmados entre empregados e empregadores nada valem, apenas sendo válidos os acordos judiciais; logo, a empresa nada pode fazer.

(C) Poderá ser firmado termo anual de quitação de obrigações trabalhistas no sindicato profissional ou no sindicato patronal.
(D) Basta firmar termo de quitação anual das obrigações trabalhistas por mútuo consentimento.

RESPOSTA Com a publicação da Lei n. 13.467/2017, foi introduzido o art. 507-B na CLT, que assim expressa: "É facultado a empregados e empregadores, na vigência ou não do contrato de emprego, firmar o termo de quitação anual de obrigações trabalhistas, perante o sindicato dos empregados da categoria". Logo, é plenamente possível ser firmado perante o sindicato dos empregados o termo de quitação anual. *Alternativa A.*

XX. AÇÃO CIVIL PÚBLICA

176. **(III Exame)** O sindicato representante de determinada categoria profissional ajuizou ação civil pública em face da Construtora Beta Ltda., postulando sua condenação na obrigação de se abster de coagir seus empregados a deixarem de se filiar ao respectivo ente sindical. A pretensão foi julgada procedente, tendo transitado em julgado a decisão condenatória. Diante dessa situação hipotética, assinale a alternativa correta.

(A) Seria obrigatória a intervenção do Ministério Público do Trabalho como fiscal da lei nesse processo.
(B) O ajuizamento dessa ação civil pública visou à tutela de interesses ou direitos meramente individuais.
(C) A sentença fará coisa julgada às partes entre as quais é dada *(inter partes)*, não beneficiando nem prejudicando terceiros.
(D) A competência funcional para julgamento dessa ação civil pública é do Tribunal Regional do Trabalho que tenha jurisdição no local onde se situa a sede da empresa.

RESPOSTA De acordo com o art. 5º, § 1º, da Lei n. 7.347/85, toda vez que a ação civil pública for proposta por qualquer outro legitimado, a intervenção do Ministério Público do Trabalho é obrigatória como fiscal da lei. *Alternativa A.*

XXI. INQUÉRITO JUDICIAL PARA APURAÇÃO DE FALTA GRAVE

177. **(XXVIII Exame)** Em uma greve ocorrida há dois dias dentro de uma indústria metalúrgica, o dirigente sindical, que é empregado da referida empresa, agrediu fisicamente o diretor com tapas e socos, sendo a agressão gravada pelo sistema de segurança existente no local. O dono da empresa, diante dessa prática, pretende dispensar o empregado por justa causa. Em razão disso, ele procura você, como advogado(a), no dia seguinte aos fatos narra-dos, para obter sua orientação. De acordo com o disposto na CLT, assinale a opção que apresenta sua recomendação jurídica e a respectiva justificativa.

(A) Dispensar imediatamente o empregado por justa causa e ajuizar ação de consignação em pagamento dos créditos porventura devidos.
(B) Apresentar notícia-crime e solicitar da autoridade policial autorização para dispensar o empregado por justa causa.
(C) Suspender o empregado e, em até 30 dias, ajuizar inquérito para apuração de falta grave.
(D) Não fazer nada, porque a justa causa teria de ser aplicada no dia dos fatos, ocorrendo então perdão tácito.

RESPOSTA A questão trata de empregado dirigente sindical. A estabilidade do dirigente sindical o protege em relação à despedida sem justa causa ou arbitrária, porém, o mesmo pode ser demitido por justa causa. Na forma da Súmula 379 do TST, o dirigente sindical somente poderá ser demitido por justa causa, se ficar comprovada a sua falta através de inquérito judicial. O art. 853 da CLT ensina que o empregador tem o prazo de até 30 (trinta) dias para ajuizar o inquérito a contar da suspensão do empregado. *Alternativa C.*

REFERÊNCIAS

AIDAR, Leticia; BELFORT, Simone; ANTUNES, Leandro; GRAVATÁ, Isabelli. *CLT organizada.* 3. ed. São Paulo: LTr, 2012.

BRASIL. Constituição (1988). Constituição da República Federativa do Brasil. Brasília, DF, Senado, 1988.

LEITE, Carlos Henrique Bezerra. *Curso de direito processual do trabalho.* 10. ed. São Paulo: LTr, 2012.

MARTINS, Melchíades Rodrigues; FERRARI, Irany; COSTA, Armando Casimiro. *Consolidação das Leis do Trabalho.* 41. ed. São Paulo: LTr, 2013.

SCHIAVI, Mauro. *Manual de direito processual do trabalho.* 4. ed. São Paulo: LTr, 2011.

SITES:

http://www2.planalto.gov.br/

http://www.tst.jus.br/

Dicas para o Exame de Ordem

Para você, que está se preparando e estudando para as provas do Exame nacional da OAB, seguem dicas sobre os principais assuntos que estão presentes na prova. Obviamente o objetivo aqui não foi esgotar toda e qualquer possibilidade de temas possíveis, mas, sim, trazer aqueles tópicos que o candidato não pode deixar passar.

Força! Não desista! A estrada é dura, mas muito gratificante no final. Nós, autores e coordenador, tivemos a maior dedicação e carinho para ajudar cada um de vocês. Estamos juntos!

Bons estudos!

ÉTICA E LEGISLAÇÃO PROFISSIONAL DA OAB

Você, candidato que irá prestar o próximo Exame de Ordem, esse é o seu passaporte para a 2ª fase, **a matéria mais importante da 1ª fase é a ÉTICA PROFISSIONAL.**

Justifico essa afirmação inicialmente informando-lhe que a disciplina de Ética Profissional corresponde a 20% (vinte por cento) da pontuação necessária da sua aprovação, ou seja, das 40 questões que você precisa acertar, oito são de ética profissional.

Alguns, os menos desavisados, adiam o estudo dessa matéria para as vésperas do exame, uma semana antes ou mesmo no dia e deixam de pontuar, pois, apesar de ser uma disciplina com menor conteúdo, a exigência aumentou e muito.

Comparativamente falando, só para a disciplina de Direito Civil, o Código Civil tem 2.046 artigos para estudar, fora as leis especiais, já a disciplina de Ética Profissional temos o EOAB com 87 artigos, o CED com 80 artigos e o Regulamento Geral com 158 artigos. Portanto, **em Ética Profissional temos apenas 325 artigos.**

Ora, por óbvio que não estudaremos os 325 artigos que compõem a disciplina de Ética Profissional, basta se atentar, por exemplo, para as disposições finais, gerais e transitórias de cada diploma de ética supracitado, podendo excluir 27 artigos, restando-nos, em tese, 298 artigos. Portanto, o conteúdo de Direito Civil é ao menos seis vezes maior que o de Ética Profissional.

Ainda, em questão de estatística, é possível afirmar **que há uma ordem de preferência do examinador**, qual seja: 1. EOAB; 2. CED; e, por fim, em raras situações, **na 3ª posição, o Regulamento Geral**, quando, por exemplo, se cobrou o conhecimento do candidato a respeito da Conferência Nacional da Advocacia que ocorreu em novembro de 2017, no Exame XXII.[1]

---

[1] Por essa razão e para ajudar nossos alunos e seguidores, gravamos um vídeo em nosso Canal no YouTube (Biela Jr.) sobre os artigos mais cobrados no Exame de Ordem sobre o EOAB, acesse esse link <https://goo.gl/dx5Ny5>.

A quantidade de artigos é bem menor do que os 87 artigos do EOAB, pois o examinador tem preferência por assuntos específicos e pontuais.

O CED entrou em vigor em 1º de setembro de 2016 e desde então passou a ser cobrado. São eles a partir do XXI Exame (o qual teve maior incidência de questões sobre o novo CED), arts. 2º, 11, 14, 20, 25, 30, § 3º, 35, 40, 44, § 2º, 48 e 71, **sendo a grande concentração desses temas localizada na publicidade e relações com os clientes.**

Apesar de ser uma disciplina com seis vezes menor conteúdo que Civil, Ética Profissional teve seu grau de exigência aumentado com questões que envolvem bastante interpretação do texto no caso apresentado e a aplicação da lei, além das alternativas, muitas vezes, confundirem-se com pequenos detalhes diferentes em suas redações. Portanto, **não cabe mais a decoreba de véspera**!

Neste livro reunimos as questões desde o I Exame Unificado. Portanto, o nosso quadro geral de questões pode ser guia, veja o que mais foi cobrado no Exame desde então, mas não se esqueça de que o examinador gosta de novidades, assim como o fez no Exame XXI basicamente com questões sobre o novo CED e, na mesma toada com as Prerrogativas das Advogadas, sociedade unipessoal e a Conferência Nacional da Advocacia.

No tocante às **prerrogativas das advogadas** a dica é observar que a gestante, lactante ou adotante estão em condições especiais, portanto, direitos lhes são conferidos em razão dessa condição especial, veja nosso vídeo dica, disponível em: <https://goo.gl/nEFSd6>.

Atente-se que a **advocacia *Pro Bono*** precisa preencher alguns requisitos: deve ser gratuita, eventual e voluntária. Deve ser em favor de instituições sociais, sem fins lucrativos e seus assistidos, ou seja, o advogado pode prestar consultoria para a pessoa jurídica ou pessoa física, desde que não tenham condições de arcar com os pagamentos de honorários do advogado. **Não pode ser utilizada para fins político-partidários e eleitorais** e nem como forma de publicidade para captação de clientes[2], conforme disposto no art. 30 do CPC e no Provimento 166/2015.

A incompatibilidade em decorrência do exercício de cargos ou funções gera a proibição total para o exercício da advocacia (seu rol é taxativo e previsto na lei); já o impedimento gera apenas a proibição parcial para o exercício da advocacia, como no caso dos membros do Poder Legislativo (vereadores, deputados e senadores) contra ou a favor das pessoas jurídicas de direito público, empresas públicas, sociedades de economia mista, fundações públicas, entidades paraestatais ou empresas concessionárias ou permissionárias de serviço público.

São tantos detalhes que existem até fórmulas para memorização das sanções, como nos casos da exclusão e da suspensão[3]:

- **Hipóteses de exclusão do advogado dos quadros da ordem:**

DICA: FIC 3S +1/3

F – falsa prova

I – inidoneidade moral

C – crime infamante

3S – Três suspensões + 1/3

2 Mais informações e detalhes disponíveis no vídeo: <https://goo.gl/HXmGGG>.

3 Mais informações e detalhes disponíveis no vídeo <https://goo.gl/TbaWVm> (exclusão) e o caso da suspensão: <https://goo.gl/QYPekH> (suspensão).

- **Hipóteses de suspensão do advogado dos quadros da ordem:**

DICA: FRIC $

F – fraude a lei

R – retenção de autos

I – inépcia profissional

C – conduta incompatível

$ – tudo que envolva valores

Atenção para a Lei n. 13.725, de 4 de outubro de 2018, que garantiu os honorários assistenciais, ou seja, aqueles compreendidos como os fixados em ações coletivas propostas por entidades de classe em substituição processual, sem prejuízo aos honorários convencionais. **Já a Lei n. 13.793, de 2019**, assegurou aos advogados a prerrogativa de acesso para exame aos processos eletrônicos, mesmo sem procuração, salvo nos casos de sigilo ou segredo de justiça.

Fica esperto nestas novidades que podem cair na sua prova!!!

A violação de algumas prerrogativas profissionais configura crime. Mas quais?

É no **art. 7º-B do EOAB** (incluído pela Lei n. 13.869, de 5 de setembro de 2019) que encontramos essa resposta. Vejamos:

> Art. 7º-B Constitui crime violar direito ou prerrogativa de advogado previstos nos incisos II, III, IV e V do *caput* do art. 7º desta Lei (EOAB):
>
> Pena – detenção, de 3 (três) meses a 1 (um) ano, e multa.

Portanto, **constitui crime de abuso de autoridade:**

- quebrar a inviolabilidade do escritório e instrumentos de trabalho do advogado sem observar os requisitos que permitem essa quebra;
- impedir o advogado de comunicar-se, pessoal e reservadamente, com seus clientes, quando estes se acharem detidos ou presos, ainda que incomunicáveis;
- ter a presença de representante da OAB quando o advogado, no exercício profissional, for preso em flagrante por crime inafiançável;
- antes do trânsito em julgado, não ser recolhido preso em sala de Estado-Maior e, na falta, em prisão domiciliar.

A Lei n. 13.793, de 3 de janeiro de 2019, assegurou aos advogados a prerrogativa de examinar autos eletrônicos, mesmo sem procuração, salvo aqueles que tramitem sob segredo de justiça (art. 7º, XIII).

Já a Lei n. 13.875, de 20 de setembro de 2019, alterou a redação do § 2º do art. 63 do EOAB para prestigiar a jovem advocacia no sentido de permitir aos jovens advogados que exerçam a profissão há mais de 3 (três) anos que concorram nas eleições para os cargos de Conselheiro Seccional e cargos das Subseções, como se depreende da redação do § 2º, *verbis*:

"O candidato deve comprovar situação regular perante a OAB, não ocupar cargo exonerável *ad nutum*, não ter sido condenado por infração disciplinar, salvo reabilitação, e exercer efetivamente a profissão há mais de 3 (três) anos, nas eleições para os cargos de Conselheiro Seccional e das Subseções, quando houver, e há mais de 5 (cinco) anos, nas eleições para os demais cargos".

Por fim, a **Lei n. 14.039, de 17 de agosto de 2020**, que incluiu o art. 3º-A no EOAB, aduzindo que "os serviços profissionais de advogado são, por sua natureza, técnicos e singulares, quando comprovada sua notória especialização". Assim, é possível afirmarmos que na contratação de advogado ou sociedade de advogados especializado pela Administração Pública não há necessidade de licitação.

Originalmente as Faculdades de Direito inserem a disciplina de Ética Profissional no 10º semestre e seus alunos não conseguem um bom desempenho no Exame de Ordem, justamente porque ou alunos prestavam no 9º semestre e não tiveram o conteúdo, ou prestavam no 10º semestre, mas a prova estava muito em cima da hora e estudavam de véspera, o que refletia no resultado da prova e consequentemente na aprovação do candidato.

Há Faculdades de Direito que alteraram estrategicamente seus planos e mudaram a disciplina de Ética Profissional para a grade do 8º semestre, justamente para que seus alunos tenham a oportunidade de ter todo o conteúdo da matéria rainha da prova da OAB e, quando estiverem matriculados no 9º semestre possam realizar o Exame buscando a pontuação máxima da disciplina e, consequentemente, a aprovação do candidato no respectivo Exame de Ordem.

FILOSOFIA DO DIREITO

Filosofia do Direito é a disciplina da prova da OAB que possui conteúdo mais extenso. Embora sejam somente duas questões, a matéria a ser examinada cobre quase toda a extensão do pensamento jusfilosófico. Por essa razão optou-se por fazer um resumo dos grandes períodos históricos em que se divide a Filosofia do Direito Ocidental, suas principais características e expoentes, bem como destacar as principais questões que estiveram no centro da discussão dos filósofos do direito. A Filosofia do Direito pode ser dividida em quatro períodos distintos: Filosofia do Direito Clássica (Greco-Romana), Medieval, Moderna e Contemporânea. Ao mesmo tempo vale lembrar que uma leitura atenta das questões formuladas pela banca da prova da OAB é de grande valia, pois certos temas são recorrentes no Exame.

Filosofia do Direito Clássica (greco-Romana). Nela, a ênfase é dada pela reflexão de Aristóteles (384-322 a.C.), que fez uma síntese criativa do pensamento filosófico, jurídico e político de seu tempo. Junto com seu tratado chamado **Política**, a **Ética a Nicômaco** trata de temas que hoje estão sob o domínio da Filosofia do Direito. Nessa última, o autor examina qual é o fim último da vida humana (felicidade individual) e como atingir esse fim (por meio do cultivo das virtudes do caráter - coragem, honestidade, temperança, amizade etc.). O Livro V é destinado ao exame da virtude da justiça (*díke*). Essa virtude possui dois sentidos distintos, mas ligados: no primeiro, a justiça é considerada uma virtude do caráter; no segundo, ela é considerada uma virtude política que é a quinta-essência do ordenamento jurídico. As questões da OAB sempre examinam a justiça sob essa última perspectiva: como justiça corretiva (na qual o Estado corrige as injustiças que ocorrem nas transações entre particulares) e justiça distributiva (na qual o Estado distribui os benefícios e os ônus entre os cidadãos). A banca ainda não apresentou questões a respeito da doutrina da justiça de Platão que está formulada em seu diálogo **República**. Esse texto foi o primeiro a fazer a crítica do princípio fundamental que rege a doutrina clássica da justiça: "Dar a cada um o que é seu por direito". Noutras palavras, a função clássica da justiça é restabelecer o *status quo* que vigia antes do ato que violou essa situação. Platão formula um novo conceito de Justiça: cada membro da *pólis* deve permanecer em sua *atividade própria* sem interferir na atividade de outrem. Na **República** (434a) afirma Platão: "Sócrates - E que a justiça consiste em cuidar do trabalho próprio e não se imiscuir no de outrem, ouvimos muitos outros dizerem e nós mesmos, amiúde, o dissemos". A concepção de justiça platônica será desenvolvida e aperfeiçoada pela filosofia jurídica romana. A filosofia do Direito desenvolvida em Roma parte dos mesmos fundamentos formulados pelos gregos. O surgimento dos grandes impérios e a decadência da Cidade-Estado (a *Pólis* Clássica) exigiram uma nova Moral e uma nova concepção do ser humano e do

Estado. Roma incorporou as grandes escolas éticas gregas que derivaram do pensamento de Sócrates (469-399 a.C.): **Cinismo, Platonismo, Aristotelismo, Estoicismo** e **Epicurismo.** O Estoicismo afirmava que os postulados da razão teriam força e alcance gerais, desenvolvendo a ideia de um Direito Natural com validade universal, que pode ser compreendido pela razão humana. A filosofia romana utilizou tal concepção para transformar o seu sistema jurídico num sistema cosmopolita, apto a governar os povos que compunham o Império. Por outro lado, a doutrina da justiça de Platão, que postula uma ordem social rígida e hierarquizada, em que cada classe cumpre o seu papel e cada cidadão ocupa o seu lugar devido, criando, com isso, a harmonia e a paz social, teve uma influência duradoura no pensamento jurídico-político do Ocidente. Ao enfatizar a submissão total dos súditos à autoridade governante, a doutrina de Platão serviu para embasar a autoridade imperial em Roma. A ascensão do Cristianismo e dos Impérios Medievais, serviu para fundamentar a doutrina Patrística da autoridade divina dos reis. Em síntese, foi o Platonismo que produziu um novo sentido para a ideia de Direito: o termo justiça não mais identificava o direito subjetivo do agente à retribuição em caso de uma ofensa, mas o direito como *lex* – expressão jurídica do poder estatal. Assim, a jurisprudência romana transforma-se em ciência da aplicação da lei estatal.

A Filosofia do Direito Medieval está assentada nas obras dos grandes filósofos cristãos, cujos nomes mais destacados são: Santo Agostinho (354-430), Isidoro de Sevilha (560-636) e São Tomás de Aquino (1225-1274). **Santo Agostinho** recebeu a influência de Platão e do Direito Romano por meio da obra de Marco Túlio Cícero (106-43 a.C.). Segundo Waldir S. Guimarães, em seu artigo **Filosofia do Direito na Idade Média**, Agostinho contribuiu com suas reflexões filosóficas para o desenvolvimento da Filosofia do Direito medieval. Definiu a ordem do mundo como a disposição de coisas iguais e desiguais, dando a cada uma o lugar que lhe corresponde. Influenciado por Cícero (que, por sua vez seguia a tradição clássica grega) definiu a justiça como a "tendência da alma para dar a cada um o que é seu por direito". O Estado, por sua vez, é a multidão harmônica de seres humanos unidos por um vínculo de sociedade. Como toda a associação, o Estado é instituição de direito natural que se forma pelo agrupamento de famílias, contribuindo para formar a sociedade. Toda a autoridade política deriva da autoridade familiar e, de acordo com os textos do Antigo e do Novo Testamento, o poder do Monarca provém do próprio Deus. Na vontade de Deus reside o poder soberano (São Paulo, Epístola aos Romanos, 13/1). Na obra **A Cidade de Deus** (*De Civitate Dei*) Santo Agostinho analisa dois conceitos de Estado – o conceito helênico/românico e o conceito cristão, a Cidade terrena e a Cidade celeste. Nessa obra, a Cidade celeste tem, naturalmente, a supremacia sobre a Cidade terrena. A Igreja seria superior ao Estado, pois enquanto este ordena interesses mundanos, aquela se ocupa da vida eterna. **Isidoro de Sevilha** (570-636) foi o primeiro escritor cristão a tentar compilar uma *summa* (resumo) do conhecimento greco-romano em sua obra **Etimologias** (***Etymologiae***), conhecida também como **Origens**. Essa *summa* consistia numa compilação da tradição jusfilosófica ocidental, em 448 capítulos divididos em 20 volumes. Nela, Isidoro resumiu manuais, miscelâneas e compêndios romanos, continuando uma tradição de resumos e sumários que caracterizou a literatura romana da Antiguidade Tardia que muito influenciou o Direito Medieval. A lei, segundo Isidoro de Sevilha, deve possuir os seguintes predicados: honestidade, justiça, possibilidade, adequação à natureza e aos costumes, conveniência no tempo, necessidade, clareza e utilidade, além de aplicar-se à comunidade como um todo e não apenas a alguns indivíduos particulares. Essa concepção de lei inclui aspectos éticos, técnicos, sociológicos e filosóficos. Quanto ao Direito, considerado como harmonia na sociedade, Isidoro distingue seis classes: Direito Público (aplicável aos magistrados e sacerdotes); Direito Quiritário (próprio dos cidadãos romanos); Direito Natural (comum a todas as nações, justo, fundado na natureza humana e inerente à razão dos homens); Direito Civil ou Positivo (o particular de cada povo e destinado à regência interna); Direito das Gentes (reúne normas sobre a guerra, a paz, a diplomacia etc.). **São Tomás de Aquino**. Com sua obra, A filosofia de Aristóteles (384-322 a.C.) entra em harmonia com os dogmas religiosos cristãos. Segundo São Tomás de Aquino, não existem duas verdades, uma teológica e outra filosófica. A verdade revelada pelas Escrituras deve ser critério para a verdade filosófica. Influenciado por Santo Agostinho, distingue quatro espécies de lei: a Eterna, a Natural, a Divina e a Humana. A lei Eterna (de origem estoica) seria a própria razão divina no governo do Universo. A eternidade da lei reflete a própria natureza dessa razão. O fim buscado pela lei Eterna é Deus. A lei Eterna não pode ser conhecida por todos, mas só por alguns poucos bem-aventurados. Ao contrário de Santo Agostinho, São Tomás julga indispensável que toda lei Humana, seguindo a reta razão, derive da lei Eterna, de Deus. A lei Natural é a participação da criatura racional na lei Eterna. É um reflexo parcial da razão divina, que permite aos homens conhecerem alguns princípios da lei Eterna. O preceito básico do Direito Natural é o que manda observar o bem e evitar a prática do mal. *Bem* é o que corresponde às inclinações naturais da criatura humana, que são as mesmas em todos os lugares, não variando nem no tempo, nem no espaço. A doutrina da justiça política de São Tomás segue a doutrina aristotélica desenvolvida no Livro V da **Ética a Nicômaco**. Estariam de acordo com a lei natural: a) a conservação da vida; b) a união dos seres para a formação da prole; c) a busca da verdade; d) a participação na vida social. O Direito Natural possui princípios fundamentais imutáveis e princípios secundários que podem ser alterados. A lei Divina se encontra nas Sagradas Escrituras e sua função é complementar os preceitos gerais e abstratos da lei natural. A lei humana é o "Ordenamento da razão que visa o bem comum, promulgado pelo chefe da comunidade". O fim desta última é a paz entre os homens. A lei humana não se destina às pessoas inclinadas, por dom divino, à virtude, mas aos que possuem tendência para o vício. A estes é necessária a coação pela força e pelo medo. As leis humanas que contrariem a lei Divina não devem ser observadas, porque "importa obedecer antes a Deus do que aos homens".

A Filosofia do Direito Moderna tem sua origem na obra de **Nicola Maquiavel** (1469-1527). Maquiavel expressa o surgimento do poder estatal laico e independente de fundamentação teológica. Sua obra, **O Príncipe** (1532), tornou-se um guia para os aspirantes a soberanos, que disputavam o poder numa Europa cada vez mais fragmentada politicamente. Esse é o período do surgimento do Estado Moderno. Dois jusfilósofos criaram as bases teóricas dessa nova forma de organização sociopolítica: **Thomas Hobbes** (1588-1679) e **John Locke** (1632-1704). Coube ao primeiro propor uma nova teoria de formação do Estado: em vez da família, tal como pressupunha o pensamento Clássico e Medieval, cabe aos indivíduos livres produzirem a instituição estatal por um ato de vontade. Conhecido como Modelo Jusnaturalista, o trabalho de Hobbes propõe um novo fundamento para o Estado e a Sociedade Civil. Nele, Hobbes opõe os indivíduos em Estado de Natureza onde não existe Estado, com o Estado Civil, que é criado por um pacto social. O **Leviatã** (1651) é o texto clássico no qual Hobbes expõe sua nova doutrina jurídico-política. O pensamento político sempre foi dominado pelo binômio opressão/liberdade. A doutrina de Hobbes, fruto de sua experiência ao presenciar a guerra civil inglesa (1642-49), levou-o a defender a *unidade social* contra a *anarquia*. Em nome dessa unidade, Hobbes sustentava que seria preferível a submissão total ao soberano à liberdade individual. Esta última leva à anarquia que, por sua vez, devolve os seres humanos ao Estado de Natureza, onde a vida humana não possui nenhum valor, já que nele vige uma "guerra de todos contra todos". John Locke foi um Jusnaturalista que partia de pressupostos distintos de Hobbes. O Estado de Natureza de Locke é um estado de convivência pacífico, ao qual falta somente um poder político que estabeleça uma lei comum e um juiz imparcial para julgar as lides que ocorram entre os cidadãos em sua vida privada.

Afirma Locke em sua obra **Dois tratados sobre o governo civil**: "Evitar este estado de guerra é a grande razão pela qual os homens se unem em sociedade e abandonam o estado de natureza. Ali onde existe autoridade, um poder sobre a terra, do qual se possa obter amparo por meio de apelo, a continuação do estado de guerra se vê excluída e a controvérsia é decidida por este poder". Em síntese, na oposição hobbesiana entre opressão/liberdade, Locke opta por preservar a liberdade sem abrir mão do Estado como garantidor da paz social. O Pacto social não cria nenhum direito novo que viesse a ser acrescentado aos direitos naturais (direito à vida, à liberdade, à igualdade, à propriedade mediante o trabalho, à integridade, à saúde, à preservação da humanidade e ao respeito, dentre os principais). O pacto seria apenas um acordo entre indivíduos, reunidos para empregar sua força na execução das leis naturais, renunciando a executá-las pelas mãos de cada um, eliminando a justiça privada. Seus objetivos básicos seriam a preservação da vida, da liberdade e da propriedade, bem como reprimir as violações dos direitos naturais. **O Positivismo Jurídico**: Hobbes é um dos criadores do Positivismo Jurídico ao afirmar que o Direito é a emanação do Poder Soberano. A lei comum (*common law*), que é o produto da sabedoria dos juízes, não produz o Direito. Dois aspectos da teoria política hobbesiana são fundamentais para o surgimento do Positivismo: **a) formalismo**: Hobbes não se refere ao conteúdo ou à finalidade do direito. É o poder que cria o direito; **b) imperativismo**: direito é o conjunto de normas pelas quais o soberano ordena ou proíbe certas condutas aos seus súditos. A **Escola Histórica de Direito**, que surgiu na Alemanha, teve como principal expoente **Friedrich Carl von Savigny** (1779-1861). Precursora do Positivismo Jurídico, a Escola Histórica criticou a doutrina do Direito Natural ao afirmar que o Direito é um produto da história humana, variando no tempo e no espaço. Com a entrada em vigor do **Código Napoleônico**, em 1804, o Positivismo Jurídico passou a influenciar a Europa e o resto do mundo. Com a obra de **Hans Kelsen, Teoria pura do direito** (1934), o Direito recebe um estatuto científico. Toda ciência possui um objeto determinado de estudo e um método particular de pesquisa desse mesmo objeto. Kelsen afirma que as conclusões desenvolvidas sobre o Direito em sua época eram conflitantes e antinômicas, calcadas em elementos que não faziam parte da esfera jurídica. Seguindo os passos de Emmanuel Kant, em sua **Crítica da razão pura**, Kelsen procurou estabelecer o objeto e os limites da ciência jurídica a partir de uma análise ***a priori*** dos conceitos que formam o domínio do Direito. Esse é o principal objetivo de sua **Teoria pura do direito.**

A Filosofia do Direito Contemporânea. O Positivismo Jurídico havia banido os juízos valorativos do campo jurídico, ao buscar o ideal de uma ciência objetiva e isenta de valores. A Filosofia do Direito Contemporânea passou a criticar essa visão positivista da ciência jurídica. O **Pós-positivismo** ou **Neopositivismo** foi o responsável por reintroduzir a noção de **Valor** (fim último) no ordenamento jurídico positivo, modificando em vários pontos os fundamentos de sua validade. O **Pós-positivismo** reafirmou a importância da Filosofia do Direito como a principal fonte de reflexão sobre as mudanças sociais nas sociedades ocidentais, em sua busca de uma maior *igualdade* e *diversidade*, o que traz de volta a Ideia de Justiça como fundamento do ordenamento normativo. No Positivismo clássico, a introdução dos valores nas normas jurídicas ocorre durante o processo legislativo; no Pós-positivismo, os valores são introduzidos por meio dos princípios jurídicos. Com essa nova visão dos princípios jurídicos, o **Pós-positivismo** passou também a influenciar o **Neoconstitucionalismo**, que é uma nova metodologia de interpretação da Constituição, que parte de um ponto de vista *axiológico* ou *valorativo* e não da visão clássica da limitação dos poderes e da interpretação da constitucionalidade das normas. O núcleo do Neoconstitucionalismo consiste em tornar mais eficaz a Constituição na concretização dos *direitos fundamentais* da cidadania, a partir de uma reflexão crítica sobre a teoria da norma jurídica, das fontes do Direito e da interpretação jurídica. Assinala Ricardo Lobo Torres, no

Dicionário de filosofia do direito: "A expressão *direitos fundamentais* é empregada principalmente pelos autores alemães, na esteira da Constituição de Bonn, que dedica o capítulo inicial aos *Grundrechte*. Mas a advertência de parte significativa da doutrina é a de que não existe diferença entre esses direitos fundamentais e os direitos da liberdade [direitos de primeira geração ou dimensão] ou os direitos humanos. [...]. Os ***direitos humanos*** se aproximam do conceito de ***direitos fundamentais***, pois se referem aos direitos decorrentes da própria natureza dos homens". Os ***princípios jurídicos*** passam a ter o estatuto de *fontes primárias* de produção jurídica com a função de regular as condutas. Afirma Antonio Cavalcante Maia, no **Dicionário de filosofia do direito**: "De fato, o desenvolvimento da teoria da argumentação jurídica está umbilicalmente ligado à substituição, no campo específico do Direito, do paradigma cientificista pela ideia de uma ciência do Direito mais abrangente; de uma ciência do Direito que passa a pretender encontrar instrumentos não só para explicar como se forma uma decisão jurídica, mas para justificá-la: em suma, o teórico do Direito passa a perguntar menos ***como (?)*** e mais ***por quê(?)"***. Os principais teóricos pós-positivistas são: John Rawls, Chaïm Perelman, Ronald Dworkin e Robert Alexy. Entre os brasileiros, encontram-se, dentre outros, Paulo Bonavides e Luís Roberto Barroso. Para esses jusfilósofos, o **princípio da segurança jurídica** é necessário, mas não suficiente para atender as demandas das sociedades contemporâneas. Com isso, rompe-se a separação estabelecida pelo Positivismo Clássico entre Moral, Política e Direito. Todos esses campos do conhecimento humano devem atuar de modo articulado, no sentido de efetivar os valores sociais básicos e criar uma sociedade bem ordenada em que todos possam vir a ter seus **Direitos Fundamentais** respeitados.

DIREITO CONSTITUCIONAL

O estudo de Direito Constitucional para as provas da OAB é bastante compactado e deve ser concentrado, principalmente – e por óbvio –, na Constituição Federal. Diríamos até que, antes de o candidato se aprofundar em estudos doutrinários, livros e posicionamentos jurisprudenciais, é essencial a insistente leitura da Constituição Federal; o próprio texto seco. Isso, pois a maioria das respostas de Direito Constitucional são extraídas do texto literal da Constituição.

Uma boa dica para entender a Constituição é começar pelo índice. Leia o índice. Isso mesmo. O índice é o modo de você conseguir "enxergar" a nossa Carta Magna de modo amplo. Entender como ela está disposta. O que ela traz e onde estão localizados os assuntos. E há um sentido nisso. As normas e artigos não estão dispostos aleatoriamente. Vejamos: dos princípios fundamentais; dos direitos e garantias fundamentais, da organização do Estado; da organização dos Poderes; da defesa do Estado e das instituições democráticas; da tributação e do orçamento; da ordem econômica e financeira; da ordem social e das disposições gerais constitucionais; além do ADCT (ato das disposições constitucionais transitórias).

A partir daí, já com certa familiaridade, a ideia é a leitura fria do texto constitucional. Acredite, muitos deles são autoexplicativos. Tanto pelo fato de a nossa Constituição Federal ser analítica em vez de sintética (estude o que são estas classificações!) quanto pelo fato de nosso legislador ter o costume de constitucionalizar todos os assuntos, em muitos pontos a Carta Magna é quase que um manual de funcionamento – completo e sem necessidade de leis – do Estado brasileiro. Resumindo: leia **muitas vezes** o texto da Constituição!

Entre os temas existentes nos 250 artigos e na ADCT da nossa Constituição Federal, dê maior ênfase a estes:

- Direitos e garantias fundamentais (arts. 5º a 17). Saibam: este é o tema mais perguntado de Direito Constitucional da OAB! Aqui, há o famoso art. 5º, que deve ser muito bem estudado.

Leia-o quantas vezes for necessário, até saber as expressões quase que de cor. As perguntas geralmente costumam focar na letra pura dos incisos. Também, dê atenção aos remédios constitucionais, à nacionalidade e, principalmente, aos direitos políticos.

- A organização do Estado (arts. 18 a 43) é o segundo tema mais requisitado nas questões de Direito Constitucional. Foque nas competências legislativas e administrativas de cada ente federado, buscando saber suas diferenças. Ainda, foque bastante nos arts. 39, 40 e 41, que cuidam da base do Direito Administrativo brasileiro.
- Em relação à organização dos Poderes (arts. 44 a 135), podemos afirmar que este título é o coração da Constituição, em conjunto com o art. 5º. Estrutura e organização dos Poderes Judiciário, Legislativo e Executivo. Formação dos órgãos, suas competências, funções, produção das leis, mandatos, órgãos de controle etc. Daqui podemos dizer que, pelo menos, um terço das questões da OAB em Direito Constitucional surgem. Foque aqui!
- O Título VI trata da tributação e orçamento (arts. 145 a 169) – a base do Direito Tributário e do Direito Financeiro. Em que pese não haver Direito Financeiro na OAB, é bom ter ideia de como as leis orçamentárias se formam, e suas características. Sobre as regras tributárias, a parte constitucional te dará excelente base para estudar a parte infraconstitucional de Direito Tributário. É fundamental ter as regras gerais, imunidades e competências de cada ente federado bastante claras – arts. 145 a 156.
- Sobre a ordem econômica e financeira (arts. 170 a 191), sua incidência é menor em se tratando de provas da OAB. No entanto, vale a pena dar uma boa olhada principalmente nos arts. 170, 173, 175 (*que tratam de concessões e permissões*) e na política urbana, que trata da função social das propriedades urbana e rural – arts. 182 a 186.
- A ordem social (arts. 193 a 232) sempre é lembrada nas provas da OAB, mas geralmente com uma questão. Os temas costumam variar bastante (seguridade social, assistência, previdência, saúde, meio ambiente, família, educação, cultura, ciência etc.). Apesar disso, alguns temas são mais recorrentes, como a área da saúde – art. 196 e ss., do meio ambiente – art. 225, da educação – art. 205, e da família – art. 226 e ss.
- Por último, se dentro do seu tempo de estudo permitir, dê uma lida no Título IX e no ADCT. Se não der, o mais importante é, pelo menos, saber a função do ADCT.

Na parte doutrinária, há três temas que são muito importantes: teoria da Constituição; eficácia das normas constitucionais e, principalmente, controle de constitucionalidade. Estejam atentos! Estudem, principalmente, controle de constitucionalidade. É um tema que sempre cai, sem exceção. De uma a duas perguntas, pelo menos.

Partindo do pressuposto de que Direito Constitucional está entre as questões de n. 11 a 17 – ou seja, sete questões – a OAB costuma exigir, geralmente: pelo menos uma questão de controle de constitucionalidade, uma questão de diretos e garantias fundamentais, uma questão de organização do Estado, três questões entre o restante dos pontos que dissemos anteriormente, e uma questão fora do comum, geralmente muito difícil (*que não deve ser seu parâmetro no estudo de Direito Constitucional*).

Assim sendo, uma boa preparação deve render ao candidato uma boa prova, que consideraríamos 5 (cinco) acertos dos 7 (sete) possíveis.

DIREITOS HUMANOS

A disciplina de Direitos Humanos está baseada numa série de diplomas legais nacionais e Internacionais dispostos numa hierarquia em cujo ápice se encontra a Constituição Federal de 1988. É a

Constituição que estabelece os fundamentos do ordenamento jurídico nacional e internacional que protege os Direitos Humanos. É preciso entender a distinção entre direitos humanos e direitos fundamentais. Segundo João Baptista Herkenhoff: "Por direitos humanos ou direitos do homem são, modernamente, entendidos aqueles direitos fundamentais que o homem possui pelo fato de ser homem, por sua própria natureza humana, pela dignidade que a ela é inerente. São direitos que não resultam de uma concessão da sociedade política, pelo contrário, são direitos que a sociedade política tem o dever de consagrar e de garantir".

Direitos fundamentais, segundo Ingo Wolfgang Sarlet: "Em que pese sejam ambos os termos ('direitos humanos' e 'direitos fundamentais') comumente utilizados como sinônimos, a explicação corriqueira e, diga-se de passagem, procedente para a distinção é de que o termo 'direitos fundamentais' se aplica para aqueles direitos dos seres humanos reconhecidos e positivados na esfera do direito constitucional positivo de determinado Estado, ao passo que a expressão 'direitos humanos' guardaria relação com os documentos de direito internacional, por referir-se àquelas posições jurídicas que se reconhecem ao ser humano como tal, independentemente de sua vinculação com determinada ordem constitucional, e que, portanto, aspiram à validade universal para todos os povos e tempos, de tal sorte que revelam um inequívoco caráter supranacional (internacional)".

O fundamento moral dos direitos humanos e dos direitos fundamentais é o princípio da dignidade humana. Na famosa definição de Immanuel Kant, em sua obra **Fundamentos da metafísica dos costumes** (1785): "No reino dos fins, tudo tem ou um preço ou uma dignidade. Quando uma coisa tem preço, pode ser substituída por algo equivalente; por outro lado, a coisa que se acha acima de todo preço, e por isso não admite qualquer equivalência, compreende uma dignidade". A dignidade da pessoa humana está prevista no art. 1º, inciso III, da Constituição Federal. Constitui um dos pilares do Estado Democrático de Direito, inerente à República Federativa do Brasil. Sua finalidade, na qualidade de princípio fundamental, é assegurar aos cidadãos um mínimo de direitos que devem ser respeitados pela sociedade e pelo Poder Público, de forma a preservar a valorização do ser humano.

Os direitos humanos são tutelados por uma série de tratados internacionais. O mais importante deles é a **Convenção Americana Sobre Direitos Humanos (Pacto de São José da Costa Rica – 1969)**. As provas de Direitos Humanos da OAB focalizam amplamente o Pacto de São José. Por essa razão é preciso estudá-lo com afinco. Somente para dar um exemplo: segundo o Artigo 33 dessa mesma Convenção – "São competentes para conhecer de assuntos relacionados com o cumprimento dos compromissos assumidos pelos Estados-partes nesta Convenção: a) a Comissão Interamericana de Direitos Humanos, doravante denominada a Comissão; e b) a Corte Interamericana de Direitos Humanos, doravante denominada a Corte". As sentenças emitidas pela Corte são inapeláveis. José Carlos Magalhães define a sentença internacional desta forma: "Sentença internacional consiste em ato judicial emanado de órgão judiciário internacional de que o Estado faz parte, seja porque aceitou a sua jurisdição obrigatória, como é o caso da Corte Interamericana de Direitos Humanos, seja porque, em acordo especial, concordou em submeter a solução de determinada controvérsia a um organismo internacional, como a Corte Internacional de Justiça. Pode-se dizer o mesmo da submissão de um litígio a um juízo arbitral internacional, mediante compromisso arbitral, conferindo jurisdição específica para a autoridade nomeada decidir a controvérsia. O ex-ministro Gilson Dipp, do STJ, afirma: "Não é necessário que uma decisão da Corte Interamericana de Direitos Humanos seja internalizada por meio de homologação de sentença estrangeira ou de concessão de *exequatur* a carta rogatória. As decisões da Corte têm eficácia e aplicabilidade imediata no ordenamento interno brasileiro". Outro tema de relevância na prova da OAB são os estatutos que garantem direitos fundamentais. Entre eles, o **Estatuto da Criança e do Adolescente – ECA**, o **Estatuto do Idoso** e a **Lei Maria da Penha** merecem a devida atenção, pois são sempre cobrados na prova da OAB.

Vale lembrar que, em 1994, o Brasil assinou o documento da Convenção Interamericana para Prevenir, Punir e Erradicar a Violência contra a Mulher, também conhecida como Convenção de Belém do Pará. Este documento define o que é violência contra a mulher, além de explicar as formas que essa violência pode assumir e os lugares onde pode se manifestar. Uma leitura atenta das questões formuladas pela banca da prova da OAB é de grande valia, pois certos temas são recorrentes no Exame.

DIREITO INTERNACIONAL

A prova de **Direito Internacional** na 1ª fase da OAB traz **duas questões** entre o total de 80. Realmente, tem pouca incidência, mesmo assim, é possível acertar uma questão sem grandes esforços. A disciplina tem *dois viés*: **internacional público** e **internacional privado**. Inicialmente, no Exame da OAB, apenas *internacional público* era objeto de questionamento. Mais tarde, o *privado* se juntou para preocupação dos examinandos.

Ocorre que é justamente o *privado* que tem sido a questão que a maioria vem acertando, especialmente, em razão da LINDB – Lei de Introdução às Normas do Direito Brasileiro (Decreto n. 4.657/42, atualizado em 2010 pela Lei n. 12.376), uma *lei* que tem menos de **20 artigos**. Se observarmos o **internacional público**, o campo de incidência é muito maior em razão dos assuntos que envolvem. Veja que neste livro os temas dos primeiros *seis* capítulos de Direito Internacional são de *público*.

É bem verdade que o **Direito Internacional Privado** pode ser submetido à uma classificação mais restrita, mas os temas giram em torno das relações que envolvam mais de um país num conflito sobre a aplicação legislativa ao caso em concreto. Sendo assim, a unidade é muito maior do que o *público*.

Direito Internacional público: teoria geral, soberania e domínio público

Uma única questão foi cobrada no distante VII Exame de Ordem Unificado. A Lei n. 8.617/93, que dispõe sobre o mar territorial, a zona contígua, a zona econômica exclusiva e a plataforma continental brasileiros era o tema abordado. Importante destacar a distinção das expressões que constam da referida lei.

mar territorial brasileiro	faixa de doze milhas marítima de largura, medidas a partir da linha de baixa-mar do litoral continental e insular.
zona contígua brasileira	faixa que se estende das doze às vinte e quatro milhas marítimas, contadas a partir das linhas de base que servem para medir a largura do mar territorial.
zona econômica exclusiva brasileira	faixa que se estende das doze às duzentas milhas marítimas, contadas a partir das linhas de base que servem para medir a largura do mar territorial.
plataforma continental do Brasil	o leito e o subsolo das áreas submarinas que se estendem além do seu mar territorial, em toda a extensão do prolongamento natural de seu território terrestre, até o bordo exterior da margem continental, ou até uma distância de duzentas milhas marítimas das linhas de base, a partir das quais se mede a largura do mar territorial, nos casos em que o bordo exterior da margem continental não atinja essa distância.

Nacionalidade e Estrangeiros

É uma das matérias que mais são cobradas dentro da disciplina de *público*. O grau de dificuldade é baixo, até porque a **Constituição Federal** é uma forte aliada para resolver as questões (vide o art. 12, p. ex.). O **Estatuto do Estrangeiro** (Lei n. 6.815/80), de suma importância para a matéria, foi revogado pela **Lei de Migração** (Lei n. 13.445/2017). Não só a referida lei deverá ser observada como o seu conflituoso *regulamento* (Decreto n. 9.199/2017), visto que a doutrina encontra diversas falhas entre os diplomas.

Atente-se às **novas formas** de vistos:

- de visita;
- temporário;
- diplomático;
- oficial;
- de cortesia.

Relações Diplomáticas

O tema aqui, basicamente, trata da **Convenção de Viena sobre Relações Diplomáticas**, assinada em 1961 e que tem o Decreto n. 56.435/65 como promulgador. Tenha atenção redobrada a partir do **art. 29** quando trata da pessoa do **agente diplomático**. Há diversos direitos distintos ali consignados como que a pessoa do agente diplomático é *inviolável*, não podendo ser objeto de nenhuma forma de detenção ou prisão.

Tribunais, Tratados Internacionais e Arbitragem

Esse assunto, como o próprio capítulo se refere, é bastante amplo no sentido de diversos diplomas internacionais abrangerem o conteúdo. Quais deles já foram objeto de prova da OAB?

- Protocolo de Las Leñas (Decreto n. 6.891/2009);
- Carta da ONU;
- Carta da OEA;
- Pacto de São José da Costa Rica;
- Convenção Interamericana de Direitos Humanos;
- Protocolo de Olivos para a Solução de Controvérsias no Mercosul (Decreto n. 4.982/2004);
- Conferência de *Bretton Woods*.

Sujeitos e Organizações Internacionais

Sob este título, MERCOSUL e Carta das Nações Unidas (Decreto n. 19.841/45) já foram objeto de questionamento. Lembrando que são os órgãos principais das **Nações Unidas:** uma Assembleia Geral, um Conselho de Segurança, um Conselho Econômico e Social, um conselho de Tutela, uma Corte Internacional de Justiça e um Secretariado.

DIREITOS HUMANOS

Pode parecer estranho, porque há uma disciplina específica que trata a respeito, mas classificamos algumas questões sob este título. No XIX Exame, a banca FGV cobrou conhecimento à "Convenção sobre os Aspectos Civis do Sequestro Internacional de Crianças", promulgada pelo Decreto n. 3.413/2000. Dentro das "linhas imaginárias" do Direito Internacional, então, estava esta questão, infelizmente.

DIREITO INTERNACIONAL PRIVADO

Tem sido a disciplina *queridinha* pela banca, já que vem superando o *público* há muitas provas. Dentro dos temas mais cobrados estão:

- Resolução do conflito de leis no espaço;
- LINDB;
- Competência internacional do Estado.

Sendo assim, questões perguntando *se o juiz brasileiro* tem ou não competência, ou se uma *decisão estrangeira* deve ou não prevalecer, ações de divórcios entre brasileiros e estrangeiros, disposição de bens em locais diversos, contratos internacionais, a aplicação de leis, cartas rogatórias, regências das obrigações, enfim, diversas situações previstas dentro dessa disciplina.

Nossa dica é atentar-se à LINDB, visto que muitas questões tiveram como conhecimento de suas regras. Também não é possível ignorar o conhecimento às regras de competência do CPC de 2015.

Observe as seguintes **locuções latinas** e que já forma objeto de prova:

lex loci celebrationis	Lei do local da celebração
lex domicilli	Lei do local do domicílio
lex rei sitae	Lei do lugar da situação da coisa
lex fori	Lei do foro
lex loci executionis	Lei de execução do local onde é prestado o trabalho

DIREITO TRIBUTÁRIO

A prova de **Direito Tributário** na 1ª fase da OAB traz **cincos questões** entre o total de 80, juntamente com Empresarial e Processo do Trabalho. Do mesmo modo como estas, as questões exigem interpretação dos enunciados, normalmente, casos hipotéticos, mas que a maioria das vezes a respostas está no texto da lei.

A disciplina, em geral, é composta por estes temas:

- Princípios Constitucionais Tributários;
- Competência Tributária e Tributos em Espécie;
- Imunidades Tributárias;
- Legislação Tributária;
- Obrigação Tributária;
- Responsabilidade Tributária;
- Crédito Tributário;

- Garantias, Privilégios, Preferências do Crédito Tributário e Administração Tributária;
- Ações Judiciais no Direito Tributário.

Portanto, à primeira vista, há bastante conteúdo para ser estudado. Agora, se fossemos dividir o conteúdo pela incidência das questões nas provas da OAB, poderíamos enxergar nas **normas gerais de Direito Tributário** (no Código Tributário Nacional – CTN) e no **Sistema Tributário Nacional** (na Constituição Federal – CF) o limite do raio dos estudos preparatórios. Sinteticamente, o que poderíamos adiantar sobre esses temas.

A primeira *coisa* é compreender o conceito de *tributo* (art. 3º do CTN) pelas suas cinco características.

As 5 características do tributo
Caráter pecuniário da prestação
Compulsoriedade da prestação
Natureza não sancionatória
Origem legal do tributo
Natureza vinculada da atividade administrativa que cobra o tributo

Também são **cinco** as **espécies distintas**, quais seja:

1. **impostos;**
2. **taxas;**
3. **contribuições de melhoria;**
4. **contribuições; e**
5. **empréstimos compulsórios.**

Sobre **competência tributária**, a Constituição Federal não cria tributo algum, ela apenas dá a devida autorização, isto é, outorga a competência tributária, para que a União Federal, os Estados, o Distrito Federal e os Municípios criem seus tributos, se assim quiserem. Suas principais *características* são:

- *indelegabilidade;*
- *irrenunciabilidade;*
- *incaducabilidade.*

Pessoas jurídicas de direito público	Competência Privativa: Impostos
União Federal	Art. 153, CF
Estados e Distrito Federal	Art. 155, CF
Municípios	Art. 156, CF

As **competências comuns** englobam duas diferentes espécies de tributos, quais sejam, as **taxas** (art. 145, II, CF) e as **contribuições de melhoria** (art. 145, III, CF). Determina o art. 154, I, que será **única e exclusivamente** a *União Federal* a pessoa política competente **para criar novos impostos**, isto é, impostos cujo fato gerador seja outro que não aqueles já previstos pelo texto constitucional. Tal atribuição de competência é chamada de **competência residual**.

Lembre-se sempre: são **dois os fatos geradores das taxas**: (1) o exercício regular do poder de polícia – chamada de "*taxa de polícia*" ou "*taxa de fiscalização*"; e (2) a utilização, efetiva ou potencial, de serviço público específico e divisível prestado ao contribuinte ou posto à sua disposição – conhecida como "*taxa de serviço*".

Sobre os **princípios constitucionais tributários**, adotamos a *posição majoritária*, e em nome da didática, que são em nove: (i) **legalidade**, (ii) **anterioridade**, (iii) **capacidade contributiva**, (iv) **irretroatividade**, (v) **isonomia**, (vi) **não confisco**, (vii) **liberdade de tráfego de pessoas e bens**, (viii) **uniformidade territorial** e (ix) **não diferenciação tributária**.

Quanto à **legislação tributária**, podemos classificar deste modo:

Normas principais	**I** – leis (CF, emendas constitucionais, lei complementar, lei ordinária e medida provisória); **II** – tratados e convenções internacionais; **III** – decretos.
Normas complementares	**I** – os atos normativos expedidos pelas autoridades administrativas; **II** – as decisões dos órgãos singulares ou coletivos de jurisdição administrativa, a que a lei atribua eficácia normativa; **III** – as práticas reiteradamente observadas pelas autoridades administrativas; **IV** – os convênios que entre si celebrem a União, os Estados, o Distrito Federal e os Municípios.

É importante você visualizar a linha cronológica da *obrigação tributária*. Assim, *ocorrido* o **fato gerador**, nasce *automática* e infalivelmente a **obrigação tributária**. Como qualquer outra obrigação, tem um **sujeito ativo** (Fisco), um **sujeito passivo** (contribuinte ou responsável tributário) e uma **prestação** (principal ou acessória). Ocorre que a **obrigação tributária**, *por si só*, **não é exigível** do sujeito passivo, por lhe faltar a formalização da dívida, a certeza e a liquidez. Nesse sentido, para que determinado tributo esteja apto a ser cobrado, exigido, há de se ter uma formalização prévia, que transformará aquela simples obrigação tributária em um crédito tributário. Este **procedimento de formalização**, isto é, de constituição do crédito tributário é chamado de **lançamento**.

Desse modo, por meio do **lançamento tributário** será declarado ocorrido o fato gerador da obrigação tributária e constituído o **crédito tributário** que deverá ser pago no prazo nele fixado ou, inexistindo data de vencimento no seu corpo, em trinta dias a contar da notificação do sujeito passivo. *Inadimplido* este crédito tributário, os valores serão inscritos em **dívida ativa** e, posteriormente, encaminhados à **execução fiscal** nos termos previstos pela Lei n. 6.830/80. Após a citação do feito executivo, serão tomados os atos expropriatórios de modo a fazer com que a Fazenda Pública receba o que lhe é de direito.

Atente-se às **hipóteses de suspensão** do crédito tributário no art. 151 do CTN.

E as **hipóteses de extinção** do crédito tributário estão no art. 156 do CTN.

O *grande traço diferenciador* dessas hipóteses de extinção do crédito tributário para as situações de suspensão de sua exigibilidade é o **caráter permanente**, definitivo daquelas em relação à situação momentânea, passageira destas. Ao se extinguir um crédito tributário, ele estará encerrado, resolvido, sem que nunca mais volte à tona. Na suspensão da exigibilidade, entretanto, nada impede que o crédito volte a ser passível de exigência após um período de tempo – como, por exemplo, após o período da moratória, após a cassação de uma medida liminar ou após o encerramento de um processo administrativo.

DIREITO ADMINISTRATIVO

A prova de **Direito Administrativo** na 1ª fase da OAB traz **seis questões** entre o total de 80, ou seja, é uma das disciplinas mais importantes. Como não há um *código* da matéria, apenas legislação esparsa, é importante ter uma visão do que é necessário estudar para a disciplina.

A disciplina, em geral, é composta por estes temas:

- Direito Administrativo;
- Bens Públicos;
- Administração Pública;
- Serviços Públicos;
- Agentes Públicos;
- Licitações;
- Contratos Administrativos;
- Intervenção do Estado na Propriedade;
- Controle da Administração Pública;
- Responsabilidade do Estado;
- Improbidade Administrativa;
- Poderes Administrativos;
- Atos Administrativos;
- Processo Administrativo.

Realmente, a disciplina é bastante extensa e diversificada. Mas é possível destacar o TOP 5 entre os temas **mais exigidos** em provas: agentes públicos, licitações e contratos administrativos, intervenção do Estado na propriedade e Administração Pública.

A abordagem dos assuntos, como tipicamente ocorre nas provas da OAB, é feita por meio de casos hipotéticos, exigindo-se que o examinando se posicione tal qual um advogado, dominando a aplicação da lei no caso concreto.

Os aspectos relativos à Administração Pública e aos Agentes Públicos são tratados à luz dos arts. 37 ao 41 da Constituição Federal, sendo que as regras relativas aos Servidores Públicos requerem, também, o entendimento da Lei n. 8.112/90 (Estatuto do Servidor Público Federal). Sobre o referido Estatuto, destacam-se as formas de provimento de cargo público (art. 8º), memorizadas pelo mnemônico **PANR4**:

Promoção

Aproveitamento

Nomeação

Readaptação

Reversão

Reintegração

Recondução

Improbidade Administrativa, disciplinada na Lei n. 8.429/92, é um tema bastante abordado na prova, geralmente exigindo-se que o candidato saiba classificar os atos de improbidades entre as quatro modalidades trazidas pela lei. O quadro a seguir traz um macete para auxiliar nessa classificação:

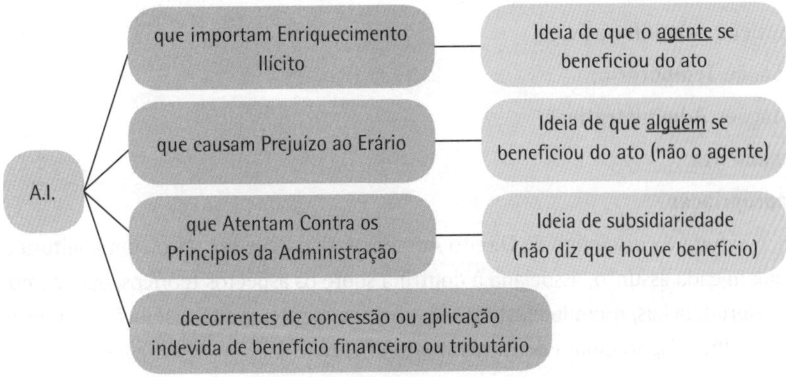

A Lei n. 8.666/93 traz as normas gerais de **licitação e contratos**, sendo imprescindível seu conhecimento para a prova. Destacam-se as **modalidades de licitação** (art. 22): ***concorrência***, ***tomada de preços***, ***convite***, ***concurso***; e ***leilão***. As modalidades devem ser distinguidas dos **tipos de licitação** (art. 45, § 1º): ***menor preço***; ***melhor técnica***; ***técnica e preço***; e ***maior lance ou oferta***. Outro aspecto cobrado na Lei n. 8.666/1993 é a contratação direta, ou seja, quais as hipóteses em que a licitação será **inexigível** (art. 25) e quando será caso de **dispensa** (dispensada art. 17 ou dispensável art. 24).

Sobre a **Organização da Administração Pública**, importante a distinção entre os institutos da **desconcentração** e da **descentralização**:

Desconcentração	Descentralização
• **Distribuição de competências entre órgãos de uma mesma pessoa jurídica.**	• Distribuição de competências para uma **nova** pessoa **jurídica**.
• **Há hierarquia entre esses órgãos.**	• **Não há hierarquia** entre a administração direita e o ente descentralizado (há ***vinculação***, não *subordinação*).

A **Administração Pública** é composta por Administração **Direta** e Administração **Indireta**:

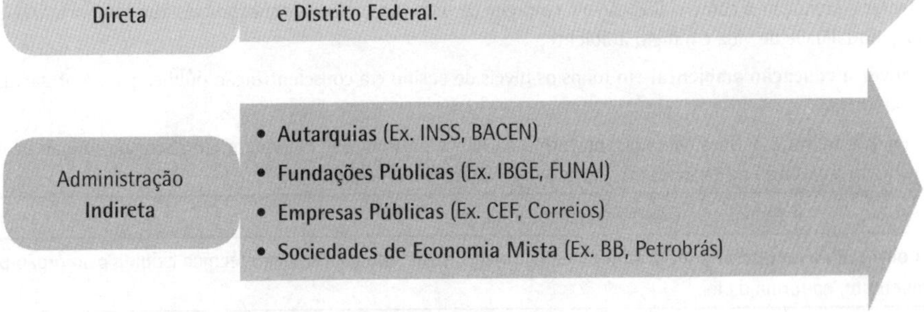

Quanto à **Intervenção do Estado na Propriedade Privada**, a prova pode abordar as diversas modalidades, destacando-se a **desapropriação**, modalidade mais gravosa de intervenção, em que o Estado retira coercitivamente a propriedade de terceiro. São modalidades de intervenção:

- **Servidão Administrativa;**
- **Requisição Administrativa;**
- **Ocupação Temporária;**
- **Limitações Administrativas;**
- **Tombamento;**
- **Desapropriação.**

Por fim, o estudo da disciplina de Direito Administrativo deve ser feito com a leitura das diversas leis que regulam cada assunto, associada à doutrina sobre os aspectos teóricos, bem como aos entendimentos jurisprudenciais, quando existentes e, principalmente, muita resolução de questões da FGV, o que esta obra lhe proporcionará de forma muito eficaz.

DIREITO AMBIENTAL

Mesmo que sejam apenas duas questões na prova da OAB e o tempo seja pouco para estudar todo o conteúdo, é possível você acertar a metade com apenas a leitura da Constituição Federal, visto que a matéria é extensa e compartilhada por diversos estatutos legais (os principais são Lei n. 9.605/98 de Crimes Ambientais, a Lei n. 9.985/2000, do SNUC, a Lei n. 6.938/81 - Política Nacional do Meio Ambiente - e a Lei n. 12.651/2012, Código Florestal), além das resoluções do CONAMA, como é claro ao resolver as questões da prova.

Portanto, segue o art. 225 de forma sistematizada.

<table>
<tr><td>"CAPUT"
ART. 225
CF</td><td>Todos têm direito ao meio ambiente ecologicamente equilibrado, bem de uso comum do povo e essencial à sadia qualidade de vida, impondo-se ao Poder Público e à coletividade o dever de defendê-lo e preservá-lo para as presentes e futuras gerações.</td></tr>
<tr><td>§ 1º</td><td>Incumbe ao Poder Público:</td></tr>
<tr><td colspan="2">• preservar e restaurar os processos ecológicos essenciais e prover o manejo ecológico das espécies e ecossistemas;
• preservar a diversidade e a integridade do patrimônio genético do País e fiscalizar as entidades dedicadas à pesquisa e manipulação de material genético;
• definir, em todas as unidades da Federação, espaços territoriais e seus componentes a serem especialmente protegidos, sendo a alteração e a supressão permitidas somente através de lei, vedada qualquer utilização que comprometa a integridade dos atributos que justifiquem sua proteção;
• exigir, na forma da lei, para instalação de obra ou atividade potencialmente causadora de significativa degradação do meio ambiente, estudo prévio de impacto ambiental, a que se dará publicidade;
• controlar a produção, a comercialização e o emprego de técnicas, métodos e substâncias que comportem risco para a vida, a qualidade de vida e o meio ambiente;
• promover a educação ambiental em todos os níveis de ensino e a conscientização pública para a preservação do meio ambiente;
• proteger a fauna e a flora, vedadas, na forma da lei, as práticas que coloquem em risco sua função ecológica, provoquem a extinção de espécies ou submetam os animais a crueldade.</td></tr>
<tr><td>§ 2º</td><td>Aquele que explorar recursos minerais:</td></tr>
<tr><td colspan="2">• fica obrigado a recuperar o meio ambiente degradado, de acordo com solução técnica exigida pelo órgão público competente, na forma da lei.</td></tr>
</table>

§ 3º	As condutas e atividades consideradas lesivas ao meio ambiente:
• **sujeitarão os infratores**, pessoas físicas ou jurídicas, a **sanções penais e administrativas**, *independentemente* da obrigação de **reparar** os danos causados.	
§ 4º	A Floresta Amazônica brasileira, a Mata Atlântica, a Serra do Mar, o Pantanal Mato-Grossense e a Zona Costeira:
• **são patrimônio nacional**, e sua utilização far-se-á, na forma da lei, dentro de condições que assegurem a preservação do meio ambiente, inclusive quanto ao uso dos recursos naturais.	
§ 5º	São indisponíveis:
• as **terras devolutas** ou **arrecadadas** pelos Estados, por ações discriminatórias, necessárias à proteção dos ecossistemas naturais.	
§ 6º	As usinas que operem com reator nuclear:
• deverão ter sua **localização definida** em *lei federal*, sem o que não poderão ser instaladas.	

NOVIDADE: INCLUÍDO PELA EMENDA CONSTITUCIONAL N. 96/2017	
§ 7º	[...] não se consideram cruéis as práticas desportivas que utilizem animais:
• **desde que sejam manifestações culturais**, conforme o § 1º do art. 215 desta Constituição Federal, **registradas como bem de natureza imaterial** integrante do patrimônio cultural brasileiro, devendo ser regulamentadas por lei específica que assegure o bem-estar dos animais envolvidos.	

DIREITO CIVIL

ABSOLUTAMENTE INCAPAZES	RELATIVAMENTE INCAPAZES
- São eles: os menores de dezesseis anos.	- São eles: I - os maiores de dezesseis e menores de dezoito anos; II - os ébrios habituais e os viciados em tóxico; III - aqueles que, por causa transitória ou permanente, não puderem exprimir sua vontade; IV - os pródigos.
- Efeitos: nulidade dos atos praticados pessoalmente (isto é, sem representação) pelos absolutamente incapazes.	- A capacidade dos índios é regida pelo Estatuto do Índio, que qualifica como incapazes os indígenas não integrados à comunhão nacional. - Efeitos: anulabilidade dos atos praticados pessoalmente (isto é, sem assistência) pelos relativamente incapazes.

NULIDADE	ANULABILIDADE
- Decorre de vícios graves;	- Deriva de vícios leves;
- É a sanção aplicável nos casos de atos praticados pessoalmente por absolutamente incapazes;	- É a sanção aplicável nos casos de atos praticados pessoalmente por relativamente incapazes;
- Pode ser alegada pelo juiz de ofício e pelo Ministério Público, quando intervier na ação;	- Apenas pode ser alegada pelos interessados;
- Não é suscetível de confirmação, admitindo apenas a conversão substancial em outro ato;	- Admite a confirmação (pelas partes) e a ratificação (por terceiros) do ato, que passa a ser plenamente válido;
- Não está sujeita à prescrição.	- Sujeita a prazos decadenciais.

PRESCRIÇÃO	DECADÊNCIA
– Afeta a pretensão, isto é, a exigibilidade do direito;	– Afeta o direito material em si, que é extinto;
– Admite múltiplas hipóteses de impedimento, suspensão e interrupção;	– Como regra, os prazos decadenciais não são suspensos ou interrompidos;
– Pode ser renunciada;	– Apenas a decadência convencional admite renúncia;
– Deve ser decretada de ofício pelo juiz;	– Deve ser decretada de ofício pelo juiz, salvo se convencional;
– Os prazos prescricionais previstos no Código Civil estão concentrados nos arts. 205 e 206.	– Os prazos decadenciais previstos no Código Civil estão dispersos em várias disposições.

VÍCIOS REDIBITÓRIOS	EVICÇÃO
– Permitem ao oblato manifestar de imediato sua aceitação, pois celebrados entre pessoas que interagem no momento da proposta;	– Não permitem ao oblato responder de pronto à proposta que lhe foi dirigida, demandando prazo para a aceitação;
– Não implicam a ideia de que os contratantes estejam fisicamente próximos, pois contratos firmados por telefone, por exemplo, são considerados entre presentes, ainda que os interessados se encontrem em países diversos;	– Não implicam a ideia de que os contratantes estejam fisicamente distantes, pois mesmo estando as partes em uma mesma localidade, pode ser que não estejam interagindo no momento em que é feita a proposta;
– Exigem resposta imediata do oblato, sob pena de se considerar recusada a proposta.	– Exigem prazo para resposta, seja ele fixado pelo proponente ou extraído razoavelmente das circunstâncias do caso.

RESPONSABILIDADE SUBJETIVA	RESPONSABILIDADE OBJETIVA
– Ocorre nas circunstâncias para as quais a lei não prescreve a responsabilidade objetiva;	– Se dá nos casos em que a lei determina ou quando caracterizada a teoria do risco;
– Depende da verificação do dolo ou ao menos da culpa do agente;	– Abstrai dos elementos dolo e culpa, bastando a prova da conduta, do dano e do nexo causal;
– Impõe à vítima do dano, como regra, o ônus de provar que seu causador agiu dolosa ou culposamente.	– Impõe ao suposto causador do dano o ônus de demonstrar a presença de algum dos fatores excludentes de responsabilidade.

POSSE DE BOA-FÉ	POSSE DE MÁ-FÉ
– Conceito: o possuidor ignora o vício que macula sua posse;	– Conceito: o possuidor tem ciência de que sua posse é viciada;
– Frutos: poderá reter os já colhidos e será indenizado pelas despesas de produção e custeio em relação aos que tiver de restituir (os pendentes e os colhidos com antecipação);	– Frutos: não poderá retê-los, nem mesmo os já separados ou colhidos, mas poderá ser indenizado pelas despesas de produção e custeio, para evitar enriquecimento do indivíduo que recupera sua posse;
– Danos: só responderá pelos danos advindos de seu comportamento culposo ou mesmo doloso, cabendo a prova da culpa ou do dolo ao legítimo possuidor;	– Danos: responderá até mesmo pelos danos derivados de fortuito ou de força maior, salvo se puder provar que tais danos ocorreriam de qualquer modo, ainda que a coisa estivesse em poder do legítimo possuidor;
– Benfeitorias e acessões: será indenizado pelas benfeitorias necessárias e úteis, poderá levantar as voluptuárias, se não lhe forem indenizadas e se não acarretarem prejuízo à coisa principal, e poderá reter a posse até que as indenizações lhe sejam pagas;	– Benfeitorias e acessões: apenas terá direito à indenização pelas benfeitorias necessárias, não poderá sequer levar consigo as voluptuárias, ainda que possam ser removidas sem prejuízo da coisa principal, e não goza de direito de retenção;

POSSE DE BOA-FÉ	POSSE DE MÁ-FÉ
– Será indenizado pelo valor atual das benfeitorias e acessões.	– Será indenizado pelo valor atual ou pelo preço do custo das benfeitorias e acessões, cabendo a escolha ao indivíduo que reivindica a posse do bem.

CASAMENTO NULO	CASAMENTO ANULÁVEL
– Nulidade decretada em função de questão de ordem pública;	– Anulabilidade tem por base questão de interesse privado;
– Não admite convalidação;	– Pode ser convalidado;
– Nulidade pode ser invocada por qualquer interessado ou pelo Ministério Público;	– As causas de anulabilidade são invocadas pelos interessados;
– O reconhecimento da nulidade não está sujeito a prazos decadenciais.	– A anulabilidade somente poderá ser reconhecida nos prazos decadenciais estabelecidos em lei.

ESTATUTO DA CRIANÇA E DO ADOLESCENTE

A prova de **Estatuto da Criança e do Adolescente – ECA** na 1ª fase da OAB traz **duas questões** entre o total de 80. A **Lei n. 8.069/90** dispõe sobre o ECA e está dividida em duas grandes partes, **parte geral**, entre os arts. 1º e 85, subdivida em "disposições preliminares", "direitos fundamentais" e "prevenção", e **parte especial**, entre os arts. 86 a 267, subdivida em "política de atendimento", "medidas de proteção", "prática de ato infracional", "medidas pertinentes aos pais ou responsável", "conselho tutelar", "acesso à Justiça" e "crimes e infrações administrativas".

Quanto à prova da OAB, há uma **grande concentração** de questões cobradas sobre o tema "direitos fundamentais", por certo devido à maior atenção do legislador (arts. 7º a art. 69), onde se divide a atenção ao *direito à convivência familiar* e *comunitária* e à *família substituta*. Também são temas **preferidos** o "acesso à Justiça" (arts. 141 a 224) e a "prática de ato infracional" (arts. 103 a 128), especialmente quanto às *medidas socioeducativas*.

LEMBRE-SE: apesar de serem apenas duas questões sobre ECA na prova da OAB, a disciplina é fácil, concentra-se quase que exclusivamente no interesse da banca apenas na Lei n. 8.069/90, pois a matéria também está prevista na Constituição Federal, no Código Civil e nas resoluções do Conselho Nacional dos Direitos da Criança e do Adolescente – CONANDA.

O **princípio da proteção integral**, previsto no art. 1º do ECA, é o "princípio dos princípios" em se tratando dos direitos da criança e do adolescente, incluindo assistência moral, material e jurídica. A criança e o adolescente gozam de todos os direitos fundamentais inerentes à pessoa humana, **sem prejuízo da proteção integral** de que trata o ECA, assegurando-se-lhes, por lei ou por outros meios, todas as oportunidades e facilidades, a fim de lhes facultar o desenvolvimento físico, mental, moral, espiritual e social, em condições de liberdade e de dignidade.

Consideram-se para os efeitos do ECA e do EJUVE (**Lei n. 12.582/2013** e que trata do **Estatuto da Juventude)**:

- CRIANÇA, a pessoa **até doze anos de idade incompletos** (até 11 anos);
- ADOLESCENTE, aquela **entre doze e dezoito anos de idade incompletos** (entre 12 e 17 anos);
- JOVENS, aqueles **entre quinze e vinte e nove anos de idade**.

Destaca-se a aparente sobreposição das categorias adolescentes e jovens entre as idades de **15 a 17 anos**, o que poderíamos denominar "adolescente-jovem". Porém, não haverá problema algum, visto que se aplicará o ECA em primeiro lugar e, excepcionalmente, o EJUVE nessa faixa de idade. Ademais, o EJUVE não restringe os direitos previstos no ECA e praticamente não arrola deveres aos jovens.

ATENÇÃO! Há casos expressos em lei, que se aplica excepcionalmente o ECA às **pessoas entre 18 anos completos e 21 anos de idade**. Por exemplo, em caso de internação, como medida socioeducativa, poderá ultrapassar os 18 anos e, portanto, o ECA continuará sendo aplicado, visto que a liberação será compulsória apenas aos 21 anos de idade.

Sob o *título* **direitos fundamentais,** há uma diversidade de assuntos tratados pelo legislador, mas que destacamos, pela atenção da banca FGV, a colocação da criança e do adolescente em *família substituta* mediante guarda, tutela ou adoção (arts. 28 a 52-D do ECA).

Entende-se por:

- FAMÍLIA NATURAL a *comunidade* formada pelos pais ou qualquer deles e seus descendentes;
- FAMÍLIA EXTENSA (ou ampliada) aquela que se estende para além da unidade pais e filhos ou da unidade do casal, formada por parentes próximos com os quais a criança ou adolescente convive e mantém vínculos de afinidade e afetividade.
- FAMÍLIA SUBSTITUTA a *comunidade* que não seja qualquer uma das anteriores, cuja relação se dará por meio da guarda, tutela ou adoção.

A colocação em **família substituta** far-se-á mediante guarda, tutela ou adoção, **independentemente da situação jurídica** da criança ou do adolescente, a qual se destaca algumas regras gerais:

- **Sempre que possível**, a criança ou o adolescente **será previamente ouvido** por equipe interprofissional, respeitado seu estágio de desenvolvimento e grau de compreensão sobre as implicações da medida, e terá sua **opinião devidamente considerada**;
- Tratando-se de **maior de 12 (doze) anos de idade**, será *necessário seu consentimento*, colhido em audiência;
- Na apreciação do pedido levar-se-á em conta o **grau de parentesco e a relação de afinidade ou de afetividade**, a fim de evitar ou minorar as consequências decorrentes da medida;
- Os **grupos de irmãos** serão colocados sob adoção, tutela ou guarda da **mesma família substituta**, ressalvada a comprovada existência de risco de abuso ou outra situação que justifique plenamente a excepcionalidade de solução diversa, procurando-se, em qualquer caso, evitar o rompimento definitivo dos vínculos fraternais.

A **adoção internacional** teve grande atualização com a Lei n. 13.509 de novembro de 2017, portanto, CUIDADO com o tema! O art. 51 traz o conceito legal sobre o assunto. Tratando de *atualização legislativa*, o ano de **2017** também trouxe modificações para o ECA, vide as Leis 13.431, 13.436 e 13.438, todas de abril.

Assunto bastante presente em provas trata da **autorização para viagem** e sobre a **hospedagem** de crianças e adolescentes, já que são temas cotidianos. Assim, é PROIBIDA a **hospedagem** de criança ou adolescente em hotel, motel, pensão ou estabelecimento congênere, salvo se autorizado ou acompanhado pelos pais ou responsável (art. 82 do ECA).

Da mesma forma, nenhuma criança poderá viajar para *fora da comarca onde reside*, desacompanhada dos pais ou responsável, **sem expressa autorização judicial**. A autoridade judiciária poderá, a pedido dos pais ou responsável, **conceder autorização válida por dois anos**. Ela NÃO SERÁ exigida quando: a) tratar-se de comarca contígua à da residência da criança, se na mesma unidade da Federação, ou incluída na mesma região metropolitana; b) a criança estiver acompanhada: 1) de ascendente ou colateral maior, até o terceiro grau, comprovado documentalmente o parentesco; 2) de pessoa maior, expressamente autorizada pelo pai, mãe ou responsável.

Atente-se às diferenças entre as **linhas de ação** e as **diretrizes** da *política de atendimento* que o ECA faz, respectivamente, arts. 87 e 88.

As **medidas de proteção à criança e ao adolescente** são aplicáveis sempre que os direitos reconhecidos nesta Lei forem ameaçados ou violados (art. 98 do ECA):

[1] por ação ou omissão da sociedade ou do Estado;

[2] por falta, omissão ou abuso dos pais ou responsável;

[3] em razão de sua conduta.

Na aplicação das medidas levar-se-ão em conta as necessidades pedagógicas, preferindo-se aquelas que visem ao fortalecimento dos vínculos familiares e comunitários. NÃO DEIXE de ler os **princípios** estabelecidos no parágrafo único do art. 100 do ECA e que regem a aplicação das medidas de proteção, p. ex., da **proteção integral e prioritária**, em que a interpretação e aplicação de toda e qualquer norma contida no ECA devem ser voltadas à **proteção integral e prioritária** dos direitos de que crianças e adolescentes são titulares.

NÃO ESQUEÇA de que são **penalmente inimputáveis** os MENORES de 18 anos e, portanto, a eles, cometido ato infracional (considera-se aquela conduta descrita como crime ou contravenção penal), responderão por "medidas" (o ECA jamais utiliza a expressão "penas"); aos **adolescentes**, por "medidas socioeducativas". Ao ato infracional praticado **por criança** (menores de 12 anos) corresponderão as **medidas previstas no art. 101.**

NENHUM **adolescente** *será privado de sua liberdade* SENÃO em **flagrante de ato infracional** ou **por ordem escrita e fundamentada da autoridade judiciária competente**. A INTERNAÇÃO, *antes da sentença*, pode ser determinada pelo prazo máximo de **45 dias.**

Verificada a prática de ato infracional, a autoridade competente poderá aplicar ao ADOLESCENTE as seguintes **MEDIDAS SOCIOEDUCATIVAS**:

1	Advertência;	Art. 115
2	Obrigação de reparar o dano;	Art. 116
3	Prestação de serviços à comunidade;	Art. 117
4	Liberdade assistida;	Arts. 118 e 119
5	Inserção em regime de semiliberdade;	Art. 120
6	Internação em estabelecimento educacional;	Arts. 121 a 125
7	Qualquer uma das previstas para CRIANÇAS, exceto, o acolhimento institucional, a inclusão em programa de acolhimento familiar e colocação em família substituta.	Art. 101, I a VI.

DIREITO DO CONSUMIDOR

Aspectos Gerais

O primeiro passo ao iniciar o estudo do Direito do Consumidor, na preparação para o Exame de Ordem, é fazer uma **leitura atenta do Código de Defesa do Consumidor (Lei n. 8.078/90)**. Em regra, as questões cobradas em Exame de Ordem são resolvidas com os dispositivos do CDC, os quais são redigidos de forma clara e linguagem simplificada, pois a intenção é de que o próprio consumidor consiga entendê-los.

Dentro da disciplina de Direito do Consumidor há assuntos que quase **sempre são cobrados** (ex.: responsabilidade pelo *vício* e pelo *fato* dos produtos e serviços, práticas comerciais, proteção contratual) e outros que **raramente aparecem** (ex.: sanções administrativas e infrações penais) em Exame de Ordem. A maioria das questões aborda assuntos tratados até o art. 54 do CDC, sendo rara a presença de assuntos a partir desse artigo. Mas, esses são apenas dados estatísticos, importantes para saber o que deve ser estudado com maior dedicação, pois qualquer assunto do CDC pode ser abordado na prova. Ademais, as provas de OAB têm por característica trazerem as questões em forma de casos, fazendo com que o candidato tenha de raciocinar e aplicar as regras às situações hipotéticas, posicionando-se como se fosse um advogado diante do problema relatado por um cliente.

O Direito do Consumidor está regulado, basicamente, pelo **Código de Defesa do Consumidor**, Lei n. 8.078/90, cujas normas são de **interesse social** e de **ordem pública**, criado em conformidade com as disposições constitucionais do art. 5°, inciso XXXII (*o Estado promoverá, na forma da lei, a defesa do consumidor*), art. 170, inciso V, e art. 48 da ADCT. Por se tratar de normas de **ordem pública**, têm aplicação obrigatória, não podendo ser derrogadas pelas partes. É uma legislação especial, contendo regras de direito material e processual, cujo regime jurídico é aplicável sempre que se tratar de relação de consumo. Entretanto, entendimentos jurisprudenciais são importantes para a solução das questões, principalmente aqueles sumulados.

Relação de Consumo

O primeiro desafio das questões de Direito do Consumidor é saber se o CDC é aplicável àquela relação trazida na questão. Aplica-se o CDC às relações de consumo. Para que haja uma **relação de consumo**, necessário que de um lado esteja alguém que se enquadre no conceito de **consumidor** e, de outro, alguém que se enquadre no conceito de **fornecedor**, os quais serão os ***sujeitos*** da relação. Já os **produtos** e **serviços** serão os ***objetos*** da relação de consumo.

O art. 2º do CDC traz um conceito padrão de **Consumidor, sendo** *toda pessoa física ou jurídica que adquire ou utiliza produto ou serviço como destinatária final.* No entanto, a lei prevê categorias que, mesmo não se enquadrando nesse conceito geral, também receberão a proteção como se consumidores fossem. São os chamados **consumidores por equiparação**:

I – a coletividade de pessoas que haja intervindo nas relações de consumo (art. 2º, parágrafo único, do CDC);

II – todas as vítimas de acidente de consumo (art. 17 do CDC);

III – todas as pessoas expostas às práticas comerciais e contratuais (art. 29 do CDC).

Já o conceito de fornecedor é trazido pelo art. 3º, *caput*, do CDC: **Fornecedor** é toda pessoa**:** física ou jurídica, pública ou privada, nacional ou estrangeira, incluindo entes despersonalizados (ex.: massa falida, sociedade de fato), **que desenvolvam atividade de:** produção, montagem, criação, construção, transformação, importação, exportação, distribuição ou comercialização de produtos ou prestação de serviços.

Produto é conceituado pelo art. 3º, § 1º, do CDC, sendo *qualquer bem móvel, imóvel, material ou imaterial* (também chamados de *corpóreos* e *incorpóreos*), enquanto o é tratado no art. 3º, § 2º, do CDC, sendo *qualquer atividade fornecida no mercado, mediante remuneração, salvo as decorrentes de relação de trabalho*. De forma exemplificativa, o CDC enfatiza que estão incluídas no conceito de serviço as atividades de natureza **bancária**, **financeira**, de **crédito** e **securitária**.

Responsabilidade do Fornecedor

Responsabilidade é um dos assuntos mais abordados no Exame de Ordem, quando se trata de Direito do Consumidor. Geralmente, as questões trazem hipóteses de responsabilidade pelo **fato** ou pelo **vício** do produto ou serviço, exigindo que o candidato saiba precisamente a diferença entre esses dois institutos que, apesar de parecidos, têm consequências diversas que não podem ser confundidas.

A regra é que a responsabilidade do fornecedor é **objetiva**, ou seja, responderá independentemente da existência de culpa (em sentido amplo), bastando que se verifique a existência do ***dano*** e do ***nexo de causalidade*** com o defeito ou vício do produto ou serviço, já que a responsabilidade advém do "risco da atividade". No entanto, o próprio CDC traz uma **exceção** a essa regra, ao dispor que o **profissional liberal** responderá mediante a verificação de culpa, ou seja, responderá de forma **subjetiva**.

Vício: afeta a qualidade/quantidade/disparidade dos produtos ou serviços, os quais tornarão impróprios ou inadequados para o fim que se destinavam ou lhe diminuirão o valor (*ex.: liquidificador que, após ser ligado, em razão de um vício de qualidade, para de funcionar*).

Fato (também chamado de **acidente de consumo**): caracteriza-se por um dano decorrente de defeito do produto ou serviço. *Ex.: liquidificador que, após ser ligado, em razão de defeito técnico, explode, causando lesões físicas ou psíquicas ao consumidor ou estragando outros objetos que estejam próximos.*

Não apenas o *defeito* em si como também as **informações insuficientes ou inadequadas** sobre a utilização, fruição ou riscos dos produtos ou serviços podem gerar danos ao consumidor, caracterizando o *fato. Ex.: um produto que, por suas características, é inflamável, mas que não traz de forma suficiente ou adequada essa informação ao consumidor* e *este acaba sofrendo algum dano em razão da utilização equivocada.*

Para fixar:

Responsabilidade pelo vício	Responsabilidade pelo fato
• surge o dever de sanar o vício.	• surge o dever de reparar danos.
• em regra, será exercido perante o próprio fornecedor.	• em regra, será exercido por meio de uma ação judicial.
• prazo **decadencial** para reclamar é de **30 dias** (produtos ou serviços não duráveis) e de **90 dias** (produtos ou serviços duráveis).	• prazo **prescricional** para a propositura da ação é de **5 anos**.

Ainda, para auxiliar na fixação dessa matéria tão importante, apresentam-se a seguir dois *hits* de sala de aula, que trazem situações exemplificativas de **vício** e de **fato**. Ambas devem ser **cantadas** em cima das melodias das cantigas populares *Atirei o Pau no Gato* e de *Terezinha de Jesus*.

Vício	Fato
Terezinha Comprou um Produto (*Terezinha de Jesus*) Terezinha, comprou um produto Tá com vício e não dá pra usar Trinta ou noventa dias Decadenciais para reclamar O fornecedor que é solidário Tem trinta dias para resolver Se não cumprir nesse prazo Terezinha pode escolher Se vai querer restituição Ou se quer substituição Ou se quer um abatimento Ou até complementação	**A *Responsa* pelo fato** (*Atirei o Pau no Gato*) Na *responsa* pelo fato-to O cliente-te quase morreu-reu-reu O comerciante é subsidiári-o E o prazo é de 5 anos que o código deu Prescricional!

Práticas Comerciais e proteção contratual

Práticas Comerciais e Proteção Contratual são tópicos que costumam ser bem abordados no Exame de Ordem. Geralmente as questões trazem alguma situação hipotética exigindo a aplicação dos dispositivos legais para a solução do caso.

O ***Direito de Arrependimento*** do art. 39 do CDC é leitura obrigatória (prazo de **7 dias** conferido pela lei ao consumidor que queira desistir de uma contratação feita fora do estabelecimento comercial), bem como o rol de ***Práticas Abusivas*** do art. 39, as quais devem ser diferenciadas das ***Cláusulas Abusivas*** trazidas pelo art. 51 do CDC.

Oferta e Publicidade também são temas costumeiramente abordados nas questões do Exame, sendo necessário diferenciar a publicidade ***enganosa*** da ***abusiva***, o que o próprio CDC distingue em seu art. 37.

Portanto, uma boa leitura do CDC já vai lhe trazer os subsídios necessários para a solução das situações hipotéticas trazidas nas questões.

DIREITO EMPRESARIAL

A prova de **Direito Empresarial** na 1ª fase da OAB traz **cinco questões** entre o total de 80. No entanto, segundo a FGV, é a disciplina que tem o **menor aproveitamento** das 17 disciplinas na prova objetiva. A razão disso, não há dúvidas, é que a graduação não traz boas lembranças, na maioria das vezes, aos *examinandos* quanto a essa matéria. Não há muitos professores *especializados* na disciplina, portanto, outros acabam "quebrando o galho" com essas aulas.

A disciplina, em geral, é composta por estes temas:

- Teoria geral da empresa
- Direito societário

- Falência e recuperação judicial e extrajudicial
- Títulos de crédito
- Contratos mercantis
- Propriedade industrial

Ou seja, é bastante informação para ser *computada*. Os dois primeiros temas são aqueles **preferidos** pela banca FGV. A notícia boa é que o Código Civil (Livro da Empresa) e a Lei n. 6.404/76 (S/A), praticamente, são os diplomas legais que deverão ser consultados. Antigamente, o Código Comercial era a fonte de consulta para o desespero dos alunos, já que o texto é de 1890.

Para a **teoria geral da empresa** o importante é lembrar que "empresa não é o local que você se dirige para alguma atividade", e sim, a própria ATIVIDADE (*atividade econômica organizada para a produção ou a circulação de bens ou de serviços* – art. 966, *caput*, do CC). O *local* é o **estabelecimento empresarial** (*todo complexo de bens organizado, para exercício da empresa, por empresário, ou por sociedade empresária* – art. 1.142 do CC). E **empresário** é *quem* exerce **empresa**, ou seja, a atividade econômica.

Quem são **empresários**?

- Empresário individual
- Empresa individual de responsabilidade limitada – EIRELI
- Sociedade empresária

Sócio é empresário? NÃO! Empresários são apenas aqueles supraindicados. Sócio é *empreendedor*. Tais conceitos são um impacto para os alunos e de difícil assimilação em razão do "costume" quanto às expressões jurídicas. Outra *dificuldade* é entender que o **empresário** NÃO precisa de registro na Junta Comercial para "ser" empresário. Ocorre que o **art. 967** é textual ao afirmar que é *obrigatória a inscrição* antes do início da atividade.

De fato, é obrigatório sim, mas não impede que o empresário exerça *empresa* antes do registro. Sem o registro ele é **empresário irregular**, mas mantém o "título" de empresário. LEMBRE-SE ainda de que o **empresário individual** tem responsabilidade ILIMITADA, por tal situação, o legislador trouxe no **art. 980-A** a figura da EIRELI. Ela é bastante visada em provas e exames, portanto, atenção aos seus requisitos.

E o que é uma *sociedade empresária*? O **art. 981** deixa claro que as pessoas *celebram contrato* de sociedade. Considera-se *empresária* aquela que exerce *empresa* e adquire **personalidade jurídica** com a sua inscrição. Conhecer os **tipos societários** e saber os distinguir por suas características é muito importante para a prova. Sendo assim, reconheça-os por estas *figuras*:

Sociedade em Comum	Arts. 986-990
Sociedade em Conta de Participação	Arts. 991-996
Sociedade Simples	Arts. 997-1038
Sociedade em Nome Coletivo	Arts. 1.039-1.044
Sociedade em Comandita Simples	Arts. 1.045-1.051
Sociedade Limitada	Arts. 1.052-1.087
Sociedade Anônima	Arts. 1.088-1.089 + Lei n. 6.404/76
Sociedade em Comandita por Ações	Arts. 1.090-1.092+ Lei n. 6.404/76
Sociedade Cooperativa	Arts. 1.093-1.096+Lei n. 5.764/71

Sobre **falência e recuperação judicial e extrajudicial**, atente-se à Lei n. 11.101/2011 – LRF. É uma lei com mais de *200 artigos*, portanto, *afugenta* muita gente para estudar apenas para a prova da OAB. Realmente, há muitos detalhes para uma única questão. Nossa sugestão é ter uma noção sobre as diferenças entre os institutos que trata a referida lei.

O *espírito* dessa lei é a viabilização da **recuperação de empresas** em dificuldade financeira, com a manutenção de empregos, redução dos juros bancários e concessão de maiores garantias aos credores, substituindo, para isso, a figura da *concordata* e criando, em substituição, as figuras da **recuperação extrajudicial** e da **recuperação judicial**.

No processo de **recuperação extrajudicial**, os credores são chamados a *renegociar* seus créditos, de forma a permitir que a empresa se reestruture sem comprometimento das características, prazos e valores dos créditos pertencentes aos demais credores.

A **recuperação judicial**, por sua vez, é tida, por alguns doutrinadores, como a principal alteração proposta pela nova lei em substituição da *concordata suspensiva*, espécie de moratória solicitada pela empresa à Justiça até que seja regularizado o pagamento das dívidas. Isso porque, por intermédio desse processo, seria possível evitar a quebra de empresas consideradas viáveis, por meio de acordo entre estas e uma comissão formada pelos credores. A **recuperação extrajudicial**, por seu turno, substituiu a *concordata preventiva*.

De acordo com o art. 75 da LRF, a *falência*, ao promover o afastamento do devedor de suas atividades, visa a preservar e a otimizar a utilização produtiva dos bens, dos ativos e dos recursos produtivos, inclusive os intangíveis, da empresa; permitir a liquidação célere das empresas inviáveis, com vistas à realocação eficiente de recursos na economia; e fomentar o empreendedorismo, inclusive por meio da viabilização do retorno célere do empreendedor falido à atividade econômica. É um *processo de execução coletiva*, promovida contra o devedor, empresário ou sociedade empresária, no qual devem concorrer *todos os seus credores*, sejam eles civis ou comerciais, em igualdade de condições (*par conditio creditorum*).

Os pressupostos do **estado de falência** constituem elementos de direito positivo e variam conforme o sistema legislativo adotado. No Brasil, os **pressupostos** do estado de falência são:

- que o devedor seja empresário ou sociedade empresária;
- a insolvência do devedor; e
- a declaração judicial da falência.

Quando tratamos do **direito cambiário**, estamos aportando aos temas dos **títulos de crédito**, matéria que, geralmente, é cobrada numa questão de Empresarial. Além do Código Civil, a Lei dos Cheques (**Lei n. 7.357/85**) e a Lei das Duplicatas (**Lei n. 5.474/68**), também a *famosa* Lei Uniforme de Genebra – LUG (**Decreto n. 57.663/66**) são as fontes de questionamentos, sendo esta última a *menos* cobrada em provas. LEMBRE-SE de que o Código Civil é claro: o CC tem aplicação suplementar, ou seja, incide unicamente na ausência de lei própria. Se houver contradição entre lei especial e o CC, aplica-se a lei especial.

Comparando entre os títulos de crédito em *espécie*, o **cheque** é o mais cobrado, seguido da **duplicata** e da **nota promissória.** Assim, atenha-se a esses títulos. De acordo com o *conceito legal*, título de crédito é **documento** necessário ao exercício do **direito literal** e **autônomo** nele contido, somente produz efeito quando preencha os requisitos da lei (art. 887 do CC). Nesse conceito se retira os *três* principais princípios: **cartularidade, autonomia** e **literalidade** (ou C.A.L.).

Questões sobre *contratos mercantis* e *propriedade industrial* não são muito comuns, apesar de o primeiro aparecer mais do que o segundo. Em outras palavras, não é toda a prova que são cobrados. Veja quais **contratos** já foram objeto de prova:

- contrato de *factoring*;
- contrato de franquia;
- alienação fiduciária;
- contrato de locação com *shopping*;
- arrendamento mercantil (*leasing*);
- contrato de agência;
- contrato de comissão;
- contrato de *hedge* (ou *hedging*).

Por fim, destaca-se que a matéria de **propriedade industrial** está na Lei n. 9.279/96 e julgamos *essencial* saber as seguintes distinções.

<table>
<tr><td rowspan="4">Concessão</td><td rowspan="2">de patentes:</td><td>de invenção</td></tr>
<tr><td>de modelo de utilidade</td></tr>
<tr><td rowspan="2">de registro:</td><td>de desenho industrial</td></tr>
<tr><td>de marca</td></tr>
</table>

DIREITO PROCESSUAL CIVIL

A prova de **Processual Civil** na 1ª fase da OAB traz **sete questões** entre o total de 80. Ganhou mais uma questão (antes eram seis) no XXIII Exame da OAB em 2017, tornando-se, assim, uma das disciplinas do segundo grupo com maior incidência na prova, perdendo apenas para **Ética**. Portanto, é uma disciplina que não pode ser desprestigiada, ao contrário, precisa ser enfrentada mesmo com todas as dificuldades que uma lei nova (o Novo CPC) possa trazer.

Mesmo com o NCPC, continua sendo a matéria mais recorrente nos exames da OAB o **processo de conhecimento e cumprimento de sentença** (Livro I da Parte Especial) a partir do art. 318. Temas como *petição inicial, audiências, contestação, saneamento, provas, sentença* e *coisa julgada, liquidação da sentença* e *cumprimento da sentença* são o "recheio" dessa extensa parte da disciplina. Não só isso, ainda tem mais: os *procedimentos especiais* estão neste Livro I e são bastante visados pela FGV. O Livro II só inicia com o **processo de execução** (a partir do art. 771).

Somente no Livro III surgirá o tema dos *recursos*, também muito requisitado em todas as provas da OAB. Percebe-se que mesmo que o NCPC seja de 2015 com aplicação no ano subsequente, as diferenças entre o CPC de 1973 ainda são motivo de preocupação e entendimento, portanto, alvo fácil da FGV. Portanto, tenha **atenção** às mudanças, principalmente de um diploma para o outro.

Apesar das considerações *supra*, sabemos que aqueles **institutos tradicionais** do processo civil que causam *confusão* se mantêm na *mira* das bancas, como tais podemos sintetizar alguns por meio de esquemas.

Duas classificações a considerar quanto ao **litisconsórcio**:

Quanto à formação do litisconsórcio	Facultativo	Quando é **opcional** a formação do litisconsórcio.
	Necessário	Quando é **obrigatória** a formação do litisconsórcio.
Quanto ao resultado final aos litisconsortes	Unitário	Quando o resultado tem de ser o mesmo para os litisconsortes.
	Simples	Quando o resultado pode ser diferente para os litisconsortes.

Quanto aos critérios determinativos da **competência**, o NCPC preservou a distinção entre competência **absoluta** e **relativa**, cuja distinção principal se mantém em razão do interesse público:

Competência absoluta	Passível de apreciação de ofício, podendo ser questionada a qualquer tempo (art. 64, § 1º) e não há preclusão quanto à falta de sua alegação, visto que ela não se prorroga (não pode ser modificada) nem mesmo por vontade das partes (arts. 54 e 62). Decisão por juízo absolutamente incompetente é cabível ação rescisória (art. 966, II).
Competência relativa	Não é passível de declaração de ofício, estando sujeita à modificação (art. 54), inclusive pela vontade das partes (art. 63) ou pela inércia do réu em argui-la em **preliminar de contestação** (art. 64). Sua não observância não autoriza ação rescisória.

Em relação às provas *em espécie*, podemos arrolar:

- o depoimento pessoal (arts. 385 a 388 do NCPC);
- a confissão (arts. 389 a 395 do NCPC);
- a exibição de documento ou coisa (arts. 396 a 404 do NCPC);
- a prova documental (arts. 405 a 441 do NCPC);
- a prova testemunhal (arts. 442 a 463 do NCPC);
- a prova pericial (arts. 464 a 480 do NCPC);
- a inspeção judicial (arts. 481 a 484 do NCPC).

São cabíveis os seguintes **recursos**:

- apelação: arts. 1.009-1.014;
- agravo de instrumento: arts. 1.015-1.020;
- agravo interno: art. 1.021;
- embargos de declaração: arts. 1.022-1.026;
- recurso ordinário: arts. 1.027-1.028;
- recurso especial: arts. 1.029-1.041;
- recurso extraordinário: arts. 1.029-1.041;
- agravo em recurso especial ou extraordinário: art. 1.042;
- embargos de divergência: arts. 1.043-1.044.

No caso de condenação em quantia certa, ou já fixada em liquidação, e no caso de decisão sobre parcela incontroversa, o **cumprimento definitivo da sentença** far-se-á a requerimento do exequente, sendo o executado intimado para pagar o débito, no **prazo de 15 dias**, acrescido de custas, se houver. Caso não ocorra pagamento voluntário no prazo de 15 dias, o débito será acrescido de **multa de dez por cento** e, também, de **honorários de advogado de dez por cento** (art. 523, § 1º). E se não for efetuado tempestivamente o pagamento voluntário, será expedido, desde logo, mandado de penhora e avaliação, seguindo-se os atos de expropriação.

Diz o texto legal (art. 525) que, transcorrido o prazo de 15 dias **sem o pagamento voluntário**, inicia-se o prazo de 15 dias para que o executado, independentemente de penhora ou nova intimação, apresente, nos próprios autos, sua **impugnação**. Nesta IMPUGNAÇÃO, o executado poderá alegar:

- falta ou nulidade da citação se, na fase de conhecimento, o processo correu à revelia;
- ilegitimidade de parte;
- inexequibilidade do título ou inexigibilidade da obrigação;
- penhora incorreta ou avaliação errônea;
- excesso de execução ou cumulação indevida de execuções;
- incompetência absoluta ou relativa do juízo da execução;
- qualquer causa modificativa ou extintiva da obrigação, como pagamento, novação, compensação, transação ou prescrição, desde que supervenientes à sentença.

O **processo de execução** ficou estabelecido no NCPC como o segundo livro da Parte Especial, logo após o livro "Processo de Conhecimento e do Cumprimento de Sentença". De acordo com o art. 771, artigo que abre o tópico, este livro regula o procedimento da **execução fundada em título extrajudicial**, e suas disposições aplicam-se, também, no que couber, aos **procedimentos especiais de execução**, aos **atos executivos realizados no procedimento de cumprimento de sentença**, bem como aos **efeitos de atos ou fatos processuais a que a lei atribuir força executiva**.

Há diversas **espécies de execução** que o NCPC considera, a saber:

- execução para entrega de coisa (arts. 806-813);
- execução das obrigações de fazer ou de não fazer (arts. 814-823);
- execução por quantia certa (arts. 824-909);
- execução contra a Fazenda Pública (art. 910);
- execução de alimentos (arts. 911-913).

Quanto à **tutela provisória**, atente-se à correta classificação:

- Tutela provisória
  - Tutela de urgência
    - cautelar
    - antecipada
  - Tutela de evidência (art. 311)

Atente-se, ainda, aos **procedimentos especiais**.

- **Ação de consignação em pagamento**. A partir do art. 539 do NCPC.
- **Ação de inventário.** Prevista a partir do art. 610 do NCPC.
- **Ações possessórias**. A partir do art. 554 do NCPC.
- **Ação de usucapião**. A partir do art. 1.238 do CC.
- **Curatela dos interditos.** Art. 747 do NCPC.

DIREITO PENAL

Sun Tzu, em sua célebre obra *A Arte da Guerra*, já dizia: *conheça o inimigo e a si mesmo; se cem combates forem travados, cem vezes será vitorioso.* Por sorte, o nosso *inimigo* é bastante previsível em seu modo de agir. Nas primeiras provas aplicadas, a FGV tentou manter o perfil do CESPE, instituição responsável pelo Exame de Ordem até a edição 2010.1. De lá para cá, no entanto, a banca construiu um perfil próprio e, atualmente, ao menos em Direito Penal, não é difícil prever o que será cobrado nas questões.

O homicídio, por exemplo, foi mais cobrado do que todos os crimes contra o patrimônio juntos. Pelo grande número de questões sobre o tema, o examinador trouxe as mais diversas hipóteses. Dentre elas, as mais comuns foram as seguintes:

(a) Homicídio e *aberratio ictus*: o erro na execução é tratado no art. 73 do Código Penal. A situação é a seguinte, no caso do homicídio: o homicida quer matar "A", mas, por erro ou acidente na execução, atinge "B", que não tinha nada a ver com a história, causando a sua morte. Como consequência, o criminoso deve ser punido como se tivesse atingido a vítima pretendida – no exemplo, "A". O instituto gera situações bem interessantes. Um exemplo que pode cair na prova: agindo em legítima defesa, Francisco atira contra João, mas, por erro de pontaria, mata Carlos, que apenas passava pelo local. Na hipótese, deve ser mantida a legítima defesa? Sim! Isso porque devemos considerar a vítima pretendida (João), e não a efetivamente atingida (Carlos).

(b) Homicídio e erro sobre a pessoa: é importante não fazer confusão com o *aberratio ictus.* No erro sobre a pessoa (CP, art. 20, § 3º), o agente faz uma confusão em relação à identidade da vítima. No exemplo do homicídio, mata "A" mas imagina ter matado "B". A consequência é a mesma do erro na execução: o homicida responde pela vítima pretendida. Exemplo: João quer matar Carlos. A motivação do crime é torpe. Certo dia, João posiciona-se em frente à garagem de Carlos. Ao avistar o carro da vítima, dispara vários tiros. Entretanto, naquele dia, o irmão de Carlos, Joaquim, dirigia o automóvel. Joaquim morre em razão dos tiros. João deve responder por homicídio qualificado por motivo torpe (CP, art. 121, § 2º, I), pois no erro sobre a pessoa devemos considerar a vítima pretendida (Carlos), e não a efetivamente atingida (Joaquim).

(c) Homicídio, desistência voluntária e arrependimento eficaz: na desistência voluntária (CP, art. 15, primeira parte), o agente inicia a execução, mas não a conclui. Exemplo: após disparar o primeiro tiro, e tendo mais cinco projéteis no revólver, João desiste de dar continuidade ao homicídio inicialmente pretendido, e a vítima, Joaquim, sofre apenas lesões corporais leves. No arrependimento eficaz, a situação é outra: o agente conclui a execução, mas impede a consumação do delito inicialmente pretendido. Exemplo: após disparar todas as balas do revólver, ao presenciar o sofrimento da vítima, João se arrepende do seu ato e presta socorro imediato, levando-a ao pronto-socorro. Em razão da atitude de João, a vítima sobrevive. Nas duas hipóteses, o agente deve responder apenas pelos crimes efetivamente praticados (por exemplo, lesão corporal). Todavia, cuidado: se a vítima sobreviver por razões alheias à vontade do agente, o crime será o de homicídio, mas na forma tentada.

Os demais crimes contra a vida também são exigidos com certa frequência. A participação em suicídio (CP, art. 122), que sempre foi cobrada por ser crime condicionado, pode pegar de surpresa quem não acompanhou as modificações produzidas pela Lei n. 13.968/2019, que incluiu a automutilação à redação do dispositivo e promoveu muitas outras alterações.

Quanto ao art. 123 do CP, cuidado com o erro sobre a pessoa (a mãe mata o filho de outra pessoa, mas imagina estar matando o seu), quando a imputação por infanticídio será mantida, e com a possibilidade de concurso de pessoas – muitos imaginam não ser possível, por exemplo, que um homem responda por infanticídio, o que não é verdade em caso de concurso de pessoas (CP, art. 30). Por fim, em relação ao aborto, atenção à distinção entre os três delitos, dos arts. 124, 125 e 126 do Código Penal, bem como ao art. 128, que traz excludentes da ilicitude do aborto.

Nos crimes contra o patrimônio, o examinando deve saber distinguir os principais delitos dessa natureza: o furto, o roubo, a extorsão, a apropriação indébita, o estelionato e a receptação. A banca tem por hábito pedir súmulas em relação a esses delitos – leia os enunciados 96, 443, 511, 567, 582 do STJ e 610 do STF. As novidades trazidas pela Lei n. 13.654/2018 podem ser cobradas, bem como as do intitulado "Pacote Anticrime" (Lei n. 13.964/2019) – estas últimas devem demorar um pouco a cair –, que reincluiu a arma branca às majorantes do roubo e modificou a ação penal para o crime de estelionato (CP, art. 171). Ademais, fique atento aos seguintes debates:

(a) O erro de tipo essencial em furto: se o agente subtrai algo (furto) por equívoco, por pensar ser coisa de sua propriedade, a hipótese será de erro de tipo essencial (CP, art. 20, *caput*), situação em que o agente não será punido.

(b) O roubo com violência imprópria: é comum imaginar a prática do roubo apenas com grave ameaça (ex.: emprego de arma de fogo) ou com violência real (socos, empurrões etc.). Contudo, há roubo quando o agente faz com que a vítima não consiga se defender (por exemplo, pelo uso de "Boa Noite, Cinderela").

(c) Aprenda a distinguir os delitos de sequestro e cárcere privado (CP, art. 148), roubo majorado pela restrição de liberdade (CP, art. 157, § 2º, V), extorsão qualificada pela restrição de liberdade (CP, art. 158, § 3º) e extorsão mediante sequestro (CP, art. 159).

(d) Também tenha cuidado com a diferença entre a receptação (CP, art. 180) e o favorecimento real (CP, art. 349).

(e) Por fim, memorize as causas de isenção de pena do art. 181 do Código Penal, bem como as hipóteses em que elas não são aplicáveis, previstas no art. 183 do Código Penal.

Da Parte Geral do Código Penal, não faça a prova sem conhecer o concurso de crimes. A banca sempre pede a diferença entre o concurso material (CP, art. 69), o concurso formal (CP, art. 70) e a continuidade delitiva (CP, art. 71). Para não errar em questões, observe o seguinte:

(a) Se tiver havido uma única conduta (ação ou omissão), o concurso será o formal.

(b) Se tiver havido duas ou mais condutas (ações ou omissões), o concurso será material, quando o enunciado não der maiores informações, ou a resposta será o crime continuado, quando se tratar de crime de mesma espécie, praticado na mesma condição de tempo, lugar, maneira de execução e outras semelhantes.

Os crimes contra a dignidade sexual também são muito cobrados na primeira fase. Em razão das recentes mudanças promovidas pela Lei n. 13.781/2018, todos aqueles delitos são, atualmente, de ação penal pública incondicionada. Ademais, novos crimes foram criados, a exemplo da importunação sexual (CP, art. 215-A). Entretanto, em sua prova, preocupe-se apenas em saber distinguir os principais delitos contra a dignidade sexual, com base na redação anterior à recente reforma: o estupro, a violação sexual mediante fraude, o assédio sexual e o estupro de vulnerável. Em relação a este último, atenção: tendo a vítima menos de catorze anos, o crime de estupro de vulnerável (CP, art. 217-A) estará configurado, pouco importando se a vítima é prostituta ou se a relação foi consentida.

Também na Parte Geral do Código Penal, aprenda a diferença entre a tentativa (CP, art. 14, II), a desistência voluntária (CP, art. 15, primeira parte), o arrependimento eficaz (CP, art. 15, segunda parte) e o arrependimento posterior (CP, art. 16). Quanto ao arrependimento posterior, cuidado: só é possível em crimes sem violência ou grave ameaça à pessoa e a reparação do dano deve ser anterior ao recebimento da denúncia ou queixa.

O erro de tipo essencial (CP, art. 20, *caput*) e o erro de proibição direto (CP, art. 21), basta que o examinando saiba a diferença de um para outro e as respectivas consequências. Em síntese, a distinção é a seguinte:

(a) No erro de tipo essencial, o agente tem uma falsa percepção da realidade. É o caso do agente que transporta cocaína, mas imagina estar levando farinha de trigo. Por desconhecer alguma elementar do tipo penal, o indivíduo pratica um delito sem saber o que está fazendo. Duas são as consequências: se o erro era inevitável ou escusável, dolo e culpa são afastados, e ele não responde por crime algum; no entanto, se o erro era evitável ou inescusável, o dolo é afastado e o agente é punido pela culpa, desde que, é claro, exista a modalidade culposa do delito.

(b) No erro de proibição direto, o agente sabe o que está fazendo. No entanto, desconhece a ilicitude de sua conduta. Exemplo: o Canadá tornou atípica a conduta de ter consigo maconha. Um canadense, imaginando que a conduta também é atípica no Brasil, traz em sua bagagem, em viagem ao Rio de Janeiro, certa quantidade da substância. Perceba que não houve falsa percepção da realidade. Ele sabia que estava transportando maconha. O erro se deu em relação à ilicitude. Duas são as consequências: se o erro era inevitável, o agente não é punido em virtude da ausência de potencial consciência da ilicitude, elemento da culpabilidade; todavia, se evitável, ele é punido pelo delito praticado, mas com a pena diminuída.

Alguns outros temas também merecem atenção, a exemplo dos crimes funcionais – aprenda a diferença entre o peculato (CP, art. 312), a concussão (CP, art. 316), a corrupção passiva (CP, art. 317) e a prevaricação (CP, art. 319). Sobre o peculato, cuidado com os §§ 2º e § 3º do art. 312 do Código Penal.

Os crimes contra a honra têm muita chance de cair em uma primeira fase. Aprenda a diferenciar a calúnia (CP, art. 138) da difamação (CP, art. 139) e da injúria (CP, art. 140). Fique atento a algumas pegadinhas muito comuns, como a diferença entre calúnia e denunciação caluniosa (CP, art. 339), a exceção da verdade (CP, art. 138, § 3º, e art. 139, parágrafo único), a calúnia contra os mortos (CP, art. 138, § 2º) e as causas de aumento do art. 141 do Código Penal.

Quando o assunto é lei penal, a banca costuma falar em lei penal no tempo (leia os arts. 2º, 3º e 4º do Código Penal). Atenção à Súmula 711-STF. Além disso, aprenda a distinção entre a territorialidade (CP, art. 5º) e a extraterritorialidade (CP, art. 7º), e memorize as hipóteses em que é aplicável uma ou outra.

Como dica final, leia o art. 107 do Código Penal, onde estão elencadas algumas hipóteses de extinção da punibilidade. Caso caia prescrição em sua prova, veja se não é o caso de incidência do art. 115 do Código Penal, quando o prazo prescricional cai pela metade se, ao tempo do crime, o agente era menor de vinte e um anos ou, na data da sentença, maior de setenta anos.

Como já dito, o Exame de Ordem é uma prova de conteúdo previsível. A FGV é bastante repetitiva na escolha dos temas cobrados na primeira e na segunda fase. Portanto, o estudo de questões das provas passadas é essencial para a sua aprovação.

DIREITO PROCESSUAL PENAL

A FGV não é criativa ao elaborar as questões de Direito Processual Penal na primeira fase do Exame de Ordem. São sempre os mesmos assuntos, as mesmas *pegadinhas*... a banca não é de inovar no que cobra nas questões objetivas. Portanto, não tente *zerar* o Código de Processo Penal ou memorizar as incontáveis teorias doutrinárias existentes. É desperdício de tempo! Preocupe-se, em um primeiro momento, com os tópicos a seguir – e, se sobrar tempo, busque maior aprofundamento.

1. Aplicação da lei processual penal: sabe aquela regra da retroatividade da lei penal mais gravosa? Ela não vale para as normas penais puramente processuais (sem reflexo no direito material). O que define qual lei será aplicada é o tempo da época da prática do ato (*tempus regit actum*), pouco importando se mais ou menos gravosa.
2. Inquérito policial: antes de qualquer coisa, bote em sua cabeça que delegado de polícia não arquiva inquérito policial. A partir do Pacote Anticrime (Lei n. 13.964/2019), com a alteração promovida no art. 28 do CPP (a constitucionalidade do dispositivo está em debate do STF), o arquivamento do IP sofreu importante alteração: o juiz não precisa mais homologá-lo. Agora, todo o procedimento de arquivamento do inquérito é resolvido pelo Ministério Público.
3. Falando em Pacote Anticrime, temos uma importante novidade no CPP: o acordo de não persecução penal, no art. 28-A. Todavia, antes de arrancar os cabelos da cabeça, preciso que o amigo leitor tenha em mente o seguinte: (a) a FGV não é de cobrar novidades legislativas na primeira fase; (b) durante um bom tempo – 2021 inteiro, no mínimo –, se cair alguma novidade do Pacote Anticrime, será apenas a literalidade da lei (copia e cola, sem invenção!). Portanto, não gaste seu dinheiro com obras doutrinárias a respeito dessas mudanças. Apenas memorize as novidades, com atenção especial ao que tem mais chance de cair, a exemplo do art. 28-A do CPP.
4. Ainda sobre o inquérito policial, atenção especial ao fato de que ele é dispensável (ou prescindível). Ou seja, é possível o oferecimento de petição inicial para dar início à ação penal sem que exista um IP – embora, na prática, no *mundo real*, isso não ocorra com frequência. Ademais, muito cuidado com a Súmula Vinculante 14, que garante o acesso do advogado aos autos do inquérito policial.
5. Ação penal: é essencial saber a diferença entre ação penal pública incondicionada e condicionada e ação penal privada. Além disso, você tem de conhecer as características de cada uma delas – só se fala em decadência em ação pública condicionada e em ação penal privada. Tenha cuidado com os prazos que envolvem o tempo para o oferecimento da denúncia ou queixa-crime – nesta, em regra, o prazo é de seis meses, contado do dia em que é descoberta a autoria do delito.
6. O estudo da ação penal deve ser multidisciplinar. A FGV tem por hábito trazer questões de processo penal que exigem conhecimento do Código Penal. Por isso, quando estudar Direito Penal, sempre que se deparar com um crime de ação penal pública condicionada ou de ação penal privada, anote essa informação tanto no resumo de Direito Penal quanto no de Direito Processual Penal. A respeito do tema, a banca tem seus *crimes preferidos*: aqueles contra a honra, a lesão corporal leve ou culposa (atenção à *Lei Maria da Penha*), os crimes contra o patrimônio e os delitos contra a dignidade sexual. Cuidado, pois estes dois últimos sofreram alterações legislativas recentes em relação à ação penal.

7. Competência: assunto odiado pela maioria, deixa de ser um problema após a memorização do art. 109 da Constituição, que estabelece a competência da Justiça Federal. O tráfico de drogas é de competência da Justiça Federal ou Estadual? E o porte ilegal de arma de fogo de uso proibido? De hoje em diante, sempre que tiver qualquer dúvida semelhante, leia o mencionado art. 109 da CF. A resposta está lá!
8. Sobre a competência, o CPP estabelece um passo a passo para descobrir quem é o juiz competente para julgar um determinado caso. Em regra, a competência é estabelecida pelo lugar da consumação do delito – informação trazida no art. 70 do CPP, o primeiro da *trilha da competência*. E se o delito for tentado? E se não for possível estabelecer o lugar da consumação? As respostas estão nos artigos seguintes. Faça a leitura do Título V do CPP (que trata da competência) como se fosse um manual de instruções, em que um item responde dúvida surgida em outro.
9. Provas: o estudo do tema é muito interessante, pois envolve questionamentos que todos, em algum momento, fazem, seja por um problema verdadeiro ou por curiosidade. Alguns exemplos: uma pessoa pode ser condenada por homicídio sem que o corpo da vítima seja encontrado? Posso usar *prints* de WhatsApp como prova? O padre tem de contar à polícia a confissão de um *serial killer*? Como é possível provar a inocência de um acusado? Todas as respostas estão, direta ou indiretamente, no CPP. Muito cuidado com o tema *prova ilícita*, tratado no art. 157.
10. Prisões cautelares: você sabia que qualquer pessoa pode dar *voz de prisão*? Mesmo sem integrar qualquer força policial, nada impede que um indivíduo prenda em flagrante um ladrão ou outra espécie de criminoso. E o que acontece quando alguém comparece à delegacia, confessa um crime e *sai pela porta da frente*? Seria um erro em nossa legislação? Em verdade, não. A explicação é simples: nenhuma hipótese de flagrância (CPP, art. 302) está presente. Além disso, tenha cuidado com a prisão preventiva – quem pode ser preso, quando pode ser preso, prazo máximo (há algum?) –, tratada a partir do art. 312 do CPP.
11. Sentença: você sabe a diferença entre *mutatio libelli* e *emendatio libelli*? A FGV adora o assunto, objeto dos arts. 383 e 384 do CPP. Ademais, ao sentenciar, o que pode fazer o juiz? Cabe a ele decidir sobre regime inicial de pena? Pode o juiz criminal fixar a indenização a ser paga pelo criminoso, ou um novo processo deve ser oferecido ao juiz cível? Todos esses questionamentos são discutidos a partir do art. 381 do CPP.
12. Procedimentos: a ação penal começa a partir do recebimento da petição inicial (CPP, art. 395). Em seguida, é aberto o prazo para a primeira defesa do processo, a resposta à acusação (CPP, art. 396). E depois? Basta seguir a leitura dos dispositivos, na ordem estabelecida no CPP. O passo a passo do processo é estabelecido a partir do art. 395 do CPP. Todas as dúvidas quanto ao que fazer – qual pedido oferecer, o que fazer em audiência etc. – estão solucionadas nesses dispositivos do Código. Fique atento ao rito do júri, pois possui uma série de peculiaridades – e a FGV adora perguntar a respeito delas.
13. Recursos: concentre os seus estudos em dois artigos, o 581 e o 593, ambos do CPP. O motivo: a FGV pergunta, com muita frequência, se a peça cabível em um caso concreto é o recurso em sentido estrito (art. 581) ou apelação (art. 593). A regra é simples: se não for RESE, é apelação. No entanto, cuidado: sempre que o enunciado da questão disser que a decisão partiu do juiz da execução penal, esqueça o CPP e diga que o recurso cabível é o agravo em execução (LEP, art. 197). Dedique um bom tempo ao estudo dos recursos, pois haverá no mínimo duas questões em sua prova a respeito deles.

DIREITO DO TRABALHO

Desde setembro de 2016 os alunos do 9º e 10º períodos do curso de Direito, bem como os bacharéis devem prestar o Exame de Ordem para obtenção de sua carteira profissional e possível exercício da profissão. A 1ª etapa consiste em uma prova de múltipla escolha com 80 questões elaboradas pela Banca FGV, de aplicação nacional, sendo considerados aptos para a 2ª etapa (prova prático-profissional) apenas os candidatos que acertarem 50% (metade) das questões. Ou seja, se o candidato acertar 39 não passa. São necessários no mínimo 40 pontos.

Já na 2ª etapa o candidato terá escolhido uma área específica, fará uma prova discursiva e com consulta à legislação, o que já reduz, em muito, o processo de memorização nos estudos.

Uma dúvida frequente é como estudar para a prova da 1ª fase que contém tantas disciplinas (atualmente 17 matérias são cobradas), que será realizada em um único dia, 80 questões de múltipla escolha com 4 (quatro) opções de resposta, em nada mais do que 5 (cinco) horas de prova?

Para iniciar será necessário criar uma rotina que inclua o hábito de estudar fazendo questões de provas passadas, 6 (seis) vezes na semana. Não adianta o candidato acreditar que irá estudar os 5 (cinco) anos de Faculdade, em apenas alguns meses! O candidato precisa aprender a otimizar o seu tempo e estudar especificamente para fazer este estilo de prova. Fazer questões é a grande dica!

Considero a 1ª etapa bem mais difícil do que a 2ª etapa. Entendam, na 1ª etapa o candidato **não poderá levar**, no dia da prova, **nenhum material de consulta, dicionário, calculadora,** bem como não poderá usar corretivo, lápis ou marca texto. Também não poderá rasurar a prova e nem poderá identificá-la. Portanto, todo estudo deverá ser fixado em sua mente e tenha bastante atenção ao separar o material para levar no dia da prova! Leve o necessário, ou seja, 2 (duas) canetas da cor preta em material transparente, água sem gelo e comida embalada em saco plástico transparente. Nem pensar em relógio, muito menos em telefone celular! Os que possuem cabelo comprido deverão utilizar elástico de forma a manter as orelhas aparentes.

Numa prova dissertativa sempre temos a oportunidade de explorar os pontos que mais conhecemos, influenciarmos o examinador com um texto repleto de argumentos jurídicos, bem escrito, bem organizado e com letra legível. Já na prova de múltipla escolha ficamos presos às opções oferecidas e, consequentemente, submissos ao raciocínio do examinador.

Mas tudo na vida é TREINO! Você não pode decidir correr uma maratona da noite para o dia. Será de suma importância a sua preparação. Pense assim em termos de estudo!

Escutamos por vezes que, para passar na 1ª fase da OAB, são necessárias 10 (dez) horas de estudo por dia. Será que todos nós dispomos de 10 (dez) horas só para estudar, já que o nosso curto dia nos oferece apenas 24 (vinte e quatro) horas para trabalhar, cuidar de casa, da família, da saúde e da alimentação?

Dentro da nossa realidade sabemos que poucos conseguem parar tudo e se dedicar tão somente aos estudos. Os candidatos não se dão conta de que podem namorar, sair vez ou outra, ter tempo para ir até a academia, trabalhar e ainda estudar para a prova da OAB! Isso requer organização, o que a maioria não tem. Estudar 24 (vinte e quatro) horas não é o caminho! O importante é criar uma rotina para o estudo e ter a certeza de que o seu tempo está sendo aproveitado com a compreensão e fixação da matéria.

Já vi aluno estudando 10 (dez) horas por dia e não absorvendo praticamente nada, de tão esgotado que ficava. Enquanto outros estudavam 2 (duas) horas por dia, mas o que liam não esqueciam mais! Então, crie uma rotina com o hábito do estudo de acordo com a sua realidade, otimizando o seu tempo e aproveitando ao máximo as suas habilidades.

Posso aproveitar e relatar que já vi aluno que faz resumo de tudo, já vi aluno que passa a limpo a matéria para fixar melhor, outros leem em voz alta chamando atenção de si mesmos e alguns que assistem a mesma aula três vezes até conseguir falar juntinho com o professor. Cada um possui um jeito próprio de estudar, um sentido mais apurado que outro. Eu, particularmente, gosto muito de escrever bilhetes pela casa toda para que todos os dias possa ir repetindo aqueles tópicos em minha mente. Agora, uma coisa é certa, de nada vale a teoria se você não consegue resolver uma questão prática!

A FGV é uma Banca com essa peculiaridade. As perguntas de 1ª fase consistem em verdadeiros problemas para que o candidato saiba achar a solução com base no que prevê a lei, as súmulas ou as orientações. Portanto, o mais recomendado é resolver questões de provas passadas! Claro que não muito antigas, pois o Direito está sempre mudando, mas ao menos dos últimos cinco anos!

São aprovados os examinandos que estão desempregados, que estagiam enlouquecidamente, que trabalham muitas horas por dia além de frequentarem a faculdade, os que têm filhos, famílias, problemas, só alegrias, enfim, passam aqueles que se dedicam, independentemente das circunstâncias da vida. Problemas teremos sempre! A vida é a arte de administrar problemas! Portanto, pare de desculpas e também não se esconda atrás do argumento de que lhe falta tempo! O tempo é um produto de fabricação própria, cada um faz o seu, então, priorize agora ESTUDAR PARA GABARITAR!

Faça as questões com atenção e parando para ler o texto da lei apontado no gabarito. O comentário feito pelo professor funciona como uma miniaula. Por incrível que pareça, as questões não podem se repetir de forma idêntica, mas conseguimos perceber que alguns temas são bem mais cobrados que outros, assim como as novidades estão sempre sendo pedidas. Logo, fazer provas passadas já lhe garante saber pelo menos metade do que vai cair.

Vamos falar especificamente do DIREITO DO TRABALHO, uma disciplina que normalmente vem em seis questões próprias e ainda embutidas em Ética e Direito Constitucional. Precisamos GABARITAR todas essas questões!

Foque na Reforma Trabalhista de 2017 e na Minirreforma de 2019 (Lei da liberdade econômica)! Não perca tempo lendo texto ultrapassado de lei. Selecione as leis que fizeram as alterações (Lei n. 13.467/2017 e Lei n. 13.874/2019) e leia todos os dias, ao menos 2 vezes, os textos na íntegra! Você estará focando nas mudanças de Direito Material e de Direito Processual. O candidato que conhecer a atualização terá mais chances de ir para a 2ª etapa. É fundamental que o examinando estude com atenção TUDO que foi recentemente alterado! Incluindo os textos de leis esparsas.

Temos poucas questões da OAB/FGV com o conteúdo da Reforma Trabalhista de 2017 e da Minirreforma de 2019, mas todas as questões do nosso livro são comentadas e fiz questão de apontar o que mudou, o que foi revogado, enfim, o livro está atualizadíssimo!

No dia da sua prova comece fazendo uma leitura linear desta, iniciando pela disciplina que você domina. Lembre-se de que as matérias consideradas "complexas" são sempre aquelas menos estudadas e começar a prova por elas pode causar uma sensação de medo ou de insegurança. Já se você inicia pelas questões que mais sabe, com toda certeza ficará feliz e satisfeito com o seu rendimento.

A dica então é: faça primeiro aquilo que você tem mais facilidade, depois pode estar cansado e errar até aquilo que sabia, por mero cansaço. Controle o tempo que está sendo marcado no quadro da sala para poder pausar no meio da prova e esticar as pernas, beber uma água e fazer um pequeno lanche.

Dica primordial: NÃO FIQUE RELENDO A MESMA QUESTÃO. Não sabe, PULA. Assim como, NÃO REMARQUE QUESTÕES JÁ RESOLVIDAS! A prova de múltipla escolha tem a função de testar a sua segurança. Se você se dispuser a ler 4 (quatro) vezes o mesmo enunciado, pode ter certeza de que vai encontrar justificativa para cada opção de resposta, portanto, acredite na sua MEMÓRIA IMEDIATA, no FLASH de memória!

Reserve 30 (trinta) minutos no final para marcar o cartão resposta! Todos podem passar no Exame de Ordem, basta ter determinação e focar como prioridade este objetivo. É uma estrada que pode ser longa ou curta, mas que leva você para um único lugar: a APROVAÇÃO!

DIREITO PROCESSUAL DO TRABALHO

O estudo da disciplina "Processo do Trabalho", deve ser bem objetivo e direcionado, pois ainda que a banca por vezes trabalhe situações hipotéticas e bem parecidas com a prática trabalhista, a maioria das respostas vêm com base naquilo que se extrai da Lei, ou seja, o estudo da legislação seca é fundamental na primeira fase do exame.

O candidato deve ter em mãos uma CLT atualizada e sempre compatível com a legislação e jurisprudência em vigor, afinal de contas, não podemos esquecer que súmulas e orientações jurisprudenciais são amplamente cobradas nas provas.

Outro fator que merece destaque é que a resolução de provas anteriores é sempre uma boa forma de preparação, lembrando que, aqui, os candidatos devem ficar atentos se os gabaritos das questões estão em consonância com a Lei n. 13.467/2017 (reforma trabalhista).

Assim, a conjugação de: leitura da legislação seca (CLT e legislação extravagante) + leitura de súmulas e orientações jurisprudenciais + solução de questões de exames anteriores, faz com que o candidato fatalmente garanta um expressivo número de acertos. Cabe destacar que, o estudo de regras do Código de Processo Civil se faz importante em razão da aplicação subsidiária e supletiva (art. 769 da CLT c/c art. 15 do CPC).

Algumas dicas gerais que consideramos essenciais na sua preparação:

1 – Não espere o edital ser publicado para dar início aos estudos, pense sempre: É o seu momento, é a sua hora! Inicie desde já a preparação!

2 – Faça um planejamento de tempo para estudos.

3 – Acredite em você!

Em relação aos temas de Processo do Trabalho, seguem algumas sugestões para análise e estudo:

1 – O comparecimento das partes em audiência, **atentando para o fato de que a Lei n. 13.467/2017 excluiu a obrigatoriedade do preposto empregado (art. 843, § 3º, da CLT)**;

2 – A Organização e competência da Justiça do Trabalho em especial a leitura dos arts. 111 a 116 da Constituição Federal;

3 – A parte de recursos, em especial a leitura dos arts. 895, 896, 897 e 899 com seus parágrafos;

4 – A parte de execução, em especial as regras dos arts. 876, 878, 879 e 884 da CLT;

5 – O procedimento sumaríssimo previsto nos arts. 852-A a 852-I da CLT;

6 – O pagamento das custas com previsão no art. 789 da CLT;

7 – O pagamento dos honorários do perito na forma do art. 790-B da CLT;

8 – Número de testemunhas no Processo do Trabalho conforme art. 821 da CLT:

a) Procedimento ordinário → a parte pode levar até 3 testemunhas;

b) Procedimento sumaríssimo → a parte pode levar até 2 testemunhas;

c) Inquérito para apuração de falta grave → a parte pode levar até 6 testemunhas;

9 – Da forma de reclamação e notificação, em especial o art. 840, § 1º, da CLT;

10 – A parte das provas, lembrando-se de que:

a) O ônus da prova incumbe: ao reclamante, quanto ao fato constitutivo de seu direito; ao reclamado, quanto à existência de fato impeditivo, modificativo ou extintivo do direito do reclamante;

b) É ônus do empregador que conta com mais de 20 (vinte) empregados o registro da jornada de trabalho. A não apresentação injustificada dos controles de frequência gera presunção relativa de veracidade da jornada de trabalho, a qual pode ser elidida por prova em contrário;

c) Existe a possibilidade de inversão do ônus da prova no Processo do Trabalho;

11 – O efeito suspensivo do recurso ordinário que pode ser requerido no próprio recurso na forma da Súmula 414 do TST;

12 – O depósito recursal que é reduzido pela metade nos casos do art. 899, § 9º, da CLT;

13 – A homologação do acordo extrajudicial na forma do art. 855-B da CLT;

14 – Os prazos no Processo do Trabalho são contados em dias úteis (art. 775 da CLT);

15 – Na Justiça do Trabalho o "jus postulandi" é das partes que podem postular em juízo e recorrer até o TRT. Os recursos no TST, a ação rescisória, a ação cautelar e o mandado de segurança dependem da constituição de advogado.

E, claro, os temas relativos à Lei n. 13.467/2017 são e serão por muito tempo alvo da banca examinadora. Assim, não vamos deixar de estudar a Reforma Trabalhista!